S0-AHJ-531

BIOGRAPHISCH-BIBLIOGRAPHISCHES KIRCHENLEXIKON

Biographisch-Bibliographisches
KIRCHENLEXIKON

Begründet und herausgegeben von Friedrich Wilhelm Bautz †
Fortgeführt von Traugott Bautz

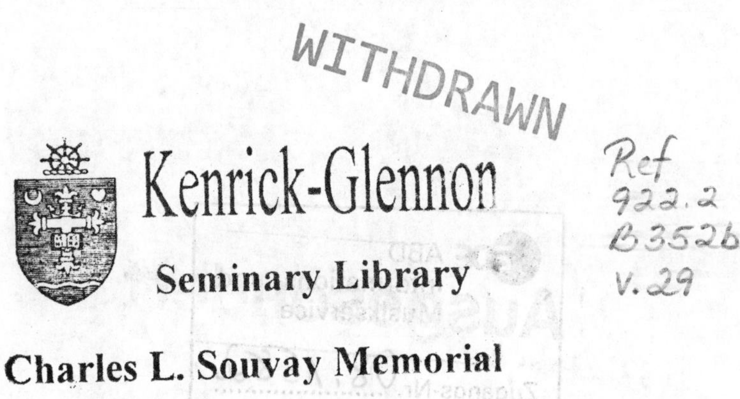

Verlag Traugott Bautz GmbH 99734 Nordhausen

Bibliografische Information Der Deutschen Bibliothek
Die Deutsche Bibliothek verzeichnet diese Publikation in der Deutschen Nationalbibliografie; detaillierte bibliografische Daten sind im Internet über http://dnb.ddb.de abrufbar.

Verlag Traugott Bautz GmbH 99734 Nordhausen 2008
ISBN 978-3-88309-452-6

XXI. Band

Ergänzungen XVI

VERZEICHNIS DER ABKÜRZUNGEN

I. Biblische Bücher

A. Altes Testament

Gen	Genesis (= 1. Mose)	Mi	Micha
Ex	Exodus (= 2. Mose)	Nah	Nahum
Lev	Leviticus (= 3. Mose)	Hab	Habakuk
Num	Numeri (= 4. Mose)	Zeph	Zephanja
Dtn	Deuteronomium (= 5. Mose)	Hag	Haggai
Jos	Josua	Sach	Sacharja
Ri	Richter	Mal	Maleachi
1Sam	1. Samuelbuch	Ps(s)	Psalm(en)
2Sam	2. Samuelbuch	Spr.	Sprüche
1Kön	1. Königsbuch	Hi	Hiob (Job)
2Kön	2. Königsbuch	Hhld	Hoheslied
Jes	Jesaja	Klgl	Klagelieder
Dtjes	Deuterojesaja	Pred	Prediger
Jer	Jeremia	Est	Esther
Ez	Ezechiel (Hesekiel)	Dan	Daniel
Hos	Hosea	Esr	Esra
Jo	Joel	Neh	Nehemia
Am	Amos	1Chr	1. Buch der Chronik
Ob	Obadja	2Chr	2. Buch der Chronik
Jon	Jona		

B. Neues Testament

Mt	Matthäus	1Tim	1. Timotheusbrief
Mk	Markus	2Tim	2. Timotheusbrief
Lk	Lukas	Tit	Titusbrief
Joh	Johannes	Phlm	Philemonbrief
Apg	Apostelgeschichte	Hebr	Hebräerbrief
Röm	Römerbrief	Jak	Jakobusbrief
1Kor	1. Korintherbrief	1Petr	1. Petrusbrief
2Kor	2. Korintherbrief	2Petr	2. Petrusbrief
Gal	Galaterbrief	1Joh	1. Johannesbrief
Eph	Epheserbrief	2Joh	2. Johannesbrief
Phil	Philipperbrief	3Joh	3. Johannesbrief
Kol	Kolosserbrief	Jud	Judasbrief
1Thess	1. Thessalonicherbrief	Apk	Johannes-Apokalypse
2Thess	2. Thessalonicherbrief		(Offenbarung des Johannes)

II. Sammelwerke, Zeitschriften, Monographien, Handbücher u. a.

A

AA	Archäologischer Anzeiger. Beiblatt zum Jahrbuch des Deutschen Archäologischen Instituts, Berlin 1896 ff.
AAA	The Annals of Archaeology and Anthropology, Liverpool 1908 ff.
AAB	Abhandlungen der Deutschen (bis 1944: Preußischen) Akademie der Wissenschaften zu Berlin. Phil.-hist. Klasse, Berlin 1815 ff.
AAG	Abhandlungen der Akademie der Wissenschaften in Göttingen (bis Folge III, 26, 1940: AGG), Göttingen 1941 ff.
AAH	Abhandlungen der Heidelberger Akademie der Wissenschaften. Phil.-hist. Klasse, Heidelberg 1913 ff.
AAL	Abhandlungen der Sächsischen Akademie der Wissenschaften in Leipzig (bis 30, 1920: AGL), Leipzig 1850 ff.
AAM	Abhandlungen der Bayerischen Akademie der Wissenschaften. Phil.- hist. Klasse, München 1835 ff.
AAMz	Abhandlungen (der geistes- und sozialwissenschaftlichen Klasse) der Akademie der Wissenschaften und der Literatur, Mainz 1950 ff.
AAS	Acta Apostolicae Sedis, Città del Vaticano 1909 ff.
AASOR	The Annual of the American Schools of Oriental Research, (New Haven) Philadelphia 1919 ff.
AAug	Acta Ordinis Eremitarum Sancti Augustini, Rom 1956 ff.
AAW	Abhandlungen der Österreichischen Akademie der Wissenschaften, Wien
AAWW.PH	Anzeiger der Akademie der Wissenschaften in Wien - Philosophisch-historische Klasse
ABR	American Benedictine Revue, Newark/New Jersey 1950 ff.
ACA	Apologia Confessionis Augustanae (in: BSLK)
ACO	Acta Conciliorum Oecumenicorum, ed. E. Schwartz, Berlin 1914 ff.
AcOr	Acta Orientalia, Kopenhagen 1922/23 ff.
ACW	Ancient Christian Writers. The Works of the Fathers in Translation, ed. by J. Quasten and J. C. Plumpe, Westminster/Maryland und London 1946 ff.
Adam	A. Adam, Lehrbuch der Dogmengeschichte I ff., Gütersloh 1965 f.
ADB	Allgemeine Deutsche Biographie, 55 Bde. und 1 RegBd., Leipzig 1875-1912
AdPh	Archives de Philosophie, Paris 1923 ff.
AelsKG	Archiv für elsässische Kirchengeschichte, hrsg. von der Gesellschaft für elsässische Kirchengeschichte, red. von J. Brauner, Rixheim im Oberelsaß 1926 ff.; ab 1946 red. von A. M. Burg, Strasbourg
AELKZ	Allgemeine evangelisch-lutherische Kirchenzeitung, Leipzig 1868 ff.
AER	The American ecclesiastical Review, Washington 1889 ff.
AEst.	Annales de l'Est
AevKR	Archiv für evangelisches Kirchenrecht, Berlin 1937 ff.
AfBA	African Biographical Archive, München 1999
AfBI	African Biographical Index, München 1999
AfKathKR	Archiv für katholisches Kirchenrecht
AfMf	Archiv für Musikforschung, Leipzig 1936-1943
AfMw	Archiv für Musikwissenschaft, Trossingen/Württemberg 1918-1926 und 1952 ff.
AfO	Archiv für Orientforschung, Graz 1923 ff.
AFP	Archivum Fratrum Praedicatorum. Institutum historicum Fratrum Praedicatorum, Romae ad S. Sabinae, Rom 1931 ff.
AFrH	Archivum Franciscanum Historicum, Florenz - Quaracchi 1908 ff.
AGG	Abhandlungen der Gesellschaft der Wissenschaften zu Göttingen (ab Folge III, 27, 1942: AAG), Göttingen 1843 ff.
AGL	Abhandlungen der Sächsischen Gesellschaft der Wissenschaften in Leipzig (31, 1921: AAL), Leipzig 1850 ff.
AGPh	Archiv für (1889-1894 und 1931. 1932: die Geschichte der) Philosophie, Berlin 1889-1932
AH	Analecta hymnica medii aevi, hrsg. von G. Dreves und C. Blume, 55 Bde., Leipzig 1886-1922

AHA	Archivo Historico Augustiniano Hispano, Madrid 1914-1934. 1950 ff.
AHDL	Archives d'histoire doctrinale et littéraire du Moyen âge, Paris 1926 ff.
AHP	Archivum Historiae Pontificiae, Roma 1, 1963 ff.
AHR	The American Historical Review, New York 1895 ff.
AHSI	Archivum historicum Societatis Iesu, Rom 1932 ff.
AHVNrh	Annalen des Historischen Vereins für den Niederrhein, insbesondere das alte Erzbistum Köln, Köln 1855 ff.
AIA	Archivo Ibero-Americano, Madrid 1914 ff.
AJA	American Journal of Archaeology, New York 1855 ff.
AJP	American Journal of Philology, Baltimore 1880 ff.
AJSL	American Journal of Semitic Languages and Literatures, Chicago 1884-1941
AkathKR	Archiv für katholisches Kirchenrecht, (Innsbruck) Mainz 1857 ff.
AKG	Arbeiten zur Kirchengeschichte, begründet von K. Holl und H. Lietzmann, Berlin 1927 ff., ab Bd. 29, 1952, hrsg. von K. Aland, W. Eltester und H. Rückert
AKThB	Arbeitsgemeinschaft Katholisch-Theologischer Bibliotheken
AkultG	Archiv für Kulturgeschichte, (Leipzig) Münster und Köln 1903 ff.
Algermissen	K. Algermissen, Konfessionskunde, 7. vollst. neu gearb. Aufl., Paderborn 1957
ALKGMA	Archiv für Literatur- und Kirchengeschichte des Mittelalters, hrsg. von H. Denifle und F. Ehrle, 7 Bde., (Berlin) Freiburg/Breisgau 1885-1900
ALMA	Archivum Latinitatis medii aevi, Brüssel 1924 ff.
ALT	A. Alt, Kleine Schriften zur Geschichte des Volkes Israel, I-III, München 1953-1959
Altaner	B. Altaner, Patrologie. Leben, Schriften und Lehre der Kirchenväter, 6. Aufl., durchgesehen und ergänzt von A. Stuiber, Freiburg/Breisgau 1960; 7. Aufl., völlig neu bearbeitet, ebd. 1966
Althaus	P. Althaus, Die christliche Wahrheit. Lehrbuch der Dogmatik, Gütersloh 19523
ALW	Archiv für Liturgiewissenschaft (früher: JLW), Regensburg 1950 ff.
AMN	Allgemeine Missionsnachrichten, Hamburg 1928 ff.
AMNG	Abhandlungen zur mittleren und neueren Geschichte. Hrsg. von G. v. Below, H. Finke, F. Meinecke, Berlin 1907 ff.
AmrhKG	Archiv für mittelrheinische Kirchengeschichte, Speyer 1949 ff.
AMus	Acta musicologica. Revue de la Société internationale de musicologie. Zeitschrift der Internationalen Gesellschaft für Musikwissenschaft, Basel und Kassel 1929 ff.
AMZ	Allgemeine Missionszeitschrift. Monatsschrift für geschichtliche und theoretische Missionskunde, Gütersloh 1874-1923
AmZ	Allgemeine musikalische Zeitung, Leipzig 1885 ff.
AnAug	Analecta Augustiniana, Rom 1905 ff.
AnBibl	Analecta Biblica, Rom 1952 ff.
AnBoll	Analecta Bollandiana. Société des Bollandistes, Brüssel 1882 ff.
AnCap	Analecta Ordinis Fratrum Minorum Capuccinorum, Rom 1884 ff.
AnCarmC	Analecta Ordinis Carmelitarum Calceatorum, Rom 1909 ff.
AnCarmD	Analecta Ordinis Carmelitarum Discalceatorum, Rom 1926 ff.
AnCist	Analecta Cisterciensa, Rom 1945 ff.
ANET	Ancient Near Eastern Texts relating to the Old Testament, ed. J. B. Pritchard, Princeton/New York 1950 (ANET[2]: 2. edition corrected and enlarged, 1955)
AnFil	Anuario filosófico, Pamplona 1. 1968 ff.
AnFranc	Analecta Franciscana sive Chronica aliaque varia Documenta ad historiam Fratrum Minorum spectantia, edita a Patribus Collegii s. Bonaventurae, Quaracchi 1885 ff.
Angelicum	Angelicum. Periodicum trimestre facultatum theologicae, juris canonici, philosophicae, Rom 1924 ff.
Angelos	Angelos. Archiv für neutestamentliche Zeitgeschichte und Kulturkunde, 4 Bde., Göttingen 1925-1932
AnGreg	Analecta Gregoriana cura Pontificiae Universitatis Gregorianae, Rom 1930 ff.
Anima	Anima. Vierteljahresschrift für praktische Seelsorge, Olten/Schweiz 1946-1965 (ab 1966: Diakonia)
AnLov	Analecta Lovaniensia Biblica et Orientalia, Löwen 1947 ff.
AnMon	Analecta monastica, Rom 1948 ff.

Annales ss.cc	Annales des Sacrés Cours bzw. Annales Congregationis Sacrorum Cordium, Paris/Rom 1872 ff. / 1953 ff.
AnnéeC	L'Année Canonique, Paris 1952 ff.
AnnPont	Annuario Pontificio, Rom 1912 ff.
ANor.	Annales de Normandie
AnOr	Analecta Orientalia, Rom 1931 ff.
AnPraem	Analecta Praemonstratensia. Commissio historica Ordinis Praemonstratensis, Averbode/Belgien 1925 ff.
ANRW	Aufstieg und Niedergang des römischen Weltreiches. Geschichte u. Kultur Roms im Spiegel d. neueren Forschung. Hrsg. v. Hildegard Temporini u. Wolfgang Haase, Berlin, New York 1972 ff.
Antike	Die Antike. Zeitschrift für Kunst und Kultur des klassischen Altertums, Berlin 1925 ff.
AnTol.	Anales Toledanos, Toledo 1967 ff.
Antonianum	Antonianum. Periodicum philosophico-theologicum trimestre. Editum cura professorum Pontificii Athenaei de Urbe, Rom 1926 ff.
ANVAO	Avhandlinger utgitt av Det Norske Videnskaps-Akademi i Oslo, Oslo
AnzAW	Anzeiger der (ab 48, 1947: Österreichischen) Akademie der Wissenschaften, Wien 1864 ff.
AO	Der Alte Orient, Leipzig 1899-1945
AÖAW.PH	Anzeiger der Österreichischen Akademie der Wissenschaften - Philosophisch-historische Klasse
AÖG	Archiv für österreichische Geschichte, Wien 1848 ff.
AÖR	Archiv des öffentlichen Rechts, Tübingen 1886 ff.
AoF	H. Winckler, Altorientalische Forschungen, 21 Hefte, Leipzig 1893-1906
AOFM	Acta Ordinis Fratrum Minorum vel ad Ordinem quoquomodo pertinentia, I-V, Rom 1882-1886; VI ff., Quaracchi 1887 ff.
AOP	Analecta Sacri Ordinis Praedicatorum, Rom 1892 ff.
APh	Archiv für Philosophie, Stuttgart 1947 ff.
APo	Acta Pontificiae Academiae Romanae S. Thomae Aquinatis, Rom 1934 ff.
Apollinaris	Apollinaris. Commentarius iuris canonici, Rom 1928 ff.
apostel	Jahresheft der Ordensgemeinschaft von den Heiligsten Herzen Jesu und Mariens (Arnsteiner Patres) Für die Freunde und Mitarbeiter ihrer Apostolatswerke, hrsg. v. Provinzialat der Patres von den Heiligsten Herzen Jesu und Mariens (Arnsteiner Patres e.V.), Aachen
ARC	Acta reformationis catholicae ecclesiam Germaniae concernentia saeculi XVI, ed. G. Pfeilschifter, 6 Bde., Regensburg 1959 ff.
ArchOC	Archives de l'Orient Chrétien, Bukarest 1948 ff.
ARG	Archiv für Reformationsgeschichte, (Leipzig) Gütersloh 1903 ff.
ArOr	Archiv Orientální, Prag 1929 ff.
ARPs	Archiv für Religionspsychologie und Seelenführung, Berlin 1914 ff.; Göttingen 1930 ff.
ArtB	The Art Bulletin, New York 1913 ff.
ArtQ	Art Quarterly, Detroit 1938 ff.
ArtS	L'art sacré, Paris 1935 ff.
ARW	Archiv für Religionswissenschaft, (Freiburg/Breisgau, Tübingen) Leipzig 1898 ff.
ArZs.	Archivalische Zeitschrift, München 1876 ff.
ArztChr	Arzt und Christ, Ostfildern 1.1955 ff.
AS	Acta Sanctorum, ed. Bollandus etc., (Antwerpen, Brüssel, Tongerloo) Paris 1643 ff.; Venedig 1734 ff.; Paris 1863 ff. Neudruck Brüssel 1940 ff.
ASKG	Archiv für schlesische Kirchengeschichte, hrsg. v. K. Engelbert, I-VI, Breslau 1936-1941; VII ff., Hildesheim 1949 ff.
ASL	Archivo storico lombardo
AslPh	Archiv für slawische Philologie, Berlin 1876 ff.
ASm	Schmalkaldische Artikel (in: BSLK)
ASNU	Acta Seminarii Neotestamentici Upsaliensis (1, 1936 bis 8, 1937 unter dem Titel: Arbeiten u. Mitteilungen aus dem Neutestamentlichen Seminar zu Uppsala), Uppsala 1936 ff.
AS OSB	J. Mabillon, Acta sanctorum ordinis S. Benedicti, 9 Bde., Paris 1668-1701; 2. Aufl., 6 Bde., Venedig 1733-1740. Neuausg. Bd. I, Mâcon 1935
ASS	Acta Sanctae Sedis, Rom 1865-1908
AST	Analecta Sacra Tarraconensia, Barcelona 1925 ff.

AstIt	Archivio storico Italiano, Florenz 1842 ff.
ATA	Alttestamentliche Abhandlungen, begonnen von J. Nikel, hrsg. von A. Schulz, Münster 1908 ff.
ATD	Das Alte Testament Deutsch, hrsg. von V. Herntrich und A. Weiser, 25 Bde., Göttingen 1951 ff.
ATG	Archivo Teológico Granadino, Granada 1938 ff.
ATh	L'année théologique, Paris 1940 ff.
AThA	L'année théologique augustinienne, Paris 1951 ff. (ab 1955: RevÉAug)
AThANT	Abhandlungen zur Theologie des Alten und Neuen Testaments, Basel - Zürich 1942 ff.
AThR	The Anglican Theological Review, Evanston/Illinois 1918 ff.
AuC	Antike und Christentum. Kultur- und religionsgeschichtliche Studien von E. J. Dölger, 6 Bde., Münster 1929-1950
AUF	Archiv für Urkundenforschung, 18 Bde., Berlin 1908-1944
Augustiniana	Augustiniana. Tijdschrift voor de studie van Sint Augustinus ed de Augustijnenorde, Leuven 1951 ff.
Aurenhammer	H. Aurenhammer, Lexikon der christlichen Ikonographie, Wien 1959 ff.
AVK	Archiv für Völkerkunde, Wien 1946 ff.
AVR	Archiv des Völkerrechts, Tübingen 1948/49 ff.

B

BA	The Biblical Archaeologist, New Haven/Connecticut 1938 ff.
BAB	Biografisch Archief van de Benelux, München 1997
BAC	Biblioteca de Autores Cristianos, Madrid 1945 ff.
BadBiogr	Badische Biographien, begründet von F. von Weech, hrsg. von A. Krieger, 6 Tle., Karlsruhe und Heidelberg 1875 ff.
Bächtold-Stäubli	Handwörterbuch des deutschen Aberglaubens, hrsg. v. H. Bächtold-Stäubli, 10 Bde., Berlin - Leipzig 1927-1942
BAKultG	Beihefte zum Archiv für Kulturgeschichte, Köln 1951 ff.
BAL	Berichte über die Verhandlungen der Sächsischen Akademie der Wissenschaften zu Leipzig (bis 71, 1, 1919: BGL), Leipzig 1846 ff.
Bardenhewer	O. Bardenhewer, Geschichte der altkirchlichen Literatur, Freiburg/Breisgau 1902 ff.; I2, 1913; II2, 1914; III3, 1923; IV 1.2, 1924; V, 1932 (unveränderter Nachdruck I-V, Darmstadt 1962)
Baring-Gould	S. Baring-Gould, Lives of the Saints, 16 Bde., 2. Aufl., Edinburgh 1914 ff.
Baronius	C. Baronius, Annales ecclesiastici, ed. Mansi, mit Fortsetzung des A. Bzovius, O. Raynald und Laderchi, 38 Bde., Lucca 1738-1759
Barth, KD	K. Barth, Die Kirchliche Dogmatik I/1, Zollikon-Zürich 1932 (1955^7); I/2, 1938 (1948^4); II/1, 1940 (1948^3); II/2, 1942 (1948^3); III/1, 1945 (1947^2); III/2, 1948; III/3, 1950; III/4, 1951; IV/1, 1953; IV/2, 1955; IV/3, 1959; IV/4, 1967
Barth, PrTh	K. Barth, Die protestantische Theologie im 19. Jahrhundert. Ihre Vorgeschichte und ihre Geschichte, Zollikon Zürich 1952^2; 1961^3
BASOR	The Bulletin of the American Schools of Oriental Research, New Haven/Connecticut 1919 ff.
Bauer	W. Bauer, Griechisch-deutsches Wörterbuch zu den Schriften des Neuen Testaments und der übrigen urchristlichen Literatur, 5. verbesserte und stark vermehrte Aufl., Berlin 1958 (durchgesehener Nachdruck 1963)
Baumstark	A. Baumstark, Geschichte der syrischen Literatur mit Ausschluß der christlich-palästinensischen Texte, Bonn 1922
BBB	Bonner Biblische Beiträge, Bonn 1950 ff.
BBKG	Beiträge zur bayerischen Kirchengeschichte, Erlangen 1885-1925
BBLAK	Beiträge zur biblischen Landes- und Altertumskunde, Stuttgart 1878 ff.
BC	Biblischer Commentar über das Alte Testament, hrsg. von C. F. Keil und F. Delitzsch, Leipzig 1861 ff.
BdtPh	Blätter für deutsche Philosophie, Berlin 1927/28 ff.
B-E	Brokgauz-Efron: F. A. Brokgauz - I. A. Efron (Hrsg.): Encyklopediceskij slovar. 82 Bde. SPb 1890-1904. 2 Erg.-Bde. SPb 1905-1907
Beck	H.-G. Beck, Kirche und theologische Literatur im byzantinischen Reich, München 1959
Bedjan	Acta martyrum et sanctorum (syriace), ed. P. Bedjan, 7 Bde., Paris 1890-1897
Benedictina	Benedictina, Rom 1947 ff.

Bénézit	E. Bénézit, Dictionnaire Critique et Documentaire des Peintres, Sculpteurs, Dessinateurs et Graveurs de Tous les Temps et de Tous les Pays par un Groupe d'Écrivains Spécialistes Français et Etrangers, 8 Bde., Paris 1948 ff. (Nouvelle édition, ebd. 1966)
BEStPh	Bibliographische Einführungen in das Studium der Philosophie, hrsg. von I. M. Bochenski, Bern 1948 ff.
BEvTh	Beiträge zur evangelischen Theologie. Theologische Abhandlungen, hrsg. von E. Wolf, München 1940 ff.; NF 1945 ff.
BFChTh	Beiträge zur Förderung christlicher Theologie, Gütersloh 1897 ff.
BGBR	Beiträge zur Geschichte des Bistums Regensburg
BGDSL	Beiträge zur Gesch. der deutschen Sprache und Literatur, Halle 1874 ff.
BGE	Beiträge zur Geschichte der neutestamentlichen Exegese, Tübingen 1955 ff.
BgF	Bibliographia Franciscana, Rom 1929/30 ff.
BGL	Berichte über die Verhandlungen der Sächsischen Gesellschaft der Wissenschaften zu Leipzig (ab 71, 2, 1919: BAL), Leipzig 1846 ff.
BGPhMa	Beiträge zur Geschichte der Philosophie (ab 27, 1928-30: und Theologie) des Mittelalters, hrsg. von M. Grabmann, Münster 1891 ff.
BhEvTh	Beihefte zur Evangelischen Theologie, München 1935 ff.
BHG	Bibliotheca hagiographica graeca, ed. socii Bollandiani, Brüssel 1909²; 3 Bde., ed. F. Halkin, ebd. 1957³
BHisp	Bulletin hispanique, Bordeaux 21 (= NS 1) 1899 ff.
BHK	Biblia Hebraica, ed. R. Kittel, Stuttgart 1951⁷
BHL	Bibliotheca hagiographica latina antiquae et medii aetatis, ed. socii Bollandiani, 2 Bde., Brüssel 1898-1901; Suppl. editio altera, ebd. 1911
BHO	Bibliotheca hagiographica Orientalis, ed. P. Peeters, Brüssel 1910
BHR	Bibliothèque d'humanisme et renaissance. Travaux et documents, Genf 1939 ff.
BHTh	Beiträge zur historischen Theologie, Tübingen 1929 ff.
BIB	Biografisch Index an de Benelux, München 1997
Bibl	Biblica. Commentarii ad rem biblicam scientifice investigandam. Pontificium Institutum Biblicum, Rom 1920 ff.
BiblCap	Bibliotheca Scriptorum Ordinis Minorum S. Francisci Capuccinorum, Venedig 1747; Appendix 1747-1852, Rom 1852
BiblCarm	Bibliotheca Carmelitana, 2 Bde., Orléans 1752; neue Aufl. mit Suppl., hrsg. von G. Wessels, Rom 1927
BiblMiss	Bibliotheka Missionum, begonnen von R. Streit, fortgeführt von J. Dindinger, J. Rommerskirchen und J. Metzler, (Münster, Aachen) Freiburg/Breisgau - Rom 1916 ff.
BiblS	Bibliotheca Sacra, London 1843 ff.
BiblThom	Bibliothèque Thomiste, Le Saulchoir 1921 ff.
BIES	The Bulletin of the Israel Exploration Society, Jerusalem 1950 ff. (früher: BJPES)
BIFAO	Bulletin de l'Institut Français d'Archéologie, Kairo 1901 f.
Bihlmeyer-Tüchle	K. Bihlmeyer - H. Tüchle, Kirchengeschichte I: Das christliche Altertum, Paderborn 1966¹⁸; II: Das Mittelalter, 1968¹⁸; III: Die Neuzeit und die neueste Zeit, 1969¹⁸
Bijdragen	Bijdragen. Tijdschrift voor Filosofie en Theologie, Nijmegen 1938 ff.
BiKi	Bibel und Kirche. Organ des Katholischen Bibelwerkes, Stuttgart 1947 ff.
Billerbeck	(H. L. Strack und) P. Billerbeck, Kommentar zum Neuen Testament aus Talmud und Midrasch, I-IV, München 1922-1928 (Neudruck 1956); V: Rabbinischer Index, hrsg. von J. Jeremias, bearb. von K. Adolph, ebd. 1956
BiOr	Bibliotheca Orientalis, Leiden 1943 ff.
BJ	Biographisches Jahrbuch und Deutscher Nekrolog (für die Jahre 1896-1913), 18 Bde., Berlin 1897-1917
BJber	Bursians Jahresbericht über die Fortschritte der klassischen Altertumswissenschaft, Leipzig 1873 ff.
BJPES	Bulletin of the Jewish Palestine Exploration Society, Jerusalem 1933 ff. (ab 1950: BIES)
BK	Biblischer Kommentar. Altes Testament, hrsg. von M. Noth, Neukirchen-Vluyn 1955 ff.
BKV	Bibliothek der Kirchenväter, 79 Bde., Kempten 1869-1888; BKV²: Bd. 1-61, München 1911-1931; II. Reihe: Bd. 1-20, ebd. 1932-1938
BL	Bibel-Lexikon, hrsg. von H. Haag, Einsiedeln - Zürich - Köln 1951-1956 (1968²)

BLE	Bulletin de littérature ecclésiastique, Toulouse 1899 ff.
Blume	F. Blume, Gesch. der evangelischen Kirchenmusik, Kassel 1931, 2., neubearbeitete Aufl., ebd. 1965
BM	Benediktinische Monatsschrift (1877-1918: Benediktsstimmen), Beuron 1919 ff.
BMevR	Beiträge zur Missonswissenschaft und evangelischen Religionskunde, Gütersloh 1951 ff.
BMCL	Bulletin of Medieval Canon Law, Berkeley 1971 ff.
BnatBelg	Biographie nationale. Publiée par l'Académie de Belgique, Bd. 1-28, Brüssel 1866-1944; Bd. 29-32 (Suppl.), 1956-1964
BollAC	Bollettino di archeologia cristiana, hrsg. von G. B. de Rossi, Rom 1863-1894
BollStA	Bollettino Storico Agostiniano, Florenz 1924-1952
Braun	J. Braun, Tracht und Attribute der Heiligen in der deutschen Kunst, Stuttgart 1943 (unveränderter Nachdruck 1964)
BRL	Biblisches Reallexikon, hrsg. von K. Galling, Tübingen 1937
Brockelmann	C. Brockelmann, Geschichte der arabischen Literatur, 2 Bde., Leiden 1933/44[2]; 3 SupplBde., 1936-1942
Brown	J. D. Brown, Biographical Dictionary of Musicians, London 1886 (Nachdruck Hildesheim - New York 1970)
BS	Bibliotheca sanctorum I-XII, Rom 1961-1969
BSAO	Bulletin de la Société des Antiquaires de l'Ouest
BSHPF	Bulletin de la Société de l'Histoire du Protestantisme Français, Paris 1852 ff.
BSKG	Beiträge zur sächsischen Kirchengeschichte, (Leipzig) Dresden 1882-1942
BSLK	Die Bekenntnisschriften der evangelisch-lutherischen Kirche, hrsg. vom Deutschen Evangelischen Kirchenausschuß, Göttingen 1956[3]
BSOAS	Bulletin of the School of Oriental (Vol. 10 ff.: and African) Studies, London 1917 ff.
BSRK	Die Bekenntnisschriften der reformierten Kirche, hrsg. von E. F. K. Müller, Leipzig 1903
BSS.A I	Bibliotheca Sanctorum, Apendice I, Roma 1987
BSS.A II	Bibliotheca Sanctorum, Apendice II, Roma 2000
BSt	Biblische Studien, Freiburg/Breisgau 1895 ff.
BSt(N)	Biblische Studien, Neukirchen-Vluyn 1951 ff.
BThAM	Bulletin de Théologie Ancienne et Médiévale, Löwen 1929 ff.
BThH	Biblisch-Theologisches Handwörterbuch zur Lutherbibel und zu neueren Übersetzungen, hrsg. von E. Osterloh und H. Engelland, Göttingen 1954
BThKG	Beiträge zur Thüringischen Kirchengeschichte, Gotha 1929-1940
BThSt	Biblisch-Theologische Studien, Neukirchen-Vluyn
BThWB	Bibeltheologisches Wörterbuch, hrsg. von J. B. Bauer, 2 Bde., Graz 1959 (1967[3])
BuL	Bibel und Leben, Düsseldorf 1959 ff.
Burg.	Burgense. Collectanea scientifica, Burgos 1. 1960 ff.
BWA(N)T	Beiträge zur Wissenschaft vom Alten (und Neuen) Testament, Leipzig 1908 ff.; Stuttgart 1926 ff.
BWGN	Biographisch Woordenboek van Protestantsche Godgeleerden in Nederland, 's Gravenhage 1919 ff.
ByZ	Byzantinische Zeitschrift, Leipzig 1892 ff.
Byz(B)	Byzantion, Brüssel 1924 ff.
BZ	Biblische Zeitschrift, Freiburg/Breisgau 1903-1929; Paderborn 1931-1939. 1957 ff.
BZAW	Beihefte zur Zeitschrift für die alttestamentliche Wissenschaft, Berlin 1896 ff.
BZfr	Biblische Zeitfragen, hrsg. von P. Heinisch und F. W. Maier, Münster 1908 ff.
BZNW	Beihefte zur Zeitschrift für die neutestamentliche Wissenschaft und die Kunde der älteren Kirche, Berlin 1923 ff.
BZThS	Bonner Zeitschrift für Theologie und Seelsorge, Düsseldorf 1924-1931

C

CA	Confessio Augustana (in: BSLK)
CahArch	Cahiers Archéologiques. Fin de l'Antiquité et Moyen âge, Paris 1945 ff.
CAR	Caritas, Freiburg/Breisgau 1896 ff.

Carmelus	Carmelus. Commentarii ab Instituto Carmelitano editi, Roma 1. 1954 ff.
Caspar	E. Caspar, Geschichte des Papsttums von den Anfängen bis zur Höhe der Weltherrschaft, 2 Bde., Tübingen 1930. 1933
Cath	Catholica. Jahrbuch (Vierteljahresschrift) für Kontroverstheologie, (Paderborn) Münster 1932 ff.
CathEnc	The Catholic Encyclopedia, hrsg. von Chr. Herbermann u. a., 15 Bde., New York 1907-1912; dazu Index-Bd. 1914 und Suppl.Bd,. 1922
Catholicisme	Catholicisme. Hier - Aujourd'hui - Demain. Encyclopédie, dirigée par G. Jacquemet, Paris 1948 ff.
CBE	Catholic Biblical Encyclopedia, Old and New Testament, by J. E. Steinmueller - K. Sullivan, New York 1950
CBL	Calwer Bibellexikon. In 5. Bearbeitung hrsg. von Th. Schlatter, Stuttgart 1959-1961
CBQ	The Catholic Biblical Quarterly, Washington 1939 ff.
CCathCorpus	Catholicorum, begründet von J. Greving, hrsg. (seit 1922) von A. Erhard, Münster 1919 ff.
CChr	Corpus Christianorum seu nova Patrum collectio, Turnhout - Paris 1953 ff.
CConf	Corpus Confessionum. Die Bekenntnisse der Christenheit, hrsg. von C. Fabricius, Berlin 1928 ff.
CcW	Chronik der christlichen Welt, Leipzig 1891-1917
Chalkedon	Das Konzil von Chalkedon. Geschichte und Gegenwart, hrsg. von A. Grillmeier und H. Bacht, 3 Bde., Würzburg 1951-1954 (Nachdruck mit Ergänzung 1962)
Chevalier	U. Chevalier, Répertoire des sources historiques du Moyen âge: Bio-Bibliographie, Paris 1877-1886; SupplBd. 1888; 2. Aufl.. 2 Bde., 1903-1907
ChH	Church History, New York 1932 ff.
ChK	Die christliche Kunst, München 1904-1937
ChQR	The Church Quarterly Review, London 1875 ff.
CHR	The Catholic historical Review, Washington 1915 ff.
ChuW	Christentum und Wissenschaft, Desden 1925-1934
ChW	Die christliche Welt, (Leipzig, Marburg, Gotha) Leipzig 1886-1941
CIG	Corpus Inscriptonum Graecarum, 4 Bde., Berlin 1825-1877
CIJ	Corpus Inscriptonum Judaicarum, ed. J. B. Frey, Rom 1936 ff.
CIL	Corpus Inscriptonum Latinarum, Berlin 1863 ff.
CIS	Corpus Inscriptonum Semiticarum, Paris 1881 ff.
Cist	Cistercienser-Chronik, Mehrerau 1889 ff.
Citeaux	Citeaux. Commentarii Cistercienses, Westmalle 1959 ff.
CivCatt	La Civiltà Cattolica, Rom 1850 ff. (1871-1887 Florenz)
CKL	Calwer Kirchenlexikon. Kirchlich-theologisches Handwörterbuch, 2 Bde., Stuttgart 1937-1941
COFMC	Commentarium Ordinis Fratrum Minorum S. Francisci Conventualium, Rom 1904 ff.
CollFr	Collectanea Franciscana, Rom 1931 ff.
CollOCR	Collectanea ordinis Cisterciensium Reformatorum. Rom - Westmalle/Belgien 1934 ff.
CollSCarm	Collectio Scriptorum Carmelitarum Excalceatorum, 2 Bde., Savona 1884
Conc(E)	Concilium. Revista internacional de teologia, Madrid 1. 1965 ff.
Concilium	Concilium. Internationale Zeitschrift für Theologie, Einsiedeln - Zürich - Mainz 1965 ff.
CorpAp	J. C. Th. von Otto, Corpus Apologetarum, 9 Bde., Jena 1847-1872
CPL	Clavis Patrum Latinorum, ed. E. Dekkers, Steenbrugge 1951
CR	Corpus Reformatorum, (Braunschweig) Berlin 1834 ff.; Leipzig 1906 ff.
CSCO	Corpus scriptorum christianorum orientalium, Paris 1903 ff.
CSEL	Corpus scriptorum ecclesiasticorum latinorum, Wien 1866 ff.
CSHB	Corpus Scriptorum Historiae Byzantinae, 50 Bde., Bonn 1828-1897
CSS	Cursus Scripturae Sacrae, Paris 1884 ff.
CTom	Cienca Tomista, Madrid 1910 ff.
CV	Communio viatorum, Prag 1958 ff.

D

DA	Deutsches Archiv (Weimar 1937-1943: für Geschichte des Mittelalters) für Erforschung des Mittelalters, Köln - Graz 1950 ff.

DAB	Dictionary of American Biography, 21 Bde., New York 1928-1944
DACL	Dictionnaire d'archéologie chrétienne et de liturgie, hrsg. von F. Cabrol - H. Leclerq - H. Marrou, 15 Bde., Paris 1924-1953
DAFC	Dictionnaire apologétique de la foi catholique, ed. A. d'Alès, 4 Bde., Paris 1911-1922; Table analytique, 1931
Dalman	G. Dalman, Arbeit und Sitte in Palästina, 7 Bde., Gütersloh 1918-1942 (Nachdruck Hildesheim 1964)
DB	A Dictionary of the Bible, ed. J. Hastings with assistance of J. A. Selbie, 5 Bde., Edinburgh 1942-1951[8-13] (frühere Aufl. ebd. 1898 ff.; 1909 ff.)
DBA II	Deutsches Biographisches Archiv, 2. Ausgabe, München 1998
DBE	Deutsche Biographische Enzyklopädie
DBF	Dictionnaire de biographie française, Paris 1933 ff.
DBI	Dizionario Biografico degli Italiani, Rom 1960 ff.
DBI II	Deutscher Biographischer Index, 2. Ausgabe, München 1998
DBJ	Deutsches Biographisches Jahrbuch. Überleitungsbd. I: 1914-1916, Berlin und Leipzig 1925; Überleitungsbd. II: 1917-1920, 1928; Bd. III: 1921, 1927; Bd. IV: 1922, 1929; Bd. V: 1923, 1930; Bd. X: 1928, 1931; Bd. XI: 1929, 1932 (mehr nicht erschienen)
DBL	Dansk Biografisk Leksikon, Bd. 1-27, Kopenhagen 1933-1944
DBV	Dictionnaire de la Bible, hrsg. von F. Vigouroux, 5 Bde., Paris 1895-1912
DBVS	Dictionnaire de la Bible, Supplément, ed. L. Pirot, fortgesetzt von A. Robert (seit 1955 von H. Cazelles), I ff., Paris 1928
DCB	A Dictionary of Christian Biography, Literature, Sects and Doctrines, 4 Bde., London 1877-1887
DDC	Dictionnaire de droit canonique, 7 Bde., Paris 1935-1965
DDT	Denkmäler deutscher Tonkunst. Folge I, 65 Bde., Leipzig bzw. Augsburg 1892-1931
DE	Dizionario ecclesiastico, hrsg. von A. Mercati und A. Pelzer, 3 Bde., Turin 1953-1958
DEBl	Deutsch-Evangelische Blätter, Halle 1876-1908
De Boor	H. de Boor u. R. Newald, Gesch. der deutschen Literatur von den Anfängen bis zur Gegenwart, München 1949 ff.
Delacroix	Histoire universelle des missions catholiques, ed. S. Delacrois, 4 Bde., Paris 1956-1959
Denzinger	H. Denzinger - A. Schönmetzer, Enchiridion Symbolorum, Definitionum et Declarationum de rebus fidei et morum, Barcelona - Freiburg/Breisgau - Rom - New York 1965[33]
DHEE	Diccionario de historia ecclesiástica de España, Madrid 1972-1975
DHGE	Dictionnaire d'histoire et de géographie ecclésiastiques, Paris 1912 ff.
Diakonia	Diakonia. Internationale Zeitschrift für Theologie, Mainz - Olten/Schweiz 1966 ff. (Fortsetzung von: Anima)
DictEnglCath	A Literary and Biographical History or Bibliographical Dictionary of the English Catholics from 1534 to the Present Time, by J. Gillow, 5 Bde., London und New York 1885-1902; neubearbeitet von H. Thurston, London 1925 ff. (Nachdruck New York 1961
Diekamp	F. Diekamp, Katholische Dogmatik nach den Grundsätzen des hl. Thomas, neubearbeitet von K. Jüssen, I, Münster 1958[13]; II, 1959[12]; III, 1962[13]
DIP	Dizionario degli Istituti di Perfezione, Rom 1974 ff.
Div	Divinitas; Roma 1.1957-40.1996; [41.]1997,1-3 (Febr.-Okt.); [41.]1997(1998),3(Okt.); N.S. 43.2000
DLL	Deutsches Literatur-Lexikon. Begründet von Wilhelm Kosch. Hrsg. von Bruno Berger und Heinz Rupp. 3., völlig neubearbeitete Aufl., Bern und München 1968 ff. (I, 1968; II, 1969; III, 1971; IV, 1972)
DLZ	Deutsche Literaturzeitung, Berlin 1930 ff.
DNB	The Dictionary of National Biography, 67 Bde., London 1885-1903; Neuaufl. 22 Bde., 1908/09; Fortsetzungen, 1901-29
DomSt	Dominican Studies, Oxford 1948 ff.
Doyé	F. von Sales Doyé, Heilige und Selige der römisch-katholischen Kirche, deren Erkennungszeichen, Patronate und lebensgeschichtliche Bemerkungen, 2 Bde., Leipzig 1930
DSp	Dictionnaire de Spiritualité ascétique et mystique. Doctrine et Histoire, hrsg. von M. Viller, Paris 1932 ff.
DTB	Denkmäler der Tonkunst in Bayern (= DDT, Folge II), 30 Bde., Leipzig bzw. Augsburg 1900-1931

DTh	Divus Thomas (vor 1914: Jahrbuch für Philosophie und spekulative Theologie; ab 1954: Freiburger Zeitschrift für Theologie und Philosophie), Fribourg/Schweiz 1914-1954
DThC	Dictionnaire de théologie catholique, hrsg. von A. Vacant und E. Mangenot, fortgesetzt von E. Amann, I-XV, Paris 1903-1950; Table analytique und Tables générales XVI ff., ebd. 1951 ff.
DTÖ	Denkmäler der Tonkunst in Österreich, Wien 1894 ff.
DtPfrBl	Deutsches Pfarrerblatt, Essen 1905 ff.; NF 1949 ff.
DTT	Dansk Teologisk Tidsskrift, Kopenhagen 1938 ff.
Duhr	B. Duhr, Geschichte der Jesuiten in den Ländern deutscher Zunge I. II, Freiburg/Breisgau 1907-1913; III. IV, Regensburg 1921-1928
DVfLG	Deutsche Vierteljahresschrift für Literaturwissenschaft und Geistesgeschichte, Halle 1923 ff.
DZKR	Deutsche Zeitschrift für Kirchenrecht, Tübingen 1861-1917
DZPh	Deutsche Zeitschrift für Philosophie, Berlin 1953 ff.

E

EA	Erlanger Ausgabe der Werke M. Luthers, 1826 ff.
EB	Encyclopaedia Biblica, ed. T. K. Cheyne and J. Black, 1899-1903
EBB	Encyclopaedia biblica, thesaurus rerum biblicarum ordine alphabetico digestus, Jerusalem 1950 ff.
EBio	Enciclopedia biografica. I grandi del cattolicesimo, Rom 1955 ff.
EBrit	The Encyclopaedia Britannica, 23 Bde., dazu 1 Bd. Index und Atlas, Chicago - London - Toronto 1968
EC	Enciclopedia Cattolica, 12 Bde., Rom 1949-1954
ECarm	Ephemerides Carmelitae, Florenz 1947 ff.
ECE	Enciclopedia de la cultura española, ed. Florentino Pérez-Embid, Madrid 1-5, 1996^2-1996^5
EchtB	Echter-Bibel, hrsg. von F. Nötscher und K. Staab, Würzburg 1947 ff.
Eckart	Eckart. Blätter für evangelische Geistesarbeit, Berlin 1924 ff.
ECQ	The Eastern Churches Quarterly, Ramsgate 1936 ff.
ED	Euntes docete, Roma 1. 1948 ff.
EE	Estudios eclesiásticos, Madrid 1922-1936. 1942 ff.
EeV	Esprit et vie, Maredsous 1. 1948 ff; Langres 79. 1969 ff.
Éfranc	Études franciscaines, Paris 1909-1940; NS 1950 ff.
ÉGr	Études Grégoriennes, Tournai 1954 ff.
ÉHPhR	Études d'histoire et de philosophie religieuses, Strasbourg 1922 ff.
EHR	English Historical Review, London 1886 ff.
Ehrismann	G. Ehrismann, Geschichte der deutschen Literatur bis zum Ausgang des Mittelalters I, München 1918 (1932^2); II, 1935 (unveränderter Nachdruck 1954)
EI	Enzyklopädie des Islam, 5 Bde., Leipzig - Leiden 1913-1938
EI^2	Encyclopédie de l'Islam, nouvelle édition, Leiden - Paris 1954 ff.
Eichrodt	W. Eichrodt, Theologie des Alten Testaments I, Berlin 1957^7; II.III, 1964^5
Eißfeldt	O. Eißfeldt, Einleitung in das Alte Testament, Tübingen 1964^3
EItal	Enciclopedia Italiana di scienze, lettere ed arti, 35 Bde., Rom 1929-1937; ErgBd., 1938; IndexBd., 1939; 2 ErgBde. (1938-1948), ebd. 1948/49
Eitner	R. Eitner, Biographisch-bibliographisches Quellen-Lexikon der Musiker und Musikgelehrten christlicher Zeitrechnung bis Mitte des 19. Jahrhunderts, 11 Bde., Graz $1959/60^2$
EJud	J. Klatzkin und I. Elbogen, Encyclopaedia Judaica. Das Judentum in Geschichte und Gegenwart, 10 Bde. (unvollständig: bis Lyra), Berlin 1928-1934
EKG	Evangelisches Kirchengesangbuch
EKL	Evangelisches Kirchenlexikon. Kirchlich-theologisches Wörterbuch, hrsg. von H. Brunotte und O. Weber, 3 Bde. und 1 RegBd., Göttingen 1955-1961
Elert	W. Elert, Morphologie des Luthertums, 2 Bde., München 1931 (1958^3)
ELKZ	Evangelisch-lutherische Kirchenzeitung, München 1947 ff.
EMM	Evangelisches Missionsmagazin, Basel 1816-1856; NF 1857 ff.
EMZ	Evangelische Missionszeitschrift, Stuttgart 1940 ff.
EncF	Enciclopedia Filosofica, 4 Bde., Venedig - Rom 1957/58

EnchB	Enchiridion biblicum. Documenta ecclesiastic Sacram Scripturam spectantia, Rom 1961[4]
EncJud	Encyclopaedia Judaica, 16 Bde., Jerusalem 1971/72
EnEc	Enciclopedia ecclesiastica. Dir. A. Bernareggi, Mailand 1943 ff.
EncPhilos	The Encyclopedia of Philosophy, New York-London 1967
EnzKat.	Encyklopedia katolicka, Lublin 1973 ff.
EO	Echos d'Orient, Paris 1897 ff.
EphLiturg	Ephemerides Liturgicae, Rom 1887 ff.
Eppelsheimer, BLW	H. W. E. Eppelsheimer, Bibliographie der deutschen Literaturwisenschaft I, Frankfurt/Main 1957; II, 1958; III, 1960; IV, 1961; V, 1963; VI, 1965
Eppelsheimer, WL	H. W. E. Eppelsheimer, Handbuch zur Weltliteratur. Von den Anfängen bis zur Gegenwart. 3. neubearbeitete und ergänzte Aufl., Frankfurt/Main 1960
ER	The Ecumenical Review, Genf 1948 ff.
ERE	Encyclopaedia of Religion and Ethics, ed. I. Hastings, 12 Bde., New York 1908-1921; 2. impr. vol. 1-12 and Index vol., Edinburgh 1925-1940 (Nachdruck 1951)
Erich-Beitl	O. A. Erich - R. Beitl, Wörterbuch der deutschen Volkskunde, Stuttgart 1955[2]
ErJb	Eranos-Jahrbuch, Zürich 1933 ff.
Escobar	Ordini e Congregazioni religiose, hrsg. von M. Escobar, 2 Bde., Turin 1951. 1953
ESL	Evangelisches Soziallexikon, hrsg. von F. Karrenberg, Stuttgart 1954 (1965[4])
EstB	Estudios Bíblicos, Madrid 1929-1936. 1941 ff.
EstJos	Estudios josefinos, Valladolid 1. 1947 ff.
ÉtB	Études Bibliques, Paris 1907 ff.
EThLov	Ephemerides Theologicae Lovanienses, Brügge 1924 ff.
Études	Études religieuses, historiques et littéraires publiées par les pères de la Compagnie de Jésus (ab 1897: Études), Paris 1856 ff.
EuG	J. S. Ersch und J. G. Gruber, Allgemeine Enzyklopädie der Wissenschaften und Künste, 167 Bde., Leipzig 1818-1890
Euph	Euphorion. Zeitschrift für Literaturgeschichte, Heidelberg 1894 ff.
EvFr	Evangelische Freiheit, 1879-1901 (1901-1920: MkPr)
EvMiss	Die evangelischen Missionen. Illustriertes Familienblatt. Zeitschrift der Deutschen Evangelischen Missions-Hilfe, Gütersloh 1895 ff.
EvTh	Evangelische Theologie, München 1934 ff.
ExpT	The Expository Times, Edinburgh 1889 ff.

F

F.	(Mikro-)Fiche
FBPG	Forschungen zur Brandenburgischen und Preußischen Geschichte (NF der »Märkischen Forschungen«), 55 Bde., (Leipzig) München 1888-1944
FC	Formula Concordiae (in: BSLK)
FChLDG	Forschungen zur christlichen Literatur- und Dogmengeschichte, hrsg. von A. Ehrhard und J. P. Kirsch, (Mainz) Paderborn 1900 ff.
FDA	Freiburger Diözesan-Archiv, Freiburg, 1865 ff.
FE	Filosofskaja Enciklopedija. 5 Bde. M 1960-1970
Feine, RG	H. E. Feine, Kirchliche Rechtsgeschichte. I: Die katholische Kirche, Weimar 1988[5]
Feine, ThNT	P. Feine, Theologie des Neuen Testaments, Berlin 1951[8]
Feine-Behm	P. Feine und J. Behm, Einleitung in das Neue Testament, Heidelberg 1965[14] (völlig neu bearbeitet von W. G. Kümmel)
Fellerer	Geschichte der katholischen Kirchenmusik, hrsg. von K. G. Fellerer. I: Von den Anfängen bis zum Tridentinum, Kassel - Basel - Tours - London 1972
FF	Forschungen und Fortschritte. Korrespondenzblatt (später: Nachrichtenblatt) der deutschen Wissenschaft und Technik, Berlin 1925-1967
FGLP	Forschungen zur Geschichte und Lehre des Protestantismus, München 1927 ff.
FGNK	Th. Zahn, Forschungen zur Geschichte des neutestamentlichen Kanons und der altkirchlichen Literatur, 9 Bde., Erlangen - Leipzig 1881-1916
Fischer-Tümpel	A. Fischer - W. Tümpel, Das deutsche evangelische Kirchenlied des 17. Jahrhunderts, 6 Bde., Gütersloh 1904-1916 (Nachdruck Hildesheim 1964)

FKDG	Forschungen zur Kirchen- und Dogmengeschichte, Göttingen 1953 ff.
FKGG	Forschungen zur Kirchen- und Geistesgeschichte, Stuttgart 1932 ff.
Fliche-Martin	Histoire de l'Église depuis les origines jusqu'à nos jours, publiée sous la direction de A. Fliche et V. Martin, Paris 1935 ff.
Flórez	H. Flórez, España Sagrada. Teatro geográfico-histórico de la Iglesia de la España, 51 Bde., Madrid 1754-1879
Frate Franc.	Frate Francesco, Parma 1924 ff.
FreibDiözArch	Freiburger Diözesan-Archiv, Freiburg/Breisgau 1865 ff.
FreibThSt	Freiburger Theologische Studien, Freiburg/Breisgau 1910 ff.
Friedberg	E. Friedberg, Lehrbuch des katholischen und evangelischen Kirchenrechts, Leipzig 1909^{6}
FRLANT	Forschungen zur Religion und Literatur des Alten und Neuen Testaments, Göttingen 1903 ff.
FrSt	Franciscan Studies, St.-Bonaventure (New York) 1940 ff.
FrStim	Franziskusstimmen; Werl (Westf.) 1.1917-23.1939
FS	Franziskanische Studien, (Münster) Werl 1914 ff.
FSThR	Forschungen zur systematischen Theologie und Religionsphilosophie, Göttingen 1955 ff.
FuF	Forschungen und Fortschritte, Berlin
FVK	Forschungen zur Volkskunde, (Düsseldorf u.a.1,1930 - 32,1938); 33ff.,1950ff. Münster/W.
FZThPh	Freiburger Zeitschrift für Theologie und Philosophie (vor 1914: Jahrbuch für Philosophie und spekulative Theologie; 1914-1954: Divus Thomas), Fribourg/Schweiz 1955 ff.

G

Gatz, Bischöfe 1198-1448	Gatz: Die Bischöfe der deutschsprachigen Länder 1198-1448, Berlin 2001
Gatz, Bischöfe 1448-1668	Gatz: Die Bischöfe der deutschsprachigen Länder 1448-1668, Berlin 1996
Gatz, Bischöfe 1648-1803	Gatz: Die Bischöfe der deutschsprachigen Länder 1648-1803, Berlin 1990
Gatz, Bischöfe 1785/1803 bis 1945	Gatz: Die Bischöfe der deutschsprachigen Länder 1785/1803 bis 1945, Berlin 1983
Gatz, Bischöfe 1945-2001	Gatz: Die Bischöfe der deutschsprachigen Länder 1945-2001, Berlin 2002
GCS	Die griechischen christlichen Schriftsteller der ersten drei Jahrhunderte, Leipzig 1897 ff.
GDV	Die Geschichtsschreiber der deutschen Vorzeit. In deutscher Bearbeitung, hrsg. von G. H. Pertz u. a., 92 Bde., Leipzig - Berlin 1949-1892; 2. Gesamtausgabe besorgt von W. Wattenbach u. a., Leipzig 1884-1940 (teilweiser Neudruck 1940)
Gebhardt-Grundmann	B. Gebhardt, Handbuch der deutschen Geschichte, 8. Aufl., völlig neu bearbeitet, hrsg. von H. Grundmann, 4 Bde., Stuttgart 1954-1963
Gerber	L. Gerber, Neues historisch-biographisches Lexikon der Tonkünstler, 4 Tle., Leipzig 1812-1814 (Nachdruck Graz 1966); Ergänzungen, Berichtigungen, Nachträge, Graz 1966
Gerbert	M. Gerbert, Scriptores ecclesiastici de musica sacra, 3 Bde., St. Blasien 1784 (Neudruck Graz 1905)
GermRev	The Germanic Review, New York 1926 ff.
Gesenius-Buhl	W. Gesenius, Hebräisches und Aramäisches Handwörterbuch über das Alte Testament, bearbeitet von F. Buhl, Leipzig 1921^{17} (unveränderter Nachdruck Berlin - Göttingen - Heidelberg 1949)
Gesenius-Kautzsch	W. G.' hebräische Grammatik, völlig umgearbeitet von E. Kautzsch, Leipzig 1909^{28}
GFd.	Geschichtsfreund, Stans
GGA	Göttingische Gelehrte Anzeigen, (Berlin) Göttingen 1738 ff.
Gn	Gnomon. Kritische Zeitschrift für die gesamte klassische Altertumswissenschaft, (Berlin) München 1925 ff.
Goedeke	K. Goedeke, Grundriß zur Geschichte der deutschen Dichtung, Dresden 1884-1904^{2}
Goodmann	A.A. Goodmann, Musik von A-Z, München 1971
Grabmann, GkTh	M. Grabmann, Die Geschichte der katholischen Theologie seit dem Ausgang der Väterzeit, Freiburg/Breisgau 1933
Grabmann, MGL	M. Grabmann, Mittelalterliches Geistesleben, 3 Bde., München 1926-1956 (Darmstadt 1966^{2})
Grabmann, SM	M. Grabmann, Die Geschichte der scholastischen Methode I, Freiburg/Breisgau 1909; II, ebd. 1911 (unveränderter Nachdruck Graz 1957)
Graetz	H. Graetz, Geschichte der Juden, 11 Bde., Berlin - Leipzig 1853-1870 (Neuausgabe 1923)
Graf	G. Graf, Geschichte der christlichen arabischen Literatur, 5 Bde., Rom 1944-1953
Gregorianum	Gregorianum. Commentarii de re theologica et philosophica, Rom 1920 ff.

Gregorovius	F. Gregorovius, Geschichte der Stadt Rom im Mittelalter, 8 Bde., Stuttgart 1859-1872; 7. Aufl. von F. Schillmann, Dresden 1926 ff.
Grove	Grove's Dictionary of Music and Musicians, ed. E. Blom, 9 Bde., London 1954^{5}; Supplementary Volume to the Fifth Edition, ebd. 1961
GThT	Gereformeerd Theologisch Tijdschrift, Kampen 1900 ff.
GuG	Glaube und Gewissen. Eine protestantische Monatsschrift, Halle/Saale 1955 ff.
GuL	Geist und Leben. Zeitschrift für Aszese und Mystik (bis 1947: ZAM), Würzburg 1947 ff.
GuV	Rudolf Bultmann, Glauben und Verstehen, 4 Bde., Tübingen 1933-1965
GWU	Geschichte in Wissenschaft und Unterricht, Stuttgart 1950 ff.

H

Haag	Émile und Eugène Haag, La France protestante, ou Vies des protestants qui s'ont fait un nom dans l'histoire depuis les premiers temps de la Réformation jusqu'à la reconnaissance du principe de la liberté des cultes par l'Assemblée nationale, 10 Bde., Paris 1846-1859 (2. Aufl., bearbeitet von H. Bordier und A. Bernus, 5 Bde., [nur bis zum Buchstaben G], 1877 f.)
Haller	J. Haller, Das Papsttum, 5 Bde., 2., verbesserte und ergänzte Aufl., Stuttgart 1950-1953
Hallinger	K. Hallinger, Gorze-Kluny. Studien zu den monastischen Lebensformen und ihren Gegensätzen im Hochmittelalter, 2 Bde., Rom 1950/51
HAOG	A. Jeremias, Handbuch der altorientalischen Geisteskultur, Berlin 1929^{2}
Harnack, DG	A. von Harnack, Lehrbuch der Dogmengeschichte, 3 Bde., Tübingen $1909/10^{4}$ (= $1931/32^{5}$)
Harnack, Lit	A. von Harnack, Geschichte der altchristlichen Literatur, 3 Bde., Leipzig 1893-1904 (1958^{2})
Harnack, Miss	A. von Harnack, Die Mission und Ausbreitung des Christentums in den ersten drei Jahrhunderten, Leipzig 1902 (2 Bde., 1906^{2}; 1923^{4})
HAT	Handbuch zum Alten Testament, hrsg. von O. Eißfeldt, Tübingen 1934 ff.
Hauck	A. Hauck, Kirchengeschichte Deutschlands, Leipzig, I, 1952^{7}; II, 1952^{6}; III, 1952^{6}; IV, 1953^{6}; V, 1953^{5} (Nachdruck 1958)
HAW	Handbuch der Altertumswissenschaft, begründet von I. von Müller, neu hrsg. von W. Otto, München 1925 ff. (Neuaufl. 1955 ff.)
HB	E. Hübner, Bibliographie der klassischen Altertumswissenschaft, Berlin 1889^{2}
HBLS	Historisch-Biographisches Lexikon der Schweiz, 7 Bde., Neuenburg 1921-1934
Hdb. z. EKG	Handbuch zum Evangelischen Kirchengesangbuch, hrsg. von Ch. Mahrenholz und O. Söhngen. II/1: Lebensbilder der Liederdichter und Melodisten, bearbeitet von W. Lueken, Göttingen 1957
HDEK	Handbuch der deutschen evangelischen Kirchenmusik, Göttingen 1935 ff.
HDG	Handbuch der Dogmengeschichte, hrsg. von M. Schmaus, J. Geiselmann und A. Grillmeier, Freiburg/Breisgau 1951 ff.
HdKG	Handbuch der Kirchengeschichte, hrsg. von H. Jedin, 6 Bde., Freiburg/Breisgau - Basel - Wien 1962 ff.
Hefele	C. J. von Hefele, Conciliengeschichte, 9 Bde. (VIII.IX, hrsg. von J. Hergenröther), Freiburg/Breisgau 1855-1890 (I-VI^{2}, 1873-1890)
Hefele-Leclerq	Histoire des conciles d'après les documents originaux, par Ch. J. Hefele. Traduite par H. Leclerq, I-IX, Paris 1907 ff.
Heimbucher	M. Heimbucher, Die Orden und Kongregationen der katholischen Kirchen, 3. Aufl., 2 Bde., Paderborn 1933/34
Hélyot	P. Hélyot, Dictionnaire des Ordres Religieux, publiée par J. P. Migne, 4 Bde., Paris 1847-1859 (Neuaufl. von 1714-1719, 8 Bde.)
HEM	A History of the Ecumenical Movement 1517-1948, hrsg. von R. Rouse und St. Ch. Neill, London 1954 (dt. Göttingen 1956)
Hennecke	Neutestamentliche Apokryphen in deutscher Übersetzung, hrsg. von E. Hennecke, Tübingen 1924^{2}; 3. Aufl., hrsg. von W. Schneemelcher, 2 Bde., Tübingen 1959-1964
HerKorr	Herder-Korrespondenz, Freiburg/Breisgau 1946 ff.
Hermelink	H. Hermelink, Das Christentum in der Menschheitsgeschichte von der Französischen Revolution bis zur Gegenwart, 3 Bde., Stuttgart - Tübingen 1951-1955
Hermes	Hermes. Zeitschrift für klassische Philologie, Berlin 1866 ff.
HGR	Histoire Générale des Religions, 5 Bde., Paris 1948-1952
HibJ	The Hibbert Journal. A quarterly review of religion, theology and philosophy, London 1902 ff.
Hinschius	P. Hinschius, Das Kirchenrecht der Katholiken und Protestanten in Deutschland, 6 Bde., Berlin 1869-1897

Hirsch	E. Hirsch, Geschichte der neueren evangelischen Theologie im Zusammenhang mit den allgemeinen Bewegungen des europäischen Denkens, 5 Bde., Gütersloh 1949-1954
HIsl	Handwörterbuch des Islam, hrsg. von A. J. Wensinck und J. H. Kramers, Leiden 1941
HispSac.	Hispania sacra
HistLittFrance	Histoire littéraire de la France, I-XII, hrsg. von den Maurinern, Paris 1733-1763; XIII-XXXVI, hrsg. vom Institut de France, ebd. 1814-1927; I-XXIX, Neudruck, ebd. 1865 ff.
HistSJ	N. Orlandini, F. Sacchini, J. Jouvancy, J. C. Cordara, Historia Societatis Jesu, Rom 1614-1859
HJ	Historisches Jahrbuch der Görres-Gesellschaft, Köln 1880 ff.; München - Freiburg/Breisgau 1950 ff.
HK	Handkommentar zum Alten Testament, hrsg. von W. Nowack, Göttingen 1892-1929
HKG	Handbuch der Kirchengeschichte, hrsg. von G. Krüger, 4 Bde., Tübingen 1923-1931[2]
HLitW	Handbuch der Liturgiewissenschaft, hrsg. von A.-G. Martimor, 2 Bde., Freiburg/Breisgau 1963-1965
HLW	Handbuch der Literaturwissenschaft, hrsg. von O. Walzel, Wildpark-Potsdam 1923 ff.
HN	H. Hurter, Nomenclator literarius theologiae catholicae, 3. Aufl., 6 Bde., Innsbruck 1903-1913 (I[4], hrsg. von F. Pangerl, 1926)
HNT	Handbuch zum Neuen Testament, begründet von H. Lietzmann, jetzt hrsg. von G. Bornkamm, 23 Abteilungen, Tübingen 1906 ff.
HO	Handbuch der Orientalistik, hrsg. von B. Spuler, Leiden - Köln 1948 ff.
Hochland	Hochland. Monatsschrift für alle Gebiete des Wissens, der Literatur und Kunst, Kempten - München 1903 ff.
Hochweg	Der Hochweg. Ein Monatsblatt für Leben und Wirken, Berlin 1913 ff.
Holl	K. Holl, Gesammelte Aufsätze zur Kirchengeschichte. I: Luther, Tübingen 1921 (1932[6] = 1948[7]); II: Der Osten, ebd. 1927/28; III: Der Westen, ebd. 1928
Holweck	F. G. Holweck, A Biographical Dictionary of the Saints, with a general introduction on hagiology, London 1924
Honegger	M. Honegger, Dictionnaire de la Musique, 2 Bde., Bordas 1970
HPBl	Historisch-politische Blätter für das katholische Deutschland, 171 Bde., München 1838-1923
HPh	Handbuch der Philosophie, hrsg. von A. Baeumler und M. Schröter, Berlin 1927 ff.
HPTh	Handbuch der Pastoraltheologie, hrsg. von F. X. Arnold - K. Rahner - V. Schurr - L. M. Weber, Freiburg/Breisgau 1964 ff.
HRW(L)	Handbuch der Religionswissenschaft, hrsg. von J. Leipoldt, Berlin 1922
HRW(M)	Handbuch der Religionswissenschaft, hrsg. von G. Mensching, Berlin 1948 ff.
HS	Hispania Sacra, Madrid 1948 ff.
Hstud	Historische Studien, hrsg. von E. Ebering, Berlin 1896 ff.
HThK	Herders Theologischer Kommentar zum Neuen Testament, hrsg. von A. Wilkenhauser - A. Vögtle, Freiburg/Breisgau 1953 ff.
HThR	The Harvard Theological Review, Cambridge/Massachusetts 1908 ff.
HUCA	Hebrew Union College Annual, Cincinnati 1914 ff.
HUS	Harvard Ukrainian Studies. Cambridge/MASS 1/1977 ff.
Hutten	K. Hutten, Seher - Grübler - Enthusiasten und religiöse Sondergemeinschaften der Gegenwart, Stuttgart 1966[10] (1968[11])
HV	Historische Vierteljahresschrift, Leipzig 1898-1937
HWPh	Historisches Wörterbuch der Philosophie, Basel
HZ	Historische Zeitschrift, München 1859 ff.

I

IBKW	Innsbrucker Beiträge zur Kulturwissenschaft
ICC	The International Critical Commentary of the Holy Scriptures of the Old and New Testament, Edinburgh - New York 1895 ff.
IEJ	Israel Exploration Journal, Jerusalem 1950 ff.
IKZ	Internationale Kirchliche Zeitschrift, Bern 1911 ff.
IM	Die Innere Mission. Monatsblatt des Central-Ausschusses für die Innere Mission der deutschen evangelischen Kirche (früherer Titel: Die Innere Mission im evangelischen Deutschland), 1906 ff.

IQ — Islamic Quarterly, London 1954 ff.
Irénikon — Irénikon, Chevetogne 1926 ff.
IRM — International Review of Missions, Edinburgh 1912 ff.
Istina — Istina, Boulogne-sur-Seine 1954 ff.
IThQ — The Irish Theological Quarterly, Dublin 1906-1922. 1951 ff.
Itiner. — Itinerarium, Braga 1955 ff.
IZBG — Internationale Zeitschriftenschau für Bibelwissenschaft und Grenzgebiete, Stuttgart - Düsseldorf 1952 ff.

J

JAA — Jaarboek der koninklijke nederlands(ch)e Akademie van Wetenschappen. Amsterdam
JAC — Jahrbuch für Antike und Christentum, Münster 1958 ff.
Jacobs — Reformierte Bekenntnisschriften und Kirchenordnungen in deutscher Übersetzung. Bearbeitet und hrsg. von P. Jacobs, Neukirchen-Vluyn 1950
Jaffé — Ph. Jaffé, Regesta pontificum Romanorum ab condita ecclesia ad annum 1198, Leipzig 1851; 2. Aufl., 2 Bde., 1881-1888 (Nachdruck Graz 1956)
JAOS — The Journal of the American Oriental Society, New Haven 1843 ff.
JB — Theologischer Jahresbericht, 1866-1875
JBl. — Juristische Blätter
JBL — Journal of Biblical Literature, published by the Society of Biblical Literature and Exegesis, Boston 1881 ff.
JBR — The Journal of Bible and Religion, Brattleboro/Vermont 1933 ff.
JBrKG — Jahrbuch für brandenburgische Kirchengeschichte, Berlin 1906-1941
JC — Jus canonicum, Pamplona 1. 1961 ff.
JCSW — Jahrbuch für christliche Sozialwissenschaften, Münster 1.1960 ff.
JDAI — Jahrbuch des Deutschen Archäologischen Instituts (Beiblatt: Archäologischer Anzeiger), Berlin 1886 ff.
JDTh — Jahrbücher für deutsche Theologie, Stuttgart 1856-1878
JEA — The Journal of Egyptian Archaeology, London 1914 ff.
Jedin — H. Jedin, Geschichte des Konzils von Trient I, Freiburg/Breisgau 1951[2]; II, ebd. 1957
JEH — The Journal of Ecclesiastical History, London 1950 ff.
JewEnc — The Jewish Encyclopedia, 12 Bde., New York - London 1901-1906
JFLF — Jahrbuch für fränkische Landesforschung
JGNKG — Jahrbuch der Gesellschaft für niedersächsische Kirchengeschichte, Göttingen 1941 ff. (1896-1941: ZGNKG)
JGPrÖ — Jahrbuch der Gesellschaft für die Geschichte des Protestantismus in Österreich, Wien 1880 ff.
JJS — The Journal of Jewish Studies, London 1948 ff.
JK — Junge Kirche. Evangelische Kirchenzeitung, (Oldenburg) Dortmund 1933 ff.
JLH — Jahrbuch für Liturgik und Hymnologie, Kassel 1955 ff.
JLW — Jahrbuch für Liturgiewissenschaft, Münster 1921-1941 (jetzt: ALW)
JNES — Journal of Near Eastern Studies, Chicago 1942 (früher: AJSL)
Jöcher — Allgemeines Gelehrten-Lexicon, hrsg. von Chr. G. Jöcher, I-IV, Leipzig 1750/51; Fortsetzung und Ergänzung von J. Chr. Adelung, fortgesetzt von W. Rotermund, I-VI, 1784-1819; VII, hrsg. von O. Günther, 1897
JPOS — The Journal of the Palestine Oriental Society, Jerusalem 1920 ff.
JpTh — Jahrbücher für protestantische Theologie, (Leipzig, Freiburg/Breisgau) Braunschweig 1875-1892
JQR — The Jewish Quarterly Review, Philadelphia 1888 ff.
JR — The Journal of Religion, Chicago 1921 ff.
JRAS — Journal of the Royal Asiatic Society of Great Britain and Ireland, London 1833 ff.
JSOR — Journal of the Society of Oriental Research, Chicago 1917-1932; Madras 1936 ff.
JSS — Journal of Semitic Studies, Manchester 1956 ff.
JThS — The Journal of Theological Studies, Oxford 1900 ff.
Judaica — Judaica. Beiträge zum Verständnis des jüdischen Schicksals in Vergangenheit und Gegenwart, Zürich 1945 ff.

JüdLex	Jüdisches Lexikon. Ein enzyklopädisches Handbuch des jüdischen Wissens, begründet von G. Herlitz und B. Kirschner, 4 Bde., Berlin 1927-1930
Jugie	M. Jugie, Theologia dogmatica Christianorum orientalium ab ecclesia catholica dissidentium I-V, Paris 1926-1935

K

KÅ	Kyrhohistorisk Årsskrift, Uppsala 1900 ff.
Kairos	Kairos. Zeitschrift für Religionswissenschaft und Theologie, Salzburg 1959 ff.
KantSt	Kant-Studien. Philosophische Zeitschrift, begründet von H. Vaihinger, Berlin 1896 ff.; Leipzig 1938 ff.
KAT	Kommentar zum Alten Testament, hrsg. von E. Sellin, Leipzig 1913 ff.
KatBl	Katechetische Blätter. Kirchliche Jugendarbeit. Zeitschrift für Religionspädagogik und Jugendarbeit, München 1875 ff.
KathMiss	Die katholischen Missionen. Zeitschrift des Päpstlichen Werkes der Glaubensverbreitung, Freiburg/Breisgau 1873 ff.
Katholik	Der Katholik. Zeitschrift für katholische Wissenschaft und kirchliches Leben, Mainz 1821 ff.
KatM	Katechetische Monatsschrift; Münster 1.1889- 31.1919
Kautzsch, AP	Die Apokryphen und Pseudepigraphen des Alten Testaments, übersetzt und hrsg. von E. Kautzsch, 2 Bde., Tübingen 1900 (Neudruck 1921. 1929[2])
Kautzsch, HSAT	Die Heilige Schrift des Alten Testaments, übersetzt von E. Kautzsch. 4., umgearbeitete Aufl., hrsg. von A. Bertholet, 2 Bde., Tübingen 1922. 1923
KE	Katholieke Encyclopaedie, 2. Aufl., Amsterdam 1949-1955
Kehrein	J. Kehrein, Katholische Kirchenlieder, Hymnen, Psalmen. Aus den ältesten deutschen gedruckten Gesang- und Gebetbüchern I-IV, Würzburg 1859-1865 (Nachdruck Hildesheim 1965)
KFTh	Forum Katholische Theologie, Aschaffenburg 1. 1985 ff.
KGA	Kirchengeschichtliche Abhandlungen, Breslau 1902 ff.
KH	Kirchliches Handbuch für das katholische Deutschland, (Freiburg/Breisgau) Köln 1907 ff.
KHC	Kurzer Hand-Commentar zum Alten Testament, hrsg. von K. Marti, Tübingen 1897 ff.
KiG	Die Kirche in ihrer Geschichte. Ein Handbuch, hrsg. von K. D. Schmidt - E. Wolf, Göttingen 1961 ff.
KiO	Kirche im Osten. Studien zur osteuropäischen Kirchengeschichte und Kirchenkunde. Göttingen 1/1958 ff.
Kirch-Ueding	C. Kirch - L. Ueding, Enchiridion, fontium historiae ecclesiastique antiquae, Freiburg/Breisgau 1966[9]
Kittel	R. Kittel, Geschichte des Volkes Israel I, Gotha - Stuttgart 1923[5-6]; II, 1925[6]; III/1-2, Stuttgart 1927-1929[2]
KJ	Kirchliches Jahrbuch für die evangelische Kirche in Deutschland, Gütersloh 1873 ff.
KLL	Kindlers Literatur Lexikon, 7 Bde., Zürich 1965-1972; ErgBd. 1974
Kl. Pauly	Der kleine Pauly. Lexikon der Antike, bearbeitet und hrsg. von K. Ziegler und W. Sontheimer, Stuttgart 1964 ff.
KmJb	Kirchenmusikalisches Jahrbuch, Köln 1886 ff.
KML	Kindlers Malerei Lexikon, 6 Bde., Zürich 1964-1971
KNT	Kommentar zum Neuen Testament, hrsg. von Th. Zahn, 18 Bde., Leipzig 1903 ff.
Koch	E. E. Koch, Geschichte des Kirchenlieds und Kichengesangs, 3. Aufl., 8 Bde., Stuttgart 1866-1876
Koch, JL	L. Koch, Jesuitenlexikon. Die Gesellschaft Jesu einst und jetzt, Paderborn 1934 (Nachdruck mit Berichtigung und Ergänzung, 2 Bde., Löwen - Heverlee 1962)
Köhler	L. Köhler, Theologie des Alten Testaments, Tübingen 1966[4]
Körner	J. Körner, Bibliographisches Handbuch des deutschen Schrifttums, Bern 1949[3] (völlig umgearbeitet und wesentlich vermehrt)
Kon.Ge.D	Konziliengeschichte, hrsg. v. Walter Brandmüller, Reihe A: Darstellungen, Paderborn u.a. 1981
kontinente	Kontinente - Magazin für eine missionarische Kirche, Köln 1966 ff.
Kosch, KD	Das Katholische Deutschland. Biographisch-bibliographisches Lexikon von W. Kosch, Augsburg 1930-1938
Kosch, LL	Deutsches Literatur-Lexikon. Biographisches und bibliographisches Handbuch von W. Kosch, 2., vollständig neubearbeitete und stark vermehrte Aufl., 4 Bde., Bern 1949-1958

KRA	Kirchenrechtliche Abhandlungen, Stuttgart 1902 ff.
Kraus	H.-J. Kraus, Geschichte der historisch-kritischen Erforschung des Alten Testaments von der Reformation bis zur Gegenwart, Neukirchen-Vluyn 1956 (1969²)
Krumbacher	K. Krumbacher, Geschichte der Byzantinischen Literatur, München 1890; 2. Aufl. unter Mitwirkung von A. Ehrhard und H. Gelzer, ebd. 1897
KS	Kievskaja starina. Kiev 1/1882-94/1906
KStuT	Kanonistische Studien und Texte, hrsg. von A. M. Koeninger, Bonn 1928 ff.
KuD	Kerygma und Dogma. Zeitschrift für theologische Forschung und kirchliche Lehre, Göttingen 1955 ff.
Kümmerle	Encyclopädie der evangelischen Kirchenmusik. Bearbeitet und hrsg. von S. Kümmerle, 4 Bde. Gütersloh 1888-1895
Künstle	K. Künstle, Ikonographie der Heiligen, Freiburg/Breisgau 1926
Kürschner, GK	Kürschners Deutscher Gelehrten-Kalender, Berlin 1925 ff.
Kürschner, LK	Kürschners Deutscher Literatur-Kalender, Berlin 1878 ff.
KuK	Kirche und Kanzel; Paderborn 1.1918-26.1943
KuM	Kerygma und Mythos. Hamburg [1] 1948ff.

L

L	Leningrad (1924 - 1990)
Landgraf	A. M. Landgraf, Dogmengeschichte der Frühscholastik, I/1-IV/2, Regensburg 1952-1956
Latourette	K. S. Latourette, A History of the Expansion of Christianity, 7 Bde., New York - London 1937-1945
LB	Lexikon zur Bibel, hrsg. von F. Rienecker, Wuppertal 1960
LChW	The Lutheran Churches of the World, ed. A. R. Wentz, Genf 1952
LCI	Lexikon der christlichen Ikonographie. Hrsg. E. Kirschbaum. 8 Bde, Rom-Freiburg-Basel-Wien (Herder)1968-76
Leiturgia	Leiturgia. Handbuch des evangelischen Gottesdienstes, hrsg. von K. F. Müller und W. Blankenburg, 3 Bde., Kassel 1952-1956
LexBuch	Lexikon des Buchwesens, 4 Bde., Stuttgart 1952-1956
LexCap	Lexicon Capuccinum. Promptuarium Historico-Bibliographicum (1525-1590), Rom 1951
LexP	Hans Kühner, Lexikon der Päpste, Zürich - Stuttgart 1956
LeZg	Lebendiges Zeugnis; Paderborn 1946; 1.1947- 2.1948; [N.S.][1.]1949; 2/3.1949-14.1952; 1952/53
LF	Liturgiegeschichtliche Forschungen, Münster 1918 ff.
LGB²	Lexikon des gesamten Buchwesens, 2. Aufl., Stuttgart 1987 ff.
LibPont	Liber pontificalis, ed. L. Duchesne, 2 Bde., Paris 1886-1892 (Neudruck ebd. 1955); III, ed. C. Vogel, ebd. 1957
Lichtenberger	Encyclopédie des sciences religieuses, publiée sous la direction de F. Lichtenberger, 13 Bde., Paris 1877-1882
Lietzmann	H. Lietzmann, Geschichte der alten Kirche. I, Berlin 1937² (= 1953³); II-IV, 1936-1944 (= 1953²)
LitHandw	Literarischer Handweiser; Freiburg i.Br. 0.1861[Probenr.]; 1.1862-14.1875 = Nr. 1-182; 15.1876-67.1930/31
LJ	Liturgisches Jahrbuch, Münster 1951 ff.
LM	Lexikon der Marienkunde, hrsg. von K. Algermissen u. a., I (Aachen bis Elisabeth von Thüringen), Regensburg 1957-1967
LML	Luther. Mitteilungen der Luthergesellschaft, (Leipzig) Berlin 1919 ff.
Loofs	F. Loofs, Leitfaden zum Studium der Dogmengeschichte, hrsg. von K. Aland, 2 Bde., Halle 1951-1953⁵
Lortz	J. Lortz, Die Reformation in Deutschland, 2 Bde., Freiburg/Breisgau 1939/40 (1965⁵)
LPäd(B)	Lexikon der Pädagogik, 3 Bde., Bern 1950-1952
LexPäd(F)	Lexikon der Pädagogik, 4 Bde., Freiburg/Breisgau 1952-1955; ErgBd. 1964
LMA	Lexikon des Mittelalters, München 1980-1999
LQF	Liturgiegeschichtliche Quellen und Forschungen, Münster 1909-1940. 1957 ff.
LR	Lutherische Rundschau. Zeitschrift des Lutherischen Weltbundes, Stuttgart 1951 ff.
LS	Lebendige Seelsorge. Zeitschrift für alle Fragen der Seelsorge, Freiburg/Breisgau 1950 ff.

LSB La sainte Bible, hrsg. von der École Biblique de Jérusalem, Paris 1948 ff.

LThK Lexikon für Theologie und Kirche. Begründet von Michael Buchberger. 2., völlig neu bearbeitete Aufl. Hrsg. von Josef Höfer und K. Rahner, 10 Bde., Freiburg/Breisgau 1957-1966; ErgBd. 1967

LThK Lexikon für Theologie und Kirche. Begr. von Michael Buchberger. 3., völlig neu bearbeitete Aufl. Hrsg. von Walter Kasper, Konrad Baumgartner, Horst Bürkle, Klaus Ganzer, Karl Kertelge, Wilhelm Korff, Peter Walter, Freiburg 1993ff.

LThKVat Lexikon für Theologie und Kirche. Das Zweite Vatikanische Konzil. Konstitutionen, Dekrete und Erklärungen, lateinischer und deutscher Kommentar, hrsg. von H. S. Brechter - B. Häring - J. Höfer - H. Jedin - J. A. Jungmann - K. Mörsdorf - K. Rahner - J. Ratzinger - K. Schmidthüs - J. Wagner, 3 Tle., Freiburg/Breisgau 1966 ff.

LUÅ Lunds Universitets Årsskrift, Lund

LuJ Luther-Jahrbuch. Jahrbuch der Luther-Gesellschaft (seit 1971: Organ der internationalen Lutherforschung), (Leipzig - Wittenberg - München - Amsterdam - München - Weimar -Gütersloh - Berlin - Hamburg) Göttingen 1919 ff.

LuJ Luther-Jahrbuch. Jahrbuch der Luther-Gesellschaft (seit 1971: Organ der internationalen Lutherforschung), (Leipzig - Wittenberg - München - Amsterdam - München - Weimar -Gütersloh - Berlin - Hamburg) Göttingen 1919 ff.

LuM Liturgie und Mönchtum. Laacher Hefte, (Freiburg/Breisgau) Maria Laach 1948 ff.

LumVitae Lumen Vitae. Revue internationale de la formation religieuse, Brüssel 1946 ff.

Luthertum Luthertum (= NF der NKZ), Leipzig 1934-1942

LVTL L. Koehler - W. Baumgartner, Lexicon in Veteris Testamenti libros, Leiden 1948-1953

LZ Literarisches Zentralblatt für Deutschland, Leipzig 1850 ff.

M

M Moskva

MALe Moyen âge. Revue d'histoire et de philologie, Paris 1888

MAA Medede(e)lingen der koninklijke nederlands(ch)e Akademie van Wetenschappen, Amsterdam

MAB Mémoires de l'Académie Royale de Langue et de Littérature Fançaise de Belgique, Brüssel

Mai A. Mai, Scriptorum veterum nova collectio e vaticanis codicibus edita, 10 Bde., Rom 1825-1838

Manitius M. Manitius, Geschichte der lateinischen Literatur des Mittelalters I, München 1911; II, 1923; III, 1931

Mann H. K. Mann, The Lives of the Popes in the Early Middle Ages from 590 to 1304, 18 Bde., London 1902-1932

Mansi J. D. Mansi, Sacrorum conciliorum nova et amplissima collectio, 31 Bde., Florenz - Venedig 1757-1798. - Neudruck und Fortsetzung unter dem Titel: Collectio conciliorum recentiorum ecclesiae universae, 60 Bde., Paris 1899-1927

MAOG Mitteilungen der Altorientalischen Gesellschaft, Leipzig 1925 ff.

Mar Marianum, Rom 1939 ff.

Maria Maria. Études sur la Sainte Vierge, sous la direction d'H. Du Manoir, 4 Bde., Paris 1949-1956

MartFr Martyrologium Franciscanum, Rom 1938

MartHier Martyrologium Hieronymianum, ed. H. Quentin - H. Delehaye, Brüssel 1931

MarLex Marienlexikon

MartRom Martyrologium Romanum, ed. H. Delehaye, Brüssel 1940

Mausbach-Ermecke J. Mausbach - G. Ermecke, Katholische Moraltheologie I, Münster 1959^{9}; II, 1960^{11}; III, 1961^{10}

MBP Maxima Bibliotheca veterum Patrum et antiquorum scriptorum ecclesiasticorum, hrsg. von den Theologen der Kölner Universität, 27 Bde., Lyon 1677-1707

MBTh Münsterische Beiträge zur Theologie, Münster 1923 ff.

MDAI Mitteilungen des Deutschen Archäologischen Instituts, Römische Abteilung, München 1886 ff.

MdKI Materialdienst des Konfessionskundlichen Instituts, Bensheim 1950 ff.

MDOG Mitteilungen der Deutschen Orientgesellschaft zu Berlin, Berlin 1898-1943

MennEnc The Mennonite Encyclopedia, 4 Bde., Hillsboro/Kansas - Newton/Kansas - Scottdale/Pennsylvanien 1955-1959

MennLex Mennonitisches Lexikon I, Frankfurt/Main und Weierhof/Pfalz 1913; II, ebd. 1937; III, Karlsruhe 1958; IV (Saarburg - Wyngaard), ebd. 1959-1966

MERSH Modern Encyclopedia of Russian and Soviet History. 55 Bde. Gulf Breeze/FLA 1976-1993

Meulemeester	M. de Meulemeester, Bibliographie générale des écrivains rédemptoristes, 3 Bde., Louvain 1933-1939
Meusel	J. G. Meusel, Das Gelehrte Teutschland oder Lexikon der jetzt lebenden teutschen Schriftsteller, 23 Bde., Lemgo 1796-1834 (ab Bd. 13 auch unter dem Titel: Das Gelehrte Teutschland im 19. Jahrhundert, Bd. 1 ff.)
Meyer, KNT	Kritisch-exegetischer Kommentar über das Neue Testament, begründet von H. A. W. Meyer, 16 Bde., Göttingen 1832 ff.
Mf	Die Musikforschung, Kassel und Basel 1948 ff.
MfM	Monatshefte für Musikgeschichte, Leipzig 1869 ff.
MFr	Miscellanea francescana, Rom 1886 ff.
MG	Monumenta Germanicae historica inde A.C. 500 usque ad 1500, Hannover - Berlin 1826 ff.
MG AA	MG Auctores antiquissimi
MG Cap	MG Capitularia
MG Conc	MG Concilia
MG Const	MG Constitutiones
MG DD	MG Diplomata Karolinum
MG Epp	MG Epistolae selectae
MG Liblit	MG Libelli de lite
MG LL	MG Leges
MG Necr	MG Necrologia
MG PL	MG Poetae Latini
MG SS	MG Scriptores
MG SS rer. Germ.	MG SS rerum Germanicarum
MG SS rer. Merov.	MG SS rerum Merovingicarum
MG SS rer. Lang.	MG SS rerum Langobardicarum
MGG	Die Musik in Geschichte und Gegenwart. Allgemeine Enzyklopädie der Musik, hrsg. von F. Blume, 14 Bde., Kassel - Basel - Paris - London - New York 1949-1968; XV: Supplement A-D, 1973
MGkK	Monatsschrift für Gottesdienst und kirchliche Kunst, Göttingen 1896-1940
MGWJ	Monatsschrift für Geschichte und Wissenschaft des Judentums, Beslau 1851 ff.
MHSI	Monumenta Historica Societatis Iesu, Madrid 1894 ff.; Rom 1932 ff.
MIC	Monumenta Iuris canonici, Roma 1965 ff.
MIÖG	Mitteilungen des Instituts für österreichische Geschichtsforschung, (Innsbruck) Graz - Köln 1880 ff.
MIOr	Mitteilungen des Instituts für Orientforschung, hrsg. von F. Hintze, Berlin 1953 ff.
Mirbt	C. Mirbt, Quellen zur Geschichte des Papsttums und des römischen Katholizismus, Tübingen $1924^4 = 1934^5$
MkPr	Monatsschrift für die kirchliche Praxis, Tübingen 1901-1920
MLJb	Mittellateinisches Jahrbuch. Berlin 1965 ff.
mmm	Mariannhiller Missions-Magazin bzw. Mariannhill (Missionszeitschriften der Mariannhiller Missionare)
MNDPV	Mitteilungen und Nachrichten des Deutschen Palästinavereins, Leipzig 1878 ff.
MO	Le Monde Oriental. Archives pour l'histoire et l'ethnographie, les langues et littératures, religions et traditions de l'Europe orientale et de l'Asie, Uppsala - Leipzig 1906 ff.
MOP	Monumenta ordinis Fratrum Praedicatorum historica, ed. B. M. Reichert, 14 Bde., Rom 1896-1904; Fortsetzung Paris 1931 ff.
Moser	H. J. Moser, Musiklexikon, 2 Bde., Hamburg 1955^4; ErgBd. 1963
MPG	J. P. Migne, Patrologiae cursus completus, series Graeca, 161 Bde., Paris 1857-1866
MPL	J. P. Migne, Patrologiae cursus completus, series Latina, 217 Bde. und 4 Erg. Bde., Paris 1878-1890
MPTh	Monatsschrift für Pastoraltheologie zur Vertiefung des gesamten pfarramtlichen Wirkens, Berlin 1904 ff.
MQT	Mission in Quellentexten. Geschichte der Deutschen Evangelischen Mission von der Reformation bis zur Weltmissionskonferenz Edingburg 1910. Hrsg. von Werner Raupp. Erlangen/Bad Liebenzell 1990.
MRS	Mediaeval and Renaissance Studies, London 1949 ff.

MS | Mediaeval Studies, hrsg. vom Pontifical Institute of Mediaecal Studies, Toronto - London 1939ff.

MSR | Mélanges de science religieuse, Lille 1944 ff.

MStHTh | Münchener Studien zur historischen Theologie, (Kempten) München 1921-1937

MThS | Münchener Theologische Studien, München 1950 ff.

MThZ | Münchener Theologische Zeitschrift für das Gesamtgebiet der katholischen Theologie, München 1950 ff.

MuA | Musik und Altar. Zeitschrift für die katholischen Priester und Kirchenmusiker, Freiburg/Breisgau 1948/49 ff.

MuG | Musik und Gottesdienst. Zeitschrift für evangelische Kirchenmusik, Zürich 1947 ff.

MuK | Musik und Kirche, Kassel 1929 ff.

MuSa | musica sacra. Cäcilien-Verbands-Organ für die deutschen Diözesen im Dienste des kirchenmusikalischen Apostolats, Regensburg - Bonn - Köln 1868 ff.

Muséon | Le Muséon. Revue d'Études Orientales, Löwen 1831 ff.

MVGN | Mitteilungen des Vereins für die Geschichte der Stadt Nürnberger, Bd. 1, 1879 ff.

MWAT | Missionswissenschaftliche Abhandlungen und Texte. Veröffentlichungen des internationalen Instituts für missionswissenschaftliche Forschungen, hrsg. von Th. Ohm, Münster 1917 ff.

N

NA | Neues Archiv der Gesellschaft für ältere deutsche Geschichtskunde zur Beförderung einer Gesamtausgabe der Quellenschriften deutscher Geschichte des Mittelalters, Hannover 1876 ff. (ab 1937: DA)

NAG | Nachrichten von der (ab 1945: der) Akademie der Wissenschaften in Göttingen (bis 1940: NGG), Göttingen 1941 ff.

NAKG | Nederlandsch Archief voor Kerkgeschiedenis, Leiden 1829 ff.; 's Gravenhage 1885 ff.

NAMZ | Neue Allgemeine Missionszeitschrift, Gütersloh 1924-1939

NBG | Nouvelle biographie générale, 46 Bde., Paris 1854-1866

Nouvelles ss.cc. | Nouvelles de la Congrégation des Sacrés-Cours, Brain-le-Comte 1946-1952; Rom 1953-1955.

NBL | Norsk Biografisk Leksikon, Kristiania 1923 ff.

NC | La Nouvelle Clio. Revue mensuelle de la découverte historique, Brüssel 1947 ff.

NCE | New catholic encyclopedia, New York 1, 1967 ff.

NDB | Neue Deutsche Biographie, Berlin 1953 ff.

NedThT | Nederlands theologisch Tijdschrift, Wageningen 1946 ff.

NELKB | Nachrichten der Evangelisch-Lutherischen Kirche in Bayern, München 1946 ff.

Nelle | W. Nelle, Geschichte des deutschen evangelischen Kirchenliedes, Leipzig 1928[3]

NewCathEnc | New catholic encyclopedia, New York 1, 1967 ff.

NGG | Nachrichten von der Gesellschaft der Wissenschaften zu Göttingen (ab 1941: NAG), Berlin 1845-1940

NHC | Nag Hammadi Codex, Leiden 1975 ff.

Niesel, BS | Bekenntnisschriften und Kirchenordnungen der nach Gottes Wort reformierten Kirche, hrsg. von W. Niesel, München 1938 (Zürich 1945[2])

Niesel, Symb | W. Niesel, Das Evangelium und die Kirchen. Ein Lehrbuch der Symbolik, Neukirchen-Vluyn, 1960[2]

NKZ | Neue kirchliche Zeitschrift, Leipzig 1890-1933

NNBW | Nieuw Nederlandsch Biographisch Woordenboek, 10 Bde., Leiden 1911 ff.

NÖB | Neue Österreichische Biographie 1815-1918, Wien 1923 ff.

NOrd | Die neue Ordnung in Kirche, Staat, Gesellschaft, Kultur, Paderborn 1. 1946 ff.; 37. 1983 ff.

Not. | Notitiae. Commentarii ad nuntia et studia de re liturgica, Rom 1965 ff.

Noth | M. Noth, Geschichte Israels, 1959[4] = 1956[3] = 1954[2]

NovTest | Novum Testamentum. An international quarterly for New Testament and related studies, Leiden 1956 ff.

NRTh | Nouvelle Revue Théologique, Tournai - Löwen - Paris 1869 ff.

NSV | Nationalsozialistische Volkswohlfahrt

NTA | Neutestamentliche Abhandlungen, Münster 1909 ff.

NTD | Das Neue Testament Deutsch, hrsg. von P. Althaus - J. Behm (Neues Göttinger Bibelwerk), Göttingen 1932 ff.

NThT	Nieuw Theologisch Tijdschrift, Haarlem 1912-1944/46
NTL	Norsk Teologisk Leksikon
NTS	New Testament Studies, Cambridge - Washington 1954 ff.
NTT	Nors Theologisk Tidsskrift, Oslo 1900 ff.
NTU	Nordisk Teologisk Uppslagsbok, Lund 1948-1956
Numen	Numen. International Review for the History of Religions, Leiden 1954 ff.
NZM	Neue Zeitschrift für Missionswissenschaft, Beckenried 1945 ff.
NZSTh	Neue Zeitschrift für systematische Theologie, Berlin 1959 ff. (1923-1957: ZSTh)

O

ODCC	The Oxford Dictionary of the Christian Church, ed. F. L. Cross, London 1957 (1974[2])
ÖAKR	Österreichisches Archiv für Kirchenrecht, Wien 1950 ff.
ÖBL	Österreichisches Biographisches Lexikon 1815-1950, Graz - Köln 1954 ff.
ÖP	Ökumenische Profile. Brückenbauer der einen Kirche, hrsg. von G. Gloede, I, Stuttgart 1961; II, 1963
ÖR	Ökumenische Rundschau, Stuttgart 1952 ff.
ÖZVK	Österreichische Zeitschrift für Volkskunde
OLZ	Orientalische Literaturzeitung, Leipzig 1898 ff.
Or	Orientalia. Commentarii Periodici Pontificii Instituti Biblici, Rom 1920 ff.
OrChr	Oriens Christianus, (Leipzig) Wiesbaden 1901 ff.
OrChrA	Orientalia Christiana (Analecta), Rom (1923-1934: Orientalia Christiana; 1935 ff.: Orientalia Christiana Analecta)
OrChrP	Orientalia Christiana periodica, Rom 1935 ff.
Orientierung	Orientierung. Katholische Blätter für weltanschauliche Information, Zürich 1936 ff.
OrSyr	L'Orient Syrien. Revue trimestrielle d'études et de recherches sur les églises de langue syriaque, Paris 1956 ff.
OstKSt	Ostkirchliche Studien, Würzburg 1952 ff.
OTS	Oudtestamentische Studiën, Leiden 1942 ff.

P

PaCl	Palestra del Clero, Rovigo 1. 1921 ff.
PädLex	Pädagogisches Lexikon, hrsg. von H. Schwartz, Bielefeld 1928-1931
PädR	Pädagogische Rundschau. Monatsschrift für Erziehung und Unterricht. Erziehungswissenschaftliche Monatsschrift für Schule und Hochschule, Ratingen 1947 ff.
v.Pastor	L. von Pastor, Geschichte der Päpste seit dem Ausgang des Mittelalters, 16 Bde., Freiburg/Breisgau 1885 ff.
Pastoralbl	Münsterisches Pastoralblatt; N.F.; 1=49.1911-8=56.1918; 57.1919-61.1923
Pauly-Wissowa	A. Pauly - G. Wissowa, Real-Encyclopädie der klassischen Altertumswissenschaft, Stuttgart 1893 ff.
PBl	Pastoralblätter für Predigt, Seelsorge und kirchliche Unterweisung (NF von »Gesetz und Zeugnis«), (Leipzig, Dresden) Stuttgart 1859 ff.
PEFA	Palestine Exploration Fund Annual, London 1911 ff.
PEFQSt	Palestine Exploration Fund Qarterly Statement, London 1869-1936
PEQ	Palestine Exploration Quarterly, London 1937 ff. (früher: PEFQSt)
PerRMCL	Periodica de re morali, canonica, liturgica, Rom 1907 ff.
PGfM	Publikation älterer praktischer und theoretischer Musikwerke, hrsg. von der Gesellschaft für Musikforschung, 29 Bde., Leipzig 1873-1905
Philologus	Philologus. Zeitschrift für das klassische Altertum, (Leipzig) Wiesbaden 1846 ff.
PhJ	Philosophisches Jahrbuch der Görres-Gesellschaft, (Fulda) Freiburg/Breisgau - München 1888 ff.
PhLA	Philosophischer Literaturanzeiger, München - Basel 1949 ff.
PhR	Philosophische Rundschau. Eine Vierteljahresschrift für philosophische Kritik, Tübingen 1953 ff.

PJ Palästinajahrbuch des Deutschen Evangelischen Instituts für Altertumswissenschaft des Hl. Landes zu Jerusalem, Berlin 1905-1941

Plöchl W. Plöchl, Geschichte des Kirchenrechts. I: Das Recht des 1. christlichen Jahrtausends, Wien 1960^{2}; II: Das Kirchenrecht der abendländischen Christenheit, 1962^{2}; III. IV: Das katholische Kirchenrecht der Neuzeit, 1959. 1966

PO Patrologia orientalis, hrsg. von R. Graffin und F. Nau, Paris 1903 ff.

Pohle-Gummersbach J. Pohle - J. Gummersbach, Lehrbuch der Dogmatik I, Paderborn 1952^{10}; II, 1966^{11}; III, 1960^{9}

Potthast A. Potthast, Bibliotheca historica medii aevi. Wegweiser durch die Geschichtswerke des europäischen Mittelalters bis 1500, 2 Bde., Berlin 1896^{2} (Nachdruck Graz 1954)

PPL Pamjatniki polemiceskoj literatury (= RIB [SPb] 4/ 1878, 7/1882, 19/1903)

PrBl Protestantenblatt, Bremen 1867 ff.

Preger J. W. Preger, Geschichte der deutschen Mystik im Mittelalter, 3 Bde., Leipzig 1874-1893

PrJ Preußische Jahrbücher, Berlin 1858 ff.

PrM Protestantische Monatshefte, Leipzig 1897 ff.

PrO Le Proche-Orient chrétien. Revue d'études et d'information, Jerusalem 1951 ff.

PS Patrologia Syriaca, ed. R. Graffin, 3 Bde., Paris 1894-1926

PsR Psychologische Rundschau, Göttingen 1949 ff.

Q

QD Quaestiones disputatae, hrsg. von K. Rahner - H. Schlier, Freiburg/Breisgau 1958 ff.

QFG Quellen und Forschungen aus dem Gebiet der Geschichte, hrsg. von der Görres-Gesellschaft, Paderborn 1892 ff.

QFG Quellen und Forschungen aus dem Gebiet der Geschichte, hrsg. von der Görres-Gesellschaft, Paderborn 1892 ff.

QFIAB Quellen und Forschungen aus italienischen Archiven und Bibliotheken, Rom 1897 ff.

QFRG Quellen und Forschungen zur Reformationsgeschichte (früher: Studien zur Kultur und Geschichte der Reformation), (Leipzig) Gütersloh 1911 ff.

QGProt Quellenschriften zur Geschichte des Protestantismus, hrsg. von J. Kunze und C. Stange, Leipzig 1904 ff.

QKK Quellen zur Konfessionskunde, hrsg. von K. D. Schmidt und W. Sucker, Lüneburg 1954 ff.

QRG Quellen der Religionsgeschichte, Göttingen - Leipzig 1907-1927

Quasten J. Quasten, Patrology, 3 Bde., Utrecht - Brüssel 1950-1960

Quétif-Échard J. Quétif und J. Échard, Scriptores Ordinis Praedicatorum, 2 Bde., Paris 1719-1721; 3 SupplBde., 1721-1723; fortgesetzt von R. Coulon, Paris 1909 ff.

R

RA Revue d'Assyriologie et d'Archéologie Orientale, Paris 1886 ff.

RAC Reallexikon für Antike und Christentum, hrsg. von Th. Klauser, Stuttgart 1941 ff.

Rad G. von Rad, Theologie des Alten Testaments, 2 Bde., München 1962-1965^{4}

RÄRG H. Bonnet, Reallexikon der ägyptischen Religionsgeschichte, Berlin 1952

Räß A. Räß, Die Konvertiten seit der Reformation, 10 Bde., Freiburg/Breisgau 1866-1871; 1 RegBd., 1872; 3 SupplBde., 1873-1880

RAM Revue d'ascétique et de mystique, Toulouse 1920 ff.

RAMi Rivista ascetica e mistica, Firenze 26. (= NS 1) 1956 ff.

RB Revue biblique, Paris 1892 ff.; NS 1904 ff.

RBén Revue Bénédictine, Maredsous 1884 ff.

RBS Russkij Biograficeskij Slovar, hrsg. v. A. A. Polovcov. 25 Bde. SPb 1902 ff. (Repr.: New York 1962)

RDC Revue de droit canonique, Strasbourg 1951 ff.

RDK Reallexikon zur deutschen Kunstgeschichte, Stuttgart 1937 ff.

RDL Reallexikon der deutschen Literaturgeschichte, hrsg. von P. Merker und W. Stammler, 4 Bde., Berlin 1925-1951; neu bearbeitet und hrsg. von W. Kohlschmidt und W. Mohr, ebd. 1955 ff.^{2}

RE Realencyclopädie für protestantische Theologie und Kirche, begründet von J. J. Herzog, hrsg. von A. Hauck, 3. Aufl., 24 Bde., Leipzig 1896-1913

RÉA Revue des Études Anciennes, Bordeaux 1899 ff.

Réau	L. Réau, Iconographie de l'art chrétien, I-III/3, Paris 1955-1959
RÉByz	Revue des Études Byzantines, Paris 1946 ff.
Reformatio	Reformatio. Zeitschrift für evangelische Kultur und Politik, Zürich 1952 ff
RÉG	Revue des Études Grecques, Paris 1888 ff.
RÉI	Revue des Études Islamiques (1906 ff.: Revue du Monde Musulman), Paris 1927 ff.
RÉJ	Revue des Études Juives, Paris 1880 ff.
RÉL	Revue des Études latines, Paris 1923 ff.
RepBibl	F. Stegmüller, Repertorium Biblicum Medii Aevi, 7 Bde., Madrid 1950-1961
RepGerm	Repertorium Germanicum, hrsg. vom Kgl. Preußischen historischen Institut in Rom, 4 Bde., Berlin 1916-1943
RÉS	Revue des Études Sémitiques, Paris 1940 ff.
REsp	Revista de Espiritualidad, Madrid 1941 ff.
RET	Revista Española de teología, Madrid 1941 ff.
RevArch	Revue Archéologique, Paris 1844 ff.
RevAg	Revista agustiniana, Madrid 21. 1980 ff.
RevÉAug	Revue des études Augustiniennes, Paris 1955 ff. (Fortsetzung von: AThA)
RevGrég	Revue Grégorienne, Solesme 1922 ff.
RevHist	Revue Historique, Paris 1876 ff.
RevSR	Revue des Sciences Religieuses, Strasbourg 1921 ff.
RF	Razón y Fe, Madrid 1901 ff.
RFN	Rivista di filosofia neoscolastica, Mailand 1909 ff.
RG	Religion und Geisteskultur. Zeitschrift für religiöse Vertiefung des modernen Geisteslebens, Göttingen 1907-1914
RGA	Reallexikon der germanischen Altertumskunde, hrsg. von J. Hoops, 4 Bde., Straßburg 1911-1919
RGG	Die Religion in Geschichte und Gegenwart. Handwörterbuch für Theologie und Religionswissenschaft. Hrsg. von Kurt Galling, 6 Bde., Tübingen 1957-1962; RegBd. 1965
RGST	Reformationsgeschichtliche Studien und Texte, begründet von J. Greving, Münster 1906 ff.
RHCEE	Repertorio de Historia de las Ciencias Eclesiásticas en España, hrsg. v. Instituto de Historia de la Teología española, Vol. 1-7, Salamanca 1967-1979
RHE	Revue d'histoire ecclésiastique, Löwen 1900 ff.
RHÉF	Revue d'histoire de l'Église de France, Paris 1910 ff.
RheinMus	Rheinisches Museum für Philologie, Bonn 1833 ff.
RHLR	Revue d'histoire et de littérature religieuse, Paris 1896-1907
RHM	Revue d'histoire des missions, Paris 1924 ff.
RHPhR	Revue d'histoire et de philosophie religieuses, Strasbourg 1921 ff.
RHR	Revue de l'histoire des religions, Paris 1880 ff.
RIB	Russkaja istoriceskaja biblioteka. 39 Bde. SPb - Pgr. - L 1872-1927
Riemann	Riemann Musik Lexikon, 12., völlig neu bearbeitete Aufl., hrsg. von W. Gurlitt, I, Mainz 1959; II, 1961; III, 1967; 2 ErgBde., hrsg. von C. Dahlhaus, 1972. 1975
RIPh	Revue Internationale de Philosophie, Brüssel 1938/39 ff.
RITh	Revue Internationale de Théologie, Bern 1893-1910
Ritschl	O. Ritschl, Dogmengeschichte des Protestantismus, 4 Bde., Göttingen 1908-1927
RivAC	Rivista de Archeologia Cristiana, Rom 1924 ff.
RKZ	Reformierte Kirchenzeitung, (Erlangen, Barmen-Elberfeld) Neukirchen-Vluyn 1851 ff.
RLA	Reallexikon der Assyriologie, hrsg. von E. Ebeling und B. Meißner, 2 Bde., Berlin 1928-1938
RLV	Reallexikon der Vorgeschichte, hrsg. von M. Ebert, 15 Bde., Berlin 1924-1932
RMAL	Revue du Moyen âge latin, Strasbourg 1945 ff.
RNPh	Revue néoscolastique de philosophie, Löwen 1894 ff.
ROC	Revue de l'Orient chrétien, Paris 1896 ff.
Romana	Romana. Bolletino della Prelatura della Santa Croce e Opus Dei, Roma 1. 1985 ff.
Rosenthal	D. A. Rosenthal, Konvertitenbilder aus dem 19. Jahrhundert, 3 Bde. in 6 Abt. mit 2 SupplBdn. zu Bd. I, Regensburg 1868-1902

Rouse-Neill	H. Rouse - St. Ch. Neill, Geschichte der Ökumenischen Bewegung 1517-1948, 2 Bde., Göttingen 1957-58 (Original: HEM)
RPh	Revue de Philologie, littérature et d'histoire anciennes, Paris 1914 ff.
RPhL	Revue philosophique de Louvain, Löwen 1945 ff.
RQ	Römische Quartalschrift für christliche Altertumskunde und für Kirchengeschichte, Freiburg/Breisgau 1887-1942
RQH	Revue des questions historiques, Paris 1866 ff.
RR	Review of Religion, New York 1936-1957/58
RSDI	Rivista di storia del diritto italiano
RSPhTh	Revue des sciences philosophiques et théologiques, Paris 1907 ff.
RSR	Recherches de science religieuse, Paris 1910 ff.
RSTI	Rivista di storia della chiesa in Italia, Rom 1947 ff.
RThAM	Recherches de Théologie Ancienne et Médiévale, Löwen - Paris 1929 ff.
RThom	Revue Thomiste, Paris 1893 ff.
RThPh	Revue de Théologie et de Philosophie, Lausanne 1868 ff.
RVS	Rivista di vita spirituale, Roma 1. 1947 ff.

S

SA	Studia Anselmiana philosophica theologica. Edita a professoribus Instituti pontificii S. Anselmi de Urbe, Rom 1933 ff.
SAB	Sitzungsberichte der Deutschen (bis 1944: Preußischen) Akademie der Wissenschaften zu Berlin. Phil.-hist. Klasse, Berlin 1882 ff.
Saeculum	Saeculum. Jahrbuch für Universalgeschichte, Freiburg/Breisgau 1950 ff.
SAH	Sitzungsberichte der Heidelberger Akademie der Wissenschaften. Phil.-hist. Klasse, Heidelberg 1910 ff.
SAM	Sitzungsberichte der Bayerischen Akademie der Wissenschaften. Phil.-hist. Abteilung, München 1871 ff.
SAT	Die Schriften des Alten Testaments in Auswahl übersetzt und erklärt von H. Gunkel u. a., Göttingen 1920-1925^{2}
SAW	Sitzungsberichte der (ab 225, 1, 1947: Österreichischen) Akademie der Wissenschaften in Wien, Wien 1831 ff.
SBE	The Sacred Books of the East, ed. F. M. Müller, Oxford 1879-1910
SBS	Stuttgarter Bibel-Studien, Stuttgart
SBU	Svenskt Bibliskt Uppslagsverk, hrsg. von I. Engnell und A. Fridrichsen, Gävle 1948-1952
SC	Sources chrétiennes. Collection dirigée par H. de Lubac et J. Daniélou, Paris 1941 ff.
ScCatt	Scuola cattolica, Mailand 1873 ff.
Schanz	M. von Schanz, Geschichte der römischen Literatur, 4 Bde., München 1890-1920 (I, 1927^{4}; II, 1914^{3}; III, 1922^{3}; IV/1, 1914^{2}, IV^{2}, 1920)
Scheeben	M. J. Scheeben Handbuch der katholischen Dogmatik I, Freiburg/Breisgau 1959^{3}; II, 1948^{3}; III.IV, 1961^{3}; V, 1-2, 1954^{2}; VI, 1957^{3}
Schmaus	M. Schmaus, Katholische Dogmatik I, München 1960^{6}; II/1, 1962^{6}; II/2, 1963^{6}; III/1, 1958^{5}; III/2, 1965^{6}; IV/1, 1964^{6}; IV/2, 1959^{5}; V, 1961^{2}
Schmitz	Ph. Schmitz, Geschichte des Benediktinerordens, 4 Bde., Einsiedeln 1947-1960
Schnabel	F. Schnabel, Deutsche Geschichte im 19. Jahrhundert I, Freiburg/Breisgau 1959^{5}; II, 1949^{2}; III, 1954^{3}; IV, 1955^{3}
Schönemann	C. T. G. Schönemann, Bibliotheca historico-litteraria patrum latinorum a Tertulliano principe usque ad Gregorium M. et Isidorum Hispalensem ad Bibliothecam Fabricii latinam accommodata, 2 Bde., Leipzig 1792-1794
Scholastik	Scholastik. Vierteljahresschrift für Theologie und Philosophie, Freiburg/Breisgau 1926 ff. (ab 1966: ThPh)
Schottenloher	Bibliographie zur deutschen Geschichte im Zeitalter der Glaubensspaltung 1517-1585, hrsg. von K. Schottenloher, 6 Bde., Leipzig 1933-1940; VII: Das Schrifttum von 1938 bis 1960. Bearbeitet von U. Thürauf, Stuttgart 1966
Schürer	E. Schürer, Geschichte des jüdischen Volkes im Zeitalter Jesu Christi I, Leipzig 1920^{5}; II.III, 1907-1909^{4}

Schulte	J. F. von Schulte, Die Geschichte der Quellen und der Literatur des kanonischen Rechts, 3 Bde., Stuttgart 1875-1880
SD	Solida Declaratio (in: BSLK)
SDGSTh	Studien zur Dogmengeschichte und systematischen Theologie, Zürich 1952 ff.
SE	Sacris Erudiri. Jaarboek voor Godsdienstwetenschappen, Brügge 1948 ff.
SEÅ	Svensk Exegetisk Årsbok, Uppsala 1936 ff.
Seeberg	R. Seeberg, Lehrbuch der Dogmengeschichte I.II, Leipzig 1922/23^{3}; III, 1930^{4}; IV/1, 1933^{4}; IV/2, 1920^{3}; I-IV (Neudruck), Basel 1953/54
Sehling	E. Sehling, Die evangelischen Kirchenordnungen des XVI. Jahrhunderts, I-V, Leipzig 1902-1913; VI/1 ff., hrsg. vom Institut für evangelisches Kirchenrecht der EKD, Tübingen 1955 ff.
Semitica	Semitica. Cahiers publiés par l'Institut d'Études Sémitiques de l'Université de Paris, Paris 1948 ff.
Seppelt	F. X. Seppelt, Geschichte der Päpste von den Anfängen bis zur Mitte des 20. Jahrhunderts, I.II.IV.V, Leipzig 1931-1941; I, München 1954^{2}; II, 1955^{2}; III, 1956; IV, 1957^{2}; V, 1959^{2}
SESA	Standard Encyclopedia of Southern Africa, Cape Town 1970-1976
SGV	Sammlung gemeinverständlicher Vorträge und Schriften aus dem Gebiet der Theologie und Religionsgeschichte, Tübingen - Leipzig 1903 ff.
SHVL	Skrifter utgivna av Kungl. Humanistiska Vetenskapssamfundet i Lund, Lund
SIMG	Sammelbände der Internationalen Musikgesellschaft, Leipzig 1899-1914
Sitzmann	F. E. Sitzmann, Dictionnaire de Biographie des Hommes Célèbres d'Alsace, 2 Bde., Rixheim (Elsaß) 1909/10
SJTh	The Scottish Journal of Theology, Edinburgh 1948 ff.
SKRG	Schriften zur Kirchen- und Rechtsgeschichte, hrsg. von E. Fabian, Tübingen 1956 ff.
SKZ	Schweizerische Kirchenzeitung, Luzern 1832 ff.
SM	Sacramentum Mundi. Theologisches Lexikon für die Praxis, 4 Bde., Freiburg/Breisgau - Basel - Wien 1967-1969
SMK	Svensk Män och Kvinnor. Biografisk Uppslagsbok, 10 Bde., Stockholm 1942-1955
SMSR	Studi e Materiali di Storia delle Religioni, Rom 1925 ff.
SN	Sanctificatio nostra; Werl (Westf.) 1.1930-24.1959
SNT	Die Schriften des Neuen Testaments, neu übersetzt und für die Gegenwart erklärt von W. Bousset und W. Heitmüller, 4 Bde., Göttingen 1917-1919^{3}
SNVAO	Skrifter utgitt av Det Norske Videnskaps-Akademi i Oslo, Oslo
SO	Symbolae Osloenses, ed. Societas Graeco-Latina, Oslo 1922 ff.
Sommervogel	C. Sommervogel, Bibliothèque de la Compagnie de Jésus, I-IX, Brüssel - Paris 1890-1900^{2}; X (Nachträge von E. M. Rivière), Toulouse 1911 ff.; XI (Histoire par P. Bliard), Paris 1932
SPb	St. Petersburg/Sankt Peterburg (bis 1914, ab 1991)
Speculum	Speculum. A Journal of mediaeval studies, Cambridge/Massachusetts 1926 ff.
SQS	Sammlung ausgewählter kirchen- und dogmengeschichtlicher Quellenschriften, Tübingen 1893 ff.
SR	Slavic Review. Washington D. C., Stanford/CAL 20/1961- 52/1993
SSL	Spicilegium sacrum Lovaniense, Löwen 1922 ff.
Stählin	O. Stählin, Die altchristliche griechische Literatur = W. von Christ, Geschichte der griechischen Literatur, umgearbeitet von W. Schmid und O. Stählin, II/2, München 1924^{6}
StC	Studia Catholica, Roermond 1924 ff.
StCatt	Studi Cattolici, Milano 1. 1957 ff.
StD	Studies and Documents, ed. K. Lake - S. Lake, London - Philadelphia 1934 ff.
StG	Studia Gratiana, hrsg. von J. Forchielli und A. M. Stickler, I-III, Bologna 1953 ff.
StGreg	Studi Gregoriani, hrsg. von G. B. Borino, I ff., Rom 1947 ff.
StGThK	Studien zur Geschichte der Theologie und der Kirche, Leipzig 1897-1908
SThKAB	Schriften des Theologischen Konvents Augsburgischen Bekenntnisses, Berlin 1951 ff.
SThZ	Schweizerische Theologische Zeitschrift, 1899-1920
StI	Studia Islamica, Paris 1953 ff.
StL	Staatslexikon, hrsg. von H. Sacher, 5 Bde., Freiburg/Breisgau 1926-1932^{5}; hrsg. von der Görres-Gesellschaft, 8 Bde., 1957-1963^{6}; ErgBde., 1968 ff.
StM	Studia Monastica. Commentarium ad rem monasticam investigandam, Barcelona 1959 ff.

StMBO	Studien und Mitteilungen aus dem Benediktiner- und Zisterzienser-Orden bzw. zur Geschichte des Benediktinerordens und seiner Zweige, München 1880 ff. (seit 1911: NF)
StMis	Studia Missionalia. Edita a Facultate missiologica in Pont. Universitate Gregoriana, Rom 1943 ff.
StML	Stimmen aus Maria Laach, Freiburg/Breisgau 1871-1914
StMw	Studien zur Musikwissenschaft. Beihefte der Denkmäler der Tonkunst in Österreich, Wien
StOr	Studia Orientalia, ed. Societas Orientalis Fennica, Helsinki 1925 ff.
StP	Studia patristica. Texte und Untersuchungen zur Geschichte der altchristlichen Literatur, Berlin 1955 ff.
Strack	H. L. Strack, Einleitung in Talmud und Midrasch, München 1921[5] (Neudruck 1930)
Strieder	F. W. Strieder, Grundlage zu einer Hessischen Gelehrten- und Schriftsteller Geschichte, 20 Bde., Göttingen - Kassel - Marburg 1781-1863
StT	Studi e Testi, Rom 1900 ff.
StTh	Studia Theologica, cura ordinum theologicorum Scandinavicorum edita, Lund 1948 ff.
StudGen	Studium Generale. Zeitschrift für die Einheit der Wissenschaften im Zusammenhang ihrer Begriffsbildungen und Forschungsmethoden, Berlin - Göttingen - Heidelberg 1948 ff.
Studium	Studium. Revista de filosofía y teología, Madrid 1. 1961 ff.
StZ	Stimmen der Zeit (vor 1914: StML), Freiburg/Breisgau 1915 ff.
Subsidia	Subsidia hagiographica, Brüssel 1886 ff.
SVRG	Schriften des Vereins für Reformationsgeschichte, Halle 1883 ff.
SVSL	Skrifter utgivna av Vetenskaps-Societeten i Lund, Lund
SvTK	Svensk Teologisk Kvartalskrift, Lund 1925 ff.
SyBU	Symbolae Biblicae Upsalienses, Uppsala 1943 ff.
Sym	Symposion. Jahrbuch für Philosophie, Freiburg/Breisgau - München 1948 ff.
Syria	Syria. Revue d'art oriental et d'archéologie, Paris 1920 ff.

T

TE	Teología espiritual, Valencia 1. 1957 ff.
TF	Tijdschrift voor filosofie, Leuven 1939 ff.
TH	Tiroler Heimat
ThBl	Theologische Blätter, Leipzig 1922-1942
The Cord	The Cord, St. Bonaventure N.Y. 1951 ff.
Theol	Theologisches; Abensberg 1.1970 ff.
Theophaneia	Theophaneia. Beitäge zur Religions- und Kirchengeschichte des Altertums, Bonn 1940 ff.
TheSe	Theologie und Seelsorge; Paderborn 1.1943-2.1944 (Umbenennung und neue Numerierung von ThGl in den letzten Kriegsjahren)
Thex	Theologische Existenz heute, München 1933 ff.
ThFr	Thuringia Franciscana. Gedanken und Nachrichten aus den Klöstern der Thüringischen Ordensprovinz Zur Heiligen Elisabeth. - Fulda: Provinzialat. 1. 1921 ff.
ThGl	Theologie und Glaube. Zeitschrift für den katholischen Klerus, Paderbornm 1909 ff.
ThHK	Theologischer Handkommentar zum Neuen Testament mit Paraphrase, bearbeitet von P. Althaus, O. Bauernfeind u. a., Leipzig 1928 ff.
Thielicke	H. Thielicke, Theologische Ethik I, Tübingen 1965[3]; II/1, 1965[3]; II/2, 1966[2]; III, 1964
Thieme-Becker	Allgemeines Lexikon der bildenden Künstler von der Antike bis zur Gegenwart, begründet von U. Thieme und F. Becker, hrsg. von H. Vollmer, 37 Bde., Leipzig 1907-1950
ThJb	Theologische Jahrbücher, Leipzig 1842-1857
ThJber	Theologischer Jahresbericht, Leipzig 1866 ff.
ThLBl	Theologisches Literaturblatt, Leipzig 1880-1943
ThLL	Thesaurus Linguae Latinae, Leipzig/Stuttgart 1900 ff.
ThLZ	Theologische Literaturzeitung, Leipzig 1878 ff.
ThPh	Theologie und Philosophie (früher: Scholastik), Freiburg/Breisgau 1966 ff.
ThPQ	Theologisch-praktische Quartalschrift, Linz/Donau 1848 ff.
ThQ	Theologische Quartalschrift, Tübingen 1819 ff.; Stuttgart 1946 ff.
ThR	Theologische Rundschau, Tübingen 1897-1917; NF 1929 ff.
ThRv	Theologische Revue, Münster 1902 ff.

ThSt — Theological Studies, Woodstock/Maryland 1940 ff.

ThSt(B) — Theologische Studien, hrsg. von K. Barth, Zollikon 1944 ff.

ThStKr — Theologische Studien und Kritiken, (Hamburg) Gotha 1828 ff.

ThToday — Theology Today, Princeton/New Jersey 1944 ff.

Thurston- Attwater — Butler's Lives of the Saints, edited, revised and supplemented by H. Thurston and D. Attwater, 4 Bde., London 1956

ThViat — Theologia Viatorum. Jahrbuch der Kirchlichen Hochschule Berlin, Berlin 1948/49 ff.

ThW — Theologisches Wörterbuch zum Neuen Testament, begründet von G. Kittel, hrsg. von G. Friedrich, Stuttgart 1933 ff.

ThZ — Theologische Zeitschrift, hrsg. von der Theologischen Fakultät der Universität Basel, Basel 1945ff.

Tillemont — L. S. Le Nain de Tillemont, Mémoires pour servir à l'histoire ecclésiastique des six premiers siècles, 16 Bde., Paris 1693-1712

Tixeront — L. J. Tixeront, Histoire des dogmes dans l'antiquité chrétienne, 3 Bde., Paris 1930[11]

TKDA — Trudy Kievskoj Duchovnoj Akademii. Kiev 1860-1917

Torsy — Lexikon der deutschen Heiligen, Seligen, Ehrwürdigen und Gottseligen, hrsg. von J. Torsy, Köln 1959

Traditio — Traditio. Studies in ancient and medieval history, thought and religion, New York 1943 ff.

TRE — Theologische Realenzyklopädie, Berlin, New York 1976 ff.

TSt — Texts and Studies, ed. Armitage Robinson, Cambridge 1891 ff.

TT(H) — Teologinen Aikakauskirja - Teologisk Tidskrift, Helsinki 1896 ff.

TT(K) — Teologisk Tidskrift, Kopenhagen 1884 ff.

TTh — Tijdschrift voor Theologie (vormals: StC); Nijmegen 1961 ff.

TThZ — Trierer Theologische Zeitschrift (bis 1944: Pastor Bonus), Trier 1888 ff.

TTK — Tidsskrift for Teologie og Kirke, Oslo 1930 ff.

TU — Texte und Untersuchungen zur Geschichte der altchristlichen Literatur. Archiv für die griechisch-christlichen Schriftsteller der ersten drei Jahrhunderte, Leipzig - Berlin 1882 ff.

U

Überweg — F. Überweg, Grundriß der Geschichte der Philosophie, Basel und Graz; I, bearbeitet von K. Praechter, 1953[13]; II, bearbeitet von B. Geyer, 1951[12]; III, bearbeitet von M. Frischeisen-Köhler und W. Moog, 1953[13]; IV.V, bearbeitet von T. K. Österreich, 1951-1953[13] (3 Bde., Basel - Stuttgart 1956-1957)

UJE — The Universal Jewish Encyclopedia, ed. by I. Landman, 10 Bde., New York 1939-1943 (Nachdruck 1948)

UJE — The Universal Jewish Encyclopedia, ed. by I. Landman, 10 Bde., New York 1939-1943 (Nachdruck 1948)

Unitas — Unitas. Monatsschrift des Verbandes der Wissenschaftlichen Katholischen Studentenvereine Unitas; Würburg 60.1901-78.1905; Jg. 46.1905/06-77.1937/38,5; 92.1952

UNT — Untersuchungen zum Neuen Testament, begründet von H. Windisch, ab 1938 hrsg. von E. Klostermann, Leipzig 1912 ff.

US — Una Sancta. Rundbriefe, Meitingen bei Augsburg 1946 ff. (seit 1954: Rundbriefe für interkonfessionelle Begegnung; seit 1960: Zeitschrift für interkonfessionelle Begegnung; seit 1963: Zeitschrift für ökumenische Begegnung)

UUÅ — Uppsala Universitets Årsskrift, Uppsala 1861 ff.

V

VAA — Verhandelingen der Koninklijke (ab Nr. 40, 1938: nederlands[ch]e) Akademie van Wetenschappen, Amsterdam

VAB — Vorderasiatische Bibliothek, Leipzig 1907-1916

VC — Verbum Caro. Revue théologique et oecuménique, Neuchâtel - Paris 1947 ff.

VD — Verbum Domini. Commentarii de re biblica, Rom 1921 ff.

VEGL — O. Söhngen und G. Kunze, Göttingen 1947 ff.

VerfLex — Die deutsche Literatur des Mittelalters. Verfasserlexikon, hrsg. von W. Stammler und (ab Bd. 3) K. Langosch, 5 Bde. in 2. völlig neu bearb. Auflage , Berlin und Leipzig

VfM — Vierteljahresschrift für Musikwissenschaft, Leipzig 1885-1894

Vida Relig. — Vida relígiosa, Madrid 1944 ff.

Vida Sobrenat.	La Vida Sobrenatural, Salamanca 1921 ff.
VigChr	Vigiliae Christianae, Amsterdam 1947 ff.
VIO	Veröffentlichungen des Instituts für Orientforschung der Deutschen Akademie der Wissenschaften, Berlin 1949 ff.
VIÖG	Veröffentlichungen des Instituts für österreichische Geschichtsforschung, Wien 1935 f.; 1946 ff.
VKZG	Veröffentlichungen der Kommission für Zeitgeschichte, Bonn
VM	Vergißmeinnicht (Missionszeitschrift der Marianhiller Missionare)
VoxB	Vox Benedictina, Saskatoon 1984 ff.
VS	La Vie Spirituelle, (Ligugé, Juvisy) Paris 1869 ff.
VSAL	Berichte über die Verhandlungen der Sächsischen Akademie der Wissenschaften zu Leipzig. Phil.-hist. Klasse, Leipzig 1849 ff.
VSB	Baudot et Chaussin, Vies des Saints et des Bienheureux selon l'ordre du Calendier avec l'historique des Fêtes, 13 Bde., Paris 1935-1959
VT	Vetus Testamentum. A quarterly published by the International Organization of Old Testament Scholars, Leiden 1951 ff.
VuF	Verkündigung und Forschung. Theologischer Jahresbericht, München 1940 ff.
VWPh	Vierteljahresschrift für wissenschaftliche Philosophie, Leipzig 1876 ff.
Vyp	vypusk

W

WAB	M. Luther, Werke. Kritische Gesamtausgabe. Briefwechsel, Weimar 1930 ff.
Wackernagel	Ph. Wackernagel, Das deutsche Kirchenlied von der ältesten Zeit bis zu Anfang des 17. Jahrhunderts, 5 Bde., Leipzig 1864-1877
WADB	M. Luther, Werke. Kritische Gesamtausgabe. Die Deutsche Bibel, Weimar 1906 ff.
Wasmuth	Wasmuths Lexikon der Baukunst, hrsg. von G. Wasmuth, 5 Bde., Berlin 1929-1937
WATR	M. Luther, Werke. Kritische Gesamtausgabe. Tischreden, Weimar 1912 ff.
Wattenbach	W. Wattenbach, Deutschlands Geschichtsquellen im Mittelalter bis zur Mitte des 13. Jahrhunderts I, Stuttgart - Berlin 1904[7]; II, Berlin 1894[6]
Wattenbach- Holtzmann	W. Wattenbach, Deutschlands Geschichtsquellen im Mittelalter. Deutsche Kaiserzeit, bearbeitet von R. Holtzmann und W. Holtzmann, Berlin 1938 ff.; Tübingen 1948[3] (Neudruck der 2. Aufl. von 1938-1943)
Wattenbach- Levison	W. Wattenbach, Deutschlands Geschichtsquellen im Mittelalter. Vorzeit und Karolinger, hrsg. von W. Levison und H. Löwe, Hh. 1-4, Weimar 1952-1963
Watterich	J. B. Watterich, Pontificum romanorum qui fuerunt inde ab exeunt saeculo IX usque ad finem saeculi XIII virae ab aequalibus conscripte, I (972-1099) und II (1099-1198), Leipzig 1862
WBKL	Wiener Beiträge für Kulturgeschichte und Linguistik, Wien 1930 ff.
WChH	World Christian Handbook, ed. E. J. Bingle and K. G. Grubb, New York 1952
WDGB	Würzburger Diözesangeschichtsblätter
Weber	O. Weber, Grundlagen der Dogmatik I, Neukirchen-Vluyn 1955 (1964[3]); II, 1962
WF	Westfälische Forschungen; Münster 1.1938- 5.1942,1/2; 6.1943/52(1953)
Weiser	A. Weiser, Einleitung in das Alte Testament, Göttingen 1966[6]
WeltLit	Die Weltliteratur. Biographisches, literarisches und bibliographisches Lexikon in Übersichten und Stichwörtern, hrsg. von E. Frauwallner, G. Giebisch und E. Heinzel, I-III, Wien 1951-1954
Werner	K. Werner, Geschichte der katholischen Theologie. Seit dem Trienter Konzil bis zur Gegenwart, München - Leipzig 1889[2]
Wetzer-Welte	Wetzer und Weltes Kirchenlexikon, 12 Bde. und 1 RegBd., Freiburg/Breisgau 1882-1903[2]
WGBl.	Wiener Geschichtsblätter
WI	Die Welt des Islams. Zeitschrift für die Entwicklungsgeschichte des Islams besonders in der Gegenwart, Berlin 1913-1943; NS 1 ff., Leiden 1951 ff.
Will	G. A. Will, Nürnbergisches Gelehrten-Lexikon oder Beschreibung aller Nürnberger Gelehrten in alphabetischer Ordnung, 4 Tle., Nürnberg 1755-1758; Fortsetzung 6.-8. Tl. oder Supplement 1.-4. Bd. von C. K. Nopitzsch, Altdorf 1801-1808
Wilpert	Lexikon der Weltliteratur, hrsg. von Gero von Wilpert. I: Handwörterbuch nach Autoren und anonymen Werken, Stuttgart 1963 (1975[2]); II: Hauptwerke der Weltliteratur in Charakteristiken und Kurzinterpretationen, 1968
Wimmer	O. Wimmer, Handbuch der Namen und Heiligen, Innsbruck - Wien - München 1966[3]

v.Winterfeld	K. v. Winterfeld, Der evangelische Kirchengesang und sein Verhältnis zur Kunst des Tonsatzes, 3 Tle., Leipzig 1843-1847
Winter-Wünsche	J. Winter und K. A. Wünsche, Die jüdische Literatur seit Abschluß des Kanons, 3 Bde., Trier - Berlin 1891-1896
WiWei	Wissenschaft und Weisheit. Zeitschrift für augustinisch-franziskanische Theologie und Philosophie in der Gegenwart, Düsseldorf 1934 ff.
WKL	Weltkirchenlexikon. Handbuch der Ökumene, hrsg. von F. H. Littel und H. H. Walz, Stuttgart 1960
WO	Die Welt des Orients. Wissenschaftliche Beiträge zur Kunde des Morgenlandes, Wuppertal - Stuttgart - Göttingen 1947 ff.
Wolf	G. Wolf, Quellenkunde der deutschen Reformationsgeschichte, 3 Bde., Gotha 1915-1923
WuD	Wort und Dienst. Jahrbuch der Theologischen Schule Bethel, NF 1948 ff.
WUNT	Wissenschaftliche Untersuchungen zum Neuen Testament, hrsg. von J. Jeremias - O. Michel, Tübingen 1950 ff.
Wurzbach	C. von Wurzbach, Biographisches Lexikon des Kaisertums Österreich, 60 Bde., Wien 1856-1891
WuT	Wort und Tat. Zeitschrift für den Dienst am Evangelium und an der Gemeinde, hrsg. von der Vereinigung Evangelischer Freikirchen in Deutschland, Bremen 1940 ff.
WVDOG	Wissenschaftliche Veröffentlichungen der Deutschen Orientgesellschaft, Leipzig 1900 ff.
WVLG	Württembergische Vierteljahrshefte für Landesgeschichte, Stuttgart 1878-1936
WZ	Wissenschaftliche Zeitschrift (folgt jeweils der Name einer mitteldeutschen Universitätsstadt)
WZKM	Wiener Zeitschrift für die Kunde des Morgenlandes, Wien 1887 ff.

X

Xiberta	B. M. Xiberta, De scriptoribus scholasticis saeculi XIV ex ordine Carmelitarum, Löwen 1931

Y

YLS	Yearbook of Liturgical Studies, ed. J. H. Miller, Notre Dame (Indiana) 1960 ff.

Z

ZA	Zeitschrift für Assyriologie und verwandte Gebiete, Leipzig 1886 ff.
ZÄS	Zeitschrift für Ägyptische Sprache und Altertumskunde, Leipzig 1863 ff.
ZAGV	Zeitschrift des Aachener Geschichtsvereins, Aachen 1879 ff.
Zahn	J. Zahn, Die Melodien der deutschen evangelischen Kirchenlieder, 6 Bde., Gütersloh 1889-1893
ZAM	Zeitschrift für Aszese und Mystik (seit 1947: GuL), (Innsbruck, München) Würzburg 1926 ff.
ZAW	Zeitschrift für die alttestamentliche Wissenschaft, (Gießen) Berlin 1881 ff.
ZBG	Zeitschrift für Brüdergeschichte, Herrnhut - Gnadau 1907-1920
ZBKG	Zeitschrift für bayerische Kirchengeschichte, Gunzenhausen 1926 ff.
ZBlfBibl	Zentralblatt für Bibliothekswesen, Leipzig 1884
ZBLG	Zeitschrift ür Bayerische Landesgeschichte, München 1928 ff.
ZchK	Zeitschrift für christliche Kunst, begründet und hrsg. von A. Schnütgen, fortgesetzt von F. Witte, 34 Bde., Düsseldorf 1888-1921
ZDADL	Zeitschrift für deutsches Altertum und deutsche Literatur, (Leipzig, Berlin) Wiesbaden 1841 ff.
ZDMG	Zeitschrift der Deutschen Morgenländischen Gesellschaft, Leipzig 1847 ff.
ZdPh	Zeitschrift für deutsche Philologie, Berlin - Bielefeld - München 1869 ff.
ZDPV	Zeitschrift des Deutschen Palästina-Vereins, Leipzig 1878 ff.
ZdZ	Die Zeichen der Zeit. Evangelische Monatsschrift, Berlin 1947 ff.
ZE	Zeitschrift für Ethnologie. Organ der Deutschen Gesellschaft für Völkerkunde, (Berlin) Braunschweig 1869 ff.
ZEE	Zeitschrift für evangelische Ethik, Gütersloh 1957 ff.
ZevKM	Zeitschrift für evangelische Kirchenmusik, Hildburghausen 1923-1932
ZevKR	Zeitschrift für evangelisches Kirchenrecht, Tübingen 1951 ff.
ZfB	Zentralblatt für Bibliothekswesen, Leipzig 1884 ff.
ZfK	Zeitschrift für Kulturaustausch, Stuttgart 1951 ff.
ZfM	Zeitschrift für Musik, (Leipzig) Regensburg 1835 ff.

ZfMw	Zeitschrift für Musikwissenschaft, Leipzig 1918-1935
ZGNKG	Zeitschrift der Gesellschaft für niedersächsische Kirchengeschichte, Braunschweig 1896 ff. (seit 46, 1941: JGNKG)
ZGORh	Zeitschrift für die Geschichte des Oberrheins, Karlsruhe 1851 ff.
ZHTh	Zeitschrift für historische Theologie, 45 Bde., Leipzig - Gotha 1832-1875
ZIMG	Zeitschrift der Internationalen Musikgesellschaft, Leipzig 1899 ff.
Zimmermann	A. Zimmermann, Kalendarium Benedictinum. Die Heiligen und Seligen des Benediktinerordens und seiner Zweige, 4 Bde., Metten/Niederbayern 1933-1938
ZKG	Zeitschrift für Kirchengeschichte, (Gotha) Stutgart 1876 ff.
ZKGPrSa	Zeitschrift des Vereins für Kirchengeschichte der Provinz Sachsen (ab 25, 1929: und des Freistaates Anhalt), Magdeburg 1904-1938
ZKR	Zeitschrift für Kirchenrecht, Berlin u.a. 1, 1861-16 (=NS1) 1881-22 (=NS7) 1889 fortgeführt DZKR
ZKTh	Zeitschrift für katholische Theologie, (Innsbruck) Wien 1877 ff.
ZM	Zeitschrift für Missionswissenschaft und Religionswissenschaft, Münster 1950 ff. (1-17, 1911-1927 und 26-27, 1935-1937: Zeitschrift für Missionswissenschaft)
ZMR	Zeitschrift für Missionskunde und Religionswissenschaft, Berlin-Steglitz 1886-1939
ZMNP	Zurnal Ministerstva Narodnago Prosvescenija. SPb 1/1843 -362/1905; Neue Serie: 1/1906-72/1917
ZNW	Zeitschrift für die neutestamentliche Wissenschaft und die Kunde der älteren Kirche, Gießen 1900 ff.; Berlin 1934 ff.
ZP	Zeitschrift für Pädagogik, Weinheim 1955 ff.
ZphF	Zeitschrift für philosophische Forschung, Reutlingen 1946-1949; Meisenheim/Glan 1950 ff.
ZprTh	Zeitschrift für praktische Theologie, Frankfurt/Main 1879-1900
ZRGG	Zeitschrift für Religions-und Geistesgeschichte, Marburg 1948 ff.
ZS	Zeitschrift für Semitistik, Leipzig 1922 ff.
ZSavRGgerm	Zeitschrift der Savigny-Stiftung für Rechtsgeschichte. Germanistische Abteilung, Weimar 1863 ff.
ZSavRGkan	Zeitschrift der Savigny-Stiftung für Rechtsgeschichte. Kanonistische Abteilung, Weimar 1911 ff.
ZSavRGrom	Zeitschrift der Savigny-Stiftung für Rechtsgeschichte. Romanistische Abteilung, Weimar 1880ff.
ZsfSl	Zeitschrift für Slawistik. Berlin 1/1956 ff.
ZSKG	Zeitschrift für Schweizer Kirchengeschichte, Fribourg/Schweiz 1907 ff.
ZslPh	Zeitschrift für slavische Philologie, Heidelberg 1925 ff.
ZSTh	Zeitschrift für systematische Theologie (seit 1959: NZSTh), (Gütersloh) Berlin 1923-1957
ZThK	Zeitschrit für Theologie und Kirche, Tübingen 1891 ff.
ZVThG	Zeitschrift des Vereins für thüringische Geschichte und Altertumskunde, Jena 1853 ff.
ZW	Zeitwende. Monatsschrift, Berlin 1929 ff.
Zwingliana	Zwingliana. Beiträge zur Geschichte Zwinglis, der Reformation und des Protestantismus in der Schweiz, Zürich 1897 ff.
ZWL	Zeitschrift für kirchliche Wissenschaft und kirchliches Leben, Leipzig 1880-1889
ZWTh	Zeitschrift für wissenschaftliche Theologie, (Jena, Halle, Leipzig) Frankfurt/Main 1858-1913
ZZ	Zwischen den Zeiten. Zweimonatsschrift, München 1923 ff.

III. Allgemeine Abkürzungen

A

a.a.O.,	am angeführten Ort
Abb.	Abbildung
Abdr.	Abdruck(e)
abgedr.	abgedruckt
Abh. Abhh.	Abhandlung(en)
Abk.	Abkürzung
Abs.	Absatz
Abt.	Abteilung
ägypt.	ägyptisch
äthiop.	äthiopisch
afr.	afrikanisch
ahd.	althochdeutsch
amer.	amerikanisch
Ang.	Angabe
angelsächs.	angelsächsisch
anglik.	anglikanisch
Anh.	Anhang
Anm.	Anmerkung(en)
Ann.	Annalen, Annales, Annals
Anz.	Anzeiger, Anzeigen

ao.	außerordentlich
apl.	außerplanmäßig
Apokr., apkr.	Apokryphen, apokryphisch
apost.	apostolisch
App.	Apparat
arab.	arabisch
aram.	aramäisch
Arch.	Archiv
armen.	armenisch
Art.	Artikel
assyr.	assyrisch
AT, at.	Altes Testament, alttestamentlich
Aufl.	Auflage
Aufs., Aufss.	Aufsatz, Aufsätze
Ausg., Ausgg.	Ausgabe(n)
Ausl.	Auslegung
Ausw.	Auswahl
Ausz.	Auszug

B

b.	bei(m)
babyl.	babylonisch
bayr.	bayrisch
Bd., Bde.	Band, Bände
Bearb., Bearbb.	Bearbeitung(en), Bearbeiter
bearb.	bearbeitet
begr.	begründet
Beibl.	Beiblatt
Beih., Beihh.	Beiheft(e)
Beil., Beill.	Beilage(n)
Bem.	Bemerkung
Ber., Berr.	Bericht(e)
Berücks.	Berücksichtigung
bes.	besonders
Bespr.	Besprechung
Bez., bez.	Bezeichnung, bezeichnet
Bibl.	Bibliothek
bibl.	biblisch
Bibliogr., Bibliogrr.	Bibliographie(n)
Bisch., bisch.	Bischof, bischöflich
Bist.	Bistum
Bl., Bll.	Blatt, Blätter
Btr., Btrr.	Beitrag, Beiträge
Bull.	Bulletin
Bw.	Beiwort
byz.	byzantinisch
Bz.	Bezirk
bzgl.	bezüglich
bzw.	beziehungsweise

C

c.	Kapitel
ca	zirka
can.	canon, canones
CatRom	Catechismus Romanus
c f.	confer (vergleiche)
chald.	chaldäisch
Chron.	Chronik
CIC	Codex
Cod.	Codes, Codices
Coll.	collectio(n)
Const.	Constitutio
CorpIC	Corpus Iuris Canonici

D

d. Ä.	der Ältere
dän.	dänisch
Darst., dargest.	Darstellung(en), dargestellt
das.	daselbst
dass.	dasselbe
Decr.	Decretum
DEK	Deutsche Evangelische Kirche
Dep.	Departement
ders.	derselbe
DG	Dogmengeschichte
dgl.	dergleichen
d. Gr.	der Große
d.h.	das heißt
d.i.	das ist
Dict.	Dictionnaire, Dictionary
dies.	dieselbe
Diöz.	Diözese
Diss.	Dissertation
Distr.	Distrikt
d.J.	der Jüngere
dt.	deutsch
Dtld.	Deutschland
Dyn.	Dynastie

E

EB	Erzbischof
ebd.	ebenda
Ed., Edd., ed.	Edition(en), ediert
ehem.	ehemalige(r), ehemaliges, ehemals
ehrw.	ehrwürdig
eig.	eigentlich
Einf.	Einführung
Einl., eingel.	Einleitung, eingeleitet
EKD	Evangelische Kirche in Deutschland
EKG	Evangelisches Kirchengesangbuch
em.	emeritiert
Engl., engl.	England, englisch
entspr.	entspricht, entsprechend
entw.	entweder
Enz.	Enzyklopädie
Erg., Ergg., erg.	Ergänzung(en), ergänzt
Erkl., erkl.	Erklärung, erklärt
Erl., Erll., erl.	Erläuterung(en), erläutert
erw.	erweitert
Erz., Erzz., erz.	Erzählung(en), erzählt
Erzb.	Erzbistum
etc	etcetera
ev.	evangelisch
Ev., Evv.	Evangelium, Evangelien
ev.-luth.	evangelisch-lutherisch
ev.-ref.	evangelisch-reformiert
evtl.	eventuell
Expl.	Exemplar

F

f.	für
f. (nach Zahlen)	folgende Seite, folgender Jahrgang
ff. (nach Zahlen)	folgende Seiten, folgende Jahrgänge
Fak.	Fakultät
Faks.	Faksimile
Festg.	Festgabe
Festschr.	Festschrift

finn.	finnisch
Fkr.	Frankreich
Forsch.	Forschung(en)
Forts., Fortss., fortges.	Fortsetzung(en), fortgesetzt
Frgm., frgm.	Fragment(e), fragmentarisch
Frhr.	Freiher
frz.	französisch
Ftm	Fürstentum

G

GA	Gesamtausgabe
Geb.	Geburtstag
geb. (*)	geboren
gedr.	gedruckt
gef.	gefallen
gegr.	gegründet
Geistl.	Geistlicher
Gem.	Gemälde
gen.	genannt
Gen.Sekr.	Generalsekretär
Gen.Sup.	Generalsuperintendent
germ.	germanisch
Ges.	Gesellschaft
ges.	gesammelt
Gesch.	Geschichte
gest. (†)	gestorben
gez.	gezeichnet
Gf., Gfn., Gfsch.	Graf, Gräfin, Grafschaft
gg.	gegen
Ggs.	Gegensatz
Ggw.	Gegenwart
Ghzg., Ghzgn.	Großherzog, Großherzogin
Ghzgt., ghzgl.	Großherzogtum, großherzoglich
Gouv.	Gouvernement
GProgr.	Gymnasialprogramm
Grdl.	Grundlage
Grdr.	Grundriß
griech.	griechisch
GW	Gesammelte Werke

H

H., Hh.	Heft(e)
Hbd.	Halbband
Hdb.	Handbuch
hd.	hochdeutsch
Hdwb.	Handwörterbuch
hebr.	hebräisch
Hist., hist.	Historia, Histoire, History; historisch
Hl., Hll., hl.	Heilige(r), Heilige (Plural), heilig
holl.	holländisch
Holzschn.	Holzschnitt(e)
Hrsg., hrsg.	Herausgeber(in), herausgegeben
HS	Heilige Schrift
Hs., Hss., hs.	Handschrift(en), handschriftlich
Hzg., Hzgn.	Herzog, Herzogin
Hzgt., hzgl.	Herzogtum, herzoglich

I

ib.	ibidem
i.J.	im Jahr
Ill., ill.	Illustration(en), illustriert
ind.	indisch
insbes.	insbesondere
Inst.	Institut
Instr.	Instrument
internat.	international
islam.	islamisch
israel.	israelitisch
It., it.	Italien, italienisch

J

J., j.	Jahr(e), jährig
jap.	japanisch
Jb., Jbb.	Jahrbuch, Jahrbücher
Jber., Jberr.	Jahresbericht(e)
Jg., Jgg.	Jahrgang, Jahrgänge
Jh., Jhh.	Jahrhundert(e)
Jt.	Jahrtausend
Jub.	Jubiläum
jüd.	jüdisch
jun.	junior
jur.	juristisch

K

Kal.	Kalender
Kard.	Kardinal
Kat.	Katalog
Kath., kath.	Katholizismus, katholisch
Kf., Kfn., Kft.	Kurfürst, Kurfürstin, Kurfürstentum
KG	Kirchengeschichte
Kg., Kgn.	König, Königin
Kgr., kgl.	Königreich, königlich
Kl.	Klasse
klass.	klassisch
KO	Kirchenordnung
Komm.	Kommentar
Komp., komp.	Komponist, Komposition, komponiert
Kongreg.	Kongregation
Konk.	Konkordat
Kons.Rat	Konsistorialrat
kopt.	koptisch
Korr., Korrbl.	Korrespondenz, Korrespondenzblatt
KR	Kirchenrecht
Kr.	Kreis
krit.	kritisch
Kt.	Kanton
Kupf.	Kupferstich(e)

L

lat., latin.	lateinisch, latinisiert
Lb.	Lebensbild(er)
Lehrb.	Lehrbuch
Lfg.	Lieferung
Lit.	Literatur(angaben)
Lith.	Lithographie
LKR	Landeskirchenrat
Ll.	Lebensläufe
luth.	lutherisch
LWB	Lutherischer Weltbund
LXX	Septuaginta (griech. Übers. des AT)

M

MA, ma.	Mittelalter, mittelalterlich

Mag.	Magister
m.a.W.	mit anderen Worten
Mbl., Mbll.	Monatsblatt, Monatsblätter
Mél.	Mélanges
Mém	Mémoires
meth.	methodisch
method.	methodistisch
Mgf., Mgfn.	Markgraf, Markgräfin
Mgfsch., mgfl.	Markgrafschaft, markgräflich
Mgz.	Magazin
Mh., Mhh.	Monatsheft(e)
mhd.	mittelhochdeutsch
Min.	Minister, Ministerium
Miss.	Missionar
Miss.Dir.	Missionsdirektor
Miss.Insp.	Missionsinspektor
Mitgl., Mitgll.	Mitglied(er)
Mitt.	Mitteilung(en)
Monogr.	Monographie
Ms., Mss.	Manuskript(e)
Mschr., Mschrr.	Monatsschrift(en)
MT	masoretischer Text (hebr. Text des AT)
Mus.	Museum

N

Nachdr.	Nachdruck
Nachf.	Nachfolger
Nachr., Nachrr.	Nachricht(en)
nam.	namentlich
nat.	national
ndrl.	niederländisch
Nekr.	Nekrolog
Neudr.	Neudruck
NF	Neue Folge
nord.	nordisch
norw.	norwegisch
nouv. éd.	nouvelle édition
NR	Neue Reihe
NS	Neue Serie
NT, nt.	Neues Testament, neutestamentlich

O

o.	ordentlich
obj.	objektiv
od.	oder
öff.	öffentlich
ökumen.	ökumenisch
Östr., östr.	Österreich, österreichisch
o.J.	ohne Jahr(esangabe)
O.Kons.Rat	Oberkonsistorialrat
OKR	Oberkirchenrat
o.O.	ohne (Erscheinungs-)Ort
orient.	orientalisch
orth.	orthodox

P

P.	Pastor, Pater
p.	pagina (= Seite)
Päd., päd.	Pädagogik, pädagogisch
par	und Parallelstellen
passim	da und dort#Rzerstreut
Patr.	Patron(e), Patronat(e)
PDoz	Privatdozent
pers.	persisch
philolog.	philologisch
Philos., philos.	Philosophie, philosophisch
phön.	phönizisch
Plur.	Plural
poln.	polnisch
port.	portugiesisch
Pr.	Prediger
Präs.	Präsident
Prn.	Prinzessin
Prof.	Professor
Progr.	Programm
Prot., prot.	Protestantismus, protestantisch
Prov.	Provinz
Pseud.	Pseudonym
psychol.	psychologisch
PT	Praktische Theologie
publ.	publié
Publ.	Publikation(en)

Q

Qu.	Quelle(n)
Qkde.	Quellenkunde
Qschr.	Quellenschrift
Qsmlg.	Quellensammlung

R

R.	Reihe
rabb.	rabbinisch
Rdsch.	Rundschau
Red., red.	Redaktion, redigiert
Ref., ref.	Reformation, reformiert
Reg.	Register
Regg.	Regesten, Regesta
Rel., rel.	Religion, religiös
Rep.	Repertorium
resp.	respektive
Rev.	Revolution
rhein.	rheinisch
rit.	rituell
röm.	römisch
röm.-kath.	römisch-katholisch
roman.	romanisch
russ.	russisch
Rv.	Revue, Review

S

S.	Seite(n)
s., s.a.	siehe, siehe auch
säk.	säkularisiert
sanskrit.	sanskritisch
SB	Sitzungsbericht(e)
Schol., schol.	Scholastik, scholastisch
Schr., Schrr.	Schrift(en)
schwed.	schwedisch
schweizer.	schweizerisch
scil.	scilicet, nämlich
s.d.	siehe dort
Sekr.	Sekretär
sel.	selig
Sem.	Seminar, Seminary, Séminaire
sem.	semitisch

sen.	senior
Ser.	Serie, series
Sess.	Sessio
Sing.	Singular
skand.	skandinavisch
slaw.	slawisch
slow.	slowakisch
Smlg.	Sammlung
s.o.	siehe oben
Soc.	Société, Società, Societas
sog.	sogenannt
soz.	sozial
Sp.	Spalte(n)
Span., span.	Spanien, spanisch
spez.	speziell
SS	Scriptores
ST	Systematische Theologie
St.	Saint, Sankt
st.	stimmig
Stud.	Studie(n)
s.u.	siehe unten
Sup.	Superintendent
Suppl.	Supplement
syn.	synonym
Synop., synopt.	Synoptiker, synoptisch
syr.	syrisch

T

t.	tomus, tome, Buch, Band
Tab.	Tabelle
Taf.	Tafel
term. techn.	terminus technicus
Tg.	Targum
Tgb.	Tagebuch
Theol., theol.	Theologie, theologisch
thom.	thomistisch
Tl.	Teil
transl.	translated
tsch.	tschechisch
tschsl.	tschechoslowakisch
Tsd.	Tausend

U

u.a.	unter anderem, und andere
u.ä.	und ähnliche(s)
u.a.m.	und anderes mehr
UB	Urkundenbuch
u.d.T.	unter dem Titel
Überl., überl.	Überlieferung, überliefert
Übers., Überss., übers.	Übersetzung(en), übersetzt
Übertr., übertr.	Übertragung, übertragen
unbek.	unbekannt
ung.	ungarisch
ungedr.	ungedruckt
Univ.	Universität
u.ö.	und öfter
Unters., Unterss., unters.	Untersuchung(en) untersucht
unv.	unverändert
Urk., Urkk.	Urkunde(n)
urspr.	ursprünglich
usw.	und so weiter
u.U.	unter Umständen
u.zw.	und zwar

V

V.	Vers
v.	von, vom
VELKD	Vereinigte Evangelisch-Lutherische Kirche Deutschlands
Ver.	Verein
Verb. Verbb., verb.	Verbesserung(en), verbessert
Verdt., verdt.	Verdeutschung, verdeutscht
Verf., verf.	Verfasser, verfaßt
Verh., Verhh.	Verhandlung(en)
verm.	vermehrt
Veröff., veröff.	Veröffentlichung(en), veröffentlicht
Vers., Verss.	Versuch(e)
versch.	verschiedene
Verw.	Verwaltung
Verz., verz.	Verzeichnis(se), verzeichnet
vgl.	vergleiche
viell.	vielleicht
Vj.	Vierteljahr
Vjh., Vjschr.	Vierteljahresheft, Vierteljahresschrift
Vol.	Volume(n)
vollst.	vollständig
vorm.	vormals
Vors.	Vorsitzender
Vorst.	Vorstand, Vorsteher
Vortr., Vortrr.	Vortrag, Vorträge
Vulg.	Vulgata

W

wahrsch.	wahrscheinlich
Wb.	Wörterbuch
Wbl., Wbll.	Wochenblatt, Wochenbläter
Wiss., wiss.	Wissenschaft, wissenschaftlich
w.o.	wie oben
wörtl.	wörtlich
Wschr., Wschrr.	Wochenschrift(en)

Z

Z.	Zeile(n)
z.	zu, zum, zur
zahlr.	zahlreich
z.B.	zum Beispiel
Zbl.	Zentralblatt
Zschr., Zschrr.	Zeitschrift(en)
Zshg.	Zusammenhang
z.St., z. d. St.	zur Stelle, zu dieser Stelle
z.Tl.	zum Teil
Ztg., Ztgg.	Zeitung(en)
zugl.	zugleich
zus.	zusammen
Zus., Zuss.	Zusammensetzung(en)
zw.	zwischen
z.Z.	zur Zeit

A

ABDU'L BAHA (1844-1921), Abdu'l Baha wurde als ältester Sohn von Baha'u'llah, dem Stifter der Bahai Religion, am 23. Mai 1844 in Teheran geboren, in der Nacht als der Bab (siehe Biografie Baha'u'llah) seine Sendung verkündete. Seit seinem achten Lebensjahr teilte er mit seinem Vater für seinen Glauben Verbannung, Haft und Kerker. Erst sechsundfünfzig Jahre später, im Alter von vierundsechzig Jahren, gelangte er 1908 wieder in Freiheit. Trotz aller eigenen Not wurde Abdu'l Baha bekannt als Helfer der Armen. Unablässig warb er für Toleranz und Verständigung unter den Religionen. Er war Gast in Moscheen, in Synagogen und Kirchen. Zu den Juden sprach er von Christus, zu den Christen von Mohammed und zu den Muslimen von Christus und Mose. Unermüdlich warb er für Frieden und Aussöhnung. — Abbas Effendi war sein eigentlicher Name. Erst später, als er berufen war, die Nachfolge von Baha'u'llah anzutreten, nahm er den Titel Abdu'l Baha (was soviel heißt wie Diener von Baha) an. Als Abbas Effendi neun Jahre alt war, mußte er miterleben, wie sein Vater, dem er sehr innig ergeben war, ins Teheraner Gefängnis geworfen wurde, und der Stadtpöbel das Haus der Familie ohne Rücksicht auf die anderen Familienmitglieder plünderte. Sie wurden aus ihrem Haus und von ihrem Grundbesitz vertrieben und der Not, die sich automatisch einstellte, ausgeliefert. Nachdem die Familie lange Zeit voneinander getrennt gelebt hatte, durfte Abbas Effendi eines schönen Tages mit der Genehmigung der persischen Behörden seinen Vater im Gefängnis bei seinem täglichen Rundgang besuchen. Abbas Effendi, nennen wir ihn jetzt bei seinen Beinamen Abdu'l Baha, sah seinen Vater und erschrak im Innersten seines Herzens, denn er sah nur noch ein lebendiges Wrack, mit ausgehöhlten Augen, einem von dem schweren Halseisen wundgescheuerten Hals, das er wegen angeblicher Fluchtgefahr tragen mußte und das seinen Nacken fürchterlich scheuerte. Sein Haar und sein Bart waren verwirrt und er sah elend und krank aus. Der Anblick hinterließ einen unvergeßlichen Eindruck in der Seele des jungen Abdu'l Baha. — Bald darauf aber wurde Baha'u'llah plötzlich und unerwartet aus dem Gefängnis entlassen. Da die Familie ja nun kein Heim und auch keinen Besitz mehr hatte, zogen sie weiter nach Bagdad in den heutigen Irak. Während der ersten Jahre ihres Aufenthalts in Bagdad, etwa ein Jahrzehnt vor der öffentlichen Erklärung des Baha'u'llah zur Sendung und zur Verbreitung der Religion, kam der junge Abdu'l Baha zur tiefen Einsicht, daß sein Vater in der Tat der Verheißene, der letzte Mahdi sei, dessen Manifestation alle Babi erwarteten. Etwa sechs Jahrzehnte später beschreibt Abdu'l Baha den Augenblick, da diese Überzeugung plötzlich von seinem ganzen Wesen Besitz ergriffen hat, wie folgt: »Ich bin der Diener der gesegneten Vollkommenheit. In Bagdad war ich ein Kind. Damals und dort verkündete er mir das Wort und ich glaubte an ihn. Sobald er mir das Wort verkündete, warf ich mich zu seinen heiligen Füßen und bat und flehte zu ihm, mein Blut als Opfer auf seinem Pfade anzunehmen. Opfer!! Wie köstlich finde ich dieses Wort! Es gibt keine größere Gnade für mich als diese! Welch größeren Ruhm könnte ich mir denken, als diesen Nacken in Ketten gelegt um Seinetwillen, diese Füße gefesselt für seine Liebe, diesen Körper verstümmelt oder in die Tiefen des Meeres geworfen zu sehen für seine Sache! Wenn wir in Wahrheit aufrichtig lieben, wenn ich in Wahrheit sein aufrichtiger Diener bin, dann muß ich mein Leben, mein Alles an seiner gesegneten Schwelle opfern«. — Während dieser Zeit zwischen Kindheit und jugendlichem Erwachsensein begannen seine Freunde ihn »das Geheimnis Gottes« zu nennen, ein Titel der ihm von Baha'u'llah gegeben wurde und unter dem er während des Aufenthalts in Bagdad bekannt war. Als sich dann sein Vater für die Dauer von zwei Jahren in die Wildnis zum Beten und Fasten zurückzog, wollten Herz und Gemüt von Abbas brechen, und die Sehnsucht nach seinen Vater wuchs ins Unermeßliche. Sein einziger Trost bestand im Abschreiben und im Auswendiglernen des Tablets des Bab, und noch mehr Zeit verbrachte er mit Gebeten in einsamen Gebetsandachten. Als sein Vater endlich zurückkehrte, war die Freude bei Abbas außerordentlich groß und man sah ihm an, daß er ein reifer junger Mann geworden war. Von nun an wurde

Abbas Effendi (Abdu'l Baha) der engste Vertraute, Gefährte und Beschützer seines Vaters Baha'u'llah. Obwohl immer noch jung an Jahren, aber reif im Geist, zeigte er doch erstaunliche Klugheit und Scharfsinn, und er übernahm die Aufgabe den zahllosen Besuchern, die ununterbrochen zu seinem Vater kamen, Rede und Antwort zu stehen. Wenn er merkte, daß es sich um wirkliche Wahrheitssucher handelte, geleitete er sie in die Gegenwart seines Vaters, andernfalls aber erlaubte er nicht, daß Baha'u'llah gestört wurde. Bei vielen Gelegenheiten half er seinem Vater beim Beantworten von Fragen und bei der Behebung von Problemen dieser Besucher. Als erstaunliches Beispiel für die geistige Reife dieses Jünglings kann die folgende Geschichte dienen: Eines Tages kam der Sufi Führer Ali Shawat Pascha zu Besuch zur Familie und bat Baha'u'llah um die Auslegung der Worte: »Ich war ein verborgenes Geheimnis«. Da bat Baha'u'llah seinen Sohn Abdu'l Baha (Das Geheimnis Gottes), diese Worte einer wohlbekannten muslimischen Überlieferung auszulegen und niederzuschreiben. Der junge Mann schrieb daraufhin eine bedeutende Abhandlung, die eine so erleuchtende Auslegung erhielt, daß der Pascha nur noch staunen konnte. Die Epistel ist seitdem unter den Bahais weit verbreitet und auch manchen dem Bahai Glauben Fernstehenden bekannt. Abbas Effendi besuchte nie eine Schule oder gar eine Universität, sondern das Lesen und Schreiben und alles, was er für das Leben brauchte, hatte ihm sein Vater beigebracht. Während dieser Zeit, also von der Zeit an, als Abbas Effendi seinen Vater vorbehaltlos unterstützte, besuchte er zahlreiche Moscheen, in denen er theologische Themen mit den Hocas, Imaman und Islamgelehrten besprach und diskutierte. Zumindest nach außen hin wurde er von den Islamtheologen akzeptiert und anerkannt, während die Bahai Religion, die ja ursprünglich aus dem Islam erwuchs, nie als Religion von der muslimischen Führungsschicht anerkannt wurde. Zum Erholen oder um eine gewisse Freizeit zu genießen blieb nie viel Zeit. Wenn aber tatsächlich einmal etwas »Freizeit« vorhanden war, so verbrachte er diese mit Reiten, das er schon sehr früh als junger Knabe erlernte und zu schätzen wußte. — Nach dem Zeitpunkt, als Baha'u'llah im April 1863 in einem großen Garten außerhalb von Bagdad seine Erklärung über sich selbst als Nachfolger des Bab und des auserwählten Gottes abgab, wurde die Ergebenheit Abdu'l Bahas gegenüber seinem Vaters größer denn je. Im gleichen Jahr zog die Familie weiter nach Konstantinopel. Auf dem Weg dorthin behütete Abdu'l Baha seinen Vater Tag und Nacht, ritt neben seinem Wagen, bewachte am Abend und in der Nacht das Zelt, in dem er schlief. So weit wie möglich hielt er häusliche Sorgen und Verantwortung von ihm fern und wurde so die Hauptstütze und der Trost der ganzen Familie. Nur für kurze Zeit verweilte die Familie in Konstantinopel (dem heutigen Istanbul) um auf behördlichen Befehl nach Adrianobel (das heutige Edirne) weiter zu ziehen. In den Jahren, die die Familie in Adrianobel verbrachte, wurde Abdu'l Baha für jeden zu einem »guten Geist.« Er lehrte viel, sowohl das, was er von seinem Vater wußte als auch das, was er sich durch eigene Studien selbst beibrachte. Nach und nach wurde er bei seinen Anhängern als »der Meister« bekannt. Seine Gefährten und auch viele seiner und seines Vaters Anhänger versorgte er, wenn sie krank, arm und verlassen zu ihm kamen. Ob die Menschen, die in seiner Obhut waren, nun an Typhus, Ruhr oder an anderen ansteckenden Krankheiten litten, ob sie Malaria, Lepra oder noch viel schlimmere Krankheiten ertragen mußten, er pflegte sie, wusch sie, brachte ihnen das Essen und wachte bei ihnen, ungeachtet seiner eigenen Person und seiner eigenen Gesundheit. Er gönnte sich keine Ruhe und arbeitete unermüdlich, bis er sich eines Tages selbst die Ruhr zuzog und für lange Zeit in Lebensgefahr schwebte. Nach ca. einem Monat schwerster Erkrankung ging es ihm wieder einigermaßen gut, so daß er seine Arbeit, die Pflege der Kranken und Armen fortsetzen konnte. An allen Orten an denen er sich aufhielt wurde er vom hochgestellten Politiker über die Reichen, bis hin zum armen Bettler geliebt und geachtet. — Die folgenden Einzelheiten über die Hochzeit von Abdu'l Baha wurde von einem persischen Geschichtsschreiber (Chronist) im »O-Ton« aufgezeichnet. »Schon während Abdu'l Bahas Jugendzeit war das Interesse der Gläubigen groß zu wissen, wen er einmal zu seiner Frau auserwählen würde. Viele Leute, Frauen und Männer, boten ihre Töchter wie auf einem orientalischen Basar der Familie zur Heirat an, um sich die Ehrenkrone für ihre Familie zu sichern. Abdu'l Baha zeigte lange Zeit kein Interesse an einer Heirat mit irgendeiner der ihm dargebotenen Frauen. Sehr viel später, als Abdu'l Baha schon erwachsen war und seinen Namen in Ehren trug, wurde bekannt, daß ein Mädchen lebte, welches bestimmt war Abdu'l Bahas Frau zu werden; ihre Geburt entsprang einem Segen des Bab, den er ihren Eltern in Isfahan erteilt hatte. Ihr Vater war Mirza Muhammad Ali, der Onkel des Königs der Märtyrer und des Geliebten der Märtyrer, und sie gehörte zu einer der großen und bekannten Familien von Isfahan. Der Name des Mädchens, welches für Abdu'l Baha vorgesehen war, hatte den Namen Munirih Khanum. Die Eltern von Abdu'l Baha wünschten ebenso stark wie die Eltern von Minirih Khanum, daß die beiden jungen Menschen sich näher kämen und in der Ehe vereinigten. Als Abdu'l Baha Minirih in Akka kennen lernte, war er auch geradezu von Liebe entflammt und hatte keinen sehnlicheren Wunsch, als die Ehe mit dem liebevollen Mädchen einzugehen. Der Wunsch beider Eltern ebenso wie der seine sollte binnen kurzer Zeit in Erfüllung gehen und sie heirateten vor »Gottes Angesicht«. Die Ehe gestaltete sich als außerordentlich glücklich und harmonisch. Von den von ihnen geborenen Kindern haben vier die Schrecken der langen Einkerkerung überlebt und sind durch ihr wundervolles Leben allen teuer geworden, die den Vorzug hatten, sie kennen zu lernen. Baha'u'llah der große Religionsgründer und Vater von Abdu'l Baha tat auf verschiedene Weise kund, daß Abdu'l Baha sein Nachfolger sein sollte. Viele Jahre zuvor, kurz vor seinem Tod, erklärte er die Nachfolge in seinem Kitab-i-Agdas, welches das Testament von Baha'u'llah beinhaltete. Bei verschiedenen Gelegenheiten verwies er auf Abdu'l Baha als den »Mittelpunkt des Bündnisses, als den größten Ast aus der altehrwürdigen Wurzel«. Baha'u'llah sprach von seinem Sohn als von »dem Meister« und forderte von der gesamten Familie, daß ihm alle mit betonter Hochachtung begegneten; und in seinem Willen und Testament hinterließ er ausdrücklich Anweisungen, daß sich alle zu ihm hinwenden und ihm gehorchen sollten. — Nach dem Tod der »Gesegneten Schönheit« (so wurde Baha'u'llah von seiner Familie, seinen Freunden und den Gläubigen im allgemeinen genannt.), trat Abdu'l Baha in die Stellung ein, die sein verstorbener Vater ausdrücklich für ihn bestimmt hatte, als Haupt des Glaubens und als bevollmächtigter Ausleger der Lehren; dies aber rief den Groll, den Neid und die Eifersucht gewisser Verwandter und anderer Personen hervor, die in der gleichen Gegnerschaft zu Abdu'l Baha standen wie damals Subh-i-Azal zu Baha'u'llah. Sie bemühten sich Uneinigkeit unter die Gläubigen zu tragen, und als ihnen dies nicht gelang, gingen sie dazu über, verschiedene falsche Beschuldigungen gegen Abdu'l Baha bei der türkischen Regierung zu erheben. Im Sinne der Anweisungen, die Abdu'l Baha von seinem Vater erhalten hat, errichtete er einen Bau am Abhang des Berges Karmel oberhalb von Haifa, der dazu bestimmt war, der dauerhafte Ruheplatz für die Gebeine des Bab zu sein, und auch eine Anzahl Räume für die Versammlungen und Gottesdienste enthalten sollte. Die Gegner von Abdu'l Baha gaben den Behörden die falsche Auskunft, daß das Gebäude dem Zweck diene, eine Festung für die Anhänger der Bahai zu sein. Abdu'l Baha und seine Anhänger hätten demnach die Absicht, sich in diesem Bau zu verschanzen, der Regierung zu trotzen und nach dem Besitz des angrenzenden Gebiets von Syrien zu streben. Infolge dieser und anderer unbegründeter Anschuldigungen wurden Abdu'l Baha und seine Familie, die jetzt seit mehr als zwanzig Jahren in der Gegend von Akka in Freiheit lebten, trotz vieler Proteste im Jahr 1901 für die Dauer von sieben Jahren in dem Teil der Stadt eingekerkert, die sich Gefängnisstadt von Akka nannte. Die erneute Gefangennahme hinderte ihn aber nicht daran, die Bahai-Botschaft über Asien, Europa und Amerika wirksam zu verbreiten. Die amerikanische Schriftstellerin Horace Holley schrieb über diese Zeitspanne: Zu Abdu'l Baha, dem Lehrer und Freund, kamen viele Männer und Frauen jeglicher Rassen, Religionen und Nationen, um mit ihm an einem Tisch zu sitzen gleich lieben Gästen und ihn über soziale, geistige und moralische Fragen zu befragen, die sie am meisten beschäftigten. Nach einem Aufenthalt von kurzer Dauer (etwa 2-3 Stunden) bis zu vielen Monaten kehrten sie heim, vom Geist durchdrungen, neubelebt und erleuchtet. Die Welt besaß kein gastfreieres Haus als dieses. Hinter seinen Türen schmolzen die starren Kastenschranken Indiens, das Rassenvorurteil gegen Juden, Muslime und Christen verweht wie einen Erinnerung; und jede Konvention, nur nicht die des warmen Herzens und des strebsamen Geistes, brach zusammen, vergessen und versunken vor der einigenden Linie des Herrn des Hauses. Es war wie bei König Arthur und seiner Tafelrunde, aber bei einem Arthur, der sowohl Frauen als auch Männer zu Rittern schlug, und sie aussandte, nicht mit dem Schwert, sondern mit dem Wort.« Während dieser Jahre der Gefangenschaft in der Gefängnisstadt AKKA bewältigte Abdu'l Baha einen umfangreichen Briefwechsel mit Menschen die in seiner »Nähe« lebten, aber auch mit Gläubigen aus aller Welt. Fragesteller aus Europa, Asien, ja selbst aus Teilen Afrikas schrieben ihm, um seine Botschaft besser verstehen zu können. Sehr hilfreich bei der Bewältigung der vielen Briefe und Anfragen in den verschiedensten Sprachen und Dialekten waren seine beiden Töchter. Außerdem waren ihm bei der Beantwortung der vielen Post noch verschiedene Dolmetscher und Sekretäre, die sich bei ihm niedergelassen hatten, behilflich. — Den Hauptteil seiner Zeit die ihm zur Verfügung stand, opferte er dem Besuch von Kranken, Armen und Elenden, die in ihrem »Heim« und in den ärmlichsten Vierteln von Akka lebten. Bei diesen Menschen war er stets willkommen, und wenn er es zugelassen hätte, hätten sie ihr »Nichts« noch mit ihm geteilt. Abdu'l Bahas persönliche Bedürfnisse waren sehr gering. Er arbeitete von Früh bis Spät. Zwei einfache Mahlzeiten am Tag waren ihm vollkommen ausreichend. An Kleidung besaß er nicht viel und das, was er besaß, war aus dem billigsten Stoff. Er hätte, selbst wenn es ihm möglich gewesen wäre, nicht ertragen im Überfluß zu leben, wenn andere Darben mußten. Ein Pilger, der AKKA zu dieser Zeit besuchte, schrieb: »Es ist die Gewohnheit von Abdu'l Baha, jede Woche am Freitagmorgen Almosen an die Armen zu verteilen. Von seinem knappen Vermögen gibt er ein wenig allen Bedürftigen, die zu ihm kommen und um Hilfe bitten. An diesem Morgen haben sich etwa hundert der Ärmsten der Armen reihenweise auf der Straße und vor seinem Haus aufgestellt, sitzen oder kauern auf dem Boden. Allerlei Männer, Frauen und Kinder - arm, geplagt, trostlos anzusehen, nur halb bekleidet, viele von ihnen verkrüppelt und blind, wirkliche Bettler, unsagbar arm, geduldig wartend, bis Abdu'l Baha aus dem Torweg tritt, lebhaft schreitet er von einem zum anderen, da einige Augenblicke anhaltend, um ein Wort des Mitgefühls und der Aufmunterung an jeden zu richten, und dort Geldmünzen in jede offene Hand fallen zu lassen, er streichelt ein Kindergesicht, ergreift die Hand einer alten Frau, die den Saum seines Gewandes umfaßt hat, als er vorbeischreitet, spricht Worte des Lichts mit dem alten, erblindeten Mann, fragt nach denen, die zu schwach und elend sind, um eine kleine Gabe selbst zu holen, und sendet ihnen ihren Anteil mit der Botschaft der Liebe und der Aufmunterung. » - Seine große Liebe galt einmal seiner Familie und seinen Kindern, seinen Anhängern und Gläubigen; aber auch den Blumen und den Schönheiten der Natur. Jeden Morgen gegen sechs oder sieben Uhr pflegte sich die Familie zu versammeln, um gemeinsam den Frühstückstee einzunehmen und den Tag zu beginnen. Während der Meister seinen Tee trank, wurde die ganze Zeremonie von Gebeten begleitet und durch Lieder untermalt, die Kinder der Großfamilie zum Gelingen des Tages beitrugen. Pilger, die Abdu'l Baha in ihrem Glauben erkannte, durften die Familie und auch Abdu'l Baha in der Gefängnisstadt Akka besuchen. Viele Pilger die, die Erlaubnis zum Besuch der Familie erhielten, schrieben ihre Erlebnisse auf. Dies taten ebenfalls zwei englische Pilger, ein Mann namens Thornton Chase und eine Frau mit dem Namen Mrs. Lukas. Folgende Sätze wurden von ihnen verfaßt: »Solche Kinder habe ich noch nie gesehen, so höflich, so uneigennützig, so auf andere bedacht, so unaufdringlich, klug und rasch bereit zum Verzicht in den kleinen Dingen, wie sie Kinder lieben.« Der »Blumendienst« war ein Kennzeichen des Lebens in Akka, von dem jeder Pilger duftende Andenken mit sich nahm. Mrs. Lukas schrieb: »Wenn der Meister den Duft der Blumen einatmet, ist es wundervoll, ihn anzusehen. Es sieht aus, als ob der Geruch der Hyazinthen ihm etwas erzähle, solange er sein Angesicht in die Blumen vergräbt. Es gleicht dem Bemühen des Ohrs, eine herrliche Harmonie von Tönen zu vernehmen - mit gesammelter Hingabe.« Er liebte es, herrliche, süß duftende Blumen seinen zahlreichen Besuchern zu überreichen. Mr. Thornton Chase faßte seinen Eindruck von dem Gefängnisleben in Akka zusammen: »Fünf Tage verbrachten wir innerhalb dieser Stadtmauern, als Mitgefangene dessen, der in diesem <Größten Gefängnis> wohnt. Es ist ein Gefängnis des Friedens, der Liebe und des Dienstes. Kein Wunsch, kein Verlangen lebt dort, außer nach dem Glück der Menschheit, dem Frieden der Welt, der Anerkennung der Vaterstadt Gottes und der gemeinsamen Rechte der Menschheit als seine Geschöpfe, seine Kinder. In der Tat, das wirkliche Gefängnis, die erstickende Luft, die Trennung von all dem, was das gläubige Herz wünscht, die Bindungen an die Dinge der Welt sind außerhalb dieser Stadtmauern, während in ihnen die Freiheit und das reine wehen des Geistes Gottes wohnt. Alles Störende, alle Unruhe, alle Plage und alle Angst um weltliche Dinge sind von hier ausgeschlossen.« Den meisten Menschen mögen die Härten des Gefängnislebens als schweres Unglück erscheinen, aber für Abdu'l Baha boten sie keine Schrecken. Während seiner Gefangenschaft schrieb er: »Grämt euch nicht über meine Gefangenschaft und über mein Unglück. Denn dieses Gefängnis ist mein schöner Garten, mein Heim und Paradies und mein Thron der Herrschaft unter den Menschen. Mein Elend in meinem Gefängnis ist eine Krone für mich, mit der ich strahle unter den Gerechten. » »Man kann glücklich sein in den Verhältnissen des Wohllebens, der Behaglichkeit, des Erfolges, der Gesundheit, des Vergnügens und der Freude; wenn aber jemand glücklich und zufrieden sein kann in unruhigen und harten Zeiten und in Krankheitstagen, so ist dies der Beweis von Seelenadel.« Im Jahr 1907 wurde von der türkischen Regierung eine Kommission zur Aufarbeitung und zur Klärung des Falles von Abdu'l Baha eingesetzt. Viele lügnerische Aussagen und angebliche Beweise wurden der Kommission vorgelegt, so daß eine Urteilfindung sehr schwer war. Die Anschuldigungen die Abdu'l Baha gemacht wurden wies er generell und bestimmt zurück, brachte aber gleichzeitig seine Bereitschaft zum Ausdruck sich jedem Richterspruch zu unterwerfen, den der Gerichtshof über ihn fällen würde. Er erklärte in einer kurzen Ansprache vor Gericht, daß er, selbst wenn sie ihn wieder ins Gefängnis werfen, durch die Straßen schleifen, verfluchen und anspeien, steinigen und alle Arten von Schmach auf ihn häufen, ihn hängen oder erschießen sollten, dennoch sehr glücklich wäre und ihnen dies alles verzeihen würde. In den Pausen der Gerichtssitzungen, die durchaus einen Monat und länger sein konnten, setzte er sein gewohntes Leben mit äußerster Gleichmut fort, pflanzte Bäume, sprach mit den Blumen, kümmerte sich um alles, was es im Garten zu tun gab, stand einem Hochzeitsfest mit der strahlenden Würde geistiger Freiheit vor. Sogar der italienische Konsul bot ihm an, für eine sichere Überfahrt nach irgendeinem fremden Hafen seiner Wahl zu sorgen, um ihn in Sicherheit zu sehen. Doch Abdu'l Baha lehnte dieses Anerbieten dankend aber entschieden ab mit der Erklärung, daß er, mit welchen Folgen auch immer, den Fußstapfen des Bab und der gesegneten Vollkommenheit folgen müsse. Er wollte der Versuchung sich zu retten und vor den Feinden zu fliehen nicht hingeben. Er ermunterte aber seine Anhänger und Gläubigen Bahais, die Umgebung von Akka sofern sie können zu verlassen, da große Gefahr für sie bestand, für ihren Glauben verfolgt und getötet zu werden. Er selbst blieb mit einer Hand voll Gläubigen zurück, sein und ihr Schicksal erwartend. Die vier Beamten die, die Untersuchungskommission leiteten, die offensichtlich aber auch bestochen waren, kamen in Akka im Winter 1907 an und reisten nach Beendigung der Untersuchung am Ende des Jahres mit der Empfehlung wieder ab, Abdu'l Baha zu verbannen oder hinzurichten. Sie waren aber noch nicht wirklich in Konstantinopel angekommen, als dort eine Revolution ausbrach und die vier Kommissionsmitglieder, die dem alten Regime angehörten, nun selber fliehen mußten, um ihr Leben zu retten, welches in höchster Gefahr war. Die Jungtürken (türk. Jöntürkler) errichteten ihre Herrschaft und alle politischen und religiösen Gefangenen im türkischen Reich wurden in Freiheit gesetzt. Im September des Jahres 1908 wurde Abdu'l Baha aus der Gefangenschaft erlöst und im folgendem Jahr wurde der, der ihn zum Gefangenen gemacht hat, selbst zum Gefangenen. Es war Abdu'l-Hamid, der Sultan selbst. — Das Leben von Abdu'l Baha änderte sich durch die erlangte Freiheit kaum. Weiterhin betrachtete er die Fürsorge für die Armen und Kranken als seine Hauptaufgabe, die er noch mit größerer Vehemenz wahrnahm. Die anderen Aufgaben, als da wäre seine Lehren zu verbreiten und den täglichen Briefwechsel zu bewältigen, wurden weiter von ihm mit Eifer und Sorgfalt erledigt. Seinen Wohnsitz aber verlagerte er von Akka nach Haifa und später dann nach Alexandria in Ägypten. Seinen ersten Besuch im Westen trat er im Jahr 1911 an. Während dieser seiner ersten Reise, kam er mit Menschen jeder Geistesrichtung zusammen und erfüllte voll und ganz das Gebot von Baha'u'llah, seinem Vater: »Verkehre mit allen Menschen in Freude und Wohlwollen.« London erreichte er im September des Jahres 1911 und blieb dort etwa für einen Monat. Im Verlauf seines Aufenthalts in London kam es zu täglichen Gesprächen mit Fragestellern und wißbegierigen Menschen über seine Lehre. Es kam auch zu Dialogen mit und Ansprachen an die Kongregation des Rev. R.J. Campell im City Temple, und des Archediakons Wilberforce am St. John's Westminster. Eine Einladung zum Frühstück mit dem Oberbürgermeister von London schlug er ebenfalls nicht aus. Nach dem erfolgreichen Monat in London ging der Weg weiter nach Paris, wo er seine Zeit mit täglichen Ansprachen und Gesprächen vor eifrig lauschenden Zuhörern vieler Nationen und Rassen verbrachte. Im Dezember desselben Jahres kehrte er nach Ägypten zurück, um im April 1912 einer Einladung nach New York zu folgen. Während der nächsten sieben Monate reiste er durch ganz Amerika, von Küste zu Küste; von Norden nach Süden, wo er stets Ansprachen vor allen Arten von Menschen hielt. Er sprach vor Studenten, Sozialisten und Kommunisten, vor Mormonen, Christen, Juden und Muslimen, Freidenkern, Humanisten, Esperantisten, Friedensgesellschaften und Frauenrechtlerinnen und alles was es in Amerika an Neugeist-Clubs gab. Ebenfalls sprach er in Kirchen vor nahezu jeder christlichen Glaubensrichtung und ließ stets eine persönliche Aussprache über seine Themen folgen. Am 5. Dezember des Jahres 1912 fuhr er nach Großbritannien, wo er mit dem Besuch von Liverpool, Bristol und Edinburgh etwa sechs Wochen zubrachte. In Edinburgh hielt er eine beachtenswerte Rede vor der Esperantogesellschaft, in der er verkündete, daß er die Bahai des Ostens ermuntert habe Esperanto zu lernen, damit sich der Osten und der Westen in Zukunft besser verstehen könnten. Nachdem er dann noch zwei Monate in Paris zugebracht hatte, wie immer mit täglichen Unterredungen und Besprechungen, reiste er weiter nach Stuttgart, wo er eine Reihe sehr erfolgreicher Versammlungen mit den deutschen Bahais hielt, und ging anschließend nach Wien und Budapest, wo er neue Bahai-Gruppen gründen konnte. Im März 1913 kehrte er alsdann nach Ägypten und am 5. Dezember 1913 nach Haifa zurück. Abdu'l Baha stand damals im siebzigsten Lebensjahr und seine lange und anstrengende Arbeit, gehäuft durch die Reisen in den Westen, bzw. um die halbe Welt, hatten seine Gesundheit sehr angegriffen. Nach seiner Rückkehr nach Haifa schrieb er das folgende ergreifende Tablet an die Gläubigen in der Welt: »Freunde, die Zeit ist gekommen, da ich nicht mehr länger bei euch sein werde. Ich habe getan, was getan werden konnte. Ich habe der Sache von Baha'u'llah bis zum äußersten meiner Kräfte gedient. Ich habe Tag und Nacht gearbeitet, all die Jahre meines Lebens.« »O, wie sehne ich mich zu sehen, daß die Gläubigen die Verantwortung für die Sache auf sich nehmen! Jetzt ist die Zeit, das Königreich Abha (des Allerhöchsten) zu verkünden, jetzt ist die Stunde der Einigung und Eintracht! Jetzt ist der Tag geistiger Harmonie der Freunde Gottes!« »Ich lausche nach Osten und Westen, nach Norden und Süden, ob ich vielleicht das Lied der Liebe und der Bruderschaft in den Versammlungen der Gläubigen vernehme. Meine Tage sind gezählt, und sonst gibt es keine Freude für mich.« »O, wie sehne ich mich, die Freunde zu sehen wie ein schimmerndes Perlenband, wie das leuchtende Siebengestirn, wie die Sonnenstrahlen, wie die Gazellen einer Aue!« »Die geheimnisvolle Nachtigall singt für sie, wollen sie nicht lauschen? Der Vogel des Paradieses lockt, wollen sie nicht hören? Der Engel des Königreiches Abha ruft sie, wollen sie nicht aufhorchen? Der Bote des Bündnisses tritt für sie ein, wollen sie nicht Acht geben?« »Ach, ich warte, warte, die frohe Nachricht zu hören, daß die Gläubigen die Verkörperung der Aufrichtigkeit und Treue sind, die verkörperte Liebe und Freundschaft und die Offenbarung von Einheit und Eintracht!« »Wollen sie mein Herz nicht erfreuen? Wollen sie mein Sehnen nicht stillen? Wollen sie meine Hoffnung nicht erfüllen? Wollen sie meinen Ruf nicht antworten?« »Ich warte, ich warte geduldig! » - Seine persönlichen Feinde und auch die Feinde des Bahai-Glaubens schöpften wieder Hoffnung, aus der Schwäche von Abdu'l Baha Kapital schlagen zu können, um ihn und die sich immer mehr verbreitende Religion endlich zu vernichten. Stets hofften sie zuschlagen zu können, daß erste Mal als der Bab hingerichtet wurde, beim zweiten und dritten Mal als Ba- ha'u'l-lah verbannt wurde und jetzt meinten sie, die Schwäche von Abdu'l Bahas ausnutzen zu können. Wieder aber waren ihre Hoffnungen zum Scheitern verurteilt. Nach kurzer Zeit der Schwäche schrieb er wieder folgendes an die Gemeinde: »Ohne Frage wären dieser irdische Körper und die menschliche Kraft überhaupt nicht fähig gewesen; den andauernden Lasten und Mühen zu widerstehen, ... aber die Unterstützung und Hilfe des Ersehnten waren Hüter und Beschützer des schwachen und demütigen Abdu'l Baha. Man hat behauptet, daß Abdu'l Baha im Begriff sei, der Welt endgültig Lebewohl zu sagen, daß seine Körperkraft verbraucht und erschöpft sei und daß binnen kurzem diese Umstände seinem Leben ein Ende setzen würden. Dies ist weit von der Wahrheit. Obgleich nach äußerlichem Dafürhalten der Bündnisbrecher und Übelgesinnten der Körper wegen der Heimsuchungen auf dem gesegneten heiligen Pfade schwach ist, befinden sich doch, Gott sei gelobt, durch die Vorsehung der Gesegneten Vollkommenheit die geistigen Kräfte in bester Verjüngung und Stärke. Dank sei Gott, daß jetzt, durch Gnade und Segen von Baha'u'l-lah, sogar die Körperkräfte wieder völlig hergestellt sind, mir göttliche Freude geschenkt ist, die erhabenen frohen Botschaften strahlen und geistige Glückseligkeit in überreichem Maße strömt.« Als 1914 der erst Weltkrieg begann, waren die Reisen des Abdu'l Baha stark eingeschränkt. Von ausgeführten Reisen in jener Zeit ist eigentlich nichts bekannt. In der Hauptsache hielt er die Verbindung zu den Gemeinden in schriftlicher Form aufrecht. Trotzdem gab es wieder Probleme mit der türkischen Regierung. Fünfundfünfzig Jahre seines Lebens hat Abdu'l Baha in Verbannung und Gefangenschaft zugebracht. Nun wurde er trotz seines hohen Alters erneut von der türkischen Regierung in Gefangenschaft gesetzt. Die Verbindung zu den Gemeinden, zu Freunden und Gläubigen, die in Freiheit weilten, war vollkommen abgebrochen. Er und eine kleine Schar von Anhängern, die man gleich mit ihm zusammen gefangen setzte, waren wieder engen Verhältnissen, Nahrungsmangel und persönlicher großer Gefahr und Unbequemlichkeit unterworfen. Am dreiundzwanzigsten September um drei Uhr Nachmittags atmete man in ganz Haifa und Umgebung auf, als nach einem vierundzwanzigstündigen Kampf britische Soldaten und indische Reiterei die türkische Regierung absetzten und den Kriegszustand beendeten. Mit Beginn der britischen Besetzung in Haifa suchten Scharen von Soldaten, Offizieren und Regierungsbeamten aller Couleur, auch sogenannte Spitzenpolitiker, Unterredungen mit Abdu'l Baha zu erlangen. Sie alle suchten Hilfe bei seinen Gedanken und in Gesprächen mit ihm zu finden. Tiefe, positive Eindrücke empfingen die Vertreter der Regierung des britischen Empire von Abdu'l Bahas vornehmen Charakter und seiner großen Arbeit für den Frieden, die Völkerversöhnung, den Dialog mit allen Religionen und das wahre Wohlergehen der Menschen, so daß ihm die Ritterschaft des britischen Reiches verliehen wurde. Abdu'l Baha nannte sich ab sofort Sir Abdu'l Baha Abbas, K.B.E. Die Feier fand im Garten des Militärgouverneurs von Haifa am siebenundzwanzigsten April 1920 statt. — Ab dem Jahr 1920 unternahm Abdu'l Baha keine weiteren Reisen mehr und hielt sich stets in der Nähe von Haifa bzw. in seinem Haus in Haifa auf. Er war, obgleich annähernd sechsundsiebzig Jahre alt, noch bemerkenswert rüstig und bewältigte täglich ein großes Pensum an Arbeit. Trotz seiner oft sehr großen Müdigkeit, bewies er eine wundervolle Kraft, sich immer wieder zu erholen und seine Dienste standen stets denen zu Verfügung, die ihrer bedurften. Er war es gewohnt, einen großen Teil der Nacht in Gebet und Andacht zu verbringen. Vom frühen Morgen bis zum späten Abend, eine kurze Mittagsruhe nach dem Essen ausgenommen, war er rastlos beschäftigt, Briefe aus vielen Ländern der Welt zu lesen und natürlich auch zu beantworten. Nachmittags gönnte er sich gewöhnlich eine kleine Erholung in Form eines Spazierganges oder einer Spazierfahrt; aber auch hier hatte er meist einen oder gar mehrere Begleiter oder eine Schar von Pilgern um sich, mit denen er über geistige Dinge sprach; oder er fand auf dem Wege seines Spazierganges Gelegenheit, einige arme Menschen, die im Umkreis seines Hauses wohnten, zu besuchen und zu versorgen. In seinem Haus empfing er alle Menschen, allerdings nach vorheriger Anmeldung, mit großer Freude. Es waren wie immer Menschen verschiedenster Rassen, Farben, Nationen und Religionen in Einigkeit und herrlicher Freundschaft, die sich um seinen gastlichen Tisch versammeln konnten. Er war in der Tat ein liebender Vater, nicht nur für die kleine Gemeinschaft in Haifa, sondern auch für die Bahai Gemeinschaft in der ganzen Welt. Abdu'l Bahas mannigfaltige Tätigkeit dauerten, wenn auch langsam abnehmend, trotz wachsender körperlicher Schwäche und Müdigkeit bis zum drittletzten Tag seines Lebens. Am drittletzten Tag seines aufgewühlten und segensreichen Lebens wohnte er noch dem Mittagsgebet in der Moschee in Haifa bei und verteilte im Anschluß an den Moscheebesuch mit eigener Hand Almosen an die Armen, wie er es gewohnt war. Nachdem er selbst zu Mittag gegessen hatte, diktierte er einige Briefe und begab sich anschließend in den Garten, um sich die Schönheit der Blumen zu vergegenwärtigen. Seine Dienerschaft, die sich wie üblich abends in seinem Zimmer versammelte, segnete er und ganz speziell einen seiner Diener, der am Tag zuvor geheiratet hatte. Kaum drei Tage später, eineinhalb Stunden nach Mitternacht am Montag, dem achtundzwanzigsten November 1921, ging er friedvoll heim. Seinen am Bett verweilenden und wachenden Töchter schien es, als ob er sich ruhig schlafen gelegt habe. Die traurige Nachricht verbreitete sich schnell in der Stadt und wurde in alle Teile der Welt »gedrahtet.« Am nächsten Tag, dem neunundzwanzigsten November, fand nach islamischer Tradition (Begräbnisse werden immer gleich am nächsten Tag vollzogen) das Begräbnis statt. Es wurde ein Begräbnis, wie es in Haifa, ja in ganz Palästina, sicherlich noch nie gesehen worden war, so tief war das Gefühl, das so viele Tausende von Trauernden, Vertretern von vielen Religionen, Rassen und Sprachen zusammenführte. Alles was Rang und Namen hatte und in Haifa wohnte, bzw. den Ort der Trauer schnell erreichen konnte, war bei der Begräbniszeremonie anwesend. Die angesehensten Persönlichkeiten Palästinas, Juden, Christen, Muslime, Drusen sowie Ägypter, Griechen, Türken, Kurden und viele Freunde amerikanischer und europäischer Länder die in Palästina lebten, viele Männer und Frauen aus seinem eigenem Land von hohen und auch von niederen Stand, es waren Zehntausende an der Zahl, die an der Begräbnisfeier teilhaben wollten. Neun Redner, alle hervorragende Vertreter der muslimischen, christlichen und jüdischen Gemeinschaften, bezeugten beredt und bewegend ihre Liebe und Bewunderung für das reine, edle Leben, das nun zu seinem Ende gekommen war. Dann wurde der Sarg langsam zu seinem einfachen und geheiligten Ruheplatz verbracht.

Lit.: Abul Fazl, Mirza: Geschichte und Wahrheitsbeweise der Bahai Religion, Stuttgart 1919; — Chase, Th: Die Bahai Offenbarung. Ein Lehrbuch, Stuttgart 1925; — Effendi, Shoghi: Gott geht vorüber, Oxford 1954; — Chase, Th und Herrigel, W: Zweck und Ziel der Bahai Offenbarung Stuttgart 1962; — Abdu'l Baha: Ansprachen in Paris, Oberkalbach 1973; — Abdu'l Baha: Das Geheimnis göttlicher Kultur, Oberkalbach 1973; — Abdu'l Baha: Beantwortete Fragen, Hofheim - Langenhain 1977; — Baha'u'llah: Ährenlese - Eine Auswahl aus den Schriften Baha'u'llahs, Hofheim 1980; — Baha'u'llah: Die Sure der Könige; Ährenlese aus den Schriften Baha'u'llahs Kapitel: 65, 66, 113, 114, 116, und 118 Hofheim 1980; — Baha'u'llah: persisches Tablet an Ahmad, Ährenlese aus den Schriften Baha'u'llahs, Kapitel 152 und153 Hofheim 1980; — Baha'u'llah: Tablet des Karmel, Ährenlese aus den Schriften Baha'u'llahs, Kapitel11 Hofheim 1980; — Taherzadeh, Adib: Die Offenbarung Baha'u'llahs Bde. 1-4 Hofheim - Langenhain, 1981; — Baha'u'llah: Botschaften aus Akka. Hofheim 1982; — Abdu'l Baha: Ansprachen in Paris, 7. Auflage Hofheim 1983; — Baha'u'llah: arabisches Tablet an Ahmad in: Gebete offenbart von Baha'u'llah, Bab und Abdu'l Baha 229-332, Hofheim - Langenhain 1984; — Baha'u'llah: Tablet vom Heiligen Seefahrer in: Gebete offenbart von Baha'u'llah und Abdu'l Baha und Bab, 341-349, Hofheim - Langenhain 1984; — Abdu'l Baha: Vorbilder der Treue: Erinnerungen an frühe Gläubige, Hofheim - Langenhain 1987; — Baha'u'llah: Botschaften aus Akka, Hofheim 1988; — Gollmer, Werner: Mein Herz ist bei euch. Abdu'l Baha in Deutschland. Hofheim - Langenhain 1988; — Baha'u'llah: Brief an den Sohn des Wolfes, Hofheim 1988; — Baha'u'llah: Kitab - i - Ahd (Das Buch des Bundes), in: Dokumente des Bündnisses, Hofheim 1989; — Abdu'l Baha: Sendschreiben zum göttlichen Plan, Hofheim - Langenhain 1989; — Abdu'l Baha: Testament in: Dokumente des Bündnisses, Hofheim 1989; — Baha'u'llah: Kitab - i - Ahd (Das Buch des Bundes), in: Dokumente des Bündnisses, Hofheim 1989.Balyuzi, Hasan B: Abdu'l Baha, der Mittelpunkt des Bündnisses Baha'u'llahs Hofheim 1989; — Balyuzi, Hasan B: Baha'u'llah, der Herr der Herrlichkeit. Hofheim - Langenheim 1991; — Bab: Eine Auswahl von Schriften, Hofheim 1991; — Badiee, Julie: An Earthly Paradise, Baha'i Houses of Worship Around the world Oxford 1992; — White, Roger/ Rai Raghu (Photographs): Forever in Bloom. The Lotus of Bahapur. New Dehli 1992; — Mooghen A./Mishkin Qalam: XIX Century Artist & Calligrapher. Darmstadt 1992; — Baha'u'llah: Die sieben Täler - Die vier Täler, Hofheim 1995; — Bab, Baha'u'llah, Abdu'l Baha: Gebete. Hofheim 1996; — Baha'u'llah: Kitab - i - Igan. Das Buch der Gewißheit. Hofheim 1997; — Baha'u'llah: Die sieben Täler - Die vier Täler. Eine mystische Dichtung. Hofheim 1997; — Abdu'l Baha: Beantwortete Fragen. Eine Sammlung von Lehrgesprächen 4. Auflage Hofheim 1998; — Der nationale geistige Rat der Bahai in Deutschland (Hrsg): Integration als Herausforderung und Chance - Eine Initiative der Bahai. Hofheim 1998; — Abdu'l Baha: Gedanken des Friedens. Die Beitrag für das Biographisch-Bibliographische Kirchenlexikon Band 29 (2008) Reden und Schriften von Abdu'l Baha für eine neue Kultur des Friedens sowie ein Statement zum internationalen Jahr des Friedens 2. Auflage Hofheim 1999; — Hutter, Manfred: Heilige Schrift der Bahai, in: Udo Tworuschka (Hrsg): Heilige Schriften. Eine Einführung. Darmstadt 2000; — Baha'u'llah: Das Buch der Gewißheit, Hofheim 2000; — Baha'u'llah: Kitab - i - Aqdas - Das Heiligste Buch, Hofheim 2000; — Baha'u'llah: Verborgene Worte - Worte der Weisheit. Hofheim 2001; — Moshe Zur Zürich/Ruhi Varga (Photographs): Baha'i Shrine and Gardens. Mount Carmel, Haifa. Haifa 2001; — Baha'u'llah: Verborgene Worte, Hofheim 2001 Bab, Baha'u'llah, Abdu'l Baha: Singe die Verse Gottes. Chants Recorded at the European Baha'I House of Worship. Gebete/Audio CD Hofheim 2003; — Der Nationale geistige Rat der Baha'i in Deutschland (Hrsg): Festschrift 100 Jahre deutsche Baha'i - Gemeinde. Hofheim 2005; — Towfigh, Stephan A./Enayati, Wafa: Die Baha'I - Religion. Ein Überblick München 2005.

Peter Thöne

ADAM, Jakob (* 1568; † 3. April 1618 in Danzig) war ein reformierter Prediger aus Rügenwalde, der acht Jahre als Pfarrer zu Bensheim wirkte. 1603 kommt er als der vierte Geistliche seit der Reformation an die Hospitalskirche St. Elisabeth in Danzig und arbeitet dort bis zu seinem Tod am 3. April 1618. Sein Bruder ist wohl Johannes Adam, reformierter Pfarrer in Heppenheim. Streit um den Hochaltar zu Sankt Johann in Danzig. — Nach der Einführung der Reformation entbrennen in Danzig immer wieder Streitigkeiten. Dort haben die Lutherischen beschlossen, in der Kirche zu Sankt Johann einen Hochaltar zu erbauen mit prunkvollem Aufbau und reichem Bilderwerk. 1598 erhält Meister Abraham von Blockh, ein Bildhauer, den Vertrag dazu, den Hochaltar zu erbauen. Dies erregt natürlich den massiven Protest der Reformierten, allen voran Pfarrer Jakob Adam. Um 1612 haben die Reformierten den Hochaltar durch einen schlichten Altar ersetzt, da verfaßt der lutherische Diakon Johannes Walter eine Streitschrift gegen Jakob Adam. Er nennt es: »Rettung der rechten Lehre wider die Antwort des Jacobi Adami in S. Elisabeth zu Dantzigk, zwinglo-calvinischen und antichristo-lutherischen Predigers durch Mag. Johannem Waltherum evangelischen Prediger zu St. Johann zu Dantzigk Anno 1613.« In dieser Schrift protestiert der lutherische Diakon Walther dagegen, daß der stattlich erbaute steinerne Altar abgerissen und durch einen kleinen hölzernen Tisch ersetzt und also die Kirche ihres schönen Ornaments und Schmucks beraubt werden solle. — Aus der Schilderung dieser Kontroverse kann man deutlich einen der erbittersten Streitpunkte zwischen Lutheranern und Reformierten erkennen: die Einrichtung der Kirchen und Ausgestaltung des Gottesdienstes. Siehe Bildersturm.

Werke: Widerlegung Des newlich publicirten und außgesprengten Famoßlibells Jacobi Adami, Calvinischen Predigers in S. Elisabeth Kirchen : darinn Er alle reine/ Evangelische/ Lutherische Prediger zu Dantzig ... ansticht und beschuldiget/ als solten sie wider Gottes Wort/ wider die Augspurgische Confession/ und Dantzker Notel ... handeln/ und das Königliche Mandat mit füssen tretten/ [et]c. ... ; Mit angehengter gründlicher und warhafftiger beweisung/ daß dem Ehrwürdigen Ministerio der Evangelischen Kirchen/ das Straffampt falscher Lehrer ... so wenig verboten/ so wenig Jacobo Adamo geboten und befohlen/ daß er mit falscher Lehr/ so viel unschüldige Seelen vergifften/ und in Irrthumb stürtzen soll/ Walther, Johann. — Leipzig : Beyer, 1613; — Christliche/ wolgegründete/ abgezwungene/ doch Nottürfftige Antwort. Auff das unchristliche und unnötige groß Lästerbuch Michaelis Coleti, welches er wider eine kurtze Predigt vom H. Abendmal und wenig Fragstücklein/ so beyde zu End dieser Schrifft zu finden/ geschrieben/ und also intitulieret: Trewhertzige Warnungs und Vermahnungs-Schrifft/ an alle und jede Fromme Evangelische/ Adam, Jakob. Offenbach: Kitzinger, 1612.

Lit.: Eduard Schnaase, Geschichte der evangelischen Kirche Danzigs, 1863, 561; — Pelczar: Adam (Adamus) Jacob: eine biographische Notiz zu ihm in Danziger Familien von Karl Anton Kaschlinski, Ms. 5751, 11-13; — Hartmut Hegeler, Anton Praetorius, Kämpfer gegen Hexenprozesse und Folter, Unna 2002, 163.

Weblinks: Druckschriften von und über Jakob Adam im VD 17 http://gso.gbv.de/DB=1.28/REL?PPN=004681479&RELTYPE=TT (17.11.2007).

Hartmut Hegeler

ADAM, Johannes (*? - † nach 1628), reformierter Superintendent an der Bergstraße und Pfarrer in Heppenheim, stammte aus Rügenwald in Pommern. Er wurde Pommeranus genannt. — Vorher war er im reformierten Bad Kreuznach von 1591-1595 am Gymnasium tätig gewesen und wurde dann als Präzeptor an das Gymnasium nach Heidelberg berufen. Er heiratete am 16. Februar 1591 Sarah, die Tochter des berühmten Professors Lambertus Helmius Pithopoei, die er nach seiner Immatrikulation 1587 in Heidelberg kennen gelernt hatte. — Adam war Pfarrer an der Kirche St. Peter in Heppenheim vom 3. April 1601 bis 1628 und hatte drei Kinder. Sein Bruder war wohl Jakob

Adam, später reformierter Pfarrer in Danzig. — Am 16. Februar 1613 schrieb er ein Widmungsgedicht für ein Buch gegen Hexenprozesse. »Du lies ohne Sorge!« empfahl der Heppenheimer Pfarrer Johannes Adam seiner Gemeinde das Buch von Anton Praetorius gegen Hexenprozesse. — Als katholische Truppen die Bergstraße eroberten und der Mainzer Kurfürst und Erzbischof Johann Schweikhard von Kronberg das Amt Starkenburg 1622/23 erneut in Besitz nahm, führte er das katholische Bekenntnis wieder ein mit Hilfe des Burggrafen Gerhard von Waldenburg. Am 1. Juli 1624 wurde Superintendent Adam als Heppenheimer Pfarrer abgesetzt, blieb allerdings bis 1628 in Heppenheim wohnen. Der Burggraf verfaßte über die Amtsenthebung von Adam einen Brief. — Als der protestantische König Gustav II. Adolf 1630 die Bergstraße eroberte, konnten noch einmal reformierte Pfarrer bis 1634 nach Heppenheim zurückkehren. Danach setzte der Mainzer Kurfürst seine Rekatholisierungspolitik durch. Evangelische Taufen und Gottesdienste wurden verboten.

Lit.: Zimmermann, Julius: Das sogenannte »Rote Buch«. Ein kurpfälzisches Pfarrer- und Lehrerverzeichnis aus dem Ausgang des XVI. Jahrhunderts (1585-1621), bearbeitet von Julius Zimmermann, 136 f.; — Römer, Dirk: Reformatorische Predigt unterhalb der Starkenburg. Einblicke in 450 Jahre evangelischer Christen in Heppenheim, 2006. Sonderdruck aus: 1250 Jahre Heppenheim, Hg. Verkehrs- und Heimatverein Heppenheim e.V., ISBN 3-00-016093-0, 5 ff.; — Hegeler, Hartmut: Anton Praetorius, Kämpfer gegen Hexenprozesse und Folter, Unna 2002, 47; — Hegeler, Hartmut: Hexenbuhle, Das Geheimnis um Anton Praetorius, Unna 2004, 31-34

Weblinks: www.anton-praetorius.de (Unterstützung von Pfarrer Adam für Anton Praetorius und dessen Buch gegen Hexenprozesse und Folter) (17.11.2007).

Hartmut Hegeler

ADOLF IV. von Schauenburg und Holstein, Graf von Schauenburg und Holstein, * vor 1205, † 8. Juli 1261 in Kiel, bestattet in der Kieler Franziskaner-Klosterkirche »Zu unserer lieben Frau«. — Adolf IV. war Sohn des Grafen Adolf III. von Schauenburg und Holstein und seiner Frau Adelheid von Querfurt. 1110 waren die Schauenburger vom sächsischen Herzog und späteren Kaiser Lothar von Supplinburg nach Nordelbien geholt und mit der Grafschaft Holstein betraut worden. Der Stammsitz der Familie und ihre andere Grafschaft liegt bei Rinteln an der Weser. Dänemark befindet sich in der zweiten Hälfte des 12. Jahrhunderts in einer Phase starker Expansion und hat weite Teile des Baltikums unter seine Herrschaft gebracht. Auch der Ausgriff nach Süden gelingt. Graf Adolf III. wird 1201 vom dänischen König Knud gefangen genommen, muß auf die Grafschaft Holstein verzichten und zieht sich auf seinen Stammsitz an der Weser zurück, wo er 1225 stirbt. — Adolf IV. heiratet um 1223 Hedwig zur Lippe, die Tochter des Grafen Hermann II. zur Lippe. Sie haben 4 Kinder: Johann I. von Holstein-Kiel (* 1229, † 1263), Gerhard I. von Holstein-Itzehoe (* 1232, † 21.12. 1290), Ludolf, Matilda (* ca 1225, † 1288). Adolf IV. tritt 1225 die Nachfolge an und geht nach Nordelbien, um seine Ansprüche auf die Grafschaft Holstein durchzusetzen. — Kaiser Friedrich II. tritt 1214 das Land nördlich der Elbe vertraglich an den dänischen König Waldemar II. ab. Dieser übergibt die Grafschaft Holstein seinem Neffen Albrecht II. (oder Albert) von Orlamünde - was von den Schauenburger nicht anerkannt wird. 1223 wird der dänische König Waldemar II. von Graf Heinrich von Schwerin gefangen genommen und inhaftiert. Nach gescheiterten Vermittlungsbemühungen des Papstes und des deutschen Kaisers sowie eines fehlgeschlagenen Befreiungsversuchs durch Albrecht von Orlamünde »verzichtet« Waldemar II. auf die Gebiete südlich der Eider-Grenze. Weihnachten 1225 kommt er frei. Sofort läßt sich Waldemar vom Papst von dem ihm abgepreßten Eid lösen, dringt aufs Neue nach Süden vor und erobert weiter Teile Holsteins zurück. — Inzwischen hatte Adolf IV. eine Koalition gegen die Dänen geschmiedet. Am 22.7. 1227 (Maria-Magdalenentag) kommt es bei Bornhöved zur Schlacht gegen das Heer Waldemars II. Die Legende berichtet, daß Adolf angesichts der drohenden Niederlage auf die Knie niederfällt und inbrünstig Gott um Hilfe anfleht. Er gelobt, im Fall des Sieges der heiligen Maria Magdalena Altäre und Kirchen zu weihen, selber abzudanken und Mönch zu werden. Die Hilfe kündigt sich an: in den Wolken erscheint plötzlich eine herrliche Frauengestalt, die mit ihrem Schleier die blendenden Sonnenstrahlen für die deutschen Krieger abwehrt und sie segnet. So gelingt der Sieg der Deutschen unter Adolfs Führung. Waldemar II. kann fliehen; der späten Legende nach bringt

Adolf IV. ihn persönlich nach Kiel. Darin spiegelt sich die Hochachtung vor Adolfs Gerechtigkeit und Güte wieder - sie wird unterstützt durch das gute Verhältnis, das Adolf später mit Waldemar haben wird - Waldemars Sohn Abel heiratet 1237 Adolfs Tochter; auch wird er Vormund seiner Söhne. — Historisch betrachtet hat zum Sieg der Maria-Magdalenen-Schlacht wohl wesentlich beigetragen, daß die Dithmarscher als Teil des dänischen Heeres einer Geheimabsprache mit Adolf gemäß während des Kampfes die Seiten wechselten und nun die Dänen von hinten angriffen. Adolf IV. ist nun unangefochten Herr in seiner Grafschaft und geht mit Energie an den Ausbau seines Landes. Zwischen 1233 und 1245 werden auf seine Planung hin allein 11 neue Städte gegründet, unter ihnen Itzehoe, Kiel, Neustadt. Mit der Intensivierung der Kolonisation im ehemals slawischen Ostholstein bzw. in weitgehend unbewohnten Gebieten werden auch die kirchlichen Strukturen angepaßt, Kirchspiele und Kirchen neu gegründet. Adolf ist wesentlich daran beteiligt und ist wahrscheinlich unter anderem Propst des Klosters in Uetersen. — Für Adolf hat Maria Magdalena den Sieg auf dem Schlachtfeld 1227 geschenkt. Er hält sich an sein Gelöbnis: In den folgenden Jahren werden ihr viele Kirchen geweiht wie in Elmschenhagen, Lauenburg, Bovenau, ebenso das von Adolf IV. gestiftete Franziskanerkloster in Hamburg. Alle Gründungen werden vom Graf reich ausgestattet. 1238 nehmen Adolf und seine Frau an einem Kreuzzug nach Livland teil. Adolf IV. legt sein Grafenamt nieder und tritt am 13.8. 1239 in das von ihm gegründete Maria-Magdalenen-Kloster der Franziskaner in Hamburg ein. Seine Frau tritt in das Zisterzienserinnenkloster Harvestehude ein († um 1250). Ihre noch unmündigen Söhne Gerhard und Johann vertrauen sie deren Onkel, Herzog Abel von Schleswig, zur Erziehung an. 1244 unternimmt Bruder Adolf eine Pilgerfahrt nach Rom. Hier spricht ihn Papst von allen Sünden los und weiht ihn zum Subdiakon. Nach der Rückkehr empfängt er vom Lübecker Bischof Johannes die Priesterweihe. Seine ersten hl. Messen feiert er in seinem Kloster in Hamburg und in einer Kapelle am Ort der Schlacht von Bornhöved. — In seiner Konsequenz reiht sich Adolf ein in die Reihe mittelalterlicher Regenten, die dem Anruf Jesu Christi umsetzen, alles zu verlassen und ihm zu folgen. Das hatten vor ihm schon die angelsächsischen Könige Caedwalla (685-688) und Ine (688-726) sowie der Karolinger Karlmann (747) gemacht. — Vor seiner Abdankung hat Adolf u.a. die Gründung Kiels auf den Weg gebracht. Sie wird 1242/44 von seinem Sohn verwirklicht. Wahrscheinlich schon in seinen ersten Stadtplanung ist ein Gelände für ein Franziskanerkloster vorgesehen - dieses Kloster »Zu unserer lieben Frau« wird dann nach Fertigstellung (um 1246) seine Heimat bis zu seinem Tod. Die Überlieferungen beschreiben Adolf mit erkennbarer Hochachtung als einfachen Mönch, der ebenso wie seine Mitbrüder den Lebensunterhalt erbettelt. Doch auch als Franziskanerbruder kann er sich nicht ganz aus der Politik zurückziehen. Weiterhin begegnet er als Berater der Söhne und Zeuge von Urkunden. — Die Franziskanerbrüder in Hamburg schrieben im 15. Jahrhundert auf eine Bildtafel mit dem Bild Adolfs: er sei gewesen »ein Spiegel unter den Herrschern, das Stolz der Holsten, das Licht der Schauenburger und eine Zierde unter den Guten«. So erscheint er den Menschen seiner Zeit und späteren im Rückblick als der ideale Herrscher: kraftvoll im Handeln für sein Land und für den Glauben in seinem Land, dabei tugendhaft und gerecht, sich fromm und konsequent an seinem Glauben orientierend. — Graf Adolf IV. — ein Herrscher, der zugunsten seines Glaubens auf seine weltliche Macht verzichtet und in der Nachfolge Christi sich zum Bettler macht, der die Rüstung ablegt und die Mönchskutte anzieht.

Lit.: Sievert, Hedwig, Kiel im Mittelalter, Kiel 1956; — Festschrift zur 750 Jahre Schlacht von Bornhöved, Bornhöved 1977; — Brandt, Otto, Geschichte Schleswig-Holsteins. Ein Grundriß, 8. Auflage, verbessert und ergänzt von Dr. Wilhelm Klüver. Mit Beiträgen von Prof. Dr. Herbert Jankuhn, Kiel 1981; — Willert, Helmut, Anfänge und frühe Entwicklung der Städte Kiel-Oldesloe und Plön, (Mitteilungen der Ges. Für Kieler Stadtgeschichte Bd 76) Neumünster 1990; — Degn, Christian, Schleswig-Holstein - eine Landesgeschichte. Historischer Atlas, Neumünster 1994; — Heinrich, Gerd, Adolf IV. von Schauenburg - Bruder Adolf - 'Vorbild der Herrscher' und 'Vorbild der Tugend' - Gründer der Stadt Kiel. Ein Deutungsversuch, Kiel 2003; — Lange, Ulrich (Hrsg.), Geschichte Schleswig-Holsteins. Von den Anfängen bis zur Gegenwart, Neumünster [2]2003.

Bernd Gaertner

AELRED VON RIEVAULX, Heiliger, Zisterzienserabt, bedeutender Vertreter früher zisterziensischer Spiritualität, Theologe und Historiograph, * um 1110 in Hexham; † 12.1. 1167 in Rievaulx. — In Northumberland geboren als Sohn Eilafs, eines verheirateten Priesters mit bedeutendem Einfluß im schottischen Adel und am Königshof, wird Aelred in seiner Kindheit von Benediktinern in Durham und Hexham unterrichtet und 1124 im Jahr des Herrschaftsantritts König Davids I. von Schottland an dessen Hof aufgenommen, wo ihm gemeinsam mit den Prinzen seine weitere Ausbildung und Erziehung zuteil wird und wo er dann bis ins Jahr 1134 als Seneschall (*dispensator domus regis*) wirkt. Im Rückblick bezeichnet Aelred diese Jahre des weltlichen Lebens in höfischer Ausschweifung als eine Zeit der Gottferne, aus der heraus Gott ihn zu sich in die Weltferne des Klosters berief: Auf einer Reise im Dienst des Königs lernt Aelred 1134 die Zisterzienserabtei Rievaulx in Yorkshire kennen, die erst kurz vorher, im Jahr 1132, auf Betreiben Bernhards von Clairvaux als Filiation der Primarabtei Clairvaux gegründet worden war. Von der Spiritualität und Lebensweise der Mönche tief beeindruckt, tritt Aelred noch im Jahr 1134 im Alter von 24 Jahren unter dem ersten Abt Wilhelm von Rievaulx, einem ehemaligen Sekretär Bernhards von Clairvaux, dem Kloster bei. Dem schottischen König bleibt Aelred auch als Mönch zeitlebens in Loyalität verbunden, wie insbesondere seine historischen Schriften belegen. 1140 wird Aelred vom Abt nach Rom entsandt, um dort die Interessen der Zisterze im Kontext der Streitigkeiten um die Yorker Bischofswahl zu vertreten; diese Reise dürfte ihm eine Begegnung mit dem Abt von Clairvaux ermöglicht haben. In seiner Eigenschaft als Novizenmeister von Rievaulx, wozu Aelred nach seiner Rückkehr nach England im Jahre 1142 ernannt wird, verfaßt er wohl im folgenden Jahr zur Erbauung der Novizen das *Speculum Caritatis*. 1143 wird Aelred Gründungsabt des Klosters Revesby in Lincolnshire, der vierten Filiation von Rievaulx, und von 1147 bis zu seinem Tod im Jahre 1167 steht Aelred schließlich dem Kloster Rievaulx als Abt vor, aufgrund schwerer Krankheit in den letzten Jahren allerdings vieler seiner Aufgaben entbunden. Unter seiner Leitung wird die Abtei zum Wirkzentrum des Zisterzienserordens in England; Aelred vertritt die zisterziensischen Interessen nicht nur am Hof des schottischen Königs David, sondern auch als Berater einflußreicher Adliger sowie König Henrys II. und gewinnt regional dank seines hervorragenden Rufes große kirchenpolitische Geltung. Aelreds rege und intensive Predigttätigkeit bringt ihm den Beinamen des »englischen Bernhard von Clairvaux« ein. Aelreds Ordensbruder und Biograph Walter Daniel bezeugt für Aelreds Abbatiat zudem einen signifikanten Zuwachs an Klosterbeitritten in Rievaulx (im Todesjahr Aelreds umfaßt die Klostergemeinschaft 140 Mönche und 500 Laienbrüder). Eine offizielle Kanonisation Aelreds im Jahr 1191, die in einzelnen Quellen bezeugt wird, ist in ihrer Historizität jedoch umstritten. — Aelreds spirituelle Theologie schöpft aus verschiedenen Quellen; neben der Bibel (v.a. Joh) und der *Regula Benedicti* ist insbesondere der Einfluß Augustins (*Confessiones* und »psychologische« Trinitätslehre) und Bernhards von Clairvaux (*De gradibus humilitatis, De diligendo Deo*) unverkennbar. Aelreds Werke entstanden in ihrer Mehrheit als Gelegenheitsschriften und auf Anfragen von Freunden hin; sie sind in pastoraler Intention verfaßt und kreisen um das Zentralthema der Nachfolge Christi als Weg zur vollendeten Gottesgemeinschaft des Menschen in der Liebe. Ein besonderer Stellenwert sowohl im Leben als auch in der mönchischen Spiritualität Aelreds kommt dem Ideal der geistlichen Freundschaft zu: Aelred wird von Zeitgenossen als aufgeschlossen und überaus geduldig in der Konversation mit seinen Mitbrüdern gelobt; er folgt lebenslang der Überzeugung, daß die *caritas* Grundlage, Achse und Ziel des Glaubenslebens ist, und er bringt an verschiedenen Stellen seines Schrifttums zum Ausdruck, von welcher religiösen Bedeutung für ihn die freundschaftlichen Bande im Kloster sind: Die Freundschaft zum Mitmenschen und Mitbruder stärkt und leitet nicht nur den Mönch auf seinem Weg zu Gott, sondern sie impliziert stets auch Begegnung mit Gott selbst (*Deus amicitia est*), insofern die gnadengeschenkte Gottesbeziehung sich durch die theologischen Tugenden auch in der freundschaftlichen Zuwendung zum Nächsten manifestiert. Den *gradus caritatis* und der geistlichen Freundschaft (drei Bücher zu den Themen: *quid sit amicitia; eius fructus excellentiaque; inter quos possit usque in finem indirupta servari*) sind dann auch die beiden

Hauptwerke Aelreds von Rievaulx gewidmet, deren Entstehung wohl auf die Initiative Bernhards von Clairvaux zurückzuführen ist: das *Speculum caritatis* und der Dialog *De spirituali amicitia*. — Als einer der bedeutendsten Vertreter monastischer Theologie zisterziensischer Prägung hat Aelred maßgeblich zur Gestaltung des spirituellen Profils des Zisterzienserordens beigetragen. Eine breitere Rezeption auch über zisterziensische Ordenskreise hinaus erfuhren insbesondere *De spirituali amicitia* als Quelle für verschiedene weitere Schriften über die geistliche Freundschaft sowie *De Jesu puero duodenni* und *De institutione inclusarum* für die Mystik- und Frömmigkeitsgeschichte bis zur *devotio moderna* und den Exerzitien des Ignatius von Loyola.

Gesamtausgaben: Opera Divi Aelredi Rhievallensis, hrsg. v. Richard Gibbons (Douai 1616, 1631², Paris 1654); — Opera Aëlredi Rievallis, hrsg. v. Bertrand Tissier = Bibliotheca Patrum Cisterciensium V (Bonnefontaine 1662); — Beati Aelredi abbatis Rievallensis Opera omnia = MPL 195 (Paris 1855); — Aelredi Rievallensis Opera omnia = CChr.CM 1 (hrsg. v. Anselm Hoste; Charles H. Talbot, Turnhout 1971), CChr.CM 2A (hrsg. v. Gaetano Raciti, Turnhout 1989), CChr.CM 2B (hrsg. v. Gaetano Raciti, Turnhout 2001), CChr.CM 2D (hrsg. v. Gaetano Raciti, Turnhout 2005).

Werke: 1) aszetisch-mystische Schriften: a) Speculum caritatis (1142/43): CChr.CM 1; dt.: Spiegel der Liebe. Übers. v. Hildegard Brem = Texte der Zisterzienser-Väter 2, Eschenbach 1989; — b) Compendium Speculi caritatis: CChr.CM 1; — c) De Jesu puero duodenni (etwa 1153-1157): CChr.CM 1; dt.: Samenkörner zur Meditation. Der zwölfjährige Jesus, Hirtengebet, Inklusenregel. Übers. v. Josef Schwarzbauer = Quellen und Studien zur Zisterzienserliteratur 8, Langwaden 2004; — d) Vita S. Niniani: Lives of S Ninian and S Kentigern. Compiled in the 12th century. Ed. from the best mss. by Alexander Penrose Forbes, Edinburgh 1874; — e) De sanctis ecclesiae Hagustaldensis (ca. 1155), tw. hrsg. v. J. Raine. In: The Priory of Hexham = The publications of the Surtees Society 44 (1864), 173-206, vgl. auch Aelred Squire: Aelred and the Northern Saints. In: CollOCR 23 (1961), 58-78; — f) De spirituali amicitia (ca. 1158-1163): CChr.CM 1; dt.: Über die geistliche Freundschaft. Ins Dt. übertragen von Rhaban Haacke = Occidens 3, Trier 1978; — g) De institutione inclusarum (ca. 1158-1163): CChr.CM 1; dt.: Samenkörner zur Meditation. Übers. Schwarzbauer; — h) Oratio pastoralis: CChr.CM 1; dt. Samenkörner zur Meditation. Übers. Schwarzbauer; — i) Dialogus de anima (ca. 1163-1166): CChr.CM 1; — 2) historische Werke: a) De bello standardii, b) Genealogia regum anglorum (1153/54), c) Lamentatio David regis scotie, d) Vita S. Edwardi regis et confessoris (1163), alle in: The historical works. Translated by Jane Patricia Freeland. Ed. with introd. and annotations, by Marsha L. Dutton = Cistercian Fathers series 56, Kalamazoo 2005; — e) De sanctimoniali in Watton: PL 195; — 3) Predigten: Homiliae de oneribus Propheticis Isaiae (ca. 1158-1163): CChr.CM 2D; — eine vollständige kritische Ausgabe der Jahres- und Heiligenpredigten Aelreds von Rievaulx (der Vita Ailredi [XX-XII] zufolge 200 an der Zahl; wenn diese Angabe den Tatsachen entspricht - Anselm Hoste geht sogar von über 300 von Aelred gehaltenen Sermones aus -, so ist nur ein Teil dieses umfassenden Predigtwerkes erhalten) liegt noch nicht vor, aber 84 Predigten sind bereits in CChr.CM ediert: Sermones I-XLVI, Collectio Claraevallensis prima et secunda: CChr.CM 2A; — Sermones XLVII-LXXXIV, Collectio Dunelmensis, Sermo a Matthaeo Rievallensi seruatus, Sermones Lincolnienses: CChr.CM 2B; — für das aelredianische Predigtwerk vgl. auch Charles H. Talbot (Hg.): Sermones inediti B. Aelredi Abbatis Rievallensis = Series Scriptorum S. Ordinis Cisterciensis 1, Rom 1952; — Gaetano Raciti: Deux collections de Sermons de saint Aelred - une centaine d'inédits - découvertes dans les fonds de Cluny et de Clairvaux. In: CollCist 45 (1983), 165-184; — Johann Baptist Schneyer: Repertorium der lateinischen Sermones des Mittelalters für die Zeit von 1150-1350 I (Autoren A-D), Münster 1991³, 60-69; — Aelred of Rievaulx: Sermons on the Feasts of Saint Mary. In: CSQ 32 (1997), 37-125 ; — Aelred of Rievaulx: Sermon on the Epiphany of the Lord. In: CSQ 36 (2001), 33-39; — Aelred of Rievaulx: Two Sermons for the Nativity of the Lord. In: CSQ 37 (2002), 83-89; — 4) Briefe: Aelreds in verschiedenen Quellen bezeugte umfangreiche Korrespondenz mit Päpsten, Königen Englands und Frankreichs und anderen bedeutenden Persönlichkeiten der Zeit ist nicht erhalten; — 5) Walter Daniel: The life of Aelred of Rievaulx. Transl. from the Latin and annotated by F. M. Powicke = Cistercian fathers series 57, Kalamazoo 1994.

Bibliographisches: Anselm Hoste: Bibliotheca Aelrediana. A survey of the manuscripts, old catalogues, editions and studies concerning St. Aelred of Rievaulx = Instrumenta patristica 2, Steenbrugge 1962; — ders.: A supplement to the Bibliotheca Aelrediana. In: Cîteaux 18 (1967), 402-407; — Pierre-André Burton: Bibliotheca Aelrediana secunda. Une bibliographie cumulative (1962-1996), Louvain-la-Neuve 1997.

Lit.: Richard Egenter: Gottesfreundschaft. Die Lehre von der Gottesfreundschaft in der Scholastik und Mystik des 12. und 13. Jahrhunderts, Augsburg 1928; — Charles H. Talbot: La Lamentation de Walter Daniel sur la mort du bienheureux Aelred. In: CollOCR 5 (1938), 9-20; — ders.: Le Mysticisme du traité »De Institutione inclusarum« de saint Aelred. In: CollOCR 6 (1939), 246-254; — A. W. Burridge: The spirituality of St Aelred. In: DR 58 (1940), 225-247; — Jean-Baptiste Auniord: Le premier sermon du bienheureux Aelred en la fête de saint Benoît. In: CollOCR 9 (1947), 152-163; — Philippe Delhaye: Deux adaptations du »De amicitia« de Cicéron au XIIe siècle. In: RThAM 15 (1948), 304-331; — Aelred Squire: Aelred of Rievaulx and the monastic tradition concerning action and contemplation. In: DR 72 (1954), 289-303; — ders.: Aelred and King David. In: CollOCR 22 (1960), 356-377; — ders.: Historical factors in the formation of Aelred of Rievaulx. In: CollOCR 22 (1960), 262-282; — ders.: The literary evidence for the preaching of Aelred of Rievaulx. In: Cîteaux 11 (1960), 165-179.245-251; — ders.: Aelred and the Northern Saints.

In: CollOCR 23 (1961), 58-78; — ders.: The Composition of the Speculum Caritatis. In: Cîteaux 14 (1963), 135-146.218-233; — ders.: Aelred's Self-Portrait. In: CSQ 2 (1967), 99-111; — ders.: Aelred par lui-même. In: CollCist 29 (1967), 23-36; — ders.: Aelred of Rievaulx = CistSS 50, Kalamazoo 1981; — Charles Dumont: L'équilibre humain de la vie cistercienne d'après le bienheureux Aelred de Rievaulx. In: CollOCR 18 (1956), 177-189; — ders.: Autour des sermons »De oneribus« d'Aelred de Rievaulx. In: CollOCR 19 (1957), 114-121; — ders.: Aspects de la dévotion du bienheureux Aelred à Notre-Dame. In: CollOCR 20 (1958), 313-326; — ders.: Seeking God in Community According to St Aelred. In: CSQ 6 (1971), 289-317; — ders.: Chercher Dieu dans la communauté selon Aelred de Rievaulx. In: CollCist 34 (1972), 8-35; — ders.: Le personnalisme communautaire d'Aelred de Rievaulx. In: CollCist 39 (1977), 129-148; — ders.: Personalism in Community according to Aelred of Rievaulx. In: CSQ 12 (1977), 250-271; — ders.: L'Hymne »Dulcis Jesus memoria«. Le »Jubilus« serait-il d'Aelred de Rievaulx? Note sur l'auteur. In: CollCist 55 (1993), 233-238; — ders.: Pourquoi le »Miroir« a-t-il été publié? L'identité cistercienne hier comme aujourd'hui. In: CollCist 55 (1993), 14-27; ders.: L'Amitié spirituelle d'Aelred de Rievaulx. In: Une éducation du coeur. La spiritualité de saint Bernard et de saint Aelred = Pain de Cîteaux 10, Oka, Québec 1996, 349-358 (vorher veröffentlicht in: Cistercian Ideals and Reality = CistSS 60, Kalamazoo 1978, 187-198); — ders.: Fraternal love in the monastic doctrine of Aelred of Rievaulx. In: CSQ 32 (1997), 25-35; — Raymundus Schilling: Aelredus van Rievaulx: »Deus amicitia est«. In: Cîteaux in de Nederlanden 8 (1957), 13-26; — Amédée Hallier: L'expérience spirituelle selon Aelred de Rievaulx. In: CollOCR 20 (1958), 97-113; — ders.: Un éducateur monastique, Aelred de Rievaulx, Paris 1959; — ders.: »Eruditio« and »disciplina« in the theology of Aelred. In: Cistercian Studies 2 (1967), 112-133; — ders.: God is friendship. The key to Aelred of Rievaulx's Christian humanism. In: ABR 18 (1967), 393-420; — ders.: Le mystère de l'Église dans l'oeuvre d'Aelred de Rievaulx. In: Cîteaux 18 (1967), 291-310; — ders.: The monastic theology of Aelred of Rievaulx. An experiential theology = CistSS 2, Shannon 1969; — Anselm Hoste: Le »Speculum spiritalis amicitiae«. Compilation du XIIIe siècle de deux traités d'Aelred de Rievaulx par Thomas de Frakaham. In: StMo 3 (1961), 291-324; — ders.: Aelred of Rievaulx and the monastic »planctus«. In: Cîteaux 18 (1967), 385-398; — ders.: Aelred de Rievaulx et la dévotion médiévale au Crucifié. In: CollCist 29 (1967), 37-43; — ders.: Een Aelred-Handschrift uit Rooklooster. In: Cîteaux 19 (1968), 200-221; — Adele M. Fiske: Aelred's of Rievaulx idea of friendship and love. In: Cîteaux 13 (1962), 5-17.97-132; — Bernhard Stoeckle: Amor carnis - abusus amoris. Das Verständnis von der Konkupiszenz bei Bernhard von Clairvaux und Aelred von Rieval, Rom 1965; — Odo Brooke: Towards a Theology of Connatural Knowledge. In: Cîteaux 18 (1967), 275-290; — Réginald Grégoire: Le témoignage spirituel des sermons monastiques d'Aelred de Rievaulx. In: CollCist 29 (1967), 12-22; — Leopold Grill: Das Wirken des Abtes Aelred von Rievaulx für Papst Alexander III. bei König Heinrich II. von England. In: Cîteaux 18 (1967), 370-384; — ders.: Dem heiligen Aelred von Rievaulx. Zum 800. Todestag des hl. Cistercienserabtes. Sein Lebenslauf und Schrifttum. In: Cist 74 (1967), 65-92; — Francesco Lazzari: Il »contemptus mundi« in Aelredo de Rievaulx. In: CollCist 29 (1967), 61-76; — Anna Maiorino: La christologie affective d'Aelred de Rievaulx. In: CollCist 29 (1967), 44-60; — dies.: La »Connaissance de soi« chez Aelred de Rievaulx. In: RAM 46 (1970), 145-160; — Pierre Miquel: Spécificité et caractères de l'expérience spirituelle chez Aelred de Rievaulx. In: CollCist 29 (1967), 3-11; — Gaetano Raciti: L'apport original d'Aelred de Rievaulx à la réflexion occidentale sur l'amitié. In: CollCist 29 (1967), 77-99; — ders.: L'apport original d'Aelred de Rievaulx à la réflexion occidentale sur l'amitié. In: CollCist 29 (1967), 77-99; — ders.: Deux collections de Sermons de saint Aelred - une centaine d'inédits - découvertes dans les fonds de Cluny et de Clairvaux. In: CollCist 45 (1983), 165-184; — ders.: L'option préférentielle pour les pauvres dans le modèle communautaire aelrédien. In: CollCist 55 (1993), 186-206; — Gregory Wareing: The Teaching of St Ailred of Rievaulx on Poverty. In: Cîteaux 18 (1967), 343-352; — Adolfus van der Zeijden: Ailred van Rievaulx in het voetspoor van S. Augustinus. In: Cîteaux 18 (1967), 353-369; — Aelred Nieriker: St. Aelred von Rievaulx, der kirchliche Lehrer der Freundesliebe, im Zwiegespräch über Fragen des geistlichen Lebens. In: Cist 75 (1968), 116-123; — Raffaella Paolini: La »spiritualis amicitia« in Aelred di Rievaulx. In: Aevum. Rassegna di scienze storiche, linguistiche e filologiche 42 (1968), 455-473; — Constance I. Smith: Aelred's Immersion. In: HThR 62 (1969), 429; — Robert Thomas: Le joug agréable, le fardeau léger du Christ d'après les auteurs cisterciens. In: CollCist 37 (1975), 250-268; — Alexandra Barratt: The »De instiutione indusarum« of Aelred of Rievaulx and the Carthusian order. In: JThS NS 28 (1977), 528-536; — dies.: The textual tradition of the De Institutis inclusarum of Aelred of Rievaulx . In: Revue d'histoire des textes 8 (1978), 195-212; — Jean Leclercq: Les Deux Rédactions de la lettre de S. Bernard à Aelred de Rievaulx. In: Hans R. Runte u.a. (Hgg.): Jean Misrahi Memorial Volume. Studies in Medieval Literature, Columbia 1977, 210-228; — Robert O'Brien: Saint Aelred et la lectio divina. In: CollCist 41 (1979), 281-292; — Basil Pennington: A Primer School of Love. In: Cîteaux 31 (1980), 93-104; — James McEvoy: Notes on the prologue of St. Aelred of Rievaulx's »De spirituali amicitia«, with a translation. In: Traditio 37 (1981), 396-411; — ders.: Les affectus et la mesure de la raison dans le Livre III du »Miroir«. In: CollCist 55 (1993), 110-125; — Rosalind Ransford: A kind of Noah's ark. Aelred of Rievaulx and national identity. In: Studies in church history 18 (1982), 137-146; — Augustin Belisle: Pastoral spirituality of Aelred of Rievaulx. In: StMo 25 (1983), 93-113; — Ernst Friedrich Ohly: Außerbiblisch Typologisches zwischen Cicero, Ambrosius und Aelred von Rievaulx. In: ders.: Schriften zur mittelalterlichen Bedeutungsforschung, Darmstadt 1983[2], 338-360; — Brian Bethune: Personality and Spirituality. Aelred of Rievaulx and Human Relations. In: CSQ 20 (1985), 98-112; — Jean Châtillon: Un sermon du XIIe siècle en quête d'auteur; Richard de Saint-Victor, Geoffroy de Melrose, Geoffroy d'Auxerre ou Aelred de Rielvaux? In: Recherches augustiniennes 20 (1985), 133-201; — Marsha L. Dutton: Christ our mother. Aelred's iconography for contemplative union. In: Ellen Rozanne Elder (Hg.): Goad and

Nail = CistSS 84, Kalamazoo 1985, 21-45; — dies.: The Cistercian source: Aelred, Bonaventure, Ignatius. In: Ellen Rozanne Elder (Hg.): Goad and Nail = CistSS 84, Kalamazoo 1985, 151-178; — dies.: The conversion and vocation of Aelred of Rievaulx. A historical hypothesis. In: Daniel Th. Williams (Hg.): England in the Twelfth Century. Proceedings of the 1988 Harlaxton symposium, Woodbridge u.a. 1990, 31-49; — dies.: The Face and Feet of God. The Humanity of Christ in Bernard of Clairvaux and Aelred of Rievaulx, in: John R. Sommerfeldt (Hg.): Bernardus Magister. Papers presented at the nonacentenary celebration of the birth of Saint Bernard of Clairvaux, Spencer 1992 = CistSS 135, 203-223; — dies.: Aelred, Historian: Two Portraits in Plantagenet Myth. In: CSQ 28 (1993), 112-144; — dies.: Aelred of Rievaulx on friendship, chastity, and sex. The sources. In: CSQ 29 (1994), 121-196; — dies.: The invented sexual history of Aelred of Rievaulx. In: ABR 47 (1996), 414-432; — dies.: Aelred of Rievaulx's Oratio pastoralis: A New Edition. In: CSQ 38 (2003), 297-308; — dies.: A historian's historian. The place of Bede in Aelred's contributions to the new history of his age. In: dies. (Hg.): Truth as gift. Studies in medieval Cistercian history. FS John R. Sommerfeldt = CistSS 204, Kalamazoo 2004, 407-448; — dies.: Friendship and the love of God. Augustine's teaching in the »Confessions« and Aelred of Rievaulx's response in »Spiritual friendship«. In: ABR 56 (2005), 3-40; — Brian P. McGuire: A changed face of Aelred? A new attribution of sermons to the Abbot of Rievaulx. In: DR 103 (1985), 147-150; — ders.: Friendship and Community. The Monastic Experience 350-1250 = CistSS 95, Kalamazoo 1988, Kap. 7: Aelred of Rievaulx and the Limits of Friendship, 296-338; — ders.: Brother and lover. Aelred of Rievaulx, New York 1994; — ders.: Aelred's Attachments. Individual Growth in Community Life. In: Gert Melville; Markus Schürer (Hgg.): Das Eigene und das Ganze. Zum Individuellen im mittelalterlichen Religiosentum = Vita regularis 16, Münster 2002, 439-466; — John R. Sommerfeldt: The vocabulary of contemplation in Aelred of Rievaulx' Mirror of Love, Book I. In: Ellen Rozanne Elder (Hg.): Goad and Nail = CistSS 84, Kalamazoo 1985, 241-250; — ders.: Images of visitation. The vocabulary of contemplation in Aelred of Rievaulx' Mirror of Love, book II. In: ders. (Hg.): Erudition at God's Service. Studies in Medieval Cistercian History, XI. Papers from the 1985 and 1986 Cistercian Studies Conferences = CistSS 98, Kalamazoo 1987,161-168; — ders.: The rape of the soul. The vocabulary of contemplation in Aelred of Rievaulx' Mirror of Love, book II. In: ders. (Hg.): Erudition at God's Service. Studies in Medieval Cistercian History, XI. Papers from the 1985 and 1986 Cistercian Studies Conferences = CistSS 98, Kalamazoo 1987, 169-174; — ders.: The roots of Aelred's spirituality: cosmology and anthropology. In: CSQ 38 (2003), 19-26; — ders.: Aelred of Rievaulx on love and order in the world and the church, New York 2006; — Thomas Merton: St Aelred of Rievaulx and the Cistercians. In: CSQ 20 (1985), 212-223; 21 (1986), 30-42; 22 (1987), 55-75; 23 (1988), 45-62; 24 (1989), 50-68; — Lawrence C. Braceland: Bernard and Aelred on humility and obedience. In: John R. Sommerfeldt (Hg.): Erudition at God's Service. Studies in Medieval Cistercian History, XI. Papers from the 1985 and 1986 Cistercian Studies Conferences = CistSS 98, Kalamazoo 1987, 149-159; — Giles Constable: Aelred of Rievaulx and the Nun of Watton. An Episode in the Early History of the Gilbertine Order. In: ders. (Hg.): Monks, hermits and crusaders in Medieval Europe = Variorum collected studies series 273, London 1988, VI: 205-226; — Patrick F. O'Connell: Aelred of Rievaulx and the Lignum vitae of Bonaventure. A reappraisal. In: FrS 48 (1988), 53-80; — Robert E. Boenig: Contemplations o the Dread and Love of God, Richard Rolle, and Aelred o Rievaulx. In: Mystics quarterly 16 (1990), 27-33; — Brian W. Connolly: Mirror of charity. A reflection of Aelred's hu mane spirituality. In: Mystics quarterly 16 (1990), 123-132 — Elizabeth Connor: Saint Bernard's three steps of trut and Saint Aelred of Rievaulx's three loves, in: John R. Som merfeldt (Hg.): Bernardus Magister. Papers presented at th nonacentenary celebration of the birth of Saint Bernard o Clairvaux, Spencer 1992 = CistSS 135, 225-238; — dies. The Doctrine of Charity in Book One of Aelred of Rievaulx's Mirror of Charity. In: CSQ 29 (1994), 61-82; — Miguel Siguán Soler: La psicología del amor en los cistercienses del siglo XII, Poblet 1992; — Katherine M. TePas: Aelred of Rievaulx: The correlation between human friendship and union with God, Diss. (Washington) 1992; — dies.: Spiritual friendship in Aelred of Rievaulx and mutual sanctification in marriage. In: CSQ 27 (1992), 63-76.153-165; — dies.: Amor, Amicitia, and Misericordia. A critique of Aelred's analysis of spiritual friendship. In: DR 112 (1994), 249-263; — Gaëtane de Briey: Observance cistercienne et charité chrétienne selon le »Miroir«. In: CollCist 55 (1993), 169-185; — Pierre-André Burton: Contemplation et imitation de la Croix. Un chemin de perfection chrétienne et monastique d'après le »Miroir«. In: CollCist 55 (1993), 140-168; — ders.: A` propos de l'amitié dans la doctrine spirituelle d'Aelred. Dans un »entretemps« qui prépare - dans le Christ - à une charité d'amitié universelle. In: CollCist 58 (1996), 243-261; — ders.: Aelred face à l'histoire et à ses historiens. Autour de l'actualité aelrédienne. In: CollCist 58 (1996), 161-193; — ders.: Aux origines de l'expansion anglaise de Citeaux. La fondation de Rievaulx et la conversion d'Aelred. In: CollCist 61 (1999), 186-214.248-290; — ders.: »Aelred, tel un second Noé«: L'abbé de Rievaulx, un bâtisseur à la recherche de la »coudée unique«, Cîteaux 52 (2001), 231-314; — ders.: Le traité sur l'Amitié spirituelle. Ou les trois derniers »cercles« de l'amour. In: CollCist 64 (2002), 197-218; — Gabriel Ghislain: A la recherche de la réponse juste. Un novice interroge son père maître (»Miroir«, Livre II, ch. XVII-XXI). In: CollCist 55 (1993), 78-109; — Marie I. Huille: Grâces ordinaires et grâces spéciales dans le Livre II du »Miroir«. In: CollCist 55 (1993), 64-77; — Claire Pluygers: Approches de relations entre le »Compendium« et le »Miroir«. Comparaisons littéraires et doctrinales. In: CollCist 55 (1993), 129-139; — Gerd Fösges: Das Menschenbild bei Aelred von Rievaulx, Altenberge 1994; — Paul Lockey: Conflicting Cistercian attitudes toward the Jews. In: Marsha L. Dutton (Hg.): Truth as gift. Studies in medieval Cistercian history. FS John R. Sommerfeldt = CistSS 204, Kalamazoo 2004, 355-376; — Marie Anne Mayeski: The Assumption as a Monastic Celebration. Aelred's Homilies for the Feast. In: CSQ 29 (1994), 395-411; — dies.: »The right occasion for the words«. Situating Aelred's homily on Saint Katherine. In: CSQ 33 (1998), 45-60; — dies.: Secundum naturam. The inheritance of virtue in Aelred's Genealogy of the English Kings. In: CSQ 37 (2002), 221-228; — Edwin L. Conner: »Goostly freend in God«. Aelred of Rievaulx's De spirituali amicitia as a source of the Cloud of Unknowing. In: Anne Clark Bartlett (Hg.): Vox Mystica. Essays on Medieval Mysticism. FS Valerie M. Lagorio, Woodbridge 1995, 87-98; — Daniel M. La Corte: Abbatial Concerns of Aelred of Rievaulx Based on his Sermons on Mary. In: CSQ 30 (1995), 267-274; — ders.: Images of abbot and monastic community in the thought of Aelred of Rievaulx, Diss. (Fordham University) 1998; — ders.: Reformation of the intellect in the thought of Aelred of Rievaulx. In: Thomas M. Izbicki; Christopher M. Bellitto (Hgg.): Reform and Renewal in the Middle Ages and the Renaissance. FS Louis Pascoe = Studies in the history of Christian thought 96, Leiden 2000, 35-49; — ders.: Saint Benedict as Model Abbot in the Thought of Aelred of Rievaulx. In: CSQ 35 (2000), 283-296; — ders.: Aelred of Rievaulx's doctrine of grace and its role in the »reformatio« of the soul. In: Ellen Rozanne Elder (Hg.): Praise no less than charity. FS Chrysogonus Waddell = CistSS 193, Kalamazoo 2002, 175-196; — ders.: Abbot as »magister« and »pater« in the thought of Bernard of Clairvaux and Aelred of Rievaulx. In: Marsha L. Dutton (Hg.): Truth as gift. Studies in medieval Cistercian history. FS John R. Sommerfeldt = CistSS 204, Kalamazoo 2004, 377-405; — Thomas Renna: Aelred of Rievaulx and Isaiah. In: Ellen Rozanne Elder (Hg.): The Joy of Learning and the Love of God. FS Jean Leclercq = CistSS 160, Kalamazoo 1995, 253-268; — ders.: Moses in the Writings of Aelred of Rievaulx. In: Cîteaux 46 (1995), 111-125; — Elizabeth Freeman: Nuns in the public sphere. Aelred of Rievaulx's De sanctimoniale de Wattun and the gendering of authority. In: Comitatus 27 (1996), 55-80; — dies.: Aelred of Rievaulx's De Bello Standardii. Cistercian Historiography and the Creation of Community Memories. In: Cîteaux 49 (1998), 5-27; — dies.: The many functions of Cistercian histories, using Aelred of Rievaulx's »Relatio de Standardo« as a case study. In: Erik Kooper (Hg.): The Medieval Chronicle. Proceedings of the 1st International Conference on the Medieval Chronicle, Amsterdam 1999, 124-132; — Susanna Greer Fein: Maternity in Aelred of Rievaulx's letter to his sister. In: John Carmi Parsons; Bonnie Wheeler (Hgg.): Medieval Mothering, New York 1996, 139-156; — Julian Haseldine: Friendship, equality and universal harmony. The universal and the particular in Aelred of Rievaulx's De Spirituali Amicitia. In: Oliver Leaman (Hrsg.): Friendship East and West. Philosophical Perspectives, Richmond, Surrey, 1996, 192-214; — Paulette L'Hermite Leclercq: La recluse, la femme et l'amour de Dieu chez Aelred de Rievaulx. In: Claudie Duhamel-Amado; Guy Lobrichon (Hgg.): Georges Duby, L'écriture de l'Histoire = Bibliothèque du moyen âge 6, Brüssel 1996, 379-384; — dies.: Aelred of Rievaulx: The Recluse and Death According to the Vita Inclusarum. In: CSQ 34 (1999), 183-201; — Michaela Pfeifer: Aelred von Rievaulx und das Ursprungscharisma der Zisterzienser. In: Cist 104 (1997), 199-208; — dies.: Bernhard von Clairvaux, Wilhelm von Saint-Thierry und Aelred von Rievaulx als Mystiker. In: Cist 106 (1999), 155-167; — dies.: Trois »styles« de la mystique cistercienne: Bernard, Guillaume, Aelred. In: CollCist 65 (2003), 89-110; — Joseph Molleur: The notion of the three sabbaths in Aelred's Mirror of Charity. In: CSQ 33 (1998), 211-220; — Katherine M. Yohe: »Adhering to a Friend in the Spirit of Christ«. In: CSQ 33 (1998), 29-44; — dies.: Did Aelred of Rievaulx think friends are necessary? In: CSQ 35 (2000), 29-46; — dies.: Aelred of Rievaulx on Holy Royalty - a Twelfth-Century View of Lay Spirituality. In: Studies in spirituality 13 (2003), 169-198; — dies.: Aelred's Recrafting of the Life of Edward the Confessor. In: CSQ 38 (2003), 177-189; — Damien Boquet: De l'enfant-Dieu a l'homme-enfant. Regards sur l'enfance et la psychologie de l'adulte chez Aelred de Rievaulx (1110-1167). In: Médiévales 36 (1999), 129-144; — ders.: L'ordre de l'affect au Moyen âge. Autour de l'anthropologie affective d'Aelred de Rievaulx, Caen 2005; — Shawn M. Krahmer: Loving »In God«. An Examination of the Hierarchical Aspects of the Ordo Caritatis in Bernard of Clairvaux and Aelred of Rievaulx. In: ABR 50 (1999), 74-93; — dies.: Aelred of Rievaulx and the Feminine in the Marian Sermons for the Feasts of the Assumption and Purification. In: CSQ 35 (2000), 459-478; — dies.: Mary as mother and bride in the liturgical sermons of Aelred of Rievaulx. In: ABR 58 (2007), 280-298; — Peter Kunzmann: Aelred von Rievaulx: De spirituali amicitia. Ein unfreundlicher Dialog über Freundschaft. In: Klaus Jacobi (Hrsg.): Gespräche lesen. Philosophische Dialoge = ScriptOralia 115, Tübingen 1999, 231-242; — John E. Lawyer: Aelred of Rievaulx's »Life of St. Edward the Confessor«. A medieval ideal of kingship. In: FH 31 (1999), 45-65; — Philippe Nouzille: Expérience de Dieu et théologie monastique au XIIe siècle. Étude sur les sermons d'Aelred de Rievaulx, Paris 1999; — Enrico Piscione: Il terzo libro dello »Speculum caritatis« di Aelredo di Rievaulx e le sue problematiche etico-filosofiche. In: Sapienza 52 (1999), 357-370; — Domenico Pezzini: Il riposo come categoria della vita spirituale. I tre sabati nello »Specchio della carità« di Aelredo di Rievaulx. In: ViCon 36 (2000), 357-374; — ders.: Translating friendship in Aelred of Rievaulx. From experience to image. In: Cîteaux 53 (2002), 33-49; — ders.: Immagini d'amicizia in Aelredo di Rievaulx. In: ViCon 41 (2005), 166-187; — Dennis J. Billy: Aelred of Rievaulx's Account of his Conversion in the Liber De Speculo Caritatis. In: ABR 52 (2001), 239-254; — ders.: The healing role of friendship in Aelred of Rievaulx's »De spirituali amicitia«. In: StMo 40 (2002), 63-84; — Wolfgang G. Buchmüller: Die Askese der Liebe. Aelred von Rievaulx und die Grundlinien seiner Spiritualität, Langwaden 2001; — ders.: Petrus und Paulus als Typos für die Kontemplation bei Aelred von Rievaulx. In: Cist 110 (2003), 211-219; — ders.: Dulcis Iesu memoria. Poetische Christusmystik bei Aelred von Rievaulx. In: Geist und Leben 80 (2007), 436-452; — Christoph Dartmann: Zwischen literarischer Stilisierung und authentischer Selbstaussage. Die Genese und Struktur von Aelreds von Rievaulx »De spirituali amicitia«. In: Frühmittelalterliche Studien. Jahrbuch des Instituts für Frühmittelalterforschung der Universität Münster 35 (2001), 293-312; — Monika Rener: Ein Humanist im zwölften Jahrhundert: Aelred von Rievaulx, De spirituali amicitia. In: Boris Körkel; Tino Licht; Jolanta Wiendloch (Hgg.): Mentis amore ligati. Lateinische Freundschaftsdichtung und Dichterfreundschaft in Mittelalter und Neuzeit. FS Reinhard Düchting, Heidelberg 2001, 395-410; — Alejandro Masoliver: El »De spirituali amicitia« de San Elredo. De las »amistades particulares« a la filía santa y el agape. In: StMo 44

(2002), 373-390; — Brian Noell: Aelred of Rievaulx's Appropriation of Augustine: A Window on Two Views of Friendship and the Monastic Life. In: CSQ 37 (2002), 123-144; — Guglielmo Scannerini: Mistica o misticismo? Un approccio patristico ad Aelredo di Rievaulx, De oneribus S. 2 (3). In: AnCist 54 (2002), 134-185; — Peter Schuster: Aelred von Rievaulx und die amicitia spiritualis. Überlegungen zum Freundschaftsdiskurs im 12. Jahrhundert. In: Johannes Altenberend, Reinhard Vogelsang (Hrsg.): Kloster - Stadt - Region. FS Heinrich Rüthing = Sonderveröffentlichung des Historischen Vereins für die Grafschaft Ravensberg 10, Bielefeld 2002, 13-26; — Hildegard Brem: Aelred von Rievaulx als Lehrer des Gebetes. In: Cist 111 (2004), 327-340; — dies.: Aelred von Rievaulx als Pädagoge. In: Cist 112 (2005), 395-406; — Peter Jackson: In translacione sancti Edwardi confessoris: The Lost Sermon by Aelred of Rievaulx Found? In: CSQ 40 (2005), 43-83; — Marie-Benoît Bernard: L'amitié chez Aelred et Augustin. Une grâce de Dieu. In: CollCist 68 (2006), 48-58; — Ryszard Gron: Examples of »Good Death« in Aelred of Rievaulx. In: CSQ 41 (2006), 421-441; — Matthias Lemoine: Le moine et le saint roi. La qualité de confesseur dans la »Vita Edwardi« d'Aelred de Rievaulx. In: CollCist 68 (2006), 34-47.218-227; — Blossom Stefaniw: Spiritual Friendship and Bridal Mysticism in an Age of Affectivity. In: CSQ 41 (2006), 65-78; — Loris M. Tomassini: La christologie affective et méditative d'Aelred de Rievaulx dans le traité Quand Jésus eut douze ans. In: CollCist 68 (2006), 287-302; — Chrysogonus Waddell: The Hidden Years of Aelred of Rievaulx: The Formation of a Spiritual Master. In: CSQ 41 (2006), 51-63; — Emmanuel Cazabonne: Aelred of Rievaulx and the »Cities of Refuge«. In: CSQ 42 (2007), 267-298; — Patricia A. Johnson: Phenomenology of spiritual friendship and discourse about God. In: NewBl 88 (2007), 549-563; — Lewis White: »Bifarie itaque potest legi«. Ambivalent exegesis in Aelred of Rievaulx's »De oneribus«. In: CSQ 42 (2007), 299-327.

Ursula Lievenbrück

ALBERIGO, Giuseppe, geboren am 21. Januar 1926 in Varese und gestorben am 15. Juni 2007 in Rom, war ein weltweit beachteter römisch-katholischer Theologe und Kirchenhistoriker aus Italien. — Alberigo wurde 1948 im Alter von 22 Jahren an der der Katholischen Universität Mailand zum Doktor der Rechtswissenschaft promoviert und arbeitete als wissenschaftlicher Mitarbeiter am »Centro di documentazione« in Bologna. Eine erste Arbeit in Richtung auf sein späteres wissenschaftliches Hauptwerk, die Kirchengeschichte und insbesondere die Geschichte der Konzilien, erfolgte während eines zweijährigen Forschungsaufenthaltes bei Prof. Hubert Jedin in Bonn. Hier entstand eine Untersuchung über die italienischen Bischöfe auf dem Trienter Konzil. Diese Arbeit ebnete ihm den Weg zu einer Hochschulkarriere. 1951 erhielt er eine Professur an der Universität Modena und 1954 wurde er Professor für Kirchengeschichte an der Universität Florenz. Nachdem er bereits 1962 Leiter des »Istituto per le scienze religiose« in Bologna geworden war, erhielt er 1967 den Lehrstuhl für Kirchengeschichte an der dortigen Universität. — Weltweit bekannt wurde Alberigo durch die von ihm herausgegebene mehrbändige Geschichte des Zweiten Vatikanischen Konzils, das von Oktober 1962 bis Dezember 1965 tagte. Als unmittelbarer Zeitzeuge des Geschehens schildert er das Ereignis, mit dem sich die katholische Kirche für die moderne Welt und ihre Probleme öffnen wollte. Von der überraschenden Ankündigung durch den kurz zuvor gewählten Papst Johannes XXIII. bis zum Abschluß unter Paul VI. verfolgt Alberigo den Konzilverlauf und gibt Einblicke in die Diskussionen und Beschlüsse. Alberigo bekannte sich mit seiner Arbeiten eindeutig zur kirchlichen Erneuerungsbewegung. Er versuchte, die von Papst Johannes XXIII. angestoßene Programmatik fortzuschreiben, Johannes XXIII. widmete er zahlreiche weitere Einzelstudien. Alberigo war lange Zeit auch Mitglied des Direktionskomitees der modernistischen Zeitschrift Concilium, weitere Redaktionsmitglieder waren zum Beispiel Hans Küng und Karl Rahner. Für Alberigo galt, im Geist des Konzils an einer weiteren und fortschreitenden Erneuerung der katholischen Kirche zu arbeiten. Er stellte hierbei besonders den Aspekt des Bruches heraus, der das zweite Vatikanum geprägt habe. Seine Kritiker warfen ihm vor, den Geist tendenziell über den Wortlaut der Konzilsdokumente zu setzen. Das Konzil wolle, so die Kritiker des Kirchenhistorikers, den historischen Zusammenhang zur Tradition wahren und deshalb müsse die weitere Entwicklung der Kirche in die theologische Reflexion mit einbezogen werden. — Durch seinen Forschungsaufenthalt in Bonn hatte Alberigo auch immer eine wissenschaftliche Heimat in Deutschland. Für seine Verdienste ist der italienische Kirchenhistoriker in Münster 1999 von der Katholisch-Theologischen Fakultät der Westfälischen Wilhelms-Universität mit der Würde eines Ehrendoktors ausgezeichnet worden. 2002 verlieh ihm die Katholisch-Theologische Fakultät der Julius-Maximilians-Universität Würzburg die Ehrendoktorwürde. Wenige

Monate vor seinem Tod wurde er am 7. Februar 2007 noch einmal von Papst Benedikt XVI. in einer Privataudienz empfangen. Gesprächsthema der Audienz war auch die Konzilgeschichte.

Werke (Ausw. mit zahlreichen Neuauflagen): Conciliorum oecumenicorum Decreta, Ed. Centro di documentazione, Istituto per le scienze religiose, Bologna/Basileae/Barcinone/Friburgi/ Romae; Vindobonae 1962; — Dienst an der Einheit, Zum Wesen und Auftrag des Petrusamts, Düsseldorf 1978; — Die Rezeption des Zweiten Vatikanischen Konzils, Düsseldorf 1986; — Kirche im Wandel, Eine kritische Zwischenbilanz nach dem zweiten Vatikanum, Düsseldorf 1982; — Christian unity, the council of Ferrara-Florence 1438/39-1989, Leuven 1991; — Ein Blick zurück - nach vorn, Johannes XXIII., Spiritualität - Theologie - Wirken, Würzburg 1992; — Das neue Europa, Herausforderungen für Kirche und Theologie, Freiburg/Basel/Wien 1993; — Karl Borromäus, geschichtliche Sensibilität und pastorales Engagement, Münster 1995; — Die russische Kirche und das Christentum im Westen, Mainz 1996; — Geschichte der Konzilien, Vom Nicaenum bis zum Vaticanum II, Wiesbaden 1998; — Johannes XXIII., Leben und Wirken des Konzilspapstes, Mainz 2000; — Dekrete der ökumenischen Konzilien, Bd. 1., Konzilien des ersten Jahrtausends, Vom Konzil von Nizäa (325) bis zum Vierten Konzil von Konstantinopel (869/70), Bd. 2., Konzilien des Mittelalters, Vom ersten Laterankonzil (1123) bis zum fünften Laterankonzil (1512-1517), Bd. 3., Konzilien der Neuzeit, Konzil von Trient (1545-1563), Paderborn/München/Wien/Zürich 1998-2002; — Die Fenster öffnen, Das Abenteuer des Zweiten Vatikanischen Konzils, Zürich 2006; — Geschichte des Zweiten Vatikanischen Konzils (1959-1965), Bd. 1, Die katholische Kirche auf dem Weg in ein neues Zeitalter, Die Ankündigung und Vorbereitung des Zweiten Vatikanischen Konzils (Januar 1959 bis Oktober 1962), Bd. 2, Das Konzil auf dem Weg zu sich selbst, Erste Sitzungsperiode und Intersessio (Oktober 1962 - September 1963), Bd. 3, Das mündige Konzil, Zweite Sitzungsperiode und Intersessio (September 1963 - September 1964), Bd. 4., Die Kirche als Gemeinschaft (September 1964 - September 1965), Bd. 5, Ein Konzil des Übergangs. (September - Dezember 1965), Mainz 1997-2007.

Georg Arnold

ALBERIONE, Giacomo gründete den Ordensverband der Paulus-Familie, zu der 5 Kongregationen, 4 Säkularinstitute und eine religiöse Mitarbeitervereinigung gehören. Giacomo Alberione * 4. April 1884 als fünfter Sohn der Eheleute Michele Alberione und Rosa Theresa, geb. Alloco, in San Lorenzo di Fossano, Piemont / Italien, † 26. November 1971. — Giacomos Eltern bewirtschafteten einen Bauernhof. Wie seine Geschwister sollte Giacomo später in der Landwirtschaft arbeiten. Als Achtjähriger äußerte Giacomo jedoch den Wunsch, Priester zu werden. Der Gemeindepfarrer Don Giovanni Battista Montersino bemerkte die tiefe Frömmigkeit des Jungen und förderte, trotz des Widerstandes des Vaters, die Aufnahme in das Knabenseminar in Bra, Erzdiözese Turin. Dort begann Giacomo 1896 mit seinen Studien. Obwohl er als einer der besten Schüler des Seminars galt, geriet er nach vier Jahren in eine Krise. Er brach das Studium ab und kehrte in seine Heimat zurück. Die Ursache der Krise blieb unbekannt. Nach einigen Monaten besann er sich auf seinen ursprünglichen Wunsch. Am 25. Oktober 1900 setzte er im Priesterseminar in Alba sein Studium fort. — In der Silvesternacht 1900 erlebte Giacomo während der eucharistischen Anbetung im Dom zu Alba eine besondere Berufung. Er verspürte das tiefe Bedürfnis, etwas Besonderes für die Kirche und die Menschchen des neuen Jahrhunderts zu tun. Mit den modernen Medien der sozialen Kommunikation sollte das Wort Gottes verkündet werden. Die Idee des Apostolats der »guten Presse« war geboren. Am 29. Juni 1907 empfing Giacomo Alberione im Dom zu Alba die Priesterweihe. Kurz darauf promovierte er am Theologischen Seminar in Genua über Thomas von Aquin. Bevor er 1908 von Bischof Re zum geistlichen Rektor des Priesterseminars in Alba berufen wurde, arbeitete er als Kaplan in der Gemeinde Narzole. — Trotz seiner Tätigkeit als Rektor und weiterer seelsorglicher Aufgaben beschäftigte sich Alberione mit der Umsetzung seines Apostolats. Mit Hilfe einer Laienvereinigung, die aus Schriftstellern, Verlegern, Buchhändlern und Druckern bestehen sollte, beabsichtigte er, das Wort Gottes und die Lehren der katholischen Kirche zu verbreiten. Nach reiflicher Überlegung verwarf er dieses Projekt. Zur Verbreitung des Glaubens schienen ihm Patres und Ordensschwestern besser geeignet. Alberione plante daraufhin die Gründung einer Kongregation mit männlichen und weiblichen Mitgliedern. Als Bischof Re ihm die Reorganisation des Diözesanblattes »Gazetta d`Alba« übertrug, konnte Alberione seine eigenen journalistischen Fähigkeiten beweisen. Die Zeitschrift erreichte eine hohe Auflage. Dieser Erfolg bestärkte ihn, das Apostolat der »guten Presse« ins Leben zu rufen. Er bat Bischof Re um die Freistellung von seinen bisherigen Aufgaben. Am 20. August 1914 begann er und einige seiner Schüler mit dem Betrieb der sogenannten »Schuldruckerei kleiner Arbeiter«, einer kleinen Druckerei in Alba. Die zukünftige St. Paulus-Gesellschaft war gegründet. — Einige Monate später, am 15. Juni 1915, eröffnete Alberione die »Werkstatt für Frauen«, die Keimzelle der späteren Paulus-Schwestern. In seinem ebenfalls 1915 erschienen Buch »Die Frau als Teilhaberin am priesterlichen Eifer« hatte Alberione auf die Gleichberechtigung der Frau hingewiesen. Zwei junge Frauen, Angela Boffi und Teresa Merlo, ließen sich von seinen Ideen begeistern und gewannen weitere weibliche Mitglieder für die spätere Kongregation. — Die Gründung einer Mitarbeitervereinigung, die sich aus engagierten Laien zusammensetzte und die »Paulus-Familie« geistig, praktisch oder finanziell unterstützen sollte, erfolgte am 30. Juni 1917. Die Arbeit der Frauen und Männer war nicht einfach. Gebet und Arbeit bestimmten ihr Leben. »Sie sollen lernen, andere zu unterrichten und müssen sich zum Teil erst selbst weiterbilden; sie müssen lernen, mit Druckmaschinen und Setzkästen umzugehen, sie sollen schreiben lernen, Zeitungen, Zeitschriften, Bücher vertreiben und Buchläden eröffnen. Sie müssen ertragen, daß die Menschen sie belächeln oder abweisen, wenn sie mit Taschen oder Koffern voller Bücher von Haus zu Haus ziehen. Sie müssen lernen, ohne fremde Hilfe überall aufzubrechen und vor Schwierigkeiten und Hindernissen, selbst in der eigenen Kirche nicht zu kapitulieren.« (Nies, 1999) Trotz der harten Bedingungen und ohne die offiziellen kirchlichen Anerkennungen wuchsen beide religiöse Gemeinschaften. 1923 umfaßte die Gemeinschaft der Paulus-Familie gemeinsam mit den Postulanten mehr als 170 Patres und etwa 50 Schwestern. — Ende März 1926 beantragte Alberione die kirchliche Anerkennung für seine religiösen Gründungen. Papst Pius XI. lehnte dies zunächst ab. Er ließ sich später jedoch überzeugen und veranlaßte die bischöfliche Anerkennung der männlichen Kongregation der »Sankt Paulus-Gesellschaft« durch den Bischof von Alba am 12. März 1927. Die päpstliche Approbation erfolgte am 27. Juni 1949. Die bischöfliche Anerkennung der »Paulus-Schwestern« erfolgte am 15. März 1929, die päpstliche am 15.März 1953. — Seine Liebe zum Gebet und zu Jesus Christus in der Gestalt des eucharistischen Brotes veranlaßten Giacomo Alberione, am 10. Februar 1924 zur Gründung eines weiteren Zweiges der Ordensgemeinschaft der Paulus-Familie: der Kongregation der Schwestern vom göttlichen Meister. Ihr Apostolat besteht in der Pflege der immerwährenden eucharistischen Anbetung, der Arbeit im Dienst der Liturgie und der Unterstützung der Priester. Am 3. April 1947 erhielt die neue Kongregation die bischöfliche Anerkennung, am 12. Januar 1948 und am 30. August 1960 wurde sie vom Papst approbiert. — Den Erfolg des Ordensgründers zeigt eine Bilanz aus dem Jahre 1931: Die Mitglieder der Paulus-Familie hatten 246 italienische Diözesen besucht, die Gründung von 3000 Pfarrbibliotheken angeregt, 50 000 Bibeln abgegeben und 1 300 000 Abonnenten für ihre Zeitschriften gewonnen. — Die Arbeit Alberiones blieb nicht auf sein Heimatland Italien beschränkt. Das Wort Gottes sollte allen Völkern verkündigt werden. Ab 1931 sendete er die ersten Priester und Schwestern nach Brasilien, Argentinien und in die Vereinigten Staaten. Weitere Niederlassungen folgten, mittlerweile weltweit. Der unermüdliche Stifter rief noch zwei weitere Kongregationen ins Leben. Er gründete 1938 die »Schwestern Jesu, des Guten Hirten«, die sich vor allem der sozialen und pastoralen Aufgaben in den Pfarrgemeinden widmen und 1957 die »Schwestern der Königin der Apostel«, deren Aufgabe es ist, geistliche Berufungen zu fördern. Den Abschluß seiner Gründungen bilden die vier Säkularinstitute, die 1960 päpstlich bestätigt wurden: Der »Paulus-Weltpriesterverein«, der aus Priestern besteht, deren Wahlspruch lautet: »Den ganzen Christus leben, wie er sich selbst beschreibt, als Weg, Wahrheit und Leben, und mit den Mitteln von heute den Menschen das Heil bringen.« Das »Institut Hl. Erzengel Gabriel«, zu dem Männer gehören, die in ihrem weltlichen Beruf arbeiten und unter der geistlichen Leitung von Paulus-Patres stehen Sie legen die Gelübde der Ehelosigkeit, Armu und Keuschheit ab, verpflichten sich dem Leber Jesu zu folgen und unterstützen das Apostola der Paulus-Familie. Das »Institut Mariä Verkündigung«, in dem Frauen leben, die ähnliche Regeln befolgen und leben, wie die Männer im Institut Hl. Gabriel. »Indem sie ihre Weihe in der Welt und von der Welt ausgehend leben, sind sie bestrebt, wie ein Sauerteig alles mit dem Geist des Evangeliums zu durchdringen.« (Papst Johannes Paul II., 1996) Das »Institut Heilige Familie«. Hier sind Eheleute zusammengeschlossen, die ihr Familienleben ganz im Sinne des Evangeliums und der Spiritualität der Paulus-Familie gestalten möchten. Sie beabsichtigen die Heiligung des Ehe- und Familienlebens durch die Befolgung der Gelübde der Armut, der Keuschheit und des Gehorsams. — Zur Verkündigung des Evangeliums veröffentlichte Alberione selbst Bücher und zahlreiche Schriften. Zur Evangelisation bediente er sich aller modernen Massenmedien - auch des Films, seit 1939 durch das Filmapostolat »San Paolo Film«. Die erste Radiosendung von »Radio San Paolo« erfolgte 1948. Zu seinem umfangreichen Werk gehört auch die Gründung der drei Hauptkirchen der Paulus-Familie: In Alba die Kirche des »Heiligen Paulus«. Die erste Liturgiefeier fand dort 1928 statt. Die Kirche »Zu Ehren des göttlichen Meisters« ebenfalls in Alba. Ihre Einweihung erfolgte am 25. Oktober 1936. Die Kirche »Regina Apostolorum« in Rom. Sie wurde am 30. November 1945 konsekriert. — Kirchliche Anerkennung seiner Arbeit erhielt Alberione am 28. Juni 1969. Papst Paul VI. verlieh ihm das Kreuz »Pro Ecclesia et Pontifice«. Während der Feier beschrieb der Papst das Werk und die Person des Stifters: »Hier ist er also: demütig, leise, unermüdlich, immer wach und vertieft in seine Gedanken, welche vom Gebet zu den Werken eilen, immer darauf ausgerichtet die »Zeichen der Zeit« zu erforschen, d h. die genialsten Formen zu finden, um die Menschen zu erreichen. Don Alberione hat der Kirche neue Mittel gegeben, um sich auszudrücken, neue Mittel um seinem Apostolat Kraft und Weitsichtigkeit zu geben und neue Fähigkeiten und ein neues Bewußtsein der Gültigkeit und der Möglichkeit seiner Mission in der modernen Welt mit den modernen Mitteln. Lassen Sie es zu, lieber Don Alberione, daß der Papst diese lange, treue und unermüdliche Mühe und die Früchte die daraus entsprangen, zur Ehre Gottes und zum Guten der Kirche, genießt.« — Zwei Jahre danach, am 26. November 1971, besuchte Papst Paul VI. den sterbenden Pater Alberione. Am gleichen Tag verstarb der Gründer der Paulus-Familie im Alter von 87 Jahren. Am 30. November 1971 fand seine Beisetzung in der Krypta der Basilika »Regina Apostolorum« statt. 1996 wurde Pater Alberione von Papst Johannes Paul II. zum Diener Gottes erhoben und am 27. April 2003 selig gesprochen. — Mitglieder der Paulus-Familie sind heute in 52 Nationen präsent, nutzen zur Evangelisation alle modernen Massenmedien, unterhalten eigene Studien- und Ausbildungszentren und ein Forschungsinstitut für Medienberufe.

Quellen und Lit.: Agasso, Domenico: Tecla Merlo, Eine Frau auf Sendung, München, Zürich, Wien 1993; — Nies, Hildegard: Giacomo Alberione, Der unermüdliche Medienapostel, Straßburg 1999; — Stamm, Heinz-Meinolf: Alberione Giacomo, in: Lexikon für Theologie und Kirche, Freiburg im Breisgau, Basel, Rom 1993; — Papst Johannes Paul II.: Nachsynodales Schreiben Vita consecrata, Rom 1996; — Faltblatt der Paulus-Schwestern: Seliger Don Giacomo Alberione, Gründer der Paulusfamilie, Apostel der Kommunikation, Nürnberg 2003; — Webseiten: www.paulus-schwestern.de (30.12.2007), www.pddm.org (09.01. 2008).

Ulrich Füsser

ALBERTI, *Maria* Agatha. Kunstmalerin, Mitgründerin der Barmherzigen Schwestern (Clemensschwestern). * 17. Nov. 1767 in Hamburg, † 1. Febr. 1812 in Münster/Westf. Vater, Pastor Julius Gustav Alberti, Mutter Dorothea Charlotte, geb. Offeney. Maria Alberti wuchs als 11. von dreizehn Kindern in Hamburg auf, wo ihr Vater von 1755 bis zu seinem frühen Tode 1772 als Diakon unter dem berühmten Hauptpastor Melchior Goeze an der St. Katharinenkirche wirkte. Die Familie pflegte regen Kontakt mit den schöngeistigen Kreisen um Lessing, Klopstock, Matthias Claudius und Johann Heinrich Voß. Durch drei ihrer Schwestern trat sie in Verbindung mit bedeutenden Künstlern der Frühromantik. Johanna Alberti heiratete den Dichter und Schriftsteller Peter Wilhelm Hensler und, nach dessen Tod, den Komponisten und Kapellmeister Friedrichs d. Großen Johann Friedrich Reichardt. In dessen Hause lernte Maria Wilhelm Tieck kennen und dessen Freund Friedrich von Hardenberg (Novalis). Tieck heiratete ihre Schwester Marie Amalie (Malchen), deren Tochter wiederum mit dem bedeutenden Naturphilosophen der Romantik Henrik Steffens die Ehe einging. Das gastfreundliche Haus Reichardts in Giebichenstein bei Halle mit seinem bedeutenden Landschaftsgarten (heute der Bürgerpark von Halle) zog viele bedeutende Persönlichkeiten an. Darunter auch die Brüder Schlegel und Johann Wolfgang von Goethe. Eine andere Schwester, Elisabeth Charlotte, heiratete den Philosophen Jacob Nikolaus Möller, durch den Maria Alberti die Kreise um Friedrich Leopold Stolberg kennenlernte. Ein weiterer Schwager Albertis war der Kunstmaler Christian Friedrich Ludwig Heinrich Waagen, der ihre Schwester Johanna Luise geheiratet hatte. — Um das Jahr 1795 begibt sie sich zum Studium der Malerei nach Dresden. Da keine weiblichen Studenten in die Akademie aufgenommen werden, nimmt sie private Stunden und arbeitet vor allem in der sogenannten Galerie. Ihre ersten Lehrmeister sind der klassische Porträtist Anton Graff (1766-1813) und Franz Gareis (1775-1803). Gleichzeitig mit ihr studierte in Dresden Philipp Otto Runge, zu dem sie bis an dessen Lebensende guten Kontakt hielt. Von den Kreisen der Romantiker wurde sie als Bildnismalerin und Porträtistin sehr geschätzt. Sie malte um 1802 Porträts von Steffens und Schlegel und von der Familie Hardenberg. Ihre Kopie der sogen. Darmstädter Madonna von Hans Holbein d. J. fand auf einer Ausstellung in Weimar das Lob Goethes. Er schreibt in der »Jenaischen Allgemeinen Literaturzeitung«: *»Maria mit dem Kinde aus Holbeins vortrefflichen Familien-Gemählde in der Galerie zu Dresden von Dem. Alberti vortrefflich copirt. Der Fleiß, das zarte Colorit, die gemüthliche Innigkeit des Ausdrucks, welche das Original so schätzbar machen, sind glücklich nachgeahmt. Wir gestehen, selten Kunstarbeiten von weiblicher Hand gesehen zu haben mit so viel Genauigkeit verfertigt, wie diese.«* In die Dresdener Zeit fällt auch ihr Übertritt zur katholischen Kirche. Zwei ihrer Schwestern, Frau Tieck und Frau Möller, konvertierten ebenfalls, jeweils unabhängig von einander, zum katholischen Glauben. Einen entscheidenden Anstoß gaben hierzu die Bilder der Dresdener Gemäldegalerie. Häufig besuchte sie die Hofkirche und hörte besonders gerne den königlichen Hofprediger Jesuitenpater Franz Anton Denneville, den sie damals auch porträtiert hat. Als Novalis Mitte Januar 1801 in Dresden bedrohliche Blutstürze erleidet, eilt sie zu ihm und beteiligt sich an der Krankenpflege. Immer wieder stellt sie sich in den Dienst kranker und leidender Menschen. In der eigenen Familie und im Freundeskreis wird der Grund gelegt, der sie später zur Mitbegründerin der Barmherzigen Schwestern in Münster werden läßt. — 1806-1808 hält sie sich wieder im Hause ihrer Mutter in Hamburg auf. Zur künstlerischen Arbeit kommt sie kaum noch. Sie pflegt ihre schwerkranke Schwester Louise Waagen und deren Mann, schließlich auch die eigene Mutter und den kranken Bruder Arnold mit großer Hingabe. Als der Haushalt in Hamburg 1808 aufgelöst wird, zieht sie zu ihrer Schwester Charlotte Möller nach Münster. Der damalige Kapitularvikar des Bistums Münster, Clemens August Droste zu Vischering, plant die Gründung eines Ordens der Barmherzigen Schwestern nach dem Vorbild der Vinzentinerinnen in Frankreich. Fünf Frauen stellen sich als »Krankenpflegerinnen« zur Verfügung, darunter auch Maria Alberti, der er das Amt der Oberin überträgt. Am 1. November 1808 erhält die Neugründung ihre kirchliche Weihe. Die kleine Gruppe bewährt sich insbesondere in der Zeit der napoleonischen Kriege. 1810-1812 wird Münster von fremden Truppen überschwemmt. Lastwagen mit Verwundeten treffen ein und viel Elend breitet sich aus. Tausende sterben in den Lazaretten an Typhus und Ruhr. Auch die Krankenpflegerinnen werden angesteckt. Sie gesunden alle, bis auf eine: Maria Alberti. Sie stirbt am 1. Februar 1812 zu Münster. Bereits am folgenden Tag wird sie auf dem Hörster Friedhof in Münster beigesetzt.

Werke: (Ich zähle hier die Arbeiten von Maria Alberti auf, wie sie bei Jansen, Briefe aus dem Stolberg- und Novaliskreis (Nachdruck der Ausgabe von 1932, Aschendorff, Münster 1969) 57-71 erwähnt sind. Die nach meiner Kenntnis erhalten gebliebenen Bilder oder Fotos davon habe ich in eckige Klammern gesetzt.

Porträts: Port(rät) Auguste Böhmer (Zeichnung); Porträt Friedrich Steffens; Portr. Friedrich Schlegel; div. Portr. von der Familie Hardenberg; Portr. Franz Anton Denneville; Kop(ie) desselben Bildes; Portr. einer Dame aus Hamburg; Portr. [Clemens-August Droste zu Vischering]; Kopien: Zwei Puttos aus Raphael (Sixtinische Madonna); Hans Holbein d. J., Madonna des Bürgermeisters Meyer (Kunstausstellung Weimar 1804); Kopie eines Bildes von Corregio (evtl »[Die hl. Nacht]« ??); Kop. Gräfin Sophie zu Stolberg (nach Original von Angelika Kaufmann).

Gemälde: Gemälde im Mutterhaus Münster: [Jesus am Kreuz] (Original im Mutterhaus d. Bomben zerstört); [Herz-Jesu-Bild] (Öl auf Lwd.); [Maria Immaculata] (Öl auf Lwd.); [David und Nathan] (Öl auf Lwd.); [Die büßende Maria Magdalena] (Öl auf Lwd. — Kopie nach einem italienischen Meister). Mehrere aus dünnen Holzbrettchen gesägte Handkreuze mit dem [Gekreuzigten Christus bemalt und mit frommen Sprüchen auf der Rückseite] zum Gebrauch der »Krankenpflegerinnen.

Lit.: [Anonym] Maria Alberti, eine Frau der Romantik. Malerin und Barmherzige Schwester, in: Der neue Wille 1

(1939) I. 53; — Droste zu Vischering, Clemens August, Erzbischof Clemens August Freiherr Droste zu Vischering, Stifter der Kongregation der barmherzigen Schwestern »Clemensschwestern«, Münster in Westfalen, Regensberg Verlag, Münster 1953; — Jansen, Heinz (Hrsg.), Briefe aus dem Stolberg- und Novalis-Kreis - Nebst Lebensbild und ungedruckten Briefen von Tiecks Schwägerin, der Malerin und Ordensoberin Maria Alberti, Veröffentlichungen der Historischen Kommission Westfalens XIX, Westfälische Briefwechsel, Bd. II, Aschendorff, Münster, 1932 (Nachdruck 1969); — K. V. , Maria Alberti, Malerin und Krankenpflegerin, in: Die christliche Frau 38 (1940) 23f., S. 41-43; — Körner, J., Maria Alberti, eine verschollene Malerin der romantischen Epoche, in: Preußische Jahrbücher 233 (1933) S. 78-83; — Kühn, M. Ordensstifterinnen des 19. Jahrhunderts, in: Die christliche Frau 31 (1933) S. 243-248; — Neuss, Erich, Das Giebichensteiner Dichterparadies, fliegenkopfverlag, Halle/Saale Reprint d. 2. Aufl. 2007; — Nicolay, W., Die nordischen Persönlichkeiten, in: Das St. Ansgarius-Glaubens-Werk, 13. Jahrb. (1954) S. 84-86; — Padberg, Magdalena, M. Euthymia - Clemensschwester : Sr. M. Euthymia Üffing und die Geschichte der Barmherzigen Schwestern von Münster (Clemensschwestern), Recklinghausen, 1977 ; — Reinhard, Ewald, Die Münsterische »Familia sacra«, Der Kreis um die Fürstin Gallitzin: Fürstenberg, Overberg, Stolberg und ihre Freunde, Münster 1953; — Roedl, Urban (Hrsg.) Matthias Claudius - Werke, Herder Buchgemeinde 1965; — Rosenthal, David August, Konvertitenbilder aus dem 19. Jahrhundert, Bd.1, Mainz, 1889, S. 56; — Sticker, A., Maria Alberti, 150 Jahre Barmherzige Schwestern in Deutschland. in: Deutsche Schwesternzeitung 12 (1959) S. 60-62 ; — Wagener-Esser, Meike, Organisierte Barmherzigkeit und Seelenheil. Das Caritative Netzwerk im Bistum Münster 1803 bis zur Gründung des Caritasverbandes 1916; — Weißenberger, P., Maria Alberti 1767-1812, in: Zeitschrift für Aszese und Mystik 17 (1942) S. 102-108; — Wilking,Bernhard, Genossenschaft der Barmherzigen Schwestern von der allerseligsten Jungfrau und schmerzhaften Mutter Maria, Münster 1927; — Alberti, Julius G., Anleitung zum Gespräch über die Religion, Hamburg 1771; — Artikel Alberti, Allgem.Deutsche Biographie, Bd. 1, München und Leipzig 1875, S. 213ff.; Artikel Hensler, Peter Wilhelm, in ADB, Bd. 12, 1880; — [Anonym] Clemens August, Freiherr Droste zu Vischering, Regensberg, Münster 1952; — [Anonym] Die Barmherzigen Schwestern, insbesondere die Genossenschaft derselben im Bisthum Münster, Recklinghausen 1850; — Daur, Georg, Von Predigern und Bürgern, Hamburg 1970; — Droste zu Vischering, Clemens August, Erzbischof Clemens August Freiherr Droste zu Vischering, Stifter der Kongregation der barmherzigen Schwestern »Clemensschwestern«, Münster in Westfalen, Regensberg Verlag, Münster 1953; — Kloeden, Wolfdietrich v. in BBKL Bd. XV, Sp. 1308-1318; — Koepke, Ludwig Tieck . Erinnerungen aus dem Leben des Dichters nach dessen mündlichen und schriftlichen Mittheilungen, 2 Bde, Leipzig 1855, Bd1, S. 83.

Peter Schmidt-Eppendorf

ALTUM, Johann Bernard Theodor, geboren am 31. Januar 1824 in Münster und verstorben am 1. Februar 1900 in Eberswalde, war ein katholischer Priester, Zoologe und Forstwirtschafter. — Altum wuchs in ärmlichen Verhältnissen auf. Seine Eltern waren der Schuhmacher Bernard Theodor Altum und Anna Gertrude Antonette Huder aus Münster. Altum besuchte zunächst die Volksschule und wurde dann, auf Grund seiner ausgezeichneten Leistungen, am Gymnasium Paulinum in Münster aufgenommen. Nach dem Abitur studierte er Theologie und Philologie. 1849 wurde er zum Priester geweiht und erhielt eine Anstellung als Kaplan an St. Servatii in Münster. Seine Studien der Philologie setzte er allerdings fort und studierte ab 1853 in Berlin. 1855 promovierte er mit einer vergleichenden Arbeit über Homer, Aischylos, Sophokles und Euripides. Seine wahre Berufung fand Altum in den Naturwissenschaften, insbesondere in der Zoologie. Er besuchte Vorlesungen von Johannes Peter Müller, Naturwissenschaftler und einer der großen Naturphilosophen des 19. Jahrhunderts, über Anatomie und Physiologie. Als Zoologe arbeitete Altum in Berlin für den Physiker, Zoologen und Direktor des Museums für Naturkunde Martin Lichtenstein. — 1856 kehrte Altum nach Münster zurück und nahm dort zunächst eine Lehrerstelle an einer Realschule an. 1859 habilitierte er sich als Privatdozent für Zoologie. Während seiner Tätigkeit als Lehrer bemühte er sich um eine Verbesserung des zoologischen Unterrichts an Schulen. Durch seine Schrift »Winke zur Hebung des zoologischen Unterrichts an höheren Bildungsanstalten« von 1863 erregte er erste öffentliche Aufmerksamkeit und erwarb sich Ansehen als Lehrer. Sein Interesse als Zoologe galt der Fauna in der unmittelbaren Umgebung. 1867 veröffentlichte er die Arbeit »Die Säugetiere des Münsterlandes«, das bis in die 70er Jahre des 20. Jahrhundert wieder aufgelegt wurde. Sein 1868 erschienenes Buch »Der Vogel und sein Leben« gilt als sein Hauptwerk. Altum stellt in dieser Arbeit als erster eine Theorie zur Revierbildung und zum Territorialverhalten bei Vögeln vor und berücksichtigt dabei auch die Funktion des Vogelgesangs. Auf Grund dieser Veröffentlichung galt Altum bald als der führende Ornithologe seiner Zeit. Seine vogelkundlichen Forschungsarbeiten wurden bis in die 30er Jahre des letzten Jahrhunderts mehrfach wieder aufgelegt und gehörten lange zur Standartliteratur.

— Seine Veröffentlichungen ebneten Altum schließlich auch den Weg zu einer Professur. Im Jahr 1869 wurde er als Nachfolger von Julius Theodor Christian Ratzeburgs, dem Begründers der modernen Forstentomologie, Professor für Naturwissenschaften an der Forstakademie in Eberswalde. In Eberswalde konzentrierte er seine Forschungen auf die Insekten des Waldes und ihre Bedeutung für die Forstwirtschaft. In den vier Bänden seiner groß angelegten »Forstzoologie« faßte er in den Jahren 1872 bis 1875 seine eigenen Forschungen und die seines Vorgängers Ratzeburg zusammen. Auch diese Arbeit galt lange Zeit als ein Standartwerk. Neben seinen Büchern verfaßte Altum zahlreiche Abhandlungen in verschiedenen Fachzeitschriften. Auf dem Gebiet der Jagdkunde machte er sich einen Namen mit Arbeiten über die Geweihbildung bei Rothirsch, Rehbock, Elch und Damhirsch. Viele Ergebnisse seiner Untersuchungen veröffentlichte er in der »Zeitschrift für Forst- und Jagdwesen«. Von 1888 bis 1896 gehörte Altum der Examenskommission an, die im Auftrag des Ministeriums für Landwirtschaft, Domänen und Forsten die Forstassessorenprüfung abnahm. 1891 wurde er zum Geheimen Regierungsrat ernannt. In den letzten Lebensjahren stand er als Präsident der Allgemeinen Deutschen Ornithologischen Gesellschaft vor.- Altum war aber nicht nur Naturwissenschaftler sondern, wie einst sein Lehrer in Berlin, Johannes Peter Müller, Naturphilosoph. In seinen Forschungsarbeiten stellte er sich in Opposition zu Zoologen wie Alfred Brehm, die das Verhalten der Tiere durch Übertragung menschlicher Eigenschaften und Verhaltensweisen anthropomorphistisch deuteten. Altum sah Veränderungen in der Natur als zielgerichtet an und war ein Verfechter der gegen Charles Darwin gerichteten teleologischen Entwicklungstheorie, die eine Weiterentwicklung des Göttlichen selbst und eines Verhältnisses des Menschen zum Göttlichen annimmt. — Bernard Altum starb am 1. Februar 1900 in Eberswalde und wurde auf dem Friedhof des Gutes Heidhorn bei Hiltrup beigesetzt. Obwohl ihm seine Theorien auf naturphilosophischem Gebiet auch viel Kritik einbrachten, galt er noch Jahrzehnte nach seinem Tod als einer der bedeutendsten Ornithologe und Zoologen. Viele seiner Forschungsarbeiten sind Standartwerke. In seiner Geburtsstadt Münster errichtete man ihm zu Ehren ein von dem Bildhauer Wilhelm Bolte geschaffenes Denkmal, das im Zweiten Weltkrieg zerstört wurde. Anstelle des alten Denkmals, das an der Kreuzschanze in der Nähe des Buddenturms lag, trat 1962 ein Skulptur von Arnold Schlick, die auf hohem Sockel einen Uhu zeigt. Am Fuß des Sockels ist eine Vogeltränke angebracht. In Münster erinnert auch die Altumstraße an ihn.

Werke: Similitudines Homeri cum Aeschyli, Sophoclis, Euripidis comparantur, Diss., Berolini 1855; Winke für Lehrer zur Hebung des zoologischen Unterrichts an höheren Bildungsanstalten, Münster 1863; Die Säugethiere des Münsterlandes in ihren Lebensverhältnissen, nach selbständigen Beobachtungen und Erfahrungen dargestellt, Münster 1867; Zusammen mit Hermann Landois, Lehrbuch der Zoologie, Freiburg 1870; Der Vogel und sein Leben, Münster 1868; Mit den Forschungsergebnissen von Julius Theodor Christian Ratzeburg, Forstzoologie, Bd. 1; Säugethiere, Bd. 2, Vögel, Bd. 3,1; Insecten - Allgemeines und Käfer, Bd. 3, 2., Insecten - Schmetterlinge, Haut-, Zwei-, Gerad-, Netz- und Halbflügler, Berlin 1872 ff.; Zusammen mit Hermann Landois, Die Geweihbildung bei Rothhirsch, Rehbock, Damhirsch. Ein Beitrag zur Jagdzoologie, Berlin 1874;Die Geweihbildung des Elchhirsches, Berlin 1874; Unsere Spechte und ihre forstliche Bedeutung, Berlin 1878; Unsere Mäuse in ihrer forstlichen Bedeutung nach amtlichen Berichten über den Mausefrass im Herbst, Winter und Frühling 1878-79 in den preussischen Forsten sowie nach eigenen Untersuchungen dargestellt, Berlin 1880; Waldbeschädigungen durch Thiere und Gegenmittel, Berlin 1882.

Lit: Meyers Konversationslexikon, Bd. 1, 429, Leipzig 1889; — Kraus, P. Gelasius; Bernard Altum als Naturphilosoph. Ein Beitrag zur Geschichte der Naturphilosophie im 19. Jhahrhundert, Paderborn 1914; — Hermann Eidmann, Bernhard Altum; in: Neue Deutsche Biographie, Bd. I, München 1953; — Herman Schalow: Beiträge zur Vogelfauna der Mark Brandenburg. Rangsdorf 2004; — Ludwig Gebhardt, Die Ornithologen Mitteleuropas. 1747 bemerkenswerte Biographien vom Mittelalter bis zum Ende des 20. Jahrhunderts, Reprint von 1919, Wiebelsheim 2006; — Albrecht Milnik (Hrsg.), Bernard Altum, Im Dienst am Wald - Lebenswege und Leistungen brandenburgischer Forstleute. Brandenburgische Lebensbilder, Remagen-Oberwinter 2006.

Georg Arnold

ANDREAS, Willy, evangelischer Historiker, * 30.10. 1884 in Karlsruhe, † 10.7. 1967 in Litzelstetten (am Bodensee). — A., Sohn des Immobilienkaufmanns Ludwig Andreas und der Elise geb. Schnepf, entstammte einer seit Generationen in dem einst markgräflichen Territorium zwischen Karlsruhe, Durlach und Baden-Baden beheimateten Familie. Nach dem Abitur am Gymnasium in Karlsruhe (1903) studierte er

Geschichte, Philosophie, Germanistik und Nationalökonomie an den Universitäten Grenoble, München, Berlin, Heidelberg und Freiburg. 1908 bei Erich Marcks, dessen Tochter Gerta A. 1921 heiratete, an der Universität Heidelberg zum Dr. phil. promoviert, legte er in Freiburg die Staatsprüfung für das Lehramt an höheren Schulen ab und wirkte kurzzeitig als Lehramtspraktikant am Gymnasium in Konstanz. Von 1908-1912 auf Anraten Alfred Doves als Hilfsarbeiter bei der Badischen Historischen Kommission mit der Auswertung von Akten des Generallandesarchivs Karlsruhe für eine Verwaltungsgeschichte des modernen Baden beauftragt, habilitierte er sich 1912 an der Universität Marburg mit dem Schlußkapitel der daraus resultierenden Arbeit. 1914 auf ein neugeschaffenes Extraordinariat an der Technischen Hochschule Karlsruhe berufen, konnte A., der als Kriegsfreiwilliger in einem Artillerieregiment diente, dieses nicht wahrnehmen, seine anschließende Lehrtätigkeit in Rostock, wohin er 1916 als planmäßiger ao. Professor für Allgemeine Geschichte der Neuzeit wechselte, begann erst nach Kriegsende. 1919 erfolgte die Ernennung zum Ordinarius ad personam. 1922 als Nachfolger Otto Hintzes auf die Professur für Verfassungs-, Verwaltungs- und Wirtschaftsgeschichte an der Friedrich-Wilhelms-Universität Berlin berufen, verließ A. bereits ein Jahr später entgegen akademischer Gepflogenheit wieder die Reichshauptstadt - die Ausrichtung des Lehrstuhls entsprach nicht seinen Neigungen - und nahm einen Ruf als Nachfolger Hermann Onckens an die Universität Heidelberg als Professor für Mittlere und Neuere Geschichte an. Dort entfaltete er eine weit ausstrahlende intensive wissenschaftliche Wirksamkeit in Forschung und Lehre, hinzu trat eine lebhafte publizistische Tätigkeit. A., der sich selbst als »Geschichtsschreiber« verstand, war von der Pflicht des Historikers zu breiter Wirksamkeit überzeugt und sprach in seinen Publikationen, anknüpfend an die Heidelberger Tradition eines Ludwig Häusser und Heinrich von Treitschke als nationalpolitische Erzieher, über den Kreis der Fachgenossen hinaus eine größere historisch interessierte Öffentlichkeit an. Bekannt für sein weltmännisches Auftreten und seine brillante Vortragsweise wurde A., für den der Historiker in »einem Gewissensverhältnis zur deutschen Sprache zu stehen« habe, zum gesuchten Redner, dessen Formulierungskunst aber manchmal einen Ton zu hoch griff und häufig in tönendem Pathos ohne Aussagegehalt endete. Seine Ausstrahlungskraft zog viele interessierte Laien und Hörer anderer Fakultäten an, wodurch A.s Kollegs und Vorlesungen in Heidelberg zeitweilig zu den bestbesuchten der Philosophischen Fakultät zählten. Eine »Schule« im Fachsinne hat er nicht gebildet, aber viele seiner Doktoranden finden sich in führenden Positionen an höheren Schulen, bei Zeitungen und Verlagen, in der Verwaltung, der Wirtschaft, der Politik und des kulturellen Lebens. 1925 wurde ihm durch den preußischen Kultusminister Carl Heinrich Becker, von Hause aus Orientalist, das Personalreferat für die Universitäten in seinem Ministerium, verbunden mit einer Honorarprofessur an der Berliner Universität angetragen, das er aber ebenso ablehnte wie einen Ruf an die Universität Göttingen im Jahre 1929. Während seiner Tätigkeit als Dekan der Philosophischen Fakultät der Universität Heidelberg 1928/29 wurden Gustav Stresemann und dem US-Botschafter Jacob Gould Schurman die Ehrendoktorwürde verliehen. Während seiner Amtszeit als Rektor der Ruprecht-Karls-Universität Heidelberg 1932/33 trat A. für eine Ausweitung des Zuständigkeitsbereichs der Heidelberger Geschichtswissenschaft »in Treitschkes Sinn [...] auf Politik auszudehnen« ein und beantragte die Umwandlung der Ruprecht-Karls-Universität in eine Reichsuniversität, der die Pflege des Groß- und Auslandsdeutschtums zukommen sollte. Das Stuttgarter Institut für Deutschtum im Ausland, wie auch das Elsaß-Lothringen-Institut aus Frankfurt am Main sollten dabei nach Heidelberg verlegt und unter seiner Leitung ein »Forschungsinstitut für deutsche Geschichte« als Kaiser-Wilhelm-Institut in Heidelberg gegründet werden. A.s wissenschaftliche und politische Einstellung in der Weimarer Republik war durch seine liberale Gesinnung und seine ausgesprochen nationale Geschichtsauffassung geprägt. Die Universitätsreden des Heidelberger Professors lassen ein durch den Frieden von Versailles tief getroffenes Nationalgefühl erkennen, die politischen Leitvorstellungen richteten sich auf eine deutsche Gleichberechtigung im Kreis der Großmächte. Mit großer Anteilnahme dem »Auslandsdeutschtum« zugewandt, für den

»großdeutschen« Gedanken und einen »Anschluß« Österreichs eintretend, pflegte der in seinem historisch-politischen Weltbild antifranzösisch eingestellte A. ein aus der alliierten Besetzung des Rheinlands und der Pfalz resultierendes »Westmarkbewußtsein«, in dem die Universität Heidelberg die Rolle einer »Grenzmarkuniversität« einnahm. Innenpolitisch der Deutschen Demokratischen Partei nahestehend, beklagte er die Zerrissenheit und den Parteienstreit der Weimarer Republik. Neben Friedrich Meinecke und Alfred Weber zählte A. zu den Unterzeichnern eines Protestes gegen das Magdeburger Fehlurteil im Ebert-Prozeß, wie überhaupt die Universität Heidelberg den Ruf hatte, eine liberale Universität zu sein, so hatte auch keiner der Heidelberger Ordinarien das »Bekenntnis der Professoren zu Adolf Hitler und dem nationalsozialistischen Staat« unterschrieben. Das Rektorat A.s in den Jahren 1932/33 wurde von der nationalsozialistischen Studentenschaft als der endgültige Abschluß der liberalen Ära der Universität Heidelberg begrüßt. Nach der nationalsozialistischen Machtergreifung in seinen nationalen Emotionen befriedigt versuchte der auf seine öffentliche Wirkung bedachte A. »in Fühlung mit der Wirklichkeit [zu] bleiben« um nicht in den Hintergrund gedrängt zu werden. Das von ihm in seinen Reden während der Anfangszeit des NS-Regimes vertretene Ideal, war das eines nach innen und außen starken, unitarischen und antiföderalistischen Staates unter der Führung einer geistig-politischen Elite. A.s Anpassung an Diktion und Parolen der neuen Machthaber gipfelte in dem Bekenntnis, daß der Nationalsozialismus »Deutschlands Schicksal geworden« sei. Andererseits bezog er sich aber auf seinen Diensteid, als er sich während seines Rektorats dagegen verwehrte, daß nationalsozialistische Studenten nach den Märzwahlen 1933 die Hakenkreuzfahne auf der Alten Universität aufzogen. Auch sprach er sich gegenüber dem Badischen Kultusministerium entschieden gegen die Einführung des »Führerprinzips« aus, d.h. einer vollständigen Auslieferung der Hochschulen an den Staat und Zerstörung der Universitätsverfassung, und beharrte vehement auf dem Prinzip der universitären Autonomie. Die nationalsozialistischen Studenten ermahnte er die Autorität ihrer Professoren anzuerkennen und warnte diese gleichzeitig davor, »Leistung durch Gesinnung« zu ersetzen. A.s Antwort auf die Herausforderung durch den totalitären Staat, dessen Suggestionskraft er Anfangs wie so viele seiner liberal-nationalkonservativ eingestellten Kollegen erlag, war ambivalent, sie schwankte von Opportunismus über Ausweichung bis hin zu latenter Ablehnung. So trat A. nach der Machtergreifung der Nationalsozialisten zwar nicht in die Partei ein, wurde aber Mitglied der SA und 1934 förderndes Mitglied der SS, hielt sich aber dennoch zur Bekennenden Kirche. Zu diesem frühen Zeitpunkt der NS-Dikatur noch auf Anpassung bedacht, war seine öffentliche Wirksamkeit mit Beendigung seines Rektorats praktisch beendet, der vielgefragte Redner der zwanziger Jahre wurde während der NS-Zeit kaum noch in Anspruch genommen. Die Zusammenstellung seiner wichtigsten historisch-politischen Aufsätze und Reden »Kämpfe um Volk und Reich. Aufsätze und Reden zur deutschen Geschichte des 19. und 20. Jahrhunderts« (1934) bildet dabei gewissermassen eine Zäsur. Alles in allem konnte A., der den neuen Machthabern als ehemaliger »Demokrat« verdächtig erschien und insbesondere von der Studentenvertretung angegriffen wurde, trotz drastischer Gehaltskürzungen und zeitweiligem Ausschluß von den Staatsprüfungen, ungehindert publizieren und lehren. Lediglich im Sommersemester 1936 mußte er pausieren und wurde durch den Nationalsozialisten Ernst Anrich vertreten. 1937 erwog die Kultusbehörde sogar eine Versetzung A.s nach Leipzig um seinen Lehrstuhl mit einem Nationalsozialisten zu besetzen. Mit dem Etikett »früherer Demokrat« versehen, war A. weder als Teilnehmer auf dem Internationalen Historikerkongreß (1938) noch als Kandidat für den Vorsitz im Historikerverband erwünscht. Seit 1936 um seine »Rehabilitierung« kämpfend wurde ihm diese, wenn auch nur informell und intern, vier Jahre später vom Reichswissenschafsministerium zuteil. Obwohl ein national gesteigerter Ton bereits seine Publikationen vor 1933 geprägt hat sind besonders markante verbale oder inhaltliche Anpassungen an die herrschende Ideologie nicht auszumachen. Antisemitische Untertöne fehlen bei A. völlig. Als er während seines Rektorats die antisemitischen Gesetze und Verordnungen exekutieren, tat er dies ohne erkennbaren öffentlichen Protest, wenn auch um Milderungen und Ausnahmegenehmigungen bemüht. Noch 1941 verhalf er Selma Stern, der Frau seines früheren Heidelberger Kollegen Eugen Täubler, dazu, daß diese ihre wissenschaftlichen Materialien in die Emigration mitnehmen konnte. Dennoch machte er dem Regime gegenüber nicht unerhebliche Konzessionen, die aber bei weitem nicht so drastisch ausfielen wie etwa bei seinem Marburger Kollegen Wilhelm Mommsen. Die Aufnahme von Horst Wessel in das von A. mitherausgegebene Sammelwerk »Die großen Deutschen« sollte angeblich dem Ansinnen, Adolf Hitler einen Beitrag zu widmen, entgegenwirken. In der zweiten Auflage von »Deutschland vor der Reformation« entfiel 1934 die Widmung an Karl Hampe und Walter Goetz, weil diese als »Demokraten« im neuen Regime nicht gut gelitten waren. Inhaltlich nahm er aber keinerlei Änderungen vor, so blieb z.B. das Kapitel über das Judentum im Spätmittelalter unverändert. In dem unter dem zeitgemäßen Titel erschienenen Sammelband »Kämpfe um Volk und Reich« wurde die Polemik gegen Hitler und seinen gescheiterten Putsch von 1923 in der Rede zur Reichsgründungsfeier des Jahres 1924 »Die Wandlungen des großdeutschen Gedankens« umformuliert und in Neuaflauge seiner Essaysammlung »Geist und Staat« (1940) entfiel der Beitrag über den jungen Friedrich Engels zugunsten eines Beitrags über den preußischen Generalstabschef Helmuth von Moltke. In der Einleitung zur neuen Propyläen-Weltgeschichte, als dersen Herausgeber A. fungierte, versicherte er zwar dem Stande der Forschung gemäß rassengeschichtliche Gesichtspunkte« berücksichtigen zu lassen, übte aber zugleich deutliche Kritik an der Unwissenschaftlichkeit der damaligen Rassenforschung. Gegenüber dem staatlich präferierten Germanenkult beharrte A. ausdrücklich auf der Rankeschen Einheit der germanisch-romanischen Völkerwelt. Trotz ungehinderter Wiederaufnahme seiner Lehrtätigkeit nach Kriegsende, wurde A., obwohl niemals Mitglied der NSDAP, Anfang 1946 von der amerikanischen Militärregierung entlassen. Das Spruchkammerverfahren endete im März 1947 mit dem Urteil »nicht belastet und vom Gesetz nicht betroffen«, was die Wiedereinsetzung zur Folge hätte haben müssen, aber einige seiner engsten Fachgenossen nahmen frühere Rivalitäten und Querelen zum Anlaß, schwere Vorwürfe gegen ihn zu erheben, die trotz Entlastungszeugen wie Rudolf Bultmann, Martin Dibelius, Theodor Heuß, Friedrich Meinecke und Gustav Radbruch und entgegen den Gepflogenheiten erst 1948 zu seiner Rehabilitierung führten. A., der zwar wieder eingesetzt, aber sofort pensioniert wurde, hat diese Behandlung nie verwunden und verließ im Jahre 1949 nach einer mühsam erkämpften nachträglichen Emeritierung den Ort seiner langjährigen Wirksamkeit und verlegte seinen Wohnsitz an den Bodensee. In den Jahren 1949-1951 war A. mit der Vetretung des Lehrstuhls des tödlich verunglückten Rudolf Stadelmann an der Universität Tübingen betraut und wirkte von 1952-1955 als Lehrbeauftragter an der Universität Freiburg. 1955 zum Honorarprofessor ernannt, zog sich er sich 1959 aus Altersgründen ins Privatleben zurück und verbrachte seine letzten Lebensjahre in seinem Refugium in Litzelstetten am Bodensee. Die Badische Historische Kommission berief im Jahre 1920 den damaligen Rostocker Professor zu ihrem korrespondierenden Mitglied. Nach seinem Wechsel nach Heidelberg zum ordentlichen Mitglied ernannt (1924), wirkte er von 1930-1933 als Kommissionsvorsitzender. 1929 zum Mitglied der Historischen Kommission bei der Bayerischen Akademie der Wissenschaften ernannt (im Jahre 1932 wurde ihm die Leitung der Abteilung »Deutsche Reichstagsakten, Mittlere Reihe« übertragen), folgten 1934 die Mitgliedschaft in der Thüringischen Historischen Kommission und der Bayerischen Akademie der Wissenschaften (korrespondierendes Mitglied), 1935 die Mitgliedschaft in der Akademie zur wissenschaftlichen Erforschung und Pflege des Deutschtums (aufgelöst 1945) sowie die Ehrenmitgliedschaft des Mannheimer Geschichts- und Altertumsvereins und des Vereins für Mecklenburgische Geschichte und Altertumskunde. 1941 wurde A. Mitglied der Akademie gemeinnütziger Wissenschaften zu Erfurt, 1942 korrespondierendes Mitglied der Preußischen Akademie der Wissenschaften (seit 1946 Deutsche Akademie der Wissenschaften zu Berlin), 1951 Mitglied der Pfälzischen Gesellschaft zur Förderung der Wissenschaften, 1954 Mitglied der Goethe-Gesellschaft Weimar und der Kommission für geschichtliche Landeskunde in Baden-Württemberg. Die Verleihung des

Großen Bundesverdienstkreuzes sowie der Ehrendoktorwürden durch die Theologische Fakultät der Universität Heidelberg und die Juristische Fakultät der Universität Freiburg im Rahmen der Feier seines 75. Geburtstages am 30. Oktober 1959 auf der Mainau bildeten den äußeren Abschied von der akademischen Lehrtätigkeit. — Die Lektüre von Jacob Burckhardts »Kultur der Renaissance in Italien« bewog A. sich der Geschichte zuzuwenden. Themen der Geistes- und Kulturgeschichte haben ihn zeitlebens angezogen, Erich Marcks und Friedrich Meinecke waren seine Lehrer. A. besaß eine beachtliche musische Begabung, die er am Karlsruher Konservatorium ausbildete. Im Mittelpunkt der historischen Arbeit stand nach eigener Aussage immer »der Mensch mit all seinen Leidenschaften und Tugenden«, eine wesentlich notwendige Verpflichtung des Historikers sei die Forderung Goethes »den Menschen in seinen Zeitverhältnissen darzustellen«. Die eigentliche Stärke seiner Geschichtsschreibung lag in der bereits von seinem Lehrer und Schwiegervater Erich Marcks meisterhaft gepflegten biographischen Darstellungsform des Essays, die ihm »die künstlerische Gestaltung nach freigewählten Gesichtspunkten, große Linienführung und konzentrierten Stimmungsgehalt erlaubte«. Die Fähigkeit oder gar Neigung zu tiefdringender Analyse oder Theoretisierung besaß er dagegen in weit geringerem Maße, doch wußte er seine Fähigkeit zur Synthese und Kompilation virtuos zu nutzen. A., dessen wissenschaftliches und schriftstellerisches Oeuvre außerordentlich umfangreich ist (eine 1955 aufgestellte Bibliographie umfaßt ohne die Rezensionen über 250 Nummern), fühlte sich in seiner Stoffwahl und Darstellungsweise der historiographischen Tradition des späten 19. Jahrhunderts verpflichtet, historisch-philologische Methode und schriftstellerische Kunst miteinander zu verbinden. Geschichte sei »nicht bloß eine Wissenschaft, sondern auch eine Kunst«, die historische Darstellung habe auch ästhetisch allen Ansprüchen zu genügen und bewähre sich erst dann, wenn die Kraft der epischen Gestaltung nicht durch Senkung des wissenschaftlichen Niveaus oder mangelnde Vertiefung in die Quellen erkauft werde. Im Zentrum seiner Arbeiten stand fast durchweg der große Mann, die historische Persönlichkeit. Es kennzeichnet seine Arbeitsweise, daß er manche historische Phänomene lebenslang umkreiste, seine Publikationen bewußt künstlerisch durchformte und wiederholt sprachlich und stilistisch überarbeitete. Als Vorarbeiten und Nebenprodukte zu seinen größeren Monographien veröffentlichte er eine große Anzahl an auf eigenen Archivfunden beruhenden Aufsätzen. A.s Werk ist durch vier große Themengruppen geprägt: Spätmittelalter und Renaissance, Badische Geschichte, Napoleon, Goethe. In seiner Dissertation »Die venezianischen Relationen und ihr Verhältnis zur Kultur der Renaissance« (1908) griff A. das Rankesche Thema der venezianischen Gesandtschaftsberichte wieder auf, die er in Beziehung zur Kultur der Renaissance brachte und die kulturhistorische Bedeutung dieser Quellengattung aufzuzeigen versuchte. Der methodische Ansatz dieser Arbeit blieb für A. zeitlebens bestimmend: Es gelte dabei nicht »einer strengen Verflechtung von Ereignissen nachzuspüren, sondern in lebendiger Zwiesprache jenen Menschen die Quintessenz ihres Denkens abzuringen«. Überarbeitet und um drei Abhandlungen vermehrt, ließ er dieser Studie 1943 u.d.T. »Staatskunst und Diplomatie der Venezianer im Spiegel ihrer Gesandtenberichte« eine Neuauflage folgen, deren größter Teil aber bei einem Luftangriff vernichtet wurde und deshalb kaum Bekanntheit erreichte. Weit über den Kreis der Fachhistoriker hinaus bekannt wurde A. durch sein großes in der Tradition Jacob Burckhardts und Johan Huizingas stehendes Werk »Deutschland vor der Reformation. Eine Zeitenwende« (1932), das, trotz fundamentaler Kritik Gerhard Ritters, sieben Auflagen erreichen sollte (zuletzt 1972). Dabei gelang es A. in einem großangelegten Querschnitt der alle Bereiche des spätmittelalterlichen Lebens in großen Entwürfen und farbenfreudigen Einzelschilderungen behandelt die religiösen, politischen, humanistischen und wirtschaftlichen Tendenzen eines krisenhaften Zeitalters aufzuzeigen und die führenden Persönlichkeiten in feinsinnigen Porträts zu erfassen. Dieses heute schon klassische Werk, daß eigene Quellenstudien und feinsinnige Beobachtungen mit hoher sprachlicher Gestaltungskraft vereint, zählt zu den bedeutenden Werken der deutschen Geschichtsschreibung aus dem Bereich der Kultur- und Geistesgeschichte. Seiner oberrheinischen Heimat widmete sich A. in Arbeiten zur Bauernbewegung im süddeutschen Raum (Bundschuh) und zum Schicksal Straßburgs in der Reformationszeit. In seiner unmittelbar aus den Quellen geschöpften und in ihrer Art wegweisenden Habilitationsschrift »Geschichte der badischen Verwaltungsorganisation und Verfassung in den Jahren 1802-1818« gelang es ihm den spröden Stoff staatlicher Akten dadurch Gestalt und Leben abzugewinnen, daß er die Gründung und Entwicklung des badischen Einheitsstaates in fortlaufender erzählender Form aus dem Zusammenhang der allgemeinen Politik darstellte. Leider wurde die Darstellung nach dem ersten Band nicht weiter fortgeführt. A. bezeichnete sich selbst zeitlebens als »Napoleonforscher«, den die Gestalt des Kaisers seit seiner Habilitationsschrift das ganze Leben hindurch beschäftigen sollte. Eine für die neue Propyläen-Weltgeschichte verfaßte Darstellung über »Das Zeitalter Napoleons und die Erhebung der Völker« erschien im Jahre 1955 stark erweitert und auf dem damaligen Stand der Forschung als Monographie. Dieses »Schauspiel einer gescheiterten Diktatur«, in dem Napoleon außenpolitisch als Angreifer, innenpolitisch als erster moderner Diktator dargestellt wird, behandelt die Ereignisse von der Französischen Revolution bis zum Ende des Kaiserreichs in ihrem gesamteuropäischen Zusammenhang. 1962 veröffentlichte A. verschiedene Einzelstudien aus diesem Themenkreis in einem Sammelband u.d.T. »Napoleon. Entwicklung, Umwelt, Wirkung«. Einige seiner frühen biographischen Essays vereinte A., der sich gerne an biographischen Sammelwerken beteiligte, bereits 1922 u.d.T. »Geist und Staat. Historische Porträts«. Das weitere Schicksal dieses Sammelbands ist zugleich ein Stück Zeitgeschichte, wurde doch in der dritten Auflage aus dem Jahre 1940 der Essay über den jungen Engels gegen einen Essay über Moltke ausgewechselt, während wiederum in der fünften Auflage aus dem Jahre 1960 beide nebeneinander erschienen sind. Insbesondere in den 30er und 40er Jahren beschäftigte sich A. intensiv mit Maria Theresia und Friedrich dem Großen. Sein zuerst in einem von seinem Lehrer Erich Marcks mitherausgegeben biographischen Sammelwerk erschienener Essay über Richelieu, dessen endgültige Fassung 1958 erschien, zählt zu den Glanzstücken seiner biographischen Darstellungskunst. Für die Friedrichsruher Ausgabe der »Gesammelten Werke Bismarcks«, eines nach dem Ersten Weltkrieg aus nationalen und wissenschaftlichen Gründen wichtigen Werks, bearbeitete A. in entsagungsvoller Kleinarbeit die »Gespräche« (Bd. 1-3, 1924-1926). Vierzig Jahre später brachte er unter Mitwirkung seines Schülers Karl F. Reinking eine dem damaligen Stand der Forschung entsprechende, bearbeitete und kommentierte dreibändige Auswahl heraus. Verdienste erwarb sich A. durch die Herausgabe des Briefwechsels Helmuth von Moltkes und der Hauptwerke Leopold von Rankes in zwölf Bänden. Nachdem ihm das Land Thüringen 1929 auf Betreiben seines Schwiegervaters Erich Marcks die Leitung des »Carl-August-Werks« zur Erforschung der thüringischen Geschichte des 18. und 19. Jahrhunderts übertragen hatte, gelang es ihm das nahmhafte, fast zum Stillstand gekommene Forschungsunternehmen wieder voranzubringen. A. widmete sich diesem neuen Forschungsgebiet mit großem Eifer, verband es doch politische, Kultur- und Geistesgeschichte in einer Weise, wie er sie schätzte, veranlaßte die planmäßige Sammlung der ausgedehnten politischen Korrespondenz des Herzogs, die dann letzendlich durch Hans Tümmler eine mustergültige Bearbeitung fand, und ließ in mehreren Dissertationen wichtige Sonderprobleme der weimarischen und thüringischen Verfassung klären. Die Biographie des »Goethe-Herzogs« Carl Augusts von Weimar hatte er sich dann zur letzten Lebensaufgabe gegesetzt, aber ein außerordentlich detaillierter, materialgesättigter und reich dokumentierter erster Band (1953) fand trotz zahlreicher aufsatzartiger Vorarbeiten keine Fortsetzung mehr. Der umfangreiche Nachlaß des »Geschichtsschreibers« A., so die von ihm selbst gewünschte Berufsbezeichung auf seinem Grabstein, der sich im Generallandesarchiv in Karlsruhe befindet, bietet reichhaltiges Material für die Biographie eines Gelehrten, der von 1920 bis 1960 zu den herausragenden Vertreteren der deutschen Geschichtswissenschaft zählte, wie überhaupt eine adäquate Würdigung A.s trotz einiger ausgewogener und verdienstvoller Vorarbeiten weiterhin ein Desiderat der Forschung darstellt.

Einzelwerke: Die venezianischen Relationen und ihr Verhältnis zur Kultur der Renaissance, Leipzig 1908 [erweitert u.d.T. Staatskunst und Diplomatie der Venezianer im Spiegel ihrer Gesandtenberichte, Leipzig 1943]; Baden nach dem Wiener Frieden 1809 (Neujahrsblätter der Badischen Historischen Kommission 15), Heidelberg 1912; Geschichte der badischen Verwaltungsorganisation und Verfassung in den Jahren 1802-1818, Bd. I: Der Aufbau des Staates im Zusammenhang der allgemeinen Politik, Leipzig 1913; Geist und Staat. Historische Porträts, München 1922, [2]1927, Leipzig [3]1940, [4]1941, Göttingen [5]1960; Die Wandlungen des großdeutschen Gedankens. Rede zur Reichsgründungsfeier der Universität Heidelberg am 18. Januar 1924, Stuttgart 1924 [erneut in Ders. Kämpfe um Reich und Volk. Aufsätze und Reden zur deutschen Geschichte des 19. und 20. Jahrhunderts, Stuttgart 1934, 213-241]; Die russische Diplomatie und die Politik Friedrich Wilhelms IV. von Preußen (Abhandlungen der Preußischen Akademie der Wissenschaften, Phil.-Hist. Klasse 1926, 6), Berlin 1927; Österreich und der Anschluß. Vortrag, gehalten im Januar 1927 im Rahmen einer Heidelberger Vortragsfolge über Grenzlanddeutschtum, Berlin 1927; Die Räumung der besetzten Gebiete. Rede bei der Feier der Universität Heidelberg am 1. Juli 1930, gehalten im Schloßhof (Heidelberger Universitätsreden 10), Heidelberg 1930 [erneut in Ders. Kämpfe um Reich und Volk. Aufsätze und Reden zur deutschen Geschichte des 19. und 20. Jahrhunderts, Stuttgart 1934, 199-211]; Das Theresianische Österreich und das 18. Jahrhundert. Ein Festvortrag, gehalten am 5. Juni 1930 im Prunksaal der Nationalbibliothek in Wien anläßlich der Maria Theresia-Ausstellung im Schloß Schönbrunn, München 1930; Steins Vermächtnis an Staat und Nation. Gedächtnisrede zum 100. Todestage am 29. Juni 1931 (Heidelberger Universitätsreden 13), Heidelberg 1931 [erneut in Ders. Kämpfe um Reich und Volk. Aufsätze und Reden zur deutschen Geschichte des 19. und 20. Jahrhunderts, Stuttgart 1934, 57-86]; Preußen und Reich in Carl Augusts Geschichte. Rektoratsrede bei der Jahresfeier der Universität am 22. November 1932 (Heidelberger Universitätsreden 18), Heidelberg 1932 [erneut in Ders. Kämpfe um Reich und Volk. Aufsätze und Reden zur deutschen Geschichte des 19. und 20. Jahrhunderts, Stuttgart 1934, 11-38]; Deutschland vor der Reformation. Eine Zeitenwende, Stuttgart 1932, [2]1934, [3]1942, [4]1943, [5]1948, [6]1959, Berlin [7]1972; Kämpfe um Reich und Volk. Aufsätze und Reden zur deutschen Geschichte des 19. und 20. Jahrhunderts, Stuttgart 1934; Der deutsche Mensch der Reformation, Langensalza 1935; Der Bundschuh. Die Bauernverschwörungen am Oberrhein, Köln 1936, [2]1939, [3]1943, Karlsruhe [4]1953; Straßburg an der Wende vom Mittelalter zur Neuzeit. Öffentlicher Vortrag, gehalten am 6. Februar 1934 auf Einladung des Wissenschaftlichen Instituts der Elsaß-Lothringer im Reich an der Universität Frankfurt am Main, Leipzig 1940; Friedrich der Große und der Siebenjährige Krieg. Vortrag, gehalten am 24. Januar 1938 in der Deutschen Gesellschaft für Wehrpolitik und Wehrwissenschaft in Berlin, Leipzig 1940, [2]1941; Richelieu, Leipzig 1941 [überarbeitet Göttingen 1958, [2]1967; holl.: Richelieu, Den Haag 1962]; Carl August von Weimar und Napoleon. Vortrag, gehalten bei der Tagung der Thüringischen Historischen Kommission, des Vereins für Thüringische Geschichte und des 35. Thüringischen Archivtages am 31. Mai 1941 in Weimar, Leipzig 1942; Reisebilder aus Spanien und Portugal, München 1949; Carl August von Weimar. Ein Leben mit Goethe 1757-1783, Stuttgart 1953; Das Zeitalter Napoleons und die Erhebung der Völker, Heidelberg 1955; Carl August von Weimar in und nach der Kampagne gegen Frankreich (Sitzungsberichte der Bayerischen Akademie der Wissenschaften, Phil.-Hist. Klasse 1954, 5), München 1955; Goethe und Carl August während der Belagerung von Mainz (1793) (Sitzungsberichte der Bayerischen Akademie der Wissenschaften, Phil.-Hist. Klasse 1955, 9), München 1956; Napoleon. Entwicklung, Umwelt, Wirkung, Konstanz 1962.

Aufsätze, Beiträge zu Sammelwerken und Festschriften: Ein Bericht des Geheimen Referendärs Herzog über die Regierung Bischof Wilderichs von Speyer beim Übergang der rechtsrheinisch-speyerischen Lande an Baden (1802), in: ZGO 63 (1909), 519-525; Friedrich Brauer und die Entstehung des ersten Badischen Organisationsedikts vom 4. Februar 1803, ebd. 628-672; Ludwig Winter über eine Reform der Verwaltungsordnung (1817), in: ZGO 64 (1910), 477-501; Die Einführung des Code Napoléon in Baden, in: ZRG GA 31 (1910), 182-234 [erneut in Ders. Napoleon. Entwicklung, Umwelt, Wirkung, Konstanz 1962, 49-85]; Badische Politik unter Karl Friedrich, in: ZGO 65 (1911), 415-442; Graf Baldassare Castiglione und die Renaissance. Marburger Antrittsvorlesung vom 27. Juli 1912, in: AKG 10 (1912), 245-271 [u.d.T. Baldassare Castiglione und die Renaissance, in Ders. Geist und Staat. Historische Porträts, München 1922, 1-21; Leipzig [3]1940, 13-34; Göttingen [5]1960, 15-32]; Drei Könige (Friedrich Wilhelm IV. von Preußen, Wilhelm I. von Preußen, Johann von Sachsen). Zur Edition ihres Briefwechsels, in: Die Grenzboten 71 (1912), 597-612; Zur Beurteilung der badischen Verwaltungsorganisation vom 26. November 1809 und ihrer Weiterbildung 1812, in: ZGO 66 (1912), 308-332; Aus den Anfängen von Nebenius, in: ZGO 67 (1913), 7-24; Rußland und das Reich, in: Süddeutsche Monatshefte 11 (1914), 29-42; Belgien. Eine Skizze, in: Süddeutsche Monatshefte 12 (1915), 3-18; Paul Lenel †, in: ZGO 72 (1919), 516-520; Marwitz und der Staat Friedrichs des Großen. Rede, gehalten am 4. Juli 1919 im Rostocker Dozentenverein, in: HZ 122 (1920), 44-82 [erneut in Ders. Geist und Staat. Historische Porträts, München 1922, 129-156; Leipzig [3]1940, 157-189; Göttingen [5]1960, 133-158]; Der junge Hertling [Georg von Hertling, Erinnerungen aus meinem Leben] in: Der neue Merkur 3 (1920), 684-692; Ein Brief Wilhelm von Humboldts (an Emmerich von Dalberg, badischen Gesandten am französischen Hofe zwecks Vertretung des kurfürstlich badischen Hofes am Vatikan), in: ZGO 73 (1920), 218-221; Die Jugend des Friedrich Engels [Gustav Mayer, Friedrich Engels. Eine Biographie, Bd. I: Friedrich Engels in seiner Frühzeit (1820-1851); Friedrich Engels, Schriften der Frühzeit, hrsg. von Gustav Mayer], in: Der neue Merkur 4 (1921), 73-89 [erweiterte Fassung u.d.T. Der junge Engels, in: Ders. Geist und Staat. Historische Porträts, München 1922, 157-186; Göttingen [5]1960, 159-184]; Friedrich Engels und das Rheinland, in: Die Westmark 1 (1921), 226-236; Diplomatie und Geschichte, in: Das neue Deutschland 10 (1922), 41-46; Bacon als Staatsmann, in: Ders. Geist und Staat. Historische Porträts, München 1922, 23-44 [Leipzig [3]1940, 35-61; Göttingen [5]1960, 33-56]; Pater Joseph, ebd. 45-79 [Leipzig [3]1940, 63-101; Göttingen [5]1960, 57-90]; Maria Theresia, ebd. 81-128 [Leipzig [3]1940, 103-156; Göttingen [5]1960, 91-132]; Einleitung, in: Moltkes Briefe. Ausgewählt, eingeleitet und erläutert von Willy Andreas, Bd. I, Leipzig 1922 [erweiterte Fassung u.d.T. Helmuth von Moltke, in: Ders. Geist und Staat. Historische Porträts, Leipzig [3]1940, 191-218; Göttingen [5]1960, 185-208]; Richelieu, in: Meister der Politik. Eine weltgeschichtliche Reihe von Bildnissen, Bd. I[2], hrsg. von Erich Marcks und Karl Alexander von Müller, Stuttgart 1922, 593-634; Ein Gespräch Bismarcks mit dem russischen Geheimrat Stremukow am 1. Mai 1873 in Petersburg, in: Westdeutsche Monatshefte für das Geistes- und Wirtschaftsleben der Länder am Rhein 1 (1923), 590-597; Friedrich der Große, in: Oldenbourgs historisch-geographisches Taschenbuch auf das Jahr 1924, München 1924, 13-20; Kiderlen-Wächter. Randglossen zu seinem Nachlaß [Kiderlen-Wächter, der Staatsmann und Minister. Briefwechsel und Nachlaß, hrsg. von Ernst Jäkh, Bd. I-II], in: HZ 132 (1925), 247-276 [erweiterte Fassung u.d.T. Kiderlen-Wächter und die deutsche Politik der Vorkriegszeit, in: Ders. Kämpfe um Reich und Volk. Aufsätze und Reden zur deutschen Geschichte des 19. und 20. Jahrhunderts, Stuttgart 1934, 151-186]; Zum dritten Band der Gedanken und Erinnerungen, in: Jahrbuch der badischen Lehrer 1 (1925), 101-108; Peter von Meyendorff. Ein russischer Staatsmann der Restaurationszeit am preußischen Hof, in: Jahrbuch der Charakterologie 2 (1925), 267-286 [erneut in Ders. Kämpfe um Reich und Volk. Aufsätze und Reden zur deutschen Geschichte des 19. und 20. Jahrhunderts, Stuttgart 1934, 87-123]; Helmuth von Moltke. Rede zur Reichsgründungsfeier der Deutschen Vereine in Stockholm am 18. Januar 1925, in: Zeitwende 1/1 (1925), 594-610; Die erzieherische Bedeutung der Geschichte für die Diplomatie, in: Jahrbuch der badischen Lehrer 2 (1926), 22-34; Das Rheinland in der französischen Revolution und unter der napoleonischen Fremdherrschaft, in: Rheinischer Beobachter 5 (1926), 233-235; Rheinland, Preußen und Deutschland von den Befreiungskriegen bis zur Gegenwart, ebd. 257-259 [erneut in Ders. Kämpfe um Reich und Volk. Aufsätze und Reden zur deutschen Geschichte des 19. und 20. Jahrhunderts, Stuttgart 1934, 187-197]; Die Fürstin Bismarck über die Entlassung 1890, in: Zeitwende 2/1 (1926), 324-327; Österreich und der Anschluß. Vortrag, gehalten im Januar 1927 im Rahmen einer Heidelberger Vortragsfolge über Grenzlanddeutschtum, in: Archiv für Politik und Geschichte 8 (1927), 581-610 [erneut in Ders. Kämpfe um Reich und Volk. Aufsätze und Reden zur deutschen Geschichte des 19. und 20. Jahrhunderts, Stuttgart 1934, 243-274]; Karl Wild †, in: HZ 136 (1927), 221-222; Ein Straßburger Gelehrtenstreit um das Elsaß zu Beginn der Neuzeit (Wimpfeling und Murner), in: Rheinischer Beobachter 6 (1927), 297-299; Der Bundschuh. Eine Studie zur Vorgeschichte des deutschen Bauernkrieges, in: Archiv für Sozialwissenschaft und Sozialpolitik 60 (1928), 508-541; Die Kulturbedeutung der deutschen Reichsstadt zu Ausgang des Mittelalters, in: DVLG 6 (1928), 62-113; Der Arme Konrad in Bühl (1514), in: Mein Heimatland 15 (1928), 147-149; Zur Erinnerung an die Paulskirche, in: Die Hilfe 34 (1928), 221-223; Albert Geiger †, in: HZ 137 (1928), 619-620; Der Bundschuh im Elsaß, in: Rheinischer Beobachter 7 (1928), 148-150; Jugendaustausch zwischen Österreich und dem Deutschen Reich, in: Südwestdeutsche Schulblätter 45 (1928), 271-273; Karl Wild †, in: HVjs 24 (1929), 141-142; Die Geschichtsschreibung des deutschen Humanismus am Vorabend der Reformation, in: Die pädagogische Hochschule 1 (1929), 141-149; Briefe Bernhard Erdmannsdörffers an Johann Gustav Droysen. Aus dem Nachlaß herausgegeben, in: ZGO 82 (1929), 557-587; Der Briefwechsel Friedrich Wilhelms IV. von Preußen und des Zaren Nikolaus I. von Rußland in den Jahren 1848-1850. Ein Beitrag zur Geschichte der deutsch-russischen Beziehungen, in: FBPG 43 (1930), 129-166; Die Lage des Bauerntums im südwestlichen Deutschland zu Ende des Mittelalters. Eine Studie zur Vorgeschichte des Bauernkrieges, in: Die pädagogische Hochschule 2 (1930), 81-117; Frühkapitalismus und Handelsgesellschaften Süddeutschlands zu Beginn der Neuzeit, in: Vergangenheit und Gegenwart 20 (1930), 129-154; Gespräche Bismarcks mit dem badischen Finanzminister Moritz Ellstätter. Aus dem Nachlaß herausgegeben, in: ZGO 83 (1930), 440-451; Johannes von Müller in Weimar (1804), in: HZ 145 (1931), 69-89 [erneut in Ders. Kämpfe um Reich und Volk. Aufsätze und Reden zur deutschen Geschichte des 19. und 20. Jahrhunderts, Stuttgart 1934, 39-55]; Deutsches Handelsleben beim Anbruch der Reformation, in: Zeitwende 7/1 (1931), 496-515; Auslandsbeziehungen des deutschen Handels vor der Reformation, in: Der Auslandsdeutsche 15 (1932), 409-411; Karl Rieder †, in: HZ 146 (1932), 195; Sternenglaube und Zeitenwende, in: Velhagen und Klasings Monatshefte 46 (1932), 37-40; Österreich und das Reich, in: Süddeutsche Monatshefte 29 (1932), 417-423; Technik, Wirtschaft und Gesellschaft, in: Kultur und Technik. Vortragsreihe der Deutschen Studentenschaften der Technischen Hochschule in Wien, Wien 1932, 8-18; Romantik in Heidelberg, in: Velhagen und Klasings Monatshefte 47 (1933), 113-120; Beziehungen König Ludwigs I. von Bayern zu Weimar. Briefe des Königs, Carl Augusts und des Kanzlers von Müller, in: Staat und Volkstum. Neue Studien zur bairischen und deutschen Geschichte und Volkskunde. Karl Alexander von Müller als Festgabe zum 20. Dezember 1932 dargebracht, Dießen 1933, 1-18; Straßburg an der Wende vom Mittelalter zur Neuzeit. Öffentlicher Vortrag, gehalten am 6. Februar 1934 auf Einladung des Wissenschaftlichen Instituts der Elsaß-Lothringer im Reich an der Universität Frankfurt am Main, in: Elsaß-lothringisches Jahrbuch 13 (1934), 27-67; Herzog Carl Augusts Heimkehr aus dem Befreiungskrieg. Mit vier unbekannten Denkschriften Goethes, in: Jahrbuch der Goethe-Gesellschaft 20 (1934), 114-144; Briefe Heinrich von Treitschkes an Historiker und Politiker vom Oberrhein, in: PrJbb 237 (1934), 207-226; ebd. 238 (1934), 1-17; 97-105; Gespräche König Ludwigs I. von Bayern mit dem Weimarischen Kanzler von Müller über deutsche Zollpolitik, in: ZBLG 7 (1934), 209-220; Der deutsche Mensch der Renaissance und der Reformation, in: Europäische Revue 11 (1935), 103-115; Hindenburg zum Gedächtnis, in: Velhagen und Klasings Monatshefte 49 (1935), *1-*4; Lage und Stimmung der Bevölkerung des Fürstentums Eisenach im November 1792, in: ZVThG 31 (1935), 171-184; Friedrich der Große (1712-1786), in: Die großen Deutschen. Neue deutsche Biographie, Bd. II, hrsg. von Willy Andreas und Wilhelm von Scholz, Berlin 1935, 124-148 [erneut in: Die großen Deutschen, Bd. II, hrsg. von Hermann Heimpel, Theodor Heuss und Benno Reifenberg, Berlin 1956, 105-126]; Maria Theresia (1717-1780), ebd. 149-165 [erneut in: Die großen Deutschen, Bd. II, hrsg. von Hermann Heimpel, Theodor Heuss und Benno

Reifenberg, Berlin 1956, 127-146]; Franz von Roggenbach, in: Badische Biographien, Bd. VI, hrsg. von Albert Krieger und Karl Obser, Heidelberg 1935, 641-656 [erweiterte Fassung u.d.T. Franz von Roggenbach. Ein badischer Staatsmann der Reichsgründungsjahre, in: Ders. Kämpfe um Reich und Volk. Aufsätze und Reden zur deutschen Geschichte des 19. und 20. Jahrhunderts, Stuttgart 1934, 125-149]; Der deutsche Mensch der Reformation, in: Der deutsche Mensch. Fünf Vorträge, gehalten im Januar 1935 vor der Kaiser Wilhelm-Gesellschaft zur Förderung der Wissenschaften im Harnackhause in Berlin, Stuttgart 1935, 35-64; Stand und Aufgaben der Weistumsforschung, vornehmlich am Oberrhein. Bericht, erstattet am 21. September 1936 bei der Tagung der deutschen Geschichts- und Altertumsvereine in Karlsruhe, in: Mannheimer Geschichtsblätter 37 (1936), 100-105 [erweiterte Fassung in: BlldtLG 83, 1937, 102-117]; Der Bundschuh im Elsaß. Geschichte einer Bauernverschwörung, in: Velhagen und Klasings Monatshefte 50 (1936), 199-204; König Heinrich I. Zur Tausendjahrfeier seines Todes am 2. Juli 1936, ebd. 497-504; Friedrich der Große im Wandel des historischen Urteils. Eine Betrachtung zum 150. Todestag des Königs (17. August 1786), ebd. 625-629; Das politische Testament Friedrichs des Großen, in: Volk und Welt 4 (1936), 69-74; Der deutsche Bauernkrieg, in: Deutsches Volkstum 19 (1937), 325-337; Drei Briefe Goethes aus dem Jahre 1812, in: Goethe 2 (1937), 59-63; Nachklänge zum Calvinjubiläum: Calvinismus in Ungarn, in: Kyrios 2 (1937), 331-335; Über die Sektion der Leiche Carl Augusts von Weimar, in: Sudhoffs Archiv 29 (1937), 110-112; Heinrich der Erste (876-936), in: Die großen Deutschen. Neue deutsche Biographie, Bd. V, hrsg. von Willy Andreas und Wilhelm von Scholz, Berlin 1937, 9-23; Erziehungspläne für Carl August von Weimar, in: AKG 28 (1938), 44-106; Hubertusburg. Eine geschichtliche Erinnerung, in: Velhagen und Klasings Monatshefte 52 (1938), 228-232; Napoleon und die Erhebung der Völker. Vortrag, gehalten am 21. Mai 1937 im Deutschen Klub in Wien, in: Die Welt als Geschichte 4 (1938), 245-272 [erneut in Ders. Napoleon. Entwicklung, Umwelt, Wirkung, Konstanz 1962, 178-205]; Der Siebenjährige Krieg und der Hubertusburger Frieden. Vortrag, gehalten am 24. Januar 1938 in der Deutschen Gesellschaft für Wehrpolitik und Wehrwissenschaft in Berlin, in: Wissen und Wehr 19 (1938), 65-80 [erweiterte Fassung u.d.T. Friedrich der Große, der Siebenjährige Krieg und der Hubertusburger Frieden. Eine historische Rückschau, in: HZ 158, 1939, 265-307]; Napoleon in Karlsruhe. Ein Brief der Markgräfin Amalie von Baden an die Herzogin Luise von Sachsen-Weimar, in: Gesamtdeutsche Vergangenheit. Festgabe für Heinrich Ritter von Srbik zum 60. Geburtstag, München 1938, 212-221 [u.d.T. Napoleon in Karlsruhe und die Verlobung der Stephanie Beauharnais. Ein Brief der Herzogin Amalie an die Herzogin von Sachsen-Weimar, in: Ders. Napoleon. Entwicklung, Umwelt, Wirkung, Konstanz 1962, 37-48]; Von Leipzig bis Paris. Vor 125 Jahren, in: Deutsche Rundschau 260 (1939), 1-10; Die hundert Tage, in: Deutsche Rundschau 261 (1939), 41-49; Napoleons Aufenthalt in Karlsruhe (1806) und die Verlobung von Stephanie Beauharnais, in: Mannheimer Geschichtsblätter 40 (1939), 60-67; Das Königsdrama von Bayonne und die spanische Erhebung gegen Napoleon in: Velhagen und Klasings Monatshefte 53 (1939), 542-547 [erneut in Ders. Napoleon. Entwicklung, Umwelt, Wirkung, Konstanz 1962, 96-107]; Die Spätzeit der venezianischen Diplomatie, in: Die Welt als Geschichte 5 (1939), 1-24; Die Anfänge des Wiener Kongresses, in: Europäische Revue 16 (1940), 144-151; Das Wiener Kongreßwerk und die Großmächte, ebd. 340-350; Wilhelmisch oder wilhelminisch? Eine sprachliche Bemerkung, in: HZ 161 (1940), 324; Anna Amalia von Weimar. Zum 24. Oktober 1939, ihrem 200. Geburtstag, in: Velhagen und Klasings Monatshefte 54 (1940), 161-163; Die Diplomatie des Wiener Kongresses, ebd. 589-591; Struensee. Ein deutsches Schicksal in Dänemark, ebd. 700-703; Zum Gedächtnis Bismarcks (1. April 1815), in: Wartburg 39 (1940), 61-64; Aus der Kindheit Carl Augusts von Weimar. Tagebuchaufzeichnungen und Berichte seines Erziehers, in: AKG 30 (1941), 277-317; Karl Stählin zum Gedächtnis (geb. 21. Januar 1865 zu Breitenau, gest. 29. August 1936 zu Berlin), in: HZ 163 (1941), 82-99; Carl August von Weimar und Napoleon. Vortrag, gehalten bei der Tagung der Thüringischen Historischen Kommission, des Vereins für Thüringische Geschichte und des 35. Thüringischen Archivtages am 31. Mai 1941 in Weimar, in: ZVThG 36 (1942), 210-238 [erneut in Ders. Napoleon. Entwicklung, Umwelt, Wirkung, Konstanz 1962, 108-128]; Geistige und seelische Wandlungen im Zeitalter Napoleons und der nationalen Erhebung, in: Europäische Revue 19 (1943), 302-309; Italien und die Anfänge der neuzeitlichen Diplomatie, in: Geist der Zeit 21 (1943), 187-199 [erweiterte Fassung in: HZ 167, 1943, 259-284; 476-496]; Sturm und Drang im Spiegel der Weimarer Hofkreise I. Zu Briefen der Oberhofmeisterin Gräfin Giannini, II. Zu Briefen der Gräfin Goertz, in: Goethe 8 (1943), 126-149; 232-252; Das Zeitalter Napoleons und die Erhebung der Völker, in: Die neue Propyläen-Weltgeschichte, Bd. V: Die Alte und die Neue Welt im Zeichen von Revolution und Restauration, hrsg. von Willy Andreas, Berlin 1943, 93-356; Napoleons Aufstieg, in: Velhagen und Klasings Monatshefte 58 (1944), 31-34; Die geschichtlichen Grundlagen des japanischen Aufstiegs, ebd. 449-451; Carl August von Weimar über seine Schweizer Reise mit Goethe (1779). Nach Tagebuchblättern und Briefen des Herzogs, in: SBAG 6 (1948), 91-118; Johan Huizinga (7. Dezember 1874 - 1. Februar 1945). Ein Nachruf, in: HZ 169 (1949), 88-104; Karl Brandi †, ebd. 666; Kämpfe und Intrigen um den Regierungsantritt des Carl August von Weimar. Eine archivalische Studie zur thüringischen Landesgeschichte, ebd. 514-558; Goethe und Carl August am Oberrhein (1779), in: ZGO 97 (1949), 190-202; Überblick über die Schriften des Basler Rechtshistorikers Eduard His, in: HZ 170 (1950), 396-397; Die Ravensburger Handelsgesellschaft, in: Schwäbische Heimat 6 (1950), 254-257; Wolfgang Windelband †, in: HZ 172 (1951), 661-662; Goethes römische Briefe an Herzog Carl August, in: MH 8 (1951), 279-289; Die Kosten der Schweizerreise Goethes und Carl Augusts von Weimar (1779), in: SZG 1 (1951), 77-85; Neue Aufklärungsliteratur. Über die Forschungen Ernst Cassirers und Paul Hazards, in: ZRGG 3 (1951), 152-155; Die Kavaliersreise Carl Augusts von Weimar nach Paris. Ein Kulturbild aus dem Rokoko, in: AKG 34 (1952), 180-193; Johannes von Müller in Weimar (1804), in: Schaffhauser Beiträge zur vaterländischen Geschichte 29 (1952), 34-70; Ausklang der Schweizerreise. Goethe und Carl August an den südwestdeutschen Höfen, in: ZGO 100

(1952), 321-341; Die Epochen der neueren Geschichte. Zu dem gleichnamigen Buch von Werner Näf [Werner Näf, Die Epochen der neueren Geschichte. Staat und Staatengemeinschaft vom Ausgang des Mittelalters bis zur Gegenwart, Bd. I-II], in: ZGSW 108 (1952), 39-58; Lehrjahre eines jungen Historikers in Karlsruhe 1908-1912, in: Badische Heimat 33 (1953) 6-19; Frankreichs 9. November - Bonapartes Staatsstreich vom 18. Brumaire 1799, in: GWU 4 (1953), 724-745 [erneut in Ders. Napoleon. Entwicklung, Umwelt, Wirkung, Konstanz 1962, 11-36]; Sigismund von Reitzenstein und der Neuaufbau der Universität Heidelberg, in: Ruperto Carola 5 (1953), 29-32; Deutschland und Europa im 14. Jahrhundert. Eine historische Skizze. Vortrag, gehalten im Juli 1951 in einer Vortragsreihe der Stadt Schwäbisch-Gmünd zum Gedenken an die Grundsteinlegung des Münsterchors, in: Die Stadt Schwäbisch-Gmünd und ihr Heilig-Kreuz-Münster im Spätmittelalter, Schwäbisch-Gmünd 1953, 21-41; Goethe und der Minister Voigt, in: Euphorion 48 (1954), 98-102; Karl Griewank. Betrachtungen zu einem modernen Gelehrtenschicksal, in: GWU 5 (1954), 610-614; Karl Griewank †, in: HZ 177 (1954), 665-667; Hermann Luckenbach. Ein Blatt der Erinnerung, ebd. 153-160; Theodor Heuß in Heidelberg, in: Begegnungen mit Theodor Heuß, hrsg. von Hans Bott und Hermann Leins, Tübingen 1954, 117-122; Karlsruhe am Vorabend des Ersten Weltkrieges, in: Badische Heimat 38 (1955), 102-115; Die große Ravensburger Handelsgesellschaft. Entstehung, Blüte und Niedergang, in: Bodenseehefte 6 (1955), 76-78; Zur Geschichtsschreibung von Erich Marcks [Pierre Wenger, Grundzüge der Geschichtsschreibung von Erich Marcks], in: ZGO 102 (1955) 811-821; Johannes von Müllers Berufung nach Tübingen. Ein Beitrag zu seiner Lebensgeschichte, in: Schaffhauser Beiträge zur vaterländischen Geschichte 32 (1955), 5-33 [erneut in: ZWLG 14, 1955, 445-465; u.d.T. Johannes von Müllers Berufung nach Tübingen. Eine Episode der napoleonischen Ära, in: Ders. Napoleon. Entwicklung, Umwelt, Wirkung, Konstanz 1962, 129-139]; Wege eines Historikers, in: Wegweiser in der Zeitwende. Selbstzeugnisse bedeutender Menschen, hrsg. von Elga Kern, München 1955, 95-116; Johann Philipp Palm. Gedenkrede zu seinem 150. Todestag, gehalten in Schorndorf an der Rems am 26. August 1956, in: Börsenblatt für den deutschen Buchhandel 12 (1956), 1417-1430 [erneut in Ders. Napoleon. Entwicklung, Umwelt, Wirkung, Konstanz 1962, 140-158]; Zur Geschichte von Florenz im Cinquecento [Rudolf von Albertini, Das florentinische Staatsbewußtsein im Übergang von der Republik zum Prinzipat], in: HZ 182 (1956), 497-526; Carl August von Weimar und das Angebot der ungarischen Königskrone, in: MIÖG 64 (1956), 291-311 [erneut in: Ostdeutsche Wissenschaft 5, 1958, 285-309]; Carl August von Weimar im Pfälzischen Feldzug von 1793, in: Pfälzer Heimat 7 (1956), 121-131; Eine Erinnerung an Heinrich Wölfflin, in: Schweizer Monatshefte 35 (1956), 485-489; Ludwig Häusser und Karl Hillebrand. Eine geistesgeschichtliche Studie, in: ZGO 104 (1956), 489-507; Ein Sommer in Konstanz im Jahre 1908, in: Bodenseehefte 8 (1957), 199-204; Carl August im Lichte neuerer Forschung. Betrachtungen zu seinem 200. Geburtstag, in: Goethe 19 (1957), 96-109; Die Schlacht von Pirmasens und die Beteiligung Carl Augusts von Weimar (September 1793). Berichte des herzoglichen Sekretärs Weyland, in: ZGO 105 (1957), 345-351; Jubiläum eines berühmten Buches: Tocquevilles »L'Ancien Régime et la Révolution«, in: ZRGG 9 (1957), 232-245; Eine diplomatische Reise Carl Augusts von Weimar nach dem Rheinland (1785). Ein Beitrag zur Entstehung des Fürstenbundes, in: Aus Mittelalter und Neuzeit. Gerhard Kallen zum 70. Geburtstag, hrsg. von Josef Engel und Hans Martin Klinkenberg, Bonn 1957, 237-251; Carl August von Weimar am Bodensee, in: Bodenseehefte 9 (1958), 202-204; Die Sammlung Brandes in Konstanz, ebd. 265-268; Der Vater Machiavellis [Bernardo Machiavelli, Libro di Ricordi, a cura di Cesare Olschki], in: HZ 186 (1958), 328-333; Johann Philipp Palm - Zur 150. Wiederkehr seines Todestages am 26. August 1956. Gedenkrede, gehalten in der vom Heimatverein und der Stadtverwaltung in Schorndorf (Remstal) am 26. August 1956 veranstalteten Gedächtnisfeier, in: ZBLG 21 (1958), 18-68; Deutsche Reichstagsakten, Mittlere Reihe, in: Die Historische Kommission bei der Bayerischen Akademie der Wissenschaften 1858-1958, Göttingen 1958, 118-131; Drei Freiburger Historiker (H. Finke - G. v. Below - F. Meinecke), in: Badische Heimat 39 (1959), 181-191; Länderhandel am Bodensee zur Zeit Napoleons, in: Bodenseehefte 10 (1959), 250-255; Hortense im Geschehen ihrer Zeit. Eine historische Betrachtung, ebd. 396-401 [u.d.T. Hortense, in: Ders. Napoleon. Entwicklung, Umwelt, Wirkung, Konstanz 1962, 86-95]; Goethes Abschied von Carl August am Vorabend der Italienreise, in: Goethe 21 (1959), 54-68; Das Problem der Diktatur. Betrachtungen über Napoleon Bonaparte, in: Heidelberger Jahrbücher 3 (1959), 1-14 [u.d.T. Das Problem der Diktatur in der Geschichte Napoleon Bonapartes, in: Ders. Napoleon. Entwicklung, Umwelt, Wirkung, Konstanz 1962, 159-177]; Carl August von Weimar und Goethe in Schlesien (1790), in: Ostdeutsche Wissenschaft 6 (1959), 158-170; Das Problem der Diktatur. Eine Studie zur Machtergreifung und Staatsführung Napoleons, in: Schweizer Monatshefte 38 (1959), 317-324; Carl August von Weimar als Diplomat an den westdeutschen Höfen, seine Fahrt nach Zürich und Goethes Verhältnis zum Herzog (1784), in: SZG 9 (1959), 168-205; Jacob Burckhardt auf der Höhe seines Lebens. Betrachtungen zu seinen klassischen Werken und zum Problem seiner Biographie, in: ZRGG 11 (1959), 132-152; Dalbergs Wahl zum Koadjutor von Mainz (1787) und die Politik Carl Augusts von Weimar. Ein Beitrag zur Biographie des Herzogs, in: AKG 42 (1960), 309-334; Briefe Hans Thomas an Erich Marcks, in: Badische Heimat 40 (1960), 377-384; Werner Näf. Eine historiographische Würdigung, in: HZ 190 (1960), 78-86; Carl August von Weimars Aufenthalt in Konstanz und Schaffhausen, in: Konstanzer Almanach (1960), 2-44; Aus meinem Berliner Sommersemester 1905, in: Ruperto Carola 12 (1960), 132-135; Schillers Berufung nach Jena, in: Schweizer Monatshefte 39 (1960), 907-913; 600 Jahre Reichsstadt Gengenbach. Festvortrag, gehalten am 6. September 1960 anläßlich der 600-Jahrfeier der Freien Reichsstadt Gengenbach, in: ZGO 108 (1960), 297-304; Carl August von Weimar als politische Persönlichkeit der Goethezeit, in: SBAG 18/19 (1960/61), 401-414; Ein Sommer am Bodensee. Jugenderinnerungen, in: Badische Heimat 41 (1961), 123-129; Eine Neugründung nach dem Humboldtschen Ideal, in: Bodenseehefte 12 (1961), 333-334; Goethes Flucht nach Italien, in: DVLG 35 (1961), 344-362; Zum 100. Geburtstag von Erich Marcks am 17. November 1961, in: Ruperto Carola 13 (1961), 156-158; Briefe von Max Liebermann an Erich Marcks, in: Schweizer Monatshefte 40 (1961), 1199-1202; Rostock und Greifswald, in: Die Universitäten in Mittel- und Ostdeutschland, Bremen 1961, 34-57; Erich Marcks. Eine Würdigung zu seinem 100. Geburtstag, in: AKG 44 (1962), 27-33; Carl August von Weimar und Maria Pawlowna. Unveröffentlichte Briefe, in: Ostdeutsche Wissenschaft 9 (1962), 207-217; Leben und Werk des Trithemius, in: Johannes Trithemius 1462-1962. 500-Jahrfeier am 11. August 1962 in Trittenheim/Mosel, hrsg. von Hans Gerwalin, Trittenheim 1962, 39-43; Goethe und Saint-Aignan, in: DVLG 37 (1963), 249-253; Der alte Wendt. Erinnerungen eines ehemaligen Karlsruher Gymnasiasten, in: Badische Heimat 12 (1965), 135-140.

Beiträge in der Tagespresse: Eine wichtige Änderung in der Balkanpolitik (Karlsruher Tagblatt 6.4.1910); Zum hundertjährigen Todestag Karl Friedrichs am 11. Juni 1811 (Konstanzer Zeitung 10.6.1911) [erneut in Karlsruher Zeitung 11.5.1911]; Rußland und das Reich (Karlsruher Tagblatt 6.11.1914) [vier Fortsetzungen]; Für die Erste Kammer! (Badische Landeszeitung 8. 1.1919); Staatsministerium und Parlamentarismus (ebd. 14.1.1919); Der badische Staatspräsident (ebd. 15.1.1919); Poincarés Rede (ebd. 10.2.1919); Länderraub! (ebd. 26.2.1919); Zur Stellung der Geschichtswissenschaft im politischen Leben (Sozialwissenschaftliche Nachrichten 1.12.1919); Ein Diplomat aus dem Wilhelminischen Deutschland (Beilage zum Karlsruher Tagblatt 12.9.1920); Der junge Engels. Zum 100. Geburtstag von Friedrich Engels (ebd. 21.11.1920); Zur Beurteilung der Nach-Bismarckschen Diplomatie und Auslandspolitik (Rostocker Anzeiger 30.11.1920); Zum Sedantage (Hannoverscher Kurier 2.9.1921); Diplomatie und Geschichte (Rostocker Anzeiger 16.1.1921) [erneut in Beilage zum Karlsruher Tagblatt 3.7.1921; Rostocker Zeitung 25.6.1927]; Die Reichsgründung (ebd. 18.1.1921); Der Romantiker auf dem Thron in russischer Beleuchtung (Neue Badische Landeszeitung 23.12.1923) [erneut in: Neues Grazer Tagblatt 9.12.1926]; Zu Bismarcks Todestag. Eine geschichtliche Betrachtung (Siebenbürgisch-Deutsches Tageblatt 31.7.1923); Von 1869 zu 1924 (Heidelberger Tageblatt 10. 9.1924); Friedrich Brauer. Der Gesetzgeber und Organisator des Großherzogtums Baden (Beilage zur Neuen Badische Landeszeitung 19.10.1924); Die Paulskirche (Das Ziel 20.9.1925); Rheinland, Preußen und Deutschland von der französischen Revolution bis zur Gegenwart (Beilage zur Mannheimer Zeitung 29.1.1926); Die Paulskirche und der Ausschuß (Neues Grazer Tagblatt 23.5.1926); Die Kulturbedeutung der deutschen Reichsstadt zu Ausgang des Mittelalters (Beilage zum Karlsruher Tagblatt 23.10.1927); Der Anschluß Österreichs und die Wirtschaft (Mannheimer Zeitung 8.4.1927) [u.d.T. Der Anschluß Österreichs und die deutsche Wirtschaftspolitik in: Württembergische Hochschulzeitung 15.12.1927; Der Rheinpfälzer 4.2.1928]; Walter Goetz zum 60. Geburtstag (Vossische Zeitung 11.10.1927) [erneut in Leipziger Neueste Nachrichten 11.10.1927]; Wirtschaftsleben und künstlerische Kultur in den deutschen Reichsstädten (Bayerischer Kurier 21. 4.1928) [erneut in FuF 4, 1928, 107-108]; Die alte deutsche Stadt (Danziger Neueste Nachrichten 31.8.1928; ebd. 12.9.1928); Friedrich Wilhelm IV. Der Romantiker auf dem Thron (Deutsche Allgemeine Zeitung 18.3.1928); Zum Gedächtnis Jakob Wimpfelings. Ein Kampf für das Elsaß vor 400 Jahren (ebd. 29. 7.1928); Der Bundschuh. Zur Vorgeschichte des deutschen Bauernkrieges (Frankfurter Zeitung 8. 6.1928); Zum 30. Todestag Otto von Bismarcks (Heidelberger Fremdenblatt 30.7.1928); Um die Reichsreform. Baden und der Plan Höpker-Aschoffs (Heidelberger Tageblatt 26.1.1928); Der Bundschuh bei Bruchsal. Bilder aus der Bauernbewegung 1525 (ebd. 17.7.1928); Ein Straßburger Gelehrtenstreit um das Elsaß zu Beginn der Neuzeit (Wimpfeling und Murner) (Beilage zum Karlsruher Tagblatt 8.1.1928); Die Bundschuhverschwörung im Breisgau 1513 (Neue Badische Landeszeitung 8.4.1928); Notgemeinschaft deutscher Wissenschaft. Rückblick und Ausblick (ebd. 31.10.1928); Am Vorabend der Reformation. Religiöses Volksleben in Deutschland (ebd. 27.11.1928); Die Bauernverschwörung am Oberrhein 1517 (Beilage zur Pfälzischen Rundschau 20.5.1928); Die alten deutschen Reichsstädte und die künstlerische Kultur (Der Rheinpfälzer 5.5.1928); »Kein Fußbreit deutschen Bondes ...« (ebd. 5.7.1928); Ein Freund Österreichs. Das politische System des Zaren Nikolaus I. (Wiener Neueste Nachrichten 1.1.1928) [erneut in FuF 4, 1928, 74-75]; Die österreichische Geschichtswissenschaft der Gegenwart (Deutsche Allgemeine Zeitung 30.11.1929); Kunst und Wissenschaft (Karlsruher Tagblatt 2.1.1929); Die deutsche Reichsstadt am Ausgang des Mittelalters (Neue Badische Landeszeitung 8.1.1929); Deutschlands große Handelsgesellschaft im Mittelalter. Eine Wirtschaftsmacht am Bodensee (ebd. 17.11.1929); Die Räumung der besetzten Gebiete (Karlsruher Tagblatt 20.7.1930); Das Erbe der Großen Kaiserin. Maria Theresias außenpolitisches Vermächtnis (Neue Freie Presse 27.7.1930) [u.d.T. Österreich, Deutschland und Europa in Maria Theresias Geschichte, in: FuF 6, 1930, 358-360]; Gegen Unrecht und Gewalt. Von Versailles zum europäischen Friedensschluß (Neues Wiener Journal 17.4.1931); Das neue Deutschland. Bismarcks Staatskunst als Vorbild (ebd. 8.5.1931); Der Freiherr vom Stein (Vossische Zeitung 28.6.1931); Der Bundschuh und der arme Konrad (Heidelberger Neueste Nachrichten 1.9.1932); Das Verhältnis der Jugend zur Universität. Immatrikulationsrede zum Wintersemester 1932/33 (ebd. 5.11.1932) [gekürzte Fassung in Heidelberger Tageblatt 5.11.1932]; Der Deutsche Mai vor hundert Jahren. Zur Erinnerung an den Tag des Hambacher Festes, 27. Mai 1832 (Beilage zur Neuen Mannheimer Zeitung 25.5.1932); Wie soll man Goethe feiern? (Neue Freie Presse 3.4.1932); Napoleon III. und Wilhelm I. (Der Führer 16.9.1933); Der Ruhrkampf. Eine historische Erinnerung (Heidelberger Neueste Nachrichten 1.4.1933); Die Hochschule im neuen Reich. Immatrikulationsrede zum Sommersemester 1933 (ebd. 15.5.1933) [gekürzte Fassung in Heidelberger Tageblatt 15. 5. 1933; u.d.T. Nationalsozialismus und Universität, in: FuF 9, 1933, 291-292]; Grußwort zur Errichtung der Wehrprofessur (Heidelberger Student 20.5.1933); König Ludwig I. von Bayern und Carl August von Weimar (München-Augsburger Abendzeitung 26.10.1933) [erneut in FuF 9, 1933, 201-202]; Deutscher Handel vor der Reformation (Weserzeitung 3.3.1933); Der deutsche Mensch der Reformationszeit (Magdeburger Zeitung 29.7.1935) [erneut in FuF 11, 1935, 96-98]; Friedrich der Große in Rheinsberg (Stuttgarter Neues Tageblatt 15.

8.1936); Preußen und Österreich im Kampf gegen Napoleon (Neue Freie Presse 5. 6.1938); Der Bundschuh im Breisgau (Freiburger Zeitung 7. 7.1939); Zum Gedächtnis Gneisenaus und Moltkes (Der Führer 22.10.1940) [u.d.T. Zwei Feldherren, in: Deutsche Zeitung, Amsterdam 26.10.1940]; Ein Gegenspieler Napoleons: Carl August von Weimar. Ein nationalbewußter Herrscher (Brüsseler Zeitung 10.10.1942); Kardinal Richelieu. Frankreichs Weltkampf gegen Spanien (ebd. 5.12.1942) [u.d.T. Richelieus Weltkampf gegen Spanien, in: FuF 18, 1942, 14-16]; Anna Amalia, Herzogin von Sachsen-Weimar (Frankfurter Zeitung 12.10.1942); Geschichte und Gegenwart (Münchner Neueste Nachrichten 25.12.1942) [erneut in Brüsseler Zeitung 23.1.1943; Metzer Zeitung 3. 3.1943; Stuttgarter Neues Tagblatt 5. 3.1943; Deutsche Zeitung, Oslo 24.3.1943; Deutsche Zeitung, Riga 27.3.1943; Hannoverscher Kurier 13.4.1943]; Richelieu - Ein dämonischer Mensch. Zum 300. Todestag Richelieus am 4. Dezember (Die Woche 30.11.1943); Die Feldherrnkunst Friedrichs des Großen (Berliner Börsenblatt 17.5.1943) [erneut in Hannoverscher Kurier 20.6.1943; Deutsche Zeitung, Amsterdam 22.7.1943; Kieler Zeitung 27.9.1943]; Schule der Staatsklugkeit. Italien und die Anfänge des 7modernen Gesandtschaftswesens (Brüsseler Zeitung 7.9.1943); Schule der Staatsklugkeit. Venedig und die Entwicklunng der modernen Diplomatie (ebd. 9.9.1943); Meister der militärischen Aushilfen. Friedrich der Große im Siebenjährigen Krieg (Dresdner Zeitung 23.9.1943); Die Niederlande und das Reich (Krakauer Zeitung 13.2.1943) [erneut in Metzer Zeitung 13.8.1943; Hannoverscher Kurier 17.8.1943]; Ein Monarch der mit Weisheit regierte (Brüsseler Zeitung 8.3.1944); Das politische Vermächtnis des großen Preußenkönigs Friedrich (Hakenkreuzbanner 28.7.1944); Leopold von Ranke. Zu seinem 150. Geburtstag (Rhein-Neckar-Zeitung 28.12.1945); George Peabody Gooch. Zu seinem 75. Geburtstag (Rhein-Neckar-Zeitung 20.10.1948); Theodor Heuss. Ein Lebensbild (Heidelberger Tageblatt 13.9.1949) [u.d.T. Theodor Heuss, der erste Präsident der Bundesrepublik Deutschland in: St. Galler Tagblatt 13.9.1949]; Was in Dur begann, endet in Moll. Historische Rückschau auf die 48er Revolutionen in Europa (Rhein-Neckar-Zeitung 14.1.1949); Die verzögerte Sache der Demokratie. Eine historische Rückschau auf die 48er Revolution in Europa (ebd. 26.1.1949); Huizinga über die Erneuerung des Menschen (ebd. 28.5.1949); An Don Juan d'Austrias letzter Ruhestätte. Ein Besuch in der Königsgruft des Escorial (ebd. 20.8.1949); Die phantastischen Bauten von Belém (St. Galler Tagblatt 5.3.1949); Carl August von Weimars Aufenthalt in Konstanz 1779 (Südkurier 20.8.1949); Goyas Nachtgestalten (Wirtschaftszeitung 30.1.1949); Die große Ravensburger Handelsgesellschaft. Entstehung, Blüte und Niedergang (Bodensee Chronik 21.4.1950); Michael Rostovtzeff und die Geschichte des Altertums (St. Galler Tagblatt 8.9.1950); Neue Aufklärungsliteratur (ebd. 14.10.1950); Versunkene Welt (Deutsche Zeitung und Wirtschaftszeitung 19.12.1951); Die Sammlung Brandes in Konstanz (Rhein-Neckar-Zeitung 10.11.1951) [erneut in Thurgauer Zeitung 5.1.1952]; Struensee. Ein historisches Porträt (St. Galler Tagblatt 22.12.1951); Goethes Urteil über Johann Peter Hebel (Südkurier 7.5.1952); Italienische Diplomatie in der Renaissance (Basler Nachrichten 20.1.1953); Goethe und Carl August in Darmstadt (Darmstädter Echo 12.2.1953); Meisterwerke diplomatischer Berichterstattung im Venedig der Renaissance (Das Parlament 7.1.1953); Goethe und der Minister Voigt (St. Galler Tagblatt 10.4.1953); Gestirnglaube und Zeitenwende (ebd. 24.10.1953); Die »garstige« Gegend um Donaueschingen (Südkurier 30.1.1953); Der Bundschuh im Breisgau (Südkurier 24.4.1953); Ein großer Spanier. Zum 70. Geburtstag Ortegas (ebd. 9.5.1953); Friedrich Brauer. Ein badischer Staatsmann, (ebd. 12.8.1953); Heinrich Ordenstein. Erinnerungen aus Karlsruher Jugendjahren (Badische Neueste Nachrichten 16.12.1955); Als ich Vorlesungen »schindete«. Ein Studiensemester an der Berliner Universität 1905 (Christ und Welt 27.1.1955); Bei den Großmeistern der Wissenschaft. Ein Sommersemester in Berlin (ebd. 10.2.1955); Das Problem der Diktatur. Betrachtungen über Napoleon Bonaparte (Deutsche Zeitung und Wirtschaftszeitung 10.9.1955); Herzog Carl August von Weimar am Rheinfall (Schaffhauser Nachrichten 29.12.1955); Zur 400-Jahrfeier des Augsburger Religionsfriedens (Stuttgarter Zeitung 24.9.1955); Gibt es noch eine Geheimdiplomatie? (Die Welt 6.9.1955) [u.d.T. Geheimdiplomatie im Wandel der Zeit, in: St. Galler Tagblatt 11.11.1955]; Monreale (St. Galler Tagblatt 7.1.1956); Aléxis de Tocqueville (29. Juli 1805 - 16. April 1859). Ein historisches Porträt (ebd. 19.3.1956) [erneut in Rhein-Neckar-Zeitung 30.7.1956]; Sintra (St. Galler Tagblatt 2.2.1956); Goethes fürstlicher Freund. Zum 200. Geburtstag des Herzogs Carl August von Weimar (Stuttgarter Zeitung 31.8.1957); Erinnerungen eines Hochschullehrers (Ortenauer Rundschau 27.4.1958); Gustav Stresemanns Heidelberger Ehrenpromotion. Eine akademische Erinnerung zu seinem 80. Geburtstag (Stuttgarter Zeitung 9.5.1958); Jacob Burckhardts »Cicerone« im Lichte neuerer Forschung (Rhein-Neckar-Zeitung 22.1.1960); Max Liebermann. Der Maler und seine Zeit (Stuttgarter Zeitung 8.2.1960).

Lexikonartikel: Johann Nikolaus Friedrich Brauer, in: NDB II (1955), 542-543; Karl Ludwig Wilhelm Arthur von Brauer, ebd. 543-544.

Literaturbericht: Absolutismus und Aufklärung, in: GWU 2 (1951), 112-122; ebd. 3 (1952), 110-121; 685-691; ebd. 5 (1954), 494-501; ebd. 6 (1955), 247-252; ebd. 7 (1956), 363-376; ebd. 9 (1958), 107-114; ebd. 10 (1959), 703-713; ebd. 12 (1961), 137-144; ebd. 13 (1962), 722-731; ebd. 14 (1963), 724-732; ebd. 16 (1965), 51-59; ebd. 18 (1967), 435-441.

Rezensionen: Friedrich Meinecke, Das Zeitalter der deutschen Erhebung 1795-1815, in: Die Hilfe 12 (1906), 11-12; Georg von Graevenitz, Gattamelata und Colleoni und ihre Beziehungen zur Kunst. Eine kultur- und kunstgeschichtliche Studie, in: AKG 7 (1909), 362-364; Wilhelm Martens, Leitfaden der badischen Geschichte (Frankfurter Zeitung 18. 7.1909); Jacob Burckhardts Weltgeschichtliche Betrachtungen [Jacob Burckhardt, Weltgeschichtliche Betrachtungen, hrsg. von Jakob Oeri], in: Die Hilfe 15 (1909), 580-582; Erich Schlesinger, Staats- und Verwaltungsrecht des Großherzogtums Mecklenburg-Schwerin, in: Zeitschrift für badische Verwaltung und Verwaltungsrechtspflege 42 (1910), 159-160; Adolf Lewin, Geschichte der badischen Juden seit der Regierung Karl Friedrichs (1738-1909), in: HZ 107 (1911), 155-157; Theobald Ziegler, Die geistigen und sozialen Strömungen des 19. Jahrhunderts, in: Die Grenzboten 70 (1911), 86-87; Englische Politik [Erich Marcks, Die Einheitlichkeit der englischen Auslandspolitik von 1500 bis zur Gegenwart], ebd. 437-440; Oskar Klein-Hattingen, Die Geschichte des deutschen Liberalismus, Bd. I-II, in: HZ 107 (1911), 92-97; ebd. 109 (1912), 249-250; Eberhard Gothein, Beiträge zur Verwaltungsgeschichte der Markgrafschaft Baden unter Karl Friedrich (Karlsruher Zeitung 23. 9.1911); François Aulard (Hrsg.): Recueil des actes du comité de salut public avec la correspondance officielle des représentants en mission et le registre du conseil exécutif provisoire, tom. XX: 1 février à 11 mars 1795, in: VSWG 10 (1912), 268-269; Georg Küntzel / Martin Haß (Hrsg.): Die politischen Testamente der Hohenzollern, in: ZfP 5 (1912), 626-627; Walter Merk, Das badische Quellenmaterial für die Geschichte der Reichsgründung bei Ottokar Lorenz, in: ZGO 67 (1913), 720-721; Karl Ruckstuhl, Der badische Liberalismus und die Verfassungskämpfe 1841/43, in: HZ 112 (1914), 388-390; Adalbert Wahl, Geschichte des europäischen Staatensystems im Zeitalter der französischen Revolution und Freiheitskriege 1789-1815, ebd. 576-581; François Aulard (Hrsg.): Recueil des actes du comité de salut public avec la correspondance officielle des représentants en mission et le registre du conseil exécutif provisoire, tom. XXI: 12 mars à 11 avril 1795, in: VSWG 12 (1914), 520-521; Maximilian Fliegenschmidt, Deutschlands Orientpolitik im ersten Reichsjahrzehnt 1870-1880, in: HZ 114 (1915), 151-152; Karl Obser (Hrsg.): Politische Korrespondenz Karl Friedrichs von Baden 1783-1806, in: HZ 117 (1917), 305-307; Paul Lenel, Badens Rechtsverwaltung und Rechtsverfassung unter Markgraf Karl Friedrich (1738-1803), in: HZ 120 (1919), 511-515; Max Lenz, Geschichte Bismarcks[3], in: HZ 121 (1920), 364-365; Hans Freiherr von Egloffstein (Hrsg.): Carl August auf dem Wiener Kongreß. Festschrift zur Jahrhundertfeier des Bestehens des Großherzogtums Sachsen-Weimar-Eisenach, in: HZ 122 (1920), 121-123; Johann Friedrich Hoff, Die Mediatisiertenfrage in den Jahren 1813-1815, ebd. 175-176; Adolf Hasenclever, Die orientalische Frage in den Jahren 1838-1841. Ursprung des Meerengenvertrages vom 13. Juli 1841, ebd. 340-344; Karl Wild, Karl Theodor Welcker. Ein Vorkämpfer des älteren Liberalismus, ebd. 510-513; Johannes Iseler, Die Entwicklung eines öffentlichen politischen Lebens in Kurhessen in der Zeit von 1815-1848, ebd. 546-547; Bismarcks dritter Band (Bremer Nachrichten 4.10.1921); Bismarcks Vermächtnis. Betrachtungen zum dritten Band [Otto von Bismarck, Gedanken und Erinnerungen, Bd. III], in: Deutsche Politik 6 (1921), 987-991; Kurt Albrecht, Die Triaspolitik des Freiherrn Karl August von Wangenheim, in: HZ 123 (1921), 313-315; Friedrich von Bezold, Aus Mittelalter und Renaissance. Kulturgeschichtliche Studien, in: HZ 124 (1921), 85-89; Paul Haake, Johann Peter Friedrich Ancillon und Kronprinz Friedrich Wilhelm IV. von Preußen, ebd. 300-304; Aus der Frühzeit des deutschen Sozialismus [Friedrich Engels, Schriften der Frühzeit, hrsg. von Gustav Mayer] (Vossische Zeitung 1. 5.1921); Der junge Lassalle [Ferdinand Lassalle, Nachgelassene Briefe und Schriften, hrsg. von Gustav Mayer] (Bremer Nachrichten 27.12.1922) [erneut in: Das neue Deutschland 10, 1922, 175-178]; Karl Groos, Bismarck im eigenen Urteil. Psychologische Studien, in: HZ 125 (1922), 331-332; Gerhard Anschütz / Fritz Berolzheimer / Georg Jellinek (Hrsg.): Handbuch der Politik[3], Bd. I-II, ebd. 476-478; Wilhelm Schüssler (Hrsg.): Reinhard Freiherr von Dalwigk zu Lichtenfels, Die Tagebücher aus den Jahren 1860-1871, ebd. 501-502; Hermann Oncken, Lassalle. Eine politische Biographie[3], in: HZ 126 (1922), 124-126; Fritz Hartung, Deutsche Geschichte von 1871-1919, ebd. 495-499; Hans Plehn, Bismarcks auswärtige Politik nach der Reichsgründung, in: HZ 128 (1923), 489-491; Friedrich Meinecke / Hermann Oncken (Hrsg.): Klassiker der Politik, Bd. I-VI, in: DLZ 45 (1924) 373-378; Leopold von Schlözer (Hrsg.): Kurd von Schlözer, Petersburger Briefe 1857-1862. Nebst einem Anhang: Briefe aus Berlin und Kopenhagen 1862-1864, in: HZ 129 (1924), 135-137; Kaiser und Kanzler [Otto von Bismarck, Gedanken und Erinnerungen, Bd. I-III[2]] (Beilage zu Der Rheinpfälzer 14.11.1924); Kiderlen-Wächter [Kiderlen-Wächter. Der Staatsmann und Minister. Briefwechsel und Nachlaß, hrsg. von Ernst Jäkh, Bd. I-II] (ebd. 13.12.1924); Leopold von Schlözer, Dorothea von Schlözer. Ein deutsches Frauenschicksal um die Jahrhundertwende 1770-1825, in: HZ 131 (1925), 94-95; Jacob Burckhardt, Die Kultur der Renaissance in Italien. Ein Versuch1[3], ebd. 144-145; Fritz Hartung, Deutsche Geschichte von 1871-1919[2], in: HZ 132 (1925), 377-378; Waldemar Mitscherlich, Der Nationalismus Westeuropas, in: VSWG 18 (1925), 273-276; Leopold von Ranke, Deutsche Geschichte im Zeitalter der Reformation, hrsg. von Paul Joachimsen, in: Deutsche Rundschau 210 (1927), 98-100; Johanna Schultze, Die Auseinandersetzung zwischen Adel und Bürgertum in den deutschen Zeitschriften der letzten Jahrzehnte des 18. Jahrhunderts, in: HZ 135 (1927), 529-530; Curt Habicht, Hanseatische Malerei und Plastik in Skandinavien, in: Hochland 24 (1927), 216-220; Karl Stählin, Aus den Papieren Jakob Stählins. Ein biographischer Beitrag zur deutsch-russischen Kulturgeschichte des 18. Jahrhunderts, in: HZ 137 (1928), 343-346; Kurfürst Clemens August von Köln. Ein geistlicher Mäzen des Rokokozeitalters am Rhein [Edmund Renard, Clemens August. Kurfürst von Köln] (Beilage zu Der Rheinpfälzer 4. 2.1928); Niederdeutsche Kunstausfuhr nach Skandinavien im Spätmittelalter [Curt Habicht, Hanseatische Malerei und Plastik in Skandinavien] (Weserzeitung 24. 7.1928); Otto H. Brandt, Der große Bauernkrieg. Zeitgenössische Berichte, Aussagen und Aktenstücke, in: Zeitschrift für Völkerpsychologie und Soziologie 4 (1928), 96-97; Klemens Löffler, Die Wiedertäufer zu Münster 1534/35 in Berichten, Aussagen und Aktenstücken von Augenzeugen und Zeitgenossen, ebd. 97-98; Friedrich Cornelius, Der Friede von Nikolsburg und die öffentliche Meinung in Österreich, in: Zeitschrift für Völkerpsychologie und Soziologie 5 (1929), 93-94; Charles Seignobos, Histoire politique de l'Europe contemporaine. Evolution des partis et des formes politiques 1814-1914, tom. I-II, in: HZ 142 (1930), 584-587; Wilhelm Weckbecker (Hrsg.): Von Maria Theresia zu Franz Joseph. Zwei Lebensbilder aus dem alten Österreich, in: HZ 143 (1931), 370-371; Gerhard Ramlow, Ludwig von der Marwitz und die Anfänge konservativer Politik und Staatsanschauung in Preußen, ebd. 570-571; Gustav Anrich, Freiherr von Roggenbach und die Gründung der Universität Straßburg, in: ZGO 45 (1932), 180-181; Otto Brandt, Caspar von Saldern und die nordeuropäische Politik im Zeitalter Katharinas II., in: HZ 149 (1934), 576-582; Rolf Most, Schillers Mittelalterauffassung, in: Die Tatwelt 14 (1938), 48-50; Margarete Ball, Post-War German-Austrian Relations. The Anschluss-Movement 1918-1936, in: HZ 160 (1939), 375-377; Helmuth Rößler, Österreichs Kampf um Deutschlands Befreiung. Die deutsche Politik der nationalen Führer Österreichs 1805-1815 (Neue Mannheimer Zeitung 1940); Die Niederlande und das Reich im Mittelalter [Werner Reese, Die Niederlande und das Deutsche Reich, Bd. I: Die Niederlande im Reich von den Anfängen bis ins 14. Jahrhundert] (Berliner Börsenzeitung 23. 1.1943); Johan Huizinga, Mein Weg zur Geschichte. Letzte Reden und Aufsätze, hrsg. und eingeleitet von Werner Kaegi (St. Galler Tagblatt 24. 6.1948); Quintessenz neuzeitlicher Memoiren [George Peabody Gooch, Courts and Cabinets] (ebd. 25. 9.1948); Werner Kaegi, Jacob Burckhardt. Eine Biographie, Bd. I: Frühe Jugend und baslerisches Erbe, in: DLZ 70 (1949), 463-474; 514-519; Johan Huizinga, Mein Weg zur Geschichte. Letzte Reden und Aufsätze, hrsg. von Werner Kaegi, in: HZ 169 (1949), 111-113; Werner Näf (Hrsg.): Schweizer Beiträge zur allgemeinen Geschichte, Bd. 1, 1943 - Bd. 7, 1949, ebd. 113-117; 611-612; ebd. 171 (1951), 622-623; Rudolf Kassner, Das 19. Jahrhundert. Ausdruck und Größe, ebd. 126-131; Kurt Köster, Johan Huizinga 1872-1945. Mit einer Bibliographie, ebd. 340-342; George Peabody Gooch, Courts and Cabinets, ebd. 375-377; Erich Brandenburg, Die Ahnen Carl Augusts von Sachsen-Weimar. Generation I-XIII, ebd. 383-387; Harold Nicolson, Das europäische Gleichgewicht. Europäische Friedenskongresse in drei Jahrhunderten, ebd. 614-615; Hans Herzfeld (Hrsg.): Leopold von Ranke, Neue Briefe. Gesammelt und bearbeitet von Bernhard Hoeft (St. Galler Tagblatt 6. 5.1950); Edgar Bonjour (Hrsg.): Friedrich Schiller, Historische Schriften, Bd. I-II, in: HZ 171 (1951), 178-179; 617-618; Ernst Reibstein, Die Anfänge des neueren Natur- und Völkerrechts. Studien zu den »Controversiae illustres« des Fernandus Vasquius, ebd. 345-347; Edgar Bonjour, Das Schicksal des Sonderbundes in zeitgenössischer Darstellung, ebd. 356-359; Heinrich Ritter von Srbik, Aus Österreichs Vergangenheit. Von Prinz Eugen zu Franz Joseph, ebd. 600-605; Hans Tümmler (Hrsg.): Goethes Briefwechsel mit Christian Gottlob Voigt, Bd. I-IV, in: HZ 172 (1951), 130-133 ebd. 174 (1952), 123-127; ebd. 183 (1957), 612-615; ebd. 197 (1963), 404-407; Herman Arend Enno van Gelder, Prof. Dr. Johan Huizinga. Gedachten an beelden uit zijn werk, ebd. 161-162; Werner Kaegi, Jacob Burckhardt. Eine Biographie, Bd. II: Das Erlebnis der geschichtlichen Welt, in: DLZ 73 (1952), 577-585; Joseph Gartner (Hrsg.): Jacob Burckhardt und Heinrich Wölfflin. Briefwechsel und andere Dokumente ihrer Begegnung 1882-1897, in: HZ 173 (1952), 106-108; Aldous Huxley, Die graue Eminenz. Eine Studie über Religion und Politik, ebd. 138-141; Gisbert Beyerhaus, Friedrich von Bezold und das Problem der universalen Sympathie, ebd. 402-403; Jacques Bainville, Napoléon, in: HZ 173 (1952), 584-585; Pieter Geyl, Napoleon For and Against, ebd. 618-621; Adolfo Omodeo, Die Erneuerung Italiens und die Geschichte Europas 1700-1920 (St. Galler Tagblatt 1. 3.1952); Werner Conze (Hrsg.): Deutschland und Europa. Historische Studien zur Völker- und Staatenordnung des Abendlandes. Festschrift für Hans Rothfels zum 60. Geburtstag (ebd. 1. 5.1952); Jean Rudolf von Salis, Weltgeschichte der neuesten Zeit, Bd. I: Die historischen Grundlagen des 20. Jahrhunderts (1871-1904) (ebd. 17. 7.1952); George Peabody Gooch, History and Historians in the Nineteenth Century, in: HZ 175 (1953), 72-74; Paul Joachimsen, Die Reformation als Epoche der Deutschen Geschichte. In vollständiger Fassung erstmals aus dem Nachlaß hrsg. von Otto Schottenloher, in: VSWG 40 (1953), 179-184; Karl E. Hoffmann (Hrsg.): Johannes von Müller, Briefwechsel mit Johann Gottfried Herder und Caroline von Herder, geb. Flachsland 1782-1808. Mit ungedruckten Briefen Caroline von Herders, Johannes von Müllers und anderer an Johann Georg Müller in Schaffhausen, in: ZGO 101 (1953), 285-286; Kurt Goldammer (Hrsg.): Paracelsus, Sozialethische und sozialpolitische Schriften, in: DLZ 75 (1954), 106-107; Willy Flach (Hrsg.): Goethes amtliche Schriften, Abt. 1: Goethes Tätigkeit im Geheimen Consilium, Bd. I: Schriften der Jahre 1776-1786; Ders. Goetheforschung und Verwaltungsgeschichte. Goethe im Geheimen Consilium 1776-1786, in: Euphorion 48 (1954), 114-116; Der junge Heuss. Eine Plauderei [Theodor Heuss, Vorspiele des Lebens. Jugenderinnerungen] (St. Galler Tagblatt 22. 1.1954); Vittorio Cian, Un illustre Nuncio Pontificio del Rinascimento: Baldessar Castiglione, in: HZ 179 (1955), 131-132; Johan Huizinga, Geschichte und Kultur. Gesammelte Aufsätze. Ausgewählt und eingeleitet von Kurt Köster, in: HZ 180 (1955), 76-77; Léon van der Essen, La diplomatie: ses origines et son organisation jusqu'à la fin de l'ancien régime, in: DLZ 77 (1956), 532-534; Roman Schnur, Der Rheinbund von 1658 in der deutschen Verfassungsgeschichte, in: GWU 7 (1956), 366-367; Jean Rudolf von Salis, Weltgeschichte der neuesten Zeit, Bd. II: Der Aufstieg Amerikas. Das Erwachen Asiens. Die Krise Europas. Der Erste Weltkrieg (1904-1919) (St. Galler Tagblatt 31. 3.1956); Edwin Redslob, Goethes Begegnung mit Napoleon, in: HZ 183 (1957), 227-228; Marcel Brion, Machiavelli und seine Zeit, in: HZ 186 (1958), 623-626; Der Vater Machiavellis [Bernardo Machiavelli, Libro di Ricordi, a cura di Cesare Olschki] (St.Galler Tagblatt 24. 5.1958); Werner Kaegi, Jacob Burckhardt. Eine Biographie, Bd. III: Die Zeit der klassischen Werke, in: DLZ 80 (1959), 289-292; Georges Lefebvre: Napoléon, in: HZ 187 (1959), 289-292; Paul Wentzcke / Wolfgang Klötzer (Hrsg.): Deutscher Liberalismus im Vormärz. Heinrich von Gagern, Briefe und Reden 1815-1848, in: HZ 188 (1959), 632-636; Gennaro Sasso, Niccolo Machiavelli. Storia di suo pensiero politico, in: HZ 193 (1961), 474-475; Um Rankes Erbe. Zur Beurteilung von Erich Marcks [Hans-Heinz Krill, Die Rankerenaissance: Max Lenz und Erich Marcks. Ein Beitrag zum historisch-politischen Denken in Deutschland 1880-1935], in: Bodenseebuch 39 (1964), 109-110.

Herausgeberschaft: Eine unbekannte venezianische Relation über die Türkei (1567) (Sitzungsberichte der Heidelberger Akademie der Wissenschaften, Phil.-Hist. Klasse 1914, 5), Heidelberg 1914; Moltkes Briefe, Bd. I-II. Ausgewählt, eingeleitet und erläutert, Leipzig 1922; Otto von Bismarck, Gespräche, Bd. I-III, Berlin 1924-1926 [Neudruck Bremen 1963-1965; Nendeln 1978]; Briefe Heinrich von Treitschkes an Historiker und Politiker vom Oberrhein, Berlin 1934; (mit Wilhelm von Scholz) Die großen Deutschen. Neue deutsche Biographie, Bd. I-V, Berlin 1935-1937; Erich Marcks, Bismarck und die deutsche Revolution 1848-1851. Aus dem Nachlaß herausgegeben und eingeleitet, Stuttgart 1939; Die neue Propyläen-Weltgeschichte, Bd. I-V, Berlin

1940-1943 [Bd. IV nicht erschienen]; Erich Marcks, Bismarck. Eine Biographie 1815-1851, Stuttgart [18]1940, [19]1941, [20]1943, [21]1951; Erich Marcks, Englands Machtpolitik. Vorträge und Studien, Stuttgart 1940; Erich Marcks, Königin Elisabeth von England und ihre Zeit, Stuttgart [3]1951; Politischer Briefwechsel des Herzogs und Großherzogs Carl August von Weimar, Bd. I-II, bearbeitet von Hans Tümmler, Stuttgart 1954-1958; Leopold von Ranke, Hauptwerke, Bd. I-XII, Wiesbaden 1957 [Neudruck Essen 1996].

Herausgabe von Schriftenreihen: (mit Karl Hampe) Heidelberger Abhandlungen zur mittleren und neueren Geschichte, Bd. 55-70, Heidelberg 1927-1935; Eberings Historische Studien, Bd. 200-353, Berlin 1930-1939; (mit Rudolf Stadelmann u.a.) Neue deutsche Forschungen, Abt. Neuere Geschichte, Bd. 1-7, Berlin 1935-1940.

Bibliographie: Verzeichnis der Schriften von Prof. Dr. Willy Andreas 1905-1955, bearbeitet von Dorothea Hauck, in: ZGO 105 (1957), 295-324.

Festschrift: Geistiger Umgang mit der Vergangenheit. Studien zur Kultur- und Staatengeschichte Willy Andreas dargebracht von Schülern und Mitarbeitern, hrsg. von Friedrich Facius, Karl F. Reinking und Heinrich Schlick, Stuttgart 1962.

Nachrufe und Würdigungen: Johannes Kühn, Willy Andreas zum 70. Geburtstag, in: Ruperto Carola 6 (1954), 65-66; — Walter Gunzert, In memoriam Willy Andreas, gestorben am 10. Juli 1967 (Heidelberger Fremdenblatt 1967, Nr. 14); — Werner Conze, Willy Andreas in memoriam, in: Ruperto Carola 19 (1967), 72-73; — Guntram Brummer, Willy Andreas †, in: SVGB 85 (1967), VII-XV; — Hans Tümmler, Willy Andreas †, in: GWU 19 (1968), 176-177; — Friedrich Facius, Willy Andreas (30. Oktober 1884 - 10. Juli 1967), in: HZ 207 (1968), 525-528; — Fritz Wagner, Willy Andreas (30.10.1884 - 10. 7.1967), in: Jahrbuch der Bayerischen Akademie der Wissenschaften (1968), 179-181.

Lit.: Wer Ist's. Zeitgenossenlexikon, enthaltend Biographien und Bibliographien, zusammengestellt von Hermann Degener, Berlin [4]1911 ff.; — Gerhard Lüdtke (Hrsg.): Kürschners Deutscher Gelehrten-Kalender. Bio-bibliographisches Verzeichnis deutschsprachiger Wissenschaftler der Gegenwart, Berlin 1925 ff.; — Walter Habel (Hrsg.): Wer ist wer? Das deutsche Who's who, Lübeck [11]1951 ff; — Willy Andreas, Wege eines Historikers, in: Wegweiser in der Zeitwende. Selbstzeugnisse bedeutender Menschen, hrsg. von Elga Kern, München 1955, 95-116; — Georg Böse, Der Historiker Willy Andreas, in: Geistiger Umgang mit der Vergangenheit. Studien zur Kultur- und Staatengeschichte Willy Andreas dargebracht von Schülern und Mitarbeitern, hrsg. von Friedrich Facius, Karl F. Reinking und Heinrich Schlick, Stuttgart 1962, IX-XIV; — Helmut Heiber, Walter Frank und sein Reichsinstitut für Geschichte des neuen Deutschlands, Stuttgart 1966; — Günther Franz, Willy Andreas, in: Biographisches Wörterbuch zur deutschen Geschichte[2], Bd. I, München 1973, 106-107; — Hans Thieme, Baden, Deutschland und Europa im Werk von Willy Andreas. Vortrag, gehalten in einer Feierstunde der Badischen Bibliotheksgesellschaft in der Badischen Landesbibliothek Karlsruhe am 30. Oktober 1974, Karlsruhe 1974 [zugleich in: Freiburger Universitätsblätter 50, 1975, 19-30]; — Friedrich Facius, Willy Andreas 1884-1967. Ein Gedenkblatt zum 10. Juli 1977 mit einer Übersicht seines schriftlichen Nachlasses im Generallandesarchiv Karlsruhe, in: ZGO 124 (1976), 369-377; — Werner Conze / Dorothee Mußgnug, Aus der Arbeit der Universitätsinstitute: Das Historische Seminar, in: Heidelberger Jahrbücher 23 (1979), 133-152; — Catalogus Professorum Academiae Marburgensis. Die akademischen Lehrer der Philipps-Universität, Bd. II: 1911-1971, bearbeitet von Inge Auerbach, Marburg 1979, 461-462; — Gerd Tellenbach, Aus erinnerter Zeitgeschichte, Freiburg 1981; — Birgit Vézina, Die »Gleichschaltung« der Universität Heidelberg im Zuge der nationalsozialistischen Machtergreifung, Heidelberg 1982; — Eike Wolgast, Willy Andreas zum 100. Geburtstag, in: Ruperto Carola 36 (1984), 48-49; — Wolfgang Weber, Priester der Klio. Historisch-sozialwissenschaftliche Studien zur Herkunft und Karriere deutscher Historiker und zur Geschichte der Geschichtswissenschaft 1800-1970, Frankfurt 1984; — Ders. Biographisches Lexikon zur Geschichtswissenschaft in Deutschland, Österreich und der Schweiz. Die Lehrstuhlinhaber für Geschichte von den Anfängen des Faches bis 1970, Frankfurt 1984, 11-12; — Christian Jansen, Auf dem Mittelweg nach rechts. Akademische Ideologie und Politik zwischen 1914 und 1933, in: Auch eine Geschichte der Universität Heidelberg, hrsg. von Karin Buselmeier, Dietrich Harth und Christian Jansen, Mannheim 1985, 163-193; — Arno Weckbecker, Gleichschaltung der Universität? Nationalsozialistische Verfolgung Heidelberger Hochschullehrer aus rassistischen und politischen Gründen, ebd. 273-292; — Frank R. Pfetsch, Neugründung der Universität nach 1945?, ebd. 365-380; — Dorothee Mußgnug, Die Universität Heidelberg zu Beginn der nationalsozialistischen Herrschaft, in: Semper apertus. 600 Jahre Ruprecht-Karls-Universität Heidelberg 1386-1986, Bd. III: Das 20. Jahrhundert, hrsg. von Wilhelm Doerr, Berlin 1986, 464-503; — Dagmar Drüll, Heidelberger Gelehrtenlexikon 1803-1932, Berlin 1986, 3-4; — Eike Wolgast, Die Universität Heidelberg in der Zeit des Nationalsozialismus, in: ZGO 135 (1987), 359-406; — Ders. Willy Andreas, in: Badische Biographien, Bd. II, hrsg. von Bernd Ottnad, Stuttgart 1987, 4-7; — Matthias Heinzel, Willy Andreas, in: Literaturlexikon I (1988), 173; — Winfried Schulze, Deutsche Geschichtswissenschaft nach 1945, München 1989; — Helmut Heiber, Universität unterm Hakenkreuz, Bd. I-III, München 1991-1994; — Eike Wolgast, Die neuzeitliche Geschichte im 20. Jahrhundert, in: Geschichte in Heidelberg. 100 Jahre Historisches Seminar, 50 Jahre Institut für Fränkisch-Pfälzische Geschichte und Landeskunde an der Ruprecht-Karls-Universität Heidelberg, hrsg. von Jürgen Miethke, Berlin 1992, 127-157; — Karen Schönwalder, Historiker und Politik. Geschichtswissenschaft im Nationalsozialismus, Frankfurt 1992; — Christian Jansen, Professoren und Politik. Politisches Denken und Handeln der Heidelberger Hochschullehrer 1914-1935, Göttingen 1992; — Hans Tümmler, Verschlungene Pfade, Lebenserinnerungen, Bochum 1993; — Deutsche Biographische Enzyklopädie, hrsg. von Walter Killy, Bd. I, München 1995, 132; — Ursula Wolf, Litteris et Patriae. Das Janusgesicht der Historie, Stuttgart 1996; — Jürgen Elvert, Geschichtswissenschaft, in: Die Rolle der Geisteswissenschaften im Dritten Reich, hrsg. von Frank-Rutger Hausmann, München 2006, 87-135;

— Bernd Faulenbach, Willy Andreas, in: Historikerlexikon. Von der Antike bis zur Gegenwart[2], hrsg. von Rüdiger vom Bruch und Rainer A. Müller, München 2002, 6-7; — Eike Wolgast, Geschichtswissenschaft in Heidelberg 1933-1945, in: Nationalsozialismus in den Kulturwissenschaften, Bd. I: Fächer, Milieus, Karrieren, hrsg. von Hartmut Lehmann und Otto Gerhard Oexle, Göttingen 2004, 145-168; — Michael Grüttner, Biographisches Lexikon zur nationalsozialistischen Wissenschaftspolitik, Heidelberg 2004, 14; — Wolfgang U. Eckart / Volker Sellin / Eike Wolgast, Die Rektorate Andreas, Groh und Krieck 1933-1938, in: Die Universität Heidelberg im Nationalsozialismus, hrsg. von Wolfgang U. Eckart, Volker Sellin und Eike Wolgast, Heidelberg 2006, 5-23; — Eike Wolgast, Die Philosophische Fakultät: Mittlere und Neuere Geschichte, ebd. 495-516; — Hermann Weisert / Dagmar Drüll / Eva Kritzer, Rektoren - Dekane - Prorektoren - Kanzler - Vizekanzler der Universität Heidelberg 1386-2006, Heidelberg 2007.

Bernhard Laxy

ANHELOVYČ Antin, griechisch-katholischer Metropolit und Erzbischof von Lemberg, * 14.4. 1756 im Dorf Hryniv (Hryniów)/Ukraine † 9.8. 1814 in Lemberg/Ukraine. Beerdigt in Horodok (Gródek Jagielloński)/Ukraine. Er stammte aus einer ruthenischen adligen Familie. Sein Vater Jakiv war griechisch-katholischer Pfarrer in Hryniv im Dekanat und Kreis Bibrka (Bóbrka) und zugleich Dekan von Ščyrec (Szczyrzec). Er wurde in einer Pfarrschule unterrichtet und studierte dann am Jesuiten-Kollegium in Lemberg. Nach dem Studium arbeitete er in der Kanzlei des Bischofs Lev Šeptyckyj in Lemberg. Weil A. sehr begabt war, sandte ihn der Bischof 1775 zum Studium ins Barbareum in Wien, wo A. Philosophie und Theologie studierte als erster Student der Lemberger Diözese. Während der Studien war er ein Pedell und Duktor. Am 20.7. 1781 bekam er ein Doktorat aus der Theologie und kehrte nach Lemberg zurück. Ferner beherrschte er Fremdsprachen. Niedere Weihen empfing er noch in Wien am 2.4. 1781. Zum Priester wurde er am 2.4. 1783 geweiht. Unmittelbar nach den Priesterweihen arbeitete er am Bischöflichen Konsistorium in Lemberg. Am 12.5. 1783 wurde er zum Mitglied der Kommission für die Geistlichkeit als Gouverneurrat berufen. Endlich am 8.10. 1783 ernannte ihn Kaiser Josef II zum Rektor des Generalseminars für die griechisch-katholischen Kleriker. Indessen nach dem Konflikt mit Priester Mychajło Ščavnyckyj mußte A. am 1.10. 1784 das Amt des Seminarrektors abgeben. 1784 übernahm A. den Lehrstuhl für Dogmatik an der Lemberger Universität und am 19.8. 1786 wurde er Ordentlicher Professor. Bischof Bielanskyj wollte ihm 1787 das Amt des Genaralvikars anvertrauen, aber der Lemberger Gouverneur widersetzte sich und A. wurde nochmals am 1.10. 1787 zum Rektor des griechisch-katholischen Priesterseminars in Lemberg berufen. In diesem Amt verblieb er bis 1796. Seit 1791 war er auch Vorsteher des Rats für die Studien in Galizien. Nach dem Tod des Bischofs von Peremyšl (Przemyśl), Maximilian Ryllo, bewarb sich A. um diesen Bischofsstuhl. Am 17.7. 1795 bekam er das Peremyšler Bistum. Die Bischofsweihe fand am 14.2. 1796 statt und die Übernahme der Kathedrale am 21.1. d. J. Als 1804 Bischof Porfirij Važynskyj von Cholm und 1805 Bischof Nykolaj Skorodynskyj von Lemberg gestorben waren, war A. Administrator der beiden Diözesen. Er war der einzige griechisch-katholische Bischof in Galizien. Im Jahre 1805 war auch der Metropolit von Kiev, Teodosij Rostockyj, gestorben. Nach dem österreichisch-französischen Krieg beschloß deshalb Kaiser Franz II eine griechisch-katholische Metropolie in Lemberg zu errichten. Papst Pius VII erneuerte mit der Bulle »In universalis Ecclesiae regimine« vom 17.4. 1807 die Metropolie in Halyč mit dem Sitz in Lemberg. Der erste Metropolit wurde Bischof A. Seine Jurisdiktion umfaßte Erzdiözese Halyč-Lemberg und zwei Bistümer - Peremyšl und Cholm. Als Metropolit blieb A. noch mehrere Jahre in Peremyšl, wo er Administrator der Diözese war. Während des Napoleonischen Krieges (1804-1815), obwohl Lemberg von polnischem Militär mit Napoleon-Verbündeten besetzt wurde, erkannte Metropolit A. die Regierung Napoleons nicht an und blieb dem österreichischen Kaiser gegenüber loyal. Er gab keine Empfehlung heraus, bei der Liturgie den Namen des Kaisers der Franzosen statt des österreichischen Monarchen zu erwähnen. Darum wurden seine bischöflichen Güter in Lemberg und Peremyšl konfisziert. Nach dem Friedensvertrag von Schönbrunn 1808 befand sich nur ein Teil der galiziesche Metropolie außerhalb der Grenzen Österreichs. Metropolit A. bestätigte endgültig das Metropolitankapitel in Lemberg und das Domkapitel in Peremyšl. Er sorgte sich um das Generalseminar in Lemberg, besonders in der Zeit, als er Metropolit blieb, visitierte Pfarreien, hielt sich an die Residenzpflicht, gab Anordnungen und Dekrete aus. A. besaß eine gründliche Ausbildung und ein umfangreiches Wissen, auch über theologische Fragen hinaus. Er gehörte zu dem kleinen Kreis der griechisch-katholischen Geistlichkeit, die die Wissenschaft pflegte. Auf der einen Seite war er tief vom josephinischen Liberalismus geprägt. Einige bescheinigen ihm große Obsorge um die Bewahrung der ukrainischen Sprache in den Schulen und an der Universität. Von anderer Seite wurde ihm vorgeworfen, er habe den Verfall des ruthenischen Liceums in Lemberg geduldet, während seiner Regierungszeit sei die Rus polonisiert geworden. A. benutzte die ukrainische Sprache nur im Konsistorium. Seine Hirtenbriefe verfaßte er in polnischer Sprache. 1814 erkrankte A. an Scharlach und verstarb am 9.8. 1814. Seine Überreste wurden auf dem Friedhof in Horodok (Gródek Jagiellonski) beigesetzt.

Lit.: Ammann A., Abriß der Ostslawischen Kirchengeschichte, Wien 1950; — Androchovyč A., Lvivskie »Studium Ruthenorum«, »Zapyski Naučnoho Tovarystva im. Ševčenka« (ZNTŠ), T. 146; — Chotkowski W., Historya polityczna Kościoła w Galicyi za rządów Maryi Teresy, Bd 2, Kraków 1909; — Das Schicksal der galizisch-russischen Sprache und Literatur (nach Dubrowski's Jutrzenka 1843), »Jahrbücher für slawische Literatur, Kunst und Wissenschaft«, 2(1844), Heft 5; — Dobrjanskyj A., Istorija trech sojednenych eparchij peremyslskoj, samborskoj i sanockoj, od najdawnijšzych wremeń do 1794 r., Lvov 1893; — Documenta Pontificum Romanorum historiam Ucrainae illustrantia, ed. A.G. Welykyj, vol. 2, Roma 1954; — Fedoriv J., Istorija Cerkvy v Ukrajini, Toronto 1990[2]; — Franko I., Materijaly do kulturnoji istoriji Halyckoji Rusy XVIII i XIX viku, Bd 5, Lviv 1902; — Hrynyk V., Ukr. Kat. Duchovna Seminarija w Peremyšli, in: Yuvilejnyj Almanach ukrainskych katolyckych bohosłoviv peremyskoj eparchji, Peremyšl 1937; — Koehler W., Die katholischen Kirchen des Morgenlandes. Beiträge zum Verfassungsrecht der sogenannten »Uniertorientalischen« Kirchen, Darmstadt 1896; — Korczok A., Die griechisch-katholische Kirche in Galizien. Mit einem Vorwort von Prof. Dr Hasse. Die Aufgaben der osteuropäischen Religionswissenschaft, Leipzig 1922; — Lužnyckyj H., Ukrajinska Cerkva miž schodom i zachodom. Narys istorji Ukrajinskoj Cerkvy, Filadelfija 1954; — Malinowski M., Die Kirchen-und Staats-Satzungen bezüglich des griechischkatholischen Ritus der Ruthenen in Galizien, Lemberg 1861; — Martinus R. de, Iuris Pontificii de Propaganda Fide Pars Prima, completens Bullas, Brevia, Acta S.S. a Congregationis institutione ad praesens, vol. 4, Roma 1892; — Mončak I., Samoupravna Kyjivska Cerkva, Lviv 1994; — Nabywaniec S., Antin Anhelovyč und Mychajlo Levyc'kyj, die ersten griechisch-katholischen Metropoliten von Lemberg-Halyč, »Ostkirchliche Studien«, 47(1998), H. 4; — Ders., Diecezja przemyska greckokatolicka w latach 1772-1795, »Premislia Christiana«, 5(1992/1993); — Ders., Uniccy biskupi przemyscy w latach 1610-1991, Rzeszów 1995; — Nazarko I., Kijivski i halycki metropolyty. Biohrafičny narysy 1590-1960, Rym 1962; — Pelesz J., Geschichte der Union der ruthenischen Kirche mit Rom von den ältesten Zeiten bis auf Gegenwart, Bd 2, Wien 1881; — Rechowicz M., Angełłowicz Antoni, in: Encyklopedia Katolicka, Bd 1; — Rudovyč I., Korotka istorija Halycko-Lvovskoj eparchii na osnovi hreckych žereł i inšych novijšych područnykov, Žovkva 1902; — Slipyj J., Hreko-katołycka duchovna seminarija u Lvovi, Teil 2, Lviv 1939; — Stasiv M., Metropolia Haliciensis (Eius historia et iuridica forma), Romae 1960; — Studynskyj K., Materijaly do istorii kulturalnoho žytija v Hałyčynji v 1795-1857 rr. Zamitky i teksty, »Ukrajinsko-ruskyj Archyv«, 13-14(1920); — Svistun F., Prykarpatskaja Rus pod vladanjem Avstrji, Lvov 1895; — Śliwa T., Kościół greckokatolicki w zaborze austriackim 1772-1815, in: Historia Kościoła w Polsce, Red. B. Kumor, Z. Obertyński, Bd 2, Teil 1, Poznań 1979; — Umiński J., Angełłowicz, in: Polski Słownik Biograficzny, Bd 1; — Welykyj A.G., Z latopisu chrystijasskoj Ukrajiny, Bd 7, Rym 1975.

Stanisław Nabywaniec

ANNA AMALIA von Braunschweig-Wolfenbüttel, Herzogin von Sachsen-Weimar-Eisenach, * 24.10. 1739 im Schloß zu Wolfenbüttel, † 10.4. 1807 im Wittumspalais zu Weimar, begraben in der Stadtkirche St. Peter und Paul zu Weimar. — Sie war das fünfte Kind von Herzog Carl I. von Braunschweig-Wolfenbüttel (1713-1780) und seiner Frau Philippine Charlotte von Preußen (1716-1801). Von ihren zwölf Geschwistern erreichten acht das Erwachsenenalter: Carl Wilhelm Ferdinand (Herzog von Braunschweig-Wolfenbüttel, 1735-1806); Sophie Caroline Marie (Markgräfin von Bayreuth, 1737-1817); Friedrich August (1740-1805); Albrecht Heinrich (1742-1761); Wilhelm Adolf (1745-1770); Elisabeth Christine Ulrike (1746-1840); Auguste Dorothea (Äbtissin von Gandersheim, 1749-1810); Maximilian Julius Leopold (1852-1785). — A.A. wurde im Sinne der Aufklärung erzogen und wuchs mit den geistigen Strömungen der Zeit auf. Sie erhielt eine ihrem Stande entsprechende Erziehung, die neben Französisch, Geschichte, Geographie, Genealogie auch Unterricht im Tanz umfaßte. Der Hof- und Reiseprediger Johann Friedrich Wilhelm Jerusalem (Abt Jerusalem, 1709-1789) und ab Herbst 1748 der Hofkaplan Matthias Theodor Christoph Mittelstaedt (1712-1722) unter Mithilfe des Informators Carl Friedrich Kirchmann unterwiesen A.A. in Religion. Am 28.12 1754 wurde A.A. in der Schloßkirche

Wolfenbüttel konfirmiert. Neueren Untersuchungen zufolge erhielt A.A. nicht von Friedrich Gottlob Fleischer (1722-1806), sondern von J. Gottfried L. Schwanenberger Musikunterricht. — Am 16. März 1756 wurde A.A. aus dynastischen Gründen mit Herzog Ernst August II. Constantin von Sachsen-Weimar-Eisenach (1737-1758) vermählt. Der Herzog brauchte dringend einen männlichen Erben, andernfalls drohte das Herzogtum an eine der ernestinischen Linien, Sachsen-Gotha-Altenburg oder Sachsen-Coburg-Saalfeld zu fallen. A.A. erfüllte die ihr auferlegte Pflicht mit Bravour. Am 3.9. 1757 wurde der Erbprinz Carl August geboren. Doch die Geburt des zweiten Sohnes, (Friedrich Ferdinand) Constantin, am 8.9. 1758 erlebte der Vater († 28.5. 1758) nicht mehr. — Gemäß testamentarischer Verfügung hatte Ernst August II. Constantin seiner Gemahlin die alleinige Obervormundschaft und Regentschaft übertragen. Bis zur Volljährigkeit A.A. sollte ihr Vater Carl I. die Administration übernehmen. Auf Ersuchen A.A.s erklärte Kaiser Franz I. (1708-1765) sie am 1.8. 1758 für vorzeitig volljährig, jedoch bestimmte er August den Starken (Friedrich August I., Kurfürst von Sachsen zugleich August II., König von Polen; 1670-1733) aufgrund ihrer verwandtschaftlichen Beziehung zu Preußen zum Mitvormund. Als Kursachsen auf Druck der Landstände verzichtete, übertrug der Kaiser A.A. schließlich am 9.7. 1759 die alleinige Obervormundschaft. Am 30.8. 1759 trat A.A. offiziell die Regentschaft an. — Als Landesfürstin mußte sie die Entscheidungen unter dem Einfluß des Geheimen Consiliums (oberste Regierungsbehörde, sie vereinte die räumlichen getrennten Herzogtümer Weimar und Eisenach) und der Landstände treffen. A.A. stützte sich insbesondere auf den Rat von Johann Poppo Greiner (1708-1772), Gottfried von Nonne (†1765), Carl Ernst von Rehdiger (†1766) und Jacob Friedrich Freiherr von Fritsch (1731-1814). Der Siebenjährige Krieg (1756-1763) abverlangte A.A.s diplomatisches Geschick. Während das dem Reich verpflichtete Fürstentum den Truppenanforderungen der Reichsarmee Folge leistete, mußte A.A. auch den Wünschen des Gegners, ihres Onkels Friedrich des Großen (Friedrich II., König von Preußen, 1712-1786), Genüge tun. A.A., die die Entscheidungen besonders in den letzten Regentschaftsjahren ihren Räten überließ, versäumte die Sanierung der maroden Staatsfinanzen. Die Straßenbefestigung, die Überwölbung der Kanäle (1767) und die Straßenbeleuchtung (1769) trugen zwar zur Verschönerung Weimars bei, die Investitionen verursachten jedoch auch neue Schulden. 1768 ordnete A.A. die Einführung einer Feuerversicherung an (Brandassekurationssoziätät); sie ließ sich aber besonders bei der ärmeren Bevölkerung kaum umsetzen. Nach 1771 versuchte A.A. 1774 erneut die Einführung des sogenannten »Hebammengroschen« zur Finanzierung einer Hebammenschule und eines Geburtshauses (Accouchierhaus) durchzusetzen. Die Bevölkerung, die immer noch unter den Spätfolgen des Siebenjährigen Krieges und der Hungersnot (1771/72) litt, sah darin eine zusätzliche Steuer. Am 6.5. 1774, einen Tag nach einem Aufruhr in Weimar gegen den »Hebammengroschen«, ging das Residenzschloß Wilhelmsburg in Flammen auf. Die Regierung vermutete Brandstiftung und reagierte mit einer harten, teilweise willkürlichen, Rechtsprechung. In den 1760er Jahren veranlaßte A.A. den Umzug der fürstlichen Bibliothek in das Grüne Schloß; seit 1991 trägt die Bibliothek A.A.s Namen. — A.A. versuchte ihren beiden Söhnen die bestmögliche Erziehung zukommen zu lassen; sie verzichtete aber auf eine direkte Einflußnahme. Auf ihren Vorschlag hin, wurde 1762 Graf Johann Eustach von Schlitz, genannt Görtz (1737-1821), als Prinzenerzieher berufen. 1772 rief A.A. den Dichter Christoph Martin Wieland (1733-1813) als einen weiteren Erzieher nach Weimar. Carl Ludwig von Knebel (1744-1834) unterrichtete ab 1774 Prinz Constantin. Die Jahre bis zur Volljährigkeit des Erbherzoges waren überschattet durch Spannungen zwischen Mutter und Sohn. A.A. fand ihren Einfluß auf Carl August an Görtz und Wieland schwinden. Carl August wiederum fühlte sich von der Dominanz seiner Mutter eingeengt; er erwartete mit Ungeduld, die Regierungsgeschäfte zu übernehmen. — Am 3.9. 1775 übergab A.A. die Regierung an Carl August, der im gleichen Jahr Goethe (1749-1832) nach Weimar rief. A.A. fand endlich Zeit, sich ihren vielfältigen Interessen zu widmen. Sie lernte Englisch, Italienisch, Latein und las sogar Griechisch im Original. Sie musizierte, komponierte (Lieder, Instrumentalstücke, Singspiele) und nahm beim

Weimarer Hofmaler Georg Melchior Kraus (1737-1806) Zeichenunterricht. Ihr schauspielerisches Talent stellte sie zuweilen in dem von ihr mitinitiierten Liebhabertheater unter Beweis. Stets gut besucht waren ihre Redouten (Maskenbälle), Konzerte und andere der Zerstreuung dienenden Geselligkeiten. Legendär wurde ihre Montag-Abendgesellschaft im sogenannten Tafelrundenzimmer im Wittumspalais, das sie seit 1774 bewohnte. Daneben residierte sie im Rokokoschloß Ettersburg und ab 1781 in Tiefurt, ursprünglich Refugium ihres Sohnes Constantin. — 1778 begab sich die kunstinteressierte Herzoginmutter auf die Rheinreise, die sie in erster Linie nach Düsseldorf führte, wo sie die kurfürstliche Gemäldegalerie besuchte. Zehn Jahre später erfüllte sich A.A. mit einer zweijährigen Reise nach Italien einen lang gehegten Traum. Weitere Reisen führten sie u.a. in ihre Heimat Braunschweig (1771, 1783). — Der Ausbruch der Französischen Revolution beendete die drei Jahrzehnte dauernde Friedensphase in Europa. A.A.s Söhne rückten ins Feld; Constantin erlag im September 1793 dem Typhus. Napoléons Siegeszug machte schließlich auch vor dem Herzogtum Sachsen-Weimar-Eisenach nicht halt. Mitte Oktober 1806 standen sich die feindlichen Heere bei Jena und Auerstedt gegenüber. Im letzten Augenblick entschloß sich A.A. zur Flucht nach Braunschweig. Aufgrund der Kriegswirren wurde sie in Göttingen zur Umkehr gezwungen. Am 30.10. war sie zurück in Weimar, wo sie am 10.4. 1807 einem Schlaganfall erlag. — Mit A.A. bleiben die Begriffe »Musenhof« und »Weimarer Klassik« trotz jüngster Diskussion eng verbunden. Richtig ist, daß sie Wieland als Lehrer und nicht als Dichter nach Weimar rief. Insofern schuf sie nicht bewußt die Grundlage zur Entwicklung Weimars zum geistigen Zentrum.

Werke: Tiefurter Matinée, Sammelhandschrift 1776; Tiefurter Journal (47 Ausgaben), 1781-1784. in: Eduard von der Hellen. Das Journal von Tiefurt. Weimar 1892; Märchen, 1785. Ein unbekanntes Märchen der Anna Amalia. Mitgeteilt aus dem Archiv des Frankfurter Goethemuseums. in: Frankfurter Goethe-Museum (Hrsg.), Goethe Kalender auf das Jahr 1932. Leipzig o.J.; Le Soulie (Erzählung), 1796; Briefe über Italien (Reisebeschreibung), 1797, in: Heide Hollmer (Hrsg.), St. Ingbert 1999; Résumé der Beobachtungen der Hochseligen Hertzogin Anna Amalia auf Ihrer Reise in Italien in den Jahren 1788-1790. I. Hälfte, Rom u.s.w.; Ein Traum im Jahr-98 (Fragment), 1798; Lobgesang auf Gott (Gedichtfragment), 1798; Gedanken über die Musick (Essay), 1799; Volker Wahl (Hrsg.), Meine Gedanken. Autobiographische Aufzeichnung der Herzogin Anna Amalia von Sachsen Weimar. in: Paul Raabe (Hrsg.), Wolfenbütteler Beiträge Bd. IX, Wiesbaden 1994.

Übersetzungen: Elegien des Properz; Amor e Psyche (von Agnolo Firenzuola, aus ital.); Works of Ossian (von J. MacPherson), ca. 1777-78; La Gatta Bianca (von Marie Caterine d'Aulnoy, ins ital.), 1786; ΑΝΘΟΥΣΑ [Anthousa] oder Roms Altertümer. Ein Buch für die Menschheit. Die heiligen Gebräuche der Römer. (von Karl Philipp Moritz, ins ital.), 1791/92.

Musik: Sinfonia a due Oboi, due Flauti, due Violini, e Basso di AMALIA, 1765; Dreiteiliges Oratorium, 1768; Vertonung Singspiel von Goethe: Erwin und Elmira, 1776; Divertimento für Klavier, Klarinette, Viola und Violoncello. [Dervertimento per il Pianoforte Clarinetto, Viole e Violoncello], um 1780. in: Siegfried Beyer (Hrsg.), Winterthur 1992; Konzert in G-Dur für Cembalo obligato und Orchester [Partitur], in: Fine Zimmermann (Hrsg.), Köln-Rodenkirchen 1992.

Briefe: Theodor Mundt (Hrsg.), Amalia, Herzogin von Weimar. Briefe von ihr und an sie. in: Literarischer Zodiacus. Journal für Zeit und Leben, Wissenschaft und Kunst, Nr. 7, Juli-Dezember 1835. Leipzig 1835; Kiefer [o. Vorn.] (Hrsg.), Briefe von Herzog Karl August und Herzogin Amalia von Sachsen-Weimar und Herzog Karl von Württemberg an Professor J. C. Majer. in: Württembergische Vierteljahreshefte für Landesgeschichte 2 (1879); Adolf Kohut (Hrsg)., Ungedruckte Briefe der Herzoginnen Anna Amalia und Luise von Sachsen-Weimar an Herder (Aus Herders Nachlaß). In: Monatshefte der Comenius-Gesellschaft 18 N.F. 1 (1909) 179-184; Ders., Ungedruckte Briefe der Herzogin Anna Amalia an Frau Karoline Herder. in: Monatshefte der Comenius-Gesellschaft 21 N.F. 4 (1912) 107-115; Siegfried Seifert (Hrsg.), Anna Amalia, Herzogin von Sachsen-Weimar-Eisenach (1739-1807). Brief an Christian Joseph Jagemann. Neapel, 13. September 1789. Erstveröffentlichung aus dem »Familienarchiv Achim von Heygendorff«, Essen. in: Animo italo-tedesco 2 (1997) 22-30.

Lit.: J. C. Scherff, Ode nach der Zurückkunft der Durchlauchtigsten Herzogin Amalia zu Sachsen-Weimar und Eisenach. in: Olla Potrida 3 (1783), 7-8; — Ders., Ode nach der Zurückkunft der durchlauchtigsten Herzogin zu Sachsen-Weimar und Eisenach, im Junius 1771. Bey Straussen 1771; — Carl Ludwig von Knebel, An Herzogin Amalia den 24. Oct. 1802. in: Der neue teutsche Merkur 3 (1802), 241f; — Johann Friedrich Haberfeld, Predigt bei der Gedächtnisfeier der Durchlauchtigsten Fürstin und Frau, Frau Anna Amalia, verwittweten Herzogin zu Sachsen-Weimar und Eisenach, gebohrnen Herzogin zu Braunschweig und Lüneburg, am Sonntage Jubilate 1807. Eisenach 1807; — Johann Gottlob Marezoll, Gedächtnißpredigt auf das Absterben der verwittweten Frau Herzogin von Sachsen-Weimar und Eisenach, Anna Amalia. in: ders., Beyträge zur Belebung des religiösen Sinnes in Predigten größtenteils mit Hinsicht auf die bisherigen verhängißvollen Zeiten gehalten. Jena 1811; — F. W., Anna Amalia. in: Deutscher Ehrentempel. Bd. 1. Gotha 1821; — Wilhelm Wachsmuth, Weimars Musenhof in den Jahren 1772-1807. Historische Skizze. Berlin 1844; —

Ernst Lieberkühn, Die Herzogin Anna Amalia von Sachsen-Weimar und ihr Einfluss auf Deutschlands Literaturzustände. Weimar 1847; — Ludwig Preller, Ernst August Constantin und Anna Amalia. 1756-1758. in: ZVThürGA 2 (1857) 281-304; — Griechische und lateinische Studien der Herzogin Amalie von Weimar. in: Die Grenzboten 27/1 (1868) 31-36; — F. Arndt, Mütter berühmter Männer. Heft 3: Anna Amalia, Herzogin von Sachsen-Weimar, die Mutter Carl August's. Berlin 1872; — Carl August Hugo Burkhardt, Das Tiefurter Journal. Literaturhistorische Studie. in: Die Grenzboten 30/3 (1872) 282-299; — Ders., Zum Tiefurter Journal Nachtrag. in: Die Grenzboten 31/1 (1872), 261-273; — Ders. (Hrsg.), Briefe von Goethes Mutter an die Herzogin Anna Amalia. Weimar 1885; — Carl Freiherr von Beaulieu-Marconnay, Anna Amalia, Carl August und der Minister von Fritsch. Beitrag zur deutschen Cultur- und Literaturgeschichte des 18. Jahrhunderts. Weimar 1874; — Bernhard Seuffert, Die Herzogin Anna Amalia Reise nach Italien. In Briefen ihrer Begleiter. in: Preußische Jahrbücher 65 (1890) 535-565; — Friderike Bornhak, Anna Amalia, Herzogin von Sachsen-Weimar-Eisenach. Begründerin der klassischen Zeit Weimars. Nebst Anhang: Briefwechsel Anna Amalias mit Friedrich dem Großen. Berlin 1892; — Paul Weizsäcker, Anna Amalia, Herzogin von Sachsen-Weimar-Eisenach, die Begründerin des Weimarischen Musenhofes. Hamburg 1892; — Ludwig Geiger, Anna Amalia von Weimar. in: Die Nation. Wochenschrift für Politik, Volkswirtschaft und Litteratur 10 (1893), Nr. 22, 336-338; — Otto Eggeling, Anna Amalia von Sachsen-Weimar, geb. Prinzessin von Braunschweig. in: Braunschweigisches Magazin 19 (1896) 145-147, 20 (1896) 153-158, 21 (1896) 161-164, 22 (1896) 169-172, 23 (1896) 177-181; — Carl Schüddekopf, Herzogin Anna Amalia von Sachsen-Weimar und Abt Jerusalem, in: Braunschweigisches Magazin 10 (1901) 73-76; — Frances Gerard, A Grand Duchess. The life of Anna Amalia Duchess of Saxe-Weimar-Eisenach and the Classical Circle of Weimar. 2 Bde. London 1902; — Ferdinand Bähr, Anna Amalia und ihr Anteil am Weimarer Musenhofe. Gedenkblatt zum 100jährigen Todestage (10. April) der braunschweigischen Fürstentochter, in: Braunschweigische Landeszeitung, Nr. 143, 9.4.1907; Nr. 145, 10.4.1907; — Paul von Bojanowski, Dem Andenken der Herzogin Anna Amalia. Weimar 1907; — Hans Wahl, Das Wittumspalais der Herzogin Anna Amalia. Leipzig 1907; — Ders., Die Weimarische Bibliothek als Erbin der Herzogin Anna Amalia. in: Hermann Blumenthal (Hrsg.), Aus der Geschichte der Landesbibliothek zu Weimar und ihrer Sammlungen. Jena 1941; — Paul Zimmermann, Zum Gedächtnis der Herzogin Anna Amalia von Sachsen-Weimar († 10. April 1807), in: Braunschweigisches Magazin 13 (1907) 37-40; — Wilhelm Bode, Amalie, Herzogin von Weimar. 3 Bde., 1908; — Ders., Damals in Weimar, Berlin 1910; — Ders., Der weimarische Musenhof, Berlin 1917; — Eleonore von Bojanowski, Äußerungen Anna Amaliens und Herder's über die Musik. in: Goethe-Jahrbuch 30 (1909) 56-66; — Hans Gerhard Gräf (Hrsg.), Johann Heinrich Mercks Briefe an Anna Amalia und Carl August. Leipzig 1911; — Marie Scheller (Hrsg.), Am Weimarischen Hofe unter Amalien und Karl August. Erinnerungen von Karl Freiherr von Lyncker. Berlin 1912; — Max Hecker, Anna Amalia. Herzogin von Sachsen-Weimar und Eisenach. in: Deutsches Mädchenbuch 24 (1917) 218-247; — Georg Mentz, Weimarische Staats- und Regentengeschichte vom Westfälischen Frieden bis zum Regierungsantritt Carl Augusts. Jena 1936; — Alfred Bergmann (Hrsg.), Briefe des Herzogs Carl August von Sachsen-Weimar an seine Mutter die Herzogin Anna Amalia. Oktober 1774 bis Januar 1807. Jena 1938; — Karl Koetschau, Anna Amalia - Regentin und Mutter. Ein Gedenkblatt an den 24. Oktober 1739. in: Deutsche Rundschau 261 (Okt.-Dez. 1939) 14-21; — Richard Münnich, Aus der Musikaliensammlung der Weimarer Landesbibliothek, besonders dem Nachlass der Anna Amalia. in: Hermann Blumenthal (Hrsg.), Aus der Geschichte der Landesbibliothek zu Weimar und ihrer Sammlungen. Jena 1941; — Willy Andreas, Anna Amalia von Weimar. in: Die Frau. Blätter der Frankfurter Zeitung 24 (1942), Nr. 18, 12.10.1942, S. 1f; — Otto Heuschele, Herzogin Anna Amalia. München 1947; — Gisela Sichardt, Das Weimarer Liebhabertheater unter Goethes Leitung. Weimar 1957; — Gerhard Bott: Herzogin Anna Amalia von Sachsen-Weimar und ihre Freunde im Park der Villa d'Este in Tivoli. (Zu einem Aquarell im Besitze des Palazzo Zuccari in Rom). in: Miscellanea Bibliothecae Hertzianae zu Ehren von Leo Bruhns, Franz Graf Wolff Metternich und Ludwig Schudt. München 1961; — Eva Weissweiler, Komponistinnen aus 500 Jahren. Eine Kultur- und Wirkungsgeschichte in Biographien und Werkbeispielen. Frankfurt/M. 1981; — Antje Olivier, Karin Weingarten-Perschel (Hrsg.), Komponistinnen von A - Z. Düsseldorf 1988; — Christina Florack-Kröll, Das indefinible Wesen. Anna Amalia von Sachsen-Weimar-Eisenach (1739-1807). Broschüre zur Ausstellung 1989. Düsseldorf 1989; — Verena von der Heyden-Rynsch, Europäische Salons. München 1992; — Konrad Kratzsch, Siegfried Seifert, Historische Bestände der Herzogin-Anna-Amalia-Bibliothek zu Weimar. Beiträge zu ihrer Geschichte und Erschließung. München 1992; — Effi Biedrzynski, Goethes Weimar. Lexikon der Personen und Schauplätze. Zürich 1993; — Petra Damaschke, Bildnisbüsten aus Biskuitporzellan der Manufaktur Fürstenberg am Hof Anna Amalias. Diplomarbeit Museologie Weimar. Leipzig 1993; — Heide Hollmer, Zwischen Enthusiasmus und Dilettantismus: die Briefe über Italien der Herzoginmutter Anna Amalia. in: Klaus Heitmann, Teodoro Scamardi (Hrsg.), Deutsches Italienbild und italienisches Deutschlandbild im 18. Jahrhundert. Tübingen 1993; — Dies., »Auch ich in Arkadien!«: Die Italienreise der Herzogin Anna Amalia von Sachsen-Weimar-Eisenach im Spiegel von Goethes und Herders Italienreise. in: Mitteilungen des Deutschen Germanistenverbandes 40 (1993), H. 4, 29-39; — Dies., »[...] ist das nicht ein kühnes Unternehmen?«: Die Italienreise der Herzogin Anna Amalia von Sachsen-Weimar. Zum Problem der Korpusbegrenzung. in: Jochen Golz (Hrsg.), Edition von autobiographischen Schriften und Zeugnissen zur Biographie. Tübingen 1995; — Dies., »Ohne Künstler kann man nicht leben weder in Süden noch Norden« - Herzogin Anna Amalias Kunstwahrnehmung und Kunstförderung während der Italienreise (1788-1790), in: Joachim Berger (Hrsg.), Der »Musenhof« Anna Amalias. Geselligkeit, Mäzenatentum und Kunstliebhaberei im klassischen Weimar. Köln u.a. 2001; — Werner Schubert, »Ein edles Beispiel macht die schweren Taten leicht«: Huldigungsschriften und die Weimarer Herzogin Anna Amalia. in: Eugniusz Klin, Marian Szyrocki (Red.),

»... einen Stein für den großen Bau behauen«. Studien zur deutschen Literatur. FS Gerard Kozielek, Wroclaw 1993; — Gotthardt Frühsorge, Der Abt Jerusalem als Erzieher und Berater Anna Amalias. in: Paul Raabe (Hrsg.), Wolfenbütteler Beiträge Bd. IX, Wiesbaden 1994; — Karl-Heinz Hahn, Die Regentin und ihr Minister. Herzogin Anna Amalia von Sachsen-Weimar-Eisenach und der Minister Jakob Friedrich Freiherr von Fritsch. in: Paul Raabe (Hrsg.), Wolfenbütteler Beiträge Bd. IX, Wiesbaden 1994; — Wolfram Huschke, Anna Amalia und die Musik ihrer Zeit. in: Paul Raabe (Hrsg.), Wolfenbütteler Beiträge Bd. IX, Wiesbaden 1994; — Uta Kühn-Stillmark, Anna Amalia. Herzogin von Sachsen-Weimar und Eisenach 1758-1775 (Regentschaft für ihren unmündigen Sohn Carl August), in: Herrscher und Mäzene, 1994; — Siegfried Seifert, »Wissen und Dichten in geselliger Wirkung«. Literarische Kultur im Umkreis Anna Amalias. in: Paul Raabe (Hrsg.), Wolfenbütteler Beiträge Bd. IX, Wiesbaden 1994; — Ders., »Italien in Germanien«. Streiflichter zu den Italien-Beziehungen im »klassischen Weimar«. in: Animo italo-tedesco 1 (1995) 81-104; — Ders., »Traum« und »Wahrheit«: Tiefurt als Ort der Italienbegeisterung im klassischen Weimar. in: Animo italo-tedesco 3 (2000) 29-68; — Rolf Vollmann, Anna Amalia und die klugen Männer: Die Frau, die Weimar groß machte. in: Merian. Das Monatsheft der Städte und Landschaften 47 (1994) Nr. 4, 82-90; — Volker Wahl, Anna Amalia und die Wissenschaft in Weimar und Jena. in: Paul Raabe (Hrsg.), Wolfenbütteler Beiträge Bd. IX, Wiesbaden 1994; — Harri Günther, Tiefurt, Anna Amalia und die Gartendenkmalpflege. in: Deutsche Gesellschaft für Gartenkunst und Landschaftspflege e.V. Arbeitskreis Historische Gärten (Hrsg.), Jahresbericht 1994. Berlin 1995; — Gabriele Henkel, Wulf Otte, Herzogin Anna Amalia - Braunschweig und Weimar. Stationen eines Frauenlebens im 18. Jahrhundert. in: Gerd Biegel (Hrsg.), Katalog des Braunschweigischen Landesmuseums. Braunschweig 1995; — Deborah Hayes, »Sie versteht den Kontrapunkt gründlich«. Vergessene Komponistinnen. in: Iris Bubenik-Bauer, Ute Schalz-Laurenze (Hrsg.), Frauen in der Aufklärung. »... Ihr werten Frauenzimmer, auf!«. Frankfurt/M. 1995; — Christian Juranek, England ist auch in Weimar. Ein vorgetragener Versuch. in: Deutsche Gesellschaft für Gartenkunst und Landschaftspflege e.V. Arbeitskreis Historische Gärten (Hrsg.), Jahresbericht 1994, Berlin 1995; — Annie Janeiro Randall, Music and Drama in Weimar, 1776-1782: A Social-Historical Perspective (J.W.v. Goethe, Duchess Anna Amalia, Karl v. Seckendorff, Corono Schroeter), PhD-Thesis University of Cincinnati 1995; — Charlotte Marlo Werner, Goethes Herzogin Anna Amalia. Fürstin zwischen Rokoko und Revolution. Düsseldorf 1996; — Ursula Salentin, Anna Amalia. Wegbereiterin der Weimarer Klassik. Köln 1996; — Susanne Schroeder, Petra Damaschke, Tafelrunden. Fürstenberger Porzellan der Herzogin Anna Amalia in Weimar. München 1996; — Gabriele Busch-Salmen, Christoph Walter/Michel: Der Weimarer Musenhof. Dichtung - Musik und Tanz - Gartenkunst - Geselligkeit - Malerei. Stuttgart 1998; — Sandra Dreise-Beckmann, Anna Amalia's musikalische Reise. Eine deutsche Fürstin in Italien 1788-1790. in: Siegrid Düll, Walter Pass (Hrsg.), Frau und Musik im Zeitalter der Aufklärung. Zur 100Jahrfeier des Instituts für Musikwissenschaft der Universität Wien 1898-1998. Sankt Augustin 1998; — Dies., Herzogin Anna Amalia von Sachsen-Weimar-Eisenach (1739-1807). Musikliebhaberin und Mäzenin. Schneverdingen 2004; — Michael Knoche (Hrsg.): Herzogin Anna Amalia Bibliothek - Kulturgeschichte einer Sammlung. München 1999; — Ders., »Ein ganz anderer Geist war über Hof und Stadt gekommen« [Herzogin Anna Amalia sieht eine Lücke]. in: Gerhard Schuster, Caroline Gille (Hrsg.)., Wiederholte Spiegelungen. Weimarer Klassik 1758-1832. Ständige Ausstellung des Goethe-Nationalmuseums. München 1999; — Rosalinde Gothe, Aufbruch nach Italien: Die Reise der Herzogin Anna Amalia von Weimar über die Alpen 1788. in: Animo italo-tedesco 3 (2000) 79-91; — Bärbel Raschke, Die Italienbibliothek Anna Amalias von Sachsen-Weimar Eisenach. Rekonstruktion und Thesen zur Interpretation. in: Animo italo-tedesco 3 (2000) 93-138; — Joachim Berger (Hrsg.), Der »Musenhof« Anna Amalias. Geselligkeit, Mäzenatentum und Kunstliebhaberei im klassischen Weimar. Köln u.a. 2001; — Ders., Höfische Musenpflege als weiblicher Rückzugsraum? Herzogin Anna Amalia von Weimar zwischen Regentinnenpflichten und musischen Neigungen. in: Marcus Ventzke (Hrsg.), Hofkultur und aufklärerische Reformen in Thüringen. Die Bedeutung des Hofes im späten 18. Jahrhundert. Köln u.a. 2002; — Ders., Die Erfindung des Weimarer »Musenhofs« durch Editionen im 19. Jahrhundert. in: Dieter Degreif (Red.), Archive und Kulturgeschichte. Siegburg 2002; — Ders., Zwischen Autopsie und Imagination. Herzogin Anna Amalia als Vermittlerin italienischer Kultur in der Residenz Weimar (1788-1807). in: Joachim Rees u.a. (Hrsg.), Europareisen politisch-sozialer Eliten im 18. Jahrhundert. Theoretische Neuorientierung - kommunikative Praxis - Kultur- und Wissenstransfer. Berlin 2002; — Ders., Anna Amalia von Sachsen-Weimar-Eisenach (1739-1807). Denk- und Handlungsräume einer »aufgeklärten« Herzogin. Heidelberg 2003; — Ders. Repräsentationsstrategien deutscher Fürstinnen in der Spätaufklärung. in: Das Achtzehnte Jahrhundert 28/2 (2004) 273-292; — Klaus Günzel, Das Weimarer Fürstenhaus. Eine Dynastie schreibt Kulturgeschichte. Köln u.a. 2001; — Joachim Bauer, Joachim Berger, Arbeit am nationalen Gedächtnis. Das Selbstverständnis der Weimarer Loge Amalia im 19. Jahrhundert, in: Joachim Berger, Klaus-Jürgen Grün (Hrsg.), Geheime Gesellschaft. Weimar und die deutsche Freimauerei. München, Wien (2002) 259-270; — Leonie und Joachim Berger, Anna Amalia von Weimar. München 2006; — Elisabeth E. Kwan, Musenfürstin in Weimar. Anna Amalia von Braunschweig (1739-1807) Herzogin von Sachsen-Weimar-Eisenach. in: Elisabeth E. Kwan, Anna E. Röhrig, Frauen vom Hof der Welfen. Göttingen 2006; — Detlef Jena, Das Weimarer Quartett. Die Fürstinnen Anna Amalia, Louise, Maria Pawlowna und Sophie. Regensburg 2007; — Dagmar Schäfer, Anna Amalia lädt zur Tafelrunde. Husum 2007; — Annette Seemann, Anna Amalia. Herzogin von Weimar. Frankfurt/M. 2007; — Dies., Die Geschichte der Herzogin Anna Amalia Bibliothek. Frankfurt/M. 2007; — Hellmuth Th. von Seemann (Hrsg.), Anna Amalia, Carl August und das Ereignis Weimar. Göttingen 2007.

Regina-Bianca Kubitscheck

ANNE Neville, Königin von England 1483-1485, * 11.6. 1456 im Warwick Castle, War-

wickshire, England; † 16.3. 1485 im Westminster Palace, London; begraben in der Westminster Abbey, London. — A. war die jüngste Tochter von Richard Neville, Earl of Warwick and Salisbury (1428-1471) und seiner Gemahlin Anne Beauchamp († 1492). Außer Isabel (1451-1476) hatte A. keine weiteren Geschwister. Über A.s frühe Kindheitsjahre ist so gut wie nichts bekannt. Im Warwick Castle verbrachte sie vermutlich den Großteil ihrer Kindheit. Auch in Calais, dem englischen Brückenkopf auf dem Kontinent, lebte sie einige Zeit; ihr Vater befehligte als captain of Calais die englische Garnison. In A.s Adern floß in mehrfacher Hinsicht königliches Blut. Ihre Urgroßmutter mütterlicherseits, Constance von York († 1416), war wie Joan Beaufort (um 1399-1440), ihre Urgroßmutter auf der Vaterseite, eine Enkelin König Eduards III. (1312-1377). Constances Gemahl Thomas Despenser (Earl of Gloucester, † 1400) führte überdies seine Ahnen auf Eduard I. (1239-1307) zurück. — A. war ein Kind der Rosenkriege (1455-1485), den Machtkämpfen zwischen den Häusern Lancaster und York um den englischen Thron. A.s Vater und Großvater (Richard Neville, Earl of Salisbury, um 1400-1460) waren trotz ihrer Verwandtschaft mit den Beauforts (einer Nebenlinie der Lancaster) Anhänger der Yorkisten. Richard, Duke of York (1411-1460), der Herausforderer der englischen Krone, war A.s Großonkel durch Heirat. Obwohl York vom Parlament im Oktober 1460 als Thronfolger des geisteskranken König Heinrich VI. (1421-1471, s.d.) bestimmt worden war, weigerte sich Königin Margarete von Anjou (Marguerite d'Anjou, 1430-1482) den Beschluß anzuerkennen. Mit dem Ziel, das Erbe ihres einzigen Sohnes Eduard von Lancaster (Prinz von Wales, 1453-1471) zu verteidigen, stellte sie eine Armee auf. York und A.s Großvater Salisbury erlitten am 30.12.1460 in der Schlacht von Wakefield eine erbitterte Niederlage; ihre Köpfe, so die Legende, wurden in York über dem Micklegate Bar zur Schau gestellt. Zwar erfocht Yorks Sohn und Erbe Eduard, Earl of March (König Eduard IV., 1442-1483), bei Mortimer's Cross am 2.2. 1461 einen Sieg, allerdings gelang es Warwick am 17.2. 1461 in der zweiten Schlacht von St Albans nicht, den Erfolg seines Cousins zu wiederholen. Die am Palmsonntag (29.3.) 1461 ausgetragene Schlacht von Towton mit den vereinten Kräften Eduards und Warwicks sicherte dann aber doch die Krone für das Haus York. England hatte einen neuen König: Eduard IV. — Zeitzeugen beobachteten, daß Warwicks Macht größer zu sein schien, als die Königs Eduards. Doch hatte Eduard noch zu Beginn seiner Regierung unter Warwicks Einfluß gestanden, so begann er sich insbesondere nach seiner Heirat mit Elizabeth Wydville (Woodville, 1437-1492) von seinem Cousin zu lösen. Warwick hatte die Hoffnung gehegt, seine Töchter Isabel und A. mit König Eduards Brüdern George, Duke of Clarence (1449-1478), und Richard, Duke of Gloucester (später König Richard III., 1452-1485), zu vermählen. Doch zu seiner Überraschung erteilte König Eduard ihm eine Absage. Diese Zurückweisung wie auch die stete Bevorzugung der Wydvilles und Eduards pro-burgundische Bündnispolitik führten zu Warwicks Abkehr. Er ließ sich schließlich in eine Konspiration mit dem egoistischen und eifersüchtigen Clarence ein. Entgegen Königs Eduards Wunsch heiratete Clarence am 11.7.1469 in Calais Isabel Neville in der steten Hoffnung mit Warwicks Macht, König von England zu werden. Sie zogen gegen König Eduard zu Felde und nahmen ihn nach der Schlacht von Edgecote Moor am 26.7. 1469 gefangen. Da es Warwick nicht gelang, die Bevölkerung für sich zu gewinnen, mußte er den König wieder freilassen. Trotz Begnadigung arbeiteten Warwick und Clarence weiter gegen König Eduard. Nachdem derselbe sie im Frühjahr 1470 zu Verrätern erklärt hatte, ergriffen sie die Flucht. Mit A., der hochschwangeren Isabel und deren Mutter bestiegen sie ein Schiff und versuchten in Calais Zuflucht zu finden. Doch die Garnison, die Warwick stets die Treue gehalten hatte, verweigerte die Landung. Währenddessen erlitt Isabel eine Fehlgeburt. Am 1.5. 1470 gingen die Flüchtlinge in Honfleur vor Anker. Der französische König Ludwig XI. (1423-1483) empfing sie mit Ehren. Unter seiner Vermittlung arrangierten sich Warwick und die Lancaster-Königin Margarete von Anjou, die mittlerweile mit ihrem Sohn Eduard im französischen Exil lebte, zu einem Zweckbündnis. Warwick sollte mit französischer Unterstützung Eduard IV. vom Thron stürzen, Heinrich VI. wieder als König einsetzen und als Dank die Regentschaft übernehmen. Bestandteil der Verhandlungen war die Vermählung von Warwicks Tochter A. und Prinz Eduard. Am 25.7. 1470 wurden sie in der Kathedrale von Angers miteinander verlobt. Da A. und Eduard Base und Vetter im vierten Grad waren, war für diese Verbindung ein Dispens nötig. Doch die am 17.8. 1470 erteilte Befreiung wies einen Formfehler auf, wonach A. in der Diözese von Salisbury zur Welt gekommen sei. So sah sich Ludwig XI. gezwungen, den Großvikar von Bayeux zu bitten, beim Patriarchen von Jerusalem (zugleich Bischof von Bayeux) um einen neuen Dispens zu ersuchen. Am 13.12. 1470 zelebrierte schließlich der Großvikar von Bayeux in der Palastkapelle von Amboise die Vermählung zwischen A. und Eduard. Warwick, der Königsmacher (kingmaker), war es unterdessen gelungen, Eduard IV. in die Flucht zu schlagen und Heinrich VI. wieder auf den Thron zu setzen. Doch Eduard kehrte im März 1471 mit burgundischer Unterstützung zurück. Am 11.4. betrat er London im Triumph; Heinrich VI. verlor erneut seinen Thron. Am 14.4. 1471 (Ostersonntag) siegte Eduard IV. in der Schlacht von Barnet über Warwick, der sein Leben verlor. Just am Vorabend von Barnet war Königin Margarete, in deren Begleitung sich A. und deren Mutter befand, in Weymouth (Dorset) gelandet. Als die Nachricht von Warwicks Niederlage eintraf, suchte seine Witwe das Asyl der Beaulieu Abbey auf. A. jedoch blieb bei ihrer Schwiegermutter und ihrem Gemahl, die nun eine Armee aushoben, um Eduard IV. entgegenzutreten. Die Schlacht von Tewkesbury am 4.5. 1471 besiegelte aber das Ende des Hauses Lancaster. Prinz Eduard verlor sein Leben (ungeklärt bleibt, ob er durch die Hand Gloucesters starb), sein unglücklicher Vater wurde am 22.5. 1471 im Tower of London ermordet (möglicherweise stand auch hier Gloucester hinter der Tat). — A., nunmehr Witwe, kam nun in die Obhut von Clarence, der sich mittlerweile mit König Eduard versöhnt hatte. In diesem Frühsommer 1471 begann Gloucester um A. zu werben. A. und Gloucester kannten einander von Kindesbeinen an. Gloucester war mit anderen Knaben aus vornehmen Familien in Warwicks Haushalt zum Ritter ausgebildet worden. Trotzdem dachte er weniger an Liebe, als er A. den Hof machte. Zwar hatte ihn König Eduard aus Dank für seine Treue einen Großteil des Grundbesitzes aus Warwicks Hinterlassenschaft im Norden Englands übertragen, doch er begehrte auch A.s Anteil am Beauchamp-Despenser-Erbe, das er sich nur durch eine Ehe sichern konnte. Allerdings gedachte sein Bruder Clarence das gesamte Beauchamp-Despenser-Erbe im Namen seiner Gemahlin Isabel Neville für sich zu beanspruchen und hielt A. deshalb versteckt. Gloucester begab sich auf die Suche, fand A. laut dem anonymen Chronisten der Croyland Chronicle als Küchenmagd verkleidet und brachte sie in das kirchliche Asyl von St Martin's-le-Grand. Clarence und Gloucester einigten sich erst am 16.2. 1472 durch die Vermittlung des council (Kronrat). Für seine Einwilligung zur Heirat von A. und Gloucester erhielt Clarence Titel, Ämter und einige Warwick-Ländereien. — Es ist unklar, wann genau A. und Gloucester vor den Traualtar traten. Da das kanonische Recht eine Eheschließung während der Fastenzeit untersagte, wäre eine Heirat unmittelbar nach dem 16.2. 1472 auszuschließen. Zudem war ein Dispens vonnöten, denn A. und Gloucester waren in mehrerer Hinsicht miteinander verwandt. Aufgrund der gemeinsamen Vorfahren lag einerseits eine Blutsverwandtschaft vor, andererseits war durch die Heirat von Isabel Neville und Clarence ein weiterer Verwandtschaftsgrad entstanden: Gloucester war als A.s Schwager im damaligen Verständnis auch ihr Bruder; eine sexuelle Annäherung ohne Dispens bedeutete somit Inzest. Falls A. und Gloucester geheiratet hatten, ohne die päpstliche Erlaubnis abzuwarten, mußte auch diese Sünde dispensiert werden. Der Dispens, datiert vom 22.4. 1472, war jedenfalls neuesten Forschungen zu Folge nicht umfaßend genug formuliert (siehe Lit. Michael Hicks, Anne Neville), und allem Anschein nach ließ Gloucester die Angelegenheit auf sich beruhen. — A. und Gloucester schlugen auf Middleham Castle (Yorkshire) ihren Hauptwohnsitz auf. Zwischen 1474 und 1476 wurde auf Middleham ihr Sohn Eduard geboren; er blieb das einzige Kind des Paares. Seit Juni 1473 lebte auch A.s Mutter Anne Beauchamp in Middleham. Warwicks Witwe kämpfte seit Jahren mit zahlreichen Petitionen an die königlichen Familienmitglieder um ihr Erbe, das schließlich Gloucester und Clarence im gemeinsamen Einvernehmen im Jahre 1474 durch das Parlament im Namen ihrer Gemahlinnen A. und Isabel auf sich übertragen ließen; A.s

Mutter wurde demnach gesetzlich für tot erklärt. — Als Herzogin führte A. ein zurückgezogenes Leben, meistens hielt sie sich in Middleham auf. Bis auf ihren feierlichen Eintritt in die Fronleichnams-Gilde (Corpus-Christi-Gilde) in York 1477 nahmen die Chronisten kaum Notiz von ihr. — Am 9.4. 1483 starb König Eduard IV. und hinterließ das Königreich seinem minderjährigen Sohn: Eduard V. Offenbar hatte Eduard IV. seinen Bruder Gloucester mit dem Protektoramt betraut. Als Gloucester am 20.4. 1483 in Richtung London aufbrach, blieb A. in Middleham zurück. Nichts deutete darauf hin, daß ihr Gemahl die Krone an sich reißen wollte. Mit der Unterstützung von Henry Stafford, Duke of Buckingham, ließ Gloucester seine Gegner ohne Prozeß hinrichten (u.a. William Lord Hastings am 13.6.; Anthony Wydville, 2. Earl Rivers, am 25.6.). Eduard V. und sein Bruder Richard, Duke of York, hielten sich mittlerweile im Tower of London auf; im Spätsommer 1483 wurden sie das letzte Mal gesehen; sie gelangten als »Prinzen im Tower« zur traurigen Berühmtheit. Die Legitimierung, um den Thron besteigen zu können, sicherte sich Gloucester mit der Behauptung, Eduard IV. sei vor seiner Eheschließung mit Elizabeth Wydville bereits einer anderen Dame versprochen gewesen; folglich waren Eduards IV. Kinder als Bastarde anzusehen. Am 26.6. 1483 beugte sich Gloucester dem Wunsch der Lords und Commons und nahm die Krone an; als Richard III. bestieg er den englischen Thron. A. wurde am 6.7. 1483 an der Seite ihres Gemahls in der Westminster Abbey gekrönt. Abgesehen von der feierlichen Investitur ihres Sohnes Eduard zum Prinz of Wales am 8.9.1483 in York war es eine glück- und freudlose Regentschaft von Richard III. und A. Die sog. Buckingham-Rebellion im Oktober 1483, die zum Ziel hatte, den im bretonischen Exil lebenden Henry Tudor (später Henry VII., 1457-1509) auf den Thron zu setzen, scheiterte und endete mit Buckinghams Hinrichtung am 2.11.1483. Am 9.4. 1484, dem Jahrestag von Eduards IV. Tod, starb A.s Sohn Eduard. A. überwand den Verlust ihres einzigen Kindes nicht, immer mehr trat ihre Erkrankung (Krebs oder Tuberkulose) zu tage. Die Weihnachtsfeierlichkeiten 1484 wurden überschattet durch Gerüchte, Richard III. wolle seine zum Bastard erklärte Nichte Elisabeth von York (später Königin von England, 1466-1503, s.d.) heiraten, denn nur mit ihr könne er seine »königliche Macht« (Croyland Chronicle) festigen. Offenbar strebte Richard III. eine Scheidung an, für die er »hinreichende Gründe« (Croyland Chronicle) hätte (vermutlich Anspielung auf die fehlerhafte Dispens, wodurch die Ehe zwischen A. und Richards Ehe ungültig war). — A.s letzte Stunde schlug am 16.3. 1485, während eine große Sonnenfinsternis den Himmel verdunkelte. Zwei Wochen später sah sich Richard III. aufgrund anhaltender Gerüchte, er habe A. vergiften lassen, um Elisabeth von York heiraten zu können, zu einem öffentlichen Dementi gezwungen. Richard III. fiel schließlich am 25.8. 1485 in der Schlacht von Bosworth. — A. Neville mochte Literatur und Musik, doch weder als Herzogin noch als Königin trat sie als Mäzenin in Erscheinung. Ihre Frömmigkeit gab sie durch diverse Schenkungen an Kirchen zum Ausdruck. Während der kurzen Zeit als Königin von England übernahm sie das Patronat des von Königin Margarete von Anjou gegründeten und von Königin Elizabeth Wydville wiedergegründeten Queen's College in Cambrigde.

Werke: Anne Crawford, Letters of the Queens of England 1100-1547. Dover 1994.

Chroniken: Edward Hall (Hrsg.: Henry Ellis), Hall's Chronicle: The Union of the Two Noble and Illustre Families of York and Lancaster, London, 1809; — John Bruce (Hrsg.), Historie of the Arrivall of Edward IV, in England and the Finall Recouerye of His Kingdomes from Henry VI. A.D. M.CCCC.LXXI. Camden Society 1838; — Warkworth, John (Hrsg. J. O. Halliwell), A Chronicle of the First Thirteen Years of the Reign of King Edward the Fourth. Camden Society 1839; — Polydore Vergil (Hrsg.: Henry Ellis), The Anglica Historia Camden Society 1844; — Thomas More (Hrsg.: R. S. Sylvester), History of King Richard III. New Haven 1963; — Dominic Mancini (Hrsg.: C.A.J. Armstrong), De Occupatione Regni Anglie per Riccardum Tercium = The Usurpation of Richard III. Oxford 1969; — N. Pronay, J. Cox (Hrsg.), The Croyland Chronicle Continuation, 1459-1486. 1986.

Lit.: Agnes Strickland, Lives of the Queens of England. 2. Aufl. London 1841; — Francis Lancelott, The queens of England and their times: from Matilda, Queen of William the Conqueror, to Adelaide, Queen of William the Fourth. New York 1858; — Paul M. Kendall, Richard III. König von England. Mythos und Wirklichkeit. München 1957; — Barbara Softly, The Queens of England. Newton Abbot 1976; — Norah Lofts, Queens of Britain. London 1977 auch Queens of England. New York 1977; — A. F. Sutton, The Death of Queen Anne Neville. in: J. Petre (Hrsg.), Richard III: Crown and People. Gloucester 1985; — Alison Weir, The Princes in the Tower. New York 1992; — Petronelle

Cook, Queen Consorts of England: The Power behind the Throne. New York 1993; — Michael Hicks, Warwick the Kingmaker. Oxford 1998; — Ders, Richard III. Stroud 2000; — Ders., Anne Neville. Queen to Richard III., Stroud 2007; — J. L. Chamberlayne, English Queenship 1445-1503 Diss. (York) 1999; — Joanna L. Laynesmith, The last medieval queens: English queenship 1445-1503. Oxford 2004.

Regina-Bianca Kubitscheck

ANTHONY, Susan Brownell, * 15.2. 1820 in South Adams (Massachusetts), † 13.3. 1906 in Rochester (New York). Feministin, Suffragette, Quäkerin. — Susan Brownell Anthony wurde als zweites von acht Kindern des Paares Daniel und Lucy Read Anthony 1820 auf einer Farm in South Adams geboren. Die Familie gehörte tendenziell zu der Richtung der »Hicksite Friends«, einer speziellen Richtung des Quäkertums. Da ihr Vater, ein Quäker, eine Nichtquäkerin heiratete, wurde ihm die Mitgliedschaft aberkannt, jedoch konnte er weiterhin mit seiner Familie die Quäkerandachten besuchen. Schon mit drei Jahren konnte Susan Anthony angeblich Lesen und Schreiben. 1826 zog die Familie nach Battenville (New York), wo Anthony erstmals die Schule besuchte und dann bis 1837 am Deborah Moulson's Female Seminary in Philadelphia eine Ausbildung als Lehrerin absolvierte. 1839 zog die Familie nach Hardscrabble (New York), und im gleichen Jahr begann Anthony am Eunice Kenyon's Friends' Seminary in New Rochelle (New York) zu unterrichten. 1846 wurde sie Leiterin der Frauenabteilung der Canajoharie Akademie, wo sie zwei Jahre lehrte. Als sie dagegen protestierte, daß Lehrerinnen nur ein Fünftel eines Lehrergehalts verdienten, wurde sie entlassen. 1849 entschloß sie sich, den wenig befriedigenden Lehrerberuf ganz aufzugeben und ihren Eltern auf der Farm zu helfen. — Auf der elterlichen Farm lernte sie Abolitionisten wie William Lloyd Garrison (1805-1879) oder Frederick Douglass (1818-1895) kennen. Um 1845 wurde sie in der Mäßigungsbewegung gegen den Alkohol aktiv, in der sie 1848 auf einer Veranstaltung der »Daughters of Temperance« ihre erste öffentliche Rede hielt. Ihre dortige Arbeit machte ihr klar, daß Politiker nur dann auf Anliegen von Frauen hören würden, wenn diese auch das Wahlrecht hätten. 1852 trat sie dem Woman Suffrage Movement bei, ein Jahr darauf gründete sie die »Women's New York State Temperance Society«. 1856 bis zum Bürgerkrieg war sie Agent der American Anti-Slavery Society für den Staat New York. Für ihre zentralen Anliegen, die Rechte der Frauen und die Beseitigung der Sklaverei, gab sie zahlreiche Vorträge in Nordamerika und England. 1866 war sie Mitbegründerin der »American Equal Rights Association«, und 1868 gründete sie die Zeitschrift »The Revolution«, die sie drei Jahre lang herausgab, bis sie sich mit diesem Unternehmen hoch verschuldet hatte und sechs Jahre ihre Einnahmen zur Schuldentilgung verwenden mußte. 1869 war sie Mitbegründerin der National American Woman Suffrage Association (NWSA), deren Vizepräsidentin sie 1887 wurde und in der sie von 1892 bis 1900 als Präsidentin fungierte. — 1873 wurde sie in einem Schauprozeß wegen eines ein Jahr zuvor begangenen Hausfriedensbruchs, um zur Wahl zugelassen zu werden, zu einer Haftstrafe und einhundert Dollar verurteilt, die sie nie bezahlte. Zwar wurde Susan Anthony wegen ihrer Anliegen und ihrer spektakulären Aktionen persönlich lächerlich gemacht, doch ihre Anliegen gegen Ende des 19. Jahrhunderts mehr und mehr ernst genommen. Kontinuierlich brachte sie Jahr für Jahr die Frage des Frauenwahlrechts vor den Kongreß. 1900 gelang es ihr, die Universität Rochester (New York) dazu zu bewegen, Frauen zum Studium zuzulassen. Zehn Jahre zuvor war sie ins Board of Trustees der Rochester State Industrial School gewählt worden, wo sie sich für Bildungsmöglichkeiten von Frauen stark machte. Parallel dazu begann sie ab den 1880er Jahren, an der vierbändigen »History of Woman Suffrage« mitzuarbeiten, angeregt auch durch den Umstand, daß bislang in amerikanischen Geschichtsbüchern Frauen kaum vorkamen. — Eine lebenslange enge Freundschaft hielt sie mit Elizabeth Cady Stanton (1815-1902), einer militanten Feministin, die Anthony zu kompromißlosem und aggressivem Vorgehen anhielt. Dies wiederum führte zu Schwierigkeiten mit dem Anspruch der Quäker, Anliegen friedlich und bescheiden zu verfolgen. Zu ihrer Zeit wurde Anthony von den Quäkern wenig geschätzt, doch nach ihrem Tode bis heute als leuchtendes Vorbild idealisiert. Anthony selbst besuchte allerdings ab 1850 die Quäkerandachten nicht mehr, sondern hielt sich zu den Unitariern. In späteren Lebensjahren distanzierte sie sich von jeder Form organisierter Religion. — Eine Ehe, für Anthony eine andere Form der Sklaverei, oder eine außereheliche Beziehungen ist sie nicht eingegangen, sondern sie lebte mit »Sister Mary« auf ihrem Anwesen in Rochester. Ihre im Grunde sexualfeindliche Haltung zeigte sich am deutlichsten bei einer Rede 1875 in Chicago, während der sie sich gegen jede Form von Prostitution wandte, darunter auch die Ehe verstand, jedoch den Schwangerschaftsabbruch scharf verurteilte. — Anthony verstarb an Herzversagen in ihrem 86. Lebensjahr 1906 in Rochester und wurde auf dem dortigen Mt. Hope Friedhof bestattet. Dies war sechzehn Jahre vor Einführung des Frauenwahlrechts in den USA, das zum größten Teil ihr bleibender Verdienst ist. Bis zuletzt war sie unentwegt in Sachen Frauenrechte aktiv. Jährlich reiste sie bis zu 13.000 Meilen und gab an die hundert Reden. Noch 1902 reiste sie nach England und 1904, bereits eine lebende Legende, stand sie dem »Internationalen Council of Women« in Berlin vor und wurde Ehrenpräsidentin der »International Woman Suffrage Alliance«. Noch wenige Monate vor ihrem Tod traf sie in Washington mit dem Präsidenten Theodor Roosevelt (1858-1919) in Sachen Frauenwahlrecht zusammen. — Als erste historische weibliche Persönlichkeit wurde ihr Portrait für eine US-amerikanische Münze ausgewählt, als 1979 erstmals der »Susan B. Anthony Dollar Coin« geprägt wurde. 1966 wurde ihr ehemaliges Wohnhaus zum »National Historical Landmark« deklariert.

Werke: Old school covenanters again. In: Liberator, XXVIII, 19, 1858, 73-76; Appeal to the women of New York. (New York 1860); Memorial of Elizabeth Cady Stanton, Isabella Beecher Hooker, Elizabeth L. Bladen, Olympia Brown, Susan B. Anthony, and Josephine L. Griffing, to the Congress of the United States, and the arguments thereon before the judiciary committee of the U.S. Senate. Washington 1872. Woodbridge (1977) (History of Women, no.8818); Woman suffrage questions. U.S. circuit vs. S. B. Anthony. Lockport (1873). New Haven 1977 (History of Women, reel 362, no.2501); An account of the proceedings on the trial of Susan B. Anthony on the charge of illegal voting, at the presidential election in Nov. 1872, and on the trial of Beverly W. Jones, Edwin T. Marsh and William B. Hall, the inspectors of election by whom her vote was received. Rochester 1874. New York 1974. New Haven 1976 (History of Woman, reel 362, no.2500). Union 2002. Clark 2004; Anthony, Susan; Stanton, Elizabeth Cady; Gage, Matilda Joslyn (Hrsg.): History of woman suffrage. VI. Bde. New York 1881-1922. ND New York 1969; The status of woman, past and present, and future. In: The Arena, XVII, 5, 1897, 901-908; Address by Susan B. Anthony. In: Friends' Intelligencer and Journal, LIV, 34, 1897, 588-589; Woman's half-century of evolution. In: North American Review, CLXXV, 6, 1902, 800-810; Anthony, Susan B.; Harper, Ida H.: Status of woman at the close of nineteenth century. Introduction to volume IV of the history of woman suffrage, 1883-1900. New York (1904); Dubois, Ellen Carol (Hrsg.): Elizabeth Cady Stanton, Susan B. Anthony: Correspondence, writings, speeches. New York 1981; Anthony, Susan; Stanton, Elizabeth Cady: The woman's centennial agenda, 1876: ‚Guaranteed to us and our daughters forever'. In: Kerber, Linda K.; de Hart, Jane Sherron (Hrsg.): Woman's America. Refocusing the past. New York 1987. New York 1995[4]. New York 2004[5]. New York 2004[6], 265-267; Dubois, Ellen Carol (Hrsg.): The Elizabeth Cady Stanton - Susan B. Anthony Reader. Correspondence, writings, speeches. Boston 1992. Boston (1997[2]); Sheer, Lynn (Hrsg.): Failure is impossible. Susan B. Anthony in her own words. New York 1995; Anthony, Susan B.; Stanton, Elizabeth Cady; Gage, Matilda: The Seneca Falls Convention from the History of Woman Suffrage, 1881. In: Wheeler, Marjorie Spruill (Hrsg.): One woman, one vote. Rediscovering the Woman Suffrage Movement. Troutdale 1995, 37-44; Gordon, Ann D. (Hrsg.): The selected papers of Elizabeth Cady Stanton and Susan B. Anthony. Bde. IV. New Brunswick 1997-2006; Women's right to vote. In: Ravitch, Diane (Hrsg.): The American reader. Words that moved a nation. New York 2000, 277-284; The status of woman, past and present, and future. In: Smith, Susan Harris; Dawson, Melanie (Hrsg.): The American 1890s: A cultural reader. Durham 2000, 134-142; Suffrage and the working woman. In: Gottheimer, Josh (Hrsg.): Ripples of hope: Great American civil right speeches. New York, um 2003, 98-102; Speech on woman's rights. In: Willis, Clint; May, Nathaniel (Hrsg.): We are the people. Voices from the other side of American history. New York, um 2003, 168-182; Appeal to the National Democratic Convention (1868). In: McCarthy, Timothy Patrick; McMillian John (Hrsg.): The radical reader. A Documentary history of the American radical tradition. New York 2003, 188-190.

Bibliographien: Gordon, Ann D.: Anthony, Susan B. In: ANB, I, 1999, 550.

Lit. (Auswahl): Anthony, Susan B. In: Drake, Francis Samuel: Dictionary of American Biography. Including men of the time, containing nearly ten thousand notices of persons of both sexes, of native and foreign birth, who have been remarkable, or prominently connected with the arts, sciences, literature, politics, or history of the American continent. Giving also the pronunciation of many of the foreign and peculiar American names, a key to the assumed names of writers, and a supplement, I. Boston 1870, 30-31. ND Ann Arbor 1971, 30-31; — Selden, Henry R.: Right of women to vote. Argument of Henry R. Selden in behalf of Susan B. Anthony, on Habeas Corpus, before the Hon. N. K. Hall, U. S. District Judge for the Northern District of New York, at Albany, January 21. O.O., 1873; — Hanaford, Phebe A.: Daughters of America. Or, women of the century. Boston 1883; — Anthony, Susan B. In: Barrows, Charles Mason: Acts and anecdotes of authors. Facts for every reader about prominent American books, authors, and publishers, English books and authors, popular transactions, dramas, operas, etc. Boston 1887, 38-39; — Anthony, Susan Brownell. In: Appletons Cyclopaedia of American Biography. Hrsg. von James Grant Wilson, John Fiske, II. New York 1888, 82; — Anthony (Susan Brownell). In: Wheeler, Joseph Mazzini: A biographical dictionary of freethinkers of all ages and nations. London 1889, 18; — Anthony, Susan Brownell. In: The National Cyclopaedia of American Biography. Being the history of the United States. As illustrated in the lives of the founders, builders, and defenders of the republic, and of the men and women who are doing the work and moulding the thought of the present time, IV. New York 1893, 403-404; — Anthony, Miss Susan B. In: Willard, Frances; Livermore, Mary A. (Hrsg.): A Woman of the Century. Fourteen hundred-seventy biographical sketches accompanied by portraits of leading American women in all walks of life, I. Wells Moulton 1893, 30-31. ND New York 1975, 30-31; — Anthony, Susan B. In: Memorial and biographical record. An illustrated compendium of biography, containing a compendium of local biography, including biographical sketches of hundreds of prominent old settlers and representative citizens of South Dakota with a review of their life work. Chicago 1897, 62; — Camden Pratt, A. T.: Anthony (Susan Brownell). In: People of the Period. Being a collection of the biographies of upwards of six thousand living celebrities. London 1897, 38; — Harper, Ida Husted: The life and work of Susan B. Anthony. Including public addresses, her own letters and many from her contemporaries during 50 years. A story of the evolution of the status of woman. Bde. II. Indianapolis 1898-1899; — Hargett, Joseph Bryant: New discoveries in palmistry. A complete and practical work for the student and the public on the science of the hand, with the rules and experience of the author in his practical hand-reading, the American and natural system of palmistry by Prof. J. B. Hargett. Containing one hundred and nine full-page illustrations and a thousand engravings of lines, mounts, marks, combinations, and signs used by the author in living hands. Many reproductions of famous hands, taken from life, besides abnormal types and illustrations. Some of the well known hands are Paderewski, Ian MacLaren, (...) William E. Gladstone, Frank Leslie, Rivardy, (...) Chauncey M. Depew, Elizabeth Cady Stanton, Susan B. Anthony, (...) Fitzhugh Lee, Florence Clinton Sutro, Sarah Bernhardt, Mme. Nordica, Mark Twain, and many other distinguished persons. London 1900; — Susan B. Anthony's birthday. In: Friends' Intelligencer, LVIII, 10, 1901, 159; — Anthony, Susan Brownell. In: Lossing, Benson John: Harper's Encyclopaedia of United States History. From 458 A.D. to 1902. Based upon the plan of Benson John Lossing, I. New York 1902, 180; — Anthony, Susan Brownell. In: Elliott, Mary Eviria; Stimpson, Mary A.; Hoyt, Martha Saevey: Representative women of New England. Boston 1904, 369-374; — Harper, Ida H.: Susan B. Anthony. The woman and her work. In: North American Review and Miscellaneous Journal, CLXXXII, 4, 1905, 604-616; — Douthit, Mary Osborn (Hrsg.): The souvenir of western women. Portland 1905; — The first woman suffrage convention. In: Friends' Intelligencer, LXIII, 13, 1906, 202-203; — Morris, Charles: Heroes of progress in America. Philadelphia 1906. Philadelphia 1919²; — Anthony, Susan Brownell. In: Smith, Benjamin E(li) (Hrsg.): The Century Cyclopedia of Names. A pronouncing and etymological dictionary of names in geography, biography, mythology, history, ethnology, art, archaeology, fiction, etc., etc., etc. ND New York 1906, 62; — Anthony, Susan B. In: Herringshaw's National Library of American Biography. Contains thirty-five thousand biographies of the acknowledged leaders of life and thought of the United States. Illustrated with three thousand vignette portraits. Complete in five volumes, including every name of eminence produced by this great republic since its formation to the present time, I. Chicago 1909, 139; — Horton, Edith: A group of famous women. Stories of their lives. Boston (1914); — Wyman, Lillie Buffum Chace; Wyman, Arthur Crawford: Elizabeth Buffum Chace. 1806-1899. Her life and its environment. Bdd.II. Boston 1914; — Anthony, Susan Brownell. In: Smith, Benjamin E(li) (Hrsg.): The Century Cyclopedia of Names. A pronouncing and etymological dictionary of names in geography, biography, mythology, history, ethnology, art, archaeology, fiction, etc., etc., etc., VI. New York 1906. ND New York 1914, 1085 (The century dictionary and cyclopedia. A work of universal reference in all departments of knowledge with a new atlas of the world. In ten volumes); — Harper, Ida Husted: Suffrage and a woman's century. In: North American Review, CCII, 1915, 730-735; — The triumph of woman suffrage. Ratification of nineteenth amendment by the thirty-sixth state ends a campaign of seventy-two years. In: Current History and Forum, XIII, 1, 1920, 138-144; — Susan. B. Anthony. Born February 15th, 1820; died March 12th, 1906. In: Friends' Intelligencer, LXXVII, 6, 1920, 81-83; — Field, Sara Bard: The speech of Sara Bard Field, presenting to Congress on behalf of the women of the nation, the marble busts of three suffrage pioneers, Lucretia Mott, Elizabeth Stanton Cady (!), Susan Brownell Anthony. (San Francisco) 1921; — Stanton Blatch, Theodore (Hrsg.): Elizabeth Cady Stanton as revealed in her letters, diary and reminiscences. New York 1922; — Bolton, Sarah Knowles: Lives of girls who became famous. New York, um 1925; — Dorr, Rheta Childe: Susan B. Anthony. The woman who changed the mind of nation. New York 1928. ND New York 1970; — Starr, Harris Elwood: Anthony, Susan Brownell. In: DAB, I, 1928, 320-321; — Anthony, Susan Brownell. In: Funk and Wagnalls new standard encyclopedia of universal knowledge. Prep. under the ed. direction of Frank H. Vizetelly, I. New York 1931, 436; — Denisol, Merrill: The U.S. vs. Susan B. Anthony. Play in one act. New York, um 1940; — Lutz, Alma: Created equal. A biography of Elizabeth Cady Stanton, 1815-1902. New York (1940); — Anthony, Susan B.(rownell). In: Hart, James David: The Oxford companion to American literature. Oxford 1941, 33. Oxford 1944², 33; — Anthony, Susan Brownell. In: Webster's Biographical Dictionary. A dictionary of names of noteworthy persons with pronunciations and concise biographies. London 1943, 52; — McKelvey, Blake: Susan B. Anthony. In: Rochester History, VII, 2, 1945, 1-24; — Horn Breul, Florence: Susan B. Anthony. Champion of women's rights. New York 1947; — May, Arthur: Susan B. Anthony: Perspective on a Pioneer. In: New York History. Proceedings of the New York State Historical Association, XXVIII, 2, 1947, 180-190; — Fenner, Mildred Sandison; Fishburn, Eleanor Craven: Susan B. Anthony, apostle of freedom. Washington (1947) (Personal Growth Leaflet, LXXXVIII); — Burnett, Constance Buel: Five for freedom:

Lucretia Mott, Elizabeth Cady Stanton, Lucy Stone, Susan B. Anthony, Carrie Chapman Catt. New York 1953. New York 1968[2]; — Lutz, Alma: Susan B. Anthony and John Brown. In: Rochester History, XV, 3, 1953, 1-16; — Longwell, Marjorie R.: Susan B. Anthony. A playlet in the three scenes for schools, colleges, woman's clubs, and churches. New York 1954; — Anthony, Katharina: Susan B. Anthony. Her personal history and her era. Garden City 1954. New York 1975[2]; — Monsell, Helen Albee: Susan Anthony. Girl who dared. Indianapolis (1954). Indianapolis 1960[2]; — Lutz, Alma: Susan B. Anthony. Rebel, crusader, humanitarian. Washington 1959; — Lyon, Peter: The herald angels of woman's rights. In: American Heritage, X, 6, 1959, 18-21, 107-111; — Kugler, Israel: The trade union career of Susan B. Anthony. In: Labor History, II, 1, 1961, 90-100; — Riegel, Robert E.: The split of the feminist movement in 1869. In: Mississippi Valley Historical Review, XLIX, 3, 1962, 485-496; — Riegel, Robert Edgar: American feminists. Lawrence 1963; — Riegel, Robert Edgar: »Womans's rights and other ,reforms' in Seneca Falls«. A contemporary view. In: New York History. The quarterly journal of the New York State Historical Association, XLVI, 1, 1965, 41-59; — Douglas, Emily Taft: Remember the Ladies. The story of great women who helped shape America. New York 1966; — Flexner, Eleanor: Century of struggle: The woman's rights movement in the United States. New York 1968; — Lutz, Alma. Crusade for freedom. Women of the antislavery movement. Boston 1968; — Lutz, Alma: Susan B. Anthony. In: James, Edward T.; Wilson James, Janet; Boyer, Payl (Hrsg.): Notable American women, 1607-1950: A biographical dictionary, I. Cambridge, Mass. 1971, 51-57; — Starr, Isidore: Susan B. Anthony. In: Great American liberals. New York 1971, 97-108; — Kolmer, Elizabeth: Nineteenth century woman's rights movement. Black and white. In: Negro History Bulletin, XXXV, 8, 1972, 178-180; — Papachristou, Judith: Women together. A history in documents of the women's movement in the United States. New York 1976; — DuBois, Ellen Carol: Feminism and suffrage: The emergence of an independent women's movement in America, 1848-1869. Ithaca 1978; — Flexner, Eleanor: Hundert Jahre Kampf. Die Geschichte der Frauenrechtsbewegung in den Vereinigten Staaten. München 1978; — Hersh, Blanche Glassman: Slavery of sex. Feminist-abolitionists in America. Urbana 1978; — Jo, Mari; Buhle, Paul (Hrsg.): The concise history of woman suffrage. Selections from the classic work of Stanton, Anthony, Gage, and Harper. Urbana 1978. Urbana 2005[2]; — Manning, Beverley: Index to American women speakers, 1828-1978. Metuchen 1980; — Klotter, James C.: Sex, scandal, and suffrage in the gild age. In: The Historian. A journal of history, XLII, 2, 1980, 225-243; — Sherrick, Rebecca L.: Toward universal sisterhood. In: Women's Studies International Forum, V, 6, 1982, 655-661; — McKelvey, Blake: Susan B. Anthony's hometown trials. An historical play depicted episodes from Miss Anthony's life in Rochester between 1845 and 1900. In: Rochester History, XLIV, 3, 1982, 1-14; — Boller, Paul F.: Presidential campaigns. Oxford 1984; — Blocker, Jack S.: Separate paths: Suffragists and the women's temperance crusade. In: Signs. Journal of women in culture and society, X, 3, 1985, 460-476; — Barry, Kathleen: Susan B. Anthony: A biography of a singular feminist. New York 1988. New York 1988[2]. Bloomington 2000[3]; — Plakas, Rosemary Fry: Social science sources in the Library of Congress Rare Book Special Collections Division. In: Social Science Journal, XXV, 1, 1988, 105-110; — Weisberg, Barbara: Susan B. Anthony. Woman suffragist. Philadelphia 1988; — Evans, Sara M.: Born for liberty. A history of women in America. New York 1989; — Edwards, G. Thomas: Showing good seeds. The northwest suffrage campaigns of Susan B. Anthony. Portland 1990; — Archer, Jules: Breaking barriers: The feminist revolution from Susan B. Anthony to Margaret Sanger to Betty Friedan. Viking 1991; — Wellman, Judith: The Seneca Falls Women's Rights Convention. A study of social networks. In: Journal of Women's History, III, 1, 1991, 9-37; — Bacon, Margaret Hope: The night they burned Pennsylvania Hall. A chapter in the struggle for the liberation of slaves and women. Philadelphia 1992; — Roethke, Gisela: M. F. Anneke: Eine Vormärzkämpferin für Frauenrechte in Deutschland und in den Vereinigten Staaten. In: Yearbook of German-American Studies, XXVIII, 1993, 33-51; Blumberg, Rhoda: Bloomers! New York 1993; — Alonso, Harriet Hyman: Peace as women's issue. A history of the U.S. movement for world peace and women's rights. Syracuse 1993; — Sheer, Lynn; Kazickas, Jurate: Susan B. Anthony slept here. A Guide to American Woman's Landmarks. New York 1994; — Van Wagenen, Lola: Sister-wives and suffragists. Polygamy and the politics of woman suffrage, 1870-1896. Dissertation New York University 1994; — Freiday, Dean: Quakers, ecumenism, and the WCC. In: The Ecumenical Review, LXVI, 4, 1994, 413-419; — Rossi, Alice S.: A feminist friendship: Elizabeth Cady Stanton and Susan B. Anthony. In: Wheeler, Marjorie Spruill (Hrsg.): One woman, one vote. Rediscovering the woman suffrage movement. Troutdale 1995, 45-60; — Rosenberg-Naparsteck, Ruth: Failure is impossible. The legacy of Susan B. Anthony. In: Rochester History, LVII, 4, 1995, 1-28; — Lienert, Eva Maria: Im Schatten der Demokratie. Susan B. Anthony und ihr Kampf ums Frauenwahlrecht. In: Praxis Geschichte, XI, 6, 1997, 42-46; — Harper, Judith E.: Susan B. Anthony. A biographical companion. Santa Barbara 1998; — Ventura, Varla: Sheros. Bold, brash, and absolutely unabashed superwomen. From Susan B. Anthony to Xena. Berkeley 1998; — Ward, Geoffrey C.: Not for ourselves alone. The story of Elizabeth Cady Stanton and Susan B. Anthony. An illustrated history, based on a documentary film by Ken Burns and Paul Barnes, written by Geoffrey C. Ward, with a preface by Ken Burns. Introduction by Paul Barnes and contributions by Martha Saxton, Ann D. Gordon, Ellen Carol DuBois. New York 1999; — Gordon, Ann D.: Anthony, Susan B. In: ANB, I, 1999, 547-550; — McFadden, Margaret: Golden cables of sympathy. The tansatlantic sources of nineteenth-century feminism. Lexington 1999; — Pellauer, Mary D.: Toward a tradition of feminist theology. The religious social thought of Elizabeth Cady Stanton, Susan B. Anthony, and Anna Howard Shaw. New York 1999 (Chicago Studies in the History of American Religion, XV); — Anderson, Bonnie S.: Joyous Greetings: The first international women's movement, 1830-1860. Oxford 2000; — Sklar, Kathryn Kish: Women's rights emerges within the anti-slavery movement, 1830-1870. A brief history with documents. Boston 2000; — Speicher, Anna M.: The religious world of antislavery women. Spirituality in the lives of five abolitionist lecturers. Syracuse 2000; — Durham, Leslie Atkins: A pop parade of American fantasy. Staging national identity in the mother of us all. In: Journal of Dramatic Theory and Criticism, XVI, 2, 2002, 33-46; — The trial of Susan B. Anthony. With an introduction by Lynn Sherr. Amherst 2003; — Chijioke, Mary Ellen: Anthony, Susan Brownell. In: Abbott, Margery Post; Chijioke, Mary Ellen; Dandelion, Pink; Oliver, John W. (Hrsg.): Historical Dictionary of the Friends (Quakers). Lanham 2003, 10 (Religions, Philosophies, and Movements Series, XLIV); — Grube, Melinda: Belief and unbelief among nineteenth-century feminists. The dark side of Susan B. Anthony. In: Free Inquiry, XXIII, 3, 2003, 44-46; — Penney, Sherry H.; Livingston, James D.: A very dangerous woman: Martha Wright and women's rights. Amherst 2004; — Mobley, Kendal: Susan B. Anthony and Helen Barrett Montgomery. An intergenerational feminist partnership. In: Baptist History and Heritage, XL, 3, 2005, 80-91; — Brigance, Linda Czuba: Ballots and bullets. Adapting women's rights arguments to the conditions of war. In: Woman and Language, XXVIII, 1, 2005, 1-7; — Ginzberg, Lori D.: Untidy origins. A story of woman's rights in antebellum New York. Chapel Hill 2005; — Baker, Jean H. Sisters: The lives of America's suffragists. New York 2005; — Garland, Libby: Irrespective of race, color or sex. Susan B. Anthony and the New York State Constitutional Convention of 1867. In: Magazine of History, XIX, 2, 2005, 61-65; — Pérez-Bernardo, Maria Luisa: La mujer del povenir en la obra de Susan B. Anthony y Emilia Pardo Bazán. In: Espéculo. Revista de estudios literarios, XXX, 2006, o.S.

Claus Bernet

APELLES von Löwenstern auf Langenhof, Matthäus (Matthäus Apelt), * 20.4. 1594 in Neustadt/ Oberschlesien (Fürstentum Oppeln, poln. Prudnik), † 11.4. 1648 in Breslau (poln. Wroclaw), Dichter, Komponist und Musiker des 17. Jahrhunderts. — Matthäus Apelt (Appelt) war der Sohn eines Sattlermeisters in Neustadt (Fürstentum Oppeln). 1610-1613 (1614?) ermöglichte ihm sein Vater den Besuch des Gymnasiums in Brieg (poln. Brzeg). Von 1613-1625 soll er zunächst in seiner Heimatstadt, dann in Leobschütz (Glubczyce) als Lehrer und Kantor im Kirchen- und Schuldienst gestanden haben. In diese Zeit fiel seine Eheschließung mit Martha Adam. In den Wirren des Dreißigjährigen Krieges verließ M.A. 1625 die Heimat. Von Herzog Heinrich Wenzel von Münsterberg-Oels wurde er zum Sekretär und Kirchenmusikdirektor (»Fürstlich Oelsscher Rentmeister und Hofkapellmeister«) mit Sitz in Bernstadt (Bierutów/ Schlesien) berufen. Die Gunst des Herzogs, der ein Förderer der Musik war, ließ ihn seine anfängliche Abneigung gegen den Hofdienst verlieren und er stieg in immer höhere Ämter auf. Bald unterstand ihm das gesamte Schulwesen, er übernahm die Leitung der Kanzleigeschäfte, des Sekretariates, des Steueramtes und der Kämmerei. Kaiser Ferdinand II. (1619-1637) verlieh ihm den Titel »Kaiserlicher Rat« und erhob ihn 1634 als Apelles von Löwenstern in den Adelsstand. Beide Würden wurden von Kaiser Ferdinand III. (1637-1657) bestätigt. Die erste Ehefrau, Martha Adam, starb 1636. 1637 vermählte er sich in zweiter Ehe mit der Witwe seines Amtsvorgängers Ernst Lange, Barbara von Tarnau und Kühschmalz. Damit gelangte das dicht bei Bernstadt gelegene Gut Langenhof (Karwiniec) in seinen Besitz. Die Bernstädter Jahre bedeuteten äußerlich einen Höhepunkt von M.A.'s Leben: der frühere vertriebene Handwerkerssohn und Kantor gelangte dort in die höhere, gebildete Gesellschaft und materiell sorgenfreie Verhältnisse. Er wirkte als Chorleiter, Dirigent und Sänger in großen Festgottesdiensten. So sang er solistisch z.B. bei der Aufführung einer Auferstehungshistorie (vermutlich von Heinrich Schütz) in der Bernstädter Stadtkirche (überliefert bei Scherffer 1652, Abdruck bei Epstein, S. 32ff). M.A. schuf vor allem zu dieser Bernstädter Zeit seine meist zweckbestimmten Kompositionen: geistliche Lieder (Texte und Melodien), Motetten, Chöre, geistliche Konzerte und andere Werke. Für seine Lehrertätigkeit arbeitete er einen Choral von Melchior Franck zum dreistimmigen Bergwerkslied für Schulzwecke um. Die meisten Kompositionen wurden nie veröffentlicht, obwohl die Werke zu seiner Zeit sehr populär waren. — Nach dem Tod von Herzog Wenzel 1639 wurde die Regierung von Bernstadt nach Breslau verlegt. M.A. lebte wohl ab 1640 ebenfalls in Breslau, wo er bald zum Mittelpunkt eines Kreises von wichtigen und gebildeten Männern aus Schule, Kirche und Politik wurde. In der St.-Bernhardin-Kirche ließ er einen Chor erbauen (»Apelles-Chor«, 1807 entfernt), um dort ein aus seinem Privatbesitz stammendes Orgelwerk mit 18 Registern aufstellen zu lassen (»Apelles-Orgel«). Er galt als hervorragender Organist und soll selbst oft darauf gespielt haben. In seiner Breslauer Zeit betätigte sich M.A. vor allem als Dichter und Gelehrter, die Musik trat in seinem Schaffen zurück. Von großem Wert für Erkenntnisse über das Breslauer Leben von M.A. sind die Tagebücher des Elias Major (1588-1669), einem seiner Freunde und Teilnehmer an den gelehrten Treffen in seinem Hause. — M.A. starb am 11. April 1648 in Breslau mit 54 Jahren an der Gicht und wurde in der Kirche St. Maria Magdalena beigesetzt. Mehr als dreißig Dichterkollegen schrieben Trauergedichte, in denen sie den großen Verlust beklagten. — Im schlesischen Geistesleben hat M.A. eine bedeutende Rolle gespielt. Dem jungen Dichter Andreas Tscherning (s.d.) wurde er zum väterlichen, großzügigen Gönner und Förderer, von diesem wurden ihm unzählige Gedichte gewidmet, z.B. 1641(1644?) eine Ode zum Namenstag sowie 1642 seine Sammlung »Deutscher Getichte Früling«. Mit dem schlesischen Mystiker Daniel Czepko (s.d.) war M.A. eng verbunden. Er pflegte eine umfangreiche Korrespondenz mit vielen Gelehrten und Dichtern und veranlaßte literarische Kontakte (z.B. zwischen Georg Philipp Harsdörffer - s.d. — und Tscherning). Die Briefe von M.A. sind verloren, so daß sein bedeutender Einfluß auf das geistige und literarische Leben in Schlesien nur aus den Antwortbriefen erschlossen werden kann. Darin wird auch von den in seinem Haus häufig stattfindenden gesellige Treffen und gelehrten Runden mit Mitgliedern der Bildungsschicht von Breslau und Schlesien berichtet. — In seinen Gedichttexten, die auf Martin Opitz' (s.d.) Poetik basieren, verwendete M.A. meisterhaft antike Versmaße und Strophenformen, ohne daß die volkstümliche Sprache seiner Dichtung darunter litt. Die dreißig »Geistlichen Lieder« (1641 bzw. 1644 unter dem Titel »Frühlingsmaien« erstmals erschienen) wurden in die seit 1644 in Breslau wiederholt erscheinende »Kirchen- und Hausmusik« aufgenommen. In diesen Gedichten übertrug M.A. erstmalig antike Versmaße auf deutsche Kirchenlieder. Das heute vergessene Lied »Ich sehe mit Wonne die güldene Sonne bricht wieder herein« wird als die erste daktylische Liedstrophe bezeichnet. Seine Kirchenlieder verfaßte M.A. nach eigener Aussage einzig zur Ausbreitung göttlicher Ehre und zur Erbauung seiner Kirche und ihrer Glieder. Auch das Leid der Menschen im Dreißigjährigen Krieg vergegenwärtigte M.A. in seinen Texten. — Im evangelischen Gesangbuch (EG) sind heute noch zwei Werke aus dieser Sammlung von 1644 enthalten. Das Lied von Johann Heermann (s.d.) »Herr, unser Gott, laß nicht zuschanden werden...« (EG 247) wird auf eine Melodie von M.A. gesungen. Der eigentlich dazugehörige Text von M.A., das Bittlied »Christe, du Beistand deiner Kreuzgemein« (sapphische Ode), war im früheren evangelischen Kirchengesangbuch (EKG 212) enthalten. Dieses Lied diente einigen Zeitgenossen, zum Beispiel Czepko, als Vorbild für eigene Lieder. Außerdem singt man bis heute das Loblied »Nun preiset alle Gottes Barmherzigkeit« (EG 502), bei dem sowohl Text (alkäische Ode mit sapphischer Strophenform) als auch Melodie von M.A. stammen. — Die Melodien im »Frühlingsmaien« schuf M.A. bis auf wenige Ausnahmen selbst, dazu zwei-, drei- und vierstimmige Sätze bzw. eine Solostimme mit unbeziffertem Baß. Johann Sebastian Bach hat sieben Melodien von ihm in seinen Kantaten verarbeitet (BWV 275, BWV 341, BWV 378, BWV 391, BWV 408, BWV 411, BWV 427). — Zum Drama »Judith« von Martin Opitz komponierte er unter dem Pseudonym »Matthaeo Leonastro de Longueville« elf Chöre, dreistimmig mit einem Solo-Tenor und Basso Continuo. Den Schlußchor unterlegte er mit seiner Choralweise »Wenn ich in Angst und Not«. — Zum Tod der Herzogin von Oels dichtete und komponierte er »Haus- und Trauergesänge«, die 1644 ebenfalls in der »Kirchen- und Hausmusik« aufgenommen wurden. Außerdem sind diverse Huldigungsgedichte an adlige Gönner erhalten. — Die beste musikalische Leistung von M.A. sind die Weisen für seine geistlichen Lieder, die sich in Schlesien rasch ausbreiteten. Die größeren Chorkompositionen im italienischen Stil sind durchschnittlich, »das satztechnische Können reicht für eine überlegene Bearbeitung der meist durch einen guten Sprachrhythmus ausgezeichneten Werke nicht aus« (siehe Steinitz und Epstein, S. 41). Die Melodien der Choräle sind dem gottesdienstlichen Zweck angepaßt und verzichten auf kunstvolle Wendungen. — M.A. war ein hochgebildeter Dichter und Literat, der sich vor allem um die Anwendung antiker Vers- und Strophenformen in deutschen Texten verdient machte. Er war einflußreich und angesehen im damaligen Geistesleben in Schlesien. Wegen des vergleichsweise kleinen poetischen und musikalisch durchschnittlichen Werkes sowie des Gelegenheitsbezugs der meisten Werke ist seine Bekanntheit regional und zeitlich beschränkt geblieben. Eine Ausnahme bilden die beiden Lieder, die im heutigen evangelischen Gesangbuch noch enthalten sind, und die Melodiebearbeitungen durch J.S. Bach. Texte und Musik M.A.'s sind mehrheitlich nicht ediert und kaum Gegenstand der Forschung.

Werke: Warttenbergisches Heyrath Schiflein/ zu Ehren Dem Hoch- und Wolgebornen Herren/ Herrn Johanni Georgen/ Herrn zu Warttenbergk/ deß Königreichs Böhaim Obristen Erbschencken ... Allegorisch verfertiget und mit einem dreystimmigen Concert adorniret ...[O.O. O.J., ca. 1630]; — Desiderium Pacis : Distichis Eteologicis referens Annum Epochae Christianae 1643. ... Rostock 1643; Breslau 1643; Nürnberg 1643; — Apotheosis Melusinae [Breslau 1643] (= Stadtbibliohek Breslau, Handschrift R 402, Blatt 629, Abdruck bei Epstein, S. 29f); —Früelings-/Mayen. Von dreyssig/ in einem Hauß-/gärtlein auffgewachsenen/ doch et-/was zu früe abgebrochenen / Blumen/... durch Einen Liebhaber der Geistlichen/ Garten-gesellschaft ... [Breslau?, 1644], 2. verbesserte Auflage, Kiel 1678 (durch Johann Daniel Major, samt einer Lebensbeschreibung von M.A.) (= DKL I/1, 1644); — Symbola Oder Gedenck-Sprüche/ ... Herrn Carl Friedrichs/ Hertzogs zu Münsterberg ... Zusam[m]t noch etlichen/ absonders beygesetzten Geistlichen Oden..., [Breslau], [ca. 1644] [Neuauflage ca. 1680]; — Anonym: Weiche Mars und dein Soldat. In: Geistliche Kirchen- und Haus-Musik... Breslau 1644; — Geistliche/ Kirchen- vnd Hausz-Music;/ Darinnen außerlesene Gesänge / Psalmen vnd Hymni, auff die gewöhn-/liche Sonn- vnd Fest-Tage/ auch sonsten in / allerhand Anliegen nützlich zugebrauchen/ in gutter richtiger Ordnung begriffen... Breßlaw. [1644] (=DKL I/1, 1644; F.-T. I, 399f); — Hertzbrechende Klag-Lied-Reimen Uber dem Verlust der Haupt-Vestung Candiae : Candida, Candia, nunc est Candidata, & Turcico subiecta Imperio. eheu! [O.O. , ca. 1669].

Lit.: Scherffer von Scherffenstein, Wenzel: Der Götter und Göttinnen Prosopopoeische Lieder ... Uff daß Hochzeitlich: Ehrenfest (Titul) Herrn Matthaei Apellis von Löwenstern: und (Titul) Frauen Barbarae Gebornen von Tarnau und Kühschmaltz. Brieg [1637]; — Tedis Sacratis, Secundium-Secundis, vereq[ue] Auspicatis, Viri Nobilissimi, Strenui, Clarissimi, Dn. Matthaei Apellis A Löwenstern; ... Viduae, Sponsae, Berolstadii, 14. Ianuarii, 1637, celebratis, ita gratulantur Fautores, Collegae & Amici. Bratislava 1637; — Scherffer von Scherffenstein, Wenzel: 55 Der Götter und Göttinnen Hochzeit-Lieder. Geist- und Weltlicher Gedichte erster Teil, Brieg 1652; — Colerus [Köler], Christoph: Ehren-Geticht an den Wol Edlen ... Matthaeus Apelles von Loewenstern... alss er den 21. Herbstmonats dieses jtzt lauffenden 42sten Jahres seinen Nahmenstag begieng.... Breslau O.J. [1642]; — Tscherning, Andreas: New Jahrs-Postilion an den Wol Edlen ... Herren Matthaeus Apelles von Loewenstern... O.O. O.J. [1644]; — Koch, Eduard Emil: Geschichte des Kirchenliedes und Kirchengesangs III, Stuttgart [3]1867, 57-60; Fischer-Tümpel I, Das deutsche evangelische Kirchenlied des 17. Jahrhunderts, Gütersloh 1904, 338-348; — Steinitz, Hugo: Über das Leben und die Composition des Matthaeus Apelles von Loewenstern, (Diss.) Rostock 1892; — Epstein, Peter: Apelles von Löwenstern. Mit einer Neuausgabe der Chöre zu Martin Opitz' »Judith«. Breslau 1929 (=Schriften des Musikalischen Instituts bei der Universität Breslau. Hrsg. von Max Schneider) (mit Abdrucken aus unveröffentlichten Quellen); Handbuch zum evangelischen Kirchen-Gesangbuch, hrsg. von Chr. Mahrenholz und Oskar Söhngen, Bd. II,1: Lebensbilder der Liederdichter und Melodisten. Bearbeitet von Wilhelm Lueken, Göttingen 1957, 144ff (mit Bibliographie); — Kulp, Johannes (Hrsg.): Die Lieder unserer Kirche. Eine Handreichung zum evangelischen Kirchengesangbuch. In: Handbuch zum evangelischen Kirchengesangbuch, hrsg. von Arno Büchner, Siegfried Fornacon, Sonderband Göttingen 1958, 326; — Dörne, Martin: (Art.) Kirchenlied 1. In: RGG[3], III/ 1461, Tübingen 1959; Lueken, Wilhelm: (Art.) Matthäus Apelles von Löwenstern. In: RGG[3] , IV/ 431, Tübingen 1959; — Erb, Jörg: Die Wolke der Zeugen, IV/ 246ff, Kassel 1963; — Loscher, Klaus: Matthäus Apelles von Löwenstern. In: Handbuch zum evangelischen Kirchengesangbuch II: Komponisten und Liederdichter. Hrsg. von Wolfgang Herbst, Göttingen 1999, 24f; — Herbst, Wolfgang (Hrsg.): Wer ist wer im Gesangbuch? Göttingen [2]2001, 24f (mit Bibliographie); — Ratte, Franz Josef: Die musikalischen Werke des Matthäus Apelles von Löwenstern. In: Die oberschlesische Literaturlandschaft im 17. Jahrhundert, Bielefeld 2001 (=Tagungsreihe der Stiftung Haus Oberschlesien, Bd. 11), 364; — Schott, Christian-Erdmann: Apelles von Löwenstern, Matthäus. In: Schlesisches Musiklexikon, Institut für deutsche Musik im Osten e.V., hrsg. von Lothar Hoffmann-Erbrecht, Augsburg 2001, 12; — Schildhauer-Ott, Ruth: Der schlesische Dichterkreis des Barock und seine Bedeutung für das evangelische Kirchenlied, (Diss. Düsseldorf), Aachen 2004 (mit Bibliographie).

Ulrike Voigt

AUSLÄNDER, Rose (eig. Rosalie Beatrice Scherzer), Dichterin, * 11.5. 1901 in Czernowitz, † 3.1. 1988 in Düsseldorf. — A. wurde 1901 in Czernowitz, damals Österreich (später Rumänien, der UdSSR und schließlich der Ukraine) zugehörig, geboren. Das erste Kind ihrer Eltern, ein Sohn, verunglückte kurz vor ihrer Geburt im Alter von 18 Monaten tödlich. 1906 folgte die Geburt ihres Bruders Maximilian. A. wird in jüdischer Tradition erzogen, ihr Vater war zunächst Schüler des Rabbiners von Sadagora, ehe er als Kaufmann tätig war - A. lernt Religion hier sehr warmherzig und liberal vermittelt nicht zuletzt als Geschichten- und Bildvorrat kennen. Den ersten Weltkrieg erlebte A. in Wien, wohin die Familie 1915 über Budapest geflohen war. Die Familie kehrte nach Czernowitz zurück, wo A. als Gasthörerin Philosophie- und Literaturvorlesungen an der Universität besuchte; 1920 starb ihr Vater, die Mutter, deren Familie aus Berlin stammte, drängte die Tochter aufgrund der wirtschaftlichen Lage zur Auswanderung in die USA, was von dieser, die sich um die Liebe ihre Mutter zuletzt in extremer

Weise bemühte, als *Verstoßung* verstanden wurde. In den USA, zunächst der Kleinstadt Winona am Mississippi, dann New York folgte 1923 die Ehe mit dem ebenfalls aus Czernowitz stammenden Ignaz Ausländer, ab 1926 amerikanische Staatsbürgerschaft. A. lernte den Journalisten, Graphologen und Intellektuellen Helios Hecht kennen, 1928 reichte sie die Scheidung ein, den Namen ihres Mannes behielt sie nach dieser (1930) bei. Um für ihre Mutter zu sorgen, kehrte A. 1931 mit Hecht nach Czernowitz zurück, lebte u.a. in Bukarest, 1934 folgte die Trennung von ihrem Lebensgefährten. In diesem Jahr war sie auch nochmals in den USA, um ihre Staatszugehörigkeit nicht zu verlieren, 1937 bekam sie wegen zu langen Fernbleibens aus den USA dennoch den Status einer *Staatenlosen*. Ihre erste Publikation als Lyrikerin fiel in diese ungünstige Zeit: Das Buch einer Jüdin wurde in Deutschland nicht mehr zur Kenntnis genommen. Die Judenverfolgung überlebten A. und ihre Mutter im Ghetto von Czernowitz, hier lernte die Dichterin auch Paul Celan kennen. 1947 verstarb die Mutter, was zum psychischen und physischen Zusammenbruch der Tochter führte. A. zog wieder in die USA und lernte dort die Literatur der Moderne (v.a. Marianne Moore und E.E. Cummnings) kennen, begann in englischer Sprache zu schreiben, kehrte aber schließlich in die deutsche Sprache zurück. Sie zog nach Europa, v.a. Deutschland, ließ aus Angst aber stets einen Koffer in den USA. A. traf im Mai 1957 in Paris Celan, der ihre moderneren Gedichte offenbar schätzte (ein *Einfluß* Celans auf A. hingegen ist nicht belegt). 1965 erschien in Wien A.s zweiter Gedichtband, *Blinder Sommer*. Die Kritik akklamierte, was das Publikum ignorierte; 1967 erfolgte die Verleihung des *Droste-Preises*. A. reiste, bis sie sich nach einem Beinbruch ohne medizinische Erfordernis sukzessive ins Schreiben und damit verbunden ins Düsseldorfer Nelly-Sachs-Haus zurückzog. Die Bekanntschaft mit Helmut Braun zu einer Zeit, da von der 74jährigen Dichterin »sicher nicht mehr als 2000 Bücher die Leser erreicht« (so Braun) hatten, der steile Aufstieg, der Wechsel vom *Literarischen Verlag Braun* zu *S. Fischer* und schließlich 1981 der Vertrag für die Gesamtausgabe folgten. Letzte Gedichte wurden von A., die an Arthrose litt, diktiert, 1981 kamen komaähnliche Zustände durch eine falsche Medikation hinzu, Folge war eine etwa einjährige Schaffenspause. Sie wurde in dieser Zeit mit zahlreichen Preisen bedacht, die sie als Repräsentantin amerikanischer Moderne und »deutsch-jüdischer Literatur zwischen Traditionsanbindung und sprachlichem Experiment« (Urkunde zum *Literaturpreis der Bayerischen Akademie der Schönen Künste*) würdigten. Zu dieser Zeit war A. kaum mehr in der Öffentlichkeit, legte allerdings mit *Ich spiele noch einen vielbeachteten Höhepunkt ihrer Kunst* noch 1987 vor. Ein Jahr darauf starb sie, der letzte Band ihrer *Gesammelten Werke* in 8 Bänden erschien 1992. — A.s Werk gilt heute durch die Übergänge zwischen religiösen Motiven und der Philosophie v.a. Spinozas sowie ihre interkonfessionellen Dichtungen, die jüdische wie christliche Motive, aber auch Aufklärung und Skepsis verbinden, als wesentliche Inspiration des jüdisch-christlichen Dia- und Polylogs und moderner Spritualität. Viel Beachtung fanden ihre dichterischen Arbeiten zu Eva, worin der Sündenfall positiv beleuchtet wird und Eva als Prometheus verwandte Gestalt figuriert, die schließlich noch Gott dessen Zorn verzeiht. Auch im Lichte einer feministischen Theologie(-Kritik) wurde ihr Werk rezipiert. Ein zentrales Thema sind Auschwitz und in Verbindung damit die Theodizee, wobei hier A.s Texte durchaus nüchterner sind, als die Rezeption teils vermuten ließe.

Werke: Gedichtbände: 1939 Der Regenbogen (Czernowitz); 1965 Blinder Sommer (Wien); 1967 36 Gerechte (Hamburg); 1972 Inventar (Duisburg), 1974 Ohne Visum (Krefeld); 1975 Andere Zeichen (Düsseldorf); 1976 Andere Zeichen (Düsseldorf); Gesammelte Gedichte (Leverkusen); 1977 Doppelspiel (Köln); 1978 Mutterland (Köln); Aschensommer (München); 1979 Ein Stück weiter (Köln); 1980 Einverständnis (Pfaffenweiler); 1981 Mein Atem heißt jetzt (Frankfurt/M.); 1982 Mein Venedig versinkt nicht (Frankfurt/M.); 1983 So sicher atmet nur der Tod (Pfaffenweiler); 1987 Ich spiele noch (Frankfurt/M.). A.s Werk liegt in den Gesammelten Werken in sieben Bänden und einem Nachtragsband mit dem Gesamtregister, hrsg.v. Helmut Braun (Frankfurt/M.: S. Fischer Verlag 1984ff.), sowie in der ergänzten und verbesserten Taschenbuchausgabe in 16 Bänden vor; der Nachlaß von A. liegt im Düsseldorfer Heinrich Heine-Institut sowie u.a. in Köln, wo die Rose Ausländer-Stiftung ihren Sitz hat.

Lit.: Hans Bender: Ausländer, Rose. In: Neues Handbuch der deutschen Gegenwartsliteratur seit 1945, hrsg.v. Dietz-Rüdiger Moser et al. München 1990, S.32-33; — Johann Holzner: Ikarus-Variationen. Gedichte von Rose Ausländer. In: Die Bukowina. Studien zu einer versunkenen Literaturlandschaft, hrsg.v. Dietmar Goltschnigg, Anton Schwob u. Gerhard Fuchs. Tübingen 1990, S.265-273; — Ingrid Spörk: Rose Ausländers »Mutterland«. In: Die Bukowina. Studien zu einer versunkenen Literaturlandschaft, hrsg.v. Dietmar Goltschnigg, Anton Schwob u. Gerhard Fuchs. Tübingen 1990 (=Edition Orpheus 3), S.253-263; — Claudia Beil: Sprache als Heimat. Jüdische Tradition und Exilerfahrung in der Lyrik von Nelly Sachs und Rose Ausländer München 1991 (=tuduv-Studien: Reihe Sprach- und Literaturwissenschaft, Bd 30); — Sabine Werner-Birkenbach: »Durch Zeitgeräusch wandern von Stimme zu Stimme...«. Die Lyrikerin Rose Ausländer. In: German Life and Letters, Vol. XLV · 4, Okt. 1992, S.345-357; — Bernd Witte: Rose Ausländer. In: Kritisches Lexikon zur Gegenwartsliteratur, hrsg.v. Heinz Ludwig Arnold. München 1978ff. · 40. Nachlieferung (Stand: 1.1.1992); — Avram Andrei Baleanu: Ausländer, Rose, übers.v. Hans Joachim Kemper. In: Jüdische Frauen im 19. und 20. Jahrhundert. Lexikon zu Leben und Werk, hrsg.v. Jutta Dick u. Marina Sassenberg. Reinbek b. Hamburg 1993, S.41-43; — Gabriele Köhl: Die Bedeutung der Sprache in der Lyrik Rose Ausländers. Pfaffenweiler 1993 (=Reihe Sprach- und Literaturwissenschaft Bd 32); — Kathrin Maria Bower: In the Name of the (M)other? Articulating an Ethics of Memory in the Post-Holocaust Poetry of Nelly Sachs and Rose Ausländer. Winsconsin-Madison 1994; — Dies.: »Aus dem Ärmel der toten Mutter hol ich die Harfe«. Das Echo der Mütterlichkeit in Rose Ausländers Dichtung. In: JÜDISCHER ALMANACH 1997/5757 des Leo Baeck Instituts, hrsg.v. Jakob Hessing. Frankfurt/M. 1996, S.84-95; — Jürgen P. Wallmann: Rose Ausländer. Zu Leben und Werk. In: »Wir tragen den Zettelkasten mit den Steckbriefen unserer Freunde«. Acta-Band zum Symposion »Beiträge jüdischer Autoren zur deutschen Literatur seit 1945« (Universität Osnabrück, 2. — 5.6.1991), hrsg.v. Jens Stüben, Winfried Woesler u. Ernst Loewy. Darmstadt 1994, S.260-279; — Helmut Braun: Rose Ausländer · Das lyrische Werk. In: Kindlers neues Literatur-Lexikon, hrsg.v. Walter Jens. München 1996, Bd 1, S.880-881; — Ders.: »Ich bin fünftausend Jahre jung«. Rose Ausländer. Zur ihrer Biographie Stuttgart 1999; — Gerhart Baumann: Aufbruch in das »Land Anfang«. In: Rose Ausländer. Materialien zu Leben und Werk, hrsg.v. Helmut Braun. Frankfurt/M. 1997, S.138-153; — Alfred Margul-Sperber: Rede über die Dichterin Rose Scherzer-Ausländer. In: Rose Ausländer. Materialien zu Leben und Werk, hrsg.v. Helmut Braun. Frankfurt/M. 1997, S.71-73; — Amy Colin: Writing from the Margins. German-Jewish Women Poets from the Bukovina. In: Studies in Twentieth Century Literature, Vol.21·1, Winter 1997, S.9-40; — Kristina Held: Evas Erbe: Mythenrevision und weibliche Schöpfung in der Lyrik Rose Ausländers. Ann Arbor 1997; — Cilly Helfrich: Rose Ausländer. Biographie. Zürich, München 1998; — Maria Klanska: Zu Rose Ausländers Ostergedichten. In: »Moderne«, »Spätmoderne« und »Postmoderne« in der österreichischen Literatur. Beiträge des 12. Österreichisch-Polnischen Germanistensymposions Graz 1996, hrsg.v. Dietmar Goltschnigg, Günther A. Höfler u. Bettina Rabelhofer. Wien 1998, S.101-116; — Dies.: »Ich Überlebende des Grauens schreibe aus Worten Leben«. Zur Problematik von Sprechen und Schweigen bei Rose Ausländer. In: »...wortlos der Sprache mächtig«. Schweigen und Sprechen in der Literatur und sprachlicher Kommunikation, hrsg.v. Hartmut Eggert u. Janusz Golec. Stuttgart, Weimar 1999, S.133-158; — Klaus Werner: Fäden ins Nichts gespannt. In: Wortreiche Landschaft. Deutsche Literatur aus Rumänien - Siebenbürgen, Banat, Bukowina. Ein Überblick vom 12. Jahrhundert bis zur Gegenwart, hrsg.v. Renate Florstedt. Leipzig 1998, S.128-131; — Ders.: Im Zeichen der Ambivalenz. Rose Ausländers »Engel der Geschichte«. In: »Gebt unseren Worten / nicht euren Sinn«. Rose Ausländer Symposion Düsseldorf 2001, hrsg.v. Walter Engel u. Helmut Braun. Köln 2001 (=Schriftenreihe der Rose Ausländer-Stiftung, Bd 11), S.7-30; — Annette Jael Lehmann: Im Zeichen der Shoah. Aspekte der Dichtungs- und Sprachkrise bei Rose Ausländer und Nelly Sachs. Tübingen 1999 (=Stauffenburg Colloquium, Bd 47); — Winfried Menninghaus: »Czernowitz/ Bukowina« als literarischer Topos deutsch-jüdischer Geschichte und Literatur. In: MERKUR, Nr 600, März/April 1999, S.345-357; — Martin A. Hainz: Schrift der Hinfälligkeit. In: Unverloren. Trotz allem. Paul Celan-Symposion Wien 2000, hrsg.v. Hubert Gaisbauer, Bernhard Hain u. Erika Schuster. Wien 2000, S.206-242; — Ders.: Ein Résumé - zu Rose Ausländers unrundem Geburtstag. In: Stundenwechsel. Neue Lektüren zu Rose Ausländer, Paul Celan, Alfred Margul-Sperber und Immanuel Weißglas, hrsg.v. Andrei Corbea-Hoisie, George Gutu u. Martin A. Hainz. Iasi [...] 2002 (=Jassyer Beiträge zur Germanistik IX · GGR-Beiträge zur Germanistik, Bd IX), S.461-467; — Ders.: Von Ghettomotiven und ihrem Ungenügen. Zur Gedichtwerkstatt »In Memoriam Paul Celan«. In: »Wörter stellen mir nach / Ich stelle sie vor«. Dokumentation des Ludwigsburger Symposiums 100 Jahre Rose Ausländer, hrsg.v. Michael Gans, Roland Jost u. Harald Vogel. Baltmannsweiler 2002 (=Ludwigsburger Hochschulschriften, Bd 23), S.93-101; — Ders.: Zwischentöne - zwei leise Poesien. In: Studia austriaca, Nr XI, 2003, S.9-27; — Ders.: Die Zeugen der Zeugin - zur nachgelassenen Bibliothek Rose Ausländer. In: Österreich in Geschichte und Literatur, Nr 49·5, 2005, S.314-321; — Ders.: »mehr [...] als äußere Form« - die Poesie Rose Ausländers und ihre philosophischen Einflüsse. In: Lectures d'une oeuvre - Gedichte de Rose Ausländer, hrsg.v. Jacques Lajarrige u. Marie-Hélène Quéval. Nantes 2005, S.69-82; — Ders.: Das Exil als Verpuppungsstadium - zu Rose Ausländer. In: Diaspora - Exil als Krisenerfahrung. Jüdische Bilanzen und Perspektiven, hrsg.v. Armin Eidherr, Gerhard Langer u. Karl Müller. Klagenfurt, Wien 2006 (=Zwischenwelt 10), S.358-377; — Ders.: Entgöttertes Leid. Zur Lyrik Rose Ausländers unter Berücksichtigung der Poetologien von Theodor W. Adorno, Peter Szondi und Jacques Derrida Tübingen 2007 (=Conditio Judaica, Bd 65). Jutta Kristensson: Identitätssuche in Rose Ausländers Spätlyrik. Rezeptionsvarianten zur Post-Schoah-Lyrik. Frankfurt/M., Berlin, Bern, Bruxelles, New York, Wien 2000 (=Beiträge zur Literatur und Literaturwissenschaft des 20. Jahrhunderts, Bd 19); — Leslie Morris: [I have [never] been in Jerusalem:]: Wiederholung, Übersetzung und Echo der jüdischen Identität in Rose Ausländers Lyrik. In: »Weil Wörter mir diktieren: Schreib uns.« Literaturwissenschaftliches Jahrbuch 1999, hrsg.v. Helmut Braun. Köln 2000 (=Schriftenreihe der Rose Ausländer-Stiftung, Bd 10), S.199-213; — Eva Reichmann: Czernowitz in der Lyrik von Rose Ausländer - Erinnerung oder / und Fiktion? In: »Gebt unseren Worten / nicht euren Sinn«. Rose Ausländer Symposion Düsseldorf 2001, hrsg.v. Walter Engel u. Helmut Braun. Köln 2001 (=Schriftenreihe der Rose Ausländer-Stiftung, Bd 11), S.77-96; — Leonie Lydorf: Nomadin wider Willen. In: taz, Nr 7268, 27. Jan. 2004, S.4.

Martin A. Hainz

B

BALLSIEPER, Eduard, Ordensnamen: Jordanus Maria Joseph; Apost. Vikar v. Dakar / Chittagong; Gen. Abt d. Sublazens. Kongregat. d. Benediktiner; * 28.11. 1835 Beyenburg (Wuppertal)/ D, † 1.2. 1890 Subiaco b. Rom (I); besuchte zunächst das Königl. Burggym. Essen, bis 1852; School v.d. Broeders Xaverianen (CFX), Brügge (B) - 1853; preuß. Militärdienst -1857 (?); Postulant in Benediktiner Abtei Dentermonde (B) † Subiaco (I); 27.7. 1858 Novize; Studium Theolog. a. d. Ambrosiana Rom; Priesterweihe a. 16.10. 1864; Promoviert z. Dr. Theol, + Dr. Phil.; Lehrt als Prof. an der Ambrosiana 1865-1875; gleichzeitig Seelsorger der päpstl. Truppen u. d. päpstl. Militärlazaretts; erhält wg. Verdienste päpstl. Orden; 1876 Pro-Visitator der fläm. Benediktinerprov. mit Sitz i. Priorat Affligem; sondiert von dort i. päpstl. Auftrag die Situation der kath. Kirche im Bismarckschen Kulturkampf; schafft in Belgien Auffangmöglichkeiten f.d. aus Deutschland vertriebenen Mönche; gründet ehemalige Benediktinerabtei Steenbrugge (B) als Priorat wieder; reist in päpstl. Geheimauftrag nach Dänemark; 28.3. 1878 Ernennung z. apost. Vikar von Ostbengalen (Bangladesch); 12.5. 1878 Weihe z. Titularbischof v. Thanasia; ab 1879 Apost. Vikar in Chittagong; Reorganisiert Apost. Vikariat; baut neue Kathedrale, Waisen- und Krankenhäuser, organisiert die Seelsorge bis zur Birmesischen Grenze neu; triff Abkommen mit der Brit. Verwaltung; wirbt weitere Missionare in Europa an; 1884, erkrankt schwer a. trop. Klima; Heimaturlaub; erleidet erneut schweren Lungen-Herzanfall; bittet 1885 aus gesundheitl. Gründen um Entbindung v. Amt als Apost. Vikar v. Dakar; 1886 Prior in Affligem und schafft Aufnahmemöglichkeiten für im Kulturkampf vertriebene deutsche Benediktiner; weiht 1887 den Schwaben Haigl zu ersten Abt v. Affligem; in Steenbrugge wird durch ihn der erste Prior eingeführt; 1888 Generalkapitel der Sublazenser Kongregation wählt ihn zum Generalabt und Abt des Mutterklosters St. Scholastika; erleidet 1890 plötzlichen Herztod. — Eduard Ballsieper wird auf uns unbekannte Weise vom Bischof Spalding, Lousiana/Kentucky USA, mit 16 Jahren an die Xaverianer (CFX) in Brügge (B) vermittelt. Er wird nach ca. 1 Jahr vom Gründer der Xaverianer, Rijken, wegen Unreife zum Verlassen der Gemeinschaft veranlaßt. Mit 18 J. zum preußischen Militärdienst gezogen, soll dann Bergmann geworden sein, erlebte einen Bergbauunfall, er allein überlebt. Tritt als Postulant in Dendermonde (B) in den Benediktinerorden ein und wird von dort nach Subiaco (I) geschickt, wo er sich für die Kongregation der strengen Observanz entscheidet, Noviziat. Studiert in Rom a. d. Ambrosiana. Priesterweihe 12.5. 78, danach weiteres Studium und Promotionen, Lehrtätigkeit a. d. Ambrosiana. Pius IX wird auf ihn durch seine große organisatorische und sprachliche Begabung aufmerksam u. beruft ihn als ehemal. Soldaten neben der Lehrtätigkeit zum Militärseelsorger des päpstl. Heeres und des Lazaretts; erhält dafür hohen päpstl. Militärorden. Er erlebt den Untergang des Vatikanstaates hautnah mit. Er wird zum Pro-Visitator nach Flandern geschickt, von wo er den Deutschen Kulturkampf unter Bismarck beobachtet und vielfältige Kontakte ins Deutsche Reich knüpft. Er schafft viele Asylplätze für deutsche Mönche in Flandern. Reiste in päpstl. Geheimauftrag nach Dänemark (warum?). Wird dann abrupt zum Apost. Vikar von Ostbengalen, welches von Benediktinermissionaren betreut wurde, berufen und zum Tit.-Bischof von Thansania geweiht. Dort findet er ein durch Naturgewalten und Misswirtschaft zerrüttetes Vikariat vor. Er bringt das Vikariat in kurzer Zeit geistig, wirtschaftlich und baulich wieder zur Blüte. Tropenkrankheiten fordern von ihm Tribut, dazu kommt eine Herz- und Lungenschwäche. Er muß die Tropen verlassen. Nach langem Bitten entschließt sich Rom ihn zu entpflichten. Er geht wieder nach Affligem zurück und setzt den Aufbau der Klöster fort. Endlich kann er das sein, weshalb er in die Kongregation der strengen Observanz eintrat - gehorsamer Mönch. — Nach diesem Ideal sehnte er sich ein Leben lang! - Doch die Ruhe dauerte nur kurz. Man wählte ihn zum Generalabt. Aus Gehorsam gegenüber Gott und seinem Orden nahm er die Wahl an. Nach 2 Jahren war er tot. In allen Jahren hielt er brieflichen Kontakt mit seinem Bruder Carl. 91 Briefe sind erhalten, aber erst im Jahr 2007 ausgewertet. Sie spiegeln das Leben eines vielseitig begabten und gehorsamen Mönches wider.

Werke: Nach Aussagen in seinen Briefen berichtete er regelmäßig in Missionstraktaten und - div. Zeitschriften; 91 handschriftl. Briefe (1857-1888) in deutscher Kurrentschrift im Archiv d. Fam. Linkenheil.

Weitere Quellen: Generalat der Benediktiner Kongregation von Subiaco bei Rom (I). Archiv der Benediktinerabtei Affligem (B).

Lit: »Jahrbücher der Verbreitung d. Glaubens« M. Du Mont-Schauberg 1881 Heft 3, 29; — dgl. Heft 4, 29; — »Kath. Missionen« Herder, 1882 11. Jg. 216; — dgl. 1890 19. Jg. 172; — De Godsdienstige Week van Vlaanderen, Gent (B), 21 maart 1890, 372-373; — van Biervliet A.T., O.S.B., Steenbrugge, Brugge (B)(Steenbrugge), 50 & 223. »Erinnerungen aus meinem Leben« W. Benzler O.S.B., Kunstverlag Beuron,1923, 57ff; — »Die Briefe des Pater Jordanus Ballsieper, O.S.B.« Aus deutscher Handschrift als Originalübertragung oder in Inhaltsangaben in lateinischer Schrift lesbar gemacht und kommentiert. M. Landmesser, 2007 Eigenverlag.

Martin Landmesser

BARTH, Médard, katholischer Kirchenhistoriker, * 16.11. 1886 in Börsch, † 26.3. 1976 in Hagenau. Médard Barth kam am 16. November 1886 in Börsch als Sohn des Winzers Charles Barth und seiner Ehefrau Helene zur Welt. Auf dem Gymnasium Zillisheim legte er 1908 das Abitur ab. Danach studierte er in Straßburg katholische Theologie, Philosophie und Geschichte. Der Straßburger Bischof Adolf Fritzen (1838-1919) weihte ihn am 25. Juli 1912 zum Priester. Von 1914 bis 1917 arbeitete Barth als Vikar an der Kirche Saint-Jean in Straßburg. Am 1. Oktober 1919 wurde er Professor am Collège St. Etienne (Gymnasium an St. Stephan) in Straßburg. Hier unterrichtete er bis zum Herbst 1939. Mit einer Arbeit über das Kollegiatstift Sankt-Leonhard promovierte er 1929 in Freiburg im Uechtland (Schweiz) zum Dr. phil. 1937 verlieh ihm Bischof Charles-Joseph-Eugène Ruch (1873-1945) die Würde eines Domherrn (Chanoine) des Straßburger Münsters. Von 1941 bis 1944 lehrte Barth in Freiburg i. Br. elsässische Kirchengeschichte und historische Hilfswissenschaften. Für eine bereits 1938 erschienene Arbeit über die Heilige Odilia wurde ihm am 20. Juli 1942 von der Universität Freiburg i. Br. der Dr. theol. verliehen. Seit 1945 lebte Barth in Börsch im Ruhestand. Sein dreibändiges »Handbuch der elsässischen Kirchen im Mittelalter« veröffentlichte er als alphabetisch geordnetes Lexikon. Der Schweizer Mediävist Paul Kläui (1908-1964) war von diesem Opus beeindruckt: »Der unermüdliche Erforscher der elsässischen Geschichte legt uns mit diesem bescheiden ‚Handbuch' genannten Werk ein grundlegendes Hilfsmittel in die Hände, dessen Erarbeitung man eher einem Mitarbeiterstab zutrauen würde. Dabei hat der Verf. ... an sein Werk hohe Ansprüche gestellt. Im Gegensatz zu früheren ähnlichen Unternehmen baute Barth weitgehend auf archivalischen Forschungen auf. Es ist somit ein umfangreiches, bisher nicht verwertetes Quellenmaterial verarbeitet worden.« Die Universität Freiburg i. Br. verlieh Barth im Jahr 1966 den Doktor honoris causa. 1968 erhielt er den Mozart-Preis der Goethe-Stiftung. Er starb am 26. März 1976 in Hagenau und wurde kurz darauf in Börsch beerdigt. Der Freiburger Historiker und Universitätsprofessor Wolfgang Müller (1905-1983) nannte Barth anläßlich seines Todes den »Nestor der elsässischen Kirchengeschichte« und urteilte über ihn: »In einer großen Fülle von Publikationen zur heimatlichen Kirchengeschichte und zur Geschichte der Frömmigkeit hat er mit äußerstem Fleiß und klarer, offener Kritik eine solche Bedeutung erlangt, daß man ihn für das Elsaß gleich nach dem großen Grandidier [Philippe-André Grandidier, 1752-1787] nennen hört.«

Monographien: Die Wallfahrt nach St. Odilien (Elsass) in ihrer geschichtlichen Entwicklung. Straßburg 1922; Die

Herz-Jesu-Verehrung im Elsaß vom 12. Jh. bis auf die Ggw. (Forsch. zur KG des Elsaß Bd. 1). Freiburg i. Br. 1928; Das Kollegiatstift Sankt-Leonhard. Ein Btr. zur Kulturgesch. des Elsaß (Schrr. der Ges. für Elsässische KG). Straßburg 1929; Die hl. Odilia, Schutzherrin des Elsaß. Ihr Kult in Volk u. Kirche. 2 Bde. (Schrr. der Ges. für Elsässische KG). Straßburg 1938; Lucien Pfleger. Ein Gedenkblatt. Straßburg 1950; Der hl. Arbogast, Bisch. v. Straßburg. Seine Persönlichkeit u. sein Kult. Kolmar 1940; Der hl. Florentius, Bisch. v. Straßburg. Sein Weiterleben in Volk u. Kirche. Straßburg 1952; Monseigneur Joseph Brunissen, Direktor u. Restaurator des Odilienberges (1884-1953). Ein Lebensbild. Kolmar 1955; Der Rebbau des Elsass u. die Absatzgebiete seiner Weine. 2 Bde. Straßburg/Paris 1958; Das Weinstädtchen Boersch im MA. Eine geschichtliche Plauderei. Sélestat 1959; Handbuch der elsässischen Kirchen im MA. 3 Bde. Straßburg 1960, 1961 u. 1963; Die Pfarrkirche St. Georg v. Molsheim, ehemalige Jesuitenkirche. Straßburg 1963; Elsaß, »das Land der Orgeln« im 19. Jh. Zugleich ein Btr. zur älteren Gesch. seiner Orgeln. Hagenau 1966; Die Verehrung des hl. Joseph im Elsass vom MA bis auf die Ggw. Hagenau 1970; Grossbrände u. Löschwesen des Elsass vom 13. bis 20. Jh. mit Blick in den eur. Raum (Veröff. des Alemannischen Instituts Bd. 35). Bühl 1974.

Aufsätze (Auswahl): Ein kleiner Btr. zur Weinkultur in Börsch um die Wende des 18. Jh.s, in: Elsässische Monatsschr. für Gesch. u. Volkskunde 4 (1913) 468-470; Der Frauenchor im elsässischen MA, in: Caecilia 33 (1920) 141-143; Das Visitandinnenkloster an St. Stephan zu Strassburg 1683-1792, in: AelsKG 1 (1926) 168-276; Eine Bruderschaft der Strassburger Passionsspieler, ihre Bestätigung durch den Papst 1517, in: AelsKG 1 (1926) 401f.; Die Legende u. Verehrung der hl. Attala, der ersten Äbtissin von St. Stephan in Strassburg, in: AelsKG 2 (1927) 90ff.; Elsässische Kalendare des 11. u. 12. Jh., in: AelsKG 3 (1928) 1-21; Aus Berichten röm. Agenten des Bistums Strassburg (1754-1775), in: AelsKG 3 (1928) 302-310; Ein Männer - u. Frauenmessbund zu Strassburg im 18. Jh., in: AelsKG 3 (1928) 385-388; Prälat Dr. Nikolaus Paulus †, in: AelsKG 5 (1930) IX-XVI; Die Seelsorgetätigkeit der Molsheimer Jesuiten von 1585 bis 1765, in: AelsKG 6 (1931) 325-400; Das Fasten- oder Hungertuch im Elsass, in: AelsKG 6 (1931) 406-408; Der Brand von Dompeter i. J. 1746, in: AelsKG 6 (1931) 413-415; Die Molsheimer Jesuiten u. das Strassburger Diözesan-Gesangbuch, in: AelsKG 6 (1931) 423; Die Rolle des Dominikanerinnenklosters St. Marx zu Strassburg in der Frühgesch. des Ordens 1225-1242, in: AelsKG 7 (1932) 101-112; Der geistliche Schriftsteller Gregorius Rippell. Seine Einwirkung auf den Kath. in Dtld., in: AelsKG 7 (1932) 257-261; Michael Wohlrab, Pfarrer v. Dorlisheim u. Schriftsteller (1695-1779), in: AelsKG 7 (1932) 269-290; Der Strassburger Weihbisch. Paul Graf Aldringen (1627-1644), in: AelsKG 7 (1932) 363-374; Über das Aufkommen der Gedächtnisfeier von Allerseelen mit bes. Berücksichtigung des Elsass, in: AelsKG 8 (1933) 163-180; Dr. Johannes Kreutzer (gest. 1468) u. die Wiederherstellung des Dominikanerinnenklosters Engelporten in Gebweiler, in: AelsKG 8 (1933) 181-208; Das Schultheater im Jesuitenkolleg zu Molsheim, 1581-1765, in: AelsKG 8 (1933) 259-268; Peter Creagh, EB v. Dublin u. Primas v. Irland, als Weihbisch. v. Strassburg 1694-1705, in: AelsKG 8 (1933) 269-286; Die illustrierte Strassburger Übers. des Legenda aurea von 1362, Cgm 6 in München, in: AelsKG 9 (1934) 137-162; Die Pfarrei Börsch nach den Rechnungen der Heiligenpfleger 1463-1530, in: AelsKG 9 (1934) 163-198; Reliquien aus elsässischen Kirchen für das Münster in Bern 1343, in: AelsKG 9 (1934) 123-136; Reliquien aus elsässischen Kirchen u. Klöstern, in: AelsKG 10 (1935) 107-138; Der Kult der hl. drei Strassburger Jungfrauen Einbeth, Worbeth u. Vilbeth, in: AelsKG 11 (1936) 57-106; Beerdigungstarif u. Beerdigungsweise zu Strassburg i. J. 1398, in: AelsKG 12 (1937) 72; Die Einführung des Fronleichnamsfestes u. der Fronleichnamsprozession in der Stiftskirche zu Rheinau i. J. 1308 bzw. 1314, in: AelsKG 12 (1937) 391-393; Papst Silvester II. (Gerbert) u. das Elsass. Ein Gedenkbl. zur Jahrtausendfeier seiner Geburt, in: AelsKG 13 (1938); Die Haltung beim Gebet in elsässischen Dominikanerinnenklöstern des 15. u. 16. Jhs., in: AelsKG 13 (1938) 141-148; Die Geistlichkeit der Diözese Strassburg u. die Einf. der Schutzpockenimpfung 1802-1815, in: AelsKG 13 (1938) 245-269; Reliquienzeugnisse aus dem Erzbischöflichen Ordinariatsarchiv in Freiburg i. Br., in: AelsKG 1 (1946) 216; Zur Mission des hl. Fridolin im Elsass: Dillersmünster, ein St. Hilariusklösterlein, in: AelsKG 1 (1946) 21-26; Die hl. Richardis u. ihr Kult, in: Festschr. zur 900-Jahrfeier der Weihe der Stiftskirche von Andlau u. die Heiligsprechung von St. Richardis durch Papst Leo IX. 1049-1949. Selestat 1949. 11-100; Heiligenkulte im Elsass: St. Gangolf, Rochus u. Johann von Nepomuk, in: Archives de l'Eglise d'Alsace 3 (1950) 35-70; Seminaristen u. Benediktiner des Elsaß als Flüchtlinge im Kloster Ettenheimmünster während der Frz. Revolution, in: FDA 71 (1951) 179-184; Gallorömische Dörfer (vici) am Oberrhein, in: ZGORh 100 (1952) 283-286; Elsässische Ortsnamen in den alten Weißenburger-Urkunden, in: ZGORh 100 (1952) 741-748; Kalendare des 11. Jh.s aus den Abteien St. Thomas in Straßburg u. Gengenbach in Baden, in: FDA 72 (1952) 33-53; Aus dem liturgischen Leben der Abtei Murbach. Kalendare u. Heiligenlitaneien (11.-15. Jh.), in: FDA 73 (1953) 59-87; Das Rätsel um den 2. Darstellungsband der Histoire d'Alsace v. Grandidier, in: ZGORh 101 (1953) 275- 279; Beicht u. Kommunion im ma. Elsaß. Ein Durchblick, in: FDA 74 (1954) 88-99; Heiltumführer u. Almosensammler des MAs. Die Mandate des Straßburger Bischofs Wilhelm v. Honstein (1506-1541), in: FDA 74 (1954) 100-131; St. Fridolin u. sein Kult im alemannischen Raum. Ein Versuch, in: FDA 75 (1955) 112-202; Der hl. Märtyrer Landelin v. Ettenheimmünster. Sein Kult in Baden u. Elsaß, in: FDA 75 (1955) 203-244 [Nachdruck in: Aufss. zur Gesch. der südlichen Ortenau u. zum Kult des hl. Landelin v. Ettenheimmünster. Ettenheim 1986. 115-158]; Altenberge sowie Neuen- u. Jungberge des Elsaß, in: ZGORh 104 (1956) 390-422; Zum Kult des hl. Fridolin im alemannischen Raum, in: FDA 77 (1957) 361; Die Kirchweihtage der Münster v. Straßburg u. Basel sowie der Abteikirche v. Weißenburg, in: FDA 78 (1958) 126-141; Heiligenkalendare alter Benediktinerklöster des Elsaß (Weißenburg, Münster, Maursmünster u. Altdorf), in: FDA 78 (1958) 82-125; Zum Kult des hl. Thomas Becket im dt. Sprachgebiet, in Skandinavien u. Italien, in: FDA 80 (1960) 97-166; Elsässer Pilger an den berühmten Wallfahrtsorten des MAs, in: FDA 80 (1960) 167-189; Elsässische Ortsnamen in den Monumenta Germaniae historica u.

sonst, in: FDA 80 (1960) 190-194; Zum Kult des hl. Königs Ludwig im dt. Sprachgebiet u. in Skandinavien, in: FDA 82/83 (1962/63) 127-226; Zum St.-Fridolins-Kult im Elsaß, in: FDA 82/83 (1962/63) 551f.; St. Thomas Becket-Kult in Danzig-Oliva, in: FDA 82/83 (1962/63) 552f.; Der Kult der hl. Genovefa (von Paris) im dt. Sprachraum, in: FDA 84 (1964) 213-271; Der hl. Märtyrer Landelin, Patron der Kapelle des St. Agnesklosters in Straßburg: 1248 (1230), in: FDA 84 (1964) 415f.; Die Rosenkranzbruderschaften des Elsass, geschichtlich gewürdigt, in: AelsKG 32 (1968) 53-108; Zum Kult der hl. Bischöfe Amandus v. Straßburg, Maastricht u. Worms im dt. Sprachraum, in: FDA 91 (1971) 5-64.

Rezensionen zu Werken von M. B. (Auswahl): Die Herz-Jesu-Verehrung im Elsass. Freiburg i. Br. 1928. In: RThAM 1 (1929) 515 (Hildebrand Bascour), RHÉF 15 (1929) 80 (Georg Allemang), RBén 42 (1930) 188 (Ursmer Berlière), ThRv 28 (1929) Sp. 260-262 (Carl Richstaetter); — Die hl. Odilia, Schutzherrin des Elsass. Ihr Kult in Volk u. Kirche. Straßburg 1938. In: Zschr. für schweizer. Gesch. 24 (1944) 139f. (Gabriel M. Löhr); — Der hl. Arbogast, Bisch. v. Strassburg. Seine Persönlichkeit u. sein Kult. Kolmar 1940. In: Zschr. für schweizer. Gesch. 24 (1944) 140f. (Gabriel M. Löhr), ZKTh 68 (1944) 121 (Josef Knünz); — Der Rebbau des Elsaß u. die Absatzgebiete seiner Weine. 2 Bde. Straßburg/Paris 1958. In: FDA 77 (1957) 396-398 (Hermann Ginter); — Handbuch der elsässischen Kirchen im MA. Straßburg 1960-63. In: Schweizer. Zschr. für Gesch. 14 (1964) 171 (Paul Kläui); — Elsass, »das Land der Orgeln« im 19. Jahrhundert. Hagenau 1966. In: MThZ 19 (1968) 65 (Johannes Hafner).

Lit. (Auswahl): René Metz, En hommage à Monsieur le chanoine Médard Barth à l'occasion de son soixante-dixième anniversaire, in: AelsKG 23 (1956) 1-6; — Fernand Reibel, M. Barth's Schrifttum, in: AelsKG 23 (1956) 7-21; — Wolfgang Müller, Fünfhundert Jahre theol. Promotion an der Univ. Freiburg i. Br. (Btrr. zur Freiburger Wissenschafts- u. Universitätsgesch. Bd. 19). Freiburg i. Br. 1957 (s. Reg.); — Wolfgang Müller, Médard Barth, 85-jährig, in: AelsKG NF 19 (1971) XI; — André Stehlé, Médard Barths Schrifttum 1957-1971, in: AelsKG NF 19 (1971) XII-XVI; — Joseph Vogler, Monseigneur Médard Barth, in: AelsKG 39 (1976-79) 275-278; — Wolfgang Müller, Jahresbericht 1976, in: FDA 97 (1977) 591f.; — Walter Hotz, Medard Barth (1886-1976), in: AmrhKG 30 (1978) 321-324; — Thomas A. Brady Jr., Ruling class, regime and Reformation at Strasbourg 1520-1555 (Studies in medieval and reformation thought Bd. 22). Leiden 1978. 99, 287, 397 u.a.; — Dietz-Rüdiger Moser, Verkündigung durch Volksgesang. Stud. zur Liedpropaganda u. -katechese der Gegenreformation. Berlin 1981 (s. Reg.); — Susanne Tschirner, Elsaß: Fachwerkdörfer u. hist. Städte, Burgen u. Kirchen im Weinland zw. Rhein u. Vogesen (Dumont-Kunst-Reiseführer). Köln 1998 (s. Reg.); — René Epp/René Pierre Levresse/Charles Munier, Histoire de l'Église catholique en Alsace des origines à nos jours. Mit Vorwort v. Joseph Doré. Straßburg 2003 (s. Reg.); — Jürgen Bärsch, Allerseelen. Stud. zu Liturgie u. Brauchtum eines Totengedenktages in der abendländischen Kirche (LQF Bd. 90). Münster 2004 (s. Reg.).

Gunnar Anger

BARTHÉLEMY, Dominique (Jean-Dominique): französ. Dominikaner, herausragender Spezialist für die Textkritik des Alten Testaments (Hebräisch/Griechisch), langjähriger Professor für Altes Testament an der Univ. Freiburg (Schweiz), * 16.5. 1921 in Le Palet bei Nantes (Frankreich), † 10.2. 2002 Freiburg. — Jean Dominique trat 1939 der Pariser Dominikaner-Provinz bei und erhielt den Ordensnamen »Dominique«. In manchen seiner ersten Veröffentlichungen behielt er beide Namen bei, so daß er manchmal mit dem Doppelnamen »Jean-Dominique« zeichnete, benutzte aber später nur noch den Ordensnamen, unter dem er heute weltweit bekannt ist (nicht zu verwechseln mit dem gleichnamigen französischen Historiker D. B. [* 1953]). Nach dem Studium der Philosophie und Theologie am ordenseigenen »Studium« in Le Saulchoir, Etiolles (F) empfing er 1947 die Priesterweihe. Seine Studienjahre in Le Saulchoir, die er 1948 beendete, krönte er mit ausgezeichneten Abschlußarbeiten zu philosophischen und theologischen Themen. Anläßlich seiner Lektoratsdissertation beschäftigte er sich mit dem Thema der Offenbarung des göttlichen Namens. In diesen Arbeiten zeigte er eine solche Begabung für die Heilige Schrift, daß ihn seine Ordensoberen 1948 an die *École biblique et archéologique française de Jérusalem* (EBAF) schicken wollten, damit er dort seine biblischen Studien fortsetzte. Die Reise nach Jerusalem konnte allerdings erst im folgenden Jahr verwirklicht werden, da der der Gründung des Staates Israel vorausgehende Krieg die Ausführung dieses Vorhabens noch verhinderte. So nutzte B. den Zeitraum 1948-49 für die weitere Erlernung orientalischer Sprachen. — Einige Professoren an der EBAF waren intensiv mit den gerade bei Qumran entdeckten sensationellen Handschriften beschäftigt, allen voran Roland de Vaux OP (damals Direktor EBAF), der in D. B. einen idealen Studenten fand, den er schließlich zu einer Professur an der EBAF für dieses neue Feld berufen wollte. Frucht dieser ersten Jahre war eine Publikation aus dem Jahr 1950 zur Ausgabe der eben gefunden Jesaja-Rolle (*Le grand rouleau d'Isaïe trouvé près de la Mer Morte*, s.u. *Werke*). Nach dem Erwerb des biblischen Lizenziats vor der päpstlichen Bibelkommission kehrte B. 1951 an die EBAF zurück, diesmal als Mitglied des Lehrkörpers, wo er sich mit dem für ihn so charakteristischen Eifer dem neuentdeckten biblischen Material widmete. — Sein erster Vorlesungskurs (1951-1952) stand unter dem Titel »Études sur les Manuscrits de la mer Morte«. Unter seinen Hörern befanden sich später zu internationaler Anerkennung aufgestiegene Forscher wie Annie Jaubert (später Professorin an der Sorbonne, Paris) und Józef Milik, der B.'s Mitarbeiter werden sollte. In diesem ersten Vorlesungsjahr trug B. zum ersten Mal die Hypothese vor, die Essener wären einem anderen Kalender gefolgt als beim Jerusalemer Tempel üblich. Jaubert übernahm und entwickelte B.'s Thesen und legte 1957 ihr bekanntes Werk vor: *La date de la Cène*. — Im folgenden Jahr 1952 widmeten sich B. und Milik fieberhaft der Vorbereitung des Manuskripts für Band 1 der neugegründeten Reihe *Discoveries in the Judaean Desert* (Oxford). Innerhalb nur eines Jahres wurde das Manuskript fertiggestellt; während dieser Zeit mußten die beiden Autoren ihre Arbeit immer wieder unterbrechen, um die notwendigen Sondierungs- und Konservierungsmaßnahmen vorzunehmen, die aufgrund der ununterbrochen gemachten Neufunde handschriftlichen Materials in weiteren Höhlen bei Qumran erforderlich geworden waren. — Das Jahr 1952 sollte noch eine weitere Überraschung in sich bergen: In der zweiten Hälfte des Monats August wurde bei Nahal Hever eine Rolle mit dem Text des Dodekapropheton aufgefunden, mit deren Veröffentlichung B. beauftragt wurde. Er benötigte nur zwei Wochen, um den griechischen Text zu entziffern und die Übereinstimmung vieler bibl. Zitate bei Justin (*Dialog mit Tryphon*) mit dem ihm vorliegenden Text festzustellen. B. konnte sofort erkennen, daß es sich bei dieser Rolle um eine Rezension des Textes der LXX handelte (mit dem Ziel, den griechischen Text an den hebräischen anzugleichen), die an vielen Stellen Gemeinsamkeiten mit der Rezension des Aquila aufwies. Da dieser Fund aber auf eine Zeit vor 135 n.Chr. datiert werden mußte und Aquila in der Folgezeit tätig war, lag es auf der Hand, daß Aquilas Werk auf eben einem solchen Text basierte und somit in ihm einen »Vorgänger« hatte. In einem Artikel, der nur knappe drei Wochen später (gezeichnet 19. September 1952) fertig aufgesetzt war und 1953 in der »Revue Biblique« erschien (*Redécouverte d'un chaînon manquant de l'histoire de la Septante*, s.u. *Werke*), legte B. zum ersten Mal seine These vor. Die wissenschaftliche Edition des Textes der Zwölfpropheten-Rolle mußte aber noch ein ganzes Jahrzehnt auf sich warten lassen (*Les devanciers d'Aquila*, s.u. *Werke*): Gesundheitliche Probleme waren in der Zwischenzeit auf den Plan getreten. Die in seiner Wirkungszeit an der EBAF entstandenen Veröffentlichungen (1950-53), ursprünglich in »Revue Biblique« erschienen, sind in einem späteren Sammelband (1978) nachgedruckt worden. — Diese wenigen, aber äußerst arbeitsintensiven Jahre hatten stark an B.'s Widerstandskraft gezehrt. 1953 wurde bei ihm Tuberkulose diagnostiziert, so daß er ein bekömmlicheres Klima in seiner französischen Heimat aufsuchen mußte; so war ein Sanatorium in der Hügellandschaft in Savoien (F) für längere Zeit sein Aufenthaltsort. Zwei Jahre später war er gesundheitlich wieder hergestellt und mußte trotzdem vom Gedanken an eine Rückkehr nach Jerusalem Abschied nehmen. — Doch sollte B. für die Bibelforschung erhalten bleiben: So begann 1957 eine überaus langjährige Dozententätigkeit, als er an die Univ. Freiburg (Schweiz) an den Lehrstuhl für alttestamentliche Exegese als Nachfolger von M.-A. van den Oudenrijn berufen wurde: vom Wintersemester 1957-58 bis Sommersemester 1991. Außerordentlicher Professor ab 1957, ordentlicher Professor ab 1962, hatte er in all diesen Jahren verschiedene wichtige Ämter an der genannten Universität inne: Dekan der theologischen Fakultät 1964-65 und Vizerektor 1970-78. — Neben der Fertigstellung des Manuskripts für *Les devanciers d'Aquila* widmete sich B. zunächst der biblischen Theologie: Manches Material seiner Vorlesungen konnte er 1963 zu einem eigenständigen Band umarbeiten (*Dieu et son image. Ébauche d'une théologie biblique*). Bis zum Abschluß der Studienreform 1967 war die Univ. Freiburg noch stärker im Sinne der scholastischen Theologie auf die systematischen Fächer konzentriert. Textkritisches konnte er damals nur in Seminaren und Gastvorlesungen behandeln, wie z.B. als »Greenfield Lecturer on the Septuagint« an der Univ. Oxford von 1965-67. Othmar Keel definierte B. treffend als »die treibende Kraft der Studienreform« 1966-67. — Doch galt B.'s Hauptinteresse in seiner Forschung weiterhin textkritischen

Fragen des Alten Testaments. Über die nächsten Jahre hinweg arbeitete B. intensiv an einer Neuedition der Hexapla-Fragmente des Origenes für den Psalter - ein Projekt, das nicht zu Ende geführt werden konnte. Der Grund für die Unterbrechung lag in der Einladung, die ihm 1969 seitens der »United Bible Society« (UBS) in der Person von Eugene Nida ausgesprochen wurde, am »Hebrew Old Testament Text Project« (HOTTP) teilzunehmen. Aufgabe dieser sechsköpfigen internationalen Gruppe (D. B., Hans Peter Rüger [Tübingen], Norbert Lohfink [Frankfurt], W. D. McHardy [Oxford], A. R. Hulst [Utrecht], James A. Sanders [Claremont] mit den Assistenten A. Schenker und J. A. Thompson; daneben fanden sich P. Casetti, C. Locher und A. van der Kooij als Hospitanten sporadisch zu einigen Sitzungen ein) war es, fast 5000 Problemstellen des hebräischen Textes auszuleuchten, um weltweit Übersetzern eine Hilfe zu bieten, die bislang solche Stellen ohne spezifische Hilfsmittel meistern mußten. — In den folgenden zehn Jahren (1970-79) widmete sich die Kommission ihrer Aufgabe, deren Arbeitsroutine James A. Sanders folgendermaßen beschreibt: »Die Arbeiten gingen im jährlichen Rhythmus voran. Wir trafen uns einmal im Jahr für einen Monat, normalerweise im August, in Freudenstadt im Erholungsheim der Württembergischen Evangelischen Kirche. Rüger bereitete Listen antiker Varianten für jedes Textproblem vor, Lohfink arbeitete für jeden Fall die jüngste wissenschaftliche Literatur auf, ich selbst bemühte mich um noch nicht veröffentlichte Lesarten aus den Handschriften vom Toten Meer, während B. die antike und mittelalterliche Literatur und frühe textkritische Untersuchungen zu jedem einzelnen Problem durchging. Es war von Anfang an klar, daß wir in B. einen überragenden Kenner mittelalterlicher jüdisch-arabischer Kommentare (karäischer oder rabbinischer) hatten - viele dieser Kommentare sind noch unveröffentlicht. B. hatte eine ganze Masse von Mikrofilmen alter Handschriften antiker, mittelalterlicher und früher kritischer Werke zur hebräischen Bibel gesammelt, die er gewohnt war, mit den veröffentlichten Ausgaben zu vergleichen«. Die ersten Ergebnisse dieser Kommission wurden in den Jahren 1979-80 von A. Schenker als *Preliminary and Interim Report on the Hebrew Old Testament Text Project* herausgegeben, es blieb aber B. allein vorbehalten, den endgültigen Bericht zu schreiben: *Critique textuelle de l'Ancien Testament*, bisher in vier Bänden erschienen (Bände 4 und 5 beruhen auf Manuskripten aus B.'s Feder, konnten aber vom Autor nicht mehr probegelesen werden; Bd. 5 in Vorbereitung; engl. Übersetzung [in einem Band] der jeweiligen Einleitungen B's zu den drei Bänden in Vorbereitung bei Eisenbrauns, mit einem Vorwort von James A. Sanders). — James A. Sanders faßt die Bedeutung dieses mehrbändigen Werkes wie folgt zusammen: »[In den] Einleitungen zu den ersten drei Bänden von CTAT wird viel, was vom neuen Verständnis der Textkritik gesagt werden muß, dargelegt. Sie sind alle das Werk von D. B; sie bilden ein Gesamtwerk von 437 Seiten, auf denen er in straffen und begründeten Gedankengängen das gesamte Feld der Textkritik durchkämmt, wie sie entstand, was sie beinhaltet, wie sie sich entwickelte, wie sich die einzelnen Bestandteile geschichtlich aufeinander beziehen und wie sich ihr Verständnis im Licht der neuen Situation ändern muß. Es handelt sich um ein »opus magnum« in beschränktem Umfang, voll von grundsätzlichen Anmerkungen zu jedem Aspekt der Textkritik, auf denen das Textverständnis der in Vorbereitung befindlichen »Biblia Hebraica Quinta« basiert.« — Um dieselbe Zeit (1978) konnte B. einen Sammelband früher erschienener Aufsätze veröffentlichen, die in eindrucksvoller Weise sein Interesse und seine Kompetenz für das hebräische und griechische Alte Testament bezeugen (*Études d'histoire du texte de l'Ancien Testament*, s.u. *Werke*). — 1967 wurde das Lateinische durch das Französische und Deutsche in der Theologie an der Universität Freiburg ersetzt. Mit der Neuordnung der theologischen Fakultät, die B. nachdrücklich geprägt hatte, erhielt auch die Bibelwissenschaft einen neuen Standort: Am 23. Oktober 1970 erfolgte die Gründung des Biblischen Instituts der Univ. Freiburg, an der B. mit den anderen Dozenten der Bibelwissenschaften beteiligt war. Die Leitung des Instituts obliegt einem Direktorium, dem alle zum Institut zählenden Dozenten beigehören, ohne Unterschied der einzelnen Ränge. Beschlüsse werden durch Mehrheitsentscheidungen getroffen. Ein Kurator kümmert sich um die laufenden Geschäfte und wird alle zwei Jahre gewählt. Das Departement für biblische Studien ist heute am Projekt einer Neuausgabe der hebräischen Bibel (Biblia Hebraica Quinta) beteiligt. — Von 1970-78 hatte D. B. für zwei Perioden das Amt eines Vizerektors an der staatlichen Freiburger Universität inne; in diesem Amt wurde D. B. auch mit der baulichen Umbildung der Univ. beauftragt. — B.'s biblische Kompetenzen wurden auch international anerkannt: 1974 wurde er in die Päpstl. Bibelkommission berufen, und auch das Projekt der *Traduction œcumenique de la Bible* bewarb sich erfolgreich um seine Mitarbeit an der Übersetzung des Buchs Ijjob; B.'s Kompetenz in mittelalterlichen jüdischen Kommentaren konnte auch für diese Übersetzung genutzt werden, wie dem Vorwort zu entnehmen ist: »Diese Übersetzung entscheidet sich daher bestimmt für die Nähe zum traditionellen hebräischen Text, inspiriert sich aber ausgiebig, was die Auslegung von schwierigen Passagen betrifft, an den mittelalterlichen jüdischen Kommentatoren«. — Neben seinen wissenschaftlichen Leistungen darf aber der persönliche Aspekt nicht zu kurz kommen. P. Jerome Murphy-O'-Connor OP kommentiert es so: »B.'s akademische Erfolge waren so brillant, daß sie oft andere Elemente seiner Persönlichkeit in den Schatten stellten: Bei seinen öffentlichen Auftritten strahlten seine hohe Statur und seine tiefe klangvolle Stimme eine solche Anziehungskraft aus, daß sich die Herzen der Zuhörer für seine anregenden, tiefen und einleuchtenden Ideen öffneten. Er war ein hervorragender Kommunikator. Dieselbe Begabung fehlte ihm auch im Vorlesungssaal nicht. Er konnte unter seinen Zuhörern Begeisterung auch für so trockene Fächer wie die Textkritik erwecken.« — So zogen sich die 80er und die 90er Jahre ganz im Zeichen von CTAT hin, wobei B. es nie verfehlte, mit weiteren Veröffentlichungen auf seine textkritischen Arbeiten aufmerksam zu machen. 1991 wurde er emeritiert, nicht ohne mit zwei Festschriften bedacht worden zu sein (1981, 1991, s.u.). B. erlitt einen ersten Hirnschlag im Jahr 1996, während er am vierten Band von CTAT arbeitete; schließlich erlag er seiner Krankheit am 10. Februar 2002 in Freiburg, zwei Tage später wurde er in der Gruft des Konvents St. Albert (Albertinum) in Freiburg beigesetzt. — John W. Wevers bewertet B.'s Stellung innerhalb der Erforschung der Textgeschichte des Alten Testament so: »Heute gibt es keinen angesehenen Septuaginta Forscher, der nicht von B.'s *Devanciers* beeinflußt worden wäre.« Für eine ausführliche Würdigung der wissenschaftlichen Bedeutung B.'s siehe die Aufsätze von John W. Wevers und Robert A. Kraft (s.u. *Lit.*).

Werke: Le grand rouleau d'Isaïe trouvé près de la Mer Morte, in: Revue Biblique 57 (1950), 530-549 [Nachdr. in: Études d'histoire du texte de l'Ancien Testament, Orbis biblicus et orientalis 21, Fribourg - Göttingen 1978, 1-20, 382-386]; Bulletin, in: Revue Biblique 59 (1952), 604-610 [Nachdr. in: Études d'histoire du texte de l'Ancien Testament, 32-37, 387]; Notes en marge de publications récentes sur les manuscrits de Qumrân (I. Question Générales), in: Revue Biblique 59 (1952), 187-197 [Nachdr. in: Études d'histoire du texte de l'Ancien Testament, 21-31, 386-387]; Bulletin, in: Revue biblique 60 (1953), 454-456 [Nachdr. in: Études d'histoire du texte de l'Ancien Testament, 51-53, 387]; Redécouverte d'un chaînon manquant de l'histoire de la Septante, in: Revue Biblique 60 (1953), 18-29 [Nachdr. in: Études d'histoire du texte de l'Ancien Testament, 38-50, 387; Sidney Jellicoe, Studies in the Septuagint: Origins, Recensions, and Interpretations, New York 1974, 226-238; Frank Moore Cross - Shemaryahu Talmon (Hrsgg.), Qumran and the history of the Biblical text, Cambridge, Mass., 1975, 127-139]; Rezension zu Harold Henry Rowley, Zadokite Fragments and the Dead Sea Scrolls, in: Revue Biblique 60 (1953), 420-423; mit Joseph T. Milik, Qumran Cave 1, with contributions by R. de Vaux, G. M. Crowfoot, H. J. Plenderleith, G. L Harding, Discoveries in the Judaean Desert 1, Oxford 1955; Les manuscrits de la Mer Morte: à vingt kilomètres de Bethléem, Paris 1957; La sainteté selon la communauté de Qumrân et selon l'Évangile, in: J. van der Ploeg (u.a., Hrsgg.), La secte de Qumrân et les origines du Christianisme, Paris 1959, 203-216; Essenism and Christianity, in: Scripture 12 (1960), 119-126; Quinta ou Version selon les Hébreux?, in: Festgabe für Walther Eichrodt = Theologische Zeitschrift 16 (1960), 342-353 [Nachdr. in: Études d'histoire du texte de l'Ancien Testament, 54-65, 388]; Essenism and Christianity - II, in: Scripture 13 (1961), 20-24; Dieu et son image. Ébauche d'une théologie biblique, Foi vivante 148, Paris 1963 [Sammlung von Artikeln, die bereits von 1961-1963 in »La Vie spirituelle« veröffentlicht wurden], Neuausgabe 2004[3] [span. Übers.: Dios y su imagen. Trayectoria bíblica de la salvación, traducido por Nicolás López Martínez, Colección Prisma 86, San Sebastian 1965; englische Übers.: God and his image. An outline of biblical theology, übersetzt von Aldheim Dean, London - Dublin 1966; deutsche Übers.: Gott mit seinem Ebenbild. Umrisse einer biblischen Theologie, übersetzt von Herbert Peter Maria Schaad, Einsiedeln 1966: ital. Übers.: Dio e sua immagine, Già e non ancora, Milano 1980[4]; katalan. Übers.: Dü i la seva imatge, Collecció Blanquerna 62, Barcelona 1968]; Les devanciers d'Aquila. Première publication intégrale du texte des Fragments du Dodécaprophéton, trouvés dans le désert de Juda, précédée d'une étude sur les traductions et recensions grecques de la Bible réalisées au premier siècle de notre ère sous l'influence du Rabbinat palestinien, Supplements to Vetus Testamentum 10, Leiden 1963 [Nachdr. der Seiten IX-XII, 126-127, 144-157, 266-270 in: Études d'histoire du texte de l'Ancien Testament, 66-90, 388-389; eine Neuedition des Dodekapropheton: Emanuel Tov, with the collaboration of R. A. Kraft and a contribution by P. J. Parsons, The Greek Minor Prophets Scroll from Nahal Hever (8HevXIIgr), The Seiyal Collection 1, Discoveries in the Judaean Desert 8, Oxford 1990]; Les Tiqquné Sopherim et la critique textuelle de l'Ancien Testament, in: J. A. Emerton (Hrsg.), Congress Volume Bonn 1962, Supplements to Vetus Testamentum 9, Leiden 1963, 285-304 [Nachdr. in: Études d'histoire du texte de l'Ancien Testament, 91-110, 389-390]; L'Ancien Testament a mûri à Alexandrie, in: Festgabe zum Internationalen Kongress für alttestamentliche Studien in Genf, 22.-28. Aug. 1965 = Theologische Zeitschrift 21 (1965), 358-370 [Nachdr. in: Études d'histoire du texte de l'Ancien Testament, 127-139, 390]; Est-ce Hoshaya Rabba qui censura le »commentaire allégorique»? A partir des retouches faites aux citations bibliques, Étude sur la tradition textuelle du commentaire allégorique de Philon, in: Philon d'Alexandrie Lyon 11-15 septembre 1966, aux Editions du Centre National de la Recherche Scientifique, Paris 1967, 45-78 [Nachdr. in: Études d'histoire du texte de l'Ancien Testament, 140-173, 390-391]; La place de la Septante dans l'Eglise, in: C. Hauret, D. Barthélemy, H. Cazelles, T. Vriezen (u.a., Hrsgg.), Aux grands carrefours de la révélation et de l'exégèse de l'Ancien Testament, Recherches Bibliques 8, Paris 1967, 13-28 [Nachdr. in: Études d'histoire du texte de l'Ancien Testament, 111-126, 390]; Le Psautier grec et le papyrus Bodmer XXIV, in: Revue de Théologie et de Philosophie 19 (1969), 106-110 [Nachdr. in: Études d'histoire du texte de l'Ancien Testament, 174-178, 391]; Eusèbe, la Septante et »les autres», in: A. Benoit - P. Prigent (Hrsgg.), La Bible et les Pères. Colloque de Strasbourg (1er-3 octobre 1969), Paris 1971, 51-65 [Nachdr. in: Études d'histoire du texte de l'Ancien Testament, 179-193, 391]; List of Hebrew weak verbs = Liste des verbes faibles de l'hébreu = Liste der schwachen hebräischen Verben, Fribourg 1971, 1985[2]; Das Naturrecht und die Bibel, in: Alois Müller - Stephan H. Pfürtner - Bernhard Schnyder (Hrsgg.), Natur und Naturrecht. Ein interfakultäres Gespräch, Fribourg 1972, 243-257; Le papyrus Bodmer XXIV jugé par Origène, in: Josef Schreiner (Hrsg.), Wort, Lied und Gottesspruch. Beiträge zur Septuaginta. Festschrift für Joseph Ziegler, Würzburg 1972, Bd. 1, 11-19 [Nachdr. in: Études d'histoire du texte de l'Ancien Testament, 194-202, 391]; Les problèmes textuels de 2 Sam 11,2 - 1 Rois 2,11 reconsidérés à la lumière de certaines critiques des Devanciers d'Aquila = A Reexamination of the Textual Problems in 2 Sam 11:2 - 1 Kings 2:11 in the Light of Certain Criticisms of Les Devanciers d'Aquila, engl. Übers. von Kathleen McCarthy, in: Robert A. Kraft (Hrsg.), International Organization for Septuagint and Cognate Studies and the SBL Pseudepigrapha Seminar, 1972 proceedings, Septuagint and Cognate Studies 2, 1972, 16-88 [franz. und engl. auf parall. Seiten; nur franz. Nachdr. in: Études d'histoire du texte de l'Ancien Testament, 218-254, 392-394]; Origène et le texte de l'Ancien Testament, in: Jacques Fontaine - Charles Kannengiesser (Hrsgg.), Epektasis, Mélanges patristiques offerts au Cardinal Jean Daniélou, Paris 1972, 247-261 [Nachdr. in: Études d'histoire du texte de l'Ancien Testament, 203-217, 391-392]; mit Otto Rickenbacher (Hrsgg.), Konkordanz zum hebräischen Sirach. Mit syrisch-hebräischem Index, im Auftrag des biblischen Instituts der Universität Freiburg/Schweiz, Fribourg - Göttingen 1973; Pourquoi la Torah a-t-elle été traduite en grec?, in: Matthew Black - William A. Smalley (Hrsgg.), On Language, Culture, and Religion: in Honor of Eugene A. Nida, Approaches to Semiotics 56, The Hague 1974, 23-41 [Nachdr. in: Études d'histoire du texte de l'Ancien Testament, 322-340, 396]; Qui est Symmaque?, in: Patrick W. Skehan Festschrift = The Catholic Biblical Quarterly 36 (1974), 451-465 [Nachdr. in: Études d'histoire du texte de l'Ancien Testament, 307-321, 396]; Rezension zu Kevin G. O'Connell, The Theodotionic Revision of the Book of Exodus. A contribution to the study of the early history of the transmission of the Old Testament in Greek, Harvard Semitic Monographs 3, Cambridge, Mass., 1972 in: Biblica 55 (1974), 91-93 [Nachdr. in: Études d'histoire du texte de l'Ancien Testament, 304-306, 395]; mit anderen, Le livre de Job [Einführung und Übersetzung] in: La Bible - Traduction Œcuménique, Édition intégrale comprenant Introductions générales et Pentateuque révisés, Paris 200410, 1483-1491.1493-1554 [1975-19761]; Histoire du texte hébraïque de l'Ancien Testament, in: Études d'histoire du texte de l'Ancien Testament, Orbis biblicus et orientalis 21, Fribourg - Göttingen 1978, 341-364, 396 [gekürzt in engl. Übers.: Text, Hebrew, History of, in: The Interpreter's Dictionary of the Bible, Supplementary Volume, Nashville 1976, 878-884] mit anderen (Hrsgg.), Übersetzung und Deutung. Studien zu dem Alten Testament und seiner Umwelt, Alexander Reinard Hulst gewidmet, Nijkerk 1977; Notes critiques sur quelques points d'histoire du texte, in: Dominique Barthélemy (u.a., Hrsgg.), Übersetzung und Deutung, Studien zu dem Alten Testament und seiner Umwelt A. R. Hulst gewidmet, Nijkerk 1977, 9-23 [Nachdr. in: Études d'histoire du texte de l'Ancien Testament, 289-303, 395]; Études d'histoire du texte de l'Ancien Testament, Orbis biblicus et orientalis 21, Fribourg - Göttingen 1978 [meist Nachdrucke früherer Aufsätze]; Fragments d'un manuscrit massorétique, in: V. F. Raschèr - L. Deplazes (Hrsgg.), Frammenti di codici dagli archivi leventinesi, sec. X-XVI; testi liturgici, biblici ed umanistici, Bellinzona 1978, 669-677; Prise de position sur les autres communications du colloque de Los Angeles, in: Études d'histoire du texte de l'Ancien Testament, Orbis biblicus et orientalis 21, Fribourg - Göttingen 1978, 255-288, 394-395; Problématique et tâches de la critique textuelle de l'Ancien Testament hébraïque, in: Études d'histoire du texte de l'Ancien Testament, Orbis biblicus et orientalis 21, Fribourg - Göttingen 1978, 365-381; mit A. R. Hulst - N. Lohfink - W. D. McHardy - H. P. Rüger - J. A. Sanders (Hrsgg.), Preliminary and Interim Report on the Hebrew Old Testament Text Project = Compte rendu préliminaire et provisoire sur le travail d'-analyse textuelle de l'Ancien Testament hébreu, New York 1979-1980, Bd. 1: Pentateuch (1979), Bd. 2: Historical Books (1979), Bd. 3: Poetical Books (1979), Bd. 4: Prophetical Books I (1979), Bd. 5: Prophetical Books II (1980); La qualité du Texte Massorétique de Samuel, in: Emanuel Tov (Hrsg.), The Hebrew and Greek Texts of Samuel, Jerusalem 1980, 1-44; «Pour un homme», «pour l'homme» ou «pour Adam»? (Gn 2, 20), in: Maurice Carrez - Joseph Doré - Pierre Grelot (Hrsgg.), De la Tôrah au Messie. Études d'exégèse et d'herméneutique bibliques offertes à Henri Cazelles pour ses 25 années d'enseignement à l'Institut Catholique de Paris (Octobre 1979), Paris 1981, 45-54; Critique textuelle ou lexicographie comparée à propos de hawahîm (1 Sam 13,6), in: André Caquot - Mathias Delcor (Hrsgg.), Mélanges bibliques et orientaux en l'honneur de M. Henri Cazelles, Alter Orient und Altes Testament 212, Kevelaer - Neukirchen-Vluyn 1981, 33-40; Introduction, in: Fede e cultura alla luce della Bibbia. Atti della Sessione plenaria 1979 della Pontificia Commissione Biblica. Foi et culture a la lumière de la bible. Actes de la Session plénière 1979 de la Commission Belasque Pontificale. Discorso di Giovanni Paolo II, Torino 1981, 11-15; mit anderen (Hrsgg.), Fede e cultura alla luce della Bibbia. Atti della Sessione plenaria 1979 della Pontificia Commissione Biblica = Foi et culture à la lumière de la Bible. Actes de la Session plénière 1979 de la Commission Biblique Pontificale, Leumann 1981; Critique textuelle de l'Ancien Testament, 1. Josué, Juges, Ruth, Samuel, Rois, Chroniques, Esdras, Néhémie, Esther, Rapport final du Comité pour l'analyse textuelle de l'Ancien Testament hébreu, Orbis biblicus et orientalis 50/1, Fribourg - Göttingen 1982; Rezension zu Carmel McCarthy, The Tiqquné Sopherim and Other Theological Corrections in the Masoretic Text of the Old Testament, in: Bibliotheca Orientalis 40 (1983), 142-145; L'enchevêtrement de l'histoire textuelle et de l'histoire littéraire dans les relations entre la Septante et le Texte Massorétique, in: Albert Pietersma - Claude Cox (Hrsgg.), De Septuaginta. Studies in Honour of John William Wevers on his 65th birthday, Mississauga 1984, 21-40 [korrig. Nachdr. in: Découvrir l'Écriture, Lectio Divina Hors série, Paris 2000, 161-183]; L'État de la Bible juive depuis le début de notre ère jusqu'à la deuxième révolte contre Rome (131-135), in: Jean-Daniel Kaestli - Otto Wermelinger (Hrsgg.), Le Canon de l'Ancien Testament. Sa formation et son histoire, Le Monde de la Bible 10, Genève 1984, 9-45 [Nachdr. in: Découvrir l'Écriture, Lectio Divina Hors série, Paris 2000, 29-65]; mit anderen (Hrsgg.), Le Christ, notre réconciliation. Conférences des Journées d'approfondissement de la foi, 16-19 février 1984, à l'Université de Fribourg en Suisse, avant-propos de Guy-Thomas Bedouelle, Fribourg 1984; Christliche Bibelauslegung und jüdische Kommentatoren, in: Judaica 41 (1985), 207-216 [Nachdr. in: Découvrir l'Écriture, Lectio Divina Hors série, Paris 2000, 185-195]; Comment le Cantique des cantiques est-il devenu canonique?, in: André Caquot - Simon Légasse - Michel Tardieu (Hrsgg.), Mélanges bibliques et orientaux en l'honneur de M. Mathias Delcor, Alter Orient und Altes Testament 215, Kevelaer - Neukirchen-Vluyn 1985, 13-22 [korrig. Nachdr. in: Découvrir l'Écriture, Lectio Divina Hors série, Paris 2000, 239-251]; Aux origines de la Bible française imprimée, in: Sources 12 (1986), 193-203, 241-248 [Nachdr. in: Découvrir l'Écriture, Lectio Divina Hors série, Paris 2000, 68-108: fusioniert hier aber den genannten Aufsatz mit: Celui qui fit passer la Bible d'hébreu en français, in: D. B. — Henri Meylan - Bernard Roussel (Hrsgg.), Olivétan, celui qui fit passer la Bible d'hébreu en français: études, Bienne 1986, 18-29]; Critique textuelle de l'Ancien Testament, 2. Isaïe, Jérémie, Lamentations, Rapport final du Comité pour l'analyse textuelle de l'Ancien Testament hébreu, Orbis biblicus et orientalis 50/2. Fribourg - Göttingen 1986; mit David W. Gooding - Johan Lust - Emanuel Tov, The Story of David and Goliath: Textual and Literary Criticism Papers of a Joint Research Venture, Orbis biblicus et orientalis 73, Fribourg - Göttingen 1986; Celui qui fit passer la Bible d'hébreu en français, in: D. B. — Henri Meylan - Bernard Roussel (Hrsgg.), Olivétan, celui qui fit passer la Bible d'hébreu en français: études, Bienne 1986, 18-29 [Nachdr. in: Découvrir l'Écriture, Lectio Divina Hors série, Paris 2000, 68-108: fusioniert hier aber den genannten Aufsatz mit: Aux origines de la Bible française imprimée, in: Sources 12 (1986), 193-203, 241-248]; Rezension zu Pierre Jay, L'exégèse de Saint Jérôme d'après son Commentaire sur Isaïe, in: Freiburger Zeitschrift für Philosophie und Theologie 33 (1986), 269-275; Texte, Massores et facsimile du manuscrit d'Alep, in: Domingo Muñoz León (Hrsg.), Salvación en la palabra. Targum, Derash, Berith. En memoria del profesor Alejandro Díez Macho, Madrid 1986, 53-63; Trois niveaux d'analyse (à propos de David et Goliath), in: D. B. — David W. Gooding - Johan Lust - Emanuel Tov (Hrsgg.), The Story of David and Goliath, Orbis Biblicus et Orientalis 73, Fribourg - Göttingen 1986, 47-54; Critique et Prophétie selon Spinoza, Simon et Bossuet, in: Henri Cazelles (Hrsg.), La vie de la Parole. De l'Ancien au Nouveau Testament. Études d'exégèse et d'herméneutique bibliques offertes à Pierre Grelot professeur à l'Institut Catholique de Paris. Département des études bibliques de l'Institut catholique de Paris, Paris 1987, 319-332 [Nachdr. in: Découvrir l'Écriture, Lectio Divina Hors série, Paris 2000, 123-140]; 'Un seul,' 'un nouveau' ou 'un autre?' À propos de l'intervention du Seigneur sur le cœur de l'homme selon Ez 11,19a et des problèmes de critique textuelle qu'elle soulève, in: Rudolf Mosis - Lothar Ruppert (Hrsgg.), Der Weg zum Menschen. Zur philosophischen und theologischen Anthropologie für Alfons Deissler, Freiburg 1989, 329-338; Critique textuelle et critique littéraire, in: ABC Ecritures 4 (1989), 77-80 [korrig. Nachdr. in: Découvrir l'Écriture, Lectio Divina Hors série, Paris 2000, 141-145); La tradition manuscrite de l'Eshkol ha-Kofer, in: Bulletin d'études karaïtes 2 (1989), 5-22; Unité et diversité dans le Judaïsme vers le début de notre ère, in: Unité et diversité dans l'Église. Texte officiel de la Commission Biblique Pontificale et travaux personnels des Membres, Città del Vaticano 1989, 87-98 [Nachdr. in: Découvrir l'Écriture, Lectio Divina Hors série, Paris 2000, 11-28]; Allocution du P. Jean-Dominique Barthélemy à l'occasion du Dies academicus 1990, [Fribourg], [s.n.], 1990; La critique canonique, in: Le Centenaire de la Faculté de théologie de l'Institut catholique de Paris = Revue de l'Institut Catholique de Paris 36 (1990), 190-220 [verm. Nachdr. in: Découvrir l'Écriture, Lectio Divina Hors série, Paris 2000, 197-237]; Critique d'un Exégète à propos de l'« Apocryphe » de Robert Pinget, in: L. Vélez-Serrano (Hrsg.), Les écrivains face à la critique. Les actes du Ve Colloque interdisciplinaire, Fribourg, Fribourg 1990, 53-64 [Nachdr. in: Découvrir l'Écriture, Lectio Divina Hors série, Paris 2000, 147-160]; Les relations de la Complutensis avec le papyrus 967 pour Ez 40:42 a 46:24, in: Detlef Fraenkel - Udo Quast - John W. Wevers (Hrsgg.), Studien zur Septuaginta - Robert Hanhart zu Ehren. Aus Anlass seines 65. Geburtstages, Göttingen 1990, 253-261; Mémoire d'un siècle de théologie à Fribourg. Interview du Père Dominique Barthélemy O.P., propos recueillis par Philippe Trinchan in: Civitas [Luzern] 45 (1990), 323-328; Origine et rayonnement de la 'Bible de Vatable', in: Irena Backus

- Francis M. Higman (Hrsgg.), Théorie et pratique de l'exégèse, Geneva 1990, 385-401 [Nachdr. in: Découvrir l'Écriture, Lectio Divina Hors série, Paris 2000, 109-122]; Trois problèmes posés par le Texte Massorétique de Éz. 7,11b et 19,9, in: Textus. Annual of the Hebrew University Bible Project 15 (1990), 1-25; (Hrsg.), Idéologie et fondation, Etudes et documents sur l'histoire de l'Université de Fribourg/Suisse. Etudes 1, Fribourg 1991; (Hrsg.), Sur la préparation et les vingt-cinq premières années. Correspondance Schorderet-Python, Etudes et documents sur l'histoire de l'Université de Fribourg/Suisse. Documents 1, Fribourg 1991; Effondrement et innovation, in: Carlos J. Pinto de Oliveira (Hrsg.), Novitas et veritas vitae. Aux sources du renouveau de la morale chrétienne, Éthique chrétienne 37, Fribourg 1991, 9-14; Un Dieu qui fait du neuf, in: Carlos J. Pinto de Oliveira (Hrsg.), Novitas et veritas vitae. Aux sources du renouveau de la morale chrétienne, Éthique chrétienne 37, Fribourg 1991, 37-49; Georges Python et les archives, in: Passé pluriel. En hommage au professeur Roland Ruffieux, Fribourg 1991, 462-467; L'intégration de l'espace et du temps dans la nouvelle Jérusalem, in: Daniel Marguerat -Jean Zumstein (Hrsgg.), La mémoire et le temps. Mélanges offerts à Pierre Bonnard, Le Monde de la Bible 23, Genève 1991, 179-190; Actualité de la Bible dans le monde d'aujourd'hui, in: Françoise Laplanche - Jean Robert Armogathe - Christoph Theobald - Bernard Montagnes (Hrsgg.), Naissance de la méthode critique. Colloque du centenaire de l'Ecole biblique et archéologique française de Jérusalem, Patrimoines - Christianisme, Paris 1992, 287-301; Critique textuelle de l'Ancien Testament, 3. Ezéchiel, Daniel et les 12 Prophètes, Rapport final du Comité pour l'-analyse textuelle de l'Ancien Testament hébreu, Orbis biblicus et orientalis 50/3, Fribourg - Göttingen 1992; En souvenir du Père Ceslas Spicq O.P., in: Universitas Friburgensis 50 (1992), 31-33 [Nekrologie]; Les ruines de la tradition des Soferim dans le manuscrit d'Alep. La gageure de Shelomoh Ben Buyâ'â, in: Revue biblique 99 (1992), 7-39; mit M. Burrows - J. Trever - W. H. Brownlee (Hrsgg.), Documents Bearing on the History of the Judean Desert Sect, classroom edition, Jerusalem 1992 [auf Hebräisch]; Rezension zu Philippe Cassuto, Qeré-Ketib et listes massorétiques dans le manuscrit B 19, in: Bibliotheca Orientalis 49 (1992), 470-471; Diffuser au lieu d'interdire. Le Chanoine Joseph Schorderet 1840-1893, Paris - Fribourg 1993 [enthält ein Gespräch mit D.B; mit separatem Index-Band]; Fribourg, comme initiation à la Suisse, in: 1700 [Fribourg] 100 (1993), 5; La problématique de la messianité de Jésus, à la lumière de quelques études juives récents, in: Revue thomiste 93 (1993), 263-288 [Rezensionen zu 15 Büchern und Artikeln]; Le vocalisateur-massorète du manuscrit d'Alep était-il karaïte ou rabbanite?, in: Bulletin d'études karaïtes 3 (1993), 15-24; Préface, in: M. Cocagnac, Les symboles bibliques. Lexique théologique, Paris 1993; Un archétype commun au pré-massorétique, à la Septante et à 1QpHab?, in: Roger Gryson (Hrsg.), Philologia Sacra. Biblische und patristische Studien für Hermann J. Frede und Walter Thiele zu ihrem siebzigsten Geburtstag, Freiburg 1993, Bd. 1, 150-176; Justin et le texte de la Bible, in: G. Archambault - L. Pautigny - Elisabeth Gauché - Adalbert-G. Hamman (Hrsgg.), Justin Martyr. Œuvres complètes. Grande Apologie, Dialogue avec le juif Tryphon, Requête, Traité de la Résurrection, Collection Bibliothèque 1, Paris 1994, 369-377; Le long sommeil des textes de Qumrân, in: A. Kessler - T. Ricklin - G. Wurst (Hrsgg.), Peregrina Curiositas. Eine Reise durch den orbis antiquus. Zu Ehren von Dirk Van Damme, Novum Testamentum et Orbis Antiquus 27, Fribourg - Göttingen 1994, 117-125 [korrig. Nachdr. in: Découvrir l'Écriture, Lectio Divina Hors série, Paris 2000, 253-263]; Le long sommeil des textes de Qumrân, in: Bulletin der Schweizerischen Gesellschaft für Judaistische Forschung, Beiheft zu Judaica 3 (1994), 7-13; Les traditions anciennes de division du texte biblique de la Torah, in: Gilles Dorival - Olivier Munnich (Hrsgg.), Kata tous O' - Selon les Septante. Trente études sur la Bible grecque des Septante en hommage à Marguerite Harl, Paris 1995, 27-51 [Nachdr. in: Découvrir l'Écriture, Lectio Divina Hors série, Paris 2000, 265-290]; L'appropriation juive et chrétienne du Psautier, in: Richard D. Weis - David M. Carr (Hrsgg.), A Gift of God in Due Season. Essays on Scripture and Community in Honor of James A. Sanders, Sheffield 1996, 206-218; Les projets de l'Alliance Biblique Universelle concernant le texte hébreu de la Bible, in: Urs Joerg - David Marc Hoffmann (Hrsgg.), La Bible en Suisse. Origines et histoire, Bâle 1997, 335-337; Pierre Robert Olivétan und seine Bibelübersetzung, in: Urs Joerg - David Marc Hoffmann (Hrsgg.), Die Bibel in der Schweiz: Ursprung und Geschichte, Basel 1997, 157-176 [auch auf Französ.: Pierre Robert Olivétan et sa traduction de la Bible, in: Urs Joerg - David Marc Hoffmann (Hrsgg.), La Bible en Suisse. Origines et Histoire, Bâle 1997, 157-175]; Découvrir l'Écriture, Lectio Divina Hors série, Paris 2000 [Nachdrucke früherer Aufsätze]; Critique textuelle de l'Ancien Testament, Tome 4: Psaumes, édité à partir du manuscrit inachevé de Dominique Barthélemy par Stephen Desmond Ryan et Adrian Schenker, Orbis Biblicus et Orientalis 50/4, Fribourg - Göttingen 2005 [basierend auf von D.B. vorbereitetem Material]; Introduction, in: Critique textuelle de l'Ancien Testament, Tome 4: Psaumes, édité à partir du manuscrit inachevé de Dominique Barthélemy par Stephen Desmond Ryan et Adrian Schenkerm Orbis Biblicus et Orientalis 50/4, Fribourg - Göttingen 2005, XXIV-XLVII [posthum veröffentlichter Aufsatz zu Nummerierung und Gesamtzahl der kanonischen Psalmen].

Festschriften: Pierre Casetti - Othmar Keel - Adrian Schenker (Hrsgg.), Mélanges Dominique Barthélemy. Études bibliques offertes à l'occasion de son 60e anniversaire, Orbis biblicus et orientalis 38, Fribourg - Göttingen 1981; Gerard J. Norton - Stephen Pisano - Carlo Maria Martini (Hrsgg.), Tradition of the Text. Studies offered to Dominique Barthélemy in Celebration of his 70th Birthday, Orbis biblicus et orientalis109, Fribourg - Göttingen 1991.

Lit.: Sebastian P. Brock, Lucian redivivus. Some reflections on Barthélemy's Les Devanciers d'Aquila, in: Studia Evangelica 5 (1968), 176-181 [der Aufsatz von Robert Kraft (s.u.) enthält eine Liste der wichtigsten Rezensionen zu D.B.'s Devanciers d'Aquila]; — Pier Giorgio Borbone, La critica del testo e l'Antico Testamento ebraico, in: Rivista di storia e letteratura religiosa 20 (1984), 251-274 [ausführl. Rezension zu D.B's Critique textuelle de l'Ancien Testament 1]; — Olivier Munnich, Contribution à l'étude de la première révision de la Septante, in: Aufstieg und Niedergang der Römischen Welt II/20.1 (1987), 190-220 [bespricht haupts. D.B.]; — John Wevers, Barthélemy and Proto-Septuagint Studies, in: Bulletin of the International Organization for Septuagint and Cognate Studies 21 (1988), 23-34; — Pier Giorgio Borbone, Un tentativo di »critica della critica« testuale dell'Antico Testamento, in: Biblica 69 (1988), 422-429 [ausführl. Rezension zu D.B.'s Critique textuelle de l'Ancien Testament 2]; — Leonard J. Greenspoon, Recensions, Revision, Rabbinics. Dominique Barthélemy and Early Developments in the Greek Traditions, in: Textus. Annual of the Hebrew University Bible Project 15 (1990), 153-167; — Jean-Luc Vesco (Hrsg.), L'Ancien Testament, Cahiers de la Revue Biblique 28, Paris 1990, 204-206; — Adrian Schenker, Hommage au Père Dominique Barthélemy, in: Universitas Friburgensis [Fribourg] 49 (1991), 92-93; — Histoire de l'Université de Fribourg Suisse, 1889-1989. Institutions, enseignement, recherches, éd. par une commission de professeurs présidée par Roland Ruffieux et par le Rectorat de l'Université, vol. 3, Personnes, dates et faits = Geschichte der Universität Freiburg Schweiz, 1889-1989. Institutionen, Lehre und Forschungsbereiche, hrsg. von einer Professoren-Kommission geleitet von Roland Ruffieux und dem Rektorat der Universität, Bd. 3, Personen, Daten und Fakten, 924-925; — [Spécial] 100 [Jean-Dominique Barthélemy, Amalita Hess, Rolf Böhme, Yoki, Pierre Stephan, Nilgün Serbest, René Fasel, Ruth Lüthi, Etienne Chatton], Fribourg, Secrétariat de Ville, 1993 [anläßl. des Erscheinens von Nr. 100 des Komunalblattes werden neun bes. mit der Komune verbundene Persönlichkeiten vorgestellt]; — Alessandro Catastini, Testo antiocheno e »Vetus Latina«. Su alcune pubblicazioni recenti, in: Henoch 19 (1997), 81-93; — Jacques Briend, »Barthélemy, Dominique«, in: Lawrence H. Schiffman - James Vander Kam (Hrsgg.), Encyclopedia of the Dead Sea Scrolls, Oxford 2000, 83-84; — James R. Adair, In Memoriam: Dominique Barthélemy, in: Bulletin of the International Organization for Septuagint and Cognate Studies Volume 34 (2001 [2003]), 34-36; — James A. Sanders, Obituary: Dominique Barthélemy, O.P., in: TC: A Journal of Biblical Textual Criticism 7 (2002) [e-journal]; — Jan de Waard, Jean-Dominique Barthélemy: a tribute, in: UBS World Report 370 (2002) [e-journal]; — Gil Dorival, Hommage à Dominique Barthélemy: des Péres à la Septante, in: Adamantius 9 (2003), 179-187; — Jerome Murphy-O'Connor, OP, Dominique Barthélemy, OP (1921-2002), in: École biblique de Jérusalem, Nouvelles de Jérusalem 79 (2003), 30-34; — Adrian Schenker, »Jean-Dominique Barthélemy«, in: Dictionnaire historique de la Suisse, Hauterive 2003, 44-45; — Robert A. Kraft, Reassessing the Impact of Barthélemy's Devanciers, Forty Years Later, in: Bulletin of the International Organization for Septuagint and Cognate Studies 37 (2004), 1-28; — Adrian Schenker, L'histoire du Livre. Dominique Barthélemy (1921-2003) ou l'histoire du texte de l'Ancien Testament, in: Dominicains, théologiens et historiens. Las Casas et les Noirs - Les correspondants du P. de Menasce. Colloque en l'honneur du P. Guy Bedouelle, Mémoire Dominicaine 20, Paris 2006, 237-246.

Dirk Kurt Kranz

BEAUFORT, Henry; Bischof von Lincoln (seit 1398) und Winchester (seit 1404), Kardinal (seit 1426) und mehrfach englischer Lordkanzler; * um 1374 in Beaufort Castle, Anjou (heute Departement Meuse-et-Loire, Frankreich); † 11. April 1447 im bischöflichen Palast von Wolvesey, Winchester (England). — Henry war der illegitime Sohn von John of Gaunt (1340-1399), dem Herzog von Lancaster und dessen Mätresse Catherine Rouet (1350-1403), der Ehefrau von Sir Hugh Swynford. Der Herzog von Lancaster, dritter Sohn von König Edward III. von England (1312-1377), lernte Catherine durch seine erste Ehefrau Blanche (1341-1368) kennen, die eine Freundin von Catherine war. Nach dem frühen Tod von Blanche fand John of Gaunt Trost in den Armen der schönen und lebenslustigen Catherine; und als deren Ehemann Hugh Swynford in einer Schlacht in Frankreich gefallen war, machte er sie zu seiner Mätresse. Dies blieb sie auch dann noch, als John of Gaunt aus politischem Interesse heraus Konstanze von Kastilien (1354-1394) heiratete. John of Gaunt und Catherine hatten insgesamt vier Kinder miteinander, die der Herzog von Lancaster alle als die seinen anerkannte: John Beaufort, der 1. Graf von Somerset (1373-1410), sodann Henry Beaufort, Bischof und Kardinal (1374-1447), Thomas Beaufort, der 1. Herzog von Exeter (1377-1426) und schließlich Joan Beaufort (1379-1440). Nachdem Konstanze von Kastilien 1394 gestorben war, holte John of Gaunt beim Papst eine kirchliche Dispenz ein und heiratete 1396 doch noch seine langjährige Geliebte Catherine, so wurden deren vier bislang unehelichen Kinder zu ehelichen. König Richard II. (1367-1400) und auch das Parlament bestätigten daraufhin 1397 deren Legitimität, schlossen sie aber gleichzeitig von der Thronfolge aus. — Henry verbrachte einige Jahre seiner Kindheit in Aix-la-Chapelle, wo er auch seine erste schulische Ausbildung erhielt. Früh wurde er für eine kirchliche Laufbahn vorgesehen. Zurück in England studierte er Theologie zunächst in Cambridge (1388/89) im dortigen Peterhouse, dem ältesten College der Stadt, im Jahr 1280 von Bischof Hugo de Balsham von Ely († 1286) gegründet. Doch schon nach einem Jahr wechselte Henry Beaufort nach Oxford, wo er am 1341 gegründeten Queen´s College studierte. Im Jahr 1397 machte er seinen Magister Artium, da war er gerade 23 Jahre alt. Am 7. April desselben Jahres wurde er zum Diakon geweiht und danach von der Universität Oxford zu ihrem Kanzler bestimmt. Wann er zum Priester geweiht wurde, wissen wir nicht. Doch schon am 1. Juni 1398 wurde er zum Bischof von Lincoln ernannt und am 14. Juli in der dortigen Kathedrale konsekriert. Als sein Halbbruder Henry (1367-1413) im Jahr 1399 als Henry IV. den englischen Thron bestieg, bekam Henry Beaufort einen herausragenden Platz im politischen und öffentlichen Leben Englands. 1403 machte ihn Henry IV. zum Lordkanzler, doch schon ein Jahr später gab er dieses Amt wieder zurück, als er nach dem Tod von Bischof William Wykeham (1320-1404) am 19. November 1404 zu dessen Nachfolger als Bischof von Winchester ernannt worden war. Am 11. April wurde er in der Kathedrale von Winchester in sein neues Amt eingeführt. Papst Gregor XII. (1335-1417) ernannte Beaufort zu seinem Legaten in England und Irland und der König zu seinem Botschafter in Frankreich. Damals begann Henry Beaufort immer stärkeren Einfluß auf den Thronfolger und späteren König Henry V. (1387-1422) zu nehmen, dessen Tutor er seit längerem war. — Auch wenn Henry Beaufort immer loyal zum Haus Lancaster stand, geriet er doch aufgrund seiner Opposition zu Thomas Arundel (1353-1414), dem Erzbischof von Canterbury und dessen Partei am Hofe in Konflikt mit dem König selbst. Ein Streit um Besitztümer von Henrys älterem Bruder John, dem 1. Graf von Somerset und Marquis von Dorset vergrößerte den Graben zwischen Beaufort und der Partei Arundels, der Beaufort seinen Einfluß auf den Thronfolger mißgönnte. Und im Jahr 1411 kam es zu Henry Beauforts Ausschluß aus dem Kronrat. Der Thronfolger war seit längerem schon Vorsitzender des Kronrats und nahm starken Einfluß auf die Politik seines Vaters, der bereits seit 1405 schwer krank war. 1411 versuchte er nach militärischen Erfolgen in Wales seinen Vater dazu zu bewegen, sich angesichts seines schlechten Gesundheitszustands aus der Politik zurückzuziehen und zu seinen Gunsten abzudanken. König Henry IV. reagierte sehr heftig auf dieses Ansinnen; er enthob seinen Sohn all seiner Ämter und verbannte ihn zusammen mit dessen Mentor Henry Beaufort aus dem Kronrat. Doch noch kurz vor seinem Tod am 20. März 1413 nahm König Henry IV. sowohl seinen Sohn als auch Beaufort wieder in Gnade an.

Als der Prinz von Wales nach dem Tod seines Vaters 1413 als König Henry V. den Thron bestieg, machte er seinen Tutor Henry Beaufort erneut zum Lordkanzler. 1414 brach dieser im Auftrag von Henry V. nach Frankreich auf, um dort zum Schein wegen der Niederlegung der formalen englischen Ansprüche auf den französischen Thron zu verhandeln. In der Zwischenzeit festigte Henry V. seine Macht in England und rüstete zum Krieg gegen Frankreich. Beaufort führte in Frankreich die Gespräche mit viel diplomatischen Geschick, schraubte jedoch die Forderungen für die Aufgabe der englischen Ansprüche auf Frankreichs Thron in für Frankreich inakzeptable Höhen. Im Prinzip verlangte Beaufort im Namen Henrys die Wiederherstellung des alten *Angevinischen Reiches*, wie es von König Henry II. (1133-1189) ab 1154 geschaffen wurde. Es umfaßte zu seinen besten Zeiten die französischen Grafschaften Anjou, Maine, Touraine, Auvergne, Poitou sowie die Herzogtümer Aquitanien, Gascogne, Normandie und Bretagne. Da Frankreich die übersteigerten englischen Bedingungen natürlich nicht erfüllen konnte und wollte, wurde Beauforts Mission im Sommer 1415 endgültig abgebrochen und der Krieg begann. König Henry V. nutzte die Gunst der Stunde, als er im August 1415 mit seinem Heer in der Normandie landete, denn Frankreichs Monarch Karl VI. (1368-1422) war geistesgestört und das Land wegen der Auseinandersetzungen zwischen den Häusern Burgund und Orleans politisch deutlich geschwächt. Zudem hatte Henry V. zu dieser Zeit in der Heimat militärisch den Rücken frei, denn der langjährige französische Verbündete, Schottlands König James I. (1394-1437), befand sich seit 1406 in englischer Gefangenschaft. Ein Krieg gegen Frankreich entschärfte auch die Adelsrivalitäten im eigenen Land, versprach er doch vielen Magnaten neben Ehre und Ruhm auch bedeutsame Posten und Reichtümer. Doch ein Krieg wie dieser war kostspielig und Henry Beaufort unterstützte seinen König mit enormen Finanzmitteln. Doch nicht nur finanziell wirkte Beaufort am Krieg mit. Er schaffte es 1416 mit viel diplomatischem Gespür, daß Kaiser Sigismund (1368-1437), der im Krieg zwischen England und Frankreich vermitteln sollte, sich auf Englands Seite schlug und im Vertrag von Canterbury zu Englands Waffenbruder wurde. — Trotz dieses diplomatischen Erfolgs, der ihm einmal mehr die Gunst des Königs einbrachte, legte Beaufort 1417 das Amt des Lordkanzlers nieder, um am Konzil von Konstanz teilzunehmen, wo er sich stark für die Einheit der Kirche und die Autorität des Papstes in Fragen des Glaubens einsetzte. Um die Kircheneinheit wiederherzustellen, trat Papst Gregor XII. freiwillig zurück. Da sich der Gegenpapst Benedikt XIII. (1327-1423) allerdings weigerte, es ihm gleichzutun, wurde er im Juli 1417 kurzerhand vom Konzil abgesetzt (der andere Gegenpapst Johannes XXIII. (1370-1419) mußte bereits 1415 zu Beginn des Konzils abdanken), womit das abendländische Schisma an sein Ende kam und der Weg zur Wahl eines neuen Papstes frei war. Henry Beaufort machte sich daraufhin für Kardinal Oddo di Collonna (1368-1431) stark, der am 11. November 1417 zum Nachfolger Petri bestimmt wurde und nach dem Tagesheiligen den Namen Martin V. annahm. Der neue Papst wollte sich Henry Beaufort für dessen Unterstützung erkenntlich zeigen und bot ihm den Kardinalshut an. Aus Angst Beaufort an die römische Kurie zu verlieren, verbot es ihm Henry V. die Kardinalsernennung anzunehmen. Papst Martin V. ernannte ihn aber zu seinem *legatus a latere*, zum Gesandten mit umfassenden päpstlichen Vollmachten auf Lebenszeit. Im Unterschied dazu gab es noch den *legatus missus*, den Gesandten mit Spezialvollmacht und den *legatus natus*, den geborenen Legaten. Letzterer ist ein Ehrentitel, den einzelne Bischöfe (wie die von Prag, Köln, Posen und Salzburg) tragen und der es ihnen erlaubt den Kardinalspurpur innerhalb ihrer Diözesen zu tragen. Mit den Legaten als jederzeit einsetzbare päpstliche Kommissare konnten die Päpste auch außerhalb der Kurie präsent sein. Verschiedene Herrscher versuchten die Entsendung päpstlicher Legaten in ihre Länder an ihre Genehmigung zu binden. Dies gelang letztlich aber nur England. — Bevor König Henry V. 1422 starb, ernannte er neben seinem Bruder Humphrey auch Henry Beaufort zum Protektor für den noch minderjährigen Henry VI. (1421-1471). Leider versuchte Humphrey, der Herzog Gloucester (1390-1447) in den folgenden Jahren Macht und Krone für sich zu sichern. Henry Beaufort, der ab 1422 wieder im Kronrat vertreten war, wurde zum Hauptgegner von Humphrey und dessen eigensüchtigen Plänen. 1424 wurde Henry Beaufort ein drittes Mal zum Lordkanzler ernannt und war als solcher für das Königreich verantwortlich, als der Herzog von Gloucester sich zeitweilig in ein militärisches Abenteuer im Hennegau stürzte, mit dem er das Erbe seiner Frau Jakobäa von Straubing-Holland (1401-1436) zu sichern gedachte. Humphrey hatte diese 1422 nach ihrer Flucht nach England geheiratet. Die Ehe sorgte damals in Europa für Furore, zumal Jakobäas Ehe mit Herzog Johann IV. von Brabant (1403-1427) noch nicht annulliert worden war. Da Jakobäa über ihre Mutter eng mit dem Haus Burgund verwandt war und dessen amtierender Herzog Philipp III. von Burgund (1396-1467) ein Cousin Johanns war, konnten politische Verwicklungen nicht ausbleiben, zumal Philip in eigenem Interesse gar nicht daran dachte die Annullierung von Jakobäas Ehe mit Johann zu unterstützen. Wen wundert es also, daß Henry Beaufort nicht nur strikt gegen die Ehe Humphreys mit Jakobäa war, sondern mehr noch gegen die englische Invasion im Hennegau, in Seeland und Holland. Eine solche belastete unnötig die Beziehungen Englands zu seinem Verbündeten Burgund, den man im Krieg gegen Frankreich dringend benötigte. Humphrey und Jakobäa landeten 1424 in deren angestammten Herzogtum. Nach anfänglichen Erfolgen wendete sich jedoch das Blatt. Philipp III. von Burgund nahm Jakobäa gefangen und riß nach dem Tod von Johann 1427 das Herzogtum Brabant an sich. 1428 zwang er Jakobäa schließlich im Delfter Versöhnungsvertrag, ihn als Nachfolger anzuerkennen. Schnell erkannte Humphrey, daß seine Bemühungen erfolglos blieben und er verließ 1426 seine Frau und kehrte nach England zurück, wo ihm Henry Beaufort schwere Vorwürfe wegen seines Verhaltens machte. Der gescholtene Herzog mobilisierte, um sich zu rächen die Londoner Bürgerschaft, die nicht eben gut auf Beaufort zu sprechen war, und es kam in der Hauptstadt zu einem Aufstand gegen den Bischof. Dazu klagte Gloucester Bischof Beaufort auch noch des Verrats an Henry IV. und seinen Nachfolgern an. Beaufort sah sich gezwungen Gloucesters Bruder John, Herzog von Bedford (1389-1435), aus Frankreich zu rufen, damit dieser als offizieller Protektor von England in den Streitigkeiten vermittelte. Bedford einsetzte sich redlich während des Parlaments, das im Februar 1426 in Leicester tagte, die Rivalen zu einer Versöhnung zu bewegen. Beaufort lenkte ein und das Parlament ließ die Anklagen gegen ihn fallen. Doch die ganzen Umstände bewogen ihn danach sein Amt als Lordkanzler niederzulegen und seine Energien anderweitig einzusetzen. — Papst Martin V. war zu dieser Zeit auf der Suche nach Unterstützern im Kampf gegen die Hussiten in Böhmen und offerierte Beaufort einmal mehr den Kardinalshut. Dieses Mal nahm Beaufort an. Am 24. Mai 1426 wurde er kreiert und drei Tage später mit dem Titel von San Eusebio in Rom versehen. Doch erst im März 1427 reiste Beaufort schließlich nach Calais, um den roten Hut und die Ernennung zum *legatus a latere* für Deutschland, Ungarn und Böhmen in Empfang zu nehmen. Danach brach er zum so genannten 4. Kreuzzug gegen die Hussiten auf. Dieser endete jedoch am 4. August 1427 mit einer schweren Niederlage der katholischen Truppen in der Schlacht nahe den südböhmischen Städten Mies und Tauchau. Nach diesem Fiasko kehrte Beaufort nach England zurück, um dort Geld für einen weiteren Kreuzzug aufzutreiben. Trotz der Niederlage wurde Beaufort als *Kardinal von England* mit großem Pomp in London empfangen. — Und doch schwächte die neue kirchliche Würde Beauforts Stellung in der Regierung. Sein Opponent Gloucester weigerte sich, Beaufort als päpstlichen Legaten anzuerkennen und versuchte 1429 ihn gar als Bischof von Winchester abzusetzen. Diese Aktion blieb jedoch erfolglos. Henry sammelte im Lauf des Jahres 1429 eine starke Armee um sich, mit der er abermals nach Böhmen gegen die Hussiten ziehen wollte. Er wurde jedoch vom König davon überzeugt, die Truppen lieber nach Frankreich zu schicken, wo es aufgrund des Auftretens von Jeanne d´Arc (1412-1431) nicht eben gut um die englische Sache bestellt war. Aufgrund seiner Entscheidung lief Beaufort allerdings Gefahr seines Amtes als päpstlicher Legat verlustig zu gehen. Doch dies nahm er in Kauf. So begleitete er im April 1430 seinen Großneffen König Henry VI. nach Frankreich und am 16. Dezember 1431 durfte er ihn in der Kathedrale von Notre Dame in Paris zum König von Frankreich krönen. 1431 war Beaufort unter Vorsitz des Herzogs von Bedford auch Richter im Prozeß gegen Jeanne d´Arc in Rouen. Am 29. Mai 1431 wurde gegen sie das Todesurteil verhängt und am folgenden Tag verbrannte man Jeanne d´Arc als »rückfällige Ketzerin« auf dem Marktplatz von Rouen. Ob Beaufort wirklich von ihrer Schuld überzeugt war oder ob er nur den politischen Interessen seines Landes folgte, wissen wir nicht. — Einmal mehr versuchte Gloucester während der Abwesenheit Beauforts aus England, dessen Autorität zu untergraben und ihn aus dem Kronrat zu drängen. Er behauptete, ein Kardinal der Kurie könne keinen Bischofssitz in England innehaben und Beaufort müsse daher auf das Bistum Winchester verzichten. Alle Bemühungen Gloucesters wurden jedoch von König Henry VI. zunichte gemacht, der Beaufort 1432 zu seinem loyalen Untertan erklärte und alle gegen ihn vorgebrachte Anschuldigen verwarf. Beaufort unterstützte in den folgenden Jahren den Herzog von Bedford in seinen Bemühungen um die Konsolidierung der Staatsfinanzen und begleitete diesen 1435 zur Friedenskonferenz nach Arras, die am 5. August in der dortigen Abtei von Sankt Vaast begann und die Konflikte zwischen Frankreich, England und Burgund beilegen sollte. — Die Konferenz fand unter kirchlicher Regie statt und den Vorsitz führten zwei Kardinäle als Vertreter des Papstes und des Konzils von Basel. Die Interessen Englands vertraten wie schon erwähnt Henry Beaufort unterstützt vom Bischof von Lisieux, Pierre Cauchon (1370-1442) und William de la Pole, 1. Herzog von Suffolk (1396-1450) und dem Herzog von Bedford. Die englischen Unterhändler schlugen einen ausgedehnten Waffenstillstand und eine eheliche Verbindung zwischen Henry VI. von England und der Tochter des französischen Königs Karl VII. (1403-1461) vor. Auf keinen Fall aber wollte man auf den Anspruch Englands auf die Krone Frankreichs verzichten. Eine erfolgreiche Vermittlung war aufgrund dieses Anspruchs aber nicht möglich. Da während der Verhandlungen französische Truppen Überfälle auf englische Besitzungen auf französischem Boden durchführten, brachen Beaufort, Bedford, Cauchon und Suffolk die Gespräche ab und zogen sich nach Rouen zurück. Diesen Rückzug nutzten die französische Delegation sowie die beiden die Friedensverhandlungen leitenden Kardinäle dazu, Herzog Philipp III. von Burgund zu einer Versöhnung mit König

Karl VII. zu drängen. Als die englische Delegation schließlich wieder an den Verhandlungstisch zurückkehrte, mußte sie erfahren, daß ihr burgundischer Verbündeter auf die Seite Frankreichs gewechselt war. Dies bedeutete das Ende der englisch-burgundischen Allianz. Enttäuscht brach die englische Delegation alle weiteren Gespräche ab und Beaufort kehrte nach dem plötzlichen Tod von Bedford am 14. September 1435 wieder nach England zurück. Aber auch danach versuchte Beaufort in Verhandlungen zu einem dauerhaften Frieden mit Frankreich zu kommen, was von seinem Gegner Gloucester immer wieder torpediert wurde, der sich für einen Fortgang des Krieges gegen Frankreich mühte. Zweimal machte Gloucester den Versuch Beaufort aus England zu verbannen, bis König Henry VI. 1437 ein Machtwort sprach und den Kardinal von jeglichen Anschuldigungen seitens Gloucesters rehabilitierte. 1439 reiste Beaufort ein letztes Mal zu Friedensverhandlungen nach Frankreich. Auf Anraten Beauforts ließ Henry VI. zum Zeichen seines guten Willens Karl, den Herzog von Orleans (1394-1465) gegen ein enormes Lösegeld frei, der sich seit der Schlacht von Azincourt am 25. Oktober 1415 in englischer Gefangenschaft befand. Da Karl in der Liste der französischen Thronanwärter weit oben stand, versuchte man ihn immer wieder als Faustpfand in Verhandlungen mit Frankreich einzusetzen. Der freigelassene Herzog dankte Beaufort sein Bemühen, indem er fortan als Friedensstifter zwischen den Kronen Englands und Frankreichs auftrat. Seine Initiativen scheiterten aber letztlich am Widerstand von König Karl VII. von Frankreich. — Die Freilassung des Herzogs von Orleans betrachtete Gloucester als Hochverrat und er versuchte nun noch mehr seinen Widersacher Beafort zu vernichten. Abermals reichte er beim Parlament Klagen gegen den Kardinal ein, die allerdings allesamt ignoriert wurden. Im Gegenteil: nachdem 1441 Gloucesters Frau Eleanor Cobham (1400-1452/54) der Prozeß wegen Hexerei gegen den Henry VI. gemacht wurde, geriet Gloucester selbst unter die Anklage des Hochverrates, da man seiner Frau vorwarf, sie hätte versucht, durch Zauberei ihm den Thron zu sichern. Sie wurde verurteilt, mußte in London öffentliche Buße tun. Schließlich wurde ihre Ehe mit Gloucester geschieden und Eleanor zu lebenslanger Haft auf die Isle of Man verbracht, wo sie 1552 oder 1554 verstarb. Gloucester selbst erholte sich politisch nie mehr von diesem Schlag und starb schließlich von allen verlassen im Februar 1447 in Bury Saint Edmunds an einem Schlaganfall. Böse Zungen dagegen behaupten, er sei keinen natürlichen Tod gestorben. — Von Gloucester drohte Beaufort ab 1442 keine Gefahr mehr und er konnte seine letzten Lebensjahre in relativer Ruhe und Sicherheit verbringen. Auch wenn er dem politischen Tagesgeschehen aufmerksam folgte, zog sich Beaufort von der politischen Bühne zurück und widmete sich bis zu seinem Tod ganz seinem Bistum. Er sah schließlich noch die Vollendung des Langhauses seiner Kathedrale und restaurierte in seiner Bischofsstadt die Abtei Hyde, welche um das Jahr 880 von König Alfred (849-899) von Wessex gegründet und 1141 während des Bürgerkriegs zwischen König Stephen (1096-1154) und Kaiserin Matilda (1102-1167) weitgehend zerstört worden war. Zudem erneuerte und erweiterte er Englands ältestes Armenhospital, das Hospital von St.Cross, das zwischen 1132 und 1136 von Bischof Henry of Blois (1100-1171) gegründet worden war. Im März 1444 wurde ihm der Ehrentitel eines Kardinals *protoprete* zuteil und 1445 durfte er noch erleben, wie König Henry VI. Prinzessin Margaret von Anjou (1429-1482) heiratete und damit den Frieden mit Frankreich sicherstellte. Nach einem langen und bewegten Leben im Dienst der Kirche und des englischen Staates starb Henry Beaufort am 11. April 1447 in Wolvesey Palace, der bischöflichen Residenz in Winchester. Er wurde in der Kathedrale beigesetzt und seine Grablege ist bis heute dort erhalten. Henry Beaufort war zu seiner Zeit zweifellos der beste Repräsentant Englands im Ausland. Seine Weisheit, Loyalität und sein diplomatisches Geschick galten stets dem Wohl des Hauses Lancaster trotz seiner Querelen mit dem Herzog von Gloucester sowie dem englischen Staat. Beaufort war einer der reichsten Männer des Landes, doch hat er sich nie unrechtmäßig bereichert und nicht erst nach seinem Tod gab er große Teile seines Vermögens für soziale Zwecke und Einrichtungen sowie für den Bau von Kirchen und Klöstern aus. Der einzige »Fehltritt« des Kardinals war eine uneheliche Tochter. Sie entsprang einer Liaison Beauforts in seinen jungen Jahren mit Lady Alice Fitzalan (1382-1415), der Tochter des Grafen von Arundel. Damals hatte Beaufort noch keine kirchlichen Weihen empfangen. Wie auch immer, er stand zu seiner Tochter und übertrug ihr seinen Namen: Joan Beaufort (1402-1453). Zudem bedachte er sie, deren Ehemann Edward Stradling (1389 - 1453) sowie deren gemeinsamer Sohn Henry (1424-1477) in seinem Testament.

Lit.: Alfonso Chacón, Vitae, et res gestae Pontificum Romanorum et S. R. E. Cardinalium ab initio nascentis Ecclesiae usque ad Urbanum VIII. Pont. Max., Bd.2, Rom 1630, 845-846; — Lorenzo Cardella, Memorie storiche de´ cardinali della Santa Romana Chiesa, Rom 1793, Bd.3, 40-41; — Robert Folkestone Williams, Lives of the English cardinals, including historical notices of the papal court, from Nicholas Breakspear (Pope Adrian IV) to Thomas Wolsey, Cardinal Legate, 2 Bde., Philadelphia 1868; — Dudley Baxter, Englands Cardinals. With an appendix showing the reception of the sacred pallium by the archbishops of Canterbury and Westminster, London u. New York 1903, 33-34; — Johannes Haller, England und Rom unter Martin V., in: QFIAB 8 (1905), 249-304; — Charles S. Isaacson, The story of the English cardinals, London 1907; — L.B. Radford, Henry Beaufort: Bishop, Chancellor, Cardinal, London 1908; — Konrad Eubel, Hierarchia catholica medii et recentioris aevi...ab anno 1198 usque ad annum 1431 perducta, Münster 1898, ²1913; — Ders., Hierarchia catholica medii aevi sive...ab anno 1431 ad annum 1503 perducta, Münster 1901, ²1914; — Wilfred Philip Barret, The Trial of Jeanne d´Arc: Translated into English from the Original Latin and French Documents, London 1931; — George Coulehan Heseltine, The English Cardinals. With some account of those of other English-speaking countries, London 1931, 64-74; — Kenneth Bruce McFarlaine, Henry V, Bishop Beaufort and the Red Hat, 1417-1421, in: EHR 60 (September 1945), 316-348; — Ders., At the Deathbed of Cardinal Beaufort, in: R.W. Hunt, W.A. Pantin, R.W. Southern (Hrsgg.), Studies in Medieval History Presented to Frederick Maurice Powicke, Oxford 1948, 405-428; — Ders., England in the fifteenth century : collected essays (eine Sammlung seiner Artikel mit einem Vorwort von Gerald Leslie Harriss), London1981; — R.N. Quirk, The Tomb of Cardinal Beaufort, Winchester Cathedral Record 23, Winchester 1954, 6-10; — Joycelyne Gledhill Dickinson, The Congress of Arras, 1435: a study in medieval diplomacy, Oxford 1955 (überarbeitete Neuausgabe New York 1972, ²1973); — Dies., The Congress of Arras,1435, in: History 40 (1955), 32-41; — Alfred Botherston Emden, A Biographical Register of the University of Oxford to A.D. 1500, Bd.1, Oxford 1957, 139-142; — Ders., A Biographical Register of the University of Cambridge A.D. 1500, Cambridge 1963; — Karl August Fink, Die Wahl Martins V., in: August Franzen, Wolfgang Müller (Hrsg.), Das Konzil von Konstanz. Beiträge zu seiner Geschichte und Theologie, Freiburg, Basel, Wien 1964, 138-147 (beleuchtet auch die Rolle von Henry Beaufort bei der Wahl); — Alan Ralph Griffiths, The Trial of Eleanor Cobham : An Episode in the Fall of Duke Humphrey of Gloucester, in: Bulletin of the John Rylands Library, Manchester 51 (1968/69), 381-99; — Gerald Leslie Harriss, Cardinal Beaufort: Patriot or Usurer?, in: Transactions of the Royal Historical Society, Fifth Series, Bd. 20 (1970), 129-148; — Henry V: The Practice of Kingship, New York 1985; — Ders., Henry Beaufort, Cardinal of England, in: D.Williams (Hrsg.), England in the Fifthteenth Century, Bury St. Edmunds 1987, 111-127; — Ders., Cardinal Beaufort: A Study of the Lancastrian Ascendancy and Decline: A Study of Lancastrian Ascendancy and Decline, Oxford (Clarendon Press) 1988; — Ders., Cardinal Beaufort, in: Medieval History 1, Nr.1 (1991), 81-92; — Ders., The court of the Lancastrian kings, in: Jenny Stratford (Hrsg.), The Lancastrian Court, Donington 2003, 1-18; — John Quinlan, Our English cardinals, including the English pope, Dublin 1972, 33-34; — Karl Schnith, Kardinal Heinrich Beaufort und der Hussitenkrieg, in: Remigius Bäumer (Hrsg.), Von Konstanz nach Trient. Beiträge zur Geschichte der Kirche von den Reformkonzilien bis zum Tridentinum. Festgabe für August Franzen, München 1972, S. 119-138; — George Andrew Holmes, Cardinal Beaufort and the Crusade against the Hussites, in: EHR 88 (1973), 721-750; — Richard G. Davies, Martin V and the English Episcopate, with Particluar Reference to His Campaign for the Repeal of the Statute of Provisors, in: EHR 92 (April 1977), 309-344; — Tindal A. Hart, The Rich Cardinal: The Life and Times of Henry Beaufort, Cardinal of England 1375/6, Whitstable 1985; — Robin Lindsey Storey, Cardinal Beaufort´s Creek Doctor, in: Nottingham Medieval Studies 29 (1985), 109-114; — Desmond Seward, Henry V. The scourge of God, London 1987; — Malcolm Vale, Cardinal Henry Beaufort and the »Albergati« Portrait, in: EHR 105 (April 1990), 337-354; — Margaret M. Harvey, Martin V and the English, 1422-1431, in: Christopher Harper-Bill (Hrsg.), Religious belief and ecclesiastical careers in late medieval England (Studies in the history of medieval religion 3), Woodbridge 1991, 59-86; — Christopher Thomas Allmand, Henry V (English Monarchs 10), Berkeley u. Los Angeles (University of California Press) 1993, ²London (Yale University Press) 1997; — Anthony Goodman, Katherine Swynford (Lincoln Cathedral Publications), Lincoln 1994; — Morimichi Watanabe, Henry Beaufort, Cardinal of England, and Anglo-Papal Relations, in: Johannes Helmrath, Heribert Müller, Helmut Wolff (Hrsgg.), Studien zum 15. Jahrhundert. Festschrift für Erich Meuthen, Bd.1, München 1994, 65-76; — Arnd Reitemeier, Außenpolitik im Spätmittelalter. Die diplomatischen Beziehungen zwischen dem Reich und England 1377-1422 (Veröffentlichungen des Deutschen Historischen Instituts London Bd. 45), Paderborn 1999; — Jane Kelsall, Humphrey Duke of Gloucester, 1391-1447 (Fraternity of the Friends of Saint Albans Abbey), St. Albans 2000; — David Morgan, The household retinue of Henry V and the ethos of English public life, in: Anne Curry u. Elizabeth Matthew (Hrsgg.), Concepts and patterns of service in the later Middle Ages, Woodbridge 2000, 64-79; — Dominc Aidan Bellenger u. Stella Fletcher, Princes of the church. A history of the English Cardinals, Phoenix Mill, Gloucestershire 2001, 32-41; — Jeannette Lucraft, Missing from history (Katherine Swynford), in: History Today 52 Nr.5 (2002), 11-17; — Ann Leigh Craig, Royalty, virtue, and adversity : the cult of King Henry VI, in: Albion 35, Nr. 2 (2003), 187-209; — Anne Curry, The Coronation Expedition and Henry VI's court in

France 1430 to 1432, in: Jenny Stratford (Hrsg.), The Lancastrian Court, Donington 2003, 29-52; — Judy Perry, Katherine Roet's Swynfords : a re-examination of interfamily relationships and descent. Part. 1, in: Foundations: Newsletter of the Foundation for Medieval Genealogy 1 / Nr.2 (2003), 122-31; — Dies., Katherine Roet's Swynfords : a re-examination of interfamily relationships and descent. Part 2, in: Foundations: Newsletter of the Foundation for Medieval Genealogy 1 / Nr.3 (2004), 164-74; — Keith Dockray, Henry V, Stroud, Gloucestershire 2004; — Wolfgang Müller, Der Prozess Jeanne d'Arc: Quellen - Sachverhalt einschließlich des zeit- und geistesgeschichtlichen Hintergrundes - Verurteilung und Rechtfertigung - rechtliche Würdigung und Schlussbemerkungen (Rechtsgeschichtliche Studien, 7), 4 Bde., Hamburg 2004; — Brad Verity, A non-affair to remember : the alleged liaision of Cardinal Beaufort and Alice of Arundel, in: Foundations: Newsletter of the Foundation for Medieval Genealogy 1, Nr. 4 (2004), 246-68; — DNB II, 41-48; — [3]LThK 4, 1371f.; — NCE II, 200.

Ronny Baier

BEHRENDS, Peter Wilhelm, evangelischer Pfarrer, Pädagoge, Kirchen- und Lokalhistoriker, * 27. Juli 1773 in Neuhaldensleben, † 27. Oktober 1854 in Alvensleben. — Als Sohn des Brauers Albert Peter Behrends besuchte Peter Wilhelm Behrends zunächst die Stadtschule in Neuhaldensleben. Eine Erbschaft des Frankfurter Onkels Philipp Friedrich Behrends ermöglichte ihm, 1792 an der Universität in Halle mit einem Studium der evangelischen Theologie zu beginnen. Zu seinen Lehrern in Halle zählten der Historiker Georg Christian Knapp und der Theologe August Hermann Niemeyer. Behrends besuchte während seiner Studienzeit auch naturkundliche Vorlesungen, wie die des Weltumseglers Johann Reinhold Forster. Mit Kommilitonen zusammen gründete er einen theologischen Diskussionskreis. Von den damals in Halle aufflackernden Studentenunruhen hielt er sich fern. 1795 bestand Behrends sein erstes theologisches Examen vor dem Magdeburger Konsistorium und arbeitete hiernach als Privatlehrer in Neuhaldensleben. Er wurde zunächst Gehilfe des Schulkollegiums, ehe er 1796 zum Rektor der Stadtschule in Oebisfelde ernannt wurde. In Oebisfelde leitete er Reformen ein und gestaltete die Schule zu einer Bürgerschule mit jährlichem Examen um. Behrends beschäftige sich auch intensiv mit der Heimatgeschichte und veröffentlichte 1798 eine Beschreibung über die Geschichte des Amtsbezirkes Oebisfelde. Nach dem zweiten theologischen Examen in Wolfenbüttel übernahm er 1800 die Pfarrstelle in Volkmarsdorf, westlich von Oebisfelde, und heiratete die Wegenstedter Pastorentochter Dorothee Elisabeth Dransfeld. Behrends wurde Vater von insgesamt vier Söhnen und zwei Töchtern. 1806 erhielt er die Pfarrstelle in Nordgermersleben. Als Pfarrer bemühte er sich um die Renovierung der Kirchen und die Ordnung der Pfarrregistraturen. Neben der praktisch-organisatorischen Arbeit setzte er sich für Reformen im Schulwesen und die Wiedereinführung der altchristlichen Liturgie und Gottesdienstordnung ein. Er gründete einen Predigerverein zum Meinungsaustausch der benachbarten Amtskollegen, eine theologische Lesegesellschaft und wurde Mitglied einiger Geschichtsvereine. Die damals umstrittene preußische Kirchenunion der lutherischen und reformierten Kirche wurde von ihm begrüßt. 1823 veröffentlichte er die Schrift »Über den Ursprung, den Inhalt und die allgemeine Einführung der neuen Kirchen-Agende«. — Über seine Tätigkeit für Schule und Kirche hinaus leistete Behrends umfangreiche regionalgeschichtliche Quellenstudien und chronistische Arbeiten. Eines seiner bekanntesten Werke ist die zweibändige »Neuhaldenslebische Kreis-Chronik« (1824-1826), die mehrfach neu aufgelegt wurde. Der preußische König Friedrich Wilhelm III. förderte diese Arbeit durch den Erwerb von 100 Exemplaren und deren Verteilung in den Schulen. Seit den 1820er Jahren pflegt Behrends auch intensiven Kontakt zur Nachbarstadt Helmstedt. 1832 untersuchte er die Urkunden und Altertümer der Stadt und des Ludgeri-Klosters. Der heilige Ludgerus galt als der erste christliche Missionar der Region. 1840 gründete Behrends den Ludgeri-Verein mit dem Ziel, zur Errichtung eines Denkmales an der so genannten Ludgeriquelle. Im Ludgeri-Verein arbeiteten Protestanten und Katholiken zusammen. 1845 konnte ein Denkmal - ein großes metallenes Kreuz und eine Inschrift - in Helmstedt errichtet werden. Behernds Verdienste als Regionalhistoriker und als Theologe wurden durch den preußischen König Friedrich Wilhelm III. mit der Verleihung des Königlich Preußischen Roten Adler-Ordens gewürdigt. In seiner Geburtsstadt Neuhaldensleben wurde er zum Ehrenbürger ernannt. — 1846 feierte Behrends sein 50jähriges Amtsjubiläum und ging in den Ruhestand. Sein Pfarramt übergab er seinem Sohn Franz Eduard. 1852 verließ Behrends

Nordgermersleben und ließ sich zusammen mit einer seiner Töchter im Dorf Alvensleben nieder, wo er am 27. Oktober 1854 im Alter von 81 Jahren verstarb. Peter Wilhelm Behrends wurde in Nordgermersleben beigesetzt.

Werke: Beschreibung und Geschichte des Amtsbezirks von Öbisfelde, Königslutter 1798; Geschichte der Stadt Neuhaldensleben, Königslutter 1802; Chronik oder Zeitgeschichte des ehemaligen Cistercienser-Klosters Althaldensleben, Zerbst 1811; Über den Ursprung, den Inhalt und die allgemeine Einführung der neuen Kirchen-Agende für die Hof- und Domkirche zu Berlin, von einem evangelischen Prediger, Magdeburg 1823; Neuhaldenslebische Kreis-Chronik oder Geschichte aller Örter des landräthlichen Kreises Neuhaldensleben im Magdeburgischen, aus archivalischen Quellen. Erster Theil, Die Geschichte der Stadt Neuhald und des ehemaligen Klosters Althald. Zweiter Theil, Die Geschichte der Klöster Hillersleben u. Marienborn, der Burge Hundisburg, Alvensleben, Altenhausen, Erxleben und Bartensleben, Sommersburg, Ummendorf, Hötensleben und Harbke, auch der andern Rittergüter, Dörfer, Kirchen, Pfarreien und sonstigen Denkwürdigkeiten des Kreises, Neuhaldensleben 1824-1826; Kurze Beschreibung des heiligen Landes, Helmstedt 1829; Allgemeine altchristlich evangelische Kirchen-Agende für Pfarrgeistliche, Helmstedt 1832; Die heiligen drei Könige oder die Sternweisen aus dem Morgenlande, Helmstedt 1833; Liber bonorum monasterii S. Liudgeri Helmonstadensis, mit historisch-topographischen Bemerkungen, in: Mittheilungen des Thüringisch-Sächsischen Alterthumsvereins, Halle 1834; Diplomatarium monasterii Sancti Liudgeri prope Helmstede. Erste Abtheilung, Die Urkunden des XII. u. XIII. Jahrhunderts. Nachtrag zum Diplomatarium. Zweite Abtheilung, Urkunden des XIV. Jahrhunderts. Dritte Abtheilung, Urkunden des XV. Jahrhunderts, in: Mittheilungen des Thüringisch-Sächsischen Alterthumsvereins, Halle 1836-1839; Geschichte des ehemaligen Kaiserlichen unmittelbaren freien und exempten Benedictiner Mannsklosters St. Ludgeri vor Helmstedt, aus urkundlichen Quellen verfaßt. Erste Abteilung, Die ältere Zeit bis 887, in: Braunschweigisches Magazin, 1837, St. 38-40. Zweite Abteilung, Die Zeit des beginnenden Mittelalters, 887-1160, in: Braunschweigisches Magazin, 1842, Nr. 9-14. Dritte Abteilung, Die Zeit der Höhe des Mittelalters 1160-1436, in: »Braunschweigisches Magazin«, 1846, Nr. 38-49; Leben des heiligen Ludgerus, Apostels der Sachsen und Geschichte des ehemaligen kaiserlichen und freien Reichsklosters St. Ludgeri zu Helmstedt, aus archivalischen Quellen bearbeitet, mit Abbildungen des alten Kloster- und Stadtsiegels und historischem Umschlag, Neuhaldensleben 1843; Die Feier des fünfzigjährigen Amtsjubiläums des evangelischen Pfarrers Peter Wilhelm Behrends zu Nordgermersleben, nebst Zugabe einer kleinen Kirchen-Chronik der Parochie Ndg., Verzeichnis der Schriften des Jubilars, Schlußanhang über die Betheiligung desselben bei der Einführung d. kirchlichen Union und Agende in den Königlich - Preußischen Landen. Neuhaldensleben 1846; Geschichte der aus Kalvörde stammenden Familie, Neuhaldensleben 1848; Kurze Lebensgeschichte des Jubilar-Pfarrers Peter Wilhelm Behrends zu Nordgermersleben, von ihm selbst aufgesetzt zu seinem 76sten Lebensjahr, 1848; Schulchronik von Nordgermersleben, 1586-1932, bearbeitet von Hermann Seeländer, 1932.

Lit.: Anonym, Prüfung der Schrift des Herrn Pfarrers Behrends zu Nordgermersleben über die neue Kirchen-Agende von dem Verfasser der Worte eines Protestantischen Predigers über dieselbe, Leipzig 1823; — Feier des fünfzigjährigen Amts-Jubiläums des evangelischen Pfarrers Peter Wilhelm Behrends am 27. und 28. Juni 1846, mit den dabei gehaltenen Reden und anderen Auszeichnungen derselben, nebst Zugabe einer kleinen Kirchenchronik der Parochie Nordgermersleben und einem Verzeichnis der Schriften des Jubilars., 1846; — Zimmermann, P., Peter Wilhelm Behrends, in: Allgemeine Deutsche Biographie, Bd. 46, 1902, 338-340; — Pahncke, M., Zur Erinnerung an Peter Wilhelm Behrends, den Chronisten der Stadt und des Kreis Neuhaldensleben, in: Heimatkalender für das Land um Aller und Ohre, 1925, 33-35.

Georg Arnold

BENEZET, Anthony, * 31.1. 1713 in Saint-Quentin, † 3.4. 1784 in Philadelphia. Abolitionist, Pädagoge, Philanthrop, Schulreformer, Quäker. — Anthony Benezet (Antoine Bénézet) wurde 1713 als Sohn des wohlhabenden Hugenotten John Stephen (gest. 1751) und Judith Benezet im französischen Saint-Quentin geboren. 1715 gelangten die Eltern, Anthony und seine Schwester Marie Madelaine Judith nach Rotterdam und setzten im August gleichen Jahres nach Greenwich und London über, um den Verfolgungen der Katholiken zu entkommen. In London begann Benezet eine Lehre in einem Handelshaus und kam erstmals in Kontakt mit Quäkern. 1731 zog die Familie weiter nach Philadelphia, wo Anthony Benezet noch im gleichen Jahr der Religiösen Gesellschaft der Freunde (Quäker) beitrat. Mit seinen drei jüngeren Brüdern betätigte er sich im Importhandel und kam so mit der Sklavenfrage in Berührung. Im Mai 1736 heiratete Anthony Benezet Joyce Marriott (1710-1784), die aus Burlington (New Jersey) stammte. Das Paar war 48 Jahre glücklich verheiratet. Alle ihre Kinder verstarben in frühem Lebensalter. 1739 versuchte er, in Wilmington einen Betrieb aufzumachen, der jedoch nach Kurzem die Produktion einstellte. Anschließend betätigte sich Benezet als Lektor für eine Druckerei in Philadelphia. Ab 1741 übte er den Lehrerberuf aus, wo er in Germantown und Philadelphia an Quäkerschulen unterrichtete, u.a. an der renommierten Friends' English School (heute William Penn Charter School). Ab 1750 unterrichtete er abends die Kinder von

Sklaven in seinem Haus in Chesnut, ohne die Prügelstrafe anzuwenden. Schließlich eröffnete er 1755 in Philadelphia eine Schule für Mädchen, die sehr erfolgreich wurde. 1766 zog er sich aus gesundheitlichen Gründen für ein Jahr nach Burlington (New Jersey) zurück. Dort diente er kurzzeitig der Quäkerversammlung als Ältester. Nach nur wenigen Monaten kehrte er wieder nach Philadelphia zurück und begann erneut zu unterrichten. 1770 gründete er für freigelassene farbige Kinder die Negro-School in Philadelphia. Parallel arbeitete er als Mitbegründer innerhalb der »Society for the Relief of Free Negroes Unlawfully Held in Bondage«, später »Pennsylvania Society for the Abolition of Slavery«, die ab 1775 ihr Arbeit aufnahm. — Anthony Benezet interessierte sich besonders für Rassenfragen und war mit John Woolman (1720-1772) und Benjamin Lay (1682-1759) einer der frühen Gegner der Sklaverei Seitens der amerikanischen Quäker. Während Lay radikale Protestaktionen bevorzugte und Woolman ein konziliantes Vorgehen präferierte, bemühte sich Benezet um eine intellektuelle Auseinandersetzung mit dem Problem der Sklaverei. Er verfaßte zahlreiche Bücher, Traktate und Aufsätze zu diesem Thema, die er zum Teil sogar kostenlos verteilte. Darunter war »Some Historical Account of Guinea« (1771) besonders erfolgreich. Weitere Anliegen Benezets waren die Situation der Indianer, der klaffende Unterschied zwischen Armen und Reichen, die Schädlichkeit von Alkohol und Fragen moralischer Natur. John Wesley (1703-1791), Benjamin Franklin (1706-1790), Granville Sharp (1735-1813) und Thomas Clarkson (1760-1846) wurden von ihm beeinflußt. — Benezet verstarb 1784 im Alter von 71 Jahren und wurde auf dem Friends' Burial Ground in Philadelphia bestattet. Bei seinem Begräbnis waren unter anderem allein vierhundert schwarze Kinder anwesend. Aus seinem Vermögen wurde die »Benezet House Association« ins Leben gerufen, eine karitative Einrichtung. Nach seinem Tod erschien Benezet (als Geist!) dem Mediziner Benjamin Rush (1746-1813) und ermahnte ihn, seine Sklaven freizulassen.

Werke: An epistle of caution and advice. Concerning the buying and keeping of slaves. Philadelphia 1754; Philalethes: Christian piety. Freed from the many delusions of modern enthusiasts of all denominations. London 1755. London 1756². Philadelphia 1766³. Philadelphia 1767³; Observations on the inslaving, importing, and purchasing of Negroes. With some advice thereon, extracted from the yearly meeting epistle of London for the present year. Also, some remarks on the absolute necessity of self-denial, renouncing the world, and true charity for all such as sincerely desire to be our blessed Saviour's disciples. Germantown 1759. Germantown 1760² ND Austin 1970. New York 1985 (Early American Imprints, Ser.1, 8298/8542). Woodbridge 1986 (The Eighteenth Century, reel 4801, no.8); Thoughts on the nature of war, and its repugnancy to the Christian life. A sermon, on the 29th November, 1759; being the day of public thanksgiving for the successes obtained in the late war. London 1761. Philadelphia 1766. (Philadelphia) (1776). New York 1985 (Early American Imprints, Ser.1, 14662/41702/10505); A short account of that part of Africa, inhabited by the Negroes. With respect to the fertility of the country, the good disposition of many of the natives, and the manner by which the slave trade is carried on. Extracted from divers authors, in order to shew the iniquity of that trade, and the falsity of the arguments usually advanced in its vindication. With quotations from the writings of several persons of note, viz. George Wallis, Francis Hutcheson, and James Foster, and a large extract from a pamphlet, lately published in London, on the subject of the slave trade. Philadelphia 1762. Philadelphia 1762². Philadelphia 1768³. Woodbridge 1983 (The Eighteenth Century, reel 822, no.12). New York 1985 (Early American Imprints, Ser.1, 9066/9067); Eine kurze Vorstellung des Theils von Africa, Welches bewohnt wird von Negroes. Darinnen beschrieben wird die Fruchtbarkeit desselben Landes, die Gutartigkeit dessen Einwohner, und wie man daselbst den Sclaven-Handel treibt, ausgezogen aus verschiedenen Authoren, um die Ungerechtigkeit solchen Handels und die Falschheit derer Gründen, womit er behauptet wird, an Tag zu legen, nebst Anführung mancher schrifftlichen Zeugnüssen von verschiedenen nahmhafften Personen als, Georg Wallis, Franz Hutchinson und Jacob Foster, und einem Auszug eines in London neulich gedruckten Büchleins, welches auch von gedachtem Sklaven-Handel handelt. Ephrata 1763. New York 1985 (Early American Imprints, Ser.1, 9342); A caution and warning to Great Britain and her colonies, in a short representation of the calamitous state of the enslaved Negroes in the British Dominions. Collected from various authors, and submitted to the serious consideration of all, more especially of those in power. Philadelphia 1766. Philadelphia 1767². ND London 1784. ND Philadelphia 1785. New York 1985 (Early American Imprints, Ser.1, 10555/41702/10240). Woodbridge 1986 (The Eighteenth Century, reel 1558, no.18; reel 7755, no.1); An account of the life of the Lady Elizabeth Hastings. In: The emptiness and vanity of a life spent in the pursuit of wordly profit, ease or pleasure, compared with a life wholly employed in endeavouring to glorify God, and do good to mankind. Illustrated in an extract of the life and death of the pious Lady Elizabeth Hastings. Philadelphia 1767, 9-13. New York 1985 (Early American Imprints, Ser.1, 10609); Extract from an address in the Virginia Gazette, of March 19, 1767. By a respectable member of the community. O.O. (1767); Some serious and awful considerations, recommended to all, particularly the youth, in a representation of the uncertainty of a death-bed repentance. Philadelphia (1769). New York 1985 (Early American Imprints, Ser.1, 11175);

Some historical account of Guinea, its situation, produce, and the general disposition of its inhabitants. An inquiry into the rise and progress of the slave-trade, its nature and lamentable effects. Also a re-publication of the sentiments of several authors of note, on this interesting subject, particularly an extract of a treatise, by Granville Sharp. Philadelphia 1771. ND London 1772. ND London 1788. ND London 1968 (Class Library of African Studies, II). New York 1985 (Early American Imprints, Ser.1, 11985). ND London 1988. Woodbridge 2001 (Selected Americana from Sabin's Dictionary of Books Relating to America, 43,118-43,121); A mite cast into the treasure. Or, observations on slave-keeping. Philadelphia 1772. New York 1985 (Early American Imprints, Ser.1, 12322/12323); Brief considerations on slavery, and the expediency of its abolition. With some hints on the means whereby it may be gradually effected. Recommended to the serious attention of all, and especially of those entrusted with the powers of legislation. Burlington 1773. New York 1985 (Early American Imprints, Ser.1, 12701); Christian piety. By Philalethes. With extracts from different authors. (Philadelphia) 1773; A collection of religious tracts. Philadelphia 1773. Philadelphia (1784[2]). Baltimore 1799[3]. New York 1985 (Early American Imprints, Ser.1, 13145); The potent enemies of America laid open. Being some account of the baneful effects attending the use of distilled spirituous liquors, and the slavery of the Negroes. To which is added, the happiness attending life, when dedicated to the honour of God, and good of mankind, in the sentiments of some persons of eminence near the close of their lives, viz. the Earl of Essex, Count Oxcistern, H. Grotius, D. Brainard, John Locke etc. Philadelphia (1774); The mighty destroyer displaced. In some account of the dreadful havock made by the mistaken use as well as abuse of distilled spirituous liquors. By a lover of mankind. Philadelphia 1774. Trenton 1779[2]. Philadelphia 1788[3]. New York 1985 (Early American Imprints, Ser.1, 13245/42555/13146). Woodbridge 1986 (The Eighteenth Century, reel 526, no.24). Woodbridge 2002 (Selected Americana from Sabin's Dictionary of Books Relating to America, 82,607-82,609); An earnest address to such of the people called Quakers as are sincerely desirous of supporting and maintaining the Christian testimony of their ancestors. Occasioned by a piece, intituled, »The testimony of the people called Quakers, given forth by a meeting of the representatives of said people, in Pennsylvania and New-Jersy (!), held at Philadelphia the twenty-fourth day of the first month, 1775«. Philadelphia 1775. New York 1985 (Early American Imprints, Ser.1, 14019); Remarks on the nature and bad effects of spirituous liquors. (Philadelphia) (1776). New York 1985 (Early American Imprints, Ser.1, 13831); The Pennsylvania spelling-book, or youth's friendly instructor and monitor. On an easy plan, for exciting the attention, and facilitating the instruction of children and others, in spelling and reading and acquainting them with the essential parts of orthography, pointing, etc. As also, training their minds to early sentiments of piety and virtue. More particularly calculated for the use of parents, guardians and others, remote from schools, in the private tuition of their children, and illiterate domesticks, etc. Philadelphia 1776. Philadelphia 1779[2]. Philadelphia 1780[3]. Providence 1782[3]. Dublin 1796[5]. Dublin 1800[6]. New York 1985 (Early American Imprints, Ser.1, 42994); Woodbridge 1986 (The Eighteenth Century, reel 2125, no.3); Serious reflections affectionately recommended to the well-disposed of every religious denomination, particularly those who mourn and lament on account of the calamities which attend us, and the insensibility that so generally prevails. Philadelphia 1778. New York 1985 (Early American Imprints, Ser.1, 13145/15738); Serious considerations on several important subjects; viz. On war and its inconsistency with the Gospel. Observations on slavery. And remarks on the nature and bad effects of spirituous liquors. Philadelphia 1778. New York 1985 (Early American Imprints, Ser.1, 13145). Woodbridge 1988 (Selected Americana from Sabin's Dictionary of Books Relating to America, A62-054-62,055); Some observations relating to the establishment of schools. Agreed to by the committee, to be laid for consideration before the Yearly Meeting. (Philadelphia) (1778). New York 1985 (Early American Imprints, Ser.1, 15802); A first book for children. Philadelphia 1778. New York 1985 (Early American Imprints, Ser.1, 15736); Some necessary remarks on the education of the youth in the country-parts of this, and the neighboring governments. (Philadelphia), um 1778. New York 1985 (Early American Imprints, Ser.1, 13145/15739); An essay towards the most easy introduction to the knowledge of the English grammar. Compiled for the Pennsylvania spelling-book. (Philadelphia), um 1779; Short account of the people called Quakers. Their rise, religious principles and settlement in America, mostly collected from different authors, for the information of all serious inquirers, particularly foreigners. Philadelphia 1780. Philadelphia 1780[2]. Philadelphia 1783[3]. New-Bedford 1788. New-Bedford 1799[2]. Philadelphia 1814[4]. Woodbridge 1971 (Selected Americana from Sabin's Dictionary of Books Relating to America, 89,572-89,573); Law, William; Benezet, Anthony: An extract from a treatise on the spirit of prayer, or the soul rising out of the vanity of time into the riches of eternity. With some thoughts on war: remarks on the nature and bad effects of the use of spirituous liquors. And considerations on slavery. Philadelphia 1780. Woodbridge 2002 (Selected Americana from Sabin's Dictionary of Books Relating to America, 38,882); Observations sur l'origine, les principes, et l'etablisemtent en Amerique, de la societé. Connue sous la denomination de Quakers ou Trembleurs. Extraits de divers auteurs. Redigés, principalement, en faveur des etrangers par Antoine Benezet. Philadelphie 1780. Philadelphie 1783[2]. New York 1816[3]. Londres 1817. Paris 1822. Woodbridge 1971 (Selected Americana from Sabin's Dictionary of Books Relating to America, 89,570-89,571); New York 1985 (Early American Imprints, Second Series, 36925); Short observations on slavery, introductory to some extracts from the writing of the Abbe Raynal, on that important subject. Philadelphia 1781; Notes on the slave trade. (Philadelphia) (1781). (Philadelphia) (1783[2]). (Philadelphia) 1978 (American Culture Series, reel 135,6). Woodbridge 1984 (Selected Americana from Sabin's Dictionary of Books Relating to America, 32,610-82,611); The plainness and innocent simplicity of the Christian religion. With its salutary effects, compared to the corrupting nature and dreadful effects of war. With some account of the blessing which attends on a spiritual influenced by Divine love, producing peace and good-will to men. Philadelphia 1782. Philadelphia 1783[3]. London 1800. Dublin 1816 (Dublin Tract Association, XX). New York 1985 (Early American imprints, Ser.1, 17472); Letter sent to Queen Charlotte of Great Britain. O.O. 1783; A serious address to the rulers of America on the inconsistency of their conduct respecting slavery: forming a contrast between the encroachments of England on American liberty, and American injustice in tolerating slavery. Trenton 1783. ND (Liverpool) 1784. Woodbridge 1990 (Selected Americana from Sabin's Dictionary of Books Relating to America, 2,801); Kurzer Bericht von den Leuten die man Quäker nennet, ihrem Ursprung, ihren Religionsgründen, und von ihrer Niederlassung in America. Meistentheils aus verschiedenen Autores zusammen gezogen, zum Unterricht aller aufrichtigen Nachforscher und insonderheit für Ausländer. Philadelphia 1783. Philadelphia 1791²; The case of our fellow-creatures, the oppressed Africans, respectfully recommended to the serious consideration of the legislature of Great-Britain, by the people called Quakers. Signed by order of the Meeting for Sufferings, London, the 28th day of the eleventh month, 1783 by John Ady, Clerk to the Meeting. London 1783. London 1784². London 2007; Letter. To »my dear Gaspar«. Philadelphia 1784; Some observations on the situation, disposition, and character of the Indian natives of this continent. Philadelphia 1784. Philadelphia 1785². Woodbridge 1984 (Selected Americana from Sabin's Dictionary of Books Relating to America, 32,612-82,614); In the life of the Lady Elizabeth Hastings, we meet with an extraordinary instance of the happy effects, which Christianity has upon those who, by joining with the calls of grace, become willing to give up their whole hearts to follow its dictates. (Philadelphia) (1784); Report of the committee of ways and means to whom was referred, on the sixth instant, the petition of Anthony Benezet and others, presented 11th February, 1805. Washington 1805. Washington 1807². New York, um 1995 (Early American Imprints, no. 14067/9606); Extracts from a letter written by Anthony Benezet, near forty years since, to a young woman in this city. (Philadelphia), um 1810; Letter from Anthony Benezet to a schoolmaster, written about the year 1752. In: Friends Miscellany. Being a collection of essays and fragments, biographical religious epistolary, narrative and historical. Designed for the promotion of piety and virtue to preserve in remembrance the characters and views of exemplary individuals, and to rescue from oblivion those manuscripts, left by them which may be useful to survivors, III, 3, 1832, 104-107; Extracts from a letter written by Anthony Benezet. In: Roberts, Daniel: Some account of the persecutions and sufferings of the people called Quakers. In the sixteenth (i.e. seventeenth) century, exemplified in the memoirs of the life of John Roberts, 1665. To which are added, several epistles, essays, etc. New York 1832, 227-232; Barclay, Robert: A concise view of the chief principles of the Christian religion, as professed by the people called Quakers. Together with writings by Anthony Benezet, as published in 1799. Baltimore 1840; Benezet, Anthony; Wesley, John: Views of American slavery, taken a century ago. Philadelphia 1858. ND New York 1969; Kendall, John: A catechism designed for the instruction of the youthful members of the Society of Friends. To which is added a brief history of Friends, together with a short account of their religious principles by Anthony Benezet. London 1872; Anthony Benezet to his friend Ann Emlen. In: Ellis, Margaret: Journal of Margaret Ellis. Copied from the manuscript of Anne Emlen, jun. Philadelphia 1886, 29-32; John Papoonung, the converted Indian. From an account by Anthony Benezet. Philadelphia (1920) (Tract Association of Friends); Observations on the enslaving, importing, and purchasing of Negroes. With some advice thereon, extracted from the epistle of the Yearly-Meeting of the people called Quakers, held at London in the year 1758. In: Basker, James G. (Hrsg.): Early American abolitionists. A collection of anti-slavery writings, 1760-1820. New York 2005.

Bibliographie: Benezet, Anthony. In: Smith, Joseph: A descriptive catalogue of Friends' books. Or books written by members of the Society of Friends, commonly called Quakers, from their first rise to the present time, interspersed with critical remarks, and occasional biographical notices, and including all writings by authors before joining, and those after having left the Society, whether adverse or not, as far as known, I. London 1867, 240-246.

Lit. (Auswahl): Baxter's directions to slave-holders, revived. First printed in London, in the year 1673. To which is subjoined, a letter from the worthy Anthony Benezet, late of this city, deceased, to the celebrated Abbe Raynal, with his answer, which were first published in the Brussels gazette, March 7, 1782. Philadelphia 1785; — Tobin, James: A farewel (!) address to the Rev. Mr. James Ramsay from James Tobin, Esq. to which is added, a letter from the Society for Propagating the Gospel to Mr. Anthony Benezet of Philadelphia, and also a translation of the French King's declaration relating to the situation of Negroes, etc. in his European dominions. London 1788; — Benezet (Anthony). In: Kingston, John: The new pocket biographical dictionary. Containing memoirs of the most eminent persons, both ancient and modern, who have ever adorned this or any other country. Embellished with portraits. Baltimore 1811², 50-51; — Benezet, Anthony. In: Chalmers, Alexander: The General Biographical Dictionary. Containing an historical and critical account of the lives and writings of the most eminent persons in every nation, particularly the British and Irish, from the earliest accounts to the present time. A new edition, IV, London 1812, 446-447; — Rush, B.: Biographical anecdotes of Anthony Benezet. In: The Annual Monitor, or New Letter-case and Memorandum Book. York 1813, 9-118; — Vaux, Roberts: Memoirs of the life of Anthony Benezet. Philadelphia 1817. ND London 1859. ND New York 1969. Woodbridge 2002 (Selected Americana from Sabin's Dictionary of Books Relating to America, 35,564-35,565); — Definition of religion, given by an Indian of North America, to Anthony Benezet, teacher at Philadelphia. In: A definition of true religion. By authors of different religious denominations. Stockport 1817, 12-13; — Woodward, Thomas: The Columbian Plutarch. Or, an exemplification of several distinguished American characters. Philadelphia 1819; — Vaux, Roberts: Mémoirs sur la vie d'Antoine Bénezet. Abrégé de l'ouvrage original. Londres 1824. Woodbridge 2002 (Selected Americana from Sabin's Dictionary of Books Relating to America, 35,558-35,559); — Benezet, Anthony. In: Watt, Robert: Bibliotheca Britannica. Or, a general index to British and foreign literature, I. Edinburgh 1824, 99a; — Benezet, Anthony. In: French, Benjamin Franklin: Biographia Americana. Or, a historical and critical account of the lives, actions, and writings of the most distinguished persons in North America, from the first settlement to the present time. New York 1825, 22-23; — Benezet, Anthony. In: Davenport, Richard Alfred: A Dictionary of Biography. Comprising the most eminent characters of all ages, nations, and professions. Boston 1831, 81; — Biographical notices of Anthony Benezet. In: Friends Miscellany. Being a collection of essays and fragments, biographical religious epistolary, narrative and historical. Designed for the promotion of piety and virtue to preserve in remembrance the characters and views of exemplary individuals, and to rescue from oblivion those manuscripts, left by them which may be useful to survivors, III, 3, 1832, 97-104; — Benezet, Anthony. In: Allen, William: An American biographical and historical dictionary. Containing an account of the lives, characters, and writings of the most eminent persons in North America from its first settlement, and a summary of the history of the several colonies and of the United States. Boston 1832. Boston 1832², 96-98; — The following outlines of the history of Anthony Benezet, are chiefly taken from the interesting memoirs of his life, by Robert Vaux, published in 1817. In: Friends Miscellany. Being a collection of essays and fragments, biographical religious epistolary, narrative and historical. Designed for the promotion of piety and virtue to preserve in remembrance the characters and views of exemplary individuals, and to rescue from oblivion those manuscripts, left by them which may be useful to survivors, III, 3, 1832, 107-109; — Benezet, Anthony. In: À'Beckett, William: Universal biography. Including scriptural, classical, and mythological memoirs, together with accounts of many eminent living characters. The whole newly compiled and composed from the most recent and authentic sources, I. London 1836, 407; — Anthony Benezet. In: The Friend. A religious and literary journal, XI, 22, 1838, 169-170; — Benezet (Anthony). In: Gorton, John: A General Biographical Dictionary, I. London 1841, o.S.; — Benezet, Anthony. In: Maunder, Samuel: The Biographical Treasury. Consisting of memoirs, sketches, or brief notices of the lives of eminent persons, of all ages and nations. From the earliest periods of history to the present times. Forming a new and complete dictionary of universal biography. The whole surrounded with precepts and maxims. Original and selected. London 1845, 96; — Barber, John Warner: Warner, Elizabeth Gertrude: Historical, poetical and pictorial American scenes, principally moral and religious. Being a selection of interesting incidents in American history, to which is added a historical sketch, of each of the United States. New Haven 1851; — Biography of Anthony Benezet. In: Emblem of nature. Philadelphia 1854, 79-81; — Biographical anecdotes of Anthony Benezet. In: Duyckinck, Evert Augustus; Duyckinck, George Long: Cyclopaedia of American Literature. Embracing personal and critical notices of authors, and selections from their writings. From the earliest period to the present day, with portraits, autographs, and other illustrations, I. New York 1856, 269; — Benezet, Anthony. In: Allibone, Samuel Austin: A critical dictionary of English literature, and British and American authors, living and deceased, from the earliest accounts to the middle of the nineteenth century. Containing thirty thousand biographies and literary notices, with forty indexes of subjects, I. Philadelphia 1858, 164. ND Detroit 1965, 164; — Armistead, Wilson: Anthony Benezet. From the original memoir. Revised, with additions. London 1859. Freeport 1971; — Benezet, Anthony, b. 1713 d. 1784. In: Cassell's Biographical Dictionary. Containing original memoirs of the most eminent men and women of all ages and countries. London 1867-1869, 291; — Benezet, Antoine. In: Smiles, Samuel: The Huguenots. Their settlement, churches, and industries in England and Ireland. London 1867, 347; — Benezet, Anthony. In: Kite, Nathan: Biographical sketches and anecdotes of members of the Religious Society of Friends. Philadelphia 1870, 296-304; — Benezet, Anthony. In: Drake, Francis Samuel: Dictionary of American Biography. Including men of the time, containing nearly ten thousand notices of persons of both sexes, of native and foreign birth, who have been remarkable, or prominently connected with the arts, sciences, literature, politics, or history of the American continent. Giving also the pronunciation of many of the foreign and peculiar American names, a key to the assumed names of writers, and a supplement, I. Boston 1870, 88. ND Ann Arbor 1971, 88; — Benezet, Anthony. In: Cooper, Thompson: A New Biographical Dictionary. Containing concise notices of eminent persons of all ages and countries. And more particularly of distinguished natives of Great Britain and Ireland. London 1873, 195; — Hipsley, Henry: Anthony Benezet. In: Friends' Quarterly Examiner. A religious, social, and miscellaneous review, LXVII, 1883, 396-409; — Anthony Benezet. Born 1713. Died 1784. Aged seventy-one years. In: Beck, W.; Wells, W. F.; Chalkley, H. G.: Biographical catalogue. Being an account of the lives of Friends and others whose portraits are in the London Friends' Institute. Also descriptive notices of Friends' schools and institutions of which the gallery contains illustrations. London 1888, 74-79; — Benezet, Anthony. In: Appletons Cyclopaedia of American Biography. Hrsg. von James Grant Wilson, John Fiske, I. New York 1891, 234; — Benezet, Anthony. In: The National Cyclopaedia of American Biography. Being the history of the United States. As illustrated in the lives of the founders, builders, and defenders of the republic, and of the men and women who are doing the work and moulding the thought of the present time, V. New York 1894, 419; — Benezet, Anthony. In: Adams, Oscar Fay: A dictionary of American authors. Boston 1897, 25; — Elkinton, Joseph: Anthony Benezet and his times, 1713-1784. Philadelphia 1898; — Benezet, Anthony. In: Lossing, Benson John: Harper's Encyclopaedia of United States History. From 458 A.D. to 1902. Based upon the plan of Benson John Lossing, I. New York 1901, 318-319. New York 1905²; — Benezet (ben-e-zet'), Anthony. In: Smith, Benjamin E(li) (Hrsg.): The Century Cyclopedia of Names. A pronouncing and etymological dictionary of names in geography, biography, mythology, history, ethnology, art, archaeology, fiction, etc., etc., etc. ND New York 1906, 145. (The century dictionary and cyclopedia. A work of universal reference in all departments of knowledge with a new atlas of the world. In ten volumes, IX); — Allen, Mary S.: Anthony Benezet. In: Quaker Biographies. A series of sketches, chiefly biographical, concerning members of the Society of Friends, from the seventeenth century to more recent times, III. Philadelphia 1909, 85-107; — Woodson, Carter G.: The education of the Negro prior to 1861. A history of the education of the colored people of the United States from the beginning of slavery to the civil war. New York 1915. Washington 1919². ND New York 1968; — Woodson, Carter G.: Anthony Benezet. In: Journal of Negro History, II, 1917, 37-50; —Pannier, Jacques: Antoine Bénézet (de Saint-Quintin), un Quaker francais in Amerique. Toulouse 1925; — Brookes, George Savage: The life and letters of Anthony Benezet. Dissertation Hartford Seminary 1933; — O'Neil, Margaret E.: Anthony Benezet: Humanitarian and reformer (Pennsylvania Quaker). Dissertation University of Chicago 1935; — Brookes, George S.: Friend Anthony Benezet. Philadelphia 1937; — Cadbury, Henry Joel: Antislavery writings. Philadelphia 1937 (Quaker Biographical Notes, II); — Pollatz, Lili: Anthony Benezet. In: Der Quäker. Monatshefte der Deutschen Freunde, XV, 3, 1938, 74-78; — Anthony Benezet. In: Negro History Bulletin, I, 4, 1938, 6; — Lashley, Leonard C.: Anthony Benezet and his anti-slavery activities. Dissertation Fordham University 1939; — Cadbury, Henry Joel: Anthony Benezet. In: Notes and Queries for readers and writers, collectors and librarians. A medium of inter-communication for literary men, artists, antiquaries, genealogists, etc. New Series, CLXXX, 7, 1941, 122; — Judith de la Méjenelle. In: Egbert, Donald Drew: Princeton Portraits. Princeton 1941, 313-314; — Benezet, Anthony. In: Webster's Biographical Dictionary. A dictionary of names of noteworthy persons with pronunciations and concise biographies. London 1943, 135; — Duncan, Annie E.: Anthony Benezet. In: Negro History Bulletin, VI, 4, 1943, 81-94; — Merrill, Louis Taylor: Anthony Benezet, anti-slavery crusader and apostle of humanitarism. In: Negro History Bulletin, IX, 5, 1946, 99-117; — Comfort, William Wistar: Anthony Benezet: Huguenot and Quaker. In: Proceedings of the Huguenot Society, XXIV, 1953, 36-43; — Bremmer, Robert H.: American philanthropy. Chicago 1960. Chicago 1988²; — Lipscomb, Patrick C.; Milligan, Edward C.: A note on the authorship of »The case of our fellow-creatures« (1784). In: Quaker History, LV, 1, 1966, 47-51; — Straub, Jean S.: Anthony Benezet: Teacher and Abolitionist of the eighteenth century. In: Quaker History, LVII, 1968, 3-16; — Loye, David: The healing of a nation. New York, um 1971; — Bruns, Roger: Anthony Benezet's assertion of Negro equality. In: Journal of Negro History, LVI, 1971, 230-238; — McGee, Leo: Early efforts toward educating the black adult. In: Negro History Bulletin, XXXIV, 4, 1971, 88-90; — Galpin, William Freeman: Pioneering for peace. A study of American peace efforts to 1846. New York 1972; — Bruns, Roger: Anthony Benezet and the natural right of the Negro. In: Pennsylvania Magazine of History and Biography, XCVI, 1, 1972, 104-113; — Hornick, Nancy Slocum: Anthony Benezet: Eighteenth-century social critic, educator and abolitionist. Dissertation of Maryland, College Park, 1974; — Rice, C. Duncan: The rise and fall of black slavery. Baton Rouge 1975; — Hornick, Nancy Slocum: Anthony Benezet and the African's school. Toward a theory of full equality. In: Pennsylvania Magazine of History and Biography, XCIX, 1975, 399-421; — Anstey, Roger: The Atlantic slave trade and British abolition 1760-1810. London 1975; — Perkins, Jean A.: The European reception of John Woolman's journal. In: Quaker History, LXIX, 2, 1980, 91-101; — Of color, humanitas and statehood. The black experience in Pennsylvania over three centuries 1681-1981. Philadelphia 1981; — Kelley, Donald Brooks: »A tender regard to the whole creation«. Anthony Benezet and the emergence of an eighteenth-century Quaker ecology. In: Pennsylvania Magazine of History and Biography, CVI, 1982, 69-88; — Baker, Frank: The origins, character, and influence of John Wesley's thoughts upon slavery. In: Methodist History, XXII, 2, 1984, 75-86; — Tacke, Käte: Anthony Benezet - ein Quäker-Heiliger. In: Der Quäker. Monatsschrift der Deutschen Freunde, LIX, 11, 1985, 219-222; — Smith, Warren Thomas: John Wesley and slavery. Nashville 1986; — McElRoy, Frederick Lawrence: Prophets of universal redemption: Evangelical antislavery literature from John Woolman to Ottabah Cugoano. Dissertation Indiana University 1987; — Exbrayat, Idebert: Les Quakers de Congénies. Luxembourg 1987; — Anthony Benezet (1713-1786). In: Académie des sciences d'outre-mer. Hommes et destins. Dictionnaire biographique d'outre-mer, IX, 1989, 27; — Nash, Gary B.: Race and revolution. Madison 1990; — Hynson, Leon O.: Wesley's thoughts upon slavery. A declaration of human rights. In: Methodist History, XXXIII, 1, 1994, 46-57; — Brendlinger, Irv: Anthony Benezet. True champion of the slave. In: Anderson, Paul N. (Hrsg.): Truth's bright embrace. Essays and poems in honor of Arthur O. Roberts. Newberg 1996, 81-99; — Brendlinger, Irv: Anthony Benezet. True champion of the slave. In: Wesleyan Theological Journal, XXXII, 1, 1997, 107-128; — Olmstead, Sterling; Heller, Mike (Hrsg.): John Woolman. A nonviolence and social change source book. Wilmington 1997; — Bacon, Margaret Hope: Heritage of Anthony Benezet. Philadelphia Quakers and black education. In: Bacon, Margaret Hope; Blockson, Charles L.; Lane, Roger; Lapansky, Emma Jones; Sonderlund, Jean R.; Harrison, Eliza Cope (Hrsg.): For emancipation and education: Some black and Quaker efforts, 1680-1900. Essays prepared for Awbury Arboretum and the Germantown Historical Society, Fall, 1994. Philadelphia 1997, 26-35; — Thomas, Hugh: The slave trade. The story of the Atlantic slave trade, 1440-1870. New York 1997; — Kitson, Peter (Hrsg.): Slavery, abolition and emancipation. Writing in the British romantic period. Bdd. VIII. London 1999; — Kashatus, William C.: A reappraisal of Anthony Benezet's activities in educational reform, 1754-1784. In: Quaker History, LXXVIII, 1999, 24-36; — Winans, Amy E.: Benezet, Anthony. In: ANB, II, 1999, 562-563; — Jackson, Maurice: The social and intellectual origins of Anthony Benezet's antislavery radicalism. In: Pennsylvania History, LVI, 1999, 86-113; — Kitson, Peter J.: »Bales of living anguish«. Representations of race and slave in romantic writing. In: English Literary History, LXVII, 2, 2000, 515-537; — Brendlinger, Irv: Wesley, Whitefield, a Philadelphia Quaker, and slavery. In: Wesleyan Theological Journal, XXXVI, 2, 2001, 164-173; — Jackson, Maurice: »Ethiopia shall soon stretch her hands unto God«: Anthony Benezet and the Atlantic antislavery revolution. Dissertation Georgetown University 2001; — Sollors, Werner (Hrsg.): Equiano, Olaudah: The interesting narrative of the life of Olaudah Equiano, or Gustavus Vassa, the African, written by himself. Authoritative text, context, criticism. New York 2001; — Crosby, David I.: Anthony Benezet's transformation of anti-slavery rhetoric. In: Slavery and abolition, XXIII, 3, 2002, 39-59; — Gaustad, Edwin S. (Hrsg.): A documentary history of religion in America. Grand Rapids 2003³; — Brendlinger, Irv: Benezet, Anthony. In: Abbott, Margery Post; Chijioke, Mary Ellen; Dandelion, Pink; Oliver, John W. (Hrsg.): Historical Dictionary of the Friends (Quakers). Lanham 2003, 24 (Religions, Philosophies, and Movements Series, XLIV); — Sassi, Jonathan D.: Africans in the Quaker image: Anthony Benezet, African travel narratives, and revolutionary-era antislavery. In: Journal of Early Modern History, X, 1/2, 2006, 95-131; — Swaminathan, Sirividhya: Anthony Benezet's depictions of African oppression: 'That creature of propaganda'. In: British Journal for Eighteenth-Century Studies, XXIX, 1, 2006, 115-130; — Brendlinger, Irv: To be silent ... would be criminal. The antislavery influence and writings of Anthony Benezet. Lanham 2006 (Pietist and Wesleyan Studies, XX).

Claus Bernet

BENSON, Lewis, * 1906 in Manusquan (New Jersey), † 23.8. 1986. Theologe, Quäker. — Lewis Benson wuchs in einer Quäkerfamilie auf, folgte aber in seiner Jugend dem Esoteriker George Gurdjieff (um 1872-1949). Benson, der aus Langeweile die High School abbrach, machte eine Lehrer als Drucker, lebte und arbeitete zeitlebens in Brielle (New Jersey). Autodidaktisch brachte er sich breite Sprachkenntnisse und ein fundamentales theologisches Wissen bei. Während einer Sinnkrise im 24. Lebensjahr sollte er im Versammlungshaus in Manusquan alte Quäkerbücher für das Altpapier aussortieren. Benson jedoch begann, diese Texte zu lesen. Jahrelang arbeitete er sich durch die Schriften von George Fox (1624-1691), dem Gründer der Quäker. Zeit dazu hatte er in der Bildungseinrichtung Pendle Hill bei Philadelphia, wo Benson gelegentlich als Bibliothekar und Tutor aushalf. Zunächst engagierte er sich im »Young Friends Movement«, einer Vereinigung junger Quäker, wo Benson seine Frau Sarah Potts kennen lernte, die er 1937 heiratete. — Anfang der 1950er Jahre gelangte er als Stipendiat zu den englischen Quäkern nach Woodbrooke bei Birmingham, wo er seine Studien zum frühen Quäkertum des 17. Jahrhunderts fortsetzen konnte. 1966 publizierte er »Catholic Quaker«, eine Schrift, die unter Quäkern für Diskussion sorgte. Benson richtete sich scharf gegen das liberale Quäkertum und dessen Theologiefeindlichkeit. Die »Bensonites«, wie seine Anhänger nun genannt wurden, wehrten sich vor allem gegen zwei moderne Richtungen des Quäkertums, die ökumenischen und esoterischen Universalisten einerseits, die ethisch-mystischen Jonesists, also die von Rufus Jones (1863-1948) geprägten Quäker, andererseits. Insbesondere mit Douglas Steere (1901-1995) führte Benson eine Auseinandersetzung um die Frage, ob Personen, die sich nicht zu Christus bekennen, als Quäker aufgenommen werden dürften oder gar sollten. Steere glaubte damals, daß neue »unbekehrte« Mitglieder schnell von der überwältigenden Mehrheit der alten Mitglieder zu Christus geführt werden würden, ein schwerwiegender Irrtum, denn es entwickelte sich gerade anders herum: Die neuen Mitglieder transformierten das europäische Quäkertum langsam aber kontinuierlich zu einer esoterischen Glaubensgemeinschaft jenseits des Christentums. — Um 1970 schließlich gründete Benson die Vereinigung »New Foundation Felloship«, die sich bis zum Ende des Jahrhunderts der Ausbreitung seiner Botschaft widmete, aktiv missionierte und dann, nach dem Tode Bensons 1986, langsam an Elan und Wirksamkeit verlor. Benson war auch Mitbegründer von »Quaker Religious Thought«, einer Zeitschrift, die sich bewußt mit theologischen Fragen aus Perspektive des Quäkertums auseinandersetzte und die schnell wissenschaftliche Anerkennung fand. Seine fünfbändige Sammlung »Notes on George Fox« zählt zu den unentbehrlichen Hilfsmitteln jeder ernsthaften Forschung zu George Fox und war vor allem Larry Ingle bei seiner wegweisenden Biographie von Fox eine große Hilfe. Bensons Texte zu Fox zählen zu den besten und durchdachtesten, die in den letzten hundert Jahren zum Denken des Gründers des Quäkertums verfaßt wurden.

Werke (Auswahl): The Christian gospel in the modern world. Five lectures delivered by Lewis Benson at Pendle Hill, autumn, 1938. O.O. (1938); The resettlement of prophetic Quakerism. A statement of the concern behind the Woolman Settlement Project. Mount Holly 1943; Prophetic Quakerism. London 1943. London 1944[2]. London 1951[3]; The message of George Fox today. Philadelphia 1948; Christ and the scriptures. Max I. Reich 1867-1945. In: Reich, Max I.: Christ and the scriptures. Introduction by Lewis Benson. Philadelphia 1952, (i)-(ii) (Seed of Life Series, XIII); The greatness of our cause. Bridgnorth 1955; George Fox's conception of the church. In: The Friends' Quarterly, X, 4, 1956, 154-163; The basis of the early Quaker view of the church. In: National Conference, June 27 - July 1, 1959. Hrsg. von der Quaker Theological Discussion Group. Barnesville 1959, o.S.; The Quaker vision of the church. A study in Christian renewal. In: Quaker Religious Thought, II, 1, 1960, 2-19; The religionless Christianity of George Fox. Indianapolis 1964 (Shrewsbury Lectures, IV); Friends and the truth. Brielle 1965; Penn, William: True spiritual liberty. Hrsg. von Lewis Benson. Philadelphia, um 1965; The basis of the early Quaker view of the church. O.O., um 1965; Catholic Quakerism. A vision for all men. Gloucester 1966. Philadelphia 1968[2]; The future of the Quaker vision. In: Seek, find, share. Study volume number two. Preparatory to the Fourth World Conference of Friends 1967. Greensboro 1967, 133-136; The future of the Quaker vision. In: The Friends' Quarterly, XV, 10, 1967, 460-466; The future of the Quaker vision. London 1967; The power of God and the power of man. In: The Friends' Quarterly, XVI, 8, 1969, 397-408; ‚That of God in every man'. What did George Fox mean by it. In: Quaker Religious Thought, XII, 1970, 2-25; Universal dimension in the thought of George Fox. In: The Friends' Quarterly, XVII, 1970, 12, 587-595; A revolutionary gospel. In: The Friend. A Quaker weekly journal, CXXXII, 16, 1974, 439-441; CXXXII, 17, 1974, 475-477; CXXXII, 18, 1974, 494-496; George Fox's teaching about Christ. In: Quaker Religious Thought, XVI, 1/2, 1974/75, 20-45; A revolutionary gospel. Philadelphia (1974); The Gospel and self-knowledge. O.O., um 1975; What did George Fox teach about Christ? Gloucester 1976 (New Foundation Publications, I). Gloucester 1981[2] (New Foundation Publications, I); George Fox's message is relevant for today. (Haverford) 1977 (New Foundation Publication, II); The Quaker vision. Gloucester 1979 (New Foundation Publications, IV); On being moved by the spirit to minister in public worship. Scone (um 1980) (Wild Olive Branch Leaflets, XXIII); Community. Worcester, um 1980 (Wild Olive Branch Leaflets, XXIV); Notes on George Fox. Bdd. V. Moorestown 1981. Moorestown 1988[2]; George Fox. The first Quaker. In: Wenger, John C. (Hrsg.): A cloud of witnesses. Profiles of church leaders. Harrisonburg 1981, 135-138; The truth is Christ. London 1981 (New Foundation Publications, V); Rediscovering the teaching of George Fox. O.O. 1982; Recovering the early Quaker universal mission and message. Five lectures given at Moorestown, New Jersey, U.S.A., September, 1985 - January, 1986, and Charney Manor, England, April 7-11, 1986. Kutztown 1986; Understanding and living the Quaker peace testimony. O.O. (2001) (Plain Text, II); ‚That of God in every man'. What did George Fox mean by it. O.O. 2001; ‚Das von Gott in jedem Menschen'. Was meinte George Fox damit? Dortmund 2001.

Lit. (Auswahl): Hunter, R. Konrad: Quaker sources and the Bible. A personal view written as a corollary to Lewis Benson's book ‚Catholic Quaker'. London (1971); — Cooper, Wilmer A.: A living faith: An historical and comparative study of Quaker beliefs. Richmond, um 1990. Richmond 2001[2]. Richmond 2006[3]; — Pickvance, Joseph: The path of a Quaker prophet: Lewis Benson (1906-1986). A memoir. In: The Friend's Quarterly, XXVII, 5, 1993, 207-216; — None were so clear. Prophetic Quaker faith and the ministry of Lewis Benson. Hrsg. von T. H. S. Wallace. Camp Hill 1996; — Curtis, Peter: Benson, Lewis. In: Abbott, Margery Post; Chijioke, Mary Ellen; Dandelion, Pink; Oliver, John W. (Hrsg.): Historical Dictionary of the Friends (Quakers). Lanham 2003, 23-24 (Religions, Philosophies, and Movements Series, XLIV); — Davie, Martin: Some reflections on an ecumenical pilgrimage. In: Dandelion, Pink (Hrsg.): The creation of Quaker theory. Insider perspectives. Aldershot 2004, 188-196.

Claus Bernet

BERETTA MOLLA, Gianna, ital. kath. Ärztin, * 4.10. 1922 in Magenta nahe Mailand, als zehntes von dreizehn Kindern des Alberto Beretta und seiner Frau Maria de Micheli, † 28.4. 1962 in Monza. Sie wuchs in einem vom christlichen Glauben tief geprägten Elternhaus auf (zwei ihrer Brüder wurden Priester, eine Schwester Ordensfrau). Seit ihrer Jugendzeit engagierte sich B. M. zeitlebens im Laienapostolat für die Jugendlichen in der »Katholischen Aktion« Italiens sowie karitativ in der »Vereinigung des hl. Vinzenz« für Alte und Bedürftige. Nach dem Abitur begann sie ein Studium der Medizin an der Universität Mailand, das sie 1949 mit der Promotion in Chirurgie abschloß; 1952 Fachärztin für Pädiatrie. Seit 1950 praktizierte B. M. in Mesero/Gemeinde Magentino. Ihre Tätigkeit als Ärztin verstand sie als Berufung und Sendung: Zu ihren Patienten gehörten bevorzugt Mütter mit Kindern sowie alte und nicht zuletzt arme Menschen. 1955 heiratete sie in Magenta den Ingenieur Pietro Molla; aus der Ehe gingen vier Kinder hervor (1956 Pierluigi, 1957 Mariolina, 1959 Laura, 1962 Gianna Emanuela). Gegen Ende des zweiten Monats ihrer vierten Schwangerschaft traten im September 1961 Komplikationen auf; die Ärzte diagnostizierten bei B. M. einen Gebärmuttertumor. Im Vertrauen auf Gott unterzog sie sich einem riskanten operativen Eingriff, um das Leben des ungeborenen Kindes zu retten. Eine Woche nach der Geburt ihres vierten Kindes, dessen Leben - wie sie entschieden betont hatte - ihr wichtiger war als das eigene, starb B. M. im Bewußtsein tiefer Jesusliebe. Sie wurde auf dem Friedhof von Masero beigesetzt. Im Internationalen Jahr der Familie sprach Papst Johannes Paul II. sie am 24.4. 1994, 32 Jahre nach ihrem Tod, auf dem Petersplatz in Rom selig und am 16.5. 2004 im Beisein ihrer Familie heilig (Gedenktag: 28.4.). Ihr ganzes bedingungslos lebensbejahendes, den Mitmenschen zugewandtes und von Gottvertrauen getragenes Dasein war letztlich bestimmt von der Verheißung des Johannesevangeliums: »Es gibt keine größere Liebe, als wenn einer sein Leben ... hingibt.« (Joh 15,13).

Werke: Gianna Beretta Molla: Love letters to my husband, hrsg. von Elio Guerriero, Boston 2002.

Lit.: Arbeitsgruppe zur Seligsprechung von Gianna Beretta Molla (Hrsg.): Gianna Beretta Molla. Ein Weg der Heiligkeit, Mailand 1994; — Brem, Hildegard: In der Freude der liebe. Gianna Beretta Molla, 2. Aufl., Maria Reggendorf 2005; Da Riese Pio X, Fernando: No greater love: a mother of the diocese of Milan died to say »yes« to the life of her fourth child - the mother Gianna Beretta Molla, Buffalo 1978; — Ders: Un »si« alla vita. Gianna Beretta Molla, Rom 1980; — Ders.: Per amore della vita: Gianna Beretta Molla, medico e madre, Rom 1994; — Firtel, Hilde: Die größere Liebe. Das Leben der Gianna Beretta Molla, 3. Aufl., Wien 1989; — Giovanni Paolo II/Martini, Carlo Maria: Gianna Beretta Molla. Una santa della quotidianità, Mailand 1994; — Iafolla, Paolo: Gianna Beretta Molla, Turin 1995; — Lelièvre, Thierry-Vincenzo: Madre Gianna Beretta Molla, Casale Monferrato 2004; — Martini, Carlo Maria: Per un amore missionario, sponsale e fecondo: meditazioni del card. Carlo Maria Martini sulla figura della santa Gianna Beretta Molla, Mailand 2004; — Ders.: Jeanne Beretta Molla, ou, La fécondité de l'amour, Paris 2006; — Maynard, Jean Olwen: Gianna Molla, London 2000; — Molla, Pietro/Guerriero, Elio: Gianna - la donna forte: la beata Gianna Beretta Molla nel ricordo del marito, 2. Aufl., Turin 1996; — Molla, Pietro u.a.: Saint Gianna Molla: wife, mother, doctor, San Francisco 2004; — Mondrone, Domenico: Gianna Beretta Molla. »Tra me i mio figlio, salvate lui!«, in: I Santi ci sono ancora, 4, Edizioni Pro Sanctitate, Roma 1979, 74-93; — Pelucchi, Giuliana: Una vita per la vita. Gianna Beretta Molla, Mailand 1994; — Dies.: Blessed Gianna Beretta Molla: a woman's life 1922-1962, Boston 2002; — Dies.: L'amore più grande. Santa Gianna Beretta Molla, Mailand 2004; — Sicari, Antonio Maria: Gianna Beretta Molla, in: Il terzo libro dei ritratti die Santi, Jaca Book, Mailand 1993, 141-156.

Thomas Stahl

BERLAGE, Franz Karl (Carl), Dompropst, * 28.8. 1835 Salzbergen (Kreis Lingen/Ems), † 27.1. 1917 Köln, Grab in Salzbergen. — Der langjährige Kölner Dompropst B. wurde in Salzbergen im Emsland als Sohn eines Textil-, Kurz- und Kolonialwarenhändlers geboren. B. besuchte zunächst die höhere Schule im westfälischen Rheine, um 1853 sein Abitur am Gymnasium Carolinum in Osnabrück abzulegen. Das anschließende Studium der kath. Theologie und Philosophie führte ihn nach Hildesheim, Münster und Göttingen. Da er noch nicht das vorgeschriebene Mindestalter für die Priesterweihe erreicht hatte, nahm er 1856 eine Tätigkeit als Hauslehrer beim Freiherrn von Moll-Albertoni in Rovereto auf. 1859 erhielt er dann in Trient von Fürstbischof Johann Nepomuk Tschiderer (1777-1860) die Priesterweihe und betreute als Feldgeistlicher österreichische Verwundete im Österreichisch-Französisch-Sardinischen Krieg. Weil er sich bei dieser Tätigkeit Lazarett-Typhus zuzog, kehrte B. nach Salzbergen zurück. 1861 erhielt er die erste feste Anstellung in seiner Heimatdiözese Osnabrück, und zwar als Präfekt am Bischöflichen Konvikt in Meppen. Am dortigen Gymnasium erteilte B. auch Religions- und Zeichenunterricht und rückte 1864 zum Präses des Konvikts auf. Im selben Jahr versetzte ihn der Bischof von Osnabrück, der in Personalunion auch Provikar für das Königreich Dänemark war, als Hilfsgeistlichen in die Missionspfarrei Kopenhagen. In der dänischen Hauptstadt wurde B. zugleich Hauslehrer der gräflichen Familie von Spee, mit der er im Herbst 1866 in die Schweiz ging. Dort fungierte er weiterhin als Hauslehrer sowie als Rektor im Mutterhaus der Schwestern vom heiligen Kreuz in Ingenbohl/Diözese St. Gallen. Da sich das Wirkungsgebiet dieser Kongregation auch auf Baden erstreckte, suchte er mehrfach die in Baden-Baden weilende preußische Königin Augusta auf. — 1870 erhielt B. durch staatliche Ernennung eine Domvikarsstelle in Osnabrück und kehrte damit für ein Jahrzehnt in sein Heimatbistum zurück. In seinen Aufgaben, zu denen sowohl die Erteilung von Religionsunterricht an der städtischen höheren Töchterschule, an der höheren Töchterschule der Ursulinen sowie am Realgymnasium als auch die Militärseelsorge gehörten, geriet er im Kulturkampf unweigerlich in die Konfliktlinie zwischen Staat und Kirche. Daß er auf dem Höhepunkt dieser Auseinandersetzung im März 1881 zum Kaiserlichen Regierungs- und Schulrat sowie ständigen Hilfsarbeiter im Ministerium von Elsaß-Lothringen in Straßburg avancierte, belegt seine unbedingte Staatsloyalität. B. erfüllte in Straßburg die in ihn staatlicherseits gesetzten Erwartungen einer Germanisierung des elsässischen Schulwesens unter Zurückdrängung des französisch gesinnten Klerus rasch. Wenn er bereits im April 1882 den Titel Oberschulrat verliehen bekam, hatte er diese schnelle Beförderung wohl auch seinem Einsatz in höheren kirchenpolitischen Fragen zu verdanken. Als sich nämlich 1881 herumsprach, daß der als ultramontan geltende Straßburger Dompfarrer Michael Felix Korum (1840-1921) vom Heiligen Stuhl für den Bischofsstuhl in Trier vorgeschlagen und vom König akzeptiert worden sei, sah B. eine Gelegenheit zur Intervention gegeben. Er suchte den als zentrale Figur der staatsloyalen Minderheit im deutschen Katholizismus bekannten Freiburger Kirchenhistoriker Franz Xaver Kraus (1840-1901) auf und bat diesen, die Ernennung Korums zu verhindern. Wenn diese Mission auch fehlschlug, so fand B. mit Kraus einen gleichgesinnten Verbündeten für kirchenpolitische Intrigen, mit dem er in den folgenden Jahren noch mehrfach zusammentraf. Als dezidiert regierungsfreundlicher Priester und Staatsbeamter empfahl er sich für höhere Aufgaben, also für eine durch königliche Nomination zu vergebende Domherrenstelle in einem preußischen Bistum. Der Osnabrücker Landdrost schlug B. daher 1882 dem Kultusministerium als Domkapitular vor und betonte seine Weltgewandtheit sowie seinen patriotischen Sinn. 1885 wurde ihm zunächst die Stelle des Dompropstes in Trier verliehen, die B. jedoch nicht antrat, da er bereits 1886 die Stelle des Dompropstes in Köln erhielt. Weil für diese Dignität kirchenrechtlich der Doktorgrad erwünscht war, wurde B. 1887 in Münster zum Dr. theol. promoviert. An der Spitze des Metropolitankapitels der neben Breslau wichtigsten preußischen Diözese kam ihm eine Schlüsselposition bei der Neubesetzung von Domherrenstellen, insbesondere aber bei der Aufstellung der Kandidatenliste des Kapitels für die Erzbischofswahlen 1899, 1902 und 1912 zu. — Inwieweit B. diese Aufgaben »mit großem diplomatischem Geschick (Gerd Steinwascher) gelöst hat, bleibt umstritten. Zwar erwies sich der Dompropst als überaus umtriebig in seiner Tuchfühlung mit staatlichen Stellen, jedoch beklagten die staatlichen Instanzen immer wieder sein zu vehement staatsloyales Auftreten, das ihn im Metropolitankapitel wie auch im gesamten Klerus isolierte. — Dem Informationsbedürfnis der preußischen Regierungsinstanzen in Köln, Koblenz und Berlin genügte B. jedenfalls über Jahrzehnte hinweg ausgiebig, indem er in seinen Augen mißliebige Bischofskandidaten bei den Regierungsstellen denunzierte. B.s Eitelkeit wurde vor allem in der von ihm vergeblich beanspruchten Vorrangstellung des Dompropstes vor den Weihbischöfen innerhalb des Kapitels deutlich. Sein persönlicher Ehrgeiz mußte auf die Erlangung eines Bischofsstuhles mit Hilfe staatlicher Protektion ausgerichtet sein. So wurde er in Münster 1889 und in seiner Heimatdiözese Osnabrück 1898 staatlicherseits nachdrücklich als regierungsfreundlicher Bischofskandidat in Erwägung gezogen. Wenn es in beiden Fällen nicht gelang, B. überhaupt auf die Wahlliste der Kapitel gelangen zu lassen, zeigt dies nachdrücklich die Außenseiterposition des Kölner Dompropstes im höheren Klerus. — Gleichwohl erhielt er die höchste Prälatenwürde eines Apostolischen Protonotars mit dem Recht zum Tragen der Mitra. Überaus zahlreich waren die staatlichen Orden Preußens, Österreichs und Badens, von denen nur der preußische Königliche Kronenorden II. Klasse sowie der preußische Rote Adler-Orden II. Klasse mit Brillanten, Stern, Eichenlaub und Krone genannt seien. — Die Umtriebigkeit von B. bezog sich aber nicht allein auf den diplomatischen Verkehr mit den Staatsbehörden, sondern er engagierte sich auch als Bischöflicher Kommissar des Klosters in der Antongasse in Köln und als Vorstandsmitglied des Missionshauses der Spiritaner in Knechtsteden. Da schon Erzbischof Krementz wie auch seine Nachfolger B. nicht zum Generalvikariatsrat ernannten und damit von der Verwaltung der Erzdiözese Köln fernhielten, blieb ihm die Zeit für ein umfangreiches schriftstellerisches und wissenschaftliches Wirken. Breiten Kreisen der Geistlichkeit im Deutschen Reich wurde er als Redakteur der monatlich erscheinenden homiletischen Zeitschrift »Chrysologus« bekannt, in der er sein rhetorisches und schriftstellerisches Talent in zahlreichen Vorschlägen für Sonn- und Festtagspredigten unter Beweis stellte. Gemeinsam mit seinem Nachfolger als Dompropst in Trier, Dr. Franz Jakob Scheuffgen (1842-1907), gab er ein »Lesebuch für kathol. höhere Mädchenschulen« sowie volkstümliche Bibeln heraus. — Ein gewichtiges Betätigungsfeld stellten auch Heimatgeschichte, Kunstgeschichte und Archäologie dar. Auf diesen Feldern hatte sein Stiefonkel, ein Osnabrücker Domvikar, bereits eine Sammlung aufgebaut und an B. vererbt, der sie durch eigene Ausgrabungsfunde erheblich erweiterte. Seine prähistorischen Funde aus dem Raum Salzbergen bzw. dem südlichen Emsland und seiner Nachbargebiete schenkte B. dem Kulturgeschichtlichen Museum der Stadt Osnabrück. — Eine besonders intensive Beziehung pflegte er zeitlebens zu seinem Heimatort Salzbergen. Hier nahm er 1897 die Grundsteinlegung für einen Kirchenneubau vor, für dessen Ausstattung er durch zahlreiche Schenkungen sorgte. Darüber hinaus verfügte B. in seinem

Testament, nicht auf dem Kölner Domherrenfriedhof, sondern in Salzbergen beigesetzt zu werden. Nachdem die Grabplatte 1945 bei einem Bombenangriff zerstört worden war, wurde sie 1989 auf Initiative des Heimatvereins Salzbergen durch die Kölner Dombauhütte erneuert. — B. läßt sich als ein maßgeblicher Repräsentant der staatskirchlich gesinnten Minorität im katholischen Klerus des Kaiserreichs charakterisieren. Nach unsteten Wanderjahren als junger Kleriker zwischen Trient, Kopenhagen und der Schweiz fand er im Osnabrück der Kulturkampfzeit seine Bestimmung als »rückhaltloser Patriot« (Christoph Weber). Diese starke Verehrung des Hauses Hohenzollern und des preußischen Staates prädestinierte ihn für eine Tätigkeit als Staatsbeamter im Priesterrock, der seinem protestantischen preußischen Vaterland an der Nahtstelle zum katholischen »Erbfeind« Frankreich, in Elsaß-Lothringen, zu Diensten wurde. Wie eine Reihe anderer dort in Schule, Militär- oder Gefängnisseelsorge eingesetzter staatsloyaler Priester wurde B. schließlich für eine vom Staat zu vergebende Domherrenstelle präsentiert. Als Dompropst in Köln blieb er aufgrund seiner im Rheinland als schroff wahrgenommenen Art und seines »harten Unnachgiebigkeit des Charakters« (Norbert Trippen) isoliert. Auch die staatlichen Instanzen betrachteten seine verbissene Haltung kritisch, zumal er sich dadurch jeglicher Chance, auf einen Bischofsstuhl zu gelangen, beraubte. Sein Engagement in der kirchlichen Diplomatie markiert jedoch nur die eine Seite von B.s Fähigkeiten. Die andere Seite präsentiert den religiös und historisch motivierten Schriftsteller und Heimatforscher.

Werke: Beiträge zur Geschichte der Kirche, der Pfarre und des Stiftes St. Johann zu Osnabrück, in: Mitteilungen des historischen Vereins zu Osnabrück, Bd. 10 (1875), 305-354; Beiträge zur Gelehrtengeschichte Osnabrücks, Osnabrück 1876; Zur Geschichte der ständischen Privilegien, insbesondere der Real- und Personalfreiheit des Clerus im alten Bisthume Osnabrück bis zur Zeit des westfälischen Friedensschlusses, in: Mitteilungen des historischen Vereins zu Osnabrück, Bd. 11 (1878), 230-268; Osnabrück im Jahre 1646. Nach dem Berichte des Abbé Joly, Canonikus von Paris, in: ebd., 269-277; Mitteilungen über die kirchlichen Alterthümer Osnabrücks, in: ebd., 278-363; Osnabrück - Sammlung des Museumsvereins. Vorbemerkungen - Katalog der Ausstellung prähistorischer und anthropologischer Funde Deutschlands, Berlin 1880, 184-187; Hrsg., Chrysologus. Eine Monatsschrift für kath. Kanzelberedsamkeit; Hrsg. (mit Franz Scheuffgen), Lesebuch für kathol. höhere Mädchenschulen, Düsseldorf 1897 (4. Aufl. 1911); Hrsg., Unterhaltungsbibliothek für jung und alt, 6 Bde., Essen 1898/1899; Hrsg. (mit Franz Scheuffgen), Gottes Reich auf Erden in Wort und Bild oder Geschichte des Alten und Neuen Testamentes und Geschichte der kathol. Kirche. Für das kathol. Volk, Münster 1899; Hrsg. (mit Franz Scheuffgen), Des sel. Bernard Overberg Biblische Geschichte: eine Haus- und Familienbibel in Wort und Bild, nebst einem kurzen Abriß der Kirchengeschichte, Münster 1899; Gedächtnisrede bei der Trauerfeierlichkeit für Seine Erzbischöfliche Gnaden, den Hochseligen Herrn Dr. Hubertus Simar, Erzbischof von Köln, Köln 1902; Historische Notizen aus einem alten Cantorale der Commende Lage, in: Mitteilungen des historischen Vereins zu Osnabrück, Bd. 28 (1903) [1904], 288-292; Zur Geschichte der Pfarre Salzbergen, in: Mitteilungen des Vereins für Geschichte und Landeskunde Osnabrücks, Bd. 34 (1909), 392-394; Die Schlangenkönigen und andere Märchen, Kevelaer o.J. (1913); Unter der Zwerglein Hut und andere Märchen, Kevelaer o.J. (1913).

Lit.: Berlage, Franz Karl, in: Herders Konversations-Lexikon, Bd. 1, 3. Aufl. Freiburg/Breisgau u.a. 1902, Sp. 1386; — [A.] Sander, Dompropst Dr. Berlage zu Köln, in: Niedersachsen. Illustrierte Halbmonatsschrift für Geschichte, Jg. 15 (1909/10), 132; — Ludwig Schriever, Geschichte des Kreises Lingen, Bd. 2, Lingen/Ems 1910, 392; — Dompropst Dr. Berlage. »Ein treuer deutscher Priester«, in: Kölner Stadtanzeiger v. 27.8.1915; — Nachruf auf K. F. Berlage, in: Mitteilungen des Vereins für Geschichte von Osnabrück, Bd. 40 (1917), 399f.; — Nachrufe, in: Kölner Lokalanzeiger Nr. 28 v. 28.1.1917; — Lingener Volksbote Nr. 9 v. 31.1.1917, Nr. 10 v. 3.2.1917 u. Nr. 11 v. 7.2.1917; — Ludwig Hoffmeyer, Chronik der Stadt Osnabrück, Bd. 2, Osnabrück 1925, 27 u. 30; — Wilhelm Kosch, Das Katholische Deutschland. Biographisch-bibliographisches Lexikon, 1. Bd. (1933), Sp. 165; — Heinrich Wellmann, Die Bauerschaft Mehringen a.d.Ems und Umgegend des Kirchspiels Emsbüren im Kreise Lingen (Ems). Ein Beitrag zur Heimatkunde, Lingen 1934, 360f.; — Adolf Donders, Paul Wilhelm v. Keppler. Bischof von Rottenburg, ein Künder katholischen Glaubens, Freiburg/Breisgau 1935, 80; — Hubert Schiel, Die Trierer Bischofskandidatur von Michael Felix Korum und Franz Xaver Kraus, in: Trierer Theologische Zeitschrift, Bd. 64 (1955), 158-175 u. 221-232, hier 169-172; — Hubert Schiel (Hrsg.), Franz Xaver Kraus: Tagebücher, Köln 1957, 434, 527; — Rudolf Lembcke, Johannes Miquel und die Stadt Osnabrück unter besonderer Berücksichtigung der Jahre 1865-1869, Osnabrück 1962, 116; — Paul Berlage (Bearb.), Handbuch des Bistums Osnabrück, 1. Aufl. Osnabrück 1968, 155; — Aloys Kohstall, Die kath. Pfarrgemeinde Salzbergen, Lingen o.J. (1969), 15 u. 69; — Christoph Weber, Kirchliche Politik zwischen Rom, Berlin und Trier 1876-1888. Die Beilegung des preußischen Kulturkampfes (VKZG, Reihe B, Bd. 7), Mainz 1970, 46, 52, 112, 178; — Eduard Hegel, Geschichte der Katholisch-Theologischen Fakultät Münster, Bd. II, Münster 1971, 163; — Norbert Trippen, Das Domkapitel und die Erzbischofswahlen in Köln 1821-1929 (Bonner Beiträge zur Kirchengeschichte, Bd. 1), Köln u.a. 1972, 266f.; 269ff., 279-285, 315-319, 382-392, 401-411, 440-452, 472f. u.ö.; — Erwin Gatz (Bearb.), Akten der Fuldaer Bischofskonferenz, Bd. II 1888-1899 (VKZG, Reihe A, Bd. 27), Mainz

1979, XXIII; — Erwin Gatz, Kirchliche Personalpolitik und Nationalitätenprobleme im wilhelminischen Deutschland, in: Archivum Historiae Pontificiae, Bd. 18 (1980), 353-381., hier 361; — Bernd Holtmann, Das Domkapitel zu Osnabrück, Osnabrück 1983 (1987), 218; — Norbert Trippen, Der Bischof im Zeitalter der Industrialisierung, des Nationalismus und der Weltkriege (1885-1945), in: Peter Berglar/Odilo Engels (Hrsg.), Der Bischof in seiner Zeit. Bischofstypus und Bischofsideal im Spiegel der Kölner Kirche. Festgabe für Joseph Kardinal Höffner, Erzbischof von Köln, Köln 1986, 397-427, hier 401; — Eduard Hegel, Das Erzbistum Köln zwischen der Restauration des 19. Jahrhunderts und der Restauration des 20. Jahrhunderts 1815-1962 (Geschichte des Erzbistums Köln, Bd. 5), Köln 1987, 135, 141; — Berühmtester Sohn Salzbergens erhielt neue Grabstätte, in: Lingener Tagespost v. 18.1.1990; — Gerd Steinwascher, Art. Berlage, Franz Karl, in: Rainer Hehemann (Bearb.), Biographisches Handbuch zur Geschichte der Region Osnabrück, Bramsche 1990, 30f.; — Andrea Kaltofen, Der Dompropst Franz Karl Berlage - ein Heimatforscher aus Salzbergen, In: Jahrbuch des Emsländischen Heimatbundes, Bd. 37 (1991), 34-44; — Hermann Schnieders, St. Cyriakus Salzbergen. 100 Jahre neugotische St. Cyriakus-Kirche 1903-2003, Salzbergen 2003, 40, 46, 111, 130f.; — Michael Hirschfeld, Die Osnabrücker Bischofswahlen von Hubert Voß (1898/99) und Wilhelm Berning (1914). Ein Konfliktpotential für das Verhältnis von Staat und katholischer Kirche im Kaiserreich?, in: Osnabrücker Mitteilungen, Bd. 110 (2005), 171-196, hier 177f.; — Michael Hirschfeld, Franz Karl Berlage (1835-1917), in: Emsländische Geschichte, Bd. 14 (2007), 229-237.

Michael Hirschfeld

BERTHIER, Joachim-Joseph Dominikaner, Historiker, Thomist * 31. Dezember 1848 in Saint-Germain-sur Talloire (Haute-Savoie), † 21. Dezember 1924 in Fribourg/Schweiz. — Nach seinen Gymnasialstudien am Collège de La Roche (Savoyen) trat der aus bäuerlichem Umfeld stammende B. zunächst in das Große Seminar in Nancy ein. Bedingt durch die Übersiedlung seiner Familie in die Schweiz, setzte er seine Theologiestudien am Großen Seminar in Fribourg fort, wo er Schüler von Msgr. Fragnière wurde. Am 13. Februar 1871 trat er in Lyon in das Noviziat des Dominikanerordens ein und empfing zwei Jahre nach seiner Profeß in der Kathedrale von Avignon die Priesterweihe (1874). Die Oberen bestimmten ihn - entgegen seinem eigenen Wunsch, in die Mission nach Trinidad zu gehen - zum Lektor für den Fachbereich Kirchengeschichte am Studienkonvent der Provinz in Carpentras. In dieser Phase widmete sich B. neben vielfältigen seelsorglichen Aufgaben vornehmlich dem Studium der Geschichte, der Literatur und Kunst, und beschäftigte sich intensiv mit der Lehre des hl. Thomas von Aquin (umfangreiche Forschungen in der Stadtbibliothek des nahe gelegenen Avignon). 1880 erhielt er einen von Kardinal Tommaso Zigliara O.P. unterstützten Ruf nach Rom zur Mitarbeit an der sog. Commissio Leonina (kritische Edition der Werke des Aquinaten). Seine Aufgabe bestand in der Registrierung der Manuskripte, die in Rom, Norditalien und Südfrankreich zu finden waren. Doch verließ B. nach kurzer Zeit wegen Mißstimmungen mit der Leitung die Kommission. In der Folge erkrankte er schwer an einer Malariainfektion und wurde nach seiner Genesung 1882 zum Lektor der Theologie im Konvent von Fiesole bei Florenz ernannt. Während dieser Zeit veröffentlichte er wichtige historische und theologische Werke (u.a. die Neuedition der »Opera de Vita Regulari« des Humbert von Romans O.P.) und beschäftigte sich hauptsächlich mit Dantes »Divina Comedia« und deren thomistischen Grundlagen. Ausgedehnte Predigtreisen führten ihn durch Italien und Frankreich.1890 sandte ihn P. José M. Larroca, der Ordensgeneral, auf Vorschlag von P. Heinrich Denifle O.P. nach Fribourg, um dort Theologie zu unterrichten und die Theologische Fakultät an der Université Catholique de Fribourg (mit) zu begründen. Ebenso oblag er dem Auf- und Ausbau von Dominikanerkonvent und Konvikt. B. wurde in diesen schwierigen Anfangszeiten zu einem der wichtigsten Mitarbeiter von Georges Python. Neben den immensen politischen und organisatorischen Herausforderungen, die er zu bewältigen hatte, widmete sich B. mit unermüdlichem Eifer seinen Lehrverpflichtungen und seiner umfangreichen Publikationstätigkeit. Daneben war er im künstlerischen Bereich aktiv (u.a. Mitwirkung an der Realisierung der Glasfenster von Saint-Nicolas durch Joseph Mehoffer; das Komitee zur Restaurierung der Kathedrale Notre-Dame de Lausanne berief ihn als einzigen Katholiken in seine Reihen) und engagierte sich in der Gründung verschiedener sozialer und kultureller Einrichtungen wie dem »Oeuvre de Saint-Paul pour la Bonne Presse«, der »École des Hautes Études féminines« und der »École d´Agriculture de Grangeneuve«. Die Universität Krakau verlieh B. für sein wissenschaftliches Werk die Ehrendoktorwürde. Ebenso wurde er zum Mitglied mehrerer bedeutender Akademien und wissenschaftlicher Gesellschaften ernannt (Académie de Savoie, Accademia dei XXIV Immortali, Société d'histoire du Canton Fribourg et da la Suisse Romande, Accademia Romana di S. Tommaso u.a.). 1893 gehörte er zusammen mit Thomas Coconnier und Pierre-Marie Mandonnet zu den Gründern der »Revue Thomiste«. Vermutlich auf Grund verschiedener persönlicher wie inhaltlicher Divergenzen mit Universität und Konvent verließ er Anfang 1905 auf eigenen Wunsch Fribourg, hielt sich kurz in Genf und Florenz auf, und begab sich dann nach Polen, um dort als Dank für die Krakauer Ehrenpromotion eine Vorlesungsreihe über Dante zu halten. Daraufhin ließ sich B. in Rom im Konvent an S. Sabina nieder, wo er bis 1920 bleiben sollte. Neben seiner Tätigkeit als Konsultor der Studienkongregation (auf Vorschlag von Georges Python) publizierte er insbesondere archäologische und historische Werke über Kirchen und deren Kunstwerke, die mit der Geschichte des Dominikanerordens eng verbunden waren (z. B. Santa Sabina, Santa Maria sopra Minerva, San Sisto). In Kooperation mit Antonio Muñoz gelang ihm u.a. in den Jahren von 1914 bis 1919 die Restaurierung der altehrwürdigen Basilika Santa Sabina und des angeschlossenen Dominikanerkonventes. Nach Vollendung dieser Meisterleistung kehrte er durch Alter und Krankheit geschwächt nach Fribourg zurück, wo er zuletzt eine viel beachtete Übersetzung der »Divina Comedia« mit Kommentar veröffentlichte. In Anerkennung seines Lebenswerkes wurde B. kurz vor seinem Tod durch die französische Regierung zum Ritter der Ehrenlegion ernannt. — B., der in vielen Bereichen ein Autodidakt war, gelang es mit großer Disziplin und ungeheurem Arbeitseifer (»passione del lavoro«) ein beeindruckendes Werk zustande zu bringen. Das Grundmotiv, das ihn in all seinen Unternehmungen leitete, war die Wiedergewinnung der postrevolutionären, weitgehend säkularisierten Gesellschaft für den Glauben durch die Präsentation der Kulturleistungen des Christentums.

Bibliographie: AFP 33 (1925) 94-96 (unvollständig); Innocenzo Taurisano: L'opera letteraria ed artistica del Padre Berthier, in: Memorie Domenicane. Serie nuova 42 (1925) 126-141 (unvollständig).

Werke(in Auswahl): (unter Pseudonym veröffentlicht): Le Roi très-chrétien, par M.-B. de la Pierre. Annecy 1871; Tractatus de Locis Theologicis auctore Fr. Joachim Joseph Berthier Ord. Praed. S. Theol. Lect. Augustae Taurinorum 1888; Summa de donis Sancti Joseph auctore Fr. Isidoro de Isolanis Ord. Praed. (MDXXII) denuo edita cura Fr. Joachim Joseph B. eiusd. Ord. Romae 1888;. — B. Humberti de Romanis Quinti Praedicatorum Magistri Generalis Opera de Vita Regulari. Edita curante Fr. Joachim Joseph Berthier Ord. Praed. S. Th. Lect. Vol. I et II. Romae 1888-89; Vita di Papa Innocenzo XI. Edita con aggiunte a cura del P. Giovacchino Berthier dei pred. Roma 1889; Innocentii PP. XI Epistolae ad Principes et praecipue ad Ludovicum XIV Galliarum Regem. Vol. I et II. Romae 1890; B. Jordanis de Saxonia alterius Praedicatorum Magistri Opera ad res Ordinis Praedicatorum spectantia quae exstant collecta ac denuo edita cura Fr. J.-J. Berthier Ord. Praed. Friburgi Helvetiorum 1891; Projects anciens de Hautes Etudes Catholiques en Suisse. Préliminaires de l'Université de Fribourg. Documents recueillis par M. Joseph Schneuwly, archiviste d'état, publiés avec préface par le p. J.-J. Berthier, professeur à l'Université. Fribourg 1891; La Porte de Sainte Sabine à Rome. Etude Archéologique. Fribourg 1892; Le testament de Saint Dominique avec les commentaires du card. Odon de Chateauroux et du B. Jourdain de Saxe. Fribourg 1892; L'Etude de la Somme Théologique de Saint Thomas d'Aquin. Fribourg 1893; Traité des vraies et des fauses vertus connu sous le nom de Paradis de l'âme attribué à Albert le Grand. Traduit du latin par L.-F. Truillet, éd. nouvelle revue par J.-J. Berthier. Paris 1893; Une page d'art chrétien: Les sept oeuvres de charité corporelle illustrées par les Della Robbia. Fribourg 1893; Tabula Synopticae et systematicae totius Summae Theologiae S. Thomae Aquinatis. Fribourg 1894; Mystica Theologia Divi Thomae auctore R. P. Thoma a Vallgornera Ord. Praed. Editio nova curante Fr. J. J. Berthier eiusd. Ord. Vol. I et II. Taurinis 1894; La Divina Comedia di Dante con commenti secondo la scolastica del P. Gioachino Berthier, dei pred., professore di teologia nell'università di Friburgo (Svizzera). L'inferno. Friburgo 1894; Lettres de Jean-Francois Bonomio, Nonce Apostolique en Suisse, à Pierre Schnewly, Prévot de Saint-Nicolas de Fribourg, aux magnifiques seigneurs de Fribourg et à autres personnages (1579-1586). Fribourg 1894; La Baronne d'Holca, restauratrice de la paroisse catholique de Lausanne. Fribourg 1894; De l'union avec Dieu par le B. Albert-Le-Grand des Frères Prêcheurs. Traduit par le P. J.-J. Berthier du même ordre. Fribourg 1984; Tabulae Synopticae totius Summae contra Gentiles. Fribourg 1894; Le bienheureux Humbert de Romans. Cinquième Général de l'Ordre des Frères-Prêcheurs. Lyon 1895; La plus ancienne dance macabre au monastère de Klingenthal à Bâle. Paris 1896; Le Tombeau de Saint Dominique à Bologne. Paris 1895; Tables Synoptiques de la Divine Comédie au point de vue de la doctrine. Fribourg 1895; Le chant sacré d'après saint Thomas d'Aquin et le B. Humbert de Romans. Fribourg 1896; »Maitre Thomas« et Saint Ignace. Réplique au R. P. Brucker S.J. par le R. P. J. Berthier O.P. Louvain 1896; La vie de Saint Dominique, peinte par le P. Besson. Avec le texte explicatif par le P. J. Berthier. Toulouse 1896; Le R. P. A. Danzas, de l'Ordre des Frères Prêcheurs. Ses oeuvres artistiques. Texte par le R. P. J. Berthier, du même ordre. Nombreuses héliogravures exécutées d'après les peintures et dessins originaux. Paris 1897; Le triomphe de Saint Thomas patron et protecteur des écoles catholiques peint par Taddeo

Gaddi dans la chapelle des Espagnols à Florence. Etude d'histoire et d'art. Fribourg 1897; Un project d'organisation universitaire à Fribourg. Lettres à un Seigneur de l'État de Fribourg sur l'établissement d'une université catholique en Suisse. Fribourg 1897; Ludwig Seitz: Die Glorie des Hl. Thomas von Aquin. Des engelgleichen Lehrers und Patrons aller katholischen Schulen dargestellt in den Wandgemälden von Ludwig Seitz in der Gallerie der Kandelaber im Vatikan. Einleitung und Texte von J. J. Berthier. Einsiedeln o.J. (1899); Lettere del B. Giordano alla B. Diana d' Andalo. Fribourg 1899; L'Oeuvre artistique du R. R. Besson O.P., publiée par les Pères Berthier et Vallée. Paris 1909; L'Eglise de la Minerve à Rome. Roma 1910; L'Église de Sainte-Sabine à Rome. Roma 1910; Le Convent de Sainte-Sabine à Rome. Rome 1912; Le chapitre de San Niccolò de Trevise. Peinture de Tommaso da Modena. Rome 1912; Fribourg, ville d'art. Eaux-fortes et dessins de P. A. Bouroux. Texte de J.-J. Berthier. Fribourg 1912; Chroniques du monastère de S. Sisto et de S. Domenico e Sisto à Rome. 2. Bde. Levanto 1912; Sanctus Thomas Aquinas »Doctor Communis« Ecclesiae. Vol. I: Testimonia Ecclesiae. Romae 1914; Il catechismo del B. Angelico. Estratto del Periodico »Il Rosario - Memorie Domenicane« Anno 1914-1915. Firenze 1915; Les vitraux de Mehoffer à Fribourg. Lausanne 1918; Les Chroniques du Monastère des SS. Dominique e Sixte à Rome. Rome 1919-20; La Divine Comédie. Traduction littérale avec notes par J. Berthier. Fribourg 1922; Vérités sans phrases. Fribourg 1931.

Artikel (in Auswahl): Le néo-molinisme et le paléo-thomisme. A propos d'un livre du R. P. Frins, in: Revue Thomiste 1 (1893) 83-102, 169-199, 471-508; Pour la fête de saint Dominique, in: Revue Thomiste 1 (1893) 265-284; Praefatio, in: Benedictus Maria Reichert (Hg.): Fratris Gerhardi de Fracheto O.P. Vitae Fratrum Ordinis Preadicatorum necnon cronica ordinis ab anno MCCIII ad MCCLIV ad fidem codicum manuscriptorum accurate recognovit notis breviter illustravit. Lovanii 1896, I-IX;- La restauration de l'Église de Santa Sabina à Rome, in: ASOP 26 (1918) 406-414; Le plan de la Divine Comédie, in: Divus Thomas. Jahrbuch für Philosophie und Spekulative Theologie, II. Serie 7 (1921) 220-235; weitere zahlreiche Artikel in: L'Année Dominicaine, Il Rosario, Revue Thomiste, Revue de la Suisse catholique, L'Aigle Blanc, Kunst und Glaube, Art chrétien, Fribourg artistique à travers les âges (vgl. Liste der Artikel dieser Zeitschrift in: Mémoire Dominicaine 19 (2005) 157-161).

Lit.: (Anonymus): A. R. P. Fr. Joachim Joseph Berthier, S. Theologiae Magister, in: AFP 33 (1925) 92-96; — (Anonymus): Le R. P. Berthier, in: L' Année Dominicaine 61 (1925) 57-60; — Théodore de la Rive: Le père Berthier à Rome. Conférence au Circulo feminile di cultura de Rome. Rome 1927; — Innocenzo Taurisano: Il P. Gioacchino Berthier O.P. Roma 1929; — Marie-Jacques Delaquis: Vie du P. Berthier. Archiv des Albertinums, Fribourg o.J.; — Marie-Humbert Vicaire: La mission du Père Berthier, in: Histoire de l'Université de Fribourg Suisse 1889-1989. Geschichte der Universität Freiburg Schweiz. Instituions, enseignement, recherches. Institutionen, Lehre und Forschungsbereiche. Editée par une commission de professeurs présidée par Roland Ruffieux et par le Rectorat de l'Université. Herausgegeben von einer Professoren-Kommission geleitet von Roland Ruffieux und dem Rektorat der Universität. Tome 2 / Band 2: Les Facultés / Die Fakultäten. Fribourg 1991, 483-495; — Saint Thomas au XXe siècle. Actes du colloque du Centenaire de la »Revue Thomiste«, 25-28 mars 1993 - Toulouse, sous la direction du Père Serge-Thomas Bonino o.p. Paris 1994 (s. Index); — Otto Weiß: Modernismus und Antimodernismus im Dominikanerorden. Zugleich ein Beitrag zum »Sodalitium Pianum« mit einem Geleitwort von Timothy Radcliffe OP und mit einem Vorwort von Ulrich Horst (Quellen und Studien zur neueren Theologiegeschichte 2). Regensburg 1998 (s. Personenregister); — Guy Bedouelle: Joachim Berthier et les artistes dominicains au XIXe siècle, in: Mémoire Dominicaine. 19 (2005), 145-161; — Soeur Elie: Le Père J.-J. Berthier et la refondation du monastère de Colmar, in: Mémoire Dominicaines 19 (2005) 173-192; — Paul-Bernard Hodel: Le P. Berthier, le couvent et l'église de Saint-Sabine à Rome, in: Mémoire Dominicaine 19 (2005) 133-143; — Augustin Pic: Joachim Berthier, O.P. (1848-1924). La personnalité à travers les documents, in: Mémoire Dominicaine 19 (2005) 163-171; — Francis Python: Le Pére Berthier et Fribourg en 1890: La périlleuse fondation de la faculté de théologie, in: Mémoire Dominicaine 19 (2005) 101-115; — Jean-Pierre Torrell: Le Père Berthier. Editeur de textes dominicains et théologien, in: Mémoire Dominicaine 19 (2005) 117-131; — Cath. I, 1500 (Henri-Marie Féret); — DBF VI, 217 (B. Prevost); — DHGE VIII, 956-957 (Marie-Hyacinthe Laurent); — EC II, 1467-1468 (Enrico Josi); — LThK^2, 264-265 (Angelus Walz); — LThK^3, 290 (Friedhelm Jürgensmeier)

Michael Dillmann

BILIMEK, Dominik O. Cist, * 23. Februar 1813 in Novy Jicín (damals: Neutitschein) in Mähren geboren, † 3. August 1884. — Am 12. September 1832 trat Bilimek nach seiner Matura im Neukloster zu Wiener Neustadt ein, das damals noch selbständige Zisterzienserabetei war. Dort legte er am 25. September 1836 die Gelübde ab und empfing am 30. Juli 1837 die Priesterweihe. — Im Neukloster gab es außer einem physikalischen Laboratorium auch ein Naturalienkabinett. Die Äbte Joseph Stübicher (1746-1775) und Alberik Stingel (1775-1801) förderten nämlich naturwissenschaftliche Studien, so daß der Novize leicht seinen Neigungen folgen konnte. — Nach vorübergehender Tätigkeit als Kooperator in Wiener Neustadt fand er als Pfarrer von Würflach in Niederösterreich die nötige Muße zur Vertiefung seiner Kenntnisse. Insbesondere zu Blütenpflanzen und Insekten dieser Gegend hat er zahlreiche Beobachtungen notiert. Verdienstvoll war die Erkundung der Flora des Schneeberges (2075 m) nördlich des Semmering. In Märschen von bis zu sechzehn Stunden durchzog er den gesamten Gebirgsstock und bestieg mehr als 130 Mal den Gipfel. Als Ergebnis liegen lange Namenlisten vor mit Arten der alpinen und subalpinen Region. Zusätzlich enthalten die Notizbücher auch Eintragungen von gelegentlichen Ausflügen in das angrenzende steirische Gebirge und in den Wienerwald. — Seit 1844 abermals in Wiener Neustadt, unternahm er Reisen an den Plattensee, in den Bakonywald und an die Adria. Seiner Aufmerksamkeit sind die Erstbeschreibungen von mindestens einer Insektenart und die Erstbestätigung des Vorkommens einiger Pflanzen- und Insektenarten für das Gebiet der k. k. Monarchie zu verdanken. — Mit seiner Übernahme in den Gymnasialdienst für die Fächer Religion und Naturgeschichte begann ein neuer Lebensabschnitt (1850-1852). Noch größere Unabhängigkeit bescherte ihm die Professur an den k. k. Militärakademien, die er von 1854 bis 1864 nacheinander in Krakau, Hainburg, Straß, Eisenstadt und Wiener Neustadt versah. Seit 1853 war B. bereits an der Erstellung des Lehrplanes für die k. k. Militärerziehungsanstalten beteiligt worden. An den Stätten seiner Lehrtätigkeit richtete er Naturaliensammlungen für Unterrichtszwecke ein. — Aus diesen Jahren stammen bemerkenswerte Beobachtungen vor allem aus den Hainburger Bergen und aus der Umgebung von Krakau. Zunehmend trat Bilimek jetzt in Kontakt mit wissenschaftlichen Gesellschaften und Naturforschern, darunter der bedeutenden Wiener Geologen Eduard Suess (1831-1914). — Zuletzt als Professor an der Militärakademie zu Wiener Neustadt (1863), machte B. die Bekanntschaft mit Ferdinand Maximilian Joseph, Erzherzog von Österreich (1832-1867), dem gerade von konservativen Kreisen in Mexiko die Kaiserkrone angetragen worden war. B. erhielt das Angebot, dem Hofstaat in Mexiko beizutreten, und unterzeichnete am 15. Januar 1865 auf Schloß Miramare bei Triest seinen Vertrag. Dadurch war er aus dem Dienst des Kaiserreichs Österreich ausgeschieden. — Vermutlich begleitete B. den letzten der insgesamt fünf österreichischen Truppentransporte, der »im März 1865 von Triest« nach Mexico abging. Dort angekommen lernte er ausschließlich das zentrale Hochland kennen, soweit es zum Machtbereich Maximilians gehörte, der sich Anfang 1867 politisch und militärisch nur noch auf auf die Städte Puebla, Querétaro, Morelia, Orizaba, Veracruz und die Hauptstadt selber stützen konnte. — Die meisten von B. notierten Fundorte und Exkursionsziele liegen kaum mehr als ein Tagesritt von Schloß Chapultepec entfernt, wo er die Stelle eines Kustos am kaiserlich-mexikanischen Museum versah, und aus der Umgebung von Querétaro. Der Kaiser beteiligte sich wiederholt an diesen Ausritten. Als Begleiter ist vor allem der Gärtner von Chapultepec, Knechtel, zu nennen, der fachkundig zum Auf- und Ausbau der Herbarien beigetragen hat. Ziel der Sammlungstätigkeit war der Aufbau des Naturkundemuseums auf Chapultepec. Sabei kam eine derart großen Fülle an botanischen, zoologischen und ethnologischen Objekten zusammen, daß damit später ein eigenes Naturalienkabinett auf Schloß Miramare bei Trieste aufgebaut werden konnte. Zumindest bei Erkundung der Grotte Cacahuamilpa (1866) sind B. Erttsbeschreibungen unbekannter Arten gelungen. — Mit Maximilian verband ihn leidenschaftliche Liebe zur Natur und fachliche Kompetenz. Darüber hinaus scheint B. auch als Priester das Vertrauen des Kaiserpaares genossen zu haben. In Naturell und Lebenslauf unterschied er sich deutlich von dem anderen geistlichen Berater des Kaisers, Pater Fischer, dessen politische Ambitionen ihm fremd waren. Verbürgt ist, wie Bilimek zur Mäßigung bei militärischen Vergeltungsmaßnahmen geraten hat. — Allerdings ist B. nicht mit dem Kaiser nach Querétaro gezogen, sondern brachte sich in Orizaba in Sicherheit, wo die Monarchie große Sympathie seitens der Bevölkerung genoß. — Von den natur- und völkerkundlichen Sammlungen B.s war schon früher manches mit kaiserlicher Post nach Europa verfrachtet worden. Dennoch dürfte der Großteil derselben - darunter auch wertvolle archäologische Objekte - zu diesem Zeitpunkt noch in Orizaba gelagert worden sein. Denn im Juli 1867 erlaubte die Regierung Juarez B., die Sammlungen zum Hafen Veracruz zu schaffen, wo sie von einem britischen Schiff übernommen wurden. — Durch das Ausrufen der Republik und die Hinrichtung Maximilians war B.s Stellung bei Hofe keineswegs hinfällig geworden. Vorsorglich aber hatte ihn Maximilian per Dekret vom 25. Januar 1867 noch zum Direktor des naturhistorischen Museums von Miramare und des geplanten, aber nie ausgeführten in Lacroma ernannt. Zunächst scheint er aus dem Privatvermögen des Kaiserpaares besoldet worden zu sein. Erst durch Verordnung des k. k. Oberhofmeisteramtes vom 31. Dezember 1867 erlangte er als Kustos von Miramare Beamtenstatus. Ordnung und Pflege des mexikanischen Sammlungsgutes sowie seine Aufbereitung zu einer Dauerausstellung bildten seine Hauptaufgabe. Ferner unternahm er naturkundliche Reisen in die Schweiz, nach Italien, Ägypten, Palästina, Dalmatien, Deutschland, Skandinavien, Spanien, Tunesien, Malta, Sizilien, Belgien und Holland. — Seine Zugehörigkeit zum Orden hat B. nie aufgekündigt. Das Selbstverständnis der damaligen Stiftsgeistlichkeit ließ eine so geartete Tätigkeit problemlos zu. Für die mitbrüderliche Verbundenheit über den Ozean hinweg beweist ein Briefwechsel mit dem Abt von Heiligenkreuz (1865). Dessen »Schreiben war für mich ein Sonnenschein«, schreibt Bilimek in seiner Antwort. — Als Neukloster mit Heiligenkreuz vereinigt wurde (1879), leistete B. am 5. Januar 1882 dem neuen Abt das Homagium. Aus gesundheitlichen Gründen und altersbedingt zog er schließlich nach Wien und wohnte mit seiner Gesellschafterin im Heiligenkreuzer Hof, wo er am 3. August 1884 einen Schlaganfall erlitt und verstarb. Sein Grab auf dem Waldfriedhof bei Heiligenkreuz ist gut erhalten. — Die Stiftsbibliothek verwahrte 1967 zwei Päckchen mit Karteikarten (13x18 cm) mit dem elliptischen Stempelaufdruck MUSEO NACIONAL DE MEXICO (im Mittelfeld) und DE HISTORIA NATURAE (untere Hälfte. Die Karten enthielten gedruckte und gezeichnete Abbildungen von Insekten (10x8 cm). — Klugerweise hatte B. wertvolle Teile seiner Sammlungen bereits zu Lebzeiten dem k. k. Hofmuseum überlassen. Dafür wurde ihm eine Leibrente von jährlich 600 Gulden gewährt. Sein Herbarium verwahrt und wartet mit vorbildlicher Umsicht das Botanische Institut der Universität Wien. Allerdings befindet sich nur ein Teil der Sammlungen heute in Wien. Herbarmaterial besitzen folgende Institute: -Musée National d'Histoire Naturelle, Paris; Laboratoire de Botanique de la Faculté des Science, Lyon ; Royal Botanical Gardens, Kew; Gray Herbarium of Harvard University, Cambridge/Mass.; Botanical Gardens Bronx Park, New York; US-National Museum, Herbarium, Smithsonian Institution, Washington; Museum und Herbarium Kopenhagen; Museo Nacional del Instituto de Biologia de la Universidad Nacional de México; Komarov Botanisches Institut der Akademie der Wissenschaften, St. Petersburg. — Die Wiener zoologische Sammlung B.s umfaßt überwiegend Präparate mexikanischer Herkunft, wobei die Fundorte stets genau bezeichnet sind. Die Inventarlisten des Naturhistorischen Museums verzeichnen beispielsweise 24 Spinnentiere (Arachnoidea), 19 verschiedene Krustentiere (Crustaceae) und 18 Tausendfüßer (Myriapoda). — Die hochwertigen mexikanischen Altertümer verkaufte Bilimek angeblich 1878 nach Wien. Das Museum für Völkerkunde dortselbst beziffert die Sammlung auf 900 Katalog-Nummern. — Persönliches ist aus dem Leben von Dominik Bilimek kaum bekannt geworden. Da er meist außerhalb des Stiftes lebte, gab es auch keine persönlichen Erinnerungen bei Ordensbrüdern mehr, die 1962 dazu befragt worden sind. Das überrascht schon deshalb, weil Episodisches und Anekdotisches in Klöstern äußerst langlebig zu sein pflegt. — B. war als Naturwissenschaftler Autodidakt, der lediglich die vorgeschriebene Ausbildung in Philosophie und Theologieabsolviert hat, und zwar sehr wahrscheinlich an der Hochschule des Stiftes Heiligenkreuz, die schon damals staatlich anerkannt war. — Ein Aquarell von Cischini (18x19,2 cm; 2. H. 19. Jh.) im Stadtmuseum von Wiener Neustadt, karikiert den Naturaliensammler, wie er beladen mit Angelroute, Schmetterlingsnetz, Botanisiertrommel, Spaten, Thermometer, Barometer, Spiritusflaschen und Regenschirm auf Exkursion zieht. In diesem kauzigen Aufzug scheint er von den Wiener Neustädtern erlebt und in Erinnerung gehalten worden sein. Eine authentische Porträtfotografie ist von Frau Dr. Christa Riedl-Dorn im Fundus des Naturhistorischen Museums Wien entdeckt worden. — Von Zeitgenossen als skurriler Sammler karikiert, im Orden fast unbekannt und wenn schon dann auch schon mal als peinlich empfunden, in Gelehrtenclubs als Amateur abgetan, hat sich dennoch Dominik Bilimek einen bleibenden Platz erobert. Sein Leben stellt ihn zwischen jene österreichischen naturforschenden Reisenden des 19. Jahrhunderts, die unsere Kenntnis der Welt nachhaltig vermehrt haben. — Ein Gesamturteil über die altmexikanischen Sammlungen in Wien mag analog für die Naturaliensammlungen gelten: »Das mexikanische Abenteuer ... hatte ein für das Haus Habsburg unglückliches Ende genommen. Aus der kurzen Zeit seiner Regentschaft aber datiert die Aufsammlung einer der schönsten altmexikanischen Steinskulpturen. ... Gemeinsam mit den Kostbarkeiten des 16. Jahrhunderts war damit eine Basis für eine der bedeutendsten Mexiko-Sammlungen der Welt gegeben.« Dazu hat B. wesentlich beigetragen.

Lit.: Riedl-Dorn, Christa: Dominik Bilimek. In: Die Entdeckung der Welt. Die Welt der Entdeckungen Österreichische Forscher, Sammler, Abenteuerer. Wien, 2001, 329-332; — Roth, Hermann Josef: Dominik Bilimek, Leben und Werk eines österreichischen Naturforschers. In: Sudhoffs Archiv für Geschichte der Medizin und der Naturwissenschaften 49, 1965, 338-354; — Roth, Antonius [Hermann Josef]: P. Dominik Bilimek. Notizen zu seinem Nachlaß. In: CistC 74, 1967, 161-163; — Roth, Hermann Josef: Mathematik, Naturwissenschaften, Technik und Medizin bei den Zisterziensern. In: Die Zisterzienser. Ordensleben zwischen Ideal und Wirklichkeit (= Schr. d. Rhein. Museumsamtes, 10). Bonn 1980, 171-177, 653 Kat.-Nr. I 33; — Roth, Hermann Josef: Im Dienste zweier Kaiser: Der Zisterzienser P. Dominik Bilimek aus dem Neukloster in Wiener Neustadt. Naturforscher in Europa und Mexiko In. CistC 111, 1, 2004, 67-78, 1 Farbtaf.

Hermann J. Roth

BITTER, Johannes Friedrich Albert, Dr. theol., Titularerzbischof und apostolischer Vikar von Schweden, * 15.8. 1848 in Melle (bei Osnabrück), † 19.12. 1926 ebd. — B. war das jüngste von sechs Kindern des Geheimen Sanitätsrates und Ehrenbürgers von Melle Dr. med. Bruno Bitter und dessen Frau Bernhardine. Über seinen Vater und dessen Bekanntschaft zum Grafen Friedrich Leopold von Stolberg lernte er den jungen Jakob Laurentius Studach kennen, den späteren apostolischen Vikar von Schweden. In Osnabrück besuchte B. das katholische Gymnasium Carolinum und später das dortige bischöfliche Priesterseminar. Seine theologischen Studien absolvierte er zwischen 1871 und 1873 an den Universitäten zu Münster und Würzburg, wo er sich auch stark in den katholischen Burschenschaften Germania und Walhalla engagierte. Am 19.9. 1874 spendete ihm der Osnabrücker Bischof Johann Heinrich Beckmann in der Osnabrücker Domkirche die Priesterweihe. Infolge des Kulturkampfs war es zunächst nicht möglich, B. eine Anstellung zu verschaffen. Nach einer Begegnung mit dem apostolischen Vikar von Schweden, Johann Georg Huber, übernahm B. daraufhin eine Stelle als Kaplan in Stockholm. 1875 wurde er mit der Mission in Göteborg betraut. 1885 rief in der Osnabrücker Bischof zurück und ernannte ihn zum Pfarrverweser in Ludwigslust(Mecklenburg). Am 20.7. 1886 ernannte Papst Leo XIII. B. zum apostolischen Vikar von Schweden, 1888 erhielt er die Ehrentitel eines päpstlichen Hausprälaten und Protonotars. Am 15.6. 1893 wurde B. zum Titularbischof von Doliche (Syrien) präkonisiert und am 24.9. 1893 im Dom zu Osnabrück vom dortigen Bischof Bernhard Höting unter Assistenz des Bischofs von Münster, Hermann Jakob Dingelstad und des apostolischen Vikars von Dänemark, Johannes von Euch konsekriert. Sein Wahlspruch lautete »per crucem ad lucem« (Durch das Kreuz zum Licht). — B. sah sich in Schweden mit einer extremen Diasporasituation der Katholiken konfrontiert, lediglich ca. 0,1 % der Bevölkerung waren katholisch. Sein Hauptaugenmerk lag daher auf dem Ausbau von Schulen und Kirchen sowie dem Kampf gegen antikatholische Vorurteile. Weiterhin prangerte er die staatliche Diskriminierung der Katholiken im Vergleich zur protestantischen Staatskirche an. Während B.s Amtszeit erhöhte sich die Zahl der Katholiken von etwa 1100 auf etwa 4000. 1892 konnte er die spätere Bischofskirche St. Erik in Stockholm einweihen. Vergeblich kritisierte B. die in den Jahren 1910 und 1915 durchgeführten Änderungen des schwedischen Personenstandswesens, wodurch auch Katholiken sich nur in der protestantischen Staatskirche registrieren lassen durften und im Gegenzug nicht mehr berechtigt waren, eigene offizielle Register zu führen. 1921 richtete B. eine vielbeachtete Klageschrift an die oberste schwedische Schulbehörde, in welcher er gegen die Darstellung der katholischen Kirche in den Schulbüchern protestierte. B. wird ein großes Maß an persönlicher Freundlichkeit bescheinigt, welche ihm über die Konfessionsgrenzen hinweg hohes Ansehen und Beliebtheit in der schwedischen Gesellschaft einbrachte. Dies spiegelt sich auch in einer langen Liste von Auszeichnungen, die ihm verliehen wurden, wider. Eine enge Freundschaft verband ihn mit dem protestantischen Erzbischof von Schweden, Nathan Söderblom. Gerade auf der persönlichen Ebene versuchte B., für die Belange seiner Kirche und seines Heimatlandes einzutreten. So setzte er sich auch für die Neutralität Schwedens im Ersten Weltkrieg ein. Ferner engagierte B. sich für Erholungsaufenthalte deutscher Kinder in Schweden und später für den Austausch von Kriegsgefangenen. Seine Amtszeit war weiterhin geprägt durch einen Gegensatz zwischen ihm und den Jesuiten. Deren rege Tätigkeit betrachtete B. kritisch und als Konkurrenz für seine eigene Position. Seine zunehmend starre Haltung gegenüber dem Orden, der in erheblichem Maße die katholische Mission vorantrieb, isolierte ihn innerhalb der Kirche. Nach einer Visitation durch Wilhelm Kardinal van Rossum wurde B. nahegelegt zu resignieren. 1923 verzichtete er verbittert und stark gichtgeplagt auf sein Amt und wurde zum Titularerzbischof von Sultanieh (Armenien) ernannt. B. begab sich wieder nach Melle, wo er bis zu seinem Tode von Zeit zu Zeit Messen in seiner Heimatgemeinde versah. In seinen letzten Jahren pflegte er eine intensive Freundschaft mit dem Dichter und Schriftsteller Ludwig Bäte. B. starb durch die Inflation weitestgehend verarmt am 19.12. 1926. Bei seiner Beisetzung vier Tage später hielt der Osnabrücker Bischof - und spätere Erzbischof - Wilhelm Berning die Predigt. — B.s großes Verdienst war es, daß es ihm durch sein persönliches Auftreten gelungen war, jahrhundertealte Ressentiments gegenüber den Katholiken in Schweden abzumildern. Unter seiner Ägide wurden die Grundlagen geschaffen, die in der Errichtung des Bistums Stockholm 1953 mündeten.

Werke: Herdebref för fastan, 1896-1923; Griftetal öfver markisinnan Caroline Lagergren, född Russell, vid jordfastningen ... den 15 februari 1919, Stockholm 1919; Inlaga till Kungl. Skolöverstyrelsen angående oriktiga påståenden om katolsk lära och praxis i vid svenska statsskolor använda historiska läroböcker, Stockholm 1921.

Quellen: Bistumsarchiv Osnabrück (BAOS), ZAS; BAOS, Y-Fo/Al-0182; BAOS, Y-FO/PE-Bitter, Albert Dr.; BAOS, Weihebuch, 151; BAOS, Totenzettel; BAOS, Nachlaß Ebf. Dr. Wilhelm Berning, Z 41-07 (1901-1910); BAOS, 03-17-72-38; Stadtarchiv Melle, Melle-Stadt I, Nr. 3; Staatsarchiv Osnabrück, Rep 430 Dez 201 Akz. 2a/55, Nr. 13; Acta Apostolicae Sedis. Commentarium Officiale 5 (1913), 275 / 14 (1922), 594 u. 617 / 19 (1927), 80.

Lit.: Deutscher Hausschatz 22 (1893/94), 68; — Akademische Monatsblätter 6 (1894), 103-106; — Paul Maria Baumgarten/Joseph Schlecht, Die katholische Kirche unserer Zeit und ihre Diener in Wort und Bild, Bd. 2: Die katholische Kirche in Deutschland, München 1900; — Verhandlungen der 48. General-Versammlung der Katholiken Deutschlands zu Osnabrück vom 25. Bis 29. August 1901, Osnabrück 1901; — Johannes Metzler, Die Apostolischen Vikariate des Nordens, Paderborn 1919; — Svensk Biografiskt Lexikon, Bd. 5: Berndes-Block, Stockholm 1924, 464-465; — Ludwig Bäte, Erzbischof Dr. Albert Bitter, in: Der Friedenssaal 1 (1926/27), 117-118; — Ders., Zwei Briefe Nathan Söderbloms an Albert Bitter, in: Der Friedenssaal 1 (1926/27), 213-214; — Ders., Reise nach Dänemark und Schweden, in: Der Friedenssaal 1 (1926/27), 334-340; — Ders., Erzbischof Albert Bitter, in: Der Wächter 12 (1930), 50-51; — Ders., Der Weg zu ihr, Gütersloh 1946; — Ders., Begegnungen. Erinnerungen aus meinem Leben, Essen 1947; — Karl Schmitt, Das Bischöfliche Priesterseminar zu Osnabrück, Osnabrück 1929; — Die katholische Kirche in Schweden in neuerer Zeit, München 1929; — Wilhelm Kosch, Das katholische Deutschland, Augsburg 1933, Bd. 1: Aal-John, 188-189; — Heinrich Schnee, Lebensbilder führender Persönlichkeiten des KV, Würzburg 1953; — Handbuch des Bistums Osnabrück, Osnabrück 1968; — Maria Heilmann, Erzbischof Albert Bitter, in: Der Grönegau in Vergangenheit und Gegenwart, Melle 1968, S. 407-408; — Dies., Bedeutende Meller Persönlichkeiten, in: Melle in acht Jahrhunderten, Melle 1969, S. 221-228; — Hermann Hoffmann, Im Dienste des Friedens, Stuttgart/Aalen 1970; — P. B., Ein Mann mit 90 Prozent Herz, in: Aus unserem Bistum. Beilage zum Kirchenbote des Bistums Osnabrück, Nr. 51, 1976, 12; — Paul Burhoff, St. Matthäus Melle, Aus dem Leben einer Kirchengemeinde, Melle 1983; — Marianne Neboisa, 1783-1983 Katholische Kirche in Schweden, in: Katholische Bildung 84 (1983), 623-632 u. 689-702; — Rainer Kunze, Bischof Bitter - Ein Porträt, in: Der Grönegau. Meller Jahrbuch 7 (1989), 86-92; — Yvonne Maria Werner, Världsvid men främmande: den katolska kyrkan i Sverige 1873-1929, Stockholm 1996; — Karl Wand, Gustav II. Adolf und der Jesuitendolch, Paderborn 1997; — Biographisches Lexikon der Katholischen Militärseelsorge in Deutschland 1848-1945, Paderborn 2002, 75; — Wilhelm Knigge, Erzbischof Dr. Albert Bitter - ein Lebensbild, in: Heimatjahrbuch Osnabrücker Land 2005, 219-223; — DBA 3, 377-379; LThK, 1958, Bd. 2: Barontus bis Cölestiner, 514.

Uwe Plaß

BOECKH, August (Böckh), Altertumswissenschaftler, * 24.11. 1785, Karlsruhe, † 3.8. 1867, Berlin. — Als jüngstes von sechs Kindern wurde B. in eine süddeutsche Theologen- und Beamtenfamilie hineingeboren. Als B. vier Jahre alt war, starb der Vater Georg Matthäus B. (1735-1790), ein Beamter im markgräflichen Dienst, und B.s Mutter Marie Salome, geborene Hörner (1745-1815), mußte die Kinder in schwierigen finanziellen Verhältnissen alleine aufziehen. B.'s Bruder Christian Friedrich (1777-1855, seit 1825 von B.) studierte Kameralistik, arbeitete im badischen Finanzministerium, wo er die Reform des Steuerwesens vorantrieb und es 1828 zum Finanzminister brachte.

B. besuchte 1791 bis 1803 in Karlsruhe das angesehene *gymnasium illustre* und erhielt dort eine solide, auch Naturwissenschaften und moderne Sprachen umfassende Schulbildung. Er schloß das Gymnasium als *candidatus theologiae* ab und ging an die als fortschrittlich geltende Universität Halle. Bald wechselte er von der Theologie zur Philologie, was auf den Einfluß von Friedrich Ernst Daniel Schleiermacher (1768-1834) zurückzuführen ist, dessen philosophische Platonvorlesungen er hörte, vor allem aber den von Friedrich August Wolf (1759-1824), der in Halle Altphilologie lehrte und dort 1787 das *seminarium philologicum* gegründet hatte. Wolfs Vorlesungen über die antike Literatur und sein Konzept der enzyklopädisch angelegten Altertumskunde beeinflußten B. stark. Mit einer Abhandlung über antike Musik (*De harmonice veterum*) wurde B. 1806 in Halle promoviert. Im gleichen Jahr lehrte er kurz an einem Gymnasium in Berlin, bevor er im Frühjahr 1807 unter anderem wegen der unruhigen politischen Lage nach Baden zurückkehrte. Er habilitierte sich in Heidelberg und übernahm dort eine Professur für antike Literatur. In das Jahr 1809 fällt seine Heirat mit Dorothea Wagemann (1790-1829); aus dieser Verbindung gingen drei Söhne hervor, von denen aber nur Richard (1824-1907), der ein bedeutender Statistiker wurde, die Eltern überleben sollte. In Heidelberg verkehrte B. in verschiedenen Gelehrten- und Schriftstellerkreisen, beispielsweise unterhielt er freundschaftliche Bande mit den Romantikern Achim von Arnim (1781-1831) und Clemens Brentano (1787-1836), in deren Tischrunde er »Polyhistor« genannt wurde. An der Seite seines Kollegen, des Heidelberger Philologieprofessors Georg Friedrich Creuzer (1771-1858), war B. eine Zeitlang Redaktionsmitglied der *Heidelberger Jahrbücher der Literatur*, wo er auch einige Artikel veröffentlichte, etwa die Rezension von Schleiermachers Platonübersetzung (diese und weitere Rezensionen und Kritiken B.s sind abgedruckt in den *Gesammelten kleinen Schriften*, Bd. 7, 1872). Auch andere Publikationen seiner Heidelberger Zeit entstammten seiner Beschäftigung mit Platon, etwa Ausgaben und Kommentierungen einzelner platonischer bzw. pseudoplatonischer Dialoge (*Timaios, Eryxias* etc.) sowie Abhandlungen über philosophische und naturwissenschaftliche Aspekte. Außerdem verfaßte er eine Untersuchung über die griechischen Tragiker (*Graecae tragoediae principum*, 1808), die er dem Leipziger Altphilologen Gottfried Hermann (1772-1848) widmete. 1809 lehnte B. ein Ordinariat in Königsberg ab. 1811 folgte der 25-Jährige dann dem Ruf an die im Vorjahr neugegründete Universität Berlin. Abgesehen von seiner Lehr- und Publikationstätigkeit beteiligte sich B. wesentlich am Aufbau der Universität, wurde zu einer zentralen Figur in der Geschichte in den ersten Jahrzehnten ihres Bestehens und zum liberalen Vorkämpfer für die akademische Lehrfreiheit. Er arbeitete zusammen mit Wilhelm von Humboldt (1767-1835), Schleiermacher und Carl Friedrich von Savigny (1779-1861) die Universitätsstatuten aus, gründete 1814 das philologische Seminar, bekleidete sechs Mal das Amt des Dekans und wurde fünf Mal Rektor. B.s zahlreiche lateinische und deutsche Reden (siehe Bde. 1-3 der *Gesammelten kleinen Schriften*) sind wertvolle Quellen für die Universitäts- und Akademiegeschichte dieser Zeit. In Berlin wurde B. eine weitere Wirkungsstätte eröffnet, als er 1814 neben Schleiermacher, Humboldt, Philipp Buttmann (1764-1829), Barthold Georg Niebuhr (1776-1831) und Immanuel Bekker (1785-1871) in die Reihe der philosophisch-historischen Klasse der Königlichen Preußischen Akademie der Wissenschaften aufgenommen wurde. Hier initiierte B. das *Corpus inscriptionum Graecarum* (CIG), in dessen Rahmen in den Jahren zwischen 1828 bis 1877 an die 10.000 griechische Inschriften gesammelt, nach geographischen Gesichtspunkten geordnet und lateinisch kommentiert wurden. Trotz des Verdienstes dieser Quellenedition zog das CIG auch Kritik auf sich, weil die Inschriften nicht immer in Autopsie gesichtet worden waren. Neben seiner Tätigkeit im CIG war B. in der Berliner Akademie Mitglied der Aristoteles-Kommission, die Bekker mit seiner epochemachenden Aristoteles-Ausgabe beauftragte (4 Bde. 1836). 1835 rückte er nach dem Tod von Schleiermacher zum Ersten Sekretär seiner Klasse auf. B.s editorischer Eifer bezog sich auf Pindar, dessen Schriften er unter Beihilfe seines Freundes Ludolph Dissen (1784-1837), der den Kommentar zu den nemeischen und isthmischen Oden beisteuerte, in drei Teilbänden 1811, 1819 und 1821 in einer großen Ausgabe veröffentlichte. Die dort abgedruckte Abhandlung über die Pindarsche Metrik sorgte für Meinungsverschiedenheiten mit dem Leipziger Gräzisten Gottfried Hermann, die dann 1825 mit Hermanns negativer Besprechung der ersten Lieferung des ersten Heftes des CIG in der Leipziger Literaturzeitung in einen lange währenden Streit über den Vorrang von Wort- oder Sachphilologie mündeten. Die Beiträge in dieser methodologischen Debatte, mitunter hochpolemisch formuliert und *ad hominem* gerichtet, waren 1825 B.s *Antikritik* sowie die *Analyse*, eine Parteinahme des B.-Schülers Eduard Meier (1796-1855) in der *Hallischen Allgemeinen Literaturzeitung*. Hermann konterte 1826 mit *Ueber Herrn Prof. Böckhs Behandlung der griechischen Inschriften* und zwei Abhandlungen *Ueber die Sigeische Inschrift* sowie über *Logisten und Euthynen*. Darauf antwortete B. nochmals mit einem Artikel, der 1827 im *Rheinischen Museum* erschien. Hermann faßte seine methodischen Grundsätze 1834 in einer programmatischen Schrift *De officio interpretis* zusammen. Erst 1837 gelang eine Versöhnung, als B., der jüngere der beiden Gelehrten, nach Leipzig zu einer persönlichen Aussprache reiste. B.s Position in diesem Streit spiegelt sich in vielen seiner Arbeiten über antike Sachthemen, man denke etwa an seine bahnbrechende wirtschaftshistorische Studie über die *Staatshaushaltung der Athener* (1817) oder seine *Metrologischen Untersuchungen* (1838) über das hellenistische Maß- und Münzwesen. In diesem Zusammenhang stehen außerdem seine Arbeiten zur antiken Chronologie (*Zur Geschichte der Mondcyclen der Hellen*, 1855 und *Ueber die vierjährigen Sonnenkreise der Alten*, 1863). B. führte die Altphilologie mit der Berücksichtigung von Wirtschafts- und Wissenschaftsgeschichte fort zu einer historischen Realienkunde der Antike und stützte sich dabei auf die Analysen neuer Quellengattungen wie von Inschriften. Neben seinen zahlreichen Veröffentlichungen, von denen viele Eingang in die noch von B. selbst begonnenen *Gesammelten kleinen Schriften* (1858-1874) fanden, prägte B. viele Generationen von Studenten der Philologie durch seine Vorlesungen, etwa über die *Enzyklopädie und Methodologie der philologischen Wissenschaften*, die erst posthum 1877 von seinem Schüler Ernst Bratuschek (1837-1883) als Buch herausgegeben wurden. Hier stellte B. sein Konzept der enzyklopädischen Anlage der Altertumswissenschaft in Weiterführung von Wolfs Vorstellungen dar. Dabei entwickelte er eine vielrezipierte Hermeneutiktheorie, die als Beitrag zum romantischen Konzept in die Hermeneutikgeschichte einging. B. zielte dabei auf das »Erkennen des Erkannten« und betonte das Moment des intuitiven, kongenialen Verstehens. Er erweiterte den Gegenstand von Interpretation von den antiken Texten hin zu den universal angelegten Ideen der Alten, jetzt Gegenstand und Ziel einer enzyklopädisch und historisch angelegten Altertumswissenschaft. B. war eine wichtige Figur des Gelehrtenlebens in Berlin und verkehrte hier auch gerne in Künstlerkreisen. Er pflegte freundschaftliche Bande zum Hause Mendelssohn und erarbeitete auf Anfrage von Felix Mendelssohn-Bartholdy (1809-1847), der mit der Komposition der Chorpartien beauftragt worden war, eine Neuübersetzung von Sophokles' *Antigone* (1843, übrigens B.s einzige Übersetzung ins Deutsche). Die Uraufführung fand im Oktober 1841 statt. Außerdem war er mit so eminenten Persönlichkeiten wie mit dem Naturforscher Alexander von Humboldt (1769-1859) befreundet, der noch als älterer Mann B.s Vorlesungen besuchte, mit dem jüngeren Kollegen und Altgermanisten Moritz Haupt (1808-1874) oder seinem ehemaligen Schüler, dem Afrikakundler Heinrich Barth (1821-1865). 1830, ein Jahr nach dem Tod seiner Frau Dorothea heiratete B. ihre Freundin Anna Louisa Traube (1790-1864), mit der er eine Tochter Marie hatte, die 1854 den Juristen Rudolf von Gneist (1816-1895) ehelichte. B. überlebte auch seine zweite Frau und blieb die letzten Jahre seines Lebens dann mit der Familie seiner Tochter eng verbunden. Am 3. August 1867 verstarb B. betagt, hochdekoriert (Orden Pour le Mérite 1842) und -geachtet an den Folgen eines Schlaganfalls und wurde in Berlin im Alten Dorotheenstädtischen Friedhof beigesetzt.

Werkesammlung: Gesammelte kleine Schriften, hrsg. v. F. Ascherson u.a., 7 Bde., Leipzig 1858-1874 (Nachdr. Hildesheim u.a. 2005) [= Kl.Schr.].

Einzelne Schriften: Commentatio in Platonis qui vulgo fertur Minoem eiusdemque libros priores de legibus, Halle 1806; De harmonice veterum, Diss. Halle 1807; Specimen editionis Timaei Platonis dialogi, Habil. Heidelberg 1807 (Nachdr. in Kl.Schr. 3, 1866, 181-203); Ueber die Bildung der Weltseele im Timaios des Platon. In: Studien (hrsg. v. C.

Daub / F. Creuzer) 3, 1807, 1-95 (Nachdr. in Kl.Schr. 3, 1866, 109-180); Von dem Uebergange der Buchstaben in einander. Ein Beitrag zur Philosophie der Sprache. In: Studien (hrsg. v. C. Daub / F. Creuzer) 4, 1808, 358-396 (Nachdr. in Kl.Schr. 3, 1866, 204-228); Graecae tragoediae principum, Aeschyli, Sophoclis, Euripidis, Heidelberg 1808; De Platonica corporis mundani fabrica conflati ex elementis geometrica ratione concinnatis, Heidelberg 1809 (Nachdr. in Kl.Schr. 3, 1866, 229-265); Über die Versmaße des Pindaros, Berlin 1809 (lat. De metris Pindari in Bd. 1 der Pindarausgabe Leipzig 1811); De Platonico systemate caelestium globorum et de vera indole astronomiae Philolaicae, Heidelberg 1810 (Nachdr. in Kl.Schr. 3, 1866, 266-293, im Anhang 294-342 eine Entgegnung auf spätere Einwände); Programma de simultate, quae inter Platonem et Xenophontem intercessisse fertur, Berlin 1811 (Nachdr. in Kl.Schr. 4, 1874, 1-34); Pindari opera quae supersunt, Leipzig 1811-1821 (Nachdr. von Bd. 2.2 (lat. Übers. und Kommentar): Hildesheim 1963, editio minor 1825); Ueber die Laurischen Silberbergwerke in Attika, 1815/16 (Nachdr. in Kl.Schr. 5, 1871, 1-64; engl. v. G. C. Lewis (als Anhang der Übers. der Staatshaushaltung der Athener, 1817)); Vom Unterschiede der Attischen Lenäen, Anthesterien und ländlichen Dionysien, AAB 1817 (Nachdr. in Kl.Schr. 5, 1871, 65-152); Staatshaushaltung der Athener, Berlin 1817 (engl. v. G. C. Lewis, London 1828, [2]1843; frz. v. A. Laligant, Paris 1828), [2]1851/1852 (engl. v. A. Lamb, Boston 1857), [3]1886 (Nachdr. Berlin 1967); Von den Zeitverhältnissen in Demosthenes' Rede gegen Meidias, AAB 1818 (Nachdr. in Kl.Schr. 5, 1871, 153-204); Philolaos des Pythagoreers Lehren nebst den Bruchstücken seines Werkes, Berlin 1819; Ueber die kritische Behandlung der Pindarischen Gedichte, AAB 1820/21/22 (Nachdr. in Kl.Schr. 5, 1871, 248-396); Erklärung einer Aegyptischen Urkunde auf Papyrus in Griechischer Cursivschrift, AAB 1821 (Nachdr. in Kl.Schr. 5, 1871, 205-247); Abhandlung über Sophokles' Antigone, Berlin 1824; Corpus inscriptionum Graecarum, Berlin 1828-1877 (Bd. 1 (1828) und 2 (1843) hrsg. von A. Boeckh, Bd. 3 (1853) hrsg. v. J. Franz, Bd. 4 (1859) hrsg. v. E. Curtius / A. Kirchhoff, Indexbd. (1877) hrsg. v. H. Röhl); Ueber den Plan der Atthis des Philochoros, AAB 1832 (Nachdr. in Kl.Schr. 5, 1871, 397-429); Erklärung einer Attischen Urkunde über das Vermögen des Apollinischen Heiligthums auf Delos, AAB 1834 (Nachdr. in Kl.Schr. 5, 1871, 430-476); Ueber die von Herrn von Prokesch in Thera entdeckten Inschriften, AAB 1836 (Nachdr. in Kl.Schr. 6, 1872, 1-66); Metrologische Untersuchungen über Gewichte, Münzfüße und Maße des Alterthums, Berlin 1838 (Nachdr. Berlin 1978; abgedr. in: Staatshaushaltung der Athener [2]1851/1852); Urkunden über das Seewesen des attischen Staats, Berlin 1840 (abgedr. in: Staatshaushaltung der Athener [2]1851/1852); Antigone: Eine Tragödie des Sophokles Berlin 1843, [2]1884; Manetho und die Hundssternperiode: ein Beitrag zur Geschichte der Pharaonen, Berlin 1845; Ueber zwei attische Rechnungsurkunden, AAB 1846 (Nachdr. in Kl.Schr. 6, 1872, 72-138); Untersuchungen über das kosmische System des Platon, Berlin 1852; Hermias von Atarneus und Bündnis desselben mit den Erythräern, AAB 1853 (Nachdr. in Kl.Schr. 6, 1872, 185-210); Zur Geschichte der Mondcyclen der Hellenen, Suppl.-Bd. 1(1) der Jahrbücher für classische Philologie N.F., Leipzig 1855; Epigraphisch-chronologische Studien, Suppl.-Bd. 2(1) der Jahrbücher für classische Philologie N.F., Leipzig 1856; Ueber die vierjährigen Sonnenkreise der Alten, vorzüglich den Eudoxischen, Berlin 1863; Ueber des Eudoxos Bestimmungen des Auf- und Untergangs des Orion und des Kyon, mit einem Anhange über die Auf- und Untergänge des Arktur und der Lyra. In: Kl.Schr. 3, 1866, 343-448; Enzyklopädie und Methodologie der philologischen Wissenschaften, hrsg. v. E. Bratuschek, Leipzig 1877, [2]1886 (Nachdr. des 1. Teils der Ausg. [2]1886: Darmstadt 1966; engl. Teilübersetzung: J. P. Pritchard: On Interpretation and Criticism, Oklahoma 1968).

Briefe: Antiquarische Briefe von A. Böckh, J.W. Loebell, Th. Panofka, F. von Raumer und H. Ritter, hrsg. v. F. v. Raumer, Leipzig 1851 (Nachdr. der Briefe an Raumer in Kl.Schr. 7, 1872, 582-615); Briefwechsel zwischen August Böckh und Karl Otfried Müller, Leipzig 1883; Zimmer, H. W. B.: Johann Georg Zimmer und die Romantiker: Ein Beitrag zur Geschichte der Romantik nebst bisher ungedruckten Briefen von Armin, Böckh, Brentano, Marheineke, Fr. Perthes, F. C. Savigny, Brüder Schlegel, L. Tieck, de Wette, Frankfurt 1888; Hoffmann, M.: August Böckh. Lebensbeschreibung und Auswahl aus seinem wissenschaftlichen Briefwechsel, Leipzig 1901; Crusius, O.: August Boeckh und Sigmund von Reizenstein in ihrem Briefwechsel. In: Heidelberger Professoren aus dem 19. Jahrhundert, Bd. 1, Heidelberg 1903, 357-405; Hoffmann, M. (Hrsg.): Briefwechsel zwischen August Böckh und Ludolf Dissen, Pindar und anderes betreffend, Leipzig 1907; Hiller von Gaertringen, F. v. (Hrsg.): Briefwechsel über eine attische Inschrift zwischen A. Boeckh und K. O. Müller aus dem Jahre 1835. Als Ergänzung des 1883 erschienenen Briefwechsels der beiden Gelehrten, Leipzig 1908; Meisner, H. (Hrsg.): Briefwechsel Friedrich Schleiermachers mit August Boeckh und Immanuel Bekker 1806-1820, Berlin 1916; Dammann, O.: Georg Wagemann an August Böckh. Heidelberger Briefe aus den Jahren 1812-1818. In: Zeitschrift für die Geschichte des Oberrheins 94, N.F. 55, 1942, 676-709.

Ältere Literatur: Klausen, R. H.: A. Böckh's Biographie. In: S. F. W. Hoffmann (Hrsg.): Lebensbilder berühmter Humanisten. Erste Reihe: Friedrich Jacobs, August Böckh, Karl Zell, Angelo Polizano, Leipzig 1837, 29-62; — Leutsch, E. v.: August Böckh's doctorjubiläum. In: Philologus 11, 1856, 791-802; — Ascherson, F.: August Böckh's funfzigjähriges doctorjubiläum am 15. märz 1857. In: Jahrbücher für classische Philologie 1857, 225-263; — Bergk, T.: Inest commentatio de cantico supplicum Aeschyli. Viro summo Augusto Boeckhio philologorum principi diem solennem id. mart., Freiburg 1857; — Forchhammer, P. W.: Halkyonia: Wanderung an den Ufern des Halkyonischen Meeres; — Sendschreiben an Herrn Geheimen Rath und Professor Böckh zu dessen fünfzigjährigem Doctor-Jubiläum, Berlin 1857; — Binhack, F. X.: Grundbegriffe des antiken Münzwesens nach Böckh, Mommsen, Hultsch, Gräße und anderen Hilfsquellen, Neuburg 1866; — Bratuschek, E.: August Boeckh als Platoniker. In: Philosophische Monatshefte 1 (4/5), 1868, 257-349; — Sachse, C.: Erinnerungen an Boeckh, Berlin 1868; — Steinthal, H.: Rez. August Böckh: Encyklopädie und Methodologie der philologischen Wissenschaften (1878). In: Ders.: Kleine sprachtheoretische

Schriften, hrsg. v. W. Bumann, Hildesheim 1970, 543-563; — Ders.: Darstellung und Kritik der Böckhschen Encyklopädie und Methodologie der Philologie (1880). In : Ebenda, 564-604; — Stark, K. B.: Ueber Böckh's Bildungsgang (1868). In: Ders.: Vorträge und Aufsätze aus dem Gebiete der Archäologie und Kunstgeschichte, hrsg. v. G. Kinkel, Leipzig 1880; — Funck, H.: Die alte badische Fürstenschule und August Böckh, Karlsruhe 1881; — Bursian, C.: Geschichte der classischen Philologie in Deutschland, München 1883, 665-705; — Curtius, E.: August Böckh: Rede zur Säcularfeier von Böckh's Geburtstag am 24. November 1885 in der Aula der Königlichen Friedrich-Wilhelms-Universität, Berlin 1885 (Nachdr. in: Ders.: Altertum und Gegenwart. Gesammelte Reden und Vorträge, Bd. 3, Berlin ^{2}1895, 135-155); — Leutsch, E. v.: August Böckh und Immanuel Bekker. Zum säkulargedächtniß von Martin Hertz. In: Philologischer Anzeiger 18(3), 1886, 232-260; — Hoffmann, M.: Zur Erinnerung an August Böckh, Lübeck 1894; — Ders.: August Böckh. Lebensbeschreibung und Auswahl aus seinem wissenschaftlichen Briefwechsel, Leipzig 1901; — Ders.: Charakteristik Platons von August Boeckh. In: Zeitschrift für das Gymnasialwesen 68, N.F. 38, 1904, 614-620; — Sandys, J. E.: A History of Classical Scholarship 3, Cambridge ^{3}1920 (Nachdr. New York 1958), 95-101; — Wilamowitz-Moellendorff, U. v.: Geschichte der Philologie, Stuttgart 1921 (Nachdr. Leipzig ^{3}1998), 54-55; — Wach, J.: Das Verstehen. Grundzüge einer Geschichte der hermeneutischen Theorie im 19. Jahrhundert. Bd. 1: Die grossen Systeme. Tübingen 1926 (Nachdr. Hildesheim 1966), 168-226; — Lehmann, G.: Theorie und Geschichte der griechischen Harmonik in der Darstellung durch August Boeckh, Würzburg 1935; — Vetter, W.: Zur Erforschung der antiken Musik. In: H.-J. Zingel (Hrsg.): FS M. Schneider, Halle 1935, 137-146.

Neuere Literatur: Schneider, J.: Das Wirken August Boeckhs an der Berliner Universität und Akademie. Ein Kapitel aus der Wissenschaftsgeschichte des 19. Jahrhunderts. In: Das Altertum 15(2), 1969, 103-115; — Irmscher, J.: August Boeckh und seine Bedeutung für die Entwicklung der Altertumswissenschaft. In: Jahrbuch für Wirtschaftsgeschichte H. 2, 1971, 107-118; — Lewis, D. M.: Böckh, Staatshaushaltung der Athener, 1817-1967. In: Acta of the 5th International Congress on Greek and Latin Epigraphy, Oxford 1971, 35-39; — Klassen, J. A. G.: August Boeckh's »Hermeneutik« and its Relation to Contemporary Literary Scholarship, Diss. Stanford 1973; — Pflug, G.: Hermeneutik und Kritik. August Boeckh in der Tradition des Begriffpaars. In: Archiv für Begriffsgeschichte 18, 1975, 138-196; — Rodi, F.: »Erkenntnis des Erkannten« - August Boeckhs Grundformel der hermeneutischen Wissenschaften. In: H. Flashar u.a. (Hrsg.): Philologie und Hermeneutik im 19. Jahrhundert, Göttingen 1979, 68-83; — Strohschneider-Kohrs, I.: Textauslegung und hermeneutischer Zirkel - Zur Innovation des Interpretationsbegriffes von August Boeckh. In: Ebenda, 84-102; — Unte, W.: Berliner Klassische Philologen im 19. Jahrhundert. In: W. Arenhövel / C. Schreiber (Hrsg.): Berlin und die Antike. Architektur. Kunstgewerbe. Malerei. Skulptur. Theater und Wissenschaft vom 16. Jahrhundert bis heute, Berlin 1979, 9-67, bes. 15-20; — Vogt, E.: Der Methodenstreit zwischen Hermann und Böckh und seine Bedeutung für die Geschichte der Philologie. In: H. Flashar u.a. (Hrsg.): Philologie und Hermeneutik im 19. Jahrhundert. Zur Geschichte und Methodologie der Geisteswissenschaften, Göttingen 1979, 103-121; — Unte, W.: August Boeckhs unveröffentlichte Universitätsrede vom 22. März 1863. In: Antike und Abendland 26 (2), 1980, 158-175; — Danz, J.: August Böckh: Die Textinterpretation als Verstehen des subjectiven Objectiven. In: U. Nassen (Hrsg.): Klassiker der Hermeneutik, Paderborn 1982, 131-172; — Seebohm, T. M.: Boeckh and Dilthey: The Development of Methodical Hermeneutics. In: Man and World 17, 1984, 325-346; — Schneider, B.: August Boeckh: Altertumsforscher, Universitätslehrer und Wissenschaftsorganisator im Berlin des 19. Jahrhunderts. Ausstellung zum 200. Geburtstag, 22. November 1985-18. Januar 1986, Staatsbibliothek Preußischer Kulturbesitz, Wiesbaden 1985; — Bravo, B.: L'Enciclopedia di August Boeckh. In: Annali della Scuola Normale Superiore di Pisa 16, 1986, 171-204; — Irmscher, J.: Die griechisch-römische Altertumswissenschaft am Übergang vom Klassizismus zum Historismus. Zur 200. Wiederkehr der Geburtstage von I. Bekker und A. Boeckh im Jahre 1985, Berlin 1986 (Sitzungsberichte der Akademie der Wissenschaften der DDR. Gesellschaftswissenschaften 1986/4); — Ders.: Zur Antikerezeption August Boeckhs. In: Sitzungsberichte der Akademie der Wissenschaften der DDR. Gesellschaftswissenschaften H. 1, 1986, 194-200; — August Boeckh (1785-1867). Forscher, Hochschullehrer und Zeitzeuge. In: Wissenschaftliche Zeitschrift der Humboldt-Universität zu Berlin, Gesellschaftswissenschaftliche Zeitschrift 36, 1, 1987, 1-78; — Cambiano, G.: Filologia e storia delle scienze in August Boeckh. In: K. Christ / A. Momigliano (Hrsg.): L'Antiquità nell'Ottocento in Italia e Germania / Die Antike im 19. Jahrhundert in Italien und Deutschland, Bologna 1988, 77-98; — Horstmann, A.: August Boeckh und die Antike-Rezeption im 19. Jahrhundert. In: Ebenda, 39-75; — Horstmann, A.: »Allgemeine Hermeneutik« und »philologisches Organon«. Zu August Boeckhs Theorie des Verstehens. In: O. Marquard u.a. (Hrsg.): Disiecta membra. Studien. FS Karlfried Gründer, Basel 1989, 108-122; — Kytzler, B.: Von der »Gemeinschaft der Seelen« an Berlins Universität. August Boeckhs Rede an die akademische Jugend 1859. In: Berlin in Geschichte und Gegenwart. Jahrbuch des Landesarchivs Berlin 1989, 21-31; — Schneider, H.: August Boeckh. In: M. Erbe (Hrsg.): Berlinische Lebensbilder. Bd. 4: Geisteswissenschaftler, Berlin 1989, 37-54; — Čivikov, G.: »Connaissance du connu« et science de la littérature. Remarques sur la théorie herméneutique d'August Boeckh. In: A. Laks / A. Neschke (Hrsg.): La naissance du paradigme herméneutique. Schleiermacher, Humboldt, Boeckh, Droysen, Lille 1990, 349-358; — Horstmann, A.: L'herméneutique, théorie générale ou 'organon' des sciences philologiques chez August Boeckh? In: Ebenda, 327-347; — Horstmann, A.: Antike Theoria und moderne Wissenschaft: August Boeckhs Konzeption der Philologie. Frankfurt 1992; — Nippel, W.: August Boeckh. In: Ders. (Hrsg.): Über das Studium der Alten Geschichte, München 1993, 104-105; — Wegmann, N.: Was heißt einen 'klassischen Text' lesen? Philologische Selbstreflexion zwischen Wissenschaft und Bildung. In: J. Fohrmann / W. Voßkamp (Hrsg.): Wissenschaftsgeschichte der Germanistik im 19. Jahrhundert, Stuttgart 1994, 334-450; — Ziolkowski, T.: August Böckh und die Sonettenschlacht bei Eichstädt. In: Antike und Abendland 41, 1995, 161-173; — Jödike, P.: Begründer der modernen Inschriftenkunde. Ehrenbürger August Boeckh (1785-1867). In: Berlinische Monatsschrift 6(8), 1997, 72-75 (www.luise-berlin.de/bms/bmstxt97/9708pora.htm, 28.2.2008); — Nippel, W.: Philologenstreit und Schulpolitik. Zur Kontroverse zwischen Gottfried Hermann und August Böckh. In: W. Küttler u.a. (Hrsg.): Geschichtsdiskurs 3: Die Epoche der Historisierung, Frankfurt 1997, 244-253; — Horstmann, A.: Wozu Geisteswissenschaften? Die Antwort August Boeckhs. In: Zwei Vorträge mit einem Vorwort von U. Schaefer, 24. November 1997. In: Öffentliche Vorlesungen der Humboldt-Universität zu Berlin H. 93, 1998, 23-48; — Vogt, E.: Das Werk August Böckhs als Herausforderung für unsere Zeit. In: Ebenda, 7-21; — Veltri, G.: Altertumswissenschaft und Wissenschaft des Judentums. Leopold Zunz und seine Lehrer F. A. Wolf und A. Böckh. In: R. Markner / G. Veltri (Hrsg.): Friedrich August Wolf. Studien, Dokumente, Bibliographie, Stuttgart 1999, 32-47; — Boeckh, W.: Einige Bemerkungen zur Rolle August Boeckhs im geistigen Berlin des 19. Jahrhunderts. In: Öffentliche Vorlesungen der Humboldt-Universität Berlin H. 150, 2007, 15-29.

Lexika: Eckstein 1871, 51; — ADB II, 1875, 770-783 (Stark); — Pökel 1881, 25f.; — MGG II, 1952, Sp. 10f. (Vetter); — NDB II, 1955, 366f. (Vetter); — Heidelberger Gelehrtenlexikon 1986, 24; — Die Mitglieder des Ordens Pour le Mérite I, 1975, 10f.; — Historikerlexikon 1991, 30f. (Beister); — Berliner Biographisches Lexikon 1993, 50 (Beisenkamp); — DBE I, 1995, 608 (Schneider); — RGG I, ^{4}1998, Sp. 1664 (Berner); — DNP XIII, 1999, Sp. 523-527 (Ungefehr-Kortus); — DBE I, ^{2}2000, 760 (Schneider); — MGG III, ^{2}2000, Sp. 172f. (Pöhlmann / Vetter); — Berliner Biographisches Lexikon ^{2}2003, 55.

Klara Vanek

BOLEWSKI, Hans, langjährige Direktor der Evangelischen Akademie Loccum, * 10. Oktober 1912 in Kiel als Sohn des Spediteurs und gelernten Tischlers Christoph Bolewski, † 17. November 2003 in Hannover. — B.s Vater, der 1911 die Kielerin Klara Jürgens geheiratet hatte, fiel schon am Anfang des Ersten Weltkrieges (30. März 1915) in der Nähe von Laon. Die junge Kriegerwitwe zog bald nach dem Soldatentod ihres Mannes in ihr elterliches Haus zurück So übernahmen die Großeltern die Erziehung des Jungen, während die Mutter als Angestellte der Stadt Kiel für den Lebensunterhalt sorgen konnte. Nach der Grundschule wurde B. in das neusprachliche Realgymnasium Hebbel-Schule aufgenommen, deren Direktor Erich Franz die Schüler für die Ideen des Liberalismus begeisterte. Banknachbar wurde der ein Jahr ältere Karl Schiller, der in den sechziger Jahren in der Großen Koalition unter Kurt Georg Kiesinger das Ressort Wirtschaft verwaltete. — Der kirchliche Unterricht bei Pastor Jansen an der St. Ansgar-Kirche führte B. an die Kirche heran. Im Anschluß an die Konfirmation lud ihn Jansen in einen überbündischen Arbeits- und Diskussionskreis ein. Dort erfuhr er wichtige, auch religiöse Bildungsimpulse. Aus der Mitarbeit in diesem Kreis, - geleitet von Otto Baumgarten, emeritierter Professor für Praktische Theologie an der Kieler Theologischen Fakultät - erwuchs bei B. der Wunsch, Theologie zu studieren. — 1932 schrieb sich B. an der Kieler Universität ein. Neben dem Studium entwickelte er (zusammen mit Karl Schiller) Aktivitäten in der Kieler Gruppe des Sozialistischen Deutschen Studentenbundes, wo er u. a. sozialistische Persönlichkeiten wie Ferdinand Tönnies und Adolf Löwe kennen lernt. Unter dem Druck des Nationalsozialismus entwickelte B. in Marburg auch eine Bindung an die Deutsche Christliche Studentenvereinigung, - deren Generalsekretär war zu jener Zeit der spätere hannoversche Landesbischof Hanns Lilje - und an die Bekennende Kirche. Der Einfluß von Rudolf Bultmann bewirkte B. eine besondere Liebe zur neutestamentlichen Exegese, die gekrönt wird durch eine Lizenziatenarbeit »Christos Archiereus. Über die Entstehung des Hohenpriesterlichen Würdenamens Christi«, Halle 1936. Der eigentliche Doktorvater Hans Windisch starb während der Anfertigung; doch wurde sie bis zum Abschluß von Julius Schniewind betreut. — Nach Beendigung des Studiums unterzog sich B. der praktischen Ausbildung, die er den damaligen Gepflogenheiten seiner Landeskirche entsprechend ohne weitere Prüfung aufnehmen konnte. (Die Lizentiatenarbeit wurde als Prüfungsleistung anerkannt). Das Vikariat absolvierte er in Altona bei Pastor Georg Christiansen. Die Arbeit in der größten holsteinischen Stadt beruhte auf seinem Verständnis von kirchlicher Arbeit: Er wollte im Sinne des christlichen Sozialismus wirken. Entsprechend lag sein Schwerpunkt auf dem Gebiet der Jugendarbeit in den Kirchengemeinden Altonas. Nach dem Ende des Vikariats kam es jedoch nicht zu einem nahtlosen Übergang in das Pfarramt, da B. wie andere der Bekennenden Kirche nahestehende Vikare sich weigerte, sich von dem deutsch-christlichen Landesbischof Adalbert Paulsen prüfen und ordinieren zu lassen. Die Folge dieser Unbotmäßigkeit war im Frühjahr 1938 die Streichung aus der Kandidatenliste der Landeskirche. Dank eines Angebots, das der gleichfalls deutsch-christliche Tübinger Neutestamentler Gerhard Kittel vermittelt hatte, hielten sich die Folgen dieser Weigerung in Grenzen: Er bekam ein dreisemestriges Stipendium zu weiteren Studien- und Forschungszwecken am methodistischen Richmond-College in London. — Bei Kriegsausbruch ging B. schweren Herzens in die Heimat zurück. Am 30. September 1939 wurde er von Heinz- Dietrich Wendland in der St. Nikolai-Kirche in Kiel mit Marlene Weiland, einer Kieler Medizinstudentin, getraut. Einige Wochen amtierte B. als Hilfsgeistlicher in Kiel-Flemhude, bevor er zum Militärdienst eingezogen wurde, den er zunächst in einer Kaserne in Hamburg ausübte. Dann jedoch wurde er in einer Nachrichteneinheit an der Ostfront eingesetzt. 1944 geriet er in Bulgarien in Gefangenschaft. Erst nach fünf Jahren, im April 1949, wurde er entlassen. Die Rückkehr in den Dienst seiner Heimatkirche gestaltete sich jedoch schwierig, so daß er gern ein Angebot seiner britischen Freunde annahm, für ein Jahr wieder nach Großbritannien zu kommen. B. wurde als Angestellter des British Council of Churches Pfarrer in Edinburgh, besonders zuständig für entlassene Kriegsgefangene und junge deutsche Frauen, die in Fabriken, Krankenhäusern und in der Landwirtschaft zu arbeiten hatten. — Zum 1. Oktober 1950 berief ihn die Kirche im Hamburgischen Staate zum Studentenpfarrer. Daneben wurde er ab Januar 1952 Schriftleiter des vierzehntägig erscheinenden »Informationsblattes für die Gemeinden in den niederdeutschen Kirchen«. Diese Redaktionsarbeit trug ihm zum 1. März 1954 die Berufung zum Informationsdirektor des Lutherischen Weltbundes in Genf ein. Zu seinen Aufgaben gehörte die Schriftleitung der neugegründeten Lutherischen Rundschau. Nach nur eineinhalb Jahren berief ihn der hannoversche Landesbischof Hans Lilje als Nachfolger für den ausgeschiedenen Adolf Wischmann zum Direktor der Evangelischen Akademie Loccum. Gleichberechtigt neben ihm wirkte Johannes Doehring, der seit der Gründung der Akademie am 1. September 1946 Direktor war. Die organisationsrechtlich fragwürdige Leitungskonstruktion führte zu persönlichen Reibungen, die erst 1962 mit dem Ausscheiden von Gottfried Klapper endeten, der Doehring 1961 nachgefolgt war. — B. führte die Akademie bis Ende März 1972. Es gelang ihm, das Renommee dieser Einrichtung, das sie seit ihrer Gründung gewonnen hatte, weiter auszubauen durch Tagungen, die weithin - auch international - Beachtung fanden. Im Zuge des Bischofswechsels in der hannoverschen Landeskirche und interner Querelen in der Studienleitung der Akademie meinte der Konvent der Akademie, B. von der Leitung der Akademie ablösen zu sollen. Die Umstände der Ablösung und die Weiterbeschäftigung im Dienst der Kirche verdienen nicht das Prädikat »besonders glücklich«. B. erhielt einen Forschungsauftrag, dessen Ergebnisse in der Landeskirche wenig zur Kenntnis genommen wurden. — So suchte B. sich selbst neue Wirkungsfelder, so am Seminar für Erziehungswissenschaften in Hannover (Prof. Kurt Aurin, Prof. Alfred Ammen) und später am »Zentrum für Zeitgeschichte von Bildung und Wissenschaft« (Prof. Manfred Heinemann). Außerdem wurde ihm die Betreuung von Stipendiaten der Hanns-Seidel-Stiftung ein Anliegen, das wechselseitig lebhaftes interdisziplinäres Interesse hervorrief. Im Herbst 1972 begann B. auch, sich parteipolitisch zu betätigen. Hier fand er eine Möglichkeit, sich wie zuvor in Loccum an der öffentlichen Debatte zu beteiligen. Viele Jahre wirkte B. im Evangelischen Arbeitskreis der CDU mit, sowohl auf Landes- als auch auf Bundesebene. Hervorzuheben ist auch seine bedeutsame Beteiligung am Kongreß der CDU »Mut zur Erziehung« von 1976, mit dem die Partei auf aus ihrer Sicht bedenkliche Entwicklungen im Bildungswesen reagierte. B.s Wirken würdigte das Land Niedersachsen im Oktober 1982, indem es ihn zum Honorarprofessor ernannte. Schon zuvor hatte ihn seine Landeskirche für insgesamt acht Jahre in den Konvent der Akademie - eine Art Aufsichts- und Beratungsgremium - berufen, was als eine gewisse Rehabilitierung seiner Person durch den Dienstherrn betrachtet werden kann. — Erst in hohem Alter von über 90 Jahren ließen B.s Kräfte nach; er starb am 17. November 2003 - bis zum Schluß von seiner Frau betreut - in seinem Kirchröder Haus in Hannover. Am 25. November hielt der ihm befreundete Ortspastor Jürgen Sewening die Trauerfeier in der Jakobi-Kirche. Seine letzte Ruhe fand er auf dem Friedhof der Jakobigemeinde.

Werke: Monographien: Christos Archireus. Über die Entstehung des Hohepriesterlichen Würdenamens Christi. Halle: Hochschulschrift: Theol. Diss. 16.12.1936.

Übersetzungen: F. G. Kenyon: Der Text der griechischen Bibel (Übersetzung aus dem Englischen von Hans Bolewski). Berlin 1939; E. Hoskyns, N. Davey,: Das Rätsel des Neuen Testaments (The Riddle of the New Testament), Übersetzung aus dem Englischen von Hans Bolewski), Neuauflage 1957 in der Reihe: Theol. Bücherei, Band 7, München 1957; W. R. Hogg: Mission und Ökumene. Geschichte des Internationalen Missionsrats und seiner Vorläufer im 19. Jahrhundert, (Aus dem Engl. übers. von Hans Bolewski und Martin Schlunk). Stuttgart 1954; P. L. Berger: Kirche ohne Auftrag. Am Beispiel Amerikas (Original: The Noise of Solemn Assemblies), autorisierte deutsche Übertragung von Hans Bolewski, Stuttgart 1962.

Aufsätze: Vom Weg der schwedischen Kirche. Gedanken bei einer Bischofsweihe, in: Informationsblatt für die Gemeinden in den niederdeutschen lutherischen Landeskirchen. 1954, 375-377; Gedenkrede anläßlich des Volkstrauertages 1958 im Opernhaus zu Hannover; Gott und das menschliche Dilemma, in: H. Bolewski und Helmut Gröttrup (hrsg.): Der Weltenraum in Menschenhand, Stuttgart 1959, 218-229; Hans Lilje. Bekenntnis einer theologischen Generation zu seinem 60. Geburtstag am 20.August 1959, in: Informationsblatt für die Gemeinden in den niederdeutschen lutherischen Landeskirchen, 1959, 233 ff.; Erwachsenenbildung, in: Handwörterbuch der Sozialwissenschaften. Tübingen 1960; Evangelical Akademies and Religious Education, in: Religious Education 55/1960; Die Zukunft der Evangelischen Akademie, in: Lutherische Monatshefte 1/1962, 122-125; Evangelische Akademie und Kloster, in: E. Ruppel / D. Andersen (hrsg.): Loccum Vivum. Achthundert Jahre Kloster Loccum, Hamburg 1963; Hans Lilje. Kairos und Kirche, in: G. Gloede (hrsg.): Ökumenische Profile. Brückenbauer der einen Kirche, Bd. 2, Stuttgart 1963, 245-255; Die Stunde der Kirchenreform, in: F. H. Ryssel (hrsg.): Der Christ in der neuen Wirklichkeit. Frankfurt a. M. 1964; Reformwille und Reformen im deutschen Protestantismus, in: Fragen zur Kirchenreform. Göttingen 1964; Am Rande des Weltgeschehens, in: L. Schmidt (hrsg.): Kleine Predigttypologie, Band III, Das Neue Testament. Stuttgart: 1965; Reinhold Niebuhr, in: H. J. Schultz (hrsg.): Tendenzen der Theologie im 20. Jahrhundert. Eine Geschichte in Porträts. Stuttgart 1966, 397-403; Die evangelische Theologie und das Problem der Homosexualität, in: Studium Generale 1966; Zum Verhältnis von manifester und latenter Kirche. Überlegungen nach dem Kölner Kirchentag, in: Pastoraltheologie 1966, 230-242; Homosexualität als Problem der evangelischen Ethik, in: Plädoyer für die Abschaffung des § 175, Beitrage von T. Brocher, A. Mergen, H. Bolewski und H. E. Müller, Frankfurt a. M. 1966, 73-108; Psychologie, in: H. J. Schultz (hrsg.): Theologie für Nichttheologen. ABC protestantischen Denkens. Stuttgart 1966, 304-309; Der jenseitige Gott, in: N. Kutschki (hrsg.): Gott heute. Fünfzehn Beiträge zur Gottesfrage, Mainz 1967, 65-73; Die Evangelischen Akademien als Stätten der Erwachsenenbildung, in: W. Bienert (hrsg.): Evangelische Erwachsenenbildung, Weiden 1967; Erwachsenenbildung im deutschen Protestantismus, in: W. Dirks (hrsg.): Konkurrenz der Bildungsangebote. Erwachsenenbildung in der pluralen Gesellschaft, Mainz 1968; Geschichtlichkeit der Predigt und Wissenschaftlichkeit der Theologie. in: P. Neuenzeit (hrsg.): Die Funktion der Theologie in Kirche und Gesellschaft, München, 1968; Zum Problem der Freiheitsspielräume gegenüber natürlicher und sozialer Determination, in: H. Glaser, K. H. Stahl, (hrsg.): Das Nürnberger Gespräch 1968 - Opposition in der Bundesrepublik. Ein Tagungsbericht, Freiburg 1968; Ökumenische Theologie und kritische Theorie. In: Ökumenische Rundschau 19/1970; Die Denkschriften der EKD, in: E. Amelung (hrsg.): Strukturwandel der Frömmigkeit. Situation der Kirche. Eine Bestandsaufnahme. Stuttgart 1972; Die kritische Theorie und ihre Folgen, in: J. Flügge, (hrsg.): Pädagogischer Fortschritt? Bad Heilbrunn 1972; Zwischen Kongreß und Kloster, in: M. Krauss, J. Lundbeck, (hrsg.): Die vielen Namen Gottes, Festschrift zum 60. Geburtstag von Gert-Heinz Mohr, Stuttgart 1974; Politische Kirche - Politische Theologie, in: Konrad Adenauerstiftung (hrsg.): Material zum Problem Kirche und Politik. Bonn 1975; Loccum in den sechziger Jahren, in: Hans Storck (hrsg.): Mut zur Verständigung. Fünfzig Jahre Evangelische Akademie in Loccum, Göttingen 1977, 60-75; Bildungsstätten für Erwachsene - Anfragen aus ihrer Geschichte, in: H.-G. Jung (hrsg.): Gemeinden im Bildungsprozeß. Konzepte und Modelle kirchlicher Erwachsenenbildung, München, 1977; Ortsbestimmung der Ethik, in: Stabilität im Wandel: Wirtschaft und Politik unter dem evolutionsbedingten Diktat, Festschrift für Bruno Gleitze zum 75. Geburtstage. Berlin 1978; Lernen durch Erfahrung, in: Paritätisches Bildungswerk Hessen (hrsg.): Ins Gespräch gebracht - zur Diskussion gestellt, Arbeitstagung, Frankfurt a. M. 1979; Der Friedensdienst der Predigt, in: H.-P. Martensen (hrsg.): Der Dienst des Pfarrers für den Frieden. Ergebnisse eines Pfarrertages, Hannover 1982; Geschichten und Texte, in: G.-K. Kaltenbrunner (hrsg.): Warum noch lesen? Vom notwendigen Überfluß der Bücher, München 1983; Arbeitswelt und Erwachsenenbildung. Erwachsenenbildung in einer technischen Gesellschaft, in: Aufforderung zur Erinnerung, Bonn 1986; Bolewski, Hans: Der politische Kontext der Apologetik, in: Kerygma und Dogma, 32,/1986, 293-317; Zeitzeugen des Kirchenkampfes, in: Ev. Kommentare 20/1987, 526-528; Die Akademien der Kirche, in: Grundlagen der Weiterbildung. Praxishilfen, Neuwied 1991; Strukturen kirchlicher Weiterbildung, in: Grundlagen der Weiterbildung. Praxishilfen, Neuwied 1992; Der Buchhandel und die Erwachsenenbildung, in: Bildung und Erziehung, 47/1994, S; Die Akademien der Kirche, in: Grundlagen der Weiterbildung. Praxishilfen, Neuwied 1995; (Zusammen mit J. Bremer) Reden unter dem schweigenden Gott. Ein biblischer Spaziergang in den Ruinen von Caesarea, in: J. Hessing, (hrsg.): Jüdischer Almanach 1997/5757 Frankfurt am Main 1996; Akademie im internationalen Kontext, in: Ein neuer Anfang. Politische Jugend- und Erwachsenenbildung in der westdeutschen Nachkriegsgesellschaft. Essen 1999; Respondeo etsi mutabor - Eugen Rosenstock-Huessy und die Suche nach der Alternative, in: Cordes, M./ Dikau, J./ Schäfer, E. (Hrg.): Hochschule als Raum lebensumspannender Bildung. Auf dem Weg zu einer neuen Lernkultur. Festschrift für Ernst Prokop. Regensburg: 2002; (hrsg.), Nation und Nationalismus, Politikum-Reihe, eine aktuelle Bücherei, Band 1, Stuttgart 1967; »Das 8. Gebot und die öffentliche Meinung«, Referat auf der Tagung »Information und Meinungsbildung, Loccumer Journalisten-Gespräch vom 27.-29. November 1968, Loccumer Protokolle 26/1968, 33-45, (hrsg. Werner von Hadel); »Macht und Grenze der Tradition, Referat auf der Tagung »Wirtschaftspolitik im wachsenden Wirtschaftsraum«, Loccumer Wirtschaftsgespräch vom 6.-9. Dezember 1968, Loccumer Protokolle 28/1968, 9-23, (hrsg. Werner von Hadel); »Modernität und Qualität«, Referat auf der Tagung »Das neue Lied der Kirche« vom 17.-19. März 1969, Loccumer Protokolle 5/1969, 13-19, (hrsg. Werner von Hadel); »Menschsein zwischen Natur und Technik - Probleme einer christlichen Ethik heute«, Referat auf der Tagung »Agrarpolitische Alternativen in Europa« vom 19.-22. Dezember 1969, Loccumer Protokolle 8/1969, 20-32; Wort des Herausgebers (Editorial) der Lutherischen Rundschau; Einheit und Freiheit, in: LR 5, 1955/56, 115-117; Reden wir von den entscheidenden Dingen? in: LR 5, 1955/56, 231-233; Vor der Marangu-Konferenz, in: LR 5, 1955/56, 356-358; Die Stimmen der jungen Kirchen, in: LR 5, 1955/56, 496f.; Credo Ecclesiam, in: LR 6, 1956/57, 115f.; Toleranz, in: LR 6, 1956/57, 224f.; An Stelle eines Genfer Tagebuches, in: LR 6, 1956/57, 338f.; Nach drei Jahren, in: LR 6, 1956/57, 446f.; Kirche und Volk, in: LR 7, 1957/58, 112f.; Hannover 1952 - Minneapolis 1957, in: LR 7, 1957/58, 227f.; Die Thesen und das Bekenntnis, in: LR 7, 1957/58, 337f.; Deuter unserer Existenz, in: LR 7, 1957/58, 515-517; Miteinander leben, miteinander reden, in: LR 8, 1958/59, 129f.; Elementartheologie und christliche Erziehung, in: LR 8, 1958/59, 250f.; Die Welt als Gesellschaft, in: LR 8, 1958/59, 386-388; Gehet hin und lehret alle Völker, LR 8, 1958/59, 520-523; Ein beratender Ausschuß für die Lutherische Rundschau, in: LR 9, 1959/60, 127-129; Lutherische Publizistik im Ökumenischen Zeitalter, in: LR 9, 1959/60, 254-257; Die Planung der Lutherischen Rundschau, in: LR 9, 1959/60, 407f.; Die Predigt, in: LR 9, 1959/60, 555-557; Ideologiekritik und Kirche, in: LR 10, 1960/61, 138f.; Kirche und junge Generation in der Ökumene, in: LR 10, 1960/61, 269-271; Bischof Anders Nygren in: LR 10, 1960/61, 432f.

Rezensionen: Europa, in: LR 5, 1955/56, 109-111; Die Autorität der Bibel, in: LR 5, 1955/56, 343-346; Zur Sozialethik, in: LR 5, 1955/56, 489-491; Erlebte Kirchengeschichte, in: LR 6, 1956/57, 110-112; Zwei Deutsche Theologische Lexika, in: LR 7, 1957/58, 509-512; Der Mensch im Atomzeitalter, in: LR 8, 1958/59, 382-385; Das Jahrhundert der Lexika, in: LR 9, 1959/60, 395-399; Katholische Ökumenizität und Glaubensfreiheit, in: LR 10, 1960/61, 118-122; Diagnose der Kirchlichkeit, in: LR 10, 1960/61, 265-268; Zu A. M. Heiler, (hrsg.) Inter Confessiones. Beträge zur Förderung des interkonfessionellen und interreligiösen Gesprächs. Friedrich Heiler zum Gedächtnis aus Anlaß seines 80. Geburtstages am 3. Januar 1972. Marburger Theol. Studien 10/1972, in: ThR 42./1977. S; Zu R.P. Ericksen: Theologen unter Hitler. Das Bündnis zwischen evangelischer Dogmatik und Nationalsozialismus, München 1986, in: Ev. Kommentare 20/1987, 108f.; Zu G. Besier, G.Ringhausen, Gerhard (hrsg.): Bekenntnis, Widerstand, Martyrium. Von Barmen 1934 bis Plötzensee 1944. Göttingen 1986, in: Zeitschrift für ev. Kirchenrecht. 34/1989; Zu G. Brakelmann, Krieg und Gewissen. Otto Baumgarten als Politiker und Theologe im Ersten Weltkrieg, in: Pastoraltheologie, 81/1992.

Andreas Siemens

BONE, Heinrich, * 25. September 1813 in Drolshagen Kreis Olpe, † 10. Juni 1893 in Hattenheim bei Erbach, war ein deutscher Pädagoge und Schriftsteller. — Heinrich Bone wurde als ältestes von sechs Kindern geboren. Seine Eltern waren katholisch und betrieben in Drolshagen eine Gastwirtschaft und eine Knopffabrik. Nach der Volksschule besuchte Bone ab 1825 zunächst das Progymnasium in Attendorn, anschließend das Gymnasium in Arnsberg und ab 1830 das Gymnasium Petrinum Recklinghausen, wo er 1831 das Abitur ablegte. — Ab 1832 studierte Bone altklassische Philologie, Philosophie und Theologie in Bonn. Nach seinem Staatsexamen für das höhere Lehramt 1835, arbeitete er als Hilfslehrer an einem Gymnasium in Düsseldorf und ab 1838 als Gymnasiallehrer am heutigen Dreikönigsgymnasium in Köln. In Köln gab er zugleich Deutschunterricht an der »Höheren Töchterschule«. 1841 wurde Bone Oberlehrer an der neu gegründeten »Rheinischen Ritterakademie«, dem heutigen Silverberg-Gymnasium in Bedburg (Erft). — Neben seiner Tätigkeit als Lehrer arbeitete Bone als Herausgeber und Schriftsteller. 1840 veröffentlichte er das »Deutsche Lesebuch für höhere Lehranstalten«, auf das seine pädagogische Bedeutung im 19. Jahrhundert beruht. Das Buch erschien in fast 70 Auflagen, war bis zum Kulturkampf ein Standardwerk an deutschen Gymnasien und fand auch im benachbarten Ausland Verbreitung. Beachtung fand Bone zudem als Publizist von Kirchengesangbüchern. In seinen Gesangbüchern schuf Bone eigene Texte oder übersetzte barocke und mittelalterliche Texte in eine zeitgemäße deutsche Sprache. Damit verschaffte er dem traditionellen Liedgut wieder Eingang in den katholischen Gottesdienst. Viele der Lieder sind heute noch gebräuchlich. — Anfang 1851 wurde Bone vom Minister der geistlichen-, Unterrichts- und Medizinalangelegenheiten der Professorentitel verliehen, 1856 wurde er Direktor an seinem früheren Gymnasium in Recklinghausen und 1859, auf Betreiben des Mainzer Bischofs Wilhelm Emmanuel von Ketteler, Direktor des Mainzer Rabanus-Maurus-Gymnasiums. In Mainz beteiligte Bone sich an der Gründung des »Christlichen Kunstvereins«. 1864 wurde ihm der hessische »Verdienstorden Philipps des Großmüthigen 1. Klasse« verliehen. — Zeit seines Lebens pflegte Bone einen großen Bekannten- und Freundeskreis. Hierzu zählten kirchliche Würdenträger und Persönlichkeiten aus Politik und Kultur, wie zum Beispiel der Komponist Felix Mendelssohn-Bartholdy oder auch der deutsche Revolutionär von 1848 und spätere amerikanische Politiker Carl Schurz. Für seine Gegner galt Bone als ein Vertreter des Ultramontanismus, jener konservativen Haltung im Katholizismus, die sich an die päpstlichen Weisungen aus Rom gebunden fühlte. Im Kulturkampf wurde er wegen seiner erklärt katholischen Erziehungsgrundsätze angegriffen und 1873, ohne Angabe von Gründen, pensioniert. 1876 widerriefen die hessische und preußische Schulbehörde per Dekret die Zulassung seines »Lesebuches für höhere Lehranstalten«. — Nach dem Tod seiner beiden Söhne zog Heinrich Bone 1882 nach Wiesbaden und unterrichtete dort noch einmal an einer »Höheren Töchterschule« als Deutschlehrer. 1890 kehrte er nach Mainz zurück und zog im Winter 1892, schwer erkrankt, nach Hattenheim, wo er 1893 verstarb. Heinrich Bone wurde auf dem Aureus-Friedhof in Mainz beigesetzt. Neben der Gedenkstätte auf dem Friedhof, beherbergt die St.-Clemens-Pfarrgemeinde die »Buchstube Heinrich Bone« im Geburtshaus in Drolshagen. Eine Sammlung seiner Werke befindet sich im städtischen Archiv in einer nach ihm benannten Straße.

Werke (Auswahl): (Unselbst.) Rheinische Provinzial-Blätter, 1832-1839; Gedichte, Düsseldorf 1838; Legenden, Köln 1839; Veilchensamen. Neue Lieder für Kinder, Köln 1840; Deutsches Lesebuch für höhere Lehranstalten. Zunächst für die unteren und mittleren Klassen der Gymnasien mit Rücksicht auf schriftliche Arbeiten der Schüler, Bd. 1., Köln 1840; Cantate! Katholisches Gesangbuch nebst Gebeten und Andachten für alle Zeiten und Feste des Kirchenjahres, Mainz 1847; Kleines Cantate. Katholisches Gesangbuch nebst einem vollständigen Gebet- und Andachtsbuche, Paderborn 1851; Ueber den lyrischen Standpunkt bei Auffassung und Erklärung lyrischer Gedichte. Mit besonderer Rücksicht auf Horaz, Köln 1851; Melodien zu dem katholischen Gesangbuche, Paderborn 1852; Deutsches Lesebuch für höhere Lehranstalten. Zunächst für die unteren und mittleren Klassen der Gymnasien mit Rücksicht auf schriftliche Arbeiten der Schüler, Bd. 2., Köln 1853; Orate! Katholisches Gebet- und Andachtsbuch, Paderborn 1853; Handbuch für den deutschen Unterricht in den obern Klassen der Gymnasien, Köln 1853; Sonette, Köln 1856; (Hrsg.), Gaudeamus igitur! 100 auserlesene Volkslieder, zunächst für Gymnasien, zu Turn-Fahrten und geselligen Festen, Recklinghausen 1857; (Hrsg.), Lesegärtchen für die Mittelklassen höherer Töchterschulen und ähnlicher Anstalten. Köln 1857; (Hrsg.), Deutsche Dichterperlen. Eine Auswahl des Guten und Schönen aus deutschen Dichtern seit Haller, 2 Bde., Bonn 1860; Buch der Altväter oder Bilder und Sprüche aus dem Leben der Einsiedler, Paderborn 1863; Das Schiff des Heils von Geiler von Kaisersberg. In freier Uebersetzung und Bearbeitung, Mainz 1864; Gedenkblätter für Schule und Leben. Reden, Freiburg 1873; (Hrsg.), Lateinische Dichter. Eine Auswahl für den Schulgebrauch. Mit Anmerkungen, 3 Bde., Köln 1870-1876; Aus der Staats- und Lebensweisheit des Bacon von Verulam. Aus dessen Schrift ‚Fideles sermones' übersetzt und zusammengestellt, Freiburg 1877; Das ‚Te Deum', Frankfurt a.M. 1880; Über Roman und Romanlektüre, Frankfurt a.M. 1880; (Unselbst.) Baehr, Rheinisch-Westfälisches Dichterbuch 1888, 329-331; (Unselbst.) Deutsches. Lesebuch für Unterklassen höherer Lehranstalten, 4. Aufl., Münster 1893, 244-246.

Nachlaß: Einige handschriftliche Briefe und Unterlagen befinden sich in der Universitätsbibliothek Tübingen und der Bayerische Staatsbibliothek München. Bildnisse kann man in der Universitäts- und Landesbibliothek Münster und im Archiv des Landkreises Olpe einsehen. Weitere Bildnisse und eine Materialsammlung befinden sich im Westfälischen Literaturarchiv Hagen. Im Stadtarchiv Drolshagen existiert ein Sammlung »Heinrich Bone«.

Lit. (Auswahl): H.A. Kaiser, Heinrich Bone. Lebensbild eines deutschen Schulmanns und Schriftstellers, Zug 1897; — C. Stammen, Aus der Briefmappe des hochseligen Bischofs Dr. C. Martin von Paderborn (mit ca. 250 Briefe an Bone), Paderborn 1902; — Carl Schurz, Lebenserinnerungen bis zum Jahre 1852, Bd. 1, Bonn 1906, 54-57, 59f.; — F. Peters, Heinrich Bone und Karl Schurz, in: Historisch-Politische Blätter, 140, 1907; — K. Bone, Heinrich Bone, in: Musica sacra, Heft 2, 1912; — Ders., Zur Erinnerung an Heinrich Bone, in: Blätter für höheres Schulwesen, 30, 1913, 455ff.; — T. Hammacher, Heinrich Bone und sein Gesangbuch »Cantate«, in: Katholische Kirchenblätter für die östlichen Dekanate der Erzdiözese Paderborn, Nr. 40f., 1938; — O. Hellinghaus, Heinrich Bone aus Drolshagen zu seinem 40. Todestage, in: Olper Heimatblatt, 10, 1933, 88-93; — Ders., Heinrich Bone, in: Heimatblatt für das südliche Sauerland, 10, 1933, 88f.; — Ders., Heinrich Bone vor 150 Jahren geboren, in: Heimatstimmen aus dem Kreis Olpe, 53, 1963; — R. Dippel, Heinrich Bone, in: Hessische Biografie, 1, 1918; — F. Menge, Heinrich Bone, Mainzer Gymnasialdirektor und Kirchenlieddichter, in: Jahrbuch des Bistums Mainz, 2, 1947; — J. Franz, Heinrich Bone und das Mainzer Gymnasium, in: Mainzer Almanach 1962, 39f.; — T. Hundt, Heinrich Bone und seine Zeit, in: De Suerlänner 1962, 77f.; — N. Scheele, Ahnenliste für Heinrich Bone, in: Heimatstimmen aus dem Kreise Olpe, 63, 1966, 77-79; — T. Hammacher, Heinrich Bone und Karl Schurz, in Heimatstimmen aus dem Kreise Olpe, 63, 1966, 72-77; — A.A. Dirkmann, Professor Heinrich Bone, in: Heimatstimmen aus dem Kreise Olpe, 120, 1980; — J. Krause (Hrsg.), Menschen der Heimat, Bd. 2, Olpe 1987, 204-209; — Cassian Stephan Lohmar, Heinrich Bone (1813.1893). Leben und Werk einer

Persönlichkeit des 19. Jahrhunderts, Neustift 1993; — Dietmar Rost, Der Sauerländer Schulmann und Dichter Heinrich Bone 1813 bis 1893, in: Sauerland, Nr. 2, Juni 1993, 67f.; — Werner Pelz, Die Amtsenthebung von Heinrich Bone. Ein Beitrag zum Kulturkampf im Bistum Mainz; in: Archiv für mittelrheinische Kirchengeschichte, 45, 1993, 347-358; — Kurt Abels, Konfession, Lebenswelt und Deutschunterricht. Heinrich Bone (1813-1893) und sein »Deutsches Lesebuch«; in: Ortwin Beisbart u.a. (Hrsg.), Deutschunterricht und Lebenswelt in der Fachgeschichte (Beiträge zur Geschichte des Deutschunterrichts, 12), Frankfurt a. M. u.a. 1994, 115-130; — M. Finger, Lobpreiset all zu dieser Zeit. Der Kirchenliedautor Heinrich Bone, in: Friedrich Spee und das nördliche Rheinland. Ausstellung der Universitäts- und Landesbibliothek Düsseldorf (Schriften der Universitäts- und Landesbibliothek Düsseldorf 33). Düsseldorf 2000, 71-78; — Rebecca Schmidt, Gegen den Reiz der Neuheit. Katholische Restauration im 19. Jahrhundert. Heinrich Bone, Joseph Mohr, Guido Maria Dreves, Tübingen 2005.

Georg Arnold

BONEMILCH (auch Bonmilch, Bonnmelch) von Laasphe, Dr. Johannes, Pfarrer, Universitätsprofessor, Weihbischof im Erzbistum Mainz mit Sitz in Erfurt, *etwa 1434 in Laasphe, † 17. Oktober 1510 in Erfurt. — Johannes Bonemilch wird in dem Lahnstädtchen Laasphe geboren, das im 15. Jhdt. die Hauptstadt der Grafschaft Wittgenstein unter den Grafen Sayn zu Wittgenstein ist. Kirchlich gehört Laasphe zum Erzbistum Mainz, ebenso wie das später im Leben B.s so wichtige Erfurt. Von den frühen Jahren ist lediglich bekannt, daß B. in den Jahren 1454 bis 1464 Pfarrer im nahe seiner Heimat gelegenen Eckelshausen bei Biedenkopf ist. Noch während seiner Zeit als Pfarrer läßt er sich zu Michaelis 1462 in Erfurt als »Johannes Bonnmelch de Lasphe dt. tm.« immatrikulieren. Ab 1464 legt er sein Pfarramt nieder, um sich ganz dem Studium zu widmen. Erfurt ist für B. als Angehörigem des Mainzer Erzstiftes die erste Wahl und er ist automatisch Mitglied eines Kollegiums, welches sich üblicherweise sowohl durch gemeinsames Leben als auch durch eine strenge Lebens- und Studienordnung auszeichnet. Das Kollegium (auch Burse genannt) umfaßt Hörsäle und Wohnräume. 1467 besteht B. das erste Examen (baccalaureus artium), 1469 erlangt B. mit dem zweiten Examen den Grad eines Magister artium. Er hält nun Vorlesungen und Disputationen ab, tritt aber gleichzeitig als Schüler wieder in eine der drei höheren Fakultäten ein, die theologische. Auch hier erreicht er in wenigen Jahren Bakkalaureat und 1487 Doktorat, 1485 wird B. als »licenciatus sacrae paginae« und 1488 als »artium et philosophiae et sacrum artium doctor« bezeichnet. Mehr Würden können deutsche Universitäten in seinem Fach nicht verleihen. Inzwischen angesehener Theologieprofessor ist B. ab 1485 mehrfach Dekan der theologischen Fakultät und dreimal Rektor der Universität Erfurt. Über seine wissenschaftliche Tätigkeit finden sich leider heute keine Zeugnisse mehr. — 1496 ist B. in der Liste der Kollegiaten zu finden, d.h. er ist einer der acht Magister, die vom städtischen Rat mit der Leitung der Kollegien betraut ist. Als Kollegiat hat er lebenslang freie Wohnung, ein Stipendium von 15 Gulden und weitere Vergünstigungen. Es endet nur, wenn ein Kollegiat in die Stiftspräbende von St. Marien oder St. Severi aufrückt. Die Berufung zum Kollegiaten wird er zwischen 1479 und 1482 erhalten haben. Als er 1503 zum dritten Mal in das Rektorenamt berufen wird, heißt er »reverenduspater et dominus, Dei et apostolici sadis gratia episcopus Sydoniensis reverendissimi in Christo patriset domini nostri Bertholdi eadam gratia Moguetire acerbi presulis in pontificalibus vicarius« (etwa: Hochwürdiger Vater und Herr, durch Gottes und des apostolischen Stuhles Gnade Bischof von Sidon, des Hochwürdigsten in Christus Vater und Herrn, unseres Herrn Berthold, durch dieselbe Gnade eifriger Mainzer Erzbischof, Stellvertreter). Parallel zu B.s Gelehrtenlaufbahn durchläuft er eine ebenso atemberaubende als Priester. Die St. Michaeliskirche war gestiftet und aufgrund ihrer Besetzung sozusagen Universitätskirche. Ihre Geistlichen waren Lehrer der Anstalt, vom Titel her nicht Pfarrer sondern »Plebani«. B. wird 1484 zum plebanus der Michaeliskirche ernannt und erhält damit auch seelsorgerlichen Einfluß auf seine Studenten. Da die Einkünfte dieser Stelle eher gering sind, gibt man B. entsprechend seines wachsenden Ansehens Gelegenheit, sein Einkommen durch Annahme anderer geistiger Stellen zu erhöhen. Er tritt in das Domkapitel des Stiftes von St. Marien, einem der reichsten geistlichen Stifte Thüringens, als Domherr ein und übernimmt das besondere Amt eines »magister fabricae«. Er hat damit die Aufsicht über die kirchlichen Bauten des Stifts und diese Arbeit scheint ihm Freude zu machen, denn er läßt viel bauen. Unter seiner Ägide werden die schlanken Turmspitzen des Domes aufgesetzt, die große Glocke im Dom - »Maria gloriosa« - bis heute weltweit die größte frei schwingende mittelalterliche Glocke, wird von ihm in Auftrag gegeben und geweiht. »Der selbige buwemeister zu vnser lieben frowen, der dits wergk had uß gericht, genant doctor lasfee, eyn thumherre doselbst.« Er läßt es sich nicht nehmen, den niederländischen Meister des Glockengießens, Gerhard van Wou, bei sich zu Hause einzuquartieren. — B.s geistliche Laufbahn ist nicht abgeschlossen, im Oktober 1497 bittet Erzbischof Berthold von Mainz den Papst Alexander VI., den Dr. theol. Johannes zum 19. Weihbischof von Erfurt (in partibus Hassiae et Thuringiae) zu ernennen. B. reist im Dezember d.J. nach Rom, die Einsetzung in Erfurt findet am 17. Januar 1498 statt. Da Erfurt schon früher seinen selbstständigen Bischofssitz verloren hat, erhält B. den Titel eines »episcopus Sidoniensis« nach dem früheren Bistum Sidon in Phönizien. 1502 ernennt ihn der Erzbischof außerdem noch zum Generalrichter. Im gleichen Jahr ist er Teil der beeindruckenden Prozession, die Raymond Kardinal Pérault, Bischof von Gurk, in Erfurt zur Verkündigung des päpstlichen Jubel-Ablasses empfängt. B. wird beschrieben als der »wybischoff Er Johans Lasfe jn oren inflen (d.i. mit seiner Bischofsmütze) ... vnnd entbloßten sich ore inflan vnnd der bißchoff knitte vor den kardinal uff dy koßen vnnd neygete sich keyn dem kardinal mit eynem silbern grosßen cruce vnnd koste es vnnd stunt widder uff vnnd syne dyner holffen om widder uff sy phert.« — In der Eigenschaft als Weihbischof hat B. im Frühjahr 1507 (wahrscheinlich am 3. April - Karsamstag) dem jungen Augustinermönch Martin Luther und 1508 dessen Freund Spalatin die Priesterweihe erteilt, auch wenn gerade hierüber urkundlich nichts erhalten ist. Nur durch Martin Luther ist ein Detail der Theologie B.s bekannt. Er habe immer wieder gesagt - und Luther widerspricht dem leidenschaftlich -, daß ohne Aristoteles niemand Doktor der Theologie werde. — Zahlreiche Weihen durch B. sind überliefert, so die Weihe der Kapelle Salvatoris im Kartäuserkloster und des Chores der Klosterkirche der Virgines in Kapellendorf. Nach der Weihe eines Altars im Krankenhaus der Brüder vom gemeinsamen Leben (Kugelherren) in Marburg reist er so übereilt ab, daß man vergisst urkundlich festzuhalten, welchen Heiligen er gewidmet ist. Dies wird 1514 von B.s Nachfolger Paul Huthenne nachgeholt. — Das Übermaß der Aufgaben und Ämter, zunehmende Diskrepanzen mit Mainz und ein neu gewählter Rat aus niederen Ständen bewegen B. 1508 dazu, alle Ämter und Würden niederzulegen. Während vieler Jahre hat er besonders Studenten aus seiner Wittgensteiner Heimat oder der näheren Umgebung gefördert. Der Bekannteste unter ihnen dürfte Eobanus Hessus aus dem Kloster Haina bei Frankenberg sein, Sohn des Wittgensteiners Hans Koch. Er erhält durch Vermittlung B.s das Rektorat an der Severischule und widmet B. 1507 aus Dankbarkeit dafür ein Gedicht, in dem es heißt: »Du hast mich ohne mein Verdienst mit so vielen Wohltaten überhäuft...« — In Erfurt stiftet B. zwei »Vikarien« - mit Gütern aus seiner Heimatstadt Laasphe ausgestattet -, die gut 100 Jahre lang mit Absolventen aus der Familie oder der Heimat besetzt werden, bis es auch hier Streit gibt. Schließlich war die Familie B.s evangelisch geworden, während die Vikariate katholisch blieben. Er stiftet um 1505 zudem einen schön verzierten Kapellenchor über dem Eingang zum Kirchhof neben der Pfarrkirche St. Michael, der bis heute als Laasphekapelle zu besuchen ist. — Als B. im Oktober 1510 stirbt, hat die Universität den Verlust ihres beliebten mehrfachen Dekans und Rektors, hochangesehenen Weihbischofs, Theologieprofessors, Kanonikus, Generalrichters und Pfarrers an St. Michael zu beklagen und trauert aufrichtig. Sein Grabmal ist bis heute im Dom zu Erfurt zu finden, unweit davon die Straße, die ihm zu Ehren Bonemilchstraße heißt.

Lit.: Luther über Bonemilch: D. Martin Luthers Werke. Kritische Gesamtausgabe. Bd 60. (WA 60), Nachträge. Geschichte der Luther-Ausgaben vom 16. bis zum 19. Jahrhundert. Weimar 1980, 125, Z. 38-44; — D. Martin Luthers Tischreden. Bd. 5. (WATr 5), 1531-46. Weimar 1919, 412, Z. 34-36; — D. Martin Luthers Werke. Kritische Gesamtausgabe. Bd 38. (WA 38). Weimar 1912, 199, Z. 17-19; — Bonemilchs Wappen: Hessisches Hauptstaatsarchiv Wiesbaden: Zeichnungen von Erfurter Grabsteinen und Wappen. Erfurt 1765, 3; — Bonemilchs Leben: Ayrmann, Christoph Friedrich: Historie des Kugelhauses zu Marpurg, in: Analecta hassiaca 7 (1732), 26. 41ff; — Gudenus, Valentin Ferdinand de: Codex diplomaticus IV. Frankfurt, Leipzig 1758, 818; — Severus, Johannes Sebastianus: Memoria Propontificum Moguntinorum in compositionem odoris facta ... ex Helwichii, Joannidis & de Gudenus schematibus, renovata, dicata, novisque accessionibus aucta, et oblata. Wertheim u.a. 1763, 51; — Koch, Friedrich August: Die Erfurter

Weihbischöfe. Ein Beitrag zur thüringischen Kirchengeschichte, in: ZVThürGA 6 (1865), 83-85; — Tettau, W. J. A. von: Der Meister und die Kosten des Gusses der großen Domglocke zu Erfurt, in: Mitteilungen des Vereins für die Geschichte und Altertumskunde von Erfurt 2 (1866), 131-138; — Liber Confraternitatis B. Marie de Anima Teutonicorum de urbe. Rom 1875, 30; — Evelt, Julius: Rheinländer und Westfalen in Rom, in: Monatsschrift für rheinisch-westfälische Geschichtsforschung und Alterthumskunde 3 (1877), 435; — Bücking, Wilhelm: Beiträge zur Geschichte der Stadt Marburg, in: ZHG.NF 8 I/II (1879). Kassel 1879, 15; — Krause, Carl: Helius Eobanus Hessus. Sein Leben und seine Werke. Ein Beitrag zur Cultur- und Gelehrtengeschichte des 16. Jahrhunderts. Bd. 1. Gotha 1879, 26. 55f. 61. 74-77; — Heldmann August: Westfälische Studierende zu Erfurt 1392-1813, in: Zeitschrift für vaterländische Geschichte und Alterthumskunde 52 (1894), Zweite Abtheilung, 96. 102. 104f. 107; — Feldkamm, Jacob: Geschichtliche Nachrichten über die Erfurter Weihbischöfe, in: Mitteilungen des Vereins für Geschichte und Altertumskunde von Erfurt 21 (1900), 6. 64ff; — Buchner, Otto: Die metallenen Grabplatten des Erfurter Domes, in: Zeitschrift für christliche Kunst 6 (1903), 178-183; — Höynck, F. A.: Geschichte des Dekanats Siegen, Bistum Paderborn. Paderborn 1904, 13. 305-308; — Feldkamm, Jacob: Das Benefizial- oder Vikarienbuch Erfurts, in: Mitteilungen des Vereins für Geschichte und Altertumskunde von Erfurt 30/31 (1900/01), 123. 157–159. 167; — Bauer, Gustav Friedrich: Johannes Bonemilch von Laasphe, Weihbischof von Erfurt. Ein Priester- und Gelehrtenleben aus der Zeit vor der Reformation, in: Mitteilungen des Vereins für Geschichte und Volkskunde Wittgensteins 1 (1913/14), 12-20 und 36-39; — Kohlschmidt, R.: Weihbischof Johannes Bonemilch und Luthers Priesterweihe, in: Blätter für Heimatkunde. Beilage der Mitteldeutschen Zeitung für die Geschichte und Altertumskunde von Erfurt und Thüringen, Jg. 1928, Nr. 8 (13. Mai 1928); — Scheel, Otto: Martin Luther. Vom Katholizismus zur Reformation, 2. Band: Im Kloster. Tübingen 1930, 79; — Eckhardt, Albert: Die oberhessischen Klöster. Regesten und Urkunden. Band 2. Marburg 1967, 224; — Stolle, Konrad: Thüringisch-erfurtische Chronik. Aus der Urschrift hrsg. v. Ludwig Friedrich Hesse. ND d. Ausg. Stuttgart 1854. Amsterdam 1968, 187. 206; — Kleineidam, Erich: Universitas Studii Erffordensis. Überblick über die Geschichte der Universität Erfurt im Mittelalter 1392-1521, Teil II: 1460-1521 (= EThSt 22). Leipzig 1969, 85–87. 286f; — Giesecke, Hans: Das alte Erfurt mit Bildern von Klaus G. Beyer. Leipzig 1972, Abb. 52–54; — Läpple, Alfred: Martin Luther. Leben, Bilder, Dokumente. München, Zürich 1982, 50; — Mitterle, Johannes/ Pestum, Jo: Martin Luther. Rebell gegen Kaiser und Kirche. München, Wien 1983, 40; — Pilvousek, Josef: Die Prälaten des Kollegiatstiftes St. Marien in Erfurt von 1400-1555. Leipzig 1988, 10, 52, 169, 220f; — Jürgensmeier, Friedhelm: Bonemilch, Johannes, in: Gatz, Erwin (Hrsg.): Die Bischöfe des Heiligen Römischen Reiches 1448 bis 1648. Ein biographisches Lexikon. Berlin 1996, 67; — Bornschein, Falko: Grabplatten für die Geistlichkeit des Marienstiftes im Dom zu Erfurt aus der Zeit von 1470 bis 1550 (Kleine Schriften des Vereins für die Geschichte und Altertumskunde von Erfurt 2). Erfurt 1997; 71-75. 130f. 156f; — Thielemann, Wolfgang: Johann Bonemilch, in: Rheinischer Merkur, Ausgabe 14/2007 (5. April 2007); — Paul Bellendorf: Metallene Grabplatten aus Franken und Thüringen aus dem 15. bis 18. Jahrhundert - eine interdisziplinäre Studie zum Denkmalbestand und seine Gefährdung durch Umwelteinflüsse. Bamberg (digital) 2008, EfDo02.

Rüdiger Weyer

BOYLE, Leonard Eugene: Dominikaner, Mediävist, Präfekt der Vatikanischen Bibliothek * 13. November 1923 in Creggan, (Ballybofey, Co. Donegal/Irland), † 25. Oktober 1999 in Rom. — B. wurde in der Pfarrkirche von Stranorlar auf den Namen Eugene getauft. Sein Vater Owen verbrachte die meiste Zeit seines Lebens in den USA und hatte in zweiter Ehe Margaret O´Donnell (geb. Walsh) geheiratet. Bedingt durch den frühen Tod der Eltern lag die Erziehung des Jungen bei seinem zum Vormund ernannten Stiefbruder John O´Donnell und seiner Ehefrau Annie O´Sullivan. Nach der Grundschule besuchte B. die Schule der »Brothers of St. Patrick« (Schulbrüderkongregation) in Mallow. Als John O´Donnell 1940 bei einem Unfall ums Leben kam, übersiedelte seine Witwe nach Tralee. Die Gymnasialausbildung beendete B. als Externer am Internat der Tappistenabtei von Mount Melleray. Dort entwickelte er ein besonderes Interesse für die Philosophie des hl. Thomas von Aquin und las das Werk »Das Leben des hl. Dominikus« von Henri-Dominique Lacordaire. Am 4. September 1943 trat B. in Cork in den Dominikanerorden ein und erhielt bei der Einkleidung den Ordensnamen Leonard. Nach dem Noviziat und der einfachen Profess studierte er zunächst für ein Jahr Philosophie in Cork, wechselte dann in den Studienkonvent der irischen Provinz nach Tallaght/Dublin (St. Mary Immaculate of the Rosary). Zunächst erwog B., sich im Bereich der biblischen Archäologie zu spezialisieren, aber durch einen Artikel von Pierre Mandonnet über die Dominikaner und die Pariser Universität im Mittelalter angeregt, begann er sich für die Mediävistik zu interessieren und publizierte 1946 den ersten Artikel zu einem Thema aus diesem Fachbereich (in seiner gälischen Muttersprache). Ein Jahr später wurde er an das studium generale der englischen Dominikaner in Oxford (Blackfriars) geschickt, um dort mit dem Studium der Theologie zu beginnen. Am 17. Dezember 1949 empfing er im Clonliffe College, Dublin, die Priesterweihe.

Zwei Jahre später (Juli 1951) erwarb er den Grad eines Lektors der Theologie mit einer bislang unveröffentlichten Studie über Richard Knapwell (eines Dominikaners vom Ende des 13. Jh.) zur Bedeutung der Quaestiones und Quodlibeta als literarische Genera und der Korrektorienliteratur insgesamt, die B. unter Anleitung des bekannten Mediävisten Daniel A. Callus, des damaligen Studienregens der englischen Dominikaner, erarbeitet hatte. — Im Anschluß setzte er seine wissenschaftliche Tätigkeit als Mitglied der St. Catherine's Society (heute: St. Catherine's College) unter der Leitung von W. A. Pantin (vom Oriel College) fort, zunächst mit dem Ziel, den Grad eines Bachelor of Letters zu erwerben. Aufgrund seiner herausragenden Forschungsergebnisse wechselte B. im November 1953 in den Studiengang, der zum Dr. Phil. führen sollte, und beschäftigte sich mit der Klerikerausbildung und der Pastoraltheologie im späten Mittelalter, speziell mit den Werken des Wilhelm von Pagula (eines Weltpriesters des 14. Jahrhunderts). B. arbeitete vor allem die Bedeutung des Kirchenrechts für die Ausbildung zur cura animarum (Predigt, Bußsakrament, geistliche Leitung) heraus. Die Beschäftigung mit der Kanonistik führte in der Folge zu einer Reihe von Publikationen, die in dem Werk »Pastoral care, Clerical Education and Canon Law« versammelt wurden. Auch ist an sein späteres Engagement für die Gründung der Society of Medieval Canon Law in San Diego 1988 wie für das Institute of Medieval Canon Law zu erinnern. Von besonderem Interesse waren für B. die Aktivitäten der Päpste in diesem Kontext, sowohl in Bezug auf Bonifaz VIII. als auch auf Innozenz III. und das IV. Laterankonzil. Für die Kongresse zum letztgenannten Papst (New York 1997 und Rom 1998) leistete er wichtige Beiträge inhaltlicher wie organisatorischer Art. — Besonderen Einfluß übten in seiner Oxforder Zeit die bekannten Paläographen N. R. Ker und R. W. Hunt auf ihn aus. Vom Februar 1955 bis zum Juni 1957 wurde B. von der National Library of Ireland und dem Public Record Office in London beauftragt, Forschungen in Bezug auf die Fortsetzung des im 19. Jh. von William Henri Bliss und Jess Alfred Twenlow initiierten Projekts des »Calendar of Entries in the Papal Registers Relating to Great Britain and Ireland« im Vatikanischen Archiv zu tätigen. Parallel dazu beendete B. im Juli 1956 seine Studien in Oxford mit einer 750seitigen Dissertation über Wilhelm von Pagula (Promotion zum Dr. phil. im Dezember). Schon zuvor hatte er den Alexander Prize der Royal Society of London für seinen herausragenden Artikel »The Oculus sacerdotis and Some Other Works of William of Pagula« erhalten. — Im Oktober 1956 nahm B. seine Lehrtätigkeit mit Kursen in Lateinischer Paläographie, Geschichte der mittelalterlichen Theologie, Kirchengeschichte und Diplomatik am Angelicum (heute: Pontificia Università San Tommaso d'Aquino) auf, vier Jahre später wurde er zusätzlich zum Professor für Kirchengeschichte am päpstlichen Institut »Jesus Magister« der Pontificia Università Lateranense ernannt. Daneben ging er seinen Forschungen im Vatikanischen Archiv und der Vatikanischen Bibliothek nach und veröffentlichte eine große Anzahl von Artikeln (vgl. z. B. mehr als 180 Einträge in der Bibliotheca sanctorum). B. war Mitglied der irischen Dominikanerkommunität an der Basilika San Clemente und so oft es seine Zeit zuließ, widmete er sich archäologischen Studien über diese bedeutende römische Basilika - als »Amateur-Archäologe« wie er selbst behauptete. Dabei gelang ihm durch Quellenstudien die Wiederauffindung der Reliqien des hl. Cyrill, die sich seit 869 in der Basilika San Clemente befunden hatten und seit 1798 als verloren galten, in der Kapelle der Adelsfamilie Antici-Mattei in Recanati. Im Dezember 1963 wurden diese Reliquien in einer feierlichen Zeremonie in der Sixtinischen Kapelle an Papst Paul VI. übergeben und dann wiederum in San Clemente beigesetzt. Weiterhin ist B. die Veröffentlichung eines millionenfach verkauften, mehrfach aufgelegten und in viele Sprachen übersetzten Kirchenführers (über die Kirche und Ausgrabungen) zu verdanken. Ebenfalls legte er ein zweibändiges Werk u.a. über die Geschichte der Dominikaner an San Clemente vor (San Clemente Miscellany I-II). — Bereits im Januar 1951 hatte B. in Oxford Reginald O'Donnell C.S.B. kennen gelernt, dem er zehn Jahre später in Rom wieder begegnete. Von ihm wurde B. nach Toronto eingeladen, um für drei Monate am dortigen Seminar der Basilianer eine Lehrstuhlvertretung für den zum Provinzoberen gewählten Joseph Wey zu übernehmen und als Fellow am Pontifical Institute for Mediaeval Studies (PIMS) mitzuwirken. B.s Aufenthalt in Kanada sollte 23 Jahre dauern. — Bis 1965 gab er dort jedes Semester jeweils einen Einführungskurs in Lateinischer Paläographie, ein Seminar zur Diplomatik und einen Geschichtskurs mit dem Titel »Das Vatikanische Archiv«. Er wurde dann zum Senior Fellow des PIMS gewählt und damit ordentlicher Professor für Lateinische Paläographie und Diplomatik. Mehr als 800 Studenten wurden von ihm ausgebildet, darunter ca. 200 Paläographen, die heute in allen Teilen der Welt wirken. B. verband pädagogisches und didaktisches Geschick mit wissenschaftlicher Brillanz und menschlicher Ausstrahlung, die ihm den Respekt und die Verehrung seiner Schüler und Kollegen eintrugen. Inhaltlich konzentrierte er sich auf den interdisziplinären Diskurs seines Faches, gerade auch in der Zusammenarbeit mit dem neugegründeten Centre for Medieval Studies der Universität von Toronto. Er entwickelte eine von ihm so bezeichnete »integral palaeography«, die die vorliegenden Texte in ihrem jeweiligen (kulturellen, wirtschaftlichen, religiösen, historischen, sozialen) Kontext betrachtete und bewertete. Für ihn war Paläographie mehr als eine bloße »Hilfswissenschaft«. Ausführlich stellte er diesen Ansatz im Vorwort eines seiner Grundlagenwerke »Medieval Latin Palaeography. A Bibliographical Introduction« dar. Während seiner kanadischen Lehrtätigkeit pflegte er einen intensiven Austausch mit Kollegen in Europa. Normalerweise verbrachte er jährlich einen Monat in Rom für seine Studien am Vatikanischen Archiv, im Juli und August hielt er sich in England und Irland auf, um am Großprojekt »Calendar of Entries« zu arbeiten. Auch an der Fortentwicklung der mediävistischen Studien in den Vereinigten Staaten hatte er maßgeblichen Anteil, so u.a. durch seine Beiträge für die jährliche Medieval Conference in Kalamanzoo und auch seine Artikel in Fachzeitschriften und Büchern. Seine grundlegende Studie »Diplomatics« in dem von James M. Powell herausgegebenen Werk »Medieval Studies. An Introduction« steht für viele weitere. B.s Wirken hatte insgesamt einen entscheidenden Einfluß darauf, daß das PIMS in Toronto zu einer der weltweit wichtigsten Ausbildungsstätten für Mediävisten avancierte. — Am 24. Mai 1984 wurde B. - zu seiner eigenen Überraschung - von Papst Johannes Paul II. zum Präfekten der Vatikanischen Bibliothek ernannt. Lange zögerte er, bis er sich dann doch zur Annahme des Amtes entschied. Gemäß dem Gründer der Bibliothek, Papst Nikolaus V., sollte diese »ad virorum doctorum commodum« sein, also für die gelehrte Öffentlichkeit zur Verfügung stehen und nicht bloß als Privatbibliothek den Päpsten dienen. Diesem humanistischen Gedanken verpflichtet, machte B. die Vaticana zu einem akademischen Zentrum (J. Hamesse nannte es bei der Verleihung der Ehrendoktorwürde der Universität in Louvain-la Neuve 1992: »il fait de la Bibliothèque l´omphalos du monde scientifique, le salon intellectuel de l´Europe et on peut même dire de tous les continents«). Dazu bedurfte es der Umorganisation in vielen Bereichen. Auch war es notwendig, die Bibliothek ins Computerzeitalter zu überführen und sie mit den modernsten Mitteln auszustatten. B. erleichterte die Arbeitsbedingungen und Zugangsmöglichkeiten für Wissenschaftler, zunächst indem er einfach die Öffnungszeiten veränderte (d.h. verlängerte). Als erster Präfekt berief er Frauen in seinen Mitarbeiterstab. Er ließ in Kooperation mit der École Française de Rome alle Miniaturen der Handschriftensammlungen Reginenses latini und Urbinates latini sowie die ersten 2200 Codices der Vaticani latini digitalisieren. Unter Mithilfe von IBM wurde das GEAC-System zur Erfassung von Neuerwerbungen installiert und gleichzeitig begann man mit der computergestützten Katalogisierung der Bestände vor 1985, um den Karteikatalog via Internet zugänglich machen zu können. Ebenfalls wurden mit der Unterstützung von IBM 22000 Bilder von Manuskripten und Frühdrucken im Netz publiziert. Ein weiteres Projekt zur Erforschung von Palimpsesten in griechischen Handschriften wurde in Zusammenarbeit mit der Universität von Bologna in Angriff genommen. Daneben gab B. den Anstoß für weitere Unternehmungen: die systematische Katalogisierung der Vatikanischen Inkunabeln (publiziert 1997 in vier Bänden), die Durchforschung des Vatikanischen Archivs im Hinblick auf Dokumente, die die Vatikanische Bibliothek betreffen, die Publikation des Verzeichnisses der lateinischen Handschriften Nikolaus´ V., die Erstellung eines kurzen, beschreibenden Katalogs der lateinischen Handschriften (nach dem Vorbild von N. R.

Kers »Medieval Manuscripts in British Libraries«). Weiterhin ist auf B. die Erweiterung der Reihe »Studi e testi« zurückzuführen. Es wurden zwei neue Unterserien begonnen: die »Miscellanea Bibliothecae Vaticanae« (in der kleinere Studien über die Handschriften und Drucke der Bibliothek veröffentlicht werden) und die »Bibliografia dei fondi manoscritti della Biblioteca Vaticana« (systematische Bibliographien aller Handschriftenbestände). Darüber hinaus agierte B. sehr erfolgreich in der Erschließung von Geldquellen und Beschaffung von Spenden für die notwendigen baulichen Veränderungen und die Neuausstattung der Bibliothek. Hierzu gründete er 1986 die Bibliothecae Apostolicae Vaticanae amicorum generalis consociatio. — B. definierte einer seiner wichtigsten Rollen als Präfekt einmal in einem kurzen Satz: »inspiring the others in searching«. Seine vielen Rezensionen und Vorworte aus dieser Zeit für Werke, die mit seiner Hilfe und auf seine Initiative hin entstanden sind, zeugen vom Erfolg seines Vorhabens. — Überraschend kam es am 24. Mai 1997 zur vorzeitigen Entlassung B.s. Über die Hintergründe kann nur spekuliert werden, da er selbst zu den Vorgängen schwieg und eine offizielle Stellungnahme fehlt. Man mutmaßt, daß der Fall des Anthony Melnikas (Prof. an der Ohio State University) eine Rolle gespielt hat. Diesem war es 1995 gelungen, zwei Blätter aus einer Petrarca-Handschrift aus den Beständen der Vaticana zu entwenden. B., selber unschuldig an diesem Vorgang, wurde allerdings bezichtigt, dem Amerikaner zu viele Privilegien im Gebrauch der Bibliotheksbestände gewährt zu haben. Ein Jahr später war der Vatikan gezwungen, mehrere Million Dollar an Strafe und Anwaltskosten zu bezahlen, da B. ohne Autorisierung einem amerikanischen Unternehmer die exklusiven Rechte für die Reproduktion von Bildern aus der Bibliothek zugesagt haben soll. — B. zog sich nach seiner Entlassung in den Konvent an San Clemente zurück. Er wurde in der Folge im Juli 1997 zum Präsidenten der Commissio Leonina ernannt, ein Amt, das er bis zu seinem Tod verwaltete. Sein Interesse galt weiterhin der mediävistischen Forschung - sei es in persönlichen Gesprächen mit den vielen Gästen, die ihn als ehemalige Schüler oder Kollegen in San Clemente des Gespräches und seines Rates wegen aufsuchten, sei es im Engagement für die Fédération Internationale des Instituts d´Études Médiévales (F.I.D.E.M. mit Sitz in Louvain-la-Neuve; ab 1991 verleiht diese das »Diplôme européen d´études médiévales« und sie bemüht sich seit 2000 um die Einrichtung einer »The Leonard E. Boyle Foundation for Mediaeval Studies« zur Errichtung eines »Institute for Advanced Medieval Studies«, das B. gewünscht hatte), die er 1987 auf Anregung von J. Hamesse mitbegründet hatte und deren Präsident er bis zu seinem Tod war. Zu seinem 75. Geburtstag wurden ihm drei umfangreiche Festschriften gewidmet. Die Liste der ihm im Laufe seiner wissenschaftlichen Karriere erwiesenen Ehrungen beeindruckt: Fellow der Royal Historical Society (London), Fellow of Medieval Academy of America, Magister in Sacra Theologia (1983), Offizier des Order of Canada (1987), Präsident des Comité international de paléographie (1985-1988), Ehrendoktorwürden der Universitäten Louvain-la-Neuve (1992), Oxford (1992), Pontifical University of Dublin (1998), University of Aberdeen, Schottland (1999), Faculdade de Letras da Universidade do Porto,Portugal (1999), Honorary Fellow des St. Catherine´s College, Orford (1999). Noch im Juni 1999 präsidierte er dem »2. Congrès européen d´études médiévales« in Barcelona und unterstrich dabei die entscheidende Rolle der Mittelalterforschung für die europäische Kultur auch in der Zukunft (»We are...attempting to make the wisdom of the past part of the presence and of the future« - vgl. seinen Vortrag »The Future of the Past« von 1994). In seinen letzten Monaten äußerte er den Wunsch, daß die Artikel, die er im Laufe der Jahre über den hl. Thomas von Aquin verfaßt hatte, in einem Band versammelt herausgegeben werden sollten - als eine Hommage an den von ihm hochgeschätzten mittelalterlichen Dominikanertheologen. Nachdem kurz zuvor bei ihm eine Krebserkrankung diagnostiziert worden war, verstarb B. am Nachmittag des 25. Oktober 1999 in der römischen Klinik Salvator Mundi. Die Beisetzungsfeierlichkeiten unter dem Vorsitz des Ordensgenerals Timothy Radcliffe fanden am 29. Oktober in der Basilika San Clemente statt; Paul Murray hielt die Predigt. Nachdem die zuständigen römischen Behörden die Erlaubnis erteilt hatten, wurde der Leichnam ein Jahr später in der Unterkirche von San Clemente vor dem Hochaltar - an der Seite von Joseph Mullooly, dem bedeutenden dominikanischen Archäologen des 19. Jh.s - beigesetzt. Die Grabplatte trägt als Inschrift einen Satz von Hugo von Sankt Victor, der B. nach eigenen Aussagen ein Leben lang geprägt hat: »Omnia disce! Videbis postea nihil esse superfluum.« (Didascalion VI, 801A). — In Erinnerung an B. widmete der International Medieval Congress (veranstaltet durch das Institute for Medieval Studies in Leeds vom 10. bis 13. Juli 2000) zehn Sessionen unter dem Titel »The Legacy of Leonard Boyle« dem Lebenswerk des Mediävisten. Im Jahr 2000 initiierte das PIMS in Toronto die Gründung eines »Leonard E. Boyle Chair in Manuscript Studies«, der u.a. durch die Unterstützung der Andrew W. Mellon Stiftung in New York ins Leben gerufen werden konnte. Anfang Juli 2007 wurde Michèle Mulchahey, eine frühere Schülerin und Mitarbeiterin B.s am Institut, zur ersten Lehrstuhlinhaberin berufen.

Bibliographien: Roger Reynolds: Leonard Eugene Boyle O.P. Publications (1946-1988), in: Rome: Tradition, Innovation and Renewal. A Canadian International Art History Conference 8-13 June 1987, Rome, in honour of Richard Krautheimer on the occasion of his 90th birthday, and Leonard Boyle O.P., Prefect of the Biblioteca Apostolica Vaticana. Victoria, Canada 1991, 55-63; Mary C. English: Bibliography of the Writings of Leonard E. Boyle, O.P., in: Jacqueline Brown/William P. Stoneman (Hrsg.): A Distinct Voice. Medieval Studies in Honor of Leonard E. Boyle, O.P. Notre Dame, Indiana 1997, 642-657; Bio-Bibliography of Leonard E. Boyle O.P., in: Leonard E. Boyle O.P.: »Vox paginae«. An oral dimension of texts. Con una prefazione di Krzysztof Zabolicki, un´introduzione di Ludwig Schmugge e una bio-bibliografia dell´autore (Unione Internazionale degli Istituti di Archeologia Storia e Storia dell´Arte in Roma, Conferenze/16). Roma 1999, 50-73; Bibliography. Compiled by Mary C. English, Maria Elena Bertoldi, and Jonathan Black, in: Papers in Mediaeval Studies 62 (2000) XI-XXVI.

Werke: The Quaestiones disputatae and the Quodlibet of Richard Knapwell O.P. An Edition and Commentary. S.T.L. Dissertation. Oxford 1951; A Study of the Works Attributed to William of Pagula. With Special Reference to the »Oculus sacerdotis« and the »Summa summarum«. Diss. Phil. Oxford 1956; A Short Guide of St. Clement´s, Rome. Rome 1960 (verschiedene Nachdrucke, Neuausgaben und Übersetzungen in Französisch, Deutsch, Italienisch, Japanisch, Mazedonisch, Spanisch); A Survey of the Vatican Archives and of Its Medieval Holdings (Subsidia mediaevalia 1). Toronto 1972 (Revised Edition: Toronto 2001); - San Clemente Miscellany I: The Community of SS. Sisto e Clemente in Rome 1677-1977. Romae 1977 (ein Kapitel darin stammt von Hugh Fenning); (zus. mit Eileen M. C. Kane und Federico Guidobaldi): San Clemente Miscellany II.: Art and Archaelogy. Romae 1978; (Hauptherausgeber): Calendar of Entries in the Papal Registers Relating to Great Britain and Ireland. Papal Letters 15: Innocent VIII: Lateran Registers 1482-1492. Edited by Michael J. Haren. Dublin 1978; (Mitautor) Canadian Archives: Report to the Social Sciences and Humanities Research Council of Canada by the Consultative Group of Canadian Archives / Les archives canadiennes: Rapport a Conseil de recherches en sciences humaines du Canada par le Group consultatif sur les archives canadiennes. Ottawa 1980; Pastoral Care, Clerical Education and Canon Law, 1200-1400 (Collected Studies Series 135). London 1981 (Aufsatzsammlung); The Setting of the Summa theologiae of Saint Thomas (The Etienne Gilson Series 4). Toronto 1982 (Nachdruck: Facing History, 65-91; ital.: - Il contesto della »Summa Theologiae« di San Tommaso (Übersetzung von Maria Elena Bertoldi), in: Rivista di filosofia neo-scolastica 42 (2000) 3-25; Medieval Latin Paleography. A Bibliographical Introduction (Toronto Medieval Bibliographies 8). Toronto 1984 (ital.: - Paleografia latina medievale. Introduzione bibliografica. Versione italiana di Maria Elena Bertoldi. Presentazione di Fabio Troncarelli. Supplemento 1982-1998. Roma 1999.); (zus. mit) Alfons M. Stickler und Paolo De Nicolò: Biblioteca Apostolica Vaticana. Firenze 1985 (dt.: - Biblioteca Apostolica Vaticana. Herausgegeben unter dem Patronat S. E. Kardinal Alfons Maria Stickler, Bibliothekar und Archivar der Hl. Römischen Kirche, und des Präfekten der Biblioteca Apostolica Vaticana P. Leonard Eugene Boyle O.P. Stuttgart-München 1986; engl: - The Vatican Library. Its History and Treasures. Yorktown Heights, N. Y. 1989); (Hauptherausgeber) Calendar of Entries in the Papal Registers relating to Great Britain and Ireland. Papal Letters 15. Edited by Anne F. Fuller. Dublin 1986; (zus. mit) Herbert Leroy/Giovanni Morello: Die Schöpfung. Ein Meisterwerk gotischer Buchmalerei. MS. Vat. Lat. 5697. Stuttgart 1987 (ital.: - Genesi: Miniature tratte dal codice Vat. lat. 5697 della Biblioteca Apostolica Vaticana (Boemia, inizi del XV secolo) contenente la »Historia scholastica« di Pietro Comestore. Milano 1987); (zus. mit William P. Stoneman): Medieval Manuscripts in Toronto Collections. Thomas Fisher Rare Book Library, April 16-May 29. Toronto 1987; (zus. mit) Elmar Mittler (Hrsg.): Bibliotheca Palatina: Druckschriften/Stampati Palatini/Printed Books (Katalog zur Mikrofich-Ausgabe). München 1989-1995; (als Hauptherausgeber) Michael J. Haren (Hrsg.): Calendar of Entries in the Papal Registers relating to Great Britain and Ireland. Papal Letters 18. Dublin 1989; (zus. mit) Herbert Leroy/Giovanni Morello: Joseph und seine Brüder. Ein Meisterwerk gotischer Buchmalerei. Stuttgart 1991; (Hauptherausgeber) Calendar of Entries in the Papal Registers relating to Great Britain and Ireland. Papal Letters 17, part 1. Edited by Anne P. Fuller. Dublin 1994; (zus. mit Jean-Claude Schmitt) Cod. Ross. 3 (1). Modi orandi Sancti Dominici. Die Gebets- und Andachtsgesten des heiligen Dominikus. Eine Bilderhandschrift. Kommentarband zur Faksimile-Ausgabe des Cod. Ross. 3 (1) (Codices e Vaticanis selecti quam simillime expressi iussu Iohannis Pauli PP II consilio et opera curatorum Bibliothecae Vaticanae volumen LXXXII). Zürich 1995 (engl.: - Modi orandi Sancti Dominici. Saint Dominic´s Gestures at Prayer. An

Illuminated Manuscript. Commentary Volume on the Facsimile Edition of MS Rossi 3 (1). Zürich 1995); »Vox paginae«. An oral dimension of texts. Con una prefazione di Krzysztof Zabolicki, un'introduzione di Ludwig Schmugge e una bio-bibliografia dell'autore (Unione Internazionale degli Istituti di Archeologia Storia e Storia dell'Arte in Roma, Conferenze/16). Roma 1999; Facing History: A different Thomas Aquinas. With an Introduction by J.-P. Torell O.P. (Fédération Internationale des Instituts d'Études Médiévales. Textes et Études du Moyen Âge, 13). Louvain-la-Neuve 2000 (Aufsatzsammlung); Integral Palaeography. With an Introduction by F. Troncarelli (Fédération Internationale des Instituts d'Études Médiévales. Textes et Études du Moyen Âge, 16). Turnhout 2001 (Aufsatzsammlung); (zus. mit) John F. Boyle (Hrsg.): Thomas Aquinas. Lectura romana in primum Sententiarum Petri Lombardi (Studies and texts 152). Toronto 2006.

Artikel/Rezensionen/Vorworte: Na Dominiceánaigh agus Iolscoil Pharais, in: The Watchman 12 (1946) 16-19; Ranna Reatha do Iosa, in: The Watchman 12 (1946) 44; The Messias of the Jews, in: The Watchman 15 (1949) 15-18; (Übers.) Alaphridus Ottaviani: The Future of Offensive War, in: Blackfriars 30 (1949) 415-420; (Übers.) Jordan W. Dreesen: Desire and Fulfilment, in: Life of the Spirit 4 (1950) 561-562; The Oculus sacerdotis and Some Other Works of William of Pegula. The Alexander Prize essay read 12 June 1954, in: Transactions of the Royal Historical Society 5th ser., 5 (1955) 81-110 (Nachdruck: Pastoral Care, IV); Blessed Imelda Lambertini, in: Doctrine and Life 7 (1957) 238-245; Dominican Lectionaries and Leo of Ostia's Translatio S. Clementis, in: Archivum Fratrum Praedicatorum 28 (1958) 362-394 (Nachdruck: San Clemente Miscellany II, 179-194); Manuscripts and Incunabula in the Library of San Clemente, Rome, in: Archivum Fratrum Praedicatorum 29 (1959) 206-227 (Nachdruck: San Clemente Miscellany II, 152-178; Integral Palaeography 1-26); The Other John XXIII, in: The Irish Rosary (Jan.-Febr. 1959) 15-17; The Date of Consecration of the Basilica of San Clemente, Rome, in: Archivum Fratrum Praedicatorum 30 (1960) 417-427 (Nachdruck: San Clemente Miscellany II, 1-12); The Constitution »Cum ex eo« of Boniface VIII: Education of Parochial Clergy, in: Medieval Studies 24 (1962) 263-302 (Nachdruck: Pastoral Care, VIII); An Ambry of 1299 at San Clemente, Rome, in: Medieval Studies 26 (1964) 329-350 (Nachdruck: San Clemente Miscellany II, 36-59); Constantine-Cyril and the Basilica of San Clemente, in: Medieval Studies 26 (1964) 359-363; The Curriculum of the Faculty of Canon Law at Oxford in the First Half of the Fourteenth Century, in: Oxford Studies. Presented to Daniel Callus. Oxford Historical Society, n.s. 16 for 1959-60. Oxford 1964, 135-162 (Nachdruck: Pastoral Care, XIV); The Fate of the Remains of St. Cyril, in: Cirillo e Metodio, i Santi Apostoli degli Slavi. Conference tenute nel Pontificio Istituto Orientale nei giorni 9-11 maggio 1963 per commemorare l'undicesimo centenario della missione dei SS. Fratelli nella Grande Moravia. Roma 1964, 158-194 (Nachdruck: San Clemente Miscellany II, 13-35); (Rez.) Pierre Michaud-Quantin: Sommes de casuistique et manuels de confession au moyen âge (XII-XVIe siècles) (Analecta Medievalia Namurcensia 13). Louvain 1962, in: The Journal of Ecclesiastical History 15 (1964) 249-250; The »Summa summarum« and Some Other English Works of Canon Law, in: Proceedings of the Second International Congress of Medieval Canon Law. Boston College 12-16 August 1963. Edited by Stephan Kuttner and J. Joseph Ryan (Monumenta iuris canonici. Ser. C: Subsidia, 1). Città del Vaticano 1965, 415-456 (Nachdruck: Pastoral Care, XV); (Übers.): Giacomo Cardinal Lecaro: The Mass and the People, in: Doctrine and Life 15 (1965) 250-256; (Übers.): Pope Paul VI »Accepting the Changed Liturgy«. Address delivered 17 March 1965, in: Doctrine and Life 15 (1965) 278-280; (Rez.) Frederick M. Powicke and Christopher R. Cheney (eds.): Councils and Synods with Other Documents Relating to the English Church. Vol. 2: A.D. 1205-1313. 2 parts. Oxford 1964, in: The Catholic Historical Review 52 (1966-1967) 573-575; Some Recent Dominicana, in: Doctrine and Life 17 (1967) 680-684; Three English Pastoral »Summae« and a »Magister Galienus«, in: J. Forchielli/A. M. Stickler (Hrsg.): Collectanea Stephan Kuttner. Vol 1 (Studia Gratiana 11). Bologna 1967, 133-144; (Rez.) O. Hageneder/A. Haidacher (Hrsg.): Die Register Innocenz' III., 1: 1. Pontifikatsjahr 1198/99. Texte. (Publikationen der Abteilung für historische Studien des Österreichischen Kulturinstituts in Rom, 2. Abteilung, Quellen, 1. Reihe). Graz 1964, in: Speculum 42 (1967) 153-162; (Rez.) Archdale A. King: Eucharistic Reservation in the Western Church. New York 1965, in: Speculum 42 (1967) 535-536; (Rez.) Maurice P. Sheehy (Hrsg.): Pontificia Hibernica. Medieval Papal Chancery Documents Concerning Ireland, 640-1261. 2 Bde.. Dublin 1962-65, in: Speculum 42 (1967) 554-556; (Rez.) Roy M. Haines: The Administration of the Dioceses of Worcester in the First Half of the Fourteenth Century. London 1965, in: The Catholic Historical Review 54 (1968-69) 123-124; (Rez.) Henry Mayr-Harting (Ed.): The Acta of the Bishops of Chichester 1075-1207 (The Canterbury and York Society 56, part 130 for 1962). Torquay-Devon 1964, in: The Catholic Historical Review 54 (1968-69) 112-113; (Rez.) J. Massingberd Ford: A Trilogy of Wisdom and Celibacy. Notre Dame, Indiana 1967, in: The Thomist 33 (1969) 598-600; (Rez.) Gordon Leff: Heresy in the Later Middle Ages. The Relation of Heterodoxy to Dissent, c. 1250 - c. 1450. 2 Vols. New York 1967, in: The Thomist 33 (1969) 588-591; Archivio del Collegio di San Clemente, in: Lajos Pásztor (Hrsg.): Guida delle fonti per la storia dell'America Latina negli archivi della Santa Sede e negli archivi ecclesiastici d'Italia (Collectanea Archivi Vaticani 2. Guida delle fonti per la storia delle nazioni. A: America Latina, 10: Santa Sede.). Città del Vaticano 1970, 583-584; The Emergence of Gothic Handwriting, in: Florens Deuchler (Hrsg.): The Year 1200, 2: A Background Survey. Published in Conjunction with the Centennial Exhibition at the Metropolitan Museum of Art, February 12 through March 10, 1970. (The Cloisters Studies in Medieval Art 2). New York 1970, 175-183 (Nachdruck: The Journal of Typographic Research 4 (1970) 307-316; Integral Palaeography, 27-31); William of Pagula and the Speculum Regis Edwardi III, in: Mediaeval Studies 32 (1970) 329-336 (Nachdruck: Pastoral Care, V); (Rez.) Innocent III. The Letters of Pope Innocent III (1198-1216) Concerning England and Wales. A Calendar with an Appendix of Texts. Edited by Christopher R. and Mary G. Cheney. Oxford 1967, in: Speculum 45 (1970) 279-281; The Death of St. Dominic in 1221: An Anniversary Note, in: Doctrine and Life 21 (1971) 438-446; (Rez.) F. Bloomfield (Ed.): Thomas de Chobham Summa confessorum (Analecta Mediaevalia Namurcensia 25). Louvain 1968, in: The Catholic Historical Review 57 (1971-72) 487-488; Pierre Dubois and the Summulae logicales of Peter of Spain, in: Mediaeval Studies 34 (1972) 468-470; The Date of the Summa praedicantium of John Bromyard, in: Speculum 48 (1973) 533-537 (Nachdruck: Pastoral Care, X); (Rez.) John W. Baldwin: Masters, Princes and Merchants. The Social Views of Peter the Chanter and His Cercle. 2 Vols. Princeton 1970, in: The Catholic Historical Review 59 (1973-74) 641-643; (Rez.) Peter Herde: Audientia litterarum contradictarum. Untersuchungen über die päpstlichen Justizbriefe und die päpstliche Delegationsgerichtsbarkeit vom 13. bis zum Beginn des 16. Jahrhunderts. 2 Bde. (Bibliothek des Deutschen Historischen Instituts in Rom 31-32). Tübingen 1970, in: Speculum 48 (1973) 368-369; (Rez.) Ignatius S. Kozik (Hrsg.): The First Desert Hero: St. Jerome´s Vita Pauli. Mount Vernon N.Y. 1968, in: The Thomist 37 (1973) 266; (Rez.) Gerhart B. Ladner: Die Papstbildnisse des Altertums und Mittelalters 2: Von Innozenz III. zu Benedikt XI. 2 Bde. (Monumenti di antichità cristiana pubblicati dal Pontificio Istituto di Archeologia Cristiana. 2. Serie, 4. Çittà del Vaticano 1970, in: Speculum 48 (1973) 573-575; (Rez.) Jole Mazzoleni: Paleografia e diplomatica e scienze ausiliarie. Napoli 1970, in: Speculum 48 (1973) 385; (Rez.) Ernst Pitz: Papstreskript und Kaiserreskript im Mittelalter (Bibliothek des Deutschen Historischen Instituts in Rom 36). Tübingen 1971, in: Speculum 48 (1973) 780-781; The Date of the Commentary of William Duranti on the Constitutions of the Second Council of Lyon, in: Bulletin of Medieval Canon Law, n.s. 4 (1974) 39-47 (Nachdruck: Pastoral Care, XII); The De regno and the Two Powers, in: J. Reginald O´Donnell (Ed.): Essays in Honour of Anton Charles Pegis. Toronto 1974, 237-247 (Nachdruck: Pastoral Care, XIII und Facing History, 1-12); The Quodlibets of St. Thomas and Pastoral Care, in: The Thomist 38 (1974) 232-256 (Nachdruck: Pastoral Care, II und Facing History, 13-35); The Summa confessorum of John of Freiburg and the Popularization of the Moral Teaching of St. Thomas and of Some of His Contemporaries, in: Armand A. Maurer et al. (Hrsg.): St. Thomas Aquinas 1274-1974. Commemorative Studies. 2 Vols. Toronto 1974, 245-268 (Nachdruck: Pastoral Care, III und Facing History, 37-64); The Summa for Confessors as a Genre, and its Religious Intent, in: Charles Trinkaus/Heiko A. Oberman (Hrsg.): The Pursuit of Holiness in Late Medieval and Renaissance Religion. Papers from the University of Michigan Conference (Studies in Medieval and Reformation Thought 10). Leiden 1974, 126-130; (Rez.) Hermann Diener: Die großen Registerserien im Vatikanischen Archiv (1378-1523). Hinweise und Hilfsmittel zu ihrer Benutzung und Auswertung. Tübingen 1972, in: Speculum 49 (1974) 556; (zus. mit Richard H. House): A Fifteenth-Century List of the Books of Edmund Norton, in: Speculum 50 (1975) 284-288; Diplomatics, in: James M. Powell (Hrsg.): Medieval Studies. An Introduction. Syracuse N.Y. 1976, 69-101; E cathena et carcere. The Imprisonment of Amaury de Montfort 1276, in: Jonathan J. G. Alexander/Margret T. Gibson (Hrsg.): Medieval Learning and Literature. Essay presented to Richard William Hunt. Oxford 1976, 379-397 (Nachdruck: Pastoral Care, VII); Optimist and Recensionist: »Common Errors« or »Common Variations«?, in: John J. O´Meara/Bernd Naumann (Hrsg.): Latin Script and Letters. A.D. 400-900. Festschrift presented to Ludwig Bieler on the Occasion of His 70th Birthday. Leiden 1976, 264-274 (Nachdruck: Integral Palaeography, 33-44); Aspects of Clerical Education in Fourteenth-Century England, in: Paul E. Szarmach/Bernard S. Levy (Hrsg.): The Fourteenth Century. Acta 4. Birmingham N. Y. 1977, 19-32 (Nachdruck: Pastoral Care, IX); Saints, Scholars and Others, 500-800 A.D., in: Joseph Ronsley (Hrsg.): Myth and Reality in Irish Literature. Waterloo, Ontario 1977, 17-28; (Rez.) Bernard of Clairvaux: Five Books on Consideration: Advice to a Pope. Translated by John D. Anderson and Elizabeth T. Kennan (Cistercian Fathers Series 37. The Works of Bernard of Clairvaux 13). Kalamazoo, Michigan 1976, in: The Thomist 41 (1977) 471-472; (Rez.) Jean Vezin: Les scriptoria d´Angers au XIe siècle (Bibliothèque de l´École de Hautes Etudes. 4e section. Sciences historiques et philologiques 322). Paris 1974, in: Speculum 52 (1977) 1068; The Compilatio quinta and the Registers of Honorius III, in: Bulltetin of Medieval Canon Law, n.s. 8 (1978) 9-19 (Nachdruck: Pastoral Care, XI); A List of Bulls Lost from the Lateran Registers of Innocent VIII, in: Michael J. Haren (Hrsg.): Calendar of Entries in the Papal Registers Relating to Great Britain and Ireland. Papal Letters 15: Innocent VIII: Lateran Registers 1482-1492. Dublin 1978, 525-565; Notes on the Education of the Fratres communes in the Dominican Order in the Thirteenth Century, in: Raymond Creytens/Pius Künzle (Hrsg.): Xenia medii aevi historiam illustrantia oblata Thomae Kaeppeli O.P. Vol. 1 (Storia e letteratura 141). Roma 1978, 249-267 (Nachdruck: Pastoral care, VI); The Papal Chancery at the End of the Fifteenth Century, in: Michael J. Haren (Hrsg.): Calendar of Entries in the Papal Registers Relating to Great Britain and Ireland. Papal Letters 15: Innocent VIII: Lateran Registers 1482-1492. Dublin 1978, XV-XXIV; Robert Grosseteste and the Pastoral Care, in: Dale B. J. Randall (Hrsg.): Proceedings of the Southeastern Institute of Medieval and Renaissance Studies. Summer 1976. (Medieval and Renaissance Studies 8). Durham N.C. 1979, 3-51 (Nachdruck: Pastoral Care, I); Robert Grosseteste and Transubstantiation, in: The Journal of Theological Studies, n.s. 30 (1979) 512-515; (Rez.) Owen Chadwick: Catholicism and History. The Opening of the Vatican Archives (The Herbert Hensley Henson Lectures in the University of Oxford 1976). Cambridge 1978, in: The Journal of Ecclesiastical History 31 (1980) 265; Montaillou Revisited: »Mentalité« and Methodology, in: J. Ambrose Raftis (Hrsg.): Pathways to Medieval Peasants (Papers of Mediaeval Studies 2). Toronto 1981, 119-140; The Nowell Codex and the Poem of Beowulf, in: Colin Chase (Hrsg.): The Dating of Beowulf. Toronto 1981, 22-32 (Nachdruck: Integral Palaeography, 119-134); A Remembrance of Pope Leo XIII: The Encyclical »Aeterni Patris«, in: Victor B. Brezik (Hrsg.): One Hundred Years of Thomism. Aeterni Patris and Afterwards. A Symposium. Houston 1981, 7-22; Popular Piety in the Middle Ages: What is Popular?, in: Florilegium 4 (1982) 184-193; »Summae confessorum«, in: Les genres littéraires dans les sources théologiques et philosophiques médiévales: Dèfinition, critique et exploitation. Actes du Colloque international de Louvain-la-Neuve, 25-27 mai 1981 (Publications de l´Institut d´études médiévales, 2e séries: Textes, études, congrès 5). Louvain-la-Neuve 1982, 227-237; (Rez.): Otmar Hageneder/Werner Maleczek/Alfred A. Strnad (Hrsg.): Die Register Innocenz´ III., 2: 2. Pontifikatsjahr 1199-1200. Texte (Publikationen des Österreichischen Kulturinstituts in Rom. 2. Abteilung: Quellen, 1. Reihe). Roma 1979, in: Speculum 57 (1982) 966-967; (Rez.): Wilhelm Kurze: Codex diplomaticus Amiatinus: Urkundenbuch der Abtei S. Salvatore am Montamiata von den Anfängen bis zum Regierungsantritt Papst Innocenz III. (736-1198). 1. Von den Anfängen bis zum Ende der Nationalkönigsherrschaft (736-951); 2. Vom Beginn der ottonischen Herrschaft bis zum Regierungsantritt Papst Innocenz III (962-1198); 4/1-2. Fascsimiles. Tübingen 1974-1982, in: Speculum 57 (1982) 908-909; Alia lectura fratris Thome, in: Mediaeval Studies 45 (1983) 418-429 (Nachdruck: Facing History, 93-106); The Beginnings of Legal Studies at Oxford, in: Viator 14 (1983) 107-131 (Nachdruck: Antonio García y García/Peter Weimar (Hrsg.): Miscellanea Domenico Maffei dicata. Historia-Ius-Studium. Bd. 1, Goldbach 1995, 103-127); Thomas Aquinas and the Duchess of Brabant, in: Proceedings of the PMR Conference 8 (1983) 25-35 (Nachdruck: Facing History, 107-121); Canon Law before 1380, in: J. I. Catto (Hrsg.): The History of the University of Oxford. 1.: The Early Oxford Schools. Oxford 1984, 531-564; Sermon preached at the provincial chapter, April 25, 1984 »The Woman at the Well«, in: Acts Provincial Chapter 1984. Irish Province OP. Tallaght 1984, 5-9; Biblioteca Apostolica Vaticana, in: Le opere e i giorni. Bergamo 1985, 42-51; The Fourth Lateran Council and Manuals pf Popular Theology, in: Thomas J. Heffernan (Hrsg.): The Popular Literature of Medieval England (Tennessee Studies in Literature 28). Knoxville 1985, 30-43; Innocent III and Vernacular Versions of Scripture, in: Katherine Walsh/Diana Wood (Hrsg.): The Bible in the Medieval World. Essays in Memory of Beryl Smalley (Studies in Church History, Subsidia 4). Oxford 1985, 97-107; (Vorw.) Vittorio Peri (Hrsg.): Tre alfabeti per i slavi. Catalogo della mostra allestita nella Biblioteca Vaticana per l´undicesimo centenario della morte di San Metodio. Città del Vaticano 1985, 5-7; The Inter-Conciliar Period 1179-1215 and the Beginnings of Pastoral Manuals, in: Filippo Liotta (Hrsg.): Miscellanea Rolando Bandinelli, Papa Alessandro III. Siena 1986, 43-56; Peciae, apopeciae, and a Toronto Manuscript of the Sententia Libri ethicorum of Aquinas, in: Peter Ganz (Hrsg.): The Role of the Book in Medieval Culture. Proceedings of the Oxford International Symposium 26 September-1 October 1982 (Bibliologia 3). Turnhout 1986, 71-82 (Nachdruck: Integral Palaeography, 45-61); (Vorw.) Marco Buonocore: Bibliografia dei fondi manoscritti della Biblioteca Vaticana 1968-1980. Vol. 1 (Studi e testi 318). Città del Vaticano 1986; (Vorw.) Marisa Conticello De´ Spagnolis/Ernesto de Carolis: Le lucerne di bronzo (Inventari e studi 1). Città del Vaticano 1986; (zus. mit) Ruth J. Dean, Paul Meyvaert, Richard H. Rouse: Albert Bruckner, in: Speculum 62 (1987) 787; The Future of Old Libraries, in: Liber 10 (1987) 20-29; The Hebrew Collections of the Vatican Library, in: Rabbi Philip Hiat (Hrsg.): A Visual Testimony. Judaica from the Vatican Library. Miami/New York 1987, 11-19; Die »Historia Scholastica« des Petrus Comestor, in: (zus. mit) Herbert Leroy/Giovanni Morello: Die Schöpfung. Ein Meisterwerk gotischer Buchmalerei. MS. Vat. Lat. 5697. Stuttgart 1987, 7-10 (ital: - La »Historia scholastica« di Pietro Comestore, in: Genesi: Miniature tratte dal codice Vat. lat. 5697 della Biblioteca Apostolica Vaticana (Boemia, inizi del XV secolo) contenente la »Historia scholastica« di Pietro Comestore. Milano 1987, 7-9); (zus. mit Baldassare Conticello) Prefazione, in: Pio IX a Pompei. Memorie e testimonianze di un viaggio. Catalogo della mostra, Pompei scavi, Casina dell´Aquila. Napoli 1987, 15; Le biblioteche e la posterità, in: Bollettino dell´Istituto per la patologia del libro 42 (1988) 181-190; (zus. mit) Stephan Kuttner/Brian Tierney: Christopher Robert Cheney, in Speculum 63 (1988) 758-760; The Collection of Thomas Ashby in the Vatican Library, in: Raymond Keaveney (Hrsg.): Views of Rome from the Ashby Collection. London 1988, 15-19; Der Dominikanische Zusammenhang des Schachbuchs »De ludis scacchorum«, in: Das Schachbuch des Jacobus de Cessolis, Codex Palatinus Latinus 961. Kommentarband zur Faksimileausgabe Cod. Pal. lat. 961 (Codices e Vaticanis selecti 74). Stuttgart 1988, 11-14; »Epistulae venerunt parum dulces«. The Place of Codicology in the Editing of Medieval Latin Texts, in: Richard Landon (Hrsg.): Editing and Editors: A Retrospect. Papers Given at the Twenty-First Annual Conference on Editorial Problems. University of Toronto 1-2 November 1985. New York 1988, 29-46 (frz.: - in: Jacqueline Hamesse (Hrsg.): Les problèmes posés par l´édition critique des textes anciens et médiévaux (Publications de l´Institut d´Études Médiévales. Textes, études, congrès 13). Louvain-la-Neuve 1992, 207-222; Nachdruck: Integral Palaeography, 65-81); Peciae, apopeciae, epipeciae, in: Louis J Bataillon/Bertrand G. Guyot/Richard H. Rouse (Hrsg.): La production du livre universitaire au moyen âge: Exemplar et pecia. Actes du symposium tenu au Collegio San Bonaventura de Grottaferrata en mai 1983. Paris 1988, 39-40 (Nachdruck: Integral Palaeography 63-64); (Vorw.) Albert and Thomas: Selected Writings. Edited and translated by Simon Tugwell (Classics of Western Spirituality). New York 1988; (Vorw.) Giancarlo Alteri: Maria nelle collezioni numismatiche del Medagliere Vaticano. Città del Vaticano 1988; (Vorw.) Carlo Federici/Kostantinos Houlis: Legature bizantine Vaticane. Roma 1988; (Vorw.) Giovanni Morello: Libri d´ore nella Biblioteca Apostolica Vaticana. Catalogo della mostra, Salone Sistino. Stuttgart 1988; The Site of the Tomb of St. Cyril in the Lower Basilica of San Clemente, Rome, in: Edward G. Farrugia u.a. (Hrsg.): Christianity among the Slavs: The Heritage of Saints Cyril and Methodius. Acts of the International Congress Held on the Eleventh Centenary of the Death of St. Methodius, Rome, October 8-11, 1985 (Orientalia Christiana Analecta 231). Roma 1988, 75-82; (Vorw.) Olga Weijers (Hrsg.): Vocabulaire du livre et de l´écriture au moyen âge. Actes de la table ronde, Paris 24-26 septembre 1987 (Etudes sur le vocabulaire intellectuel du moyen âge 2). Turnhout 1989; (Vorw.) Cristina di Svezia a Roma 1655-1689. Mostra di documenti / Queen Christina of Sweden at Rome 1655-1689. Exhibition of Documents. Città del Vaticano 1989; (Vorw.) Ambrogio Maria Piazzoni/Paolo Vian (Hrsg.): Manoscritti Vaticani latini 14666-15203. Catalogo sommario (Studi e testi 332). Città del Vaticano 1989; Vacarius, in: Dictionary of the Middle Ages 12. New York 1989, 343-344; (Vorw.) Rutherford Aris: Explicatio formarum litterarum. The Unfolding of Letterforms from the First Century of the Fifteenth. St. Paul, Minn. 1990;

(Vorw.) Aliza Cohen-Mushlin: A Medieval Scriptorium: Sancta Maria Magdalena de Frankendal. 1: Text (Wolfenbütteler Mittelalter-Studien 3). Wiesbaden 1990; (Vorw.) Giancarlo Alteri: Tipologia delle monete dela Republica di Roma, con particolare riferimento al denario. Catalogo della mostra, Salone Sistino (Studi e testi 337). Città del Vaticano 1990; (zus. mit Luisa D'Arienzo)(Vorw.) Massimo Ceresa: La Sardegna nei manoscritti della Biblioteca Apostolica Vaticana (Fonti e testimonianze storiche 1). Cagliari 1990; (zus. mit Carlo Pietrangeli) (Vorw.) Michelangelo e la Sistina. La tecnica. Il restauro. Il mito. Roma 1990; An Autograph of St. Thomas at Salerno, in: Abelardo Lobato (Hrsg.): Littera, sensus, sententia. Studi in onore del Prof. Clemente J. Vansteenkiste O.P. (Studia Universitatis S. Thomae in Urbe 33). Milano 1991, 117-134 (Nachdruck: Facing History, 123-140); Die »Historia scholastica« des Petrus Comestor, in: (zus. mit) Herbert Leroy/Giovanni Morello: Joseph und seine Brüder. Ein Meisterwerk gotischer Buchmalerei. Stuttgart 1991, 7-8; (Interview mit Michael Higgins und Douglas Letson) An Interview with Leonard Boyle, in: Grail: An Ecumenical Journal 7 (1994) 55-64; (Vorw.) John Bradley: Geraldine Tralee. An Irish Medieval Town. Tralee 1991; (Vorw.) Massimo Ceresa: Bibliografia dei fondi manoscritti della Biblioteca Vaticana (1981-1985) (Studi e testi 342). Città del Vaticano 1991; (Vorw.) Giovanni Morello: Il lavoro dell'uomo nella pittura da Goya a Kandinskij. Mostra, Braccio di Carlo Magno. Milano 1991; (Vorw.) Eva Nilsson Nylander: Rosa Rosans Bonitatem. Mostra per il sesto centenario della canonizzazione di Santa Brigida di Svezia. Vestibolo del Salone Sistino. Città del Vaticano 1991; Sixtus IV and the Vatican Library, in: Rome: Tradition, Innovation and Renewal. A Canadian International Art History Conference 8-13 June 1987, Rome, in Honour of Richard Krautheimer on the Occasion of His 90th Birthday, and Leonard Boyle O.P., Prefect of the Biblioteca Apostolica Vaticana. Victoria B. C. 1991, 65-73; La catalogazione dei manoscritti nelle biblioteche d'Italia dal Mazzatini ad oggi: Vecchi e nuovi problemi, in: Patrizia Castelli/Enrico Menestò/Giancarlo Pellegrini (Hrsg.): Giuseppe Mazzatini (1855-1906): Tra storia e filologia. Atti del Convegno di studi, Gubbio, 9-10 dicembre 1987 (Quaderni del Centro per il collegamento degli studi medievali ed umanistici nell'Università di Perugia 25). Spoleto 1991, 209-211; (zus. mit) Herbert Bloch/Paul Meyvaert/Richard Rouse: Bernhard Bischoff, in: Speculum 67 (1992) 792-794; Les caves du Vatican, in: Les grandes bibliothèques de l'avenir. Actes du Colloque international des Vaux-de- Cernay, 25-26 juin 1991. Paris 1992, 266-69; A Committee Stage at the Council of Vienne, in: Rosalio J. Castillo Lara (Hrsg.): Studia in honorem Eminentissimi Cardinalis Alphonsi M. Stickler (Studia et textus historiae iuris canonici 7). Roma 1992, 25-35; (Vorw.) Erzbischöfliches Diözesanmuseum Köln (Hrsg.): Biblioteca Apostolica Vaticana: Liturgie und Andacht im Mittelalter. 9. Oktober 1992 bis 10. Januar 1993. Katalog zur Ausstellung von Joachim M. Plotzek und Ulrike Surmann. Stuttgart 1992; (Vorw.) Ferdinando Castagnoli: Il Vaticano nell'antichità classica (Studi e documenti per la storia del Palazzo Apostolico Vaticano 6). Città del Vaticano 1992; (Vorw.) Georgette Cornu: Tissus islamiques de la Collection Pfister (Documenti e riproduzioni 4). Città del Vaticano 1992; (Vorw.) Isaac Vázquez Janeiro: Caeli novi et terra nova. La evangelización del Nuevo mundo a través de libros y documentos anteriores al 1600 existentes en el Archivio y en la Biblioteca del Vaticano. Exposición commemorativa, Sala Sixtina de la Biblioteca Vaticana. Città del Vaticano 1992; (Vorw.) Christine Maria Grafinger: Die Ausleihe Vatikanischer Handschriften und Druckwerke, 1563-1700 (Studi e testi 360). Città del Vaticano 1993; (Vorw.) Nuevo mundo 1492-1992. Nuovi popoli, nuove culture, nuove espressioni artistiche. Mostra, Braccio di Carlo Magno. Città del Vaticano 1993; (Vorw.) Carlo Pietrangeli: The Vatican Museums: Five Centuries of History. Roma-Città del Vaticano 1993; Programmi di catalogazione dei manoscritti della Biblioteca Apostolica Vaticana, in: Metodologie informatiche per il censimento e la documentazione dei manoscritti. Atti dell'Incontro internazionale di Roma, 18-20 marzo 1991. Ed. per Laboratorio per la documentazione e la catalogazione del manscritto. Roma 1993, 65-70; Tonic Accent, Codicology, and Literacy, in: Robert A. Taylor (Hrsg.): The Centre and Ist Compass. Studies in Medieval Literature in Honour of Professor John Leyerle (Studies in Medieval Culture 33). Kalamazoo, Mich. 1993, 1-10 (Nachdruck: Integral Palaeography, 83-90); The Vatican Library, in: Anthony Grafton (Hrsg.): Rome Reborn. The Vatican Library and Renaissance Culture. New Haven, Conn. 1993, XI-XX und 293-294; (Rez.) Jocelyn N. Hillgarth: Readers and Books in Majorca, 1229-1550 (Documents, Études, et Répertoires publiés par l'Institut de Recherche et d'Histoire des Textes) I-II. Paris 1991, in: Arxiu de Textos Catalans Antics 12 (1993) 446-447; Conclusion: Lectio brevis, in: Jacqueline Hamesse (Hrsg.): Manuels, programmes de cours et techniques d'enseignement dans les universités médiévales. Actes du Colloque international de Louvain-la-Neuve, 9-11 septembre 1993 (Textes, études, congrès 16). Louvain-la-Neuve 1994, 443-445; Conservation and Posterity, in: Jacqueline Murray (Hrsg.): Technology and Culture (Working Papers in Humanities 2). Windsor, Ontario 1994, 1-17; The Future of the Past, in: Florilegium 13 (1994) 1-12; Per la fondazione della Biblioteca Vaticana, in: Antonio Manfredi: I codici latini di Niccolò V. Edizione degli inventari e identificazione dei manoscritti (Studi e testi 359). Città del Vaticano 1994, XIII-XXII; (Vorw.) Guglielmo Cavallo (Hrsg.): Exultet. Rotoli liturgici del medioevo meridionale. Catalogo della mostra. Roma 1994; (Vorw.) Giulia Fusconi: La fortuna delle »Nozze Aldobrandini« dall'Esquilino alla Biblioteca Vaticana (Studi e testi 362). Città del Vaticano 1994; (Vorw.) Peter Francis Howard: Beyond the Written Word. Preaching and Theology in the Florence of Archbishop Antoninus 1427-1459. Firenze 1994; (Vorw.) Giovanni Morello/Silvia Madello (Hrsg.): Liturgia in figura. Codici liturgici rinascimentali della Biblioteca Apostolica Vaticana. Catalogo della mostra, Salone Sistino. Città del Vaticano 1994; Vita quaerens intellectum, in: Istituto San Tommaso, Studi 1994 (n.s. 11). Roma 1994, 60-61; The Ways of Prayer of St. Dominic. Notes on MS Rossi 3 in the Vatican Library, in: Archivum Fratrum Praedicatorum 64 (1994) 5-17 (Nachdruck: Integral Palaeography, 91-104); (Rez.) Dorothy M. Owen: The Medieval Canon Law. Teaching, Literature and Transmission. Cambridge 1990, in: The English Historical Review 109 (1994) 1258; The »Basilicanus« of Hilary Revisted, in: Emma Condello/Giuseppe De Gregorio (Hrsg.): Scribi e colofani. Le sottoscrizioni di copisti dalle origini all´avento della stampa. Atti del seminario di Erice, X Colloquio del Comité international de paléographie latine (23-28 ottobre 1993). Spoleto 1995, 93-105 (Nachdruck: Integral Palaeography, 105-117); Jacob Hess: un ricordo, in: Jacob Hess/Herwarth Röttgen (Hrsg.): Giovani Baglione: Le vite di Pittori, Scultori ed Architetti dal pontificato di Gregorio XIII del 1572 in fino ai tempi di Papa Urbano Ottavo nel 1642 (Studi e testi 368). Città del Vaticano 1995, 3-13 (engl.: - Jacob Hess: A Memoir, in: Börje Magnusson/Stephania Renzetti/Paolo Vian/Sever J. Voicu (Hrsg.): Ultra terminum vagari. Scritti in onore di Carl Nylander, Roma 1997, 45-50); (Vorw.) Giancarlo Alteri: Medaglie papali del Medagliere della Biblioteca Apostolica Vaticana. Catalogo della Mostra »Numismata Italia«, Vicenza. Vicenza 1995; (Vorw.) Jacqueline Hamesse (Hrsg.): Bilan et persepctives des études médiévales en Europe. Actes du premier Congrès européen d´études médiévales (Spoleto, 27-29 mai 1993) (Textes et études du moyen âge 3). Louvain-la-Neuve 1995; (Vorw.) Giacomo B. Baroffio/Soo Jung Kim (Hrsg.): Biblioteca Apostolica Vaticana. Archivio S. Pietro B 79: Antifonario della Basilica di S. Pietro (sec. XII) (Musica Italiae Liturgica I). Roma 1995; (Vorw.) Gallerie della Biblioteca. Restauro delle pavimentazioni nello spazio architettonico cinquecento. Città del Vaticano 1995; San Clemente e San Sisto, in: Memorie e testimonianze alla Serva di Dio Madre M. Antonia Lalìa. Roma 1995, 93-98; (zus. mit F. C. Mintzer) Toward On-Line, Worldwide Access to Vatican Library Materials, in: IBM Journal of Research and Development 40 (1996) 139-162; (Vorw.) Marco Buonocore (Hrsg.): Vedere i classici. L´illustrazione libraria dei testi antichi dall´età romana al tardo medioevo. Catalogo della mostra, Salone Sistino. Roma 1996; (Vorw.) Mariano Dell´Omo (Hrsg.): Virgilio e il Chiostro. Manoscritti di autori classici e civiltà monastica. Catalogo della mostra, Abbazia di Montecassino. Roma 1996; (Grußwort) Próinséas Ní Chathaín/Michael Ritter (Hrsg.): Irland und Europa im frühen Mittelalter: Bildung und Literatur/ Ireland and Europe in the Early Middle Ages: Learning and Literature. Stuttgart 1996, 1-6; Has the Dominican Order Accepted the Integral Formation Concived by St. Thomas?, in: Robert Christian (Hrsg.): La formazione integrale domenicana al servicio della Chiesa e della società. Atti del Congresso internazionale Pontificia Università S. Tommaso. Roma, 23-24 novembre 1994 (Studia Universitatis S. Thomae in Urbe 1). Bologna 1996, 23-30; (Vorw.) William J. Sheehan (Hrsg.): Bibliothecae Apostolicae Vaticanae Incunabula I-IV (Studi e testi 380-383). Città del Vaticano 1997; (Vorw.) Christine Maria Grafinger: Beiträge zur Geschichte der Biblioteca Apostolica (Studi e testi 373). Città del Vaticano 1997; (Vorw.) Marco Buonocore (Hrsg.): Appunti di topografia romana nei codici Lanciani della Biblioteca Apostolica Vaticana I. Roma 1997; The Breviary of St. Dominic, in: Barbara Hallensleben/Guido Vergauwen (Hrsg.): Praedicando et docendo. Mélanges offerts à Liam Walsh O.P. (Cahiers oecuméniques 35). Fribourg 1998, 241-251 (Nachdruck: Integral Palaeography, 135-147); (Vorw.) Diego D´Elia: Il codice Vaticano »Boncompagni 3«. Il più complesso ed importante Codice Scacchistico della Biblioteca Apostolica Vaticana. Roma 1998; (Vorw.) Joseph-Marie Sauget: Littérature et manscrits des chrétientés syriaques et arabes. Recueil d´articles publié par Louis Duval-Arnould et Fréderic Rilliet (Studi e testi 389). Città del Vaticano 1998; Feeble and Fleeting Instruments, in: Religious Life Review 38 (1999) 360-361; The Friars and Reading in Public, in: Maria Candida Pacheco (Hrsg.): Le vocabulaire des écoles des Mendiants au moyen âge. Actes du colloque, Porto (Portugal) 11-12 octobre 1996 (CIVICIMA. Études sur le vocabulaire intellectuel du moyen âge IX). Turnhout 1999, 8-1 (Nachdruck: Integral Palaeography, 149-157); Pastoral Training in the Time of Fishacre, in: New Blackfriars 80 (1999) 345-353; Saint Thomas d´Aquin et le troisième millénaire in: Une spiritualité de l´étude. La Vie Spirituelle 153, fasc 733 (1999) 625-642 (Nachdruck: Facing History, 141-15 engl.: - St Thomas Aquinas and the Third Millennium, in Anne J. Duggan/Joan Greatrex/Brenda Bolton (Hrsg.): Omnia disce - Medieval Studies in Memory of Leonard Boyle O.P. (Church, Faith and Culture in the Medieval West). Burlington 2005, 294-307); La Biblioteca di Niccolò V, in Franco Bonatti/Antonio Manfredi (Hrsg.): Niccolò V nel sesto centenario della nascità. Atti del convegno internazionale di studi, Saranza, 8-10 ottobre 1998 (Studi e testi 397). Città del Vaticano 2000, 3-8; Sisto IV e la Biblioteca Vaticana, in: Bonita Cleri/Sabine Eiche/John E. Law/Feliciano Paoli (Hrsg.): I Della Rovere nell´Italia delle Corti. Vol. I: Storia del ducato (Atti del Convegno »I Della Rovere nell´Italia delle Corti«, Palazzo Ducale di Urbania il 16-19 settembre 1999). Urbino 2002, 11-19; The Setting of the Summa Theologiae of St. Thomas - Revisited, in: Stephen J. Pope (Hrsg.): The Ethics of Aquinas (Moral tradition series). Washington, D.C. 2002, 1-16; Innocent III´s View of Himself as Pope, in: Andrea Sommerlechner (Hrsg.): Innocenzo III. Urbs et Orbis. Atti del Congresso Internazionale Roma, 9-15 settembre 1998, Vol. I (Miscellanea della Società Romana di Storia Patria XLIV). Roma 2003, 5-19; A material consideration of Santa Sabina ms. XIV L 1, in: (zus. mit) Pierre-Marie Gy (Hrsg.): Aux origines de la liturgie dominicaine: le manuscrit Santa Sabina XIV L 1 (Collection de l´École Française de Rome 327; Documents, Études et Répertoires 67). Paris-Roma 2004, 19-39;

Weiterhin eine Vielzahl von Artikeln in: New Catholic Encyclopedia (s. NCE Volume XV Index. San Francisco-Toronto-London-Sydney 1967, 27) und in: Bibliotheca Sanctorum (s. Bibliotheca Sanctorum Indici. Roma 1970, 354).

Lit.: Roger E. Reynolds: Leonard Boyle and Medieval Studies in Canada, in: Rome: Tradition, Innovation and Renewal. A Canadian International Art History Conference 8-13 June 1987, Rome, in honour of Richard Krautheimer on the occasion of his 90th birthday, and Leonard Boyle O.P., Prefect of the Biblioteca Apostolica Vaticana. Victoria Canada 1991, 23-38; — Joseph Goering: The Boyler Room, in: ebd. 39-54; — Joseph Pope: The Library That Father Boyle Built, in: A Distinct Voice. Medieval Studies in Honour of Leonard E. Boyle, O.P. Edited by Jacqueline Brown and William P. Stoneman. Notre Dame, Indiana 1997, 157-162; — Giles Constable: Leonard Boyle: The Teacher and Scholar, in: Roma, magistra mundi. Itineraria culturae medievalis. Mélanges offerts au Père L. E. Boyle à l´occasion de son 75e anniversaire. Edités par Jacqueline Hamesse. Ouvrage publié avec le concours de la Homeland Foundation (New York) (Fédération Internationale des Instituts d´Études Médiévales. Textes et Études du Moyen Âge, 10,1). Louvain-la-Neuve 1998, 1-10; — Peter Landau: Leonard Boyle and modern Research in medieval Canon Law, in: ebd. 503-508; — William H. Honan: Leonard E. Boyle, Who Modernized Vatican Library, Dies at 75, in: New York Times, October 28, 1999; — Nicolas Barker: Obituary: The Rev Leonard Boyle, in: The Independent (London), Nov 2, 1999; — Ludwig Schmugge: Leonard E. Boyle: priest, dominican, teacher, scholar and librarian, in: Leonard E. Boyle O.P.: »Vox paginae«. An oral dimension of texts. Con una prefazione di Krzysztof Zabolicki, un'introduzione di Ludwig Schmugge e una bio-bibliografia dell'autore (Unione Internazionale degli Istituti di Archeologia Storia e Storia dell'Arte in Roma, Conferenze/16). Roma 1999, 13-19; — Louis Holts: Hommage au P. Leonard Boyle O.P., in: Analecta O.P. 107 (1999) 556-560; — Thomas McCarthy: Fr. Leonard Eugene Boyle, OP (1923-1999), in: Analecta O.P. 107 (1999) 575-576; — Jacqueline Hamesse: In memoriam L.E. Boyle (1923-1999), in: Bulletin de Philosophie Médiévale 41 (1999) 184-190; — (Hugh Fenning): No. 26 Fr Leonard Boyle (at Rome on 25th October 1999), in: Acts Provincial Chapter 2000. Irish Province OP Part II. Obituary 1996-2000. Tallaght 2000, 76-78; — Virginia Brown: Pro communi doctorum virorum commodo: Leonard E. Boyle, O.P. (1923-1999), in: Scrittura e civiltà 24 (2000) 429-447; — Jacqueline Hamesse: Leonard E. Boyle (1923-1999) in memoriam, in: Anuario de Historia de la Iglesia IX (2000) 567-570; — J. Ambrose Raftis, C.S.B.: Leonard E. Boyle, O.P. (1923-1999), in: Papers in Mediaeval Studies 62 (2000) VII-XXVI; — Christine Maria Grafinger: Projects for the Vatican Library, in: Anne J. Duggan/Joan Greatrex/Brenda Bolton (Hrsg.): Omnia disce - Medieval Studies in Memory of Leonard Boyle, O.P. (Church, Faith and Culture in the Medieval West). Burlington 2005, 283-289; — Paul Murray: Leonard Boyle's Scholarly Valediction. I. Introduction; in: ebd. 293-294; — John Osborne: Leonard Boyle and the Lower Church of San Clemente, Rome, in: ebd. 3-8; — James M. Powell: Memoir of a Friend, in: ebd. 279-281; — Margret Wade Labarge: Canadian Reflections, in: ebd. 281-283; — Maria Spassova/Seamus Shortall (Hrsg.): Father Leonard Boyle. Quest for a Saint, Sofia 2005 (engl. und bulgarisch).

Festschriften/Gedenkschriften: Jacqueline Brown/William P. Stoneman (Hrsg.): A Distinct Voice. Medieval Studies in Honor of Leonard E. Boyle, O.P.. Notre Dame, Indiana 1997; — Jacqueline Hamesse (Hrsg.): Roma, Magistra Mundi. Itineraria Culturae Medievalis. Mélanges offerts au Père L. E. Boyle à l'occasion de son 75e anniversaire (Fédération Internationale des Instituts d'Études Médiévales. Textes et Études du Moyen Âge, 10, 1-3). Louvain-la-Neuve 1998; — Miscellanea Bibliothecae Apostolicae Vaticanae VI. Collectanea in honorem Rev.mi Patris Leonardi Boyle O.P. septuagesimum quintum annum feliciter complentis (Studi e testi 385). Città del Vaticano 1998; — Marie-Louise Rodén (Hrsg.): Ab Aquilone. Nordic Studies in Honour and Memory of Leonard E. Boyle, O.P. (Studia artis historiae Instituti Romani Regni Sueciae 6). Stockholm 1999; — Anne J. Duggan/Joan Greatrex/Brenda Bolton (Hrsg.): Omnia disce - Medieval Studies in Memory of Leonard Boyle, O.P. (Church, Faith and Culture in the Medieval West). Burlington 2005.

Michael Dillmann

BRIANT, Alexander; englischer Jesuit, Märtyrer und Heiliger; * um 1556 in der Grafschaft Somerset (England); † 1. Dezember 1581 Tyburn, London. — Alexander Briant stammte vermutlich aus dem niederen Landadel, doch ist letztlich nichts über seine soziale Herkunft, seine Familie und seine Jugendzeit bekannt. Mit 18 Jahren ist er jedenfalls in Oxford zu finden, denn ab 1574 ist er am Hart Hall College immatrikuliert, einem der ältesten Kollegien Oxfords, 1282 von Elias de Hertford gegründet. In Oxford lernte Alexander Briant schließlich Robert Parsons (BBKL XXI, 1133-37) kennen, der wie Briant aus Somerset stammte und Dozent am Balliol College war. Alexander Briant schloß schnell Freundschaft mit Parsons und wechselte wegen diesem sogar ans Balliol College. Unter Parsons Einfluß konvertierte Briant schließlich zum Katholizismus. Doch schon ein Jahr später wurde die Freundschaft der beiden auf eine harte Probe gestellt, als Robert Parsons im Frühjahr 1575 nach Streitigkeiten mit Kollegen wegen seines katholischen Glaubens seine Lehrtätigkeit an der Universität Oxford aufgeben mußte. Parsons lebte zunächst fünf Monate in London, verließ dann aber England und ging nach Padua, um dort Medizin zu studieren. Aber schon nach drei Monaten siedelte er nach Rom über, wo er am 4. Juli 1575 in den Jesuitenorden eintrat. — Alexander Briant studierte seines Freundes beraubt zunächst noch weiterhin in Oxford, wechselte dann aber wie viele andere Katholiken, die in Oxford studierten und lehrten, 1577 ans Englische Kolleg nach Douai im heute französischen Teil Flanderns. — Viele namhafte Katholiken verließen nach der Thronbesteigung Elisabeths I. und der Neuerrichtung einer protestantischen Staatskirche ihre Heimat England. Nicht wenige dieser Exilanten fanden Zuflucht im flandrischen Douai. Sie prägten das Gesicht der Stadt und der dort 1560/62 von König Philipp II. gegründeten Universität. Der erste Kanzler der neuen Universität war der Theologen Richard Smith (1500-1563), der frühere *Regius Professor of Divinity* der Universität Oxford. Unter den englischen Exilanten, die in die spanischen Niederlande strömten, war auch der spätere Kardinal William Allen (BBKL I, 120f.), früherer Proktor vom St. Mary Hall College in Oxford, der 1561 England verließ und zunächst an der Universität von Löwen wirkte.

Nach der Errichtung der Universität von Douai wechselte er aufgrund der vielen englischen Lehrkräfte dorthin. In Douai, in welchem William Allen ein zweites Oxford sah, gründete er 1569 ein Seminar zur Ausbildung englischer Priester für die Seelsorge in der Heimat. Später wurde das Seminar erweitert und auch für Laien geöffnet, um so Sprößlingen katholischer Familien Englands eine entsprechende akademische Aus- und Weiterbildung zu ermöglichen, die im elisabethanischen England so nicht mehr möglich war. — Alexander Briant kam also im Sommer 1577 ans Englische Kolleg nach Douai, wo er seine Studien abschloß und sich auf die Priesterweihe vorbereitete. Im März 1578 wurde er schließlich in Cambrai zum Priester geweiht. Danach wartete er darauf in seiner englischen Heimat als Missionspriester eingesetzt zu werden. Sein Einsatz in England begann am 3. August 1579. Zunächst wirkte er in der Grafschaft, der er selbst entstammte, in Somerset. Dort war es ihm vergönnt, den Vater seines Freundes Robert Parsons in die katholische Kirche aufzunehmen. Von Somerset aus ging Briant nach London, wo er 1580 den alten Freund wieder traf und in dessen Haus nahe der St. Bride´s Church lebte. — Nachdem Robert Parsons von Papst Gregor XIII. (BBKL II; 323-25) und dem Ordensgeneral Claudius Aquaviva (BBKL I, 202) mit der Begründung der Jesuitenmission in England betraut wurde, kehrte er zusammen mit seinen Ordensbrüdern Edmund Campion (BBKL I, 903f.) und Thomas Cottam (BBKL I, 1139f.) nach England zurück. Bald nach ihrer Ankunft in London hielten sie mit anderen Priestern der englischen Mission in Southwark ein Treffen ab, wo sie den Einsatz der Jesuiten in England besprachen und planten. Dann begann Parsons eine Reise durch Northhampton, Derby, Worcester und Gloucester, wo er von Haus zu Haus zog und unter den Katholiken predigte und ihnen die Sakramente spendete. Er wirkte mit großem Erfolg und schrieb mehrere religiöse Schriften. Um diese zu veröffentlichen, errichtete 1580 er mit Hilfe des Buchdruckers Stephen Brinkley (1500-1585?) in Barking eine katholische Geheimpresse. Trotz täglicher Gefahr entdeckt zu werden, verließen Parsons Werke »A brief discourse containing certain Reasons Why Catholics refuse to go to Church« und »Confessio fidei« die Druckerei in großer Zahl.

Wegen der großen Gefahr wurde die Druckerei mehrmals verlegt, zuletzt nach Stonor Park in Henley, Oxfordshire, wo dann auch Edmund Campions Buch »Decem Rationes« erschien. Diese Schriften sorgten für Aufsehen und ließen die Staatsmacht die Suche nach Parsons, Campion und ihren Gesinnungsgenossen noch intensivieren. Im Juli 1581 gelang es den Häschern dann dank des Hinweises eines Spitzels Edmund Campion bei einem Zwischenaufenthalt in Lyford in der Grafschaft Berkshire zu verhaften. Parsons hielt sich daraufhin einige Zeit in Windsor Forest und in Sussex versteckt, bevor er aufs europäische Festland fliehen konnte. — Schon zuvor, im März 1581 suchten die staatlichen Häscher Parsons Haus in London heim. Da Parsons dort jedoch nicht anzutreffen war, nahmen die Häscher Alexander Briant gefangen, der sich gerade im Haus befand. Er wurde zunächst ins kleine Gefängnis *The Woodstreet Counter* in der Londoner City gebracht, wo man hoffte mittels Verhöre von ihm Informationen über den Aufenthalt und die Aktivitäten von Robert Parsons zu erhalten. Schon wenige Tage später fand sich Alexander Briant im Tower wieder, wo er am 27. März das erste Mal unter der Folter befragt wurde. Am 6. April schließlich wurde er in den so genannten *Pit* gesteckt, ein unterirdisches Verlies, wo er acht Tage lang in völliger Dunkelheit gehalten wurde. Auf diese Weise gedachte man, Briant gefügig zu machen. Danach wurde er immer und immer wieder peinlichen Verhören unterworfen, jedoch ohne Erfolg. Alexander Briant gab keinerlei verwertbare Informationen preis. So wurde er schließlich im folgenden Schauprozeß des Hochverrats an der Königin angeklagt und am 21. November 1581 zum Tode verurteilt. Kurz vor seiner Hinrichtung schrieb er noch einen Brief aus dem Gefängnis, der an die Gesellschaft Jesu adressiert war und in dem er um Aufnahme in den Orden bat. In diesem Brief berichtete er auch davon, daß er während der Folterungen stets so intensiv an die Leiden Christi gedacht habe, daß er keinerlei Schmerzen verspürt hätte. Aufgrund dieses Briefes betrachtet ihn die Gesellschaft Jesu als einen der ihren. — Alexander Briant wurde zusammen mit dem Jesuiten Edmund Campion und dem Weltpriester Ralph Sherwin (1550-1581) am 1. Dezember 1581 an der Richtstätte von Tyburn gehenkt, ausgeweidet und gevierteilt. Papst Leo XIII. sprach Alexander Briant 1886 selig und Papst Paul VI. sprach ihn 1970 heilig. Der kirchliche Gedenktag wird am 1. Dezember gefeiert.

Lit.: A True Reporte of the Death and Martyrdome of M.(Edmund) Campion, Jesuite and Prieste, and M.(Rodulph) Sherwin, and M.(Alexander) Bryan, Priestes at Tiborne, Dec. 1, 1581. Observed and written by a Catholic Priest which was present thereat. Wherunto is annexed certayne Verses made by Sundrie Persons (London 1582); — Kardinal William Allen, A Brief History of the Glorious Martyrdom of the 12 Revenend Priests: Fr. Edmund Campion and his Companions, Douai 1584; neu hrsg. von John Hungerford Pollen S.J., London 1908; — Henry More S.J., Historia Missionis Anglicanae Societatis Jesu, ab anno salutis, 1580, ad 1619, St. Omer 1660; hrsg. u. ins Englische übersetzt von Francis Edwards S.J., London 1981; — P. Daniello Bartoli S.J., Dell'istoria della Compagnia di Giesu: L'Inghilterra. Parte dell'Europa, Rom 1667, 151,228-230; — Matthias Tanner S.J., Societas Jesu usque ad sanguinis et vitae profusionem militans, Prag 1675, 14 ; — Anthony Wood, Athenae Oxonienses: an Exact History of all the Writers and Bishops who have had their Education in the University of Oxford from 1500 to 1690; to which are added the Fasti; or Annals of the said university, 2 Bde., London 1691/92 (Zweitauflage hrsg. von Robert Knaplock u. Jacob Tonson, 2 Bde., London 1721; eine weitere revidierte Neuauflage wurde hrsg. von Philip Bliss, 4 Bde. London 1813-20; hier zu Alexander Briant Bd.1, 479); — Br. Henry Foley S.J. (Hrsg.), The Records of the English Province of the Society of Jesus, 7 Bde., London 1877-1883, Bd. IV, 343-367; — Joseph Gillow (Hrsg.) A Literary and Biographical History, or Bibliographical Dictionary of the English Catholics: From the Breach with Rome, in 1534, to the Present Time, Bd.1, London u. New York 1885, 293-294; — A. Kobler, Die Märtyrer u. Bekenner der Ges. Jesu in Engl. während der J. 1580 bis 1681, Innsbruck 1886; — Joseph Spillmann, Die englischen Märtyrer unter Elisabeth bis 1583, Ein Beitrag zur Kirchengeschichte des 16. Jahrhunderts, Freiburg, Basel, Wien 1887; — John Hungerford Pollen S.J., Acts of English Martyrs, London 1891; — Ders.(Hrsg.), Richard Challoner, Memoirs of Missionary Priests and Other Catholics of Both Sexes That Have Suffered Death in England on Religious Accounts from the Year 1577 to 1684, revidierte Neuauflage, London 1924, 55-56; — Dom Bede Camm O.S.B. (Hrsg.), Lives of the English Martyrs Declared Blessed by Pope Leo XIII in 1886 and 1895, Bd.2, London 1905, 397-423; — Ludwig Koch, Jesuiten-Lexikon. Die Gesellschaft Jesu einst und jetzt, Paderborn 1934; — Herbert Thurston u. Donald Attwater (Hrsgg.), Butler's Lives of the Saints, London & New York 1956, Bd.4, 469-470; — Peter de Rosa, Blessed Alexander Briant, London (Office of the Vice-Postulation) 1961; — Francis Edwards S.J., The Jesuits in England from 1580 to the present day, London 1985; — Thomas Clancy, S.J., The First Generation of English Jesuits, in: AHSI 57 (1988), 137-162; — Thomas McCoog, S.J.(Hrsg.), Monumenta Angliae I: English and Welsh Jesuits: Catalogues (1555-1629), MHSI 142, Rom 1992; — Peter Lake u. Michael Questier, Agency, Appropriation and Rhetoric under the Gallows: Puritans, Romanists and the State in Early Modern England, in: Past and Present 153 (November 1996), 64-107; — James Walsh, S.J., Forty Martyrs of England and Wales, London 1997 (Catholic Truth Society), 14f.; — The Oxford Dictionary of Saints, 5. Aufl. Oxford & New York 2003, 76-77; — DNB II, 1217f.; — EC X, 893-895; — NCE II, 795.

Ronny Baier

BRISSON, Louis (Aloisius) Alexandre Sosthène, franz. Ordensgründer, * 23. Juni 1817 in Plancy, Frankreich; † 2. Februar 1908 in Plancy, Frankreich. — B. wurde am 23.6. 1817 in Plancy geboren. Trotz seiner Neigung für Mathematik und Naturwissenschaften, wollte er Priester werden. Von 1831 bis 1835 kam er deshalb in das Knabenseminar von Troyes. Dort entwickelte er sich zu einem exzellenten Schüler. Im Januar 1936 trat B. in das Priesterseminar von Troyes ein. Von 1836 bis 1838 studierte er Philosophie und von 1838 bis 1840 Theologie, seine Priesterweihe empfing er am 19.12. 1840. Am 29.3. 1842 begegnet er Maria Salesia Chappuis, Oberin des Klosters der Schwestern der Heimsuchung in Troyes, einer Ordensgemeinschaft, die 1610 vom hl. Franz von Sales gegründet wurde und als deren Spiritual und Beichtvater B. von 1843 an tätig wurde. Die »Gute Mutter«, wie ihre Mitschwestern sie nannten, will B. für die Gründung einer männlichen Ordensgemeinschaft im salesianischen Geiste gewinnen, der erst zustimmt, als ihm 1845 »drei Wunder« widerfahren: Geld für die Miete einer Familie in Not, die lateinische Zitation einer bestimmten Textstelle aus der *Summa Theologica* Thomas von Aquins durch eine Ordensschwester, die Erscheinung Jesu (24.2. 1845). Bis zur Gründung der *Oblaten des hl. Franz von Sales* (erste Novizen: 1873, Decretum laudis: 1875, Anerkennung der Satzung: 1897) wirkt B. sozial-karitativ: 1857 gründet er den *Verein vom heiligen Franz von Sales*, mit dem Ziel, den Eifer der Gläubigen durch Gebet und tätige Nächstenliebe neu zu entfachen. Aus diesem Verein entstanden vier verschiedene Zweige: das Werk des frommen Lebens, das Werk der Soldaten, das Missionswerk und das Werk der Arbeiterjugend. B. eröffnete bis 1863 vier Heime, in denen vor allem Mädchen ein neues und solides Zuhause fanden. Zusammen mit der Heimleiterin Leonie Aviat (hl. Franziska Salesia) gründet L. 1868 die *Oblatinnen des hl.*

Franz von Sales (1890 Anerkennung der Satzung, 1911 endgültige Anerkennung). Nach 1878 nehmen die Auseinandersetzungen zwischen Bischof Cortet und B zu. 1881 erhält B. und sein junger Orden bei einer Audienz im Vatikan die volle Unterstützung von Papst Leo XIII. zugesagt. 1883 entzieht Bischof Cortet B. sein Amt als Spiritual der Heimsuchung von Troyes. 1886 erscheint seine Biografie über die Gute Mutter. 1888 kommt es in Rom zur Aussöhnung mit Bischof Cortet. Um die Jahrhundertwende gerieten B. und seine junge Ordensgemeinschaft in die Wirren des französischen Kirchenkampfes, den Premierminister Waldeck-Rousseau im Oktober 1900 beginnt. Das »Gesetz zur Aufhebung der Ordenskongregationen« (1901) ist der Auftakt einer breit angelegten Zerstörungs- und Vertreibungswelle. 1902 zieht sich B. nach Plancy zurück, im Jahr darauf werden die Kongregationen der Oblatinnen und Oblaten des hl. Franz von Sales staatlich aufgehoben. 1908 stirbt B. in Plancy. Am 11.4. 1961 erfolgt die Überführung und Beisetzung des Leichnams von B. in der Krypta St. Gille, zusammen mit dem Leichnam der hl. Franziska Salesia. Sein Seligsprechungsprozeß wurde in der Diözese Troyes am 11.2. 1938 offiziell begonnen, am 24.2. 1964 erfolgte die Übergabe der Akten an Rom. Das Verfahren dauert an.

Werke: Exerzitienvorträge, in: Jahrbücher für salesianische Studien 12 (1974), 129-179; Exerzitienvorträge (retraites) 1881-1900 auf http://www.louisbrisson.org (30.01.2008); Kritische Gesamtausgabe der Werke L. B.s (»Milleniums-Ausgabe«), 2000 (frz.; dt. Übersetzung in Bearbeitung).

Lit.: E. J. Carney, Fr. B.'s commentary on The Constitutions of The Spiritual Directory of the Oblates of St. Francis de Sales. Hayttsville 1966; — P. Dufour, Le tres reverend pere L. B. Fondateur des Oblates et des Oblats de Saint Francois de Sales 1817-1908, Paris 1936; — D. Koster, L. B., Noorden 2007; — K. Vokinger, L. B., o.O. 1949; — F. Wehrl, Vertreibung und Neubeginn. Ein Beitrag zur Gründungsgeschichte der Kongregation der Oblaten des hl. Franz von Sales, Eichstätt 2004.

Josef Bordat

BRÜNING, (Joseph Maria Leberecht) Wilhelm, katholischer Historiker, Journalist und Stadtarchivar, * 3.10. 1862 in Mariensee bei Seeberg, † 17.7. 1936 in Aachen. Als Sohn des von Westfalen nach Ostpreußen übergesiedelten Gutsbesitzers Wilhelm Brüning und seiner Ehefrau Louise geb. Versen wurde W. B. am 3. Oktober 1862 in Mariensee bei Seeberg geboren. Sein Großonkel war der Zentrumsführer Ludwig Windthorst. Nach dem Besuch des Gymnasiums in Danzig und Hohenstein, wo er am 30. August 1884 das Abitur erlangte, studierte er von 1884 bis 1892 an der Akademie Münster sowie an den Universitäten Berlin und Königsberg Geschichtswissenschaften, Geographie und deutsche Philologie. 1892 promovierte Brüning in Königsberg bei Hans Prutz (1843-1929) mit einer Arbeit über die Geschichte des Bistums Ermland im Spätmittelalter. Im November 1895 wurde er Stadtarchivar in Aachen. Er wohnte in Aachen in der Johanniterstraße 29. Seine Pensionierung erfolgte im März 1928. Brüning war Mitarbeiter der katholischen Wochenzeitschrift »Allgemeine Rundschau« und der im Berliner Scherl-Verlag erscheinenden Tageszeitung »Der Tag«. In seinen Artikeln nahm er zu den unterschiedlichsten Themen Stellung. Im Frühjahr 1902 sprach er sich im »Tag« unter Berufung auf den Leipziger Arzt Paul Julius Möbius (1853-1907) gegen die Versetzungsrelevanz des Schulfaches Mathematik aus. Die Befähigung für Mathematik sei »eine streng abgegrenzte Gehirnfertigkeit, die mit Klarheit im Anschauen, Schärfe der Denkbegabung und Folgerichtigkeit im Denken nichts zu tun hat und die deshalb auch keinen Bildungswert besitzt.« — Im Sommer 1902 rühmte er im »Tag« die 1815 vollzogene Vereinigung des katholischen Rheinlandes mit dem protestantischen Preußen: »Die Hauptkulturtat der Hohenzollernherrschaft liegt auch für die Rheinprovinz auf dem Gebiete des Schulwesens ... Gymnasien wurden allerorten gegründet, an denen die Schüler auch etwas anderes lernten als die 'Epitome historiae sacrae' und die religiösen Werke eines Prudentius [† nach 405, s. Bd. VII]. Die mit lateinischen Brocken und Heiligengeschichten vollgepfropften Jünglinge des alten Reiches waren natürlich als Männer nicht imstande gewesen, Straßen und Brücken und Maschinen zu bauen. Exakte und Naturwissenschaften, Physik, Chemie usw haben sie nicht kennen gelernt.« Nicht hoch genug veranschlagen könne »der Kenner ausländischer und früherer deutscher Zustände unter der Arbeiterbevölkerung die Verdienste, die Preußen sich um die Volkserziehung durch seinen vielgeschmähten Militarismus, um den uns jeder einsichtsvolle Ausländer beneidet, erworben hat.« Das Deutsche Reich sei eine Frucht dieses Militarismus. Über die Zeit vor der preußischen Herrschaft verlor Brüning kein gutes Wort: »Jahrhunderte hindurch hat das Rheinland mit dem heiligen römischen Reiche deutscher Nation nur dessen Siechtum und die Folgen, Entartung und Verarmung, geteilt.« Mit dieser negativen Bewertung des »Heiligen Römischen Reiches« vertrat Brüning eine borussistische Sicht der Geschichte, die für einen katholischen Historiker seiner Zeit bemerkenswert war. — Wilhelm Brüning war ein Bewunderer des Franziskanerpaters Expeditus Schmidt (1868-1939, s. Bd. XXV), dem im sogenannten »Literaturstreit« von katholischen Integralisten »literarischer Modernismus« vorgeworfen wurde. Im September 1909 berichtete Brüning im »Tag« von einem Vortrag und einer Begegnung mit Expeditus Schmidt in Aachen: »Im Aachener Karlshause hatte man schon viele Redner gehört, Redner aus aller Herren Ländern und in jedem Gewande. Aber einen Pater, der über Ibsen sprach, hatte man noch nicht erlebt. Die Neugierde war deshalb nicht gering. Sie kam auf ihre Kosten, und man konnte auch etwas mit nach Hause nehmen; denn der Pater Expeditus Schmidt sprach als ein echter Doktor der Weltweisheit. Am nächsten Tage unterhielt ich mich mit ihm im schönen, stimmungsvollen Urkundensaale des Stadtarchivs. Die Beleuchtung dort ist etwas mittelalterlich duster. Die dunkelbraune Kutte paßte in diesen Rahmen. Aber der Mann, der in ihr steckte, vereinigt in seinem Wesen zwei Epochen in harmonischer Form: des Mittelalters schlichte Kraft und die Geisteskultur der Moderne. Ich mußte bei seiner lebhaften Rede der Publizisten des Minoritenordens gedenken, die für Ludwig den Bayer so tapfer Wort und Feder einsetzten und die deutsche Welt mit neuen Gedanken erfüllten. Etwas Neues plante auch P. Expeditus. Er wollte den Katholiken den fruchtbringenden Gehalt der modernen Literatur vermitteln. Zu diesem Zwecke gründete er die Zeitschrift: 'Über den Wassern'. Sie erscheint seit zwei Jahren in Münster. Sie hat bereits viel Beifall gefunden hat, nur bezeichnenderweise in einem katholischen Kreise nicht, bei den österreichischen Gralsbündlern, deren Abschließungsbedürfnis auch den trefflichen Herausgeber des 'Hochlands', Karl Muth, zum modernistischen Ketzer stempeln möchte. Aber alle Katholiken, die die Zeichen der Zeit verstehen, wollen gerade aus dem literarischen Ghetto heraus. P. Schmidt weist uns dazu den Weg, und er verhilft zugleich ringenden Kräften ans Licht. Es fehlt daran nicht im Katholizismus, aber sie bedürfen der Unterstützung. Deshalb sei die Zeitschrift 'Über den Wassern' dem freundlichen Interesse der Leser des 'Tags' empfohlen. Auch die Protestanten unter ihnen werden sich davon überzeugen, daß dieser Franziskanermönch eine so vorurteilsfreie und hohe Meinung von der Kulturmission der Dichtkunst hat wie selten einer.« — Im Juni 1910 profilierte sich Wilhelm Brüning als Kritiker der kurz zuvor veröffentlichten Borromäus-Enzyklika von Papst Pius X. (1835-1914, s. Bd. VII), die viele Protestanten als Beleidigung ihrer Konfession verstanden. Im »Tag« widersprach er der Behauptung der katholischen Tageszeitung »Germania«, die Enzyklika sage die »geschichtliche Wahrheit« über die Reformation. Katholische Historiker hätten den Fehler der Geschichtsschreibung von Johannes Janssen (1829-1891, s. Bd. II), »die Zustände vor der Reformation auf fast allen Gebieten in glänzendem Lichte darzustellen«, inzwischen hinter sich gelassen und würden die Mißstände in der spätmittelalterlichen Kirche nicht mehr bestreiten. Als Beispiele verwies er auf die Neubearbeitung der »Deutschen Geschichte« von Janssen durch seinen Schüler Ludwig Pastor (1854-1928, s. Bd. VI), auf ein Buch des katholischen Pfarrers Philipp Knieb (1849-1915) und auf einen Aufsatz des katholischen Historikers Franz Xaver Barth (1868-1954). Das in der Borromäus-Enzyklika gezeichnete Bild der Reformation entspreche nicht mehr dem Stand der katholischen Geschichtsschreibung, monierte Brüning. — In einer Apologie Karls des Großen, die gegen den evangelischen Pfarrer Albert Lienhard (1869-1930) gerichtet war, der die Sachsenkriege Karls des Großen wegen ihrer Grausamkeit verurteilte, offenbarte Brüning seine Nähe zu völkischem Gedankengut: »Wenn ein Theologe Karl als den bezeichnendsten Typus blutrünstiger Verbreitung des Christentums zu diskreditieren versucht, so muß der Historiker energisch widersprechen ... Nicht religiöse Motive veranlaßten den Frankenkönig zum Kriege gegen seine östlichen Nachbarn, sondern die Pflicht, sein Reich vor beständiger Gefährdung sicherzustellen. Er führte einen Abwehr-, nicht einen Angriffskrieg. ... Das unbändige Naturvolk mußte mit allen Mitteln niedergezwungen werden. Daß sie so blutig waren, hatte es selber verschuldet. Oder hätte Karl aus christlicher Demut sich und seine Franken hinschlachten lassen sollen? Christianisierung kam für ihn erst in zweiter Reihe. Sein Ziel war ein politisches: Eingliederung der deutschen Stämme in sein Reich. Wenn er dabei das Schwert gebrauchte, wer ist so naiv, ihm das zum Vorwurf zu machen? ... Es gibt zwei Arten von Christentum; die eine macht die Menschen zu sentimentalen Duckmäusern, die andere zu Heroen. Zu den letzteren gehörte Karl der Große. Ohne ihn und seine Sachsenkriege hätte es niemals ein Deutsches Reich gegeben. Und ohne andere 'typische' Vertreter der Verbreitung des Christentums gäbe es auch keinen preußischen Staat; denn drei Fünftel von dessen Boden haben die Billung [† 973], Gero [† 965], Albrecht und die Brüder vom deutschen Hause mit dem Schwert erobert und mit Blut gedüngt. Und haben damit die größte deutsche Kulturtat vollbracht. Es ist bezeichnend für Vertreter neumodischer Frömmigkeit, daß sie einer Persönlichkeit wie der Karls des Großen wegen seiner Kämpfe, durch die ein Deutschland überhaupt erst möglich wurde, einen Makel anhängen wollen.« Den Geist, »der Karl der Große beseelte«, würden die Deutschen, so Brüning, »noch sehr nötig haben, besonders für den Entscheidungskampf mit dem Panslawismus, der früher oder später kommen muß. Mit frommen Redensarten werden wir ihn nicht gewinnen.« Brüning betonte ferner: »In der Auffassung aller tüchtigen Vertreter des Germanentums von Karl bis Bismarck ist das Christentum nicht eine Lehre nachgiebiger Wehleidigkeit, sondern der Kraft und des Kampfes, die zweckmäßige Milde natürlich nicht ausschließt. So haben wir Deutschen uns das Christentum zu eigen gemacht. Und dabei wollen wir bleiben. Eine andere Art frommt uns nicht. Mit Missionspredigten gewinnt man keine Kriege, bezwingt man kein unbändiges Volk. Weder im Mittelalter noch jetzt. Daß wir in unseren neuzeitlichen Kolonisationsbestrebungen so viele Mißerfolge erlitten haben, liegt an dem Mangel an der Kraft, die uns im Mittelalter das ganze Wendenland gewann.« Auch Brünings Plädoyer, im Schulunterricht das Nibelungenlied statt Homer zu behandeln, zeigt seine Nähe zu völkischen Ideen. Es gab für Brüning keinen Zweifel, »daß unsere nationale Stammessage weit reicher ist an Perlen echter Lebensweisheit als die altklassische Fabelwelt und daß sie an sittlicher Unverfänglichkeit weit über dieser steht.« Mit der Lektüre von Homer würden »unsere jugendlichen Seelen mit Bazillen fremder Unmoral und Unanständigkeit aufs gründlichste infiziert.« Vor diesem Hintergrund kann auch ein Rassismus kaum mehr verwundern, wie er sich in seinem Urteil über den belgischen Ministerpräsidenten Charles de Broqueville (1860-1940), einem Vertreter der katholischen Partei Belgiens, zu Beginn des Ersten Weltkrieges artikulierte: »In diesem Individuum sind alle üblen Instinkte der wallonischen Mischmaschrasse zu geiler Blüte gediehen.« 1914 wurde Wilhelm Brüning Mitglied der modernistischen »Krausgesellschaft«. Noch ungeklärt ist bisher, ob er der Bruder oder Cousin des Trierer Rechtsanwalts Robert Brüning (*1872) war, der ebenfalls Artikel für die »Allgemeine Rundschau« schrieb.

Monographien: Aachen während der Fremdherrschaft u. der Befreiungskriege. Vortr. gehalten in der General-Versammlung des Aachener Geschichtsvereins am 21. Oktober 1896. Aachen 1897; Eine Aachener Chronik 1770-1796. Sonderabdruck aus »Aus Aachens Vorzeit«. Aachen 1898; (Pseud. Rhenanus), Der junge Görres. Ein Zeit- u. Lebensbild aus dem Rheinland (Bibl. der Aufklärung). Frankfurt a. M. 1908.

Aufsätze (Auswahl): Die Stellung des Bistums Ermland zum Dt. Orden im dreizehnjährigen Städtekriege (1454-1467), in: Altpreußische Mschr. 29 (1892) 1-69; Zum Rastatter Gesandtenmord, in: Aus Aachens Vorzeit 10 (1897) 21-24; Handschriftliche Chronik, 1770-1796, in: Aus Aachens Vorzeit 11 (1898) 18-69; Die Aachener Krönungsfahrt Friedrich III. i. J. 1442, in: Aus Aachens Vorzeit 11 (1898) 81-105; Stadtsyndicus Anton Wolf, in: Aus Aachens Vorzeit 11 (1898) 115; Zum Niedergang der Reichsstadt Aachen, in: Aus Aachens Vorzeit 11 (1898) 120f.; Aachen während der Fremdherrschaft u. der Befreiungskriege, in: ZAGV 19 (1897) 171-210; Ein Btr. zur Würdigung des Bürgermeisters Dauven, in: ZAGV 20 (1898) 265-275; Dt. Münzwerte v. J. 1650 bis zur Fremdherrschaft, in: Aus Aachens Vorzeit 12 (1899) 45-48; Herzog Karl der Kühne v. Burgund u. die Reichsstadt Aachen, in: Aus Aachens Vorzeit 13 (1900) 34-51; Jagdwesen im Aachener Reich, in: Aus Aachens Vorzeit 14 (1901) 53-60; Zur Gesch. Aachens im siebenjährigen Kriege, in: Aus Aachens Vorzeit 14 (1901) 34-52; Die Entwicklung der Bevölkerungszahlen in Aachen u. Umgegend, in: Albert Huyskens (Hrsg.), Aachener Heimatgeschichte. Aachen 1924. 172-175.

Artikel in der Tageszeitung »Der Tag« (Auswahl):

Artikel in der Rubrik »Zeit- u. Streitfragen« (Auswahl): Der Sachsenschlächter [Replik auf Art. v. Albert Lienhard in »Tag« Nr. 107], in: Der Tag (Ill. Teil) Nr. 162, 14.7.1909; Zur Beurteilung Karls des Großen [Replik auf Art. v. Albert Lienhard in »Tag« v. 20.7.1909], in: ebd., 19.8.1909.

Andere Artikel (Auswahl): Die Anlage zur Mathematik, in: Der Tag (Ill. Teil), 20.2.1902; Mathematik u. Geistesschulung. Ein Btr. zur Schulreformfrage [Rez.: Karl Gneisse, Über den Wert der mathematischen u. sprachlichen Aufgaben für die Ausbildung des Geistes. Berlin 1898], in: ebd. Nr. 121, 29.3.1901, 1f.; Das Rheinland unter den Hohenzollern, in: ebd. Nr. 287, 22.6.1902, 1f.; Homerische u. germanische Anschauungen, in: ebd., 25.1.1903, 2f.; Niederländische Statistik (Volkswirtschaftliche Rdsch.), in: ebd., 29.3.1904; Belgien in Gefahr!, in: ebd., 31.1.1906, 3; Eine belgisch-holländische Allianz?, in: ebd., 11.10.1907, 3; Barabes, in: ebd., 10.11.1907; A bas la calotte!, in: ebd., 15.11.1907; Moresnet, in: ebd., 14.12.1907; Holländische Kriegsminister, in: ebd., 14.1.1908; Waffentragen, in: ebd., 14.2.1908; Regierung u. Karneval, in: ebd., 26.2.1908; Belgien u. seine Kolonie [Zum Kampf um den Kongo], in: ebd. Nr. 135, 14.3.1908; Luxemburgisches, in: ebd. Nr. 163, 29.3.1908, 3; Weib u. Wissenschaft, in: ebd., 23.6.1908; Zur »Inferiorität der dt. Katholiken«, in: ebd., 22.4.1909; Westliche Landschaft [Rez.: Joseph Ponten, Siebenquellen. Ein Landschaftsroman. Stuttgart 1909], in: ebd., 7.9.1909, 4; Ein Franziskanermönch, in: ebd., 30.9.1909; Enzyklika u. Geschichtsschreibung, in: ebd., 11.6.1910, 2f.; Irrtümer [Replik auf Art. v. C. Metger], in: ebd., 8.4.1911; Belgische »Beängstigungen« [Zur Hetze gegen Dtld. in belgischen Zeitungen], in: ebd. Nr. 277, 25.11.1911, 2f.; Von der Westgrenze, in: ebd. Nr. 182, 6.8.1914; Der König der Belgier, in: ebd., 17.9.1914, 2; Auch Luxemburg!, in: ebd. Nr. 30, 5.2.1915; Zwei Romane v. Brausewetter, in: ebd. Nr. 142, 20.6.1916.

Rezensionen (Auswahl): Hermann A. Krose, Kirchliches Handbuch für das kath. Deutschland. Freiburg i. Br. 1925. In: LitHandw 61 (1925) Sp. 769f.; Maurice Paléologue, Am Zarenhof während des Weltkrieges. Tagebücher u. Betrachtungen. 2 Bde. München 1925. In: LitHandw 62 (1925/26) Sp. 33f.

Lit. (Auswahl): Carl Flügge, Ein Mittel wider die Barabes, in: Der Tag (Ill. Teil), 19.11.1907; — Erwin Engelbrecht, Die Agrarverfassung des Ermlandes u. ihre hist. Entwicklung (Staats- u. sozialwiss. Forsch. Bd. 169). München/Leipzig 1913. 60f., 254 (Hinweise auf B.s Diss.); — Karl Menne (Hrsg.), Keiters Kath. Literatur-Kalender 14. Essen 1914. 78; — Keiters Kath. Literaturkalender 15 (1926) 41; — Joseph Hansen, Qu. zur Gesch. des Rheinlandes im Zeitalter der Frz. Revolution Bd. 4: 1797-1801 (Publ. der Ges. für Rheinische Geschichtskunde Bd. 42). Bonn 1938. 24; — Klaus E. Murawski, Zw. Tannenberg u. Thorn. Die Gesch. des Dt. Ordens unter dem Hochmeister Konrad v. Erlichshausen 1441-1449 (Veröff. der Hist. Kommission für Ost- u. Westpreußische Landesforsch. Bd. 3). Göttingen 1953. 412, 430, 477 (Hinweise auf B.s Diss.); — Fritz Hodeige (Hrsg.), Das Werck der Bucher. Von der Wirksamkeit des Buches in Vergangenheit u. Ggw. Eine Festschr. für Horst Kliemann zu seinem 60. Geb. Freiburg i. Br. 1956. 301; — Herbert Lepper, Das Stadtarchiv Aachen u. seine Archivare 1821-1945, in: Zschr. des Aachener Geschichtsvereins 84/85 (1978) 579-680, hier 639-643; — Wolfgang Leesch, Die dt. Archivare 1500-1945. Bd. 2. München u.a. 1992. 85f.; — Jörg Haustein, Liberal-kath. Publizistik im späten Kaiserreich. »Das Neue Jh.« u. die Krausges. (FKDG Bd. 80). Göttingen 2001. 334, 399.

Gunnar Anger

BUCHINGER, Otto, * 16.2. 1878 in Witzenhausen, † 16.4. 1966 in Überlingen. Marinearzt, Fastenarzt, Lebensreformer, Guttempler, Esoteriker, Quäker. — Otto Buchinger wurde am 16. Februar 1878 im hessischen Witzenhausen an der Werra geboren. Sein Vater war der Regierungsrat Johann Philipp Ludwig Hermann Buchinger (1845-1896), verheiratet mit Amalie Polexine Henriette Karoline Luise, geb. Busch (1848-1918). Gleich nach der Geburt zog die Familie nach Darmstadt, wo Hermann Buchinger als Großherzoglicher Hessischer Regierungsassessor Dienst tat. Mit seinem jüngeren Bruder Hans (geb. 1880) verbrachte Otto Buchinger eine ungetrübte Kindheit zwischen Karl-May-Lektüre, Waldwandern, Eislaufen im Winter und Käfersammeln im Sommer. 1882 zog die Familie nach Alsfeld und ab 1886 besuchte Buchinger die Realschule in Bingen am Rhein. Das Abitur am Gymnasium zu Darmstadt hätte er um Haaresbreite nicht bestanden: Mathematik ungenügend. 1897 versuchte sich Buchinger als Student der Rechtswissenschaft an der Großherzoglichen Hessischen Ludwigs-Universität zu Gießen, wechselte jedoch nach einem halben Jahr zur Medizin, da hier die Vorlesungen weniger früh stattfanden. Buchinger wurde Korpsstudent; Geschliffenwerden, Kneipen und politische Kampfreden prägten den Alltag. Nach seinem späteren Einstellungswandel trat er aus seinem Korps wegen des dort vorherrschenden Trinkzwanges aus, stand jedoch nach der Abschaffung dieses Zwanges wieder auf der Mitgliederliste. Prägend für sein weiteres Leben wurde jedoch nicht das Korps, sondern ein häuslicher Philosophenkreis, an dem auch sein Freund Albert Klein, sein ehemaliger Lehrer August Messer (1867-1937) und der Philosophieprofessor Reinhard Strecker (1876-1954) teilnahmen. Zwischen den Semestern absolvierte er im Gießener Infanterieregiment 116 zusammen mit seinem Bruder die Einjährigen-Dienstzeit, und setzte anschließend sein Studium im Wintersemester 1899/1900 in München fort. Am 30. Dezember 1901 wurde er approbiert. — Die erste berufliche Tätigkeit führte Buchinger in das Ruhrgebiet, wo er einen Kassenarzt vertrat. Der dortige Arbeitsalltag wirkte auf ihn äußerst ernüchternd. Nebenher begann Buchinger eine psychologisch-psychiatrische Promotion mit dem Titel »Symptom der Personenverkennung«. Die Arbeit uferte aus und wurde nie abgeschlossen. Ein neuer Versuch war erfolgreich, Buchinger schrieb in sechs Wochen ein Heft zu dem Thema »Wie verändert Pepsin die elektrische Leitfähigkeit der Milch?«, die 1902 als Dissertation mit »rite« anerkannt wurde (mündliche Prüfer: Psychiater Robert Sommer, Hygieniker Georg Gaffky und Gynaekologe Hermann Johannes Pfannenstiel). Buchinger entschloß sich schließlich zu einer Tätigkeit als Marinearzt und trat seinen Dienst auf der Nordseestation in Wilhelmshaven an. Sein erster Einsatz auf hoher See erfolgte 1902 als Unterarzt auf dem Torpedoboot D 9. Ab Mai 1903 diente er auf der SMS Hertha als Begleiter von Prinz Adalbert von Preußen (1884-1948) in einem ostasiatischen Kreuzergeschwader. Über Aden, Ceylon und Singapur ging es bis nach Tsingtau (Kiautschou), weiter nach Korea (August 1903) und schließlich nach Wladiwostok. In Japan besuchte er Nagasaki und die heilige Stadt Kioto. In Tsingtau erwarb er sich einen Ruf als Meisterschütze: Buchinger beteiligte sich an einer Jagd, ohne Erfolg. Aus Frustration schoß er in die Luft und traf per Zufall einen 200 Meter entfernt fliegenden Habicht. — Im darauffolgenden Jahr fuhr die SMS Hertha den Jangtse hinauf, und Buchinger besuchte Tschifu, Tsing-wan-tao und Shanghai-kwan. Überall wurden Abenteuer erlebt, Persönlichkeiten kontaktiert wie der Diplomat Ernst von Weizsäcker (1882-1951), Hans Paasche (1881-1920) oder der Historiker Bogislaw von Selchow, und vor allem fremde Kulturen entdeckt. Dann folgten einige Monate auf der SMS Luchs, bevor es September 1904 auf der SMS Hertha zum König von Siam ging. Buchinger erhielt den siamesischen Kronenorden 3. Klasse und war damit siamesischer Offizier auf Lebenszeit. Auf der Rückreise über die Seychellen gelangte er nach Deutsch-Ostafrika (heute Tansania). Im Gegensatz zu vielen deutschen Kulturimperialisten während der deutschen Kolonialzeit betrachtete Buchinger fremde Völker und Kulturen als den europäischen gleichwertig. Die Kolonialpolitik des Kaiserreichs bezeichnete er einmal als »Schuldbuch des weißen Mannes«. Über Westafrika wird Kurs auf Piräus genommen, wo Buchinger die Akropolis bestaunte, bevor er in Neapel mit Kaiser Wilhelm II. (1859-1941) Bekanntschaft machte. 1905 erfolgte ein kurzer Einsatz auf der SMS München von Kiel aus in die Ostsee, nach Norwegen, Bergen und Drontheim, bevor es 1907/08 mit der SMS Panther nach Südamerika, Westindien und Westafrika ging, wo er Sierra Leone, Liberia und Togo besuchte. — Auf der See war genügend Zeit zu Lektüre, Buchinger studierte die Werke Nietzsches, beschäftigte sich weiterhin mit seinem Lieblingsautor Goethe, las aber auch Bücher von heute weniger bekannten Autoren, wie Friedrich Theodor Vischer (1807-1887), Conrad Ferdinand Meyer (1825-1898), David Friedrich Strauß (1808-1874) oder Henri Murger (1822-1861). Manche dieser Bücher las Buchinger mehrmals. Auf der SMS Panther beschäftigte er sich erstmals mit Fragen der Lebensreform, dem Monismus, Askese und Sozialismus. Er begann 1907, Vorträge über Tropenhygiene und Lebensreform an Bord zu halten und praktizierte die damals populäre Hans-Jörg-Müller-Gymnastik. Am 17. Oktober 1907 wurde Buchinger zum Stabsarzt ernannt. Im Januar 1908 schlägt die SMS Panther vor Swakopmund Leck, droht unterzugehen und wird in letzter Sekunde von der herbeieilenden SMS Aline Woermann gerettet. Das Schiff wird in Kapstadt repariert, wo Buchinger unverhofft auf seine ehemalige Darmstädter Jugendfreundin Anna Elisabeth (Else) Kamilla Sander (1874-1968) trifft. Buchinger entschloß sich in Südafrika zur Ehe, nachdem er 1905 eine bereits erfolgte Verlobung auf Intervention seiner dominanten Mutter hatte zurücknehmen müssen. Otto Buchinger und Else Sander heirateten am 12. Dezember 1908 und zogen nach Wilhelmshaven. Ihre Kinder sind Hans Wolfgang (geb. 1910, Mitglied bei den Quäkern ab 1935), Hertha L. (geb. 1912), Otto Hermann Ferdinand (1913-2000, Mitglied bei den Quäkern seit 1947) und Maria Johanna (geb. 1916). — Im Laufe der Jahre wird für Buchinger die Alkoholfrage immer wichtiger. 1909 gründeten der Kapitänleutnant Karl Hinckeldeyn, Oberleutnant Walter Goethe, Oberleutnant Heinz Kraschutzki, der bereits erwähnte Hans Paasche und der Marineoberzahlmeister Haberer einen Marine-Alkoholgegnerbund. Buchinger trat sofort bei. Auch in den Guttemplerorden »Zum sicheren Kurs« ließ er sich im Oktober 1909 gemeinsam mit seiner Frau aufnehmen. Seit 1911 betrieb er homöopathische Studien und erwarb das Recht, eine eigene homöopathische Apotheke zu führen. — 1909/10 verbrachte Buchinger in Wilhelmshaven und Kiel, bis er auf der SMS Württemberg eingesetzt wurde. 1910 setzte er seinen Dienst an der Torpedoschule Mürwik fort und wohnte mit seiner Familie im nahe gelegenen Flensburg. Als 1914 der Erste Weltkrieg ausbrach, zogen selbst Wandervögel, Guttempler und Lebensreformer singend in den Krieg. So auch Buchinger. Er diente anfangs als Arzt an Bord des Admiralschiffes Roon und wurde dann nach einem Erholungsurlaub für fast drei Jahre als Chefarzt an das Quarantäne-Festungslazarett Cuxhaven beordert. Noch vor Kriegsende erkrankte er im September 1917 an einer lakunären Mandelentzündung und septischem Gelenkrheumatismus und entrann nur äußerst knapp dem Tode. Er überlebte bord- und garnisondienstunfähig, als Invalide, an zwei Stöcken gehend, mit einer kaum funktionierenden Leber. Mit der Verleihung des Titels »Marine-Generaloberarzt« wurde Buchinger März 1918 aus dem aktiven Dienst entlassen. Eine Kur im Wiesbadener Offiziersgenesungsheim verlief erfolglos. Erst durch eine Fastenkur bei Dr. Gustav Riedlin (1862-1949) in Freiburg aktivierte er Selbstheilungskräfte und gewann seine Gesundheit zurück. Auch sein Rheuma heilte er später durch eine Fastenkur. Von diesem Zeitpunkt an hatte er seine Lebensaufgabe gefunden: die Verbreitung des Heilfastens. Dieses war ihm nicht lediglich Nahrungsentzug oder eine lebensreformerische Form der Wellness, sondern eine Disziplin geistiger Sammlung. Er selbst führte stets vor, was er anderen auf diesem Gebiet predigte. Im Laufe der Jahre fastete Buchinger regelmäßig. Noch im hohen Alter zog er als Wanderer mit dem umgehängten Feldbeutel fastend durch die mitteldeutsche Gebirgslandschaft. — Zunächst wurde er jedoch Dozent für Tropenhygiene an der Deutschen Kolonialschule in Witzenhausen. Er arbeitete hier die nächsten 16 Jahre, hatte aber, nach dem Verlust der deutschen Kolonien, wenig zu tun und genügend Zeit für private Beschäftigungen. Nach dreijähriger Vorarbeit eröffnete er 1920 in seiner Geburtsstadt Witzenhausen das Kurheim Dr. Otto Buchinger. Ende 1924 gründete er den »Lichthort-Bund« und hält im vegetarischen Restaurant »Pomona« Vorträge. 1930 entschloß er sich zu einer Weiterbildung und studierte an der »Atemschule« Schlaffhorst-Andersen bei Celle. Durch seine vielfältigen Beziehungen zur Lebensreform-Bewegung fanden sich im Laufe der Zeit Persönlichkeiten in seiner Klinik ein wie der Endzeitprophet Louis Haeusser, der Rohkostprediger Gusto Gräser (1879-1958), der Dadaist Johannes Baader (1875-1955), der Metaphysiker Fritz Quade (1848-1944), aber auch etablierte Zeitgenossen wie der Verleger Eugen Diederichs (1867-1930), die Schauspielerin Lil Dagover (1887-1980), der Extremtaucher und Ichthyologe Hans Heinrich Romulus Hass (geb.1919), Romano Guardini (1885-1968), Klara May (1864-1944) oder Winifred Wagner (1897-1980), die Leiterin der Bayreuther Festspiele. Einer der Kurgäste, Heinrich Schöndube, überzeugte Buchinger von der Notwendigkeit der Auswanderung nach Mexiko, um dort ein Sanatorium zu gründen. Buchinger lernte Spanisch und hatte bereits seine Praxisräume in Deutschland gekündigt, als in Mexiko die Revolution ausbrach. Daraufhin nahm Buchinger eine Chefarztstelle in einem Sanatorium bei Berlin an, das sich als Zentrum der Religionsgemeinschaft um Jakob Lorber (1800-1864) entpuppte. Hier soll er den Mörder von Karl Liebknecht (1871-1919) und Rosa Luxemburg (1871-1919) behandelt haben. Nach einigen Monaten kündigte Buchinger, da sich in Witzenhausen neue Praxisräume gefunden hatten und ihm auch wieder sein Lehrstuhl an der Kolonialschule zur Verfügung gestellt wurde, der ihm dann 1933 von den Nationalsozialisten entzogen wurde. — Das Jahr 1933 war insofern ein Einschnitt, als daß Buchingers Ablehnung des Nationalsozialismus bekannt war und vor allem seine Ehefrau Elsbet als »Halbjüdin« Schikanen und gesetzlichen Nachteilen ausgesetzt war. Schon 1933 vergrub Buchinger in weiser Voraussicht seinen Bestand an verbotenen Büchern und Schriften im eigenen Garten. Im November

1935 verlegte Buchinger seine Klinik von Witzenhausen in die Kurstadt Bad Pyrmont. Auch dieses Unternehmen wurde ein Erfolg, die Klinik zählte bald zu den besten Adressen der Stadt. Persönlichkeiten wie Zarah Leander (1907-1981), Arnold Krumm-Heller (1879-1949), Grethe Weiser (1903-1970), Hilde Koerber (1906-1969), Felix Graf Luckner (1881-1966) oder Ludwig Erhard (1897-1977) suchten und fanden hier Heilung. Der Erfolg wurde Buchinger nicht von allen Pyrmontern gegönnt, Gegenkräfte stellten sich ein. 1938 zwang die örtliche Parteiführung der NSDAP Buchinger, für die NSV-Winterhilfe mit einer Sammelbüchse von Haus zu Haus zu ziehen. Im gleichen Jahr unternahm er mit seinem langjährigen Freund, dem Sozialdemokraten Georg Decker (1887-1964), eine Italienreise nach Venedig, Rom und Neapel. Nach seiner Rückkehr wurde ihm vom Bad Pyrmonter NS-Bürgermeister Hans Zuchhold und dem Kurdirektor Georg Gallion (1869-1974) untersagt, sein Sanatorium auszubauen und mehr als 170 Kurpatienten jährlich aufzunehmen. 1941 erfolgte eine Hausdurchsuchung, sein Mitarbeiter und Assistent Dr. Herbert Fritsche (1911-1960), der vielfältige Verbindungen zu esoterischen Kreisen pflegte, wurde verhaftet und nach Berlin gebracht. Ein Jahr darauf wurden drei der fünf Häuser Buchingers beschlagnahmt. Da ihm 1944 auch das »Wiesenhaus« weggenommen wurde, verblieb Buchinger bis Kriegsende allein das alte Haupthaus seines ehemals großzügigen Sanatoriums. — Nach 1945 konnte er nach kurzer Zeit den Sanatoriumsbetrieb wieder in vollem Umfang aufnehmen. An seinem 75. Geburtstag 1953 wurde er, der ehemals Abgelehnte, zum Ehrenbürger der Stadt Bad Pyrmont ernannt und erhielt das Bundesverdienstkreuz. Im gleichen Jahr verließ ?uchinger seine Familie in Pyrmont und zog an den Bodensee. Dort eröffnete er 1954 eine neuerbaute Klinik auf dem »Hohen Stein« in Überlingen. Dieses Alterswerk war auch ein Versuch, seinen schweren Depressionen etwas entgegenzusetzen. Otto Buchinger verstarb in Überlingen nach einem erfüllten und erfüllenden Leben am 16. April 1966. — Buchinger entstammte einer katholischen Sozialisation. In frühen Jahren bezeichnete er sich selbst einmal als »Atheist mit Neigungen zum Buddhismus« (1903), trotzdem besuchte er auf seinen Reisen hin und wieder, wohl auch aus Konvention, die Messe. Zwischen 1913 und 1916 betrieb er aus eigenem Interesse ein intensives Bibelstudium und las sowohl das Alte wie auch das Neue Testament vollständig. Anfang der 1920er Jahre gelangte er, neben Berührungen mit dem russischen Anarchismus, über die Theosophie und die Esoterik schließlich durch Literatur zum Quäkertum. In Frankfurt suchte er 1924 aus eigenem Antrieb die Quäker auf und wurde von Marion Fox (1861-1949) an John Stephens (1891-1954) vom Berliner Quäkerbüro verwiesen. Dieser besuchte Buchinger dann in Witzenhausen und bahnte ihm den Weg zum Quäkertum. Am 4. April 1926 wurde er von der »Religiösen Gesellschaft der Freunde (Quäker)« aufgenommen. Buchinger besuchte 1927 für einen Monat und erneut Anfang 1928 für fünf Wochen das Quäker-College Woodbrooke in England. Woodbrooke war zu dieser Zeit eines von sieben Selly Oak Colleges, das von Quäkern gegründet und geleitet wurde. Es war eine erwachsenenpädagogische Einrichtung, die allen Klassen, Rassen, Nationen und auch Religionen offenstand. 1929 nahm Buchinger an der Arbeitsausschuß-Sitzung der deutschen Quäker in Barmen teil, und 1935 war er im Benennungsausschuß der Deutschen Jahresversammlung tätig sowie gegen Ende der 1930er Jahre im Literatur- und Büchereiausschuß. Für das Quäkertum war Buchinger ansonsten vor allem als Multiplikator von Bedeutung. Im Haupthaus seiner Klinik und später auch in der Dependance »Glückauf« hielt er häufig Vorträge über das Quäkertum. Viele Patienten unter den Zuhörern erfuhren über Buchinger erstmals von dieser Religionsgemeinschaft. Während der Jahre des Nationalsozialismus besuchte Buchinger sonntägliche Andachten bei den Quäkern. Insbesondere den Juden, die häufig in seinem Sanatorium zu Gast weilten, waren seine Wortbeiträge während der Andachten eine Stütze in einer schweren Zeit. — Am 15. Dezember 1957 trat Buchinger zur katholischen Kirche über und anschließend 1959 aus der Religiösen Gesellschaft der Freunde (Quäker) aus. Auf viele Quäker, die von diesem Schritt nicht unterrichtet waren, wirkte dieser Übertritt ihres damals vermutlich in der Öffentlichkeit bekanntesten Mitgliedes wie ein Schock. Ärger verursachten vor allem die Postkarten, mit der Buchinger in einem lapidaren Satz alle seine engeren Quäkerfreunde von seinem Schritt nachträglich in Kenntnis setzte. Bei den Quäkern kritisierte er u.a. mehrmals, daß die Bezeichnung »Freund« nicht in guter Absicht, sondern aus Gewohnheit verwendet werde. Offensichtlich war Buchinger in religiösen Dingen nicht so frei, wie er sich äußerlich gab und konnte oder wollte die Verpflichtung zur katholischen Familientradition nie vollständig aus seinem Gewissen verdrängen. Die Hinwendung zum Katholizismus hatte nämlich schon Jahre zuvor stattgefunden. Im Oktober 1936 beispielsweise besuchte er mit dem katholischen Theologen Nikolaus Ehlen (1886-1965) den Wallfahrtsort Konnersreuth und war tief beeindruckt, vor allem von dem angeblich zehnjährigen Fasten der Therese Neumann (1898-1962). Auch einer Una-Sancta-Gruppe gehörte er an und erhielt 1958 im Vatikan eine Audienz bei Papst Pius XII. (1876-1958). Gegen Ende seines Lebens entwickelte Buchinger Interesse am Luthertum: In Überlingen besuchte er regelmäßig die evangelische Kirche des talentierten Predigers Otto Meyer. — Buchinger ist einer der wenigen Lebensreformer, der vor allem in bürgerlichen Schichten anerkannt war und Einfluß hatte. Er erhielt 1912 den Roten Adlerorden, den Kronenorden III. Klasse und wurde 1913 zum Stabsarzt befördert. Schon während des Militärdienstes bei der Marine führte er einen missionarischen Kreuzzug gegen den Alkohol und hatte unter den Soldaten ein unerschöpfliches Betätigungsfeld. In der Abstinenz sah er die Möglichkeit zur Hebung der Volks- und Wehrkraft Deutschlands. Den Vegetarismus betrachtete er zunächst als ein rassenhygienisches und volkswirtschaftliches Heilmittel. Derartige Ansichten fanden bei vielen Vorgesetzten Anklang, selbst der Kaiser nutzte Skripte Buchingers, etwa für seine berühmte Mürwik-Rede vor Fähnrichen der Marine. — Für ein glückliches Leben hielt Buchinger folgende Punkte für wesentlich: das richtige Verhältnis von Arbeit und Muße, Lektüre, Freunde, Natur, Musik, Kontemplation und Humor. Die eigentliche Gesundheit der Seele ist nach Buchinger nur durch das Gebet zu bewirken. Eine große Menge von Erkrankten erlangten durch ihn Heilung oder wurden zumindest auf den Weg der Heilung geführt. Leeres Gerede war ihm fern, und er kam im Einzelgespräch wie bei Vorträgen schnell auf das Wesentliche. Durchschnittlich hielt er pro Jahr 150 Vorträge, die meisten davon vor seinen Kurgästen in seinem Sanatorium, vor kleinen Gruppen bis zu einer Menge von etwa 300 Zuhörern. — In seinen Schriften hat sich Buchinger immer wieder grundsätzlichen Fragen zugewandt. Bekanntheit erlangte er durch das sogenannte »Paasche-Buch« (Hamburg 1921), das dem Leben von Hans Paasche, einem weltreisenden Lebensreformer und später ermordeten Revolutionär, gewidmet war. Mit Paasche war Buchinger seit seiner Zeit als Marinearzt befreundet. Das Buch wurde 1933 von den Nationalsozialisten öffentlich verbrannt. Andere seiner Bücher, etwa die zweite Auflage von »Unterwegs«, wurden auf Weisung der örtlichen NSDAP-Leitung eingestampft, als man den Verkaufsbestand der Quäkerbücher in Bad Pyrmont vernichtete. Als Marinearzt veröffentlichte Buchinger seine ersten Aufsätze unter dem Pseudonym Otto Wanderer. Seine bekanntesten Bücher sind »Das Heilfasten und seine Hilfsmethoden« (1935), die Bibel der Fastenfreunde, sowie »Ums Ganze« (Bad Pyrmont 1947).

Werke: Über den Einfluß des Pepsins auf die elektrische Leitfähigkeit der Milch. Mit einer Tabelle. Gießen 1902; Nationale Grundübel. Hamburg 1909; Berechtigung und Notwendigkeit einer starken Abstinenzbewegung in der Kaiserlichen Marine. In: Marine-Rundschau, XXI, 9, 1910, 1112-1126; Die Abstinenzbewegung in der Kaiserlichen Marine. Mit einem Nachtrag. Hamburg 1911; Wanderer, Otto: Unausrottbar. In: Flensburger Zeitspiegel. Halbmonatsblatt für jedermann, II, 10, 1912, 57-58; Wanderer, Otto: Ein Sonntagsausflug. In: Flensburger Zeitspiegel. Halbmonatsblatt für jedermann, II, 12, 1912, 71; II, 13, 1912, 76-77; Wanderer, Otto: Von einem alten Seeräuber, einem Seemannslied und meinem Freund Julius. In: Flensburger Zeitspiegel. Halbmonatsblatt für jedermann, II, 14, 1912, 82-83; Wanderer, Otto: Arzt und Abstinent. In: Flensburger Zeitspiegel. Halbmonatsblatt für jedermann, II, 15, 1912, 89-90; Wanderer, Otto: »Den Finger drauf!« Ein Draufruf. In: Flensburger Zeitspiegel. Halbmonatsblatt für jedermann, III, 1, 1913, 1; Wanderer, Otto: Gassenhauer. In: Flensburger Zeitspiegel. Halbmonatsblatt für jedermann, III, 2, 1913, 7; Wanderer, Otto: Morse-Streifen. Eine Entspannungs-Plauderei zwischen Schlaf und Wahn. In: Flensburger Zeitspiegel. Halbmonatsblatt für jedermann, III, 3, 1913, 16-17; Wanderer, Otto: »Wir treten auf die Kette,...« Eine lebensreformerische Betrachtung. In: Flensburger Zeitspiegel. Halbmonatsblatt für jedermann, III, 5, 1913, 25-27; Wanderer, Otto: Erinnerungen an München (Gedicht). In: Flensburger Zeitspiegel. Halbmonatsblatt für jedermann, III, 7, 1913, 41; Wanderer, Otto: Die Morgensonne und der Stier (Gedicht). In: Flensburger Zeitspiegel. Halbmonatsblatt für jedermann, III, 7, 1913, 41; Wanderer, Otto: Gewissensfragen (Gedicht). In: Flensburger Zeitspiegel. Halbmonatsblatt für jedermann, III, 7, 1913, 41; Wanderer, Otto: Gerechtigkeit und Vorurteil (Gedicht). In: Flensburger Zeitspiegel. Halbmonatsblatt für jedermann, III, 7, 1913, 41; Wanderer, Otto: Auf einen Falter im Februar (Gedicht). In: Flensburger Zeitspiegel. Halbmonatsblatt für jedermann, III, 7, 1913, 41; Wanderer, Otto: Zwei Freunde. Eine wahre Geschichte. In: Flensburger Zeitspiegel. Halbmonatsblatt für jedermann, III, 13, 1913, 41; Wanderer, Otto: Wanderung. In: Flensburger Zeitspiegel. Halbmonatsblatt für jedermann, III, 13, 1913, 88; Wanderer, Otto: Fruchtesser und Allesfresser. In: Flensburger Zeitspiegel. Halbmonatsblatt für jedermann, III, 21, 1913, 149-150; Die militärische Alkoholfrage für die Marine. Mit vergleichender Einbeziehung der Tabakfrage und einer kurzen Kritik der modernen deutschen Antialkoholbewegung. Hamburg 1913; Die Alkoholfrage in der Marine. In: Allgemeine Gesundheitspflege. Jena 1914, 803-811 (Handbuch der Gesundheitspflege an Bord von Kriegsschiffen. Unter Mitwirkung von Marine-Oberstabsarzt Dr. M. Auer (Kiel), Medical Direktor Dr. H. G. Beyer, (Washington), Marine-Oberstabsarzt Dr. O. Buchinger (Flensburg), Obertierarzt Prof. F. Glage (Hamburg), Marine-Oberstabsarzt Dr. H. Huß (Tsingtau), Marine-Oberstabsarzt Prof. H. Oloff (Kiel), Marine-Oberstabsarzt a.D. W. Riegel (Berlin), Marine-Oberstabsarzt a.D. Dr. A. A. Rost (Bonn), Prof. Dr. P. Schmidt (Gießen), Marine-Oberstabsarzt Dr. R. Staby (Berlin), Marine-Generalarzt Dr. W. Uthemann (Kiel), Marine-Stabsarzt Dr. E. Valentin (Kiel), Marine-Oberstabsarzt Dr. H. Weber (Berlin), Marine-Stabsarzt Dr. A. Weßel (Kiel), Marine-Oberstabsarzt Dr. P. Wiens (Wilhelmshaven). Hrsg. von M. zur Verth, E. Bentmann, E. Dirksen, R. Runge); Alkohol und Tapferkeit. Hamburg (1915); Vorwort. In: Gätcke, Anna Maria: Gedichte. Berlin 1921, 2. Berlin 1927^{2}; Wanderer, Otto: Paasche-Buch. Hamburg 1921. Werther 1922^{2}; Vorwort. In: (Scheiermann, Nicolai): Vision des neuen lebendigen Lebens. Von einem, der es gesehen hat. Mit einem Geleitwort von Dr. Otto Buchinger und einem Anhang: Von der Internationalen Bruderschaft des Dienstes in Liebe und Freiheit. Berlin (1923), 5-7; Tropenkrankheiten, ihre Verhütung und ihre Behandlung. In: Krankheitslehre (Fortsetzung und Schluß). Hrsg. von Heinrich Meng. Stuttgart (1924). Stuttgart 1929^{3}, 1229-1240 (Das ärztliche Volksbuch. Gemeinverständliche Gesundheitspflege und Heilkunde, III); Vorwort. In: Vitt, Gertrud: Handbüchlein für überlegte Küchenführung. Carlshafen (Weser) (1926), 3-5; Von welchem Quantum ab...? Hamburg (1926); Eindrücke aus Woodbrooke. In: Der Quäker. Monatshefte der deutschen Freunde, V, 4, 1928, 113-115; Schutz durch Lebensreform. In: Das ärztliche Volksbuch. Gemeinverständliche Gesundheitspflege und Heilkunde, I. Hrsg. von Heinrich Meng. Stuttgart 1928, 376-379; Seel, Lotte: Küche, Krankheit und Gesundheit. Ein Übergangsführer von ungesunder zu gesunder Kost. Hrsg. unter Mitarbeit von Otto Buchinger, Walther Völler. Mit einem Geleitwort von Friedrich Kammerer. Kassel 1929; Zur theurgischen Componente der Heilkunst. In: Der Quäker. Monatshefte der deutschen Freunde, VIII, 1, 1931, 17-22; (Wanderer, O.): Krieg und Frieden. Christus und Cäsar. In: Die Unruhe. Evangelisches Monatsblatt, VII, 5, 1931, 57-58; Erfrischt euch! Ein Leitfaden für jedermann, insbesondere für die Kunden der Lohnsüßmostereien, verbunden mit Rezepten für gesunde Erfrischungen. Mit einem Geleitwort von Emil Abderhalden und einem Aufsatz über den Gesundheitswert des Obstsüßmostes von Buchinger. Göttingen (1932). Göttingen 1949^{7}; Die Röder-Methode, ein Archimedes-Punkt der Heilkunst. Göttingen 1933; Heilende Seelenführung. Brief an einen jüngeren Kollegen. In: Schirmer, Max (Hrsg.): Naturgemäße Heilwege. Ein Wegweiser durch biologische Heilverfahren. Stuttgart (1934), 37-47; Führung und Fasten. Zwei Heilwege. In: Schirmer, Max (Hrsg.): Naturgemäße Heilwege. Ein Wegweiser durch biologische Heilverfahren. Stuttgart (1934), 37-47; Buchinger, Otto; Gregor, Hans: Neuzeitliche Gesundkost. Ein Handbuch zur täglichen Anwendung der neuen Ernährungslehre. Berlin-Lichterfelde 1934. Rudolstadt 1935^{2}; Das Heilfasten und seine Hilfsmethoden als biologischer Weg. Stuttgart 1935. Stuttgart 1936^{2}. Stuttgart 1938^{3}. Stuttgart 1939^{4}. Stuttgart 1941^{5}. Stuttgart 1942^{6}. Stuttgart 1947^{7}. Stuttgart 1951^{8}. Stuttgart 1958^{9}. Stuttgart 196010. Stuttgart 196211. Stuttgart 19641^{2}. Stuttgart 19671^{3}. Stuttgart 19701^{4}. Stuttgart 19731^{5}. Stuttgart 19751^{6}. Stuttgart 19771^{7}. Stuttgart 19791^{8}. Stuttgart 19811^{9}. Stuttgart 1982^{2}0. Stuttgart 1987^{2}1. Stuttgart 1992^{22}. Stuttgart 1999^{23}. Stuttgart 2005^{24}; Heilung der Mandelentzündung und deren Folgekrankheiten: Herz-, Nieren-, Rheuma insbesondere durch die Röder-Methode. Hannover 1936. Hannover 1936^{2}. Hannover 1936^{3}. ND Hannover 1960; Verfahren und Ergebnisse der Fastenbehandlung. In: Die natürliche Heilweise im Rahmen der Gesamtmedizin. Eine Vortragsreihe, veranstaltet von der Berliner Akademie für ärztliche Fortbildung, Berlin NW 7, Robert-Koch-Platz 7. Hrsg. von Curt Adam, Gustav Fischer. Jena 1938, 110-118 (Veröffentlichungen der Berliner Akademie für ärztliche Fortbildung, III); Unterwegs. Blätter, Blüten und Bodenproben eines Wanderers. Bad Pyrmont 1940. Bad Pyrmont 1946^{2}. Bad Pyrmont 1949^{3}; Theophrastus Paracelsus von Hohenheim, der Heiligen Schrift und beider Arzneien Doctor. In: Der Quäker. Monatshefte der deutschen Freunde, XVIII, 9, 1941, 139-141; Fünf Wege zum Hauptwege. Bad Pyrmont 1946^{2}; Ums Ganze. Wege und Spuren. Bad Pyrmont 1947; Reinhard Strecker und ich. In: Reinhard Strecker, dem Kämpfer gegen die Rauschgifte, dem Förderer des Erziehungswesens, dem Mittler zum Auslande, dem Philosophen des deutschen Waldes, gewidmet von seinen Freunden. 24. Mai 1947. O.O. (1947); Zur Hygiene des inneren Menschen. Bad Pyrmont 1947; Wirkliches und Wirkendes. Katalyse. Zum Phänomen Konnersreuth. Nachzuprüfendes Weltbild. Bad Pyrmont 1947; Vorwort. In: Andrews, Charles Freer: Was ich Christus verdanke. Bad Pyrmont 1947, 7-10; Über Ursache und Verhütung der Krebskrankheit. Vortrag in der Volkshochschule zu Bad Pyrmont am 28. April 1947. Bad Pyrmont 1947; Buchinger, Otto sen.; Buchinger, Otto jun.: Die Röder-Methode. Ganzheitliche Betrachtung der Tonsillitis und ihrer Folgekrankheiten. Zugleich eine Umstimmungstherapie. Hannover 1947. ND Heidelberg 1993; Andacht. Versuch einer Wiedergabe von Denkabläufen während der ersten Viertelstunde. In: Der Quäker. Monatsschrift der Deutschen Freunde, XXII, 5, 1948, 257-259; O Mensch gib acht. Eine Meditation über Friedrich Nietzsches Mitternachts-Lied. Aphorismen, Sprüche, Gedichte. Bad Pyrmont 1949; Die Heilfastenkur. Ihre Geschichte, Bedeutung und Praxis. In: Hippokrates. Zeitschrift für praktische Heilkunde, XX, 17, 1949,

461f; Marion Fox. In: Der Quäker. Monatshefte der deutschen Freunde, XXIII, 4, 1949, 58-59; Die Heilfastenkur. Ihre Geschichte, Bedeutung und Praxis (Göttingen 1950); Buchinger, Otto sen.; Buchinger, Otto jun.: Gedanken zum Thema Heilfasten - Nach 30 Jahren Fasten-Praxis. In: Hippokrates. Zeitschrift für praktische Heilkunde, XXI, 15/16, 1950, 448-452; Heilfastenkur. Gesund werden - gesund bleiben. Methode und Wirksamkeit eines heilkundlichen Königswegs. Hannover (19521[6-2]0). Hannover (um 1970[26-30]). Hannover (um 1979[36-43]). Bad Bevesen (um 1980[44-49]); Vorwort zur deutschen Ausgabe. In: Beard, Rebecca: Was Jedermann sucht. Gesundung durch Einheit des Lebens. Bad Pyrmont 1953, 5-8. Bad Pyrmont 1956[2]. Bietigheim (1966)[4]. Bietigheim 1976[5]. Bietigheim 1990[7]; Vom Marinearzt zum Fastenarzt: Metamorphosen eines Wandernden. Freiburg im Breisgau 1955; »Will tiefe, tiefe Ewigkeit«. In: Deutsche Jahresversammlung der Religiösen Gesellschaft der Freunde (Quäker) (Hrsg.): Stimmen der Freunde. Bad Pyrmont 1955, 32; Buchinger, Otto sen.; Buchinger, Otto jun.: Mystik und Fasten. Hannover 1956; Buchinger, Otto sen.; Buchinger, Otto jun.: Das heilende Fasten. Einführung in die Biologie und Metabiologie des Fastens. Hamburg (1959) (Schriftenreihe des Zentralverbandes der Ärzte für Naturheilverfahren, IV). Hamburg 1961[2]; Heilfasten. In: Jeder Tag ein guter Tag. Der Tag als Gabe und Aufgabe. Weilheim 1961, 119-125; Zur Wiedereinführung des Fastens. Bemerkungen eines Fastenarztes. In: Régamey, Pie-Raymond (Hrsg.): Wiederentdeckung des Fastens. Wien 1963, 7-13; Geistige Vertiefung und religiöse Verwirklichung durch Fasten und meditative Abgeschiedenheit (Retreat). Bietigheim 1967 (Richard L. Cary-Vorlesung 1966); Buchinger, Otto sen.; Buchinger, Otto jun.; Über moderne Heilfasten-Kuren. Bietigheim 1970; Buchinger, Otto sen.; Buchinger, Otto jun.; Baden, Hans Jürgen: Älter werden ohne zu altern. Bad Pyrmont 1974. Bad Pyrmont 1978[2]. ND Heidelberg 1996; Dieet op vegetarische basis. Zwolle (um 1982); Die Würde des Menschen. Meditation. Bad Pyrmont 1983[2]; Buchinger, Otto sen.; Buchinger, Otto jun.; Das heilende Fasten. So stärken sie ihr Wohlbefinden. Wiesbaden 1988. Wiesbaden 1989[2]. Wiesbaden 1990[3]. Wiesbaden 1991[4]. Wiesbaden 20021[4].

Bibliographie: Klepzig, Helmut: Otto Buchinger. Ein Leben für das Heilfasten. Friedrichshafen 2000, 164-166.

Lit. (Auswahl): Schulz, Fr.: Otto Buchinger †16. April 1966. In: Der Quäker. Monatsschrift der Deutschen Freunde, XL, 6, 1966, 116-119; — Künzel, Artur: Dr. med. Otto Buchinger, Fastenarzt in Witzenhausen. In: Das Werraland, XXXI, 4, 1979, 60-61; — Eisenberg, Werner: Sechs Jahrzehnte Heilfasten in Witzenhausen. Witzenhausen 1982; — Buchinger, Otto: Dr. med. Otto Buchinger sen. Pionier der Fastenheilkunde. In: Künzel, Artur (Hrsg.): Witzenhausen und Umgebung. Beiträge zur Geschichte und Naturheilkunde. Festschrift zum hundertjährigen Bestehen des Werratalvereins Witzenhausen 1883-1983. Witzenhausen 1983, 73-76 (Schriften des Werratalvereins Witzenhausen, VII); — Das alte Wahre faß' es an! 50 Jahre Klinik Dr. Otto Buchinger in Bad Pyrmont. Bad Pyrmont 1986; — Grethlein, Thomas: Heilfasten. Einklang von Körper und Seele. Krankheiten vorbeugen, Körper und Geist erneuern, überflüssige Pfunde abbauen. Die bewährtesten Methoden von Hildegard von Bingen bis Dr. Otto Buchinger. Mit Kalorientabelle, Diätplänen und Ernährungstips. Augsburg 1995; — Tinnappel-Becker, Margarethe: Die Quäker in Bad Pyrmont. Bad Pyrmont 1997; — Klepzig, Helmut: Otto Buchinger. Ein Leben für das Heilfasten. Friedrichshafen 2000; — Rosenkranz, Erhard: Vom Arzt der kaiserlichen Marine zum Fastenarzt mit Weltruf. Der Weg des Dr. Med. Otto Buchinger. In: Marine-Forum. Zeitschrift für maritime Fragen, LXXVII, 7/8, 2002, 40-42; — Bernet, Claus: Der Mediziner Otto Buchinger (1878-1966). In: Zeitschrift für hessische Geschichte und Landeskunde, CXII, 2007, 227-234; — Bernet, Claus: Buchinger, Otto (1878-1966). In: Quäker aus Politik, Kunst und Wissenschaft in Deutschland. 20. Jahrhundert. Ein biographisches Lexikon, Nordhausen 2007, 32-41.

Claus Bernet

BÜT(T)NER (Budwitz), Wolfgang, Mag., dt. ev. Theologe u. Schriftsteller, * 1522 in Oelsnitz/Vogtland, † vor 1596. Büttner ist ein bedeutender prot. Autor d. 2. H. d. 16. Jh., dessen Volksbuch »Claus Narr« zu den herausragenden Beispielen dieser Epoche gehört. Der Titelheld *Claus Narr* wurde nach 1425 in Ranstädt (d. i. Rannstedt bei Apolda) geboren, starb fast 90jährig in der Woche vor Pfingsten 1515 in Weida und wurde in Altenburg begraben. Er war Hofnarr mehrerer Wettiner Fürsten, so von Kf. Friedrich II. († 1464), Kf. Ernst († 1486), EB Ernst von Magdeburg († 1513), Kf. Friedrich III. († 1525) sowie dessen Bruder Johann. Sein Porträt ist in einem Relief (1533) u. einer Skulptur (1536) am Schloß Hartenfels in Torgau zu sehen. Als Hofnarr konnte er es wagen, seinen feudalen Brotgebern manche Wahrheit recht offen zu sagen. Seine Späße u. Schwänke waren bald bei vielen, so dem Kreisen um Pirckheimer u. Luther, geschätzt u. beliebt. Ob, wie manchmal behauptet, bereits um 1550 eine Sammlung von Schwänken Claus Narrs gedruckt worden ist, läßt sich nicht beweisen. Die älteste überlieferte Sammlung ist die B.s von 1572. Dieser hat es verstanden, die derben Späße seines ostthüringisch-vogtländischen Landsmannes in volkstümlicher Weise treffend u. kurz wiederzuerzählen, hat es aber nicht vermieden, die Anekdoten moralisierend zu erläutern u. manchen Zusatz hinzuzudichten. Das Buch (bzw. seine späteren Überarbeitungen) erfuhr im 16./17. Jh. eine große Verbreitung bei allen lesenden Volksschichten. — B.s (bzw. Budwitz') Elternhaus lag in Oelsnitz am Stadtgraben. Sein Verwandten mütterlicherseits waren, wie sein Großvater Hans Behem in Adorf und sein mit im Oelsnitzer Elternhaus wohnender Großonkel Peter Behem, kirchliche Bedienstete. Nach 1530 besuchte er die Schule im nahen böhmischen Eger (Cheb) und um 1535 das Magdeburger Gymnasium unter Rektor Dr. Georg Major (s. d.). Wahrscheinlich studierte er anschließend Theologie in Wittenberg. 1543 heiratet er in Neumark, einer Zwergstadt im Amt Weimar. Zu seiner Ehefrau und seinen dortigen Wirken ist nichts bekannt. Aus seiner Ehe gehen, wie eine Buchvorrede von 1572 (Kleiner Katechismus) ausweist, zwei Söhne (Otmar u. Georg) u. drei Töchter (Judith, Margarete u. Ännlein) hervor. 1548-1563 ist B. Pfarrer in Umpferstedt mit der Filiale Wiegendorf im ev. Kirchenamt Weimar. In einem Weimarer Kirchenvisitationsprotokoll zu Umpferstedt von 1554/55 ist zu B., der dort noch mit seinem ursprünglichen vogtländischen Namen *Wolfgang Budwitz* (Budweis?) genannt wird, vermerkt, daß er »rohes wildes Leben mit vollsauffen, vbermessigem zutrincken, und andern daher rurenden frechhaiten gefurt habe«, daß er aber andererseits in »Lateinischer sprach, und rainer Christlichenn Lehr ... geschickt vnd erfaren« sei. Die Visitatoren beließen es bei einer Abmahnung u. der Androhung, daß er bei künftigen Übertretungen »bey der Pfarr weiter nicht geduldet werde(n).« Angesichts der strengen Maßstäbe der Visitationsinstruktion von 1554 ist aber nicht auszuschließen, daß »falsche Zungen« (Epitome Hist., S. A2v) seinen zweifellos extensiven Lebensstil überzogen gegenüber den Visitatoren dargestellt haben. Seine Kontaktprobleme mit den Gemeindekirchvätern sollten sich später in Wolferstedt wiederholen. Es entbehrt nicht einer gewissen Tragik, daß B. im »Claus Narr« gegen kein Laster so zu Felde zieht, wie gegen die Trunksucht. Im Juli 1563 erwarb er an der Univ. Jena den Magistergrad. Das erfolgte nach dem Abgang des Prof. Matthias *Flacius* (s. d.), der hier von 1557-1561 tätig war u. im »Erbsündestreit« das Haupt der »Substantier« war. Einer seiner tatkräftigsten Anhänger war der Generaldekan der Gfsch. Mansfeld, M. Cyriakus Spangenberg (s. d.). 1563 scheiterte eine vom Weimarer Hof unterstützte Bewerbung B.s für die Pfarre Herbsleben und so wurde er im Dezember 1563 nach Wolferstedt im Weimarer Amt Allstedt versetzt, das 1525-1574 ein ernestinisches Lehen der Gfsch. Mansfeld-Hinterort war, wobei weiterhin das Weimarer Kirchenamt für die geistlichen Belange zuständig war. Er wurde als Nachfolger des verstorbenen populären Cyriax Taubenthal, wie Spangenberg schreibt, »der Gemeine wider ihren Willen von den Weimarischen aufgedrungen.« Unter diesen Vorzeichen gestaltete sich auch in Wolferstedt sein Wirken in der Gemeinde nicht einfach, zumal 1565-1567 Pest u. Unwetter in Wolferstedt für erheblichen wirtschaftlichen Schaden sorgen. Da Spangenberg weitere nachträgliche Aspekte zu B. zusammenträgt (so soll er 1565 sich geweigert haben, den Pestkranken die Sakramente zu reichen u. in der Kirche von einem Bauern durch einen Stich schwer verletzt worden sein), ja ihn im Zusammenhang mit einem Werk »Folio sine judico« (die »Epitome Historiarum« oder ein nicht überliefertes Werk?) sogar als »Caluminator« bezeichnet, liegt der Verdacht nahe (s. auch Zeitpunkt des Jenaer Magisterabschlusses), daß B. im »Erbsündestreit« zur gegnerischen »Accidenter«-Partei gehört. Den »Claus Narr« bezeichnet Spangenberg als ein Buch »mit wunderlichen Reimen (so sich bisweilen wie eine Faust auf ein Auge zu den Historien schicken)«. Trotzdem hat B. alle überlieferten Schriften, darunter auch die »Dialektika deutsch«, eine Art Lehrbuch der Logik, in Wolferstedt verfaßt u. auch sein Verhältnis zur Gemeinde scheint sich wieder gebessert zu haben; im Zuge der Wirren um die Dyn. Mansfeld seit 1563 war es für die Gemeinde sicher kein Nachteil, eine Person mit guten Kontakten zum Weimarer Hof zu haben. B.s Hauptwerk »Claus Narr« wurde in der Druckerei Urban Gaubisch in der Hauptstadt der Gfsch. Mansfeld, Eisleben, deren Geistliche zur »Accidenter-Partei« gehörten, gedruckt. Dieser hatte ab 1539 auf Vermittlung Luthers bei seinem späteren Schwager Berwald in Leipzig das Druckerhandwerk erlernt, richtet seit 1551 in Eisleben ein Officin ein u. beginnt ab 1555 unter seinem Namen zu drucken. B. nennt Gaubisch in seiner Buchvorreden zum »Kleinen Katechismus« seinen Freund. Nach 1576 hat sich B.s Verhältnis zur Wolferstedter Gemeinde und zur Weimarer Kirchenbehörde wiederum verschlechtert. Die Weimarer Kirchenvisitationsprotokolle weisen von 1577-1585 Laurentius Thunger und ab 1586 Hieremius Kirchner als Pfarrer von Wolferstedt aus.

Spangenberg berichtet, daß er 1587 (1578?) »als er einer Magd etwan zu nahe gegangen, von der Pfarre hinweggemußt«. Sein weiterer Lebensweg ist unbekannt. Er starb vor 1596 an unbekanntem Ort. In einem 1596 erschienenen Nachdruck der »Epitome Historiarum« wird er als »weilant Pfarrer in Wolferstedt« bezeichnet, woraus auch geschlußfolgert werden kann, daß er an einem anderen Ort kein neues geistliches Amt erhalten hatte. Zum Druckort Eisleben seines bedeutendsten Werkes »Claus Narr« gilt es anzumerken, daß es ein Narrenfest der Zunftgesellen gab u. eine der bekanntesten Eulenspiegel-Episoden hier spielte. Am südwestlichen Ecktürmchen des Rathauses der Altstadt Eisleben, das 1508-1532 erbaut wurde, befindet sich eine Narrenmaske.

Werke: o. Verf., die Anfangsbuchstaben von (Vorrede) u. abschließender Oratio Authoris enthalten die Kryptogramme (M)AGISTER (V)OLFGANG (B)VTTNER (P)FRRER [!] ZV (VOL)FFERSTET AM [Allstedt-Mansfeld?], Titelbl.: Sechs hundert / sieben vnd zwantzig Historien/ Von Claus Narren. Feine schimpfliche wort und Reden/die Erbare Ehrenleut Clau-sen abgemerckt / vnd nachgesagt ha-ben/Zur Bürgerlichen vnd Christ-lichen Lere/wie andere Apo-logen / dienstlich vnd förder-lich. Mit lustigen Reimen gedeutet vnd erkleret. Anno 1572, letzte S.: Zu Eisleben gedruckt / Bey Vrban Gaubisch / Wonhafftig auff dem Graben. — Wolfgang Büttner, Sechs hundert/ sieben vnd zwantzig Historien / Von Claus Narren, Erstausgabe 1572. Mit einem Vorwort v. Heinz-Günter Schmitz (S. 1*-36*) u. einem Glossar v. Erika Schmitz (S. 1**-43**), in: Dt. Volksbücher in Faksimiledrucken, Reihe A, Bd. 22, Hildesheim, Zürich, New York 2006; Werner Wunderlich (Hrsg.), Deutsche Schwankliteratur, Bd. I, Vom frühen Mittelalter bis ins 16. Jh., Frankfurt am Main 1992, 233-234 (aus Claus Narr: Bauwer auff Steltzen, Wittenberg und Torgaw, Drey faule Narren); Kleiner Katechismus und kurze christliche Lieder für die Wandersleute auf der Straße und Handwerksgesellen auf der Werkstatt, gesetzt und zu singen, Eisleben (Urban Gaubisch) 1572; Epitome Historiarum. Christliche ausgelesene Historien und Geschichten, Ohne Ort und Drucker (Berwald?), 1576; Dialectica deutsch. Das ist Disputierkunst. Wie man vernünfftige und rechte Fragen / mit vernufft und mit kunst entscheiden / und verantworten solle, Leipzig (Jacob Berwalds Erben) 1576 (Vorrede 1574).

Lit.: Joachim G. Boeckh u. a., Geschichte der deutschen Literatur, Bd. 4 (1480-1600), Berlin 1983², 411, 430; — Franz Schnorr v. Carolsfeld, Über Claus Narr, in: Arch. f. Literaturgeschichte, VI. Bd., Leipzig 1877, 277-328; — Carl Rühlemann (Hrsg.), Cyriakus Spangenberg - Mansfeldische Chronika. Der vierte Teil, in: Mansfelder Bll. (28), Eisleben 1914, 489-491; — Carl Rühlemann, Die Schneidersche Buchdruckerei zu Eisleben, in: Mansfelder Bll. (33), Eisleben 1921, 52 ff.; — Bernd Feicke, Wolfgang Büttner - ein volkstümlicher Dichter des 16. Jh., in: Mansfelder Heimatbll. (5), Eisleben 1986, 63-65; — Heinz-Günter Schmitz: Wolfgang Büttners Volksbuch von Claus Narr (Mit einem Beitrag zur Sprache der Eisleber Erstausgabe von 1572), in: Dt. Volksbücher in Faks.-Drucken, Reihe B (Untersuchungen zu den dt. Volksbüchern), Bd. 4, Hildesheim, Zürich, New York 1990 (= Habil.-Schr. Univ. Kiel 1981), mit Bibliogr. d. Claus-Narr-Drucke, 305-354, u. Lit.- Verz., 355-377; Robert J. Christman, »Do haben sie auch jedes mal [...] Antwort gegeben, was gutt gewesen, gelobt, und was Bose gewesen, widerlegt und vorworffen« - Das Ende der Einigkeit innerhalb der Gnesiolutheraner in der Gfsch. Mansfeld (1572), in: Schrr. d. Stiftung Luthergedenkstätten in Sachsen-Anhalt, Bd. 4, Leipzig 2006, 297-307; — Bernd Feicke, Zeitweiliger Besitz der Mansfelder Grafen in Thüringen, Zs. f. Heimatforschung, H. 15, Halle 2006, 36-42; — Bernd Feicke, Stadtgeschichte und der Schmuck historischer Rathäuser am Harz als Symbol stadtherrlicher Macht und städtischer Rechte - unter besonderer Beachtung das Rathauses der Altstadt von Eisleben, in: Harz-Forschungen, Bd. XXIII, Berlin u. Wernigerode 2007, 227-277, bes. 267-268, Abb.; — ADB, Bd. 4 (1876), 282-284 in Art. Claus Narr (J. Franck).

Bernd Feicke

BUTLER, Alban; katholischer Priester, Historiker und Hagiograph; * 24. Oktober 1710 in Appletree, (Pfarrei Aston-le-Walls) Northamptonshire, England; † 17. Mai 1773 in St. Omer, im französischen Teil von Flandern. — Alban Butler war der mittlere von drei Söhnen von Simon Butler, Esq. of Appletree und dessen Frau Ann Birch, der Tochter von Thomas Birch, Esq. of Garscott in Staffordshire. Schon sehr früh wurde Alban nach Fernyhalgh (nahe Preston) in der Grafschaft Lancashire geschickt, um dort die in katholischen Kreisen nur als *Dame Alice's* bekannte Schule zu besuchen. Fernyhalgh war damals ein *»papistisches Nest«*, in dem recht viele Katholiken lebten, die wie alle englischen Katholiken mal mehr oder weniger hart unter den Strafgesetzen, den Sondersteuern und gesellschaftlichen und politischen Diskriminierungen seitens des protestantischen Staates zu leiden hatten. In Fernyhalgh befindet sich eine heilige Quelle (*Lady's Well*), bei der seit dem 14. Jahrhundert eine Kapelle nachweisbar ist. Bis heute pilgern zahlreiche Menschen dorthin. Höhere Schulen für Katholiken gab es damals in England nicht und es war Katholiken verboten, ihre Kinder zur akademischen Ausbildung in katholische Schulen im Ausland zu schicken. Aber auch sein Kind in eine katholische Elementarschule zu schicken, konnte die Eltern teuer zu stehen kommen, da der Besuch einer solchen ebenfalls illegal war. Der Staat löste diese Schulen, die meist unter dem Schutz des katholischen Landadels standen zwar nicht auf, ließ sich deren Existenz aber mit nicht gerade kleinen Bußgeldern bezahlen. — Alice Harrison gründete ihre Schule um das Jahr 1700 mit Unterstützung des Missionspriesters Christopher Tootell (1662-1727), der am englischen Kolleg in Lisabon ausgebildet wurde und ab 1699 in Fernyhalgh Dienst tat. *Dame Alice's School* diente vor allem solchen Kindern zur Vorbereitung auf den Besuch weiterführender katholischer Auslandsschulen, die gerne Priester oder Ordensleute werden wollten. Alban Butler kam wohl 1712 mit zwei Jahren nach Fernyhalgh, nachdem sein Vater gestorben war. Als er acht Jahre alt war, wechselte er ans Englische Kolleg nach Douai im französischen Teil Flanderns. Zu dieser Zeit nimmt man an, war auch Albans Mutter verstorben und er war ein Vollwaise geworden. Das Kolleg und Priesterseminar in Douai wurde einst von William Allen, einem Exilanten aus Oxford gegründet. Seminar und Kolleg waren zur Zeit Königin Elisabeths I. der erste Schritt dem einseitigen Strom katholischer Exilanten aus England einen Strom katholischer Priester nach England entgegenzusetzen. Der Arbeit dieser Priester ist es letztlich zu verdanken, daß der Katholizismus in England überleben konnte. In Douai studierte Butler alte und neue Sprachen, sowie Theologie und Philosophie und bereitete sich danach auf den Priesterberuf vor. Mit gerade 25 Jahren empfing er 1735 die Priesterweihe. Man wollte ihn danach aber nicht sogleich als Missionspriester zurück nach England gehen lassen, sondern bat ihn aufgrund seiner Fähigkeiten am Kolleg von Douai zu bleiben, um als Professor Philosophie und Theologie zu lehren. — Die Jahre, die er in Douai lehrte, nutzte Butler, um das umfangreiche Material zusammenzutragen, das er für sein großes Werk *»The Lives of the Fathers, Martyrs and Other Principal Saints«* benötigte. Von Douai aus unterstützte er auch seinen Mentor und Freund Richard Challoner (1691-1781) bei dessen Werk *»Memoirs of Missionary Priests«*. Richard Challoner war zweifellos die bedeutendste Gestalt des englischen Katholizismus im 18. Jahrhundert. Wie Butler studierte auch er in Douai, wo er 1716 zum Priester geweiht wurde und bis 1730 als Dozent für Philosophie und Theologie wirkte. 1730 ging Challoner zurück nach England, um in seiner Heimat seelsorgerlich zu wirken. 1751 veröffentlichte er seine *»Meditations for Every Day in the Year«* und seinen *»Garden of the Soul or A Manual of Spiritual Exercises for Christians who living in the World Aspire to Devotion.«* Doch sein Hauptwerk sind die schon genannten *Memoirs of Missionary Priests*, ein Martyrologium aller Katholiken, die seit der Regierung von Elisabeth I. in England für den katholischen Glauben starben. Dieses Werk, an dem wie ebenfalls schon erwähnt Alban Butler mitgearbeitet hat, ist bis heute durch nur wenige neuere Forschungsergebnisse ergänzt ein Standardwerk geblieben. 1758 wurde Challoner Apostolischer Vikar des Distrikts von London und für die englischen Kolonien Nordamerikas. 1778 darf er noch die *»Catholic Relief Act«* erleben, jener erste Hoffnungsschimmer für eine noch umfangreichere Toleranz für Englands Katholiken. 1781 stirbt Challoner im Alter von 90 Jahren nach langem und segensreichem Wirken. — 1745 ging dann auch Alban Butlers Zeit in Douai zu Ende. In diesem Jahr brach er zusammen mit dem 14. Earl of Shrewsbury, George Talbot (1719-1787) und dessen beiden Brüdern James Talbot (1726-1790) und Thomas Talbot (1727-1795) zu deren »Kavaliersreise« durch Europa auf. James Talbot wurde später Koadjutor von Richard Challoner und nach dessen Tod selbst Apostolischer Vikar (vergleichbar mit einem Bischof) des Distrikts von London. Sein Bruder Thomas leitete für einige Jahre das Englische Kolleg von St. Omer (1762-1766) und wurde später zum Apostolischen Vikar des Midland District ernannt (1778). Nach Ende dieser Reise ging Alban Butler 1746 nach England, wo er in Staffordshire als Missionspriester wirkte. Während dieser Zeit kam Butler nur selten dazu, sich seinen geliebten Studien und seinem Großprojekt, den *Lives of the Saints* zu widmen, denn die seelsorgerlichen Aufgaben und vor allem der Dienst an den Armen füllten ihn gänzlich aus. Doch nicht lange und er fand wieder genügend Zeit für das Studium, als er nämlich in den Dienst des 9. Herzogs von Norfolk, Edward Howard, (1685-1777) trat. Butler diente zunächst dem Herzog als Kaplan und Beichtvater und später dessen Neffen als Tutor. Der 9. Herzog von Norfolk blieb kinderlos, so daß Thomas der älteste Sohn seines Bruders Philip Howard (1687-1750) den Titel erben würde. Dieser starb jedoch 1763 und so wurde dessen jüngerer Bruder Edward (1743-1767) designierter Erbe und Titelträger. Diesen begleitete Alban Butler nach Paris. Während dieser Jahre im Dienst des Herzogs von Norfolk vollendete Alban Butler nach über 30 Jahren der Vorarbeiten seine *Lives of the Saints*. Dieses monumentale Werk enthielt über 1600 Heiligenviten, die nach dem Verlauf des Kirchenjahrs geordnet waren. Das Werk war in vier (eigentlich fünf) Bänden angelegt und erschien zwischen 1756 und 1759 anonym in London. Es blieb die einzige Ausgabe zu Lebzeiten Butlers. Erst nach seinem Tod erlebte das Buch zahlreiche Neuauflagen und Übersetzungen in andere Sprachen. 1766 gab Butler seinen Dienst beim Herzog von Norfolk auf und wurde Nachfolger von Thomas Talbot als Rektor des Englischen Kollegs von St. Omer, als dieser zum Apostolischen Vikar berufen wurde. Butler hatte zunächst aufgrund rechtlicher Unsicherheiten gezögert die neue Stelle anzunehmen, war doch St. Omer bis dato eine Einrichtung der Jesuiten gewesen, die jedoch aus Frankreich verbannt worden waren. Nachdem aber die Bischöfe von Amiens, Arras und Boulogne Butler gut zugeredet hatten, gab er nach und nahm die Stelle an. Auch wenn er glaubte, sich als Rektor von St. Omer fortan wieder mehr seinen zahlreichen Studien widmen zu können, mußte er sich schnell eines besseren belehren lassen. Sein Ruhm war inzwischen so gewachsen, daß nicht weniger als vier Bischöfe aus benachbarten Diözesen (Arras, Boulogne, St. Omer und Ypern) ihn regelmäßig um seinen Rat ersuchten und gar als Generalvikar in Dienst nahmen. So mußte er zum Ende seines Lebens weitaus mehr Zeit für die aktive Pastoral aufbringen als in früheren Jahren. Alban Butler starb am 17. Mai 1773 und wurde direkt gegenüber dem Englischen Kolleg von St. Omer in der Pfarrkirche St. Denis beigesetzt. Leider wurden alle sichtbaren Zeichen seines Grabes in den Wirren der Französischen Revolution zerstört.

Werke: »The lives of the Fathers, martyrs and other principal saints« (4 Bde., London 1756/59. Das Werk erlebte nach Butlers Tod zahlreiche Neuauflagen und Übersetzungen. Bis heute von Geltung ist die mit Anmerkungen und Ergänzungen vor allem irischer Heiligen versehene Zweitauflage von Butlers Werk, die vom Dubliner Erzbischof John Carpenter herausgegeben wurde: »The Lives of the Saints«, 12 Bde., Dublin 1779/80. Zwei ebenfalls bedeutsame englische Neuauflagen bilden die von Herbert Thurston u. Donald Attwater, herausgegeben Werke »The lives of the Saints, edited, revised and supplemented, 12 Bde., London 1926-1938 und »Butler´s Lives of the Saints«, 4 Bde., London & New York 1956. Die neueste revidierte Gesamtausgabe von Butlers Werk ist von David Hugh Farmer herausgegeben worden. Sie umfaßt den Monaten entsprechend 12 Bde., Tunbridge Wells 1995-2000. In Deutsch erschien Butlers Werk unter dem Titel »Leben der Väter und Märtyrer nebst anderer vorzüglichen Heiligen, ursprünglich in englischer Sprache verfaßt von Alban Butler. Nach der französischen Uebersetzung von Godescard für Deutschland bearbeitet u. sehr vermehrt von Dr. Räss u. Dr. Weis, 23 Bde., Mainz 1823-1827. Andreas Räss (1794-1887) war Dogmatikprofessor und seit 1825 Direktor des Priesterseminars in Mainz, ab 1829 in Straßburg und ab 1842 Bischof. Nikolaus Weis (1796-1869) war katholischer Theologe und enger Freund von Andreas Räss. Mit ihm gab er zwischen 1819 und 1833 insgesamt 36 Bde. meist älterer Schriften oder Bearbeitungen französischer Werke heraus. Ihrer Ausgabe von Butler´s »Lives of the Saints« lag die die französische Ausgabe von Abbé Jean François Godescard zu Grunde »Vies des saints. Avec le martyrologe romain, un traite de la canonisation des saints, un traite des fetes mobiles ... Edition augmentee de notes nouvelles, d'un grand nombre de vies inedites ... par M. l'abbe Tresvaux, de reflexions pratiques ... par M. l'abbe Herbet, et entierement revue par M. Le Glay«, 6 Bde., Lille 1855/56.); »A short account of the life and virtues of the venerable and religious mother, Mary of the Holy Cross, abbess of the English Poor Clares at Rouen; who died in the sweet odour or sanctity, March 21, anno 1735. (London 1767); »The Moveable Feasts, Fasts, and Other Annual Observances of the Catholic Church, to Which is Added, a Continuation of the Feasts and Fasts, By a Catholic Priest« (London? 1774, posthum von Richard Challoner herausgegeben); »Travels through France & Italy, and part of Austrian, French, & Dutch Netherlands, during the years 1745 and 1746« (London 1791, posthum herausgegeben von seinem Neffen Charles Butler); »Meditations and Discourses on Sublime Truths and Important Duties of Christianity. Being a Posthumous Work of the Rev. Alban Butler« (3 Bde., London 1792/93, posthum von seinem Neffen Charles Butler herausgegeben); »Life of Sir Tobie Matthews« (London 1795, posthum von dessen Neffen Charles Butler herausgegeben. Dieses Buch ist eine Biographie von Sir Tobias Matthews (1577-1655), dem Sohn des gleichnamigen anglikanischen Erzbischofs von York. Er war ein enger Freund des Philosophen Francis Bacon und konvertierte 1606 in Italien zum Katholizismus und wurde Priester);

Lit.: Charles Butler, An Account of the Life and Writings of the Reverend Alban Butler, London 1799; — Alexander Chalmers (Hrsg.), The General Biographic Dictionary: Containing an historical and critical account of the lives and writings of the most and emminent persons in every nation; particularly the British and Irish; from the earliest accounts to the present time. A new Edition, Bd.7, London 1813, 447-449; — George Godfrey Cunningham (Hrsg.), Lives of emminent and illustrious Englishmen from Alfred the Great to the latest times, Bd.VI, Glasgow 1836 (Teil II. Ecclesiastial Series), 2-4; — F.C. Husenbeth, The History of Sedgley Park School, Stafforshire, London u. Dublin 1856 (zu Dame Alice´s Schule in Fernyhalgh, siehe Kapitel 1 »Catholic Schools before the Establishment of Sedgley Park«, Seiten

2-8); — Joseph Gillow (Hrsg.) A Literary and Biographical History, or Bibliographical Dictionary of the English Catholics: From the Breach with Rome, in 1534, to the Present Time, Bd.1, London u. New York 1885, 350-354; — Herbert Thurston, Alban Butler, in: Month 172 (1938), 52-63; — Donald Attwater, Lives of the Saints, in: Commonweal (A Review of Religion, Politics and Culture) 66 (1957), 349-351; — Frank Leslie Cross u. Elizabeth Anne Livingstone (Hrsg.), The Oxford Dictionary of the Christian Church, Oxford University Press 1957, [2]1974, [3]1997 (Neuauflagen der 3. Ausgabe erfolgten 2005 in gebundener Form und 2007 als Taschenbuchausgabe); — Patrick J. Corish, New Edition of Butler´s »Lives of the Saints«, in: Irish Ecclesiastical Record (IER) 89 (1958), 195-198; — Michael Sharratt, Alban Butler: Newtonian in Part, in: Downside Review (DR) Oxford 96 (1978), 102-111; — DHGE 10, 1439f.; — DNB III, 495f.; — EC 3, 249; — LThK II, 859.; — NCE II, 914f.

Ronny Baier

C

CADBURY, George, * 19.9. 1839 in Birmingham, † 24.10. 1922 in Northfield, Birmingham. Unternehmer, Philanthrop, Sozialreformer, Quäker. — George Cadbury wurde 1839 in Birmingham als dritter Sohn von John (1801-1889) und Candia (geb. Barrow, 1805-1855) geboren. Die Schule besuchte er in Edgbaston, einem gehobenen Wohnviertel Birminghams. Mit fünfzehn Jahren trat er bereits in den Betrieb seines Vaters ein, einer Kakao- und Schokoladenfabrik in der Bull-Street Birminghams. Im April 1861 übernahm er diesen Betrieb zusammen mit seinem Bruder Richard Cadbury (gest. 1899). Cadbury war zwei Mal verheiratet, zuerst 1872 mit Mary Tylor (1849-1887), der Tochter von Charles Tylor aus Stoke Newington. Aus dieser Ehe sind drei Söhne und zwei Töchter hervorgegangen. Nach dem Tode seiner ersten Frau 1887 heiratete er Elizabeth Mary Taylor (1858-1951) aus Peckham. Aus dieser Ehe sind sechs Kinder hervorgegangen. — Um mehr Raum für die Produktion seiner Schokoladenfabrik zu haben, wurde sie 1879 einige Meilen südlich nach Worcestershire verlegt. Dort baute der Architekt William Alexander Harvey (1874-1951) im Auftrage der Cadburys »Bournville« zu einem Modellort für Arbeiter aus. Die Cadbury-Firma wurde zu einem weltberühmten Musterbetrieb für Arbeitermitbeteiligung, verbesserte Produktionsbedingungen, verschiedene Bonussysteme und eine Pensionskasse. In Nähe des Betriebsgeländes wurden Parkanlagen zur Erholung und zur sportlichen Betätigung der Beschäftigten angelegt. — Cadbury wuchs in einer Quäkerfamilie auf. In der Quäkergemeinschaft diente er viele Jahre als Ältester und Prediger. Obwohl er sich besonders für Missionsfragen interessierte, unterstützte er später das liberale Quäkertum. Ab 1893 war er Trustee der Quäkerzeitschrift »The Friend«. Sein wohl größter Verdienst für das Quäkertum war die Förderung des Woodbrooke College, dem er seine eigene Villa zur Verfügung stellte und das pädagogische Unternehmen auch finanziell großzügig unterstützte. — George Cadbury war ein Visionär und Unternehmer mit sozialem Gewissen wie Wenige seiner Zeit. Vor allem setzte sich Cadbury für eine Wohnungsreform ein und war stets interessiert, bessere Wohnverhältnisse bei seinen Arbeitern herzustellen. Ebenso sprach er sich dafür aus, daß Gesetze geschaffen wurden, die den Arbeitern einen Mindestlohn sicherten. Weitere Betätigungsfelder Cadburys waren der Free Church Council und der YMCA (CVJM). Lebenslang engagierte er sich in der Erwachsenenschulbewegung: Über 50 Jahre fuhr er selbst jeden Sonntag Nachmittag nach Bournville, um sich in einer Sonntagsschule weiterzubilden und auch selbst dort zu unterrichten. — Auch politisch versuchte Cadbury, Einfluß zu nehmen, indem er die Liberal Party im Magistrat Birminghams und im Worcestershire County Council unterstützte. Die Erfolge des Politikers von William Ewart Gladstone (1809-1898) wurden maßgeblich durch Cadbury finanziert. 1877 wurde Cadbury in den Magistrat seiner Stadt gewählt. 1897 unterstütze er finanziell Streikende, was ihm öffentliche Kritik einbrachte. Während des Ersten Weltkriegs wechselte er zur pazifistischen Independent Labour Party. Gemeinsam mit Ramsay MacDonald (1866-1937), Arthur Ponsonby (1871-1946), Arthur Rowntree (1861-1949) und anderen gründete er die Union of Democratic Control, die führende Stimme gegen den Krieg in Großbritannien. Vor allem die Burenkriege sah Cadbury als unrechtmäßig an. 1901 kaufte er u.a. die Daily News (umbenannt in The News Chronicle), um seine pazifistischen Ideen direkt unters Volk bringen zu können. — Der umtriebige Unternehmer verstarb im 83. Lebensjahr in seinem Haus Northfield Manor am 24. Oktober 1922. Er wurde in einer Urne auf dem Quäkerfriedhof in Bournville bestattet.

Werke: The adult school movement. Paper read at annual meeting of the national free church council, Newcastle, on March 10th, 1904. (Birmingham) (1904); Cadbury, George; Bryan, Tom: The land and the landless. London 1908 (Social Service Handbooks, III); Town planning. With special reference to the Birmingham schemes. London 1914. London 1915²; A reply to a pamphlet, by Sir Edward Fry, entitled, »Betting newspapers and Quakerism ...« (London) (1911).

Lit. (Auswahl): A visit to Northfield, and chat with George Cadbury. In: The Free Churchman, II, 1, 1898, 3-4; — Edwin A. Pratt: Mr. George Cadbury and artisans' dwellings. In: Ders.: Notable masters of men. Modern examples of successful lives. London 1901, 64-69; —Stempel, Therese D.: Physical exercises for girls, etc. Introduction by Mrs. George Cadbury. London (1904); — Davis, George T. B.: A model factory-owner and his model town. In: The American Friend, XII, 52, 1905, 872-874; — Employees' Tribute to Mr. and Mrs. George Cadbury. Opening of the Bournville Rest House. In: Bournville Works Magazine, XII, 5, 1914, 129-135; — A portrait of Mr. George Cadbury. In: Higham's Magazine. A business magazine for progressive men, I, 2, 1914, 4-6; — George Cadbury presented to King and Queen. In: Bournville Works Magazine, XVII, 6, 1919, 7-8; George Cadbury: 1839-1922. Memorial number of the Bournville Works Magazine. (Bournville) (1922); — George Cadbury. In: The Friend. A religious, literary and miscellaneous journal, LXII, 43, 1922, 744-745; — N., G.: A lover, a greatheart and a crusader. In: The Friend. A religious, literary and miscellaneous journal, LXII, 44, 1922, 757-760; — George Cadbury. In: Australasian Friend. A religious, literary and miscellaneous journal, 12 1922, 1660-1661; — George Cadbury. Born 19th September 1839. Died 24th October 1922. Memorial Service on the Village Green, Bournville, 2.0 p.m. Saturday, 28th October, 1922. O.O., 1922; — 'The chocolate uncle'. A delightful sketch, written by an Australian woman-journalist, translated from the Vienna 'Neue Freie Presse'. In: The Wayfarer. A record of Quaker life and work, I, 11, 1922, 149-153; — George Cadbury. In: The Bournville Works Magazine, XX, 11, 1922, 299-304; — Barlow, John Henry: George Cadbury. An appreciation. In: The Friend. A religious and literary journal, XCVI, 21, 1922, 243-244; — Memorial address by Dr. Henry Hodgkin. In: The Friend. A religious, literary and miscellaneous journal, LXII, 44, 1922, 760-761; — George Cadbury: In memoriam. In: The Friend. A religious, literary and miscellaneous journal, LXII, 44, 1922, 762-765; — Sturge, Francis L. P.: George Cadbury. In: The Woodbrooke International Journal, I, 4, 1922, 3; — Gardiner, Alfred George: Life of George Cadbury. London 1923; — Gardiner, Alfred George: George Cadbury. Ein Bahnbrecher auf sozialem Gebiet. Basel 1925. Basel 1930²; — Spender, Harold: The fire of life. A book of memories. London (1926); — Mansbridge, Albert: George Cadbury, adult school, and education. Being the first George Cadbury memorial lecture delivered on the occasion of the opening of the George Cadbury Hall at Selly Oak, October 28th, 1927. Birmingham, um 1927 (George Cadbury Memorial Lecture, I); — Wood, Herbert George: George Cadbury (1839-1922). In: Martin, Hugh (Hrsg.): Christian social reformers of the nineteenth century. London 1927, 183-203; — Emden, Paul H.: Quakers in commerce. A record of business achievement. London 1940; — McNicol, Harry: Six men of business. Rothschild, Reuter, Rhodes, Cadbury, Carnegie, Rockefeller. London 1946; — Batchelor, Peter: The origin of the garden city concept of urban form. In: Journal of the Society of Architectural Historians, XXVIII, 3, 1969, 184-200; — Stranz, Walter: George Cadbury. An illustrated life of George Cadbury, 1839-1922. Aylesbury 1973; — Hay, Roy: Employers and social policy in Britain: The evolution of welfare legislation, 1905-14. In: Social History, II, 4, 1977, 435-455; — Keene, Thomas: Cadbury housing at Bournville, 1879. In: Industrial Archaeology, XIII, 1, 1978, 43-47; — Davey, A. M.: Cadbury, George. In: Dictionary of South African Biography, IV, 1981, 74; — Cadbury brothers. In: McFarland, Daniel Miles: Historical Dictionary of Ghana. Metuchen 1985, 59 (African Historical Dictionaries, XXXIX); — Rawlinson, Michael Colin: Cadbury's new factor system, 1879-1919. Dissertation Aston University 1987; — McIvor, A. J.: Manual work, technology, and industrial health, 1918-1939. In: Medical History. A quarterly journal devoted to the history of medicine and related sciences, XXXI, 2, 1987, 160-189; — Hopley, Claire: Chocolate and charity: A Quaker legacy. In: British Heritage, XII, 3, 1991, 56-61; — Hoffman, Joel: Imaging the industrial village: Architecture, art, and visual culture in the garden community of Bournville, England. Bdd.II. Dissertation Yale University 1993; — Naumann, Alfred: George Cadbury (1839-1922). Bahnbrecher auf sozialem Gebiet. In: Der Quäker. Monatsschrift der deutschen Freunde, LXX, 4/5, 1996, 104; — Timar, Attila: Kulturalis asszimilacio es kettos identitas: a Birminghami ipari elit. In: Vilagtörtenet, 1998, 1, 3-20; 1998, 2, 3-19; — Bromhead, John: George Cadbury's contribution to sport. In: Sports Historian, XX, 1, 2000, 97-117; — Bryson, John R.; Lowe, Philippa A.: Story-telling and history construction: Retelling the story of George Cadbury's Bournville model village. In: Journal of Historical Geography, XXVIII, 1, 2002, 21-41; — Cadbury, George. In: The New Encyclopaedia Britannica, II, 2003¹⁵, 712; — Dandelion, Pink: Cadbury, George (1839-1922). In: Abbott, Margery Post; Chijioke, Mary Ellen; Dandelion, Pink; Oliver, John W. (Hrsg.): Historical

Dictionary of the Friends (Quakers). Lanham 2003, 38-39 (Religions, Philosophies, and Movements Series, XLIV); — Fritz, Joachim: Auf der Schokoladenseite: Der englische Süßwarenfabrikant George Cadbury bewies mitten in der industriellen Revolution, daß Menschlichkeit dem Kapitalismus dienlich sein kann. In: Quäker. Zeitschrift der deutschen Freunde, LXXIX, 6, 2005, 279-282; — Bennett, Leonie: The life of George Cadbury. The famous chocolate maker. Oxford 2005; — Bailey, Adrian R.; Bryson, John R.: A Quaker experiment in town planning: George Cadbury and the construction of Bournville model village. In: Quaker Studies. Journal of the Quaker Studies Research, XI, 1, 2006, 89-114; — Vogel-Zimmermann, Marga: Bittere Schokolade. Kakaoanbau unter Sklavenbedingungen und die Öffentlichkeit 1904. In: Quäker. Zeitschrift der deutschen Freunde, LXXX, 1, 2006, 38-40; — Dellheim, Charles: The creation of a company culture: Cadburys, 1861-1931. In: The American Historical Review, CXII, 1, 2007, 13-44.

Claus Bernet

CANALI, Nicola, italienischer Kardinal, * 6.6. 1874 in Rieti, † 3.8. 1961 in Rom. N. C. wurde am 6. Juni 1874 in Rieti im Nordosten Roms geboren. Er entstammte der gräflichen Familie Canali, die mit Ludovico Graf Canali bereits im 18. Jahrhundert einen Purpurträger in ihren Reihen hatte. Nach dem Besuch des Gymnasiums in Todi bereitete er sich im römischen Capranico-Kolleg auf das Priestertum vor. Zugleich besuchte er Vorlesungen an der päpstlichen Diplomatenschule. Am 31. März 1900 empfing Canali die Priesterweihe. 1903 wurde er Minutant im päpstlichen Staatssekretariat und somit Mitarbeiter von Kardinalstaatssekretär Merry del Val (1865-1930, s. Bd. V). Von 1908 bis zum Tod von Papst Pius X. 1914 war er Substitut (Unterstaatssekretär) im päpstlichen Staatssekretariat. Papst Benedikt XV. bot ihm eine Nuntiatur an, doch er lehnte ab, um in der Nähe von Merry del Val bleiben zu können, der Sekretär des Heiligen Offiziums geworden war. Zunächst wirkte Canali im Vatikan als Sekretär der Zeremonien-Kongregation. 1926 wurde er Assessor der Kongregation des Heiligen Offiziums. Am 16. Dezember 1935 wurde er in das Kardinalskollegium berufen. In sein Wappen nahm er die Adler des herzoglichen Geschlechts der Gonzagha auf. 1939 wurde er Präsident der Päpstlichen Kommission für den Vatikanstaat. Am 16. Juli 1940 ernannte ihn der Papst zum Patron und Protektor des Ritterordens vom Heiligen Grab. Viele Jahre war er Kardinal-Großpönitentiar, Vizepräsident der Kardinalskommission für die Verwaltung der Güter des Heiligen Stuhles, Großprior des Malteser-Ordens und Großmeister des Ritterordens vom Heiligen Grab. In den Büchern des umstrittenen französischen Schriftstellers Roger Peyrefitte (1907-2000) wird Canali als Skandalfigur dargestellt, dessen Gewohnheit, sein Haar schwarz zu färben, beim Kardinalskollegium Anstoß erregt habe. Bundespräsident Theodor Heuss (1884-1963) verlieh ihm 1956 das Großkreuz des Bundesverdienstordens. Nicola Canali starb am Morgen des 3. August 1961 an einer Herzattacke.

Lit. (Auswahl): Die Heilige Pforte ist geöffnet, in: St. Konradsbl. 30 (1950), Nr. 2, 8.1.1950, 16-18, hier 17; — Wilhelm Sandfuchs, »Immer getreu«. Nicola Kardinal Canali, Großpönitentiar der Heiligen Römischen Kirche. In: St. Konradsbl. 34 (1954), Nr. 27, 4.7.1954, 513f. (Abb.); — Roger Peyrefitte, Les clés de Saint Pierre. Paris 1955; — Roger Peyrefitte, Jeunes Proies. Paris 1956; — Roger Peyrefitte, Les Chevaliers de Malte. Paris 1957; — Kardinal Canali gestorben, in: St. Konradsbl. 45 (1961), Nr. 33, 13.8.1961, 795 (Abb); — Giuseppe Penaglia, Il Sommo Pontefice Pio XII. e il cardinale Nicola Canali per l'Ordine Equestre del Santo Sepolcro di Gerusalemme. Milano 1963; — Eberhard Czichon, Der Bankier u. die Macht. Hermann Josef Abs in der dt. Politik. Köln 1970 (s. Reg.); — Rudolf Brack, Dt. Episkopat u. Gewerkschaftsstreit 1900-1914 (Bonner Btrr. zur KG Bd. 9). Köln/Wien 1976 (s. Reg.); — Antonio Marquina Barrio, La diplomacia Vaticana y la Espana de Franco (1936-1945) (Monografias de historia eclesiástica Bd. 12). Madrid 1983 (s. Reg.); — Horstwalter Heitzer, Georg Kardinal Kopp u. der Gewerkschaftsstreit 1900 bis 1914 (Forsch. u. Qu. zur Kirchen- u. Kulturgesch. Ostdtld.s Bd. 18). Köln/Wien 1983 (s. Reg.); — Prosper Poswick, Un journal du Concile. Vatican II vu par un diplomate belge. Notes personnelles de l'ambassadeur de Belgique près le Saint-Siège (1957-1968), et rapports au Ministère des Affaires Étrangères. Paris 2005 (s. Reg.); — Kein Artikel im LThK[3].

Gunnar Anger

CARBONNELLE SJ, Ignace; belgischer Jesuit und Naturwissenschaftler; geb. am 1. Februar 1829 in Tournai (B); gest. am 4. März 1889 in Brüssel. — Ignace Carbonnelle besuchte ab 1839 das von den Jesuiten neugegründete Collège de Notre-Dame in seiner Heimatstadt. Schon mit 15 Jahren trat er am 8. September 1844 in Tronchiennes in die Gesellschaft Jesu ein. 1847-1849 studierte Carbonnelle Philosophie und ab 1849 Mathematik in Namur, 1852-1853 in Paris. Am 25. August 1854 wurde er von einer Promotionskommission in Gand examiniert und mit höchster Auszeichnung zum Doktor der Naturwissenschaften (Docteur en

Sciences Physiques et Mathématiques) promoviert. Anschließend studierte er in Löwen Theologie. Bevor er das Studium am 8. Juli 1858 abschloß, wurde am 10. September 1857 zum Priester geweiht. — Nach Abschluß der Studien unterrichtete Carbonnelle 1858-1859 Mathematik und Mechanik in Namur und 1859-1861 Rhetorik am Collège de Notre-Dame in seiner Heimatstadt Tournai. 1861 wurde er nach Indien geschickt, wo er am 11. Februar 1862 die letzten Gelübde ablegte. Sechs Jahre lang arbeitete er in Kalkutta, und zwar als Repetitor (Examensvorbereiter) am neugegründeten Priesterseminar der belgischen Jesuiten und zugleich als Redakteur der Zeitschrift »The Indo-European Correspondence«. 1867 mußte er wegen einer schweren Erkrankung nach Belgien zurückkehren. Er unterrichtete ein Jahr lang Mathematik und Astronomie am Jesuitenscholastikat in Löwen bevor er 1868 nach Paris ging. Dort arbeitete er für die naturwissenschaftliche Abteilung der damals bedeutenden Zeitschrift »Études religieuses, historiques et littéraires«. Der Deutsch-Französische Krieg zwang ihn 1870 zur Rückkehr nach Belgien. Für ein Jahr war er Präfekt des Kollegs in Gand bevor er 1871 ins Konvikt bei St Michel nach Brüssel wechselte. Dort gründete er gemeinsam mit wissenschaftlichen Mitstreitern aus Paris und Löwen 1875 die Brüsseler Wissenschaftliche Gesellschaft (Société scientifique de Bruxelles) mit dem Ziel, naturwissenschaftliche Studien auch und gerade vor einem katholischen Hintergrund zu betreiben. Er wurde der erste Sekretär und zugleich der verantwortliche Herausgeber der beiden Periodika der Gesellschaft, der »Annales de la Société scientifique de Bruxelles« und der für ein breiteres Publikum konzipierten »Revue des questions scientifiques«. Beide Ämter behielt er bis zu seinem unerwarteten Tod am 4. März 1889. — Ignace Carbonnelle publizierte verschiedene Zeitschriftenaufsätze zur Astronomie, Physik und Mathematik. Physikalisch vertrat er einen punktförmigen Atomismus, mit dessen Hilfe er u. a. eine kinetische Erklärung der Brouwnschen Molekularbewegung vorlegte. Er hielt eine mechanische Theorie der atomaren Bewegungen und Kräfte für die Basis aller Naturwissenschaften. Als seine wichtigste Publikation kann die (ab der zweiten Auflage zweibändige) Aufsatzsammlung »Les confins de la science et de la philosophie« von 1881 gelten. Carbonnelle versammelte darin eine Reihe von Aufsätzen, die die wechselseitige Bereicherung von Philosophie und Naturwissenschaften aufzeigen wollten. Eine äußerst wichtige Aufgabe der Philosophie sah er in dem, was man heute zur »Ideologiekritik« rechnen würde: die Aufdeckung und Kritik falscher Inanspruchnahme naturwissenschaftlicher Resultate oder Pseudoresultate durch antichristliche Ideologien. Der Verbreitung naturwissenschaftlicher Erkenntnisse fühlte Carbonnelle sich genauso verpflichtet wie der Überzeugung, daß diese Erkenntnisse dem katholischen Glauben nicht zuwiderlaufen könnten. Eine kondensierte Fassung dieser Überzeugungen bildet ein Satz des Ersten Vatikanischen Konzils (1870/71), unter den er auch als Leitwort die von ihm gegründete Gesellschaft gestellt sah: »nulla umquam inter fidem et rationem vera dissensio esse potest« (»daß zwischen Glaube und Vernunft keine wirkliche Unstimmigkeit möglich ist«; vgl. DH 3017).

Werke: Examen des cas douteux dans les triangles sphériques, in: Bulletin de l'Académie Royale de Belgique 19,3 (1852), 71-82; Théorie géométrique du Parallélogramme de Watt, in: Bulletin de l'Académie Royale de Belgique 20,1 (1853), 144ff. u. 20,2 (1853), 11-39; Mémoire sur l'altération des fonctions et des équations, Présenté à l'Académie de Belgique, le 5 novembre 1853, in: Bulletin de l'Académie Royale de Belgique 20,5 (1853), 129ff.; Intégration d'un système de cinq équations aux dérivées partielles, qui se présente dans la transformation de plusieurs problèmes de géométrie et de physique mathématique, in: Bulletin de l'Académie Royale de Belgique 22,2 (1855), 652-668; [fraglich:] Démonstration du Postulatum d'Euclide, Présenté à l'Académie de Belgique, le 29 novembre 1856; Theses ex universa theologia, quas... defendet P. Ignatius Carbonnelle, ... Lovanii, In Collegio Societatis Jesu, Die 8 Julii 1858, Lovanii 1858; Herménégilde, Tragédie en trois actes, Tournai 1860; Lettres, de Calcutta, (1864-1865), 1. Teil, in: Lettres des scolastiques de Laval, 6/1864, 10-19; Une promenade à Calcutta et dans les environs, in: Études religieuses, historiques et littéraires 3. F., 7 (1865), 463-482; Lettres, de Calcutta, (1864-1865), 2. Teil, in: Lettres des scolastiques de Laval, 7/1865, 20-23; (Verantwortlicher Redakteur) The Indo-European Correspondence, 1865-1867; Bulletin scientifique, in: Études religieuses, historiques et littéraires 4. F., 1 (1868), 273-284; Bulletin scientifique, in: Études religieuses, historiques et littéraires 4. F., 2 (1868), 811-819; La question Irlandaise en 1869, in: Études religieuses, historiques et littéraires 4. F., 3 (1869), 161-185; Bulletin scientifique, in: Études religieuses, historiques et littéraires 4. F., 3 (1868), 438-450; Bulletin scientifique, in: Études religieuses, historiques et littéraires 4. F., 3 (1868), 920-941; Des comptes rendus, in: Études religieuses, historiques et littéraires 4. F., 3 (1868), 942-948; La thermodynamique, 1. Teil, in: Études religieuses, historiques et littéraires 4. F., 4 (1869), 209-241; La thermodynamique, 2. Teil, in: Études religieuses, historiques et littéraires 4. F., 4 (1869), 416-444; Bulletin scientifique, in: Études religieuses, historiques et littéraires 4. F., 4 (1869), 472-482; Des comptes rendus, in: Études religieuses, historiques et littéraires 4. F., 4 (1869), 652-656; La thermodynamique, 3. Teil, in: Études religieuses, historiques et littéraires 4. F., 4 (1869), 694-722; Bulletin scientifique, in: Études religieuses, historiques et littéraires 4. F., 4 (1869), 946-954; La thermodynamique, 4. Teil, in: Études religieuses, historiques et littéraires 4. F., 5 (1870), 424-455; Bulletin scientifique, in: Études religieuses, historiques et littéraires 4. F., 5 (1870), 474-482; Bulletin scientifique, in: Études religieuses, historiques et littéraires 4. F., 5 (1870), 923-935; La thermodynamique, 5. Teil, in: Études religieuses, historiques et littéraires 4. F., 6 (1870), 25-59; La thermodynamique, 6. Teil, in: Études religieuses, historiques et littéraires 4. F., 6 (1870), 401-426; Conférence donnée au foyer du Théâtre royal d'Anvers, par le Rév. Père Carbonnelle, S. J., 17 août 1871: Aurore boréale, Lumière zodiacale, Etoiles filantes, in: Compte rendu du Congrès des sciences géographiques et commerciales tenu à Anvers du 14 au 22 avril 1871, Anvers 1872, Bd. II, 59-73; L'uranométrie et le passage de Vénus en 1874, in: Revue catholique de Louvain 11/1874, 465-500 u. 12/1874, 52-87; Rapport lu à la séance inaugurale de la Société, le 18 Novembre 1875, in: Annales de la Société scientifique de Bruxelles 1 (1876), 45-46; Le radiométre, in: Le Français 1876, sowie in: Précis historiques (1876), 519-522, in: Revue Générale de Bruxelles 42, 464-466; (Gründer und Hrsg.) Revue des questions scientifiques 1877-1889; (mit Em. Ghysens) L'action mécanique de la lumière, Présenté... le 27 juillet 1876, in: Annales de la Société scientifique de Bruxelles 2 (1877), 59-74; Rapport lu le 23 octobre 1876, in: Annales de la Société scientifique de Bruxelles 2 (1877), 135-145; Calcul de la chaleur diurne envoyée par le soleil en un point quelconque de la surface terrestre, in: Annales de la Société scientifique de Bruxelles 2 (1877), 323-366; L'aveuglement scientifique, 1. Teil: Introduction, in: Revue des questions scientifiques 1 (1877), 5-24, mit den folgenden 10 Teilen wiederabgedruckt in: Révue Canadienne de Québec, sowie gesondert als »Les Confins de la science...« (1881, s. u.); L'aveuglement scientifique, 2. Teil: Le progrès, in: Revue des questions scientifiques 1 (1877), 24-53; L'aveuglement scientifique, 3. Teil: La physique moderne, in: Revue des questions scientifiques 1 (1877), 512-561; Cantate pour le jubilé épiscopal de S. S. le Pape Pie IX. 1827-21 mai - 3 juin 1877, in: Précis historiques 27 (1877), 321-322 (später vertont hrsg. v. M. L. Hemelsoet); L'aveuglement scientifique, 4. Teil: La théorie atomique, in: Revue des questions scientifiques 2 (1877), 236-273; Les documents ecclésiastiques relatifs à l'unité substantielle de la nature humaine, in: Revue des questions scientifiques 2 (1877), 353-391, sowie gesondert: Louvain 1877; Une entrée en campagne, in: Revue des questions scientifiques 3 (1878), 224-247; L'aveuglement scientifique, 5. Teil: L'infini dans le temps et dans l'espace, La création, in: Revue des questions scientifiques 3 (1878), 548-588; L'aveuglement scientifique, 6. Teil: Lois générales de l'Univers, La réversion, La Providence, in: Revue des questions scientifiques 4 (1878), 578-624; (Hrsg. + Komment.) Un periodico belga ed una importantissima lettera di S.S. Leone PP. XIII All' Eminentissimo Cardinal de Luca (par le P. Cornoldi, S. J.), ursprünglich in: Scienza italiana 10/1879, kommentierter Sonderdruck: Bruxelles 1879; L'aveuglement scientifique, 7. Teil: Les actions vitales, in: Revue des questions scientifiques 5 (1879), 234-286; Léon XIII et la Société scientifique de Bruxelles, in: Revue des questions scientifiques 5 (1879), 254-260; L'aveuglement scientifique, 8. Teil: Les forces volontaires, Les mouvements musculaires et les sensations, in: Revue des questions scientifiques 6 (1879), 196-233; L'Encyclique du 4 août 1879 et la Science, in: Revue des questions scientifiques 6 (1879), 353-411, sowie gesondert: Bruxelles 1879; L'aveuglement scientifique, 9. Teil: La différence essentielle entre l'homme et les animaux, in: Revue des questions scientifiques 7 (1880), 193-228; L'aveuglement scientifique, 10. Teil: L'origine et la formation des organismes, in: Revue des questions scientifiques 8 (1880), 150-184; L'aveuglement scientifique, 11. Teil: Résumé et conclusion, in: Revue des questions scientifiques 9 (1881), 135-189; Les Confins de la science et de la philosophie, Paris [1]1881 (= Wiederabdruck der zehnteiligen Aufsatzreihe »L'aveuglement scientifique« (ab 1877, s.o.)) Neuauflage 2 Bde. Paris [2]1881; Réponse à M. l'abbé de Broglie, in: Revue des questions scientifiques 11 (1882), 225-260; (Hrsg.) Lettre de M. l'abbé de Broglie, in: Revue des questions scientifiques 11 (1882), 555-559; Réponse à M. l'abbé de Broglie, in: Revue des questions scientifiques 11 (1882), 559-566; (Hrsg.) Lettre de M. l'abbé de Broglie, in: Revue des questions scientifiques 12 (1882), 235-238; Les incertitudes de la géométrie, in: Revue des questions scientifiques 14 (1883), 349-384; (Hrsg.) Lettre de M. L. Mahillon, in: Revue des questions scientifiques 15 (1884), 240-246; Réponse du Secrétaire de la Société scientifique à M. L. Mahillon, in: Revue des questions scientifiques 15 (1884), 246-255; beide vorstehenden gesondert: Bruxelles 1884; Die Endlichkeit und Zeitlichkeit der Welt, in: Natur und Offenbarung 30 (1884), 17-30 u. 88-100 [dies und die beiden Folgenden sind Übersetzungen von Auszügen aus »Les confins...« (1881)] ; Die Atomenlehre, in: Natur und Offenbarung 30 (1884), 129-141 u. 257-271; Die neuere Physik, in: Natur und Offenbarung 30 (1884), 610-620 u. 653-662; Les nombres et la philosophie, in: Revue des questions scientifiques 18 (1885), 467-505; Une accusation d'hérésie, in: Revue des questions scientifiques 19 (1886), 168-188; Etoiles filantes et météorites, 1. Teil, in: Revue des questions scientifiques 24 (1888), 419-450; Etoiles filantes et météorites, 2. Teil, in: Revue des questions scientifiques 25 (1889), 182-226; beide Teile zusammen gesondert: Bruxelles 1889.

Lit.: Tapp, C.: Kardinalität und Kardinäle : Wissenschaftshistorische Aufarbeitung der Korrespondenz zwischen Georg Cantor und katholischen Theologen seiner Zeit = Boethius: Texte und Abhandlungen zur Geschichte der Mathematik und der Naturwissenschaften, Band 53, Stuttgart: Steiner 2005, 281-284; — Meessen, G: Art. Carbonelle, Ignace, in: Diccionario Histórico de la Compañía de Jesús, hrsg. v. Charles E. O'Neill und Joaquín M.ª Domínguez, Bd. I, Rom/Madrid 2001, 649; — Xavier Dusausoit: Fondateur de la Revue des questions scientifiques : Ignace Carbonnelle, in: Les jésuites belges 1542-1992 : 450 ans de Compagnie de Jésus dans les provinces belgiques, hrsg. v. Alain Deneef, Bruxelles 1992, 159; — Art. Carbonnelle, Ignace, in: Le nouveau dictionnaire des Belges, Bruxelles 1992 (= Biografisch Archief van de Benelux II,46,78); — Vanpaemel, Geert H. W.: Ignace Carbonnelle S. J. (1829-1889): Catholic Science and Atomic Physics, in: Science and Religion / Wissenschaft und Religion, Proceedings of the Symposium of the XVIIIth International Congress of History of Science at Hamburg-Munich, 1.-9. August 1989, hrsg. v. Änne Bäumer u. Manfred Büttner, Bochum 1989, 134-141; — Moreau, E. de: Art. Carbonnelle, in: Biographie Nationale XXIX (Suppl. 1), Bruxelles 1957, Sp. 418-421; — Bil, A. de: Art. Carbonnelle (Ignace), in: Dictionnaire d'histoire et de géographie ecclésiastiques, Bd. XI, Paris 1953, Sp. 1001-1002; — Viglino, Ugo: Art. Carbonnelle, Ignace, in: Enciclopedia Cattolica, Bd. III (1949), Sp. 770; — Hurter, Hugo: Nomenclator theologiae catholicae, Theologos exhibens aetate, natione, discipinis distinctos, Oeniponte 1873[1], 1903[3], Bd. V/2, Sp. 1466-1467; — Société scientifique de Bruxelles, Paris 1901; — Art. Carbonnelle, Ignace, in: Bibliothèque de la Compagnie de Jésus, Nouvelle Édition, hrsg. v. Carlos Sommervogel, Bd. VIII (Suppl.), Bruxelles 1898, Sp. 1989; — Art. P. Ignatii Carbonnelle, in: Litterae annuae Provinciae Belgicae Societatis Jesu, Anno scholari 1888-1889, Bruxelles 1892, 91-95; — Art. Carbonnelle, Ignace, in: Bibliothèque de la Compagnie de Jésus, Nouvelle Édition, hrsg. v. Carlos Sommervogel, Bd. II, Bruxelles 1891, Sp. 725-728; — Lemoine, M. G.: Le R. P. Carbonnelle, in: Revue des questions scientifiques 25 (04/1889), i-vii; — Kirwan, C. de: Le P. Carbonnelle, in: Cosmos v. 28.3.1889, 454; — Nécrologie, in: Précis historiques 38 (1889), 190-191.

Christian Tapp

CASTIGLIONE, Baldassare,* 6. Dezember 1478 in Casatico bei Mantua, † 8. Februar 1529 in Toledo. — C. ist der Verfasser des »Cortegiano« (»Das Buch vom Hofmann«). Er war Sohn des Cristoforo Castiglione, eines Kleinadligen im Dienst des Francesco Gonzaga, und der Aloisa Gonzaga, einer Verwandten der Signori von Mantua. Kardinal Branda Castiglione aus dem lombardischen Familienzweig ist nicht direkt mit C. in Verbindung zu bringen. Vermittelt durch seine Mutter stand C. schon früh in Kontakt mit dem markgräflichen Hof und wurde von der jungen Markgräfin Isabella d'Este gefördert. In Mantua absolvierte er erste humanistische Studien am dortigen studio pubblico. 1490 schickten ihn seine Eltern zur Vertiefung der Studien nach Mailand, wo er bei Giorgio Merula, Filippo Beroaldo il Vecchio und Demetrio Calcondila Griechisch und Latein studierte. Durch seinen Vormund, den verwandten Juristen und herzoglichen Rat Giovanni Stefano di Castiglione, erhielt C. Zugang zum Hof des Ludovico »il Moro« Sforza. Dort kam er in Kontakt mit vielen herausragenden Persönlichkeiten der Zeit, u. a. mit Leonardo da Vinci, Bramante, Cristoforo Romano. In diese Zeit fällt auch die Freundschaft mit Alfonso Ariosto, dem er später sein »Buch vom Hofmann«, den »Cortegiano«, widmete. In Mailand begann C., sich neben der lateinischen auch für die volkssprachliche Poesie zu interessieren, unterhielt Beziehungen zu den Dichtern am Hof der Sforza und kompilierte eine Sylloge volkssprachlicher Reime aus dem Tre- und Quattrocento. — Nach der Niederlage Ludovico il Moros gegen die Franzosen und dessen Flucht nach Ferrara nahm C. im Oktober 1499 in Begleitung Francesco Gonzagas am feierlichen Empfang König Ludwigs XII. von Frankreich in Mailand teil. In einem Brief an die Mutter schilderte C. seine Begeisterung für die elegante Kleidung der französischen Soldaten. War C. durch den Fall des Sforza-Regimes der Karriereweg am Mailänder Hof verstellt, so kam nun noch hinzu, daß am 8. Dezember 1499 sein Vater an den Folgen einer Kriegsverletzung starb, die er sich drei Jahre zuvor in der Schlacht bei Fornovo zugezogen hatte. Dadurch war C. gezwungen, den Mailänder Aufenthalt abzubrechen und in Casatico an die Stelle des Vaters zu treten. — Im Jahr 1500 übertrug Francesco Gonzaga C. das Vikariat des Ortes Castiglione Mantovano, einem Grenzort des Territoriums. Daheim widmete C. sich unter Freunden der Dichtkunst. Als markgräflicher Kommissar nahm er 1503 an Francescos Seite am französischen Rückeroberungsfeldzug gegen die Spanier in Neapel teil, der durch die französische Niederlage bei Garigliano beendet wurde. Während dieses militärischen Unternehmens sah C. erstmals Rom, von wo aus er an die Mutter schrieb: »Gran cosa è Roma«. »Qui è il fonte degli uomini dotti«. In der Ewigen Stadt traf er im Frühjahr 1503 den jungen Herzog von Urbino, Guidobaldo da Montefeltro, und trat im Folgejahr, vermittelt durch Cesare und Elisabetta Gonzaga, aus den Diensten Francesco Gonzagas in jene des Guidobaldo, bei dem er das Amt eines »primario« mit vornehmlich militärischen Aufgaben bekleidete. Hatten schon seit 1499 latente Störungen im Verhältnis zu Francesco Gonzaga bestanden, so brachte C.s Übertritt ihm den langjährigen bitteren Groll des alten Dienstherren und ein fast zehnjähriges Einreiseverbot in Mantuanisches Gebiet ein. C. hat seiner Trauer darüber in einem innigen Briefwechsel mit seiner in der Heimat verbliebenen Mutter Ausdruck gegeben. Dennoch bezeichnete er die folgenden Jahre als die schönsten seines Lebens. — Das Herzogtum Urbino war beständig bedroht von der Aggression des »Valentino« Cesare Borgia. Es herrschte ein hochliterarisches Klima, illustre Persönlichkeiten kamen und gingen. C. pflegte in den urbinatischen Jahren freundschaftliche Kontakte zu vielen von ihnen, wie Federico Fregoso, Giuliano und Giovanni de' Medici (der spätere Papst Leo X.), Ariost, Pietro Bembo, Bibbienna, Raffael etc. Überall in Italien wurde C. für Urbino militärisch und diplomatisch tätig. Im Sommer 1504 nahm er an der Seite Guidobaldos, der »Capitano Generale della Chiesa« war, an der Belagerung des von Cesare Borgia besetzten Cesena teil. Nach Beendigung des Krieges zog er im September in Urbino ein. Doch wurde C. in jenen Jahren auch literarisch tätig. Anläßlich des Karnevals des Jahres 1506, in dessen Organisation C. involviert war, wurde seine Ekloge »Tirsi« rezitiert. — Im September 1506 schickte ihn Guidobaldo als seinen Prokurator zu Heinrich VII. nach England, wo er für ihn den Hosenbandorden entgegennahm und in London den Prince of Wales, den späteren Heinrich VIII., kennenlernte. Schon vor seiner Abreise nach England war C. selbst in Rom von Papst Julius II. der Orden vom Goldenen Sporn verliehen worden. Nach seiner Rückkehr im Februar 1507 wurde er von Guidobaldo mit der Erhebung in den Rang eines »cavaliere« belohnt. Die Zeit von Mai bis Juni 1507 verbrachte C. als Guidobaldos Botschafter in Bologna und Mailand, wo er Ludwig XII. von Frankreich im Namen des Herzogs begrüßte. Nach dem Tod Herzog Guidobaldos im April 1508 schrieb C. zwischen Mai und Juli die »Epistola de vita et gestibus Guidubaldi Urbini Ducis ad Henricum Angliae Regem« welche den Herzog im Vorjahr auf der mailändischen Gesandtschaft zu Ludwig XII. zeigt und als Präfiguration des Cortegiano gilt. — Trotz des Todes Guidobaldos im April 1508 und des damit verbundenen Dynastiewechsels blieb C. in Diensten des Nachfolgers Francesco Maria della Rovere, des Neffen Papst Julius' II. und Adoptivsohnes des Guidobaldo, der selbst keine leiblichen Erben hinterlassen hatte. Bei den militärischen Unternehmungen im Zusammenhang mit den Plänen des Papstes zur Rückeroberung der Romagna von Venedig und der Erweiterung des Kirchenstaates stand C. Francesco Maria, auch dieser seit 1509 »Capitano generale della Chiesa«, zur Seite. 1510 lernte er auf einer diplomatischen Mission nach Neapel Sannazaro persönlich kennen. 1511 nahm er an der der Belagerung von Mirandola durch das päpstliche Heer teil, dann am Krieg gegen die Franzosen, der in der Belagerung Bolognas kulminierte, das 1512 erobert wurde. Im März des Jahres wurde C. nach Blois geschickt. Am urbinatischen Hof brachte C. 1513 die Komödie »Calandra« des Freundes Bibbiena auf die Bühne. — Nach dem Tod des Papstes Julius II. im Jahr 1513 erhielt Giovanni de' Medici im Februar als Leo X. die Tiara. Francesco Maria entsandte daraufhin C. als ständigen Botschafter nach Rom, wo er die schwierige diplomatische Aufgabe der Vermittlung zwischen Urbino und der mediceisch dominierten und zudem an der Integration Urbinos in den Kirchenstaat interessierten Kurie übernahm. Für den Moment erwirkte C., daß Francesco Maria zumindest als »Capitano Generale della Chiesa« und als »Prefetto dell'Urbe« beibehalten wurde. Als Gegenleistung für seine Dienste wurde C. im September 1513 mit dem Titel eines »Conte« und der soeben eroberten Grafschaft Nuvolara ausgezeichnet. Im Leoninischen Rom gastierte C. im an der Via Lata gelegenen Palast seines Verwandten und Freundes Ludovico da Canossa, der 1511 zum Bischof von Tricario erhoben worden war. Seither partizipierte C. an den kuriennahen Literatenkreisen mit seinen inzwischen in den Kardinalsrang aufgestiegenen Freunden Giuliano de' Medici und Bibbiena sowie Pietro Bembo, der nunmehr das Amt eines Brevensekretärs bekleidete. Über die Freundschaft mit Raffael, der C. 1517 in einem heute im Louvre befindlichen Portrait verewigte, öffneten sich ihm die Römischen Malerkreise, und er lernte Michelangelo sowie Giulio Romano kennen. In jenen Jahren nahm auch das Projekt des »Cortegiano« Form an. — Im September 1515 versuchte C. bei einem Treffen mit dem französischen König Franz I. nach dessen Sieg bei Marignano, ihn für die Unterstützung Urbinos zu gewinnen, indem er ihm die Urfassung des »Cortegiano« widmete. Infolge der Ermordung des Kardinallegaten Alidosi durch

Francesco Maria della Rovere wurde C. 1516 auf die heikle Mission geschickt, die Tat seines Herrn an der Kurie zu rechtfertigen, doch konnte er dessen Exkommunikation nicht verhindern. Nach der Flucht der Herzogsfamilie und der Einsetzung des Lorenzo di Piero de' Medici als Herzog von Urbino zog sich C. im Oktober 1516 zunächst aus der Politik zurück, kehrte vermittelt durch Isabella d'Este nach Mantua zurück und heiratete in demselben Jahr Ippolita Torelli, die ihm die drei Kinder Camillo, Anna und Ippolita schenkte. Die nächsten drei Jahre widmete er sich in Casatico der Arbeit am »Cortegiano«. 1518 gab er die erste Fassung des Werkes Bembo und Sadoleto zur Ansicht. Ein weiteres literarisches Zeugnis stellt ein 1519 gemeinsam mit Raffael verfaßter Brief an Papst Leo X. über die Erhaltung der antiken Monumente Roms dar. — Der Tod des Lorenzo di Piero de' Medici in jenem Jahr brachte nicht die erhoffte Wiedereinsetzung Francesco Maria della Roveres in Urbino mit sich, doch öffnete sich C. der Weg zurück in die Politik, als in eben jenem Jahr Francesco Gonzaga starb. C. trat in den Dienst des Nachfolgers Federico Gonzaga und sicherte diesem 1520 als Mantuanischer Botschafter in Rom den Titel des »Capitano generale della Chiesa« sowie für seinen Bruder eine Anwartschaft auf ein Kardinalat. Anfang der 20er Jahre erstellte C. eine neue Fassung des »Cortegiano«, welche sich u.a. durch eine Aristokratisierung des Personals auszeichnet. — Vielleicht aus Trauer um den Tod des Freundes Raffael im April 1520, auf den er eine Elegie schrieb, oder um den im August erfolgten Tod seiner Gattin auf dem Kindbett, allerdings auch eingedenk der Karrieremöglichkeiten, welche ihm seine intensiveren Kurienkontakte boten, nahm C. im Juni 1521 die ihm von Leo X. gewährte Tonsur, die den Grundstein seiner diplomatischen Laufbahn an der Kurie bildete. Nach kurzer Stagnation während des Pontifikats Hadrians VI. begann diese Karriere, als im Juli 1524 der Medicipapst Klemens VII. Francesco Gonzaga um den Abschied C.'s bat, da dieser von ihm zum Nuntius nach Spanien ernannt worden sei, um dort über einen allgemeinen Frieden der Christen zu verhandeln. — Ende 1524 verließ C. Italien zunächst in Richtung Madrid, wo er eine Audienz bei Karl V. erhielt, und folgte dann als Nuntius dem kaiserlichen spanischen Hof. Die unglückliche Nuntiatur stand unter den Vorzeichen wachsender Feindschaft zwischen dem Frankreich zuneigenden Papst auf der einen, und auf der anderen Seite Karl V., mit dem C. persönlich sympathisierte und dessen Hof er als Manifestation seiner Vorstellungen des Ritterideals sah. Den Bischofsstuhl zu Avila, den der Kaiser C. nach dessen erfolgreicher Wahl anbot, hat er jedoch nie besetzt, da er aufgrund der ungünstigen politischen Entwicklungen nicht wagte, die päpstliche Bestätigung zu erbitten. Einerseits schaffte es C. im Zuge seiner Vermittlungen nicht, den Papst von der Liga von Cognac (22. Mai 1526) mit Frankreich abzubringen, andererseits wurde er von der Kurie aufgrund seiner Sympathien für Karl V. proimperialer Tendenzen beschuldigt und 1527 sogar für den Sacco di Roma verantwortlich gemacht. Erst später wurde C. rehabilitiert. Zunächst entbrannte zwischen C. und dem kaiserlichen Minister und Erasmianer Alfonso de Valdés eine Polemik, als letzterer in einem Dialog dem Papst die Schuld für die Plünderung Roms während des Sacco anlastete. C. hingegen beschuldigte Valdés daraufhin in einer aufgebrachten Replik der Falschheit und Häresie. — Der größte persönliche Erfolg jener Jahre bestand für C. darin, daß der endlich zu Ende geführte »Cortegiano«, dessen Manuskripte schon seit ca. 1525 zirkulierten, 1528 in Venedig bei Manutius mit zunächst 1030 Exemplaren in den Druck gehen konnte. Als Karl V. die Nachricht erreichte, C. sei am 2. Februar 1529 in Toledo gestorben, soll er ausgerufen haben: »Yo vos digo que es muerto uno de los mejores caballeros del mundo«, doch muß dies als nicht gesichert angesehen werden. Im Juni 1530 wurden C.s sterbliche Überreste gemäß seinem Testament in Santa Maria delle Grazie außerhalb Mantuas beigesetzt. Die Grabkapelle stammt von Giulio Romano, der Epitaph von Pietro Bembo. — Bekannt bleibt C. insbesondere durch den Cortegiano, einem der Fiktion nach sich in vier Nächten im Palast von Urbino abspielenden Dialog über die Qualitäten eines perfekten Hofmannes und einer ebensolchen Hofdame, in dem u.a. einige von C.s ehemaligen Freunden, als Hauptinterlokutoren Federico und Ottavio Fregoso, Ludovico Canossa, Giuliano »il Magnifico« de' Medici und Pietro Bembo auftreten. Dieses Werk, das mit über 50 allein bis 1600 erschienenen Auflagen und Übersetzungen eine beeindruckende Wirkungsgeschichte vorzuweisen hat, kann zwar nicht als erster, allerdings als der bedeutendste und populärste Archetext für die Entfaltung des europäischen Genres der Hofmannstraktate bis ins 17. Jahrhundert gelten. Mit ihm beeinflußte C. ganz entscheidend die Ausbildung des englischen Ideals des Gentleman, und in Frankreich das Idealbild des honnête homme.

Werkausgaben: Francesco Antolini, Traduzione di quattro lettere latine del conte Baldassar Castiglione col testo a fronte sequita da quattro altre originali italiani del medesimo autore: con note, Mailand 1826; Fritz Baumgart (Hrsg.), Das Buch vom Hofmann, Bremen 1960; —Maria Luisa Doglio, Sette lettere inedite di Baldassare Castiglione, in: Aurelia Accame Bobbio u.a. (Hrsgg.), Studi in onore di Alberto Chiari, Bd. 1, Brescia 1973, 437-446; Dies., Dieci lettere inedite di Baldassar Castiglione, in: Lettere Italiane 23,4 (1971), 555-569; Pietro Ferrato, Francesco Contin (Hrsgg.), Lettere diplomatiche del conte Baldessar Castiglione cavate dagli autografi dell'archivio storico dei Gonzaga in Mantova, Padua 1875; Ferdinando Gabotto, Tre lettere di uomini illustri dei secoli XV e XVI (Bartolomeo Platina, Costantino Lascaris, Baldassar Castiglione), Pinerolo 1890; Ghino Ghinassi (Hrsg.), La seconda redazione del »Cortegiano« di Baldassarre Castiglione, Florenz 1968; Guglielmo Gorni (Hrsg.), Lettere inedite e rare, Mailand/Neapel 1969; Ders., Due lettere inedite Baldessar Castiglione, in: Strumenti critici 3 (1969), 19-23; Guido La Rocca (Hrsg.), Le lettere, Tom. 1: 1497 - marzo 1521, Mailand 1978; Bruno Maier (Hrsg.), Il Libro del Cortegiano con una scelta delle Opere minori, 3. Ed., Turin 1981; Uberto Motta, B. Castiglione, Vita di Guidubaldo duca di Urbino, Rom/Salerno 2006; Giovanni Parenti (Hrsg.), Introduzione, edizione, traduzione e commento a quattro carmina di Baldassar Castiglione, in: Isabella Becherucci u.a. (Hrsgg.), Per Domenico De Robertis. Studi offerti dagli allievi fiorentini, Florenz 2000, 345-397; Giuseppe Prezzolini (Hrsg.), Baldassar Castiglione, Giovanni della Casa. Opere, Mailand/Rom 1937; Joseph S. Salemi, Selected Latin poems of Baldassare Castiglione, Allegorica 6,2 (1981), 102-148; Pierantonio Serassi (Hrsg.), Lettere del conte Baldessar Castiglione ora per la prima volta date in luce e con Annotazioni Storiche, Volume Primo contenente le Famigliari, e I tre primi libri di Negozi, ecc., Padua 1769; Ders. (Hrsg.), Delle Lettere Del Conte Caldessar Castiglione ora per la prima volta date in luce, e con Annotazioni Storiche. Volume Secondo Contenente e tre ultimi libri di Negozi e altre opera delle quali vedi l'Avviso a'i lettori, Padua 1771; Ders. (Hrsg.), Poesie volgari, e latine del conte Baldessar Castiglione, corrette, illustrate ed accresciute di varie cose inedite, aggiuntevi alcune rime e lettere di Cesare Gonzaga suo cugino, Rom 1760; Francesco Paolo Di Teodoro, Rafaello, Baldassar Castiglione e la »Lettera a Leone X«. Con l'aggiunta di due saggi raffaelleschi, 2. Ed., Bologna 2003; Giuseppe Vernazza di Freney, Notizia di lettere inedite del Conte Baldessar Castiglione data da Giuseppe Vernazza di Freney, Turin 1813; Giovanni Antonio und Gaeteno Volpi (Hrsg.), Opere volgari e latine del conte Baldessar Castiglione Novellamente raccolte, ordinate, ricorrette ed illustrate da Gio. Antonio, e Gaeteno Volpi, Padua: Giuseppe Comino 1733

Lit.: Hilary Adams, »Il Cortegiano« and »Il Galateo«, Modern Language Review 42,4 (1947), 457-466; — Gian Mario Anselmi, Il politico e l'apprendistato della »saggezza«: Machiavelli, Guicciardini, Castiglione, in: Carla Penuti / Paolo Prodi (Hrsgg.), Disciplina dell'anima, disciplina del corpo e disciplina della società tra medioevo ed età moderna. Convegno internazionale di studio, Bologna 7 - 9 ottobre 1993, Bologna 1994, 583-606; — Guido Arbizzoni, L'ordine e la persuasione. Pietro Bembo personaggio nel »Cortegiano«, Urbino 1983; — Ders., »E se vorrete chiamarlo cortegiano, non mi dà noia« (»Cort« IV, 47), in: Luisa Secchi Tarugi (Hrsg.), Cultura e potere nel Rinascimento. Atti del IX Convegno internazionale (Chianciano-Pienza, 21-24 luglio 1997), Florenz 1999, 149-157; — Luca D'Ascia, Bembo e Castiglione su Guidubaldo da Montefeltro, in: Giornale Storico della Letteratura Italiana 166 (1989), 51-69; — Ettore Bonora (Hrsg.), Atti del Convegno di studio su Baldassare Castiglione nel quinto centenario della nascita. Mantova, 7-8 ottobre 1978, Mantua 1980; — William T. Avery, Heretofore unnoticed classical echoes in Castiglione's »Il cortegiano«, Rivista di cultura classica e medioevale 21/22 (1979/80), 143-154; — Giorgio Bárberi Squarotti, L'onore in corte. Dal Castiglione al Tasso, Mailand 1986; — Salvatore Battaglia, Mitografia del personaggio, Neapel 1966; — John D. Bernard, »Formiamo un cortegian«, Castiglione and the aims of writing, Modern Language Notes 115,1 (2000), 34-63; — Fabio Massimo Bertolo, Nuovi documenti sull'edizione principe del »Cortegiano«, in: Schifanoia 13-14 (1992), 133-144; — Ernesto Bianco di San Secondo, Baldassare Castiglione nella vita e negli scritti, Verona 1941; — Emilio Bigi, »Semplicità« pastorale e »grazia« cortigiana nel »Tirsi«, in: Ders., Poesia Latina e volgare nel Rinascimento italiano, Neapel 1989, 317-338; — Lorenz Böninger, Neuere Forschungen über Castiglione, in: Wolfenbütteler Renaissance-Mitteilungen 9 (1985), 85-89; — Alfredo Bonadeo, The function and purpose of the courtier in The book of the Courtier by Castiglione, Philological quarterly 50,1 (1971), 36-46; — Ettore Bonora (Hrsg.), Convegno di studio su Baldassare Castiglione nel quinto centenario della nascita. Mantova 7-8 ott. 1978. Atti, Mantua 1980; — Linda Bradley Salamon, »The Courtier« and »The Schoolmaster«, in: Comparative Literature 25,1 (1973), 17-36; — Brigitte Brinkmann, Varietas und Veritas. Normen und Normativität in der Zeit der Renaissance. Castigliones Libro del Cortegiano, München 2001; — August Buck, Baldassare Castigliones 'Libro del Cortegiano', in: Ders. (Hrsg.), Höfischer Humanismus, Weinheim 1989, 5-16; — Jakob Burckhardt, Kapitel: »Der vollkommene Gesellschaftsmensch«, in: Die Kultur der Renaissance in Italien. Ein Versuch, 11. Aufl., hrsg. von Konrad Hoffmann, Stuttgart 1988, 280-285; — Peter Burke, The fortunes of the »Courtier«. The European reception of Castiglione's »Cortegiano«, Cambridge 1995 (deutsch: Die Geschicke des »Hofmann«. Zur Wirkung eines Renaissance-Breviers über angemessenes Verhalten, Berlin 1996); — Isolde Burr; Ludwig Fesenmeier, Il Cortegiano de Baldassare Castiglione: entre communication et cognition, in: Romanistisches Jahrbuch 52 (2001), 81-95; — Julia Cartwright, Baldassare Castiglione, the perfect courtier. His life and letters, 1478-1529, 2 Bde., London 1908 (ND NY 1973); — Marina Castiñeira Ezquerra, El principado de Urbino como corte-jardín: Castiglione y su tratado de cortesanía, in: Espacio, Tiempo y Forma: revista de la facultad de Geografía e Historia. Serie 4. Historia moderna 12 (1999), 11-45; — Anna Giulia Cavagna, Editori e lettori del »Cortegiano« fra Cinque e Settecento, in: Schifanoia 7 (1989), 5-40; — Jo Ann Cavallo, Joking matters. Politics and dissimulation in Castiglione's »Book of the Courtier«, in: Renaissance quarterly 53 (2000), 402-424; — Vittorio Cian, Candidature nuziali di Baldassarre Castiglione, Venezia 1892; — Ders., Il perfetto cavaliere e il perfetto politico della Rinascita: Baldassarre Castiglione e Francesco Guicciardini, in: Rinascita 18, Suppl. 1: Francesco Guicciardini nel IV centenario della morte, Florenz 1940, 49-95; — Ders., Nel mondo di Baldassare Castiglione. Documenti illustrati, in: Archivio Storico Lombardo, NF 7 (1942), 3-97; — Ders., La lingua di Baldassarre Castiglione, Florenz: Sansoni 1942; — Ders., Un illustre nunzio pontificio del Rinascimento: Baldassar Castiglione, Vatikanstadt 1951; — Ders., Un episodio della storia della censura in Italia nel secolo XVI: L'edizione spurgata del »Cortegiano«, in: Archivio Storico Lombardo, serie II, 14 (1887), 661-727; — Cecil H. Clough, Baldassare Castiglione's »Ad Henricum Angliae regem epistola de vita et gestis Guidubaldi Urbini ducis«, in: Studi Urbinati, NF, 47 (1973), 227-252; — Ders., Baldassare Castiglione's presentation manuscript to King Henry VII, in: Liverpool Classical Monthly 3 (1978), 269-272; — Ders., Francis I and the courtiers of Castiglione's »Courtier«, in: European Studies Review 8 (1978), 23-70; — Louise George Clubb, Il serio ludere teatrale del »Cortegiano« del Castiglione e la commedia del tardo Rinascimento, in: Atti e memorie dell'Accademia Patavina di scienze, lettere ed arti, parte III: Classe di scienze morali, lettere ed arti 94,3 (1981-82), 83-99; — William J. Connell, Gasparo and the Ladies: coming of Age in Castiglione's Book of the Courtier, in: Quaderni di Italianistica 23,1 (2002), 5-23; — Ders., Un rito iniziatico nel »Libro del Cortegiano« di Baldassar Castiglione, in: Annali della Scuola Normale Superiore di Pisa. Classe di Lettere e Filosofia, 4,2 (1999), 473-497; — Edoardo Costadura, Der Edelmann am Schreibpult. Zum Selbstverständnis aristokratischer Literaten zwischen Renaissance und Revolution (Castiglione, Montaigne, La Rochefoucauld, Retz, Chateaubriand, Alfieri), Tübingen 2006; — Virginia Cox, The Renaissance dialogue. Literary dialogue and its social and political contexts, Castiglione to Galileo, Cambridge 1992; — I. Cremona, Thélème, »Il Cortegiano« et la cour de François 1er, Renaissance and Reformation, in: Renaissance et Réforme 14 (1978), 1-11; — Annamaria Coseriu; Ulrike Kunkel, Literatur zwischen immanenter Bedingtheit und äußerem Zwang. Zwei Studien zum Cinquecento. Annamaria Coseriu, Zensur und Literatur in der italienischen Renaissance des XVI. Jahrhunderts: Baldassar Castigliones Libro del Cortegiano als Paradima. Ulrike Kunkel, G.B. Pignas Il ben divino - ein petrarkistischer canzoniere? Hrsg. von Alfred Noyer-Weidner, Tübingen 1987; — Maurizio Dardano, L'arte del periodo nel »Cortegiano«, in: La Rassegna della letteratura italiana 67 (1963), 441-462; — Carlo Dionisotti, Rezension zu Cian, Vittorio: Un illustre nunzio..., in: Giornale Storico della Letteratura Italiana 129 (1952), 31-57; — Rita Falke, »Furor platonicus« als Kompositionselement im »Cortigiano«, in: Romanistisches Jahrbuch 10 (1959), 112-118; — Joseph D. Falvo, The economy of human relations. Castiglione's Libro del Cortegiano, New York u.a. 1992; — Giulio Ferroni, La teoria classicistica della facezia da Pontano a Castiglione, in: Sigma 13, 2-3 (1980) 69-96; — Valeria Finucci, The lady vanishes. Subjectivity and representation in Castiglione and Ariosto, Stanford 1992; — Doris Fletcher, Why Castiglione went to England, Bulletin of the Society for Renaissance Studies 5,2 (1988), 7-13; — Piero Floriani, Bembo e Castiglione. Studi sul classicismo del Cinquecento, Rom 1976; — Ders., Esperienza e cultura nella genesi del »Cortegiano«, in: Giornale Storico della Letteratura Italiana 146 (1969), 497-529; — Ders., La genesi del »Cortegiano«: prospettive per una ricerca, in: Belfagor 24 (1969), 373-385; — Carla Freccero, Politics and aesthetics in Castiglione's »Il Cortegiano«: book III and the discourse on women, in: David Quint u.a. (Hrsg.), Creative imitation. New essays on Renaissance literature in honor of Thomas M. Greene, Birminghamton (N.Y.) 1992, 251-271; — Antonietta Fucelli, Umanisti a confronto: annotazioni al margine della polemica fra Castiglione e Valdés, in: Res publica litterarum 12 (1989), 51-57; — Antonio Gagliardi, La misura e la grazia: sul »Libro del Cortegiano«, Turin 1989; — Roland Galle, Dialogform und Menschenbild in Castigliones Il Libro del Cortegiano, in: Neohelicon 17,1 (1990), 233-251; — Ghino Ghinassi (Hrsg.), Dal Belcalzer al Castiglione: studi sull'antico volgare di Mantova e sul Cortegiano, Florenz 2006; — Ders., Fasi dell'elaborazione del »Cortegiano«, in: Studi di Filologia Italiana 25 (1967), 155-196; — Ders., Postille sull'elaborazione del »Cortegiano«, in: Studi e problemi di critica testuale 3 (1971), 171-178; — Ders., Un dubbio lessicale di Baldassarre Castiglione, in: Francesco Sabatini (Hrsg.), L'Accademia della Crusca per Giovanni Nencioni, Florenz 2002, 101-113; — Ders., L'ultimo revisore del »Cortegiano«, in: Studi di Filologia Italiana 21 (1963), 217-264; — Nella Giannetto, Un messaggio autografo di Bernardo Bembo a Baldassar Castiglione, in: Lettere Italiane 32,2 (1980), 235-243; — Cinzia di Giulio, La mimesi dell'amore nel Cortegiano, in: Romance Notes 36,3 (1996) 253-260; — Guglielmo Gorni, Il rovescio del »Cortegiano« o le lettere del Castiglione, in: Paragone-Letteratura 30, Nr.352 (1979), 63-75; — Thomas M. Green, Il Cortegiano and the choice of a game, in: Renaissance Quarterly 32,2 (1979), 173-186; — Paolo Grossi, Juan Carlos D'Amico (Hrsg.), De la politesse à la politique. Recherches sur les langages du Livre du Courtisan. Actes du colloque international de L'Université de Caen Basse-Normandie (18 février 2000), Caen 2001; — José Guidi, Baldassar Castiglione (1478-1529): mythe et réalité de la vie de cour à l'époque de la Renaissance italienne, Diss. Paris 1983; — Ders., Le courtisan sous les armes: le traumatisme des guerres d'Italie dans la vie et les oeuvres de Castiglione, in: Les guerres d'Italie (1494-1559): histoire, pratiques, représentations, actes du colloque international (Paris, 1999), hrsg. von Danielle Boillet und Marie-Françoise Piéjus, Paris 2001, 39-48; — Ders., L'Espagne dans la vie et dans l'oeuvre de B. Castiglione: de l'équilibre franco-hispanique au choix impérial, in: Présence et influence de l'Espagne dans la culture italienne de la Renaissance, hrsg. von Marina Marietti, Paris 1978, 113-202; —

John R. Hale, Castiglione's Military Career, in: Italian Studies 36 (1981), 41-57; — Andrea Heinzelmann von Hallberg, Anmut und Maß - Raffaels Bildnis des Baldassare Castiglione, Ostfildern 1996; — Robert W. Hanning / David Rosand (Hrsgg.), Castiglione. The ideal and the real in Renaissance culture, New Haven / London 1983; — Klaus W. Hempfer, Rhetorik als Gesellschaftstheorie: Castigliones Il libro del Cortegiano, in: Andreas Kablitz, Ulrich Schulz-Buschhaus (Hrsgg.), Literarhistorische Begegnungen. Festschrift zum 60. Geburtstag von Bernhard König, Tübingen 1993, 103-121; — Manfred Hinz, Rhetorische Strategien des Hofmanns. Studien zu den italienischen Hofmannstraktaten des 16. und 17. Jahrhunderts. Stuttgart 1992; — Sir Thomas Graham Jackson, A holiday in Umbria with an account of Urbino and the Cortegiano of Castiglione, London 1917; — Walter Herbert Kemp, Some notes on music in Castiglione's Il libro del Cortegiano, in: Philosophy and Humanism: Renaissance Essays in Honor of Paul Oskar Kristeller, hrsg. von Edward P. Mahoney, Leiden u.a. 1976, 354-369; — Teresa Kennedy, Elyot, Castiglione, and the problem of style, New York/Berlin u.a. 1996; — Reinhard Klesczewski, Die französischen Übersetzungen des Cortegiano von Baldassare Castiglione, Diss. Kiel, Heidelberg 1966; — Arthur F. Kinney, Continental humanist poetics. Studies in Erasmus, Castiglione, Marguerite de Navarre, Rabelais, and Cervantes, Amherst 1989; — Victoria Kirkham, Two letters relocated: Savonarola and Castiglione at Philadelphia's Rosenbach, in: Lettere Italiane 38,4 (1986), 514-524; — Stephen D. Kolsky, Castiglione's biography: the courtier and the Italian princes, in: Spunti e ricerche 1 (1985), 1-34; — Ders., Before the nunciature: Castiglione in fact and fiction, in: Rinascimento, serie II, 29 (1989), 331-357; — Ders., Making and breaking the rules. Castiglione's Cortegiano. Renaissance Studies 11. 1997. 358-380; — Ders., Old Men in a New World: Morello da Ortona in the Cortegiano, in: Italica 75,3 (1998), 330-347; — Ders., Graceful performances: The social and political context of music and dance in the Cortegiano, in: Italian Studies 53 (1998), 1-19; —Ders., Learning virtue, teaching politics. Some notes on Book four of the Cortegiano, in: Forum Italicum 34,1 (2000), 5-29; — Hartmut Köhler, Kanon bei Castiglione Kanonbildung in der Romanistik und in den Nachbardisziplinen, Tübingen 2000; — Natasha Korda, Mistaken identities: Castiglio(ne)'s practical joke, in: Valeria Finucci, Regina Schwartz (Hrsgg.), Desire in the Renaissance. Psychoanalysis and literature, Princeton 1994, 39-60; — Richard A. Lanham, More, Castiglione, and the Humanist Choice of Utopias, in: Mary J. Carruthers, Elizabeth D. Kirk (Hrsgg.), Acts of Interpretation: The Text in its Contexts, 700-1600. Essays on Medieval and Renaissance Literature in Honor of E. Talbot Donaldson, Norman 1982, 427-443; — Guido La Rocca, Storia dell'epistola di Baldassare Castiglione al re Enrico VII d'Inghilterra. (Il reperimento del testo ufficiale), in: Atti e memorie dell'Accademia Virgiliana di Mantova, NS, 40 (1972), 137-192; — Ders., Studi castiglioneschi. Nuovi rinvenimenti archivistici di lettere note e ignote di Baldassarre Castiglione, in: Giornale Storico della Letteratura Italiana 152 (1975), 234-265; — Ders., Il contributo di Baldassar Castiglione alla formazione della politica estera gonzaghesca negli ultimi anni del papato di Leone X: 1519-21 (Ricerche per una nuova prospettiva biografica), in: Mantova e i Gonzaga nella civiltà del Rinascimento. Atti del convegno (Mantova 6-8 ottobre 1974), Mailand 1977, 57-64; — Ders., Un taccuino autografo per il »Cortegiano«, in: Italia medioevale e umanistica 23 (1980), 342-371; — Ders., Critica testuale e illustrazione storica di un epistolario del Cinquecento: B. Castiglione, in: Correspondance et politique. Correspondance et création littéraire. Correspondance et vie littéraire. Actes du Colloque international, Aix-en-Provence, 4-6 octobre 1984, Bd. 2: L'édition des correspondances, Aix-en-Provence 1985, 1-15; — Myron Laskin Jr., Giulio Romano and Baldassare Castiglione, in: The Burlington magazine 109, Nr. 770 (1967), 300-303; — Joachim Leeker, Baldassar Castigliones Beitrag zur Frühgeschichte der Romanischen Philologie, in: Hans-Josef Niederehe / Brigitte Schlieben-Lange (Hrsgg.), Die Frühgeschichte der romanischen Philologie: von Dante bis Diez. Beiträge zum Deutschen Romanistentag in Siegen, 30.9. — 3.10.1985, Tübingen 1987, 91-107; — Ders., Ein europäisches Gesellschaftsideal im Wandel: Das Bild des Höflings bei Castiglione, seine Vorläufer und seine Rezeption in Novellen der Renaissance, in: Wolfenbütteler Renaissance-Mitteilungen, 17 (1993), 51-75; — Klaus Ley, Castiglione und die Höflichkeit. Zur Rezeption des Cortegiano im deutschen Sprachraum vom 16. bis zum 18. Jahrhundert, in: Alberto Martino (Hrsg.), Beiträge zur Aufnahme der italienischen und spanischen Literatur in Deutschland im 16. und 17. Jahrhundert, Amsterdam 1990, 3-108; — Erich Loos, Baldassare Castigliones »Libro del Cortegiano«. Studien zur Tugendauffassung des Cinquecento, Frankfurt a. M. 1955; — Ders., Der Briefwechsel zwischen Alfonso de Valdés und Baldassare Castiglione (1528). Spanischer Erasmismus und italienische Vor-Gegenreformation?, in: Horst Baader, Erich Loos (Hrsgg.), Spanische Literatur im goldenen Zeitalter, Fritz Schalk zum 70. Geburtstag, Frankfurt a. M. 1973, 269-288; — Ders., Literatur und Formung eines Menschenideales. Das »Libro del Cortegiano« von Baldassare Castiglione. (Zur 500. Wiederkehr des Geburtsjahres des Autors 1478-1978), Mainz/Wiesbaden 1980; — Lynn M. Louden, » Sprezzatura« in Raphael and Castiglione, in: Art Journal 28,1 (1968), 43-49 und 53; — Bruno Maier, Baldesar Castiglione, Mailand 1961; — Joseph Marino, The court ambience of Baldassar Castiglione and the initiative of the »aulic«, Rivista di studi italiani 14,2 (1996), 64-105; — Ders., A Renaissance in the Vernacular: Baldassar Castiglione's Coining of the Aulic, in: Joseph Marino u.a. (Hrsgg.), Perspectives on Early Modern and Modern Intellectual History: Essays in Honor of Nancy S. Struever, New York/Rochester 2001, 145-163; — Joseph Anthony Mazzeo, Castiglione's »Courtier«: the self as a work of art, in: Ders., Renaissance and Revolution. The Remaking of European Thought, New York 1965, 131-160; — Giancarlo Mazzacurati, Baldassar Castiglione e l'apologia del presente, in: Ders., Misure del classicismo rinascimentale, Neapel 1967, 7-131; — Ders., Baldassar Castiglione e la teoria cortigiana: ideologia di classe e dottrina critica, in: Modern Language Notes 83,1 (1968), 16-66; — Ders., Il rinascimento dei moderni. La crisi culturale del XVI secolo e la negazione delle origini, Bologna 1985; — Véronique Mérieux, Coscience de soi et identité. Repérage d'un non-dit chez Castiglione et Cellini, in: Michel Cassac (Hrsg.), Mélanges offerts à Madame le professeur Renée Moliterno. À l'occasion de son départ en retraite, Nizza 1998, 25-41; — Ramón Menéndez Pidal, Los reyes católicos según Maquiavelo y Castiglione. Con una semblanza del autor por D. Alonso, Madrid 1952; — Ders., The Catholic Kings According to Machiavelli and Castiglione, in: Roger Highfield (Hrsg.), Spain in the 15th century 1369-1516. Essays and extracts by historians of Spain, London 1972, 405-425; — Roberto Mercuri, Sprezzatura e affettazione nel »Cortegiano«, in: Walter Binni (Hrsg.), Letteratura e critica. Studi in onore di Natalino Sapegno, Bd. 2, Rom 1980, 227-274; — Luigi Michelini Tocci, Il manoscritto di dedica della »Epistola de vita et gestis Guidubaldi Urbini ducis ad Henricum Angliae regem« di Baldassarre Castiglione, in: Italia medioevale e umanistica 5 (1962), 273-282; — Christoph Miething, Castigliones politisches Ideal. Zur Funktion des Alexanderbildes im Libro del Cortegiano, in: Italienische Studien 6 (1983), 17-31; — Margherita Morreale, Casatiglione y Boscán. El ideal cortesano en el Renacimiento español. 2 Bd., Madrid 1959; — Dies., Para una lectura de la diatriba entre Castiglione y Alfonso de Valdés sobre el Saco de Roma, in: Victor García de la Concha (Hrsg.), Nebrija y la introduccion del Renacimiento en España. Actas de la III Academia Literaria Renacentista, Univ. de Salamanca, 9, 10 y 11 de diciembre de 1981, Salamanca 1983, 65-104; — Uberto Motta, La »questione della lingua« nel primo libro del »Cortegiano«: dalla seconda alla terza redazione, in: Aevum 72,3 (1998), 693-732; — Ders., Bembo e Castiglione. Dagli abozzi del »Cortegiano« al Petrarca aldino del 1533, in: S. Morgana u.a. (Hrsgg.), Prose della volgar lingua« di Pietro Bembo. Atti del V Seminario di studi (Gargnano del Garda 4-7 ottobre 2000), Mailand 2000, 478-491; — Ders., Castiglione e il mito di Urbino. Studi sulla elaborazione del »Cortegiano«, Mailand 2003; — Ders., Castiglione e Shakespeare, in: Guido Baldassarri (Hrsg.), Letteratura italiana, letterature europee. Atti del Convegno (Padova-Venezia, 18-21 settembre 2002), Rom 2004, 359-375; — Ders., Per Elisabetta. Il ritratto della Duchessa di Urbino nel Cortegiano di Castiglione, in: Lettere italiane 56,3 (2004), 442-461; — Claudio Mutini, (Art.) Castiglione, Baldassare, in: Dizionario Biografico degli Italiani, Bd. 22, Rom 1979, 53-68; — Stefania E. Nedderman, the eye of the mind. The transforming will in Castiglione and Cervantes. Diss. Eugene (Portland 1993) Ann Arbor 1993; — Nuccio Ordine, Le Sei giornate: struttura del dialogo e parodia della trattatistica sul comportamento, in: Enrico Malato (Hrsg.), Pietro Aretino nel cinquecentenario della nascita. Atti del Convegno (Roma-Viterbo-Arezzo, 28 settembre-1 ottobre 1992; Toronto, 23-24 ottobre 1992, Bd. 2, Rom 1995, 673-715; — Carlo Ossola, Adriano Prosperi (Hrsgg.), La Corte e il »Cortegiano«, I.: La scena del testo, a cura di C. Ossola, II.: Un modello europeo, a cura di A. Prosperi, Rom 1980; — Ders., Dal »Cortegiano« all'«uomo di mondo«. Storia di un libro e di un modello sociale, Turin 1987; — Giancarlo Panico, L'epistola Ad Henricum di Baldassare Castiglione: tra imitazione e innovazione, in: Études de lettres 1 (1989), 59-68; — Giovanni Parenti, Per Castiglione latino, in: Simone Albonico (Hrsg.), Per Cesare Bozzetti. Studi di letteratura e filologia italiana, Mailand 1996, 185-218; — Annick Paternoster, Decorum and Indecorum in the Seconda redazione of Baldassare Castiglione's Libro del Cortegiano, in: Modern Language Review 99 (2004), 622-634; — Dies., La controversia nel »Libro del Cortegiano« di Baldassar Castiglione: retorica della conflittualità a corte, in: Lettere italiane 57,2 (2005), 209-236; — Giorgio Patrizi, Il »Libro del Cortegiano« e la trattatistica del comportamento, in: Alberto Asor Rosa (Hrsg.), Letteratura italiana, Bd. III,2: Le forme del testo, Turin 1986, 855-890; — Eugenia Paulicelli, Moda, narrazione, identità: »Il libro del cortegiano« e il discorso della moda, in: Luigi Ballerini u.a. (Hrsg.), La lotta con Proteo: metamorfosi del testo e testualità della critica. Atti del 16. Congresso dell'Associazione internazionale per gli studi di lingua e letteratura italiana, 6-9 ottobre 1997, Fiesole 2001, 257-263; — Pina Rosa Piras, Las epístolas dedicatorias de Boscán y Garcilaso en el Cortesano: parámetros del reconocimiento de una identidad, in: Christoph Strosetzki (Hrsg.), Actas del V Congreso Internacional de la Asociación Internacional Siglo de Oro (AISO), Münster 20.-24. Juli 1999, Münster 2001, 1026-1037;- Mario Pozzi, Il pensiero linguistico di B. Castiglione, in: Giornale Storico della Letteratura Italiana 156 (1979), 179-202; — Helga Pültz, Der »Cortegiano« des Castiglione und die spanischen Übersetzungen Boscáns, Masch.-geschr. Diss. München 1956; — David Quint, Courtier, prince, lady: the design of the »Book of the Courtier«, in: Italian Quarterly 37, 143-46 (2000), 185-195 (zugleich in: David Javitch (Hrsg.), Baldesar Castiglione, The Book of the Courtier, New York 2002, 352-365); — Amedeo Quondam, »Questo povero Cortegiano«. Castiglione, il libro, la storia, Rom 2000; — Ders., Qualche riflessione intorno al »Libro del Cortegiano«, in: Giorgio Patrizi (Hrsg.), Sylva. Studi in onore di Nino Borsellino, Bd. 1, Rom 2002, 233-259; — Christine T. Raffini, Marsilio Ficino, Pietro Bembo, Baldassarre Castiglione: Philosophical, aesthetic, and political approaches in Renaissance Platonism, New York u.a. 1998; — Guido Rebecchini, Castiglione and Erasmus: towards a reconciliation?, in: The Journal of the Warburg and Courtauld Institutes 61 (1998), 258-260; — Ders., The Book Collection and the other Possessions of Baldassarre Castiglione, in: The Journal of the Warburg and Courtauld Institutes 61 (1998), 17-52; — Ders., Further evidence about the books of Baldassarre Castiglione, in: The Journal of the Warburg and Courtauld Institutes 63 (2000), 271-276; — Wayne A. Rebhorn, Ottaviano's interruption: book IV and the problem of unity in Il Libro del Cortegiano, Modern Language Notes 87,1 (1972), 37-59; — Ders., Courtly performances. Masking and festivity in Castiglione's Book of the courtier, Detroit 1978; — Ders., The enduring word: language, time and history in Il Libro del Cortegiano, in: Modern Language Notes 96,1 (1981), 23-40; — Richard L. Regosin, The name of the game / the game of the name. Sign and self in Castiglione's Book of the Corutier, in: Journal of medieval and Renaissance Studies 18,1 (1988), 21-47; — K. von Reinhardstöttner, Die erste deutsche Übersetzung von B. Castigliones »Cortegiano«, in: Jahrbuch für Münchener Geschichte 2 (1888), 494-499; — Rodolfo Renier, Notizia di lettere inedite del conte Baldassare Castiglione, Turin 1889; — Alfred von Reumont, L'incoronazione di Carlo V in Aquisgrana descritta da Baldassar Castiglione, in: Archivio Storico Italiano 4,42 (1884), 333-338; — Maria Teresa Ricci, La grâce et la Sprezzatura chez Baldassar Castiglione, in: Bibliothèque d'humanisme et renaissance 65,2 (2003), 233-248; — Dies., La grazia di Baldassar Castiglione: un'arte senz'arte, in: Italianistica

32,2 (2003), 235-245; — Dies., La cour papale et la »cortegiania« à travers l'oeuvre et la figure de Castiglione, in: Florence Alazard, Frank La Brasca (Hrsgg.), La papauté à la Renaissance, Paris 2007, 267-283; — Jennifer Richards, Assumed Simplicity and the Critique of Nobility: Or, How Castiglione Read Cicero, in: Renaissance quarterly 54,2 (2001), 460-486; — Mario Manlio Rossi, Baldassare Castiglione. La sua personalità, la sua prosa, Bari 1946; — Itala T. C. Rutter, Dal Cortegiano alla Cortigiana: da ideale a satira, in: Filippo Grazzini u.a. (Hrsgg.), Studi in memoria di Fredi Chiappelli, Rom 1992, 293-303; — Lawrence V. Ryan, Book four of Castiglione's Courtier. Climax or afterthought?, Studies in the Renaissance 19 (1972), 156-179; — Ders., Baldassare Castiglione as a latin poet, in: Stella P. Revard u.a. (Hrsgg.), Acta conventus neolatini Guelpherbytani. Proceedings of the sixth international congress of neo-latin studies. Wolfenbüttel 12. — 16. August 1985, Binghamton (N.Y.) 1988, S. 299-305; — Pasquale Sabbatino, Il »Trionfo della Galatea« di Raffaello e il »Libro del Cortegiano« di Castiglione. Il dibattito sull'imitazione nel primo Cinquecento, in: Studi Rinascimentali 2 (2004), 23-48; — Eduardo Saccone, Le buone e le cattive maniere. Letteratura e galateo nel Cinquecento, Bologna 1992; — Anna Maria Salvadè, Imitar gli antichi. Appunti sul Castiglione, Mailand 2006; — Salvadori, Corinna, Yeats and Castiglione. Poet and courtier. A study of some fundamental concepts of the philosophy and poetic creed of W. B. Yeats in the light of Castiglione's Il libro del cortegiano, Dublin 1965; — G. Sassi, Relazione d'arte e di cortesia nel nostro Rinascimento. Vittoria Colonna e Bald. Castiglione, in: Atti e memorie dell'Accademia Virgiliana di Mantova, NF, 17-18 (1924-25), 75-96; — Claudio Scarpati, Uberto Motta: Studi su Baldassarre Castiglione, Mailand 2002; — Diess., Il Bembo del Castiglione, in: Morgana u. a. (Hrsg.), Prose...(s.o.), 443-491; — Claudio Scarpati, Dire la verità al principe. »Cortegiano« IV 5, in: Ders., Dire la verità al principe. Ricerche sulla letteratura del Rinascimento, Vita e pensiero, Mailand 1987, 11-44; — Ders., Osservazioni sul terzo libro del »Cortegiano«, in: Aevum 66 (1992), 519-537; — Diane Senior, Il rapporto tra Bembo e Castiglione sulla base della »questione della lingua«, in: Rivista di Studi italiani 17,1 (1999), 145-164; — Marianne G. Shapiro, Mirror and portrait: the structure of »Il libro del Cortegiano«, in: Journal of Medieval and Renaissance Studies 5 (1975), 37-62; — John Shearman, Le portrait de »Baldassare Castiglione« par Raphaël, in: La Revue du Louvre et des Musées de France 29 (1979), 261-270; Ders., Castiglione's Portrait of Raphael, in: Mitteilungen des Kunsthistorischen Institutes in Florenz 38 (1994), 69-97; — Antonino Sole, Il gentiluomo-cortigiano nel segno del Petrarca, Palermo 1992; — Elisabetta Soletti, Parole ghiacciate, parole liquefatte: il secondo libro del »Cortegiano«, Alessandria 1990; — Antonio Stäuble, L'inno all'Amore nel quarto libro del »Cortegiano«, in: Giornale Storico della Letteratura Italiana 162 (1985), 481-519; — Ders., Il »Panegirico« di Urbino nel »Cortegiano« (I,2), in: Roberto Cardini u.a. (Hrsgg.), Tradizione classica e letteratura umanistica. Per Alessandro Perosa, Bd. 2 (1985), 617-627; — Ders., Principe e cortigiano dalla seconda alla terza redazione del »Cortegiano«: criteri e ragioni di una riscrittura (IV 4-48), in: Bibliothèque d'Humanisme et Renaissance 61,3 (1999), 641-668; — Giuseppina Maria Stella, Castiglione, Orazio ed altro, in: Giornale Storico della Letteratura Italiana 170 (1993), 238-251; — Francesco Paolo Di Teodoro, Echi albertiani nella Lettera a Leone X di Raffaello e Baldassar Castiglione, in: Quaderni di Palazzo Te 7 (2000), 38-47; — Giuseppe Toffanin, Il »Cortegiano« nella Trattatistica del Rinascimento, Neapel 1961; — Carlo Vecce, La »Lettera a Leone X« tra Raffaello e Castiglione, in: Giornale Storico delle Letteratura Italiana 173 (1996), 533-543; — Claudio Vela, Il »Tirsi« di Baldassar Castiglione e Cesare Gonzaga, in: Stefano Carrai (Hrsg.), La poesia pastorale nel Rinascimento, Padua 1998, 245-292; — Roberto Vetrugno, Sulle lettere autografe di Baldassar Castiglione (1497-1524), in: Lingua nostra 66 (2005), 65-80; — Augusto Vicinelli, Baldesar Castiglione, (1478-1529). Il cortigiano, il letterato e il politico, Turin 1931; — Eva Vígh, L'idea dell'amore platonico nel Cortegiano del Castiglione, in: Acta Romanica 20 (1986), 155-183; — Gerrit Walther, Mit dem Fürsten sprechen. Adel und Absolutismus in Baldassar Castigliones »Buch vom Hofmann«, in: Andreas Schulz u.a. (Hrsgg.), Historie und Leben. Festschrift für Lothar Gall zum 70. Geburtstag, Oldenbourg/München 2006, 391-400; — Peter Werle, »Grazia«. Zu Konstituierung und Funktion eines Bildungsideals in Baldassare Castigliones Libro del Cortegiano, in: Italienische Studien 8 (1985) 39-50; — Peter DeSa Wiggins, Donne, Castiglione, and the poetry of courtliness, Bloomington 2000; — Petra Wirth, »Il libro del Cortegiano«: la figura del femminile. Segno ideale nel mondo illusorio della corte, in: Romance Review 8 (1998), 38-59; — John R. Woodhouse, Baldesar Castiglione; A reassessment of The Courtier, Edinburgh 1978; — Ders., Insouciance and insincerity: Courtly virtue after Castiglione, in: Clive Griffiths, Robert Hastings The Cultural Heritage of the Italian Renaissance. Essays in Honour of T. G. Griffith, Lewiston 1993, 176-195; — Ders., Dall'Alberti al Castiglione: ammonimenti pratici di cortesia, di comportamento e di arrivismo, in: L. Chiavoni u.a. (Hrsgg.), Leon Battista Alberti e il quattrocento. Studi in onore di Cecil Grayson e Ernst Gombrich. Atti del convegno internazionale, Mantova 29-31 ottobre 1998, Florenz 2001, 193-210; — Olga Zorzi Pugliese, Realismo strutturale-ideologico nel Libro del cortegiano, in: Il Rinascimento. Aspetti e problemi attuali, hrsg. von V. Branca, C. Griggio und M. Pecorraro, Florenz 1982, 683-694; — Dies., Variations on Ficino's »De Amore«: the Hymns to Love by Benivieni and Castiglione, in: Konrad Eisenbichler, Olga Zorzi Pugliese (Hrsgg.), Ficino and Renaissance Neoplatonism, Ottawa 1986, 113-121.

Tobias Daniels

CERTEAU, Michel Jean Emmanuel de la Barge de, katholischer Theologe, Historiker und Kulturanthropologe, Jesuit, * 17.5. 1925 in Chambéry (Savoyen), † 9.1. 1986 in Paris - Nach der Erziehung in verschiedenen Internaten begann C. 1944 als Seminarist der Diözese Chambéry ein Philosophie- und Theologiestudium, das ihn u.a. nach Issy-les-Moulineaux, Grenoble und Lyon führte. 1950 trat er nach langem Zögern in die Gesellschaft Jesu ein; das entscheidende Motiv war sein fester Wunsch, als Missionar nach China zu gehen. Im Rahmen der ordensinternen Ausbildung, die er 1956 mit der Priesterweihe, 1963 mit den ewigen Gelübden abschloß, entwickelte er eine intensive Neigung zur »nouvelle théologie« und knüpfte eine sehr persönliche Beziehung zu deren prominentem Vertreter Henri de Lubac SJ. — Prägend für sein Denken wurde die Auseinandersetzung mit Werk und Biographie des französischen Mystikers Jean-Joseph Surin SJ (1600-1655), dessen Schriften er kritisch edierte und kommentierte. C. blieb zeitlebens beeindruckt von Surins mystischer Begabung und seiner Sensibilität für die psychologische Dimension des Glaubens. — Nach dem 1960 an der Sorbonne mit einer Arbeit über den seligen Peter Faber erworbenen Doktorat betrieb C. weitere theologiegeschichtliche Studien. Daneben bestand seine Tätigkeit hauptsächlich in der redaktionellen Mitarbeit bei den von den französischen Jesuiten herausgegebenen Zeitschriften »Christus«, »Études«, »Recherches de science religieuse« und »Revue d'ascétique et de mystique«. Kennzeichnend war für diese Periode seines Schaffens die Beschäftigung mit Quellentexten zur frühen Geschichte der Gesellschaft Jesu und deren aktualisierende Interpretation. Verschiedene Reisen nach Südamerika weckten C.s Interesse für die Probleme der Kolonialgeschichte. Seit 1964 beschäftigte er sich eingehend mit der modernen Psychoanalyse und wurde Mitglied in der Schule Jacques Lacans. Die zunehmende Ausrichtung auf aktuelle Fragestellungen und der Gebrauch humanwissenschaftlicher Methoden führte zu dem als schmerzhaft empfundenen Bruch mit de Lubac. — Von einschneidender Bedeutung waren auch ein Autounfall, den C. 1967 auf einem Auge erblindet überlebte, sowie die Erfahrung der Pariser Studentenunruhen von 1968, die er mit kritischer Sympathie begleitete. In dieser Zeit knüpfte er Beziehungen zu zahlreichen Intellektuellen, mit denen er auch später immer wieder zusammen arbeitete. Verschiedene Stellungnahmen C.s zu aktuellen kirchlichen Problemen führten zu Spannungen mit seinen Oberen. 1974 gab er schließlich das Kommunitätsleben auf, blieb aber bis zu seinem Tod Mitglied des Jesuitenordens. — Neben Lehraufträgen am Institut catholique in Paris und anderen Fakultäten in Frankreich sowie Nord- und Südamerika wurde C. Ende der 1960er Jahre Dozent an den Reformuniversitäten Paris-VII und Paris-VIII. 1978 erhielt er eine Titularprofessur an der US-amerikanischen Universität von San Diego und wechselte 1983 an die University of California in Los Angeles. 1984 wurde C. schließlich in das Professorenkollegium der renommierteren Pariser École des hautes études en sciences sociales (EHESS) gewählt, wo er bis zu seinem Tod lehrte. — Seit etwa 1970 traten eher soziologische und kulturanthropologische Fragestellungen in den Vordergrund seines akademischen Interesses. Vor allem die Beschäftigung mit der Kultur des Alltags übte eine große Faszination auf ihn aus und wurde Gegenstand verschiedener Veröffentlichungen. Durch Beratertätigkeiten konnte C. immer wieder Einfluß auf die französische Kulturpolitik nehmen. Dennoch blieb der christliche Glaube nicht nur das prägende Element seines Lebens, sondern auch treibende Kraft seiner wissenschaftlicher Tätigkeit, wie zahlreiche posthum erschienene Texte jener Jahre zeigen. C. entwickelte vor dem Hintergrund der postmodernen Erfahrung eines intellektuellen wie lebensgeschichtlichen Pluralismus Ansätze einer neu zu formulierenden negativen Theologie. Die im Allgemeinen vertretene Einteilung seines Werkes in eine erste eher durch theologiegeschichtliche und eine zweite eher durch soziologische Studien geprägte Phase läßt sich daher nicht streng durchhalten. — Sein profundes Wissen um die Quellen der Spiritualitätsgeschichte, insbesondere der mystischen Tradition, seine umfangreichen Kenntnisse in verschiedenen Humanwissenschaften, sein Interesse an politischen Zusammenhängen, seine unkonventionelle interdisziplinäre Methodik und seine Sensibilität für sprachtheoretische Fragen machen C. trotz mancher Einseitigkeiten seines Denkens zu einem wichtigen Gesprächspartner für die zeitgenössische Theologie. — Nachdem die Rezeption von C.s Werk zunächst v.a. auf Frankreich und den anglo-amerikanischen Sprachraum beschränkt war, ist in den letzten Jahren ein verstärktes Interesse im deutschsprachigen Bereich festzustellen.

Werke (Auswahl): Bienheureux Pierre Favre, Mémorial, hrsg. u. kommentiert v. Michel de Certeau, Paris 1960; Jean-Joseph Surin, Guide spirituel pour la perfection, hrsg. v. Michel de Certeau, Paris 1963; Jean-Joseph Surin, Correspondance, hrsg. u. kommentiert v. Michel de Certeau, Paris 1966; Kulturen und Spiritualitäten, in: Concilium 2

(1966), 655-667; La Prise de Parole, Paris 1968; L'Étranger ou l'union dans la différence, Paris 1969 (1991²); La contestation universitaire, indice d'une tâche théologique, in: Études théologiques et religieuses 1 (1970), 25-44; Gibt es eine Sprache der Einheit?, in: Concilium 6 (1970), 38-45; La Possession de Loudun, Paris 1970; Art. Mystique, in: Encyclopædia Universalis 11 (1971), 1031-1036; L'Absent de l'Histoire, Paris 1973; L'espace du désir ou le »fondement« des Exercices spirituelles, in: Christus 20 (1973), 18-128; La Culture au Pluriel, Paris 1974; Le Christianisme Eclaté (mit Jean-Marie Domenach), Paris 1974; Une politique de la langue. La Révolution Française et les Patois (mit Dominique Julia und Jacques Revel), Paris 1975 [2002²]; L'Écriture de l'Histoire, Paris 1975 [= Das Schreiben der Geschichte, Frankfurt a. M.-New York 1991]; Politica e Mistica. Questioni di storia religiosa, Mailand 1975; Arts de Mourir. Écritures anti-mystiques, in: Harald Szeemann (Hrsg.), Junggesellenmaschinen. Les machines célibataires, Venedig 1975, 83-97; Le réveil indien en Amérique Latine (mit Yves Materne), Paris 1977; L'Invention du Quotidien. Bd.1. Arts de Faire, 1980 [= Kunst des Handelns, Berlin 1988]; Writing vs. Time: History and Anthropology in the works of Lafitau, in: Yale French Studies 59 (1980), 37-64; Croire. Une pratique de la différence, Urbino 1981 [= Glauben: ein Praktizieren der Differenz, in: Semiotische Berichte 10 (1986), 364-387]; La Fable Mystique. XVIe-XVIIe Siècle. Bd. 1, Paris 1982; L'institution du croire, in: RSR 71 (1983), 61-80; L'ordinaire de la communication (mit Luce Giard), Paris 1983; Historicités mystiques, in: RSR 73 (1985), 325-353; Die Geschichte, Wissenschaft und Fiktion, in: Georg Schmid (Hrsg.), Die Zeichen der Historie, Wien-Köln-Graz 1986, 29-50; Heterologies: Discourses on the Other, Manchester/Minneapolis 1986; Histoire et Psychanalyse entre science et Fiction, Paris 1987 [= Theoretische Fiktionen. Geschichte und Psychoanalyse, Wien 1997]; La Faiblesse de Croire, hrsg. von Luce Giard, Paris 1987 [= Glaubens-Schwachheit, Stuttgart 2007]; The Gaze of Nicholas of Cusa, in: Diacritics 17/3 (1987), 2-38; L'expérience religieuse, »connaissance vécue« dans l'Église, in: RSR 76 (1988), 187-211; Le Judaïsme dans le monde chrétien, in: RSR 76 (1988), 232-235; Il parlare angelico. Figure per una poetica della lingua (Secoli XVI e XVII), hrsg. v. Carlo Ossola, Florenz 1989; Das Lachen Michel Foucaults, in: Wilhelm Schmid (Hrsg.), Denken und Existenz bei Michel Foucault, Frankfurt a. M. 1991, 227-240; L'Invention du Quotidien. Bd.2 Habiter, Cuisiner (mit Luce Giard und Pierre Mayol), Paris 1994; History is never sure, in: Social Semiotics 6/1 (1996), 7-16; Le lieu de l'autre. Histoire religieuse et mystique, Paris 2005.

Bibliographie: Luce Giard, Bibliographie complète de Michel de Certeau, in: Dies. (Hrsg.): Le voyage mystique. Michel de Certeau, Paris 1988, 191-243; Éléments bibliographiques, in: RThPh 136 (2004), 417f.

Lit.: Guy Petitdemange, L'invention de commencement. »La fable mystique« de Michel Certeau. Première lecture, in: RSR 71 (1983), 497-520; — Ders., Michel de Certeau et le langage des mystiques, in: Études 365 (1986), 379-393; — Ders., Voir est devorant, in: RSR 76 (1988), 343-363; — Ders., La philosophie et Michel de Certeau. La cause perdue et la dette, in: RThPh 136 (2004), 367-386; — François Champion, La »Fable mystique« et la modernité, in: Archives de sciences sociales des religions 29 (1984), 195-203 ; — Daniel Vidal, Figures de la mystique: le dit de Michel de Certeau, in: Archives de sciences sociales des religions 29 (1984), 187-194; — Stephen Greenblatt, Loudun and London, in: Critical Inquiry 12 (1986), 326-346; — Carlo Ossola, »Historien d'un silence«. Michel de Certeau (1925-1986), in: Rivista di storia e letteratura religiosa 22 (1986), 498-521; — N. Boulestreau, Une demeure empruntée. Certeau et la pensée du livre, in: Revue de la Bibliothèque Nationale 24 (1987), 32-40; — Luce Giard (Hrsg.), Michel de Certeau. Cahiers pour un temps, Paris 1987; — Dies., À qui s'éloigne, in: RSR 76 (1988), 173-178; — Dies., Un manquant fait écrire, in: RSR 76 (1988), 381-398; — Dies. u. a. (Hgg.), Le voyage mystique. Michel de Certeau, Paris 1988; — Dies., Epilogue: Michel de Certeau's heterology and the New World, in: Representations 33 (1991), 52-60; — Dies. / Hervé Martin / Jacques Revel, Histoire, mystique et politique: Michel de Certeau, Grenoble 1991; — Ian W. F. Maclean, The Heterologies of Michel de Certeau, in: Paragraph 9 (1987), 83-87; — André Lion, Le discours blessé. Sur le langage mystique selon Michel de Certeau, in: RSPhTh 71 (1987), 405-420; — Philippe Boutry, De l'histoire des mentalités à l'histoire des croyances. La possession de Loudun, in: Le Débat 49 (1988), 85-96; — Stanislas Breton, Le pèlerin, voyageur et marcheur, in: RSR 76 (1988), 179-185; — Anne-Marie Chartier / Jean Hébrard, L'invention du quotidien, une lecture, des usages, in : Le Débat 49 (1988), 97-108; — Adrien Demoustier, Histoire, institution et mystique. Jésuites des XVI et XVII siècles, in: RSR 76 (1988), 213-225; — Marc Guillaume, Vers l'autre, in: RSR 76 (1988), 399-404; — Dominique Julia, Une histoire en actes, in: RSR 76 (1988), 321-341; — Claude Langlois, Michel de Certeau et le groupe de La Bussière, in: RSR 76 (1988), 227-231; — Jacques LeBrun, Le secret d'un travail, in: RSR 76 (1988), 237-251; — Ders., Michel de Certeau historien de la spiritualité, in: RSR 91 (2003), 535-552; — Joseph Moingt, L'ailleurs de la théologie, in: RSR 76 (1988), 365-380; — Ders., Traveller of Culture: Michel de Certeau, in: New Blackfriars 77 (1996), 479-484; — Ders., »Respecter les zones d'ombre qui décidément résistent«, in: RSR 91 (2003), 577-587; — Claude Rabant, Eros, entre fable et mystique, in: RSR 76 (1988), 253-262; — Roger Silverstone, Let us then Return to the Murmuring of Everyday Practices. A Note on Michel de Certeau, Television and Everyday Life, in: Theory, Culture and Society 6/1 (1989), 77-94; — Rolena Adorno, Todorov y de Certeau: la alteridad y la contemplacion del sujeto, in: Revista de critica literaria latinonamericana 17 (1991), 51-58; — John Frow, Michel de Certeau and the Practice of Representation, in: Cultural Studies 5/1 (1991), 52-60; — Ders., Discursive Justice, in: South Atlantic Quarterly 100 (2001), 331-348; — Teodoro Polo Cabezas, Un viajero en el País de la mistica. Aproximación a Michel de Certeau, in: Teresianum 42 (1991), 533-559; — Claude Geffré (Hrsg.), Michel de Certeau ou la différence chrétienne, Paris 1991; — Ian Buchanan, Writing the Wrongs of History. De Certeau and postcolonialism, in: Journal of the South Pacific Association for Commonwealth Literature and Language Studies 33 (1992), 39-46; — Ders., Extraordinary Spaces in Ordinary Places: De Certeau and the space of postcolonialism, in: Journal of the South Pacific Association for Commonwealth

Literature and Language Studies 36 (1993), 56-64; — Ders., From Work to Textbook, in: Social Semiotics 6/1 (1996), 147-155; — Ders., Heterophenomenology, or de Certeau's Theory of Space, in: Social Semiotics 6/1 (1996), 111-132; — Ders., What is heterology?, in: New Blackfriars 77 (1996), 484-493; — Ders., De Certeau and Cultural Studies, in: New formations 31 (1997), 175-188; — Ders., The stylistic inflection, in: Paragraph 22 (1999), 133-145; — Ders., Michel de Certeau. Cultural theorist, London 2000; — Marsanne Brammer, Thinking Practice. Michel de Certeau and the Theorization of Mysticism, in: Diacritics 22/2 (1992), 26-37; —Tom Conley, Michel de Certeau and the Textual Icon, in: Diacritics 22/2 (1992) 38-48; — Ders., L'Absent de Paris: In the Savage Country, in: South Atlantic Quarterly 100 (2001), 575-598; — Samuel Kinser, Everyday ordinary, in: Diacritics 22/2 (1992), 70-82; — Mark Poster, Michel de Certeau and the History of Consumerism, in: Diacritics 22/2 (1992), 94-107; — Richard Terdiman, The Response of the Other, in: Diacritics 22/2 (1992), 2-10; — Henk de Vries, Anti-Babel: The »Mystical Postulate« in Benjamin, de Certeau and Derrida, in: Modern Language Notes 107 (1992), 441-477; — Koenraad Geldof, Tractatus parvus historico-philosophicus. Over de analytische praktijk van Michel de Certeau, in: Krisis. Tijdschrift voor Filosofie 13 (1993), 31-51; — Ders., De (on)zichtbaarheid van de cultuur. Moderniteit, praktijken en vertogen by Michel de Certeau, in: De Witte Raaf 3 (1995), 1-3; — Ders., Michel de Certeau, in: Ders., Analytique du sens. Essais sur la sociologie de la culture, Leuven-Paris 1996, 125-164 ; — Ders., De grens als limiet en mogelijkheid, in: Yang 32 (1996), 102-112; — Ders. / Rudi Laermanns (Hgg.), Sluipwegen van het denken. Over Michel de Certeau, Nijmegen 1997; — Ders., The Dialectic of modernity and Beyond: Adorno, Foucault, Certeau and Greenblatt in Comparison, in: Jürgen Pieters (Hrsg.), Critical self-fashioning. Stephen Greenblatt and the new historicism, Frankfurt a. M. 1999, 196-219; — Tony Schirato, My Space or yours? De Certeau, Frow and the Meanings of Popular Culture, in: Cultural Studies 7/2 (1993), 282-291; — Ders. / Jen Webb, The Ethics and Economies of Inquiry: Certeau, Theory and the Art of Practice, in: Diacritics 29/2 (1999), 86-99; — Philip J. Chmieleweski, De Certeau, Tactics, and Chaos. Interpretive Social Science and Inter-Cultural Missionary Encounter, in: Église et théologie 25 (1994), 219-238; — Serge Proulx, Une lecture de l'œuvre de Michel de Certeau »L'invention du quotidien«, paradigme de l'activité des usagers, in: Communication 15/2 (1994), 171-197; — Mireille Rosello, The Screener's Maps. Michel de Certeau's »Wandersmanner« and Paul Auster's Hypertextual Detective, in: Georg Landow (Hrsg.), Hyper/Text/Theory, Baltimore 1994, 121-158; — Jeremy Ahearne, Michel de Certeau: Interpretation and Its Other, Cambridge 1995; — Ders., »The shattering of Christianity and the articulation of belief«, in: New Blackfriars 77 (1996), 493-504; — Ders., Questions of Cultural Policy in the Thought of Michel de Certeau (1968-1972), in: South Atlantic Quarterly 100 (2001), 447-463; — Rudi Laermans, Zwijngend handelen. Reflecties over cultuur en samenleving, in: Samenleving en politiek 2 (1995), 42-48; — Frederick Christian Bauerschmidt, The Abrahamic Voyage. Michel de Certeau and Theology, in: Modern theology 12 (1996), 1-26; — Ders., Walking in the Pilgrim City, in: New Blackfriars 77 (1996), 504-518; — Ders., Introduction to Michel de Certeau, in: Graham Ward (Hrsg.): The Postmodern God. A Theological Reader, Oxford 1997, 135-142; — Ders., The Otherness of God, in: South Atlantic Quarterly 100 (2001), 349-364; — Lois McNay, Michel de Certeau and the Ambivalent Everyday, in: Social Semiotics 6 (1996), 61-81; — Gail Reekie, Michel de Certeau and the Poststructuralist Critique of History, in: Social Semiotics 6 (1996), 45-59; — Graham Ward, The Voice of the Other, in: New Blackfriars 77 (1996), 518-528; — Ders., (Hrsg.), The Certeau Reader 2000 (2004²); — Ders., Michel de Certeaus's »Spiritual Spaces«, in: South Atlantic Quarterly 100 (2001), 501-517; — Claire Colebrook, Michel de Certeau: oppositional practices and heterologies, in: dies., New Literary Histories. New Historicism and contemporary criticism, Manchester-New York 1997, 112-137; — Dies., Certeau and Foucault: Tactics and Strategic Essentialism, in: South Atlantic Quarterly 100 (2001), 543-574; — Jürgen Pieters, Gazing at the Borders of The Tempest: Shakespeare, Greenblatt and Certeau, in: Nadia Lie / Theo d'Haen (Hgg.), Constellation Caliban: Figurations of a Character, Amsterdam 1997, 61-79; — Ders., New Historicism: Postmodern Historiography between Narrativism and Heterology, in: History & Theory 39 (2000), 21-38; — Joachim Valentin, Schreiben aufgrund eines Mangels. Zu Leben und Werk von Michel de Certeau SJ, in: Orientierung 61 (1997), 123-128; — Ders., Michel de Certeau: Historiker oder Philosoph? Notizen zu einer Tagung der Diözese Rottenburg-Stuttgart im Oktober, in: Orientierung 62 (1998), 238-240; — Ders., Certeau im Plural: ein Tagungsbericht, in: Orientierung 66 (2002), 117-118; — Ders., Der Schmerz der gespaltenen Seelen. Einheit und Differenz bei Michel de Certeau, in: Orientierung 67 (2003), 234-236; — Katherine Arens, Discourse Analysis as Critical Historiography. A semanalyse of Mystic Speech, in: Rethinking History 2 (1998), 23-50; — Willem Frijhoff, Foucault reformed by Certeau: historical strategies of discipline and everyday tactics of appropriation, in: Arcadia 33 (1998), 92-109; — Georg Eickhoff, Los Ejercicios Espirituales como ‚ars bene vivendi'. Sobre la ‚composición de lugar' y la literatura cabballescera, en la obra de Ignacio de Loyola y en el pensamiento de Michel de Certeau, S.J., in: Juan Plazaola (Hrsg.), Las Fuentes de los Ejercicios Espirituales des San Ignacio, Bilbao 1998, 379-398; — Ders., Geschichte und Mystik bei Michel de Certeau, in: StZ 219 (2001), 248-260; — Stephen Hartnett, Michel de Certeau's Critical Historiography and the Rhetoric of Maps, in: Philosophy and Rhetoric 31 (1998), 283-303; — Suzanne Kehde / Jean Pickering, Reading de Certeau through Mahasweta Devi. Reading Mahasweta Devi through de Certeau, in: Narrative 6 (1998), 341-351; — Roland Boer, The resurrection engine of Michel de Certeau, in: Paragraph 22 (1999), 199-212; — Michel Clévenot, Michel de Certeau 1925-1986, in: Ders., Prophetie im Angesicht der Katastrophe. Geschichte des Christentums im XX. Jahrhundert, Luzern 1999, 212-219; — Maria Letizia Cravetto (Hrsg.), À partir de Michel de Certeau. De nouvelles frontières (Rue Descartes 25), Paris 1999; — Jocelyn Dunphy-Blumfiled, Clio's redress: renewing the new history, in: Paragraph 22 (1999), 164-183; — Joseph Fitzpatrick / Bryan Reynolds, The Transversality of Michel de Certeau: Foucault's Panoptic Discourse and the Cartographic Impulse, in: Diacritics 29/3 (1999), 63-80; —

Johannes Hoff, Erosion der Gottesrede und christliche Spiritualität. Antworten von Michel Foucault und Michel de Certeau im Vergleich, in: Orientierung 63 (1999), 116-119.130-132.135-137; — Charles Lock, Michel de Certeau: walking the via negativa in: Paragraph 22 (1999), 184-198; — John Marks, Certeau & Foucault. The Other and Pluralism, in: Paragraph 22 (1999), 118-132; — Daniel Weidner, Lesen im Land des Anderen. Schriften von Michel de Certeau, in: Weimarer Beiträge 45 (1999), 112-120; — Herman Westerink, Geloof, mystiek en het ontstaan van identiteit. Het »Soliloqium« van Willem Teellinck gelezen vanuit de ideeën van Michel de Certeau, in: Tijdschrift voor theologie 39 (1999), 14-33; — Daniel Bogner, Mystik als Krisenbarometer. Keine christliche Sonderwelt. Durchblicke auf Glauben und Welt nach Michel de Certeau, Christ in der Gegenwart 52 (2000), 229f.237f.; — Ders., Zukunftsfähig oder ortlos? Der religiös-politische Bruch als Ausgangsbedingung für heutiges Christentum nach Michel de Certeau, in: Orientierung 64 (2000), 15-20; — Ders., Gebrochene Gegenwart. Mystik und Politik bei Michel de Certeau, Mainz 2002; — Peter Gallagher, Seeking the European Self: Three ‚Other Selves' of Michel de Certeau, in The Way 41 (2000), 102-112; — Ben Highmore, »Opaque, Stubborn Life«: Everyday Life and Resistance in the Work of Michel de Certeau, in: XCP. Cross-Cultural Poetics 2000/6, 90-101; — Ders., Dwelling on the Daily: On the term everyday life as used by Henri Lefebvre and Michel de Certeau, in: Daidalos: Architecture, Art, Culture 75 (2000), 38-43; — Ders., Obligation to the Ordinary: Michel de Certeau, Ethnography, and Ethics, in: Strategies 14 (2001), 253-263; — Ders., Michel de Certeau and the Analysis of Culture, London-New York 2004; — Ders., Michel de Certeau. Analysing Culture, London 2006; — Adrian Jones, Word and Deed: Why a poststructural history is needed, and how it might look, in: The Historical Journal 43 (2000), 517-541; — Philippe Lécrivain, Faire de l'histoire et de la théologie avec M. de Certeau (1925-1986), in: AdPh 63 (2000), 249-253 ; — Ders., Théologie et sciences de l'autre. La mystique ignatienne dans les »approches« de Michel de Certeau, in: Bernard van Meenen (Hrsg.), La mystique, Brüssel 2001, 67-85 ; — Éric Maigret, Les trois héritages de Michel de Certeau. Un projet éclaté d'analyse de la modernité, in : Annales ESC 55 (2000), 511-549; — Michael Sheringham, Attending to the Everyday: Blanchot, Lefebvre, Certeau, in: French Studies 54 (2000), 187-199; — Torbjörn Wandel, Michel de Certeau's Place in History, in: Rethinking History 4 (2000), 55-76; — Verena Andermatt Conley, Processual Practices, in: South Atlantic Quarterly 100 (2001), 483-500; — Gérard Bailhache, Michel de Certeau, témoin de la mystique. Échos d'une lecture buissonnière, in: Chemins de dialogue Nr. 18 (2001), 157-179; — Philippe Carrard, History as a Kind of Writing: Michel de Certeau and the Poetics of Historiography, in: South Atlantic Quarterly 100 (2001), 465-482; — Catherine Driscoll, The Moving Ground: Locating Everyday Live, in: South Atlantic Quarterly 100 (2001), 381-398; — Carla Frecerro, Toward a Psychoanalytic of Historiography: Michel de Certeaus's Early Modern Encounters, in: South Atlantic Quarterly 100 (2001), 365-379; — Marian Füssel, Von der Produktion der Geschichte zur Geschichte der Praktiken: Michel de Certeau S.J., in: Johannes Angermüller u.a. (Hrsg.), Postmoderne Produktionen, Hamburg 2001, 99-110; — Ders., Geschichtsschreibung als Wissenschaft vom Anderen: Michel de Certeau S.J., in: Storia della Storiografia 39 (2001), 17-38; — Ders., Aneignungen eines Denkers. Neue Forschungen zu Michel de Certeau, in: Storia della Storiografia 45 (2004), 95-108; — Ders., Michel de Certeau. Geschichte - Kultur - Religion, Konstanz 2007; — Philip Sheldrake, Unending Desire. De Certeaus's »Mystics«, in: The Way Supplement Nr. 102 (2001), 38-38 ; — Timothy J. Tomasik, Certeau à la Carte. Translating Discursive Terroir in The Practice of Everyday Life: Living and Cooking, in: South Atlantic Quarterly 100 (2001), 519-542; — William A. Barbieri, The heterological quest: Michel de Certeau's travel narratives and the »other« of comparative religious ethics, in: Journal of religious ethics 30 (2002), 23-48; — Christian Delacroix u.a. (Hgg.), Michel de Certeau. Les chemins d'histoire, Brüssel 2002; — François Dosse, Michel de Certeau. Le marcheur blessé, Paris 2002 (2007²); — Ders., Paul Ricœur et Michel de Certeau. L'histoire entre le dire et le faire, Paris 2006; — François Nault, L'improbable »Théologie« de Samuel Beckett (l'autre, le désir, la trace): à partir d'une hypothèse de Michel de Certeau, in: Science et esprit 54 (2002), 139-153; — Stefan Orth, Glauben nach dem Traditionsbruch. Einblicke in das Werk von Michel de Certeau, in: HerKorr 56 (2002), 303-307; — Christian Bauer, Kritik der Pastoraltheologie. Nicht-Orte und Anders-Räume nach Michel Foucault und Michel de Certeau, in: ders. u.a. (Hgg.), Gottes und des Menschen Tod?, Mainz 2003, 181-216; — Maurice Jourjon, À propos des »Années lyonnaises« de Michel de Certeau, in: RSR 91 (2003), 571-576; — Patrick Royannais, Michel de Certeau. L'anthropologie du croire et la théologie de la faiblesse de croire, in: RSR 91 (2003), 499-533; — Pierre Vallin, Michel de Certeau. Des notes de lecture, in: RSR 91 (2003), 553-570; — Wim Weymans, Der Tod des Grendiers. Michel de Certeau und die Grenzen der historischen Repräsentation, in: Historische Anthropologie 11 (2003), 1-20; — Andreas Mayer, Schreiben im Zwischenraum. Noch einmal zu Michel de Certeau, in: Historische Anthropologie 11 (2003), 305-310; — Pierre Gisel, Lire Michel de Certeau en théologien, in: RThPh 136 (2004), 399-415; — Christian Indermuhle / Thierry Laus, En finir avec le désir. Michel de Certeau et l'hétérologie des voix, in: RThPh 136 (2004), 387-398; — Isabelle Ullern-Weité, En braconnant philosophiquement chez Michel de Certeau. Des usages de l'«historicité contemporaine« à la réinvention ordinaire de la civilité, in: RThPh 136 (2004), 347-366; — Henri Laux, Michel de Certeau lecteur de Surin. Les enjeux d'une interprétation, in: RThPh 136 (2004), 319-332; — Stephan Lüttich, Die Nacht als Chance in Zeiten von Übergang und Bruch: »faiblesse de croire« bei Michel de Certeau, in: ders., Nacht-Erfahrung. Theologische Dimensionen einer Metapher, Würzburg 2004, 300-309 ; — Jean-Claude Monod, Inversion du pensable et transits de croyance. La trajectoire de sécularisation et ses écarts selon Michel de Certeau, in: RThPh 136 (2004), 333-346; — Stella Morra, »Pas sans toi«. Testo, parola e memoria verso una dinamica della esperienza ecclesiale negli scritti di Michel de Certeau, Rom 2004; — Sylvain Destrempes, L'altérité dans le discours mystique selon Michel de Certeau. La question de la mystique, in: Science et esprit 57 (2005), 141-157; — Timothy J. Johnson, Dream bodies and peripatetic prayer. Reading Bonaventure's »Itinerarium« with Certeau, in: Modern theology 21 (2005), 413-427; — Monica Quirico, La differenza della fede. Singolarità e storicità della forma cristiana nella ricerca di Michel de Certeau, Cantalupa 2005; — Margit Eckholt, Nicht ohne Dich. Der verletzte Wanderer und der fremde Gott. Eine Annäherung an Michel de Certeau SJ, in: Hanspeter Schmitt (Hrsg.), Der dunkle Gott. Gottes dunkle Seiten, Stuttgart 2006, 34-62; — Albert Bastenier, Le croire et le cru. Les appartenances religieuses au sein du christianisme européen revisitées à partir des travaux de Michel de Certeau, in: Social compass 54 (2007), 13-32; — Tomas Orlynski, Migrations du croire chez Michel de Certeau, Diss. (Lund) 2007; — LThK³ 11 (2001), 44f.

Stephan Lüttich

CIEZA DE LEÓN, Pedro, span. Geschichtsschreiber, * um 1520 in Llerena (Estremadura); † um 1560 in Sevilla. — C. d. L. nahm an der spanischen Eroberung des Inkareiches teil. Bei zahlreichen Expeditionen (etwa 1536/1537 nach San Sebastián de Buenavista und Urute) und Städtegründungen (1539: San Ana de los Caballeros; 1540: Cartago; 1541: Antioquia [alle Kolumbien]) spielte er eine entscheidende Rolle und nahm führende Positionen in der Kolonialverwaltung ein. So unterstand C. d. L. eine Encomienda in Cartagena (Kolumbien), die er später Sebastián de Belalcázar überließ. In den Bürgerkriegen zwischen den spanischen Konquistadoren stand er auf der Seite von Pedro de La Gasca. Mit der Absicht, Gonzalo Pizarros Rebellion gegen die Krone zu beenden, bereist C. d. L. 1547 mit La Gasca das Vizekönigreich Peru und kommt 1548 in die Ciudad de los Reyes (heute: Lima). Dort arbeitet C. d. L. fortan intensiv an seiner dreiteiligen »Crónica de Perú«, ein bedeutendes Werk über das präkolumbianische Inkareich. 1551 kehrt er nach Spanien zurück, läßt sich in Sevilla nieder und heiratet Isabel López. 1553 veröffentlicht C. d. L. den ersten Teil seiner Chronik; die weiteren werden erst im 19. und 20. Jahrhundert veröffentlicht. — Die »Crónica de Perú« zeichnet sich nicht nur durch eine umfassende Darstellung der Eroberung sowie des Bürgerkriegs zwischen den spanischen Konquistadoren aus, sondern insbesondere durch die ausführlichen und detaillierten Beschreibungen der ethnischen Gruppen innerhalb der autochthonen Bevölkerung des Inkareiches, dessen Geographie sowie der reichen Tier- und Pflanzenwelt.

Werkausgaben: (span.): La Crónica del Perú. Buenos Aires 1945; Obras completas, hg. von Carmelo Saenz de Santa Maria. Kritische, mit Anmerkungen und Kommentaren versehene Ausgabe. 2 Bde. Madrid 1984 f. (Bd. 1: La crónica del Perú. Las guerras civiles peruanas [1984]; Bd. 2: Las guerras civiles peruanas [1985]); (engl.) Civil Wars of Peru, hg. von Clements R. Markham, i. A. d. Hakluyt Society. 5 Bde. London 1864 ff. (Bd. 1: The travels of Pedro de Cieza de Leon, A.D. 1532-50 [1864]; Bd. 2: The second part of the chronicle of Peru [1883]; Bd. 3: Guerra de Quito [1909]; Bd 4: The War of Chupas [1918]; Bd. 5: The war of Las Salinas [1923]); The Incas, hg. von Victor Wolfgang von Hagen (= The civilization of the American Indian series 53). Oklahoma 1959; (dt.) Auf den Königsstraßen der Inkas, hrsg. von Victor Wolfgang von Hagen. Stuttgart 1971.

Lit.: Carmelo Saenz de Santa Maria: Estudio bio-bibliográfico C.d.L: Su persona y su obra (= Obras completas, Bd. 3). Madrid 1985.

Josef Bordat

COCH, Friedrich Otto, »brauner« Landesbischof von Sachsen, * 11. Dezember 1887 in Eisenach; † 9. September 1945 in Hersbruck/Bayern. — Nach dem Studium der evangelischen Theologie in Rostock und Leipzig folgte eine Hauslehrertätigkeit 1912-1914 in Utzedel (Vorpommern) und bis 1916 der Dienst als Anstaltsgeistlicher am Gefängnis Hoheneck/Sachsen, von 1916 bis 1918 Feldgeistlicher und Militärgouvernementspfarrer, anschließend Pfarrer am Schwesternhaus Arnsdorf. Ab 1921 amtierte Coch als Gemeindepfarrer an St. Nikolai in Freiberg/Sachsen. Seit 1927 hatte er die dritte Pfarrstelle als Vereinsgeistlicher beim Landesverein für Innere Mission in Dresden inne und war Leiter des Preßverbandes der Evangelisch-Lutherischen Landeskirche Sachsens. 1931 trat er in die NSDAP ein und wurde in der Folge Gaufachberater in Kirchenfragen bei der Gauleitung Sachsen und Führer der Arbeitsgemeinschaft nationalsozialistischer Pfarrer. Nach dem Tod von Landesbischof Ludwig Ihmels am 7. Juni 1933 übertrug ihm die sächsische Landesregierung am 30. Juni 1933 gemäß dem nationalsozialistischen Führerprinzip durch die »Verordnung zur Behebung des Notstandes im kirchlichen Leben der evangelisch-lutherischen Landeskirche Sachsens« die Rechte und Befugnisse des Landesbischofs, des Landeskonsistoriums, des Landeskirchenausschusses und des Ständigen Synodalausschusses. Er trat sein kommissarisches Amt am 1. Juli 1933 an und beurlaubte sofort alle ihm nicht genehmen Amtsträger der bisherigen Kirchenleitung. Mitte Juli hob der sächsische Innenminister die Notverordnung vom 30. Juni wieder auf, weil der NS-Reichsinnenminister nach Fertigstellung der Verfassung der Deutschen Evangelischen Kirche (DEK) die Aufhebung der Notverordnungen in den Ländern angeordnet hatte. Gleichzeitig wurden auch die Beurlaubungen in der Kirchenregierung wieder rückgängig gemacht. Als die Kirchenwahlen am 23. Juli 1933 den Deutschen Christen (DC) die zahlenmäßige Überlegenheit in der Synode brachten, wählte diese sogenannte »Braune Synode« auf ihrer ersten Sitzung im August 1933 Coch zum Landesbischof. Am 10. Dezember 1933 wies er sich selbst in der Dresdner Frauenkirche in das bischöfliche Amt ein. Die Frauenkirche bestimmte er fortan - statt der Sophienkirche - als Bischofskirche und Dom. Während des Empfangs der Kirchenführer bei Hitler am 25. Januar 1934 erwies sich Coch als serviler Gefolgsmann Hitlers und denunzierte den BK-Pfarrer Martin Niemöller. Im November 1935 erfolgte mit der Einsetzung des Landeskirchenausschusses in Sachsen, der sich aus Vertretern der DC, der »Mitte« und der Bekennenden Kirche zusammensetzte, Cochs weitgehende Entmachtung. Die Bekennende Kirche Sachsens hatte ihm ihrerseits das Recht der geistlichen Leitung abgesprochen. Der zwischenzeitlich befriedete Zustand endete 1937 mit der Vertreibung des Landeskirchenausschusses mit Waffengewalt aus dem Landeskirchenamt. Johannes Klotsche als Leiter des Landeskirchenamtes bestimmte bis zum Kriegsende die Kirchenpolitik in der sächsischen Landeskirche. Das Bemühen Cochs 1943 um Wiedergewinnung seiner vollumfänglichen bischöflichen Verantwortung scheiterte. Bis in die Letztphase des NS-Reiches hinein war er darum bemüht, seine Gesinnungstreue zum Hitlerreich unter Beweis zu stellen. Nach dem Bombardement Dresdens im Februar 1945 floh Coch mit seiner Familie in Richtung Bad Elster, wurde dort verhaftet und kam nach kurzzeitigem Aufenthalt im Lager Kulmbach in das amerikanische Gefangenenlager Hersbruck/Bayern, wo er am 9. September verstarb. Coch hatte noch in Bayreuth dem zuständigen Bayreuther Dekan Heinrich Riedel sein goldenes Bischofskreuz heimlich zugesteckt, der es seinerseits an Kreisdekan Otto Bezzel zur Weiterleitung an Bischof Hans Meiser in München übergab. Meiser brachte dieses Amtskreuz 1946 nach Dresden zurück und übergab es Landessuperintendent Franz Lau zur Verwahrung, bis ein neuer Landesbischof gewählt würde. 1947 wurde Superintendent Hugo Hahn als Nachfolger von Coch in das Bischofsamt eingesetzt.

Werke: Ein Wort des Landesbischofs Coch vom 1. Juli 1933 nebst Rückblick auf die innerkirchlichen Veränderungen und den Aufruf des Landesbischofs an die evangelische Jugend Sachsens. In: Pirnaer Kirchenblatt, Oktober 1933, S. 17; Predigt im Eröffnungsgottesdienst für die 16. ordentliche ev.-luth. Landessynode in der Domkirche zu Dresden am 11. August 1933. Dresden 1933; Einweisung des Landesbischofs Friedrich Coch in der Frauenkirche zu Dresden, am 10. Dezember 1933. Dresden 1933; Die Kirche im Dritten Reich. Leipzig 1933; Christenkreuz und Hakenkreuz. Dresden 1934.

Lit.: Heinrich Hermelink: Kirche im Kampf. Dokumente des Widerstandes und des Aufbaus in der evangelischen Kirche Deutschlands von 1933 bis 1945. Tübingen, Stuttgart 1950; — Joachim Fischer: Die sächsische Landeskirche im Kirchenkampf 1933-1937. Göttingen 1972; — Georg Prater (Hrsg.): Kämpfer wider Willen. Erinnerungen des Landesbischofs von Sachsen D. Hugo Hahn aus dem Kirchenkampf 1933-1945, bearbeitet und herausgegeben von Georg Prater. Metzingen 1969; — Kurt Meier, Die Deutschen Christen. Halle 1967; — Ders.: Der evangelische Kirchenkampf. Bde. 1-3, Göttingen 1976-1984 (Halle 1976-1984); — Hermann Klemm: Im Dienst der Bekennenden Kirche. Das Leben des sächsischen Pfarrers Karl Fischer 1896-1941. Bearb. von Gertraud Grünzinger-Siegert (AGK, Erg.-R. 14), Göttingen 1986; — Heinrich Riedel: Stationen und Erinnerungen aus meiner Arbeit in der Kirche 1926-1978, 1988 (Manuskript, Bibliothek des Landeskirchenamts in München); Hermann Klemm: Im Dienst der Bekennenden Kirche. Das Leben des sächsischen Pfarrers Karl Fischer 1896-1941. Bearb. von Gertraud Grünzinger-Siegert (AGK, Erg.-R. 14), Göttingen 1986; — Arndt von Kirchbach: Lebenserinnerungen, Teil IV. Göppingen 1987; — J. Jürgen Seidel: Aus den Trümmern 1945. Personeller Wiederaufbau und Entnazifizierung in der Sowjetischen Besatzungszone Deutschlands. Göttingen 1996; — Georg Wilhelm: Die Evangelisch-lutherische Landeskirche Sachsens im »Dritten Reich«. In: Clemens Vollnhals (Hrsg.): Sachsen in der NS-Zeit. Leipzig 2002.

J. Jürgen Seidel

CORBACH, Liselotte Marie Johanna, Theologin und Professorin für Religionspädagogik * 4.7. 1910 Friedrichswille, † 14.2. 2002 Völksen bei Springe, dort beigesetzt. — Liselotte Corbach kommt am 4.7. 1910 auf dem Gut Friedrichswille in der Nähe von Reppen, bei Frankfurt/Oder, als Kind von Georg Corbach und Clara Corbach, geb. Plate, zur Welt. Diese leiten im nahen Seehof im Dienste der Inneren Mission eine »Erziehungsanstalt« für Jungen. 1912 Geburt des Bruders Karl Heinrich. 1913 zieht die Familie nach London, dort leitet der

Vater ein Deutsches Waisenhaus, bis er 1914 nach Kriegsbeginn England verläßt (danach 1914 Geburt des Sohnes Bruno). Er fällt bereits 1915 als Soldat. Die Mutter übernimmt die Leitungsaufgaben bis zur Ausweisung der Familie aus England 1918. Übersiedlung von London über Bonn nach Berlin. In Berlin-Friedenau besucht Liselotte Corbach die Königin-Luise-Schule. 1920 Übersiedlung nach Altena, dort 1926 Mittlere Reife am Lyzeum, anschließend Oberlyzeum in Lüdenscheid, weil in Altena keine höhere Mädchenbildung möglich ist. 1927 Umzug von Liselotte Corbach zur Großmutter nach Berlin zum Besuch der Unterprima an der Königin-Luise-Schule (Oberlyzeum), Mutter und Brüder folgen 1928/1929 nach. Liselotte gehört damit zu den noch wenigen Frauen mit Abitur in Deutschland. 1929 beginnt sie zunächst das Studium der Anglistik, der Germanistik und der Religionswissenschaft an der Friedrich-Wilhelms-Universität in Berlin, wechselt 1930 zur Theologischen Fakultät. Prägende Lehrer sind Dietrich Bonhoeffer, bei dem sie die Vorlesungen »Das Wesen der Kirche« (1932) und »Christologie« (1933) hört. Die Familie ist Bonhoeffer insbesondere über den ebenfalls Theologie studierenden Bruder Karl Heinrich verbunden, der 1937 am 5. Kurs im Predigerseminar der Bekennenden Kirche in Finkenwalde teilnimmt. Weitere Lehrer sind Erich Seeberg, Hans Lietzmann und Romano Guardini. — Neben Studium und kleinen Erwerbstätigkeiten engagiert sich Corbach in der Kinder- und Jugendarbeit verschiedener Gemeinden und in der sozial-pflegerischen Arbeit. Im Auftrag des Burckhardthauses, Evangelischer Reichsverband Weiblicher Jugend, leitet sie ein »Abendheim für arbeitslose Hausgehilfinnen« in Berlin-Moabit (1932). Das Burckhardthaus wird für sie zur geistigen und sozialen Heimat, insbesondere der Berliner Weggenossenkreis, in dem junge, christlich motivierte Frauen unter Leitung der Theologin Martha Voigt zusammenkommen. — Anschluß an die sich formierende Bekennende Kirche (BK) findet Corbach vor allem in den Kirchengemeinden von Friedenau, Dahlem und Lichterfelde sowie in dem Berliner Neuwerkkreis um den Pfarrer Günther Dehn und die Sozialarbeiterin Gertrud Staewen. Die dort vertretene dialektische Theologie Karl Barths gibt der jungen Studentin in Verbindung mit der familiären Tradition christlich-diakonischer Lebensauffassung das nötige Rüstzeug für ihr Engagement in BK-Hauskreisen und illegalen Flugblattaktionen. Ihre Wahrnehmung bleibt dabei auf das kirchliche Milieu beschränkt. — Im Wintersemester 1933/1934 Exmatrikulation und Gasthörerin. 1934 Erste Theologische Prüfung beim Konsistorium Berlin-Brandenburg. Dann Unterstellung unter den soeben gebildeten Bruderrat der Bekennenden Kirche von Berlin-Brandenburg und Vikariat als sog. »Illegale«. Im November 1934 Beginn des Lehrvikariats beim Evangelischen Reichsverband Weiblicher Jugend im Burckhardthaus in Berlin bei Direktor Otto Riethmüller. 1935 bis 1936 Fortsetzung des Lehrvikariats im Landesverband für die weibliche Jugend Westfalens im Martineum in Witten, Freizeiten und Reisedienst in Westfalen. Corbach übernimmt vielfältige Aufgaben in der verbandlichen Arbeit mit Mädchen und jungen Frauen, die sie, weiterentwickelt zur katechetischen Arbeit, mit kurzen Unterbrechungen 15 Jahre lang (1934-1949) betreibt. — Im November 1935 Vortrag in Unna, daraufhin Denunziation und Anklage durch die NSDAP wegen »Verunglimpfung der Fahne«. Deswegen Rückzug aus Witten. Über Gut Gadenstedt und Kloster Heiligengrabe (Schul- und Internatsaufgaben) Rückkehr nach Berlin, da der Prozeß 1936 eingestellt wird, weil die Zeugen ihre Aussagen zurückziehen. Beendigung des Vikariats im Burckhardthaus und in Berliner Gemeinden. 1937 Zweite Theologische Prüfung bei der Prüfungskommission der BK Berlin-Brandenburg als sog. »Illegale«. Am 12.3. 1937«Ordination« (für Frauen eingeschränkte »Einsegnung«) im Rahmen der Jahreskonferenz der Reisesekretärinnen des Reichsverbandes in der Jesus-Christus-Kirche in Berlin-Dahlem. — Corbach gehört damit zu den ersten Theologinnen, die das Zweite Kirchliche Examen ablegen. Frauen haben gegenüber ihren männlichen Kollegen eingeschränkte Rechte, z.B. in der Sakramentsverwaltung und im Halten von Gottesdiensten. Meist werden sie in der Frauen- und Kinderarbeit oder in Funktionsstellen eingesetzt. Corbach beginnt im März 1937 im Auftrag des Reichsverbandes als Landesscharführerin des Landesverbandes für die evangelische weibliche Jugend in der Hannoverschen Landeskirche (zunächst für 13 Monate befristet, später bis

1949 verlängert). Bis Herbst 1938 einzige Reisesekretärin im Hannoverschen Mädchenwerk. — Als Reisesekretärin hat sie unter den erschwerten Bedingungen der NS-Zeit und des Krieges den Auftrag, die landeskirchliche Mädchenarbeit zu unterstützen und aufzubauen und die Laienkräfte der Gemeinden des Landes katechetisch zu schulen. Außerdem leitet sie Kinder- und Jugendfreizeiten, bis diese nach langjährigen Repressionen 1939 endgültig verboten werden. Durch Reisedienst, Materialerstellung und -versand wie persönliche und briefliche Kontakte hält sie die weibliche Jugendarbeit aufrecht. Besonders hervorzuheben ist eine Sommerfreizeit für Mädchen 1938 auf Spiekeroog, die von der Auflösung durch die NSDAP bedroht ist und durch mutiges Eingreifen von Corbach und Minnie Otte (seit 1936 Stadtjugendwartin für die Mädchenarbeit im Stadtjugenddienst Hannovers) weitergeführt werden kann. — Ab 1941 (bis 1949) mit halber Stelle Mitarbeiterin des nebenamtlichen Katechetischen Beauftragten der Hannoverschen Landeskirche Eduard Steinwand. Steinwand war Professor für Praktische Theologie in Dorpat gewesen und aus dem Baltikum nach Hannover geflüchtet, wo er außerdem eine Pfarrstelle an der Markuskirche versieht. Da viele Pfarrer zum Kriegsdienst eingezogen sind und an den Schulen aus ideologischen Gründen kein Religionsunterricht mehr stattfindet, erhält die katechetische Schulung von Laienkräften der Gemeinden wachsende Bedeutung. Zumal unter den zunehmend schwierigen Bedingungen des Krieges wird die katechetische Arbeit wesentlich von Frauen aufrecht erhalten. Dafür entwickeln Corbach und Steinwand katechetische Arbeitshilfen, die nach dem Krieg unter dem Namen A-B-C-Pläne weite Verbreitung auch im Religionsunterricht finden. Die Erarbeitung der Pläne erfolgte im wesentlichen durch Corbach, später veröffentlicht unter Steinwand/Corbach. 1943 Ausbombung und Wohnungsbrand, außerdem zweimonatige Verhaftung Steinwands. — 1938 war bereits eine Aufforderung zur Legalisierung ihres Theologischen Examens durch die »intakte« Hannoversche Kirchenleitung ergangen, die Corbach aus Solidarität mit der Bekennenden Kirche verweigert. 1945 wird ein Kolloquium zur Anerkennung ihres Zweiten Theologischen Examens im Blick auf die Vakanzen im Pfarramt möglich. Von Februar bis Juli 1945 ist Corbach - vergleichbar mit anderen Theologinnen - Pfarrstellenvertreterin in Groß Munzel bei Hannover. Umzug mit der Mutter nach Groß Munzel. Nach körperlichem Zusammenbruch in Groß Munzel etwa zwei Monate Krankenhausaufenthalt. Im September erneut Groß Munzel. Verantwortung für den Kindergottesdienst. Diverse Tätigkeiten in der katechetischen und theologischen Aus- und Fortbildung. Arbeit an dem Buchmanuskript zum A-Plan. 1945 Hannover, 1946 Pflege der Mutter, diese stirbt am 9.6. 1947 Hilfeleistung im Studentenpfarramt Hannover. Religionslehrerfortbildung. 1950 Berufung Steinwands nach Erlangen. 1950 Gründung des Katechetischen Amtes der Evangelisch-Lutherischen Landeskirche Hannovers als Nachfolgeinstitution des Beauftragten. Zur Leitung wird nicht Corbach, sondern Karl Witt (1900-1991), der, zunächst Professor in der Lehrerbildung, von 1941 bis 1943 eine (nationalsozialistische) Lehrerbildungsanstalt in Celle geleitet hatte und dann 1943 bis 1945 als Oberschulrat an das Reichsministerium für Erziehung und Volksbildung in Berlin abgeordnet war. — Seit 1947 ist Corbach mit Lehrauftrag für Religionspädagogik an der Pädagogischen Hochschule Hannover tätig, dort 1949 zur hauptamtlichen Dozentin für die Methodik des Religionsunterrichts berufen, 1956 Ernennung zur Professorin. 1957/58 stellvertretende Direktorin der PH. Bis zur Emeritierung 1975 Verantwortung in der LehrerInnenbildung. — Ab 1946 erscheinen die Katechetischen Pläne unter dem Titel »Lasset uns aufsehen auf Jesum«, Plan A-C fortlaufend und in zahlreichen Neuauflagen. Sie dienen den bibeldidaktisch weitgehend unerfahrenen Lehrkräften nach 1945 als Unterrichtsmaterial in dem wieder eingeführten schulischen Religionsunterricht gemäß dem Konzept der Evangelischen Unterweisung, das die Begegnung mit der biblischen Glaubensbotschaft ermöglichen will. In ganz Niedersachsen und auch darüber hinaus wird bis in die 1960er Jahre nach den A-B-C-Plänen unterrichtet. — Erste selbständige Veröffentlichung: »Rainer Maria Rilke und das Christentum« (1949). Erste eigenständige religionspädagogische Veröffentlichung »Die Bergpredigt in der Schule« (1956; 2. Aufl. 1962). Mit einem Kernstück der Bibel und der zentralen Ausrichtung auf die Nachfolge gibt sie vielen Antworten auf existentielle Fragen der Zeit und bringt zugleich didaktische Überlegungen und unterrichtspraktische Beispiele. — Die 1960er Jahre markieren den Höhepunkt ihres religionspädagogischen Schaffens, das sich wesentlich in zwei Aspekten zusammenfassen läßt: die »Orientierung am Kind« (den Schülerinnen und Schülern) und die Frage nach der Vermittlung biblischer Inhalte angesichts schwindender christlicher Sozialisation. Im Blick auf die religionspädagogische »Ratlosigkeit dem Kind gegenüber« entwickelt Corbach eine Erzähl- und Bilddidaktik, die sie in der Praxis an verschiedenen Altersgruppen erprobt hatte. Sie kritisiert die hermeneutische Konzeption, namentlich von Hans Stock, als zu wenig kindgerecht und vertritt, daß das Kind auch in unteren Klassen ein »Anrecht auf die ganze Botschaft« habe. Damit formuliert sie innerhalb der Fachwissenschaft einen eigenständigen Ansatz, der sie mit ihrer Oldenburger Kollegin Helene Ramsauer verbindet. Große Bestätigung erfährt sie von den Studierenden und aus der Lehrerschaft. — In ihrer Bilddidaktik sucht sie über die Betrachtung von Kunstwerken zu biblischen Themen den Schülerinnen und Schülern die biblische Botschaft hörbar zu machen. Ihr Werk »Vom Sehen zum Hören« (1965, 2. Band 1976) macht sie zur »Pionierin der Bilddidaktik«. Das Lernen erfolgt hiernach im Allgemeinen durch differenzierte Wahrnehmung der Bildinhalte und im Speziellen durch Erschließung von religiösen Bildaussagen. Mit dem Medium Bild gelingt ihr eine Überwindung der wesentlich an sprachlicher und kognitiver Erarbeitung von Texten orientierten hermeneutischen Religionspädagogik und eine Eigentätigkeit der Schülerinnen und Schülern in der Aneignung biblischer Inhalte. Die Bibel- und Kerygma-orientierte Konzeption bleibt grundsätzlich erhalten. — Vom philologischen Studium bei Hans Lietzmann geprägt, ist ihr die wissenschaftliche Exegese immer Voraussetzung der Vermittlung, ebenso wie das eigene Meditieren und Hören auf die Botschaft des Textes. LehrerInnen und Schülerinnen und Schülern versteht sie zusammen als von Gott Angesprochene. Gleichzeitig definiert sie - trotz ihrer Bemühung um eine höhere Schülerbeteiligung - die Ziele, auf die sie den Unterricht behutsam, aber stringent hinlenkt. — Als Auseinandersetzung mit dem Problemorientierten RU veröffentlicht Corbach 1968 »Wir lesen Amos« (2. Aufl. 1972), wo sie auf biblischer Grundlage und mithilfe eines szenischen Spiel die Aktualität des Propheten Amos entfaltet. — Anfang der 1950er Jahre Mitglied der Bewegung der sogenannten Moralischen Aufrüstung. 1965-1971 gewählte Vertreterin der 17. Landessynode der Ev.-luth. Landeskirche Hannovers, Mitarbeit insbesondere im »Ausschuß für Erziehungsfragen« und im »Ausschuß für Fragen des theologischen Nachwuchses«. 1967 Berufung in das Kuratorium des Annastiftes in Hannover. 1970 Umzug nach Bennigsen. 1973 Umzug nach Völksen. Wintersemester 1975 Emeritierung. Vertretung des eigenen Lehrstuhls. Nach der Emeritierung Pflege privater Kontakte. Liselotte Corbach stirbt am 14.2. 2002 in ihrem Haus in Völksen. — Leben und Werk von Liselotte Corbach sind in mehrfacher Hinsicht von Interesse. Als eine der frühen evangelischen Theologinnen zeigt ihr Werdegang die Möglichkeiten und Hindernisse einer Frau in Theologiestudium, Sonderstellen und Pfarramtsvertretung in Kriegszeiten 1945. Zudem beleuchtet sie die Situation der sog. Illegalen, die sich dem Bruderrat der Bekennenden Kirche unterstellten. — In den 1930er bis 1950er Jahren eröffnet Corbachs ehrenamtliche und hauptamtliche Tätigkeit in der ev. weiblichen Jugendarbeit sowohl in der Zentrale des Reichsverbandes im Burckhardthaus in Berlin als auch in den Landesstellen in Witten und Hannover Einsichten in diesen Bereich evangelisch verantworteter Bildungsarbeit mit Mädchen und jungen Frauen, die bisher kaum bekannt ist. Corbach hat - wie andere, meist Frauen, auch - katechetische Arbeit unter den widrigen und teilweise politisch repressiven Umständen der NS-Zeit und des Krieges profiliert und aufrecht erhalten. Zahlreiche Materialien, die in diesem Zusammenhang entstanden, bestimmten (auch die schulische) Religionspädagogik der Nachkriegszeit. — Auffällig ist die große Diskrepanz zwischen der zeitgeschichtlichen Bedeutung Corbachs in Niedersachsen in den 1950er und 1960er Jahren und ihrer Nichtbeachtung in der Literatur seit den 1970er Jahren. Als Professorin für Religionspädagogik in Hannover genoß sie in den 1950er und frühen 1960er Jahren, zunächst als Alleinvertreterin des Faches an der Hochschule, große

Anerkennung bei den Studierenden und prägte die Evangelische Unterweisung in Niedersachsen durch ihre Lehrbücher und die Mitwirkung an der Ausbildung und dem ersten Lehrplan für Evangelische Unterweisung in Niedersachsen. In diesem Zusammenhang entstanden ihre religionspädagogischen Werke, die sie stets aus der Unterrichtserprobung entwickelte. Ihr bibelzentrierter, an der Evangelischen Unterweisung orientierter religionspädagogischer Ansatz konnte den hermeneutischen Religionsunterricht kritisch aufnehmen. Durch die Betonung der Orientierung am Kinde (auch wenn sie aus heutiger Sicht zu erweitern wäre) machen ihre Aufsätze zur Erzähldidaktik eine Modifizierung der Historiografie der Ev. Unterweisung notwendig, die bisher als gar nicht am Kind interessiert galt. Mit ihrem eigenständigen Ansatz der Bilddidaktik suchte sie neue didaktische und methodische Wege, Schülerinnen und Schüler anzusprechen. Den durch die Randstellung des Faches und seiner Begründung vom Bildungskanon der Schule her aufkommenden Problemorientierten Religionsunterricht vermochte sie wesentlich nicht mehr mitzuvollziehen, weil sie an einer Mittelpunktstellung der Bibel festhielt.

Werke: Rainer Maria Rilke und das Christentum. Lüneburg 1949; Die Bergpredigt in der Schule. Göttingen 1956; Evelin. Erzählung. Berlin-Dahlem/Gelnhausen 1957; Die Bergpredigt in der Schule. 2. neubearb. Aufl. Göttingen 1962 (Übersetzung ins Dänische: Bjergpraedikenen. Fortolkning - Undervisning. rasmus fischers forlag. Kopenhagen 1970); Vom Sehen zum Hören. Kunstwerke im Religionsunterricht. Göttingen 1965; Wir lesen Amos. Didaktische Grundlegung und Leseszene. Göttingen 1968; Wir lesen Amos. Didaktische Grundlegung und Leseszene. 2. durchges. und erw. Aufl. Göttingen 1972; Vom Sehen zum Hören. Biblische Kunstwerke zum Thema »Der Andere«. Neue Folge. Göttingen 1976.

Herausgabe: Leben ist Lob. Berlin-Dahlem 1941 (Darin: Wozu?, 3-5; »Herzgeliebte Margret«, 7-11; Der fremde Glanz, 15-18; Die unsichtbare Grenze, 33-36; Der singende Tod, 53-56.); Zusammen mit Eduard Steinwand: Lasset uns aufsehen auf Jesum! Arbeitshilfen für den biblischen Unterricht. Plan A. Göttingen 1946; Plan B. Göttingen 1947; Plan A. 2. veränd. Aufl. Göttingen 1949; Plan C. Göttingen 1951; Plan B. 2. neubearb. Aufl. Göttingen 1952; Plan A. 3. völlig neubearb. Aufl. Göttingen 1954; Plan C. 2. Aufl. Göttingen 1956; Plan B. 3. Göttingen Aufl. 1957; Plan A. 4. Aufl. Göttingen 1958.

Aufsätze: Am frühen Morgen (Einleitung). In: Am frühen Morgen 11 (1935), 17-18; Das Wasser des Lebens. In: Am frühen Morgen 11 (1935), 37-38; Heilige Anbetung. In: Hannoversches Sonntagsblatt v. 5.2.1939, 79-80; Geborgen. In: Deutsche Mädchen-Zeitung 71 (1939), 227-230; Zur »Heilung des Gichtbrüchigen« (Mark. 2,1-12). In: Die Schule [Hrsg. v. Adolf Grimme] 4 (1949), H. 7, 360-363; Nichts für Neugierige! In: Jugendruf o.Jg. (1950), H. 10, 9 und 12; Ein Beitrag zur Frage der Methode im evangelischen Religionsunterricht. In: Schulverwaltungsblatt für Niedersachsen [Hrsg. v. Niedersächsischen Kultusministerium] 7 (1955), H. 7, 180-182; Wege zur Aktivierung der Kinder in der Volksschuloberstufe. In: Arbeitshilfe für den Evangelischen Religionsunterricht 8 (1957), H. 3, 26-29 (Auch in: Der evangelische Erzieher 9 (1957), 93-96.); Unsere Gottesbilder und der geoffenbarte Gott. In: Evangelische Unterweisung 12 (1957), H. 5, 83-87; Die neutestamentliche Erzählung in der Grundschule. Eine Frage an Hans Stocks »Studien zur Auslegung der synoptischen Evangelien im Unterricht«. In: Evangelische Unterweisung 14 (1959), H. 10, 149-153; Die synoptische Überlieferung im Unterricht des 1.-3. Schuljahres. In: Der Evangelische Erzieher 14 (1962), 239-251; Das Bild im Christlichen Unterricht. In: Berg, Matthäus (Hrsg.): Handbuch der Lehr- und Arbeitsmittel im Christlichen Unterricht. (Unterrichtspraktische Handbücher Bd. 1). Berlin 1968b, 121-133; Versuchung und Entscheidung. Reflexion mythischer Bilder mit jugendlichen Volksschülern. In: Wegenast, Klaus (Hrsg.): Theologie und Unterricht. Über die Repräsentanz des Christlichen in der Schule. Festgabe für Hans Stock zu seinem 65. Geburtstag. Gütersloh 1969, 309-319; Theologie in ihrer kritischen Funktion. In: Wissenschaft und Praxis in Theologie und Kirche 67 (1978), H. 1, 52-55; Ein Geschehen so dunkel wie draußen die Nacht. Didaktische Erschließung eines Reliefs von Kurt Lehmann. Brief an einen Lehrer zur Vorbereitung auf Weihnachten. In: Zeitschrift für Religionspädagogik 33 (1978b), 176-178; Ich wollte ihn weghaben! Kain und Abel. Szene aus einem Verhör. Für das 5.-7. Schuljahr. In: Zeitschrift für Religionspädagogik 33 (1978), 96-99; Wie vom Blitz getroffen. Neue Richtung, neuer Weg. Assoziationen, didaktische Überlegungen und methodische Vorschläge zu Bildern von Karl Kaufmann. In: Zeitschrift für Religionspädagogik 33 (1978), 63-65; Spiele als Einübung zum Frieden. Eine U-Einheit für die Grundstufe. In: Zeitschrift für Religionspädagogik 34 (1979), 93-96; Der Tag, seit dem alles anders ist. Die Taufzeremonie im frühen Christentum. In: Zeitschrift für Religionspädagogik 34 (1979), 201-202; Eine Zusage gegen tausend menschliche Gründe und Bedenken. Interpretationshilfen zu einem Standkreuz von Ingeborg Steinohrt. Primarstufe. 3./4. Schuljahr. In: Zeitschrift für Religionspädagogik 35 (1980), 195-198; Anfänge - Übergänge - Ergebnisse. In: Albers, Bernhard (Hrsg.): Religionspädagogik in Selbstdarstellungen II. (Religionspädagogik heute Bd. 7). Aachen 1981, 29-45; Achtung, Hosenbeine! In: CVJM Landesverband Hannover e.V. (Hrsg.): Freizeit- u. Jugendbildungsstätte Quellerdünen Nordseeinsel Spiekeroog. Hannover 1986, o.S.; Jugendarbeit im Dritten Reich. Bericht nach einer Tonbandaufnahme mit Lieselotte [!] Corbach vom 16.9.1995. In: Kriebitzsch, Sibylle / Kunze, Christine / Renner, Ulrich (Hrsg.): An ihr hat Gott lange gestrickt ... Erinnerungen an Minnie Otte. Bad Salzdethfurth 1995, 31-36.

Sonstiges: (Mitarb.): Evangelische Unterweisung. Arbeitshilfen für den Religionsunterricht an Volksschulen. Herausgegeben im Auftrag der evangelischen Landeskirchen Niedersachsens. Hannover 1952; Herr, laß Deine Wahrheit

(Lied). In: Gemeindelieder. Hrsg. im Auftrag des Bundes Evangelisch-Freikirchlicher Gemeinden und des Bundes Freier evangelischer Gemeinden. Wuppertal u.a. [6]1990. (1953, erschien in zahlreichen anderen Liederbüchern)

Lit.: Pithan, Annebelle: Liselotte Corbach (1910-2002). Biografie - Frauengeschichte - Religionspädagogik. Neukirchen-Vluyn 2004. Dort ausführliche Darstellung von Person, Werk, Schriften, Interviews und Archivquellen; — Johannsen, Friedrich (Hrsg.): Religion im Bild. Visuelle Medien im RU (Liselotte Corbach zum 70. Geburtstag). Göttingen 1981; — Meyer-Blanck, Michael: Liselotte Corbach (1910-2002) und die in der Wissenschaftsgeschichte fast vergessenen Frauen. In: Meyer-Blanck, Michael: Kleine Geschichte der evangelischen Religionspädagogik. Dargestellt anhand ihrer Klassiker. Gütersloh 2003, 179-200; — Cunow, Dietlinde: Liselotte Corbach. In: Erhart, Hannelore (Hrsg.): Lexikon früher evangelischer Theologinnen. Biographische Skizzen. Neukirchen-Vluyn 2005, 71.

Annebelle Pithan

CORITIUS, (Coricio, Corycius, Corytius, Curitius, Goricius, Goritz, Gorizius, Gorytius, Gurici, Köritz, Küritz), Johann, Humanist, Kurialjurist, Stiftspropst, Kanoniker, Pfarrer. * um 1460 in Luxemburg-Stadt, † vor 18.9. 1527 in Verona, So. d. 1445 erwähnten Lebensmittelhändlers Heinrich von Koerich u. der N.N. Der 1533 als Pfarrer der luxemburgischen Pfarrei Mondorf verstorbene Godhart Corricius und die mit dem Goldschmied Johann Brand verheiratete Else von Körich waren seine Geschwister. Der latinisierte Name wurde unzutreffend mit dem gleichnamigen Gärtner in Vergils »Georgica« in Verbindung gebracht. Vielmehr ist von einer Herkunftsbezeichnung nach dem luxemburgischen Ort Körich auszugehen, woher die Familie ursprünglich stammen dürfte. — Über C `s Schulzeit ist nichts bekannt. Am 29.10. 1479 immatrikuliert er sich an der Universität Heidelberg, wo Jakob Wimpheling (1450-1528) (s.d.) sein wichtigster Lehrer wird. Am 7.7. 1481 erwirbt er das Bakkalaureat bei den Artisten, am 24.9. 1481 bei den Theologen. In dieser Zeit arbeitet er bereits als Privatsekretär für Wimpheling und ist dessen Familiar. Sein Lehrer wies ihm dann den Weg nach Rom, wo er an der Kurie sein Glück zu machen hoffte. Dies sollte um 1484 gewesen sein, als Wimpheling die Speyerer Domprädikatur übernommen hatte und auch C. sich vermutlich neu orientieren mußte. Wimpheling hatte sein Vorhaben väterlich unterstützt und ihn mit Empfehlungen versehen (*ad petendam urbem induxi et adiuvi*). Allerdings nicht ganz uneigennützig, denn C. war aufgetragen, sich am gegebenen Ort für seinen Prinzipal zu verwenden und die von Wimpheling in Aussicht genommenen Pfründen miterringen zu helfen. Dies sollte insoweit gelingen, als Wimpheling - wohl durch C`s Bemühungen - 1487 zumindest zwei Exspektanzen erhielt. Auch ihm selbst war das Schicksal günstig. Er fand Anstellung an der Kurie und erklomm rasch die Glücksleiter, im Sommer 1493 erscheint er bereits als Notar der Rota. Als Wimpheling 1501-03 in einen literarischen Streit über seine *Germania* mit dem damals noch unbekannten Franziskaner Thomas Murner (1475-1537) (s.d.) geriet, knüpfte C. noch einmal die Bande zu seinem früheren Förderer neu. Er gehörte zu den sieben Schülern, die ihrem einstigen Lehrer mit dem 1502 gedruckten Pamphlet *Defensio Germaniae Jakobi Wimphelingi* entschlossen Beistand leisteten. Auf dem originellen Titelholzschnitt ist C. gleich hinter Wimpheling stehend abgebildet und hat sich mit einem kleinen Prosabeitrag an der Schmähschrift beteiligt. Er fährt Murner mit den Schimpfnamen *Gloriose miles, Traso, Helluo, Gerro* - Aufschneider, Possenreißer, Prasser, Maulaffe an, die er sich bei Plautus und Terenz geborgt hat, und hält ihm vor, er hätte sich besser Wimphelings *Adolescentia* zu Gemüte geführt als ihren Verfasser in jugendlicher Frechheit anzugreifen und der Lüge zu bezichtigen. Gerne möchte man wissen, was in C. vorging, als er 1518 Murners Supplik in Händen hatte, worin dieser in Rom um die Erlaubnis zur Führung des juristischen Doktortitels nachsuchte. Noch unter Alexander VI. (s.d.) stieg C. zum Leiter des Supplikenwesens auf und avancierte damit zwangsläufig zum Intimus des jeweiligen Papstes. Unter dem Borgiapapst bevorzugten viele Bittsteller den Umweg über dessen einflußreiche Tochter Lucrezia, an der dann auch für C. kein Weg vorbeiführte. Aber C. wußte sich mit seiner umgänglichen Art geschickt zwischen den ständig wechselnden Konstellationen an der Kurie zu bewegen und eventuell bedrohliche Vorzeichen frühzeitig zu erkennen. Sein großzügiges Anwesen am östlichen Abhang des Kapitolhügels, in Sichtweite der Trajansäule, wurde mit der Zeit Anlaufadresse vornehmlich der deutschen Dichter, Schriftsteller und sonstigen Bildungsbeflissenen aller Couleur, die nach Rom zu den Resten des Altertums und der Wiege des Humanismus pilgerten. In C. wußte man einen zuverlässigen Gönner und Sachwalter aller deutschen Belange. Die einheimische geistige Elite nahm die von überall her nach Rom ziehenden Humanisten vielfach als Eindringlinge wahr, die ihr die angestammte Führungsrolle streitig machen wollten. Hier war C. mit seiner ruhigen Art der richtige Mann, um die Wogen zu glätten. Als mit C. bekannte Rombesucher deutscher Zunge finden wir: Gregor Angelus, Johannes Cochläus (s.d.), Peter Eberbach, Johannes Hadus-Hadelius, Michael Hummelberger, Ulrich von Hutten (s.d.), Nikolaus Kopernikus (s.d.), Willibald Pirckheimer (s.d.), Johannes Rhagius-Aesticampianus, Johannes Reuchlin (s.d.), Sebastian Sprenz, Christoph von Suchten, Kaspar Ursinus Velius und sehr wahrscheinlich auch Luther (s.d.). Besonders eng scheinen seine Beziehungen zu dem jung in Rom gestorbenen Georg Silvanus aus dem schlesischen Strehlen gewesen zu sein, der uns unter dem Namen Caius Silvanus Germanicus in den *Coryciana* entgegentritt. Auch Erasmus (s.d.) zählte C. zu seinen Freunden und nannte ihn einen Mann reinsten Herzens, für den allein es sich lohnen würde, nach Rom zurückzukehren. Bei seinem Rombesuch 1509 hatten die beiden sich kennen und schätzen gelernt. Als Luther 1510/11 in Rom weilte, soll er - allerdings vergeblich - über einen hohen Kurialen darum suppliziert haben, studienhalber für 10 Jahre von der Klausur entbunden zu werden. Unter den deutschsprachigen Kurienbeamten von Einfluß käme hier nur C. in Frage, der außerdem enge Beziehungen zu den römischen Augustinern hatte, bei denen Luther selbstredend abgestiegen war. Das mit seinem beruflichen Aufstieg erworbene Vermögen gestattete es ihm allmählich, sich auch als Mäzen der Kunst zu betätigen. Als Verehrer des Altertums und Freund des Humanismus sammelte er eifrig Antiken und stellte sie in seinen Gärten auf. In der Spendenliste von 1509 für den Neubau der deutschen Kirche der »Anima« ist er mit 50 Dukaten verzeichnet. Am 13.12. 1510 übertrug er dem Augustinerkonvent - also während Luthers Aufenthalt - ein Haus samt Rente unter der Bedingung, daß er in ihrer Kirche Sant`Agostino auf dem alten Marsfeld eine Kapelle zu Ehren der hl. Anna und sich selbst eine Grabkammer errichten dürfe. In der Gruft sollte auch eine gewisse Lukretia mit ihrer Tochter beigesetzt werden, deren Überreste bis dahin in Santa Cecilia ruhten. Dies könnte ein Hinweis auf ein zeitweiliges Konkubinat sein. Für die künstlerische Ausgestaltung seiner »Kapelle«, die eigentlich nur aus einer in den dritten Pfeiler des Mittelschiffes eingearbeiteten halbrunden Nische bestand, stiftete er zwei laut Vasari erstrangige Werke der italienischen Kunst, deren Vollendung 1512 datiert. Einmal die vom Bildhauer Andrea Sansovino geschaffene Maria Selbdritt aus Lunensischem Marmor und das an der Innenseite des besagten Pfeilers von Raffael (s.d.) gefertigte Fresko mit dem Propheten Isaias, unter dem Sansovino`s Gruppe aufgestellt wurde. Dem ihm befreundeten Raffael hatte C. aufgetragen, er möge sich an Michelangelo orientieren, was dieser auch tat. Die Präsentation von Fresko und Skulptur als optische Einheit sollte den Zusammenhang zwischen Altem und Neuen Testament sichtbar machen und darüber hinaus die theologische Verbindung zwischen den dargestellten Personen widerspiegeln. Schließlich war es Isaias, der einst (7, 14) die Geburt Christi und die göttliche Mutterschaft Mariens geweissagt hatte. C. hatte seine Stiftung reichlich mit Messen dotiert und den Augustinern die genaue Beachtung der Vertragsbestimmungen eingeschärft. Ansonsten sollte sein Altar samt dem anhängenden Kult an die nahe Marienkirche der »Anima« und deren Hospital übergehen. Unverständlicherweise kam die Maria Selbdritt im Zuge einer Renovierung durch Vanvitelli (1700-1773) gegen 1760 in die zweite Kapelle des linken Seitenschiffes und war so aus ihrem Sinn- und Stiftungszusammenhang gerissen. Nach der Restaurierung und Befreiung von altem Flitter sowie der Wiederherstellung der Nische Ende 1980 wurde Sansovino`s Meisterwerk erneut transferiert und findet sich seit Januar 1981 wieder an seinem angestammten Platz unter Raffaels Fresko. Von diesem rühmte Michelangelo (s.d.), allein das Knie des Isaias sei die Summe wert, die C. für das ganze Werk ausgelegt habe. Die Freunde von C. priesen in Versen seine Freigebigkeit und die beiden prachtvollen Kunstwerke gleichermaßen. Jährlich am 26. Juli, dem Tag der hl. Anna, der die besondere Verehrung galt, wurde am »Annenaltar« feierlich Messe gehalten und anschließend ihr zu Ehren in C`s Museumsgarten ein großes Fest gefeiert, von dem uns seine Freunde Christoph Longolius (Longueil) und Blosius Palladius (Pallai) anschaulich berichten. Die zu diesem Anlaß gefertigten panegyrischen und hymnischen Erzeugnisse heftete man an die Plastik des Sansovino, so daß sie kaum noch zu sehen war, oder legte sie in der Kirche zum Ruhm ihres Stifters aus. Zum Schutz der Gruppe und zur Abstellung der Unsitte mußte man schließlich ein Gitter anbringen und zuletzt Sansovinos Werk ganz verhüllen. Im Laufe der Jahre war aber doch eine stattliche Sammlung an »Coryciana« zusammen gekommen, die C. wie ein Schatz hütete. Palladius brachte das Konvolut heimlich an sich und gab die Sammlung gegen C`s. erklärten Willen 1524 in Rom unter dem Namen *Coryciana* samt Druckprivileg von Clemens VII. (s.d.) heraus. Nicht weniger als 125 Dichter, Schriftsteller, Gelehrte, Kirchenmänner und sonstige bekannte und unbekannte Vertreter der römischen Gesellschaft verewigten in diesem Musenalmanach den Namen des C. und natürlich ihren eigenen. So ist Ulrich von Hutten mit fünf Gedichten darin vertreten. Die Qualität der genau 391 Beiträge schwankt ebenso wie die Prominenz ihrer Verfasser. Unbedingt zu nennen sind die Namen Accursi, Arsilli, Bembo (s.d.), Beroaldo d.J., Casanova, Castiglione, Colocci, Giovio, Giraldi, Sadoleto (s.d.), Salimbene, Vida und natürlich Pallai für den italienischen Anteil. Für die deutsche Nation sollen Angelus, Eberbach und Hutten stehen. Nach Osten weisen Philomusus, Piso, Silvanus, Suchten und Ursinus Velius. Die Art des Zustandekommens der avantgardistischen Sammlung traf den Nerv der Zeit derart, daß ihr Titel namengebend für einen kleinen Sproß am Baum der literarischen Gattungen wurde. Unter dem Begriff »Coryciana« firmieren mehrere gleich geartete Sammlungen, die auch außerhalb Roms zusammengetragen wurden, so etwa bereits 1520 in Venedig die *Gorricia* des Ludovico Rigi. Mit dem Regierungsantritt Hadrian`s VI. (s.d.) 1522 trat eine merkliche Veränderung des geistigen Klimas in Rom ein, was auch C. zu spüren bekommen sollte. Dem neuen Papst, von jeher kein Freund der Musen, war es ernst mit der sittlichen Erneuerung der Kirche und dabei mußte ihm auch das lockere Treiben der römischen Poeten- und Humanistenschar ein Dorn im Auge sein. So verbot er alsbald das karnevaleske Fest des »Pasquino«. Daß C. dann in vorauseilendem Gehorsam auch sein Annenfest im Sommer 1523 absagte, wurde von vielen Freunden als Anbiederung verstanden und entsprechend aufgenommen. In Colocci`s nachgelassenen Papieren finden sich etliche Schmähgedichte gegen ihn aus dieser Zeit. Darin wird er wegen seiner deutschen - sprich Luxemburger - Herkunft verdächtigt; auch wird ihm verübelt, daß er weiter in der Gunst des Papstes stehe, während viele andere ihren Platz unter dem neuen Regiment hatten räumen müssen oder zumindest an Einfluß eingebüßt hatten. Weiter hat man nicht vergessen, wie er sich im Streit zwischen Longolius und den römischen Humanisten auf die Seite seines Freundes gestellt hatte. So atmete man auf, als Hadrian schon bald starb. Der Dichter Francesco Berni (um 1497-1536) hatte gegen die vermeintliche niederländische Kamarilla um Hadrian in bösen Versen angeschrieben und auch C. namhaft gemacht. Pierio Valeriano (1477-1558) beschwor gar das Altertum, als er meinte, bei längerer Regierung Hadrians wären die Zeiten der Goten und Vandalen wiedererstanden. Der Nachfolger Clemens VII. machte wenigstens seinem Namen Ehre. So ließ C. sein Annenfest 1524 wieder stattfinden, und alles war fast wie früher. In seine juristischen Aktivitäten als Sachwalter auswärtiger Klienten und seine Tätigkeit an der Rota geben uns mehrere Fälle mit bekannten Beteiligten Einblick. 1508 ist er für seinen Landsmann Hieronymus Busleiden tätig, den Begründer des berühmten »Collegium Trilingue« in Löwen und Freund von Erasmus und Thomas Morus (s.d.). 1517 vertritt er das Bistum Lüttich in einem Prozeß gegen den Herzog von Sachsen vor der Kurie. Unangenehm dürfte ihn vor allem die Beschäftigung mit dem schon viele Jahre schwelenden Streit in der Reuchlin-Pfefferkornsache angekommen sein, die sich bis 1520 hinzog. Der Inquisitor und Reuchlingegner Hochstraten (s.d.) hatte zuletzt nach Rom appelliert und unmittelbar beim Papst die Verurteilung Reuchlins durchzusetzen versucht. Die Kölner Dominikaner in der Person Hochstratens hatten neben C. die deutschen Rotabeamten Johann Bader, Jodocus Ehinger, Jakob Questenberg und Caspar Wirt als ihre Prokuratoren aufgeboten, wie aus einem Brief des Cochläus an Pirckheimer vom 12.6. 1520 hervorgeht. So kam die Causa ausgerechnet an den Rotarichter C. Mit Reuchlin von 1498 her persönlich bekannt, wollte C. nicht unbedingt als Handlanger eines Hochstraten dastehen. Sein diplomatischer Spürsinn ließ ihn die von höchster kirchlicher und weltlicher Autorität ausgesandten Signale richtig deuten, wonach aus Respekt vor dem verdienten Reuchlin die leidige Angelegenheit ohne weiteres Aufsehen im Sande verlaufen sollte. So wurde der Papierberg der Vorinstanzen mit der gebührenden Langsamkeit bearbeitet. Der schließlich vom Papst 1520 verfügte Abschluß ließ alle Beteiligten ihr Gesicht halbwegs wahren. Später wußte niemand mehr, ob der Streit überhaupt entschieden worden war. Mit dem Auftreten Luthers kamen drängendere Probleme auf die Tagesordnung. 1524/25 ist C. gemeinsam mit dem Rotakollegen und Kölner Severinpropst Johann Ingenwinkel für den Trierer EB Richard v. Greiffenklau in Rom tätig. 1524 dankt Klemens VII. dem EB schriftlich für seinen energischen Einsatz gegen die reformatorischen Bestrebungen in seinem Bistum und lobt C`s. Luxemburger Landsleute in einem Breve vom 8.4. 1524 gesondert für ihre Treue und Standhaftigkeit im alten Glauben, wovon er aus dem Munde seines Hausfreundes C. erfahren habe. Die persönliche Belobigung in einer offiziellen Verlautbarung an das Luxemburger Volk zeigt uns C. auf dem Höhepunkt seiner kurialen Karriere. Seine Laufbahn als Kleriker außerhalb Roms läßt sich beispielhaft an einigen der von ihm genossenen Pfründen festmachen. Erwähnt sei ein Kanonikat am Trierer Stift St. Simeon an der Porta Nigra. Dieses erwarb er 1497 im Tausch mit Nikolaus Hilchen von Luxemburg, dem er dafür sein Benefizium am St. Antoniusaltar in der St. Nikolauskirche zu Luxemburg überließ. Vom 1.12. 1510 bis 19.3. 1513 erscheint er als Dechant von Bernkastel a. d. Mosel. Die Annaten hierfür hatte Jakob Fugger (1459-1525) ausgelegt. Am 19.3. 1513, dem Krönungstag Leo`s X. (s.d.), bedenkt dieser auch seinen Hofkaplan und Familiar C. mit neuen Gaben. So erhält er für den Verzicht auf andere Pfründen in der Diözese Würzburg eine jährliche Pension von 30 Rheinischen Gulden aus der Vikarie des St. Margarethen Altars in Würzburg und aus der Pfarrkirche zu Versbach. Dazu wird ihm noch eine Rente von 18 Dukaten in der Diözese Toul angewiesen, für deren Aufbringung der Bischof von Cavaillon, der Propst von St. Johann in Utrecht und der Touler Offizial gemeinsam Sorge tragen sollen. Am 15.5. 1515 erteilt ihm der Papst auf Lebenszeit die Erlaubnis zu testieren. Mit der Propstei des Stifts St. Paulin vor Trier erwirbt er dann eine weit einträglichere Pfründe. Von 1519 bis zu seinem Tod ist er dort Propst. Daß er die Propstei selbst gegen den erklärten Willen von Kaiser Maximilian I. (s.d.) erlangen konnte, zeigt, wie groß sein Ansehen an der Kurie inzwischen war. Der Kaiser hatte 1518 die Propstei in mehreren persönlichen Schreiben an den Papst und den Trierer EB für seinen Rat, den Trierer Domherrn Jakob von Eltz, erbeten. Er beklagte sich, sein Kandidat solle von einem Bewerber an der Kurie, womit niemand anders als C. gemeint sein kann, verdrängt werden, was er unter keinen Umständen leiden wolle. Dennoch setzte sich C. durch. In seiner Luxemburger Heimat hatte er außerdem noch bis zum Lebensende die Pfarrei Feulen inne. Deren Besetzungsrecht oblag der Trierer Benediktinerabtei St. Maximin. Alle diese Pfründen, einschließlich der St. Pauliner Propstei, genoß er natürlich ohne wirkliche Residenz, sondern *Romae residens*. Ob man ihn wegen der Vielzahl seiner Einkünfte als Pfründenjäger bezeichnen kann, sei dahingestellt. Aber sicher hat er keine der ihm angetragenen Wohltaten abgelehnt. Als Papst Klemens sich 1526 den in der Liga von Cognac verbundenen Feinden Karl`s V. (s.d.) anschloß, mußte der Blick des Kaisers auch auf Rom fallen. Als sein deutsch-spanisches Söldnerheer bei der unvermeidlichen Strafaktion im Frühjahr 1527 vor Rom stand, ließ C. alles Geld und Gut einmauern. Am 6. Mai wurde die Stadt genommen und drei Tage aufs Furchtbarste geplündert, Klemens VII. festgesetzt und gedemütigt. Der grausige »Sacco di Roma« verschonte auch C. nicht, das Versteck wurde verraten, sein Inhalt geraubt. Was ihm geblieben war, mußte er für die Aufbringung eines geforderten Lösegeldes hergeben. Mit seinen Vorstellungen bei den Offizieren erntete er nur höhnisches Gelächter. Über Nacht war er so ins Elend gestürzt und zum Bettler geworden. Zuletzt mußte er froh sein, wenigstens sein Leben gerettet zu haben. Aller Mittel entblößt, konnte er nur in der Heimat auf Hilfe hoffen. Mit Mühe gelang ihm die Flucht aus Rom und er kam zunächst bis Verona, wo ihm der bischöfliche

Koadjutor Calixtus Amadeus Aufenthalt und erste Unterstützung gewährte. Doch die Strapazen der vergangenen Wochen warfen den fast Siebzigjährigen aufs Krankenlager, das innerhalb kurzer Zeit auch sein Sterbebett werden sollte. Er starb als gebrochener Mann - wohl im August - 1527 in Verona. Beim Vertragschluß mit den Augustinern 1510 hatte sich C. ausbedungen, für den Fall seines Todes zu Füßen der Maria Selbdritt die letzte Ruhe zu finden. Sein Wunsch ging nun nicht in Erfüllung. Die Todesnachricht war vor dem 18.9. in Trier eingetroffen. An diesem Tag vergibt der Trierer Chorbischof Dietrich von Rollingen die durch den Tod von C. vakante Luxemburgische Pfarrei Feulen neu. Am 15.11. ernennt der EB einen Nachfolger für die Propstei von St. Paulin. Bis ins Jahr 1536 streiten die Pfarreien St. Michael in Luxembourg und in Zolver mit C`s. Erben um einen vergoldeten Kelch, den dieser ihnen testamentarisch vermacht hatte. Noch zu Lebzeiten hatte er 1525 seinen Neffen Johann und Heinrich Brand seine Immobilien samt Garten und Antiken bei San Lorenzo di Ascesa in Rom erblich übertragen. — Unter wenigstens sechs Päpsten (Alexander VI., Pius III. (s.d.), Julius II. (s.d.), Leo X., Hadrian VI., Clemens VII.) hatte er gedient und seine Stellung über die Jahre zu erhöhen und vor allem zu behalten gewußt. Zu Zeiten eines Cesare Borgia gewiß nicht alltäglich. Sicher hatte C. bisweilen tiefere Kenntnis der alltäglichen Schandtaten im Umfeld der Päpste, verstand es aber offenbar geschickt, dies nie zu einer Gefahr für sich selbst werden zu lassen. Nachdem er in der Pflege seiner humanistischen Interessen und künstlerischen Neigungen eine dauerhafte Rolle gefunden hatte, konnte er politisch sowieso Niemandem mehr ein Dorn im Auge sein. Sein gastliches Haus hat mehr als drei Dezennien lang einen Brennpunkt des römischen Geisteslebens und Künstlerbetriebes gebildet, kaum ein gelehrter Einheimischer oder Rombesucher, der nicht bei ihm eingekehrt war. Mit seinem einnehmenden Wesen war er bestens geeignet, die verschiedenen nationalen Eigenarten und Gegensätze der nach Rom Strömenden in für alle verträgliche Bahnen zu lenken. Seine Feste am St. Annentage mit ihren Dichterwettkämpfen und akademischen Konventen waren Glanzpunkte des kunstsinnigen Lebens im Rom der Renaissance. Sicher nicht zu Unrecht nannte Pierre de Nolhac im Anklang an Palladius den Kreis um C. *die kultivierteste und intelligenteste Gesellschaft, welche wahrscheinlich je bestanden hat.* Wehmütig erinnerte sich 1529 der große Kardinal Sadoleto (1477-1547) in einem Brief an seinen Freund Colocci (1467-1549) an die geistvollen und frohsinnigen Zusammenkünfte unter dem Dach und Patronat des C., die der »Sacco« unwiederbringlich der Vergangenheit überantwortet hatte. Nicht anders erging es Nuntius Aleander (1480-1542) (s.d.), als er später seiner Teilnahme an C`s. Annenfest im Jahre 1516 gedachte. Bis heute zeugen die beiden von C. in Auftrag gegebenen Werke aus den Händen Raffael`s und Sansovino`s vom Hochstand der Malerei und Plastik vor fünf Jahrhunderten, an deren Blüte vor allem Männer wie er großen Anteil hatten.

Werke: Gloriose miles, Traso, Helluo, Gerro... (Erwiderung gegen Thomas Murner), gedr. in: Defensio Germaniae Jacobi Wymphelingij qvam frater Thomas Mvrner Impvgnavit, hrsg. v. Petrus Guenther, Freiburg (d.i. Straßburg) 1502, Bl. 12v; (Hrsg.), Epistola Pisonis ad Joannem Coritium, De conflictu Polonorum et Litvanorum cum Moscovitis (Wilna 1514 IX 26), Rom 1514; Multam Silvane tibi debeo gratiam... (Brief an Caius Silvanus Germanicus (d.i. Georg Silvanus a. Strehlen/Schlesien), vor 1524 (gedr. in: Palladius (1524), Grégoire (1980); Ijsewijn (1997)); Blosius Palladius (Hrsg.), Coryciana libri III., Rom 1524, (Krit. Neuausgabe von: Jozef Ijsewijn (Hrsg.), Coryciana, Rom 1997; Auszüge der Coryciana bei: Pierre Grégoire, Humanisten um Janus Coricius, Luxemburg 1980, 159-195).

Lit.: Hadrianus Castellesi (= von Corneto), Venatio, Straßburg 1512, Bl. Aa-5b; — Janus Damianus (Hrsg.), Epistola Pisonis ad Joannem Coritivm, De conflictv Polonorvm et Litvanorum cvm Moscovitis (Wilna 1514 IX 26), in: Ad Leonem X. pontificem de expeditione in Turcas elegeia, Basel 1515, Bl. Biii-Ciiii; — Christophe de Longueil, Christophori Longolii Orationes, Epistolarum libri IV, Epistolarum Bembi et Sadoleti liber I, et vita (Longolii) proponetur..., Florenz 1524, Bl. 84r, 93r-94r; ern. Paris 1530, Bl. 164v, 183r-v; ern. Basel 1561, 65f., 100; — Jacobo Sadoleto, Epistolarum libri sexdecim, Lyon 1554, 187-194; ern. Lyon 1560, ebda.; — Johannes Pierius Valerianus, Hieroglyphica, Basel 1567, Bl. 123r-v; — Ders., De litteratorum infelicitate, Venedig 1620, 87f.; — Paulus Jovius, Elogia doctorum virorum ab avorum memoria publicatis ingenij monumentis illustrium, Basel 1571, 241f. cap. CIII; — Johann Pistorius (Hrsg.), Polonicae Historiae Corpus, Basel 1582, III, 1-4: (Epistola Pisonis ad Joannem Coritium); — Alexander Guagninus (Hrsg.), Rerum Polonicarum tomi tres, Frankfurt/M. 1584, III, 515-525: (Epistola Pisonis ad Joannem Coritium); — Alfonso Camillo de Romanis, La chiesa di S. Agostino di Roma. Storia ed arte, Rom 1625 (ND Rom 1921), 18; — Johann Burkhard Mencke (Hrsg.), Analecta de calamitate Litteratorum, Leipzig 1707, 369f.; — Pierre Bayle, Diction(n)aire historique et critique, Amsterdam u.a. 1740, I, 49; II, 216; — Ders., Historisches und kritisches Wörterbuch, ins Dt. übers. v. Johann Christoph Gottsched, Leipzig 1741-44 (ND Hildesheim/New York 1974-78), II, 230; — Louis Moreri, Le grand Dictionnaire historique..., Basel 1740, III, 361f.; Paris 1759ff., IV; — Tommaso Porcacchi, Rime di M. Pietro Bembo, Bergamo 1745, 262f.; — Johann Heumann von Teutschenbrunn (Hrsg.), Documenta literaria et varii argumenti, Altdorf 1758, 49; — Jacobus Sadoletus, Epistolae, Rom 1759, 106; — Gianfrancesco Lancelotti, Poesie italiane e latine di mons. Angelo Colocci, Jesi 1772, 75f.; — Joseph Anton Riegger, Amoenitates literariae Friburgenses, Ulm 1775/76, 211-215, 281f.; — Johann Seivert, Nachrichten von Siebenbürgischen Gelehrten und ihren Schriften, Preßburg 1785, 327-338; — Johann Nepomuk Mich. Denis, Lesefrüchte, Wien 1797, I, 80; — Georg Wolfgang Panzer, Annales Typographici, Nürnberg 1792-1802 (ND Hildesheim 1963), VI, 193 Nr. 142; VIII, 268 Nr. 207; — William Roscoe, The Life and Pontificat of Leo the Tenth, London ²1806, II, 524-28; — Ders., Leben und Pontifikat Leo`s X., Leipzig 1806; — Pierre-Louis Ginguené, Histoire littéraire d`Italie, Paris 1819, VII, 353; — Egerton Brydges (Hrsg.), Joannis Pierii Valeriani Bellunensis, De litteratorum infelicitate, Genf 1821, 67f., 112, 118; — Ernst Herm. Jos. Münch (Hrsg.), Ulrichi ab Hutten equitis Germani opera quae exstant omnia, Berlin 1821-25, I, 249-253, 332f.; — Girolamo Tiraboschi, Storia della Letterattura Italiana, Venedig 1822-26 (ND Frankfurt/M. 1972), VII, 1, 209-211; VII, 4, 2010; — P(eter) A(lcantara) Budik, Leben und Wirken der vorzüglichsten lateinischen Dichter des XV.- XVIII. Jahrhunderts, Wien 1827/28, I, LII; — Gustav Haenel (Hrsg.), Catalogus librorum manuscriptorum, qui in bibliothecis... asservantur, Leipzig 1830, 541; — Ludwig Wachler, Handbuch der Geschichte d. Litteratur, Leipzig 1833, IV, 101; — Johann Franz Michael Müller / Johann Hugo Wyttenbach (Hrsg.), Gesta Trevirorum, Trier 1836-39, II, Additamenta, 35f.; — Raffaele Francolini, Poesie latine de Francesco Arsilli, Senigallia 1837; — Johann D. Passavant, Rafael von Urbino, Leipzig 1839/1858, I, 178-181; II, 136-138; — Ernst Platner / Ludwig von Urlichs, Beschreibung der Stadt Rom, Stuttgart 1845, 498; — Alfonso Dragonetti, Le vite degli illustri Aquilani, Aquila 1847 (ND Aquila 1970), 13; — Philipp Schmitt, Die Kirche des h. Paulinus bei Trier, Trier 1853, 203f., 476; — (Johann Gabriel) Seidl, Über den Dolichenus-Cult, in: SAW 12 (1854), 4-90, hier: 84; — David Friedrich Strauß, Ulrich von Hutten, 1858-60, I-III ; ²1871, 122; ³1938, ; — Ferdinand Gregorovius, Geschichte der Stadt Rom im Mittelalter, Stuttgart 1859-72, VIII, 159, 314, 357f., 401, 654; — Ders., Lucrezia Borgia, Köln 1854, Stuttgart ³1875, 131; — Jakob Burckhard, Die Cultur der Renaissance in Italien, 1860, I, 309; ern. Leipzig ⁹1909, 294, 306, 345f., 380f.; — Ders., Der Cicerone, Leipzig ²1869, 640; — Eduard Boecking (Hrsg.), Ulrichi Hutteni Opera, Leipzig 1859-62 (ND Aalen 1969), I, 358; II, 174; III, 271-276; — Ludwig Geiger, Johann Reuchlin. Sein Leben und seine Werke, Leipzig 1871 (ND Nieuwkoop 1964), 449; — Ders. (Hrsg.), Johannes Reuchlin Briefwechsel, Stuttgart 1875 (ND Hildesheim 1962) (Bibl. Lit. Ver. Stuttgart 126); — Ders., Renaissance und Humanismus in Italien und Deutschland, 1882; — Ders., Der älteste römische Musenalmanach, in: Vjschr. f. Kult. u. Litt. d. Renaissance 1 (1886), 145-161; — Ders., Vorträge und Versuche, Dresden 1889; — Adalbert Horawitz, Zur Biographie und Correspondenz Reuchlins, in: SAW phil.-hist. Kl. 85 (1877), 117-190, hier: 132; — Johann Leonardy, Geschichte des Trierischen Landes und Volkes, Trier 1877 (ND 1982), 727; — Eugene Müntz, Les arts et la cour des papes: pendant le XVe et XVIe siecle, Paris 1878-82 (ND Hildesheim 1983), III, 53; — Ders., Raphael, sa vie, son oeuvre et son temps, Paris 1914, 226; — Giorgio Vasari, Le vite de piu eccelente pittori, scultori et arcitettori..., hrsg. v. Gaetano Milanesi, Florenz 1878-85, IV, 339f., 515f.; — Charles Schmidt, Histoire littéraire de l`Alsace, Paris 1879 (ND Hildesheim 1966), I, 42; — Franz-Xaver Würth-Paquet / Johann Schötter (Hrsgg.), Chartes de la famille de Reinach, Luxemburg 1879, 461 Nr. 2622 (Publ. Sect. Hist. Lux. 33); — Paul Schönfeld, Andrea Sansovino und seine Schule, Stuttgart 1881, 24; — Leopold Prowe, Nicolaus Coppernicus, Berlin 1883/84 (ND Osnabrück 1967), I,1, 283; — L(ouis) Thuasne (Hrsg.), Johannis Burchardi... Diarium sive rerum urbanarum commentarii (1483-1506), Paris 1883/84, II, 188, 377, 482, 539; — Peter Balan (Hrsg.), Monumenta reformationis Lutheranae ex tabulis secretioribus Sanctae Sedis (1521-1525), Regensburg 1884, 325f.; — Vincenzo Forcella, Iscrizioni delle Chiese e d`Altri Edifici di Roma, Rom 1884, V, 32; — Jos(eph) Hergenröther, Leonis X. Regesta, Freiburg/Br. 1884-91, I, 74f. Nr. 1355-1357; II, 91 Nr. 15 464-15 465; — Gustav Toepke (Bearb.), Die Matrikel der Universität Heidelberg, Heidelberg 1884-86, I, 361; — Gustav Bauch, Johannes Rhagius Aesticampianus in Krakau, seine erste Reise nach Italien und sein Aufenthalt in Mainz, in: Arch. f. Litgesch. 12 (1884), 321-370, hier: 333; — Ders., Caspar Ursinus Velius, Budapest 1886, 13-48; — Ders., Johannes Hadelius, in: Vjschr. f. Kult u. Litt. d. Renaissance 1 (1886), 206-228; — Pierre de Nolhac, Erasme en Italie... étude sur les années de 1506 à 1509, Paris 1888; — Gottlieb Linder, Simon Sulzer und sein Anteil an der Reformation im Lande Baden, Heidelberg 1890, 165; — Domenico Gnoli, Storia di Pasquino - Le origini di maestro Pasquino, in: Nuova Antologia (Ser. 3), 25 (1890), 57-75, 275-296, hier: 69ff.; Separat: Rom 1890; — Ders., Un Giudizio di lesa romanita sotto Leone X, in: Nuova Antologia 115 (1891), 251-275, 691-716; 116 (1891), 34-63; — Ders., L`altare di Giovanni Coricio nella chiesa S. Agostino, in: Giornale d`Italia v. 3.4.1912 u. 8.4. 1913; — Ders., Orti letterari nella Roma di Leon X., in: Nuova Antologia (Ser. 7) 269 (1930), 3-19, 137-148; — Ders., La Roma di Leon X., Mailand 1938, 136-163; — Alfons Bellesheim, Hergenröther`s Regesten Leo`s X., in: HPBl 108 (1891), 732-745, hier: 742; — Karl Wotke (Hrsg.), Lilius Gregorius Gyraldus, De poetis nostrorum temporum, Berlin 1894, 37; — Henri Omon (Hrsg.), Journal autobiographique du Cardinal Jérôme Aléndre (1480-1530), Paris 1895, 17; — Franz Xaver Kraus, Geschichte der christlichen Kunst, Freiburg/Br. 1896-1908, II, 2 (hrsg. v. Joseph Sauer), 437, 469, 557f., 692; — Erasmo Percopo, Di Anton Lelio Romano e di alcune pasquinate contra Leon X., in: Giornale storico della letteratura Italiana 28 (1896), 45-91, hier: 65, 71-74; — Franz Nagl, Urkundliches zur Geschichte der Anima in Rom, in: RQ, Suppl. 12, 1 (1899), 72; — M(artin) Blum, Huldvolles Belobigungsschreiben Seiner Päpstlichen Heiligkeit Clemens VII. an das Luxemburger

Volk, in: Ons Hémecht 6 (1900), 236-240; — Ders., Bibliographie Luxembourgeoise, Luxembourg 1902-32 (ND München 1981), I, 366; — Anton Huonder, Einige weitere Notizen über unseren Landsmann Johannes Coricius, in: Ons Hémecht 6 (1900) 284-287; — Enrico Mauceri, Andrea Sansovino e i suoi scolari in Roma, in: L `Arte 3 (1900), 252-258; — Jules Paquier, De Philippi Beroaldi junioris vita et scriptis (1472-1518), Diss. (Paris) 1900, 77f.; — Ders., L`humanisme et la réforme. Jérome Aléander de sa naissance à la fin de son séjour à Brindisi (1480-1529), Paris 1900 (ND Genf 1977), 113f.; — Mandell Creighton, A History of the papacy from the great schism to the Sack of Rome, New York [2]1902-04, VI, 201f.; — G(eorge von) Graevenitz, Deutsche in Rom. Studien u. Skizzen aus elf Jahrhunderten, Leipzig 1902, 158-161, 202; — Joseph Knepper, Jakob Wimpheling (1450-1528). Sein Leben u. seine Werke, Freiburg/Br. 1902, 176 (Erl. u. Erg. z. Janssen`s Gesch. d. dt. Volkes III, 2-4); — Rodolfo Amadeo Lanciani, New Tales of old Rome, Boston/New York 1901, 51f.; — Ders., Storia degli scavi di Roma, Rom 1902-12, I, 220f.; — Julian Klaczko, Rome and the Renaissance: The pontificate of Julius II., Rom [3]1903, 113 ; — Aloys Schulte, Die Fugger in Rom, Leipzig 1904, I, 40, 204, 231; — Giorgio Vasari, Die Lebensbeschreibungen der berühmtesten Architekten, Bildhauer und Maler, Straßburg 1904ff., IV, 220; VII,1, 99f.; — N(ikolaus) van Werveke, Esquisses de l`histoire de l`enseignement et de l`instruction dans le Luxembourg, Luxembourg 1904, 298 Nr. 115; — Friedrich Gülden, Jakob Questenberg. Ein deutscher Humanist in Rom, in: Zs. d. Harzvereins f. Gesch. u. Altertumskde. 38 (1905), 213-276; — Ernst Steinmann, Michelangelo, II: Die Sixtinische Kapelle, München 1905, II, 88; — Anton De Waal, Roma Sacra, München 1905, 414, 443, 506; — Percy S. Allen (Hrsg.), Opus epistolarum Desiderii Erasmi Roterodami, Oxford 1906-65, V, 211f. Nr. 1342; 520 Nr. 1729; — O(tto) Clemen, Nachrichten, in: ZKG 27 (1906), 381f.; — Adolf Rosenberg, Raffael, Stuttgart 1906, 151; — Joseph Schmidlin, Geschichte der deutschen Nationalkirche S. Maria dell`Anima, Freiburg/Br. 1906; — Enrico Celani (Hrsg.), Liber notarum Johannis Burchardi, Città di Castello 1907, 1, 1, 432; 1, 2, 32f., 107, 147 (Muratori, Rerum Italicarum Scriptores XX-XII, 1, 1,2); — Stephan Beissel, Die Geschichte der Verehrung Marias im 16. und.17. Jahrhundert, Freiburg/Br. 1910, 201; — Theophile Simar, Christophe de Longueil - humaniste (1488-1522), Löwen 1911, 194-203; — Emmanuel Rodocanachi, Les premiere Renaissance: Rome au temps de Jule II. et Leon X., Paris 1912, 143; — Joseph Kolberg, Der ermländische Dompropst Christoph von Suchten, in: RQ, Suppl. 20 (1913), 144-171, hier: 157-162 (=Fs. A. de Waal); — Theodor von Liebenau, Der Franziskaner Dr. Thomas Murner, Freiburg/Br. 1913, 28-30 (Erl. u. Erg. z. Janssen`s Gesch. d. dt. Volkes IX, 4/5); — Karl Heinrich Schäfer, Johannes Sander von Northusen... Notar der Rota und Rektor der Anima. Ein dt.-röm. Lebensbild a. Ausg. d. MA`s, Rom 1913, 14; — Nikolaus Didier, Nikolaus Mameranus. Ein Luxemburger Humanist d. 16. Jh`s. am Hofe der Habsburger, Freiburg/Br. 1915, 16f.; — Rudolf Philipp Goldschmidt, Katalog..., Frankfurt/M. 1917, 86 Nr. 83; 92 Nr. 101; 99 Nr. 202; — Alphonse van Hove (Hrsg.), Documents sur la principauté de Liege (1230-1532), Lüttich [2]1920, II, 9, 38; — Robert Kohlrausch, Der Pasquino in Rom, in: »Frankfurter Ztg.« Nr. 561 v. 1.8. 1920; — Umberto Gnoli, Ceramiche romane del Cinquecento, in: Dedalo 2 (1921), 199-202; — (Joseph-Arthur) Graf Gobineau, Die Renaissance, München 1921, 334-339;- Paul Kalkoff, Ulrich von Hutten und die Reformation, Leipzig 1920 (ND New York/London 1971), 151f. (Quell. u. Forsch. z. Ref.gesch. 4); — Ders., Die Vollziehung der Bulle »Exsurge«, insonderheit im Bistum Würzburg, in: ZKG NF 2 (1921), 1-44, hier: 26f.; — Adriano Colocci-Vespucci, Angelo Colocci ed Hans Goritz, Fabriano 1922; — Alfred Forbes Johnson / Stanley Morison, The canary types of Italy and France, in: The Fleuron 2 (1924), 23-51; — Roger Thynne, The churches of Rome, New York 1924, 319; — Arturo Farinelli, Divaggazioni eruditi, Turin 1925, 201; — Emil von Borries, Wimpheling und Murner im Kampf um die ältere Geschichte des Elsasses, Heidelberg 1926, 38f., 71; — Aristide Lesen, Blosio Palladio e il cenacolo letterario di Gian Goritz, in: Terra Sabina (Rom) 4 (1926), 37-44; — Friedrich Noack, Das Deutschtum in Rom seit dem Ausgang des Mittelalters, Stuttgart 1927 (ND Aalen 1974), II, 213; — Georg Ellinger, Italien und der deutsche Humanismus in der neulateinischen Lyrik, Berlin 1929, I, 340-45, 493f. u.ö., II, 28; — Hajo Holborn, Ulrich von Hutten, Leipzig 1929, 169; — S. Lattès, Recherches sur la Bibliotheque d`Angelo Colocci, in: Mélanges d`archeologique et d`histoire 48 (1931), 408-444, hier: 408; — P(ierre)- J(oseph) Muller (Mueller), Tatsachen aus der Geschichte des Luxemburger Landes, Luxembourg 1932, 78; [4]1968, 92; — Herman Grimm, Leben Raphaels, Wien 1934, 173f., 225; — Gregor Spedener, Die im Luxemburger Lande lebten und webten, Grevenmacher/Lux. o.J. (1939), 16; — Michael Faltz, Die Dekanatskirche von Körich, Diekirch/Lux. 1948, 112-15; — Pio Pecchiai, Roma nel Cinquecento, Bologna 1948, 391; — Götz Frhr. von Pölnitz, Jakob Fugger, Tübingen 1949/50, I, 343, 484; — Gregor Stein (d.i. Pierre Grégoire), Die Entdeckung des Giano Corico, Luxemburg 1949; — N.N., Johann Goricius, in: Luxemburger Wort, Nr. 179 v. 28.6.1950; — Henry de Vocht, Jérôme de Bysleyden, Turnhout 1950, 397-399 (Humanistica Lovaniensia 9); — Ders., History of the foundation and the rise of the Collegium trilingue Lovaniense 1517-1550, Löwen 1951-55 (Humanistica Lovaniensia 10-13); — Emil Zenz, Johann Coricius, ein Luxemburger Mäzen der Renaissance, in: Trier. Jb 1 (1950), 94-100; — Vittorio Cian, Un illustre Nunzio Pontificio del Rinascimento-Baldassar Castiglione, Rom-Vatikanstadt 1951 (ND Rom 1970), 74-76, 208f., 212f. (Studi e Testi 156); — Arthur Schon, Zeittafel zur Geschichte der Luxemburger Pfarreien von 1500-1800, Esch/Lux. 1954-56, 28-31; — François Decker, Feulen 963-1963, in: T`Hemecht 12 (1959), 143-184, hier: 150, 153; — Reinhold Weijenborg, Neuentdeckte Dokumente im Zusammenhang mit Luthers Romreise, in: Antonianum 32 (1957), 147-202, hier: 192-194; — Vittorio Fanelli, Adriano VI. e Angelo Colocci, in: Studi Romani 8 (1960), 13-24, hier: 16, 23; — Ders., Aspetti della Roma cinquecentesca, in: Studi Romani 10 (1962), 391-402; — Ders., Ricerche su Angelo Colocci e sulla Roma cinquecentesca, Rom-Vatikanstadt 1979, 34, 42f., 125, 177 (Studi e Testi 283); — Jan Lankau, Prasa staropolska na tle rozwojn prasy w Europie 1513-1729, Krakau 1960, 248; — Luigi Salerno, Il profeta Isaia di Raffaello e il putto dell`Academia di S. Luca, in: Bolletino d`Arte 45 (1960), 81-93; — Mario Emilio Cosenza, Biographical and Bibliographical Dictionary of the Italian Humanists..., Boston 1962, II, 1126; V, 149; — Oskar Fischel, Raphael, Berlin 1962, 224f., Taf. 189; — William Leonard Grant, Literature and the Pastoral, Chapel Hill 1965, 138; — Paul Oskar Kristeller, Iter Italicum, Leiden u.a. 1965-97, I (1965), 21; II (1967), 92, 114, 347, 352f., 361, 373, 384, 431; IV (1989), 370; V (1990), 63, 96; VI (1992), 121, 154, 339; — Giuseppe Petronio (Hrsg.), Dizionario Enciclopedico della Letteratura Italiana, Bari/Rom 1966ff., III, 169; — Herbert Vossberg, Im heiligen Rom. Luthers Reiseeindrücke 1510-1511, Berlin 1966, 49, 143; — Emma Amadei, Di Giovanni Coricio ed una rara edizione dell`anno 1524 stampata a Roma, in: Almanacco dei bibliotecari italiani, Rom 1968, 198-201; — Johannes Hösle, Pietro Aretinos Werk, Berlin 1969, 47; — Adriano Prosperi, Tra Evangelismo e Controriforma: G. M. Giberti (1495-1543), Rom 1969, 23, 99f., 105; — Jan Reychman, Studia z dziejow polska-wegierskich stosunkow literackich i kulturalnich, Breslau 1969, 96; — Federigo Ubaldini, Vita di monsignore Angelo Colocci, hrsg. v. Vittorio Fanelli, Rom-Vatikanstadt 1969, 39f., 73-75, 103 (Studi e Testi 256); — Heinrich Grimm, Ulrich von Hutten-Wille und Schicksal, Göttingen 1971, 63; — José Ruysschaert, Les péripéties inconnues de l`edition des »Coryciana«, in: Atti del convegno di studi su Angelo Colocci...1969, Jesi 1972, 45-60; — Franz-Josef Heyen (Bearb.), Das Stift St. Paulin vor Trier, hrsg. v. MPIG, Berlin/New York 1972, 906-909 (Germ. Sacr. NF 6); — Ders. (Bearb.), Das Stift St. Simeon in Trier, hrsg. v. MPIG, Berlin/New York 2002, 918, 925 (Germ. Sacr. NF 41); — Elisabeth B. MacDougall, The sleeping Nymph: Origins of a humanist fountain type, in: Art Bull. 57 (1975), 357-365; — Piero Floriani, Bembo e Castiglione, Rom 1976 (L`analisi letteraria 15); — John Sparrow, Renaissance latin poetry. Some sixteenth century Italian anthologies, in: Cultural Aspects of the Renaissance, hrsg. v. Cecil H. Clough, (Fs. Paul Oskar Kristeller), Manchester 1976, 386-405; — Phyllis Pray Bober, The Coryciana and the Nymph Corycia, in: Journal of the Warburg and Courtauld Institutes 40 (1977), 223-239; — Monika Asztalos / Tore Hanson, Hutten correctus. An example of humanist editorial practice, in: ErJb 76 (1978), 65-69; — Margherita Maria Breccia Fratadocchi, S. Agostino in Roma, Rom 1979, 53f., 74, 81, 147, 156; — Jean Rott (Hrsg.), Correspondance de Martin Bucer, Leiden 1979, I, 138f.; — Virginia Anne Bonito, The St Anne altar in Sant` Agostino in Rome: a new discovery, in: The Burlington Magazine 122 (1980), Nr. 933, S. 805-812; — Dies., The St. Anne altar in Sant` Agostino in Rome: restoration and interpretation, Ebda. 124 (1982), Nr. 950, S. 268-276; — Dies., The saint Anne altar in Sant` Agostino, Rome, Diss. (New York) 1984; — Pierre Grégoire, Humanisten um Janus Coricius, Luxembourg 1980; — Ders., Die römische Residenz des Giano Coricio, in: Die Warte - Wochenbeil. z. »Luxemburger Wort« 33 (1980), Nr. 24; — Ders., Die Vermächtnisse des Johannes Coricius, in: Ebda. 33 (1980), Nr. 32; — Konrad Oberhuber, Raffaello, Mailand 1982, 102, 118; — John F. D`Amico, Renaissance humanism in papal Rome. Humanists and churchmen on the eve of reformation, Baltimore 1983, 107-109, 115, 135; — Peter G. Bietenholz / Thomas B. Deutscher (Hrsg.), Contemporaries of Erasmus, Toronto/ Buffalo/ London 1985-87, I, 348; — Benedetta Montevecchi, Sant`Agostino, Rom 1985, 52-58 (Le chiese di Roma illustrata N.S. 17); — Anne Reynolds, Cardinal Oliviero Carafa and the early Cinquecento tradition of the feast of Pasquino, in: Humanistica Lovaniensia 34 (1985), 178-208, hier: 187, 198, 205; — Dies., Renaissance humanism at the court of Clement VII. — Francesco Berni`s dialogue against poets, New York/London 1997, 89f.; — André Séguenny u.a. (Hrsg.), Bibliotheca Dissidentium, Baden-Baden 1980ff., VI (1985), 64; — Rosanna Alhaique Pettinelli, Punti di vista sull`arte nei poeti dei Coryciana, in: La Rassegna della letteratura Italiana 90 (1986), 41-54; — Dies., »Ars antiqua« e »nova religio« - gli autori dei »Coryciana« tra classicità e modernità, in: Tra antico e moderno. Roma nel prima Rinascimento, Rom 1991, 7f.; — Dies., I »Coryciana«. Alcune postille a margine dell`edizione critica, in: Roma nel Rinascimento 1997, 7-13; — Jozef Ijsewijn, Puer tonans - De animo christiano necnon pagano poetarum qui »Coryciana« (Roma 1524) conscripserunt, in: Academiae Latinitati fovendae commentarii 12 (1988), 35-46; — Ders., Poetry in a Roman garden: the Coryciana, in: Peter Goodman / Oswyn Murray (Hrsgg.), Latin poetry and the classical tradition. Essays in Medieval and Renaissance literature, Oxford 1990, 211-231; — Carlheinz Gräter, Ulrich von Hutten. Ein Lebensbild, Stuttgart 1988, 112f.; — Otto Herding / Dieter Mertens (Hrsgg.), Jakob Wimpheling Briefwechsel, München 1990, 389, 559-562 (Jakobi Wimphelingi Opera selecta III); — Mary Quinlan-Mc Grath, Blosius Palladius »Suburbanum Augustini Chisii«, in: Humanistica Lovaniensia 39 (1990), 93-156, hier: 94, 96, 106; — Gustav Adolf Benrath (Hrsg.), Quellenbuch zur Geschichte der evangelischen Kirche in Schlesien, München 1992, 84; — Angelika Dörfler-Dierken, Die Verehrung der heiligen Anna in Spätmittelalter und früher Neuzeit, Göttingen 1992, 326 (Forsch. z. Kirchen- u. Dogmengesch. 50); — Dies., Vorreformatorische Bruderschaften der hl. Anna, Heidelberg 1992, 152, 197 (SAH 1992-3); — Malgorzata Goluszka/ Marian Malicki (Bearb.), Polnische Drucke und Polonica 1501-1700. Katalog d. Hzg. August Bibliothek Wolfenbüttel, München/New York 1992, I: (1501-1600), 102f. Nr. P 237; — Julia Haig Gaisser, The rise and fall of Goritius` feasts, in: Renaissance Quaterly 48 (1995), 41-57; — Dies., Pierio Valeriano on the ill-fortune of learned men (De litteratorum infelicitate)-A renaissance humanist and his world, Ann Arbor/Mich. 1999, bes. 25f., 294f.; — Teresa Borawska, Zycie umyslowe na Warmii w czasach Mikolaja Kopernika, Thorn 1996, 145; — Ilse Reineke, C. Silvani Germanici in pontificatum Clementis Septimi... Panegyris prima. In Leonis Decimi... statuam sylva, in: Humanistica Lovaniensia 45 (1996), 244-318, hier: 245; — Giovanna Perini, Carmi inediti su Raffaello e sull`arte della prima meta del Cinquecento a Roma e Ferrara e il mondo dei »Coryciana«, in: Röm. Jb. d. Bibliotheca Hertziana 32 (1997/98), 367-407, bes. 374-387; — Gennaro Savarese, Variazioni sui »Coryciana«, in: Roma nel Rinascimento 1997, 14-20; — Kenneth Gouwens, Remembering the Renaissance: humanist narratives of the sack of Rome, Leiden/Boston 1998, 7, 14-17, 26f., 40, 65f., 159f. (Brill`s studies in intellectual History 85); — Charles L. Stinger, The Renaissance in Rome, Bloomington ^{2}1998, 287; — Hermann Wigand, Johannes Hadeke-Hadelius, in: Thomas Hayl (Hrsg.), Humanismus im Norden., 2000, 110; — Peter Orth, Zur »Solymis« des Giovanni Maria Cattaneo, in: Humanistica Lovaniensia 50 (2001), 131-141, hier: 134f.; — Rosanna Sodano, Intorno ai »Coryciana« : Conflitti polisii e letterari in Roma degli anni di Leone X. e quelli di Clemente VII., in: Giornale storico della letteratura Italiana 118 (2001), Fasc. 583, 420-450; — Herbert Jaumann (Hrsg.), Handbuch der Gelehrtenkultur der Frühen Neuzeit, Berlin u.a. 2004, I., 200; — Carol Kidwell, Pietro Bembo. Lover, Linguist, Cardinal, Montreal u.a. 2004, 171f., 328, 444; — Ruth Monreal, Vergil`s Vermächtnis: Die Gartenpraeteritio in den Georgica (4, 116-148) und Typen ihrer Rezeption im neulateinischen Lehrgedicht, in. Humanistica Lovaniensia 54 (2005), 1-47, hier: 23; — Achim Aurnhammer, Vom Humanismus zum »Trotzromanismus«: Huttens politische Rom-Polemik, in: Martin Disselkamp/ Peter Ihering/ Friedrich Wolfzettel (Hrsgg.), Das alte Rom und die neue Zeit, Tübingen 2006, 153-169, hier: 157 (C. hier als Kaufmann(!) bezeichnet); — Giovanni Da Pozzo (Hrsg.), Storia letteraria d`Italia. Il Cinquecento, Padua 2006, I, 206, 248; — David Rijser, Raphael`s poetics - Ekphrasis, Interaction and Typology in Art and Poetry of High Renaissance in Rome, Diss. (Amsterdam) 2006, 155-233, 441-452; — Georg Schelbert, Sant`Agostino, in: Christina Strunck (Hrsg.), Rom - Meisterwerke der Baukunst von der Antike bis heute, Petersberg 2007, 169-172; — Zedler VI (1733), Sp. 1283f.; — Jöcher I (1750), Sp. 2098; — EuG, I. Abt., XIX (1829), 306; — Trierische Kronik VII (1822), 57f.; — Allgem. Litteratur-Ztg. 1830, Nr. 58, 463; — Biographie Universelle (Michaud) (²1854ff.), II, 297; XXXII, 25; XXXIII, 414; — Nouvelle Biographie (Hoefer) (1854ff.), II, Sp. 865f.; XXXIX, Sp. 93f.; XL, Sp.336f.; — Pierer`s Universal-Lexikon IV (⁴1858), 443; — Graesse, Tresor, V (1865), 109; — Allgemeine Realencyklopädie oder Reallexikon für alle Stände III (³1867), 1007; — CIL VI,1 (1876), Nrn. 1025, 1271, 1729, 2030, 2035, 2037, 2226, 2312; — Le chretien Evangéliste XIX (1876), 483; — ADB IX (1879), 375; — Ungarische Revue (1885), 11-15; — BJber XV (1887), 180-183; — Revue des deux mondes CXVI (1893), 630; — v. Pastor, III, 2 (Freiburg/Br.101924), 904, 943f., 1029, 1037; IV, 1 (Freiburg/Br. 10-12 1928), 380, 429, 447; — Janus (Leiden) 36 (1932), 239; — EItal XII (1933), 555; — Schottenloher I (1933), 296; — Thieme-Becker XXIX (1935), 419, 438; — NDB III (1957), 372f.; — DBI I (1960), 127; — DBI IV (1962), 343; — DBI IX (1967), 385, 387; — DBI XXI (1978), 172; — DBI XXII (1979), 57, 469f.; — DBI XXVII (1982), 107; — Index Bio-Bibliographicus Notorum hominum, Pars C, XL (1987), 712; — VD 16, VIII (1987), 262 Nr. G 3922; — Killy, Literaturlexikon IV (1989), 270; — De Boor IV, 1 (²1994), 439, 599f., 613, 617, 625, 867; — The Dictionary of Art XXVII (1996), 776f.; — Index Bio-Bibliographicus Notorum Hominum, Pars C, XC (1997), 527; — DBA I, Fiche 208, 14; Fiche 408, 345; — DBI II. (1998), 583, 1139; — DBI LVIII (2002), 69-72.

Heinz Schmitt

COVARRUVIAS Y LEYVA, Diego de (Didacus Covarruvias), span. Rechtsgelehrter (Kanonist), * 25. Juli 1512 in Toledo; † 27. September 1577 in Madrid. — C. y L. stammte aus einer angesehenen Familie, sein jüngerer Bruder Antonio war Mitglied des Rates von Kastilien und Rechtsprofessor in Salamanca. Dort studierte C. y L. kanonisches Recht und Theologie als Schüler von Martin de Azpilcueta (Martinus Navarrus), Diego de Álava Esquivel, Francisco de Vitoria und Domingo de Soto. Bereits 1533 lehrt C. y L. an seiner Universität, um dann 1538 wissenschaftlicher Mitarbeiter am Colegio Mayor von Oviedo zu werden, ehe er als Professor für kanonisches Recht nach Salamanca zurückkehrt, wo er an der Reorganisation der Universität beteiligt ist und die Geschichte der berühmten Schule von Salamanca fortschreibt. Von 1548 bis 1559 ist C. y L. oberster Richter in Granada. Neben seiner akademischen und juridischen Karriere hatte C. y L. hohe Kirchenämter inne. Nachdem er der Ernennung zum Erzbischof von Santo Domingo (Hispaniola) nicht gefolgt war, begann er 1560 seine klerikale Laufbahn als Bischof von Ciudad Rodrigo. In diesem Amt war C. y L. Teilnehmer an der Dritten Periode des Konzils von Trient (1562/1563), wo er zusammen mit Kardinal Buoncompagno (nachmals Papst Gregor XIII.) mit der Erarbeitung der Dekrete zur Reformation beauftragt ist. 1565 wurde C. y L. Bischof von Segovia, ehe er 1572 als Mitglied des Obersten Rates von Kastilien, den er ab 1574 leitete, politischer Berater des Königs wurde. Philipp II. ernannte ihn 1577 zum Bischof von Cuenca, ein Amt, das C. y L. nicht mehr antreten konnte; er starb am 27. September diesen Jahres. — C. y L.s Beitrag zur katholischen Rechts- und Herrschaftstheorie basiert auf zwei Grundgedanken: 1. Herrschaft widerspricht grundsätzlich der natürlichen Freiheit des Menschen und ist nur mit dem Sündenfall Adams zu rechtfertigten; 2. Auslegungsnorm ist die gesamte Überlieferung (neben der Bibel auch die philosophisch-theologische Tradition des aristotelisch-thomistischen Denkens) sowie das tradierte Recht (Römisches Recht [CICiv] und Kanonisches Recht [CiCan]). Mit seinem nicht mehr spekulativ-theologischen, sondern historisch-moralphilosophischen Nachweis der Geltung des Naturrechts und dessen konsequente Anwendung auf die Staatsrechtslehre widerlegte C. y L. als einer der Wegbereiter des modernen Gedankens der Volkssouveränität die Doktrin fürstlich-absolutistischer Herrschaft (Bellarmin, Bodin, Hobbes) und bewegt sich damit auf der Linie der spanischen Spätscholastiker (Vitoria, Las Casas, Suárez). Im Disput um die Legitimation der Conquista vertritt C. y L. gegen die höfisch-kolonistische (Sepúlveda, Fernández de Oviedo) und die missionarisch-empathische Richtung (Las Casas) mit Vitoria und anderen Vertretern der Schule von Salamanca eine akademisch-etatistische Position, der es um die Stärkung der spanischen Zentralmacht ging, bei gleichzeitiger Schwächung des politischen Einflusses von Papst und Kaiser, um so zu einer hispanistischen Grundlegung der Kolonialisierung Amerikas zu gelangen, die sich nicht mehr an dem päpstlichen Auftrag zur Christianisierung festhielt, und dabei die Idee des christlichen Naturrechts säkular-pluralistisch auf internationale und interkulturelle Beziehungen übertrug. An der Systematisierung der Rechtswissenschaft seiner Zeit hatte C. y L. maßgeblichen Anteil. Das Erb- und Eherecht beeinflußte er nachhaltig; im Strafrecht hat C. y L. neben der Entwicklung der Rechtsfigur »bedingter Vorsatz« (dolus indirectus) insbesondere zu einer Subjektivierung des Strafbegriffs beigetragen, indem er die theologische Schuld- mit der weltlichen Straflehre vermittelte und so für eine Kopplung von persönlicher Strafe an individuelle Schuld im Rechtssystem die Grundlage legte. Für die Ökonomie entwickelte C. y L. als erster die subjektivische Werttheorie der freien Marktwirtschaft, indem er zeigte, daß der Wert einer Sache nicht von den objektiven Gegebenheiten der Sache selbst, sondern von der subjektiven Wertzuschreibung der Menschen abhängt, die sich auf die Zahlungsbereitschaft der einzelnen Marktteilnehmer auswirkt und gesamtwirtschaftlich die wert- bzw. preisbildende Nachfrage konstituiert. Die wirkungsgeschichtliche Bedeutung der vielfältigen Arbeit C. y L.s zeigt sich bereits darin, daß noch zu seinen Lebzeiten eine Sammlung der kanonistischen Werke erschien (Opera omnia, 1573); als Hauptwerke C. y L.s gelten Variarum resolutionum (1552) und Practicarum quaestionum (1556).

Werke: Kommentare: De sponsalibus ac matrimoniis (1545), De testamentis (1547), De pactis (1553), De regulis iuris: Possessor malae fidei (1553), De regulis juris: Regulae peccatum (1554), De sententia excommunicationis (1554), De homicidio (1554); Traktate: Variarum resolutionum ex jure pontificio, regio et cæsareo, 4 Bde. (Bd. 1-3: 1552, Bd. 4: 1570), Practicarum quaestionum earumque resolutionum amplissimarum (1556), Veterum numismatum collatio de re monetaria cum his quæ modo expenduntur (1556), Tractatus de frigidis et maleficiatis (1573).

Gesamtausgaben: D. d. C. y L., Opera omnia. 2 Bde. Frankfurt a. M. 1573 [Nachdrucke: 1583, 1592]; D. d. C. y L., Opera omnia. 2 Bde. Venedig 1614; D. d. C. y L., Opera omnia. 5 Bde. Antwerpen 1638 [Nachdruck: 1762].

Lit.: A. S. Brett, Liberty, Right and Nature: Individual Rights in later Scholastic Thought. Cambridge 1997; — M. Kaufmann / R. Schnepf (Hg.), Politische Metaphysik. Die Entstehung moderner Rechtskonzeptionen in der spanischen Scholastik. Frankfurt am Main 2007; — K. E. v. Liere, Humanism and the law faculties in sixteenth-century Spain: D. d. C. y L. (1512-1577) and the university of Salamanca. Ann Arbor 1995; — H. Maihold, Strafe für fremde Schuld? Die Systematisierung des Strafbegriffs in der Spanischen Spätscholastik und Naturrechtslehre. Köln 2005; — F. Merzbacher, Azpilcueta und C., in: G. Köbler et al. (Hg.): Recht, Staat, Kirche. Ausgewählte Aufsätze. Wien 1989; — A. P. Monahan, From Personal Duties Towards Personal Rights: Late Medieval and Early Modern Political Thought, 1300-1600. Montreal 1994; — J. Pereda, C. penalista. Barcelona 1959; — L. Pereña Vicente, D. d. C. y L.: maestro de derecho internacional, Madrid 1957; — V. Peressa, D. d. C. 1957; — M. Quintanilla, Don D. d. C., obispo de Segovia, in: Estudios Segovianos (1954), 514-517; — F. Schaffstein, Die Europäische Strafrechtswissenschaft im Zeitalter des Humanismus. Göttingen 1954; — K. Seelmann, C., in: M. Stolleis (Hg.): Juristen. München 1995, 142-143; — K. Seelmann, Theologie und Jurisprudenz an der Schwelle zur Moderne. Die Geburt des neuzeitlichen Naturrechts in der iberischen Spätscholastik. Baden-Baden 1997; — B. Tierney, The Idea of Natural Rights: Studies on Natural Rights, Natural Law, and Curch Law 1150-1625. Cambridge 1997; — J. Vales Failde, D. d. C. y L., in: Jurisconsultos españoles (1921), 43-50.

Josef Bordat

D

DAMASKIOS (* um 458 in Damaskus, † um 540), letzter Scholarch der Akademie in Athen, stammte höchstwahrscheinlich aus Damaskus/Syrien, so wie auch sein Name zeigen könnte. Simplikios nennt ihn: »Der Philosoph aus Damaskus«. Über sein Leben und seine Familie gibt es nur wenige Auskünfte. In Bezug auf sein Geburts- und Todesdatum bleiben viele Fragen offen. Sein Geburtsjahr fällt gemäß der Vermutungen verschiedener Fachleute zwischen 458 und 465, sein Todesjahr um 540, sicherlich nach 538. Namentlich kennt man nur einen jüngeren Bruder, Julian, der unter einer gegen die Heiden gerichteten Aktion der Polizei gefoltert wurde und das ohne zu murren ertrug. Man vermutet, daß seine Familie vornehm war, ansonsten hätte D. keinen Zugang zu einer so hervorragenden heidnischen Gelehrtengesellschaft Alexandriens. In Alexandrien, wohin er früh ging, studierte D. am Ende der 70er Jahre des 5. Jahrhunderts drei Jahre lang bei Theon Rhetorik. Später, in Athen, ab 482 oder 483, wird er neun Jahre lang eine Rhetorenschule leiten. In Alexandrien besuchte D., nach dem Anschluß der rhetorischen Studien bei Theon, auch den Kreis der neuplatonischen Philosophen. Diesem gehörten Aedesia, die Witwe des Philosophen Hermeias und Mutter von Ammonios und Heliodoros an, aber auch die Blutsverwandte von Syrianos, der theurgische Philosoph Asklepiodotos und seine Familie und nicht zuletzt Isidoros, der auf die philosophische Ausbildung von D. einen beträchtlichen Einfluß ausgeübt hatte, so daß man behaupten könnte, er war sein Lehrer »par excellence«. Nach einer üblichen Tradition der Neuplatoniker verfaßte D. das Leben Isidors. Man vermutet, daß selbst Theon, sein Rhetoriklehrer, ein Nachkomme von Marcella, der Witwe Proklos, war. In Alexandrien lernte er zusammen mit seinem Bruder Julian auch den in Rhetorik und Dichtung fazinierten, aber auch an Philosophie interessierten reichen Damaszener Severianos kennen. Alle drei lasen und erörterten zusammen die politischen Reden von Isokrates. Bei Severianos studierte D. Rhetorik, diesmal aus philosophischer Perspektive und nicht aus sophistischer. Daß D. nicht nur in Rhetorik, sondern auch in Dichtung sehr bewandert war, zeigt seine anläßlich der Funeralien von Aedesia gedichtete Lobrede. Aus unbekannten Gründen verläßt D. Alexandrien und begibt sich nach Athen. Selbst wenn er Athen drei oder zwei Jahre vor dem Tod Proklos († 485) erreicht, studierte er wegen des schlechten Gesundheitszustandes des Philosophen nicht bei ihm. Dort in Athen hat D. neun Jahre lang eine Rhetorikschule geleitet, bis gegen 491 oder 492, als er sich unter dem Einfluß von Isidoros der Philosophie zuwendet, und so verläßt er die Rhetorik endgültig. Isidoros, ein Alexandriner, studierte Philosophie (höchstwahrscheinlich die platonische) bei Proklos, der ihm grade die Leitung der Akademie vorgeschlagen hatte, eine Ehre, auf die er zugunsten von Marinos, von Lehrer der aristotelischen Philosophie, verzichtet. D. studiert in der Akademie bei Marinos Geometrie und Arithmetik, und dann vertieft er sich, unter der Betreuung des Lieblingsschülers von Proklos, Zenodotos, in die Philosophie. Es scheint, daß seine neuen Lehrer keine großen Philosophen waren, wie D. uns aus der Vita Isidori verstehen läßt. Wegen des schlecht gewordenen Gesundheitszustandes von Marinos wurde Damascius beauftragt, nach Alexandrien zurückzugehen, um Isidoros zu überreden, nach Athen mitzukommen und die Leitung der Akademie zu akzeptieren. Das geschah entsprechend. Die Erwartungen Isidoros waren vielleicht zu groß, und sie entsprachen nicht der Realität. Enttäuscht von der Lage der Philosophie in Athen, verließ Isidoros nach einem kurzfristigen Aufenthalt in Athen die Leitung der Akademie, die er wahrscheinlich Zenodotos überließ, und ging nach Alexandrien zurück. D. begleitete ihn auf dem Rückweg nach Alexandrien. In Alexandrien hört D. die Vorlesungen von Heliodoros und dessen Bruder Ammonios, bei dem er die Philosophie Platons und die Astronomie studierte. Nach dem Tode von Zenodotos wurde D. nach Athen gerufen, um Leiter der Akademie zu werden. Das passierte höchstwahrscheinlich etwa im Jahr 515.

Wegen der trüben Zeiten für das Heidentum konnte D. der letzte Scholarch der Akademie werden. Mit ihm findet sich das Ende der vom reichen Neuplatoniker Plutarchos von Athen (* um 350 in Damaskus, † 431 oder 433) um 410 neu gegründeten platonischen Akademie, deren Scholarchen sich als Erben der wohl 387 v. Chr. in Athen entstandenen Schule Platons betrachteten. Tatsächlich gab es eine Diadoche nur von Plutarchos zu D., die über hundert Jahre dauerte, und nicht eine von Plutarchos zu Platon. Die von den neueren Akademikern behauptete diadoche von Platon war eher eine spirituelle und doktrinäre und nicht eine historische. Den Höhepunkt der Blüte erreichte die Akademie im Zeitalter von Proklos, aber diese Blüte erwies sich kurzlebig, denn nach dem Tode des Philosophen begann sofort ihr Verfall, sowohl wegen des Christentums als auch wegen des größeren Interesses der Nachfolger Proklos für die Theurgie zum Nachteil der Philosophie. D. sah sich gezwungen, sich zuerst um die Wiederherstellung der Schule zu kümmern. Die ersten von ihm getroffenen Maßnahmen betrafen die beiden Hauptgefahren der Akademie. Er richtete die Philosophie gegen die Theurgie und das Christentum aus. Innerlich führte er das ehemalige neuplatonische fortschreitende Studienprogramm wieder: Zuerst studierte man die Philosophie von Aristoteles als Vorbereitungsfach für die Philosophie Platons, und am Ende folgte das Studium der Chaldäischen Orakel. Der wiederhergestellte philosophische Unterricht von D. war von der Feindseligkeit dem Christentum gegenüber geprägt, und eine derartige Haltung konnte man in jener Zeit nicht übersehen, solange das Heidentum vom Kaiser Justinian (527-565) verfolgt wurde. Die Feindseligkeit beider Seiten hat letztendlich im Jahre 529 zur Schließung der Akademie in Athen geführt. Es gibt zwei im Jahre 529 verabschiedeten Erlasse, die die Verfolgung der Heiden verschärften. Der erste untersagte den Heiden, eine Stelle im öffentlichen Unterricht zu haben, und verordnete, daß die Staatslöhne nur von Christen bezogen werden können. Der zweite verschärfte die Lage noch mehr, weil er den Heiden schlechthin verbot zu unterrichten. Es wird in diesem Erlaß nicht ausdrücklich die Akademie in Athen erwähnt, aber, wenn wir den Aussagen von Johannes Malalas vertrauen, Justinian habe noch einen Erlaß herausgegeben, demgemäß der philosophische Unterricht in Athen untersagt wurde, so galt es auch nur der zweite genug war, den philosophischen Unterricht in Athen zu verbieten. D. verläßt zusammen mit anderen sechs Kollegen oder Schülern Athen in Richtung Persiens in der Hoffnung auf eine Rettung ihrer Schule und gleichzeitig der platonischen Philosophie. Agathias erwähnt in seinen Historien nominell die sieben: Damaskios aus Syrien, Simplikios aus Cilicien, Eulamios aus Phrygien, Priscianus aus Lydien, Hermias und Diogenes aus Phönizien und Isidor von Gaza. Wann sich die sieben Philosophen auf dem Weg nach Persien gemacht haben, ist noch eine umstrittene Frage. Es gibt zwei Hauptmeinungen. Die erste behauptet, daß es 531 passiert ist, als der Philosoph-König Chosroës I. Anoscharwan (531-579) den Thron bestieg. Dieser habe die sieben Philosophen durch seinen Ruhm bezaubert, was sie überzeugt habe, sich für eine Reise nach Persien zu entscheiden. Die zweite setzt voraus, daß sie, entsprechend den Aussagen von Agathias, sofort nach dieser Schließung die Stadt verlassen haben (529), und sie haben Persien kurz vor oder nach dem Tode des Königs Kawat Ghobad I. (488-496 und 499-531), den Vater Chosroës, erreicht. Die Reise hätte mit dem Ruhm von Chosroës nichts zu tun. Agathias beschreibt Persien in sehr dunklen Farben. Die griechischen Philosophen wären von diesem Lande so sehr enttäuscht, weil es, im Vergleich zu ihrer Heimat, ein Barbaricum zu sein schien. Beide Richtungen sind sich darin einig, daß die neuplatonischen Philosophen Persien verlassen haben wegen eines unter Justinian und Chosroës abgeschlossenen Waffenstillstandes (532), dem der persische König eine Klausel beigelegt habe, die die Philosophen beschützen sollte. Die Uneinigkeit erscheint wieder, wenn die Rede auf die Rückkehr derer kommt. Sind alle Philosophen nach Athen oder anderswo in das Römische Reich zurückgekommen oder wenigstens einige von ihnen, ließen sie sich dann in Harran, einer persischen Stadt an der Grenze zum byzantinischen Reich, nieder, wo sie eine platonische Schule gründeten? Auch das bleibt noch eine offene Frage. Auf Grund der Quellen kann man leicht erschließen, daß Damaskios eine fruchtbare schriftliche Zeit hatte, von den Schriften ist aber nur ein ziemlich kleiner Teil erhalten geblieben. Die erhaltenen sind: 1) Das Leben des Isidoros (Bios Isidōrou; Vita Isidori), nur bruchstückhaft erhalten, ist eine ausführliche Biographie seines Lehrers, sie enthält aber auch viele Auskünfte über das Leben anderer neuplatonischen Philosophen, eine Art Geschichte der neuplatonischer Philosophie des 5. Jahrhunderts n. Chr. Es gibt eine nicht vollständige Rekonstruktion des Textes (siehe unten Zintzen). Fragmente davon sind in der Bibliothek von Photios (300 in codices 181 und 242) zu finden und auch im Lexikon Souda oder Suidas (fast 400 Artikel). Die Schrift ist auffällig antichristlich und eine Art Apologie des Heidentums. Ein Beispiel dafür ist der Artikel über Hypatia (siehe Suid. Art. Hypatia). 2) Peri artithmoū kai tōpou kai chrōnou ist erhalten im Kommentar von Simplikios zur Phys. Die Schrift, über welche Kroll (Pauly-Wissowa, IV, 2041) meint, es könne wohl »zum Teil eine Weiterbildung der von Proklos peri tōpou entwickelten Gedanken« sein, ist eher ein Forschungswerk als ein Kommentar (Hoffmann, Art. Damascius, II, 575). 3) Zwei Kommentare, einer zum Phaidon und ein anderer zum Philebos, sind nicht von Damaskios verfasste schriftliche Kommentare, sondern sie wurden von den Hörern von Damaskios aufgeschrieben (siehe Kroll IV, 2041 und Hoffmann II, 581). 4) Aporiai kai lyseis peri tōn prōtōn archon. Auch diese Schrift ist bruchstückhaft erhalten (die Ausg. und Übers. s. u.). 5) Ein Kommentar zum Parmenide (die Ausg. und Übers. s. u.). 5) Die schon erwähnte aus Anlaß der Funeralien von Aedesia gedichtete Lobrede (Vita Isidori, Zintzen, 107, 20-22). Die nicht erhalten sind: 1) Sammlung von Wundergeschichten (paradoxa) in vier Büchern. Sie ist uns bekannt dank einer kleinen Notiz der Bibliohteke des Photios (cod. 130). 2) Ein Kommentar zum Timaios, der wahrscheinlich kein »herausgegebener Commentar« war, »sondern es können Vorlesungen gemeint sein« (Kroll IV, 2041). Er wurde von Damaskios selbst in seinem erhalten gebliebenen Kommentar zum Phaidon erwähnt (s.u.). Es ist auch eine Bekämpfung der von Proklos in seinem zum selben Dialog Platons ausgedrückten Meinungen (Hoffmann, Art. Damascius, DPhA, II, 584). 3) Vorlesungen über die chaldäischen Orakel. D. erwähnt sie in seinem Kommentar zum Parmenide, eine schon übliche Beschäftigung der Neuplatoniker der Akademie. Proklos ist einer der wichtigsten Kommentatoren. 4) Kommentar zum ersten Buch der Meteorologie von Aristoteles. Es gibt viele Zitate daraus im Kommentar des christlichen Philosophen aus Alexandrien Johannes Philosponos (Ioannis Philoponi in Aristotelis Meteorologicarum Librum Primum Commentarium, herausgegeben von M. Hayduck, Berlin 1901, 44, 21-26; mehr bei Hoffmann, Art. Damascius, DPhA, II, 579). 5) Kommentar zum ersten Alkibiades. Der war für Olympiodoros die Hauptquelle für seinen Kommentar zu demselben Dialog Platons (Kroll IV, 2041). Zu den unechten Werken zählen mehrere Kommentare zum Politikos, Sophistes, Phaidros und zu den Gesetzen (Nomoi). Als Philosoph folgt er Proklos, aber nicht unkritisch, dennoch aber wagt er, »an dessen kunstvoll aufgebauten System nur wenige Einzelheiten zu verschieben« (Kroll IV, 2040). Im Gegensatz zu Proklos erwies sich D. stärker zu Mystik und Wunderglauben geneigt. D. bedeutet in der Geschichte der Akademie und der neuplatonischen Philosophiegeschichte nicht nur eine Etappe der Wiederherstellung, sondern auch eine letzte Blüte derer vor einem endgültigen Ende.

Werke: Johann Christian Wolf, »Excerpta ex Damascii libro MS. peri archōn«, in: Anecdota Graeca, sacra et profana, Hamburg, 1722-1724, Bd. 4, 195-262; — Damaskiu Diadochu Aporiai kai lyseis peri tōn prōtōn archon = Damascii philosophi Platonici Quaestiones de primis principiis / ad fidem codd. mascr. nunc primum edidit Jos. Kopp. — Francofurti ad Moenum: Broenner, 1826; — Morceaux inédits du traité des premiers principes ... de Damscius, enthalten in: Charles-Émile Ruelle, Le philosophe Damascius. Étude sur sa vie et ses ouvrages, suivi de neuf morceaux inédits, Paris: Didier, 1861; — Damaskiu Diadochu Aporiai kai lyseis peri tōn prōtōn archōn eis ton Platōnos Parmeniden. Damascii Successoris dubitationes et solutiones de primis principiis, in Platonis Parmenidem partim secundis curis recensuit, partim nunc primum edidit Car. Aem. Ruelle, 2 Bde., Paris 1889, Bruxelles 1964, Amsterdam. Hakkert 1966 (unveränd. Nachdr. [d. Ausg. Paris] 1889); — Damascius le Diadoque, Problème et solutions touchant les premiers principes, avec le tableau sommaire des doctrines des Chaldéens de Michel Psellus, traduit pour la première fois, et accompagnés des commentaires et d'un index très développé, par An-Édouard Chaignet, 3 Bde., Paris 1898 (unveränd. Nachdr., Bruxelles: Culture et civilisation, 1964); — Proclus le philosophe, Commentaire sur le Parménide: Suivi du commentaire anonyme sur les 7 dernières hypothèses, trad. pour la première fois en français et accompagnée de notes, d'une table analytique des paragraphes & d'un ind. par A. Ed. Chaignet; T. 3: ... accomp. de notes, d'une table analytique des paragraphes et d'une trad. de Damascius, La vie d'Isidore ou histoire de la philosophie, avec un avant-propos et l'éloge de l'auteur, par J.-A. Hild, Paris 1900-1903, Unveränd. Nachdr. Frankfurt a. M.: Minerva, 1962; — Das Leben des Philosophen Isidoros von Damaskios aus Damaskos, wiederhergestellt, übers. u. erkl. von Rudolf Asmus, Leipzig: Meiner, 1911; — Damascius: lectures on the Philebus, wrongly attributed to Olympiodorus, ext., translation, notes and indices by L.G. Westerink, Amsterdam: North-Holland, 1959, 1982 (griechisch und englisch); — Damascius. Vitae Isidori reliquiae: editit adnotationibusque instruxit Clemens Zintzen (Bibliotheca Graeca et Latina suppletiora, 1.), Hildesheim: Olms 1967; — The Greek commentaries on Plato's Phaedo / [edited by] Leender Gerrit Westerink, Bd. 2: Damascius I-II; (Verhandelingen der Koninklijke Nederlandse Akademie van Wettenschappen. Afdeeling Letterkunde; 92-93) Amsterdam; New York: North-Holland Pub. Co., 1977 (altgriechisch-englischer Text); — The concept of time in late Neoplatonism: texts with translation, introd. and notes by S. Sambursky and S. Pines, Jerusalem: Israel Academy of Sciences and Humanities, Section of Humanities, 1971 (altgriechisch-englischer Text); — Traité des premiers principes; texte établi par Leender Gerrit Westerink et traduit par Joseph Combès: Bd. 1. De l'ineffable et de l'un, Paris: Les Belles Lettres, 1986 ; Bd. 2. De la triade et de l'unifié, Paris: Les Belles Lettres, 1989; Bd. 3. De la procession, Paris: Les Belles Lettres, 1991; — Des premiers principes: apories et résolutions: texte intégral / Damascius; introduction, notes et trad. du grec par Marie-Claire Galpérine, Lagrasse (Aude) Verdier 1987; — Damascius the philosophical History; text with translation and notes by Polymnia Athanassiadi, Athens: Agameia, 1999 (altgriechisch-englischer Text); — Commentaire du Parménide de Platon, texte établi par Leendert Gerrit Westerink; introduit, traduit et annoté par Joseph Combès, avec la collaboration de A.-Ph. Segonds, Bde. 1-2, Paris: Les Belles Lettres 1997; Bd. 3 Paris: Les Belles Lettres 2002; Bd. 4: introduit, traduit et annoté par Joseph Combès, avec la collaboration de A.-Ph. Segonds et de Concetta Luna, Paris: Les Belles Lettres 2003. (altgriechisch-französischer Text); — Damascius, Despre primele principii: aporii şi solutii, traducere din greaca, introducere şi note de Marilena Vlad, Bucureşti: Humanitas 2006, 58-295 (altgriechisch-rumänischer Text).

Lit.: Wilhelm Gottlieb Tannemann, Geschichte der Philosophie, Bd. 6, Leipzig: Johann Ambrosius Harth 1807, 361-376; — Carl Gottlob Zumpt, Über den Bestand der philosophischen Schulen in Athen und die Succession der Scholarchen, Berlin 1843, 37-39; 56-59; 62-65; — Eduard Zeller, Die Philosophie der Griechen in ihrer geschichtlichen Entwicklung, Dritter Teil. Die nachchristliche Philosophie, Erste Hälfte, Tübingen, 1852, 954-958; — William Smith, Dictionary of Greek and Roman Biography and Mythology, Bd. 1, Boston 1859, 1870, 932; — Charles Emile Ruelle, Le philosophe Damascius. Étude sur sa vie et ses ouvrages, suivie de neuf morceaux inédits, Paris: Didier 1861; — Émile Burnouf, Histoire de la littérature grecque, Paris 1869, 433-435; — Charles Emile Ruelle, »Notice du Codex Marcianus 246 contenant le Traité du philosophe Damascius sur les premiers principes«, in: Mélanges Graux, Paris 1884; — Charles Emile Ruelle, »Notice des manuscrits de Damascius peri archōn«, in: RPh, 14 (1890), 135-145; — Charles Emile Ruelle, »Damascius. Son traité des premiers principes«, in: AGPh, 3 (1890), 379-388 und 559-567; — Fritz Bucherer, Kritische Beitra¨ge zu Damascius' Leben des Isidorus. Wiss. Beilage zu dem Progr., Gr. Gymn. Wertheim., Leipzig 1892; — Anthelme-Édouard Chaignet, Histoire de la psychologie des Grecs, Bd. 5, Paris 1893, 321-357; — Emil Heitz, »Der Philosoph Damascius«, in: Strassburger Abhandlungen zur Philosophie. Eduard Zeller zu seinem 70. Geburtstage, Freiburg im Breisgau, Tübingen 1884, 1-24; — Alfred Croiset, Histoire de la littérature grecque, Paris 1896, 1026-1043; — Antelme-Édouard Chaignet, Damascius. Fragment de son commentaire sur la troisième hypothèse du Parménide, (Comptes rendus de l'Académie des sciences morales et politique), Paris 1897; — Johann Rudolf Asmus, »Zur Rekonstruktion von Damascius' Leben des Isidorus«, in: ByZ, 18 (1909), 424-480; — Johann Rudolf Asmus, »Der Kyniker Sallustius bei Damascius«, in: NJKA, 25 (1910), 504-522; — Johann Rudolf Asmus, »Zur Rekonstruktion von Damascius' Leben des Isidorus«, in: ByZ, 19 (1910), 265-284; — Pierre Duhem, Le système du monde: histoire des doctrines cosmologiques de Platon à Copernic, Bd. 1, Paris 1913 (19792), 263-271; — Thomas Whittaker, The Neo-Platonists. A Study in the History of Hellenism, Second Edition with a Supplement on the Commentaries of Proclus, Cambridge, At the University Press 1918, 180-184; — Reinhold Strömberg, »Damascius. His Personality and Significance«, in: Eranos (Acta philologica Suecana a Vilelmo Lundström condita), 44 (1946), 175-192; — Leendert Gerrit Westerink, »Damascius, Commentateur de Platon«, in: Cornelia J. de Vogel / Heinrich Dörrie / Emilie Zum Brunn [Hgg.], Le Néoplatonisme (Actes du colloque international du Centre National de la Recherche Scientifique, Royaumont, 9-13 juin 1969), Paris 1971, 253-260 (auch in Leendert Gerrit Westerink, Texts and Studies in Neoplatonism and Byzantine Literature. Collected Papers, Amsterdam, Hakkert 1980, 271-278); — Claire Galpérine, »Damascius et la théologie négative«, in: Cornelia J. de Vogel / Heinrich Dörrie / Emilie Zum Brunn [Hgg.], Le Néoplatonisme. Actes du colloque international du Centre National de la Recherche Scientifique, Royaumont, 9-13 juin 1969, Paris 1971, 253-260; — Alan Cameron, »The Last Days of the Academy at Athens«, in: PCPS, 195 (1969), 7-29; — Arthur Hilary Armstrong [Hrsg.], The Cambridge History of Later Greek and Early Medieval Philosophy, Part. I, Cambridge University Press, 1970, 305-314; — Jean Trouillard, »La notion de Dunamis chez Damascius«, in: RÉG, 85 (1972), 353-363; — Joseph Combès, »Damascius, lecteur du Parménide«, in: AdPh, 38 (1975), 33-60 (auch in: Joseph Combès, Études Néoplatoniciennes, Grénoble 1989, 63-99); — Joseph Combès, »Négativité et procession des principes chez Damascius«, in: RevÉAug, 22 (1976), 114-133 (auch in: Joseph Combès, Études Néoplatoniciennes, Grénoble 1989, 101-129); — Joseph Combès, »Damascius et les hypothèses négatives du Parménide. Du phénomène, des simulacres, des impossibles«, RSPhTh, 61 (1977), 185-220 (auch in: Joseph Combès, Études Néoplatoniciennes, Grénoble 1989, 131-187); — Janine Bertier / Luc Brisson / Joseph Combès [Hgg.], Recherches sur la tradition platonicienne. Platon, Aristote, Proclus, Damascius (Histoire des doctrines de l'antiquité classique), Paris 1977; — John Glucker, Antiochus and the Late Academy, Göttingen 1978,

322-329; — Hans Lewy, Chaldean Oracles and Theurgy, Mysticism, Magic and Platonism in the Later Roman Empire, Nouvelle édition par Michel Tardieu (Études Augustiniennes), Paris 1978, Compléments par Michel Tardieu, Eric Robertson Dodds, Pierre Hadot 513-729; — Steward Lloyd Karren, Near Eastern culture and Hellenic paedeia in Damascius' Life of Isidore. Madison, Wis: University of Wisconsin, 1978; — Joseph Combès, »L'«Un humain« selon Damascius: l'objet de la troisième hypothèse du »Parménide«««, in: RSPhTh, 62 (1978), 161-165 (auch in: Joseph Combès, Études Néoplatoniciennes, Grénoble 1989, 189-197); — Carlos Steel, The Changing Self. A Study on the Soul in Later Neoplatonism: Iamblichus, Damascius and Priscianus (Verhandelingen van de Koninklijke Academie voor Wetenschappen, Letteren en Schone Kunsten van België, Klasse der Letteren / 95), Brussel, 1978; — H. J. Blumenthal, »529 and its Sequel: What Happened to the Academy«, in: Byz, 48 (1978) 369-385; — T. N. Pelegrinis, »Damascius: Symmetry as a Means towards Man's Perfection«, in: Diotima, 9 (1979), 147-151; — Raban von Haehling, »Damascius und die heidnische Opposition im 5. Jahrhundert nach Christus. Betrachtungen zu einem Katalog heidnischer Widersacher in der Vita Isidori«, in: JAC, 23 (1980), 82-95; — Joseph Combès, »L'anthropeion hen selon Damascius«, in: Diotima, 8 (1980), 25-29; — Marie-Claire Galpérine, »Le temps intégral selon Damascius«, in: Les Études Philosophiques, 3 (1980), 325-341; — Joseph Combès, »La théologie aporétique de Damascius«, in: J. Bonnamour; J.-Cl. Dupas, [Hrsg.], Néoplatonisme. Mélanges J. Trouillard (Cahiers de Fontenay / 19-22), Paris 1981, 125-139; auch in: Joseph Combès, Études Néoplatoniciennes, Grénoble 1989, 199-221; — Henri Dominique Saffrey, »Quelques aspects de la spiritualité des philosophes Néoplatoniciens: de Jamblique a Proclus et Damascius«, in: RSPhTh, 68 (1984), 169-182; — Franco Trabattoni, »Per una biografia di Damascio«, in: RCSF, 40 (1985), 179-201; — Henri Dominique Saffrey, »Neoplatonist Spirituality II. From Iamblichus to Proclus and Damascius«, in: Classical Mediterranean Spirituality (1986), 250-265; — Marie-Claire Galpérine [Hrsg.], »Introduction« in: Des premiers principes: apories et résolutions; texte intégral / Damascius, Introd., notes et trad. du grec par Marie-Claire Galpérine, Lagrasse, Verdier 1987; — Joseph Combès, »Proclus et Damascius«, in: G. Boss / Gerhard Seel, [Hgg.], Proclus et son influence. Actes du colloque du Neuchâtel, juin 1985, Zürich 1987, 221-246 (auch in: Joseph Combès, Études Néoplatoniciennes, Grénoble 1989, 245-281); — Enrico Valdo Maltese, Damascio in Psello, SIFC, 5 (1987), 66; — Joseph Combès, »Damascius ou la pensée de l'origine«, in: Gonimos. Mélanges offerts à L. G. Westerink, Buffalo 1988, 85-102. auch in: Joseph Combès, Études Néoplatoniciennes, Grénoble 1989, 273-295; — Joseph Combès, Études Néoplatoniciennes, Grénoble 1989; — Richard Goulet, »Aidésia«, in: DPhA, Paris, CNRS Éditions, 1989, I, 74-75; — Michel Tardieu, Les paysages reliques. Routes et haltes syriennes d'Isidor à Simplicius, Louvain, Peeters 1990; — Marie-Claire Galpérine, »Damascius entre Porphyre et Jamblique«, in: Philosophie (Paris), 26 (1990) 41-58; — Luc Brisson, Damascius et l'Orphisme, in: Orphisme et Orphée, textes réunis en l'honneur de Jean Rudhardt, P. Borgeaud, [Hrsg.], Genève 1991, 157-209; — Henri Dominique Saffrey, »Le thème du malheur des temps chez les derniers philosophes néoplatoniciens« in: M.- O. Goulet-Cazé / G. Madec / D. O'Brien [Hgg.], Sophies Maietores: Chercheurs de sagesse. Hommage à Jean Pépin, Paris: Institut d'Études Augustiniennes 1992, 421-431 (auch in: Henri Dominique Saffrey, Le néoplatonisme après Plotin, Paris 2000, 207-217); — Joseph Combès, »Symbolique de l'intellect dans l'In Parmenidem de Damascius«, in: M.- O. Goulet-Cazé / G. Madec / D. O'Brien [Hgg.], Sophies Maietores: Chercheurs de sagesse. Hommage à Jean Pépin, Paris: Institut d'Études Augustiniennes 1992, 433-450; — Polymnia Athanassiadi, »Persecution and response in late paganism: the evidence of Damascius«, in: JHS, 113 (1993), 1-29; — G. Hällström, »The Closing of the Neoplatonic School in A.D. 529: An Additional Aspect«, in: P. Castre´n (Hrsg.), Post-Herulian Athens, Helsinki 1994, 141-160; — Joseph Combès, »Hyparxis et Hypostasis chez Damascius« in: Hyparxis e hypostatis nel neoplatonismo. Atti del I Colloquio internazionale del Centro di ricerca sul neoplatonismo, Università degli Studi di Catania, 1-3 ottobre 1992, a cura di F. Romano e D. P. Taormina (Lessico intellettuale europeo, 64), Florence, Leo S. Olschki 1994; — Philippe Hoffmann, »Damascius«, in: DPhA, Paris, CNRS Éditions, 1994, II, 541-593; — Christos Térézis, »The Ontological Relation »One-Many« according to the Neoplatonist Damascius », in: BoPhJbAM, 1 (1996), 23-37; — John M. Dillon, »Damascius on the Ineffable«, in: AGPh, 78, (1996), 120-129; — Philippe Hoffmann, L'expression de l'indicible dans le néoplatonisme grec de Plotin à Damascius, Paris: l'Harmattan, 1997; — John M. Dillon, »Damascius on the ineffable«, in: John M. Dillon, The great tradition: further studies in the development of Platonism and early Christianity (Variorum collected studies series / 599), Aldershot 1997, 120-129; — John M. Dillon, »Some aspects of Damascius' treatment of the concept of »dynamis«««, in: John M. Dillon, The great tradition: further studies in the development of Platonism and early Christianity (Variorum collected studies series / 599), Aldershot 1997, 139-148; — Sara Ahbel-Rappe, »Scepticism in the Sixth Century? Damascius' Doubts and Solutions Concerning First Principles«, in: JHP, 36 (1998), 337-363; — R. Grifftih, »Neo-Platonism and Christianity: Pseudo-Dionysius and Damascius«, in: E. A. Livingstone [Hrsg.], Studia patristica XXIX. Papers presented at the Twelfth International Conference on Patristic Studies held in Oxford 1995, Leuven, Peeters 1997, 238-243; — John M. Dillon, »Damascius (c.462-540)«, in: Routledge Encyclopedia of Philosophy, 2 (1998), 771-772; — Daniel Mazilu, L'ineffable chez Damascius, Thèse (M.A.) - Université de Montréal 2000; — Sara Ahbel-Rappe, Reading Neoplatonism: Non-Discursive Thinking in the Texts of Plotinus, Proclus and Damascius, Cambridge 2000; — Joseph Combès, »La théorématique de la »Théologie platonicienne« de Proclus d'après Damascius«, in: Concetta Luna / A. F.Mettraux, [Bearb.] // Alain-Philippe Segonds / Steel, Carlos [Hgg.], Proclus et la théologie platonicienne: actes du Colloque international de Louvain, 13-16 mai 1998: en l'honneur de H. D. Saffray et L. G. Westerink, Leuven 2000, 445-458; — Henri Dominique Saffrey, Le néoplatonisme après Plotin, Paris 2000; — Luc Brisson, »Le dernier anneau de la chaîne d'or«, in: RÉG, 114 (2001), 269-282; — Udo Hartmann: »Geist im Exil. Römische Philosophen am Hof der

Sasaniden«, in: Monika Schuol / Udo Hartmann / Andreas Luther [Hgg.], Grenzüberschreitungen. Formen des Kontakts zwischen Orient und Okzident im Altertum. Stuttgart 2002, S. 123-160; — Franco Trabattoni, »Filosofia e dialettica in Damascio«, in: Maria Barbanti / Giovanna R. Giardina / Paolo Manganaro [Hrsg.], Henōsis kai philia. Unione e amicizia. Omaggio a Francesco Romano, Catania: CUECM 2002, 477-494; — Gerd van Riel, »«N'essayons pas de compter l'intelligible sur les doigts«. Damascius et les principes de la limite et de l'illimité«, in: Philosophie antique, 2 (2002), 199-219; — Valerio Napoli, »Il principio unico e il tutto. Una lettura della questione iniziale delle Aporie e soluzioni sui primi princìpi di Damascio«, in: Schede medievali, 40 (2002), 37-92; — Valerio Napoli, »Phantasia e nulla assoluto in Damascio. Prospettive di lettura«, in: Contrarietas. Saggi sui saperi medievali, Palermo 2002, 71-99; — Dirk Cürsgen, »Die Phantasietheorie des Damascius und ihre Stellung im neuplatonischen Denken«, in: Thomas Dewender / Thomas Welt [Hgg.], Imagination - Fiktion - Kreation. Das kulturschaffende Vermögen der Phantasie, München, Leipzig 2003, 99-113; — José María Zamora Calvo, »Los últimos representantes del neoplatonismo pagano: Damascio y Simplicio«, in: Aurelia Ruiz Sola / Carlos Pérez Gonzáles [Hgg.], Cristianismo y paganismo: ruptura y continuidad [XVI Jornadas de Filología Clásica de las Universidades de Castilla y León, Burgos, 11 al 15 de noviembre de 2002], Congresos y cursos. Universidad Burgos / 24, Burgos, 2003, 259-270; — Edward Watts, »Justinian, Malalas, and the End of Athenian Philosophical Teaching in A.D. 529«, in: JRS, 94 (2004) 168-182; — C. Andron, »Damascius on knowledge and its object«, in: Rhizai (A Journal for Ancient Philosophy and Science) 1 (2004), 107-124; — William Franke, »Of the Ineffable: Aporeticsv of the Notion of an Absolute Principle Damascius«, in: Arion, 12/1 (2004), 19; — Marilena Vlad, »De principiis: de l'aporétique de l'Un à aporétique de l'Ineffable«, in: Chōra. Revue d'études anciennes et médiévales, 2 (2004), 125-148; — Sergei Mariev, »Ein fälschlich Damaskios zugewiesenes Fragment«, in: ByZ, 98 (2005), 75-76; — Edward Watts, »Where to Live the Philosophical Life in the Sixth Century? Damascius, Simplicius, and the Return from Persia«, in: GRBS, 45 (2005) 285-315; — Angel Enrique Jurado Ramos, »Damascio y Simplicio: platonismo y aristotelismo a fines del mundo antiguo«, in: Debats, 90 (2005), 70-72; — Valerio Napoli, »Conoscibilità e inconoscibilità dell' Uno nella lettura di Damascio della Repubblica di Platone«, in: Pan, 23 (2005), 183-208; — Christos Térézis, »Aspetti della teoria delle »specie« (»eidon«) nel pensiero filosofico del neoplatonico Damascio«, in: Maia, 57 (2005), 95-106; — Polymnia Athanassiadi, La lutte pour l'orthodoxie dans le platonisme tardif. De Numénius à Damascius, Paris 2005; — Dominic J. O'Meara, »Patterns of Perfection in Damascius »Life of Isidore«««, in: Phronesis, 51 (2006), 74-90; — Carlo Maria Mazzucchi, »Damascio, Autore del Corpus Dionysiacum, e il dialogo »Peri politikès epistemès«««, in: Aevum, 80/2 (2006), 299-334; — Marilena Vlad, »Introducere: Damascius şi traditia neoplatonica«, in: Damascius, Despre primele principii: aporii şi solutii, traducere din greaca, introducere şi note de Marilena Vlad, Bucureşti: Humanitas 2006, 5-55; — Dirk Cürsgen, Henologie und Ontologie: die metaphysische Prinzipienlehre des späten Neuplatonismus, Würzburg: Königshausen & Neumann, 2007; — Ilsetraut Hadot, »Dans quel lieu le néoplatonicien Simplicius a-t-il fondé son école des mathématiques, et où a pu avoir lieu son entretien avec un manichéen?«, in: The International Journal of the Platonic Tradition, 1 (2007), 42-107; — Kroll, Pauly-Wissowa, IV, 2039-2042; — Überweg I, 229, 233, 237; — PLRE, II, 342-343; — The New Enciclopædia Brithanica, vol. 3, Chicago, Auckland, London, Manila..., Fifteenth Edition, 1998, 864.

Vasile Adrian Caraba

DEISSNER, Ernst Ferdinand Kurt. Evangelischer Theologe, Neutestamentler. * 10. April 1888 Frohse bei Magdeburg † 6. November 1942 Greifswald. — D. war der Sohn eines Dampfmühlenbesitzers und besuchte das Gymnasium in Magdeburg und Stendal. Nach der Reifeprüfung nahm er ab 1906 seine theologischen Studien in Tübingen, Greifswald, Marburg auf. Am 9. April 1910 legte D. seine 1. Theologische Prüfung in Greifswald ab. Ihr folgte das Lizentiat in Theologie ebendort (24. Mai 1912). Vor seiner Habilitation an der Greifswalder Universität wirkte D. 1912 als Hilfsprediger an der Schloßkirche zu Stettin und 1914 als Religionslehrer am Privat-Lyceum in Greifswald. Seine öffentliche Probevorlesung (30. Oktober 1915) griff das Thema »Seneca über Paulus« auf. 1914 ehelichte er Johanna Müller, eine pommersche Kapitänstochter; aus ihrer Ehe gingen vier Kinder hervor. Im Ersten Weltkrieg war zwischen dem 18. Mai 1917 und dem 14. Februar 1918 als Militärkrankenwärter im Reservelazarett Greifswald einberufen; für seinen Dienst wurde D. am 15. März 1918 mit der Rote Kreuz-Medaille 3. Klasse ausgezeichnet. Seine akademische Laufbahn setzte der junge Theologe im April 1919 fort, als er 31jährig die Nachfolge des bisherigen Lehrstuhlinhabers Friedrich Büchsel antrat, zunächst als außerordentlicher, ab Dezember 1920 dann als persönlicher ordentlicher und zum November 1926 schließlich als ordentlicher Professor für Neues Testament in Greifswald. Schon zum 24. Juni 1922 war er zum Direktor des Theologischen Seminars ernannt worden; einen 1923 an ihn ergangenen Ruf nach Zürich nahm er nicht an. In der universitären Verwaltung oblag D. 1923 und 1924 die Aufgabe des Dekans der Theologischen Fakultät. Fast ein Jahrzehnt später (15. Mai 1931 bis 15. Mai 1933) wirkte D. im Amt des Rektors der Universität. Die Erfüllung dieser Aufgabe geschah zum großen Nutzen der

Hochschule und auch der Stadt, da sich sein Interesse auch auf die Belange der lokale Angelegenheiten erstreckten. Seit 1926 handelte er nebenamtlich als Konsistorialrat in Stettin. Während der nationalsozialistischen Zeit gehörte D., der in politischer Hinsicht eine stark konservative Position einnahm (zwischen 1919 und 1933 war er Mitglied der DNVP), zwar nationalsozialistischen Berufsverbänden an und stand der neuen Politik nicht völlig ablehnend gegenüber, doch wurde er kein Parteimitglied. Seine kritische Haltung zu jeglichem völkischen Christentum brachte ihn zur Gruppe »Evangelium und Kirche«. Im Oktober 1933 gehört er zu den Unterzeichnern der gegen den kirchlichen Arierparagraphen gerichteten Erklärung deutscher Neutestamentler »Neues Testament und Rassenfrage«. Auf der Bekenntnissynode in Stettin (7. Mai 1934) ernannten ihn die dort Versammelten zum Mitglied des Provinzialbruderrates. D. Engagement wurde auch deutlich in Mitgliedschaften wie etwa in der Deutsch-Schwedischen Gesellschaft oder seiner Ehrenmitgliedschaft im Verein deutscher Studenten. 1940 folgte D. nach dem Tod des Generalsuperintendenten Kalmus als Vorsitzender der Gustav-Adolf-Stiftung. Das theologische Doktorat ehrenhalber verlieh ihm 1921 die Erlanger Fakultät. Bis zu seinem krankheitsbedingten Tod gehörte er dem Lehrkörper der theologischen Fakultät an. — Seine Forschungsschwerpunkte lagen im Bereich des Urchristentums, des Hellenismus und der Auseinandersetzung mit den völkisch-religiösen Strömungen.

Werke: Auferstehungsgedanke und Pneumagedanke bei Paulus, 1912; Auferstehungshoffnung und Pneumagedanke bei Paulus. In: The Princeton Theological Review 11 (1913) 664-668; Paulus und Seneca, [=BFChTh; 21,2], 1917; Paulus und die Mystik seiner Zeit, 1918 (²1921); Die Einzigartigkeit der Person Jesu, 1919; Religionsgeschichtliche Parallelen. Ihr Wert und ihre Verwendung, [=Prinzipienfragen der neutestamentlichen Forschung; 1], 1921; Das völkische Christusbild, [=Zeit- und Streitfragen des Glaubens, der Weltanschauung und Bibelforschung; 16,3/4], 1925; Das Idealbild des stoischen Weisen. Rede anläßlich der Reichsgründungsfeier der Universität Greifswald am 18. Januar 1930, [=Greifswalder Universitätsreden; 24], 1930; Autorität und Freiheit im ältesten Christentum. Rede, gehalten bei Übernahme des Rektorats am 15. Mai, [=Greifswalder Universitätsreden; 30], 1931; Die Universität Greifswald als Kulturfaktor in Vergangenheit u. Gegenwart. In: Pommersche Heimatpflege 2 (1931/H. 4); Satzung der Studentenschaft der Universität Greifswald nebst einem Vorwort, [=Taschenbuch der Universität Greifswald; 1933, Beilage], 1933; [Art.] meteorizomai. In: ThWNT IV (1938) 633-635; [Art.] metron ametroj metrew. In: ThWNT IV (1938) 635-638; Anpassung und Abwehr in der ältesten Missionspredigt. In: ZSTh 16 (1939) 516-527; — Mit-Hrsg.: Greifswalder theologische Forschungen. Im Auftrag der Pommerschen Gesellschaft zur Förderung der evangelisch-theologischen Wissenschaft.

Lit.: Wer ist's?, 1922, 265; — In: Kürschner, GK I (1940/1941) 286-287; — [Art.] D. in: ThWNT X,1 (1978) 91; — Eckard Oberdörfer, Kurt Deissner. Der Rektor der 475-Jahrfeier der Universität Greifswald. In: Baltische Studien NF 81(1995) 84-93; — Werner Klän, Die evangelische Kirche Pommerns in Republik und Diktatur. Geschichte und Gestaltung einer preußischen Kirchenprovinz 1914-1945, [=Forschungen zur pommerschen Geschichte; 30], 1995 (passim); — [Art.] Deissner, Ernst Ferdinand Kurt. In: Lexikon Greifswalder Hochschullehrer 1775 bis 2000, hrsg. von Werner Buchholz, Bd. 3, 2004, 43-44; — [Art.] Deißner, Kurt. In: Personenlexikon zum deutschen Protestantismus 1919-1949, zusammengestellt u. bearb. von Hannelore Braun u. Gertraud Grünzinger, [=Arbeiten zur kirchlichen Zeitgeschichte; A.12], 2006, 57.

Christoph Schmitt

DENZINGER, Franz Joseph Ritter von, Architekt, Ingenieur, Dombaumeister * 24.2. 1821 in Lüttich, † 14.2. 1894 in Nürnberg. — Sohn des Philosophieprofessors Ignaz D. (1782-1862) aus Würzburg, und der Marie Thekla Molitor; Bruder des kath. Theologen Heinrich D. (s.d.) und des Professors für römisches Recht in Würzburg August D. D.s Vater war 1817 von der niederländischen Regierung von Würzburg an die Universität Lüttich berufen worden. Ein Jahr nach der Eingliederung Lüttichs in das 1830 gegründete Königreich Belgien kehrte er mit seiner Familie nach Würzburg zurück. Dort besuchte Franz Josef das Gymnasium bis zur Reife. Auf Wunsch des Vaters studierte er zunächst einige Semester Philosophie an der Würzburger Universität. 1842 wechselte er nach München, wo er an der neu gegründeten polytechnischen Schule Ingenieurwissenschaften und an der Akademie der Bildenden Künste bei Friedrich Gärtner (1791-1847) und August von Voit (1801-1870) Architektur studierte. 1846 legte er die Prüfungen als Ingenieur und 1847 als Architekt ab. Wieder auf Anraten seines Vaters folgte eine mehrjährige Praxis beim Eisenbahnbau in Donauwörth. — Als erste selbständige Bauten errichtete D. 1850-51 eine Saline und ein Solbad in Kissingen. 1851 wurde er als ziviler Bauingenieur nach Regensburg versetzt. Erste Arbeiten an einem Sakralbau wurden ihm

1853 bei der Wiederherstellung der eingestürzten Kirche St. Jakob in Burghausen (Altötting) übertragen. Bereits nach sieben, statt der vorgeschriebenen fünfzehn Jahre, erhielt er 1854 eine Anstellung als Bauingenieur in Bamberg. Von 1854-58 leitete er den Bau des chemischen Laboratoriums der Universität Erlangen. Mit einem staatlichen Stipendium für besondere Leistungen reiste D. 1855 vier Monate lang durch Deutschland, Österreich, die Schweiz, Frankreich und Belgien wo er vor allem die mittelalterliche Baukunst und die gotische Formensprache studierte, für die er eine besondere Kennerschaft entwickelte. 1858 wurde er zum königlich Bayerischen Baubeamten in Regensburg ernannt. Hier berief ihn am 27.1. 1859 Bischof Ignatius von Senestréy (s.d.) zum Dombaumeister. Für die Dauer der Tätigkeit wurde er vom Staatsdienst beurlaubt. 1868 verlieh ihm König Ludwig II. den Titel eines königlichen Baurats. Da die Originalpläne verschollen waren, ließ D. nach eigenen Entwürfen, die er gegen konkurrierende Vorschläge seines Lehrers von Voit und des Bauinspektors Michael Maurer (1796-1860) durchsetzen konnte, bis 1869 die beiden 105 Meter hohen Türme am Dom St. Peter aufführen. Der Ausbau des Querschiffs und der Dachreiter wurde 1872 vollendet. — Zusammen mit den Dombaumeistern Friedrich von Schmidt, Wien und Richard Voigtel, Köln, erstellte er am 28.3. 1868 ein Gutachten für den Wiederaufbau des Frankfurter Kaiserdomes, der am 15.8. 1867 bei einem Großfeuer stark beschädigt worden war. Auf Grund dieses Gutachtens wurde er am 11.1. 1869 als Dombaumeister nach Frankfurt berufen, am 5.4. traf er in der Stadt ein. Wieder wurde ihm ein Urlaub vom bayerischen Staatsdienst gewährt. D. erhöhte das Langhaus um gut 5 Meter und glich es damit Querhaus und Chor an, wobei er Gewölbe, Streben und Fenster erneuerte. Dach- und Glockenstuhl wurden, wie bei allen seinen Bauten, als Eisenkonstruktion errichtet. Er ergänzte die bis dahin fehlende Haubenspitze des Westturms nach den mittelalterlichen Plänen von Madern Gerthener (ca. 1360-1430), fügte Maßwerk und Statuen hinzu, verkleinerte den Kreuzgang und fügte eine Turmvorhalle an. Diese sehr weitgehenden Eingriffe führten zu einem Konflikt mit Dompfarrer August Münzenberger (s.d.). Am 14.4. 1878 fand der Einweihungsgottesdienst statt. Bei Ausschachtungsarbeiten entdeckte D. auch die Fundamente der früheren karolingischen Salvatorkirche, die aber zu der Zeit nicht weiter erforscht wurden. Über diese Bautätigkeit hinaus errichtete D. 1874-1877 südlich des Domes, auf dem Grundstück der alten Waage neben dem Leinwandhaus am Weckmarkt, ein zweigeschossiges Gebäude im neugotischen Stil, in dessen überwölbtem Erdgeschoß erstmals ein städtisches Historisches Museum eingerichtet und der Öffentlichkeit zugänglich gemacht wurde, während zwei große Säle im Obergeschoß das städtische Archiv aufnahmen. In diese Zeit fielen auch Restaurierungsarbeiten an der Weißfrauenkirche, deren Dach 1875 abgebrannt war. Auch wenn allgemein die Arbeiten an den Domen von Regensburg und Frankfurt als seine Hauptwerke angesehen werden, so muß doch der 1875-1880 entstandene repräsentative Bau der Dreikönigskirche am Sachsenhäuser Mainufer als ein weiteres Hauptwerk gelten. Es ist D.s größter Kirchenneubau, bei dem er sich eng an die Vorgaben des »Eisenacher Regulativs« von 1861 für protestantische Kirchenneubauten hielt. Etwa auf gleicher Höhe und parallel zum Dom, mit steilem Dach und 80 Meter hohem Westturm, bildete das evangelische Gotteshaus ein neugotisches Pendant und ein weithin sichtbares Wahrzeichen in der Stadtsilhouette dieser Zeit. Das geräumige Langhaus wurde vom dritten bis zum fünften Joch um zwei Seitenschiffe mit tribünenartigen Emporen erweitert, die im kreuzförmigen Grundriß und in der Außenansicht als Querhaus erscheinen. Am 8. Mai 1881 konnte das Bauwerk eingeweiht werden. Insgesamt bietet der Innenraum 1100 Sitzplätze und im breiten Chor Raum für Sänger und Orchester, im Westen schließt eine große Orgelempore an. So konnte das Gebäude bis heute als Aufführungsstätte für Konzerte und Oratorien genutzt werden. Vor allem aber, als nach dem 2. Weltkrieg die meisten Kirchen und Konzerthäuser Frankfurts zerstört waren, entwickelte sich hier, seit 1945 unter dem Kantor Kurt Thomas (s.d.) und seit 1946 unter dem Organisten und Bachinterpreten Helmut Walcha (1907-1991), eine weit über die Stadt hinaus wirkende Musikkultur. D. beendete 1879 seine Tätigkeit in Frankfurt und kehrte in den bayerischen Staatsdienst zurück, wo er das Amt eines Regierungs-

und Kreisbaurats in Bayreuth übernahm. 1885 wurde er als Oberbaurat nach München berufen. — Auf Grund seiner besonderen Kenntnisse der gotischen Baukunst, war D. ein begehrter Gutachter, so 1864 für das Münster in Ulm, 1866/67 für den Dom in Mainz, 1868 für den Dom in Frankfurt, 1869 für den Dom in Würzburg, 1870 für die Katharinenkirche in Oppenheim, 1873 für den Dom in Metz und das Münster in Straßburg sowie 1879 für die Weißfrauenkirche in Frankfurt und für St. Sebaldus in Nürnberg. Bereits 1865 war D. zum Ehrenmitglied des Freien Deutschen Hochstifts in Frankfurt ernannt worden. Seit 1867 war er Mitglied des Gelehrten-Ausschusses des Germanischen Nationalmuseums in Nürnberg. Seit 1868 Mitglied der Akademie der Künste in Wien und der Kommission für Erhaltung der Kunstdenkmale und Altertümer in Bayern. 1869 ernannte ihn die Stadt Regensburg zum Ehrenbürger und er wurde Mitglied des Vereins für Geschichte und Altertumskunde in Frankfurt. Hier war er auch im Vorstand des Vereins für das Frankfurter Historische Museum und Mitglied der Frankfurter Künstlergesellschaft. Er war Träger verschiedener hoher Auszeichnungen. Am 20.6. 1891 wurde er mit der Verleihung des Verdienstordens der bayerischen Krone und der damit verbundenen Erhebung in den Adelsstand aus dem Staatsdienst entlassen. Er starb am 14.2. 1894 in Nürnberg, wo er sich als Preisrichter eines Wettbewerbes aufhielt. Die Beisetzung fand am 16.2. in München statt. D. war mit Hedwig von Steffenelli aus Regensburg verheiratet, das Paar hatte drei Kinder.

Werke - Neubauten: Bad Kissingen, Saline und Solbad, 1850-51; — Erlangen, Chemisches Laboratorium, 1854-58; — Kemnath b. Fuhrn , St. Ulrich, 1862-64; — Hof, St. Marien (Mitwirkung), 1863-75; — Frankfurt (Main), Städt. Archiv mit Histor. Museum, 1874-77 und Dreikönigskirche, 1875-80; — Leutenbach, Kr. Forchheim, St. Jakobus, an Turm a. d. 15. Jh. (Mitwirkung), 1884-86; — Hetzles Kr. Forchheim, St. Laurentius, an Turm a. d. 15. Jh., 1884-91; — Sanderau b. Würzburg, St. Adalbero (nach s. Planskizze), 1892-99.

Restaurierungen, Rekonstruktionen, Ergänzungen: Burghausen, St. Jakob, 1853; — Regensburg, Dom St. Peter, Oktogongeschosse und Helme beider Türme, beide Querhausgiebel, Dachreiter über der Vierung, 1859-1872; — Frankfurt (Main), Dom St. Bartholomäus, Erhöhung des Langhauses mit Dachkonstruktion, Ergänzung der Turmspitze, Kreuzgang mit Vorhalle, 1869-80; — Kiedrich (Rheing.), St. Dionysius und Valentinus, 1873-74; — Amberg, St. Martin, 1870-78; — Nördlingen, St. Georg, 1877-87; — Aschaffenburg, St. Peter und Alexander, 1880-82 (nach s. Plänen).

Ausstellungsbeteiligungen: Paris, Weltausstellung, 1867; — München, 1869.

Aufsätze, Berichte: Die Pläne zur Vollendung der Domthürme in Regensburg, in: Dt. Bauztg., 3, 1869, 40, 658-659; — Der sog. Eselsthurm am Dome zu Regensburg, in: Verhandl. d. Hist. Vereins f. Oberpfalz u. Regensburg, 28, 1872, 213-220; — An den Magistrat, Bericht der Bau-Deputation, den Dombau betr., Frankfurt, 1870.

Lit.: Deutsche Bauztg., 3, 1869, 634; 28, 1894; — Wilhelm Kaulen: F. J. D. in Frankfurt, in: Freud u. Leid im Leben deutscher Künstler, Frankfurt, Winter, 1878, 25-29, mit Porträtfoto; — Robert Schrotzenberger: Francofurtensia, Frankfurt, Naumann, 1881, 2. Aufl. 1884; — Frankfurt am Main u. seine Bauten, Frankfurt, Architekten- u. Ingenieur-Verein, 1886, mit Grundrissen des Stadtarchivs; — Carl Wolff: Der Kaiserdom in Frankfurt am Main, Frankfurt, Jügel, 1892; — Kleine Presse, Frankfurt a. M., 42, 20.2.1894, mit Portr.; — Deutsche Bauztg., 28, 3.3.1894, 111-113; — Carl Weber: F. J. Ritter v. D., der letzte Dombaumeister in Regensburg, in: Südd. Bauztg. IV, 1894, 72 ff.; — Illustr. Ztg., 7.4.1894; — Centralbl. d. Bauverw., 14, 24.2.1894, 82; — Hermann Alexander Müller u. Hans Wolfgang Singer: Allg. Künstler-Lexikon, Frankfurt: Rütten u. Loening, 1895, 1, 334; — G. Anton Weber: Regensburgs Kunstgesch. im Grundriß, Regensburg, Habbel, 1898, 22; — Julius Hülsen: F.J.D. in: ADB, 47, 1903, 661-663; — G. Anton Weber: Dombaumeister D., in: Dt. Hausschatz, 34, 1908, 331 ff., 367 ff; — Heinrich Weizsäcker u. Albert Dessoff: Kunst u. Künstler in Frankfurt a. M. im 19. Jh., Frankfurt, Baer, 1, 1907, 90 u. 2, 1909, 29; — G. Anton Weber: F.J.D. in: Thieme u. Becker, 9, 1913, 86-87; — Wilhelm Kosch: Das katholische Deutschland, Augsburg, Liter. Inst. Haas u. Grabherr, 1, 1933, 484; — Frankfurt-Chronik, Frankfurt (Main), Kramer, 1964, 3. Aufl. 1987; — Alexander von Knorre: Turmvollendungen deutscher gotischer Kirchen im 19. Jh...., Köln, Kunsthist. Inst. Univ. Köln, 1974; — Heinz Schomann: Die beiden Dreikönigskirchen..., in: 450 Jahre Evang. Dreikönigsgemeinde, 100 Jahre neue Dreikönigskirche in Frankfurt am Main, hrsg. v. Wilhelm Gegenwart, Frankfurt, Dreikönigsgemeinde, 1981, 59-74, Abb., Grundrisse; — Dehio: Hessen, 1982; — Elsbeth de Weerth: Der Streit um die Restaurierung des Frankfurter Domkreuzgangs, in: Arch. f. Frankf. Geschichte u. Kunst, 61, 1987, 281-298; — Gerald Jasbar: Der Regensburger Dom, in: Erwin Treu (Hrsg.): Steingewordene Träume, Vollendung gotischer Kirchtürme im 19. Jh., Ulm, Ulmer Museum, 1990, 38-51, Abb.; — Dehio: Bayern I, IV, V, 1991-99; — Elsbeth de Weerth: F.J.D. in: Frankfurter Biographie, Frankfurt, Kramer, 1, 1994, 151 mit Portr.; — DBE, 2, 1995, 489-490; — Eva-Maria Seng: Der Evang. Kirchenbau im 19. Jh., Tübingen, Wasmuth, 1995 (zum Eisenacher Regulativ); — Bernd Häußler: Für den Stadtpfarrer war die Baustelle gesperrt, Streit um die »wahre« Gotik beim Wiederaufbau des Doms, in: FAZ, Nr. 48 v. 26.2.1996, 38; — Ulrike Schubert: F.J.D. in: AKL, 26, 2000, 200-201; — Ulrike Schubert: Ein berühmter Dombaumeister, aber kein Preuße!: Die Vollendung des Frankfurter Domes unter Dombaumeister F.J.D., in: Ulrike Schubert, Stephan Mann (Hrsg.), Renaissance der

Gotik: Widerstand gegen die Staatsgewalt?, Kolloquium zur Kunst der Neugotik, Goch, Museum Goch, 2003, 63-75; — Friedrich Fuchs: Die Regensburger Domtürme 1859-1869, Regensburg, Schnell u. Steiner, 2006.

Hans Hermann Fries

DITTERT, Franz, Großdechant und Generalvikar, * 10.12. 1857 in Wölfelsdorf/Kreis Habelschwerdt, † 18.12. 1937 in Mittelwalde/Kreis Habelschwerdt. — D. wurde als Sohn des Landwirts Franz Dittert in der Grafschaft Glatz, einem kirchlich zur Erzdiözese Prag gehörenden Teil der preußischen Provinz Schlesien, geboren. In Glatz besuchte er das Gymnasium und studierte nach dem Abitur kath. Theologie in Breslau, München und Würzburg. 1881/82 absolvierte er seine Militärzeit als Einjährig-Freiwilliger beim Grenadier-Regiment Nr. 10 in Breslau. Die Priesterweihe erteilte ihm Fürstbischof Robert Herzog am 29. Juli 1883 im Hohen Dom zu Breslau auf den Titel der Erzdiözese Prag. Seinen priesterlichen Dienst begann D. als Kaplan in Rosenthal/Kreis Habelschwerdt, um bereits 1886 als Lokalist in das zur Pfarrei gehörige Stuhlseifen zu wechseln. 1889 kehrte er als Pfarrer nach Rosenthal zurück und amtierte seit August 1899 für nahezu vier Jahrzehnte als Pfarrer in Mittelwalde, der südlichsten Stadt der Grafschaft Glatz. Hier plante er einen Neubau der für die auf 4.600 Mitglieder angewachsene Gemeinde zu klein gewordenen Pfarrkirche Corpus Christi, der zunächst durch den Ersten Weltkrieg und später durch die Inflation verhindert wurde. 1926/27 kam es dann lediglich zu einer Renovierung des bisherigen Gotteshauses. Außerdem führte D. 1927 eine Erweiterung des Krankenhauses durch. 1912 schuf er in Mittelwalde einen Kindergarten mit Näh- und Haushaltungsschule, für deren Leitung er Hedwigschwestern aus Breslau gewann, Um Mittelwalder Schülern den Übergang zu einer höheren Schule zu erleichtern, gründete D. in diesem Haus zudem eine Zubringerschule für die nächst gelegene Realschule bzw. das Gymnasium, die sog. »Höhere Familienschule«. Auf dem politischen Parkett war er als Vorsitzender der Zentrumspartei im Kreis Habelschwerdt tätig. Als erzbischöflicher Notar und Konsistorialrat übernahm D. zudem auch über seine Pfarrei hinaus Aufgaben. — Am 7. Februar 1921 ernannte Erzbischof Frantisek Kordac von Prag den bereits 63-jährigen Geistlichen zu seinem Generalvikar für den zum Deutschen Reich gehörenden Teil der Erzdiözese, die Grafschaft Glatz, nachdem der erste Inhaber dieses erst im Vorjahr geschaffenen Amtes, Prälat Edmund Scholz (1835-1920), verstorben war. Zugleich erhielt D., der stellvertretend für den Erzbischof Mitglied der Fuldaer Bischofskonferenz war, den seit 1810 bestehenden einzigartigen Titel eines Großdechanten. Am 27. April 1921 wurde er darüber hinaus zum Ehrendomkapitular an der Kathedrale in Breslau ernannt. Noch im selben Jahr bekam er überdies von Papst Benedikt XV. die höchste Prälatenwürde eines Apostolischen Protonotars verliehen. Wie seine Vorgänger behielt auch D. als Großdechant zugleich sein Pfarramt in Mittelwalde, wo er in der Pfarrseelsorge von zwei Kaplänen unterstützt wurde. Das Generalvikariatsamt, das für 160.000 Katholiken in 63 Kirchengemeinden mit 114 Priestern zuständig war, erhielt ein von einem geistlichen Sekretär verwaltetes Büro im Mittelwalder Pfarrhaus. Die während D.s Amtszeit andauernden Diskussionen um eine eventuelle Angliederung der Grafschaft Glatz an die Erzdiözese Breslau führten dazu, daß Bemühungen um eine Verlegung des Generalvikariatsamtes in das zentrale Glatz fehlschlugen. — Im November 1935 stand D. im Zentrum einer groß angelegten Aktion der Gestapo gegen die katholische Kirche in der Grafschaft Glatz. Hintergrund war offenbar die Vermutung, daß das Generalvikariatsamt in Mittelwalde Umschlagplatz für Nachrichten der »Bischöflichen Informationsstelle« in Berlin über die Lage der katholischen Kirche in Deutschland sei. Konkreter gesagt vermuteten die Nationalsozialisten, daß auf dem Weg über Glatz regimekritische kirchliche Berichte nach Prag gebracht würden. Obgleich eine Durchsuchung der Büroräume Ditterts mit Beschlagnahmung zahlreicher Akten keine Beweise zutage förderte, sollte D. verhaftet werden, was mit Blick auf den bereits geschwächten Gesundheitszustand des 78-jährigen Prälaten durch den zufällig anwesenden Hausarzt verhindert werden konnte. Allerdings wurden sein Sekretär Kaplan (s.d.) Leo Christoph (1901-1985) sowie zwei weitere Grafschafter Priester im Kontext dieser Aktion verhaftet und gut drei Monate in Breslau bzw. Berlin inhaftiert, ohne daß ein Verfahren gegen sie eröffnet worden wäre. — D. starb wenige Tage nach

Vollendung des 80. Lebensjahres und wurde durch den Prager Weihbischof Johannes Remiger an der Nordseite des Turms der St.-Barbara-Kirche auf dem Friedhof in Mittelwalde beigesetzt. Den mit einem Relief des auferstandenen Christus geschmückten Grabstein schuf der Bildhauer Franz Wagner aus Glatz. — Insgesamt wird D. als Priesterpersönlichkeit charakterisiert, die im Grafschaft Glatzer Klerus seiner Zeit Vorbildcharakter besaß. D. war kein geistig hochstehender Theologe, der wissenschaftlich arbeitete, sondern ein praktisch begabter Seelsorger. Er verstand einprägsam zu predigen, setzte sich nachhaltig für den Zusammenhalt der Geistlichen in der Grafschaft Glatz ein und hatte ein großes Gespür für soziale Not.

Lit.: Joseph Wittig, Großdechant Franz Dittert in Mittelwalde, in: Guda Obend 1939, 105, wieder abgedruckt, in: Grafschaft Glatzer Heimatblätter, 20. Jg. 1968, 17f.; — Aloys Berger, Eine Übersicht über die Pfarreien und Kuratien der Grafschaft Glatz Betreffend die Zeit von 1841-1946, o.O. O.J. (1961), 56-58; — Joseph Negwer/Kurt Engelbert, Geschichte des Breslauer Domkapitels im Rahmen der Diözesangeschichte vom Beginn des 19. Jahrhunderts bis zum Ende des Zweiten Weltkrieges, Hildesheim 1964, 185, 211, 304; — Joseph Czichy, Großdechant Franz Dittert. Ein Gedenken anläßlich seines 30. Todestages, in: Grafschaft Glatzer Heimatblätter, 20. Jg. 1968, 14-17; — Franz Heinsch, Priester der Grafschaft Glatz im »Dritten Reich«, in: ASKG, Bd. 26 (1968), 279-288, hier 280-282; — Kurt Ungrad, Die Großdechanten der Grafschaft Glatz, in: Die Grafschaft Glatz, Bd. V: »Der Herrgottswinkel Deutschlands«, Lüdenscheid o.J. (1968), 83-97, hier 96; — Prälat Franz Dittert, in: Leo Christoph (Hrsg.), Sie gehören zu uns. Von Glatzer Heimatpriestern, Reinbek o.J. (1969), 25f.; — Bernhard Stasiewski, Art. Dittert, Franz, in: Erwin Gatz (Hrsg.), Die Bischöfe der deutschsprachigen Länder 1785/1803-1945. Ein biographisches Lexikon, Berlin 1983, 136f.; — Aloys Bernatzky, Lexikon der Grafschaft Glatz, 2. Aufl. Leimen/Heidelberg 1984, 42; — Michael Hirschfeld, Prälat Franz Monse (1882-1962). Großdechant von Glatz (Arbeiten zur schlesischen Kirchengeschichte, Bd. 7), Sigmaringen 1997, 22, 28, 34f., 48f., 51, 196; — Claus-Dieter Steinfels, Heimat Schlesien - Mittelwalde, Lüdenscheid 2000, hier 144-146; — Franz Jung, Die Kirchengeschichte der Grafschaft Glatz 1840-1940, in: Arno Herzig (Hrsg.), Glaciographia nova. Festschrift für Dieter Pohl, Hamburg 2004, 250-264; — Michael Hirschfeld, Katholische Lebenswelt zwischen Kulturkampf und Vertreibung, in: Franz Jung (Hrsg.), Auf dem Weg durch die Jahrhunderte. Beiträge zur Kirchengeschichte der Grafschaft Glatz, Münster 2005, 127-154, hier 141f.; — Michael Hirschfeld, Zum Problem der Anpassung der Diözesanzirkumskription an die deutsch-tschechoslowakische Staatsgrenze zwischen den Weltkriegen (1918-1939), in: Römische Quartalschrift, Bd. 100 (2005), 275-287; — Michael Hirschfeld, Die Ernennung der Großdechanten vom Kulturkampf bis zur NS-Zeit. Ein Beitrag zum Verhältnis von Staat und katholischer Kirche, in: Arbeitsgemeinschaft Grafschaft Glatz (AGG)-Mitteilungen Nr. 5/2006, 12-22, hier 17; — Arno Herzig/Malgorzata Ruchniewicz, Geschichte des Glatzer Landes, Hamburg/Wroclaw 2006, 290 u. 384.

Michael Hirschfeld

DONCASTER, Leonard Hugh, * 27.3. 1914 in Birmingham, † Oktober 1994 in Arnside (Cumbria). Quäker. — Leonard Hugh Doncaster wurde in eine alteingesessene Quäkerfamilie hineingeboren, seine Mutter war eine geborene Priestman, sein Vater, ein Professor für Naturwissenschaft an der Universität zu Liverpool, starb 1920. Nach seiner Schulzeit an der Sidcot School und an der Leighton Park School, die vor allem sein naturgeschichtliches Interesse weckten, besuchte er die Universität Cambridge, wo er Naturwissenschaften studierte. Nach verschiedenen Tätigkeiten als Hilfslehrer und Organisator von Arbeitslagern während der Wirtschaftsdepression in den 1930er Jahren ging er nach Rhondda Valley, um dort erwerbslosen Arbeitern aus dem Bergbaugewerbe zu helfen. So legte er mit diesen u.a. Schrebergärten an. Maßgeblich wurde er von William M. Noble und George M. L. Davis zur Sozialarbeit gebracht. — Hugh Doncaster hatte mit seiner Frau Cicilia (genannt Shifa, geb. 1913) vier Kinder: Helen Jean (geb. 1939), Peter Kenneth (geb. 1943), David Patrick (geb. 1945) und Bronwen Rachel (geb. 1948). Besonders verbunden fühlte er sich dem Land Wales. Gemeinsam mit seiner Frau besuchte er als »Travelling Secretary« des »Young Friends Central Committee« zahlreiche Quäkerversammlungen. Zweimal führte ihn seine Arbeit für die Quäker nach Südafrika, Australien, Neuseeland und Rhodesien. Von 1942 bis 1964 arbeitete Hugh Doncaster als Tutor für Geschichte und Grundfragen des Quäkertums in Woodbrooke, einer Bildungseinrichtung der Quäker in Birmingham. Obwohl er weniger als andere Quäkerautoren schrieb, war sein Einfluß unter den Quäkern außerordentlich groß. 1963 hielt er die Swarthmore Lecture unter dem Titel »God in Every Man«, und 1972 hielt er auf der Australischen Jahresversammlung den Hauptvortrag. Jahre verbrachte das Ehepaar Doncaster als Hauswärter des Versammlungshauses der

Quäker in Cardiff. Gleichzeitig betrieb er auf einem kleinen Gut ökologischen Landbau.

Werke: Where our work should start. The functions of a local meeting. London 1941; Quaker children in the seventeenth century. In: The Friends' Quarterly, III, 1, 1949, 48-55; Personal relationships between men and women. London 1950; Mind and soul. Malton, um 1950 (Yorkshire 1905 Committee Pamphlets, CXVII); Convictions underlying Friends' overseas service. In: The Friends' Quarterly, IV, 3, 1950, 138-144; Wiederentdeckung des lebendigen Christus durch die Freunde. In: Der Quäker. Monatsschrift der deutschen Freunde, XXV, 10, 1951, 147-149; The single woman in society. London (1952); Quakerism, 1652 and 1952. An address to mark the tercentenary of the Society of Friends given in the Town Hall, Lancaster. London 1953; Friends' testimony on intoxicants. An address given at the annual meeting of the Friends Temperance Union on July 30, 1954. London 1954; Towards revision of the book of discipline. In: The Friends' Quarterly, VIII, 2, 1954, 91-99; Doncaster, Hugh L.; Wragge, J. Philip: Die Mitgliedschaft in der Gesellschaft der Freunde. In: Der Quäker. Monatsschrift der deutschen Freunde, XXIX, 3, 1955, 39-41; William Singleton of Sheffield. In: The Journal of the Friends' Historical Society, XLVIII, 6, 1958, 280-282; Quaker organisation and business meetings. London 1958 (Friends Home Service Committee, Study Papers, II); Über das Quäker-Friedenszeugnis. In: Der Quäker. Monatsschrift der deutschen Freunde, XXXV, 1, 1961, 7-8; On re-reading the second period of Quakerism. In: The Friends' Quarterly, XIII, 12, 1961, 565-570; Boy friends and girl friends. Intercourse or chastity? Worcester 1963; God in every man. London 1963 (Swarthmore Lecture 1963); Personal action and public demonstration. London 1964; Personal action and public demonstration. In: The Friends' Quarterly, XIV, 9, 1964, 394-405; Friends of humanity. With special reference to the Quaker, William Allen, 1770-1843. London 1965; Transcript of Hugh Doncaster's talk at Wrightstown, PA. (...) August 10, 1967. Wrightstown 1967; The roots of our peace testimony. In: The Friends' Quarterly, XVI, 6, 1969, 288-294; The Quaker message. A personal affirmation. Wallingford 1972 (Pendle Hill Pamphlet, CLXXXI); Stephens, Leslie: Cirencester Quakers, 1655-1973. With an introduction by L. Hugh Doncaster. Cirencester 1973; Diversity and unity in the Society of Friends. Reflections on early Quaker controversies. In: The Friends' Quarterly, XIX, 3, 1975, 107-114; John Somervell Hoyland: Joyful giant. In: Kenworthy, Leonard S. (Hrsg.): In the wider world. Kennett Square 1985, 100-112 (Living in the Light. Some Quaker pioneers of the 20th century, II).

Lit. (Auswahl): Davis, Robert: Woodbrooke 1903-1953. A brief history of a Quaker experiment in religious education. London 1953; — Milligan, Edward H.; Nutall, Geoffrey F.: L. Hugh Doncaster (1914-94). In: The Friend. A Quaker weekly, CLIII, 2, 1995, 52.

Claus Bernet

DÜRNINGER, Abraham, * 22.12. 1706 in Straßburg, † 13.2. 1773 in Herrnhut. Handelskaufmann, Diakon, Herrnhuter Bruder. — Am 22. Dezember 1706 wurde Abraham Dürninger in Straßburg geboren. Sein Vater war der Wollenweber und Tuchhändler Jakob Dürninger, die Mutter Susanne Catharina, geb. Faust. In seiner Heimat erlernte er das Handelsgeschäft und diente während seiner Gesellenzeit in europäischer Zentren wie Basel, Nancy, Amsterdam und Alicante. Nach seiner Rückkehr wurde er Assistent im Geschäft seines Vaters. Im Jahre 1741 kam er durch den Herrnhuter Bruder Molther in Kontakt mit der Brüdergemeine und besuchte zwei Mal die Wetterau. Am 4. Dezember 1744 zog er ganz nach Herrnhaag, dem radikalpietistischen Zentrum der Brüdergemeine in der Wetterau. Er wurde dort im Februar 1745 Rechnungsführer und Kassierer des Seminars im nahegelegenen Lindheim und half bei der Einrichtung des Chores der ledigen Brüder. Aufgenommen in die Gemeine wurde er erst am 7. Juni 1745 durch Graf Nikolaus Ludwig von Zinzendorf (1700-1760). Sein erstes Abendmahl feierte er in der Gemeine am 13. November 1745. Zwei Jahre später zog er mit dem Seminar nach Marienborn. Dort heiratete er am 18. September 1747 Anna Christine Obermüller (geb. Franz, 1715-1792). Die Ehe blieb kinderlos. Das Paar besuchte die Leipziger Messe und reiste von dort nach Herrnhut, wo es zunächst in Zinzendorfs Haus wohnte. Sie blieben zeitlebens in Herrnhut, wo Abraham Dürninger vor allem den wirtschaftlichen Aufstieg des Ortes mitgestaltete, aber auch Ämter für die Gemeine innehielt: Er war Kurator des Ledigen Schwesternchores und Mitglied des Aufseher-Kollegiums. — Im November des Jahres 1747 übernahm Abraham Dürninger von dem Herrnhuter David Kirchhoff den kleinen Gemeineladen. Dieser wurde nach und nach zu einer Garn- und Leinwandhandlung ausgebaut, die nach England, Holland, Italien, Spanien, Nordamerika und die Schweiz exportierte. Innerhalb von zehn Jahren wurde er zum größten sächsischen Leinwandverleger- und händler. Jährlich wurde von Dürninger die Leipziger Messe besucht, im Laufe seines Lebens nicht weniger als 51 Mal. 1752 wurde das Ladengeschäft mit einer Kattunfabrik und einer Kattundruckerei verbunden. Auch besaß die Einrichtung Dürningers die Oberleitung der Gemein-Apotheke. 1753 reiste Abraham Dürninger nach Frankreich und England, wo er in Lindseyhouse bei Zinzendorf untergebracht war. In Herrnhut wurde er am 3. Juli 1758 zum Diakon ordiniert. 1760 errichtete er in Herrnhut das große Ladenhaus. Schon zwei Jahre darauf erbaute er in Herrnhut eine Tabakfabrik, die bis 1768 erweitert wurde. In der Zeit dazwischen wurde das große Handlungshaus errichtet. Am 13. Februar 1773 verstarb Dürninger in seinem 67. Lebensjahr.

Lit. (Auswahl): Feldmann, Karl Heinrich; Gemuseus, Alfred: Festschrift zum hundertfünfzigjährigen Geschäftsjubiläum der Firma Abraham Dürninger & Co. in Herrnhut in Sachsen am 24. October 1897. Leipzig 1897; — Korschelt, Gustav: Das 150jährige Geschäftsjubiläum der Firma Abraham Dürninger & Co. in Herrnhut. In: Neues Lausitzisches Magazin, LXXIV, 1898, 278-284; — Uttendörfer, Otto: Abraham Dürningers Anfänge. Herrnhut 1922; — Uttendörfer, Otto: Abraham Dürninger. Ein Herrnhutischer Kaufherr im 18. Jahrhundert. Berlin 1922 (Furche Almanach auf das Jahr 1923); — Uttendörfer, Otto: Verhältnis der Dürningerschen Handlung zur Brüdergemeine Herrnhut und zur Unität bis zur dritten konstituierenden Synode der Brüder-Unität im Jahre 1775. Herrnhut 1923; — Hammer, Herbert: Abraham Dürninger. Ein Herrnhuter Wirtschaftsmensch zur Zeit des ausgehenden Frühkapitalismus. Halle 1923 (Beiträge zur Wirtschaftsethik religiöser Minderheiten); — Uttendörfer, Otto: Alt-Herrnhut. Wirtschaftsgeschichte und Religionssoziologie während seiner ersten zwanzig Jahre (1722-1742). Herrnhut 1925; — Hammer, Herbert: Abraham Dürninger. Ein Herrnhuter Wirtschaftsmensch des achtzehnten Jahrhunderts. Mit einem Bildnis. Berlin 1925 (Bücher der Brüder, III); — Wagner, Hans: Handlung Abraham Dürninger & Co. in Herrnhut in den Jahren 1747 bis 1833. Herrnhut 1934; — Koenneritz, M(arie) v(on): Abraham Dürninger, der Weberfürst von Herrnhut. In: Dies.: Erzählungen, Gedichte, Abbildungen. O.O., um 1935; — Wagner, Hans: Abraham Dürninger & Co. 1747-1939. Ein Buch von herrnhutischem Kaufmanns- und Unternehmertum. Herrnhut 1940. Herrnhut 1940²; — Dittrich, Erich: Abraham Dürninger. In: Sächsische Lebensbilder, III, 1941, 92-109; — Pönicke, Herbert: Dürninger, Abraham. In: NDB, IV, 1952, 172-173; — Abraham Dürninger-Stiftung (Hrsg.): Festschrift zur Erinnerung an das vor 200 Jahren - 1753 - von Abraham Dürninger in Herrnhut errichtete erste »Fabrikenhaus« mit einem Rückblick auf die vor 206 Jahren - 1747 - aus dem »Kramladen der Brüdergemeine Herrnhut« hervorgegangenen Firma Abraham Dürninger & Co. in Herrnhut und späteren »Abraham Dürninger-Stiftung«. (Herrnhut) (1953); — Dreier, Franz Adrian: Ein Klapptisch von Abraham Roentgen. In: Jahrbuch Preußischer Kulturbesitz, XVIII, 1979, 201-208; — Abraham Dürninger-Stiftung (Hrsg.): Testament Abraham Dürningers vom 7. Febr. 1773 (Herrnhut) (1984); — Abraham Dürninger-Stiftung (Hrsg.): Verfassung vom 10. Januar 1787. (Herrnhut) (1984); — Dürninger, Abraham. In: DBE, II, 1995, 640; II, 2005², 759; — Homburg, Heidrun: Ein kaufmännisches Unternehmen in der Oberlausitz: Abraham Dürninger & Co. In: Jahrbuch für Wirtschaftsgeschichte, II, 1996, 199-224; — Abraham Dürninger-Stiftung (Hrsg.): 250 Jahre Abraham Dürninger & Co. in Herrnhut 1747-1997. Hrsg. von der Abraham Dürninger-Stiftung in Herrnhut in Zusammenarbeit mit dem Sächsischen Wirtschaftsarchiv e.V., Leipzig. Herrnhut 1997; — Eckert, Adam-Claus: Rauchzeichen. 250 Jahre Tabak-Kultur in Deutschland, 250 Jahre Dürninger, ältestes Cigarrenhaus in Deutschland, gegründet 1747. Hrsg. von der Dürninger GmbH Stuttgart anläßlich des 250jährigen Jubiläums. Karlsruhe 1997; — Bäder, Thomas: Rauchen zählt nicht zur Mitarbeiterpflicht. O.O. 1997; — Damit die Bruderliebe nicht aus dem Herzen falle: 250 Jahre Abraham Dürninger & Co. in Herrnhut, 1747-1997. Herrnhut 1997; — Arlt, Anja: Rolle, Wirtschaftsweise und Standortbildung der Abraham Dürninger & Co. Handelsgesellschaft innerhalb der Herrnhuter Brüdergemeine. Berlin 2000; — Vogt, Peter: Des Heilands Ökonomie: Wirtschaftsethik bei Zinzendorf. In: Unitas Fratrum. Zeitschrift für Geschichte und Gegenwartsfragen der Brüdergemeine, XLIX/L, 2002, 157-172; — Homburg, Heidrun: Abraham Dürninger & Co. Management und Unternehmenskultur in der Herrnhuter Brüdergemeine als Faktor in der wirtschaftlichen Entwicklung der Oberlausitz im 18. und 19. Jahrhundert. In: Heß, Ulrich (Hrsg.): Unternehmen im regionalen und lokalen Raum 1750-2000. Leipzig 2004, 271-288; — Kröger, Rüdiger (Hrsg.): Abraham Dürninger. Ein Herrnhuter Kaufmann. Herrnhut 2006 (Schriften aus dem Unitätsarchiv, II).

Claus Bernet

DUPUIS, Jacques, kath. Theologe und Jesuit, Dogmatiker; * 5.12. 1923 in Huppaye (Belgien, Provinz Wallonisch-Brabant); † 28.12. 2004 in Rom (begraben auf dem Campo Verano). — Zusammen mit seinen drei Geschwistern, der älteren Schwester und den beiden jüngeren Brüdern, wuchs D. in einer Ingenieursfamilie auf. Schon sehr früh, im Alter von fünf Jahren, wurde er in die Obhut der Jesuiten gegeben und verbrachte seine gesamte Schulzeit am Jesuitenkolleg *Sacré-Coeur* in Charleroi. Inspiriert und fasziniert von seinen Lehrern, trat er nach Abschluß der Schule, noch keine 18 Jahre alt, am 7.9. 1941 in Arlon in das Noviziat der Gesellschaft Jesu ein. Nach einer zweijährigen Zeit der Prüfung und der Ablegung der Ersten Gelübde schloß sich eine ebenso lange Zeit des Juniorats (Vertiefung der alten Sprachen und Einführung in die Philosophie) in Wépion bei Namur an (1943-1945), bevor D. dann für das dreijährige Philosophiestudium (1945-1948) nach Egenhoven (Leuven) wechselte. Nach Beendigung der Philosophie sollte sein schon lang gehegter Wunsch, einmal in Indien als Missionar tätig sein zu dürfen, konkrete Gestalt annehmen. Am 8.12. 1948 verließ er die Heimat Richtung Italien, um von Neapel aus mit dem Schiff nach Bombay (heute Mumbay) und von dort weiter nach Kalkutta (heute Kolkata) zu reisen. In Kolkata angekommen, hatte er zunächst mit einem starken Kulturschock zu kämpfen. Doch nichts sollte sein theologisches Denken und Schaffen nachhaltiger prägen als seine Entscheidung für Indien und die jahrzehntelange Auseinandersetzung mit dessen kultureller und religiöser Andersheit. Bei der Feier seines 80. Geburtstags in Rom wird er rückblickend einmal sagen können, daß die Zeit in Indien »die größte Gnade« war, die ihm als Theologieprofessor von Gott zuteil wurde. — In Kolkata lebte und arbeitete D. im *St. Xavier's College*. Dort war er zunächst als Subpräfekt in der Betreuung der Schüler und Studenten tätig, später unterrichtete er auch Latein und Geschichte. Daneben widmete er sich selbst dem Erlernen von Bengali. Insgesamt blieb D. etwa drei Jahre in Kolkata. Im Januar 1952 begann er dann sein Theologiestudium im *St. Mary's College* in Kurseong, etwa 500 km nördlich von Kolkata, an den Hängen des Himalaya. Am 21.11. 1954 empfing er dort auch die Priesterweihe. Dem vierjährigen Studium der Theologie (1952-1956) folgte das Tertiat (letzter, einjähriger, ordensinterner Ausbildungsabschnitt) in Ranchi. Zu Aufbaustudien ging es anschließend für ein Jahr nach Poona (heute: Pune) und dann nochmals 18 Monate an die Gregoriana nach Rom, wo D. 1960 mit einer Arbeit über Origenes zum Doktor der Theologie promoviert wurde. Die Arbeit wurde 1967 unter dem Titel *»L'esprit de l'homme«: Etude sur l'anthropologie religieuse d'Origène* veröffentlicht. In die Zeit seines Promotionsstudiums fällt auch die Ablegung der Letzen Gelübde am 2.2. 1959 in Rom. Am selben Tag wurde D. in die Kalkutta Provinz transkribiert. Nach Abschluß seiner Promotion kehrte D. nach Kurseong zurück und begann dort noch im selben Jahr (1960) seine Lehrtätigkeit als Professor in Dogmatik. Sein Unterrichts- und Forschungsschwerpunkt war zunächst die Christologie, damit verbunden aber auch die Gottes- und die Sakramentenlehre. — Zehn Jahre später stand wieder ein größerer Umzug an. 1971 wurde das Theologat von Kurseong nach Delhi transferiert und unter dem neuen Namen *Vidyajyoti College of Theology* weitergeführt. 1973 wurde D. dort auch das Amt des stellvertretenden Schriftleiters der theologischen Jesuitenzeitschrift *Vidyajyoti Journal of Theological Reflection* (bis Ende 1974: *The Clergy Monthly*) übertragen, bevor er dann 1977 deren Hauptschriftleiter wurde. Die Hauptverantwortung für die Zeitschrift lag bei D. bis zu seinem Weggang aus Indien Mitte der 80er Jahre. Während seiner Zeit in Delhi war D. auch als theologischer Berater auf den unterschiedlichsten kirchlichen Ebenen tätig und konnte auf diese Weise an der konkreten Umsetzung der Beschlüsse des Zweiten Vatikanischen Konzils mitarbeiten. So nahm D. etwa als Sekretär des Erzbischofs (und späteren Kardinals) von Kolkata, Lawrence Picachy, an der Bischofssynode 1974 in Rom teil. Er arbeitete auch in Kommissionen mit. Unter anderem war er über zehn Jahre lang Sekretär der Liturgiekommission der Erzdiözese Delhi, daneben ebenso lang Konsultor in zwei Kommissionen der Indischen Bischofskonferenz, der Liturgiekommission und der Kommission für den Dialog mit den anderen Religionen. Nicht zuletzt war sein theologisches Wissen auch auf der Ebene der Föderation der Asiatischen Bischofskonferenzen sehr gefragt. — Nach einer über dreieinhalb Jahrzehnte dauernden Tätigkeit auf dem indischen Subkontinent folgte D. 1984 einem Ruf an die Gregoriana nach Rom und kehrte wieder nach Europa zurück. Auch in Rom wurde ihm wieder sehr schnell - neben seiner Lehrtätigkeit als Professor in Dogmatik - das Amt eines Schriftleiters überantwortet, diesmal nun für die theologische Zeitschrift *Gregorianum*, das er von 1985 bis 2002 bekleidete. Auch in Rom war D. wieder als theologischer Konsultor tätig, diesmal sogar für ein vatikanisches Dikasterium, den Päpstlichen Rat für den Interreligiösen Dialog. Im Auftrag dieses Dikasteriums war D. federführend an der Erstellung des römischen Dokuments *Dialog und Verkündigung* (19. Mai 1991) beteiligt, das vom Päpstlichen Rat für den Interreligiösen Dialog und der Kongregation für die Evangelisierung der Völker gemeinsam herausgegeben wurde und sich vor allem der theologischen Verhältnisbestimmung von interreligiösem Dialog und der Verkündigung des Evangeliums widmet. Breite internationale Bekanntheit erlangte D. aber vor allem durch die Veröffentlichung seines Alterswerks *Toward a Christian Theology of Religious Pluralism* (1997), das zeitgleich auch in einer italienischen und französischen Übersetzung erschien. In diesem Buch, das als Summe seines lebenslangen theologischen Schaffens betrachtet werden kann, entwickelt D. eine »christliche Theologie des religiösen Pluralismus« und versucht dabei zu zeigen, wie aus christlicher Sicht die existierende Vielfalt religiöser Traditionen nicht als ein zu beseitigendes Übel, sondern als ein fester Bestandteil des göttlichen Heilsplans verstanden werden kann, ohne dabei die einzigartige und universale Heilsbedeutung Jesu Christi einebnen zu müssen. Er selbst bezeichnet seinen religionstheologischen Ansatz als einen »inklusiven Pluralismus« bzw. »pluralistischen Inklusivismus«, weil seiner Ansicht nach eine christliche Theologie der Religionen bzw. des religiösen Pluralismus Einsichten aus beiden religionstheologischen Paradigmen zu integrieren hat, will sie wahrhaft christlich sein. Mit dem religionstheologischen Inklusivismus (Rahner) gilt es gegen pluralistische Positionen (Hick, Knitter, Smith, et al.) vor allem an der universalen Heilsbedeutung Jesu Christi festzuhalten (konstitutive statt nur repräsentative Christologie). Doch über den klassischen Inklusivismus hinaus müßten die nichtchristlichen Traditionen deutlicher als eigene, wenn auch nicht eigenständige Vermittlungsweisen der göttlichen Heilsgnade aufgefaßt werden. Nur unter dieser Rücksicht würde der vom Konzil geforderte interreligiöse Dialog auch wirklich Sinn ergeben, weil man dann davon ausgehen könnte, daß es in den nichtchristlichen Traditionen sowohl authentische Offenbarungen und Manifestationen des Göttlichen als auch zusätzliche (heilsrelevante) Wahrheit und Gnade gibt, die als solche nicht im Christentum vorkommen, man aus christlicher Sicht also tatsächlich etwas Neues durch den Dialog mit den anderen zu lernen hätte, ohne dabei die in und mit Jesus Christus gegebene qualitative (nicht quantitative) Fülle der göttlichen Offenbarung und Heilsgnade schmälern zu müssen. — Überschattet - und zum Teil auch mitverursacht - war das breite internationale Echo, das *Toward a Christian Theology of Religious Pluralism* unmittelbar nach seiner Veröffentlichung erfuhr, von seiner lehramtlichen Überprüfung durch die Glaubenskongregation. Am 2. Oktober 1998 wurde D. von der Glaubenskongregation mitgeteilt, daß sie sein Buch bereits untersucht habe und eine Stellungnahme auf eine Reihe von Fragen erwarte. D. wurde darauf hin vom Generaloberen der Gesellschaft Jesu von seinen gesamten Lehrverpflichtungen entbunden - es wäre das letzte Semester vor seiner Emeritierung gewesen -, um sich ganz der Beantwortung dieser Fragen widmen zu können. Insgesamt zog sich dieses ordentliche Lehrprüfungsverfahren fast drei Jahre hin und wurde am 24. Januar 2001 mit dem Erlaß einer *Notifikation* abgeschlossen. In der *Notifikation* wird zwar kein einziger Satz aus D.' Buch verurteilt, doch ist die Glaubenskongregation der Ansicht, daß es »in wichtigen lehrmäßigen Fragen schwerwiegende Zweideutigkeiten und Schwierigkeiten aufweist«. Die Kongregation sieht sich daher gezwungen, mit der *Notifikation* den Leserinnen und Lesern eine Verständnishilfe zu bieten, damit sie an bestimmten Stellen des Buches keine falschen oder irrigen Schlüsse ziehen. Seit 2001 ist daher in allen Ausgaben und Übersetzungen des Buches der Text der *Notifikation* mitabgedruckt. In zwei größeren Aufsätzen - *»The Truth Will Make You Free«: The Theology of Religious Pluralism Revisited* (1999) und *La teologia del pluralismo religioso rivisitata* (1999) - hat D. dann versucht, auch mit kritischen Fachkollegen aus aller Welt in Kontakt zu treten und bestehende Unklarheiten und Mißinterpretationen zu bereinigen. Auch die Veröffentlichung eines weiteren Buches, das kurz darauf unter dem Titel *Il cristianesimo e le religioni: Dallo scontro all'incontro* (2001) erschienen ist, hat dieses Anliegen mit zum Ziel. Ursprünglich sollte es nur - auf Wunsch von D.' italienischem Verleger (*Edizioni Queriniana*) - eine Art Kurzfassung von *Toward a Christian Theology of Religious Pluralism* (1997) für ein breiteres Publikum werden. Doch so nutzte D. neben dem laufenden Lehrprüfungsverfahren nochmals die Gelegenheit, seine Ideen klarer darzustellen und bestimmte Zweideutigkeiten aus dem Vorgängerbuch zu beseitigen. Allerdings läßt er im Nachwort wissen, daß auch in diesem Nachfolgerbuch nicht jede seiner Thesen in vollem Einklang mit der *Notifikation* vom Januar 2001 sowie mit der ein paar Monate vor ihr veröffentlichten Erklärung *Dominus Iesus* (6. August 2000) stehen dürfte (die Genese von *Dominus Iesus* steht zweifellos in einem engen inhaltlichen wie textlichen Zusammenhang mit der *Notifikation* zu D.' Buch). Doch seien alle Divergenzen »im Geist einer konstruktiven Treue zur Offenbarung Christi und zur Lehrautorität der

Kirche vorgetragen« und daher auch »nicht Ausdruck einer Differenz im Glaubensinhalt, sondern einer anderen Wahrnehmung desselben Glaubens aufgrund eines anderen Kontexts« (Nachwort). — Ein Glanzpunkt in diesen letzten, nicht ganz einfachen Jahren war für D. dann nochmals die Überreichung einer Festschrift anläßlich der Feierlichkeiten zu seinem 80. Geburtstag am 5. Dezember 2003 in Rom. Die Festschrift trägt den Titel *In Many and Diverse Ways* und wurde ihm von seinen Mitbrüdern David Kendall SJ und Gerald O'Collins SJ überreicht. Viele seiner langjährigen Freunde melden sich in ihr zu Wort, unter ihnen auch der frühere Erzbischof von Wien, Franz Kardinal König sowie der ehemalige Erzbischof von Kolkata, Henry S. D'Souza. Der bibliographische Teil der Festschrift gibt außerdem ein beeindruckendes Zeugnis von D.' theologischer Schaffenskraft, die allerdings schon ein Jahr später ihr Ende finden sollte. Fünf Wochen nach seinem 50. Priesterjubiläum, das D. am 21. November 2004 feierte, erlitt er am 27. Dezember einen schweren Gehirnschlag und fiel daraufhin in ein Koma, aus dem er nicht mehr erwachte. Tags darauf, am 28. Dezember 2004, verstarb er am frühen Nachmittag in Rom. — Was hat D. der theologischen Nachwelt hinterlassen? Er selbst hat sechs Bücher geschrieben, von denen die meisten in mehreren Übersetzungen und zum Teil auch in sehr hohen Auflagen vorliegen, allen voran seine Einführung in die Christologie *Who Do You Say I Am?* von 1994 (acht Auflagen bis 2007, fünf weitere Übersetzungen) und die bereits erwähnte religionstheologische Summe *Toward a Christian Theology of Religious Pluralism* von 1997 (sieben Auflagen bis 2006, ebenfalls fünf weitere Übersetzungen). Darüber hinaus hat D. etwa 230 Artikel und Buchbeiträge veröffentlicht und ca. 600 Rezensionen verfaßt. Zusammen mit Josef Neuner SJ hat er von 1973 an eine ständig erweiterte Sammlung der wichtigsten kirchlichen Dokumente herausgegeben (*The Christian Faith in the Doctrinal Documents of the Catholic Church*), die seit 2002, von ihm allein herausgegeben, auch in italienischer Übersetzung vorliegt (*La fede cristiana nei documenti dottrinali della Chiesa cattolica*). Seine Vorlesungsskripten aus der Zeit in Kurseong zur Christologie, Gottes- und Sakramentenlehre fanden in vielen indischen Priesterseminaren Verwendung. Vor allem während seiner indischen Lehrtätigkeit (1960-1984), als es darum ging, die Beschlüsse des Konzils auf der ortkirchlichen Ebene umzusetzen, weisen D.' Veröffentlichungen auch ein sehr breites Spektrum auf. Sucht man aber nach einem roten Faden, der sein theologisches Schaffen über die Jahrzehnte hinweg durchzieht, dann darf dieser zweifellos in der Beschäftigung mit der Frage nach der heilsgeschichtlichen Bedeutung der bestehenden Vielfalt religiöser Traditionen und Wege gesehen werden. Wie ist aus christlicher Sicht die Existenz so vieler religiöser Wege theologisch zu bewerten? Existieren sie rein zufällig oder sind sie von Gott gewollt und damit als ein integraler Bestandteil seines Heilsplans für die Menschheit zu verstehen? Das ist die große Frage, die D. immer wieder in verschiedenen Anläufen diskutiert. So schon 1971 in seinem ersten großen, fast dreißig Seiten langen Artikel *The Salvific Value of Non-Christian Religions*, der gleich an drei verschiedenen Stellen veröffentlicht wurde. So lautet auch die Frage, um die sein Buch *Jésus-Christ à la rencontre des religions* von 1989 kreist, und es ist dieselbe Frage, die er auf Hunderten von Seiten in *Toward a Christian Theology of Religious Pluralism* (1997) und *Il cristianesimo e le religioni* (2001) erneut diskutiert. D. war zutiefst davon überzeugt, daß die vielen religiösen Traditionen nicht nur bloße Kreationen eines von Natur aus religiös veranlagten Menschen sind, wie dies Papst Paul VI. noch 1975 in *Evangelii Nuntiandi* 53 zu vertreten scheint, sondern als menschliche Antwortversuche auf Gottes vorgängige und vielfältige Interventionen mit der Menschheit zu verstehen sind - ganz im Sinne einer leichten Abwandlung des Wortes von Blaise Pascal: »Du würdest mich nicht suchen, wenn ich dich nicht zuerst gefunden hätte.« Für D. ist der dreifaltige Gott daher nicht nur Ziel, sondern auch Ursprung aller religiösen Wege. In Gottes innertrinitarischer liebender Mitteilsamkeit, die durch sein Wort und seinen Geist nach außen drängt, sieht er die eigentliche Ursache für die Existenz einer Vielzahl konvergierender Wege, wobei diese Mitteilsamkeit freilich in der Menschwerdung des Wortes ihren höchsten und unüberbietbaren Ausdruck gefunden hat. D. zufolge hat damit das Christusereignis für das Heil aller Menschen zwar einen konstitutiven, aber zugleich auch relationalen Charakter. Obwohl es das universale Sakrament von Gottes Willen für die Rettung der ganzen Menschheit ist, muß es nicht den einzig möglichen Ausdruck dieses Willens darstellen. Wenn Gott das Heil aller Menschen will (vgl. 1 Tim 2,4) und auch mit allen Menschen einen bleibenden Bund geschlossen hat (vgl. Bund mit Noah in Gen 9), dann ist davon auszugehen, daß er sich in der Geschichte aller Völker, und nicht nur in der eines einzigen, Heil schaffend zeigen und manifestieren wird. Mit Claude Geffré (und in Rückgriff auf einige Kirchenväter) versteht D. daher »die Ökonomie des Mensch gewordenen Sohnes als das Sakrament einer breiteren Ökonomie, nämlich der des ewigen göttlichen Wortes« (*Toward a Christian Theology of Religious Pluralism*, 299), um auf diese Weise das freie Wirken des Logos auch jenseits des Christentums herausstreichen und die nichtchristlichen Traditionen *qua* Traditionen deutlicher als eigene, wenn auch nicht eigenständige Vermittlungsweisen der göttlichen Heilsgnade schätzen zu können. In Person, Leben und Werk Jesu Christi hat sich das göttliche Wort auf höchste und unüberbietbare Weise engagiert und eine universale Erlösung erwirkt, doch müsse dieses Heilsmysterium der Inkarnation immer in Relation zu jenem Heilshandeln gesehen werden, das das göttliche Wort als solches auch jenseits der Grenzen des Christentums gewirkt hat und immer noch wirkt. Für D. gibt es daher nicht nur ein universales Wirken des Heiligen Geistes, sondern auch ein universales Wirken des göttlichen Logos *als solchen* sowohl vor als auch *nach* der Inkarnation, bis herauf in die Gegenwart, zu berücksichtigen, so daß es innerhalb der *einen* Heilsordnung letztlich drei verschiedene Dimensionen der Vermittlung von Erlösungsgnade an die Menschheit zu unterscheiden (*nota bene*: nicht zu trennen!) gilt: »(1) die Allgegenwärtigkeit des Christusmysteriums in der Geschichte, (2) die universale Mächtigkeit des Logos und (3) das grenzenlose Wirken des Geistes« (*Toward a Christian Theology of Religious Pluralism*, 316). In dieser Interpretation der trinitarischen Heilsökonomie sieht D. seinen wichtigsten Beitrag zu einer christlichen Theologie des religiösen Pluralismus, weil sie die Annahme authentischer Offenbarungen sowie Mitteilung von zusätzlicher Wahrheit und Gnade auch außerhalb des Christentums und damit eine größere Wertschätzung nichtchristlicher Traditionen erlaubt. Nicht ganz unverständlich ist dabei allerdings, daß die *Notifikation* (vgl. auch *Dominus Iesus* 10) gerade hier eine große Spannung zum katholischen Heilsverständnis ausmacht. Wie soll von einem universalen Heilshandeln des auferstandenen Christus, an dem D. zweifellos festhält, noch ein breiteres, universaleres (?) Heilshandeln des göttlichen Wortes als solchen sinnvoll unterschieden werden können? Rückzufragen wäre außerdem, ob die von D. angestrebte Überwindung der klassischen (und vom Zweiten Vatikanischen Konzil wiederholten) Erfüllungstheorie, die die nichtchristlichen Traditionen lediglich als *praeparatio evangelica* versteht (vgl. *Lumen Gentium* 16), prinzipiell gelingen kann, solange er in der biblischen Offenbarung (richtigerweise) den unaufgebbaren Maßstab zur Bewertung der Wahrheit und Falschheit aller außerbiblischen göttlichen Manifestationen sieht. — Vielleicht darf in der Beratertätigkeit für den Vatikan D.' theologiegeschichtlich bedeutendstes Vermächtnis gesehen werden. Durch seine federführende Mitarbeit bei der Erstellung von *Dialog und Verkündigung* (1991) hat er nämlich nicht nur lehramtliche Theologie, sondern vielleicht sogar lehramtliche Theologiegeschichte mitgeschrieben. Jedenfalls sieht D. selbst in *Dialog und Verkündigung* das erste offizielle Dokument der katholischen Kirche, das nicht nur - wie bisher üblich - Einzelnen außerhalb der Kirche eine Heilsmöglichkeit einräumt, sondern nun auch den nichtchristlichen religiösen Traditionen *qua* Traditionen eine heilsgeschichtliche Bedeutung beimißt, indem sie als sichtbare und greifbare Vermittlerinstanzen der von Christus erwirkten Heilsgnade an ihre Anhänger verstanden werden. So heißt es in *Dialog und Verkündigung* 29: »die Anhänger anderer Religionen antworten immer dann positiv auf Gottes Einladung und empfangen sein Heil in Jesus Christus, wenn sie in ehrlicher Weise das in ihren Traditionen enthaltene Gute in die Tat umsetzen und dem Spruch ihres Gewissens folgen. Dies gilt sogar für den Fall, daß sie Jesus Christus nicht als ihren Erlöser erkennen oder anerkennen.« Die Mitglieder nichtchristlicher Traditionen erlangen also nicht auf völlig unsichtbare Weise neben oder trotz, sondern durch und mittels ihrer eigenen religiösen Praxis das in Christus geschenkte Heil. Mit dieser Auffassung geht *Dialog und Verkündigung* einen Schritt über das Zweite Vatikanische Konzil hinaus, das trotz seiner Wertschätzung einzelner Elemente des Guten, Wahren und Heiligen in den anderen Religionen, die theologische Qualität bzw. heilsgeschichtliche Bedeutung dieser Traditionen *qua* Traditionen nicht genauer bestimmte bzw. bewußt offen ließ. Die Zukunft wird zeigen, ob und wie die in *Dialog und Verkündigung* 29 zum Ausdruck gebrachte theologische Wertschätzung der nichtchristlichen Traditionen *qua* Traditionen (lehramtlich) rezipiert wird, ob hier also tatsächlich ein theologiegeschichtlich neuer Meilenstein gesetzt wurde. Faktum ist, daß diese Neuerung in *Dominus Iesus* bereits völlig übergangen wird. Dort wird lediglich auf den ersten Satz aus *Dialog und Verkündigung* 29 Bezug genommen, der von der Einheit der Heilsökonomie handelt (vgl. *Dominus Iesus* 2). Das entscheidend Neue, das diesem einleitenden Satz folgt (vgl. das obige Zitat), findet hingegen im gesamten Dokument keinerlei Erwähnung.

Monographien/Herausgaben »L'esprit de l'homme«: Etude sur l'anthropologie religieuse d'Origène. Brügge 1967; Josef Neuner / Jacques Dupuis, (Hrsgg.), The Christian Faith in the Doctrinal Documents of the Catholic Church. Bangalore 1973 (jeweils überarbeitet und erweitert 1975[2], 1979[3], 1982[4] (auch: London 1983), 1991[5] (auch: London 1992[2]), 1996[6] (auch: New York 1996), 2001[7] (auch: New York 2001[2]); ital. Übers.: La fede cristiana nei documenti dottrinali della Chiesa cattolica. Cinisello Balsamo (Mailand) 2002; Jesus Christ and His Spirit: Theological Approaches. Bangalore 1977; Jésus-Christ à la rencontre des religions. Paris 1989 (1994[2]); ital. Übers.: Gesù Cristo incontro alle religioni. Assisi 1989 (1991[2]), auch als: La fede cristiana in Gesù Cristo in dialogo con le grandi religioni asiatiche. Padua 1993; engl. Übers.: Jesus Christ at the Encounter of World Religions. Maryknoll, N.Y. 1991 (1993[2]), auch: Neu Delhi 1996; span. Übers.: Jesucristo al encuentro de las religiones. Madrid 1991; Who Do You Say I Am? Introduction to Christology. Maryknoll, N.Y., 1994 (2007[8]), auch: Manila 1995; ital. Übers.: Introduzione alla cristologia. Casale Monferrato 1994 (1996[2]); span. Übers.: Introducción a la Cristología. Estella 1994 (1998[2]); franz. Übers.: Homme de Dieu, Dieu des hommes: Introduction à la Christologie. Paris 1995; portug. Übers.: Introdução à cristología. São Paulo 1999; poln. Übers.: Wprowadzenie do chrystologii. Krakau 1999; Toward a Christian Theology of Religious Pluralism. Maryknoll, N.Y. 1997 (gebundene Ausgabe); 1999 (2006[7]) (Paperback-Ausgabe, ab 2001 - auch in allen Übersetzungen - mit drei Appendices; Appendix 1 gibt den Text der von der Glaubenskongregation erlassenen Notifikation vom 24. Januar 2001 wieder); ital. Übers.: Verso una teologia cristiana del pluralismo religioso. Brescia 1997 (2003[4]); franz. Übers.: Vers une théologie chrétienne du pluralisme religieux. Paris 1997 (1999); portug. Übers.: Rumo a uma teología cristã do pluralismo religioso. São Paulo 1999; span. Übers.: Hacia una teología cristiana del pluralismo religioso. Santander 2000; dt. Übers.: Unterwegs zu einer christlichen Theologie des religiösen Pluralismus, hg. von Ulrich Winkler, übersetzt von Sigrid Rettenbacher unter Mitarbeit von Christian Hackbarth-Johnson und Wilhelm Schöggl (Salzburger Theologische Studien, interkulturell 5). Innsbruck, Wien 2009; Il cristianesimo e le religioni: Dallo scontro all'incontro. Brescia 2001 (2007[3]); franz. Übers.: La rencontre du christianisme et des religions: De l'affrontement au dialogue. Paris 2002; engl. Übers.: Christianity and the Religions: From Confrontation to Dialogue. Maryknoll, N.Y., London 2002 (2006[3]); span. Übers.: El cristianismo y las religiones: Del desencuentro al diálogo. Santander 2002; poln. Übers.: Chrześcijaństwo i religie: Od konfrontacji do dialogu. Krakau 2003; portug. Übers.: O cristianismo e as religiões: Do desencontro ao encontro. São Paulo 2004.

Bibliographie (1960-2003): Daniel Kendall / Gerald O'Collins (Hrsgg.), In Many and Diverse Ways: In Honor of Jacques Dupuis. Maryknoll, N.Y. 2003, 231-281; Jacques Dupuis: A Select Bibliography of Reviews and Reactions, »Toward a Christian Theology of Religious Pluralism« (Maryknoll, N.Y.: Orbis, 1997), in: Louvain Studies 27 (2002), 406-410.

Artikel: Aids for the Liturgy of the Word, in: The Clergy Monthly 29 (1965), 386-388; A Personalistic Theology, in: Ebd., 431-433; The Unknown Christ of Hinduism, in: The Clergy Monthly Supplement 7 (1965), 278-283; The Cosmic Christ in the Early Fathers, in: The Indian Journal of Theology 15 (1966), 106-120; The Christocentrism of Vatican II, I, in: The Clergy Monthly 31 (1967), 361-370; The Christocentrism of Vatican II, II, in: The Clergy Monthly 32 (1968), 245-257; Towards a Communal Eucharistic Celebration, in: Ebd., 401-417; Second All-India Liturgical Meeting, in: The Clergy Monthly 33 (1969), 219-223; Some New Thinking on the Eucharist, in: Ebd., 381-392; The New Ordo Missae, in: Ebd., 448-457; The New Eucharistic Prayers, in: Ebd., 490-495; Knowing Christ through the Christian Experience, in: Indian Journal of Theology 18 (1969), 54-64; The Presence of Christ in Hinduism, in: The Clergy Monthly 34 (1970), 141-148, auch in: Religion and Society 18 (1971), 33-45; Trinity and World Religions, in: The Clergy Monthly 35 (1971), 77-81; Western Christocentrism and Eastern Pneumatology, in: Ebd., 190-198; The Christian Priesthood, in: Ebd., 204-211; Christ and the Holy Spirit in Liturgical Worship, in: Ebd., 248-257; Towards a New Image of the Priest, in: Ebd., 326-337, 380-391; Nagpur International Theological Conference, in: Ebd, 458-471; Jesus God and Man: Some Reflections on W. Pannenberg's Christology, in: The Indian Journal of Theology 20 (1971), 213-220; The Salvific Value of Non-Christian Religions, in: The Living Word 78 (1971), 228-255, auch in: Mariasusai Dhavamony (Hrsg.), Evangelization, Dialogue and Development (Documenta Missionalia, 5). Rom 1972, 169-193, auch in: Joseph M. Pathrapankal (Hrsg.), Service and Salvation: Nagpur Theological Conference on Evangelization.

Bangalore 1973, 207-233; Planning the Liturgy of Tomorrow: Third All-India Liturgical Meeting, in: The Clergy Monthly 36 (1972), 93-105; The Cosmic Influence of the Holy Spirit and the Gospel Message, in George Gispert-Sauch (Hrsg.), God's Word among Men. Delhi 1973, 117-138; Preface, in: Ishanand Vempenny, Inspiration in the Non-Biblical Scriptures. Bangalore 1973, xiii-xv; Teilhard's Theology, in: The Clergy Monthly 37 (1973), 117-120; The Christology of P. Schoonenberg, in: Ebd., 227-242; The Christ-Event in Salvation History, in: Ebd., 275-280; The Declaration Mysterium Ecclesiae, in: Ebd., 319-326; Towards a Convergence of Ministries, in: Ebd., 337-353, 391-400; On the New Eucharistic Prayers, in: Ebd., 401-405; The Cosmic Economy of the Spirit and the Sacred Scriptures of Religious Traditions, in: Duraisamy S. Amalorpavadass (Hrsg.), Research Seminar on Non-Biblical Scriptures. Bangalore 1974, 117-135; Unity of Faith and Dogmatic Pluralism, in: The Clergy Monthly 38 (1974), 378-390, 442-450; The Use of Non-Christian Scriptures in Christian Worship in India, in: Studia Missionalia 23: Worship and Ritual. Rom 1974, 127-143; Synod of Bishops 1974, in: Doctrine and Life 25 (1974), 323-348; Religion and the Quality of Life: Second World Conference on Religion and Peace, in: Vidyajyoti 39 (1975), 98-110; Synod of Bishops 1974, in: Ebd., 146-169; Reflections on Church Structures and Ministries, in: Ebd., 478-490; Priestly Vocation After Vatican II, in: Thomas Thyparampil (Hrsg.), Vocation: God's Call to Man. Poona 1975, 145-157; La rencontre des religions: Dialogue et théologie, in: Revue théologique de Louvain 6 (1975), 194-204; Le mouvement théologique en Inde, in: Ebd., 324-331; The Religious in the Particular Church, in: CRI Permanent Secretariat (Hrsg.), Religious and the Local Church. Delhi 1975, 1-16, auch in: Vidyajyoti 40 (1976), 97-111, auch in: In Christo 14 (1976), 63-73, auch in: CBCI Centre (Hrsg.), Report of the CBCI General Meeting (Hyderabad, January 4-14, 1976). New Delhi 1976, 1-18; The Mission of Inculturation of Religious in the Church, in: CRI Permanent Secretariat (Hrsg.), Religious and the Local Church. New Delhi 1975, 17-30; Promotion and Formation of Vocations for Evangelization in India, in: The Search 3 (1975), 4-9, 12-18; Ministry and Ministries in the Church, in: Duraisamy S. Amalorpavadass (Hrsg.), Ministries in the Church in India: Research Seminar and Pastoral Consultation. New Delhi 1976, 72-87; Ecumenical Collaboration at the Regional National and Local Levels, in: Vidyajyoti 40 (1976), 35-45; Apostolic Exhortation Evangelii Nuntiandi of Pope Paul VI (8th December 1975), in: Ebd., 218-230; New Ministries: A Pastoral Approach, in: Ebd., 398-412; The Mission of Inculturation of Religious in the Local Church, in: In Christo 14 (1976), 116-124; L'économie cosmique de L'Esprit et les Saintes Ecritures des traditions religieuses, in: La vie spirituelle 616 (1976), 729-746; Community and Ministry, in: Pedro S. de Achtegui (Hrsg.), Asian Colloquium on Ministries in the Church (Hong Kong, February 27 - March 5, 1977). Hong Kong 1977, 223-243; Ministries in the Church: An Asian Colloquium, in: Vidyajyoti 41 (1977), 242-260; Colloque d'Asie: Ministères dans l'Eglise, in: Spiritus 69, 18 (1977), 365-385; Christus und die indische Advaita-Erfahrung, in: Orientierung 41 (1977), 168-172; Conscience du Christ et expérience de l'Advaita, in: Revue théologique de Louvain 8 (1977), 448-460; Bulletin: Five Years of Theological Reflection in India, in: Indian Theological Studies 14 (1977), 91-114; The Church's Response to the Present Needs of India, in: CBCI Centre (Hrsg.), General Meeting of the Catholic Bishops' Conference of India (Bombay, January 9-15, 1977). New Delhi 1977, 3-36; A National Consultation on Conciliar Unity, in: Vidyajyoti 42 (1978), 233; A New Theological Collection, in: Ebd., 280-284; Theological Foundation for the Interpretation of Man, in: The Indian Journal of Theology 27 (1978), 160-170; The Symbol of the Apostles, in: Word and Worship 11 (1978), 87-93; A Commentary on the Mass of Christ the Light, in: Word and Worship 11 (1978), 379-382; The Uniqueness of Jesus Christ in the Early Christian Tradition, in: Jeevadhara 47 (1978), 393-408; The Spiritual Theology of Origen, in: Mayeul de Dreuille (Hrsg.), Christian Spirituality for India. Bangalore 1978, 56-70; Reflections on Recent Trends in Christology, in: Theological Miscellanea: A Volume Published in Honour of Monsignor Agapito Lourenco. Goa 1979, 25-32; Bishop-Religious Relationship, in: Vidyajyoti 43 (1979), 25-36; Authority in the Church: Towards an Ecumenical Convergence on Papacy, in: Ebd., 98-111, 151-168; First Encyclical Letter of Pope John Paul II, in: Ebd., 325-335; Letter of Pope John Paul II to All the Priests of the Church on the Occasion of the Holy Thursday 1979, in: Ebd., 335-339; Letter on Certain Questions Regarding Eschatology, in: Ebd., 527-534; A Report on Liturgical Renewal, in: Vidyajyoti 44 (1980), 31-36; John Paul II in Istanbul, in: Ebd., 83-86; Evangelising Communities for South Asia, in: Vidyajyoti 45 (1981), 72-78; New Norms for Laicisation, in: Ebd., 138-142; A Catechetical Series for East Africa, in: Ebd., 191-192; Commemorating Two Councils, in: Ebd., 256-257; The Classics of Western Spirituality, in: Ebd., 503-507; Restructuring the CBCI Activities, Vidyajyoti 46 (1982), 151-152; The Indian Church in the Struggle for a New Society, in: Ebd., 352-363; More 'Classics of Western Spirituality', in: Ebd., 509-510; Introduction, in: Henri Le Saux, O.S.B. (Swami Abhishiktananda), Intériorité et révélation: Essais théologiques. Sisteron 1982, 11-34 (dt. Übers.: Einführung, in: Henri Le Saux (Swami Abhishiktananda), Innere Erfahrung und Offenbarung: Theologische Aufsätze zur Begegnung zwischen Hinduismus und Christentum, hg. von Christian Hackbarth-Johnson, Bettina Bäumer und Ulrich Winkler (Salzburger Theologische Studien 23, interkulturell 2). Innsbruck, Wien 2005, 7-38); Editorial: What Do Our Readers Think?, in: Vidyajyoti 47 (1983), 307-319; Editorial: The Editor Takes Leave, in: Vidyajyoti 48 (1984), 269; Forms of Interreligious Dialogue, in: Pontificia Universitas Urbaniana (Hrsg.), Portare Cristo all'uomo, I: Dialogo. Rom 1985, 175-183; Forms of Interreligious Dialogue, in: Bulletin 59, 20 (1985), 164-171; The Practice of Agapè is the Reality of Salvation: A Response to P. Starkey, in: International Review of Mission 296, 74 (1985), 472-477; Un decennio di riflessione nelle chiese dell' Asia: Il mutato ruolo della Chiesa nei problemi socioeconomici, in: Civiltà cattolica 137, II (1986), 326-339; The Kingdom of God and World Religions, in: Vidyajyoti 51 (1987), 530-544; Dialogo interreligioso nella missione evangelizzatrice della Chiesa, in: René Latourelle (Hrsg.), Vaticano Secondo: Bilancio e prospettive, II. Assisi 1987, 1234-1256; Lay People in Church and World: The Contribution of Recent Literature to a Synodal Theme, in: Gregorianum 68 (1987), 347-390; World Religions in God's Salvific Design in Pope John Paul II's Discourse to the Roman Curia (22 december, 1986), in: Seminarium 37 (1987), 29-41; Il ruolo della Chiesa nei problemi socioeconomici secondo la riflessione teologica asiatica, in: Civiltà cattolica 138, III (1987), 355-368; Auf dem Wege zu ortsgebundenen Theologien, in: Communio (dt.) 16 (1987), 409-419; Christus, der Erlöser, als Ärgernis der Ost-Religionen, in: Communio (dt.) 17 (1988), 312-316; Cristo, salvatore universale: Scandalo per le religioni orientali, in: Communio (it.) 13 (1988), 15-27; Christ, sauveur universel: scandale pour les religions orientales, in: Communio 13 (fr.) (1988), 76-86; Il dialogo con l'Induismo nella missione della Chiesa in India, in: Civiltà cattolica 139, IV (1988), 336-347; On Some Recent Christological Literature, in: Gregorianum 69 (1988), 713-740; Awakening to Self - Awakening to God in the Spiritual Experience of Abhishiktananda, in: Augustine Thottakara (Hrsg.), Self and Consciousness: Indian Interpretation. Bangalore 1989, 61-78; Eveil à soi - éveil à Dieu dans l'expérience spirituelle d'Henri Le Saux, in: Nouvelle revue théologique 111 (1989), 866-878; Le dialogue avec l'hindouisme dans la mission évangélisatrice de l'Eglise, in: Bulletin 71, 24 (1989), 257-269; Interreligious Dialogue in the Church's Evangelizing Mission: Twenty Years of Evolution of a Theological Concept, in: René Latourelle (Hrsg.), Vatican II: Assessment and Perspectives, II. New York 1989, 237-263; Le dialogue avec l'hindouisme dans la mission de l'Eglise en Inde, in: La documentation catholique 72 (1990), 516-521; Dialogo interreligioso; Evangelizzazione e missione, Reincarnazione; Scritture Sacre; Teologia della liberazione; Unicità e universalità, in: René Latourelle / Rino Fisichella (Hrsgg.), Dizionario di teologia fondamentale. Assisi 1990, 310-317; 406-415; 915-917; 1083-1088; 1281-1288; 1382-1391; Theology of Religions: Christian or Universal?, in: Soosai Arokiasamy (Hrsg.), Responding to Communalism: The Task of Religions and Theology. Anand Gujarat 1991, 271-281; Christian Revelation and Christian Theology: Theocentrism and Christocentrism, in: Paul Puthanangady (Hrsg.), Emerging India and the Word of God. Bangalore 1991, 183-202; La missione in Asia negli anni novanta: Un nuovo punto focale dell'evangelizzazione?, in: Civiltà cattolica 142, IV (1991), 228-243; Le débat christologique dans le contexte du pluralisme religieux, in: Nouvelle revue théologique 113 (1991), 853-863; The Christological Debate in the Context of Religious Plurality, in: Current Dialogue 19 (1991), 18-31, auch in: Catholic International 2 (1991), 539-544; Pluralisme religieux et mission évangélisatrice de l'Eglise, in: Spiritus 122, 32 (1991), 63-76; Preface, in: Henri Le Saux, Sagesse hindoue, mystique chrétienne: Une approche chrétienne de l'expérience advaitine. Paris 1991, 7-9; FABC Focus on the Church's Evangelising Mission in Asia Today, in: Vidyajyoti 56 (1992), 449-468; Méthode théologique et théologies locales: Adaptation, inculturation, contextualisation, in: Seminarium 32 (1992), 61-74; Dialogo e annuncio in due recenti documenti, in: Civiltà cattolica 143, II (1992), 221-236; Cristianesimo e religioni, in: Civiltà Cattolica 143, III (1992), 272-278; La missione in Asia negli anni '90: Un nuovo punto focale dell'-evangelizzazione?, in: CISM / USMI / CIMI (Hrsgg.), Dal nuovo mondo al mondo nuovo. Rom 1992, 203-233; Inculturation and Interreligious Dialogue in India Today, in: Catherine Cornille / Valeer Neckebrouck (Hrsgg.), A Universal Faith? Peoples, Cultures, Religions, and the Christ. Leuven 1992, 21-47; Dialogue and Proclamation in Two Recent Documents, in: Bulletin 80, 27 (1992), 165-172; Evangelization and Kingdom Values: The Church and the 'Others', in: Indian Missiological Review 14 (1992), 4-22; Vie di salvezza o espressioni dell'uomo religioso? Una interpretazione teologica delle religioni mondiali dal Concilio Vaticano II ad oggi, in: Gianni Ambrosio / Giuseppe Angelini / Angelo Bertuletti et al. (Hrsgg.), Cristianesimo e religione. Mailand 1992, 100-134; La cristologia contemporanea nell'area anglofona, in: Giovanni Iammarrone (Hrsg.), La cristologia contemporanea. Padua 1992, 330-382; Les religions comme voies de salut?, in: Spiritus 126, 33 (1992), 5-15; Parole de Dieu et Ecritures sacrées, in: Ebd., 59-65; L'Eglise, le Règne de Dieu et les 'autres', in: Joseph Doré / Christoph Theobald (Hrsg.), Penser la foi: Recherches en théologie aujourd'hui. Mélanges offerts à Joseph Moingt. Paris 1993, 327-349, auch in: Revue de l'Institut Catholique de Paris 46 (1993), 95-119; FABC Focus on the Church's Evangelising Mission in Asia, in: FABC Papers 64 (1993),1-19; Portrait: Henri Le Saux, moine hindou-chrétien, in: Unité des chrétiens 91 (1993), 28-29; Il cristianesimo e le religioni del mondo, in: Popoli 5 (1993), 8-11; O debate cristológico no contexto do pluralismo religioso, in: Faustino L. Teixeira (Hrsg.), Diálogo de passaros: Nos caminhos do diálogo interreligioso. São Paulo 1993, 75-88; Dialogue and Proclamation: Reflection on the Relationship between Redemptoris Missio and Dialogue and Proclamation, in: Catholic International 4 (1993), 141-144; Le tradizioni religiose vie di salvezza?, in: Mondo e missione 122 (1993), 373; Dialogo e missione, in: Ebd., 446; Dialogo e annuncio, in: Ebd., 604; Théologie du dialogue interreligieux, in: Revue africaine des sciences de la mission 1 (1994), 145-174; La teologia nel contesto del pluralismo religioso: Metodo, problemi e prospettive, in: Angelo Amato (Hrsg.), Trinità in contesto. Rom 1994, 127-150; La fede cristiana in Gesù Cristo in dialogo con le grandi religioni asiatiche, in: Gregorianum 75 (1994), 217-240; Alleanza e salvezza, in: Rassegna di teologia 35 (1994), 148-171; The Church, the Reign of God and the »Others«, in: Pro Dialogo 85-86 (1994), 107-130, auch in: FABC Papers 67 (1994), 1-47; L'universalità del Cristianesimo di fronte alle religioni, in: Synaxis 12 (1994), 133-165; Dialogue and Proclamation: A Theological Commentary, in: William R. Burrows (Hrsg.), Redemption and Dialogue. Maryknoll, N.Y. 1994, 119-158; The Incarnation of the Son of God, in: Michael J. Walsh (Hrsg.), Commentary on the Catechism of the Catholic Church. London 1994, 112-126; Dialogue and Proclamation in Two Recent Roman Documents, in: Augustine Thottakkara (Hrsg.), Dialogical Dynamics of Religions. Rom 1994, 110-131; FABC Focus on the Church's Evangelising Mission in Asia Today, in: Ebd., 132-156; Les religions et la mission, in: Gregorianum 76 (1995), 585-592; Pluralismo religioso e missão evangelizadora da Igreja, in: Desafios da Missão. São Paulo 1995, 119-141; Religious Plurality and the Christological Debate, in: Focus 15 (1995), 88-97; Il cristianesimo di fronte alle sfide del pluralismo religioso, in: Studia Patavina 42 (1995), 135-145; Communion universelle: Eglises chrétiennes et religions mondiales, in: Cristianesimo nella storia 16 (1995),

361-381; Universalité du christianisme: Jésus-Christ, le Règne de Dieu et l'Eglise, in: Revue africaine des sciences de la mission 2 (1995), 125-170; Universalità del cristianesimo: Gesù Cristo, il Regno di Dio e la Chiesa, in: Mario Farrugia (Hrsg.), Universalità del cristianesimo: In dialogo con Jacques Dupuis. Cinisello Balsamo (Mailand) 1996, 19-57; Dibattito e conclusioni, in: Ebd., 297-338; Teologia del dialogo interreligioso, in: AA.VV., Le sfide del nostro tempo. Bologna 1996, 125-159; Teologia della croce e dialogo interreligioso: Dimensione kenotica di Gesù Cristo e della Chiesa, in: La croce di Gesù Cristo unica speranza: Atti del III Congresso Internazionale »La sapienza della croce oggi (Roma, 9-13 Gennaio 1995)«. Rom 1996, 143-166; Cristianesimo e religioni: una sfida teologica, in: Rivista di scienze religione 11 (1997), 411-422; Vers une théologie chrétienne du pluralisme religieux, in: La vie spirituelle 724 (1997), 573-580; Forum ATI: Una sinfonia incompiuta, in: Rassegna di teologia 38 (1997), 831-833; Dialogo interreligioso per una responsabilità mondiale, in: Istituto di scienze sociali 'Rezzara' (Hrsg.), Medio Oriente e matrici culturali dell'Europa. Vicenza 1997, 190-199; Cristo universale e vie di salvezza, in: Angelicum 74 (1997), 193-218; Alleanza e salvezza, in: Testi di meditazione 75 (1997), 1-30; La comunicación en el dialogo interconfesional, in: Centro Estudios Teológicos (Hrsg.), Actas del IV Congreso Diálogo »fe-cultura«: La comunicación humana y sus múltiples manifestaciones artísticas. La Laguna 1997, 118-138; Gesù Cristo, Salvatore universale e le altre religioni, cammini di salvezza, in: Religione e scuola 26/4 (1998), 64-70; 26/5 (1998), 40-45; L'Esprit-Saint répandu sur le monde: Fondement du dialogue interreligieux, in: Lumen Vitae 53 (1998), 57-66; Insieme per pregare o pregare insieme?, in: Studi ecumenici 16 (1998), 11-30; Premiers échos du Synode pour l'Asie, in: Etudes 389/3 (1998), 215-227; La novedad de Jesucristo frente a las religiones mundiales, in: Estudios trinitarios 32 (1998), 3-37, auch in: Secretariado Trinitario (Hrsg.), Encarnación redentora (Semanas de Estudios Trinitarios 33). Salamanca 1999, 13-47; Le dialogue interreligieux à l'heure du pluralisme, in: Nouvelle revue théologique 120 (1998), 544-563; Le pluralisme religieux dann le plan divin de salut, in: Revue théologique de Louvain 29 (1998), 484-505; La presencia universal del Espíritu y la Misión de la Iglesia, in: Misiones extranjeras 163 (1998), 61-71; La universalidad de Jesucristo en el pluralismo actual, in: Misiones extranjeras 168 (1998), 485-502; First Echoes of the Synod for Asia, in: Landas 12 (1998), 13-28; Congar, Yves; Daniélou, Jean; Lubac, Henri de, in: Gerald H. Anderson (Hrsg.), Biographical Dictionary of Christian Mission. New York 1998, 148, 168, 413; Les chrétiens à la rencontre des 'autres', in: Horizons 29 (1998), 5-7; Preface, in: Henri Le Saux, Lettres d'un sanyasi chrétien à Joseph Lemaire. Paris 1999; Salvezza universale in Gesù Cristo e vie di salvezza, in: Segretariato Attività Ecumeniche (Hrsg.), Le Religioni come esperienza e attesa della salvezza. Mailand 1999, 55-77; El pluralismo religioso en el plan divino de la salvación, in: Selecciones de teología 38 (1999), 241-253; The Christian Meaning of Salvation, in: Michael Fuß (Hrsg.), Tenrikyo-Christian Dialogue. Tenri 1999, 373-389; The Spirit, Basis for Interreligious Dialogue, in: Theology Digest 46 (1999), 27-31; Un Dio vale l'altro?, in: Servizio della parola 305 (Feb.-März 1999), 11-15; Jesus with an Asian Face, in: Third Millennium 2 (1999), 6-17, auch in: Sedos Bulletin 8 (1999), 211-216; Un Dio Padre di Gesù Cristo per la salvezza del mondo, in: Rivista di scienze religiose 13 (1999), 31-47; Il Regno di Dio e la missione evangelizzatrice della Chiesa, in: Ad Gentes 3 (1999), 133-155; La teologia del pluralismo religioso rivisitata, in: Rassegna di teologia 40 (1999), 667-693; »The Truth Will Make You Free«: The Theology of Religious Pluralism Revisited, in: Louvain Studies 24 (1999), 211-263 (dt. Übers.: »Die Wahrheit wird euch frei machen«: Die Theologie des religiösen Pluralismus - noch einmal betrachtet, in: SaThZ 10 (2006), 12-64); Il volto asiatico di Gesù, in: Il Regno-Documenti 19 (1999), 648-652; L'Eglise face au pluralisme religieux d'aujourd'hui, in: Amitiés 23 (1999), 3-5; Pregare insieme: perché? come?, in: Segretariato Attività ecumeniche (Hrsg.), La preghiera respiro delle religioni: Atti della XXXVI sessione di formazione ecumenica (Chianciano Terme, 24-31 Luglio 1999). Ancona 2000, 19-47; Cristianesimo e religioni nel terzo millennio: Identità e comunione, in: Roberto Pazzi (Hrsg.), L'immaginario contemporaneo: Atti del Convegno Letterario Internazionale (Ferrara, 21-23 Maggio 1999). Ferrara 2000, 63-77; Hindou-chrétien et chrétien-hindou, in: Dennis Gira / Jacques Scheuer (Hrsgg.), Vivre de plusieurs religions: Promesse ou Illusion? Paris 2000, 54-64; Il cristianesimo e le religioni nella teologia cattolica degli anni recenti, in: Sergio Sorrentino (Hrsg.), Religione e religioni: A partire dai »Discorsi« di Schleiermacher. Assisi 2000, 295-324; El diálogo interreligioso en época de pluralismo, in: Selecciones de teología 39 (2000), 11-23; Un Dios, Padre de Jesucristo, para la salvación del mundo, in: Ebd., 177-188; Trinitarian Christology as a Model for a Theology of Religions, in: Terrence Merrigan / Jacques Haers (Hrsgg.), The Myriad Christ: Plurality and the Quest for Unity in Contemporary Christology. Leuven 2000, 83-97 (dt. Übers.: Eine trinitarische Christologie als Modell für eine Theologie des religiösen Pluralismus, in: SaThZ 10 (2006), 65-80); One God, One Christ, Convergent Ways, in: Theology Digest 47 (2000), 211-218; Il Verbo di Dio, Gesù Cristo e le religioni del mondo, in: Studia Patavina 47 (2000), 461-484; Pour le Règne de Dieu: Quelle Eglise? Quelle mission?, in: Spiritus 159, 41 (2000), 227-240; Universality of the Word and Particularity of Jesus Christ, in: Daniel Kendall / Stephen T. Davis (Hrsgg.), The Convergence of Theology: A Festschrift Honoring Gerald O'Collins, S.J. Mahwah 2001, 320-342 (dt. Übers.: Die Universalität des Wortes und die Partikularität Jesu Christi, in: SaThZ 10 (2006), 81-100); Il dialogo interreligioso in una società multireligiosa, in: Impariamo a dialogare. Parma 2001, 40-61, auch in: Odegitra 7 (2001), 35-51; Comunione e condivisione nel dialogo interreligioso: La fede personale e l'esperienza dell'altro, in: Sergio Ubbiali (Hrsg.), Teologia delle religioni e liturgia. Padua 2001, 170-194; Une vocation commune d'enfants de Dieu, in: Louvain 121 (2001), 19-22; Christianity and Other Religions: From Confrontation to Encounter, in: The Tablet, 20. Oktober 2001, 1484-1485; 27. Oktober 2001, 1520-1521; 3. November 2001, 1560-1561; Le Verbe de Dieu, Jésus-Christ et les religions du monde, in: Nouvelle revue théologique 123 (2001), 529-546; Christianity and Other Religions: From Confrontation to Encounter, in: Sedos Bulletin 33 (2001), 320-25; Le Verbe de Dieu, Jésus-Christ et les religions du monde, in: Cedrus Libani 64 (2001), 99-107; From Religious Confrontation to Encounter, Theology Digest 49 (2002), 103-108; Gesù, la Chiesa apostolica e le religioni, in: Juan José Tamayo Acosta (Hrsg.), 10 parole chiave su Gesù di Nazareth: Dalle ‚vite' di Gesù al Gesù della ‚vita'. Assisi 2002, 379-422; Christianity and Religions: Complementarity and Convergence, in: Catherine Cornille (Hrsg.), Many Mansions? Multiple Religious Belonging and Christian Identity. Maryknoll, N.Y. 2002, 61-75; Insieme per pregare, in: Viator 1 (2002), 7-9; El Verbo de Dios, Jesucristo, y las religiones del mundo, in: Selecciones de teología 41 (2002), 93-104; Le dialogue interreligieux dans une société pluraliste, Archaeus 6 (2002), 55-67; Abbiamo tutti lo stesso Dio, in: Credere oggi 129 (2002), 155-168; Le dialogue interreligieux dans une société pluraliste, in: Wydawca 1 (2002), 53-67; Religiones (Diálogo de), in: Jesús Conill (Hrsg.), Glosario para una sociedad intercultural. Bancaja, Valencia 2002, 320-327; Culture, inculturation et eucharistie, in: Maurice Brouard (Hrsg.), Eucharistia: Encyclopédie de l'Eucharistie. Paris 2002, 337-348; O diálogo inter-religioso numa sociedade pluralista, in: Didaskalia 32 (2002), 69-81; Synod for Asia: First Echoes, in: James H. Kroeger / Peter C. Phan (Hrsgg.), The Future of Asian Churches: The Asian Synod and Ecclesia in Asia. Quezon City 2002, 20-29; Universality of the Word and Particularity of Jesus Christ, in: Secretariat for Interreligious Dialogue, Society of Jesus (Hrsg.), »Toward a Theology of Interreligious Dialogue«: The 15th International Congress of Jesuit Ecumenists (15-20 August 1999). Rom (Curia SJ) 2003, 18-32, 39-43; Le Saux, un mystique qui a fait l'expérience de ce dont il témoigne, in: Actualité des religions 49 (Mai-Juni 2003), 17; La prière interreligieuse, in: Collectanea Cisterciensia 65 (2003), 310-328 (dt. Übers.: Das interreligiöse Gebet, in: SaThZ 10 (2006), 101-119); »Christianity and the Religions« Revisited, in: Louvain Studies 28 (2003), 363-383 (dt. Übers.: »Das Christentum und die Religionen« - noch einmal betrachtet, in: SaThZ 10 (2006), 120-140); The Word and the Christ, in: Robert Crusz / Marshal Fernando / Asanga Tilakaratne (Hrsgg.), Encounters with the Word: Essays to Honour Aloysius Pieris, S.J. Colombo 2004, 179-194; Le Verbe de Dieu comme tel et comme incarné, in: Andreas R. Batlogg / Mariano Delgado / Roman A. Siebenrock (Hrsgg.), Was den Glauben in Bewegung bringt: Fundamentaltheologie in der Spur Jesu Christi (FS für Karl Heinz Neufeld SJ). Freiburg, Basel, Wien 2004, 500-516; Renewal of Christianity Through Interreligious Dialogue, in: Bijdragen 65 (2004), 131-143 (dt. Übers.: Erneuerung des Christentums durch interreligiösen Dialog, in: SaThZ 10 (2006), 141-154); Der interreligiöse Dialog als Herausforderung für die christliche Identität, in: ZMR 88 (2004), 3-19; Dupuis Responds, in: Vidyajyoti 68 (2004), 218-225.

Vorlesungsskripten: The Mystery of Christ, Incarnate Word and Redeemer I: The Person of Christ; II: The Work of Christ. Kurseong 1967; The Sacraments, Personal Encounter of Christ and Men in the Church. Kurseong 1967; The Eucharistic Mystery. Kurseong 1968; God Three and One. Kurseong 1971.

Rezensionen: Eine Auflistung der etwa 600 Rezensionen (1960-2002) findet sich in: Daniel Kendall / Gerald O'Collins (Hrsgg.), In Many and Diverse Ways: In Honor of Jacques Dupuis. Maryknoll, N.Y. 2003, 231-269.

Lit. (Auswahl): Louis-Marie Nihal Navaratne, The Relationship Between Christology and Pneumatology in the Writings of Yves Congar, Karl Rahner and Jacques Dupuis. Rom 1987, 126-194; — José Kuttianimattathil, Practice and Theology of Interreligious Dialogue. Bangalore 1995, 242-248, 354-360; — Mario Farrugia (Hrsg.), Universalità del cristianesimo: In dialogo con Jacques Dupuis. Cinisello Balsamo (Mailand) 1996; — Comité de rédaction, »Tout récapituler dans le Christ«: A propos de l'ouvrage de Jacques Dupuis, Vers une théologie chrétienne du pluralisme religieux, in: Revue thomiste 98 (1998), 591-630 ; — Gavin D'Costa, Book Review (Jacques Dupuis, Toward a Christian Theology of Religious Pluralism. Maryknoll, N.Y. 1997), in: The Journal of Theological Studies 49 (1998), 910-914; — Giuseppe DeRosa, Una teologia problematica del pluralismo religioso, in: Civiltà cattolica 149, III (1998), 129-143; — Paul J. Griffiths, Book Review (Jacques Dupuis, Toward a Christian Theology of Religious Pluralism. Maryknoll, N.Y. 1997), in: The Thomist 62 (1998), 316-319; — Roger Haight, Book Review (Jacques Dupuis, Toward a Christian Theology of Religious Pluralism. Maryknoll, N.Y. 1997), in: Theological Studies 59 (1998), 347-349; — Terrence Merrigan, »Pour nous et pour notre salut«: L'action de Dieu selon la théologie des religions, in: Lumen vitae 53 (1998), 415-425 ; — Ders., Exploring the Frontiers: Jacques Dupuis and the Movement »Toward a Christian Theology of Religious Pluralism«, in: Louvain Studies 23 (1998), 338-359, auch in: East Asian Pastoral Review 37 (2000), 5-32; — Ders, Jacques Dupuis and the Redefinition of Inclusivism, in: Daniel Kendall / Gerald O'-Collins (Hrsgg.), In Many and Diverse Ways: In Honor of Jacques Dupuis. Maryknoll, N.Y. 2003, 60-71; — Ders., Jacques Dupuis en de herdefiniëring van de katholieke theologie van de godsdiensten, in: Collationes 33 (2003), 315-328; — Ders., The Appeal to Yves Congar in Recent Catholic Theology of Religions: The Case of Jacques Dupuis, in: Gabriel Flynn (Hrsg.), Yves Congar: Theologian of the Church. Louvain, Paris, Dudley, MA 2005, 427-457; — Ntima Nkanza, Book Review (Jacques Dupuis, Toward a Christian Theology of Religious Pluralism. Maryknoll, N.Y. 1997), in: Telema 4 (1998), 75-89; Gerald O'Collins, Book Review (Jacques Dupuis, Toward a Christian Theology of Religious Pluralism. Maryknoll, N.Y. 1997), in: The Tablet, 24. Januar 1998, 110-111; — Ders., In Defense of Fr Dupuis, in: Ebd., 12. Dezember 1998, 1650; — Ders., Christ and the Religions, in: Gregorianum 84 (2003), 347-362; — Ders., Jacques Dupuis's Contributions to Interreligious Dialogue, in: Theological Studies 64 (2003), 388-397; — Ders., Jacques Dupuis: His Person and Work, in: Daniel Kendall / Gerald O'Collins (Hrsgg.), In Many and Diverse Ways: In Honor of Jacques Dupuis. Maryknoll, N.Y. 2003, 18-29; — Ders., Jacques Dupuis, S.J. (1923-2004): In Retrospect, in: Vidyajyoti 69 (2005), 449-459; — Andrea Toniolo, Teologia cristiana delle religioni: Considerazioni a partire dalla recente pubblicazione di Jacques Dupuis, in: Rassegna di teologia 39 (1998), 285-293; — Leo Elders, Vers une théologie chrétienne du pluralisme religieux, in: Sedes Sapientiae 68 (1999), 64-100; — Paul F. Knitter, Catholics and Other Religions: Bridging the Gap Between Dialogue and Theology, in: Louvain Studies 24 (1999), 319-354; — Ders., Introducing Theologies of Religions. Maryknoll, N.Y. 2002, 89-93, 103-105; — Franz Kardinal König, In Defense of Father Dupuis, in: The Tablet, 16. Januar 1999, 76-77 (dt. Übers.: Zur Verteidigung von Pater Dupuis, in: SaThZ 10 (2006), 167-170); — Ders., Let the Spirit Breathe, in: The Tablet, 7. April 2001, 483-484, auch in: Daniel Kendall / Gerald O'-Collins (Hrsgg.), In Many and Diverse Ways: In Honor of Jacques Dupuis. Maryknoll, N.Y. 2003, 14-17; — James H. Kroeger, Book Review (Jacques Dupuis, Toward a Christian Theology of Religious Pluralism. Maryknoll, N.Y. 1997), in: Studies in Interreligious Dialogue 2 (1999), 250-252; — Joseph Kardinal Ratzinger, Reply to Kardinal König, in: The Tablet, 13. März 1999, 385; — Hans Waldenfels, »Unterwegs zu einer christlichen Theologie des religiösen Pluralismus«: Anmerkungen zum »Fall Dupuis«, in: StZ 217 (1999), 597-610; — Ders., Jacques Dupuis - Theologie unterwegs, in: StZ 219 (2001), 217-218; — Ders., In memoriam Jacques Dupuis SJ, in: ZMR 89 (2005), 58-59; — Gian L. Brena, Dialogo interreligioso: riflessioni filosofiche, in: Rassegna di teologia 41 (2000), 431-441; — Francis Clark, Godfaring: On Reason, Faith and Sacred Being. Washington 2000, 75-95; — Paolo Gamberini, La cristologia del pluralismo religioso in un libro recente di Jacques Dupuis, in: Filosofia e teologia 14 (2000), 131-144;- Hermann J. Pottmeyer, Auf dem Weg zu einer Theologie der Religionen: Ansätze und Perspektiven, in: Reinhard Göllner, (Hrsg.), Das Christentum und die Weltreligionen (Theologie im Kontakt 8). Münster 2000, 127-144; — Erzbischof Henry D'Souza, Forword, in: Jacques Dupuis, Toward a Christian Theology of Religious Pluralism. Anand Gujarat 2001, xii-xiv, auch in: Jacques Dupuis, Toward a Christian Theology of Religious Pluralism. Maryknoll, N.Y. 2001, 440-441; — Ders., Foreword, in: Daniel Kendall / Gerald O'Collins (Hrsgg.), In Many and Diverse Ways: In Honor of Jacques Dupuis. Maryknoll, N.Y. 2003, ix-x; — Christian Heller, John Hicks Projekt einer religiösen Interpretation der Religionen: Darstellung und Analyse - Diskussion - Rezeption. Münster 2001, 419-446; — Ders., Auf dem Weg zu einer christlichen Theologie des religiösen Pluralismus: Die religionstheologischen Positionen Jacques Dupuis' und John Hicks im Vergleich, in: ZKTh 125 (2003), 167-185; — Hans Kessler, Der universale Jesus Christus und die Religionen: Jenseits von ‚Dominus Iesus' und Pluralistischer Religionstheologie, in: ThQ 181 (2001), 212-237; — Kongregation für die Glaubenslehre, Notificazione a proposito del libro di Jacques Dupuis, »Verso una teologia cristiana del pluralismo religioso«, in: Osservatore Romano 2001, Nr. 47 (26./27.02.2001), 11, auch in: AAS 94 (2002), 141-145 (dt. Übers.: Notifikation bezüglich des Buches von Jacques Dupuis »Verso una teologia cristiana del pluralismo religioso« in: Osservatore Romano (dt.) 2001, Nr. 13 (30.03.2001), 10; auch unter: http://www.vatican.va/roman_curia/congregations/cfaith/documents/rc_con_cfaith_doc_20010124_dupuis_ge.html, auch in: SaThZ 10 (2006), 155-159); — Dies., Kommentar zur Notifikation in Bezug auf das Buch von J. Dupuis »Verso una teologia cristiana del pluralismo religioso«, in: Osservatore Romano (dt.) 2001, Nr. 13 (30.03.2001), 12f.; auch unter: http://www.vatican.va/roman_curia/congregations/cfaith/ documents /rc_con_cfaith _doc_20010312_dupuis-2_ge.html, auch in: SaThZ 10 (2006), 160-166; — Francis A. Sullivan, Ways of Salvations? On the Investigation of Jacques Dupuis, in: America, 9. April 2001, 28-31; — Faustino L. Teixeira, »Dominus Iesus« em ação: a notificação sobre o livro de Jacques Dupuis, in: Revista eclesiástica brasileira 61 (2001), 425-429; — Gerard Hall, Jacques Dupuis' Christian Theology of Religious Pluralism, in: Pacifica 15 (2002), 37-50; — Alberto Melloni, Neue Notifikationen zu Werken von Reinhard Meßner, Jacques Dupuis und Marciano Vidal, in: Concilium 38 (2002), 590-609 (engl. Übers.: Recent Notifications on the Works of Reinhard Messner, Jacques Dupuis and Marciano Vidal, in: Concilium (engl.) 38 (2002/5), 115-136); — Heribert Schmitz, Notificationes Congregationis Pro Doctrina Fidei, in: AfkKR 171 (2002), 382-386; — Pim Valkenberg, Jacques Dupuis as a Theologian with a Reversed Mission: Some Remarks on his Controversial Theology of Religious Pluralism, in: Frans Wijsen / Peter Nissen (Hrsgg.), Mission is a Must: Intercultural Theology and the Mission of the Church. Amsterdam 2002, 147-158; — Ders., God ademt overal: mogelijkheden en grenzen van een trinitaire theologie van de godsdiensten, in: Tijdschrift voor theologie 43 (2003), 166-190; — Robert Blair Kaiser, Dupuis Profile, in: Daniel Kendall / Gerald O'Collins (Hrsgg.), In Many and Diverse Ways: In Honor of Jacques Dupuis. Maryknoll, N.Y. 2003, 222-229; — William R. Burrows, Creating Space to Rethink the Mission of Christians: The Contributions of Jacques Dupuis, in: Ebd., 211-221; — George Gispert-Sauch, Jacques Dupuis and Swami Abhishiktananda, in: Ebd., 146-157; — Daniel Kendall / Gerald O'Collins (Hrsgg.), In Many and Diverse Ways: In Honor of Jacques Dupuis. Maryknoll, N.Y. 2003; — Andrea Pacini, Cristologia e teologia delle religioni: La proposta di Jacques Dupuis nel contesto dell'attuale dibattito teologico sul pluralismo religioso, in: Oreste Aime et al. (Hrsgg.), In sequela Christi: Miscellanea in onore del cardinale Severino Poletto, arcivescovo di Torino, in occasione del suo LXX compleanno. Turin 2003, 149-221; — Peter C. Phan, Jacques Dupuis and Asian Theologies of Religious Pluralism, in: Daniel Kendall / Gerald O'Collins (Hrsgg.), In Many and Diverse Ways: In Honor of Jacques Dupuis. Maryknoll, N.Y. 2003, 72-85; — Veli-Matti Kärkkäinen, Trinity and Religious Pluralism: The Doctrine of the Trinity in Christian Theology of Religions. Aldershot 2004, 49-66; — Yves Labbé, La théologie des religions entre création et révélation: Jacques Dupuis et Christoph Theobald, in: Nouvelle revue théologique 126 (2004), 106-129; — Alexander Löffler, Theologie im Grenzbereich von Inklusivismus und Pluralismus: Zu Jacques Dupuis' christlicher Theologie des religiösen Pluralismus, in: ZKTh 126 (2004), 415-442; — Ders., Buchbesprechung (Jacques Dupuis, Christianity and the Religions: From Confrontation to Dialogue, Maryknoll, N.Y., London 2002), in: ThPh 80 (2005), 294-297; — Michael Amaladoss, Obituary: Fr Jacques Dupuis, S.J. (1923-2004), in: Vidyajyoti 69 (2005), 84-86 (dt. Übers. in: SaThZ 10 (2006), 9-11); — John Borelli, Book Review (Jacques Dupuis, Christianity and the Religions: From Confrontation to Dialogue, Maryknoll, N.Y., London 2002), in: Buddhist-Christian Studies 25 (2005), 182-186; — Francesc Torradeflot Freixes, La théologie des religions: De John Henry Newman à Jacques Dupuis et à Raimon Panikkar. Louvain-la-Neuve 2005; — Perry Schmidt-Leukel, Gott ohne Grenzen: Eine christliche und pluralistische Theologie der Religionen. Gütersloh 2005, 145-151, 160-162, 409-413; — Gaudenzio Zambon, In ricordo di P. Jacques Dupuis: Vita e opere, in: Rassegna di teologia 46 (2005), 123-125; — Anne Hunt, Back to a Way Forward: Jacques Dupuis' Trinitarian Christology and the Invisible Missions of the Word and Spirit, in: Pacifica 19 (2006), 125-143; — Christoph Körner, (K)ein Heil außerhalb der Kirche? Überlegungen zur theologischen Bedeutung religiöser Pluralität. Berlin 2006; — Przemyslaw Plata, Jacques Dupuis and a Christian Theology of Religious Pluralism, in: Louvain Studies 31 (2006), 52-78; — Ders., The Appeal to the Trinity in Contemporary Theology of Interreligious Dialogue (Diss.). Leuven 2007, 36-108; — Terrence W. Tilley, Christian Orthodoxy and Religious Pluralism, in: Modern Theology 22 (2006), 51-63; — Ulrich Winkler, Jacques Dupuis' Vermächtnis einer katholischen Religionstheologie, in: SaThZ 10 (2006), 1-8; — Gilles Emery, Überlegungen zum Beitrag einer trinitarischen und pneumatologischen Christologie zur christlichen Theologie der Religionen, in: ZMR 91 (2007), 29-39; — Jon P. Sydnor, Beyond the Text: Revisiting Jacques Dupuis' Theology of Religions, in: International Review of Mission 96 (2007), 56-71.

Alexander Löffler

E

EBEN, Petr, tschechischer Komponist, * 22.1. 1929 in Žamberk (Tschechoslowakei / heute Tschechien), † 24.10. 2007 in Prag. Geboren 1929 als zweites Kind des Lehrerehepaars Vilém Eben (1887-1963) und Marie Ebenová, geb. Kahler (1896-1960) in Žamberk (Senftenberg), siedelte E. mit seiner Familie 1935 nach Český Krumlov über, wo er die Grundschule (1935-1939) und das Realgymnasium (1939-1944) besuchte, aus dem er 1944 aufgrund der jüdischen Abstammung seines Vaters ausgeschlossen wurde. Nach einigen Monaten der Zwangsarbeit in der Druckerei Kain und Steininger / Český Krumlov wurde E. im gleichen Jahr von der deutschen Besatzung zur Arbeit im Steinbruch des Ortes verpflichtet. 1945 folgte die Deportation in das Konzentrationslager Buchenwald. Nach der Befreiung besuchte E. von 1945-1948 die Abschlussklassen des Realgymnasiums wiederum in Cesky Krumlov, wo er 1948 das Abitur ablegte. Es folgte das Studium an der Akademie der musischen Künste in Prag von 1948-1954. Prägende Lehrer waren F. Rauch (Klavier) und P. Borkovic (Komposition). In den Jahren 1950/51 entstand mit der *Missa adventus et quadragesimae* eine der ersten größeren eigenständigen Kompositionen. 1953 (27.6.) heiratete E. in der Prager Teinkirche Šarka Hurníková. Aus der Ehe gingen die drei Söhne Kryštof (geb. 1954), Marek (geb. 1957) und David (geb. 1965) hervor. 1954-1955 arbeitete E. als externer Lektor an der Akademie der musischen Künste in Prag, in der ersten Hälfte des Jahres 1955 wirkte er gleichzeitig als Dramaturg in Musiksendungen des tschechoslowakischen Fernsehens. Seit September 1955 war E. als Lektor (ab 1964 als Fachassistent, ab 1989 als Dozent) am Lehrstuhl für Musikwissenschaft der Philosophischen Fakultät der Karlsuniversität Prag beschäftigt, eine Tätigkeit, die er bis 1990 ausübte. Seit dem Ende der 1950er Jahre war E. regelmäßiger Gast im europäischen und vereinzelt auch im außereuropäischen Ausland. Bis 1962 wurden ihm allerdings Reisen nach Westeuropa vom kommunistischen Regime ob seiner christlichen Weltanschauung verwehrt, auch bei späteren Reisen war E. regelmäßig auf

Einladungen aus westlichen Ländern angewiesen, um eine Ausreisegenehmigung zu erhalten. Im Sommer 1957 nahm E. am Internationalen Jugendfestival in Moskau teil, wo ihm für seine *Sechs Minnelieder* ein Preis verliehen wurde. Kontakte zum Vorsitzenden der Jury bei diesem Wettbewerb, Dimitri Schostakowitsch, konnten den politischen Druck auf E. innerhalb seines Heimatlandes etwas mildern. 1965 kam es in Salzburg zu einer Begegnung E.s mit Carl Orff (1895-1982), in Anlehnung an dessen Methode E. gemeinsam mit dem tschechoslowakischen Komponisten und Musikpädagogen Ilja Hurník eine tschechische Adaption des Orff'schen Schulwerkes herausgab. Entscheidende kompositorische Leistungen waren in den folgenden Jahren die Entstehung der *Vox clamantis* (1968), einem Konzert für drei Trompeten und Orchester, sowie *Die Fenster nach Marc Chagall* (1976) für Trompete und Orgel. 1978/79 war E. als Professor für Komposition am *Royal Northern College of Music* in Manchester beschäftigt. Auch die 1980er Jahre waren geprägt von einer intensiven Reisetätigkeit, u.a. kam es 1987 in Frankreich zu gemeinsamen Konzerten mit Olivier Messiaen (1908-1992). Auf die sich wandelnden politischen Verhältnisse 1989/90 reagierte E. u.a. mit der Komposition des *Prager Te Deum 1989* (UA 1991), in dem christliches Bekenntnis und Freude über die neu gewonnene Freiheit gleichermaßen kompositorischen Ausdruck fanden. 1996/97 entstand die groß angelegte Oper *Jeremias* für fünf Solisten, Chor, Kammerorchester und Orgelpositiv. Die seit den 1980er Jahren aufgebauten und nach der politischen Wende 1989/90 gen Deutschland intensivierten Kontakte E.s vor allem in das Bistum Mainz fanden ihren besonderen Ausdruck in der Komposition des *Gloria zum 65. Geburtstag von Karl Kardinal Lehmann, Bischof von Mainz* (2002). — 1991 wurde E. in Prag durch den franz. Kulturminister zum *Chevalier des arts et des lettres* geadelt, 1992 wurde er zum Ehrenprofessor des *Royal Northern College of Music* ernannt. 1994 erfolgte in Prag die Ehrenpromotion an der Karlsuniversität. Im gleichen Jahr verlieh ihm die Deutsche Bischofskonferenz (DBK) den Orden des Hl. Cyrill und Method, anlässlich des Katholikentages 1998 in Mainz wurde E. mit dem Kunst- und Kulturpreis der DBK ausgezeichnet. — E.s Musik ist primär inspiriert vom gregorianischen Choral und vom tschechischen Volklied. Auf singuläre Weise gelang ihm die Verbindung von individueller Formgebung und unkonventioneller Instrumentierung v.a. im kammermusikalischen Bereich. Ebenfalls charakteristisch für E.s Kompositionsstil sind frei- oder polytonale Strukturen unter Erhalt eines tonalen Zentrums, die in der Gestaltung großer musikalischer Flächen kulminieren. Damit einhergehend ist eine große rhythmisch-metrische Variabilität, die bis zu bi- und polymetrischen Abschnitten innerhalb der Kompositionen reicht. Steht bei allen Kompositionen eine (christlich-philosophisch inspirierte) Botschaft im Mittelpunkt, so gelingt E. gleichzeitig ein differenzierter musikalischer Ausdruck, der von dramatisch-spannungsvollen Elementen bis hin zu intensiver lyrischer Flächengestaltung die gesamte Bandbreite musikalischer Affekte abbildet.

Werke:

I. Orchesterwerke: Vox clamantis für drei Trompeten und Orchester (1969); Nachtstunden für Holzbläserquintett, Tenortuba, Streichorchester, Klavier und Schlagzeug (1975, mit Chor 1983); Prager nocturno (1983); Improperia (1995).

II. Konzerte: Konzert für Orgel und Orchester Nr.1/Symphonia gregoriana (1954); Konzert für Klavier und Orchester (1960/61); Konzert für Orgel und Orchester Nr.2 (1982).

III. Kammermusik: Duos: Sonate für Oboe und Klavier (1950); Suita balladica für Violoncello und Klavier (1955); Sonatina semplice für Violine (oder Flöte) und Klavier (1955); Duetti per due trombe (1956); Duettina für ein Sopraninstrument und Klavier (1962/63); Ordo modalis für Oboe und Harfe (1964); Fantasia vespertina für Trompete und Klavier (1967); Amoroso für Oboe und Klavier (1975); Die Fenster nach Marc Chagall für Trompete und Orgel (1976); Sonate für Flöte und Marimba (1978); Phantasie für Viola und Orgel Rorate coeli (1982); Die Landschaften von Patmos für Orgel und Schlagzeug (1984); Zwei Invokationen für Posaune und Orgel (1987); Alttestamentarisches Fresko für Violine und Klavier (1993); Appello für Oboe und Klavier (1995); Miniaturen für Flöte und Klavier (Oboe und Klavier) (1972/1997).

Trios: Musik für Oboe, Fagott und Klavier (1970); Skizze für C.B. für zwei Flöten und Klavier (1972); Gegenspieler für Klarinette, Klavier und Schlaginstrumente (1985); Klaviertrio (1986); Gutenberg-Toccata für Orgel, Trompete und Posaune (2000).

Quartette: Bläserquartett (1951/52); Sreichquartett (1981).

Quintette: Quintetto per stromenti a fiato (1965); Blechbläserquintett (Variationen über einen Choral) (1968/69); Klavierquintett (1991/92).

Andere Besetzungen: Concertino pastorale für drei Instrumentalsoli und Streichensemble (1963); Tschechisches Orff-Schulwerk III und IV (1969/1976); Kleines Handbuch der Renaissance-Instrumente für 4 Spieler und 14 Instrumente (1977); Spektrum für Synthesizer, Elektrogitarre, Kontrabass und Schlagzeug (1977); Drei Suitensätze für Orffsches Instrumentarium (1983); Tres iubilationes für 4 Blechbläser und Orgel (1987); Marsch und Fanfaren für die Burgwache für Blechbläserensemble und Schlagzeug (1994).

IV. Werke für Soloinstrumente

Cembalo: Sonate für Cembalo (1988).

Flöte: Flötenkadenzen (1968/69), Komposition für Querflöte solo (2000).

Gitarre: Tabulatura nova (1979); Mare nigrum (1981).

Harfe: Risonanza (1986).

Klavier: Sonata in Des (1951); Die Welt im Kleinen (1955); Kuckuck, wo warst du (1955); Frühlingsmotiv (1960); Grünes Wäldchen (1963, vierhändig 1978/79); Vier Winterbilder (1964); Oktavenetüde (1965); Kleine Portraits (1968); Unterschiede und Gegensätze (1969); Bilderspiele (1971); Briefe an Milena (1990); Veni Creator (1992).

Orgel: Sonntagsmusik (1957-59); Laudes (1964); Zehn Choralvorspiele (1971); Zehn Choralphantasien (1972); Kleine Choralpartita (1978); Faust (1979/80); Mutationes (1980/81); Versetti (1982); A Festive Voluntary (1986); Hommage à Buxtehude (1987); Hiob (1987); Zwei festliche Präludien (1990, 1992); Biblische Tänze (1990/91); Amen - es werde wahr (1993); Momenti d'organo (1994); Hommage à Henry Purcell (1994/95); Versio ritmica (1996); Cusanusmeditation (2001); Gloria zum 65. Geburtstag von Karl Kardinal Lehmann, Bischof von Mainz (2002).

V. Vokalwerke

Frauenchöre: Von Schwalben und Mädchen (1959/60); Schleier und Tränen mit Begleitung einer Baßklarinette (1970); Griechisches Wörterbuch mit Harfenbegleitung (1974); Medicamina Sempiterna (1985), Dommusik (?).

Gemischte Chöre: Liebe und Tod (1957/58); Ubi caritas et amor (1964); Lead Kindly Light (1969); Das unversenkbare Schiff (1977); Gruß an Marsyas für gemischte Stimmen und kleines Ensemble (1980); Der Atem längst vergangener Tage - Desire of Ancient Things (1984); Die Nacht (1986); Cantico delle creature (1987); From Life to Life (1991); Verba sapientiae (1991/92); Zwei gemischte Chöre auf Texte der Heiligen Theresia (1992); Die Frage (1994); Spiritus mundum adunans für gemischten Chor (1994); Mundus in periculo (1994/95); Rhythmus de gaudiis paradisi (1995); Komm herab, o Heiliger Geist (1996); Bilder der Hoffnung für gemischten Chor (oder gemischten Chor und Orgel) (1998); Abba - Amen (?); Psalmi peregrini(?).

Kantaten: Balladen für Soli, gemischten Chor und Orchester (Von Heiligen und Sündern) (1953/1957); Zauberspruch, den Liebsten zu beschwören für drei Frauenstimmen-Soli und gemischten Chor (1957); Bittere Erde für Bariton, gemischten Chor und Orgel (1959/60); Das Lied vom Schneeballstrauch für Soli, Männer- und Frauenchor und Orchester (1960); Pragensia für Kammerchor und Instrumentalbegleitung (1972); Zu Ehren Karls IV. für Männerchor und Orchester (1978).

Kinderchöre: Es grünen die Zweige für Kinderchor und Klavier (oder für Kinderchor und Instrumentalbegleitung) (1953/54, Instrumentierung 1959); Drei Herbstlieder (1956); Im Gras für Kinderchor und Klavier (1959); Weihnachtslieder für Kinderchor und Klavier (1960); Frühlingsliedchen für Kinderchor und Klavier (oder für Kinderchor und kleines Orchester) (1960/61); Tetschener Sternsinger für Kinder-Soli, Kinderchor und Klavier (1963); Karussell und Sterne für Kinderchor und Klavier (1964); Neues Haus (1965); Zehn poetische Duette (1965); Orff Schulwerk I und II (1966); Erzählung mit Refrain für Kinder-Soli, Kinderchor und Klavier (1969); Ene, mene, Purzelbäume für Kinderstimme (Soli oder Chor) und Klavier (oder Instrumentalensemble) (1969/70, Instrumentierung 1971); Paradiesische Nachtigall (1970); Was man so am Tag erlebt (1973); Glückliche Reise für Kinderchor und Klavier (1973); Neugierige Liedchen für Solostimme, Kinder-Unisono und Klavier (1974); Catonis moralia (1974/75); Liedchen für den Kindergarten mit Klavierbegleitung (1976); Drei Ferienlieder für Kinderchor und Klavier (1977); Erfrorene Lieder für Kinderchor und Orff-Instrumente (1977); Drei böhmische Weihnachtslieder (197?); Eine Mozart-Geschichte (1988); Rondell (1992); Psalmus 8 (1993).

Männerchöre: Epitaph (1957); Chad gadyoh (1965); Bilanz (1966); Soldatenleid (1978); De Sancto Alberto (1996).

Messen: Missa adventus et quadragesimae für einstimmigen Männerchor (oder gemischten Chor oder Frauenchor) und Orgel (1951/52); Messordinarium für Volksgesang und Orgel (1965); Totenmesse für Schola, Volksgesang und Orgel (1966); Trouvère-Messe für Soli, Chor, Blockfläten und Gitarren (1968/69); Missa cum populo für gemischten Chor, Blechbläser, Schlagzeug, Orgel und Volksgesang (1981/82).

Oratorien: Apologia Sokrates für Bariton- und Altsolo, Kinderchor, gemischten Chor und Orchester (1967); Heilige Zeichen für gemischten Chor, Sopran- und Baritonsolo, Kinderchor, Orgel (ad lib. zwei), Blasensembles und Schlagzeug (1992/93); Anno Domini für zwei Soli, Kinderchor, gemischten Chor, Schola gregoriana und Kammerorchester (1998/99).

Sonstige Chorwerke: Pater noster für Chor und Orgel (1950); Geistliche Lieder für Volksgesang mit Orgelbegleitung (1954); Liturgische Gesänge für einstimmigen Chor (oder Solo) und Orgel (1955-60); Antiphonen und Psalmen für Schola, Volksgesang und Orgel (1967); Vesperae für Knaben- und Männerchor (oder gemischten Chor), Volksgesang und Orgel (1968); Cantica Comeniana für gemischten Chor und Frauen- (bzw. Kinder-) chor (1970); Vier Chöre auf lateinische Texte für Kinder- (bzw. Frauen-) stimmen und für gemischten Chor (1973); Vier geistliche Lieder für Volksgesang und Orgel (1985); Fünf Halleluja-Verse für Chor und Orgel (1987); Prager Te Deum 1989 für gemischten Chor, Blechbläser und Schlagzeug (oder Orgel) (1989/90); Vier geistliche Festgesänge für gemischten Chor und Blechbläser (oder Orgel) (1993); Suita liturgica für einstimmigen Chor und Orgel (1995).

Lieder: Sechs Minnelieder für mittlere Stimme und Klavier (oder Klavier und Harfe) (1951); Lieder zur Laute für Gesang und Laute (oder Gitarre) (1951); Heimliche Lieder für tiefere Männerstimme und Klavier (1952); Nursery-Songs für Sopran und Klavier (1953); Drei leise Lieder für Flöte, Sopran und Klavier (1955); Lieder nach Gedichten von Rainer Maria Rilke für tiefere Stimme und Klavier (1961); Lieblose Lieder für Alt und Viola (1963); Kleine Kümmernisse für höhere Stimme und Klavier (1964/65); Sollte ich der Erste sein, der geht für tiefere Stimme und Klavier (1966); Lied der Ruth für tiefere Stimme und Orgel (1970); Lieder nach Gedichten von Miroslav Florian für Tenor und Klavier (1970), Botschaft für Bariton (oder Mezzosopran) und Orchester (1981); De nomine Caeciliae (1994).

Volksliedbearbeitungen: Lieder aus dem Teschnerland für tiefere Stimme und Klavier (1952); Volkslieder für gemischten Chor (1952); Krumauer Schloss für Frauenchor, Klavier (oder für Frauenchor, Bläserquintett und Klavier) (1955); Hundert Volkslieder für Klavier (1959/60); Volksliedbearbeitungen für Kinderchor (1963-65); Herbst- und Winterlieder für Kinderchor und ein Melodieinstrument (bei Winterliedern mit Klavier) (1976);Volksliedbearbeitungen fremder Völker für Kinderchor, Violoncello und Rhythmusinstrumente (1983).

VI. Bühnenmusik, Filmmusik, Literaturvertonung

Oper: Jeremias für fünf Solisten, Chor, Kammerorchester und Orgelpositiv (1996/97).

Ballette: Flüche und Segenssprüche für Chor und Orchester (1983); Ondeggiando (Ballett-Intermezzo) (1984).

Schauspielmusik: Musik zu einem Ritterlustspiel (1953); Musik für Streichquartett (1955); Bühnenmusik zu Plautos Spiel Miles gloriosus (1955); Bühnenmusik zu Goethes Drama Faust (1976); Bühnenmusik zu Shakespeares Drama Hamlet (1976/77).

Filmmusik: The Bad Hat (Teufelsblümchen) (1959); The Happy Owls (1968); Leopold, the See - Through - Crumb - Picker (1970); Dream World (1971); Denn es steht geschrieben (1978); Die eisernen Schuhe (1983).

Musik zu Literatur: Kammermusik zur Gedichtsammlung von Jaroslav Seifer Mütterchen (1956); Kammermusik zu Gedichten von Robert Louis Stevenson (1956); Das unzufriedene Kaninchen (Marie Majerová) (1962); Strophen der Liebe (Stjepan Stschipatschow) (1962/63); Ein Piano geht in die Welt (Kamil Bednár) (1967); Lieder des Bärchen Puh (Alan Alexander Milne) (1976/1997).

Festschriften: Melville-Mason, Graham, A tribute to Petr Eben: to mark his 70th birthday year (Occasional publications 2), Burnham-on-Crouch 2000.

Lit. (Auswahl): Bretschneider, Wolfgang, »Hinter die Grenzen des Lebens schauen«. Petr Eben, Hiob: eine Einführung in den Orgelzyklus, in: RhS 47.2004, 3-9; — Daubner, Stefan, Die Orchesterwerke Petr Ebens: Struktur und Zeichen, Frankfurt (Main) 2003; — J. Fishell, The Organ Music of Petr Eben, diss. Northwestern University, Evanston, Illinois, 1988; — Jacob, Andreas, Petr Ebens »Hiob«: Konstruktion auf der Basis von Improvisation, in: MuK 67.1997, 303-311; — Landgren, Johannes, Music, moment, message: interpretive, improvisational, and ideological aspects of Petr Eben's organ works (Skrifter från Musikvetenskapliga Avdelningen / Göteborg University 48), Diss. Göteburg 1997; — Vondrovicová, Katerina, Petr Eben: Leben und Werk, Mainz u.a. 2000 (dort weitere Literatur).

Dominik Skala

ECKERT, Erwin, * 16.6. 1893 in Zaisenhausen (Baden), † 20.12. 1972 in Mannheim. Der älteste Sohn eines kinderreichen Hauptlehrers besuchte nach dem Umzug seiner Eltern im Jahre 1898 nach Mannheim das Humanistische Gymnasium in Mannheim und studierte Theologie und Philosophie in Heidelberg, Göttingen und Basel, u.a. bei den Professoren Ernst Troeltsch, Johannes Bauer, Ernst Gustav Georg Wobbermin, Wilhelm Windelband und Edmund Husserl. 1911 Mitglied der SPD. 1914 meldete sich E. kriegsfreiwillig. 1919 Vikar in Pforzheim, 1920 Heirat mit Elisabeth Setzer aus Mannheim, 1922 Pfarrer in Meersburg (Bodensee), Geburt des Sohnes Wolfgang. Am Beginn der zwanziger Jahre (1920 Gründung des »Bundes evangelischer Proletarier« in Pforzheim, 1924 Mitbegründer der »Arbeitsgemeinschaft der religiösen Sozialisten Deutschlands« in Meersburg, 1926 Mitbegründer des »Bundes der religiösen Sozialisten Deutschlands« in Meersburg) schloß sich E. den religiösen Sozialisten in der evang. Kirche an, womit er sich in Gegensatz zur deutschnational orientierten Kirchenleitung stellte, die ihn wiederholt maßregelte und bestrafte. Von 1926 bis 1931 war E. geschäftsführender Vorsitzender des Bundes der religiösen Sozialisten Deutschlands und Hrsg. des Bundesorgans »Sonntagsblatt des arbeitenden Volkes«, seit 1931 »Der religiöse Sozialist« (Auflage zuletzt 17000). 1926-1931 gewählter Abgeordneter der badischen Landessynode. Ab

1927 Stadtpfarrer an der Trinitatiskirche in Mannheim (Jungbusch-Pfarrei). 1930 als einziges SPD-Mitglied einer von 210 Abgeordneten auf dem Deutschen Evangelischen Kirchentag in Nürnberg und Augsburg; E.s antimilitaristische Haltung (gegen Panzerkreuzerbau 1928, gegen SPD-Wehrprogramm von 1929), seine Parteinahme für die UdSSR u.a. als einziger religiös-sozialistischer Abgeordneter auf dem Deutschen Evang. Kirchentag 1930 in Nürnberg und seine kämpferische antifaschistische Agitation auf Reisen durch ganz Deutschland (1931) brachten ihn in zunehmenden Konflikt mit der SPD (Ausschluß, 2.10.1931), dem Bund (Enthebung von seinen Ämtern, Nov. 1931) und der Kirche (Entlassung aus dem Kirchendienst, Dez. 1931). — Vorausgegangen waren zahlreiche Disziplinierungsmaßnahmen der Kirche gegen Eckert: 1925 Geldstrafe von 50 RM wegen der Art und Weise, wie Eckert sich in der Presse mit einem Beschluß des Gemeinderats Mannheim hinsichtlich der Reichspräsidentenwahl von Paul von Hindenburg auseinandersetzte; 1926 »stärkstes Mißfallen« der Badischen Kirchenregierung wegen Eckerts Einsatz für die entschädigungslose Enteignung der Fürsten; 1929 in einem Dienststrafverfahren verurteilt zur Tragung der Kosten des Dienststrafverfahrens und Ordnungsstrafe der Verwarnung wegen herabwürdigender und beleidigender Weise, in der Eckert sich in seinem Flugblatt »Was wollen die Religiösen Sozialisten« mit den Kirchen auseinandergesetzt habe; 1931 Bestrafung mit einem »Verweis«, weil Eckert gegen den »angeblich arbeiter- und christentumsfeindlichen Nationalsozialismus« zu Felde gezogen sei; 28. Januar 1931 allgemeines Redeverbot; wegen Ungehorsams gegenüber dem Redeverbot am 4. Februar 1931 Eröffnung eines Dienststrafverfahrens mit dem Ziel der Entfernung Eckerts aus dem Kirchendienst; 14. Juni 1931: Eckert wird wegen Dienstvergehens zur Dienststrafe der Zurücksetzung im Dienstalter um sechs Jahre verurteilt; Eckert hat die Kosten des Verfahrens zu tragen. — Auf dem linken Flügel der SPD um die Reichstagsabgeordneten Kurt Rosenfeld und Max Seydewitz stehend, trat Eckert am 3. Oktober 1931 nach seinem Tags zuvor vollzogenen Ausschluß aus der SPD wegen Solidarität mit diesen beiden Wortführern des linken Flügels der SPD als erster amtierender Pfarrer der KPD bei und verließ nach seiner kirchlichen - »unehrenhaften« - Dienstentlassung durch Urteil des dritten gegen Eckert durchgeführten Kirchlichen Dienstgerichts vom 11. Dezember 1931 Bund und Kirche. Als Redner kämpfte er auf Hunderten von Massenversammlungen im In- und Ausland gegen Faschismus und Krieg. Am 1.3. 1933 verhaftet, wurde E. bis 17. Oktober 1933 gefangengesetzt. Nach illegaler Arbeit im Juni 1936 erneut inhaftiert, im Oktober 1936 wegen Vorbereitung zum Hochverrat in Kassel zu drei Jahren und acht Monaten Zuchthaus verurteilt. Nach seiner Entlassung lebte E. bis zur Befreiung unter Polizeiaufsicht und kümmerte sich unter Einsatz seines Lebens als Prokurist eines südbadischen Betriebs um die in- und ausländischen Zwangsarbeiter. — In Baden gehörte er 1945 zu den aktivsten Antifaschisten der ersten Stunde, u.a. als geschäftsführender Vorsitzender der antifaschistischen Bewegung »Das neue Deutschland« und Lizenzträger der antifaschistisch-demokratischen Illustrierten »Die Neue Demokratie« (1946-1949). Maßgeblich kämpfte er als Vorsitzender der KPD in (Süd)Baden für eine einheitliche sozialistische Partei aus Sozialdemokraten und Kommunisten. März 1946 bis 1950 1. Vorsitzender der KPD Baden. April 1946 Staatsrat der provisorischen Regierung Badens (Französische Zone). November 1946 Mitglied und Vizepräsident der Verfassunggebenden Versammlung Badens. Staatskommissar für Wiederaufbau im ersten badischen Allparteienkabinett. Juli 1949 mit einem Stimmenanteil von 34,7% als Kandidat der KPD bei den Oberbürgermeisterwahlen in Mannheim. Abgeordneter des badischen Landtages von 1947 bis 1952, des Landtages Baden-Württemberg von 1952 bis 1956 (Verbot der KPD). E. stand an herausragendem Platz in der internationalen Friedensbewegung (Mitglied des Weltfriedensrates von 1950 bis 1962) und kämpfte insbesondere gegen die Wiederaufrüstung der BRD. Das trug ihm Verurteilung (»Düsseldorfer Prozeß« von November 1959 bis April 1960) und Gefängnisstrafe (mit Bewährung) ein. Mitglied der DKP seit ihrer Neukonstituierung. Letzter Wohnsitz in Großsachsen bei Weinheim an der Bergstraße. Ehrungen wurden ihm folgende zuteil: 1959 verlieh ihm der Weltfriedensrat die Goldene Friedensmedaille. 1964 erhielt er vom Friedensrat der DDR die »Carl-von-Ossietzky-Medaille« »für Verdienste im Kampf gegen den deutschen Militarismus, gegen Faschismus und Krieg«. 1971 überreichte ihm die DKP die »Lenin-Gedächtnismedaille«. — 1993, in einer Predigt aus Anlaß des 100. Geburtstages von Erwin Eckert erklärte Landesbischof Klaus Engelhardt, ohne die juristische Verurteilung Eckerts vom 11. Dezember 1931 revidieren zu wollen, Eckert habe *»die politischen Gefahren wacher und hellsichtiger wahrgenommen und vor allem entschlossener bekämpft (...) als die damalige Kirchenleitung und der Evangelische Oberkirchenrat. Ihm wurde der Prozeß gemacht, während gleichzeitig diejenigen unbehelligt geblieben sind, die [...] nationalsozialistisches Gedankengut in die Kirche eingeschleust haben. Das Versäumnis, die Schuld unserer Kirche liegt darin, daß da eine unheimliche ,bürgerliche' Befangenheit das rechte Auge blind gemacht hat und daß die Leidenschaft Erwin Eckerts für die sozialen Elemente der Botschaft vom Reihe Gottes und vor allem für die nun wirklich kleinen und kleingehaltenen Leute, für die Getretenen und Zu-kurz-Gekommenen in der Kirchenleitung keine Resonanz gefunden hat.«* — Im Jahre 1999 suchte die Synode der evang. Kirche in Baden Eckert durch einen einstimmigen Beschluß zu »rehabilitieren«. Darin wird erklärt: *»Wir haben nicht den geringsten Zweifel, daß Erwin Eckert in allem ausschließlich seinem Gewissen und seiner Einsicht folgte und daß er - wie er es oft genug betont hat - seinen Weg gerade als Christ und als Pfarrer gegangen und seinen religiösen Überzeugungen treu geblieben ist. Insofern ist es uns nicht zweifelhaft, daß Erwin Eckert ,unser Bruder' (Landesbischof Dr. Engelhardt am 20. Juni 1993) gewesen und bis zu Ende geblieben ist. Es ist heute nicht zu übersehen, daß das Handeln der damaligen Kirchenleitung gegenüber diesem einen ihrer Pfarrer als unverhältnismäßig erscheint, wenn man in Rechnung stellt, wie sie in derselben Zeit ,politische Pfarrer' des nationalsozialistischen Lagers im Pfarrdienst duldete, die zum Zeitpunkt der sonntäglichen Gemeindegottesdienste Feld- und SA-Gottesdienste hielten und darin ungehindert für den Nationalsozialismus werben konnten. So führt uns kein Weg daran vorbei einzugestehen, daß die damalige Kirchenregierung betrieben hat, Pfarrer Eckert Ende 1931 ,unehrenhaft' (d.h. unter Aberkennung von Einkommen, Ruhegehalt, Hinterbliebenenversorgung, Amtsbezeichnung und der Ordinationsrechte) aus dem Pfarrdienst zu entlassen, »auf einem Auge blind gewesen ist (Predigt Engelhardt, a.a.O.). Sie hat ihrer Pflicht zur Überparteilichkeit nicht genügt, sondern hat - wie Eckert zu Recht kritisierte, parteiisch gehandelt und eine prophetische Stimme unterdrückt«.*

Werke: Form, Gliederung und Kampfesweise des Volkskirchenbundes evangelischer Sozialisten Süddeutschlands, in: Christliches Volksblatt 1922, Nr. 20/21, S. 2f.; Pfingstgeist, in: Christliches Volksblatt 1922, Nr. 23, S. 4; Am Morgen (Gedicht), in: Christliches Volksblatt 1922, Nr. 27/28, S. 1 (29.7.1922); Seelennot im Kriege - Im Kriege (Gedichte), in: Christliches Volksblatt 1923, Nr. 5, S. 3 (4.2.1923); Eine Mahnung an die Pfarrer (Predigt), in: Christliches Volksblatt 1923, Nr. 7, S. 1 (18.2.1923); Was halten die evangelischen Sozialisten von den Bekenntnissätzen der Jungliberalen um Herrn Pfarrer Jäger in Freiburg? in: Christliches Volksblatt 1923, Nr. 7, S. 3 (18.2.1923); Lebendiges Christentum, in: Christliches Volksblatt 1923, Nr. 7, S. 3f. (18.2.1923), Nr. 8, S. 2f. (25.2.1923); Richtet nicht! Tut Buße! (Predigt), in: Christliches Volksblatt 1923, Nr. 9, S. 1, (4.3.1923); Friedrich Wilhelm Foerster und die »Menschheit«, in: Christliches Volksblatt 1923, Nr. 9, S. 3, (4.3.1923); »Die Volkskirchler haben es aufgegeben«, in: Christliches Volksblatt 1923, Nr. 9, S. 4, (4.3.1923); Konfirmation (Andacht), in: Christliches Volksblatt 1923, Nr. 12, S. 1, (25.3.1923); Materialistische Geschichtsauffassung und Religion, in: Christliches Volksblatt 1923, Nr. 15, S. 1ff., (15.4.1923); Nun aber... (Predigt), in: Christliches Volksblatt 1923, Nr. 17, S. 3; Was ist Religion, in: Christliches Volksblatt 1923, Nr. 19, S. 2; Zum Nachdenken, in: Christliches Volksblatt 1923, Nr. 21, S. 1; Der Pharisäer und der Zöllner (Predigt), in: Christliches Volksblatt 1923, Nr. 22, S. ff., Nr. 23, S. 2f., (10.6.1923); Entwurf zu einem Programm der evangelischen Sozialisten Süddeutschlands, in: Christliches Volksblatt 1923, Nr. 24, S. 2ff., (17.6.1923); Verzweiflung und Glaube (Gedicht), in: Christliches Volksblatt 1923, Nr. 27, S. 1f., (8.7.1923); Zum Programmentwurf, in: Christliches Volksblatt 1923, Nr. 34, S. 4; Jesus und die Frau (Andacht), in: Christliches Volksblatt 1923, Nr. 31, S. 1f., (5.8.1923); Wißt ihr, was Elend ist (Gedicht), in: Christliches Volksblatt 1923, Nr. 32, S. 3; Der große Pharisäer, in: Christliches Volksblatt 1924, Nr. 1, S. 3f., (6.1.1924); Der Achtstundentag, in: Christliches Volksblatt 1924, Nr. 7, S. 1, (17.2.1924); Die Jungpositiven, in: Christliches Volksblatt 1924, Nr. 12, S. 3f., (23.3.1924); Arbeitslos, in: Christliches Volksblatt 1924, Nr. 13, S. ff., (30.3.1924); Frühling (Gedicht), in: Christliches Volksblatt 1924, Nr. 15, S. 1, (13.4.1924); »Hast Du mich lieb« (Andacht), in: Christliches Volksblatt 1924, Nr. 18, S. 1, (4.5.1924); Des Lebens Erfüllung (Andacht), in: Christliches Volksblatt 1924, Nr. 19, S. 1, (1.5.1924); Ich bin das Brot des Lebens (Andacht), in: Christliches Volksblatt 1924, Nr. 20, S. 1, (8.5.1924); Bittet, so wird Euch gegeben (Predigt), in: Christliches Volksblatt 1924, Nr. 21, S. 1f., (25.5.1924); Ich komme zu Euch (Andacht), in: Christliches Volksblatt 1924, Nr. 22, S.

1, (1.6.1924); Komm heiliger Pfingstgeist (Andacht), in: Christliches Volksblatt 1924, Nr. 23, S. 1, (8.6.1924); Die Seligpreisungen (Predigt), in: Christliches Volksblatt 1924, Nr. 25, S. 1f., (22.6.1924); Das Himmelreich wächst (Predigt), in: Christliches Volksblatt 1924, Nr. 26, S. 1, (29.6.1924); Das Himmelreich ist wichtiger als alles andere (Andacht), in: Christliches Volksblatt 1924, Nr. 27, S. 1 f., (6.7.1924); Im Himmelreich gibt es keine Rangordnung (Predigt), in: Christliches Volksblatt 1924, Nr. 28, S. 1f., (13.7.1924); Der verlorene Sohn (Predigt), in: Christliches Volksblatt 1924, Nr. 29, S. 1, (20.7.1924); Unsere Stellung zur Wirtschaft, zum Staat und zum Völkerleben (Meersburger Thesen), in: Christliches Volksblatt 1924, Nr. 30, S. 5, (27.7.1924); Gedächtnisfeier für die Gefallenen des Weltkrieges, in: Christliches Volksblatt 1924, Nr. 31, S. 1f., (3.8.1924); Die Meersburger Tagung, in: Christliches Volksblatt 1924, Nr. 32, S. 1f., (17.8.1924); Gebet (Eröffnungsfeier in Meersburg), in: Sonntagsblatt des arbeitenden Volkes 1924, Nr. 51, S. 1, (Weihnachten 1924); Unsere Weihnachten (Andacht), in: Sonntagsblatt des arbeitenden Volkes 1924, Nr. 51, S. 1, (Weihnachten 1924); Ihr aber liebe Brüder seid nicht in der Finsternis (Predigt), in: Sonntagsblatt des arbeitenden Volkes 1925, Nr. 1, S. 1f., (4.1.1925); Ich schäme mich des Evangeliums von Christo nicht (Predigt), in: Sonntagsblatt des arbeitenden Volkes 1925, Nr. 2, S. 1, (11.1.1925); Evangelium - Kirche - Arbeiterschaft, in: Sonntagsblatt des arbeitenden Volkes 1925, Nr. 2, S. 3, (11.1.1925)/ Nr. 13, S. 2f., (29.3.1925); Es gibt keine Sünde (Predigt), in: Sonntagsblatt des arbeitenden Volkes 1925, Nr.3, S. 1f., (18.1.1925); »Der Schein der Wissenschaft dem Sozialismus genommen« (Rezension), in: Sonntagsblatt des arbeitenden Volkes 1925, Nr. 3, S. 3, (18.1.1925); Merkbrett (Rezension), in: Sonntagsblatt des arbeitenden Volkes 1925, Nr. 3, S. 4, (18.1.1925); Freiheit (Predigt), in: Sonntagsblatt des arbeitenden Volkes 1925, Nr. 4, S. 1f., (25.1.1925); Klugheit oder Glaube (Predigt), in: Sonntagsblatt des arbeitenden Volkes 1925, Nr. 5, S. 1f., (1.2.1925); Beitrag oder Opfer (Predigt), in: Sonntagsblatt des arbeitenden Volkes 1925, Nr. 6, S. 2f., (8.2.1925); Merkbrett. Aus der Konkordatsdebatte im bayerischen Landtag, in: Sonntagsblatt des arbeitenden Volkes 1925, Nr. 7, S. 7; Der pfälzische Parteitag der SPD und wir, in: Sonntagsblatt des arbeitenden Volkes 1925, Nr. 10, S. 3f., (8.3.1925); »Ausrottung religiöser Vorurteile«(W. Sorin, Religion u. Kommunismus, in: Rote Fahne), in: Sonntagsblatt des arbeitenden Volkes 1925, Nr. 11, S. 2f., (15.3.1925); Wer geht in die Kirche? - Berliner Klosterleben (Rezension), in: Sonntagsblatt des arbeitenden Volkes 1925, Nr. 12, S. 3, (22.3.1925); Ist die Religion Opium für das Volk? in: Sonntagsblatt des arbeitenden Volkes 1925, Nr. 15, S. 11, (12.4.1925); Die Reichspräsidentenwahl: »Politische Neutralität der ev. Kirche«, in: Sonntagsblatt des arbeitenden Volkes 1925, Nr. 18, S. 27, (3.5.1925); Merkbrett. Hermanns Botschaft, in: Sonntagsblatt des arbeitenden Volkes 1925, Nr. 19, S. 31, (10.5.1924); Kleine Mitteilungen: Der rote Küster vom Saargebiet, in: Sonntagsblatt des arbeitenden Volkes 1925, Nr. 20, S. 36; Rundschau (Reichspräsidentschaftswahlen), in: Sonntagsblatt des arbeitenden Volkes 1925, Nr. 23, S. 47, (7.6.1925); Ein sozialistenfeindlicher Gebetszettel Roms, in: Sonntagsblatt des arbeitenden Volkes 1925, Nr. 24, S. 51f., (14.6.1925); Mittelalterliche Zustände, in: Sonntagsblatt des arbeitenden Volkes 1925, Nr. 24, S. 52, (14.6.1925); »Pfarrer« oder »Genosse«, in: Sonntagsblatt des arbeitenden Volkes 1925, Nr. 25, S. 54, (21.6.1925); Die SPD und wir, in: Sonntagsblatt des arbeitenden Volkes 1925, Nr. 25, S. 56, (21.6.1925); »Wie soll ich Dich empfangen...« - »Schutzzoll«, in: Sonntagsblatt des arbeitenden Volkes 1925, Nr. 26, S. 59f., (25.6.1925); Von der Theologie des religiösen Sozialismus (Rezension: Max Strauch: Die Theologie Karl Barths), in: Sonntagsblatt des arbeitenden Volkes 1925, Nr. 27, S. 62, (5.7.1925); Merkbrett: »Feldgottesdienst«, in: Sonntagsblatt des arbeitenden Volkes 1925, Nr. 27, S. 66, (5.7.1925); Wer Knecht ist, soll Knecht bleiben, in: Sonntagsblatt des arbeitenden Volkes 1925, Nr. 28, S. 69, (12.7.1925); Durch das Evangelium zum Sozialismus - Durch den Sozialismus zum Evangelium, in: Sonntagsblatt des arbeitenden Volkes 1925, Nr. 35, S. 101, (30.8.1925)/ Nr. 40, S. 121f., (11.10.1925); Neutralität! in: Sonntagsblatt des arbeitenden Volkes 1925, Nr. 36, S. 108, (6.9.1925); Zwiesprache, in: Sonntagsblatt des arbeitenden Volkes 1925, Nr. 37, S. 110; Rundschau: Sozialistische Erziehung, in: Sonntagsblatt des arbeitenden Volkes 1925, Nr. 39, S. 119, (4.10.1925); Aufwertungskompromiß, in: Sonntagsblatt des arbeitenden Volkes 1925, Nr. 39, S. 119, (4.10.1925); Rezension: Hermes, Frau und Kirche, in: Sonntagsblatt des arbeitenden Volkes 1925, Nr. 41, S. 127; Zwei Genossen, in: Sonntagsblatt des arbeitenden Volkes 1925, Nr. 42, S. 131f., (25.10.1925); Rundschau: »Der Kirchenpatron«, in: Sonntagsblatt des arbeitenden Volkes 1925, Nr. 43, S. 135, (1.11.1925); Kirchenaustritt, in: Sonntagsblatt des arbeitenden Volkes 1925, Nr. 43, S. 135, (1.11.1925); Zum Merken, in: Sonntagsblatt des arbeitenden Volkes 1925, Nr. 44, S. 137, (8.11.1925); Der Industrielle und der Christ, in: Sonntagsblatt des arbeitenden Volkes 1925, Nr. 44, S. 137f., (8.11.1925); Kirche und Religion (Heidelberger Programm der SPD), in: Sonntagsblatt des arbeitenden Volkes 1925, Nr. 44, S. 139f., (8.11.1925); Rundschau: »Religiöser Revisionismus«, in: Sonntagsblatt des arbeitenden Volkes 1925, Nr. 44, S. 140, (8.11.1925); Die Partei und wir, in: Sonntagsblatt des arbeitenden Volkes 1925, Nr. 44, S. 140, (8.11.1925); »Zur Internationalen Arbeiter-Olympiade«, in: Sonntagsblatt des arbeitenden Volkes 1925, Nr. 44, S. 140, (8.11.1925); Locarno, in: Sonntagsblatt des arbeitenden Volkes 1925, Nr. 45, S. 143, (15.11.1925); Rundschau: Neu-Sonnenfelder Jugend, in: Sonntagsblatt des arbeitenden Volkes 1925, Nr. 48, S. 155, (6.12.1925); Die Arbeitsgemeinschaft der religiösen Sozialisten Deutschlands, in: Sonntagsblatt des arbeitenden Volkes 1925, Nr. 48, S. 156, (6.12.1925); Die Orthodoxie in Baden will die Volkskirche, in: Sonntagsblatt des arbeitenden Volkes 1925, Nr. 49, S. 159, (13.12.1925); Aus »christlichen, unpolitischen« Sonntagsblättern, in: Sonntagsblatt des arbeitenden Volkes 1925, Nr. 49, S. 159, (13.12.1925); Sind die Sozialdemokraten religionslos? in: Sonntagsblatt des arbeitenden Volkes 1925, Nr. 50, S. 164, (20.12.1925); Zeitbilder. Immer die gleiche Wahllehre, in: Sonntagsblatt des arbeitenden Volkes 1925, Nr. 50, S. 164, (20.12.1925); Arme Irma, in: Sonntagsblatt des arbeitenden Volkes 1925, Nr. 51, S. 166f., (Weihnachten 1925); Kleine Mitteilungen: Falsche Nachricht (religiöse Sozialisten, nicht religiöser. Sozialismus), in: Sonntagsblatt des arbeitenden Volkes 1925, Nr. 51, S. 172; Ein Vorschlag, in: Sonntagsblatt des arbeitenden Volkes 1925, Nr. 51, S. 172, (Weihnachten 1925); Ein Zufall? in: Sonntagsblatt des arbeitenden Volkes 1925, Nr. 51, S. 171, (Weihnachten 1925); Die Büste Eberts, in: Sonntagsblatt des arbeitenden Volkes 1925, Nr. 51, S. 171, (Weihnachten 1925); Aus »politisch neutralen« Sonntagsblättern, in: Sonntagsblatt des arbeitenden Volkes 1925, Nr. 51, S. 171, (Weihnachten 1925); Aus Hessen, in: Sonntagsblatt des arbeitenden Volkes 1925, Nr. 51, S. 171, (Weihnachten 1925); Die Abfindung der Hohenzollern, in: Sonntagsblatt des arbeitenden Volkes 1925, Nr. 51, S. 170, (Weihnachten 1925); Vorwärts (Predigt), in: Sonntagsblatt des arbeitenden Volkes 1926, Nr. 1, S. 1f., (Neujahr 1926); Die Zielscheibe, in: Sonntagsblatt des arbeitenden Volkes 1926, Nr. 1, S. 2, (Neujahr 1926); Wechsel in der Schriftleitung, in: Sonntagsblatt des arbeitenden Volkes 1926, Nr. 1, S. 3, (Neujahr 1926); Aus dem »Vorwärts« (Kirchenaustritt), in: Sonntagsblatt des arbeitenden Volkes 1926, Nr. 1, S. 8, (Neujahr 1926); Aus dem deutschen Pfarrerblatt, in: Sonntagsblatt des arbeitenden Volkes 1926, Nr. 1, S. 7, (Neujahr 1926); Mitarbeit, in: Sonntagsblatt des arbeitenden Volkes 1926, Nr. 2, S. 12, (10.1.1926); Klarheit! in: Sonntagsblatt des arbeitenden Volkes 1926, Nr. 3, S. 15f., (17.1.926)/Nr. 4, S. 19, (24.1.1926)/Nr. 5, S. 26, (31.1.1926)/Nr. 6, S. 31f., (7.2.1926)/Nr. 7, S. 35, (17.2.1926); Die feindlichen Brüder, in: Sonntagsblatt des arbeitenden Volkes 1926, Nr. 4, S. 18, (24.1.1926); Religion und Geschäft, in: Sonntagsblatt des arbeitenden Volkes 1926, Nr. 4, S. 21, (24.1.1926); Was wollen die religiösen Sozialisten, in: Sonntagsblatt des arbeitenden Volkes 1926, Nr. 4, S. 23, (24.1.1926); Altkatholische Sozialisten, in: Sonntagsblatt des arbeitenden Volkes 1926, Nr. 5, S. 27, (31.1.1926); Die Bibeln des ADGB, in: Sonntagsblatt des arbeitenden Volkes 1926, Nr. 5, S. 27f., (31.1.1926); Kunst und Religion, in: Sonntagsblatt des arbeitenden Volkes Nr. 7, S. 33, (17.2.1926); Von der Kulturtagung der sozialdemokratischen hess.nass. Parteiorganisation, in: Sonntagsblatt des arbeitenden Volkes 1926, Nr. 7, S. 36f., (17.2.1926); Katholische Sozialisten, in: Sonntagsblatt des arbeitenden Volkes 1926, Nr. 7, S. 37, (17.2.1926); Fahnenweihe? in: Sonntagsblatt des arbeitenden Volkes 1926, Nr. 7, S. 40, (17.2.1926); Klassenkampf, in: Sonntagsblatt des arbeitenden Volkes 1926, Nr. 11, S. 57f., (14.3.1926); Aussprache, in: Sonntagsblatt des arbeitenden Volkes 1926, Nr. 11, S. 59, (14.3.1926); Auch die Pfaffen organisieren einen Raubzug (Rote Fahne), in: Sonntagsblatt des arbeitenden Volkes 1926, Nr. 11, S. 62, (14.3.1926); Briefkasten der Schriftleitung, in: Sonntagsblatt des arbeitenden Volkes 1926, Nr. 12, S. 68, ((21.3.1926); Wir und die Politik, in: Sonntagsblatt des arbeitenden Volkes 1926, Nr. 16, S. 87, (18.4.1926); Monarchie oder Republik, in: Sonntagsblatt des arbeitenden Volkes 1926, Nr. 17, S. 97, (25.4.1926); Wir und die Partei, in: Sonntagsblatt des arbeitenden Volkes 1926, Nr. 17, S. 93, (25.4.1926); »Der Ev. Bund ist politisch neutral«, in: Sonntagsblatt des arbeitenden Volkes 1926, Nr. 17, S. 97, (25.4.1926); An den Pranger, in: Sonntagsblatt des arbeitenden Volkes 1926, Nr. 17, S. 98, (25.4.1926); Die Freidenker und wir, in: Sonntagsblatt des arbeitenden Volkes 1926, Nr. 19, S. 104ff., (93.1926); Die Internationale, in: Sonntagsblatt des arbeitenden Volkes 1926, Nr. 23, S. 122, (6.6.1926); Gott will es, in: Sonntagsblatt des arbeitenden Volkes 1926, Nr. 24, S. 125, (13.6.1926); Enteignet die Fürsten! in: Sonntagsblatt des arbeitenden Volkes 1926, Nr. 24, S. 126, (13.6.1926); Landwirte, Bauern! in: Sonntagsblatt des arbeitenden Volkes 1926, Nr. 24, S. 128, (13.6.1926); Am 11. Juli sind Wahlen zur Bad. Landessynode, in: Sonntagsblatt des arbeitenden Volkes 1926, Nr. 26, S. 137ff., (27.6.1926); Ich bin gekommen, ein Feuer anzuzünden auf Erden, was wollte ich lieber, denn es brennete schon (Predigt bei der Eröffnung des Kongresses in Meersburg), in: Sonntagsblatt des arbeitenden Volkes 1926, Nr. 33, S. 174f., (15.8.1926); Der III. Kongreß der religiösen Sozialisten Deutschlands, in: Sonntagsblatt des arbeitenden Volkes 1926, Nr. 33, S. 17Sf., (15.8.1926); Die organisatorischen Ergebnisse des III. Kongresses, in: Sonntagsblatt des arbeitenden Volkes 1926, Nr. 35, S. 182f., (29.8.1926); Rückblick am 1. 10. 1926, in: Sonntagsblatt des arbeitenden Volkes 1926, Nr. 40, S. 204ff., (3.10.1926); Das Kommunistische Manifest mit An- und Vorbemerkungen, in: Sonntagsblatt des arbeitenden Volkes 1926, Nr. 41, S. 211f., (10.10.1926); Nr. 43, S. 226f., (24.10.1926); Nr. 45, S. 238, (7.11.1926); Nr. 48, S. 251, (28.11.1926); Nr. 51, S. 266, (19.12.1926); Die Fürstenenteignung, in: Sonntagsblatt des arbeitenden Volkes 1926, Nr. 43, S. 226, (24.10.1926); Versammlungskalender für die Wahlen in Thüringen, in: Sonntagsblatt des arbeitenden Volkes 1926, Nr. 43, S. 228, (24.10.1926); Tut Buße! in: Sonntagsblatt des arbeitenden Volkes 1926, Nr. 47, S. 245, (21.11.1926); Anfragen (Sowjetunion), in: Sonntagsblatt des arbeitenden Volkes 1926, Nr. 48, S. 255, (28.11.1926); Kongreß der Werktätigen, in: Sonntagsblatt des arbeitenden Volkes 1926, Nr. 49, S. 260, (5.12.1926); Schweizer Reise, in: Sonntagsblatt des arbeitenden Volkes 1926, Nr. 49, S. 260, (5.12.1926); Religiöse Verräter am Sozialismus, in: Sonntagsblatt des arbeitenden Volkes 1926, Nr. 51, S. 267, (19.12.1926); Was wollen die religiösen Sozialisten, Schriften der religiösen Sozialisten, Nr. 1, 1927, 20 Seiten; Wofür seid ihr gefallen, Brüder? in: Predigten sozialistischer Geistlicher Deutschlands, Schriften der religiösen Sozialisten, Nr. 4, 1927, S. 73-79; Unsere Fahne (Gedicht), in: Sonntagsblatt des arbeitenden Volkes 1927, Nr. 1, S. 1; Besinnung, Geduld und Hoffnung (Tätigkeitsbericht), in: Sonntagsblatt des arbeitenden Volkes 1927, Nr. 1, S. 1f.; Nr. 2, S. 9ff.; Das Kommunistische Manifest mit An- und Vorbemerkungen, in: Sonntagsblatt des arbeitenden Volkes 1927, Nr. 1, S. 3; Nr. 2, S. 7; Nr.3, S. 14f.; Arbeit und Lohn (Predigt), in: Sonntagsblatt des arbeitenden Volkes 1927, Nr. 8, S. 33f.; Bringt das Wort Gottes bei Dir Furcht oder nicht (Predigt), in: Sonntagsblatt des arbeitenden Volkes 1927, Nr. 10, S. 41ff., (6.3.1927); Die Badische Landessynode, in: Sonntagsblatt des arbeitenden Volkes 1927, Nr. 12, S. 62f., (20.3.1927); Aufruf für die Erwerbslosen, in: Sonntagsblatt des arbeitenden Volkes 1927, Nr. 13, S. 67, (27.3.1927); An das christliche werktätige Volk (KPD), in: Sonntagsblatt des arbeitenden Volkes 1927, Nr. 13, S. 70f., (27.3.1927); Dem Ziele zu (Badische Synode), in: Sonntagsblatt des arbeitenden Volkes 1927, Nr. 14, S. 74ff., (3.4.1927); Die NSDAP, in: Sonntagsblatt des arbeitenden Volkes 1927, Nr. 17, S. 102, (24.4.1927); Aus dem Programm des Stahlhelmtages in Berlin am 8. Mai, in: Sonntagsblatt des arbeitenden Volkes 1927, Nr. 19, S. 119, (8.5.1927); Ist der Volkskirchenbund ein Teil der SPD? in: Sonntagsblatt des arbeitenden Volkes 1927, Nr. 19, S. 119, (8.5.1927); Der Parteitag der SPD in Kiel, in: Sonntagsblatt des arbeitenden Volkes 1927, Nr. 24, S. 146f., (12.6.1927); Der deutsche evangelische Kirchentag in Königsberg, in: Sonntagsblatt des arbeitenden Volkes 1927, Nr. 28, S. 166ff., (10.7.1927); Der SPD-Parteitag in Kiel und die religiösen Sozialisten, in: Sonntagsblatt des arbeitenden Volkes 1927, Nr. 34, S. 194f., (21.8.1927); Die religiösen Sozialisten, in: Sonntagsblatt des arbeitenden Volkes 1927, Nr. 38, S. 214f., (10.9.1927); Sind wir wirklich Christen (Predigt), in: Sonntagsblatt des arbeitenden Volkes 1927, Nr. 41, S. 233f., (9.10.1927); Gerechtigkeit für Max Hölz, in: Sonntagsblatt des arbeitenden Volkes 1927, Nr. 41, S. 236, (9.10.1927); Maifeier (Gebet), in: Sonntagsblatt des arbeitenden Volkes 1927, Nr. 42, S. 241, (16.10.1927); Hindenburgrummel am 2. Oktober, in: Sonntagsblatt des arbeitenden Volkes 1927, Nr. 42, S. 246f., (16.10.1927); Pressedienst der religiösen Sozialisten, in: Sonntagsblatt des arbeitenden Volkes 1927, Nr. 42, S. 247f.; Maifeier (Gebet), in: Sonntagsblatt des arbeitenden Volkes 1927, Nr. 43, S. 249, (23.10.1927); Der kirchlich-soziale Kongreß in Düsseldorf, in: Sonntagsblatt des arbeitenden Volkes 1927, Nr. 43, S. 251f., (23.10.1927); Christus und die Schriftgelehrten, in: Sonntagsblatt des arbeitenden Volkes 1927, Nr. 45, S. 257f., (6.11.1927); Die religiösen Sozialisten und die Erwerbslosen, in: Sonntagsblatt des arbeitenden Volkes 1927, Nr. 46, S. 267, (13.11.1927); Herr Deine Augen sehen nach dem Glauben (Jahresbericht der Geschäftsstelle), in: Sonntagsblatt des arbeitenden Volkes 1928, Nr. 1, S. 3-8, (1.1.1928); Das Ziel der religiösen Sozialisten Deutschlands, in: Sonntagsblatt des arbeitenden Volkes 1928, Nr. 2, S. 10f., (8.1.1928); Werdet keines Menschen Knecht (Predigt), in: Sonntagsblatt des arbeitenden Volkes 1928, Nr. 4, S. 17f., (22.1.1928); Vom Wesen, dem Sinn und der Überwindung der Versuchung (Predigt), in: Sonntagsblatt des arbeitenden Volkes 1928, Nr. 9, S. 38; Nr. 10, S. 45; Auferstehung (Predigt), in: Sonntagsblatt des arbeitenden Volkes 1928, Nr. 15, S. 70ff., (8.4.1928); »Christliche« Parteien - Rede auf der badischen Synode vom 10. Mai 1928, in: Sonntagsblatt des arbeitenden Volkes 1928, Nr. 21, S. 98ff., (203.1928); Die Badische Landessynode, in: Sonntagsblatt des arbeitenden Volkes 1928, Nr. 22, S. 106f., (273.1928); Gebet - Maifeier in Mannheim, in: Sonntagsblatt des arbeitenden Volkes 1928, Nr. 25, S. 117, (17.6.1928); Begrüßungsworte bei der Eröffnung des IV. Kongresses, in: Sonntagsblatt des arbeitenden Volkes 1928, Nr. 33, 5. 171f.; Arbeitsbericht der Geschäftsstelle für die Zeit vom 1. 8. 1926 bis 1. 8. 1928, in: Sonntagsblatt des arbeitenden Volkes 1928, Nr. 34, S. 177-182, (19.8.1928); Panzerkreuzer A, in: Sonntagsblatt des arbeitenden Volkes 1928, Nr. 35, S. 191, (26.8.1928); Gibt es einen religiösen Sozialismus? in: Sonntagsblatt des arbeitenden Volkes 1928, Nr. 38, S. 209ff., (16.9.1928); Panzerkreuzer - Protest - Volksentscheid, in: Sonntagsblatt des arbeitenden Volkes 1928, Nr. 38, S. 216 (16.9.1928); Nr. 39, S. 220f., (23.9.1928); Die Stellung der KPD zu den religiösen Sozialisten, in: Sonntagsblatt des arbeitenden Volkes 1928, Nr. 40, S. 228f., (30.9.1928); Unser IV. Kongreß und die Presse, in: Sonntagsblatt des arbeitenden Volkes 1928, Nr. 41, S. 234ff., (7.10.1928); Was wollen die religiösen Sozialisten (Flugblatt), in: Sonntagsblatt des arbeitenden Volkes 1928, Nr. 41, S. 259f., (7.10.1928); Die Freidenker, die KPD und wir, in: Sonntagsblatt des arbeitenden Volkes 1928, Nr. 42, S. 245, (14.10.1928); Umsonst? Gedenkfeier für die Gefallenen in Ludwigshafen am 28. Oktober 1928, in: Sonntagsblatt des arbeitenden Volkes 1928, Nr. 45, S. 265f. (4.11.1928); Urteile über den Bund der religiösen Sozialisten, in: Sonntagsblatt des arbeitenden Volkes 1928, Nr. 45, S. 270, (4.11.1928); Kavallerieschule ein »Gotteswerk«? in: Sonntagsblatt des arbeitenden Volkes 1928, Nr. 45, S, 270, (4.11.1928); Aufruf der religiösen Sozialisten gegen die Aussperrung der westdeutschen Hüttenarbeiter am 4. 11. 1928, in: Sonntagsblatt des arbeitenden Volkes 1928, Nr. 46, S. 279, (11.11.1928); Richtlinien für die sozialistischen Vertreter in den Körperschaften der badischen Landeskirche (Entwurf), in: Sonntagsblatt des arbeitenden Volkes 1928, Nr. 47, S. 282ff., (18.11.1928)/Nr. 48, S. 290f.,(25.11.1928); Die Kirchen haben Stellung genommen zur Aussperrung der Metallarbeiter, in: Sonntagsblatt des arbeitenden Volkes 1928, Nr. 47, S. 28Sf., (18.11.1928); Der kirchlich-soziale Bund, der evangelisch-soziale Kongreß und die Aussperrung der Hüttenarbeiter, in: Sonntagsblatt des arbeitenden Volkes 1928, Nr. 47, S. 286f., (18.11.1928); Zur Aussperrung an der Ruhr, in: Sonntagsblatt des arbeitenden Volkes 1928, Nr. 48, S. 299f., (25.11.1928); Die soziale Arbeit der deutschen Landeskirchen, in: Sonntagsblatt des arbeitenden Volkes 1928, Nr. 50, S. 307f., (9.12.1928); Orthodoxe Demagogie, in: Sonntagsblatt des arbeitenden Volkes 1928, Nr. 51, S. 318, (16.12.1928); Die »Frommen« vom Lande, in: Sonntagsblatt des arbeitenden Volkes 1928, Nr. 53, S. 330f., (30.12.1928); Religiöser Revisionismus in der sozialistischen Bewegung? in: Zeitschrift für Religion und Sozialismus 1929, 1/1929, S. 21ff.; Um die deutsche Wehrmacht - Ein Wort zum Wehrprogramm der SPD, in: Zeitschrift für Religion und Sozialismus 1929, 2/1929, S. 16ff.; Zur kirchenpolitischen Lage, in: Zeitschrift für Religion und Sozialismus 1929, 3/1929, S.63ff.; Der Kampf um das preußische Konkordat, in: Zeitschrift für Religion und Sozialismus 1929,5/1929, S. 13ff.; Kein Sonntag mehr in Sowjetrußland, in: Zeitschrift für Religion und Sozialismus 1929, 6/1929, S. 16ff.; Aus unserer Bewegung, in: Sonntagsblatt des arbeitenden Volkes 1929, Nr. 6, S. 47, (10.2.1929); Wir wollen keine Wehrmacht in Deutschland - Ein Wort zum Wehrprogramm der SPD, in: Sonntagsblatt des arbeitenden Volkes 1929, Nr. 8, S. 59ff. (24.2.1929); Was verlangen wir von den Kirchen, in: Sonntagsblatt des arbeitenden Volkes 1929, Nr. 8, S. 61, (24.2.1929); »Und Ihr wißt es nicht!« in: Sonntagsblatt des arbeitenden Volkes 1929, Nr. 16, S. 121f., (21.4.1929); Trennung von Staat und Kirche (Rede auf der Bad. Landessynode 1929) in: Sonntagsblatt des arbeitenden Volkes 1929, Nr. 17, S. 132ff. (28.4.1929)/Nr. 19, S. 149f. (12.5.1929); Gebet (Maifeier in Mannheim), in: Sonntagsblatt des arbeitenden Volkes 1929, Nr. 18, S. 137, (5.5.1929); Komm, heiliger Pfingstgeist (Predigt), in: Sonntagsblatt des arbeitenden Volkes 1929, Nr. 20, S. 153f. (19.5.1929); Sollen Pfarrer bei Pfarrwahlen mitwählen? in: Sonntagsblatt des arbeitenden Volkes 1929, Nr. 20, S. 155f. (19.5.1929); Niedriger hängen! in: Sonntagsblatt des arbeitenden Volkes 1929, Nr. 23, S. 182, (9.6.1929); Furchtlos vorwärts! (Predigt bei der 10jährigen Landesversammlung der bad. religiösen Sozialisten), in: Sonntagsblatt des arbeitenden Volkes 1929, Nr. 26, S. 201f., (30.6.1929); Liebe Freunde - Das Disziplinargericht am 21. Juni, in: Sonntagsblatt des arbeitenden Volkes 1929, Nr. 26, S. 202ff.,

(30.6.1929); »Christlicher Volksdienst« und wir, in: Sonntagsblatt des arbeitenden Volkes 1929, Nr. 27, S. 212, (7.7.1929); Wo bleibt die Buße der christlichen Kirchen in: Sonntagsblatt des arbeitenden Volkes 1929, Nr. 29, S. 227f., (21.7.1929); Bewußte Verächtlichmachung der Kirche? in: Sonntagsblatt des arbeitenden Volkes 1929, Nr.29, S. 227f., (21.7.1929); Ev. Kirche und politisches Rowdytum in Frankfurt, in: Sonntagsblatt des arbeitenden Volkes 1929, Nr. 29, S. 229f., (21.7.1929); Gegen die Anmaßung der Freidenker, in: Sonntagsblatt des arbeitenden Volkes 1929, Nr. 31, S. 24Sf., (4.8.1929); Zur kirchenpolitischen Lage, in: Sonntagsblatt des arbeitenden Volkes 1929, Nr. 36, S. 266f., (8.9.1929)/Nr. 37, S. 272f., (15.9.1929)/Nr. 38, S. 280f., (22.9.1929)/Nr. 39, S. 290f., (29.9.1929); Kirchengerichtliche Methoden (Zur Veröffentlichung des Urteils des Dienstgerichts vom 21. Juni), in: Sonntagsblatt des arbeitenden Volkes 1929, Nr. 37, S. 269ff., (15.9.1929); Werdet keines Menschen Knecht (Predigt), in: Sonntagsblatt des arbeitenden Volkes 1929, Nr. 39, S. 285ff., (29.9.1929); Wir und die Partei, in: Sonntagsblatt des arbeitenden Volkes 1929, Nr. 40, S. 298, (6.10.1929); Das heißt man politisch »neutral«, in: Sonntagsblatt des arbeitenden Volkes 1929, Nr. 43, S. 31Sf., (27.10.1929); »Durch Gottes Hand« Anmerkungen zu den bad. Landtagswahlen, in: Sonntagsblatt des arbeitenden Volkes 1929, Nr. 45, S. 334f., (10.11.1929); Arbeitsmethoden und Taktik der religiösen Sozialisten Deutschlands (Internationale Führertagung in Köln), in: Sonntagsblatt des arbeitenden Volkes 1929, Nr. 49, S. 363ff., (1.12.1929)/Nr. 50, S. 373f., (8.12.1929); Arbeit und Kampf der religiösen Sozialisten im Jahr 1929, in: Zeitschrift für Religion und Sozialismus 1930, 1/1930, S. 60ff.; Sind wir Marxisten? in: Zeitschrift für Religion und Sozialismus 1930, 3/1930, S. 163ff. [als pdf-Datei nachzulesen in www.friedrich-martin-balzer.de/Archiv]; Eröffnungsrede auf dem V. Kongreß in Stuttgart, in: Zeitschrift für Religion und Sozialismus 1930, 5/1930, S. 277ff.; »Unpolitische Frömmigkeit«? in: Sonntagsblatt des arbeitenden Volkes 1930, Nr. 2, S. 12f., (12.1.1930); Kirchlicher Generalangriff auf die Sowjetunion, in: Sonntagsblatt des arbeitenden Volkes 1930, Nr. 7, S. 52f. (16.2.1930); Die faschistische Internationale, in: Sonntagsblatt des arbeitenden Volkes 1930, Nr. 7, S. 54, (16.2.1930); Um des Glaubens willen vertrieben? in: Sonntagsblatt des arbeitenden Volkes 1930, Nr. 8, S. 61f., (23.2.1930); Klare Fronten! (Sowjetunion), in: Sonntagsblatt des arbeitenden Volkes 193o, Nr. 9, S. 70f., (2.3.1930); Die Martern Christi im Kriege - Reichsgericht hebt Freispruch gegen George Grosz auf, in: Sonntagsblatt des arbeitenden Volkes 1930, Nr. 11, S. 82, (16.3.1930); Internationale Kundgebung der religiösen Sozialisten zu den Religionsverfolgungen in Rußland, in: Sonntagsblatt des arbeitenden Volkes 1930, Nr. 12, S. 89f., (23.3.1930); Sowjetrußland, in: Sonntagsblatt des arbeitenden Volkes 1930, Nr. 12, S. 90f., (23.3.1930); Die nationalsozialistischen Vertreter des positiven Christentums? (Paul Levis Beschimpfung durch die Nationalsozialisten), in: Sonntagsblatt des arbeitenden Volkes 1930, Nr. 12, S. 94f., (23.3.1930); Niedriger hängen (Sowjetunion), in: Sonntagsblatt des arbeitenden Volkes 1930, Nr. 15, S. 116f., (13.4.1930); Gott - mein Gott - hast du mich verlassen (Gedicht), in: Sonntagsblatt des arbeitenden Volkes 1930, Nr. 16, S. 121, (20.4.1930); Religion und Kirche in Sowjetrußland, in: Sonntagsblatt des arbeitenden Volkes 1930, Nr. 16, S. 126, (20.4.1930); »Christen hört die Signale!«, (Sowjetunion), in: Sonntagsblatt des arbeitenden Volkes 1930, Nr. 21, S. 167, (25.5.1930); Auf dem deutschen ev. Kirchentag in Augsburg und Nürnberg vom 24.-30.6.1930, in: Sonntagsblatt des arbeitenden Volkes 1930, Nr. 27, S. 212ff., (6.7.1930); Nicht reden und anklagen, sondern schweigen und Buße tun soll die christliche Kirche!, in: Sonntagsblatt des arbeitenden Volkes 1930, Nr. 28, S. 217ff., (13.7.1930); Die 400-Jahr-Feier des Augsburger Bekenntnisses vom 20.-25.6.1930, in: Sonntagsblatt des arbeitenden Volkes 1930, Nr. 28, S. 219f., (13.7.1930); Wortlaut eines Briefes an den Präsidenten des dt. ev. Kirchentages, in: Sonntagsblatt des arbeitenden Volkes 193o, Nr. 28, S. 221, (13.7.1930); Als Sozialist auf dem dt. ev. Kirchentag in Augsburg u. Nürnberg vom 24.-30.6.1930. Berichte und Reden (Flugschrift), Juli 1930; Kann die Ev. Kirche erneuert werden? in: Sonntagsblatt des arbeitenden Volkes 1930, Nr. 29, S. 225ff., (6.8.1930); Professor Rade, Marburg, in: Sonntagsblatt des arbeitenden Volkes 1930, Nr. 29, S. 228, (6.8.1930); Der dt. ev. Kirchentag in Nürnberg, in: Sonntagsblatt des arbeitenden Volkes 1930, Nr. 29, S. 228ff., (6.8.1930); Unverzagt vorwärts!, in: Sonntagsblatt des arbeitenden Volkes 1930, Nr. 30, S. 234ff., (13.8.1930); Eröffnungsrede auf dem V. Kongreß in Stuttgart, in: Sonntagsblatt des arbeitenden Volkes 1930, Nr. 32, S. 251f., (27.8.1930); Kundgebung des V. Kongresses, in: Sonntagsblatt des arbeitenden Volkes 1930, Nr.33, S. 257, (3.9.1930); Niedriger hängen, in: Sonntagsblatt des arbeitenden Volkes 1930, Nr. 33, S. 263, (3.9.1930); Rückblick auf den V. Kongreß, in: Sonntagsblatt des arbeitenden Volkes 1930, Nr. 34, S. 267ff., (10.9.1930); Opposition, nicht Koalition (Mannheimer SPD-Entschließung), in: Sonntagsblatt des arbeitenden Volkes 1930, Nr. 40, S. 319, (5.10.1930); Opposition, nicht Koalition, in: Klassenkampf, 4. Jg., Nr. 20, S. 622-626, (15.10.1930) [www.friedrich-martin-balzer.de/Archiv]; Warum kämpfen die Kirchen nicht gegen den Faschismus (Rede auf der Bad. Landessynode Mai 1930), in: Sonntagsblatt des arbeitenden Volkes 1930, Nr. 41, S. 321ff., (12.10.1930); Internationaler Zusammenschluß gegen Sowjetrußland »Zum Schutz der abendländischen Kultur«, in: Sonntagsblatt des arbeitenden Volkes 1930, Nr. 46, S. 363f., (16.11.1930); Unser täglich Brot gib uns heute, in: Sonntagsblatt des arbeitenden Volkes 1930, Nr. 46, S. 361ff., (16.11.1930); »Pfarrer Eckert und die Wahrhaftigkeit« - Eine notwendige Antwort, in: Sonntagsblatt des arbeitenden Volkes 1930, Nr. 46, S. 364f., (16.11.1930); Die christlichen Kirchen und der Faschismus (Seifenblasenmontage), in: Sonntagsblatt des arbeitenden Volkes 1930, Nr. 48, S. 380f., (30.11.1930); Christus vom Militarismus gekreuzigt - Zum Dritten Georg Grosz Prozeß, in: Sonntagsblatt des arbeitenden Volkes 1930, Nr. 50, S. 399, (14.12.1930); »Ehre sei Gott in der Höhe und Frieden auf Erden«, in: Sonntagsblatt des arbeitenden Volkes 1930, Nr. 52, S. 411f., (28.12.1930); Der Papst für Hitler? in: Sonntagsblatt des arbeitenden Volkes 1930, Nr. 52, S. 415, (28.12.1930); Vorwärts zu neuen Aufgaben und Kämpfen, in: Der Religiöse Sozialist 1931, Nr. 1, S. 1, (4.1.1931); Ist die ev. Kirche rettungslos dem Faschismus verfallen? in: Der Religiöse Sozialist 1931, Nr. 3, S. 11, (18.1.1931); »Vor den Richter mit ihm«, in: Der Religiöse Sozialist 1931, Nr. 3, S. 11f., (18.1.1931); Der Völkische Beobachter lügt und verleumdet, in: Der Religiöse Sozialist 1931, Nr. 3, S. 12, (18.1.1931); Der Völkische Beobachter lügt, verleumdet und kneift, in: Der Religiöse Sozialist 1931, Nr. 4, S. 15f., (25.1.1931); Die Kirche dient dem Hakenkreuz, in: Der Religiöse Sozialist 1931, Nr. 4, S. 15, (25.1.1931); Rüstet ab! (Friedensfeier am 28.12.1930 in der Trinitatis-Kirche Mannheim), in: Der Religiöse Sozialist 1931, Nr. 4, S. 13, (25.1.1931)/Nr.5, S. 17, (1.2.1931)/ Nr. 6, S. 21, (8.2.1931); Herabwürdigung des Abendmahls und des Lehramts? in: Der Religiöse Sozialist 1931, Nr. 6, S. 22, (8.2.1931); Ich klage den Präsidenten der bad. Landeskirche an, in: Der Religiöse Sozialist 1931, Nr. 6, S. 23, (8.2.1931); Christuskreuz - nicht Hakenkreuz!, in: Der Religiöse Sozialist 1931, Nr. 7, S. 27, (15.2.1931)/Nr. 8, S. 32, (22.2.1931)/Nr. 9, S. 38, (1.3.1931) [www.friedrichmartin-balzer.de/Archiv]; Der badische Kirchenpräsident flaggt schwarz-weiß-rot und »entsetzt Pfarrer Eckert vorläufig seines Amtes«, in: Der Religiöse Sozialist 1931, Nr. 7, S. 29, (15.2.1931); »Du sollst kein falsch Zeugnis reden wider Deinen Nächsten«, in: Der Religiöse Sozialist 1931, Nr. 8, S. 33, (22.2.1931); Brief an Herrn D. Wahl, in: Der Religiöse Sozialist 1931, Nr. 9, S. 40, (1.3.1931); »Schädigung der Kirche, des Ansehens der Pfarrerschaft, Verunglimpfung des eigenen Standes, Unbotmäßigkeit der Behörde gegenüber«, in: Der Religiöse Sozialist 1931, Nr. 10, S. 45, (8.3.1931); An alle evangelischen Männer und Frauen Württembergs, in: Der Religiöse Sozialist 1931, Nr. 10, S. 46, (8.3.1931); Heraus aus der Kirche? (Rede am 19. Februar in Mannheim), in: Der Religiöse Sozialist 1931, Nr. 11, S. 47f. (15.3.1931); Die ev. Kirche eine Filiale der Faschisten? in: Der Religiöse Sozialist 1931, Nr. 12, S. 51f., (22.3.1931); Vor dem kirchlichen Verwaltungsgericht, in: Der Religiöse Sozialist 1931, Nr. 12, S. 53, (22.3.1931); Wir fordern Gerechtigkeit (Rede am 16.März 1931), in: Der Religiöse Sozialist 1931, Nr. 13, S. 57f., (29.3.1931); »Recht« geht vor Gerechtigkeit - Verwaltungsgericht entscheidet gegen Eckert, in: Der Religiöse Sozialist 1931, Nr. 14, S. 64f., (5.4.1931); Die politische Tätigkeit des deutschnationalen bad. Kirchenpräsidenten Wurth, in: Der Religiöse Sozialist 1931, Nr. 14, S. 65, (5.4.1931); Das begrenzte Gewissen - Juristen an der Arbeit, in: Der Religiöse Sozialist 1931, Nr. 15, S. 69, (12.4.1931); Noch eine »Berichtigung« des Herrn Hindelang, in: Der Religiöse Sozialist 1931, Nr. 16, S. 74, (19.4.1931); Gott und die Faschisten, in: Der Religiöse Sozialist 1931, Nr. 17, S. 76, (26.4.1931); An die ev. Preußen - Ein Wort zum Stahlhelm-Volksbegehren, in: Der Religiöse Sozialist 1931, Nr. 17, S. 77, (26.4.1931); Kirchliche Agitation für den Faschismus - Die Innere Mission Filiale des Nationalismus, in: Der Religiöse Sozialist 1931, Nr. 18, S. 80, (3.5.1931); Die Reichsgottesgedanken des Christlich-sozialen Volksdienstes, in: Der Religiöse Sozialist 1931, Nr. 19, S. 84, (10.5.1931); Gläubige Christen und klassenbewußte Sozialisten, in: Der Religiöse Sozialist 1931, Nr. 19, S. 87, (10.5.1931); »Es rettet uns kein Höheres Wesen, kein Gott, kein Kaiser, noch Tribun«, in: Der Religiöse Sozialist 1931, Nr. 20, S. 89f., (17.5.1931); Für Vaterland, Gott und Profit - gegen Marxismus und Gottlosigkeit, in: Der Religiöse Sozialist 1931, Nr. 21, S. 93, (24.5.1931); Liebe Freunde! in: Der Religiöse Sozialist 1931, Nr. 25, S. 108; Die ev. Kirche ist »politisch durchaus neutral«, in: Der Religiöse Sozialist 1931, Nr. 27, S. 116, (5.7.1931); Protest, in: Der Religiöse Sozialist 1931, Nr. 33, S. 141; Um des Gewissens willen (Rede vor dem Dienstgericht in Karlsruhe am 14. Juni 1931), in: Der Religiöse Sozialist 1931, Nr. 35, S. 147f., (30.8.1931); »An den Galgen«, in: Der Religiöse Sozialist 1931, Nr. 35, S. 149, (30.8.1931); Nicht geistige Waffen - Pflastersteine gegen die Marxisten, in: Der Religiöse Sozialist 1931, Nr. 35, S. 150, (30.8.1931); Für Sozialismus und Christentum! in: Der Religiöse Sozialist 1931, Nr. 36, S. 151; Die Woche (Politische Wochenumschau vom 5. 10.1930 bis 19.8.1931), in: Friedrich-Martin Balzer/Manfred Weißbecker (Hrsg.) Erwin Eckert/Emil Fuchs. Blick in den Abgrund. Das Ende der Weimarer Republik im Spiegel zeitgenössischer Berichte und Interpretationen, Bonn 2002, S. 59-186; Immer wieder die Klassenkampffrage, in: Der Religiöse Sozialist 1931, Nr. 38, S. 160, (20.9.1931); Pfarrer als nationalsozialistische Agitatoren - Ein Beitrag zur »politischen Neutralität« der ev. Kirche, in: Der Religiöse Sozialist 1931, Nr. 39, S. 165, (27.9.1931); Der Auftrag Gottes an unsere Zeit (Predigt am 5. Juli 1931 in Mannheim), in: Der Religiöse Sozialist 1931, Nr. 40, S. 167f., (4.10.1931); Die Kirche und der Kommunismus - Stadtpfarrer Eckert kommt zur KPD (Broschüre hrsg. von der Bezirksleitung der KP, Bezirk Baden-Pfalz, Oktober 1931)[www.friedrich-martin-balzer.de/Archiv]; Kommunistische Bereitschaft, in: Die Linkskurve, 4.Jg., Nr. 3, S. 14ff., (März 1932); Impressionen aus dem Ersten Weltkrieg, in: Friedrich-Martin Balzer (Hrsg.) Ärgernis und Zeichen, Bonn 1993, S. 29-80; Briefe aus dem Gefängnis, in: Friedrich-Martin Balzer (Hrsg.), Ärgernis und Zeichen. Erwin Eckert - sozialistischer Revolutionär aus christlichem Gewissen, Bonn 1993, S. 213-266; Brief an Frau und Sohn aus dem Zuchthaus Ludwigsburg vom 17.12.1939, in: Kurt Pätzold/Erika Schwarz (Hg.), Europa vor dem Abgrund, Köln 2005, S. 233-234; Vorwärts zur neuen Demokratie, Rede am 24. Mai 1946 auf dem Mannheimer Marktplatz, in: Friedrich-Martin Balzer (Hrsg.) Ärgernis und Zeichen. Erwin Eckert - sozialistischer Revolutionär aus christlichem Gewissen, Bonn 1993, S. 267-278; »Brüder, in eins nun die Hände«. Rede am 25. Mai 1946 in Heidelberg, in: Friedrich-Martin Balzer (Hrsg.), Ärgernis und Zeichen. Erwin Eckert - sozialistischer Revolutionär aus christlichem Glauben, Bonn 1993, S. 279-281; Schlußwort des Angeklagten Erwin Eckert im Düsseldorfer Prozeß am 4. April 1960, in: Friedrich-Martin Balzer (Hrsg.) Ärgernis und Zeichen. Erwin Eckert - sozialistischer Revolutionär aus christlichem Gewissen, Bonn 1993, S. 332-336; Vernehmung zur Person im Düsseldorfer Prozeß, in: Ärgernis und Zeichen. Erwin Eckert - Sozialistischer Revolutionär aus christlichem Glauben, Bonn 1993, S. 14-28;

Lit: (Auswahl): Heinrich Dietrich, Wie es zum Bund der religiösen Sozialisten kam. Schriften der religiösen Sozialisten, Nummer 2, Karlsruhe 1927; — Hans Müller, Kritische Gedanken über die Eckert-marxistischen »Richtlinien« für den Bund der religiösen Sozialisten, Jena 1927; — Wolfgang Abendroth, Religion und Sozialismus, in: Freie Sozialistische Jugend, 3. Jg., (1927), Heft 12, (Dezember), S. 177-184 [inzwischen nachgedruckt in: Michael Buckmiller, Joachim Perels und Uli Schöler (Hrsg.), Wolfgang Abendroth, Gesammelte Schriften, Band 1 (1926-1948), Hannover 2006, S. 67-73]; — vermutlich Wolfgang Abendroth, Artikel in der »Frankfurter Zeitung« vom 17.3.1931, 1.4.1931, 13.6.1931, 6.10.1931 und 6.12.1931 zum »Fall Eckert«, in:

Friedrich-Martin Balzer (Hrsg.), Wolfgang Abendroth für Einsteiger und Fortgeschrittene, Bonn 2006, 2. durchgesehene und erheblich erweiterte Auflage; — Hans Francke, Kampf um Pfarrer Eckert. Gegen das Hakenkreuz-Christentum, in: Vorwärts vom 1. April 1931; — Ernst Lehmann. Kirchengericht. Eine öffentliche Verteidigungs- und Anklagerede im Eckert-Prozeß, Sonderdruck aus der »Christlichen Welt«, Jahrgang 1931, Nr. 10 und 11; — Leonhard Ragaz, Pfarrer Eckerts Weg und unser Weg, in: Neue Wege, Blätter für religiöse Arbeit, Oktober 1931, Heft 10, S. 444-449; — Carl Grünberg/Hendryk Grossmann, Christlicher und religiöser Sozialismus, in: Wörterbuch der Volkswirtschaft, hrsg. von L. Elster, 4. Auflage 1931, S. 538-559 [neu herausgegeben von Claudio Pozzoli unter dem Titel: Hendryk Grossmann/Carl Grünberg, Anarchismus, Bolschewismus, Sozialismus. Aufsätze aus dem »Wörterbuch der Volkswirtschaft«, Frankfurt/M. 1971, S. 94-142]; — Heinz Kappes, Der theologische Kampf der religiösen Sozialisten gegen das nationalsozialistische Christentum, in: Georg Wünsch (Hrsg.), Reich Gottes - Marxismus - Nationalsozialismus. Ein Bekenntnis religiöser Sozialisten, Tübingen 1931, S. 90-116 [erneut veröffentlicht in: Friedrich-Martin Balzer/Gert Wendelborn, »Wir sind keine stummen Hunde«. Heinz Kappes (1893-1988). Christ und Sozialist in der Weimarer Republik, Bonn 1994, S. 183-197 [www.friedrich-martinbalzer.de/Archiv]; — Heinz Kappes, Der Fall Eckert, in: Zeitschrift für Religion und Sozialismus 4/1931, S.267-274 [nachgedruckt in Friedrich-Martin Balzer/Gert Wendelborn, »Wir sind keine stummen Hunde«. Heinz Kappes (1893-1988). Christ und Sozialist in der Weimarer Republik, Bonn 1994, S. 204-209]; — Paul Piechowski (Vorsitzender der „Bruderschaft sozialistischer Theologen"), Dokumente zum Fall Eckert, in: Zeitschrift für Religion und Sozialismus 1/1932, S. 14-25; — Hermann Sasse, Kirchliche Zeitlage. Der religiöse Sozialismus - Der »Fall Eckert«, in: Kirchliches Jahrbuch 1932, S. 40-54; — Emil Fuchs, Religiöser Sozialismus, in: Ludwig Heyde (Hrsg.): Internationales Handwörterbuch des Gewerkschaftswesens, Bd. 2, Berlin 1932, S. 1324-1331 [friedrich-martinbalzer.de/Archiv]; — Heinz Kappes, Eckert ist dem Dienst der Kirche entlassen, in: Zeitschrift für Religion und Sozialismus, 1/1932, S. 5-14 [www.friedrich-martinbalzer.de/Archiv]; — Rudolf Hirsch, Dr. Meyers Zaubertrick. Eine Gerichtsreportage. Berlin/DDR 1960 [nachgedruckt in Friedrich-Martin Balzer (Hrsg.), Justizunrecht im Kalten Krieg. Die Kriminalisierung der westdeutschen Friedensbewegung im Düsseldorfer Prozeß 1959/60. Mit einer Einleitung von Heinrich Hannover, Köln 2005, S. 174-263; — Siegfried Einstein, Nennt man die besten Namen. Gruß an Erwin Eckert zum 70. Geburtstag, in: Die Andere Zeitung, Nr. 25, vom 20.6.1963, S. 5-6; — Reinhart Knitt, Zur Geschichte der religiösen Sozialisten in der Weimarer Republik, in: Helmut Dressler (Hrsg.), Neuorientierung, Berlin 1966, S. 28-56; — Friedrich-Martin Balzer, Die Auseinandersetzung um den Pfarrer Erwin Eckert. Ein Beitrag zur Geschichte der Arbeiterbewegung (1967), in: Friedrich-Martin Balzer, Miszellen zur Geschichte des deutschen Protestantismus. »Gegen den Strom«, Marburg 1990, S. 31-104; — Friedrich-Martin Balzer, Vom Pfarrer zum Arbeiterführer. Erwin Eckert 75 Jahre, in: Die Andere Zeitung, Nr. 24 vom 13. Juni 1968, S. 4; — Robert Steigerwald, Erwin Eckert 75 Jahre, in: Deutsche Volkszeitung vom 14. Juni 1968; — Walter Bredendiek, Zum Polarisierungsprozeß im deutschen Protestantismus um 1930 - dargestellt an dessen Verhältnis zur Sowjetunion, in: Erkenntnishilfe und Wegweisung. Lenins Werk und wir Christen heute, hrsg. von Gerald Götting, Berlin 1970, S. 161-195; — Renate Breipohl, Religiöser Sozialismus und bürgerliches Geschichtsbewußtsein zur Zeit der Weimarer Republik, Zürich 1971; — Renate Breipohl (Hrsg.) Dokumente zum religiösen Sozialismus in Deutschland, München 1972 [darunter Nachdrucke von vier Eckert-Texten]; — Friedrich-Martin Balzer/Gert Meyer, Erwin Eckert ist gestorben, in: Kritischer Katholizismus, 2/1973, S. 11f. [nachgedruckt in Friedrich-Martin Balzer, Miszellen zur Geschichte des deutschen Protestantismus. »Gegen den Strom«. Mit einem Nachwort von Gert Wendelborn/Rostock, Marburg 1990, S. 111-112]; — Friedrich-Martin Balzer: Klassengegensätze in der Kirche. Erwin Eckert und der Bund der Religiösen Sozialisten Deutschlands. Mit einem Vorwort von Wolfgang Abendroth, Köln 1973, Köln [2]1975, Bonn [3]1993; — Rudi Goguel, Erinnerungen an Erwin Eckert, in: Standpunkt, Evangelische Monatsschrift, Berlin, 12/1974, S. 331f.; — Friedrich-Martin Balzer, Kirche und Klassenbindung in der Weimarer Republik, in: Kirche und Klassenbindung. Herausgegeben von Yorick Spiegel, Frankfurt/Main 1974, S. 45-63 u. S. 314-322 [Übersetzung ins Niederländische unter dem Titel »Kerk en Klassenbinding in de republiek Weimar«, in: Eltheto, tijdschrift over godsdienst en politiek, Heft 50/51, Dezember 1975, S. 35-48; — Arnold Pfeiffer, Religiöse Sozialisten (Dokumente der Weltrevolution), Frankfurt/M., Wien, Zürich 1977; — Gert Meyer, Einigungsbestrebungen zwischen Sozialdemokraten und Kommunisten in Südbaden nach 1945, in: Heiko Haumann (Hrsg.): Vom Hotzenwald bis Whyl. Demokratische Traditionen in Baden, Köln 1977, S. 176-197; — Herbert Trebs, Die linke Richtung im »Bund der religiösen Sozialisten Deutschlands« - mit der Arbeiterklasse verbundene christliche Demokraten der Weimarer Zeit, in: Zwischen Aufbruch und Beharrung. Der deutsche Protestantismus in politischen Entscheidungsprozessen, Berlin 1978, S. 90-124; — Martin Kupke, Der Klassenkampf im religiösen Sozialismus und seine Hintergründe so-wie der praktische Kampf der religiösen Sozialisten Deutschlands in der Weimarer Re-publik, Diss. theol., Leipzig 1978; — Walter Bredendiek, Art. Religiöse Sozialisten, in: Theologisches Kirchenlexikon, Berlin 1979; — Wolfgang Deresch: Art. Religiöser Sozialismus, in: Evang. Soziallexikon, 7. Aufl., Stuttgart 1980, Sp. 1068f.; — Heinz Hoffmann, Für die Aktionseinheit der Arbeiterklasse (November 1930-Januar 1933), in: Heinz Hoffmann, Mannheim, Madrid Moskau. Erlebtes aus drei Jahrzehnten, Berlin 1981, [2]1982, S. 139-181, insbes. S. 152-161; — Wolfgang Abendroth, Vom Weg der marxistischen Widerstandskämpfer zum Verständnis für den christlichen Widerstand der »Bekennenden Kirche«. Festschrift zum 90. Geburtstag von Martin Niemöller, Köln 1982, S. 115-121; — Hermann Erbacher: Die Evangelische Landeskirche in Baden in der Weimarer Zeit und im Dritten Reich, 1919-1945, Karlsruhe 1983; — Friedrich-Martin Balzer, Treue, Liebe, Mut. Trauerrede für Elisabeth Eckert, geb. Setzer, in: Neue Stimme 3/1985, S. 17-23 [nachgedruckt in Friedrich-Martin Balzer, Miszellen zur Geschichte des deutschen Protestantismus. »Gegen den Strom«. Mit einem Nachwort von Gert Wendelborn/Rostock, Marburg 1990, S. 209-216]; — Friedrich-Martin Balzer/Karl-Ulrich Schnell: Der Fall Erwin Eckert. Ein Beitrag zum Verhältnis von Protestantismus und Faschismus am Ende der Weimarer Republik, Mit einem Geleitwort von Hans Prolingheuer, Köln 1987, Bonn [2]1993. Hans Prolingheuer, Wir sind in die Irre gegangen. Die Schuld der Kirche unterm Hakenkreuz nach dem Bekenntnis des »Darmstädter Wortes« von 1947, Köln 1987; — Eckehart Lorenz: Kirchliche Reaktionen auf die Arbeiterbewegung in Mannheim 1890-1933. Ein Beitrag zur Sozialgeschichte der evang. Landeskirche in Baden, Sigmaringen 1987; — Friedrich-Martin Balzer: Erwin Eckert - Theologe und Sozialist gegen den Faschismus, in: Christ und Sozialist, 1/1988, S. 16-24; — Helmut Ridder, Aufarbeitung [Der Fall Erwin Eckert], in: Die Neue Gesellschaft/Frankfurter Hefte, Nr. 9 (September) 1988, S. 879-880; — Herbert Trebs, Thomas Müntzer bei Emil Fuchs und Erwin Eckert, in: Prediger für eine gerechte Welt. Zum 500. Geburtstag von Thomas Müntzer, Berlin 1989, S. 99-113; — Reinhard Creutzburg, »In der Kirche - Gegen die Kirche - Für die Kirche«. Die religiös-sozialistische Bewegung in Thüringen 1918-1926. Ein Beitrag zur Geschichte des religiösen Sozialismus in Deutschland und der evangelischen Kirche in Thüringen, Dissertation (A) der Fakultät für Theologie des Wissenschaftlichen Rates der Martin-Luther-Universität Halle-Wittenberg, 1989; — Michael Rudloff, Christliche Antifaschisten der »ersten Stunde« im Widerstand, in: Wissenschaftliche Zeitschrift der Karl-Marx-Universität Leipzig, Gesellschaftswissenschaftliche Reihe 38 (1989), 3, S. 297-307; — Friedrich-Martin Balzer: Miszellen zur Geschichte des deutschen Protestantismus. »Gegen den Strom«. Mit einem Nachwort von Gert Wendelborn/Rostock, Marburg 1990; — Kurt Pätzold, Erwin Eckert, in: Biographien zur deutschen Geschichte von den Anfängen bis 1945, Lexikon, Berlin 1991, S. 119-120; — Michael Rudloff, Weltanschauungsorganisationen innerhalb der Arbeiterbewegung der Weimarer Republik, Frankfurt/Main 1991; — Friedrich-Martin Balzer: Vorwort zu Friedrich-Martin Balzer (Hrsg.) Ärgernis und Zeichen. Erwin Eckert - Sozialistischer Revolutionär aus christlichem Gewissen, Bonn 1993, S. 7-11; — Bewußte Verächtlichmachung der Kirche? Stenographisches Protokoll des Kirchlichen Dienstgerichtes vom 21. Juni 1929, in: Friedrich-Martin Balzer (Hrsg.): Ärgernis und Zeichen, Erwin Eckert (1893-1972) Sozialistischer Revolutionär aus christlichem Glauben, Bonn 1993, S. 81-160; — Hans-Werner Bartsch, Erwin Eckert - Ärgernis und Zeichen, in: Stimme der gemeinde, 3/1973, S. 43; — nachgedruckt in: Friedrich-Martin Balzer (Hrsg.): Erwin Eckert. Sozialistischer Revolutionär aus christlichem Glauben, Bonn 1993, S. 357-358; — Frank Deppe, Der »Klassenverrat« des Erwin Eckert, in: Friedrich-Martin Balzer (Hrsg.): Ärgernis und Zeichen. Erwin Eckert - Sozialistischer Revolutionär aus christlichem Glauben, Bonn 1993, S. 180-185; — Walter Ebert, Erinnerungen an Erwin Eckert, in: Friedrich-Martin Balzer (Hrsg.) Ärgernis und Zeichen. Erwin Eckert - sozialistischer Revolutionär aus christlichem Glauben, Bonn 1993, S. 343-352; — Emil Fuchs, Briefe an Erwin Eckert, in: Friedrich-Martin Balzer (Hrsg.): Ärgernis und Zeichen. Erwin Eckert - sozialistischer Revolutionär aus christlichem Glauben, Bonn 1993, S. 353-356; — Georg Fülberth, Gab es einen »Fall Eckert« in der KPD, in: Friedrich-Martin Balzer (Hrsg.): Ärgernis und Zeichen. Erwin Eckert - sozialistischer Revolutionär aus christlichem Glauben, Bonn 1993, S. 337-342; — Günter Giesenfeld, Appelle an das »lautschlagende Einzelgewissen«. »Die Neue Demokratie im Bild«, in: Friedrich-Martin Balzer (Hrsg.): Ärgernis und Zeichen. Erwin Eckert - sozialistischer Revolutionär aus christlichem Glauben, Bonn 1993, S. 282-287; — Hans Heinz Holz, Achtung für eine Aporie, in: Friedrich-Martin Balzer Hrsg.): Ärgernis und Zeichen. Erwin Eckert - sozialistischer Revolutionär aus christlichem Gewissen, Bonn 1993, S. 359-362; — Hanfried Müller, »... um Gerechtigkeit willen verfolgt«, in: Friedrich-Martin Balzer (Hrsg.): Ärgernis und Zeichen. Erwin Eckert - sozialistischer Revolutionär aus christlichem Gewissen, Bonn 1993, S. 153-160; — Helmut Ridder, Zur europäischen Dimension von Erwin Eckerts Vermächtnis, in: Friedrich-Martin Balzer (Hrsg.): Ärgernis und Zeichen. Erwin Eckert - sozialistischer Revolutionär aus christlichem Gewissen, Bonn 1993, S. 363-377; — Jürgen Scheele, Erwin Eckert: Exponent eines »Neuen Deutschlands«, in: Friedrich-Martin Balzer (Hrsg.): Ärgernis und Zeichen. Erwin Eckert - sozialistischer Revolutionär aus christlichem Gewissen, Bonn 1993, S. 288-307; — Marie Veit, Als Christ und Sozialist gegen die »armselige Judenhetze«, in: Friedrich-Martin Balzer (Hrsg.): Ärgernis und Zeichen. Erwin Eckert - sozialistischer Revolutionär aus christlichem Glauben, Bonn 1993, S. 207-212; — Manfred Weißbecker, Auf der Anklagebank des kalten Krieges. Erwin Eckert und der Düsseldorfer Prozeß gegen das »Westdeutsche Friedenskomitee« 1959/60, in: Friedrich-Martin Balzer (Hrsg.): Ärgernis und Zeichen. Erwin Eckert - sozialistischer Revolutionär aus christlichem Gewissen, Bonn 1993, S. 308-331; — Gert Wendelborn, Zu Erwin Eckerts Predigten, in: Friedrich-Martin Balzer (Hrsg.): Ärgernis und Zeichen. Erwin Eckert - sozialistischer Revolutionär aus christlichem Gewissen, Bonn 1993, S. 161-174; — Gert Wendelborn, Zur Legitimität des Eintritts Erwin Eckerts in die KPD, in: Friedrich-Martin Balzer (Hrsg.): Ärgernis und Zeichen. Erwin Eckert - sozialistischer Revolutionär aus christlichem Gewissen, Bonn 1993, S. 186-206; — Friedrich-Martin Balzer (Hrsg.): »Ihr Kleingläubigen, warum seid Ihr so furchtsam?« Äußerungen von Erwin Eckert und Heinz Kappes 1931 in Karlsruhe, Bonn 1993, 43 S. enthält u.a. die ungekürzte Rede von Erwin Eckert am 9. Oktober 1931 in Karlsruhe »Warum ich in die KPD eingetreten bin«; — Friedrich-Martin Balzer: Die Lebensentscheidung Erwin Eckerts (Kurzfassung des Vortrages vom 16. April 1993), in: Christen und Marxisten - Gemeinsamkeit und Trennendes, Anmerkungen zum 100. Geburtstag des Christen und Kommunisten Erwin Eckert, hrsg. vom Mannheimer Gesprächskreis Geschichte + Politik e.V. (1993), S. 5-12; — Siegfried Heimann, Der Bund der religiösen Sozialisten Deutschlands (BRSD): Selbstverständnis, organisatorische Entwicklung und praktische Politik, in: Siegfried Heimann/Franz Walter, Religiöse Sozialisten und Freidenker in der Weimarer Republik, Bonn 1993, S. 13-262; — Paul Wandel, Prinzipien der Bibel auf der Erde erfüllen, in: Erwin Eckert. Pfarrer und Kommunist. Zeitzeugen erinnern sich, Mannheim 1993, S. 22-24; — August Locherer, Er war und blieb Pastor, in: Erwin Eckert. Pfarrer und Kommunist. Zeitzeugen erinnern sich, Mannheim 1993, S. 25-

29; — Max Faulhaber, Von der SPD in die KPD, in: Erwin Eckert. Pfarrer und Kommunist. Zeitzeugen erinnern sich, Mannheim 1993, S. 39-44; — Balthasar Ehret, »Mir zwei Wisswieler«, in: Erwin Eckert. Pfarrer und Kommunist. Zeitzeugen erinnern sich, Mannheim 1993, S. 45-47; — Heinrich Holle, Man darf keine halben Sachen machen, in: Erwin Eckert. Pfarrer und Kommunist. Zeitzeugen erinnern sich, Mannheim 1993, S. 48-51; — Fritz Salm, Das Einheitskomitee, in: Erwin Eckert. Pfarrer und Kommunist. Zeitzeugen erinnern sich, Mannheim 1993, S. 52-53; — Barbara Mausbach-Bromberger, Treffpunkt war die Bücherei, in: Erwin Eckert. Pfarrer und Kommunist. Zeitzeugen erinnern sich, Mannheim 1993, S. 56-58; — »Durchaus marxistische Denkweise«. Das Urteil der Faschisten. Aus der Urteilsbegründung vom 11.11.1936, in: Erwin Eckert. Pfarrer und Kommunist. Zeitzeugen erinnern sich, Mannheim 1993, S. 59-60; — Franz Wacker, Vom »Küchengespräch« mit dem Pfarrer an die Seite des Staatsrates, in: Erwin Eckert. Pfarrer und Kommunist. Zeitzeugen erinnern sich, Mannheim 1993, S. 69-73; — Sonja Denz, Aktiv im Südwesten, in: Erwin Eckert. Pfarrer und Kommunist. Zeitzeugen erinnern sich, Mannheim 1993, S. 74-77; — Hilde Wagner, »Wir machen den Christen den Himmel nicht streitig«, in: Erwin Eckert. Pfarrer und Kommunist. Zeitzeugen erinnern sich, Mannheim 1993, S. 78-85; — Max Oppenheimer, Stadtpfarrer und OB-Kandidat der KPD, in: Erwin Eckert. Pfarrer und Kommunist. Zeitzeugen erinnern sich, Mannheim 1993, S. 86-91; — Walter Diehl, Der Düsseldorfer Prozeß, in: Erwin Eckert. Pfarrer und Kommunist. Zeitzeugen erinnern sich, Mannheim 1993, S. 115-124 [nachgedruckt in: Friedrich-Martin Balzer (Hrsg.), Justizunrecht im Kalten Krieg. Die Kriminalisierung der westdeutschen Friedensbewegung im Düsseldorfer Prozeß 1959/60. Mit einer Einleitung von Heinrich Hannover und Beiträgen u.a. von Walther Ammann, Friedrich-Karl Kaul, Diether Posser und Denis Noel Pritt, Köln 2005, S. 333-339]; — Elisabeth des Vries, Der unerschrockene Friedenskämpfer, in: Erwin Eckert. Pfarrer und Kommunist. Zeitzeugen erinnern sich, Mannheim 1993, S. 125-129; — Kurt Essen, Den Frieden segnen, nicht die Waffen! In: Erwin Eckert. Pfarrer und Kommunist. Zeitzeugen erinnern sich, Mannheim 1993, S. 130-131; — Robert Steigerwald, Rede am Grab Erwin Eckerts, in: Erwin Eckert. Pfarrer und Kommunist. Zeitzeugen erinnern sich, Mannheim 1993, S. 134-137; — Herbert Mies, Legende und Botschaft des Erwin Eckert, in: Erwin Eckert. Pfarrer und Kommunist. Zeitzeugen erinnern sich, Mannheim 1993, S. 138-143; — Friedrich-Martin Balzer: Parallele Leben - Heinz Kappes und Erwin Eckert (Jahrgang 1893), in: Friedrich-Martin Balzer/Gert Wendelborn: »Wir sind keine stummen Hunde«. Heinz Kappes (1893-1988). Christ und Sozialist in der Weimarer Republik. Bonn 1994, S. 10-35; — Friedrich-Martin Balzer: Umstrittenes Ärgernis und unvergessenes Zeichen. Die Lebensentscheidung Erwin Eckerts. Zur 100. Wiederkehr seines Geburtstages am 16. Juni 1993, in: Evangelische Akademie Baden (Hg.) Roter Himmel auf Erden? Der religiöse Sozialismus, Karlsruhe 1994, S. 9-49; — Klaus Engelhardt: Predigt über Matthäus 22,1-14 am 2. Sonntag nach Trinitatis, 20. Juni 1993, Stadtkirche Karlsruhe, in: Roter Himmel auf Erden? Der religiöse Sozialismus, Karlsruhe 1994, S. 147-153; — Friedrich-Martin Balzer, Erwin Eckert (1893-1972). Eine große Symbolfigur der Friedensbewegung, in: was uns betrifft (wub), Zeitschrift für Kriegsdienstverweigerer und Zivildienstleistende, 4/1994, S. 24; — Ulrich Peter, Der ‚Bund der religiösen Sozialisten' in Berlin von 1919 bis 1933, Frankfurt/Main 1995; — Karl Lipp: Religiöser Sozialismus und Pazifismus. Der Friedenskampf des Bundes der Religiösen Sozialisten Deutschlands in der Weimarer Republik, Pfaffenweiler 1995; — Thomas Kluck, Protestantismus und Protest in der Weimarer Republik. Die Auseinandersetzungen um Fürstenenteignung und Aufwertung im Spiegel des deutschen Protestantismus, Frankfurt/Main 1996; — Ulrich Schadt: Religiöser Sozialismus in Baden zur Zeit der Weimarer Republik, in: Protestantismus und Politik in Baden zwischen 1819 und 1933, Karlsruhe 1996, S. 102-122; — Konrad Krimm, Erwin Eckert (1893-1972), Pfarrer-Sozialdemokrat-Kommunist, in: Protestantismus und Politik in Baden zwischen 1819 und 1933, Karlsruhe 1996, S. 261-271; — Udo Wennemuth/Eckehart Lorenz, Zwischen Kaiserreich und Drittem Reich: Die evangelische Kirche in Mannheim in der Weimarer Republik (1918-1933), in: Udo Wennemuth, Geschichte der evangelischen Kirche in Mannheim, Sigmaringen 1996, S. 271-315; — Karl Kleinschmidt, Kirchenkampf und Widerstand, Erinnerungen und Dokumente, mit einer Vorbemerkung von Friedrich-Martin Balzer, in: Friedrich-Martin Balzer/Christian Stappenbeck, Sie haben das Recht zur Revolution bejaht. Christen in der DDR. Ein Beitrag zu 50 Jahre »Darmstädter Wort«, Bonn 1997, S. 20-110; — Friedrich-Martin Balzer: Erwin Eckert, Karl Barth, Dietrich Bonhoeffer. Unterschiedliche Traditionslinien, gemeinsam verpflichtendes antifaschistisches Erbe, in: Friedrich-Martin Balzer, »Es wechseln die Zeiten...«, Reden, Aufsätze, Vorträge, Briefe eines 68ers aus vier Jahrzehnten (1958-1998), Bonn 1998, S. 238-257; — Friedrich-Martin Balzer, Badische Liberalität? In: Friedrich-Martin Balzer, »Es wechseln die Zeiten...«, Reden, Aufsätze, Vorträge, Briefe eines 68ers aus vier Jahrzehnten (1958-1998), Bonn 1998, S. 290-292; — Friedrich-Martin Balzer, »Das Große bleibt groß nicht und klein nicht das Kleine«. Ein Blick zurück im Zorn und in Hoffnung, in: Friedrich-Martin Balzer, »Es wechseln die Zeiten...«, Reden, Aufsätze, Vorträge, Briefe eines 68ers aus vier Jahrzehnten (1958-1998), Bonn 1998, S. 315-333; — Friedrich-Martin Balzer/Manfred Weißbecker, Erwin Eckert. Badischer Pfarrer und revolutionärer Sozialist (1893-1972), in: Lebensbilder aus Baden-Württemberg, Im Auftrag der Kommission für geschichtliche Landeskunde in Baden-Württemberg, hrsg. von Gerhard Taddey und Joachim Fischer, 19. Band, Stuttgart 1998, S. 523-549; — Friedrich-Martin Balzer (Hrsg.), »Und abermals krähte der Hahn«. Zu verdrängten Opfern von Kirchengeschichte und Kirchenjustiz. Das Beispiel der sog. »Rehabilitierung« von Erwin Eckert durch die badische Landessynode, April 1999, [www.friedrich-martin-balzer.de/Aktuelle Kommentare 1999]; — Friedrich-Martin Balzer, Die Zerstörung der Weimarer Republik im Spiegelbild der »Wochenberichte« von Emil Fuchs 1931-1933, in: Christentum, Marxismus und das Werk von Emil Fuchs, Beiträge des sechsten Walter-Markov-Kolloquiums, Herausgegeben von Kurt Reiprich, Kurt Schneider, Helmut Seidel und Werner Wittenberger, Rosa-Luxemburg-Stiftung Sachsen e.V., Berlin 2000, S. 35-53. 2. Auflage 2002; — Ulrich Peter, Zwischen allen Stühlen: Der Bund der religiösen

Sozialisten Deutschlands« (BRSD), in: Beiträge zur Geschichte der Arbeiterbewegung, H. 2/2001, S. 53-71; — Friedrich-Martin Balzer, Wolfgang Eckert: Kein Einzelschicksal. Trauerrede bei der Beerdigung von Wolfgang Eckert (1922-2001) am 22. März 2001 in Meersburg, in: Friedrich-Martin Balzer, Spiegelungen. Ausgewählte Veröffentlichungen 1998-2008, herausgegeben und eingeleitet von Ilina Fach, Bonn 2009; — Friedrich-Martin Balzer/Manfred Weißbecker, Selbstverständnis und antifaschistisches Ringen christlicher Sozialisten am Ende der Weimarer Republik, in: Friedrich-Martin Balzer/Manfred Weißbecker (Hrsg.): Erwin Eckert/Emil Fuchs. Blick in den Abgrund. Das Ende der Weimarer Republik im Spiegel zeitgenössischer Berichte und Interpretationen. Mit Nachbetrachtungen von Georg Fülberth, Reinhard Kühnl, Gert Meyer, Kurt Pätzold und Wolfgang Ruge. Bonn 2002, S. 11-57; — Friedrich-Martin Balzer, Zur Vertreibung Erwin Eckerts aus dem »Bund der religiösen Sozialisten« (August-Dezember 1931), in: Friedrich-Martin Balzer/Manfred Weißbecker (Hrsg.), Blick in den Abgrund. Das Ende der Weimarer Republik im Spiegel zeitgenössischer Berichte und Interpretationen, Bonn 2002, S. 559-602; — Friedrich-Martin Balzer, Der deutsche Widerstand am Beispiel christlicher Sozialisten oder was hat der deutsche Protestantismus mit Auschwitz zu tun, in: Friedrich-Martin Balzer/Werner Renz, Das Urteil im Frankfurter Auschwitz-Prozess (1963-1965), Bonn 2004, S. 18-23; — Friedrich-Martin Balzer: Zwischen Gefängnis und Zuchthaus. Der Alltag des Erwin Eckert, in: Kurt Pätzold/Erika Schwarz (Hrsg.): Europa vor dem Abgrund. Das Jahr 1935 - Eine nicht genutzte Chance, Köln 2005, S. 217-240. Friedrich-Martin Balzer (Hrsg.): Justizunrecht im kalten Krieg. Die Kriminalisierung der westdeutschen Friedensbewegung im Düsseldorfer Prozeß. Mit einer Einleitung von Heinrich Hannover und Beiträgen u.a. von Walther Ammann, Friedrich-Karl Kaul, Diether Posser und Denis Noel Pritt, Köln 2005; — Friedrich-Martin Balzer, Das war das Leben. Trauerrede für Juliane Eckert (1925-2005) am 22. März 2005 in Oberboihingen, in: Friedrich-Martin Balzer, Spiegelungen. Ausgewählte Veröffentlichungen 1998-2008, herausgegeben und eingeleitet von Ilina Fach, Bonn 2009; — Friedrich-Martin Balzer, »Revolutionärer Kommunist« und »kommunistischer Christ«. Wolfgang Abendroth und Erwin Eckert - Eine Doppelbiographie. Vortrag gehalten aus Anlaß des 100. Geburtstages von Wolfgang Abendroth am 2. Mai 2006 in der Universität Marburg, in: Friedrich-Martin Balzer (Hrsg.), Wolfgang Abendroth für Einsteiger und Fortgeschrittene, Bonn 2006, 2. durchgesehene und erheblich erweiterte Auflage.

Archive: Der umfangreiche Nachlaß von Erwin Eckert befindet sich im Privatarchiv Balzer (PAB) in D-35037 Marburg, Wilhelmstr. 28.

Friedrich-Martin Balzer

EKBERT VON ANDECHS, Bischof von Bamberg (1203-1237). — * um 1175, † 5. Juni 1237 in Wien. — E. entstammte der vor allem in Bayern und Franken reich begüterten, mächtigen Grafen- und Herzogsfamilie der Andechs-Meranier. Sein Vater war Herzog Bertold IV. († 1204), seine Mutter Agnes von Rochlitz († 1195). Seine jüngeren Schwestern Agnes und Gertrud sollten die Könige von Frankreich und Ungarn heiraten. — Als nachgeborener Sohn war E. wohl schon früh für die geistliche Laufbahn bestimmt worden. Noch während des Episkopats seines Großonkels, Bischof Otto II. von Bamberg (1177-1196), begann er seine steile kirchliche Karriere. Mit jungen Jahren wurde E. bereits Propst des Bamberger Nebenstifts St. Gangolf, 1202 Propst des Domstifts. Seine Wahl zum Bischof erfolgte durch das Domkapitel zwischen dem 28. Februar und dem 4. März 1203. Zur Erlangung der päpstlichen Bestätigung reiste E. bald danach nach Rom, wo Papst Innozenz III. jedoch die Wahlentscheidung zunächst aufgrund des fehlenden kanonischen Wahlalters des Kandidaten kassierte, ihn aber wenig später davon dispensierte und am 22. Dezember 1203 zum Bischof ernannte; zwei Tage später verlieh er E. das Pallium. — Wie seine Familie war auch E. dem staufischen Herrscherhaus politisch eng verbunden. Versuche des Papstes, ihn in das gegnerische Lager der Welfen, d.h. auf die Seite König Ottos IV. zu ziehen, sollten trotz der zeitweiligen Suspension E.s von seinem Amt (1205 - 11. März 1206) erfolglos bleiben. Möglicherweise war E. an den Ausgleichsgesprächen zwischen Papst und Staufern beteiligt. Der Ermordung des staufischen Königs Philipp von Schwaben durch den Pfalzgrafen Otto von Wittelsbach am Bischofshof E.s in Bamberg (21. Juni 1208) brachte den Bischof - wohl ungerechtfertigt - neben seinem Bruder Heinrich in den Verdacht der Beteiligung, zumindest der Mitwisserschaft an dieser Tat. Damit verfiel E. der Reichsacht und floh an den Hof seines Schwagers König Andreas II. nach Ungarn. Erst nach langwierigen Verhandlungen und einer grundlegenden Veränderung der politischen Rahmenbedingungen gelang es E., seine Rehabilitierung zu erreichen: 1211 mit der Wiedereinsetzung in sein Bistum und 1212 mit der Aufhebung der gegen ihn verhängten Reichsacht. Die Rückkehr in sein Bistum erwies sich jedoch als recht schwierig; eine Restitution der an die Wittelsbacher in Bayern verloren gegangenen Güter war mühselig. Spätestens seit Ende 1213 sehen wir ihn im Reichsdienst. — Aufgrund der vielen, oft jahrelangen Abwesenheitsperioden aus seinem eigenen Bistum (Flucht nach Ungarn 1208ff.) und des späteren, mit hohem Zeitaufwand verbundenen Engagements in Reichsangelegenheiten (1215 Besuch des IV. Lateranums in Rom; 1217ff. nach Italien/ Kreuzzug; weitere Aufenthalte in Italien: 1225-1228, 1231/32; 1236f. in Wien) blieb sein Wirken für Bistum und Hochstift Bamberg insgesamt gesehen eher peripher. Hier besaß er allerdings in seinem Onkel Poppo, dem - nach E.s eigenem Bruder Berthold - zweiten Nachfolger in der Würde des Dompropsts und selbst später zum Bischof von Bamberg (1237-1242) erwählt, eine sichere Stütze, der ihm (und seiner Familie) das heimatliche Bistum auch über die langen Zeiten der Verbannung und der späteren Abwesenheit zu erhalten wußte. König Otto IV., der nach der Ächtung E.s die *temporalia* des Bistums in seine Hand nehmen konnte, gelang es nicht, einen Nachfolger auf dem Bamberger Bischofsstuhl zu installieren. — Der mit seinem Namen verbundene »Ekbert«-Neubau des Bamberger Doms dürfte daher auch eher als ein Werk des Domkapitels unter Federführung seines Onkels Poppo betrachtet werden. An der Weihe des Doms (6. Mai 1237) nahm E. bezeichnenderweise nicht teil. Die durch die enormen Baulasten entstandenen finanziellen Belastungen sollten indes das Bistum dauerhaft belasten; die zahlreichen Verpfändungen während E.s Episkopats führten langfristig zur Entfremdung und damit zum Verlust von Kirchengut. Profitiert hat davon auch seine eigene Familie; die nach dem Giecher Vertrag von 1149 dem Bistum wieder zufallenden Güter wurden von E. nicht eingefordert. Damit steht der Bischof als paradigmatisches Beispiel für die personelle wie besitzmäßige Durchdringung eines Bistums durch ein benachbartes hochadliges bzw. fürstliches Geschlecht, das versuchte, die eigene Herrschaftsbastion nicht zuletzt auf Kosten des weltlichen Besitzes des Bistums zu erweitern. Diese Politik bescherte aber umgekehrt dem Bamberger Hochstift Jahre der relativen Ruhe und des Friedens. Gesichert ist E.s Teilnahme an der Heiligsprechung seiner Nichte Elisabeth von Thüringen (1. Mai 1236) im Beisein des kaiserlichen Herrschers, ein Akt, der nicht zuletzt die eigene Familie aufwertete. — Nach seiner Rehabilitierung vom Verdacht der Mitwisserschaft an der Ermordung Philipps von Schwaben (1211/12) sah man E. wieder verstärkt im Dienst des Reiches stehen. Für den meist fernen Kaiser Friedrich II. gehörte er spätestens seit Mitte der 20er Jahre zu den wichtigsten Stützen der staufischen Herrschaft im *regnum teutonicum*. Dabei vermittelte er auch zwischen dem Kaiser und dem sich dessen politischen Vorstellungen widersetzenden Sohn Heinrich (VII.). Zuletzt wurde er nach der Verhängung der Reichsacht über den Babenberger Herzog Friedrich den Streitbaren und dem Verlust seines Landes als Reichsverweser in Österreich und der Steiermark eingesetzt. Während des dadurch bedingten Aufenthaltes in Wien starb E. am 5. Juni 1237. — Begraben lag er zunächst in der Schottenkirche zu Wien, später wurden seine Überreste nach Bamberg gebracht und im Dom neben dem Mauritiusaltar beigesetzt.

Quellen: Das Wichtigste der Bamberg betreffenden Urkunden liegt heute im Staatsarchiv Bamberg, verzeichnet wurde es - allerdings mit veralteten Archivsignaturen - bei Looshorn, Geschichte (siehe dort). Ekberts Beziehungen zu den Herrschern des Reichs lassen sich erschließen aus J. F. Böhmer, Regesta Imperii V,1-4 (Reg.).

Lit.: Conrad Eubel, Hierarchia catholica medii aevi ... I, Münster ²1913, 126; — Johann Looshorn, Geschichte des Bisthums Bamberg II: 1102-1303, München 1888 (ND Bamberg 1967) bes. 591-665; — Friedrich Wachter, General-Personal-Schematismus der Erzdiözese Bamberg 1007 bis 1907, Bamberg 1908, 10f. [Nr. 171]; — Georg Herlitz, Geschichte der Herzöge von Meran aus dem Hause Andechs, Halle 1909; — Ernst Hautum, Ekbert von Meran, Bischof von Bamberg (1203-1237), Diss. Erlangen 1924; — Paul Schöffel, Das Urkundenwesen der Bischöfe von Bamberg, Erlangen 1929, 7-14, 107-109; — Erich Frhr. v. Guttenberg (Bearb.), Das Bistum Bamberg I/1 [= Germania Sacra II/1], Berlin-Leipzig 1937 ND 1963, bes. 164-170; Ders. / Alfred Wendehorst (Bearb.), Das Bistum Bamberg I/2 [= Germania Sacra II/2], Berlin 1966, bes. 49-62; — Johannes Kist, Fürst- und Erzbistum Bamberg, Bamberg ³1962, 41f.; Ders., Die Nachfahren des Grafen Berthold I. von Andechs, in: Jahrbuch für fränkische Landesforschung 27, 1967, 44 [Nr. IV 4]; — Gertrud Diepolder, E. von Andechs, in: Ludwig Schrott (Hg.), Bayerische Kirchenfürsten, München 1964, 113-121; — Otto Meyer, Oberfranken im Hochmittelalter. Politik - Kultur - Gesellschaft, Bayreuth 1973, 160-163; — Bernd-Ulrich Hucker, Otto IV. in Bamberg, in: BHVB 120, 1984, 79-90, hier 87-90; — Gerd Zimmermann, Ekbert von Andechs, Bischof von Bamberg (1203-1237), in: Hans-Günter Röhrig (Hg.), Dieses große Fest aus Stein. Lesebuch zum 750. Weihejubiläum, Bamberg 1987, 99-113; — Alois Schütz, Das Geschlecht der Andechs-Meranier im europäischen Hochmittelalter, in: Josef Kirmeier / Evamaria Brockhoff (Hg.), Herzöge und Heilige. Das Geschlecht der Andechs-Meranier im europäischen Hochmittelalter [= Ausstellungskatalog], Regensburg 1993, 69-93; Ders., Die Andechs-Meranier in Franken und Europa, in: Die Andechs-Meranier in Franken. Europäisches

Fürstentum im Hochmittelalter - Ausstellungskatalog, Mainz 1998, bes. 30-42; Ders., Die Grafen von Dießen und Andechs, Herzöge von Meranien, in: Armin Wolf (Hg.), Königliche Tochter-Stämme, Königswähler und Kurfürsten, Frankfurt a.M. 2002, 225-315, hier 285-293; — Klaus von Eickels, Die Andechs-Meranier und das Bistum Bamberg, in: Die Andechs-Meranier in Franken. Europäisches Fürstentum im Hochmittelalter - Ausstellungskatalog, Mainz 1998, 145-156; — Stefan Beulertz, Ekbert von Andechs. Bischof von Bamberg (1203-1237), in: Fränkische Lebensbilder 17, 1998, 9-23; — Christian Hillen, Curia Regis. Untersuchungen zur Hofstruktur Heinrichs (VII.) 1220-1235 nach den Zeugnissen seiner Urkunden, Frankfurt/M. u.a. 1999, 65-68, 221-227, 268f.; — Ansgar Frenken, Die Andechs-Meranier als oberfränkische Territorialherren und Bischöfe von Bamberg, in: Zeitschrift für bayerische Landesgeschichte 63, 2000, 711-786; — Helmut Flachenecker, Ekbert von Andechs (um 1175-1237), in: Erwin Gatz (Hg.), Die Bischöfe des Heiligen römischen Reiches 1198-1448. Ein biographisches Lexikon, Berlin 2001, 37-39; — Sven Pflefka, Das Bistum Bamberg, Franken und das Reich in der Stauferzeit. Der Bamberger Bischof im Elitengefüge des Reiches 1138-1245, Volkach 2005, Reg.; — LThK² 3, 1959, 779; NDB 4, 1959, 427f.; DHGE 14, 1960, 1470f. [R. Aubert]; LexMA 3, 1986, 1762f. [A. Wendehorst]; — LThK³ 3, 1995, 565f. [B. U. Hucker]; Hans-Michael Körner, Große Bayerische Biographische Enzyklopädie 1, 2005, 439.

Ansgar Frenken

EMRE, Yunus, * ca. 1241 oder (1238) † ca. 1321 oder (1320). — Yunus Emre wurde wahrscheinlich im Jahre 1241 oder 1238 an einem bisher unbekannten Ort im Osmanischen Reich geboren. Sein Sterbejahr wird mit 1321 bzw. 1320 angegeben. Sein Sterbeort war, einigen Quellen zufolge, Eskiseher in der gleichnamigen mittelanatolischen Provinz in der Nähe der heutigen Hauptstadt Ankara. Allerdings erheben noch etwa 100 andere mittelanatolische Ortschaften den Anspruch, in Besitz des Grabes von Yunus Emre zu sein. Der türkische Sufi Yunus Emre war - selbst Dichter und volkstümlicher Sänger - Vorkämpfer des Sufismus und der türkischen Dichtung in Anatolien. Er wird von manchen Autoren als der wichtigste Dichter der türkischen Geschichte bezeichnet und prägt die türkische Literatur und Kultur bis heute. Er entwickelte eine Auffassung, die auf der Liebe zum Menschen beruht. Yunus Emre gilt als der erste Volksdichter in der türkischen Tradition. Bereits im 13. Jahrhundert verfaßten Mystiker Verse in türkischer Sprache. Yunus Emre ist allerdings der einzige Volksdichter, der seine Lieder und Gedichte ausschließlich in türkischer Sprache verfaßte. Mit seinem Namen wird auch das »einfache« mystische Lied in Zusammenhang gebracht. Diese Tradition ist typisch für die Literatur der Sufi-Orden, dem »Nefes« (Atem). Y.E. bediente sich des Gesanges, von Aleviten Deyis (Gesprochenes) bzw. Deme (Gesagtes) genannt. — Yunus Emre lebte als wandernder Derwisch und entwickelte eine humanistische Einstellung (worauf ich noch näher eingehen werde), die in seinen Gedichten und Liedern zum Ausdruck kommt. Hier ein Beispiel: »Kommt her, laßt uns Frieden machen, laßt uns nicht einander Fremde sein.... Ein Sufi ist's, was sie mich nennen - der Haß ist mein einziger Feind. Gegen niemand hege ich Feindschaft, die ganze weite Welt ist für mich eins.« Ähnlich wie andere Sufis kritisierte er den Gottesdienst, der um der Belohnung willen geschieht, und das Wohlverhalten, das nur aus der Furcht vor göttlicher Strafe kommt. Sämtliche Werke Yunus Emres sind als Ilahi-Sammlungen (Gesangbücher) überliefert. Yunus Emre hat nach Auffassung der türkischen Aleviten das Alevitentum maßgeblich beeinflußt und manifestiert. Die Aleviten beziehen sich deshalb auf die Gedichte des Volksdichters, um den Einfluß des Alevitentums zu begründen. Und sie sind in gewisser Weise stolz, einen Vorkämpfer ihrer vom Islam abweichenden Religion, benennen zu können. Es gibt sehr viele Gedichte und Lieder von ihm, die er mit der ihm eigenen Perfektion verfaßt hat. Y. E. hat seine Werke in einfachsten Versen und simplen Worten dargelegt, teilweise in dem in der arabisch-persischen Kunstdichtung anzutreffenden Metrum. Er übermittelt in seinen Gedichten seine Sehnsucht, seine Liebe zu Gott und die Angst vor dem Tod. — Nach sunnitischer Auffassung war Y. E. allerdings kein Alevit, bzw. Mitbegründer einer alevitischen Religionsform. Die Sunniten beziehen sich dabei auf ein Gedicht Emres welches, »Kabe` nin Yollari« (Die Wege zur Kaaba) heißt. Das Gedicht, das in ästhetischer Verklärung - laut sunnitischer Auffassung - von der erwünschten Pilgerfahrt (hadsch) erzählt und wie alle seine Werke und Lieder heute noch sehr gerne in Moscheen gesungen wird. Bei genauer Analyse seiner Werke und Lieder, kann man zu dem Schluß kommen, daß Yunus Emre weder ein Alevit noch Sunnit war. Seine Gedichte deuten wie bei vielen anderen Mystikern seiner Zeit, wie Dschalaleddin Rumi, (siehe BBK/Band XXVIII, Sp. 474-481, 2007) auf eine schiitische Lehre hin, aus der sich die heutigen Aleviten abgespalten haben. Yunus Emre ist meiner Meinung nach in keine islamische Richtung einzustufen. Er war einfach nur ein Muslim. — Da die türkischen, persischen und anderen Quellen nicht viel über Yunus Emres Leben aussagen, werde ich mich mehr auf seine Werke konzentrieren. Denn wie kann das Leben eines Dichters von der Größe Yunus Emres besser beschrieben werden als durch seine Werke. In den Gedichten von Yunus Emre sind vier Grundprobleme, nämlich Sprache, Gedanken, Gefühl und Schöpfungskraft, literaturgeschichtlich ersichtlich. Diese Probleme werden als Ganzheit von Ansicht und Glauben verarbeitet und fokussieren im Thema Mensch. Die Themen, die in den Gedichten behandelt werden, sind im allgemeinen Begriffe, die das tatsächliche Leben betreffen: Gott, Mensch, Seinseinheit, Liebe, Lebensfreude, Frieden, Universum, Tod und Freigiebigkeit. Er hat diese Begriffe in seinen Gedichten als grundlegende Basis dargelegt. Als sein bekanntestes Gedicht gilt seine Gottespreisung: Im Original »Bana Seni, Gerek Seni«, in der Übersetzung aus dem türkischen ins Deutsche »Du für mich, ich brauch nur dich«. — Der Mensch ist ein Geschöpf der Liebe, eine Philosophie, die der Leser in seinen Gedichten wiederfindet. Der Mensch ist ein Geschöpf der Liebe Gottes und verfügt über zwei eigene Substanzen, nämlich Geist und Körper. Diese zwei Substanzen können sich zwar ergänzen aber niemals eine Einheit bilden. Der Geist ist göttlich und daher unsterblich. Sobald er sich im Körper befindet, sehnt er sich nach dem Sinn und der hohen Quelle und verlangt nach dem göttlichen Universum. Der Körper kann sich zerlegen, kann sich in Elemente, aus denen er besteht, teilen. — Das ganze Universum der Lebewesen wurde aus den vier Grundelementen Erde, Wasser, Feuer und Wind konstruiert, zu ihm gehört auch der Mensch. Diese vier Grundelemente wurden erschaffen und der Schöpfer ist Gott. Nachdem Gott diese vier Grundelemente erschaffen hatte, mischte er sie in unterschiedlichen Mengen zusammen, wodurch die Mannigfaltigkeit der Arten entstand. Der Mensch gelangt durch die Liebe zu Gott, denn es besteht eine Identität zwischen Gott und den Menschen. Jedoch das Dasein des Menschen in der materiellen Welt und die Entfernung des Geistes von der göttlichen Quelle stellen eine Trennung dar. Dies Trennung führt dazu, daß der Mensch Zeit seines Lebens an Gott denkt und ihn herbeisehnt. In Wahrheit ist die Trinität Mensch - Gott - Universum eine Einheit. Das Beständige in dieser Trinität, in dieser Einheit ist Gott. Die Vielfalt der Arten sind nur Schein. Denn Gott umfaßt alle Wesensarten und spiegelt sich wieder in jedem Wesen. — Die Elemente, die das Universum bilden, und die Grundstoffe, die den menschlichen Körper bilden, sind identisch. Diese Identität besteht, da die göttliche Substanz in jeder Wesensart die Grundbasis der Gestaltung darstellt. Die bei den Lebewesen vorhandene göttliche Substanz ist eine Eigenschaft der Widerspiegelung, denn nur durch die Widerspiegelung Gottes im Lebewesen wird die Schöpfung verwirklicht. — »Liebe hat die Tendenz, bei den Menschen eine verbindende und vereinigende Rolle zu spielen.« Yunus Emre versteht unter Liebe die Tendenz und die Empfindung der Nähe zu Gott und den Wesen, die er erschaffen hat. Das Ziel dieser Liebe ist, zum allmächtigen Gott und den Unsterblichen sowie in seinem eigenen Wesen zur Ganzheit zu gelangen. Da Gott mit den Menschen identisch ist, liebt man Gott, wenn man sich selbst liebt - und liebt sich selbst, wenn man Gott liebt. Liebe bedeutet, daß man in dem Anderen sich selbst, und den Anderen in sich selbst findet. Dort wo es keine Liebe unter den Menschen gibt, entstehen negative Zustände wie Zorn, Empörung und innere Zerrissenheit. Liebe ist ein Prozeß des Reifens, Lieben ist Weisheit. Den Wert der Liebe kennt nur derjenige, der auch liebt. In den Herzen, die nicht genügend aufgeklärt sind und denen das Licht Gottes versagt blieb, hat Liebe keinen Platz. Was die Wesensarten aneinander bindet und was sie zum göttlichen Universum führt, ist allein die Liebe. Da Liebe kein Nutzmittel ist, erwartet der Liebende keine Belohnung. Ein echter Freund ist nur der, der wirklich liebt. In einem weiteren Verständnis ist ein echter Freund Gott, die Substanz, der Glanz in den Herzen der Menschen. — Für Yunus Emre heißt leben, in dem Universum, das die Widerspiegelung der göttlichen Substanz darstellt, Freude zu empfinden. Gott wird in jedem Lebewesen gesehen, insofern steht man überall Gott gegenüber, wenn man liebend und denkend zu leben weiß. Leben wiederum bedeutet nicht, sich an bestimmte Objekte zu binden oder vergänglichen Dingen nachzulaufen. Eine solche Lebensweise würde den Menschen von der göttlichen Substanz entfernen sowie ihm die Vollendung und Reifung versagen. — In der Dichtungs- und Liedsprache Yunus Emres wird oft eine weise Person »(eren)« Heilige/r genannt. Ein Heiliger ist eine Person, die in Frieden zu leben weiß, die alle Menschen als ihre Brüder oder Schwestern anzusehen weiß, und die auch jene Menschen zu lieben weiß, von denen sie nicht geliebt wird. Das Herz des Heiligen ist nur mit Gefühlen wie Liebe und Freundschaft erfüllt. Da der Heilige weiß, daß das Universum ein göttlicher Erscheinungsraum ist, empfindet er gegenüber dem Universum Liebe und Achtung. In den Augen des Heiligen ist der Mensch ein kleines Universum. Das große Universum ist der Raum, der die unendliche göttliche Substanz umschlossen hält. Bei dem Menschen, der den Stand des Heiligen erreicht hat, finden sich Tugend, Bescheidenheit, Freigiebigkeit, Vollkommenheit und Reife als Einheit. (Ein »Heiliger« im Sufismus ist selbstverständlich nicht mit einem »Heiligen« der katholischen Kirche zu vergleichen.) — Der Tod verwirklicht sich, indem der Geist den Körper verläßt und zur göttlichen Quelle zurückkehrt. Deshalb stellt der Tod eine Trennung zwischen Geist und Körper dar. In Wirklichkeit existiert der Tod nicht, sondern nur die Erlangung der Unsterblichkeit des Geistes, die Rückkehr zur erhabenen Quelle. Da alle Wesensarten und Lebensarten eine Widerspiegelung der göttlichen Substanz sind, existiert der echte Tod nicht. In einem anderen Verständnis oder Zusammenhang bedeutet Tod Entbehrung von Wissen, Tugend, Vollkommenheit und Liebe. In den Gedichten Yunus Emres finden sich alle strittigen Fragen der sufistischen Lehren, die im Neuplatonischen begründet liegen. Er brachte diesen Fragen keine neuen Lösungen, sondern interpretierte sie anhand der Methoden des Neuplatonismus. Aus diesem Grund sind seine Gedichte die türkische Erklärung des Neuplatonismus. — Eine andere, ebenfalls bedeutende Seit Yunus Emres ist, daß er der Vorkämpfer der türkischen Lyriksprache ist, und die Fragen des Sufismus in einer einfachen und leicht verständlichen Sprache vorträgt. Obwohl das Versmaß »aruz« (quantitierendes arabisches oder persisches Versmaß) seiner Gedichte für die türkische Sprache nicht sehr geeignet ist, haben sie beim Vortragen eine angenehm fließende und gewissermaßen hinter sich her ziehende Eigenschaft. Er überträgt die schwer verständlichen Begriffe des Sufismus in einer für die türkische Lautsprache geeigneten Art, und in seinen Gedichten wird eine Tiefe gesehen, aus der eine Gefühls- und Gedankeneinheit hervorgeht. In seiner Sprache, die sich von Zeit zu Zeit der einfachen Volksaussprache annähert, erhält die Verbindung von Bedeutung und Harmonie eine einheitliche Tiefe. Das Wichtigste für ihn ist, daß man einen Satz wirkungsvoll vorträgt. Aus diesem Grund soll ein Satz kein inhaltsloser Begriff sein, sondern muß die Wesensprobleme, eines Gedanken zur Sprache bringen. Der Mensch ist nur durch seine Anpassungsfähigkeit ein Mensch; der Sprecher ist in der Situation Gottes. Bei Yunus Emre gewann die türkische Sprache, neben ihrer Eigenschaft als Dichtungssprache, die Besonderheit eines die Gedanken umfassenden, aufklärenden Fokus. — Yunus Emre Wirkung ist zweifach, einmal durch seine Gedichte, zum anderen durch seine Gedanken. Er wird als Vorkämpfer der Volksdichtung gesehen, sei es durch seine Sprache oder sei es durch seine Ansichten. Sein Einfluß war besonders bei jenen Volksdichtern wirksam die, die Alewitische Bektaschi-Tradition weiterführten und sich den sufistischen Gedanken angeeignet hatten. — Einen großen Anteil hat Yunus Emre am Anatolisch-Türkischen Humanismus, über den in einem Lebensablauf des Yunus Emre ganz sicherlich berichtet werden muß. Den Gedanken, daß der Mensch den höchsten Wert darstelle und man deshalb seine Würde wahren, alle seine Kräfte zur Entfaltung bringen und in der Gesellschaft dafür günstige Bedingungen schaffen müsse, kann man wohl als Humanismus bezeichnen. — Durch die Gedichte und Lieder, die Yunus Emre auf dieser Basis und der Gottesliebe geschaffen hat, hat er den anatolisch-türkischen Humanismus maßgeblich zusammen mit Mevlana Celaleddin-i Rumi und Haci Bektas Veli beeinflußt. Das erste Aufleuchten einer humanistischen Denkweise und Richtung begegnet uns schon in der Antike, doch in der mittelalterlichen scholastischen Theologie wurde der antike Humanismus weitestgehend zurückgedrängt und für längere Zeit verfinstert und verteufelt. Mit Beginn der italienischen Renaissance gewann aber auch der Humanismus neues Leben. Anfangs las man noch alte griechische und lateinische Texte und lernte sie auch neu schätzen. Dann aber wollten die Humanisten eine neue Kultur außerhalb der von der Kirche propagierten Wertmaßstäbe schaffen, und diese breitete sich auch - parallel zur Entwicklung von Wissenschaft und Philosophie - mehr und mehr aus. Petarca, Boccaccio, Macchiavelli, Erasmus von Rotterdam und Montaigne sind die Hauptvertreter dieser bedeutenden europäischen Epoche. — Nach diesem sehr kurzen Blick auf die Geschichte des Humanismus, fragen wir uns, wie dieser wohl in Anatolien begann, sich entwickelte und wer seine Vertreter waren. — Die turkmenischen Volksstämme, die nach der Feldschlacht bei Mantzikert unter Alp Arslan nach und nach in Anatolien einzuwandern begannen, waren weder wild noch grausam wie die Mongolen, deren Nachbarn sie eine Weile gewesen sind, noch waren sie Gefangene der Scholastik wie die Europäer, zumal sie diese in ihren Fundamenten überhaupt nicht kennengelernt haben. Nachdem die Seldschucken, Sarazenen, und wie die turkmenischen Volksstämme alle hießen, im achten und neunten Jahrhundert den Islam angenommen hatten, entwickelten die Türken in ganz kurzer Zeit in Stadtzentren wie Belk, Horasan, Buhara, Yesi eine ganz neue, gewissermaßen »jungfräuliche« Art des Denkens und des Lebens. Sie ließ die Scholastik dieser Epoche weit hinter sich. Dieses neue, von Europa unabhängige Gedankensystem brachte später in Anatolien seine schönsten Früchte hervor, und zwar mit dem festen Kern des Humanismus. — Als die ersten Vertreter des gedanklichen Ansatzes eines anatolisch-türkischen Humanismus kann man Ahmed Yesevi in der Stadt Yesi ansehen und den Vater von Mevlana, Sultanul Ulema Bahaeddin, in der Stadt Belk. In dieser Schule der humanistisch-philosophischen Richtung, der auch Yunus Emre angehörte, wurde das Feuer des Anatolischen Humanismus entzündet, das die ganze Welt erleuchten sollte. 150 Jahre vor Beginn der Renaissance in Europa wurde im anatolisch-türkischen Lebensbereich eine andere Philosophie als im scholastisch-theologischen Europa gelehrt. Yunus Emre lehnte nicht nur diese Richtung für den Islam ab, sondern er beeinflußt bis zum heutigen Tag die theologisch-islamische Richtung mit seiner humanistischen Denkweise. Zusammen mit Rumi und Hadci Bektas Veli war er einer der drei führenden Vordenker des arabischen Mittelalters. — Diese drei wichtigen Persönlichkeiten waren im echten Sinne Muslime und von ihrer Abstammung her Türken. Der islamische Glaube war bei allen Dreien die Grundlage der Gefühls- und Gedankenwelt. Sie priesen die Gottesliebe als Heilmittel für das menschliche Herz. — Mevlana wendete sich mit seinen Liedern und Gedichten mehr an die aristokratische Schicht, an die damalige Elite. Haci Bektas Veli spricht mehr die breiten Volksmassen an, während Yunus Emre mit seiner beherzten und starken Sprache alle anspricht. — Mevlana hat seine Gedichte und Lieder sämtlich auf Persisch geschrieben. Verse, Musik und den Semâ-Tanz hebt er auf die Ebene eines Gottesdienstes. Sie spiegelten eine universelle Philosophie wieder mit Grundsätzen, die alle Menschen zu Liebe, Brüderlichkeit und Toleranz aufrufen. Das ist eine Fahne, die gegen alle Verbohrtheit entfaltet wird. Voll Toleranz und grenzenlosem Vertrauen erfüllt er Zuneigung, Schönheit und Menschenliebe mit göttlichem Inhalt. — Was Mevlana so eindrucksvoll auf persisch ausdrückte, hat Yunus Emre in schlichtem Türkisch ebenso und auf der gleichen Sinnebene gesagt. Als muslimisch-türkischer Derwisch oder Sufi war Yunus Emre im wahrsten Sinn ein Mann der Liebe. Sein Glaube drückt unter anderem aus, daß der Mensch in dieser Welt nicht zu Kampf und Streit geboren ist, sondern zur Liebe und für deren Erfüllung auf die Welt gekommen ist. Der Sinn von allem sei die Erhebung des Menschen und jeder sei liebenswert, unabhängig von Glaubensbekenntnis, Sprache, Geschlecht und Rasse. In einem seiner Gedichte spricht Yunus Emre davon, daß das Gebet eines Menschen, der verletzend spricht oder handelt, ungültig sei und die religiösen Verdienste dessen, der einen anderen gekränkt hat, nicht zählen. In einem anderen seiner Gedichte heißt es, wichtiger als die Pflicht zur Wallfahrt nach Mekka sei es, andere Menschen zu erfreuen und ihnen Gutes tun. Alle Vertreter der Mystik und des türkisch-anatolischen Humanismus' und speziell Yunus Emre sagen: »Der Mensch ist das schönste Werk des Schöpfers und auf Erden sein Statthalter im Blickfeld der gesamten Menschheit. Alle Geschöpfe, seien sie nun gut oder schlecht, schön oder häßlich, müsse man lieben und tolerieren als Werke des Schöpfers, sagte Mevlana Rumi«. Und in einem Gedicht, das ein Gegenstück zu denen Yunus Emres ist, heißt es: »Wieder komm wieder, wärst du auch ungläubig, wärst du ein Feueranbeter oder ein Götzendiener. Hättest du auch hundertmal Treue geschworen und den Schwur hundertmal wieder gebrochen: Der Hoffnungslosigkeit Tür ist diese Tür nicht. Wie immer du bist, komm so.« — So erteilte Mevlana jedem eine Lektion in Menschlichkeit, und in einem Aphorismus Yunus Emres heißt es: »Ich bin wie ein Zirkel. Mit dem einen Fuß stehe ich auf dem festen Boden des Glaubens, mit dem anderen wandere ich durch 72 Nationen.« — Der Ausdruck »72 Nationen« wird als Umschreibung für die gesamte Welt gebraucht. Wir finden diese Weltumschreibung immer wieder in den Lehren des Yunus Emre, bei Mevlana und auch bei Hadci Bektas Veli. »Wer die 72 Nationen nicht kennt, der ist nicht von uns.« Damit meinten Yunus Emre und ebenso die anderen Mystiker, die ja quasi aus einer Wurzel stammen, nämlich aus der islamisch-mystischen Schule, daß derjenige, der nicht alle Menschen unterschiedslos liebt, für ihn nicht als Weggefährten in Frage kommt - was für das 13 Jahrhundert eine sehr fortschrittliche Meinung darstellt. — Yunus Emre ist gegen alle Gedanken, die Menschen einander zu Feinden machen. »Wir sind gegen den Haß, wir rächen uns an niemanden. Für uns sind alle Menschen, auch unterschiedlichen Glaubens, eine Einheit«, so formulierte er. — Der anatolische Humanismus erhebt den Menschen derart, daß er ihn als Teil des Schöpfers sieht und zeigt. Aus diesem Gefühl heraus wird auch der Tod, statt eine schreckliche Katastrophe zu sein, zur eigentlichen Rückkehr. So erklärte beispielsweise Mevlana seinen eigenen Todestag zum Seb-i Arus, d.h. zu seinem Hochzeitstag, an dem er den Geliebten begegnen werde. Unter diesem Aspekt wird der Tag auch heute noch vor allem in der Türkei gefeiert. Von allen Enden der Welt, aus den »72 Nationen« kommen die Menschen, jeder Glaubensrichtung, jeglicher Religion, die mit diesen Gedanken der islamischen Mystiker etwas anfangen können, zu diesem Fest in das Kloster des Mevlana Rumi, wo in der Atmosphäre von Liebe und Toleranz gefeiert wird, wo nicht Rang, Namen und Amt mehr zählen und alle Unterschiede verschwunden sind. — Um den anatolischen Humanismus noch besser zu verstehen und um vielleicht einen kleinen Vergleich mit dem europäischen Humanismus anzustellen, sind folgende Worte des Mystikers Yunus Emre zu zitieren: »Wirst du auch gekränkt, so kränke deinerseits nicht. Was dir selber schwerfällt, daß sollst du von keinem anderen verlangen. Weder eine Nation noch einen Menschen sollt ihr tadeln. Vergeßt nicht, daß auch eure Feinde Menschen sind. Wer den Weg nicht mit Vernunft geht, steht am Ende im Dunkeln. Beherrsche deine Hand, deine Zunge und deine Lende.« — Diese Prinzipien aus der islamischen Mystik sind keine Prinzipien der Vergangenheit, sondern sie zeigen auch heute noch Horizonte auf. Sie haben in der heutigen Zeit vielleicht noch mehr Gültigkeit als damals. Der türkisch-anatolische Humanismus hat im 12 Jahrhundert begonnen, doch er endete da nicht, sondern bleibt ewiglich bestehen. Er ist in der heutigen Zeit vielleicht noch aktiver als jemals zuvor, nur wird er durch die vielen terroristischen Attacken überschattet. Durch die Derwischbewegung und dem Bektaschitum ist dieses Gefühl bis in unsere Tage getragen worden. Die heutige »moderne« Menschheit, die unter Feindschaft, Hunger und Umweltverschmutzung durch Kriege und Terrorismus zermalmt wird, leidet gleichzeitig unter einem Mangel an Liebe. — Dasselbe hatten vor 750 Jahren auch schon die Begründer des anatolischen Humanismus erkannt und dafür Abhilfe geschaffen. Für die Menschen heute sind Mevlana Rumi, Hadci Bektas Veli und Yunus Emre vielleicht notwendiger als damals. Sie haben sich in den Glauben der Menschheit nicht eingemischt, über keine Streitfragen diskutiert, sondern die Gottesliebe als Hilfsmittel für die Herzen angeboten. — Die humanistische Philosophie vereinigt sich beim Semâ (dem Gottesdienst der Derwische) mit dem Körper. Der Meister Celaleddin B. Celebi erklärt das folgendermaßen: Die Semâ - Feier verkörpert die geistige Himmelsweise des Menschen. Sie wendet den Diener der wahren Wirklichkeit zu, erhöht ihn durch Liebe, sprengt das enge Ich, läßt ihn sich in Gott verlieren und die Fülle erreichen, reif werden - und wieder in den Dienerstand zurückkehren. Das ist eine Rückkehr von allen Geschaffenen, allen Geschöpfen in einer neuen Weise, voll Liebe zu dienen. Der

Semâ - Tänzer trägt auf seinem Kopf den »Sikke« (Grabstein). So wird der braune hohe Hut genannt. Er ist bekleidet mit seinem »Leichentuch«; wenn er seine Jacke auszieht, bedeutet das, er wird für die wahre Wirklichkeit geboren und von da aus nimmt er seinen Weg und schreitet voran. Zu Beginn hält er die Arme über der Brust verschränkt, was ein Kreuz verkörpert. Der Tänzer, der die Einheit Allahs (Friede sei mit ihm) bekennt, öffnet beim Semâ - Tanz die Arme, wobei die rechte Hand wie beim Gebet zum Himmel geöffnet ist, bereit die göttliche Gnade zu empfangen, während die Linke zur Erde gedreht ist. Die von Gott empfangenen Wohltaten, das mit dem Auge Gottes Geschaute, muß an das Volk weitergegeben werden. Von rechts nach links über das Herz geht die Drehbewegung und umfängt alle Menschen, alles Geschaffene mit Liebe.

Werke: Divan, (Gedichtband); Einzelne Gedichte: »Ich liebe dich aus tiefsten Herzen; Mein Weg führt nicht an dir vorbei; Wohin ich auch schaue, du bist überall; Mit dem Blut nehme ich dich auf und in mich rein; Er ist vollkommen, hat keinen Mangel; Kann man mit einem Mangel ihn erreichen; Frag mich nicht, Er hat mich mir selbst entnommen; Deine Gestalt dringt in mich rein; Meine Hand erreicht nicht ihn, der mich von mir nahm; Wer auf seinen Stufen schreitet, hat großes Glück; So manche hat das Schicksal zu hohem Verständnis geführt; So manche erreichen das Ziel in ihm; Wessen Auge vom Glanz des Feuers berührt wird; Erreicht das Licht der Sonne durch seinen Glanz; Deine Liebe hat mich mir entrissen; Welch süßes Leid, durch dies Heilmittel Dich zu erreichen; Das Gesetz der Religion und die Derwische sind der Weg, der zu ihm führt; Wahrheit und Gotteskenntnis führen zu ihm; Man sagt, daß Salomon die Sprache der Vögel sprach; Salomon gibt es, er führt zu ihm; Ich habe vergessen die Religion, Frömmigkeit ist geblieben; Welch religiöses Bekenntnis, das Religion zu ihm führt; Wer die Religion verläßt, dessen Beschäftigung sei Gotteslästerung; Welch Gotteslästerung, daß Prüfung zu ihm führt; Als Yunus vorbeiging, staunte er über den Freund; Der an der Tür nicht vorbeikam, an der Tür zu ihm«; Streben nach Erleuchtung; Sehnsucht; Das Göttliche im Menschen; Erleuchtung«.

Lit.: The Gospel of Barnabas, Oxford 1907; — Ibn-Al Arabi, al Futuhat al Makkiyya Kairo 1911; — RA. Nicholson, Mesnevi - Mevlana Celaleddin Leiden 1933; — A. Gölpinarli, Yunus Emre Divani, Istanbul 1943; — Fritz Meier, Die fawâ ´ich al amâl fawât ich al - alâl des Na muddin al Kubrâ, Wiesbaden 1957; — A.Gölpinarli, Fîhi mâ - fîh Mevlana Celâleddin, Istanbul 1959; — Ibn Al Arabi, Özun Özü, Istanbul 1963; — F Attar, Muslim Saints and Mystics, Übersetzt von A.J.Arberry, London 1966; — A. Gölpinarli, Rubailer, Mevlana Celâleddin, Ankara 1982; — A.Gölpinarli Divan - i Kebir Ankara 1982; — Abdulkadir Geylani, Maktubat - Geylani, Istanbul 1971; — Mevlana Rubailer, Übersetzung von N. Gencosman, Ankara 1971; — Ibn Al Arabi, Tuhfet' us - sefere, Übersetzung von A. Akcicek, Istanbul 1971; — Übersetzer N.Gocosman, Makalat -i ems i Tebrizi Cilt, 1974/75; — Dschalaleddin Rumi (1 Buch) Das Menevi, Übersetzung von U. Full, W. Bahn und O. W. Barth 1997; — Niyasî Misrî, Divani, Istanbul 1976; — Necmüddin Kubra, Usûlu are Risâle ile'l Hâim, Fevâihu'l Cemal, Übersetzer: Mustafa Kara, Istanbul 1980; — Ibn Al Arabi, The Bezels of Wisdom, Übersetzer: R. Austin 1986; — Hz. Ali bin Abu Talib, ed Süleyman Sadettin Efendi Hazreti Ali Divani, Übersetzer: Akir Dichan, Istanbul 1981; — Muhyiddini Arabi, Fusüs ül Hikem, Übersetzer: N. Gencosman, Istanbul 1991; — Muhyddini Arabi, Fusûs ûl Hikem Übersetzer: N. Gencosman, Istanbul 1981; — Dr. R. Oruc Güvenc, The Derwishpath and Mevlana, Übersetzer: N Wright and R. Algon, Vaduz 1981; — (Mevlana, Lovers of God Zeining 1993); — Abdulkadir Ceylani, Meer der Lichter des Herzens, Übersetzer: A. Dornbach, Berlin 1984; — Ibn al Arabi, El Nucleo del Nucleo, Übersetzer: Pedro Aquado Saiz, Madrid 1986; — Ibn al Arabi, Die Weisheit der Propheten (das Buch der Siegelringsteine der Weisheitssprüche), Übersetzer: H. Kofler, Graz 1986; — Ahmed Eflaki, Ariflerin Menkibeleri, Übersetzer: Tahsim Yazici, Istanbul 1986; — Muhyiddini Arabi, Fusus al Hikam, Übersetzer: in Osmanisch türkisch von Ismael Hakki, Oxford 1986; — Ibn al Arabi, Fûsûsu `l Hikem Tercûme, Übersetzer: Ahmed Arni Konuk, Istanbul 1987; — Rumi, Von Allem und von Einem, Übersetzer: A. Schimmel, München 1988; — Ibn al Arabi, La joja del viaje a la presencia de los Santos, Übersetzer: Mohammed Reda, Murcia 1990; — Yunus Emre, Ausgewählte Gedichte von Yunus Emre, Übersetzer: A. Schimmel, Köln 1991; — Yunus Emre, Seit ich mich selbst vergaß, Gedichte und Lieder von Yunus Emre, Übersetzer: Gerhard K. Tucek, Zeining 1993; — Das Barnabas Evangelium, Übersetzer: S. M. Linges, Bonndorf 1994; — Ibn al Arabi, Los Engarces de la sabiduria, Übersetzer: Mohammed Maanân, Madrid 1994; — Hoca Ahmed Yesevi, Divan -i Hikmet, Übersetzer: Yusuf Azmun, Istanbul 1994; — Ahmed Hilmi, Die Visionen des Aynali Baba, Übersetzer: A. H. Dornbrach, Bonndorf 1995; — Dr. Kenan Erdo, Niyazi-i Misrî ve Divane, Istanbul 1998; — Ihabeddin Suhraverdi, Nur Heykelleri, Übersetzer: Yusuf Z. Yörökan, Istanbul 1998; — Ihabeddin Suhraverdi, The shape of Light, Übersetzer Tosun Baynak, Louisville 1998; — Rumi, Matnawi, Übersetzer Kaveh Dalir, Azar 1999; — Mustafa Özdamar, Niyazi Misrî 2000; — Hoca Ahmed Yesevi, Übersetzer: Dr. Hayati Bicw, Ankara 2001; — Najm al - Din Kubra, Le Eclasions de la Beaute et les parfums de la majeste, Übersetzer: P. Ballanfat, Nimes 2001; — Ferriduddin Attar, Tezkiretû `l Evliga, Übersetzer Dr. S. Ulada, Nimes 2001; — Ahmed Hilmi, A `mak -i Hayal, Istanbul 2001; — Tadhkirat al - Auliya, Muslimische Heilige und Mystiker, Übersetzer H.Hübsch, München 2002; — Ahmad -e Aflaki, The feats of the knowers of God, Übersetzer: John O`Kane, Leiden 2002; — Discourses of Rumi, Übersetzer A. J. Aberry; — Allahin Sevdikleri, Übersetzer: Dr. R. Oruc Gûvenc, Mevlana; — Ibn Al Arabi, Die Weisheit des Propheten, Übersetzer: Titus Burckhardt.

Peter Thöne

ETIENNE, Johanna. Am 1. April 1805 wurde Johanna Etienne als Tochter von Mathias Etienne und seiner Frau Anna Maria geb. Linnarz, in Grimlinghausen, einem Vorort der Stadt Neuss, geboren. Sie starb am 28. März 1881 in Neuss. Getauft wurde sie am 2. April 1805 in der Pfarrkirche St. Cyriakus in Grimlinghausen auf den Namen Maria Magdalena. Am 27. Februar 1822 trat sie mit 16 Jahren dem Elisabeth Kloster der Düsseldorfer Cellitinnen bei und empfing als Schwester Johanna am 27. Februar 1827 das Ordenskleid. Am 20. Februar 1830 legte sie das ewige Gelübde ab. Schon als junge Schwester zeigte sich Johannas organisatorische Begabung und sie prägte bald die Entwicklung des Düsseldorfer Konventes entscheidend mit. 1831 führte sie die Verhandlungen zur Übernahme des Düsseldorfer Karmelitinnenklosters, ein Jahr später wurde dort ein Krankenhaus eröffnet. Dieses Krankenhaus kam nur für die ärmeren Schichten in Frage, wohlhabende Patienten, auf deren Spenden die Schwestern angewiesen waren, ließen sich zu Hause pflegen. Als die Stadt Neuss die Düsseldorfer Gemeinschaft bat, zwei Schwestern in das städtische Krankenhaus zu entsenden, traten am 27. Januar 1844 Schwester Johanna Etienne und eine Mitschwester mit vier Aspirantinnen ihren Dienst in Neuss an. Das Neusser Hospital zählte zu dieser Zeit 60 Plätze und es gelang den Schwestern, für Frauen und Männer gesonderte Abteilungen einzurichten und die Waisenkinder bei Pflegefamilien unterzubringen. Die Stadtverwaltung und die Neusser Bürger finanzierten durch Spenden bauliche Verbesserungen und da sich die Arbeit der Schwestern als erfolgreich erwies, bat die Hospizverwaltung die Düsseldorfer Cellitinnen, um die Überlassung der Schwestern zur Neugründung einer klösterlichen Gemeinschaft in Neuss. Das Mutterhaus stimmte diesem Antrag zu, verlangte jedoch von den beiden Schwestern einen förmlichen Verzicht auf jeden Rechtsanspruch. In Anbetracht dieser Unsicherheit und den schwierigen Verhandlungen, die mit den preußischen Behörden nun geführt werden mußten, kehrte Johannas Mitschwester nach Düsseldorf zurück. Nur Johanna leitstete am 29. Januar 1846 den Verzicht und wurde damit Gründerin der »Genossenschaft der Barmherzigen Schwestern nach der Regel des heiligen Augustinus«. In den nachfolgenden Verhandlungen mit den Behörden und dem Kölner Erzbischof von Geissel erwies sich Johanna als geschickt und erfolgreich. 1848 nahm sie die erste Novizin und einige Aspirantinnen auf. Mit Zustimmung des Oberpräsidenten der Rheinprovinz wurden einige Zeit später auch die ersten Postulantinnen eingekleidet. 1852 erhielt die Genossenschaft die staatliche Anerkennung und am 2. Februar 1853 konnten zum ersten Mal drei Schwestern das zeitliche Gelübde ablegen. Als im Jahre 1854 das Dogma der Unbefleckten Empfängnis Mariens verkündet wurde, nahm Johanna dies zum Anlaß, die Genossenschaft unter den Schutz der »IMMACULATA« zu stellen. Die Schwestern erhielten den Beinamen »MARIA«. Johanna legte besonderen Wert auf das Gelübde der Armut und achtete darauf, daß Arbeit und Gebet als tägliche Einheit eingeübt wurden. Auch die fachliche Ausbildung der Schwestern war ihr wichtig. Bei vielen rheinischen Klostergemeinschaften war eine geistige Verödung und fachliche Unzulänglichkeit zu beobachten. Dies führte schließlich zum Untergang einiger Klöster, so auch der Cellitinnen in Düsseldorf. Johannas Führung ließ die Neusser Gemeinschaft im Gegensatz zu anderen Ordensgemeinschaften schnell wachsen. Als schwerwiegenden Mangel hatte Johanna das Fehlen von Fachabteilungen erkannt. Im Jahre 1855 konnten die Waisenkinder ein eigenes Haus beziehen, daß von den »Schwestern vom Armen Kinde Jesu« eröffnet wurde. Als am 1. Juli 1858 in Neuss die erste statutengemäße Wahl zur Oberin durchgeführt wurde, wurde Johanna zur ersten Oberin gewählt. Bis zu ihrem freiwilligen Rücktritt wurde sie von den Schwestern in diesem Amt bestätigt. Durch einen Spender konnten 1858 neue Grundstücke erworben werden. Eine Kapelle wurde eingerichtet, die schließlich zusammen mit der Anstalt, dem heiligen Joseph geweiht wurde. Johanna gründete eine Pflegeanstalt für Geistes- und Gemütskranke weiblichen Geschlechts und errichtete eine Filiale in der Nachbarstadt Viersen. Von staatlicher Seite wurde die gute Führung der Einrichtungen einstimmig gelobt. 1860 gehörten der Genossenschaft elf Profeß-Schwestern, vier Novizinnen und drei Postulantinnen an. Am 1. Januar 1863 wurde das zunächst gemietet Wohnhaus, das am Neusser Obertor lag, von den Schwestern bezogen, die von dort die ambulante Krankenpflege in der Stadt ausübten. Zwei Jahre später ging das Haus in den Besitz der Gemeinschaft über, mit ihm der kleine Garten und der so genannte Römerturm. Das Obertor-Kloster war die dritte Niederlassung, die von Mutter Johanna gegründet wurde. Auch die Kapelle »Zur schmerzhaften Muttergottes« wurde von Schwestern betreut. In Neuss herrschte zu der Zeit Typhus und viele Mensch starben. Innerhalb weniger Wochen mußten auch vier Mitschwester zu Grabe getragen werden. In den darauf folgenden Jahren wuchs die Zahl der Schwestern aber wieder an. In den Krieg von 1866 zwischen Preußen und Österreich entsandte Mutter Johanna sechs Schwestern zur Pflege der Verwundeten und Kranken an die Front. Hierdurch bekam die Gemeinschaft Kontakt zur preußischen Königin Augusta. Die Königin zeigte sich beeindruckt von der Arbeit der Schwestern und förderte sie von nun an. Mutter Johanna war mittlerweile 63 Jahre alt und feiert im Mai 1868 nochmals ihre Einkleidung in der Kapelle des Josephsklosters. Sie trat von ihrem Amt als Oberin zurück und durch ihr Testament, entzog sie das Klostervermögen dem staatlichen Zugriff. Die Genossenschaft konnte den Besitz von nun an allein und selbstständig verwalten. Als Bismarck 1871 im deutsch-französischen Krieg die Gründung des Deutschen Reiches vollendete, sandte die Gemeinschaft wieder Schwestern an die Front. Aber das politische und gesellschaftliche Klima im neuen Deutschen Reich hatte sich verschlechtert. Der so genannte Kulturkampf traf auch die Neusser Augustinerinnen. Die Ablegung der Gelübde war nun von der staatlichen Erlaubnis abhängig, ein Wechsel der Schwestern zwischen Mutterhaus und Niederlassung wurde verboten und es durften keine Aspirantinnen mehr aufgenommen werden. In der Neusser Bevölkerung verloren die Schwestern aber nie ihren Rückhalt und es ist nicht unwahrscheinlich, daß Kaiserin Augusta das Kloster auch gegen den Willen Bismarcks finanziell unterstützte. Als sich Ende der 70er Jahren die Auseinandersetzung zwischen Staat und Kirche entspannte, war Mutter Johanna fast 75 Jahre alt und feierte 1880 ihr goldenes Ordensjubiläum. Die Bürger dankten den Schwestern durch großzügige Spenden und durch ein großes Fest zu Ehren der Gründerin. Als am 28. März 1881 Johannas Leben endete, begleitete ein unübersehbarer Trauerzug den Leichnam der Stifterin. Nach ihrem Tod wuchs die Gemeinschaft weiter an. In der Blütezeit arbeiteten rund 900 Schwestern in über 60 karitativen Einrichtungen. Im Jahre 2004 gründeten die Neusser Augustinerinnen die Stiftung »Cor Unum - Bewahrung des Erbes«. Die Stiftung war notwendig geworden, da viele Schwestern mittlerweile zu alt für die beschwerliche Arbeit in den Einrichtungen geworden waren. Johannas karitative Tätigkeit als Ordensfrau in Neuss wurde zu eine der vielen Grundlagen des Krankenhauswesens im heutigen Sinn und zählt zu jenen karitativen Einrichtungen, die heute zum Gesamtbild sozialer Leistung gehören.

Werke: Ein schriftlicher Nachlaß Johanna Etiennes hat sich nicht erhalten. In der Klosterchronik, im hauseigenen Archiv der Augustinerinnen und im Historischen Archiv des Erzbistums Köln finden sich einige schriftliche Unterlagen. Ältere Literatur und Sonderdrucke des Klosters Immaculata über Johanna Etienne sind zu einem großen Teil nur noch im Augustinerinnenkloster Neuss erhältlich.

Quellen: Akten Neuss Allgemein, Historisches Archiv des Erzbistums Köln; Archiv der Augustinerinnen in Neuss, Kloster Immaculata Neuss; Klosterchronik der Augustinerinnen in Neuss, Kloster Immaculata Neuss.

Lit.: Karl Kreiner; Geschichte der Neusser Augustinerinnen, Festschrift zur Hundertjahrfeier des St. Josef Krankenhauses, Sonderdruck des Klosters Immaculata, Neuss 1958; — Erwin Gatz; Kirche und Krankenpflege im 19. Jahrhundert, Katholische Bewegung und karitativer Aufbruch in den preußischen Provinzen Rheinland und Westfalen, München/Paderborn/Wien 1971; — Augustinerinnen Neuss (Hrsg.); Mutter Johanna Etienne, Herausgegeben aus Anlaß des 100. Todestages von Mutter Johanna Etienne, Sonderdruck des Klosters Immaculata, Neuss 1981; — Franz-Ludwig Greb; Cellitinnen und Kreuzschwestern im Karmel zu Düsseldorf zwischen 1803 und 1859, Erarbeitet nach den Unterlagen des Pfarrarchivs St. Lambertus, Düsseldorf 1991; — Georg Arnold und Schw. M. Angelina Claßen; Johanna Etienne - Ordensgründerin - Frau an der Seite der Armen, Biografie aus Anlaß des 200. Geburtstages der Gründerin, Sonderdruck des Klosters Immaculata, Neuss 2005; — Georg Arnold; Johanna Etienne (1805-1881), Ordengründerin, Die neue Ordnung, Institut für Gesellschaftswissenschaften Walberberg, 59. Jahrgang, Heft 6, Dezember 2005, 441-447; — Georg Arnold, Johanna Etienne (1805-1881), Ordensfrau und Gründerin der Neusser Augustinerinnen, Saarbrücken 2007.

Georg Arnold

F

FAST, Abraham, Volksschullehrer und mennonitischer Pastor; * 2. Januar 1886 in Blumstein (Ukraine), † 15. September 1962 in Emden. — Abraham Fast wurde als ältester Sohn eines Landwirts und Blaufärbers in einer deutsch-mennonitischen Siedlung in der Ukraine geboren. Bereits mit 19 Jahren war er Lehrer an einer mennonitischen Grundschule. Ab 1905 besuchte er eine Predigerschule in Basel und erwarb in Bischofszell die Hochschulreife. Hiernach studierte er in Basel und Heidelberg Theologie und schloß 1912 sein Studium mit einer Dissertation über die Willensfreiheit bei den Täufern ab. Gemeinsam mit seiner aus Worms stammenden Frau, Luise Händiges, zog er noch im gleichen Jahr zurück in seine Heimatgemeinde, um in Halbstadt an einer höheren Töchterschule zu unterrichten. — Als 1914 der erste Weltkrieg ausbrach hielt Abraham Fast sich mit seiner Frau und dem einjährigen Sohn zu einem Besuch in Worms auf. Nach kurzer Internierung arbeitete er als Erzieher an einer mennonitischen Heimschule in der Pfalz und anschließend als Betreuer von russischen Kriegsgefangenen, die als Hilfskräfte auf deutschen Bauernhöfen eingesetzt wurden. 1918 trat Abraham Fast eine Predigerstelle in Emden an. Emden war die ältesten Mennonitengemeinde im norddeutschen Raum, hatte aber fast 400 Jahre nach der Gründung durch Melchior Hoffman (um 1500-1543) nur noch etwa dreißig Mitglieder. — In Emden ging Abraham Fast neue Wege. Er beteiligte sich an politische Versammlungen der Arbeiterschaft und lud wöchentlich zu Vorträgen ein, die durch eine tolerante Grundhaltung geprägt waren. Fast hielt auch weltanschaulichen Unterricht, der als Alternative zum landeskirchlichen Religionsunterricht starken Zuspruch fand. Neben Mitgliedern der sozialdemokratischen Partei kamen die Besucher aus dem gebildeten Bürgertum und der freireligiösen Gemeinde, die sich Mitte der 1920er Jahre auflöste. Viele ehemalige Freireligiöse traten daraufhin der Mennonitengemeinde bei. Das Mitgliederverzeichnis der Emdener Monnoniten verzeichnet für das Jahr 1926 über 150 neue, erwachsene Mitglieder. Auch in den folgenden Jahren wuchs die Gemeinde kontinuierlich. Erst die Machtergreifung der Nationalsozialisten 1933 stoppte diese Entwicklung. — Kurz nach dem Krieg organisierte Fast zusammen mit seiner Frau ein Hilfswerk, das von amerikanischen Mennoniten unterstützt wurde, aber über konfessionellen Grenzen hinaus wirkte. Fast war auch an der Gründung der »Konferenz der nordwestdeutschen Mennonitengemeinden« beteiligt, zu der aktuell die Gemeinden in Emden, Leer-Oldenburg, Norden und Gronau (Westfalen) gehören. 1957 gab Abraham Fast sein Amt an seinen jüngsten Sohn weiter.

Werke: Der Geist des Mennonitentums. Aus einer Predigt, gehalten zum 150jährigen Bestehen der Mennonitenkirche in Emden am 30. November 1919, in: Mennonitische Blätter, 68, 1920, 12-15; Versammlung der Bevollmächtigten des mennonitischen Verbandes in Süd-Rußland am 3. und 4. Januar 1922 in Margenau, in: Mennonitische Blätter, 69, 1922, 27-29; Das Mennonitentum. Sein Erbe, seine Aufgabe, sein Geist. Zwei Vorträge und eine Predigt anläßlich des 400jährigen Reformationsjubiläums der Taufgesinnten oder Mennoniten im Januar 1925, Emden 1925; Freie Religion, Zeitschrift, 14 Nummern, 1926-1929; Was wir sind und was wir wollen. Kurzer Umriß des geistigen Bildes der Mennonitengemeinde zu Emden, Emden 1927; Nie wieder Krieg! oder Niemals Frieden!?, in: Mennonitische Blätter, 74, 1927, 57-60; Kurze Glaubenslehre für freie Protestanten, Emden 1928; Nachrichten-Blatt für Mitglieder und Freunde der Mennonitengemeinden in Emden, Leer, Nordhorn und Gronau, Nr. 1-6, 1929/1930; De Mennoniten in het nieuwe Duitsland, in: Zondagsbode, 47, 1934, 50, 54, 58, 66, 70, 74, 77 f.; Geschichte und Eigenart der Mennonitengemeinden in Ostfriesland und Münsterland, Vortrag, in: Mennonitische Blätter, 2-4, 1935; Menno Simons vor 400 Jahren und die Mennoniten von heute, Emden 1936; Gemeindebrief der nordwestdeutschen Mennoniten, Nr. 1-4, 6, 1948/1949; Die Kulturleistungen der Mennoniten in Ostfriesland und Münsterland, Emden 1949; A Sight-Seeing Tour of Emden - Before and After, in: Mennonite Life, 4, 1949, 30-33; Nachrichten für die nordwestdeutschen Mennonitengemeinden, September 1953 bis Juli 1957; Die nordwestdeutschen Mennonitengemeinden. Gekürzter Vortrag (o.J.); Glaubenslehre eines freien Christentums, (o.J.); Mennonite Encyclopedia, Vol. II, 1956, 200 f.; Aus unserem Leben. Aufzeichnungen zum Tage der goldenen Hochzeit, Emden 1962.

Lit.: Heinold Fast, Die Vereinigung der Deutschen Mennonitengemeinden 1886-1961, Weierhof (Pfalz) 1961; — Abraham Fast, in: Der Mennonit, 15, 1962, 127; — Pastor i. R.

Abraham Fast, in: Ostfriesland. Zeitschrift für Kultur, Wirtschaft und Verkehr 1962, 4, 42; — Luise Fast, Auf der Suche nach Herkunft und Aufgabe. Erinnerungen aus acht Jahrzehnten, in: Der Mennonit, 23, 1970, 75-76; — Ger van Roon, Protestants Nederland en Duitsland 1933-1941, Utrecht / Antwerpen 1974, 23; — Die Mennonitengemeinde zu Norden (Hrsg.) Festschrift zum Jubiläum 16. — 18. Juni 2006. 450 Jahre Mennoniten in Norden (1556-2006), Norden 2006.

Georg Arnold

FELSBERG, Justinus, * 6.4. 1780 in Neukirchen bei Eisenach/Thüringen, † 8.10. 1849 in Gotha. — Justinus Felsberg (1780-1849) wurde in Neukirchen bei Eisenach/Thüringen (ab 1816 Herzogtum Sachsen-Gotha) als achtes und letztes Kind des ortsansässigen Schneiders Johann Christian Felsberg geboren. Die ersten Kindheitsjahre erlebte er in seinem Heimatort unter typisch ländlichen Bedingungen und denen einer einfachen Handwerkerfamilie. — Natürliche Veranlagung und Förderung u.a. durch das Elternhaus ermöglichten Justinus den Besuch der Gymnasien in Eisenach und später in Northeim bei Göttingen. — In den dreißiger Jahren des neunzehnten Jahrhunderts wird Justinus Felsberg in den Chroniken der Haupt- und Residenzstadt Gotha bzw. anderen Quellen als Garnison- und Stadtkantor geführt. Seine Hauptaufgabe bestand in der kirchenmusikalischen Begleitung der Gottesdienste an den beiden Gothaer Hauptpfarrkirchen - Augustin sowie Margarethen - und der musikalischen Unterweisung der Gymnasiasten am Gymnasium »Illustre«. — Gotha war einst eine bedeutende Stadt auf kulturellem, musikalischem, politischem und wirtschaftlichem Gebiet! In ihren Mauern wirkten hervorragende Gelehrte, Musiker und Pädagogen, deren Wirken auch die Tätigkeit Justinus Felsbergs beeinflußte. — F. schrieb eine Anzahl Musikstücke, die in der Musikbibliothek der Augustinerkirche Gotha aufbewahrt und vermutlich auch im Deutschen Musikwissenschaftlichen Archiv ausgewiesen werden. Kompositorisch begleitete er die 1840 ausgerichtete Gutenberg-Feier anläßlich des 400. Jubiläums der Buchdruckerkunst in Gotha. — Seine musikpädagogische Arbeit krönte er durch ein Lehrbuch, welches gesamtstaatliche Bedeutung im Herzogtum erlangte und zur Pflichtlektüre an den Gymnasien bestimmt wurde. — Justinus Felsberg kannte den zeitweise als Konzertmeister in Gotha (1805-1813) lebenden und arbeitenden Komponisten Louis Spohr (1784-1859) und korrespondierte mit ihm ebenso wie mit dem Komponisten Christian Heinrich Rinck (1770-1846). — Der Kantor, Komponist und Musikpädagoge Justinus Felsberg gestaltete und bereicherte insbesondere das regionale, gothaische Musikleben der ersten Hälfte des 19. Jahrhunderts.

Briefe: Brief (J. Felsberg an Johann Christian Heinrich Rinck) vom 02.09.1830 aus Gotha. Standort: Hessische Landes- u. Hochschulbibliothek Darmstadt. Signatur: Hs. 3871/4; Bl. 156, 157; Brief (J. Felsberg an Johann Christian Heinrich Rinck) vom 03.07.1832 aus Gotha. Standort: Hessische Landes- u. Hochschulbibliothek Darmstadt. Signatur: Hs. 3871/5; Bl. 131, 132; Brief (J. Felsberg an Johann Christian Heinrich Rinck) vom 18.06.1834 aus Gotha. Standort: Hessische Landes- u. Hochschulbibliothek Darmstadt. Signatur: Hs. 3871/6; Bl. 173; Brief (J. Felsberg an Louis Spohr) vom 11.06.1835 aus Gotha. Standort: Landesbibliothek und Murhardsche Bibliothek, UB Kassel, Signatur: 4" Ms.Hass. 287.

Veröffentlichungen: Leitfaden beim ersten Unterrichte im Singen für Lehrer und Lernende, Gotha 1834; Festgesang zur Feier des vierhundertjährigen Jubiläums der Buchdruckerkunst am 24. Juni 1840 (nur Komposition).

Werke: Auf, werdet laut, ihr Zungen -Jubel-Cantate-. Für S, A, T (auch solo und solo à 2: T I, II); B (auch solo und solo à 2: B I, II); fl, 2 cl, 2 fag, 2 cor, 2 clni, trb, 2 vl, b. -Partitur; Ewig neues Wort der Wahrheit -Religiöser Gesang-. Für 4 Singstimmen a capella: S, A, T, B - Partitur; Herr, aus deiner Gnadenfülle -Cantate-. Für S, A, T, B (alle 4 Stimmen auch solo); 2 cl, fag, 2 cor, 2 vl, vla, vlne, org.- Partitur; Der Herr ist mein Hirte - Der 23. Psalm-. Für S, A, T, B (alle 4 Stimmen auch solo); fl, 2 cl, fag, 2 vl, vla, b. - Partitur; Wie heilig ist diese Stätte -Cantate zur Einweihung einer Kirche-. Für S, A, T, B (alle Stimmen auch solo); T (auch solo à 2: T I, II); fl, 2 cl, 2 fag, 2 cor, trb, 2 vl, vla, org.-Partitur; Wohl dem der nicht wandelt im Rathe der Gottlosen, der I. Psalm. Für 2 cl, fag, 2 cor, 2 vl, vla. vlne, org. — Partitur.

Lit.: Allgemeine musikalische Zeitung. Leipzig, 37 (1835) 52, 869; — Neue Jahrbücher für Philologie und Pädagogik oder Kritische Bibliothek für das Schul- und Unterrichtswesen. Leipzig, 12. Jahrgang, (1842), 35. Band, 2. Heft, 109 sowie 15. Jahrgang, (1845), 43. Band, 1. Heft, 224; — Brief (Otto Wilhelm Robert Felsberg an Friedrich Fröbel) vom 10.10.1849. Enthält: Todesnachricht von Justinus Felsberg. Standort: Bibliothek für Bildungsgeschichtliche Forschung des Deutschen Instituts für Internationale Pädagogische Forschung, 10243 Berlin, Warschauer Str. 34-38; — Fétis, Francois-Joseph: Biographie universelle des musiciens et bibliographie générale de la musique. Deuxième édition entirèment refondue et augmentée de plus de moitié. Paris, 1862, tome 3, 202; — Donat, Friedrich-Wilhelm: Christian Rinck und die Orgelmusik seiner Zeit - Ein Beitrag zur Geschichte der protestantischen Kirchenmusik um 1800-. Bad Oeynhausen 1933 (zugl. Heidelberg, Dissertation); — Noack, Friedrich: Eine Briefsammlung aus der ersten Hälfte des 19. Jahrhunderts. In: Archiv für Musikwissenschaft 10

(1953) 4, S. 323-337; — Schmidt-Ewald, Walter (aus Schmalenbeck): Niederdeutsche Beziehungen der Lehrer und Schüler des Gymnasium »Illustre« zu Gotha 1524-1859. In: Zeitschrift für Niederdeutsche Familienkunde 38 (1963) 86; — Zeller, Otto et Wolfram: Index bio-biographicus notorum hominum. Corpus alphabeticum I. Sectio generalis, Osnabrück: Biblio Verlag, 1994, Vol. 69 (Favre, Pierre usque ad Ferguson), 640; — Pfarrerkartei (Dr. Otto Wilhelm Robert Felsberg). Eisenach/Thr.: Evangelisch-lutherische Landeskirche Thüringen; — Möller, Bernhard und andere: Thüringer Pfarrerbuch, Band 1: Herzogtum Gotha, Herausgegeben von der Gesellschaft für Thüringische Kirchengeschichte, Schriftenreihe der Stiftung Stoye, Band 26. — Neustadt a. d. Aisch 1995, 230; — Dochhorn, Hendrik: Deutsches Musikgeschichtliches Archiv Kassel -Vorläufiges Gesamtverzeichnis zum Katalog der Filmsammlung-. Kassel: Deutsches Musikgeschichtliches Archiv, 2000, Bd. 4/562-4/567, 4/810; — Homepage der Musikbibliothek der Augustinergemeinde. — Gotha 2008.

Hartmut Felsberg

FERBER, Hilde (Hildegard Marianne Antonie), * 13. Oktober 1901 in Wetzlar an der Lahn, † 21. Juli 1967 in Rotenburg an der Fulda, Kunsterzieherin, Religionspädagogin, Gestalterin von Glasfenstern. — Die Tochter des Malermeisters Christian Ferber (* 1872) verbringt eine glückliche Kindheit und Jugendzeit in ihrer Heimatstadt Wetzlar, behütet und gefördert vor allem durch ihre Mutter, Johanna, geb. Ebertz (* 1876), die selbst künstlerisch tätig ist; im Alter von 12 Jahren reist sie erstmals nach Italien. In Wetzlar besucht F. 1908-1918 das städtische Lyceum (Lotteschule), anschließend in Düsseldorf das Zeichenlehrerseminar (ihre Lehrer dort sind Lothar von Kunowski (*1866), Franz Xaver Wimmer (1881-1937) u.a.) und von Juli bis November 1922 in Bonn das Turnlehrerinnenseminar. Im März 1923 kehrt F. als Lehramtskandidatin an die Lotteschule in Wetzlar zurück und übernimmt dort Vertretungsdienste (bis März 1924). Nach einiger Zeit als Vertretungslehrerin an der Auguste-Viktoria-Schule (heute: Gymnasium am Waldhof) in Bielefeld wird sie ab 01. Oktober 1925 dort als Oberschullehrerin fest angestellt (bis 1937). 1928 unternimmt F. eine Studienreise nach Oberitalien. Im August desselben Jahres stellt sie im Kunstsalon Otto Fischer, Bielefeld, erstmals eigene Arbeiten aus, zusammen mit Josef Giesen, Köln, und noch im gleichen Jahr beschickt sie eine Ausstellung mit dem 'Bertrambund' in der Bessel-Oberrealschule (heute: Domschule) Minden. 1933 beteiligt sich F. an der Weihnachtsmesse Bielefelder Künstler im Städtischen Kunsthaus. 1934 kommt sie mit dem 'Berneuchener Kreis' (s. Art. 'Berneuchen' in RGG[4] 1 [1998], 1326-1328) um Wilhelm Stählin (1883-1975, s. BBKL X [1995], 1115-1120) in Kontakt; ihm verdankt sie entscheidende Impulse. Die Berneuchener Bewegung bemüht sich um eine Erneuerung der evangelischen Kirche. Die gestaltende Kraft des Evangeliums soll für alle Bereiche des Lebens wiedergewonnen und adäquat zur Geltung gebracht werden; es geht um eine konkrete Durchformung des Lebens vom Glauben her, sowohl im Hinblick auf die alltäglichen Lebensvollzüge wie im Hinblick auf Liturgie und kirchliche Kunst; diese werden selbst konstitutiver Teil des Lebensalltags. Ab 1935 beschäftigt F. sich mit Glasmalerei und der Gestaltung von Glasfenstern, angeregt durch Prof. Arnold Rickert (1889-1974); ihre erste Arbeit auf diesem Gebiet ist ein Kapellenfenster der Altstädter Nicolaikirche in Bielefeld für die Michaelsbruderschaft (Motiv: Siegeslamm; im Zweiten Weltkrieg zerstört); die Michaelsbruderschaft war 1931 innerhalb des Berneuchener Kreises gegründet worden. Im Januar 1936 stellt F. im Rahmen einer 'Ausstellung hessischer und Marburger Künstler' im Universitätsmuseum Marburg Tempera-Landschaften, Blumenstilleben und Kinderporträts aus; März/April 1936 hat sie eine eigene Ausstellung im Kunstsalon Otto Fischer, Bielefeld. 1937 wechselt F. an die Höhere Knaben- und Mädchenschule (das Realgymnasium) in Treysa (heute Schwalmgymnasium Schwalmstadt-Treysa), wo sie neben dem Kunst- auch evangelischen Religionsunterricht erteilt und dafür bald die kirchliche Lehrerlaubnis erwirbt. 1938 verpflichtet sie sich für den Berneuchener Dienst und wird in der evangelischen Kirche zu Besse (heute Ortsteil von Edermünde, Schwalm-Eder-Kreis) feierlich eingesegnet. 1944 beteiligt sich F. an der Gauausstellung hessischer Künstler im Ballhaus des Schlosses Wilhelmshöhe bei Kassel. Nach dem Zusammenbruch der nationalsozialistischen Diktatur wird F. von der US-amerikanischen Militärregierung Ende 1945 mit der Wiedereröffnung und kommissarischen Leitung ihrer Schule beauftragt. Etwa um die gleiche Zeit kommt sie erstmals in Kontakt mit der Untermühle Imshausen (bei Bebra), wo in enger Verbindung mit dem Berneuchener Kreis schließlich eine ökumenische Gemeinschaft von Brüdern und Schwestern entsteht, die nach einer christlichen Ordensregel leben (Ostern 1955 gegründet von Vera von Trott zu Solz und Hans Eisenberg, Vorbildfunktion haben Taizé in Frankreich und Grandchamp in der Schweiz). Bald schließt sich F. dem engeren Freundeskreis dieser 'Kommunität Imshausen' an. — Trotz starker beruflicher Beanspruchung entfaltet F. in den Nachkriegsjahren eine intensive künstlerische Tätigkeit: von 1946 bis 1954 ist sie an sieben Kunstausstellungen beteiligt (1946 »Kirchliche Kunst« in der Kunsthandlung Friedrich Lometsch, Kassel; 1951 »Kirchliche Kunst« auf der Evangelischen Woche Iserlohn; 1951 Glasfenster im Universitätsmuseum Marburg; Juli/August 1952 »Unser Gotteshaus« im Zusammenhang mit der Tagung des Lutherischen Weltbundes in Hannover; Ende August 1952 »Das sichtbare Wort« auf dem Deutschen Evangelischen Kirchentag in Stuttgart; März/April 1953 »Dienst am Heiligtum« in der Kunsthandlung Lometsch, Kassel; April 1954 »gruppe neue schwalm« im Realgymnasium Treysa) und daneben realisiert sie zahlreiche Aufträge für Kirchenfenster (siehe unten). Während ihrer Zeit in Treysa arbeitet F. auch im 'Nürnberger Arbeitskreis' um Prof. Kurt Frör (1905-1980, s. BBKL 21 [2003], 407-423), Erlangen, mit und ist an einem von dieser Arbeitsgemeinschaft unter Federführung Frörs herausgegebenen Buch beteiligt mit dem Titel »Das Zeichnen im kirchlichen Unterricht« (s. u. Lit.). Ihr Kunstunterricht zielt darauf, die Schülerinnen und Schüler zu eigenständiger kreativer Lebensäußerung zu befähigen und zu ermutigen; zugleich sieht F. im Bemühen der Schülerinnen und Schüler um künstlerische Gestaltung eines religiösen Themas oder Motivs eine Chance zu vertiefter Auseinandersetzung mit den Inhalten des Religionsunterrichts. Am 21.01.1954 wird sie zur Studienrätin ernannt. Im selben Jahr erarbeitet sich F. zusammen mit dem Kunstglasermeister und Glasmaler Waldemar Heberle (†1967/8), dem Besitzer der Glaswerkstätten in Hagen-Haspe, nach mittelalterlichen Vorbildern eine für sie neue Technik, die Grisaillemalerei. Berühmte mittelalterliche Beispiele für diese Malerei in Grauschattierungen, meist als Imitation von Bildhauerarbeiten, finden sich z. B. bei Robert Campin, dem 'Meister von Flémalle' (1378/79-1445; Altar des Stabwunders und der Vermählung Mariens, Madrid, Museo del Prado, Rückseite: Hl. Jakobus d. Ä. und Hl. Klara), bei Jan van Eyck (um 1390-1441; Genter Altar, Gent, St.-Bavo-Kathedrale, Werktagsseite: Johannes der Täufer und Johannes der Evangelist), und bei Hugo van der Goes (um 1440/45-1482; Portinari-Altar, Florenz, Uffizien, Alltagsseite: Verkündigung Mariens); in der Glasmalerei bediente man sich dieser Technik vor allem in Zisterzienserkirchen, z. B. auch im sog. 'Bergischen Dom' in Odenthal-Altenberg (Kirche des 1133 gegründeten Zisterzienserklosters, begonnen 1259, nach Brand 1815 Wiederaufbau 1834-1847, seit 1857 als Simultankirche genutzt). In der Folgezeit schafft F. ganze Fensterzyklen in gegenständlicher und abstrakter Form in Grisailletechnik, wobei die einzelnen Grauflächen z. T. noch durch Wischen, Radieren, Ätzen oder Schleifen strukturiert werden, bisweilen werden auch Kristallbrocken in die Flächen eingearbeitet; öfters kombiniert F. Grisailleflächen mit Buntglas. Außerdem schafft sie einige Arbeiten in Betonglas. 1955 entsteht das erste große Werk in Grisaille-Technik für die neuerbaute Gnadenkirche in Wetzlar-Büblingshausen (insgesamt 9 Fenster), zahlreiche weitere Aufträge schließen sich an (siehe unten). 1955 wechselt F. an das Bielefelder Ceciliengymnasium, wo sie bis zu ihrer Pensionierung 1962 bleibt. In diese Lebensphase fallen sechs Studienreisen ins europäische Ausland: 1956 nach Österreich (Kärnten), im gleichen Jahr nach Italien (Emilia Romagna, Toskana), 1957 in die deutschsprachige Schweiz und das benachbarte Frankreich, im gleichen Jahr wiederum nach Frankreich (Schwerpunkt: Kathedralen), 1961 und 1962 nach Italien (Venezien, Emilia Romagna, Toskana). Im Dezember 1966 präsentiert F. Arbeiten in Tempera, Aquarelle und Graphiken in einer Ausstellung in ihrem Bielefelder Atelier. Der große Erfolg ermutigt sie, für 1968 eine Ausstellung ihrer Glasfenster ins Auge zu fassen, doch ist es ihr nicht vergönnt, ihr Vorhaben zu verwirklichen. Am 21. Juli 1967 stirbt sie nach schwerer Krankheit im Krankenhaus in Rotenburg a. d. Fulda. Auf dem Friedhof von Imshausen ist sie bestattet. Eine enge Freundin, die Ärztin Irene Lütgert, Bielefeld, organisiert die Ausstellung der Glasfenster und -entwürfe nach F.s Tod. Das Begleitheft zur

Ausstellung von 1968 mit (nach eigenem Bekunden unvollständigem) Werkverzeichnis ist anscheinend bis jetzt die ausführlichste Würdigung des Schaffens von Hilde Ferber geblieben. Im Oktober 1977 fand ihr zu Ehren eine Gedenkausstellung im Kreiskrankenhaus Rotenburg a. d. Fulda statt.

Verzeichnis der (öffentlichen) Gebäude, für die F. Glasfenster geschaffen hat, chronologisch nach Entstehungszeit der Fenster (Angaben nach dem Katalog von 1968, S. 45-47 [dort S. 13-37(44) ausführlichere Beschreibung, alphabetisch nach Orten], Ev. K.= Evangelische Kirche): 1935 Bielefeld: Altstädter Nicolaikirche (Kriegsverlust); 1938 Düsseldorf-Rath: Trinitatiskirche (Kriegsverlust); 1939 Wintersbourg bei Lixheim/Elsaß-Lothringen: Ev. K.; 1940-1941 Düsseldorf-Altstadt: Bergerkirche (Kriegsverlust); 1941 Gilgenburg/Ostpreußen: Ev. K. (Kriegsverlust, nach Fertigstellung noch in der Werkstatt in Düsseldorf zerstört); 1942 Lembach/Elsaß-Lothringen: Ev. K.; 1943 Werne a. d. Lippe: Evangelische Stadtkirche; 1946 Imshausen bei Bebra: Ev. K.; 1949-1952 Hamburg-Hohe Luft: Markuskirche; 1949-1953 u. 1964 Hamm: Ev. K. am Marker Kirchplatz; 1949 Wanne-Eickel: Zwölf-Apostel-Kirche; 1950-1954 Rhena/Waldeck: St. Thomaskirche; 1951 Konstanz: Hauskapelle des Michaelsbruders Robert Baier (seit 1961 Kloster Kirchberg bei Horb/Neckar, Beichtkapelle); Theesen bei Bielefeld: Auferstehungskirche; Muckum bei Bünde: Adventskapelle; Lübeck: St. Thomaskirche; Elbersdorf bei Spangenberg: Evangelische Dorfkirche auf dem Knorrenberg; Bünde-Ennigloh: Kirchsaal; Verl bei Gütersloh: Erlöserkirche; 1952 Langenberg bei Wiedenbrück: Friedenskirche; Heyerode bei Bebra, Ev. K.; Marburg, Evangelisches Pfarramt Ost der Universitätskirche; Pfaffenhausen, Bez. Kassel: Ev. K.; Wolfshausen bei Marburg: Ev. K.; Schlüchtern: Andreaskapelle; 1953 Körle bei Melsungen, Ev. K.; Hergershausen bei Rotenburg a. d. Fulda: Ev. K.; Obersuhl bei Bebra: Ev. K.; Schweinsbühl bei Korbach: Ev. K.; 1954 Hagen-Haspe: Haus des Blauen Kreuzes; Herford: Luther-Kirchsaal; Marburg: Kapelle der Lukas-Kirchengemeinde; 1954/1955 Schenklengsfeld bei Hersfeld: St. Mauritiuskirche; 1955 Avenwedde bei Gütersloh: Postamt; Bad Sooden-Allendorf: Marienkirche; Bringhausen (Bad Wildungen): Ev. K.; Iserlohn: Kapelle der Evangelischen Akademie; Wetzlar-Büblingshausen: Gnadenkirche; 1955/1956 Borken, Bez. Kassel: Ev. K.; 1956 Bielefeld: Jakobuskirche, Markuskirche/Ludwig-Steil-Haus, Landeskirchenamt; Bielefeld-Schildesche: Thomaskirche; Hagen-Emst: Erlöserkirche; Hüllhorst bei Löhne: Ev. K.; Soest: Kapelle des Predigerseminars; Windelsbleiche: Erlöserkirche; 1957-1959 Klein-Aschen bei Herford: Ev. K.; Oberbecksen bei Bad Oeynhausen: Ev. K.; 1957 u. 1965 Steinhagen: Ev. K.; 1958 Bad Waldliesborn, Evangelische Friedenskirche; Minden: Martinikirche; Niederrodenbach bei Hanau: Ev. K.; 1959 Borghorst/Westf.: Ev. K.; Vembadi bei Jaffna, Ceylon (Sri Lanka): Ev. K.; Duisburg-Ungelsheim: Auferstehungskirche; Eiterhagen bei Kassel: Ev. K.; Werste bei Bad Oeynhausen: Paul-Gerhardt-Haus; 1960 Wickede/Ruhr: Christuskirche; 1961 Eckardtsheim bei Bielefeld: Eckardtskirche; Höxter: St. Kilianikirche; Ibbenbüren-Bockraden-Schafberg: Matthäuskirche; Lübbecke: St. Andreaskirche; Sennestadt: Matthias-Claudius-Haus; 1962 Bielefeld: Johanniskirche; 1963 Altena/Westf.: Melanchthon-Kirche; Kattenvenne bei Tecklenburg: Ev. K., 1964 Bielefeld: Ceciliengymnasium; 1966 Espelkamp bei Lübbecke: Jung-Stilling-Kolleg.

Lit.: Das Berneuchener Buch. Vom Anspruch des Evangeliums auf die Kirchen der Reformation. Herausgegeben von der Berneuchener Konferenz, Hamburg 1926 (ND Darmstadt 1978); — Kurt Frör (Hrsg.): Das Zeichnen im kirchlichen Unterricht. Ein Arbeitsbuch, München 1950 (Hilfsbücher für den kirchlichen Unterricht 3), ²1954, ³1958 [4., völlig neu bearbeitete Aufl. 1966 unter dem Titel: Zeichnung und Bild im kirchlichen Unterricht]; — Hilde Ferber 1901-1967. Die Glasfenster. Atelier Ferber, Bielefeld, Rathausstraße 2, 30. März bis 9. April 1968, [mit Beiträgen von Irene Lütgert, Bielefeld, Rose Matz, Marburg; Katalogbearbeitung: Dr. Hanna Böllhoff, Bielefeld] [Bielefeld 1968], [48 S., Ill.]; — Bernd K. Lindenthal: Zeit ist Gnade: Verkündigung in Kirchenfenstern. Erinnerungen an Hilde Ferber, die in Wetzlar geborene Glasmalerin. In: Heimat an Lahn und Dill, Nr. 184 (Ende Dezember 1985), S. 1f; — Bernd K. Lindenthal: Hilde Ferber. In: Hessische Heimat 36 (1986), 135-141.

Lexikonartikel: Otto Renkhoff, Nassauische Biographie, 2., vollst. überarb. u. erw. Aufl. Wiesbaden 1992 (Veröffentlichungen der Historischen Kommission für Nassau 39), Sp. 188f (Nr. 1057).

Hans-Otto Schneider

FERNEDING, Joseph, Generalvikar in Cincinnati, * 18.2. 1802 in Ihorst (heute Gemeinde Holdorf, Niedersachsen), † 1.2. 1872 in Cincinnati (Ohio). — F. wuchs auf einem bereits 1462 urkundlich erwähnten Bauernhof im alten Kirchspiel Damme auf. Seine Eltern Ferdinand F. geb. Höltermann und Elisabeth geb. Rohling waren einem adeligen Grundherrn dienst- und abgabepflichtig, aber dennoch wohlhabend. Ihr ältester Sohn und Hoferbe Christopher F. (1793-1857) setzte sich später als Landtagsabgeordneter nachdrücklich für die Ablösung der überkommenen Feudallasten der Bauern im Herzogtum Oldenburg ein. Joseph F., der zweite Sohn, besuchte nach der Volksschule in Holdorf das Gymnasium Carolinum in Osnabrück und studierte anschließend Philosophie und Theologie an der Akademie in Münster. Nach einer Tätigkeit als Privatlehrer in Schapen kehrte er 1831 krankheitshalber nach Hause zurück. Dort wollte ihn der Pfarrer des wenige Jahre zuvor errichteten Kirchspiels Holdorf gern als Hilfsgeistlichen anstellen. Um zur Priesterweihe zugelassen zu werden, unterzog sich F. im Dezember 1831 in Münster einem außer der Reihe anberaumten Examen, das er jedoch nicht bestand. Daraufhin schloss er sich der ersten größeren

Auswanderungswelle aus dem südlichen Herzogtum Oldenburg und dem angrenzenden Osnabrücker Land an, die der Lehrer und Buchdrucker Franz Joseph Stallo (1793-1833) ausgelöst hatte. Im April 1832 schiffte sich F. mit zahlreichen Landsleuten nach Baltimore ein und reiste nach Cincinnati im Bundesstaat Ohio. Dort hoffte er in das neue Priesterseminar des erst 1821 gegründeten Bistums eintreten zu dürfen, doch auch dieser Plan scheiterte. So wandte sich F. nach Bardstown im südlich benachbarten Bundesstaat Kentucky. Er fand Aufnahme im Priesterseminar dieses bereits 1808 errichteten Bistums und empfing am 25.7. 1833 durch den Bischof von Bardstown, Benedict Joseph Flaget, die Priesterweihe. Nach kurzer Tätigkeit als Hilfsgeistlicher in Louisville wurde ihm die Seelsorge für die weit verstreut lebenden deutschsprachigen katholischen Siedler in Louisville und Lexington und im südlichen Indiana anvertraut. F. nahm seinen Wohnsitz in New Alsace (Indiana) westlich von Cincinnati. Von hier aus unternahm er in den Jahren 1834 bis 1842 zahlreiche Pastoralreisen, über deren abenteuerliche Umstände verschiedene anekdotische Berichte überliefert sind. Zu einem regionalen Zentrum für die deutschen Katholiken im südlichen Indiana entwickelte sich die 1837 von F.s Landsleuten gegründete Siedlung Oldenburg (bis heute als »village of spires« bekannt). Seit 1834 gehörte Indiana zum neuen Bistum Vincennes, zu dessen erstem Bischof Simon Brute F. ein gutes Verhältnis hatte. Mit Brutes Nachfolger kam es jedoch zu Differenzen, und so entschloss sich F. zusammen mit seiner 1812 geborenen Schwester Catharina F., die ihm als Haushälterin diente, im Frühjahr 1842 nach Cincinnati überzusiedeln, wo ihn Bischof John Baptist Purcell aufnahm. Die Hauptstadt Ohios erlebte damals einen enormen wirtschaftlichen und demographischen Aufschwung. Für die zahlreichen in die Stadt strömenden englisch- und deutschsprachigen Katholiken entstanden muttersprachliche Gemeinden, und Bischof Purcell ernannte Generalvikare für beide Sprachgruppen. Als zweites deutsches Gotteshaus in Cincinnati wurde im Juli 1842 die Marienkirche im Stadtteil »Over-the-Rhine« eingeweiht, an der F. zunächst Hilfsgeistlicher und bald darauf Stellvertreter des Pfarrers wurde. Schon 1844 berief Purcell F. zum Generalvikar für seine deutschsprachigen Diözesanen, nachdem der bisherige Inhaber dieses Amtes, der gebürtige Schweizer Johann Martin Henni, zum Bischof von Milwaukee avanciert war. Zugleich übernahm F. die Leitung des von Henni gegründeten St.-Aloysius-Waisenhauses in Cincinnati. Ende des Jahres 1848 gab es bereits sechs deutschsprachige katholische Pfarreien in der Stadt und ihrer Nachbarschaft. In Anlehnung an diese Kirchen mit ihren Pfarrschulen und ihrem reichen Vereinsleben entwickelte sich eine Art deutscher katholischer Subkultur in Cincinnati. F. selbst initiierte den Bau der St.-Paulus-Kirche, die am 20.1. 1850 als dritte Kirche im Stadtteil »Over-the-Rhine« eingeweiht werden konnte, und übernahm das Amt des Pfarrers. 1866 zog er sich aus Altersgründen in das St.-Aloysius-Waisenhaus zurück, das nach einer Brandkatastrophe in die Vorstadt Bond Hill verlegt worden war, und überließ die Leitung der St.-Paulus-Gemeinde seinem Neffen Hermann F. (1835-1895), der 1858 nach Cincinnati gekommen und 1859 zum Priester geweiht worden war. Im Waisenhaus las F. die heiligen Messen und gab Religionsunterricht. Er starb an den Folgen eines Hirnschlags. Bei der Beerdigung zeigte die große Anteilnahme der Gläubigen, in welch hohem Ansehen F. bei seinen Landsleuten in Cincinnati gestanden hatte. Erzbischof Purcell rühmte ihn in seiner Trauerrede als treuen Freund, Ratgeber und Mitarbeiter. In der Monatszeitung »Der Deutsche Pionier« erschien eine umfangreiche Würdigung nebst einem lithographierten Porträt.

Lit.: [Heinrich Arminius Rattermann], General-Vicar Joseph Ferneding, in: Der Deutsche Pionier, 3. Jg., Cincinnati 1872, 353-362; — Gedenkbuch der St. Franziskus Seraphikus Gemeinde in Cincinnati, Cincinnati 1884, 34-35; — Clement Steltenpohl, Stray Leaves from the History of St. Paul's Congregation of Cincinnati, Ohio, Cincinnati 1900; — Beda Kleinschmidt, Auslanddeutschtum und Kirche. Ein Hand- und Nachschlagebuch auf geschichtlich-statistischer Grundlage (= Deutschtum und Ausland, 21./22. Heft), Bd. 2: Die Auslanddeutschen in Übersee, Münster 1930, 85-86; — LThK, Bd. 3 (1931), 1004; — Clemens Heitmann, Priesterbuch des Offizialatsbezirks Oldenburg, Bd. 2, Friesoythe 1985, 33; — Gemeindechronik Holdorf 1188-1988, hrsg. v. d. Gemeinde Holdorf, Vechta 1988, 858-860; — Anne Aengenvoort, Migration-Siedlungsbildung-Akkulturation. Die Auswanderung Nordwestdeutscher nach Ohio, 1830-1914 (= Vierteljahrsschrift für Sozial- und Wirtschaftsgeschichte, Beihefte, Nr. 150), Stuttgart 1999, 164-171; — Robert F. Niehaus, Rev. Joseph H. Ferneding, 1802-1872 (publiziert im Internet 1999, aktualisiert 2004); — Jürgen Kessel, Der Dammer Auswanderer Franz Joseph Stallo und sein »Lied aus Amerika«, in: Osnabrücker Mitteilungen 107 (2002), 155-180; — Roger Fortin, Faith and Action. A History of the Catholic Archdiocese of Cincinnati, 1821-1996, Columbus 2002, 84-85; — Peter Sieve, Joseph Ferneding (1802-1872), in: Der katholische Klerus im Oldenburger Land. Ein Handbuch, hrsg. v. Willi Baumann u. Peter Sieve, Münster 2006, 269-274.

Peter Sieve

FEUCHTWANGEN, Siegfried von, Hochmeister des Deutschen Ordens von Mitte Oktober 1303 bis 5. März 1311, * vor 1273, † 5. März 1311 in Marienburg. — Siegfried, aus dem fränkischen Geschlecht der Herren von Feuchtwangen, dürfte ursprünglich Ministerialer in Diensten der Grafen von Oettingen und vermutlich der Neffe Konrads von Feuchtwangen, Hochmeister des Deutschen Ordens von 1291 bis 1296, gewesen sein. Siegfried trat 1298 erstmals als Deutschmeister des Deutschen Ordens urkundlich in Erscheinung. Jedoch dürfte er diese Position nur knapp ein Jahr inne gehabt haben, da er im Sommer 1299 auch als Komtur von Wien in Erscheinung trat. Bis ins Jahr 1303 existieren keine weiteren Hinweise seines Wirkens. Dieses ändert sich, als es am 18. Oktober 1303 auf dem Generalkapitel zu Elbing zur Abwahl des Hochmeisters Gottfried von Hohenlohe († 1303) kam und Siegfried in einer umstrittenen Wahl zum neuen Ordensvorsteher erhoben wurde. Er wurde zwar von den Landmeistern von Livland und Preußen in seinem Amt bestätigt, jedoch erfuhr seine Wahl in Deutschland zunächst keine Anerkennung. Zudem forderte Gottfried von Hohenlohe das Ordenskapitel auf, die Ereignisse des preußischen Kapiteltages für ungültig zu erklären. Daher begab sich Siegfried sogleich nach seiner Wahl über Böhmen und Süddeutschland weiter zum seit 1291 in Venedig befindlichen Hauptsitz des Ordens nach Venedig. Nur unter Zugeständnissen an das Hauptkapitel des Ordens vermochte er ein Schisma im Orden verhindern, da weiterhin zahlreiche Ordensvertreter Gottfried von Hohenlohe unterstützten. Letztendlich vermochte Siegfried zwar durch diplomatisches Geschick zunehmend an Einfluß im Orden zu gewinnen, jedoch sollte er erst unangefochten an dessen Spitze stehen, nachdem Gottfried von Hohenlohe am 5. November 1309 in Marburg verstorben war. Im Ostseeraum trotzte zur Amtszeit Siegfrieds von Feuchtwangen der Erzbischof von Riga, Friedrich von Pernstein (1304-1341), wie schon seine Vorgänger im Bündnis mit der Stadt und mit den heidnischen Litauern jedweder Ausweitung der Ordensherrschaft. Der 1304 von Papst Benedikt XI. (1303-1304) ernannte Metropolit traf zwar vor seiner Antrittsreise nach Livland mit dem Hochmeister in Venedig zusammen, um eine friedliche Lösung des Konfliktes herbeizuführen. Doch trotz eines zeitlich begrenzten Ausgleiches zwischen ihm und dem Erzbischof brachen schnell nach seinem Eintreffen in Riga offen Kämpfe zwischen den Parteien aus. Schließlich schlug der Deutsche Orden ein litauisches Heer vor Riga und erhielt daraufhin von Riga dessen Besitzungen in Kurland sowie auf der Insel Ösel abgetreten. Der Erzbischof zog sich nach Rom zurück und klagte an der Kurie gegen den livländischen Zweig des Deutschen Ordens. Die Klagen des Metropoliten gegen den Orden mußte Siegfried von Feuchtwangen, angesichts der seit 1307 begonnenen Zerschlagung der Templer durch den französischen König, ernst nehmen. Ihr Schicksal hat den Deutschen Orden tief verunsichert und letztendlich ein Umdenken seiner strategischen Ausrichtung mit beeinflußt. Als schließlich Venedig durch den unter französischen Einfluß stehende Papst 1309 gebannt wurde und dieser von Rom nach Avignon übersiedelte, sah sich der Deutsche Orden unkalkulierbaren Risiken ausgesetzt. Siegfried von Feuchtwangen diese Ereignisse auf, um den Ordenssitz von der Lagunenstadt nach Marienburg zu verlegen. Eine Entscheidung, die durch ihn bereits einige Zeit zuvor gefällt worden sein dürfte und nur eines äußeren Anlasses bedurfte. Sehr wahrscheinlich fand der offizielle Einzug auf die Marienburg am 14. September 1309, dem Festtage der Kreuzerhöhung und üblicherweise dem Tage der Zusammenkunft des Generalkapitels des Ordens, statt. Damit zeichnet sich Siegfried von Feuchtwangen für ein Paradigmenwechsel in der Ordensausrichtung verantwortlich, denn die Politik des Deutschen Ordens war nicht länger mehr auf den Mittelmeerraum sondern nun auf Preußen gerichtet. Nach der Verlegung des Hauptsitzes nach Marienburg widmete sich der Hochmeister den notwendigen Veränderungen der inneren Ordensverwaltung. So wurde beispielsweise durch die Verlegung des Amtssitzes des Hochmeisters nach Preußen das Amt des preußischen Landmeisters überflüssig und erlosch. Auch bemühtes sich Siegfried von Feuchtwangen während seiner Amtszeit die Wirtschaft und Wehrhaftigkeit in den Ordensgebieten zu stärken. So trieb er den Bau eines Weichseldamms zur Erschließung weiterer Siedlungsräume voran, ließ 1307 einheitliche Maße und Gewichte festlegen und stärkte durch ein Bauprogramm von Burgen die Süd- und Westgrenze Pomerellens. Denn ebenfalls gelang es dem Deutschen Orden in den Jahren 1308/09 mit politischen und militärischen Mitteln sich in den Besitz von Danzig und Pomerellens zu bringen. Die Rechtsansprüche darüber kaufte er schließlich am 13. September 1309 im Vertrag von Soldin für 10.000 Mark Silber vom Markgrafen Waldemar von Brandenburg (1308-1314) gegen die Ambitionen von dem polnischen Herzog Wladyslaw Lokietek (†1333) ab. Damit begann ein Konflikt mit Polen, der, mit Unterbrechungen, bis zum Ende der Herrschaft des Ordens in Preußen andauern sollte. Siegfried von Feuchtwangen verstarb schließlich an der roten Ruhr am 5. März 1311 in Marienburg und wurde im Dom zu Kulmsee, in der Kapelle der Heiligen Jutta, beigesetzt.

Lit.: Kurt Forstreuter, Das »Hauptstadtproblem« des Deutschen Ordens, in: Jahrbuch für die Geschichte Mittel- und Ostdeutschlands 5, 1956, 129-156; — Ders., Eine Reiserechnung des Deutschen Ordens aus dem Jahre 1303, in: Hansische Geschichtsblätter 76, 1958, 121-130; — Werner Uhlich, Konrad und Siegfried von Feuchtwangen. Hochmeister des Deutschen Ordens, Feuchtwangen 1983; — Ulrich Niess, Siegfried von Feuchtwangen 1303-1311, in: Die Hochmeister des Deutschen Ordens 1190-1994, hrsg. U. Arnold (Quellen und Studien zur Geschichte des Deutschen Ordens 40), Marburg 1998, 51-56.

Bodo Hechelhammer

FEUERER, Georg, kath. Priester und Theologe, * 8.1. 1900 in Dinau (Niederbayern), † 7.4. 1940 in Brühl (Rheinland). — Feuerer konnte als drittes von acht Kindern einer Bauernfamilie das humanistische Gymnasium absolvieren und studierte unter Inkaufnahme einer erheblichen finanziellen Verschuldung Philosophie und Theologie am staatlichen Lyzeum in Regensburg und am Priesterseminar in Fulda. In Regensburg prägten ihn vor allem der Alttestamentler Joseph Lippl und Studiendirektor Alois Patin, der F. an Augustinus heranführte. F. wollte eigentlich Dogmatikprofessor werden. Sein Wechsel nach Fulda und seine Entscheidung für die Seelsorge in der sächsischen Diaspora war inspiriert von einer Zusammenkunft mit dem früheren Fuldaer Regens und neuen Meißener Bischof Christian Schreiber. Literarisch beeinflußten ihn schon früh die Schriften John Henry Newmans und Søren Kierkegaards, dazu die zeitgenössischen Religionsphilosophen Romano Guardini und Max Scheler, die überhaupt einen nachhaltigen Einfluß auf das katholische Denken des 20. Jahrhunderts hatten. Bereits im Studium suchte F. zudem die fruchtbare Auseinandersetzung mit dem Protestantismus. In seinen freien Stunden arbeitete er Karl Barths Kommentar zum Römerbrief durch, die Grundlage seiner späteren Dissertation. Ein Romaufenthalt 1925 entfremdete ihn in seiner stark von Scheler geprägten Innerlichkeit von den impulsiven Frömmigkeitsbezeugungen des romanischen Katholizismus und der an der Fuldaer Lehranstalt vorherrschenden Neuscholastik. — 1926 empfing F. im Bautzener Dom die Priesterweihe. Als Kaplan in Leipzig-St. Trinitatis war er ein gesuchter Beichtvater und Seelenführer mit besonderer Begabung für den Konvertitenunterricht. Seine Sprechstunden für jedermann fanden großen Zulauf, speziell im Armenviertel der Seeburgstraße in der Vorstadt. In seiner Leipziger Zeit begann F. auch die regelmäßige Mitarbeit an der von Alois Wurm herausgegebenen Zeitschrift »Die Seele«, die nach dem Zusammenbruch von 1918 als Teil einer publizistischen katholischen Avantgarde in der Weimarer Republik für ein neues kirchliches Selbstverständnis sowie für eine Versöhnung mit Frankreich und ein christliches Europa eintrat. Enge Beziehungen pflegte F. auch zum Gründerkreis des Leipziger Oratoriums um die Kapläne Ernst Musial und Theo Gunkel, die in der neu anvertrauten Arbeiterpfarrei Liebfrauen im Stadtteil Lindenau bald einen Kristallisationspunkt der Liturgischen Bewegung in Deutschland bildeten. Die Diagnose Multiple Sklerose setzte dem aktiven Seelsorgedienst F.s jedoch ein jähes Ende. — Die ersten Jahre der erzwungenen »Auszeit« nutzte F. für die Promotion. An der Universität Freiburg/Br. hörte er Martin Heidegger und freundete sich mit dem Fundamentalontologen Gustav Siewerth an, der den Thomismus im Sinne der philosophischen Seinslehre weiterentwickelte. Dessen Verehrung für Heidegger teilte F. nicht. Eine erste, 1930 bei dem Dogmatiker Engelbert Krebs eingereichte Dissertation über das Wesen und den romantischen Begriff der Kirche als »Corpus Christi mysticum« - mit Bezügen zur protestantischen Theologie und in kritischer Reaktion auf Heidegger geschrieben - scheiterte. Aber 1932 promovierte F. schließlich mit Erfolg über den »Kirchenbegriff der dialektischen Theologie«, veröffentlicht in der renommierten Reihe der »Freiburger Theologischen Studien«. Zusammen mit Karl Adam, Erich Przywara, Robert Grosche, Hans Urs von Balthasar und anderen gehörte F. somit zu den ersten katholischen Theologen, die sich grundlegend mit Barth beschäftigten. — Im Anschluß an die Freiburger Jahre gelang es F. trotz schwer voranschreitender Krankheit, die ihn in den Rollstuhl und zu einer menschlich erschütternden Odyssee durch Krankenhäuser, Kur- und Heilanstalten zwang, ein beachtliches wissenschaftliches Opus zu schaffen. Der Verleger Friedrich Pustet stellte ihm eine Schreibkraft, und 1934 erschien »Ordnung zum Ewigen«. F.s gefeiertes Hauptwerk »Unsere Kirche im Kommen« (1937) reifte über Jahre. Immer wieder dachte er jedoch an eine Rückkehr in die Seelsorge und einen späteren Eintritt in das Leipziger Oratorium. Der Gedanke, der ohnehin an Priestern und Geld armen Diözese Meißen finanziell zur Last zu fallen, betrübte ihn. Bischof Petrus Legge sah das Gehalt jedoch als Gegengabe für die Aufopferung von F.s Gesundheit. Auch die Hoffnung auf eine systematische Verwendung in der Konvertitenpastoral erfüllte sich für F. nicht. Deutschlandweit bot er brieflich seine geistlichen Dienste gegen Unterkunft und Verpflegung an, meist vergebens. Mit Hilfe eines Fahrstuhls wirkte er jedoch seit 1935 in einem »Krüppelheim« in Engers/Rh. besonders unter Kindern wieder seelsorgerisch. Immer wieder benötigte er Dispensen seines entfernten Bischofs, um den priesterlichen Obliegenheiten nachkommen zu können. So erhielt er die Erlaubnis, privat im Sitzen zelebrieren zu dürfen und bei nachlassender Sehkraft das Breviergebet zu reduzieren. 1938 siedelte er in das Elisabethenkrankenhaus Köln-Hohenlind über, in dem er wieder durch Krankenbesuche und Predigten einen Wirkungskreis entfaltete. — Stark blieb seine schriftstellerische Kraft. Aber die literarischen Pläne überstiegen die physische Leistungsfähigkeit. 1936 dachte er an ein Buch über »Priester und Laien«, 1939 an eines über »Gottvater«. Mit »Adam und Christus« (1939), das er bereits diktieren mußte, gelang ihm aber noch ein auch international beachtetes Werk, das er zusammen mit Siewerth geschrieben hat, der freilich das Kapitel »Die christliche Erbsündenlehre entwickelt und dargestellt aufgrund der Theologie des hl. Thomas von Aquin« aus Gründen der politischen Zensur zunächst anonym beisteuerte und nach 1945 noch einmal separat publizierte. »Adam und Christus« verteidigte das Dogma von der Erbsünde in grundlegender Auseinandersetzung mit dem Axiom des autonomen Menschen und dem Heideggerschen Existenzialismus. Das Werk wurde noch im Erscheinungsjahr durch den Philosophen und Heidegger-Schüler Xavier Zubiri ins Spanische übersetzt und in Barcelona publiziert. — Große Wirkung hatte F. auf religiöse Frauen in seinem Umfeld. Eine tiefe und gelebte Frömmigkeit der Frau betrachtete er als innere Grundlage des Priestertums, da sie innerhalb der Familie körperlich und seelisch den Menschen für die priesterliche Berufung vorbereite. Mit seinem Beitrag »Priester und Volk« (1935) warb er für das 1926 von Herzogin Maria von Sachsen in Freiburg gegründete und von den Nationalsozialisten später verbotene »Frauenhilfswerk für Priesterberufe«. Zwischen 1937 und 1939 weilte F. des öfteren in Haus Marienburg, einer hauswirtschaftlichen Mädchenschule der Pfarrei St. Marzellinus und St. Petrus in Vallendar bei Koblenz, sowie in Haus Werdenfels, dem Exerzitienhaus der Diözese Regensburg, und hielt Kurse über Gestalt und Geheimnis der Kirche für junge Ordensfrauen, Lehrerinnen, Kindergärtnerinnen und Jugendleiterinnen. Noch im Sommer 1939 gründete er in Köln-St.Michael einen Exerzitien-Kreis mit 15 Teilnehmerinnen, in dem er seine Gedanken über das rechte Sehen, Hören und Sprechen vorstellte. — Mit Kriegsbeginn 1939 versperrte der NS-Staat F. die Krankenhäuser. Er fand Aufnahme im Privathaus einer Lehrerin in Brühl bei Köln. Im selben Jahr erschien ein kleines Adventbüchlein und »Begnadetes Leben«, mit dem er versuchte, das Wirken Gottes im Menschen aufzuzeigen und die Frage nach dem richtigen Christsein mit einer Theologie der Gnade zu beantworten. Kurz vor seinem

Tod arbeitete F. noch in Fortsetzung seiner Studien über die Lehre vom Corpus Christi mysticum an einem Buch über das »Insein in Christus«, die ontische Verbindung des Menschen mit der menschlichen Natur Christi, ein Ansatz in der Christusmystik, der allerdings 1940 mit dem Buch des Berliner Pfarrers Karl Pelz »Der Christ als Christus« vom Heiligen Offizium indiziert wurde. F. starb in Brühl und ist beigesetzt auf dem Friedhof seiner Heimatpfarrei Kallmünz. — Der Priester und Publizist Alois Wurm hielt in einem Nachruf über F. fest: »Wer sein Wesen verstanden hat, der kann nur staunen über die Synthese Geist und Leben, die dieser geistige Mensch in einem ununterbrochenen Ringen vollzogen hat, das man wahrhaft gigantisch nennen muß, auch wenn man außer acht läßt, welchen furchtbaren Widerständen der Physis es abgenötigt wurde«. — *Werkanalyse:* F. geht es um einen Beitrag zu einer Renaissance der katholischen Theologie, und zwar aus einem konstruktiven Dialog mit dem Denken der Gegenwart. Vor diesem Hintergrund will er eine neue Gesamtdarstellung des Wesens der Kirche auf zeitgemäßer Grundlage, und zwar von der Einzelseelsorge aus. Sein Ansatz ist immer das gelebte Christenleben mit seinen Problemen und Untiefen, seiner inneren Dynamik zwischen sündhaftem und gerechtem Tun. F. hat sich als einer der ersten katholischen Theologen mit der »Dialektischen Theologie« sowie Heideggers Existenzphilosophie auseinandergesetzt und begonnen, die Seinslehre vom christlich-kirchlichen Standpunkt aus nachzuvollziehen. In seiner Dissertation versucht F. ausgehend von Barth als dem Hauptvertreter der dialektischen Theologie eine »positive, katholische Lösung« für die auf evangelischer wie katholischer Seite in der Zeit der Weimarer Republik brennende Frage nach der Aktualität der Kirche. F. setzt bei der Ablehnung des katholischen Kirchenbegriffs in Barths »Dogmatik« (1927) an, die eine Identität von Kirche und Offenbarung im Katholizismus wie - auch in neuer Anknüpfung an die Gedankengänge der Reformatoren - die metaphysischen Voraussetzungen der Theologie überhaupt bestreitet, und filtert die seiner Sicht nach von beiden Konfessionen gemeinsam anerkannten Voraussetzungen des Kirchenverständnisses heraus, zu denen die Wirklichkeit der Offenbarung oder die Gottheit Christi zählten. Dabei sieht F. Barth in seiner dialektischen und naturalistischen Auffassung von der Schöpfung, in der die Welt nur »Gegenpol« Gottes ist, in der Tradition Hegels. Er stellt Barth die »analogia entis« der Neuscholastik entgegen, die »Schöpfung in Gott und zugleich neben Gott« (S.70), die Grundkategorie des Christlichen in der unlösbaren Einheit von Göttlichem und Menschlichem in Christus und die natürliche, auf Gott gerichtete menschliche und absolute Güte im Sinne des Hl. Thomas von Aquin. Aus der »Antithese« Gott-Schöpfung leite Barth ein falsches Verständnis von Kirche und Religion, Kirche und Geschichte sowie Kirche und Autorität her, eine sichtbare und eine unsichtbare »doppelte« Kirche der Religion und des Glaubens (»Kirche Esaus« und »Kirche Jakobs«), die nach F. aus katholischer Perspektive durch den Glauben an die geschichtliche Menschwerdung Gottes in Christus nur eine einheitliche »sichtbare-unsichtbare Kirche« sein kann. — Beherrscht von dem Gedanken des Corpus Christi mysticum, entwickelt F. dieses Kirchenbild in seinem vielleicht wichtigsten Buch »Unsere Kirche im Kommen« weiter. Ebenfalls aus der existenzialen Fragestellung versucht F. einen Neuansatz der Leib-Christi-Theologie, die in dem Bestseller Karl Adams über »Das Wesen des Katholizismus« (1924) weite Verbreitung hatte. Indem F. wie Adam auch zum festen Autorenkreis der Zeitschrift »Die Seele« zählte, war er Vordenker einer stillen Revolution in der katholischen Kirche Deutschlands nach 1918. Wie Karl Muths »Hochland«, nur von anderer Warte, suchte die »Seele« für die christliche Lebensgestaltung der Gegenwart »Antworten aus der Mitte einer sich erneuernden Kirche« (Weiss). Aus den Reihen der zeitgenössischen Theologen war Adam die Schlüsselfigur dieser Zeitschrift. Dessen mystischer Kirchenbegriff - fundiert auf der lebendigen Gestalt Christi und dem Kirchenvolk als lebendigem Leib Christi - bahnte als Antithese zur begriffstheologisch dominierten, als fruchtlos geltenden Apologetik und zum starr organisierten politischen Katholizismus eine neue, spirituell begründete Weltoffenheit an, die Kirche nicht mehr selbstbezogen als amtlich gegliederte und nach außen »kampfbereit« abgeschottete Rechts- und Heilsanstalt verstand. Vielmehr geht dieses Kirchenbild von der personalen Begegnung des einzelnen Menschen mit Gott aus, vom »Charisma« im Zeitalter von wissenschaftlicher Perfektion und enthusiastischem Fortschrittsglauben oder einfach vom Erwachen der Kirche in den Seelen, in einer bewußteren Feier der Liturgie oder durch die »Entdeckung« der Bibel als Buch über den menschgewordenen Gottessohn Jesus Christus, nicht aber von starren Glaubenssätzen und Normen, wie sie zu Wilhelminischer Zeit in einem überlebten Traditionschristentum noch bestimmend waren. Kirche wird zu einer aus persönlichem Glauben lebendigen Institution, was zu einem Ernstnehmen des Andersdenkenden, zur Anerkennung des Guten und des Religiösen auch außerhalb der katholischen Kirche führt. Durchaus in geistiger Verwandtschaft zu Sailer oder Newman, ging es der »Seele« ernsthaft um eine Besinnung auf das gemeinsame christliche Erbe und eine Versöhnung der Konfessionen. — Auch für F. ist die katholische Kirche als der mystische Leib Christi, der die Menschen aller Zeiten und Orten eingliedert, und als Verwirklichung des Gottesreichs auf Erden zunächst die ausschließliche Heilsanstalt. Aber die Kirche hat für F. einen realen und personalen Existenzgrund mit einem festen Ziel, er sieht sie nicht allein als Objekt, dem Menschen gegenübergestellt, als mechanisch aufgebaute Hierarchie, als Summe ihrer Lebensäußerungen in Organisation, Aufbau und Sakramenten, sie ist ihm vielmehr ein belebendes Element, eine treibende Kraft des Daseins überhaupt, nicht allein im Vorhandensein, sondern als »personales Wesen«, als Reich Gottes in uns. Die Kirche ist lebendig in der Einheit von Amtskirche und Gemeinschaft oder, tiefer gesehen, in der dialektischen Einheit von »Botschaft« und »Sein«, die jeweils für sich in bestimmter Weise das Ganze der Kirche darstellen. — Dieses komplementäre Kirchenbild ist verankert in Christus, der als begnadeter Mensch sowohl das Prinzip der kirchlichen Gemeinschaft ist, die durch Teilnahme an der von Gott geschenkten Gnade »leibhaft« gebildet wird, als auch in seinem Rang als Vermittler der Gnade Organ des Heils und damit Prinzip der Amtskirche ist. Christus ist für F. in einer geradezu mystischen Definition Erlöser und gleichzeitig Mittler der Erlösung, die immer wieder geschieht in der lebendigen Weitergabe Christi in der Kirche als das geheimnisvolle Nachbild seiner Menschwerdung durch den Heiligen Geist. — Sakramentaler Dreh- und Angelpunkt ist bei F. die Taufe, durch die der Mensch - ohne seine Einzigartigkeit aufzugeben - als Person »einverleibt« wird in die Gemeinschaft der Kirche. In der Tiefe der Person ist der Mensch mit der Kirche verbunden. Die im modernen Sinne notwendige Freiheit des Menschen ist in ihr nicht aufgehoben, sondern gerade erst recht aufgerufen zur Teilhabe am Geheimnis der Offenbarung, die für alle eine Quelle des Lebens ist, denn Christus führt als zweiter Adam die gefallene Menschheit zu ihrer neuen Gottesbestimmung. So trägt Christus ganz den einzelnen Menschen und ganz das Ganze der Welt in sich. Dieses im Kolosserbrief (1,16) in hymnischer Form beschriebene Insein der Schöpfung in Christus ist für F. das Urprinzip jeder kirchlichen Gemeinschaft. — In der Auseinandersetzung mit dem vom Richtmaß der Subjektivität kommenden Kirchenbild des Protestantismus ist die katholische Objektivität der Kirche für F. in Wahrheit vom Christusgrunde her zu sehen. Haupt und Leib machen für ihn den ganzen Christus aus, aber auch die ganze Kirche. Gegen Barths nach Rom gewandten Vorwurf, in der Kirche habe auch eine berechtigte Eigenmächtigkeit des Menschen über Botschaft und Gestalt der Kirche mitzubestimmen, entwirft F. ein christozentrisches Bild der Kirche. Diese gründet sich und steht geschichtlich da auf dem freien Ratschluß göttlicher Liebe: »Die Kirche in ihrem sakramentalen Grundzug, in ihrem Kommen vom Objektiven her ist das Sichtbarwerden dieser uns zuvorkommenden, geschichtlich gewordenen Liebe Gottes« (S.213). Die Kirche ist von Christus her da, »sichtbar-unsichtbar«, ist »Form und Fülle«, »Leib und Seele«, und bedeutet nicht nur Stellvertretung Christi in der Welt, sondern das Werden der Christusgestalt hinein in die Völker. — Wenn auch in der Ekklesiologie bei F. eine gewisse Überbetonung des Corpus Christi mysticum vorhanden ist, so hat doch das Leitmotiv seiner Forschungen, die zentrale Frage nach der Botschaft der Kirche für den Menschen der Gegenwart, eine lehramtliche Klärung durch die Enzyklika »Mystici Corporis« (1943) erfahren. F.s Denkansatz, der kritische Theologie, Existenzialphilosophie und Mystik vereint, entwickelte den vorherrschenden rationalen Diskurs in der zeitgenössischen neuscholastischen

Theologie weiter. Seine Theologie galt um 1940 vielen als anschlußfähig und fand Anhänger wie Michael Schmaus und Matthias Laros. Letzterer stellte ihn sogar Barth gegenüber und nennt ihn in einem Atemzug mit Romano Guardini. Siewerth erschien es, als sei »seit den Vätern nicht wieder in gleicher Weise in der Kirche gesprochen« worden, in einer »weiten, großen, lebendigen Weisheit, die immer die Strenge, die Verpflichtung, die Allgemeinheit der Wahrheit und den Herzklang persönlicher Erschütterung in sich birgt«. Für Johannes Beumer hatte »Kirche im Kommen« eine ungeheuer neuartige spekulative Kraft und das Zeug zu einem Klassiker. Für den Jesuiten stand F. sogar an der Wende von der Apologetik zur Dogmatik. — F. hat aus den Fragestellungen des 20. Jahrhunderts eine katholische »Theologie der christlichen Existenz« angebahnt, nicht als Gegner der Scholastik, sondern aus ihr herauswachsend durch einen neuen Ansatzpunkt, nämlich die Dynamik des praktischen christlichen Lebens sowie die Aktivierung des innerlichen religiösen Lebens im Gegensatz zu »Abfall« und »Erkaltung der Massen« (Laros) im Zeitalter der beiden Weltkriege. Dies bedeutete aber auch eine Anerkennung des Anspruchs der Laienwelt auf Teilhabe am Geheimnis der Kirche. Somit befand sich dieser hochgeistige, heute beinahe vergessene Denker unmittelbar im Vorfeld des II. Vatikanischen Konzils. — Jedoch stand zunächst der Vorwurf des Subjektivismus und der Nähe zur lutherischen Ubiquitäts- wie auch eine Relativierung der Sakramentenlehre im Raum. Bernhard Bartmann als Theologe alter Schule rezensierte F.s Kirchen-Buch mit Eiseskälte und erblickte im »sublimem Stil« des Verfassers sogar ein »schweres Ringen nach Klarheit in einem sehr dunklen Mysterium«. Der junge Karl Rahner ging noch weiter, indem er in seinem Wiener Memorandum (1943) einen in Deutschland bestehenden Mangel an großen, streng wissenschaftlichen Arbeiten der spekulativen Theologie kritisierte und auch die Werke F.s zur »popularisierenden Literatur« zählte, da sie »mehr oder weniger auf strenge Exaktheit der Begriffsbildung und der theologischen Begründung« verzichteten. Obwohl für weite Kreise gedacht, setzten F.s Bücher zudem »eine sehr differenzierte seelische Haltung« und »großes theologisches Wissen« voraus. Für Rahner war F. demnach ein katholischer Esoteriker. Er zeigte mit dieser Bewertung allerdings nur einmal mehr seine Parteilichkeit gegen die Freiburger Heidegger-Schule. — F. geriet nach 1945 weithin in Vergessenheit, denn seine Werke kreisten stark um den persönlichen, inneren Bereich, das Seelische im Menschen, was angesichts der im Nachkriegseuropa wichtig gewordenen Aktivität und Aktion im Sinne einer apostolischen Weltverantwortung des Christen in Kirche und Staat ganz plötzlich nicht mehr zeitgemäß erschien. Allerdings ging es F. nicht um Selbstheiligung oder Weltflucht, sondern, indem er von der praktischen Seelsorge aus dachte, ganz nüchtern um eine Besinnung auf die Mitte des Christentums im Übergang von der Volkskirche zur Gemeinde- und Minderheitenkirche.

Werke: Die Erlösungsidee, beleuchtet von der Menschenseele, in: Die Seele 8 (1926), 236-239; Heimat und Abend, in: Die Seele 8 (1926), 343; Vom Abschiednehmen, in: Die Seele 10 (1928), 322f; Gedanken zur Eucharistie, in: Die Seele 11 (1929), 150-153; Ein Leben auf die Verheißungen Gottes hin, in: Die Seele 11 (1929), 229f; Der Kirchenbegriff der dialektischen Theologie, 1933; Ordnung zum Ewigen. Der Mensch in der religiösen Wirklichkeit seines Lebens, 1934 (1934²); Gottes Wille, in: Die Seele 16 (1934), 10; Der Weg zum anderen Menschen I und II, in: Die Seele 16 (1934), 47-52, 75-79; Die Haltung des christlichen Dankes, in: Die Seele 16 (1934), 290-293; Schicksal - Tod, in: Die Seele 16 (1934), 333-340; Priester und Volk, in: Die Seele 17 (1935), 162-166; Das Gotteskind in den verschiedenen Schichten seines Daseins, in: Die Seele 17 (1935), 14-18; Bedeutung der Gemeinschaft der Kirche im Weltganzen, in: Die Seele 17 (1935), 35-38; Das christliche Lebensganze des Menschen, in: Die Seele 17 (1935), 265-271; Der schwache Mensch auf seinem Weg zur Reife I und II, in: Die Seele 17 (1935), 291-296, 323-325; Glückselige Schuld. Menschennot und Gnadenreife, 1936 (1941³); Die Reife des Menschen in seinen Grundbeziehungen zu sich selbst, zum andern und zur Welt, in: Die Seele 18 (1936), 46-50; Das Geheimnis christlicher Gemeinschaft, in: Die Seele 18 (1936), 308-311; Unsere Kirche im Kommen. Begegnung von Jetztzeit und Endzeit, 1937 (1941²); In Christus eins, in: Die Seele 19 (1937), 183-188; Der tiefste Halt, in: Die Seele 20 (1938), 6-8; Advent, 1939; Die christliche Gestalt des Sehens, in: Die Seele 21 (1939), 16-19; Die christliche Gestalt des Sprechens, in: Die Seele 21 (1939), 63-66; Die christliche Gestalt des Hörens, in: Die Seele 21 (1939), 178-181; Gleichmaß und Gleichmut, in: Die Seele 21 (1939), 211-215; Tun und Lassen, in: Die Seele 21 (1939), 267-271; Adam und Christus als Gestaltkräfte und ihr Vermächtnis an die Menschheit. Zur christlichen Erbsündenlehre, 1939; Übersetzung: Adán y Cristo. Su legado a la humanidad, traducido por Xavier Zubiri, proemio a la traducción española por Ramón Roquer, Barcelona 1939

(1944[2]); Begnadetes Leben, 1939 (1950[3]); Das Vertrauen, in: Theologie und Glaube 32 (1940), 305-310.

Unveröffentlichte Schriften und Aufsätze: Das Corpus Christi mysticum bei den Kirchenvätern in den ersten Jahrhunderten, 1930.

Lit.: Siewerth, Gustav, Zur Problematik des Protestantismus. Zu Georg Feuerer »Über den Kirchenbegriff in der dialektischen Theologie«, in: Rhein-Mainische Volkszeitung vom 29.4.1934; — Ders., Ein Buch von der christlichen Existenz. Zu Georg Feuerers Buch »Die Ordnung zu Gott«, in: Rhein-Mainische Volkszeitung vom 22.12.1934; — Ders., Das Sprechen über die Kirche. Zu Georg Feuerers Buch »Vom Kommen der Kirche«, in: Katholische Kirchenzeitung vom 31.7.1938 (Folge I) und 7.8.1938 (Folge II); — Laros, Matthias, Georg Feuerer als katholischer Denker, in: Schönere Zukunft 15 (1940), 410f; — Lautenbacher, Guntram, Georg Feuerer. Sein Leben und Werk, Regensburg 1951; — Ders., Kirche im Kommen, in: Jahr des Herrn. Katholisches Hausbuch 8 (1959), 379-381; — Weiss, Otto, Religion, Kirche, Staat und Nation während der Weimarer Zeit im Spiegel der Zeitschrift »Seele« von Dr. Alois Wurm, in: Beiträge zur altbayerischen Kirchengeschichte 34 (1982), 141-198; — Troidl, Robert, Guntram Lautenbacher. Ein Regensburger Maler und Schriftsteller (1895-1973), in: Oberpfälzer Heimat 38 (1994), 138-142; — Wolf, Hubert (Hrsg.), Karl Rahner. Theologische und philosophische Zeitfragen im katholischen deutschen Raum (1943), Ostfildern 1994, 103f, 115, 137.

Joachim Rotberg

FRANZ II./I., letzter gewählter römischer König und letzter Kaiser des Heiligen Römischen Reiches Deutscher Nation (1792-1806), erster Kaiser von Österreich (1804-1835), * 12.2. 1768 Florenz, † 2.3. 1835 Wien, kam als zweites von sechzehn Kindern und als erster Sohn des toskanischen Großherzogs Peter Leopold von Habsburg-Lothringen (1747-1792), nachmalig römisch-deutscher Kaiser Leopold II. (1790-1792) und der spanischen Infantin, Maria Ludovica von Bourbon (1745-1792) in Florenz zur Welt. Aufgrund der fehlenden Erben von Kaiser Joseph II. von Habsburg-Lothringen (1741-1790) und dessen Ablehnung eine weitere, dritte Eheschließung einzugehen, galt Erzherzog Franz neben seinem Vater als übernächster Erbe der Habsburgermonarchie. Die Nähe zum Thron schlug sich in der Erziehung und Ausbildung des Prinzen nieder, die stark unter dem Einfluß des Wiener Hofes stand. Wien entsandte Saugammen, Ajos (=Erzieher), Ärzte, Geistliche und Lehrer, um die Ausbildung »nach deutscher Art« zu organisieren. Der geringe Einfluß von Peter Leopold auf die Erziehung des Sohnes war dennoch stark vom modern anmutenden Gedankengut der Aufklärung mit einer Neubewertung der Rolle des Kindes und einem kindgerechten sowie pädagogisch wertvollen Umgang geprägt. Peter Leopold legte seine Erziehungserkenntnisse sogar in mehreren theoretischen Schriften dar, die er auch an seine Geschwister versandte. Als Erzieher in Florenz fungierten Franz Graf Colloredo-Wallsee, der zu einem lebenslangen und engen Vertrauten wurde sowie Siegmund Anton Graf von Hohenwarth, nachmalig Erzbischof von Wien. Besonders prägend für Franz waren die väterlichen Anweisungen, alle Tagesgeschehnisse schriftlich festzuhalten und zu katalogisieren sowie sich körperlich im Freien zu betätigen. Daraus entwickelte sich beim Erzherzog die Vorliebe für die Botanik und das Gartenwesen sowie für das Sammeln von Büchern, von Stichen und von Manuskripten. Seine bereits als Kind in Florenz zusammengetragene Büchersammlung bildete den Grundstock der nachmaligen kaiserlichen Fideikommissbibliothek, die heute zum Kernbestand der Österreichischen Nationalbibliothek in Wien zählt. Basierend auf dieser Art der Erziehung, konnten sich jener Charakter ausformen, die Kaiser Franz in der traditionellen historischen Beurteilung zum »Stubenhocker, den Beamten und Aktenstudierer« machte. Joseph II. ließ sich ständig auf dem laufenden halten, wie sich der Neffe entwickelte. Nach zweimaligen Besuchen in der Toskana und der Erkenntnis, daß die Erziehung schleppend verlief, entschied Joseph II. 1784, Franz als »Kaiserlehrling« nach Wien mitzunehmen. Von nun an standen praktische Unterweisungen in Politik und Kriegsführung im Vordergrund. Der Onkel bereitete auch die Eheschließung seines Neffen mit Prinzessin Elisabeth Wilhelmine von Württemberg (1767-1790), einer Tochter Herzog Wilhelms von Württemberg und der Dorothea von Brandenburg-Schwedt, vor. Elisabeth kam mit 15 Jahren nach Wien, konvertierte zum Katholizismus und vervollständigte ihre Erziehung im Salesianerinnenkloster in Wien. Diese Ehe wurde am 6.1.1788 in Wien geschlossen. Erzherzogin Elisabeth verstarb bereits am 18.2.1790 bei der Geburt des ersten Kindes am Kindbettfieber, wenige Tage vor Kaiser Joseph II., der seit dem Türkenfeldzug 1786 an Malaria und Tuberkulose laborierte. Die zweite Eheschließung von Franz arrangierte Großherzog Peter Leopold. Typisch nach Habsburgermanier heiratete man innerhalb der Familie. So ehelichte er am 19.9. 1790 eine Cousine ersten Grades, die lebenslustige neapolitanische Prinzessin Maria Teresia (1772 - 1807), Tochter der Maria Karolina von Habsburg-Lothringen (1752-1814) und König Ferdinands IV. von Bourbon-Neapel (1751-1825). Aus dieser Verbindung stammen alle Nachkommen von Franz II./I. Dem Paar wurden insgesamt zwölf Kinder geboren: Maria Luise (1791-1847, heiratete 1810 Napoleon Bonaparte -Kaiser der Franzosen; sie gebar 1811 den französischen Thronerben Napoleon Franz, nachmalig Herzog von Reichstadt (1811-1832); Maria Luise wurde 1816 zur Herzogin von Parma-Guastalla-Piacenza erhoben, ehelichte 1821 im geheimen Adam Adalbert Graf von Neipperg, mit dem sie zwei morganatische Kinder hatte; dritte Eheschließung 1831 mit Karl Graf von Bombelles), Ferdinand (1793-1875, der physisch und psychisch kranke Prinz war aufgrund des habsburgischen Hausgesetztes Erbe; er bestieg 1835 als Kaiser Ferdinand I. von Österreich den Thron und dankte im Zuge der Revolution 1848 zugunsten seines Neffen, Erzherzog Franz Joseph Karl (1830-1916), nachmalig Kaiser Franz Joseph I., ab; Ferdinand ehelichte 1831 Prinzessin Maria Anna von Piemont-Sardinien), Karoline Leopoldine (1794-1795), Karoline Luise (17951799), Leopoldine (1797-1826, ehelichte 1817 Dom Pedro von Braganza, portugiesischer Thronerbe und ab 1822 Kaiser von Brasilien), Klementine (1798-1881, ehelichte den neapolitanischen Prinzen Leopold, Fürst von Salerno), Josef Franz (1799-1807), Franz Karl (18021878, ehelichte 1824 Prinzessin Sophie Frederike von Bayern (1805-1872), Vater des nachmaligen Kaiser Franz Joseph I.), Karoline Ferdinanda (1803-1832, ehelichte 1819 den Wettiner Friedrich August II., nachmalig König von Sachsen), Maria Anna (1804-1858), Johann Nepomuk (1805-1809), Amalia Theresia (*/† 1807). Kaiserin Maria Teresia starb in Folge der Frühgeburt des zwölften Kindes. In dritter Ehe heiratete Franz II./I. am 6.1.1808 eine weitere Cousine: Maria Ludovica von Modena d'Este (1787-1816), Tochter von Erzherzog Ferdinand von Habsburg-Lothringen (1754-1806) und der Maria Beatrice von Modena d'Este (1750-1829). Die Ehe blieb kinderlos. Maria Ludovica galt als politisch aktiv und unterstützte auf verschiedenste Weise die Bekämpfung Napoleons. Zudem galt sie als kulturell sehr engagiert, der Literatur sehr zugeneigt und trat als Förderin und Mäzenin von Johann Wolfgang von Goethe in Erscheinung. In vierter Ehe heiratete der österreichische Monarch am 10.11.1816 die Wittelsbacherin Karoline Auguste Charlotte (1792-1873), Tochter des bayerischen Königs Maximilian I. Joseph. Diese Ehe blieb kinderlos und war geprägt vom frommen, der katholischen Kirche zugeneigten Wesen der Kaiserin, die sich stark im sozialen und gesellschaftlichen Bereich engagierte. Unter ihrer Patronage konnten entstanden zahlreiche soziale Einrichtungen, wie Waisen- und Findelhäuser, Armen- und Blindenanstalten sowie Schulen innerhalb der Monarchie. Karoline Auguste war es auch, die nach dem Tode des Gatten, das Bild vom »guten Kaiser Franz, dem liebenden Volkskaiser« auf verschiedenste Art und Weise propagierte und förderte. - Die ersten politischen Tätigkeiten von Erzherzog Franz an der Seite seines Vaters galt der Eindämmung der politischen und gesellschaftlichen Auswirkungen der Französischen Revolution. Weiters galt es, die zahlreichen und zum Teil überstürzt erlassenen Reformen Josephs II. zu überdenken und teilweise zurückzunehmen. Der unerwartete Tod Kaiser Leopolds II. am 1.3.1792 brachte Franz auf den Thron. Er wurde am 14.7. 1792 von den Kurfürsten in Frankfurt zum römisch-deutschen Kaiser Franz II. gewählt. Zu dieser Zeit war die Habsburgermonarchie bereits in den 1. Koalitionskrieg (1792-1797) mit dem revolutionären Frankreich verwickelt. Die folgenden 13 Jahre der Herrschaft von Franz II. waren geprägt von Kriegen, die hauptsächlich auf der Politik des kaiserlichen Außenministers, Baron Franz von Thugut, beruhte. Ausgangspunkt war die Befreiung des inhaftierten französischen Königspaares und die Wiedererrichtung der Bourbonenmonarchie. Der Konflikt wurde mit dem Frieden von Campo Formio 1797 beigelegt, wodurch die Habsburgermonarchie Gebietsverluste in den österreichischen Niederlanden, Vorderösterreich, Mailand und Modena zu verzeichnen hatte - erhielt dafür aber das Territorium der vormaligen Seerepublik Venedig zugesprochen. Die Expansion Frankreichs unter der Führung von General Napoleon Bonaparte

(1769-1821) in Italien, vor allem im Bereich des Kirchenstaates, führte zum 2. Koalitionskrieg (1797-1801), in den Kaiser Franz II. an der Seite Preußens, Rußlands, Großbritanniens, dem Königreich Beider Siziliens und des Osmanischen Reiches eintrat. Im Frieden von Lunéville 1801 verlor Österreich die Sekundogenitur des Hauses Habsburg-Lothringen in der Toskana. Neue Tendenzen im Heiligen Römischen Reich, in Folge dessen sich zahlreiche Fürstentümer wie Baden, Württemberg und Bayern nach Frankreich wendeten, führte 1803 zum Reichsdeputationshauptschluß. Zusätzlich kam es zu einer umfassenden Säkularisierung und eine damit verbundene territoriale Abtretung an deutsche Fürstentümer. Territoriale Verschiebungen, eine starke protestantische Vorherrschaft und die starke Anlehnung an die Politik Napoleons, führte zum Ende des Heiligen Römischen Reiches Deutscher Nation. Am 18.5.1804 rief sich Napoleon Bonaparte zum Kaiser der Franzosen aus. Kaiser Franz II. etablierte daraufhin, um politisch, gesellschaftlich und hierarchisch nicht hinter Frankreich zurückzufallen, am 11.8.1804 das erbliche Kaisertum Österreich, das er nun als Franz I. repräsentierte. Die Expansionspolitik Napoleons I. nach Osten führte 1805 zum 3. Koalitionskrieg, in dem Österreich machtlos war und im Zuge des Friedens von Preßburg die Provinz Venetien, die Grafschaft Tirol mit Vorderösterreich sowie Brixen und Trient abtreten mußte. Die auf Betreiben Napoleons erlassene Rheinbundakte (12.7.1806) führte zum Ende des Heiligen Römischen Reiches. Kaiser Franz II. legte am 6.8.1806 nach einer öffentlichen Erklärung in Wien entgültig die Reichswürde nieder. Darauf folgte die Nobilitierung der französischen Verbündeten, wie Bayern, Baden, Württemberg, Nassau, Hessen-Darmstadt und Mainz. Nach dem vierten Koalitionskrieg gegen Frankreich (1806/07) und dem Frieden von Fontainebleau wurde Österreich gezwungen, die Souveränität aller von Napoleon geschaffenen Vasallenstaaten anzuerkennen. 1809 kam es aufgrund von Intrigen innerhalb der Hofgesellschaft in Wien zum Austausch des kaiserlichen Außenministers. Die Position wurde mit dem bisherigen österreichischen Botschafters in Paris, Clemens Wenzeslaus Lothar von Metternich-Winneburg (1773-1859) besetzt. Die kriegstreibende Kraft in Wien, es war vor allem der Kreis um Kaiserin Maria Ludovica, einer vehementen Gegnerin Napoleons, riskierte 1809 eine erneute Kriegshandlung gegen den Kaiser der Franzosen. Erstmals konnte die Grande Armée bei Aspern unter der militärischen Führung Erzherzog Carls (1771-1847), einem Bruder Franz'I., empfindlich geschlagen werden. Der Erfolg hielt nicht lange - Napoleon schlug bei Deutsch-Wagram zurück und diktierte in den Verträgen von Schönbrunn der Habsburgermonarchie einen harten Frieden, mit dem Gebietsverlust von Salzburg, dem Innviertel und Tirol. Zur Beschwichtigung Napoleons fädelte Metternich die Ehe zwischen dem Kaiser der Franzosen und der ältesten Kaisertochter, Erzherzogin Maria Luise ein (2.4.1810). Österreich wurde somit in die Rolle eines Bündnispartners Frankreichs hineingedrängt. 1813 etablierte sich ein Geheimbündnis zwischen Preußen, Großbritannien, Rußland und Österreich gegen Napoleon. Eine weitere Niederlage für den bisher siegreichen Kaiser der Franzosen bedeutete die Vielvölkerschlacht bei Leipzig, die mit dem Rußlandfeldzug den Untergang Napoleons einläutete. Preußen, Rußland, Großbritannien und Österreich riefen am 18.9. 1814 zum Kongreß in die österreichische Residenzstadt Wien, um über die Neuordnung Europas und die Beseitigung der territorialen Politik Napoleons zu konferieren. Franz I. erhielt die Gebiete Tirol und Salzburg von Bayern zurück und man formierte unter der Führung der Habsburger aus oberitalienischen Territorien das neue Königreich Lombardo-Venetien, an dessen Spitze ein Vizekönig stand. Ab 1816 erfüllte diese Rolle im Namen des österreichischen Monarchen Erzherzog Rainer 1783-1853), ein Bruder des Kaisers. Die anfängliche große Sympathie für die Zugehörigkeit zur Habsburgermonarchie verschlechterte sich, als man Verwaltung und Bürokratie nach Wiener Vorbild in Lombardo-Venetien einführte und wichtige Beamtenstellen mit kaisertreuen, österreichischen Mitarbeitern besetzte. Die Regierungszeit Kaiser Franz I. nach 1820 war geprägt von Streitigkeiten mit dem Heiligen Stuhl wegen des österreichischen Staatskirchentums. Papst Pius VII. Chiaramonti forderte die Rücknahme zahlreicher Reformen aus der Zeit Kaiser Joseph II. (=Josephinismus). An erster Stelle stand die Wiederzulassung des Jesuitenordens sowie die Forderung nach dem

Vorrang im Bereich der Erziehung und Ausbildung der Bevölkerung. Zaghaft und erst infolge zäher Verhandlungen, nahm Franz I. Veränderungen vor, wie die Etablierung der Societas Jesu 1827 innerhalb der Habsburgermonarchie und eine katholische Leitung der Ausbildungsstätten im böhmisch-schlesischen Raum. - Im Bereich der Thronfolge hielt sich Kaiser Franz I. ganz an seine persönlichen Vorstellungen und dem etablierten Hausgesetz. Der Erstgeborene, Erzherzog Ferdinand, war nominell der Erbe, obwohl dieser körperlich und geistig ein Opfer der zu nahen Verwandtschaftsverhältnisse seiner Eltern war. Für den Wiener Hof war klar, daß Ferdinand nie selbständig regieren würde können, weshalb Franz I. seinem Sohn ein »politisches Testament« als Richtlinie hinterließ, mit der Auflage »nichts am System zu ändern, sondern zu bewahren«. Die Regentschaft führte die sogenannte »Staatskonferenz«, bestehend aus Fürst Metternich, dem Minister Kolowrat und den Erzherzögen Ludwig und Franz Karl. Körperlich bereits in den 1820er Jahren leidend, verschlechterte sich die Gesundheit des Monarchen 1835. In der Nacht vom 2.3.1835 starb der erste österreichische Kaiser an einer Lungenentzündung nach 43 Jahre Regierungszeit. - Die Herrschaft Kaiser Franz II./I. war geprägt von einem mehr als 20-jährigen Krieg gegen Frankreich, mit einem ständigen Wechsel von Territorien. Die Bewertung der Regentschaft wird dominiert vom negativen Empfinden des Polizeistaates, von Zensur, der Unterdrückung von Individualität und einem allgemeinen gesellschaftlichen Rückzug aus der Öffentlichkeit im Sinne der Biedermeierepoche. Das politische Festhalten am Bestehenden, die Furcht vor Veränderungen und vor tiefgreifenden Reformen resultierte aus den Ereignissen der Französischen Revolution. Auf diesen Ängsten basierte die sogenannte »Heilige Allianz«, einem Fürstenbund, dem Preußen, Rußland, Neapel und Österreich angehörten, mit dem Ziel, jegliche Revolution und Aufstände gemeinsam zu Bekämpfen. Parallel hierzu gab es aber auch einen wirtschaftlichen und industriellen Aufschwung innerhalb der Habsburgermonarchie - erste Schritte der Industrialisierung, die in den 1830er Jahren einsetzte. Erwähnt sei hier der Einsatz von Dampfschiffen auf der Donau. - Die Bewertung der Person von Franz I. ist bislang negativ verlaufen. Er stand symptomatisch für den »Verwalter, den Bürokraten und Aktenstudierer«, ein Monarch der sich lieber hinter seinen Dokumenten versteckte, als den Kontakt zur Bevölkerung zu suchen. Diese Urteile sind jedoch veraltet und entstanden in einer Zeit mit deutsch-national geprägter Geschichtsauffassung. Allein die zahlreichen Reisen des Monarchen innerhalb der Habsburgermonarchie beweisen, daß der Monarch den Kontakt zur Bevölkerung durchaus suchte, sich interessiert am Alltag und an den Lebensumständen zeigte. Am wohlsten scheint sich Franz I. jedoch innerhalb seiner großen Familie gefühlt zu haben. Die Liebe zur Botanik, zu Büchern und zum schriftlichen Festhalten aller Erlebnisse macht seine Persönlichkeit aus. Zeugnisse hierfür sind das erhalten gebliebene persönliche Gartenwerkzeug des Monarchen (heute Bundesmobiliendepot Wien) und die bereits erwähnte umfangreiche Buch- und Stichsammlung in der heutigen Österreichischen Nationalbibliothek in Wien. Das Interesse an Architektur, Geschichte und Gartengestaltung bei Franz spiegelt der Bau der Franzensburg in der Schloßanlage von Laxenburg bei Wien wieder. Hier trat Franz I. als Planer und Gestalter in Erscheinung. Damit hinterließ er ein frühes Beispiel des Historismus in der Habsburgermonarchie zu Beginn des 19. Jahrhunderts. Kaiser Franz I. war an einer sparsamen, zurückhaltenden und sehr einfachen Lebensführung interessiert, woraus unmittelbar nach seinem Tod das Schlagwort »Unser guter Kaiser Franz« entstehen konnte. Werke: GHA München, Nachlaß König Ludwig I. (†1868); HHStA Wien, Familienarchiv Habsburg-Lothringen, Hofreisen; HHStA, Familienarchiv Habsburg-Lothringen, Sammelbände; HHStA, Familienarchiv Habsburg-Lothringen, 57, fasc. Erziehung Erzhg. Franz; HHStA, Neue Zeremonialakten, Hofreisen (1815-1819); HHStA, Zeremonialdepartement, Sonderreihe 30; HHStA, Hofwirtschaftsamt, Hof- und Feldzeugsreisen; HHStA, Kabinettsarchiv, Staatsrat Patente und Zirkulate Nr 64 (»Annahme des erblichen Titels eines Kaisers von Österreich«); ZA Regensburg: Fürst Thurn und Taxis, HFS 3810 (»Niederlegung der Deutschen Kaiserkrone 1806«); Paul Winkopp (Hg.), Die Rheinische Konföderations Akte. Frankfurt 1808; Hans J. Ultsch, Danksagung an seine kayserliche, königliche apostol. Mayestät Franz I. Kaiser von Österreich, König von Ungarn-Böhmen etc. bei erfolgter Zurückkunft aus Frankreich. Würzburg 1814; Johann B. Abner, Gesang zur Feyer der höchst erfreulichen Uebergabe Vorarlbergs an Sr. Kayserliche königliche apostol. Mayestät Franz I. Kaiser von Österreich, König von Böhmen und Ungarn. Wien 1814; Philipp Mayr, Huldigung des tyrolischen Volkes vor Ihrem geliebten Monarchen Kaiser Franz I. Innsbruck 1816; Leopoldo di Cicogana, Omaggio alla maestà di Carolina Augusta imperatrice d'Austria. Venezia 1818; Carl Werfer, Sr. Majestät Unser Allergnädigster Landesvater, Kaiser und König Franz I. Zum 60. Geburtstag dargebracht. Werfen 1828; Adam Bube, Se. Majestät der Kaiser Franz I. von Österreich, König von Ungarn und Böhmen etc. Zum 1. März. 1832; Michele Mascheroni, Elogie funebre di S.M. l'Imperatore Francesco I. d'Austria. Milano 1835; Josef C. Herbert, Elegien bei der Leichenfeier Sr. Maj. des Kaisers von Österreich Franz I. Hermannstadt 1835; Georg G. Hintz, Gedächtnispredigt auf Kaiser Franz I. gehalten. Klausenburg 1835; Philipp Meyer (Hg.), Corpus Iuris Confoederationis Germanicae oder Beitrag für das Biographisch-Bibliographische Kirchenlexikon Band 29 (2008) Staatsacten für Geschichte und öffentlichen Rechts des Deutschen Bundes. 1. Teil Staatsverträge. Frankfurt 1858; Heinrich Weyda (Hg.), Briefe Erzherzog Franz'von seiner ersten Gemahlin 1785-1789, in: AÖG 44 (1871); Richard Metternich-Winneburg (Hg.), Aus Metternich's nachgelassenen Papieren, Bd. 3. Friedens Aera 1816-1848. Wien 1888; Mika Emil (Hg.), Geist und Herz verbündet, Metternichs Briefe an die Gräfin Lieven. Wien 1942; Rudolf Wagner, Die Reisetagebücher des österreichischen Kaisers Franz I. in die Bukowina. 1817 und 1823. München 1979; Richard Hoffmann (Hg.), Franz Grillparzer, Selbstbiographie, Briefe und Reisetagebücher. Wien-München 2 1986; Christian Hettenhauer, Wahl und Krönung Franz II. AD 1792. Das Heilige Römische Reich krönt seinen letzten Kaiser. Das Tagebuch des Reichsquartiermeister Hieronymus Gottfried von Müller. Frankfurt 1995; Thomas Kuster, Das italienische Reisetagebuch Kaiser Franz I.'von Österreich aus dem Jahre 1819. Eine kritische Edition. phil. Diss. Innsbruck 2004.

Lit.: Friedrich Pipitz, Beitrag zur Charakteristik und Regierungsgeschichte der Kaiser Joseph II., Leopolds II. und Franz II., Paris 1799; - Victor Hansen, Alexander I., Franz I., Napoleon - drei Kaiser und Goethe, o.O. o.J; - Johann Appel, Skizze einer Sammlung sämtlicher Medaillen, welche unter Kaiser Franz I. von Österreich geprägt worden sind, Wien 1822; - Heinrich Meynert, Franz I. Kaiser von Österreich und sein Zeitalter - ein Charakterbild aus der Gegenwart, Leipzig 1834; - Alexander Groß-Hofinger, Leben, Wirken und Tod des Kaisers. Ein Charakter- und Zeitgemälde, Stuttgart 1835; - Johann Haupolder, Kaiser Franz I. im Kampf für die Freyheit Europas, o.O. 1836; - Josef Schluz, Zur Gelegenheit der Aufstellung und Enthüllung des Monuments für Franz I. Kaiser von Österreich, Wien 1844; - Franz Gräffer, Francisceische Curiositäten; oder ganz besondere Denkwürdigkeiten aus der Lebens- und Regierungsperiode des Kaiser Franz II.(I.), Wien 1849; - Adolf Springer, Geschichte Österreichs seit dem Wiener Frieden 1809, Wien 1863; - Josef Fhr. v. Helfert, Kaiser Franz und die europäischen Befreiungskriege gegen Napoleon I., Wien 1867; — Ders., Kaiser Franz I. von Österreich und seine Zeit. Wien 1872; - Ders., Kaiser Franz I. von Österreich, Innsbruck 1901; - Ders., Kaiser Franz I. von Österreich und die Stiftung des Lombardo-Venetianischen Königreichs, Innsbruck 1901; - Adolf Beer (Hg.), Leopold II., Franz II. und Catharina II. Ihre Correspondenz, Leipzig 1874; - Victor Bibl, Kaiser Franz, der letzte römisch-deutsche Kaiser, Wien 1889; - Emil Wertheimer, Die drei ersten Frauen des Kaisers Franz, Wien 1893; - Coelestin Wolfsgruber, Franz I. Kaiser v. Österreich. 2 Bde, Wien 1899; - Karl Glossy, Kaiser Franz'Reise nach Italien 1819, in: Jb. der Grillparzer-Gesellschaft, 14 (1904), 149-169; - Walter Langsam, Franz der Gute, Die Jugend des Kaisers, Wien 1912; - Hans Bastgen, Die Neuerrichtung der Bistümer Österreichs nach der Säkularisierung, Wien 1914; - Josef Slokar, Geschichte der österreichischen Industrie und ihrer Förderung unter Kaiser Franz I. Mit besonderer Berücksichtigung der Großindustrie und unter Benützung archivalischer Quellen, Wien 1917; - Heinrich Srbik, Das österreichische Kaisertum und das Ende des Heiligen Römischen Reiches. 1804-1806, Wien 1927; - Ders., Metternich. Der Staatsmann und der Mensch. Bd. 3., Wien 1954; - Werner Beetz, Die Porträtsammlung der Österreichischen Nationalbibliothek in ihrer Entwicklung, Graz 1935; - Friedrich v. Reinöhl, Das politische Vermächtnis Kaiser Franz'I., o.O. 1937; - Ernst Schmid, Die Privatmusikaliensammlung des Kaisers Franz I. Ihre Wiederentdeckung in Graz 1933, Augsburg 1951; - Karl Griewank, Der Wiener Kongreß und die Neurordnung Europas, Leipzig 1952; - Rudolf Hantsch, Kaiser Franz II., in: NDB, Bd.5 (1961), 358-361; - Franz Walther, Kaiser Franz I., in: Gestalter der Geschichte Österreichs, hrsg. v. H. Hantsch, Wien 1962, 295311; - Heinrich Benedikt, Der Kaiseradler über dem Apennin. Die Österreicher in Italien. 1700-1866, Wien 1964; - Karl v. Aretin, Das Heilige Römische Reich, 1776-1806. 2 Bde., München 1967; - Elisabeth Hartmann, Die Hofreisen Kaiser Franz I., Diss. Wien 1969; - Adelheid Heidecker, Anton Steinbüchel von Rheinwall (1790-1883). Direktor des k.k. Münz- und Antikenkabinetts. Erfolge und Krisen in der Laufbahn eines österreichischen Staatsbeamten und Gelehrten, Diss. Wien 1969; - Lorenz Mikoletzky, Österreich. Das entscheidende 19. Jahrhundert, Wien 1972, 41-289; - Manfred Rauchenstein, Kaiser Franz und Erzherzog Carl. Dynastie und Heerwesen in Österreich. 17961803, Wien 1972; - Heinz Brandt (Hg.), Restauration und Frühliberalismus. 1814-1840. Darmstadt 1979; - Heinrich Dimmel, Kaiser Franz - ein Wiener überlebt Napoleon, Wien 1981; - Ders., Franz von Österreich. Kaiser des Biedermeiers. 2 Bde., Wien 1986; - Ders., Österreichs Sternstunde. Aspern und der Aufstieg eines Kaisertums, Wien 2002; - Günther Brüning, Militär-Strategie Österreichs zur Zeit Kaiser Franz II./I., Münster 1982; - Ulf Staudinger, Die Huldigung für Kaiser Franz II., in: K. Mösereder (Hg.), Feste in Regensburg. Von der Reformation bis in die Gegenwart, Regensburg 1986, 428-434; - Paul Csendes (Hg.), Österreich 1790-1848. Das Tagebuch einer Epoche, Wien 1987; - Ernst Straub, Die drei letzten Kaiser. Der Untergang der großen europäischen Dynastien, Berlin 1988; - Brigitte Hamann (Hg.), Die Habsburger. Ein biographisches Lexikon, Graz-Wien-Köln 1988; - Franz Baer (Hg.), Die k.k. österreichische Armee im Kampf gegen die französische Revolution und Napoleon I. 1792-1815, Wien 1989; - Claudia Dorn-Riedl (Hg.), Die Grüne Welt der Habsburger. Botanik, Gartenbau, Expeditionen und Experimente, Artstetten 1989; - Anton Schindling - Walther Ziegler (Hg.), Die Kaiser der Neuzeit. 1519-1918. Heiliges Römisches Reich, Österreich, Deutschland. München 1990, 289308; - Dies. (Hg.), Die Kaiser der Neuzeit. 1519-1918. Heiliges Römisches Reich, Österreich, Deutschland. München 1990, 309-328; - Viktor Wallner, Der »gute Kaiser Franz« und seine »Sommerresidenz« Baden, Baden 1992; - Rudolf Hoke, Der Kaiser von Österreich-der Römische Kaiser, in: W. Brauneder (Hg.), Heiliges Römisches Reich und moderne Staatlichkeit, Frankfurt 1993; - Brigitte Mazohl-Wallnig, Il regno lombardo-veneto provincia dell'Impero Austriaco, o.O.o.J; - Dies., Österreichische Verwaltungsstaat und administrative Eliten im Königreich Lombardo-Venetien 1815-1859, Mainz 1993; - Dies. (Hg.), Österreichisches Italien-italienisches Österreich. Intellektuelle Gemeinsamkeiten und nationale Differenzen vom 18. Jahrhundert bis zum Ende des 1. Weltkrieges, Wien 1999; - Dies., Zeitenwende 1806. Das Heilige Römische Reich und die Geburt des modernen Europas, Wien-Innsbruck Beitrag für das Biographisch-Bibliographische Kirchenlexikon Band 29 (2008) 2005; - Gerhard Herm, Glanz und Niedergang des Hauses Habsburg, Düsseldorf-Wien2 1991; - Walter Pohl - Karl Vocelka, Die Habsburger. Eine europäische Familiengeschichte, hrsg. v. B.Vacha, Graz-Wien-Köln 1992; - Maria Breininger, Franz II./I. Kindheit, Jugend und Erziehung in Florenz und Wien. 1768-1790. Dipl., Wien 1994; - Johanna Mondschein, Kinder- und Jugendbücher der Aufklärung. Aus der Sammlung Kaiser Franz'I. von Österreich in der Fideikommissbibliothek, Wien-Salzburg 1994; - Georg Schreiber, Habsburger auf Reisen, Wien 1994, 174-192; - Josef Mikunt, Bischöfe aus Galizien berichten an Kaiser Franz I. Ein Beitrag zur Geschichte der katholischen Kirche in der Habsburgermonarchie, Wien 1995; - Ernst Bruckmüller (Hg.), Ostàrrichi-Österreich. 996-1996. Menschen, Mythen, Meilensteine. Niederösterreichische Landesausstellung, 1996; - Werner Geismeier, Biedermeier. Das Bild vom Biedermeier. Zeit und Kultur. Kunst und Kunstleben, Wien 1998; - Georg Schmidt, Geschichte des Alten Reichs. Staat und Nation in der Frühen Neuzeit. 1495-1806, München 1999; - Gertraud M. Mühlbach, Das Kaiserhaus zu Baden. Franz I. und Karl I. von Österreich, Baden 2000; - Hans Paarhammer (Hg.), Österreich und der Heilige Stuhl im 19. und 20. Jahrhundert, Frankfurt-Wien 2001; - Werner Telesko, Physiognomie im Zwielicht Friedrich von Amerlings »Kaiser Franz I. von Österreich im Österreichischen Kaiserornat«, in: S. Grabner (Hg.), Friedrich von Amerling 1803-1887. Österreichische Galerie Belvedere, Wien 2003, 41-56; - Friedrich Weissensteiner, Die österreichischen Kaiser, Wien 2003; - Thomas Kuster, Die Italienreise Kaiser Franz I. von Österreich im Jahre 1819, in: RHM (44) 2004, 317-335; - Ders., »Das Fest fiel herrlich aus«. Zeremoniell und Etikette bei der Italienreise Kaiser Franz'I 1819, in: RHM 48 (2008). (im Druck); - Ders., Erzherzog Franz, in: prinzenrolle. Kindheit vom 16. bis 18. Jahrhundert. hrsg. v. W. Seipel, Kunsthistorisches Museum, Sammlungen Schloss Ambras, Innsbruck 2007, 241-245; - Ernst Bacher (Hg.), Architektur, Ausstattung und Kunstschätze der Franzensburg, Wien 2005; - Jutta Götzmann, Franz II. 1792-1806, in: Heiliges Römisches Reich Deutscher Nation 962 bis 1806. Altes Reich und Neue Staaten 1495 bis 1806. Altes Reich und Neue Staaten. 1495 bis 1806. Katalog, hrsg. v. H. Ottomeyer - J. Götzmann - A. Reiss, Berlin 2006, 237-246, - Dies., Kaiserliche Legitimation im Bild, in: Heiliges Römisches Reich Deutscher Nation 962 bis 1806. Altes Reich und Neue Staaten 1495 bis 1806. Altes Reich und Neue Staaten. 1495 bis 1806. Katalog, hrsg. v. H. Ottomeyer - J. Götzmann - A. Reiss, Berlin 2006, 257-272; - Geza Hajóz, Der malerische Landschaftspark in Schloss Laxenburg bei Wien, Wien 2006; - Karl Vehse, Franz II. 1792-1835, in: Habsburger Herrscher privat, hrsg. v. K. Kilian, Köln 2006, 240-281.

Thomas Kuster

FRAUNBERG, *Joseph Maria* Johann Nepomuk Freiherr von und zu, * 10. August 1768 in (Alten-)Fraunberg b. Erding/Oberbayern, dem Stammsitz seines Geschlechts, † 17. Januar 1842 in Bamberg, Bischof von Augsburg (1821-1824), Erzbischof von Bamberg (1824-1842), »Königl. Geheimer Rath« und »Reichsrath der Bayerischen Krone«, »Träger des Großkreuzes des Civilverdienstordens der Bayerischen Krone«, »Ritter des Ludwigs-Ordens«. — Er entstammte einem der ältesten Adelsgeschlechter Altbayerns, das seit frühesten Zeiten stifts-, tunier- und ritterbürtig war, 1563 mit Vitus von Fraunberg bereits einen Regensburger Bischof gestellt hatte und von Kaiser Ferdinand II. im Jahre 1630 in den Reichsfreiherrnstand erhoben worden war: - »Verschwägert mit vielen der edelsten, angesehensten Familien, reichbegütert und angesessen, kommen die Frauenberg (mit *en* geschrieben; M. B.) von 1169 an häufig in Urkunden vor. Sie wurden unter den vier Erbritter des heiligen römischen Reiches deutscher

Nation gesetzt, und der Älteste des hohen Hauses erhielt diesen ehrenvollen Titel vom jedesmaligen römischen Kaiser zum Lehen. Ein Beweis, wie sich dieses edle Geschlecht schon in uralten Zeiten hoch verdient gemacht« (Dresch 1841, S. 3). — F. war das zweite von drei Kindern, die entsprechend der Familientradition sehr gottesfürchtig erzogen wurden, des fürstlich Freisingischen Geheimrats und Oberjägermeisters Max Joseph von und zu F. (1736-1782) und dessen Gattin Maria Josepha, geb. Freiin von Rechberg und Rothenlöwen (1737-1795). Über seinen weiteren Lebensweg ist nachzulesen: - »Der junge Joseph Maria erhielt seine Ausbildung zunächst am Hofe des Fürstbischofs im benachbarten Freising (in der einschlägigen Sekundärliteratur wird öfter statt Freising der fürstbischöfliche Hof zu Eichstätt genannt; M. B.), ehe er noch in jungen Jahren nach Regensburg ging. Er empfing dort nach dem Studium der Theologie am 21. Dezember 1791 die Priesterweihe und erhielt zwei Jahre später ein Kanonikat im Domstift« (Gehringer 1997, S. 89 f). — Zehn Jahre war der Geistliche in der Diözese Regensburg in der praktischen Seelsorge tätig. Bis 1797 war er Pfarrer in Loiching, dann bis 1801 Pfarrer und Erzdekan in dem kleinen Städtchen Cham in der Oberpfalz. Über sein dortiges seelsorgerisches Wirken steht geschrieben: - »Damals herrschte dortselbst das Nervenfieber sehr verheerend. Joseph Maria bot alles auf, um überall Trost und Hilfe zu bringen. Ohne Furcht und Scheu, vom Geiste der ewigen Liebe beseelt, nahete er sich den Kranken, und stand den Sterbenden bei mit den heiligen Stärkungen der Religion. Ihm, der so herrlich voranschritt, folgten seine Kapläne mit treuem, unerschrockenem Pflichteifer. Deren zwei fielen der Krankheit zum Opfer. Er, der zu Größerem berufen, blieb verschont. Als wirklicher Domcapitular wurde er später auch caplanus honoris, und lebte abwechselnd in Regensburg und München« (Dresch 1841, S. 5 f). — Der bayerische Kurfürst Max IV. Joseph, spätere König Max I. Joseph von Bayern (1756-1825), beabsichtigte F. 1801 als Gesandten zum Apostolischen Stuhl zu entsenden, um die zwischen Rom und dem Münchener Königshof bestehenden Zwistigkeiten zu beheben. Der seinerzeit verantwortliche Minister Maximilian Joseph Freiherr (später Graf) Montgelas (1759-1838) wußte jedoch seine Anstellung im Vatikan zu verhindern und behielt ihn in der Residenzstadt: - »Die schon damals in Aussicht gestellte Bischofwürde erhielt Fraunberg jedoch nicht, ebenso wenig wie im Jahre 1803, als er vom Freisinger Fürstbischof Joseph Konrad Frhr. von Schroffenberg (1743-1803, M. B.) zum Weihbischof ernannt werden sollte. Als Rom aber seine Ablehnung signalisierte und gleich darauf Schroffenberg starb, war dies für den Moment das Ende der Hoffnungen Fraunbergs. Auf ihn wartete eine andere Aufgabe« (Gehringer 1997, S. 90). Fortan zeichnete der Geistliche, auf Wunsch des Kurfürsten, als Geheimer Rat, Generalschuldirektor, später Präsident des Geheimen Schul- und Studienbüros für das Schulressort der Kultus-Bürokratie des neuen bayerischen Staates verantwortlich. Als solcher gilt er allgemein als Gründer der Volksschule in Bayern. Auf seine Initiative gehen zurück: 1802 die Einführung der allgemeinen Schulpflicht, 1803 das erste bayerische Lehrerbildungsgesetz, die Organisation der Schulaufsicht sowie die Gründung von Sonn-, Feiertags- (später Berufsschulen), Volks-, als auch Industrieschulen (u. a. mit den Fächern Handarbeit und Hauswirtschaft), schließlich 1804 die Erstellung eines Lehrplans für die Elementartschulen. Zusätzlich zu seinen umfangreichen Dienstaufgaben war F. maßgebend an den Konkordatsverhandlungen zwischen Bayern und dem Heiligen Stuhl beteiligt. Es kam jedoch zu keinem Abschluß, zu unterschiedlich waren die einzelnen Standpunkte. F.s Verhandlungspartner, Nuntius Annibale della Genga (1760-1829), der spätere Papst Leo XII., erklärte den ihm vorgelegten Entwurf als »im Widerspruch zur Freiheit, zur Würde und zur Jurisdiktion der Kirche« (zit. n. Urban 1983, S. 207) stehend. Daraufhin zog F. die Konsequenzen und legte alle seine Staatsämter nieder. Erst am 5. Juni 1817 konnte nach langen und schwierigen Verhandlungen das Konkordat zwischen Bayern und dem Heiligen Stuhl abgeschlossen und wenige Monate später, am 24. Oktober 1871, ratifiziert werden. Der Geistliche kehrte im Januar 1807 nach Regensburg zurück, wo er beim erzbischöflichen Konsistorium als Rat arbeitete. — Bedingt durch seine Taktik während der Konkordatsverhandlungen und seiner unklaren Beteiligung an den Säkularisierungsmaßnahmen des Maximilian Joseph Graf

Monteglas begegnete man dem Adeligen in Rom mit Skepsis, zumal er in sehr jungen Jahren Mitglied des Illuminatenordens (siehe: http://home.foni.net/~adelsforschung/leucht.htm) war, wie einige weitere Mitglieder des Adelsgeschlechts. Dies hatte für F. in späteren Jahren noch spürbare Folgen. Als König Max I. Joseph von Bayern (1756-1825) die Erhebung F.s zum Bischof von Würzburg vorschlug, wurde diese im Februar 1818 vom Papst abgelehnt, wobei insbesondere des Nominierten »'alte, stets verdächtige Beziehung zu Monteglas' sowie leichtfertige Äußerungen über Angelegenheiten der Religion ihn in Rom für eine Bischofsernennung im Moment nicht für geeignet erscheinen ließen. Erst die Interventionen des bayerischen Außenministers Aloys Graf von Rechberg (1766-1849) und des bayerischen Königs führten im April 1818 zu einer Beilegung der Verstimmung« (Gehringer 1997, S. 93). — Nachdem alle Hindernisse zwischen Rom und München beseitigt waren, nominierte der König von Bayern F. am 6. Dezember 1819 zum Bischof von Augsburg. Um keinen allzu großen Ehrgeiz zu suggerieren, zögerte F zunächst und lehnte sogar die hohe Nominierung ab. Dem königlichen Hof gegenüber »wollte er sich die Freiheit wahren und Rom gegenüber noch festeren Boden gewinnen. Seine Handlungen waren jetzt allgemein sehr besonnen. Über Rom ließ er keinen Ärger erkennen. Zu den Konkordatsverhandlungen wurde er wieder als Beauftragter der Regierung hinzugezogen. Hier galt es eine Einigung mit dem Nuntius Serra Cassano zu erzielen« (Witetschek o. J. S. 12). Doch es gab auch kritische Stimmen, vor allem in Teilen des Augsburger Diözesanklerus, der sich eindeutig gegen F. aussprach. Lothar Anselm Freiherr von Gebsattel (1761-1846), der zukünftige Erzbischof von München und Freising, formulierte unverblümt in einem Schreiben an den Nuntius, daß »die Geistlichkeit von Augsburg über die Ernennung Frauenbergs zum Bischof von Augsburg aufs höchste aufgebracht und erregt sei, weil man denselben auf keinen Fall als Bischof haben wollte« (zit. n. Bastgen 1940, Bd. I, S. 348). Ebenso waren der damalige Kronprinz und nachmalige König Ludwig I. von Bayern (1786-1868) sowie der Professor für Theologie und spätere Bischof von Regensburg, Johann Michael Sailer (1751-1832), mit der Ernennung F.s nicht einverstanden. Letztgenannter, welcher bei der Besetzung des Augsburger Bischofstuhls sich übergangen fühlte, schrieb, es sei recht apostolisch »'Gutes zu tun, aber Böses zu erfahren'. Es wurde ihm in dem Regensburger Kanoniker, dem Freiherrn von Fraunberg, ein ,Illuminat', ,Vertrauter Montgelas', ein unbedeutender Spötter vorgezogen - allerdings ein wandlungsfähiger, ,aber garantiert kein Mystiker'«, wie Josef Staber (1966, S. 179) etwas spöttisch in seiner Monographie über das Bistum Regensburg konstatierte. — Nach Beilegung des Konflikts um das Konkordat und der päpstlichen Bestätigung (27. Juni 1821) wurde F. am 11. November (andere Quellen sprechen vom September) 1821 von »Se. Exellenz den Hochwürdigsten Herrn Franz Serra, aus den Herzogen von Cassini (1751-1832; M. B.), Erzbischof zu Nizäa, und ordentlichen Nuntius Sr. päpstlichen Heiligkeit am königl. baier. Hofe« und weiteren Würdenträger zum neuen Oberhirten des Bistums Augsburg geweiht. Seine ersten Amtshandlungen zu Beginn des Episkopats galten der innerkirchlichen Erneuerung. Diese beinhaltete die Neuordnung der Diözesangrenzen und Dekanate, die Reorganisation und Wiedererrichtung des Domkapitels, die ethisch-religiöse Stärkung und straffere Erziehung des Klerus (Tanzboden- und Wirtshausverbot) sowie Wiederherstellung der kirchlichen Disziplin bei den Geistlichen, die religiös-asketische Erziehung der zum geistlichen Stand Berufenen, als auch die christlich-moralische Erziehung der Jugend allgemein. Entschieden ging F. gegen die in Schwaben weit verbreitete Erweckungsbewegung (mit Hochburgen in Gundelfingen, Lauingen, Gundremmingen, Karlshuld, Tattenhausen, Aislingen etc.) vor, mit der einige Geistliche (dazu zählten auch mehrere, die Schüler Johann Michael Sailer waren), seines Bistums sympathisierten. Vor folgenden drei Schriften der »Aftermystiker« warnte der Bischof seine Geistlichen besonders: - »1. Geist des Lebens und der Lehre Jesu Christi im Neuen Testament in 6 Bänden; 2. Kleine Seelenweide für hungrige und durstige Schäflein: und 3. Christliches Glaubensbekenntnis des Pfarrers Henhöfer und Mühlhausen« (Witetschek o. J., S. 42). — Dem Bischof gelang es nicht, die Erweckungsbewegung zu unterdrücken, so daß seine Nachfolger mit der Angelegenheit befaßt blieben. — Da der

Augsburger Bischof als umsichtiger Vorsteher seiner Diözese in der Gunst des bayerischen Königs und Roms stand, konnte es nicht ausbleiben, daß er noch zu Höherem berufen wurde. Nach dem Ableben des lange siechen ersten Erzbischofs von Bamberg, Joseph Graf von Stubenberg (1740-1824), der seine Erzdiözese nie gesehen hatte, wurde F. am 10. März 1824 zu dessen Nachfolger nominiert. Seine päpstliche Translation und die Verleihung des Pallium erfolgte am 24. Mai 1824. Auch in Bamberg ging der Oberhirte sogleich ans Werk. Diesbezüglich ist nachzulesen. — »Die insgesamt 187 Seelsorgestellen wurden im Jahre 1826 in 20 Dekanate integriert... Eine ganze Anzahl säkularisierter Kirchen wurde durch seine Initiativen und Aktivitäten wieder einer gottesdienstlichen Verwendung zugeführt und im protestantischen Coburg (das mit päpstlicher Zustimmung der Erzdiözese Bamberg zugeordnet wurde; M. B.) gar ein neues Gotteshaus begründet... Den Klöstern in Gößweinstein, Marienweiher und Vierzehnheiligen, die zu dieser Zeit nur spärlich besetzt waren, übertrug Frauenberg die Sorge für die dortigen Wahlfahrten. Mit der Unterstützung des Erzbischofs erreichte die Bamberger Bürgerschaft im Dezember 1825 die Aufhebung des in Bamberg 1803 erlassenen Verbots, Weihnachtskrippen (in Gotteshäusern; M. B.) aufzustellen... Ferner erreichte nach wiederholten Petitionen der Bamberger Oberhirte schließlich am 29. Oktober 1827 eine Entschließung des Königs, die den Fortbestand des Instituts der Englischen Fräulein in Bamberg für die Unterrichtung der Mädchen sicherte« (Gehringer 1997, S. 98 f). — Mit Nachdruck setzte sich F. für die Hebung der Sitten und der Moral in seiner Erzdiözese ein. Er warnte stets, »vor sinkender Moralität durch allzu häufige ‚Tanzmusiken und Schwärmereien'. Ein verbreiteter Mißstand, der schließlich mit Ministerialreskript vom 12. Februar 1836 und durch die Mithilfe der Pfarrämter eingedämmt werden sollte (Göller 2007, S. 331). Des weiteren galt seine besondere Sorge den wachsenden Problemen der Mischehen, näherhin der Erziehung der Kinder aus konfessionsverschiedenen Ehen. Dieser Mischehenstreit wurde auch im Königreich Bayern, nicht nur in Preußen geführt. Seinerzeit gab es noch keine im bürgerlichen Recht verankerte Ehe, vielmehr hatten kirchliches Aufgebot und kirchliche Trauung ihre zivilrechtliche Gültigkeit begründet. Gerade wegen der großen Anzahl von Mischehen in Schwaben und vor allem im protestantisch geprägten Franken vertrat F. eine gemäßigtere Haltung als die römische Kurie und mancher seiner Amtsbrüder (hier allen voran die hohen Würdenträger von den Diözesen München und Freising, Passau sowie Regensburg). Auf Anregung des Erzbischofs versuchten die bayerische Regierung und König Ludwig I. höchstpersönlich von Rom eine Milderung der strengen Mischehenvorschrift zu erlangen. Trotz enormer Widerstände seitens des hochstehenden Klerus gelang es der königlichen Regierung, daß die päpstliche Regierung Zugeständnisse machte: - »Schweren Herzens und unter eindringlicher Ermahnung der Bischöfe, sie sollten auf das Sorgsamste wachen, daß nicht die kirchlichen Gesetze in Verachtung gerieten, gestand der Papst bei Abschluß gemischter Ehen ohne Garantie katholischer Kindererziehung die Proklamationen und die Ausstellung von Ledigscheine. Für den äußersten Fall erlaubte er sogar passive Assistenz. Doch auch das war der Regierung noch nicht genug. Sie erreichte tatsächlich auf Kosten der päpstlichen Verordnung weitere Zugeständnisse vom Bischof von Augsburg und vom Erzbischof von Bamberg« (Sieweck 1955, S 122). — Gerade im bayerischen Mischehenstreit zeigte sich ein Grundzug des hohen kirchlichen Würdenträgers, seine konziliante Haltung dem Monarchen und seiner Regierung gegenüber. Diese Pflichttreue lag darin begründet, daß der Erzbischof aufgrund der Verfassung erblicher Reichsrat der Krone Bayerns war. Als solcher wurde er 1826 zum Vizepräsident der »Kammer der Reichsräte« gewählt. F.s Verbundenheit mit dem Königshaus wird weiter deutlich, daß F. in Zeiten politischer Unruhen (nach 1830) Stellung gegen die revolutionären Bewegungen nahm und seine Diözesanen ganz im Sinne des Regenten zum Gehorsam gegenüber der staatlichen Gewalt mahnte. Ferner empfahl er 1832 die neu gegründete »Bayerische Staatszeitung« und demonstrierte seine Anhänglichkeit an das Herrscherhaus »1829 auch durch seine Beteiligung an der Ausschmückung von deren Stammburg in Wittelsbach. Auf Anregung von König Ludwig I. führte er eine Innenrestauration des Bamberger Domes durch« (Urban 1983, S. 208), die

1837 abgeschlossen wurden und das Gotteshaus purifizierten. — Am 17. Januar 1842 starb der zweite Erzbischof von Bamberg im Alter von 73 Jahren. Er wurde beim Fürstenportal des Bamberger Domes beigesetzt. Auf der Grabplatte ist der 12. Oktober 1767 als Geburtsdatum eingeritzt.

Archive: Archiv des Bistums Augsburg, 86152 Augsburg; Archiv des Erzbistums Bamberg, 96049 Bamberg; Bayerisches Hauptstaatsarchiv, 80539 München; Fraunbergsches Hausarchiv, 85447 Fraunberg; Ida-Seele-Archiv, 89407 Dillingen/Donau.

Lit. (Ausw.): Bastgen P. B.: Bayern und der Heilige Stuhl in der ersten Hälfte des 19. Jahrhunderts. 2 Bde., München 1940; Bosl, K. (Hrsg.): Bosls Bayerische Biographie. 8000 Persönlichkeiten aus 15 Jahrhunderten, Regensburg 1983, 217-218; Gehringer, H.: Joseph Maria Johann Nepomuk Freiherr von Fraunberg (1768-1842), in. Urban, J. (Hrsg.): Die Bamberger Bischöfe. Lebensbilder, Bamberg 1997, 87-106; Dresch, J. C.: Kurzgefaßte Lebensbeschreibung seiner Excellenz des Hochwürdigen Herrn Erzbischofs Joseph Maria Nepomuk von Bamberg, Bamberg 1841; Göller, L. (Hrsg.): 1000 Jahre Bistum Bamberg 1007 - 2007. Unterm Sternenhimmel. Katalog, Petersberg 2007; Gschwendner, K.: Freiherr von Fraunberg. Pfarrer und Erzdekan in Cham - Gründer der bayer. Volksschule, in: Der Regenkreis 1968/H. 2, 34-36; Körner, H.-M. (Hrsg.): Großes Bayerische Enzyklopädie. Bd.1 A-G, München 2005, 559; Sieweck, P.: Lothar Anselm Freiherr von Gebsattel, der erste Erzbischof von München. Ein Beitrag zur Geschichte der katholischen Restauration im Königreich Bayern, München 1955; Urban, J.: Frauenberg, Joseph Maria Johann Nep. Freiherr von (1768-1842), in: Gatz, E.: (Hrsg.): Die Bischöfe der deutschsprachigen Länder 1785/1803 bis 1945. Ein biographisches Lexikon, Berlin 1983, 206-208; Urban, J.: Das Bistum Bamberg in Geschichte und Gegenwart. Teil 4: Die Zeit des Erzbistums, Strasbourg 1996; Staber, J.: Kirchengeschichte des Bistums Regensburg, Regensburg 1966; Witetschek, H.: Studien zur kirchlichen Erneuerung im Bistum Augsburg in der ersten Hälfte des 19. Jahrhunderts, Augsburg o. J., 9-14.

Webseiten: http://de.wikipedia.org/wiki/Joseph_Maria_von_Fraunberg (25.1.2008); — http://www.fraunberg.de/geschichte.shtml (25.1.1008); — http://home.foni.net/~adelsforschung/leucht.htm (25.1.1008); — http://de.wikipedia.org/wiki/Erzbistum_Bamberg (25.1.2008).

Manfred Berger

FRIEDBERGER, Johann Thomas oder Thoman (auch Thomas oder Thoman, Johann) * um 1548 in Friedberg bei Augsburg, am 4. Mai 1566 in die Tübinger Universitätsmatrikel eingeschrieben. Von 1573 bis 1581 war er Rat und Privatsekretär des schwenkfeldisch gesinnten Bischofs Marquard von Speyer. Danach verliert sich seine Spur. Seine integrierende und koordinierende Rolle innerhalb des süddeutschen Schwenkfeldertums kann derzeit nur erahnt werden.

Werke: Carmen lugubre in obitum reverendissimi et nunquam satis laudati principis et domini D. Marquardi episcopi Spirensis...Speyer 1581 (bei Bernhard Albin).

Lit.: H.-P. Mielke: Das Trauergedicht des Johann Thoman Friedberger auf Bischof Marquard von Speyer. Archiv für mittelrheinische Kirchengeschichte 59 (2007), 481-485.

Heinz-Peter Mielke

FRIEDRICH, Daniel (* um 1550 in Straßburg oder Umgebung, † (?)1609/10) in Eberstein, 1571-1582 schwenkfeldischer Pfarrer in Justingen und zugleich Lehrer (Schulmeister) und Haushofmeister der von Freyberg-Justingen, bis 1584 und vielleicht auch darüberhinaus; 1607 Pfarrer zu Kirchardt bei Sinsheim, im selben Jahr wohnhaft in Eberstein. Auf Druck des Herzogs von Württemberg wurde Friedrich in seiner Eigenschaft als Pfarrer von Justingen entlassen, hielt sich aber weiterhin in den freybergischen Territorien auf der Alb auf. Wann er sein Amt in Kirchardt antrat, ist offen wie auch seine Funktion in Eberstein. Friedrich hatte einen Bruder namens Samuel, ebenfalls ein Schwenkfelder, war zweimal verheiratet und hatte Kinder. Das von Eylenstein (1930) ihm zugewiesene Monogramm E.B. ist irrig, da sich dieses als »Euer Bruder« auflösen läßt. Statt eines Namens finden wir für ihn folgende Autorenumschreibungen: Liebhaber des Eifers (1590), Liebhaber der Wahrheit (1607), Mitbekenner und Zeuge der Glorie Christi. Seine Korrespondenten sind die Gutherzigen, Wahrgläubigen, Gottesfürchtigen, die wahren Christen, die Kinder des Lichts oder Christi verborgene Kinder. Er selbst nennt diejenigen, die mit ihm auf einer Linie liegen, »Bekannte« (im Sinne von Bekennende) im Gegensatz zu den Schwenkfeldern, die ihren Glauben nicht so intensiv verinnerlicht haben. — Friedrich gehörte dem liberalen Schwenkfeldertum an, und er pflegte auch Kontakt zu Personen, die sich später im Umkreis des Regnums Christi bewegten. Er korrespondierte mit Gesinnungsfreunden von Augsburg bis nach Danzig. Sein handschriftlicher Nachlaß wie auch sein Testament befinden sich in der Franckschen Stiftung in Halle. Seine Schriften sind weitgehend theologisch-pädagogische Werke.

Gedruckte Werke (meist anonym): Vom christlichen Streit und der Ritterschaft Gottes Sampt einer Protestation, Verantwortung und Rechenschaft des Glaubens, 1583 (als Herausgeber, Autor ist Kaspar Schwenckfeld. Druck womöglich in der freybergischen Druckerei; es ist kein Exemplar erhalten.); Vom Eyffer, seinem herkommen vnd vnderscheid, dann etwas nothwendiges von den Phariseern, 1590, weitere Auflage 1624; Vom Ebenbild Gottes Wesens...., 1608; Das vierdte Theil von der Kirchen. Ein hochnützliches Stück von Notwendigkeit der Prueffung.... 1608; Vom Ewigen Wort Gottes...., 1609; Von der Liebe vnd ihrem Geheimnuß. Ein ausführlichs vnnd gemehrts Bedencken.... 1609; Ein schön Bedencken von der Liebe vnd ihrem Geheimnis, darin viel schöne Stücke Christlichen Glaubens angehandelt werden, Straßburg 1612 nach Manuskript von 1609; Unpartheyische Christliche gantz nutzliche vnd grundliche Fragen von Göttlicher Fürsehung vnser Seligmachung vnd von der christlichen Kirchen, 1619; Von der göttlichen Fürsehung, 1619, weitere Auflage 1624; Ein hochnützlicher Tractat. Von Nothwendigkeit der lang verborgenen Pruefung deß Innerlichen Worts vnd Gnaden Gottes...., 1623, zweite Auflage von 1624, dritte Auflage Amsterdam 1699 unter dem Titel: Das bisher verworffen gelegene seelige Geheimnis der Prüfung oder ein hochnützliches Tractatlein von der hohen Notwenigkeit der stetigen Prüffung vnd grundlichen Erforschung sein selbst.... nach Manuskript von 1608; Das dritte Theil Von der Kirchen. Frag vnd Antwort vom Hierusalem im Himmel vnd Mutter aller Kinder Gottes vnd von Babel, 1624 nach Manuskript von 1608; Osterlämmlein, d. i. kurtzer Begriff von des Sohnes Gottes Leyden im Fleisch vnd Vollendung nach dem Fleisch in die erste Geburt auß den Todten, 1624; Ein kurzer Begriff Von der würcklichen vnd thätigen Liebe Christi, ihrem Nutz vnd Frucht, 1624; Ein nothwendig Bedencken vber die Sechs erste Capitul der Offfenbahrung Johannis, In zwey Theil abgetheilt, beide Teile von 1624 nach Vorlage von 1607; Nutzliche vnd Schöne Erklärung des Ersten Capitells Geneseos, darinn das Geheimnus Gottes vnd seines Willens nach verlihener gnaden angezeigt.... 1626, in zwei Auflagen nach Manuskript von 1608, eine Auflage mit Nennung des Verfassers; Ein schön geistreiches Büchlein oder Christliche vnnd nützliche Fragstück, daß alle Christen vom größten biß zum kleinsten .... von Gott müßen gelehret werden...., 1643; Drey kleine, aber doch hohe, gantz nutzliche Betrachtungen, ohne Jahr; Bedencken vnnd Fragen, nach welchen man sich in die Wort deß Herrn vnd seines Geists in heiliger Schrifft richten möchte lehrnen, ohne Jahr nach Manuskript von 1610.

Verlorengegangene Schriften (ob Druck oder Manuskript bleibt offen): Catholischer Glaube; Erklärung des Evangeliums Johannis; Büchlein vom Testament; Vom Geheimnis des Thiers von der Erden aufsteigend; (Von) Heiligen; Sammlung seiner Auserwählten; Voller oder reicher Ausgang aus Babel; Entgegen, herausgegeben von Wilhelm Schwartz (nicht weiter bibliographisch verifizierbar). Ob es ein erstes und zweites Werk »Von der Kirchen« gab, ist fraglich; es ist auch denkbar, dass zwei anders titulierte Werke als Folge 1 und 2 galten.

Lit.: Ernst Eylenstein: Daniel Friedrich (†1610). Ein Beitrag zum mystischen Seperatismus am Ende des 16. Jahrhunderts in Deutschland. Langensalza 1930.

Heinz-Peter Mielke

FROBENIUS, Leo Viktor, Ethnologe; * 29. Juni 1873 Berlin, † 9. August 1938 Biganzolo/Italien. — Leo Frobenius war der bekannteste deutsche Ethnologe in den ersten Jahrzehnten des 20. Jahrhunderts. Seine Bücher erschienen in großen Auflagen und erreichten einen weiten Kreis interessierter Laien. — Das Lebenswerk von Frobenius läßt sich in zwei Teile zerlegen; der Erste Weltkrieg bildet eine Scheidelinie. Inspiriert wurde Frobenius zunächst durch seinen Großvater Heinrich Bodinus, der seit 1871 Direktor des Zoologischen Gartens in Berlin war und enge Kontakte zu bekannten Afrikareisenden pflegte (er sei sozusagen auf dem Schoß von Gustav Nachtigal groß geworden, hat Frobenius einmal bemerkt). Und: im Zoo wurden in dieser Epoche die Menschen anderer Kontinente und Kultur Tieren gleich dem Publikum vorgeführt, so daß Frobenius erste visuelle Eindrücke erhielt, insbesondere von Afrika - dem Kontinent also, dem seine besondere Liebe galt. — Frobenius besuchte wohl verschiedene Gymnasien, das Abitur blieb ihm jedoch versagt. Nach einem kurzen Aufenthalt auf einem Bauernhof absolvierte er eine Kaufmannslehre in Bremen. In dieser Zeit sah er nicht nur im Bremer Hafen die Schiffe aus fernen Weltgegenden ein- und auslaufen (einschließlich der angeheuerten ausländischen Arbeitskräfte), sondern beschäftigte sich in seiner Freizeit intensiv mit Reisebeschreibungen und Forschungsberichten, die Afrika betrafen. Anstelle eine kaufmännische Karriere einzuschlagen, engagierte sich Frobenius mit großem Interesse an den völkerkundlichen Museen in Bremen und Basel und publizierte ab 1893 wissenschaftliche Aufsätze und Bücher. In Bremen lernte er den dort angestellten Ethnologen Heinrich Schurtz kennen, der ein bekanntes Werk über Männerbünde verfaßt hat. Frobenius versuchte sich seinerseits an einer Dissertation über afrikanische Geheimbünde, die Annahme wurde freilich von einer deutschen Fakultät verweigert. Frobenius sammelte leidenschaftlich ethnographische und ethnologische Motive und Bilder; 1898 weitete er in Berlin seine Sammlung zu einem `Afrika-Archiv´ aus. Zu dieser Zeit arbeitete Frobenius am Museum für Völkerkunde in Leipzig mit. — Von Anfang an war Frobenius von dem Versuch getrieben, die isolierten Einzelbeobachtungen der von ihm rezipierten Forschungsreisenden zu ordnen und in ein übergreifendes, alle Kulturen in ihrer historischen Genese umfassendes System zu integrieren. Dabei stützte sich Frobenius sowohl auf den materiellen Kulturbesitz wie auch auf die geistige Seite der untersuchten Kulturen: auf Weltanschauung, Mythologie und Religion. — 1897 veröffentlichte Frobenius den Aufsatz `Die Kulturkreislehre´. Aus scheinbar identischen Kulturelementen wird auf den Bestand eines `Kulturkreises´ geschlossen, eines an eine Region gebundenen, jedoch überethnischen Gebildes. Frobenius insistierte darauf, daß afrikanische `Kulturformen´ keine eigenständigen Entwicklungen hinter sich gebracht hätten, sondern unter dem Druck der aus dem asiatisch-ozeanischen Raum einströmenden kulturellen Innovationen - also durch Diffusion - entstanden seien. Frobenius propagierte ein romantisch-spirituelles Kulturkonzept: Kultur und alle ihre Teile (etwa die Wissenschaft) entwickeln sich gleich einem lebendigen Organismus; als eine metaphysische Entität führt die Kultur ein Eigenleben unabhängig von Menschen und Völkern. Zu diesem Zeitpunkt vertrat Frobenius ein evolutionistisches und universal gültiges Kulturkonzept; anhand der jeweiligen Weltanschauung lasse sich der kulturelle Fortschritt bemessen. Auf die `naive Weltanschauung´ der `Primitiven´ sei die `Weltanschauung der hohen Mythologie´ gefolgt, die von der `manistischen Weltanschauung´ und schließlich von der `geistigen Weltanschauung´ abgelöst worden sei. Der `Kampf ums Dasein´ sei der Motor der Evolution - Frobenius bestand zu diesem Zeitpunkt auf den `naturwissenschaftlichen´ Charakter seiner Lehre. Die kulturphilosophischen Überlegungen Frobenius´ basierten in dieser Phase seines Schaffens vornehmlich auf den Theorien von Friedrich Ratzel und Adolf Bastian. Wichtige Anregungen dürfte Frobenius überdies von dem Rechtshistoriker und Altertumsforscher Johann Jacob Bachofen empfangen haben. Bachofen hatte 1861 sein berühmtes Werk `Das Mutterrecht´ vorgelegt; eine Interpretation antiker Mythen, die ihre Spuren in zahlreichen akademischen Fächern hinterlassen hat. — Ab 1904 suchte Frobenius seine durch ausgiebiges Literaturstudium gebildete Kulturtheorie durch ethnographische Erforschung vor Ort zu vertiefen. Insgesamt unternahm er zwölf Expeditionen nach Afrika. Die erste Reise 1904 führte ihn in den Kongo; er erforschte u.a. die Ethnien am Kiulu. Der passionierte Sammler brachte ca. 8000 Objekte afrikanischer Kunst von dieser Expedition mit nach Hause. Auch auf den sich anschließenden Reisen hat Frobenius ausgiebig seiner Sammlerleidenschaft gefrönt. Neben indigener Kunst waren es die lokalen Mythen und Legenden, die ihn in ihren Bann zogen. So brachte er von seiner dritten Reise 1910 nach Nordafrika eine umfangreiche Sammlung von Berbermärchen mit. Die vielleicht spektakulärsten Funde aber waren die Felsbild-Dokumentationen, die Frobenius in den Jahren 1926-1935 während der Expeditionen 7-12 in die Sahara und nach Südafrika anlegte. — Zu den interessierten Lesern und Förderern des Ethnologen zählte der letzte deutsche Kaiser, Wilhelm II. Im Dezember 1912 hatte Wilhelm II. Frobenius eine halbstündige Audienz gewährt und war von dessen Theorien so fasziniert, daß er den Forscher am Abend zu einem mehrstündigen privaten Gespräch empfing. Fortan bestand ein reger Kontakt zwischen dem Kaiser und dem Ethnologen, Wilhelm II. wurde zum Mäzen mancher Unternehmungen. Frobenius´ siebte Expedition, die 1915 durch die Türkei bis nach Äthiopien führte, war als `Kaiserliche Geheimmission´ deklariert. Dieser Kontakt hielt bis zum Exil des Kaisers in Holland an und manifestierte sich dort in der `Doorner Arbeitsgemeinschaft´. Insbesondere waren es vermutlich Frobenius´ nach dem 1.Weltkrieg erschienene Studien und Interpretationen des sakralen Königtums, die den Kaiser fasziniert haben, zumal sich diesem die Parallelen zur untergehenden Monarchie in Mitteleuropa aufgedrängt haben dürften. Während britische Ethnologen wie Evans-Pritchard und Gluckman den politischen Kern dieser Institution und der der damit verbundenen Rituale freizulegen suchten, ist nach Frobenius der machtvolle Gottkönig das Symbol einer Gemeinschaft, die ergriffen, hingebungsvoll und von profanen Zwecken unberührt die ewig gültige und heilige Ordnung des Kosmos spielt - `die große Tragödie vom Werden und Vergehen´ -, die ihren Ausdruck im Jahreszeitenwechsel und im Wandel der Gestirne findet. In seinen eigenen Schriften griff Wilhelm II. Frobenius´ Theorien über archaische Religiosität auf. — In den Jahren 1920-1922 verlegte Leo Frobenius das Afrika-Archiv zunächst nach München und benannte es in `Forschungsinstitut für Kulturmorphologie´ um. Das Archiv war nun in einem Trakt des Nymphenburger Schlosses untergebracht. Es war seinerzeit die einzige außerakademische, gleichwohl aber von wissenschaftlichem Anspruch getragene Einrichtung der Völkerkunde in Deutschland. Frobenius begann mit den Arbeiten am `Atlas Africanus´, der von 1921-1931 in acht Teilen herausgegeben wurde. Und Frobenius - siehe sein 1921 erstmals erschienenes Werk `Paideuma. Umrisse einer Kultur- und Seelenlehre´- goß seine `Kulturkreislehre´ in die endgültige Form der Kulturmorphologie. Kultur interpretierte er nun als `Paideuma´; das Paideuma (Kulturseele) manifestiere sich in einer spezifischen Kulturform, die sich über einen eingegrenzten geographischen Raum erstrecke. Kultur wird so zu einer selbständigen Wesenheit, die das Leben der Einzelnen determiniert: sie `ergreife´ den Menschen. Kulturen, das ist die erkenntnistheoretische Position der Kulturmorphologie, lassen sich nicht analytisch erschließen, sondern lediglich intuitiv erfassen; dies setzt die Anerkennung eines vorgegebenen Planes voraus. Die vermeintlich `naturwissenschaftliche´, tatsächlich sozialdarwinistische Position der frühen Kulturkreislehre ist von Frobenius aufgegeben worden zugunsten eines metaphysischen Kulturverständnisses, die evolutionistische Tönung ist einer zivilisationskritischen gewichen: die Gegenwart interpretierte Frobenius als Epoche der `Anwendung´, d.h. zweckrationalen Denkens, wohingegen die Vergangenheit ein Zeitalter des `Ausdrucks´, d.h. zweckfreier paganer Religiosität durchlaufen habe. Weiter ist die Kulturmorphologie bestimmt von der Dichotomie zwischen den äthiopischen (bodenbauenden) und den hamitischen (viehzüchtenden) Kulturen - eine Dichotomie, die Frobenius zufolge in erster Linie eine seelische Differenz bedeutet und zugleich den Unterschied zwischen `Ausdruck´ und `Anwendung´ beinhaltet. — Die Neuausrichtung seiner Kulturphilosophie ist unter dem Einfluß Oswald Spenglers und dessen Werkes `Der Untergang des Abendlandes´ entstanden. Frobenius hatte Spengler 1919 in München kennen gelernt. Die über Jahre hinweg freundschaftliche Beziehung zerbrach offensichtlich an der von Frobenius angemaßten Lehrerrolle. Nachdem Leo Frobenius anläßlich eines Vortrags in Frankfurt/M. seine Zuhörer begeistern konnte und zahlungskräftige Spender für seine Projekte gewann, wurde das Institut für Kulturmorphologie 1925 nach Frankfurt verlegt. Die Stadt kaufte das sich im bankrotten Zustand befindliche Institut auf und schloß es der Wolfgang-von-Goethe-Universität an. Dort war Frobenius ab 1932 als Honorarprofessor tätig.1934 wurde er zum Direktor des Städtischen Museums für Völkerkunde in Frankfurt ernannt. — 1938 gründete Leo Frobenius die ethnologische Fachzeitschrift `Paideuma´, die bis zum heutigen Tage vom Frobenius-Institut Frankfurt/M. herausgegeben wird. In den dreißiger Jahren entfaltete Frobenius eine über die Völkerkunde hinausgreifende rege publizistische Tätigkeit, markant ist vor allem seine Beurteilung der NS-Machtübernahme in der `Deutschen Allgemeinen Zeitung´ in den Jahren 1933/34. Anläßlich des Zweiten Deutschen Thing 1934 in Bremen handelt ein `Schicksalskunde´ überschriebener Aufsatz von der sich gerade vollziehenden, religiös getönten `Ergriffenheit´ des deutschen Volkes. Bereits in den zwanziger Jahren hatte Frobenius die deutschnationale Dimension der Kulturmorphologie betont; der für sein Konzept zentrale - empirisch unhaltbare - Gegensatz zwischen Äthiopen und Hamiten beschränke sich keineswegs auf Afrika, sondern sei auch in Europa vorzufinden. Deutschland interpretierte der Ethnologe als eine äthiopische und insofern jugendliche und religiös-empfängliche Kultur, die sich anschicke, eine seelische Revolution zu vollziehen, die weit über die Grenzen des eigenen Landes hinausreiche. Die hamitische Kultur der westlichen Zivilisation - hier waren die im 1.Weltkrieg siegreichen Nationen gemeint - sei dagegen dem Untergang geweiht. Anders als Spengler war Frobenius von der Erneuerung der europäischen Kultur aus einem vorzivililisatorischen Geist überzeugt. — Aus dem intellektuellen Umfeld der Kulturmorphologie, die von Beginn an eine sowohl interdisziplinäre wie auch internationale Resonanz fand, ragt neben Spengler der Altphilologe Walter F. Otto heraus, der sich der Mythenforschung verschrieben hatte und der sogenannten Mythologen-Schule angehörte, die Frobenius in Frankfurt umworben und unterstützt hat. Weiter sind Ottos Freund und Schüler Karl Kerény, Graf Hermann Keyserling und Karl Reinhardt zu nennen. Außer Reinhardt haben die genannten Gelehrten weitgehend mit der herkömmlichen, rationalen Kriterien verpflichteten akademischen Tradition gebrochen. In Frankreich erschienen in den dreißiger Jahren nicht nur Übersetzungen einiger Aufsätze und Bücher von Frobenius, die von seinem Institut gesammelten Felsbilder wurden in Ausstellungen gezeigt. Die erste Ausstellung, die südafrikanische Wandmalereien und Felsbilder umfaßte, fand vom 20.11. bis 20.12. 1930 in Paris statt; Frobenius hielt in ihrem Rahmen einen Lichtbilder-Vortrag. Georges Bataille hat diese Ausstellung mit lobenden Worten in der Zeitschrift 'Documents' besprochen; er sah darin eine tiefgründige Bezugnahme zu den lebendigsten Formen einer frühen Epoche der menschlichen Evolution. Im Mittelpunkt einer zweiten Ausstellung im Jahre 1933 stand die nordafrikanische Felsbildkunst. — Auch in Italien wurden die Werke des deutschen Afrikaforschers rezipiert, zum Teil auch übersetzt. Frobenius korrespondierte und diskutierte bereits in den Jahren 1923/24 mit dem Religionsforscher Raffaelle Pettazoni (`Der allwissende Gott'). — 1936 erschien die französische Übersetzung der `Kulturgeschichte Afrikas', 1940 die der `Schicksalskunde im Sinne des Kulturwerdens'. In Frankreich lebende afrikanische Intellektuelle wie Léopold S. Senghor, Suzanne und Aimé Césaire knüpften in ihren Schriften an Frobenius' Bestehen auf Intuition und Synthese, auf Mystik und Ergriffenheit und auf einer eigenständigen `jungen' afrikanischen Kultur an. Die Kulturmorphologie lieferte die theoretische Grundlage der um eine eigenständige afrikanische Identität bemühten Strömung Négritude. Freilich hat man ausschließlich das von Frobenius kolportierte Bild der Äthiopen weiter gedacht, sein Ressentiment gegenüber den ebenso afrikanischen Hamiten blieb ausgeklammert.- Trotz der empirischen und ideologischen Probleme, die die Kulturmorphologie aufwirft, trotz der Widersprüche, die eine sich auf Intuition stützende Erkenntnistheorie prinzipiell in sich trägt, ist einzuräumen, daß Leo Frobenius nicht nur ein Liebhaber der afrikanischen Kultur war, sondern auch ihre hohe Entwicklungsstufe erkannt und anerkannt hat - eine im zeitgenössischen Kontext ungewöhnliche Position. Dank dieser Positionierung hat er die Originalität und Qualität afrikanischer Kunst richtig eingeschätzt. Als rassenbiologische Argumentationsmuster en vogue waren, hat Frobenius konsequent den Vorrang der Kultur vor der Rasse betont. Fruchtbar ist bis heute seine Interpretation des archaischen Menschen als homo mimus. Überdies hat Frobenius die poetische Dimension jeder Ethnologie reflektiert. — Leo Frobenius verstarb 1938 in seinem italienischen Domizil in Biganzolo am Lago Maggiore an einem Herzanfall. Der Forscher litt über Jahrzehnte unter seinem labilen Gesundheitszustand. Während seiner ersten Afrikaexpedition war er von einem vergifteten Pfeil getroffen worden, die Wunden am Schienbein verheilten niemals und bereiteten gerade in den letzten Lebensjahren große Schmerzen. Überdies machten ihm Angina pectoris-Anfälle zu schaffen. Sein Mitarbeiter Hans Rhotert überführte den bereits Toten am 1.August 1938 im Auto nach Frankfurt. — Nach dem Tod von Leo Frobenius sollte sein Schüler Adolf Ellegard Jensen das Institut für Kulturmorphologie übernehmen. Dies scheiterte am Einspruch nationalsozialistischer Politiker, die sich am Vorrang, den die Kulturmorphologen der Kultur vor der Rasse einräumen, stießen. Jensen wurde 1940 sogar die Venia legendi entzogen. Nach dem 2.Weltkrieg wurde Jensen zum Ordinarius für Völkerkunde an der Universität Frankfurt ernannt. Das Institut für Kulturmorpologie heißt seit 1946 `Frobenius-Institut'. Jensen suchte die Kulturmorphologie von ihrem ideologischen Ballast zu befreien und konzentrierte sich auf religionswissenschaftliche Aspekte. In seinem Hauptwerk `Mythos und Kult bei Naturvölkern' (1951) formulierte Jensen den Gedanken, daß die Trennung zwischen säkularer und profaner Sphäre das Dilemma der Moderne verkörpere. Die Genese monotheistischer Weltbilder bedeutet Jensen zufolge die Entgöttlichung der Welt. Insbesondere bei viehzüchtenden Kulturen hätten sich Hochgottvorstellungen ausgeprägt, die die rationalistischen Tendenzen der Moderne begründet hätten. Gegen die entzauberte und zerrissene Welt der Gegenwart entwarf Jensen das Bild der göttlichen Vergangenheit `altpflanzerischer´ Gesellschaften, deren Weltbild von der Vorstellung einer gewaltsam getöteten Gottheit besetzt gewesen sei, aus deren Körperteilen eßbare Pflanzen und andere Kulturgüter entsprossen. Dieser Schöpfungsakt sei in der Mythologie der Altpflanzer thematisiert und in kultischen Handlungen wieder und wieder reaktualisiert worden. Jensen spricht in diesem Zusammenhang von zweckfreien Darstellungen einer `erkannten Wirklichkeit´. Er reproduziert insofern die bei Frobenius angelegte Dichotomie zwischen Äthiopen und Hamiten.- Jensens Überlegungen zu archaischen Gesellschaften sind u.a. in die Institutionentheorie von Arnold Gehlen (`Urmensch und Spätkultur´, 1956) und in die religionswissenschaftliche Theorie von Gunnar Heinsohn (`Die Erschaffung der Götter: das Opfer als Ursprung der Religion´, 1997) eingeflossen.

Werke: Staatenentwickung und Gattenstellung im südlichen Kongobecken, in: Deutsche Geographische Blätter, 16 (3), 1893:225-250 (Wiederabdruck in: Erlebte Erdteile, Bd. 1, 1925: 71-124); Die Fensterthüren im Congo-Becken, in: Globus, 64, 1893:326-328; Die Ba Tshonga, in: Globus, 65, 1894: 206-210; Die Geheimbünde Afrikas. Ethnologische Studie, Hamburg 1894; Hühner im Kult. Studie aus West-Afrika, in: Mitteilungen aus den Deutschen Schutzgebieten, 7, 1894: 265-270; Die Keramik und ihre Stellung zur Holzschnitzerei im südlichen Kongobecken, in: Intern. Archiv für Ethnographie, 7, 1894:10-32; Der Handel im Kongobecken, in: Deutsche Geographische Blätter, 17 (3), 1894: 208-229; Die Zweige afrikanischer Weltanschauung, in: Feestbundel van Taal-, Letter-, Geschied- en Aadrijkskundige Bijdragen ter Gelegenheid van zijn tachtigsten Geboortedag aan Dr. P. J. Veth door eenige Vrienden en Oudleerlingen aangeboden, Leiden; Rezension von: Oskar Baumann, Durch Massailand zur Nilquelle (Berlin 1894), in: Deutsche Geographische Blätter, 17, Bremen 1894: 253f. (dazu Antikritik und Entgegnung ebd.: 336-340); Rezension von: Lieutenant Masui, D´Anvers à Banzyville, lettres illustrées (Brüssel 1894), in: Globus, 66, 1894: 291; Museen für Völkerkunde, in: Mitteilungen der Ethnogr. Sammlung der Universität Basel, Heft 2, 1895: 160-165; Ein Motiv des Gefäß-Cultes, in: Verhandlungen der Berliner Gesellschaft für Anthropologie, Ethnologie und Urgeschichte, 1895: 532-549 (Wiederabdruck unter dem Titel: Der Seelenwurm, in: Erlebte Erdteile, Bd.1, 1925: 185-207); Holzwaffen und Industrieformen Afrikas, in: Globus, 68, 1895: 218-221; Die afrikanische Baumverehrung, in: Aus allen Weltteilen, 27, Berlin 1895/96: 290-294; Die Kunst der Naturvölker, in: Westermanns Illustrierte Deutsche Monatshefte, 79, 1895/96: 329-340, 593-606; Bedeutung, Umfang und Behandlungsweise der Maskenkunde, in: Verhandlungen der Naturforscherversammlung in Lübeck, 1896: 133-141; Stilgerechte Phantasie, in: Intern. Archiv für Ethnographie, 9, 1896: 129-136 (Wiederabdruck in: Erlebte Erdteile, Bd. 1, 1925: 131-154; Das Hakenkreuz in Afrika, in: Intern. Archiv für Ethnographie, 9, 1896: 205-207; Ein Teponaztli im Ethnographischen Museum der Universität Basel, in: Intern. Archiv für Ethnographie, 9, 1896: 252; Der Kameruner Schiffsschnabel und seine Motive, in: Nova Acta. Abhandlungen der Kais. Leop.-Carol. Deutschen Akademie der Naturforscher, 70, Nr. 1, 1897; Die afrikanische Religion, in: Afrika, Neuhaldensleben, 1897; Die bildende Kunst der Afrikaner, in: Mitteilungen der Anthropolog. Gesellschaft in Wien, 27 (17), 1897: 1-17; Beitrag zur afrikanischen Keramik, in: Intern. Archiv für Ethnographie, 10, 1897: 155; Notizen über Masken und Maskeraden von Neu-Pommern und Duke of York, in: ebd.: 69f.; Über Fische in melanesischen Masken, in: ebd.: 206-209; Der westafrikanische Kulturkreis, in: Petermanns Geographische Mitteilungen, 43, 1897: 225-236, 262-267, 44, 1898: 193-204, 265-271; Die Entwicklung der Geheimbünde Oceaniens, in: Leopoldina, 24, Heft 34, Leipzig 1898; Die Masken und Geheimbünde Afrikas, in: Nova Acta. Abhdl. der Kais. Leop.-Carol. Deutschen Akademie der Naturforscher, 74, Leipzig 1898; Der Ursprung der afrikanischen Kulturen, Berlin 1898; Die Weltanschauung der Naturvölker, Weimar 1898 (Kap. 22 wieder abgedruckt unter dem Titel: Die Religion vom Standpunkte der Ethnologie, in: Erlebte Erdteile, Bd. 1, 1925: 209-242; Über die Eidechsen in melanesichen Masken, in: Intern. Archiv für Ethnographie, 11, 1898: 82-85; Über die Vögel in melanesischen Masken, in: ebd.: 130f.; Über Schädelmasken, in: ebd.: 162-164; Über die Masken der Neuhebriden, ebd.: 164; Der Ursprung der afrikanischen Kulturen, in: Zeitschrift der Gesellschaft für Erdkunde zu Berlin, 33, 1898: 111-125 (Engl. Übers.: The origins of African civilizations, in: Smithonian Report for 1898, Washington 1900; Die Entwicklung der Geheimbünde Oceaniens, in: Leopoldina, 24 (34) 1898; Die Buschvölker, in: Afrika, Neuhaldensleben 1898; Rezension: Löbel, D. Theophil: Hochzeitsbräuche in der Türkei, Amsterdam 1897, in: Petermanns Geogr. Mitteilungen, 44, 1898; Die naturwissenschaftliche Culturlehre, in: Naturwissenschaftliche Wochenschrift, Heft 20, Berlin 1899 (Wiederabdruck in: Die Probleme der Kultur, 1901, weiter in: Erlebte Erdteile, Bd. 1, 1925: 307-367); Die Geschichte der afrikanischen Kultur, in: Afrika, 1899: 245-156, 272-284, 303-309; Völkerkunde und Kolonialpolitik, in: Deutsche Kolonialzeitung, 1899, 36, 1899; Die Nackenstütze Neuguineas, in: Centralblatt der Bauverwaltung, 19, 1899: 553-556, 557-559 (Wiederabdruck unter dem Titel: Eine Kritik der Formwendung, in: Erlebte Erdteile, Bd. 2, 1925: 261-289; Das `Gute und Böse´ der Naturvölker, bemessen nach dem Seligkeitsglauben, in: Zeitschrift für Missionskunde und Religionswissenschaft, 14, 1899: 321-336 (Wiederabdruck in: Erlebte Erdteile, Bd. 3, 1925: 43-89; Die englische Weltherrschaft, in: Beiträge zur Kolonialpolitik und Kolonialwissenschaft, Heft 7, 1899: 214-216; Ideen über die Entwicklung der primitiven Weltanschauung, in: Archiv für Religionswissenschaft, 2, 1899 (Wiederabdruck unter dem Titel: Gedanken über die Entwicklung der primitiven Weltanschauung, in: Erlebte Erdteile, Bd. 3, 1925: 91-126; Die Steinbeilkulturen Oceaniens, in: Mutter Erde, 3, 1899: 14, 33, 41, 83, 10, 329, 344; Alt-Ägyptische Kunst, in: ebd.: 304f.; Die Amerikaner, in: ebd.: 486-488; Die Mentawej-Insulaner, in: ebd.: 250-

254; Über Trommeln, in: ebd.; Rezension von: Haberlandt, Michael: Völkerkunde, Leipzig 1898, in: Petermanns Geogr. Mitteilungen, 45, 1899; Rezension von: Plehn, Rudolf: Beiträge zur Völkerkunde des Togo-Gebiets, Halle 1898, in: ebd.; Rezension von: Borrows, Guy: The land of the Pigmies, London 1898, in: ebd.; Rezension von: Biró, Ludwig: Beschreibender Katalog der ethnographischen Sammlung aus Deutsch-Neuguinea (Berlinhafen), Budapest 1899, in: ebd.; Rezension von: Parkinson, Richard: Zur Ethnographie der nordwestlchen Salomo-Inseln, Berlin 1899, in: ebd.; Die Mathematik der Oceanier, Berlin 1900 (Wiederabdruck in: Die Probleme der Kultur, 1901, weiter in: Erlebte Erdteile, Bd. 2, 1925: 41-107; Die Schilde der Oceanier, Berlin 1900 (Wiederabdruck in: Die Probleme der Kultur, 1901, weiter in: Erlebte Erdteile, Bd. 2, 1925, 109-190); Die Zukunft Englands, in: Freie Worte, Sammlung moderner Flugschriften, Minden 1900; Die Kulturformen Ozeaniens, in: Petermanns Geogr. Mitteilungen, 1900: 204, 234, 262; Die Kulturformen Ozeaniens, in: Das Magazin für Literatur, 1900: 606, 626, 658; Das Erfinden, in: Die Gesellschaft, 3, 1900: 133-144; Gutenberg, in: Socialistische Monatshefte, 4 (6), 1900: 403-406; Hausbau und Dorfanlage bei den Eingeborenen Nord-Sumatras, in: Mutter Erde, 4, 1900: 92, 225; Die Totenbestattung, in: ebd.: 43, 209, 315; Koloniales aus den Philippinen, in: ebd.: 341-344; Kultur- und Naturvölker, in: ebd.: 373-375; 388-392; Malajonigritische Kultur, in: ebd.: 479; Rezension von: Bücher, Karl: Arbeit und Rhythmus, Leipzig 1899², in: Petermanns Geogr. Mitteilungen, 46, 1900; Die Bogen der Oceanier, Berlin 1901 (Wiederabdruck in: Die Probleme der Kultur, 1901, weiter in: Erlebte Erdteile, Bd. 2, 1925: 191-256); Aus den Flegeljahren der Menschheit. Bilder des Lebens, Treibens und Denkens der Wilden, Hannover 1901 (Engl. Übersetzung: The childhood of man: A popular account of the superstitions, manners, games, arts, ccupations, and folklore of primitive man, London 1909); Die Probleme der Kultur, Berlin 1901; Afrikanische Messer, in: Prometheus, 12, 1901: 753-759; Die Saiteninstrumente der Naturvölker, in: ebd.: 625-628, 648-652; Die reifere Menschheit. Bilder des Lebens, Treibens und Denkens der Halbkulturvölker, Hannover 1902; Weltgeschichte des Krieges, Hannover 1903; Hrsg.: Menschenjagden und Zweikämpfe, Jena 1903; Das Zeitalter des Sonnengottes. Bd. I, Berlin 1904 (Wiederabdruck der Seiten 3-55 unter dem Titel: Kulturformen und Kulturzeiten in: Erlebte Erdteile, Bd. 2, 1925: 291-394); Geographische Kulturkunde, Leipzig 1904 (Wiederabdruck der Seiten Vf. u. 441-450 in: Erlebte Erdteile, Bd. 2, 1925: 393-428); Diskussion zu den Vorträgen von Graebner, Fritz: Kulturkreise und Kulturschichten in Ozeanien u. Ankermann Bernhard: Kulturkreise und Kulturschichten in Afrika, in: Zeitschrift für Ethnologie, 37, 1905: 88-90; Forschungsreise in das Kasaigebiet I, in: Zeitschrift der Gesellschaft für Erdkunde, 6, 1905:467-471; L´explorateur Frobenius dans la région du Kasaï in: Le Mouvement Géographique, XXII, 30, le 23 juillet 1905:357-360; Bericht aus Dima, in: Zeitschrift für Ethnologie, 37, 1905: 767-770; Bericht über die völkerkundlichen Forschungen vom 30. Mai bis 2. Dezember 1905, in: Zeitschrift für Ethnologie, 38, 1906:736-741; Forschungsreise in das Kasaigebiet II, in: Zeitschrift der Gesellschaft für Erdkunde, 7, 1906: 114-118; Forschungsreise in das Kasaigebiet III, in: ebd.: 426-431; Forschungsreise in das Kasaigebiet IV, in: ebd.: 493-497; Dans la région du Kasai, in: Le Mouvement Géographique, XXIII, 31, le 5 août 1906: 391-393; Die Landschaften des südlichen Kongobeckens, in: Grube, A.W.: Geographische Charakterbilder, Leipzig, 20.Aufl., 1907 (Wiederabdruck in: Erlebte Erdteile, Bd. 3, 1925: 171-192); Forschungsreise in das Kongo-Becken, in: Zeitschrift der Gesellschaft für Erdkunde zu Berlin, 1907: 205f.; Ethnologische Ergebnisse der ersten Reisen der Deutschen Inner-Afrikanischen-Forschungs-Expedition, in: Zeitschrift für Ethnologie, 39, 1907: 311-333; Im Schatten des Kongostaates. Bericht über den Verlauf der 1. Reise der Diafe von 1904 bis 1906 über deren Forschungen und Beobachtungen auf geographischem und kolonialwirtschaftlichem Gebiet, Berlin 1907 (Wiederabdruck der Seiten 78-82, 100-108, 352-361 unter dem Titel: Kongoreise, in: Erlebte Erdteile, Bd. 3, 1925, 127-169); Kolonialwirtschaftliches aus dem Kongo-Kassai-Gebiet. Eigene Beobachtungen in: Mitteilungen der Geogr. Gesellschaft in Hamburg, 22, 1907 (Wiederabdruck unter dem Titel: Kolonialwirtschaftliches in: Erlebte Erdteile, Bd. 3, 1925: 193-252); Bericht über die Deutsche Innerafrikanische Forschungs-Expedition, in: Mitteilungen des Vereins für Erdkunde Leipzig, 1907:17; Forschungsreise in das Niger-Gebiet. Reisebericht, in: Zeitschrift für Ethnographie, Heft 5, Berlin 1908; Bericht über den Verlauf der Reisen durch Senegambien nach Liberia und zurück nach Bamako vom 13. Okt. 1907 bis zum 15. April 1908, in: Zeitschrift für Erdkunde zu Berlin, 1908: 427-431; Reisebericht, in: Zeitschrift für Ethnologie, 6, 1908: 799-803, 976, 978; Aus Timbuktu, in: Zeitschrift für Ethnologie, 1908:929; Bericht über den Verlauf der Reise von Bamako über Timbuktu nach Togo vom April bis Dezember 1908, in: Zeitschrift der Gesellschaft für Erdkunde zu Berlin, 1909: 122-126; Reisebericht, in: Zeitschrift für Ethnologie, 1909: 262-266; Kulturgeographische Betrachtung Nordwest-Afrikas, in: Zeitschrift der Gesellschaft für Erdkunde zu Berlin, 1909: 677-688 (Wiederabdruck in: Erlebte Erdteile, Bd. 3, 1925: 285-313); Vorläufige ethnographische Ergebnisse der Deutschen Innerafrikanischen Forschungsexpedition 1907-1909, in: Petermanns Geogr. Mitteilungen, 9, 1909; Ethnologische Ergebnisse der zweiten Reiseperiode der Deutschen Innerafrikanischen Forschungsexpedition, in: Zeitschrift für Ethnologie, 1909: 759-785; Kulturtypen aus dem Westsudan. Auszug aus den Ergebnissen der II. Diafe. Nebst einem Anhang über Kulturforschung in Afrika und Kulturzonen. (Ergänzungsheft zu Petermanns Geogr. Mitteilungen), Gotha 1910 (Wiederabdruck: der Seiten 110-115 unter dem Titel: Betrachtungsweisen reisender Naturforscher in: Erlebte Erdteile, Bd. 3, 1925: 335-347); Das schwarze Dekameron. Belege und Aktenstücke über Liebe, Witz und Heldentum in Innerafrika. Gesammelt von Leo Frobenius, Berlin 1910 (Spanische Ausgabe: El Decamerón negro, Madrid 1925; Teilabdrucke: Der Held Gossi, in: Das Lagerfeuer, Berlin 1930: 17-28; Samba Kulung se hace caballero, in: Revista de Occidente, 1, Madrid 1923: 309-311; Le vaillant gossi, in: Cahiers du Sud, 14, 1936: 305-317); Auf dem Wege nach Atlantis, Berlin 1911 (Wiederabdruck der Seiten 50-58 u. 219-223 unter dem Titel Nigerreise, in: Erlebte Erdteile, Bd. 3, 1925: 255-283, Wiederabdruck der Seiten 389-396 unter dem Titel Atlasländer [dritte Reise] in Erlebte Erdteile, Bd. 3, 1925: 315-334, Auszug: span. in: Revista de Occidente,

Bd. I, Madrid 1923); Der Weg nach Atlantis, in: Hamburger Nachrichten 9.5.1911; Die Nachkommen des alten Atlantis, in: Frankfurter Zeitung 27.5.1911; Der Kampf um die Atlantis, in: Berliner Tageblatt 31.5.1911; Auf der Schwelle von Atlantis, in: Berliner Tageblatt 6.5.1911; Entdeckung von Atlantis, in: Tägl. Rundschau 2.2.1911; Von Atlantis nach Aethiopien, in: Jahrbuch des Städt. Museums für Völkerkunde zu Leipzig, 5, 1911/12: 173; Alte und junge afrikanische Kunst, in: Die Kunstwelt, 2 (2), 1912: 97-114; Gibt es geschichtliche Urkunden in Afrika?, in: Vossische Zeitung, 3.9.1912; W. Wundt und wir, in: Berliner Tageblatt 12.8.1912; Die Möglichkeit einer Deutsch-Inner-Afrikanischen Luftflottenstation. Unter Mitwirkung von v. Deutz und Ing. A. Martius, Berlin 1913; Und Afrika sprach...Bericht über den Verlauf der 3. Reiseperiode der D.I.A.F.E. in den Jahren 1910-1912, Berlin-Charlottenburg 1913 (Engl. Ausgabe: The Voice of Africa, 2 Bde., Bd. 3 ist nahezu vollständig weggefallen, London 1913); Und Afrika sprach...Wissenschaftlich erweiterte Ausgabe des Berichts über den Verlauf der dritten Reiseperiode der D.I.A.F.E. in den Jahren 1910-1912, 3 Bde., Berlin-Charlottenburg 1912-13; Bd. 1: Auf den Trümmern des klassischen Atlantis; Bd. 2: An der Schwelle des verehrungswürdigen Byzanz; Bd. 3: Unter den unsträflichen Äthiopen; Schwarze Seelen. Afrikanisches Tag- und Nachtleben. Neue Erzählungen gesammelt von Leo Frobenius, Berlin 1913; Spiele und Tänze in Innerafrika, in: Das Wissen, 7, 1913: 171-173; Der afrikanische Gott, in: Der Greif, .Cottasche Monatsschrift, 1, 1913/14: 177-188 (Wiederabdruck in: Erlebte Erdteile, Bd. 3, 1925: 417-446); Der kleinafrikanische Grabbau. Einzelbericht aus dem Arbeitsergebnis der 4. Reiseperiode der Deutschen Inner-Afrikanischen Forschungs-Expedition, in: Prähistorische Zeitschrift, 1916: 1-84; Verlauf der vierten Reiseperiode der Deutschen Inner-Afrikanischen Forschungsexpediton, in: Petermanns Geogr. Mitteilungen, 62, 1916: 12-16, 58-61, 98-100; Zu Zweit auf Forschungsreisen, in:Neu-Deutschlands Frauen, 1916: 4-8; Sudan contra England?, in: Ill. Kriegszeitung, 1916, Nr. 96; Barbarentreue am Kongo, in: Ueber Land und Meer, 1916: 748-750; Wanderung zu afrikanischen Kulturstätten, in: Weser-Zeitung, Bremen, 18.11.1916; Eine kabylische Volkserzählung, in: Festschrift Eduard Hahn, Stuttgart 1917:308-317 (Vorabdruck aus: Atlantis, Bd. 2, 1922: 216f.); Der Völkerzirkus unserer Feinde (Vorwort), Berlin 1917: 3-14; Deutschlands Gegner im Weltkrieg (Vorwort u. Begleittexte zu Bildtafeln), Berlin 1917: I-X; Unsere farbigen Gefangenen, in: Vossische Zeitung, 2.5.1917; Paideuma. Umrisse einer Kultur- und Seelenlehre, München 1921 (1928², 1953³); Atlantis, Volksmärchen und Volksdichtungen Afrikas, Jena 1921ff.; Band 1: Volksmärchen der Kabylen: Weisheit, 1921; Band 2: Volksmärchen der Kabylen: Das Ungeheuerliche, 1922; Band 3: Volksmärchen der Kabylen: Das Fabelhafte, 1921; Band 4: Märchen aus Kordofan, 1923; Band 5: Dichten und Denken im Sudan, 1925; Band 6: Spielmannsgeschichten der Sahel, 1921; Band 7: Dämonen des Sudans, 1924; Band 8: Erzählungen aus dem Westsudan, 1922; Band 9: Volkserzählungen und Volksdichtungen aus dem Zentralsudan, 1926; Band 10: Die atlantische Götterlehre, 1926; Band 11: Volksdichtungen aus Oberguinea, 1924; Band 12: Dichtkunst der Kassaiden, 1928; Terrakotten aus Ife, in: Feuer, 3, Weimar 1921: 26; Gassires Laute, in: Feuer, 3, Weimar 1921: Heft 1; Samba Gana, in: ebd.; Karten als Sinnbilder der Kulturbewegung. Einführung in den Atlas Africanus, München 1921; Hrsg. Frobenius, Leo u. Ritter v. Wilm: Atlas Africanus. Belege zur Morphologie der afrikanischen Kulturen. Heft 1: Einführung. Stoffe der Tracht. Bett und Haus. Blick und Blut. Gebläse. Die Bewegung der hamitischen Kultur, München 1921; Heft 2: Gewandung. Der König ein Gott. Schmied und Gesellschaft. Speicher zur Nahrung. Die süderythräische Kultur. Die syrtische Kultur, München 1922; Heft 3: Reife des Mannes. Schlangenkultus. Werden und Wesen der Lanze. Wasser und Weg. Niederer und erhabener Sitz. Die norderythräische Kultur, München 1922; Heft 4-7: Morphologie des afrikanischen Bogengeräts, Berlin 1929 (Sonderdruck Berlin/Leipzig 1930, engl. Edition Berlin/Leipzig 1932); Heft 8: Alkohol. Die äthiopische Kultur. Die atlantische Kultur, Berlin 1931; Kulturmorphologie, in: Berliner Tageblatt 13.12.1922; Der Nabel der Erde, in: Frobenius, Leo u Ritter v. Wilm (Hrsg.): Zeiten und Völker, 19, 1923: 225-230; Das sterbende Afrika (1. Band), München 1923; Vom Kulturreich des Festlandes. Dokumente zur Kulturphysiognomik, München 1923; Afrikanisches Heldentum. Forscher, Völker und Kulturen eines Erdteils, 6 Bde., unter Mitarbeit von Frobenius, Leo, Stuttgart 1923; Das unbekannte Afrika. Aufhellung der Schicksale eines Erdteils, München 1923; Die jüngste Atlantis. Schatzkammer von Rapa-Nui (Osterinsel), in: Allgemeine Zeitung München, 26.11.1923; Der Nabel der Erde, in: Zeiten und Völker, 19, Stuttgart 1923: 225-230; La Cultura de Atlantida, in: Revista de Occidente, 1, Madrid 1923: 289-318; Der Kopf als Schicksal, München 1924 (Teilabdruck: Trois Femmes d'Afrique, in: Cahiers du Sud, Marseille, 25, 601-625); Kultur als deutsches Schicksal, in: Münchner Neueste Nachrichten, 29.6.1924; Hadschra Maktuba. Urzeitliche Felsbilder Kleinafrikas. Zusammen mit Obermaier H., München 1925; Erlebte Erdteile,. Ergebnisse eines deutschen Forscherlebens, Frankfurt am Main 1925ff; Band 1: Ausfahrt: Von der Völkerkunde zum Kulturproblem, 1925; Band 2: Erschlossene Räume: Das Problem Ozeanien, 1925; Band 3: Vom Schreibtisch zum Äquator: Planmäßige Durchwanderung Afrikas, 1925; Band 4: Paideuma: Umrisse einer Kultur- und Seelenlehre. 1928² [1.Aufl. 1921]; Band 5: Das sterbende Afrika: Die Seele eines Erdteils, 1928; Band 6: Monumenta Africana: Der Geist eines Erdteils, 1929 (Weimar 1938²); Band 7: Monumenta Terrarum: Der Geist über den Erdteilen, 1929; Ehe und Mutterrecht, in: Keyserling, Graf Hermann (Hrsg.): Ehe-Buch, Celle 1925; Arbeit und Schmuck, in: Deutscher Hausschatz, 50, Regensburg 1925:299; Die deutsche Kultur im Raum, in: Almanach des Kurt Wolff Verlages, München 1925; Die Entelechie der deutschen Presse, in: Deutsche Gedanken aus der Ostmark. Festschrift zur 31. Hauptversammung des Vereins Deutscher Zeitungsverleger, Königsberg 1925: 42f.; Gassires Laute, Hamburg 1925; Georg Schweinfurth, ein Letzter, in: Frankfurter Zeitung 10.10.1925; Der Sinn der Kulturkreislehre, in: Vox Studentium, 3, Genf 1926: 5f.; Kulturforschung, in: Jahrbuch der Frankfurter Bürgerschaft, 2, 1926: 79-83; Rezension von: Rasmussen, Knud: Thulefahrt, Frankfurt 1926, in: Frankfurter Zeitung 12.12.1926; Die Predigt eines Märchenerzählers, in: Deutsche Rundschau, 53, 1927: 118-128; Erdenschicksal und Kulturwerden, in: Graf Hermann Keyserling (Hrsg.), Mensch und Erde, Darmstadt 1927: 139-160; Kulturattachés, in: europäische Revue, 3, Leipzig 1927/28: 561-570; Recht und Gesetz. Eine Märchenpredigt aus Nubien, in: Zeitwende, 4, München 1928: 410-427; Early African Culture as an Indication of Present Negro Potentialities, in: The Annals, American Academy of Political and Social Sciences, 140, Philadephia 1928: 153-165; Aufgaben der 9. Forschungsreise nach Afrika, in: Frankfurter Zeitung 20.7.1928; Afrikanischer Tanz, in: Rheinisch-Westfälische Zeitung, Essen, 8.8.1928; Auf den Spuren alter Menschheitskultur, in: Frankfurter Nachrichten 2.12.1928; Geleitwort zu: Zabel, Rudolf: Das heimliche Volk. Erlebnisse eines Forschungsreisenden am Lagerfeuer und vor den Höhlen des Urvolkes der Tarahumare-Indianer, Berlin 1928: 15-23; La signification et la tâche des Musées ethnographiques, in: Mousaion, Paris 1929: 1-13; Südafrikanische Felsbilder, in: Atlantis, Berlin 1929: 308-313; L´art de la silhoette, in: Cahiers d`Art, 4, Paris 1929: 397-401; Mystery of South Africa´s prehistoric art: newly discovered rock-drawings of divergent style - the problem of their age and affinities, in: III. London News, 175, 1929:333; Prehistoric Art in South-Africa: `The Kings´s Monuments´ a unique series of rock-drawings recently discovered in South Rhodesia, in: III. London News, 176, 1930: 338; Meine neunte Deutsche Inner-Afrikanische Forschungsexpedition 1928-1930, in: Die Umschau, Frankfurt/M., 34, 1930: 1030, 1035, 1931: 9, 52, 93, 134, 170; Die Expedition von 1928-30 (9. Diafe zur Mehrung des Afrika-Archivs), in: Mitteilungen des Forschungsinstitutes für Kulturmorphologie, Heft 5-9, Frankfurt/M. 1930: 87; Allgemeines über Felsbilder Südafrikas, in: ebd.: 88; Bilder großer Vergangenheit, in: Hochschule und Ausland, 8, 1930: 1-16; Licht im dunklen Erdteil, in: Atlantis, Berlin, Zürich 1930: 631-637; L´art africain, in: Cahiers d´Art, 5, Paris 1930: 395-436; Les fresques rupestres découvertes en Afrque du Sud, in: Les Beaux-Arts, Paris 26.12.1930; Dessins rupestres du sud de la Rhodésie, in: Documents. Archéologie, Beaux-Arts, Ethnographie, Variétés, 4, Paris 1930:185-188; L´age de bronce en Afrique du Sud, in: Formes, Revue international des arts plastique, 1 (7), 1930: 11-15; Indische Reisebriefe, in: Zeitwende, 6, 1930: 97, 252; Der Konflikt der Kulturstile, in: Abwehrblätter. Mitteilungen aus dem Verein zur Abwehr des Antisemitismus, 40, 6/7, 1930: 70-74; Die Kunst der Silhouette (Über Felsbilder Südafrikas), in: Beilage der Hamburger Nachrichten, 16.1.1931; Indische Reise, Berlin 1931; Erythräa. Länder und Zeiten des heiligen Königsmordes, Berlin/Zürich 1931; Zur Morphologie der Kultur, in: Die Literarische Welt, 15. Mai 1931; Kultur der Primitiven, in: Die Woche, 16. April 1931; `Buschmannsmalereien´in: Wegleitungen des Kunstgewerbemuseums der Stadt Zürich, 104, 1931: 6-18; Kulturwende, in: Der getreue Eckart, 9, 1931: 118-120; Standpunkt. Der Erdball im Wandel der Weltanschauung, in: Der Erdball, Berlin 1931: 81-85; Die Kunst Afrikas, in: ebd.: 85-114; Ein Märchen und eine Mythe, in: ebd.: 114-119; Anfänge der Schiffahrt, in: ebd.: 361-368; Des Menschen Schicksal auf dieser Erde, in: ebd.; Azume und Ghazije, in: Der Erdball, ebd.: 452-454; Kulturkreislehre und Kulturmorphologie, in: Rhein-Mainische Volkszeitung, 23.10.1931; Madsimu Dsangara. Südafrikanische Felsbilderchronik, 2 Bände, Berlin/Zürich 1932; Südostafrikanische Märchen, in: Festschrift und L. Jahresbericht 1931-1932 des Württ. Vereins für Handelsgeographie E. V., Museum für Länder und Völkerkunde, Linden-Museum, Stuttgart 1932: 47-70; Kulturwende, in: Der Erdball, 6, 1932: 1-5; Mensch und Maske, in: ebd.: 41-45; Das schwarze Afrika 1932, in: Die Woche, Berlin, 16. Januar 1932; Vor 10000 Jahren gezeichnet, in: Berliner III. Zeitung, 1932: 1494-1497; Literaturbericht zur Völkerkunde, in: Frankfurter Zeitung, 24.4.1932; 10. Deutsche Inner-Afrikanische Forschungsexpedition, in: Forschungen und Fortschritte, 8, 1932: 413; Bilanz der deutschen Kultur,in: Königsberger Hartungsche Zeitung, 3.6.1932; Offenbarung der Kultur, in: Neue Zürcher Zeitung, 12.5.1932; Meine libysche Expedition, in: Frankfurter Zeitung, 27.10.1932; Schicksalskunde im Sinne des Kulturwerdens, Leipzig 1932 [Weimar 1938²] (Französische Ausgabe: Le Destin des Civilisations, Paris, ca. 1940); Ahnung und Forschung, Zum Abschluß der 10. D.I.A.F.E., in: Deutsche Allgemeine Zeitung, 30.10.1932; La Porta dei Garamanti, in: Gerarchia, X, 1932: 1-21, Mailand; La civiltà sirtica, in: Nuova Antologia, Rom 1932: 169-179; Zwei Briefe: 1. Von Leo Frobenius, 2. von W. M. Leggate, Colonial Secretary of S. Rhodesia, in: Man, 1932, Nr. 41f.; A great discovery of prehistoric art: Some 2500 rock-drawings and printings found in the Fezzan Desert - a vast picture chronicle of primitive man and contemporary animals, in: III. London News, 181, 19. u. 26. Nov. 1932; Kulturgeschichte Afrikas, Prolegomena zu einer Historischen Gestaltlehre, Zürich 1933 [Wien 1954²] (Französische Ausgabe: Histoire die la Civilisation Africaine, Paris ca. 1936 [Paris 1952³], Nachdruck unter dem Titel La Civilisation africaine, Monaco 1987); Afrika in hundert Jahren, in: Die Woche, 18. März 1933; Das deutsche Kulturbewußtsein, in: Deutsche Allgemeine Zeitung, 19. und 26. März, 1933; Einführung in die Felsbilderwerke von Fezzan, in: Beiblatt 3 der Mitteilungen des Forschungsinstituts für Kulturmorphologie, Frankfurt/M. 1933; Die Erschließung einer in der Wüste verschollenen Altkultur, in: Jahresbericht der Schlesischen Gesellschaft für vaterländische Kultur, 106. Bericht, 1933: 168; Graphimes préhistoriques du Sahara (Habeter et Fezzan), in: Art et Décoration, 62, Paris 1933: 109-116; L´art préhistorique dans le désert libyque; in: L´Illustration, Paris, 14. Januar 1933; Un nouveau camp de recherches pour la préhistoire et la protohistoire, in: L´Art vivant, Paris, März 1933: 101; Agli albori della civiltà, in: Natura, 6, 1933: 59-66; Meine Reise in die Libysche Wüste, in: Forschungen und Fortschritte, 10, 1934: 161-163.; Manufaktenforschung in der Wüste, in: ebd: 149f.; Die Kulturdokumentation der libyschen Wüste. Die natürliche Vergangenheit der libyschen Wüste, in: Beiblatt 4 der Mitteilungen des Forschungsinstitutes für Kulturmorphologie, Frankfurt/M. 1934: 47-53; La Cultura como ser viviente. Contornos de una doctrina cultural y psicologica. Übersetzt von Maximo José Khan, Madrid o. J. (ca. 1934); Les styles de l´art rupestre sud-africain, Ort unbekannt, 1934; Schicksalskunde, in: Verhandlungen der `Väterkunde´, Bd. 2, Bremen 1934: 204-221; Das heutige schwarze Afrika, in: Volk und Welt, Hannover 1934: 107; Heinrich Wölfflin zum 70. Geburtstag, in: Der Wiener Kunstwanderer, 6, 1934: 23; Wüstenforschung, in: Frankfurter Zeitung, 9.1.1934; Felsbilder-Forschung, in: Frankfurter Zeitung, 21.2.1934; Der Ur-Nil entdeckt. Die Ergebnisse der neuesten Frobenius-Expedition in die vorpharaonische Sahara-Kultur, in: Berliner III. Zeitung 1934, Nr. 7; Das schwarze Afrika, in: Weser-Zeitung, 2.3.1934; Das heilige Tier, in: Berliner Lokal-Anzeiger, 3.3.1934; Deutschlands Rolle im Weltgeschehen, in: Deutsche Allgemeine Zeitung, 4.3.1934; Die neue Zivilisation und die Sache Afrikas, in: Hamburger Fremdenblatt, 27.3.1934; Das entscheidende Erlebnis, in: Berliner Lokal-Anzeiger, 15. April 1934; Geheimnisse der Sahara, in: Der Tag, Berlin, 20. Mai 1934; Deutsche Kulturpolitik als europäische Erwartung, in: Deutsche Allgemeine Zeitung, 6. u. 8. November 1934; Vom Kuriositäten-Kabinett zum Völkerkunde-Museum, in: Deutsche Allgemeine Zeitung, Reichsausgabe, Nr. 517-518, 521-522, 6.11./8.11.1934; Kunst der Eiszeit, in: Velhagen u. Klasings Monatshefte, 49, 1. Bd., 1934/35: 604-613; Das `Du´ der Völker, in: Deutsche Bergwerkszeitung, 31.12.1935; Am Rande Nordafrikas, in: Die neue Linie, 1935: 10-13; `Deutschlands Umwelt´, in: Frankfurter Zeitung, 1.1.1936; Das Schicksal der Menschheit, in: Frankfurter General-Anzeiger, 3.1.1936; Kein Untergang des Abendlandes! Europäische Kulturdiagnose, in: Neues Wiener Journal, 15.2.1936; Unser Beitrag zur Felsbildforschung. Fezzan. Sahara-Atlas, in: Das Urbild. Cicerone zur Vorgeschichtlichen Reichsbildergalerie. Hrsg. von Leo Frobenius. Veröffentlichung des Forschungsinstitutes für Kulturmorphologie, Frankfurt/M. 1936; Ekade Ektab. Die Felsbilder Fezzans. Ergebnisse der Diafe X nach Tripolitanien und Ost-Algier mit Ergänzungen der Diafe XII aus Zentral-Algier, Leipzig 1937; African Genesis. Von Leo Frobenius und Douglas C. Fox (Vorwort und Einleitung S.1-43), New York 1937; Prehistoric Rock Pictures in Europe and Africa. Von Leo Frobenius und Douglas C. Fox, New York 1937 (Museum of Modern Art); Das Schweinfurth-Programm, in: Frankfurter Wochenschau, 1937: 78f.; Woher und Wohin? Eine Wanderung durch Jahrtausende, in: Deutsche Bergwerkszeitung, 1. Januar 1938; Das Archiv für Folkloristik, in: Paideuma, 1, 1938: 1-18; Denkformen vergangener Menschheit, in: Scientia 3. Ser., 64, Mailand 1938: 135-144; Die Waremba. Träger einer fossilen Kultur, in: Zeitschrift für Ethnologie, 70, 1938: 159-175; Denkformen vergangener Menschheit, in: Scientia, 3, 64, Mailand 1938: 134-144; Mythologie de l´Atlantide, Paris 1949; Storia della civiltà africana, Turin 1950; Und Frobenius sprach...Nachwort: Streck, Bernhard, Frankfurt am Main 1975; Afrikai Kúltúrak, Ungarn 1981; Das schwarze Dekameron. Geschichten aus Afrika. Hrsg.von Diederichs, Ulf; Köln 1969, 1970³; Schwarze Sonne Afrika. Mythen, Märchen und Magie. Hrsg. von Diederichs, Ulf, München 1980; Vom Schreibtisch zum Äquator. Afrikanische Reisen. Hrsg. Von Luig, Ute, Frankfurt am Main 1982; Mythes et contes populaires des riverains du Kasai; Bonn 1983; Kulturgeschichte Afrikas. Neuausgabe, Wuppertal 1993, 1998.

Lit.: Szabó, A.: Frobenius und sein Werk, in: Die Westmark, 5, o.J.: 672; — Becker, C.H.: Neue Literatur zur Geschichte Afrikas: I. Leo Frobenius und die Brille des Islam, in: Der Islam. Zeitschrift für Geschichte und Kultur des Islamischen Orients, Heft 3, 1913: 303-312; — Friederichsen, Max: Leo Frobenius´ Forschungen zur Kulturgeographie des nördlichen West- und Innerafrika, in: Die Naturwissenschaften, 17.April 1913: 401-403; — Lowie, Robert H.: Review on hypotheses of Frobenius, in: Current Anthropological Literature, 1, 1913: 86-89; — Ders.: Und Afrika sprach..., Rez. In: Current Anthropological Literature, 2, 1913: 87-91; — Thilenius, G./Weule, K./Ankermann, B.: Zum Streitfall Passarge-Frobenius, in: Deutsche Kolonialzeitung, 30, 1913: 690; — Gautier, E. F.: Les Premiers Résultats de la Mission Frobenius, in: Revue Africaine, Nr. 306, 1921: 3-16; — Boeckmann, Kurt v.: Etnologica moderna, in: Rassegna Nazionale, Rom, Mai 1923; — Hambruch, Paul: Das Wesen der Kulturkreislehre. Zum Streit um Leo Frobenius, Hamburg 1924; — Hahn, Eduard: Leo Frobenius, in: Preußische Jahrbücher, 205, 1926: 205-222; — Fréjier: Léo Frobenius Le premier historiographe de l´art africain, in: L´Art vivant 4, 1928: 171f.; — Loewenthal, John: Leo Frobenius. Paideuma, in: Zeitschrift für Sexualwissenschaft und Sexualpolitik, 15, 1928/29: 294; — Muehlestein, Hans: Leo Frobenius. Der Afrikaforscher als Geschichtsphilosoph, in Frankfurter Zeitung, 23. März 1930: 1f.; — Thomé, Joseph Leo Frobenius und seine Kulturkreislehre, Grevenmacher 1930; — Beltz, Hans: Frobenius und die neuen Bahnen der Kulturkreislehre, in: Vergangenheit und Gegenwart, 21, 1931: 137-159; — Haushofer, K.: Warnende Vorzeichen und Mahnungen zum Zusammenbau, in: Deutsche Rundschau, 232, 1932: 54-57; — Koppers, Wilhelm: Leo Frobenius. Ein Lebenswerk aus der Zeit der Kulturwende, in: Anthropos, 28, 1933: 814f.; — Otto, Walter u.a. (Hrsg.),Leo Frobenius. Ein Lebenswerk aus der Zeit der Kulturwende. Dargestellt von seinen Freunden und Schülern (Leo Frobenius zum 60. Geburtstag), Leipzig 1933; — Schebesta, Paul: Rezension von Kulturgeschichte Afrikas, in: Anthropos, 31, 1/2, 1934: 298-301; — Ders.: Leo Frobenius. Monumenta Africana, in: Anthropos, 37-40, 1942-45 (hg. 1946): 983f.; — Cabire, Emma: Leo Frobenius et le secret de l`Afrique, in: Cahiers du Sud, 19, 1935: 732-735; — Dies.: L´Afrique: Archives de la Civilisation, in: ebd., 208, 1938: 577-587; — Keyserling, Graf Hermann: Leo Frobenius, in: Wege zur Vollendung, Heft 27, 1932: 21-24; — Ders.: Menschen als Sinnbilder, Darmstadt 1926; — Ders.: Südamerikanische Meditationen, Stuttgart/Berlin 1932; — Ders.: Buchbesprechung von Frobenius, Schicksalskunde, in: D.U.Z., 5.Juni 1932; — Fox, Douglas C.: Introduction to Frobenius. Cultures in the Rock, in: The Harvard Advocate, November 1935: 37-41; — Ders.: Germany´s Frobenius. A Dynamic Figure in Modern Science, in: Germany and You, 6, 1936: 21-23, 32; — Ders.: Frobenius´s Paideuma, A philosophy of culture, in: The New English Weekly, Sept.-Oct. 1936: 1-7; — Freye, Paul: 26.000 km im Lastauto von Frankfurt um das Mittelmeer, durch die Sahara und zurück, in: Der Mittag, 8.August 1935; — Daumal, René: Rez. von `Historie de la Civilisation Africaine´, in: La Nouvelle Revue Française, 276, 1.9.1936: 553-555; — Beck, Walter: Leo Frobenius, in: Afrika-Rundschau, 4. Jg., Nr. 5, 1938: 119-121; — Everwien, Max: Adolf Bastian und Leo Frobenius, in: Ders.: Ata Kufa. Deutsche in Afrika, Berlin 1938: 247-262; — Frobenius, Else: Leo Frobenius, in: Kolonial Post, 12, 1938: 155; — Jensen, Adolf E.: Leo Frobenius. Leben und Werk, in: Paideuma, I, 2, 1938: 45-58; — Kuehn, Herbert: Leo Frobenius, in: Ipek, 12, 1938: 154; — Rhotert, Hans: Frobenius. Der Mann, der den ältesten Kulturkreis der Welt erforschte, in: Koralle, 28/VIII, 1938; — Vollhard, Ewald: Leo Frobenius†, in: Paideuma, I, 2, 1938: 41-44; — Wohlenberg, Hellmut: Abschied von Leo Frobenius, Manuskript 1938 u. in Bd. 5 der Nachgelassenen Schriften; — Kerény, Karl: Paideuma, in: Paideuma, I, 4, 1939: 157f.; — Mühlmann, Wilhelm E.: Zum Gedächtnis von Leo Frobenius, in:

Archiv für Anthropologie, Völkerforschung und kolonialen Kulturwandel, N.F.25/1, 1939: 47-51; — Ders.: Geschichte der Anthropologie, Frankfurt/M. 1968²; — Niggemeyer, Hermann: Nachruf für Leo Frobenius, in: Ethnologischer Anzeiger, 4, 1939: 268-272; — Ders.: Das wissenschaftliche Schrifttum von Leo Frobenius, in: Paideuma, 4, 1950: 377-418; — Otto, Walter F.: Leo Frobenius, in: Cahiers d'Art, 1931: 5f.; — Ders.: Dionysos. Mythos und Kult, Frankfurt/M 1939²; — Ders.: Apollon, in: Paideuma, VII, 1, 1959: 19-34; — Césaire, Suzanne: Leo Frobenius et le problème des civilisations, in: Tropiques, 1, 2, 1941: 27-36; — Frobenius, Herman: Erinnerungen an Leo Frobenius, in: Zeitwende, 18, 1947: 465-473; — Zerries, Otto: Geschichte des Frobenius-Institutes (1898-1948), in: Paideuma, 4, 1950: 363-376; — Petri, Helmut: Leo Frobenius und die historische Ethnologie, in: Saeculum, 4/1, 1953: 45-60; — Norkaitis, Jonas: Kulturphilosophie und Kulturpsychologie von Leo Frobenius, Diss., Tübingen 1955; — Hays, H.R.: Poseidon's Castle. Concerning Leo Frobnius, in: Ders.: From Ape to Angel, New York 1958: 280-291; — Schmitz, C.A.: Zur Beurteilung kulturhistorischer Formen, in: Paideuma, 7, 1959/61: 408-413; — Coon, C.S.: The rock art of Africa, in: Science, 142, Nr. 3600, 1963; — Hoog, Armond: Malraux, Moellberg, and Frobenius, in: Lewis, R.W.B. (Hrsg.): Malraux, Eaglewood Cliffs/New Jersey 1964; — Davenport, Guy: Frobenius auf Pounds Sextant, in: Hesse, Eva (Hrsg.): Ezra Pound. 22 Versuche über einen Dichter, Frankfurt/M 1967: 186-202; — Reinhardt, Karl: Erinnerungen, Göttingen 1967; — Ders.: Aus den Erinnerungen, in: Paideuma 19/20, 1973/74: 4; — Kretschmar, Freda: Leo Frobenius, Inter Nationes 1968; — Senghor; Léopold Sédar: Afrika und die Deutschen, Tübingen/Basel 1968; — Ders.: Les Leçons de Leo Frobenius, in: Symposium Leo Frobenius II, Bonn/München 1980: 22-31; — Ders.: La Révolution de 1889 et Leo Frobenius. Colleque de Francfort, 24. März 1982; — Ders.: Plädoyer für eine neue kulturelle Ordnung der Welt. Die Methode Frobenius (1873-1938), in: der literat, Nr. 4, April 1982: 85f.; — Straube, Helmut: Leo Frobenius, in Sills, David (Hrsg.): International Encyclopedia of the Social Sciences, 6, New York 1968: 17-21; — Ders.: Leo Frobenius, in: Marschall, Wolfgang (Hrsg.): Klassiker der Kulturanthropologie, München 1990: 151-170; — Helmolt, Christa v.: Afrika in Frankfurt. Das Frobenius-Institut, in: Frankfurt. Lebendige Stadt, 1. März 1969; — Ouologuem, Yambo: Das Gebot der Gewalt, München 1969; — Zwernemann, Jürgen: Leo Frobenius et la recherche scientifique sur les civilisations africaines, in: Notes et Documents voltaiques, 2 (3), April-Juni, Ougadougou 1969: 27-42; — Ders.: Leo Frobenius und das Hamburgische Museum für Völkerkunde. Eine Dokumentation nach der Korrespondenz, in: Mitteilungen aus dem Museum für Völkerkunde Hamburg, N.F. 17, 1987: 111-127; — Bataille, Goerges: L'exposition Frobenius à salle Pleyel, in: Oeuvres complètes, Bd. II, Paris 1970: 116f.; — Kalous, Milan: Leo Frobenius' Atlantic Theory. A Reconsideration, in: Paideuma, 16, 1970: 27-51; — Lange, Thomas: Leo Frobenius und die Neger, in: Afrika Heute, 9, 1971: 6-9; — Ders.: Und Frobenius sprach..., (Eigendruck), Frankfurt/M. 1975; — Ders.: W.E.B. DuBois and Leo Frobenius in Africa: scholarship for what, in: Abhandlungen und Berichte des Staatlichen Museums für Völkerkunde Dresden, 41, 1984: 262-277; — Striedter, Karl-Heinz: Der 'Atlas-Africanus' des Frobenius-Instituts, in: Paideuma, 17, 1971: 206-215; — Ders.: Felsbilder Nordafrikas und der Sahara, Wiesbaden 1983; — Ders.: Felsbilder der Sahara, München 1984; — Hesse, Eva: Frobenius as Rainmaker, in: Paideuma, 1 (1), 1972: 85-88; — Steins, Martin: Das Bild des Schwarzen in der europäischen Kolonialliteratur 1870-1918. Ein Beitrag zur literarischen Imagologie (Dissertation), Frankfurt/M. 1972; — ; — Ders.: Die Geburt der Négritude aus dem Geist des Krieges. Aimé Césaires Gedicht Les Pur-Sang und Leo Frobenius, in: Neuhelicon, XI/2, Akadémiai Kiadó 1984: 83-125; — Ders.: Nabi Nègre, in: Negal, M.a.M. u. Steins, M. (Hrsg.): Césaire 70, Paris 1984; — Tal, J.M.: Frobenius in West African History, in: Journal of African History, 13 (4), 1972: 673-688; — Ders.: Frobenius, Senghor and the Image of Africa, in: Horton, Robert u. Finnegan, Ruth (Hrsg.): Modes of Thought. Essays on Thinking in Western and Non-Western-Societies, London 1973: 306-336; — Ders.: Frobenius, Lhote, and Saharan Studies, in: African Studies Review, 17/1, 1974: 286-307; — Bottenberg, Dieter et al. (Hrsg.): Neo-Frobenius. Eine andere Festschrift, Frankfurt/M. 1973; — Haberland, Eike: Gegen den Hochmut der weißen Rasse. Zum 100. Geburtstag von Leo Frobenius am 29. Juni, in: Frankfurter Rundschau, 29. Juni 1973: 25; — Ders.: Leo Frobenius und die Entdeckung der afrikanischen Seele, in: Unesco Kurier, 14.10.1973: 14-18, 23, 38; — Ders.: Leo Frobenius 1873-1938, in: Paideuma, 19/20, 1973/74: 1-3; — Ders.: Conférence d'introduction. Einführungsvortrag: Leo Frobenius aujourd'hui, in: Ders. (Hrsg.): Symposium Leo Frobenius (I). Perspektiven zeitgenössischer Afrikaforschung, Bonn/München 1974: 25-35; — Ders.: Leo Frobenius und das Frobenius-Institut (Katalog), Frankfurt/M. 1983; — Ders.: Historische Ethnologie, in: Fischer, Hans (Hrsg.): Ethnologie. Eine Einführung, Berlin 1983: 319-343; — Ders. (Hrsg.): Leo Frobenius 1873-1973. Eine Anthologie, Wiesbaden 1973; — Jahn, Janheinz: Nochmals Frobenius. Ein Geist über den Erdteilen, in: Internationales Afrika-Forum, 1973: 524-536 (engl. Übersetzung: Leo Frobenius. The Demonic Child, Occasional Publication of the African and Afro-American Studies and Research Center, University of Texas at Austin, 8, 1974); — Kaufmann, Herbert: Der Forscher. Zum hundersten Geburtstag von Leo Frobenius, in: Frankfurter Allgemeine Zeitung, 29.Juni 1973; — Kriel, A.P.: The Legacy of Leo Frobenius, Fort Hare 1973; — Michael, Theodor: The great Rediscoverer of African Cicilisation. On Leo Frobenius'100th anniversary, in: Africa, 3, 1973: 9-15; — Tibi, Bassam: Romantische Entwicklungsideologien in Afrika, in: Blätter für deutsche und internationale Politik, 18, Heft 5, 1973: 538-552, Heft 6, 1973: 645-656; — Vajda, Lásló: Leo Frobenius heute, in: Zeitschrift für Ethnologie, 98, 1, 1973: 19-29; — Welke, Robert J.: Frobenius. Pound...Some Quick Notes, in: Paideuma, 2, 3, 1973: 415-417; — Wolf, Mechtild: Erinnerungen an den Afrikaforscher Leo Frobenius, in: Unterrichtsbrief, 92, Dez. 1973: 6f.; — Vansina, Jan: Frobenius Redivivus, in: Cultures et développement. Revue internationale des sciences du développement, Louvain ca. 1974: 397-401; — Al Azharia-Jahn, S.: Der deutsche Afrikaforscher Leo Frobenius als erster Sammler sudan-arabischer Volkserzählungen, in: Paideuma, 21, 1975: 30-46; — Logan, Paul E.: Leo Frobenius und die Négritude, in: Negro History Bulletin, 41, 1978: 794-796; — Büttner, Thea u. Gentsch, Lutz: Leo Frobenius (1873-1938) - Leistungen und Irrwege eines bürgerlichen Afrikaforschers und spätkapitalistischen Kulturphilosophen, in: Asien, Afrika, Lateinamerika, 7/2, 1979: 296-308; — Dyserinck, Hugo: Die Quellen der Négritude-Theorie als Gegenstand komparatistischer Imagologie, in: Komparatistische Hefte I, 1980: 31-40; — Heine, Peter: Leo Frobenius als politischer Agent. Ein Beitrag zu seiner Biographie, in: Paideuma, 26, 1980: 1-5; — Sow, El. Alioune: Frobenius und Senghor. Eine kritische Studie (Mémoire de Maîtrise), Saarbrücken 1980; — Luig, Ute (Hrsg.): Leo Frobenius. Vom Schreibtisch zum Äquator. Afrikanische Reisen, Frankfurt/M. 1982; — Trüby, Jochen: Ein Herz für Afrika, in: Scala, 1, 1982: 46f.; — Thomas, Moritz: Frobenius en Afrique occidentale, in: Négritude et Germanité, XII Congrès de l'Association des Germanistes de l' Enseignement Supérieur - A.G.E.S., Dakar 1983; — Durham, D.C.: Leo Frobenius and the Reorientation of German Ethnology 1890-1930; — Stanford 1985; — Klein, Hildegard (Hrsg.): Leo Frobenius: Ethnographische Notizen aus den Jahren 1905 und 1906, 4 Bde.; — Bd. 1: Völker am Kwilu und am unteren Kasai. Studien zur Kulturkunde 80, Stuttgart/Wiesbaden 1985; — Bd. 2: Kuba, Leele, Nord-Kete. Studien zur Kulturkunde 84, Stuttgart/Wiesbaden 1987; — Bd. 3: Luluwa, Süd-Kete, Bena Mai, Pende, Cokwe. Studien zur Kulturkunde 87, Stuttgart/Wiesbaden 1988; — Bd. 4: Kanyok, Luba, Songye, Tetela, Songo Meno/Nkutu. Studien zur Kulturkunde 97, Stuttgart/Wiesbaden 1990; — Kramer, Fritz: Empathy,. Reflections on the history of Ethnology in prefacist Germany: Herder, Creuzer, Bastian, Bachofen, and Frobenius, in: Dialectical Anthropology, 9, 1985: 337-347; — Ders.: Die Aktualität des Exotischen. Der Fall der 'Kulturmorphologie' von Frobenius und Jensen, in: Faber, Richard u. Schlesier, Renate (Hrsg.): Die Restauration der Götter. Antike Religion und Neo-Paganismus, Würzburg 1986: 258-270; — Ders.: Einfühlung. Überlegungen zur Geschichte der Ethnologie im präfaschistischen Deutschland, in: Hauschild, Thomas (Hrsg.): Lebenslust und Fremdenfurcht. Ethnologie im Dritten Reich, Frankfurt/M. 1995: 85-102; — Schivelbusch, Wolfgang: Intellektuellendämmerung. Zur Lage der Frankfurter Intelligenz in den zwanziger Jahren, Frankfurt/M. 1985; — Braukämper, Ulrich: Leo Frobenius, in: Ranke, Kurt et al. (Hrsg.): Enzyklopädie des Märchens 5/2-3, Berlin, New York 1986: 378-383; — Ders.: Gegenwärtige Situation der Historischen Ethnologie in der Bundesrepublik Deutschland, in: Werner Karl R. (Hrsg.): Historische Ethnologie, Horn-Wien 1985: 83-118; — Frobenius-Institut (Hrsg.): Das Frobenius-Institut, Frankfurt/M. 1987; — Smith, E. Robert: Leo Frobenius et Emile Torday. Le premiers ethnographes du Kwilu, in: annales Aequatoria, 8, 1987: 77-98; — Marx, Christoph: »Völker ohne Schrift und Geschichte«. Zur historischen Erfassung des vorkolonialen Schwarzafrika in der deutschen Forschung des 19. und frühen 20. Jahrhunderts. Beiträge zur Kolonial- und Überseegeschichte 43, Stuttgart 1988; — Möller, Johannes Michael: Das trügerische Glück bei den Naiven. Leo Frobenius und die Versuchungen des Kolonialismus, in: Frankfurter Allgemeine Zeitung, 20.8.1988; — Hammerstein, Norker: Das Institut für Kulturmorphologie..., in: Die Johann Wolfgang Goethe-Universität Frankfurt am Main. Neuwied/Frankfurt 1989: 71ff.; — Streck, Bernhard: Kultur als Mysterium? Zum Trauma der deutschen Völkerkunde, in: Berking, Helmuth u. Faber, Richard (Hrsg.): Kultursoziologie - Symptom des Zeitgeistes? Würzburg 1989: 89-115; — Ders.: Äthiopen und Pelasger. Zu den Quellen der imaginären Ethnologie, in: Paideuma, 42, 1996: 169-181; — Ders.: Entfremdete Gestalt. Die Konstruktion von Kultur in den zwei 'Frankfurter Denkschulen', in: Hauschild, Thomas (Hrsg.): Lebenslust und Fremdenfurcht. Ethnologie im Dritten Reich, Frankfurt/M. 1995: 103-120; — Ders.: Leo Frobenius oder die Begeisterung in der deutschen Völkerkunde, in: Paideuma, 45, 1999: 63-82; — Ders.: Leo Frobenius und die Mündlichkeit Afrikas, in: Veit-Wild, F. (Hrsg.): Nicht nur Mythen und Märchen. Afrika-Literaturwissenschaft als Herausforderung, Trier 2003: 113-131; — Ders.:: Der Zauber von Zucht und Ordnung bei Leo Frobenius, in: Schäfer, A. u. Wimmer, G. (Hrsg.): Machbarkeitsphantasien, Opladen 2003: 154-167; — Zunft oder Charisma. Die Frage der richtigen Museumsleitung in den 1930er Jahren, in: Museum der Weltkulturen (Hrsg.): Ansichtssachen. Ein Lesebuch zu Museum und Ethnologie in Frankfurt/M., Frankfurt/M. 2004: 117-127; — Fischer, Hans: Gegen Antisemitismus. Leo Frobenius, in: Ders.: Völkerkunde im Nationalsozialismus, Berlin/Hamburg 1990: 70-74; — Schare, Andrea: Ernst Vatter (1888-1948): Leben und Werk. Ein Beitrag zur Geschichte der deutschsprachigen Ethnologie, Magisterarbeit, Mainz 1990; — Benningshoff-Lühl, Sibylle: Stimmen aus dem Off - Erfahrungen beim Beschreiben fremder Welten: Das Beispiel Leo Frobenius, in: Iwasaki, Eijiro (Hrsg.): Begegnung mit dem 'Fremden': Grenzen - Traditionen - Vergleiche. Akten des 8. Internationalen Germanisten-Kongresses, München 1991: 199-208; — Bitter, R. v.: Der Pionier des Paideuma, in: Süddeutsche Zeitung, 8.10.1993 (Literaturbeilage); — Oevermann, Ulrich: Das Verstehen des Fremden, in: Frobenius-Gesellschaft Frankfurt am Main (Hrsg.): Eike Haberland zum Gedenken. Vorträge am 6. Juni 1993 im Holzhausenschlößchen, Frankfurt/M. 1993: 11-27; — Schuster, Meinhard: Gedanke, Gestalt, Geschichte: sieben Jahrzehnte Forschung am Frankfurter Frobenius-Institut, in: ebd: 1-10; — Gueye, Seynabou: L'Image du Noir dans Erlebte Erdteile des Leo Frobenius (1873-1938), Dakar 1994; — Riesz, Janosz: Atlantis - ideale Stadt oder kolonialer Mythos? In: Harth, Dietrich (Hrsg.): Fiktionen des Fremden. Erkundung kultureller Grenzen in Literatur und Publizistik. Frankfurt/M. 1994: 289-302; — Ehl, Sibylle: Ein Afrikaner erobert die Main-Metropole. Leo Frobenius in Frankfurt (1924-1938), in: Hauschild, Thomas (Hrsg.): Lebenslust und Fremdenfurcht. Ethnologie im Dritten Reich, Frankfurt/M. 1995: 121-140; — Hahn, Hans Peter: Leo Frobenius' Reise durch Nord-Togo in den Jahren 1908/09: Ethnographische Dokumentation und koloniale Sichtweise, in: Heyder, Ulrich van der (Hrsg.): Studien zur Geschichte des deutschen Kolonialismus in Afrika. Festschrift zum 60.Geburtstag von Peter Sebald/Peter Heine, Pfaffenweiler 1995: 259-279; — Spöttel, Michael: Die ungeliebte 'Zivilisation'. Zivilisationskritik und Ethnologie in Deutschland im 20.Jahrhundert, Frankfurt/M./Berlin 1995; — Ders.: Hamiten. Völkerkunde und Antisemitismus, Frankfurt/M./Berlin 1996; — Ders.: Hamiten: Kulturbringer und Kulturzerstörer. Anmerkungen zu einer vergessenen Facette des ethnologischen Antisemitismus, in. Babylon, 16/17, 1996: 134-148; — Ders.: Männerphantasien. Bachofens Wirkung auf die völkerkundliche Konstruktion von Kultur, in: Zeitschrift für Religions- und Geistesgeschichte, 4, 1998: 317-338; — Ders.: Leo Frobenius: Des letzten deutschen Kaisers Ethnologe, in: Samerski, Stefan (Hrsg.): Wilhelm II. Und die Religion. Facetten einer Persönlichkeit und ihres Umfelds, Berlin 2001: 285-314; — Miller, Christopher L.: Lesen mit westlichen Augen: Frankophone Literatur und Anthropologie in Afrika, in: Bachmann-Medick, Doris (Hrsg.): Kultur als Text. Die anthropologische Wende in der Literaturwissenschaft, Frankfurt/M. 1996: 229-261; — Ninck, Dorothee: Kultur als Organismus. Zur Kulturlehre von Leo Frobenius, Lizentiatsarbeit, Universität Basel 1996; — Rottland, Franz: Hamiten, Neger, Négritude. Zur Geschichte einer afrikanischen Klassifikation, in: Paideuma, 42, 1996: 53-62; — Heinrichs, Hans-Jürgen: Die fremde Welt , das bin ich. Leo Frobenius: Ethnologe, Forschungsreisender, Abenteurer, Wuppertal 1998; — Künzli, Erwin: Nachwort, in: Ders. (Hrsg.): Das Zuckerrohr der Königin. Erotische Geschichten aus Afrika. Gesammelt und aufgeschrieben von Leo Frobenius, Zürich 1998: 187-190; — Möhlig, Wilhelm: Leo Frobenius, in: Möhlig, Wilhelm u. Jungraithmayr, Wilhelm (Hrsg.): Lexikon der afrikanistischen Erzählforschung, Köln 1998: 89f.; — Kohl, Karl-Heinz: Der sakrale Königsmord. Zur Geschichte der Kulturmorphologie, in: Paideuma, 45, 1999: 63-82; — Münzel, Mark: Frobenius kennen wir nun so ziemlich. Über das Unabgeschlossene in der Ethnologie. Frobenius-Vorlesung 1996, in: Paideuma, 45, 1999: 9-29; — Joch, Markus: Deutsche Anti-Evolutionisten? Konzeptionen der Kulturkreislehre um 1900, in: Honold, Alexander u. Scherpe, Klaus R. (Hrsg.): Das Fremde: Reiseerahrungen, Schreibformen und kulturelles Wissen, Bern (Zeitschrift für Germanistik, Beiheft 2) 2000: 83-103; — Scherpe, Klaus R.: Die Ordnung der Dinge als Exzess. Überlegungen zu einer Poetik der Beschreibung in ethnographischen Texten, in: Honold, Alexander u. Scherpe Klaus R. (Hrsg.): Das Fremde: Reiseerfahrungen Schreibformen und kulturelles Wissen, Bern (Zeitschrift für Germanistik, Beiheft 2) 2000: 13-44; — Fabian, Johannes: Im Tropenfieber. Wissenschaft und Wahn in der Erforschung Zentralafrikas, München 2001; — Wittmann, Frank: Probleme ethnographischer Lesarten. Eine kritische Untersuchung zur Bedeutung von Leo Frobenius innerhalb der Neubegründung einer Kulturwissenschaft, Lizentiatsarbeit, Universität Bern 2001; — Nguepe, Maurice: Leo Frobenius als Kunst- und Literaturvermittler, Diss., Berlin, Frankfurt/M. 2006; — Franzen, Christoph, J./Kohl, Karl-Heinz/Recker, Marie Luise (Hrsg.): Der Kaiser und sein Forscher. Der Briefwechsel zwischen Wilhelm II. und Leo Frobenius (1924-1938), Stuttgart 2008.

Michael Spöttel

FURRER, Konrad, Dekan * 5.11. 1838 in Fluntern (heute Zürich) als Sohn des Landwirtes Salomon Furrer und der Susanna, geb. Gattiker; † 14.4. 1908 in Zürich. — Bereits als Gymnasiast verfaßte er eine Geschichte seiner Heimatgemeinde Fluntern. Während des Studiums der Theologie an der Universität Zürich (1857-61) war er 1860 Pfarrverweser in Oberstrass (Zürich). Nach der Ordination 1862 wurde er zuerst Pfarrverweser in Schlieren. 1863 durchwanderte er Palästina in sechs Wochen von Süden nach Norden. Die Eindrücke dieser Reise verarbeitete er im 1865 erschienenen Werk »Wanderungen durch Palästina« (Zweite Auflage 1891). Nach seiner Rückkehr in die Schweiz wurde er Pfarrer in der neugegründeten Diasporagemeinde Baar, 1864 Pfarrer in Schlieren, 1870 in Uster. 1872 heiratete er Susanna Frei. 1876 wurde er als Nachfolger von (s.d.) Heinrich Lang Pfarrer an St. Peter in Zürich. 1869 habilitierte er sich für Palästinakunde an der theologischen Fakultät der Universität Zürich mit »Die Bedeutung der biblischen Geographie für die biblische Exegese« und lehrte hier 1869-77 als Privatdozent. 1879 Dr. h.c. theol. der Universität Bern. 1885 erhielt er von der Universität Zürich einen Lehrauftrag für allgemeine Religionsgeschichte und wurde 1889 a.o.Prof. für Kirchengeschichte und das Alte Testament. 1897 wurde er zum Dekan des Geistlichkeitskapitels Zürich gewählt. Das Erbe von (s.d.) Heinrich Lang (seinem Vorgänger als Pfarrer an St. Peter) als Führer der Reformpartei nahm er nicht an. Vielmehr warf er der liberalen Richtung vor, durch ihren Intellektualismus trage sie mit Schuld am überhand nehmenden Indifferentismus. Die Mission des Christentums lag ihm besonders am Herzen. An der konstituierenden Versammlung des Allgemeinen evangelisch-protestantischen Missionsvereins 1884 in Weimar hielt er die Festpredigt und von da an jeweils den Hauptvortrag an den Jahresversammlungen. Furrer anerkannte Darwins Lehre von der allmählichen Entwicklung der Lebewesen und sah sie als mit der religiösen Weltbetrachtung verträglich an. Furrer wird als ausgesprochener Gefühlsmensch charakterisiert, in dessen Herz jeder Notruf widerhallte, der als Seelsorger nie verzagte und als Prediger der Liebe unermüdlich war. Das streng wissenschaftliche Denken lag ihm weniger. Sein Nachlaß liegt in der Zentralbibliothek Zürich.

Werke: a) Schriften: Geschichtliches über die Gemeinde Fluntern, 1857; Johann Jacob Hottinger [1783-1860], erster Großmeister der Alpina: Gabe der Freundschaft, zu dessen Andenken, für die Mitglieder der Loge zur Bescheidenheit, 1860; Rudolf Collin, Ein Charakterbild aus der Schweizerischen Reformationsgeschichte, 1862; Wanderungen durch Palästina, 1865, [2]1891 (frz. 1886 unter dem Titel »En palestine«); Die Bedeutung der biblischen Geographie für die biblische Exegese, 1870; Der confessionslose Religionsunterricht: Ein Beitrag zur Verständigung, 1872; Die Ortschaften am See Genezareth, in: Zeitschrift des Palästina-Vereins, Jg. 2, 1879; Die allgemeine Religionsgeschichte und die religiöse Bildung, 1883; Die antiken Städte und Ortschaften im Libanongebiete, SA der Zeitschrift des Palästina-Vereins, VIII, 1885; Die Hebräische Sprache als Sprache der Bibel, 1887; Darwinismus und Sozialismus im Lichte der christlichen Weltanschauung, 1889; Religionsgeschichte: Literatur des Jahres 1889, 1890; Das kirchliche Leben der Stadt Zürich im 13. Jahrhundert, 1891; Das Glaubensbekenntnis der abendländischen Kirchen, genannt das apostolische Symbolum, 1891; Die Bodengestalt des heiligen Landes, 1892; François Bocion, 1892; Vorlage eines Minimums von religiösem Gedächtnis- und Lehrstoff, 1894; Ein Jerusalem- und Sinaipilger aus Zürich im 15. Jahrhundert: Der Predigermönch Felix Schmid, 1899; Das Geographische im Evangelium nach Johannes, 1902; Die Weltanschauung der alten Babylonier, 1904; (Vorträge über) das Leben Jesu Christi, 1902, 2/3 1905; Der Aufgang des Lebens, 1906; Geschichte der Kirche und Gemeinde St. Peter Zürich zur Erinnerung an den 200jährigen Bestand des neuen Gotteshauses, 1906; Menschheitsfragen, Ein letzter Gruß an seine Freunde, 1909.

b) Reden, Predigten, Vorträge: Das ist der Sieg, der die Welt überwindet, unser Glaube, Synodalpredigt, 1875; Das Evangelium der Freiheit, Predigt, 1877; Rede eines christlichen Geistlichen am Grabe eines Juden (Marcus G. Dreyfus), 1877; Zur Einweihung des neuen Friedhofes der Stadt Zürich, 1877; Gedächtnisrede bei der Beerdigung von Gerold Eberhard, 1880; Gedächtnisrede bei der Bestattung von Frau Bertha Lavater, geb. Hirzel, 1884; Gedächtnisrede bei der Trauerfeierlichkeit für Arnold Bürkli-Ziegler, 1884; K. F. et al., 8 Missionsvorträge, gehalten in Weimar, 1884; Leichenrede: Zur Erinnerung an Johann Lavater-Hirzel (1812-1888), 1888; Gedächtnisrede bei der Beerdigung von Herrn Prof. Dr. Heinrich Steiner von Zürich (1841-1889), 1889; Reden zur Verteidigung des christlichen Glaubens, gehalten im sozialdemokratischen Arbeiterbildungsverein »Eintracht« in Zürich, 1893; Rede gehalten bei der Trauerfeierlichkeit für Herrn Dr. Arnold Bürkli-Ziegler, 1894; Welche Hauptgefahren bedrohen den evangelischen Glauben und das christliche Leben der Gegenwart? Rede, 1894; Vorträge über religiöse Tagesfragen, 1895; Zur Erinnerung an Heinrich Escher-Escher (1816-1896), Leichenrede, 1896; Katholizismus und Protestantismus in acht Vorträgen dargestellt, 1899; Zur Erinnerung an Herrn Heinrich Weber, Pfarrer in Höngg, Doktor der Theologie, 1900; Das Christentum und die Abstinenz, Vortrag, 1900; Konfirmation, Predigt, 1900; Gebet, Ansprachen und Predigt, gehalten an der Feier des 25jährigen Wirkens des Herrn Dekan Dr. Konrad Furrer als Pfarrer am St. Peter in Zürich, 1901; Festpredigt zur Feier des 200jährigen Bestehens der Kirche in Wollishofen, 1902; Die Religion und das junge Volk, zwei Vorträge, 1902; Aufgaben der Zünfte von Zürich in der Gegenwart, Rede, 1904; Rede bei der feierlichen Einsetzung von Pfarrer Gottfried Bosshard, 1904; Gebete und Predigten, gehalten bei der Konfirmation 1906, 1907; Zur Erinnerung an Albert Barth aus Rio de Janeiro 1840 - 1906, 1907; Vorlesung und Erklärung des Evangeliums nach Markus 1903/1904, 1911.

Lit: Landamman Saxer und Prof. Christ, Zur Abwehr der Anklagen, welche (...) Furrer (...) gegen die kirchliche Reformpartei erhoben hat, 1893; — H. Kesselring, Dekan Dr. Konrad Furrer, eine Lebensskizze, NZZ, 26. und 28.4.1908; SA 1908; — Stenographisches Büro des Stenographenvereins Zürich (Hrsg.), Dekan Dr. Konrad Furrer, 1838-1908, Worte zu seinem Gedächtnis, 1908; — Zürcher Taschenbuch, 1910, 282; — Gustav von Schulthess-Rechberg, Die zürcherische Theologenschule im 19. Jahrhundert, 1914, 133-137; — Historisch-Biographisches Lexikon der Schweiz, Bd. 3, 1926, 364f.; — E. Gagliardi et al., Die Universität Zürich 1833- 1933 und ihre Vorläufer, 1938, 654f.; — E. Dejung, W. Wuhrmann, Zürcher Pfarrerbuch 1519-1952, 1953, S. 288f.; — Historisches Lexikon der Schweiz, Bd. 5, 2006, 31.

Christian Baertschi

G

GALLING, Kurt Franz Willi, evangelischer Theologe (Altes Testament) und Orientalist. * 8. Januar 1900 Wilhelmshaven † 12. Juli 1987 Tübingen. — Sein Vater Emil Galling war Ingenieur bei der Marine in Wilhelmshaven, seine Mutter eine geborene Lips. Die frühen Jahre lebte G. in Wilhelmshaven und Berlin-Steglitz. Nach dem Abitur im Dezember 1917 begann G. sein Studium der Theologie und Philologie in Berlin (fünf Semester), wechselte nach Jena, wo er nach zwei Semestern 1921 das theologische Lizentiat erwarb. Im März 1922 legte G. sein erstes Theologisches Examen ab und trat in das Berliner Domkandidatenstift anschließend ein. Parallel dazu studierte er die Klassische Archäologie; in diesem Fach wurde G. im Juni 1923 zum Dr. phil. promoviert. Zu Beginn des Jahres 1925 legte G. das zweite theologische

Examen der Kirche der Altpreußischen Union ab. Im gleichen Jahr habilitierte er sich in Berlin für das Fach Altes Testament. Als Privatdozent lehrte G. an der Universität in Berlin zunächst Hebräisch und hielt Vorlesungen zum Alten Testament. Sein erster Aufenthalt in Palästina fiel in das Jahr 1926, als er zeitweise am Lehrkurs des Deutschen Evangelischen Instituts für Altertumswissenschaft des Heiligen Landes beteiligt wurde und auch die Möglichkeit erhielt, an Ausgrabungen auf Tell Balata (Sichem) teil zu nehmen. Zwischen 1927 und 1987 war G. Mitglied des Deutschen Vereins zur Erforschung Palästinas, von 1953 bis 1984 als Vorstandsmitglied und seit 1977 als Ehrenmitglied. 1928 folgte G. dem Ruf nach Halle (1928-1946), wo er zunächst als Oberassistent wirkte , bevor er 1930 zum außerordentlichen Professor ernannt wurde. Von Halle aus war es ihm möglich, zweimal einen wissenschaftlichen Aufenthalt in Palästina zu gestalten. 1930 als kommissarischer Direktor des Deutschen Evangelischen Palästina-Instituts in Jerusalem, verbunden mit einer Ausgrabungsteilnahme bei W. F. Albright. 1935 führt ihn ein Auftrag, die Nekropolen Jerusalems aufzunehmen, ein weiteres Mal nach Jerusalem. In das Jahr 1932 fällt die Heirat mit Ruth Fricke (+1973); aus dieser Ehe gehen fünf Kinder hervor. Im November 1934 promoviert ihn die Theologische Fakultät der Universität Bern ehrenhalber. Während des Krieges wird er 1943 zum Zolldienst in die Nähe Krakaus abgestellt. Nach Ende des Krieges 1945 wurde G. aus der Universität Halle entlassen, fand aber für kurze Zeit in der Bibliothek des Theologischen Seminars eine Weiterbeschäftigung. Obwohl er 1946 durch den Antifaschistischen Ausschuß der Stadt Halle für »politisch tragbar« erklärt wurde - im Oktober 1933 war er der SA beigetreten, im November 1934 aus gesundheitlichen Gründen wieder ausgetreten, 1934 war er zum Unterführer der Dozentenschaft ernannt worden und zum 1. Januar 1940 der NSDAP beigetreten - blieb ihm eine Rückkehr an die Universität Halle verwehrt. Eine geraume Zeit wirkte G. als Pfarrer in Thüringen, wurde dann aber schon 1946 auf den Lehrstuhl für Altes Testament und Palästinakunde an der im Aufbau befindlichen Universität Mainz berufen. 1948 bis 1950 ist er Dekan der Evangelisch-Thgeologischen Fakultät, 1951/52 ist Rektor der Universität. In das Jahr 1951 fällt seine Ehrenmitgliedschaft in der Society of Biblical Literature and Exegesis, womit seine Arbeit eine deutliche Anerkennung findet. Unter seiner Mitwirkung findet der erste Nachkriegskurs des Deutschen Evangelischen Instituts für Altertumswissenschaft des Heiligen Landes statt. 1955 folgte er einem Ruf an die Universität Göttingen (Professur für Altes Testament und Palästinakunde), bevor er 1962 an die Tübinger Universität wechselte und den Lehrstuhl für Biblische Archäologie bis zu seiner Emeritierung 1968 innehatte. Nach der Emeritierung Karl Elligers wurde er alleiniger Leiter des von Elliger gegründeten Instituts. Das Deutsche Archäologische Institut ernannte G. 1964 zum ordentlichen Mitglied. Bemerkenswert ist sein Biblisches Reallexikon, das bewußt nicht von den Texten, sondern von den Ergebnissen der archäologischen Wissenschaft aus. G. Arbeit verbindet in kritisch-reflektierender Art die alttestamentliche Wissenschaft mit der Palästinakunde.

Werke: Licht und Beleuchtung in Vorstellung und Darstellung im israelitisch-jüdischen Kulturgebiet. In: ZDPV 46 (1923) 1-50; Der Altar in den Kulturen des alten Orients. Eine archäologische Studie. Mit 2 Abschnitten von Paul Lohmann und einem Vorwort von Hugo Greßmann, 1925; Byblos. In: HZ 133 (1925) 67-68; Jahwe der Weltschöpfer. In: ThBl 4 (1925) 257-261; Die Welt der Bibel. In: ZAW 44 (1926) 79-80; Das Deuteronomium. In: HZ 135 (1926/27) 413-415; Der Bautypus des Palasttores im Alten Testament und das Palasttor von Sichem. In: Beiträge zur Religionsgeschichte und Archäologie Palästinas. Ernst Sellin zum 60. Geburtstage, hrsg. William Foxwell Albright, 1927, 49-53; Archäologischer Jahresbericht. In: ZDPV 50 (1927) 298-319; [Art.] Patriarchat B. In: RLV X (1927/28) 62-63; [Art.] Periziter. In: RLV X (1927/28) 66-67; [Art.] Philister A. In: RLV X (1927/28) 126-133; [Art.] Rephaim. In: RLV XI (1927/28) 125-126; [Art.] Allerheiligstes. In: RGG² I (1927) 222; [Art.] Altar I Religionsgeschichtlich / II Israelitischer. In: RGG² I (1927) 229-232.232-234; [Art.] Barnes, William Emery. In: RGG² I (1927) 768; [Art.] Barton, George A.. In: RGG² I (1927) 780; [Art.] Bewer, Julius August. In: RGG² I (1927) 969; [Art.] Bilder II Bildverehrung im AT und NT. In: RGG² I (1927) 1102-1103; [Art.] Box, George Herbert. In: RGG² I (1927) 1212; [Art.] Cook, Stanley Arthur. In: RGG² I (1927) 1724; [Art.] Cooke, George Albert. In: RGG² I (1927) 1724; [Art.] Curtiss, Samuel Ives. In: RGG² I (1927) 1752; [Art.] Driver, Samuel Rolles. In: RGG² I (1927) 2027-2028; Die Erwählungstraditionen Israels, [=BZAW; 48], 1928; Der heilige Bezirk von Ur. In: Vossische Zeitung 7.3.1928, Nr. 57, 1. Beilage; Ein hebräisches Siegel aus der babylonischen Diaspora. In: ZDPV 51 (1928) 234-236; Die Staatsverfassung im vorexilischen Israel. In: ZDMG 82 (1928) LX-LXI; Archäologischer Jahresbericht. In: ZDPV 51 (1928) 126-134; [Art.] Segen B. In: RLV XII (1928) 10-12; [Art.] Frazer, James George. In: RGG² II (1928) 748; [Art.] Fullerton, Kemper. In: RGG² II (1928) 835; [Art.] Geister Dämonen Engel II: Im AT, Judentum und NT. In: RGG² II (1928) 963-967; [Art.] Gewitter 5. In: RGG² II (1928) 1177; [Art.] Gray, Buchanan George. In: RGG² II (1928) 1433; [Art.] Hadad. In: RGG² II (1928) 1559; [Art.] Hamath. In: RGG² II (1928) 1597; [Art.] Haran. In: RGG² II (1928) 1629; [Art.] Herford, R. Travers. In: RGG² II (1928) 1818; [Art.] Himmelsmantel. In: RGG² II (1928) 1902-1903; [Art.] Tammuz. In: RLV XIII (1928) 172-173; [Art.] Tieropfer B. In: RLV XIII (1928) 306-308; [Art.] Zamzummim. In: RLV XIV (1928) 482; [Art.] Zuzim. In: RLV XIV (1928) 555; Die israelitische Staatsverfassung in ihrer vorderorientalischen Umwelt, [=AO; 23.3/4], 1929; [Art.] Institutum Judaicum. In: RGG² III (1929) 299; [Art.] Jungbrunnen. In: RGG² III (1929) 569; [Art.] Kesselwagen. In: RGG² III (1929) 732; [Art.] Knudson, Albert Cornelius. In: RGG² III (1929) 1109; [Art.] Lade Jahwes. In: RGG² III (1929) 1449-1450; [Art.] Lebenswasser. In: RGG² III (1929) 1516; [Art.] Leuchter 1. In: RGG² III (1929) 1597-1598; [Art.] Macalister, Robert Alexander Stewart. In: RGG² III (1929) 1808; [Art.] Magier. In: RGG² III (1929) 1850; Der Beichtspiegel. Eine gattungsgeschichtliche Studie. In: ZAW 47 (1929) 125-130 (wiederabgedruckt in: Zur neueren Psalmenforschung. Hrsg. von Peter H. A. Neumann, [=Wege der Forschung; 192], 1976, 168-175); Die Geschichte als Wort Gottes bei den Propheten. In: Theologische Blätter 8 (1929) 169-172; Archäologischer Jahresbericht. In: ZDPV 52 (1929) 242-250; Amun und der Gott des Alten Testaments. Zu Kurt Sethes Amun-Studie. In: ThBl 9 (1930) 103-105; Jesaia-Adonis. In: OLZ 33 (1930) 98-102; Geschichte Israels. In: ThR NF 2 (1930) 94-128; Tell bet mirsim. In: Evangelisches Gemeindeblatt für Palästina und Syrien 6 (1930) 66-69; [Art.] Moloch. In: RGG² IV (1930) 154-155; [Art.] Moore, George Foot. In: RGG² IV (1930) 204; [Art.] Oesterley, William. In: RGG² IV (1930) 644; [Art.] Peake, Arthur Samuel. In: RGG² IV (1930) 1055; [Art.] Robinson, Henry Wheeler. In: RGG² IV (1930) 1262; [Art.] Robinson, Theodore Henry. In: RGG² IV (1930) 2064; — H. Greßmann, Die orientalische Religion im hellenistisch-römischen Zeitalter, 1930; Das vierte Nachtgesicht des Propheten Sacharja. In: ZMR 46 (1931) 193-208; Die Halle des Schreibers. In: PJ 27 (1931) 51-57; Das Löwenpostament von Nahr el Kelb. In: AfO 7 (1931/1932) 30-33; Die jüdischen Katakomben in Rom als ein Beitrag zur jüdischen Konfessionskunde. In: ThStKr 103 (1931) 352-360; Archäologischer Jahresbericht. In: ZDPV 54 (1931) 80-100; [Art.] Jerusalem. In: Wasmuth III (1931); [Art.] Sanchuniaton. In: RGG² V (1931) 109; [Art.] Siegel und Gemmen. In: RGG² V (1931) 485-487; [Art.] Simpson, David Capell. In: RGG² V (1931) 501; [Art.] Stiftshütte. In: RGG² V (1931) 805-806; [Art.] Syrien 1-4. In: RGG² V (1931) 962-966; [Art.] Tanit. In: RGG² V (1931) 983; [Art.] Tarsis. In: RGG² V (1931) 998; [Art.] Taube. In: RGG² V (1931) 999-1000; [Art.] Tempel I-III. In: RGG² V (1931) 1040-1046; [Art.] Tempelgeräte. In: RGG² V (1931) 1047-1048; [Art.] Warren, Sir Charles. In: RGG² V (1931) 1767; [Art.] Wasser. In: RGG² V (1931) 1770-1771; [Art.] Welch, Adam C. In: RGG² V (1931) 1820; [Art.] Wright, Henry Hamilton. In: RGG² V (1931) 2025; Vom Lebenswerk Hermann Gunkels. In ZMR 47 (1932) 257-274; Kohelet-Studien. In: ZAW 50 (1932) 276-299; Das Allerheiligste in Salomos Tempel. Ein christlicher 'Thoraschrein'. Zwei archäologische Bemerkungen. In: JPOS 12 (1932) 43-48; Vom Alten Testament. In: Christentum und Wissenschaft 8 (1932) 201-217; Archäologischer Jahresbericht. In: ZDPV 55 (1932) 241-250; [Art.] Palästina. In: Wasmuth IV (1932); Ein Stück judäischen Bodenrechts in Jesaia 8. In: ZDPV 56 (1933) 209-218; Stand und Aufgabe der Koheletforschung. In: ThR NF 6 (1934) 355-373; Archäologische Bemerkungen. In: ZDPV 57 (1934) 153-158; Assyrische und persische Präfekten in Geser. In: PJ 31 (1935) 75-93; Die Nekropole von Jerusalem. In: Evangelisches Gemeindeblatt für Palästina und Syrien 11 (1935) 119-121; Die Gräber bei Jerusalem. In: BASOR 60 (1935) 8; [Teilbeitrag]. In: Alfred Bertholet, Hesekiel. Mit einem Beitrag von K. G., [=HAT; 1.13], 1936, XIX-XXI.135-151.152-155; Die Nekropole von Jerusalem. In: PJ 32 (1936) 73-101; Ein Etagen-Pilaster-Grab im Norden von Jerusalem. In: ZDPV 59 (1936) 111-123; In der Werkstatt des Hephaistos von Ugarit. In: OLZ 39 (1936) 593-597; Was heißt Theologie des Alten Testaments? In: DtPfrBl 40 (1936) 706-708.722-724; Briefe aus den Tagen Jeremias. In: DtPfrBl 40 (1936) 246-247; Briefe aus altbiblischer Zeit. Wichtige Funde aus dem alten Lachis. In: Das evangelische Deutschland 1936, 113-114; Zur Einleitung in das Alte Testament. In: DtPfrBl 40 (1936) 10-11; Archäologischer Jahresbericht. In: ZDPV 59 (1936) 227-246; Syrien in der Politik der Achaemeniden bis zum Aufstand des Megabyzos 448 v. Chr., [=AO; 36.3/4], 1937; — (Hrsg.), Biblisches Reallexikon, [=HAT; 1.1], 1937 (²1977); Das Protokoll über die Rückgabe der Tempelgeräte. In: ZDPV 60 (1937) 177-183; Syrien in der Politik der Achämeniden. In: Evangelisches Gemeindeblatt für Palästina und Syrien 13 (1937) 138-140; Neue Literatur zu Jesaia 40-66. In: DtPfrBl 41 (1937) 758-759; Der Tempelschatz nach Berichten und Urkunden im Buche Esra. In: ZDPV 60 (1937) 177-183; Kyrosedikt und Tempelbau. In: OLZ 40 (1937) 473-378; Ein kyprischer Kauffahrer an der Küste Syriens und Palästinas im 4. vorchristlichen Jahrhundert. In: Evangelisches Gemeindeblatt für Palästina und Syrien 14 (1938) 7-8; Die syrisch-palästinische Küste nach der Beschreibung bei Pseudo-Skylax. In: ZDPV 61 (1938) 66-96; Denkmäler zur Geschichte Syriens und Palästinas unter der Herrschaft der Perser. In: PJ 34 (1938) 59-79; Hyksosherrschaft und Hyksoskultur. In: Evangelisches Gemeindeblatt für Palästina und Syrien 14 (1938) 123-126; Die syrisch-palästinische Küste nach der Beschreibung bei Pseudo-Skylax. In: ZDPV 61 (1938) 66-96 (wiederabgedruckt in: Studien zur Geschichte Israels im persischen Zeitalter, 1964, 185-209); [Teilbeitrag]. In: Georg Beer, Exodus, [=HAT; 1.3], 1939, 13.128-153.165-179; Jeremia, der Prophet und sein Volk. In: DtPfrBl 43 (1939) 137-138; Hyksosherrschaft und Hyksoskultur. In: ZDPV 62 (1939) 89-115; Vom Richteramt Gottes. Eine Auslegung von Gen 18,17-33. In: Deutsche Theologie 6 (1939) 86-97; — G Beer, Exodus, 1939; (wiederabgedruckt in: Studien zur Geschichte Israels im persischen Zeitalter, 1964, 78-88); Prediger Salomo. In: Max

Haller, Die fünf Megilloth, [=HAT; 1.18], 1940, 47-90; Weltanschauung und Gottesglaube im 'Prediger'. In: Theologische Gegenwartsfragen, behandelt v. Kurt Galling, Gerhard Heinzelmann, Otto Michel u. Ernst Wolf. Bericht über die am 15. bis 17. April 1940 auf dem Ferienkursus der Gesellschaft zur Förderung der evangelisch-theologischen Wissenschaft in der Provinz Sachsen u. Anhalt gehaltenen Vorträge, hrsg. von Otto Eisfeldt, 1940, 36-46; Judäa, Galiläa und der Osten im Jahre 164/3 v. Chr. In: PJ 36 (1940) 43-77; Beschriftete Bildsiegel des ersten Jahrtausends v. Chr. vornehmlich aus Syrien und Palästina. In: ZDPV 64 (1941) 121-202; Bethel und Gilgal I. In: ZDPV 66 (1943) 140-155; Bethel und Gilgal II. In: ZDPV 67 (1944) 21-43; Die Prophetenbilder der Lutherbibel im Zusammenhang mit Luthers Schriftverständnis. In: EvTh 6 (1946/1947) 273-297; Das Bild vom Menschen in biblischer Sicht. Öffentlicher Vortrag gehalten am 18. Oktober 1946 in der Johannes Gutenberg-Universität, [=Mainzer Universitäts-Reden; 3], 1947; Biblische Sinndeutung der Geschichte. In: EvTh 8 (1948/1949) 307-319; Goethe als theologischer Schriftsteller. In: EvTh 8 (1948/1949) 529-545; Die Boten Gottes im Alten Bunde. In: Evangelisches Kirchenblatt für Rheinhessen 1948 (Serie); Orientalistentreffen in Mainz. In: BiOr 5 (1948) 124; Das Gedicht von Hiob und seinen drei Freunden. In: DtPfrBl 49 (1949) 253-254; [Art.] Paradeisos 1. In: Pauly-Wissowa XVIII (1949) 1131-1134; — Elmar Edel, Eugen L. Rapp, Textbuch zur Geschichte Israels, 1950 ([2]1968; [3]1979); Das Gemeindegesetz in Deuteronomium 23. In: Festschrift Alfred Bertholet zum 80. Geburtstag. Gewidmet von Kollegen und Freunden, hrsg. von Walter Baumgartner, 1950, 176-191; Der Charakter der Chaosschilderung in Gen 1,2. In: ZThK 47 (1950) 145-157; The Scepter of Wisdom. A Note on the Gold Sheath of Zendjirli and Ecclesiastes 12,11. In: BASOR 119 (1950) 15-18; Die Achiramschrift im Lichte der Karatepetexte. In: WO 1 (1950) 421-425; Durch die Himmel hindurchgeschritten (Heb 4,14). In: ZNW 43 (1950) 263-264; Marburger Theologentag. Bericht über die alttestamentliche Sektion. In: ThLZ 75 (1950) 211-214; Diaspora als Bewährung und Gefährdung, dargestellt an der alttestamentlichen Bundesgemeinde. In: Gustav-Adolf-Werk der Evangelischen Kirche in Hessen und Nassau 107. Jahresbericht (1950) 6-16; [Art.] Altar II (orientalisch). In: RAC I (1950) 329-334; [Art.] Babylon A (geschichtlich). In: RAC I (1950) 1118-1128; Königliche und nichtkönigliche Stifter beim Tempel von Jerusalem. In: BBLAK 68 (1946/1951) 134-142; Das Königsgesetz im Deuteronomium. In: ThLZ 76 (1951) 133-138; Kronzeugen des Artaxerxes? Eine Interpretation von Esra 4,9f. In: ZAW 63 (1951) 66-74; The Gola-List According to Ezra 2/Nehemia 7. In: JBL 70 (1951) 149-158; Die Liste der aus dem Exil Heimgekehrten. In: JBL 70 (1951) 149-158 (wiederabgedruckt in: Studien zur Geschichte Israels im persischen Zeitalter, 1964, 89-108); Die Krise der Aufklärung in Israel, [=Mainzer Universitäts-Reden; 19], 1952; Die Exilswende in der Sicht des Propheten Sacharja. In: VT 2 (1952) 18-36 (wiederabgedruckt in: Studien zur Geschichte Israels im persischen Zeitalter, 1964, 109-126); Der Gott Karmel und die Ächtung der fremden Götter In: Geschichte und Altes Testament. Albrecht Alt zum 70. Geburtstag, hrsg. von William Foxwell Albright, [=BHTh; 16], 1953, 105-125; Von Naboned zu Darius (Teil I). In: ZDPV 69 (1953) 42-64; Archäologisch-historische Ergebnisse einer Reise in Syrien und Liban im Spätherbst 1952. In: ZDPV 69 (1953) 88-93.181-187; Das Stierbild von tell el-asch'ari. In: ZDPV 69 (1953) 186-187; Von Naboned zu Darius (Teil II). ZDPV 70 (1954) 4-32 (wiederabgedruckt in: Studien zur Geschichte Israels im persischen Zeitalter, 1964, 1-60); Die Bücher der Chronik, Esra, Nehemia, [=ATD; 12], 1954 (1958); Zur Deutung des Ortsnamens »trpl« = Tripolis in Syrien. In: VT 4 (1954) 418-422; Die Grabinschrift Hiobs. In: WO 2 (1954) 3-6; Die 62 Jahre des Meders Darius in Dan 6,1. In: ZAW 66 (1954) 152; Das Deutsche Evangelische Institut für Altertumswissenschaft des Heiligen Landes im Jahre 1953. In: ZDPV 70 (1954) 135-141; Zur Lokalisierung von Debir. In: ZDPV 70 (1954) 135-141; [Art.] Prediger. In: Pauly-Wissowa XXII (1954) 1827-1831; Die Bücher der Chronik: Esra, Nehemia, [=ATD; 12], 1954; — Georg Fohrer, Ezechiel, [=HAT; 1.13], 1955, 220-241; Die Ausrufung des Namens als Rechtsakt in Israel. In: ThLZ 81 (1956) 65-70; Der Ehrenname Elisas und die Entrückung Elias. In: ZThK 53 (1956) 129-148; Erwägungen zur antiken Synagoge. In: ZDPV 72 (1956) 163-178; Die Religion in Geschichte und Gegenwart. Handwörterbuch für Theologie und Religionswissenschaft, hrsg. v. K. G. gemeinsam mit Hans Freiherrr v. Campenhausen u. a., 7 Bände 1957-65 (Nachdruck 1986); Hugo Gressmann zum Gedächtnis. In: ThLZ 82 (1957) 237-238; Die Politik der Perser und die Heimkehr aus Babel. In: Proceedings of the twenty-second Congress of Orientalists held in Istanbul September 15th to 22nd. Bd. II, hrsg. von Zeki Velidi Togan, 1957, 583ff.; [Art.] Aaronitischer Segen. In: RGG³ I (1957) 3; [Art.] Albright, William F. In: RGG³ I (1957) 219; [Art.] Allerheiligstes (im AT). In: RGG³ I (1957) 241; [Art.] Altar. In: RGG³ I (1957) 251-255; [Art.] Archäologie. I. Biblische Archäologie In: RGG³ I (1957) 582-585; [Art.] G. E. Wright (K. Galling), [Art.] Ausgrabungen. In: RGG³ I (1957) 759-762; [Art.] Aussatz. In: RGG³ I (1957) 773; [Art.] Baukunst in Israel. In: RGG³ I (1957) 930-932; [Art.] Belial. 3511 In: RGG³ I (1957) 1025-1026; [Art. Berge, heilige. AT. In: RGG³ I (1957) 1044; [Art.] Beschneidung 4. in: RGG³ I (1957) 1091; [Art.] Bewer, Julius August. In: RGG³ I (1957) 1112; [Art.] Bibelübersetzungen 5. in: RGG³ I (1957) 1209-1210; [Art.] Blut 2 (AT). In: RGG³ I (1957) 1328; [Art.] Brief und Buch im Altertum. In: RGG³ I (1957) 1410-1412; [Art.] Chronikbücher. In: RGG³ I (1957) 1803-1806; Die (((((((des Alexander Jannäus. In: Von Ugarit nach Qumran: Beiträge zur alttestamentlichen und altorientalischen Forschung, Festschrift Otto Eissfeldt, hrsg. von J. Hempel u. Leonhard Rost, [=BZAW; 77], 1958, 49-62; [Art.] Dalman, Gustaf. In: RGG³ II (1958) 21-22; [Art.] Damaskus. In: RGG³ II (1958) 22-24; [Art.] Eherne Schlange. In: RGG³ II (1958) 336; [Art.] Eichhorn, Albert. In: RGG³ II (1958) 344-345; [Art.] Eißfeldt, Otto. In: RGG³ II (1958) 407-408; [Art.] Esra. In: RGG³ II (1958) 692-694; [Art.] Esrabücher. In: RGG³ II (1958) 694-697; [Art.] Gaza. In: RGG³ II (1958) 1208; [Art.] Greßmann, Hugo. In: RGG³ II (1958) 1856; [Art.] Gunkel, Hermann. In: RGG³ II (1958) 1908-1909; [Art.] Guttmann, Julius. In: RGG³ II (1958) 1919; Erwägungen zum Stelenheiligtum von Hazor. In: ZDPV 75 (1959) 1-13; [Art.] J. Georg Eichhorn. In: NDB 4 (1959) 377f.; [Art.] Handel. II. Biblisch. In: RGG³ III (1959) 56-57; [Art.] Hugenotten 2. In: RGG³ III (1959) 470-474; [Art.] Jeduthun. In: RGG³ III (1959) 574; [Art.] Joseph. 1. Patriarch. In: RGG³ III (1959) 859; [Art.] Judentum. In: RGG³ III (1959) 978-986; [Art.] Kapernaum. In: RGG³ III (1959) 1133-1134; [Art.] Karmel. In: RGG³ III (1959) 1156-1157; [Art. Katakomben. II. Jüdische Katakomben in: RGG³ III (1959) 1174; [Art.] Kennicott, Benjamin. In: RGG³ III (1959) 1243; Serubbabel und der Wiederaufbau des Tempels in Jerusalem. In: Verbannung und Heimkehr. Beiträge zur Geschichte und Theologie Israels im 6. und 5. Jahrhundert v. Chr. Wilhelm Rudolph zum 70. Geburtstag, hrsg. von Alfred Kuschke, 1961, 67-96 (wiederabgedruckt in: Studien zur Geschichte Israels im persischen Zeitalter, 1964, 127-148); [Art.] Kunsthandwerk. I. In Israel. In: RGG³ IV (1960) 167-170; [Art.] Leuchter. I. Im AT und Judentum in: RGG³ IV (1960) 332-333; [Art.] Luzifer. In: RGG³ IV (1960) 553; [Art.] Magie, religionsgeschichtlich 7. in: RGG³ IV (1960) 601; [Art.] Manna. In: RGG³ IV (1960) 725-726; [Art.] Maße, Gewichte, Münzen in Israel. In: RGG³ IV (1960) 795-796; [Art.] Mene Tekel. In: RGG³ IV (1960) 852; [Art.] Mesa. In: RGG³ IV (1960) 882-883; [Art.] Nehemia. In: RGG³ IV (1960) 1395-1396; [Art.] Nehemiabuch. In: RGG³ IV (1960) 1396-1398; [Art.] Noth, Martin. In: RGG³ IV (1960) 1531; [Art.] Ossuar. In: RGG³ IV (1960) 1734; Ein Ostrakon aus Samaria als Rechtsurkunde. In: ZDPV 77 (1961) 173-185; [Art.] Palästina. I. Altkirchlich. In: RGG³ V (1961) 23-27; [Art.] Pentapolis. In: RGG³ V (1961) 210; [Art.] Predigerbuch. In: RGG³ V (1961) 510-514: [Art.] Psalmen. I. Im AT. In: RGG³ V (1961) 672-684; [Art.] Psalterbuch. In: RGG³ V (1961) 689-691; [Art.] Ptolemäer. In: RGG³ V (1961) 719-720; [Art.] Reich Gottes I.1 Im antiken Judentum. In: RGG³ V (1961) 912-914; [Art.] Reland(us), Hadrian(us). In: RGG³ V (1961) 952; [Art.] Robinson, Edward. In: RGG³ V (1961) 1130-1131; [Art.] Saron. In: RGG³ V (1961) 1370-1371; Das Rätsel der Zeit im Urteil Kohelets (Koh 3,1-15). In: ZThK 58 (1961) 1-15; Jesaia 21 im Lichte der neuen Nabonidtexte. In: Tradition und Situation. Studien zur alttestamentlichen Prophetie. Artur Weiser zum 70. Geburtstag am 18.11.1963 dargebracht von Kollegen, Freunden und Schülern, hrsg. von Ernst Würthwein, 1963, 49-62; Eschmunazar und der Herr der Könige. In: ZDPV 79 (1963) 140-151; [Art.] Siegel. In: RGG³ VI (1963) 27-28; [Art.] Steine, heilige. In: RGG³ VI (1963) 348-350; [Art.] Stele. In: RGG³ VI (1963) 352-353; [Art.] Symbole. In: RGG³ VI (1963) 543-545; [Art.] Synagoge. In: RGG³ VI (1963) 557-559; [Art.] Tempel I. Religionsgeschichtlich. In: RGG³ VI (1963) 681-684; [Art.] Tempel I. In Israel. In: RGG³ VI (1963) 684-686; [Art.] Tempelgeräte in Israel. In: RGG³ VI (1963) 686-687; [Art.] Tripolis. In: RGG³ VI (1963) 1042; [Art.] Urim und Tummim. In: RGG³ VI (1963) 1193-1194; [Art.] Wirtschaftsgeschichte. II. In Israel. In: RGG³ VI (1963) 1754-1755; Nachtrag zu »Eschmunazar und der Herr der Könige«. In: ZDPV 80 (1964) 99; Heimkehr und Wideraufbau. Studien zu Geschichte Israels im persischen Zeitalter, 1964; Kritische Bemerkungen zur Ausgrabung von eg-gib. In: BiOr 22 (1965) 242-245; Hugo Ernst Friedrich Wilhelm Gressmann. In: NDB 7 (1966) 50-51; Goliath und seine Rüstung. In: Volume du congres Geneve 1965, [=VT. Suppl. 15], 150-169; Datum und Sinn der graeco-koptischen Mühlenostraka im Lichte neuer Belege aus Jerusalem. In: ZDPV 82 (1966) 46-56.239; Das Institut für Biblische Archäologie. In: Attempto 21 (1966) 42-47; Miscellanea Archaeologica. In: ZDPV 83 (1967) 123-135; Neue Mühlenostraka (Nachtrag). In: ZDPV 84 (1968) 80-81; Die Kopfzier der Philister in den Darstellungen von Medinet Habu. In: Ugaritica VI. Publié à l'occasion de la XXX. Campagne de Fouilles à Ras Shamra (1968) sous la direction de Claude F. A. Schaeffer, 1969, 247-269; Ein phönikisches Kultgerät(?) aus Kreta. In: WO 5 (1969) 100-107; Prediger Salomo. In: Die fünf Megilloth, [=HAT; 1.18], 1969, 73-125; Zwei Salbgefäße und ein Armreif aus dem syrischen Raum. In: ZDPV 86 (1970) 1-9; Tafel, Buch und Blatt. In: Near Eastern Studies in Honor of William Foxwell Albright, hrsg. von H Goedicke, 1971, 207-223; Der Weg der Phöniker nach Tarsis in literarischer und archäologischer Sicht. In: ZDPV 88 (1972) 1-18.140-181; Ba'al Hammon in Kition und die Hammanîm. In: Wort und Geschichte. Festschrift K. Elliger, hrsg. von Hartmut Gese und Hans Peter Rüger, [=Alter Orient und Altes Testament; 18], 1973, 65-70; Bemerkungen zu Gestus und Tracht kyprischer Frauenfiguren. In: Symbolae Biblicae et Mesopotamicae. Francisco Mario Theodoro de Liagre Böhl dedicatae, hrsg. von Martinus Adrianus Beek, [=Studia Francisci Scholten memoriae dicata. Nederlands Instituut voor het Nabije Oosten, Leiden; 4], 1973, 161-168; Ein phönizischer Kultsockel aus der Umgebung von Tripolis erneut interpretiert. In: Baghdader Mitteilungen 7 (1974) 85-95; Ein bichromes Kännchen aus Palästina. In: ZDPV 93 (1977) 46-51; [Art.] Götterbild, weibliches. In: BRL II (1977) 111-119; — Arthur Marmorstein, [Art.] Beamte: in der Bibel; in der nachbiblischen Zeit. In: EJud III 1196-1201; — Rezz. u.a. in: OLZ, ZDPV, ZAW (s. Archäologie und Altes Testament. Festschrift für Kurt Galling zum 8. Januar 1970, hrsg. von Arnulf Kuschke und Ernst Kutsch, 1970, 340ff.).

Lit.: Wer ist's? X (1935) s.v.; — Wer ist wer? 1963 s.v.; — Archäologie und Altes Testament. Festschrift für Kurt Galling zum 8. Januar 1970, hrsg. von Arnulf Kuschke und Ernst Kutsch, 1970 (Abb.); — Wer ist wer? 1973; — Kürschner [12]1976, 850; — H. Donner, D. Dr. Kurt Galling ZDPV 93 (19..) 311-313; — Ehrenmitgliedsurkunde Kurt Galling. In: ZDPV 93 (19..) 314; — Arnulf Kuschke, Kurt Galling zum 80. Geburtstag. In: ThLZ 105 (1980) 238-240; — Manfred Weippert, In: ZDPV 104 (1988) 190-194; — ZDPV 104 (1988) 193 (bibliogr. Nachtrag); — [Art.] Galling. In: DBE III (1996) 565; — Jan Christian Gertz, [Art.] G. In: RGG⁴ III (2000) 461; — [Art.] Galling. In: DBE ([2]2006) 671; — [Art.] Galling, Kurt. In: Personenlexikon zum deutschen Protestantismus 1919-1949, zusammengestellt u. bearb. von Hannelore Braun u. Gertraud Grünzinger, [=Arbeiten zur kirchlichen Zeitgeschichte; A.12], 2006, 84.

Christoph Schmitt

GEERTZ, Clifford James, Anthropologe, * 23.8. 1926 in San Francisco, † 30.10. 2006 in Philadelphia. — Geertz gehört zu den bedeutendsten Forschern in der Gesellschaftswissenschaft und Anthropologie des 20. Jahrhunderts. Seine Religionsanthropologie übt auch einen nachhaltigen Einfluß auf die Religionswissenschaft und Theologie aus. Die von ihm mitbegründete symbolische Anthropologie gilt als eines der klassischen Konzepte in der Kulturwissenschaft. Geertz studierte Anthropologie an der Universität in Harvard, u.a. bei Talcott Parsons. Zusammen mit seiner Frau Hildred Geertz führte er zweijährige Feldstudien auf der Insel Java in Indonesien durch, die vom Islam geprägt ist, um dort die Komplexität einer multireligiösen und multikulturellen Stadt zu erforschen. Die Arbeit führte 1956 zu seiner Promotion in Harvard. Weitere Feldstudien führten Geertz nach Bali, um dort die Eigenart der Vernetzung von Religion und Kultur auf dem Hintergrund des Hinduismus zu studieren. 1958 ging er zur University of California in Berkeley und wechselte dann an die University of Chicago, an der er von 1960 bis 1970 lehrte. 1960 veröffentlichte er sein Werk über die Glaubensformen, Riten, Sitten und Symbole der Religion in Java, wo sich der Islam, der Hinduismus und ältere animistische Traditionen begegnen. Auch seine 1963 veröffentlichte Studie über die »Agricultural Revolution« untersucht die Ökologie und Ökonomie Indonesiens. Weitere Bücher behandeln die Ökonomie und Politik der Kulturen auf Java und Bali (»Peddlers and Princes« 1963, »The Social History of an Indonesian Town« 1965), und die Beziehung von Religion und Kultur im nordafrikanischen Marokko (»Islam Observed« 1968). 1970 ging Geertz als Professor an das berühmte »Institute for Advanced Study« nach Princeton, an dem er bis zu seiner Pensionierung blieb. Sein Erfolg gründet sich vor allem auf eine Reihe von Essays, die er zwischen 1973 (»The Interpretation of Cultures«) und 1983 (»Local Knowledge«) in Sammelbänden publiziert hat und in denen zentrale Probleme der Sozialwissenschaft im Allgemeinen und der Kulturanthropologie im Besonderen reflektiert werden. Geertz starb 2006 in Philadelphia. — Geertz' Werk entwickelt sich im Kontrast zur strukturalistischen Kulturwissenschaft, so wie sie z.B. von Claude Lévi-Strauss repräsentiert wird. Der Ansatz von Geertz ist im Gegensatz semiotisch und hermeneutisch. Kultur wird dabei zum Gegenstand einer Interpretation von zeichenhaften Handlungsformen und symbolischen Prozessen, die im Bezug auf ihre einzigartigen Kontexte und Zusammenhänge im Alltagsleben untersucht werden. Geertz läßt dabei den Universalismus der Strukturalisten weit hinter sich und entwickelt einen konsequenten Kontextualismus, der sich weitgehend - auch in der Theologie und Religionswissenschaft - durchgesetzt hat. Diese »interpretative Anthropologie« läßt sich dabei von der Hermeneutik inspirieren und überträgt wichtige Anstöße aus der Interpretation von Texten auf die Deutung von kulturellen Prozessen. Im Anschluß an die ältere anthropologische Tradition gewinnt die Feldarbeit für Geertz eine zentrale Funktion, wenn es darum geht, die Welt des Fremden aus dessen eigener Perspektive zu verstehen. Geertz interessiert sich dabei mehr für das Partikulare als das Universale und strebt es an, die Einzigartigkeit der Alltagswelt von gelebten Kulturen in den Vordergrund zu stellen. Er übernimmt den Begriff des Philosophen Gilbert Ryle und fordert den Ethnographen auf, eine »dichte Beschreibung« zu produzieren. Als Beispiel dient sein vielzitierter Aufsatz »Deep Play« über den Hahnenkampf in Bali, der in der Kultur nur eine geringe praktische Funktion, aber eine desto größere symbolische Bedeutung im Bezug auf den Ausdruck maskuliner Identität hat, und der darin durchaus, so Geertz, mit Shakespeares Macbeth zu vergleichen ist. Aufgrund seiner starken Betonung der Bedeutung des lokalen Wissens, v.a. in der Aufsatzsammlung »Local Knowledge«, darf Geertz durchaus als Vorläufer von postmodernen, kulturrelativistischen Positionen gelten, auch wenn man ihn nicht unbedingt als Repräsentanten in die spätere postmoderne, dekonstruktivistische Philosophie einordnen kann. Auch der übliche Begriff des Kulturrelativismus scheint unangemessen, da Geertz zwar verdienstvoll die Bedeutung des Partikularen, Besonderen und Lokalen hervorgehoben hat, aber keineswegs zur Ideologie des Relativismus selbst beigetragen hat. Sinnvoll wäre es wohl, ihn als Repräsentanten eines reflexiven Kontextualismus zu bezeichnen. — Zur Entwicklung des Kulturbegriffs hat Geertz nachhaltig beigetragen, und seine Definition vom »kulturellen System« wird weiterhin häufig rezipiert und angewandt. Dieses betrachtet er als »a historically transmitted pattern of meanings embodied in symbols, a system of inherited conceptions expressed in symbolic forms by means of which men communicate, perpetuate, and develop their knowledge about and attitudes toward life« (*The Interpretation of Cultures*,

89). In der theoretischen Diskussion der Kulturanthropologie setzt sich Geertz sowohl vom Formalismus der Strukturalisten ab wie auch vom Praxisbegriff derjenigen, die sich nur auf die sozialen Handlungen konzentrieren. Für ihn geht es nicht darum, die Gesetze der Kultur zu ergründen, sondern eine interpretative Wissenschaft zu begründen, die nach (symbolischen) Bedeutungen sucht. »Bedeutung« darf man dabei nicht von den sozialen Handlungsformen trennen, da beide eng miteinander verbunden sind. In seinem Aufsatz über die Religion als kulturelles System definiert Geertz folgerichtig auch die Religion als eine gegenseitige Bestätigung von Weltbild und Ethos, als etwas, das sich zwischen der Idee und der Handlung ereignet. — Die kritische Diskussion des Ansatzes von Geertz hat sich auf die Anwendung seines Symbolsbegriffs konzentriert, und Talal Asad hat Geertz jüngst vorgeworfen, dieser operiere mit einem unhaltbar universalistischen Begriff von »Religion« (Asad 1993), der sich auch der Bedeutung von Machtinteressen nicht genügend bewußt ist. Jegliche Konstruktion, so Asad, eines kulturwissenschaftlichen Religionsbegriffs fügt sich in die Kolonialgeschichte des Christentums ein. Eine derartige Kritik ist zwar sinnvoll im Bezug auf die Forderung eines reflexiven und kontextuellen Religionsbegriffs. Sie geht aber am Werk von Geertz vorbei, da dieser, wie wir gesehen haben, seinen Religionsbegriff kontextualistisch und aus Felderfahrungen entwickelt und ihn keineswegs zum Teil eines epistemologischen Paradigmas über Religion überhaupt macht. Da Geertz selbst allerdings auch, seinen eigenen Aussagen zum Trotz, freizügig mit universalen Begriffen operiert, wird sich die Diskussion um die Entwicklung eines Kontextualismus, der nicht in einen totalen Kulturrelativismus abgeleitet, mit Sicherheit fortsetzen. — Die Bedeutung des Anthropologen Geertz für die Religionswissenschaft und Theologie sollte man hoch einschätzen. Geertz gelang es überzeugend, den Religionsbegriff als elementaren in der Gesellschaftswissenschaft zu verankern, und sein Ansatz ist zu Recht als »Religionspragmatik«, »Religionsanthropologie« oder »Religionsethnologie« bezeichnet worden. In seinem weit verbreiteten Aufsatz »Religion as a Cultural System« entwickelt er eine komplexe Definition von Religion als »(1) a system of symbols which acts to (2) establish powerful, pervasive, and long-lasting moods and motivations in men by (3) formulating conceptions of a general order of existence and (4) clothing these conceptions with such an aura of factuality that (5) the moods and motivations seem uniquely realistic« (90f.). Für den Religionsforscher wird es damit möglich, solche Auffassungen von Religion zu überwinden, die diese lediglich im Inneren des Menschen ansiedeln oder sie nur als ideologisches System kognitiv begreifen. Religion ereignet sich im Ansatz von Geertz im Zwischenraum von Innerem und Äußerem, zwischen Person, Kultur und Gesellschaft. Ethische, praktische und kognitive sowie auch emotionale und ästhetische Dimensionen des religiösen Prozesses werden so miteinander verbunden. Im Bezug auf die Theologie liefert seine Religionsanthropologie wichtige Anstöße, die Einäugigkeit der Theologie als Hermeneutik einer religiösen Schriftkultur zu überwinden, und im Bezug auf die Soziologie verhindert Geertz' Ansatz einen eingeschränkten Funktionalismus. Zur Entwicklung der kontextuellen Theologie hat der Dialog mit Geertz wichtige Denkanstöße geliefert, die zur fruchtbaren Integration des Kultur- und Religionsbegriffs in die Theologie beigetragen haben. — Auch im Bereich der Kunstanthropologie sollte Geertz erwähnt werden, auch wenn sich seine Nachfolger weniger um die ästhetische Dimension seiner Arbeit gekümmert haben. In einem Aufsatz mit dem Titel »Art as Cultural System«, der dem Religionsaufsatz stark ähnelt, entwickelt Geertz einen Ansatz, der das Kunstschaffen im weiteren Horizont des kulturellen Lebens lokalisiert. Die semiotisch-symbolische Theorie wird dabei auf die künstlerische Kreativität angewandt, und Geertz läßt den Forscher den »Zeichen des Lebens in der Gesellschaft« nachspüren. Die Aufgabe der interpretativen Kunstanthropologie besteht darin, die symbolischen Ausdrucksformen der kulturellen Systeme im Kontext zu studieren. Obwohl man die theoretischen Grundlagen dieses Ansatzes (im Zeichen- und Symbolbegriff) kritisieren kann, bleibt es ein bestehender Verdienst von Geertz, zur Kontextualisierung der Kunstinterpretation im kulturellen Leben beigetragen zu haben. Im Licht der gegenwärtigen Diskurse über »Kunst im Kontext« scheint uns dies heute als eine Selbstverständlichkeit, an der Geertz einen nicht unerheblichen Anteil hat. — Zusammenfassend darf man die Vielseitigkeit der Rezeption des Werks von Geertz in verschiedenen Wissenschaftsbereichen und Diskursen hervorheben. Seine Bedeutung streckt sich über die Gesellschafts- und Kulturwissenschaft im Allgemeinen, zu deren theoretischer Selbstreflexion er Wichtiges beigetragen hat, wie auch über die Fachbereiche der Sozial- und Kulturanthropologie sowie der Religionswissenschaft und Theologie. »Geertz hat der Anthropologie ein neues Idiom gegeben.« (Inglis, 180) Seine Texte gehören zu den Klassikern der Kulturwissenschaft.

Werke: Religion of Java, 1960; Agricultural Involution. The Process of Agricultural Change in Indonesia, 1963; Peddlers and Princes. Social Change and Economic Modernization in Two Indonesian Towns, 1963; (Hrsg.) Old Societies and New States, 1963; The Social History of an Indonesian Town, 1965; Person, Time, and Conduct in Bali. An Essay in Cultural Analysis, 1966; Religion as a Cultural System, in: Anthropological Approaches to the Study of Religion, hrsg.v. Michael Banton, 1966, 1-46; Islam Observed. Religious Development in Morocco and Indonesia, 1968; Deep Play. Notes on the Balinese Cockfight, in: Daedalus 101/1, 1972; The Interpretation of Cultures. Selected Essays, 1973; Thick Description. Toward an Interpretive Theory of Culture, in: The Interpretation of Cultures. Selected Essays. hrsg.v. Clifford Geertz, 1973, 3-30; Kinship in Bali [mit Hildred Geertz], 1975; From the Native's Point of View, in: Meaning in Anthropology, hrsg.v. Keith H. Basso u. Henry A. Selby, 1976, 221-237; Art as a Cultural System, in: MLN 91, 1976, 1473-99; [mit Hildred Geertz u. Lawrence Rosen] Meaning and Order in Moroccan Society. Three Essays in Cultural Analysis, 1979; Negara. The Theatre State in Nineteenth-Century Bali, 1980; Local Knowledge. Further Essays in Interpretive Anthropology, 1983; Anti-Anti-Relativism. 1983 Distinguished Lecture, in: American Anthropologist 82, 1984, 263-278; Works and Lives. The Anthropologist as Author, 1988; After the Fact. Two Countries, Four Decades, One Anthropologist, 1995; Available Light. Anthropological Reflections on Philosophical Topics, 2000; Shifting Aims, Moving Targets. On the Anthropology of Religion, in: Journal of the Royal Anthropological Institute 11/1, 2005, 1-15; Dichte Beschreibung: Beitr. zum Verstehen kultureller Systeme, 1983; Religiöse Entwicklungen im Islam. Beobachtet in Marokko u. Indonesien, 1988; Die künstlichen Wilden. Anthropologen als Schriftsteller, 1990; Spurenlesen, 1995; Welt in Stücken. Kultur und Politik am Ende des 20. Jahrhunderts, 1996; Curriculum vitae, May 2004, hrsg.v. Institute for Advanced Study, School of Social Sciences, online: http://www.sss.ias.edu/community/faculty-cv/geertzcv.pdf.

Bibliographie: http://www.iwp.uni-linz.ac.at/lxe/sektktf/gg/geertzstart.html (29.9.2007).

Lit.: Jeffrey C. Alexander, Cultural Sociology (2). Clifford Geertz's Rebellion Against Determinism, in: Twenty Lectures. Sociological Theory Since World War II, 1987, 302-329; — Talal Asad, Anthropological Conceptions of Religion. Reflections on Geertz, in: Man 18, 1983, 237-259; — Ders., Genealogies of Religion. Discipline and Reasons of Power in Christianity and Islam, 1993, Kap. 1; — Sigurd Bergmann, God in Context. A Survey of Contextual Theology, 2003, 95-106; — Ders., Religion, Culture, and God's Here and Now. Contextual Theology in Dialogue with Social Anthropology, in: Svensk Teologisk Kvartalskrift 81/2, 2005, 67-76; — Ders., In the Beginning Is the Icon. A Liberative Theology of Images, Visual Art and Culture, 2008, Kap. 4; — Diane J. Austin-Broos, Clifford Geertz. Culture, Sociology and Historicism, in: Creating Culture. Profiles in the Study of Culture, hrsg.v. Diane J. Austin-Broos, 1987, 141-159; — Michael Carrither, The Anthropologist as Author. Geertz's Works and Lives, in: Anthropology Today 4/4, 1988, 19-22; — Lutz Ellrich, Verschriebene Fremdheit. Die Ethnographie kultureller Brüche bei Clifford Geertz und Stephen Greenblatt, 1999; — Gerhard Fröhlich u. Ingo Mörth (Hrsg.), Symbolische Anthropologie der Moderne. Kulturanalysen nach Clifford Geertz, 1998; — David N. Gellner, Religion, Politics, and Ritual. Remarks on Geertz and Bloch, in: Social Anthropology 7, 1999, 135-153; — Volker Gottowik, Konstruktionen des Anderen. Clifford Geertz und die Krise der ethnographischen Repräsentation, 1997; —Ders., Clifford Geertz in der Kritik. Ein Versuch, seinen Hahnenkampf-Essay 'aus der Perspektive der Einheimischen' zu verstehen, in: Anthropos 99/1, 2004, 207-214; — Stephen Greenblatt, The Touch of the Real, in: Representations 59, 1997, 14-29; — Richard Handler, An Interview with Clifford Geertz, in: Current Anthropology 32/5, 1991, 603-613; — Fred Inglis, Clifford Geertz. Culture, Custom and Ethics, 2000; — Tim Ingold (Hrsg.), Companion Encyclopedia of Anthropology, 1999, 368-375; — Hans G. Kippenberg, Die vorderasiatischen Erlösungsreligionen in ihrem Zusammenhang mit der antiken Stadtherrschaft. Heidelberger Max-Weber-Vorlesungen 1988, 1991, 45ff.; — Karsten Kumoll, »From the native's point of view«? Kulturelle Globalisierung nach Clifford Geertz und Pierre Bourdieu, 2005; — Ders., Clifford Geertz, in: Kultur. Theorien der Gegenwart, hrsg.v. Stephan Moebius u. Dirk Quadflieg, 2006; — Jonathan Miller, Notions of Primitive Thought. A Dialogue with Clifford Geertz, in: States of Mind, hrsg.v. Jonathan Miller, 1983, 192-211; — John Morgan, Religion and Culture as Meaning Systems. A Dialogue between Geertz and Tillich , in: The Journal of Religion 57/4, 1977, 363-375; — Ingo Mörth u. Gerhard Fröhlich, Twelve Languages, Seven Disciplines, Five Continents. A Comprehensive Bibliography of Clifford Geertz, in: Symbolische Anthropologie der Moderne. Kulturanalysen nach Clifford Geertz, hrsg.v. Gerhard Fröhlich u. Ingo Mörth, 1998, 213-239; — Henry Munson Jr., Geertz on Religion, in: Religion 16, 1986, 19-32; — Sherry B. Ortner (Hrsg), Representations 59, 1997, [Special issue on »The Fate of 'Culture'. Geertz and Beyond«]; — Daniel L. Pals, Religion as Cultural System. Clifford Geertz, in: Eight Theories of Religion, hrsg.v. Daniel L. Pals, 2006, 260-291; — Mark A. Schneider, Culture-as-Text in the Work of Clifford Geertz, in: Theory and Society 16, 1987, 809-839; — Kevin Schilbrack, Religion, Models of, and Reality. Are We Through with Geertz? in: Journal of the American Academy of Religion 73/2, 2005, 429-452; — Bob Scholte, The Charmed Circle of Geertz's Hermeneutics. A Neo-Marxist Critique, in: Critique of Anthropology 6/1, 1986, 5-15; — Robert Segal, Interpreting and Explaining Religion. Geertz and Durkheim, in: Soundings 71, 1988, 29-52; — Ders., Clifford Geertz and Peter Berger on Religion. Their Differing and Changing Views, in: Anthropology and Humanism Quarterly 15, 1990, 2-10; — Ders., Clifford Geertz's Interpretive Approach to Religion, in: Selected Essays in the Anthropology of Religion, hrsg.v. S. D. Glazier 1998, 124-139; — Paul Shankman, The Thick and the Thin. On the Interpretive Theoretical Program of Clifford Geertz, in: Current Anthropology 25/3, 1984, 261-279; — Richard Shweder u. Byron Goode (Hrsg.), Clifford Geertz by his colleagues, 2005; — Carl F. Starkloff S.J., Theology and Aboriginal Religion. Continuing »the wider ecumenism«, in: Theological Studies 58/2, 2007; — Ronald Walters, Signs of the Times. Clifford Geertz and Historians, in: Social Research 47/3, 1980, 537-556; — Graham Watson, Definitive Geertz, in: Ethnos 54/1-2, 1989, 23-30; — Benjamin White, Demand for Labor and Population Growth in Colonial Java, in: Human Ecology 1/3, 1973, 217-236; — Margaret J. Wiener, Visible and Invisible Realms. Power, Magic, and Colonial Conquest in Bali, 1995.

Sigurd Bergmann

GEFFCKEN, Otto Wilhelm *Heinrich*, * 27. Juni 1865 in Berlin, Sohn des hanseatischen Ministerresidenten am preußischen Hof Friedrich Heinrich Geffcken (1830-1896, später Professor für Staats- und Völkerrecht in Straßburg), † 5. Februar 1916 in Köln; Professor für Deutsche Rechtsgeschichte und Kirchenrecht in Rostock und Köln; führender Vertreter des liberalen Kulturprotestantismus. Geffcken entstammte einer führenden Familie Hamburgs (ursprünglich aus Osterholz bei Stade); sein Vater war Diplomat und Wissenschaftler, erreichte nationale Berühmtheit durch die Herausgabe der »Kronprinzenbriefe« des späteren Kaisers Friedrich III. und nahm von einem bewusst lutherisch-konfessionellen Standpunkt eine feindliche Haltung gegenüber dem Kulturkampf ein. Sein Großvater war der Hamburger Senator Heinrich Geffcken (1792-1861), sein Bruder der Rostocker Professor der Philologie Johannes Geffcken (1861-1935) ; zur Verwandtschaft seiner Familie gehörte auch der spätere Regierungssprecher, Staatssekretär und CDU-Bundestagsabgeordnete Felix von Eckardt (1903-1979; Großneffe). Mütterlicherseits stammte er unter anderem von dem Schriftsteller und Theaterintendanten Karl Leberecht Immermann (1796-1840) ab. G. war mit Marinne Schill-Klies, der Tochter des Leipziger Stadtverordnetenvorstehers Otto Schill (1838-1918) verheiratet. J. verbrachte seine Kindheit in Straßburg und studierte ab 1885 in Freiburg (Breisgau), Leipzig und Berlin Geschichte und Rechtswissenschaften; zu seinen Lehrern gehörten die Kanonisten Emil Friedberg (1837-1910) und Rudolf Sohm (1841-1917). 1890 wurde er bei Wilhelm Ferdinand Arndt (1838-1895) mit einer Arbeit zum niederen deutschen Kirchengut unter Kaiser Friedrich II. zum Dr. phil in Leipzig promoviert, 1892 ebenda mit einer Arbeit über die ehergerichtliche Spruchpraxis bei Emil Friedberg zum Dr. iur. 1894 habilitierte er sich in Leipzig mit einer Friedberg gewidmeten Arbeit über das kirchliche Recht der Ehescheidung vor Gratian von Bologna für die Fächer deutsche Rechtgeschichte und Kirchenrecht. Als Privatdozent war G. zunächst am Leipziger Stadtarchiv beschäftigt, wo er die geistigen und weltlichen Stiftungen der Stadt seit dem Mittelalter katalogisierte; es entstand in Zusammenarbeit mit Haim Tykocinski das eindrucksvolle Leipziger Stiftungsbuch; 1894 edierte er die Lex Salica. 1898 wurde G. als außerordentlicher Professor für deutsches und öffentliches Recht nach Rostock berufen (ab 1900 ordentlicher Professor). G., politisch ein Nationalliberaler, begründete eine wissenschaftliche Schriftenreihe und trat publizistisch mit Arbeiten zum germanischen Ehrbegriff und zur Fehde zunächst als typischer Vertreter der Germanistik auf. Daneben veröffentlichte er zum Verfassungs- und Völkerrecht und nahm zur Sprachenfrage in den östlichen preußischen Provinzen von einem juristischen Standpunkt in einem antipolnischen Sinne Stellung, hinter dem durchaus ein antikatholischer Affekt vermutet werden kann. Daneben betätigte sich G. als völkerrechtlicher Autor. In dem 1908 erscheinenen »Gesamtinteresse als Grundlage des Staats- und Völkerrechts« wollte G. unter ausdrücklichem Bezug auf Rudolf von Ihering ein System des öffentlichen Rechts aufstellen. 1903 wurde G. zum Wintersemester an die Kölner Handelshochschule, eine direkte Vorgängerin der 1919 wiederbegründeten Universität zu Köln, auf einen neu eingerichteten Lehrstuhl für öffentliches Recht berufen; G. führte Vorlesungen in Reichs- und Landesstaatsrecht, Deutschem Verwaltungs- und Kommunalrecht ein. Zur Einweihung des neuen Gebäudes der Handelshochschule am Römerpark in der Südstadt 1907 hielt G. als Rektor eine Rede, in der er an die Tradition der alten Kölner Universität anknüpfte. 1911 beteiligte sich G. an herausragender Stelle an der Gründung der »Rheinischen Gesellschaft für wissenschaftliche Forschung« als Vorstandsmitglied und Mitglied des Verwaltungsrates; zu der beabsichtigten Gründung einer »Rheinisch-Westfälischen Akademie der Wissenschaften« kam es aber nicht. Im selben Jahr beteiligte er sich an der Vorbereitung der Gründung der Verwaltungshochschule Köln (gegr. 1912). In Köln lernte G., der sich auch im nationalen »Ostmarkenverein« engagierte, den evangelischen Pfarrer Carl Jatho (1851-1913) kennen, dessen Bewegung er sich bald anschloß. Offenbar aus der Position eines fortschrittsgläubigen Protestanten in der katholischen Diaspora vermengten sich bei G. wissenschaftlicher Forschrittsglaube und antirömische Affekte zu einer nahezu vorbehaltlosen Unterstützung der Aktivitäten von Jatho. Zu den Intentionen von G. gehörte aber auch, dass »innerhalb des Arbeiterstandes, der sich vom Bürgertum leider Gottes durch tiefe politische und soziale Gräben getrennt fühlt, das Interesse an den religiösen Fragen wiedererwacht und dadurch ein gemeinsamer idealer Boden für die Söhne des einen Vaterlandes gewonnen wird.« 1908 war G. (u.a. mit Friedrich Naumann, Otto Baumgarten, Paul Rohrbach, Wilhelm Schneemelcher und Gottfried Traub) Mitglied im nationalen Komitee zur Durchführung des »5. Weltkongreß für freies Christentum und religiösen Fortschritt«, der 1909 in Berlin stattfand. G. wurde 1909 Vorsitzender (als Nachfolger des verstorbenen Landgerichtsrates Dr. John Clausius) des Jatho unterstützenden 1905 gegründeten »Verband der Freunde evangelischer Freiheit« (bis 1912) und war von 1906 bis 1910 Schriftleiter der liberalen Kölner »Evangelischen Gemeindenachrichten«, ein Beiblatt der von Gottfried Traub herausgegebenen »Christlichen Freiheit.« In dieser Funktion versuchte G., den Einfluß liberaler Gruppierungen in den einzelnen Gemeindevertretungen zu stärken, auch wenn er »nicht alle Brücken zwischen den Parteien« abbrechen wollte. Von seiner Gemeinde Bayenthal aus wurde er zur »neben Jatho herausragenden Persönlichkeit des Kölner kirchlichen Liberalismus.« (Barbara Becker-Jákli) 1910 sprach sich G. in dem Aufsatz »Die Irrlehre und das Wesen der evangelischen Kirche« vehement gegen den Entwurf eines (später zustandegekommenen) preußischen Kirchengesetzes »betreffend das Verfahren bei Beanstandungen der Lehre von Geistlichen« aus. Die Neuordnung des Irrlehreverfahrens »widerspreche nun einmal den richtig verstandenen Worten der evangelischen Kirche«; er stünde »grundsätzlich auf dem Boden des Preuß. Landrechts, das keine Entsetzung evangelischer Geistlichen wegen Irrlehre kennt.« Gegen G. sprach sich führend der Theologe Theodor Kaftan aus; laut Kaftan reise »auf Grund des von Heinrich Geffcken (Köln) gezeichneten bzw. angedeuteten Ideals« der liberale Protestantismus »geraden Weges in das Land Utopien.« Am 13. März 1911 trat G. mit Jatho zusammen auf der Wählerversammlung zur Vorbereitung der Altkölner Repräsentantenwahlen auf; bereits am 29. Januar 1911 hatte G. vor 2500 Teilnehmern im Kölner Reichshallentheater gesprochen. G. bestritte, dass es ein einheitliches Bekenntnis der evangelischen Kirche gebe, und war folglich gegen »jeden von der Gesamtkirche verordneten Bekenntniszwang.« Nur die Religion habe Wert, »die auf persönlicher Erfahrung beruht, und die sich im unermüdlichen Ringen um Gott, d.h. also in einer Form äußert, welche notwendigerweise in jedem Menschen eine andere sein muß.« Entsprechend wurde die Einzelgemeinde zur »Trägerin evangelischer Glaubens- und Bekenntniseinheit.« Die Liberalen seien allerdings auch keine »Verehrer des Jatho-Götzen.« An den Verhandlungen des Spruchgerichts im Lehrzuchtverfahren gegen Jatho nahm G. 1911 als Zuschauer teil und berichtete davon in den »Cölner Evangelischen Gemeindenachrichten«; seine Kritik richtete sich auch gegen Jathos Verteidiger, den Theologen Otto Baumgarten. Auch wohlwollende Beobachter bedauerten, daß G. in seinen letzten Lebensjahren »durch seine Teilnahme an den religiös-kirchlichen Bewegungen der Rheinlande, die ein freieres Christentum ins Auge fassten, allzu sehr in Anspruch genommen wurde.« (Albert Werminghoff) Mit Jatho und Gottfried Traub gleichermaßen befreundet, rieb sich G. auch gesundheitlich in diesem Kampf auf; kurz vor seinem Tode war er krankheitsbedingt in den Ruhestand versetzt worden. Sein Lehrstuhlnachfolger wurde Fritz Stier-Somlo (1873-1932). G. war einer der prominentesten

Vertreter eines nationalliberalen Kulturprotestantismus, der jedes religiöse Dogma ablehnte; eigene religiöse Positionen über das Betonen des eigenen Erlebnisses hinaus konnten so freilich nicht formuliert werden. Insofern war seine kirchliches Wirken sehr zeitgebunden und nur aus einer konkreten Situation zu verstehen.

Werke: Die Krone und das niedere deutsche Kirchengut unter Kaiser Friedrich II. (1210-1250), Jena 1890; Zur Geschichte der Ehescheidung vor Gratian, Leipzig 1894; Zur älteren Geschichte und ehegerichtlichen Praxis des Leipziger Konsistoriums, diss. iur. Leipzig 1894; Karl Immermann als deutscher Patriot, in: Karl Immermann: eine Gedächtnisschrift zum 100. Geburtstag des Dichters, Leipzig und Hamburg 1896; Der germanische Ehrbegriff, in: Deutsche Zeitschrift für Geschichtswissenschaft N. F, 1896/97; Lex Salica: zum akademischen Gebrauche herausgegeben und erläutert, Leipzig 1898; Fehde und Duell, Leipzig 1899; Die Verfassung des Deutschen Reichs. Sechs Hochschulvorträge, gehalten zu Rostock im Sommer 1900, Leipzig 1901; Fahnen-Weihelied für vierstimmigen Männerchor, Leipzig 1900 (zus. mit Joahnnes Pache); Leipzig o. J. (1900?); Staatssprache und Versammlungsrecht in Preußen, in: Deutsche Monatsschrift für das gesamte Leben der Gegenwart 1904, 691-704; Stiftungsbuch der Stadt Leipzig. Im Auftrag des Rates auf Grund der Urkunden und Akten des Ratsarchivs (zusammen mit Haim Tykoszinski), Leipzig 1905; Schiller und das deutsche Nationalbewusstsein, Köln 1905; Die Erziehung des Deutschen zum Staatsbürger, Köln 1906;Die Städte der Rheinprovinz mit besonderer Berücksichtigung der Stadt Köln am Rhein, in: Verfassungs- und Verwaltungsorganisation der Städte, Bd. 117, Leipzig 1906, 241-300; Preußen, Deutschland und die Polen seit dem Untergang des polnischen Reiches: ein geschichtlicher Rückblick vom Standpunkt moderner Staatsethik, Berlin 1906; Die deutsche Staatssprache und das Grundrecht der Versammlungsfreiheit in Preußen, in: Archiv des öffentlichen Rechts 20 (1906), 1-50; Praktische Fragen des modernen Christentums. 5 religiöse Vorträge, gehalten von Friedrich Niebergall, Erich Foerster, Heinrich Geffcken (Vorwort), Gottfried Traub, Carl Jatho, Arnold Meyer, Leipzig 1907 (2. Aufl. 1909); Das Gesamtinteresse als Grundlage des Staats- und Völkerrechts. Prolegomena eines Systems, Leipzig 1908; Öffentliche Angelegenheit, politischer Gegenstand und politischer Verein nach preußischem Recht, in: FS Emil Friedberg, Leipzig 1908, 287-311; Was fordert die moderne Gemeinde von ihrem Pfarrer? , Berlin-Schöneberg 1908; Die Wahlpflicht, in: Zeitschrift für Politik 1909, 159-185; Die »Irrlehre« und das Wesen der evangelischen Kirche (Beilage Nr. 1 der »Christliche Freiheit«), Köln 1910; Die Religion im Leben der Gegenwart. Vier Vorträge, gehalten von Karl Sell, Martin Rade, Gottfried Traub, Heinrich Geffcken, herausgegeben von Prof. Dr. Heinrich Geffcken, Leipzig 1910; Was lehrt uns der Fall Jatho? Eine Laienbetrachtung, Köln 1911; Rede in der Wählerversammlung am 13. März 1911 in Köln, in: Aktenstücke zum Fall Jatho, Bd. 4, Köln 1911. Mitherausgeber: Rostocker Rechtswissenschaftliche Studien (zusammen mit Bernhard Matthias), Leipzig 1902-1907. Zahlreiche Veröffentlichungen in den Kölner »Gemeindenachrichten.«

Lit.: Theodor Kaftan, Die liberale Kirche, in: AELKZ 43 (1910), 154-158, 174-177; — Gustav von Rohden, Der Kölner Kirchenstreit. Pfarrer Jathos Amtsentsetzung im Lichte der öffentlichen Meinung, Berlin 1911; — Carl O. Jatho (Hrsg.), Carl Jatho. Briefe, Jena 1914, 385; — Albert Werminghoff, in: ZRG (Kanonistische Abteilung) VI (1916), 492; — Ulrich Stutz, in: ZRG (Germanistische Abteilung) XXXVII (1916), 731; — Fritz Stier-Somlo, in: DJZ 1916, 317 f.; — Walter Göbell (Hrsg.), Kirche, Recht und Theologie in vier Jahrzehnten. Briefwechsel der Brüder Theodor und Julius Kaftan, München 1967, 444 ff., 498-501; — Felix von Eckardt, Ein unordentliches Leben, Düsseldorf 1967; — Wilhelm Katner (Hrsg.) / Marielene Putscher, Die Universität zu Köln 1919-1969, Berlin und Basel 1969, 107; — Walter Göbell. Otto Baumgarten und die Landeskriche, in: Wolfgang Steck (Hrsg.), Otto Baumgarten. Stationen aus Leben und Werk, Neumünster 1986, 94; — Herbert Lepper, Die Einheit der Wissenschaften. Der gescheiterte Versuch der Gründung einer »Rheinisch-Westfälischen Akademie der Wissenschaften« in den Jahren 1907 bis 1910, Opladen 1987, 63 ff., 240 ff.; — Jochen Bolten, Hochschulstudium für kommunale und sonstige Verwaltung in Köln 1912 bis 1929, Köln 1987, 6, 29; — Barbara Becker-Jákli, »Fürchtet Gott, ehret den König.« Evangelisches Leben im linksrheinischen Köln, Köln 1988, 100, 103, 115, 119, 121 f., 128, 199, 240, Bernd Heimbüchel / Klaus Pabst, Kölner Universitätsgeschichte, Band II: Das 19. und 20. Jahrhundert, Köln und Wien 1988, 158, 164, 201, 331; — Gangolf Hübinger, Kulturprotestantismus und Politik, Tübingen 1994, 256; — Gottfried Traub, Erinnerungen, Stuttgart 1998 (postum), 72, 81, 94 f.; — zur Familie: Deutsches Geschlechterbuch Bd. 13, 165-179; — Neue Deutsche Biographie, Bd. 6 (1964), 127 f.; — zum Vater: Stefan Ruppert, Kirchenrecht und Kulturkampf, Tübingen 2002, 256-263; — zum Großvater: Renate Hauschild-Thiessen, Heinrich Geffcken (1792-1861) und die Sterngesellschaft von 1811, in: Hamburgische Geschichts- und Heimatblätter 1996, 251-257; — Gerhard Ahrens, in: Hamburgische Biografie, Bd. 2, Hamburg 2003, 138.

Lex: Meyers Lexikon, 6. Auflage, Bd. 7, Leipzig und Wien 1904, 446; — Deutsches Biographisches Jahrbuch I (Totenliste 1916); — Degeners Wer ist´s?; — DBE, Martin Otto in: Handwörterbuch der Rechtsgeschichte Bd. 1 (2. Aufl.) 2008 (im Erscheinen).

Martin Otto

GEORGI, Dieter. Neutestamentler und Religionshistoriker, * 6.6. 1929 Mittelsömmern / Thüringen, 1.3. 2005. — G. wurde als Sohn einer amerikanischen Mutter lutherische Konfession und eines pietistisch geprägten Pfarrers geboren. Zwischen 1939 und 1947 besuchte er zunächst das humanistische Gymnasium in Frankfurt/Main, dann in Dresden. Dort mußte er, als Jugendlicher noch zum Volkssturm eingezogen, das Ende des Krieges und die traumatische Zerstörung Dresdens erleben. Das Studium der Evangelischen Theologie führte ihn von 1947 bis 1953 an die Universitäten Mainz, Heidelberg, Göttingen, Marburg und Edingburgh. Seine theologischen Examen legte er in Darmstadt ab (1953 bzw. 1955). Ab 1954 war G. Repetent für Neues Testament in Heidelberg, bevor er ab 1955 für zwei Jahre die Stelle eines Pfarrvikars an der Andreaskirche in Frankfurt/Main übernahm. 1957 übernahm G. eine wissenschaftliche Assistentenstelle an der Evangelisch-Theologischen Fakultät in Heidelberg. Mit seiner Dissertation über die Gegner des Paulus im Zweiten Korintherbrief wurde er promoviert; die Arbeit wurde ein Standardwerk. Mit seiner Arbeit über die Geschichte der Kollekte des Paulus habilitierte sich G. 1962 bis 1964 war G. als Dozent für Neues Testament in Heidelberg tätig, es folgte eine Gastprofessur für Neues Testament an der Harvard University (1964-1965), bevor er 1965 dem Ruf auf eine außerplanmäßige Professur in Heidelberg folgte. Im folgenden Jahr berief ihn das San Fancisco Seminar in San Anselmo (California) zum Professor of New Testament. 1969 wechselte er an die Harvard Divinity School, wo er bis 1984 als Frothingham Professor of Biblical Studies arbeitete. In Boston konnte er ab 1971 an der First Lutheran Church predigen. Eine Vertretungsprofessur am früheren religionswissenschaftlichen Seminar führte ihn 1982 nach Frankfurt zurück. Seit 1983 dort hauptamtlich beschäftigt gehörte G. zu den treibenden Kräften, die die Errichtung eines Fachbereichs für evangelische Theologie anstrebten. Als Gründungsdekan wirkte er 1987 bis 1989 im neuen Fachbereich. Sein Engagement brachte er auch ein, um die Martin-Buber-Stiftungsprofessur für Jüdische Religionsphilosophie zu etablieren. 1996 wurde G. emeritiert, blieb aber auch weiterhin dem Fachbereich und der Forschung verbunden.

Werke: Blaise Pascal. In: Die pädagogische Provinz 10 (1956) 529-536; Das Symbol und seine Bedeutung für evangelische Lehre und Unterweisung. In: Die pädagogische Provinz 12 (1958) 378-384; [Art.] Ewiges Leben III. A: Griechentum und Hellenismus. In: RGG³ II (1958) 803-804; Theologische Auseinandersetzung mit den Einwänden gegen die Thesen der Bruderschaften. In: Christusbekenntnis im Atomzeitalter?, hrsg. von Ernst Wolf, [=ThEx; 70], 1959, 109-138; [Art.] Leben-Jesu-Theologie. In: RGG³ IV (1960) 249-250; [Art.] Macht II. Urchristentum. In: RGG³ IV (1960) 567; Das Christusverständnis des Neuen Testaments I. In: Wie denkt ihr über Christus? Tagungsbericht des 3. religionspädagogischen Lehrerkollegs in Tingleff (DK) vom 30. September bis 8. Oktober 1963, hrsg. vom Lehrerkolleg der Kirchlichen Erziehungskammer Berlin, 1963, 34-36; Das Christusverständnis des Neuen Testaments II. In: Wie denkt ihr über Christus? Tagungsbericht des 3. religionspädagogischen Lehrerkollegs in Tingleff (DK) vom 30. September bis 8. Oktober 1963, hrsg. vom Lehrerkolleg der Kirchlichen Erziehungskammer Berlin, 1963, 37-39; Das Entmythologisierungsproblem in der gegenwärtigen hermeneutischen Diskussion. In: Theologische Informationen für Naturwissenschaftler. Strömungen in der Theologie des 19. und 20. Jahrhunderts, hrsg. von der Evangelischen Akademie in Hessen und Nassau, [=Veröffentlichungen der Evangelischen Akademie in Hessen und Nassau; 49], 1963, 19-39; Die Gegner des Paulus im 2. Korintherbrief. Studien zur religiösen Propaganda in der Spätantike, [=WMANT; 11], 1964 (englisch 1986 [=Studies of the New Testament and its world]); Der vorpaulinische Hymnus Phil 2,6-11. In: Zeit und Geschichte. Dankesgabe an Rudolf Bultmann, hrsg. von Erich Dinkler und Hartwig Thyen, 1964, 263-293; Korrekturnachtrag zu Günther Bornkamm: Thomasakten. In: Neutestamentliche Apokryphen in deutscher Übersetzung II: Apostolisches, Apokalypsen und Verwandtes, hrsg. von Edgar Hennecke u. Wilhelm Schneemelcher, 1964³, 308; Die Geschichte der Kollekte des Paulus für Jerusalem, [=Theologische Forschung; 38], 1965 (erw. ²1994; englisch 1992); Formen religiöser Propaganda. In: Kontexte 3: die Zeit Jesu, hrsg. von Hans Jürgen Schultz, 1966, 105-110 [engl. 1971]; Hoffnung auf einen Wundertäter. In: Alte Botschaft - Neue Wege. Wie erreicht die Kirche die Menschen von heute? Was verkündet die Kirche den Menschen von heute?, hrsg. von Hans-Joachim Girock, 1966, 109-116; Günther Bornkamm. In: Tendenzen der Theologie im 20. Jahrhundert- eine Geschichte in Porträts, hrsg. von Hans Jürgen Schultz, 1966, 530-535; Der Kampf um die reine Lehre im Urchristentum als Auseinandersetzung um das rechte Verständnis der an Israel ergangenen Offenbarung Gottes. In: Antijudaismus im Neuen Testament, hrsg. von Willehad Paul Eckert, Nathan Peter Levinson u. Martin Stöhr, [=Abhandlungen zum christlich-jüdischen Dialog; 2], 1967, 83-94; Kerygma und Mythos (18 Bde.). [=Theologische Forschung. Wissenschaftliche Beiträge zur kirchlichen evangelischen Lehre], hrsg. von Hans-Werner Bartsch, Fritz Buri, Dieter Georgi, Götz Harbsmeier, James M.Robinson, Klaus Wegenast, Franz Theunis, 1967 ff.; Bleibende Aufgaben, die uns Rudolf Bultmann stellt. In: Weiter Aktuell. Die Theologie Rudolf Bultmanns als Vermächtnis, hrsg. von D. G, Peter Niederstein, Franz Peerlinck u. Walter Schmithals, [=Evangelische Zeitstimmen; 59/60], 1971, 65-76; Weiter aktuell. Die Theologie Rudolf Bultmanns als Vermächtnis, hrsg. von D.G. und Peter Niederstein, [=Evangelische Zeitstimmen; 59/60], 1971; Concordance to the Corpus Hermeticum. Tractate one. The Poimandres, hrsg. von Dieter Georgi und John Strugnell, [=Concordances to patristic and late classical texts; 0], 1971; Ernst Bloch als Bibelleser. In: 1971, 1-10; The Records of Jesus in the Light of Ancient Accounts of Revered Men. In: SBL Book of Seminar Papers 2 (1972) 527-542; Jesus' Era Called Key to His Impact. In: Los Angeles Times, Sept. 1972; Jubilate. In: Harvard Divinity School Faculty Writings File 1972, 201-212; The Records of Jesus in the Light of Ancients Accounts of Reverend Men. In: The Society of Biblical Literature, Proceedings 1972 II, hrsg. von L. C. McGaughy, 1972, 525-542; Sonntag nach Weihnachten. In: Harvard Divinity School Faculty Writings File 1973, 54-62; The records of Jesus in the light of ancient accounts of revered men. Protocol of the 4th colloquy, 21 January 1973, hrsg. von Dieter Georgi und W. Wuellner, [=Protocol of the colloquy of the Center for Hermeneutical Studies in Hellenistic and Modern Culture; 4], 1975; Socioeconomic Reasons for the 'Divine man' as a Propagandistic Pattern. In: Aspects of Religious Propaganda in Judaism and Early Christianity, hrsg. von E. Schüssler-Fiorenza, [=Center for the Study of Judaism and Christianity in Antiquity; 2], 1976, 27-41 (=The City in the Valley. Biblical Interpretation and Urban Theology, [=SBL; 7], 2005,11-23); [Art.] First Letter to the Corinthians. In: IDB Sup. (1976) 180-183; [Art.] Second Letter to the Corinthians. In: IDB Sup. (1976) 183-186; [Art.] Folly. In: IDB Sup. (1976) 340-341; Socioeconomic Reasons for the »Divine Man« as a Propagandistic Pattern. Aspects of Religious Propaganda in Judaism and Early Christianity, 1976; Die Visionen vom himmlischen Jerusalem in Apokalypse 21 und 22. In: Kirche. Festschrift für Günther Bornkamm, hrsg. von Dieter Luhrmann und Georg Strecker, 1980, 351-372 (vgl. The City in the Valley. Biblical Interpretation and Urban Theology, [=SBL; 7], 2005, 161-186); Weisheit Salomos. In: Jüdische Schriften aus hellenistisch-römischer Zeit. Band III. Unterweisung in lehrhafter Form 3, hrsg. von Werner Georg Kümmel, 1980, 389-478; Das Wesen der Weisheit nach der »Weisheit Salomos«. In: Religionstheorie und politische Theologie. Bd. 2: Gnosis und Politik, hrsg. von Jacob Taubes, 1984, 66-81; Ergänzende Beobachtungen zum Thema »Gnosis und Politik«. In: Gnosis und Politik, hrsg. von Jacob Taubes, 1984; Zu neuen Tendenzen gegenwärtiger Paulusforschung. In: Der evangelische Erzieher 37 (1985) 462-479; Das Unbehagen an dem Juden Paulus. In: Nicht Du trägst die Wurzel - die Wurzel trägt Dich. Hanna Wolff und die Frage nach einer christlichen Identität, hrsg. von Werner Licharz, [=Arnoldshainer Texte; 30], 1985, 78-95; Bultmann's »Theology of the New Testament« Revisited. Supplementary Essay. In: Bultmann, Retrospect and Prospect. The Centenary Symposium at Wellesby, hrsg. von Edward C. Hobbs, [=HThS; 35], 1985, 75-87; The Bombings of Dresden. In: Harvard Magazine March/April (1985) 56-64; Who is the true Prophet? In: HThR 79 (1986) 100-126 (=The City in the Valley. Biblical Interpretation and Urban Theology, [=SBL; 7], 2005, 25-51); Who Is the True Prophet? In: Christians among Jews and Gentiles. Essays in Honor of Krister Stendahl on His Sixty-fifth Birthday, hrsg. von George William Elmer Nickelsburg u. George W. MacRae, 1986, 100-126; Analyse des Liviusberichts über den Bakchanalienskandal. In: Unterwegs für die Volkskirche. FS für Dieter Stoodt zum 60. Geburtstag, hrsg. von Wilhelm-Ludwig Federlin u. Edmund Weber, 1987, 191-207; Gott auf den Kopf stellen. Überlegungen zu Tendenz und Kontext des Theokratiegedankens in paulinischer Praxis und Theologie. In: Religionstheorie und Politische Theologie. Band 3: Theokratie, hrsg. von Jacob Taubes, 1987, 148-205 (engl. 1991); Demokratische Experimente englischer Flüchtlinge. In: Gott in Frankfurt? Theologische Spuren in einer Metropole, hrsg. von Mathias Benad, 1987, 59-64; Georg Wilhelm Friedrich Hegels Frankfurter Jahre (1797-1800). In: Gott in Frankfurt? Theologische Spuren in einer Metropole, hrsg. von Mathias Benad, 1987, 79-95; Frau Weisheit oder das Recht auf Freiheit als schöpferische Kraft. In: Verdrängte Vergangenheit, die uns bedrängt. Feministische Theologie in der Verantwortung für die Geschichte, hrsg. von Leonore Siegele-Wenschkewitz, 1988, 243-276; Dann werden die Steine schreien. In: Der Frankfurter Börneplatz. Zur Archäologie eines politischen Konflikts, hrsg. von Michael Best, 1988, 101-105; [Art.] Leben-Jesu-Theologie / Leben-Jesu-Forschung. In: TRE XX (1990) 566-575; Reflections of a New Testament Scholar on Plutarch's Tractates De Alexandri Magni fortuna aut virtute. In: The Future of Early Christianity. Essays in honor of Helmut Koester, hrsg. von Birger A. Pearson, A. Thomas Kraabel, George W. E. Nickelsburg u. Norman R. Peterson, 1991, 20-34; Auf dem Weg zu einer urbanen Theologie. Denkanstöße zur Funktion universitär verfaßter wissenschaftlicher Theologie in einer Metropole. In: Symposion Protestantismus als integrative Kraft in der multikulturellen Gesellschaft? Hrsg. vom Fachbereich Evangelische Theologie der Johann-Wolfgang-Goethe-Universität Frankfurt, 1991; Theocracy in Paul's Praxis and Theology, 1991; Verstehen als geschichtlicher Zugang. Geschichtliche Einordnung und Beurteilung von Textzusammenhängen als Weg zum Bibelverständnis. In: Bis an die Enden der Erde, hrsg. von Teresa Berger und Erich Geldbach, [=Ökumene konkret; 1], 1992, 132-144; The Interest in Life of Jesus Theology. In: HThR 85 (1992) 51-83; Remembering the Poor. The History of Paul's Collection for Jerusalem, 1992; Die Aristoteles- und Theophrastausgabe des Andronikus von Rhodus. Ein Beitrag zur Kanonsproblematik. In: Konsequente Traditionsgeschichte. FS für Klaus Baltzer zum 65. Geburtstag, hrsg. von Rüdiger Bartelmus, Thomas Krüger u. Helmut Utzschneider, [=Orbis Biblicus et Orientalis; 126], 1993, 45-78; Holy Orders: Authority and Vocation Reconsidered in the Light of an Inclusive God. In: The Dudleian Lecture Under the Fourth Rubric, 1993; Die Stunde des Evangeliums. Jesus und Caesar. In: Religion und Gestaltung der Zeit, hrsg. von Dieter Georgi, Hans-Günther Heimbrock u. Michael Moxter im Namen des Fachbereichs Evangelische Theologie der Johann Wolfgang Goethe-Universität Frankfurt a.M., 1994, 52-68; Gnosis - das Bewußtsein, in dem das Selbst sich und das Heil findet. Begriff und Geschichte. In: Religion heute (1994) 230-233; Die Stunde des Evangeliums, Jesus und Caesar. In: Religion und Gestaltung der Zeit, hrsg. von D. G., Hans-Günther Heimbrock u. Michael Moxter im Namen des Fachbereichs Evangelische Theologie der Johann Wolfgang Goethe-Universität Frankfurt a.M., 1994, 52-68; Das Problem des Martyriums bei Basilides. Vermeiden oder verbergen? In: Secrecy and Concealment. Studies in the History of Mediterranean and Near Eastern Religions, hrsg. von Hans G. Kippenberg u. Guy G. Stroumsa, [=Studies in the History of Religions; 65], 1995, 247-264; The Early Church: Internal Jewish Migration or New Religion? In: HThR 88 (1995) 35-68; Auferstehung passé? Interview mit Dieter Georgi, hr1, März 1996; Weisheitliche Skepsis und Charismatische Weisheit. In: Gott an den Rändern. Sozialgeschichtliche Perspektiven auf die Bibel. Festschrift Willy Schottroff, hrsg. von Ulrike Bail u. Renate Jost, 1996, 53-63; Who Is the True Prophet? In: Paul and Empire: Religion and Power in Roman Imperial Society, hrsg. von Richard Horsley, 1997, 36-46; God Turned Upside Down. In: Paul and Empire: Religion and Power in Roman Imperial Society, hrsg. von Richard Horsley, 1997, 148-157; Was the Early Church Jewish? In: Bible review 17 (2001) 33-37.51-52; [Art.] Synkretismus. IV. Judentum. In: TRE XXXII (2001) 534-538; [Art.] Kollekte, I. Biblisch. In: RGG[4] IV (2001) 1484-1485; Interpretation of scriptures in Wisdom of Solomon. In: Jüdische Schriften in ihrem antikjüdischen und urchristlichen Kontext, hrsg. von Hermann Lichtenberger und Gerbern S. Oegema, [=Studien zu den Jüdischen Schriften aus hellenistisch-römischer Zeit; 1], 2002, 304-332; Aeneas und Abraham. Paulus unter dem Aspekt der Latinität? In: ZNT 5 (2002) 37-43; The gnosis issue in contemporary European scholarship. A problem of psychopathology, politics, or human rights? In: Walk in the ways of wisdom. Essays in honor of Elisabeth Schüssler Fiorenza, hrsg. von Shelly Matthews, Cynthia Briggs Kittredge und Melanie Johnson-DeBaufre, 2003, 286-296; Jüdischer Synkretismus. In: Die Griechen und das antike Israel. Interdisziplinäre Studien zur Religions- und Kulturgeschichte des Heiligen Landes, [=OBO; 201], hrsg. von M. Witte und S. Alkier, 2004, 155-183; Irenaeus' and Origen's Treatment of Paul's Epistle to the Romans: A Response to R. Clements and S. Wan. An Assessment of Origen's Import. In: Early Patristic Readings of Romans, hrsg. Kathy Gaca und L.L. Welborn, 2004, 200ff.; The City in the Valley. Biblical Interpretation and Urban Theology, [=SBL; 7], 2005; Personal Reflections on an American Theological Perspecitve. In: The City in the Valley. Biblical Interpretation and Urban Theology, [=SBL; 7], 2005, 1-9; The Urban Adventure of the Early Church. In: The City in the Valley. Biblical Interpretation and Urban Theology, [=SBL; 7], 2005, 53-68; Hebrews and the heritage of Paul. In: Hebrews. Contemporary methods - new insights, hrsg. von Gabriella Gelardini, [=Biblical interpretation series; 75], 2005, 239-244; Bultmann was not first. Josiah Royce as Interpreter of Paul. In: The City in the Valley. Biblical Interpretation and Urban Theology, [=SBL; 7], 2005, 309-322; Is There Justification in Money? A Historical and Theological Meditation on the Financial Aspects of Justification by Christ. In: The City in the Valley. Biblical Interpretation and Urban Theology, [=SBL; 7], 2005, 283-307; Legal Dimensions of Money and Theological Consequences. In: The City in the Valley. Biblical Interpretation and Urban Theology, [=SBL; 7], 2005, 103-134; Living with Chaos: Meditations on Paul's Ethics. In: The City in the Valley. Biblical Interpretation and Urban Theology, [=SBL; 7], 2005, 135-145; On Paul's Image of the Human. In: The City in the Valley. Biblical Interpretation and Urban Theology, [=SBL; 7], 2005, 93-101; On Sojourning. In: The City in the Valley. Biblical Interpretation and Urban Theology, [=SBL; 7], 2005, 367-370; Personal Reflections on an American Theological Perspective. In: The City in the Valley. Biblical Interpretation and Urban Theology, [=SBL; 7], 2005, 1-9; Praxis and Theory in Theological Education. Is Scholarship »Hot« or »Cold«?. In: The City in the Valley. Biblical Interpretation and Urban Theology, [=SBL; 7], 2005, 337-343; Reason, Religion, Responsibility. Reflections on the Frankfurt Tillich. In: The City in the Valley. Biblical Interpretation and Urban Theology, [=SBL; 7], 2005, 323-336; Should Augustine Have the Last Word on Urban Theology?. In: The City in the Valley. Biblical Interpretation and Urban Theology, [=SBL; 7], 2005, 195-220; The Interest in Life-of-Jesus Theology as a Paradigm for the Social History of Biblical Criticism. In: The City in the Valley. Biblical Interpretation and Urban Theology, [=SBL; 7], 2005, 221-254; The Religious Dimensions of the World Market: A Farewell to the Middle Ages. In: The City in the Valley. Biblical Interpretation and Urban Theology, [=SBL; 7], 2005, 255-282; The Urban Adventure of the Early Church. In: The City in the Valley. Biblical Interpretation and Urban Theology, [=SBL; 7], 2005, 53-68; The Wrath of the Dragon: Patriarchy's Last Stand. In: The City in the Valley. Biblical Interpretation and Urban Theology, [=SBL; 7], 2005, 187-193; Why was Paul Killed? The Epistle to the Romans as a Document of Resistance. In: The City in the Valley. Biblical Interpretation and Urban Theology, [=SBL; 7], 2005, 147-160; En Route to an Urban Theology. Cam Theology Help us Understand Urban Society? In: The City in the Valley. Biblical Interpretation and Urban Theology, [=SBL; 7], 2005, 343-366; weitere Artikel in den Göttinger Predigtmeditationen 1962ff.

Lit.: Religious Propaganda and Missionary Competition in New Testament World. Essays Honoring Dieter Georgi, hrsg. von Lukas Bormann, Kelly Del Tredici und Angela Standhartinger, [=NT.S; 74], 1994 (Bibliogr. 551-558); Helmut Koester, Foreword. In: D. G., The City in the Valley. Biblical Interpretation and Urban Theology, [=SBL; 7], 2005, VII-X; — Stefan Alkier, Gestorben: Dieter Georgi. In: UniReport (Universität Frankfurt) 38 (13. April 2005); — Dr. Wolfgang Busch, Professor Dr. Dieter Georgi ist gestorben. Ein Nachruf. In: Evangelisches Studienwerk e.V. Villigst, Informationsbrief Villigst public Nr. 20 (Frühjahr 2005).

Christoph Schmitt

GILKES, Gilbert, * 27.12. 1806 in London, † 17.4. 1863 in Steward (London). Quäker. — Gilbert Gilkes war der Sohn von Benjamin Gilbert (1783-1806) und Marion Gilkes (geb. Bedford, 1781-1827). Seinen Lebensunterhalt verdiente er in London als Seidenmanufakteur. Am 9. Oktober 1835 heiratete er Louise Ellen Hingston (1814-1881), die Tochter von Joseph und Catherina Phillips Hingston aus Plymouth. Gilkes verstarb 1863 er im Alter von 56 Jahren in seiner Heimatstadt London.

Claus Bernet

GUIDI OP, Filippo Maria (Taufnamen: Gaetano Giuseppe), Dominikanerkardinal und Thomist, * 18.7. 1815 in S. Biagio d'Argenta (Erzdiözese Ravenna) † 27.2. 1879 in Frascati. — Schulausbildung in Aquapendente, 1834 Eintritt in den Dominikanerkonvent La Quercia bei Viterbo; philosophische und theologische Studien an den Studienhäusern der Dominikaner in Viterbo, Perugia und Rom. Nach der Priesterweihe zunächst einige Jahre im Konvent S. Maria in Gradi in Viterbo als Apologetikdozent tätig, ab 1851 Dogmatikdozent im Konvent S. Maria sopra Minerva in Rom; hier auch zweimal Prior. Gleichzeitig Übernahme des von Kardinal Casanate gestifteten Lehrstuhl für thomistische Theologie an der Biblioteca Casanatense und Mitarbeit an dem 1840 von Alberto Guglielmotti gegründeten Gabinetto fisico-astronomico. Am 6.10. 1857 Ernennung zum o. Professor für thomistische Theologie in Wien unter Beibehaltung des Titels »Primo Cattedratico del Collegio Casanatense«; am 16.3. 1863 Ernennung zum Kardinal und am 21.12. 1863 zum Erzbischof von Bologna. Nach der Bischofsweihe durch Papst Pius IX. am 17.1. 1864 kann er jedoch aus innenpolitischen Gründen von seiner Diözese nicht Besitz ergreifen und verzichtet schließlich am 29.7. 1872 auf sein Erzbistum, daraufhin wird er von Papst Pius IX. zum Kardinalbischof von Frascati ernannt. — Guidi verstand sich als *fidissimus discipulus* des hl. Thomas und zog mit seinen Vorlesungen über die Summa theologiae des hl. Thomas in Rom, die sich insbesondere durch verständliche Darlegungsweise auszeichneten, auch viele Nichtdominikaner an, so z. B. den Paderborner Diözesanpriester und Thomisten H. E. Plassmann. Auch in Wien fanden seine Vorlesungen zur thomistischen Theologie große Beachtung und verschafften ihm im akademischen Umfeld einen ausgezeichneten Ruf. Während er auf das Exsequatur der italienischen Regierung wartete, um von seinem Bistum Bologna Besitz ergreifen zu können, widmete er sich neben seinen Verpflichtungen als Vertreter des Dominikanerordens im Kardinalskollegium dem weiteren intensiven Studium der Werke des hl. Thomas. Als Frucht dieses Privatstudiums kann seine am 18. Juni 1870 auf dem I. Vatikanum gehaltene Rede angesehen werden, mit der er sowohl Befürworter als auch Gegner der geplanten Infallibilitätserklärung überraschte. In ihr ging er davon aus, daß die Unfehlbarkeit des Papstes bei der Definition von Glaubens- und Sittenfragen und die Gehorsamspflicht gegenüber einer Ex-cathedra-Entscheidung des Papstes zum Grundbestand der kirchlichen Tradition gehören; er sieht die Unfehlbarkeit jedoch nicht als eine persönliche Eigenschaft des Papstes an, sondern interpretiert Unfehlbarkeitsentscheidungen als Akt der Ausübung des Papstamtes, die nur in Abhängigkeit von der Kirche und bei vorheriger Konsultation der Bischöfe möglich sind. Guidi wollte mit seiner Rede einen wissenschaftlichen Beitrag zur Infallibilitätsdebatte leisten und verbat sich jede Vereinnahmung durch die konkurrierenden Gruppen auf dem Konzil. Aufgrund unzureichender Unterrichtung ließ sich jedoch Papst Pius IX. am Nachmittag nach der Rede in einem Gespräch mit Guidi zu der durch das Konzilstagebuch des Großkaplans der päpstlichen Armee, Erzbischof Vincenzo Tizzani, verbürgten Äußerung »io sono la tradizione, io, io sono la chiesa« hinreißen, die sich in der verkürzten Form »la tradizione sono io« wie ein Lauffeuer verbreite. Diese Äußerung ist jedoch im Kontext mit der leichten Erregbarkeit des Papstes aufgrund einer epileptischen Erkrankung im Kindesalter und der von Guidis Mitarbeiter Pellegrinetti bestätigten Konzession des Papstes in besagtem Gespräch zu sehen, »daß das Oberhaupt der Kirche vor der Definition gewiß eine Konsultationspflicht habe und daß er sie bei der Definition des Dogmas der Unbefleckten Empfängnis auch beobachtet habe, aber nicht wolle, daß diese Bedingung im Dekret selbst fixiert werde, außer auf historische Weise.« Daß Pius IX. keine Aversionen gegen Guidi aufgrund dessen Rede hegte, zeigt u. a. auch dessen Ernennung zum Kardinalbischof von Frascati, nachdem er nach der Zerschlagung des Kirchenstaates endgültig auf das Erzbistum Bologna verzichtet hatte. Bis zu seinem Tod durch Schlaganfall ist Guidi schließlich in erster Linie seelsorgerisch und administrativ tätig.

Werke: Vorlesungsmanuskripte zur Summa theologiae I (im Archiv des Dominikanerordens S. Sabina in Rom, AGOP); Briefe aus Wien: AGOP, Provinciae Imperii Epistolae et Documenta 1839-1857, Bd. XIII; Oratio eminentissimi ac reverendissimi domini Philippi Mariae cardinalis Guidi archiepiscopi Bononiensis, in: Mansi 52, 740A-748A; Epistola pastoralis ad clerum et populum Dioecesis Tusculanae, Rom 1872.

Lit.: [Hermann Ernst Plassmann], Das Collegium Angelicum der Dominicaner in Rom, in: Westfälisches Kirchenblatt in Paderborn 8 (1855) 508f.; — Vincenzo Nardini, Perchè alla scienza dell'Angelico si disposino le naturali discipline. I Moderatori del Collegio di S. Tommaso al Card. Filippo Maria Guidi dei Predicatori, Arcivescovo di Bologna, esimio propugnatore delle tomistiche dottrine. Memoria, Rom 1864; — Acta Capituli Generalis 1885 (Rom 1886) 82-84; — Seraphinus M. Mazzetti/Giuseppe M. Bagolini

(Hrsg.), Discorso del Card. Guidi al Concilio Vaticano sull'Infallibilità con previe dilucidazioni storiche, Genua 1888; — Innocenzo Taurisano, Hierarchia Ordinis Praedicatorum, Rom 1916, 62; — Angelus Walz, I Cardinali Domenicani, Florenz-Rom 1940, 49, 60; — Ders., Andreas Kardinal Frühwirth (1845-1933). Ein Zeit- und Lebensbild, Wien 1950, insb. 68-72; — I. Casoli, Il Card. Filippo M. Guidi O.P. (1815-1879). Arcivescovo »impedito« di Bologna e le vicende del suo episcopato, in: Archidiocesi di Bologna. Piccolo Annuario Diocesano 1976, 207-216; — August Bernhard Hasler, Pius IX. (1846-1878), päpstliche Unfehlbarkeit und 1. Vatikanisches Konzil. Dogmatisierung und Durchsetzung einer Ideologie, Stuttgart 1977, Bd. 1, 121-125; — Christoph Weber, Kardinäle und Prälaten in den letzten Jahrzehnten des Kirchenstaates. Elite-Rekrutierung, Karriere-Muster und soziale Zusammensetzung der kurialen Führungsschicht zur Zeit Pius' IX. (1846-1878), Bd. 1, Stuttgart 1978, 655f., 684f. u. ö.; — Ulrich Horst, Kardinalerzbischof Filippo Maria Guidi O.P. und das I. Vatikanische Konzil, in: AFP 49 (1979) 429-511; — Ders., Kardinalerzbischof Filippo Maria Guidi. ein filius illegitimus Pius' IX.? Ein Beitrag zur historischen Mehode A. B. Haslers, in: RSCI 34 (1980) 513-517; — Ders., Unfehlbarkeit und Geschichte. Studien zur Unfehlbarkeitsdiskussion von Melchior Cano bis zum 1. Vatikanischen Konzil, Mainz 1982, 164-201; — Ders., Die Lehrautorität des Papstes und die Dominikanertheologen der Schule von Salamanca, Berlin 2003, 193-195; — Lajos Pásztor, Il Concilio Vaticano I: Diario di Vincenzo Tizzani (1869-1870), Bd. II, Stuttgart 1992, 487f.; — Klaus Schatz, Vaticanum I, Bd. III, Paderborn 1994, 99-109, 312-322; — Martin Fahnroth, Das Verhältnis von Papst und Gesamtheit der Gläubigen, am Beispiel von Filippo Maria Guidi und der nachtridentinischen Tradition, Altenberge 1994, bes. 13-76, 302-308; — Joachim Köhn, Beobachter des Vatikanum I. Die römischen Tagebücher des P. Georg Ulber OSB, Regensburg 2000, 360-363; — DHGE 22 (1988) 787-795; — LThK³ 5 (1995) 1094.

Detlef Peitz

GURNEY, Joseph John, * 2.8. 1788 Eaelham Hall bei Norwich, † 4.1. 1847 Eaelham Hall bei Norwich. Bankier, Missionar, Philanthrop, Sozialreformer, Evangelikaler Quäker. — Joseph John Gurney wurde 1788 in der Nähe von Norwich geboren. Er war der dritte Sohn von John und Catherine Gurney, die nicht weniger als elf Kinder hatten. Die Tochter Hannah heiratete Thomas Fowell Buxton (1786-1845), einen bekannten Abolitionisten. Gurney absolvierte eine umfassende Schulausbildung, lernte Griechisch, Hebräisch und Italienisch. Er besuchte die Oxford University, brach sein Studium jedoch ab und stieg in das Bankgeschäft seines Vaters ein. 1817 heiratete er Jane Birkbeck aus Lynn (1789-1822), die Tochter von John und Martha Birkbeck. Bekannt wurde ihre Tochter Anna Gurney (1820-1848), die später ihren Vater auf Reisen begleitete und ebenfalls eine Philanthropin wurde. Nach dem frühen Tod seiner Frau mußte Joseph John Gurney seine beiden Kinder zunächst alleine aufziehen. Im September 1827 heiratete er Mary Fowler (1802-1835). Nach deren Tod heiratete er im Oktober 1841 schließlich Eliza Kirkbridge aus Philadelphia. — Mit seiner Schwester Elizabeth Fry (1780-1845) besuchte Joseph John Gurney Nordengland und Schottland, wo er viele Gefängnisse inspizierte. Sein Buch »Prisons in Scotland and the North of England« hatte beträchtlichen Einfluß auf die Gefängnisreform. Ebenso bemühte Gurney sich intensiv darum, die Ackworth-School zu verbessern und unterstützte die Bibelgesellschaft und die Temperenzbewegung, für die er »Water is Best« veröffentlichte. Joseph John Gurney war auch ein Vorkämpfer gegen die Todesstrafe und die Sklaverei. Für diese Anliegen führte er oftmals Gespräche mit britischen Parlamentsabgeordneten. 1837 besuchte er in dieser Angelegenheit Quäkerversammlungen in Nordamerika, Kanada und Westindien. 1841 reiste er mit Elizabeth Fry nach Kopenhagen und hielt mit dem dänischen König mehrmalige Unterredungen, um gegen die Sklaverei auf den westindischen Inseln zu protestieren. Anschließend wurden von ihm die deutschen Quäker in Bad Pyrmont und Minden besucht. 1842 bereiste Gurney Frankreich und besprach mit König Louis Philippe und dem französischen Premierminister Verbesserungsvorschläge für die Sklaven in den französischen Kolonien. — Joseph John Gurney war in einer Quäkerfamilie aufgewachsen. Unter den Quäkern wurde er auch wegen seiner Bemühungen um eine kirchliche Sonntagsschule bekannt, die letztlich in vielen Gemeinden eingeführt wurde und den unbefriedigenden theologischen Kenntnissen vieler Quäker entgegenwirkte. Sein hauptsächlicher Punkt der Auseinandersetzung mit dem Quäkertum war ebenfalls theologischer Natur. Die Gurney-Kontroverse begann 1832 und zog sich bis 1865 hin: Wegen Gurneys evangelikalen Ansichten kam es immer wieder zu Konflikten mit dem London Yearly Meeting, während Gurney in Amerika auf große Unterstützung stieß, was schließlich zu einer (erneuten) Spaltung der dortigen Quäker führte. Das heutige evangelikale Quäkertum hat eine seiner Wurzeln in Gurneys missionarischem Einfluß. Gurney kritisierte vor allem, daß das andauernde Betonen eines angenommenen »inneren Lichtes« die Quäker von der Bibel und von Christus weggeführt habe. Erlösung ist, laut Gurney, allein durch Jesus Christus möglich. Anhänger dieser Quäkerrichtung wurden als »Gurneyite Quakers« bezeichnet, während sich deren Gegner um John Wilbur (1774-1856) aus Rhode Island sammelten und als »Wilburites« bezeichnet wurden. Auch die Hicksites, die dem Quäkerreformer Elias Hicks (1748-1830) folgten, schlossen sich der Kritik Gurneys an. — Seiner eigenen Quäkerversammlung in Norwich diente Gurney seit 1818 fast über dreißig Jahre als Prediger (Minister). Nachdem er im 59. Lebensjahr unglücklich von einem Pferd gestürzt war, verstarb er 1847 und wurde in Norwich bestattet

Werke: Notes on a visit made to some of the prisons in Scotland and the north of England, in company with Elizabeth Fry. With some general observations on the subject of prison discipline. London 1819. London 1819[2]. Edinburgh 1819[3]. London 1820[3]; Substance of a speech delivered by John Joseph Gurney, Esq. at a public meeting of the inhabitants of Norwich, on the 28th January, 1824, on the subject of British colonial slavery. London (1824); Speech of J. J. Gurney, Esq. on the abolition of Negro slavery, delivered at a public meeting, held in the Guildhall, in the city of Norwich, on Wednesday, 28th January, 1824. Liverpool (1824); Observations on the distinguishing views and practices of the Society of Friends. London 1824[4]. ND Philadelphia 1825. London 1825[5]. London 1826[6]. London 1834[7]. ND New York 1840. Norwich 1842[8]. Norwich 1848[9]. New York 1854[2]. New York 1856[2]. London 1859. New York 1860[2]. New York 1869[2]. New York 1880[2]. New York 1884[3]. New York 1888[3]; Observations on the religious peculiarlies of the Society of Friends. London 1824. London 1824[2]. London 1824[3]. London 1824[4]. London 1825[5]. ND Philadelphia 1825. London 1826[6]. Philadelphia 1832[2]. A letter to a Friend on the authority, purpose, and effects of Christianity, and especially on the doctrine of redemption. London 1824. London 1824[2]. Bradford 1824. London 1824[3]. London 1824[4]. London 1824[5]. London 1824[11]. London 1824[14]. London 1824[19]. Leeds 1824[12]. Bradford 1824[15]. Liverpool 1824[7]. Philadelphia 1824. London 1825[12]. London 1825[18] (Tract Association of the Society of Friends, XLI). London 1825[20]. London 1826[19] (Tract Association of the Society of Friends, XLI). Bradford 1830[19]. Bradford 1830[22]. Dublin 1834 (Dublin Tract Association, XLVII). London 1834 (Tract Association of the Society of Friends, XLI). London 1835 (Tract Association of the Society of Friends, XLI). London 1855[19] (Tract Association of the Society of Friends, XLI); On the divine authority of Christianity. Extracted from a letter to friend. (London), um 1825 (Friends Tract Association, CLXXIX); Essays on the evidence, doctrines, and practical operation of Christianity. London 1825. London 1826[2]. London 1827[3]. Dublin 1828 (Dublin Tract Association, LI). Philadelphia 1829. London 1831[4]. London 1833[5]. ND Philadelphia 1856. Philadelphia 1884; Gurney, Joseph John; Fry, Elizabeth: Report addressed to the Marquess Wellesley, Lord Lieutenant of Ireland, by Elizabeth Fry and Joseph John Gurney, respecting their last visit to that country. London 1827. Dublin 1827[2]. London 1828[2]. London 1847[3]. Cambridge 2001 (The Nineteenth Century, 1.1.14028); The contribution of a member of the Society of Friends, to a lady's album. Norwich 1827. Dublin (1827). London 1827[2]; On the internal evidences of Christianity. Dublin 1828 (Dublin Tract Association, LI). Dublin 1833 (Dublin Tract Association, LI); Carta á un amigo sobre la autoridad, objeto, y efectos del Christianismo, y en special sobre la doctrina de la redencion. Londres 1829. Londres 1829[2]; Die Lehren des Christenthums nach ihrem Inhalte, ihrer Begründung und ihrem Einflusse auf das Leben des Menschen. In einer Reihe von Versuchen entwickelt von Joseph John Gurney. Aus dem Englischen. Basel 1829; Some account of John Stratford. Who was executed after the last assizes for the city of Norwich, for the crime of murder. Norwich 1829; Shepard, Holman; Gurney, Joseph John: Hours of retirement. A series of poems, on subjects chiefly scriptural. To which are subjoined, Observations on silent worship. London 1829; Biblical notes and dissertations chiefly intended to confirm and illustrate the doctrine of the deity of Christ with some remarks on the practical importance of that doctrine. London 1830. London 1833[2]; On redemption. London (1830); Ensayos sobre las pruebas, doctrinas, y operacion practica, del Christianismo. Londres 1830; Testimonies concerning Joseph Gurney and Isaac Stephenson. Printed by direction of the Yearly Meeting of Friends, held in London, 1831. London 1831; Brief remarks on the history, authority and use of the Sabbath. London 1831. London 1831[2]. London 1832[2]. London 1832[3]. Andover 1833. London 1839[4]. London, um 1842[5]; An address to minister of the gospel. And to all professors of Christianity, on the subject of war and peace, written at the request of the society for the promotion of permanent and universal peace. (London) (1832); An essay on war and on its lawfulness under the Christian dispensation. London 1832 (Tract no. XII of the Society for the Promotion of Permanent and Universal Peace). London 1833 (Tract no. XII of the Society for the Promotion of Permanent and Universal Peace). London 1834 (Tract no. XII of the Society for the Promotion of Permanent and Universal Peace). London 1835 (Tract no. XII of the Society for the Promotion of Permanent and Universal Peace). London 1838 (Tract no. XII of the Society for the Promotion of Permanent and Universal Peace). London 1839 (Tract no. XII of the Society for the Promotion of Permanent and Universal Peace). London 1844. London 1855. London 1868 (Tract no. XII of the Society for the Promotion of Permanent and Universal Peace). New Vienna 1869. New Vienna 1872. London (1884); Lettre à un ami, sur l'autorité, le but et les effets du Christianisme, et en particulier sur la doctrine de la rédemption. Paris 1832. Paris 1838. Paris 1843. Londres 1851; Sermons and prayers, delivered by Joseph John Gurney in the Friends' Meeting House, Liverpool, 1832. Liverpool 1832. Liverpool 1832[2]; Terms of union. Remarks addressed to the members of the British and Foreign Bible Society. Norwich 1832. Norwich 1832[2]; Three sermons. Delivered by Joseph John Gurney, at the Friends' Meeting House, Liverpool. Printed from short hand notes, taken down at the time. London 1832; Hints on the portable evidence of Christianity. London 1832. London 1832[2]. Boston 1833. London 1833[3]. New York 1834. London 1838[5]. London 1841[6]. Philadelphia 1856. Philadelphia 1868[2]; Substance of an address, on the right use and application of knowledge, lately delivered to the mechanics of Manchester at their institution in that town. London 1832. ND Providence 1833; Reminiscences of Chalmers, Simeon, Wilberforce, etc. O.O. (1833); On the nature and character of the Christian ministry. Dublin 1833 (Dublin Tract Association, LII); Guide to the instruction of young persons in the Holy Scriptures. London 1833. London 1834[2]. Norwich 1837. London 1863; Addresses delivers by messrs. Allen, Bates, Gurney, Tuke, Wheeler. Mrs. Braithwaite, Grubb, Jones, and other ministers, of the Society of Friends. London 1834; The effects of infidel principles illustrated in some account of John Stratford, who was executed at Norwich for the crime of murder. London 1834 (Tract Association of the Society of Friends, XLIII); Essay on the habitual exercise of love of God. Considered as a preparation for heaven. London 1834. London 1835[2]. London 1835[3]. London 1835[4]. Philadelphia 1835. London 1836[5]. Philadelphia 1840. London 1844[6]. New York, um 1845. London 1848[7]. Norwich 1856[8]. Extract from the introduction to the seventh edition of observations on the distinguishing views and practices of the Society of Friends. Bradford 1834; Remarks on the doctrinal views of the Society of Friends. Prefixed to the seventh edition of observations on the distinguishing views and practices of the Society of Friends. Bradford 1834; La Bible jugée par l'expérience de l'homme. Traduit de l'Anglais par C. Majolier. Nimes 1834; Observations on silent worship, as practiced by the Religious Society of Friends. London 1833[2] (Tract Association of the Society of Friends). London 1834. ND London 1859; Mr. J. J. Gurney upon the divine nature, and the doctrines of Friends. London 1835; Remarks on Dr. Hancock's »Defence«. Norwich, um 1835; Four lectures on the evidences of Christianity. Deliverd in Southwark, 1834, to the junior members of the Society of Friends. London 1835. Philadelphia 1840. London, um 1840. Philadelphia 1857[2]. Philadelphia 1859; Brief remarks on the doctrine and discipline of the Society of Friends with some practical hints. London 1835; Strictures on certain parts of an anonymous pamphlet entitled »The Truth Vindicated«. With evidences of the sound and Christian views of the Society of Friends on the subject of the Holy Scriptures. London 1836; Brief remarks on impartiality in the interpretation of Scripture. Norwich 1836. New-York 1840[2]; Letter to a clerical friend on the accordance of geological discovery with natural and revealed religion. Norwich 1836; A synopsis of John Wilbur's defence, and editorial remarks on the controversy in New England. Taken from the British Friend. To which is added, a letter from Joseph John Gurney, with remarks thereon. Extracted from the columns of the same paper. O.O. 1836 (i.e. 1846); Sabbatical verses. London 1837; Sermon and prayer. By Joseph John Gurney. Delivered at Arch Street Meeting, on the evening of First-day, 8th month 27th, 1837. Philadelphia 1837. ND Philadelphia 1937; De l'institution et de l'observation du Jour du Repos, extrait principalement des remarques de J. J. G. sur l'histoire (...) du jour de repos (...). Paris 1838; Misinterpretation of Holy Scripture. London 1838; Sermons and prayers, delivered in the city of Philadelphia. Philadelphia 1838; Familiar sketch of the late William Wilberforce. Norwich 1838; A sermon preached (...) in Chatam Street, December 16, 1838, New York (1838); The minor works of Joseph John Gurney. Bdd. II. London 1839; A letter to the followers of Elias Hicks, in the city of Baltimore, and its vicinity. Baltimore 1839. Baltimore 1840; Water is best. A lecture. By Joseph John Gurney (of Norwich) in the Island of Jersey. (Ipswich), um 1840 (Ipswich New Series, XLI); Observations sur le culte divin. Extraits des ecrits de J. J. Gurney. Londres 1839. Londres 1842[2]. Londres 1854; Essai sur l'exercise habituel de l'amour de Dieu, considéré comme préparation pour le ciel. Paris 1839. Londres 1851; Letters to Friends of the Monthly Meeting of Adrian, Michigan. New York 1839. Bristol 1846; Sermon and prayer. Delivered at Arch Street Meeting, on the evening of First-day, 7th month 19th, 1840. (Philadelphia) (1840); Remarks on the right use of some scripture terms. Bristol, um 1840; Triumph of Christianity over infidelity. London, um 1840; Essay on a congress of nations, for the adjustment of international disputes, and for the promotion of universal peace, without resort to arms. By a Friend of peace. In: American Peace Society (Hrsg.): Prize essays on a congress of nations, for the adjustment of international disputes, and for the promotion of universal peace without resort to arms. Together with a sixth essay, comprising the substance of the rejected essays. Boston 1840, 427-508; Familiar letters to Henry Clay, of Kentucky, describing a winter in the West Indies. New York 1840. Philadelphia 1841[2]; The following piece is extracted from Joseph John Gurney's work: On the views of Friends on silent worship. (London), um 1840; Redemption. New York, um 1840 (American Tract Society, XXXIII); A winter in the West Indies, described in familiar letters to Henry Clay, of Kentucky. London 1840. London 1840[2]. London 1841[3]. London 1841[4]. ND New York 1969. ND Richmond 1979; Brief an einen Freund über das Ansehen, den Zweck und die Wirkungen des Christenthums und vornehmlich über die Lehre der Erlösung. London 1840. Düsselthal 1841; On the marriage of first cousins. (London), um 1840; Carta de Joseph John Gurney, escripta de providence, huma das colonias occidentales, datada do sexto mez (Juhno 20) de 1840. In: Scoble, John: Extractos dos discursos de John Scoble, e a carta duodecima de Joseph John Gurney, acerca das vantagens obtidas com a emancipacao dos escravos nas Colonias Britannicas, recopilados por George Pilkington. Rio de Janeiro 1841, 17-24; Reflexoes de Joseph John Gurney sombre a deficiencia da producсao. In: Scoble, John: Extractos dos discursos de John Scoble, e a carta duodecima de Joseph John Gurney, acerca das vantagens obtidas com a emancipacao dos escravos nas Colonias Britannicas, recopilados por George Pilkington. Rio de Janeiro 1841, 25-35; A journey in North America. Described in familiar letters to Amelia Opie. Norwich 1841. ND New York 1973. ND Ann Arbor (1976); A tribute to the memory of Jonathan Hutchinson. In: Forster, Josiah: Extracts from the letters of Jonathan Hutchinson. With some brief notices of his life and character. London 1841, xvii-xxiv. London 1844[2]; Un hiver aux Antilles, en 1839-40 ou lettres sur les résultats de l'abolition de l'esclavage, dans les colonies anglaises des Indes-occidentales, adressées à Henri Clay, du Kentucky. Par Joseph-John Gurney, et trad. de l'anglais sue la 3. éd., par J. J. Pacaud. Paris 1842; Bemerkungen über den Gottesdienst, wie er in der Religionsgesellschaft der Freunde gehalten wird. London 1842. London 1854. London 1862; Een winter in de West-Indien, beschreven in gemeenzame brieven aan Henry Clay van Kentucky. Amsterdam 1843; Address of J. J. Gurney, Esq. at the thirty-second anniversary of the Norfolk and Norwich Auxiliary Bible Society. Held on the 27th of September, 1843. (London), um 1843; Die Liebe zu Gott, als erstes Bedürfniß des Menschen und Vorbereitung für den Himmel. Nach der dritten Originalausgabe bearbeitet. Friedensthal 1843; Papstthum und Hierarchie gegenüber der Religion des neuen Bundes. Leipzig 1843; The papal and hierarchical system compared with the religion of the New Testament. London 1843. London 1843^{2}; Substance of a speech of Joseph John Gurney, Esq., at the Temperance Hall, Jersey, on the 15th of June, 1844. London (1844); An essay on war, and on its lawfulness under the Christian dispensation. In: All war antichristian. Or, the principles of peace as contained in the Holy Scripture, explained and proved in the tracts of the Society for the Promotion of Permanent and Universal Peace. London 1844 (1-26) (Tract No. XII of the Society for the Promotion of Permanent and Universal Peace); Thoughts on habit and discipline. London 1844. London 1844^{2}. London 1845^{3}. ND Philadelphia 1845. London 1847^{4}. Norwich 1848^{5}. London 1852^{6}. Philadelphia 1854. Philadelphia 1857. London 1861^{7}. Philadelphia 1871; Puseyism traced to its root. In a view of the papal and hierarchical system, as compared with the religion of the New Testament. London 1845. London 1845^{3}. Norwich 1848^{4}; Brief memoirs of Thomas Fowell Buxton and Elizabeth Fry. With some corrections and additions. London 1845. Norwich 1848; Letter from Joseph John Gurney. (To the editors of The Friend). In: The Friend. A monthly journal, IV, 37, 1846, 9-10; A brief memoir of the late J. J. G. (...). Reprinted from the »Norfolk News« of Jan. 16, 1847. Worcester (1847); Declaration of Christian faith by the late J. J. Gurney. In: The Friend. A monthly journal, V, 53, 1847, 80-86; Die Liebe zu Gott, als der Weg zum Himmel dargestellt. Aus dem Englischen. Bielefeld 1847; A declaration, by the late Joseph John Gurney, of his faith respecting several points of Christian doctrine. Philadelphia 1847. Boston 1847. Manchester 1870; Montgomery, G. W.: Illustrations of the law of kindness. Containing a memoir of the late Mrs. Elizabeth Fry by Joseph John Gurney and a supplementary chapter on almsgiving with notes and additions by John Washbourn. London 1847^{3}. London 1855^{4}. London 1870^{6}; Auszüge aus den Lehren des Christenthums nach ihrem Einflusse auf das Leben des Menschen. Kreuznach 1850; The moral character of our Lord Jesus Christ. London (1850); Some remarks on the ministry. (London), um 1850; Que fant-il que je fasse pour etre sauve? Londres 1851; Sur la guerre. Londres 1851; Pensieri sull'abitudine e sulla disciplina morale. Londra 1851; Betrachtungen über Ansichten und Gebräuche der Gesellschaft der Freunde. Hannover 1851; A few select extracts from the journal of Joseph John Gurney. London 1851. London 1854^{2}; Gedanken über Gewohnheit und Disciplin. Nach der 4. Auflage aus dem Engl. übersetzt. London 1852; Remarks on public worship, addressed chiefly to the younger members of the Society of Friends, also on the attendance of week-day meeting. London (1852); Chalmeriana or, colloquies with Dr. Chalmers, author of »Evidences of Christianity« and »Astronomical sermons«. London 1853; The lock and key. Or, passages of the Old Testament, which testify of Jesus Christ, explained by others in the New Testament. St. Louis 1853. Ipswich (1860); Memoirs of Joseph John Gurney. With selections from his journal and correspondence. Hrsg. von Joseph Bevan Braithwaite. Bdd. II. Norwich 1854. Philadelphia 1854. Philadelphia 1854^{4}. Norwich 1855^{2}. Philadelphia 1855^{3}. Philadelphia 1856^{4}. Philadelphia 1857^{4}. Philadelphia 1859^{4}. Philadelphia 1862^{4}. Norwich 1902^{3}; Address on the right use and application of knowledge. In: British Eloquence. The literary, political and sacred oratory of the nineteenth century, 1855, xy; The deity of Jesus, abridged from »Essays«. Calcutta 1855; Réflexions sur la sagesse de Dieu dans la création, et sur le Christianisme, etc. Paris 1841. Londres 1855; The »Record« and Miss Nightingale. Remarks on two articles contained in the »Record« of February 1st and March 8th, 1855, and containing strictures on Mr. Gurney's lecture (...) entitled »God's Heroes and the World Heroes«. London 1855; War, is it lawful under the Christian dispensation? London 1855. London 1860^{2}. London 1877^{3} (Tract Association of the Society of Friends, XI); Bemaerkninger over Vennernes Samfunds saeregne Ansjuelser og Skikke (...). Stavanger 1856; On public worship and private devotion. Extracted from a work entitled »Thoughts on habit and discipline«. London 1856 (Friends Tract Association, CXXX). London (1881)^{2} (Friends Tract Association, CXXX); A summary of the distinguishing views and practices of the Society of Friends. London 1856; On the reading of the Holy Scriptures. Extracted from a work entitled »Thoughts on habit and discipline«. London 1856 (Friends Tract Association, CXXXI). London 1862 (Friends Tract Association, CXXXI). London 1867^{2} (Friends Tract Association, CXXXI). London 1877^{3} (Friends Tract Association, CXXXI); De l'habitude et de la discipline. Traduit de l'Anglais. Paris 1857; Reflections on the wisdom of God in the creation, and in Christianity. Extracted from an Address of J. J. Gurney to the mechanics of Manchester, etc. London 1857 (General Series, LXXXIII); Observations on divine worship as practised by the (...) Society of Friends. London 1857 (Tract Association of the Society of Friends, General Series, L); Letters addressed by J. J. Gurney to two young persons on the occasion of their leaving the Society of Friends. Philadelphia 1859; Sketch of the rise of the Religious Society of Friends: Their doctrines and discipline, Philadelphia 1859. Philadelphia 1860^{2}; Two letters addressed by J. J. Gurney to two young Friends on the occasion of their leaving the Society. Philadelphia 1859. Philadelphia 1877^{2}; Einige hervorragende Beweisgründe für die Warheit des Christenthums, bezüglich dessen Anwendung auf das menschliche Leben (...). Nach der 4. Aufl. aus dem Englischen übersetzt. Düsseldorf 1860; On plainness of speech, behaviour and apparel. By taken from the twelfth chapter of his Observations on the distinguishing views and practices of the Society of Friends. London 1860; Christianity, its authority, purpose, and effects, and especially on the doctrine of redemption. A letter to a Friend. London 1863 (Friends Tract Association, XII). London (1878^{2}); Letters to Dr. Alderson. The original and history of the celebrated tract on redemption, now first printed from the autograph letters. Philadelphia 1867; Sermon preached by the late Joseph

John Gurney, at Friends' Meeting House, Arch Street, Philadelphia. Seventh Month, 1840. Philadelphia 1867; The hierarchical system compared with the religion of the New Testament. Compiled from a work entitled »The papal and hierarchical system«. London 1868; A declaration by the late Joseph John Gurney, of his faith respecting several points of Christian doctrine. An epistle from the yearly meeting of Friends, to its junior members. Manchester 1870; Sermon preached (...) at Friends' Meeting House (...) Philadelphia (...) 1840. Manchester 1871; On the ministry of women. Being the eighth chapter of J. J. Gurney's »Observations on the distinguishing views of the Society of Friends«. Richmond 1872; Baptism and the supper. The disuse of typical rites in the worship of God. Philadelphia 1873; The lost ministry. (London) (1881) (Friends Tract Association, CLXX); Om privat andagt og offentlig gudsdyrkelse. Tilligemed nogle bemaerkninger om den rette brug af Sabbatsdagen. Vejle 1882 (Friends Tract Association, CXXX); La lecture des saintes ecritures. London, um 1885 (Friends Tract Association, CXXXI); The eternal consequences of receiving or rejecting the Gospel of our Lord and Saviour Jesus Christ. Extracted from J. J. Gurney's Essays on Christianity. London 1889 (Pamphlet Series, XV); The payment of gospel ministers. London 1890 (Friends Tract Association, LXXXVI); Le culte de Dieu. London (1896); Un ministère perdu. Extrait d'un traité sur les »Vues et pratiques distinctives de la société des Amis«. Paris (1896); A peculiar people. Richmond 1979.

Bibliographie: Gurney, Joseph John. In: Smith, Joseph: A descriptive Catalogue of Friends' books. Or books written by members of the Society of Friends, commonly called Quakers, from their first rise to the present time, interspersed with critical remarks, and occasional biographical notices, and including all writings by authors before joining, and those after having left the Society, whether adverse or not, as far as known, I. London 1867, 881-895.

Lit. (Auswahl): Bliss, George: The obligatory nature of the sacraments, or, strictures on Mr. Gurney's remarks respecting Baptism and the Lord's Supper. London 1826; — Ellison, Seacome: A letter to Joseph John Gurney, Esq. Author of observations on the religious peculiarities of the Society of Friends, animadverting upon that part of his work which relates to the ordinances of baptism, and the Lord's Supper. London 1833; — Haldane, Robert: Mr John Joseph Gurney's defence of union with Socinians in the British and foreign Bible Society, and of the omission of prayer by that society, proved to be untenable. Edinburgh 1833; — Baker, G. P.; Bryant, G. E.: A Quaker journal. Being the diary and reminiscences of William Lucas of Hitchin (1804-1861). A member of the Society of Friends, I. London 1934; — Martin, Henry: Early Friends and modern professors: In reply to »strictures«, by Joseph John Gurney. London 1836; — (Martin, Henry): Testimony of Quakerism defended. In reply to a small pamphlet entitled »Brief remarks on impartiality in the interpretation of scripture« by Joseph John Gurney. By the author of »The truth vindicated«. London 1837; — Yearly Meeting of Baltimore (Hrsg.): A defence of the Religious Society of Friends, who constitute the Yearly Meeting of Baltimore, against certain charges circulated by Joseph John Gurney. Baltimore 1839; — Burrell, George Pratt: A letter to the Hon. Henry Clay, of Kentucky, containing a brief reply to some statements of Joseph John Gurney, in relating to Jamaica. New York 1840; — Barker. Joseph: Letters to J. J. Gurney, containing remarks on his views of the atonement, imputed righteousness, etc. Newcastle, um 1840; — Reconciliation respectfully recommended to all parties in the colony of Jamaica. A letter addressed to the planters. London 1840; — Channing, William Ellery: Emancipation. Boston 1840. New York 1841[2]. ND New York 1968; — Coates, Benjamin Hornor: Epistle to Joseph John Gurney on the Society of Friends. Philadelphia 1841; — Review of Gurney's attack on Friends of Baltimore, and of their defence. Baltimore 1841; — Wilbur, John: A narrative and exposition of the late proceedings of New England yearly meeting, with some of its subordinate meetings and their committees, in relation to the doctrinal controversy now existing in the Society of Friends, prefaced by a concise view of the Church, showing the occasion of its apostasy, both under the former and present dispensations. With an appendix edited from records kept, from time to time, of those proceedings, and interspersed with occasional remarks and observations. Addressed to the members of the said yearly meeting by John Wilbur. New York 1845; — Barker, Abigail: Calumny refuted; Or a glance at John Wilbur's book. Comments on mutilated extracts from the writings of Joseph John Gurney, contrasted with selections from the writings of Fox, Barclay, Penn, and others; by the late A. Barker, and other Friends in America. Letters to Friends of the Monthly Meeting of Adrian, Michigan. By J. J. Gurney. London 1845. London 1846[2]; — Wilbur, John: Is it calumny? Or, is it truth? An examination of a pamphlet, entitled »Calumny refuted, or, a glance at John Wilbur's book. London 1846; — Action of the several Yearly Meetings of Friends relative to the secession from New England Yearly Meeting. Also, a few extracts from the writings of Joseph John Gurney. Philadelphia 1846; — Ellison, Seacome: Truth defended, in a supposed trial between infant affusion and believers' baptism. To which is appended, a letter to Joseph John Gurney, Esq., on baptism and the Lord's supper. London 1846. London 1846[2]. London 1848[3]; — A testimony of Norwich Monthly Meeting, concerning Joseph John Gurney, deceased. In: London Yearly Meeting: Testimony concerning deceased Ministers. Presented to the Yearly Meeting of Friends, held in London, 1847. London 1847, 50-64; Alexander, John: Brief memoir of Joseph John Gurney, Esq. Norwich 1847; — Record of the death of J. J. Gurney (...). Extracted from the Norfolk Chronicle, etc. Norwich (1847); — Alexander, John: The Christian serving his own generation. A sermon occasioned by the lamented death of Joseph John Gurney, Esq., and preached in Prince's Street Chaple, Norwich, on Sunday evening, Jan. 17th, 1847. Norwich 1847; — Barton, Bernhard: The memorial of Joseph John Gurney. Philadelphia 1847. London 1847; — Kimber, Thomas: Joseph John Gurney. (Philadelphia) (1847); — Timpson, Thomas: Memoirs of Mrs. Elizabeth Fry. Including a history of her labours in promoting the reformation of female prisoners, and the improvement of British seamen, with a bibliographical sketch of her brother, J. J. Gurney, Esq. London 1847[2]. London 1849[2]; — An earnest expostulation with those professed members of the Society of Friends in New England, who have adopted or became responsible for the unsound doctrines promulgated by the late Joseph John Gurney. By the representatives of New England Yearly Meeting. Boston 1851; — Joseph John Gurney. London, um 1850; — Geldart, Thomas: Beispiele der Menschenliebe. Skizzen aus dem Leben des Sir Thomas Fowell Buxton, Joseph John Gurney und der Elisabeth Fry. Leipzig 1853; — G(eldart), H(annah) R(ansome): Joseph John Gurney. Reminiscences of a good man's life. In: The Friend. A monthly journal, XI, 123, 1853, 51-54; — Geldart, Hannah Ransome: Reminiscences of a good man's life: Joseph John Gurney. Norwich 1853; — Hodgson, William: An examination of the memoirs and writings of Joseph John Gurney. Philadelphia 1856; — Gurney, Joseph John. In: Allibone, Samuel Austin: A Critical Dictionary of English Literature, and British and American Authors. Living and deceased, from the earliest accounts to the middle of the nineteenth century. Containing thirty thousand biographies and literary notices, with forty indexes of subjects, I. Philadelphia 1858, 749-750. ND Detroit 1965, 749-750; — Couling, Samuel: History of the temperance movement in Great Britain and Ireland. From the earliest date to the present time. With biographical notices of departed temperance worthies. London 1862; — Gurney, Joseph John. In: The Imperial Dictionary of Universal Biography. A series of original memoirs of distinguished men, of all ages and all nations, by writers of eminence in the various branches of literature, science, and art, X. London (1863), 758-759; — Gurney, Joseph John, b. 1788 d. 1847. In: Cassell's Biographical Dictionary. Containing original memoirs of the most eminent men and women of all ages and countries. London, 1867-1869, 735; — Paine, Thomas: The political and miscellaneous works of Thomas Paine, M. A.: Including a verbatim report by J. Gurney, of Paine's trial at Guildhall, in the year 1792, for publishing the »Rights of man«, with Erkine's eloquent speech for defendant. London, um 1877; — Gurney, Joseph John. In: Ward, Thomas Humphry (Hrsg.): Men of Reign. A biographical dictionary of eminent persons of British and colonial birth who have died during the reign of Queen Victoria. London 1885, 381-382; — Joseph John Gurney. Born 1788, died 1847. Aged fifty-eight years. In: Beck, W.; Wells, W. F.; Chalkley, H. G.: Biographical Catalogue. Being an account of the lives of Friends and others whose portraits are in the London Friends' Institute. Also descriptive notices of Friends' schools and institutions of which the gallery contains illustrations. London 1888, 306-312; — Hare, Augustus J. C.: The Gurneys of Earlham. London 1895; — Grubb, Edward: Separations. Their causes and effects. Studies in nineteenth century Quakerism. London 1914; — Grubb, Edward: The work and influence of Joseph John Gurney. In: Friends' Quarterly Examiner, XLVIII, 191, 1914, 292-309; — Philip, Adam: Thomas Chalmers, apostle of union. London (1929); — Grubb, Isabel: Quakerism and industry before 1800. London 1930; — Swift, David E.: J. J. Gurney and Norwich politics. In: Journal of the Friends' Historical Society, XLIX, 1, 1959, 47-58; — Swift, David E.: Charles Simeon and J. J. Gurney: A chapter in Anglican-Quaker relations. In: Church History, XXIX, 2, 1960, 167-186; — Rawley, James A.: Joseph John Gurney's mission to America, 1837-1840. In: Mississippi Valley Historical Review, XLIX, 4, 1962, 653-674; — Swift, David: Joseph John Gurney: Banker, reformer and Quaker. Middletown 1962; — Trueblood, D. Elton: The widow's might. In: The Christian Herald, 7, 1965, 24-27; — Anderson, Verily: The Northrepps grandchildren. London 1968. ND Lavenham 1979; — Cooper, Robert Alan: The English Quakers and prison reform, 1809-23. In: Quaker History, LXVIII, 1, 1979, 3-19; — Hollis, Patricia: Anti-Slavery and British working-class radicalism in the years of reform. In: Anti-Slavery, religion and reform: Essays in memory of Roger Anstey. Folkestone 1980, 294-315; — Punshon, John: Portrait in grey. A short history of the Quakers. London 1984; — Barbour, Hugh (Hrsg.): Slavery and theology. Writings of seven Quaker reformers, 1800-1870. Elias Hicks, Joseph John Gurney, Elizabeth Gurney Fry, Lucretia Coffin Mott, Levi Coffin, John Greenleaf Whittier, John Bright. Dublin 1985; — Hamm, Thomas: The transformation of American Quakerism. Orthodox Friends, 1800-1907. Bloomington (Indianapolis) 1988; — Grubb, Mollie: The Beacon separation. In: Journal of the Friend's Historical Society, LV, 6, 1988, 190-198; — Bright, Simon: Joseph John Gurney (1788-1847). A study in evangelical Quaker biography. MA Thesis Keele University 1992; — Joseph John Gurney 1788-1847. In: Skidmore, Gil: Dear Friends and brethren. 25 short biographies of Quaker men. Reading 2000, 33-38; — Forsythe, William (Hrsg.): Notes on a visit made to some of the prisons in Scotland and the North of England, in company with Elizabeth Fry. With some general observations on the subject of prison discipline; Joseph John Gurney (1819). London 2000 (The state of prisons in Britain 1775-1895, III); — Davie, Martin: Gurney, Joseph John. In: Abbott, Margery Post; Chijioke, Mary Ellen; Dandelion, Pink; Oliver, John W. (Hrsg.): Historical Dictionary of the Friends (Quakers). Lanham 2003, 123-124 (Religions, Philosophies, and Movements Series, XLIV); — Milligan, Edward H.: Gurney, Joseph John (1788-1847). In: ODNB, XXIV, 2004, 287-288.

Claus Bernet

GUSINDE, Martin, Ordenspriester, Missionar, Ethnologe, * 29.10. 1886 in Breslau (heute: Wroclaw, Polen), † 18.10. 1969 in Mödling (Österreich). Gusinde stammte aus einer kleinbürgerlichen Familie in Schlesien. Er wurde am 29. Oktober 1886 in Breslau geboren. Sein Vater war Wursterzeuger, seine Mutter Schneiderin. Der Erstgeborene überlebte seine zwei Brüder, einer Volksschullehrer von Beruf der andere Medizinstudent, die beide im 2. Weltkrieg fielen. — Martin Gusinde trat als 13jähriger in das Missionshaus Heiligkreuz/Neiße ein und mit 19 Jahren begann er sein Studium im Missionshaus der katholischen Ordenskongregation der »Steyler Missionare« (= Gesellschaft des Göttlichen Worts) in Mödling bei Wien. Nach zweijährigem Studium, einem Jahr Noviziat und vier Jahren Theologiestudium wurde Gusinde am 29. September 1911 zum Priester geweiht und reiste ein Jahr später als Missionar nach Chile aus. Die Ausbildung an der Hochschule in Sankt Gabriel, geprägt von Pater Wilhelm Schmidt [BBKL, 2000, Bd. XVII], hatte seine berufliche Laufbahn sicherlich beeinflußt, wenngleich sich Gusinde sehr für Psychologie und Pädagogik, Botanik, Medizin, physischer Anthropologie und »Völkerkunde« (Ethnologie) interessierte. Zunächst eher von naturwissenschaftlichen Interessen geleitet, begann er mit Feldforschungen in Childe, die er zum Teil mit seinem Missionarskollegen P. Wilhelm Koppers (1886-1961; siehe BBKL Bd. IV, 1992) durchführte. Seine intensiven Forschungen bei den bedrohten »Feuerlandindianern« sicherten ihm einen bedeutenden Platz in der (Wissenschafts)geschichte. Ethnologie studierte Gusinde allerdings erst ab dem Jahr 1924 in Wien, wo er zwei Jahre später erfolgreich eine Dissertation über die »Feuerlandindianer« einreichte. Weitere Forschungsreisen führten ihn nach Zentral- und Südafrika (»Pygmäen« und »Buschmänner«) sowie zu den Yupa-«Indianern« in Venezuela, den »Negritos« auf den Philippinen und, bereits als Siebzigjährigen, in das Bergland von Ost-Neuguinea. — Die Resultate dieser Forschungen sind in einer großen Zahl von Publikationen niedergeschrieben; es sollen über 200 Schriften sein. Die bedeutendste davon ist wohl sein umfangreiches dreibändiges Werk über die »Feuerland-Indianer«, dessen letzten Teilband er noch wenige Monate vor seinem Tod vollendete: Ab den 1930er Jahren erschienen umfangreiche Monographien über die Ona (auch Selk'nam), die Yaghan (oder Yamana) und die Alakaluf (auch Halakwulup). Auch in zahlreichen Vorträgen verbreitete er seine Erkenntnisse. U. a. wurde er für Vorlesungen an die Katholische und an die Staatliche Universität von Santiago de Chile, an die Katholische Universität in Washington und an die Katholische Nanzan-Universität in Nagoya, Japan, berufen. Für seine Arbeiten wurde Prof. Dr. Pater Martin Gusinde national und international geehrt: So war er Ehrenbürger der Stadt Mariazell, der Marktgemeinde Maria-Enzersdorf und der Marktgemeinde Laxenburg, Mitglied des Anthropos-Instituts, korrespondierendes Mitglied der Österreichischen Akademie der Wissenschaften, korrespondierendes Mitglied der Deutschen Gesellschaft für Anthropologie und Humangenetik, wirkliches Mitglied der »Leopoldina« (Halle an der Saale), korrespondierendes Mitglied der Academia Chilena de Ciencias Naturales (Santiago de Chile), Träger des Österreichischen Ehrenzeichens für Wissenschaft und Kunst, Träger des Großen Verdienstkreuzes des Verdienstordens der Bundesrepublik Deutschland, Träger des Großen Goldenen Ehrenzeichens für Verdienste um das Land Niederösterreich, Träger des Ehrenringes der Stadt Wien, Träger des Großen Silbernen Ehrenzeichens mit dem Stern für Verdienste um die Republik Österreich usw. — Die letzten Lebensjahre verbrachte Gusinde teils in Sankt Gabriel, teils bei den Kreuzschwestern in Laxenburg, die er als Seelsorger begleitete. Sein Leben stand vorrangig im Dienst der Wissenschaft und Forschung und war vom Bestreben geprägt, das Wissen über den Menschen in seinem Verhältnis zu Gott zu erforschen. Martin Gusinde starb in der Nacht zum Missionssonntag, dem 18. Oktober 1969, in Mödling bei Wien.

Werke (Auswahl): Descripción de una nueva especie chilena del jénero Myrzeugenia, in: Anales de la Universidad de Chile, tomo 118, Santiago de Chile 1916 (1917), 200-208; El Museo de Etnología y Antropología de Chile, in: Publicaciones del Museo de Etnología y Antropología de Chile, tomo 1, Santiago de Chile 1917, 1-18; Medicina e higiene de los antiguos Araucanos, in: Publicaciones del Museo de Etnología y Antropología de Chile, tomo 1, Santiago de Chile 1917, 87-120, 177-296; Estado actual de la Cueva del Mylodon (Ultima Esperanza, Patagonia Austral), in: Revista Chilena de Historia Natural, Año XXV, Santiago de Chile 1921, 406-419; Vierte Reise zum Feuerlandstamm der Yagan, in: Anthropos, Bd. 16/17, Mödling 1921/22, 966-977; Bibliografía de la Isla de Pascua, in: Publicaciones del Museo de Etnología y Antropología, tomo II, Santiago de Chile 1922, 201-385; Expedición a la Tierra del Fuego, in: Publicaciones del Museo de Etnología y Antropología, tomo II, Santiago de Chile 1922, 9-43; Métodos de investigación antropológica adoptados por el Museo de Etnología y Antropología de Chile, in: Publicaciones del Museo de Etnología y Antropología, tomo II, Santiago de Chile 1922, 405-411; Otro mito del diluvio que cuentan los araucanos, in: Publicaciones del Museo de Etnología y Antropología, tomo II, Santiago de Chile 1922, 183-200; Regresso de una expedición: La misión científica del profesor M. Gusinde, in: Boletín Municipal de la Comisión de Alcaldes, Punta Arenas (Chile) 1922, 145-149; Segundo viaje a la Tierra del Fuego, in: Publicaciones del Museo de Etnología y Antropología, tomo II, Santiago de Chile 1922, 133-163; Tercer viaje a la Tierra del Fuego, in: Publicaciones del Museo de Etnología y Antropología, tomo II, Santiago de Chile 1922, 417-436; Unter den Yagan, in: Mitteilungen des Deutsch-Chilenischen Bundes, 2. Jg., Concepción (Chile) 1922, 59-64; Vierte Reise zum Feuerlandstamm der Ona und erste Reise zum Stamm der Alakaluf, in: Anthropos, Bd. 18/19, Mödling 1923/24, 522-546; Catálogo de los objetos originarios de la Isla de Pascua, in: Publicaciones del Museo de Etnología y Antropología de Chile, tomo III, Santiago de Chile 1924, 200-244; Cuarta expedición a la Tierra del Fuego, in: Publicaciones del Museo de Etnología y Antropología, tomo IV, Santiago de Chile 1924, 7-67; Die Feuerländer einst und jetzt, in: Annales do XX Congresso Intern. de Americanistas, Rio de Janeiro, Agosto 1922, Vol. I, Rio de Janeiro 1924, 139-160; Meine vier Reisen durch das Feuerland, in: XXI. Congrès International des Américanistes, Session de la Haye, 12-16 août 1924, Den Hague 1924, 186-199; Elemente aus der Weltanschauung der Ona und Alakaluf, in: XXI. Congrès Internat. des Américanistes, Session de Göteborg, 20-26 août 1924, Göteborg 1925, 123-147; Geheime Männerfeiern bei den Feuerländern, in: XXI. Congrès Internat. des Américanistes, Session de Göteborg, 20-26 août 1924, Göteborg 1925, 40-60; Idee religiose in Terra del Fuoco, in: Rivista illustr. dell'Esposizione Missionaria Vaticana, anno II, Nr. 5, Roma 1925, 142-145; Meine Forschungsreisen ins Feuerland und deren Ergebnisse, in: Mitteilungen der Anthropologischen Gesellschaft in Wien, Bd. LV, Wien 1925, [15]-[30]; Meine vierte Reise zu den Feuerländern, in: Deutsche Monatshefte für Chile, Jg. V, Concepción (Chile) 1925, 2-8; Theodor Koch-Grünberg und sein Lebenswerk, in: Anthropos, Bd. 20, Mödling 1925, 702-717; Anthropologische Beobachtungen an den Ona auf Feuerland, in: Tagungsberichte der Deutschen Anthropologischen Gesellschaft, Tagung in Halle an der Saale, Augsburg 1926, 76-78; Das Lautsystem der feuerländischen Sprachen, in: Anthropos, Bd. 21, Mödling 1926, 1000-1024; Der Ausdruck »Pescheräh«: Ein Erklärungsversuch, in: Petermanns Geographische Mitteilungen, Jg. 72, Gotha 1926, 59-64; Die Eigentumsverhältnisse bei den Selk'nam auf Feuerland, in: Zeitschrift für Ethnologie, Jg. 58, Berlin 1926, 398-412; Die Feuerländer einst und jetzt, in: Tagungsberichte der Deutschen Anthropologischen Gesellschaft, Tagung in Halle an der Saale, Augsburg 1926, 70-76; Männerzeremonien auf Feuerland und deren kulturhistorische Wertung, in: Zeitschrift für Ethnologie, Jg. 58, Berlin 1926, 261-321; Zur Ethik der Feuerländer, in: Semaine d'Ethnologie Religieuse, Iva session tenue à Milan, 17.-25. September 1925, Paris 1926, 157-171; (und Viktor Lebzelter), Kraniologische Beobachtungen an feuerländischen und australischen Schädeln, in: Anthropos, Bd. 22, 1927, 259-285; Die religiösen Anschauungen der Feuerländer, in: Akademische Missionsblätter, Jg. XV, Münster 1927, 12-22; Eltern und Kind bei den Indianern im Feuerland, in: Das Neue Reich, Wien 1927, 600-602, 621-622; Gli Indiani Selk'nam della Terra del Fuoco, in: Le vie d'Italia e dell' America Latina, Vol. 33, Milano [Giugno] 1927, 639-646; Unveröffentlichte Dokumente über die Feuerländer, in: Ethnologischer Anzeiger, Bd. 1, Stuttgart 1927, 274-277; Wertung und Entwicklung des Kindes bei den Feuerländern, in: Mitteilungen der Anthropologischen Gesellschaft in Wien, Bd. LVII, Wien 1927, [163]-[170]; Das Höchste Wesen bei den Selk'nam auf Feuerland, in: Festschrift P. W. Schmidt, Mödling 1928, 265-274; Der XXII. Internationale Amerikanisten-Kongreß in New York (17.-22. Sept. 1928), in: Ethnologischer Anzeiger, Bd. 1, Stuttgart 1928, [221]; Die Manuskripte über die Yamana-Sprache des Pastors Thomas Bridges, in: Ethnologischer Anzeiger, Bd. 1, Stuttgart 1928, 374-375; Die Stellung der Frau bei den Feuerländern, in: Tagungsberichte der Deutschen Anthropologischen Gesellschaft, 49. Tagung in Köln, Leipzig 1928, 36-41; Kurze Notiz über das Yamana-Wörterbuch-Manuskript des Rev. Th. Bridges, in: Ethnologischer Anzeiger, Bd. I, Stuttgart 1928, [210]; Zur Kraniologie der Feuerländer, in: Atti del XXII Congresso Internaz. Degli Americanisti, Roma, Settembre 1926, Roma 1928, 337-355; Das Feuerland und seine Bewohner, in: Hochland, Heft 11, München [August] 1929, 491-509; Der Urmensch als Erzieher, in: Beiblatt für Erzieher in: »Um Seelen«, Mödling 1929, 5-8; Die geheimen Männerfeiern der Feuerländer, in: »Leopoldina«: Berichte der Kaiserlich Leopoldinischen Deutschen Akademie der Naturforscher zu Halle, Bd. IV, Leipzig 1929, 320-375; Die Sünden Europas an den Naturvölkern, in: Schönere Zukunft, Wien 1929, 1077-1079, 1100-1104; Bei den Indianern Nordamerikas: Ein Reisebericht, in: Anthropologischer Anzeiger, Jg. VI, Stuttgart 1930, 348-353; Das Brüderpaar in der südamerikanischen Mythologie, in: Proceedings of the 23rd Intern. Congress of Americanists, New York 1930, 687-698; Das Völkersterben in Ozeanien und Amerika, in: Veröffentlichungen des akademischen Missionsvereins Wien, Mödling (St. Gabriel) 1930, 16 Seiten; Die geheimen Zeremonien der Feuerlandindianer: Bemerkungen zum Vortrag Dr. Edwin Loebs »Die Geheimbünde und Stammeseinweihungen bei den Naturvölkern«, in: Mitteilungen der Anthropologischen Gesellschaft in Wien, Bd. LX, Wien 1930, 6-12; Ein zweites Memorial des Fray Alonso de Benavides, in: Mitteilungen der Anthropologischen Gesellschaft in Wien, Bd. LX, Wien 1930, 186-190; Mutterrechtliche Eigentumsmarken von der Osterinsel, in: Mitteilungen der Anthropologischen Gesellschaft in Wien, Bd. LX, Wien 1930, 351-355; Nordamerikas Indianer einst und jetzt, in: Mitteilungen der Anthropologischen Gesellschaft in Wien, Bd. LX, Wien 1930, [8]-[11]; Der Mongolenfleck bei einigen bolivianischen Indianerstämmen, in: Anthropos, Bd. 26, Mödling 1931, 593; Die Feuerland Indianer: Ergebnisse meiner vier Forschungsreisen in den Jahren 1918 bis 1924 unternommen im Auftrage des Ministerio de Instruccion publica de Chile, Bd. 1: Die Selk'nam, Vom Leben und Denken eines Jägervolkes auf der Grossen Feuerlandinsel. Wien-Mödling 1931, Bd. 2: Die Yamana: Vom Leben und Denken der Wassernomaden am Kap Hoorn. Mödling 1937, Bd. 3/2: Anthropologie der Feuerland-Indianer. Wien-Mödling 1939, Bd. 3/1: Die Halakwulup: Vom Leben und Denken der Wassernomaden im Westpatagonischen Inselreich. Mödling 1974; [und V. Lebzelter), Die Somatologie der Feuerland-Indianer, in: Akademischer Anzeiger Nr. 1, Akademie der Wissenschaften in Wien, Sitzung der mathematisch-naturwissenschaftlichen Klasse vom 14. Jänner 1932, Wien 1932; Der Medizinmann bei den südamerikanischen Indianern, in: Mitteilungen der Anthropologischen Gesellschaft in Wien, Bd. LXII, Wien 1932, 286-294; Die Kulturform der Feuerland-Indianer, in: Zeitschrift für Ethnologie, Jg. 64, Berlin 1932, 145-146; Die Schicksalsgeschichte der nordamerikanischen Indianer, in: Frohes Schaffen, Jg. 9, Wien 1932, 219-228; Völkerkundliche Bibliographie der Jahre 1926-1927 und Nachträge der Jahre 1924 und 1925, Zentral-Amerika und Süd-Amerika, in: Ethnologischer Anzeiger, Bd. II, Stuttgart 1923/1932, 43-79; Zwei weitere Manuskripte des Pastors Th. Bridges aufgefunden, in: Ethnologischer Anzeiger, Bd. II, Stuttgart 1923/1932, [184]-[185]; Zur Forschungsgeschichte der Feuerland-Indianer, in: Mitteilungen der Geographischen Gesellschaft in Wien, Bd. 73, Wien 1932, 247-253; (mit F. Hestermann bearbeitet und herausgegeben), Yamana-English: A Dictionary of the speech of Tierra del Fuego by the Rev. Thomas Bridges, Mödling 1933; (und V. Lebzelter), Kraniometrische Untersuchungen an Feuerland-Schädeln, in: Akademischer Anzeiger Nr. 19, Akademie der Wissenschaften in Wien, Sitzung der mathematisch-naturwissenschaftlichen Klasse vom 19. Oktober 1933, Wien 1933; Bridges' Yamana-Dictionary: Sein Entstehen und Aufbau, in: Mitteilungen der Anthropologischen Gesellschaft Wien, Bd. LXIII, Wien 1933, 179-185; Nachruf auf Baron Erland von Nordenskiöld, in: Mitteilungen der Anthropologischen Gesellschaft in Wien, Bd. LXIII, Wien 1933, [3]-[5]; Zur Geschichte des Yamana-English Dictionary by Thomas Bridges, in: Anthropos, Bd. 28, Mödling 1933, 159-177; Die Manuskripte der Yamana-Sprache des Rev. Th. Bridges, in: XXV. Congreso Internacional de Americanistas (Universidad Nacional de La Plata, 1932, Buenos Aires 1934, 247-251; Religiöse Tatsachen und ihr Auffinden bei Süd- und Nordamerikanischen Urvölkern, in: Alois Mager (Hrsg.), Die Dritten Salzburger Hochschulwochen (22. August bis 5. September 1933), Salzburg 1934, 120-122; Meine Forschungsreise zu den Kongopygmäen, in: Mitteilungsblatt des Oe CV und des Oe AHB, Heft 9, Wien 1935, 3-4; Völkerkundliche Bibliographie von 1928 an, mit Nachträgen der Jahre 1924-1927: Zentral-Amerika und Süd-Amerika, in: Ethnologischer Anzeiger, Bd. III, Stuttgart 1935, 49-118; Bei den Ituri-Pygmäen, in: Ethnologischer Anzeiger, Bd. IV, Stuttgart 1936, 68-76; Der Medizinmann bei den Indianern Südamerikas, in: Ciba Zeitschrift, Jg. IV, Nr. 38, Oktober 1936, 1302-1306; Der Medizinmann mit dem umgekehrten Geschlecht, in: Ciba-Zeitschrift, Jg. IV, Basel [Oktober] 1936, 1323-1324; Der südamerikanische Guayacán, ein Antisyphiliticum, in: Ciba-Zeitschrift, Jg. IV, Basel [Oktober] 1936, 1324; Erforschung der Bambuti-Pygmäen und ihrer Blutgruppen, in: Zeitschrift für Rassenphysiologie, Bd. VIII, München 1936, 12-20; In der Medizinmannschule der Yamana-Feuerländer, in: Ciba-Zeitschrift, Jg. IV, Basel [Oktober] 1936, 1323-1324; Los pigmeos de la Región del Ituri (Africa Central), in: Investigación y Progreso, año X, Madrid 1936, 112-117; Meine Forschungsreise zu den Kongopygmäen, in: Mitteilungsblatt des Oe CV und des Oe AHB, Heft 9, Wien 1936, 6-7; Plantas medicinales que los indios Araucanos recomiendan, in: Anthropos, Bd. 31, Mödling 1936, 555-571, 850-873; Tiermythen der Araukaner-Indianer, in: Baessler Archiv, Bd. XIX, Berlin 1936, 28-31; Die Araukaner-Indianer in Südamerika, in: Frohes Schaffen, Jg. 14, Wien-Leipzig 1937, 175-182; Kopftrophäen in Amerika, in: Ciba Zeitschrift (Basel), Jg. V, Nr. 49, 1937, 1690-1696; Rasse und Rassenentstehung beim Menschen, in Schriften des Oe CV, Heft 4/6, Wien 1937, 66-78; Schädelkult in der alten Welt, in: Ciba-Zeitschrift, Jg. V, Basel [September] 1937, 1683-1689; Skalp und Skalpieren in Nordamerika, in: Ciba-Zeitschrift, Jg. V, Basel [September] 1937, 1700-1705; Ursprung und Verbreitung des Schädelkultes, in: Ciba-Zeitschrift, Jg. V, Basel [September] 1937, 1678-1682; Zur Rassenbiologie der Kongo-Pygmäen, in: Wiener klinische Wochenschrift, Nr. 1, Wien 1937, 1-12; Das sterbende Yamana-Volk am Kap Hoorn, in: Mitteilungen der Geographischen Gesellschaft in Wien, Bd. 81, Wien 1938, 162-166; Der Peyote-Kult: Entstehung und Verbreitung, in: Festschrift zum 50jährigen Bestandjubiläum des Missionshauses St. Gabriel, Mödling 1939, 401-499; Zur Psychologie des Medizinmannes, in: Katholische-Missionsärztliche Fürsorge, 16. Jahresbericht, Köln-Brück 1939, 90-103; Die Sonderstellung der Feuerländer im indianiden Rassenkreis, in: Forschungen und Fortschritte, 16. Jg., Nr. 35/36, Berlin [10./20.] Dezember 1940, 402-403; Peyote: ein Rauschgift und Kultgegenstand, in: Katholische-Missionsärztliche Fürsorge, 17. Jahresbericht, Köln-Brück 1940, 1-24; Rassenmerkmale der Bambuti-Pygmäen, in: Sitzungsbericht der Akademie der Wissenschaften in Wien, mathematisch-naturwissenschaftliche Klasse vom 27. Juni 1940, Nr. 10, Wien 1940, 1-8; (und Friedrich Lauscher), Meteorologische Beobachtungen im Kongo-Urwald, in: Sitzungsberichte der Akademie der Wissenschaften in Wien, mathematisch-naturwissenschaftliche Klasse, Abt. 2a, Bd. 150, Hefte 9 und 10, Wien 1941, 281-347; Das Wirtschaftsleben der Ituri-Pygmäen, in: Koloniale Rundschau, Bd. XXXII, Leipzig 1941, 17-42; Die Ituri-Pygmäen im belgischen Kongo (Vortragsbericht), in: Nova Acta Leopoldina der K. L. D. Akademie der Naturforscher, Neue Serie, Bd. X, Halle an der Saale 1941; Die Pygmäen des Ituri-Waldes, in: Katholische-Missionsärztliche Fürsorge, 18. Jahresbericht, Würzburg 1941, 85-106; Lugar que ocupan los fueguinos en el grupo racial indiánido, in: Investigación y Progreso, año XII, Madrid 1941, 392-396; Die Giftproben der Kakwa-Niloten, in: Ethnos, Vol. VII, Stockholm 1942, 44-48; Die Kongopygmäen in Geschichte und Gegenwart, in: Nova Acta Leopoldina, Bd. XI, Nr. 76, Abhandlungen der K. Leopold. D. Akademie der Naturforscher, Halle an der Saale 1942 [mit 31 Textabbildungen und 14 Bildtafeln]; Pygmäen-Neger-Bastarde im östlichen Kongogebiet, in: Zeitschrift für Morphologie und Anthropologie, Bd. XL, Stuttgart 1942, 92-148; Bambuti: Belga Kongó nyugati részének pygmeus lakói [= Die Bambuti: Ein Pygmäenvolk in Osten des Belgischen Kongo], in: Ethnographia, Népélet, Vol. LIV, Budapest 1943, 1-19; Die Entdeckung von Neu-Mexiko nach einer Handschrift in Wien, in: Forschungen und Fortschritte, Jg. 19, Nr. 25/26, Berlin [1./10. September] 1943, 261-262; Fray Marcos de Niza entdeckt New-Mexiko im Jahr 1539, in: Ibero-Amerikanisches Archiv, Bd. XVI, Berlin 1942/43, 42-58, 95-124; Die Lebensform der Kongo-Pygmäen, in: Forschungen und Fortschritte, Jg. 20, Nr. 31/33, Berlin [November] 1944, 261-263; Die Rasseform der Kongo-Pygmäen, in: Forschungen und Fortschritte, Jg. 20, Nr. 19/21, Berlin [Juli] 1944, 164-165; El descubrimiento de Nuevo Méjico según un manuscrito conservado en Viena, in: Investigación y Progreso, año XV, nros 1/2, Madrid 1944, 62-64; Benennung der afrikanischen Pygmäengruppen, in: Mitteilungen der Geographischen Gesellschaft in Wien, Bd. 88, Wien 1945, 47-53; Urmenschen im Feuerland: Vom Forscher zum Stammesmitglied, Wien 1945 [Anm.: die gesamte Auflage, 20.000 Stück, wurde im April 1945 durch Feuer vernichtet, die Neuauflage, mit vielen Abbildungen, erschien im Sommer 1947]; Beitrag zur Forschungsgeschichte der Naturvölker Südamerikas, in: Archiv für Völkerkunde, Bd. 1, Museum für Völkerkunde in Wien, Wien 1946, 1-94; Begegnung mit Eingeborenen, in: K. M. Bosslet, Missionsärztliche Fragen und Aufgaben, Bd. 1, Augsburg 1947, 81-90; Cliff-Dwellings of St. Michaels in Arizona, in: XXVI. Congreso

Intern. de Americanistas (Sevilla 1935), tomo I, Madrid 1948, 145-152; Das Manuskript des P. Florian Baucke, in: Archiv für Völkerkunde, Bd. III, Wien 1948, 202-204; Das Sprachgut der Selk'nam-Feuerländer, in: Archiv für Völkerkunde, Bd. III, Wien 1948, 204-206; Steinkistengräber im Gebiet der südlichen Araukaner, in: Actes du 28. Congrès Internat. des Américanistes, Paris 1948, 609-614; Urwaldmenschen am Ituri: anthropobiologische Forschungsergebnisse bei Pygmäen und Negern im östlichen Belgisch-Kongo aus den Jahren 1934-35, Wien 1948; Die Twa-Pygmäen in Ruanda: Forschungsergebnisse aus dem tropischen Afrika aus dem Jahre 1934, Wien, Mödling (St. Gabriel) 1949; Pygmäen und Waldneger im tropischen Afrika, in: Archiv für Völkerkunde, Bd. IV, Wien 1949, 1-23; Über die Eigenart der afrikanischen Pygmäen, in: Geographica Helvetica, Bd. IV, Heft 4, Zürich 1949, 230-234; Bemerkungen über die negriden Rassenformen im afrikanischen Tropenwald, in: Paideuma (Mitteilungen zur Kulturkunde), Bd. IV, Bamberg 1950, 255-263; Culto del Cranio, Teste-Trofeo e Scalp [= Skalp und Skalpieren in Nordamerika, 1937], Milano 1950; Die menschlichen Zwergformen, in: Experientia (Monatsschrift für das gesamte Gebiet der Naturwissenschaft, Vol. VI, Basel 1950, 168-181; Die Körperform der afrikanischen Pygmäen: Eigenart und Entsehung, in: Jahrbuch des Museums für Länder- und Völkerkunde, Bd. 1, Linden-Museum, Stuttgart 1951, 114-122; Bericht über meine südafrikanische Forschungsreise 1950/51, in: Anthropos, Bd. 47, Fribourg 1952, 388-404; El Tipo Antropológico del Indio Sudamericano: Observaciones Generales, in: Sol Tax, Indian Tribes of Aboriginal America, Vol. III, Proceedings of the 29th International Congress of Americanists, Chicago 1952, 380-385; John Montgomery Cooper, 28.X. 1881-22.V. 1949, in: Archivos Ethnos, Serie C, Nr. 2, Sept. 1952, Buenos Aires 1952, 15-22; Anthropological Investigations of the Bushmen of South Africa, in: Anthropological Quarterly, Vol. 26 (New Series, Vol. I), Nr. 1, Washington [January] 1953, 20-28; Forschungsbericht (Süd-Afrika), in: Zeitschrift für Ethnologie, Jg. 78, Braunschweig 1953, 309-310; Neueste anthropologische Untersuchung der Buschmänner, in: Journal of the South-West-Africa Scientific Society, Vol. IX, Windhoek 1953, 5-10; Bei den Buschmännern in Südafrika, in: Die Umschau in Wissenschaft und Technik, Jg. 54, Heft 15 und 16, Frankfurt am Main, 1. und 15. August 1954; Das Rassenbild der Buschmänner, in: Actes du IVe Congrès International des Sciences Anthropologiques et Ethnologiques (Vienne 1952), tome I, Wien 1954, 257-277; Ergänzende Beobachtungen an den Buschmännern, in: Journal of the South-West-African Society, Vol. X, Windhoek 1954, 55-60; Necrología: Profesor Dr. Padre Guillermo Schmidt, 16.II. 1868 bis 10.II. 1954, in: Boletín Indigenista Venezolano, Año II, tomo 2, Caracas (Venezuela) 1954, 163-166; Twins in South Africa, in: Anthropos, Bd. 49, Fribourg 1954, 685-687; Wilhelm Schmidt, S. V. D., 1868-1954 (Obituary, in: American Anthropologist, Vol. 56, Menasha, Wisconsin [October] 1954, 868-870; El Concepto de »Pigmeo« y los Indios Pigmeos »Yupa«, in: Anais do XXXI Congresso Internat. de Americanistas, São Paulo 1955, 911-924; Gedenkfeier der japanischen Ethnologen und Anthropologen für P. Wilhelm Schmidt, S. V. D., in: Anthropos, Bd. 50, Fribourg 1955, 935-937; Los Pigmeos del Africa Tropical, in: Revista Columbiana de Antropología, Vol. IV, Bogotá-Colombia 1955, 313-322; Meine Forschungsreise zu den Yupa-Indianern im westlichen Venezuela, in: Anthropos, Bd. 50, Fribourg 1955, 418-427; Monarchie der Buschmänner als ontogenetische Spezialisation, in: Lang-Nippold-Spannaus, Von fremden Völkern und Kulturen, Festschrift für Hans Plischke, Düsseldorf 1955, 175-181; Os Pigmeus Africanos, Tipo Físico e Características Culturais, in: Revista de Antropología, Vol. 3, São Paulo [Dezember] 1955, 81-93; Pygmies and Pygmoids: Twides of Tropical Africa, in: Anthropological Quarterly, Vol. 28 (New Series, Vol. 3), Nr. 1, Washington [January] 1955, 3-61; An exploratory study of Indian pygmies recently discovered in the mountains of western Venezuela (Grant No. 1720), in: Year Book of the American Philosophical Society 1955, Philadelphia, Pa. 1956, 177-180; Der gegenwärtige Stand der Ainu-Forschung, in: Anthropos, Bd. 51, Fribourg 1956, 742-746; Die Twiden: Pygmäen und Pygmoide im tropischen Afrika, in: Veröffentlichungen zum Archiv für Völkerkunde (Museum für Völkerkunde Wien), Bd. 3, Wien 1956; Los Pueblos de Talla Pigmea, in: Boletín del Instituto Riva Agüero, No. 3, Lima (Peru) 1956/57, 185-192; The Yupa Indians in Western Venezuela, with supplements by Georg Geipel, Oliver H. Duggins and Mildred Trotter, in: Proceedings of the American Philosophical Society, Vol. 100, Philadelphia 6, Pa. June 1956, 197-222; A Pygmy Group newly discovered in New Guinea, in: Anthropological Quarterly, Vol. 30, Washington [January] 1957, 18-26; Antropológica: eine neue Zeitschrift, in: Anthropos, Bd. 52, Fribourg 1957, 386; Primitive Races now dying out, in: Disappearing Cultures, International Social Science Bulletin 9, Nr. 3, Unesco, Paris 1957, 27-35; Pygmäen: Die kleinsten Menschenrassen, in: Orion, Heft 9, Murnau, Obb. 1957, 686-695; Somatological Investigation of the Pygmies in the Schrader Mountains of New Guinea, in: Year Book of the American Philosophical Society, Philadelphia, Pa. 1957, 270-274; Bibliographic Contribution to Americanistic Studies, in: Anthropos, Bd. 53, Fribourg 1958, 1014-1017; Die Ayom-Pygmäen auf Neu-Guinea: ein Forschungsbericht, in: Anthropos, Bd. 53, Fribourg 1958, 497-574, 817-863; Die IV. Tagung der Deutschen Gesellschaft für Anthropologie in Kiel, 30. Juli-2. August 1958, in: Anthropos, Bd. 53, Fribourg 1958, 1014; Die völkerkundliche Ausrüstung des Missionars, in: Steyler Missionsschriftenreihe, Nr. 1, Kaldenkirchen 1958; Commencement Address, in: Nanzan Herald, Nagoya [March 18th] 1959, 5-6; Cultural-Social-Controls: A sample, Adolescent rites of the Indians of Tierra del Fuego, in: American Catholic Sociological Review, Vol. IX, Chicago 1959, 83-91; Die Geschichte von einem pygmäenhaften Volk im Maprik-Distrikt (Neu-Guinea), in: Anthropos, Bd. 54, Fribourg 1959, 234-235; Die heutigen Menschenrassen niedrigster Körperhöhe in bio-genetischer Sicht, in: 6. Tagung der Deutschen Gesellschaft für Anthropologie in Kiel 1958, Homo-Supplementband X, Göttingen 1959, 16-26; Indiens Naturvölker im Umbruch, in: Deutsche Tagespost, Nr. 49, Würzburg [28. April] 1959; John Dunn: Weißer Zulu-Häuptling und seine Familie, in: Archiv für Völkerkunde, Bd. 14, Wien 1959, 4-30; The Fourth Session of the Indian Sociological Conference, in: Anthropos, Bd. 54, Fribourg 1959, 581-582; Wo der Pfeffer wächst, in: Die Furche, Nr. 14, Wien [4. April] 1959, 10; (und Chiye Sano), Stone Circles in Northern Japan, in: Anthropos, Bd. 55, Fribourg

1960, 441-455; Das kleinste Volk der Welt (japanisch), in: Collectanea Universitatis Catholicae Nanzan, Nr. I, Tokyo 1960; Die Pygmäenrassen in erbgenetischer Deutung, in: 3. Congrès Int. des Sciences Anthrop. et Ethnologistes (Bruxelles 1948), Tervuren 1960, 96-97; Medina's Interest in Anthropology and Natural History, in: Maury A. Bromsen, José Toribio Medina, Humanist of the Americas, An Appraisal, Washington D. C. 1960, 173-182; Paul Rivet und die Amerikanistik, in: Anthropos, Bd. 55, Fribourg 1960, 249-250; Pygmy, in: Encyclopaedia Britannica, Vol. 18, London 1961, 789; Somatology of the Ayom Pygmies of New Guinea, in: Proceedings of the American Philosophical Society, Vol. 105, Nr. 4, Philadelphia, Pa. [August] 1961, 394-411; The Yamana: The Life and Thought of the Water Nomads of Cape Horn, Human Relations Area Files (5 Volumes), New Haven 1961; Totemistische Eigentumsmarken der Guajiro-Indianer, in: Anthropos, Bd. 56, Fribourg 1961, 531-542; An Annotated Bibliography of Ainu Studies by Japanese Scholars, in: Collectanea Universitatis Catholicae Nanzan, Nr. 3, Heibonsha, Tokyo 1962; Beobachtungen, die den Sandfloh betreffen, in: Anthropos, Bd. 57, Fribourg 1962, 565-567; Die Kadar im südwestlichen Indien, in: Homo, Festschrift für Freiherr von Eickstedt, Bd. 13, Göttingen 1962, 26-36; Die Kleinwuchsvölker in heutiger Beurteilung: Forschungsarbeiten eines halben Jahrhunderts, in: Saeculum, Bd. 13, Heft 3, Freiburg 1962, 211-277; Feuer ist und war der Menschheit unentbehrlich, in: Zeitschrift für Morphologie und Anthropologie, Bd. 52, Stuttgart [Mai] 1962, 199-230; Kenntnisse und Urteile über Pygmäen in Antike und Mittelalter, in: Nova Acta Leopoldina, N. e., Bd. 25, Nr. 162, Halle an der Saale 1962; Monotheismus, religionswissenschaftlich, in: Lexikon für Theologie und Kirche, Bd. VII, Sp. 565/6, Freiburg 1962; Megalithische Steinkreise im nördlichen Japan, in: Actes du Vie Congrès Intern. des Sciences Anthropol. et. Ethnologistes de Paris 1960, Tome II, Paris 1963, 403-408; Die Religionsform der Selk'nam auf Feuerland, in: Völkerkundliche Abhandlungen des Niedersächsischen Landesmuseums, Bd. I, Hannover 1964, 153-162; Die Sprache der Sirionó, in: Anthropos, Bd. 59, Fribourg 1964, 270-271; Un kero peruano con el escudo de Habsburgo, in: Actas del XXXV. Congreso Intern. de Americanistas de México 1962, México 1964, 23-25; Aus dem Geistesleben der Hukwe beim Caprivizipfel, in: Journal der Südwestafrikanischen Wissenschaftlichen Gesellschaft, Bd. XVIII/XIX, Winhoeck 1965, 35-42; Die Religionsform der !kung-Buschleute in Süd-Afrika, in: Mitteilungen der Anthropologischen Gesellschaft in Wien, Bd. 95, Wien 1965, 36-42; La Etnología moderna frente a la religión de los pueblos de la cultura más antigua, in: Misiones Extranjeras, Nro. 45, Burgos 1965, 95-99; Neueste Berichte über die letzten Andamaner, in: Anthropos, Bd. 60, Fribourg 1965, 838-844; Das Habsburger Wappen auf einem peruanischen Kero, in: Anthropos, Bd. 61, Heft 1/2, Fribourg 1966; I Fuegini, in: Renato Biasutti, Le razze e i popoli della Terra, Vol. IV, terzera edit, Torino 1966; Nordwind-Südwind: Mythen und Märchen der Feuerlandindianer, Kassel 1966; Von gelben und schwarzen Buschmännern: Untergehende Altkultur im Süden Afrikas [mit 6 Textabbildungen, 2 Karten und 14 Kunstdrucktafeln], Graz 1966; Zur Frage: Pygmäen in Amerika, in: Zeitschrift für Morphologie und Anthropologie, Bd. 58, Heft 1, Stuttgart 1966; Folk literature of the Selknam Indians: Martin Gusinde's collection of Selknam narratives [= Mythen und Märchen der Feuerlandindianer (?) herausgegeben von Johannes Wilbert], Los Angeles 1975; Folk Literature of the Yamana Indians: Martin Gusinde's Collection of Yamana Narratives [= Mythen und Märchen der Feuerlandindianer (?) herausgegeben von Johannes Wilbert] (Ucla Latin American Studies Series, V. 40), London 1977. — [Gusinde hat weitere ca. 80 Abhandlungen verfaßt, die in Zeitungen und populärwissenschaftlichen Zeitschriften erschienen].

Lit.: Erich M. von Hornbostel, Fuegian Songs, in: American Anthropologist, No. 38, 1936, 357-367; — Erich M. von Hornbostel, The Music of the Fuegians, in: Ethnos, No. 13, 1948, 61-102); — Todesanzeige Gusinde (Parte), St. Gabriel, 19.10. 1969; — Totenbildchen mit Kurzbiographie, 1969; — Fritz Bornemann, P. Martin Gusinde S.V.D. (1886-1969): Ein biographische Skizze, in: Anthropos, Nr., 65, 1970, 737-757; — Verzeichnis von Beiträgen zur Anthropologie und Ethnologie, die in 50jähriger Forschungsarbeit entstanden sind, 1916-1966. Den Freunden und Helfern von P. Martin Gusinde SVD zu seinem 80. Geburtstag, 29. Oktober 1966, und zum 60jährigen Bestehen der internationalen Zeitschrift für Völker- und Sprachenkunde »Anthropos« dargeboten vom Anthropos-Institut. Mödling 1966; — Erich M. von Hornbostel, Die Musik der Feuerländer, in: Christian Kaden und Erich Stockmann (Hrsg.), Erich Moritz von Hornbostel, Tonart und Ethos, Aufsätze zur Musikethnologie und Musikpsychologie, Leipzig 1986, 228-268; — Anne Brüggemann, Der trauernde Blick: Martin Gusindes Fotos der letzten Feuerland-Indianer, in: Dezernat für Kultur und Freizeit, Museum für Völkerkunde (Hrsg.). Frankfurt 1989; — Arthur Simon (Hg.). Das Berliner Phonogramm-Archiv 1900-2000: Sammlungen der traditionellen Musik der Welt. Berlin. 2000, 233; — Artur Simon & Ulrich Wegner (Ed.), CD 100 Jahre, Music! 100 Recordings · 100 Years of the Berlin Phonogramm-Archiv 1900-2000, CD-Konvolut (4 CDs), Museum Collection Berlin, Wergo SM 1701 2, CD 1, track 35, Berlin 2000; — Brief von P. Winfried Glade SVD an Clemens Gütl, Missionshaus St. Gabriel/Mödling, 27.04. 2006; — Susanne Ziegler, Die Wachszylinder des Berliner Phonogramm-Archivs. Berlin 2006, 138, 174, 342.

Clemens Gütl

H

HAGEN, Jakob, * um 1685 in Hamburg, † 1758. Quäker. — Jakob (auch Jacob) Hagen ist der Sohn eines gleichnamigen Vaters, der 1690 von den Mennoniten zu den Quäkern konvertierte. Um 1685 wurde der Sohn in Hamburg geboren. Wie viele Pietisten, die sich dem Quäkertum anschlossen, emigrierte er schließlich nach England, wo er als Handelskaufmann arbeitete. Am 16. September 1714 heiratete er in Horsleydown Anna Warner (1695-1757), die älteste Tochter von Simon Warner aus Bermondsey in Surrey. Das Paar hatte elf Kinder, die namentlich bekannt sind: Jacob Hagen (geb. 1715), Anna Hagen (geb. 1717), Elizabeth Hagen (1719-1722), Simeon Hagen (geb. 1722), Peter Hagen (1725-1727), Elizabeth Hagen (geb. 1727), Martha Hagen (1729-1733), John Hagen (1731-1732), Mehitabel Hagen (1733-1738), Mercy Hagen (1735-1738) und Warner Hagen (1737-1773). 1736 war Jakob Hagen als Dolmetscher anwesend, als Graf Nikolaus Ludwig von Zinzendorf (1700-1766) in England mit Quäkern zusammentraf.

Lit. (Auswahl): Gary, A. T.: The political and economic relations of English and American Quakers, 1750-1785. Dissertation Oxford 1935; Diedger, Michael D.: Obedient heretics. Mennonite identities in Lutheran Hamburg and Altona during the confessional age. Aldershot 2002.

Claus Bernet

HAGEN, Jacob, * 23.6. 1715 in Bermondsey, † 1795. Quäker. — Jacob Hagen war der älteste Sohn von Jakob Hagen (um 1685-1758) aus Hamburg und seiner Frau Anna (geb. Warner, 1695-1757). Er wurde 1715 in Bermondsey in Surrey geboren und erlernte den Beruf des Handelskaufmanns. Am 8. November 1744 heiratete er in Wandsworth Elizabeth Hagger (um 1720-1795) aus Southwark. Das Paar hatte sieben Kinder: Jacob Hagen (geb. 1746), Anna Hagen (1747-1773), Isaac Hagen (1748-1781), Elizabeth Hagen (geb. 1750), Mary Hagen (1752-1757), Peter Warner Hagen (geb. 1755) und Martha (geb. 1756). Jacob Hagen war ein früher Abolitionist. 1783 wurde er in ein 23-köpfiges Komitee berufen. Mit Freunden wie William Dillwyn (1743-1824), Thomas Knowles (1734-1786), John Lloyed (1750-1811), Daniel Phillips (1745-1799) oder Joseph Row (1722-1792) verfaßte er Traktate gegen die Sklaverei, brachte sie in Umlauf und betrieb Lobbyarbeit im britischen Parlament. Der heute fast vergessene Personenkreis formierte die erste Bewegung gegen die Sklaverei in Großbritannien und gab später viel bekannteren Abolitionisten wie Anthony Benezet (1713-1784) oder Lucretia Mott (1793-1880) wichtige Anstöße. Auch setzte er sich für die Saffron Walden School (Essex) ein.

Werke: Epistle, 1774. From the Yearly Meeting, held in London, by adjournments, from the 23rd of the fifth month, 1774, to the 28th of the same, inclusive. To the Quarterly and Monthly Meetings of Friends, in Great Britain, Ireland, and elsewhere. In: Epistles from the Yearly Meeting of Friends, held in London, to the Quarterly and Monthly Meetings in Great Britain, Ireland, and elsewhere, from 1681 to 1857, inclusive. With an historical introduction, and a chapter comprising some of the early epistles and records of the Yearly Meeting, III. London 1858, 19-23.

Lit. (Auswahl): Gary, A. T.: The political and economic relations of English and American Quakers, 1750-1785. Dissertation Oxford 1935.

Claus Bernet

HAGEN, Jacob, * 18.7. 1746 Southwark in Surrey, † 3.5. 1818. Quäker. — Jacob Hagen war der älteste Sohn von Jacob Hagen (1715-1795) und seiner Frau Elizabeth (geb. Hagger, um 1720-1795). 1746 wurde er in Southwark in Surrey geboren. Wie in seiner Familie üblich, erlernte er den Kaufmannsberuf. Am 10. August 1769 heiratete er in Wandsworth Margaret Neale (1751-1830) aus Southwark. Das Paar, das in Bermondsey lebte, hatte sieben Kinder: Margaret Hagen (1770-1770), Jacob Hagen (1772-1772), Ann Hagen (geb. 1773), Jacob Hagen (geb. 1776), Margaret Hagen (1780-1782), Isaac Hagen (1783-1803) und Margaret Hagen (geb. 1789). — Jacob Hagen war einer der wichtigsten Londoner Kontaktpersonen für die deutschen Quäker. Er half insbesondere bei Finanzangelegenheiten. 1801 ist er persönlich in Deutschland. Bis zu seinem Tode 1818 korrespondierte er kontinuierlich nach Minden und Pyrmont. In Amerika beteiligte er sich innerhalb der Pennsylvania Land Company an der Bodenspekulation. Auch stand er in engem Kontakt mit amerikanischen Quäkern, vor allem mit der Handelsfamilie Pemberton.

Claus Bernet

HALBE, Max, deutscher Schriftsteller und Vertreter des Naturalismus, * 4. Oktober 1865 in Güttland bei Danzig, † 30. November 1944 in Neuötting. — Max Halbe wurde als Sohn eines westpreußischen Gutsbesitzers in Güttland bei Danzig geboren. 1883 begann er ein Studium der Rechtswissenschaften in Heidelberg und schloß dies 1888 in München mit Promotion ab. Danach ließ er sich als Schriftsteller in Berlin nieder und veröffentlichte 1893 das Bühnenstück »Jugend«, das neben Gerhart Hauptmanns »Die Weber« zum erfolgreichsten naturalistischen Drama wurde. — 1895 zog Max Halbe nach München, gründete dort das »Intime Theater für dramatische Experimente« und wurde Mitbegründer der »Münchner Volksbühne«. In München pflegte er engen Kontakt mit Ludwig Thoma und Frank Wedekind. Stand er zu Beginn seiner schriftstellerischen Karriere dem Naturalismus nahe, so experimentierte er ab Ende der 1890er Jahre mit verschiedenen Stilrichtungen. Zwar galt sein Hauptaugenmerk weiterhin der Bühne, doch gelang ihm nach seinem Werk »Jugend« kein vergleichbarer Erfolg mehr. So wandte er sich auch größeren Erzählwerken zu und verfaßte mehrere Romane. In den 1930er Jahren erschienen seine Autobiografien »Scholle und Schicksal« und »Jahrhundertwende«. — Nach der Machtergreifung der Nationalsozialisten im Januar 1933 bezog Halbe keine Stellung gegen das Regime und blieb als einer der wenigen Schriftsteller von Bedeutung in Deutschland. Einige seiner Werke, wie zum Beispiel »Jugend«, wurden vom Blut- und Bodenkult der Nationalsozialisten vereinnahmt und teilweise verfilmt, was seinem Ansehen im Nachkriegsdeutschland sehr geschadet hat. — Nach 1945 verlor Halbes Werk fast vollkommen an Bedeutung und geriet in Vergessenheit. Diese Wendung erlebte der Schriftsteller nicht mehr. Er starb im November 1944 im Alter von 79 auf seinem Gut in Neuötting in Oberbayern.

Werke (Auswahl): Ein Emporkömmling, 1889; Freie Liebe (Drama), 1890; Der Eisgang (Drama), Dresden 1895; Jugend (Drama), 1893, 5. Auflage, Berlin 1897; Mutter Erde (Drama), Berlin 1898; Der Strom (Drama), Berlin 1906; Blaue Berge (Komödie), 1909; Der Ring des Gauklers, Ein Spiel, München 1911; Freiheit. Ein Schauspiel von 1812, München 1913; Die Tat des Dietrich Stobäus (Roman), München 1918; Schloß Zeitvorbei, Dramatische Legende, München 1917; Haus Rosenhagen (Drama), 1901, Neuauflage, Berlin 1925; Die Traumgeschichte des Adam Thor, Schauspiel, Berlin 1929; Generalkonsul Stenzel und sein gefährliches Ich (Roman), München 1931; Heinrich von Plauen (Drama), München 1933; Scholle und Schicksal. Geschichte meines Lebens (Autobiografie), München 1933; Jahrhundertwende. Geschichte meines Lebens 1893-1914 (Autobiografie), Danzig 1935; Erntefest, Berlin 1936; Die Elixiere des Glücks (Roman), Leipzig 1936; Kaiser Friedrich II, Schauspiel, Salzburg 1940.

Lit.: Hans Merian, Max Halbes Dramen; in: Die Gesellschaft 10 (1894), Bd. I., 758-770; — Burkhard, Max, Halbes »Jugend«. Deutsches Volkstheater, 23. Jänner 1901; in: Ders., Theater. Kritiken, Vorträge und Aufsätze, I. Band (1898-1901), Wien 1905. 251-255; — Max Burkhard, Der Strom, Drama von Max Halbe, Burgtheater 19. Oktober 1903; in: Ders., Theater. Kritiken, Vorträge und Aufsätze, II. Band (1902-1904), Wien 1905. 214-217; — Rudolf Franz, Max Halbe, in: Ders.: Kritiken und Gedanken über das Drama. Eine Einführung in das Theater der Gegenwart. München 1915, 122-125; — Herbert Weder, Die Stimmungskunst in Max Halbes Gegenwartsdramen (unter besonderer Berücksichtigung Ibsens). Ein Beitrag zur Theorie und Geschichte des Dramas um 1900, Würzburg 1932; — Winthrop H. Root, New light on Max Halbe`s »Jugend«; in: The Germanic Review 10 (1935), 17-25; — Werner Kleine, Max Halbes Stellung zum Naturalismus innerhalb der ersten beiden Dezennien seines dramatischen Schaffens (1887- 1900), Zeulenroda 1937, Diss., München 1937; — Heinz Kindermann, Max Halbe und der deutsche Osten, Danzig 1941; — Kurt Martens, Max Halbe, Dichter der Bodenständigkeit; in: Die Neue Literatur 43 (1942), 2-6; — Erna Silzer, Max Halbes naturalistische Dramen, Diss., Wien 1949; — Marie-Luise Correns, Bühnenwerk und Publikum. Eine Untersuchung der Struktur von vier erfolgreichen Dramen um die letzte Jahrhundertwende in Berlin (Sudermanns »Heimat«, Halbes »Jugend«, Hauptmanns »Fuhrmann Henschel«, Holz' und Jerschkes »Traumulus«), Diss., Jena 1956; — Friedrich Zillmann, Max Halbe, Wesen und Werk, Würzburg 1959; — Wolfgang Rudorff, Aspekte einer Typologie der Personen im dramatischen Werk Max Halbes, Diss., Freiburg/Br. 1961; — Sigfrid Hoefert, The work of Max Halbe, with special reference to naturalism, Diss., Toronto 1962; — Stadtbibliothek München (Hrsg.), Max Halbe zum 100. Geburtstag, München 1965; — Sigfrid Hoefert, Max Halbe und die Sprache; in: Muttersprache 76 (1966), 164-167; — Wilhelm Emrich, Max Halbe und die Progressiven; in: Ders.: Polemik. Streitschriften, Pressefehden und kritische Essays um Prinzipien, Methoden und Maßstäbe der Literaturkritik, Bonn 1968, 173-180; — Sigfrid Hoefert, Zur Nachwirkung Hebbels in der naturalistischen Ära: Max Halbe und Hebbel; in: Hebbel-Jahrbuch (1970), 98-107; — Edward McInnes, Elegies of Dispossession, Max Halbe and Naturalist Drama; in: Ders., German Social Drama 1840-1900. From Hebbel to Hauptmann, Stuttgart 1976, 147-187 und 263-265; — Joachim Kalcher; Perspektiven des Lebens in der Dramatik um 1900, Kölner germanistische Studien

14, Köln u.a. 1980; — Brigitte Stuhlmacher, Jugend. Plenzdorfs »Die neuen Leiden des jungen W.« und die Tradition: Halbe, Wedekind, Hasenclever; in: Hans Kaufmann (Hrsg.), Tendenzen und Beispiele. Zur DDR-Literatur in den 70er Jahren, Leipzig 1981, 185-220; — Dieter Kafitz, Zu Max Halbe, insbesondere zu »Freie Liebe«, »Eisgang«, »Jugend«, »Mutter Erde«, »Der Strom«; in: Ders.: Grundzüge einer Geschichte des deutschen Dramas von Lessing bis zum Naturalismus, Bd. 2, Königstein/Ts. 1982, 315-319; — Edward, McInnes, Introduction; in: Ders. (Hrsg.) Max Halbe: Jugend, Hull University 1984. 6 ff.; — Jutta Kolkenbrock-Netz, Max Halbe: »Der Strom«. Das zweite Testament: ästhetische Erbschaft und technische Moderne, in: Dramen des Naturalismus. Interpretationen, Stuttgart 1988, 213-241; — Josef Egginger, Der Dichter Max Halbe im Öttinger Land, in: Oettinger Land, Altötting, 15 (1995), 127-135; — Ulrich Erdmann, Vom Naturalismus zum Nationalsozialismus? Zeitgeschichtlich-biographische Studien zu Max Halbe, Gerhart Hauptmann, Johannes Schlaf und Hermann Stehr. Mit unbekannten Selbstzeugnissen, Frankfurt am Main u.a. 1997; — Thorsten Stegemann, Literatur im Abseits. Studien zu ausgewählten Werken von Rainer Maria Rilke, Hermann Sudermann, Max Halbe, Gottfried Benn und Erich Kästner, Stuttgart 2000; — Andreas Lothar Günter, Präfaschistische Weltanschauung im Werk Max Halbes, Frankfurt a.M. u.a. 2002; — Karl Ude, Max Halbes Nachlaß. Ein Münchner Spiegel der Jahrhundertwende, in: Schwabing von innen, München 2002, 45-54; — Peter Oliver Loew, Die Heimat sucht den Dichter - der Dichter sucht die Heimat. Max Halbe und Danzig; in: Andrzej Katny (Hrsg.), Das literarische und kulturelle Erbe von Danzig und Gdansk, Frankfurt a.M. u.a. 2004, 79-98.

Georg Arnold

HAMMELSBECK, Oskar, * 22. Mai 1899 in Elberfeld, † 14. Mai 1975 in Detmold. — Nach dem Tod des Vaters im Jahre 1903 und dem Tod der Mutter im Jahre 1906 wächst er in der Familie seines Onkels auf und zieht mit ihr 1908 nach Saarbrücken. Hier besucht H. das Ludwigsgymnasium. Von 1916-1918 ist er Kriegsfreiwilliger mit Einsätzen »an der Somme, bei Arras, in Brügge, in Polen und Galizien und 1918 auf dem Kemmel« (Pädagogische Autobiographie, 1959, 13). Er scheidet als Unteroffizier aus. — Von 1919-1923 studiert er in Heidelberg Philosophie, insbesondere bei Heinrich Rickert und Karl Jaspers, aber auch Nationalökonomie, Soziologie, Geschichte und Kunstgeschichte. Das Studium schließt er 1923 allerdings nicht mit einer philosophischen, sondern - bereits mit Blick auf eine mögliche Berufstätigkeit - mit einer volkswirtschaftlichen Dissertation ab (»Der Zollanschluß des deutschen Saargebietes an Frankreich«), die von dem namhaften Sozialwissenschaftler Alfred Weber betreut wurde. — 1923 heiratet er Waltraut Dittrich. Aus der Ehe gehen vier Kinder hervor. Da das von seinem Vater ererbte Vermögen der Inflation zum Opfer fällt, nimmt er zur Bestreitung des Lebensunterhalts seiner Familie 1923 die Tätigkeit als Geschäftsführer der Klavierfabrik Julius Deesz an, die im Besitz der Familie seiner Frau war. — 1926 gründet H. die Volkshochschule Saarbrücken und leitet sie von 1927-1933 hauptamtlich. Von 1926 an nimmt an den Tagungen des Hohenrodter Bundes (Versammlung von Männern und Frauen, die im »deutschen Volksbildungswesen« tätig waren) teil; er begegnet hier Persönlichkeiten wie Theodor Bäuerle, Martin Buber, Wilhelm Flitner, Eugen Rosenstock-Huessy und Erich Weniger. In diesen Jahren entstehen eine Reihe von Aufsätzen zur »Erwachsenenbildung«, die er als »Volksbildung« im völkischen Sinne versteht. 1933 wird auf Antrag der Nationalsozialisten im Stadtrat von Saarbrücken die Volkshochschule aufgelöst. H. wird zum 31. Dezember gekündigt. — Von 1929 an wendet er sich immer bewußter dem christlichen Glauben zu, eine Wendung die seinen späteren Berufsweg entscheidend bestimmen wird. Am 18. und 19. Februar 1934 nimmt H. an der 1. Freien evangelischen Bekenntnissynode im Rheinland in Barmen teil. — Ebenfalls im Jahre 1934 legt er die Mittelschullehrerprüfung in Deutsch und Evangelischer Religion ab und ist vom 1. Juli 1934 an als Aushilfslehrer an städtischen Volks- und Mittelschulen tätig, bis er zum 2. November 1936 entlassen wird. — Ende 1936 wird H. zusammen mit Wulf Thiel für die Bekennende Kirche mit Aufbau und Leitung des neugegründeten Katechetischen Seminars in Berlin (im Goßnerhaus) betraut, in dem die »illegalen« Vikare in Theorie und Praxis der Schüler- und Jugendarbeit (2-3 Monatskurse) eingeführt werden sollen. Nachdem alle kirchliche Ausbildungstätigkeit der Bekennenden Kirche durch einen Erlaß Himmlers vom 29. August 1937 untersagt wird, wird H. als Referent für die Fragen des kirchlichen Unterrichts und der Laienzurüstung in den Rat der Evangelischen Kirche der altpreußischen Union berufen. Im Jahre 1939 erscheint von H. das Buch »Der kirchliche Unterricht«, mit dem er schnell als einer der maßgebenden Theoretiker der sich auch in der Bekennenden Kirche durchsetzenden religionspädagogischen

Konzeption der »Evangelischen Unterweisung« bekannt wird. 1944 wird H. ordiniert und tritt Anfang Juni als Pfarrverweser in Falkenhagen in den Dienst der lippischen Landeskirche ein. — 1946 ergeht an H. der Ruf auf einen Lehrstuhl für Praktische Theologie in Göttingen, den er aber ablehnt. Im gleichen Jahr übernimmt er die Aufgabe, die Pädagogische Akademie Wuppertal aufzubauen, die er 13 Jahre lang bis zu seine Emeritierung als Direktor bzw. als gewählter Rektor geleitet hat. — In den Jahren 1946ff wird er vielfach in kirchliche Gremien berufen, nämlich als Synodaler der Evangelischen Kirche in Deutschland, der Evangelischen Kirche der Union, der Evangelischen Kirche im Rheinland sowie der Kreissynode Barmen. Außerdem ist er zeitweise Presbyter in Gemarke und Mitglied im Bruderrat der Evangelischen Kirche in Deutschland. — Von 1951 an ist H. engagiert in dem 1951 von ihm mit begründeten Arbeitskreis Pädagogischer Hochschulen, den er mit leitet. 1958 wird er zum 1. Vorsitzenden und Präsidenten des Pädagogischen Hochschultags gewählt, eine Funktion, die er bis 1963 inne hat. — Der Religionspädagogik bleibt H. von 1949-1965 weiter verpflichtet als Herausgeber der Zeitschrift »Der Evangelische Erzieher« (ab 1949, in Verbindung mit Friedrich Delekat, Hans Lokies, Gerhard Schmidt und Wulf Thiel) sowie durch einen Lehrauftrag für Pädagogik und Katechetik an der Kirchlichen Hochschule Wuppertal, den er von 1946-1971 wahrnimmt. Von seiner Emeritierung im Jahre 1964 bzw. von 1963 an liest er als Honorarprofessor auch an der von ihm mit gegründeten Pädagogischen Hochschule in Hagen. Außerdem ist er 1950 beteiligt an der Gründung der »Gemeinschaft Evangelischer Erzieher« im Rheinland (GEE). Ein Meilenstein in seiner beruflichen Laufbahn ist 1958 das »Wort zur Schulfrage« der EKD, an dessen Zustandekommen er maßgeblich beteiligt ist und das seine Handschrift trägt (s.u.). — 1963 zeichnet ihn die Evangelisch-Theologische Fakultät Bonn mit der Würde eines Ehrendoktors aus. — Der Zugang zu seinen pädagogischen Vorstellungen in Erwachsenenbildung, Religionspädagogik, Lehrerbildung und Pädagogik erschließt sich am besten über den Begriff der Freiheit - ein Begriff, um den er von Beginn seiner publizistischen Tätigkeit an kontinuierlich bemüht ist. Er ist der Schlüssel zu seinem Lebensverständnis überhaupt (zum Folgenden vgl. Rickers, Der kirchliche Unterricht, Monatshefte für Evangelische Kirchengeschichte des Rheinlands 55 [2006] 31-50). Freiheit versteht er als eine Form geistiger Unabhängigkeit. Sie realisiert er bereits im Studium, indem er ganz ohne Festlegung auf ein bestimmtes Berufsziel allein seinen Neigungen und Interessen folgt, materiell abgesichert durch die Hinterlassenschaft seines Vaters. Als diese in der Inflation vernichtet wird, muß er nolens volens zweckbestimmt das Studium beenden. Erst mit seiner Tätigkeit an der Saarbrücker Volkshochschule fühlt er sich neu beseelt mit dem Geist der Freiheit. Hier erschließt sich ihm »das ersehnte freie Feld in uneingeschränktem Gedankenaustausch mit dankbar aufgeschlossenen Menschen« (zit. b. Rickers, 36). Die Volkshochschule ist für ihn ein »Hort geistiger Freiheit«. Mit dem Dritten Reich ist diese Möglichkeit unabhängiger Existenz beendet. Mittlerweile zum Glauben gekommen, erschließt sich ihm aber ein neuer Weg der geistigen Freiheit inmitten ideologischer Ansprüche. Er findet ihn in der Bekennenden Kirche, für die er 1936 katechetisch tätig wird. Freiheit versteht er nun allerdings nicht mehr nur als ein zentrales Element seines allgemeinen Lebensverständnisses, sondern theologisch, nämlich als von Gott geschenkte Freiheit, die erst im vollen Sinne des Wortes zu einem Leben in Freiheit befähigt. Dazu beruft er sich auf das Lutherwort von der »Freiheit eines Christenmenschen« sowie auf die 2. These der Barmer Theologischen Erklärung von 1934, die er als »magna charta« von Bildung und Erziehung bezeichnet. Diese Position behält H. zeit seines Lebens bei. Sie wird maßgebend für das Schulwort der Evangelischen Kirche von 1958: Die Proklamation, daß die Kirche zu einem freien Dienst in einer freien Schule bereit sei, dürfte im Wesentlichen auf H. zurückgehen (hierzu einschlägig: H. Lucas, Oskar Hammelsbeck und das Schulwort der EKD-Synode von 1958, in: Ohlemacher (Hrsg.), Profile des Religionsunterrichts 2003, 198-203). — Allerdings macht H. nie den Versuch, sein Bedürfnis nach Freiheit auch zur politischen Seite hin zu entfalten, weder im Blick auf die Weimarer Demokratie, noch auf den nationalsozialistischen Unrechtsstaat, noch auf die Bonner Demokratie. Hier steht er im Treueverhältnis zur jeweiligen Obrigkeit, auch in der Zeit des Nationalsozialismus, in der hohen Erwartung, daß sie das deutsche Volk - verstanden im völkischem Sinn - repräsentiere und eine. Auch noch für die Zeit nach 1945 ist Volk für ihn der politische Schlüsselbegriff seines Lebensverständnisses, bezeichnender Weise nicht Demokratie (s.u.). — Die gelegentlich unterstellte Auffassung, H. habe in Opposition zum Nationalsozialismus gestanden, habe sich ihm gar widersetzt, ist unzutreffend. Er ist weder aktiv im Kirchenkampf engagiert noch beteiligt er sich an irgendeiner Art politischen Widerstands. — Für die Tätigkeit als Religionspädagoge in der Bekennenden Kirche ab 1936 ist H. weder theologisch noch pädagogisch nennenswert vorgebildet; er ist Autodidakt, allerdings mit Erfahrungen aus der Erwachsenenbildung. Das ficht ihn allerdings nicht an. Selbstbewußt fordert er als »Laie«, wie er sich gern selbst bezeichnet, »die Brüder im Amt« zum Gespräch heraus (H., Der kirchliche Unterricht, 1939, 10) und plädiert für eine stärkere Berücksichtigung der Laien in der kirchlichen Arbeit insgesamt. Zusammen mit Walther Müksch publiziert er im Jahre 1938 ein Heft mit dem bezeichnenden Titel »Laien an die Front! Zeugnisse für den Laiendienst in der Kirche« als Heft 1 der damit von H. neu begründeten »Schriften-Reihe ... für Laien-Zurüstung und Gemeinde-Aufbau.« - H. entwirft seine religionspädagogische Konzeption aus rein systematisch-theologischem Interesse, sich dabei orientierend an der allgemeinen Wort-Gottes-Theologie der Bekennenden Kirche. Er exponiert sich jedenfalls nicht wie andere Vertreter der Evangelischen Unterweisung für eine bestimmte theologische Position, versteht sich weder als Lutheraner noch als Reformierter noch als Barthianer. Allerdings betont der Autor das reformatorische Erbe und bezieht sich von Fall zu Fall vor allem immer wieder auf Luther. — Bekannt wird H. in der Religionspädagogik mit der griffigen Formulierung, Unterricht bedeute ein »Richten-unter«, nämlich des Educandus unter das Wort Gottes: »Im kirchlichen Unterricht geschieht deshalb nichts anderes, als daß diejenigen, die zu unterrichten sind, gerichtet werden unter die Macht dessen, der richten« (ebd., 17) und eben auch Heil schaffen kann. — Eigentümlich ist bei H. der starke Bezug der katechetischen Arbeit auf die Kirche. Nicht zufällig heißt sein katechetisches Hauptwerk Der kirchliche Unterricht. Mit Kirche meint er aber nicht die für ihn abgelebte volkskirchliche Organisation, sondern die Neubildung einer Gemeinde der sich frei assoziierenden Glaubenden, die bewußt und in wechselseitigem Austausch ihrem Glauben Ausdruck verleihen. Offenbar sieht H. in der Bekennenden Kirche einen solchen Prozeß von neuer Gemeindebildung sich vollziehen. — Eine weitere Besonderheit seines katechetischen Programms ist seine Ausdehnung auf alle Felder gemeindlich-kirchlicher Pädagogik im Sinne eines Gesamtkatechumenats, wie es z.B. auch Martin Doerne u.a. seinerzeit vertreten. Von der familialen Erziehung bis zur Jungen Gemeinde (Jugendarbeit) - der Religionsunterricht der Schule eingeschlossen - sollen alle diese Ebenen zusammen gesehen werden in der gemeinsamen Ausrichtung auf die Verkündigung des Evangeliums. H. geht aber über diesen Anspruch noch hinaus. Er will auch den Gottesdienst als Form kirchlichen Unterrichts verstehen, die Unterschiede zwischen Unterricht und gottesdienstlichem Geschehen damit bewußt nivellierend. — Im Jahre 1950 arbeitet H. - über diese religionspädagogische Position des kirchlichen Unterrichts hinausgehend, diese aber andererseits auch wieder einbeziehend - eine Evangelische Lehre von der Erziehung ([2]1958) aus, in die auch Überlegungen eingehen, die er in kleineren Studien bereits in den vierziger Jahren anstellt, wie z.B. in der kleinen Schrift »Glaube und Bildung« (1940). Er legt mit seiner Lehre von der Erziehung zugleich auch die allgemeinen pädagogischen Intentionen offen, an denen sich die Ausbildung der Volksschullehrer/innen an der Pädagogischen Akademie Wuppertal orientieren sollte bzw. sich vermutlich auch orientiert hat. Besonders deutlich wird das im II. Hauptteil, in dem der Autor sich ausführlich mit der Ethik des Erzieherberufs befaßt (ebd., 191-296; vgl. Beeck, Die Evangelische Pädagogische Akademie Wuppertal, 2000, 9-22). — Die allgemeine Erziehung in einer säkularen Gesellschaft ist für H. grundsätzlich ein weltliches Geschäft; sie ist notwendig, um sonst drohender »Verwahrlosung« zu steuern; sie folgt ihren eigenen Gesetzmäßigkeiten und muß in ihrer Eigenständigkeit respektiert und gewahrt bleiben. H. lehnt es deshalb ab, sie etwa aus kirchlichem Interesse im Sinne einer christlichen Erziehung normieren zu wollen, wie er überhaupt aller »Vorzeichen-pädagogik« (ebd., 44) grundsätzlich kritisch gegenübersteht. Allerdings plädiert dafür, sich aus der Sicht des Evangeliums in verantwortlicher Weise an weltlicher Erziehung zu beteiligen, nämlich »um die Freiheit des Menschen in der Welt ermöglichen zu helfen« (Evangelische Lehre, 48) bzw. um »Humanität« zu fördern (ebd., 57). Diese Aufgabe leitet H. aus der biblischen Schöpfungsgeschichte ab, insbesondere aus 1. Mose 2,15 und der dort proklamierten Verantwortung des Menschen für den anderen. Sie ist »Urmaß und Urbezug« aller Erziehung, gleich welcher Coleur: »Der Ursprung des Erzieherischen ist gegeben in der Gehilfenschaft, im helfenden Gegenüber von Mensch und Mitmensch. Wo Gehilfenschaft nicht ausgeübt wird, entsteht Verwahrlosung« (ebd., 70). Erziehung gehört folglich nach H. — kirchlich betrachtet - zur Diakonie. Solche Hilfe gewährt der Erzieher als Christ allerdings zugleich in dem Bewußtsein, daß der unheilbar sündigen und bösen Natur des Menschen letztlich nicht mit erzieherischen Mitteln wirksam begegnet werden kann, sondern nur mit Verweis auf die grundlose Gnade Gottes. H. kommt wiederholt darauf zu sprechen, daß sich eine autonom begreifende Pädagogik in Illusionen wiegt, wenn sie glaubt, daß der Mensch von Natur aus gut ist bzw. mit erzieherischen Mitteln zum Guten angeleitet werden kann. Scharf kritisiert er alle Aufklärungspädagogik und weist - theologisch gesprochen - auf die unabwendbare »Gefallenheit des Menschen« bzw. seine »Verfallenheit an die Mächte des Bösen« (ebd., 137). — Abweichend von wohl den meisten zeitgenössischen Vorstellungen aus kirchlicher und theologischer Sicht entwirft H. also keine - die allgemeine Erziehung einfach vereinahmende - evangelische Erziehungslehre, sondern eine evangelische Lehre von der Erziehung, die keine Forderungen an die öffentliche Erziehung der säkularen Gesellschaft stellt, sondern ihr das freie Angebot der sachbezogenen Mitarbeit aus der Perspektive des befreienden Evangeliums offeriert. Das ist im Kern die Position, mit der sich H. 1958 auf der Synode der EKD durchsetzt (s.o.). — Auf diesem Hintergrund wird verständlich, warum H. im Hinblick auf die Volksschule so entschieden widerrät, sie als Konfessionsschule zu fordern. Er tritt für die christliche Gemeinschaftsschule ein und widerspricht in den fünfziger Jahren den allgemeinen kirchlichen Bemühungen beider Konfessionen, die Konfessionsschule als Regelschule festzuschreiben. Sie ist mit seinem Verständnis von (christlicher) Freiheit nicht vereinbar und verkennen - so H. - die gesellschaftlichen Realitäten. Eine direkte Einwirkung des Evangeliums auf die öffentliche Schule in missionarischem Sinn soll sich nach H. auf den nach den Prinzipien der Evangelischen Unterweisung gestalteten Religionsunterricht beschränken. Gleichwohl ist der Religionsunterricht in dieser Ausrichtung ein wesentliches Element einer evangelischen Lehre von der Erziehung. Denn hier können die Jugendlichen unmittelbar erfahren, welcher der Weg zum Heil ist. — Es ist konsequent, daß H. für eine konfessionelle Ausbildung von Volksschullehrern eintritt. Denn sein Erziehungskonzept funktioniert nur, wenn Erzieher/innen zur Verfügung stehen, die befähigt sind, die doppelte Funktion einer evangelischen Lehre von der Erziehung zu realisieren, nämlich zum einen die diakonische Aufgabe an den jungen Menschen wahrzunehmen und zum anderen im weltlichen Erziehungsprozeß ideologiekritisch mit dem Evangelium gegen eine sich selbst setzende Pädagogik zu intervenieren. Zusammengefaßt: Nicht die öffentlichen Erziehungsinstitutionen (Schule) will H. an christlichen Normen orientieren, sondern die Erziehungspersonen (Lehrer/innen), um mit deren Hilfe das Evangelium im weltlichen Bereich pädagogisch zur Geltung zu bringen, sei es in der Evangelischen Unterweisung oder in der allgemeinen schulischen Erziehung. — H.s Ausbildungskonzept für Volksschullehrer - nur diese hat er im Blick - ist allerdings nicht nur christlich, sondern auch völkisch orientiert, die Erziehungsvorstellungen fortschreibend, denen er sich bereits in der Volkshochschularbeit in Saarbrücken und während des Dritten Reichs verpflichtet gefühlt hat (vgl. dazu Crimmann, Erich Weniger und Oskar H., 243-261). Er plädiert gar - wie z.B. auch Helmuth Kittel - für die Ausbildung von sogenannten »Volkslehrern«, Volksschullehrern also, die die in ihrem ideellen Bestand qua Natur gegebene Wert- und Kulturgemeinschaft des deutschen Volkes repräsentieren und befähigt sind, junge Menschen auf kognitivem wie auf emotionalem Wege in sie einzubeziehen: »Je wurzelechter der Lehrer durch die Bildung in der Kultur seines Volkes steht, je besser er sie durch seine persönlich-menschliche Eigenart darstellt, umso lebendiger und verständnisvoller wächst das nachfolgende Geschlecht in sie hinein« (H., Evangelische Lehre, 263). Hier hat die Pädagogische Akademie bzw. Hochschule nach H. gegenüber der wissenschaftlichen Ausbildung an der Universität ihre eigene und bleibende Aufgabe. Konsequenterweise lehnt er deshalb in der sechziger Jahren eine Übertragung der Volksschullehrerausbildung auf die Universität ab und beharrt auf der Eigenständigkeit der Pädagogischen Hochschule. Hammelsbecks Ideal ist »Der christliche Volkslehrer« (Ansprache des Direktors bei der Eröffnungsfeier der Pädagogischen Akademie Wuppertal am 7. November 1946, Wuppertal 1946): »Lieben, Helfen und Dienen als die eigentliche Lebensform des Volkslehrers ist nur zu lernen mit Gottes Wort. Das ist der Sinn evangelischer Lehrerbildung. Damit soll der Lehrer die pädagogische Provinz, seine schulische Erziehungsgemeinschaft erfüllen, den Kinderherzen einpflanzen, was sie wiederum erblühen macht zum Liebe, Helfen, Dienen in unserem Volk« (S. 7). — Nach den Belastungen des Begriffs Volk im Dritten Reich ist allerdings die Forderung nach einer Ausbildung von Volkslehrern schwer nachzuvollziehen, zumal ein gleichzeitiges Votum für eine Erziehung zur Demokratie fehlt (vgl. Crimmann, 418-426).

Bibliographien: Bernhard Albers, Bibliographie Oskar Hammelsbeck, in: Ders., Lehrerbild und Lehrerbildung. Eine historisch-systematische Untersuchung zum Werk Oskar Hammelsbecks (Religionspädagogik heute 19), Aachen 1988, 108-122; Reinhart Hammelsbeck, Bibliographie Oskar Hammelsbeck, in: Hermann Horn und Helmuth Kittel (Hrsg.), Der Glaube der Gemeinde und die mündige Welt. Oskar Hammelsbeck zum 70. Geburtstag (Beiträge zur evangelischen Theologie 52), München 1969, 253-281.

Autobiographien: Pädagogische Autobiographie (Juli 1959), in: Hermann Horn (Hrsg.), Kirche, Schule und Staat im 20. Jahrhundert. Oskar Hammelsbecks Bilanz aus dem Nachlaß, o. 0., o. J. [Hagen 1979], 9-96; Ertrag des Kirchenkampfes für Unterweisung und Leben, in: Ernst Schering u.a. (Hrsg.), Evangelium - Religionsunterricht - Gesellschaft. Festschrift für Friedrich Hahn zum 60. Geburtstag am 13. Dezember 1970, Marburg 1972, 68-78 (wieder abgedruckt in: Bernhard Albers [Hrsg.], Religionspädagogik in Selbstdarstellungen II [Religionspädagogik heute 7], Aachen1981, 47-63).

Werke: Der Zollanschluß des Deutschen Saargebietes an Frankreich, Phil. Diss. Heidelberg 1923; Pianofortebau im Saargebiet, Handel und Industrie im Saargebiet 1924, 36-38; Neue kulturelle Bestrebungen [im Saargebiet], Volk und Reich 4 (1928) 728-731; Erwachsenenbildung und Industriepädagogik, Soziale Praxis 38 (1929) 433-438; Gegenwart und Bildung. Zur Volkshochschularbeit in der Industriestadt, Hefte für Büchereiwesen 13 (1929) 417-424; Der Wirkmangel des humanistischen Bildungsideals in der Volksbildung. 5 Thesen zum Bildungsproblem in der heutigen Erwachsenenbildung, Das werdende Zeitalter 9 (1930) 162-166; Die Familie, und was das heutige Leben von ihr fordert, Kunstwart 43 (1929/1930) 103-111; auch in: Schacht 6 (1929/1930) 85-87, 89-92; Kinder in der Ehe. Der Kampf um den § 218, Kunstwart 44 (1930/1931) 34-42; Um das ABC heutiger Erwachsenenbildung. Fragestellung und Ansatzpunkte, Kunstwart 44 (1930/1931) 81-85; Die Überwindung des Liberalismus in der freien Volksbildung. Eine Antwort an Robert Grosche, Hefte für Büchereiwesen 14 (1930) 319-324; Frauenfrage und Erwachsenenbildung. Eine Arbeitswoche auf der Comburg vom 9.-14. März 1931, Freie Volksbildung 6 (1931) 272-274; [zus. m. Hermann Herrigel] Katholizismus gegen freie Volksbildung. Ein anonymer Angriff, Frankfurter Zeitung v. 13.[14.?]8.1931 [Nr. 6000] 2; Volkshochschularbeit an der Saar, in: Georg Wilhelm Sante (Hrsg.), Die Saarfrage, Saarbrücken 1931, 38-44; Richtlinien für die formale Bestimmung der Abendvolkshochschule, Die Erziehung 6 (1931) 721-722; Sonntagsgedanken in der Volkshochschule, Saarbrücker Zeitung v. 18.10., 25.10., 8.11., 15.11.1931 [= u.d.T.: Die Schuld des Nichtwissens]; Arbeit und Beruf als Bildungsproblem, Soziale Praxis 40 (1931) 1671-1675. 1705-1710; Gedanken zum Neuen Jahre in der Volkshochschule, Saarbrücker Zeitung v. 6.1.1932; Wandlungen in der Volkshochschularbeit, Frankfurter Zeitung v. 15.1.1932; Der politische Irrtum der freien Volksbildung. Folgen und Folgerungen, Deutsche Freischar 4 (1932/1933) 168-177; Grundsätzliches zur Problematik von Berufsbildung und Erwachsenenbildung, Freie Volksbildung 7 (1932) 420-426; Was heißt »pädagogische Betreuung« beim freiwilligen Arbeitsdienst?, Die Erziehung 8 (1933) 172-179; Kulturpolitische Aktion der deutschen Volkshochschule, Tägliche Rundschau v. 10.12.1932; Neujahrswünsche für den Freiwilligen Arbeitsdienst an der Saar, Saarbrücker Zeitung 173 (1933) Nr. 2 v. 3.1.1933, 1. Beilage; Vom ersten »Notwerk deutscher Jugend« in Saarbrücken, Saarbrücker Landeszeitung 29 (1933) v. 26.1.1933, 2. Blatt (Stadtnachrichten); Saardeutsche im reichsdeutschen FAD, Der Heidelberger Student 72. Halbjahr (SS 1933) Nr. 5, Sonderbeilage »Deutsch bleibt die Saar«, S. 47; Arbeitsdienst der Saardeutschen im Reich, Deutscher Arbeitsdienst 3 (1933) 296-298; Anton Heinen. Ein Nachruf, in: Saarbrücker Zeitung v. 11.1.1934; Notwendiger Widerspruch gegen Emanuel Hirsch. Zur »gegenwärtigen geistigen Lage im Spiegel philosophischer und theologischer Besinnung«, Theologische Blätter 13 (1934) 182-184; Bei uns an der Saar, Jugendruf 12 (1934) 135-137; Saarvolk und Saarabstimmung, Jugendweg 15 (1934) 156-157; Saarnachrichten 2. Deutschland [Zur Volksabstimmung an der Saar], Jugendweg 16 (1935) 28-29; Zum Gedächtnis des Sieges an der Saar am 13. Januar. Ansprache [...] in dem Dankgottesdienst der Cäcilienschule zu Saarbrücken am 21.1.1935, Deutsche Evangelische Erziehung 46 (1935) 499-500; Über die evangelische Verantwortung des Akademikers, Junge Kirche 4 (1936) 702-708; »Hermann und Dorothea« in der Schule, Die Erziehung 11 (1936) 490-498 (wieder abgedruckt in: O. H., Glaube, Welt, Erziehung, 1954, 233-241); Die erste Seligpreisung, Junge Kirche 5 (1937) 40-44; Zu unserem Titelbild, Das christliche Haus 59 (1937) 14; Seelische Aufrüstung. Glaube und Gefahr im totalen Krieg, Eckart 13 (1937) 97-101. 161-166; Kinderandachten für die Maisonntage; desgl. für die Juni-, Juli-, August-, September-, Oktober-, November-, Dezembersonntage, Das christliche Haus 59 (1937) 90-91, 111-112. 127-128. 147-148. 167-168. 186-187. 206-207. 223-224; Das Amt des Lehrers in der Gemeinde, Haus und Schule 33 (1937) 175-182; [Das kleine Mädchen und die Dahlienblüte], in: Das christliche Haus 59 (1937) H. 7; Zeltgemeinschaft geistiger Verbundenheit. Weitergedachtes aus Wilhelm Michels Werk, Eckart 13 (1937) 316-322; Zum Thema: Kirche und Erziehung. An unsere Leser, Haus und Schule 33 (1937) 226-227; »und er redet nicht mehr die herrlichen Worte vergebens«. Ein Bericht aus der Praxis zur »Umwegliteratur«, Haus und Schule 33 (1937) 237-241; Was steht geschrieben über den Pfosten deines Hauses?, Das christliche Haus 59 (1937) 151-155; Die biblischen Motive in Kleists »Michael Kohlhaas«, Die Furche 23 (1937) 500-507 (wieder abgedruckt in: O. H., Glaube, Welt, Erziehung, 1954, 262-269); [Andachten], in: Walter Dreß (Hrsg.), Wir sahen seine Herrlichkeit. Tägliche Andachten für Jugend und Haus, Göttingen 1937, 241-251; Ehe und Familie als Gewährsformen christlicher Erziehung, Haus und Schule 33 (1937) 306-314; Leben unter dem Wort als Frage des kirchlichen Unterrichts (Laien-Mission) (Theologische Existenz heute 55), München 1938; [Pseudonym: Jan Haeck] Brief an Martha. Ein seelsorgerlicher Brief an die christliche Hausmutter, Wuppertal 1938; Wenn dich dein Kind wird fragen ... ! Ein Wort der Mahnung und des Trostes an die evangelischen Eltern und Paten, Wuppertal-Barmen o.J. [1938]; (Hrsg. zus. m. Walther Müksch) Laie, Lehrer, Pfarrer rufen: Laien an die Front! Zeugnisse für den Laiendienst in der Gemeinde (Schriften-Reihe des Rufer-Verlages für Laien-Zurüstung und Gemeinde-Aufbau 1), Wuppertal-Barmen o.J. [1938]; Kirchlicher Lehrer und kirchlicher Unterricht, in: O. H./W. Müksch, Laie, Lehrer, Pfarrer rufen, 1938, 31-46; (Zus. m. Lokies, Otto und Thiel), Eine christliche Hausordnung, Das christliche Haus 60 (1938) 3-4; Gespräch mit jungen Christen, Das christliche Haus 60 (1938) 11-13;- Gespräch mit jungen Christen. Arm vor Gott, Das christliche Haus 60 (1938) 28-29; Der christliche Roman, Haus und Schule 34 (1938) H. 2; Ein neues Jahr, Haus und Schule 34 (1938) H. 2, 1-2; Unsere Gebetsgemeinschaft, Haus und Schule 34 (1938) H. 2, 22; Was ist evangelischer Religionsunterricht?, Haus und Schule 34 (1938) H. 2, 60-67; Kunst als Trost? Betrachtungen aus seelsorgerischen Gesprächen, Jugendweg 19 (1938) 66-69 (wieder abgedruckt in: O. H., Glaube, Welt, Erziehung, 1954, 272-276); Gespräch mit jungen Christen. Von der Wahrhaftigkeit, Das christliche Haus 60 (1938) 114-115; Einleitung in die Bergpredigt, Haus und Schule 34 (1938) 153-160; [Zur Umbenennung von »Haus und Schule« in »Haus und Gemeinde«] Haus und Schule 34 (1938) H. 7; [Pseudonym: Jan Haeck] Freude am Katechismus. Zum »Auswendiglernen« im kirchlichen Unterricht, Haus und Schule 34 (1938) 182-185; Die Bergpredigt in Andacht und Unterricht, Evangelische Theologie 5 (1938) 212-221; Der nachbarschaftliche Bibelkreis, Haus und Gemeinde 34 (1938) 275-282; Wenn dich dein Kind wird fragen ... Meditation über die Lehrpflicht der Eltern an den getauften Kindern, Haus und Gemeinde 34 (1938) 336-341; Krieger und Soldaten, Eckart 14 (1938) 445-446; Gottes Barmherzigkeit hat noch kein Ende. Trost und Kraft aus Gottes Wort in schwerer Zeit, Wuppertal-Barmen 1939; Der kirchliche Unterricht. Aufgabe - Umfang - Einheit, München 1939; [2]1947; (Hrsg. zus. m. Friedrich Linz) Evangelischer Männerdienst heute! (Schriften-Reihe des Rufer-Verlages für Laien-Zurüstung und Gemeinde-Aufbau 2), Wuppertal 1939; [2]1946 [u.d.T. Evangelisch-kirchliche Männerarbeit heute]; Kindertaufe und Elternpflicht, Haus und Gemeinde 35 (1939) 7-11; Ferien vom Ich?, Jugendweg 20 (1939) 110-113; Die Seele und die Seelsorge. Zur Besinnung über die heutige Aufgabe der Seelsorge, Wuppertal-Barmen 1940; Die Straße der Heimkehrer. Der 23. Psalm und die Mahnung des Propheten Hosea an uns (Theologische Existenz heute 70), München 1940; [2]1940; Glaube und Bildung (Theologische Existenz heute 74), München 1940; [2]1941 [Reprint 1980]; Geheiligt werde dein Name!, Jugendweg 21 (1940) 21-22; Von der deutschen Mutter, Das christliche Haus 62 (1940) 12-13; Lehren und Lernen. Von den Aufgaben des kirchlichen Unterrichts in Haus und Gemeinde, Das niederdeutsche Luthertum 34 (1940) H. 7/8, 50-53; Theologie und Philosophie, Zeitwende 16 (1939/1940), 380; Philosophie in der Theologie, Das Evangelische Deutschland 17 (1940) 293-294; Vom Helferamt im Kindergottesdienst, Gütersloh 1941; (Hrsg. zus. m. Otto Dibelius) Kirchbüchlein, Gütersloh 1941; (Hrsg.) Verkündiget von Tag zu Tage sein Heil! Tägliche Andachten zur Kirchenjahrlese, Gütersloh o.J. [1941; [2]1948; [3]1949 mit verändertem Untertitel]; Anleitung zum Gebrauch des Andachtsbuches, Verkündiget von Tag zu Tage sein Heil!, in: O. H., Verkündiget, 1941, V-X; Brief an eine junge Mutter, Jugendweg 22 (1941) 5-7 (wieder abgedruckt in: O. H., Glaube, Welt, Erziehung, 1954, 279-283); Die Anfechtung in der Frage nach der »una sancta«, Junge Kirche 9 (1941) 96-100; Ruf zur Seelsorge, Junge Kirche 9 (1941) 248-253; Christliche Charakterköpfe. Joh. Amos Comenius (geb. 28. März 1592), Das Evangelische Deutschland 19 (1942) 56-57; Die Aufgaben der christlichen Unterweisung, Deutsches Pfarrerblatt 46 (1942) 113. 122-123. 132; Politische Weisheiten in Goethes »Märchen«, Weiße Blätter 1942, 119-125 (wieder abgedruckt in: O. H., Glaube, Welt, Erziehung, 1954, 242-248); (Mitarbeit an:) Kirche und Schule. Die Forderungen der Kirche für die Gestaltung der christlichen Schule. Dokument der deutschen Bekenntniskirche aus dem Jahre 1943, Schweizerisches Evangelisches Schulblatt 80 (1945) 293-298 (auch in: Der evangelische Erzieher 2 (1950/51) H. 5/6, 10-14, u.d.T. Kirche und Schule. Dokument der Bekennenden Kirche vom Jahre 1943); Volksbegehren für die Bekenntnisschule?, Die Sammlung 1 (1945/46), 384; Het heilig onderricht der kerk, Amsterdam 1946; Zurück in die Kirche? Vier Briefe als Antwort auf ein Gesuch um Wiederaufnahme, Gütersloh 1946; Kirche - Schule - Lehrerschaft. Vorträge zum Wiederaufbau der deutschen Schule im christlichen Geiste, Gütersloh 1946; Die Verantwortung der Kirche für die Schule. Ansprache auf der amtlichen Lippischen Pastorenkonferenz am 13. Juni 1945 im Diakonissenhaus in Detmold, in: O. H., Kirche - Schule - Lehrerschaft, 1946, 7-22; Wie denkt sich die Kirche die künftige Zusammenarbeit mit der Schule? Ansprache vor einer vom Lippischen Landeskirchenamt eingeladenen Versammlung der lippischen Lehrer und Lehrerinnen aller Schulgattungen am 13. Juni 1945 im großen Saal des Diakonissenhauses in Detmold, in: O. H., Kirche - Schule - Lehrerschaft, 1946, 23-43; Wesen und Aufgabe der Lehrerarbeitsgemeinschaften. Einführung bei der Vorbesprechung der Leiter der lippischen Lehrerarbeitsgemeinschaften am 26. Juni 1945, in: O. H., Kirche - Schule - Lehrerschaft, 1946, 44-58; Von Barmen bis Treysa. Kurzgefaßte Darstellung und Deutung des kirchengeschichtlichen Weges von 1933 bis 1945, Wuppertal o.J. [1946] (wieder abgedruckt in: O. H., Der heilige Ruf, 1947, 47-73); Die kulturpolitische Verantwortung der Kirche (Gottes Wort und Geschichte 2), München 1946; (zus. m. D. Grimme und anderen) Tagungsbericht, in: O. H., Die kulturpolitische Verantwortung, 1946, 5-11; Zum Sozialismus-Gespräch, in: O. H., Die kulturpolitische Verantwortung, 1946, 11-13; Die kulturpolitische Verantwortung der Kirche, in: O. H., Die kulturpolitische Verantwortung, 1946, 20-48; Predigt im Schlußgottesdienst am 10. Januar 1946, in: O. H., Die kulturpolitische Verantwortung, 1946, 49-52; Um Heil oder Unheil im öffentlichen Leben (Gottes Wort und Geschichte 5), München 1946; Ansprache an die Vorstände der politischen Parteien in Deutschland, in: O. H., Um Heil oder Unheil, 1946, 9-36; Evangelische Grundlinien für Erziehung und Bildung. Das gegenwärtige Problem der Erwachsenenbildung und Volkserziehung in evangelischer Sicht, in: O. H., Um Heil oder Unheil, 1946, 37-55; Der christliche Volkslehrer, Ansprache des Direktors bei der Eröffnungsfeier der Pädagogischen Akademie Wuppertal am 7. November 1946, Wuppertal 1946; Konfirmationsbüchlein, Gütersloh 1947; Leben und Seligkeit. Bibelarbeit zu den drei Psalmen 32, 122, 16, Bielefeld 1947; Der heilige Ruf. Aufsätze und Vorträge über die christliche Verantwortung für Kirche und Welt, Gütersloh 1947; Der heilige Ruf. Christliche Verantwortung für Kirche und Welt, in: O.H., Der heilige Ruf, 1947, 13-46; Die fünfte Bitte im Vaterunser (1943), in: O. H., Der heilige Ruf, 1947, 74-81; Die Kirche der anvertrauten Pfunde. Lukas 19,11-28. Vorarbeit für die Eröffnungsandacht zur 12. Bekenntnissynode der Ev. Kirche der Altpreußischen Union in Breslau (1943), in: O. H., Der heilige Ruf, 1947, 82-102; Was heißt heute »Priestertum aller Gläubigen«? (Ein Gemeindevortrag, Februar 1941), in: O. H., Der heilige Ruf, 1947, 103-117; Der Laie als Glied der Gemeinde. Ein Wort an Älteste und Lehrer zur kirchlichen Erneuerung (1945), in: O. H., Der heilige Ruf, 1947, 118-130; Handreichung zur Bibelarbeit über Epheser 6,1-4: Eltern und Kinder im Gehorsam Gottes (1940), in: O. H., Der heilige Ruf, 1947, 131-145; Gibt es Glaubensgewißheit? Vortrag, gehalten auf der geistlichen Woche in Hamburg am 25.1.1940, in: O. H., Der heilige Ruf, 1947, 146-159; Bericht über den denkwürdigen Tag meiner Ordination und die denkwürdige Nacht nachher (1944), in: O. H., Der heilige Ruf, 1947, 160-174; Die Religion der Gebildeten und die biblische Offenbarung. Vortrag in der Gesellschaft für evangelische Theologie (1942), in: O. H., Der heilige Ruf, 1947, 175-195; Heimliches Christentum. Zu Friedr. Kammerers Aufsatz »Abseits der Kirche« (1942), in: O. H., Der heilige Ruf, 1947, 196-205; Ursprung und Bestimmung des Menschen im Lichte des christlichen Glaubens. Vortrag vor der Studentengemeinde in Leipzig (1941), in: O. H., Der heilige Ruf, 1947, 206-227; Der geistige Mensch und die Masse. Einige Gedanken zum Problem unserer Generation (1944), in: O. H., Der heilige Ruf, 1947, 228-235; Die Verantwortung des Christen für das öffentliche Leben. Vortrag auf Einladung der Christlichen Nothilfe in Detmold (1945), in: O. H., Der heilige Ruf, 1947, 236-261; Die evangelische Verantwortung im Für und Wider der Bekenntnisschule, Die Sammlung 2 (1947) 392-398; Grundlinien der evangelischen Pädagogischen Akademie. Zur Verständigung in der Zusammenarbeit ihres Lehrkörpers, Pädagogische Rundschau 1 (1947) 167-168; Die Kirche vor den Parteien, Die Zeichen der Zeit 1 (1947) 362-370; Die gegenwärtige Lage der Pädagogik, Schweizerisches Evangelisches Schulblatt 82 (1947) 354-364; Worum geht es beim Erwerb der Berechtigung zur Evangelischen Unterweisung in der Schule? Ansprache vor Studenten bei der Eröffnung der Lippischen Lehrerbildung in Detmold am 6. November 1945, Pädagogische Rundschau 1 (1947) 338-341; Zu Alfred Webers Erziehungsprogramm, Pädagogische Rundschau 1 (1947) 365-366; (Hrsg.) Aufruf der Laien angesichts der kritischen Lage der Evangelischen Kirche in Deutschland. Referate und Entschließung auf der Laientagung in Wuppertal-Barmen am 29. und 30. Mai 1948, Wuppertal 1948; (zus. m. Coerper, Collatz, Howe) Sinn und Aufgaben der Laientagung, in: Aufruf der Laien, 1948, 6-10; Wissen und Glauben, Mitteilungen des Arbeitskreises Evangelische Akademie beim Rat der Evangelischen Kirche in Deutschland (1948) H. 2, 10-11; Zur schulpolitischen Lage, in: Mitteilungen des Arbeitskreises Evangelische Akademie beim Rat der Evangelischen Kirche in Deutschland (1948) H. 2, 11-16; Laienarbeit in der Bekennenden Kirche, Nachrichten der Bekennenden Kirche (1948) H. 11/12, 18-20; Die Verantwortung der Kirche im öffentlichen Leben, Der Neubau 3 (1948) 188-195; Um die Gemeindekirche. Ein Ruf evangelischer »Laien« an die Kirchenversammlung, Kirche und Mann 1 (1948) H. 7, 3-4; Das Vermächtnis Franz Ludwig Zahns und die pädagogische Fragestellung der Gegenwart, in: Richard von der Mühlen (Hrsg.), Dem Andenken an Franz Ludwig Zahn. Dem Vorkämpfer christlicher Volksbildung (Bilder aus der Geschichte der Evangelischen Kirchengemeinde Moers 2), Moers 1948, 6-16; Das Symbolzeichen in der christlichen Unterweisung. Geleitwort und Einführung zu Luthers Kleinem Katechismus, mit seinen Katechismusliedern, geschrieben und mit Zeichen und Sinnbildern versehen von Kurt Wolff, Göttingen 1949; »Ohne mich könnt ihr nichts tun«. Abschiedsansprache des Direktors bei der Entlassung der Junglehrer aus dem ersten Normallehrgang [19] 46/48 der Pädagogischen Akademie Wuppertal (28. Juli 1948), Pädagogische Rundschau 3 (1949) 33-34; Die innere Einheit der Pädagogischen Akademie, Pädagogische Rundschau 3 (1949) 50-53; Wie haben wir die Erste Synode der EKD in Bethel zu beurteilen? [Linz zitiert einen Vortrag Oskar Hammelsbecks vom 18.1.1949], Nachrichtendienst der Pressestelle der Evangelischen Kirche der Rheinprovinz 4 (1949) 21-22; Die Geschöpflichkeit des

Menschen und das Problem Masse und Gemeinschaft, Evangelische Theologie 8 (1948/1949) 378-384; Blumen am Wege und mehr als Blumen, Reformierte Kirchenzeitung 90 (1949) 108-109; Zum Geleit, Der evangelische Erzieher 1 (1949/1950) April, 2-4; Der Ursprung des Erzieherischen in biblischer Begründung, Der evangelische Erzieher 1 (1949/1950) April, 4-11; Elternrecht und Schule, Die Stimme der Gemeinde 1 (1949) H. 4, 7-9 (auch in: Amtsblatt der Bekennenden Kirche Nassau-Hessen 3 [1949] 49-50); »Gemeinschaft evangelischer Erzieher«, Der evangelische Erzieher 1 (1949/1950) Mai, 2-3; Staatliche oder kirchliche Beauftragung des Religionslehrers?, Stimme der Gemeinde 1 (1949) H. 5, 5; Begegnung mit Dietrich Bonhoeffer, Der evangelische Erzieher 1 (1949/1950) H. 3 (Juni), 29-30; Religionsunterricht »im Geiste Christi und in evangelischer Freiheit«, Der evangelische Erzieher 1 (1949/1950) Juli, 20-21; Der Bruderrat zur Schulfrage, Die Stimme der Gemeinde 1 (1949) H. 7, 7-8; Die Kirchen und die politischen Parteien, Die Stimme der Gemeinde 1 (1949) H. 8, 1-3; Theologische Grundfragen der aktuellen Schulpolitik. (Elternrecht, Schulform, Pädagogik), Der evangelische Erzieher 1 (1949/1950) August/September, 3-14; Erster Rückblick auf Wahl und Wahlkampf, Die Stimme der Gemeinde 1 (1949) H. 9, 9-10; Kirche, Schule, Elternhaus, in: Kirche in Bewegung. Predigten und Vorträge gehalten auf der Deutschen Evangelischen Woche in Hannover 1949, Hannover o.J. (1950), 175-185; Bundestag und Bundesregierung, Die Stimme der Gemeinde 1 (1949) H. 10, 3-4; Goethe - gestern und heute, Der evangelische Erzieher 1 (1949/1950) November/Dezember, 2-10 (wieder abgedruckt in: O. H., Glaube, Welt, Erziehung, 1954, 249-261); Politische Umschau, Die Stimme der Gemeinde 1 (1949) H. 12, 9; Evangelische Lehre von der Erziehung, München 1950 (²1958); Stiftung »Kirche für die Welt«, Der evangelische Erzieher 1 (1949/50) Januar, 26-27; Kleine Schlaglichter zu einem großen Problem, Der evangelische Erzieher 1 (1949/1950) Februar, 25-27; Politische Umschau, Die Stimme der Gemeinde 2 (1950) H. 2, 14; H. 3, 5; H. 4, 6; H. 7, 11-12; H. 8, 13; H. 10, 14; H. 11, 13-14; H. 12, 2-3; (zus. m. Albert Böhme, Ludwig Rese, Friedrich Bruns) Stellungnahme evangelischer Erzieher zu den Schulartikeln des Verfassungsentwurfes [für Nordrhein-Westfalen], Der evangelische Erzieher 2 (1950/1951) April, 32; Evangelisches Leben in öffentlichen Schulen, Christ und Welt 3 (1950). Sonderheft »Evangelische Erziehung in Schule und Haus«, 12-14 (wieder abgedruckt in: O. H., Glaube, Welt, Erziehung, 1954, 114-120; Erziehung der Jugend zur sittlichen Verantwortung, Mitteilungsblatt des Deutschen Roten Kreuzes, Landesverband Nordrhein 1 (1950) 2-4 (wieder abgedruckt in: O. H., Glaube, Welt, Erziehung, 1954, 146-151); Kirche für die Welt, Die Stimme der Gemeinde 2 (1950) H. 6, 1-3; Faith and Instruction. Source and Goal of True Teaching, World Christian Education. Third Quarter 1950, 63-65; Glaube und Unterweisung, Der evangelische Erzieher 2 (1950/1951) H. 4, 2-6 (wieder abgedruckt in: Klaus Wegenast [Hrsg.], Religionspädagogik 1. Der evangelische Weg [Wege der Forschung 209], Darmstadt 1981, 188-193); Antwort auf Hermann Lutzes Einwände, Die Stimme der Gemeinde 2 (1950) H. 9, 12-13; Die Kirche vor der Schul- und Lehrerfrage, Der evangelische Erzieher 2 (1950/1951) H. 5/6, 2-9; (Mitverfasser von) Kirche und Schule. Dokument der Bekennenden Kirche vom Jahre 1943, Der evangelische Erzieher 2 (1950/1951) H. 5/6, 10-14; Zum Problem der innerkirchlichen Opposition, Der evangelische Erzieher 2 (1950/1951) H. 5/6, 59-62; Wie wird die Familie gerettet? Erarbeitetes vom Essener Kirchentag, Nachrichtendienst der Pressestelle der Evangelischen Kirche im Rheinland 5 (1950) 220-221; Begegnung zwischen Schule und Kirche in der Evangelischen Unterweisung, Der evangelische Erzieher 2 (1950/1951) H. 8, 2-10; Zur Frage der Bekenntnisschule, Neubau 6 (1951) 238-240; Erziehung und Schule in evangelischer Verantwortung, Einkehr. Bremer Kirchenzeitung 6 (1951) H. 3 (14.1.1951); Politische Umschau. Protestantische Politik und politischer Katholizismus, Die Stimme der Gemeinde 3 (1951) H. 1, 3-5; Über eine Fabel von Matthias Claudius, Der evangelische Erzieher 2 (1950/1951) H. 11, 23 (wieder abgedruckt in: O. H., Glaube, Welt, Erziehung, 1954, 270-271); Politische Umschau, Die Stimme der Gemeinde 3 (1951) H. 2, 6; H. 4, 13; Konfessionalität in Erziehung und Schule, Die Sammlung 6 (1951), 132-139 (wieder abgedruckt in: O. H., Glaube, Welt, Erziehung, 1954, 77-85); Zum Aufbau der Gemeinden, Die Stimme der Gemeinde 3 (1951) H. 3, 7-11; Politische Umschau. Götzendämmerung, Die Stimme der Gemeinde 3 (1951) H. 3, 11-12 (auch u.d.T. Die Moralische Aufrüstung - ein politisches Instrument?, Kirche in der Zeit 6 (1951) 87-88); Zum Begriff der »Umwegliteratur«, Der evangelische Erzieher 3 (1951) H. 1, 2; Zur schulpolitischen Lage, Junge Kirche 12 (1951) 209-213; Das Gespräch zwischen Kirche und Schule, Niedersächsische Lehrerzeitung 2 (1951) H. 9, 8; Sexualkrise und erzieherische Verantwortung, Die Sammlung 6 (1951) 282-291 (wieder abgedruckt in: O. H., Glaube, Welt, Erziehung, 1954,152-163); In eigener Sache, Der evangelische Erzieher 3 (1951) H. 2, 23-26; Zur »Erzbischofschrift« von Hans Grimm, Die Stimme der Gemeinde 3 (1951) H. 5, 14-15; Unfähige Pastoren, Der evangelische Erzieher 3 (1951) H. 3, 24; Zum diakonischen Auftrag immer und heute, Die Stimme der Gemeinde 3 (1951) H. 7, 13-15; Warum und Wieso? Zur Frage der kirchlichen Bevollmächtigung des Religionslehrers, Der evangelische Erzieher 3 (1951) H. 5/6, 21-26 (wieder abgedruckt u.d.T. Die kirchliche Bevollmächtigung des Religionslehrers, in: O. H., Glaube, Welt, Erziehung, 1954, 86-91); Ehe, Familie, Jugenderziehung, Monatsschrift für Pastoraltheologie 40 (1951) 330-339 (wieder abgedruckt in: O. H., Glaube, Welt, Erziehung, 1954, 164-174); Aufgabe und Geltung des Lehrers heute. Eröffnungsansprache auf dem Ersten Pädagogischen Hochschultag, Westermanns Pädagogische Beiträge 3 (1951) 385-393 (wieder abgedruckt in: O. H., Glaube, Welt, Erziehung, 1954, 209-223; auch in: Arbeitskreis Pädagogischer Hochschulen (Hrsg.), Schulpraktische Ausbildung in hochschulmäßiger Form. Vorträge und Protokolle des Ersten Hochschultages am 18./19. Mai 1951 in Jugenheim an der Bergstraße, Weinheim o.J. [1951], 9-22); Ja, ja - nein, nein. Warnung vor einer bösen Umfrage der Lehrergewerkschaft, Der evangelische Erzieher 3 (1951) H. 7, 29-30; Zurückhaltung und Weitherzigkeit, in: Die Stimme der Gemeinde 3 (1951) H. 12, 10; Die kirchliche Bevollmächtigung des Religionslehrers, Neue deutsche Schule 3 (1951) 275-277; »Erweiterung« der Familie, Evangelische Welt 5 (1951) 620-621; Die erweiterte Grundlage dieser Zeitschrift - Die Aufgabe der »weltlichen Interpretation«, Der evangelische Erzieher 4 (1952) H. 1, 2-6; Gruß an Martin Niemöller, Reformierte Kirchenzeitung 93 (1952) 35-38; Gabe und Aufgabe der Kirche für Lehrer und Schule, in: Erica Küppers (Hrsg.), Bekennende Kirche. Martin Niemöller zum 60. Geburtstag, München 1952, 241-247 (wieder abgedruckt in: O. H., Glaube, Welt, Erziehung, 1954, 129-135); »Von einem deutschen Protestanten«. Zu einem Angriff der Neuen Züricher Zeitung auf die »Agitation Niemöllers«, Die Stimme der Gemeinde 4 (1952) H. 1, 27-28; Erziehung und Unterricht als Problem der kritischen Pädagogik, Der evangelische Erzieher 4 (1952) 58-68; Zwangsvorstellungen und Freiheitswille. Zum derzeitigen Stand der Diskussion: Lehrerverband Kirche, Der evangelische Erzieher 4 (1952) 106-107; Kleine Bilanz nach fünf Jahren Lehrerbildung, Westermanns Pädagogische Beiträge 4 (1952) 120-121 (wieder abgedruckt in: O. H., Glaube, Welt, Erziehung, 1954, 224-227); Erziehung im evangelischen und im humanistischen Verständnis, Evangelische Theologie 11 (1951/1952) 460-470 (wieder abgedruckt in: O. H., Glaube, Welt, Erziehung, 1954, 47-59); Fragwürdige Christen. Ein Wort vom Eltern- und Erziehertag in Bielefeld, Der Weg. Evangelisches Kirchenblatt für das Rheinland 27.7.1952;- Politische Notgemeinschaft Deutschlands als dritte Kraft?, Die Stimme der Gemeinde 4 (1952) 365-370; Gedenkrede für Hans Pflug, Pädagogische Rundschau 7 (1952/53) 97-103; Art. Evangelische Pädagogik, Lexikon der Pädagogik I, Freiburg 1952, 1100-1104; (zus. m. Paul S. Minear, G. C. van Niftrik), Erziehung und Menschenbild. Zum Problem der »christlichen« Schule (Theologische Existenz heute, N.F. 38), München 1953; Das Menschenbild und die Aufgabe der Erziehung, in: Erziehung und Menschenbild, 1953, 5-33; Stimme der Gemeinde - Stimme der Partei?, Die Stimme der Gemeinde 5 (1953) 13-18; Die Möglichkeiten der Erwachsenenbildung für die Kirche, in: Verhandlungen der außerordentlichen Synode der Evangelischen Landeskirche von Kurhessen-Waldeck vom Montag, den 1. Dezember bis Freitag, den 5. Dezember 1952 zu Treysa-Hephata, Kurhessen-Waldeck 1953, 113-126 (auch in: Deutsches Pfarrerblatt 53 [1953] 361-363. 390-392 und u.d.T.: Evangelische Kirche und Volkshochschule, Volkshochschule im Westen 7 [1956] 85-91); Einige Ergänzungsthesen zum Hahn-Wolf'schen Gutachten, Monatsschrift für Pastoraltheologie zur Vertiefung des gesamten pfarramtlichen Wirkens 42 (1953) 68-69; Erziehung und Unterweisung. Zur Kritik an der »Lehre vom erziehenden Unterricht«, Westermanns Pädagogische Beiträge 5 (1953) 225-231 (wieder abgedruckt in: O. H., Glaube, Welt, Erziehung, 1954, 92-103); Gefahr für die Demokratie, Die Stimme der Gemeinde 5 (1953) 179-186; Alleinsein - das nicht Gute, und Gottes Hilfe in der Mitmenschlichkeit, Monatsschrift für Pastoraltheologie 42 (1953) 219-225; Art. Kirchlicher Unterricht (Evang. Unterweisung), Lexikon der Pädagogik II, Freiburg 1953, 1209-1214; Jugend, die hilft - Jugend, der geholfen wird, Die Sammlung 8 (1953) 374-379 (wieder abgedruckt in: O. H., Glaube, Welt, Erziehung, 1954, 139-145); Zur theologisch-philosophischen Verlegenheit, Evangelische Theologie 13 (1953) 339-347; Du sollst nicht ehebrechen. Gottes Hilfe in Gebot und Verheißung, in: Johannes Harder (Hrsg.), Kraft und Innigkeit. Hans Ehrenberg als Gabe der Freundschaft im 70. Lebensjahr überreicht, Heidelberg 1953, 37-48 (wieder abgedruckt in: O. H., Glaube, Welt, Erziehung, 1954, 175-184); Die Überwindung des Liberalismus, Neue deutsche Schule, Beilage »Schule und Kirche« 1956, H. 6, 21-22; Die theologische Bestreitung des philosophischen Glaubens, in: Klaus Piper (Hrsg.), Offener Horizont. Festschrift für Karl Jaspers zum 70. Geburtstag, München 1953, 27-35 (auch in: Evangelische Theologie 12 [1952/1953], 491-498); teilweiser Vorabdruck in: Deutsche Kommentare v. 21.2.1953; Glaube, Welt, Erziehung, Mülheim/Ruhr 1954 (auch als Lizenzausgabe, Essen 1954); Glaube, Welt, Erziehung [Einleitung], in: O. H., Glaube, Welt, Erziehung, 1954, 9-24; Erziehung und Schule zwischen Kirche und Welt. Zum Problem der Konfessionalität, in: O. H., Glaube, Welt, Erziehung, 1954, 27-46 (auch in: Der evangelische Erzieher 6 [1954] 38-51); Das christliche Menschenverständnis und das Menschenverständnis der modernen Psychologie, in: O. H., Glaube, Welt, Erziehung, 1954, 60-76; Ziellose Pädagogik?, in: O. H., Glaube, Welt, Erziehung, 1954, 104-113; Zum Schulgottesdienst. Kritik und Beispiel, Der evangelische Erzieher 6 (1954) H. 1, 25-30 (wieder abgedruckt in: O. H., Glaube, Welt, Erziehung, 1954, 121-128; Die staatspolitische Aufgabe und Verantwortung des Erziehers, in: O. H., Glaube, Welt, Erziehung, 1954, 185-192; Brief über das Vaterunser, in: O. H., Glaube, Welt, Erziehung, 1954, 284-286; Beten und »ins Gebet nehmen«. Von der Seelsorge der Mutter am Kinde, in: O. H., Glaube, Welt, Erziehung, 1954, 287-289; Von der Lehrerseele, in: O. H., Glaube, Welt, Erziehung, 1954, 290-300; Leibeserziehung in der Gesamterziehung. Ein Problem der Lehrerbildung, Die Leibeserziehung 3 (1954) 52-60 (wieder abgedruckt in: O. H., Glaube, Welt, Erziehung, 1954, 193-208 (auch in: Westermanns Pädagogische Beiträge 6 [1954] 209-217); Pestalozzis Klage, Studentische Rundschau, hg. von den Studentenschaften der Pädagogischen Akademien in Nordrhein-Westfalen 1 (1953/1954) H. 2, 17-18 (wieder abgedruckt in: O. H., Glaube, Welt, Erziehung, 1954, 228-230); Geleitwort zum neuen Jahrgang, Der evangelische Erzieher 6 (1954) 2-3; Art. Öffentliche Meinungsbildung. E. Schule, in: Evangelisches Soziallexikon. Im Auftrag des Deutschen Evangelischen Kirchentages hg. von Friedrich Karrenberg, Stuttgart 1954 ([6]1969), 854-856; Art. Pestalozzi, Johann Heinrich, in: Evangelisches Soziallexikon, 967-968; Art. Verantwortung, in: Evangelisches Soziallexikon, 1277-1282; Evangelisches Erziehungsdenken, Die Christenlehre 7 (1954) 305-309; Art. Rosenstock-Huessy, Lexikon der Pädagogik III, Freiburg 1954, 1143; Die veränderte Weltsituation des modernen Menschen als religiöses Problem (Theologische Existenz heute, N.F. 45), München 1955; Protagoras - ganz modern, Studentische Rundschau 2 (1955) H. 4, 51; Zu Bonhoeffers Gedanken über die mündig gewordene Welt, Evangelische Theologie 15 (1955) 184-199 (auch in: Die mündige Welt. Dem Andenken Dietrich Bonhoeffers 1. Vorträge und Briefe, München 1955, 46-61; Die veränderte Weltsituation des modernen Menschen als religiöses Problem, in: Hans Stosch (Hrsg.), Mission drinnen und draußen. Festgabe an Hans Lokies, Berlin 1955, 21-38; Ungelöste Probleme der Lehrerbildung (Ansprache auf der Konferenz der Rektoren und Prorektoren der Pädagogischen Akademien in Nordrhein-Westfalen im Beisein des Herrn Kultusministers W. Schütz im Kultusministerium zu Düsseldorf am 14.2.1955), in: Theodor Rutt (Hrsg.), Wahrheit und Wert in Bildung und Erziehung 1. Josef Esterhues zum siebzigsten Geburtstag, Ratingen 1955, 40-49; Lehren und Lernen in Kirche und Welt, Der evangelische Erzieher 7 (1955) 98-105; Appell an die Genfer Konferenz vor Studenten am Tage der Eröffnung, dem 18. Juli 1955, Die Stimme der Gemeinde 7 (1955) 402; Grundsteine der Lehrerbildung. Ansprache bei der Feier der Grundsteinlegung für den Neubau der Pädagogischen Akademie Wuppertal am 21. Juli 1955, Pädagogische Rundschau 9 (1954/55) 529-534; Verlegenheit und Aufgabe. Die höhere Schule innerhalb der pädagogischen Gesamtproblematik, Der evangelische Erzieher 7 (1955) 130-140; auszugsweise u.d.T. Wenn das Leitbild fehlt, Lebendige Erziehung 4 (1954/1955) 243-245; Pädagogisches Reisetagebuch New York - San Franzisko, Der evangelische Erzieher 7 (1955) 184-189; Pädagogisches Reisetagebuch New York - San Franzisko. Sonderdruck aus Folgen in der Zeitschrift »Der Evangelische Erzieher«, Frankfurt a.M. u.a. 1956; Pädagogisches Reisetagebuch New York - San Franzisko, Der evangelische Erzieher 8 (1956) 29-32. 73-83. 130-140. 187-195. 241-254. 298-307; Zu Karl Barths 70. Geburtstag, Der evangelische Erzieher 8 (1956) 113-116; Die Verantwortung des evangelischen Lehrers an kirchlichen Schulen, Der evangelische Erzieher 8 (1956) 116-120; Zur Frage nach der Möglichkeit von Bildung heute, Westermanns Pädagogische Beiträge 8 (1956) 319-327; Organisierte Unbußfertigkeit?!, Stimme der Gemeinde 8 (1956) 553-556; Zur Neuregelung der Lehrerbildung in Nordrhein-Westfalen, Kirche in der Zeit 11 (1956) 256-257; Nochmals »Theologie der Abrüstung«??!, Stimme der Gemeinde 8 (1956) 749-750. 753-754; Evangelische Kirche und Volkshochschule, Volkshochschule im Westen 7 (1956) 85-91; Kulturverantwortung in der vieldeutigen Welt. Zur kritischen Lage der höheren Schule heute (Leben und Wahrheit 20), Bielefeld 1957; (Hrsg.) Überlieferung und Neubeginn. Probleme der Lehrerbildung und Bildung nach zehn Jahren des Aufbaus. Ehrengabe für Joseph Antz zum 77. Geburtstag, Ratingen 1957; Pädagogik als Theorie des pädagogischen Berufs, in: O. H. (Hrsg.), Überlieferung und Neubeginn, 1957, 38-59; Lehrerbildung konfessionell oder an der Universität?, Kirche in der Zeit 12 (1957) 21-22; »Daß ich nicht herauskann«. Passionsandacht, gehalten am 2. März 1957, vor einem Kreis evangelischer Jugend, Der evangelische Erzieher 9 (1957) 57; Lehrer und Erzieher in unserer Zeit. Das pädagogische Problem der Ambivalenz, Die Sammlung 12 (1957) 169-177; Diakonie und Erziehung. Vortrag von Prof. Hammelsbeck am Nachmittag des Einsegnungstages, Ruf und Dienst 1957, H. 4, 8-15; Die Würde des Menschen, in: Walter Matthias (Hrsg. in Gemeinschaft mit E. Wolff), Libertas Christiana. Friedrich Delekat zum 65. Geburtstag (Beiträge zur evangelischen Theologie 26), München 1957, 57-67; Kritische Bemerkungen zum Andacht-Halten, Der evangelische Erzieher 9 (1957) 125-127; Die Gegenwartsbedeutung der Barmer Erklärung. Referat im »Haus der Begegnung« in Mülheim am 1. Juni 1957, Junge Kirche 18 (1957) 437-444; Der Weg zur eigenständigen Pädagogischen Hochschule, Neue deutsche Schule 9 (1957) 133-134; Erziehungswissenschaft, Erziehungslehre, Evangelische Lehre von der Erziehung. Der erzieherische Urbezug, Der evangelische Erzieher 9 (1957) 234-237. 238-242 (Vorabdruck aus: Evangelische Lehre von der Erziehung, 2. neubearbeitete und erweiterte Auflage, München 1958); Lehrerbildung als standespolitisches oder kulturpolitisches Problem. Zu den neuen Thesen der Gewerkschaft Erziehung und Wissenschaft, Pädagogische Rundschau 11 (1956/1957) 538-545; Lehrer und Arzt. Die (gemeinsame) Verantwortung für die Leibeserziehung in der Schule, Westermanns Pädagogische Beiträge 9 (1957) 493-500 (auch in: Die Leibeserziehung 7 [1958] 2-8); Warum bin ich evangelisch? Zu Schelskys Frage nach Reflexion und Institution, Zeitschrift für evangelische Ethik 1 (1957) 286-291; (Hrsg.), Wuppertaler Buch für Schule und Lehrerbildung. Festschrift zur Neubaufeier der Pädagogischen Akademie Wuppertal am 5. Mai 1958, Wuppertal o.J. [1958]; Die liebe Not. Junglehrer in der Schulpraxis, Westermanns Pädagogische Beiträge 10 (1958) 354-355; Hat die Kirche einen Erziehungsauftrag? Grundsätzliches zum Hauptthema der EKD-Synode 1958, Der evangelische Erzieher 10 (1958) 2-6; Politische Bildung und ihr pädagogischer Auftrag, Studentische Rundschau 5 (1958) 46-47; Die Kirche vor der Erziehungsfrage, Kirche in der Zeit 13 (1958) 80-85 (wieder abgedruckt in: Junge Kirche 20 [1959] 422-430); Warum Evangelische Unterweisung?, Der evangelische Erzieher 10 (1958) 79-82; Die Pädagogische Hochschule als wissenschaftliche Hochschule. Die Lehraufträge für Professoren und Dozenten, Zeitschrift für Pädagogik 4 (1958) 122-136; Auftrag und Aufgabe des Erziehers. Fragen zu dem Berliner Referat von Gerhard Bohne, Der evangelische Erzieher 10 (1958) 138-140; Was sagt der Pädagoge zu Technik, Kunst und Kirche?, Studentische Rundschau 5 (1958) 73-76; Kirche und Schule. Zum Wort der Synode der EKD zur Schulfrage vom 30. April 1958, Kirche in der Zeit 13 (1958) 203-204; Solituder Gespräch über die christliche Schule, Zeitschrift für Pädagogik 4 (1958) 298-300 (auch u.d.T. Pädagogische Tagungen, Der evangelische Erzieher 11 [1959] 144-146); Schule gestern und morgen. Ansprache des Rektors bei der Neubaufeier der Pädagogischen Akademie Wuppertal am 5. Mai 1958, Die Sammlung 13 (1958) 441-448; Kann der Geist die Verantwortung noch tragen? Zu Karl Jaspers' Thesen über »Wahrheit, Freiheit und Friede«, Frankfurter Allgemeine Zeitung 15.11.1958; Akademische Grade in der Lehrerbildung, Pädagogische Rundschau 13 (1958/1959) 97-100; Zur Verlegenheit der politischen Predigt, Junge Kirche 19 (1958) 622-624; (zus. m.) Robert Rafael Geis und Oskar Simmel), Männer des Glaubens im deutschen Widerstand, München 1959; [2]1961; Dietrich Bonhoeffer (1906-1945, in: O. H. u.a., Männer des Glaubens, 1959, [2]1961) 23-46; Gründung eines internationalen Rates für Lehrerbildung. International Council on Education for Teaching, Zeitschrift für Pädagogik 5 (1959) 84-86; Rudolf Kassner 85 Jahre alt, Der evangelische Erzieher 11 (1959) 27-28; Wilhelm Flitner zum Gruß, Der evangelische Erzieher 11 (1959) 173; »Die Kirche ist zu einem freien Dienst an einer freien Schule bereit«. Vortrag vor der Arbeitsgemeinschaft Evangelischer Religionslehrer auf der Jahrestagung der Gewerkschaft Erziehung und Wissenschaft, Landesverband Nordrhein-Westfalen, am 1. April 1959 in Bad Salzuflen, Neue deutsche Schule 11 (1959) H. 14/15, 1-16 (Sonderbeilage); Läßt sich unsere Polenpolitik noch verantworten?, Stimme der Gemeinde 11 (1959) 541-542; Der Nachbereitungsdienst der Junglehrer, Zeitschrift für Pädagogik 5 (1959) 302-304; Gedanken über die Lehrerbildung heute und morgen (Herman Nohl zum 80. Geburtstag), Westermanns Pädagogische Beiträge 11 (1959) 349-362 (wieder abgedruckt in: Kittel, O. H. und Lichtenstein-Rother, Gedanken über Lehrerbildung heute, 1960, 27-58); Viertes Sendschreiben. Offenbarung 2,18-29. Die Kirche vor ihrem Richter. 25 Jahre Barmer Theologische Erklärung, Wuppertal 1959, 49-68; Was geschieht gegen den Lehrermangel? Rundschau-Interview mit dem Vorsitzenden des Arbeitskreises Pädagogischer Hochschulen (Oskar Hammelsbeck), Westdeutsche Rundschau v. 21.11.1959; Evangelische Erziehungsverantwortung in der Krise der Religion, Oldenburger Hochschulbrief 1959, H. 2, 6-17 (wieder abgedruckt in: Der evangelische Erzieher 12 [1960] 121-128); Art. Pädagogik, in: Evangelisches Kirchenlexikon III, Göttingen 1959, 2-13; ²1962; (zus. m. Helmuth Kittel und Ilse Lichtenstein-Rother) Gedanken über Lehrerbildung heute, Braunschweig 1960; Erziehung, Bildung, Gemeinde und die Frage nach der Geborgenheit. Sonderdruck aus einem demnächst erscheinenden Sammelband: Bergung im Ungeborgenen, Mülheim/Ruhr o.J. (1960); (Mitherausgeber) Didaktik in der Lehrerbildung. Bericht über den vierten Deutschen Pädagogischen Hochschultag vom 7. bis 10. Oktober 1959 in Tübingen, hg. v. Präsidium des Pädagogischen Hochschultages durch die Geschäftsstelle des Arbeitskreises Pädagogischer Hochschulen, 2. Beiheft (zur) Zeitschrift für Pädagogik, Weinheim/Düsseldorf 1960; Begrüßungsansprache, in: Didaktik in der Lehrerbildung, 1960, 1-4; Schlußwort, in: Didaktik in der Lehrerbildung, 1960, 161-162; Wagnis und Wandlung, 13 Jahre Leitung der Pädagogischen Akademie Wuppertal, Zeitschrift für Pädagogik 6 (1960) 52-71; Bergung im Ungeborgenen als Verantwortung des Erziehers, Evangelische Kinderpflege 11 (68) (1960) 83-93; Die Brücke des Gebets. Predigt zum Sonntag Rogate als dem von der Synode der Evangelischen Kirche in Deutschland allen Gliedkirchen empfohlenen Erziehungssonntag im Anruf aller erziehungsverantwortlichen Gemeindeglieder, Stimme der Gemeinde 12 (1960) 301-304; Joseph Antz zum Gedenken, Pädagogische Rundschau 14 (1960) 252-254; Christliches Abendland, in: Hellmut Heeger (Hrsg.), Glauben und Erziehen. Pädagogen und Theologen im Gespräch. Eine Festgabe für Gerhard Bohne zu seinem 65. Geburtstag, Neumünster 1960, 30-38; Du willst Theologie studieren?, Evangelische Theologie 20 (1960) 289-302; Hans-Joachim Iwand, Der evangelische Erzieher 12 (1960) 189-190; Die große Verlegenheit. Zur Festschrift für Heinrich Barth zum 70. Geburtstag: »Philosophie und christliche Existenz«, hg. von Gerhard Huber, Basel 1960, Kirche in der Zeit 15 (1960) 258-261; Offener Brief an meinen Minister, Stimme der Gemeinde 12 (1960) 531-534 (auch gekürzt in: Neue deutsche Schule 12 [1960] 312-313; Theologische Verantwortung für Staat und Gesellschaft, Kirche in der Zeit 15 (1960) 381-383; Leibeserziehung in der Gesamterziehung. Leibeserziehung - Schule - Lehrerbildung (Beiträge zur Lehre und Forschung der Leibeserziehung 7), Schorndorf 1961, ²1963; Erziehung - Bildung - Geborgenheit (Theologische Existenz heute, N.F. 90), München 1961; Das Bildungsproblem in der modernen Gesellschaft, Westermanns Pädagogische Beiträge 13 (1961) 123-130; Zur Frage der theologischen Begründbarkeit der Pädagogik. Ein Ostergruß an meine Kritiker, Der evangelische Erzieher 13 (1961) 57-62; Nihilistische Einkehr. Anläßlich des neuen Gedichtbandes »landessprache« von hans magnus enzensberger, o. O. (Frankfurt a.M.) 1960, Stimme der Gemeinde 13 (1961) 217-220; Die EKiD-Synode 1961 und ihr Psalm, Junge Kirche 22 (1961) 241-248; Karl Barth zum Gruß, Stimme der Gemeinde 13 (1961) 270; Schule und Erziehung in der religiösen Lage der Gegenwart, Die Bayerische Schule 14 (1961) 172-174; Aspekte, in: Aspekte. Blatt für Studenten der Pädagogik 1 (1961) H. 1, 1; Zehn Thesen zur politischen Pädagogik, Aspekte. Blatt für Studenten der Pädagogik 1 (1961) H. 1, 2; Erwägungen zum Katechismusproblem, Kirche in der Zeit 16 (1961) 232-233; Neue Einleitung zu dem alten Problem: Leibeserziehung in der Gesamterziehung, Die Leibeserziehung 10 (1961) 205-207; Nicht teilnehmen am Hass, Stimme der Gemeinde 13 (1961) 587-588; Volksschule in evangelischer Verantwortung (Kamps pädagogische Taschenbücher. Blaue Reihe: Allgemeine Pädagogik 7), Bochum o. J. (1962); Martin Niemöller und die Gemeinde, Stimme der Gemeinde 14 (1962) 15-18; Schule - Lob und Klage. Ansprache, am 9. November 1961 in Wuppertal-Elberfeld bei der Neubaufeier der Akademieschule Am Platz der Republik, Pädagogische Rundschau 16 (1962) 112-116; Glaube, in: mut zur welt. Beiträge von Oskar Hammelsbeck, Johannes Harder, Rudolf Bohren, Wuppertal 1962, 3-11; Predigt über 2. Korinther 5, 1-10, gehalten am 15. November 1959 - 25. S. n. Trinitatis in der Gemarker Kirche, in: Presbyterium der Evangelisch-Reformierten Gemeinde Barmen-Gemarke Hrsg.), Gemarker Predigten, Wuppertal 1962, 55-64; Eine Schulstunde Evangelischer Unterweisung über Jesaja 6,1-13 und Jesaja 5,1-7 gehalten am 13. Februar 1962 in einem 7. Schuljahr der Volksschule Gewerbeschulstraße, in: Presbyterium Barmen-Gemarke, Gemarker Predigten, Wuppertal 1962, 65-72; Einleitende Bemerkungen, in: Arbeitskreis Pädagogischer Hochschulen (Hrsg.), Vorbereitungsmaterial zum Thema Didaktik (für den) 5. Pädagogische(n) Hochschultag Trier 1.-5. Oktober 1962, Wuppertal-Barmen 1962, 3-4; Nachwort, in: Arbeitskreis Pädagogischer Hochschulen, Vorbereitungsmaterial 1962, 32-48; (Die Kirche des verlorenen Rufes), Stimme der Gemeinde 14 (1962) 539-540; In Reih und Glied. Predigt zur Eröffnung der Kreissynode Barmen am 24. Oktober 1962, Stimme der Gemeinde 14 (1962) 677-682; Republikanische Verantwortung, Stimme der Gemeinde 14 (1962) 707; (Hrsg.) Das Problem der Didaktik. Bericht über den fünften Deutschen Pädagogischen Hochschultag vom 1. bis 5. Oktober 1962 in Trier, hg. vom Präsidium des Pädagogischen Hochschultages durch die Geschäftsstelle des Arbeitskreises Pädagogischer Hochschulen (3. Beiheft [zur] Zeitschrift für Pädagogik, Weinheim/Düsseldorf 1963, ³1964; Vorwort, in: O. H., Das Problem der Didaktik, 1963, 1; Begrüßungsansprache, in: O. H., Das Problem der Didaktik, 1963, 2-4; Zusammenfassung und Ausblick, in: O. H., Das Problem der Didaktik, 1963, 170-172; (Hrsg. zus. m. Hans-Dieter Bastian, Heinz Kremers, Eberhard Ter-Nedden, Hans Wichelhaus), Die Gottesbotschaft. Ein biblisches Lesebuch (und Arbeitsbuch), Erster Band, für die Evangelische Unterweisung im zweiten bis vierten Schuljahr, bearbeitet von Heinz Kremers und Hans Wichelhaus, Düsseldorf 1963, Zweiter Band für die Evangelische Unterweisung im fünften bis neunten Schuljahr bearbeitet von Hans-Dieter Bastian und Heinz Kremers, Düsseldorf 1965; Innig verbunden Ernst und Spiel. Der Mensch im Spiel, Westermanns Pädagogische Beiträge 15 (1963) 1-

8; Lehrerstudium auf eigenständigen Hochschulen oder auf der Universität? Zur kritischen Selbstbesinnung im Arbeitskreis pädagogischer Hochschulen, Pädagogische Rundschau 17 (1963) 1-13; Republikanische Verantwortung - kirchliche Verantwortung, Stimme der Gemeinde 15 (1963) 35-39; Vergangenheit - Last und Läuterung, Kirche in der Zeit 18 (1963) 51-55; »Nein, Herr Bundeskanzler!« - »Und auch so nicht, Herr Bundespräsident!«, Stimme der Gemeinde 15 (1963) 67-69; Zum Didaktikproblem. Fragen an Gustav Siewerth, Vierteljahrsschrift für wissenschaftliche Pädagogik 39 (1963) 133-140; Auch ein »Jubiläum!«, Stimme der Gemeinde 15 (1963) 136-137; »Twisted mind«, Stimme der Gemeinde 15 (1963) 163-164; Kulturpolitik vor der Katastrophe?, Kirche in der Zeit 18 (1963) 161-164; Glück, Last und Leid im Erziehen, in: Helmuth Kittel und Horst Wetterling (Hrsg.), Behauptung der Person. Festschrift für Prof. Hans Bohnenkamp zum 70. Geburtstag am 17. April 1963, Weinheim 1963, 133-171; Der Auftrag des evangelischen Lehrers. Vorlesung am 3. Mai 1963 in der Universität Bonn, Der evangelische Erzieher 15 (1963) 221-235; Getrennte Kirchen in einer nicht-christlichen Welt, Monatsschrift für Pastoraltheologie 52 (1963) 389-399; Die pädagogische Verantwortung für das Kind unserer Zeit, Evangelische Kinderpflege 14 (71) 1963, 183-193; »Kirche in der Zeit« oder Restauration?, Kirche in der Zeit 18 (1963) 440-442; Artur Hirsch zum Gedenken. Ansprache in der Pädagogischen Hochschule Wuppertal am 7. November 1962, Pädagogische Rundschau 17 (1963) 943-947; EKD-Synode vom 10. bis 13. März: Mission und Diakonie, Reformierte Kirchenzeitung 104 (1963) 91-93; Säkularisation - Wegbereiterin für die Einheit der Kirchen?, Zeitschrift für evangelische Ethik 8 (1964) 1-13; Evangelische Verantwortung für Schule und Welt. Mein Zweikampf mit Robert Scholl, Der evangelische Erzieher 16 (1964) 137-144; Haben wir noch eine Zukunft?, Kirche in der Zeit 19 (1964) 336-340; Theologie und Pädagogik. Eine Studie, in: Franz Pöggeler (Hrsg.), Innerlichkeit und Erziehung. In memoriam Gustav Siewerth. Zum Gespräch zwischen Pädagogik, Philosophie und Theologie, Freiburg 1964, 219-235; Pädagogische Provinz. Ein Beitrag zur hermeneutischen Pädagogik, in: Ernst Lichtenstein (Hrsg.), Einsichten und Impulse. Wilhelm Flitner zum 75. Geburtstag am 2 August 1964 (5. Beiheft [zur] Zeitschrift für Pädagogik), Weinheim 1964, 44-59; Bildung und Frieden. Gedanken zu Hölderlins »Friedensfeier«, Kirche in der Zeit 19 (1964) 459-465; Notwendiger Widerspruch. Zu einer Schrift über Umgestaltung der Lehrerausbildung, Zeitschrift für Pädagogik 10 (1964) 577-580; Mit Bonhoeffer im Gespräch, in: Wolf-Dieter Zimmermann (Hrsg.), Begegnungen mit Dietrich Bonhoeffer. Ein Almanach, München 1964, 142-153; [2]1965; Im Gedenken an Dietrich Bonhoeffer † 9. April 1945, Deutsches Pfarrerblatt 65 (1965) 194; Flucht oder Brückenkopf?, Westermanns Pädagogische Beiträge 16 (1964) 140-141; Ist Bildung planbar?, in: Hans Leussink und Claus A. Moser (Hrsg.), Bildungsplanung und Bildungsökonomie (Schriften des Hochschulverbandes 16), Göttingen 1964, 125-130; Zum Geleit; in: Erwin Brandes (Hrsg.), Konfirmation (Kasualien 15), Stuttgart 1965, 11-18; Ansprache über den Konfirmationsspruch (2. Tim. 1,7), in: Brandes, Konfirmation, Stuttgart 1965, 344-347; Mündige Welt. Fragen nach der fehlenden Theologie, Evangelische Theologie 25 (1965) 96-111; (Mitverfasser) Lehrerbildung und Konfessionalität. Gutachten eines Studienausschusses des Arbeitskreises Pädagogischer Hochschulen, Zeitschrift für Pädagogik 11 (1965) 231-263; Der evangelische Lehrer heute, Erziehung in unserer Zeit. Mitteilungsblatt der Gemeinschaft evangelischer Erzieher 15 (1965) H. 2, 16-20; Die Hand. Eine hermeneutisch-pädagogische Skizze, in: Lore Reinmöller (Hrsg.), Kulturpolitik und Menschenbildung. Beiträge zur Situation der Gegenwart. Festschrift für Paul Luchtenberg, Neustadt/Aisch 1965, 289-297; (Mitverfasser) Empfehlungen zur Neugliederung der Pädagogischen Hochschulen des Landes Nordrhein-Westfalen vorgelegt vom Ausschuß für Strukturfragen der Lehrerbildung in NRW, 21. September 1964, Neufassung der Abschnitte A III Studium bis zur Ersten Staatsprüfung BV Institute und Seminare (1.), 24. Juni 1965; Konfessionalität und Erziehungswissenschaft in evangelischer Sicht, in: Karl Erlinghagen (Hrsg.), Konfessionalität und Erziehungswissenschaft. Eine Diskussion von K(arl) Erlinghagen, O(skar) Hammelsbeck, F(ranz) Pöggeler und ein vergleichender Beitrag von H(einrich) Rombach, Freiburg 1965, 48-77; Dritte Erwiderung, in: Erlinghagen, Konfessionalität und Erziehungswissenschaft, 1965, 101-104; In memoriam Martin Buber, Westermanns Pädagogische Beiträge 17 (1965) 401-408; Spiel und Sport in ihrer Bedeutung für die moderne Gesellschaft, Zeitschrift für evangelische Ethik (1965) 298-314; Wider die Vernachlässigung der musischen Gebiete, in: Hermann Röhrs (Hrsg.), Die Lehrerbildung im Spannungsfeld unserer Zeit, Ratingen 1965, 151-166; Missionarische und diakonische Sicht der Erziehung als offener Brief zur bevorstehenden rheinischen Synode, Der evangelische Erzieher 17 (1965) 338-345; Leserbrief eines »Außenseiters«, Der evangelische Erzieher 18 (1966) 127-128; Krisis des Glaubens als Frage der Philosophie an die Theologie, Kirche in der Zeit 21 (1966) 265-271; Rückblick auf zwanzig Jahre, in: Hans Jürgen Leep (Hrsg.), Der Bund Wuppertal 1964 - 65 - 66, o.O., o.J. (Wuppertal 1967) 3-8; (Martin Niemöller zum 75. Geburtstag), Stimme der Gemeinde 19 (1967) 62-66; Die Ehe - besser als ihr Ruf, Kirche in der Zeit 22 (1967) 272-275; Ein evangelischer Beitrag zum Thema, in: Rosa B. Aibauer (Hrsg.), Sexualpädagogik der Volksschule (Handbücher des Willmann-Instituts. Pädagogik), Freiburg 1967, 262-293; Sport in pädagogischer Sicht, in: Franz Lotz (Hrsg.), Kirche und Sport (Schriftenreihe des Deutschen Sportbundes), Frankfurt a.M. 1968, 25-38; Ethos und Verfremdung. Zum Auftrag des evangelischen Lehrers, in: Arthur Bach (Hrsg.), Dienst für Kirche und Schule. Festschrift für Edgar Boué, Dortmund 1968, 31-40; [2]1968; Impression zu den Prager Ereignissen, Reformierte Kirchenzeitung 109 (1968) 192-193; Der Theologe und Zeitgenosse Karl Barth. (Feierstunde der Pädagogischen Hochschule Ruhr in Hagen, am 29. Januar 1969), Der evangelische Erzieher 21 (1969) 170-174; Karl Jaspers der Lehrer, Westermanns Pädagogische Beiträge 21 (1969) 303-312; Didaktik von unten, in: Klaus Wegenast (Hrsg.), Theologie und Unterricht. Über die Repräsentanz des Christlichen in der Schule. Festgabe für Hans Stock zu seinem 65. Geburtstag, Gütersloh 1969, 143-155; »Wort zur Schulfrage«, Innovation 1969? Zur Kirchenkonferenz der EKD im Dezember, Der evangelische Erzieher 21 (1969) 450-453; Zu Asmussens Katechismus-Entwurf, Reformierte Kirchenzeitung 110 (1969) 30-31;

Warum doch Evangelische Unterweisung? Überlegungen zum Stand der heutigen Diskussion, in: Hermann Horn und Ingeborg Röbbelen (Hrsg.), Im Dienst für Schule, Kirche und Staat. Gedenkschrift für Arthur Bach (Pädagogische Forschungen 45), Heidelberg 1970, 87-103; Erinnerungen eines Autors, in: Chr. Kaiser Verlag München (Hrsg.), Almanach: 1845-1970. 125 Jahre Chr. Kaiser Verlag München, München 1970, 51-54; Zur Arbeitsweise des Religionspädagogischen Instituts Loccum, Reformierte Kirchenzeitung 112 (1971) 109-110. 118-120; Katechismus- und Bibelunterricht, Reformierte Kirchenzeitung 112 (1971) 177-178. 186-190; Religionsunterricht - Religionspädagogik - Evangelische Unterweisung, in: Franz Pöggeler (Hrsg.), Die Zukunft der Glaubensunterweisung. Herrn Prof. D. Dr. Adolf Heuser zur Vollendung des 70. Lebensjahres am 27. Oktober 1970, Freiburg 1971, 214-234; Evangelische Lehre von der Erziehung (1950), (Auszüge) [^{2}1958, 19f. 42-44. 45. 47], in: Karl Erlinghagen (Hrsg.), Erziehungswissenschaft und Konfessionalität (Erziehungswissenschaftliche Reihe 7), Frankfurt a.M. 1971, 96-99; Gutes aus dem Verlag Vandenhoeck & Ruprecht, Lehrern empfohlen, Reformierte Kirchenzeitung 112 (1971) 63-64; Unterweisung und Predigt. Didaktische Probleme zu biblischen Texten, in: Peter C. Bloth u.a. (Hrsg.), Mutuum colloquium. Festgabe aus Pädagogik und Theologie für Helmuth Kittel zum 70. Geburtstag, Dortmund 1972, 123-137; Von der Erziehungswissenschaft zur Pädagogik, in: Siegfried Oppolzer und Rudolf Lassahn (Hrsg.), Erziehungswissenschaft 1971 zwischen Herkunft und Zukunft der Gesellschaft, Wuppertal/Ratingen o.J. (1972) 83-102; Bilanz der Pädagogik zwischen gestern und morgen (nach 45 Jahren Schule und Hochschule), in: Hermann Horn (Hrsg.), Begegnung und Vermittlung. Erziehung und Religionsunterricht im gesellschaftlichen Wandel. Gedenkschrift für Ingeborg Röbbelen, Dortmund 1972, 15-36 (wieder abgedruckt in: Hermann Horn [Hrsg.], Kirche Schule und Staat im 20. Jahrhundert. Oskar Hammelsbecks Bilanz, o.O. u. J. [Hagen 1979], 97-118); Jesus-people - die Kirche und die Schwärmer Gottes, Reformierte Kirchenzeitung 113 (1972) 163-169; Ertrag des Kirchenkampfes für Unterweisung und Leben, in: Ernst Schering u.a. (Hrsg.), Evangelium - Religionsunterricht - Gesellschaft. Festschrift für Friedrich Hahn zum 60. Geburtstag am 13. Dezember 1970, Marburg 1972, 68-78 (wieder abgedruckt in: Bernhard Albers [Hrsg.], Religionspädagogik in Selbstdarstellungen II, Aachen 1981, 47-63); Offener Brief an die nichtlutherischen Unterzeichner der »Theologischen Erklärung zu den Herausforderungen der Zeit«, Reformierte Kirchenzeitung 113 (1972) 82-85; Religion - pro und kontra, Reformierte Kirchenzeitung 114 (1973) 28-31; Eugen Rosenstock gestorben, Reformierte Kirchenzeitung 114 (1973) 74-75; Lehrer sein, Erziehen heute 23 (1973) H. 3, 8-15; Wie ist Erziehen noch möglich?, Berlin u.a. 1974; Wie ist erziehen noch möglich? Zum Gedenken an Oskar Hammelsbeck, Die Spur 15 (1975) 78-82; Zum Thema »Religionsunterricht«, Reformierte Kirchenzeitung 115 (1974) 258; Problem Unterweisung, Reformierte Kirchenzeitung 115 (1974) 16-20; Alternativen in der Methodik des Religionsunterrichtes, Reformierte Kirchenzeitung 116 (1975), 8-10; Der katechetische Bruch, in: Bernhard Albers (Hrsg.), Fragen an die Religionspädagogik der Gegenwart (Religionspädagogik heute 4), Frankfurt 1980, 17-19; Hermann Horn, Dokumente der Zeit - Zeugnisse einer Freundschaft. Einblick in den Briefwechsel zwischen Oskar Hammelsbeck und Erich Weniger, in: Bernd Fichtner u.a. (Hrsg.), Pädagogik zwischen Geistes- und Sozialwissenschaft. Standpunkte und Entwicklungen (Hochschulschriften Erziehungswissenschaft 22), Königstein 1985, 75-89; Briefwechsel Karl Jaspers - Oskar Hammelsbeck 1919-1969, hg. und erläutert von Hermann Horn (Erziehungsphilosophie 4), Frankfurt a.M. 1986; Verantwortung und Freiheit des Glaubens. Aus Oskar Hammelsbecks Tagebüchern ausgewählt und hg. von Hermann Horn (R. Brockhaus-Taschenbuch 405), Wuppertal 1986; Die Zwölfapostellehre als Hoheslied der Evangelischen Unterweisung, aus dem Nachlaß hg. v. Hermann Horn (Religionspädagogik heute 18), Aachen 1987; »Fräulein, der Schulrat schläft«. Oskar Hammelsbecks wahre Kindergeschichten, hg. v. Hermann Horn, Privatdruck, o.O. [Hagen] 1989; Oskar Hammelsbeck - Zeuge der Zeit. Briefe als Dokumente unseres Jahrhunderts, hg. v. Hermann Horn, Privatdruck, o.O. [Hagen] 1989; Oskar Hammelsbeck. Erwachsenenbildung als Wagnis und Wandlung (Dokumentationen zur Geschichte der Erwachsenenbildung), zusammengestellt und hg. v. Hermann Horn 1990.

Lit.: Gottfried Adam, Oskar Hammelsbeck (1899-1975), in: Henning Schröer und Dietrich Zilleßen (Hrsg.), Klassiker der Religionspädagogik. Klaus Wegenast zum 60. Geburtstag von seinen Freunden und Schülern, Frankfurt a.M. 1989, 236-249; — ders., Oskar Hammelsbeck als Anwalt des Humanum. Eine Skizze zu seiner Wahrnehmung evangelischer Bildungsverantwortung, in: Markus Ambrosy u.a. (Hrsg.), Divinum et Humanum. Religionspädagogische Herausforderungen in Vergangenheit und Gegenwart. Günter R. Schmidt zum 60. Geburtstag, Frankfurt a.M. u.a. 1996, 111-123; — ders., Bildungsverantwortung wahrnehmen. Beiträge zur Religionspädagogik III (Studien zur Theologie 15), Würzburg 1999, 65-78 und 165-182; — ders., Art. Hammelsbeck, Oskar, in: Lexikon der Religionspädagogik, hg. von Norbert Mette und Folkert Rickers, Neukirchen-Vluyn 2001, 786-789; — Bernhard Albers, Lehrerbild und Lehrerbildung. Eine historisch-systematische Untersuchung zum Werk Oskar Hammelsbecks (Religionspädagogik heute 19), Aachen 1988; — Karl-Hermann Beeck, Die evangelische Pädagogische Akademie Wuppertal 1946-1959. Die Aera Hammelsbeck (Texte und Dokumente zur Lehrerbildung 2), o. O. u. J. [Wuppertal 2000]; — Ralph P. Crimmann, Erich Weniger und Oskar Hammelsbeck. Eine Untersuchung ihrer pädagogischen und theologischen Anschauungen unter besonderer Berücksichtigung des Normenproblems, Weinheim/Basel 1986; — ders., Oskar Hammelsbeck als Pädagoge und Didaktiker, Der Evangelische Erzieher 35 (1983) 350-363; — Hermann Horn, Erziehen ist ein weltlich Ding. Aber wirklich nur das? Anmerkungen zu Oskar Hammelsbecks Verständnis der Erziehung, Neue Deutsche Schule. Beilage »Schule und Kirche« der Arbeitsgemeinschaft für religiöse Bildung 4/1969, 17-20; — ders., Gestalt, Wesen und Bedeutung des Glaubens in Oskar Hammelsbecks »Evangelische Lehre von der Erziehung«, in: ders. und Helmuth Kittel (Hrsg.), Der Glaube der Gemeinde und die mündige Welt. Oskar Hammelsbeck zum 70. Geburtstag (Beiträge zur evangelischen Theologie 52), München 1969, 127-140; — ders., Prof. D. Dr. Hammelsbeck zum Gedenken, Erziehen heute 25 (1975) H. 3, 38; — ders., Oskar Hammelsbeck - Spiegel unseres Jahrhunderts?, in: Pädagogische Hochschule Ruhr, Reden und Berichte 6, Bochum 1975, 7-27; — ders., Wie ist erziehen noch möglich? Hinweise auf Oskar Hammelsbecks letztes Buch, Reformierte Kirchenzeitung 118 (1977) 122-124; — ders., Oskar Hammelsbeck und die evangelische Kirche, Reformierte Kirchenzeitung 120 (1979) 298-290; — ders., 1958-1978: »Bildungssynode« der EKD. Oskar Hammelsbeck und das »Wort zur Schulfrage« vom 30. April 1958, Erziehen heute 29 (1979) H. 2,16-19; — ders., Oskar Hammelsbeck, Zeitschrift für Religionspädagogik 34 (1979) 76-77; — ders., Dokumente der Zeit - Zeugnisse einer Freundschaft. Einblick in den Briefwechsel zwischen Oskar Hammelsbeck und Erich Weniger, in: Bernd Fichtner (Hrsg.), Pädagogik zwischen Geistes- und Sozialwissenschaft. Standpunkte und Entwicklungen. Edgar Reimers zum 60. Geburtstag (Hochschulschriften Erziehungswissenschaft 22), Königsstein/Ts. 1985, 75-89; — ders., Oskar Hammelsbeck, in: Günther Wolgast (Hrsg.), Biographisches Handwörterbuch der Erwachsenenbildung. Erwachsenenbildner des 19. und 20. Jahrhunderts, Stuttgart/Bonn 1986, 141-142; — ders., Ursprung und Bewährung des Erbes, Erziehen heute 37 (1987) H. 2, 22-31; — ders., Oskar Hammelsbeck. Leben unterm Hakenkreuz. Widerstand im Verborgenen, in: Kurt-Ingo Flessau, Elke Nyssen und Günter Pätzold (Hrsg.), Erziehung im Nationalsozialismus, »... und sie werden nicht mehr frei ihr ganzes Leben!«, Köln 1987, 115-130; — ders., Wachsen in der Bedrohung. Philosophischer Glaube und Christusglaube im Widerstreit - reflektiert im Dialog zwischen Karl Jaspers und Oskar Hammelsbeck, Beiträge pädagogischer Arbeit 31 (1988) H.1, 1-17; — ders., Evangelisch erziehen - überholt? Oskar Hammelsbeck Beitrag zu einer umstrittenen Frage (Studienhefte des Schulreferats der Lippischen Landeskirche 3) [Detmold] 1989;- ders., Glaube und Verantwortung in Oskar Hammelsbecks Leben und Werk, in: Ders., Zwei Reden zu Oskar Hammelsbecks 100. Geburtstag, Wuppertal 1999, 5-24; — ders., Hammelsbeck in Lippe, in: Ders., Zwei Reden zu Oskar Hammelsbecks 100. Geburtstag, Wuppertal 1999, 25-42; — ders., Einspruch eines Zeitzeugen. Eine andere Sicht der Aera Hammelsbeck (Texte und Dokumente zur Lehrerbildung 5), Wuppertal 2000; Klara Hunsche, Zur Erinnerung an Professor Dr. Oskar Hammelsbeck, Die Christenlehre 29 (1976) 112-116; — Rainer Lachmann, Oskar Hammelsbeck (1899-1975). Ein Pädagoge aus evangelischer Verantwortung, in: Hans Glöckel u.a. (Hrsg.), Bedeutende Schulpädagogen. Festschrift für Hans-Karl Beckmann, Bad Heilbrunn i. Obb. 1993, 253-266; — Hartmut Lucas, Oskar Hammelsbeck und das Schulwort der EKD-Synode von 1958, in: Jörg Ohlemacher (Hrsg.), Profile des Religionsunterrichts (Greifswalder theologische Forschungen 6), Frankfurt a.M. 2003, 189-203; — Dieter Reiher, Oskar Hammelsbeck. 22.5.1898 bis 14.5.1975, Die Christenlehre 29 (1976) 111-112; — Folkert Rickers, »Widerstand im Verborgenen«? Der kirchliche Unterricht bei Oskar Hammelsbeck im zeitgeschichtlichen Kontext des Dritten Reiches, Monatshefte für Evangelische Kirchengeschichte des Rheinlandes 55 (2006) 31-50; — Rudolf Stubenrauch, Zum Verhältnis von Erziehungslehre und Erziehungswirklichkeit im Werke Oskar Hammelsbecks. Konfessionelle Pädagogik im Widerspruch, Diss. Wuppertal 1990.

Festschriften: Hermann Horn und Helmuth Kittel (Hrsg.), Der Glaube der Gemeinde und die mündige Welt. Oskar Hammelsbeck zum 70. Geburtstag (Beiträge zur evangelischen Theologie 52), München 1969; — Inge Heuser und Hermann Horn (Hrsg.), Freiheit und Verantwortung in Schule und Hochschule. Oskar Hammelsbeck zum 70. Geburtstag, Wuppertal 1969; — Arnold Falkenroth (Hrsg.), Theologiestudium für eine glaubwürdigere Kirche und eine bessere Welt. Beiträge von Studenten, Assistenten und Dozenten der Kirchlichen Hochschule Wuppertal. Georg Eichholz zum 60., Oskar Hammelsbeck zum 70., Erwin Mülhaupt zum 65. Geburtstag, Neukirchen-Vluyn 1970.

Folkert Rickers

HAMMERSCHMIDT, Ernst Eduard Maria, * 29.4.1928 Marienbad, † 16.12.1993 Wien. Theologe, Orientalist und Äthiopist. — Der im seinerzeit böhmischen Marienbad 1928 geborene H. bestand 1946 in Weiden/Oberpfalz, wohin die Eltern Adolf und Frederika nach dem Krieg übergesiedelt waren, am Realgymnasium das Abitur, studierte daraufhin Philosophie, orientalische Sprachen, Theologie und Jura an den Universitäten Bamberg (1946-1948), Innsbruck (1949-1950), St. Florian (1950/51), Salzburg (1951/52), Wien (1952/53), Münster (1954/55) und Oxford (1955-1957) und schließlich erneut Wien (1957/58 und 1980-1986). 1950 erwarb er in Innsbruck mit einer Arbeit »Benedikt Sattler, einer der ersten Gegner Kants« den Lizentiaten-Titel, 1952 promovierte er in Salzburg zum Dr. phil. Mit einem Rigorosum der Orientalistik wurde die Salzburger Promotion in Innsbruck nostrifiziert. 1953 promovierte er in Wien zum Dr. theol., 1957 in Oxford zum Bachalor litt. 1959 wurde er Lehrbeauftragter für Semitistik, 1962 nach der Habilitation mit den beiden Studien zur »Kultsymbolik der koptischen und äthiopischen Kirche« (= Symbolik der Religionen 10) und »Die Stellung und Bedeutung des Sabbats in Äthiopien« Privatdozent für Orientalistik an der Universität Saarbrücken, 1968 dort ernannt zum außerplanmäßigen Professor der Orientalistik. 1970 bis 1990 wirkte H. als ordentlicher Professor für afrikanische Sprachen und Kulturen an der Universität Hamburg als Nachfolger von Johannes Lukas (1901-1980). 1955 hatte er Ilse Brüner geheiratet, mit der er zwei Kinder hatte, Ulrich (* 1960) und Verena (* 1965). Im November 1957 wechselte H. von der Römisch-Katholischen Kirche zur Altkatholischen Kirche Österreichs, der er sich durch seine deutsch-böhmische Herkunft verbunden wusste. Der Anstoß zur Konversion erhielt er von Bischof Dr. Stefan Török (1903-1972), der ihn auch zum Priester ordinierte: H. unterzog sich am 20. Juni 1958 den kirchlichen Examina, wurde am 25. Juni zum Diakon, und am 27. zum Priester geweiht. Bis 1960 wirkte er nun in der Mannheimer altkatholischen Gemeinde. — H.s Spezialgebiet war die Äthiopistik, die er als Wissenschaft im Rahmen universitärer Lehre gewissermaßen begründete und in die Afrikanistik integrierte. In Folge seiner von der Deutschen Forschungsgemeinschaft geförderten Äthiopien-Exkursion von 1968 begann er die Herausgabe der äthiopischen Handschriften der Klöster am Tana-See und der äthiopischen Handschriften in Deutschland, die von seinen Schülern fortgeführt wurden. Zu seinen spannenden Reiseerlebnissen vgl. die Einleitung in: Äthiopische Handschriften vom Tanasee 1, 41-79. 1977 begründete er die wissenschaftliche Monographien-Reihe »Äthiopistische Forschungen«, in der durch Handschriftenkataloge Quellen erschlossen und weitere Arbeitsinstrumente publiziert werden. Neben den für die weitere Äthiopistik wichtigen Handschriften-Katalogen lieferte H. eine Reihe von kirchenhistorisch-konfessionskundlichen Aufsätzen und vor allem Lexikonartikeln in den wichtigsten deutschsprachigen theologischen Enzyklopädien - LThK², RGG³, Kleines Wörterbuch des Christlichen Orients. Mitte der 80er Jahre beschäftigte sich H. neben seiner Lehrtätigkeit mit Recht und promovierte schließlich 1986 in Wien zum Dr. Iur. 1989 folgte eine weitere Promotion zum D. Litt. Diese weiteren akademischen Grade zeigten, wie sehr Lernen und Studieren sein ganzes Leben ausmachten. 1990 bis 1993 übernahm H. die gerade jetzt wegen der vielfältigen Umbrüche in Osteuropa wichtige Aufgabe des Chronisten der orthodoxen Kirchen in der IKZ, die Berthold Spuler (1911-1990) 1943 begonnen hatte. — Für seine vielfältigen fachlichen, aber auch wissenschafts-organisatorischen Bemühungen wurde H. vielfach geehrt und ausgezeichnet: Er war Mitglied der Société d'Archéologie Copte in Kairo, der Société Ernest Renan in Paris, des Afrika-Kollegiums in Hamburg, des Coptic Orthodox Centre in Venedig, der Deutschen Morgenländischen Gesellschaft in Mainz, der Österreichischen Armenischen Kulturgesellschaft in Wien und der Akademie gemeinnütziger Wissenschaften zu Erfurt. Für sein Wirken erhielt er 1968 den Österreichischen Kardinal-Innitzer-(Wissenschafts-)Preis, 1990 den Maria-Magdalenen-Orden II der Polnischen Orthodoxen Kirche. — 1990 ließ H. sich vorzeitig emeritieren, um nun in Wien - er war zeitlebens österreichischer Staatsbürger - seiner Kirche zu dienen. Bereits 1988 hatte er in ihr die Aufgabe des Synodalexaminators übernommen, nach seiner Emeritierung 1990 übernahm er im Wiener Theologischen Seminar der altkatholischen Kirche umfassend Leitungs- und Prüfungstätigkeiten. Ab 1991 wirkte er in Wien auch als allgemein beeideter gerichtlicher Dolmetscher für die äthiopische Sprache. Im Juli 1991 wurde H. Bischof-Koadjutor von Bischof Nikolaus Hummel (1924-2006) mit dem Recht eine Mitra zu tragen. Am 31.8.1993 rekonvertierte er, von den theologischen und kirchenpolitischen Entscheidungen seiner Kirche in mehrfacher Hinsicht enttäuscht - mit manchen anderen ostkirchlich Interessierten teilte er, besonders in den Umbruchzeiten der Römisch-Katholischen Kirche, ein gewisses Unbehagen an der Moderne - mit seiner Frau zur Römisch-Katholischen Kirche, ohne freilich dort noch als Priester zu wirken. Wenig später kam H. am 16.12.1993 bei einem Autounfall in der Nähe von Baden bei Wien zu Tode. — Ein Teil seines wissenschaftlichen Nachlasses, Photos und Zeitungsausschnitte, befinden sich heute im Museum für Völkerkunde in München. Seine umfangreiche äthiopistische Privatbibliothek ging in den Besitz des Asien-Afrika-Instituts der Universität Hamburg über, an dem er 20 Jahre unterrichtet und geforscht hat. Als zusammenfassendes Ergebnis der durch H.s Engagement institutionalisierten Äthiopistik erscheint seit 2003 die durch seinen Nachfolger Siegbert Uhlig (* 1939) betreute große mehrbändige Encyclopdia Aethiopica.

Selbständige Veröffentlichungen: Grundriß der Konfessionskunde. Innsbruck/München u.a. 1955 = Sommario Storico delle confessioni. Roma 1957; Die koptische Gregoriosanaphora. Berlin 1957 (Berliner Byzantinistische Arbeiten 8); Äthiopische liturgische Texte der Bodleian Library in Oxford. Berlin 1960; Studies in the Ethiopic Anaphoras. Berlin 1961 (Berliner Byzantinistische Arbeiten 25); Stuttgart ² rev. 1987 (Äthiopistische Forschungen 25); Stellung und Bedeutung des Sabbats in Äthiopien. Stuttgart 1963 (Studia Delitzschiana 7); Symbolik des orientalischen Christentums. Tafelband. Stuttgart 1966 (Symbolik der Religionen 14); Äthiopien. — Christliche Reich zwischen Gestern und Morgen. Wiesbaden 1967; Äthiopistik an deutschen Universitäten. Wesbaden 1968 = Ethiopian studies at German universities. Wiesbaden 1970; Äthiopische Kalendertafeln. Wiesbaden 1977 [= Sonderdruck aus: E.H., Die Äthiopischen Handschriften vom Tanasee 2. Wiesbaden 1977, 169-185].

Handschriftenkataloge: E.H./O.A.Jäger, Illuminierte äthiopische Handschriften. Wiesbaden 1968 (Verzeichnis der orientalischen Handschriften in Deutschland Bd. 15); Äthiopische Handschriften vom Tanasee. — 1. Reisebericht und Beschreibung der Handschriften in dem Kloster des Heiligen Gabriel auf der Insel Kebran. Wiesbaden 1973 (Verzeichnis der orientalischen Handschriften in Deutschland 20,1); Äthiopische Handschriften vom Tanasee. — 2. Die Handschriften von Dabra Maryam und von Reema. Wiesbaden 1977 (Verzeichnis der orientalischen Handschriften in Deutschland 20,2); Illuminierte Handschriften der Staatsbibliothek Preussischer Kulturbesitz und Handschriften vom Taanaasee. Graz 1977 (Codici Aethiopici 1); Äthiopische Handschriften. — 1. Die Handschriften der Staatsbibliothek Preußischer Kulturbesitz. Wiesbaden 1983 (Verzeichnis der Orientalischen Handschriften in Deutschland 20,4); Äthiopische Handschriften 2. Die Handschriften der Bayerischen Staatsbibliothek. Stuttgart 1989 (Verzeichnis der Orientalischen Handschriften in Deutschland 20,5); E.H./Veronika Six, Äthiopische Handschriften. 3. Handschriften deutscher Bibliotheken, Museen und aus Privatbesitz. Stuttgart 1994 (Verzeichnis der orientalischen Handschriften in Deutschland 20, 6); E.H./Veronika Six, Äthiopische Handschriften vom Tanasee. — 3. Nebst einem Nachtrag zum Katalog der äthiopischen Handschriften deutscher Bibliotheken und Museen Wiesbaden 1999 (Verzeichnis der orientalischen Handschriften in Deutschland 20,3).

Aufsätze: Die Anfänge des Christentums in Äthiopien, in: Zeitschrift für Missionswissenschaft und Religionswissenschaft 38 (1954) 281-294; Die Polemik des Islam gegen das Christentum, in: a.a.O., 39 (1955) 194-214; Einige philosophisch-theologische Grundbegriffe bei Leontius von Byzanz, Johannes von Damaskus und Theodor Abû Quarra, in: Ostkirchliche Studien 4 (1955) 147-154; Die Begriffsentwicklung in der altkirchlichen Theologie zwischen dem ersten allgemeinen Konzil von Nizäa (325) und dem zweiten allgemeinen Konzil von Konstantinopel (381), in: Theologische Revue 51 (1955) 145-154; Christlicher Orient und Oriens Christianus, in: a.a.O., 52 (1956) 247-254; Eine Definition von »Hypostasis« und »Ousia« während des 7. allgemeinen Konzils: Nikaia II 787, in: Ostkirchliche Studien 5 (1956) 52-55; Bemerkungen zum koptischen Text der sogenannten Kirchenordnung Hippolyts, in: a.a.O., 67; Zur Bibliographie äthiopischer Anaphoren, in: a.a.O., 285-290; Hypostasis und verwandte Begriffe in den Bekenntnisschriften des Gennadios II. von Konstantinopel und des Metrophanes Kritopoulos, in: Oriens Christianus 40 (1956) 78-93; Hypostasis und verwandte Begriffe in den Bekenntnisschriften des Gennadios II. von Konstantinopel und Metrophanes Kritopoulos, in: Oriens Christianus 40 (1956) 78-93; Kaisertum, Volkstum und Kirche in Äthiopien, in: Ostkirchliche Studien 6 (1957) 35-45; Altägyptische Elemente im koptischen Christentum, in: a.a.O., 233-250; Usia, Hypostasis und verwandte Begriffe in den Bekenntnisschriften des Petros Moglias und des Dositheos von Jerusalem, in: Oriens Christianus 42 (1958) 77-91; Die anglikanischen Auffassungen von der Kirche und dem Amt und ihr Verhältnis zu den Altkatholiken, in: Internationale Kirchliche Zeitschrift 48 (1958) 96-128; 157-176; Glaube, Ritus, Sprache und Volkstum in der orientalischen Christenheit, in: Alt-katholische Kirchenzeitung 2 (1958) 56f.; Das Sündenbekenntnis über den Weihrauch bei den Äthiopiern. Nach einem Manuskript aus dem Nachlaß von S. Euringer bearbeitet und herausgegeben, in: Oriens Christianus 43 (1959) 103-109; 14. Deutscher Orientalistentag in Halle (Saale) 29.7.-2.8.1958, in: a.a.O., 153-155; Die philosophische Begründung der Gotteserkenntnis bei Tertullian, in: Internationale Kirchliche Zeitschrift 49 (1959) 69-102; 161-190; 229-240; Koptisch-bohairische Texte zur ägyptischen Gregoriosanaphora, in: Oriens Christianus 44 (1960) 88-111; Dritte Internationale Patristiker-Tagung in Oxford, in: Oriens Christianus 44 (1960) 152-156; [Mitteilung zur Zeitschrift Kyrios], in: Oriens Christianus 45 (1961) 157; Probleme der orientalischen Liturgiewissenschaft, in: Ostkirchliche Studien 10 (1961) 28-47 = Wissenschaftliche Zeitschrift der Martin-Luther-Universität Halle-Wittenberg. Gesellschaftswissenschaftliche und sprachwissenschaftliche Reihe 10 (1961) 1371-1380; Die Portugiesen in Äthiopien im 16. Jahrhundert, in: a.a.O., 11 (1962) 306-317; Das Thomaevangelium und die Manichäer, in: Oriens Christianus 46 (1962) 120-123; Einführung, in: E.H. u.a., Symbolik des orthodoxen und orientalischen Christentums. Stuttgart 1962 (Symbolik der Religionen 10) IX-XI; Kultsymbolik der koptischen und äthiopischen Kirche, in: a.a.O., 167-233; E.H./Julius Assfalg, Abriß der armenischen Kultsymbolik, in: a.a.O., 235-254; Die Kirche in der Bekenntnisschrift des Metrophanes Kritopoulos, in: Kirche im Osten 6 (1963) 9-15; Zu J.H.Newmans patristischen Studien, in: Internationale Kirchliche Zeitschrift 53 (1963) 105-115; A Brief History of German Contributions to the Study of Ethiopia, in: Journal of Ethiopian Studies 1,1 (1963) 30-48; Die Erforschung des christlichen Orients in der deutschen Orientalistik, in: Oriens Christianus 48 (1964) 1-17; Aethiopicia. I. Die Edition der äthiopischen Texte aus dem Nachlaß von Sebastian Euringer (1865-1943), in: Oriens Christianus 48 (1964) 117-126; Aethiopica II. Kodifizierung des Rechts im heutigen Äthiopien, in: a.a.O., 126-134; Königsideologie im spätantiken Judentum, in: Zeitschrift der Deutschen Morgenländischen Gesellschaft 113 (1963) 493-511; Zur Christologie der äthiopischen Kirche, in: Ostkirchliche Studien 13 (1964) 203-207; Das pseudo-apostolische Schrifttum in äthiopischer Überlieferung, in: Journal of Semitic Studies 9 (1964) 114-121; Jewish Elements in the Cult of the Ethiopian Church, in: Journal of Ethiopian Studies 3,2 (1965) 1-12; Im Reiche des Löwen. Äthiopien - ein Land zwischen gestern und morgen, in: Saarbrücker Zeitung 205,140 (1965) VI; Tonfiguren der Falascha, in: Johannes Lukas (Hrsg.), Neue afrikanistische Studien. August Klingenheben zu seinem 80. Geburtstag gewidmet. Hamburg 1966, 109-116 (Hamburger Beiträge zur Afrikanistik 5); Die Kirchenkonferenz von 'Addis 'Abbäba, in: Kirche im Osten 9 (1966) 13-21; Eine

Stimme, die gehört wird, in: Merian 19,10 (1966) 102-105; Nestorianische Kirchen am Urmia-See, in: Wilhelm Hoenerbach (Hrsg.), Der Orient in der Forschung. Festschrift Otto Spies zum 5. April 1966. Wiesbaden 1967, 254-278; Internationale Kongresse, in: Oriens Christianua 50 (1966) 131f.; Some remarks on the History of, and Present State of Investigations into the Coptic Liturgy, in: Bulletin de la Société d'Archéologie Copte 19 (1967/68) 89-113; Die äthiopisch-orthodoxe Kirche, in: Georg Gerster u.a., Kirchen im Fels. Stuttgart 1968 = Zürich ²1972 = Berlin 1974, 42-50 [auch in frz. u. engl. Ausg.]; Zur Lage der Nestorianer am Urmia-See, in: Erwin Gräf (Hrsg.), Festschrift W.Caskel zum 70. Geburtstag, 5. März 1966, gewidmet von Freunden und Schülern. Leiden 1968, 150-161; Die Edition der äthiopischen Texte aus dem Nachlaß von Sebastian Euringer, in: Proceedings of the 26th International Congress of Orientalists. New Delhi 1964. Bd. II. New Delhi 1968, 44ff.; Äthiopien - Christliches Reich zwischen Gestern und Morgen, in: Freiheit 35 (1968) 5.8; Handschriftenschätze aus Äthiopien, in: Österreichische Hochschulzeitung 21,15 (1.10.1969) 5; The liturgical vestments of the ethiopian Church, in: Proceedings of the Third International Conference of Ethiopian Studies 2 (1970) 151-156; Äthiopien und Äthiopistik. Überlegungen zu einem Forschungsprogramm in der Afrikanistik, in: Veronika Six u.a. (Hrsg.), Afrikanische Sprachen und Kulturen. Ein Querschnitt. Johannes Lukas zum 70. Geburtstag gewidmet. Hamburg 1971, 253-260 (Hamburger Beiträge zur Afrikanistik 14); Die Marienkirche in Gethsemane und das äthiopische Ta'amra Maryam, in: Wolfgang Dietrich (Hrsg.), Festgabe für Karl Heinrich Rengstorf zum 70. Geburtstag. Leiden 1973, 1-6 (Theokratia 2); Die Internationalen Äthiopien-Kongresse Rom 1959 bis Rom 1972, in: Zeitschrift für Kulturaustausch. Sonderausgabe Äthiopien (1973) 140; Die äthiopische Kirche und die klassische äthiopische Literatur, in: a.a.O., 50-55; Kirche und Literatur, in: Georg Gerster (Hrsg.), Äthiopien - das Dach Afrikas. Zürich u.a. 1974, 27-33; Äthiopische Handschriften vom Tanasee. Ein DFG-Unternehmen. 18. Deutscher Orientalistentag Lübeck. Zeitschrift der Deutschen Morgenländischen Gesellschaft Supplement 2 (1972.1974), 76-81; Äthiopische Miniaturen auf zwei Briefmarken des British Indian Ocean Territory, in: Äthiopien-Journal 2 (1974) 15-19; Ernst Bartelt/E.H., Die Technik des äthiopischen Handschrifteneinbandes, in: Hubert Franke/Walther Heissig/Wolfgang Treuse (Hrsg.), Folia rara. Wolfgang Voigt LXV diem natali celebranti dedicata. Wiesbaden 1976 (Verzeichnis der orientalische Handschriften in Deutschland Supplement-Band 19) 6-10; Staat und Staatstheorie in der alten Kirche, in: Internationale Kirchliche Zeitschrift 75 (1985) 237-256; Wolfgang Voigt (1911-1982), in: Zeitschrift der Deutschen Morgenländischen Gesellschaft 135 (1985) 1-9; E.H./Rainer Ansorge, Äthiopische Multiplikation, in: Hans R. Roemer/Albrecht Noth (Hrsg.), Studien zu Geschichte und Kulturen des Vorderen Orients. Festschrift für Bertold Spuler zum siebzigsten Geburtstag. Leiden 1981, 137-140; Johannes Friedrich und die »äthiopische Liturgie«, in: Internationale Kirchliche Zeitschrift 76 (1986) 230-248; War Hiob Ludolf Reichshofrat?, in: Zeitschrift der Savigny-Stiftung für Rechtsgeschichte. Germanistische Abteilung 104 (1987) 268-276; E.H./Siegbert Uhlig, Monumente auf Pergament: Entwicklung der äthiopischen Schrift, in: Forschung. Mitteilungen der DFG 9,2 (1987) 11-13 = Monuments on parchment. Development of the Ethiopian script, in: Indian Ocean Revue 1,3 (1988) 3f.; Orientalische Liturgiewissenschaft und koptische Liturgiefeier, in: St. Markus Okt.-Dez. 1988, 1-10; Nachwort, in: E.H. (Hrsg.), Anthologia Aethiopica. Hildesheim u.a. 1988, [4 S.]; E.H./Siegbert Uhlig, Ein äthiopischer Text über den Tempel Salomos, in: Maria Macuch/Christa Müller-Kessler/Bert G. Fragner (Hrsg.), Studia Semitica necnon iranica Rudolpho Macuch Septuagenario ab amicis et discipulis dedicata. Wiesbaden 1989, 109-139; Eine äthiopische Gebetskette, in: Festschrift für Klaus Wessel. München 1989, 131-134; Orientalische Liturgiewissenschaft und koptische Eucharistiefeier, in: Seminarvorträge über die koptische Liturgie. Waldsolms-Kröffelbach 1990 (³1996), 53-64; Die orthodoxen Kirchen CI, in: Internationale Kirchliche Zeitschrift 80 (1990) 158-243; Die orthodoxen Kirche CII, in: a.a.O., 81 (1991) 77-122; Die orthodoxen Kirchen CIII, in: a.a.O., 201-252; Die orthodoxen Kirchen CIV, in: a.a.O., 82 (1992) 77-127; Die orthodoxen Kirchen CV, in: a.a.O., 233-268; Die Wirkungsstätten der Wiener Mechitaristen, in: Timetiko aphieroma... Ioannes O.Kalogerou. Thessalonike 1992, 407-427; Die orthodoxen Kirchen CVI, in: a.a.O., 83 (1993) 65-100.

Lexikon-Artikel: Abuna, in: LThK² 1 (1957) 101; Adelophagen, in: a.a.O., 143; Ahmadiya, in: a.a.O., 221; Alkosch, in: a.a.O., 340; Amalrikaner, in: a.a.O., 415f.; Amana Society, in: a.a.O., 416; Antiocheia am Orontes, in: a.a.O., 648-650; Assassinen, in: a.a.O., 942; Astralleib, in: a.a.O., 963; Äthiopien III. Verfassung der äthiop. Kirche, in: a.a.O., 1001f.; Bābai der Große, in: a.a.O., 1164f.; Bartholomaios in Edessa, in: LThK² 2 (1958) 8; Bēt(h) ?Ad(h)rai, in: a.a.O., 305; Bēt(h) Ķardū, in: a.a.O., 310; Bēt(h) Lapat, in: a.a.O., 310f.; Bēt(h) Rāzīķājē, in: a.a.O., 314; Bochtīšō?, in: a.a.O., 551; Damaskus 3 Kirchengeschichte, in: LThK² 3 (1959) 134; David von Äthiopien, in: a.a.O.,177; Dichtung, christlich-religiöse III 3 äthiopisch, in: a.a.O., 360; Elias III Abū Halīm al-Hadīt(h)ī, in: a.a.O., 810f.; Joseph 2b, in: RGG³ 2 (1959) 861f.; Gralsbewegung, in: LThK² 4 (1960) 1161; Homeriten, in: LThK² 5 (1961) 459; Ischo'dād von Merw, in: a.a.O., 783f.; Jakobus Bāradai, in: a.a.O., 836; Jakobiten I, in: a.a.O., 860; Jezdergerd, in: a.a.O., 970; Joris, Johann David, in: a.a.O.,1122; Kamisarden, in: a.a.O., 1270; Karawane von Ost nach West, in: a.a.O., 1342; Labadie, Jean de, in: LThK² 6 (1961) 717; Lindl, Ignaz, in: a.a.O.,1064; Ludolf, Hiob, in: a.a.O., 1180f.; Markos von Tamarqā, in: LThK² 7 (1962) 14; Maroniten, in: a.a.O., 101-103; Marūt(h)ā von Tag(h)rit(h), in: a.a.O., 140; Maximos III Mazlūm, in: a.a.O., 210f.; Moses der Äthiopier, in: a.a.O., 654; Myron, in: a.a.O., 717; Panṭalēwon, in: LThK² 8 (1963) 25; Pella, in: a.a.O., 253f.; Peroz, in: a.a.O.,281; Samosata, in: LThK² 9 (1964) 301; Schāpur II. Und II. , in: a.a.O., 370; Serapion von Antiocheia, in: a.a.O., 682; Simon bar Ṣabbā'ē, in: a.a.O., 764; Skythopolis, in: a.a.O., 830f.; Stephan ad-Duwaihi, in: a.a.O., 1041f.; Takla Hāymānot, in: a.a.O.,1278; Tarbō, in: a.a.O., 1299; Thalassios, in: LThK² 10 (1965) 8f.; Tuki, Raphael, in: a.a.O., 402; Tyana, in: a.a.O., 417; 'Amda Seyon I., in: Julius Aßfalg/Paul Krüger, Kleines Wörterbuch des Christlichen Orients. Wiesbaden 1975, 10; Argānona weddāsē, in: a.a.O., 26; Äthiopien, in: a.a.O., 53-56; Äthiopische Handschriften, in: a.a.O., 57f.; Äthiopische Inschriften, in: a.a.O., 58f.; Äthiopische Kirche, in: a.a.O., 59-62; Äthiopische Klöster, in: a.a.O., 62f.; Äthiopische Literatur, in: a.a.O., 66-70; Äthiopische Schrift, in: a.a.O., 70f.; Dabtarā, in: a.a.O., 99f.; Deggwā, in: a.a.O., 101f.; Ečagē, in: a.a.O., 105; Fetha nagaśt, in: a.a.O., 114f.; Galāwdēwos, in: a.a.O., 117; Gebra hemāmāt, in: a.a.O., 117f.; Kebra nagaśt, in: a.a.O., 164; Lālibalā, in: a.a.O., 217; Liturgische Bücher IV. Äthiopier, in: a.a.O., 230-232; Liturgische Gewänder 7. Äthiopier, in: a.a.O., 242f.; Ludolf, Hiob, in: a.a.O., 243f.; Mashafa genzat, in: a.a.O., 259; Mashafa milād, in: a.a.O., 259; Mashafa qandil, in: a.a.O., 260; Qenē, in: a.a.O., 305f.; Qērellos, in: a.a.O., 306; Salām, in: a.a.O., 315f.; Salāmā, Abbuna Abbā, in: a.a.O., 316; Senkessār, in: a.a.O., 318f.; Ta'āmra Māryām, in: a.a.O., 349; Takla Hāymānot, in: a.a.O., 350; Tānāsee, in: a.a.O., 350f.; Weddāsē Māryām, in: a.a.O., 361f.; Weddāsē wa-genāy la-'emma Adonāy, in: a.a.O., 362; Wissenschaft 5. Äthiopistik, in: a.a.O., 371; Zar'a Yā'qob, in: a.a.O., 377f.; Äthiopische Literatur, in: Meyers Enzyklopädisches Lexikon 9. Auflage. Mannheim u.a. 2 (1972) 838-839; Äthiopistik, in: a.a.O., 840; Dillmann, Christian Friedrich August, in: a.a.O. 4 (1972) 830; Littmann, Enno, in: a.a.O., 15 (1975) 174; Ludolf, Hiob, in: a.a.O., 291; Altkatholische Kirchen IV. Statistik, in: LThK³ 1 (1993) 470f.; Äthiopien II. Biblische Zeitgeschichte, in: a.a.O., 1147; Äthiopien III. Kirchengeschichte, in: a.a.O., 1147-1149; Äthiopische Kirche (überarbeitet von Manfred Kropp), in: Hubert Kaufhold (Hrsg.), Kleines Lexikon des Christlichen Orients. Wiesbaden 2007, 74-77; Äthiopische Klöster (überarbeitet von Manfred Kropp), in: a.a.O., 77f.; Äthiopische Literatur (überarbeitet von Stefan Weniger), in: a.a.O., 84-88; Liturgische Bücher, in: a.a.O., 311f.; Liturgische Gewänder VI. Äthiopier, in: a.a.O., 322f.; Salām, in: a.a.O., 435f.

Mitarbeit: Literatur-Brockhaus. Mannheim 1988; Lexikon Alte Kulturen. 3 Bde. Mannheim 1990-1993.

Rezensionen: M.Kamil, Das Land des Negus. Innsbruck 1953, in: Zeitschrift für Missionswissenschaft und Religionswissenschaft 39 (1955) 158; E.Atiyah, The Arabs. Harmondworth 1955, in: Oriens Christianus 41 (1957) 148; A.H.M.Jones - E.Monroe, A history of Ethiopia. Oxford 1955, in: Ostkirchliche Studien 5 (1956) 293f. = Oriens Christianus 41 (1957) 148f.; H.C.Gleave, The Ethiopic version of the Son of Songs. London 1951, in: Ostkirchliche Studien 5 (1956) 304; W.Caskel, Entdeckungen in Arabien. Kön-Opladen 1954, in: Zeitschrift für Missionswissenschaft und Religionswissenschaft 39 (1955) 248; J.Aßfalg, Die Ordnung des Priestertums. Le Caire 1955, in: Ostkirchliche Studien 6 (1957) 46f.; E.S.Drower, Water into Wine. London 1956, in: a.a.O., 48f. = in: Oriens Christianus 42 (1958) 155; J.Stephan, Einige Mariensymbole des Alten Testaments in der äthiopischen Literatur. Civitas Vaticana 1957, in: Ostkirchliche Studien 6 (1957) 300f.; St.Strelcyn, Catalogue des manuscrits éthiopiens IV. Paris 1954, in: Orientalistische Literaturzeitung 53 (1958) 241-243; H.Jenny. Äthiopien. Stuttgart 1957, in: Zeitschrift für Missionswissenschaft und Religionswissenschaft 42 (1958) 252f.; Emmanuel-Karim Delly, La Théologie d'Elie bar-Šénaya. Rome 1957, in: Oriens Christianus 43 (1959) 143f.; Murad Kamil, Amharische Kaiserlieder. Wiesbaden 1957, in: a.a.O., 149f.; F.Gössmann, Das Era-Epos. Würzburg 1955, in: a.a.O., 151f.; E.Ullendorff, The semitic languages of Ethiopia. London 1955, in: Ostkirchliche Studien 8 (1959) 246-248; C.Detlef G.Müller, Die Engellehre der Koptischen Kirche. Wiesbaden 1959, in: Oriens Christianus 44 (1960) 139f. = Altkatholische Kirchenzeitung 4,1 (1960) 11 = Ostkirchliche Studien 9 (1960) 60-62; Rudolf Mayer - Joseph Reuss, Die Qumranfunde und die Bibel. Regensburg 1959, in: a.a.O., 140f.; Hans-Martin Schenke, Die Herkunft des sogenannten Evangelium Veritatis. Göttingen 1959, in: a.a.O., 142f.; E.Hennecke-W.Schneemelcher, Neutestamentliche Apokryphen. Tübingen ³1959-64, in: Altkatholische Kirchenzeitung 4 (1960) 48; Dumbarton Oaks Papers 12 (1958), in: Oriens Christianus 45 (1961) 140-144; Gabriele Giamberardini, Il Natale nella chiesa copta. Cairo 1958, in: a.a.O., 144-147; Ernst Ludwig Ehrlich, Kultsymbolik im Alten Testament und im nachbiblischen Judentum. Stuttgart 1959, in: a.a.O., 154f.; P.Stockmeier, Leo I. des Großen Beurteilung der kaiserlichen Religionspolitik. München 1959, in: a.a.O., 155; J.Leipold u.a., Religionsgeschichte des Orients in der Zeit der Weltreligionen. Leiden-Köln 1961, in: Oriens Christianus 47 (1963) 145f.; J.Aßfalg/J.Molitor, Armenische Handschriften. Wiesbaden 1962, in: Ostkirchliche Studien 12 (1963) 211f.; Kita Tschenkéli, Einführung in die georgische Sprache. Zürich 1958; ders., Georgisch-deutsches Wörterbuch. Zürich 1960-63, in: Ostkirchliche Studien 12 (1963) 332f.; J.Aßfalg, Syrische Handschriften. Wiesbaden 1963, in: a.a.O., 223f.; Eike Haberland, Untersuchungen zum äthiopischen Königtum. Wiesbaden 1965, in: Oriens Christianus 49 (1965) 150-154; Annales d'Éthiopie II (1957); III (1959), in: a.a.O., 154-156; R.Greenfeld, Ethiopia. London 1965, in: Saarbrücker Zeitung 205,265 (1965) IV; O.A.Jäger, Antiquities of North Ethiopia. Stuttgart-London 1965 u. 1974, in: Afrika und Übersee 49 (1966) 299-302; 59 (1975-76) 318f.; M.-A.Oudenrijn, Gamaliel. Äthiopische Texte zur Pilatus-Literatur. Freiburg/Schweiz 1959, in: Orientalistische Literaturzeitung 61 (1966) 378-385; Johann Maier, Das altisraelitische Ladeheiligtum. Berlin 1965, in: Oriens Christianus 52 (1968) 197f.; H.F.Fuhs, Die äthiopische Übersetzung des Propheten Micha. Bonn 1968, in: Theologische Revue 65 (1969) 19-21; M.Höfner, Sammlung Eduard Glaser II. Wien 1961, in: Orientalistische Literaturzeitung 64 (1969) 576-578; Alfred Adam, Lehrbuch der Dogmengeschichte 1. Gütersloh 1965, in: Ostkirchliche Studien 19 (1970) 224f.; Eike Haberland, Galla Süd-Äthiopiens. Stuttgart 1963, in: Oriens Christianus 55 (1971) 235f.; C.Steuernagel, Hebräische Grammatik. Leipzig 1961, in: Zeitschrift der Deutschen Morgenländischen Gesellschaft 119 (1970) 207; A.Davy, Éthiopie d'hier et d'aujourd'hui. Paris 1970, in: Tribus 20 (1971) 203; M.Cramer, Koptische Paläographie. Wiesbaden 1964, in: Zeitschrift der Deutschen Morgenländischen Gesellschaft 123 (1973) 376; A.S.Gérard, Four african literatures. Berkeley 1971, in: Afrika und Übersee 56 (1972-73) 235-240; K.Baur, Der botanische Reiseverein Esslingen; M.Habacher, Christian Ferdinand Hochstetter und Karl Ludwig Freiherr von Reichenbach. Jb. f. Gesch. d. oberdt. Reichsstädte 16 (1970) 122-227, in: Afrika und Übersee 56 (1972-73) 240f.; W.A.Shack, The central Ethiopians. London 1974, in: Afrika und Übersee 57 (1973-74) 321; D.Crummey, Priests and Politicians. Oxford 1972, in: Journal of Theological Studies 25 (1974) 226-228; T.Tamrat, Church and State in Ethiopia. Oxford 1972, in: Afrika und Übersee 57 (1973-74) 235-238 = Historische Zeitschrift 218 (1974) 747f. = Journal of Theological Studies 25 (1974) 223-225; E.Panetta, Studi italiani di etnologia e folklore dell'Africa Orientale. Roma 1973, in: Afrika und Übersee 58 (1974-75) 305f.; O.Löfgren, Katalog über die äthiopischen Handschriften in der Universitätsbibliothek Uppsala. Uppsala 1974, in: Afrika und Übersee 59 (1975-76) 142-146; St.Strelcyn, Catalogue of Ethiopic Manuscripts of the John Rylands University Library of Manchester. Manchester 1974, in: Afrika und Übersee 59 (1975-76) 146f.; W.Loepfle, Alfred Ilg und die äthiopische Eisenbahn. Zürich-Freiburg 1974, in: a.a.O., 147-149; W.Leslau, Amharic Textbook. Wiesbaden 1967, in: Kratylos 17 (1974) 222 = Orientalistische Literaturzeitung 71 (1976) 155-157; W.Leslau, An Amharic conversation book. Wiesbaden 1965, in: a.a.O. 157f.; B.M.Weischer (Hrsg.), Qerellos. Glückstadt 1973, in: Zeitschrift der Deutschen Morgenländischen Gesellschaft 127 (1977) 122-124; E.Haberland, Altes Christentum in Süd-Äthiopien, in: Afrika und Übersee 61 (1978) 146f. = Mundus 14 (1978) 292f.; Proceedings of the First United States Conference of Ethiopian Studies, in: Afrika und Übersee 61 (1978-79) 77; Proceedings of the First International Conference on Semitic Studies held in Jerusalem. Jerusalem 1969, in: Afrika und Übersee 61 (1978-79) 77; St.Strelcyn, Catalogue des manuscrits éthiopiens de l'Accademia Nazionale dei Lincei. Roma 1976, in: Afrika und Übersee 62 (1979-80) 70f.; C.P.Rosenfeld, A chronology of Menilek II of Ethiopia, in: a.a.O., 319; A.Bartnicki, Geschichte Äthiopiens. Berlin 1978, in: a.a.O., 320; M.A.Knibb/E.Ullendorff, The Ethiopic Book of Enoch. Ox 1978, in: Bulletin of the School of Oriental and African Studies 44 (1981) 573-575; O.Neugebauer, Ethiopian astronomy and computus, in: a.a.O. 45 (1982) 587f.; B.Meck, Über die Stelen von Axum. Frankfurt/M. u.a. 1979, in: Zeitschrift der Deutschen Morgenländischen Gesellschaft 132 (1982) 437; A.Strobel, Das heilige Land der Montanisten. Berlin-New York 1980, in: a.a.O., 438; J.Tubiana, Modern Ethiopia. Rotterdam 1980, in: Afrika und Übersee 65 (1982-83) 283f.; St.Kaplan, The monastic holy man and the Christianization of early Salomonic Ethiopia. Wiesbaden 1984, in: Afrika und Übersee 70 (1987) 129f.; A.Mockler, Haile Selassie's war. Oxford 1984, in: a.a.O., 131f.; Ethiopian Studies. Proceedings of the Sixth International Conference 1980. Rotterdam-Boston 1980, in: Afrika und Übersee 71 (1988) 115f.; D.L.Appleyard/A.K.Irvine/R.Pankhurst, Letters from Ethiopian rulers. Oxford 1985, in: Afrika und Übersee 72 (1989) 109-111; O.Neugebauer, Abu Shaker's »Chronography«. Wien 1988, in: Zeitschrift der Deutschen Morgenländischen Gesellschaft 141 (1991) 433; Oxford Dictionary of Byzantium. Oxford 1991, in: Internationale Kirchliche Zeitschrift 82 (1992) 274-276.

Hrsg.: Afrika und Übersee 53,1970-76,1993; Codices Aethiopici. Graz 1,1977; Äthiopistische Forschungen. Wiesbaden 1,1977ff.; Internationale Kirchliche Zeitschrift 80,1990-83,1993; Oriens Christianus 48 (1964); Anthologia Aethiopica. [Nachdr. der Ausg.] Lipsiae, Weigel, 1856 [Chrestomathia Aethiopica] Leipzig, Hinrich, 1893 [Aethiopische Lesestücke]. — Hildesheim u.a. 1988; Orientalische Liturgiewissenschaft und koptische Eucharistiefeier. Waldsolms [u.a.], 1988; A.Wetzler/E.H., Proceedings of the XXXIIth International Congress for Asian and North American Studies, Hamburg 25.-30.8.1986. Stuttgart 1992 (Zeitschrift der Deutschen Morgenländischen Gesellschaft Supplement 9); Bischof Poladians Traktat über die Christologie der monophysitischen Kirchen, in: Ostkirchliche Studien 14 (1965) 184-200.

Lit.: Der Altkatholik 51,4 (1958) 5; — E.H., Österreichische Gelehrte im Ausland: Ernst Hammerschmidt, in: Österreichische Hochschulzeitung 20,18 (15.11.1968) 5 = Marienbad-Tepler Heimatbrief 352=31 (1978) 10f.; — Kürschners deutscher Gelehrtenkalender 1992, 1235f.; — Wer ist wer? XXII 1993/94, 490; — Oriens Christianus 77 (1994) 247; — Hans A.Frei, In memoriam Univ.-Prof. Mag. DDDr. Ernst Hammerschmidt, M.Litt., D.Litt., Wien (1928-1993), in: Internationale Kirchliche Zeitschrift 84 (1994) 1f.; — Kirche und Schule in Äthiopien 46 (1994) 38; — Siegbert Uhlig, Ernst Hammerschmidt [Nachruf], in: Uni Hamburg 25,1 (1994) 75-76 = Afrika und Übersee 77 (1994) 5f.; — Zum Tod von Professor Ernst Hammerschmidt, Religionskunde-Forscher, in: Die Presse 21.12.1993, 21; — Lanfranco Ricci, Ernst Hammerschmidt, in: Rassegna di studi etiopici 35 (1991) 177-179; — Deutsche Biographische Enzyklopädie 4 (1996) 362f.; — Who is who in Austria, 11. Aufl. 1993, 554; — Friedrich Heyer, Die Kirche Äthiopiens. Eine Bestandsaufnahme. Berlin-New York 1971 (vgl. dazu die Rezension von C.D.G.Müller in Kyrios 13 (1973) 93-100); — Siegbert Uhlig (Hrsg.), Encyclopedia Aethiopica. Wiesbaden 2003 ff. — Christian Halama, Altkatholiken in Österreich. Geschichte und Bestandsaufnahme. Wien 2004; — Siegbert Uhlig, Art. Hammerschmidt, in: Siegbert Uhlig (Hrsg.), Encyclopaedia Aethiopica 2 (2005) 993-994.

Christian Weise

HARRINGTON, James, * 3. Januar 1611 in Upton (England), † 11. September 1677 in Westminster (England). — J.H. war einer der bedeutendsten politischen Philosophen des 17. Jahrhunderts. Sproß einer englischen Landadelsfamilie ging er 1629 an das Trinity College von Oxford. Zwei Jahre später verlies er Oxford ohne Abschluß und ging in London auf die Juristenschule Middle Temple. 1632 trat H. eine fünfjährige Bildungsreise durch Europa an. Besonders Venedig und seine stadtrepublikanische Verfassung hinterließen bei H. bleibenden Eindruck. H. tritt im Jahr 1647 erstmals in die Öffentlichkeit, als er einer der vier Edelleute wird, die den abgesetzten König Karl I. in seiner Gefangenschaft zur Seite stehen. Nach der Hinrichtung des Königs versucht sich H. als Schriftsteller und Übersetzer. Große Wirkung und öffentliche Diskussionen erreichte H. mit seiner Oceana (1656). In den Auseinandersetzungen veröffentlichte H. 17 weitere Schriften. Während der Restauration der Monarchie wurde H. 1661 wegen Verschwörung verhaftet und ohne Gerichtsurteil eingesperrt. Die Haftbedingungen führten bei H. zu körperlichem und geistigem Verfall. Nach seiner Entlassung Ende 1662 verfiel H. immer mehr dem Wahnsinn. Er starb 1677 in Westminster, wo er die letzten Jahre zugebracht hatte. — In seinem politischen Hauptwerk »The Commonwealth of Oceana« (1656) entwarf H. das im Stil der politischen Utopie das Modell einer idealen Republik. Es stellte den Versuch dar, nach Abschaffung der Monarchie und der realen Diktatur Cromwells das Verfassungsvakuum durch eine ideale Republik zu füllen. H. greift auf antike Vorstellungen und der englischen Geschichte zurück, um seine Republikordnung vorzustellen. Politische Macht folgt nach H. der wirtschaftlichen Macht. Deshalb strebt er eine ausgeglichene Besitzverteilung mit Besitzobergrenzen an, der dann eine politische Balance folgen würde. Kennzeichen der idealen Republik sind Gewaltenteilung und komplizierte geheime Wahlverfahren, die Manipulation, Korruption und Machtabsprachen zwischen Gruppen verhindern sollen. Dem dient auch eine gezielte Zweiteilung von Beratung und Entscheidung. Ein Zweikammersystem aus Senat und Parlament ist für die Gesetzgebung zuständig, wobei der Senat Gesetze vorschlägt und das Parlament über Annahme oder Ablehnung entscheidet. Die Ämterrotation ist eine weitere Sicherung gegen Machtmißbrauch. In der Religionsfrage plädiert H. für Toleranz, die sich allerdings nicht auf Papisten, Juden und Götzendiener erstreckt. Ihm schwebt eine Art Zivilreligion im Sinne von Thomas Hobbes vor. — H. Ideen finden Aufnahme in den Verfassungsdiskussionen während der Französischen Revolution und dem amerikanischen Unabhängigkeitskrieg. Die Kolonien Carolina und Pennsylvania hatten bereits nach 1680 Verfassungen, die Ideen von H.s Republikmodell aufnahmen.

Werke: Pocock, John Greville Agard (Hrsg.), The Political Works of James Harrington, Cambridge 1977; Pocock, John Greville Agard, (Hrsg.), James Harrington, The Commonwealth of Oceana and A System of Politics, Cambridge 1992; deutsch: Gebhardt, Jürgen, (Hrsg.), James Harrington, Politische Schriften, München 1973; Klenner, H./Szudra, K.U., J.H., Oceana (1656), Leipzig 1991.

Lit.: Aylmer, Gerald E., The Struggle for the Constitution, 1603-1689, London 1968; — Blitzer, Charles, An Immortal Commonwealth. The Political Thought of James Harrington, Hamden 1970; — Hanson, Donald W., From Kingdom to Commonwealth, Cambridge 1970; — Russel-Smith, Hugh Francis, Harrington and his Oceana: A story of a 17th century Utopia and its influence in America, New York 1971; — Hill, Christopher, The World Turned Upside Down, London 1972; — Peltonen, Markku; — Classical Humanism and Republicanism in English Political Thought, 1570-1640, Princeton 1975[1], Cambridge1995[2]; — Downs, Michael, James Harrington, Boston 1977; — Nonnenmacher, Günther; — Theorie und Geschichte - Studien zu den politischen Ideen von James Harrington, Meisenheim 1977; — Cotton, James, James Harrington as Aristotelian, in: Political Theory 7 (1979) 371-389; — Dickinson, Calvin W., James Harrington's Republic, Washington 1983; — Goldie, Mark, Absolutismus, Parlamentarismus und Revolution in England, in: Iring Fetscher/Herfried Münkler (Hrsg.), Pipers Handbuch der politischen Ideen, Bd. 3, München 1985, 275-352; — Nippel, Wilfried, Klassischer Republikanismus in der Zeit der englischen Revolution. Zur Problematik eines Interpretationsmodells, in: Wolfgang Schuller (Hrsg.), Antike in der Moderne, Konstanz 1985, 211-224; — Moore, James, Patriarchalismus und klassischer Republikanismus, in: Jean-Pierre Schobinger (Hrsg.), Die Philosophie des 17. Jahrhunderts. Bd. 3. England, Basel 1988, 549-578; — Cotton, James, James Harrington's Political Thought and its Context, New York 1991; — Scott, Jonathan, The rapture of motion: James Harrington's republicanism, in: Nicholas Phillipson/Quentin Skinner (Hrsg.), Political Discourse in Early Modern Britain, Cambridge 1993; — Cohen, Bernard, Harrington and Harvey. A theory of the state based on the new physiology, in: Journal of the History of Ideas 55 (1994) 187-210; — Condren, Conal, The Language of Politics in Seventeenth-Century England, Basingstoke 1994; — Sharpe, Kevin; / Lake, Peter (Hrsg.), Culture and Politics in Early Stuart England, Basingstoke 1994; — Fukuda, Arihiro, Sovereignty and the Sword: Harrington, Hobbes, and mixed government in the English Civil Wars, Oxford, 1997; — Cromartie, Alan, Harrington virtue: Harrington, Machiavelli, and the method of the Moment, in: Historical Journal 41 (1998), 987-1009; — Riklin, Alois, Die Republik von James Harrington 1656, Bern/Wien 1999;

Michael Hausin

HARRSCH, Josua, lutherischer Pastor, alias Joshua Kocherthal, * 30. Juli 1669 in Aalen-Fachsenfeld, † 24. Juni 1719 West Camp, New York,. Weltbekannt ist William Penn, der während seines Lebens Hunderte von Deutschen nach Pennsylvania gelockt hat; so gut wie unbekannt ist Josua Harrsch, der gleichzeitig Tausende von Deutschen nach Amerika gelockt hat - oder in den Tod. Geboren als Sohn des freiherrlichen Landvogtes Georg Harrsch (1610-1675) und dessen dritter Frau Elisabeth Leonhard († 1693) aus Schwäbisch Hall wächst Harrsch zwar früh ohne Vater auf, doch im Bezugsfeld einflußreicher Verwandter. Nach dem Besuch des Gymnasiums in Schwäbisch Hall studiert H. Theologie an der orthodoxen Universität Wittenberg und graduiert 1695 mit einer Dissertation unter Johannes Deutschmann

(1625-1706) über das göttliche Wort im Schöpfungsakt, *Disputatio Theologica de Efficacia Verbi Divini in Actu Primo*. Die Dissertation ist sechs prominenten Halbbrüdern gewidmet, deren solide bürgerliche Stellungen als Pastoren und Beamte den guten Ruf des Namens Harrsch im heimatlichen Kraichgau belegen. Ungewöhnlich hoch ist die Zahl der gratulierenden Professoren und Kommilitonen: Dem Druck panegyrisch beigefügt sind elf lateinische, zwei hochdeutsche und ein (seltenes) plattdeutsches Gedicht. Noch seltener ist der selbständig erscheinende Druck der Glückwunschsgedichte dreier Kommilitonen in Jena (Fridericus Wilhelmus Räderer, Philippus Heinricus Bernbach, Joh. Jacob Ziegler) mit dem Datum der öffentlichen Disputation: 24. Mai, 1695. Die Wittenberger Exmatrikulation von »Harrschius, Josua, Faxenfeld Svev.« wird am 19. Juni offiziell verzeichnet. Nach den Würdigungen in Wittenberg und Jena legt Vikar Harrsch der Fakultät in Tübingen eine verwandte, aber keineswegs identische Dissertation vor: *Officivm Ministri Verbi Divini*. Sie wird 1696 mit Versen dreier Theologen - Kanzler J. Adam Osiander (1622-1697), Tübingen Superintendent J. Wolfgang Jäger (1647-1720) und Maulbronn-Abt Georg Heinrich Keller (1624-1702) - in Heilbronn gedruckt. Nach der Ordination durch drei benachbarte Pfarrer heiratet Pastor Harrsch Sibylle Charlotte Winchenbach (1669-1713 wahrscheinlich eine Tochter des reformierten Pfarrers in Gerichtstetten, Johann Jakob Winchenbach) und gründet in der lutherischen Gemeinde Eschelbronn des Freiherrn J. Anton von Fels seine Familie. Hinzu kommen Verflichtungen am 29. März 1696 in Mönchzell durch Melchior von Festenburg und in Daisbach durch J. Friedrich Göler von Ravensburg. Die soziale Stellung der lutherischen Pastoren im Kraichgau ist miserabel, da die dominierenden katholischen und reformierten Geistlichen mit den lutherischen um dieselben Einkunftsquellen kämpfen müssen — und die sind durch die zahlreichen Einfälle der Franzosen in die Pfalz sehr dürftig. Zwei Briefe aus dem Jahr 1699 an Superintendent J. Philipp Schlosser in Heidelberg dokumentieren die problematische Situation im innerlich und äußerlich angegriffenen Lande, dessen katholischer Kurfürst, Johann Wilhelm von der Pfalz (1658-1716, aus der jüngeren Neuburger Linie der Wittelsbacher) in Düsseldorf residiert. Die Proteste der hilflosen lutherischen Reichsstände werden in England gehört: »Dieweiln nun denen Pfältzischen Religions=Gravaminibus keine abhelffliche Maasse erfolgte, so brachten die der A. C. zugethanen Stände ihre Religions=Gravamina im Jahr 1702, auch an die Königin von Engelland.«(*B. G. Struvens Ausführlicher Bericht Von der Pfältzischen Kirchen Historie*, Frankfurt: Hartung, 1721, pp. 1102-04). Während die Soldaten des katholischen Frankeich Städte und Weingärten am Rhein erneut verwüsten, entwickelt sich in Queen Annes England eine protestantische Gegenkraft, die durch John Churchill, Duke of Marlborough, und mit Prinz Eugen von Savoyen die bayrisch-französische Allianz zurückschlägt. Königin Anne ist mit dem lutherischen Prinzen Georg von Dänemark verheiratet, dessen Schwester Wilhelmine Ernestine Oldenburg (1650-1706) seit 1671 mit Karl II., dem reformierten Kurfürsten von der Pfalz, verheiratet ist. Pastor Harrschs überraschende Reise nach England im Jahr 1704 mag auch durch näher zu erforschende Verwandtschaften der regierenden Familien motiviert sein, bzw. deren oft kriegerische Erbansprüche. — Zurückgekehrt veröffentlicht H. 1706 ebenfalls überraschend eine Beschreibung der amerikanischen Provinz Carolina - so jedenfalls behauptet das Vorwort zu den drei Neuauflagen von 1709. Der Frankfurter Verleger Georg Heinrich Oehrling - ein Merian-Erbe - erkennt das Geschäft und hilft der Verbreitung durch jeweils neue Appendices. Währenddessen hat Harrsch mit etwa drei Dutzend Auswanderern im März 1708 seine Gemeinden verlassen, um in England Asyl zu suchen. Hier und jetzt wird aus dem provinziellen Pastor Josua Harrsch der Flüchtlingsführer Joshua Kocherthal. Als Übersetzer dient ihm J. Christoph Jacobi (1670-1750), Küster (*doorkeeper*) an der pietistisch-lutherischen Privat-Kapelle im St. James Palast, wo der beliebte Autor und Übersetzer Anton Wilhelm Böhm (1673-1722) und der offizielle Pastor des Prinzen, Johann Tribbechow (1678-1712), predigen. Der lutherische Prinzgemahl Georg (von Dänemark) unterstützt die Hilfesuchenden, und die verantwortlichen Räte und Kommissare empfehlen die Einbürgerung und die Übersiedlung der Kraichgauer nach New

York. (Die Provinz Carolina erlebt zu dieser Zeit interne Probleme und wird als Ziel stillschweigend ausgeschlossen.) Zum Jahreswechsel treffen Pastor Harrsch und seine Begleiter auf der *Globe*) in New York ein. Er datiert sein »Album Ecclesiasticum« noch im Dezember 1708 und nennt sich »erster Pastor der deutschen Kirche in New York.« Die Nicht-Lutheraner der Passagiere trennen sich bald, der Rest wird im Frühjahr 1709 am Quassaic Kill (heute Newburgh, NY) angesiedelt. Nachdem mit Prinz Georg im October 1708 der Londoner Gönner verstorben ist, verliert Harrsch mit dem Tod von Governor Lovelace im Mai 1709 auch seinen amerikanischen Protektor. Enttäuscht über die wenig paradiesischen Preise in New York kehrt Kocherthal im Dezember nach England zurück und trifft dort - wohl vollkommen unerwartet - auf Tausende von Pfälzern, Hessen und Württembergern, die - wie er selbst - von einem idealisierten Amerika verlockt die Heimat verlassen haben. Die Zahl der Flüchtlinge - von denen die meisten Weinbau als Beruf angeben - wird meistens auf 13000 geschätzt, die gegen Kocherthal 1711 veröffentlichte Gegenschrift, *Canaan*), zählt allerdings über dreißig Tausend. Diese Schrift weiß nicht nur von »frommen« oder »schwer arbeitenden« Aussiedlern (wie es die stereotypisierende deutsch-amerikanische Geschichtsschreibung gern hätte), sondern beschreibt vorwiegend Kriegs-Flüchtlinge und Vertriebene, Bettler und Obdachlose, verkrüppelte Veteranen und verschmutzte Vagabunden — und zwar von allen Bekenntnissen. Wohl um der Katastrophe etwas abzuhelfen reicht Kocherthal 1710 der englischen Regierung einen Essay über den richtigen Weinanbau in Amerika ein. Im Sommer segelt er mit 3000 »Pfälzern« über den Atlantik zurück nach Amerika - wo ihm inzwischen eine Tochter Louisa Abigail geboren wurde - und wird mit ihnen am Hudson angesiedelt. Seine Frau Charlotte kommt 1711 aus New York City nach aber stirbt schon 1713. Für neun Jahre dient er den deutschen Arbeitern in den Wäldern am Hudson, oft unterstützt von seinem sächsischen Kollegen - und Wittenberg Alumnus - Justus Falckner (1672-1723), der primär den holländischen Lutheranern von New York dient. Beider Kirchenbücher gehören zu den wichtigsten Originaldokumente der Bevölkerung von New York und ihrer auf den ganzen Kontinent verstreuten Nachkommen; für keines liegt eine gedruckte oder gar kritische Ausgabe vor. — »Josua« stirbt vor einer geplanten Reise nach England am Johannes-Tag, am 24. Juni 1719. — Seine älteste Tochter Benigna heiratet den Nachfolger Falckners, Pastor Christoph Wilhelm Berkenmeyer (1687-1757); sein Sohn Christian (1701-1732) arbeitet kurz für die Bibliothek, die zur weltberühmten New York Public Library wird; die nächste Tochter Susanna Sybilla heiratet 1727 den hugenottischen Goldschmied Guillaume (William) Huertin, der Benjamin Franklins Bücher in New York anbieten wird. Die in New York geborene Louisa Abigail, die jüngste Tochter, heiratet 1739 den Silberschmied Johannes Brevoort aus Manhattans alt-eingesessener, holländischer Familie. Beider Tochter Charlotte, geboren am 22. Mai 1740, heiratet 1757 Whitehead Hicks, der 1766 zum Bürgermeister von New York wird. Spätestens jetzt sind die Kraichgauer Flüchtlingsnachkommen zu vollkommen integrierten Amerikanern geworden.

Werke: Q.D.B.V. J./ DISPUTATIO THEOLOGICA./ DE/ EFFICACIA VERBI/ DIVINI, IN ACTU/ PRIMO./ Qvam./ In Illustri ad Albim Academia/ SUB PRESIDIO/ Viri SummP Reverendi, Magnifici, Excellentissimi atq. Amplissimi/ DN. JOH. DEUTSCHMANNI,/ Doctoris consummatissimi, Prof. Primarii / perqvBm meritissimi,/ Collegii Theologici Senioris maxi-/ mP venerandi, atqvP Templi Academici PrFpositi vigilan-/ tissimi, nec non Alumnorum Electoralium Ephori gravissimi./ Theologi de universa Christi Ecclesia, summa meritorum/ laude, dudum longeqve Celeberrimi./ DN. Patroni, PrFceptoris, atq, Studiorum suorum Promotoris, piô obse-/ qvié, observantiâ, omniqve filiali amoris &c honoria cultu, Parentis locô,/ FviternBm devotissimP ac sanctissimP colendi, devenerandi./ Publico Eruditorum examini subjiciet/ AUCTOR / JOSUA HARRSCHIUS., F. S./ In Auditorio Majori,/ Die [-] May, Anno M.DC.XCV./ WITTENBERGE, Typis CHRISTIANI SCHRODTERI, Acad. typ.; Q. D. B. V. J. / OFFICIVM / MINISTRI VERBI / DIVINI, / Specimine / Thetico-Polemico / Juxta propositas nonnullas QuFstiones & / Objectiones delineatum, / Nunc vero / PrFvia Censura SummP Venerandae & Amplis- / simF Facultatis TheologiF CeleberimF AcademiF Tubingensis, loci editum / ab / AUCTORE / JOSVA HARRSCHIO. / EcclesiF Eschelbronnensis / Vicario. HEILBRONNE: Typis Johannis Conradi Majeri, Anno 1696 [Eine 1706 Edition von Kocherthals Carolina Bericht ist nur im Vorwort behauptet; niemand hat je ein Exemplar oder einen Titel verifizieren können.]; Außführlich/ und/ Umständlicher Bericht/ Von der berühmten Landschafft/ CAROLINA,/ In dem/ Engelländischen America/ gelegen./ An Tag gegeben/ Von/ Kocherthalern./ Zweyter Druck./ [Decor] Franckfurt am Mäyn// Zu finden bey Georg Heinrich Oehrling// Anno 1709. [42 Seiten]; Außführlich= und umständlicher/ Bericht/ Von der berühmten Landschf/ Carolina// In dem/ Engelländischen America/ gelegen./ An Tag gegeben/ Von/ Kocherthalern./ Dritter Druck.// Mit einem Anhang/ auß eines/ Englischen Authoris gethanen Be=/ schreibung/ und eines auf der Reyse dahin/ begriffenen Hochteutschen auß Londen Benach=/ richtigung/ nebst einer Land=Charte von/ solcher Insul vermehret./ [Dekor]/ Franckfurt am Mäyn// Zu finden bey Georg Heinrich Oehrling// Anno 1709. [72 Seiten]; Außführlich= und umständlicher/ Bericht/ Von der berühmten Landschafft/ Carolina/ In dem/ Engelländischen America/ gelegen./ An Tag gegeben/ Von Kocherthalern./ Vierter Druck// Mit Anhängen/ zweyer Engelischen/ Authoren gethanen Beschreibung/ und eines/ auff der Reyse dahin begriffenen Hochteutschen/ auß Londen Benachrichtigung / Nebst/ Einer Land=Carte von Carolina ver= / mehrt./ Franckfurt am Mäy// Zu finden bey Georg Heinrich Oehrling// Anno MDCCIX. [80 Seiten.]; Anhang 1, aus Richard Blome, Englisches America [...], Leipzig: Bey Johann Großens Wittbe und Erben, 1697, S. 40-65; Anhang 2, »Remarquabler Anhang,« ein anonymer Bericht aus Pennsylvanien, aus dem Englischen ins Französische und von dort ins Deutsche übersetzt, S. 66-76; Anhang 3, Auszug aus einem Brief vom Auswanderer J. J. W. [Weber?] in London, 13. Juli 1708, an Joh. H., S. 77-80. — Neudruck der 4. Ausgabe: [hgg. v. Karl Scherer], Neustadt an der Weinstrasse: Meininger, 1983. — Eine Übersetzung der zweiten Auflage ins Englische von Andreas Mielke erscheint im Herbst als: »Extensive and Detailed Report on the Land Carolina Situated in the English America. Published by Kocherthal. Second Print. Frankfurt on the Main. To be found at Georg Heinrich Oehrling. Anno 1709«; in: Pennsylvania Mennonite Heritage (October 2008).

Lit. [chronologisch]: Als der Wohl=Ehrnvest/ Großachtbare/ und Wohlgelehrte Herr/ JOSUA HARRSCHIUS/ SS. Theol. Cultor Summe Strenuus,/ Den 24. May dieses 1695. Jahrs/ auff der/ Weltberühmten Universität/ Wittenberg// vermittelst einer de graviarduoq[ue]; Argumento/ Preißwürdigst von demeselben elaborirten auch Mann=/ lich defendirten solennen Disputation ein offentlich Speci=/ men summF diligentiF solidFque eruditionis/ höchstrühmlichst exhibirte:/ Solten vermittelst nachgesetzter Verse ihre Dinstschul=/ digkeit offentlich bezeugen./ Desselben / Weyland auff wohlbenahmter Universität/ Wittenberg gewesene Commilitones nunmehro/ aber auff der Universität Jehna sich befin=/ dende Studiosi./ JenF, Typis Krebsiani.[1695]; — Höen, Moritz Wilhelm, Hg.: Das verlangte/ nicht erlangte Canaan bey den Lust=Gräbern; Oder Ausführliche Beschreibung Von der unglücklichen Reise derer jüngsthin aus Teutschland nach dem Engelländischen America gelegenen Carolina und Pensylvanien wallenden Pilgrim/ absonderlich dem einseitigen übelgegründeten Kochenthalerischen Bericht wohlbedächtig entgegen gesetzt. [...] Franckfurt und Leipzig: Andreä, 1711; — Zenner, Gottfried: Neu=Europa, Oder Die Alte in der Neuen Welt [...], Leipzig: Georg Chistoph Wintzer, 1720; — Böhm, Anton Wilhelm: Erbaulicher Schriften Andrer Theil [...]. Altona: Jonas Korte, 1732, pp. 491-526; — Anton Wilhelm Böhmens weyland Sr. Königl. Hoheit, Prinz Georgens von Dänemark, Hof=Prediger zu London Erbauliche Briefe [...]. Altona: Korte, 1737; — A Correct Copy of the Charter of the Glebe Lands, in the Village of Newburgh, Newburgh, NY: s.n.], 1809 [the German Patent]; — O'Callaghan, E. B., Hg.: Documentary History of the State of New York, Bd. 3, Albany, 1850; — Documents Relative to the Colonial History of New York, hgg. v. John Romeyn Brodhead u. E. B. O'Callaghan, 2 Bde. Albany, 1851-61; — Ruttenber, E[dward] M[anning]: History of the Town of Newburgh, Newburgh, New York: E. M. Ruttenber & Company, 1859; — Rupp, I. Daniel: A Collection of Upwards of Thirty Thousand Names [...], 2. Philadelphia 1876 (ND Baltimore: Genealogical Publishing Co., 1980), 22; — Hallesche Nachrichten Bd. 1, Allentown, PA: 1886; — Nicum, J[ohn]: Geschichte des Evangelisch-Lutherischen Ministeriums vom Staate New York und angrenzenden Staaten und Ländern, New York: Verlag des New York Ministeriums, 1888; — Gräbner, A. L.: Geschichte der Lutherischen Kirche in America, St. Louis, MO: 1892; — Wilson, James Grant, Hg.: The Memorial History of the City of New-York, from its first settlement to the year 1892, Bd. 2, New York: New-York History Company, 1892, 140-141; — Pfister, Albert: Drei Schwaben in fremden Kriegsdiensten. Graf Harrsch. Herwarth von Bittenfeld. Joh. Jak. Wunsch.. Stuttgart Gundert, 1895.[=Württembergische Neujahrsblätter 12.]; — Diffenderffer, Frank Reid: »The German Exodus to England in 1709,« in: Pennsylvania German Society Proceedings and Addresses 7 (1897), 264, 317, 389; — Jacobs, Henry Eyster: »The German Immigration to America 1709-1740«, in: Pennsylvania German Society Proceedings and Addresses 8 (1898), 31-79; — Ecclesiastical Records: State of New York, hgg. v. Hugh Hastings, et al., 7 Bde., Albany, NY: J. B. Lyon, State printer, 1901-1916, Bd. 3:1691-1693, 1702-1703, 1705-1709, 1729-1730, 1742-1743, 1801-1802, 1837-1838, 2122-2123, 2143-2146; — Bittinger, Lucy Forney: The Germans in Colonial Times, 1901 (= ND 2007), 58-60, 79, 288; — »Extracts from the Journal of Rev. Andreas Sandel, Pastor of 'Gloria Dei' Swedish Lutheran Church, Philadelphia, 1702-1719,« The Pennsylvania Magazine of History and Biography 30 (1906): 287 ff.; — Brink, Benjamin Myer: The Early History of Saugerties 1660-1825, Kingston, NY: R. W. Anderson & Son, 1902, 31-32, 37, 50-52, 56-59, 246; — Krahmer, J. Christian: »The Kocherthal Records«, Olde Vlster 3 und 4 (Kingston, NY, 1907 und 1908); 3: 51-57, 83-93, 119-124, 156-158, 183-188, 217-223, 247-254, 281-286, 314-318, 341-351, 377-382; 4: 24-26, 56-59, 86-89; — Häberle, Daniel: Auswanderung und Koloniegründungen der Pfälzer im 18. Jahrhundert [...]. Kaiserslautern: H. Kayser, 1909, 36-38; — Kretzmann, Karl: The Oldest Lutheran Church in America: A Brief Chronicle of Events in the History of The Evangelical Lutheran Church of Saint Matthew in the City of New York, 1664-1914, New York: The Evangelical Lutheran Church of St. Matthew, 1914, 18, 21; — Kiefer, G. L.: »The Kocherthal Records of the West Camp (New York) Lutheran Church: Introduction,« The Lutheran Quarterly (Jan. 1927): 90-91; — Krahmer, J. Christian: »A Translation of the Kocherthal Records of the West Camp Lutheran Church,« The Lutheran Quarterly 57 (Jan. 1927): 92-117; (April): 270-280; (Juli): 416-418; — Faust, Albrecht Bernhardt: The German Element in the United States, New York, NY: The Steuben Society, 1927; — MacWethy, Lou D.: The Book of Names Especially Relating to The Early Palatines and the First Settlers in the Mohawk Valley, 1933 [ND Baltimore, MD: Genealogical Publishing Company, 1969; — Vesper, Hermann F.: »Joshua von Kocherthal,« in: MacWethy, Kocherthal Records, 53-57; — Nothstein, Ira Oliver: Lutheran Makers of America: Brief Sketches of Sixty-eight Notable Early AmericansPhiladelphia,PA: The United Luthran Publication House, 1930, 92-94; — Poucher, J. Wilson u. Byron J. Terwilliger, Hgg.: Old Gravestones of Ulster County, New York [...], 1931, 256, 275; [=Collections of the Ulster County Historical Society, I.]; — DeTurk, Eugene P.: History and Genealogy of the DeTurk, DeTurck family [...]; — Kutztown, PA: de Turck, 1934; — Lohr, Otto: »Das älteste deutsch-amerikanische Kirchenbuch (1708-1719),« Jahrbuch für ausland-deutsche Sippenkunde. Stuttgart: Weinbrenner, 1936, 54-60; — Knittle, Walter Allen: Early Eighteenth Century Palatine Emigration: A British Government Redemptioner Project to Manufacture Naval Stores (Philadelphia: Dorrance & Co., 1937 (ND Baltimore, MD: Genealogical Publishing Co., 1985),14-19, 28, 32-46, Appendix 1; — Clark, Delber W.: »The Translation of the Kocherthal Records«, The Lutheran Church Quarterly 11 (1938): 70-72; — Kreider, Harry Julius: »Lutheranism in Colonial New York« , PhD Dissertation Columbia University New York, NY, 1942; — The Journals of Henry Melchior Muhlenberg in three Volumes 1, übers. u. hgg. v. Theodore G. Tappert u.John W. Doberstein, Bd. 1 Philadelphia: The Muhlenberg Press, 1942, 334; — Braun, Fritz: »Das Kocherthalsche Kirchenbuch in Amerika 1708-1719 mit einem Nachtrag bis 1729,« Mitteilungen zur Wanderungsgeschichte der Pfälzer: [Supplement] Beilage zu Pfälzische Familien- und Wappenkunde [Ludwigshafen: R. Louis] Folge 1-4(1952): 1-20; Folge 5 (1953): 25-26; Folge 6 (1953): 33-36; Folge 7 and 8 (1953): 37-44; Folge 9 (1954): 45- 53; — Protocol of The Lutheran Church In New York City 1702-1750, übers. v. Simon Hart und Harry J. Kreider, New York City, NY: Synod, 1958; — Trautz, Fritz: Die Pfälzische Auswanderung nach Nordamerika im 18. Jahrhundert, Heidelberg: Carl Winter Universitätsverlag, 1959 [=Heidelberger Veröffentlichungen zur Landesgeschichte und Landeskunde 4]; — Juntke, Fritz: Matrikel der Martin-Luther-Universität Halle-Wittenberg 1 (1690 -1730), Halle: Universitäts- und Landesbibliothek, 1960, 201, 558; — Lutheran Church in New York and New Jersey 1722-1760: Lutheran Records in the Ministerial Archives of the Staatsarchiv, Hamburg, Germany, übersetzt v. Simon Hart und Harry J. Kreider, New York: United Lutheran Synod of New York, 1962, 9; — Schuchmann, Heinz: »Der 1708 nach Amerika ausgewanderte Pfarrer Josua Kocherthal hiess ursprünglich Josua Harrsch.« Mitteilungen zur Wanderunsgeschichte der Pfälzer 4 (1967); [Frei übersetzt v. Frederick S. Weiser als: »Notes on the Origins of Joshua Kocherthal,« Concordia Historical Institute Quarterly 41 (1968):146-153; — Buchholz, Walter L.: »Die bürgerliche Herkunft des Grafen Ferdinand Amadeus von Harrsch,« Genealogie: Deutsche Zeitschrift für Familienkunde 17,2 (1968): 33-49; — Schuchmann, Heinz: »Sibylla Charlotta Winchenbach, the Wife of Joshua Kocherthal.« Mitteilungen zur Wanderungsgeschichte der Pfälzer (1970/71): 25-28; übersetzt v. Frederick S. Weiser in Concordia Historical Institute Quarterly 44,3 (1971): 136-140; — Bennion, Lowell Colton: »Flight from the Reich: A Geographic Exposition of Southwest German Emigration, 1683-1815,« Diss. Syracuse University, Syracuse, NY, 1971; — The Albany Protocol: Wilhelm Christoph Berkenmeyer's Chronicle Of Lutheran Affairs in New York Colony, 1731-1750, übers.v. Simon Hart u. Sibrandina Geertruid Hart-Runeman, hgg. v. John P. Dern, Ann Arbor, MI: 1971; xv, xxv-xxvi, lii, 8, 13, 35, 39, 42-43, 192, 231, 299, 531, 545, 579; — Kelly, Arthur C. M.: Baptism Record, St. Paul's Lutheran Church, West Camp, N.Y. 1708-1899 and Luther's Chapel, Saugerties, 1844-1851, Evangelical Lutheran church of the Messiah, Troy, 1869. Transcribed and indexed by A. C. M. K. Rhinebeck, NY: 1975· — Hildebrand, Bernhard.:«Josua de valle concordiae vulgo Kocherthal: Die Schicksale des Josua Harrsch aus Aalen-Fachsenfeld.« in: Aalener Jahrbuch (1978): 170-172; — Anonym [Karl Scherer]: Vorwort zum Neudruck der 4. Auflage von Kocherthals Carolina: Neustadt an der Weinstrasse: Meininger, 1983; — 300 Jahre Pfälzer in Amerika = 300 Years Palatines in America, im Auftrag des Bezirksverbands Pfalz bearbeitet von Roland Paul, unter Mitwirkung von Karl Scherer, Landau/Pfalz: Pfälzische Verlagsanstalt, 1983; — Andreas Sandels Dagbok 1701-1743, hg. v. Frank Blomfelt, Stockholm: Norstedts, 1988; — Echner-Klingmann, Marliese: » Eine grosse Persönlichkeit Eschelbronns: Josua Harrsch-Josua Kocherthal,« in: 1200 Jahre Eschelbronn, Eschelbonn: Rathaus, 1989, 80-83; — Brunner, Daniel L.: Halle Pietists in England: Anthony William Boehm and the Society for Promoting Christian Knowledge. Göttingen: Vandenhoeck & Ruprecht, 1993, 855-857; — Tolzmann, Heinrich, Hg., German Emigration to America: The First Wave, Bowie, MD: Heritage Books, 1993 [ND Jacobs & Diffenderffer]; — Scherer, Karl: »Josua Harsch alias Kocherthal—Der Führer in das 'neue Kanaan'«, in: Roland Paul, Hg., Pfälzer in Amerika, Kaiserslautern: 1995, 126-129; — Roeber, A[nthony] G[reg]: »Kocherthal, Josua von.«, American National Biography 12, New York, Oxford: Oxford University Press, 1999, 885-887; — Scherer, Karl: »Kocherthal {eigtl. Harrsch}, Josua«, Neue Deutsche Biographie 12, Berlin: Duncker & Humblot, 1999, 283-284; — Zieger, Andreas: Das Matrikelbuch des Haller Gymnasium Illustre. Schwäbisch Hall: Stadtarchiv, 2000; — Christian Cyclopedia, hgg. v. Erwin L. Lueker, Luther Poellot, Paul Jackson, Concordia Publishing House, 2000 [www]; — Jones, Henry Z, Jr.: The Palatine Families of New York vol. 1 (ND Rockport ME: Picton Press, 2001), 471-473; — Rector, Rebecca:«Kocherthal, Palatines in the Hudson & Mohawk Valleys of New York State: Was Your Ancestor One of Them,« Palatine Immigrant Journal 26, 3 (June 2001); — G.H.G. [Genzmer, George Harvey]: »Kocherthal, Josua von,« [Dictionary of American Biography?] vol.5, 484; — Löw, Kerstin: Deutsches Luthertum in »amerikanischer Wildnis«: Eine religionssoziologische Studie über die Akkulturation deutscher Lutheraner am Beispiel der Kolonie New York. Marburg: Tectum Verlag, 2003; — Williams, Kim-Eric: The Journey of Justus Falckner. Delhi, NY: American Lutheran Publicity Bureau, 2003; — Otterness, Philip: Becoming German, The 1709 Palatine Migration to New York. Ithaca and London: Cornell University Press, 2004, 25, 37, 83, 84-86, 98-99, 145, 148-9, 168; — Anonym. »Projekt: Die Auswanderung aus Bayern nach Nordamerika, Haus der Bayerischen Geschichte, 2004«; — Diekmann, Heiko: Lockruf der Neuen Welt: Deutschsprachige Werbeschriften für die Auswanderung nach Nordamerika von 1680 bis 1760, Göttingen: Universitätsverlag Göttingen, 2005, 81-83, 256; — Häberlein, Mark: Rezension von: Heiko Diekmann: Lockruf der Neuen Welt, in: sehepunkte 7 (2007), Nr. 11 [15.11.2007] http://www.sehepunkte.de/2007/11/10282.html; — Mielke, Andreas: "Kocherthal's Books: From the Library of New York's 'First Lutheran Pastor for the Germans.'" [Zum Druck eingereicht Februar 2008.]

Andreas Mielke

HAUSS, Friedrich, Pfarrer und Leiter des Volksmissionarischen Amtes in Baden, * 11.8. 1893 in Vogelbach bei Kandern, † 9.7. 1977 in Neusatz bei Bad Herrenalb. — H. wird am 11.9. 1893 getauft und wächst als erstes der drei Kinder von Pfr. Karl Hauß (21.1. 1864-19.5. 1943) und Auguste Hauß geborene Lehmann (10.3. 1866-24.1. 1949) in einem evangelischen Pfarrhaus auf. Die Familie wohnt wegen der Stellenwechsel des Vaters ab 1895 in Sandhausen bei Heidelberg, von 1906 an in Spöck nördlich von Karlsruhe. H. wurde am 5. April 1908 konfirmiert, im Juli 1911 machte er am Karlsruher humanistischen Gymnasium das Abitur. Schon als Kind hatte er Theologie studieren wollen. Dieses Studium nahm er im Wintersemester 1911/1912 in Erlangen auf, wechselte 1912 nach Tübingen, 1913 nach Heidelberg und auf den Winter nach Halle, um sein Studium wiederum in Tübingen im Oktober 1914 zu beschließen. Geprägt haben ihn in dieser Zeit besonders die Theologieprofessoren Adolf Schlatter und Karl Heim sowie seine Mitgliedschaft in der Deutschen Christlichen Studenten-Vereinigung (DCSV). — Nach dem Wehrdienst begann H. sein Vikariat mit der praktisch-theologischen Ausbildung in Heidelberg, die er im Spätjahr 1919 mit dem 2. theologischen Examen beendete. Er wurde am 22.9. 1919 durch seinen Vater in Spöck ordiniert und vom Evangelischen Oberkirchenrat auf Mitte Oktober nach Konstanz berufen. Zum 15. Mai 1920 wechselte er auf die Pfarrstelle in Nöttingen bei Karlsruhe. Er heiratete dort am 10. Juni Anna, Tochter des Pfarrers am Karlsruher Diakonissen-Mutterhaus. Anna und Friedrich H. hatten vier Kinder: Martin Karl Friedrich (geb. 1921), Maria (geb. 1923), Renate (geb. 1927) und Anna Margarete (geb. 1929). 1924 erschien H.s erstes Buch über »Erweckungspredigt und Erweckungsprediger«. Evangelistische Predigt war ein Kennzeichen von H.s eigener Predigttätigkeit in dieser Zeit, er wurde auch zu evangelistischen Ansprachen in andere Kirchengemeinden gerufen. — 1924 wurde H. Mitglied des Vorstands der Kirchlich-Positiven Vereinigung, 1926 der Landessynode. Von 1924 bis 1939 hielt er Freizeiten für Theologiestudenten und Pfarrer, die auch Mitglieder der Bekennenden Kirche (BK) in Baden wurden. Zum 1. Oktober 1926 bewarb sich H. auf die mitgliederstarke Karlsruher Pauluspfarrei. Im gleichen Jahr war er Vorsitzender des Badischen Evangelischen Jungmännerbundes geworden, für dessen Arbeit 1930 in Neusatz ein Jugendheim erbaut wurde. Aufgrund frühmorgendlicher exegetischer Arbeit veröffentlichte H. seine weit verbreiteten Werke »Biblische Taschenkonkordanz« und »Biblische Gestalten«. Vermutlich aufgrund von Hitlers programmatischer Stellung zum »positiven Christentum« stellte H. 1933 den Antrag auf Parteimitgliedschaft, ein, und trat trotz enttäuschender Erfahrungen in den nächsten Jahren wohl deshalb nicht aus, weil er meinte, durch seine Mitgliedschaft die kirchliche Jugendarbeit und Evangelisationstätigkeit schützen zu können. Im gleichen Jahr wurde er nämlich Mitglied des Bruderrates der badischen Bekenntnisgemeinschaft. Im zunehmend »gleichgeschalteten« Staat fanden in seinem Pfarrhaus geheime Sitzungen der BK statt, ebenso Treffen mit »Bekennern« anderer Kirchen und mit Männern der vorläufigen Kirchenleitung der BK. Er wurde im selben Jahr Mitglied des Führerrates der Evangelischen Jugend Badens und Leiter des Ausschusses für Volksmission des Badischen Bruderrates der BK. 1935 bestätigte Landesbischof Julius Kühlewein H.s Auftrag, die volksmissionarische Arbeit in der badischen Landeskirche zu leiten. Durch Broschüren zum Kirchenkampf erregte H. Aufsehen und Protest bei Deutschen Christen (DC), der NSDAP und in der von staatlicher Seite im Oberkirchenrat eingesetzten Finanzabteilung. Es kam zu Hausdurchsuchungen und Überwachung von Korrespondenz und Telefonaten. — Während des Zweiten Weltkriegs wurde H. als »unabkömmlich« für seine große Gemeindearbeit vom Wehrdienst befreit. Nach einem Fliegerangriff auf Karlsruhe am 4.9. 1944 wurde die Arbeit in der Paulusgemeinde unmöglich. H. wurde nach Nöttingen versetzt und betreute von dort aus Obermutschelbach und Wilferdingen. Vom Sommer 1945 an wurden das Pfarrhaus und die Johanniskirche in Karlsruhe repariert und aufgebaut. — Auf 1.12. 1950 wurde H. als Dekan für Pforzheim-Land auf die Pfarrstelle in Dietlingen berufen. Er war Mitglied der Landessynode der Evangelischen Kirche in Baden (1945-1959) und deren Vizepräsident (1845-1959). 1956 bis 1959 entstand H.s größtes schriftliches Werk, die oft nachgedruckte Biographiensammlung »Väter der Christenheit«. Zum 16. April 1959 wurde H. pensioniert und zog nach Neusatz. Landesbischof Julius Bender würdigte seinen Dienst für die missionarische Arbeit in der Landeskirche, den H. als Leiter des Volksmissionarischen Amtes bis 1966 versah. Der ab 1960 stattfindende und von H. mit begründete Henhöfertag sollte die Freunde der kirchlichen Volksmission sammeln und der Erweckung und Stärkung des Glaubens dienen. 1963 wurde H. von der Theologischen Fakultät der Universität Heidelberg die Ehrendoktorwürde verliehen. H. gründete 1966 gemeinsam mit Freunden die »Arbeitsgemeinschaft für biblisches Evangelium in Baden« und 1970 die »Evangelische Vereinigung für Bibel und Bekenntnis in Baden«. H. starb am 9. Juli 1977, er wurde in Neusatz begraben. Landesbischof Hans-Wolfgang Heidland würdigte in einer Trauerfeier in der Karlsruher Johanniskirche das Lebenswerk von H. als »der große geistliche Architekt, der nun in dem letzten halben Jahrhundert unserer Landeskirche hin und her im Land, geistliche Werke errichtet hat, in denen wir uns bewegen, in denen sich die Gemeinde trifft, oft ohne an den Urheber überhaupt zu denken«.

Werke: Erweckungspredigt und Erweckungsprediger: Die Erweckungspredigt des 19. Jh.s in Baden und Württemberg; Eine Untersuchung über die Ursache ihres Erfolges, Pforzheim, Klotzsche bei Dresden 1924. Von der 2. Aufl. an zusammengefaßt mit »Wach' auf, du Geist der ersten Zeugen! ...« unter dem Titel »Erweckungspredigt«, Nachwort von Lienhard Pflaum, Liebenzeller Studienhefte 6, Bad Liebenzell 1967², Liebenzeller Studienhefte NF 2, 1989⁴; Wach' auf, du Geist der ersten Zeugen! Die Frage nach den Ursachen des außerordentlichen Predigterfolgs der sogenannten Erweckungsprediger des 19. Jahrhunderts und eine Antwort, die uns heutigen hörbar werden möchte, Lebendige Kirche, H. 1, Pforzheim, Klotzsche bei Dresden 1925; »Leitsätze zur Abendmahlsfrage: Auf Grund einer Ansprache auf einer jungpositiven Konferenz aufgestellt« von Pfarrer F. H., Nöttingen; »Die Kerngemeinde«, in: Taufe, Konfirmation, Abendmahl und Kerngemeinde im Lichte des missionskirchlichen Prinzips, von Adolf Nieden, Fr. Kiefer, F. H., Lebendige Kirche, H. 2, Pforzheim 1925, 30-33, 34-42; Biblische Taschenkonkordanz: Darstellung und Erläuterung der wichtigsten biblischen Begriffe, Aus der Welt der Bibel, Bd. 6, Berlin 1930, bis 2002 sind 14 Auflagen nachweisbar: ital. Concordanze bibliche, übers. von Gianni Poletti, rev. von Giorgio Butterini, Roma 1974; Biblische Gestalten: Die Menschen der Bibel als Zeugen Gottes; Eine Konkordanz, Aus der Welt der Bibel, Bd. 9, Berlin 1934, bis 1999 sind 14 Auflagen nachweisbar: span. Figuras biblicas, hrsg. v. L. J. Callens, Madrid 1964; Biblisches Gebetbüchlein: Der Chor der biblischen Beter, die Gebetsweisungen und die Gebete der Bibel, Schule des Gebets, Bd. 1, Berlin 1936, bis 1963 sind sieben Auflagen nachweisbar, unter dem Titel: Schule des Gebets: Die Bibel lehrt uns beten, Metzingen 1990, bearb. u. hrsg. von Martin Hauß; Bengel, Johann Albrecht, Gelobet sei der Herr täglich!: Joh[ann] Albr[echt] Bengels kurze Schriftbetrachtungen und Gebete, für den täglichen Gebrauch ausgew. u. zusammengest. von F. H., Berlin 1936; Die uns das Wort gesagt haben, Lebensbilder und Glaubenszeugnisse aus dem schwäbischen Pietismus: Joh. Albr. Bengel, Joh. Frdr. Flattich, Frdr. Christoph Oetinger, Ludw. Hofacker, Aloys Henhöfer, Christoph Blumhardt d. Ä., Karl Mez, Samuel Hebich und Elias Schrenk, Gotteszeugen, Bd. 4, Berlin 1937, fünf Auflagen bis 1992; Kirche vor der Entscheidung! Hrsg. vom Volksmissionarischen Amt der Vereinigten Evang.-prot. Landeskirche Badens, Karlsruhe [1937]; Kirche, gib Antwort! Hrsg. v. Volksmissionarischen Amt der Vereinigten Evang-.prot. Landeskirche Badens, Vorw. von Landesbischof Kühlewein, Karlsruhe [1937]; Ungenützte Kräfte, Wachet auf! H. 4, Stuttgart 1937; Nun lob, mein Seel, den Herren!, eine Gabe für kirchliche Aufbauarbeit, hrsg. u. a. v. F. H, Karlsruhe o. J. [1937/38]; Kirche, verantworte dich! Wachet auf!, H. 7, Stuttgart 1938; Henhöfer, Aloys: Der Heilsweg : Predigten, ausgewählt und hrsg. zu seinem 150. Geb. am 11. Juli 1939 von F. H., Karlsruhe 1939, (gekürzt) 1962²; »An Särgen und Gräbern«, in: Christus lebt, ein Buch von fruchtbarem Dienst in Lehre und Leben, hrsg. von Hans Dannenbaum, Berlin 1939, 148-156; Das Johannes-Evangelium, Unter dem Wort: Kurzgefaßte Handreichung für unsere Bibel- und Gebetskreise, H. 2, hrsg. vom Volksmissionarischen Amt der Evang. Landeskirche in Baden, Karlsruhe [1948]; Leben, wirkliches Leben, Karlsruhe 1948; Gerecht und heilig: Eine Handreichung über Römer 6-8, hrsg. vom Volksmissionarischen Amt der Badischen Evang. Landeskirche durch Pfarrer F. H., Karlsruhe 1949, 1962²; »Barmherzige Liebe: Predigt zum 13. Sonntag nach Trinitatis (Lk. 10,23-27)«, in: Das Zeugnis der Kirche ihn der Gegenwart: Ein Jahrgang Predigten, hrsg. v. Wilhelm Herbst, Nürnberg 1952, 411- 415; Gottes Wort ist nicht gebunden: Ein Gang durch die Arbeitsfelder der Volksmission und Evangelisation in Deutschland, hrsg. von Heinrich Rendtorff, gemeinsam mit Herbert Fuchs und F. H., Gladbeck 1953; Väter der Christenheit, Wuppertal-Vohwinkel, Bd. 1, 1956; Bd. 2, 1957; Bd. 3, 1959, bis 1976 fünf Auflagen; mit zahlreichen Abb. neu hrsg. von Silvio Spahr, Wuppertal 1991; Karl Heim: Der Denker des Glaubens, Zeugen des gegenwärtigen Gottes, 148. Gießen, Basel 1960; Henhöfer und seine Freunde: Die Väter der kirchlichen Erweckung in Baden; zu Henhöfers 100. Todestag am 5. Dezember 1962 hrsg. v. F. H., Karlsruhe 1961, 1966²; Kirche, gib Antwort, hrsg. v. einem volksmissionarischen Arbeitskreis durch F. H., Karlsruhe 1962; Die Wirklichkeit des Heiligen Geistes heute: 5. Henhöfertag am 13. September 1964 in Schriesheim, hrsg. vom Volksmissionarischen Amt der Ev. Landeskirche in Baden durch Dekan D. F. H., Neusatz bei Herrenalb [1964]; Johann Christoph Blumhardt: Sein Leben und Wirken, Karlsruhe 1966; Zeichen und Wunder, die Gott getan hat durch J. C. Blumhardt, Dorothea Trudel, Samuel Zeller, Johannes Seitz, Neusatz 1966; Du bist der Gott, der Wunder tut: 8. Henhöfertag zur Erweckung und Vertiefung evangelischen Glaubens 16. und 17. September in Karlsruhe, hrsg. vom Freundeskreis der Volksmission der Evangelischen Landeskirche in Baden durch Dekan i. R. F. H., Neusatz über Neuenbürg [1967]; Jesus Christus Heiland der Welt: 10. Henhöfertag zur Erweckung und Vertiefung evangelischen Glaubens am 11. und 12. Oktober 1969 in Karlsruhe, hrsg. vom Freundeskreis der Volksmission der Evangelischen Landeskirche in Baden durch Dekan i. R. F. H., Neusatz über Neuenbürg [1969]; Christliches Glaubensbekenntnis des Pfarrers Henhöfer von Mühlhausen [hrsg. v. F. H.], Karlsruhe 1969; Als er mich rief: Zeugnisse aus der Kirchengeschichte, Wuppertal 1969; »Geschichte der badischen Volksmission«, »Mühen um den modernen Menschen«, in: ... zu loben unseren Gott: Aus der Arbeit der badischen Volksmission, hrsg. v. Reinhard Berggötz, Karlsruhe [1976], 17-18, 42-48; Erinnerungen und Erfahrungen, Metzingen 1976.

Lit.: Heinrich Neu, Pfarrerbuch der evang. Kirche Badens von der Reformation bis zur Gegenwart, Bd. 2, Lahr 1939, 240; — Wilhelm Busch, Plaudereien in meinem Studierzimmer, Gladbeck 1965 u. ö., 112; — Ein Leben für die Kirche im 20. Jahrhundert: Dekan i. R. D. Friedrich H., zum 75. Geburtstag am 11. August 1968, Kirchliche Volksmission, Sonderausg. des Rb. der Bibelkreise und des Freundeskreises der Volksmission Nr. 107, Karlsruhe 1968 [Bibliographie F. H.: S. 21-24]; — Dreißig Jahre Evangelische Vereinigung für Bibel und Bekenntnis in Baden 1970-2000, Schriesheim [1970]; — Zum Gedenken an Dekan i. R. D. Friedrich H. 11.8.1893-9.7.1977, Trauerfeier für Herrn Dekan i. R. D. Friedrich H. in der Johanniskirche in Karlsruhe am 14. Juli 1977, o.O., 1977; — Unter Gottes Güte und Treue: 50 Jahre Neusatz-Heim 1930-1980 = Henhöferbote Nr. 166, 1980; — Landesbibliographie von Baden-Württemberg, hg. v. der Kommission für geschichtliche Landeskunde in Baden-Württemberg, bearb. v. Werner Schulz u. a., Bd. 2.: 1975/76, Stuttgart 1981; — Heinrich Kemner, Da kann ich nur staunen: Lebenslauf, ABCteam B 302, Wuppertal 1983 u.ö., 193-194; — ders.: Von Gott geprägt: Begegnungen ..., Edition C, C 142, Neuhausen 1984, 50-54; — Hans Pfisterer, »Badische Pfarrerpersönlichkeiten: Ein Kapitel aus der Geschichte der Karlsruher Johanniskirche«, in: 1892/1992 - Die ersten hundert Jahre: [Festschrift zum hundertjährigen Jubiläum des Evangelischen Pfarrvereins in Baden e. V.], hrsg. von Gerhard Wunderer, Karlsruhe 1992, 136-153; — Die Evangelische Landeskirche in Baden im »Dritten Reich«, Bd. 2-6, VVKGB 46, 49, 60, 61, 62, Karlsruhe, 1992-2005, Biogramm F. H.: Bd. 6, 410; — Gerhard Schwinge, Hundert Jahre badische Pfarrerschaft und Heidelberger Theologenausbildung: Dokumentation einer Ausstellung aus Anlass des 100jährigen Jubiläums des Evang. Pfarrvereins in Baden e. V., Karlsruhe 1992, 52, 55, Abb. 42; — Klaus Baschang, F. H. und wir Nachgeborenen: Aufgaben der Volksmission, in: Aufbruch 29, 1993, H. 44, 12; — Klaus Zimmermann (Hrsg.), Worte, die erinnern: Dietlinger Predigten aus neun Jahrzehnten, hrsg. Evangelische Kirchengemeinde Dietlingen, Keltern-Dietlingen 1994; — Geschichte der badischen evangelischen Kirche seit der Union 1821 in Quellen, hrsg. v. Vorstand des Vereins für Kirchengeschichte in der Evang. Landeskirche in Baden zum Kirchenjubiläum 1996, Gerhard Schwinge u. Hermann Erbacher, Karlsruhe 1996, 573; — LThG 2, 860.

Jochen Eber

HEATH, Carl, * 1.12. 1869 in Epsom (Surry), † 4.3. 1950 in Guildford (Surry). Diplomat, Quäker. — Carl Heath wurde 1869 als Sohn von Richard Heath und seiner Ehefrau, die aus einer hugenottischen Familie stammte, geboren. Seine ersten Lebensjahre verbrachte er in Epsom und Paris, wo er sich zum Lehrer ausbilden ließ. Nach einem Aufenthalt in Schweden, bei dem er Effie Margaret Holden (1869-1953), seine spätere Frau, kennenlernte, unterrichtete Heath in London, Sheffield, Mansfield, Brüssel und Wigton. — 1909 wurde Heath zum Sekretär des neugegründeten National Peace Council ernannt. In den folgenden fünf Jahren reiste er durch ganz Europa, um für den Pazifismus zu werben. Von 1911 bis 1914 war er Herausgeber des International Peace Year-Book. 1916, unter den Eindrücken der blutigen Schlachten des Zweiten Weltkriegs, trat er den Quäkern bei, mit denen er schon seit vielen Jahren in Verbindung stand. So etwa nahm das »Friends Emergency Committee« der Quäker 1914 in seiner Wohnung in St. Stephens House (Westminster) seine Arbeit auf. — Während einer internen Zusammenkunft des Friends War Victims Relief 1917 in Skipton machte Heath erstmals seinen Vorschlag für »Quaker Embassies«. Nach seiner Vorstellung sollten in zentralen Metropolen der Welt Quäkerbotschaften neben den herkömmlichen Botschaften der Staaten für Frieden und Versöhnung unter den Völkern arbeiten. Seine Ideen legte er noch im gleichen Jahr in der Schrift »Quaker Embassies« nieder, die ein unerwartet großes Echo hervorrief. Um die Botschaftsidee zu verwirklichen, wurde der »Council for International Service« gegründet, mit Carl Heath als seinem ersten Vorsitzenden. Heath war der geborne Quäkeraktivist: 1920 wurde er Sekretär dieser Einrichtung und reiste bis nach Polen und Rußland, später auch nach Syrien und Palästina und 1925 in die USA. 1927 wurde der »Council for International Service« mit der »Friends Foreign Mission Association« zusammengelegt, und wieder wurde Heath, zusammen mit Harry Silcock (1882-1969), Sekretär des nunmaligen »Friends Service Council«. Von 1932 bis 1935 war Heath Generalsekretär dieser Einrichtung. Unter seiner Führung wurden Botschaften im Fernen Osten, in Delhi und Shanghai, eingerichtet. Die tatsächliche Wirkung der Botschaften auf den Gang der Weltpolitik ist schwer zu beurteilen, da die von den Quäkern betriebene Politik strengster Verschwiegenheit unterlag. Heath wurde auch der erste Vorsitzende des »Friends World Committee for Consultation«, welcher 1937 ins Leben gerufen wurde. Der Zweite Weltkrieg stellte seine Lebensarbeit in Frage und verursachte bei Heath eine schwere Sinnkrise. Er bezog sich nun stärker auf die inneren Kräfte und das mystische Moment des Quäkertums, ohne in seinen äußeren Bemühungen um den Weltfrieden nachzulassen. Seine Verankerung im Christentum wurde angesichts des Leides in der Welt gestärkt, wenn er freilich in Bedacht der Greueltaten des Krieges von Phasen der Verzweiflung nicht frei blieb. — Neben seiner Botschaftsarbeit war Heath vor allem in der Ökumene engagiert. Die Quäker sah er untrennbar mit den anderen christlichen Kirchen verbunden. 1917 wurde er Mitglied des Britischen Komitees der Bewegung um Erzbischof Lars Olof Jonathan (1866-1931) zur Einrichtung einer internationalen christlichen Konferenz. Heath war einer der Quäkerrepräsentanten der »World Conference of Churches on Faith and Order« und arbeitete als Schreiber der Sektion »Faith and Order« der Quäker. — In hohem Lebensalter begann Heath, sich einer neuen Aufgabe zu widmen: der Freiheit Indiens und der Versöhnung zwischen Großbritannien und Indien. Sein Kontakt zu Mohandas Karamchand Gandhi (1869-1948) in führte zur Einrichtung der »India Conciliation Group«, deren Vorsitz er bis zu seinem Tode innehatte. Mit dieser Einrichtung brachte er vor allem Politiker beider Länder zu inoffiziellen Gesprächen zusammen. Heath verstarb 1950, mitten in der Vorbereitung zu einer Indienkonferenz.

Werke: A directory of Lloyd Classes in Great Britain and Ireland in the Spring of 1893. London 1893; German strong verbs and irregular weak verbs. With notes. London 1904. ND London 1913; Lessing, Gotthold Ephraim: Selected fables. Hrsg. von Carl Heath. London 1907 (Blackie's Little German Classics, XXII); Jan Van Ruysbroeck. In: The Occult Review, V, 1, 1907, 19-24; Primer of French prose composition. Stories and anecdotes for translation into French. London 1907; Some notes on the punishment of death. London 1908; Phonetic French reader. London 1909; Heath, Carl; Gould, F. J.: Humane teaching and international peace. (London) 1910 (Publication on the National Peace Council, Educational Series, II); On punishment. A modern view of the rational treatment of crime. London 1913; The work of the Hague Tribunal. London (1913); The cost of war system to the British people for fifty years. London 1913 (Publication on the National Peace Council, Economic Series, IV). London 1914[2]; Non-resistance and spiritual power. Some considerations. London, um 1915; Where does the Peace Party stand? (Letchworth, um 1915) (Pacifist Tracts for the Times, I); Fighting religiously. A short examination of the argument of Paul Sabatier upon France and the war. Letchworth, um 1915 (Pacifist Tracts for the Times, IV); Peace by force. An international police and leagues for mutual defence. (Letchworth, um 1915) (Pacifist Tracts for the Times, V); Pacifism in the time of war. London 1915; Democracy and foreign policy. (Boston 1915); The pacific settlements of international disputes. London (1917); Heath, Carl; Ellis, M. E.: The real force. Hull (1917); Heath, Carl; Pethwick Lawrence, F. W.: The community of nations. Being an outline of international relationships based on consent and not on coercion. London 1917. London 1917[2]; The Wilson peace terms. Southampton (1918); Quaker embassies. (Letchworth 1918). (Oxted, um 1925[2]); The grace of God. London, um 1920; The problem of international relations. London, um 1920 (The Venturer, II); A central idea of God. Philadelphia, um 1920 (Woolman Series of Friendly Papers, I); Christus consolator. London (1920); Religion and public life. Woodbrooke 1922; Fundamentals of Quakerism. Leeds 1923 (Yorkshire Quarterly Meeting of the Society of Friends. 1905 Committee. A-Series, XLV); Die Bedeutung des Quäkertums in der heutigen Welt. Ein Vortrag, gehalten von Carl Heath, London, auf der Eisenacher Konferenz der Deutschen Freunde des Quäkertums im Juli 1923. Berlin 1923; Religion und öffentliches Leben. Berlin (1924). ND Bad Pyrmont 1968; Die Beziehungen des Einzelwesens zu der Gesamtheit in der Entwicklung des Quäkertums. Ein Vortrag. Berlin (1924) (Mitteilungen für die Freunde des Quäkertums in Deutschland, Beiheft I); Das Problem der internationalen Beziehungen. London, um 1925; The international service of the Society of Friends. (London, um 1925); Das Licht in uns. Berlin, um 1925; Religion and the making of war. (New York, um 1925) (Pacifist Tracts for the Times, II); Die Grundlagen einer wahren sozialen Ordnung. Beschlossen von der Jahresversammlung der englischen Quäker 1918. In: Junge Menschen. Monatshefte für Politik, Kunst, Literatur und Leben aus dem Geiste der jungen Generation, VII, 1, 1926, 11-12; Religion und Wirklichkeit. In: Mitteilungen für die Freunde des Quäkertums in Deutschland, III, 1, 1926, 8-9; Vom internationalen Dienst. In: Monatshefte der deutschen Freunde, IV, 8, 1927, 146-152; The ikon of the invisible God. London (1928); Faith, reality and the modern world. London 1928; Die Stellung der Quäker zu der Kirchenkonferenz in Lausanne und zu der Frage der »Allgemeinen Kirche«. In: Monatshefte der deutschen Freunde, V, 1, 1928, 7-8; Gott und die Freiheit des Geistes. Vortrag von Carl Heath. In: Monatshefte der deutschen Freunde, VI, 9/10, 1929, 187-199; India and us. Guildford 1930; Der historische Beitrag der Gesellschaft der Freunde. In: Monatshefte der deutschen Freunde, VII, 10, 1930, 273-284; The free spirit. Guildford 1930. Guildford 1933²; Von dem Gottesgedanken als dem Mittelpunkt des Lebens. In: Monatshefte der deutschen Freunde, VIII, 5, 1931, 129-131; The challenge of Carl Barth. A critical comment. London (1932); Der Freund als Einzelmensch und die Probleme der Welt. In: Der Quäker. Monatshefte der deutschen Freunde, IX, 10, 1932, 289-303; A kingdom of uses. London 1932; Gandhi. (London) 1932. ND (London) 1944. ND (London) 1946. (London) 1948²; Oneness of religious and secular life. London (1932); Die Bedeutung von Karl Barth. Zur Kritik von Dr. Rösel. In: Der Quäker. Monatshefte der deutschen Freunde, X, 1, 1933, 17-19; Karl Barth and the German church. In: The Friend. A religious and literary journal, XCI, 34, 1933, 731-732; Der Ruf Karl Barths. Auslegung und Kritik. Bad Pyrmont 1934. Bad Pyrmont 1946²; Religion and dictatorship. London 1934; Crime and humane ethics. London 1934 (The Roy Calvert Memorial Lecturer, 1934); Armed force 1917-1934. London 1934; Die Zeit der Jahresversammlung. In: Der Quäker. Monatsschrift der deutschen Freunde, XI, 3, 1934, 65-70; Schöpferische Ideen im internationalen Leben. In: Der Quäker. Monatshefte der deutschen Freunde, XII, 2, 1935, 41-45; Christus und die Quäker. Memorandum für die 6. Internationale Konferenz in Paris, 7.-9. Sept. 1935. In: Der Quäker. Monatshefte der deutschen Freunde, XII, 9, 1935, 277-282; Social and religious heretics in five centuries. London 1936. ND New York 1972 (The Garland Library of War and Peace); Heath, Carl; Heard, Gerald; Huxley, Aldous; Milne, A. A.; Nichols, Beverly; Alexander, Horace; Sheppard, H. R. L.: Essays. London (1936); The north-west frontier of India. London 1937 (Pamphlets, CCCXXXVII); Heath, Carl; Russell, Elbert: The sense of community. Amongst early Christians. In Quaker experience. London (1938); Glauben, Leben und Andacht. Eine Ansprache an Nichtfreunde. In: Der Quäker. Monatshefte der deutschen Freunde, XV, 2, 1938, 33-36; The international situation. 'The present fear...that needs a divine courage to its cure'. In: The Friend. The Quaker weekly journal, XCVI, 12, 1938, 235-236; The international situation. London (1938); The Indian federal problem. London 1938 (Pamphlets, New Series, III); Towards a new order for Europe. London (1939); Christians and aggression. 'Tyranny must be opposed by a most converting purpose'. In: The Friend. The Quaker weekly journal, XCVII, 13, 1939, 257-258; Christians and aggression. London 1939; The Quaker centre. An account of the beginnings and development of the Quaker international centre, from 1914 to 1939. London (1939); Das Leben ein Gebet. Bad Pyrmont 1939 (Richard-L. Cary-Vorlesung 1939); Conscription, 1939. London 1939; Life as prayer. London 1939; Botschaft der genfer Konferenz. In: Der Quäker. Monatsschrift der deutschen Freunde, XVI, 9, 1939, 268-270; Seid mannhaft! In: Der Quäker. Monatsschrift der deutschen Freunde, XVI, 10, 1939, 295-297; Towards a new order for Europe. In: Hartley, George E.; Rowntree, Joseph S.: This way lies peace! An outline of practical policy. Second edition, revised and enlarged, November 1940, including an additional section by Carl Heath. Leeds 1940², 29-32; The present crisis and the spirit of man. An address given at a conference on the theme of peace aims held at Oxford in July, 1941. (London 1941) (Peace Aims Pamphlet, VII); India and the war. London (1941); The Whitsun message. (Guildford, um 1941); Grund und Weite des Quäkertums. In: Der Quäker. Monatsschrift der deutschen Freunde, XVIII, 6, 1941, 70-75; India's freedom. London 1942; Carl Heath speaks. Hrsg. von Leonard Stout Kenworthy. (Fairmount), um 1945; A Quaker valuation of nationalism. London 1942; What should we do about Germany??? London 1944; Foundations. Guilford (1943); Introductory note. In: Fischer, Louis: A week with Gandhi. London 1943, (2); Allen, Edgar Leonard; Heath, Carl; Marwick, William H.; Phelps, Glyn Lloyd: Campaign towards a Christian peace. London (1943); Towards a Christian peace. New York 1945; William Temple and the oecumenical movement. In: Temple, William: An estimate and an appreciation. London 1946, 76-93; Unser Dienst. In: Der Quäker. Monatsschrift der deutschen Freunde, XX, 5/6, 1946, 69-70; The redemption of Europe. York 1947; Die Erlösung Europas. Eine Untersuchung. Bad Pyrmont 1947; Die Macht des Geistes. Zu Gandhis Fasten. In: Der Quäker. Monatsschrift der deutschen Freunde, XXI, 11/12, 1947, 166-167; Renascence. An essay on Europe's present need. (Brighton, 1947); Das Ebenbild des unsichtbaren Gottes. Bad Pyrmont 1948; The Amsterdam assembly. In: The Friends' Quarterly, II, 3, 1948, 139-147; Die Kirchenversammlung in Amsterdam. In: Der Quäker. Monatsschrift der deutschen Freunde, XXII, 5, 1948, 264-271; Carl Heath (1869-1950). In: Kenworthy, Leonard S.: Quaker leaders speak. In collaboration with Therese Herzog, Violet C. Kenworthy, Helene Monastier, David Richie, Frederick J. Tritton, Dora Willson, Fritz Eichberg. Philadelphia 1952, 81-88; Internationale Verantwortung. In: Der Quäker. Monatsschrift der deutschen Freunde, XXXVIII, 2, 1964, 40; Religion und öffentliches Leben. In: Der Quäker. Monatsschrift der deutschen Freunde, XLII, 6, 1968, 147-150; XLII, 7, 1968, 161-164; Carl Heath (1869-1950). In: Kenworthy, Leonard S.: Sixteen Quaker leaders speak. Richmond 1979, 73-80.

Lit. (Auswahl): Religion and public life. Swarthmore Lecture, 1922. In: The Friend. A religious, literary, and miscellaneous journal, LXII, 21, 1922, 356-358; — P.(ollatz), L.(ili): »Glaube und Kirchenordnung«. Carl Heath berichtet über die Versammlung zu Edinburgh. In: Der Quäker. Monatshefte der deutschen Freunde, XIV, 8, 1937, 237-241; — P., H. B.: Carl Heath. In: The Wayfarer. A record of Quaker life and work, XXIX, 4, 1950, 52; — A.(albrecht), H.(ans): Carl Heath. In: Der Quäker. Monatsschrift der Deutschen Quäker, XXIV, 4, 1950, 50-51; — Tritton, Frederick J.: Carl Heath. Apostle of peace. London 1951; — Nachwort. In: Der Quäker. Monatsschrift der deutschen Freunde, XLII, 7, 1968, 164-165; — Heath, Carl (1869-). In: Sharma, Jagdish Saran: Encyclopaedia Indica. New Delhi 1975, 217; — Chijioke, Mary Ellen: Heath, Carl. In: Abbott, Margery Post; Chijioke, Mary Ellen; Dandelion, Pink; Oliver, John W. (Hrsg.): Historical Dictionary of the Friends (Quakers). Lanham 2003, 128 (Religions, Philosophies, and Movements Series, XLIV).

Claus Bernet.

HEINRICH VI., König von England 1422-1461, 1470/71; * 6.12. 1421 im Windsor Castle, England; † 22.5. 1471 im Tower of London

(Wakefield Tower), begraben in der St George's Chapel, Windsor Castle. — H. war das einzige Kind von Heinrich V., König von England (1387-1422) aus dem Hause Lancaster (Seitenlinie der Plantagenet-Dynastie) und dessen Gemahlin Katharina von Frankreich (Catherine de Valois, 1401-1437). Sein Vater hatte die Franzosen in der zweiten Phase des Hundertjährigen Krieges (u.a. Schlacht von Azincourt, 1415) in die Knie gezwungen. Er hatte die jüngste Tochter von König Karl VI. von Frankreich (1368-1422) und Isabeau de Bavière (Elisabeth von Bayern, 1370-1435) geheiratet und war in dem am 21.5. 1420 geschlossenen Vertrag von Troyes zum Erben des französischen Thrones erklärt worden; Dauphin Karl (später König Karl VII. von Frankreich, 1403-1461) wurde enterbt. Sein Tod am 31.8. 1422 brachte den Traum von einer englisch-französischen Doppelmonarchie jedoch in Gefahr. H. war gerade neun Monate alt, als sein Vater starb. Am 21.10. 1422 starb außerdem sein Großvater Karl VI., so daß H. gemäß den Bestimmungen des Vertrages von Troyes auch die Krone Frankreichs zufiel. Ein schwieriges Erbe, zudem sollte H.s Kindheit durch die Machtkämpfe zwischen seinen Oheimen um die Regentschaft überschattet werden. Heinrich V. hatte auf dem Sterbebett seinen Bruder John, Duke of Bedford (1389-1435) als Regenten von Frankreich und seinen jüngeren Bruder Humphrey, Duke of Gloucester (1390-1447) zum Vormund des jungen H. und zum Regenten von England bestimmt. Durch den großen Einfluß von H.s Großonkel Henry Beaufort, Bischof von Winchester (später Kardinal, um 1375-1447), wurde Gloucester die Macht entzogen, die Heinrich V. ihm hatte anvertrauen wollen. Am 5.12. 1422 beschloß das Parlament, Gloucester »nur« den Titel *Protector and Defender of the Kingdom of England* (Protektor und Verteidiger von England) zu übertragen. Darüber hinaus mußte sich Gloucester nicht nur den Entscheidungen des Regentschaftsrates beugen, sondern auch Bedford die Regierungsgeschäfte überlassen, solange derselbe sich in England aufhielt. — Am 19.5. 1426 wurde H. zum Ritter geschlagen. Am 1.6. 1428 erhielt er mit Richard Beauchamp, Earl of Warwick († 1439), einen *master*, der ihn in moralischen Tugenden, Literatur, Sprachen, Disziplin und höfischen Umgangsformen unterwies. Zwar erlernte H. auch das Waffenhandwerk, doch konnte er demselben Zeit seines Lebens nichts abgewinnen. — Unter Bedfords Führung war es den Engländern gelungen, Nordfrankreich gänzlich zu erobern. Doch mit dem Beginn der Belagerung von Orléans im Oktober 1428 wurde allmählich der Untergang eingeläutet. Jeanne d'Arc, die Jungfrau von Orléans, befreite die Stadt und führte Karl VII. nach Reims, wo er im Juli 1429 zum König von Frankreich gekrönt wurde. Daraufhin wurde H. am 6.11. 1429 in der Westminster Abbey zum König von England gekrönt; am 16.12. 1431 folgte in der Kathedrale von Notre-Dame zu Paris seine Krönung zum König von Frankreich. Doch erst 1437 (Allerheiligen) wurde H. für volljährig und die Minderjährigkeitsregierung für beendet erklärt. Von Beginn an zeigte sich, daß H. ein schwacher König war. H.s ausgeprägte Frömmigkeit und Prüderie sowie sein großes Interesse an Bildung und Erziehung (er gründete 1440 Eton und 1441 King's College, Cambridge) standen im krassen Gegensatz zu seiner Abneigung, zu regieren. Er verließ sich überwiegend auf die Urteile seiner Ratgeber, darunter die Beauforts und William de la Pole, 4. Earl of Suffolk (die sogenannte Hofpartei). H. versäumte nicht nur die Sanierung der maroden Staatsfinanzen, sondern auch die Belange in den französischen Domänen. Entgegen vieler Ankündigungen setzte er sich nicht an die Spitze einer Armee, um den Kampf seiner Vorfahren fortzusetzen. Ungeachtet der Gefangennahme von Jeanne d'Arc, die nach einem Scheinprozeß am 30.5. 1431 in Rouen verbrannt worden war, hörten die Rückschläge nicht auf. Schließlich verloren die Engländer mit Burgund ihren wichtigsten Bündnispartner; Herzog Philipp der Gute (1396-1467) einigte sich am 20.9. 1435 mit den Franzosen im Frieden von Arras. Im November 1440 beging H. mit der Freilassung des seit der Schlacht von Azincourt (1415) in englischer Gefangenschaft sitzenden Charles d'Orléans (1391-1465) den ersten Schritt zu einer Versöhnung mit dem Erbfeind Frankreich. Dies gefiel nur wenigen Lords, die das auf französischer Erde versickerte englische Blut entehrt sahen. Unter den Kritikern der Friedensbemühungen befand sich auch Gloucester, der ganz im Sinne des Angedenkens an seinem Bruder Heinrich V. eine harte Linie vertrat. H. wollte indes Frieden um jeden Preis, doch am 28.5. 1444 kam nicht mehr als ein Waffenstillstand zustande. Außerdem erklärte er sich in einer Geheimklausel zur Rückgabe von Maine und Anjou bereit. Bestandteil der Verhandlungen war die Verlobung H.s mit Margarete von Anjou (Marguerite d'Anjou, 1430-1482), die Nichte von König Karl VII. Anfang März 1445 fand in Nancy die Stellvertreterheirat statt; H. wurde durch Suffolk (inzwischen Marquis) vertreten. Am 22.4. 1445 heiratete H. Margarete von Anjou in der Premonstratensian Abbey von Titchfield (Hampshire). Die Erwartungen an der anglo-französischen Heirat sollten sich aber nie erfüllen. Die hinter dem Rücken der englischen Lords vereinbarte Rückgabe von Maine und Anjou vergiftete zunehmend die Atmosphäre am Hof. Gloucester bezahlte seine stetige Kritik an der Friedenspolitik seines Neffen mit dem Tod. Während der Parlamentssitzung in Bury St Edmunds im Februar 1447 wurde er unter Arrest gestellt; einige Tage später starb er unter ungeklärten Umständen. — Differenzen zwischen England und Frankreich in Bezug auf den Termin der Übergabe von Maine zwangen Karl VII. einen Belagerungsring um die Hauptstadt Le Mans zu ziehen. Weitere Friedensverhandlungen sollten scheitern. Karl VII. erklärte schließlich die Wiederaufnahme der Feindseligkeiten. Unter dem englischen Befehlshaber Edmund Beaufort, 2. Duke of Somerset (um 1406-1455), fielen zunächst Rouen (29.10. 1449) und Caen (1.9. 1449); mit dem Fall von Cherbourg (12.8. 1450) hatten die Engländer die gesamte Normandie verloren. — Die Frustration über die Verluste auf dem Kontinent entlud sich auf H.s Ratgeber. Adam Moleyns, Bischof von Chichester, fiel im Januar 1450 einem Mord zum Opfer. Kurz darauf wurde Suffolk, nunmehr Herzog, im Parlament des Hochverrats angeklagt. H. kam einem Urteil zuvor, als er seinem Günstling ab 1.5. 1450 für die Dauer von fünf Jahren des Landes verwies. Bei seiner Einschiffung wurde Suffolk ermordet. Dies war nur die Spitze des Eisbergs; England befand sich am Rande einer militärischen, politischen und wirtschaftlichen Katastrophe. Südostengland (Kent, East Sussex, Surrey und Middlesex) war aufgrund seiner Lage zwischen London und der Normandie besonders betroffen. Im Mai 1450 erhoben sich die aus allen Schichten stammenden Bürger unter Führung von Jack Cade (alias John Amend-All alias John Mortimer) und marschierten in Richtung London. Die Aufständischen verlangten die Entfernung der »Verräter«, mit denen sich der König umgab. Statt ihrer sollte H. die Lords von Geblüt zu seinen Ratgebern erklären. H. antwortete auf die Forderungen mit der Aufstellung einer Armee, worauf sich die Rebellen zerstreuten. H. ließ sie verfolgen, doch bei Sevenoaks erlitt die königliche Vorhut eine bittere Niederlage. Da nun auch die eigenen Truppen mit den Aufständischen sympathisierten, gab H. dem Drängen nach und schickte u.a. den Schatzmeister (*treasurer*) Lord Say in den Tower. Nachdem H. die Proklamation unterzeichnet hatte, flüchtete er entgegen der Bitten des Londoner Bürgermeisters nach Kenilworth (Lancashire). Die Rebellen kehrten zurück und eroberten am 3.7. London; Say und andere wurden von ihnen kurzerhand hingerichtet. Zwei Tage später kam es auf der London Bridge zu einem verlustreichen Kampf zwischen den Aufständischen und den Londonern. Kardinal John Kemp, Erzbischof von York und zugleich Kanzler von England (*chancellor*, † 1454), gelang es, die Rebellen zur Aufgabe zu überreden, indem er eine königliche Amnestie versprach. Nach dem endgültigen Zusammenbruch der Cade-Rebellion im Juli wurde H. ungeachtet seiner Flucht von den Londonern in allen Ehren empfangen. — Im Herbst 1450 trat Richard, Duke of York (1411-1460), auf das politische Parkett. Die Cade-Rebellion, dessen Anführer das Pseudonym »Mortimer« benutzt hatte, zwang York als Universalerbe der Mortimer, Stellung zu beziehen. Yorks königliche Abstammung ging in doppelter Hinsicht auf Eduard III. (1312-1377) zurück: Dessen dritter Sohn, Lionel of Antwerp, Duke of Clarence (1338-1368), war auf der Mutterseite (Anne Mortimer, 1390-1411) Yorks Urgroßvater; der fünfte Sohn, Edmund of Langley, 1. Duke of York (1341-1402), war sein Großvater väterlicherseits. Die Lancaster-Könige führten ihren Thronanspruch aber auf Eduards III. vierten Sohn John of Gaunt, 1. Duke of Lancaster (1340-1399), zurück und übergingen somit bewußt die weibliche Erbfolge (was im sichtlichen Gegensatz zu dem über eine Frau basierenden englischen Anspruch auf die französische Krone stand und Ursache des Hundertjährigen Krieges war). Von 1436 bis 1437 und von 1440 bis 1445 hatte er als *lieutenant* (Statthalter) die Domänen in der Normandie verteidigt; seine Amtszeit war aber nicht verlängert worden. Stattdessen war ihm die Statthalterschaft über Irland übertragen worden; Zeitgenossen sahen in der Ernennung eine Verbannung, da York der Hofpartei unbequem wurde. Die Normandie ging schließlich unter seinem Nachfolger Somerset verloren; York empfand dies offenbar als persönlichen Affront, zudem befand sich Somerset nach wie vor in der Gunst H.s. York hatte nun nicht nur seinen Statthalterposten in Irland ohne königliche Erlaubnis verlassen, sondern forderte auch den ihm bisher verwehrten Sitz im *council* (Kronrat). Mit dem Ziel der Verteidigung seiner Ehre sammelte York im Februar 1452 seine Anhänger und marschierte auf London. Er beschuldigte Somerset öffentlich des Hochverrats; aufgrund mangelndem Zuspruchs wurde York jedoch zur Unterwerfung gezwungen. — Im Herbst 1452 bemühte sich John Talbot, Earl of Shrewsbury, um erneute Bodengewinnung in Frankreich; aber im Sommer 1453 fand der Hundertjährige Krieg sein endgültiges Ende. In der Schlacht von Castillon am 17.7. 1453 wurde Shrewsbury Armee vernichtend geschlagen; er selbst fand den Tod. Was den Engländern blieb, war der Brückenkopf Calais. Im August 1453 hielt sich H. in Clarendon auf; vermutlich erfuhr er dort von dem Desaster in Castillon. Aber ob diese katastrophale Nachricht Auslöser für H.s plötzlich auftretende Geisteskrankheit war, bleibt Spekulation. Sein Erinnerungsvermögen, seine Sprache und auch seine Körperbeherrschung waren beeinträchtigt. Es war allem Anschein nach das Erbe seines französischen Großvaters Karl VI., der selbst an periodischem Wahnsinn gelitten hat. Um Unruhen zu vermeiden, wurde der Zustand des Königs zunächst von der Hofpartei geheimgehalten. Währenddessen brachte Königin Margarete am 13.10. 1453 im Westminister Palace nach acht Jahren Ehe ihr erstes und einziges Kind zur Welt: Eduard. Gerüchte, daß Somerset der wahre Vater sei, verstummten nie. Aufgrund seines Geisteszustandes war H. zunächst nicht in der Lage, seinen Sohn anzuerkennen; trotzdem wurde der Knabe Mitte März 1454 durch das Parlament zum Prince of Wales erhoben. Am 27.3. 1454 ernannte das Parlament schließlich York zum Protektor von England. Sein Schwager Richard Neville, Earl of Salisbury (um 1400-1460), folgte dem verstorbenen Kardinal-Erzbischof Kemp als *chancellor*. Um Weihnachten 1454 gewann H. seine geistige Gesundheit zurück. Umgehend machte er Yorks Bemühungen zur Reformierung des Staates rückgängig. Darüber hinaus setzte er den durch Yorks Einfluß inhaftierten Somerset wieder auf freien Fuß und erklärte ihn zum loyalen Untertan. Salisbury wurde durch Thomas Bourchier, Erzbischof von Canterbury (um 1407-1486), als *chancellor* ersetzt. Von der *council*-Sitzung im April 1454 waren York und die Nevilles - Salisbury und sein Sohn Richard, Earl of Warwick (1428-1471) - ausgeschlossen, sie erhielten aber eine Einladung für die am 25.5. einberufene Beratung in Leicester, bei der Maßnahmen zum Schutz der Person des Königs »gegen seine Feinde« ergriffen werden sollten. York, der das Schicksal Gloucesters in Bury St Edmunds vor Augen gehabt haben muß, marschierte mit den Nevilles dem König entgegen, um ihn von ihrer Loyalität zu überzeugen. Am 22.5. 1455 kam es zur Konfrontation zwischen den königlichen Truppen und den Yorkisten in St Albans. Somerset fiel; H. trug durch einen verirrten Pfeil eine leichte Verletzung am Nacken davon. Mit der Schlacht von St Albans begannen die sogenannten Rosenkriege (der Begriff stammt von Sir Walter Scott, 1771-1832); die Zeitgenossen sprachen von den *cousin's wars*. Die Ursachen waren einerseits die unterschiedlichen Auffassungen hinsichtlich der Führung des Krieges in Frankreich, andererseits regierte mit H. ein schwacher König, der es zuließ, daß sich die mächtigen Adelsfamilien mit ihren Privatarmeen persönliche Machtkämpfe liefern konnten. Jedenfalls forderte York zu diesem Zeitpunkt noch nicht die Krone. — Die durch seine Verletzung oder durch einen erneuten Anfall von Geisteskrankheit hervorgerufene Handlungsunfähigkeit H.s bewog das Parlament am 17.11. 1455 York abermals zum Protektor zu ernennen; seine Amtszeit endete bereits am 25.2. 1456, als ein offensichtlich genesender König vor dem Parlament erschien und das Protektorat für beendet erklärte. Hinter H.s. Entscheidungen stand aber nunmehr Königin Margarete, die Yorks wachsende Macht fürchtete; vehement würde sie sich von nun an für die Verteidigung des Erbes ihres Sohnes einsetzen. — Ein französischer Angriff auf Sandwich im August 1457 machte notgedrungen einen Schulterschluß zwischen den verfeindeten Parteien - den Yorkisten auf der einen und den Anhängern der Lancaster auf der anderen Seite - erforderlich. Am 23.3. 1458 einigten sich York, Salisbury und Warwick mit den Söhnen der Gefallenen in der Schlacht von St Albans. York und seine Gefolgsleute fanden sich bereit, für 45 Pfund jährlich Messen für die Toten singen zu lassen. H. rief daraufhin zu einer *Loveday*-Prozession zur Kathedrale von St Paul's in London auf; am 25.3. (Mariä Verkündigung) reichten sich die Rivalen in Gegenwart des Königs die Hände. Doch im Frühling 1459 gingen beide Seiten dazu über, Truppen auszuheben. Bei Blore Heath (südwestlich von Newcastle-on-Lyme) am 23.9. 1459 siegte Salisbury über das königliche Heer. In der Nacht vom 12. zum 13.10. 1459 wurde York bei Ludford Bridge zur Aufgabe gezwungen, als seine Männer zur königlichen Armee überliefen. Er flüchtete nach Irland, während sein ältester Sohn Eduard, Earl of March (1442-1483), Salisbury und Warwick nach Calais gingen. March und die Nevilles kehrten im Sommer 1460 zurück und schlugen das königliche Heer am 10.7. in der Schlacht von Northampton; sie fanden H. in seinem Zelt im Lager der Lancaster außerhalb Northamptons. Während Königin Margarete mit ihrem Sohn Eduard, dem Garanten für den Fortbestand der Lancaster-Dynastie, in Schottland Zuflucht gefunden hatte, beherrschten die Yorkisten den Willen des Königs. Im Herbst 1460 kehrte York aus Irland zurück; am 10.10. forderte er im Parlament die Krone. Bereits am 28.10. verabschiedete das Parlament den sogenannten *Act of Accord*. Yorks Anspruch auf den Thron als Erbe von Lionel, Duke of Clarence, dem dritten Sohn Eduards III., wurde anerkannt, zumal H. vom vierten Sohn, John of Gaunt, abstammte. Da das Haus Lancaster bereits in der dritten Generation regierte, sollte H. bis zu seinem Ableben weiterhin König bleiben. York wurde zum Thronerben ernannt und Prinz Eduard enterbt. Doch schon am 30.12. 1460 fiel York in der Schlacht von Wakefield; Salisbury wurde wenig später hingerichtet. Ihre Köpfe wurden in York über dem Micklegate Bar zur Schau gestellt; Yorks Kopf, so die Legende, zierte eine Papierkrone. March rächte am 2.2. 1461 in der Schlacht bei Mortimer's Cross den Tod seines Vaters. Warwick unterlag am 17.2. in der zweiten Schlacht von St Albans der von Königin Margarete ausgehobenen Lancaster-Armee. Warwick entkam, er ließ aber König H zurück. Wiedervereint baten H. und seine Gemahlin in London um Einlaß, doch die Tore blieben aus Angst vor der plündernden Lancaster-Armee geschlossen. Statt ihrer betrat March die Hauptstadt im Triumph, und Anfang März 1461 proklamierten ihn die Bürger zum König von England. Am 29.3. 1461 (Palmsonntag siegte March in Towton, der blutigsten Schlacht Englands, über das königliche Heer, und er bestieg als Eduard IV. den Thron. — Unmittelbar nach dem Desaster von Towton flüchtete H. mit seiner Familie nach Schottland. Königin Margarete ersuchte um französische Unterstützung, doch alle Rückeroberungsversuche in den folgenden Jahren scheiterten. Im Juli 1463 ging Königin Margarete mit ihrem Sohn Eduard ins Exil nach Frankreich, während H. in Schottland blieb. Als Eduard IV. mit Schottland in Verhandlungen für einen Waffenstillstand trat, kehrte H. nach England zurück. Während der für die Yorkisten siegreichen Schlachten von Hedgeley Moor (25.4.1464) und Hexham (15.5. 1464) hielt sich H. offenbar im Bywell Castle im Tyne Valley auf. Als die Festung gestürmt wurde, fand man nur noch H.s *bycoket*, eine mit Hermelin gefütterte rote Samtmütze. Im Juli 1465 war H.s Flucht jedoch zu Ende; am 14.7. wurde er in Clitherow (Lancashire) gestellt. Im Wakefield Tower, ehemalige königliche Residenz des Tower of London, wurde »Henry of Windsor« gefangengesetzt. Eduard IV. gewährte respektable Haftbedingungen: Wein aus dem königlichen Keller und Samtkleidung wurden bereit gestellt, ein Priester las täglich die Messe. H.s hoffnungslose Lage sollte sich jedoch nochmals umkehren. Warwick, genannt der Königsmacher (*kingmaker*), überwarf sich bald mit Eduard IV. Er zettelte Aufstände an und nahm Eduard IV. auch kurzfristig gefangen. Endlich mußte er aus England fliehen und verbündete sich im Juli 1470 durch die Vermittlung von König Ludwig XI. (1423-1483) mit Königin Margarete; die Allianz wurde durch die Vermählung von Prinz Eduard und Warwicks Tochter Anne Neville (1456-1485) bekräftigt. Als Warwick nach England zurückkehrte, flüchtete Eduard IV. nach Flandern. Am 3.10. 1470 verließ H.

sein Gefängnis. Doch er blieb weiterhin nur eine Marionette; Warwick regierte in seinen Namen. Mit der Unterstützung Burgunds kehrte Eduard IV. im Frühling 1471 zurück. Am 11.4. betrat er London. Nach einer kurzen Begegnung mit Eduard verschwand H. wieder im Tower. Am 14.4. (Ostersonntag) schlug Eduard IV. Warwick in Barnet. Just an diesem Tage landeten Königin Margarete und Prinz Eduard bei Weymouth in Dorset. Eduard IV. stellte ihre Armee am 4.5. in Tewkesbury. Prinz Eduard, der an der Schlacht teilnahm, fand den Tod. Königin Margarete geriet kurze Zeit später in Gefangenschaft; 1476 wurde sie von König Ludwig XI. durch ein Lösegeld in Höhe von 50.000 Kronen freigekauft; sie starb am 25.8. 1482 im Château de Dampierre nahe Saumur im Anjou. Der Tod von Prinz Eduard besiegelte auch das Schicksal seines Vaters. Für König Eduard IV. gab es keinen Grund mehr, seinen Rivalen am Leben zu halten; solange »Henry of Windsor« lebte, würde die Lancaster-Sache nie aufhören zu existieren. Eduard IV. betrat London am 21.5. im Triumph; in der Nacht zum 22.5. 1471 wurde H. im Wakefield Tower, während er sich im Gebet befand, getötet. Fast alle Chronisten stimmen überein, daß Richard, Duke of Gloucester (1452-1485), der 1483 als Richard III. den Thron bestieg, hinter dem Mord steht. H.s Leichnam wurde in der Londoner St Paul's Kathedrale mit unbedecktem Gesicht aufgebahrt. Später wurde er zum Beerdigungsgottesdienst nach Blackfriars (London) gebracht und danach per Schiff auf der Themse zum Benediktinerkloster Chertsey überführt, wo er in der Lady Chapel bestattet wurde. Wenig später wurde H.s Grab ein Wallfahrtsort für zahlreiche Pilger. Mindestens 155 Heilungen und Wunder soll er vollbracht haben. König Richard III. wollte diesem Treiben offenbar ein Ende bereiten und veranlaßte 1484 die Überführung der sterblichen Überreste in die St George's Chapel in Windsor. — H.s Neffe Henry Tudor (1457-1509), der nach seinem Sieg über Richard III. in der Schlacht von Bosworth am 22.8. 1485 als Heinrich VII. den englischen Thron bestieg, und die Rosenkriege durch die Eheschließung mit Elisabeth von York (1466-1503), der Tochter Eduards IV., beendete, versuchte die Kanonisation seines Onkels in Rom durchzusetzen. Die Päpste Alexander VI. (1430-1503) und Julius II. (1443-1513) ernannten Kommissionen, die das Leben des Königs und die Wunder untersuchen sollten. Doch spätestens mit der Trennung von Rom durch König Heinrich VIII. (1491-1547) wurde das Vorhaben nicht weiter verfolgt.

Chroniken: Edward Hall (Hrsg.: Henry Ellis), Hall's Chronicle: The Union of the Two Noble and Illustre Families of York and Lancaster, London, 1809; Robert Fabyan (Hrsg.: Henry Ellis), The Concordance of Histories: The New Chronicles of England and France. London 1811; H. Nicolas, E. Tyrell (Hrsg.), A Chronicle of London from 1089 to 1483. London 1827; John Bruce (Hrsg.), Historie of the Arrivall of Edward IV, in England and the Finall Recouerye of His Kingdomes from Henry VI. A.D. M.CCCC.LXXI. London 1838; John Warkworth (Hrsg.: J. O. Halliwell), A Chronicle of the First Thirteen Years of the Reign of King Edward the Fourth. London 1839; Polydore Vergil (Hrsg.: Henry Ellis), The Anglica Historia London 1844; J. A. Giles (Hrsg.), Chronicon Angliae de Regnis Henrici IV, Henrici V, et Henrici VI. London 1848; J. S. Davies (Hrsg.), An English Chronicle of the Reigns of Richard II, Henry IV, Henry V and Henry VI. London 1856; James Gairdner (Hrsg.), »Gregory's Chronicle«: The Historical Collections of a Citizen of London in the Fifteenth Century. London 1876; Ders. (Hrsg.), The Paston Letters, 1422-1509. 3 Bde. Edinburgh 1910; C. L. Kingsford (Hrsg.), Chronicles of London. Oxford 1905; John Blacman (Hrsg.: M. R. James), Henry the Sixth: A Reprint of John Blacman's Memoir. Cambridge 1919; Philippe de Commynes, Die Denkwürdigkeiten des Philipp von Commynes, Herrn von Argenton. München 1920; A. H. Thomas, I. D. Thornley (Hrsg.), The Great Chronicle of London. London 1938; John Benet (Hrsg.: G. L. Harriss, M. A. Harriss), John Benet's Chronicle for the Years 1400 to 1462. Camden Miscellany. vol. XXIV. London 1972; The Croyland Chronicle Continuation, 1459-1486. 1986.

Lit.: J. Stevenson (Hrsg.), Wars of the English in France during the reign of Henry VI, Letters and Papers. 2 Bde, Roll Series. London 1861-1864; — Mary Anne Hookham, The Life and Times of Margaret of Anjou. 2 Bde. London 1872; — G. G. Perry, Bishop Beckington and Henry VI. in: English Historical Review, IX. 1894; — M. E. Christie. Henry VI. London 1922; — F. A. Gasquet, The Religious Life of Henry VI. London 1923; — P. Johnson, S. Leslie (Hrsg.), The Miracles of King Henry VI. Cambridge 1923; — B. H. Rowe, King Henry VI's claim to France in picture and poem. in: The Library, 4th series, XIII. 1933; — P. Grosjean, Henrici VI Angliae Regis Miracula Postuma. in: Société des Bollandistes. Brüssel 1935; — R. Weiss, Henry VI and the Library of All Souls College. in: English Historical Review, LVII. 1942; — J. J. Bagley, Margaret of Anjou. Batsford 1948; — J. R. Lander, Henry VI and the Duke of York's Second Protectorate. Bulletin of the John Rylands Library, XLIII. 1960; — Ders., The Wars of the Roses. 1968, Nachdruck Stroud 1997; — Johannes Haller, Heinrich VI. und die römische Kirche. Darmstadt 1962; — J. W. McKenna, Henry VI of England and the Dual Monarchy: Aspects of Royal Political Propaganda. in: Journal of the Warburg and Courtauld Institutes, XXVIII. 1965; — Ders., Piety and Propaganda: the cult of Henry VI. in: Beryl Rowlands (Hrsg.),

Chaucer and Middle English Studies in honour of Rossel Hope Robbins. London 1974; — R. L. Storey, The End of the House of Lancaster. London 1966, Nachdruck Stroud 1999; — S. E. Dicks, Henry VI and the Daughters of Armagnac: A Problem in Medieval Diplomacy. in: Emporia State Research Studies, XV. Kansas 1967; — Philippe Erlanger, Margaret of Anjou: Queen of England. London 1970; — S. John Saltmarsh, King Henry VI and the Royal Foundations. A commemorative oration delivered at Eton College. Cambridge 1972; — Hubert Cole; The Wars of the Roses. London 1973; — B. Clarke, Mental Illness in Early Britain. Cardiff 1975; — Ralph A. Griffiths, Duke Richard of York's Intentions in 1450 and the Origins of the Wars of the Roses. in: Journal of Medieval History. I. 1975; — Ders., The Reign of King Henry VI: The Exercise of Royal Authority, 1422-1461. Berkeley 1981; — Jock Haswell, The Ardent Queen: Margaret of Anjou and the Lancastrian Heritage. London 1976; — Charles Ross, The Wars of the Roses. London 1976; — John Gillingham, The Wars of the Roses. Peace and Conflict in Fifteenth Century England. London 1981; — Anthony Goodman, The Wars of the Roses: Military Activity and English Society 1452-97; London 1981; — David R. Cook, Lancastrians and Yorkists: The Wars of the Roses. London 1984; — Elizabeth Hallam (Hrsg.), The Chronicles of the Wars of the Roses. London 1988; — P. A. Johnson, Richard, Duke of York. Oxford 1988; — A. J. Pollard, The Wars of the Roses. London 1988; — Robin Neillands, The Wars of the Roses. London 1992; — V. Green, The Madness of Kings: Personal Trauma and the Fate of Nations. Stroud 1993; — D. Dunn, Margaret of Anjou, Queen Consort of Henry VI: A Reassessment of her Role 1445-53, in: R. E. Archer (Hrsg.), Crown, Government and People in the Fifteenth Century. New York 1995; — John Watts, Henry VI and the Politics of Kingship. Cambridge 1996; — Christine Carpenter, The Wars of the Roses. Politics and Constitution in England, c. 1437-1509. Cambridge 1997; — Alison Weir, Lancaster and York. The Wars of the Roses. London 1998; — Keith Dockray: Henry VI, Margaret of Anjou and the Wars of the Roses. A source book. Stroud 2000; — Bertram Wolffe, Henry VI. New Haven, London 2001; — Hagen Seehase, Axel Oprotkowitz, Die Rosenkriege. Das mörderische Ende des Hauses Plantagenet. Wald-Michelbach 2002; — Michael Hicks, The Wars of the Roses 1455-1487. Oxford 2003; — Helen E. Maurer, Margaret of Anjou: Queenship and Power in Late Medieval England. Woodbridge 2003; — Hanna Vollrath, Natalie Fryde (Hrsg.), Die englischen Könige im Mittelalter. Von Wilhelm dem Eroberer bis Richard III. München 2004; — Antje Fehrmann, Das Grabmalskonzept am Hof Heinrichs V. und Heinrichs VI. von England und der englische Anspruch auf den franzoesischen Thron. in: Hofkultur in Frankreich und Europa im Spätmittelalter. Berlin 2005; — Steven Goodchild, Tewkesbury : battleground Wars of th Roses; eclipse of the House of Lancaster 1471. Barnsley 2005; — Andrew Boardman, The first battle of St Albans 1455. Stroud 2006; — Peter Bramley, The Wars of the Roses: a field guide and companion. Stroud 2007.

Regina-Bianca Kubitscheck

HEMAN, Johann *Friedrich Carl* Gottlob; evangelischer Geistlicher, Professor für Philosophie und Pädagogik in Basel; geb. am 30. August 1839 (oder 30. Juli lt. Nachruf im Basler Anzeiger v. 6.4.1919) in Grünstadt (Pfalz); gest. am 3. April 1919 in Basel. — Friedrich Carl Heman war das erste Kind aus der zweiten Ehe seines zum Protestantismus konvertierten jüdischstämmigen Vaters David Heman. Als dieser 1844 eine Stelle als Leiter eines Missions- und Unterstützungshauses für (nicht nur, aber vor allem) konversionswillige Juden annahm, zog er mit seiner Familie nach Basel. Friedrich Carl besuchte zunächst in Basel die Schule und wechselte 1857 auf das Gymnasium in Zweibrücken (Pfalz), um die letzte Klasse und das Abitur zu absolvieren. 1858 nahm er in Basel das Philosophiestudium auf. 1860 führte er es in Erlangen fort, wechselte im darauffolgenden Semester aber das Studienfach zur evangelischen Theologie. Dieses Studium setzte er ab 1861 in Tübingen und nach einer kurzen Unterbrechung durch den Militärdienst ab 1863 in Basel fort. 1864 absolvierte er das theologische Examen in Speyer und wurde mit einer Arbeit über Schleiermachers Idee des höchsten Gutes an der Universität Tübingen im Fach Philosophie promoviert. — 1864-1871 war Heman in Germersheim als Stadtvikar im Dienst der Protestantisch-Evangelisch-Christlichen Kirche der Pfalz tätig. Er heiratete 1870 Sophie Blaul (1843-1930), die Tochter des 1863 verstorbenen Stadtpfarrers Dekan Blaul, mit der er sieben Kinder hatte (Elisabeth, Tony, Friedrich, Erwin, Maria, Richard und Johannes). 1871 wurde Heman Pfarrer in Konken in der Pfalz. 1874 folgte er seinem verstorbenen Vater im Baseler Amt als Proselytenerzieher des Vereins der »Freunde Israels« nach. 1883 habilitierte er sich für Theologie an der Universität Basel und wurde 1888 zum außerordentlichen Professor ernannt, allerdings für Philosophie und Pädagogik an der Philosophischen Fakultät. Dieser Fachwechsel hatte wohl mit »katholisierenden Tendenzen« in Hemans Denken zu tun, die u. a. in der Hochschätzung der scholastischen Philosophie und Theologie bestanden (vgl. Nachruf in der NZZ v. 4.4.1919). 1891 verlieh ihm die Stadt Basel das Bürgerrecht. 1897 unterstützte er Theodor Herzl bei der Vorbereitung des ersten Weltzionistenkongresses. — 1913 schied Heman aus seinem Amt als Erzieher des Vereins der Freunde Israels aus, 1916 wurde er von seiner Professur in den Ruhestand versetzt. Friedrich Carl Heman starb am 3. April 1919 in Basel. — Wissenschaftlich befaßte sich Heman neben Philosophie, evangelischer Theologie und Pädagogik auch mit der Geschichte des Judentums. Es war ihm ein theologisches Anliegen, den Juden zu zeigen, »daß die christliche Kirche ein Herz voll Liebe für das Wohl und Heil desselben hat« (zit. nach Reichrath 1996, 161). Dennoch tragen viele seiner Schriften und Vorträge zeittypische Züge, die man heute wohl »antisemitisch« nennen würde.

Werke: Schleiermachers Idee des höchsten Gutes, Diss. Phil. (Tübingen) 1871 [nicht nachgewiesen]; Eduard von Hartmann's Religion der Zukunft in ihrer Selbstzersetzung nachgewiesen, Leipzig 1875; Die Zukunft der Welt im Lichte der Geschichte und Offenbarung, Basel 1878; Die Erscheinung der Dinge in der Wahrnehmung, Eine analytische Untersuchung, Leipzig 1881; Die historische Weltstellung der Juden und die moderne Judenfrage, Leipzig [1]1881 [2]1882, dann noch einmal zusammen mit dem Folgenden als: Die historische und religiöse Weltstellung der Juden und die moderne Judenfrage, Gesammt-Ausgabe, Leipzig 1885; Die religiöse Weltstellung des jüdischen Volkes, Leipzig 1882, dann noch einmal zusammen mit dem Vorstehenden (s. dort); Ueber wissenschaftliche Versuche neuer Religionsbildungen, Habilitations-Vorlesung (Basel), Basel 1884; Der Ursprung der Religion, Basel 1886; Des Aristoteles Lehre von der Freiheit des menschlichen Willens (= Zur Geschichte der Lehre von der Freiheit des menschlichen Willens, Bd. I), Leipzig 1887; Die Bildungsideale der Deutschen im Schulwesen seit der Renaissance, Eine historische Skizze zu praktischen Zwecken, Basel 1892; Das Erwachen der jüdischen Nation, Der Weg zur endgültigen Lösung der Judenfrage, Basel 1897 (Übers. ins Polnische: Probuzdenie evrejskoj nacii, Put' k okoncatel'nomu reseniju evrejskago voprosa, Odessa 1898); Rez. »Paulsen's Kant«, in: Zeitschrift für Philosophie und philosophische Kritik 114 (1898); Was soll man von Zionismus halten?, Gedanken eines Nichtjuden, in: Zionisten und Christen, hrsg. v. Emil Kronberger, Leipzig 1900, 53ff.; Kant und Spinoza, in: Kant-Studien 5,3 (1900); Art. Israel, nachbiblische Geschichte desselben, in: Realencyclopädie für Protestantische Theologie und Kirche, Bd. IX, Leipzig 1901; Nietzsches »Antichrist«, in: Türmer-Jahrbuch 2 (1902); Art. Mission unter Juden, in: Realencyclopädie für Protestantische Theologie und Kirche, Bd. XIII, Leipzig 1903; Kants Platonismus und Theismus dargestellt im Gegensatz zu seinem vermeintlichen Pantheismus, in: Kant-Studien 8,1 (1903), 48-96; Immanuel Kants philosophisches Vermächtnis, in: Kant-Studien 9,1-2 (1904); Geschichte der neueren Pädagogik, Eine Darstellung der Bildungsideale der Deutschen seit der Renaissance und Reformation, Zum Unterricht für Lehrerseminare und zum Selbststudium (= Der Bücherschatz des Lehrers, Bd. X), Osterwieck/Leipzig [1]1904, [2]1909, [3]1911, [4]1913, [5]1919, neu bearb. v. Willy Moog [6]1921; Geschichte des jüdischen Volkes seit der Zerstörung Jerusalems, Stuttgart 1908, gekürzt u. bis a. d. Gegenwart fortgefürt hrsg. v. Otto von Harling [2]1927; Reich Gottes, Kirche und Kirchen, Vortrag in Eisenach, in: Das Reich Christi 11,3-5 (1908); Die religiöse Wiedergeburt des jüdischen Volkes, Vortrag an der IV. Herrnhuter Missionswoche im Oktober 1909, als Manuskript gedruckt, Basel 1909; Soziale Pädagogik, Korreferat gehalten in der Jahres-Versammlung der Freiwilligen Schulsynode Basel-Stadt am 24.11.1908, Basel 1909; Logik, Dargestellt als Wissenschaft von der die Wahrheit und Gewißheit ihres Denkens durch sich selbst begründenden Vernunft, Ein Lehrbuch für Studierende (= Der Bücherschatz des Lehrers, Bd. V), Osterwieck/Leipzig 1919.

Lit.: Tapp, Christian: Kardinalität und Kardinäle: Wissenschaftshistorische Aufarbeitung der Korrespondenz zwischen Georg Cantor und katholischen Theologen seiner Zeit = Boethius: Texte und Abhandlungen zur Geschichte der Mathematik und der Naturwissenschaften, Band 53, Stuttgart: Steiner 2005, 375-387; — Janner, Sara: Friedrich Heman und die Anfänge des Zionismus in Basel, »Oh, wenn ich Missionar sein könnte, möchte ich Missionar des Zionismus sein«, in: Judaica 53 (1997), 84-96 [im Anhang (106-121) erstmals veröffentlichte Briefe von Max Nordau, Theodor Herzl, Martin Buber und Sara F. Tonez an Friedrich Heman aus dem Archiv der Stiftung für Kirche und Judentum in Basel]; — Reichrath, Hans L.: Johann Friedrich Carl Gottlob Heman (1839-1919), in: Pfälzer Lebensbilder, hrsg. v. H. Harthausen, Bd. V, Speyer 1996, 135-170; — Janner, Sara: Aus dem Archiv der Stiftung für Kirche und Judentum I: Briefe von frühen Zionistinnen und Zionisten an Carl Friedrich Heman, in: Der Freund Israels 157 (1994), 11-13; — Janner, Sara: Aus dem Archiv der Stiftung für Kirche und Judentum I: Briefe von frühen Zionistinnen und Zionisten an Carl Friedrich Heman, in: Der Freund Israels 156 (1993), 6-8; — Art. Heman, Karl Friedrich, in: Encyclopaedia Iudaica, Das Judentum in Geschichte und Gegenwart, Bd. VII, Berlin 1931 (= Deutsches Biographisches Archiv II,557,419); — Art. Zum Tode von Professor Heman, in: Basler Nachrichten vom 8.4.1919; — Art. Prof. Karl Friedrich Heman †, in: Basler Anzeiger vom 6.4.1919; — Nachruf in: Neue Zürcher Zeitung vom 4.4.1919; — Art. Heman, C. F., in: Philosophen-Lexikon, hrsg. v. Rudolf Eisler, Berlin 1912 (= Deutsches Biographisches Archiv II,557,418); — Art. Heman, Karl Friedrich, in: Wer ist's?, Unsere Zeitgenossen, hrsg. v. A. L. Degener, Berlin 1909 (= Deutsches Biographisches Archiv II,557,417).

Christian Tapp

HERBERT *von Clairvaux* (Herbert de Mores; Herbertus Turrium Sardiniae Archiepiscopus; Herbertus Archiepiscopus Turritanus), OCist; * wohl in Südfrankreich, † spätestens 1198. — Vermutlich hält er sich zwischen 1153 und 1168/69 in Clairvaux auf, wo er auch sein Noviziat verbringt. Ob er Bernhard von Clairvaux, der 1153 ebendort stirbt, noch kennen gelernt hat, ist ungewiß, auf jeden Fall aber macht Herbert ihn zum Protagonisten zahlreicher seiner Erzählungen. Zwischen 1168/69 und 1178 scheint Herbert als Abt von Mores in der Champagne auf. Anschließend ist er bis 1181 wieder in Clairvaux aktiv, u. a. als Sekretär des Abtes Heinrich von Clairvaux. 1181 wird er als Erzbischof nach Torres auf Sardinien entsandt, wo er spätestens 1198 stirbt. — Herbert ist bekannt geworden als Verfasser einer Sammlung von Wundern und Visionen, die sich hauptsächlich in zisterziensischem Umfeld zugetragen haben sollen. Das Material für seinen *Liber miraculorum* bezog er vorwiegend aus mündlichen Quellen, wenn man den entsprechenden Angaben in seinem Werk Glauben schenken darf: vielfach macht er darin Mönche aus Clairvaux zu Gewährsmännern, die ihm, nicht immer freiwillig - manchmal muß er hartnäckig insistieren -, von wundersamen Begebenheiten erzählen, die sie selbst erlebt hatten oder die Mitbrüdern widerfahren waren. Die assoziativ angeordneten Erzählungen schildern in kleinerer Anzahl Heilungs-, Eucharistie-, Interventionsmirakel, zum Großteil aber Visionen: Äbte, Mönche, Eremiten, Novizen schauen im Traum oder in Entrückung heilige Personen (wie z.B Bernhard von Clairvaux), Dämonen, Engel oder kürzlich Verstorbene, und treten mitunter sogar in engen persönlichen Kontakt mit den erscheinenden Personen bis hin zum Austausch von Küssen. Die Auswirkungen dieser Erscheinungen auf die VisionärInnen werden bei Herbert durchgehend als Motivierung zu rechtem Handeln dargestellt. Zur Intention des Werkes: Die Freude und Labsal, die Herbert selbst, so schreibt er zumindest an einer Stelle, durch diese Offenbarungen erhalten hat, möchte er auch anderen zuteil werden lassen; darüber hinaus hat das Werk jedoch wohl hauptsächlich paränetische Funktion: die LeserInnen sollen mittels positiver Identifikationsfiguren in ihrem Glauben und ihrem Gottvertrauen bestärkt und zu einer frommen Lebensführung motiviert werden. — Herberts Wunderbuch ist nach dem derzeitigen Stand unserer Kenntnis in 17 Handschriften überliefert; darunter bieten zwei - die eine aus dem Kloster Fürstenfeld in Bayern, die andere aus dem Kloster Stams in Tirol -, den Herberttext in einer speziellen gekürzten Fassung. Daneben sind Textfragmente und -exzerpte unterschiedlicher Länge erhalten.

Ausgaben: P.-F. Chifflet, S. Bernardi Clarevallensis genus illustre assertum. Accedunt Odonis de Diogilo, Joannis Eremitae, Herberti Turrium Sardiniae archiepiscopi aliorumque aliquot scriptorum opuscula. Divione 1660, 161-394; Herberti Turrium Sardiniae archiepiscopi de miraculis libri tres. PL 185, 1273-1384 (Fragmenta ex Herberti libris de miraculis Cisterciensium monachorum PL 185, 453-466); G. Kompatscher Gufler, Herbert von Clairvaux und sein Liber miraculorum. Die Kurzversion eines anonymen bayerischen Redaktors. Untersuchung, Edition und Kommentar (Lateinische Sprache und Literatur des Mittelalters 39). Bern u.a 2005.

Lit.: G. Hüffer, Der heilige Bernard von Clairvaux. Eine Darstellung seines Lebens und Wirkens. Bd. 1: Vorstudien Münster 1886, v.a. 158-171; — P. Lehmann, Ein Mirakelbuch des Zisterzienserordens, in: Studien und Mitteilungen zur Geschichte des Benediktinerordens und seiner Zweige N.F. 14. München 1927, 72-93; — L. Weibull, En samtida berättelse från Clairvaux om ärkebiskop Eskil av Lund, in: Scandia 4 (1931) 270-290; — B. Griesser, Herbert von Clairvaux und sein Liber miraculorum, in: Cistercienser-Chronik 54 (1947) 21-39 und 118-148; — G. Raciti, Herbert de Mores, in: Dictionnaire de Spiritualité, Bd. 7,1. Paris 1969, 268f.; — B. P. McGuire, Structure and Consciousness in the 'Exordium magnum Cisterciense': The Clairvaux Cistercians after Bernard, in: Cahiers de l'Institut du Moyen-Age grec et latin 29 (1978), S. 33-90; — Ders., The Cistercians and the rise of the exemplum in early thirteenth century France: A reevaluation of Paris BN MS lat. 15912, in: Classica et mediaevalia 34 (1983) 211-267; — Ders., A Lost Clairvaux Exemplum Collection Found: The Liber Visionum et Miraculorum compiled under Prior John of Clairvaux (1171-79), in: Analecta Cisterciensia 39 (1983) 26-62; — Ders., La Présence de Bernard de Clairvaux dans L'Exordium Magnum Cisterciense, in: Vies et légendes de saint Bernard. Création, diffusion, réception (XIIe-XXe siècles). Actes des Rencontres de Dijon, 7-8 juin 1991, publiés par P. Arabeyre, J. Berlioz et Ph. Poirrier (Cîteaux: Commentarii Cistercienses, Textes et documents 5). Cîteaux 1993, 63-83; — G. Milia, I Cistercensi e la cultura nel ‚giudicato' di Torres, in: Rivista cistercense 5 (1988) 45-54; — A. M. Oliva, Erberto monaco di Clairvaux ed arcivescovo di Torres, in: Rivista cistercense 5 (1988) 325-337; — Dies., Erberto monaco di Clairvaux ed arcivescovo di Torres, in: Il Regno di Torres. Atti di »Spazio e Suono«, 1992-1993-1994, hrsg. v. G. Meloni u. G. Spiga. Sassari 1995, 166-171; — M. Casey, Herbert of Clairvaux's ‚Book of wonderful happenings', in: Cistercian Studies 25 (1990) 37-64; — G. Zichi, Prelati e monaci di Sardegna nel Liber miraculorum et visionum di Erberto arcivescovo di Torres, in: Il Regno di Torres. Atti di »Spazio e Suono«, 1992-1993-1994, hrsg. v. G. Meloni u. G. Spiga. Sassari 1995, 172-183; — LThK IV (^{3}1995), 1433f.

Als wichtigster Literaturhinweis ist jedoch folgende Publikationreihe zu nennen, in welcher seit 1999 laufend die Forschungsergebnisse des Gruppo di Studi »Herbertus« veröffentlicht werden: Herbertus Archiepiscopus Turritanus. Bollettino del Gruppo di Studi »Herbertus« 0ff. Centro studi Basilica di San Gavino 1999ff. — Ergänzend sei noch als eine der nach wie vor wertvollsten Arbeiten zum Thema Visionsliteratur folgendes Werk zitiert: P. Dinzelbacher, Vision und Visionsliteratur im Mittelalter (Monographien zur Geschichte des Mittelalters 23). Stuttgart 1981.

Gabriela Kompatscher Gufler

HERMANN von Marienstatt, * 1150 aus rheinischem Adel, † nach 1225 in Himmerod. — Stiftsherr von St. Cassius in Bonn, um 1175 Zisterzienser in Himmerod. Als der Kölner Erzbischof Philipp von Heinsberg anstelle der bereits 1177 untergegangenen Augustiner-Chorherren-Niederlassung auf dem Stromberg (heute: Petersberg) im Siebengebirge ein Zisterzienser-Kloster stiftete, wurde dieses mit Mönchen aus Himmerod unter Führung Hermanns als Gründerabt 1189 besiedelt. Wegen der ungünstigen Berglage betrieb er die Verlegung des Konventes in das nahe Tal des Heisterbaches (1192-99), von dem die neue Abtei den Namen Heisterbach übernommen hat (1193). Seit 1195 wirkte Abt in Himmerod. Stiftungen des Kölner Burggrafen Eberhard von Aremberg und seiner Gemahlin Adelheid von Molsberg (1215) auf dem Westerwald veranlassten Himmerod über das Tochterkloster Heisterbach erneut zur Entsendung von zwölf Mönchen unter der bewährten Leitung von Hermann. Diese erste Niederlassung *apud locum sancte Marie* - seitdem Marienstatt genannt - erfolgte zunächst in höherer Lage bei Neunkhausen (1212/15), mußte dann aber wegen erbrechtlicher Auseinandersetzung in der Stifterfamilie aufgegeben und an anderer Stelle, im Tal der Nister, neu gegründet werden (1222), nachdem die Grafen von Sayn diesen Platz zur Verfügung gestellt und dotiert hatten. In diesem Zusammenhang ist Hermann nun auch in Marienstatter Urkunden bezeugt. — Diese Vorgänge wurden bald legendär umkleidet und schriftlich erstmals in den »Marienstatter Tafeln«, der Urkunde zur Kirchweihe (ausgestellt am 27. Dezember 1324), überliefert. Dieses auch ikonographisch wertvolle Dokument befindet sich heute im Rheinischen Landesmuseum zu Bonn. Die Bildnisse der Äbte, an erster Stelle Hermann, sind Phantasiegebilde. Der Text erzählt: Die Gottesmutter sei dem sorgenvollen Abt im Traum erschienen und habe ihn auf eine Stelle hingewiesen, wo mitten im Winter ein Weißdornstrauch blühe. Dort solle das neue Kloster gebaut werden. Der bis heute gebräuchliche Namen für die Abtei bestand allerdings schon vorher und hat nicht, wie meist angenommen wird, hier seine legendäre Begründung erfahren. Das Wappen der Abtei allerdings zeigt In Anspielung auf das legendäre Wunder mit Abt Hermann einen blühenden Weißdornzweig. — Zum letzten Mal wird Hermann 1225 urkundlich als Abt erwähnt. Kurz danach ist er als einfacher Mönch nach Himmerod zurückgekehrt, wo er alsbald verstarb, wie das Kalendarium des Ordens bemerkt. Darin ist am 31. Mai das Gedenken (*memoria*) »des seligen Abtes Hermann, der die Fundamente von Marienstatt legte und der berühmt durch seine Sehergabe, auch durch viele andere Wunderzeichen hervorleuchtete«, verzeichnet. — Hermann hatte zwei Klostergründungen zu bewältigen, die durch geographische Ungunst, erbrechtliche Auseinandersetzungen und im Falle Heisterbach auch Widerstand aus der Bevölkerung erschwert waren. Beide Abteien entstanden zu einer Zeit, als die Zisterzienserbewegung bereits ihren Zenit erreicht und überschritten hatte. Im Jahr der endgültigen Bestätigung von Marienstatt tauchen am Rhein bereits die ersten Mendikanten auf, die den alten Mönchsorden zunehmend Konkurrenz bereiteten. — Der Rückzug Hermanns nach Himmerod mag vielleicht die Stimmung spiegeln. Heisterbach hat nur die eine Gründung auf dem Westerwald, Marienstatt überhaupt keine mehr zustande gebracht.

Lit.: Gilbert Wellstein: Hermann von Marienstatt. [2]Hachenburg 1927; — CistC 50, 1938, 237; — A. Zimmermann: Kalendarium Benedictinum 4, Metten 1933, 54; — S. Lenssen: Hagiologium Cisterciense 2. Tilburg 1949, 61 ff.; — Wolf Heino Struck: Marienstatt im Mittelalter. Wiesbaden 1965, Nr. 7, 8, 327.

Hermann Josef Roth

HESS, Werner, * 13.10.1914 in Frankfurt a. M., †11.04.2003 in München; evangelischer Theologe, Journalist, Intendant des Hessischen Rundfunks. — H., einziges Kind des Speditionskaufmanns Wilhelm Hess (* 6.10. 1871 Alsfeld, †12.2. 1938) und dessen Ehefrau Elfriede, geb. Söhngen, verw. Waldmann (*18.07.1876 Bochum, † 25.8. 1957 Frankfurt/M.), besuchte 1923-1932 das reform-humanistische Kaiser-Wilhelm-Gymnasium in Frankfurt-Sachsenhausen. Nach dem Abitur mit 17 Jahren studierte H. in Gießen, Marburg und Jena evangelische Theologie, im Nebenfach Theaterwissenschaften und Germanistik. Nach dem Fakultätsexamen in Jena (29.06.1936) besuchte H. in den Jahren 1936 und 1937 das Predigerseminar in Friedberg/Hessen und legte die Theologische Schlußprüfung am 28.04.1938 in Darmstadt ab. Er wurde dann zunächst beurlaubt, um das väterliche Speditionsunternehmen weiterführen zu können. Mit Beginn des Zweiten Weltkriegs am 1.9. 1939 wurde H. Stadtvikar in Frankfurt/M. (Ernennung rückwirkend im Dezember 1943), wegen der Einberufung zum Kriegsdienst im Oktober 1939 verzögerte sich die Ordination, die schließlich am 27.04.1941 in der Paulskirche vollzogen wurde. H. war zunächst in Greifswald in einem Flak-Ausbildungsbataillon, anschließend bis Kriegsende als Leutnant und Nachrichtenoffizier beim Flak-Regiment 46, das in Dorsten/Westfalen stationiert war. Dort lernte H. seine erste Ehefrau kennen, Marie Lieselotte (gen. Marielies) Elbers (*31.03.1923 Dorsten, †14.07.1965 Frankfurt/M.), die er am 20.05.1944 heiratete. Aus der Ehe gingen drei Kinder hervor: Dagmar (*09.08.1947), Astrid (*27.03.1951), Andreas (*27.08.1955). — Nach Kriegsende kehrte H. in den kirchlichen Dienst nach Frankfurt/M. zurück; in der Bethlehem-Gemeinde Frankfurt-Ginnheim zunächst Stadtvikar, wurde er dort am 15.12.1949 auch als Gemeindepfarrer eingeführt. H. war Mitbegründer der hessischen CDU (Jahresende 1945), die er allerdings bereits 1949 u.a. aus Protest gegen die Entscheidung für Bonn (statt Frankfurt/M.) als provisorische Bundeshauptstadt verließ. Schon seit 1945 war H. Mitglied im Michaeliskreis, einem Arbeitskreis für kirchliche Öffentlichkeitsfragen, seit Dezember 1948 vertrat H. die Landeskirche im Rundfunkrat des neugegründeten Hessischen Rundfunks in Frankfurt/M., 1949 wurde er Film-, 1952 Fernsehbeauftragter der EKD (bis 1960); er war 1949 Mitbegründer der Freiwilligen Selbstkontrolle der Filmwirtschaft (FSK), die er 1950 unter Protest verließ wegen der Freigabe des Films »Die Sünderin« (H. fand den unkritischen Umgang des Films mit dem Thema Euthanasie untragbar). H. war maßgeblich an der Formulierung der »Schwalbacher Thesen« beteiligt, die auf einer Tagung zum Thema »Film und Kirche« Ende Juni 1950 in Bad Schwalbach erarbeitet wurden. H. wirkte mit bei der Gründung der kirchlichen Matthias-Film-Gesellschaft 1950, der Evangelischen Filmgilde 1951 und weiterer Initiativen, die 1955 im Filmwerk der EKD zusammengefaßt wurden mit H. als erstem Vorsitzenden. H. war Stellvertretender Vorsitzender der Publizistischen Kammer der EKD unter Hanns Lilje (1899-1977; s. BBKL V (1993), 63-69), außerdem Vorsitzender des vorbereitenden Ausschusses für den Deutschen Evangelischen Kirchentag in Frankfurt/M. 1956. 1959 wurde H. Präsident des Rundfunkrats. Im Dezember 1960 schied H. aus dem Pfarramt aus, das er bis dahin immer noch versehen hatte, und wurde Fernseh-Programmdirektor beim Hessischen Rundfunk. Als Nachfolger des am 03.01.1962 verstorbenen Eberhard Beckmann (*08.01. 1905) wurde H. am 05.04.1962 Intendant des Hessischen Rundfunks. Zweimal wiedergewählt, bekleidete H. dieses Amt bis 1981. Während seiner Amtszeit wurden Technik und Programm des Hessischen Rundfunks ausgebaut (u. a. Schulfernsehen, 'Hessenschau', Fernsehbild in Farbe, hr3 als Servicewelle für Autofahrer, Studios in Kassel und Wiesbaden). 1968-77 war H. Vizepräsident der Union der Europäischen Rundfunkanstalten (UER), 1965/66 und 1976/77 Vorsitzender der ARD, am 23.06.1970 wurde er Verwaltungsratsvorsitzender des Deutschen Rundfunkarchivs Frankfurt; 1965 errichtete H. im Gedenken an seine verstorbene Ehefrau die Marielies-Hess-Stiftung, zur Förderung bemerkenswerter bildender Künstler, die eine Verbindung zum Land Hessen haben. 1964 war H. die Ehrenplakette der Stadt Frankfurt am Main verliehen worden, 1974 erhielt er die Goethe-Plakette des hessischen Kultusministers, 1984 das Große Bundesverdienstkreuz. Seit 1975 war H. stellvertretender Vorsitzender der Karl-Gerold-Stiftung, der alleinigen Gesellschafterin des Druck- und Verlagshauses Frankfurt/Main GmbH, 1988 übernahm er dessen Vorsitz. Seit 25.09.1979 war H. in zweiter Ehe verheiratet mit der ehemaligen Filmschauspielerin Gardy Granass-Hess (*07.01.1930 in Berlin als Hildegard Erika Charlotte Granass), die ihn auch in seinen letzten Lebensjahren pflegte. — In einer zunehmend von »Interdependenz« (heute »Globalisierung«) bestimmten Welt sah H. es als wesentliche Aufgabe an, der Gesellschaft Massenmedien zur Verfügung zu stellen, die weder von parteipolitischen, noch von sonstigen Gruppeninteressen manipuliert sind. Der einzelne »ist angewiesen auf die Information, die ihm von anderer Seite geliefert wird, er ist abhängig von dieser Information, er reagiert auf sie, denn durch sie allein ordnet er seine Position in dieser Welt und gegenüber dieser Welt. Vielleicht ist von seiten der Kirche dieser Tatsache bisher allzuwenig Beachtung geschenkt worden, daß die Reaktionen des einzelnen heutzutage in einem wachsenden Prozentmaß nicht mehr aus eigenen Impulsen, sondern aufgrund von Informationen aus fremden Quellen geschehen ... Es braucht hier nicht dargelegt zu werden, wozu es führt, wenn die Signalsetzung einseitig tendenziös arbeitet, denn wir haben aus den Beispielen der gelenkten Nachrichtengebung im Hitlerreich und in den ideologisch-totalitären Staaten von heute genügend Anschauungsmaterial. Die Freiheit und Unabhängigkeit der großen Massenkommunikationsmittel kann daher gerade für die Kirche keine blutleere akademische Frage bleiben, sondern sie fordert im höchsten Maße Wachsamkeit und aktive Teilnahme in all den Fällen, in denen die Frage nach der Beeinflußbarkeit oder Unabhängigkeit der großen Massen-Publikationsmittel zur Entscheidung heransteht. Eine neuverstandene kirchliche Öffentlichkeitsarbeit hat sich in jüngster Vergangenheit des öfteren sehr deutlich zu diesem Auftrag bekannt[,] und sie wird es auch weiter tun müssen, wenn sie den oft diskutierten 'Vorhof der Verkündigung' wirklich frei halten will« (H. in FS Scharf 1962, S. 99). Von diesem Verständnis her wandte sich H. energisch gegen den Versuch des damaligen Bundeskanzlers Konrad Adenauer, mit der Deutschland-Fernsehen GmbH einen zweiten bundesweiten Fernsehsender als eine Art Staatssender zu gründen. Auf der Grundlage der nämlichen Überlegungen ließ 'Bruder H.' sich als Intendant aber auch von seiten der Kirche nicht vereinnahmen, was dort teilweise auf geringes Verständnis stieß. H. setzte sich durchaus dafür ein, daß kirchliche Sendungen attraktive Sendeplätze erhielten, aber eben gerade nicht im Sinne einer Bevorzugung oder gar einer kirchlichen Dominanz über den Sender. Vielmehr sollte die öffentlich-rechtliche Konstruktion der gleichberechtigten Repräsentanz zahlreicher gesellschaftlich relevanter Gruppen im Rundfunkrat eine einseitige Instrumentalisierung des Mediums für bestimmte Gruppeninteressen verhindern. — H. sah die Aufgabe der Kirche im Bereich der öffentlich-rechtlichen Medien gerade darin, das Bemühen um möglichst unparteiische Rundfunkarbeit auf qualitativ hohem Niveau nach Kräften zu unterstützen. Letztlich spricht daraus die Überzeugung, die christliche Botschaft bedürfe keiner unlauteren Propaganda und brauche das Licht einer wahrhaft kritischen Öffentlichkeit nicht zu scheuen.

Werke: Rundfunkgespräch des Kirchenpräsidenten D. Niemöller mit Pfarrer Werner Hess über seine Moskau-Reise im Januar 1952. Zur Information unserer Pfarrer und Gemeinden von der Kirchenleitung übersandt. Darmstadt, 21. Januar 1952 [wieder in: Jan Niemöller, Erkundung gegen den Strom. 1952: Martin Niemöller reist nach Moskau. Eine Dokumentation, Stuttgart 1988, S. 46-51]; — mit Robert Geisendörfer: Handbuch für Evangelische Filmarbeit, München 1953; — Martin Luther. Eine Einführung in sein Leben. Mit Bildern aus dem Dokumentarfilm »Der gehorsame Rebell« von Curt Oertel und dem von der Lutheran Church Production und der Louis de Rochemont Associates New York hergestellten Spielfilm »Martin Luther«, Stuttgart (Ev. Verlagswerk) 1954; — Die evangelische Kirche und der Film, Bielefeld (Dt. Heimat-Verlag) [1955], 19 S., [Sonderdruck aus: EKD/Kammer für die publizistische Arbeit. Bericht 1949-1955]; — Beitrag in: Männer der Evangelischen Kirche in Deutschland. Eine Festgabe für Kurt Scharf zu seinem 60. Geburtstag. Hrsg. v. Heinrich Vogel u.a., Stuttgart (1962), S. 98f [mit Porträtfoto und faksimilierter Unterschrift]; — Rede auf die Toten vor 2395 Jahren und heute. Ansprache von Intendant Werner Hess beim Staatsakt der Hessischen Landesregierung zum Volkstrauertag 1965 am 14. Nov., Wiesbaden, Hessische Landeszentrale für politische Bildung; — 1948-1968. 20 Jahre »Evangelischer Film-Beobachter«. In: Evangelischer Film-Beobachter 44/1968, S. 505ff; — Die Pionierzeit evangelischer Filmkritik. In: Evangelischer Presseverband für Bayern (Hrsg.): 50 Jahre Evangelischer Presseverband für Bayern. Publizistik als Aufgabe der Kirche, München 1983, S. 56-59; — Geschichte der Familie Hess, zusammengestellt von Werner Hess, Juli 1985 [darin zur eigenen Vita S. 139f].

Lit.: Die Schwalbacher Thesen. In: Evangelischer Film-Beobachter 2 (1950), S. 89f, und 9 (1957), S. 537f; — Martin Lagois: Evangelische Filmarbeit. In: Hans Heuer u.a. (Hrsgg.), Unsere Evangelische Kirche heute. Aufgabe und Wirken der Kirche in der Gegenwart, Nürnberg 1960, S. 324-330; — [N.N.:] Intendant Werner Hess 60 Jahre alt. In: Weg und Wahrheit. Evangelisches Kirchenblatt für Hessen und Nassau 28 (1974), Nr. 43, S. 22; — [N.N.:] Intendant Werner Hess wurde 65 Jahre alt. In: Weg und Wahrheit. Evangelisches Kirchenblatt für Hessen und Nassau 33 (1979), Nr. 42, S. 2; — [N.N.:] Werner Hess wurde 70 Jahre alt. Erster Film- und Fernsehbeauftragter der EKD. In: Weg und Wahrheit. Evangelisches Kirchenblatt für Hessen und Nassau 38 (1984), Nr. 43, S. 21; — Axel Schwanebeck: Evangelische Kirche und Massenmedien. Eine historische Analyse der Intentionen und Realisationen evangelischer Publizistik, München 1990; — Hans Weißgerber: Pionier für die evangelische Publizistik. Werner Hess feierte seinen 80. Geburtstag. In: Evangelische Kirchen Zeitung. Das Sonntagsblatt für Hessen und Nassau 48 (1994), Nr. 42, S. 9; — Vom Pfarrer zum Rundfunkintendanten. Laudatio von Hans Abich zum 85. Geburtstag von Werner Hess, dem früheren Intendanten des Hessischen Rundfunks. In: Fernseh-Informationen. Unabhängige Korrespondenz für Hörfunk und Fernsehen 9/1999, S. 26; — epd: Vordenker gewürdigt. Werner Hess starb im Alter von 88 Jahren. In: Evangelische Kirchen Zeitung. Das Sonntagsblatt für Hessen und Nassau 57 (2003), Nr. 16, S. 4; — Joachim Schmidt: Glücksfall Werner Hess. Anmerkungen statt eines Nachrufs. In: Evangelische Kirchen Zeitung. Das Sonntagsblatt für Hessen und Nassau 57 (2003), Nr. 17, S. 10; — Gernot Facius: Werner Hess: Eine Karriere von der Kanzel auf den Intendantenstuhl. In: DIE WELT, 19.04.2003; — fi: Ein Leben für den hr. Werner Hess verstorben. In: Fernseh-Informationen. Unabhängige Korrespondenz für Hörfunk und Fernsehen 4/2003, S.22.

Mitwirkung an Filmen: Wir sind doch Brüder (Kurz-Dokumentarfilm), BRD 1951 (Regie: H. O. Schulze; Drehbuch-Mitautor W. H.); — Dr. Murkes gesammelte Nachrufe, BRD 1965 (Regie: Joachim Heß); — Das Unheil, BRD/Frankreich 1970/71 (Regie: Peter Fleischmann); — Es ist nicht leicht, ein Gott zu sein, BRD/UdSSR/Frankreich 1987-1989 (Regie: Peter Fleischmann).

Lexikonartikel u. dgl.: Wilhelm Diehl: Der Personalbestand und die Matrikel des evangelischen Prediger-Seminars für die Zeit von 1837 bis 1937. In: Ernst Gerstenmaier, Otto Stroh (Hrsgg.), Gottes Wort soll obschweben. Festschrift zur Hundertjahrfeier des Predigerseminars Friedberg i. H., 1937, S. 9-92, bes. 92 (Nr. 1625); — Wer ist wer? Das deutsche Who's who ... Hrsg. v. Walter Habel. XX. Ausgabe von Degeners Wer ist's? Bundesrepublik Deutschland und West-Berlin, Lübeck 1979, S. 500 [Spalte c]; — Jürgen Telschow, Elisabeth Reiter: Die evangelischen Pfarrer von Frankfurt am Main, Frankfurt/M. 1980 (Schriftenreihe des Evangelischen Regionalverbandes Frankfurt am Main Nr. 6), S. 131 (2., durchgesehene u. erweiterte Aufl. 1985, S. 145); — DBE[2] 4 (2006), S. 791 [Spalte a].

Hans-Otto Schneider

HEYER, Friedrich, * 24.1. 1908 Darmstadt, † 10.4. 2005 Schleswig. — Evangelischer Konfessionskundler. — F. H. wurde am 24.1. 1908 als ältester Sohn des Arztes Hermann Heyer (1873-1914) und seiner Ehefrau Hedwig (geb. Klaas, 1883-1909) in Darmstadt geboren. Zu den Verwandten zählen die bekannten hessischen Forstwissenschaftler, die Gießener Buchhändler und der Heraldiker und Adelsgenealoge Friedrich Heyer von Rosenfeld (1828-1896), die alle vom Bromskirchener Reitenden Oberförster Johann Georg H. (1720-1773) abstammen (vgl. zur Genealogie den Artikel Helene Christallers Ahnen in: Mitteilungen der Hessischen Familiengeschichtlichen Vereinigung 8,15 (1953) 488f. sowie die Artikel zu den verschiedenen H.s in der ADB, der NDB und in Biographien bedeutender hessischer Forstleute. Frankfurt 1990, schließlich F.H., In der Hügelstraße, 119). Früh verwaist, wuchs H. im Hause der Stiefmutter Mathilde Heyer (geb. Klopfer, 1888-1980), später in dem der Großmutter Luise Klaas (1860-1930) im Zentrum Darmstadts auf. Zu den frühen Kindheitseindrücken zählten die Bilder der in unmittelbarer Nachbarschaft wohnenden Familie des Großherzogs von Hessen-Darmstadt, bei der gelegentlich auch deren russischen Verwandte aus der Zarenfamilie sich einfanden, zuletzt 1910. Andere Prägungen erfolgten durch die vom späteren Industriellen Karl Kolb geleiteten elitären Ringpfadfinder und durch den Verkehr mit der schriftstellernden Tante Helene Christaller (1872-1953) und deren großbürgerlichen Gesellschaftskreisen in Jugenheim an der Bergstraße. Nach dem Besuch des Darmstädter Ludwig-Georgs-Gymnasiums wählte H. unter seinen drei Neigungen Sport, Schauspielerei und Theologie das Studium der Theologie. Tübingen, Gießen, 1928/29 - als Abgesandter der theologischen Fakultät Gießens - Montpellier und Göttingen waren seine Studienorte. Gefördert wurde er von der Vorgängerin der Studienstiftung des Deutschen Volkes, der 1925 ins Leben gerufenen »Wirtschaftshilfe der Deutschen Studentenschaft«, in die ihn der Professor der Mechanik Wilhelm Schlink (1875-1968), der Vater der Marienschwester Mutter Basilea (Klara) Schlink (1904-2001) und des späteren Professors für Dogmatik und Ökumenische Theologie Eduard Schlink (1903-1984) empfohlen hatte. Nach Abschluß der Studien wirkte er, das Predigerseminar umgehend, im niederösterreichischen Ernstbrunn: 1931/32 war H. Erzieher der beiden Knaben des Heinrich XXXIX. Fürsten Reuss zu Köstritz (1891-1946) und dessen Gemahlin Antonia Gräfin zu Castell-Castell (1896-1971), Heinrich IV. (1919-1954) und Heinrich VI. (1922-1942), zugleich Schloßprediger. 1932 entschloß er sich mit einem Studienfreund zu seiner ersten längeren Studienreise, den Spuren von Pfadfinderkameraden und seines Cousins, des Geographen Walter Christaller (1893-1969) folgend: Mit dem humorvollen Studienstiftler und späteren Professor für Klassische Philologie und Altertumswissenschaft an der Kirchlichen Hochschule Berlin, Otto Luschnat (1911-1990, vgl. Berliner Theologische Zeitschrift 3/1986, 354f.), durchwanderte er in abenteuerlichen Märschen den Balkan und gelangte schließlich bis zum Athos. Hier begegnete er zum ersten Male der Orthodoxie. Professor Nikolaos Louvaris (1887-1961, vgl. TEE 8/1966, 352-357), der nach Studien in Deutschland sich von seinem Lehrstuhl für Neues Testament in Athen aus ökumenisch engagierte, und die Athos-Mönche wiesen ihn ein. An dieser Episode aus dem Leben H.s wird die damals enge Vernetzung von Jugendbewegung und Ökumene deutlich, die für die Anfänge der Ökumenischen Bewegung insgesamt gilt. Im orthodoxen Kulturraum Europas zeigte sie sich analog in der intensiven Arbeit der Russischen Christlichen Studentenbewegung (Russkaja Christijanskaja Dviženie, 1923 in Prag entstanden). Zurückgekehrt nach Deutschland, avancierte H. sogleich zum Inspektor des Sprachenkonvikts in Göttingen und Stadtadjunkt (Vikar zur besonderen Verfügung, also eine Art Wandervikar) von Braunschweig. Durch Vermittlung seines akademischen Lehrers Emanuel Hirsch (1888-1972) gelangte er 1934 als Pastor von St. Michaelis nach Schleswig, wo er zunächst neben dem alten Dompropsten Theodor Stoltenberg († 1937) den Predigtdienst versah. Im gleichen Jahr heiratete er die aus aus einer berühmten Pastorenfamilie stammende Hedwig Lisco († 1987). Aus der Ehe gingen vier Kinder, Friedrich, Andreas, Peter, und Sabine, hervor. Gegen die auch in der Schleswiger Gemeinde aufgekommene Mode der Deutschen Christen hielt der junge Pastor Luther und die Positionen der Bekennenden Kirche hoch. Kurz vor Kriegsbeginn wurde H. von der damals deutschchristlich geprägten Göttinger theologischen Fakultät, der Hirsch 1933 bis 1945 als ständiger Dekan vorstand, mit der etwas einseitigen, außerdem das gestellte Thema verfehlenden und daher vom Lehrer nur mit rite beurteilten dogmengeschichtlichen Arbeit »Der Kirchenbegriff der Schwärmer« 1938 promoviert (vgl. dazu John H. Yoder, in: Mennonite Quarterly Review 34 (1960) 61-67). Neben einer weiteren Arbeit war dies die einzige Dissertation dieser Jahre bei Hirsch. Vierzig Jahre später wurde dieser erste historische Zugang zu Sekten und Freikirchen von H. wieder aufgenommen. Im Herbst 1939 nahm H. an einer kurzen Infanterie-Ausbildung teil. Dies ermöglichte ihm, der 1933 kurzzeitig auch Mitglied der Studenten-SA war, kurz darauf im Range eines »Sonderführer Z« bei der Geheimen Feldpolizei, also der »Gestapo des Heeres« tätig zu werden. In der Gruppe GFP 530 - die in seiner Autobiographie verschleiernd erwähnte GFP 529, in der er gedient haben will, existierte nicht - wirkte H. im Tarngewand eines Wissenschaftlers zunächst in Brüssel, später mit anderen Einheiten der GFP 704 in Rußland und der Ukraine (zur vor allem wegen der späteren Verwicklung in den neu entstehenden Bundesnachrichtendienst, in dem manche der im Gegensatz zu den einfachen Soldaten meist überlebenden Sonderführer wieder unter Vertrag kamen, kaum erforschten Abwehr vgl. Jean-Léon Charles, La Geheime Feldpolizei en Belgique et dans le Nord de la France. 2 Bde. Brussels 1972; Klaus Geßner, Geheime Feldpolizei. Zur Funktion und Organisation des geheimpolizeilichen Exekutivorgans der faschistischen Wehrmacht (Militärhistorische Studien NF 24) Berlin 1986). Waren die Organe des Reichsministeriums des Ostens und vor allem des Reichssicherheitshauptamtes (RSHA) mit dem Sicherheitsdienst (SD), der die Ereignismeldungen erstellte und eifersüchtig über seine Dominanz im Nachrichtenwesen wachte, und schließlich des Reichskommissariats stärker exekutiv-richtungsweisend tätig, so konnte und mußte die Abwehr diesen Tendenzen zuweilen entgegenwirken und Personen schützen. Dieses doppelte Versteckspiel war nach H.s Geschmack. Mit großem strategischem und psychologischem Geschick war man in der Abwehr auf Erkundung der Feindtätigkeiten, Gegenspionage und Infiltration bedacht. Unter den vielfältigen Kontakten der »militärischen Elitepfadfinder« waren hierbei auch die zu den Kirchen wichtig. In der Ukraine waren diese in die Fraktionen einer kanonischen moskauorientierten und einer nationalukrainischen autokephalen gespalten, was der Politik eines »divide et impera« Vorschub leistete. Angesichts des nicht existierenden und nicht gewollten ukrainischen Staates - H. selber sprach entsprechend nur leidlich russisch und ließ sich daher später etwa Metropolit Evlogijs russische Erinnerungen ausschnittweise übersetzen - waren diese als einzige offizielle Institution für die deutschen Besatzer ein guter Anknüpfungspunkt, Gesprächspartner und Vermittler. H., der insbesondere mit der Aufgabe der Auswertung der eingehenden Spionage-Nachrichten, mit Berichten für das Oberkomando des Heeres (OKH), insbesondere über eine erfolgreiche Aktion gegen OZON III, den polnischen »Obóz Zjednoczenia

Narodowego«, und gelegentlich mit dem Stricken an Legenden für »umgedrehte« Spione befaßt war, interessierte sich besonders für das Kirchenleben. Hierüber informierte er zunächst in einem Abriß seine Leutnantskameraden, anschließend in mehreren Tagebuchnotizen über seinen Studienfreund, den Pfarrer von Dorfmark und Kunsthistoriker Hans-Martin Rotermund (1906-1989), seinen lutherischen Bischof von Hannover, den in der Deutschen Evangelischen Kirche leitenden August Marahrens (1875-1950) (über das Leben und die Tragödien der GFP-Einheit vgl. die in die Form eines Romans gebrachten Erinnerungen seines Abwehr-Kameraden und mennonitischen Freundes Peter Braun (1909-1970), »Nostra Pulchra oder Das Glück von Polen«. Düsseldorf-Köln 1965. In den Jahren russischer Kriegsgefangenschaft und Lageraufenthalts hatte dieser lange über Schuld nachgedacht. H. erscheint in dem lesenswerten Roman - wegen der Übersetzertätigkeit und Athosliebe - unter dem Decknamen / der Legende Leutnant Hieronymi alias Bergmann, vgl. v.a. 42 f., 62 f., 68 ff., 91 ff., 289 f., 468). In den beiden ukrainischen Wirkungszentren der GFP-Einheit, Zdolbunov und Poltava, entstanden Freundschaften, so zu den Hierarchen Leontij (Filippovyč, 1907-1971) und Mstyslav (Skrypnik, 1898-1993), und zu weiteren Priestern wie Stepan Ljaševskij, zu Afanasij (Martas, 1904-1983) und anderen, die meisten von ihnen nach dem Kriege im Westen lebend. Bewegend waren für H. die Möglichkeiten, taufend und beerdigend am religiösen Leben der Einheimischen teilzuhaben. Gelegentlich werden die Priester und Gemeindeglieder sich der Abwehr gegenüber dankbar erwiesen haben, sei es für die Gewährung ihres zuvor unterdrückten religiösen Lebens, sei es aus Ressentiments gegen Polen und Russen (zur Thematik Nationalsozialismus und Kirche in Rußland/Ukraine vgl. die einschlägigen Arbeiten von M. Škarovskij (* 1961), Feodosij (Procjuk, * 1927), T. Minenko (1929-2006) und V. Paščenko, * 1947). Gegen Kriegsende floh H. über Rumänien, Ungarn und Österreich nach Deutschland und nahm umgehend seine Pastorentätigkeit in Schleswig wieder auf. Am 8. Juli 1945 begann er zusätzlich Studienarbeiten auf kirchlichem Boden für Dozenten und Studenten der kriegszerstörten evakuierten Kieler Universität. Die Unterkunft der Studienteilnehmer in Schleswig wurde anbetrachts zahlreicher ranghoher Kriegsteilnehmer scherzhaft OKW genannt. 1947 wurde H. unter dem Verdacht der Beteiligung an Kriegsverbrechen von englischem Militär verhaftet und in für mehrere Wochen in das Kriegsverbrecherlager in Hamburg-Fischbek eingewiesen, dann für mehrere Monate zum Prozeß nach Brüssel und Antwerpen überstellt, und möglicherweise sogar zunächst zum Tode verurteilt (so weiß es sein ehemaliger Assistent Jan-Gerd Beinke in seinem Nachruf), bald aber nach einem Verfahren in Belgien aus der Untersuchungshaft freigelassen, es war die Zeit des beginnenden »Kalten Krieges« (Truman-Doctrine 1947, Berlin-Blockade 1948, Aufbau des BND ab 1946). Auch wenn er im Krieg an Erschießungen nicht beteiligt war, so empfand er seine geheimdienstlerischen Verstrickungen in andere, oft tödlich endende Lebensschicksale im Nachhinein als peinlich und machte sich deshalb Selbstvorwürfe. Beflügelt nahm H. nach seiner Haftentlassung den Aufbau der »Kirchlichen Schule Schleswig« in Angriff, aus der 1954 die von ihm hauptamtlich geleitete Evangelische Akademie Schleswig entstand (ab 1965 in Bad Segeberg, 2003 geschlossen). In ihr fand sich die intellektuelle und politische Elite Nachkriegs-Deutschlands ein. Parallel zum Aufbau der Akademie erwuchs aus den Erlebnissen der Kriegszeit und im Austausch mit anderen nun in Schleswig-Holstein beheimateten Kriegsteilnehmern, darunter Historikern wie dem ehemaligen Abwehrmann Alfred Rammelmeyer (1910-1995) in Kiel, und dem früheren Prager SD-Mitarbeiter Hans-Joachim Beyer (1908-1971) in Flensburg, H.s Habilitation von 1951. Auf Grund dieser Arbeit über »Die orthodoxe Kirche der Ukraine von 1917 bis 1945« wurde er zum Privatdozenten für neuere Kirchengeschichte und Auslandskirchenkunde ernannt. Kurz darauf reiste er 1953 in die USA nach South Bound Brook/New Jersey, wo die Ukrainische Autokephale Orthodoxe Kirche sich gerade unter den Bischöfen Ioan (Teodorovyc, 1887-1971) und Mstyslav (Skrypnik, 1898-1993) ihr Zentrum schuf, und nach San Francisco, um seine Publikation vorzustellen. Nachdem die Evangelische Akademie Schleswig etabliert und H. zu ihrem Leiter bestellt war, folgte 1956 eine vierteljährige Reise mit dem Kleinbus nach

Jerusalem, wohl schon damals angesichts der gemeinsamen Erlebnisse zur diebischen Freude der studentischen Teilnehmer. In selben Jahr war posthum Hermann Mulerts Konfessionskunde in 3. Auflage erschienen, die sich, wie seit Anfang der Konfessionskunde bei Ferdinand Kattenbusch (1851-1935) üblich, zunächst den orientalischen Kirchen widmet (zu Mulert vgl. M. Wolfes, Art. Mulert, in: BBKL XV (1999), 1043-1110). Diesen ökumenischen Reise-Gesprächen schlossen sich solche in der Akademie Schleswig an, dokumentiert in den acht Heften »Bekenntnisse lutherisch-orthodoxer Begegnung« (Schleswig 1,1958-8,1965). Beim Aufbau der orthodoxen Akademien in Finnland und auf Kreta fand H. ein weiteres Betätigungsfeld. Folgerichtig war er zwar nicht an dem 1959 von der Evangelischen Kirche in Deutschland begonnenen Dialog mit dem Patriarchat Moskau, aber an dem seit 1969 mit Konstantinopel geführten Dialog beteiligt. Gleichzeitig entstand in diesen Jahren die Darstellung »Die katholische Kirche von 1648 bis 1870« (KiG N1) Göttingen 1963 = The Catholic Church from 1648 to 1870. London 1969. Insbesondere die Entwicklungen des im 19. Jahrhundert wichtigen französischen Katholizismus wurden hier verfolgt. Auf den hierzu notwendigen Reisen nach Paris besuchte H. den russischen Religionsphilosophen und Konfessionskundler Lev Zander (1893-1964), der am orthodoxen Institut St. Serge unterrichtete, der H. nun als »ökumenischen Kosaken« titulierte (F.H., In der Hügelstraße, 177). Auf diese Publikation hin erfolgte H.s Ernennung zum außerplanmäßigen Professor der Universität Kiel. Doch kurz darauf beriefen ihn Kollegen, die ihn teils bereits aus Vorkriegszeiten in Darmstadt (Peter Brunner, Edmund Schlink), und in Göttingen kannten (Heinrich Bornkamm, Hans von Campenhausen, Hans-Werner Gensichen), teils aber auch zuvor in Kiel gewirkt hatten (Rolf Rendtorff), als außerordentlichen Professor auf den neu errichteten einzigen Lehrstuhl für Konfessionskunde in Deutschland, dies auch in Blick auf das 2. Vatikanische Konzil. Statt aber den Vorgängen in Rom galt nun die ganze Aufmerksamkeit einem neuen Thema, Äthiopien. 1956 waren ihm die äthiopischen Mönche auf dem Dach der Grabeskirche in Jerusalem und später bei einer Schleswiger Tagung der Austauschstudent Kefelew Zelleke (1933-1998) Auslöser für neue Forschungen geworden. So wurde nun die Kenntnis der altorientalisch-orthodoxen Kirchen propagiert. Zahlreiche Reisen nach Äthiopien, auf denen Feldforschungen in der Weise unternommen wurden, wie sie inzwischen durch den launigen Soziologen Roland Girtler methodisch wieder populär gemacht wurden (vgl. Roland Girtler, Methoden der Feldforschung. Wien u.a. [4]2001) mündeten 1971 in der Darstellung »Die Kirche Äthiopiens. Eine Bestandsaufnahme«. Berlin / New York 1971 (vgl. hierzu die ausführliche Rezension von C.D.G.Müller in Kyrios 13/1973, der vor allem auf manche sprachlichen Mängel aufmerksam macht, die darin begründet waren, daß H. die äthiopische Sprache nicht beherrschte). Auch wenn H. hier die These wagt, das äthiopische Volk habe sich zunächst dem Judentum bekehrt und dann ohne den Durchgang durch den Hellenismus den Wechsel zum Christentum vollzogen (VIIIf.), so ist das Ziel des Werkes konfessionskundlich: die befremdende Andersartigkeit der äthiopischen Kirche erstmals nach 75 Jahren deutschsprachigen Lesern wieder bekannt zu machen. Von H. inspiriert und vom Evangelischen Missionswerk in Hamburg finanziert, entstand außerdem 1974-1990 unter Federführung von Prof. Sergew Hable Selassie (1929-2003) das »Amharische Kirchenlexikon«, durch das die eigene äthiopische Tradition und allgemein enzyklopädisch Kenntnisse über das Christentum den der Kirchensprache Ge'ez zumeist unkundigen Priestern und Gemeinden breiter zugänglich gemacht werden sollten. Konterkariert wurde dieses Unternehmen durch die äthiopische Revolution von 1974. Geschult aus den Kriegs- und Akademiezeiten und ermutigt durch die Erfahrungen des Dekanats (WS 1967/68, SS 1968) und die Vorbilder der 68er Generation wurde H. 1971 gleich mehrfach organisatorisch aktiv: Die »Tabor-Society« zur Unterstützung der Kirchenschulen in Äthiopien, die »Deutsch-Armenische Gesellschaft« - eine Wiederbelebung - und in Ergänzung der bisherigen ökumenischen Dialoge der Evangelischen Kirche in Deutschland die »Theologischen Südosteuropa-Seminare« wurden begründet. Flankiert wurden sie von zwei Zeitschriften, »Kirche und Schule in Äthiopien« (KuSch, Heidelberg 1,1977ff.) und die »Armenisch-Deutsche Korrespondenz«

(ADK, Mainz u.a. 1,1971ff.), beide zunächst als typischer Heyerscher Samizdat veröffentlicht. Die Referate der Südosteuropa-Seminare wurden ebenso vervielfältigt. Bis zur Emeritierung 1978 entstanden ein von H. herausgegebener Aufsatzband über die Kirche Armeniens in der konfessionskundlichen Reihe »Die Kirchen der Welt« und die von H. herausgegebene und in maßgeblichen Teilen verfaßte Konfessionskunde, die durch die gemeinsam mit Volker Pitzer verfaßte Darstellung über die Freireligiösen ergänzt wird. Rückblickend charakterisierte H. die Konfessionskunde als »eine Wissenschaft, die zu erlernen man nur abenteuernd in der Welt herumfahren muß« (In der Hügelstraße, 21). H.s Konfessionskunde, 50 Jahre nach Hermann Mulerts Konfessionskunde ([1]1927, [2]1937) erschienen, unterscheidet sich methodisch und im Anspruch von seinem Vorgänger: Die systematischen Überlegungen, die sich noch der vorangehenden Symbolik verdankten, wurden auf ein Minimum zusammengestrichen. Die Rekonstruktion von unterschiedlichen Wesen oder Prinzipien einzelner Kirchen wurde aufgegeben. Mit großem Sammelfleiß, dem die Einsicht in das Fragmentarische dieses Bemühens beigesellt ist, will diese Konfessionskunde als ein Lehr- und Lesebuch dem Dialog dienen. Sie folgt und dient der Ökumene: »Der Erdkreis ist vom Dialoggeschehen zwischen den getrennten Kirchen gleichsam überdeckt. Die ›in Christus vorgegebene Einheit‹ hat sich aufgemacht, sich selbst in unserer Geschichtswelt zu suchen. Wer miteinander reden will, muß einander kennen. So wandelt sich Konfessionspraxis zurück zur Konfessionskunde - Ergebnis einer Reflexion, die der Praxis folgt und weitere Praxis vorbereitet«. Exemplarisch werden im Verlauf der Darstellung kirchliche Positionen und Lebensweisen ins Gespräch gebracht und verglichen. Das im zwischenkirchlichen Gespräch immer wieder sich ereignende Stolpern über Verwerfungen und Häresien läßt sich nach H. als »zeitbezüglich« oder historisch relativieren. Die Einheit der Kirche wird schlicht als in Jesus Christus gegeben angesehen. Die Betrachtungsposition der Konfessionen ist evangelisch, H. selber sah sich als Lutheraner. Eine im Windschatten Bultmannscher Theologie stehende existentialtheologische und anthropologische Verortung der Konfessionskunde und dieser nachfolgende Bewertung der Konfessionsvielfalt als notwendig und legitim, wie sie kurz darauf Erwin Fahlbusch (1926-2007) vertrat, schien H. zu (praxis-) fremd und abstrakt. Ähnlich exemplarisch wie die Konfessionskunde gestalteten sich die von H. veranstalteten Begegnungsseminare mit Vertretern von Religionsgemeinschaften und Sekten, aus denen zuletzt 1993 der Band über die Anthroposophie erwuchs. Hiermit vertrat H. über seine Emeritierung hinaus den konfessionskundlichen Lehrstuhl über seine Einsparung und zeitweilige Neuinstallierung 1982-1985, allerdings als C-3-Professur, ausgefüllt durch Karl Christian Felmy (* 1938) und die anschließende erneute Streichung in höchst lebendiger Weise. Galten die Heyerschen Abenteuer-Exkursionen der 50er und 60er Jahren dem Athos und Griechenland, die der 70er Jahre vor allem Äthiopien - für den Einsatz und die weiteren Wege wurde er von der Äthiopischen Orthodoxen Kirche mit einem Ehrenbischofsstab geehrt - so schlossen sich hernach in der Zeit nach der Emeritierung bis Ende der 90er Jahre neben einer neuen Reihe von Reisen zu den griechischen Inseln in der Ägäis und Adria, Besuchen der Kopten und der indischen Thomaschristen (1986) und Reisen nach Rußland (1988) und in die Ukraine (1994) die zwanzig »Lehrkurse im Heiligen Land« an, die wohl vor allem zu H.s Popularität unter den Heidelberger Studierenden beitrugen. Gleichsam getrieben, suchte der von Statur her kleine Mann mit heller Stimme jedes Jahr Orte und Menschen von besonderer Ausstrahlung auf und überwand hinderliche Zäune oder Vorschriften sportlich mit einer Mischung aus Frechheit und zunehmender Altersunschuld. Während der vorbereitenden Seminare und Vorlesungen hierzu entstand die »Kirchengeschichte des Heiligen Landes«, Stuttgart 1984, um Fußnoten mit Nachweisen erweitert und um Bibliographie, Zeittafel und Register verkürzt, unter dem Titel »2000 Jahre Kirchengeschichte des Heiligen Landes. Märtyrer, Mönche, Kirchenväter, Patriarchen, Ausgräber und Pilger«. Hamburg 2000 (Studien zur Orientalischen Kirchengeschichte 11) zur Jahrtausendwende neu aufgelegt. Auch dies war eine originelle Publikation, denn bislang gab es nur eine umfangreiche griechische Arbeit zur Kirchengeschichte Jerusalems (Chrysostomos Papadopoulos, Istoria tes ekklesias Hierosolymon.

Athen [2]1970). Kurz darauf wurde das Werk von Freunden ins Arabische übersetzt und in Betlehem gedruckt. Die Theologischen Südosteuropa-Seminare waren Anlaß für den Band »Die orientalische Frage im kirchlichen Lebenskreis. Das Einwirken der Kirchen des Auslands auf die Emanzipation der orthodoxen Nationen Südosteuropas 1804-1912«. Wiesbaden 1991 (Schriften zur Geistesgeschichte des östlichen Europa Band 19). Die beiden Bände über die »Die Heiligen auf den Inseln. Viten und Hymnen aus Ägäis und Adria«. Erlangen 1991 (Oikonomia 29) und »Die Heiligen der Äthiopischen Erde«. Erlangen 1999 (Oikonomia 37), zwar auf wissenschaftlichen Studien fußend, zeigten noch einmal H.s Vorliebe für narrative Geschichtsschreibung. Bei aller Empathie schlug H.s einfühlende und historische Beschreibung mitunter ins Typische, gelegentlich ins Pittoresk-Groteske um. Die Legende schien ihm charakteristischer, weil hiermit für das Thema geworben wurde. So schrieb bereits sein Freund Peter Braun zutreffend: »Ja, Kinder, sagte Hieronymi, so bis ins 12. und 13. Jahrhundert war eine Legende dasselbe wie eine Lektion, eine lectio, eine kurze Reportage über einen sehr frommen, fast schon heiligen Menschen, einen sogenannten Bekenner. Durch diese Geschichten, die man damals verbreitete, machte man einen Bekenner bekannt. Das ist also eine frühe Form der publicity. In so einem Leben mußte irgendetwas Bedeutsames oder zum mindesten sehr Interessantes passiert sein« (Braun, Nostra Pulchra, 93). Wie eine große Kette von Legenden liest sich die im Selbstdruck 2002 erschienene, in der Substanz aber 1988/89 komponierte Autobiographie »In der Hügelstraße«. Zwischen bescheidener Demut und gelegentlicher schlitzohrig-flunkernder Prahlerei schwankend, gelegentlich drastisch und immer wieder staunend schließt sie nach dem Rückblick auf ein reiches und langes Leben mit dem Gefühl, das Arthur Rimbaud mit seiner Formulierung »Je est un autre« auf ähnliche Weise im 20. Jahrhundert, Friedrich Hölderlin im Empedokles bereits im 19. für die Moderne als charakteristisch beschrieb: »Was wir sind und machen, können wir nicht finden; was wir finden, sind wir nicht«. Als letzte große Veröffentlichung erschien 2003 H.s Habilitation in Neubearbeitung, die zunächst nur als Reprint mit zwei Nachtragskapiteln geplant war (vgl. dazu die Anzeige in der Festschrift »Horizonte der Christenheit«, 630) und dann nach einer gemeinsamen 10tägigen Reise im Herbst 1994 durch Mitarbeit von Christian Weise (* 1960) auf den Weg einer »Kirchengeschichte der Ukraine im 20. Jahrhundert« gebracht wurde (zu dem teilweisen Scheitern vgl. C. Weise, Ukrainische Kirchengeschichte im 20. Jahrhundert. Addenda et Corrigenda I. L'viv 2003). — Für sein Engagement empfing H. von den Orthodoxen Kirchen Auszeichnungen: 1984 ehrte ihn der armenische Katholikos Karekin I. (1932-1999) mit seinem Besuch. Neben dem äthiopischen Ehrenbischofsstab wurde er von dem syrisch-orthodoxen Patriarchen Mor Ignatius Zakka I. Iwas (* 1933) im Austausch für dessen Ehrung durch die Heidelberger theologische Fakultät mit dem theologischen Doktortitel honoris causae 1996 als »anonymer Soldat der ökumenischen Bewegung« mit dem Mar-Ephrem-Orden geehrt (vgl. C.Weise, Besuch Seiner Heiligkeit Mor Ignatius Zakka I. Iwas Patriarch von Antiochien und dem ganzen Osten in Deutschland: COst 51,2 (1996) 108-112), 1998 verlieh ihm die orthodoxe theologische Fakultät der Universität Lucian Blaga in Sibiu/Hermannstadt in Rumänien die theologische Ehrendoktor-Würde. Geehrt wurde er mit mehreren Festschriften, zuletzt zu seinem 95. Geburtstag. — Ein allgemeines Problem von H.s Darstellungen waren stets die wissenschaftlichen Belege seiner Forschungen, was mehrfach die Drucklegungen behinderte und aufgrund notweniger Nachträge verzögerte. Oft stammten seine Kenntnisse aus 2. Hand und waren nicht in mühsamen Archivforschungen erworben. Eine andere Schwierigkeit liegt darin, daß angesichts der vielen Details und Anekdoten wie bei Sammlern wohl nicht ganz untypisch die Einordnung und Wertung von Phänomenen ins Hintertreffen gerieten. H. war eben kein trockener Stubengelehrter. Und die eigentlich systematische Reflexion der Ökumene hatte sich bereits sein Heidelberger Kollege Edmund Schlink zur Aufgabe gemacht, der sich auch viel stärker in der großen Konferenzökumene engagierte. Andererseits: Bevor sie modern wurde, betrieb H. die Hermeneutik des Fremden, wie sie später Theo Sundermeier (* 1935) in Heidelberg religionswissenschaftlich gründete (vgl. T. Sundermeier, Den Fremden verstehen. Eine praktische Hermeneutik. Göttingen 1996), und dies in Zeiten vorherrschender Hermeneutik des Verdachtes, die gesellschaftlich und politisch Engagierte betrieben. H. kannte bereits aus Kindertagen die Einsamkeit zur Genüge! Die Fähigkeit und Bereitschaft, auch abstruse Darlegungen geduldig und verständnisvoll anzuhören und besonnen zu prüfen, was vielleicht auch aus ihnen noch gelernt werden kann, verborgenen, für andere bestehenden Sinn zu erkennen, mag teils bereits in den Zeiten des 2. Weltkrieges geschult worden sein - eigenen Ideen und Projektionen zu folgen wäre lebensgefährlich geworden - , teils war sie Ausdruck seiner ungestillten Neugier. Trotz einer Reihe von Schicksalsschlägen war er jedem Sicherheitsdenken abhold. Als Pionier in den verschiedenen Feldern der Konfessionskunde, zu dem als Teil der Begegnungen ein intensiv betriebener Briefwechsel und die aktive Mitgliedschaft in verschiedenen Wissenschaftler-Assoziationen, auch jenseits der Theologie, zählte, stand für H. die lebendige Begegnung mit allem Unerwartetem, auf das es spontan und einfallsreich, also originell zu reagieren galt, stets an erster Stelle. Auf seinen Reisen, während der Begegnungsseminare und in seinem gastfreundlichen Haus wurde diese weitherzige und optimistische Haltung und Kunst weitergegeben. In allen Begegnungen, Dialogen und Konflikten setzte H. stets auf das Prinzip »Kat' oikonomian«, also ein barmherziges, an der Existenz von Beziehungen orientiertes Verhalten und Auslegen (vgl. auch 1. Kor 10,23 sowie Hamilcar S. Alivizatos. Oikonomia. Frankfurt/M. 1998), eine Anregung aus der von ihm geliebten orthodoxen Kirche.

Herausgebertätigkeit: Armenisch-Deutsche Korrespondenz. Mainz u.a. 1,1971-35,1982; Bekenntnisse Lutherisch-Orthodoxer Begegnung. Schleswig 1,1958-8,1965; Cahiers d'études chrétiennes orientales. 1966-1976; Kirche und Schule in Äthiopien. Heidelberg 1,1975 ff.; Zeichen. Schleswig 1,1957-12,1965; (Mithrsg.), Dr. Johannes Fabri Malleus in haeresim Lutheranam (1524), herausgegeben von Anton Naegele. CCath 25/26 Zweiter Halbband. Münster 1952; Der Tanz in der modernen Gesellschaft. Theologen, Tanzlehrer, Pädagogen, Musikwissenschaftler, Ärzte und Soziologen deuten das Phänomen des Tanzes. Hamburg 1958 (Soziale Wirklichkeit 4); Versöhnung. Systematische Referate des Theologischen Südosteuropa-Seminars Universität Heidelberg Benediktinerabtei Stift Neuburg 11.-26. September 1971. Heidelberg [hektogr.]; Amharic Church Dictionary. Addis Ababa 1974-1990; (Mithrsg.) Heinrich Bornkamm / Friedrich Heyer / Alfred Schindler (Hrsg.), Der Pietismus in Gestalten und Wirkungen. Festschrift Martin Schmidt zum 65. Geburtstag. AGP 14. Bielefeld 1975; (Hrsg.), Universalität und Nationalität der Kirchen. Referate des Theologischen Südosteuropa-Seminars. Heidelberg 6.-17. September 1976. Heidelberg 1976. [hektogr.]; (F.H. unter Mitarbeit von Volker Pitzer), Religion ohne Kirche. Stuttgart [1]1977, [2]1979; Konfessionskunde. Berlin / New York 1977; Ergänzungshefte zur Konfessionskunde; (Bearb.), Mihai Radulescu, Gregor von Nareks »Buch der Kirchenoden«, in: ADK 17 (1977) 1-9; Die Kirche Armeniens. Eine Volkskirche zwischen Ost und West. KdW XVIII. Stuttgart 1978; Michael Benoit / F. H. (Hrsg.), Glaube im Übergang zum Industriezeitalter. Theologisches Südosteuropaseminar IV in Sibenik. Heidelberg 1979 [hektogr.]; J. Lepsius, Der Todesgang. Bericht über das Schicksal des armenischen Volkes in der Türkei während des Weltkrieges. Heidelberg 1980; Thessaloniki in seiner Ausstrahlung nach Südosteuropa. V. Südosteuropaseminar Thessaloniki. Heidelberg 1980; F.H. / Fairy von Lilienfeld (Hrsg.) Haile Getatchew, The Different Collections of Nägs' Hymns in Ethiopic Literature and their Contributions. Erlangen 1983 (Oikonomia 19); Amharisches Kirchenlexikon. Deutsche Textvorlage. Heidelberg 1989 [hektogr.]; Sergew Hable Selassie / F.H. (Hrsg.), Jä-Amharinga Jä-Beta Krestian Mäsgäba Qalat I-III. Heidelberg 1989. [hektogr.]; Heiwat'ta-Bäbäta Krestian (=Leben in der Kirche). Heidelberg 1989. [hektogr.].

Selbständige Publikationen: Der Kirchenbegriff der Schwärmer. SVRG 56,2 (166) Leipzig 1939; Die Ostkirche im befreiten Gebiet und Tagebuchblätter aus dem Osten. o.O. 1942. 13 S. [hektogr.]; Die Wiedererstehung der Ostkirche in der befreiten Ukraine. o.O. 1942. 25 S. [hektogr.]; Abschied von einer geliebten Stadt. o.O.o.J. 4 S. [hektogr.]; Beseda o ljuteranskoi cerkvi s pravoslavnymi christianami. (Eine Selbstdarstellung der lutherischen Kirche vor den orthodoxen Christen.) o.O. o.J. [Schleswig ca. 1951]; Die orthodoxe Kirche in der Ukraine von 1917 bis 1945 Köln-Braunsfeld 1953. (Osteuropa und der deutsche Osten 3); An die Damen und Herren des Kirchenvorstandes und die Mitarbeiter in der St. Michaelisgemeinde. New York 1953. 2 S. [hektogr.]; [Brief an Gemeindeglieder und Freunde]. San Franzisko 1953. 3 S. [hektogr.]; Die Begegnung der römischen mit der orthodoxen Kirche in der russischen Geschichte. Die Ostreihe H. 13. Hamburg 1956. (Deutsche Osteuropakunde); Die altkirchlichen, chalcedonensischen und nichtchalcedonesischen orthodoxen Patriarchate des Vorderen Orients zwischen russischer und westlicher Kirchenpolitik. Hamburg 1959. 12 S. [hektogr.]; Berlin-Crisis and Christianity in Germany. Schleswig 1959. 9 S. [hektogr.]; Die Kirche in der Begegnung der Völker. Bericht. 8 S. [hektogr.]; Die katholische Kirche von 1648 bis 1870. KiG N1. Göttingen 1963 = The Catholic Church from 1648 to 1870. Transl. by D.W.D. Shaw. London (Blake), 1969; Äthiopische Skizzen I-XI. 6,5,3,4,4,4,4,7,4,5 S.o.O. 1963. hektogr.]; Die griechische Präsenz in Deutschland. Schleswig 1965. 5 S. [hektogr.]; Bericht über die Studientagung der Evangelischen Akademie »Martyrium im 20. Jahrhundert«. Schleswig 1965. 4 S. [hektogr.]; Η ΕΥΑΓΓΕΔΚΗ ΕΚΚΔΗΣΙΑ ΕΝ ΓΕΡΜΑΝΙΑ (EKD). Frankfurt 1969; Die Kirche Äthiopiens. Eine Bestandsaufnahme. Berlin / New

York 1971, daraus Teilabdrucke, S. 99-101 [erg. Teilabdruck] = Malk der Heiligen, in: KuSch 9 (März 1980) 6-7; S. 39-47 = Der Tabot, in: KuSch 20 (Mai 1983) 8-13; S. 65-66 = »Heiligtümer am Wegrand«: KuSch 25 (Feb. 1985) 12-13 = [Gesammelte Aufsätze zu Äthiopien] hrsg. Jan-Gerd Beinke. KuSch 33 (1988), 176-177; S. 42-42, 298-303 [auszugsweise] = Aus der Geschichte der Tabotat: KuSch 26 (Aug.1985) 5.8-11; Debra Tabor. Berichte von Friedrich Heyer. (enth.: Debra Tabor Manfasawi Tamari Bet, 7 S.; Zum Thema Schulgeographie der Subprovinz Debra Tabor, 2 S.; Das Problem der production unit, 3 S.; Tarik von Debra Tabor, 19 S.; Die ausgemalten Kirchen des Ras Gugsa, 10 S.) Heidelberg 1972. [hektogr.]; Zyperns orthodoxe Klöster. Heidelberg 1972. 18 S. [hektogr.]; Armenische Traditionen auf Zypern. Heidelberg 1972. 4 S. [hektogr.]; (Fred V. Göricke, F.H. unter Mitarbeit von Jan-Gerd Beinke u.a.), Die Äthiopische Orthodoxe Kirche als Soziale Institution. Über die Schwierigkeiten der Anpassung der Kirche an veränderte sozial-ökonomische Strukturmerkmale der äthiopischen Gesellschaft. Heidelberg / Bielefeld 1974 . [hektogr.]; Die Situation der Kirche in Äthiopien Herbst 1976. Heidelberg 1976. 7 S. [hektogr.]; (unter Mitarbeit von Volker Pitzer), Religion ohne Kirche. Stuttgart [1]1977; [2]1979; Konfessionskunde. Berlin / New York 1977; Äthiopisches Tagebuch: Mein Geburtstag am 24. Januar 1977. Heidelberg 1977. 6 S. [hektogr.]; Armenisch-äthiopische Beziehungen in der Geschichte. Heidelberg 1980. 8 S.; Kirche in Sowjetarmenien. Beobachtungen bei einem Aufenthalt August / September 1979. Heidelberg 1980. 16 S.; Die Kirche in Däbrä Tabor. Oikonomia 13. Erlangen 1981; Schloß Ernstbrunn: Vor einem halben Jahrhundert. Heidelberg 1982. 8 S. [hektogr.]; Die nonchalcedonenische (jakobitische) orthodoxe Kirche der Syrer im Heiligen Land. Heidelberg 1983. 8 S.; Kirchengeschichte des Heiligen Landes. UB 357. Stuttgart usw. 1984 = Tarih al kanisa fil ard al muqatasa. Bethlehem 1995 = [überarbeitet mit Fußnoten] 2000 Jahre Kirchengeschichte des Heiligen Landes. Märtyrer, Mönche, Kirchenväter, Patriarchen, Ausgräber und Pilger. Hamburg (Studien zur Orientalischen Kirchengeschichte 11) 2000; Vielfalt in der Nähe Gottes. Konfessionskundliche Aufsätze aus dem Jahrzehnt 1978-1988. Heidelberg [1]1988; [2]1989; [Gesammelte Aufsätze zu Äthiopien] hrsg. Jan-Gerd Beinke. KuSch 33 (1988); Ausgewählte Aufsätze zur Kirchengeschichte Südosteuropas. Hrsg. Adolf Martin Ritter. Theologisches Südosteuropaseminar Ergänzungsband 2. Heidelberg 1989; Die orientalische Frage im kirchlichen Lebenskreis. Das Einwirken der Kirchen des Auslands auf die Emanzipation der orthodoxen Nationen Südosteuropas 1804-1912. Wiesbaden 1991 (Schriften zur Geistesgeschichte des östlichen Europa Band 19); Die Heiligen auf den Inseln. Viten und Hymnen aus Ägäis und Adria. Erlangen 1991 (Oikonomia 29); Anthroposophie - ein Stehen in höheren Welten? Reihe Apologetische Themen (R.A.T.) Band 3. Konstanz 1993; Die Heiligen der Äthiopischen Erde. Erlangen 1999 (Oikonomia 37); 2000 Jahre Kirchengeschichte des Heiligen Landes. Märtyrer, Mönche, Kirchenväter, Patriarchen, Ausgräber und Pilger. Hamburg 2000 (Studien zur Orientalischen Kirchengeschichte 11); Als sie aber an die Stätte kamen ... Andachten zu biblischen Orten. Neukirchen-Vluyn 2001; F.H./Kefelew Zellecke, Das orthodoxe Äthiopien und Eritrea in jüngster Geschichte. Aachen / Heidelberg 2001; Die Hügelstraße. Das Zeitalter in der Erinnerung eines Theologen. Heidelberg 2002; Kirchengeschichte der Ukraine im 20. Jahrhundert. Göttingen 2003; Jerusalem und das Heilige Land in ihrer Bedeutung für christliche Existenz. Hamburg 2006 (Ansprachen - Reden - Einreden 13).

Aufsätze: Die letzte Gerechtigkeit, in: Schleswiger Kirchenblatt 9,6 (Okt.1935) [1-2]; Aus der St. Michaelisgemeinde, in: Schleswiger Kirchenblatt 9,6 (1935) [4]; Jacob Friedrich Feddersen. Einem Schlewiger zum 200jährigen Geburtstag, in: Schleswiger Kirchenblatt 10,4 (Juli 1936) [1-2]; Tagebuchblätter einer Nordlandfahrt, in: Schleswiger Kirchenblatt 10,4 (Juli 1936) [3-4]; Schleswiger Kirchenblatt 10,5 (1936) [3-4]; Kirchenpropst i. R. Stoltenberg †, in: Schleswiger Nachrichten (10.2.1937); Geh aus mein Herz..., in: Sonntagsblatt für's Haus 68 (1938) 142. 150; Das Loblied des Schöpfers, in: Sonntagsblatt für's Haus 68 (1938) 301-302; Adventslichter, in: Sonntagsblatt für's Haus 68 (1938) 379-380; O Unbegreiflichkeit!, in: Schleswiger Kirchenblatt 12,3 (Juni 1938) [1]; Deine Kirche, in: Sonntagsblatt für's Haus 69 (1939) 99-100; Kennst du das neue Lied, in: Sonntagsblatt für's Haus 69 (1939) 148; Die Predigt der Vögel und Blumen, in: Sonntagsblatt für's Haus 69 (1939) 303-304; Ist die Kirche am Ende?, in: Sonntagsblatt für's Haus 69 (1939) 315; Hilfswerk und Gemeinde, in: Mitteilungen aus dem Evangelischen Hilfswerk Schleswig-Holstein August 1946, 9-13; Man singt mit Freuden vom Sieg in den Hütten der Gerechten (Ps 118, V. 15), in: Am Sehrohr der Zeit 20,4 (1947) [1]; Kunst in der Kirche, in: Am Sehrohr der Zeit 20,9 (1947) [1]; Die Predigt in der russisch-orthodoxen Kirche, in: MPTh 38 (1948/9) 133-135; Begegnung der Lutherischen Kirche mit der Orthodoxie, in: ELKZ 3 (1949) 226-229; Die evangelische Akademie Schleswig-Holstein, in: FAB.E 2 (1949) 154-155; Orthodoxe und evangelische Auffassung von Maria, in: Blätter für Orthodoxes Christentum 2,3 (1950) 10-13; Gregor der Große: Die Besitzenden, in: SBl 2 (1950) 7; Sie reichten sich die Hand, in: Kirche der Heimat 26,1 (1950) [5]; 2. Weihnachtstag: Tit. 3,4-7, in: FAB.E 3 (1950) 443-446; Die Lutherische Kirche vor der orthodoxen Marienverehrung, in: ELKZ 5 (1951) 136-139; Ein Jubiläum der Christenheit. Eineinhalb Jahrtausende Konzil von Chalcedon, in: Kirche der Heimat 27,21 (1951) [2], vgl. Chalcedon nach anderthalb Jahrtausenden, in: Quat. 23 (1958/59) 230-233; (mit anderen), Gutachten zu den »Sieben Thesen für die Wiedereinsetzung des diakonischen Gemeindeamtes«: FAB.E 4 (1951) 585-588, wiederabgedruckt u.d.T.: Um das diakonische Gemeindeamt, in: Das Hilfswerk Nr. 48 (März 1951) 10-11; Die Evangelische Akademie Schleswig-Holstein, in: FAB.E 4 (1951) 719-723; Das Bild in der morgenländischen und abendländischen Kirche, in: ELKZ 6 (1952) 412-415; Eau vive. Eine neue Formel des ökumenischen Katholizismus, in: ELKZ 6 (1952) 356; Das Evangelium, spanisch gepredigt, in: Kirche der Heimat 28,18 (1952) [1]; Auf der Suche nach neuer Ordensgestalt, in: Quat. 17 (1952/53) 107-110; Die liturgische Bewegung im französischen Katholizismus, in: MPTh 42 (1953) 339-351; Evangelische Eheschließung in Spanien, in: INLL 2 (1953) 300; Probleme des amerikanischen Luthertums, in: FAB.E 6 (1953) 303-308; Tagebuchblatt aus dem »deutschen« San Franzisko, in: Schleswiger Nachrichten Nr. 134, 13.6.1953; Das Theater in den USA - christlich gesehen, in: epd Kirche und Theater 7 (Juli 1953) 2-4; Der kostbare Kelch, in: Das Evangelische Düsseldorf. 62 (April 1954) [1-2]; Chevetogne und das Schisma, in: Quat. 19 (1954/1955) 171-174; Deutsch-Französischer Bruderrat in Bièvres, in: INLL 4 (1955) 252 = in: Konvent 1 (1955) 29-30 [leicht bearb.]; Gottes Werk in den Slums, in: Kirche der Heimat 31,2 (1955) [3] = u.d.T. Ein kleines Blumenbeet in den Slums. Eine Reportage aus dem Nordwesten Londons, in: Die Mitarbeit 3, 11 (Feb.1955) 27-28; Evangelische Akademie am Jahresbeginn, in: INLL 4 (1955) 30-31; Kirche und Tanzunterricht, in: Allgemeiner Deutscher Tanzlehrer-Verband Nachrichten 5,3 (1955) 13-14; Respekt vor dem Tanzlehrer, in: ZW 26 (1955) 572-574. = in: Allgemeiner Deutscher Tanzlehrer-Verband Nachrichten 5,4 (1955) 7-9; Der Sonntag - das wöchentliche Osterfest, in: Kirche der Heimat 31,7 (1955) [3]; Judica: Joh. 8,46-59, in: FAB.E 8 (1955) 43-45; Russische Kirche und Vorderer Orient. Politische Infiltration oder ökumenische Verbundenheit?, in: ZW 27 (1956) 615-624; Die Beziehungen der russischen Orthodoxie zu den häretischen Kirchen des vorderen Orients, in: JGO 4 (1956) 387-397; Die Christenheit im Vorderen Orient 1956, in: Konvent 2 (1956) 449-458; Zur großen Kirchenpolitik, in: INLL 5 (1956) 277-278; Die Arbeit der Evangelischen Akademie Schleswig-Holstein, in: Konvent 2 (1956) 551-553; Er mochte keine Weihnachtsgeschichten, in: Breklumer Volkskalender für das evangelische Haus 1956. 50-54. [vom Red. bearb.]; Ökumene zwischen Patriarchat und Exilkirchen, in: Remter 3 (1957) 16-23; Bild Gottes - Bild des Menschen, in: Zeichen 4 (1957) 13-14; [Vorwort], in: Zeichen 1 (1957) 1; [Mitverf. des Vorwortes], in: Zeichen 4 (1957) 1; Vorwort, in: F.H. (Hrsg.), Der Tanz in der modernen Gesellschaft. Theologen, Tanzlehrer, Pädagogen, Musikwissenschaftler, Ärzte und Soziologen deuten das Phänomen des Tanzes. Hamburg 1958, 171 S. (Soziale Wirklichkeit 4), 5f.; Theologische Betrachtung über den Tanz, in: a.a.O., 9-28; Die umgesiedelte Ikone. Eine Studie über die orthodoxe Kirche in Finnland, in: KiO 1 (1958) 95-108; Die Entdeckung der Väter, in: Bekenntnisse Lutherisch-Orthodoxer Begegnung 1 (1958) [1 S. Vorwort]; Die Väter als Mönche, in: Bekenntnisse Lutherisch-Orthodoxer Begegnung 1 (1958) 43-56; Orthodoxer Kirchentag der evangelischen Akademie Schleswig-Holstein, in: OE 8 (1958) 779; Die politische Verwobenheit der christlichen Mission, aufgewiesen am Beispiel der Katholischen Mission im Kongo, in: Zeichen 7 (1958) 15-23; Bernadette sah die himmlische Dame, in: SBl 11,9 (1958) 2.3.1958, 31; Zum Inhalt [Vorwort], in: Zeichen 7 (1958) 3; Menschen haben keine Macht, in: Evangelische Akademie Schleswig. Laiendienst. Berichte 1958, 16-23; Chalkedon nach anderthalb Jahrtausenden, in: Quat. 23 (1958/59) 230-233; Der neue koptische Patriarch, in: INLL 8 (1959) 174 = in: KBRS 115 (1959) 218-219; Urmönchtum und neue Bruderschaft, in: Quat. 23 (1958/59) 158-160; Die Lutheraner und das ex opere operato, in: US 14 (1959) 316-318; Über Csokors Kommödie um die letzten Dinge »Hebt den Stein ab!«, in: Bätter des Nordmark-Landestheaters Schleswig. Spielzeit 58/59. H.3. [2 S.]; Contacts oecuméniques entre Orthodoxes et Protestants en Allemagne, in: Ist. 7 (1960) 195-204; Orthodoxer Studientag in Schleswig, in: Schleswiger Nachrichten 2.7.1960; Mysteria [Vorwort], in: Bekenntnisse Lutherisch-Orthodoxer Begegnung 2 (1959/1960) [1 S.]; Mysterion [Vorwort], in: Bekenntnisse Lutherisch-Orthodoxer Begegnung 3 (1960) [2 S.]; Die Vision des Mysteriums, in: Bekenntnisse Lutherisch-Orthodoxer Begegnung 3 (1960) 30-44; Asiatische und afrikanische Studenten und Praktikanten als Gäste der Bundesrepublik, in: Association News Leiterkreis-Mitteilungen 3 (1960) 2-14; Zum Selbstverständnis der orthodoxen Kirche, in: INLL 10 (1961) 277-278; Ökumenische Studientage orthodoxer und evangelischer Christen unterschiedlicher Nationen in Schleswig, in: JGO 9 (1961) 313; Papinniemi, in: Quat. 25 (1960/61) 81-83; Konfirmation in England und anderswo. In Griechenland, in: Kirche der Heimat 37,5 (1961) [3]; Die Visionäre der Christenheit, in: ZW 32 (1961) 90-99; Der moderne Tanz ist mehr als seine Übertreibung, in: Visier 1,3 (5.März 1961) 4-6; Die Konzeption der evangelischen Akademie, in: Konvent 7 (1961) 38-42; Union der »monophysitischen« Kirchen mit der griechischen Orthodoxie?, in: Kyrios 2 (1962) 197-208; Geschichte der orthodoxen Kirche in Amerika, in: KiO 5 (1962) 9-50; Christliches Leben in bruderschaftlicher Ordnung. In der veränderten Welt braucht die evangelische Kirche neue Ordnungsformen, in: ZW 33 (1962) 238-247; Die Kirche in der sowjetischen Welt, in: Europäische Begegnung 2,5 (1962) 10-13; Orthodoxer Kirchentag in Schleswig und lutherisch-orthodoxe Studientagung, in: JGO 10 (1962) 634-635; Die Unterscheidung der Geister [Vorwort], in: Bekenntnisse Lutherisch-Orthodoxer Begegnung 5,1 (1962) [1 S.]; Das Letzte - Die Reliquien und das eschatologische Hoffnungsgut [Vorwort], in: Bekenntnisse Lutherisch-Orthodoxer Begegnung 5,3 (1962) [1 S.]; 300 Jahre evangelisch-katholischer Dialog, in: ZW 33 (1962) 730-738; Nationalität und Universalität der Kirche, in: Bekenntnisse Lutherisch-Orthodoxer Begegnung 6 (1963) 1-3; Eine Begegnung orthodoxer und evangelischer Christen, in: OE 13 (1963) 744; Orthodoxe Beobachter zum Konzil?, in: LM 2 (1963) 220-222; Afrikasender in Betrieb. Nach sechsjähriger Vorbereitung, in: Kirche der Heimat 39,6 (1963) [19]; Entdeckung der Religionsgeschichte - Krisis des Offenbarungsglaubens?, in: DtPfrBl 63 (1963) 546-547; Schwester Elisabeth Tetens †, in: Schleswiger Nachrichten Montag, 30. 12. 1963; Die oekumenische Sendung der Melkiten, in: US 19 (1964) 11-24 = Ecumenical mission in the Oriental Church: the Melkites, in: JES 1 (1964) 485-502; La mentalité oecuménique de l'Allemagne évangélique, in: LV.F 19 (1964) 33-42 = The Ecumenical Mentality of the German Evangelical Church, in: LV.E 19 (1964) 433-441; Islam und orthodoxe Christenheit. Das abgerissene und neuzugewinnende Gespräch, in: Kommunität 8, 30 (1964) 59-64; Sorge um das Ökumenische Patriarchat. Im Schatten des Zypernkonflikts, in: epd.B Nr. 19, 6. Mai 1964, 11-12.; Symphonie von Byzanz oder abendländischer Dualismus [Vorwort], in: Bekenntnisse Lutherisch-Orthodoxer Begegnung 7 (1964) 1; Sozialkatholizismus in Frankreich, in: ZW 35 (1964) 368-378; Kommentar des Monats, in: LM 3 (1964) 101; Die Auferstehung dessen, der gekreuzigt war. Gedanken zum Osterfest, in: Schleswiger Nachrichten 28.3.1964; Betrachtung über die Vollkommenheit, in: Schleswiger Nachrichten 25.5.1964; Die orthodoxe Kirche des Ostens. Ein Literaturbericht zu Arbeiten der Jahre 1961/62/63, in: LM 3 (1964) 488-496; Der Einsiedler in der evangelischen Diskussion des XVIII. Jhts., in: Kyrios 5 (1965) 239-252; Die »nonchalcedonensischen Kirchen« im ökumenischen Zeitalter, in: LM 4 (1965) 125-127 = Les églises non-chalcédoniennes à l'époque oecumenique, in: Cahiers d'études chrétiennes orientales 4 (1966)(=Le Monde Non Chrétien 77) 3-16; Michael Baumgarten als Michaelispastor in Schleswig während der Schleswig-Holsteinischen Erhebung, in: Beiträge zur Schleswiger Stadtgeschichte 10 (1965) 40-50; Kleuker und Graf Stolberg, in: Nordelbingen 34 (1965) 148-160; Unsere Erlösung [Vorwort], in: Bekenntnisse Lutherisch-Orthodoxer Begegnung 8 (1965) [1 S.]; Die orthodoxe Lehre von der Erlösung, in: MdKI 17,2 (1966) 21-29; Das evangelische Verständnis des Gottesdienstes, in: US 21 (1966) 175-182 = in: Johann von Gardner u.a., Kult und Kontemplation in Ost und West. Regensburg (Pustet) 1967, 141-167 = La compréhension évangélique du Service divin, in: Amitié (1967) 29-42; Die Rehabilitierung Hermann Schells durch die Würzburger Theologische Fakultät, in: Joachim Lell (Hrsg.), Erneuerung der Einen Kirche. Arbeiten aus Kirchengeschichte und Konfessionskunde. Heinrich Bornkamm zum 65. Geburtstag gewidmet. KiKonf 11. Göttingen 1966, 75-86; Leopold von Rankes Orthodoxie-Verständnis in seiner Darstellung der »Serbischen Revolution«: Gerhard Müller / Winfried Zeller (Hrsg.), Glaube-Geist-Geschichte. Festschrift Ernst Benz zum 60. Geburtstage am 17. November 1967. Leiden 1967, 402-421 = Ausgewählte Aufsätze zur Kirchengeschichte Südosteuropas, 100-120; Weltpanorama der Orthodoxie, in: LM 6 (1967) 111-117; Der Durchbruch zur Moderne. Über die katholische Präsenz in der Literatur der Gegenwart, in: ZW 38 (1967) 100-110; Dieu et histoire selon les perspectives chrétiennes, in: Foi et Éd. 38 (No.82) 9-18; Die Bedeutung der Serbischen Orthodoxen Kirche für die »Serbische Revolution« nach der Darstellung des deutschen Historikers Leopold Ranke, in: Actes du premier congrès international des études balkaniques et sud-est européennes. (AIESE) IV , Sofia 1969, 507-518 [ersch. 1971]; Caritatives Nonnenwesen in der Orthodoxie, in: IMis 59 (1969) 109-115; Die Kirche von Hellas heute, in: LM 8 (1969) 70-73; Dialog mit dem Oekumenischen Patriarchat, in: LM 8 (1969) 262-263; Orthodoxe Katechismen, in: Kyrios 9 (1969) 117-120; Kunsttheologie im protestantischen Frankreich. Zum Phänomen Pierre Emmanuel, in: ZW 40 (1969) 457-459; Wandlungen in der ukrainischen autokephalen orthodoxen Kirche., in: Kyrios 10 (1970) 84-89; Präsent in der ganzen Welt. Ein halbes Jahrhundert russische Kirche im Exil, in: LM 9 (1970) 483-487; The Teaching of Tergum in the Ethiopian Orthodox Church, in: Proceedings of the Third International Conference of Ethiopian Studies, Addis Abeba, 3-7th April, 1966. Vol. III. Addis Abeba 1969/70, 140-150; Dialog des Glaubens und der Liebe mit dem Ökumenischen Patriarchat: Dialog des Glaubens und der Liebe, in: ÖR.B 11 (1970) 8-11; Daniel Amadeus Neander, in: JBBKG 45 (1970) 122-149; Für Katholiken existiert die Bulle. Die Kirchen der Reformation könnten die Verdammung des Tridentinums korrigieren, in: Rheinischer Merkur 25,9, 27.2.1970, 21; Anselm von Canterburys Versöhnungslehre, ein Kontroverspunkt orthodoxer Theologie, in: F.H., (Hrsg.), Versöhnung. Systematische Referate des Theologischen Südosteuropa-Seminars Universität Heidelberg Benediktinerabtei Stift Neuburg 11.-26 September 1971. Heidelberg [hektogr.], 35f.; Orthodoxe Versöhnungslehre in evangelischer Sicht, in: a.a.O., 52-59; Die Tiere in der frommen Vorstellung der orthodoxen Äthiopier, in: OS 20 (1971) 97-114; Diakonischer Aufbruch in der orthodoxen Kirche Äthiopiens, in: Hans Ch. v. Hase, A. Heuer, P. Philippi (Hrsg.), Von der Armenpflege zur Sozialarbeit. Solidarität + Spiritualität = Diakonie. Herbert Krimm zum 65. Geburtstag. Stuttgart 1971, 93-104 = Vielfalt in der Nähe Gottes, 136-147; Die äthiopische Christenheit als unser ökumenischer Partner, in: ÖR 20 (1971) 1-10; Heiliges Land in Äthiopien. Sind die Lutheraner die »Knechte der Landfremden«?, in: LM 10 (1971) 110-113; Literaturbericht zum Thema: Jüngste Kirchengeschichte Sowjetarmeniens, in: ADK 1 (1971). 4 S.; Augustin Theiner, Präfekt der Vatikanischen Archive, in seinem austroslawischen Engagement, in: KiO 14 (1971) 115-134; Fünf Jahre theologischer Literatur über Hermann Schell, in: ThLZ 96 (1971) 167-176; Trotz der Spuren des Leids. Noch eine Serie von Dialogen mit der Orthodoxie, in: LM 11 (1972) 24-27; Die äthiopische Orthodoxie als russisches Forschungsthema, in: Kyrios 12 (1972) 199-232; Salus Christiana in konfessioneller Unterschiedenheit, in: Orientierung 2,4 (1972) 5-15; [Vorwort: Gründung / Einladung], in: ADK 2 (1972). 1 S.; Theodora - Kaiserin armenischer Herkunft, Heilige auf der Insel Korfu, in: ADK 2 (1972). 2 S.; Heikle Herrschaft über Zypern. Die Enosis-Politik greift Zyperns Ethnarchen an, in: LM 12 (1973) 187-189; Ein Streben nach Vollkommenheit. Konflikte mit Traditionen auf dem Heiligen Berg Athos, in: LM 12 (1973) 646-649; Gottes ökumenische Strategie, in: Weg und Wahrheit 27,2, 14.1.1973, 14; Im alten Äthiopien weihnachtet es, in: Kindernothilfe 50,4 (1973) [2]; [Vorwort Über Karin Jeppe u. Einladung], in: ADK 3 (Juli 1973).1 S.; Edmund Schlink 70 Jahre, in: Rhein-Neckar-Zeitung 29,533 (3.3.1973) 7; Orthodoxe Anthropologie der Gegenwart in der Sicht eines evangelischen Theologen, in: Das Bild des Menschen in Orthodoxie und Protestantismus . 3. Theol. Gespräch zw. d. Ökumen. Patriarchat und der EKD (Korntal 1974). ÖR.B 26 (1974) 31-42; Dialog ohne Mißtrauen. Entwicklungen im lutherisch- orthodoxen Gespräch, in: LM 13 (1974) 271-274 = in: OrthSt 21,3 H.88 (1974) 17-25; Überlegungen über eine Theologie der Ikone, in: Kult - Opfer - Abendmahl. Evangelische Akademie Baden Protokoll 8 (1974) 45-60; Die Geltung der Heiligen Schrift im Unterschied der Nationen, in: Meinold Krauss / Johannes Lundbeck (Hrsg.), Die vielen Namen Gottes. (Gerd Heinz-Mohr zum 60. Geburtstag in Dankbarkeit und Verehrung gewidmet) mit einem Geleitwort von Eduard Lohse. Stuttgart 1974 [ersch. 1975], 116-126 = Vielfalt in der Nähe Gottes, 246-256; Synodale Institutionen der äthiopischen orthodoxen Kirche, in: Kanon 2 (1974) 100-109; Vorbemerkung zu Israel Ory. [Vorwort], in: ADK 4 (1974). 1 S.; Ökumenische Beziehungen. [Vorwort], in: ADK 5 (1974). 1 S.; Notizen, in: ADK 6 (Juli 1974) 10; Mitgliederversammlung der Deutsch-armenischen Gesellschaft. [Vorwort]: ADK 7 (Nov. 1974) 1; Ordnung der Taufe der Armenischen Kirche, in: ADK 7 (Nov. 1974) 1-5; Bibeldepot Belgrad. Die englische und deutsche Einwirkung auf die serbische Orthodoxie des 19. Jh., in: Heinrich Bornkamm / Friedrich Heyer / Alfred Schindler (Hrsg.), Der Pietismus in Gestalten und Wirkungen. Festschrift Martin Schmidt zum 65. Geburtstag. AGP 14. Bielefeld 1975, 209-244 = Vielfalt in der Nähe Gottes, 121-163 = Ausgewählte Aufsätze zur Kirchengeschichte Südosteuropas, 121-163; Papst Gregor über die Bedeutung des Bildes, in: Diskussionen 12 (Juli 1975) 12; Die

Ikone der orthodoxen Christen, in: Evangelischer Kirchenbote 129,41 (1975) 636; Viertes Ökumenisches Pfarrerkolleg auf Kreta, in: Evangelischer Kirchenbote 129,44 (1975) 684f.; Die armenische Kolonie in Äthiopien, in: ADK 8 (April 1975) 3 S.; Die orthodoxe Kirche inmitten der revolutionären Umwandlung der äthiopischen Gesellschaft, in: ÖR 24 (1975) 386-399. vgl. Äthiopiens Kirche in der Revolution. Ausgleich mit den Muslims / Rivalität unter Hierarchen / Sozialistischer gegen orthodoxen Messianismus (=verkürzte Version des zuvor angeführten Aufsatzes), in: FAZ 157, 11.7.1975, 7-8; [Vorwort] 24. April 1975: 60-jähriges Zurückdenken an den Unglückstag des armenischen Volkes 1915, in: ADK 8 (April 1975). 1 S.; Analyse einer Schulentwicklung. Exempel der Schwierigkeiten, in: KuSch 1 (Nov. 1975) 12-17; Wir gehen heute im Licht, in: RNZ 31, 111, Fr. 16. Mai 1975, 25; St. Chrischonas Wirken in Südosteuropa., in: F.H. (Hrsg.), Universalität und Nationalität der Kirchen. Referate des Theologischen Südosteuropa-Seminars. Heidelberg 6.-17. September 1976. Heidelberg 1976. [hektogr.], 22 S.; Das III. Theologische Südosteuropaseminar in Heidelberg, in: SOEM 16,3 (1976) 88-89; Das unentbehrliche Gespräch. Theologisches Südosteuropaseminar, in: Christ in der Gegenwart 28 (1976) 316; F.Göricke / F.H., The Ethiopian Orthodox Church as Social Institution, in: IJWRS 10 (1976) 181-241 = (Fred V. Göricke, F.H. unter Mitarbeit von Jan-Gerd Beinke u.a.), Die Äthiopische Orthodoxe Kirche als Soziale Institution. Über die Schwierigkeiten der Anpassung der Kirche an veränderte sozial-ökonomische Strukturmerkmale der äthiopischen Gesellschaft. Heidelberg / Bielefeld 1974 [hektogr.]; Professor David Langs Wirksamkeit in Polen, in: ADK 14 (Okt.1976) 4-5; [Notiz zu Ephraem Syrus ed. Charles Renoux, PO 37, Turnhout 1975 und die Bedeutung armenischer Übersetzungen für die Rekonstruktion verlorengegangener Kirchenvätertexte], in: ADK 15 (Dez. 1976) 9; Neuer armenisch-unierter Patriarch, in: ADK 15 (Dez. 1976) 16; Verfilmung der »Vierzig Tage des Musa Dagh«, in: ADK 15 (Dez. 1976) 16; Les solutions proposées par les différentes confessions chrétiennes au problème de la foi et des oeuvres, in: PosLuth 24 (1976) 2-14; Vorwort 7-11 (7-12) / Geschichte 13-51 (13-52) / Religion 53-67 (53-67) / Moral 91-108 (91-108) / Verwandte Gruppen 138-180 (142-193) / Weltbünde 181-221 (195-238) / Epilog 223-228 (239-244), in: F.H unter Mitarbeit von Volker Pitzer, Religion ohne Kirche. Stuttgart 1977; ^{2}1979; Einführung (1-9) / Vierzehn Autokephale Kirchen (10-81) / Orthodoxes Mönchtum (94-105) / Orthodoxe Theologie (132-201) / Äthiopische monophysitische Kirche (233-244) / Katholische Kirche (309-405, 414-554) Heilsarmee (605-609) / Kritische Betrachtung (629-632) / Sektenszene summarisch (684-695) / Pfingstbewegung (710-716) / Freimaurer (716-728) / Unitarier (728-735) / Christengemeinschaft (735-742) / Kirche Jesu Christi der Heiligen der letzten Tage (Mormonen) (753-760) / Christian Science (760-765), in: Konfessionskunde. Berlin / New York 1977; Die orthodoxe Kirche Äthiopiens in der krisenhaften Zuspitzung der Lage des Landes, in: ÖR 26 (1977) 196-204; Äthiopisches Tagebuch, in: Der Aufbruch 13,11 (1977) 10.15; Ein katholischer deutscher Aktivist für die armenische Sache im 1. Weltkrieg: Matthias Erzberger, in: ADK 17 (Juli 1977) 11-15; Gregor von Narek, Ein armenisches Nachtgebet. bearb. von F.H, in: ADK 19 (Dez. 1977) 9-10; Paul Rohrbach in seinem Engagement für Armenien, in: ADK 19 (Dez. 1977) 11-18; Anrufung des Heiligen Geistes, in: ADK 19 (Dez. 1977) 2 S.; Das Jesuitengespenst der deutschen Protestanten, in: Lorenz Hein (Hrsg.), Die Einheit der Kirche. Dimensionen ihrer Heiligkeit, Katholizität und Apostolizität. Festgabe Peter Meinhold zum 70. Geburtstag. Veröffentlichungen des Instituts für Europäische Geschichte 85. Abt. Abendländische Religionsgeschichte. Wiesbaden 1977, 271-285 = Vielfalt in der Nähe Gottes, 212-226; Einführung, in: F.H. (Hrsg.), Die Kirche Armeniens. Eine Volkskirche zwischen Ost und West. KdW XVIII. Stuttgart 1978, 13-28; Theologisches Südost-Seminar in Šibenik, in: SOEM 18,4 (1978) 75-77; Gott, der Heilige Geist, im Orthodoxen Verständnis, in: Amtsblatt der Evangelisch-Lutherischen Kirche in Thüringen 31,9 (1978) 92-97; Glaubensthemen im äthiopischen Schrifttum, in: Schwarze Antwort. Das Christentum im Urteil afrikanischer Schriftsteller. MJS 45. Basel 1978, 14-17 = Vielfalt in der Nähe Gottes, 114-117; Vatertum im orthodoxen Äthiopien, in: Hubertus Tellenbach (Hrsg.), Das Vaterbild im Abendland I. Stuttgart usw. 1978, 83-94.203 = Vielfalt in der Nähe Gottes, 124-135 ohne Anm.; Nachrichten aus unseren Schulen, in: KuSch 4 (Jan. 1978) 9-10; Debra Tabor unter der Herrschaft des Ras Gugsa II, des Wonde Wossen und des italienischen Brigadiers Bilaro, in: KuSch 4 (Jan. 1978) 11-21 = Debra Tabor unter der Herrschaft des Ras Gugsa II., des Wond Bäwossen und des italienischen Brigadiers Bilaro, in: Joseph Tubiana (Hrsg.), Modern Ethiopia. From the accession of Menilek II to the present. Proceedings of the fifth international conference of ethiopian studies Nice / 19-22 December 1977. Rotterdam (A.A. Balkema) 1980, 211-219; Bericht aus Debre Tabor, in: KuSch 5 (Juli 1978) 3-7 = [Gesammelte Aufsätze zu Äthiopien] hrsg. Jan-Gerd Beinke. KuSch 33 (1988), 3-7; Unsere Schulen, in: KuSch 5 (Juli 1978) 8-10 = [Gesammelte Aufsätze zu Äthiopien] hrsg. Jan-Gerd Beinke. KuSch 33 (1988), 8-10; Ato Isayas Leyeh, in: KuSch 5 (Juli 1978) 11; Jüngste Berichte aus der Felage Arz-Schule in Debra Marqos, in: KuSch 5 (Juli 1978) 12-13; Die russische Äthiopienliebe ist alt. Erste Kontakte der Orthodoxen schon vor mehr als 100 Jahren, in: FAZ 30,54 (13.3.1978) 11; [Vorwort: Einladung zu einer Ausstellung armenisch- französischer Künstler in Heidelberg], in: ADK 20 (März 1978) 1; Kachatur Abovian in der Darstellung von Professor Manuel Sarkisyanz (mit Einschüben von F.H. zu den Beziehungen Abovians zu Haxthausen), in: ADK 20 (März 1978) 4-14; Nachruf auf Hans Milte und Notiz zur Ausstellung, in: ADK 20 (März 1978) 15; Wallfahrt zum jüngsten Heiligen der maronitischen Kirche, in: ADK 22 (Dez. 1978) 2; Das Petrusamt - evangelisch anvisiert, in: Cath(M) 32 (1978) 41-45 = in: A. Brandenburg / H. J. Urban (Hrsg.), Petrus und Papst. Evangelium, Einheit der Kirche, Papstdienst. Band 2. Münster 1978, 228-232 = Vielfalt in der Nähe Gottes, 227-231; Unitarier., in: Horst Reller (Hrsg.), Handbuch Religiöser Gemeinschaften. Gütersloh ^{2}1978, 428-440 [ersch. 1979] ^{3}1985, 325-337 [bearb.]; Deutsche Unitarier und Freie Akademie, in: MdEZW 41 (1978) 204-212; Die Schleswiger Anfänge der Evangelischen Akademie, in: Beiträge zur Schleswiger Stadtgeschichte 23 (1978) 158-163. [ersch. 1979] = Vielfalt in der Nähe Gottes, 278-283; = in: Orientierung. Sonderheft: Geschichte der Evangelischen

Akademie Schleswig-Holstein 1945 bis 1976. Bad Segeberg 1979, 4-9; Des französischen Dichters Charles Peguy Spiel mit den drei theologischen Tugenden Glaube, Hoffnung, Liebe, in: Michael Benoit / F. H. (Hrsg.), Glaube im Übergang zum Industriezeitalter. Theologisches Südosteuropaseminar IV in Sibenik. Heidelberg 1979 [hektogr.], 129-133 = Vielfalt in der Nähe Gottes, 232-238; Die Entwicklung in den Kirchen Äthiopiens, in: KuSch 6 (Feb. 1979) 23-24 = [Gesammelte Aufsätze zu Äthiopien] hrsg. Jan-Gerd Beinke. KuSch 33 (1988), 11-12; Aus unseren Schulen, in: KuSch 6 (Feb. 1979) 25-27; Äthiopien im fünften Revolutionsjahr, in: KuSch 7 (Juli 1979) 17-30 = [Gesammelte Aufsätze zu Äthiopien] hrsg. Jan-Gerd Beinke. KuSch 33 (1988), 13-26; Die orthodoxe Kirche Äthiopiens im 5. Revolutionsjahr, in: ÖR 28 (1979) 327-333; Auf den Spuren der St. Chrischona-Aktivitäten, in: KuSch 8 (Okt. 1979) 1-4 = [Gesammelte Aufsätze zu Äthiopien] hrsg. Jan-Gerd Beinke. KuSch 33 (1988), 27-29; Aus unseren Schulen, in: KuSch 8 (Okt.1979) 5-6; Zur Wiederbelebung der Deutsch-Armenischen Gesellschaft, in: KiO 21/22 (1979) 312-323; Das Schicksal der Armenier, in: Journal für Muße und Genesung12,6 (1979) 15-19; »Ein Kreuz trage ich, weil ich Armenier bin«. In der kleinsten Sowjetrepublik ist die Religion im Volk verwurzelt, in: FAZ 31,276 (27.11.1979) 10; Hohe Würdigung Mechitars von katholischer Seite, in: ADK 24 März 1979) 45; Geleitwort, in: F.H. (Hrsg.), J. Lepsius, Der Todesgang. Bericht über das Schicksal des armenischen Volkes in der Türkei während des Weltkrieges. Heidelberg 1980, 2 S.; Das V. Theologische Südosteuropaseminar in Thessaloniki, in: F.H. (Hrsg.), Thessaloniki in seiner Ausstrahlung nach Südosteuropa. V. Südosteuropaseminar Thessaloniki. Heidelberg 1980, 1-5; Die Ausstrahlung Thessalonikis in den südosteuropäischen Raum während der osmanischen Periode, in: a.a.O., = Ausgewählte Aufsätze zur Kirchengeschichte Südosteuropas, 43-63; Orthodoxe Kirche in Rumäniens modernen Zentren, in: Almanah 1980. (Almanach der Rumänisch-Orthodoxen Kapelle »Michael Sturza« und der Rumänisch-Orthodoxen Parochien in der Bundesrepublik Deutschland für das Jahr 1980. Baden-Baden 1980, 190-195; Griechenland. Kirchen und Relionsgemeinschaften, in: Klaus-Detlev Grothusen (Hrsg.), Südosteuropa-Handbuch Band III. Göttingen 1980, 425-447 = Vielfalt in der Nähe Gottes, 10-32 = Ausgewählte Aufsätze zur Kirchengeschichte Südosteuropas, 1-28; Kirche in der Anfechtung, in: Journal 13,2 (1980) 20-24; St. Chrischona in Äthiopien, in: Theo Sundermeier (Hrsg.), Fides pro mundi vita. Missionstheologie heute. Hans-Werner Gensichen zum 65. Geburtstag. MWF 14. Gütersloh 1980, 133-147; Father Antonij Bulatovich, Russian Friend of the Christian People of Ethiopia, in: Zapiski russkoi akademičeskoi gruppy v SSA (=Transactions of the Association of russian-american scholars in USA) 12 (1980) 217-228 = Vielfalt in der Nähe Gottes, 148-156a; Die orthodoxe Kirche Äthiopiens in ihrer Geschichte, in: Äthiopien. Texte und Fragen. Hrsg. vom Evang. Missionswerk (Studienheft 11 des Missionshilfe-Verlages). Hamburg 1980, 13-16; Die kritische Lage der Orthodoxie heute., in: a.a.O., 37-40; Deutung der äthiopischen Situation Frühjahr 1980, in: KuSch 9 (März 1980) 1-5 = [Gesammelte Aufsätze zu Äthiopien] hrsg. Jan-Gerd Beinke. KuSch 33 (1988), 30-34; Nachrichten aus den orthodoxen Kirchenschulen Äthiopiens, in: KuSch 9 (März 1980) 8-12; Ostern mit den äthiopischen Christen in Jerusalem, in: KuSch 10 (Sept. 1980) 1-8 = [Gesammelte Aufsätze zu Äthiopien] hrsg. Jan-Gerd Beinke. KuSch 33 (1988), 35-42; Nachrichten, in: KuSch 10 (Sept. 1980) 9-10; Schwester Nadia Mikhail Asaad / F. H., Der Frauenkonvent der Marientöchter in Beni Suef, in: Youssef Farag (Hrsg.), Die Kopten 1. Hamburg 1980, 48-61. = COst 36 (1981) 29-31 = Vielfalt in der Nähe Gottes, 223-234; Gedanken nach einer Reise, in: ADK 26/27 (Jan. 1980) 1; Winkler, Taufe in Armenien. [Tauftext von Agathangelos nach OS 27,1978, 281 ff.], in: ADK 26/27 (Jan. 1980) 23; Manuskript eines armenischen Lektionars aus dem Jahr 417, in: ADK 28 (April 1980) 8; Das armenische St. Stephanoskloster im Iran, in: ADK 30 (Okt. 1980) 19 = Vielfalt in der Nähe Gottes, 285; V. Theologisches Südosteuropa-Seminar in Thessaloniki, in: SOEM 21,1-2 (1981) 77-79; Einheit der Kirche in Freiheit?, in: GeFr 9,16 (1981) 47-50; Anstelle eines Vorwortes: Informationen über die Friedensdebatte in der Bundesrepublik Deutschland und den Anteil der Kirchen daran, in: G. Schnurr (Hrsg.), Kirche - Ort des Heils, Quelle des Friedens. Vorträge des Theologischen Südosteuropaseminars V. Thessaloniki 30.8.-6.9.1980. Heidelberg 1981, 1-5 [hektogr.]; Die Glaubensaussagen der Elegien des heiligen Gregor von Nareg, in: Peter Hauptmann (Hrsg.), Unser ganzes Leben Christus unserem Gott überantworten. Festschrift Fairy von Lilienfeld zum 65. Geburtstag. (KiO 17) Göttingen 1982, 183-202 = Vielfalt in der Nähe Gottes, 183-202; Jahresversammlung der Tabor Society, in: KuSch 11 (Feb. 1981) 1; Letzte Nachrichten aus unseren Schulen, in: KuSch 11 (Feb. 1981) 17-18; Der äthiopische Rosenkranz, in: KuSch 12 (Juli 1981) 3; Eine äthiopisch-deutsche Gelehrtenfreundschaft. Liq Atkum und Eduard Rüppell, in: KuSch 12 (Juli 1981) 8-16; Wende in der äthiopischen Religionspolitik?, in: KuSch 12 (Juli 1981) 17-18; Aus unseren Schulen, in: KuSch 12 (Juli 1981) 18; Wichtige Kalenderdaten, in: KuSch 12 (Juli 1981) 19-20; Afrikaforum in Düsseldorf: KuSch 13 (Okt. 1981) 3 = [Gesammelte Aufsätze zu Äthiopien] hrsg. Jan-Gerd Beinke. KuSch 33 (1988), 43; Besuch seiner Heiligkeit des äthiopischen Patriarchen Täklä Haymanot bei der Evangelischen Kirche in Deutschland, in: KuSch 13 (Okt. 1981) 4-5; Feuer in Liq Atskous Haus, in: KuSch 13 (Juli 1981) 15-18; Einrichtung einer Auslandsseelsorge der Äthiopischen Orthodoxen Kirche?, in: KuSch 14 (Okt. 1981) 1-3; Äthiopisch-Orthodoxer Sakramentsgottesdienst in der Heilig-Geist-Kirche, in: KuSch 14 (Okt. 1981) 8; Die Einsiedler-Mönche sollen umerzogen werden. Die orthodoxe Kirche im Wandel Äthiopiens, in: FAZ 33,127 (3.6.1981) 11; Die Bemühung des byzantinischen Patriarchen Photios um die armenischen Christen, in: ADK 31 (Jan. 1981) 19-20; Veronika Lepsius in Etschmiadzin - Seine Heiligkeit Katholikos Vasken I in der Bundesrepublik, in: ADK 33 (Juni 1981) 5-6; Some aspects of dependence and independence of the Orthodox Church on the feudal Clan of Ethiopia, in: Northeast African Studies 4,1 (1982) 33-38; Bleiben die Äthiopier Christen?, in: Journal 15,2 (1982) 14-17; Nachrichten aus der Äthiopischen Orthodoxen Kirche, in: KuSch 15 (Jan. 1982) 8; Nachrichten, in: KuSch 15 (Jan. 1982) 9-10; Äthiopisches Kirchenleben in England, in: KuSch 16 (April 1982) 11-13 = [Gesammelte Aufsätze zu Äthiopien] hrsg. Jan-Gerd Beinke. KuSch 33 (1988), 44-46; Nachrichten, in: KuSch 16 (April 1982) 14-

15; Wer soll die Schlüssel haben?, in: KuSch 17 (Juni 1982),10-11; Nachrichten, in: KuSch 17 (Juni 1982) 14-16; Aus dem äthiopischen Heiligenkalender für Dezember, in: KuSch 18 (Nov. 1982) 1-3 = [Gesammelte Aufsätze zu Äthiopien] hrsg. Jan-Gerd Beinke. KuSch 33 (1988), 47-49; Nachrichten, in: KuSch 18 (Nov.1982) 8-11; Aus der äthiopisch-orthodoxen Kirche in der Bundesrepublik Deutschland, in: KuSch 18 (Nov.1982) 12; Armenische Volkskunst in Jerusalem, in: ADK 35 (Jan. 1982) 1-2; Armenisches Leben in England, in: ADK 36/37 (Mai 1982) 24; Impulse aus Frankreich in ihrer Bedeutung für die westarmenische Renaissance, in: ADK 36/37 (Mai 1982) 24-25; Einladung in den Taunus [kopt. Kloster], in: ADK 39 (Dez. 1982) 2; Johannes Lepsius im Heiligen Land. Vermutungen über seine Verbindung zu den Jerusalemer Armeniern, in: ADK 39 (Dez. 1982) 6-8; Christen im Staat Israel, in: MdEZW 45 (1982) 45-46; Johann Caspar Bluntschli als protestantischer Laienführer in Heidelberg 1861-1881. Zum 100. Geburtstag am 21. Oktober 1881, in: HdJb 26 (1982) 37-50 = Vielfalt in der Nähe Gottes, 362-375; Vorwort, in: F.H. / Fairy von Lilienfeld (Hrsg.) Haile Getatchew, The Different Collections of Nägs' Hymns in Ethiopic Literature and their Contributions. Erlangen 1983 (Oikonomia 19) 1 S.; Erzbischof Gorgorewos von Shoa tödlich verunglückt, in: Salama 16 (Sept.1983) 49; Kaiser Fasiladas gab dem Lübecker Missionar sogar seine Tochter. Brücken zwischen den Christen Äthiopiens und dem evangelischen Deutschland, in: FAZ 35, 281 (3.12.1983) 10; Brücken zwischen Christen des orthodoxen Äthiopien und dem evangelischen Deutschland, in: Salama 2 (Mai 1983) 8-12; Feier der äthiopischen Weihnacht, in: KuSch 19 (Feb.1983) 1-2; Anerkennung der äthiopischen orthodoxen Kirche in der Bundesrepublik durch den äthiopischen Patriarchen, in: KuSch 19 (Feb.1983) 2-3; Äthiopischer Rundfunkgottesdienst zum Timqat-Fest, in: KuSch 19 (Feb.1983) 3; Über den universalen Ausblick der Kirche Äthiopiens auf die Christenheit der ganzen Welt. [über Hippolyt. S. 8 = vita Hipp. ed. Budge], in: KuSch 19 (Feb. 1983) 4-8 = [Gesammelte Aufsätze zu Äthiopien] hrsg. Jan-Gerd Beinke. KuSch 33 (1988), 50-53; Nachrichten aus Äthiopien, in: KuSch 19 (Feb.1983) 9-10; [Brief betr. Gründung der äth. orth. Kirche in der Bundesrepublik], in: KuSch 20 (Mai 1983) 2-3; Aus unseren Schulen, in: KuSch 20 (Mai 1983) 6; Kurznachrichten, in: KuSch 20 (Mai 1983) 13; Die Predigerfamilie Lisco, in: JBBKG 54 (1983) 159-203; Portrait des Künstlers, in: Cheng Chin-fa, Chinesische Kalligraphie. Red. J.-F. Leonhard. Heidelberger Bibliotheksschriften 9. Heidelberg 1983. 13-14; Die Liebe der christlichen Nationen Südosteuropas zum Heiligen Lande, in: Theodor Schober / Herbert Krämer / Gerhard Möckel (Hrsg.), Grenzüberschreitende Diakonie. Festschrift für Paul Philippi. Stuttgart 1984, 29-39 = A.M.Ritter (Hrsg.), Zur Kulturwirkung des Christentums im südosteuropäischen Raum. o.O, o.J [Heidelberg 1984], 34-45 = Vielfalt in der Nähe Gottes, 81-91 = Ausgewählte Aufsätze zur Kirchengeschichte Südosteuropas, 164-176; Friedrich Peter Valentiner. Tönning - Jerusalem - Pronstorf - Preez, in: SVSHKG.S 39/40 (1983/84) 61-74; Entwicklungen in den nonchalcedonensischen Kirchen, in: IOK 14 (1984) 45-51; Hilfen zur Seelsorge an Ausländergruppen in der Bundesrepublik, in: ChrABC 1984 H. 3, 109-122; Orthodoxes Brauchtum - der Kirche Äthiopiens und der Kirche von Hellas gemeinsam, in: KuSch 22 (Jan. 1984) 2-3; Die Kraniche, die über Imbshausen zogen, in: KuSch 22 (Jan. 1984) 9; F.H./Dietrich Hasselhorn, Die Äthiopisch-Orthodoxe Kirche in Deutschland, in: KuSch 22 (Jan. 1984) 12-13; Äthiopisches Ostern in Jerusalem, in: KuSch 22 (Juli 1984) 10-15 = in: Salama 6 (Sept. 1984) 22-27; Der zehnte Jahresstag der äthiopischen Revolution, in: KuSch 24 (Nov. 1984) 1-4; [Einladung zur Jahresversammlung der Taborsociety], in: KuSch 24 (Nov.1984) 4; Sieben wichtige Nachrichten, in: KuSch 24 (Nov. 1084) 9-11; [Spendenaufruf f.d.Taborsociety], in: KuSch 24 (Nov. 1984) 17; Vom tiefgreifenden Wirken armenischer Christen im glaubensverwandten Äthiopien, in: Christoph Burchard / Gerd Theißen (Hrsg.), Lese-Zeichen für Annelies Findeis zum 65. Geburtstag am 15. März 1984 (DBAT.B 3), Heidelberg 1984, 191-202; Seine Heiligkeit Karekin II., in: ADK 46 (Dez.1984) 11; S.H. Karekin II. in Heidelberg am 31.10.84., in: ADK 46 (Dez.1984) 11; Hagia Anastasia, in: Gerhard Freund / Ekkehard Stegemann (Hrsg.), Theologische Brosamen für Lothar Steiger. Festschrift zum fünfzigsten Geburtstag 1985. DBAT.B 5. Heidelberg 1985, 171-179 = Vielfalt in der Nähe Gottes, 40-48 = Ausgewählte Aufsätze zur Kirchengeschichte Südosteuropas, 29-35; Der heilige Johannes ho rosos in Prokopion auf Euböa, in: OS 34 (1985) 23-28. Abb. = Vielfalt in der Nähe Gottes, 48a-48f = Ausgewählte Aufsätze zur Kirchengeschichte Südosteuropas, 36-42; Das historische Wegesystem von Däbrä Tabor und Gaynt, in: George Dion. Dragas (Hrsg.), Aksum-Thyateira. A Festschrift for Archbishop Methodios of Thyateira and Great Britain. London (Thyateira House) 1985, 275-279 = Vielfalt in der Nähe Gottes, 157-165; Die orthodoxe Kirche Äthiopiens im zehnten Revolutionsjahr, in: ÖR 34 (1985) 216-221 = Vielfalt in der Nähe Gottes. Konfessionskundliche Aufsätze aus dem Jahrzehnt 1978-1988. Heidelberg [1]1988; [2]1989, 166-171; »Wir müssen immer Amen sagen«. Noch schlägt das orthodoxe Herz der Kirche in Äthiopien, in: FAZ 37,96 (25.4.1985) 11 = Noch schlägt das orthodoxe Herz der Kirche in Äthiopien, in: KuSch 28 (Mai 1986) 5-6; »Wir müssen immer amen sagen«. T. 2: Noch immer schlägt das orthodoxe Herz der Kirche in Äthiopien, in: KuSch 29 (Okt.1986) 1-4 = [Gesammelte Aufsätze zu Äthiopien] hrsg. Jan-Gerd Beinke. KuSch 33 (1988), 67-72; Besuch der Taborsociety in den äthiopischen Provinzen Shoa, Godjam und Gondar zur Jahreswende 1984/85, in: KuSch 25 (Feb. 1985) 1-13; Heiligtümer am Wegrand, in: KuSch 25 (Feb. 1985) 12-13. [13=Abdruck von 1971, 176 f.] = [Gesammelte Aufsätze zu Äthiopien] hrsg. Jan-Gerd Beinke. KuSch 33 (1988), 65-66; [2 Briefe über Dozentenaustausch mit der St. Paul's Seminary und über die Bibliotheksunterstützung desselben], in: KuSch 25 (Feb. 1985) 14-16; Versuch eines Tabot-Raubes in Addis Abeba, in: KuSch 26 (Aug.1985) 3-4; Die neue Kirchenschule von Mahedere Maryam hat ihre Arbeit begonnen, in: KuSch 26 (Aug.1985) 6; Ein äthiopischer, mit Rom unierter Erzbischof zum Kardinal erhoben, in: KuSch 26 (Aug.1985) 7; Unternehmungen Heidelberger Theologen im orthodoxen Äthiopien, in: Ruperto-Carola 37 H. 72-73 (1985) 50-60 = Salama 8, Januar 1986, 9-14 = Vielfalt in der Nähe Gottes, 262-267; Die junge äthiopische Generation: ihr Platz in der orthodoxen Kirche, in: Salama 7 (April 1985) 12-21; Symbol und Verkündigung, in: Ernst-Erwin Pioch (Hrsg.), Symbol und Verkündigung. Eine Studientagung der Arbeitsgemeinschaft Christlicher Kirchen in Hamburg. Hamburg 1985, 5-16 = bearb. In: US 41 (1986) 187-193; Johannes und die Anthroposophen, in: Mitarbeiterhilfe 2/1985, 33-35 = Vielfalt in der Nähe Gottes, 295-297; Die Kirchen des Volkes der Syrer, in: Kolo Süryoyo 8,47 (1986) 3-6 = Vielfalt in der Nähe Gottes, 203-211; Die Christen des Heiligen Landes inmitten des jüdisch-arabischen Konfliktes, in: ChrABC 5 (1986) Juden und Christen/Israel Gruppe 4, 91-110 = Vielfalt in der Nähe Gottes, 49-67; Glückwunsch dem langjährigen Erzbischof von Aksum, Methodios Phougias, in: KuSch 27 (Jan.1986) 1; Die Vögel des heiligen Yared, in: KuSch 27 (Jan.1986) 2; Äthiopische Theologen kommen als Stipendiaten, in: KuSch 27 (Jan. 1986) 2-3; Merkurios von Cäsarea in Kappadozien, in: KuSch 27 (Jan.1986) 12; Maria Aegyptiaca, in: KuSch 28 (Mai 1986) 7; Der heilige Minas, in: KuSch 28 (Mai 1986) 8-9; Besuch einer Delegation äthiopischer Kirchen, in: KuSch 28 (Mai 1986) 9; Umbesetzung der Ämter im orthodoxen Patriarchat Addis Abeba, in: KuSch 28 (Mai 1986) 9; Ein alter Konflikt bricht wieder auf, in: KuSch 28 (Mai 1986) 11-14; Weiterbildung der äthiopischen Sachwalter der orthodoxen Kirchenschulen in England, in: KuSch 29 (Okt.1986) 13; Symbol als Verkündigung?, in: US 41 (1986) 187-193 = Vielfalt in der Nähe Gottes, 1-7; Dompropst Theodor Stoltenberg, in: Beiträge zur Schleswiger Stadtgeschichte 31 (1986) 96-100 = Vielfalt in der Nähe Gottes, 284-288; Die Spiritualität der frühen Wüstenväter, in: St. Markus 12,3 (1987) 4-20; Früher Ausblick nach Äthiopien, in: KuSch 30 (Feb. 1987) 1 = [Gesammelte Aufsätze zu Äthiopien] hrsg. Jan-Gerd Beinke. KuSch 33 (1988), 72-73; [Texte von David Chrytraeus], in: KuSch 30 (Feb. 1987) 2-6; [Texte von David Chrytraeus und Matthaeus Dresser], in: KuSch 30A (1987) 2-9.18; Die Kaiserin Mentewab, in: KuSch 30 (Feb. 1987) 7 = [Gesammelte Aufsätze zu Äthiopien] hrsg. Jan-Gerd Beinke. KuSch 33 (1988), 73-74; Pflanzen aus Äthiopien am Comer See, in: KuSch 31 (Juni 1987) 1; Noch einmal: Amharische Wiegendrucke in Heidelberg, in: KuSch 31 (Juni 1987) 12; Bericht aus Äthiopien, in: KuSch 32 (1987) 4-11; Grußwort des Altpräsidenten Friedrich Heyer der Deutsch-Armenischen Gesellschaft, in: Hermann Goltz (Hrsg.), Akten des Internationalen Dr. Johannes Lepsius Symposiums 1986 an der Martin-Luther Universität Halle-Wittenberg. Halle 1987, 17-18 = Vielfalt in der Nähe Gottes, 172-173; Des englischen Staatsmanns William Ewart Gladstone Eintreten für die armenische Sache, in: Hermann Goltz (Hrsg.), Akten des Internationalen Dr. Johannes Lepsius Symposiums 1986 an der Martin Luther Universität Halle-Wittenberg. Halle 1987, 174-182 = Vielfalt in der Nähe Gottes, 174-182; Beispiele deutscher Anteilnahme an der Lösung der bulgarischen Frage. Skizze für einen Aufsatz, in: Georgi Markow (Hrsg.), Nemsko-Bulgarski Kulturni Otnošenija 1878-1918, Sofia 1988, 229-235; Im Ikonenglanz, in: EK 21 (1988) 601-602 = Vielfalt in der Nähe Gottes, 8-9; Die Myronweihe in der orthodoxen Kirche, in: Heinrich Riehm (Hrsg.), Freude am Gottesdienst. Festschrift für Frieder Schulz. Heidelberg 1988, 405-411 = Vielfalt in der Nähe Gottes, 33-39= [Gesammelte Aufsätze zu Äthiopien] hrsg. Jan-Gerd Beinke. KuSch 33 (1988), 54-64; Russisch-orthodoxe Einwirkung auf die Orthodoxie der sich emanzipierenden Nationen Südosteuropas, in: Karl Christian Felmy u.a. (Hrsg.), Tausend Jahre Christentum in Rußland. Zum Millenium der Taufe der Kiever Rus'. Göttingen 1988, 819-830 = Vielfalt in der Nähe Gottes, 92-103 = Ausgewählte Aufsätze zur Kirchengeschichte Südosteuropas, 177-189; Die Orthodoxen im Visier, in: Ruperto-Carola 41 H. 80 (1989) 107-109; Die Anteilnahme kirchlich engagierter Deutscher an der bulgarischen Befreiung, in: Nikolaj S. Šivarov (Hrsg.), Meždunaroden Simposium 1100 Godoni ot Blaženata Končina na Sv. Metodij. Sofia 1989, Sofia 1989, 303-309. [ersch. 1990] Bd. 2, 303-309; Die beiden miteinander rivalisierenden Philhellenengruppen in Basel, in: Evangelos Konstantinou / Ursula Wiedenmann (Hrsg.), Europäischer Philhellenismus. Neuried 1989 (Philhellenische Studien I), 139-150; Der protestantische Althistoriker Heinrich Gelzer in der Begegnung mit der Orthodoxie Südosteuropas, in: Friedrich Heyer, Ausgewählte Aufsätze zur Kirchengeschichte Südosteuropas, hrsg. von Adolf Martin Ritter. Heidelberg 1989 (Theologisches Südosteuropaseminar Ergänzungsband 2), 69-84; Das Bild in der orthodoxen Kirche Äthiopiens, in: Hermeneia 5 (1989) 66-74; Ein Revirement in den Leitungsämtern der äthiopischen orthodoxen Kirche, in: KuSch 35 (Juni 1989) 3-4; Die eritreische Kirchenfrage: KuSch 35 (Juni 1989) 5-7; Das Glaubenszeugnis der armenischen Christenheit, in: Wilm Sanders (Hrsg.), Armenien. Kleines Volk mit großem Erbe. Hamburg 1989 (Publikationen der Katholischen Akademie Hamburg Band 6), 39-58; Dank für den Empfang der Ehrenmitgliedschaft, in: ADK 66 (Dez. 1989) 12-13; Das orthodoxe Kirchen- und Schulleben der Griechen in dem ersten Vierteljahrhundert seit der Befreiung in der Sicht deutscher Philhellenen, in: Josip Matešic / Klaus Heitmann (Hrsg.), Südosteuropa in der Wahrnehmung der deutschen Öffentlichkeit vom Wiener Kongreß (1815) bis zum Pariser Frieden (1858). Südosteuropa-Studien 47. München 1990, 57-64; Die Neuanfänge unter den Völkern Südosteuropas, in: Adolf Martin Ritter (Hrsg.), Die Anfänge des Christentums unter den Völkern Ost- und Südosteuropas. Heidelberg 1990, 114-128; Die Spiritualität der frühen Wüstenväter. Vortrag von Prof. Heyer im Philoxenia-Treffen im St.-Antonios-Kloster vom 21.-23.11.1986, in: Koptisch-orthodoxes Zentrum (Hrsg.), Seminarvorträge. Waldsolms-Kröffelbach 1990 = ²1994, 9-28 = St. Markus 12,3 (1987) 4-20; Weisungen der Väter, in: St. Markus 15,1 (1990) 8-16; Bilder (Se'el), in: Salama 7,16 (Sept. 1990) 38-40; F.H./Annegret Marx, Die Lage in Äthiopien und die Situation der von uns unterstützen Schulen, in: KuSch 37 (Mai 1990) 5; F.H./Annegret Marx, Ein zweiter Patriarch?, in: KuSch 37 (Mai 1990) 7; Von den Äthiopiern im Heiligen Land, in: KuSch 37 (Mai 1990) 20-21; Erzbischof Gorgorewos von Shoa †, in: KuSch 38 (Sept.1990) 21; (Heidelberger Studenten mit Professor Dr. F.H.) Inthronisation von Patriarch Torkom Manougian, in: ADK 68 (Juni 1990) 20-21; Die sechs Heidelberger und die sieben Darmstädter Jahre des David Friedrich Strauß, in: Gerd Theißen u.a (Hrsg.), Heidel-Berger Apokryphen. Eine vorzeitige Nikolausgabe zum 50. Geburtstag von Prof. Dr. Klaus Berger. Heidelberg 1990, 96-116; Studienstiftler Jahrgang 1926, in: Studienstiftung Jahresbericht 1989. Bonn 1990, 67-71; David Chytraeus als Erforscher der Orthodoxie, in: Martin Batisweiler/Karl Christian Felmy/Norbert Kotowski (Hrsg.), Der Ökumenische Patriarch Jeremias II von Konstantinopel und die Anfänge des Moskauer Patriarchats. Erlangen/Fürth

1991 (Oikonomia 27) 141-145; Die äthiopische orthodoxe Kirche angesichts der Herausforderung durch die Moderne, in: Karl Christian Felmy u.a. (Hrsg.), Kirchen im Kontext unterschiedlicher Kulturen. Alexandr Men in memoriam. Göttingen 1991, 393-397; Eine Mönchskorrespondenz zwischen äthiopischen und griechischen Mönchen im 7. Jahrhundert, in: KuSch 40 (1991) 12-16 = Die Korrespondenz zwischen äthiopischen und griechischen Mönchen im 7. Jahrhundert. Ein wichtiger Beitrag zur Spiritualität des Mönchtums, in: Hermeneia 7 (1991) 130-131; Zuramba oder das Kloster »Rundherum«, in: Susanne Beck u. a. (Hrsg.), Vorlesebuch Ökumene. Lahr 1991, 230-231; Abovians Ehefrau, in: ADK 74 (Dez. 1991) 47-48; Christlich inspiriertes Philhellenentum, in: EEThS TMHMA POIMANTIKHΣ 1 (Festschrift Johannes Kalogeros) Thessaloniki 1992, 205-221; Der hl. Nektarios von Aigina. Fest am 9. November, in: Hermeneia 8 (1992) 6; Vom Umgang der orthodoxen Christen Äthiopiens mit ihren Bildern, in: Piotr O. Scholz (Hrsg.), Orbis Aethiopicus. Studia in honorem Stanislaus Chojnacki natali septuagesimo quinto dicata, septuagesimo septimo oblata (=Bibliotheca nubica 3 I-II) Albstadt 1990-1992, 239-242 = in: KuSch 45 (Juli 1993) 34-37; Aktuelle Probleme kirchlicher Orientierung in der äthiopischen Orthodoxie, in: Salama 9,18 (Jan. 1992) 23-28; Armenien im Spiegel des Freiherrn von Haxthausen, in: ADK 77 (Sept. 1992) 24-27; Das religiöse Thema bei Alexander Puschkin, in: David Trobisch (Hrsg.), In Dubio Pro Deo. Heidelberger Resonanzen auf den 50. Geburtstag von Gerd Theißen. Heidelberg 1993, 105-112. [hektogr.]; Biblische Bezüge in den 95 Elegien des Gregor von Nareg, in: Christoph Burchard (Hrsg.), Armenia and the Bible. Papers presented to the International Symposium held at Heidelberg, July 16.-19., 1990. Atlanta (University of Pennsylvania) 1993 (UPATS 12), 87-96; Ein Jahrzehnt Äthiopisch-Orthodoxe Kirchengemeinschaft in Deutschland, in: Salama 10,20 (April 1993) 21-22; Professor Wilhelm Traugott Krug in Leipzig und Leibarzt Hufeland in Berlin: Ihre philhellenischen Aufrufe und ihre Stourdza-Beziehungen. Arnold Ruge, der Sympathisant in Festungshaft, in: Evangelos Konstantinou (Hrsg.), Europäischer Philhellenismus. Die europäische philhellenische Presse bis zur 1. Hälfte des 19. Jahrhunderts. Frankfurt/M. usw. 1994 (Philhellenische Studien 3) 67-75; Die Kanonisierung der Heiligen in den Orthodoxen Kirchen: Raffaele Coppola (Hrsg.) Atti del Congresso Internazionale Incontro fra Canonici d'Oriente e d'Occidente Bd. 2. Bari 1994, 273-283 = [erg.] in: Die Kanonisation der Heiligen in der Orthodoxen Kirche im katholisch-evangelischen Vergleich, in: Michael Schneider/Walter Berschin (Hrsg.), Ab Oriente et Occiddente. Kirche aus Ost und West. Gedenkschrift für Wilhelm Nyssen. St. Ottilien 1996, 189-199; Freidenkertum vor Wiedervereinigungsproblemen: ChrABC Bd. 2, Gruppe 4. 10 S.; Die Wirkungsgeschichte Vladimir Solovevs außerhalb der Grenzen Rußlands, in: Antonie Plamadeala/Mircea Pacurariu (Hrsg.), Persoana si Communione. FS Staniloae. Sibiu 1993. 320-334; Echo aus den Kirchen der Reformation?, in: IKZ 84 (1994) 236-243; Dr.-Ing. Ara Jean Berkian †, in: ADK 83 (1994) 47-48; Missionstätigkeit in der Ukraine. Ausbreitung der Freikirchen und Sekten, in: MDEZW 58,3 (1995) 85-88; Die christlichen Araber des Heiligen Landes. Werden sie im PLO-Staat integriert, oder wandern sie aus?, in: FAZ 47,2 (3.1.1995) 5. = selbständig [1995?] The Christian Arabs of the Holy Land; Pfarrer von Ars Jean-Marie Vianney, in: Christian Möller (Hrsg.), Große Seelsorger. Bd. 3. Göttingen 1996, 42-54; Bilderstreit in nonchalcedonensischen orthodoxen Kirchen, in: KuSch 47-48 (April 1996) 22-26; Hilfe für die Ärmsten. Die orthodoxe Schwesternschaft in Moskau, in: Evangelische Kirchenzeitung 50,38 (22.9.1996) 22; Nachrufe, in: KuSch 49 (1997) 6; Von Mitgliedern der Tabor-Society, in: KuSch 49 (1997) 7; Die heilige Julitta und der heilige Kirykos, in: KuSch 49 (1997) 29-31; Nikolaj von Arseniev in Graf Keyserlings »Schule der Weisheit«, in: M. George/V. Ivanov/Chr. Stephan (Hrsg.), FS Fairy von Lilienfeld = StdO 37,3 (1997) 160-163; Die Heidelberger Theologen in Graf Keyserlings »Schule der Weisheit«, in: Freireligiöse Landesgemeinschaft Baden (Hrsg.), Das Paradoxe zog mich an. Festschrift für Eckhart Pilick. Mannheim 1997, 100-111; Unser Werden hat den Grund im Sein, in: Darmstädter Echo Sa. 10.5.1997, 9; Die Falascha in Israel, in: KuSch 50 (1997) 10; Die Geschichte einer äthiopischen Ikone in St. Petersburg, in: KuSch 50 (1997) 10-12; Die äthiopisch-orthodoxe Kirche in Deutschland, in: KuSch 50 (1997) 12-13; Caritas im Heiligen Land, in: Arndt Götzelmann (Hrsg.), Diakonie der Verantwortung. Ethische Reflexionen und soziale Arbeit in ökumenischer Verantwortung. FS Theodor Strohm. Stuttgart 1998, 94-115; F.H./Andreas Müller, Zypern. Religionsgemeinschaften, in: Klaus-Detlev Grothusen/Winfried Steffani/Peter Zervakis (Hrsg.), Südosteuropa-Handbuch 8. Göttingen 1998, 660-692; Das philhellenische Argument: »Europa verdankt den Griechen seine Kultur«, also ist jetzt Solidarität mit den Griechen Dankesschuld, in: Evangelos Konstantinou (Hrsg.), Die Rezeption der Antike und der europäische Philhellenismus. Münster (Philhellenische Studien 7) 79-91; Die traditionellen Kirchen Jerusalems zur Zeit des Kaiserbesuchs, in: Karl-Heinz Ronecker (Hrsg.), Dem Erlöser der Welt zur Ehre. Festschrift zum hundertjährigen Jubiläum der Erlöserkirche in Jerusalem. Leipzig 1998, 154-162; Erinnerungen an die frühesten in Deutschland wirkenden Kopten, in: Claudia Nauerth (Hrsg.), Begegnungen. Bernd Jörg Diebner zum 60. Geburtstag am 8. Mai 1999. DBAT 30 (1999) 59-64; Hl. Nonne Wälätä Pietros, in: Hermeneia 15,2 (1999) 33-43; Erwartung des Jüngsten Tages - Sektensache?, in: EvTh 59 (1999) 457-458; Johann Adam Möhlers Wirkung in der Orthodoxie, in: Transylvanian Review 9,4 (2000) 48-53; Philoxenia-Treffen in Siegburg und Köln, in: ADK 110/4 (2000) 23; Kifelew Zellekes »Die Freude Äthiopiens« in Finnischer Übersetzung, in: KuSch 53 (2000) 43; Die Arabisierung der Kirchen im Heiligen Land, in: Martin Tamcke (Hrsg.), Orientalische Christen zwischen Resignation und Migration. Beiträge zur jüngeren Geschichte und Gegenwartslage. Münster u.a. 2001 (Studien zur Orientalischen Kirchengeschichte 13), 43-52; Russische Intervention in Äthiopien, in: KuSch 54 (2001) 29-32; Die Einwirkung des koptischen Patriarchats auf die Gründung des orthodoxen Patriarchats von Eritrea, in: Martin Tamcke (Hrsg.), Daheim und in der Fremde. Beiträge zur jüngeren Geschichte und Gegenwartslage der orientalischen Christen. Hamburg 2002 (Beiträge zur orientalischen Kirchengeschichte 21), 253-259; 100 Jahre Oromo-Bibel, in: KuSch 55 (2002) 36; Psalm 68 Vers 23 »Äthiopien streckt seine Hand aus zu Gott«. Selbstidentifikation des äthiopischen

Volkes, in: Arndt Meinhold/Angelika Berlejung (Hrsg.), Ein Freund der Menschen. Festschrift für Christian Machholz. Neukirchen-Vluyn 2003, 205 f.; Wunder äthiopischer Heiliger als fortgesetzte Wiederholung biblischer Wunder, in: Bertrand Hirsch/Manfred Kropp (Hrsgg.), Saints, Biographies and History in Africa/Saints, biographies et histoire en Afrique/Heilige, Biographien und Geschichte in Afrika, Frankfurt 2003, 155-160; Die äthiopisch-orthodoxe Kirche während der italienischen Besatzungszeit 1936-1941, in: Walter Raunig (Hrsg.), Äthiopien zwischen Orient und Okzident. Wissenschaftliche Tagung der Gesellschaft Orbis Aethiopicus, Köln 9.-11.10.1998. Münster 2004 (Orbis Aethiopicus 4) 161-172; Die Kryptochristen im islamisch beherrschten Südosteuropa: Martin Tamcke (Hrsg.), Blicke gen Osten. Festschrift für Friedrich Heyer zum 95. Geburtstag. Münster 2004 195-205 (Studien zur Orientalischen Kirchengeschichte 30).

Predigten: Predigt über Lk 1, 26-38. Schleswig 1949. [hektogr.]; [Predigten]. Schleswig 1959 [hektogr.]. Darin: Der kommende Davidssohn. Jes 11,1-22.4-7.9., 1-5; Elias Verzagen und Stärkung. 1 Kön 19,2-15, 6-10; Nur Christenglaube kann beten. Lk 18,1-8, 11-15; Predigt zum Bußtag 1968. Röm 2,1-11. Heidelberg 1968. 6 S. [hektogr.]; Predigt in der Peterskirche Ostern 1969 unmittelbar nach dem Attentat auf Rudi Dutschke. 1 Kor 5,7-8. Heidelberg 1969. 6 S. [hektogr.]; Predigt am ersten Sonntag nach Trinitatis. Mt 10,16-20. Heidelberg 1969. 6 S. [hektogr.]; Predigt zur Eröffnung des Wintersemesters. Zeph 3,1. 7-12. Heidelberg 1969. 7 S. [hektogr.]; Predigt am 11. nach Trinitatis. Mt. 23, 12. Heidelberg 1972. 3 S. [hektogr.]; Ostern nach Passionen. 1 Kor 5,7-8, in: Lothar Perlitt (Hrsg.), Universitätsgottesdienst. Heidelberger Predigten IV (1968-1973). GPH 30. Göttingen 1973, 33-37 = Vielfalt in der Nähe Gottes, 257-261; Predigt über Lk 8,4-15 vom 25.2.1973. Heidelberg 1973. 5 S. [hektogr.]; Predigt über Ps 42 vom 3.6.1973. Heidelberg 1973. 6 S. [hektogr.]; Predigt über Jes 40,1-11 vom 14.12.1975. 6 S. [hektogr.]; Predigt über 1 Thess. 1,1.2,3 oder 2,13. 5,5.23.24. vom 14.5.1978. Heidelberg 1978. 6 S. [hektogr.]; Mt 5, 43-48: Michael Plathow (Hrsg.) Gelebter Glaube mit der Bergpredigt. 2 Predigtreihen, gehalten im SS 1982 in der Kapelle des Ökumenischen Studentenwohnheims. Gewidmet E. Schlink zum 80. Geburtstag.Heidelberg 1983. 20-23; Predigt über Röm 13,8-12 vom 1.12.1985.Heidelberg 1985. 4 S. [hektogr.]; Predigt über Dtn. 6,4-9 vom 3.5.1987. Heidelberg 1987. 5 S. [hektogr.]; Predigt über Lk 15 vom 16.4.1989. 5 S. [hektogr.].

Lexikon-Artikel: Mitarbeit am Meyer-Lexikon 9. Auflage. Mannheim 1971-1981; Autokephalie, in: EKL² 1 (1956) 273-274; Bajus, Michael (de Bay): EKL² 1 (1956) 294; Bellarmin, Robert: EKL² 1 (1956) 384-385; de Bonald, Louis Gabriel Ambroise, Vicomte: EKL² 1 (1956) 546-547; Cärularius (Kerularius), Michael: EKL² 1 (1956) 670-671; Chateaubriand, Francois René, Vicomte de: EKL² 1 (1956) 681-682; Cyrillus Lukaris: EKL² 1 (1956) 829-830; Cyrillus u. Methodius: EKL² 1 (1956) 830-832; Einigungsbestrebungen der Kirchen: EKL² 1 (1956) 1044-1050; Frankreich I. Kirchengeschichte: EKL² 1 (1956) 1325-1330; Gallikanismus: EKL² 1 (1956) 1426-1427; Belgisch-Kongo, in: RGG³ 1 (1957) 1024-1025; Josephinismus (Joseph II), in: EKL² 2 (1958) 379-381; Kuß, heiliger, in: EKL² 2 (1958) 1011-1112; Laizismus: EKL² 2 (1958) 1024; Liguori, Alphons Maria de: EKL² 2 (1958) 1120; Lourdes: EKL² 2(1958) 1158-1159; Maistre Joseph de: EKL² 2 (1958) 1219-1220; Mogilas, Petrus: EKL² 2 (1958) 1421-1422; Newman, John Henry: EKL² 2 (1958) 1582-1584; Nikon (Minic), Patriarch v. Moskau: EKL² 2 (1958) 1611-1613; Sailer, Johann Michael: EKL² 3 (1959) 748-749; Scheeben, Matthias Joseph: EKL² 3 (1959) 787-788; Schell, Hermann: EKL² 3 (1959) 791-792; Ultramontanismus: EKL² 3 (1959) 1536-1539; Wessenberg, Ignaz Heinrich von: EKL² 3 (1959) 1786-1787; Orthodoxe Kirche IV. Mission der Orthodoxen Kirche, in: RGG³ 4 (1960) 1718-1719; Konvertiten, in: WKL, 778-782; Rußland: WKL. 1278-1282; Ukraine: WKL. 1490-1491; Papsttum III. In der Neuzeit: RGG³ 5 (1961) 77-85; Ukraine: RGG³ 6 (1962) 1108-1111; Agricola, Boetius Georgius, in: Schleswig-Holsteinische Biographisches Lexikon 1 (1970) 22-24; Baumgarten, Michael: Schleswig-Holsteinische Biographisches Lexikon 1 (1970) 65-67; Hermes, Hermann Daniel: Schleswig-Holsteinische Biographisches Lexikon 2 (1971) 174-176 = Vielfalt in der Nähe Gottes, 276-277; Kleuker, Johann Friedrich: Schleswig-Holsteinische Biographisches Lexikon 3 (1974) 172-174; Äthiopien, in: TRE 1 (1977) 572-596 = Vielfalt in der Nähe Gottes, 235-261 = Wendepunkte moderner äthiopischer Geschichte, in: KuSch 18 (Nov.1982) 4-7. [= S. 585-586.]; Art. Bulgarien II. Jüngste Geschichte und gegenwärtige Situation, in: TRE 7 (1981) 372-374 = Ausgewählte Aufsätze zur Kirchengeschichte Südosteuropas, 64-68; Christengemeinschaft, in: TRE 8 (1981) 10-13 = Vielfalt in der Nähe Gottes, 291-294; Unitarier, in: ÖL ¹1983, 1204-1206 = Vielfalt in der Nähe Gottes. Konfessionskundliche Aufsätze aus dem Jahrzehnt 1978-1988. Heidelberg ¹1988; ²1989, 289-290 = in: ÖL ²1987, 1223-1226; Lisco, in: NDB 14 (1985) 681-682; Jerusalem V. Vom Mittelalter bis zur Gegenwart, in: TRE 16 (1987) 624-635 = Vielfalt in der Nähe Gottes, 68-80; Freidenker, in: Hans Gasper / Joachim Müller / Friederike Valentin (Hrsg.), Lexikon der Sekten, Sondergruppen und Weltanschauungen. Fakten-Hintergründe-Klärungen. Freiburg usw. 1990, 298-302; Stoltenberg, Theodor Karl Friedrich, in: Biographisches Lexikon für Schleswig-Holstein und Lübeck 9 (1991) 344-346; Johannes von Euböa, in: BBKL III (1992) 350-354; Mercier, Désiré, in: BBKL V (1993),1291-1293; Montalembert, Charles Forbes René, in: BBLK 6 (1993) 71-77; Moser, Friedrich, Karl, in: BBKL VI (1993) 171-177; Nikodimos, Hagioritis, in: BBKL VI (1993) 836-843; Rupp, Julius, in: BBKL VIII (1994) 940-946; Taesler, Clemens, in: BBKL XI (1996) 394-398; Thylmann, Karl, in: BBKL XI (1996) 1569-1573; Viénot, John Emmanuel, in: BBKL XII (1997) 1375-1378; Rambaud, Jules, in: BBKL XIV (1998) 1382-1384; Steffen, Albert, in: BBKL XIV (1998) 1522-1527; Abuna, in: RGG⁴ 1 (1998) 94; Äthiopisch-christliche Literatur, in: RGG⁴ 1 (1998) 895-896; Äthiopische Orthodoxe Kirche, in: RGG⁴ 1 (1998) 899-900; Bryennios, in: RGG⁴ 1 (1998) 1807; Strauss, Friedrich Adolph, in: BBKL XV (1999) 1365-1369; Ronge, Johannes, in: BBKL XV (1999) 1206-1212; Pierling, Paul, in: BBKL XV (1999) 1166; Frumentius, in: RGG⁴ 3 (2000) 402; Ukraine, in: TRE 34 (2002) 245-253; Liégé, Pierre André, in: BBKL XX (2002) 926-933; Crosses, role and function, in: Siegbert Uhlig (Hrsg.), Encyclopaedia Aethiopica 1 (2003) 815-816; Däbrä Tabor Iyasus, in: Siegbert Uhlig (Hrsg.), Encyclopaedia Aethiopica 2 (2005) 50; Diyaqon, in: Siegbert Uhlig (Hrsg.), Encyclopaedia Aethiopica 2 (2005) 174-175; Fere Mik'ael, in: Siegbert Uhlig (Hrsg.), Encyclopaedia Aethiopica 2 (2005) 525.

Rezensionen: Melchior Hofmann: Melchior Hofmann gegen Nicolaus von Amsdorf Kiel 1528. Mit einem Nachw. v. Gerh. Ficker. Preez: Verein f. Schleswig-Holstein. Kirchengeschichte (dch. J.M.Hansen) 1928. (8[7 Faks.] S.) Schriften des Vereins f. Schleswig-Holstein. Kirchengeschichte, Sonderh. 5, in: ThLZ 58 (1933) 401-402; Blätter für orthodoxes Christentum - herausgegeben von Paulus Zacharias, in: ELKZ 4 (1950) 93-94; Josef Lortz, Die Reformation in Deutschland. Herder-Verlag, Freiburg. 4. Aufl., Band I 450 S., Band II 352 S., in: Junge Gemeinde 54,6 (1952) 24-25; Anton Baumstark, Liturgie Comparée, in: MPTh 43 (1954) 447-448; Gemaltes Dogma. Rez. Wolfgang Braunfels, Die heilige Dreifaltigkeit. Lukas-Bücher zur christlichen Ikonographie, Bd. 6. L. Schwann-Verlag, Düsseldorf 1954, 53 S. Text, 32 S. Abb., in: ZW 26 (1955) 207-208; Renaissance der Patristik. Rez. Werner Elert, Abendmahl und Kirchengemeinschaft in der Alten Kirche hauptsächlich des Ostens. Lutherisches Verlagshaus, Berlin 1954, 181 S. , in: ZW 26 (1955) 419-420; Humbert Thomas Cattin / Paul Conus, Aux sources de la vie spirituelle. Documents. XIX, 1278 S. Ed. St. Paul, Fribourg / Paris 1951, in: Erasmus 8 (1955) 469-471; Wittenberg zwischen Moskau und Rom. Ein Buch zur großen Kirchenpolitik. Rez. Hans Assmusen, Rom - Wittenberg - Moskau. Schwabenverlag, Stuttgart, 161 S., in: SBl 9,47 (18.11.1956) 13-14 = Zur großen Kirchenpolitik, in: INLL 5 (1956) 277-278; Dichtung als Laienpriestertum. Rez. Hans Urs von Balthasar, Georges Bernanos. Verlag Jakob Hegner, Köln 1954, 548 S., in: ZW 27 (1956) 558-559; Das meditierte Bild. Rez. Alfons Rosenberg, Die christliche Bildmeditation. Otto-Wilhelm-Barth-Verlag, München-Planegg 1955, 302 S., in: ZW 28 (1957) 59-60; »Das unsichtbare Kloster«. Rez. Maurice Villain, Abbé Couturier, in: INLL 6 (1957) 239-240; Die russische Randglosse zur deutschen Philosophie. Rez. Wladimir Solowjew, Deutsche Gesamtausgabe. Bisher erschienen: Band III, Una Sancta II, 1954, 474 S., Band VII, Erkenntnislehre, 1953, 448 S. Erich-Wewel-Verlag, Freiburg i.Br. — Nicolai von Bubnoff, Russische Religionsphilosophen. Dokumente. Lambert Schneider Verlag, Heidelberg 1956, 464 S., in: ZW 29 (1958) 202-204; Russian Messianism. Rez. Otto Treitinger, Die oströmische Kaiser- und Reichsidee nach ihrer Gestaltung im höfischen Zeremoniell. Gendtner, Darmstadt 1956. 274 S. Josef Glazik, Die russisch-orthodoxe Heidenmission seit Peter dem Großen. Missionswissenschaftliche Abhandlungen 19. Aschendorffsche Verlagsbuchhhandlung, Münster 1954. 270 S. Emanuel Sarkisyanz, Rußland und der Messianismus des Orients. J.C.B.Mohr, Tübingen 1955. 419 S., in: ER 10 (1957/58) 104-107; D. Slijepcevic, Die bulgarische orthodoxe Kirche 1944/1956, in: SOF 18 (1959) 459-460; Kirche im Osten. Studien zur osteuropäischen Kirchengeschichte und Kirchenkunde Band IV. Hg. R. Stupperich, in: Kyrios 1 (1960/61) 194-196; Franz Heinrich Philipp, Tolstoi und der Protestantismus, in: JGO 9 (1961) 141-142; Bernhard Stasiewski, Reformation und Gegenreformation in Polen. Neue Forschungsergebnisse. Aschendorffsche Verlagsbuchhandlung; Münster i.Westf. 1961. 99 S., in: ZOF 10 (1961) 741-742; Wilhelm Kahle, Die Begegnung des baltischen Protestantismus mit der russisch-orthodoxen Kirche. E.J.Brill, Leiden und Köln 1959. 295 S.; Robert Stupperich, Kirchenordnungen der evangelisch-lutherischen Kirche in Rußland. Verlag »Unser Weg«, Ulm 1959. Quellenhefte zur ostdeutschen und osteuropäischen Geschichte, H. 1/2. 253 S., in: ZOF 10 (1961) 576-579; Glaube und Kirche in Rußland. Rez. Eduard Steinwand, Glaube und Kirche in Rußland. Vandenhoeck & Ruprecht, Göttingen, 158 S.; Walter Birnbaum, Christenheit in Sowjetrußland. Was wissen wir von ihr? Katzmann Verlag, Tübingen, 240 S., in: SBl 49 (1962) 15; Johann Amos Comenius, Informatorium der Mutterschul. hrsg. von Joachim Heubach, in: Kyrios 2 (1962) 189; Erik Amburger, Geschichte des Protestantismus in Rußland. Evangelisches Verlagswerk, Stuttgart 1961. 208 S., in: ZOF 11 (1962) 383-384; Rudolf Rican, Die böhmischen Brüder. Aus dem Tschechischen übertragen von Bohumír Popelár. Union Verlag, Berlin 1961. 375 S., 1 Kt., 1 Abb., in: ZOF 11 (1962) 573-575; Desider Alexy (Hrsg.), Ein Leben für Kirche und Volk. Zum 90. Geburtstag des Professors der Theologie Dr. Roland Steinacker. Hilfskomitee für die ev.-luth. Sudetendeutschen, Stuttgart 1960. 176 S., in: ZOF 11 (1962) 577-579; Alexander Kischkowsky, Die sowjetische Religionspolitik und die Russische Orthodoxe Kirche. Institut zur Erforschung der UdSSR, Ser. 1, Nr. 58, 2. Aufl. München 1960. 171 S., in: ZOF 11 (1962) 583-584; »Sancta, nicht UNO«. Der Fall Peter Braun. Rez. Peter Braun, Denn Er wird meinen Fuß aus der Schlinge ziehen. Herbig Verlag. Berlin, 467 S: SBl 45 (1963) 24; Der Gottesdienst der Orthodoxie. = Rez. Ernst Benz, Hans Thurn, Constantin Floros (Hrsg.), Buch der heiligen Gesänge der Ostkirche, in: Quat. 27 (1962/63) 181-182; Kirche im Osten VI. Hg. R. Stupperich, in: Kyrios 3 (1963) 261-262; Rußland, wie wir es erlebten. Rez. Peter Braun, Denn Er wird meinen Fuß aus der Schlinge ziehen. F. A. Herbig Verlagsbuchhandlung. Berlin-Grunewald 1963. 467 S., in: ZW 35 (1964) 62-63; Peter Hauptmann, Altrussischer Glaube. Der Kampf des Protopopen Avvakum gegen die Kirchenreform des 17. Jahrhunderts. (Kirche im Osten, Bd. IV.) Verlag Vandenhoeck und Ruprecht, Göttingen 1963, 152 S., in: ZOF 14 (1965) 372-373; Die russische orthodoxe Kirche in Lehre und Leben. In Verbindung mit dem Studienausschuß der Evangelischen Kirche der Union für Fragen der Orthodoxen Kirche und einer Reihe von Fachgelehrten hrsg. von Robert Stupperich. (Schriftenreihe des Studienausschusses der EKU für Fragen der Orthodoxen Kirche, Bd. 2.) Luther-Verlag. Witten/Ruhr 1966. 312 S., in: ZOF 16 (1967) 778-781; Ernst Otto Reichert, Johannes Scheffler als Streittheologe. Gütersloh 1967, in: ThLZ 93 (1968) 266-267; Versöhnung. Das deutsch-russische Gespräch über das Verständnis der Versöhnung, in: EK 1 (1968) 224-225; Wilhelm Kahle, Westliche Orthodoxie. Leben und Ziele Julian Joseph Overbecks. (Oekumenische Studien, herausgegeben von Ernst Benz, Band IX.) E.J.Brill, Leiden-Köln 1968. 305 S., in: ÖR 18 (1969) 522-524; Baron H. E. von Kottwitz und die Erweckungsbewegung in Schlesien, Berlin und Pommern. Briefwechsel, eingel. und hrsg. von F. W. Kantzenbach. (Quellenhefte zur ostdeutschen und osteuropäischen Kirchengeschichte, H. 11/12.) Verlag »Unser Weg«. Ulm 1963. 262 S., in: ZOF 18 (1969) 380-381; Konrad Onasch, Grundzüge der russischen Kirchengeschichte. (Die Kirche in ihrer Geschichte, ein Handbuch, Bd. 3, Lfg. M, I. Teil.) Verlag

Vandenhoeck & Ruprecht. Göttingen 1967. IV, 133 S., in: ZOF 18 (1969) 779-780; André Arvaldis Brumanis: Aux origines de la hiérarchie latine en Russie. Mgr. Stanislas Siestrzencewicz-Bohusz, Premier archevêque-métropolitain de Mohilev (1731-1826). (Université de Louvain, Recueil de travaux de Louvain. Löwen 1968. XXXI, 387 S., XII Taf. Abb., 2 Ktn., in: ZOF 18 (1969) 780-781; Johannes Chrysostomus: Kirchengeschichte Rußlands der neueren Zeit Band. 1-3, in: ZRGG 23 (1971) 84-86; Peter F. Barton: Ignatius Aurelius Faber. Vom Barockkatholizismus zur Erweckungsbewegung. Verlag Hermann Böhlaus Nachf. Wien, Köln, Graz 1969. 634 S., 1 Bildn., in: ZOF 20 (1971) 777-779; Roman Rößler: Kirche und Revolution in Rußland. Patriarch Tichon und der Sowjetstaat. (Beiträge zur Geschichte Osteuropas, Bd 7.) Böhlau Verlag, Köln, Wien 1969. X, 263 S., in: ZOF 20 (1971) 780-781; Eine zwiespältige Konfessionskunde: Kyrios 12 (1972) 250-256 = Vielfalt in der Nähe Gottes. Konfessionskundliche Aufsätze aus dem Jahrzehnt 1978-1988. Heidelberg [1]1988; [2]1989, 239-245; Stanislaw Bobr-Tylingo: La Russie, l'église et la Pologne 1860-1866. London 1969. (Ex Antemurale, Bd XIII.) Institutum Historicum Polonicum Romae et Societatis Polonica Scientiarum et Litterarum in exteris Londonii. Rom, London 1969. 299 S., in: ZOF 21 (1972) 373-374; A. P. Vlasto, The entry of the Slavs into Christendom. An introduction to the medieval history of the Slavs. 1970, in: ZBalk 8 (1971/72) 140-142; Erwin Keller, Johann Baptist Hirscher (=Wegbereiter heutiger Theologie). Graz (Styria-Verlag) 1969, 396 S., in: ZKG 83 (1972) 417-418; William C. Fletscher: The Russian Orthodox Church Underground, 1917-1970. Oxford University Press. London, New York, Toronto 1971. X, 314 S., in: ZOF 22 (1973) 779-781; Armen Haghnazarian, Das armenische Thaddäuskloster. Aachen 1973, in: ADK 4 (1974) 6-8.; Georg Gerster, Kirchen im Fels. Entdeckungen in Äthiopien. Zürich [2]1972, in: ThR 38 (1974) 336-338; Ernst Hammerschmidt, Äthiopien. Christliches Reich zwischen Gestern und Morgen. Wiesbaden. Harrassowitz 1967. XII, 186 S., in: ZDMG 124 (1974) 405; Paul Verghese, Koptische Christen (Die orthodoxen Kirchen Ägyptens und Äthiopiens) 1973; ders., Die syrischen Kirchen in Indien, 1974, in: Die Kirchen der Welt, Band XII und XIII, 284 bzw. 222 S. Evangelisches Verlagswerk Stuttgart, in: ÖR 23 (1974) 407-410; Rudolf Urban, Die Tschechische Hussitische Kirche. Marburger Ostforschungen Bd. 34. Verlag J.G.Herder-Institut. Marburg / Lahn 1973. 327 S., 5 Abb. a. 3 Taf., 4 z.T. zweifarb. Ktn i. Anh., in: ZOF 23 (1974) 536-538; Symbolik des orthodoxen und orientalischen Christentums. Von Ernst Hammerschmidt, Paul Hauptmann, Paul Krüger, Léonide Ouspensky, Hans-Joachim Schulz. Anton Hiersemann Stuttgart 1962. 280 S. Symbolik des orientalischen Christentums. Tafelband von Ernst Hammerschmidt. Mit 109 Abb. 1966. 144 S. Symbolik des orthodoxen Christentums und der kleineren orientalischen Kirchen in Ost und West. Tafelband von Karl-Christian Felmy, Léonide Ouspensky, Peter Hauptmann, Werner Küppers und Ferdinand Herrmann. Mit 105 Abb. 1968, 152 S. = Symbolik der Religionen. Hrsg. von Ferdinand Herrmann. Band 10, 14 und 16., in: JGO 23 (1975) 536-538; Sergew Hable Selassie, Ancient and Medieval Ethiopian History to 1270. Addis Ababa 1972. 370 S., in: ZDMG 125 (1975) 164-166; Aspects de l'Anglikanisme: Colloque de Strasbourg 14.- 16. Juni 1972 (= Bibliothèque des Centres d'Études Superieures specialisées), Paris (Presses Universitaires de France) 1974, 243 S., in: ZKG 86 (1975) 417-418; Walter Mogk, Paul Rohrbach und das »Größere Deutschland«. Ethischer Imperialismus im Wilhelminischen Zeitalter. München 1972., in: ADK 9 (Juli 1975). 1 S.; Charles Burney / David Marshall Lang, The peoples of the hills, London 1971, in: ADK 9 (Juli 1975). 2 S.; Heinrich Nickel, Kirchen, Burgen, Miniaturen. Armenien und Georgien während des Mittelalters. Burchard Brentjes, Drei Jahrtausende Armenien, in: ADK 9 (Juli 1975). 2 S.; Robert W. Thomson, The Teaching of Saint Gregory. An Early Armenian Catechism. Cambridge 1970, in: ADK 19 (Dez. 1977) 20-21; Alex Proc, Jahrbuch der Orthodoxie. Schematismus 1976/77. Athos-Verlag München. 244 S., in: DtPfrBl 77 (1977) 151; The Ukrainian Catholic Church 1945-1975. A Symposium held at La Salle College in Philadelphia, Pennsylvania, April 19, 1975. Hrsg. Miroslav Labunka, Leonid Rudnytzky. The St. Sophia Religious Association of Ukrainian Catholics, Inc. Philadelphia, Pa. 1976. 162 S., in: ZOF 26 (1977) 748-749; Wissenschaftliche Untersuchung unserer Kirchenschulen. [B. Tenhagen], in: KuSch 5 (Juli 1978) 11; Armenische Handschriften. Rez. Heide und Helmut Buschhausen, Die illuminierten Handschriften der Mechitaristen-Congregation in Wien, 1976, in: ADK 21 (Juli 1978) 10; Manuel Sarkisyanz, A modern history of transcaucasian Armenia. Social, Cultural and Political. Nagpur in Indien 1975, in: ADK 20 (März 1978) 2-3; Armenische Initiative - weltweite Geltung. = Rez. Demos Shakarian, Die glücklichsten Menschen auf Erden. Erzhausen[3] 1977, in: ADK 21 (Juli 1978) 9-10; Wilhelm Kahle, Evangeliumschristen in Rußland und der Sovjetunion - Ivan Stepanovic Prochanov (1869-1935) und der Weg der Evangeliumschristen und Baptisten. Wuppertal u. Kassel (Oncken-Verlag) 1978, 598 S., in: OS 27 (1978) 203-206; Bairu Tafla. A Chronicle of Emperor Yohannes IV (1872-89). Franz Steiner Verlag, Wiesbaden 1977 (ÄthF 1), 159 S., in: OS 27 (1978) 207-208; Nestor Vornicescu, Contributii aduse di slujitori bisericesti pentru independenta de stat a Romaniei in anii 1877/1878. Craiova 1978., in: ÖR 27 (1978) 536-537; Stella Alexander, Church and State in Yugoslavia since 1945. Cambridge University Press 1979, 351 S., in: ÖR 28 (1979) 488-490; Armenische Miniaturen. Rez. B. Brentjes, Armenische Miniaturen in Sammlungen der DDR (Abh. der Wiss. der armen. SSR), in: ADK 26/27 (Jan. 1980) 22; Helene Carrere d'Encausse, Risse im Roten Imperium. Das Nationalitätenproblem in der Sowjetunion, Wien / München 1979, in: ADK 29 (Juli 1980) 12-13; Hans-Georg Beck, Geschichte der östlichen Kirche im byzantinischen Reich (KiG D 1) Vandenhoeck & Ruprecht, Göttingen 1980, 268 S., in: ÖR 30 (1981) 211-212; Heinrich Fries / Georg Kretschmar (Hrsg.), Klassiker der Theologie. Erster Band: Von Irenaeus bis Martin Luther. München (Beck) 1981, 462 S., in: EK 15 (1982) 221-222; Sabine Stephan, Karapet Episkopos Ter-Mkrttitschjan (1866-1915). Materialien zu einem Kapitel armenisch- deutscher wissenschaftlicher Zusammenarbeit, redigiert von H. Goltz. (Wissenschaftliche Beiträge 1983/37 (T52). Martin-Luther-Universität Halle-Wittenberg 1983. 154 S., in: ÖR 33 (1984) 314-316 = in: ADK 43 (Dez. 1983) 15.17; Getatchew Haile, The different collections of Nägs Hymns in Ethiopic Literature and their contribution to the history of Ethiopia, in: KuSch 22 (Jan. 1984) 6-10; Nicolas Zernov, Sunset Years. A Russian Pilgrim in the West. Fellowship of St. Alban and St. Sergius, London 1983, in: ÖR 33 (1984) 313-314; Lothar Heiser, Das Glaubenszeugnis der armenischen Kirche. (Sophia. Quellen östlicher Theologie, Bd. 22). Paulinus-Verlag, Trier 1983. 314 S., 32 Farbtafeln, in: ÖR 33 (1984) 314; L. Heiser, Das Glaubenszeugnis der armenischen Kirche. (Sophia. Quellen östlicher Theologie, Bd. 22). Paulinus-Verlag. Trier 1983. 314 S., 32 Farbtafeln, in: ByZ 77 (1984) 309; Helga Anschütz, Die syrischen Christen vom Tur 'Abdin. Eine altchristliche Bevölkerungsgruppe zwischen Beharrung, Stagnation und Auflösung (ÖC. NF 34) Würzburg 1984, 258 S., in: ÖR 33 (1984) 591-593; Rudolf Armstark (Hrsg.), Die Ukrainische Autokephale Kirche. Erinnerungen des Metropoliten Vasyl' K. Lypkivs'kyj, (ÖC.NF 33) Würzburg: Augustinus-Verlag 1982, 235 S., in: KiO 27 (1984) 193-195; Helga Anschütz / Paul Harb, Christen im Vorderen Orient - Kirchen, Ursprünge, Verbreitung. Eine Dokumentation. Deutsches Orient-Institut Hamburg 1985, aktueller Informationsdienst moderner Orient, Sondernummer 10, in: ÖR 35 (1986) 353-354; Serge Descy, Introduction à l'histoire et l'ecclésiologie de l'Église Melkite. Éditions St. Paul. Beirut-Jounieh 1986. 126 S., in: ÖR 35 (1986) 483-485; Deutschland und Armenien (1914-1918). Sammlung diplomatischer Aktenstücke, herausgegeben und eingeleitet von Dr. Johannes Lepsius. Mit einem Vorwort zur Neuausgabe von Tessa Hofmann und einem Nachwort von M. Rainer Lepsius. Donat und Temmen Verlag, Bremen 1986; Iso Baumer, Prinz Max von Sachsen und Armenien. Im Widerspruch zu gängigen Meinungen und Einstellungen in Kirche und Staat. Bremen 1986, in: ÖR 36 (1987) 270-272; Vrej Nersessian, The Tondrakian Movement. Religious Movements in the Armenian Church from the 4th to the 10th Century. Theological Monograph Series 15. Princeton 1988, in: ÖR 38 (1989) 364-366 = in: ThLZ 116 (1991) 628-629 = in: ADK 74 (Dez. 1991) 61-62; Klaus Gamber, Die Liturgie der Goten und der Armenier. Regensburg 1988, in: ÖR 38 (1989) 366-367; Handes Amsorya, Zeitschrift für armenische Philologie, 1887-1987, Festschrift, Wien 1989, in: ÖR 38 (1989) 367; Gérard Siegwalt, Dogmatique pour la catholicité évangelique. I. Le fondement de la foi. 1. La Quête de la foi. 2. Réalité et révélation. Paris / Genf 1986 / 87, in: ThLZ 114 (1989) 303-304; Uwe Feigel, Das evangelische Deutschland und Armenien. Die Armenier-Hilfe deutscher evangelischer Christen seit dem Ende des 19. Jahrhunderts im Kontext der deutsch-türkischen Beziehungen Göttingen 1989, in: ÖR 39 (1990) 502-503; Wolfgang Seibert, Deutsche Unitarier Religionsgemeinschaft. Stuttgart 1989. 239 S., in: ThLZ 115 (1990) 614-615; He Panhagia tou Kastrou. hrsg. von der Metropolie von Leros und Kalymnos, Athen 1989, in: ÖR 40 (1991) 97; Klaus Gnoth, Antwort vom Athos. Mönchtum und Gesellschaft. Göttingen 1990., in: ÖR 40 (1991) 541; Kefelew Zelleke/Annegret Marx, Das Licht seiner Geburt. Weihnachten im christlichen Äthiopien. (Kiefel- Verlag) 1992, in: KuSch 44 (Okt. 1992) 46; Gérard Siegwalt, Dogmatique pour la Catholicité Évangelique. Système mystagogique de la foi chrétienne. II. La Réalisation de la foi. 1: L'Église chrétienne dans la societé humaine. 2: La méditation: L'Église et les moyens de grâce. Paris: Cerf. Genf: Labor et Fides 1991/92. 401 S. et 450 S., in: ThLZ 118 (1993) 958-959; Martin Tamcke, Armin T. Wegner und die Armenien. Anspruch und Wirklichkeit eines Augenzeugen. Göttingen 1993: ADK 82 (1993) 71-73; Hedrick Smith, Die neuen Russen. Reinbek 1991, in: ADK 83 (1994) 71-72; Christoph Burchard (Hrsg.), Armenia and the Bible. Papers presented to the international symposium held at Heidelberg, July 16-19, 1990, in: ADK 84 (1994) 71-74; Ein Meisterwerk der Ökumene-Istorie. Rez. Angelo Tamborra, Chiesa cattolica e ortodossia russa. Due secoli di confronto e dialogo. Mailand 1992. 466 S., in: MdKI 46,6 (1995) 17-18; Joseph Chalassery, The Holy Spirit and Christian Initiation in East Syrian Tradition. Rom 1995. LI, 250 S., in: ThLZ 121 (1996) 501-503; Hacik Rafi Gazer, Die Reformbestrebungen in der Armenisch-Apostolischen Kirche im ausgehenden 19. und im ersten Drittel des 20. Jahrhundert. Göttingen (KO.M 24) 1996, in: ThLZ 122 (1997) 956-957 = in: ADK 98 (1997) 40; Nelly van Doorn Harder/Kari Vogts (eds.), Between Desert and City. The Coptic Church Today. Oslo 1997, 290 S., in: KZG 10 (1997) 404-406; Erich Bryner, Die Ostkirchen vom 18. bis zum 20. Jahrhundert. Leipzig 1996, in: KZG 11 (1998) 178-179; Vladislav Zypin, Istorija Russkoj Cerkvi 1917-1997. Moskva 1997, in: KZG 11 (1998) 179-182; P. Weikenmeier/F. W. Lemke, »Äthiopien Kultur - Religion - Geschichte«. Stuttgart-Zürich 1998, in: OS 48 (1999) 71-72; Joan Vasile Leb, Die Rumänische Orthodoxe Kirche im Wandel der Zeiten. Cluj-Napoca 1999. 167 S., in: KZG 12 (1999) 552-553; Russische Akademie der Wissenschaften, Zentrum für den Vergleich alter Kulturen, Christianskij Vostok. St.Petersburg-Moskau 1999. 513 S., in: KZG 13 (2000) 257 f; Dietmar W. Winkler, Koptische Kirche und Reichskirche. Altes Schisma und neuer Dialog (Innsbrucker Theologische Studien 48). Innsbruck 1997. 367 S., in: KZG 13 (2000) 258 f.; Olivier Gillet, Religion et Nationalisme. L'Ideéologie de l'Église Roumaine sous le régime communiste. Bruxelles 1997. 190 S., in: KZG 13 (2000) 529 f.; Pavlo Skoropads'kyj, Erinnerungen 1917-1918. Stuttgart 1999, in: OS 49 (2000) 164-165; Kirche im Osten 42/43 (1999/2000), in: ThLZ 126,6 (2001) 689 f.; Emmanuel Clapsis, Orthodoxy in conversation. Orthodox Ecumenical Encounters. Geneva-Brookline 2000. VI, 236 S., in: ThLZ 127 (2002) 560 f.; Kaisamari Hintikka, The Roumanian Orthodox Church and the World Council of Churches, 1961-1977. Helsinki 2000. 207 S., in: ThLZ 127 (2002) 563 f.; Tedros Abraha, La lettera ai Romani. Testo i commentari della versione Etiopica (Aethiopische Forschungen 57) Wiesbaden 2001, in: ThLZ 128 (2003) 835.

Bibliographie: Christian Weise, Bibliographie Friedrich Heyer, in: Michael Kohlbacher/Markus Lesinski (Hrsg.), Horizonte der Christenheit. Festschrift für Friedrich Heyer zu seinem 85. Geburtstag. Erlangen 1994 (Oikonomia 34), 587-629.

Festschriften: Herrn Professor Friedrich Heyer zum 65. Geburtstag. Beiträge von Mitarbeitern und Freunden. Heidelberg 1973; Adolf Martin Ritter (Hrsg.), Zur Kulturwirkung des Christentums im südosteuropäischen Raum. Historische Referate des VI. Theologischen Südosteuropaseminares in Bukarest. [Heidelberg 1984]; Ders. (Hrsg.), Das Heilsnotwendige und die Fülle des Heils. Systematisch-Theologische Vorträge des 6. Südosteuropaseminars, Bukarest 1982. Erlangen 1984 (Oikonomia 22); Michael Kohlbacher/Markus Lesinski (Hrsg.), Horizonte der Christenheit. Festschrift für Friedrich Heyer zu seinem 85. Geburtstag. Erlangen 1994 (Oikonomia 34); Martin Tamcke (Hrsg.), Blicke gen Osten. Festschrift für Friedrich Heyer zum 95. Geburtstag. Münster 2004 (Studien zur Orientalischen Kirchengeschichte 30).

Lit.: Helene Christallers Ahnen, in: Mitteilungen der Hessischen Familiengeschichtlichen Vereinigung 8,15 (1953) 488f.; — Helene Christaller, Meine Mutter. Basel [1960], 232ff.; — Peter Braun, Nostra Pulchra oder Das Glück von Polen. Düsseldorf-Köln 1965; — RGG³ Register. Tübingen 1965, 96; — upr, Prof. Friedrich Heyer 60 Jahre, in: Rhein-Neckar-Zeitung 24.1.1968; — Martin Schmid, Friedrich Heyer 65 Jahre, in: Rhein-Neckar-Zeitung 24.1.1973; — ts, Friedrich Heyer 70 Jahre, in: Rhein-Neckar-Zeitung 24.1.1973; — Karl Christian Felmy, Friedrich Heyer 75, in: Ruperto Carola 69 (1983) 276-278; — Adolf Martin Ritter, Friedrich Heyer zum 80. Geburtstag, in: Ruperto-Carola 78 (1988) 142; Christian Weise, Friedrich Heyer: ›Unbekannter Soldat der oekumenischen Bewegung‹ bekam Orden, in: KuSch 47-48 (1996) 17-18; — Ders., Besuch Seiner Heiligkeit Mor Ignatius Zakka I. Iwas Patriarch von Antiochien und dem ganzen Osten in Deutschland, in: COst 51,2 (1996) 108-112; — Michael Kohlbacher, Prof. Heyer zu Ehren, in: ADK 101 (1998) 36; — Wer ist Wer 37 (1998/99) 588; — Gerhard Besier, Orthodoxe Theologie. Friedrich Heyer zum 95. Geburtstag, in: Rhein-Neckar-Zeitung 24.1.2003; — Kürschners Deutscher Gelehrtenkalender 2005. München 2005, 1356f.; — Jan-Gerd Beinke, Nachruf, in: KuSch 58 (2005) 10-14; — Helmut Schwier, Friedrich Heyer zum Gedenken, in: ThLZ 130 (2005) 721f. = Ökumenische Rundschau 54 (2005) 389f.; — Emmanuel Sevrugian, Friedrich Heyer, Nachruf auf ein bewegtes Leben, in: ADK 127/128 (2005) 57-61; — Christian Weise, Friedrich Heyer - universaler Konfessionskundler und ökumenischer Kosack, in: ADK 127/128 (2005) 54-56; — Verena Böll, In memoriam Friedrich Heyer, in: Aethiopica 9 (2006) 229-231; — Heyer, in RGG⁴ Register 159; — Verena Böll, Art. Heyer, in: Encyclopaedia Aethiopica 3 (2007), 26-27; — John H. Yoder, Rez. F.H., Der Kirchenbegriff der Schwärmer, in: The Mennonite Quarterly Review 34 (1960) 61-67; — C.D.G.Müller, Rez. F.H., Die Kirche Äthiopiens, in: Kyrios 13 (1973) 93-100; — Hans-Dieter Döpmann, Konfessionskunde heute, in: ThLZ 104 (1979) 241-247; — Erwin Fahlbusch, Abschied von der Konfessionskunde? Überlegungen zu einer Phänomenologie der universalen Christenheit, in: Gottfried Maron (Hrsg.), Evangelisch und Ökumenisch. Beiträge zum 100jährigen Bestehen des Evangelischen Bundes. Göttingen 1986 (Kirche und Konfession 25) 456-493; — Peter Hauptmann, Konfessionskunde, in: TRE 19 (1990) 431-436; — Christian Weise, Ukrainische Kirchengeschichte im 20. Jahrhundert. Addenda et Corrigenda I. L'viv 2003.

Christian Weise

HEYMAIR (Haymerin, Haymarin), Magdalena, luth. Schulmeisterin, Lieddichterin, tätig in der 2. Hälfte des 16. Jh. — Einblick in ihre Biographie gewähren vor allem die persönlich gehaltenen Widmungen und Vorreden ihrer Liederbücher. Aus Armut gezwungen, einen Brotverdienst zu suchen, arbeitete sie zunächst als Hauslehrerin in einem adeligen Haushalt in Straubing. Die Gespräche mit der luth. Dienstherrin Katharina von Degenwerg führten die Katholikin zur Konversion »ausz dem Bapsttumb und zu der wahren Kirche« (Vorrede zu »Das Büchlein Jesu Syrach«). 1564 erhielten sie und ihr Mann Wilhelm auf Vermittlung des Kurprinzen Ludwig von der Pfalz eine Stellung als »deutsche Schulmeister« im oberpfälzischen Cham. Sechs Jahre später sah sich das Ehepaar angesichts der Konkurrenz eines calvinistischen Schulhalters gezwungen, nach Regensburg zu gehen, wo Magdalena noch 1578 nachweisbar ist. Infolge der großen Zahl volkssprachiger Schulen kam es offenbar wiederum zu finanziellen Schwierigkeiten, weshalb die Pädagogin 1572 und 1578 - vergebliche - Versuche unternahm, eine Anstellung als »Mäydlschulhalterin« in Amberg zu finden. 1585 erscheint sie als Erzieherin in Grafenwerth in Österreich, ein Jahr später als Hofmeisterin im Haus der Baronesse Judith Rueber, geb. von Fridensheim, in Kaschau (heute Košice, Ostslowakei). — Mit Unterstützung ihrer adeligen Gönnerinnen, darunter Kurfürstin Dorothea von der Pfalz und Pfalzgräfin Elisabeth von der Pfalz, brachte M. H. vier Werke zum Druck, Bearbeitungen biblischer Texte in Liedern, deren wiederholte Ausgaben von ihrer Popularität im süddeutsch-österreichischen Raum zeugen. Die Bücher waren ausdrücklich für den Elementarschulunterricht bestimmt, im »Buch Tobiae« (1580) ist noch spezifischer von »jungfrewlichen Kinderschulen« die Rede. In kindgerechter Sprache vermittelten die vielstrophigen Erzähllieder gleichermaßen biblisches Grundwissen (»Die Sonteglichen Episteln«, 1566/68) und ethische Lebensweisheiten, etwa durch die pädagogische Aufbereitung des alttestamentlichen Weisheitsbuches »Jesus Sirach« (1571) oder des im »Buch Tobias« enthaltenen »Büchleins Ruth« (1580), das ein bevorzugtes Erbauungsbuch für Mädchen darstellte. Ganz im lutherischen Sinn empfahlen sich die schulischen Lehrwerke auch für die christliche Kindererziehung durch die Eltern, mehr noch: für das ganze Haus als »Haußspiegel mit haylsamen lehre für sonderlich denen in der Haußhaltung als da seien Manner und Weiber / Eltern und Kinder / Herrn und

Knecht / Frawen und Magt« (Vorrede zu »Jesus Sirach«).

Werke: Die Sonteglichen Episteln vber das gantze Jar, in gesangweiß gestelt, Durch Magdalenam Heymairin, Teutsche Schulmeisterin zu Chamb, Nürnberg 1568, 1569, Augsburg 1578, Nürnberg 1579 (Mikrofiche-Ausg. 1993), u.d.T. Die Sonntags-Episteln, vber das gantze Jahr ... Die Sonntags Evangelia ... Nebst einer Glaubens-Übung gottseeliger Christen ... gesammelt von einem Exulanten aus Steyermarck B. R., Durch Magdalena Heymayrin; Auch auserlesene schöne Biblische Lob-Gesänge ... Durch Nicolaum Hermann vorgestellet, Regensburg 1733; Das Büchlein Jesu Syrach in Gesange verfasset vnd der lieben Jugendt zu gutem in Truck gegeben, Durch Magdalenam Heymairin, Teutsche Schulmeisterin zu Regenspurg, Regensburg 1571, 1572 (Mikrofiche-Ausg. 1991), 1573, 1574, Straßburg 1578 (Mikrofiche-Ausg. 1993), Augsburg 1578, 1586 (bearb. v. Gregor Sunderreitter), Nürnberg 1609; Das Gaistlich ABC sampt einem schönen geistlichen Liede [im Anhang zu: Das Büchlein Jesu Syrach]; Das Buch der Apostolischen Geschichten gesangsweiß gestelt von der Gottseligen, Ehren vnd Tugentreichen Matronen Magdalena Heymairin vnd durch Gregorium Sunderreutter ... corrigiert, gemehret vnnd in Truck verfertiget, Straßburg 1586 (Mikrofiche-Ausg. 1993); Das Buch Tobiae, Jnn Christliche Reimen vnnd Gesangweise gefast vnd gestellet ... Durch Frauen Magdalenen Heymairin, samt etlichen vnd 50 geistlichen Liedern vnd Kindergesprächen, wozu noch viele Weynacht- Oster- vnd Pfingstgesänge zu rechnen, s.l. [Bartfeld] 1580, 1586 (Jetz aber ... gebessert vnnd gemehret, vnd von newem mit anderen ein verleibten Gesänglen in Truck verfertiget. [Enthält auch:] Folget das Büchlein Ruth, auch Gesangsweiß als ein zugab ... Folgen nun sechtzig vnd etliche, andere Christlichen vnd Geistlichen Liedlein). — Manuskripte: Die Sontegliche Epistel (1566), mit einer Vorrede des Chamer Stadtpredigers Willibald Ramsbeck (UB Heidelberg, Cod. Pal. germ. 421, Cod. Pal. germ. 426); Die Apostel Geschicht nach der Historien Gesangs weiß gestelt (1573) (UB Heidelberg, Cod. Pal. germ. 381, Cod. Pal. germ. 413).

Lit.: Johann Frawenlob, Die lobwürdige Gesellschaft der Gelehrten Weiber, s.l. 21633, 22; — Johann Caspar Ebert, Eröffnetes Cabinet deß Gelehrten Frauenzimmers, Frankfurt/Leipzig 1706, 178f.; — Georg Christian Lehms, Teutschlands Galante Poetinnen, Frankfurt 1715, 74; — Johann Caspar Wetzel, Analecta Hymnica, Das ist: Merckwürdige Nachlesen zur Lieder-Historie, Bd. 1, Stück 6, Gotha 1752, 63-65; — Peter Paul Finauer, Allg. Hist. Verzeichniss gelehrter Frauenzimmer, München 1761, 114; — Friedrich Wilken, Gesch. der Bildung, Beraubung und Vernichtung der alten Heidelbergischen Büchersammlungen, Heidelberg 1817, 456, 471-473; — Philipp Wackernagel, Bibliogr. zur Gesch. des dt. Kirchenliedes im XVI. Jh., Frankfurt 1855, 373 (Nr. 928), 395 (Nr. 956), 413 (Nr. 994); — Therese Robinson, Deutschlands Schriftstellerinnen bis vor hundert Jahren, in: Hist. Taschenbuch, Leipzig 1861, 1-141, bes. 66f.; — Joseph Lukas, Gesch. der Stadt und Pfarrei Cham, Landshut 1862, 239-241; — Dominicus Mettenleitner, Musikgesch. der Oberpfalz, Amberg 1867, 134-139; — Goedeke2 II (1886), 170;- Karl von Reinhartstöttner, Forschungen zur Kultur- und Literaturgesch. Bayerns II, München 1894, 57; — Johann Nepomuk Hollweck, Gesch. des Volksschulwesens in der Oberpfalz, Regensburg 1895, 58; — Bertha Antonia Wallner, Musikal. Denkmäler der Steinätzkunst des 16. und 17. Jh.s, München 1912, 271; — Johann Brunner, Gesch. der Stadt Cham, Cham 1919, 250f.; — Hans Soß, Das städt. Elementarschulwesen Regensburgs im 16. und 17. Jh., in: Verhandlungen des Hist. Vereins für Oberpfalz und Regensburg 78 (1928), 1-106, bes. 80ff.; — Franz Krebs, Das dt. Schulwesen Ambergs von den Anfängen im 15. Jh. bis zum Ausgang des 17. Jh., Amberg 1931, 56; — Friedrich Wilhelm Geyer, Ev. Gesangbücher, Liederdichter und Sänger in der Oberpfalz, Nürnberg 1937, 77f.; — Karl Winkler, Literaturgesch. des oberpfälz.-egerländ. Stammes, Kallmünz 1940, 182f.; — Lotte Traeger, Das Frauenschrifttum in Deutschland von 1500-1650, Diss. Prag 1943, 44-51, Anhang 5f.; — Maximiliane Mayr, M. H., Schulmeisterin und Dichterin in der Reformationszeit, in: Die Oberpfalz 53 (1965), 39-44; — Dies., M. H. Eine Kirchenlied-Dichterin aus dem Jh. der Reformation, in: Jb. für Liturgik und Hymnologie 14 (1969), 134-140; — Cornelia Niekus Moore, The Maiden's Mirror. Reading Material for German Girls in the Sixteenth and Seventeenth Centuries, Wiesbaden 1987; — Dies., Biblische Weisheiten für die Jugend. Die Schulmeisterin M. H., in: Dt. Lit. von Frauen I, hrsg. v. Gisela Brinker-Gabler, München 1988, 172-184; — Theodor Brüggemann, Handbuch zur Kinder- und Jugendlit. Von 1570 bis 1750, Stuttgart 1991, 1397-1399; — Claire Buck (ed.), Bloomsbury guide to women's literature, New York 1992; — Marianne Groß, Als gelehrtes Frauenzimmer und gute Dichterin berühmt, in: Regensburger Frauenspuren, hrsg. v. Ute Kätzel u.a., Regensburg 1995, 118-120; — Siegrid Westphal, Reformator. Bildungskonzepte für Mädchen und Frauen - Theorie und Praxis, in: Gesch. der Mädchen- und Frauenbildung I: Vom MA bis zur Aufklärung, hrsg. v. Elke Kleinau u. Claudia Opitz, Frankfurt/New York 1996, 135-151, bes. 147f.; — Marita A. Panzer, M. H. Schulmeisterin und Schulbuchautorin, in: Bavarias Töchter, hrsg. v. M. A. Panzer u. Elisabeth Plöß, Regensburg 1997, 130-132; — Martin Rößler, Liedermacher im Gesangbuch. Liedgeschichte in Lebensbildern, Stuttgart 2001, 146-148; — Albrecht Classen, »Mein Seel fang an zu singen«. Relig. Frauenlieder des 15.-16. Jh. Kritische Studien und Textedition, Leuven 2002; — Linda Maria Koldau, Frauen - Musik - Kultur. Ein Handbuch zum dt. Sprachgebiet der Frühen Neuzeit, Köln u.a. 2005, 369-374; — Die Codices Palatini germanici in der Universitätsbibliothek Heidelberg. Cod. Pal. germ. 304-480, bearb. v. Karin Zimmermann u. Matthias Miller, Wiesbaden 2007.

Lex.: Jöcher II, 1415; — Jöcher/Adelung II, 1991; — Bosls Bayer. Biogr., 345.

Manfred Knedlik

HODGKIN, Thomas, * 17.8. 1798 in Pentonville, † 4.4. 1866 in Jaffa. Arzt, Pathologe, Philanthrop, Quäker. — Thomas Hodgkin war der Sohn der Quäker John Hodgkin (1766-1845) und Elizabeth (geb. Rickman, 1768-1833). Er war der dritte von vier Söhnen. Dank seines Vaters genoß er zu Hause eine weltoffene liberale

Erziehung. Ein Schwerpunkt lag auf den Sprachen, wie Latein, Französisch, Italienisch, Deutsch und Spanisch, die Hodgkin perfekt beherrschte. Ab September 1819 studierte er Medizin in London, ab 1820 in Edinburgh. Für sein Studium mußte er nebenher hart arbeiten. Schon 1821 reiste er nach Italien und Frankreich, um seine medizinische Kenntnisse zu erweitern. Nach seiner Rückkehr nach London hielt er bereits vor Beendigung seines Studiums Vorlesungen, was damals jedoch nichts Unübliches war. Nachdem er 1823 seine medizinische Promotion erlangt hatte, reise er ein weiteres Mal nach Italien. — 1825 wurde Hodgkin in das »Royal College of Physicians of London« aufgenommen. Eine spätere Einladung an das »Royal College of Physicians« lehnte er wegen Korruption und Standesdünkel dieses Elitekreises ab. Am »Guy's Hospital« zu London, wo er seinen Dienst als Armenarzt und Dozent antrat, war er ein Kollege von Richard Bright (1789-1858) und Thomas Addison (1793-1860), den besten Ärzten seiner Zeit. Die dortige Tätigkeit wurde extrem schlecht bezahlt, so daß Hodgkin 1827 in sein hauptsächliches Tätigkeitsfeld, die Pathologie, wechselte. Über diese lehrte er mit großem Talent und Begeisterung. 1832 beschrieb er erstmals die Lymphogranulomatose, die nach ihm auch Hodgkinsche Krankheit (Morbus Hodgkin) genannt wird. Wegweisend waren auch seine Forschungen zur Aortenklappeninsuffizienz. Auch um die vorbeugende Medizin und Hygienik machte er sich verdient. Medizin war damals Teil der Armenfürsorge, und so kümmerte sich Hodgkin auch um Kindererziehung, Ernährungs- und Wohnungsfragen und Sport. — 1837 wurde im Guy's Hospital bei der Besetzung einer Assistenzarztposition von Addison der beliebte Mediziner Benjamin Babington (1794-1866) ernannt. Dies konnte Hodgkin, der zwar äußerlich für Bescheidenheit und gegen Karrieresucht eintrat, nicht ertragen und quittierte erzürnt den Dienst. Da er sich inzwischen einen hervorragenden Ruf als praktizierender Arzt erworben hatte, konnte er problemlos eine neue Stelle am St. Thomas Hospital finden. 1839 zog er aus dem Zentrum Londons ins Westend und wurde dort Mitglied des »Westminster Monthly Meeting« der Religiösen Gesellschaft der Freunde (Quäker). Trotz äußerer Beanspruchung ließ er niemals eine Andacht oder eine Geschäftsversammlung der Quäker ausfallen. Seiner Monatsversammlung diente er als Aufseher und als Schreiber (Vorsitzender). 1864 wurde er zum Ältesten ernannt. Besonders jungen Mitgliedern, die er auch zu sich nach Hause einlud, stand er mit Rat und Tat zur Seite. — Hodgkin lebte seine Prinzipien. Honorarzahlungen waren ihm zuwider, so daß er es oftmals vorzog, gar keine Rechnungen auszustellen. Unerbittlich trat er gegen die Sklaverei auf. Hartnäckig forderte er eine Reform der medizinischen Ausbildung. Unter seinen Kollegen war Hodgkin verständlicher Weise unbeliebt und wurde als Sonderling gemieden. Dazu trug auch seine Kleidung bei, eine einfache schwarz-graue Uniform, die zu dieser Zeit alle Quäker aus Protest gegen die Modeauswüchse und das Zurschaustellen von Reichtum trugen. Trotz seines gesellschaftlichen Ansehens als erfolgreicher und erfahrener Mediziner blieb er bescheiden und verschloß sein Herz niemals den Lebensbedingungen derjenigen, die sich in weniger guten Umständen befanden. Von daher betätigte sich Hodgkin bald auf dem Gebiet des Philanthropismus. Im Gegensatz zu manch anderen Wohltätern seiner Zeit kümmerte er sich auch um die Belange Farbiger in London. So war er Mitbegründer der »British and Foreign Aborigines Protection Society«. Auch betrieb er geographische und ethnographische Forschungen und wurde in die Royal Geographical Society aufgenommen, was er diesmal nicht ablehnte. Maßgeblich war er auch an der Einrichtung der »Ethnological Society« beteiligt. — Über 35 Jahre liebte Thomas Hodgkin die Quäkerin Sarah Adler, seine Cousine. Als diese 1836 ihren Ehemann verlor, wurde die illegitime Beziehung wieder aufgenommen. Eine Ehe der beiden war jedoch nach den Regeln der Quäker nicht möglich. Mit dem Artikel »On the Rule of the Society of Friends Which Forbids the Marriage of First-Cousins« versuchte Hodgkin die aus heutiger Sicht sinnvolle Bestimmung zu ändern, doch ohne Erfolg. Bis 1847 dauerte die beidseitige Liebesbeziehung. Für sein Zeit äußerst spät heiratete er am 3. Juni 1850 (nicht 1849) die Witwe Sarah Frances Callow (geb. Scaife, 1804-1874). Die Ehe blieb kinderlos. — Hodgkin selbst litt an schweren Depressionen, die sich nur durch äußerste Disziplin, Arbeitszwang und häufige Reisen ertragen ließen. 1838 besuchte er Berlin und, gemeinsam mit Peter Bedford (1780-1864) und Oswald Gilkes, die deutschen Quäker in Pyrmont. 1866 begleitete er zum dritten Mal den jüdischen Wohltäter Moses Montefiore (1784-1885), mit dem er schon seit 1823 befreundet war, auf einer Missionsreise nach Palästina. In Alexandria erkrankte er schwer, doch schleppte sich noch nach Jaffa, wo er nach drei Wochen am 4. April 1866 in seinem 68. Lebensjahr verstarb, ohne sein eigentliches Reiseziel Jerusalem erreicht zu haben. Er wurde auf dem dortigen protestantischen Friedhof bestattet.

Werke: On the use of the spleen. In: Edinburgh Medical and Surgical Journal, XXII, 1822, 83-91; Dissertatio physiologica inauguralis de absorbendi functione, quam, ex auctoritate ornati viri, D. Georgii Baird, Academiae Edinburgenae Praefecti, necnon amplissimi senatus academici consensus, et nobilissimae facultatis medicae decreto, pro gradu doctoris, summisque in medicina honoribus ac privilegiis rite et legitime consequendis. Edinburgh 1823; A letter from Dr. Hodgkins to Hannah Kilham, on the state of the colony of Sierra Leone. Being remarks on the report of the commissioners relative to the state of the liberated Africans in that colony and suggestions for the general improvement of their condition. Lindfield 1827; Hodgkin, Thomas; Lister, J. J.: Notice of some microscopic observations of the blood and animal tissues. In: The Philosophical Magazine. Or, annals of chemistry, mathematics, astronomy, natural history and general science, II, 8, 1827, 130-138; Hodgkin, Thomas; Lister, J. J.: Notice sur quelques observations microscopiques sur le sang et le tissu des animaux. In: Annales des Sciences Naturelles, XII, 1827, 53-68; Hodgkin, Thomas; Lister, J. J.: Einige microscopische Untersuchungen über das Blut und die thierischen Gewebe. In: Notizen aus dem Gebiete der Natur- und Heilkunde, XVIII, 16, 1827, 241-249; Hodgkin, Thomas; Lister, J. J.: Notizia di alcune osservazioni microscopiche sul sangue ed animali tessuti. In: Giornale arcadico di scienze, lettere ed arti, XXXVIII, 1828, 20-32; An essay on medical education. Read before the physical society of Guy's Hospital. At the first meeting of the session 1827-8. London 1828; On the object of post mortem examinations. Being an address delivered to the pupils of Guy's Hospital, on the opening of the theatre of morbid anatomy, Jan. 1828. In: The London Medical Gazette. Being a weekly journal of medicine and the collateral sciences, II, 1828, 423-431; Examination of the body of Mrs. Moulden, aged about 50 years. In: The Lancet. A journal of British and foreign medicine, surgery, obstetrics, physiology, chemistry, pharmacology, public health and news, 2, 1828/29, 215-217; Examination of the body of a student. In: The Lancet. A journal of British and foreign medicine, surgery, obstetrics, physiology, chemistry, pharmacology, public health and news, 2, 1828/29, 269-270; On the retroversion of the valves of the aorta. In: London Medical Gazette, III, 1828/29, 433-443; A catalogue of the preparations in the Anatomical Museum of Guy's Hospital. Arranged and edited by desire of the treasurer of the hospital and the teachers of the surgical school. London 1829; On the anatomical characters of some adventitious structure. In: Medico-Chirurgical Transactions, XV, 1929, 265-338; Dr. Hodgkin v. Dr. Baron. In: London Medical Gazette, III, 1829, 804-805; Notes on a case of lithotomy. In: London Medical Gazette, IV, 1829, 318; Letter to Mr. Callaway, on Mr. Gosset's case of aneurism of the renal artery. In: The Lancet. A journal of British and foreign medicine, surgery, obstetrics, physiology, chemistry, pharmacology, public health and news, 1, 1829/30, 613; Hints relating to the cholera in London. Addressed to the public in general, but especially to those who possess influence in their parishes and districts. And a letter to a member of the board of health. London 1832; On Negro emancipation and American colonization. London, 1832; On some morbid appearances of the adsorbent glands and spleen. In: Medico-Chirurgical Transactions, XVII, 1832, 68-114; W(illiam) F(rédéric): On the influence of physical agents on life. Translated from the French by Thomas Hodgkin and Dr. Fisher. To which are added, in the appendix, some observations on electricity, by Dr. Edwards, M. Pouillet, and Luke Howard, F.R.S. On absorption, and the uses of the spleen, by Dr. Hodgkin. On the microscopic characters of the animal tissues and fluids, by J. J. Lister, F.R.S. and Dr. Hodgkins, and some notes to the work of Dr. Edwards. London 1832; On inquiry into the merits of the American colonization society, and a reply to the charges brought against it. With an account of the British African Colonization Society. London 1833; The Society for the Improvement of the Conditions of Factory Children. O.O., um 1833; Allgemeine Uebersicht der Veränderung der Luft bei der Respiration. In: Notizen aus dem Gebiete der Natur- und Heilkunde, XXXVI, 1833, 167-168; On the British African Colonization Society, to which are added, some particulars respecting the American Colonization Society, and a letter from Jeremiah Hubbard, addressed to a Friend in England, on the same subject. (London 1834); On the importance of studying and preserving the languages spoken by uncivilized nations. With the view of elucidating the physical history of man. In: The London and Edinburgh Philosophical Magazine and Journal of Science, VII, 1835, 27-36, 94-106; On the effects of acrid poisons. In: Report of the (...) Meeting. British Association for the Advancement of Science, II, 1835, 211-233; Lectures on the means of promoting and preserving health. Delivered at the Mechanics' Institute, Spitalfields. London 1835; Reports on the effects of acrid poisons. London 1836; The history of an unusually-formed placenta, and imperfect foetus, and of similar examples of monstrous productions. With an account of the structure of the placenta and foetus, by Sir Astley Cooper, Bart. In: Guy's Hospital Reports, I, 1836, 218-240; Observations of the propriety of inducing premature labour in pregnancy complicated with tumour. By. Dr. Ashwell. In: Guy's Hospital Reports, I, 1836, 300-337; Comments on a bony tumour in the face. In: Guy's Hospital Reports, I, 1836, 495-498; Provisional report on the communication between the arteries and the absorbents on the part of the London Committee. In: Report of the (...) Meeting. British Association for the Advancement of Science, VI, 1836, 289-290; On the mode of selecting and remunerating medical men for professional attendance on the poor of a parish. Read before the Hunterian Society.

Lindfield 1836; Facts and arguments in favour of a new expedition to the shores of the arctic ocean. In: Narrative of a journey to the shores of the arctic ocean in 1833, 1834, and 1835 under the Command of Captain Back, R. N., Bde. II. London (1836), 10-19; Outlines of a plan for the future constitution of the University of London. (London, um 1836); On the serous membranes, and, as appended subjects, parasitical animals, malignant adventitious structures, and the indications afforded by colour. London 1836 (Lectures on the morbid anatomy of the serous and mucous membranes, I); Provisional report of the Committee of the Medical Section of the British Association, appointed to investigate the composition of secretions, and the organs producing them. In: Report of the (...) Meeting. British Association for the Advancement of Science, VII, 1837, 139-148; Description of a remarkable specimen of urinary calculus. To which are added some remarks on the structure and form of urinary calculi. In: Guy's Hospital Reports, II, 1837, 268-278; Some observations of the examination and classification of candidates. Submitted to the committee of the faculty of medicine. (O.O. 1837); Lectures of the morbid anatomy of serous and mucous membranes. Philadelphia 1838; On the practicability of civilising aboriginal populations. In: The Monthly Chronicle. A national journal of politics, literature, science and art, IV, 1839, 309-321; On the mucous membranes. London 1840 (Lectures on the Morbid Anatomy of the Serous and Mucous Membranes, II, 1); On the rule of the Society of Friends which forbids the marriage of first-cousins. London, um 1840; Queries respecting the human race, to be addressed to travellers and others. Drawn up by a committee of the British Association for the Advancement of Science, appointed in 1839. In: Report of the (...) Meeting. British Association for the Advancement of Science, X, 1840, 447-458; Letter to the American delegates to the Anti-Slavery Convention, held in London, 6th Mo., 1840. In: African Repository and Colonial Journal, XVI, 1840, 311-313; On inquiries into the races of man. (Extracts from a report respecting the drawing up, printing, and circulation of queries concerning the human race, for the use of travellers and others). In: Report of the (...) Meeting. British Association for the Advancement of Science, XI, 1841, 52-55; The means of promoting and preserving health. Bde. II. London 1841; On the varieties of the human race. In: Report of the (...) Meeting. British Association for the Advancement of Science, XII, 1842, 70; A lecture introductory to the course on the practice of medicine. Delivered at St. Thomas's Hospital, at the commencement of the session 1842-3. London (1842); Lectures on the principles and classification of disease. In: The London Medical Gazette. Being a weekly journal of medicine and the collateral sciences, 1, 1842/43, 360-365, 385-388, 497-503; On the characters and structural peculiarities of a group of morbid growths in which cancerous affections are included. In: The London Medical Gazette. Being a weekly journal of medicine and the collateral sciences, 2, 1842/43, 475-476; On the varieties of the human race. In: Report of the (...) Meeting. British Association for the Advancement of Science, XIII, 1843, 292-293; On the anatomical characters of some adventitious structures, being an attempt to point out the relation between the microscopic characters and those which are discernible by the naked eye. In: Medico-chirurgical Transactions, XXVI, 1843, 242-285; Die Krankheiten der serösen und muskösen Häute mit Rücksicht der neuesten Erfahrungen und Ansichten, anatomisch-pathologisch dargestellt. Bde. II. Leipzig 1843-1844 (Bibliothek von Vorlesungen der vorzüglichsten und berühmtesten Lehrer des Auslandes über Medizin, Chirurgie und Geburtshülfe, XXX, 1-2); Description of a large ovarian tumour. In: The London Medical Gazette. Being a weekly journal of medicine and the collateral sciences, 1, 1843/44, 835-837; On the tape-worm as prevalent in Abyssinia. In: Report of the (...) Meeting. British Association for the Advancement of Science, XIV, 1844, 85; On the progress of ethnology. In: Edinburgh New Philosophical Journal, XXXVI, 1844, 118-136; Über die Fortschritte der Ethnologie. In: Notizen aus dem Gebiete der Natur- und Heilkunde, XXIX, 1844, 113-119, 129-136, 145-147; On the stature of the Guanches, the extinct inhabitants of the Canary Islands. In: Report of the (...) Meeting. British Association for the Advancement of Science, XIV, 1844, 81-82; On the dog as the associate of man. In: Report of the (...) Meeting. British Association for the Advancement of Science, XIV, 1844, 81; Report of the committee to investigate the varieties of the human race. In: Report of the (...) Meeting. British Association for the Advancement of Science, XIV, 1844, 93; Über die Struktur der Guanches, der ausgestorbenen Ureinwohner der canarischen Inseln. In: Notizen aus dem Gebiete der Natur- und Heilkunde, XXXV, 1845, 102-103; Report of the committee to investigate the varieties of the human race. London 1845; Report of the Aborigines' Committee of the Meeting for Sufferings, 1843. In: The Reports of the Aborigines' Committee of the Meeting for Sufferings, are read at the Yearly Meetings 1843 and 1844. With an address to Captain Fitzroy, on his appointment as Governor of New Zealand. The report of a committee of Friends of Philadelphia Yearly Meeting, and other information calculated to promote interest respecting the present state of the aboriginal tribes. London 1845, 3-5 (Tracts Relative to the Aborigines, X); Address to Capt. Fitzroy, Governor of the islands of New Zealand. In: The reports of the Aborigines' committee of the Meeting for Sufferings, are read at the Yearly Meetings 1843 and 1844. With an address to Captain Fitzroy, on his appointment as Governor of New Zealand. The report of a committee of Friends of Philadelphia Yearly Meeting, and other information calculated to promote interest respecting the present state of the Aboriginal tribes. London 1845, 7-11 (Tracts Relative to the Aborigines, X); On the ancient inhabitants of the Canary Islands. In: Edinburgh New Philosophical Journal, XXXIX, 1845, 372-386; On the ancient inhabitants of the Canary Islands. In: Journal of the Ethnological Society of London, I, (1845), 167-178; Ueber die alten Bewohner der canarischen Inseln. In: Notizen aus dem Gebiete der Natur- und Heilkunde, XXXVII, 1845, 145-151, 161-166; On the dog, as the companion of man in his geographical distribution. In: The Zoologist. A popular miscellany of natural history, III, 1845, 1097-1105; On the British colonization of New Zealand. By the Committee of the Aborigines' Protection Society. London 1846; Jackson, J. B. S.: On a particular derangement of the structure of the spleen. Communicated (with some introductory remarks and comments) by Thomas Hodgkin, M. D. In: Medico-chirurgical Transactions, XXIX, 1846, 277-282; Cold, hunger and want of employment. With suggestions for their relief. London 1847; Medical reform. An address read to the Harveian Society, at the opening of its seventeenth session, October 2, 1847. London 1847; Cases illustrative of some consequences of local injury. In: Medico-chirurgical Transactions, XXXI, 1848, 253-283; A letter to Richard Cobden, M. P. on free trade and slave labour. London 1848; Obituary of Dr. Prichard. In: Journal of the Ethnological Society of London, II, (1849), 182-207; Biographical sketch of James Cowles Prichard, M. D., F.R.S., etc., President of the Ethnological Society. Read (...) on the 28. Mo (...). London 1849; Minutes of evidence before the Parliamentary Committee on Medical Registration. In: The Lancet. A journal of British and foreign Medicine, surgery, obstetrics, physiology, chemistry, pharmacology, public health and news, 1, 1849, 147-148, 171-172; A manual of ethnological inquiry. Being a series of questions concerning the human race, prepared by a sub-committee of the British Association for the Advancement of Science, appointed in 1851 (consisting of Dr. Hodgkin and Richard Cull, Esq., and adapted for the use of travellers and others in studying the varieties of man). In: Report of the (...) Meeting. British Association for the Advancement of Science, XXII, 1852, 243-252; Case of Robert Erskine. In: Colonial Intelligencer. Or, Aborigines' Friend, 4, 1852, 32-33; Hodgkin, Thomas; Chamerovzow, Louis Alexis: Addresses to Sir John Pakington, Principal Secretary of State for the Colonial Department, on his accession to office. In: Colonial Intelligencer. Or, Aborigines' Friend, 1, 1852, 51-55; Hodgkin, Thomas; Chamerovzow, Louis Alexis: Comments on the New Zealand bill. In: Colonial Intelligencer. Or, Aborigines' Friend, 4, 1852, 63-73; To the Duke of Newcastle, Principal of State for the colonies. In: Colonial Intelligencer. Or, Aborigines' Friend, 4, 1853, 223-226; Address in support of the cause from the secretary of the society. In: Colonial Intelligencer. Or, Aborigines' Friend, 4, 1853/54, 186-188, 213-219, 366-368; Address of the Aborigines' Protection Society to the inhabitants of the cap. In: Colonial Intelligencer. Or, Aborigines' Friend, 4, 1854, 308-311; A manual of ethnological inquiry. Being a series of questions concerning the human race, prepared by a sub-committee of the British Association for the Advancement of Science, appointed in 1851 (consisting of Dr. Hodgkin and Richard Cull, Esq., and adapted for the use of travellers and others in studying the varieties of man). In: Journal of the Ethnological Society, 3, 1854, 193-208; Address to Sir George Gray, Bart. In: Colonial Intelligencer. Or, Aborigines' Friend, 4, 1854, 339-342; Address to the Governor of the colony of the Cape of Good Hope. In: Colonial Intelligencer. Or, Aborigines' Friend, 4, 1854, 343-347; Dr. McCormick's unrequited public services. In: Association Medical Journal, II, 1854, 796; On diabetes. In: Association Medical Journal, II, 1854, 915-918; On certain Forms of Cachexia. In: Association Medical Journal, II, 1854, 963-967; Numerical method of conducting medical enquiries. In: Association Medical Journal, II, 1854, 1090-1095; Hodgkin, Thomas; Adams, William: Case of distortion of the spine, with observations on rotation of the vertebrae as a complication of lateral curvature. In: Medico-chirurgical Transactions, XXXVII, 1854, 167-180; On the communication between the lymphatic system and the veins. Provisional report from the London Committee of the British Association for the Advancement of Science, appointed to make an experimental inquiry into this subject. In: Association Medical Journal, II, 1854, 1012-1016; On the closure of arteries at their origin, and on some morbid changes of the heart. In: Association Medical Journal, IV, 1856, 380-381, 451-453; On the proposed ship canal through the Isthmus of Suez. In: Report of the (...) Meeting. British Association for the Advancement of Science, XXVII, 1857, 199; Poor law medical reform. In: British Medical Journal, 5, 1857, 96-97; On the Isthmus of Suez. In: Literary Gazette and Journal of Archaeology, Science and Art, 2126, 1857, 1005-1006; Proposal for the formation of a Mechanics Institute at Jerusalem. In Journal of the Royal Society of Arts, V, 1857, 579-581; Discussion following paper on progress of the British North American Expedition, under the command of Captain John Palliser, F.R.G.S. In: Proceedings of the Royal Geographical Society of London, II, 1858, 51-52; Biographical sketch of Dr. William Stroud, M.D. London 1858; Hodgkin, Thomas; Backhouse, James; Hanbury, Cornelius; Sturge, Joseph: War of the Boors, in South Africa, against the French protestant missionary stations. (London, um 1858); Observations on a proposal of Capt. W. Kennedy, arctic explorer, to form a New Indian settlement at lake of the woods, British North America. In: Aborigines' Friend and The Colonial Intelligencer, 2, 1859, 96-98; Memorial to the Duke of Newcastle on his accession as Secretary of the Colonial Office. In: Aborigines' Friend and The Colonial Intelligencer, 2, 1859, 51-61; Discussion following paper on British Columbia. Journeys in the districts bordering on the Fraser, Thompson, and Harrison Rivers. By Lieuts. Mayne, R. N. and Palmer, R. E., and Chief-Justice M. Begbie. In: Proceedings of the Royal Geographical Society of London, IV, 1859, 36-37; Discussion following paper on communication with America, via the Faroes, Iceland and Greenland. By Col. T. P. Shaffner, U. S. In: Proceedings of the Royal Geographical Society of London, IV, 1860, 107; Discussion following paper on the surface currents in the Bay of Bengal, during the South-west Monsoon. By Lieut. J. A. Heathcote, I. N. In: Proceedings of the Royal Geographical Society of London, VI, 1862, 103; Fifty-four objections to tobacco. With prefatory remarks. London 1862; Discussion following paper on travels in Cambodia. By M. Mouhot. In: Proceedings of the Royal Geographical Society of London, VI, 1862, 81; Pharmacopocial weights and measures. In: British Medical Journal, 2, 1862, 178; On the weights to be used in medicine. In: British Medical Journal, 2, 1862, 197-198; University of London. In support of provisions for examination of foreign students for degrees. (O.O., 1862); On nightmare, the action of anaesthetics, etc. In: British Medical Journal, 1, 1863, 501-502; Discussion following paper on the antiquity of the physical geography of inner Africa. By Sir Roderick I. Murchison, K. C. B. In: Proceedings of the Royal Geographical Society of London, VIII, 1864, 153; Notice of some geological appearances in the north-west of Morocco. In: Report of the (...) Meeting. British Association for the Advancement of Science, XXXIV, 1864, 58; On some superficial geological appearances in the north-west of Morocco, abridged from notes taken during the late mission of Sir Moses Montefiore to Morocco. In: Proceedings of the Royal Geographical Society of London, IX, 1865, 24-27; Discussion following paper on the Bayanos River Isthmus of Panama. By Lawrence Oliphant, Secy., R. G. S. In: Proceedings of the Royal Geographical Society of London, IX, 1865, 280; The transition from slavery to freedom. In: Freed-man, 12, 1865, 15; The transition from slavery to freedom. London 1865; Narrative of a journey to Morocco, in 1863 and 1864. With geological annotations. London 1866. ND New York 1971; Preface, and statement. In: Reynold, Thomas: Reynold's »Counterblast«. With prefatory remarks by the Late Robert Charleton, Esq. London 1862; Fifty-four objections to tobacco, with a preface by the Late Dr. Hodgkin. London 1876; An account of some unpublished papers of the Late Dr. Hodgkin by Samuel Wilks. In: Guy's Hospital Reports, XXIII, 1878, 55-127; Hodgkin Pedigree Book (1644-1906). O.O. 1907; Robert Owen, the socialist. A visit to New Lanark in 1821. In: Friends' Quarterly Examiner, XLVI, 182, Fourth Month, 1912, 157-172; Address to the Physical Society, Guy's Hospital. In: Hodgkin and the Physical Society. In: Guy's Hospital Reports, XLVI, 1932, 110-111; Presidential address to the Physical Society at Guy's Hospital, 1834. In: Guy's Hospital Reports, XLVI, 1932, 111-113; On some morbid appearances of the absorbent glands and spleen. In: Medical Classics, I. Baltimore 1937, 741-740.

Bibliographie: Hodgkin, Thomas. In: Smith, Joseph: A descriptive catalogue of Friends' books. Or books written by members of the Society of Friends, commonly called Quakers, from their first rise to the present time, interspersed with critical remarks, and occasional biographical notices, and including all writings by authors before joining, and those after having left the Society, whether adverse or not, as far as known, I. London 1867, 959-961; A sale catalogue of the collection of Thomas Hodgkin, Esq., M.D., F.R.G.S. Sold by auction by Sotheby, Wilkinson and Hodge on Tuesday 19 November 1867. London 1867; Kass, Edward H.; Bartlett, Anne H.: Thomas Hodgkin, M.D. (1798-1866). An annotated bibliography. In: Bulletin of the History of Medicine, XLIII, 2, 1969, 138-175; Rosenfeld, Louis: Morbid anatomist and social activist. Lanham 1993, 317-324.

Lit. (Auswahl): Dr. Thomas Hodgkin. In: The Freed-Man. A monthly magazine devoted to the interest of the freed coloured people, I, 2, 10, 1866, 242-243; — Testimony of Westminster and Longford Monthly Meeting to the Grace of God in the life of Thomas Hodgkin. In: Proceedings of London Yearly Meeting. London 1867, Appendix D, xv-xviii; — Wilks, Samuel; Bettany, George Thomas: Biographical history of Guy's Hospital. London 1892; — Creighton, Louise: Life and letters of Thomas Hodgkin. With portraits and illustrations. London 1917. London 1918²; — Rosenbloom, Jacob: An interesting friendship. Thomas Hodgkin, M. D. and Sir Moses Montefiore, Bart. In: Annals of Medical History, III, 4, 1921, 381-386; — Fox, Herbert: Remarks on the presentation of microscopical preparations made from some of the original tissue described by Thomas Hodgkin, 1832. In: Annals of Medical History, VIII, 4, 1926, 370-374; — Parsons, Frederick G.: From 1800 to 1900. London 1936 (The History of St. Thomas's Hospital, III); — Kelly, E. C.: Thomas Hodgkin. In: Medical classics, I. Baltimore 1937, 730-770; — Bluestone, E. M.: Yet another note on the tombstone of Thomas Hodgkin. In: Journal of the History of Medicine and Allied Sciences, IX, 4, 1954, 247-248; — Cameron, Hector Charles: Mr. Guy's Hospital 1726-1948. London 1954; — Guthrie, Douglas: The Medical School of Edinburgh. Edinburgh 1959; — Bean, William B.: Thomas Hodgkin's tomb. In: Archives of Internal Medicine, CXVII, 1966, 475-477; — Guy's Hospital Reports. Special number dedicated to Thomas Hodgkin (1798-1866). In: Guy's Hospital Reports, CXV, 3, 1966, 239-396; — Onuigbo, Wilson I. B.: Thomas Hodgkin (1798-1866) on cancer cell carriage. In: Medical History, XI, 10, 1967, 406-411; — Leibowitz, Joshua Otto: Thomas Hodgkin (1798-1866). Lecture delivered at the centenary celebration and a symposium held in Jaffa, Tel-Aviv and Caesarea, 15-17 December 1966. In: Clio Medica, II, 2, 1967, 97-101; — Unpublished papers of Thomas Hodgkin. In: Bulletin of the New York Academy of Medicine, Ser. 2, XLVI, 1, 1970, 67-69; — Temperley, Howard: British Antislavery 1833-1870. Columbia 1972; — Greenwood, John Ormerod: Signs of life. Art and religious experience. London 1978; — Sakula, Alex: Dr Thomas Hodgkin and Sir Moses Montefiore, Bart. The Friendship of two remarkable men. In: Journal of the Royal Society of Medicine, LXXII, 5, 1979, 382-387; — Cherry, Charles L.: The Southern Retreat, Thomas Hodgkin, and Achille-Louis Foville. In: Medical History, XXIII, 7, 1979, 314-324; — Pedersen, Lawrence D.: A cursory index to the Thomas Hodgkin microfilms in the library of the Religious Society of Friends, London. London 1980; — Kass, Edward H.: Thomas Hodgkin and Benjamin Harrison. Crisis and promotion in academia: Medical History, XXIV, 2, 1980, 197-208; — Rose, Michael: Curator of the dead. Thomas Hodgkin (1798-1866). London 1981; — Kass, Amalie M.: Martin Delaney, Thomas Hodgkin, and the Black Nationalist Movement. In: New England Journal of Medicine, CCCV, 1981, 682-684; — Kass, Amalie M.: Dr Thomas Hodgkin, Dr Martin Delany, and the »Return to Africa«. In: Medical History, XXVII, 4, 1983, 373-393; — Kass, Amalie M.: The Thomas Hodgkin portraits. A case of mistaken identity. In: Medical History, XXIX, 3, 1985, 259-263; — Kass, Amalie M.: Friends and philanthropists: Montefiore and Dr. Hodgkin. In: Lipman, Sonia; Lipman, V. D. (Hrsg.): The century of Moses Montefiore. Oxford 1985, 71-103; — Aterman, K.: Thomas Hodgkin (1798-1866). In: American Journal of Dermatopathology, VIII, 1986, 157-167; — Kass, Amalie M.: The Syrian Medical Aid Association. British philanthropy in the Near East. In: Medical History, XXXI, 2, 1987, 143-159; — Davidson, Basil: Thomas Hodgkin. An appreciation. In: Race and Class, XXVIII, 4, 1987, 1-3; — Rosenfield, Louis: Thomas Hodgkin and 1832. Cholera, colonization, and child labor. In: Bulletin of the New York Academy of Medicine, Ser. 2. LXIV, 2, 1988, 184-199; — Kass, Amalie M.: Saving the Maoris: Dr Thomas Hodgkin as a physician and social reformer. In: New Zealand Medical Journal, CI, 1988, 82-86; — Kass, Amalie M.; Kass, Edward: Perfecting the world. The life and times of Dr. Thomas Hodgkin, 1798-1866. Boston 1988; — Rosenfeld, Louis: Thomas Hodgkin: The Southern Retreat and the Oxford case. In: Bulletin of the New York Academy of Medicine, Ser. 2, LXIV, 4, 1988, 335-346; — Rosenfeld, Louis: Thomas Hodgkin and Moses Montefiore: Europe, Asia, and Africa. In: Bulletin of the New York Academy of Medicine, Ser. 2, LXVII, 5, 1991, 460-474; — Cuddihy, J.: Thomas Hodgkin. In: Cancer Cells, III, 5, 1991, 200-202; — Hellman, Samuel: Thomas Hodgkin and Hodgkin's disease. In:

The Journal of the American Medical Association, CCLXV, 1991, 1007-1010; — Rosenfeld, Louis: Morbid anatomist and social activist. Lanham 1993; — Bloch, Harry: Thomas Hodgkin (1798-1866). Physician, Quaker, social activist, and pioneer English pathologist. In: Southern Medical Journal, LXXXVI, 8, 1993, 945-947; — Sperati, Giorgio: Thomas Hodgkin (medico, patologo, filantropo, riformatore sociale). In: Acta otorhinolaryngologica italica, IVX, 1, 1994, 81-82; — Hilton, Christopher: The Hodgkin family papers. In: Medical History, LX, 1, 1996, 90-104; — Zantinga, A. R.: Thomas Hodgkin (1798-1866). Pathologist, social scientist and philanthropist. In: Medical and Pediatric Oncology, XXVII, 2, 1996, 122-127; — Dubovsky, H.: The humanitarian and scientific interests of Thomas Hodgkin (1798-1866), discoverer of a disease. In: South African Medical Journal, LXXXVI, 5, 1996, 556-558; — Aronson, S. M.: The conscience of Thomas J. Hodgkin. In: Medicine and Health, Rhode Island, LXXIX, 2, 1996, 48-49; — Sakula, Alex: Thomas Hodgkin (1798-1866). 35 Bedford Square, WC1. In: Journal of Medical Biography, V, 2, 1997, 115; — Daws, J. J.: Thomas Hodgkin and the museum at Guy's Hospital: In: Cancer Treatment Reviews, XXV, 3, 1999, 145-149; — Jay, V.: A portrait in history: Thomas Hodgkin. In: Archives of Pathology and Laboratory Medicine, CXXIII, 12, 1999, 1144; — Kass, Amalie M.: Thomas Hodgkin remembered. In: Cancer Treatment Reviews, XXV, 3, 1999, 133-143; — Rosenfeld, Louis: Thomas Hodgkin. Social activist. In: Annals of Diagnostic Pathology, IV, 2000, 124-133; — Watkins, Sylvia M.: The legacy of Thomas Hodgkin (1798-1866). This lecture was given at the Annual Meeting of the British National Lymphoma Investigation, Middlesex Hospital, on 6 November 1998, the year of the 200th anniversary of the birth of Thomas Hodgkin. In: Journal of the Royal College of Physicians of London, XXXIV, 1, 2000, 100-104; — Cook, Harry: Thomas Hodgkin 1798-1866. In: Newsletter (Medical Sciences Historical Society), XXV, 2001, 5; — Letter to the editor: Thomas Hodgkin on the marriage of first cousins. In: Journal of Genetic Counseling, XI, 5, 2002, 421-422; — Fernandez-Flores, Angel; Yau, Paula; Aguilera, Beatriz; Oliva, Horacio: Thomas Hodgkin's journey through Spain in 1863 and 1864. In: Journal of Medical Biography, XII, 1, 2004, 25-31.

Claus Bernet

HOENNICKE, Gustav Eduard Albert; * 11. September 1871 in Heiligenstadt (Provinz Sachsen), Sohn des Kreissekretärs Emil Hoennicke und seiner Frau Amalie geb. Krefeld, † 17. Juli 1938 in Breslau. — H. besuchte zunächst die Volksschule in Heiligenstadt, am 7. April 1882 zog die Familie, bedingt durch den Berufswechsel des Vaters, nach Potsdam. H. legte hier am 11. März 1892 die Reifeprüfung am Königlichen Viktoria-Gymnasium ab. Im Abiturzeugnis wurde als Studienwunsch Ev. Theologie vermerkt. H. studierte im Sommersemester 1892 zunächst an der Universität Tübingen und besuchte dort Veranstaltungen der Neutestamentler Karl Heinrich von Weizsäcker (1822-1899) und Robert Benjamin Kübel (1838-1894). Vom Wintersemester 1892/93 bis zum 12. April 1894 studierte er in Halle die Fächer Evangelische Theologie und Geschichte, wobei er sich besonders auf die biblischen Fächer und die Kirchengeschichte konzentrierte. Er hörte vor allem bei Willibald Beyschlag (1823-1900), Hermann Gunkel (1862-1932), Erich Haupt (1841-1910), Friedrich Loofs (1858-1928) und Julius Köstlin (1826-1902). Ab dem Sommersemester 1894 studierte H. an der Berliner Friedrich-Wilhelms-Universität. Auch hier belegte er überwiegend exegetische und kirchengeschichtliche Vorlesungen und Seminare bei den Professoren August Dillmann (1823-1894), Adolf von Harnack (1851-1930), Bernhard Weiß (1827-1918), Friedrich Baethgen (1849-1905), Samuel Martin Deutsch (1837-1909), Otto Pfleiderer (1839-1908), Adolf Schlatter (1852-1938), Julius Kaftan (1848-1926) und Paul Kleinert (1837-1920). — Im Jahre 1895 bestand H. vor dem Evangelischen Konsistorium Brandenburg das Erste Theologische Examen. Im Anschluß stellte er seine Dissertation im Fach Mittelalterliche Geschichte in Halle fertig. Am 12. März 1897 bestand er das Rigorosum in den Fächern Geschichte, Philosophie und Hebräisch und am 26. April 1897 wurde er von der Philosophischen Fakultät der Universität Halle-Wittenberg zum Dr. phil. ernannt. Ein Teildruck der Dissertation »Die Stellung des Hospitaliterordens in dem Königreich Jerusalem (1099-1162)« erschien im Jahre 1897 unter dem Titel »Studien zur Geschichte des Hospitalordens im Königreich Jerusalem (1099-1162)«, weitere Teile wurden in der »Zeitschrift für wissenschaftliche Theologie« veröffentlicht. — H. setzte danach seine wissenschaftliche Laufbahn nicht im Fachbereich Geschichte fort, sondern nahm 1897 in Berlin seine theologischen Studien wieder auf. Er befaßte sich in den folgenden zwei Jahren mit Fragen der Ethik zur Zeit Martin Luthers und Philipp Melanchthons. Es entstand die theologische Dissertation mit dem Thema: »Die Bedeutung der melanchthonischen Bußlehre für die Entwicklung der Ethik in der lutherischen Kirche.« Am 30. Juni 1900 fand das Rigorosum statt, die Prüfung im Hauptfach Dogmatik wurde von dem Systematiker Reinhold Seeberg (1859-1935) abgenommen. Die öffentliche Verteidigung der Dissertation folgte am 16. Juli 1900 in der Aula der Berliner Friedrich-Wilhelms-Universität auf der Grundlage von zwölf »Theologischen Thesen«, die H. zu diesem Anlaß vorlegen mußte. — Nur zwei Tage später, am 18. Juli 1900, stellte H. beim Dekan der Theologischen Fakultät, Julius Kaftan, den Antrag, seine Habilitationsschrift nicht im Fach Dogmatik, sondern im Neuen Testament zu verfassen. Ein Grund für den Fachwechsel war, daß der Neutestamentler Bernhard Weiß in seinem Gutachten zur Dissertation deutlich gemacht hat, daß H. »für die systematische Theologie keine ausreichende Begabung besitze« (Archiv der Humboldt-Universität Berlin, Bestand Theol. Fak. 137, Blatt 224 r); dem Antrag wurde stattgegeben. Bei der Habilitationsschrift ging es um das Leben des Apostels Paulus. Am 5. Februar 1901 reichte H. sie unter dem Titel »Untersuchung zur Chronologie des Lebens des Apostels Paulus« bei der Fakultät ein. Nach der Zulassung Ende Juni 1901 folgten im Juli das Habilitationskolloquium und am 31. Juli 1901 die öffentliche Antrittsvorlesung, die das Verhältnis des Paulus zur korinthischen Gemeinde darstellte. Die Venia legendi im Fach Neues Testament wurde am 5. August erteilt. Im Sommersemester 1902 nahm H. seine Lehrtätigkeit als Privatdozent für Neues Testament an der Berliner Friedrich-Wilhelms-Universität auf. In den ersten Jahren beschäftigte er sich vor allem mit der Auslegung der paulinischen Briefe, den Synoptikern und dem Hebräerbrief. Für seine Publikation »Das Judenchristentum im ersten und zweiten Jahrhundert« (1908) wurde ihm von der Fakultät am 25. Dezember 1909 der theologische Ehrendoktor verliehen. 1913 widmete H. seinen Kommentar zur Apostelgeschichte »der theologischen Fakultät der Universität Berlin in ehrerbietiger Dankbarkeit«. — Da H. in Berlin keine Chance auf eine dauerhafte Anstellung sah, ging er im Jahre 1910 auf das Angebot der Breslauer Ev. Theologischen Fakultät ein, das neutestamentliche Extraordinariat zu übernehmen. Nach den Unterlagen der Universität Breslau wurde H. am 25. August 1910 als Extraordinarius berufen und damit Nachfolger von Alfred Juncker (1865-1945), der als ordentlicher Professor für Neues Testament an die Albertus-Universität nach Königsberg/Pr. ging. — Im Januar 1913 stand in Breslau die Wiederbesetzung des Lehrstuhls von Ernst von Dobschütz (1870-1934) an, und an erster Stelle wurde Gustav Hoennicke vorgeschlagen. H. wird als ein Gelehrter mit »konservativer Grundrichtung« beschrieben; als besondere Stärke galt neben der exakten wissenschaftlichen Auslegung des Neuen Testaments vor allem sein Umgang mit den Studenten, die er zu methodischer Arbeit anleitete. H. war nicht nur bei den Studenten beliebt, sondern hatte auch das Vertrauen der Kollegen erworben. Am 4. März 1913 ernannte ihn Kaiser Wilhelm II. zum ordentlichen Professor für neutestamentliche Exegese und Theologie an der Breslauer Friedrich-Wilhelms-Universität. Zugleich bekam er einen Lehrauftrag für Christliche Archäologie; aber erst seit den 20er Jahren bot er zu diesem Themenbereich Lehrveranstaltungen an, die für Hörer aller Fakultäten offen waren. Außerdem unternahm er mehrere Forschungsreisen nach Rom und Palästina, um vor Ort Studien zur Christlichen Archäologie durchzuführen. — H. engagierte sich in seinen ersten Breslauer Semestern in der akademischen Nachwuchsarbeit z. B. bei den Ferienkursen der Ev. Theologischen Fakultät; auch für die schlesische Pfarrerschaft bot er Vorträge an, die Einblick in die aktuelle theologische Arbeit am Neuen Testament gaben. Neben H. lehrten in Breslau damals das Fach Neues Testament Walter Bauer (1877-1960) und Rudolf Bultmann (1884-1976), der am 8. September 1916 nach Breslau als außerordentlicher Professor berufen worden war. — Bultmann hatte H. bereits während seines Berliner Theologiestudiums als jungen Privatdozenten erlebt und im Sommersemester 1905 zwei Veranstaltungen bei ihm besucht: die Synoptikervorlesung und neutestamentliche Übungen. Als Bultmann 1916 in einem Brief an seine Verlobte Helene Feldmann (1892-1972) die neuen Kollegen an der Breslauer Theologischen Fakultät beschrieb, charakterisierte er H.: »Endlich noch mein Fach-Ordinarius Hoennicke; äußerl[ich] wie früher als Privatdozent in Berlin, lang u[nd] hager, schwarzes Haar u[nd] dicker, kurzgeschnittener Schnurrbart; auf der roten Nase eine goldene Brille. [...] in den Augenwinkeln etwas Freundliches u[nd] Humorvolles. Er ist Junggeselle u[nd], wie es scheint, ein ganz origineller Kauz. [...] Wissenschaftlich ist er ja keineswegs hervorragend, aber eine nicht uninteressante Erscheinung ist er vielleicht. Mir gegenüber ist er sehr entgegenkommend; jedenfalls ist er durchaus anständig, u[nd] ich werde schon mit ihm auskommen.« (Brief von Rudolf Bultmann an Helene Feldmann vom 9. bis 12. Oktober 1916, hier: 12. Oktober 1916, in: UB Tübingen Mn 2-3447) Rudolf Bultmann wurde 1920 auf den Lehrstuhl für Neues Testament an der Universität Gießen berufen, seine Nachfolge trat am 1. Oktober 1920 Ernst Lohmeyer (1890-1946) an. — H. las in seinen ersten Breslauer Jahren über Leben und Wirken des Apostels Paulus, die paulinischen Briefe (Gal, Röm, 1. und 2. Kor), die Gefangenschaftsbriefe des Paulus, den Jakobus-, 1. Petrus- und Hebräerbrief, die Apostelgeschichte, die synoptischen Evangelien, den johanneischen Kreis (Joh und Apk) und die Leben-Jesu-Forschung. Darüber hinaus bot er auch Vorlesungen zur neutestamentlichen Theologie, zur Einleitung in das Neue Testament sowie in die außerkanonische jüdische Literatur an. Ferner hielt er Vorlesungen und Seminare über Christliche Archäologie und Frühchristliche Kunst. — H. scheint weder enge private noch fachliche Kontakte in Breslau gepflegt zu haben; einen schriftlichen Austausch mit Rudolf Bultmann, Walter Bauer und Ernst Lohmeyer hat es offenbar nicht gegeben. Auch seine Lehr- und Prüfungstätigkeit ist kaum dokumentiert, doch können aus einzelnen Quellen gewisse Aufschlüsse gewonnen werden. — Die ausführlichste Einschätzung seines Wirkens gibt der schlesische Generalsuperintendent Martin Schian (1869-1944) in seinen »Kirchlichen Erinnerungen eines Schlesiers«. Er kennzeichnet H. als einen Theologen, der die historisch-kritische Methode des Neuen Testaments mit »großer Schärfe« vertrat. Ausgesprochen streng war nach Schians Ansicht auch der Prüfungsstil im theologischen Examen, auch wenn H. in den wenigsten Fällen dem Kandidaten eine schlechte Note erteilte. Sein Prüfungsstil wirke aber eher abschreckend als aufbauend. So hielt Schian fest: »Er [sc. Hoennicke] hatte ein sehr gutes Herz, es trat nur in der mündlichen Prüfung nicht in Erscheinung« (175). Als Mann der Praxis vermißte Martin Schian besonders, daß H. kein Verhältnis zur Landeskirche hatte. Als Breslauer Theologiestudenten in einem Hörsaal der Universität Morgenandachten einführten, betrachtete H. dies mit Skepsis und lehnte die Neuerung entschieden ab. — Zu seinen Hörern in Breslau gehörten u. a. Hans-Joachim Iwand (1899-1960) und Katharina Staritz (1903-1953). Iwand, der zwischen 1917 und 1920 in Breslau studierte, besuchte bei H. die Vorlesung über die synoptischen Evangelien, hörte die Einleitung in das Neue Testament sowie die Auslegung des Römer- und Hebräerbriefes. Leider sind weder eine Einschätzung noch Vorlesungsnachschriften Iwands überliefert. — Katharina Staritz, die mit kleinen Unterbrechungen in den Jahren von 1922 bis 1928 in Breslau Evangelische Theologie studierte, schrieb am 23. November 1924 an ihren Lehrer Hans von Soden (1881-1945), daß sie bei H. im Wintersemester 1924/25 eine Vorlesung über die Religion des Neuen Testaments und vergleichende Religionswissenschaft gehört habe. Außerdem erwähnt sie in ihren Erinnerungen an Hans von Soden eine Vortragsveranstaltung im Lehrerzimmer des Breslauer Maria-Magdalena-Gymnasiums, bei der H. vor Religionslehrern einen Vortrag über den Prozeß Jesu hielt: »Wir Studenten pflegten Hoennickes theologische Grundhaltung durch seine eigene Lieblingssentenz zu kennzeichnen: ‚Unsere Position ist: Man weiß nicht'.« — Herbert Preisker (1888-1952) zählte zu den Hörern Hoennickes in Berlin, doch im Unterschied zu Bultmann belegte er bei H. zahlreiche Veranstaltungen. Vor allem ethische Fragen und die Geschichte des Judentums im ersten nachchristlichen Jahrhundert haben beide in dieser Zeit beschäftigt. Später promovierte Preisker bei H. in Breslau über »Die Ethik der Evangelien und die jüdische Apokalyptik« (1915). — Seit den 20er Jahren beschäftigte H. sich intensiv mit der Offenbarung des Johannes. So bot er im Wintersemester 1919/20 eine Übung an, in der es um die Exegese der Kapitel 13 bis 18 ging, 1922/23 ein Seminar zu ausgewählten Abschnitten der Offenbarung des Johannes und 1924/25 eine Übung zu Apk 2 und 3. Weitere Seminare zur Auslegung der Offenbarung fanden in den Wintersemestern 1926/27, 1928/29 und 1930/31 statt. Er plante eine dreibändige Darstellung der Offenbarung, die ein Wörterbuch, einen Textband und einen Kommentar umfassen sollte. Leider wurde dieses Vorhaben durch seinen frühen Tod nicht fertig gestellt. — Ein weiteres wichtiges Forschungsthema war die Textkritik.

Herbert Preisker wies in seinem Nachruf auf deren Bedeutung hin: »Gewiß hat manch einer gefragt, ob ein Theologieprofessor heute keine brennenderen Fragen zu lösen hätte. Aber der Heimgegangene hätte darauf geantwortet, daß gerade an diesem Zweig theologischer Forschung wissenschaftliche Genauigkeit sich erprobe. Schließlich hat ja gerade die Kirche, die sich die Kirche des Wortes nennt, ein berechtigtes Interesse daran, daß erst einmal der Wortlaut des Neuen Testaments mit aller Gründlichkeit festzustellen versucht wird« (137). So kam es nicht von ungefähr, daß zum Ende seiner akademischen Lehrtätigkeit zwei Dissertationen bei H. abgeschlossen wurden, die sich mit textkritischen Fragestellungen befassen: Martin Fitschen, Studien zu den Evangelien der Chester-Beatty-Papyri, Breslau 1937; Hermann Kanter, Studien zu den Acta apostolorum der Chester-Beatty-Papyri, Breslau 1937. — H. galt nicht nur bei Ersten Theologischen Examen, sondern auch bei neutestamentlichen Rigorosa als ein strenger Prüfer, wie aus den Benotungen, die sich in den erhaltenen Protokollen des Fakultätsbuches für die Jahre von 1933 bis 1937 finden, hervorgeht. In diesem Zeitraum war H. im Fachbereich Neues Testament an sechs mündlichen Prüfungen innerhalb eines Promotionsverfahrens beteiligt. Es fällt in den Prüfungsprotokollen auf, daß er hauptsächlich über Fragen der Textgeschichte und Textkritik prüfte und erst danach, wenn überhaupt, zu theologischen oder literarkritischen Fragestellungen überging. — H. trat innerhalb der Fakultät im Gegensatz zu anderen Kollegen wie z. B. Martin Schian, Gottfried Fitzer (1903-1997) oder Ernst Lohmeyer nicht besonders hervor. In den akademischen Jahren 1916/17, 1919/20, 1927/28 und 1932/33 hatte er das Amt des Dekans inne. Leider sind sämtliche Fakultätsakten wie auch das Protokollbuch für die Zeit vor 1932 nicht mehr im Universitätsarchiv Breslau erhalten, so daß über seine Wirksamkeit als Dekan kaum Aussagen gemacht werden können. Spärliche Angaben zu seinen Dekanaten und über seine Rolle in der Fakultät finden sich für die Zeit zwischen 1916 und 1934 in den erhaltenen Akten des Preußischen Kultusministeriums. — Im Protokollbuch der Fakultät, das die Jahre 1932 bis 1944 umfaßt, sind keine wesentlichen Informationen über Aktivitäten H.s im Bereich von Universität, Fakultät oder außeruniversitären Einrichtungen verzeichnet. Allein über das Dekanat im Wintersemester 1932/33 gibt es Aufzeichnungen. In dieser Amtszeit fanden fünf Fakultätssitzungen statt: 12. November 1932, 2. Dezember 1932, 16. Dezember 1932, 11. Januar 1933 und 25. April 1933. In der Fakultätssitzung am 25. April 1933 mußten - bedingt durch die veränderte politische Situation in Deutschland - auch administrative Angelegenheiten der Fakultät neu geregelt werden. Der wichtigste Punkt der Tagesordnung war auf Grund eines Ministerialerlasses die Wahl eines neuen Dekans. An der Fakultätssitzung nahmen die Professoren Hoennicke, Johannes Steinbeck (1873-1967), Anton Jirku (1885-1972), Helmut Lother (1898-1970), Carl Steuernagel (1869-1958) und Hans Leube (1896-1947) teil, es fehlten die Professoren Karl Bornhausen (1882-1940), Ernst Lohmeyer und Friedrich Gogarten (1887-1967). Neben H. stellten sich Anton Jirku und Hans Leube zur Wahl. Anton Jirku, der als dem Nationalsozialismus gegenüber sehr aufgeschlossen galt, erhielt vier Stimmen, Hoennicke und Leube je eine Stimme. Damit begann die Gleichschaltung der Breslauer Ev. Theologischen Fakultät, die dann unter den Dekanen Helmut Lother und Herbert Preisker zum Abschluß kam. — H. galt von seiner politischen Einstellung her als konservativ, er war nach 1933 aber weder Mitglied in nationalen Verbänden noch politischen Parteien, wie sich aus der Kartei der Hochschullehrer ergibt. Seinen Treueid auf »Führer, Volk und Vaterland« legte er am 27. August 1934 ab. Eine aktive Beteiligung am schlesischen Kirchenkampf kann aus den erhaltenen Quellen nicht nachgewiesen werden. Er hielt sich, wie es Gerhard Ehrenforth in seiner Kirchenkampfgeschichte formuliert hat, »im wesentlichen zurück«. Dennoch gibt es einige Aktionen, an denen H. beteiligt war. Im Mai 1934 kam es zu erheblichen Spannungen zwischen der Fakultät und der Ev. theologischen Fachschaft, die am 7. Mai 1934 ein Flugblatt veröffentlicht hatte, das die »Lebensferne der Theologieprofessoren« anprangerte. Es enthielt Vorwürfe und Forderungen, die die theologische Wissenschaft im allgemeinen und im speziellen die Situation der Theologie an der Universität Breslau betrafen. Ausgehend von der dialektischen Theologie Karl Barths (1886-

1968) ging die Fachschaft mit dem Fach Neues Testament und seinen beiden Breslauer Vertretern Ernst Lohmeyer und Gustav Hoennicke ins Gericht. An Lohmeyers Ansatz kritisierten sie, daß er »das Neue Testament als paulinische Sündengnadenlehre« darstelle, während für H. das Neue Testament ein »Konglomerat palästinensischer Religionsanschauungen« sei. Und indirekt zitierten sie H.: »Von Jesus hört man bloß, daß man nichts Gewißes von ihm weiß und daß es auf sein Leben nicht ankommt.« Das Flugblatt gipfelte in der Forderung, das theologische Fächerangebot an der Universität Breslau zu reduzieren. Nur noch die Fächer Neues Testament, Kirchengeschichte und Systematische Theologie sollten als Evangelische Fakultät erhalten bleiben, während das Fach Altes Testament an die Philosophische Fakultät angegliedert und das Fach Praktische Theologie an das Predigerseminar abgegeben werden sollten. In ihrer Entgegnung vom 2. Juni 1934, die auch von H. unterzeichnet war, stellt die Fakultät fest, daß es sich »nicht um einen jugendlichen, um Kirche und Theologie besorgten Idealismus, sondern um einen der leider häufig aufgetretenen Versuche, an der Breslauer evang. theol. Fakultät Unruhe zu stiften« handele. — Am 6. November 1934 unterschrieb H. gemeinsam mit 127 deutschen theologischen Hochschullehrern ein Telegramm an Reichsbischof Ludwig Müller, das diesen, um des inneren Friedens in der Deutschen Evangelischen Kirche willen, zum Rücktritt aufforderte. Außer H. unterzeichneten den Aufruf in Breslau noch die Professoren Friedrich Gogarten, Ernst Lohmeyer, Erich Schaeder (1861-1936), Johannes Steinbeck und Carl Steuernagel. Die übrigen ordentlichen Professoren Anton Jirku, Hans Leube, Helmut Lother und Hartmut Schmökel (1906-?), die den Deutschen Christen (DC) bzw. dem Nationalsozialismus nahe standen, verweigerten ihre Unterschrift. Gleichzeitig muß H. für die DC aufgrund seiner konservativen Haltung auch Sympathien gehabt haben, wie sich aus seiner Teilnahme an einer DC-Tagung 1935 in Breslau schließen läßt, wo er zu den Rednern zählte. — H. wurde mit Ende des Sommersemesters 1936, am 30. September, emeritiert, war im Wintersemester 1936/37 aber noch mit der Vertretung seines bisherigen Lehrstuhls durch das Reichswissenschaftsministerium beauftragt. Offenbar war über die Wiederbesetzung der Stelle noch nicht endgültig entschieden; es war für die damalige Situation stark sinkender Studentenzahlen an den Ev. theologischen Fakultäten außergewöhnlich, daß an einer Theologischen Fakultät ein Fach doppelt besetzt war. Nach der Strafversetzung Lohmeyers 1936 sank die Zahl der Studierenden um 30 Prozent, zu Kriegsbeginn 1939 waren nur noch 40 Studenten für Evangelische Theologie immatrikuliert. Trotzdem legte Dekan Preisker im Dezember 1936 dem Preußischen Wissenschaftsminister eine Berufungsliste vor: 1. Kurt Deißner (1888-1942), Greifswald, 2. Friedrich Büchsel (1883-1945), Rostock, und 3. Johannes Schneider (1895-1970), Königsberg/Pr. Aus einem Schreiben vom Vertrauensmann des NS-Dozentenbundes der Universität Breslau vom 8. Mai 1937 geht hervor, daß der erstplazierte Kurt Deißner den Ruf wahrscheinlich nicht erhielt, »da bei dem genannten Herrn, Mitglied der Bekennenden Kirche, ein aktiver Einsatz für die nationalsozialistische Bewegung meines Wissens nicht feststellbar ist«. Die Wiederbesetzung des Lehrstuhls beschäftigte die Fakultät bis zum Herbst 1939; das Ministerium entschied im Oktober 1939, diesen Lehrstuhl an die Medizinische Fakultät der Rheinischen Friedrich-Wilhelms-Universität nach Bonn zu verlegen. — H. starb bald nach seiner Emeritierung am 17. Juli 1938 in seiner Breslauer Wohnung in der Goethestraße. Herbert Preisker, zu dieser Zeit Dekan der Fakultät, richtete am 19. Juli an das Breslauer Amtsgericht ein Schreiben, in dem er begründete, warum er das Testament des Verstorbenen in dessen Wohnung geöffnet hatte: »Am 17. ds. Monats starb der ordentliche Professor meiner Fakultät D. Dr. Hoennicke. Er hinterläßt keine Leibeserben, sondern nur noch einen Bruder, und ist ledig. Da aus seinen eigenen wiederholten Aussagen bei seiner Wirtin bekannt war, daß in seinem Testament eine Verfügung über die Form seiner Beisetzung (Feuerbestattung) sich findet, und ich mich selbst um die ersten Veranlassungen zur Ermöglichung der Beisetzung kümmern mußte, habe ich in meiner Eigenschaft als Dekan die ‚Letztwillige Verfügung' des Verstorbenen, die in seiner Wohnung in einem geschlossenen Briefumschlag zugänglich aufbewahrt war, geöffnet, und reiche dies ‚Testament' in dem dazugehörigen Briefumschlag dem Amtsgericht ein zur amtsgerichtlichen Eröffnung.« (Archiv der Universität Wroclaw/ Breslau TE 16, Schreiben von Dekan Preisker an das Amtsgericht Breslau vom 19. 7. 1938) - Bei der Trauerfeier stellte Preisker seine Ansprache unter das Bibelwort aus 1. Kor 13,10, in der er das geistige und geistliche Wirken seines Lehrers würdigte: »Was wir hier redeten, geschah, um von ihm als Freund, Kollegen und Lehrer Abschied zu nehmen, von ihm dem schlichten Menschen und unerbittlichen Wahrheitssucher« (Herbert Preisker, Professor D. Dr. Hoennicke †, in: Evangelisches Kirchenblatt für Schlesien. Nr. 32, 1938, 138). Auch in der Fakultätssitzung am 21. Januar 1939 hielt Preisker eine kurze Gedenkrede auf seinen akademischen Lehrer. — H. war 26 Jahre Hochschullehrer an der Breslauer Evangelisch-theologischen Fakultät und hat sich in diesen Jahren erfolgreich um die Studierenden seines Faches gekümmert. Ihm war es wichtig, die Studenten zu strenger methodischer Arbeit am Neuen Testament anzuleiten. Die Textkritik war für ihn keine Nebensache, sondern eine zentrale Frage seiner Wissenschaft. Hier folgt er seinem Lehrer Bernhard Weiß, dem die Textkritik immer wichtiger wurde, weil nur auf ihrer Grundlage eine sachgemäße und zuverlässige Exegese möglich ist. H. vermied es, kühne wissenschaftliche Hypothesen im Hörsaal vorzustellen oder zu veröffentlichen, er blieb sein Leben lang Historiker des Neuen Testaments, der ausschließlich nach dem fragte, »wie es tatsächlich gewesen« (Leopold von Ranke). — Gleichzeitig hatte H. wohl unstrittig eine pädagogische Begabung. Er konnte seine Zuhörer bei Vorträgen und im Hörsaal mit seinem Engagement für die Auslegung des Neuen Testaments begeistern. Da er ohne Familie war, widmete er sein ganzes Leben seinem Beruf. Und er blieb bis zu seinem Tode bescheiden und machte wenig Aufheben um seine Person. H. war ein Theologe, der aus dem Hebräerbrief Kraft und Hoffnung schöpfte, weil er überzeugt war, daß die Botschaft dieser Schrift, die gegen Ende des ersten nachchristlichen Jahrhunderts verfaßt wurde, nichts von ihrer Aktualität verloren hat. Darum können Sätze, die H. über den Hebräerbrief verfaßt hat, als sein Vermächtnis, als Ausdruck seiner Theologie verstanden werden: Der Verfasser des Hebräerbriefes »lebt in einer Welt, da Christus der Herr ist. Vergänglichkeit und Tod hat für ihn keine Bedeutung mehr, seitdem Christus eine ganz neue Welt erschlossen hat. Er schreibt in heiliger Begeisterung an Christen, deren Leben vom Dunkel umhüllt ist. Er zeigt ihnen den Grund, auf dem ihr Lebensanker sicher ruht; er fordert sie auf, zu verharren auf dem Wege zur ewigen Gottesstadt; er mahnt sie, zu verzichten auf alles, was nur Schatten ist, und weist hin auf Christus, den Anfänger und Vollender des Glaubens« (Der Hebräerbrief und die neuere Kritik, 368). — H. hat sieben Monographien hinterlassen. Sein Erstlingswerk, die historische Dissertation an der Philosophischen Fakultät in Halle (1897) über den Hospitaliterorden, wendet sich dem Thema der Kreuzzüge am Ende des 11. Jahrhunderts zu. H. hebt hervor, daß die Geschichte der Kreuzzüge und die Geschichte des Königreichs Jerusalem in vielen Arbeiten, vor allem aus dem französischsprachigen Raum, dargestellt worden sei, eine quellennahe Studie zur Geschichte der Hospitaliter aber fehle. Ihm geht es darum, »die Stellung der Hospitaliter in politischer und kultureller Beziehung zu beleuchten« (II). Einleitend beschreibt er die Situation am Ende des 11. Jahrhunderts: »man zog nach dem Orient und eroberte Jerusalem« (1) und im Verlaufe der Arbeit weist er nach, daß ein gewisser Gerard oder Gerald im 11. Jahrhundert Begründer der Fremdenherberge zu Jerusalem war, die dem heiligen Johannes geweiht war. Dieser Gerard stellte sein Hospital in den Dienst armer und kranker Pilger ohne Rücksicht auf deren Nationalität und berief sich dabei auf das Wort aus dem Matthäusevangelium Kap. 25, 40: »Was ihr gethan habt einem unter diesen meinen geringsten Brüdern, das habt ihr mir gethan.« (4) Das Neue an der Stiftung Gerards bestand darin, den Pilgern ohne Unterschied nach Herkunft oder Sprache Hilfe zu gewähren. Um 1120 starb Gerard und »hinterließ eine Genossenschaft, wo kriegerischer Mut mit christlicher Liebe sich paarte, eine religiöse Vereinigung, die unter ihrem Patron Johannes dem Täufer, hoch angesehen, von allen Seiten, vornehmlich von der römischen Kurie, unterstützt« wurde (6f.). Die Dissertation beschäftigt sich als erster Teil mit der Stellung des Hospitaliterordens im politischen System der Jahre von 1126 bis 1163, während er die kulturgeschichtlichen Beziehungen in dem Aufsatz: »Der Hospitalorden im Königreich Jerusalem 1099-1187. Ein culturhistorischer Beitrag« näher beleuchtete. — Im Jahre 1901 veröffentlichte H. anonym eine kleine Schrift über die Sekte »Christliche Wissenschaft«, die zu Anfang des 20. Jahrhunderts im Westen der Reichshauptstadt Berlin große Erfolge aufweisen konnte. Die Anhänger der »Christlichen Wissenschaft« versuchten unter anderem, ihre Lehre dadurch zu verbreiten, daß sie gegen hohe Honorare Krankenheilungen durchführten. Nach einer knappen Einleitung, die auf die Gründung der »Christian Science« in Amerika Bezug nimmt, stellt H. die Frage, »ob die ‚Christliche Wissenschaft' den Grundwahrheiten der heiligen Schrift entspricht« (4). Er weist an ausgewählten Topoi (Gott, Christi Person, Christi Werk, der Mensch, Sünde und Übel, Taufe, Abendmahl, Gebet) nach, daß diese Lehre nicht in sich logisch entwickelt ist und darüber hinaus in zentralen Punkten von der biblischen Botschaft abweicht. Gegründet von Mrs. Baker G. Eddy muß die »Christliche Wissenschaft« als ein Konglomerat von Gedanken aus Mystik, Biblizismus und Gnosis angesehen werden. — Die theologische Dissertation »Studien zur altprotestantischen Ethik« (1902) wendet sich einem damals wenig bearbeiteten systematisch-theologischen Thema zu. Zu dieser Zeit war im Bereich der christlichen Ethik die Darstellung von Gaß und Luthard maßgeblich, die allerdings, wie H. in seiner Einleitung aufweist, im Blick auf die altprotestantische Ethik lückenhaft ist. H. behandelt ausschließlich Autoren aus dem Luthertum, die schon zu seiner Zeit kaum noch bekannt waren und deren Schriften er in der Königlichen Bibliothek zu Berlin gefunden hatte, während er die Ethik des Reformiertentums für seine Untersuchung nicht heranzieht. Nach H. baut sich die altprotestantische Ethik auf den Begriffen poenitentia und sanctificatio auf, die er im ersten Teil behandelt. Hierbei beschränkt er sich im Wesentlichen auf drei Positionen: Philipp Melanchthon, Johann Gerhard und Johann Andreas Quenstedt. Der zweite Teil widmet sich den »Grundzügen des neuen Lebens« mit den Unterthemen »der Eintritt in das neue Leben«, »das neue Leben in seinem zeitlichen Verlaufe« und »die innere Heiligung und das ethische Ziel«. Hier bezieht sich H. auch auf Martin Luther, die Konkordienformel und den Dogmatiker Robert Bellarmini. H. wollte mit seiner Dissertation keine eigenen systematisch-theologischen Entscheidungen treffen, sondern sah ihre Aufgabe im Vergleich der Positionen. — Die Habilitationsschrift erschien 1903 unter dem Titel »Die Chronologie des Lebens des Apostels Paulus«. Diese Themenstellung hatte für H. gewissermaßen propädeutischen Charakter, ist die Chronologie doch »das Auge der historischen Wissenschaft« und konstitutiv für alle weitere historische und exegetische Arbeit am Neuen Testament: »Sie [die Chronologie] ist das tragende Gerüst für die Geschichtsdarstellung, denn erst aus der Zeitfolge ergibt sich die Möglichkeit, die kausalen Verhältnisse zwischen verschiedenen Begebenheiten darzustellen.« (III) H. entscheidet sich in seiner Chronologie - im Gegensatz zu Harnack, Blass und Holzmann - nicht für den frühen Termin des Amtsantritts des Prokurators Festus, sondern verlegt ihn in die Zeit zwischen 59 und 61 n. Chr. Von diesem Zeitraum ausgehend datiert er die Ereignisse im Leben des Apostels Paulus: Tod Jesu zwischen 30 und 33 n. Chr., Bekehrung des Paulus 33-35 n. Chr., 1. Missionsreise 49 n. Chr., Apostelkonvent 50-52 n. Chr., 1. Aufenthalt in Korinth 52-54 n. Chr., Aufenthalt in Ephesus 54-58 n. Chr., Beginn der Haft des Paulus nach Pfingsten 57, 58 oder 59 n. Chr., Ankunft des Paulus in Rom im Frühjahr 60, 61 oder 62 n. Chr. Mit vielen dieser zeitlichen Bestimmungen zu Leben und Wirken des Apostels lag H. damals nahe an dem, was die neutestamentliche Wissenschaft heute als verbindlich für das Leben und Wirken des Paulus annimmt. — In der konservativ geprägten Reihe »Biblische Zeit- und Streitfragen« erschien 1907 die Schrift »Die neutestamentliche Weissagung vom Ende«, die er seinem Lehrer und väterlichen Freund Bernhard Weiß zum 80. Geburtstag widmete. Zunächst werden die Voraussetzungen der neutestamentlichen Weissagung an den Begriffen Geist, Werk Jesu und Altes Testament erörtert. Der zweite Abschnitt behandelt das Thema »Weissagung vom Ende« in den paulinischen Briefen, im zweiten Petrusbrief und in der Offenbarung des Johannes. Im dritten Abschnitt wendet sich H. der neutestamentlichen Zeitgeschichte zu und stellt zwischen der jüdischen Vorstellungswelt und der christlichen Apokalyptik eine Verbindung her. Für ihn ist der Hebräerbrief die zentrale theologische Wegweisung, nach der die Christen in dieser Welt keine bleibende Stadt haben, sondern dem himmlischen Jerusalem entgegenstreben. Solange die Wiederkunft Christi aussteht, müssen sich die Christen, wie schon im römischen Weltreich, mit Staat und Gesellschaft arrangieren. — Mit der Darstellung »Das Judenchristentum im ersten und zweiten Jahrhundert« (1908) legte H. sein umfangreichstes Werk vor, vor dessen Abfassung eine intensive Beschäftigung mit der jüdischen Geschichte stand. Das Urchristentum hatte kein einheitliches Lehrsystem und keine einheitliche Gemeindeorganisation. Das Judenchristentum, repräsentiert vor allem durch Petrus und Jakobus, bildete die erste Stufe einer Vermischung des neuen christlichen mit dem alten jüdischen Glauben. Der Glaubensgrundsatz hieß für die Menschen damals: Der Messias ist erschienen und Jesus ist der Messias. Die judenchristlichen Gemeinden sahen in der Lehre nichts wesentlich Neues, sondern nur die Vollendung des Judentums. Das hieß für die Heiden, daß sie sich erst dem Gesetz und der Beschneidung unterwerfen sollten, um Christen zu werden. Das von Jesus angekündigte Ende der Zeiten wurde von den judenchristlichen Gemeinden als unmittelbar bevorstehend erwartet. Die Ablösung der frühchristlichen Gemeinden vom Judentum erfolgte durch den Apostel Paulus, der im Christentum nicht die Vollendung des Judentums, sondern eine neue Religion sah. Die Heiden wurden Christen ohne den Umweg über das Judentum, während sich die Juden erst ganz vom Gesetz lösen mußten, um Christen zu werden. In der Einführung behandelt H. zunächst die Forschungsgeschichte zum Judenchristentum seit Ferdinand Christian Baur und zeigt, daß noch viele Fragen und Probleme bei der Entstehung der frühchristlichen Kirche nicht geklärt sind. Am Ende seines forschungsgeschichtlichen Überblicks definiert er Judenchristen als Juden, die sich zum Evangelium Jesu Christi bekennen. Dabei ist ihm wichtig, »daß von Anfang an das Christentum mit dem Judentum verbunden war, und daß im Grunde vom Judenchristentum nur da gesprochen werden kann, wo alttestamentlich-jüdische Elemente innerhalb des Christentums auftreten, welche dem Wesen des Evangeliums nicht entsprechen« (18). Es folgt ein Überblick über die innere und äußere Geschichte des Judentums, die in drei Hauptrichtungen verlief: pharisäisch, hellenistisch und apokalyptisch. Im zweiten Kapitel wird die Verbreitung des Evangeliums unter den Juden geschildert; hier arbeitet H. heraus, daß judenchristliche Gemeinden in der Apostelgeschichte, im Jakobusbrief, der Apokalypse, den Korintherbriefen, dem Römerbrief und in den Pastoralbriefen bezeugt sind, dagegen fehlen Angaben über solche Gemeinden im 1. Petrusbrief, im Galater-, Kolosser-, Philipper- und im 1. Johannesbrief sowie bei Ignatius und im 1. Clemensbrief. Trotzdem darf die Bedeutung des Judenchristentums nicht gering geschätzt werden, denn es hat die Überlieferungen des historischen Jesus festgehalten und das Alte Testament bewahrt. Im dritten Kapitel wird der Judaismus dargestellt, der aus dem Christentum unter den Juden entstanden ist. Im letzten Teil des Buches kommt die Nachwirkung des Judentums im Christentum zur Sprache. So finden sich in den frühchristlichen Gemeinden viele Einflüsse des Judentums, im Gottesdienst bei Taufe und Abendmahl, bei der Gemeindeorganisation und bei der Schriftauslegung. Eine kurze Skizze über den Minäismus beschließt das Buch. In ihr weist H. nach, daß sich im rabbinischen Schrifttum, soweit es ihm bekannt war, nur wenige Hinweise finden, »wie die Stellung der Juden zu der christlichen Bewegung im ersten und zweiten Jahrhundert gewesen ist« (400). — 1913 erschien der Kommentar zur Apostelgeschichte. H. vertritt die Ansicht, daß die Apostelgeschichte von Lukas verfaßt wurde, der schriftliche wie mündliche Quellen verarbeitet und die Geschichte der frühchristlichen Kirche so erzählt hat, wie sie sich seiner Meinung nach abgespielt hat. Auch die Reden in der Apostelgeschichte stammen nach H. von Lukas, der sie aus vorgefundenem Quellenmaterial - in Anlehnung an antike Vorbilder griechischer oder römischer Schriftsteller - gestaltet und in den jeweiligen Zusammenhang eingefügt hat. Das Entstehungsjahr der Apostelgeschichte ist 80 n. Chr., sie steht somit am Beginn der frühchristlichen Kirche. H. gliedert die Apostelgeschichte in sieben Abschnitte, die jeweils nach dem gleichen Schema aufgebaut sind: Komposition, Exegese mit Quellenkritik und zum Schluß Geschichtskritik. Die Apostelgeschichte kann nach H. in folgende Abschnitte eingeteilt werden: Kapitel 1-5 Gründung der Urgemeinde und ihre ersten Schicksale; Kapitel 6-8,3 Stephanus und die erste Verfolgung; Kapitel 8,4-12 Die Zeit vom Tode des Stephanus bis zur ersten offiziellen Missionsreise; Kapitel 13-15,34 Die Mission in Cypern und Kleinasien und der Apostelkonvent; Kapitel 15,35-19 Die Mission in Mazedonien, Achaja und Asien; Kapitel 20-23 Die Reise des Paulus nach Jerusalem und seine Gefangennahme; Kapitel 24-28 Die Gefangenschaft des Paulus in Cäsarea und Rom. Seiner Grundauffassung gemäß, nach der auch die Geschehnisse des Neuen Testaments auf ihren historischen Gehalt hin zu überprüfen sind, urteilt H. in seinem Kommentar abwägend und eher distanziert. Vielleicht auch aus diesem Grund hat sein Kommentar in der Geschichte der Acta-Forschung kaum Wirkung gezeigt.

Archive: Archiv der Humboldt-Universität Berlin, Bestand Theologische Fakultät 112 und Theologische Fakultät 137. — Bundesarchiv in Berlin, R 4901/1716 Wahl und Bestätigung des Rektors und der Dekane; R 4901/1718 Evangelische Theologische Fakultät; R 4901/1722 Reisen der Hochschullehrer; R 4901/13266 Kartei Gustav Hoennicke; R 4901/14696 Besetzung der Lehrstühle der Ev. theol. Fakultät; R 4901/14698 Nachweisung der vorhandenen Lehrkräfte. — Geheimes Staatsarchiv Preußischer Kulturbesitz in Berlin, GSTA Berlin I. HA Rep. 76 Va Sekt 4 Tit IV Nr. 32 Bd. 7; GSTA Berlin I. HA Rep. 76 Va Sekt 4 Tit IV Nr. 32 Bd. 8; GSTA Berlin I. HA Rep. 76 Va Sekt 4 Tit IV Nr. 32 Bd. 9; GSTA Berlin I. HA Rep. 76 Va Sekt 4 Tit IV Nr. 37. — Evangelisches Zentralarchiv in Berlin, Bestand 7/1428. — Universitätsbibliothek Frankfurt/Main, Nachlaß Eberhard Nestle. Bestand Nr. 823-824. — Universitätsarchiv Halle, Rep. 21 II Nr. 165. — Universitätsbibliothek Marburg. Abt. Religionswissenschaft. Nachlaß Karl Bornhausen. Bo 1.2.148. — Universitätsbibliothek Tübingen, Nachlaß Rudolf Bultmann, Mn 2-3447. — Universitätsarchiv Breslau/Wroclaw, S 220 (Personalbogen); TE 3 (Protokollbuch der Fakultät 1932-1944); TE 4 (Verwaltungsakten der Fakultät 1937-1944); TE 15 (Berufungen der Professoren 1934-1936); TE 16 (Berufungen der Professoren 1936-1944); S 185 (Vertrauliche Angelegenheiten 1933-1944); S 30 (Abgang beim Lehrkörper durch Berufungen an andere Universitäten 1895-1935); S 31 (Zugang beim Lehrkörper durch Berufungen und Versetzungen 1894-1934).

Portraits Gustav Hoennickes sind vorhanden in: Universitätsbibliothek der Humboldt-Universität zu Berlin; Portraitsammlung. Gustav Hoennicke; Universitätsarchiv Breslau/Wroclaw, Bestand S 168: Photographien-Album der Curatoren, Professoren, Docenten und Beamten der Königlichen Universität zu Breslau ab 1861.

Werke:

Monographien: Studien zur Geschichte des Hospitalordens im Königreich Jerusalem (1099-1162), Halle 1897; Theologische Thesen welche mit Genehmigung der Hochwürdigen Theologischen Fakultät an der Friedrich-Wilhelms-Universität zu Berlin zur Erwerbung des Grades eines Licentiaten der Theologie am 16. Juli 1900 [...] öffentlich verteidigen wird Gustav Hoennicke, Berlin 1900; Was lehrt man in der Kirche Christi des Scientisten, Berlin 1901 [anonym verfaßt]; Studien zur altprotestantischen Ethik, Berlin 1902; Die Chronologie des Lebens des Apostels Paulus, Leipzig 1903; Die neutestamentliche Weissagung vom Ende, Berlin 1907; Das Judenchristentum im ersten und zweiten Jahrhundert, Berlin 1908; Die Apostelgeschichte erklärt (Ev. Theologische Bibliothek. Kommentar zum Neuen Testament), Leipzig 1913.

Aufsätze: Der Hospitaliterorden in der zweiten Hälfte des XII. Jahrhunderts. Ein Beitrag zur Geschichte des Königreiches Jerusalem, in: ZwTh 42/1899, 59-106; Der Hospitalorden im Königreich Jerusalem 1099-1187. Ein culturhistorischer Beitrag, in: ZwTh 42/1899, 400-426; Coelius Secundus Curio, ein evangelischer Humanist, in: NKZ 11/1900, 801-812; Der Scientismus, in: Allgemeine Zeitung Nr. 21 1902; Paulus und sein Verhältnis zur Gemeinde von Korinth, in: Deutsch-Evangelische Blätter 1902, 667-678; Psychologie und Predigt, in: Halte, was du hast. Zeitschrift für Pastoraltheologie 26/1902, 115-122; Die sittlichen Anschauungen des Hebräerbriefes, vor allem im Verhältnis zu den religiösen Voraussetzungen des Verfassers, in: ZwTh 45/1902, 24-40; Christliche Hoffnung und der 2. Petrusbrief, in: Deutsch-Evangelische Blätter 1903, 686-695; Miszellen zur Geschichte der Ethik der lutherischen Kirche, in: NKZ 14/1903, 728-738; Der Todestag des Apostels Paulus, in: NKZ 14/1903, 905-908; Die Religion des Neuen Testaments, in: Die Reformation Nr. 33 1903; Jüdische Stimmen über das »Wesen des Judentums«, in: Nathanael 20/1904, 121-137; ebd. 153-180; Bonifatius, in: Deutsch-Evangelische Blätter 1904, 607-618; Eine Psalmenpredigt des Chrysostomus, in: Halte, was du hast. Zeitschrift für Pastoraltheologie 28/1904, 453-456; Dowieismus, in: Die Reformation Nr. 27 1904; Neuere Forschungen zum Vater Unser bei Matthäus und Lukas, in: NKZ 17/1906, 57-67; ebd., 106-120; ebd., 169-180; Eine neutestamentliche Einleitungsfrage. Rezension der Schrift von W. Vollert, Entstehung und Zusammenhang des neutestamentlichen Schrifttums, in: Die Reformation Nr. 8/1907; Melanchthons Stellung auf dem Reichstage zu Augsburg 1530, in: Deutsch-Evangelische Blätter 1908, 756-767; Jüdische Apologetik in der alten Zeit, in: Nathanael 24/1909, 119-125; Paulus und Josephus. Ein religionsgeschichtlicher Vergleich, in: NKZ 20/1909, 650-664; Jüdische Stimmen über Jesus und die Anfänge des Christentums, in: Die Reformation Nr. 39/1910; Wesen und Ursprung der Religion, in: Ulrich von Hassell u.a., Fragen des modernen Geisteslebens. Dargestellt und beantwortet in neun Vorträgen, Berlin 1910, 53-71; Lehre von der Buße im Licht der Geschichte des deutschen Protestantismus, in: NKZ 22/1911, 480-494 und 495-502; Christusprobleme, in: Konservative Monatsschrift 69/1911, 3-10 und 135-141; Neue Forschungen über die Geschichte des Urchristentums, in: Geisteswissenschaft 1/1913, 321; Die Teufelsidee in den Evangelien, in: Neutestamentliche Studien. Georg Heinrici zu seinem 70. Geburtstag dargebracht von Fachgenossen, Freunden und Schülern, Leipzig 1914, 208-212; Paulus als Patriot, in: Deutsch-Evangelische Blätter 1915, 61-70; Katholische Kirche und Judentum, in: Preußische Jahrbücher 49/1915,

78-95; Ursprung der synoptischen Evangelien und die neuere Kritik, in: Die Studierstube XIII/1915, 348-360; Der Hebräerbrief und die neuere Kritik, in: NKZ 29/1918, 347-368; Die Bedeutung von Bernhard Weiß für die Auslegung des Neuen Testaments, in: Die Studierstube XVI/1918, 193-204; Die Bedeutung von Bernhard Weiß für die Erforschung des Urchristentums, in: Wilhelm Scheffen (Hg.), Zum Gedächtnis von D. Dr. Bernhard Weiß. In Verbindung mit Freunden und Schülern des Verstorbenen, Berlin 1918, 60-69; Bernhard Weiß - Theolog †, in: Daheim Jg. 54/1918 Nr. 54; Ein neuer Fund auf dem Gebiet der altchristlichen Literatur, in: NKZ 32/1921, 244-257; Der Apokalyptische Reiter, in: Die Studierstube XIX/1921, 3-16; Ein wichtiger Beitrag zur Geschichte der lateinischen Bibelübersetzung, in: ThBl 3/1924, 14-18; Volkskundliches aus den Katakomben, in: Mitteilungen der Schlesischen Gesellschaft für Volkskunde 25/1924, 170; Die Gottesreichsidee in der Antike und ihre Nachwirkung in der germanisch-romanischen Welt, in: Mitteilungen der Schlesischen Gesellschaft für Volkskunde 26/1925, 1-24; Neuere Forschungen zum Vater Unser bei Matthäus und Lukas, in: Jahresbericht der schlesischen Gesellschaft für vaterländische Kultur 1928, 166; Darstellungen von Petrus und Paulus in der altchristlichen Kunst, in: Jahresbericht der schlesischen Gesellschaft für vaterländische Kultur 1929, 112.

Beiträge in Lexika: Artikel Prädestination. Schriftlehre, in: RE[3], Band 15, Leipzig 1904, 581-586; Artikel Weisheit, in: RE[3], Band 21, Leipzig 1908, 64-73.

Rezensionen: Joseph Eschelbacher, Das Judentum und das Wesen des Christentums. Vergleichende Studien, in: Nathanael 21/1905, 173-175; Anton Halmel, Der zweite Korintherbrief des Apostels Paulus. Geschichtliche und literarkritische Untersuchungen, Halle 1904, in: DLZ 26/1905, Sp. 3041f.; Friedrich Langheinrich, Der zweite Brief Sanct Pauli an die Korinther. Ein Beitrag zu einer biblischen Pastoraltheologie, Leipzig 1905, in: DLZ 27/1906, Sp. 1806f.; Alexander Berendts, Die Zeugnisse vom Christentum im slavischen »De bello Judaico« des Josephus, Leipzig 1906, in: DLZ 28/1907, Sp. 1037f.; Paul Fiebig (Hg.), Ausgewählte Mischnatractate in deutscher Übersetzung. Heft 1: Paul Fiebig, Joma. Der Mischnatraktat »Versöhnungstag«. Heft 2: Paul Fiebig, Pirque ‘aboth. Der Mischnatraktat »Sprüche der Väter«, Tübingen 1905 und 1906, in: Theologisches Literaturblatt 1907, 141; Georg Schnedermann, ‚Ohne des Gesetzes Werk'. Eine Anleitung zu selbständigem geschichtlichen Verständnis des Neuen Testaments in Vorträgen und Aufsätzen, Leipzig 1907, in: DLZ 30/1909, Sp.1103f.; Ernst Kühl, Erläuterung der paulinischen Briefe unter Beibehaltung der Briefform. Bd. I: die älteren paulinischen Briefe, Großlichterfelde 1907, in: DLZ 30/1909, Sp. 1805; Paul Feine, Theologie des Neuen Testaments, Leipzig 1910, in: Die Reformation 1910, 177-179 und 194-198; Gottlieb Klein, Der älteste christliche Katechismus und die jüdische Propagandaliteratur, in: Nathanael 26/1910, 31-32; Johannes Frey, Der slavische Josephusbericht über die urchristliche Geschichte nebst seinen Parallelen kritisch untersucht, Dorpat 1908, in: ThLZ 36/1911, Sp.78f.; Gustav Hölscher, Die Geschichte der Juden in Palästina seit dem Jahre 70 nach Chr. Eine Skizze, Leipzig 1909, in: ThLZ 36/1911, Sp.204; Wilhelm Brandt, Die jüdischen Baptismen oder das religiöse Waschen und Baden im Judentum mit Einsichten des Judenchristentums, Gießen 1910; ders., Jüdische Reinheitslehre und ihre Beschreibung in den Evangelien, Gießen 1910, in: ThLZ 36/1911, Sp. 583-586; Alfred Schmidtke, Neue Fragmente und Untersuchungen zu den judenchristlichen Evangelien. Ein Beitrag zu Literatur und Geschichte der Judenschriften, Leipzig 1911, in: ThLZ 37/1912, Sp. 454-456; Martin Dibelius, Die urchristliche Überlieferung von Johannes dem Täufer, untersucht, Göttingen 1911, in: ThLZ 37/1912, 680-682; Ernst Kühl, Der Brief des Paulus an die Römer ausgelegt, Leipzig 1913, in: DLZ 35/1914, Sp. 719f.; Rudolf Knopf (Hg.), Ausgewählte Märtyrerakten. Heft 2, Tübingen 1913, in: DLZ 36/1915, Sp. 1339f.; August Pott, Das Hoffen im Neuen Testament in seiner Beziehung zum Glauben, Leipzig 1915, in: DLZ 36/1915, Sp. 1590-1592; Gustav Wohlenberg, Der erste und zweite Petrusbrief und der Judasbrief ausgelegt, Leipzig 1915, in: DLZ 36/1915, Sp. 1784-1787; Georg Kurze, Der Engel- und Teufelsglaube des Apostels Paulus, Freiburg 1915, in: DLZ 37/1916, Sp. 1148f.; Wilhelm Bousset, Jüdisch-christlicher Schulbetrieb in Alexandria und Rom. Literarische Untersuchungen zu Philo und Clemens von Alexandrien, Göttingen 1915, in: DLZ 38/1917, Sp. 48f.; Friedrich Loofs, Wer war Jesus Christus? Für Theologen und den weiteren Kreis gebildeter Christen erörtert, Halle 1916, in: DLZ 38/1917, Sp. 913-916; Gustav Voigt, Evangelisches Religionsbuch. Bd. I: Aus der Urkunde der Offenbarung, Berlin 1916[5], in: DLZ 41/1920, Sp. 293f.; Vinzenz Hartl, Die Hypothese einer einjährigen Wirksamkeit Jesu. Kritisch geprüft, Münster 1917, in: DLZ 42/1921, Sp. 102f.; Alfred Juncker, Die Ethik des Apostels Paulus. Zweite Hälfte, Halle 1919, in: DLZ 42/1921, Sp. 487-489; Oswald Gerhardt, Der Stern des Messias. Das Geburts- und Todesjahr Jesu Christi nach astronomischer Berechnung, Leipzig 1912, in: ThLZ 49/1924, Sp. 37f.

Lit.: Franklin Arnold, Die evangelisch-theologische Fakultät, in: Georg Kaufmann (Hg.), Festschrift zur Feier des hundertjährigen Bestehens der Universität Breslau. Teil II. Geschichte der Fächer, Institute und Ämter der Universität Breslau 1811-1911, Breslau 1911, 175-199; — Breslauer Adreßbuch. Ausgabe 1936, Breslau 1936; — Wolfgang U. Eckart, Volker Sellin, Eike Wolgast (Hg.), Die Universität Heidelberg im Nationalsozialismus, Heidelberg 2006; — Gerhard Ehrenforth, Die schlesische Kirche im Kirchenkampf 1932-1945, Göttingen 1968; — Hannelore Erhart, Ilse Meseberg-Haubold, Dietgard Meyer. Katharina Staritz 1903-1953. Dokumentation Band 1: 1903-1942. Mit einem Exkurs von Elisabeth Schmitz, Neukirchen-Vluyn 1999; — Martin Evang, Rudolf Bultmann in seiner Frühzeit, Tübingen 1988; — Felix Haase, Die schriftstellerische Tätigkeit der Breslauer theologischen Fakultäten von 1811-1911, Breslau 1911; — Helmut Heiber, Universität unterm Hakenkreuz. Teil II. Die Kapitulation der Hohen Schulen. Das Jahr 1933 und seine Themen. Bd. 2, München - New Providence - London - Paris 1994; — Georg Hoffmann, Artikel Breslau. 2. Ev. theologische Fakultät, in: RGG², Bd. 1, Tübingen 1927, Sp. 1248f.; — Ernst Hornig, Die Bekennende Kirche in Schlesien 1933-1945, Göttingen 1977; — Ulrich Hutter-Wolandt, Theologie als Wissenschaft. Zu Leben und Werk Ernst Lohmeyers (1890-1946). Mit einem Quellenanhang, in: ders., Die evangelische Kirche Schlesiens im Wandel der Zeiten. Studien und Quellen zur Geschichte einer Territorialkirche, Dortmund 1991, 237-281; — ders., Ernst Lohmeyer und Richard Hönigswald. Um die Wissenschaftlichkeit neutestamentlicher Exegese, in: Ernst W. Orth/Dariusz Aleksandrowicz (Hg.), Studien zur Philosophie Richard Hönigswalds, Würzburg 1996, 205-230; — ders., Urchristliche Ethik und neutestamentliche Zeitgeschichte. Leben und Werk des Neutestamentlers Herbert Preisker (1888-1952), in: JSKG 82/2003, 55-104; — ders., Spagat zwischen Wissenschaft und Anpassung. Die Breslauer Ev. Theologische Fakultät unter ihrem Dekan Herbert Preisker von 1936 bis 1945, in: Roland Deines, Volker Leppin, Karl-Wilhelm Niebuhr (Hg.), Walter Grundmann. Ein Neutestamentler im Dritten Reich, Leipzig 2007, 277-319; — ders., Leben und Wirken des Breslauer Neutestamentlers Gustav Hoennicke (1871-1938). Ein Beitrag zur Geschichte der Breslauer Evangelisch-theologischen Fakultät im 20. Jahrhundert, in: JSKG 86/2007; — Andreas Köhn, Der Neutestamentler Ernst Lohmeyer. Studien zu Biographie und Theologie, Tübingen 2004; — ders. (Hg.), Ernst Lohmeyers Zeugnis im Kirchenkampf. Breslauer Universitätspredigten. Mit einem Vorwort von Christfried Böttrich, Göttingen 2006; — Dietrich Meyer, Zur Geschichte der evangelisch-theologischen Fakultät der Universität Breslau, in: JSKG 68/1989, 149-174; — ders., Zur Geschichte der beiden theologischen Fakultäten an der Universität Breslau bis 1945, in: Dietrich Meyer, Christian-Erdmann Schott, Karl Schwarz (Hg.), Über Schlesien hinaus. Zur Kirchengeschichte in Mitteleuropa. Festgabe für Herbert Patzelt zum 80. Geburtstag, Würzburg 2006, 191-219; — Herbert Preisker, Professor D. Dr. Hoennicke †, in: Evangelisches Kirchenblatt für Schlesien. Nr. 32, 1938, 137f.; — Martin Schian, Kirchliche Erinnerungen eines Schlesiers, Görlitz 1940; — Hans-Joachim Schoeps, Theologie und Geschichte des Judenchristentums, Tübingen 1949; — Harry Waßmann u.a. (Bearb.), Rudolf Bultmann (1884-1976). Nachlaßverzeichnis, Wiesbaden 2001; — Jürgen Seim, Hans-Joachim Iwand. Eine Biographie, Gütersloh 1999; — Kurt Wiesner, In memoriam, in: Evangelisches Kirchenblatt für Schlesien. Nr. 32, 1938, 138.

Ulrich Hutter-Wolandt

HÖPFINGER, Stefan, kath., bayerischer Politiker, * 6. September 1925 in Kraiburg am Inn als Sohn von Anna Höpfinger, † 16.2. 2004 in Augsburg. — Nach der Volksschulzeit besuchte er Heeresunteroffiziers-Vorschulen in München und Weilburg an der Lahn und anschließend Unteroffiziersschulen in Potsdam-Eiche und Mewe an der Weichsel. Während seines Kriegseinsatzes in Italien geriet er in englische und amerikanische Kriegsgefangenschaft. Als H. im September 1947 zurückkehrte, erlernte er das Zimmerhandwerk (Facharbeiterbrief 1948) und ließ sich zum Hauer ausbilden (Hauerschein 1957). Arbeit fand er unter Tage als Bergmann im Kohlebergwerk in Penzberg. Im August 1954 heiratete er die Bahnarbeitertochter Sophie Gartenmaier, die Kinder Stephan und Elisabeth wurden 1957 und 1962 geboren. 1953 wurde H. CSU- und CSA-Mitglied und 1956 in den Penzberger Stadtrat gewählt. 1956 wurde H. als Delegierter der Werkvolkgruppe Penzberg zum Vorsitzenden der Katholischen Arbeitnehmerbewegung in der Diözese Augsburg gewählt und amtierte bis 1985. Als er 1959 hauptamtlicher Diözesansekretär wurde, zog die Familie nach Augsburg um. Im Augsburger Stadtrat war H. von 1963 bis 1971 vertreten. 1969 rückte er für ihn den verstorbenen Andreas Haisch in den Bayerischen Landtag nach; 1970 und 1974 bestätigten die Wähler sein Mandat. 1976 nahm er bei der Bundestagswahl dem SPD-Bundestagsabgeordneten Max Amling das Direktmandat des Wahlkreises Augsburg-Stadt ab und wurde 1980, 1983 und 1987 mit deutlicher Mehrheit wiedergewählt. Von 1982 bis 1984 war er einer der stellvertretenden Vorsitzenden der CSU-Landesgruppe. Geprägt durch ein religiöses Elternhaus, seine Kriegserlebnisse, harte Arbeit im Bergwerk und sein Engagement bei der Katholischen Arbeitnehmerbewegung legte H. den Schwerpunkt seiner politischen Tätigkeit auf die Arbeits- und Sozialpolitik. Innerhalb der CSU engagierte er sich stark in der Christlich-Sozialen Arbeitnehmerschaft (CSA). Von 1962 bis 1985 war er Vorsitzender des CSA-Bezirksverbandes Augsburg und seit 1979 stellvertretender CSA-Landesvorsitzender und Mitglied im CSU-Parteivorstand. Im Landtag betätigte er sich in den Ausschüssen für Sozial- und Gesundheitspolitik sowie für Eingaben und Beschwerden. Als Bundestagsabgeordneter war er Mitglied der Ausschüsse für Arbeit und Sozialordnung sowie für Jugend, Familie und Gesundheit, den er von 1982 bis 1984 leitete. Von 1979 bis 1982 war er mit dem Vorsitz der Arbeitsgruppe 4 (Sozial- und Gesellschaftspolitik) der CSU-Landesgruppe beauftragt. Im April 1984 berief ihn Bundeskanzler Helmut Kohl als Parlamentarischen Staatssekretär beim Bundesministerium für Arbeit und Sozialordnung in sein Kabinett. Zu seinen größten Erfolgen zählte die Anerkennung von Erziehungszeiten bei der Rentenberechnung und die Einführung des Erziehungsgelds. Im April 1989 wurde er im Rahmen einer Kabinettsreform von seinem Parteikollegen Horst Seehofer abgelöst. Seine schwierigste politische Aufgabe übernahm H.

1984 mit der Kandidatur zum Augsburger Oberbürgermeister. Nach innerparteilichen Auseinandersetzungen hatte sich die Christlich-Soziale Mitte (CSM) von der CSU abgespalten, dadurch war H. chancenlos gegen den populären Amtsinhaber Hans Breuer (SPD). Noch im gleichen Jahr wurde H. zum Vorsitzenden des CSU-BV Augsburg gewählt; trotz intensiver Bemühungen gelang es dem allseits respektierten H. erst 1990 die Spaltung und die innerparteilichen Grabenkämpfe zu beenden. 1989 begann H. sich von der »großen« Politik zurückzuziehen, er gab seine Ämter als CSU-Bezirksvorsitzender, Mitglied im CSU-Parteivorstand und Stellvertretender CSA-Vorsitzender auf, im Jahr 1990 kandidierte er nicht mehr für den Deutschen Bundestag. Kurz vor Ende der Legislaturperiode hatte H. mit Gewissenskonflikten zu kämpfen, als er dem deutschen Einigungsvertrag wegen für nicht annehmbarer Regelungen im Zusammenhang mit dem Schutz des ungeborenen Menschen nicht zustimmen konnte, da die Fristenlösung der DDR weiter gültig blieb. Innerhalb der Partei engagierte er sich weiter als Vorsitzender der Senioren-Union des Bezirksverbandes Augsburg von 1992 bis 2002. Am 16. Februar 2004 verstarb H. in Augsburg. Höpfingers Nachlaß befindet sich seit 2004 im Archiv für Christlich-Soziale Politik (ACSP) der Hanns-Seidel-Stiftung und wurde 2006 erschlossen.

Werke: Zahlreiche Manuskripte, Reden, Artikel und Beiträge von 1962-2000, sind im Nachlaß Höpfinger Stefan, Nr. 34-59, im ACSP der Hanns-Seidel-Stiftung zu finden. Wie sicher sind die Renten? Rentenproblematik ohne Ende, in: Politische Studien 251, Mai/Juni 1980, 319-325; Die Gewerkschaften in der Weimarer Zeit und in der Bundesrepublik Deutschland, in: Politische Studien SH 3/1981, 67-76; Die Soziale Marktwirtschaft aus der Sicht des Arbeitnehmers, in: Politische Studien 265, Sep./Okt. 1982, 483-493

Lit: Biographisches Handbuch der Mitglieder des Deutschen Bundestags 1949-2002, hrsg. von Rudolf Vierhaus und Ludolf Herbst, München 2002, Bd1, 351-352; — Munzinger-Archiv Infobase Personen; Wikipedia: http://de.wikipedia.org/wiki/Stefan_H%C3%B6pfinger

Andreas Bitterhof

HOLME, Benjamin; * 1.2. 1683 in Penrith (England), † 14.4. 1749 in Swansea. Missionar, Prediger, Quietist, Quäker. — Benjamin Holme wurde 1683 in Penrith (Cumberland, England) geboren. Schon im Alter von vierzehn Jahren predigte er in den Versammlungen der Quäker. Später widmete er sich, gemeinsam mit Leonard Fell (um 1624-1699) und Joseph Kirkbride (1662-1738), vor allem der Mission in Großbritannien und Irland. 1706 nahm er in York seinen Wohnsitz. Um 1717 besuchte er seine Glaubensgenossen in Nordamerika und kehrte, nach einem Aufenthalt auf den Westindischen Inseln und in Irland, erst 1720 wieder nach England zurück. Holme hatte 1714 und 1723 Holland und Norddeutschland bereist. Während seines zweiten Aufenthaltes 1723/24 verfaßte er den Traktat »A Serious Call in Christian Love«, der später von John Pemberton (1727-1795) auf seiner Deutschlandreise in einer deutschen Übersetzung aus dem Jahr 1744 verteilt wurde. Nachdem Holme am 3. März 1736 in Waterford (Gloucester) Hannah Roberts geheiratet hatte, wurden von ihm weniger Reisen unternommen. Holme verstarb 1749 in Swansea im Alter von 67 Jahren und ist ebenda begraben. — Seine Schrift »A Serious Call in Christian Love« zählt zu den wichtigsten Quäkertexten des 18. Jahrhunderts, sie wurde mehrfach aufgelegt und ins Lateinische, Französische und sogar Walisische übersetzt. Sie war aus der Notwendigkeit heraus entstanden, denjenigen Lesern einen Überblick über die zentralen Fragen des Quäkertums in kurzer und leicht verständlicher Art zu geben, denen die Apologie des Robert Barclay (1648-1690) zu umfangreich erschien.

Werke: A tender invitation and call to all people, to embrace the offers of God's love, and to break off from those things which provoke Him to anger, before the day of their visitation be over. With a word of comfort to those who are mourning because of the wickedness that abounds amongst mankind. London 1713. Shrewsbury 1714². London 1715³. London 1748⁴. Woodbridge 1986 (The Eighteenth Century, reel 3162, no. 6). Woodbridge 1986 (The Eighteenth Century, reel 3090, no. 16); A serious call in Christian love, to all people. To turn to the spirit of Christ in themselves, that they may come to have a right understanding of the things of God, and be enabled thereby to serve him acceptably. With some observations on the following heads; 1. The universality of God's love, in sending his son to die for all men. 2. The Holy Scriptures. 3. Worship. 4. Baptism. 5. The Supper. 6. Perfection. 7. The resurrection. 8. Swearing. London 1718. London 1722². Dublin 1725². London 1732³. Philadelphia 1732³. London 1734⁴. Leeds 1737⁵. Bristol 1738. Leeds 1738⁵. London 1744⁵. Leeds 1744⁶. London 1745⁶. Bristol (1745⁷). London 1746⁷. London 1746⁸. London 1747. London 1748¹⁰. London 1748¹¹. London 1749¹². London (1760¹⁴). London 1772. Philadelphia 1784. Dublin 1784³. London 1788¹⁵. New York 1791. Philadelphia 1795. London 1803¹⁶. Philadelphia 1806. Dover 1813. New York 1821. London 1825¹⁷. Woodbridge 1986 (The Eighteenth

Century, reel 7290, no.14). Worcester, um 1995 (Early American Imprints, Second Series, no.10579). New York, um 1995 (Early American Imprints, Second Series, no.28764). Woodbridge 1997 (The Eighteenth Century, reel 9242, no.9); An epistle from Benjamin Holme, being a salutation to Friends in Great Britain and Ireland. London 1718; An epistle to Friends and tender-minded people in America. Being an exhortation to them to prize the favours and mercies which the Lord has been pleased to extend unto them. (London) 1722; An epistle to Friends in London. O.O. (1726); An episte (!) of love, to the churches of Christ every where; exciting to love, and charity, and holy living. London 1732. Bristol 1770[2]. Woodbridge 1986 (The Eighteenth Century, reel 7422, no.4). Woodbridge 1986 (The Eighteenth Century, reel 7946, no.3); Ein Ernstlicher Ruff in Christlicher Liebe an alles Volk, sich zu dem Geist Christi in ihnen zu bekehren. O.O. 1744; Galwad difrifol mewn cariad Cristnogol at yr holl bobol. I ddychwelyd at ysbryd Crist unddynt ei hunain. Fel y delonti i iawn ddeall pethau Duw, a thrwy hynnu gael ei cynorthwyo yw wasnaethu ef yn gymeraddwy. Gida ryw faint o sylw a'r pethau sy'n canlyn (...). Gan Benjamin Holme. Wedi ei gyfiaethu er mwyn y Cymru allan o'r seithfed argraphiad yn y Saesneg. Bristol 1746. London (um 1750); Ein Ernstlicher Ruff In Christlicher Liebe An alles Volck Sich in dem Geist Christi in ihnen Zu bekehren, Auf daß sie zu einem rechten Verstand dessen, das aus Gott ist, gelangen, und dadurch vermögend gemacht werden mögen, Ihm auf eine angenehme Weise zu dienen. Nebst einigen Anmerckungen über folgende Puncte: 1. Die Allgemeinheit der Liebe Gottes, daß er seinen Sohn gesandt hat und in den Todt gegeben für alle Menschen, 2. Die heilige Schrifft. 3. Den Gottes-Dienst. 4. Die Tauffe. 5. Das Abendmahl. 6. Die Christliche Vollkommenheit. 7. Die Auferstehung von den Todten. Germanton (!) 1747; Adhoratatio pathetica, ex amore Christiano proveniens, qua omnes ad Christi spiritum in semetipis reluncentem diriguntur. Quo duce, rectam divinarum rerum intelligentiam consequi, Deoque pariter servire acceptissime, possint. Londini 1747; An epistle of tender counsel to parents, school-masters, and school-mistresses; and likewise to the youth. London 1749; Benjamin Holme's last legacy. Or, serious advice, recommended by him, a little before his decease, to the youth under the tuition of several school-masters. O.O., um 1750; A collection of the epistles and works of Benjamin Holme. To which is prefix'd, an account of his life and travels in the work of the ministry trough several parts of Europe and America. London 1753. London 1754[2]; Invitation sérieuse dans un amour chretièn à tout le monde, de se tourner à l'esprit de Christ un chacun en soi-meme; afin que tous puissent parvenir a` avoir une droite intelligence des choses de Dieu, et soient par-là rendus capables de le servir d'une manière recevable (...). Londres 1759; Ernster Ruf in christlicher Liebe an alle Menschen sich zu dem Geist Christi in ihnen zu kehren, damit sie einen richtigen Begriff von den Dingen Gottes erlangen, und dadurch fähig werden, ihm wohlgefällig zu dienen. Nebst einigen Bemerkungen über folgende Gegenstände: 1. Ueber die Allgemeinheit der Liebe Gottes in der Sendung seines Sohnes, sich für alle Menschen in den Tod zu geben. 2. Ueber die heilige Schrift. 3. Ueber den Gottesdienst. 4. Ueber die Taufe. 5. Ueber das Abendmahl. 6. Ueber Vollkommenheit. 7. Ueber die Auferstehung. 8. Ueber das Schwören. Friedensthal 1795; Invitation sérieuse, faite en l'amour de Jésus-Christ, a tous les hommes, les exhortant se tourner vers l'esprit de Christ au dedans d'eux-memes; afin de pouvoir bien comprendre les choses de Dieu, et lui rendre leur service agréable, avec quelques observations sur les sujets suivaas. 1. L'universalité de l'amour de Dieu en envoyant son fils (...). 2. Le ecritures saintes. 3. Le culte. 4. Le bapteme. 5. La cène. 6. La perfection. 7. La résurrection. 8. Le serment. Londres 1813. Londres 1851[2]; Sur l'universalité de l'amour de Dieu, en envoyant son fils pour qu'il mourut pour tous les hommes. Londres 1845; A last legacy. (Newport, um 1850).

Lit. (Auswahl): Gude, Gottlob Friedrich: Liebreiche Vorstellung des Wahren und Falschen, welches in Beniamin Holmens, eines angesehenen Lehrers unter den Quäckern in Holland, Ernstlichen Ruffe in christlicher Liebe an alles Volck, sich zu dem Geiste Christi in ihnen zu bekehren, angetroffen wird. (Lauban 1744); — Besse, Joseph: Eine Vertheidigung des Benjamin Holms Ernstlichen Rufs, gegen eine unrechte Vorstellung desselben. So ohnlängst von Gottlob Friedrich Gude, der sich Prediger zu Lauban nennet, heraus gegeben worden. Worinnen diese Autoris Einwürfe durch das Zeugnis der Schrift widerleget, und die in dem besagten ernstlichen Ruf behaupteten Wahrheiten bekräftiget werden. Leipzig 1747; — Gude, Gottlob Friedrich: Wiederhohltes Zeugnis gegen die Irrthümer derer also genannten Quäker. Durch Joseph Bessens Vertheidigung des von Beniamin Holmen herausgegebenen Ernstlichen Ruffs veranlasset«. Lauban 1748; — Benjamin Holme. In: Wagstaffe, Thomas: Piety Promoted. In brief memorials of the people called Quakers. The ninth part. London 1796, 251-257; — Benjamin Holme. In: Wagstaffe, Thomas: Piety promoted, in brief memorials, and dying expressions, of some of the people called Quakers. The ninth part. Second edition. London 1798, 33-38; — Benjamin Holme. In: Piety Promoted. In a collection of dying sayings of many of the people called Quakers. With some memorials of their virtuous lives, II, 6. New Edition. London 1812, 415-418. ND Philadelphia 1854, 69-72; — Bickley, Augustus Charles: Holme, Benjamin (1683-1749). In: DNB, XXVII, 1891, 1079-1080; - Bickley, A.(ugustus) C.(harles); Goodbody, Rob: Holme, Benjamin. In: ODNB, XXVII, 2004, 770.

Claus Bernet

HOTMAN, Francois, (auch Fanciscus Hotomanus), * 23.8. 1524 in Paris, † 12.2. 1590 in Basel. — F.H. war einer der angesehensten Juristen Frankreichs. Er gehörte in den französischen Religionskriegen des 16. Jahrhunderts (1562-1598) zu den entschiedenen Verfechtern der Calvinisten (Hugenotten) und ihren Rechten. Die brutale Unterdrückung der Protestanten durch das französische Königshaus, führte bei H. und anderen Theoretikern zur Ausbildung eines philosophisch-theologischen Widerstandsrechts bzw. der Rechtfertigung des Tyrannenmordes. Die Theoretiker, zu denen neben Hotman auch Theodor Beza gehörte, tragen den Na-

men »Monarchomachen«, zu übersetzen als »Kämpfer gegen den Alleinherrscher« oder auch »Kämpfer gegen den legitimen König«. — Geboren wurde H. 1524 in Paris in eine vornehme Familie mit schlesischen Wurzeln. Er begann das Jurastudium in Orleans und wurde 1542 als Advokat am Parlamentshof zugelassen. Ab 1546 hielt er auch Vorlesungen zum Recht an der Pariser Universität. Ein Jahr darauf konvertierte er zum reformierten Glauben und gab seine Karriere auf, um in Genf Sekretär und Übersetzer von Johannes Calvin zu werden. Dort heiratete er die aus Frankreich geflohene Hugenottin Claudine Aubelin. Ab 1550 war H. fünf Jahre Professor für klassische Sprachen an der protestantischen Universität Lausanne, ab 1556 lehrte er römisches Recht in Straßburg, danach ab 1563 Rechtswissenschaft in Valance und Bourges. — Neben seiner akademischen Tätigkeit war H. Ratgeber des späteren Königs Heinrich IV, Kronjurist der Hugenotten und politischer Akteur. H. gehörte zu den frühen Vertretern einer militärisch aktiven Politik der Hugenotten. 1560 ermunterte er die Hugenotten zum Aufstand in der Gegend von Ambois (Ambois-Verschwörung). Er selbst nahm 1577 aktiv an den Kämpfen des Bürgerkriegs teil. H. unternahm viele diplomatische Missionen und war Verbindungsmann zwischen mehreren protestantischen Anführern im In- und Ausland. H. erhoffte sich Hilfe für die französischen Protestanten von deutschen Fürsten und England. — H. beeinflußte das politische Denken immens mit seinem 1573 zuerst in lateinischer Sprache verfaßte veröffentlichten Buch »Francogallia«. Die darin entwickelten Gedanken zum Widerstandsrecht waren eine Reaktion auf die Morde in der Bartholomäusnacht ein Jahr zuvor, bei der an die 10.000 Hugenotten einem vom katholischen Königshaus angeordneten Massaker zum Opfer fielen. H. selbst entkam seiner Ermordung nur knapp durch Flucht. Fortan lebte er in Genf und ab 1579 in Basel als Rechtsdozent und politischer Schriftsteller. — H.s maßgebliches Buch, die Francogallia, ist eine der wirkungsmächtigsten Verteidigungsschriften des französischen Calvinismus. Das Werk gibt einen deutlichen Hinweis auf die Desillusionierung der französischen Calvinisten nach dem Massaker der Bartholomäusnacht. An ein friedliches, tolerantes Miteinander zwischen Altgläubigen und Protestanten war nicht mehr denkbar. Gewidmet war das Buch den deutschen Fürsten, deren Schutz er für sich und französischen Protestanten erhoffte. — H. legte mit der Francogallia formal eine Geschichte der Monarchie in Frankreich vor. Die Intention H.s war aber mit einer konstruierten Vergangenheit, die Klugheit der Vorfahren gegen die Nöte und Krisen der Gegenwart in Stellung zu bringen. Die Vergangenheit diente ihm dazu, nachzuweisen, daß der König in fränkischer Zeit vom Volk bzw. den Ständen gewählt und dem Volk rechenschaftspflichtig war. Der König herrschte nicht durch eigene Machtvollkommenheit, sondern wurde vom Volk in sein Amt eingesetzt und wenn nötig auch ganz legitim abgesetzt. Der Monarch hat kein Recht, selbst seinen Nachfolger zu bestimmen. Er ist an Recht, Gesetz und Tradition gebunden. Alle wichtigen Befugnisse, die der König innehat, stehen eigentlich dem Volk bzw. der Ständerversammlung zu: Wahl und Absetzung des Königs, die Entscheidung über Krieg und Frieden und die Steuererhebung. Die Francogallia ist ein Vorläufer von der Idee der Volkssouveränität. Um seine These von der Wahlmonarchie zu belegen, griff H. neben griechisch-römischen Autoren auch auf keltisch und germanische Quellen sowie mittelalterliche Chroniken zurück. In seiner Geschichtsschau werden die germanischen Franken Vorkämpfer der Freiheit, das römische Recht ist hingegen die Wurzel der Tyrannei der absoluten Könige.

Bibliographie in: Donald R. Kelly, Francois Hotman: A Revolutionary's Ordeal, Princeton 1973.

Werke: Einzelwerke: Französisch: Hotman, Francois, La Gaule francaise (1573), trad. Fr., Paris 1991; deutsch: Dennert, Jürgen, Beza, Brutus, Hotman, Calvinistische Monarchomachen (Klassiker der Politik 8), Köln/Opladen 1968; Hotman, Francois, Francogallia, (Genf 1573), Latein-Englisch, Hrsg. Von Ralph E. Giesey und John H.M. Salmon, Cambridge 1972.

Lit.: Blocaille, Etienne, Etude sur F. Hotman: La Franco-Gallia, Dijon 1902[1], Genf 1970[2]; — Reynolds, Beatrice, Proponents of Limited Monarchy in 16. Century France: Francois Hotman and Jean Bodin; — New York 1931[1], 1968[2]; — Allen, John W., A History of Political Thought in the Sixteenth Century, London 1957; — Schnur, Roman, Die französischen Juristen im konfessionellen Bürgerkrieg des 16. Jahrhunderts, Berlin 1962; — Stricker, Günter, Das politische Denken der Monarchomachen, Heidelberg 1967; — Gisey, Ralph E., When and Why Hotman wrote the Francogallia, in: Bibliotheque d'humanisme et renaissance, Bd.

29, Paris 1967, 581-611; — Gisey, Ralph E., The Monarchomach Triumvirs: Hotman, Beza and Mornay, in: Bibliotheque d'humanisme et renaissance, Bd. 32, Paris 1970, 41-56; — Giesey, Ralph E., The Writings of Francois Hotman 1971; — Kretzer, Hartmut, Calvinismus und französische Monarchie im 17. Jahrhundert. Die politische Lehre der Akademien Sedan und Saumur, Berlin 1975; — Vahle, Hermann, Calvinismus und Demokratie im Spiegel der Forschung, in: Archiv für Reformationsgeschichte, Bd. 66, 1975, S. 182-212; — Bermbach, Udo, Widerstandsrecht, Souveränität, Kirche und Staat, in: Iring Fetscher/Herfried Münkler (Hrsg.), Pipers Handbuch der politischen Ideen, Bd. 3, München 1985, 101-162; — Klautke, Jürgen-Burkhard, Recht auf Widerstand gegen die Obrigkeit?, Kampen 1994; — Bildheim, Stefan, Calvinistische Staatstheorien. Historische Fallstudien zur Präsenz monarchomachischer Denkstrukturen im Mitteleuropa der frühen Neuzeit, Frankfurt/Berlin/Bern 2006; — Ottmann, Henning, Geschichte des politischen Denkens, Bd. 3/1 (Die Neuzeit), Stuttgart 2006.

Michael Hausin

HUBATSCH, Karl Walther, * 17.5. 1915 in Königsberg/Pr. als Sohn des Richard Karl Hubatsch (1882- ?) und seiner Ehefrau Amalie Marie geb. Heß, † 29.12. 1984 in Bonn-Bad Godesberg. — Die Vorfahren des Vaters stammten aus der Niederlausitz und der Preußischen Oberlausitz, die Vorfahren der Mutter überwiegend aus Ostpreußen. Der Großvater Johannes Carl Hubatsch (* 12.4. 1850 in Zimpel/Oberlausitz, † 20.12. 1927 in Tilsit) kam als Maschinenmeister nach Hirschberg und später nach Stargard (Pommern), wo er in den dortigen Zeitungsbetrieben auch in der Redaktion tätig war. 1886 übernahm er die technische und redaktionelle Leitung der neugegründeten »Tilsiter Allgemeinen Zeitung«, die in Ostpreußen bald eine gewisse Bedeutung erlangte. H.s Vater Richard trat als Beamter in den Dienst der Preußisch-hessischen Staatsbahn und wurde von Tilsit zunächst nach Königsberg/Pr. versetzt. — Walther H. besuchte dort von 1921-1923 die Volksschule und, nach einer erneuten Versetzung des Vaters, von 1924-1934 das Humanistische Gymnasium in Tilsit, das 1586 als Fürstenschule gegründet worden war. Am 7. März 1934 bestand H. die Reifeprüfung. Während seiner Schulzeit engagierte er sich in der evangelischen Jugendbewegung, eine Erfahrung, die ihn für sein späteres Leben religiös tief geprägt hat. Dokumentarisches Filmmaterial, das aus jenen Jahren überliefert war, arbeitete er Jahrzehnte später als Hochschullehrer in Bonn wissenschaftlich in einer kleinen Publikation auf. — Nach dem Abitur war H. vom 7. Mai bis 15. Oktober 1934 als Freiwilliger beim »Reichsarbeitsdienst« (RAD) in Seckenburg/Ostpreußen, im Anschluß daran wurde er zur Reichswehr eingezogen und tat vom 1. November 1934 bis 12. Oktober 1935 Dienst beim Nachrichtenzug A des Infanterieregiments Gumbinnen in Tilsit. Zum Wintersemester 1935/36 nahm er an der Albertus-Universität Königsberg/Pr. das Studium der Fächer Geschichte, Germanistik, Kunstgeschichte und Geographie auf. Prägend für ihn wurden hier die Professoren Friedrich Baethgen (1890-1972), Rudolf Craemer (1903- ?) und Wilhelm Stolze (1876-1936). Nach vier Semestern setzte er seine Studien in München, Hamburg und ab dem Wintersemester 1938/39 in Göttingen fort, wo er mit Beginn des Zweiten Weltkrieges sein erstes Examen ablegte. Hier hörte er vor allem bei den Professoren Karl Brandi (1868-1946), Siegfried A. Kaehler (1885-1963) und Percy Ernst Schramm (1894-1970). Im Nachlaß ist ein Verzeichnis erhalten, in dem H. seine Studienschwerpunkte notiert hat. In Königsberg/Pr. hörte er bei Rudolf Craemer: Preußen und der Osten; Grundzüge der europäischen Geschichte im Zeitalter des Absolutismus; und bei Wilhelm Stolze: Deutsche Geschichte seit dem 15. Jahrhundert; in Göttingen hörte er bei Siegfried A. Kähler: Vorgeschichte des Weltkrieges; Deutsch-englisches Bündnisproblem; Geschichte der Reformationszeit; Politische Testamente der Hohenzollern; und bei Karl Brandi: Allgemeine Wirtschafts- und Sozialgeschichte. Viele dieser Themen nahm H. später in seinen Forschungen wieder auf. — Schon während seines Studiums beteiligte sich H. regelmäßig an Reserveübungen des Nachrichtenzuges I. R. 43 in Insterburg, ehe er am 15. August 1939 zum Kriegsdienst eingezogen wurde. Im Verlauf der ersten Kriegsjahre bis Februar 1942 war H. im Polen-, Frankreich- und Rußlandfeldzug eingesetzt. Zeitgleich meldete er sich am 13. November 1939 zur wissenschaftlichen Prüfung für das Lehramt an Höheren Schulen, die er am 18. November 1939 mit der Note »gut« bestand. Auch im weiteren Verlauf des Krieges war H. an der Universität Göttingen eingeschrieben und hat verschiedene Veranstaltungen belegt. So finden sich Hinweise, daß er im 3. Trimester 1940 bei Siegfried A. Kaehler und Karl Brandi gehört hat, und auch in den Wintersemestern 1940/41 und 1942/43 belegte er Vorlesungen und Seminare. Mitten im Krieg promovierte er 1941 über das »Deutsch-skandinavische Verhältnis im Rahmen der europäischen Großmachtpolitik 1890-1914«. Gutachter der Dissertation waren die Historiker Siegfried A. Kaehler und Percy Ernst Schramm. Von Juli bis September 1942 absolvierte H. die Heeresnachrichtenschule in Halle/Saale. — Im weiteren Verlauf des Krieges wurde er Kompaniechef in Wilna (September 1942 - Anfang 1943) und bevollmächtigter Transportoffizier beim Wehrmachtbefehlshaber Norwegen in Oslo (April - Juni 1943). In diese Zeit fiel am 19. Juni 1942 die Hochzeit mit Hildegard Hubatsch geb. Freese; nach dem Krieg gingen aus dieser Ehe vier Kinder hervor. Durch die Fürsprache seines Lehrers Percy Ernst Schramm wurde H. in den Wehrmachtsführungsstab im Bereich Kriegstagebuch berufen und von Juni 1943 bis Juli 1944 in der Operationsabteilung beim Hauptquartier in Berchtesgaden bzw. in Rastenburg/Ostpreußen eingesetzt. Im März 1943 schloß er seine Habilitation im Fachbereich Geschichte an der Universität Göttingen ab, und im Anschluß erfolgte die Ernennung zum Hochschuldozenten. Eine Erkrankung, die sich H. im Rußlandfeldzug zugezogen hatte, machte seit Sommer 1944 mehrere Kuren und Lazarettaufenthalte erforderlich; und gegen Ende des Zweiten Weltkrieges kam er in englische Kriegsgefangenschaft, aus der er am 27. August 1945 entlassen wurde. Im Zweiten Weltkrieg erhielt H. zahlreiche Auszeichnungen: E.K. II (1939), E.K. I (1941), die Ostmedaille (1942) und die Medaille Memelland (1939). — Wie in der Dissertation bearbeitete H. auch in der Habilitation ein Thema aus der deutsch-skandinavischen Geschichte: »Der Skandinavismus und die deutsche Einigungsbewegung. Die ideologischen und machtpolitischen Grundlagen der deutsch-skandinavischen Beziehungen im 19. Jahrhundert«. Die Themen der Dissertation und Habilitation eröffneten H. Forschungsfelder, die ihn bis zum Schluß seiner akademischen Tätigkeit nicht mehr losließen. Das letzte Seminar, das er im Sommersemester 1984 zusammen mit dem Züricher Historiker Walter Schaufelberger in Bonn als Oberseminar, Symposium und Exkursion durchführte, war dem Thema »Schleswig-Holstein in der deutschen Einigungsbewegung 1848-1850, 1864« gewidmet. — Für einen jungen Wissenschaftler war es ein Glücksfall, nach dem Krieg ohne Unterbrechung seine Dozententätigkeit unter den schwierigen Nachkriegsbedingungen fortsetzen zu können. H. beteiligte sich aktiv am raschen Wiederaufbau der Universität Göttingen, wo er zunächst als Dozent für mittelalterliche und neuere Geschichte in der dortigen Philosophischen Fakultät eingesetzt war; 1949 wurde er zum außerplanmäßigen Professor ernannt und im Wintersemester 1955/56 bekam er zusätzlich einen Lehrauftrag an der Bergakademie Clausthal-Zellerfeld. Im Jahre 1956 erhielt er die Stelle eines Extraordinarius für mittelalterliche und neuere Geschichte an der Rheinischen Friedrich-Wilhelms-Universität Bonn. Es war jene Professur, die einst Ernst Moritz Arndt bekleidet hatte; dies erfüllte ihn immer mit Stolz und Ehrfurcht. Im Jahre 1964 erfolgte die Ernennung zum Ordinarius für mittelalterliche und neuere Geschichte. Seit dem Wintersemester 1961/62 war er auch Mitdirektor des Historischen Seminars. Auch mit Erreichen der Altersgrenze am 31. Juli 1983 hielt er weiterhin Vorlesungen und Seminare. So hatte er noch für das Wintersemester 1984/85 ein Seminar geplant, das der Aufarbeitung des Scharnhorst-Nachlasses galt. H. plante die Neuedition der Werke Scharnhorsts, dessen Nachlaß sich im Geheimen Staatsarchiv in Berlin befindet. Leider blieb dieses Editionsprojekt unvollendet, denn nach kurzer Krankheit verstarb Walther H. am 29. Dezember 1984 in Bonn-Bad Godesberg. — Zahlreiche Ehrungen wurden H. zuteil, so 1971 die Verleihung der Ehrendoktorwürde der finnischen Universität Turku, 1972 der Westpreußische Kulturpreis, 1974 der Georg Dehio-Preis sowie im gleichen Jahr die Freiherr vom Stein-Medaille in Gold. Außerdem hatte H. Gastprofessuren in Kansas/USA (1960), Uppsala/Schweden (1963) und Cambridge/England (1980) und hielt Gastvorlesungen in England, Schweden, Dänemark, Norwegen und Finnland. Außerdem war er maßgeblich am Aufbau der Bundesmarine beteiligt, er hatte zuletzt den militärischen Rang eines Kapitäns z. S. der Reserve. Sein Interesse für marinehistorische Fragen brachte H. auch in der Deutschen Marine-Akademie ein, deren Gründungsmitglied er im Jahre 1979 war. — Walther H. hat Lehrbücher und

Monographien zur allgemeinen deutschen Geschichte, zur Geschichte des Ersten und Zweiten Weltkrieges sowie zur Militärgeschichte, besonders zur Geschichte der deutschen Marine, verfaßt. Der Schwerpunkt aber seines wissenschaftlichen Werkes liegt im Bereich der Geschichte des Deutschen Ordens und der Geschichte und Kirchengeschichte des Preußenlandes. Einen guten Überblick über die Menge und Vielfalt seiner Arbeiten in den Jahren von 1941 bis 1974 gibt die von Iselin Gundermann zum 60. Geburtstag erstellte Bibliographie, die in der Festschrift »Stein-Studien« abgedruckt ist. H. war auch Mit- bzw. Herausgeber zahlreicher Editionen und wissenschaftlicher Reihenwerke: »Deutsche Geschichte. Ereignisse und Probleme«, »Studien zur Geschichte Preußens«, »Göttinger Bausteine zur Geschichtswissenschaft«, »Bonner Historische Forschungen«, »Freiherr vom Stein-Ausgabe. Briefe und amtliche Schriften«, »Regesta historico-diplomatica Ordinis S. Mariae Theutonicorum 1198 - 1525 (Regesten zur Geschichte des Deutschen Ordens)« und »Grundriß zur deutschen Verwaltungsgeschichte 1815-1945. Reihe A: Preußen«. Darüber hinaus veröffentlichte er Aufsätze und Rezensionen in fast allen wichtigen deutschen historischen und kirchenhistorischen Fachzeitschriften. — Bald nach dem Ende des Zweiten Weltkrieges widmete sich H. verstärkt der Aufarbeitung der Geschichte Preußens. Hier ging es ihm, der diese Region aus Herkunft und Erleben kannte, nicht nur um die Geschichte und Kultur, sondern auch um Fragen der Infrastruktur, der Geographie oder der Sozialgeschichte. Er betrachtete Preußen nie isoliert, sondern stellte es immer in einen europäischen Zusammenhang. Der 1948 erschienene Band mit Studien zur Geschichte des Ostseeraumes »Im Bannkreis der Ostsee« zeigt, daß H. die verschiedenen Ereignisse in der Region immer in ihrem historischen und geographischen Kontext im Sinne einer Gesamtgeschichte der verschiedenen Ostseeländer versteht: »Die Ostsee war immer ein europäisches Meer, ihre Länder dem abendländischen Kulturkreis eng verbunden. Nach geschichtlicher Leistung und umfassender Weite behauptet das Ostseegebiet einen beachtlichen Platz in der gesamteuropäischen Geschichte. Als die europäische Ausbreitung über die Welt begann, zog für die Ostsee die Gefahr herauf, ein mare clausum zu werden. Aber die Ostsee suchte auch ihren Anteil am Weltseeverkehr, und die Forderung eines mare liberum ist nicht nur völkerrechtlich oder ideologisch begründet, sondern wurde zu einer Notwendigkeit, um eine Verkümmerung zu verhindern« (80). Auch in den folgenden Jahren seiner Göttinger Lehrtätigkeit galt einer seiner Schwerpunkte der Aufarbeitung der Geschichte des Deutschen Ordens und der Reformation in Preußen. Herzog Albrecht von Brandenburg-Ansbach, der im Jahre 1525 als Hochmeister des Deutschen Ordens das Ordensland Preußen in ein weltliches Herzogtum überführt hat, stand dabei im Mittelpunkt seiner Forschungen. H. hatte bereits während seines Studiums in Königsberg/Pr. im dortigen Staatsarchiv an den Urkunden aus der Ordens- und Herzogszeit gearbeitet. Wegen der heranrückenden russischen und polnischen Truppen am Ende des Zweiten Weltkriegs wurden bereits im Herbst 1944 archivalische Bestände aus der Pregelstadt an sichere Orte im Deutschen Reich verlagert. So kam es, daß große Bestände des ehemaligen Königsberger Staatsarchivs in Goslar 1947 wieder entdeckt wurden, von dort gelangten sie auf Initiative H.s in das Staatliche Archivlager Göttingen. Heute sind diese Urkunden und Archivalien als wichtigster Teil der altpreußischen Überlieferung im Geheimen Staatsarchiv in Berlin-Dahlem untergebracht. H. bot unmittelbar, als die Bestände aus Königsberg in Goslar zugänglich waren, im Wintersemester 1947/48 eine Übung an, um Briefe und Urkunden aus der Reformationszeit Preußens zu erschließen. Er wollte damit auf die vielfältigen Beziehungen Albrechts von Brandenburg zu den Reformatoren und zu deutschen und außerdeutschen Territorien hinweisen. Vor allem in der Erforschung der Briefe zeigte sich für ihn die besondere Atmosphäre der Zeit. Als Ergebnis dieser Übung erschien im Jahre 1949 der Band »Europäische Briefe im Reformationszeitalter«, an dem Schüler beteiligt waren, die später bei H. auch über reformationsgeschichtliche Themen promovierten. Die Forschungen H.s zu Leben und Wirken Herzog Albrechts von Brandenburg behandelten auch die politische Dimension der Umwandlung des Ordensstaates in ein weltliches Herzogtum. H. verfaßte in der 50er Jahren zunächst biographische Beiträge über Herzog Albrecht in der NDB (1953) und der RGG³ (1957). Diese Vorarbeiten mündeten schließlich ein in die große Biographie über »Albrecht von Brandenburg-Ansbach. Deutschordens-Hochmeister und Herzog in Preußen 1490-1568«, die im Jahre 1960 erschien und die bis heute trotz manch neuerer Ansätze (z. B. Udo Arnold) für die deutsche Reformationsgeschichtsforschung Ostpreußens unverzichtbar ist. Sie steht in der Tradition jener großen historischen Biographien, wie sie z. B. sein Lehrer Karl Brandi über Karl V. vorgelegt hatte. Als Ergebnis seiner Untersuchungen arbeitete H. heraus, daß für Albrecht von Brandenburg ausschließlich religiöse Motive bestimmend waren, den Ordensstaat in ein weltliches Herzogtum lutherischer Prägung umzuwandeln. Impulse erhielt Albrecht hier vor allem durch Martin Luther, mit dem er in ständigem Briefkontakt stand. Außerdem war H. wesentlich an der Ausstellung »Albrecht von Brandenburg-Ansbach und die Kultur seiner Zeit« beteiligt, die im 150. Jahr des Bestehens der Rheinischen Friedrich-Wilhelms-Universität Bonn auch an die Universitätsgründung durch Herzog Albrecht in Königsberg/Pr. im Jahre 1544 erinnern wollte. Denn ein Nachfahre Herzog Albrechts, König Friedrich Wilhelm III., gründete im Zusammenhang der preußischen Reformen im Jahre 1818 die Bonner Universität. — Die Dissertationen, die H. in seinen ersten Göttinger Jahren vergab, behandelten neben Themen der Reformationsgeschichte des Preußenlandes auch Themen aus der Zeit des Deutschen Ordens, die ebenfalls auf Bestände des früheren Königsberger Staatsarchivs zurückgriffen. Die systematische Aufarbeitung der Königsberger Archivalien für die deutsche Geschichtswissenschaft hatte für H. eine besondere Priorität. In einem Rechenschaftsbericht aus dem Jahre 1952 wies er darauf hin, daß in den Jahren von 1947 bis 1952 nicht weniger als 23 Arbeiten auf Grundlage der Königsberger Bestände entstanden sind. Da er die Notwendigkeit sah, der Diskussion über die preußische Geschichte eine neue Richtung zu geben und auch das Interesse für geistes-, kultur- und sozialgeschichtliche Themen dieses Raumes zu wecken, gründete er im Jahr 1958 die Reihe »Studien zur Geschichte Preußens«, die im Laufe der Zeit 38 Bände zur preußischen Geschichte umfaßte. Für H. liegt die Aufgabe der Geschichtswissenschaft im Blick auf die preußische Geschichte darin, »eine sachliche Klärung der Leistungen und Grenzen Preußens in der Geschichte durchzuführen, um zu gültigen und verantwortlichen Aussagen über einen wichtigen Abschnitt unserer Vergangenheit zu gelangen. ... Geschichte ist nicht das Hineinpressen historischer Tatbestände in die Gegenwartskämpfe, sondern ist Dienst an der Vergangenheit« (Geleitwort in Bd. 1 der Reihe »Studien zur Geschichte Preußens«, 1958, 5f.). — Die Beschäftigung mit Albrecht von Brandenburg und seine umfassende Kenntnis der Quellen zur ostpreußischen Kirchengeschichte führte in den 60er Jahren zu der Anfrage der Evangelischen Kirche der Union (EKU), eine Kirchengeschichte Ostpreußens zu verfassen. Die übrigen Kirchenprovinzen auf dem Gebiet der früheren Ev. Kirche der Altpreußischen Union (APU), Pommern, Schlesien, Danzig-Westpreußen und Posen, hatten nach dem Krieg größere oder kleinere Gesamtdarstellungen herausgebracht, Ostpreußen war die einzige Kirchenprovinz, für die eine Gesamtdarstellung fehlte. Allein zu einzelnen Themen, vorzugsweise aus dem 20. Jahrhundert und insbesondere zur Inneren Mission und zum Kirchenkampf, lagen Arbeiten vor. Die letzte umfassende Kirchengeschichte Ostpreußens war im Jahre 1768 von dem Königsberger Polyhistoriker Daniel Heinrich Arnoldt (1706-1775) erschienen. Deshalb schrieb der Leiter der Kirchenkanzlei der EKU, Oskar Söhngen (1900-1983), am 11. März 1965 an Walther H.: »Was uns bitter fehlt, ist eine Gesamtdarstellung. Wenn Sie diese Lücke schließen könnten, würden Sie sich ein großes Verdienst erwerben« (Nachlaß Walther Hubatsch, Sig. 162). Nur wenige Monate später, am 2. Juli 1965, bestätigte H. der Kirchenkanzlei der EKU die Übernahme des Projekts »Ostpreußische Kirchengeschichte«, die den Zeitraum von der Reformation bis zur Gegenwart umfassen sollte. In der ihm eigenen Art hielt H. das Besprechungsergebnis mit dem Präsidenten der Kirchenkanzlei der EKU in einem Vermerk fest: »Die Kirchengeschichte soll vornehmlich aus evangelischer Sicht geschrieben werden und die Geschichte der evangelischen Kirche Ostpreußens umfassen. Die religiösen Sekten sollen nach Möglichkeit mitbehandelt werden. Die Geschichte des katholischen Ermland ist, soweit erforderlich, mit zu berücksichtigen« (Vermerk über ein Gespräch mit Prof. Oskar Söhngen in der Kirchenkanzlei der EKU in Berlin am 2. Juli 1965, Nachlaß Walther Hubatsch, Sig. 162). 1968 vollendete H. seine »Geschichte der evangelischen Kirche Ostpreußens«, die die fundierteste kirchengeschichtliche Aufarbeitung einer Landeskirche der historischen deutschen Ostprovinzen nach 1945 darstellt. H. beschreibt den Weg der evangelischen Kirche Ostpreußens in vierzehn Kapiteln von der Reformationszeit, in der auch radikale Strömungen wie z. B. die Schwenkfelder oder die Täufer nicht ausgeblendet werden, über die Gegenreformation bis hin zur lutherischen Orthodoxie. Da das preußische Herrscherhaus seit 1613 dem reformierten Bekenntnis angehörte, wird auch der Einfluß der Reformierten in Ostpreußen behandelt. Die Geschichte der evangelischen Kirche Ostpreußens im 19. Jahrhundert war insbesondere durch Fragen einer kirchlichen Verfassung und durch den Unions- und Agendenstreit geprägt. Für die Zeit von der Mitte des 19. Jahrhunderts bis zum Ende der ostpreußischen Kirche im Zweiten Weltkrieg sind für H. Themen wie die Innere Mission, die Pflege der kirchenmusikalischen Tradition, die Bedeutung der Königsberger Ev. Theologischen Fakultät, die Lage der Kirche zwischen den beiden Weltkriegen und die Situation des »ostpreußischen Kirchenvolks und seiner Amtsträger« während der Flucht und Vertreibung besonders wichtig. Der Abriß der ostpreußischen Kirchengeschichtsforschung seit der Reformationszeit (Band I, 532-540) behandelt in prägnanter Kürze alle für das Thema wesentlichen Untersuchungen. Eine unbeschreibliche Fleißarbeit war der zweite Band mit einer Sammlung von rund 715 Abbildungen früherer evangelischer Kirchen, kirchlicher Dienstgebäude und kirchlicher Einrichtungen. Die Bearbeitung dieses Bandes lag in den Händen von Iselin Gundermann, die bei H. über Herzogin Dorothea, die Frau Herzog Albrechts von Brandenburg, promoviert hat; er ist eine einzigartige Dokumentation der Kirchen- und Baugeschichte Ostpreußens, die den Ausgangspunkt jeder weiteren Beschäftigung mit dem Thema Kirchenbau in dieser früheren Kirchenprovinz der APU bildet. Auch hier wurde seine Kirchengeschichte wieder zum Vorbild für andere Landeskirchen der ehemaligen APU, wenn man z. B. an den von Gerhard Hultsch herausgegebenen Bildband über »Schlesische Dorf- und Stadtkirchen« (Lübeck 1977) denkt. Der dritte Band enthält 38 bislang unveröffentlichte Quellen aus verschiedenen Archiven, die in eindrücklicher Weise ein Schlaglicht auf das Leben der einfachen Kirchenmitglieder werfen. So finden sich Quellen zur Situation der Landarbeiter, über die Probleme der Rückwanderer aus Wolhynien oder die besonderen Schwierigkeiten der Seelsorge um 1900. Zwei Verzeichnisse, die sich auf die Bestände des Staatsarchivs stützen, geben am Schluß einen Überblick über die evangelischen Kirchen und Pfarrstellen für die Zeit von 1554/67 bis 1945. Umfang und Gliederung geben dem Werk einen zugleich grundlegenden und wegweisenden Charakter, und so schrieb sein Auftraggeber Oskar Söhngen am 15. Januar 1968 an den Verfasser: »Wahrscheinlich wird mit diesem Werk ein Modell für die Kirchengeschichtsschreibung des deutschen Ostens geschaffen werden, das es nötig machen wird, die eine oder andere kirchengeschichtliche Darstellung der früheren Kirchenprovinzen der altpreußischen Union neu zu schreiben. Das wäre gewiß kein schlechter Nebeneffekt« (Nachlaß Walther Hubatsch, Sig. 162). Im Jahre 1992 nahm das »Quellenbuch zur Geschichte der evangelischen Kirche Schlesiens« (München 1992) den drei gegliederten Ansatz insofern auf, als es Darstellungs-, Quellen- und Bildteil in einem Band vereinigte. — Als Ergebnis weiterer Forschungen zur Ostpreußischen Kirchengeschichte veröffentlichte H. im Jahre 1970 als Ergänzung den Quellenband zu den »Evangelischen General-Kirchen- und Schulvisitationen 1853-1944«, die aus den Beständen des früheren Evangelischen Oberkirchenrates ediert wurden und für die Erforschung der ost- und westpreußischen Kirchen- und Schulgeschichte im 19. und 20. Jahrhundert unentbehrlich sind. Ein Jahr später, 1971, kam noch ein weiterer Band mit den »Evangelischen General-Kirchenvisitationen in den von Ost- und Westpreußen sowie Posen 1920 abgetretenen Kirchenkreisen« heraus. — Ein besonderes Interesse galt der Zeitgeschichte. Insbesondere Fragen, die H. selbst betrafen oder die er aus eigenem Erleben kannte, führten ihn nicht nur zu wissenschaftlichen Untersuchungen, sondern auch zu persönlichem Engagement. Das Ende von Ostpreußen und die

Vertreibung seiner Bevölkerung haben sein Denken und Handeln nachhaltig geprägt. Sein Engagement in der »Historischen Kommission für ost- und westpreußische Landesforschung«, im »Herder Forschungsrat«, in der »Preußischen Historischen Kommission«, deren Gründungsmitglied er war, und in der Arbeit für die vertriebenen Gemeindeglieder und Pfarrer aus der Evangelischen Kirche Ostpreußens beruhten auf diesen Erfahrungen. Jahrelang gehörte er dem Ostkirchenausschuß der EKD und der Synode der EKD an. In der kirchlichen Gremienarbeit war ihm wichtig, daß Kirche bei aller notwendigen Erneuerung ihre Wurzeln nicht verlieren darf, um das Evangelium unverkürzt den Menschen nahe zu bringen. Außerdem war H. über 23 Jahre Mitglied im Johanniter-Orden, seit 1967 als Rechtsritter. Aber H. hat sich nicht allein für seine Heimatprovinz interessiert, sondern auch anderen historischen Ostprovinzen zugewandt; er veröffentlichte zahlreiche Aufsätze und Vorträge zur Geschichte Westpreußens, Posens und Schlesiens, insbesondere auch zu deren Kirchengeschichte. Die Geschichte der schlesischen Gnadenkirchen, die der schwedische König Karl XII. in Verhandlungen mit Kaiser Joseph I. dem Hause Habsburg in der Konvention von Altranstädt 1707 als erneutes Zugeständnis der freien Religionsausübung abverlangte, gab für ihn den Impuls, den Bau der neuen evangelischen Kirche seines rheinischen Wohnortes Wachtberg-Pech nachhaltig zu unterstützen. Durch seine Vermittlung kam es zu der Stiftung einer wertvollen Bronzekanzel und auch die Namensgebung »Gnadenkirche« geht auf ihn zurück. Damit wollte er einen Bezug zu der schwierigen Zeit der Gegenreformation in Schlesien herstellen und gleichzeitig an die Treue Gottes erinnern, der die Menschen auch in schwierigen Situationen nicht vergißt. — Seit den späten 60er Jahren beschäftigte sich H. besonders mit der Verwaltungsgeschichte Preußens. Zahlreiche Dissertationen, vor allem zu den Regionen Ost- und Westpreußen, Posen sowie Danzig, wurden bei ihm angefertigt. Die letzten Lebensjahre wurden durch ein großes Projekt bestimmt: »Grundriß zur deutschen Verwaltungsgeschichte 1815-1945«. Es waren drei Reihen vorgesehen: A Preußen; B Mitteldeutschland; C Süddeutschland, von denen nur die Reihe A abgeschlossen werden konnte. Außerdem erschien 1984 ein Schlußband 22, in dem H. einen Überblick über die Verwaltungsgeschichte der Bundes- und Reichsbehörden, des Reichslandes Elsaß-Lothringen und der Schutzgebiete des Deutschen Reiches gab. Gewissermaßen ein Nebenprodukt dieser Arbeit war ebenfalls 1984 eine Ausstellung zu Togo, einem der Schutzgebiete, die im Bonner Museum König gezeigt wurde: »100 Jahre Deutschland - Togo. Schutzherrschaft einst - Partnerschaft heute«. Mit dieser Ausstellung gelang es ihm, wie auch bei den früheren Ausstellungen zu Herzog Albrecht (1968), zum Berliner Kongreß (1978) und zu Martin Luther (1983), Geschichte und Kultur anhand der Originalzeugnisse anschaulich zu machen. — H. ging es bei allen seinen Forschungen um die Bewahrung der Tradition. Er konnte mit Fug und Recht sagen: Ich bin ein Preuße. Diese preußische Tradition lebte er und gab sie auch an seine Schüler weiter. Es gehörte für ihn zu den schönsten Tätigkeiten des Historikers, mit den Quellen zu arbeiten, mit Urkunden, Akten, Briefen oder auch der filmischen Überlieferung, um so einen unmittelbaren Bezug zum Geschehen und den jeweils handelnden Personen zu erhalten. Während sich zahlreiche Historiker seiner Generation zu Methodenfragen und zur Theorie der Geschichte geäußert haben, ging es ihm immer um Fakten. Er stellte Quellentreue und Quellennähe gegen Unverbindlichkeit und Oberflächlichkeit, für ihn bestand das Wesen der Geschichte darin, daß sie nachprüfbar bleibt und nicht Meinungen, sondern verantwortliche Aussagen vermittelt. Sein Verständnis war geprägt von seiner Erfahrung, und darum charakterisieren die Sätze, die H. im November 1958 an seinen Göttinger Kollegen Reinhard Wittram (1902-1973) geschrieben hat, sein Verständnis von der Aufgabe des Historikers: »Mir persönlich stellte sich am Kriegsende die Aufgabe, das Interesse an unserem Fachgebiet an unserer Kriegsheimkehrer-Generation, mit der mich so Vieles verband, neu zu erfahren, sodann ganz praktisch Hand anzulegen an die Rettung der Zeugnisse, in einer trotzigen Hochschätzung des Dokumentencharakters von Urkunden, in einem daraus abgeleiteten Postulat der Quellennähe als unerläßliche Arbeitsvoraussetzung. Bewahrung und Verfügbarmachung des archivalischen Materials war nicht Nebenbeschäftigung aus Organisationsfreude oder persönlichem Ehrgeiz, sondern mühsames Ringen um die gefährdeten Grundlagen - gegen die Gewalten der Zeit. Die Mitteilung hiervon und die rasch begonnene, durch Erfahrung gewitzigte Auswertung suchte eben nichts anderes als das Interesse an den Fundamenten der Geschichte und mußte sich damit lossagen von dem Gerede, das unverbindlich blieb, von den Essays, die verniedlichten, von den dünnen Strippen der Leitlinien« (Brief an Reinhard Wittram vom 16. November 1958, abgedruckt in: Iselin Gundermann, Walther Hubatsch †, 393).

Nachlaß: Nachlaß Professor Dr. Dr. h.c. Walther Hubatsch (1915-1984) im Archiv der Rheinischen Friedrich-Wilhelms-Universität Bonn, Sign. NL Hubatsch. Das Findbuch dieses Nachlasses ist im Internet unter www.archive.nrw.de einsehbar. Er umfaßt den Zeitraum von 1929 bis 1996 in 182 Reposituren. Portraits von Walther Hubatsch finden sich in dem Aufsatzband »Steinstudien« (1975) und in der Gedenkschrift »Dienst für die Geschichte« (1985). Ein Portrait aus seiner frühen Bonner Zeit (um 1960) ist in der Universitäts- und Landesbibliothek Bonn, Portraitsammlung, vorhanden. Fotos seines letzten Oberseminars »Schleswig-Holstein in der deutschen Einigungsbewegung 1848-1850, 1864« im Sommersemester 1984 im Besitz des Verfassers.

Bibliographien: Iselin Gundermann, Verzeichnis der Veröffentlichungen von Walther Hubatsch 1941-1974/75 (einschließlich der von ihm betreuten Dissertationen), in: Walther Hubatsch, Stein-Studien. Die preußischen Reformen des Reichsfreiherrn Karl vom Stein zwischen Revolution und Restauration, Köln - Berlin 1975, 213-258; Rheinische Friedrich-Wilhelms-Universität Bonn. Forschungsbericht 1978-1980. Hrsg. vom Rektor der Rheinischen Friedrich-Wilhelms-Universität, Bonn 1982, 425; Fünfunddreißig Jahre Forschung über Ostmitteleuropa. Veröffentlichungen der Mitglieder des J.G. Herder-Forschungsrates 1950-1984, Marburg/Lahn 1985, 130-139; Rheinische Friedrich-Wilhelms-Universität Bonn. Forschungsbericht 1981-1986. Bd. I. Hrsg. vom Rektor der Rheinischen Friedrich-Wilhelms-Universität, Bonn 1988, 1008-1010.

Nachträge zur Bibliographie von Iselin Gundermann: 1944: Der deutsche Anteil an der Befreiung Finnlands, in: Feldzeitung vom 3. August 1944. Nr. 1148, Seite 4; Das Infanterieregiment 151 (1939-1942). Geschichte des Regiments in den Feldzügen in Polen, Holland, Belgien, Frankreich, Baltenland und Rußland. Auf Grund der amtlichen Kriegstagebücher unter Verwendung von Gefechtsberichten, Regiments-Akten, Erlebnissen von Mitkämpfern und anderen Quellen bearbeitet von Dr. phil. habil. Walther Hubatsch. Als Manuskript gedruckt o. O. 1944. — 1954: Göttingen. Gedicht von Carl Snoilsky (1841-1903) übersetzt aus dem Schwedischen von Walther Hubatsch, in: Göttinger Tageblatt 18./19. September 1954, S. 1 der Heimatbeilage. — 1955: Handelsstadt Königsberg, in: Das Ostpreußenblatt 6/1955, Folge 22, Seite 5. — 1958: Deutschland-Schweden. Vom Mittelalter bis zum Ende des 19. Jahrhunderts. Empfehlungen der 1. deutsch-schwedischen Historiker Tagung, Braunschweig, 11. bis 14. September 1957, in: Internationales Jahrbuch für den Geschichtsunterricht 1958, 1-16. — 1963: Rundfunkinterview mit Walther Hubatsch: Geschichte und Persönlichkeit. Wie die neue Freiherr vom Stein-Ausgabe entsteht. Westdeutscher Rundfunk (WDR) Sendung vom 9. November 1963, 12.00 bis 12.30 Uhr. Sendemanuskript des WDR, Köln 1963. — 1964: Nachruf auf Hans Mortensen, in: Preußenland 2/1964, 54-56. — 1970: Erforscher der Vergangenheit und Zeuge der Gegenwart. Zum Tode von Percy Ernst Schramm, in: Hannoversche Allgemeine Zeitung vom 14./15. November 1970. — 1973: Laudatio auf Professor Dr. Fritz Gause zum 80. Geburtstag, in: Königsberger Bürgerbrief X/1973, 5f.; Das Kriegstagebuch als Führungshilfe, in: Truppenpraxis 7-1973, 549f. — 1974: Rede von Walther Hubatsch aus Anlaß der Verleihung der Freiherr-vom-Stein-Medaille in Gold am 4. Dezember 1974 in Hamburg, in: Stiftung F.V.S. zu Hamburg. Freiherr-vom-Stein-Medaille in Gold, Hamburg 1974, 19-25.

Bibliographie von Walther Hubatsch seit 1975 (unberücksichtigt blieben die zahlreichen Rezensionen in wissenschaftlichen Zeitschriften und Zeitungen):

Werke: Eigenständige Veröffentlichungen und Herausgeberschaft: Hrsg. Grundriß zur deutschen Verwaltungsgeschichte 1815-1945. Reihe A: Preußen, Marburg 1975-1981; Frederick the Great of Prussia. Absolutism and Administration, London 1975; Das geschichtliche Wirken der evangelischen Kirche im Osten. Eröffnungsansprache zur Ostkirchentagung und zum Ostpfarrertag in Hannover, Hannover 1975; Kant und Königsberg, Essen 1976; Deutschland zwischen dem Dreißigjährigen Krieg und der Französischen Revolution, Frankfurt/Main - Berlin - Wien 1976²; Erfahrungen evangelischer Aussiedler auf dem Wege zur neuen Heimat. Eröffnungsansprache zur Ostkirchentagung und zum Ostpfarrertag am 4. Oktober 1977 in Ulm, Hannover 1977; Die Stein-Hardenbergschen Reformen, Darmstadt 1977; Der Freiherr vom Stein und England, Köln 1977; Der deutsche Orden - Genossenschaft und Staat, Göttingen 1977; Deutschland und Skandinavien im Wandel der Jahrhunderte (zusammen mit Martin Gerhardt), Bonn 1977²; Ostpreußens Geschichte und Landschaft im dichterischen Werk von Agnes Miegel, Minden 1978; Entstehung und Entwicklung des Reichswirtschaftsministeriums 1880-1933, Berlin 1978; Deutsche Geschichte - heute. Landesarbeitsgemeinschaft für deutsche Ostkunde im Unterricht in Nordrhein-Westfalen, Düsseldorf 1978; Filmdokumente zur Zeitgeschichte. Deutsche Jugendbewegung 1912-1933. Teil I: 1912-1928. Teil II: 1928-1931. Teil III: 1931-1933. Publikationen zu wissenschaftlichen Filmen. Sektion Geschichte - Publizistik. Serie 4. Nr. 16-18 (1979), Göttingen 1979; Die Volksabstimmung in Ost- und Westpreußen 1920 - ein demokratisches Bekenntnis zu Deutschland, Hamburg 1980; Frühe Neuzeit und Reformation in Deutschland, Frankfurt/Main - Berlin - Wien 1981; Grundriß zur deutschen Verwaltungsgeschichte 1815-1945. Reihe A: Preußen. Bd. 10. Hannover. Zusammen mit Iselin Gundermann, Marburg 1981; Grundriß zur deutschen Verwaltungsgeschichte 1815-1945. Reihe A: Preußen. Bd. 12 A: Register zu Band 1-12. Berichtigungen und Ergänzungen. Verzeichnis der höheren Verwaltungsbeamten Preußens und der Vorgängerstaaten

1815-1945. Verzeichnis der Amtssitze, Marburg 1981; Walther Hubatsch (Hrsg.), Die erste deutsche Flotte 1848-1853, Herford 1981; Emil von Lessel. Böhmen, Frankreich, China 1866-1901. Erinnerungen eines preußischen Offiziers. Eingeleitet und herausgegeben von Walther Hubatsch, Köln - Berlin 1981; Walther Hubatsch (Hrsg.), Wirkungen des Preußenlandes. Festschrift Kurt Forstreuter, Köln - Berlin 1981; Frühe Neuzeit und Reformation in Deutschland, Frankfurt/Main - Berlin - Wien 1981; Friedrich der Große und die preußische Verwaltung, Köln - Berlin 1982²; Deutschland im Weltkrieg 1914-1918, Tübingen 1982⁴; Luther und die Reformation im Herzogtum Preußen. Katalog zu einer Ausstellung des Geheimen Staatsarchivs Preußischer Kulturbesitz. In Zusammenarbeit mit Iselin Gundermann, Berlin 1983; Grundriß zur deutschen Verwaltungsgeschichte 1815-1945. Bd. 22 (Bearb.): Bundes- und Reichsbehörden, Marburg 1983; Grundlinien preußischer Geschichte. Königtum und Staatsgestaltung 1701-1871, Darmstadt 1983; Navalismus. Wechselwirkungen von Seeinteressen, Politik und Technik im 19. und 20. Jahrhundert. Hrsg. von Walther Hubatsch, Koblenz 1983; Die 61. Infanterie-Division 1939-1945. Ein Bericht in Wort und Bild, Friedberg/Hessen 1983; Wilhelm F. Schmidt-Eisenlohr. Drei Studien zur Geologie und Geographie. Gedenkschrift zum 70. Geburtstag. Hrsg. von Walther Hubatsch, Bonn 1983; Hitlers Weisungen für die Kriegsführung 1939-1945. Hrsg. von Walther Hubatsch, Koblenz 1983²; Die Schutzgebiete des Deutschen Reiches 1884-1920. Sonderdruck aus: Grundriß zur deutschen Verwaltungsgeschichte. Bd. 22, Marburg 1984; Albrecht von Brandenburg-Ansbach. Herzog von Preußen. Vortrag im Collegium Albertinum in Göttingen am 17. November 1983, Göttingen 1984; Grundlinien preußischer Geschichte. Königtum und Staatsgestaltung 1701-1871, Darmstadt 1985²; Studies in Medieval and Modern German History, London 1985; Absolutismus, Darmstadt 1988²; Grundlinien preußischer Geschichte. Königtum und Staatsgestaltung 1701-1871, Darmstadt 1988³; Die Albertus-Universität zu Königsberg/Preußen in Bildern, Duderstadt 1993²; Albertovskij universitet v Kenigsberge/ Prussija v illjustracijach [Die Albertus-Universität zu Königsberg/Preußen in Bildern] (russische Übersetzung der deutschen Ausgabe aus dem Jahre 1966), Duderstadt 1994.

Aufsätze: Provinz Grenzmark Posen-Westpreußen, in: Grundriß zur deutschen Verwaltungsgeschichte 1815-1945. Reihe A: Preußen. Bd. 2. Teil II, Marburg 1975, 103-149; Die außenpolitischen Beziehungen des Deutschen Reiches zu Lettland und Estland 1923-1932, in: Deutsche Studien Heft 51/1975, 305-314; Die Oberpräsidenten von Ost- und Westpreußen, in: Altpreußische Geschlechterkunde. NF. Bd. 8, Hamburg 1975, 219-234; Bismarck und Rußland. Ostpolitik als Friedenssicherung, in: Peter Paul Nahm (Hrsg.), Kultur und Politik. Im Spannungsfeld der Geschichte. Hans Joachim von Merkatz zum 70. Geburtstag, Bielefeld 1975, 48-57; »Barock« als Epochenbezeichnung? Zu neuerem geschichtswissenschaftlichen Schrifttum über das 17. und 18. Jahrhundert, in: Der literarische Barockbegriff, Darmstadt 1975, 360-379; Deutscher Kreuzer auf britischer Briefmarke - ein historisch-philatelistisches Kuriosum, in: Nordost-Archiv Heft 38-39/1975, 51; Die Steinschen Reformen. Voraussetzung, Planung, Ergebnis, in: Gerd Kleinheyer, Bernhard Stasiewski (Hrsg.), Rechts- und Sozialstrukturen im europäischen Osten, Köln - Wien 1975, 75-95; Hochmeister-Residenzen des Deutschen Ordens, in: Jahrbuch des Historischen Vereins für Württembergisch Franken Bd. 60/1976, 3-13; Hermann von Salza und Lübeck, in: Otto Ahlers u.a. (Hrsg.), Lübeck 1226. Reichsfreiheit und frühe Stadt, Lübeck 1976, 49-56; Lübecks Reichsfreiheit und Kaiser Friedrich II., in: Zeitschrift des Vereins für Lübeckische Geschichte und Altertumskunde 56/1976, 5-14; Die Erschließung Norwegens. Der lange Weg zur Landnahme, in: Merian. Norwegen. Heft 4 (29) 1976, 104-108; Artikel Albrecht von Preußen (1490-1568), in: TRE Bd. 2/1976, 188-193; Das Kriegstagebuch der Ostseedivision 1918, in: Eripainos teokseta. Turun Historiallinen Arkisto 31/1976, 321-337; Skandinavien und Deutschland in der Epoche der Weltkriege (1914-1945), in: Otmar Franz (Hrsg.), Vom Sinn der Geschichte, Stuttgart 1976; Die letzte Instruktion Friedrichs des Großen für die Regierung in Preußen 1774, in: Peter Berglar (Hrsg.), Staat und Gesellschaft im Zeitalter Goethes. Festschrift für Hans Tümmler zu seinem 70. Geburtstag, Köln - Wien 1977, 147-162; Tilsit in der Weltgeschichte, in: 7. Tilsiter Rundbrief aus der Patenstadt Kiel. Ausgabe 1977/78, Kiel 1977, 10-14; Zur Echtheitsfrage der Goldbulle von Rimini Kaiser Friedrichs II. für den deutschen Orden 1226, in: Udo Arnold (Hrsg.), Von Akkon bis Wien. Studien zur Deutschordensgeschichte vom 13. bis zum 20. Jahrhundert. Festschrift zum 90. Geburtstag von Althochmeister P. Dr. Marian Tumler O.T. am 21. Oktober 1977, Marburg/Lahn 1978, 1-5; Schlesien als preußische Provinz 1742-1945, in: Zeitschrift Schlesien 23/1978, 194-210; Die unmittelbaren Gebiete Preußens, in: Grundriß zur deutschen Verwaltungsgeschichte. Reihe A: Preußen. Bd. 12, Marburg 1978, 170-290; Kriegsführung und Politik - zum Problem der Grenzen ihrer Entscheidungen, in: Führung. 22. Kommandeurtagung der Bundeswehr, Bonn 1978, 86-99; Der Berliner Kongreß vom 13. Juni bis 13. Juli 1878, in: Der Berliner Kongreß 1878. Ausstellung des Geheimen Staatsarchivs Preußischer Kulturbesitz zur 100. Wiederkehr der Eröffnung des Berliner Kongresses am 13. Juni 1978, Berlin 1978, 10-15; Ostpreußens Geschichte und Landschaft im dichterischen Werk von Agnes Miegel. Festvortrag bei der Verleihung der Agnes-Miegel-Plakette an Dr. Hans Graf von Lehndorff am 28. Oktober 1977 in Münster/Westf., Minden 1978; Burg und Stadt, ihre gegenseitige Bedeutung und Entwicklung dargestellt an Ostseestädten, in: Institut International Chateaux Historiques. Bulletin No. 36/1979, Rosendaal 1979, 47-49; Die preußischen Regierungspräsidenten 1815-1918, in: Werner Pöls (Hrsg.), Staat und Gesellschaft im politischen Wandel. Beiträge zur Geschichte der modernen Welt. Festschrift für Walter Bußmann zum 65. Geburtstag, Stuttgart 1979, 31-55; Königsberg i. Pr., in: Heinz Stoob (Hrsg.), Deutscher Städteatlas. 2. Lieferung Nr. 7, Dortmund 1979; Der Berliner Kongreß 1878. Ursachen, Folgen und Beurteilungen hundert Jahre danach, in: Gerd Kleinheyer, Paul Mikat (Hrsg.), Beiträge zur Rechtsgeschichte. Gedächtnisschrift für Hermann Conrad, Paderborn 1979, 307-328; Akzente der Preußenforschung heute, in: Neue Forschungen zur brandenburgisch-preußischen Geschichte. Bd. 1, Köln 1979 295-314; Der Freiherr vom Stein und Mecklenburg, in: Aus tausend Jahren mecklenburgischer Geschichte. Festschrift für Georg Tessin. Schriften zur mecklenburgischen Geschichte, Kultur und Landeskunde. Heft 4, Köln - Wien 1979, 150-159; Landeskirchen-Regiment und Evangelischer Oberkirchenrat in Preußen (1850-1933), in: Volker Schmidtchen, Eckhard Jäger (Hrsg.), Wirtschaft, Technik und Geschichte. Beiträge zur Erforschung der Kulturbeziehungen in Deutschland und Osteuropa. Festschrift für Albrecht Timm zum 65. Geburtstag, Berlin 1980, 267-288; Literaturbericht Ost- und Westpreußen 1972-1979 (und Nachträge), in: Blätter für deutsche Landesgeschichte 116/1980, 549-603; Zum lübischen Einfluß auf die Stadtgründung von Königsberg. Topographische Beobachtungen, in: Lübecker Schriften zur Archäologie und Kulturgeschichte 4/1980, 103-108; Abrüstung und Heeresreform in Preußen von 1807-1861, in: Heinrich Bodensieck (Hrsg.), Preußen, Deutschland und der Westen. Auseinandersetzungen und Beziehungen seit 1789. Zum 70. Geburtstag von Prof. Dr. Oswald Hauser, Göttingen - Zürich 1980, 39-61; Die »Ruhe des Nordens« als Voraussetzung der Adelskultur des dänischen Gesamtstaats, in: Christian Degn, Dieter Lohmeier (Hrsg.), Staatsdienst und Menschlichkeit. Studien zur Adelskultur des späten 18. Jahrhunderts in Schleswig-Holstein und Dänemark, Neumünster 1980, 11-22; Österreich und Preußen 1740-1848, in: Robert A. Kann, Friedrich Prinz (Hrsg.), Deutschland und Österreich. Ein bilaterales Geschichtsbuch, München - Wien 1980, 89-109; Die skandinavischen Staaten 1772-1864, in: Walter Bußmann (Hrsg.), Europa von der Französischen Revolution zu den nationalstaatlichen Bewegungen des 19. Jahrhunderts, Stuttgart 1981, 746-777; Zum Preußenbild in der Geschichte, in: Otto Büsch (Hrsg.), Das Preußenbild in der Geschichte. Protokoll eines Symposiums, Berlin - New York 1981, 15-26; Das Thorner Religionsgespräch von 1645 aus der Sicht des Geistlichen Ministeriums der Dreistadt Königsberg, in: Bernhart Jähnig, Peter Letkemann (Hrsg.), Thorn. Königin der Weichsel 1231-1981, Göttingen 1981, 239-258; Der Freiherr vom Stein und die preußische Verwaltung, in: Deutsche Verwaltungspraxis 32/1981, 181-187; Die deutsche Reichsflotte 1848 und der Deutsche Bund, in: Walther Hubatsch (Hrsg.), Die erste deutsche Flotte 1848-1853, Herford 1981, 29-40; Forschungsstand und Ergebnis, in: ebd., 79-94; Das Linienschiff »Mecklenburg« 1899-1920, in: Helge Bei der Wieden (Hrsg.), Beiträge zur mecklenburgischen Seefahrtsgeschichte, Köln - Wien 1981, 77-94; August Neidhardt von Gneisenau 1760-1831, in: Jahrbuch Preußischer Kulturbesitz 18/1982, 317-335; Danzig in der Geschichte des Ostseeraumes, in: 500 Jahre Artusbrüderschaften (die Banken) in Danzig. Festveranstaltungen in Lübeck am 28. und 29. November 1981, Lübeck 1982, 16-27; Zum 150. Jahrestag des Todes des Freiherrn vom Stein, in: Materialien zu Deutschlandfragen - 1981/82. Politiker und Wissenschaftler nehmen Stellung, Bonn 1982, 171-178; Navalismus und Technik im 19. und 20. Jahrhundert, in: Walther Hubatsch (Hrsg.), Navalismus. Wechselwirkungen von Seeinteressen, Politik und Technik im 19. und 20. Jahrhundert, Koblenz 1983, 8-12; Verwaltungsentwicklung von 1713-1803, in: Deutsche Verwaltungsgeschichte. Bd. 1: Vom Spätmittelalter bis zum Ende des Reiches, Stuttgart 1983, 892-941; Aufbau, Gliederung und Tätigkeit der Verwaltung in den deutschen Einzelstaaten (1815-1866), in: Deutsche Verwaltungsgeschichte. Bd. 2: Vom Reichsdeputationshauptschluß bis zur Auflösung des Deutschen Bundes, Stuttgart 1983, 166-198; Winrich von Kniprode. Hochmeister des Deutschen Ordens 1352 bis 1382. Zum Gedächtnis seines Todestages vor 600 Jahren, in: Blätter für deutsche Landesgeschichte 119/1983, 15-32; Gründung und Entwicklung von Königsberg im Rahmen der Ostseegeschichte, in: Stadt und Landschaft im deutschen Osten und in Ostmitteleuropa, Köln - Wien 1983, 23-44; Martin Luther und das östliche Deutschland. Bekenntnis und Territorien, in: JBBKG 54/1983, 9-52; Die unmittelbaren Gebiete der Krone Preußen 1815-1918, in: Oswald Hauser (Hrsg.), Vorträge und Studien zur preußisch-deutschen Geschichte, Köln - Wien 1983, 21-44; Friedrich II., der Große, von Preußen, in: Martin Greschat (Hrsg.), Die Aufklärung. Gestalten der Kirchengeschichte. Bd. 8, Stuttgart - Berlin - Köln - Mainz 1983, 313-326; Ziele und Maßnahmen landesherrlicher Politik im Absolutismus gegenüber den Städten, in: Volker Press (Hrsg.), Städtewesen und Merkantilismus in Mitteleuropa. Städteforschung A. Darstellungen. Bd. 14, Köln - Wien 1983, 30-44; Die Wirkungen der Reformation, in: Acta Borussica. Zentralarchiv für altpreußische Volkskunde und Landesforschung. Relationes der wissenschaftlichen Veranstaltungen und Beiträge zur Dokumentation der ost- und westpreußischen Landeskunde in München 1983/84. Bd. II, München 1984, 35-60; Die Verwaltung des Militärwesens 1867-1918, in: Deutsche Verwaltungsgeschichte. Bd. 3: Das Deutsche Reich bis zum Ende der Monarchie, Stuttgart 1984, 310-332; Luther und die Reformation im Herzogtum Preußen, in: Jahrbuch Preußischer Kulturbesitz 20/1984, 25-37; Preußen und das Reich, in: Oswald Hauser (Hrsg.), Zur Problematik »Preußen und das Reich«, Köln - Wien 1984, 1-11; Barthold Georg Niebuhr im Preußischen Staatsdienst 1806-1815, in: Gerhard Wirth (Hrsg.), Barthold Georg Niebuhr. Historiker und Staatsmann. Vorträge bei dem anläßlich seines 150. Todestages in Bonn veranstalteten Kolloquium, November 1981, Bonn 1984, 67-87; Togo und die deutschen Schutzverträge von 1884 in weltgeschichtlicher Perspektive, in: Heinz Radke, Dorothee Radke (Bearb.), 100 Jahre Deutschland - Togo. Schutzherrschaft einst - Partnerschaft heute, Bonn 1984, 5-9; Das Schutzgebiet Togo, in: ebd., 37-44; Die Reichswehr-Verwaltung 1919-1935, in: Deutsche Verwaltungsgeschichte. Bd. 4: Das Reich als Republik und in der Zeit des Nationalsozialismus, Stuttgart 1985, 241-260; Luther und das Reich, in: JBBKG 55/1985, 37-58; Westpreußen im Licht der Reformationsgeschichte, in: Bernhart Jähnig, Peter Letkemann (Hrsg.), Beiträge zur Geschichte Westpreußens 9, Münster 1985, 51-66; Motive der preußischen Annexionspolitik 1866, in: Blätter für deutsche Landesgeschichte 121/1985, 261-277; Luther und die Reformation in Deutschland, in: Knut Schäferdiek (Hrsg.), Martin Luther im Spiegel heutiger Wissenschaft, Bonn 1985, 3-13; Wissenschaftlicher Ertrag der Studienreise nach Schleswig-Holstein 1984, in: Historische Seminare der Universitäten Bonn und Zürich. »Schleswig-Holstein meerumschlungen«. Schleswig-Holstein in der deutschen Einigungsbewegung 1848-1850, 1864, Bonn-Zürich 1985, 40-43; Betrachtungen zur Operationsführung der Mittelmächte im Bündniskrieg 1914-1918, in: Jürg Stüssi-Lauterburg u.a. (Hrsg.), Festschrift Walter Schaufelberger, Aarau 1986, 271-297.

Lit.: Walther Hubatsch zum 60. Geburtstag, in: Preußenland 13/1975, 1; — Georg G. Iggers, Deutsche Geschichtswissenschaft. Eine Kritik der traditionellen Geschichtsauffassung, München 1976³; — Ernst Opgenoorth, Vorwort, in: Walther Hubatsch, Stein-Studien. Die preußischen Reformen des Reichsfreiherrn Karl vom Stein zwischen Revolution und Restauration, Köln - Berlin 1975, 7-11; — Michael Salewski, Walther Hubatsch, in: Rheinische Friedrich-Wilhelms-Universität Bonn. Chronik und Bericht über das akademische Jahr 1984/85, Bonn 1985, 85f.; — Oswald Hauser, Der menschliche und staatspolitische Wert der preußischen Verwaltung. Zum Tode des Historikers Walther Hubatsch, in: Preußische Mitteilungen, Jg. 15/1985. Nr. 66, 3; — Ulrich Hutter, Ein Königsberger auf Ernst Moritz Arndts Lehrstuhl. Zum Tode von Prof. Dr. Walther Hubatsch am 29. Dezember 1984, in: Kulturpolitische Korrespondenz KK 570 vom 15. Januar 1985, 6-8; — ders. (Hrsg.), Martin Luther und die Reformation in Ostdeutschland und Südosteuropa. Wirkungen und Wechselwirkungen, Sigmaringen 1991; — Hugo Novak, Zum Gedenken an Universitätsprofessor Dr. Dr. h.c. Walther Hubatsch, in: Deutsche Ostkunde 31/1985, Heft 1, 47f.; — Ekkhard Verschau, »... bis an die Memel«. Im Gedenken an Walther Hubatsch (17. Mai 1915 bis 29. Dezember 1984), in: Kulturpolitische Korrespondenz KK 574 vom 25. Februar 1985, 9-12; — Iselin Gundermann, Nachruf auf Walther Hubatsch, in: JBBKG 55/1985, 275-278; — Geschichte war für ihn unteilbar. Professor Dr. Walther Hubatsch starb am 29. Dezember 1984, in: Altpreußische Geschlechterkunde NF Bd. 15/1985, 339f.; — Michael Salewski, Josef Schröder (Hrsg.), Dienst für die Geschichte. Gedenkschrift für Walther Hubatsch * 17. Mai 1915 † 29. Dezember 1984, Göttingen - Zürich 1985; — Gotthold Rhode, Nachruf Walther Hubatsch 1915-1984, in: ZfO 34/1985, 321-329; — Hans Pohl, Prof. Dr. Walther Hubatsch verstorben, in: Bonner Universitätsnachrichten Jg. 18/1985, Nr. 185; — Clemens Neumann, Professor Walther Hubatsch gestorben, in: Deutscher Ostdienst Nr. 1/1985, 8; — In Memoriam Walther Hubatsch. Reden gehalten am 21. November 1985 bei der akademischen Gedenkfeier der Philosophischen Fakultät der Rheinischen Friedrich-Wilhelms-Universität Bonn von Konrad Repgen, Michael Salewski und Ernst Opgenoorth, Bonn 1986; — Ingeborg Klette-Mengel, Nachruf auf Walther Hubastsch, in: dies., Fürsten und Fürstenbriefe, Köln-Berlin 1986, XI-XIII; — Iselin Gundermann, Walther Hubatsch †, in: Oswald Hauser (Hrsg.), Preußen, Europa und das Reich, Köln - Wien 1987, 385-394; — Klaus-Dieter Schlechte, Ostdeutschland in Forschung und Lehre an den Hochschulen der Bundesrepublik Deutschland (1945-1988) mit einem Anhang zur Lehre an den Hochschulen in Königsberg und Danzig (1900-1945), Bonn 1990.

Ulrich Hutter-Wolandt

HUNGER, Albert (Abrecht), Prof. der Theologie in Ingolstadt, * 1545 in Kelheim, † 11.2. 1604 in Ingolstadt. — H., Sohn des Juristen Wolfgang H., immatrikulierte sich am 13.9. 1557 an der Ing. Universität und absolvierte dort sein Philosophiestudium. Zur Fortsetzung der Studien wandte er sich anschließend nach Rom, um in dem erst fünf Jahre zuvor gegründeten Collegium Germanicum theol. Vorlesungen zu hören. Als Bakkalar der Theol. der Universität Padua übernahm er 1567 in Ingolstadt als »novus dr.« die Philosophieprofessur des Johann Albert Wimpinaeus. Im WiSe. 1567/68 fungierte er als Dekan der Artistenfak. 1570 übernahm H. nach dem Erwerb des Lizentiats und Doktorats (15. Juli 1570) eine Professur in der Theol. Seit diesem Jahr hatte er mehrfache Pfründe inne: Kanonikate in Passau und Eichstätt, Propsteien in Pfaffenmünster und Habach, die Pfarrei in Engelbrechtsmünster. — Im Vorlesungsprogramm vom März 1571 kündigte die Universität seine Vorlesungen zur Summe des Thomas von Aquin an. Das Datum zeigt das endgültige Vordringen des von den Jesuiten bevorzugten Aquinaten an der theol. Fak. und somit den Wechsel eines der wichtigsten theol. Lehrbücher, die Summa ersetzte die Sentenzen des P. Lombardus. Von 1573 bis 1576 sprang H. neben seinen Verpflichtungen an der oberen Fak. als »vicarius« mit Vorlesungen in Physik und Metaphysik an der phil. Fak. ein, da es dort nach dem Wechsel der Jesuiten nach München zu wenige Ordinarien gab und sich die Gewinnung neuer Professoren schwierig gestaltete. — Neben seiner Funktion als Dekan an der theol. Fak. (WS 1571/72, SS 74, SS 76, WS 80/81, WS 82/83, SS 85, WS 88/89, WS 90/91, WS 92/93, WS 95/96, WS 98/99, SS 1601, und SS 03) amtierte H. mehrfach als Rektor der Universität: 1568, 1572 (Prorektor neben Adelsrektor), 1573, 1574 (Prorektor neben Adelsrektor), 1586, 1590 und 1595. — Am 5.12. 1578 ernannte der Eichstätter Bischof als Kanzler der Hohen Schule H., der seit 1576 herzoglicher Kammerrat war, zum Vizekanzler als Nachfolger von Martin Eisengrein, nachdem er zuvor am 27.11. von Herzog Albrecht V., der das Präsentationsrecht hatte, akzeptiert worden war. Gleichzeitig wurde er Mitglied des Eichstätter Domkapitels. Mit dem Amt des Vizekanzlers war nach dem Willen Herzog Albrechts V. auch das Amt des Universitätsinspektors verbunden. 1585 verteidigte die Universität H. gegen herzogliche Vorwürfe der Nachlässigkeit als Inspektor und bestätigte seine eifrige Lektionstätigkeit, da Herzog Wilhelm V. 1584 die Inspektur dem Rektor übertragen hatte. 1586 konnte es die Univ. als Erfolg verbuchen, daß das Amt wieder an H. übergeben wurde. Daß seine Arbeit anerkannt wurde, zeigt auch die Tatsache, daß H. 1587 nach der Gründung eines eigenen Seminars für Ordensangehörige am Universitätsort zum Generalinspektor und Superintendenten berufen wurde. — Von seinen akademischen Arbeiten sind mehrere phil. und theol. Disputationen erhalten: Dabei hat H. bei Themen wie Transsubstantiation, Kommunion unter beiderlei Gestalten oder Verteidigung der Bibel »gegen die Protestanten« zur Klärung der Standpunkte kontroverstheologische Inhalte nicht umgangen. — »Umb die schuel wol verdient« trat H., nachdem er schon längere Zeit kränklich gewesen war, 1599 in den Ruhestand, blieb aber weiterhin Mitglied der Fak., Inspektor und Vizekanzler. 1601 nahm er trotz seiner angeschlagenen Gesundheit neben Jakob Gretser SJ als Delegierter am Regensburger Religionsgespräch teil, für das Herzog Maximilian I. von Bayern als Gesprächsgegenstand die Bedeutung der Hl. Schrift als alleinige Richtschnur in Glaubensfragen vorgeschlagen hatte. Eine Annäherung der Standpunkte zwischen den Theologen der beiden Kirchen gelang in der Donaustadt nicht. — Im Rückblick äußerte Gregor de Valencia SJ hohes Lob für sein akademisches Engagement, ähnliche Anerkennung erhielt er von Johann Engerd, einem seiner Schüler. — Vor seinem Tod schuf H. eine Stiftung von 2000 fl. für die Armen der Stadt, durch zwei Stipendien für das Georgianum unterstützte er bedürftige Studenten, seine reiche Bibliothek vermachte er der Universität. Der Verstorbene erhielt in der Marienkirche in Ingolstadt an der Sakristeiwand ein Epitaph aus Rotmarmor. — H. darf mit Recht unter den Ingolstädter Professoren, die nicht dem Jesuitenorden angehörten, als bedeutende Persönlichkeit bezeichnet werden, die durch Vielseitigkeit und Eifer nicht nur der Universität gedient hatte, sondern auch den Gläubigen außerhalb der Hohen Schule. Noch zu seinen Lebzeiten (1601/02) wurden H.s Reden von dem Hofrat und Archivar Christoph Gewold gesammelt und 1615 herausgegeben. Sie geben ein anschauliches Bild von den Promotionsfeierlichkeiten aller Fakultäten und eröffnen viele Einblicke in das akademische Leben überhaupt.

Werke: propositiones philosophicae, Ingolstadt 1567; de principiis rerum naturalium theses, Ingolstadt 1567; de natura et arte theses philosophicae, Ingolstadt 1569; theses de peccatis, Ingolstadt 1570; de hominis fine ultimo ac ipsa beatitudine assertiones theologicae, Ingolstadt 1571; catholica de fide et infidelitate disputatio, Ingolstadt 1571; de peccato adverus Lutheri, Calvini, aliorumque novatorum errores catholica disputatio, Ingolstadt 1573; oratio de prima praestantissimaque philosophia, Ingolstadt 1573; theses naturalis philosophiae de coelo, Ingolstadt 1573; ad Illustrissimum Principem ac Dominum D. Philippum Marchionem in Baden, Ingolstadt 1574; de magia theses theologicae, Ingolstadt 1574; de providentia divina oratio, Ingolstadt 1574; philosophia de elementis explicata, Ingolstadt 1574; ad prooemium librorum Aristotelis de anima disputatio, Ingolstadt 1575; adversus veteres et novos errores de anima conclusionum centuria, Ingolstadt 1575; theologica disputatio de veritate transsubstantiationis in sanctissimo sacramento eucharistiae, Ingolstadt 1577; de originis peccato theologica disputatio, Ingolstadt 1578; de auctoritate ecclesiae et eiusdem ministrorum legitima vocatione brevis disputatio, Ingolstadt 1579; duae quaestiones de sanctissimo eucharistiae sacramento, Ingolstadt 1579; thesaurus christianarum precationum, Ingolstadt 1579; oratio tertia in obitum serenissimi principis D. D. Alberti V. Bavariae ducis habita, Ingolstadt 1580; thesaurus christianarum precationum, Ingolstadt 1580; de publicis Catholicorum supplicationibus et religiosis processionibus theses, 1581; orationes duae, Ingolstadt 1582; defensio scripturae sacrae contra pseudoscripturarios Lutheranos et Calvinianos, Ingolstadt 1582; de medio ecclesiae Catholicae adversus novos et veteres extremistas disputatio theologica, Ingolstadt 1586 ; de descensu Christi ad inferos et eiusdem ad coelos ascensu, Ingolstadt 1587; disputatio de incarnati verbi mysterio, Ingolstadt 1595; disputatio de oratione et horis canonicis, Ingolstadt 1595; disputatio de sacramentis in genere, Ingolstadt 1595; disputatio theologica de beatitudine, Ingolstadt 1595; disputatio theologica de statu episcoporum, Ingolstadt 1595; disputatio theologica de modo , quo deus ab intellectu creato cognosci potest, Ingolstadt 1595; ad prooemium librorum Aristotelis de anima disputatio, Ingolstadt 1595; orationes, Ingolstadt 1615; assertiones ex philosophia naturali controversae, Ingolstadt 1651.

Lit.: Johann Nepomuk Mederer, Annales Ingolstadiensis Academiae, II, 1782, 177 ff. ; — Franz Xaver Freninger, Das Matrikelbuch der Universität Ingolstadt - Landshut - München, Rectoren, Professoren, Doctoren 1472-1872, 1872, 16 u.ö.; — Carl Prantl, Geschichte der Ludwig-Maximilians-Universität in Ingolstadt, Landshut, München, I, 1872, 234 u. ö., II, 1872, 492 u.ö.; — Andreas Schmid, Geschichte des Georgianums in München, 1894, 42 f.; — Josef Schaff, Geschichte der Physik an der Universität Ingolstadt 1572-1800, 1912, 51; — Bernhard Duhr, Geschichte der Jesuiten in den Ländern deutscher Zunge, II/2 , 1913, 399f.; — Johann Baptist Götz, Die Grabsteine der Ingolstädter Frauenkirche (1428-1829), in: Sammelblatt des Hist. V. Ingolstadt 44 (1925) 89 ff.; — Wilhelm Herbst, Das Regensburger Religionsgespräch von 1601, 1928, 120 f.; — ders. : Das Regensburger Religionsgespräch von 1601, in: Theol. Literaturzeitung 55 (1930) 37 ff.; Arno Seifert, Statuten- und Verfassungsgeschichte der Universität Ingolstadt, 1971, 165 f. u.ö.; — ders. (Hsg.), Die Universität Ingolstadt im 15. und 16. Jahrhundert, Texte und Regesten, 1973, 150 u.ö.; — ders., Weltlicher Staat und Kirchenreform. Die Seminarpolitik Bayerns im 16. Jahrhundert, 1978 , 156 u.ö.; — Laetitia Boehm - Johannes Spörl (Hsg.), Ludwig - Maximilians -Universität , Ingolstadt - Landshut - München, 1472-1972, 1972, 151; — Ladislaus Buzas, Geschichte der Universitätsbibliothek München, 1972, 59; — Heinz Jürgen Real, Die privaten Stipendienstiftungen der Universität Ingolstadt im ersten Jahrhundert ihres Bestehens, 1972, 138; — Georg Schwaiger, Die theologische Fakultät der Universität Ingolstadt (1472-1800), in: Laetitia Boehm - Johannes Spörl (Hsg.), Die Ludwig-Maximilians-Universität in ihren Fakultäten, I, 1972, 71; — ders., Das Herzogliche Georgianum in Ingolstadt, Landshut, München 1494-1994, 1994, 51; — Gerhard Wilczek, Die Universität zu Ingolstadt, in: Ing. Heimatblätter 35/2 (1972) 28; — Alfred Schädler, Ingolstädter Epitaphe der Spätgotik und Renaissance, in: Theodor Müller - Wilhelm Reissmüller (Hsg.), Ingolstadt. Die Herzogstadt - die Universitätsstadt - die Festung, II, 1974, 37 ff.; — Winfried Kausch, Geschichte der theologischen Fakultät Ingolstadt im 15. und 16. Jahrhundert (1472-1605), 1977, 39 u.ö.; — Barbara Bauer, Das Regensburger Kolloquium 1601, in: Hubert Glaser (Hsg), Wittelsbach und Bayern, II,1, 1980, 90ff.; — Christoph Schöner, Mathematik und Astronomie an der Universität Ingolstadt im 15. und 16. Jahrhundert, 1994, 442 f; — Alois Schmid (Hsg.), Gelehrtenkorrespondenz, I, P. Matthäus Rader SJ, 1995, 60 u.ö.

Lex.: ADB XIII, 413f.; — Hurter III, 343f.; — Karl Bosl (Hsg.), Bosls bayerische Biographie, 1983, 379 f.; Laetitia Boehm u.a. (Hsg.) , Biographisches Lexikon der Ludwig - Maximilians - Universität München, Teil I: Ingolstadt - Landshut 1472 -1826, 1998, 196 f.; — Hans - Michael Körner, Große bayerische biographische Enzyklopädie, II, 2005, 929.

Winfried Kausch

I

IGNATIJ VON STAVROPOL' (weltlich: Dmitrij Aleksandrovic Brjancaninov/Brjantschaninow); * 5.2. 1807 in Pokrovskoe, Kreis Grjazoveck, Gouvernement Vologda; † 30.4. 1867 im Kloster des hl. Nikolaus in Babaev, Gouv. Kostroma; kanonisiert 1988; Gedenktag am 30.4./13.5.). Er ist bedeutend als Vater des gegenwärtigen monastischen Aufblühens in Rußland und der Spiritualität für Christen, die in der Welt leben. Er stammt aus einer Adelsfamilie. Seit 1823 besucht er die Ingenieursakademie in St. Petersburg, an der 1838-1843 der Schriftsteller Fedor Michajlovic Dostoevskij studieren wird. Im Dezember 1826 legt Dmitrij sein Examen ab. In den folgenden Jahren hat er Kontakt mit dem Starec Leonid (Nagolkin; 1768-1841). In Vologda wird er 1831 Mönch und erhält den Namen Ignatij. Im gleichen Jahr wird er zum Priester geweiht. 1834 wird er Archimandrit der Sergieva-Pustyn' bei St. Petersburg. 1858 wird er Bischof von Stavropol' im Kaukasus. Aus gesundheitlichen Gründen zieht er sich 1861 ins Babaev-Kloster zurück. Hier vollendet er seine geistlichen Werke.

Werke: Socinenija episkopa Ignatija Brjancaninova, 5 Bde., St. Petersburg zweite Auflage 1886; Svjatitel' Ignatij Brjancaninov, Tvorenija, hg. v. O.Golosov, 6 Bde., Moskau 2001f; Polnoe sobranie tvorenij svjatitelja Ignatija Brjancaninova, hg. v. O.I.Safranova, 8 Bde., Moskau 2001-2007; Slovo o Angelach, hg. v. Isaija (Belov), in: Bogoslovskie Trudy 30 (1990), 304-319; Sobranie pisem, hg. v. Mark (Lozinskij), Moskau u. St. Petersburg 1995; Die Buße, Übers. v. H.M.Knechten, in: Ders., Das Jesusgebet bei russischen Autoren, Studien zur russischen Spiritualität III, Waltrop 2006, 76-97; On the Prayer of Jesus, Übers. v. Lazarus (Moore), Liberty dritte Auflage 1995; The Arena. An Offering to Contemporary Monasticism, Übers. v. Lazarus (Moore), Jordanville vierte Auflage 1997; Approches de la Prière de Jésus, Übers. v. Priestermönch Syméon, Bellefontaine 1983; Preghiera e lotta spirituale, Übers. v. der Kommunität von Bose, Turin 1991; Sulle tracce della Filocalia. Pagine sulla preghiera esicasta, Übers. v. R.Cemus, Mailand 2006, 129-324.

Lit.: V.I. Askocenskij, Preosvjascennyj Ignatij (Brjancaninov). Biograficeskij ocerk, in: Domasnjaja beseda 1867, Nr. 24, 654-665; Nr. 25, 678-694; — I.V. Basin, Lettura della scrittura e spiritualità. Ignatij Brjancaninov, Teofane il Recluso e Ioann di Kronstadt, in: La grande Vigilia, Bose 1998, 277-288; — S. Bolshakoff, Russian Mystics, Kalamazoo 1980, 144-163 (Bishop Ignatius Bryanchaninov); — R. Cemus, Ignatij Brjancaninov. Sulle tracce della Filocalia. Pagine sulla preghiera esicasta, Mailand 2006, 9-128 (Einführung); — R. Cemus, La preghiera del cuore in Ignatij Brjancaninov, in: La grande Vigilia, Bose 1998, 289-304; — P.A. Florenskij, »Vo Christe Saper«. K stolknoveniju A.I.Gercena i preosvjascennogo Ignatija Brjancaninova (1913), in: Ders., Socinenija, Bd. 2, Moskau 1996, 697f; — G.V. Florovskij, Puti russkogo bogoslovija, Paris dritte Auflage 1983, 393-395 (Ignatij Brjancaninov); — Georgi (Tertyschnikow), Wegweiser zu christlicher Existenz im Labyrinth der Zeit. Erinnerungen an Bischof Ignati (Brjantschaninow), in: Stimme der Orthodoxie 1982, Nr. 11, 53-59; — A.I. Gercen, Vo Christe saper Ignatij, in: Kolokol, London 15.8.1859; — Ignatij (Dmitrij Aleksandrovic Brjancaninov), in: Russkij biograficeskij slovar' 8 (1897), 45f; — Ignatija (Petrovskaja), Starcestvo na Rusi, Moskau 1999, 113-125 (O pis'mach svjatitelja Ignatija Brjancaninova); — I.Il'iceva, Svjatitel' Ignatij Brjancaninov o duchovnoj zizni, in: Zurnal Moskovskoj Patriarchii 1989, Nr. 5, 56-60; — M. Jordan, Ignatios (Brjancaninov), in: Threskeutike kai ethike enkyklopaideia 6 (1965), 732f; — Juvenalij (Pojarkov), Zitie svjatitelja Ignatija Brjancaninova, in: Kanonizacija svjatych, Troice-Sergieva Lavra 1988, 121-132; — H.M. Knechten, Freude bringende Trauer. Väter-Rezeption bei Ignatij Brjancaninov, Waltrop 2003; — A.M.Ljubomudrov, Svjatitel' Ignatij Brjancaninov v polemike s liberal'noj intelligenciej o christianskom ponimanii svobody, in: Polnoe sobranie tvorenij svjatitelja Ignatija Brjancaninova, Bd. 2, Moskau 2001, 446-464; — A.M.Ljubomudrov, Svjatitel' Ignatij i problema tvorcestva, in: Polnoe sobranie tvorenij svjatitelja Ignatija Brjancaninova, Bd. 4, Moskau 2002, 513-522; — G.Manzoni, La spiritualità della chiesa ortodossa russa, Bologna 1993, 389-413 (Dmitrij Ignatij Brjancaninov); — Mark (Lozinskij), Duchovnaja zizn' mirjanina i monacha po tvorenijam i pis'mam episkopa Ignatija (Brjancaninova), Moskau 1997; — Mark (Lozinskij), Svjatitel' Ignatij Brjancaninov, in: Zurnal Moskovskoj Patriarchii 1968, Nr. 11, 78f; 1969, Nr. 2, 69-75; — Meletios (Kalamarás), Discernimento e vita monastica in sant' Ignatij Brjancaninov, in: Vie del monachesimo russo, Bose 2002, 21-32; Michail (Cub), Episkop Ignatij Brjancaninov, in: Zurnal Moskovskoj Patriarchii 1967, Nr. 5, 75-77; Nr. 6, 58-73; — M. Mozdor, Svjatitel' Ignatij (Brjancaninov), episkop Kavkazskij i Cernomorskij, Stavropol' 1999; — A.I. Osipov, Svjatitel' Ignatij ob osnovach duchovnoj zizni, in: Svjatitel' Ignatij Brjancaninov, Tvorenija, Bd. 1, Moskau 2001, 842-861; — A.I. Ossipow, Der Erwerb des Heiligen Geistes. Gedanken über die Grundlagen des geistlichen Lebens, in: Stimme der Orthodoxie 1983, Nr. 6, 39-46.48; — Otec sovremennogo inocestva. Vospominanija sovremennikov o svjatitele Ignatii Stavropol'skom, Moskau zweite Auflage 2001; — A. Pylev, Zitie svjatitelja Ignatija Brjancaninova, Moskau 2000; — M.Sachova, Archimandritu Ignatiju Brjancaninovu, in: Zurnal Moskovskoj Patriarchii 1995, Nr. 12, 73f: - O.I. Safranova, Predki, sovremenniki, potomki. K istorii roda Svjatitelja Ignatija Brjancaninova, in: Polnoe sobranie tvorenij svjatitelja Ignatija Brjancaninova, Bd. 3, Moskau 2002, 531-601; — T.N. Semenova, Polnoe zizneopisanie svjatitelja Ignatija Kavkazskogo, Moskau 2002; — S. Shila, Wirkungen eines geheiligten Lebens. Der Stellenwert religiöser Kunst im Urteil von Bischof Ignati Brjantschaninow, in: Stimme der Orthodoxie 1983, Nr. 12, 4-8; — E. Simonod, La prière de Jésus selon l'évêque Ignace Briantchaninoff (1807-1867), Sisteron 1976; — L.A. Sokolov, Episkop Ignatij Brjancaninov. Ego zizn', licnost' i moral'no-asketiceskija vozzrenija, 2 Bde., Kiev 1915 (Nachdruck: Svjatitel' Ignatij, Moskau 2003); — G. Ukrainskij, Svjatitel' Ignatij Brjancaninov i obraz starca Zosimy u F.M.Dostoevskogo, in: Zurnal Moskovskoj Patriarchii 1989, Nr. 6, 69-73; — P. Viktorov (Gnedic), Svjatitel' - Podviznik, in: Zurnal Moskovskoj Patriarchii 1958, Nr. 1, 57-69; — P. Wiktorow, Ein Hierarch und Asket, in: Hierarchen und Starzen der Russischen Orthodoxen Kirche, Übers. v. F. v. Lilienfeld, Berlin 1966, 139-160; — Zitie svjatitelja Ignatija Brjancaninova, in: Svjatitel' Ignatij Brjancaninov, Krestoponosenie, Moskau 2000, 446-481.

Heinrich Michael Knechten

J

JANI, Christian David, Mag., bedeutender dt. Pädagoge u. Altphilologe, * 13.12. 1743 in Glaucha, Flecken im preußischen Amt Giebichenstein, heute Stadt Halle, † 5.10. 1790 in Eisleben. — J. wurde als Sohn eines ev. Pastors geboren. Nach der Vorbildung an der Lateinischen Schule und dem Pädagogium in Halle besuchte er ab 31.3. 1760 die Univ. Halle und studierte zunächst Theologie u. dann Alte Sprachen, um sich auf das Schulamt vorzubereiten. Er entrichtete für das Studium keine Gebühren. Bereits 1761 erteilt er an der Lateinischen Schule Unterricht, wobei er eine anregende u. geschickte Lehrgabe entwickelt. 1763 wird er Mitlehrer, 1764 ordentlicher Lehrer am Königlichen Pädagogium Halle. 1767 wird er Conrektor am Evangelisch-Lutherischen Stadtgymnasium in Halle und 1772 zum Mag. der Phil. promoviert. Nunmehr wirkt er auch bei Beibehaltung seines Conrektorats als Privatlehrer an der Universität Halle. Als Rector Taust aus Altersschwäche seine Geschäfte nicht mehr ausüben kann, wird ihm die kommissarische Leitung der Schule mit der Aufgabe übertragen, einen Verbesserungsplan zu entwerfen, der nach seinen Vorschlägen ab 1779 zur Ausführung gelangt. Er war ein vielseitiger u. anregender Pädagoge, der in alten u. neuen Sprachen sehr bewandert war, u. anerkannter Übersetzer u. Kommentator klassischer Autoren u. hinterließ ein beachtliches Werk, das in zeitgenössischen Lit.-Zs. in zahlreichen Rez. besprochen wurde. Er wurde von *Wieland* (s. d.) geschätzt u. pflegte Kontakt mit ihm. So bat Wieland 1778 Merck, J.s Horaz-Übersetzung für den »Teutschen Merkur« zu besprechen u. besprach selbst 1782 dort eine Aeneide-Übersetzung Janis. Am 20.2. 1780 wurde J. noch vom letzten Fürsten v. Mansfeld, Joseph, als Rector an das Gymnasium Eisleben berufen, am 12.6. auch von Kursachsen (bis zum Tode Fürst Josephs am 31.3. 1780 stand die Gfsch. Mansfeld teils unter preußischer teils unter kursächsischer Oberaufsicht) angenommen, am 31.7. bestellt u. am 10.8. eingeführt. Er wohnte in der westlichen Hälfte des 1725-28 erbauten Rektorhauses am Entenplan (heute Carl-Rühlemann-Platz) u. brauchte als kirchlicher Bediensteter sich nicht in das Eisleber Bürgerrecht einzukaufen. Die mit der vollen Einführung der kursächsischen Landeshoheit verbundene Auflösung der gräflich Mansfelder Kanzlei u. des Generalkonsistoriums (wobei die bereits im »Lutherischen Vertrage« von 1546 vorgezeichnete Finanzierung der Schule aus dem Bergbau über den »Geistlichen Fünfzigsten« unberührt blieb) führte zu verschiedenen Änderungen in der kursächsischen Verwaltung, so der Einführung der Schulinspektion mit den Coinspektoren Sup. Müller u. Oberaufseheramtssubstitut (1777-1789, ab 1789 Oberamtmann) Hofrat Johann Martin Heimbach. Zunächst hatte J. in Eisleben gewisse Anlaufschwierigkeiten, besonders in Fragen der Schulverwaltung u. Lehrplanqualität der Prima. Im Zusammenwirken mit dem Coinspektor, dem einflußreichen Hofrat Heimbach gelingt es ihm, ab 1781/82 durch allmähliche Einführung der Kursächsischen Schulordnung von 1773, neuer Lehrpläne u. -bücher sowie Verbesserung der Bezahlung, der Qualität u. des Klimas im Lehrerkollegium das Gymnasium zu einer modernen Bildungseinrichtung zu entwickeln. Sie erreichte bei seinem Tod 1790, u. a. auch durch Zuzug von Schülern aus den preußischen Gebieten, die höchste Zahl im 18. Jh. (180). Hierzu trug sein Ruf als Gelehrter und Lehrer wesentlich bei. Allerdings mußte J. für Sachkosten (Gebäudeerhalt, Heizung, Schulbibliothek) immer wieder bei der Schulinspektion, beim Oberaufseher v. Burgsdorf (dessen Sohn sein Schüler war), ja beim Kf. selbst um Mittel nachsuchen. J. hatte zwei Schüler von nationaler Bedeutung: 1783-1790 Friedrich Koenig (1774-1833), der Erfinder der Buchdruckschnellpresse (erstes Patent 1811), Sohn des 1763 aus Ritterode zugezogenen »Ackermannes« (wohl eher Kleinbauern) Christoph Koenig (s. Reg. Nr. 600) u. 1790 Friedrich v. Hardenberg (1772-1801), der vermutlich auch als Hausgast in seinem Haushalt lebte, u. sich später als bedeutendster Dichter der dt. Frühromantik *Novalis* (s. d.) nannte, Sohn des Mansfelder Berghauptmannes, kursächsischen Salinedirektors in Weißenfels u. Besitzer des Ritterguts in Oberwiederstedt Heinrich Ulrich Erasmus Frhr. v. Hardenberg. Das erste Gedicht des jungen Hardenberg druckte J.s Freund Wieland, der Hardenberg spätestens am 10.1.1791 in Weimar kennen gelernt hatte, im »Neuen Teutschen Merkur« (1791, 1. Bd., S. 410-413).

Werke: Initia Dialecticae, Halle 1770; Parsiolls Gespräche zwischen einem Vater und seinem Kind (aus dem Engl. übers.) Halle 1771; Parsiolls erbauliche Betrachtungen Aus dem Engl. übers.), Halle 1772; Nicerons Nachrichten von berühmten Gelehrten, übers. mit Anmerkungen u. Zusätzen, 23. Theil, Halle 1771 u. 24. Theil, Halle 1774; Artis poetica latinae libri IV, Halle 1774 (Rez.: J. N. Eyring, in: Allg. dt. Bibliothek, Bd. 32, 1. St., Berlin, Stettin 1777, 209-214); Der Schulfreund, 8 Abhandlungen, Halle 1776-78 (Rez.: A. G. Walch, in: Allg. dt. Bibliothek, Anh. 25.-36. Bd., 4. Abt., a. a. O. 1780, 2110-2111); Kleine Lustspiele für junge Leute. Erstes Bändchen, Halle 1777 (Rez.: G. S. Klügel, in: Allg. dt. Bibliothek, Anh. 25.-36. Bd., 4. Abt., a. a. O. 1780, 2120); Horatii opera recensvit varetate lectionis et perpetua adnotatione illvstravit Christian David Jani, Leipzig 1778-1782, 2 Bde.; Nachricht von der jetzigem Verfassung des kurfürstlich. Gymnasium illustre zu Eisleben, Eisleben 1783; De Alcaeo poeta eiusque fragmentis, 3 Programme, Eisleben 1780-82; Observatonum criticarun, part. 1-3, Eisleben 1784-86; Virgils Aeneide, übersetzt von C. D. Jani, Erster Theil, Halle 1784 (Rez.: C. M. Wieland, Eine neue verbesserte Probe von Herrn Jani's Übersetzung der Aeneide, in: Der Teutsche Merkur, Weimar 1782, 4. Vj., 252-267; o. Verf., in: Allg. dt. Bibliothek, Bd. 65, 1. St., a. a. O. 1786, 126-129); Friedrich Erasmus Vogel (Hrsg.), Christian David Jani, Erklärende Anmerkungen zu Horazens Satyren u. Episteln. Aus dessen Vorlesungen, Leipzig 1795-1798, 3 Bde. (Rez. zu Bd. 1, o. Verf., in: Neue allg. dt. Bibliothek, Anh. 1.-25. Bd., 5. Abt., a. a. O. 1801, 89-95); Bearb. des Vellejus Paterculus v. J. Chr. Henr. Krause auf der Grundlage eines von J. begonnenen Ms., Leipzig 1800 (Rez.: o. Verf., in:

Neue allg. dt. Bibliothek, Anh. 29.-68. Bd., 1. Abt., a. a. O. 1802, 420-425).

Lit.: Immatrikulations-Reg. Univ. Halle (1760, hs.); — ALBUM CIVIUM GYMNASII. ILLVSTRIS. ELECTORALIS ISLEBIAE RECTORE M. CHRISTIANO. DAVIDE. IANI MDCCLXXX (Landeshauptarchiv Sachsen-Anhalt, Abt. Merseburg, Bestand Staatliches Gymnasium Eisleben, Rep. C 23, Nr. 151, 1780-1790); — Friedrich Schlichtegroll (Hrsg.), Nekrolog auf das Jahr 1790, Gotha 1791 (Nachdr. Hildesheim 1975), 269 ff.; — J. G. C. Höpfner's Nachricht von C. D. Janis Leben und Schriften, in: Bremisches Magazin für Schulen, 1791, 397-402; — Johann Georg Meusel, Lexikon der vom Jahr 1750-1800 verstorbenen Teutschen Schriftsteller, Bd. 6, Leipzig 1806, 228-229; — Friedrich Ellendt, Geschichte des Königlichen Gymnasiums zu Eisleben, Eisleben 1846, 236-251, Tab. V; — Eckstein, Beitrr. z. Geschichte der Halleschen Schulen, 1850, 36-37; — Carl Rühlemann: Das Reg. z. Bürgerbuche der Altstadt Eisleben, 1706-30. Juni 1766, in: Ekkehardbücherreihe, Qu. u. Darst. z. Familienkunde, Bd. VI, Halle 1940; Ders., Das Reg. z. Bürgerbuche der Altstadt Eisleben, 1.7.1766-1802, ebd. Bd. VII, Halle 1941; — Bodo Nickel, Friedrich Koenig - Erfinder der Buchdruckschnellpresse, Museen der Lutherstadt Eisleben, Kleine Schriften 1 (1983); — Thomas C. Starnes, Christoph Martin Wieland - Leben u. Werk, Sigmaringen 1987, 3 Bde., bes. Bd. 1, 639-643, Bd. 2, 223; — Marion Ebruy, Die Verwaltung der Gfsch. Mansfeld durch Oberaufseher des Kft. Sachsen von der Sequestration der Gfsch. Mansfeld 1570 bis zum Aussterben des Grafengeschlechtes 1780 - die Rolle u. Aufgabe des Oberaufsehers als Regierungsbevollmächtigte der Kf. v. Sachsen in der Gfsch. Mansfeld, Diss. Univ. Leipzig 1991, bes. 63, 99 f., 116; — Bernd Feicke, Novalis in der Mansfelder Regionalgeschichtsschreibung, in: Zs. f. Heimatforschung, Beih. 4, Halle 1998, bes. 11, 22-25 (mit hist. Abb. des Eisleber Gymnasiums); — Richard Samuel (†), Hans-Joachim Mähl, Gerhard Schulz (Hrsg.): Novalis. Schriften - Die Werke Friedrich von Hardenbergs. Historisch kritische Ausg., Bd. IV², Tagebücher, Briefwechsel, Zeitgenössische Zeugnisse, Stuttgart, Berlin, Köln 1998, 22*, 79-81, 692-695, 758 f., Bd. VI.1, Der dichterische Jugendnachlaß (1788-1791), hrsg. v. Hans-Joachim Mähl in Zusammenarbeit mit Martina Eicheldinger, ebd. 1998, 3-46, 516, 557 f., 560-562, Bd. VI.2, Kommentar zu VI.1, ebd. 1999, 62 f., 71, 514 f.; — Bodo Nickel, Ein Vermächtnis des Reformators. Zum 455. Gründungstag des Eisleber Luthergymnasiums, in: Zs. f. Heimatforschung, H. 10, Halle 2001, 8-14, bes. 10; — Bernd Feicke, Wielands Beziehungen zu Eisleben, Zs. für Heimatforschung, H. 14, Halle 2005, 52-56; — ADB, Bd. 13 (1881), 697-698, Art. Christian David Jani (Karl Ritter v. Halm).

Bernd Feicke

JOHANN VON WITTLICH, (de Witliacensis), * um 1360, † um 1430, Theologe, Philosoph, Dichter, Redner. — Seine familiäre Herkunft liegt im dunkeln. Der Name seines Geburtsortes unweit der Mosel muß gleichzeitig als Familienname herhalten. Wittlich war der Lieblingssommersitz der Trierer Erzbischöfe und Kurfürsten. Vielleicht verdankte er bischöflicher Förderung seine Ausbildung und spätere Karriere. Eigentliche Nachrichten über sein Leben sind nicht vorhanden. Was bekannt ist, basiert auf den wenigen Worten aus der Feder seines berühmten Landsmannes Johannes Trithemius (s. d.). Trithemius hatte offensichtlich noch unmittelbare Informationen über ihn. Er lobt neben der Persönlichkeit des J.v.W. dessen überragende Gelehrsamkeit in der Theologie. Diese habe es ihm ermöglicht, ausgezeichnete Werke in großer Zahl hervorzubringen. Aber selbst einem so bewanderten Mann wie Trithemius waren nur die beiden unten genannten und heute verlorenen Werke bekannt. Laut dem einzigen Gewährsmann hat J.v.W. lange Jahre in Paris und später in Köln erfolgreich und anerkannt die Theologie gelehrt. In Paris las er vorwiegend über die Sentenzen des Lombardus (s. d.). 1388 wird dann die Universität Köln gegründet. Papst Urban VI. (1378-1389) hatte in seinem Aufrichtungsprivileg die Übernahme der Pariser Universitätsstatuten für die Neugründung in Köln verfügt. Zum Kölner Gründungs- und Einweihungsfest reisten auf Kosten des Kölner Stadtrats 13 Professoren aus Paris an, um der jungen Universität aus der Taufe zu helfen und ihrer Gründung Gewicht zu verleihen. Möglicherweise war hierunter auch J.v.W. Auch im ersten Professorenkollegium stellten ehemalige Pariser Dozenten die klare Mehrheit, von zwanzig waren zwölf ehemalige Magister der Pariser Universität. Schließlich übernahm dann am 23. März 1398 die Kölner theologische Fakultät für sich selbst die zeitlichen Pariser theologischen Statuten. Unmittelbar danach, genauer 1401, finden wir J.v.W. als Theologieprofessor in Köln, so daß seine Übersiedlung möglicherweise mit der Umsetzung der Pariser Statuten in Zusammenhang stand. In Köln las er in der Folge über die Paulusbriefe. Sein Ruf als hervorragender Theologe der Sorbonne, der Mutter der theologischen Wissenschaft im 14. Jahrhundert, verschaffte ihm auch die nötige Reputation in Köln, wo er in der Folge überaus erfolgreich lehrte. — J.v.W. stand noch voll in der scholastischen Traditon und gehört in die lange Reihe der Kommentatoren der Sentenzen des Lombardus. Die Auslegung der Paulusbriefe weist ihn ebenfalls als Exegeten aus. Wir dürfen in J.v.W.

einen in der Theologie umfassend gebildeten Lehrer des späten Mittelalters sehen.

Werke, ungedr.: Enucleatio super omnes epistolas Pauli; Lectura super quattuor sententiarum Petri Lombardi libros.

Lit.: Johannes Trithemius, De viris illustribus Germaniae, Mainz 21495, fol. 33v; — Ders., Catalogus illustrium virorum Germaniam suis ingeniis et lvcvbrationibus omnifariam exornantium..., in: Opera historica, hg. v. Marquard Freher, Frankfurt/M. 1601, I, 149; — Ders., Annalium Hirsaugiensium... = Chronicon Hirsaugiense, St. Gallen 1690, II, 313; — Johannes Butzbach, Auctarium de scriptoribus ecclesiasticis, (Maria Laach 1508-16), Ms. Univ. Bibl. Bonn Hs. S. 356, Bl. 194r; — Konrad Gesner/Josias Simler, Appendix bibliothecae Conradi Gesneri, Zürich 1555, Bl. 72v; — Dies., Bibliotheca instituta et collecta..., Zürich 1574, 427; — Wilhelm Eisengrein, Catalogus testium veritatis locupletissimus, omnium orthodoxae matris ecclesiae doctorum...., Dillingen 1565, Bl. 157v; — Konrad Gesner/Josias Simler/Johann Jakob Frisius, Bibliotheca instituta et collecta..., Zürich 1583, 512; — Antonio Possevino, Apparatus sacer..., Köln 1608, I, 954; — Jacques Le Long, Bibliotheca sacra, Paris 1723, 798, 1222 ; — Joseph Hartzheim, Bibliotheca Coloniensis, Köln 1747, 209; — Johann Nikolaus von Hontheim, Historia Treverensis diplomatica et historica, Augsburg/Würzburg 1750, II, 336; — Ders., Prodromus Historiae Trevirensis diplomaticae et pragmaticae, Augsburg 1757, II, 1190f.; — Johann Albert Fabricius, Bibliotheca latina mediae et infimae aevi, hg. v. J. D. Mansi, Padua 1754, IV, 170; — Ders., Bibliotheca Latina, Florenz 21858, II, 451 (ND Graz 1962); — Adreß-Kalender f. d. Bewohner des Reg.-Bez. Trier 1843, nebst einem Anhang (von Georg Bärsch), Trier 1843, 109; — Franz Joseph von Bianco, Die alte Universität Köln sowie die zu Köln administrierten Studien-Stiftungen, Köln 21855, I, 1, 75-77 (ND Aalen 1974); — Jakob Marx d. Ä., Geschichte des Erzstifts Trier..., Trier 1856-64, I, 2, 438f.; — Auguste Neyen Biographie Luxembourgeoise, Luxembourg 1860-77, I, 273 (ND Hildesheim 1972/73); — Johann Leonardy, Geschichte des trierischen Landes und Volkes, Trier 1877 (ND Trier 1982), 723; — G(ustav) Knod, Zur Kritik des Johannes Butzbach, in: AHVNrh 52 (1891), 228 Nr. 276; — Karl Rühl, Das Auctarium de scriptoribus ecclesiasticis des Johannes Butzbach, Diss. (Bonn) 1937, 35 Nr. 226; — Hermann Keussen (Hrsg.), Die Matrikel der Universität Köln 1389-1559, Bonn 1892-1931, III, 7 Nr. 74 (Publ.Ges.Rh.Geschkde. VIII, 1-3); — Ders., Die alte Universität Köln. Grundzüge ihrer Verfassung und Geschichte, Köln 1934, 422 Nr. (Veröff. köln. Geschver. e.V. 10); — Peter Kremer, Berühmte Männer aus Wittlich, in: Der Säubrenner 1964, 43; — Erich Meuthen, Kölner Universitätsgeschichte, I: Die alte Universität, Köln/Wien 1988, 58; — Heinz Schmitt, Die Pfarrei Mehren und ihre ersten Pfarrer bis 1500, in: HeimatJb Kr. Daun 2000, 262-265; — Jöcher II (1750), Sp. 1947; — EuG II. Abt., XXII (1843), 229; — ADB XIV (1881), 484; — HN II, 746; — RepBibl III, 463 Nr. 5125; — DHGE XXVII (2000), Sp. 818; — DBA I, Fiche 609, 209f.; — DBI II, 1650.

Heinz Schmitt

JUNKER, Hermann Josef Bartholomäus, Priester, Ägyptologe, Afrikanist, * 29.11. 1877 in Bendorf a. Rh., † 9.1. 1962 in Wien. — Was wir über Junkers Leben wissen, beschränkt sich bisher vorrangig auf Informationen aus seinen eigenhändig verfaßten, posthum publizierten Lebenserinnerungen, auf Nekrologe seiner SchülerInnen und einige Lexikoneinträge: Hermann Junker wurde als Sohn des Buchhalters Stefan Junker und seiner Gattin Katharina (Friesenhahn) in Bendorf am Rhein (Deutschland) geboren. Nach Absolvierung der Volksschule und einigen Jahren Privatunterricht bei einem Kaplan besuchte er zunächst das Gymnasium. In seiner Freizeit beschäftigte sich Junker mit Mathematik und Homer und er hatte eine besondere Vorliebe für Geometrie und klassische Literatur. Schon früh fühlte Junker den Wunsch zum Priesterberuf, den er gerne mit einer wissenschaftlichen Tätigkeit verbunden hätte. 1896 trat er tatsächlich in das Priesterseminar in Trier ein und studierte katholische Theologie. Zu Ostern 1900 wurde Junker zum Priester geweiht und wurde Kaplan in Ahrweiler an der Ahr. Er bezeichnete dieses Jahr als schönstes in seinem Leben weil er in idealer Weise seinen geistlichen Beruf mit den Studien an der Universität verbinden konnte. Die Studien, von denen er hier spricht, waren ägyptologische Studien zuerst in Bonn, dann mit Erlaubnis seines vorgesetzten Bischofs, der sich bis zu seinem Lebensende lebhaft für Junkers Forschungen interessiert hatte, in Berlin beim Ordinarius Prof. Adolf Erman. Koptisch blieb Junker »immer eine kleine Vorliebe«. Er studierte es sowohl bei Erman, als auch bei Prof. Carl Schmidt, dem »Koptenschmidt«. Die Studienvoraussetzungen waren in Berlin ungleich besser als in Bonn. Bei Dr. Heinrich Schäfer, der damals noch Vizedirektor, später Direktor der Berliner ägyptologischen Sammlung war, lernte Junker »in privaten Gesprächen unendlich viel« über ägyptische Kunst und Altertumskunde. 1902 begann Junker mit seiner Dissertation für die er ursprünglich im Einvernehmen mit seinem Betreuer Erman ein »koptisches Thema« gewählt hatte. Schließlich fiel die Wahl auf »Über das Schriftsystem im Tempel der Hathor in Dendera«. »Da ich auf Wunsch Ermans die Dissertation bald einreichen sollte, ging ich mit aller Kraft ans Werk; am Schluß, bei der Reinschrift, gönnte ich mir in einer Woche zusammen nur zehn Stunden Schlaf.« Als Hauptfächer wählte Junker Ägyptologie und Semitische Sprachen, als Nebenfach Sanskrit. Erman bescheinigte Junker »mit Ausnahme eines Falles, wo der Kandidat verwirrt war »(...) sehr gute Kenntnisse«, »sodass die Prüfung wohl befriedigte«. Junker selbst war enttäuscht, seine Abschlußprüfung nur »magna cum laude« und nicht *summa cum laude* geschafft zu haben. Die Promotionsfeier fand am 22. Dezember 1903 statt. 1907 habilitierte sich Junker an der Universität Wien und er wurde Privatdozent. Seine ersten Schüler waren Wilhelm Czermak, Hans von Demel, der nachmalige Direktor der ägyptischen Abteilung des Kunsthistorischen Museums in Wien und Adolf Grohmann, der spätere Professor an der Deutschen Universität in Prag und an der Universität Innsbruck. Von nun an engagierte sich Junker maßgeblich für die Etablierung der Fächer Ägyptologie und Afrikanistik in Österreich. Seine Lehrtätigkeit war immer wieder von Grabungen unterbrochen. Anfangs bereitete Junker, wie er selbst beschreibt, »keine großen Grabungspläne« vor: Viele Zufälle führten zu den Grabungserfolgen in Turah und den nubischen Konzessionen El-Kubanieh-Süd, El-Kubanieh-Nord, Ermenne und Toschke. Die erste Reise nach Ägypten und Nubien machte Junker 1908: Die Preußische Akademie der Wissenschaften lud ihn zur Aufnahme der Tempel von Philae und die Verzettelung der Inschriften ein. Da Junker noch keine Erfahrung hatte, wurde dieses Mal noch Professor Heinrich Schäfer mit der Leitung betraut. Schäfer zählte zu den ersten Schülern von Adolf Erman und hatte 1892 an der Berliner Universität das Doktorat abgeschlossen und zwar mit einer Arbeit über den Leipziger medizinischen Papyrus Ebers. Nach dem Ausscheiden Ermans aus dem Museumsdienst wurde er alleiniger Direktor einer der bedeutendsten ägyptischen Sammlungen. Schäfer hat mehr als 200 Arbeiten veröffentlicht. Er hatte sich, wie Junker auch für die Sprachen der Nubier interessiert. Im Nachruf - Schäfer starb am 6. April 1957 - schreibt Junker über Schäfer, daß dieses Interesse »seine Lieblings-Nebenbeschäftigung« gewesen sei, in der Schäfer »eine erstaunenswerte Meisterschaft« erreicht hatte. Diese Kenntnis brachte ihn auch in unmittelbare Verbindung mit der Kaiserlichen Akademie der Wissenschaften, die ihn zur Teilnahme an der nubischen Sprachenexpedition (1911) einlud. Diese Expedition leitete Hermann Junker. Sie hatte die Dokumentation der Kenzi-Sprache zum Ziel. Bei dieser Reise nahm er mit einem Phonographen Sprachproben auf, die laut derzeitigem Wissensstand, die frühesten Tondokumente einer nubischen Sprache darstellen und im Phonogrammarchiv der Österreichischen Akademie der Wissenschaften aufbewahrt werden. Bei einer Feier anläßlich der Einweihung des »Pelizaeus-Museums« in Hildesheim hatte der Leipziger Professor Georg Steindorff 1911 den Wunsch zu einem Tausch zwischen Junkers Grabungskonzession in Nubien gegen seine Konzession bei den Pyramiden von Gizeh geäußert, ein glücklicher Zufall, die Junkers Tätigkeit in Nubien zwar beendete, aber seine Grabungen in Ägypten einleitete, für denen er seinen Bekanntheitsgrad zu verdanken hatte. 1929 war Junker die Direktorenstelle des *Deutschen Archäologischen Instituts* (DAI) in Kairo angeboten worden. Obwohl er dafür offiziell aus dem österreichischen Staatsdienst ausscheiden und 1933 der NSDAP beitreten mußte, nahm er dieses Angebot an. Als Grund für seine Entscheidung »Wien um Wiens willen zu verlassen«, nannte Junker die finanziellen Schwierigkeiten der Akademie in Österreich, welche eine Fortsetzung seiner Grabungen in Gizeh und die geplante Veröffentlichung seiner monumentalen wissenschaftlichen Ergebnisse wesentlich erschwert hätten. Nach einem zehnjährigen Aufenthalt in Kairo verließ Junker Ägypten für seinen regelmäßigen Sommerurlaub in Europa und kehrte wegen des Kriegsausbruches nie wieder dorthin zurück. Die Kriegsjahre und »die trübe Zeit nach Frühjahr 1945« wollte Junker in seinen Lebenserinnerungen »unbeschrieben« lassen. Er ließ sich in Trier an der Mosel nieder, weil ihm die »Deutsche Bundesrepublik« in Anerkennung seiner Funktion als ehemaligem Direktor des DAI nur unter der Voraussetzung, daß er seinen ständigen Wohnsitz in Deutschland nahm, eine Pension auszahlen wollte. Viele Jahre widmete sich Junker nun der Vollendung seiner »Gîza«-Bände und dem Beginn der Herausgabe seines zweiten Hauptwerkes, das die Forschungsresultate über die Tempelanlage von Philae zum Inhalt hat. Jährlich kehrte er für zwei Frühlingsmonate, etwa zur

Zeit der jährlichen feierlichen Sitzungen der Österreichischen Akademie der Wissenschaften, nach Wien zurück. Bei einem Sturz vor dem Akademiegebäude zog er sich am 29. Mai 1961 einen Schenkelhalsbruch zu, der ihn mehrere Monate ins Krankenbett zwang. Als Folge einer zusätzlichen schmerzhaften Zystitis und einer rasch forschreitenden Arteriosklerose starb Junker schließlich am 9. Jannuar 1962 und wurde am 12. Jannuar 1962 auf dem Friedhof in Wien-Rodaun beerdigt. — Junkers Forschungen und das internationale Netz an namhaften WissenschafterInnen, in das er eingebettet war, waren vielfältig, zahlreich seine Betätigungsfelder, Funktionen und Auszeichnungen in diversen Wissenschaften: Er wurde bspw. 1919 Ordentliches Mitglied der Österreichischen Akademie der Wissenschaften, 1921/22 Dekan der Philosophischen Fakultät der Universität Wien, 1922 korrespondierendes Mitglied der Preußischen Akademie der Wissenschaften, 1931 Ehrendoktor der Theologischen Fakultät der Universität Würzburg, 1932 korrespondierendes Mitglied der Bayerischen Akademie der Wissenschaften, 1933 korrespondierendes Mitglied der Kungliga Vitterhets historie och antikvitets Akademien in Stockholm, 1953 Ehrendoktor der Nationalen Universität Dublin (1953), 1957 korrespondierendes Mitglied der Sächsischen Akademie der Wissenschaften und 1959 Ehrenmitglied der Katholisch-Theologischen Fakultät in Trier und Träger des Verdienstordens der Deutschen Bundesrepublik und päpstlicher Hausprälat. Junker war in verschiedenen Kommissionen der Akademie aktiv (Ägyptische Kommission, Phonogramm-Archivs-Kommission, Kommission zur Erforschung von illiteraten Sprachen außereuropäischer Völker [später: Kommission für die Erforschung primitiver Kulturen und Sprachen], Kommission zur Förderung von prähistorischen Forschungen und Ausgrabungen auf österreichischem Gebiete, Kommission für die Herausgabe des Mahâbhârata und der Quellenschriften der altindischen Lexikographie, Vereinigte Nord- und Südarabische Kommission, Kommission für die Horace von Landau'sche Stiftung, usw.). Junker hatte mehr als einhundert Publikationen verfaßt. Die Mehrzahl betrifft seine archäologischen Forschungen in Nubien und Ägypten, die er zwischen 1909 und 1939 alle im Auftrag der (Kaiserlichen) Akademie der Wissenschaften in Wien durchführte.

Originalquellen in folgenden Archiven: Archiv der Österreichischen Akademie der Wissenschaften: Personalakt »Junker«, Mappen 1-2, sowie Akten der Ägyptologischen Kommission; Archiv der Universität Wien: Personalakt »Junker, Hermann«, Faszikel 2123, Schachtel 105; Phonogrammarchiv der Österreichischen Akademie der Wissenschaften: Protokolle zu den Aufnahmen Ph 1955-1958, Ph 1960-1967 und Ph 1970.

Werke: (und W. Schubart), Ein griechisch-koptisches Kirchengebet, in: Zeitschrift für Ägyptische Sprache und Altertumskunde, Leipzig, 40, 1902, 1-31; Über das Schriftsystem im Tempel der Hathor von Dendera, Berlin 1902 (Diss.); Sprachliche Verschiedenheiten in den Inschriften von Dendera, in: Sitzungsberichte der Preußischen Akademie der Wissenschaften, philosophisch-historische Abteilung, 1905, 782-805; Grammatik der Dendera-Texte, Leipzig 1906; Poesie aus der Spätzeit, in: Zeitschrift für Ägyptische Sprache und Altertumskunde, Leipzig, 43, 1906, 101-127; Beispiel einer Textentlehnung in Dendera, in: Zeitschrift für Ägyptische Sprache und Altertumskunde, Leipzig, 43, 1906, 127-128; [Hieroglyphen] in: Zeitschrift für Ägyptische Sprache und Altertumskunde, Leipzig, 43, 1906, 160-161; Die neuentdeckten christlichen Handschriften in mittelnubischer Sprache, in: Oriens Christianus, 6. Jg., 1906, 437-442; Eine sa'îdische Rezension des Engelshymnus, in: Oriens Christianus, 6. Jg., 1906, 442-446; Koptische Poesie des 10. Jahrhunderts, 1. Teil, Berlin 1908; Eine neue Bezeichnung des Pronomen absolutum im Ägyptischen, in: Wiener Zeitschrift für die Kunde des Morgenlandes, Wien, 22, 1908, 175-179; Die Stundenwachen in den Osirismysterien, in: Denkschriften der philosophisch-historischen Klasse der Wiener [bzw. Österreichischen] Akademie der Wissenschaften, Bd. LIV/1, 1908; (und H. Schäfer), Bericht über die von der Königlichen Akademie der Wissenschaften in den Wintern 1908/09 und 1909/10 nach Nubien entsendeten Expedition, in Sitzungsberichte der Preußischen Akademie der Wissenschaften, philosophisch-historische Abteilung, 1910, 579-590; Übersicht über die Ausgrabungskampagne 1910, in: Anzeiger der philosophisch-historischen Klasse der Wiener [bzw. Österreichischen] Akademie der Wissenschaften, Jg. 1910, 106-108, mit einem Nachtrag »Die älteste ägyptische Königstitulatur«, 127-128 (= Vorbericht über die Grabungen bei Turah); Koptische Poesie des 10. Jahrhunderts, 2. Teil, Berlin 1911; Der Auszug der Hathor-Tefnut aus Nubien, in: Abhandlungen der Preußischen Akademie der Wissenschaften, philosophisch-historische Klasse, 1911; Vorläufiger Bericht über die Ergebnisse der Grabungen der Ägyptischen Expedition im Winter 1910-1911 (in Nubien), in: Anzeiger der philosophisch-historischen Klasse der Wiener [bzw. Österreichischen] Akademie der Wissenschaften, Jg. 48, 1911, 159-164; Die Schlacht- und Brandopfer und ihre Symbolik im Tempelkult der Spätzeit, in: Zeitschrift für Ägyptische Sprache und Altertumskunde, Leipzig, 48, 1911, 69-77; Die sechs Teile des Horusauges und der »sechste Tag«, in: Zeitschrift für Ägyptische Sprache und Altertumskunde, Leipzig, 48, 1911, 101-106; Bericht über die Grabungen der Kaiserlichen Akademie der Wissenschaften in Wien auf dem Friedhof in Turah, Winter

1909/10, in: Denkschriften der philosophisch-historischen Klasse der Wiener [bzw. Österreichischen] Akademie der Wissenschaften, Bd. LVI/1, 1912; Vorläufiger Bericht über die Grabungen bei den Pyramiden von Gizeh vom 22. Januar bis 7. April 1912, in: Anzeiger der philosophisch-historischen Klasse der Wiener [bzw. Österreichischen] Akademie der Wissenschaften, Jg. 1912, Nr. XVIII, 1912; Vorläufiger Bericht über die Sprachenexpedition nach Nubien im Winter 1911, in: Anzeiger der philosophisch-historischen Klasse der Wiener [bzw. Österreichischen] Akademie der Wissenschaften, Jg. 1912, Nr. XVIII; Der Bericht Strabos über den heiligen Falken von Philae im Lichte der ägyptischen Quellen, in: Wiener Zeitschrift für die Kunde des Morgenlandes, Wien, 26, 1912, 42-62; Das Götterdekret über das Abaton, in: Denkschriften der philosophisch-historischen Klasse der Wiener [bzw. Österreichischen] Akademie der Wissenschaften, Bd. LVI/4, 1913; (und W. Czermak) Kordofan-Texte im Dialekt von Gebel Dair, in: Sitzungsberichte der Wiener [bzw. Österreichischen] Akademie der Wissenschaften, philosophisch-historische Klasse, Bd. 174/3, 1913; Vorbericht über die zweite Grabung bei den Pyramiden von Gizeh vom 16. Dezember 1912 bis 24. März 1913, in: Anzeiger der philosophisch-historischen Klasse der Wiener [bzw. Österreichischen] Akademie der Wissenschaften, Jg. 1913, Nr. XIV; Vorläufiger Bericht über die dritte Grabung bei den Pyramiden von Gizeh vom 3. Januar bis 23. April 1914, in: Anzeiger der philosophisch-historischen Klasse der Wiener [bzw. Österreichischen] Akademie der Wissenschaften, Jg. 1914, Nr. XIV; The Austrian excavations, 1914 - Excavations of the Vienna Imperial Academy of Sciences at the pyramids of Giza, in: The Journal of Egyptian Archaeology, 1, 1914, 250-253; Die Onurislegende, in: Denkschriften der philosophisch-historischen Klasse der Wiener [bzw. Österreichischen] Akademie der Wissenschaften, Bd. 59/1-2, 1917; Gaston Camille Maspero (Nachruf), in: Almanach der Wiener [bzw. Österreichischen] Akademie der Wissenschaften, Jg. 67, 1917, 476-481; Bericht über die Grabungen der Akademie der Wissenschaften in Wien auf den Friedhöfen von El-Kubanieh-Süd, Winter 1910/11, in: Denkschriften der philosophisch-historischen Klasse der Wiener [bzw. Österreichischen] Akademie der Wissenschaften, Bd. 62/3, 1919; Bericht über die Grabungen der Akademie der Wissenschaften in Wien auf den Friedhöfen von El-Kubanieh-Nord, Winter 1910/11, in: Denkschriften der philosophisch-historischen Klasse der Wiener [bzw. Österreichischen] Akademie der Wissenschaften, Bd. 64/3, 1920; Das erste Auftreten der Neger in der Geschichte (Vortrag bei der Jahressitzung der Akademie der Wissenschaften in Wien), 1920; Leo Reinisch (Nachruf), in: Almanach der Wiener [bzw. Österreichischen] Akademie der Wissenschaften, Jg. 70, 1920, 206-220; Papyrus Lonsdorfer I - Ein Ehepakt aus der Zeit des Nektanebos, in: Sitzungsberichte der Wiener [bzw. Österreichischen] Akademie der Wissenschaften, philosophisch-historische Klasse, Bd. 197/2, 1921; Der Ursprung der sogenannten Tell el-Yahudiye-Vasen, in: Sitzungsberichte der Wiener [bzw. Österreichischen] Akademie der Wissenschaften, philosophisch-historische Klasse, Bd. 198/3, 1921; (und H. Schäfer) Texte im Kenzi-Dialekt, 1. Bd. = Akademie der Wissenschaften in Wien, Sprachenkommission, 8. Bd., 1921; The first appearance of the negroes in history, in: The Journal of Egyptian Archaeology, 7, 1921, 121-132; Das Kloster am Isisberg - Bericht über die Grabungen der Akademie der Wissenschaften in Wien bei El-Kubanieh, Winter 1910/11, Dritter Teil, in: Denkschriften der philosophisch-historischen Klasse der Wiener [bzw. Österreichischen] Akademie der Wissenschaften, Bd. 66/1, 1922; Die Mysterien des Osiris, Internationale Woche für Religions-Ethnologie, III. Tagung (Tilburg 6.-14. IX. 1922), 414-426, Wien 1923; Schenkung von Weingärten an die Isis von Philae unter Marc Aurel, in: Wiener Zeitschrift für die Kunde des Morgenlandes, Wien, 31, 1924, 53-81; Ermenne, Bericht über die Grabungen der Akademie der Wissenschaften auf den Friedhöfen von Ermenne (Nubien) im Winter 1911/12, in: Denkschriften der philosophisch-historischen Klasse der Wiener [bzw. Österreichischen] Akademie der Wissenschaften, Bd. 67/1, 1925; Die Kultkammer des Prinzen Kanjnjswt im Wiener Kunsthistorischen Museum, Wien 1925; Bericht über die ägyptische Expedition im Frühjahr 1925, in: Anzeiger der philosophisch-historischen Klasse der Wiener [bzw. Österreichischen] Akademie der Wissenschaften, Jg. 1925, Nr. XV-XVII; Die christlichen Grabsteine Nubiens, in: Zeitschrift für Ägyptische Sprache und Altertumskunde, Leipzig, 60, 1925, 111-148; Die Osirisreligion und der Erlösungsgedanke bei den alten Ägyptern, Internationale Woche für Religions-Ethnologie, IV. Tagung (Mailand, 17.-25.IX.1925), 276-290, Paris 1926; Toschke, Bericht über die Grabungen der Akademie der Wissenschaften in Wien auf dem Friedhof von Toschke (Nubien) im Winter 1911/12, in Denkschriften der philosophisch-historischen Klasse der Wiener [bzw. Österreichischen] Akademie der Wissenschaften, Bd. 68/1, 1926; Vorläufiger Bericht über die vierte Grabung bei den Pyramiden von Gizeh vom 4. Januar bis 9. April 1926, in: Anzeiger der philosophisch-historischen Klasse der Wiener [bzw. Österreichischen] Akademie der Wissenschaften, Jg. 1926, Nr. XII; Henri Edouard Naville (Nachruf), in: Almanach der Wiener [bzw. Österreichischen] Akademie der Wissenschaften, Jg. 77, 1927, 308-311; Vorläufiger Bericht über die fünfte Grabung der Akademie der Wissenschaften in Wien bei den Pyramiden von Gizeh vom 3. Januar bis 21. März 1927, in: Anzeiger der philosophisch-historischen Klasse der Wiener [bzw. Österreichischen] Akademie der Wissenschaften, Jg. 1927, Nr. XIII; Bericht über die von der Akademie der Wissenschaften in Wien nach dem Westdelta entsendete Expedition (20. Dezember 1927 bis 25. Februar 1928), in: Denkschriften der philosophisch-historischen Klasse der Wiener [bzw. Österreichischen] Akademie der Wissenschaften, Bd. 68/3, 1928; Vorläufiger Bericht über die sechste Grabung der Akademie der Wissenschaften in Wien bei den Pyramiden von Gizeh vom 26. Februar bis 28. April 1928, in: Anzeiger der philosophisch-historischen Klasse der Wiener [bzw. Österreichischen] Akademie der Wissenschaften, Jg. 1928, Nr. XIV-XVIII; Die Entwicklung der vorgeschichtlichen Kultur in Ägypten - Festschrift für Wilhelm Schmidt, St. Gabriel 1928, 865-896; Von der ägyptischen Baukunst des Alten Reiches, Zwei Vorträge: 1. Die Stilwandlungen während es Alten Reiches, 2. Die Entwicklung der Mastaba auf dem Friedhof von Gizeh, in: Zeitschrift für Ägyptische Sprache und Altertumskunde, Leipzig, 63, 1928, 1-13; Die Stele des Hofarztes *Irj*, in: Zeitschrift für Ägyptische Sprache und Altertumskunde, Leipzig, 63, 1928, 53-70; Vorläufiger Bericht über die siebente Grabung der Akademie der Wissenschaften in Wien bei den Pyramiden von Gîza vom 27. Nov. 1928 bis 25. Februar 1929, in: Anzeiger der philosophisch-historischen Klasse der Wiener [bzw. Österreichischen] Akademie der Wissenschaften, Jg. 1929, Nr. XIII-XV; Vorläufiger Bericht über die Grabung der Akademie der Wissenschaften auf der neolithischen Siedlung von Merimde-Benisalâme (Westdelta) vom 1. bis 30. März 1929, in: Anzeiger der philosophisch-historischen Klasse der Wiener [bzw. Österreichischen] Akademie der Wissenschaften, Jg. 1929, Nr. XVI-XVIII; Gîza I, Die Mastabas der IV. Dynastie auf dem Westfriedhof, in: Denkschriften der philosophisch-historischen Klasse der Wiener [bzw. Österreichischen] Akademie der Wissenschaften, Bd. 69/1, 1929; Vorläufiger Bericht über die zweite Grabung der Akademie der Wissenschaften in Wien auf der vorgeschichtlichen Siedlung Merimde-Benisalâme vom 7. Februar bis 8. April 1930, in: Anzeiger der philosophisch-historischen Klasse der Wiener [bzw. Österreichischen] Akademie der Wissenschaften, Jg. 1930, Nr. V-XIII; (und R. Eilmann-S. Schott-H. E. Stier) Bericht über die vom Deutschen Institut für ägyptische Altertumskunde nach dem Ostdelta-Rand unternommene Erkundungsfahrt, in: Mitteilungen des Deutschen Instituts für Ägyptische Altertumskunde in Kairo, Berlin, 1, 1930: 3-37; Wissenschaftliche Unternehmungen in Ägypten und Nubien 1929/30, in: Mitteilungen des Deutschen Instituts für Ägyptische Altertumskunde in Kairo, Berlin 1, 1930, 158-163; The offering room of Prince Kaninisut, English Edition, Vienna, Kunsthistorisches Museum, Wien 1931; Ein Doppelhymnus aus Kom Ombo, in: Zeitschrift für Ägyptische Sprache und Altertumskunde, Leipzig, 67, 1931, 51-55; (und H. Schäfer) Nubische Texte im Kenzi-Dialekt, 2. Bd. = Akademie der Wissenschaften in Wien, Sprachenkommission, 9. Bd., 1932; Vorbericht über die dritte, von der Akademie der Wissenschaften in Wien in Verbindung mit dem Egyptiska Museet in Stockholm unternommene Grabung auf der neolitischen Siedlung von Merimde-Benisalâme vom 6. November 1931 bis 20. Jänner 1932, in: Anzeiger der philosophisch-historischen Klasse der Wiener [bzw. Österreichischen] Akademie der Wissenschaften, Jg. 1932, Nr. I-IV; Bemerkungen zur Kerma-Kunst, Festschrift Griffith, London 1932, 297-303; Wissenschaftliche Unternehmungen in Ägypten und Nubien 1930/31, in: Mitteilungen des Deutschen Instituts für Ägyptische Altertumskunde in Kairo, Berlin 2, 1932, 141-143 und 147-149; Bericht über eine Erkundungsfahrt in die Libysche Wüste, in: Mitteilungen des Deutschen Instituts für Ägyptische Altertumskunde in Kairo, Berlin, 3, 1932, 115-122; Die Grabungen der Universität Kairo auf dem Pyramidenfeld von Gîza, in: Mitteilungen des Deutschen Instituts für Ägyptische Altertumskunde in Kairo, Berlin, 3, 1932, 155-161; Die Grabungen des Museums der Universität Pennsylvania Philadelphia bei Medûm, in: Mitteilungen des Deutschen Instituts für Ägyptische Altertumskunde in Kairo, Berlin, 3, 1932, 165-167; Die Grabungen der Akademie der Wissenschaften in Wien auf der vorgeschichtlichen Siedlung Merimde-Benisalâme, in: Mitteilungen des Deutschen Instituts für Ägyptische Altertumskunde in Kairo, Berlin, 3, 1932, 168-169; Die Ägypter, in: H. Junker-L. Delaporte: Die Völker des Antiken Orients = Geschichte der führenden Völker, Bd. III, Freibau im Breisgau 1933; Vorläufiger Bericht über die von der Akademie der Wissenschaften in Wien in Verbindung mit dem Egyptiska Museet in Stockholm unternommenen Grabungen auf der neolithischen Siedlung von Merimde-Benisalâme vom 2. Jänner bis 20. Februar 1933, in: Anzeiger der philosophisch-historischen Klasse der Wiener [bzw. Österreichischen] Akademie der Wissenschaften, Jg. 1933, Nr. XIV-XXVII; Gîza II, Die Mastabas der beginnenden V. Dynastie auf dem Westfriedhof, Akademie der Wissenschaften in Wien, philosophisch-historische Klasse, 1934; Francis Lewellyn Griffith (Nachruf), in: Almanach der Wiener [bzw. Österreichischen] Akademie der Wissenschaften, Jg. 84, 1934, 299-302; Vorbericht über die fünfte von der Akademie der Wissenschaften in Wien und dem Egyptiska Museet in Stockholm unternommene Grabung auf der neolitischen Siedlung Merimde-Benisalâme vom 13. Februar bis 26. März 1934, in: Anzeiger der philosophisch-historischen Klasse der Wiener [bzw. Österreichischen] Akademie der Wissenschaften, Jg. 1934, Nr. X; Zwei Scheinrollsiegel aus dem Alten Reich (Mélanges Maspero, Le Caire), 1934, 267-277; Adolf Erman (Nachruf), in: Almanach der Wiener [bzw. Österreichischen] Akademie der Wissenschaften, Jg. 88, 1938, 356-359; Gîza III, Die Mastabas der vorgeschrittenen V. Dynastie auf dem Westfriedhof, Akademie der Wissenschaften in Wien, philosophisch-historische Klasse, 1938; *Pḥrnfr*, in: Zeitschrift für Ägyptische Sprache und Altertumskunde, Leipzig, 75, 1939, 63-84; Gîza IV., Die Mastaba des *K3jmʿnḫ* (Kai-em-anch), in: Denkschriften der philosophisch-historischen Klasse der Wiener [bzw. Österreichischen] Akademie der Wissenschaften, Bd. 71/1, 1940; Die Götterlehre von Memphis (Schabaka-Inschrift), in: Abhandlungen der Preußischen Akademie der Wissenschaften, philosophisch-historische Klasse, Jg. 1939, Nr. 23, 1940; Vorbericht über die siebente Grabung der Akademie der Wissenschaften in Wien auf der vorgeschichtlichen Siedlung Merimde-Benisalâme vom 25. Jannuar bis 4. April 1939, in: Anzeiger der philosophisch-historischen Klasse der Wiener [bzw. Österreichischen] Akademie der Wissenschaften, Jg. 1940, Nr. I-V; Der Tanz der Mww und das Butische Begräbnis im Alten Reich, in: Mitteilungen des Deutschen Instituts für Ägyptische Altertumskunde in Kairo, Berlin, 9, 1940, 1-39; Gîza V., Die Mastaba des *Śnb* (Seneb) und die umliegenden Gräber, in: Denkschriften der philosophisch-historischen Klasse der Wiener [bzw. Österreichischen] Akademie der Wissenschaften, Bd. 71/2, 1941; Die politische Lehre von Memphis, in: Abhandlungen der Preußischen Akademie der Wissenschaften, philosophisch-historische Klasse, Jg. 1941, Nr. 6; Das Brandopfer im Totenkult, Miscellanea Gregoriana, Rom 1941, 109, 117; Der sehende und der blinde Gott, in: Sitzungsberichte der Bayerischen Akademie der Wissenschaften, philosophisch-historische Abteilung, Jg. 1942, Heft 7; [Hieroglyphe] »Handlung« als Präfix in Zusammensetzungen, in: Zeitschrift für Ägyptische Sprache und Altertumskunde, Leipzig, 77, 1942, 3-7; Gîza VI., Die Mastabas des *Nfr* (Nefer), *Ḳdfjj* (Kedfi), *K3ḥjf* (Kahjef) und die westlich anschließenden Grabanlagen, in: Denkschriften der philosophisch-historischen Klasse der Wiener [bzw. Österreichischen] Akademie der Wissenschaften, Bd. 72/1, 1943; Zu einigen Reden und Rufen auf Grabbildern des Alten Reiches, in: Sitzungsberichte der Wiener [bzw. Österreichischen] Akademie der Wissenschaften, philosophisch-historische Klasse,

Bd. 221/5, 1943; Gîza VII., Der Ostabschnitt des Westfriedhofs, Erster Teil, in: Denkschriften der philosophisch-historischen Klasse der Wiener [bzw. Österreichischen] Akademie der Wissenschaften, Bd. 72/3, 1944; Deutsche Grabungen in Ägypten in Vergangenheit und Zukunft, in: Der Orient in deutscher Forschung, Leipzig 1944, 82-93; Gîza VIII., Der Ostabschnitt des Westfriedhofs, Zweiter Teil, in: Denkschriften der philosophisch-historischen Klasse der Wiener [bzw. Österreichischen] Akademie der Wissenschaften, Bd. 73/1, 1947; Zu dem Idealbild des menschlichen Körpers in der Kunst des Alten Reiches, in: Anzeiger der philosophisch-historischen Klasse der Wiener [bzw. Österreichischen] Akademie der Wissenschaften, Jg. 1947, Nr. 17; Die Lösung im »Streit des Lebensmüden mit seiner Seele«, in: Anzeiger der philosophisch-historischen Klasse der Wiener [bzw. Österreichischen] Akademie der Wissenschaften, Jg. 1948, Nr. 17; Pyramidenzeit, Das Wesen der Altägyptischen Religion, Einsiedeln 1949; Zu den Titeln des [Hieroglyphe], in: Annales du Service des Antiquités de l'Egyte, Kairo, 49, 1949, 207-215; Gîza IX., Das Mittelfeld des Westfriedhofs, in: Denkschriften der philosophisch-historischen Klasse der Wiener [bzw. Österreichischen] Akademie der Wissenschaften, Bd. 73/2, 1950; Zu der Frage der Rassen und Reiche in der Urzeit Ägyptens, in: Anzeiger der philosophisch-historischen Klasse der Wiener [bzw. Österreichischen] Akademie der Wissenschaften, Jg. 1949, Nr. 2, Wien 1950; Gîza X., Der Friedhof südlich der Cheopspyramide, Westteil, in: Denkschriften der philosophisch-historischen Klasse der Wiener [bzw. Österreichischen] Akademie der Wissenschaften, Bd. 74/1, 1951; Das lebenswahre Bildnis in der Rundplastik des Alten Reiches, in: Anzeiger der philosophisch-historischen Klasse der Wiener [bzw. Österreichischen] Akademie der Wissenschaften, Jg. 1950, Nr. 19, Wien 1951; Die Religion der Ägypter, in: Christus und die Religionen der Erde, Bd. II, Wien 1951, 565-606; Bedeutung und Symbolik der steinernen Becken in den Gräbern des Alten Reiches, Festschrift Fr. Lexa = Archiv Orientální, Vol. XX, 1952, 185-189; Gîza XI., Der Friedhof südlich der Cheopspyramide, Ostteil, in: Denkschriften der philosophisch-historischen Klasse der Wiener [bzw. Österreichischen] Akademie der Wissenschaften, Bd. 74/2, 1953; Mutter und Sohn auf einem Relief des frühen Alten Reiches, in: Anzeiger der philosophisch-historischen Klasse der Wiener [bzw. Österreichischen] Akademie der Wissenschaften, Jg. 1953, Nr. 14; Wilhelm Czermak (Nachruf), in: Almanach der Wiener [bzw. Österreichischen] Akademie der Wissenschaften, Jg. 103, 1953, 296-301; »Der Lebendige« als Gottesbeiname im Alten Reich, in: Anzeiger der philosophisch-historischen Klasse der Wiener [bzw. Österreichischen] Akademie der Wissenschaften, Jg. 1954, Nr. 12; Gîza XII., Schlussband mit Zusammenfassungen und Gesamtverzeichnissen von Band I-XII, in: Denkschriften der philosophisch-historischen Klasse der Wiener [bzw. Österreichischen] Akademie der Wissenschaften, Bd. 75/2, 1955; Ein neuer Nachweis des Weisen *Ḏdfhr*, in: Studi in memoria di Ippolito Rossellini, Vol. II, Pisa 1955, 131-140; Die Feinde auf dem Sockel der Chasechem-Statuen und die Darstellung von geopferten Tieren, in: Ägyptologische Studien (Festschrift Hermann Grapow), Berlin 1955, 162-175; Der Maler *Ỉrj*, in: Anzeiger der philosophisch-historischen Klasse der Wiener [bzw. Österreichischen] Akademie der Wissenschaften, Jg. 1956, Nr. 4; (und E. Winter) Die folgenden Beiträge in F. König: Religionswissenschaftliches Wörterbuch, Freiburg 1956, Amonshymnen, Echnaton, Isis, Königsgräber (ägyptische), Totenbuch, Totengericht, Weisheitsliteratur (ägyptische), Weltschöpfung; Die Hieroglyphen für »Erz« und »Erzarbeiter«, in: Mitteilungen des Deutschen Instituts für Ägyptische Altertumskunde in Kairo, Berlin, 14, 1956, 89-103; Weta und das Lederkunsthandwerk im Alten Reich, in: Sitzungsberichte der Wiener [bzw. Österreichischen] Akademie der Wissenschaften, philosophisch-historische Klasse, Bd. 231/1, 1957; Heinrich Schäfer (Nachruf), in: Almanach der Wiener [bzw. Österreichischen] Akademie der Wissenschaften, Jg. 107, 1957, 357-362; Ein Preis der Isis aus den Tempeln von Philä und Kalâbša, in: Anzeiger der philosophisch-historischen Klasse der Wiener [bzw. Österreichischen] Akademie der Wissenschaften, Jg. 1957, Nr. 18; Der große Pylon des Tempels der Isis von Philä, in: Denkschriften der philosophisch-historischen Klasse der Wiener [bzw. Österreichischen] Akademie der Wissenschaften, Sonderband, 1958; Die gesellschaftliche Stellung der ägyptischen Künstler im Alten Reich, in: Sitzungsberichte der Wiener [bzw. Österreichischen] Akademie der Wissenschaften, philosophisch-historische Klasse, Bd. 233/1, 1959; Vorschriften für den Tempelkult in Philä, in: Studia Biblica et Orientalia, Vol. III: Oriens antiquus, Roma 1959 = Analecta Biblica 12, 151-160; Die Geisteshaltung der Ägypter in der Frühzeit, in: Sitzungsberichte der Wiener [bzw. Österreichischen] Akademie der Wissenschaften, philosophisch-historische Klasse, Bd. 237/1, 1961; Leben und Werk in Selbstdarstellung, in: Sitzungsberichte der philosophisch-historischen Klasse der Österreichischen Akademie der Wissenschaften, 242. Band, 5. Abhandlung, Wien 1963 [verfasst ca. 1953]; (und E. Winter) Das Geburtshaus des Tempels der Isis in Philä, in: Denkschriften der philosophisch-historischen Klasse der Wiener [bzw. Österreichischen] Akademie der Wissenschaften, Sonderband, 1964; Die Tulpenbecher von Tasa (1963 zur Drucklegung in den Sitzungsberichte der Wiener [bzw. Österreichischen] Akademie der Wissenschaften, philosophisch-historische Klasse angenommen, [erschienen?]).

Lit.: Festschrift zum 80. Geburtstag von Hermann Junker, in: Mitteilungen des Deutschen Archäologischen Instituts, Abt. Kairo 15 und 16, 1957/58, mit 65 Beiträgen (Bd. 1, 298 Seiten, 48 Tafeln, Bd. 2, 430 Seiten, 33 Tafeln); — Herbert W. Duda (Hrsg.), Festschrift Hermann Junker: Zum 80. Geburtstag gewidmet von seinen Freunden und Schülern zusammengestellt von Gertrud Thausing, in: Wiener Zeitschrift für die Kunde des Morgenlandes, 54. Band, Wien 1957, 1-292. — Erich Winter, Hermann Junker: Verzeichnis seiner Schriften, in: Wiener Zeitschrift für die Kunde des Morgenlandes, 54. Bd., Wien 1957: VII-XV; — S. Morenz, Nachruf auf Hermann Junker, in: Basler Nachrichten, Nr. 19, 13./14. Januar 1962; — G. Thausing, Nachruf auf Hermann Junker, in: Österreichische Hochschulzeitung, xiv/3, 1. Februar 1962, 3; — Erich Winter, Hermann Junker zum Gedenken, in: Forschungen und Fortschritte, 36 Jg., Heft 9, 1962, 283-285; — 'Abd el-Mon'im Abu Bakr, Hermann Junker, ein bedeutender Archäologe, in: Forschungen und Fortschritte, in: Arab Bulletin, Heft 1, 23.7. 1962, 29-32; — Adolf Grohmann, Nachruf auf Hermann Junker, in: Almanach [der Österreichischen Akademie der Wissenschaften] für das Jahr 1962, Wien 1963, 329-355; — Hermann Junker, Leben und Werk in Selbstdarstellung, in: Sitzungsberichte der philosophisch-historischen Klasse der Österreichischen Akademie der Wissenschaften, 242. Band, 5. Abhandlung, Wien 1963 [verfasst ca. 1953]; — Herrmann Jungraithmayr & Wilhelm J. G. Möhlig (Hrsg.), Lexikon der Afrikanistik: Afrikanische Sprachen und ihre Erforschung, Berlin 1983, 52; — M. L. Bierbrier, Who was who in egyptology. London 1995 (3rd revised ed.), 222-223; — Peter Jánosi, Österreich vor den Pyramiden: Die Grabungen Hermann Junkers im Auftrag der Österreichischen Akademie der Wissenschaften, in: Sitzungsberichte der Österreichischen Akademie der Wissenschaften, philosophisch-historische Klasse, Bd. 648 (Veröffentlichungen der Ägyptischen Kommission, Nr. 3), Wien 1997; — Clemens Gütl, Hermann Junkers Beschäftigung mit nubischen Sprachen und die Expedition zur Erforschung des Kenzi-Dongolawi im Winter 1911, in: Holaubek, Johanna / Navrátilová, Hana / Oerter, Wolf B. (eds.). Egypt and Austria III: The Danube Monarchy and the Orient (Proceedings of the Prague Symposium, September 11th to 14th, 2006), Prague 2007, 79-90.

Clemens Gütl

JUSTI, Carl [Nicolaus Heinrich], Kunsthistoriker, * 2. 8. 1832 Marburg a. d. Lahn, † 9. 12. 1912 Bonn (Grabstätte Marburg, Hauptfriedhof Q II). — Carl Justi, erstes von vier Kindern von Wilhelm Justi (1801-1871), Pfarrer und Inspektor des Marburger Waisenhauses, und Friederike Justi, geb. Ruppersberg (1805-1885), sowie Bruder des Orientalisten Ferdinand Justi, stammte aus einer traditionsreichen Marburger Theologenfamilie. Durch seinen Großvater Karl Wilhelm Justi (s.d.) und durch August Friedrich Christian Vilmar (s.d.) früh gefördert, beginnt Justi im Sommersemester 1850 das Theologie-Studium in Marburg. Der persönliche Kontakt mit Heinrich Wilhelm Josias von Thiersch (s.d.) und die anfängliche Sympathie mit dem Irvingianismus lösen eine Glaubens- und Orientierungskrise aus. Von Winter 1850/51 bis Herbst 1851 studiert Justi in Berlin und besucht u. a. Vorlesungen von Karl Immanuel Nitzsch (s.d.), August Twesten (s.d.), Leopold Ranke, Friedrich von Raumer und Wilhelm Grimm. Zurück in Marburg, wo er vor allem bei dem Kirchenhistoriker Ernst Henke (s.d.) hört, besteht er 1854 das theologische Examen und die Probepredigt mit Auszeichnung. Bei Eduard Zeller (s.d.) promoviert er Ende 1859 mit einer Arbeit über die Ästhetik Platons, auf deren Grundlage er mit einer Vorlesung über Schopenhauer am 4. 2. 1860 die Venia legendi in Philosophie erwirbt. — Das erste Hauptwerk *Winckelmann, sein Leben, seine Werke und seine Zeitgenossen* versucht die umfassende Einbettung der Biographie des Archäologen in die kultur- und geistesgeschichtlichen Kontexte des 18. Jh.s. Nach dem Erscheinen des ersten Bandes wird Justi am 15. 2. 1867 zum außerordentlichen, am 9. 1. 1869 zum ordentlichen Professor für Philosophie mit dem Lehrauftrag für Archäologie und Kunstgeschichte in Marburg berufen. Die Arbeit an den beiden weiteren Teilbänden des *Winckelmann* führen ihn zu ausgedehnten Reisen nach Italien (1867-69). 1871 als Nachfolger Wilhelm Diltheys (s.d.) auf den Kieler Lehrstuhl für Philosophie berufen, erhält er am 22. 5. 1872 den Lehrstuhl für Kunstgeschichte in Bonn (Nachfolge Anton Springer, s.d.). Rufe an die Universitäten in Wien (1886) und Leipzig (1891) schlägt er bis zu seiner Emeritierung 1901 aus. — Aus zehn Spanien-Reisen zwischen 1872 und 1892 gehen zahlreiche Untersuchungen hervor, mit denen Justi auch die Peripheriegebiete der spanischen Kunstgeschichte erschließt (die Aufsätze sind zusammengefaßt in den zweibändigen *Miscellaneen aus drei Jahrhunderten spanischen Kunstlebens*, 1908). Mit der Künstlerbiographie *Diego Velazquez und sein Jahrhundert* (2 Bde., 1888) macht Justi den Hofmaler Philipps IV. und die spanische Kunst im 17. Jahrhundert dem deutschen Publikum bekannt. Ein weiteres Ergebnis der Spanien-Reisen ist die aus zwei Aufsätzen hervorgegangene *Murillo*-Biographie (1892). Mit kleineren Studien leitet er die wissenschaftliche Beschäftigung mit den Werken von Hieronymus Bosch (1889) und El Greco (1897) ein. Das Alterswerk *Michelangelo* (2 Bde., 1900/ 1909) bekräftigt seine Abwehr zur Formanalyse Wölfflins. Die Deutung der Sixtinischen Decke im ersten Band gilt als ikonologische Musterinterpretation. — Neben Jacob Burckhardt, Ferdinand Gregorovius und Herman Grimm kann Justi als der bedeutendste Vertreter der deutschsprachigen Kulturgeschichtsschreibung in der zweiten Hälfte des 19. Jahrhunderts gelten. Stilistische Anregungen bezieht er unter anderem aus der Essayistik Montaignes, Bacons, Humes und Schopenhauers. Im 20. Jahrhundert wurde der mit dem *Winckelmann* und dem *Velazquez* geschaffene Gattungstypus zu einem vielbewunderten Muster biographischer Darstellung (Carl Neumann, Hugo v. Hofmannsthal, Rudolf Borchardt). Von kulturgeschichtlichem und literarischem Wert sind auch die an die Familie gerichteten Reisebriefe aus Italien und Spanien. — Methodisch macht Justi die Einheit von inhaltlichen und formalen Werkcharakteristika geltend und ist den Grundsätzen der Historischen Schule sowie der kennerschaftlichen Tradition der Archivforschung und der Autopsie der Originale verpflichtet. Deduktionistische Wissenschaftsentwürfe lehnt er ebenso ab wie eine forcierte Einfluß- und Kontextforschung. Sein Individualitätsgedanke, der die schöpferische Einzelperson in den Mittelpunkt rückt, ist von Goethe, Schleiermacher und der Genieästhetik Schopenhauers beeinflußt. Mit dem im privaten Kreis gehaltenen und gegen moderne Kunstströmungen gerichteten Vortrag *Amorphismus in der Kunst* erregt er 1903 kulturpolitisches Aufsehen, da der Text als Privatdruck Wilhelm II. zugespielt wird. — Als akademischer Lehrer hat Justi keine eigene kunsthistorische Schule begründet. Trotz seiner geringen didaktischen Begabung haben bei ihm einige bedeutende Kunsthistoriker, darunter Aby Warburg, August Schmarsow, Henry Thode, Paul Clemen und sein Neffe Ludwig Justi, zeitweilig studiert oder sich habilitiert. Justi erhielt diverse Auszeichnungen, darunter die Friedensklasse des Ordens pour le Merite (1902) und die Ehrenbürgerschaft der Stadt Bonn (1912). Seit 1893 war er korrespondierendes Mitglied der Preußischen Akademie der Wissenschaften zu Berlin. Die Carl-Justi-Vereinigung konzentriert sich vorwiegend auf die kunstwissenschaftliche Erforschung der Iberischen Halbinsel.

Werke (Aufsätze in Auswahl, Monographien vollständig): Die aesthetischen Elemente in der platonischen Philosophie. Diss. (Marburg). Marburg 1859; — Dante und die göttliche Comödie. Eine Vorlesung den 20. März 1860 zu Marburg. Stuttgart 1862; — Winckelmann. Sein Leben, seine Werke und seine Zeitgenossen. 3 Bde. Leipzig 1866/72 [ab Leipzig 1898² überarb. u. d. T.: Winckelmann und seine Zeitgenossen, Leipzig 1923³, Leipzig 1943⁴ (unv. Nachdr. Hildesheim 1983), Köln 1956⁵, Auszug u. d. T.: Das augusteische Dresden. Dresden 1955]; — »Der römische Hof zu Winckelmann's Zeit«, in: Die Grenzboten 28 (1869), 361-375; — Die Verklärung Christi. Gemälde Raphaels in der Pinakothek des Vatican. Eine Rede. Leipzig 1870; — »Die Entdeckung der Stadt Herculaneum«, in: PrJ 26 (1870), 127-148; — »Raphael Mengs«, in: PrJ 28 (1871), 109-131; — »William Hogarth«, in: Zeitschrift für bildende Kunst 7 (1872), 1-8, 44-54; — »Rubens und der Cardinal Infant Ferdinand«, in: Zeitschrift für bildende Kunst 15 (1880), 225-234 (Wiederabdruck in: Miscellaneen II, 275-300); — »Philipp II. als Kunstfreund«, in: Zeitschrift für bildende Kunst 16 (1881), 305-312, 342-355 (Wiederabdruck in: Miscellaneen II, 1-36); — »Jan van Scorel«, in: Jb. der Kgl. Preußischen Kunstsammlungen 2 (1881), 193-210; — »Die Reiterstatue Philipps IV. in Madrid von Pietro Tacca«, in: Zeitschrift für bildende Kunst 18 (1883), 305-315, 387-400 (Wiederabdruck in: Miscellaneen II, 243-274); — »Peter de Kempeneer genannt Maese Pedro Campana«, in: Jb. der Kgl. Preußischen Kunstsammlungen 5 (1884), 154-179; — Diego Velazquez und sein Jahrhundert. 2 Bde., Bonn 1888 [überarb. Aufl.: Bonn 1903², Bonn 1922/23³, Zürich 1933⁴ (unv. Nachdr. Essen 1997), München 1980⁵, gekürzt: Leipzig 1983⁶ u. 1991]; — »Die Werke des Hieronymus Bosch in Spanien«, in: Jb. der Kgl. Preußischen Kunstsammlungen 10 (1889), 121-144 (Wiederabdruck in: Miscellaneen II, 61-93); — Murillo. Mit Abbildungen und Kupferätzung. Leipzig 1892 [Leipzig 1904²]; — »Die heiligen Maria Magdalena und Agnes von Ribera und Giordano«, in: ZchK 5 (1892), 1-10; — »Der Fall Cleve«, in: Jb. der Kgl. Preußischen Kunstsammlungen 16 (1895), 13-33; — »Bildnis der Isabella von Oesterreich von Mabuse«, in: Zeitschrift für bildende Kunst NF 6 (1895), 161-168, 198-201; — »Domenico Theotocopuli von Kreta«, in: Zeitschrift für bildende Kunst NF 8 (1897), 177-184, 257-262, 9 (1898), 213-218 (Wiederabdruck in: Miscellaneen II, 199-242); — »Ein Bildniss König Ferdinand des Heiligen von Murillo«, in: Zeitschrift für bildende Kunst 11 (1898), 257-268; — »Zur spanischen Kunstgeschichte«, in: Karl Baedeker: Spanien und Portugal. Handbuch für Reisende. 2. überarb. Aufl. Leipzig 1899, XLVII-XCIII; — Michelangelo. Beiträge zur Erklärung der Werke und des Menschen. Leipzig 1900 [Berlin 1922²]; — [anonym:] Amorphismus in der Kunst. Ein Vortrag. Bonn 1903; — »Raphaels heilige Cäcilia«, in: ZchK 17 (1904), 129-144; — Miscellaneen aus drei Jahrhunderten spanischen Kunstlebens. 2 Bde., Berlin 1908; — Michelangelo. Neue Beiträge zur Erklärung seiner Werke. Berlin 1909; — Bonner Vorträge. Bonn 1912; — Briefe aus Italien. Hrsg. v. Heinrich Kayser. Bonn 1922 [2. erg. Aufl. Bonn 1925]; — Spanische Reisebriefe. Hrsg. v. Heinrich Kayser. Bonn 1923; — Carl Justi / Otto Hartwig: Briefwechsel 1858-1903. Hrsg. v. Rupprecht Leppla. Bonn 1968 (= Veröffentlichungen des Stadtarchivs Bonn 5); — Briefe an Wilhelm von Bode und andere. Hrsg. v. Johannes Rößler (in Vorbereitung).

Bibliographien:

Heinrich Willers: Verzeichnis der bis zum 2. August 1912 erschienen Schriften Carl Justis. Carl Justi zum achtzigsten Geburtstage. Bonn 1912; — Rupprecht Leppla: »Schrifttum über Carl Justi«, in: Justi / Hartwig: Briefwechsel (s. o.), 28 f.

Lit. (bis 1960 in Auswahl): Edmond Dreyfus-Brisac: L'Université de Bonn et l'Enseignement Supérieur en Allemagne. Paris 1879, 179 ff; — Georg von Below: »Karl Justi über die Entwicklungstheorie«, in: Das neue Jahrhundert 1 (1898/1899), 950-954; — Hermann Dalton: Lebenserinnerungen. Berlin 1906, I, 319, 336-343; — Walter Cohen: »Carl Justi«, in: Zeitschrift für bildende Kunst NF 23 (1912), 261 f; — Friedrich Marx: Zur Erinnerung an Carl Justi. Bonn 1912 [Wiederabdruck in: Neue Jbb. für das klassische Altertum 31 (1913), 156-161, sowie: BJ 17 (1912), 3-9]; — Carl Neumann: »Carl Justi«, in: Internat. Mschr. für

Wiss., Kunst und Technik 7 (1913), Sp. 689-706; — Artur Weese: »Carl Justi«, in: Rep. für Kunstwissenschaft 36 (1913), 157-168; — Fritz Knapp: »Carl Justi. 1832-1912«, in: PrJ 161 (1915), 27-59; — Karl Wenck: in: Zeitschrift des Vereins für hessische Geschichte und Landeskunde 48 (1915), 355 f.; — Wilhelm Waetzoldt: Deutsche Kunsthistoriker. Bd. 2: Von Passavant bis Justi, Leipzig 1921, 239-276; — Robert Arnold Fritzsche: »Über Carl Justi«, in: HZ 130 (1924), 69-78; — Gustav Glück: »Carl Justi. Persönliche Erinnerungen zur hundertsten Wiederkehr seines Geburtstages (2. August 1832)«, in: Zeitschrift für Kunstgeschichte 1 (1932), 227-232; — Paul Clemen: Carl Justi. Gedächtnisrede zur hundertsten Wiederkehr seines Geburtstages. Bonn 1933 [Wiederabdruck in: ders.: Ges. Aufs., Düsseldorf 1948, 203-232]; — Karl Justi: »Erinnerungen an Carl Justi«, in: Carl Justi: Diego Velazquez und sein Jahrhundert. Zürich 1933[4], 771-780; — Ludwig Curtius: »Carl Justi und sein ‚Winckelmann'«, in: Carl Justi: Winckelmann und seine Zeitgenossen. Leipzig 1943[4], Bd. 1, V-XXXIII; — Richard Hamann-MacLean: »Carl Justi. Zur 50. Wiederkehr seines Todestages«, in: Jb. Marburger Universitätsbund 3 (1964), 53-66; — Udo Kultermann: Geschichte der Kunstgeschichte. Der Weg einer Wissenschaft. Wien, Düsseldorf 1966 [überarb. München 1990]; — Herbert von Einem: »Bonner Lehrer der Kunstgeschichte von 1818-1935«, in: Hundertfünfzig Jahre Rheinische Friedrich-Wilhelms-Universität zu Bonn 1818-1968. Bonner Gelehrte. Beiträge zur Geschichte der Wissenschaften in Bonn. Geschichtswissenschaften. Bonn 1968, 410-431; — Ders.: »Carl Justi. 1832-1912«, in: Arcadia 7 (1972), 216-230; — Rupprecht Leppla: »Carl Justi. Ehrenbürger der Stadt Bonn«, in: Bonner Geschichtsblätter 23 (1969), 301-309; — Manfred Fuhrmann: »Winckelmann, ein deutsches Symbol«, in: Neue Rundschau 83 (1972), 265-283; — Heinrich Dilly: Kunstgeschichte als Institution. Studien zur Geschichte einer Disziplin. Diss. (Berlin), Frankfurt a. M. 1979; — Gerald Heres: »Das Bild des augusteischen Dresden in Carl Justis ‚Winckelmann'«, in: Jb. der Staatlichen Kunstsammlungen Dresden 14 (1982), 51-60; — Paul Pieper: »Zu Carl Justis ‚Winckelmann'«, in: Boreas 5 (1982), 259-265; — Harald Olbrich: »Nachwort. Annäherung an Carl Justi«, in: Carl Justi: Diego Velazquez und sein Jahrhundert. Leipzig 1983, 419-441; — Andreas Beyer: »Leben in Gegenwart des Vergangenen. Carl Justi, Jacob Burckhardt und Ferdinand Gregorovius in Rom vor dem Hintergrund der italienischen Einigung«, in: Conrad Wiedemann (Hrsg.): Rom, Paris, London. Erfahrung und Selbsterfahrung deutscher Schriftsteller und Künstler in den fremden Metropolen. Ein Symposium. Stuttgart 1988 (= Germanistische Symposien Berichtsbände 8), 289-300; — Michael Scholz-Hänsel: »Justi und Greco. Ein altes Mißverständnis aus der Perspektive neuer Dokumente«, in: Kunstchronik 43 (1990), 489-494; — Wolfgang Beyrodt: »Kunstgeschichte als Universitätsfach«, in: Peter Ganz / Martin Gosebruch/ Nikolaus Meier / Martin Warnke (Hrsg.): Kunst und Kunsttheorie 1400-1900. Wiesbaden 1991 (= Wolfenbütteler Forschungen 48), 313-333; — Ernst Osterkamp: »'Vixi'. Spiegelungen von Carl Justis Italienerfahrung in seiner Biographie Johann Joachim Winckelmanns«, in: Helmut Pfotenhauer (Hrsg.): Kunstliteratur als Italienerfahrung. Tübingen 1991 (= Reihe der Villa Vigoni 5), 242-261; — Caroline Kesser: Las Meninas von Velázquez. Eine Wirkungs- und Rezeptionsgeschichte. Diss. (Bern), Berlin 1994, 74-76; — Ulrich Sieg: Aufstieg und Niedergang des Marburger Neukantianismus. Die Geschichte einer philosophischen Schulgemeinschaft. Würzburg 1994 (= Studien und Materialien zum Neukantianismus 4), 59-61, 72-74; — Karin Hellwig: »Neu und unerforscht: Carl Justi entdeckt Spanien für die deutsche Kunstgeschichte 1872-1892«, in: Gisela Noehles-Doerk (Hrsg.): Kunst in Spanien im Blick des Fremden. Reiseerfahrungen vom Mittelalter bis in die Gegenwart. Frankfurt a. M. 1996 (= Ars Iberica 2), 201-219; — Dies.: »Carl Justi y los Comienzos de los Estudios sobre Arte Español el Alemania«, in: Carl Justi: Velázquez y su Siglo. Madrid 1999, 7-26; — E. Theodor Voss: »Carl Justi - Cappel oder Capri«, in: Jörg Jochen Berns (Hrsg.): Marburg Bilder. Eine Ansichtssache. Zeugnisse aus fünf Jahrhunderten. Bd. 2, Marburg 1996 (= Marburger Stadtschriften zur Geschichte und Kultur 53), 231-257; — Bernd Roeck: Der junge Aby Warburg. München 1997; — Curt Hohoff: »Carl Justi, Biograph«, in: ders.: Der Glanz des Wirklichen. Gelehrte Prosa als Kunst. Wien, Leipzig 1998, 209-219; — Ezio Raimondi: »Warburg, Justi e la 'prima sostanza'«, in: Schede Umanistiche 12/2 (1998), 5-18; — Ders.: »L'esempio di Justi«, in: Michela Scolaro / Francesco P. Di Teodoro (Hrsg.): L'intelligenza della passione. Scritti per Andrea Emiliani. San Giorgo di Piano 2001, 479-488; — Monika Wagner: »Augenblick und Zufall - Karl Justi sieht Velázquez«, in: Peter K. Klein/ Regine Prange (Hrsg.): Zeitenspiegelung. Zur Bedeutung von Traditionen in Kunst und Kunstwissenschaft. Festschr. f. Konrad Hoffmann. Berlin 1998, 217-224; — Ludwig Justi: Werden - Wirken - Wissen. Lebenserinnerungen aus fünf Jahrzehnten. Hrsg. v. Thomas W. Gaethgens und Kurt Winkler. 2 Bde., Berlin 1999 (= Qu. zur dt. Kunstgeschichte vom Klassizismus bis zur Ggw., 5), I, 64-71, II, 53-59; — Michel Espagne: Le Laocoon de Lessing entre Carl Justi et Aby Warburg, in: Revue Germanique Internationale 19 (2003), 221-236; — Dietrich Briesemeister: »Carl Justi und die spanische Kulturgeschichte des ‚Siglo de Oro'«, in: Karin Hellwig (Hrsg.): Spanien und Deutschland - Kulturtransfer im 19. Jahrhundert. España y Alemania - Intercambio cultural en le siglo XIX. Frankfurt a. M. 2007 (= Ars Iberica et Americana 12), 57-88; — Johannes Rößler: Poetik der Kunstgeschichte. zur ästhetischen Begründung der deutschen Kunstwissenschaft bei Anton Springer und Carl Justi. Berlin 2008 [im Druck].

Lex: NDB X, 705 f.; — DBE V, 388; — DLL VIII, Sp. 761 f.; — Lexikon der Kunst, hg. v. Harald Olbrich u. a., III, Leipzig 1991, 579-580; — Metzler Kunsthistoriker Lexikon. Hrsg. v. Peter Betthausen, Peter H. Feist, Christina Fork, Stuttgart, 2. Aufl., Weimar 2007, 213-215.

Johannes Rößler

K

KELLY, Thomas Raymond, * 4.6. 1893 bei Chillicothe (Ohio), † 17.1. 1941 in Haverford (Pennsylvanien). Philosoph, Mystiker, Erzieher, Missionar, Quäker. — Thomas Kelly wurde 1893 in einer konservativen Quäkerfamilie auf einer Farm in Ohio geboren. Sein Vater war Carlton W. Kelly (gest. 1897), seine Mutter Madora E. (geb. Kersey). Nach dem Tod des Vaters zog die Mutter 1903 mit den zwei Kindern (Thomas und Mary) nach Wilmington. 1913 graduierte Kelly am Wilmington College mit einem Schwerpunkt in Chemie (B.D.). Er ging anschließend 1913/14 an das Haverford College, wo er maßgeblich von Rufus Jones (1863-1948) und seiner Interpretation des Quäkertums als mystische Bewegung beeinflußt wurde. Von 1914 bis 1916 arbeitete Kelly als Lehrer für Naturwissenschaften am Pickering College in Ontario (Kanada). Am Hartford Theological Seminary ließ er sich anschließend ab 1916 als Missionar für den Fernen Osten ausbilden. Als der Erste Weltkrieg ausbrach, entschied sich Kelly zum Zivildienst in Europa und arbeitete für den YMCA (CVJM) in England und anschließend bis Februar 1918 mit Kriegsgefangenen aus Deutschland. Als Kelly in die USA zurückkehrte, schloß er 1919 mit einem B.A. seine Ausbildung in Hartford ab und heiratete im gleichen Jahr Lael Macy (1893-1959). Aus dieser Verbindung sind zwei Kinder, die Tochter Lois (geb. 1928) und der Sohn Richard (geb. 1936) hervorgegangen. — Von 1919 bis 1921 unterrichtete er Religion und Bibelkunde am Wilmington College. Dann kehrte er an das Hartford Seminary zurück, um von 1921 bis 1924 eine Dissertation in Philosophie anzufertigen. Dort wurde er Mitglied in der rassistisch orientierten Phi Beta Kappa, einer elitären akademischen Seilschaft hauptsächlich Weißer, die noch heute in den USA ihr Unwesen treibt. Nach Abschluß seiner Studien ging er 1924/25 mit seiner Frau nach Berlin und arbeitete fünfzehn Monate für American Friend's Service Committee (AFSC) im Zuge des Wiederaufbaus. Zurück in den USA konnte er 1925 Arbeit am Earlham College in Richmond finden, wo er indische Philosophie lehrte und sich vornehmlich mit der philosophischen Erkenntnistheorie auseinandersetzte. In dieser Zeit kam es zu Konflikten mit Kollegen und der Schulleitung, da Kelly nicht länger die evangelikalen Grundsätze dieser Bildungseinrichtung vertrat. Zudem fühlte sich Kelly unterfordert und hegte die Hoffnung, Philosophieprofessor an einer der renommiertesten amerikanischen Universitäten zu werden. 1930 entschloß sich Kelly zu einer zweiten Dissertation an der Universität Harvard. Gleichzeitig unterrichtete er von 1931 bis 1932 am Wellesley College und predigte sonntäglich an der Congregational-Church von Fall River, da ihm das Quäkertum, wie er es in Amerika erlebte, zu versteinert erschien. Da keine der großen Universitäten Interesse an Kelly zeigte, kehrte er enttäuscht nach Earlham zurück und unterrichtete dort nochmals von 1932 bis 1935. Anschließend ging er für zwei Jahre an die Universität von Honolulu, wo er sich erneut mit fernöstlicher Philosophie beschäftigte. 1936 wurde er Professor in Haverford, wo er bis 1941 lehrte. 1937 - Kelly hatte bereits die Arbeit seiner zweiten Dissertation, eine Studie über Emile Meyerson (1859-1933) publiziert - fiel er durch die mündliche Prüfung. Die anschließende Phase tiefer Depression führte auch zu neuen spirituellen Einsichten. In den folgenden Jahren schrieb er seine bedeutendsten Arbeiten, vor allem »A Testament of Devotion« (1941), das zu einem Klassiker mystischer Literatur wurde. Im Frühjahr 1938 entschloß er sich, den deutschen Quäkern gegen den Nationalsozialismus beizustehen und ging, mit Hilfe des AFSC, erneut für zwei Monate nach Berlin. Auf der Deutschen Jahresversammlung hielt er im gleichen Jahr die Richard-L.-Cary-Vorlesung zu dem Thema »Das Ewige in seiner Gegenwärtigkeit und zeitlichen Führung«. In die USA zurückgekehrt, setzte er seine Lehrtätigkeit in Haverford fort, diente der dortigen Quäkerversammlung als Ältester und half, in Zusammenarbeit mit dem AFSC ein Quäkerzentrum in Shanghai aufzubauen. 1941 verstarb er, nachdem er schon Jahre zuvor immer wieder mit Krankheiten konfrontiert war, mit nur 47 Jahren nervlich am Ende an einem Herzinfarkt.

Werke: A letter concerning the establishment of a Friend's Yearly Meeting in Germany, 1925. (Eisenach) 1925; Die Religion im Quäkertum. In: Mitteilungen für die Freunde des Quäkertums in Deutschland, II, 10, 1925, 151-156; Die Religion im Quäkertum. In: Am Neubruch. Ein Bekenntnis zur Neueinstellung auf das Kommende. Sonnefeld bei Coburg 1926, 29-38; The dialectic of humanism. In: Anglican Theological Review, XII, 6, 1930, 518-524; Lotze and one and the many. In: Philosophical Review, XI, 5, 1931, 430-443; Leibnitz and the new attitude towards missions. In: Anglican Theological Review, XIV, 4, 1932, 292-295; Meyerson and the epistemological paradox. In: The Monist. A bi-annual magazine. Devoted to the philosophy of science, XLIV, 2, 1934, 296-305; Santayana and the mystic's moment. In: Anglican Theological Review, XVIII, 1, 1935, 1-14; Explanation and reality in the philosophy of Émile Meyerson. Princeton 1937; Explanation and reality in the philosophy of Émile Meyerson. In: T'ien Hsia Monthly, V, 5, 1937, 19-20; The eternal now and social concern. In: The Friend. A religious and literary journal, CXI, 20, 1938, 345-350; The eternal now and social concern. Philadelphia 1938; The blessed community. Philadelphia 1939; Quakerism and symbolism. In: The Friend. A religious and literary journal, CXI, 27, 1938, 489-492; Das Ewige in seiner Gegenwärtigkeit und zeitlichen Führung. Bad Pyrmont 1938 (Richard-L. Cary-Vorlesung 1938); Quäker und Symbolismus. In: Der Quäker. Monatshefte der Deutschen Freunde, XV, 8, 1938, 225-232; Holy obedience. Delivered at Arch Street Meeting House. Philadelphia (1939) (William Penn Lectures, 1939); Das Unendliche in der chinesischen Malerei. In: Der Quäker. Monatsschrift der Deutschen Freunde, XVI, 3, 1939, 79-81; Das Ewige Nun und das soziale Anliegen. In: Der Quäker. Monatsschrift der Deutschen Freunde, XVIII, 3, 1941, 35-46; Children of the light. O.O. (1941). O.O. 1962²; A Testament of devotion. With a biographical memoir. New York 1941. London 1949. New York 1951. Nashville 1955. London 1957. London 1967. London 1979. New York 1987. London 1989. ND San Francisco 1996; Reality of the spiritual world. Wallingford (1942) (Pendle Hill Pamphlets, XXI). London 1944. London 1948². London 1956. London 1965³. London 1996; The gathered meeting. Philadelphia 1944. Philadelphia 1946² (Seeds of Life Series, I); Das innere Licht. Hrsg. von der Schweizerischen Religiösen Gesellschaft der Freunde (Quäker). Hombrechtikon 1944; Heiliger Gehorsam. Hrsg. von der Schweizerischen Religiösen Gesellschaft der Freunde (Quäker). Zürich 1944; Die gesegnete Gemeinschaft (The Blessed Community). Die Vereinfachung des Lebens (The Simplification of Life). Hrsg. von der Schweizerischen Religiösen Gesellschaft der Freunde (Quäker). O.O. 1944; La présence ineffable. A testament of devotion. Genève 1945. Lyon 1956³; Heiliger Gehorsam. Bad Pyrmont 1946. Bad Pyrmont 1960². Bad Pyrmont 1985³; Das ewige Drama. In: Der Quäker. Monatsschrift der Deutschen Freunde, XXI, 7/8, 1947, 109; In der Andacht. In: Der Quäker. Monatsschrift der Deutschen Freunde, XXI, 11/12, 1947, 175-185; Een Quaker getuigt. S'Gravenhage 1949; The reality of the spiritual world. In: Maurer, Herrymon (Hrsg.): The Pendle Hill reader. New York (1950), 1-40; The simplification of life. Philadelphia 1950. Philadelphia 1985²; Thomas R. Kelly (1893-1941). In: Kenworthy, Leonard S.: Quaker leaders speak. In collaboration with Therese Herzog, Violet C. Kenworthy, Helene Monastier, David Richie, Frederick J. Tritton, Dora Willson, Fritz Eichberg. Philadelphia 1952, 89-96; Levels of life. In: Barrois, A. Georges (Hrsg.): Pathways of the inner life. An anthology of Christian spirituality. Indianapolis, um 1956, 250-251; The world reappraised. In: Barrois, A. Georges (Hrsg.): Pathways of the inner life. An anthology of Christian spirituality. Indianapolis, um 1956, 252; Steps to obedience. In: Barrois, A. Georges (Hrsg.): Pathways of the inner life. An anthology of Christian spirituality. Indianapolis, um 1956, 253-255; Social concern. In: Barrois, A. Georges (Hrsg.): Pathways of the inner life. An anthology of Christian spirituality. Indianapolis, um 1956, 255-257; Det inre ljuset. A testament of devotion. Stockholm (1956); The Quaker discovery. Room for the infinite. From The Eternal Promise. Philadelphia, um 1965; The eternal promise. A sequel to a testament of devotion. New York 1966. London 1967. ND Richmond 1977. Richmond 1988². Richmond 1998³; Mon expérience de Dieu. Paris 1970; Meditation über...Das Wesen des heiligen Gehorsams. In: Der Quäker. Monatsschrift der Deutschen Freunde, XLV, 11/12, 1971, 260, 262; Das Leben aus dem Mittelpunkt heraus. In: Der Quäker. Monatsschrift der Deutschen Freunde, XLV, 11/12, 1971, 264-266; The light within: From A Testament of Devotion. New York 1977; Thomas R. Kelly (1893-1941). In: Kenworthy, Leonard S.: Sixteen Quaker leaders speak. Richmond 1979, 89-96; Das Quäker-Friedenszeugnis aus religiöser Sicht. In: Der Quäker. Monatsschrift der Deutschen Freunde, LV, 4, 1981, 63-64; Det indres lys. Borgen 1983; The writings of Thomas R. Kelly. In: Steere, Douglas V. (Hrsg.): Quaker spirituality. Selected writings. New York 1984, 149-164. ND New York 2005; Excerpts from a testimony of devotion. In: Foster, Richard J.; Smith, James Bryan (Hrsg.): Devotional classics. Selected readings for individuals and groups. London 1993, 301-310; Aus: »Die Vereinfachung des Lebens« enthalten in »Heiliger Gehorsam«. In: Der Quäker. Monatsschrift der Deutschen Freunde, LXVIII, 8, 1994, VII-VIII; The sanctuary of the soul. Selected writings of Thomas Kelly. Nashville 1997 (Upper Room Spiritual Classics, I); Im Treiben der Welt einen Ort der Stille haben. In: Smith, James; Foster, Richard (Hrsg.): Die Kraft der Hingabe. Ein geistliches Lesebuch für leidenschaftliche Nachfolge. Wuppertal 2001, 28-37; »Holy Obedience« from A Testament of Devotion. In: Bill, J. Brent (Hrsg.): Imagination and spirit. A contemporary Quaker reader. Richmond 2002, 3-20; Loslassen. In: Quäker. Zeitschrift der Deutschen Freunde, LXXIX, 3, 2005, 119.

Lit. (Auswahl): Albrecht, Hans: Thomas R. Kelly verst. In: Der Quäker. Monatsschrift der Deutschen Freunde, XVIII, 3, 1941, 34-35; — George Birkbeck: Pioneer of adult education. Liverpool 1957; — Sauter, Valda: Gedanken zum Nachdruck von Thomas Kelly's Buch: ‚Heiliger Gehorsam'. In: Der Quäker. Monatsschrift der Deutschen Freunde, XXXIV, 10, 1960, 159-163; — Farquhar, Mary Kelly; Jones, T. Canby: Thomas R. Kelly. A sketch of his life. Wilmington, um 1963; — Kelly, Richard M.: Thomas Kelly, a biography. New York (1966); — Jones, T. Canby: Thomas R. Kelly. Prophet of inward obedience. In: Wenger, John C. (Hrsg.):

A cloud of witnesses. Profiles of church leaders. Harrisonburg 1981, 245-249; — Jones, T. Canby: Thomas R. Kelly. His life as a miracle. In: Kenworthy, Leonard S. (Hrsg.): In the U.S.A. Kennett Square 1985, 146-161 (Living in the light. Some Quaker pioneers of the 20th century, I); — Jones, T. Canby: Thomas R. Kelly as I remember him. Wallingford 1988 (Pendle Hill Pamphlet, CCLXXXIV); — Flora, Jerry R.: Searching for an adequate life: The devotional theology of Thomas R. Kelly. In: Spirituality Today, XLII, 1, 1990, 43-59; — Steere, Douglas V.: Thomas Kelly. A brother Lawrence for our time. In: Birkel, Michael L.; Newman, John W. (Hrsg.): The lambs' war. Quaker essays to honor Hugh Barbour. Richmond 1992, 211-222; — Peters, Ruanne; Vogel, Robert (Bearb.): Study notes for Thomas Kelly's A Testament of Devotion. O.O. 1995; — Thomas Raymond Kelly 1893-1941. In: Skidmore, Gil: Dear Friends and brethren. 25 short biographies of Quaker men. Reading 2000, 55-56; — Rembert, Ron: Kelly, Thomas Raymond. In: Abbott, Margery Post; Chijioke, Mary Ellen; Dandelion, Pink; Oliver, John W. (Hrsg.): Historical dictionary of the Friends (Quakers). Lanham 2003, 148 (Religions, Philosophies, and Movements Series, XLIV).

Claus Bernet

KLIMKEIT, Hans-Joachim: Religionswissenschaftler, * 22.7. 1939 in Ranchi (Indien), † 7.2. 1999 in Rheinbach. — Geboren als Sohn eines protestantischen Missionars, wuchs K. in Indien auf und kam zusammen mit seiner Familie Mitte der 50er Jahre nach Deutschland. Nach seinem Abitur 1958 begann er zunächst ein Studium der evangelischen Theologie in Neuendettelsau, wechselte aber nach einem Jahr an die Universität Tübingen, wo er neben Theologie auch Mathematik mit dem Ziel des Lehramtes studierte. Angeregt von Helmuth von Glasenapp auf der einen und Otto Friedrich Bollnow auf der anderen Seite beschäftigte er sich auch mit Religionsgeschichte und Philosophie. Im Jahre 1961 wechselte er an die Universität Bonn und widmete sich neben seinem Lehramtsstudium auch der Vergleichenden Religionswissenschaft. In diesem Fach promovierte er als Schüler von Gustav Mensching im Jahr 1964 mit der Dissertation »Das Wunderverständnis Ludwig Feuerbachs in religionsphänomenologischer Sicht«. Anschließend ermöglichte ihm ein Postgraduiertenstipendium einen einjährigen Aufenthalt an der Harvard University, wo er in engeren Kontakt zu dem Religionswissenschaftler Wilfred Cantwell Smith und dem Indologen Daniel Henry Holmes Ingalls trat. Im Jahre 1968 wurde K. an der Philosophischen Fakultät der Universität Bonn für das Fachgebiet Vergleichende Religionswissenschaft habilitiert. 1970 zum Wissenschaftlichen Rat und Professor ernannt, übernahm er zunächst vertretungsweise die Leitung des Religionswissenschaftlichen Seminars, die nach der Emeritierung von Gustav Mensching vakant geworden war. Im Jahr 1972 wurde K. auf den Lehrstuhl von Gustav Mensching berufen und lehrte bis zu seinem Tod an der Universität Bonn. — K. orientierte sich in seinen Forschungen weitgehend an einer sachbezogenen Analyse von Quellentexten und ikonographischen Materialien. Im Mittelpunkt seiner Forschungen standen vor allem Hinduismus, Buddhismus, Manichäismus sowie im Laufe der Jahre zunehmend die Religionsbegegnung an der Seidenstraße, die er durch die Neu-Übersetzung und Edition von Quellentexten dokumentierte. Daneben griff er auch wiederholt aktuelle Themen auf, vor allem im Zusammenhang mit dem politischen Hinduismus. Trotz dieser philologisch fundierten und an Texten ausgerichteten Forschung fühlte sich K. auch dem phänomenologischen Ansatz seines Lehrers Gustav Mensching verpflichtet, in dessen Tradition er an einer »problemorientierten Religionsphänomenologie« arbeitete, ohne hier ein konkretes Konzept zu hinterlassen. — K. trat neben seiner Lehr- und Forschungstätigkeit auch als Herausgeber bzw. Mitherausgeber hervor. Von 1978 an war er Mitherausgeber der ZRGG, deren Beihefte er von 1981 an alleine herausgab. 1987 wurde er einer der Mitherausgeber der TRE und 1994 Mitherausgeber der Nag Hammadi and Manichaean Studies. Von ihm 1976 begründet und zusammen mit Walther Heissig herausgegeben wurden die Studies in Oriental Religions.

Werke (Monographien): Das Wunderverständnis Ludwig Feuerbachs in religionsphänomenologischer Sicht (Untersuchungen zur Allgemeinen Religionsgeschichte. Neue Folge 5), Bonn 1965; Anti-religiöse Bewegungen im modernen Südindien. Eine religionssoziologische Untersuchung zur Säkularisierungsfrage (Untersuchungen zur Allgemeinen Religionsgeschichte. Neue Folge 7), Bonn 1971; Der politische Hinduismus. Indische Denker zwischen religiöser Reform und politischem Erwachen (Sammlung Harrassowitz), Wiesbaden 1981; Manichaean Art and Calligraphy (Iconography of Religions. Manichaeism), Leiden 1982; Die Begegnung von Christentum, Gnosis und Buddhismus an der Seidenstraße (Vorträge / Rheinisch-Westfälische Akademie der Wissenschaften. Geisteswissenschaften 283), Opladen 1986; Die Seidenstraße. Handelsweg und Kulturbrücke zwischen Morgen- und Abendland, Köln 1988, 1990[2]; (zus. mit Geng Shimin) Das Zusammentreffen mit Maitreya. Die ersten fünf Kapitel der Hami-Version der Maitrisimit (Asiatische Forschungen 103), Wiesbaden 1988; Hymnen und Gebete der Religion des Lichts. Iranische und türkische liturgische Texte der Manichäer Zentralasiens (Abhandlungen der Rheinisch-Westfälischen Akademie der Wissenschaften 79), Opladen 1989; Der Buddha. Leben und Lehre (Urban-Bücher 438), Stuttgart 1990; Gnosis on the Silk Road. Gnostic Texts from Central Asia, San Francisco 1993; Manichäische Kunst an der Seidenstraße. Alte und neue Funde (Vorträge / Rheinisch-Westfälische Akademie der Wissenschaften. Geisteswissenschaften 338), Opladen 1995; (zus. mit Geng Shimin und Jens Peter Laut) Eine buddhistische Apokalypse. Die Höllenkapitel (20-25) und die Schlusskapitel (26-27) der Hami-Handschrift der alttürkischen Maitrisimit (Abhandlungen der Rheinisch-Westfälischen Akademie der Wissenschaften 103), Opladen 1998; (zus. mit Manfred Heuser) Studies in Manichaean Literature and Art (Nag Hammadi and Manichaean Studies 46), Leiden 1998; (zus. mit Ian Gillman) Christians in Asia before 1500, Richmond / Ann Arbor 1999.

Lit.: Ulrich Vollmer, Bibliographie H.-J. K., in: ZRGG 51 (1999), 263-280; — Werner Sundermann, H.-J. K. und die Turfanforschung, in: In memoriam H.-J. K.(Alma Mater 89), Bonn 2000, 33-39; — Ulrich Vollmer, H.-J. K. — Werk, Wirken, Wirkung, in: Religionsbegegnung und Kulturaustausch in Asien. Studien zum Gedenken an H.-J. K. (Studies in Oriental Religions 49), Wiesbaden 2002, 11-48; — Ders., Both Historian of Religion and Phenomenologist: The Work of H.-J. K. (1939-1999), in: Religious Studies Review 31 (2005), 129-134; — Encyclopedia of Religions 2004[2], 5189-5191.

Ulrich Vollmer

KLOSTERMANN, Ferdinand (1907-1982). — K. wurde am 21.3. 1907 in Steindorf bei Strasswalchen (Salzburg) geboren, besuchte das Kollegium Petrinum und studierte Theologie an der Philosophisch-theologischen Diözesanlehranstalt in Linz. Nach der Priesterweihe (1929) war er Kaplan in Grein an der Donau (1930-1933) und in Bad Ischl (1933-1938). Mit einer Dissertation über den Dekalog in den Evangelien erwarb er 1936 das Doktorat in Theologie an der Universität Graz.. — Von 1938-1955 wirkte K. als Diözesanjugendseelsorger, seit 1940 auch als Studentenseelsorger in Linz. In sehr dunkler Zeit, von 1938-1941, war er außerdem Sekretär des Linzer Bischofs Johannes Maria Gföllner. Dieser schätzte Ks. Loyalität, Klugheit, theologische Kompetenz und politische Wachheit ganz besonders. Gföllner war eine ungewöhnliche Persönlichkeit im österreichischen Episkopat. Er fand wegen seines Hirtenbriefs gegen den Nationalsozialismus vom Jänner 1933 international Anerkennung. — Vom 31.3. bis zum 15.12. 1942 befand sich K. in Gestapo - Haft im Linzer Polizeigefängnis. Seine intensive Jugend- und Studentenseelsorge und seine Verbindung mit Frontsoldaten war der Gestapo ein Dorn im Auge. In einem Brief Ks. aus dem Gefängnis kommt seine nüchterne Haltung dem Leben gegenüber zum Ausdruck: »Es gibt für jeden Menschen nur eine einzige Gelegenheit, sich zu bewähren - und das ist das Leben, so wie es an uns herantritt und wie wir darein geworfen werden, nicht so, wie wir es uns vielleicht in idyllischen Nächten erträumt haben«. — Es folgte die Ausweisung aus den »Alpen- und Donaugauen« und ein Zwangsaufenthalt »nördlich der Mainlinie«. K. war 1943-1945 Kaplan in der Berliner Pfarre St. Agnes. Auch dort wirkte er vor allem in der Jugendarbeit. Die offene und nüchterne Mentalität der Berliner sprach ihn sehr an und er verließ Berlin nur auf ausdrücklichen bischöflichen Wunsch, nachdem das Pfarrgebiet durch Bomben fast völlig zerstört war. Nach 1945 arbeitete er im Linzer Seelsorgeamt, in der Katholischen Aktion und vor allem als Diözesanjugend-, Studenten- und Akademikerseelsorger. — Der Wiener Pastoraltheologe Michael Pfliegler animierte den schon 45jährigen, sich der Wissenschaft zuzuwenden. Pfliegler selbst, Sohn eines niederösterreichischen Maurers, engagierte sich in der Zeit des klerikalen Faschismus der Dollfußära (1934-1938) für den Freiheitskampf der Arbeiterschaft und stand dem Bund religiöser Sozialisten nahe. Dieses Engagement schadete seiner Karriere und so wurde er erst 1946 ordentlicher Professor für Pastoraltheologie. Es war nicht zufällig, daß er K. zu seinem Nachfolger an der Wiener Fakultät haben wollte, was nur mit knapper Mehrheit gelang. — Im Jahre 1960 erfolgte die Ernennung Ks. zum Mitglied der Päpstlichen Kommission für das Laienapostolat zur Vorbereitung des 2. Vatikanischen Konzils. 1962 bis 1965 begleitete er gemeinsam mit Karl Rahner den Wiener Erzbischof Kardinal Franz König als Konzilstheologe (peritus). Während dieser Zeit erfolgte 1961 die Habilitation für Pastoraltheologie. Seine Habilitationsschrift über »Das christliche Apostolat« (1962) umfaßt 1100 Seiten und ist ein typisches Beispiel für seine ungeheure wissenschaftliche Disziplin und Genauigkeit. Von 1962 bis 1977 bzw. als Emeritus bis 1982 lehrte und forschte K. als ordentlicher Professor für Pastoraltheologie an der Kathol.-theolog. Fakultät der Universität Wien. — In der Wiener Zeit (1962-1982) arbeitete K. auch unermüdlich in nationalen und vor allem in internationalen Gremien mit. Er war Redaktionsmitglied der internationalen Zeitschriften »Diakonia« und »Concilium«. Letztere erschien in sieben Sprachen. Er war Konsultor der päpstlichen nachkonziliaren Kommission für Laienapostolat und kommentierte wichtige Konzilstexte. Gemeinsam mit Karl Rahner und anderen gab er das fünfbändige Standardwerk »Handbuch der Pastoraltheologie« heraus. — 1965 gründete K. gemeinsam mit Wilhelm Dantine, Kurt Lüthi und Otto Mauer den Ökumenischen Arbeitskreis. Weiters war er in der ökumenischen Stiftung »Pro Oriente« engagiert, die von Kardinal Franz König und Msgr. Otto Mauer gegründet wurde. — Am 30.9. 1977 wurde K. emeritiert und am 22.12. 1982 starb er im Wiener AKH an den Folgen seiner Krebserkrankung. Schon 1972 mußte eine Niere wegen eines bösartigen Tumors entfernt werden. Wenige Jahre später machten ihm Metastasen in den Lungen und später auch in den Knochen zu schaffen. Etwa sechs Wochen vor seinem Tod sagte er zu einem Besucher im Krankenhaus: »Jetzt wird es Zeit, daß ich sterbe. Mir tun die Füße schon sehr weh und außerdem bin ich so neugierig auf das Nachher«. Mit enormer Geduld und dankbarer Gelassenheit blickte er dem nahenden Tod ins Gesicht. Sein letztes Privatissimum fand im SS 1982 statt. Es ist bedauerlich, daß K. im LThK (Freiburg 1997 Bd. 6, Sp.148) nur mit zehn Zeilen erwähnt wird, die farblos sind und gravierende Fehler aufweisen. — Als Klassenprimus sagte K. bei einer Rede anläßlich der Maturafeier (1925) aufschlußreiche Worte: »Was wir geworden sind, sind wir gegen dieses Haus geworden!« Und schon 1938 bekam er als Diözesanjugendseelsorger der Diözese Linz den Spitznamen »Feuergeist«. Doch wenn die pfingstlichen Feuer zu brennen beginnen, fährt die Feuerwehr Gottes mit ihrer Zentrale in Rom aus, um sie zu löschen. Das erfuhr K. ein Leben lang, keineswegs nur in der düsteren Zeit nationalsozialistischer Herrschaft. Er war nie ein »Ministrant des Zeitgeistes«, sondern ein mutiger Mann. Er lebte nicht gut behütet von der Kirche, sondern für die Kirche und ihre Reform im Geiste Jesu und im Geiste des Zweiten Vatikanischen Konzils. Er war immer ein prophetischer Außenseiter im Einsatz um eine wahrhaft christliche Kirchengestaltung. — Maßgebend war für K. nicht bequeme Loyalität gegenüber der Obrigkeit und brave Funktionärsgesinnung sondern Solidarität mit den Menschen. Die programmatische Solidaritätserklärung, mit der die Pastorale Konstitution über die Kirche in der Welt von heute, »Gaudium et Spes«, beginnt, charakterisiert sein Denken, Fühlen und Wirken: »Freude und Hoffnung, Trauer und Angst der Menschen von heute, besonders der Armen und Bedrängten aller Art, sind auch Freude und Hoffnung, Trauer und Angst der Jünger Christi. Und es gibt nichts wahrhaft Menschliches, das nicht in ihren Herzen seinen Widerhall fände«. — K. zählte auch zum Kreis um Hermen von Kleeborn (1908-1978), die ihm das »Charisma des Schwarzen Raben« zugesprochen hatte. Als junge Frau musizierte sie mit Ludwig Wittgenstein: sie spielte Klavier und der große Philosoph pfiff dazu den Violinpart. Ihre Wohnung im Ersten Wiener Gemeindebezirk (Rathausstraße 8) war ein spirituelles und kulturelles Zentrum. Künstler und Schriftsteller wie Heinrich Böll und Friedrich Heer waren mit Hermen von Kleeborn befreundet. Vor allem prominente Jesuiten und Theologen - Hans Urs von Balthasar, der geniale Konzilsjournalist Mario von Galli, einer der großen geistigen Väter des Konzils Erich Przywara und der wohl bedeutendste Konzilstheologe Karl Rahner - besuchten diese stille, lange Jahre an Lähmungen und Schmerzen leidende große Frau immer wieder. Kleeborn entstammte einer Diplomatenfamilie und hatte eine europäische Seele. Nach einer Gärtnerlehre studierte sie Germanistik, Romanistik und Kunstgeschichte. Sie war eine mehrfach ausgezeichnete Lyrikerin, Schriftstellerin, Lektorin und geniale Übersetzerin französischer Autoren wie Balzac, Peguy, Rimbau und Queffelec. So hat sie z.B. die Übersetzung des Standardwerkes von P. Teilhard de Chardin »Der Mensch im Kosmos« veranlaßt. — In einem Privatissimum über Sozialpolitik mit dem Politologen Emmerich Talos im Frühjahr 1982 sagte K. über die Zeit der Gestapo - Haft im Linzer Polizeigefängnis: »Ich habe am meisten gelernt von den Kommunisten im Hitler-Gefängnis. Von denen hab' ich am meisten gelernt, mehr als in der Theologie, glaub ich, und hab' da auch eine menschliche Solidarität gefunden, die ich anderswo nicht gefunden hab'!« — Das »anderswo« meint vor allem die Katholisch-theologische Fakultät der Universität Wien. Er war dort sicher der am meisten gehaßte und verachtete Mann, unbequem für fromme Muttersöhnchen und klerikale Schlafmützenmännchen. K. war für diese Fakultät einfach zu fortschrittlich, zu weltmännisch, zu aufgeweckt und sozial engagiert. Das bekamen auch seine Mitarbeiter zu spüren. Die »Hausmittel der Ketzerbekämpfung« - Rufmord in jeder Form und Verdünnung - fanden reichlich Anwendung. Der erzkonservative Wissenschaftsminister Heinrich Drimmel gab auch seiner Verachtung Ks. öffentlich Ausdruck, indem er damals sagte: »Gott möge mir verzeihen, daß ich Klostermann nach Wien berufen habe«. »Einfach schauerlich« war eine von K. verständlicher Weise häufig verwendete Redewendung. — Ein Beispiel: Norbert Greinacher habilitierte sich bei ihm. Um dies zu verhindern initiierten Wiener Fakultätskollegen eine Rufmordkampagne gegen Greinacher. K. sprach jeden Kollegen einzeln an. Die Vorwürfe erwiesen sich als haltlos. Doch Greinacher wurde nur unter der Bedingung habilitiert, daß er innerhalb eines Jahres die Wiener Fakultät verläßt - in Tübingen wurde er einer der prominentesten Pastoraltheologen im deutschen Sprachraum. — K. bemühte sich erfolgreich um den Ausbau der »Praktischen Theologie« durch die Errichtung von zwei neuen Lehrstühlen (1967 Liturgiewissenschaft, 1968 Religionspädagogik). Dadurch wurde es möglich, daß die Pastoraltheologie ihre eigentliche Aufgabe besser wahrnehmen konnte. Weniger erfolgreich war Ks. Bemühen, aufgeschlossene Professoren nach Wien zu berufen. Einer dieser Lichtblicke war der Religionspädagoge Bruno Dreher, ein aufgeschlossen-konservativer Professor, der innerhalb weniger Jahre ein zwanzigbändiges Predigtwerk zustande brachte. Er befaßte sich kompetent mit moderner Literatur und war von pädagogischem Eros erfüllt. Deshalb wurde er von inkompetenten Kollegen wegen angeblich mangelnder Rechtgläubigkeit mehrfach bei Erzbischof Jachym angezeigt. Vor allem diese Kränkungen bewirkten bei Dreher 1971 den Tod durch Herzinfarkt. — K. war Professor mit Leib und Seele. Das Wort ist bekanntlich mit Prophet verwandt (profiteri = öffentlich bekennen, offen aussprechen), nicht mit Profit und bequemer Anpassung. K. war Professor im Sinne dieser öffentlichen Verantwortung und er war in einem anderen Sinn ein völlig »unprofessoraler« Professor, was vor allem die Studierenden aus dem In- und Ausland sehr zu schätzen wußten. — So war K. mit einer Fakultät konfrontiert, die Anfang des 20. Jahrhunderts durch den römischen Antimodernismuskampf weithin infantilisiert wurde. In seiner Habilitationsschrift (1962, 298) hat er ein altes Kirchenlied zitiert, dessen Melodie den Geist dieser Fakultät ausdrückt: »O Gott, was unsere Ruhe störet, gestatte nicht!« Anläßlich der Emeritierung Ks. 1977 sagte der damalige Dekan Walter Kornfeld bei der Verabschiedung im Fakultätskollegium: »Du, Ferdinand, warst immer der Hecht im Karpfenteich dieser Fakultät«. Und sein Linzer Kollege und Freund Wilhelm Zauner schrieb in einem Nachruf mit dem bezeichnenden Titel »Kirche als Leidenschaft« (19): »Viele waren nicht bereit, seinen Zorn als einen heiligen Zorn anzuerkennen, seine Leidenschaft als Liebe, seine Kritik als Interesse an der Sache«. — Trotz wachsenden Widerstandes im Fakultätskollegium setzte sich K. für eine human- und sozialwissenschaftliche Fundierung des Theologiestudiums ein - manches gelang, manches konnte nicht verwirklicht werden. Praktika mit Supervision, Exkursionen in Institutionen der Wirtschaft, der Medien, der Kunst, Kultur und Politik wurden ebenso angeboten wie Seminare zur Selbsterfahrung, zur Gesprächsführung, zum Training der Kommunikations- und Kooperationsfähigkeit (z.B. Gruppendynamik, Zen-Meditation mit Enomiya - Lasalle, Autogenes Training, C.R. Rogers - Gesprächsführung durch Peter F. Schmid, Psychiatrische Grundkenntnisse durch Erwin Ringel) und spezifische Vorlesungen (Pastoralsoziologie, Pastoralpsychologie). — Weiters wurden - orientiert an der CPT - Methode (clinical-pastoral-training) Pfarr-, Jugend- und Beratungspraktika angeboten und durch Supervision vertieft. Der von K. mit hohem Einsatz in Verhandlungen mit dem Erzbischöflichen Ordinariat versuchte Ausbau dieses wichtigen Angebotes scheiterte an kirchenamtlicher Enge. — Gemeinsam mit Karl Rahner begleitete K. Kardinal Franz König als Konzilstheologe (peritus) und setzte sich besonders für die Wertschätzung der Laien und das aggiornamento ein. Energisch kämpfte er, von wissenschaftlichem und pastoralem Eros und vom Geist des Zweiten Vatikanums erfüllt, gegen die zunehmenden reaktionären römischen Tendenzen, vor allem unter Johannes Paul II. Dieser vitale Papst wurde immer mehr der Gefangene fundamentalistischer Opus Dei-Mitglieder. Der inzwischen heilig gesprochene Gründer des Opus Dei, Josemaria Escriva, sprach vom »Konzil des Teufels«. Und weil Johannes XXIII. ihn nicht in den Bischofsrang erhoben hatte - er stand der »Heiligen Mafia« sehr skeptisch gegenüber - nannte Escriva diesen Papst verächtlich »Bauernsohn mit Körpergeruch«. — Besorgt über die zunehmenden reaktionären und konzilsfeindlichen Tendenzen analysierte K. die Politik von Wojtyla und schrieb nach gründlichen Recherchen in »Der Papst aus dem Osten« (1980, 105): »Alles in allem schwebt dem Papst - und er ist hier nicht allein - offensichtlich eine sehr zentralistisch geleitete, innerkirchlich gefestigte, völlig geschlossene, uniformistisch ausgerichtete, militant bis in die letzten Details disziplinierte Kirche vor, in der es Pluralismus nur gibt, soweit er vom Papst selbst ausdrücklich freigegeben wird.... Das Bild, das während der faschistischen und autoritären Ära auch in der Kirche auftauchte, wird wieder beschworen: »die acies bene ordinata«, die wohlgeordnete Schlachtlinie: Ob aber solches Machtdenken christlich ist?« — In der Zeit nach dem Konzil war K. vor allem Forscher und Professor, wie seine zahlreichen und häufig sehr umfangreichen Veröffentlichungen zeigen. Trotzdem war er in der Ortskirche in vielen Gremien engagiert: als geistlicher Assistent der Katholischen Aktion, als Animator des Katholischen Akademikerverbandes, als Mitglied des wissenschaftlichen Beirates des Instituts für kirchliche Sozialforschung. Er beteiligte sich am Aufbau der Katholischen Hochschulgemeinde durch Otto Mauer und Karl Strobl. Auch im Pastoral- und Priesterrat der Erzdiözese Wien und im Österreichischen Pastoralinstitut zeigte er großes Engagement. Energisch war sein Einsatz in der Wiener Synode und im österreichischen synodalen Vorgang. Viele Jahre lang nahm er am »Lainzer Kreis« teil, einer Gruppe von sehr engagierten Pfarrern. — Eines seiner Hauptanliegen war die »Ökumenische Bewegung« gegen die herrschende konfessionalistische Erstarrung. So schrieb er (1981 Zukunft 313): »Vielleicht hilft uns auch die Begegnung mit anderen, nicht nur christlichen Religionen, mit allen ernstlich Glaubenden, ja mit den großen Problemen und Fragen der Menschen überhaupt, die tödliche Enge unseres Konfessionalismus zu überwinden«. — Denn K. verstand das Christentum als »Programm der Veränderung« im Dienste einer allseitigen Befreiung des Menschen zu einem menschenwürdigen Leben und zu mündiger individueller und sozialer Entfaltung. Deshalb lagen ihm die folgenden Aufgaben besonders am Herzen: das Gespräch mit allen Religionen und die Ökumene; eine in offenen Systemen denkende und sich entfaltende Theologie der menschlichen Erfahrung und die Befreiung aus jeder Form der Entmündigung; eine interdisziplinäre Zusammenarbeit mit allen Human-, Sozial- und Kulturwissenschaften sowie mit allen Sparten der Kunst; eine umfassende Förderung der Konflikt-, Kommunikations- und Friedensfähigkeit in Gesellschaft und Kirche. — K. vertrat eine kairologische Theologie des Heiligen Geistes. Denn der Geist Gottes ist es, der Veränderungen fordert und fördert. Das Thema der Veränderung und der Widerstände gegen notwendige Veränderungen war ein zentrales Thema, das K. zeitlebens beschäftigt hat (1974 Veränderung 643): »Dem Geist verdankt die Gemeinde Christi, die Ekklesia, immer neue Einfälle und Wege, immer neue überraschende Gaben, Charismen und Krafterweise, außergewöhnliche und alltägliche, äußerlich feststellbare und innerlich erfahrbare. Mit dem Geist Jesu und seines Vaters ist darum ein eigenständiges, dynamisches, kreatives, spontanes, ... befreiendes, also veränderndes Prinzip in der Kirche wirksam geworden: Wo der Geist des Herrn waltet, dort ist Freiheit (2Kor 3,17)«. — Und K. war davon überzeugt, daß die Bereitschaft zur Veränderung vor allem bei den bedrängten Menschen liegt (1974 Veränderung 641): »Dieser Geist Jesu bewegt die Kirche zu einem Handeln im Sinne Jesu, dessen Vorliebe offensichtlich den Einfachen und Armen, den Kindern, Kranken und Sündern, den Trauernden und vom Leben Enttäuschten, nach Gerechtigkeit Hungernden, Unterdrückten, Verfolgten, gesellschaftlich Verfemten, Gestrauchelten, den Zöllnern und Huren gilt. Sie sind die unmittelbaren und ersten Adressaten seiner befreienden, erlösenden Botschaft. Sie hält Jesus am ehesten für fähig, seinem Ruf zu Umkehr und Veränderung zu folgen«. — Die Frage des Verhältnisses von Kirche und Politik hat K. ein Leben lang bewegt. Er betonte immer wieder, daß das Christentum niemals politisch enthaltsam sein dürfe, daß Christen und Kirchen für die Ausgebeuteten und Benachteiligten aller Art »Partei nehmen« müssen, daß es jedoch ein Unding sei, christliche Parteien zu bilden. Denn die Geschichte hat gezeigt, daß die Politik »christlicher Parteien« meistens besonders unchristlich ist. — Eine ganz besondere »Grenzerfahrung« machte der 69jährige im Jahr 1976. Gemeinsam mit Norbert Greinacher führte ihn eine siebenwöchige Studienreise durch sechs Länder Südamerikas. Er besuchte viele Basisgemeinden und nahm am »Zweiten nationalen Kongreß der Basisgemeinden« in Vitoria teil: »Kirchliche Basisgemeinden. Eine Kirche, die aus dem Volk durch den Geist Gottes geboren wird«. K. war tief erschüttert über das Elend, das auf diesem »katholischen Kontinent« herrscht, verursacht durch den Raffgierkapitalismus US-amerikanischer Prägung. Anderseits erlebte er die ungebrochene Lebensfreude, die vitale Spiritualität und das verändernde soziale Engagement vieler Basisgemeinden als sehr ermutigend. — Deshalb fordert er 1978 (Politischer Katholizismus 71): »Gegenüber der Schändung der Menschenwürde, gegenüber der Mißachtung der primitivsten Menschenrechte, gegenüber Ausbeutung und Folterung und gegenüber Strukturen, die solches ermöglichen und fördern, gibt es keine »gesunde, goldene Mitte«, kein Schweigen, kein Dulden, keine Neutralität. Vielleicht erweckt Gott seiner Kirche in solchen Situationen auch Propheten, die sie wachrütteln, wenn ihre Vertreter verstummen«. — Immer wieder trat K. energisch gegen die Resignation in der Kirche und gegen die Ex-Kommunikation von unbequemen Theologen durch die römische Machtzentrale auf. Er war selbstverständlich bei der international zusammengesetzten Gruppe von 33 Theologieprofessoren, die im März 1972 - zehn Jahre nach Beginn des Konzils! - einen Aufruf »Wider die Resignation in der Kirche« veröffentlicht haben. Sie stellten darin fest, daß sich die Kirche in einer enormen Führungs- und Vertrauenskrise befindet, daß nur energische Reformen und offener Dialog diese Krise bewältigen helfen kann. Sie fordern alle Christen auf, daß sie - in Rückbesinnung auf Jesu Auftrag - nicht schweigen dürfen, daß sie der Kirchenleitung auch sagen, was sie denken, daß selber zu handeln ein Gebot der Stunde ist. Der Vatikan reagierte darauf sehr gekränkt und sprach sogar von »Kontestation«. — Betroffen nahm K. auch immer wieder öffentlich Stellung angesichts der »Fälle« kirchenamtlich - theologischer »Konfliktlösungen«, beispielsweise für Adolf Holl, Stephan Pfürtner, Leonardo Boff, Hans Küng und Edward Schillebeeckx. Zur Verurteilung von Hans Küng im Dezember 1979 schrieb er (1980 Papst 42): »Die 'römische' Theologie hat mit Hilfe des römischen Apparates gesiegt. Es ist freilich ein Pyrrhussieg; leider treffen seine Folgen die ganze katholische Kirche und ihre Glaubwürdigkeit. Denn kurz vorher hatte es auch in der römischen Weihnachtsliturgie geheißen: 'Erschienen ist die Güte und Menschenliebe Gottes, unseres Retters'. Von beiden war hier wenig zu merken«. — K. trat für Konfliktlösungen im christlichen Geist ein und warnte vor den gefährlichen Folgen autoritären und ex-kommunikativen Verhaltens. Immer wieder erinnerte er daran, daß die begründete Kritik von Autoritäten für Christen selbstverständlich sein müßte. Thomas von Aquin hat diese Kritik jedenfalls noch als »Pflicht der Liebe« aufgefaßt und gefordert: »Die Christen müssen lernen, auch in der Kirche mit Konflikten zu leben...Christen sollten sich sogar bemühen, Modelle christlicher Konfliktbewältigung zu entwickeln. Daß sich derzeit die Konflikte in der Kirche und das Unbehagen darüber, wie sie gelöst werden, so mehren, ist freilich ein Zeichen dafür, daß das Christentum weithin nicht mehr als Programm der Veränderung akzeptiert wird. Wenn man Religion nur als konservierende, eine Urzeit durch ihre Riten heraufbeschwörende oder den gesellschaftlichen Status quo erhaltende Kraft versteht, ist das Christentum keine Religion. Es kennt nur e i n e verbindliche Erinnerung, die an Jesus von Nazareth, aber diese weist selbst nach vorne und drängt in dem der Gemeinde gegenwärtigen Geist nach permanenter Erneuerung, nach Veränderung auf die Zukunft hin, die Gott selbst ist, der spricht: 'Siehe, ich mache alles neu' (Apk 21,5)« (1974 Veränderung 650). — Angesichts von Borniertheit, Engherzigkeit und Engstirnigkeit konnte K. sehr zornig werden, weil ihn die

Ehrfurcht vor dem Leben und der Respekt vor allen Menschen zutiefst bewegt hatte. Jede Theologie und Ideologie, die als Struktur gewordene Berührungsangst vor dem wirklichen Leben verstanden werden muß, erregte seinen Zorn, einen Zorn aus Liebe zum Leben, zu den Menschen und zur befreienden Botschaft des Christentums. Christliche Mündigkeit und eine entsprechende Kirchen- und Weltverantwortung zu fördern, das sah K. als zentrale Aufgabe jedes Christen und jeder christlichen Gemeinde an. Für Mündigkeit und gegen blinden Gehorsam trat er immer wieder energisch ein, so auch in seiner von großer Sorge zeugenden Studie »Der Papst aus dem Osten«, die er »den Vielen, die heute an der Kirche leiden« gewidmet hat (22, 25f.): » Ein absoluter, blinder Gehorsam ist ... in der Kirche weder angebracht noch sittlich möglich; ebenso wenig der in kirchlichen Dokumenten beliebte 'kindliche' Gehorsam...Umso erschreckender ist die weit verbreitete und verräterische Empfindlichkeit maßgebender kirchlicher Kreise gegen Kritik von innen und außen, die wie ein Majestätsverbrechen...empfunden wird. Man hat die Kritik der Propheten und Jesu selbst offenbar vergessen. Man spricht mit Berufung auf Loyalität und das 'Mit der Kirche Fühlen' (sentire cum ecclesia) von Nestbeschmutzung und Verrat: römische Dokumente soll man nur 'ehrfürchtig anerkennen, verbreiten und verteidigen'; ja wer sich ihnen nicht anschließt, 'stellt sich de facto außerhalb der kirchlichen Gemeinschaft', wie der Osservatore Romano meint«. — Zwei Thesen, die vom katholischen und antifaschistischen Volksbildner Viktor Matejka stammen, charakterisieren auch Ks. Wirken als Lehrer und Seelsorger: »Anregung ist alles!« und: »Widerstand ist alles!« Auch Otto Mauers Ausspruch »Kunst besteht im Wie, nicht im Was!« weist in diese Richtung einer erotischen Kultur der Kunst, der Wissenschaft und der Religion. Die Art des Umgangs mit Wissenschaft, mit Kunst, mit Lebenswissen und mit Lebenserfahrungen ist das Entscheidende, ganz im Sinne des weisen buddhistischen Sprichworts: »Wenn der Finger auf den Mond hinweist, betrachtet der Dummkopf den Finger!« Leider verstehen die Ideologen und Funktionäre aller Couleurs dieses Sprichwort nicht. Vor allem in den Seminaren und in den legendären »Klostermann-Privatissima« kamen diese Aspekte des anregenden, offenen und ehrlichen Diskurses besonders zum Ausdruck. — Die »Klostermann-Privatissima« (1968-1982) waren Orte der offenen Auseinandersetzung und Begegnung mit allen möglichen Wissensgebieten, Lebens- und Erfahrungswelten. Ks. Motto für diese Abendveranstaltung war: »Wach werden für die Wahrnehmung der wirklichen Probleme und Erfahrungen der Menschen«. Viele Studierende aus Deutschland, aber auch Pfarrer, Lektoren, Mediziner, Psychologen, Germanisten, Ökonomen, Kunst- und Musikstudierende und vor allem Laientheologen nahmen daran teil - durchschnittlich 30 Teilnehmer pro Abend. K. betonte immer wieder, daß diese Privatissima Orte der möglichst angstfreien, völlig offenen, ehrlichen Auseinandersetzung und Begegnung sein sollen. — So manches Privatissimum endete erst um 2 Uhr nachts in einem der Wiener Cafes. In diesem Rahmen wurden aktuelle Probleme diskutiert, konnten neue Fachbereiche und Lebenswelten kennen gelernt werden: moderne Kunst, Literatur und Musik, Human- und Sozialwissenschaften, Politik und Weltfriede. Mehrmals wurden Atelierbesuche bei prominenten Künstlern durchgeführt (z.B. Fritz Wotruba, Arnulf Rainer, Roland Rainer, Oswald Oberhuber), aktuelle Filme und Theateraufführungen wurden besucht mit anschließenden Expertengesprächen. Durch diese Lehrveranstaltung wurde viel zur Horizonterweiterung, zur Schärfung des Problembewußtseins und zur Begegnungs- und Kritikfähigkeit beigetragen. — Das »Klima« dieser Privatissima wurde auch dadurch bestimmt, daß es immer zu essen und zu trinken gab - auch dies war Ausdruck der Großzügigkeit und Gastfreundschaft Ks. Für ihn war es selbstverständlich, seine beiden Assistenten zu den wöchentlichen Arbeitsessen einzuladen. Nach seinem Tod sagte sein Steuerberater zu seiner Schwester, die seine Universalerbin war:«Geld ist nicht viel da. Ihr Bruder hat ein Vermögen nach Südamerika geschickt«. Und seine wertvolle Sammlung von Gemälden, Graphiken und Plastiken hat er testamentarisch dem Otto Mauer Fond vermacht. In seiner testamentarisch festgelegten Formulierung für seine Todesnachricht kommt sein tiefer Glaube und seine Dankbarkeit für ein erfülltes und sinnreiches Leben endgültig und als Vermächtnis zum Ausdruck: »Dankbar und im Vertrauen auf den, der in Jesus in unser Leben und in unseren Tod eingetreten ist, schied...aus einem reichen Leben«. — K. war ein »kosmopolitischer Citoyen«, ein Kirchenmann mit Weltbürgersinn. Menschen, die »mit den blöden Maulwurfsaugen der Selbstsucht« (Immanuel Kant) und mit konfessionalistischer Selbstgefälligkeit die Dinge des Lebens betrachten, mußten ihn, meist aus unbewußter Angst vor Veränderung, ablehnen. Er war ein aufgeschlossener und anregender Lehrer, der zum Widerstand gegen jede Form der Entmündigung, Verdummung und Ex-Kommunikation ermutigt hat. Die in der Kirche immer wieder erhobene Forderung eines überzogenen, nicht selten blinden Gehorsams lehnte er energisch als unchristlich ab: »Das ist eher ein Programm für eine Sklavenhaltergesellschaft als für eine Kirche Jesu Christi, die eine Botschaft umfassender Befreiung auszurichten hat« (1980 Papst 57). — In seinen ca. 200 Veröffentlichungen dominieren folgende Themen: Prinzip Gemeinde statt hierarchischer Bevormundung und klerikaler Erstarrung; Veränderung und Reform der kirchlichen Strukturen und der Spiritualität auf allen Ebenen; das sozialpolitische Engagement für alle unterdrückten und bedrängten Menschen; die Gestaltung des christlichen Apostolats, die Laien und die Priester (Gemeindeleiter) betreffend. In seinem Standardwerk »Priester für morgen« (1970) trat er selbstverständlich für haupt- und nebenberufliche, für verheiratete und ehelose Priester ein. Und im zweibändigen Standardwerk »Gemeinde - Kirche der Zukunft« (1974) vertrat er das »Prinzip Gemeinde« und wies nach, daß es eine »heilige Herrschaft« (Hierarchie) in den christlichen Kirchen nicht geben dürfte. — Mit der demokratischen Gestaltung der christlichen Gemeinden und besonders mit der Befreiung der katholischen Kirche von vielfältigen »häretischen Strukturen« befaßte sich K. immer wieder. Letztere äußern sich vor allem im römischen Zentralismus, im Klerikalismus, im Patriarchalismus und Papalismus und in allen konfessionalistischen Selbstgefälligkeiten und Borniertheiten. In Ks. Nachlaß befanden sich ein fast 2000 Seiten umfassendes Manuskript über die Zukunft der Ökumene, etwa 250 Seiten über die Frau in der Kirche und eine dicke Mappe mit Materialien zum Themenbereich strukturelle Ungerechtigkeit, Dritte Welt, Krieg und Frieden. — K. war ein begeisterter Bergsteiger und Schifahrer, ein unermüdlicher Wanderer und neugieriger Reisender. Charakteristisch für ihn war eine intellektuell redliche Streitlust ebenso wie eine ausgeprägte Dankbarkeit für die Schönheit der Natur und die großen Schätze der Kultur. Seine Lebensweise war einerseits sehr asketisch und bescheiden - er konnte Wochen lang von Knäckebrot und Buttermilch leben. Wenn er aber, was er häufig tat, Freunde, Mitarbeiter und Studierende zum Essen eingeladen hatte, gab es herrliches Essen und gepflegte Weine - begleitet von anregenden Gesprächen bis tief in die Nacht hinein. Gäste wurden immer äußerst großzügig bewirtet und bei dieser Gelegenheit erwies sich K. als dankbarer Genießer der Köstlichkeiten aus Natur und Kochkunst. — Er pflegte Freundschaften mit Theologen, Wissenschaftlern und Künstlern - etwa mit den prominenten evangelischen Theologen Wilhelm Dantine und Kurt Lüthi, mit dem Künstlerförderer und Domprediger Otto Mauer, mit dem Kunstkenner Günter Rombold und mit den Pastoraltheologen Norbert Greinacher und Wilhelm Zauner. — Von besonderer Bedeutung für K. war die Freundschaft mit Msgr. Otto Mauer, dem Domprediger, Akademiker- und Künstlerseelsorger, dem Gründer der Galerie nächst St. Stephan, dem international anerkannten Förderer moderner Kunst und junger Künstler, dem Mitherausgeber der geistvollen Zeitschrift »Wort und Wahrheit«, dem enfant terrible im Wiener Klerus. Beide lernten einander im »Bund Neuland« kennen und es entwickelte sich eine ebenso tiefe wie streitbare Freundschaft zwischen diesen beiden äußerst unterschiedlichen Persönlichkeiten. Der plötzliche Tod von Mauer im Herbst 1973 traf K. sehr. — Wegen seiner Geistesgegenwart, seiner intellektuell redlichen Streitlust und wegen seiner großen theologischen Kompetenz wurde K. von den Studierenden aus dem In- und Ausland sehr geschätzt. Seine Aufgeschlossenheit für alle Fragen des Menschseins und Menschwerdens, sein christlich-humanistisches Engagement und seine Gemütlichkeit und Kontaktfreudigkeit fanden hohe Wertschätzung. Er liebte das morbide und widerspruchsreiche Wien und genoß Heurigenbesuche mit Studierenden und Freunden. Von einer Frankreichreise mit Norbert Greinacher (1971) sandte er eine aufschlußreiche Ansichtskarte: »Schon auf den frühlingshaften Hügeln der Auvergne haben wir bei Rotwein und herrlichem Käse den Satz von der universellen Scheiße falsifiziert. Herzlich grüßt Ferdinand Klostermann«.

Werke: Das Mutterspiel (Blätter für neues Festefeiern, H. 8), Wien 1932.; Vaterländisches Weihespiel. In: Fest-Führer zum 6. Gauturnfest der Christlich - deutschen Turnerschaft Oberösterreichs. Steyr 1933, 19-26; Strukturwandel der katholischen Organisationsformen? Wien 1949; Masse und Elite. In: Seelsorge und Katholische Aktion. Grundbesinnung und Orientierung. Doppelheft von »Der Seelsorger« 21 (1951) 40-79; Versuchungen der Katholischen Aktion? Zu Henri Dumerys Buch: Die drei Versuchungen des modernen Apostolates. in: ThprQ 99 (1951) 193-210; Laienapostolat und katholische Aktion. Eine Besinnung nach dem Weltkongreß des Laienapostolates (7.-14.10.1951) in Rom. In: ThprQ 100 (1952) 249-270, 340-357; Die Katholische Aktion an die Pfarrseelsorge. In: Die Pfarre. Gestaltung und Sendung. Wiener Seelsorgetagung 1953, Wien 1953, 38-47; Sacerdos, quis es tu? Zu Michael Pflieglers Buch »Priesterliche Existenz«. In: ThprQ 101 (1953) 135-139; Apostolat. In: LThK Bd. 1 (Freiburg 1957), 755-757; Die Problematik des Laienapostolates nach dem zweiten Weltkongreß in Rom. Sonderdruck aus ThprQ 106 (1958) 89 -104 bzw. im Sonderdruck 1/32 ergänzt um das Kapitel IV. Versuch einer Ortung des Laienapostolates und der laienapostolischen Vereinigungen; Zu einem Grundanliegen der katholischen Bewegung und der Kirche von heute. In: Der Seelsorger 29 (1958/59) 116-126; Der Laie in der Kirche. In: Der Seelsorger 29 (1959) 259-265, 300-312, 363-366; Kirche und Politik. Grundsätzliche Erwägungen. In: Der Seelsorger 30 (1959/60) 525-537; Vom Vereinskatholizismus zum Katholizismus der Katholischen Aktion. In: 90 Jahre Linzer Volksblatt. Beilage zum Linzer Volksblatt 21, 2 (3.1.59) 31-33; Das christliche Apostolat. Innsbruck 1962 (Habilitationsschrift); Schwerpunkte der Seelsorge heute. Überlegungen nach dem österreichischen Katholikentag 1962. In: Der Seelsorger 32 (1962) 356-373; Klappentext zu: Michael Pfliegler, Pastoraltheologie. Wien 1962; Das Wohnviertelapostolat - eine neue Aufgabe der Katholischen Aktion. In: Der Seelsorger 33 (1963) 267-270; Mitarbeit: Documentazione Olandese del Concilio, Roma 1963ff.; Sind unsere Pfarren noch echte Gemeinschaften? In: ThprQ 112 (1964) 37-46; Überlegungen zur Reform der theologischen Studien. Anregungen zu einem Gespräch. In: ThprQ 112 (1964) 273-313; Kirche als Gemeinschaft. In: Christliche Kunstblätter (1964) 81-85; Prinzip Gemeinde. Gemeinde als Prinzip des kirchlichen Lebens und der Pastoraltheologie als der Theologie dieses Lebens. Wiener Beiträge zur Theologie. Bd. XI, Wien 1965, 124 S.; Pastoraltheologie heute. In: Dienst an der Lehre. Festschrift für Kardinal Franz König. Wiener Beiträge zur Theologie. Bd. X, Wien 1965, 49-108; Priesterbild und Priesterbildung - Überlegungen für übermorgen. In: Der Seelsorger 35 (1965) 299-316; Die Studienpläne der katholisch-theologischen Fakultäten und Lehranstalten Österreichs. In: ThprQ 113 (1965) 266-275; Gegenwartsaufgaben der Wiener Pastoraltheologie. In: Österreichische Hochschulzeitung Nr. 9 (1.5.1965) 30-38; Gegenwartsaufgaben der Wiener Pastoraltheologie. In: Aufgaben der Universität Wien in Gegenwart und Zukunft. Aufsätze zur 600-Jahrfeier. hrsg. von der Universität Wien 1965, 30-38; Das Apostolat der Laien. In: Österreichisches Klerusblatt 98 (1965) 17f.; Kommentar zum IV. Kapitel der Dogmatischen Konstitution über die Kirche. In: LThK 2. Das Zweite Vatikanische Konzil I, Freiburg 1966, 260-283; Mitherausgeber: F. Klostermann, H. Kriegel, O. Mauer, E. Weinzierl (Hrsg.): Kirche in Österreich 1918-1965. Bd. 1, Wien 1966, Bd. 2, Wien 1967; Das Amt und der Dienst. In: K. v. Bismarck (Hrsg.): Neue Grenzen. Stuttgart 1966, Bd. 1, 94-100; Mitarbeit: L. Waltermann (Hrsg.): Konzil als Prozeß. Berichte im Westdeutschen Rundfunk über das Zweite Vatikanum. Eine Dokumentation. Köln 1966 261ff.; Entmythologisierung des Priesterberufes und der Priesterberufung. In: Der Seelsorger 36 (1966) 10-21; Katholische Aktion nach dem Zweiten Vatikanum. In: Der Seelsorger 36 (1966) 309-319; Der Weltlaie und sein Apostolat nach dem Zweiten Vatikanum. In: ThprQ 114 (1966) 201-223; Doch noch Universitätsreform? In: Wort und Wahrheit 21 (1966) 494f.; Priesterbildung in der Krise. In: Wort und Wahrheit 21 (1966) 560f.; La formation pastorale du clerge selon Vatican II. In: Seminarium 6 (1966) 626-674; Einleitung und Kommentar zum Dekret über das Apostolat der Laien. In: LThK 2. Das Zweite Vatikanische Konzil II, Freiburg 1967, 585-701; Das organisiert Apostolat der Laien und die Katholische Aktion. In: F. Klostermann u. a. (Hrsg.): Kirche in Österreich II, Wien 1967, 68-137; Mitautor: F. Klostermann, J. Klemen, J. Leb: Das katholische Organisationsleben der Gegenwart. Ebd. 138-186; Hat uns das Konzilsdekret über das Apostolat der Laien Neues gebracht? In: J.C. Hampe (Hrsg.): Die Autorität der Freiheit. München 1967, 72-87; Mitarbeit und Mitherausgeber: Österreichisches Seelsorgeinstitut (Hrsg.): Kirche in der Stadt. Grundlagen und Analysen. 2 Bde., Wien 1967; Theologie der christlichen Gemeinde. In: Kirche in der Stadt, hrsg. v. Österr. Seelsorgeinstitut Bd. 1, Wien 1967, 34-60; Apostle, Apostolate, Apostolic. In: The new Catholic Enzyklopedia. Washington 1967, Bd. 1, 68f., 688f.; Die Bewegung der geistlichen Berufe in Westeuropa. In: Der Seelsorger 37 (1967) 114-122; Gibt es noch Pfarrer? In: Der Seelsorger 37 (1967) 249-257; Desiderate zur Reform des Laienrechts. In: ThprQ 115 (1967) 334-348; Prinzipien einer Strukturreform der Kirche. In: IDO-C. Information documentation on the Conciliar church. Doss. 67 -23 v. 16.7.., 1-10. Rome 1967: Strukturen der Kirche von morgen. In: IDO-C (Rome) 67-28 v. 10.9. 1967; Doss. 67-29 v. 1.10. 1967, 1 - 13; Eine andere Kirche? In: Die Furche 19 (1967) 1f.; Die katholische Aktion nach dem Konzil. In: Der nächste Schritt 14 (1967) 3-6; Wieder politischer Katholizismus? In: Neues Forum14 (1967) 442-446; Neue diözesane Strukturen. In: Diakonia 2 (1967) 257-269; Was ist ein Priester? In: Religionsunterricht an höheren Schulen 10 (1967) 180-188; Nieve strukturen in het bisdom. In: Theologia en pastoraat (1967) 348-360; Pap es laikus aholnap egyhazaban. In: theologia 1 (Budapest 1967) 107-117; Tese o laicima. Zagreb 1967; Mitherausgeber: Handbuch der Pastoraltheologie. Praktische Theologie der Kirche in ihrer Gegenwart. Bd. III, hrsg. V. F. X. Arnold, F. Klostermann, K. Rahner, V. Schurr, L.M. Weber. Freiburg 1968, Bd. IV 1969, Bd. I/2 1970, Bd. II/1,2 und I 2/2 1971; Allgemeine Pastoraltheologie der Gemeinde. In: F.X. Arnold u. a. In: HPTh III, Freiburg 1968, 17-58; Bildung und Erziehung des Christen zur Mündigkeit in Kirche und Gesellschaft. In: HPTh III, Freiburg 1968, 446-474; Das Apostolat der Laien in der Kirche. In: HPTh III, Freiburg 1968, 586-635; Einleitung und Kommentar zu: S. Paulus VI. Papa: Consilium de laicis et pontificia commissio studiosorum »Justitia et pace« (lat. u. deutsch). Die Einrichtung des Laienrates und der Apostolischen Studienkommission »Justitia et pax«. Nachkonziliare Dokumentation Bd. 13, Trier 1968; Die Verkündigung der christlichen Botschaft. Überlegungen zum Subjekt der christlichen Verkündigung. In: K. Rahner, B. Häring (Hrsg.): Wort in Welt. Studien zur Theologie der Verkündigung. Festgabe für Viktor Schurr. Bergen-Enkheim 1968, 218-251; Katholische Aktion. In: SM II, Freiburg 1968. 1070-1078; Mitherausgeber: Pastoraltheologische Informationen. Hrsg. von der Leitung der Konferenz der deutschsprachigen Pastoraltheologen. Mainz 1968ff.; Die überstaatlichen Bischofskonferenzen. In. Concilium 4 (1968) 609-612; Die überstaatlichen Bischofskonferenzen. In: IDO-C v. 18.8.1968 n. 68-31/32/33; Pastoraltheologische Perspektiven. In: Informationsblatt des Instituts für europäische Priesterhilfe 2 (1968)1/2, 88-106 (Maastricht); Mitarbeit: Commentary on the Documents of Vatican II. Vol. 1, Freiburg 1968; Die Position und die Funktion des Laien in der Kirche. In: Wort und Wahrheit 23 (1968) 355f. ; Sind alle Priester? Reihe X, Graz 1969; Priester für morgen - pastoraltheologische Aspekte. In: F. Henrich (Hrsg.): Weltpriester nach dem Konzil. München 1969. 145-175; Mitherausgeber: F. Klostermann, N. Greinacher (Hrsg.): Reihe »Theologie konkret« (Herder) Wien 1969f.; Die katholische Aktion in einer neu strukturierten Kirche. Hrsg. von der Katholischen Aktion Österreichs, Wien 1969; Was ist Gemeinde? Eine praktisch-theologische Überlegung. In: Sein und Sendung 1 (1969) 194-201, 242-249; Principi per una reforma di struttura della chiesa. In: La fine della chiesa come societa perfetta. Verona 1969, 253-298; Knez pro zitrek. In: Via 2 (1969) 86-89 (Prag); Vorwort zu: G. Hierzenberger: Der magische Rest. Ein Beitrag zur Entmagisierung des Christentums. Düsseldorf 1969; Vorwort zu P. Gerbe. Zulassung zur Taufe. Wien 1969; Priester für morgen. Innsbruck 1970; Mitherausgeber: B. Dreher, N. Greinacher, F. Klostermann (Hrsg.): Handbuch der Verkündigung. 2 Bde., Freiburg 1970; Der Träger der Verkündigung. In: Ebd. Bd. I, 363-409; Mitherausgeber: H. Fischer, N. Greinacher, F. Klostermann (Hrsg.): Die Gemeinde. Pastorale Handreichung für den pastoralen Dienst. Mainz 1970; Mitherausgeber und Mitarbeiter der Reihe: Pastorale Handreichungen für den pastoralen Dienst. Mainz 1979ff.; Priester für morgen. 10 Thesen über den gemeindlichen Vorsteherdienst. In: Unsere Brücke, Juni 1970, 2-6; Vision einer Gemeinde von morgen. In: Publik 4.9.1970, 23: El principio communitario en la iglesia. Barcelona 1970; Gemeinde im Hochschulbereich - Modell für künftige christliche Gemeinden. In: Diakonia / Der Seelsorger 1 (1970) 98-109; Vision einer Gemeinde von morgen. In: Publik (Hrsg.): Die Chancen der brüderlichen Gemeinde. Mainz 1979, 53-62; Principes d 'une reforme de structures dans l´Eglise - Pour une nouvelle image de l´Eglise. Gembloux, Ducolot 1970, 135-174; Mitherausgeber: F. Klostermann, N. Greinacher, A. Müller, R. Völkl. La chiesa locale. Brescia 1970 (= HPTh III: Der Selbstvollzug der Kirche in der Gemeinde); Mitherausgeber: W. Pesch, P. Hünermann, F. Klostermann: Priestertum. Kirchliches Amt zwischen gestern und morgen. Aschaffenburg 1971; Dem Laien die Pastoral, dem Klerus das Geld? In: Diakonia / Der Seelsorger 2 (1971) 54-57; Eine indiskutable Synodenvorlage? Worüber die Wiener Synode kaum diskutieren wollte. In: Diakonia / Der Seelsorger 2 (1971) 273-277; Die pastoralen Gremien. Zu einem Entwurf der Klerikerkongregation und zu seiner Theologie. In: Diakonia / Der Seelsorger 2 (1971) 346-353; Das Vorsteheramt in der Gemeinde von morgen. In: N. Hepp (Hrsg.): Neue Gemeindemodelle. Wien 1971; Die Kontestation der Antikontestatoren. In: actio catholica 16 (1971) 4f.; Institut für Pastoraltheologie. In: Österr. Hochschulzeitung 23 (1971) 5, 2; A Holny papja. In: theologia 4 (1971) 3-7 (Budapest); Die Gemeinde Christi. Prinzipien, Dienste, Formen. Augsburg 1972; Ökumenische Begegnung in Wien. In: M. Seckler, O.H. Pesch, J. Brosseder, W. Panneberg (Hrsg.): Begegnung. Beiträge zu einer Hermeneutik des theologischen Gesprächs. Graz 1972, 491-503; Mitherausgeber: F. Klostermann, K. Rahner, H. Schild (Hrsg.): HPTh V, Freiburg 1972/73; Mitarbeit: Herders Theologisches Taschenlexikon. 8 Bde., Freiburg 1972/73; Roma locuta causa finita? Thesen zum kirchlichen Vorsteheramt und seiner zeitgemäßen Auffächerung. In: Diakonia 3 (1972) 145f., 175-179; Naturwissenschaftliches Ergänzungsstudium für Theologen. In: Diakonia 3 (1972) 291-298; Demokratie und Hierarchie in der Kirche. In: Wort und Wahrheit 27 (1972) 323-336; Das Vorsteheramt in der Gemeinde von morgen. In: ThprQ 120 (1972) 23-33; Apostolat. In: Herders theologisches Taschenlexikon. Bd.1, Freiburg 1972, 171-173; Katholische Aktion. In: Ebd. Bd. 4, 99-104; Der Zustand der römisch-katholischen Kirche. In: Wort und Wahrheit 27 (1972) 146-150; Zu Holl´s Jesus-Buch. In: Diakonia 3 (1972) 134-137; Zwölf Thesen zum priesterlichen Dienst. In: Österr. Klerusblatt 105 (1972) 97; In memoriam Michael Pfliegler. In: Wiener Kirchenzeitung 124 (1972) 4; Bilanz des Konzils. In: Wiener Kirchenzeitung 124 (1972) 1f (15.10.72); Hol tartunk a zsinati megujulasban. In: Uj Embre 28, 6.8.1972 (Budapest); Vorwort zu: F.M. Kapfhammer (Hrsg.): Michael Pfliegler. Seiner Zeit voraus. Aktuelle Texte. Graz 1973; Auseinandersetzung mit der Welt - aber wie? In: Diakonia 4 (1973) 201-205; Mitautor: H. Erharter, F. Klostermann: Otto Mauer in dankbarem Gedenken. In: Diakonia 4 (1973) 361f.; Die Pastoralräte in römischer Sicht. In: Diakonia 4 (1973) 421-423; Der Presbyter des Vatikanum II. In: ThprQ 121 (1973) 159-162; Erinnerung an Otto Mauer. In: actio catholica 18 (1973) 4, 1f.; »Ein Jesuit erregt Anstoß«. Leserbrief in Sachen »Fall Kripp«. In. Die Presse 15./16. 12. 1973; Demokracja i hierarchia w Kosciele. In: Collectanea Theologica 43 (1973) II, 5-20 (Warschau); Gemeinde - Kirche der Zukunft. Thesen, Dienste, Modelle. 2 Bde., Freiburg 1974; Mitherausgeber: F. Klostermann, R. Zerfaß (Hrsg.): Praktische Theologie heute. München 1974; Veränderung in der Kirche als theologisches und praktisches Problem. In: Ebd. 638-650; Überlegungen eines praktischen Theologen über den einfachen Menschen. In: K. Krenn (Hrsg.): »Der einfache Mensch« in Kirche und Theologie. Linz 1974, 67-89; Die fernstehende Kirche. Überlegungen eines bekümmerten praktischen Theologen zum Problem der »Fernstehenden«. In: Diakonia 5 (1974) 84-95; Der Fall »Kripp« - Modell christlicher Konfliktbewältigung? In: Diakonia 5 (1974) 135-138; Christentum als Programm der Veränderung. In: A. Th. Khoury, M. Wiegels (Hrsg.): Weg in die Zukunft. Leiden 1975, 45-80; Dienst an der Einheit im Glauben. In: G. Denzler (Hrsg.): Papsttum heute und morgen. 57 Antworten auf eine Umfrage. Regensburg 1975, 87-91; Mitarbeit: Praktisches Wörterbuch der Pastoralanthropologie. Hrsg. v. H. Gastager, K. Gastgeber u. a., Wien 1975; Nachruf auf einen »Synodalen Vorgang«. In: Diakonia 6 (1975) 68 -71; Für oder gegen Fristenlösung - Unterscheidungszeichen der Christlichkeit? In: Diakonia 6 (1975) 211-213; Müssen die Priester aussterben? In: ThprQ. 123 (1975) 356 -367; Vor einer neuen Priesterkrise? In: Imprimatur 8 (1975) 1/9-11; Laien als Vorsteher von Pfarren. In: Entschluß. Zeitschrift für Praxis und Theologie 1 (1975) 504-506; Der Raum der Freiheit in Anatomie und Theologie. In: Österr. Hochschulzeitung 27 (1975) 1/2, 8-10; Christentum - ein Programm der Veränderung. In: Jugend und Kirche (1975/76) 2-5; La persona del predicatore. In: Manuale della predicazione. Bologna 1975, 297-351; Mitherausgeber: Manuale della predicazione. Bologna 1975; Kirche - Ereignis und Institution. Überlegungen zur Herrschafts- und Institutionsproblematik in der Kirche. Wien 1976; Müssen die Priester aussterben? Überlegungen zur Überwindung der derzeitigen Amtskrise der katholischen Kirche. Linz 1976; Theologie und Kirche. Fundamental- und pastoraltheologische Grundlagen. In: G. Gorschenek (Hrsg.): Katholiken und ihre Kirche in der Bundesrepublik Deutschland. München 1976, 11-24; Laientheologen und Laientheologinnen in kirchlichen Berufen. In: Diakonia 7 (1976) 44-49; Kirche und Politik. In: Diakonia 7 (1976) 73-76; Neuer »politischer Katholizismus«? In: Diakonia 7 (1976) 133-136; Der Laie in der Weltkirche oder: Der Welt- »laienrat« in der Sackgasse? In: Diakonia 7 (1976) 212-216; Krisen in der Kirche - Krise der Kirche. In: Concilium 12 (1976) 232-237; Schlicht und einfach - wie in der Frühkirche? Den Priester nicht zum Magier machen. Sieben Vorschläge für die Gemeinden. In: Publik -Forum 5 (1976) 18f.; Biblisch-liturgische Erneuerung heute. In: 50 Jahre Bibel und Liturgie (1926-1976). Klosterneuburg 1976, 319f.; Einzige Hilfe. Strukturänderung. In: Interessen 1976, 2f.; Wir brauchen Priester. Jüngste Fakten zum Buch »Müssen die Priester aussterben?« Linz 1977; Herausgeber: Der Priestermangel und seine Konsequenzen. Einheit und Vielfalt der kirchlichen Ämter und Dienste. Düsseldorf 1977; Priester und priesterliche Dienste in der Gemeinde von morgen. In: Ders. (Hrsg.): Der Priestermangel und seine Konsequenzen. Düsseldorf 1977, 129-172; Mitherausgeber: N. Greinacher, F. Klostermann (Hrsg.): Freie Kirche in freier Gesellschaft. Südamerika - eine Herausforderung für die Kirchen Europas. Einsiedeln/Zürich 1977; Basisgruppen und -gemeinden - eine Zielgruppe? In: L. Bertsch, K.H. Rentmeister (Hrsg.): Zielgruppen. Brennpunkte kirchlichen Lebens. Frankfurt 1977, 123-131; Für eine Pluralität von politischen Katholizismen. In: Gesellschaft und Politik. Schriftenreiche des Instituts für Sozialpolitik und Sozialreform. Wien 1977, 5-24; Priester in der Gemeinde von morgen. In: Österr. Klerusblatt 110 (1977) 160f.; Vorwort zu: I. Adam, E. R. Schmidt: Gemeindeberatung. Ein Arbeitsbuch zu Methodik, Begründung und Beschreibung der Entwicklung von Gemeinden. BCS -Buchreihe »Fachbücher für soziale Arbeit«. Gelnhausen-Freiburg-Stein 1977; Kirche als Dienst. Interview mit Univ.-Prof. Dr. F. Klostermann. In: Burgenländisches Jahrbuch 1977, Eisenstadt 1977, 7-9; Neue Pastoral aus Lateinamerika. In: actio catholica 1 (1977) 14-18; Basisgemeinden auch in Wien? In: Wiener Kirchenzeitung 129 (1977) Nr. 6 v. 13.2.1977, 5 und Nr. 7 v. 20.2., 10; Der Priester - ein Sozialarbeiter? In: Jugend und Kirche (1977 / 78) H.3, 14-17; Vorwort zu: L. Wallner: Gedanken zum Nachdenken. Innsbruck 1977; Mitherausgeber: N. Greinacher, F. Klostermann (Hrsg.): Vor einem neuen politischen Katholizismus? Frankfurt 1978; Für eine Pluralität der Katholizismen in der einen Kirche. Aufgezeigt am Beispiel der Politik. In: N. Greinacher, F. Klostermann. Ebd., 29-107; Mitherausgeber: N. Greinacher, F. Klostermann (Hrsg.) Reihe: Erfahrung und Theologie. Schriften zur Praktischen Theologie. Frankfurt-Bern-Las Vegas 1978f.; Zur neuen »Ordnung der pastoralen Dienste« in der BRD: In: Diakonia 9 (1978) 12-18; Was heißt Identifikation mit der Kirche? In: Imprimatur. Nachrichten und kritische Meinungen aus der katholischen Kirche 11 (1978) 183-189, 219-223, 255-261 (Trier); Was heißt Identifikation mit der Kirche? In: SOG. Mitteilungen der Solidaritätsgruppe engagierter Christen (Wien) 8 (1978) 3, 3-17; Chiesa evento e istituzione. Assisi, Citadella 1978, 248; Gemeinde - Kirche der Zukunft. In: Bischöfliches Ordinariat Limburg (Hrsg.): 150 Jahre Bistum Limburg. Berichte und Dokumentation. Frankfurt 1978, 7-26; Vom Vereinskatholizismus zur Katholischen Aktion. In: Katholische Männerbewegung der Diözese Linz (Hrsg.): 30 Jahre Katholische Männerbewegung. Linz 1978, 10-21; Die Zukunft der Pfarrgemeinde. In: Linzer Kirchenzeitung 34 (1978) H. 4, 6; Zur neuen Ordnung der pastoralen Dienste in der BRD. In: Pastoraltheologische Informationen 6, Januar 1978, 31-34; Wie heidnisch sind die Wiener wirklich? In: Österr. Klerusblatt 111 (1978) 81f.; Unfestliche Gedanken eines praktischen Theologen zu einem Stadtfest der Kirche. In: Was (Graz) 1978, 20, 14-16; Lateinamerika und wir. In: stud. theol. (Wien) 1978, 5, 14f.; Wie wird unsere Pfarre eine Gemeinde? Für alle Mitarbeiter in der Pfarrgemeinde. Wien 1979; Leiden an der Kirche. In: P. Pawlowsky, E. Schuster (Hrsg.): Woran wir leiden. Beiträge - Texte - Methoden. Wien 1979, 68-105; Katholische Jugend im Untergrund. In: R. Zinnhobler (Hrsg.): Das Bistum Linz im Dritten Reich. Linz 1979, 138-229; Mitherausgeber: F. Klostermann, J. Müller (Hrsg.): Pastoraltheologie. Ein entscheidender Teil der josephinischen Studienreform 1777-1977, Wien 1979; Pius Parsch in der Sicht seiner Zeitgenossen. In: N. Höslinger, Th. Maas-Ewerd (Hrsg.): Mit sanfter Zähigkeit. Klosterneuburg 1979, 294-296; Kirche, Katholische Aktion und Politik. In: Die Furche 29.8.1979, 4; Die Kirche darf kein Parteivorfeld werden. In: Die Furche 14.11.1979, 4; Gemeindeforum Schwechat. In: Wiener Kirchenzeitung 3.6.1979, 7; Modelle und Thesen zu einer christlichen Gemeinde. In: Maulzirkel (Wien 1979) 17, 101-104; Die Ungereimtheiten und Mißverständnisse um Puebla - ein kirchliches Kommunikationsproblem? In: Diakonia 10 (1979) 186-189; Der Papstbrief, die Bischöfe und der Gemeindenotstand. In: Orientierung 43 (1979) 111f.; Akademikerpastoral und Katholische Aktion der Akademiker. In: actio catholica. Zeitschrift für Akademiker (Wien) H. 1, (1979) 19-25; Der »Horror laici docentis« oder: Laien in Verkündigung und pastoralen Ämtern. In:stud. theol. 6 (1979) 14-16; Johannes Paul II. In: stud. theol. (Wien) 9 (1979) 14-18; Theologie der Gemeinde. In: Ordensnachrichten 1979, H

121/122, 451-493; Die pastoralen Dienste heute. Priester und Laien im pastoralen Dienst. Situation und Bewältigung. Linz 1980; Der Papst aus dem Osten. Wien 1980; Der Papstbrief und seine Folgen. In: G. Denzler (Hrsg.): Priester für heute. Antwort auf das Schreiben Johannes Paul II. an die Priester. München 1980, 130-144; Versuchungen zur Resignation in der heutigen Kirche. In: Theologie der Gegenwart. Beiträge zur Pastoraltheologie und Pastoralpsychologie. Hermann Stenger zum 60. Geburtstag. 23 (1980) 3, 101-106; Bischofsbestellung und Ortskirche. In: SOG. Mitteilungen der Solidaritätsgruppe engagierter Christen in Österreich (Wien) 10 (1980) Nr. 6, 6-8; Priester aus den Gemeinden - kontra »abstruse Alternativen«. In: präsent 27.11. 1980, 7; Gemeinde ohne Priester. Ist der Zölibat eine Ursache? Mainz 1981; »Messung« pastoralen Erfolges - pastoraltheologisch. In: J. Horstmann (Hrsg.): Erfolgreiche - nicht erfolgreiche Gemeinde. Zur »Erfolgskontrolle« pastoraler Tätigkeit. Paderborn 1981, 49-83; Leiden an der Kirche. In: W. Pöldinger, J. Lange, A. Kirchmayr (Hrsg.): Psychosoziales Elend. Herausfordernde Einsichten. Ermutigende Initiativen. Erwin Ringel zum 60. Geburtstag. Wien 1981, 75-87; Gemeindemodelle und ihr legitimer Ort. In: Diakonia 12 (1981) 5-21; Die Basiskirche - ein neuer Weg und seine Probleme. In: Diakonia 12 (1981) 183-190; Eine neue Form der Bischofsbestellung? In: Orientierung 45 (1981) 55-58; Zukunft und Ziel der Ökumenischen Bewegung. Skeptische Überlegungen eines katholischen Theologen. In: EvTh 41 (1981) 309-325; Affektivität und Zölibat. In: ThprQ 129 (1981) 168-170; Die kirchlich distanzierten Christen. In: Vikariat Wien (Hrsg.): Symposium. Christ sein in Wien. Wien 1981, 56-60; Es gibt ein Recht auf Eucharistie. In: Die Furche 21.1.1981, 8; Führt der Katholikentag von 1983 zu einem neuen österreichischen Katholizismus? In: Die Furche 6.5.1981, 8; Die Zukunft der Ökumene. Acht Thesen für eine Ökumene der christlichen Kirchen. In: ThPQ 131 (1983) 318-328; Persönliche Erinnerungen an die Zeit des Nationalsozialismus. In: Neues Archiv für die Geschichte der Diözese Linz 2(1982/83) 156-160; Erinnerungen an die Zeit des Nationalsozialismus. In: R. Zinnhobler (Hrsg.) Ferdinand Klostermann. Ich weiß, wem ich geglaubt habe. Erinnerungen und Briefe aus der NS- Zeit. Wien 1987, 23-28.

Lit. (Auswahl): H. Erharter, A. Kirchmayr, J. Lange, J. Müller (Hrsg.): Prophetische Diakonie. Impulse und Modelle für eine zukunftsweisende Pastoral (F. Klostermann zum 70. Geburtstag) Wien 1977; — N. Greinacher: Partielle Identifikation mit der Kirche. Zum Tode von Ferdinand Klostermann. In: SOG 13 (1983) Nr. 1, 22; — H. Hofer: Klostermann im Lainzer Kreis. In: SOG 13 (1983) Nr. 1, 25f.; — A. Kirchmayr: Ferdinand Klostermann. Ein Nachruf auf einen prophetischen Zeitgenossen. In: SOG 13 (1983) Nr. 1, 5-18; — A. Kirchmayr: Bibliographie von Ferdinand Klostermann. In: Pastoraltheologische Informationen 2 (1983) 350-362; — A. Kirchmayr. Ferdinand Klostermann. Ein europäischer Befreiungstheologe. In: Kirche In 16 (2002) Nr. 12, 12f.; — A. Kirchmayr: Feuergeist. Zur Erinnerung an Ferdinand Klostermann (1907-1982). In: Diakonia 34 (2003) H.2, 129-132; — A. Kirchmayr: Otto Mauer. Pfingstlicher Monsignore. In: Kirche In 17 (2003) Nr. 11, 16f.; — K. Lüthi: »...einfach schauerlich!« Ferdinand Klostermann als Freund und Skeptiker der Ökumene. In: SOG 13 (1983) Nr. 1, 23f.; — A. Schwarz: Pastoraltheologie und Kerygmatik. In: E. Ch. Suttner (Hrsg.): Die Katholisch-Theologische Fakultät der Universität Wien 1884-1984. Festschrift zum 600-Jahr-Jubiläum. Berlin 1984, 247-272, bes. 261-267; — M. Thanner, B. Holzner: Klostermann oder die Unvernünftigen sterben aus. In: SOG 13 (1983) Nr. 1, 24f.; — E. Weinzierl: Ferdinand Klostermann (1907-1982). In: actio catholica 1983, H.1, 27f.; — W. Zauner: Ferdinand Klostermann. Kirche als Leidenschaft. In: A. Zauner, H. Slapnicka (Hrsg.): Oberösterreicher. Lebensbilder zur Geschichte Oberösterreichs Bd. 3, Linz 1984, 229-242; — W. Zauner: Ferdinand Klostermann - Kirche als Leidenschaft. In: R. Zinnhobler (Hrsg.1987) a. a. O. 9-21; — R. Zinnhobler: Der andere Klostermann. In: ThPQ 134 (1986) 273-279; — R. Zinnhobler (Hrsg.): Ferdinand Klostermann. Ich weiß, wem ich geglaubt habe. Erinnerungen und Briefe aus der NS-Zeit. Wien 1987.

Alfred Kirchmayr

KÖNN, Josef, praktisch-theologischer Schriftsteller, Vertreter der Liturgischen Bewegung, * 22.3. 1876 in Lüttich, † 31.7. 1960 in Köln. J. K. wurde am 22. März 1876 in Lüttich als einziger Sohn des Schneidermeisters Josef Könn und seiner Ehefrau Anna Maria geboren. Am 26. März 1876 wurde er in Lüttich in St. Martin getauft. Er verlebte seine Jugend in der Heimat seiner Mutter, in Büllingen im Kreis Malmedy. Auf Rat des Pfarrers von Büllingen, Matthias Nettekoven, kam Könn auf das Gymnasium in Münstereifel. Sein Religionslehrer war dort Anton Stelzmann, ein erfolgreicher Verfasser von Gesang- und Gebetbüchern für die Jugend (u.a. zehn Auflagen von »Psallite domino«). Sein Abitur machte er 1896 mit der Note »sehr gut« in Religion und Deutsch. Danach studierte er Theologie und Philosophie in Bonn. Mit 77 Seminaristen (darunter Konrad Jakobs [1874-1931, s. Bd. II]) wurde Könn am 31. März 1900 von Erzbischof Hubertus Simar (1835-1902, s. Bd. X) im Kölner Dom zum Priester geweiht. Seine priesterliche Laufbahn begann er an St. Nikolaus in Eupen. Im Februar 1902 wurde er als Kaplan nach St. Mauritius in Köln versetzt. In seiner Kaplanszeit schloß Könn eine enge Freundschaft mit dem Kaplan an St. Alban, dem späteren Theologieprofessor Wilhelm Neuss (1880-1965, s. Bd. XVI), und seinem Mitkaplan, dem späteren Weihbischof Joseph Stoffels (1879-1923), der ihn zu seiner ersten schriftstellerischen Tätigkeit anregte. 1915 wurde Könn als Rektor nach St. Mauritius in Köln-Buchheim berufen. 1917 wurde er dort Pfarrer. Den Mitgliedern seiner Pfarrei gab er das deutsche Meßbuch in die Hand und feierte mit ihnen die »Gemeinschaftsmesse«. Als Zelebrant stand er zum Volk gewandt. 1923 wurde er Dechant des Dekanates Köln-Mülheim. Von 1924 bis 1957 war er Vorsitzender der 1919 gegründeten »Vereinigung zur wissenschaftlichen und praktischen Fortbildung des Klerus« im Erzbistum Köln. Im Mai 1925 berief ihn Karl Joseph Kardinal Schulte (1871-1941) zum Pfarrer von St. Aposteln in Köln. Am 20. Juni 1925 verlieh ihm die katholisch-theologische Fakultät der Universität Bonn den theologischen Ehrendoktor, mit dem in derselben Zeremonie auch der Liturgiewissenschaftler Anton Baumstark (1872-1948, s. Bd. I), der Kölner Weihbischof Josef Hammels (1868-1944), der »Volksbildner« Anton Heinen (1869-1934, s. Bd. II) und der Zentrumspolitiker Wilhelm Marx (1863-1946, s. Bd. V) ausgezeichnet wurden. Im selben Jahr stellte der katholische Pfarrer Hermann Herz (1874-1946), der Generalsekretär des Borromäusvereins, fest, Könns Bücher hätten es »ohne den Apparat einer großen oder besonders raffinierten Buchhändlerreklame sehr bald zu weitester Verbreitung gebracht.« Die Ursache dieses Erfolges sehe er darin, »daß Könn bei seinem literarischen Schaffen ... ein Ziel scharf und klar vor Augen sieht und darauf geradewegs, ohne alle Umschweife und Umwege über irgend welche ästhetisierende Irrlichterei losgeht.« Dieses Ziel sei »der entschlossene, rücksichtslose, aller Kompromißlerei abgeneigte Kampf gegen die zwei gefährlichsten Grundübel der Zeit, ... nämlich die Verweichlichung und das Schwinden des Familienlebens. Beide hängen wie Ursache und Wirkung zusammen, jedoch so, daß die Wirkung zugleich auch wieder Ursache wird. Dem tiefer in die Zeitübel Hineinblickenden ist es klar, daß die Hauptursache des Unglaubens unserer Zeit die Verweichlichung ist, die Opfer- und Entsagungsscheu. Die Predigt des Glaubens von den zehn Geboten und der Zügelung der Sinnenlust dünkt der modernen Welt hart ... Und weil das gesunde Familienleben, das wirkliche Glück der Ehe nur auf dem Boden der Zucht und Zügelung der Leidenschaften erblüht, ... so ist die Zerrüttung der Ehe sowohl unausbleibliche Folge wie zugleich Ursache der Verweichlichung der modernen Menschheit.« Wie Josef Könn zum »Vater« einer einheitlichen deutschen Übersetzung der lateinischen Messordnung wurde, schilderte 1952 der Liturgiewissenschaftler Theodor Schnitzler (1910-1982, s. Bd. XIX): »Am 13. Juni des Jahres 1928 versammelte sich im Pfarrhause zu St. Aposteln in Köln auf die Initiative des Pfarrers Dr. h. c. Joseph Könn ein auserlesener Kreis führender Persönlichkeiten der liturgischen Arbeit. Vertreten waren die großen liturgischen Zentren Laach, Beuron, Klosterneuburg, das Düsseldorfer Jugendhaus, Männer der liturgischen Wissenschaft und der liturgischen Praxis. In einer Sitzung, die bis spät in die Nacht hinein dauerte, gelang es ihnen, eine Übersetzung des Ordo und des Kanon der Messe zu schaffen, deren einheitliche Übernahme die Anwesenden garantierten. Das Hauptverdienst am Zustandekommen dieses Einheitstextes gebührt dem Einberufer dieses Kreises.« Der von Könn initiierte Einheitstext der Meßgebete wurde nicht nur im »Schott« abgedruckt und nach und nach in die diözesanen Gebet- und Gesangbücher übernommen. Er trug im Laufe der dreißiger Jahre auch nicht unwesentlich zur Verbreitung der »Gemeinschaftsmesse« bei. 1930 wurde Könn zum Erzbischöflichen Rat ernannt. Sein erstes nach dem Zweiten Weltkrieg erschienene Buch »Die Idee der Kirche« (1946) widmete er Wilhelm Neuss (s.o.) »in tiefer Dankbarkeit und Freundschaft«, auch als Dank »für den bewundernswerten Mut, mit dem er trotz aller Gefahr gegen Rosenbergs Mythos des 20. Jahrhunderts Stellung genommen hat«. Der Berliner Theologieprofessor Leonhard Fendt (1881-1957, s. Bd. II) nannte dieses Werk »ein gutes Beispiel für die Bibelbenutzung in der katholischen Kirche«. Nach dem Ende des Dritten Reiches konnte auch Könns von den Nationalsozialisten verbotene Schrift »Tu es nicht!« wieder erschienen, die Katholiken eindringlich vor der Eheschließung mit Protestanten warnte, nämlich aufgrund »der tausendfach belegten Erfahrung, daß die Mischehe das zeitliche und ewige Glück des einzelnen, nicht minder die Wohlfahrt der Kirche und des Staates gefährdet.« Könn betonte: »Die Mischehe ist und bleibt eine halbe und eine arme Ehe; wer sie eingeht, versündigt sich an seinem eigenen Lebensglück.« Eines der letzten Bücher Könns war »Gott und Satan - Schriftlesungen über die Geheime Offenbarung« (1949). Der Erlanger Theologieprofessor Hermann Strathmann (1882-1966) bemängelte in einer Rezension des Werkes, Könn verzichte »auf jeden Ansatz zu einem geschichtlichen Verständnis der Apokalypse ... Wie den zeitgeschichtlichen Beziehungen, so geht der Verf. auch dem religions- und mythengeschichtlichen Ursprung der einzelnen Motive und Bilder grundsätzlich nicht nach, um der 'praktischen' Deutung desto ungehinderter sich zu überlassen.« Diese Interpretation führe aber »zu den größten Willkürlichkeiten ... Denn sie findet überall allgemeine Erfahrungen oder Wahrheiten des religiösen Lebens angedeutet, die dem Textzusammenhang völlig fern liegen. Die Erbaulichkeit wirkt darum nicht überzeugend und lenkt andrerseits die Aufmerksamkeit von dem im Text Gesagten ab.« Seine Methode der »Auswertung des Textes für das praktische Leben« gestatte es Könn, so Strathmann, »das Gefäß der Apokalypse ganz mit den Anschauungen und Empfindungen des katholischen Denkens anzufüllen und auch sonst seiner Kombinationsgabe freien Lauf zu lassen. Somit stellt sich dieses auf den ersten Blick erfreulich anmutende Buch bei näherer Prüfung unbeschadet des in ihm waltenden religiösen Ernstes methodisch leider nur als neue Form einer pseudoerbaulichen und keineswegs tendenzfreien exegetischen Arbeitsweise dar, die der notwendigen Strenge ermangelt.« — Im Februar 1951 erfolgte Könns Ernennung zum Kölner Ehrendomherrn. Bundespräsident Theodor Heuß (1884-1963) verlieh ihm 1956 anläßlich seines 80. Geburtstages das Bundesverdienstkeuz erster Klasse. Josef Könn starb nach längerer Krankheit am 31. Juli 1960 um 4.15 Uhr. Sein Nachfolger als Pfarrer von St. Aposteln wurde Theodor Schnitzler (s.o.). Der Jesuit und spätere Untergrundbischof Oskar Formánek (1915-1991) übersetzte ein Werk von Könn 1939 ins Tschechische.

Werke (Auswahl): Aufwärts! Ein Gebetbuch für junge Leute mit einem bes. Abschnitt für Kongregationen. Einsiedeln u.a. 1908, ²1911; Sei stark! Ein Weckruf zum Leben. Einsiedeln u.a. 1908, ²1911, ³1931, ⁴1940; Tu es nicht! Ein ernstes Wort in einer wichtigen Sache! Ein ruhiges Wort über die gemischte Ehe. Einsiedeln u.a. 1909, ²1909, ³1910, ⁴1918, ⁵1923; ⁶1935, ⁷1949, ⁸1953, Auf Höhenpfaden. Aszetische Gedanken für die moderne Welt. Einsiedeln u.a. 1910; Das hilft! Ein Wort über Exerzitien. Einsiedeln u.a. 1911; Das Marienideal u. die sittliche Bewahrung unserer Jugend (Btr. zur Jünglingspäd. u. Jugendpflege Bd. 4). Düsseldorf 1912; Jugendflege u. Charakterbildung. Warendorf 1914, ²1914; Auf dem Wege zur Ehe. Vorbereitende Vortrr. für die reifere Mädchenwelt. Freiburg i. Br. u.a. 1920; Saat u. Ernte. Lebenskundliche Besprechungen zur Einstellung der jugendlichen Selbsterziehung auf den Familienberuf. Einsiedeln u.a. 1925, ²1926; (Hrsg.), St. Aposteln in Köln, eine Perle romanischer Baukunst (Zum 900-jährigen Jub. der Vollendung v. St. Aposteln unter EB Pilgrim i. J. 1026). Bonn 1926; Die Maienkönigin im Lichte der HS. 31 bibl. Lesungen u. Gebete für den Monat Mai. Einsiedeln u.a. 1934; Zum Opfermahl. Bericht- u. Kommunionunterricht für die Hand der Katecheten u. Mütter. Essen 1939, ²1939, ³1946; Glauben u. lieben. Bibellesungen über die Johannesbriefe. Einsiedeln u.a. 1940, ²1942, ³1959; Die hl. Messe. Eine lebensnahe Erklärung für die opfernde Gemeinde. Essen 1941, ²1947, ³1949; Die Idee der Kirche. Bibellesungen über den Epheserbrief. Einsiedeln u.a. 1946; Der Sieg des Gottesreiches. Bibellesungen über das Buch Daniel, ein Trostbuch für die Menschen. Einsiedeln u.a. 1947; Gott u. Satan. Schriftlesungen über die Geheime Offenbarung. Einsiedeln u.a. 1949; Die Macht der Persönlichkeit. Schriftlesungen über den Philipperbrief. Einsiedeln u.a. 1952; Sein letztes Wort. Die Abschiedsreden des Herrn, Johannes Kapitel 13-17. Einsiedeln u.a. 1955.

Übersetzungen ins Holländische: Sta vast! Aan onze jonge mannen (Uitgaven van de Apologetische Vereeniging Petrus Canisius No. 22). Übers. v. H. W. J. Hoosemans. ´S-Hertogenbosch 1910.

Übersetzungen ins Tschechische: Nerob to! Úprimné slovo o miešanom manželstve. Übers. v. Oskar Formánek. Ružomberok 1939.

Artikel in kath. Zeitungen (Auswahl): Religiöses aus der Kriegsliteratur, in: Kölnische Volksztg. Nr. 148, 20.2.1916, 3; Kriegsgabe - Lazarettaufgaben [positive Bespr. v.: F. Gescher, Kriegsgaben-Lazarettaufgaben. Geistliche Übungen in den Lazaretten. Einsiedeln 1916], in: Germania Nr. 102, 2.3.1916; »Die Kameradschaftsehe« [Kritik des Buches v. Ben B. Lindsey, Die Kameradschaftsehe. Stuttgart 1928], in: Kölnische Volksztg. Nr. 61, 25.1.1929, 1f., Nr. 62, 25.1.1929, 1f.; Maria im Protestantismus, in: Kölnische Volksztg., 10.1.1931; Beichte u. Eucharistie, in: Kölnische Volksztg. Nr. 45, 25.1.1931; Zum Montessori-Abend, in: Kölnische Volksztg. Nr. 47, 26.1.1931.

Rezensionen (Auswahl): In die Tiefe [Rez.: Kath. Akademikerverband (Hrsg.), Laienbrevier. Tagzeitengebet im Geiste der Liturgie Bd. 1. Berlin 1928], in: Bibel u. Liturgie 2 (1927/28) 103f.; Heinrich Bachmann, Dies Geheimnis ist groß. Briefe an eine junge Braut. Düsseldorf 1939. In: Maria u. Martha 24 (1939) 81f.

Rezensionen zu Werken von J. K. (Auswahl): Sei stark! Ein Weckruf zum Leben. Einsiedeln u.a. 1908. In: ThRv 8 (1909) Sp. 224 (N.N.); — Auf Höhenpfaden. Einsiedeln u.a. 1910. In: ThRv 9 (1910) Sp. 525f. (Joseph Stoffels), Akademische Bonifatius-Korr. 26 (1911) 215 (Johannes Mumbauer), ThRv 14 (1915) Sp. 474 (Joseph Stoffels), LitHandw 61 (1925) Sp. 628f. (Hermann Herz); — Das hilft! Ein Wort über Exerzitien. Einsiedeln u.a. 1911. In: ThRv 11 (1912) Sp. 31 (Joseph Stoffels); — Jugendpflege u. Charakterbildung. Warendorf 1914. In: Allgemeine Rdsch. 11 (1914) 431 (E. M. Hamann), Mbll. für den kath. Religionsunterricht an höheren Lehranstalten 15 (1914) 279f. (Heinrich

Schwarzmann), ThRv 16 (1917) Sp. 423f. (ng.); — Auf dem Weg zur Ehe. Freiburg i. Br. u.a. 1920. In: KatBl 21 (1920) 455 (Gustav Götzel), ThRv 20 (1921) Sp. 374 (Martin Faßbender), ThRv 22 (1923) Sp. 30, LitHandw 61 (1925) Sp. 629f. (Hermann Herz); — Saat u. Ernte. Einsiedeln u.a. 1925. In: LitHandw 61 (1925) Sp. 630 (Hermann Herz); — Glauben u. Lieben. Einsiedeln u.a. 1940. In: ThRv 40 (1941) Sp. 247f. (Adolf Donders), VD 21 (1941) 160, CivCatt 99 (1948) 298; — Die Idee der Kirche. Einsiedeln u.a. 1946. In: ThRv 46 (1950) Sp. 28f. (Adolf Kolping), ThLZ 77 (1952) Sp. 150 (Leonhard Fendt), Irénikon 26 (1953) 320; — Der Sieg des Gottesreiches. Einsiedeln u.a. 1947. In: ThGl 39 (1949) 277 (Friedrich Blome), ThRv 46 (1950) Sp. 28f. (Adolf Kolping); — Gott u. Satan. Einsiedeln u.a. 1949. In: ThLZ 76 (1951) Sp. 169f. (Hermann Strathmann), Anima 6 (1951) 87, Irénikon 26 (1953) 320.

Lit. (Auswahl): Karl Menne (Hrsg.), Keiters Kath. Literatur-Kalender 14. Essen 1914. 335; — Peter Wust, Kath. u. moderne Eheideale [Zu einem Vortr. v. J. K.], in: Kölnische Volksztg. Nr. 204, 21.3.1929, 1; — Oberrheinisches Pastoralbl. 50 (1949) 168; — Theodor Schnitzler, Einheitsgebete der dt. Bistümer. Notizen zu ihrer Gesch. u. Gestalt, in: KlBl 32 (1952) 351-353; — Heinz-Werner Ketzer, Baumeister der Kirche - Baumeister der Pfarrgemeinde. Zum 60jährigen Priesterjub. des Ehrendomherrn Dr. Joseph Könn, in: Kirchenzeitung für das Erzb. Köln Nr. 13, 27.3.1960, 16 (Abb.); — Franz Josef Wothe, Seelsorger, Liturge u. Bibeltheologe. Zum Tode v. Pfarrer Dr. J. K. in Köln, in: Echo der Zeit Nr. 33, 14.8.1960, 6 (Abb.); — Ephrem Filthaut, Dt. Katholikentage 1848-1958 u. soziale Frage. Essen 1960 (s. Reg.); — Franz Henrich, Die Bünde kath. Jugendbewegung. Ihre Bedeutung für die liturgische u. eucharistische Erneuerung. München 1968 (s. Reg.); — Adolf Kolping, Josef Könn 1876-1960, Pfarrer an St. Aposteln in Köln. Münster 1970 (mit Abb. u. Geleitwort v. T. Schnitzler); — Angelus A. Häußling, »Einheit in den dt. liturgischen Texten«. Josef Könn u. die Übers. des Ordo missae v. 1929, in: ALW 22 (1980) 124-128 [auch online in der Digitalen Bibliothek Thüringen unter http://www.db-thueringen.de/servlets/DocumentServlet?id=3128 (5.1.2006)]; — Edmund Forschbach, Edgar J. Jung. Ein konservativer Revolutionär, 30. Juni 1934. Pfullingen 1984 (s. Reg.); — Theodor Maas-Ewerd, Zur Übers. des Ordo Missae v. 1929. Die erfolgreiche Initiative des Kölner Pfarrers Dr. Josef Könn (1876-1960) unter Berücks. späterer Versuche, in: Forum Kath. Theol. 9 (1993) 97-116; — Birgit Jeggle-Merz, Erneuerung der Kirche aus dem Geist der Liturgie. Der Pastoralliturgiker Athanasius Wintersig/Ludwig A. Winterswyl (LQF Bd. 84). Münster 1998 (s. Reg.); — Hubert Wolf/Claus Arnold (Hrsg.), Der Rheinische Reformkreis. Dokumente zu Modernismus u. Reformkath. in Dtld. 1942-1955. 2 Bde. Paderborn 2001 (s. Reg.); — Theodor Maas-Ewerd/Klemens Richter, Die Liturgische Bewegung in Dtld., in: Martin Klöckener/Benedikt Kranemann (Hrsg.), Liturgiereformen. Hist. Stud. zu einem bleibenden Grundzug des chr. Gottesdienstes (LQF Bd. 88). Münster 2002. 629-648, hier 641; — Christoph Schank, Kölsch-katholisch. Das kath. Milieu in Köln (1871-1933). Mit einem Geleitwort v. Martin Stankowski (Kölner Veröff. zur Religionsgesch. Bd. 34). Köln/Weimar/Wien 2004 (s. Reg.); — Reiner Kaczynski, Theol. Komm. zur Konstitution über die hl. Liturgie »Sacrosanctum Concilium«, in: Peter Hünermann/Bernd Jochen Hilberath (Hrsg.), Herders Theol. Komm. zum Zweiten Vatikanischen Konzil Bd. 2. Freiburg i. Br. 2004. 1-227, hier 30.

Gunnar Anger

KOHL, Robert, Theologe, Superintendent, Komponist, * 14. Dezember 1813 in Freiberg (Sachsen), † 31. Dezember 1881 in Chemnitz. — Robert war das 11. Kind des Schulmeisters und Organisten Johann Gottfried K. und dessen ersten Ehefrau Johanna Carolina, geb. Neumann. Er war ein sprachlich und musisch äußerst begabter Junge. Seinen ersten Unterricht erhielt er von seinem Vater und wurde zusätzlich von einem Theologen in Griechisch, Latein und Hebräisch unterrichtet. Zu Ostern des Jahres 1828 kam der Junge in die Unterquarta des Freiberger Gymnasiums. Nach erfolgreichem Schulabschluß bezog der Abiturient die Universität zu Leipzig, wo er auf Drängen seiner Stiefmutter Theologie studierte, obwohl er lieber Arzt geworden wäre. Schon aus dieser Zeit heißt es: »Sein Talent für die Musik verschönerte und verklärte sein Leben« (o. V. 1887, S. 73). — Von 1836 bis 1838 weilte K. in Jena. Hier legte er am 14. Dezember 1838 erfolgreich sein Examen »pro candidatura et pro licentia concionandi« ab. Danach unterrichtete der Lehramtskandidat an einigen Volks- und Bürgerschulen, bevor er 1839 als Oberlehrer an die von Friedrich Wilhelm Fröbel gegründete Erziehungs- und Bildungsanstalt in Keilhau bei Rudolstadt ging. Dort unterrichte er die Fächer Deutsch und Literatur, Religion, Geschichte, Griechisch und Latein. Ferner leitete K. »durch seine theoretische und praktische Kenntnis der Musik befähigt, den Chorgesang« (o. V. 1887, S. 73). Er war sehr beliebt und dem »jugendlich frischen, anregenden und teilnehmenden Lehrer flogen die Herzen der Schüler zu« (Prüfer 1919, S. X). — In die Keilhauer Zeit fällt K.s Mitarbeit an den »Mutter- und Kose-Lieder«, Friedrich Fröbels letztem großen Werk (vgl. Berger 2002, S.6 ff.). Dieses wandte sich durch Dichtung, Bilder, Erklärungen und Melodien an die einzelnen Familienmitglieder und sollte zum gemeinsamen Anschauen und Spielen anregen. Die Kompositionen zu den Liedern, die in einem gesonderten Band erschienen sind, stammen von K., die Zeichnungen der Bildtafeln hatte Friedrich Ungergeschaffen, der Zeichenlehrer in Keilhau war. Ida Seele, die erste Fröbelkindergärtnerin, über die der Liederkomponist sagte, sie habe eine »Stimme wie eine Nachtigall« (Seele 1886, S. 37) erinnerte sich: - »In dieser Zeit komponierte Herr Kohl die Melodien zu den Mutter- und Koseliedern und zwar dieselben meiner Stimme anpassend. Ich habe fast jedes einzelne Lied gesungen, ehe es als feststehend niedergeschrieben wurde. Fröbel war selten gleich mit einer Melodie zufrieden und einverstanden, trotzdem vor Beginn der musikalischen Arbeit Kohl, Fröbel und Middendorff (Mitarbeiter in Keilhau; M. B.) eifrig miteinander berieten. Fröbels Wunsch ging immer dahin, die Melodie möge ein Tongemälde des zu Grunde liegenden Textes sein« (Seele 1886, S. 37). — Allgemein wurden seinerzeit die Lieder als zu hoch und darum zu schwer für die kleinen Kinder beurteilt. Dazu resümierte beispielsweise die von Friedrich Fröbel ausgebildete Kindergärtnerin Henriette Dahlenkamp an ihren ehemaligen Lehrmeister, ohne nähere Erläuterungen oder einer musiktheoretischen Begründung: - »Herrn Kohls Kompositionen sind den Kindern zu schwer« (zit. n. König 1990, S. 129). — Diesem Vorwurf hält Christine Konrad, in ihrer äußerst lesenswerten Dissertation über die Entstehungs- und Wirkungsgeschichte der »Mutter- und Kose-Lieder«, treffsicher entgegen: - »Kohl hat die Lieder genau auskomponiert, wie auch die Metronomangaben zeigen, und überläßt nichts dem Sänger, der sehr wahrscheinlich zum Zeilenende hin geatmet hätte. Aufgrund unserer Überlegungen können wir die Auffassung, die Lieder seien zu schwer, zwar nachvollziehen und in gewisser Weise bejahen, an dem Beispiel Ida Seele sehen wir aber auch, daß diese Einschätzung von der eigenen Begabung und Übung der Stimme abhängig ist. Das läßt sich auch auf Kinderstimmen übertragen » (Konrad 2006, S. 112 f). — Demgegenüber war der Luzerner Komponist und Freund von Friedrich Wilhelm August Fröbel (Franz) Xaver Schnyder von Wartensee folgender Ansicht: - »Die Melodien Herrn Kohls, der immer in der Kinderwelt, sie leitend und bildend, lebt, sind aus kindlichem Gemüthe entquollen, einfach, oft naiv, und lassen meistens den Worten ihr volles Recht widerfahren« (zit. n. Konrad 2006, S. 130). — Und die Fröbelepigonin Bertha Freifrau von Marenholtz-Bülow vertrat die Meinung, daß über die »Mutter- und Kose-Lieder« »die Aufmerksamkeit des Kindes früh auf die Musik gelenkt« und »jedes gesund geborene Kind, bis zu einem gewissen Grade, für Musik empfänglich gemacht und auch zu einigen Leistungen darin befähigt werden [kann]« (Marenholtz-Bülow 1862, S. 57). — Neben den »Mutter- und Kose-Lieder« vertonte K., in enger Zusammenarbeit mit Ida Seele, noch die Fröbel'schen »Hundert Lieder zu den in dem Kindergarten zu Blankenburg bei Rudolstadt ausgeführten Spielen mit den Ball«. Kurz nach Fertigstellung beider Werke übersiedelte K. 1845 nach Dresden, wo er ein Jahr später das zweite Theologieexamen ablegte. Bis Ostern 1847 blieb er als Institutslehrer in der sächsischen Residenzstadt und hielt u.a. auch Vorträge über Tonbilder und Kompositionslehre, die allgemein Anerkennung fanden. — Oktober 1848 übernahm K. in Lauenstein/Sachsen eine Pfarrstelle. Dort starb seine Frau nach nur zwei Ehejahren. In zweiter Ehe heiratete K. die verwitwete Bertha Franziska Auguste Neubert, geb. Meurer. Aus dieser Verbindung gingen sechs Kinder hervor: Paul Georg Arthur (* 1852); Max Hans Robert (* 1853); Horst Ernst Arminius (* 1855), Anna Therese Louise (* 1858), Georg Robert Gotthilf (* 1862) und Johanna Helene Elfriede (* 1866). — Nach sieben Jahren verließ K. Lauenstein, da ihm eine Pfarrstelle in Waldheim übertragen wurde. Mit seiner neuen Aufgabe war auch das Amt des Hausgeistlichen im dortigen Zuchthaus (einem der ältesten Europas, in welchem von 1870-1874 Karl May einsaß) verbunden. Als 1859 der Ausbruch eines Krieges drohte, ernannte man den Theologen für den Fall der Mobilmachung zum Königl. Feldprobst des »Königl. Sächsischen Bundeskontingents«. Noch im gleichen Jahr seiner militärischen Beförderung wurde er als Pfarrer und Superintendent an die St. Nikolaikirche in Chemnitz, eine der ältesten Kirchengemeinde der Stadt, berufen. Mit diesem Amt war auch die Aufsicht über sämtliche Schulen einer »Ephorie«, nämlich der Königl. Kreisdirektion Zwickau verbunden. Zu seinen Aufgaben gehörte u. a. die regelmäßige Visitation der ihm unterstellten Schulen. Als »District-Schulinspektor« hatte K. mit dem »Fall Carl Friedrich May«, besser bekannt unter den Namen Karl May, zu tun. Diesen hatte der Superintendent kurzfristig und unter Vorbehalt als Fabrikschullehrer der Baumwollspinnerei Julis Claus in Altchemnitz angestellt, da keine anderen Bewerber zur Auswahl standen. Karl May verheimlichte jedoch bei seiner Vorstellung, daß er wegen Diebstahl in seiner vorhergehenden Anstellung als Hilfslehrer an der Armenschule in Glauchau fristlos entlassen wurde. Nachdem der Grund, der zur fristlosen Kündigung des jungen Lehrers in Glauchau führte, den Superintendenten bekannt wurde, wertete dieser den Vertuschungsversuch als »außerordentliches Vorkommnis« und setzte schon wenige Wochen nach dessen Antritt eine Reversion der Fabrikschule in Altchemnitz an. Des Visitators Beurteilung lautete: - »Der noch sehr junge Lehrer hat kein übles Lehrgeschick aber ist noch sehr haltlos. Die Disciplin ist nicht energisch genug, selbst in der Religionsstunde sitzen die Kinder schlecht und zeigen nicht Aufmerksamkeit genug..., sie gewähren einen jammervollen Anblick« (zit. n. Leibhardt 2001, S. 89). — Schließlich wurde Carl Friedrich May entlassen. Das Königl. Kultusministerium in Dresden hatte ferner den unwürdigen Lehrer aus der Schulamtskandidatenliste gestrichen. — Nach zwanzig Dienstjahren wurde K. zum Kirchenrat ernannt. Aus gesundheitlichen Gründen konnte er dieses Amt nur noch ein Jahr ausüben. 1880 trat er in den verdienten Ruhestand. — K. verstarb nach langer schwerer Krankheit am 31. Dezember 1881. Seine letzte Ruhestätte fand er auf dem neuen Friedhof von Chemnitz.

Werke: »Kommt, laßt uns unsern Kindern leben!« Vierundvierzig Mutter-Kose und Spiellieder zur edlen Pflege des Kinderlebens von Friedrich Fröbel, zweistimmig in Musik gesetzt, das Eingangslied mit Pianofortbegleitung, das Schlußlied für 4 Frauenstimmen und allen Müttern und Pflegeanstalten der Kindheit gewidmet von Robert Kohl, Blankenburg bei Rudolstadt 1844; »Kommt, laßt uns unsern Kindern leben!« Hundert Lieder zu den in dem Kindergarten zu Blankenburg bei Rudolstadt ausgeführten Spielen mit dem Ball, zweistimmig in Musik gesetzt von Robert Kohl. Musikbeilage zu »Friedrich Fröbels: der Ball, das erste Spielzeug und der bleibende Spielgenoß der Kinder«, hier im kurzen Auszuge als einführende Gebrauchsanweisung gegeben, Blankenburg 1844.

Archive: Stadtarchiv/Historisches Archiv Chemnitz, 09112 Chemnitz; Ida-Seele-Archiv, 89407 Dillingen.

Lit.: Marenholtz-Bülow, B. v.: Beleuchtung von Fröbels Erziehungsweise. »Die Mutter- und Koselieder«, in: Die Erziehung der Gegenwart, 2 1862/Nr. 7, S. 56 f; Seele, I.: Meine Erinnerungen an Friedrich Fröbel, in: Kindergarten, 27 1886, S. 20 ff.; o. V.: Robert Kohl, in: Kindergarten, 28 1887, S. 72 ff.; Prüfer, J. (Hrsg.): Friedrich Fröbels Mutter- und Kose-Lieder, Leipzig 1919, S. IX f; Kohl, F.: Vier Briefe Friedrich Fröbels an Robert Kohl, Leipzig 1932; König, H. (Hrsg.): Mein lieber Herr Fröbel! Briefe von Frauen und Jungfrauen an den Kinder- und Menschenfreund, Berlin 1990; Leibhardt, S.: Friedrich Wilhelm August Fröbels »Balllieder« und »Mutter- und Kose-Lieder«. Eine pädagogisch und musik -theoretische Untersuchung, Ingolstadt 2001 (unveröffentl. Diplomarbeit); Berger, M.: Friedrich Fröbel, in: Franz, K./Lange, G./Payrhuber, F.-J. (Hrsg.): Kinder- und Jugendliteratur. Ein Lexikon, Meitingen 1995-2007, 10. Erg.-Lfg. September 2000, S. 1 ff.; Konrad, Ch.: Die »Mutter- und Koselieder« von Friedrich Wilhelm August Fröbel. Untersuchungen zur Entstehungs- und Wirkungsgeschichte, Würzburg 2006 (Dissertation).

Webseite: http://de.wikipedia.org/wiki/Robert_Kohl (29.8. 2006)

Manfred Berger

KOWALSKA, Helene, Ordensname Maria Faustyna, poln. kath. Ordensfrau und Mystikerin, »Apostelin der Barmherzigkeit Gottes«, * 25.8. 1905 in Glogowiec nahe Lodz als drittes von zehn Kindern des Bauern Stanislaw Kowalski und seiner Frau Marianna, † 5.10. 1938 im Kloster Josefow in Krakau. Seit frühester Kindheit zeichnete sich ihr Leben durch Gehorsam, innige Christusfrömmigkeit und Nächstenliebe aus. Nach kurzer, knapp dreijähriger Schulzeit verließ sie später im Alter von 16 Jahren ihr Elternhaus, um als Dienstmagd bei wohlhabenden Familien der heimatlichen Umgebung ihren Lebensunterhalt zu verdienen. Am 1.8. 1925 trat sie schließlich gegen den Willen ihrer Eltern, inspiriert durch eine Vision des leidenden Christus in Warschau der Schwesternkongregation der Muttergottes der Barmherzigkeit bei. Getreu der Ordensregel ora et labora war sie als Köchin, Gärtnerin und Pförtnerin in verschiedenen Niederlassungen der Klostergemeinschaft, u.a. in Plock, Wilna und Krakau tätig. Ihre dreizehnjährige Klosterzeit war geprägt von zahlreichen Visionen, innerer Stigmatisierung und einer außergewöhnlichen Passionsmystik und eucharistischen Verehrung. In einem Tagebuch schrieb sie ihre visionären mystischen Erlebnisse intensiver Gottesverbundenheit nieder. So verstand sie sich gemäß göttlichem Auftrag als Künderin der Barmherzigkeit Gottes, die in neuen Kultformen Verbreitung finden sollte, vor allem in der Gebetsverehrung des Gnadenbildnisses des Barmherzigen Jesus (»Jesus, ich vertraue auf dich!«) sowie in der Feier der Barmherzigkeit Gottes am Weißen Sonntag. Als Sr. Maria Faustyna im Alter von 33 Jahren nach langer Krankheit starb, stand sie im Ruf der Heiligkeit. Am 18.4. 1993 wurde sie von Papst Johannes Paul II. auf dem Petersplatz in Rom selig und am 30.4. 2000 heilig gesprochen (Gedenktag: 05.10.). Die Reliquien der hl. Faustyna werden im »Sanktuarium der Barmherzigkeit Gottes« des Josefow-Klosters in Krakau-Lagiewniki verehrt. Nicht zuletzt förderte die im Heiligen Jahr 2000 durch den Papst erfolgte offizielle Einführung der Feier des Sonntags nach Ostern als Barmherzigkeitssonntag für die Universalkirche eine weltweit tätige Bewegung der Barmherzigkeit Gottes. In Rom werden ihr Andenken und die Andacht zur Barmherzigkeit Gottes besonders in der Kirche Santo Spirito in Sassia nahe dem Vatikan gepflegt. Wie alle Heiligen der Kirche so ist in herausragender Weise auch die hl. Faustyna gleichsam ein Fingerzeig auf den Eigentlichen: Jesus Christus.

Werke: Stimpfle, Josef u.a. (Hrsg.): Tagebuch der Schwester Maria Faustyna Kowalska aus der Kongregation der Muttergottes der Barmherzigkeit, 7. Aufl., Hauteville/Schweiz 2006.

Lit.: Bergadano, Elena: Faustyna Kowalská: apoštolka Bo□iho Milosrdenství, Prag 2004; — Bujak, Adam u.a. (Hrsg.): Das Wort Gottes von Lagiewniki. Die Geschichte und das Werk der Heiligen Faustyna, Krakau 2002; — Czernin, Wolfgang Erwein: Zur Enzyklika »Dives in misericordia« Papst Johannes Pauls II., Salzburg 1983; — Filler, Ulrich: Geschichte einer großen Sehnsucht. Ein Porträt der hl. Schwester Maria Faustyna Kowalska, Kißlegg 2005; Guillet, Arnold (Hrsg.): Die hl. Faustina Kowalska und die Armen Seelen, 2. Aufl., Stein am Rhein 2006; — Hargest-Gorzelak, P.A.: Divine mercy: the devotion and grace as revealed to the blessed Sister Faustina Kowalska SMDM, London 1993; — Hrehorowicz, Beata (Übers.): La spiritualié de sainte Faustine, Paris 2002; — Jackowski, Antoni: Nowy klejnot w koronie Krakowa, Krakau 2000; — Johannes Paul II.: Enzyklika »Dives in misericordia«, Rom 1980; — Journé, Nicolas: Prier avec sainte Faustine, Versailles 2003; — Klisz, Miloslav: Slu□eblice Bo□í sestra Faustyna: apoštolka Bo□ího milosrdenství, Olmütz 1998; — Kolácek, Josef: Na brezích Visly svítá: □ivotopis Heleny Kowalské - Sestry Faustiny, Rom 1983; — Kosicki, George W. (Bearb.): Revelations of divine mercy: daily readings from the diary of Blessed Faustina Kowalska, Ann Arbor/Mich. 1996; — Lins, Gebhard (Hrsg.): Schwester Maria Faustine, die Botin der göttlichen Barmherzigkeit, Altenstadt/Vorarlberg 1955; — Lins, Gebhard (Hrsg.): Die Barmherzigkeit Gottes - einzige Hoffnung des Menschengeschlechtes, Altenstadt/Vorarlberg 1958; — Lipinska, Sabine (Übers.): In der Schule der Barmherzigkeit der Heiligen Faustyna, Krakau 2004; — Michalenko, Sophia: Mercy my mission: life of Sister Faustina H. Kowalska, Stockbridge/Mass. 1987; — Misiak, A.: Gottes Barmherzigkeit, wir vertrauen auf Dich, Wien 1972; — Różycki, Ignacy: Bo□í Milosrdenství: základní rysy pobo□nosti k Bo□ímu Milosrdenství, Olmütz 1999; — Rychlowski, Brunon (Bearb.): Ich bin Liebe und nur Barmherzigkeit. Botschaft des Herrn an die selige Schwester Faustina, Ettlingen 1996; — Sąsiadek, Jolanta: Faustyna neobyčejně obyčejná: příběh o setkání, Kostelní Vydří 2006; — Siepak, Elźbieta: Aus einem gewöhnlichen Leben machte sie ein außergewöhnliches, Krakau 1994; — Siepak, Elźbieta/Dlubak, Nazaria: Die Spiritualität der heiligen Schwester Faustyna, Krakau 2000; — Sopócko, Michał: Gottes Barmherzigkeit, wir vertrauen auf dich, Altenstadt/Vorarlberg 1956; — Stabińska, Jadwiga: Siostra Faustyna Kowalska: duchowość i doktryna, Posen 1976; — Swidzinski, Stanisław: Die Botschaft der Barmherzigkeit Gottes, vermittelt durch die selige Schwester Maria Faustyna Kowalska, Dülmen 1994; — Tarnawska, Maria: Blessed Sister Faustina Kowalska: her life and mission, London 1993; — Tischner, Jozef: Drogi i bezdroza miłosierdzia, Krakau 1999; — Urbański, Stanisław: Życie mistyczne błogosławionej Faustyny Kowalskiej, Warschau 1997; — Winowska, Maria: Anrecht auf Barmherzigkeit. Schwester Faustinas Ikone, Freiburg/Schweiz 1972; — Winowska, Maria: L'icona dell'amore meraviglioso: il messaggio die suor Faustina, Rom 1981; — Witko, Andrzej: Ein Bild bewegt die Welt. Die Andacht zur göttlichen Barmherzigkeit nach der seligen Schwester Faustine Kowalska, Abensberg 1994.

Thomas Stahl

KRÄMER, Sr. Constantina, Märtyrin, * 3.3. 1888 als Maria K. in Niedersalbach, Pfarrei Heusweiler, Saarland, † 6.4. 1944 vor Wewak, Neuguinea. — K. trat 1905 als einer der ersten Kandidatinnen der von Arnuld Jansen gegründeten Gemeinschaft der Dienerinnen des Heiligen Geistes in Steyl bei. 1909 Einkleidung, Ausbildung als Lehrerin. Am 11. Juni 1911 zeitliche Profess, danach Einschiffung nach Alexishafen, Neuguinea. Dort Einsatz als Erzieherin und Lehrerin. Am 13. Juli 1919 ewige Profess. Zeitweilig Dienst als Hausoberin in Mugil und ab 1935 Regionalratsschwester. — Von 1942 bis 1945 hielten die Japaner die Nordküste Neuguineas besetzt. Die meisten Missionare und Missionsschwestern hatten das Angebot der Australier, sich evakuieren zu lassen, ausgeschlagen, um unter Verweis auf Joh 10,11ff ihre Treue zu den ihnen Anvertrauten zu bezeugen. Unter dem Verdacht der Spionage für die USA und Australien wurden sie von den Japanern in Manam interniert. — Am Abend des 5. Februars 1944 wurden alle in Manam internierten Missionare (außer Steyler Schwestern, Brüder und Patres auch amerikanische lutherische Missionare) an Bord des japanischen Schiffes Yorishime Maru gebracht. Ihr Ziel war der Hafen von Wewak, den sie jedoch nicht mehr erreichten. Bei einem Angriff durch die US-Luftwaffe wurden 27 Schwestern, 12 Brüder und 7 Patres, die auf Deck untergebracht waren, getötet. Vier Gefangene erlagen später ihren Verletzungen. Schwester Constantina war unter den 27 Schwestern, die sofort umkamen. — Die Pfarrgemeinde Mariä Heimsuchung Heusweiler hat im Jahr 2002 zu Ehren der beiden aus der Pfarrei stammenden Märtyrinnen Charlotte Holubars und Sr. Constantina Krämer auf dem Kirchengelände ein Denkmal errichtet.

Lit.: Heinrich Moll, Die katholischen deutschen Martyrer des 20. Jahrhunderts, Band II, S. 1139. Ein Verzeichnis. Paderborn 1999; — Maria Ziegler, Denkmal für Charlotte Holubars und Costantina Maria Krämer, als Manuskript veröffentlicht, Heusweiler 2002.

Matthias Schmitz

KÜHNE, Valentin, (niederdt.: Voltin Keune), dt. Holzbildschnitzermeister des Barock, * 27.5. 1656 Anderbeck, † 10.4. 1707 Groß Quenstedt (preuß. Fsm. Halberstadt). Kühne ist ein bedeutender Vertreter des Nordharzer Barock, einer regionalen Schule der Ausstattung protestantischer Kirchen Ende des 17. Jh., die nord- und süddeutsche, sächsische und flandrische Elemente aufnimmt. Hervorstechende Elemente sind (i. d. R.) der Kanzelaltar als Ausdruck der Einheit von Wort und Sakrament, häufig die Verwendung von gedrehten Weinlaubsäulen und Akanthuswangen sowie das auf den Altar ausgerichtete Kirchengestühl. Als Hauptwerk des (protestantischen) Nordharzer Barock gilt der Hochaltar der St. Martini-Kirche Halberstadt von Tile Zimmermann (1696), dessen Umfeld auch Valentin Kühne zuzuordnen ist. Interessant ist in diesem Zusammenhang, dass in St. Martini, Groß Quenstedt und Westerhausen durch Prediger des Augustiner-Klosters St. Johann Halberstadt bereits 1523 im lutherischen Sinne gepredigt wurde, obwohl der lutherische Glaube in der Gft. Blankenburg-Regenstein erst 1530 (die Grafenfamilie erst 1539) und im Bm. Halberstadt erst durch den Landtag von Calbe 1541 eingeführt wurde. — Kühne heiratete 1682 in Groß Quenstedt die (Pfarr?)-magd Marita Schneidewindt (* 14.8. 1653 in Groß Quenstedt, † 13.3. 1718 in Groß Quenstedt), mit der er die Kinder David (* 7.8. 1683, seine Paten sind Meister Valtin Walter und David Keune aus Huy Neinstedt), Catarina (* 1. Advent 1685), Andreas (* 14.2. 1687), Otto Friedrich (* 18.4. 1689; hierbei handelt es sich um die erste Taufe des aus Gatersleben stammenden Pastors Otto Breul, der am 14. 4. 1689 unter Mitwirkung des Gaterslebener Pfarrers Johann Delius eingeführt worden war), Katharina Elisabeth (* 6.3. 1690), Valentin (* 22.7. 1691) und Magdalene (* 28.4. 1695) hatte. Sein Sohn David († 7.5. 1735 in Groß Quenstedt) führte die Werkstatt fort. — 1681 Mitarbeiter von M. Val(en)tin Walt(h)er am datierten, aber unsignierten Kanzelaltar und der Ausstattung der *Burgkapelle* der Westerburg. — Valentin Walter ist 1683 Pate von Kühnes ersten Sohn David (s. Familie) und kehrt später in seine Heimatstadt Meißen zurück. Sein Vater ist der Viertelsmeister und Seiler Christoph Walther. Valentin war nach dem erhaltenen Grabstein seiner Frau auf dem Johanniskirchhof Meißen ein »kunsterfahrner Bildhauer«, erwarb 1692 das Bürgerrecht und heiratete am 4.10.1692 Anna Dorothea Margaretha Perschk (* 3.11. 1668, † 6.1. 1738). Nebenbei führte er den Gasthof »Goldener Ring«. Er starb am 20. Juni 1700. Seine Frau heiratete am 29. Juli 1701 den Bildhauer Christian Friedrich Tüntzel († 2.10. 1716), der vermutlich den Valentin Walther zugeschriebenen und 1705 fertig gestellten Kanzelaltar in *Bloßwitz* vollendet hat. Valentins Sohn Johann Gottlieb wurde auch Bildhauer, war u. a. in der Meißner Manufaktur tätig, heiratete 1720 und starb am 3.4.1763. — 1696, in der Amtszeit von Pastor Otto Breul (1689-1704), schuf Kühne den Kanzelaltar, Ausstattung (u. a. Emporen), Fenster und Ratsgestühl (Groß Quenstedt hatte bis zum Beginn des 19. Jh. Fleckenrechte) der *St. Petri-Kirche Groß Quenstedt* unter Mitwirkung von *Tile Meutefind* (wahrscheinlich Farbgebung und Glaserarbeiten). Der Gesamtumbau kostete mehr als 687 Taler. Der Kanzelaltar »schließt sich kunstgeschichtlich unmittelbar an den Altar der Martinikirche in Halberstadt (1696), dem Hauptwerk der hochbarocken Altarkunst im Harzraum an.« (Dehio) Der Altar, flankiert von mächtigen, gedrehten, weinlaubumrankten Säulen, hat in der Mitte des Kanzelkorbes den segnenden Christus mit der Weltkugel, links von der Kanzel Moses mit den Gesetzestafeln, rechts Johannes den Täufer mit Kreuzstab, links von Christus Andreas mit Kreuz u. Thaddäus mit Keule, rechts von Christus Jacobus d. Ä. mit Muschel am Hut u. Simon Kananäus mit Buch. Im oberen Drittel des Altars stehen von links Petrus mit Kreuz u. Schlüssel, Paulus mit Buch, Martin Luther mit Bibel u. Talar u. Johannes mit Buch. Nachdem die Kirche in Groß Quenstedt bis auf den romanischen Turm 1978/79 abgetragen wurde, kamen der Altar u. die Emporenbrüstungen in die Nikolaikirche *Jessen,* die 1979-94 (Altar 1992/93) umfassend saniert wurde. — Ab 1695, in der Amtszeit von Pastor Christian Georgi (1686-1726), wurde an den romanischen Kirchturm der *St. Stephani-Kirche Westerhausen* ein kreuzförmiges barockes Kirchenschiff angebaut und der Turm bis 1702 mit zwei barocken Hauben versehen. V. Kühne schuf 1697/98 Kanzelaltar (für 120 Taler) u. Orgelprospekt (1698). Zur Mitfinanzierung wurden die 12 gotischen Apostelfiguren für 18 Taler an die Kirchengemeinde Wienrode verkauft, die 1702-09 umgebaut wurde u. deren Arkadengalerie sie heute noch zieren. Der Westerhäuser Kanzelaltar zeigt am Kanzelkorb in Muschelnischen die Schnitzfiguren von Christus u. den Evangelisten, darunter ein Abendmahlsrelief. In den von Weinlaubsäulen gerahmten Seitenteilen stehen Andreas und Petrus. Der Aufsatz über dem Schalldeckel mit Kruzifix wird begleitet von einer Bischofsfigur (wohl der für die Auslegung der Bibel und die Einführung des Kirchengesanges bedeutsame Ambrosius; Bf. Hildegrim v. Halberstadt und St. Servatius sind auszuschließen) und Luther, darüber Christus mit der Siegesfahne und Engel. — Dank seiner guten Kontakte nach *Gatersleben* (s. o.) gestaltete er 1700 den reich beschnitzten, mit fünf rosenumrankten Säulen, zwei Stifterwappen v. Oppen und Bildern Nathans und Davids versehenen Beichtstuhl für die dortige *St. Stephan-Kirche.* 1710 vollendete David Kühne den Kanzelaltar unter Verwendung eines Renaissance-Kanzelkorbes mit Reliefs der Kindheitsgeschichte Jesu, mit einem Aufbau mit gedrehten Säulen, flankiert von den Figuren Moses und Aaron. Im Aufsatz stehen neben einem Gemälde des Schmerzenmannes Luther und ein Engel. Den oberen Aufsatz bildet die Kreuzigungsgruppe. — In *Kleinalsleben*, einem Ort der Exklave Großalsleben des Reichsstiftes Gernrode, die 1603 faktisch an die Schutzvögte, die Fürsten v. Anhalt fiel, war die Reformation Luthers schon 1530 durchgeführt worden. 1616/19 konnten sich die Bewohner erfolgreich gegen die Einführung der reformierten Lehre wehren. Seit 1696/97 war die Kirchengemeinde um eine neue Ausstattung bemüht. Die Kanzel wurde 1696 vom Tischler Dancker aus Neuhaldensleben gefertigt; ob die sie ursprünglich tragende Mosesfigur von V. Kühne stammte, ist ungewiss. 1714 wurde der neue Altar mit David Kühne für 20 Taler (ohne Nebenkosten) verdungen und 1716 aufgestellt. Über dem Sockel befindet sich ein großes Abendmahlsbild, seitlich je zwei gedrehte Weinlaubsäulen u. Akanthuswangen, darüber auf den Giebelstücken Engel mit den Marterwerkzeugen und im ähnlich gegliederten Aufsatz ein Kreuzigungsgemälde.

Lit.: Martin Warnke, Geschichte d. dt. Kunst, Bd. 2 (= Spätmittelalter u. Frühe Neuzeit 1400-1750), München 1999, 309-352; — Bernd Feicke, Valentin und David Kühne - zwei herausragende Holzbildschnitzer des Nordharzer Barock, in: Quedlinburger Annalen (9) 2006, 48-56, Farbtaf. 18-19; — Urk. Quellen zur Familie Kühne: Archiv der ev. Kirche der Kirchenprovinz Sachsen, Magdeburg, Kirchenbücher Groß Quenstedt-St. Petri, Heiratsbuch 1682 (S. 119f.), Sterbebücher 1707, 1718, 1735, Taufbücher 1683 (S. 239), 1685 (S. 259), 1687 (S. 270), 1689 (S. 5), 1690, 1691, 1695; — zu Valentin Walt(h)er: Lebensläufe Meißner Künstler, in: Mitt. d. Vereins f. Geschichte d. Stadt Meißen (1882), 290 f.; — Cornelius Gurlitt: Beschreibende Darstellung d. älteren Bau- u. Kunstdenkmäler d. Kgr. Sachsen, H. 39 (Meißen), Dresden 1917, 135f., Abb. 224; Cornelius Gurlitt, Beschreibende Darstellung d. älteren Bau- u. Kunstdenkmäler d. Kgr. Sachsen, H. 28 (Amtshauptmannschaft Oschatz), 29f., Abb. 30 (Bloßwitz); — Georg Dehio. Hdb. d. dt. Kunstdenkmäler, Bd. Sachsen I (1996), 18/19, 66f.; — zur Burgkapelle Westerburg: Georg Dehio. Hdb. d. dt. Kunstdenkmäler, Bd. Sachsen-Anhalt I (2002), 1010ff.; — Reinhard Schmitt, Die Westerburg, Große Baudenkmäler, H. 453 (1995); — zu Groß Quenstedt: Adolf Gödicke, Chronik von Groß-Quenstedt, Halberstadt 1898, besonders 109ff., 165ff.; — Georg Dehio. Hdb. d. dt. Kunstdenkmäler, Bd. Sachsen-Anhalt I (2002), 293; — Georg Dehio. Hdb. d. dt. Kunstdenkmäler, Bd. Sachsen-Anhalt II (1999), 342f. (Jessen, ev. Kirche St. Nikolai); — Tobias Bernhardt, Evangelische St. Nikolai Kirche zu Jessen/Elster (2004); — zu Westerhausen: Paul J. Meier, Art. Valentin Kühne, in: Thieme-Becker, Bd. 21/22, Nachdr. 1999, 61; — Arnhold Sinna, Die St. Stephani-Kirche zu Westerhausen, in: Westerhäuser Heimatbll. 1 (1993), 1-3; — Bernd Feicke, Der barocke Kirchenneubau der St. Stephani-Kirche Westerhausen ab 1695, in: Btrr. zur Regional- u. Landeskultur Sachsen-Anhalts, H. 1, Halle 1995, 203ff.; — Bernd Feicke, Westerhausen im 18. Jh., in: Nordharzer Jb., 18/19, Halberstadt 1995, 123-132 (mit Kt. d. 18. Jh., auf der alle genannten Harzorte verzeichnet sind); — Bernd Feicke, Stifts- u. Klosterbesitz im Halberstädter Archidiakonatssitz Westerhausen am Harz, in: Harz-Forschungen, Bd. 22, Berlin u. Wernigerode 2006, 240ff.; — Otto Klinder/Bernd Feicke, Der Inhalt d. Turmknopfes d. St. Stephan-Kirche in Westerhausen bei seiner Öffnung am 27.9.2006, in: Westerhäuser Heimatbll. 10 (Sonderausg. 2006); — Georg Dehio. Hdb. der dt. Kunstdenkmäler, Bd. Sachsen-Anhalt I (2002), 1012f.; — zu Gatersleben: Georg Dehio. Hdb. d. dt. Kunstdenkmäler, Bd. Sachsen-Anhalt I (2002), 245f.; — zu Kleinalsleben: Georg Dehio. Hdb. d. dt. Kunstdenkmäler, Bd. Sachsen-Anhalt I (2002), 472f.; — Rechnungsbücher der Kirche von Kleinalsleben 1696-1729.

Bernd Feicke

KÜRZINGER, Joseph, katholischer Neutestamentler, * 20.2. 1898 in Oberölsbach, † 1.2. 1984 in Ingolstadt. J. K. wurde am 20. Februar 1898 in Oberölsbach im Landkreis Neumarkt in der Oberpfalz als Sohn eines Mühlenbesitzers und Landwirts geboren. Er besuchte das Gymnasium in Eichstätt und machte hier am 15. Mai 1917 sein Abitur. Danach wurde er zum Militärdienst eingezogen. Vom Wintersemester 1918/19 bis zum Sommersemester 1923 studierte er Philosophie und Theologie an der Philosophisch-Theologischen Hochschule Eichstätt. Am 29. Juni 1923 empfing Kürzinger in Eichstätt die Priesterweihe. 1928 promovierte er bei Martin Grabmann (1875-1949, s. Bd. II) an der Universität München mit einer Arbeit über den spanischen Augustinertheologen Alfons Vargas Toletanus (14. Jh., s. Bd. XII). Die Dissertation widmete er seinem Bischof Johannes Leo von Mergel (1847-1932) zum 25jährigen Bischofsjubiläum. Von 1928 bis 1930 war er in Eichstätt als Domprediger tätig. Als Nachfolger von Benedikt Kraft (1888-1963), der nach Bamberg ging, wurde er am 16. Mai 1930 an der Philosophisch-Theologischen Hochschule Eichstätt zum außerordentlichen Professor für neutestamentliche Exegese und Homiletik, 1935 zum ordentlichen Professor ernannt. 1956 war er für die Übersetzung des Neuen Testaments der in Aschaffenburg erscheinenden Pattloch-Bibel verantwortlich. Später wirkte Kürzinger auch an der Erstellung der Einheitsübersetzung mit. Er war Mitglied des wissenschaftlichen Beirates des Katholischen Bibelwerkes und Diözesanbeauftragter des Katholischen Bibelwerkes für die Diözese Eichstätt. Von 1958 bis 1960 amtierte er als Rektor der Eichstätter Hochschule. 1969 wurde Kürzinger emeritiert. Einer seiner Forschungsschwerpunkte war Papias von Hierapolis († nach 130, s. Bd. VI). Bis zu seinem Tod wohnte er im Eichstätter Priesterseminar. Sein Eichstätter Kollege Theodor Maas-Ewerd (1935-2002) schrieb in einem Nachruf: »Bei aller wissenschaftlichen Arbeit ist Prälat Kürzinger ein Mann der Seelsorge und der Verkündigung des Wortes Gottes geblieben. Viele haben seine rednerische Begabung erlebt, seine geistige Weite und Gelassenheit erfahren, seinen Humor gekostet, der auch Kritik transportierte, seine menschliche Wärme und Güte dankbar registriert, seine Fähigkeit, Trost zu vermitteln, geschätzt.« Seine Übersetzung des Neuen Testamentes zähle »bis heute zu den besten Übersetzungen, die es gibt.«

Werke (Auswahl): Alfonsus Vargas Toletanus u. seine theol. Einleitungslehre. Ein Btr. zur Gesch. der Scholastik im 14. Jh. (BGPhMa Bd. 22,5/6). Münster 1930; Zur Deutung der Johannestaufe in der ma. Theol., in: Aus der Geisteswelt des MAs. Stud. u. Texte Martin Grabmann zur Vollendung des 60. Lebensjahres v. Freunden u. Schülern gewidmet. Münster 1935. 954-973; Der Schritt ins Göttliche. Gedanken aus dem Römerbrief (Bücher chr. Lebens Bd. 8). Würzburg 1941; Gericht über Jesus. Sechs Betrachtungen zum Prozess Jesu. Aschaffenburg 1951; Die Apostelgeschichte. Der Brief an die Römer (Die HS in dt. Übers., Das NT Bd. 2). Würzburg 1951; Die Briefe des Apostels Paulus. Die Briefe an die Korinther u. Galater (Die HS in dt. Übers., Das NT Bd. 4). Würzburg 1954; Zur Taufaussage von Röm 6, in: Ludwig Lenhart (Hrsg.), Universitas. Dienst an Wahrheit u. Leben. Festschr. für Bischof Dr. Albert Stohr. Mainz 1960. 93-98; Papias v. Hierapolis u. die Evangelien des NTs. Gesammelte Aufss., Neuausgabe u. Übers. der Fragmente, kommentierte Bibliographie (Eichstätter Materialien Bd. 4). Regensburg 1983.

Aufsätze in Zeitschriften (Auswahl): Altes u. Neues Testament in der Predigt der Ggw., in: KlBl 14 (1933) 141-143, 162-164, 178-180; Neuere Forsch. zur Exegese des Kard. Stephan Langton, in: Bibl 13 (1932) 385-398; Bibel u. Volk, in: KlBl 17 (1936) 187; Handschrr. philos. Werke des Augustinereremiten Augustinus Triumphus de Ancona, in: PhJ 53 (1940) 355-361; Eine Handschrift zum Klageliederkomm. des hl. Thomas v. Aquin, in: Bibl 23 (1942) 306-317; Zur Komposition der Bergpredigt nach Matthäus, in: Bibl 40 (1959) 569-589; Das Papiaszeugnis u. die Erstgestalt des Matthäusevangeliums, in: BZ 4 (1960) 19-38; Ehe u. Familie in der Aussage des NTs, in: LeZg 1961; Der Passionsber. der Evangelien, in: rhs-Religionsunterricht an höheren Schulen 6 (1963) 175-182; Der Schlüssel zum Verständnis von Röm 7, in: BZ 7 (1963) 270-274; Das erste Konzil der Kirche, in: KlBl 42 (1962) 369-371; Irenäus u. sein Zeugnis zur Sprache des Matthäusevangeliums, in: NTS 10 (1963/1964) 108-115; Die Aussage des Papias v. Hierapolis zur literarischen Form des Markusevangeliums, in: BZ 21 (1977) 245-264; Frau u. Mann nach 1 Kor 11,11f, in: BZ 22 (1978) 270-275; Papias v. Hierapolis: Zu Titel u. Art seines Werkes, in: BZ 23 (1979) 172-186.

Artikel im LThK[1] (Auswahl): Jakob de Appamiis, in: LThK Bd. 5 (1933) Sp. 254f.; Johannes v. Mirecourt, in: LThK Bd.

5 (1933) Sp. 516; Petrus Comestor, in: LThK Bd. 8 (1936) Sp. 156f.

Artikel im LThK²: Bibelbewegung; moderne Bibelübersetzungen; Einfalt; Geduld Gottes; Papias Hierapolis; Salz; Schwachheit; Steuer.

Rezensionen (Auswahl): Josef Staudinger, Die Bergpredigt. Wien 1957. In: ThRv 57 (1961) Sp. 11f.; Wolfgang Beilner, Christus u. die Pharisäer. Exegetische Unters. über Grund u. Verlauf der Auseinandersetzung. Wien 1959. In: ThRv 57 (1961) Sp. 250f.

Rezensionen zu Werken von J. K. (Auswahl): Alfonsus Vargas Toletanus u. seine theol. Einleitungslehre. Münster 1930. In: RHE 26 (1930) 1019 (Raymond Maria Martin), Antonianum 6 (1931) 489f. (Stephanus Simonis), RSR 21 (1931) 235; Revue de philosophie 3 (1932) 408, AGPh 41 (1932) 572f. (Adolf Dyroff), ThLZ 57 (1932) Sp. 225-228 (Adolf Heger); — Die Apostelgeschichte. Der Brief an die Römer (Die HS in dt. Übers., Das NT Bd. 2). Würzburg 1951. In: ThQ 132 (1952) 236f. (Karl Hermann Schelkle).

Lit. (Auswahl): Albert Lang, Die Wege der Glaubensbegründung bei den Scholastikern des 14. Jh.s (BGPhMa Bd. 30,1/2). Münster 1930 (s. Reg.); — Hubert Jedin, Gesch. des Konzils v. Trient Bd. II: Die erste Trienter Tagungsperiode 1545/47. Freiburg i. Br. 1957. 505; — Wilfrid Werbeck, Jacobus Perez v. Valencia. Unterss. zu seinem Psalmenkomm. (BHTh Bd. 28). Tübingen 1959 (s. Reg.); — Klaus Schmitz-Valckenberg, Wort Gottes - Leben für die Welt! Ber. über die bibl. Theologentagung auf dem Schönenberg/Ellwangen, in: BiKi 15 (1960) 120f., hier 121; — Johannes Schildenberger u.a, Die Bibel in Deutschland. Das Wort Gottes u. seine Überl. im dt. Sprachraum. Stuttgart 1965 (s. Reg.); — Glück- u. Segenswünsche für Joseph Kürzinger zum 70. Geb., in: BiKi 23 (1968) 63; — Johann Michl, Die Jungfrauengeburt im NT, in: Hermann Josef Brosch/Josef Hasenfuss (Hrsg.), Jungfrauengeburt gestern u. heute (Mariologische Stud. Bd. 4). Essen 1969. 145-184, hier 162, 180; — Isidor Frank, Der Sinn der Kanonbildung. Eine hist.-theol. Unters. der Zeit vom 1. Clemensbrief bis Irenäus v. Lyon (FreibThSt Bd. 90). Freiburg i. Br. 1971. 80f.; — Josef G. Plöger/Otto Knoch (Hrsg.), Einheit im Wort. Informationen, Gutachten, Dokumente zur Einheitsübers. der HS. Stuttgart 1979. 143; — Samuel Brügger, Die dt. Bibelübersetzungen des 20. Jh.s im sprachwissenschaftlichen Vergleich. Stud. zum Metapherngebrauch in den Verdeutschungen des NTs (EH R. 1, Bd. 707). Bern u.a. 1983; — Maria Mengs, Schriftenverz. Josef Kürzinger, dem Jubilar zum 85. Geb. (Schrr. der Universitätsbibl. Eichstätt Bd. 1). Eichstätt 1983; — Rudolf Mosis, Hommage á Josef Kürzinger, in: ebd. 11-18; — Theodor Maas-Ewerd, Forscher, Lehrer, Verkündiger von hohem Rang. Prälat Prof. Dr. Joseph Kürzinger am 1. Februar verstorben, in: KirchenZeitung für das Bistum Eichstätt 47 (1984), Nr. 7, 12.2.1984, 6f. (Abb.); — Bernhard Mayer, Ein Leben lang dem Worte Gottes verpflichtet. Zum Tode v. Prälat Professor Dr. Joseph Kürzinger, in: BiKi 39 (1984) 82; — Ferdinand Hahn, Theol. des NTs Bd. I: Die Vielfalt des NTs. Theologiegesch. des Urchristentums. Tübingen 2002 (s. Reg.); — Ludwig Brandl, Die Bischöflich Philos.-Theol. Hochschule Eichstätt, in: Dominik Burkard/Wolfgang Weiß (Hrsg.), Kath. Theologie im Nationalsozialismus Bd. 1/1: Institutionen u. Strukturen. Würzburg 2007. 575-603, hier 580, 582, 591; — LThK³ Bd. 6 (1997) Sp. 545 (Bernhard Mayer).

Gunnar Anger

KUNIBERT, Chunebertus, Cunibertus, Gumpertus, Honoberhtus etc., Bischof von Köln im mittleren Drittel des 7. Jhs., * im späten 6. Jh. (vor 623), † um oder nach der Mitte des 7. Jhs. (663?), Festtag am 12. November. — Genauere Angaben zu Geburts- und Sterbedaten sind nicht bekannt. Eine legendäre Zuweisung als Geburtsort nimmt heute das luxemburgische Remich in Anspruch, verbunden mit einer Verehrung von Kunibertsreliquien am Ort. Daneben gibt es zahlreiche weitere Orte, besonders im Moselraum, in denen Kunibert geboren sein soll (Müller 1991, S. 8). Wahrscheinlich war Kunibert Angehöriger einer merowingischen Adelsfamilie aus dem Raum Trier-Metz und wurde am austrasischen Königshof erzogen (mit Angaben und Lit.: Müller 1987, S. 170-178). In den mittelalterlichen Kölner Bischofslisten ist Kunibert als siebter Amtsträger geführt. Wie bei seinen aus den Schriftquellen bekannten älteren Vorgängern (s. d.: Maternus, Euphrates, Severin, Carentinus, Eberigisil) bis hin zu seinen Amtsvorgängern Solatius und Remedius, ist auch zu Kunibert die Überlieferung, trotz seiner in den wenigen Informationen aufscheinenden hohen persönlichen Bedeutung, recht spärlich. Ohne Kompilationen und Berücksichtigung auch nicht zeitgenössischer Quellen kann kein Lebensbild des Bischofs entworfen werden. Nach seiner hochmittelalterlichen vita (s. unten) soll er Archidiakon in Trier gewesen sein, bevor er angeblich gegen seinen Willen aber *per spiritum sanctum et synodale concilium ac praecepto regis* von König Dagobert I. (623-638) zum Bischof in Köln bestellt wurde. Die genauen Daten von Kuniberts Amtszeit können aber nicht gesichert angegeben werden. Allgemein werden sie nach den Angaben seiner vita aus dem 10. Jh. in einem Zeitraum zwischen 623 bzw. spätestens mit der ersten gesicherten historischen Erwähnung im Jahr 626 (s. unten) und dem nach den Angaben zu einer 40 jährigen Amtszeit errechneten Todesjahr 663 angenommen (s. unten; vgl. Müller 1987, S. 201f.; Kölzer S. 565, Nr. 158). Weil seine Bischofsweihe an einem 25. September erfolgt sein soll und diese an einem Sonntag stattfinden mußte, kommen dafür nur die Jahre 617 oder 623 in Frage (Franzen Sp. 1111; Oediger 1954, S. 20, Nr. 27; Müller 1987, S. 172, 179-181). Da Kuniberts Amtsvorgänger Solatius für das Jahr 614 bezeugt ist und aus späteren Quellen noch nach Solatius die Bischofsnamen Sunnovaeus und Remedius überliefert sind (Oediger 1972, S. 76), dürfte das Jahr 623 als Beginn von Kuniberts Pontifikat in Köln durchaus Wahrscheinlichkeit besitzen. — Daß Kunibert als Archidiakon der Trierer Kirche nach Köln gekommen sei, ist erst ab dem 9. Jh. überliefert worden und angesichts der Streitigkeiten dieser Zeit zwischen den beiden Städten um geistlichen und weltlichen Vorrang möglicherweise mit Vorsicht zu bewerten (Oediger 1954, S. 19; Oediger 1972, S. 76 mit Anm. 5; vgl. Müller 1987, S. 177). Kunibert pflegte enge Beziehungen zum merowingischen Königshaus. König Dagobert machte den Bischof von Köln zu seinem Berater und um 634 zusammen mit dem *dux* Adalgisel zum Regenten für seinen noch minderjährigen Sohn Sigibert III. (633-656) im austrasischen Reichsteil (Fredegar chron. 4, 58; 75; 85. MGH SRM 2, S. 149, 158f., 163f.). Dies zeigt deutlich die hohe Anerkennung der bischöflichen Persönlichkeit, wie auch die noch über ein Jahrhundert nach Auflösung des selbständigen fränkischen Kleinkönigreichs von Köln vorhandene politische Bedeutung von Stadt und Bischofssitz (Müller 1987, bes. S. 181-184). — Auf dem Konzil von Clichy unterzeichnete 626/27 Bischof *Honoberhtus ex civitate Colonia*, der mit Kunibert zu identifizieren ist, das Protokoll (Conc. Clippiacense A. 626-627. CCL 148A, S. 297; vgl. *Chunebertus Coloniensis* auf dem Überlieferungsfragment des sog. Konzils von Reims, dazu Kürten S. 3). Die Quellenlage legt nahe, eine wohl maßgebliche Beteiligung Kuniberts an einer um die 630er Jahre erfolgten Redaktion der *lex Ribuaria*, der Rechtskompilation der Ribuarischen Franken, anzunehmen (Ewig; Müller 1991, S. 14). Vielleicht ist darin ein Schritt in der durch Kunibert verstärkt betriebenen Anbindung des Kölner Bistums in den Reichsverband zu sehen (Müller 1991, 18). König Sigibert III. begünstigte unter Bezugnahme auf Kunibert die Petruskirche in Köln (*Coloniense Domni Petri*; P. Jaffé/W. Wattenbach, Ecclesiae Metropolitanae Coloniensis codices manuscripti [Berlin 1874] S. 101f.; Kölzer S. 194-197, Nr. 77) zusammen mit der Stefanskirche von Metz um oder kurz nach 640 durch Schenkung eines Landgutes mit seinen Einkünften bei Rodez. Damit ist wohl die Bischofskirche Kuniberts zu fassen, die wahrscheinlich der bei den Ausgrabungen unter dem Kölner Dom gefundene Vorgängerbau der Phase 3b ist (Ristow 2002, S. 60-62, 249-253, 328f.; vgl. Ristow 2007, S. 124f.). Weitere Urkunden, in denen Kunibert genannt ist, sind als Fälschungen erwiesen (Oediger 1972, S. 78; Kürten S. 4f.; Kölzer). Dennoch deuten die Inhalte in der Tendenz darauf hin, Kunibert als Helfer bei den Regierungsgeschäften auch der älteren Pippiniden zu sehen (Müller 1987, S. 189-195; Müller 1991, S. 16). Wie vor Kunibert bereits für Eberigisil (s. d.) bekannt, waren die Kölner Bischöfe seit der mittleren Merowingerzeit auch bedeutende Politiker. Ob Kunibert allerdings diese Stellung auch in den politisch unruhigen Zeiten kurz nach der Mitte des 7. Jhs. bewahren konnte oder ob er vielleicht sogar schon verstorben war, kann nicht mit Sicherheit bestimmt werden. — Nach der Legende soll Kunibert das Grab der hl. Ursula (s. d.) in Köln entdeckt haben (Levison bes. S. 37). Die Interessen des Kölner Bischofs in den westlich benachbarten Regionen dokumentieren spätere Nachrichten über von Kunibert vorgenommene Bischofsweihen an Theodardus und Lambertus von Maastricht (Gesta abb. Trud. cont. 3, 1, 12; ebd. 18. MGH SS 10, S. 367f.; Aegidius Aureaevallensis, Gesta episc. Leodiensium 2, 1, 5. MGH SS 25, S. 39), ebenso seine Beteiligung an der Gründung des Klosters Stavelot-Malmédy im Jahre 648 (Vita Remacli 4. MGH SRM 2, S. 106; vgl. George). Seine vita aus spätkarolingisch-frühottonischer Zeit berichtet, er sei über die 640er Jahre hinaus im Amt gewesen (zur vita und ihrer Überlieferung: Vita s. Cuniberti, ed. M. Coens, Les Vies de S. Cunibert de Cologne et la tradition manuscrite. Analecta Bollandiana 47 [1929] S. 338-367; vgl. ebd. 56, 1938, S. 370-382 und 58, 1940, S. 53; vgl. Kürten S. 5f.; Müller 1987, S. 168f.). Im Zusammenhang mit dem Bericht über die Beisetzung Kuniberts in einer Kirche, die den Angaben der vita folgend nach 40-jähriger Amtszeit im Jahr 663 angenommen wird, ist auch ein Clemenspatrozinium erwähnt (Oediger 1954, S. 19, Nr. 25). Es ist allerdings zu berücksichtigen, daß die

Angabe von 40 Jahren auch aufgrund der im Hochmittelalter beliebten zahlensymbolischen Bedeutung erfolgt sein könnte. Das Ende der Amtszeit Kuniberts und sein Todesjahr zweifelsfrei zu bestimmen, erscheint nicht möglich. Das von Kunibert gegründete Clemensstift soll seine Grabkirche sein und wird heute meist nach einer Quelle des 14. Jhs. mit der romanischen Kirche St. Kunibert identifiziert (Eckertz). Eindeutig belegt ist dieser Zusammenhang jedoch nicht (Kürten S. 2f.). In der sogenannten Guntharschen Güterumschreibung von 866 ist das *monasterium quoque s. Cuniberti* erwähnt (mit Quellen: Kürten S. 6f.; Gierlich S. 252; Müller 1987, S. 203). Kunibert ist damit auf jeden Fall der erste frühchristliche Kölner Bischof, dessen Grablege in Köln beschrieben ist (Gierlich S. 262f.). Gleichzeitig ist damit spätestens für das 9. Jh. der Beginn der Heiligenverehrung für Kunibert gesichert. Die Kunibertsverehrung blieb in der Folgezeit aber weitgehend auf die Diözesen Köln und Trier beschränkt. — Über die Stiftsgründung des Kunibert ist aus zeitgenössischen Quellen nichts bekannt. Bei den Ausgrabungen unter der heutigen Kirche St. Kunibert konnten keine Befunde einer vermuteten Bautätigkeit Kuniberts zugewiesen werden, ebensowenig ist sein Grab entdeckt worden (Seiler 1984, 1992; nicht nachprüfbare Hypothesen bei Schütte 1997). 687 sollen hier die 1074 erhobenen hl. Ewalde (s. d.; Schneider; Bauer, bes. S. 181 [Verbreitungskarte]) beigesetzt worden sein. In spätmerowingisch-frühkarolingischer Zeit erlangte das Stift große Bedeutung (Kürten S. 6-16). In dieser Periode sind auch weitere bedeutende Bestattungen angelegt worden, von denen vor allem ein luxuriöser trapezförmiger Kalksteinsarkophag zeugt (Ristow 1999, S. 332, Nr. 31). 1168 wurden die Reliquien des Kunibert erneut erhoben, aber noch 1203 ist daneben auch der hl. Clemens als Patron der Kirche erwähnt, ein Zusammenhang, den auch die Koelhoff'sche Chronik für das Jahr 1247 herstellt. Der heute bestehende Bau im Norden der Innenstadt zählt zu den großen romanischen Kirchen Kölns (Machat 1984, 2005). Der verlorene, ältere Kunibertsschrein stammte aus dem 12. Jh. und war im 17. Jh. umgearbeitet worden. Aktuell ruhen die Gebeine des Kunibert in einem Schrein aus dem Jahr 1869 und sind eingehüllt in einen sasanidischen Seidenstoff aus karolingischer Zeit. Auf dem Grund des sog. Kunibertspütz, einem in der heutigen Kirche aufgefundenen Brunnen, sollen nach der volkstümlichen Legende Maria und die Seelen der ungeborenen Kinder Kölns in paradiesischer Umgebung spielen (C. Müller).

Lit.: Joseph von Aschbach, Über den h. Cunibert, Bischof von Cöln. Niederrheinisches Jahrbuch für Geschichte und Kunst 2, 1844, S. 175-192; — Gottfried Eckertz, Cronica presulum et archiepiscoporum Coloniensis ecclesie. Annalen des Historischen Vereins für den Niederrhein 2, H. 2, 1857, S. 181-250, hier 185; — Wilhelm Levison, Das Werden der Ursulalegende. Bonner Jahrbücher 132, 1927, S. 1-164; — Wilhelm Neuß, Die Anfänge des Christentums im Rheinlande. In: Rheinische Neujahrsblätter 2 (Bonn ²1933); — E. Hegel, Die Kölner Kirchen und die Stadtzerstörungen der Jahre 355 und 881. In: Kölner Untersuchungen. Festgabe zur 1900-Jahrfeier der Stadtgründung. Die Kunstdenkmäler im Landesteil Nordrhein, Beih. 2 (Ratingen 1950) S. 41-53; — Eugen Ewig, Das Bistum Köln im Frühmittelalter. Annalen des Historischen Vereins für den Niederrhein 155/156, 1954, S. 205-243 (Wiederabdruck in: Spätantikes und fränkisches Gallien. Ges. Schr. [1952-1973]. Beih. Francia 3, 2, hg. v. H. Atsma [München 1976]); — Jakob Torsy, Studien zur Frühgeschichte der Kölner Kirche. Kölner Domblatt 8/9, 1954, S. 9-32; — Friedrich Wilhelm Oediger, Die Regesten der Erzbischöfe von Köln im Mittelalter, Bd. 1: 313-1099. Publikationen der Gesellschaft für Rheinische Geschichtskunde 21 (Bonn 1954) bes. S. 19-27, Nr. 25-50; — August Franzen, Cunibert. In: Dictionnaire d'histoire et de géographie ecclésiastique 13 (Paris 1956) Sp. 1111f.; — Friedrich Wilhelm Oediger, Das Bistum Köln von den Anfängen bis zum Ende des 12. Jahrhunderts. Geschichte des Erzbistums Köln, Bd. 1 (Köln ²1972) S. 76-79; — Otto Doppelfeld, Quellen zur Geschichte Kölns in römischer und fränkischer Zeit. Ausgewählte Quellen zur Kölner Stadtgeschichte 1 (Köln 1958) S. 88-90, Nr. 124-128; — Nancy Gauthier, L'évangélisation des pays de la Moselle. La province romaine de Première Belgique entre Antiquité et Moyen-Age (IIIe-VIIIe siècle) (Paris 1980) bes. S. 260f.; — Günter Ristow, Römischer Götterhimmel und frühes Christentum. Bilder zur Frühzeit der Kölner Religions- und Kirchengeschichte (Köln 1980) S. 22f., 63, 67f., 168-170; — Stefan Weinfurter, Colonia (Köln). In: Series episcoporum ecclesiae catholicae occidentalis ab initio usque ad annum MCXCVIII, Bd. 5,1: Germania. Archiepiscopatus Coloniensis, bearbeitet v. Odilo Engels/Stefan Weinfurter (Stuttgart 1982) S. 3-42, hier S. 9f; — Friedrich Prinz, Frühes Mönchtum im Frankenreich. Kultur und Gesellschaft in Gallien, den Rheinlanden und Bayern am Beispiel der monastischen Entwicklung (4. bis 8. Jh.) (Darmstadt 1988) hier S. 143f., 169, 543; — Sven Seiler, St. Kunibert. Die Ausgrabungen unter dem Westbau. In: Köln: Die Romanischen Kirchen. Von den Anfängen bis zum Zweiten Weltkrieg, hg. v. H. Kier/U. Krings. Stadtspuren - Denkmäler in Köln 1 (Köln 1984) S. 298-305; — Christoph Machat, St. Kunibert. Das Bauwerk von den Anfängen bis zum zweiten Weltkrieg. In: Ebd. S. 306-330; — Peter Kürten, Das Stift St. Kunibert in Köln von der Gründung bis zum Jahre 1453. Kölner Schriften zu Geschichte und Kultur

10 (Köln 1985); — Heribert Müller, Bischof Kunibert von Köln. Staatsmann im Übergang von der Merowinger- zur Karolingerzeit. Zeitschrift für Kirchengeschichte 98, 1987, S. 167-205; — Ernst Gierlich, Die Grabstätten der rheinischen Bischöfe vor 1200. Quellen und Abhandlungen zur mittelrheinischen Kirchengeschichte 65 (Mainz 1990) hier S. 255, 262f.; — Heribert Müller, Kunibert. Rheinische Lebensbilder 12, 1991, S. 7-23 (http://publikationen.ub.uni-frankfurt.de/volltexte/2008/5190/); — Heribert Müller, Bischof Kunibert von Köln (um 590-663?). Leben und Werk. Colonia Romanica 7, 1992, S. 8-14; — Franz Schneider, Die heiligen Ewalde im Schatten von St. Kunibert. Ebd. S. 15-20; — Sven Seiler, Neue Erkenntnisse zur älteren Baugeschichte der Kirche St. Kunibert. Ebd. S. 44-49; — Cornelia Müller, Der Kunibertspütz und die Kinderbornlegende. Ebd. S. 175-178; — Adriaan Breukelaar, Kunibert. In: BBKL 4 (Herzberg 1992) Sp. 816f.; — Ernst Dassmann, Die Anfänge der Kirche in Deutschland. Urban Taschenbücher 444 (Stuttgart 1993) hier S. 118f.; — Josef Kremer, Studien zum frühen Christentum in Niedergermanien. Diss. (Bonn 1993) bes. S. 100-102; — Sven Schütte, Zur frühen Baugeschichte von St. Kunibert in Köln und zur Grablege des Bischofs Rudolf von Schleswig. Colonia Romanica 12, 1997, S. 9-16; — Sebastian Ristow, Trapezförmige Sarkophage des frühen Mittelalters in Köln. Kölner Jahrb. 32, 1999, S. 305-341; — Philippe George, Autour de Stavelot-Malmedy (VIIe-Xe siècles). In: L'évangélisation des régions entre Meuse et Moselle et la fondation de l'abbaye d'Echternach (Ve-IXe siècle). Actes des 10es Journées Lotharingiennes, oct. 1998 Luxembourg, hg. v. M. Polfer. P.S.H. 117, Publ. du CLUDEM 16 (Luxemburg 2000) S. 317-338; — Thomas Bauer, Heiligenverehrung und Raum. Allgemeine Grundlagen und Entwicklung, Methoden der Erforschung am Beispiel des Raumes zwischen Schelde, Maas und Rhein. In: Ebd. S. 147-188; — Heribert Müller, Köln. §1. Historisch. b. Fränkisch.-karolingische Zeit. Reallexikon der Germanischen Altertumskunde² Bd. 17 (Berlin 2001) S. 92-95; — Theo Kölzer, Die Urkunden der Merowinger 1 = MGH Dipl. Franc. Mer. (Hannover 2001); — Nancy Gauthier/Hansgerd Hellenkemper, Cologne. In: Topographie chrétienne des cités de la Gaule des origines au milieu du VIIIe siècle, hg. v. N. Gauthier/B. Beaujard/F. Prévot, Bd. 12 (Paris 2002) S. 25-69, hier S. 47; — Christoph Machat, St. Kunibert in Köln. Rheinische Kunststätten 58 (Köln ³2005); — Sebastian Ristow, Die frühen Kirchen unter dem Kölner Dom. Befunde und Funde vom 4. Jahrhundert bis zur Bauzeit des Alten Domes. Studien zum Kölner Dom 9 (Köln 2002); — Ders., Frühes Christentum im Rheinland. Die Zeugnisse der archäologischen und historischen Quellen an Rhein, Maas und Mosel. Jahrbuch 2006 des Rheinischen Vereins für Denkmalpflege und Landschaftsschutz e.V. (Köln 2007) bes. S. 111.

Sebastian Ristow

L

LANG, Wilhelm, ev. Theologe, Dozent für ev. Religionslehre und Methodik des Religionsunterrichts, * 12. Februar 1911 in Wiesbaden, † 16. September 1968 in Dassel. — Wilhelm Lang, der zuletzt als Oberstudiendirektor im Dienst der Ev.-Luth. Landeskirche Hannovers stand und die Paul-Gerhardt-Schule in Dassel leitete, gehörte zu den Dozenten an den nationalsozialistischen Hochschulen für Lehrerbildung, die publizistisch kaum in Erscheinung getreten sind. Als Religionspädagoge hat Lang in dieser Zeit lediglich drei Artikel in der Zeitschrift »Evangelischer Religionsunterricht« veröffentlicht. Diese beziehen sich auf zentrale Themen der damaligen Diskussion, darunter das Verhältnis von Staat und Kirche bei der religiösen Erziehung, die Bedeutung des Alten Testaments im Religionsunterricht und die Vermittlungsaufgabe einer 'deutsch-lutherischen' Identität. Neben seiner Dissertation, in der er unter Berufung auf Luthers Theologie den nationalsozialistischen Staat zu begründen suchte, ergibt sich so das fragmentarische Bild eines ordinierten evangelischen Theologen, der das Fach »Evangelische Religionslehre und Methodik des Religionsunterrichts« im institutionellen Kontext einer nationalsozialistischen Hochschule vertreten hat und in der jungen Bundesrepublik im Schul- und Kirchendienst bleiben konnte. — Wilhelm Lang wurde am 12. Februar 1911 in Wiesbaden geboren und verbrachte seine gesamte Schulzeit in seiner Heimatstadt. Von 1930 bis 1931 studierte er an der Pädagogischen Akademie Frankfurt am Main u. a. bei dem späteren 'NS-Hofpädagogen' Ernst Krieck. 1931 begann er das Studium der ev. Theologie, Philosophie, Pädagogik, Geschichte und Germanistik in Marburg, das er im darauffolgenden Jahr in Bonn fortsetzte und 1935 mit dem Ersten Theologischen Examen in Düsseldorf abschloß. Parallel zum Lehrvikariat und einer Zeit als Hilfsprediger beim Evangelisch-Kirchlichen Studentendienst in Bonn wurde er mit dem Wintersemester 1935/36 außerplanmäßiger Assistent an der Evangelisch-Theologischen Fakultät in Bonn. Lang, der bereits 1931 in die SA und NSDAP eingetreten war, wurde dort von 1935 bis 1937 Kreisobmann der NS-Kulturgemeinde und Kreiskulturwart der NSDAP. Im Frühjahr 1937 legte Lang sein Zweites Theologisches Examen am Evangelischen Predigerseminar in Düsseldorf ab und wurde zum Geistlichen ordiniert. — Im Zentrum seiner Dissertation »Stahls 'Christlicher Staat' und Luthers 'Obrigkeit'« (1936) steht die Frage, ob der Rechtsphilosoph Friedrich Julius Stahl, der unter Friedrich Wilhelm IV. die preußische Politik bestimmt hatte, sachgemäß auf Luther Bezug nimmt, um mit ihm einen »christlich-germanischen« Staat begründen zu können (ebd. S. 5). Ausgangspunkt seiner Darstellung sind Stahls Vorträge über den »Protestantismus als politisches Prinzip« (1853), in denen sich dieser für einen christlichen Staat und gegen eine strikte Trennung von Staat und Kirche ausgesprochen hatte. Die Kritik an Stahl, der 1819 vom jüdischen Glauben zur evangelisch-lutherischen Konfession konvertiert war, ergibt sich für Lang bereits aus seiner »Rassezugehörigkeit«, woraus er die spezifische Fragestellung seiner Dissertation ableitet, ob nämlich »der zum nationalsozialistischen Staat stehende Protestant [...] damit zugleich zur Ablehnung dessen genötigt ist, was Luther für die Entwicklung des deutschen Staatsgedankens« bedeute (ebd. S. 5 f.). Lang kommt zu dem Ergebnis, daß Stahl die Ordnungstheologie Luthers mißverstanden habe, denn der Reformator habe keinen »christlichen Staat« gefordert, sondern die Meinung vertreten, daß die weltliche Gewalt der geistlichen ebenbürtig, aber von ihr zu unterscheiden sei (ebd. S. 50). Indem Stahl diese Unterscheidung nicht erkannt bzw. rückgängig gemacht habe, zeige sich in seinem Denken eine katholische Tendenz, mit der die größte politische Errungenschaft der Reformation gefährdet werde: die »Selbständigkeit und Unabhängigkeit der weltlichen Ordnung als einer göttlichen« (ebd. S. 52). Langs Darstellung, in der antisemitische Stereotype wiederkehren, sieht in Stahl den »Rassejuden, der seine jüdische Eigenart [...] nicht verleugnen« könne und daher für eine zeitgemäße Staatslehre nicht in Frage komme, auch wenn sein Gesamtwerk eine beachtliche Leistung darstelle und Einzelgedanken anschlußfähig seien (ebd. S. 54). Im »praktisch-politischen« Teil seiner Arbeit, mit der Lang zum Dr. phil. promoviert wurde, formuliert er schließlich die unmittelbar auf die Gegenwart bezogene Konsequenz, daß der bekenntnistreue Protestant den nationalsozialistischen Staat »aus Gehorsam gegenüber Gott« zu bejahen habe (ebd. S. 60). — Nachdem Lang bereits 1936 für eine Dozentur an der Hochschule für Lehrerbildung in Bonn vorgesehen war, wurde er 1937 kommissarischer Dozent für ev. Religionslehre und Methodik des Religionsunterrichts an der im Vorjahr gegründeten Hochschule für Lehrerbildung in Oldenburg. Im Sommersemester 1938 las er über »Hauptfragen des Leben Jesu« und über die »Vorbereitung und Gestaltung des Religionsunterrichts« und bot eine Übung zur praktischen Gestaltung des Religionsunterrichts an. Im Wintersemester folgten neben der obligatorischen Übung Vorlesungen über »Deutschland innerhalb der religiösen Weltlage« und zu den »Grundfragen religiöser Erziehung in der Gegenwart«. In dem zeitgleich erschienenen Artikel »Religion als Geschichtsmacht« (1938) setzte sich Lang mit dem gleichnamigen Buch von Helmuth Kittel auseinander und deutete die Gegenwart als eine Zeit des Umbruchs, in der das Individuum im »Zusammenhang großer und urgewaltiger geschichtsmächtiger Lebenskräfte« zu betrachten sei und hinter diese zurücktreten müsse (ebd. S. 334). Insbesondere Alfred Rosenberg, auf den sich Lang mehrfach bezieht, habe gezeigt, daß die Religion neben »Blut und Boden« bzw. »Rasse und Raum« eine Geschichtsmacht sei, die trotz manch veralteter Formen und Inhalte noch heute von Bedeutung sei (ebd. S. 334). Kittels Arbeit komme u. a. das Verdienst zu, die Bedeutung Luthers für eine zeitgemäße Religionspädagogik herausgestellt zu haben, wobei Lang im weiteren Verlauf seiner Besprechung einen Aspekt hervorhebt, den er bereits in seiner Dissertation betont hatte: »die Trennung und Zusammenschau von 'Kirche' und 'Welt' als Reich Gottes zur Rechten und Reich Gottes zur Linken« (ebd. S. 336). — Der Beitrag »Echte Entscheidungen!« (1939) fragt nach der Bedeutung des Alten Testaments im evangelischen Religionsunterricht und hebt Kittel nochmals als einen Autor hervor, der mit seinem »ausgezeichneten Buche« (ebd. S. 5) den richtigen Weg zur Beantwortung dieser Frage eingeschlagen habe. Leitend für Langs eigene Argumentation ist die Unterscheidung zwischen dem staatlichen und kirchlichen Erziehungs- bzw. Verkündigungsauftrag, die der in seiner Dissertation vertretenen Ordnungstheologie entspricht. Die religiöse Erziehung der Schule habe demnach ein »staatlich-völkisches« Ziel: die »Gründung unserer Haltung und unseres Lebens als Deutsche in den Willen Gottes, des Schöpfers«; die von den Gemeinden verantwortete Verkündigung verfolge demgegenüber ein kirchlich-religiöses Ziel: das »Hereinrufen und -führen in die Gemeinde der Glaubenden« (ebd. S. 8). Da für die anstehenden staatlich-völkischen Erziehungsaufgaben das Alte Testament keine Bedeutung habe, konzentriert sich Lang im weiteren Verlauf seiner Argumentation auf den kirchlichen Unterricht, kommt aber zu dem gleichen Ergebnis: »Aus dem Evangelium lebender und dem deutschen Volke dienender Religionsunterricht bedarf des Alten Testaments nicht!« (ebd. S. 14). Charakteristisch für seine Argumentation ist der Verweis auf die historisch-kritischen Forschungsergebnisse liberaltheologischer Provinienz, mit denen er die Versuche dialektischer Theologen zurückzuweist, »Christus im Alten Testament« zu suchen: Denn diese Möglichkeit einer interpretatio christiana sei aufgrund der historischen Forschung »unwiederbringlich dahin« (ebd. S. 10). Die konsequente Historisierung biblischer Texte kennzeichnet auch seine Ausführungen zu Jesus und Paulus. Diese hätten bei ihren jüdischen Zuhörern lediglich »aus rein pädagogischen Gründen« an das Alte Testament angeküpft, so daß heute aus guten Gründen nach anderen Anknüpfungspunkten gesucht werden könne (ebd. S. 12). — Der Artikel »Im Kampf um die Wahrheit« (1939) ist eine religionspädagogische Reflexion im Anschluß an Emil Brunners Vorlesungen über das christliche Wahrheitsverständnis, die unter dem Titel »Wahrheit als Begegnung« (1938) erschienen waren. Lang referiert darin Brunners theologiegeschichtliche Rekonstruktion, nach der der Pietismus einseitig den subjektiven Aspekt der Wahrheitsgewißheit, die Orthodoxie hingegen den objektiven Aspekt der Wahrheit betont habe, und stimmt Brunners Einschätzung zu, daß beide Strömungen »Kinder des Rationalismus« und damit dem christlichen Glauben nicht angemessen seien (ebd. S. 254). Er übernimmt den von Brunner eingeführten Begriff der »personalen Korrespondenz«, um »alles abstrakte Reden über Gott und über den Menschen« vermeiden zu können (ebd. S. 256 f.). Die wichtigste religionspädagogische Konsequenz, die Lang aus Brunners Buch ableitet, besteht darin, daß solche Erzählungen im Mittelpunkt des Unterrichts stehen sollen, die »ganz konkrete Beziehungen zwischen Gott und Mensch« bezeugen und in einer »personhaft-seelsorgerlichen Weise« eine lebendige Begegnung mit Gott ermöglichen (ebd. S. 258). — Die Akten der Oldenburger Hochschule für Lehrerbildung wurden 1945 vernichtet, so daß eine Rekonstruktion seiner dortigen Wirksamkeit nur schwer möglich ist (vgl. dazu Kelle, S. 162). Fest steht, daß Lang nach der Schließung der Oldenburger Hochschule 1942 an die Lehrerbildungsanstalt Großkrotzenburg versetzt und kurz darauf zum Studienrat ernannt wurde. Ostern 1943 wird er Studienrat an der Lehrerbildungsanstalt Vechta, wo ein geregelter Ausbildungsbetrieb aufgrund des Krieges kaum noch aufrecht erhalten werden konnte (vgl. dazu Kuropka, S. 235 f.). Lang, der 1939 als Offiziersanwärter zur Nachrichtentruppe des Heeres eingezogen worden war und 1941 zum Leutnant, 1944 zum Oberleutnant der Reserve ernannt wurde, geriet in sowjetische Kriegsgefangenschaft und kehrte 1949 nach Deutschland zurück (zu diesen und den folgenden biographischen Angaben vgl. Hesse, S. 470 f.). Von 1949 bis 1951 war er Lehrer an der Bürgerschule in Wildeshausen bei Oldenburg, anschließend Studienrat am Alten Gymnasium in Oldenburg. Im Sommersemester 1952 erhielt er einen Lehrauftrag für ev. Religion an der Pädagogischen Hochschule Oldenburg. Bis 1958 war er Studienrat an der Stl. Niedersächsischen Heimschule in Wolfenbüttel und übernahm im Sommersemester 1958 einen Lehrauftrag an der Stl. Ingenieurschule Wolfenbüttel. In den Jahren 1958 bis 1961 wirkte er als Oberstudienrat und Heimleiter an der Stl. Niedersächsischen Heimschule in Iburg bei Osnabrück und wurde 1961 Oberstudiendirektor im Kirchendienst und Leiter eines privaten Gymnasium der Ev.-Luth. Landeskirche Hannovers, der Paul-Gerhardt-Schule in Dassel. Er war seit 1967 Mitglied im Senat für Amtszucht der Vereinigten Ev.-luth. Kirchen Deutschlands und starb am 16. September 1968 bei einem Verkehrsunfall.

Werke: Stahls »Christlicher Staat« und Luthers »Obrigkeit«. Ein Vergleich, Berlin 1936; Religion als Geschichtsmacht, in: Evangelischer Religionsunterricht 49 (1938), 333-340; Echte Entscheidungen! Zum Thema: Altes Testament und evangelischer Religionsunterricht, in: Evangelischer Religionsunterricht 50 (1939), 5-14; Im Kampf um die Wahrheit, in: Evangelischer Religionsunterricht 50 (1939), 249-258.

Lit.: Arbeitsplan der Hochschule für Lehrerbildung Oldenburg, Oldenburg 1936-1939; — Joachim Kuropka, Die akademische Lehrerausbildung und ihre Umgestaltung in der NS-Zeit, in: Alwin Hanschmidt/Joachim Kuropka (Hrsg.), Von der Normalschule zur Universität. 150 Jahre Lehrerausbildung in Vechta 1830-1980, Bad Heilbrunn (Obb.) 1980, 175-257; — August Kelle, Die Hochschule für Lehrerbildung, in: Karl Steinhoff/Wolfgang Schulenberg (Hrsg.), Geschichte der oldenburgischen Lehrerbildung, Bd. 2: Lehrerbildung zwischen 1926 und 1945, Oldenburg 1985, 145-162; — Alexander Hesse, Die Professoren und Dozenten der preußischen Pädagogischen Akademien (1926-1933) und Hochschulen für Lehrerbildung (1933-1941), Weinheim 1995; — Michael Wermke, 'Religionspädagogik' als Disziplin an den preußischen Pädagogischen Akademien, in: Bernd Schröder (Hrsg.), Institutionalisierung und Profil der Religionspädagogik, Tübingen 2008 (in Vorbereitung).

David Käbisch

LEIST, Fritz, kath. Religionsphilosoph und Psychotherapeut, 31. Juli 1913 in Rockershausen (jetzt Saarbrücken), † 30. Juli 1974 in München. — F. Leist wuchs in einer Bergmannsfamilie mit 5 Kindern in Elversberg/Saar auf. Zwei Geschwister waren bereits als Kleinkinder verstorben. Er engagiert sich in der Quickborn-Jungenschaft. Geprägt wurde Leist durch den Theologen Romano Guardini, dem er bei den Treffen der Jugendgruppen auf Burg Rothenfels bei Aschaffenburg, dem Zentrum der Quickborner, schon früh begegnet ist. In dieser Zeit stand er in näheren Kontakt zu Guardini als später, als beide an der Universität in München tätig waren. Schon damals beschäftigten sie sich mit der Erneuerung der Liturgie, was später als Wegbereitung des Konzils gedeutet wird. Aufgrund seiner Ausstrahlung und besonderen Fähigkeiten entwickelte sich Leist rasch zu einer Führungsperson und wurde 1930 Leiter der jüngeren Quickborner (»Gaugraf«) im Saargebiet, welches damals von Deutschland getrennt war. Zum Studium ging er nach Freiburg. Wegen seiner politischen Tätigkeit wurde bereits 1933 ein erster Haftbefehl gegen ihn erlassen, dem er sich durch ein Absetzen in das Saargebiet entzog. Von 1934 an entfaltete F. Leist mit Freunden aus verschiedenen inzwischen aufgelösten Bünden große Aktivitäten, die schließlich zur Gründung des sog. »Grauen Ordens« führte, hinter der die Gestapo eine die HJ »zersetzende« Geheimorganisation witterte. Dieser »Graue Orden« war aber vielmehr ein Freundeskreis aus gleichgesinnten Studenten, Arbeitern und Handwerkern aus der Quickborn-Jungenschaft und dem Bund Neudeutschland, zu der auch Willi Graf aus Saarbrücken gehörte, den er 1934 kennen gelernt und auf den von Anfang nachhaltigen Einfluß ausgeübt hat. Im Winter 1934 wurde F. Leist und einige aus seiner Gruppe in Schweinfurth zum ersten Mal verhaftet. Eine Verhaftungswelle im Winter 1937/38 erfaßte 18 Schüler und Studenten aus dem »Grauen Orden«, worunter F. Leist sich als Hauptangeklagter befand. Er wurde wegen Zugehörigkeit zu einer verbotenen Jugendorganisation beim Sondergericht in Mannheim angeklagt und war einige Monate in Haft. Aufgrund einer Amnestie aus Anlaß des Anschlusses Österreichs wurde er entlassen. 1938 zog F. Leist in München in die Siegfriedstraße, in der er im Winter 1942/43 häufig mit Willi Graf zusammentraf, der zum Kreis der »Weißen Rose« um Prof. Dr. Kurt Huber und die Geschwister Scholl gehörte. F. Leist hat sich jedoch ansonsten von dem Kreis ferngehalten und eine Mitwirkung an Überlegungen und konkreten Schritten zum aktiven Widerstand abgelehnt. Willi Graf blieb F. Leist jedoch sehr verbunden und ließ ihn noch in seinem Abschiedsbrief aus der Todeszelle grüßen. W. Graf wurde am 12. Oktober 1943 in Stadelheim hingerichtet. — Fritz Leist wollte eigentlich Priester werden. Wegen seiner Haltung, die von Guardini geprägt war, war eine Zulassung zum Priesterseminar jedoch aussichtslos. F. Leist studierte ab Wintersemester 1933/34 in Freiburg und München zunächst Theologie, später Philosophie und Tiefenpsychologie. Trotz seiner politischen Aktivitäten konnte er sein Studium abschließen und promovierte über Thomas von Aquin bei Prof. von Rintelen in München. Er war kurze Zeit Soldat, wurde aber bald aus gesundheitlichen Gründen aus dem Kriegsdienst entlassen. Kurz nach dem Krieg engagierte er sich auch außerhalb der Universität beim »Religiösen Bildungswerk München«, bei dem auch Guardini Vorträge und Kurse abhält. Er würdigt das Werk seines Vorbilds aus Anlaß der Verleihung des Friedenspreises des deutschen Buchhandels 1952 an Guardini in einem großen Artikel »Können wir noch Christen sein?«. — Leist habilitierte 1947 in München, war Privatdozent, wurde 1952 apl. Professor für Philosophie und Religionsphilosophie an der Philosophischen Fakultät der Ludwig-Maximilians-Universität München und war seit 1967 Privatdozent. Ab 1947 veröffentlichte er in rascher Folge Bücher und Zeitschriftenartikel mit religionsphilosophischen, anthropologisch-theologisch und psychotherapeutischen Themen. Seine Vorlesungen und seine Werke zu Fragen von Kirche und Sexualität fanden vielseitige Beachtung. Nachdem schon sein Werk »Liebe, Geschlecht, Ehe« von kirchlicher Seite praktisch verboten war, riefen seine späteren Veröffentlichungen »Der Gefangene des Vatikans« und »Der sexuelle Notstand und die Kirchen« in der Öffentlichkeit ein großes Echo hervor. Zu den gleichen Themenkreisen hielt er auch Vorträge und Seminare, in Einzelfällen auch gemeinsam mit seiner Frau Marielene, mit der er vier Kinder hatte. Seit seiner Jugendzeit hatte er sich mit der liturgischen Bewegung beschäftigt, welche wesentliche Anstöße in die Diskussionen und Dokumente des II. Vatikanischen Konzils einbrachte. Aufgrund seiner persönlichen Entwicklung erfüllten sich seine Erwartungen an die Erneuerung der Kirche durch das Konzil jedoch nicht.

Werke: Zeugnis des Lebendigen Gottes. Zum Verständnis des Alten Testaments, Donauwörth, 1947; Der lebendige Gott und die Götter, 1949; Kultus als Heilsweg. Zur Überwindung der Heil-Losigkeit unserer Zeit, Salzburg 1950; Gebete der Kirche. Betrachtungen zu den Orationen des Kirchenahres, 3 Bände, Salzburg 1951; Können wir noch Christen sein, Münchner Merkur, München, 24.09.1952; Von der Fremdheit der Psalmen, Aufsatz in »Christliche Besinnung. Eine religiöse Hausbibliothek«, Bd. 5, Hrg. von Romano Guardini, Würzburg 1952; Liebe und Geschlecht, 1. Auflage, Stuttgart 1953; Liebe und Gesellschaft, Gütersloh 1955; Wäre ich ein Mensch. Sammlung und Zerstreuung, Muße und Kult., Nürnberg 1956; Fremde Welt der Bibel um den Lebendigen Gott, Donauwörth, 1958; Dämonen neben uns, Stuttgart, 1958; Moses - Sokrates - Jesus. Um die Begegnung mit der biblischen und antiken Welt, Frankfurt 1959; Der größere Gott. Auf dem Wege zum Alten Testament, München 1960; Theophanie, Gotteserscheinungen im Alten Testament, Aufsatz in »Christliche Besinnung. Eine religiöse Hausbibliothek«, Bd. 6, Hrg. von Romano Guardini, Würzburg 1952; Auf dem Weg zur Ehe, Wandlung und Reife, München 1961 ; Existenz im Nichts. Versuch einer Analyse des Nihilismus, München 1961; Not der Selbsterkenntnis . Psychologie des Alltags, Donauwörth 1962; Der Mensch im Bann der Bilder - Verführung oder Geleit, München 1962; Seine Rede geschah zu mir. Einübung in das Alte Testament. Ein Werkbuch, München 1965; Möglichkeiten und Grenzen des Widerstandes an der Universität, in Die deutsche Universität im Dritten Reich, mit Vorwort, Eine Vortragsreihe der Universität München, München 1966; Über Leben, Liebe und Lüge. Wege zu sich selbst, Freiburg 1966; Nicht der Gott der Philosophen, Freiburg 1966; König ist ER. Einführung in den Psalter, Donauwörth 1966; Die biblische Sage von Himmel und Erde, Freiburg 1967; Liebe, Geschlecht, Ehe. Christliche Mißverständnisse - Deutung und Überwindung, München 1967; Er war Wegbereiter des Konzils (über Romano Guardini), Münchner Merkur, München, 3.10.1968; Zölibat - Gesetz der Freiheit, München 1968; Gesundheit und Krankheit der Seele: Vertrauen zur Psychotherapie, Freiburg, Basel, Wien 1969; Sie entschieden nach ihrem Gewissen, (zusammen mit seiner Frau Marielene Leist), 1969; Traum-Erkenntnis und Erfahrung. Das eigene und das andere Geschlecht. Reife und Wandlung, München, 1969; Das Ehebuch. Liebe, Sexualität, Familienplanung, Ehe-Alltag und Recht, (als Co-Autor von Gerhard Döring und Hans Habe), Berlin 1969; Der Gefangene des Vatikans. Strukturen päpstlicher Herrschaft, München 1971; Der sexuelle Notstand und die Kirchen. Eine aktuelle Dokumentation, Freiburg 1972; Utopie Ehe - Zwischen Pornographie und Prüderie, Tübingen 1973; Zum Thema Zölibat: Bekenntnisse von Betroffenen, München, 1973.

Lit.: Wolfgang Kiefer, Fritz Leist * 1913 in Rockershausen - † 1974 in München, Eine biographische Skizze, in 70 Jahre Grundsteinlegung der Pfarrkirche St. Elisabeth, Kath. Kirchenchor St. Cäcilia Rockershausen, Festschrift, Saarbrücken-Rockershausen 1998; — Berthold Gerner, Romano Guardini in München, Beiträge zu einer Sozialbiographie, Bd. 1, München 1998; — Peter Goergen, Der Graue Orden, Umfeld und Vorfeld der Weißen Rose, imprimatur, Heft 2/2005, Trier 2005; — Hildegard Vieregg/Jos Schätzler (Hrsg.), Willi Grafs Jugend im Nationalsozialismus im Spiegel von Briefen, München 1984.

Wolfgang Kiefer

LEROY, Matthias Herbert. Katholischer Theologe und Exeget für Neues Testament, * 10.1. 1936 Düren, † 19.3. 2005 Augsburg. — L. entstammte einer Familie, in der der Vater Jakob Leroy Verwaltungsdirektor war; seine Mutter Maria war eine geborene Scholz. Zwischen 1956 und 1960 studierte L. in Tübingen an der katholischen Fakultät Theologie und Philosophie und wurde am 19. März 1961 zum Priester der Diözese Rottenburg-Stuttgart geweiht. Bevor er 1964 am Wilhelmstift in Tübingen mit der Aufgabe des Repetitors für die biblischen Fächer und für Kirchengeschichte betraut wurde, wirkte er drei Jahre als Vikar in Stuttgart. Mit der Dissertation über »Rätsel und Mißverständnis« (1967) wurde L. promoviert; sie gilt als wichtiger Beitrag zur Formgeschichte in der Johannesforschung. L. war Schüler des Tübinger Professors K. H. Schelkle. Als wissenschaftlicher Assistent an der Universität Tübingen (1967 bis 1972) habilitierte sich L. mit der Arbeit »Vergebung und Gemeinde nach dem Zeugnis der Evangelien« in Tübingen. Im gleichen Jahr erreichte ihn der Ruf auf den Lehrstuhl für Einleitung in die Bibelwissenschaft und Hermeneutik an der Katholisch-Theologischen Fakultät in Augsburg. Diesem Ruf folgte er und blieb bis zu seiner Emeritierung 27 Jahre der Fakultät treu. L. engagierte sich auch als Dekan und Prorektor (1978-1980) für die Hochschule. Sein Hauptinteresse galt der Lehre, wobei er den Evangelien und Paulus ein besonderes Augenmerk schenkte. Im Januar 1999 wurde er aus gesundheitlichen Gründen vorzeitig emeritiert.

Werke: [Predigt I-VI]. In: Bruno Dreher, Biblische Pfingstpredigten, [=Biblische Predigt; 5], 1965, 9-57; Rätsel und Mißverständnis. Ein Beitrag zur Formgeschichte des Johannesevangeliums, [=BBB; 30], 1968; Das johanneische Mißverständnis als literarische Form. In: BiLe 9 (1968) 196-207; Jesusverkündigung im Johannesevangelium. In: Jesus in den Evangelien. Ein Symposion mit Josef Blinzer, Heinz Geist, Paul Hoffmann, H. L., Franz Mußner, Rudolf Pesch und Gerhard Voss, hrsg. von Wilhelm Pesch, [=SBS; 45], 1970, 148-170; Kennt das Neue Testament die Kindertaufe? In: Christsein ohne Entscheidung oder: Soll die Kirche Kinder taufen?, hrsg. von Walter Kasper, 1970, 55-71; Vergebung und Gemeinde nach dem Zeugnis der Evangelien, 1972; [Bilderläuterungen]. In: Sieger Köder, Eine Tübinger Bibel in Bildern, 1972; Reflexionen zur historisch-kritischen Methode. In: Versuche mehrdimensionaler Schriftauslegung, hrsg. von Helmut Harsch, 1972, 18-21; Wege der Bekehrung nach dem Neuen Testament. In: Freiheit - Schuld - Vergebung. Österreichische Pastoraltagung 28. — 30. Dezember 1971 im Auftrag des österreichischen Pastoralinstituts hrsg. von Wilhelm Zauner und Helmut Erharter, Helmut, 1972, 44-52; Diskussionsbeiträge zur Exegese von Joh 2,1-11. In: Versuche mehrdimensionaler Schriftauslegung. Bericht über ein Gespräch, hrsg. von Helmut Harsch und Gerhard Voss, 1972, 86-88; Nicht Knechte, sondern Freunde, [=Theologische Meditationen; 33], 1973; Joh 3,1-8. In: Episteln und Evangelien, 1973, 83-85; Röm 8,28-32.35.37-38. In: Episteln und Evangelien, 1973, 142-145; »Mein Blut ... zur Vergebung der Sünden« (Mt 26,28). Zur matthäischen Interpretation des Abendmahles. In: Das Evangelium auf dem Weg zum Menschen. Heinrich Kahlefeld zum 70. Geburtstag, hrsg. von Otto Knoch, 1973, 43-53; Vergebung und Gemeinde nach Lk 7,36-50. In: Wort Gottes in der Zeit. Festschrift für Karl Hermann Schelkle zum 65. Geburtstag, hrsg. von Helmut Feld, 1973, 85-94; Zur Vergebung der Sünden. Die Botschaft der Evangelien, [=SBS; 73], 1974; Joh 14,23-26. In: Episteln und Evangelien, 1974, 61-63; Röm 8,26-27. In: Episteln und Evangelien, 1974, 125-126; Jesus von Nazareth - Sohn Gottes. Zur Verkündigung des Apostels und der Evangelisten. In: ThQ 154 (1974) 232-249; »... daß Jesus der Christus, der Sohn Gottes ist«. Eigenart und Herkunft des Johannesevangeliums. In: BiKi 30 (1975) 114-117; Joh 10,11-16. In: Episteln und Evangelien, 1976, 77-80; Joh 14,16-20.23-26. In: Episteln und Evangelien, 1976, 89-92; Mt 11,25-30. In: Episteln und Evangelien, 1976, 143-146; Joh 6,51-59. In: Episteln und Evangelien, 1976, 187-190; Friede und Versöhnung nach dem Neuen Testament. In: Vergebung, Versöhnung, Friede, hrsg. von Karl Forster, [=Theologie interdisziplinär; 2], 1976, 9-29; Selbstverwirklichung des Menschen unter der Herrschaft Jesu Christi? In: Akademie der Diözese Rottenburg-Stuttgart. Programm 1976.1, 1976, 31-36; Jesus. Überlieferung und Deutung, [=EdF; 95], 1978 (3., erw. Aufl. mit neuer Bibliogr. und einem Nachtr. von Anne Dawson und Michael Lattke 1999); Buße und Umkehr. Jesu Verhalten zu Sünde und Sündern. In: Chancen der Umkehr, hrsg. von Peter Müller, 1978, 38-56; »Wer sein Leben gewinnen will ...«. Erlöste Existenz heute. In: FZThPh 25 (1978) 171-186; [Art.] αυξανω αυξω auxanô auxô. In: Exegetisches Wörterbuch zum Neuen Testament I (1979) 429-430; [Art.] αφιημι aphiemi αφεσις aphesis. In: Exegetisches Wörterbuch zum Neuen Testament I (1979) 436-441; [Art.] Βηθζαθα Bethzatha Βηθζαδα Bethesda. In: Exegetisches Wörterbuch zum Neuen Testament I (1979) 512-513; Jesus - Lehrer des Weges der Gerechtigkeit. In: Wegmarken der Christologie, hrsg. von Anton Ziegenaus, [= Theologie interdisziplinär; 5], 1980, 11-42; Das Reich Gottes in der Verkündigung Jesu. In: Reich Gottes, Kirche, Civitas Dei, hrsg. von Thomas Michels, [=Forschungsgespräche des Internationalen Forschungszentrums für Grundfragen der Wissenschaften; 16], 1980, 43-75; — Sieger Köder, Und mit deinem Geist. Die Fenster der Heilig-Geist-Kirche in Ellwangen, 1980 (1999); Menschwerdung und Menschwerdung Gottes nach dem Johannesevangelium. In: Im Gespräch: Der Mensch. Joseph Möller zum 65. Geburtstag, hrsg. von Heribert Gauly, 1981, 215-221; »Kein Bein wird ihm gebrochen werden« (Jo 19,31-37). Zur johanneischen Interpretation des Kreuzes. In: Eschatologie. Bibeltheologische und philosophische Studien zum Verhältnis von Erlösungswelt und Wirklichkeitsbewältigung. Festschrift für Engelbert Neuhäusler zur Emeritierung gewidmet von Kollegen, Freunden und Schülern, hrsg. von Rudolf Kilian, Klemens Funk, Klemens und Peter Fassl, 1981, 59-72; Miteinander hören, leben, tun. Die Starken und die Schwachen in der Gemeinde. Exegetische und homiletische Überlegungen zu Römer 15,1-6. In: Bibelsonntag 1982, 1982, 24-27; Vergebung als Heilung. Zur jesuanischen Sicht der Vergebung. In: Diakonia 14 (1983) 79-84; Ostersonntag Joh 20,1-9. In: Die uralten Wunder leuchten noch. Ostern bis Pfingsten, hrsg. von Hubert Ritt, 1985, 5-6; 2 Sonntag der Osterzeit 1 Joh

5,1-6. In: Die uralten Wunder leuchten noch. Ostern bis Pfingsten, hrsg. von Hubert Ritt, 1985, 8; 4. Sonntag der Osterzeit Joh 10,11-18. In: Die uralten Wunder leuchten noch. Ostern bis Pfingsten, hrsg. von Hubert Ritt, 1985, 18; Gründonnerstag Joh 13,1-15. In: »... kein finsteres Gesicht«. Aschermittwoch bis Osternacht, hrsg. von Hubert Ritt, 1985, 46-47; Jesus und die Ehebrecherin (Joh 7,53-8,11). In: »Wie gut sind deine Zelte, Jaakow...«. Festschrift zum 60. Geburtstag von Reinhold Mayer, hrsg. von Ernst Ludwig Ehrlich und Bertolt Klappert, 1986, 145-150; Glaube und Heil (Joh 20,19-31). In: Laßt Euch versöhnen! Hrsg. von Hubert Ritt, 1986, 23; Joh 2,13-25. In: Unsere Hoffnung - Gottes Wort, hrsg. von Konrad Baumgartner, 1987, 147-152; Joh 10,11-18. In: Unsere Hoffnung - Gottes Wort, hrsg. von Konrad Baumgartner, 1987, 258-262; Joh 6,51-58. In: Unsere Hoffnung - Gottes Wort, hrsg. von Konrad Baumgartner, 1987, 547-551; — Leonard E. Boyle, Giovanni Morello, Die Schöpfung. Ein Meisterwerk gotischer Buchmalerei, 1987; Lk 15,1-3.11-32. In: Unsere Hoffnung - Gottes Wort, hrsg. von Konrad Baumgartner, 1988, 140-146; Joh 13,31-33a.34-35. In: Unsere Hoffnung - Gottes Wort, hrsg. von Konrad Baumgartner, 1988, 234-237; Joh 14,23-29. In: Unsere Hoffnung - Gottes Wort, hrsg. von Konrad Baumgartner, 1988, 243-246; Joh 2,1-11. In: Unsere Hoffnung - Gottes Wort, hrsg. von Konrad Baumgartner, 1988,323-329; Lk 16,1-13. In: Unsere Hoffnung - Gottes Wort, hrsg. von Konrad Baumgartner, 1988, 550-553; Lk 21,5-19. In: Unsere Hoffnung - Gottes Wort, hrsg. von Konrad Baumgartner, 1988, 624-629; Lk 23,35-43. In: Unsere Hoffnung - Gottes Wort, hrsg. von Konrad Baumgartner, 1988, 624-637; Mt 2,13-15.19-23. In: Unsere Hoffnung - Gottes Wort, hrsg, von Konrad Baumgartner, 1989, 75-78; Joh 3,16-18. In: Unsere Hoffnung - Gottes Wort, hrsg, von Konrad Baumgartner, 1989, 311-314; Mt 4,17-23. In: Unsere Hoffnung - Gottes Wort, hrsg, von Konrad Baumgartner, 1989, 340-345; Mt 11,25-30. In: Unsere Hoffnung - Gottes Wort, hrsg, von Konrad Baumgartner, 1989, 443-446; Nachruf Karl Hermann Schelkle. In: Biblische Zeitschrift 33 (1989) 158-160; Einführung. In: Willi Habermann, Alles Seifenblasen. Der Prediger Salomo schwäbisch, 1989, 5-15; — Leonard E. Boyle, Giovanni Morello, Joseph und seine Brüder. Ein Meisterwerk gotischer Buchmalerei, 1991; [Art.] Schelkle, Karl Hermann. In: LThK^3 IX (2000) 122.

Lit.: Johannes aenigmaticus. Studien zum Johannesevangelium für Herbert Leroy, hrsg, von Stefan Schreiber und Alois Stimpfle, [=BU; 29], 2000; — Stefan Schreiber, Alois Stimpfle, Herbert Leroy zum 10. Januar 2001. In: Johannes aenigmaticus. Studien zum Johannesevangelium für Herbert Leroy, hrsg. von Stefan Schreiber, Alois Stimpfle, [=Biblische Untersuchungen; 29], 2000, 7-8; — Kürschner, Gk 18 (2001) 1874; Wer ist wer? 2001/2002; — Franz Sedlmeier, Die lebensvolle biblische Botschaft weitergegeben. Zum Tod von Prof. em. Dr. Matthias Herbert Leroy. In: Universitätsnachrichten (Uni Augsburg) 131, 2-4 (Oktober 2005) (mit Abb.).

Christoph Schmitt

LIEBESCHÜTZ, Hans, Historiker * 3.12. 1893 in Hamburg, † 28.10. 1978 in Crosby bei Liverpool. Der Sohn des jüdischen Arztes Samuel (genannt John) Liebeschütz und der Mutter Lizzy Olga Liebeschütz, geb. Schönfeld belegte nach dem Besuch der Gelehrtenschule des Johanneums in Hamburg von 1913 bis 1914 Kurse an der Lehranstalt für die Wissenschaft des Judentums in Berlin, um Rabbiner zu werden und studierte Alte Geschichte und Klassische Philologie an der Friedrich-Wilhelms Universität zu Berlin. Von dem ursprünglichen Berufswunsch abgekommen, beschloß er Lehrer zu werden und Geschichte zu studieren. Besonders beeindruckt worden sei er, so sein Sohn Wolfgang Liebeschütz, Professor (em.) für Alte Geschichte, durch Vorlesungen von Eduard Meyer über Alte Geschichte und Seminare des Klassischen Philologen Ulrich von Wilamowitz-Moellendorff. Im Sommersemester 1914 studierte L. an der Philosophischen Fakultät in Marburg, um den damals sehr bekannten Philosophen und Pädagogen Paul Natorp zu hören. Als Student an der Philosophischen Fakultät an der Friedrich-Wilhelms Universität in Berlin wurde er im November 1914 zum Kriegsdienst einberufen und kam an die französische Front. Nach langen Lazarettaufenthalten wurde er im Februar 1918 mit dauerhaft geschädigter Gesundheit aus dem Kriegsdienst entlassen. L. nahm im selben Jahr seine Studien in Heidelberg wieder auf, wo er Mittelalterliche Geschichte studierte und 1920 von Karl Hampe mit einer Dissertation über »Die Beziehungen Friedrich II. zu England seit dem Jahr 1235« promoviert wurde. Nach Hamburg zurückgekehrt, unterrichtete er von 1920 bis 1928 an verschiedenen Realschulen, dann ab 1929 an der weit über Hamburg hinaus bekannten Lichtwarkschule, die eine der wenigen reformpädagogischen Schulen des höheren Schulwesens der Weimarer Republik war. Er wurde bald nach seiner Rückkehr nach Hamburg Mitarbeiter der Kulturwissenschaftlichen Bibliothek Warburg, einem aus der Privatbibliothek des Kunsthistorikers Aby M. Warburg entstandenen interdisziplinären Forschungsinstitut, an dem Intellektuelle verschiedener Geisteswissenschaften - Kunsthistoriker, Historiker, Philosophen und Religionswissenschaftler und Wissenschaftshistoriker - tätig waren. L. habilitierte sich 1929 mit einer Arbeit über »Das allegorische Weltbild der heiligen Hildegard von Bingen«, die 1930 in der Reihe »Studien der Bibliothek Warburg« veröffentlicht wurde. 1922 gehörte er zu den Mitbegründern der jüdischen Loge B' nai B'rith in Hamburg. Bis 1934 unterrichtete er an der Lichtwarkschule sowie mit einem Lehrauftrag Mittellateinische Philologie an der Hamburgischen Universität. Auf Grund des »Gesetzes zur Wiederherstellung des Berufsbeamtentums« wurde er 1934 seiner Venia legendi beraubt und als Studienrat zwangsweise in den Ruhestand versetzt. Aus dem Staatsdienst verdrängt, engagierte er sich intensiv in der jüdischen Erwachsenenbildung und im Jüdischen Kulturbund Hamburg. So gehörte er zu den Mitbegründern des Jüdischen Lehrhauses der Franz-Rosenzweig-Gedächtnisstiftung in Hamburg, die Arbeitsgemeinschaften und Vortragsreihen über Jüdische Geschichte organisierte und hielt dort Vorlesungen. Er sprach z.B. über »das Judentum und Judenheit in der Weltgeschichte« und »Judentum in der kirchlichen und bürgerlichen Welt des Hochmittelalters«. Als Dozent für weltliche Fächer an der Lehranstalt für die Wissenschaft des Judentums in Berlin von 1936 bis zu seiner Emigration 1939 hielt er Lehrveranstaltungen über Alte und Mittelalterliche Geschichte in Verbindung mit der Geschichte des Judentums. Im Zuge der Reichspogromnacht im November 1938 wurde Liebeschütz in Hamburg festgenommen und ins Konzentrationslager Sachsenhausen gebracht, wo er vier Wochen lang inhaftiert war. Nachdem seine Frau Rahel Liebeschütz-Plaut (1894-1993) und seine drei Kinder bereits 1938 nach England emigriert waren, folgte ihnen L. ihnen im März 1939. Vom Mai bis Oktober 1940 wurde er als »Enemy Alien« auf der Isle auf Man interniert. Während des Krieges unterrichtete er von 1942 bis 1946 an verschiedenen Schulen in England Latein. 1946 zunächst »Assistant Lecturer«, erhielt er 1955 eine Anstellung als »Reader« an der Universität Liverpool, an der er dann bis zu seiner Pensionierung 1960 Mittelalterliche Geschichte lehrte. 1947 nahm er die britische Staatsbürgerschaft an. L. gehörte 1955 zu den Mitbegründern des Leo-Baeck-Instituts zur Erforschung des Judentums in Deutschland. Nach seiner Pensionierung in Liverpool 1960 hielt er in den Sommersemestern als außerplanmäßiger Professor - ein Titel, der ihm 1957 im Rahmen der Wiedergutmachung von der Hamburgischen Universität verliehen worden war - von 1960 bis 1963 Gastvorlesungen in Hamburg, darüberhinaus Vorträge in Münster, Heidelberg und anderen deutschen Städten. 1960 wurde er korrespondierendes Mitglied der Monumenta Germaniae Historica, 1969 korrespondierendes Mitglied der Akademie der Wissenschaften Göttingen. — L.s Sohn Wolfgang, em. Professor für Alte Geschichte in Nottingham berichtete in einem Vortrag im Rahmen einer Veranstaltungsreihe zum Gedenken vertriebener jüdischer Wissenschaftlerinnen und Wissenschaftler an der Universität Hamburg am 25. Oktober 1991 über seinen Vater folgendes: Hans Liebeschütz habe Zeit seines Lebens auf dem Gebiet der Geistesgeschichte gearbeitet. Zu Beginn seiner wissenschaftlichen Laufbahn habe er sich in erster Linie mit dem Einfluß antiken Gedankenguts im Mittelalter befaßt, wobei ihn besonders interessiert habe, wie sich Theorien der antiken Kosmologie und der antiken Staatslehren auf das mittelalterliche Denken auswirkten. Es sei in diesen Arbeiten um die Entstehung des modernen naturwissenschaftlichen Weltbildes aus der mittelalterlichen Theologie und die Entstehung des neuzeitlichen Staatsbegriffes gegangen. — In dem Buch »Das Weltbild der Heiligen Hildegard von Bingen« - das Werk, das Hans Liebeschütz' wissenschaftliche Karriere einleitete - wies dieser nach, daß die scheinbar spontanen Visionen der rheinländischen Äbtissin und Mystikerin sich weitgehend auf Motive spätantiker Kosmologie zurückführen lassen. In dem Buch »Mediaeval Humanism in the Life and Writings of John of Salisbury« (1950), welches Hans Liebeschütz als erstes größeres Werk auf Englisch verfaßte, untersuchte er, in welcher Weise Johann von Salisburys Verständnis politischer antiker lateinischer Schriften dadurch beeinflußt war, daß er in einer Gesellschaft lebte, in der man den den antiken Begriff des Staates als Gemeinwesen nicht kannte. — Nach der nationalsozialistischen Machtübernahme 1933 rückte für Hans Liebeschütz begreiflicherweise das Problem des Verhältnisses der Juden zu ihrer christlichen Umwelt in den Mittelpunkt seines Forschungsinteresses. Bezeichnend für ihn sei, daß er die Untersuchung nicht in der Neuzeit begann, sondern in ihren Anfängen, nämlich in der Darstellung des Judentums in den Briefen des Apostels Paulus, das den ersten Abschnitt seines Buches«Synagoge und Ecclesia«

ausmacht. Es beruht auf Vorlesungen, die Liebeschütz an der Lehranstalt für die Wissenschaft des Judentums zwischen 1936 und 1938 hielt, war 1938 fertiggestellt, konnte aber erst posthum 1983 erscheinen. Hans Liebeschütz untersuchte hier über die Darstellung der über tausend Jahre währenden Symbiose von Kirche und Judentum, welche Gedanken und Haltungen in der Kirche und bei ihren Gläubigen von Thomas von Aquino bis Paulus gegenüber den Juden vorherrschten und wie es zur ersten großen Judenverfolgung des Hochmittelalters kommen konnte. — In dem Werk »Das Judentum im deutschen Geschichtsbild von Hegel bis Max Weber« (1967) untersuchte Hans Liebeschütz den Zusammenhang zwischen den Darstellungen bedeutender deutscher Historiker und Bibelforscher von Juden in Bibel und Geschichte und ihrem Bild der Juden der eigenen Gegenwart. Beginnend mit Hegel, geht die Untersuchung über Ranke, Treitschke, Jacob Burckhard, Julius Wellhausen, Eduard Meyer bis zu Max Weber. Hans Liebeschütz habe immer wieder versucht nachzuweisen, wie historische Sichtweise und gegenwärtige Problematik sich beeinflußten. So habe er gemeint, daß Theodor Mommsen sein berühmtes Kapitel »Judäa und die Juden« in dem fünften Band seiner »Römischen Geschichte« mit der Zielsetzung geschrieben habe, daß durch das Studium der antiken Katastrophe Lehren für die Lösung des gegenwärtigen Problems gefunden werden können. »Das Judentum im deutschen Geschichtsbild« umfaßt Themen, die Hans Liebeschütz sein Leben lang beschäftigten: Er habe versucht zu verstehen, weshalb das Zusammenleben von Juden und Deutschen, und gerade von Deutschen, so verhängnisvoll ausging. Wichtig sei für Hans Liebeschütz auch die Bedeutung der geistigen Richtung, aus der der Historismus hervorging, für das jüdische Selbstverständnis gewesen. Daß die Rezeption bestimmter Ideen der Umwelt zum Mittel wurde, die besonderen Eigenarten jüdischer Tradition und Haltung sowie auch der jüdischen Theologie auszudrücken, habe er in »Von Georg Simmel zu Franz Rosenzweig« (1970) nachzuweisen versucht. Sowohl die Vernunftsreligion der Aufklärung wie auch die protestantische Bibelwissenschaft waren die Voraussetzung des liberalen Judentums, dem sich Hans Liebeschütz sein Leben lang zugehörig gefühlt habe. Abschließend könne man sagen, daß er es es als wichtigste Aufgabe des Historikers in Erziehung und Gesellschaft betrachtet habe, selbst gefühlsmäßig belastete Themen mit der größtmöglichen Objektivität zu behandeln.

Werke: Die Beziehungen Kaiser Friedrich 11. zu England seit dein Jahr 1235. (Diss. Heidelberg), 1920; Fulgentius Metaforalis. Ein Beitrag zur Geschichte der antiken Mythologie im Mittelalter, Leipzig/Berlin 1926; Kosmologische Motive in der Bildungswelt der Frühscholastik. In: Vorträge der Bibliothek Warburg 1923-1924 (1926) S. 83-148; Das allegorische Weltbild der heiligen Hildegard von Bingen. Leipzig/Berlin 1930, (Neudruck Darmstadt 1964. Mit einem Nachwort S. 181-188.); Hildegard von Bingen und die Kulturbewegung des 12. Jahrhunderts. In: HZ 146 (1932) S. 490-500. [= Erwiderung auf H. Grundmanns Besprechung von Nr. 4 in: HZ 144 (1931) S. 340-344.]; Der Sinn des Wissens bei Roger Bacon. In: Vorträge der Bibliothek Warburg 1930/1931 (1932) S. 28-63; Eine Polemik des Thomas von Aquino gegen Maimonides. In: MGWJ 80, N. F. 44 (1936) S. 93-96. [Fotomechanischer Nachdruck in: Studies in Maimonides and St. Thomas Aquinas, hg. von Jacob I. Dienstag. (Bibliotheca Maimonidica 1) o. 0. (New York) 1975, S. 256-259.); Bibel und klassisches Altertum im englischen Hochmittelalter. In: Festschrift für Leo Baeck, Berlin 1938, S. 91-105. [Wahrscheinlich erst 1939] Sp. 851.]; Die Stellung des Judentums im Dialogus des Peter Abaelard. In: NIGWJ 83, N. F. 47 (1939) S. 390-405 [englische Fassung: The Significance of Judaism in Peter Abaelard's Dialogus. In: JJ 12 (1961), S. 1-18; The Social and Educational Background of ihe Nazi School System. In: The British Journal of Educational Psychology 11 (1941) S. 197-204; John of Salisbury and Pseudo-Plutarch. In: Journal of the Warburg and Courtauld Institutes 6 (1943) S. 33-39; Petrarch, John of Salisbury and the Institutio Traiani. In: Journal of the Warburg and Courtauld Institutes 12 (1949) S. 189-190; Mediaeval Humanism in the Life and Writings of John of Salisbury. (Studies of the Warburg Institute 17) London 1950. [vgl. Summary in- Bulletin of the Institute of Historical Research 22 (1949) S. 49-51]; Wesen und Grenzen des karolingischen Rationalismus. In: Archiv für Kulturgeschichte 33 (1951) S. 17- 44; Englische und europäische Elemente in der Erfahrungswelt des Johannes von Salisbury. In: Die Welt als Geschichte 11 (1951) S. 38-45; Das zwölfte Jahrhundert und die Antike. In: Archiv für Kulturgeschichte 35 (1953) S. 247-271; Wissenschaft des Judentums und Historismus bei Abraham Geiger. In: Essays Presented to Leo Baeck on the Occasion of his Eightieth Birthday, London 1954, S. 75-93; Ranke. (Historical Association Pamphlets, General Series G. 26) London 1954. 20 S.; Jewish Thought and its German Background. In: LBI Year Book 1 (1956) S. 217-236; A Precious Legacy. In: In Memory of Leo Baeck. May 23, 1873 - November 2, 1956. AJR Information, Supplement, December 1956, S. 5. — Friedrich Meinecke and the Revival of German Idealism. In: German Life and Letters 10 (1956-1957) S. 285-288; Theodulf of Odeans and the Problem of the Carolingian Renaissance. In: Fritz Saxl 1890 - 1948. A Volume of Memorial Essays, Edited by D. J. Gordon, London 1957, S. 77-92; Problems of Diaspora History in XlXth-

Century Germany. In: JJS 8 (1957) S. 103-111; Judaism and the History of Religion in Leo Baeck's Work. In: LBI Year Book 2 (1957) S. 8-20; Martin Buber und das neue jüdische Geschichtsbild. In: Bulletin für die Mitglieder der Gesellschaft der Freunde des Leo Baeck Institute, Jg. 1957/1958, S. 24-27 (= Heft 1, 1957); Texterklärung und Weltdeutung bei Johannes Eriugena. In: Archiv für Kulturgeschichte 40 (1958) S. 66-96; Leo Baeck, Aus drei Jahrtausenden. Mit einer Einführung von H. L. (Tübingen 1958) S. 1-8. — A Faith beyond the World. In: Common Ground. The Bulletin of the Council of Christians and Jews 12 No. 1 (1958); The Crusading Movement in its Bearing on the Christian Attitude towards Jewry. In: JJS 10 (1959) S. 97-111.- Das Judentum im Geschichtsbild Jacob Burckhardts. In: LBI Year Book 4 (1959) S. 61 -80; Judentum und Religionsgeschichte in Leo Baecks Werk. In: Worte des Gedenkens für Leo Baeck. Im Auftrag des Councils of Jews from Germany, London, hrsg. von Eva G. Reichmann, Heidelberg 1959, S. 104-124; Zur Geschichte der Erklärung des Martianus Capella bei Eriugena. In: Philologus 104 (1960) S. 127-137; Die politische Interpretation des Alten Testaments bei Thomas von Aquino und Spinoza. In: Antike und Abendland 9 (1960) S. 39-62; Max Wiener's Reinterpretation of Liberal Judaism. In: LBI Year Book 5 (1960) S. 35-57; Hermann Cohen und Spinoza. In: Bulletin für die Mitglieder der Gesellschaft der Freunde des Leo Baeck Institute, Jg. 1960, S. 225-238 (= Heft 12); The Significance of Judaism in Peter Abaelard's Dialogus. In: JJS 12 (1961) S. 1 - 18; Judaism and Jewry in the Social Doctrine of Thomas Aquinas. 111: JJS 13 (1962) S. 57-81. [Fotomechanischer Nachdruck (»with author's corrections«) in: Studies in Maimonides . . . S. 140-164.]; Objektivität und Werturteil. In: In zwei Welten. Siegfried Moses zum fünfundsiebzigsten Geburtstag, hg. von Hans Tramer, Tel Aviv 1962, S. 607-626; Treitschke and Mommsen on Jewry and Judaism. In: LBI Year Book 7 (1962) S. 153-182; Profile of a Rabbi (Paul Rieger, 1870-1939]. In: LBI Year Book 8 (1963) S. 252-253; German Radicalism and the Formation of Jewish Political Attitudes during the Earlier Part of the Nineteenth Century. In: Studies in Nineteenth-Century Jewish Intellectual History, edited by Alexander Altmann. (Philip W. Lown Institute of Advanced Judaic Studies. Brandeis University. Studies and Texts 2) Cambridge/Mass. 1964, S. 141-170; Max Weber's Historical Interpretation of Judaism. In: LBI Year Book 9 (1964) S. 41-68; The Stefan George Circle, 11: Ernst Kantorowicz and the George Circle. In: LBI Year Book 9 (1964) S. 345-347; Relations between Jews and Christians in the Middle Ages. In: JJS 16 (1965) S. 35-46; Reflections on Spengler. In: LBI Year Book 10 (1965) S. 277-279; Between Past and Future. Leo Baeck's Historical Position. In: LBI Year Book 11 (1966) S. 3-27; Hermann Philipp und die Franz-Rosenzweig-Gedächtnisstiftung in Hamburg. In: MB. Wochenzeitung des Irgun Olej Merkas Europa, Jg. 34 Nr. 36/37, 9. September 1966, S. 14; Western Christian Thought from Boethius to Anselm. In: The Cambridge History of Later Greek and Early Medieval Philosophy, edited by A. H. Armstrong, Cambridge 1967, S. 535-639; Das Judentum, im deutschen Geschichtsbild von Hegel bis Max Weber. (Schriftenreihe wissenschaftlicher Abhandlungen des Leo Baeck Institutes 17) Tübingen 1967; Chartres und Bologna. Naturbegriff und Staatsidee bei Johannes von Salisbury. In: Archiv für Kulturgeschichte 50 (1968) S. 3-32; Hermann Cohen and his Historical Background. In: LBI Year Book 13 (1968) S. 3-33; Von Georg Simmel zu Franz Rosenzweig. Studien zum jüdischen Denken im deutschen Kulturbereich. Mit einem Nachwort von Robert Weltsch. (Schriftenreihe wissenschaftlicher Abhandlungen des Leo Baeck Instituts 23) Tübingen 1970. VIII u. 258 S. [Vgl. hierzu Robert Weltsch: An der Wende des modernen Judentums,Tübingen 1972, S. 145.]; Das Judentum in der Geschichtsphilosophie des frühen Hegel. In: Hegel-Jahrbuch 1968/1969 (1970) S. 323-331; Die Bedeutung der Ideengeschichte für das Verständnis der jüdischen Situation in Deutschland. In: Zur Geschichte der Juden in Deutschland im 19. und 20. Jahrhundert, Jerusalem 1971, S. 65-67. [Englische Fassung: The Contribution of Intellectual History to the Understanding of the Jewis Situation in Germany. In: Perspectives of German-Jewish History in the 19th and 20th Century, Jerusalem 1971, S. 58-61]; Aby Warburg (1866-1929) as Interpreter of Civilisation. In: LBI Year Book 16 (1971) S. 225-236; Robert Weltsch and Contemporary Politics. In: AJR Information Bd. 26 Nr. 6, June, 1971, S. 6-7; Meister Eckhart und Moses Maimonides. In: Archiv für Kulturgeschichte 54 (1972) S. 64-96; The Place of the Martianus. Glossae in the Development of Eriugena's Thought. In: The Mind of Eriugena. Papers of a Colloquium Dublin, 14-18 July 1970, Edited by J. O'Meara and Ludwig Bieler, Dublin 1973, S. 49-58; The Relevance of the Middle Ages for the Understanding of Contemporary Jewish History. In: LBI Year Book 18 (1973) S. 3-25; The Legacy of Leo Baeck, May 23, 1873 - November 2, 1956. In: AJR Information Bd. 28 Nr. 5, May, 1973, S. 1-2; Mittelalterlicher Platonismus bei Johannes Eriugena und Meister Eckhart. In: Archiv für Kulturgeschichte 56 (1974) S. 241 -269; German Politics and Jewish Existence. In: LBI Year Book 20 (1975), S. 27-33; Die Aufgabe einer Biographie für Leo Baeck. In: Emuna 10 (1975), S. 42-46; Arnold Toynbee (1889-1975). In: LBI Year Book 21 (1976), S. 289-292; Das Judentum in der deutschen Umwelt, 1800-1850. Studien zur Frühgeschichte der Emanzipation, hg. von H. L. und Arnold Paucker. (Schriftenreihe wissenschaftlicher Abhandlungen des Leo Baeck Instituts 35) Tübingen 1977. Darin Einzelbeiträge von H. L.: Judentum und deutsche Umwelt im Zeitalter der Restauration, S. 1-54 und Schlusswort: Werten und Verstehen, S. 377-389; University Remembers Historian. Wilhelm Levison Memorial Volume. In: AJR Information Bd. 32 Nr. 9, Sept. 1977, S. 7; Past, Present and Future of German-Jewish Historiography. In: LBI Yearbook 23 (1978), S. 3-21; Mendelsohn und Lessing in ihrer Stellung zur Geschichte. In: Studies in Jewish Religious and Intellectual History. Presented to Alexander Altmann on the Occasion of his Seventies Birthday, edited by Siegfried Stein and Raphael Loewe, o. O. (Montgomery) 1979, S. 167-182; Alfred Lichtwark und unsere Schule. Ansprache am 20. Mai 1977 in der Aula der ehemaligen Lichtwarkschule. In: Die Lichtwarkschule. Idee und Gestalt, hg. vom Arbeitskreis Lichtwarkschule, Hamburg 1979, S. 167-171; Mittelalter und Antike in Staatstheorie und Gesellschaftslehre des heiligen Thomas von Aquino. In: Archiv für Kulturgeschichte 61 (1979, ersch. 1981) S. 35-68; Synagoge und Ecclesia, verfasst 1938, aus dem Nachlaß herausgegeben, mit einem Nachwort und einer Bibliographie Hans

Liebeschütz versehen von Alexander Patschhovsky, Heidelberg 1983.

Lit.: My Memories of the Time when Hitler war Dictator of Germany, o. O. o. J. (1978), maschinenschriftliches Manuskript; — Herbert A. Strauss u. Werner Röder (Hrsg.): International Biographical Dictionary of Central European Emigre`s 1938-1945, VI. II: The Arts, Sciences, and Literature, München, New York, London, Paris 1983, 728; — Gerhard Lohse: Klassische Philologie und Zeitgeschehen. Zur Geschichte des Seminars an der Hamburger Universität in der Zeit des Nationalsozialismus, 775-826, In: Eckart Krause, Ludwig Huber, Holger Fischer (Hrsg.) Hochschulalltag im »Dritten Reich«. Die Hamburger Universität 1933-1945, II, Berlin-Hamburg 1991; — Hans Liebeschütz zum Gedenken MB Dezember 1978, Professor Hans Liebeschütz gestorben, Aufbau 10. Nov. 1978; — Israel. Wochenblatt für die Schweiz 10.11.1978; AJR Dez. 1978 - Christhard Hoffmann: The Contribution of German-speaking Immigrants to British Historiography, 153-177 In: Werner E. Mosse und Julius Carlebach (Hrsg.) Second Chance. Two Centuries of German-speaking Jews in the United Kingdom, Tübingen 1991; Joseph Walk (Hrsg.): Kurzbiographien zur Geschichte der Juden 1918-1945, hrsg. vom Leo Baeck Institute Jerusalem, München u.a. 1988, 235 f.; Silke Kaiser-von Holst: Rahel und Hans Liebeschütz - zwei jüdische Wissenschaftler der Hamburger Universität - ihr Leben unter dem Nationalsozialismus bis 1939 und im Exil in Großbritannien, Magisterarbeit 1999 (unveröffentlicht);- DBE IV, 433; — NDB IVX, 489 f; — KDG 1928/29,1397; — KGK, 1961, 1194; — KGK 1966, 1422 f; KGK 1970, 1754; —KGK 1976, 1891; — Hans Michael Schäfer: Hans Liebeschütz In: Das Jüdische Hamburg, Ein historisches Nachschlagewerk, hrsg. vom Institut für die Geschichte der deutschen Juden, Göttingen 2006, 176.

Silke Kaiser

LIESER, Johann von (de Lesura, de Lisura, Lizura, de Lysura, Lyseranus, eig. Hof(f)mann), I.U.D., Kurmainzer, Kurtrierer u. Kurpfälzer Rat, Diplomat, Gesandter, Domherr, Propst, Kanoniker, * um 1400 in Lieser/Mosel, So. v. N. Hof(f)mann, † 27.8. 1459 in Mainz, begraben in der Marienkapelle der Mainzer Kartause, Grabmal nicht mehr vorhanden. Dem Familiennamen nach war sein Vater Pächter oder Hofverwalter eines der in Lieser ansässigen Kloster- oder Adelshöfe, vielleicht des Himmeroderhofes. — Wie sein Landsmann und langjähriger Freund Nikolaus Cusanus (s.d.) aus dem benachbarten Kues ein Jahr zuvor immatrikulierte er sich am 23.6. 1417 zunächst in Heidelberg, 1423 in Erfurt und 1424 in Leipzig, anschließend studierte er die Rechte in Siena, dort promovierte er vorm Sommer 1429 zum Dr. Decretorum. Daß er auch bei den Legisten promovierte, ist quellenmäßig nicht nachgewiesen aber nicht zu bezweifeln, wird er doch mehrfach als Dr. utriusque bezeichnet, so auch von Enea Silvio de Piccolomini (s.d.), dem späteren Papst Pius II. Im März 1434 ist J.v.L. erneut in Italien, unter anderem in Pavia. Der Grund dieser Reise ist unbekannt, könnte aber in Zusammenhang mit dem Trierer Schisma stehen. Die seit der Goldenen Bulle von 1356 immer unverblümter nach territorialer und politischer Souveränität strebenden Fürsten waren zunehmend darauf angewiesen, sich hierbei auf Kenner des Verwaltungs- und Kanzleiwesens zu stützen und sich vor allem der Dienste versierter Juristen zu versichern, um ihre Ziele gegen die eigentlichen Autoritäten des Alten Reiches, Kaiser und Papst, durchzusetzen. So entstand das »Berufsbild« des gelehrten Rates, das J.v.L. in der Nachschau als einer der bekanntesten und erfolgreichsten seiner Zeit repräsentieren sollte. Seine erste Tätigkeit auf öffentlicher Bühne führte ihn zum 1430 eröffneten Baseler Konzil, wo er seit spätestens Anfang 1434 als Prokurator die Ansprüche des aus zwiespältiger Wahl hervorgegangenen Trierer Elekten Ulrich von Manderscheid wahren sollte. Der Papst hatte Ulrich und dessen Gegenspieler Jacob von Sierck (s.d.) gleichermaßen abgelehnt und dafür den Speyerer Bischof Raban von Helmstatt (s.d.) auf den Trierer Stuhl providiert. Jakob beugte sich dem Spruch, Ulrich hingegen ließ es auf den Kampf vor der Kurie und auf dem Konzil ankommen und suchte gleichzeitig im Trierer Land mit Gewalt Tatsachen zu schaffen. Ulrich hatte J.v.L. dabei keinem geringeren als Nikolaus Cusanus zur Seite gestellt. Die Zurückweisung Ulrichs auch seiten des Konzils ließ J.v.L. wohl bald die Aussichtslosigkeit seiner Bemühungen klar werden. Neben seiner Konzilstätigkeit finden wir ihn seit Juni 1434 in der Umgebung Dietrichs Schenk von Erbach, also noch vor dessen erst im Juli erfolgender Wahl zum Mainzer EB und Kurfürsten. Dessen erster diplomatischer Auftrag führte J.v.L. nach Florenz zu Papst Eugen IV. (s.d.), wo er für Dietrich die päpstliche Bestätigung und das Pallium einholen sowie die Servitienzahlung regeln sollte. Erstere erlangte er am 20.10. 1434, das Pallium am 5. Dezember. EB Dietrich lohnte die erfolgreiche Mission, indem er J.v.L. mit weiteren Pfründen bedachte und ihn schließlich am 1.2. 1436 zu seinem Generalvikar machte. Die

Amtsausübung oblag jedoch weiter seinem Vorgänger Johannes Gutwin, da J.v.L seine Arbeit auf dem Konzil offensichtlich fortführen wollte und EB Dietrich so gleichzeitig mit J.v.L. als seinem Prokurator den Wunsch des Konzils nach einer angemessenen Mainzer Vertretung endlich erfüllen konnte. J.v.L. war seit dem 27.5. 1435 dem Konzil inkorporiert und der Glaubensdeputation zugeteilt worden. Im Sommer desselben Jahres weilt er erneut an der Kurie, wo er die Servitientaxe endgültig aushandelt, indem er sich für EB Dietrich am 20.8. für die Zahlung von 6000 Florin verbürgt. Wieder in Basel, übernahm er am 8.3. 1436 ein von Nikolaus Cusanus abgelehntes Richteramt und am 7.9. 1436 erneut ein solches. Als Richter hatte er sich vorwiegend mit der Auseinandersetzung um die Abtei Haute Seille bei Nancy zu beschäftigen. Auf dem Frankfurter Kurfürstentag im Frühjahr 1438 war Albrecht von Österreich am 18.3. zum deutschen König und Nachfolger Sigismunds gewählt worden, bereits einen Tag zuvor war die Neutralität der Fürsten gegenüber Papst und Konzil erklärt worden, um eine Lösung der Kirchenfrage nicht durch einseitige Parteinahme zu erschweren. Der Aussage Enea Silvios, dass J.v.L. neben Ludwig Ast einer der Väter der Neutralitätserklärung gewesen sei, muß man wohl Glauben schenken, auch wenn dies aus der Quellenlage nicht unmittelbar zu ersehen ist. Anschließend führte J.v.L. als Mainzer Vertreter die kurfürstliche Gesandtschaft im Verein mit Gregor Heimburg zum Konzil nach Basel und weiter zum Unionskonzil nach Ferrara und dem Byzantinerkaiser Johann VIII. Palaiologos an, um diesen die Wahl Albrechts zu notifizieren und den Neutralitätsbeschluß zu übermitteln. Damit ihm durch diese Gesandtschaft kein Nachteil in der Anrechnung seiner vorgeschriebenen Residenzjahre als Kanoniker des Mainzer Stiftes St. Maria ad Gradus, vulgo Mariengreden oder Maria zu den Staffeln, entstehen sollte, ließ EB Dietrich das Kapitel in Aschaffenburg zusammenkommen, damit es ihm zeitweiligen Dispens von der Residenzpflicht erteile. Am 28.5. 1438 verließ die Delegation die nach Florenz emigrierte Kurie, um anschließend die Antwort des Papstes nach Basel und zu Kg. Albrecht zu überbringen. Ende Juli 1439 traf J.v.L. dann in Koblenz zu einer bemerkenswerten Konferenz mit Cusanus, Johann von Gelnhausen, dem Maulbronner Abt, und Tilmann Joel von Linz, dem Koblenzer Florinpropst, als Vertreter der drei geistlichen Kurfürsten zusammen, die letztlich auf die Seite Eugens IV. gezogen werden sollten. Das von Cusanus bezeugte weitgehende Einverständnis der Beteiligten weist schon auf den bevorstehenden Sinneswandel, auch des J.v.L., in der Kirchenfrage hin. Der Frankfurter Reichstag von 1442 sollte J.v.L. allerdings noch als Verfechter der kurfürstlichen Neutralität und damit als Gegner Enea`s sehen. J.v.L. machte deutlich, daß die Neutralität nicht umsonst bestand und die Oboedienz zu Eugen ohne Gegenleistung nicht zuwege zu bringen sei. Vor allem die *Gravamina* standen J.v.L. deutlich vor Augen, auch im Sinne seines Herrn von Mainz. Die gemeinsame Front der Kurfürsten war zunächst eine wahre Bastion. Wenig später versprach der Kardinallegat Carvajal (s.d.) J.v.L. reiche Pfründen, wenn der wichtige EB von Mainz nicht zuletzt durch sein Wirken auf Eugens Seite zu ziehen sei. Aber dies erforderte Zeit. Auch die folgenden Reichs- und Rechtstage sehen J.v.L. in ihrer Mitte. Dann aber wurde immer deutlicher, daß die Neutralität nicht länger zu halten und eine Hinwendung zu Eugen der einzig gangbare Weg zur Überwindung des Schismas war. Wie es dann auf dem Tag zu Frankfurt im Herbst 1446 geschah und gültigst gewiesen wurde. Matthias Döring, zeitweiliger schismatischer Franziskanergeneral, soll dann den bis heute nicht vergessenen Schmähvers auf Cusanus und J.v.L. formuliert haben, dessen gängigste Fassung *Cusa Lisura pervertunt omnia iura* lautet und der sogar in den Volksmund des Mosellandes Eingang gefunden hat. Mit der ihnen vorgeworfenen Rechtsverdrehung sollte ihr Wechsel ins Lager Eugens IV. verunglimpft werden; sei dieser doch nach Ansicht der Gegner mit Geld, Pfründen und juristischen Winkelzügen erkauft worden. Tatsächlich waren vier Mainzer Räte mit 2000 Gulden zum Sinneswandel gebracht worden, doch gehörte J.v.L. trotz der immer wieder vorgebrachten diesbezüglichen Behauptung nicht dazu. Seine Bestechung war auch nicht nötig, stand er doch selbst nach dem Zeugnis des Matthias Döring schon seit mindestens 1443 im Lager der Konzilsgegner. Der Übertritt des Cusanus und J`s.v.L. unter die Oboedienz Eugens IV. trug lediglich den veränderten Kräfteverhältnissen zwischen Konzil und Papst Rechnung, ist also als Akt der Realpolitik zu sehen. Den beiden damit quasi »Gesinnungslumperei« vorwerfen zu sollen, ist von kompetenter Seite (Weigel) entschieden und zurecht zurückgewiesen worden. Die Überbringung der Oboedienz an den Papst am 7.2. 1447 beleuchtet blitzlichtartig die Lage der Kirche wie des Reiches und ihrer zeitlichen Politik und »Politikmacher«. Dem auf dem Sterbebett schon in Agonie liegenden und nicht mehr aufnahmefähigen Eugen IV. sollten trotz seines Zustandes und deswegen verschieden geäußerter Bedenken die Reichstagsbeschlüsse und die damit verbundene Einvernahme mit der Kurie corporaliter überbracht werden. Dem dieses Mal unverdächtigen Zeugen Enea Silvio muß man glauben, wenn er sagt, J.v.L. habe in botmäßiger Erfüllung seines Auftrages kundgetan, man müsse dem Papst die Oboedienz des Reiches und seiner Fürsten ansagen, auch wenn er bis auf den kleinen Zeh seines linken Fußes schon abgestorben sei. In der Folgezeit scheint eine gewisse Entfremdung zwischen EB Dietrich und J.v.L. stattgefunden zu haben, deren innere Ursachen wir nicht kennen. Aber möglicherweise gründete sie in unterschiedlichen Auffassungen über die Aufgabe oder Fortführung der kurfürstlichen Neutralität. J.v.L hat sich offensichtlich die nächsten Jahre überwiegend seinen Amtspflichten als Propst von Mariengreden gewidmet, dem er seit 1439 als solcher vorstand. Lediglich seine Sendung zu König Karl VII. 1450 nach Paris in Sachen des süddeutschen Städtekriegs fällt hier aus dem Rahmen. Dann taucht er 1452 unvermittelt im Dienst des Trierer Erzbischofs Jakob v. Sierck auf. Beide waren schon länger miteinander bekannt. So hatte J.v.L. bereits 1440 versucht, für Jakob bei der Stadt Frankfurt/M. ein Darlehen zu vermitteln, allerdings vergeblich. In Trierer Diensten sollte J.v.L. wenige aber seine vielleicht wichtigsten Jahre verbringen. EB Jakob von Sierck war ein entschiedener Reformfreund, dem die Lethargie und Entschußlosigkeit des Kaisers mehr als zuwider waren und der in J.v.L. einen wahren Mitstreiter und obendrein einen im politischen Tagesgeschäft versierten Mann ohnegleichen fand. Beide waren des Elendes im Reich so leid, dass sie im Hintergrund selbst eine Absetzung des Kaisers oder zumindest seine Vormundschaft betrieben. J.v.L. wurde aber zunächst 1452/53 nach Rom gesandt, um beim Papst neue Geldquellen für das vom Schisma bis zur Handlungslosigkeit erschöpfte Trierer Erzstift zu erschließen. Der Papst wußte J.v.L. `s fünf Jahre zuvor bezeugte Treue gegenüber der Kurie zu würdigen. Zur selben Mission gehörten die Tage als Trierer Gesandter beim Kaiser in Wiener Neustadt Ende Ende 1452. Der Fall Konstantinopels 1453 vermochte dann selbst diesen in Bewegung zu setzen. So kam es im Frühjahr 1454 zum sog. Türkentag in Regensburg. Dort fand J.v.L. seine letzte und wohl größte Bühne. Noch einmal sollte er dem kaiserlichen Vertreter Enea Silvio entgegentreten. Denn Friedrich III. war einmal mehr nicht zum persönlichen Erscheinen zu bewegen gewesen. Enea forderte für Kaiser und Papst die Mobilisierung gegen die Türken und die Befreiung Konstantinopels. Aber J.v.L. stand auf und legte dem Plenum die Tatsachen dar. Wo solle das Reich die Mittel dazu hernehmen? Das Reich liege am Boden, das Recht noch mehr, nichts mehr sei sicher, und dann noch ein die letzten Reste verzehrender Türkenzug? Nein, erst müsse Ordnung im Reich geschafft werden, dann erst könne und dürfe man sich gegen die auswärtigen Feinde wenden. Die Anwesenden hörten stumm und brandeten dann zum Jubel auf. J.v.L. hatte ihnen in einer Eindringlichkeit wie niemand zuvor die wahre Lage geschildert und jeder Einsehende gab ihm Recht. Auch den beiden folgende »Türkentagen« im Herbst in Frankfurt/M. und 1455 in Wiener Neustadt wohnte er als Trierer Unterhändler bei. Aber der Vollzug der Reformideen blieb aus, nicht zuletzt weil EB Jakob schon 1456 starb. Mit seinem Tod und der Einsetzung des neuen Trierer EB Johann von Baden verschwindet J.v.L. fast unmerklich aus dem öffentlichen Blickfeld. Der neue EB brachte seine eigenen Berater mit und J.v.L. war vielleicht auch desillusioniert und müde geworden. Der Rückzug von der großen politischen Bühne dokumentiert sich in der Annahme einer kanonistischen Professur an der Universität Löwen, die er von 1456-58 bekleidete. Aber ganz konnte er auch hier von der Politik nicht lassen und betätigte sich als Berater Philipps v. Burgund in Lüttich. Schon 1455 hatte dieser J.v.L. für seine Dienste ein Geldgeschenk zukommen lassen. Enea Silvio, nunmehr Papst Pius II., der J.v.L.

mit den Jahren vom Gegenspieler zum Freund geworden war, lud ihn zwar mit Schreiben vom 17.2. 1459 aus Perugia noch zum Kongress nach Mantua ein, weil seine Anwesenheit ihm ein großer Trost sein würde. Aber es ist unwahrscheinlich, dass J.v.L. die am 1.6. eröffnete Versammlung so kurz vor seinem Tod noch besucht haben soll. Die Löwener Lektur als letzte größere Unternehmung führte ihn wieder zu den Anfängen seiner Laufbahn zurück. Zeitlebens hatte er neben seinen offiziellen Amtstätigkeiten auch wissenschaftlichen und geistigen Austausch gesucht und gefunden; so mit Cusanus und Enea Silvio, mit Carvajal und Johann von Segovia (s.d.), dem Chronisten des Baseler Konzils, und natürlich mit Kollegen wie etwa Gregor Heimburg, Martin Mair, Thomas Ebendorfer (s.d.), Heinrich Leubing, Helwich von Boppard, Tilmann Joel von Linz a. Rhein und dessen Neffe, dem späteren Kölner Kanzler Johann Ruysch. Neben seiner Tätigkeit als Berater und Gesandter in der hohen Reichs- und Kirchenpolitik war J.v.L`s. Sachverstand auch in zahlreichen weniger spektakulären Angelegenheiten wie etwa der Beilegung lokaler Territorialprobleme gefragt. So nahm er Anteil an den 1438 in Bernkastel statthabenden Verhandlungen über den zwischen der Stadt Trier und dem dortigen Domkapitel ausgebrochenen Steuerstreit. Im Dezember 1439 hatte er über die zwiespältige Wahl des Straßburger Bischofs zu befinden. Im Dezember 1441 fungiert er als Richter bei einem Rechtstag in Frankfurt-Höchst. 1443 ist er Teilnehmer an den sächsisch-burgundischen Verhandlungen über die Luxemburger Frage. Im gleichen Jahr hat er die Streitigkeiten zwischen EB Dietrich und dem Fuldaer Abt und dem Kloster Salmünster beizulegen. 1443/44 oblag ihm die Reform des Klosters St. Jakob vor Mainz. 1444/46 und noch 1449 war er mit der Friedberger Pfandschaft als Schiedsmann beschäftigt. Der langjährige Streit zwischen EB Dietrich und der Stadt Mainz wurde nicht zuletzt durch J.v.L`s. Geschick im Jahre 1550 gütlich geendet. Selbst die pfalzgräfliche Arrogation hatte er gegen den Willen des Kaisers zu verfechten. Am Lebensende konnte J.v.L. auch auf eine erfolgreiche geistliche Karriere im Sinne der Zeit zurückblicken. Schon unmittelbar nach Beendigung seiner Studien nahm er den Pfründenerwerb in Angriff. Im Laufe der Zeit erlangte er eine Reihe von Dignitäten, Präbenden und Benefizien, auch wenn seine Bemühungen um weitere nicht in jedem Falle durchdrangen und es bei Provisionen, Reservationen oder Expektanzen blieb und er manche auch nur temporär innehatte. Das erste Kanonikat besaß er 1429 am Trierer Stift St. Paulin. Es folgte 1435 die Präbende am Mariengredenstift und ebenfalls dessen schon genannte Propstei, die ihm am 29.12. 1439 im Auftrag Papst Eugens IV. durch Nikolaus Cusanus verliehen wird und die er bis zu seinem Tod innehaben sollte. 1439 war er ebenfalls Stiftsherr in St. Cyriakus zu Neuhausen b. Worms sowie Kanoniker und Kantor in Mainz-St. Viktor. 1447 wird er Inhaber des gut dotierten Kuratbenefiziums an der Liebfrauenkirche zu Asbach b. Passau, das zuvor Enea Silvio innegehabt hatte. 1448 bekleidet er ein Kanonikat an St. Maria zum Feld (=Heiligkreuz) vor Mainz und seit 1450 auch die dortige Propstei, diese ebenfalls bis zum Tod. Papst Nikolaus V. gestattet ihm 1454 die Umwandlung des Stifts in ein Augustinerkloster, was J.v.L. zu Lebzeiten aber nicht mehr gelingen sollte. 1449 wird er endlich Domherr zu Speyer, nachdem er schon 1431 hierfür suppliziert hatte. Um die 1453 vakant gewordene Kantorei am Speyerer Dom prozessierte er lange mit seinen Mitbewerbern, konnte sich aber erst wenige Monate vor seinem Tod als Sieger behaupten. 1431 supplizierte er für die Pastorie am Liebfrauenstift zu Kyllburg i. d. Eifel, aber es ist unklar, ob er deren Posseß erlangt hat. Weitere letztlich nicht erfolgreiche Provisionen und Anwartschaften erwarb er für Lüttich 1430, Jung St. Peter in Straßburg 1431, St. Stephan in Mainz 1449 und St. Peter in Mainz 1450. Schließlich 1447 und 1450 für zwei erledigte Stiftskanonikate in den Kirchenprovinzen Mainz, Trier oder Köln und endlich 1452 für eine Domherrenstelle in Worms. Das Versprechen Carvajal`s von 1444, das J.v.L. reiche Pfründen in Aussicht gestellt hatte, wenn es gelänge, den Mainzer EB unter die Oboedienz Eugens IV. zu bringen, trug ebenfalls Früchte. Erfüllt wurde es u.a. 1449/50 mit der Ernennung zum päpstlichen Kaplan und Auditor und den damit verbundenen Vorrechten beim Pfründenerwerb. Diese eindrucksvolle Liste erlangter oder angestrebter kirchlicher Ämter und Würden läßt den Einfluß und das Ansehen J.v.L.`s erahnen. Auch repräsentative Aufgaben gehörten zu seinem Tätigkeitsbereich. So war er beispielsweise 1442 König Friedrich III. als Mainzer Vertreter nach Nürnberg entgegengereist, um ihn mit nach Frankfurt zum Tag zu geleiten. Hier trug er in Anwesenheit des Königs bei der prächtigen Fronleichnamsprozession am 31.5. 1442 den Mainzer Bischofsstab, während sein Herr selbst, EB Dietrich, das Sakrament trug. Ebenso assistierte er in seiner Funktion als Propst von Mariengreden EB Dietrich bei der Weihe und Einsetzung des Wormser Suffragans Reinhard von Sickingen am 27.7. 1445 auf der kurfürstlichen Burg Ehrenfels b. Rüdesheim. Da J.v.L. noch am 31.7. 1459 als Urkundenzeuge bei der Bestallung des Heinrich Ficking zum neuen Mainzer Fiskalprokurator durch den Elekten Dieter v. Isenburg (s.d.) fungierte, muß sein nur 4 Wochen später in Mainz erfolgter Tod ein ziemlich plötzlicher gewesen sein. Sein Testament hatte er aber noch gemacht und nicht unbeträchtliche Summen für Legate, Meßstiftungen und Anniversarien ausgesetzt, u. a. für die Große Speyerer Dombruderschaft. Auf eigenen Wunsch wurde er in der Marienkapelle der Mainzer Kartause auf dem Michaelsberg beerdigt. Sein bis 1792 vorhandener Grabstein wurde damals von einem französischen Soldaten zertrümmert und ist verloren. — J.v.L. gehörte neben Männern wie Cusanus, Enea Silvio und Heimburg zur ersten Garnitur der einflußreichen Gruppe der gelehrten Räte, die den Gang der Ereignisse allerorten wesentlich beeinflußte. Er stand stets in vorderster Reihe der agierenden Personen, sei es auf Reichs- und Rechtstagen, am Konzil und an der Kurie; nichts weniger auch auf regionaler und lokaler Ebene als Berater, Unterhändler, Schlichter und Richter seiner kurfürstlichen Herren von Mainz, Trier und der Pfalz. Auch wenn Enea Silvio ihn des öfteren fast schon stereotyp als *vir prudens, vir iure pontificio consultissimus, vir impense doctus, vir acuti mentis, vir perspicax, vir oculatissimus, vir facundia copiosa* etc. bezeichnet, wird man J.v.L. allerdings keine eigenständige Politik nachsagen können, war er doch in erster Linie Sprachrohr seiner Auftraggeber. Aber seine diplomatischen Fähigkeiten, gepaart mit seltener Umsicht, bescherten ihm weitgreifenden Einfluß. So war er mit den Jahren einer der bekanntesten Männer seiner Zeit geworden. Seine politisch vielleicht bedeutendste Leistung war die Rede auf dem Regensburger Türkentag, worin er die Gebrechen des Reiches so schonungslos beim Namen genannt und im Besonderen den so oft vergeblich beschworenen Landfrieden nachdrücklich ins Blickfeld der Anwesenden gerückt hatte. Die Reichsreform war nötiger denn je, aber es sollte noch volle vierzig Jahre dauern, bis der Wunsch J.v.L.`s und der übrigen Reformwilligen mit der Einrichtung des Reichskammergerichts 1495 wenigstens ansatzweise Wirklichkeit werden sollte. Daß J.v.L. bereits bei seinen Zeitgenossen den zweifelhaften Ruf eines Pfründenjägers genoß, belegt lediglich, daß auch er hierin nur ein Kind seiner Zeit war. Dennoch wirft auch seine Karriere, wie so viele andere des Spätmittelalters, ein bezeichnendes Schlaglicht auf das ausgeuferte und zurecht soviel geschmähte kirchliche Pfründen- und Ämterwesen. Die moralische Zerrüttung der Kirche und selbst ihrer höchsten Repräsentanten war allenthalben sichtbar, und auch J.v.L. bildete hierin keine Ausnahme.

Werke: Quidam constituit procuratorem absentem ad acceptandum beneficium (Inc.) (Über einen Fall von Simonie), in: Stadtbibl. Trier Hs. 951 / 1863 4°, f. 276r-278r; Vacante prepositura domus sancti Anthonii in Rostorff (Inc) (Über die Vakanz der Propstei des Klosters St. Anton in Rosdorf), in: Stadtbibl. Trier Hs. 951 / 1863 4°, f. 278r-280v; Brief an den Trierer Dompropst Philipp v. Sierck [1452 V 2], in: Landeshauptarch. Koblenz 1 C 16205, f. 118r; Brief an Papst Nikolaus V. [1453 II 8], in: Landeshauptarch. Koblenz 1 C 16205, f. 116r-v; Rede auf dem Reichstag zu Regensburg [1454 V 11/12], Druck: Reichstagsakten XIX, 1, 241-243 Nr. 29, 2d.

Lit.: Aeneae Sylvii Piccolomini Senensis... opera quae extant omnia, Basel 1571 (ND Frankfurt/M. 1967), 813f. Nr. CCCXX, 828 Nr. CCCXLIX, 1041; — Johannes Gobellinus (Hrsg.), Aenaeas Sylvius Piccolomini (Pius II), Commentarii rerum memorabilium..., Rom 1584; Frankfurt/M. [2]1614, Lib. I, 13; — Melchior Goldast, Monarchia sacri Romani imperii, Frankfurt/M. 1614, II, 1632; — Marquard Freher, Rerum Germanicarum Scriptores varii..., hrsg. v. Burcard Gotthelf Struve, Straßburg [2]1617, II, 266 ; — Johann Joachim Müller, Des Heil. Römischen Reichs, Teutscher Nation, Reichs-Tags Theatrum, wie selbiges unter Keyser Friedrichs V., allerhöchsten Regierung von MCCCCIL bis MCCCCXCIII gestanden, Jena 1713, I, 203, 245-47; — Georg Christian Joannis, Moguntiniacarum Rerum volumen primum et secundum, Frankfurt/M. 1722-24, I, 748, 751f., 760, 762; II, 639, 670; — Luc D`Achery, Spicilegium sive collectio..., Paris 1723 (ND Farnborough/GB 1968), III, 798; — Caspar Hartzheim, Vita Nicolai de Cusa Cardinalis..., Trier 1730; — Johann Friedrich Schannat, Historia episcopatus Wormatiensis, Frankfurt/M. 1734, 415; — Daniel Schneider, Vollständige Hoch-Gräflich-Erbachische Stamm-Tafel nebst deren Erklär- und Bewährungen oder Hoch-Gräflich-Erbachische Historie, Frankfurt/M. 1736, 215f.; — Johann Heinrich Zedler (Hrsg.), Großes vollständiges Universal-Lexikon XVIII (1738), Sp. 1586f.; — Valentin Ferdinand Gudenus, Codex diplomaticus ..., Göttingen/Frankfurt/Leipzig 1743-58, II, 426f., 710-12; III, 991; IV, 216f., 238-40; — Johann Nikolaus von Hontheim, Historia Trevirensis diplomatica et pragmatica, Augsburg/Würzburg 1750, II, 336; — Ders., Prodromus Historiae Trevirensis diplomaticae et pragmaticae, Augsburg 1757, II, 724f.; — Johannes Dominicus Mansi, Pii II. Pontifex Maximus olim Aenaeae Sylvii Piccolomini Senensis orationes, Lucca 1757- 59, III (seu Appendix), 48ff., 51, 66; — Stephan Alexander Würdtwein, Subsidia diplomatica ad selecta iuris ecclesiastici Germaniae..., Heidelberg/Frankfurt/Leipzig 1772-76, I, 158ff.; — Ders., Nova subsidia diplomatica ad selecta juris ecclesiastici Germaniae..., Heidelberg 1781-86, VIII, xiv-xvii; — Christophe Guillaume Koch, Sanctio pragmatica Germanorum illustrata, Straßburg 1789, 93, 324, 327; — Wilhelm Günther (Hrsg.), Codex diplomaticus Rheno-Mosellanus, Koblenz 1822-26, IV, 491-94 Nr. 240; — Johann Friedrich Schannat/Georg Bärsch, Eiflia illustrata oder geographisch historische Beschreibung der Eifel, Köln/Aachen/Leipzig 1824-55 (ND Osnabrück 1966), III,1,2, 414; — Christian v. Stramberg, Das Moselthal zwischen Zell und Konz, mit Städten, Ortschaften, Ritterburgen, Koblenz 1837, 381f.; — Ders., Rheinischer Antiquarius, Koblenz 1845-71, I. Abt., IV (1856), 249; — Joseph Chmel (Hrsg.), Regesta chronologico-diplomatica... Friderici III., Wien 1838-40 (ND Hildesheim 1962), 309 Nr. 3059; XXVIII Anh. 16; — N.N. (Christian von Stramberg?), in: Coblenzer Anzeiger Nr. 199 v. 29.8. 1845; — Johann Martin Düx, Der deutsche Cardinal Nicolaus von Cusa und die Kirche seiner Zeit, Regensburg 1847, I, 271, 275, 281f., 284; — Franz Joseph Mone, Quellensammlung der Badischen Landesgeschichte, Karlsruhe 1848, I, 405; — Constantin von Höfler, Das kaiserliche Buch des Markgrafen Albrecht Achilles, Bayreuth 1850/51 (ND Bamberg 1984), 18ff.; — Franz Xaver Remling, Urkundenbuch zur Geschichte der Bischöfe von Speyer, Mainz 1852-56 (ND Aalen 1970), II, 145, 154; — Beda Dudík, Iter Romanum, Wien 1855, 254f.; — Nikolaus Hocker, Das Moselthal von Nancy bis Koblenz, Leipzig 1855 (ND Trier 1982), 116; — J(akob) Marx d. Ä., Geschichte des Erzstifts Trier..., Trier 1856-64, I, 2, 438f.; — Ders., Geschichte des Armen-Hospitals zu Cues, Trier 1907 (ND Bernkastel-Kues 1976), 6; — Christoph Frdr. v. Stälin, Wirtembergische Geschichte, III: Schwaben u. Südfranken. Schluß des Mittelalters 1269-1496, Stuttgart 1856, 509; — Georg Voigt, Enea Silvio Piccolomini als Papst Pius der Zweite, Berlin 1856-63 (ND Berlin 1967), I, 154, 263, 377, II, 103f., 128f., 238; — Franz Palacky/Ernst Birk/Rudolf Beer (Bearb.), Monumenta conciliorum generalium saeculi decimi quinti - Concilium Basiliense, hrsg. v. Kaiserl. Akad. Wiss. Wien 1857-1935, II (1873), 795, 839, III (1886/1892), 111, 123f., 140, 238, 556-558, 561, 1004, 1216f., 1224, 1231; — Wilhelm Pückert, Die kurfürstliche Neutralität während des Baseler Conzils, Leipzig 1858, (ND Ann Arbor/London 1980), 67, 282; — Wilhelm Rossmann, Betrachtungen über das Zeitalter der Reformation, Jena 1858, 398f.; — Clemens Brockhaus, Gregor von Heimburg, Leipzig 1861 (ND Wiesbaden 1969), 26, 54, 67, 70f., 74-76, 106; — Adam Goerz, Die Regesten der Erzbischöfe von Trier von Hetti bis Johann II. 814-1502, Trier 1861 (ND Aalen 1969), 197, 201; — Adolph Friedrich Riedel (Hrsg.), Codex diplomaticus Brandenburgensis, IV. Hauptteil, I (Berlin 1862), 209-256, hier: 220; — Otto Franklin, Das Reichshofgericht im Mittelalter, Weimar 1867/69 (ND Hildesheim 1967), I, 362f.; — Johann Leonardy, Geschichte des Trierer Landes und Volkes, Trier 1877 (ND Trier 1982), 723; — Johannes Janssen, Geschichte des deutschen Volkes seit dem Ausgang des Mittelalters, Freiburg/Br. 1878ff., I, 454; ebda. [17/18]1897, I, 537f.; — Ferdinand Wilhelm Emil Roth, Fontes Nassoicarum-Geschichtsquellen aus Nassau, I: Niederrheingau, Wiesbaden 1880-84, I, 257 Nr. 122; III, XVIII; — Joh. Christoph Hermann Weissenborn (Bearb.), Acten der Erfurter Universität, hrsg. v. d. Hist. Komm. Prov. Sachsen, Halle 1881 (ND Nendeln/Liechtenstein 1976), I, 125 (Gesch.quell. d. Prov. Sachsen 8/1); — Carl Hegel, Verfassungsgeschichte von Mainz im Mittelalter, in: Die Chroniken der dt. Städte v. 14. bis ins 16. Jh., XVIII: Die Chroniken d. mrhein. Städte - Mainz, Leipzig 1882, (ND Göttingen 1968), I, 187; — Alfred Zimmermann, Die kirchlichen Verfassungskämpfe im 15. Jahrhundert, Breslau 1882, 82; — Josephus Cugnoni (Hrsg.), Aeneae Silvii Piccolomini Senensis... opera inedita... ex codicibus Chisianis..., Rom 1883 (ND Farnborough/GB 1968), 419 Nr. 41 (Atti della R. Accad. dei Lincei, Ser. 3, VIII); — Bruno Gebhardt, Die Gravamina der Deutschen Nation gegen den römischen Hof. Ein Beitr. z. Vorgesch. d. Reformation, Diss. (Breslau) 1884, 8f. ; — Gustav Toepke (Hrsg.), Die Matrikel der Universität Heidelberg von 1389-1804, Heidelberg 1884-1893 (ND Nendeln/Liechtenstein 1976), I, 135; — W(ilhelm) Wattenbach, Aus Handschriften der Berliner Bibliothek, in: NA 9 (1884), 625-630, hier: 628; — K(arl) E(rnst) H(ermann) Krause, Zu den Versen im Neuen Archiv IX, 628, in: NA 10 (1885), 405-406; — Philipp de Lorenzi, Beiträge zur Geschichte sämtlicher Pfarreien der Diöcese Trier, Trier 1887 (ND Trier 1984), I, 92; — Adolf Bachmann, Die deutschen Könige und die kurfürstliche Neutralität (1438-1447), in: AÖG 75 (1889), 1-236, hier: 45; Separatdr. Wien 1889, 29, 191, 193; — Theodor Ilgen (Übers.), Die Geschichte Kaiser Friedrichs III. von Aeneas Silvius Leipzig 1889/90, 98; [2]1940, I, 161, 165, II, 248, 250 (GDV 88/89); — Paul Joachimsohn, Gregor von Heimburg, Bamberg 1891, 4, 18, 56-58, 85-87, 110, 127, 140, 215 (Hist. Abhh. a. d. Münchener Seminar 1); — Ders., Spottverse vom Basler Concil, in: NA 18 (1892), 693-694; — Ders., Zwei Universitätsgeschichten, in: ZKG 48 (NF 11) (1929), 390-415, hier: 408; — Peter Paul Albert, Matthias Döring. Ein deutscher Minorit des XV. Jahrhunderts, Stuttgart 1892, 95, 183 (Diss. (München) 1889); — Alfred Leroux, Nouvelles recherches critiques sur les relations politiques de la France avec l`Allemagne de 1378 à 1461, Paris 1892, 279f.; — Michael Glaser, Die Diözese Speyer in den päpstlichen Rechnungsbüchern 1317 bis 1560, in: Mitt. Hist. Ver. d. Pfalz 17 (1893), 1-166, hier: 223, 225; — Johann Christian Lager, Raban von Helmstadt und Ulrich von Manderscheid - ihr Kampf um das Erzbistum Trier, in: HJ 15 (1894), 721-750; — Ders., Jakob von Sirk, Erzbischof und Kurfürst von Trier, in: Trier. Arch. 2 (1899), 1-40; 3 (1899), 1-38; 5 (1900), 1-36, hier: 3 (1899), 24-27; 5 (1900), 13f., 17, 21-26; — Georg Erler (Hrsg.), Die

Matrikel der Universität Leipzig, Leipzig 1895, I, 81 (Cod. dipl. Saxoniae regiae, 2. T., 18); — Franz Falk, Zur Biographie des Johannes von Lysura, in: Der Katholik 76,2 (1896), 437-454; — Ders., Des Johannes von Lysura (Johann von Lieser) Grab und Gebeine, in: Trier. Arch. 2 (1899), 93; — Johannes Haller u. a. (Bearb.), Concilium Basiliense. Stud. u. Quell. z. Gesch. d. Conc. v. Basel, hrsg. v. d. Akad. Wiss. Wien u. d. Antiquarischen Ges. Basel, Wien/Basel 1896-1936 (ND Nendeln/Liechtenstein 1976), IV (1903), 74, 76, 81, 159, 239, 250, 257, 259, 261, 295, 310, V (1904), 166f., 378; VI (1925/27), 33, 64, 78f., 95, 99, 111, 117f., 151, 254, 257; — Georg Schrötter, Dr. Martin Mair. Ein biogr. Beitr. z. Gesch. d. polit. u. kirchl Reformfrage, Diss. (München) 1896, 40f., 43-45, 51f., 56f., 59; — Fritz Herrmann, Die Mainzer Servitien-Zahlungen, in: Arch. Hess. Gesch. u. Altertmskde. NF, Erg.Bd. 2: Betrr. z. Hess. KG., Darmstadt 1905, 121-149; — Jakob Marx d. J., Geschichte des Armen-Hospitals zum h. Nikolaus zu Cues, Trier 1907 (ND Bernkastel_Kues 1976), 6; — Christian Schmitt, Cardinal Nicolaus Cusanus, in: Fs. Realgymn. Koblenz, Koblenz 1907, auch separat: Koblenz 1907, 7; — Rudolf Wolkan (Hrsg.), Der Briefwechsel des Enea Silvius Piccolomini, I. Abt.: Briefe a. d. Laienzeit, II: Amtliche Briefe, Wien 1909, s. Index s. v. Lysura (Fontes Rerum Austriacum, hrsg. v. d. Hist. Komm. Kaiserl. Akad. Wiss. Wien 62); — Ders., Der Briefwechsel des Enea Silvius Piccolomini, III. Abt.: Briefe als Bisch. v. Siena, I: 1450-54, Wien 1918, s. Index s. v. Johannes de L. (Fontes Rerum Austriacum, hrsg. v. d. Hist. Komm. Kaiserl. Akad. Wiss. Wien 68); — Otto Hufnagel, Kaspar Schlick als Kanzler Friedrichs III., Innsbruck 1911 (MIÖG, Ergbd. 8); — Erhard Waldemar Kanter, Markgraf Albrecht Achilles von Brandenburg. Burggraf von Nürnberg, Berlin 1911, 536 (Quell. u. Unters. z. Gesch. d. Haus. Hohenzollern 10, 2. R: Biogrr. 2); — Paul Lazarus, Das Basler Konzil. Seine Berufung und Leitung, seine Gliederung und seine Behördenorganisation, Berlin 1912 (ND Vaduz 1965), 336 (Hist. Stud. 100); — Gertrud Weber, Die selbständige Vermittlungspolitik der Kurfürsten im Konflikt zwischen Papst und Konzil 1437-38, Berlin 1915 (ND Vaduz 1965), 26, 35, 96f., 110f., 120f. (Hist. Stud. 127); — Karl Bauermeister, Studien zur Geschichte der kirchlichen Verwaltung des Erzbistums Mainz im späteren Mittelalter, in: Arch. f. Kath. Kirchenrecht, 4. Folge, 5 (1917), 501-535; — Edmond Vansteenberghe, Le cardinal Nicolas de Cues (1401-1464), Paris 1920, 60, 67-69, 71, 73f., 83f.; — Erich Molitor, Die Reichsreformbestrebungen des 15. Jahrhunderts bis zum Tode Kaiser Friedrichs III., Breslau 1921 (ND Aalen 1969), 118f. (Unters. z. Dt. Staats- u. Rechtsgesch. AF 132); — Konrad von Busch/Franz Xaver Glasschröder, Chorregel und jüngeres Seelbuch des alten Speierer Domkapitels, Speyer 1923/26, I, 188, 217, 435f., II, 75 (Veröff. Pfälz. Ges. z. Förd. d. Wiss. 1-2); — Conrad Hanna, Die südwestdeutschen Diözesen und das Baseler Konzil in den Jahren 1431-41, Diss. (Erlangen) 1929, 34f., 55, 60, 64, 67, 73, 100; — Thea Buyken, Enea Silvio Piccolomini - Sein Leben und Werden bis zum Episkopat, Bonn/Köln 1931, 68-73; — Josef Koch (Hrsg.), Cusanus-Texte IV: Briefwechsel des Nikolaus von Cues. Erste Sammlung, in: SB Heidelberg phil.-hist. Kl. 1942/43, Heidelberg 1944, Abh. 2, Nr. 10, 20f., 31-34, 78, 90-92; — Ders., Nikolaus von Cues und seine Umwelt. Untersuchungen zu »Cusanus-Texte IV, in: SB Heidelberg phil.-Hist. Kl. 1944/48, Heidelberg 1948, Abh. 2, 13f., 71, 85-90; — Joseph Wils, Matricule de l`université de Louvain, Brüssel 1946, II, 27 Nr. 80; — Walther Hubatsch (Hrsg.), Regesta historica Theutonicorum ordinis (1198-1525), Göttingen 1948-65, I, 1,2, 493 Nr. 7934; — Klaus Hansel, Das Stift St. Viktor vor Mainz, Diss. masch. (Mainz) 1952, 118; — Karl E. Demandt (Bearb.), Regesten der Grafen von Katzenelnbogen 1060-1486, Wiesbaden 1953-57, II: 1418-82 (1954), Nrn. 6095/45, 6247, 4083 (Veröff. Hist. Komm. Nassau 11, 2); — Marga Dörr, Das St. Mariengredenstift in Mainz, Diss. masch. (Mainz) 1953, 44, 74; — Fritz Michel, Zur Geschichte der geistlichen Gerichtsbarkeit der Erzbischöfe von Trier im Mittelalter, Trier 1953, 59 (Veröff. Bistumsarch. Trier 3); — Rudolf Haubst, Studien zu Nikolaus von Kues und Johannes Wenck. Aus Hss. d. Vat. Bibl., Münster 1955, 26f. (Beitrr. z. Gesch. d. Phil. u. Theol. d. MA XXXVIII, 1); — Ders., Aktuelles aus der Cusanus-Forschung, in: Mitt. u. Forschbeitr. d. Cusanus-Ges. 15 (1982), 29-42, hier: 31; — Herbert Natale, Das Verhältnis des Klerus zur Stadtgemeinde im spätmittelalterlichen Frankfurt/M., Diss. (Frankfurt/M.) 1957, 53; — Die Inschriften der Stadt Mainz von frühmittelalterlicher Zeit bis 1650, bearb. v. Fritz Viktor Arens/Konrad F. Bauer, Stuttgart 1958, 458 Nr. 899 (Die Deutschen Inschriften: Heidelberger Reihe 2); — Philipp Walter Fabry, Das St. Cyriacusstift zu Neuhausen bei Worms, Worms 1958, 78 (Der Wormsgau Beih. 17); — Erich Meuthen, Die letzten Tage des Nikolaus von Kues, Köln/Opladen 1958, 92, 220 (Wiss. Abhh. d. Arbgem. Forsch. d. Lds. NRW 3); — Ders., Das Trierer Schisma von 1430 auf dem Basler Konzil, Münster 1964, 40, 190f. (Buchr. d. Cusanusges. 1); — Ders., Nikolaus Cusanus 1401-1464. Skizze einer Biographie, Münster/W. 1964, [3]1976, 69, 73 (Buchr. d. Cusanusges.); — Ders., Der »Dialogus concludem Amedistarum errorem ex gestis et doctrina concilii Basiliensis«, in: Mitt. u. Forschbeitr. d. Cusanus-Ges. 8 (1970), 11-114, hier: 16; — Ders., Ein unerkanntes Cusanus-Autograph im StA Würzburg, in: Würzburger Diözesan-Geschbll. 42 (1980), 175-186; — Ders., Zwei neue Handschriften des »Dialogus concludem amedistarum errorem ex gestis et doctrina concilii Basiliensis«, in: Mitt u. Forschbeitr. d. Cusanus-Ges. 17 (1986), 142-152, hier: 149; — Helmut Weigel, Kaiser, Kurfürst und Jurist - Friedrich III., EB Jakob von Trier und Dr. Johannes von Lysura, in: Aus Reichstagen des 15. u. 16. Jahrhunderts, Göttingen 1958, 80-115 (Schrreihe. d. Hist. Komm. b. d. Bayer. Akad. d. Wiss. 5); — Yvon Lacaze, Philippe le Bon et les terres d`Empire. La diplomatie bourguignonne à l`oeuvre en 1454-1455, in: Annales des Bourgogne 36 (1964), 81-121, hier: 86; — Ders., Philippe le Bon et l`Empire: bilan d`un regne, in: Francia 9 (1981), 133-175; 10 (1982), 167-227, hier: 10, 168; — Hans Walther (Bearb.), Initia carminum ac versum medii aevi posterioris latinorum, Göttingen [2]1969, I, 1, 200 Nr. 3993; 646 Nr. 12567; — Werner Krämer, Die Relevanz des kirchenpolitischen Schrifttums Heinrich Kalteisens für die Cusanusforschung, in: Mitt. u. Forschbeitr. d. Cusanus-Ges. 8 (1970), 115-146, hier: 120 ; — Franz-Josef Heyen (Bearb.), Das Stift St. Paulin vor Trier, Berlin/New York 1972, 701f. (Germ. Sacr. NF 6); — Ders., Das St. Marien-Stift in Trier-Pfalzel, Berlin/New York 2005, 366 (Germ. Sacr. NF 43); — Dieter Brosius, Die Pfründen des Enea Silvio Piccolomini, in:

QFIAB 54 (1974), 271-327, hier: 274-76, 311-13; — Ders., Zum Mainzer Bistumsstreit 1459-1463, in: Arch. Hess. Gesch. u. Altertumskde. NF 33 (1975), 11-136, hier: 121; — Aloys Schmidt (Bearb.), Quellen zur Wirtschafts- und Sozialgeschichte des Stiftes St. Kastor in Koblenz, I:, Koblenz 1975, 199 (Veröff. Ldsarchverw. Rhld.-Pf. 23); — Klaus Finkel, Die Speyerer Domkantorei im Mittelalter, Speyer 1975, 59 (Schrr. Diözesan-Arch. Speyer 1); — Friedrich Battenberg (Bearb.), Isenburger Urkunden, Darmstadt/Marburg 1976, II, 451 Nr. 1698 (Rep. Hess. StArch. Darmstadt 7,2); — Ders. (Bearb.), Solmser Urkunden, Darmstadt 1981-86, I, 366 Nr. 1085 (Rep. Hess. StA. Darmstadt 15,1); — Ders. (Bearb.), Dalberger Urkunden, Darmstadt 1981-87, Nr. 1790 (Rep. Hess. StA. Darmstadt 14); — Fritz Herrmann/Hans Knies (Bearbb.), Die Protokolle des Mainzer Domkapitels, I: 1450-1484, Darmstadt 1976, 14f., 20-22, 24f., 31; — Hans Koeppen (Bearb.), Die Berichte der Generalprokuratoren des Deutschen Ordens an der Kurie, IV, 2: 1429-1436, Göttingen 1976, 828f. (Veröff. Niedersächs. Archverw. 37); — Erich Meuthen/Hermann Hallauer (Hrsgg.), Acta Cusana. Quellen zur Lebensgeschichte des Nikolaus von Kues, Hamburg 1976-96, I, 2, Nrn. 396f., 430, 520; — Paul Oskar Kristeller, Iter Italicum, Leiden u.a. 1977-1997, VI, 558b; — Ingrid Heike Ringel, Studien zum Personal der Kanzlei des Mainzer EB Dietrich von Erbach (1436-1459), Mainz 1980, passim (Quell. u. Abh. z. mrh. KG. 34); — Hartmut Boockmann, Zur Mentalität spätmittelalterlicher gelehrter Räte, in: HZ 233 (1981), 295-316, hier: 313; — Joachim W(olfgang) Stieber, Pope Eugenius IV, the council of Basel and the secular and ecclesiastical authorities in the Empire, Leiden 1978, 140-42, 248, 297 (Studies in the Hist. of christ. Thought 13); — Bernhard Rolf, Kurpfalz, Südwestdeutschland und das Reich 1449-1476. Die Politik des Pfalzgrafen und Kurfürsten Friedrich des Siegreichen, (Diss. (Heidelberg) 1978), Heidelberg 1981, 40f.; — Ignaz Miller, Jakob von Sierck 1398/99-1456, Mainz 1983, passim (Quell. u. Abh. z. mrh. KG. 45); — Ders., Der Trierer EB Jakob von Sierck und seine Reichspolitik, in: Rhvjbl 48 (1984), 86-101, hier: 92f., 95, 100; — Regesten Kaiser Friedrichs III. (1440-1493) nach Archiven und Bibliotheken geordnet, Wien/Weimar/Köln 1983ff., H. 7, Nr. 94; H. 8, Nr. 157; H. 9, Nr. 113, H. 17, Nr. 15; — Adrian van Heck (Hrsg.), Pii II. Commentarii rerum memorabilium que temporibus suis contigerunt, Rom-Vatikanstadt 1984, 63f. (Studi e Testi 312); — Heinz Thomas, Das Reich um 1300, in: Fs. EB Balduin 1285-1354, Mainz 1985, 9-41, hier: 23 (Quell. u. Abh. z. mrh. KG. 53); — Ders., Die deutsche Nation und Martin Luther, in: HJ 105 (1985), 426-454, hier: 438f., 450; — Peter Moraw, Gelehrte Juristen im Dienst der deutschen Könige (1273-1493), in: Roman Schnur (Hrsg.), Die Rolle der Juristen bei der Entstehung des modernen Staates, Berlin 1986, 77-147, hier: 120; — Gerhard Fouquet, Das Speyerer Domkapitel im späten Mittelalter (ca. 1350-1540), Mainz 1987, passim, bes. 646-649 (Quell. u. Abh. z. mrh. KG. 57); — Christiane Schuchard, Die Deutschen an der päpstlichen Kurie im späten Mittelalter (1378-1447), Tübingen 1987, 116 (Bibl. Dt. Hist. Inst. Rom 65); — Dies., Deutsche an der päpstlichen Kurie im 15. u. frühen 16. Jahrhundert, in: RQ 86 (1991), 78-97; — Elisa Mongiano, La cancelleria di un antipapa. Il bollario di Felice V. (Amadeo VIII. di Savoia), Turin 1988, 21f. (Deputazione subalp. di storia patria. Bibl. storica subalp. 204); — Wilfried Podlech, Tilmann Joel von Linz † 1461 - Kanzler, Rat und Gesandter Rheinischer Kurfürsten, Neustadt/Weinstr. 1988, 49, 61, 81f., 88, 103; — Ders., Johannes Ruysch von Linz. Dr. beider Rechte und Kurkölnischer Kanzler † 1488, in: Heimat-Jb. Ldkr. Neuwied 1999, 47-53, hier: 47f.; — Franz Schmitt, Weindorf Lieser, Lieser 1988, 140, 574-585; — Eberhard Isenmann, Kaiser, Reich und deutsche Nation am Ausgang des 15. Jahrhunderts, in: Joachim Ehlers (Hrsg.), Ansätze und Diskontinuität deutscher Nationsbildung im MA., Sigmaringen 1989, 145-246, hier: 151, 156-59, 196f. (Nationes 8); — Peter Wiesinger, Regionale u. überregionale Sprachausformung im Deutschen vom 12. bis 15. Jh., in: ebda., 321-343, hier: 337; — Agostino Sottili, Le lettere di Johannes Ruysch da Chieri e Pavia nel contesto dei rapporti tra umanesimo italiano e umanesimo tedesco, in: Annali della scuola Normale Superiore di Pisa, Classe di Lettere e Filosofia, Ser. III., 19 (1989), 323-412, hier:348, 350, 353-355, 365-373, 376f., 384, 396f., 401-404, 410; — Michael Hollmann, Das Mainzer Domkapitel im späten Mittelalter (1306-1476), Mainz 1990, 197f. (Quell. u. Abh. z. mrh. KG. 64); — Claudius Sieber-Lehmann, Teutsche Nation und Eidgenossenschaft. Der Zusammenhang zwischen Türken- und Burgunderkriegen, in: HZ 253 (1991), 561-602, hier: 567; — Rainer Hansen, Martin Mair. Ein gelehrter Rat in fürstlichem und städtischem Dienst in der zweiten Hälfte des 15. Jahrhunderts, Diss. masch. (Kiel) 1992; — Johannes Helmrath, Das Basler Konzil (1431-1449), Köln 1987, 277, 293 (Kölner Hist. Abhh. 32); — Ders., Die Reichstagsreden des Enea Silvio Piccolomini 1454/1455, Habil.schr Köln 1994, I, 64f, 199, 240f, 254, 275; — Ders., Rhetorik und Akademisierung auf den Reichstagen im 15. und 16. Jh., in: Heinz Duchhardt / Gert Melville (Hrsg.), Soziale Kommunikation im Spannungsfeld von Recht und Ritual, Köln u.a. 1997, 423-446, hier: 430 (Norm u. Struktur 2); — Jürgen Miethke, Kirchenreform auf den Konzilien des 15. Jh`s., in: Johannes Helmrath/Heribert Müller (Hrsgg.), Studien zum 15. Jahrhundert - Fs. Erich Meuthen, München 1994, 30; — Dietrich Andernacht, Regesten zur Geschichte der Juden in der Reichsstadt Frankfurt am Main von 1401-1519, I: 1401-1465, Hannover 1996, Nr. 629 (Forsch. z. Gesch. Juden, Abt. B: Quellen 1/1); — Paul Joachim Heinig, Zwischen Kaiser und Konzil: Die »Reformdiskussion« in der Mainzer Kirche, in: Reform von Kirche und Reich zur Zeit der Konzilien von Konstanz (1414-1418) und Basel (1431-1449), hrsg. v. Ivan Hlavacek/Alexander Patschovsky, Konstanz 1996 (=Konstanzer Prager Hist. Koll. 1993), 109-133, hier: 110, 122, 125, 131f.; — Claudia Märtl, Der Reformgedanke in den Reformschriften des 15. Jahrhunderts, in: ebda., 91-108, hier: 95, 101-103, 105f., 108; — Michael Matheus, Die Trierer Universität im 15. Jahrhundert, in: 2000 Jahre Trier, II: Trier im Mittelalter, hrsg. v. Hans Hubert Anton/Alfred Haverkamp, Trier 1996, 531-552, hier: 533; — Johannes Mötsch, Die archivalische Überlieferung des Benediktinerklosters St. Martin zu Sponheim II, in: AmrhKG 48 (1996), 285-375, hier: 290ff. Nrn. 83, 84; — Dieter Mertens, Europa, id est patria, domus propria, sedes nostra, in: Franz-Reiner Erkens (Hrsg.), Europa und die osmanische Expansion im ausgehenden MA., Berlin 1997, 39-57, hier: 49-51 (ZHF Beih. 20); — Hans-Jörg Gilomen (Bearb.), Die Rotamanualien des Basler Konzils, hrsg. v. Dt. Hist. Inst. Rom, Tübingen 1998, Sp. 727; — Friedhelm Jürgensmeier (Bearb.), Germania Benedictina, IX: Rhld.-Pf./Saarland, München/St. Ottilien 1999, 817; — Robert Gramsch, Kurientätigkeit als »Berufsbild« gelehrter Juristen, in: QFIAB 80 (2000), 117-163, hier: 143f., 155; — Malte Prietzel, Guillaume Fillastre der Jüngere (1400/07-1473). Kirchenfürst und herzogl.-burgundischer Rat, Stuttgart 2001, 189 (Beih. Francia 51); — Georg May, Die Organisation von Gerichtsbarkeit und Verwaltung in der Erzdiözese Mainz vom hohen Mittelalter bis zum Ende der Reichskirche, Mainz 2004, I, 102f., 513 (Quell. u. Abh. z. mrh. KG. 111); — Karl Heinz Theisen, Das Kollegiatstift Beatae Maria Virginis in Kyllburg, in: Beitr. z. Gesch. d. Bitburger Lds. 14 (2004) (H. 54), 40; — Wolfgang Voss, Dietrich von Erbach - Erzbischof von Mainz (1434-1459), Mainz 2004, passim (Quell. u. Abh. z. mrh. KG. 112); — Joachim Kemper, Klosterreformen im Bistum Worms im späten Mittelalter, Mainz 2006, 382 (Quell. u. Abh. z. mrh. KG 115); — EuG II. Abt., XXII (1843), 201; — ADB XIV (1881), 466 ; XX (1884), 666; — Chevalier II (^{2}1903-07), Sp. 2432; — Hefele VI (1912), 770, 825f.; VII (1916), 771f., 774; — Pastor I, 354 ($^{10/11}$1931); II, 42 ($^{10-12}$1928); — RepGerm I (1916), Sp. 2558, 2672; IV (1943-79), Sp. 2031f., 3774; V (2004), Nrn. L 365, L 331, S 309; VI (1989), Sp. 1924, 3184; VII (1989), S 479, S 480, S 490, S 503; VIII (1993), Nrn. 63, 1189; IX (2000), Nr. 4839; — NDB X (1974), 560f.; — Gesch. Grundbegriffe VII (1992), 234f., 285f.; — DHGE XXVII (2000), 224f. Nr. 571; — Gatz, Bischöfe 1448-1648, 630, 665; — DBA I, Fiche 609, 133; — DBA II, Fiche 659, 316; — DBI^{2} IV, 1648; — Index Bio-Bibliographicus Notorum Hominum, Pars C, CXXV (2004), 346.

Heinz Schmitt

LINDAU, Hans (Rudolf David), evangelischer Philosoph, Essayist und Bibliothekar, der 1924 zum Katholizismus konvertierte, * 12.8. 1875 in Berlin, † 31.1. 1963 in Berlin. H. L. wurde als ältester Sohn des Publizisten, Dramatikers und Theaterdirektors Paul Lindau (1839-1919), einem der bekanntesten Personen in der Kulturszene des wilhelminischen Berlin, und seiner Frau Anna (Marie Louise) Kalisch (1854-1940), der Tochter des Schriftstellers und »Kladderadatsch«-Gründers David Kalisch (1820-1872), am 12. August 1875 in Berlin geboren. Er wurde reformiert getauft und besuchte in Berlin die Vorschule in der Sigismundstraße und das Joachimsthalsche Gymnasium. Im April 1892 wechselte er, veranlaßt durch den Umzug seines Vaters, auf das Wettiner Gymnasium in Dresden, auf dem er 1895 sein Abitur machte. Lindau studierte in Jena und Leipzig Philosophie, Nationalökonomie und Kunstgeschichte. In Jena hörte er Vorlesungen bei den Professoren Ernst Haeckel (1834-1919, s. Bd. II), Otto Liebmann (1840-1912) und Rudolf Eucken (1846-1926). In Leipzig hörte er Vorlesungen der Professoren Karl Lamprecht (1856-1915, s. Bd. XVI), Friedrich Ratzel (1844-1904), August Schmarsow (1853-1936), Rudolph Sohm (1841-1917, s. Bd. X), Georg Witkowski (1863-1939) und Wilhelm Wundt (1832-1920). 1899 promovierte er in Leipzig über »Johann Gottlieb Fichtes Lehren von Staat und Gesellschaft in ihrem Verhältnis zum neueren Sozialismus« zum Doktor der Philosophie. 1987 wurde diese Arbeit vom Bonner Philosophen Hans Michael Baumgartner (1933-1999) neu herausgegeben. Von 1898 bis 1902 weilte Lindau in Konstantinopel als Privatsekretär seines Onkels, des Legationsrates im Auswärtigen Amt Rudolf Lindau (1829-1910). Nach seiner Rückkehr war er Mitglied des Kreises der von Stefan George (1868-1933) herausgegebenen »Blätter für die Kunst«. 1904 veröffentlichte Lindau das Buch »Unkritische Gänge«. Der Zürcher Philosophieprofessor Ernst Meumann (1862-1915, s. Bd. XXV) schrieb in seiner Rezension: »In dem vorliegenden Bande bietet Hans Lindau Essays über Philosophen, Historiker und verschiedene Schriftsteller der Gegenwart. Zuerst wird Kurd Lasswitz [1848-1910] gewürdigt, Lindau sucht in ihm vor allem die seltene Vereinigung dichterischer und philosophischer Begabung in das rechte Licht zu rücken. Es folgt Wilhelm Bölsche [1861-1939], den Lindau den unermüdlichen Erzieher zum Naturgenuß nennt, richtiger wäre es vielleicht gewesen, die hervorragende Begabung Bölsches für Popularisierung auch schwieriger moderner naturwissenschaftlicher Theorien zu betonen. In dem nächsten Essay 'Der Genuß der Sprache' wird Mauthners Werk in etwas zu unkritischer Weise gelobt. Es folgt eine vortreffliche Charakteristik von Lamprechts deutscher Geschichte, eine ebenso verständnisvolle und liebenswürdige Charakteristik von Paulsen, und ein ästhetischer Essay über Adolf Wilbrandt [1837-1911]. Ein glücklicher Griff Lindaus war es, Jules Case [*1856] und Anatole France [1844-1924] zu behandeln. Diese beiden französischen Schriftsteller verdienen es, dem weiteren deutschen Publikum bekannt zu werden. Zuletzt wird Nicole [1625-1695, s. Bd. VI] als ein Apostel des Friedens besprochen.« Der Rezensent der »Literarischen Rundschau für das katholische Deutschland«

Joseph Herter (1846-1913) monierte: »Nicht überall, wo Lindau lobt, können wir in dieses Lob einstimmen. Man kann lächeln über die Phantasiegemälde der Zukunftsromane und Märchen des Kurt Laßwitz oder über den Roman des Anatole France 'Das Stück Holz' ... man wird mit Interesse lesen, was Mauthner über die doppelte Negation oder Lamprecht über den gotischen Stil sagt. Auch was der Verf. aus Nicoles 'Traité des moyens de conserver la paix avec les hommes' anführt, hat unseren Beifall; aber protestieren müssen wir gegen die Leugnung der Göttlichkeit Christi im übernatürlichen Sinne, wie sie S. 190, wenn auch scheinbar in bedingter Form, ausgesprochen wird, protestieren auch gegen die Auffassung des Christentums, wie wir sie an verschiedenen Stellen des Buches antreffen. Die mehrfach gerühmte 'Liebeslehre des Stifters der christlichen Religion' ist eben alles andere eher als Christentum; sonst könnte er nicht allen Ernstes behaupten, Nietzsche sei kein Antichrist, sondern ein 'Überchrist' (!), ein 'zartfühlender Fortsetzer christlicher Lebensweisheit im Geiste der Moral des Stifters der Liebeslehre'. An einer anderen Stelle lesen wir den merkwürdigen Satz: 'Das Christentum und Goethe - damit läßt sich mancher innere Lindwurm töten!' Wir glauben das recht gern, aber eben deswegen müssen wir uns für ein solches Christentum bedanken. Wenn man doch nur auch den Worten ihre wahre Bedeutung ließe! Da war Goethe selber schon aufrichtiger, wenn er von sich sagte: 'Ich bin kein Antichrist, aber ein dezidierter Nichtchrist.'« — 1907 legte Lindau eine Biographie des Schriftstellers und Bestsellerautoren Gustav Freytag (1816-1895) vor, die er seinem »lieben Vater« widmete und mit einem Namen- und Sachregister ausstattete. Der Berliner Literaturprofessor Richard M. Meyer (1860-1914) urteilte über dieses Werk: »Diese sorgfältige Studie über den Schriftsteller und Menschen [Gustav Freytag] wäre noch besser ausgefallen, wenn sie mit weniger Liebe geschrieben wäre. Der liebenswürdige Eifer eines geborenen Verehrers umstellt das in Erz gegossene Bild des großen Kulturhistorikers mit so viel Götter- und Götzenbilderchen, dass der Durchblick durch diese ganze Bilderreihe 'von Plato bis Laßwitz' nicht eben leicht wird und der Gefeierte öfters selbst über all diese Zitate aus Spinoza, Dilthey und Eduard Engel, über all diese Gleichnisse aus Mathematik und Völkerpsychologie ein wenig ironisch zu lächeln scheint. Dankenswerte Übersichten wechseln mit Tabellen von allzu zierlicher Selbstbezwecktheit, und lehrreiche Analogien stoßen sich mit überflüssigen Reminiszenzen aus vielfältiger Lektüre, die ein allzu dankbares Gedächtnis auszustreichen nicht den Mut hat. Auch die Analysen, höchst dankenswert etwa bei den verschollenen Jugendwerken, wissen Kern und Schale zu wenig zu scheiden. Wie ein guter Novellist noch kein Romandichter zu sein braucht, so hat Hans Lindau, einer unserer liebenswürdigsten Essayisten, mit diesem Buche den Beweis noch nicht erbracht, dass er ein Buch schreiben kann.« 1908 schrieb Lindau für die »Zeitschrift für Philosophie und philosophische Kritik« den Nachruf auf den Berliner Philosophen und Pädagogen Friedrich Paulsen (1846-1908), der in seinen Augen »ein religiös fühlender, dem Unerforschlichen Ehrfurcht und Vertrauen zollender Philosoph« war. Von 1909 bis 1933 arbeitete Lindau als Bibliothekar der Preußischen Staatsbibliothek in Berlin. Seit dem 1. November 1924 leitete er hier als Nachfolger von Max Cornicelius (1860-1925) die Stelle für Universitäts- und Schulschriften. Er wohnte im Hohenzollerndamm 205 in Berlin-Wilmersdorf. 1920 heiratete er Gertrud Boedecker, die Tochter des bei der preußischen Eisenbahn beschäftigten Geheimen Baurates Christoph Boedecker (1845-1938). Im Juli 1924 erfolgte Lindaus Konversion: Der Dogmatikprofessor Engelbert Krebs (1881-1950, s. Bd. IV) nahm ihn in Freiburg i. Br. in die katholischen Kirche auf. 1929 übersetzte Lindau gemeinsam mit dem flämischen Schriftsteller Marcel Romeo Breyne (1890-1972) drei Essays von Cyriel Verschaeve (1874-1949) aus dem Flämischen und veröffentlichte sie als Buch unter dem Titel »Schönheit und Christentum«. 1933 wurde Lindau von den Nationalsozialisten seines Postens enthoben und mit Berufsverbot belegt (Sein Urgroßvater war ein zum Protestantismus konvertierter Jude). Er verließ Berlin und zog nach Offenburg, wo er sich in der Nähe seiner kranken, in Straßburg wohnenden Mutter befand. Beim Ausbruch des Zweiten Weltkrieges flüchtete er mit ihr in die Schweiz nach Lausanne. Hier wohnte Lindau in der Rue du Petit-Beaulieu 5 und danach in der Avenue Bergières

43. Nach dem Tod seiner Mutter im Jahr 1940 »lebte er stets mit Not und Armut kämpfend und unter dem Drucke, auch hier vielleicht ausgewiesen zu werden«, wie August Lindau in seinem knappen Lebensbild schildert. Mit zahlreichen Arbeiten konnte er sich über Wasser halten. Er arbeitete zum Beispiel als Privatsekretär von Lucien Bolli vom Blindeninstitut oder las das Buch »Atomenergie und Atombombe« (1945) des katholischen Physikers Friedrich Dessauer (1881-1963, s. Bd. XIV) Korrektur. Dessauer war ebenfalls vor den Nationalsozialisten aus Deutschland geflohen und lebte im Exil in der Schweiz. 1950 übersetzte Lindau aus dem Französischen die »Geschichte des Vatikans« (L´Histoire du Vatican, Paris 1946) von Charles Pichon. 1953, im Alter von 78 Jahren, kehrte er nach Deutschland zurück. Seinen 80. Geburtstag feierte er 1955 in Berlin, wie das »Zentralblatt für Bibliothekswesen« meldete. »Kürschners Literatur-Kalender« von 1958 gab als seine Berliner Adresse den Ithweg 12a in Zehlendorf an. Am 31. Januar 1963 entschlief er sanft. Bei Theologen ist sein Name heute zumeist nur noch aufgrund seines Buches über das Theodizeeproblem im 18. Jahrhundert (1911) oder durch seine Herausgabe von »Schriften zu J. G. Fichte´s Atheismus-Streit« (1912) bekannt. So taucht er beispielsweise in der »Systematischen Theologie« von Wolfhart Pannenberg (*1928) wie auch im Personenregister des ersten Bandes der Reihe »ratio fidei« auf. Es wäre eine spannende Aufgabe, die theologisch-religiöse Entwicklung des aus einer ehemals jüdischen Familie stammenden Essayisten Hans Lindau von einem sich mit Fichte, Nietzsche und der Theodizeefrage beschäftigenden Philosophen zu einem fromm-katholischen Autoren von hymnischen Texten über die Gottesmutter Maria und die Eucharistiefeier einmal genauer nachzuzeichnen. Erste Hinweise hierzu gibt Lindaus Aufsatz »Mein Heimweg zur Kirche« aus dem Jahr 1930. Doch gerade seine vielen unveröffentlichten Arbeiten, von denen August Lindau berichtet, wie die von ihm zeitlebens geführten Tagebücher und eine Autobiographie könnten, wenn sie jemals wieder entdeckt werden sollten, weitere wichtige Aufschlüsse liefern.

Monographien: Johann Gottlieb Fichtes Lehren von Staat u. Gesellschaft in ihrem Verhältnis zum neueren Sozialismus. Diss. Leipzig 1899; Johann Gottlieb Fichte u. der neuere Socialismus. Berlin 1900; Abende in Versailles. Breslau u.a. 1903; Unkritische Gänge. Berlin 1904; Gustav Freytag. Leipzig 1907; Die Theodicee im 18. Jahrhundert. Entwicklungsstufen des Problems vom theoretischen Dogma zum praktischen Idealismus. Leipzig 1911.

Herausgeberschaften: Die Schriften zu J. G. Fichte´s Atheismus-Streit (Bibl. der Philosophen Bd. 4). München 1912; Empfundenes u. Erkanntes. Aus dem Nachlasse v. Kurd Laßwitz. Leipzig 1919; Gustav Freytag, Soll u. Haben. Roman in sechs Büchern. Berlin 1925; Rudolf Lindau, Ausgewählte Erzählungen. Berlin 1926.

Aufsätze in Zeitschriften (Auswahl): Anatole France, in: Nord u. Süd 93 (1900) 303-324; Zur Kritik der Sprache, in: Nord u. Süd 98 (1901) 110-119; Osten u. Westen, in: Nord u. Süd 98 (1901) 319-338; Zur Gesch. des Gottesbegriffs, in: Nord u. Süd 99 (1901) 173-197; Zu Ludwig Tiecks fünfzigstem Todestage (28. April 1903), in: Nord u. Süd 105 (1903) 33-44; Kurd Laßwitz u. seine modernen Märchen, in: Nord u. Süd 106 (1903) 315-333; Herder [Zum 100. Todestag], in: Nord u. Süd 107 (1903) 290-318; Der Genuss der Sprache, in: Nord u. Süd 109 (1904) 218-234; Erinnerungen an Friedrich Ratzel, in: Die Nation 22 (1904/05) 40-42; Canroberts Erinnerungen [Rez.: Le maréchal Canrobert, Souvenirs d´un siècle Bd. 3. Paris 1904], in: Nord u. Süd 112 (1905) 277-282; Antony Blondel, in: Nord u. Süd 112 (1905) 375-392; Von dem ersten Verkünder der Europäischen Union (l´Abbé St. Pierre), in: Nord u. Süd 120 (1907) 116-124; Friedrich Paulsen † 14. August 1908, in: Zschr. für Philos. u. philos. Kritik 133 (1908) 234-239; Die »Kleinen Schulen« von Port-Royal u. ihr Begründer Saint-Cyran. Geschichtliche Entwicklung u. allgemeine Anschauungen, in: Die Jugendfürsorge 16 (1915) 65-93, 122-149; Kant kein Deutscher?, in: KantSt 20 (1915) 447f. [Zur These, Kant sei ein Litauer gewesen]; Augustin u. das Dämonische, in: ZKG 36 (1916) 99-108; Saint-Cyran. Ein Btr. zu seiner Charakteristik, in: ZKG 36 (1916) 405-423; Beleuchtung des Problems Staat u. Freiheit bei Cassirer, in: Eur. Staats- u. Wirtschaftszeitung 1 (1916) 996-1000; Augustins geschichtliche Stellung, in: ZKG 37 (1918) 406-432; Die Bibliothek Weisstein, in: Der Sammler 12 (1922) 672-676; Christus u. Buddha. Eine eucharistische Betrachtung, in: Die Seele 4 (1922) 78-80; Qui potest cogi... Sich besiegen lassen. Seelenklänge von Allmacht u. Allempfänglichkeit, in: Die Seele 4 (1922) 228-234; Die schöne Strahlenkrone des heiligen Dekalogs, in: Die Seele 5 (1923) 76-80; Das schöne Strahlenband der heiligen sieben Bitten des Paternoster, in: Die Seele 5 (1923) 118-120; Der schöne Strahlenkranz der fünfzehn heiligen Geheimnisse des durch Freuden u. durch Leiden zur glorreichen Höhe gelangenden Gottmenschentums, in: Die Seele 5 (1923) 311-313; Von Heiligkeit u. Willen, in: Die Seele 5 (1923) 346-348; Von Gotthilf Weisstein, seinen Büchern u. einigen andern Dingen, in: Zschr. für Bücherfreunde 15 (1923) 32-41; Epikuräer u. Kritizist. Anatole France u. Alois Riehl, den Achtzigjährigen, in: Zschr. für Bücherfreunde 16 (1924) 64-68; Hans Daffis [Nekrolog], in: Jb. der Dt. Shakespeare-Ges. 59/60 (1924) 165-167; Eine niederdeutsche Ausstellung in der Preußischen Staatsbibl. zu Berlin, in: Zschr. für Buchkunde 1 (1924) 156-159; Meßopfer u. Lebensopfer, in: Das Innere Leben (Blätter für

Seelen, die nach Vollkommenheit streben) 5 (1924/25) 216-220; Könnt ihr ihn trinken? [Gedicht], in: Das Innere Leben 5 (1924/25) 278; Salve Regina, Mater misericordiae, vita, dulcedo et spes nostra, salve!, in: Die Seele 7 (1925) 289-294; Frankreich im Lichte der Ewigkeit, in: Dt.-frz. Rdsch. 1 (1928) 794-796; Selbstachtung u. Sündenbewußtsein, in: Das Innere Leben 10 (1929/30) 512-520; Enrica v. Handel-Mazzettis neuer Roman »Frau Maria«, in: Schönere Zukunft 5 (1929/30) 114-116; Mein Heimweg zur Kirche, in: Schönere Zukunft 5 (1929/30) 650f., 675f.; Enrica v. Handel-Mazzettis Buch »Das Reformationsfest«, in: Schönere Zukunft 6,1 (1930/31), Nr. 8, 23.11.1930, 187f.; Franz Maria Paul Libermann 1802-1852, in: Das Innere Leben 12 (1931/32) 150-158, 233-239, 274-281; Ehrenlob der Dreieinigkeit, in: Das Innere Leben 13 (1932/33); Das kleine Übersetzungsdrama von Richard Wagners »Tannhäuser« in Paris [Über den Wagner-Übersetzer Richard Lindau], in: Schweizerische Musikzeitung 87 (1947) 279-283.

Aufsätze in Sammelbänden (Auswahl): Andachtsgymnastik eines metaphysischen Clowns, in: Adolf Wilbrandt zum 24. August 1907 von seinen Freunden. Stuttgart u.a. 1907. 77-92; Ein Heiliger von Port-Royal u. Kardinal Richelieu, in: Festschr. für Alois Riehl von seinen Freunden u. Schülern zu seinem siebzigsten Geb. dargebracht. Halle 1914. 43-103; Gustav Freytag u. Heinrich v. Sybel, in: Fünfzehn Jahre Königliche u. Staatsbibliothek, dem scheidenden Generaldirektor Exz. Adolf v. Harnack zum 31. März 1921 überreicht von den wiss. Beamten der Preußischen Staatsbibliothek. Berlin 1921. 175-180; Aus der Berliner Dienststelle der Universitätsschrr., in: Gustav Abb (Hrsg.), Von Büchern u. Bibliotheken. Dem Ersten Dir. der Preuss. Staatsbibl. Ernst Kuhnert als Abschiedsgabe dargebracht von seinen Freunden u. Mitarbeitern. Berlin 1928. 238-244; Verschaeve über die Poesie der Psalmen, in: Aus unbekannten Schriften. Festgabe für Martin Buber zum 50. Geburtstag. Berlin 1928. 171-173.

Zeitungsaufsätze (Auswahl): Gustav Freytag als Journalist, in: Vossische Zeitung Nr. 478, 12.10.1906; Sokrates der Idiot. Ein Brief Platons an Alexander Moszkowski, in: Berliner Tageblatt Nr. 477, 15.9.1917; Ludwig Feuerbach, in: Der Tag, 9.11.1921; Große Redner, in: Der Tag, 24.11.1921; Dynamis, Ekstasis, Synthesis, in: Der Tag, 17.12.1921; Nochmals Kant, in: Der Tag, 2.3.1922; Vorwärts zu Christus!, in: Der Tag, 26.3.1922; Walther Rathenau u. die »Alten«, in: Frankfurter Zeitung Nr. 488, 3.7.1922; Ein Berliner Büchersammler. Gotthilf Weissteins Bibl., in: Vossische Zeitung Nr. 553, 22.11.1922, 2; Dichter als Bibliothekare, in: Thüringer Allgemeine Zeitung Nr. 158, 11.6.1924; Der Philosoph Rathenau. Kurt Sternberg, Rathenau der Kopf, in: Berliner Tageblatt Nr. 282, 15.6.1924; Ludwig Pastor †, in: Berliner Tageblatt Nr. 474, 6.10.1928, 4; Erinnerungen an Paul Lindau, in: Berliner Tageblatt, 10.7.1930.

Weitere Zeitungsaufsätze in: National-Zeitung 1899 bis 1900; Berliner Tageblatt 1900ff.; Berliner Börsen-Courier 1901ff.; Berliner Lokalanzeiger 1901ff.; Frankfurter Zeitung 1901ff.; Vossische Zeitung 1906ff.; Kölnische Volkszeitung 1921; Germania 1923ff.; Kath. Kirchenblatt Berlin 1925ff.

Rezensionen von H. L. (Auswahl): Heinrich Keller, Ballast. Dresden/Leipzig 1903. In: Nord u. Süd 105 (1903) 414; Gustav Willisch, Chaldäisches Lied. Berlin 1903. In: Nord u. Süd 105 (1903) 415f.; Karl Lamprecht, Dt. Geschichte: Zur jüngsten dt. Vergangenheit. Freiburg i. Br. 1903. Nord u. Süd 106 (1903) 132f.; Herman Jacobson, William Shakespeare u. Käthchen Minola. Dresden 1903. In: Nord u. Süd 106 (1903) 133f.; Franz Servaes, Der neue Tag. Drama in 3 Akten. Leipzig 1903. In: Nord u. Süd 106 (1903) 134; Karl v. Heigel, Brömmels Glück u. Ende. München 1903. In: Nord u. Süd 106 (1903) 136f.; August Schmarsow, Unser Verhältnis zu den bildenden Künsten. Leipzig 1903. In: Nord u. Süd 106 (1903) 275; Fridtjof Nansen, Eskimoleben. Leipzig 1903. In: Nord u. Süd 106 (1903) 413; Kurd Lasswitz, Nie u. Immer. Leipzig 1907. In: Nord u. Süd 106 (1903) 413f.; Paul Schwartzkopff, Die Weiterbildung der Religion. Ein Kaiserwort. Ein Btr. zur Verständigung über »Babel u. Bibel« vom religionsgeschichtlichen u. religionsphilos. Standpunkte aus. Schkeuditz 1903. In: Nord u. Süd 107 (1903) 133; Heinz Tovote, Der letzte Schritt. Roman. Berlin 1903. In: Nord u. Süd 107 (1903) 136f.; Raoul Richter, Friedrich Nietzsche, sein Leben u. sein Werk. Leipzig 1903. In: Nord u. Süd 107 (1903) 420f.; Julius Goldstein, Die empiristische Geschichtsauffassung David Humes mit Berücks. moderner methodologischer u. erkenntnistheoretischer Probleme. Leipzig 1903. In: Nord u. Süd 107 (1903) 421; Albert Bruckner, Der alte Weg zum alten Gott. Gedanken u. Betrachtungen über wichtige Fragen des chr. Glaubens. Schkeuditz 1903. In: Nord u. Süd 107 (1903) 421; Kurd Laßwitz, Rel. u. Naturwissenschaft. Ein Vortrag. Leipzig 1904. In: Nord u. Süd 110 (1904) 133f.; Georg Witkowski, Das dt. Drama des 19. Jh.s in seiner Entwicklung. Leipzig 1904. In: Nord u. Süd 110 (1904) 134; Theodore Roosevelt, Jagdstreifzüge. Skizzen aus den nordwestlichen Prärien. München 1904. In: Nord u. Süd 110 (1904) 134; Adolf Wilbrandt, Große Zeiten u. andere Geschichten. Stuttgart/Berlin 1904. Nord u. Süd 110 (1904) 134f.; Theodor Fontane, Kritische Causerien über Theater. Hrsg. v. Paul Schlenther. Berlin 1904. In: Nord u. Süd 111 (1904) 415; Helen Keller, Die Gesch. meines Lebens. Übers. v. Paul Seliger (Memoirenbibl. R. 2, Bd. 6). Stuttgart 1904. In: Nord u. Süd 111 (1904) 415; Berthold Litzmann, Goethes Faust. Eine Einführung. Berlin 1904. In: Nord u. Süd 112 (1905) 146f.; Wilhelm Wundt, Kleine Schriften. 2 Bde. Stuttgart 1910/11. In: KantSt 16 (1911) 323; Max Wundt, Gesch. der griech. Ethik Bd. 1. Stuttgart 1908. In: KantSt 16 (1911) 324f.; Fritz Mauthner, Wörterbuch der Philosophie. München 1910. In: KantSt 18 (1913) 497-500; Max Wundt, Goethes Wilhelm Meister u. die Entwicklung des modernen Lebensideals. Berlin/Leipzig 1913. In: KantSt 18 (1913) 500-504; Ludwig Sadée, Schiller als Realist. Eine literarisch-psychologische Studie. Leipzig 1909. In: Arch. für das Studium der neueren Sprachen u. Literaturen 130 (1913) 418; Helmut Wocke, Arthur Fitger. Sein Leben u. Schaffen. Stuttgart 1912. In: Arch. für das Studium der neueren Sprachen u. Literaturen 133 (1915) 246; Erich Cassirer, Berkeleys System (Philos. Arbeiten 8,2). Gießen 1914. In: KantSt 21 (1917) 328-333; Ernst Troeltsch, Augustin, die chr. Antike u. das MA. Im Anschluß an die Schrift »de civitate dei«

(Hist. Bibl. Bd. 36). München 1915. In: KantSt 21 (1917) 333f.; Ernst Cassirer, Freiheit u. Form. Stud. zur dt. Geistesgeschichte. Berlin 1917. In: Kant-Studien 22 (1918) 125; Eduard Spranger, Begabung u. Studium. Leipzig 1917. In: KantSt 22 (1918) 134; Ernst Lemke, Die Hauptrichtungen im dt. Geistesleben der letzten Jahrzehnte. Dramburg 1914. In: KantSt 23 (1919) 475; Paul Hofmann, Die antithetische Struktur des Bewusstseins. Grundlegung einer Theorie der Weltanschauungsformen. Berlin 1914. In: KantSt 23 (1919) 354-357; August Ludowici, Spiel u. Widerspiel. Ein Werkzeug zum Ausgleich der Widersprüche. München 1917. In: KantSt 23 (1919) 358; Martin Buber, Ich u. Du. Leipzig 1923. In: Beiblatt der Zschr. für Bücherfreunde 15 (1923) Sp. 154f.; Felix Weltsch, Gnade u. Freiheit. Unterss. zum Problem des schöpferischen Willens in Rel. u. Ethik. München 1920. In: KantSt 28 (1923) 153f.; Friedrich Kuntze, Die Technik der geistigen Arbeit. Heidelberg 1921. In: KantSt 28 (1923) 463f.; Wilhelm Wundt, Kleine Schrr. Bd. 3. Stuttgart 1921. In: KantSt 29 (1924) 549; Heinrich Dietrich Kerler, Die auferstandene Metaphysik. Ulm 1921. In: KantSt 29 (1924) 549f.; Der Heilige Rosenkranz in Bildern v. Fra Angelico. Mit Betrachtungen v. P. Lippert. München 1923. In: Beiblatt der Zschr. für Bücherfreunde 16 (1924) Sp. 120f.; Der heilige Kreuzweg in Bildern v. Fra Angelico u. anderen alten Meistern. Mit liturgischem Text v. Anselm Manser. München 1924. In: Beiblatt der Zschr. für Bücherfreunde 16 (1924) Sp. 181; Kurt Sternberg, Die polit. Theorien in ihrer geschichtlichen Entwicklung vom Altertum bis zur Gegenwart. Berlin 1922. In: KantSt 30 (1925) 208f.; Joseph Mausbach, Thomas v. Aquin als Meister chr. Sittenlehre (Der kath. Gedanke Bd. 10). München/Rom 1925. In: KantSt 30 (1925) 521-523.

Rezensionen zu Büchern von H. L. (Auswahl): Unkritische Gänge. Berlin 1904. In: Arch. für die gesamte Psychologie 4 (1905) 94 (Ernst Meumann), Ann. der Naturphilos. 4 (1905) 408f. (Wilhelm Ostwald), Literarische Rdsch. für das kath. Dtld. 31 (1905) Sp. 406 (Joseph Herter); — Gustav Freytag. Leipzig 1907. In: Arch. für das Studium der neueren Sprachen u. Literaturen 121 (1908) 420f. (Richard M. Meyer); — Charles Pichon, Gesch. des Vatikans. Übers. v. H. L. Essen 1950. In: Der Wächter 32 (1951) 53, Außenpolitik. Zschr. für internationale Fragen 1 (1950) 156 (Albrecht v. Kessel).

Lit. (Auswahl): Zwanzigste Versammlung dt. Bibliothekare in Erfurt am 11. u. 12. Juni 1924, in: ZBlfBibl 41 (1924) 377-390, hier 379; — Jber. der preußischen Staatsbibl. 1924. Berlin 1926. 23, 58, 66; — Jber. der preußischen Staatsbibl. 1925. Berlin 1927. 20, 76f. (Bibliogr.), 102, 110; — Walther Rathenau, Brief an Hans Lindau v. 4.10.1920, in: ders., Briefe Neue Folge. Dresden 1928. 216-218; — Ernst Gottlieb, Walther-Rathenau-Bibliogr. (Schrr. der Walther-Rathenau-Stiftung Bd. 3). Berlin 1929 (s. Reg.); — Jber. der preußischen Staatsbibl. 1926. Berlin 1929. 25, 63, 71; — Jber. der preußischen Staatsbibl. 1927. Berlin/Leipzig 1929. 39, 87, 95; — Jber. der preußischen Staatsbibl. 1928. Berlin/Leipzig 1930. 42, 76 (Bibliogr.), 92, 102; — Kürschners dt. Gelehrten-Kal. 4 (1931); — Kosch, KD Sp. 2611; — Friedrich Dessauer, Schlußnotiz, in: ders., Atomenergie u. Atombombe. Faßliche, wissenschaftliche Darstellung u. Würdigung. Olten [2]1947. 331; — Kürschners dt. Gelehrten-Kal. 7 (1950); — Kürschners Dt. Literatur-Kal. 52 (1952) 296; — Personalnachrichten, in: ZBlfBibl 69 (1955) 487; — Kürschners Dt. Literatur-Kal. 53 (1952) 431; — Kürschners Dt. Gelehrten-Kal. 9 (1961) 1200; — Fritz Homeyer, Dt. Juden als Bibliophilen u. Antiquare (Schriftenreihe wiss. Abhh. des Leo-Baeck-Instituts Bd. 10). Tübingen 1963 (s. Reg.); — August Lindau, Hans Lindau, der Freytag-Biograph †, in: Gustav-Freytag-Blätter 9 (1963), H. 2, 2-5; — Lothar Helbing u.a. (Hrsg.), Stefan George. Dokumente seiner Wirkung. Aus dem Friedrich-Gundolf-Arch. der Univ. London (Publications of the Institute of Germanic Studies Bd. 18). Amsterdam 1974 (s. Reg.); — Joachim Kühn, Gescheiterte Sprachkritik. Fritz Mauthners Leben u. Werk. Berlin u.a. 1975 (s. Reg.); — Klaus Günther Just, Marginalien. Probleme u. Gestalten der Literatur. Bern/München 1976. 173, 177, 179; — Anneliese Eismann-Lichte, Paul Lindau: Publizist u. Romancier der Gründerjahre. Diss. Münster 1983. 260f., 266; — Alexandra Habermann/Rainer Klemmt/Frauke Siefkes, Lexikon dt. wiss. Bibliothekare 1925-1980 (Zschr. für Bibliothekswesen u. Bibliogr. Sonderheft 42). Frankfurt a. M. 1985. 196; — Bjørnstjerne Bjørnson, Briefwechsel mit Deutschen Bd. 2: 1899-1909 (Btrr. zur nordischen Philologie Bd. 17). Basel 1987 (s. Reg.); — Berndt Dugall (Hrsg.), Hdb. der hist. Buchbestände in Dtld. Bd. 5: Hessen. Hildesheim 1992. 223; — Thomas Meyer, Kulturphilos. in gefährlicher Zeit. Zum Werk Ernst Cassirers (Philos. im Kontext Bd. 3). Hamburg/Münster 2007. 105f.; — http://www.ilab.org/db/detail.php?lang=de&membernr=72&ordernr=15547 (01.06.2007).

Gunnar Anger

LINNÉ (Linnaeus), Carl von, schwedischer Naturforscher und Mediziner, geboren am 23. Mai 1707 in Råshult (Småland), gestorben am 10. Januar 1778 in Uppsala. 1762 wurde er geadelt. — L. zählt zu den größten Naturforschern der Biologiegeschichte. Zu seinen Verdiensten gehört die Erschaffung eines neuen, äußerst einflußreichen Klassifikationssystems für die drei Naturreiche der Pflanzen, Tiere und Mineralien, mit dem er versuchte, den göttlichen Schöpfungsplan abzubilden. Die biologisch noch heute gebräuchliche Methode der binären Nomenklatur wurde von L. erstmals einheitlich durchgeführt und ermöglichte eine präzise Beschreibung der Naturdinge innerhalb seines Systems. Auf ihn geht ferner die Entdeckung und Beschreibung hunderter neuer Pflanzenarten zurück. — L. war das älteste von 5 Kindern des pietistischen Pfarrers Nils Linnaeus und seiner Frau Christina, geb. Brodersen. Er besuchte ab 1717 die Lateinschule von Vaxjö, ab 1724 das dortige Gymnasium. An der Universität Lund begann L. 1727 ein Medizinstudium und durfte die Bibliothek sowie die botanische Sammlung des Mediziners Kilian Stobaeus (1690-1742) benutzen. Er wechselte 1728 an die Universität Uppsala, wo ihn der Theologe Olof Celsius (1670-1756) förderte. L. besaß zu dieser Zeit bereits gute Kenntnisse des botanischen Klassifikationssystems Joseph Pitton de Tourneforts (1656-1708) und verfaßte 1730 die Schrift »Präludia sponsalorium plantarum«, in welcher er sich mit der Lehre von der Geschlechtlichkeit der Pflanzen befaßte. Aufgrund seiner fortgeschrittenen Studien erhielt L. noch im gleichen Jahr einen Lehrauftrag für Materia Medica in Uppsala und verwaltete den dortigen botanischen Garten. Studienreisen führten ihn 1732 nach Lappland und 1734-1735 in die Bergbauprovinz Dalarna. — 1735 reiste L. nach Holland, wo er am 12. Juni an der Universität Harderwijk mit einer Dissertation über das Wechselfieber zum Doktor der Medizin promovierte. In Utrecht und Leiden knüpfte er wichtige Kontakte zu dem Mediziner Herman Boerhaave (1668-1738), dem Botaniker Adrian van Royen (1704-1779) und dem Mediziner Johan Fredrik Gronovius (1690-1762), die ihn förderten. [vgl. Lindroth, 1973, S. 374-375] Sein »Systema naturae« erschien noch 1735 in Leiden. Weitere 11 Auflagen folgten zu L.s Lebzeiten. Andere wichtige Werke, wie die »Fundamenta botanica« (1736), die »Genera plantarum« (1737) oder die »Classes plantarum« (1738) erschienen kurze Zeit später ebenfalls in Holland. Auf Empfehlung Boerhaaves arbeitete L. 1735-1737 als Gartenkustos bei dem Bankier George Clifford (1685-1760) in Hartekamp. Dessen Garten und Herbarium katalogisierte er im »Hortus Cliffordianus« (1737). Weitere Studienreisen führten ihn 1736 nach England, zurück nach Holland und 1738 nach Paris, bevor er noch im gleichen Jahr nach Schweden zurückkehrte. [Jahn/Schmitt, 2001, S. 16] - Zunächst praktischer Arzt in Stockholm, wurde L. 1739 Admiralitätsarzt, erhielt einen Lehrauftrag am Stockholmer Bergkollegium und wurde Präsident der schwedischen Akademie der Wissenschaften. Ab 1741 Professor für praktische Medizin an der Universität Uppsala, unternahm er noch im gleichen Jahr im Auftrag der schwedischen Reichsstände botanische Forschungsreisen auf die Inseln Öland sowie Gotland. 1742 wechselte er auf den Lehrstuhl für theoretische Medizin. — Weitere Forschungsreisen führten L. 1746 nach Westgotland und drei Jahre später nach Schonen. 1759 und 1772 war er Rektor der Universität Uppsala, bevor er 1774 und 1776 zwei Schlaganfälle erlitt. Er starb 1778 im Alter von 70 Jahren. Bereits im Vorjahr hatte sein gleichnamiger Sohn Carl (1741-1783) L.s Lehrstuhl übernommen. — Als Mediziner befaßte sich L. v.a. mit Arzneimittellehre sowie mit Diätetik. Die Heilpflanzen ordnete er nach therapeutischen Kriterien und versuchte ebenfalls, die Krankheiten systematisch zu erfassen. Er arbeitete zur Lepra, dem Skorbut sowie dem Wechselfieber und war an der 1774 erschienenen Überarbeitung des schwedischen Arzneibuches beteiligt. [Jahn/Schmitt, 2001, S. 23] - L.s wissenschaftliche Systematik kann in enger Beziehung zu seinen theologischen Gedanken gesehen werden. Jedoch darf eine solche Interpretation auch seine Bemühungen um die methodisch-didaktische Vermittlung des naturkundlichen Lehrstoffes nicht unbeachtet lassen. [vgl. Jahn/Schmitt, 2001, S. 17] Physikotheologisch geprägt, glaubte L. an die Erkennbarkeit des göttlichen Wirkens in der Natur. Dies galt auch für das Schicksal des Menschen. Er glaubte, daß der göttlichen Schöpfung ein Plan zugrunde liege, den zu entdecken er als seine persönliche Lebensaufgabe begriff. [Jahn, 1998, S. 235] - Dazu entwarf L. ein System, das die Natur zunächst in die drei aristotelischen Reiche der Mineralien (regnum minerale), Pflanzen (regnum vegetabile) sowie Tiere (regnum animale) unterteilte. Diese gliederte er jeweils hierarchisch in Klassen, Ordnungen, Gattungen und Arten. V.a. seine Unterteilung und Beschreibung des Pflanzenreiches übte großen wissenschaftlichen Einfluß aus. Sie basierte auf der Geschlechtlichkeit der Pflanzen und definierte anhand verschiedener Kriterien wie Zahl, Gestalt, Größe oder Anordnung ihrer Staubfäden oder Stempel 24 Klassen. Die Wahl dieser »natürlichen« Kriterien, durch welche der Schöpfungsplan entschlüsselt werden sollte, zeigt L.s Abkehr von qualitativen Ordnungsmerkmalen sowie seinen Rückgriff auf mechanistische Prinzipien. [Jahn, 1998, S. 237] Sowohl im »Systema naturae«, als auch in der 1751 erschienenen »Philosophia botanica« vertrat L. die Meinung, daß die Zahl der Arten konstant und durch die Zahl der von Gott bei der Schöpfung erschaffenen Formen bestimmt sei.

Später jedoch scheint er nach der Entdeckung von Hybriden von der angenommenen Artkonstanz abgerückt zu sein. L. war sich aber auch der Künstlichkeit seines Klassifikationssystems bewußt, da man noch nicht alle Arten und Gattungen kenne. Erst dann könne das angestrebte natürliche System durch die korrekte Beschreibung der oberen Ordnungsebenen vollendet werden. [vgl. Mayr, 2002, S. 141 und Jahn 1998, S. 242] Daher wurden v.a. die Forschungsreisen seiner Schüler für ihn wichtig. — Das System der binären Nomenklatur, bestehend aus dem Namen der Gattung (1. Name) sowie einem charakteristischen Beiwort (2. Name) zur Kennzeichnung einer Art findet sich in L.s »Species plantarum« (1753) und wurde ab der 10. Auflage des »Systema naturae« in dieses übernommen. [Goerke, 1966, S. 120] Es ermöglichte eine eindeutige Benennung der Arten. — Auch der Mensch findet sich in L.s Klassifikationssystem integriert (regnum animale). Er ist Teil der Schöpfung und unterliegt somit ebenfalls der Allmacht Gottes. Besonders deutlich kommt dies in der »Nemesis divina« zum Ausdruck - einer Manuskriptsammlung, die nicht zur Veröffentlichung, sondern zur moralischen Instruktion seines Sohnes bestimmt war. Durch eine umfangreiche Fallsammlung, in die auch zeitgenössische Ereignisse eingearbeitet wurden, versuchte L., die Beziehung zwischen bösem/verbrecherischem Handeln und dem Schicksal des jeweiligen Menschen zu erfassen. Der Arbeit - die er als »theologia experimentalis« bezeichnete - liegt die Vorstellung zugrunde, daß der Mensch für sein Handeln verantwortlich ist. Sie basiert sowohl auf der alttestamentarischen Annahme eines strafenden Gottes, als auch auf dem Glauben, daß Verbrechen durch Schicksalsschläge noch im Diesseits geahndet würden. Ebenso finden sich in ihr Elemente des schwedischen Volksglaubens. [Gustafson, 1981, S. 294] - L. besaß eine Reihe berühmter Schüler, die er z.T. auf naturkundliche Forschungsfahrten schickte. Sie standen in Briefkontakt zu ihrem Lehrer und sammelten für diesen exotische Pflanzen. Zu ihren Zielen zählten China, Japan, Südafrika sowie Nord- und Südamerika. U.a. nahmen Daniel Solander (1735-1782) und Anders Sparrman (1748-1820) an den Fahrten James Cooks (1728-1779) teil. Die Reisen des Botanikers Carl Peter Thunberg (1743-1828) führten nach Südafrika und Japan. Er wurde 1784 Nachfolger von L.s inzwischen verstorbenem Sohn Carl. Einige Schüler überlebten jedoch die Strapazen der Reisen nicht. [vgl.: Lindroth, 1973, S. 379] - L.s Systematik wurde aufgrund ihrer Klarheit und Übersichtlichkeit weithin rezipiert. Sie führte bis ins 19. Jahrhundert zum Aufleben taxonomischer Forschungen in den Bereichen der Botanik und der Zoologie. [Mayr, 2002, S. 139] Die Methode der binären Nomenklatur ermöglichte eine Präzisierung der wissenschaftlichen Beschreibung und setzte sich noch zu L.s Lebzeiten durch. Der größte Teil seines Nachlasses befindet sich heute im Besitz der Linnean Society of London.

Werke: Für eine Übersicht zum Gesamtwerk L.s siehe: J.M. Hulth: Bibliographia Linnaeana, Uppsala 1907; — B.H. Soulsby: A Catalogue of the Works of Linnaeus, London 1933. — Zum Schriftwechsel L.s: T.M. Fries/ J.M Hulth (Hrsg.): Bref och skrifvelser af och till Carl von Linné, Stockholm 1907-1922. — Amoenitates Academicae 1-7, Stockholm 1749-1769, Amoenitates Academicae 8-10, Erlangen 1785-1790; — Bibliotheca Botanica, Amsterdam 1736; — Classes plantarum, Leiden, 1738; — Claves medicinae duplex, Stockholm 1766; — Critica botanica, Leiden 1737; — Dalaresa (Iter Dalekarlicum), Stockholm 1960; — Diaeta naturalis 1733; — Fauna Suecica, Stockholm 1746; — Flora Suecica, Stockholm 1745; — Flora Zeylanica, Stockholm 1747; — »Florula Lapponica«, in: Acta Literaria et Scientiarum Suecica 3 (1732) 46-58; — Fundamenta botanica, Amsterdam 1736; — Genera plantarum, Leiden 1737; — Gotändska resa 1741; — Hortus Upsaliensis, Stockholm 1748; — Horus Cliffortianus, Amsterdam 1737; — Mantissa plantarum, Stockholm 1771; — Materia medica, Stockholm, 1749; — Musa Cliffortiana, Leiden 1736; — Öländska ochGothländska Resa; Stockholm/Uppsala 1745; — Praeludia sponsalorium plantarum, Uppsala 1729; — Iter Lapponicum, Umea 1732; — Skanska Resa, Stockholm 1751; — Pecies Plantarum, Stockholm 1753; — Systema naturae, Leiden 1735; — Termini botanici explicati, Leipzig 1767; — Västgöta Resa, Stockholm 1747.

Lit.: Einen Überblick zur Sekundärliteratur bieten etwa: S. Lindroth: »Two Centuries of Linnaeus Studies«, in: Bibliography and Natural History (1966) 27-45. — W. Blunt: The Complete Naturalist: A Life of Linnaeus, London 1971; — C.E.B. Bremekamp: »Linné's Views on the Hierarchy of the Taxonomic Groups«, in: Acta botanica nederlandica 2 (1953) 242-253; — G. Broberg (Hrsg.): Linnaeus: Progress and prospects in Linnean research, Pittsburg 1980; — G. Broberg: »Homo sapiens: Linnaeus's classification of man«, in: Linnaeus: The man and his work, hrsg. von T. Frängsmyr, Canton 1994; — T. Frängsmyr (Hrsg): Linnaeus: The man and his work, Canton 1994; — T. Frängsmyr: »Linnaeus and the classification tradition in Sweden«, in: The Structure of Knowledge: Classifications of Science and Learning Since the Renaissance. Five Lectures delivered at the International Summer School in History of Science Uppsala, 1998, hrsg. von T. Frängsmyr (Berkeley Papers in

History of Science 19) Berkeley 2001, S. 77-91; —T.M. Fries: Linné (2 Bde), Stockholm 1903; — H. Goerke: Carl von Linné. Arzt - Naturforscher - Systematiker 1707-1778 (Grosse Naturforscher 31, hrsg. von H. Degen) Stuttgart 1966; — H. Goerke: »Die Beziehungen Hallers zu Linné«, in: Sudhoffs Archiv für Geschichte der Medizin und der Naturwissenschaften 38 (1954) 367-377; — N. Gourlie: The Prince of Botanists. Carl Linnaeus, London 1953; — L. Gustafson: »Carl von Linné und seine Nemesis Divina in philosophischer Sicht«, in: Carl von Linné. Nemesis Divina, hrsg. von W. Lepenies/L. Gustafson, München/Wien 1981, S. 293-320; — K. Hagberg: Carl Linnaeus, Stockholm 1939, 1957; — J.L. Heller: »The Early History of Binomial Nomenclature«, in: Huntia 1 (1964) 33-70; — I. Jahn: »Biologische Fragestellungen in der Epoche der Aufklärung (18. Jh.)«, in: Geschichte der Biologie - Theorien, Methoden, Institutionen, Kurzbiographien, hrsg. von ders., 3. Auflage, Jena 1998, S. 231-273; — I. Jahn/M. Schmitt: »Carl Linnaeus (1707-1778)«, in: Darwin & Co. Eine Geschichte der Biologie in Porträts 1, hrsg. von I. Jahn/M. Schmitt, München 2001, S. 9-30; — B.D. Jackson: Linnaeus: The Story of his Life, London 1923; — B.D. Jackson: »The Visit of Linnaeus to England in 1736«, in: Svenska Linnésamfundets □rsbok 9 (1926) 1-11; — L. Koerner: Linnaeus: Nature and Nation, Cambridge 1999; — J.L. Larson: »Reason and Experience. The Representation of Natural Order in the Work of Carl von Linné«, Berkeley 1971; — W. Lepenies: Autoren und Wissenschaftler im 18. Jahrhundert: Buffon, Linné, Winckelmann, Georg Forster, Erasmus Darwin, München 1988; — W. Lepenies: »Eine Moral aus irdischer Ordnungsliebe: Linnés Nemesis Divina«, in: Carl von Linné. Nemesis Divina, hrsg. von W. Lepenies/L. Gustafson, München/Wien 1981, S. 321-358; — S. Lindroth: »Linnaeus (or von Linné), Carl«, in: Dictionary of Scienctific Biography 8, hrsg. von C.C. Gillespie, New York 1973, S. 374-381; — S. Lindroth: »Two faces of Linnaeus«, in: Linnaeus: The man and his work, hrsg. von T. Frängsmyr, Canton 1994; — E. Malmeström: Carl von Linné, Stockholm 1964; — E. Malmeström: »Die religiöse Entwicklung und die Weltanschauung Carl von Linnés«, in: Zeitschrift für systematische Theologie 19 (1942) 31-58; — E. Malmeström: »Entstehung, Quellen und Charakter der Aufzeichnungen Linnés zur Nemesis Divina«, in: Carl von Linné. Nemesis Divina, hrsg. von W. Lepenies/L. Gustafson, München/Wien 1981, S. 13-42; — E. Mayr: Die Entwicklung der biologischen Gedankenwelt. Vielfalt, Evolution und Vererbung, Berlin/Heidelberg 2002; — J. Ramsbottom: »Linnaeus and the Species Concept«, in: Proceedings of the Linnean Society of London 150 (1938) 192-219; — J. Sachs: Geschichte der Botanik, München 1875; — P. Sloan: »The Buffon-Linnaeus Controversy«, in: ISIS 67 (1976) 356-375; — B.H. Soulsby: A Catalogue of the Works of Linnaeus, 2. Auflage, London 1933; — F.A. Stafleu: Linnaeus and the Linnaeans. The Spreading of Their Ideas in Systematic Botany (1735-1789), Utrecht 1971; — R.C. Stauffer: »Ecology in the Long Manuscript Version of Darwin's Origin of Species and Linnaeus«, in: Proceedings of the American Philosophical Society 104 (1960) 235-241; — W.T. Stearn: »The Background of Linnaeus's Contributions to the Nomenclature and Methods of Systematic Biology«, in: Systematic Zoology 8,1 (1959) 4-22; — H.K. Svenson: »On the Descriptive Method of Linnaeus«, in: Rhodora 47 (1945) 273-301, 363-388; — J. Weinstock (Hrsg.): Contemporary perspectives on Linnaeus, Lanham 1985.

Martin Schneider

LINNER, Martin, * 1703 in Schönau bei Neutitschein, † 26.2. 1733 in Herrnhut. Mitglied der Brüdergemeine, Pietist, Bäcker. — Martin Linner wurde 1703 in der Jesuitenherrschaft Schönau (Novy Jicin) geboren. 1728 verließ er seine Heimat Mähren und wanderte nach Herrnhut aus. Ein Jahr darauf wurde er in die Gemeine der Herrnhuter Brüder aufgenommen und wurde zum Abendmahl zugelassen. Anstelle von Melchior Nitschmann wurde er 1730 zum Ältesten gewählt. — Die meiste Zeit über arbeitete Linner als Bäckermeister in der aufstrebenden Siedlung Herrnhut. Er erwarb ein eigenes Haus samt Backstube. 1730 unternahm er eine Missionsreise in verschiedene norddeutsche Länder, und 1731 besuchte er seine Eltern und Geschwister in Mähren. Im gleichen Jahr reiste er auch nach Tübingen, wo er Johann Jacob Moser (1701-1785) besuchte. — 1732/33 erkrankte Linner schwer. Für einige Zeit wurde er von dem Grafen Ludwig Nikolaus von Zinzendorf (1700-1760) in dessen Haus gepflegt. Linner verstarb, nach längerem Leiden, am 26. Februar 1733 und wurde am 1. März 1733 auf dem Hutberg zu Herrnhut bestattet.

Lit. (Auswahl): (Zinzendorf, Nikolaus Ludwig von): Etwas Von der gesegneten und Gnaden-vollen Amts-Führung Des Seeligen Aeltesten der Gemeine J. C. in der Herrnhut, Martin Linners, eines Beckers, Der am 26ten Feb. 1733. im 29sten Jahre seines Alters zu den Geistern der vollkommenen Gerechten hinübergegangen ist, Zur Erbauung redlicher Seelen, öffteres Abschreiben zu ersparen, in Druck gegeben. Tübingen 1733; — (David, Christian): Beschreibung und zuverlässige Nachricht von Herrnhut in der Ober-Lausitz, Wie es erbauet worden, und welcher Gestalt nach Lutheri Sinn und Meinung, Eine recht christliche Gemeine sich daselbst gesammlet und eingerichtet hat. Vormals von einem Mitglied andern Freunden der Wahrheit schriftlich ertheilet, nun aber von einem, der nur Wahrheit suchet, und sehnlich wünschet, daß an mehr Orten in der Freyheit Christliche Gemeinen nach diesem Muster, zur Verherrlichung Gottes in Christo, angeordnet werden möchten, durch den Druck gemein gemacht. Leipzig 1735. ND Hildesheim 2000.

Claus Bernet

LOAYZA, Jerónimo de, Dominikaner, erster katholischer Bischof und Erzbischof von Lima, Peru; * 1498 in Trujillo de Extremadura (Provinz Cáceres), Spanien; † 26. Oktober 1575 in

Lima, Peru. — Jerónimo war von adliger Herkunft. Seine Eltern waren Pedro de Loayza und Catalina de Mendoza, die in Trujillo sowie in Talavera de la Reina bei Toledo ansehnliche Güter besaßen. Zwei seiner Brüder waren ebenfalls bedeutende Kirchenmänner und Mitglieder des Dominikanerordens: Kardinal Garcia de Loayza y Mendoza (1478-1546) und Fray Domingo de Mendoza, der mit Eintritt in das Ordensleben den Nachnamen seiner Mutter annahm. Er wirkte als Missionar unter anderem auf der Isla de la Española. Beide Brüder waren Jerónimo wichtige religiöse Vorbilder. Und wie seine Brüder trat auch Jerónimo im Kloster San Pablo in Cordoba den Dominikanern bei, das König Ferdinand III. von Kastilien nach der Reconquista 1236 dem Orden übereignet hatte. Sein Theologiestudium absolvierte Jerónimo in Sevilla und ab 1521 am Kolleg von San Gregorio in Valladolid. Während dieser Zeit wuchs auch sein Wunsch als Missionar in der Neuen Welt zu dienen. 1529 erfüllte sich dieser Wunsch und Jerónimo konnte im Dienst des Ordens nach Santa Marta aufbrechen, welches 1525 vom Konquistador Rodrigo de Bastidas als erste spanische Stadt auf dem amerikanischen Festland gegründet worden war. Santa Marta lag an der Karibikküste im damaligen *Nuevo Reino de Granada*, welches sich großenteils mit dem heutigen Kolumbien deckte. Santa Marta war 1531 durch Papst Clemens VII. zum Bistum erhoben worden und zum ersten Bischof ernannte der Papst Jerónimos Ordensbruder Tomás de Ortiz, der zuvor als Missionar in Mexiko wirkte. — Nicht allzu weit von Santa Marta in Richtung Westen lag das 1533 von Pedro de Heredia gegründete Cartagena. Es erfuhr ein schnelles Wachstum als wichtiger Hafen. Die spanische Flotte lief zwei Mal jährlich von Sevilla oder Cádiz aus kommend Cartagena an, um hier spanische Fertigprodukte wie Waffen, Rüstungen, Werkzeug, Textilien, Pferde zu löschen und dann Gold, Silber, Perlen und Edelsteine zu laden, bevor sie nach Santo Domingo und Puerto Bello auslief. Die Bedeutung der Stadt wurde noch unterstrichen, als Papst Clemens VII. nur ein Jahr nach deren Gründung am 14. April 1534 die neue Diözese Cartagena de las Indias errichtete. Zum ersten Bischof ernannte der Papst wiederum einen Ordensbruder von Jerónimo, nämlich Tomás de la Torre. Dieser starb jedoch schon 1536 und Kaiser Karl V. präsentierte daraufhin Jerónimo de Loayza als nächsten Bischofskandidaten. Der Präsentation wurde von Rom stattgegeben und so kehrte Jerónimo 1537 nach Spanien zurück, um dort seine Bischofsweihe zu empfangen. Diese fand am 29.Juni 1538 in Valladolid statt. Wenig später kehrte Jerónimo in sein Bistum zurück, wo er bis 1543 vor allem als Anwalt der Indios und der ins Land gebrachten schwarzen Sklaven segensreich wirken sollte. Dann kam der Ruf nach Peru. — Papst Paul III. errichtete am 13. Mai 1541 die neue Diözese Lima und ernannte am 25. Juli 1543 Jeronimo de Loayza zu deren ersten Bischof. Sofort stellte er ein Domkapitel zusammen und begann mit dem Bau der heutigen Kathedrale von Lima. Die neue Diözese Lima war zunächst Suffraganbistum des Metropolitansitzes Sevilla, bevor sie am 11. Februar 1546 selbst zum Erzbistum erhoben und Jeronimo de Loayza zu ihrem ersten Metropoliten ernannt wurde. — Jerónimo de Loayza wurde in einer unruhigen, ja turbulenten Zeit zum Erzbischof von Lima ernannt. Peru befand sich damals in einem bürgerkriegsähnlichen Zustand, der durch Auseinandersetzungen zwischen verschiedenen Konquistadoren hervorgerufen wurde. Jerónimo de Loayza versuchte vergeblich zwischen den Parteien zu vermitteln. So wurde 1547 der spanische Bischof und Diplomat Pedro de la Gasca (1485-1567) von Kaiser Karl V. beauftragt, in Peru den um sich greifenden Bürgerkrieg zu beenden und den Frieden im Land wiederherzustellen. Gonzalo Pizarro, ein Bruder des Eroberers Francisco Pizzaro, hatte im Verlauf der Auseinandersetzungen 1546 den ersten Vizekönig der spanischen Krone, Blasco Núnez Vela, getötet und sich selbst zum Vizekönig erhoben. Dieser Anspruch ist von Karl V. nicht anerkannt worden und de Gasca sollte im Auftrag des Kaisers mit allen nur möglichen Mitteln die Autorität der Krone in Peru erneuern. De Gasca kam also 1547 über Panama nach Peru und sammelte dort eine stattliche Armee gegen Pizarro und seine Rebellen. Am 9. April 1548 kam es zur entscheidenden Schlacht, bei der die Armee de Gascas im Tal von Sacsahuana die Truppen Pizarros nach nur kurzem Kampf besiegte. Pizzaro und einige seiner Anhänger wurden danach als Aufrührer hingerichtet. Mit großer Umsicht reorganisierte Bischof de Gasca danach die Kolonialverwaltung, die Justiz und Steuergesetzgebung. Gasca suchte auch die Zusammenarbeit mit Loayza und erließ 1549 mit dessen Unterstützung Statuten zum Schutz der indigenen Bevölkerung Perus, welche dem Erzbischof von Lima besonders am Herzen lag. Nachdem er den Frieden im Land gesichert hatte, übertrug de Gasca 1549 bis zur Einsetzung eines neuen Vizekönigs seine Vollmachten der Audiencia (kollegial organisierte Appellations- und Justizverwaltungsinstanz in der spanischen Kolonialverwaltung, welche den Vizekönig berät und kontrolliert, Recht setzt und bei Vakanz selbst die Regierungsgeschäfte leitet). Im Januar 1550 kehrte er schließlich nach Spanien zurück, wo er zunächst Bischof von Plasencia und dann von Sigüenza wurde. — Loayza setzte nach Ende des Bürgerkriegs sein Aufbauwerk fort und gründete 1549 das Hospital von St. Anna. Neben den bereits erwähnten Statuten zum Schutz der indigenen Bevölkerung erschienen in deren Gefolge 1549 die von Loayza herausgegebenen *Instruktionen* für die Evangelisation der Ureinwohner Perus. Zusammen mit seinem Ordensbruder Domingo de Santo Tomas (siehe dort) setzte sich Erzbischof Loayza vorbildlich für den Schutz und die Interessen der Ureinwohner Perus ein. Um die Evangelisierung Perus auf eine feste Basis zu stellen und um ihr eine einheitliche Struktur zu geben, berief Loayza vom 4. Oktober 1551 bis zum Februar 1552 das 1. Provinzialkonzil von Lima ein. Dieses erarbeitete auf der Basis der Instruktionen von 1549 einen Katechismus in Quechua und machte den Missionaren zur Auflage die Muttersprache der Indios zu lernen. Nach Ende des Trienter Konzils wollte Erzbischof Loayza die Trienter Reformen und Beschlüsse in der Kirche Südamerikas umsetzen. Im Oktober 1565 verkündete er in Lima feierlich die Konzilsdokumente und berief anschließend für den 1. Februar 1567 das 2. Provinzialkonzil von Lima ein. Unter Teilnahme zahlreicher Bischöfe und Prälaten begann es am 1. März mit seiner 1. Sitzung, während derer die gesamten Texte des Trienter Konzils gelesen und im Blick auf deren Umsetzung in Lateinamerika diskutiert wurden. Neben der Sorge, die weißen Siedler Neuspaniens von protestantischen Häresien zu bewahren, legte die Versammlung besonderen Wert auf die Intensivierung der Evangelisation der indigenen Völker. Es wurde erneut bestimmt, daß die Priester in der Sakramentenspendung und Glaubensunterweisung die Sprachen der Indios verwenden sollten, weshalb sie auf das sorgfältige Erlernen derselben verpflichtet wurden. Auch sollten die Geistlichen bei ihrer pastoralen Arbeit gegen alle Arten von Hexerei, Aberglaube und Götzendienst vorgehen, die nicht mit dem christlichen Glauben zu vereinbaren seien. Neben direkten Verordnungen in Sachen Weitergabe und Vertiefung des Glaubens verfaßte die Versammlung von Lima aber auch Anweisungen, die auf das Alltagsleben, die Hygiene und Gesundheit abzielten: So sollten die Indianer zu körperlicher Reinheit angeleitet werden. Sie sollten nicht wie Tiere auf der Erde schlafen und am Tisch essen. Der Gebrauch von Koka und anderen das Bewußtsein beeinträchtigenden Drogen sollte verbannt werden, ebenso das Deformieren von Kinderschädeln. Zudem sollte den Indios ein christliches Gemeinschaftsgefühl vermittelt werden. — Neben den Bemühungen um die Umsetzung des Trienter Konzils und die Strukturierung der Kirche Südamerikas im Geiste Trients und dem Kampf für mehr Rechte der Ureinwohner des Landes galt Erzbischof Loayzas besondere Sorge dem Bau von Kirchen, Schulen, der Universität von Lima und Hospitälern. Er spendete große Beträge aus seinem Vermögen für den Bau der Kathedrale in Lima und dem dortigen Priesterseminar. Jerónimo Loayza gründete in Lima neue Pfarreien wie die von San Sebastian, Santa Ana und San Marcelo und er initiierte in der Stadt die Gründung neuer Klöster wie San Agostin und San Pedro. Aber sein Hauptwerk war zweifellos der Bau des Hospitals von Santa Ana de los naturales, das er 1549 gegründet hatte und das 1553 fertig gestellt wurde. Dieses Hospital, das einst für kranke Indios eingerichtet worden war, existiert bis heute in Lima und trägt heute als staatliches Krankenhaus den Namen von Erzbischof Loayza. Loayza finanzierte den Bau durch den Verkauf von Juwelen und Geschenken seitens reicher Spender. Den Unterhalt des Hospitals sicherten eine spezielle Zuwendung von König Philipp II. von Spanien und ein Jubiläumsablaß, den Papst Paul IV. Erzbischof Loayza für das Hospital gewährte. — Nach einem unermüdlichen apostolischen Wirken starb Jerónimo de Loayza am 25. Oktober 1575 in seiner Bischofsstadt Lima. Sein Nachfolger als Bischof von Lima wurde der Heilige Turibio de Mongrovejo, der Loayzas Werk fortsetzte.

Werk: Instrucción de Jerónimo de Loaísa sobre la orden que se ha de tener en la doctrina de los naturales (Lima 1545, 1551 und 1567).

Zeitgenössische Quellen: Pedro de Cieza de León, »Parte Primiera de la Cronica del Peru« (Sevilla 1553); Agustin de Zarate, »Historia de descubrimento y conquista del Peru« (Antwerpen 1555; [2]Venedig 1563; [3]Sevilla 1577, danach auch ins Englische, Italienische und Deutsche übersetzt); Diego Fernández, »La Historia del Peru« (Sevilla 1571); Miguel Cabello de Balboa, »Miscelánea Antárctica« (Lima 1586; das Werk ist zum größten Teil nur als Manuskript überliefert. Lediglich der dritte Teil wurde in französischer Übersetzung von Ternaux Compans unter dem Titel »Histoire du Perou« 1840 in Paris herausgegeben); Garcilaso de la Vega, »Primera Parte de los commentarios reales de los Incas« (Lissabon 1609); Felipe Guamán Poma de Ayala, »El primer nueva corónica y buen gobierno« (1600-1615; das 1200 Seiten dicke Werk ist die längste nachhaltige Kritik an der spanischen Kolonialherrschaft überhaupt und die erste von einem indianischen Autor während der Kolonialzeit verfaßte Chronik. Eine Faksimile-Ausgabe gibt es seit 1936. Im Jahr 1980 veröffentlichten John Murra, Rolena Adorno und Jorge Urioste eine gründliche Transkription des Textes in Mexiko Stadt. Seit 2000 gibt es auch eine digitale Ausgabe der Dänischen Königlichen Bibliothek, wo sich auch das Original befindet. Die Chronik ist eine unschätzbare Quelle für Historiker, die sich mit der spanischen Eroberung Südamerikas beschäftigen); eine wichtige Quelle zu den Nationalkonzilien von Lima sind die »Los textos de los sínodos pueden consultarse en Lima limata, Concíliis, Constítutionibus. synodalibus et aliis Monumenta« (die Konzilsdokumente) herausgegeben von Franciscus Haroldus, Rom 1673. Dieser hat auch eine Biographie zu Loayzas Nachfolger, dem heiligen Turibio de Mongrovejo geschrieben: Beati Thuribi Alphonsi Mogroveii Archiepiscopi Limensis Vita exemplaris, Rom 1670; Fray Juan de Meléndez, »Tesoros verdaderos de las Yndias En la Historia de la gran Provincia de San Juan Bautista del Perú De el Orden de Predicadores« (ediert von Nicolás Angel Tinassio, 3 Bde. Rom 1681-82); »Colección de documentos inéditos relativos al descubrimiento, conquista y organización de las antiguas posesiones españolas de América y Oceanía, sacados de los Archivos del Reino, y muy especialmente del de Indias« (hrsg. von Luis Torres de Mendoza, 42 Bde., Madrid 1864-1884).

Lit.: Domingo Angulo, La orden de santo Domingo en el Perú, Lima 1910; — Konrad Eubel, Hierarchia catholica medii et recentioris aevi, (1198-1903), 3 Bde., Münster 2. Aufl. 1913/1923 (das Werk wurde nach dem Tod Konrad Eubels von Ordensbrüdern fortgeführt. Der achte und vorläufig letzte Band, der bis zum Ende des Pontifikates Leos XIII. (1846-1903) reicht, erschien im März 1979); — Roberto Levillier, Gobernantes del Peru, Madrid 1913-26; — Ders.(Hrsg.), Organización de la iglesia y órdenes religiosas en el virreinato del Perú en el siglo XVI: documentos del archivo de Indias, Madrid 1919; — Ismael Portal y Espinosa, Lima religiosa 1535-1924, Lima 1924; — Manuel Mendiburu, Diccionario Histórico Bibliografico del Perú, Lima [2]1934, Bd.7, 38-66; — Mariano Peña Prado, La Fundación de la Universidad Mayor de San Marcos de Lima. Lima 1938; — Manuel Vicente Villarán, La Universidad de San Marcos de Lima: los orígenes 1548-1577. Lima 1938; — Emilio Lisson Chávez (Hrsg.), La iglesia de España en el Perú,. 5 Bde., Sevilla (Edition Católica Española) 1943-47; — F. Mateos, Los dos concilios limenses, in: Missionalia Hispanica IV (1947), vor allem 508-524; — Ders., Constituciones para indios del primer Concilio limense (1552), in: Missionalia Hispanica VII (1950), 9ff.; — Ruben Vargas Ugarte S.J., Los concilios limenses (1551-1772), 3 Bde., Lima 1951-54; — Ders., Historia de la Iglesia en el Perú, 2 Bde., (Bd.1 umfaßt die Zeitspanne von 1431-1568; Bd.2 die Zeit von 1570-1640) Lima 1953 / Burgos 1959; — Fernando de Armas Medina, Cristianización De Perú 1532-1600, Sevilla (Escuela de Estudios Hispano-Americanos de Sevilla) 1953; — Valentín Trujillo Mena, La legislación eclesiástica en el virreinato del Perú durante el siglo xvi: con especial aplicación a la jerarquía y a la organización diocesana, Lima 1953; — Antonio de Egaña S.J., Historia de la Iglesia en la América Española. Desde el Descubrimiento hasta comienzos del siglo XIX. Hemisferio Sur, Madrid 1966; — Enrique Dussel, Historia general de la Iglesia en América Latina, Bd.1, Salamanca 1983 (deutsch »Die Geschichte der Kirche in Lateinamerika, Mainz 1988); — Manuel Olmedo Jiménez, Jerónimo de Loaysa, O.P., primer obispo-arzobispo de Lima (1543-1575), in: Archivo Dominicano: Annuario Nr.7 (1986), 205-286 / Nr.8 (1987), 77-168 / Nr.9 (1988), 93-196; — Ders., Jerónimo de Loaysa, O.P., pacificador de españoles y protector de indios, Granada 1990; — Ders., La instrucción de Jerónimo de Loaysa para doctrinar a los indios en los dos primeros concilios limenses, in : Actas del II Congreso Internacional sobre Los Dominicos y el Nuevo Mundo, (Editorial S.Esteban) Salamanca 1990, 301-354; — Ders. (Hrsg.), Actas Capitulares de la Catedral de Lima durante el pontificado de Jerónimo de Loaysa OP (antecedentes, contenido y transcripción) [1564-1574] (Editorial San Esteban) Salamanca 1992; — Romeo Ballan, Misioneros de la Primera Hora. Grandes evangelizadores del Nuevo Mundo, Lima 1991, 129-135; — Miguel Angel Medina O.P., Los Dominicos en América. Presencia y actuación de los dominicos en la América colonial española de los siglos XVI-XIX, Madrid 1992; — Vidal Guitarte Izquierdo u. Lamberto de Echeverría, Episcopologio Español (1500-1699). Españoles obispos en españa, América, Filipinas y otros países (Rom: Instituto Español de Historia Eclesiástica) Burgos 1994; — Antonio Acosta Rodríguez, La iglesia en el Perú colonial temprano. Fray Jerónimo de Loaysa, primer obispo de Lima, in: Revista andina, la invención del catolicismo andino. Siglos XVI-XVII, Nr.27 (Juli 1996), 53-71; — Miguel Rabí Chara, Del Hospital de Santa Ana (1549 a 1924) al Hospital Nacional »Arzobispo Loayza« (1925-1999), Lima 1999; — NCE VIII, 946f.

Ronny Baier

LÖW, Juda (Yehuda, Jehudah, Yudah, Judah) ben Bezalel (auch Löwe, Löb, Livia, Liwa etc., weithin auch bekannt unter dem Akronym »Maharal« oder »MaHaRaL«, einer Abkürzung für

»Morenu ha-Rav Löw« = »Unser Lehrer Rabbi Löw«, sowie unter der ehrenden Bezeichnung: »Der Hohe Rabbi Löw«): Herausragender rabbinischer Denker, Talmudist und Kabbalist der frühen Neuzeit. Geboren vermutlich 1512 in Posen als Sohn des Rabbiners Bezalel Löw, gestorben am 22. 8. (18. Elul) 1609 in Prag. Geburtsjahr und Geburtsort sind allerdings umstritten. Während ein Teil der Forschung von dem hier angegebenen Geburtsjahr und Geburtsort ausgeht, nehmen manche Autoren an, daß Juda Löw zwischen 1520 und 1525 geboren sei; als möglicher anderer Geburtsort wird vor allem Worms genannt. Juda Löws Hauptwirkungsort war jedenfalls Prag; daher wird er auch oft als der »Maharal von Prag« bezeichnet. — Die wahrscheinlich aus Worms stammende Familie des Maharal gehörte zur Elite der durch enge verwandtschaftliche Beziehungen verbundenen aschkenasischen Rabbinerfamilien. Hayyim Löw, Juda Löws rabbinischer Großvater, war nach traditioneller und verbreiteter Auffassung davidischer Abkunft. Diese wird teils auf die Abstammung von den babylonischen Geonim und Exilarchen - den geistigen und weltlichen Führern des Exiljudentums im ersten nachchristlichen Jahrtausend - zurückgeführt, teilweise auch auf die Abstammung von Jehuda Ha-Nassi (ca. 135-200), dem bedeutendsten spätantiken Patriarchen der talmudischen Ära, dessen davidische Abstammung im Judentum allgemein anerkannt ist. Die neuere kritische genealogische Forschung hält die davidische Deszendenz des Maharal, die auch im heutigen Judentum - unter anderem im Hinblick auf eine potentielle Eignung seiner Nachkommen als Messias - durchaus eine Rolle spielt, zwar für möglich, aber nicht für wissenschaftlich erwiesen. Jakob Löw (gest. 1574), ein Onkel des Maharal väterlicherseits, war Rabbiner in Worms; er wurde vom Kaiser zum Reichsrabbiner ernannt und galt damit als oberster Rabbiner des Heiligen Römischen Reiches. Auch die Brüder des Maharal - Hayyim, Sinai und Samson - waren hoch angesehene Rabbiner und Gelehrte. Der bedeutendste von ihnen war der zuletzt in Friedberg/Hessen amtierende Hayyim ben Bezalel, der zahlreiche Schriften hinterlassen hat. Nah verwandt war Juda Löw unter anderem mit den in Polen wirkenden herausragenden Talmudisten Salomon ben Luria (Akronym: Maharashal, ca. 1510-1573) und Samuel Edels (Akronym: Maharsha, ca. 1560-1631). Löw war verheiratet mit Perle, einer Tochter des wohlhabenden Prager Kaufmanns Samuel (jiddisch: Schmelke). Diese Ehe scheint dem Maharal - neben der mäzenatischen Unterstützung durch seinen Freund, den Prager Großkaufmann Mordechai Meisel (1528-1601) - ein von materieller Not relativ freies Leben ermöglicht zu haben. Aus der Ehe gingen ein Sohn, der rabbinische Gelehrte Bezalel Löw (gest. 1600), hervor sowie sechs Töchter, die in führende Familien des Prager Judentums (Brandeis, Wahl/Wehle, Heller-Wallerstein, Sobotka, Katz) einheirateten. Unter den außerordentlich zahlreichen leiblichen Nachkommen des Maharal finden sich in den folgenden Generationen bis zur Gegenwart eine ungewöhnlich große Anzahl eminenter Rabbiner aller Richtungen des Judentums sowie zahlreiche auch in der nichtjüdischen Welt bekannte Gelehrte, Wissenschaftler, Philosophen, Schriftsteller, Musiker und sonstige Persönlichkeiten. — Über die Kindheit und Jugend des Maharal ist an historisch zuverlässigen Nachrichten - im Gegensatz zu darüber überlieferten Legenden - nahezu nichts bekannt; in Löws umfangreichen Werk finden sich kaum autobiographische Anmerkungen. Für eine exzellente Ausbildung sprechen nicht nur seine ungewöhnliche Kenntnis sämtlicher Gebiete der jüdischen religiösen Literatur, einschließlich der Mystik, sondern auch profunde Vertrautheit mit Werken der jüdischen mittelalterlichen Philosophie. Zu den nichtjüdischen Philosophen, auf die sich Juda Löw in wesentlich geringerem Umfang als auf jüdische Autoren bezieht, zählt vor allem Aristoteles. Nach Angaben seines Schülers David Gans (1541-1613) amtierte Rabbi Löw von 1553 bis 1573 als Landesrabbiner von Mähren in Nikolsburg. 1573 zog er nach Prag, dessen jüdische Gemeinde sich im Lauf des späten 16. Jahrhunderts zu einer der wohlhabendsten und gebildetsten des gesamten aschkenasischen Judentums entwickelte. Dort gründete und leitete er eine Yeshiva, die »Klaus« genannt wurde. Darüber hinaus organisierte er Lehrvereine, die sich ebenfalls mit talmudischen Studien befaßten. Bereits 1564 hatte er in Prag Statuten für die neu eingerichtete Beerdigungsgesellschaft entworfen, was anzeigt, daß er schon damals in Prag großes Ansehen genossen haben muß. Als

1583 der langjährige Prager Oberrabbiner Isaak Melnik starb, durfte Rabbi Löw am darauf folgenden Schabbat vor Yom Kippur in der Altneuschul-Synagoge predigen - eine Ehre, die grundsätzlich dem Oberrabbiner vorbehalten war. Der Maharal sprach dabei nicht nur über religiöse und religionsphilosophische Themen, sondern prangerte in offenen Worten zahlreiche Mißstände in den jüdischen Gemeinden allgemein und speziell in Prag an. Dazu zählte er vor allem die so genannten »Nadler«-Gerüchte, die in den böhmischen und mährischen jüdischen Gemeinden für große Unruhe sorgten. Als »Nadler« wurden Menschen bezeichnet, deren legitime jüdische Herkunft bezweifelt wurde; unter den als höchst ehrverletzend empfundenen Nadler-Vorwürfen hatten gerade auch prominente Persönlichkeiten zu leiden, darunter offenbar der Maharal selbst. Löw verurteilte diese Nadler-Denunziationen und verhängte über deren Verbreiter den Bann. Auch bei anderen Gelegenheiten griff Rabbi Löw zu diesem scharfem Mittel und schreckte sogar nicht davor zurück, zeitweise alle rabbinischen Ordinationen eines bestimmten Gebietes (z. B. Mähren) wegen angeblicher halachischer Inkorrektheit für ungültig zu erklären. Seine rigide Kritik an weit verbreiteten Praktiken des Gemeindelebens und der Erziehung der jüdischen Jugend trug offenbar dazu bei, daß nicht er, sondern Isaak Chajut (auch: Hayot), ein Stiefbruder seiner Frau, zum neuen Oberrabbiner von Prag gewählt wurde. In den folgenden drei Jahren von 1584 bis 1587 verließ Juda Löw anscheinend Prag und amtierte als Oberrabbiner von Posen, ehe er im Herbst 1587 wieder nach Prag zurückkehrte und erneut die Leitung der »Klaus« übernahm. Als nach dem Weggang Isaak Chajuts die Stelle des Prager Oberrabbiners vakant wurde, übernahm Löw einige von dessen Funktionen. So hielt er beispielsweise 1589 am Schabbat vor Pessach eine Predigt, in der er seine Kritik aus dem Jahr 1584 erneuerte. 1592 wurde er von dem habsburgischen Kaiser Rudolf II. zu einer Audienz zugelassen; dieses für die damalige Zeit sehr ungewöhnliche Ereignis erregte in der jüdischen Welt Aufsehen und trug - auch was den Nachruhm Löws angeht - nicht unerheblich zu einem zunehmend legendären Ruf des Maharal bei. Als man allerdings im gleichen Jahr bei der Neuwahl des Oberrabbiners vermutlich aus gemeindepolitischen Gründen den Prager Gelehrten Mordechai Jaffe (ca. 1530-1612) dem Maharal vorzog, zog Löw erneut nach Posen und amtierte dort als Oberrabbiner von Posen und Polen. 1597 ließ er sich dann endgültig in Prag nieder, wo er kurze Zeit später trotz seines hohen Alters zum Oberrabbiner ernannt wurde. Diese im ganzen Judentum hoch angesehene Position hatte er bis zu seinem Tod im Jahr 1609 inne, seit 1604 aus Altersgründen zusammen mit Efraim Luntschitz (auch: Lenczycz/Luntschütz etc.), der sein Nachfolger wurde. — Die philosophischen und religiösen Auffassungen Juda Löws sind in einem sehr umfangreichen Oeuvre niedergelegt. Seine erste Veröffentlichung erfolgte mit dem mehrbändigen Werk »Gur Arye« erstaunlicherweise erst 1578, als er schon in einem fortgeschrittenen Alter war; bei diesem Werk handelt es sich um einen Superkommentar zu Rashis Torakommentar. Fünf seiner Bücher wurden zwischen 1598 und 1600 erstmalig veröffentlicht, als der Maharal vermutlich schon über 80 Jahre alt war und bereits als einer der großen Rabbiner seiner Zeit angesehen wurde. Aus verschiedenen Hinweisen in diesen Werken kann man allerdings schließen, daß ihre Abfassung - zumindest teilweise - Jahre vor der Veröffentlichung lag. Ein erheblicher Teil der Schriften Löws - nach Angaben seines Ururenkels Rabbi Yair Hayyim Bacharach (gest. 1702) sogar der überwiegende Teil - blieb zu seinen Lebzeiten unveröffentlicht. Von diesem Nachlaß wurden etliche Manuskripte offenbar Opfer des verheerenden Prager Brandes von 1689; ein Teil der Manuskripte wurde posthum veröffentlicht. — Im Denken des Maharal spielt die Beschäftigung mit dem Talmud eine herausragende Rolle. Im Gegensatz zu den meisten gelehrten Rabbinern seiner Zeit, deren Veröffentlichungen ganz überwiegend religionsgesetzlichen - halachischen - Fragen des Talmud galten, nimmt bei Löw die Auslegung und Erklärung der Aggada eine bedeutende Stellung ein. Zum Teil beschäftigt sich Löw dabei ausdrücklich und direkt mit der Aggada und behandelt aggadische Themen entsprechend der Reihenfolge ihres Vorkommens im Talmud; zum Teil zieht er aggadische Passagen bei der Erörterung spezieller philosophischer und theologischer Fragestellungen heran. In beiden Fällen wird die gleiche Grundeinstellung deutlich, die durch höchsten

Respekt gegenüber der rabbinischen Tradition gekennzeichnet ist. Wie schon die im Talmud erwähnten Rabbiner selbst, so war auch Juda Löw davon überzeugt, daß die jeweils älteren Autoritäten über ein weit größeres Wissen und eine größere Weisheit verfügten als die jüngeren. Der Fluß der Wasser der Weisheit habe im Lauf der Zeit immer mehr abgenommen und die Gegenwart - mithin auch er selbst - habe dem Erkenntnisvermögen der früheren Weisen intellektuell nichts Gleichwertiges entgegenzusetzen. Dabei galt Juda Löw der universal gebildete sephardische Rabbiner Moses ben Nachman (Nachmanides, ca. 1195-1270) als höchstes Vorbild an Weisheit. Nachmanides zählt nach dem illustren Talmudisten Rabbi Isaak ben Salomon (Rashi, 1040 -1105) und noch vor dem Philosophen und Arzt Rabbi Moses ben Maimon (Maimonides, 1135-1204) zu den vom Maharal meistzitierten Autoren. Daß viele talmudische Sätze unklar, verworren oder gar widersprüchlich erschienen, beruhe nicht darauf, daß sie tatsächlich so seien, sondern daß die heutigen Generationen nicht mehr fähig seien, sie vollständig und richtig zu begreifen. Überdies seien auch viele Worte der Alten von diesen bewußt so abgefaßt worden, daß sie nicht jedermann verstehe, um auf diese Weise geheimes Wissen übermitteln zu können. Aus beiden Gründen sei es völlig ungerechtfertigt, die Worte der Talmudgelehrten zu kritisieren. Jeder, der sich anmaße, etwas besser als die Weisen des Talmud zu wissen, sei sowohl von Unwissenheit als auch von unberechtigter Überheblichkeit erfüllt. Im Gegensatz zu talmudkritischen Ansichten war Löw vielmehr der Auffassung, daß jeder rabbinische Satz im Talmud von Wahrheit erfüllt sei. Bei dieser Bewertung dürfe kein Unterschied gemacht werden zwischen halachischen und aggadischen Talmudtexten. Diese extrem hohe Bewertung des Talmud und vor allem der Aggada war seinerzeit, jedenfalls für die veröffentlichte Literatur, ein neues und geradezu revolutionäres Element im Judentum. Löw übertrug anscheinend erstmals hermeneutische Grundsätze, die bisher nur für die Tora gegolten hatten, auf den Talmud. So wie Maimonides für die Tora festgestellt hatte, daß die Worte der Propheten sowohl eine wörtliche Bedeutung als auch eine geheime Bedeutung enthielten, so stellte der Maharal das Gleiche für die Worte der Rabbiner des Talmud fest. Damit widersprach er zugleich denjenigen Autoren, die in manchen aggadischen Stellen nur poetische und rhetorische Ausschmückungen sehen wollten. Auch wenn die Verfasser des Talmud vielfältige literarische Formen gewählt hätten, so ginge es ihnen jedoch in keinem Fall bloß um poetisch-literarische Effekte, sondern immer um die dahinter liegende Wahrheit. Löw war zudem überzeugt davon, daß die talmudischen Weisen mit größtem Wissen aus den verschiedensten Wissensgebieten vertraut gewesen seien. Wenn ihre Sätze scheinbar neuen wissenschaftlichen Erkenntnissen widersprechen würden, so sei dies nur ein scheinbarer Widerspruch, der nur darauf beruhe, daß ihre wahre Aussage nicht verstanden werde. Auch wenn es oftmals nicht so scheine, so seien die Überlegungen der Rabbiner in jedem Fall zutiefst vernünftig. Löws Kritik an den Talmudkritikern richtete sich keineswegs nur gegen gerade auch zu seinen Lebzeiten aktive christliche Gegner des Talmud, sondern vor allem auch gegen zeitgenössische jüdische Autoren wie den Mantuaner gelehrten Arzt und Rabbiner Azarja dei Rossi (ca. 1514-1578) und dessen Werk »Me´or Enayim« (Mantua 1573-1575). Der Maharal warf Azarja in für ihn typischer scharfer Polemik vor, den Talmud mit dem Maßstab der Gegenwart zu messen, obwohl doch der Gegenwart infolge ihrer Ignoranz die Fähigkeiten und Voraussetzungen zu einem solchen Unterfangen fehle. — In der Auseinandersetzung mit Azarja dei Rossi und anderen jüdischen Autoren, insbesondere Eliezer Ashkenazi (1513-1586), zeigte sich eine dezidiert ablehnende Haltung des Maharal gegenüber einer rein rationalistischen philosophischen Weltbetrachtung. Dies hing entscheidend mit seiner kabbalistisch beeinflußten Gottesvorstellung zusammen. Nach Auffassung des Maharal bleibt Gott selbst unerkennbar; er darf insbesondere nicht mit einzelnen seiner Emanationen gleichgesetzt werden, seien es nun der Intellekt, die Wahrheit, die Vernunft oder das Wissen. Jedes Seiende gehe aus Gott hervor, egal, ob es vom beschränkten menschlichen Verstand als vernünftig oder nicht vernünftig wahrgenommen werde. Da Gott alle menschliche Vernunft - insbesondere auch die der Philosophen - übersteige, sei es unzulässig, ihm nur solche Handlungen zuzuschreiben, die nach menschlicher

Vorstellung rational erklärbar seien. Es gebe daher auch keinen Grund, Wunder zu leugnen oder generell das Eingreifen Gottes in Natur und Geschichte zu bestreiten. Deistische Vorstellungen charakterisierte der Maharal insofern als häretisch. Die Schöpfung der Welt durch Gott ist nach maharalistischer Vorstellung keineswegs abgeschlossen. Juda Löw ging vielmehr von einer fortdauernden Veränderung der Schöpfung aus, wobei diese - im Gegensatz zum menschlichen Erkenntnisvermögen - beständig einer Verbesserung und Vervollkommnung zustrebe. — Zu religionsgesetzlichen Fragen nahm der Maharal sowohl in - zum großen Teil verlorengegangenen - Responsen als auch in seinen Büchern Stellung. Gegenüber den großen halachischen Kompendien des 16. Jahrhunderts, wie sie von dem sephardischen Rabbiner Joseph Karo (1488-1575) und dem Krakauer Rabbiner Moses Isserles (Akronym: Rema, ca. 1525-1572), einer führenden halachischen Autorität des aschkenasischen Judentums, vorgelegt wurden, vertrat er eine ablehnende Haltung. Wie auch sein Bruder Hayyim im »Mayim Hayyim« (Amsterdam 1711) sah Juda Löw in diesen Werken - insbesondere dem »Schulchan Aruch« von Joseph Karo - bedenkliche Vereinfachungen. Diese gefährdeten damit seiner Ansicht nach eine tiefere Beschäftigung mit dem Talmud selbst. In halachischen Fragen war der Maharal für eine grundsätzlich strenge Interpretation bekannt. Juda Löw vertrat die Auffassung, daß die halachischen Normen göttlichen Ursprungs seien und daher nicht mit menschlich-rationalen Argumenten funktionalistisch oder historisch relativiert oder gar ganz außer Kraft gesetzt werden dürften. Er war daher nicht bereit, seiner Ansicht nach eindeutige talmudische Vorschriften veränderten sozialen und ökonomischen Bedingungen anzupassen. Diese Einstellung zeigte sich exemplarisch in seiner Haltung zum talmudischen Verbot, nichtkoscheren - weil etwa bei der Herstellung mit Nichtjuden in Berührung gekommenen - Wein zu benutzen. Rabbi Löw kritisierte die vielfach praktizierte Lockerung dieses Verbots und sah darin die Gefahr einer - von ihm auch ansonsten heftig bekämpften - Assimilation an die nichtjüdische Umwelt. In dieser Argumentation demonstrierte Löw - wie bei vielen anderen Gelegenheiten - größte Vertrautheit mit der jüdischen mystischen Tradition und kabbalistischen Denkweisen, auf die er häufig zurückgriff. Dabei bediente er sich nicht selten anspruchsvoller numerologischer Argumentationsformen, die ausgezeichnete mathematische Kenntnisse verraten. In Ehescheidungsfragen folgte der Maharal grundsätzlich ebenfalls einer restriktiven Auslegung. Dies hing mit seiner Auffassung von Ehe zusammen, wonach er es als grundlegende Verpflichtung eines Juden ansah, zu heiraten. Weder Mann noch Frau allein seien eine komplette Person, sondern würden dies erst durch die Vereinigung in der Ehe. Sexualität war für Rabbi Löw, der auch darin rabbinischen und kabbalistischen Traditionen folgte, eine geheiligte Angelegenheit, die keinesfalls von vornherein als böse gewertet werden durfte. Generell befürwortete der Maharal zwar ein eher asketisches Leben, da er der Auffassung war, daß dadurch der Geist gestärkt werde, er warnte aber zugleich vor übertriebener Kasteiung. Den eigenen Körper leiden zu lassen, sei genauso verwerflich wie fremde Körper zu mißhandeln. Was Übertritte zum Judentum betraf, die in seiner Zeit nur ganz ausnahmsweise vorkamen, so war Löw grundsätzlich der Auffassung, daß die Volkszugehörigkeit eines Menschen diesem essentiell sei und daher nicht beliebig geändert werden könne. Dementsprechend bleibe jemand, der einmal Jude sei, dies auch zeitlebens, selbst wenn er sich von der jüdischen Gemeinschaft löse; auch diese Auffassung entsprach herrschenden rabbinischen Vorstellungen. Gleichwohl schloß er die Möglichkeit von Übertritten zum Judentum nicht grundsätzlich aus, da es sich bei einem solchen Konvertiten nicht um jemanden handele, der seine Volkszugehörigkeit verändere, sondern der Konvertit sei gewissermaßen immer schon, entgegen dem äußeren Anschein, »jüdisch« gewesen und vollziehe mit dem Übertritt nur äußerlich, was innerlich schon von Geburt an bei ihm angelegt war. — Auch wenn der Maharal sich besonders intensiv dem Studium des Talmud widmete, so stand doch für ihn die Tora in ihrer Bedeutung für das Leben des Menschen an der Spitze. Für Löw verkörpert die Tora ein einzigartiges spirituelles und intellektuelles Phänomen in der Geschichte der Menschheit, das keine Parallele kennt. In der Tradition der talmudischen Autoritäten und der mittelalterlichen jüdischen Denker sieht Löw in der Tora den spirituellen Plan, der der Schöpfung vorausgegangen ist. Wie ein Architekt ein Haus nach seinem Plan errichte, so habe Gott die Welt nach der Tora geschaffen. Die Tora enthalte also sowohl die Struktur als auch die Geschichte des ganzen Universums. Nichts, was je geschehen sei oder noch geschehen werde, sei nicht schon in ihr enthalten. In ihr allein seien die Maßstäbe für das richtige Verhalten der Menschen zu finden, deren Beachtung sowohl zu physischer als auch zu spiritueller und sozialer Gesundheit führe. Solange dagegen der Mensch sich nicht nach der Tora richte, bleibe er unvollkommen. Dabei stand für Rabbi Löw fest, daß die in der Tora geschilderten historischen Ereignisse nur die Oberfläche bildeten für wesentlich wichtigere dahinter liegende Weisheiten. Die Tora darf demnach nicht nur äußerlich und nach dem direkten Wortlaut interpretiert werden, sondern es ist weit über den Wortsinn hinaus immer nach den tieferen spirituellen Aussagen zu fragen. Diese Tiefeninhalte sind mittels der im Lauf der Zeit von den jüdischen Weisen entwickelten hermeneutischen Techniken zu ermitteln. — Dem Judentum allgemein hat der Maharal eine exzeptionelle metaphysische Bedeutung zugesprochen. Nach seiner vor allem in »Netzach Yisrael« (Prag 1599) niedergelegten Auffassung verkörpert das Volk Israel die höchste Perfektion der Schöpfung. Wie der Mensch an der Spitze der gesamten Schöpfung stehe, so könne innerhalb der Menschheit nur der jüdische Mensch ein vollkommener Mensch sein. Es sei die gottgewollte Aufgabe Israels, die ganze Menschheit zu größerer Vollkommenheit zu führen. Wegen dieser einzigartigen Bedeutung Israels für die Schöpfung im Allgemeinen und die Menschheit im Besonderen ist nach seiner Auffassung der Fortbestand des Judentums für die Existenz und den Fortbestand der Welt von essentieller Bedeutung. Würde Israel vergehen, so würde auch die Welt vergehen; da aber Gott wolle, daß die Welt Dauer hat, so sorge er auch dafür, daß Israel niemals untergehen werde, weder physisch noch durch Assimilation. Dabei betonte Löw, daß diese besondere Rolle dem Volk Israel keineswegs aufgrund besonderer eigener historischer Verdienste zukomme. Das Auserwähltsein beruhe allein auf der Gnade und Liebe Gottes. Dies bedeutet nach maharalistischer Auffassung unter anderem, daß die Auserwähltheit Israels auch dann nicht verloren geht, wenn sich die Juden in einzelnen historischen Zeiträumen als unwürdig erweisen würden; gute Werke seien eben nicht Voraussetzung des besonderen Bundes Gottes mit den Juden. Nach Rabbi Löw verhält es sich insofern mit Israel grundlegend anders als mit anderen Völkern, weil diese nur dann vor Gott gerechtfertigt sind, wenn ihre Taten gerecht sind. Auch wenn die Auserwähltheit Israels nicht von dem Vorhandensein guter Werke abhängt, so ist sie doch nach dem Maharal insofern nicht willkürlich, als dem Volk Israel das singuläre historisch-religiöse Verdienst zukomme, die Bürde der Torah auf sich genommen zu haben, während die anderen Völker, denen die Tora auch angeboten worden sei, sie abgelehnt hätten. Daß Israel dies getan hat, beruhe auf seiner einzigartigen spirituellen Qualität, die von keinem anderen Volk erreicht werde. Ursache dieser Einzigartigkeit sei der Umstand, daß die Stammväter Israels - Abraham, Isaak und Jakob - herausragend heilige und gute Menschen waren. Diese singuläre geistliche Qualität hätten die Erzväter an ihre Nachkommen weitergegeben; sie gehe auch nicht verloren, wenn einzelne dieser Nachfahren sündigten. Gottes Gegenwart, die Schechina, sei und bleibe keinem Volk näher als Israel. — Der Maharal vertrat - in bewußter Negierung entsprechender christlicher Argumentationen - die Auffassung, daß das vielfach erbarmungswürdige Schicksal des jüdischen Volkes nicht der besonderen Liebe Gottes zu diesem Volk widerspreche. Das Exil des jüdischen Volkes stehe allerdings im Widerspruch zur natürlichen Ordnung. Jedes Volk habe Anspruch auf ein eigenes Land und auf freie Selbstbestimmung. Gott habe jede Nation um ihrer selbst willen und frei geschaffen; jede Unterwerfung einer anderen Nation sei mithin wider göttliches und natürliches Recht. Ebenso seien die einzelnen Menschen frei geschaffen und es sei gegen Gottes Willen, wenn ein Mensch durch einen anderen unterdrückt werde. Löws diesbezügliche Ausführungen nehmen in erstaunlicher Weise Gedanken über das Selbstbestimmungsrecht der Völker und die Freiheit des Menschen, wie sie später etwa in der amerikanischen Verfassung zum Ausdruck kommen, vorweg und erscheinen in seinem zeitgenössischen Umfeld teilweise als revolutionär. Obwohl Rabbi Löw die nahöstliche biblische Heimat der Juden prinzipiell als den natürlichen Ort für die Juden ansah, lehnte er eine allgemeine Rückkehr der Juden nach Israel vor der Ankunft des Messias ab. Weil der Zustand des jüdischen Volkes aber wider die Natur sei, könne er nicht von Dauer sein; ein historisches Ende des Exils sei also abzusehen. Die vormessianische Zerstreuung Israels unter die Völker ist nach der Ansicht des Maharal allerdings nicht nur negativ zu werten, sondern auch ein Mittel Gottes, um seinen Namen und die Erkenntnis seines Wirkens in der Welt zu verbreiten. Zudem diene das Exil der weiteren Vervollkommnung Israels, da Israel in der Zerstreutheit erkennen könne, daß es nur Gott sei, der es erlösen werde, so, wie er es einst in Ägypten getan habe. In diesem Zusammenhang befaßt sich Löw mit den Gründen, die zum Hass gegen die Juden führen und analysiert die Ursachen der Judenfeindschaft. — Was Erziehungsfragen angeht, mit denen sich der Maharal mit ungewöhnlicher Intensität beschäftigte, so soll nach seiner Auffassung oberstes Ziel jüdischer Erziehung der Erwerb solchen Wissens und solcher Einstellungen sein, die den Menschen näher zu Gott führen und ihm einen Platz in der künftigen Welt sichern. Als zentrale Elemente sah er dabei die Entwicklung von Gottesfurcht und Demut an. Beim lobenswerten Erwerb von Wissen muß nach Löw die Beschäftigung mit Tora und Talmud an erster Stelle stehen. Hinsichtlich der Beschäftigung mit nichtjüdischem Wissen und »griechischer« Wissenschaft vertrat er eine mittlere Linie. Im Gegensatz zu anderen Rabbinern seiner Zeit lehnte er ein Studium heidnischer - nichtjüdischer - Autoren nicht generell ab, sah es aber andererseits - in Übereinstimmung mit der Tradition - auch nicht uneingeschränkt als zulässig an. Löw würdigte die Weisheit und Erkenntnisse aller Nationen als von Gott gegeben und befand sie damit auch grundsätzlich des Studiums durch fromme Menschen wert. Er befürwortete das Studium heidnischer Philosophen allerdings nur, wenn es dem Zweck diene, die Wahrheit der schriftlichen und mündlichen Tora argumentativ besser gegen philosophische Irrtümer und Irrlehren verteidigen zu können. Was speziell die Methoden der religiösen Erziehung angeht, so wandte sich der Maharal mit polemischer Schärfe gegen einige vorherrschenden Tendenzen seiner Zeit. So kritisierte er die seiner Ansicht nach zu frühe Heranführung der Kinder an den Talmud und vertrat allgemein die Auffassung, daß sich Kinder erst dann mit Tora und Talmud beschäftigen sollten, wenn sie fähig seien, deren Inhalte zu verstehen. Weder Tora noch Talmud seien geeignete Gegenstände, um daran bloß den Intellekt zu schärfen. Diese Kritik richtete sich primär gegen die seit dem 16. Jahrhundert aufgekommene pilpulistische Methode des Talmudstudiums, zu deren prominentesten Befürwortern der aus Prag stammende Rabbiner Jakob Pollak gehörte und die auch in dem Prager Oberrabbiner Isaak Chajut einen einflußreichen Fürsprecher hatte. Neben diese allgemeine Kritik traten konkrete Hinweise, wie der Lernerfolg zu verbessern sei. So vertrat Löw die Auffassung, daß es nicht förderlich und sinnvoll sei, den Unterricht immer wieder durch zahlreiche Feiertage und lange Ferienzeiten zu unterbrechen; wichtig sei vielmehr eine kontinuierliche Beschäftigung mit dem Lehrstoff. Auch sei es erstrebenswert, Tora und Talmud nicht bloß abschnittsweise zu betrachten, sondern diese Basiswerke jüdischer Erziehung und Bildung müßten in ihrer Gesamtheit gesehen und vermittelt werden. Großen Nachdruck legte der Maharal schließlich auch auf den Nutzen gemeinschaftlichen Lernens. — Die Wirkung von Leben und Werk von Rabbi Löw war beträchtlich, wenn auch über Jahrhunderte hinweg nahezu ausschließlich auf das Judentum beschränkt. Zu den von ihm noch persönlich stark beeinflußten Schülern gehörte unter anderem der spätere Prager Oberrabbiner und Talmudist Yom Tov Lipmann Heller (1579-1654); in den folgenden Generationen bezogen sich immer wieder bedeutende rabbinische Persönlichkeiten auf sein Werk, darunter nicht wenige seiner leiblichen Nachfahren wie Naftali Katz, Yair Bacharach oder Schneur Zalman (1746-1812) von Lyady, der Begründer der einflußreichen Lubawitscher Richtung des Chassidismus. In dessen Lebenszeit fällt der erste Neudruck einiger Hauptwerke des Maharal (Tiferet Yisrael 1793; Gevurot ha-Shem 1796). Überhaupt gilt der Chassidismus - und damit auch das heutige ultraorthodoxe Judentum - als sehr stark durch das Werk des Maharal inspiriert. Der Religionsphilosoph und erste aschkenasische Oberrabbiner von Jerusalem Avraham Isaak Kook (1865-1935) sah in Judah

Löw den wichtigsten geistigen Vater des Chassidismus überhaupt, sprach ihm gleichzeitig aber auch überragende Bedeutung für das Denken von Elia ben Salomo (1720-1797), dem »Gaon von Wilna«, zu, der das Aufkommen der chassidischen Bewegung heftig kritisiert hatte. Unter den führenden orthodoxen Rabbinern des 20. Jahrhunderts bezog sich vor allem Yitzchok Hutner (1907-1980) in seinem umfangreichen Werk vielfach auf das Denken des Maharal. In Paris befaßte sich der für zahlreiche französische jüdische Intellektuelle der Nachkriegszeit sehr bedeutungsvoll gewordene Rabbiner und Religionsgelehrte Léon Ashkenazi (genannt »Manitou«, 1922-1996) mit Juda Loew. Über die rabbinische Welt hinaus sind die Konzeptionen des Maharal von wichtigen jüdischen Philosophen des 20. Jahrhunderts beachtet worden, so unter anderem von Martin Buber (1878-1965), Franz Rosenzweig (1886-1929), Abraham Joshua Heschel (1907-1972) und Friedrich Weinreb (1910-1988). Eine in ihrem enormen Ausmaß völlig unerwartete Beschäftigung mit Leben und Werk des Maharal setzte in den letzten Jahrzehnten des 20. Jahrhunderts ein, nachdem dessen Bücher in Gesamtausgaben neu veröffentlicht wurden. In allen religiösen Richtungen des heutigen Judentums genießt der Maharal höchsten Respekt, wie nicht zuletzt an zahlreichen Online-Texten zu seiner Person und seinem Denken zu erkennen ist. Das neu erwachte Interesse führte - auch über das Judentum hinaus - zu einem beträchtlichen Anstieg der wissenschaftlichen Sekundärliteratur zu den Schriften des Maharal. Einer noch wesentlich intensiveren Auseinandersetzung mit Leben und Gedanken Juda Löws dürfte auf absehbare Zeit allerdings unter anderem auch der Umstand entgegenstehen, daß seine - in Hebräisch verfaßten - Schriften erst teilweise und nur in wenige Sprachen übersetzt sind. — Neben dem anhaltenden Einfluß seiner Schriften prägten insbesondere ab dem 18. Jahrhundert zunehmend auch zahlreiche Sagen und Legenden das Bild der herausragenden Rabbinerpersönlichkeit. Die bekannteste davon ist die Golem-Sage, nach der Rabbi Löw zum Schutz der Prager jüdischen Gemeinde aus Lehm einen künstlichen Menschen - einen »Golem« - geschaffen habe, der ihm gedient habe. Er habe ihn aber schließlich wieder zurückverwandeln müssen, als der Golem außer Kontrolle zu geraten schien. Diese Legende von der Schaffung eines künstlichen Menschen durch den »Hohen Rabbi Löw« ist im 20. Jahrhundert in vielfältiger Weise durch literarische, cineastische und sonstige künstlerische Bearbeitungen aufgegriffen worden. Vor allem diese Golemlegende hat den Maharal von Prag zu einer berühmten Persönlichkeit werden lassen, deren Grabmal auf dem Prager Jüdischen Friedhof zu einer Haupttouristenattraktion der tschechischen Hauptstadt geworden ist.

Werke (Erstausgaben und ausgewählte Neuausgaben): Gur Arye. Prag 1578; Gevurot Ha-Shem. Krakau 1582 (Engl. Übersetzung von S. Mallin: The Maharal of Prague: Divine Powers, 2 vols. Jerusalem 1995); Derech Ha-Hayyim. Prag 1589; Netivot Olam. Prag 1595; Be'er Ha-Golah. Prag 1598 (Französische Übersetzung von E. Gourévitch: Le puits de l'exil. Paris 1982); Nezach Yisrael. Prag 1599; Hesped. Prag 1598; Tiferet Yisrael. Venedig 1599; Or Hadasch - Ner Mitzvah. Prag 1600 (engl. Übersetzung von S. Mallin: Jerusalem 1977); Chiduschim L'Arbah'ah Turim. Fürth 1775; Chiduschei Gur Aryeh Al Schabbat, Eruvin, Pesachim. Lemberg 1862; Kol Sifrei Maharal mi Prague (12 vols.). London 1955-1964; Chiduschim L' Arba'ah Turim - Even Ha-Ezer. Jerusalem 1955; Peruschei Maharal Mi-Prag (4 Bände, hrsg. von M. Kasher), Jerusalem 1958; Kitve Maharal Mi-Prag: mivhar (Ed.: A. Kariv), Jerusalem 1960; Hiddushei Aggadot. London 1960-1962; Sefer Deraschot Maharal Mi-Prag (Hrsg. von M. Kasher), Jerusalem 1968; Kol Sifrei maharal Mi-Prag (12 Bände). New York 1969; Kol Sifrei Maharal mi-Prague. (18 Bände). Bne Barak 1972-1987.

Lit.(Auswahl): D. Gans: Zemah David, Prag 1592 (Neudruck Jerusalem 1966); M. Perles: Megillat Yuhassin Maharal mi-Prag. Prag 1864 (Deutsche Übersetzung von S. H. Lieben: Megillath Juchassin Mehral miprag. Die Deszendenztafel des hohen Rabbi Löw von Rabbi Meir Perels. In: Jahrbuch der jüdisch-literarischen Gesellschaft 20, 1929, 315-336); S. Rabin: Ha-gaon ba'al gur arye we-haqayser rodolf ha-sheni. In: Hamagid 14 (1872), 163-164; N. Grün: Der hohe R. Loew und sein Sagenkreis. Prag 1885; A. Kisch: Das Testament Mardochai Meysels mitgetheilt und nach handschriftlichen Quellen beleuchtet. In: Monatsschrift für Geschichte und Wissenschaft des Judentums 37 (1893), 25-40, 82-91, 131-146; S. Schechter/M. Grunwald: Artikel Judah Löw (Löb, Liwa) ben Bezaleel. In: Jewish Encyclopedia, 1901-1906; Y. Rosenberg: Nifla'ot Maharal mi-Prag. Piotrkow 1909; C. Bloch: Der Prager Golem. Berlin 1920; H. Gold (Hrsg.): Die Juden und Judengemeinden Mährens in Vergangenheit und Gegenwart. 1929; B. Wachstein: Zur Biographie Löw b. Bezalels. In: I. Elbogen/J. Meisl/M. Wischnitzer (Ed.): Festschrift zu Simon Dubnows siebzigstem Geburtstag (2. Tischri 5691). Berlin 1930, 172-179; I. Bettan: Ephraim Luntshitz: Champion of Change. In: Hebrew Union College Annual 1931-1932, 9-10, 443-481; B. Rosenfeld: Die Golemsage und ihre Verwertung in der deutschen Literatur. Breslau 1934; B. Suler: Ein Maimonides-Streit in Prag im sechzehnten Jahrhundert. In: Jahrbuch der Gesellschaft für Geschichte der Juden in der Cechoslovakischen Republik 7 (1935), 411-418; M. Stern: Die Wormser Reichsrabbiner Samuel und Jakob 1521-1574. Berlin 1937; ders.: Der Wormser Reichsrabbiner Jakob. In: Festschrift für Jakob Freimann. Berlin 1937, 180-192; J. S. Kahane: Ha-Maharal B′ Moravia. In: Ba-Mishor 1941, 11-12; G. Klemperer: The Rabbis of Prague. In: Historica Judaica 1950, 12, 33-66 und 143-152; B. Z. Bokser: From the World of the Cabbalah. The Philosophy of Rabbi Judah Loew of Prague. New York 1954; L. Ashkenazi: Nature, Société et Liberté d′ après le Maharal de Prague. In: Targoum 5 (1954), 432-439; A. F. Kleinberger: The Didactics of Rabbi Loew of Prague. In: Scripta Hierosylmitana 13 (1963), 315-336; I. Fishman: The History of Jewish Education in Central Europe from the End of the Sixteenth Century to the End of the Eighteenth Century. London 1964; A. Neher: The Humanism of the Maharal of Prague. In: Jdm 14 (1965), 290-304; O. Muneles (Ed.): Prague Ghetto in the Renaissance Period. Prague 1965; A. Mauskopf: The Religious Philosophy of the Maharal of Prague. New York 1966; J. Kohen-Yashar: Bibliografia Shimushit Shel Kitve Ha-Maharal. In: Ha-Ma′ayan 7 (1967), 66-71; M. Y. Weinstock: Tiferet Beit David (Hebr.), Jerusalem 1968; T. Dreyfus: Dieu parle aux hommes. La théologie juive de la révélation selon le Maharal de Prague 1512-1609. Paris 1969; P. Rosenbluth: Ha-Maharal V′Rav Kook. In: Proceedings of the Fifth World Congress of Jewish Studies, vol. 3, Jerusalem 1969; A. Weiss: Rabbi Loew of Prague: Theory of Human Nature and Morality (Ph.D. Diss.Yeshiva University). 1969; B. Gross: Le messianisme juif: »L′éternité d′ Israel« du Maharal de Prague (1512-1609). Paris 1969; J. Elbaum: Rabbi Juda Loew of Prague and his Attitude to the Aggadah. In: Scripta Hierosolymitana 22 (1971), 28-47; Art. Judah Loew Ben Bezalel. In: Encyclopaedia Judaica (Ed.: C. Roth), Vol. 10. Jerusalem 1971; H. Teufel: Zur politischen und sozialen Geschichte der Juden in Mähren vom Antritt der Habsburger bis zur Schlacht am Weißen Berg (1526-1620). Diss. Erlangen-Nürnberg 1971; C. Bloch: The Golem. Legends of the Ghetto of Prague. Blaufeld, N. Y. 1972; R. Evans: Rudolph II and His World. Oxford 1973; G. Scholem: Zur Kabbala und ihrer Symbolik, Frankfurt a. M. 1973; A. Neher: David Gans (1541-1613), disciple du Maharal de Prague, assistant de Tycho Brahe et de Jean Kepler. Paris 1974; B. Sherwin: In the Shadows of Greatness: Rabbi Hayyim ben Betsalel of Friedeberg. In: Jewish Social Studies 37 (1975), 35-61; A. Neher : Le sionisme du Maharal de Prague d'après Martin Buber. In: Revue International de Philosophie 32/4, 1978, 526-535 ; V. Sadek: Rabbi Loew - Sa vie, héritage pédagogique et sa légende (à la occasion de la 370e anniversaire de sa mort). In : Judaica Bohemiae 14 (1978), 89-112 ; A. Neher: Mysticism and Reason in the Astronomical System of the Maharal of Prague (Hebr.). In: Da'at 1978-79, 139-146; G. Winkler: The Golem of Prague. A New Adaptation of the Documented Stories of the Golem of Prague. New York 1980; B. Gross: Phénoménologie de la honte: Étude compare - Le Maharal et quelques philosophes modernes. In : Revue Niv Midrashia (Tel Aviv), 1980 ; A. Walfish: Maharal′s Symbolic System: Netiv Gemilut Hasadim. In: Gesher 8 (1981), 199-216; M. Granatstein: Torah from God: Perspectives from the Maharal of Prague. In: Tradition 18/3 (1980), 272 ff; B. Sherwin: Mystical Theology and Social Dissent. The Life and Works of Judah Loew of Prague. London/Toronto 1982; H. Davidson: Medieval Jewish Philosophy in the Sixteenth Century. In: D. B. Cooperman (Hrsg.): Jewish Thought in the Sixteenth Century. Cambridge, Ma./London 1983, 106-145; M. Fox: The Moral Philosophy of MaHaRal. In: D. B. Cooperman (Hrsg.): Jewish Thought in the Sixteenth Century. Cambridge, Ma./London 1983, 167-185; M. Breuer: Modernism and Taditionalism in Sixteenth-Century Jewish Historiography: A Study of David Gans` Tzemah David. In: D. B. Cooperman (Hrsg.): Jewish Thought in the Sixteenth Century. Cambridge, Ma./London 1983, 49-88; J. Dan: »No Evil Descends from heaven«. Sixteenth-Century Jewish Concepts of Evil. In: D. B. Cooperman (Hrsg.): Jewish Thought in the Sixteenth Century. Cambridge, Ma./London 1983, 89-105; S. Rosenberg: Exile and Redemption in Jewish Thought in the Sixteenth Century: Contending Conceptions. In: : D. B. Cooperman (Hrsg.): Jewish Thought in the Sixteenth Century. Cambridge, Ma./London 1983, 399-430; I. Twersky: Talmudists, Philosophers, Kabbalists: The Quest for Spirituality in the Sixteenth Century. In: D. B. Cooperman (Hrsg.): Jewish Thought in the Sixteenth Century. Cambridge, Ma./London 1983, 431-459; V. Sadek: Social Aspects in the Work of Prague Rabbi Löw (Maharal, 1512-1609). In: Judaica Bohemiae, Vol. XIX (1983); R. Bonfil: Some Reflection on the Place of Azariah de Rossi′s Meor Enayim in the Cultural Milieu of Italian Renaissance Jewry. In: B. D. Cooperman (Ed.): Jewish Thought in the Sixteenth Century. Cambridge, Ma./London 1983, 23-48; R. Schatz: The Doctrine of the Maharal: Between Existence and Eschatology. In: Z. Baras (Ed.): Meshihut ve-Eskatologia. Jerusalem 1984, 167-185; O. D. Kulka: Historical Background of the National Educational Teaching of Rabbi Judah Loeb Ben Bezalel of Prague (Hebr.). In: Zion 50, 1985, 277-320; M. Breuer: The Maharal's Debate with the Christians: A New Look at Sefer Be′er ha-Golah. In: Tarbiz 55 (1985), 253-260; M. Idel: The Golem in Jewish Magic and Mysticism. In: E. D. Bilski (Ed.): Golem! Danger, Deliverance, and Art. New York 1985, 15-35; M. Breuer: Maharal of Prague′s Disputation with the Christians. A Reappraisal of Be′er ha-Gola (Hebr.). In: Tarb. 1986, 25-60; E. Trunz: Pansophie und Manierismus im Kreise Kaiser Rudolfs II. In: H. Zeman (Hrsg.): Die österreichische Literatur. Ihr Profil von den Anfängen im Mittelalter bis ins 18. Jahrhundert (1050-1750), Graz 1986, 865-983; A. Neher: Faust et le Maharal de Prague. Paris 1987; R. Schatz: Maharal′s Conception of Law. Antithesis to Natural Law Theory. In: Jewish Law Annual 6 (1987), 109-125; N. Rosenstein: Ashkenazic Rabbinic Families. In: Avotaynu, Vol. III (1987), No. 3, 7-13; V. Sadek: Stories of the Golem and their Realation to the Work of Rabbi Loew of Prague. In: Judaica Bohemiae 23 (1987), 85-91; E. J. Zimmer: R. Chajjim b. Bezalel von Friedberg, Bruder des MaHaRaL von Prag (hebr.). Jerusalem 1987; Y. Jacobson: The Image of God as the Source of Man′s Evil according to Maharal of Prague (Hebr.). In: Da'at 19 (1987), 103-136; ; B. Safran: Maharal and Early Hasidism. In: B. Safran (Ed.): Hasidim. Continuity or Innovation? Cambridge/Ma. 1988, 47-144; L. A. Segal: Historical Consciousness and Religoius Tradition in Azariah de Rossi′s Meor Einayim. Philadelphia/New York/Jerusalem 1989; V. Sadek / J. Sedinova: The Old Jewish Cemetery and the Klausen Synagogue (Translated by S. Kadecka). Prag 1989: V. Sadek: Rabbi Löw und sein Bild des Menschen. In: Judaica Bohemiae, Vol. XXVI (1990); B. Gross : André Neher et le Maharal de Prague. In : Hamoré, Nr. 129 (1990), 24 ; A. Neher: Le puits de l′ exile. Tradition et modernité: la pensée du Maharal de Prague. 2. Aufl. Paris 1991; O. Kulka: Comenius and Maharal. The Historical Background of the Parallels in their Teachings. In: Judaica Bohemiae, Vol. XXVII (1991), 17-30; V. Sadek: The Spiritual World of Rabbi Judah Loew ben Bezalel. In: Review of the Society for the History of Czechoslowak Jews 4 (1991-1992), 101-119; Y. D. Shulman: The Maharal of Prague. The Story of Rabbi Yehudah Loew. New York 1992; D. Einsiedler: Can we prove descent from King David? In: Avotaynu, Vol. VIII (1992), No. 3, 29-30; W. A. Iggers (Ed.): The Jews of Bohemia and Moravia. A Historical Reader. Detroit 1992; J. J. Ross: The Divine Command Theory in Jewish Thought. A Modern Phenomenon with an Emphasis on Judah Loew ben Bezalel (Maharal). In: S. Biderman/B.-A.Scharfstein (Eds.): Interpretation in Religion. Leiden 1992, 181-206; B. Carucci Viterbi: Il Maharal di Praga. In: D. Di Cesare/M. Morselli (Hrsg.): Torah e Filosofia. Percorsi del pensiero ebraico. Firenze 1993, 109-119; A. David (Hrsg.): A Hebrew Chronicle from Prague c. 1615. Tuscaloosa/London 1993; R. Goetschel : L' exégèse de Rashi à la lumière du Maharal de Prague. In: G. Sed-Rajna (Ed.) : Rashi 1040-1990. Hommage à Ephraïm E. Urbach. Congrès européen des études juives, Paris 1993, 465-473 ; D. Einsiedler: Descent from King David - Part II. In: Avotaynu, Vol. IX (1993), No. 2, 34-36; ; C. K. Ingall: Reform and Redemption: The Maharal of Prague and John Amos Comenius. In: Religious Education 89, 1994, 358-375; Y. Jacobson: The Image of God as the Source of Man's Evil according to the Maharal of Prague. In: Binah 3, 1994, 135-158; A. Kimche: Spiritual Growth in an Imperfect World; Advice from the Maharal of Prague. In: Le'ela 38, 1994, 29-32; A. Wright: Mystical Influences on Rabbi Judah Loew's »Introduction to the Sermon on the Torah«. In: Journal of Progressive Judaism 3, 1994, 39-59; B. Gross: Der hohe Rabbi Juda Löw als Theologe und Gemeinderabbiner. In: J. Carlebach (Hrsg.): Das aschkenasische Rabbinat. Studien über Glaube und Schicksal. Berlin 1995, 141-50; R. Goetschel: The Maharal of Prague and the Kabbalah. In: K. E. Grözinger/J. Dan (Hrsg.): Mystizism, Magic and Kabbalah in Askenazi Judaism. International Symposium held in Frankfurt/M. 1991. Berlin/New York 1995, 172-180; G. Veltri: The Humanist Sense of History and the Jewish Idea of Tradition: Azaria de Rossi′s Critique of Philo Alexandrinus. In: Jewish Studies Quarterly 2 (1995), 372-393; N. Weinstein: The Theology of the Maharal of Prague (Diss. Bar Ilan, Israel). 1995; M. Breuer: La polemica tra 'Azarija de Rossi e il Maharal di Praga sul significato delle 'Aggadot′. In: S. J. Sierra, E. L. Artom (Eds.): Scritti sull' ebraismo in memoria di Emanuele Menachem Artom, Jerusalem 1996; E. P. Simsovic: Beer Hagolah - A Name for a Book. In: Daat 35 (1996), 93-96; D. Banon : André Neher du souffle prophetique à l'humanisme maharalien«. In: Pardes 23 (1997), 207-215. G. Veltri: Yehuda Löw oder Der hohe Rabbi von Prag als Philosoph des Judentums. In: G. Hartung/W. P. Klein (Hrsg.): Zwischen Narretei und Weisheit. Biographische Skizzen und Konturen alter Gelehrsamkeit. Hildesheim/Zürich/New York 1997, 192-218; T. Basser: Maharal of Prague: Pirkei Avos. A commentary based on selections from Maharal′s Derech Chaim. New York 1997; N. J. Efron: Jewish thought and scientific discovery in early modern Europe«. In: Journal of the History of Ideas,Vol. 58, No. 4 (October 1997), 719-732; J. Golding: Maharal′s Conception of the Human Being. In: Faith and Philosophy 14/4 (1997), 444-457; B. Gross: Que la lumière soit: Nér Mitzva, la flamme de la Mitsva du Maharal de Prague, traduction et commentaire. Paris 1997; H. J. Kieval: Pursuing the Golem of Prague. Jewish Culture and the Invention of a Tradition. In: Modern Judaism 17/1, 1997, 1-23;Y. Tawada: Rabbi Löw und 27 Punkte; Physiognomie der Interpunktion bei Paul Celan. In: Arcadia 32/1 (1997), 283-286; A. David: The Prague Maharal and his Participation in the Jewish-Christian Polemics. In: Judaica Bohemiae 33 (1998), 44-46; L. Kaplan: Israel Under the Mountain: Emmanuel Levinas on Freedom and Constraint in the Revelation of the Torah. In: Modern Judaism, Vol.18, No.1 (February 1998), 35-46; N. Lamm: The Shema: Spirituality and law in Judaism: As Exemplified in the Shema, the Most Important Passage in the Torah. Philadelphia 1998; M. J. Heller: Observations on a little known Edition of Tractate »Niddah« (Prague, c. 1608) and it′s Relationship to the Talmudic Methodology of the Maharal of Prague. In: Torah u-Madda Journal 8, (1998-1999), 134-150; Y. Gartner: The Maharal of Prague on Megelath Esther (Hebr.), Jerusalem 1999; R. Horwitz: Abraham Joshua Heschel on Prayer and his Hasidic Sources. In: Modern Judaism, Vol. 19, No. 3 (October 1999), 293-310; E. J. Zimmer: The Fiery Embers of the Scholars. The Trials and Tribulations of German Rabbis in the Sixteenth and Seventeeth Centuries (hebr.). Jerusalem 1999; Y. Adlerstein: Maharal of Prague: Be′er Hagolah. The classic defense of rabbinic Judaism through the profundity of the Aggadah. New York 2000; H. J. Kieval: Language of Community: The Jewish Experience in the Czech Lands. Los Angeles 2000; G. Brand : Maharal descendants in the Saar-Moselle-region: The Alkan of Dillingen and the Godchaux of Luxemburg. In: GenAmi (Paris), No. 13 (Sept. 2000), 5-9; D. Banon: L′exil et la doctrine de trois serments chez le Maharal de Prague. In: J.-C. Attias/P. Gisel/ L. Kaennel (Eds.): Messianismes. Variations sur une figure juive. Genève 2000, 77-92; Leiman, S. Z.: Adventure of the Maharal of Prague in London: R. Yudl Rosenberg and the Golem of Prague (Fourth annual lecture of the Victor J. Selmanowitz Chair of Jewish History). London 2000; G. Veltri: Die humanistischen Wurzeln der »jüdischen Philosophie«: Zur Konzeption einer konfessionellen Ontologie und Genealogie des Wissens. In: W. Stegmaier (Hrsg.): Die philosophische Aktualität der jüdischen Tradition. Frankfurt am Main 2000, 249-278; Y. Rosenblatt: Maharal: emerging patterns: ten representative essays culled from the works of Yehudah Loew of Prague. Jerusalem 2001; G. Veltri: Bankier von Kaisers Gnaden zum Wohle der Prager Juden. Zum 400. Todestag von Mordechai Markus Meisel. In: Kalonymos, 4. Jg. (2001), Heft 2, 1-3; G. Veltri: Science and Religious Hermeneutics: The ′Philosophy′ of Rabbi Loew of Prague. In: J. Helm/A. Winkelmann (Eds.): Religious Confessions and the Sciences in the Sixteenth Century. Leiden/Boston/Köln 2001, 119-135; M. Greenblatt: Rabbi Yitzchak Hutner: The Vision Before His Eyes. In: Jewish Action, Vol. 61, No. 4 (Summer 2001); B. L. Sherwin : The Legacy of Rabbi Judah

Loew of Prague. In: European Judaism, Vol. 34, No. (Spring 2001), 124-130; G. Veltri: Jüdische Einstellung zu den Wissenschaften im 16. und 17. Jahrhundert: Das Prinzip der praktisch-empirischen Anwendbarkeit. In: G. Biegel/M. Graetz (Hrsg.): Judentum zwischen Tradition und Moderne. Heidelberg 2002, 149-159; R. Goetschel: Les trois piliers du monde d`après le Maharal de Prague. In : M. Voigts (Hrsg.) : Von Enoch bis Kafka. Festschrift für Karl E. Grözinger zum 60. Geburtstag. Wiesbaden 2002; E. Codish: The Shattered tablets of the Law. In: Judaism, Issue 203, Vol. 51, No. 3 (Summer 2002); M. Pojar (Hrsg.): Golem v náboženství, vědě a umění. Sborník přednášek ze semináře konaného 9. října 2002 ve Vzdělávacím a kulturním centru Židovského muzea v Praze. Praha 2002 [Der Golem in Religion, Wissenschaft und Kunst. Sammelband der Vorträge des Seminars, das am 9. Oktober 2002 im Bildungs- und Kulturzentrum des Jüdischen Museums in Prag stattfand]; G. Veltri: Artikel Jehudah Löw von Prag. In: A. B. Kilcher/O. Fraisse (Hrsg.): Metzler Lexikon jüdischer Philosophen, Stuttgart 2003; Y. Wieselberg: Awe, Love and Attachment: Religious Development and the Maharal of Prague. In: J. Saks/S. Handelmann (Ed.): Wisdom From All My Teachers: Challenges and Initiatives in Contemporary Torah Education. Jerusalem 2003; G. Veltri: 'Ohne Recht und Gerechtigkeit'. Rudolph II. und sein Bankier Markus Meyzl. In: G. Veltri/A. Winkelmann (Hrsg.): An der Schwelle zur Moderne: Juden in der Renaissance (Studies in European Judaism, No. 7). Leiden: 2003, 233-255; E. Gelles: Davidic Descent. Historical Impact of Ancient Myth. In: Shasheret Hadorot, Vol. 17, No. 2 (2003), 1-3; Z. J. Kaplan: Rabbi Joel Teitelbaum, Zionism, and Hungarian Ultra-Orthodoxy. In: Modern Judaism, Vol. 24, No. 2 (May 2004), 165-178; N. Gotel: Hadashim gam yeshanim: bi-netive mishnato ha-hilkhatit - hagutit shel ha-Rav Kuk. Yerushalayim 2004/2005; J. Ringel: »There but for the Grace of God Go I«. A Theological Contrast Between Jean Calvin and Maharal«. In: Brandeis Graduate Journal 2005 (Vol. 3): www.brandeis.edu/gsa/gradjournal/2005/maharal.pdf; E. Silberstein: Mystical Dimensions in Civil Law. In: http://chabadstanford.org/pages/wisdom_center/Article/135.html (30. 7. 2006); G. Brand: Masters of Language: The Darmesteter brothers and their rabbinical Brandeis ancestry. In: GenAmi, No. 36 (Juin 2006), 2-6; Art. Juda Loew (Liwa, Loeb) Ben Bezalel. In: Encyclopaedia Judaica (Ed.: F. Skolnik), Second Edition, Vol. 11. Detroit etc. 2007; T. Kuperman: The Golem of Prague. Jerusalem 2007; C. Eisen: Maharal's Be'er ha-Golah and its Revolution in Agadic Scholarship. In: Hakirah. The Flatbush Journal of Jewish Law and Philosophy. Vol. 4 (Winter 2007), 137 ff.

Gregor Brand

LOUIS FERDINAND von Preußen, Dompropst von Magdeburg, Feldherr, Musiker; * 18.11. 1772 im Schloß Friedrichsfelde (bei Berlin); † gefallen am 10.10. 1806 in der Schlacht von Saalfeld (Wöhlsdorf); begraben in der Hohenzollerngruft im Dom zu Berlin. — L.F. war das fünfte Kind von Prinz Ferdinand von Preußen (1830-1813), dem jüngsten Bruder Friedrichs des Großen (1712-1786), und Markgräfin Anna Elisabeth Luise von Brandenburg-Schwedt (1738-1820). Getauft wurde er auf den Namen Friedrich Ludwig Christian. Um aber Verwechslungen mit Prinz Ludwig/Louis (1773-1796), dem Sohn des späteren preußischen Königs Friedrich Wilhelm II. (1744-1797), zu vermeiden, erhielt er den Beinamen Ferdinand (seines Vaters Namen). Die enge Verwandtschaft der Eltern (Prinz Ferdinand war der leibliche Onkel seine Gemahlin), deren Kindersegen erst nach vielen Ehejahren einsetzte, und die gesundheitlichen Leiden von Prinz Ferdinand führten zu Spekulationen über L.F.s wirklichen Vater: genannt wurden Friedrich Wilhelm Carl Graf von Schmettau (Schmettow, 1743-1806), Adjutant von Prinz Ferdinand, und Herzog Karl Wilhelm Ferdinand von Braunschweig (1735-1806). L.F. hatte sechs Geschwister, von denen aber drei (Friedericke, 1761-1773; Friedrich Heinrich, 1769-1773; Paul, */† 1776) früh verstarben. Zu Luise (Fürstin Radziwill, 1770-1836) und Heinrich (1771-1790) hatte L.F. ein enges Verhältnis; schwierig gestaltete sich die Beziehung zu seinem jüngsten Bruder August (1779-1843), der von den Eltern bevorzugt behandelt wurde. — Die Erziehung L.F.s oblag Geheimrat Bärbaum († 1808), einem Anhänger des Philanthropismus und Freund des Reformpädagogen Johann Heinrich Campe (1746-1818), und ab 1779 dem Berliner Theologen Großheim. L.F.s Musiklehrer sind unbekannt, allerdings gehörte seine Tante Anna Amalia von Preußen (Äbtissin von Quedlinburg, 1723-1787) zu seinen musikalischen Förderern. Später nahm er u.a. Unterricht bei dem böhmischen Pianisten und Komponisten Johann Ludwig Dussek (Jan Ladislav Dusík, 1760-1812). L.F. hinterließ mehrere Kompositionen, die teilweise schon zu seinen Lebzeiten öffentlich aufgeführt wurden. Sein Klavierspiel rief Bewunderung hervor, auch Ludwig van Beethoven (1770-1827) zollte ihm Anerkennung. — L.F.s Interessen waren breitgefächert. Neben der Musik begeisterte sich der vielseitig begabte Prinz für die Laienschauspielerei, Literatur, Geschichte, Philosophie, Mathematik und Kriegskunst. L.F. war ein gern gesehener Gast in den Berliner Salons der Henriette Herz (1764-1847) und der Rahel Levin (verheiratete Varnhagen von Ense, 1771-1833). — L.F. war ein Lebemann. Seine

Großzügigkeit und sein verschwenderischer Lebensstil verursachten immense Schulden, die sein Vater Prinz Ferdinand sich weigerte, auch nur teilweise abzutragen. L.F.s Onkel Prinz Heinrich von Preußen (1726-1802) übernahm nicht nur einen Teil der Schulden, sondern setzte ihn auch zu seinem Universalerben ein. Am 14.10.1790 verschaffte Prinz Heinrich seinem Neffen zudem die Anwartschaft auf die Dompropst-Stelle im Magdeburger Erzbistum. 1800 erfolgte seine Ernennung zum Koadjutor. Nach Prinz Heinrichs Tod folgte er seinem Onkel schließlich am 27.9. 1802 im Amt des Dompropstes zu Magdeburg, verbunden mit einem jährlichen Einkommen von 24.500 Talern. — L.F. blieb unverheiratet. Bemühungen um die Hand der verwitweten Prinzessin Ludwig (Friedericke von Mecklenburg-Strelitz, 1778-1841) scheiterten. Im März 1800 entschied sich König Friedrich Wilhelm III. von Preußen (1770-1840) gegen eine Verbindung L.F.s mit Wilhelmine Biron von Kurland. L.F. hatte zahlreiche Liebschaften, darunter die Marquise de Contades und die Prinzessin Montmorency. Mit Eberhardine Charlotte Justine von Schlieben, der Hofdame seiner Mutter, hatte er eine Tochter: Caroline Henriette. Mit Henriette Fromm und Pauline Wiesel (geb. Emilie Pauline Cornelie César, 1778-1848) führte er jahrelang eine Dreiecksbeziehung. Henriette Fromm schenkte ihm zwei Kinder: Anton Albert Heinrich Ludwig, genannt Louis oder Loulou (1803-1874) und Blanka (Blanche, 1804-1887); 1810 wurden sie in den Adelsstand erhoben und erhielten den Namen von Wildenbruch. — L.F.s militärische Laufbahn begann mit dem Eintritt in das Infanterieregiment von Moellendorf im März 1789. Im April 1790 wurde er aufgrund des bevorstehenden Krieges mit Österreich Oberstleutnant beim Regiment Jung Schwerin; der Konflikt zwischen Preußen und Österreich wurde aber durch die Konvention von Reichenbach am 24.7.1790 friedlich beigelegt. Im 1. Koalitionskrieg gegen Frankreich (1792-1797) nahm L.F. an der Belagerung von Longwy und Verdun sowie an der Kanonade von Valmy in der Champagne (20.9.1792) teil. Im Juli 1793 zeichnete er sich bei der Rückeroberung von Mainz aus, bei der er sich eine Verwundung zuzog. Daraufhin wurde er zum Generalmajor befördert. Nach seiner Genesung kämpfte er in der Schlacht bei Kaiserslautern (30.11.1793) sowie in den Gefechten bei Duttweiler-Bolingen (2.7.1794) und bei Edesheim (13.7.1794). Im September 1794 konnte er sich bei der Eroberung von Kaiserslautern abermals auszeichnen. Am 23.2.1795 erhielt L.F. ein in Magdeburg stationiertes Infanterieregiment (zuvor unter dem Befehl des Markgrafen von Baden stehend). Obgleich L.F. den am 5.4.1795 geschlossenen Frieden von Basel, mit dem Preußen aus der Koalition gegen Frankreich ausschied, öffentlich kritisiert hatte, sicherte er zwischen 1796 und 1800 mit dem Magdeburger Regiment die im Baseler Frieden ausgehandelte Demarkationslinie in Westfalen (in Lemgo und Hoya). Am 20.5.1799 erfolgte schließlich seine Beförderung zum Generallieutenant. Entgegen dem ausdrücklichen Befehl von König Friedrich Wilhelm III. hielt sich L.F. seit dem Winter 1799/1800 in Hamburg auf, wo er nicht nur mit französischen Emigranten, sondern auch mit Jakobinern zusammentraf. Auf Drängen des Vaters Prinz Ferdinand ließ Friedrich Wilhelm III. L.F. im Februar 1801 festsetzen und in Magdeburg kurzfristig unter Arrest stellen. L.F., der vergeblich auf Anerkennung seitens seines Vaters und des preußischen Königs hoffte, führte in den folgenden Jahren weiterhin ein unstetes Leben und wohnte abwechselnd in Berlin (in seinem Haus an der Weidendammer Brücke), auf dem Gut Schricke (bei Zielitz), auf der Burg Wettin und in Magdeburg. Als Kritiker der Neutralitätspolitik Preußens stand er bald an der Spitze der sog. Kriegspartei in Berlin. Das mittlerweile isolierte Preußen stellte Frankreich schließlich ein bis zum 8.10.1806 befristetes Ultimatum, seine Truppen hinter den Rhein zurückzuziehen. Am 10.10.1806 (vier Tage vor der Doppelschlacht bei Jena und Auerstedt) fiel L.F. an der Spitze der Vorhut der Armee unter dem Befehl von Friedrich Ludwig Fürst von Hohenlohe-Ingelfingen (1746-1818) in der Schlacht von Saalfeld (bei Wöhlsdorf). Zunächst in Saalfeld begraben, wurde der Leichnam im März 1811 in die Hohenzollern-Gruft des Berliner Doms überführt. Seit 1823 erinnert in Saalfeld ein von Karl Friedrich Schinkel (1781-1841) entworfenes Denkmal an den schon zu Lebzeiten glorifizierten Helden.

Werke: Liebesbriefe des Prinzen Louis Ferdinand von Preußen an Pauline Wiesel. Berlin o.J.; Alexander Büchner

(Hrsg.), Briefe des Prinzen Louis Ferdinand von Preußen an Pauline Wiesel: Nebst Briefen von Alexander von Humboldt, Rahel Varnhagen, Gentz und Marie von Méris. Leipzig 1865; Hertha Federmann (Hrsg.), Prinz Louis Ferdinand. Briefe, Tagebuchblätter und Denkschriften. München 1942.

musikalische Werke: Quintett c-Moll für Klavier (Pianoforte), zwei Violinen, Viola und Violoncello, op. 1. Paris 1803; Trio in As-Dur für Klavier (Pianoforte), Violine und Violoncello, op. 2. Leipzig 1806; Trio in Es-Dur für Klavier (Pianoforte), Violine und Violoncello, op. 3. Leipzig 1806; Andante mit Variationen B-Dur für Klavier (Pianoforte), Violine, Viola und Violoncello, op. 4. Leipzig 1806; Quatuor pour le piano forte violin, alto et violoncello composé et dédie à son Altesse Royale Madame la Princesse Ferdinande de Prusse, dt. Quartett in Es-Dur für Klavier (Pianoforte), Violine, Viola und Violoncello, op. 5. Leipzig 1806; Quatuor pour le Piano Forte avec Violin, Alto et Violoncello composé et dédie À Monsieur Rode, dt. Quartett f-Moll für Klavier (Pianoforte), Violine, Viola und Violoncello, op. 6. Leipzig 1807; Fugue à quatre voix pour le piano, dt. Fuge g-Moll für Klavier, op. 7. Leipzig 1807; Notturno pour le pianoforte, flûte, violon, viola, violoncelle obligé et deux cors ad libitum, dt. Nocturno F-Dur für Klavier, Flöte, Violine, Viola, Violoncello und zwei Hörner ad. libit, op. 8. Leipzig 1808; Rondo in B-Dur für Klavier, zwei Violinen, Flöte, zwei Klarinetten, zwei Hörner, Viola, Violoncello und Baß, op. 9. Leipzig 1808; Großes Trio in Es-Dur für Klavier, Violine und Violoncello, op. 10. Berlin 1806; Larghetto varié pour le pianoforte avec accompagnement de violon, alto, violoncelle et basse obligés composé et dedié au Prince Antoine Radziwill, dt. Larghetto mit Variationen G-Dur für Klavier, Violine, Viola, Violoncello und Baß, op. 11. Berlin 1806; Otetto pour le pianoforte, clarinette, 2 cors, 2 violes et 2 violoncelles obligés, dt. Op. posth. Oktett F-Dur für Klavier, Klarinette, zwei Hörner, zwei Violen und zwei Violoncelli, op. 12. Leipzig 1808; Rondo pour le pianoforte avec accompagnement de l'orchestre, dt. Op. posth. Rondo Es-Dur für Klavier mit Orchester, op. 13. Leipzig 1823; Hermann Kretzschmar (Hrsg.), Die musikalischen Werke des Prinzen Louis Ferdinand von Preußen. Leipzig 1910; Sechs Lieder für hohe Stimme und Klavier: Vorgefühl. Gebet. Dank. Kleines Abendlied. Wiegenlied. Musikantengruß. Wilhelmshaven 1953; Sieben Lieder für tiefe Stimme: Treue. Das Währende. In Danzig. Abendfrieden. Meeressehnsucht. Russische Romanze. Abendständchen. Wilhelmshaven 1955; Zwölf Lieder für hohe Stimme und Klavier: Es preisen dich die Glocken. Lebenslust. Musik ist alles. Emigrant. Ostwind. Allen Schmerz hat Gott gezählet. Hoffnung. Schlummerlied. Der Heimatlose. Kindergebet. Geistliches Lied. Berceuse. Wilhelmshaven 1981; Das Glockenspiel von Kaiser-Wilhelm-Gedächtnis. Wilhelmshaven 1984; Vier Lieder für hohe Stimme und Klavier: Morgensonne. Phantasie. Mutterjubel. Es gibt ein Lied. Wilhelmshaven 1986; Zehn Romanzen für Violoncello und Klavier. Wilhelmshaven 1992.

Lit.: Trauerode auf den Tod Seiner königlichen Hoheit des Prinzen Ludwig von Preussen. Berlin 1806; — Karl Stein, Anekdoten und Charakterzüge aus dem Leben des Prinzen Louis Ferdinand. Berlin 1807; — J. Fürst (Hrsg.), Henriette Herz. Ihr Leben und ihre Erinnerungen. Berlin 1850; — Paul Bailleu, Louis Ferdinand, Prinz von Preußen. Allgemeine Deutsche Biographien Bd. 19, 1884; — Ders., Prinz Louis Ferdinand. Eine historisch-biographische Studie. in: Deutsche Rundschau. Bd. 45. Berlin 1885; — Franz von Hymmen, Prinz Louis Ferdinand von Preußen. Berlin 1894; — Otto Tschirsch, Prinz Louis Ferdinand als Musiker. Sein Tod, seine Bestattung und sein Andenken. in: Hohenzollernjahrbuch. Berlin 1906; — Luise von Preußen (Fürstin Anton Radziwill), Fünfundvierzig Jahre aus meinem Leben (1770-1815), herausgegeben und mit Anmerkungen und Personenverzeichnis von Fürstin Radziwill geb. von Castellane. Braunschweig 1912; — Elisabeth Wintzer, Louis Ferdinand von Preußen als Mensch und Musiker. Leipzig 1915; — Hans Wahl, Der Adjutant des Prinzen Louis Ferdinand. Weimar 1916; — Ders., Prinz Louis Ferdinand von Preußen. Ein Bild seines Lebens in Briefen, Tagebuchblättern und zeitgenössischen Zeugnissen. Weimar 1917; — Carl Atzenbeck (Hrsg.), Prinz Louis Ferdinand von Preußen: ein biographisches Porträt von K. A. Varnhagen von Ense nebst den Briefen des Prinzen an Pauline Wiesel. München 1924; — Ders., Pauline Wiesel. Die Geliebte des Prinzen Louis Ferdinand von Preußen. Leipzig 1925; — Karl Lebrecht, Prinz Louis Ferdinand von Preußen als Musiker. in: Montagsblatt Nr. 49. Magdeburg 1925; — Eduard Stegmann, Prinz Louis Ferdinand von Preußen als Grundherr im Herzogtum Magdeburg. in: Montagsblatt (Wissenschaftliche Beilage der Magdeburger Zeitung) Nr. 49. Magdeburg 1925; — Friedrich Tilger, Der Rothenseer Busch, ein verschwundenes Waldgebiet Magdeburgs. in: Montagsblatt (Wissenschaftliche Beilage der Magdeburger Zeitung) Nr. 49. Magdeburg 1925; — Hermann Kretschmar, Prinz Louis Ferdinand in Magdeburg. in: Heimatkalender für Stadt und Land Magdeburg. Magdeburg 1926; — Peter von Gebhardt, Prinz Louis Ferdinands Nachkommenschaft. in: Montagsblatt Nr. 24. Magdeburg 1927; — Robert Hahn, Louis Ferdinand von Preußen als Musiker. Ein Beitrag zur Geschichte der deutschen Frühromantik. Breslau 1935; — Kurt von Priesdorff, Prinz Louis Ferdinand von Preußen. Berlin 1935; — Ernst Poseck, Louis Ferdinand. Prinz von Preußen. Eine Biographie. Berlin 1938; — Hans von Arnim, Louis Ferdinand Prinz von Preußen. Berlin 1966; — Hermann Mitgau, Heinrich von Reck, Bericht des Leutnants Heinrich (v.) Reck aus Greene über den Tod des Prinzen Louis Ferdinand von Preußen bei Salfeld am 10. Oktober 1806. in: Braunschweigisches Jahrbuch. Wolfenbüttel 1966; — Eckart Kleßmann, Prinz Louis Ferdinand von Preußen. Soldat-Musiker-Idol. München 1972; — Ders., Prinz Louis Ferdinand von Preußen (1772-1806). Gestalt einer Zeitenwende. Vortrag am 11. März 1991 im Rathaus zu Magdeburg. in: Magdeburger Gesprächsreihe 4. Magdeburg 1992; — Elfriede Mewes, Über den Prinzen Louis Ferdinand von Preußen und Schricke. in: Volksstimme, Ausgabe Wolmirstedt 46 (1992), Nr. 228, 231, 243; — Burkhard Nadolny, Louis Ferdinand. Das Leben eines preußischen Prinzen. Köln 1967, Nachdruck München 1993; — Horst Reber, Goethe: »Die Belagerung von Main 1793«. Ursachen und Auswirkungen. Mainz 1993; — Nina Hess, Der Schwan - Das Leben der Pauline Wiesel 1778-1848. Berlin 1994; — Hendrig Bärnighausen, Andreas Teltow (Thüringer Heimatmuseum Saalfeld), Prinz Louis Ferdinand von Preußen und das Gefecht bei Saalfeld am 10. Oktober 1806. Saalfeld 1996; — Barbara Hahn (Hrsg.), Rahel Levin Varnhagen: Briefwechsel mit Pauline Wiesel. München 1997; — Dies. (Hrsg.), Pauline Wiesels Liebesgeschichten. Briefwechsel mit Karl Gustav von Brinckmann, Prinz Louis Ferdinand von Preußen, Friedrich Gentz und anderen. München 1998; — Hans-Hermann Voigt, Prinz Louis Ferdinand von Preußen. Pianist - Komponist - Heerführer. in: Altmark-Blätter. 9 (1998) Nr. 31 und 32; — Louis Ferdinand Prinz von Preußen der berühmteste Besitzer von Schricke. in: Zielitzer Chronik. Heft 3, Zielitz 1999; — Der Prinz und sein Leibjäger. in: Zielitzer Chronik. Heft Prinz Louis Ferdinand von Preußen und George Heinrich Ohrdorff auf Gut Schricke. Heft 2. Zielitz 2000; — Wilfried Lübeck, Zwei preußische Prinzen waren die Herren über Dahlenwarsleben, Klein Ammensleben und Gersdorf. Zur Biogr. von Prinz Heinrich u. Prinz Louis Ferdinand von Preußen. in: Mitteilungsblatt mit Amtsblatt der Verwaltungsgemeinschaft Niedere Börde. Bd. 8. Troisdorf 2000; — Helmut Probst, Prinz Louis Ferdinand von Preußen ... Seine Beziehungen zu Goethe und Carl August. in: Weimarbrief 2000/2. Harrislee/Flensburg 2000; — Herbert Riebau, Zielitzer Chronik, Heft Nr. 2 und 3, Zielitz 2000; — Ders., 200. Todestag: Prinz Louis Ferdinand von Preußen. in: Zielitzer Chronik, Sonderheft. Zielitz 2006, 3-12; — Hans-Rüdiger Merten, Louis Ferdinand Prinz von Preußen. Berlin 2001; — Reinhard Pfeiffer, »Quer-Pfeiffereien«. Die politische Debatte um den 150. Todestag eines Prinzen. in: Jahrbuch Saalfeld-Rudolstadt Bd. 11 (2001). 218-220; — Uwe A. Oster, Der preußische Apoll - Prinz Ferdinand von Preußen (1722-1806). Regensburg 2003; — Martin Wiehle, Preußische Militärs in Magdeburg. Vom alten Dessauer bis Hindenburg. in: Preußische Wurzeln Sachsen-Anhalts. Halle 2003; — Tobias Debuch, Prinz Louis Ferdinand von Preußen (1772-1806) als Musiker im soziokulturellen Umfeld seiner Zeit. Berlin 2004; — Sophie Wilhelmine Charlotte Marie Gräfin von Voss, Neunundsechzig Jahre am Preußischen Hofe. Berlin 2005; — Dirk Henning, »Halleluja in Tränen«: die Hundertjahrfeier des Gefechtes bei Wöhlsdorf 1906. in: Saalfelder Weihnachtsbüchlein. Saalfeld 103 (2006) 34-43; — Ders., Die Gedenktafel für den Prinzen Louis Ferdinand von Preußen am Saalfelder Markt. in: Rudolstädter Heimathefte. Saalfeld. Bd. 52.2006, 9/10, 250-252; — Przemyslaw Jóskowiak, Prinz Louis Ferdinand von Preußen (1772-1806) - eine kontroverse Gestalt in der Einschätzung Karl August Varnhagen von Enses. in: Studia niemcoznawcze, Warschau. 32 (2006) 417-439; — Dieter Krause, Rolf Weggässer, 200. Todestag des Prinzen Louis Ferdinand von Preußen. in: Rudolstädter Heimathefte. Saalfeld. Bd. 52.2006, 9/10, 244-249; — Christine Scheidig, Exzellenter Heerführer mit musischen Begabungen. In Saalfeld wird an den 200. Todestag von Prinz Louis Ferdinand von Preußen erinnert. in: Glaube + Heimat. Weimar 2006; — Gerhard Werner, Zum Tode des Prinzen Louis Ferdinand von Preußen am 10. Oktober 1806. Aus einem Bericht des Saalfelder Bürgermeisters Wilhelm Windorf. in: Rudolstädter Heimathefte. Saalfeld. Bd. 52.2006, 11/12, 327-332; — Ders., Die letzten Stunden im Leben des Prinzen Louis Ferdinand von Preußen. Zu seinem 200. Todestag am 10. Oktober 2006. in: Saalfeld informativ. Bd. 15 (2006), 9/10 (Sep./Okt.), 6-9; — Renate Fabel, Prinz Louis Ferdinand und die Frauen. München 2006.

Regina-Bianca Kubitscheck

LYTE, Henry Francis, anglikanischer Pfarrer und Liederdichter; *1. Juni 1793 in Ednam bei Kelso, Schottland; † 20. November 1847 in Nizza, Frankreich. — Henry Francis Lyte war der Sohn des Marineoffiziers Thomas Lyte und dessen Frau Anna Maria. Der Beruf des Vaters brachte es mit sich, daß die Familie mehrfach umziehen mußte zuletzt 1804 ins irische Ballyshannon, von wo aus Henrys Vater in den Krieg gegen Napoleon aufbrach, aus dem er nicht zurückkehren sollte. Kurz nach dem Weggang des Vaters starb auch Henrys Mutter, so daß Henry und seine Geschwister als Waisen zurückblieben. Fortan kümmerte sich der Ortspfarrer Robert Burrows um das Wohl der Geschwister. Dieser war es auch, der Henry und seinen älteren Bruder Tom an die Portara Royal School nach Enniskillen ins County Fermanagh sandte, wo beide eine angemessene schulische Ausbildung erhielten. — Nachdem er aufgrund sehr guter schulischer Leistungen ein Stipendium gewonnen hatte, ging Henry 1809 nach Dublin, um am Trinity College Medizin zu studieren. Da er dann aber schon bald Preise in Literatur und Dichtung gewann und sich innerlich mehr und mehr dem Glauben und der Kirche zuwandte, wechselte er schließlich zur Theologie. Nach Abschluß des Theologiestudiums trat er in den Dienst der Church of Ireland. 1814 erhielt er die Diakonen- und 1815 die Priesterweihe. Noch im selben Jahr tritt er in Taghmon bei Wexford seine erste Vikarsstelle an. Aufgrund seiner schon immer sehr angeschlagenen Gesundheit - Henry leidet seit Kindertagen an Erkrankungen der Atmungsorgane und an Schwindsucht - verläßt er den Winter über Irland, um sich im milderen Klima auf dem Kontinent zu erholen. Als er im Frühjahr 1816 vom Kontinent zurückkehrt, geht er jedoch nicht mehr nach Irland, sondern läßt sich im Süden Englands nieder, wo er fortan im Dienst der Church of England seinen seelsorgerlichen Aufgaben nachgeht. 1817 erhält er in Morazion in Cornwall seine erste Pfarrstelle. Dort lernt er Anne Maxwell, die Tochter eines anderen anglikanischen Geistlichen kennen und lieben. 1819 heiraten die beiden und ziehen zunächst nach

Lymington in Hampshire und von dort erneut nach Devon ins Dörfchen South Dittisham. Bald nach dem Tod ihrer im Säuglingsalter verstorbenen Tochter ziehen die beiden in den Großraum London nach Charlton in der Nähe von Knightsbridge - 1823 findet dieses unstete Leben endlich ein Ende. Lyte zieht mit seiner Frau schließlich ins Fischerstädtchen Brixham in Devon, wo ihm die Allerheiligen Pfarrei übertragen wurde. Brixham sollte für Lyte bis zu seinem Tod Wohn- Arbeits- und Lebensmittelpunkt bleiben. Dank einer Erbschaft kann er angefallene Schulden begleichen und mit seiner Frau fortan ein gesichertes Leben führen. 1826 veröffentlichte Lyte sein erstes Werk mit dem Titel *Tales in Verse illustrative of Several of the Petitions in the Lord's Prayer.* 1833 folgte ein Gedichtband mit dem Titel *Poems, chiefly Religious* und 1834 eine kleine Sammlung von Psalmen und Hymnen überschrieben *The Spirit of the Psalms*. In Brixham sorgte Lyte sich liebevoll um die ihm anvertrauten Menschen und schrieb in den folgenden Jahren für sie viele Kirchenlieder, die bis heute in englischen und amerikanischen Gesangbüchern ihren festen Platz haben. Zu den bekanntesten zählen zweifellos *»Abide with me«, »Praise my Soul, the King of Heaven«, »God of Mercy, God of Grace«* und *»Pleasant are Thy Courts Alone«*. Für die Fischer seiner Pfarrei schrieb er zudem ein kleines Gebetbuch, das *Manual of Devotion*, das diese mit auf See nehmen konnten. Die feuchten Winter verbrachte Lyte jedes Jahr in Tirol, in der Schweiz, in Italien oder Südfrankreich, um sich gesundheitlich für seinen Dienst an den Menschen in Brixham zu erholen. 1847 erkannte Lyte, daß sich seine Lungenleiden in eine unheilbare Tuberkulose verwandelt hatten. — Am 4. September 1847 bestieg Lyte zum letzten Mal die Kanzel seiner Kirche und hielt den Menschen eine bewegende »Abschiedspredigt«. Am Nachmittag desselben Tages machte er noch einen letzten von intensivem Gebet geprägten Strandspaziergang, um danach zu packen und Richtung Italien aufzubrechen, wohin er zu einer Kur fahren wollte. Der Überlieferung zufolge soll Lyte unmittelbar nach der Rückkehr von diesem Strandspaziergang noch sein oben genanntes und bis heute wohl auch bekanntestes Kirchenlied *Abide with me* geschrieben haben. Wenn man den Text des Liedes betrachtet, darf man wirklich annehmen, daß Lyte bereits beim Niederschreiben spürte, daß er von der bevorstehenden Reise nicht mehr zurückkehren würde. Nachdem er sich von seiner Familie verabschiedet hatte, brach er auf. Als er auf seinem Weg nach Italien Zwischenstation in Avignon machte, schrieb er dort noch einmal eine Fassung von *Abide with me* nieder, die er dann an per Post an seine Frau schickte. Dies zeigt, wie sehr ihn dieses Gedicht innerlich bewegte und beschäftigte. Kaum, daß Lyte bei der Weiterreise die französische Riviera erreichte und in Nizza im Hotel Angleterre eingecheckt hatte, versagten ihm seine Lungen jede weitere Arbeit. Nach zweitägigem Leiden starb Lyte schließlich am 20. November 1847 im Hotel Angleterre in Nizza. Begleitet wurde er in seinem Sterben von einem Geistlichen aus Chichester, der zufällig im gleichen Hotel abgestiegen war. Nach dessen Zeugnis waren Lytes letzte Worte *Peace* und *Joy*. Innerlich gelöst durfte er in Gottes Frieden und Freude eingehen. Zwei Tage nach seinem Tod wurde Lyte auf dem englischen Friedhof von Nizza beigesetzt, wo seine Gebeine bis heute ruhen. Als die Nachricht vom Tode Lytes Brixham erreichte, wurde auf Wunsch der Bevölkerung ein Gedenkgottesdienst gefeiert, bei welchem zum ersten Mal Lytes letztes Lied *Abide with me* gesungen wurde, ein Lied, das bis heute viele Menschen im Angesicht des Sterbens beten und singen.

Werke: Observations on the scriptures, suited to the present juncture: In an sermon preached at St. Mary's Chapel, Penzanze (1820); Tales in Verse illustrative of Several of the Petitions in the Lord's Prayer (London 1826); Poems: Chiefly Religious (London 1833); The Spirit of the Psalms (London 1834); Remains of the late Reverend Henry Francis Lyte: With a prefatory memoir by the editor (posthum veröffentlicht von J. Rivington London ? 1850).

Kirchenlieder (Auswahl): Abide with me (1847); Far from My Heavenly Home (1834) Gently, gently lay thy Rod (nach Psalm 6, 1834); God of Mercy, God of Grace (1834); Jesus, I my Cross have taken (1824, Neufassung 1833); My God, my King, Thy Praise I sing (1833/1845); My spirit on Thy care (1834); O that the Lord's salvation (1834); Pleasant are Thy courts above (1834); Praise for Thee, Lord, in Zion waits (1834); Praise, my soul, the King of Heaven (1834); Praise the Lord, God's glories show, Alleluia! (1834, zweite leicht veränderte Version 1836); There is a safe and secret place (1834); When at Thy footstool, Lord, I bend (1833).

Lit.: John D. Julian, Dictionary of Hymnology: Origin and History of Christian Hymns and Hymnwriters of All Ages and Nations, Together with Biographical and Critical Noti-

Notices of Their Authors and Translators, London 1892; ²1908, neueste Ausgabe Grand Rapids, Michigan 1985; — Allan Sutherland, Famous Hymns of the World, Their Origin and Their Romance, New York 1906; — John Appleyard, The poetical works of the Reverend Henry Francis Lyte, M.A., London 1907; — Ders., Henry Francis Lyte: A short biography, London 1939; — Charles S. Nutter, Hymnwriters of the Church, Nahville 1915; — Frank W. Boreham, Abide with me, in ders., A Late Lark Singing, London 1945; ²1952; ³1957; — Amos R. Wells, A Treasure of Hymns: Brief biograhies of 120 leading hymnwriters and their best hymns, Boston 1945; — Erik Routley, Hymns and the Faith, Greenwich, Connecticut 1956, 51ff; — Henry James Garland, Henry Francis Lyte and the story of »Abide with me«, Manchester 1957; — Basil Garnet Skinner, Henry Francis Lyte: Brixham´s Poet and priest, Exeter 1974; — Rosemary Goring (Hrsg.), Chambers Biographical Scottish Dictionary, Edinburgh 1992; — Steven Olsen-Smith, An Orthodox Poet and a Liberal Publisher: Henry Francis Lyte to Charles Ollier, 23 June 1821, in: Collections 9 (1996), 15-30; — DNB XII, 365f.

Ronny Baier

M

MACK, Imma, Ordensschwester der Kongregation der »Armen Schulschwestern von Unserer Lieben Frau«, mit bürgerlichem Namen Josefa Mack, geboren am 10. Februar 1924 in Möckenlohe, Landkreis Eichstätt, gestorben am 21. Juni 2006 in München. Unter dem Decknamen »Mädi« versorgte sie während der NS-Zeit heimlich und unter Lebensgefahr Häftlinge des Konzentrationslagers Dachau mit Lebensmitteln, Briefen, liturgischen Gegenständen und Medikamenten. Sie wurde als der »Engel von Dachau« bekannt. — Josefa Mack wuchs mit zwei Geschwistern in einer gläubigen Familie auf. Schon früh bekam sie durch ihr Elternhaus und ihre nähere Umgebung eine ablehnende Haltung gegen den Nationalsozialismus. Da sie Schulschwester werden wollte, ging sie 1940 zur Ausbildung in das Handarbeitslehrerinnenseminar der Armen Schulschwestern nach München-Au. Als im Januar 1942 das Seminar zwangsweise geschlossen wurde, mußte sie ihre Ausbildung abbrechen und kam als Kandidatin nach Freising in das Kloster St. Klara. Hier half sie im Kinderheim und begann eine Ausbildung zur Damenschneiderin. Von Freising aus unternahm Josefa die Fahrten in das Konzentrationslager Dachau. — Der erste Besuch des Konzentrationslagers fand am 16. Mai 1944 statt. Die Schwestern sollten im Lager Pflanzen und Blumen holen. In der Plantage wurde Josefa vom inhaftierten Priester Ferdinand Schönwälder angesprochen und gebeten, wieder zu kommen und Meßwein, Hostien und Medikamente gegen Typhus mit zu bringen. Nach ihrem Besuch sprach Josefa vertraulich mit der Oberin des Klosters und erreichte, daß sie weiterhin nach Dachau fahren durfte, um offiziell Pflanzen und Blumen zu holen. Unter dem Decknamen »Mädi« schmuggelte sie bei diesen Fahrten heimlich und unter Lebensgefahr Briefe, Medikamente, Lebensmittel, Hostien und Meßwein für die deutschen und polnischen Priester. — Die gefährlichste Mission begann im Dezember 1944: Josefa überbrachte Briefe an Kardinal Faulhaber mit der Bitte, den schwerkranken Häftling Karl Leisner durch den französischen Häftling Gabriel Piguet, Bischof von Clermont-Ferrand, zum Priester weihen zu dürfen. Josefa brachte die notwendigen Erlaubnisse, ebenso die liturgischen Gegenstände und Texte. Die am 17. Dezember 1944 heimlich durchgeführte Weihe des später selig gesprochenen Karl Leisner, war die einzige katholische Priesterweihe in einem NS-Konzentrationslager. — Nach dem Krieg ging Josefa 1945 in das Noviziat bei den Armen Schulschwestern und erhielt den Ordensnamen Maria Imma. Als junge Schwester arbeitete sie nach der Profeß 1946 als Handarbeitslehrerin an der Volksschule in Garmisch. Nach ihrem Staatsexamen 1949 unterrichtete sie an den ordenseigenen Schulen in München-Au. 1951 legte sie die Meisterprüfung zur Damenschneiderin ab. — 1982 beendete Schwester Imma Mack ihren Schuldienst. Sie blieb in der Klostergemeinschaft München-Au und arbeitete bis zu ihrem Ruhestand als Schneiderin. 1989 faßte sie, auf vielfachem Drängen, ihre Erinnerungen an die Fahrten in das KZ Dachau in dem Buch »Warum ich Azaleen liebe« zusammen. Den Titel des mehrfach aufgelegten und in verschiedenen Sprachen übersetzten Buches wählte sie, weil ihr die Häftlinge im Januar 1945 vier rosarote Azaleenstöcke als Geschenk für ihre Eltern mitgegeben hatten.- Bereits kurz nach Kriegsende 1945 hatte Kardinal Faulhaber die Verdienste von Schwester M. Imma Mack gewürdigt. Später erhielt sie viele Auszeichnungen, darunter den Bayerischen Verdienstorden, das Bundesverdienstkreuz 1. Klasse und das Ehrenkreuz »Pro Ecclesia et Pontifice«. Da sich unter den Häftlingen auch viele Franzosen befanden, wurde sie als »femme chevalier« in die französische Ehrenlegion aufgenommen. Die Verleihung des Ordens wurde am 19. Dezember 2004 im Kloster der »Armen Schulschwestern von Unserer Lieben Frau« in München durch den französischen Botschafter vorgenommen. — Schwester Imma Mack wurde am 29. Juni 2006 auf dem Münchner Ostfriedhof beigesetzt.

Werke: Warum ich Azaleen liebe. Erinnerungen an meine Fahrten zur Plantage des Konzentrationslagers Dachau von Mai 1944 bis April 1945, St. Ottilien 1989.

Georg Arnold

MAHFUZ, Nagib (auch Machfus, Nagib oder Mahfouz, Naguib), * 11. Dezember 1911 in Kairo, † 30. August 2006 ebendort, war ein ägyptischer Schriftsteller und Literaturnobelpreisträger. — Nagib Mahfuz wurde 1911 als jüngstes von sieben Kindern in Kairo geboren. Der Vater war Angestellter im unteren Staatsdienst. Mahfuz besuchte die Oberschule, studierte Philosophie und arbeitete seit den 1930er Jahren als Beamter. Bis zu seiner Pensionierung war er in unterschiedlichen Bereichen der ägyptischen Kulturverwaltung tätig. Neben seiner Arbeit verfaßte Mahfuz zunächst Kurzgeschichten und veröffentlichte ab Ende der 1930er Jahre die ersten Romane. Diese Frühwerke waren vornehmlich Historienromane über das antike Ägypten. Im Hinblick auf den halbkolonialen Status des damaligen Königreichs versuchte Mahfuz, die historische Bedeutung des Landes darzustellen und wirkte damit auch Identität stiftend in der Gegenwart. — Zu Mahfuz frühen Kindheitserlebnissen zählten die als »Revolution« bezeichneten großen Demonstrationen von 1919, die sich gegen die von den Westmächten nach dem ersten Weltkrieg auferlegte Ordnung und die britische Herrschaft richteten. Diese Erlebnisse bildeten den historischen Ausgangspunkt weiterer Romane, in denen er sich ab Mitte der 1940er Jahre zeitgenössischeren Themen zuwandte. In seiner »Kairoer Trilogie«, die ihm den ägyptischen Staatspreis für Literatur und weltweite Anerkennung einbrachte, erzählt Mahfuz die Geschichte einer Kaufmannsfamilie über drei Generationen und stellt den Wandlungsprozeß der ägyptischen Gesellschaft in der ersten Hälfte des Zwanzigsten Jahrhunderts dar. Mahfuz unterstützte in späteren Jahren den Friedensprozeß mit Israel und befürwortete eine säkulare, demokratische Gesellschaftsordnung. Aufsehen erregte 1959 sein Roman »Die Kinder unseres Viertels«, indem er die monotheistischen Religionen kritisierte. Auf Grund der Proteste konservativer islamischer Kreise konnte das Buch in Ägypten erst 47 Jahre später auf Arabisch erscheinen. Als ihm 1988 als erster arabischer Schriftsteller der Literaturpreis verliehen wurde, empfanden dies einige als Provokation. Ein radikaler Geistlicher verhängte in einer Fatwa ein Todesurteil. 1994 überlebte er nur knapp und schwer verletzt ein Attentat. — Nagib Machfus, der neben Romanen und Kurzgeschichten auch Drehbücher schrieb und nur sehr selten seine Heimat verließ, publizierte rund fünfzig Werke. Er gilt als Vater des arabischen Romans und als Zeitzeuge und Chronist des ägyptischen Staates. In Deutschland wurde er erst mit der Verleihung des Literaturnobelpreises einem größeren Publikum bekannt. Mahfuz starb im August 2006 in einem Kairoer Krankenhaus.

Werke (Auswahl deutscher Übersetzungen): Das Buch der Träume. Aus dem Arabischen von Doris Kilias, Zürich 2007; Die Midaq-Gasse. Aus dem Arabischen von Doris Kilias, Zürich 2007; Cheops. Aus dem Arabischen von Doris Kilias, Zürich 2007; Die Kinder unseres Viertels. Aus dem Arabischen von Doris Kilias, Zürich 2006; Die Reise des Ibn Fattuma. Aus dem Arabischen von Doris Kilias, Zürich 2006; Cheops. Hörbuch, gesprochen von Gunter Schoß. Aus dem Arabischen von Doris Kilias. Kürzung und Hörbuchbearbeitung von Franziska Paesch, Regie: Franziska Paesch und Jens Kronbügel, Hamburg 2006; Radubis. Aus dem Arabischen von Doris Kilias, Zürich 2006; Der Rausch. Aus dem Arabischen von Doris Kilias, Zürich 2005; Das Hausboot am Nil. Aus dem Arabischen von Nagi Naguib. Mit einem Nachwort von Stefan Weidner, Frankfurt am Main 2004; Echnaton. Hörbuch, gesprochen von Rainer Strecker. Regie und Musik von Ulrich Maske, Hamburg 2004; Ehrenwerter Herr. Aus dem Arabischen von Doris Kilias, Zürich 2004; Der letzte Tag des Präsidenten. Aus dem Arabischen von Doris Kilias, Zürich 2003; Anfang und Ende. Aus dem Arabischen von Doris Kilias, Zürich 2002; Das Ägypten des Nagib Machfus. Auszüge aus seinen Romanen und Fotografien von Georg Kürzinger, Frankfurt a.M. u.a. 2002; Die Midaq-Gasse. Hörbuch, gelesen von Max Volkert Martens. Regie: Ralf Becher. Texteinrichtung: Katia Semprich, München 2002; Miramar. Aus dem Arabischen von Wiebke Walther, Zürich 2002; Spiegelbilder. Mit 50 Illustrationen von Saif Wanli. Aus dem Arabischen von Doris Kilias, Zürich 2002; Echnaton, der in der Wahrheit lebt. Aus dem Arabischen von Doris Kilias, Zürich 2001; Kairo-Trilogie. Aus dem Arabischen von Doris Kilias, Zürich 2001; Anfang und Ende. Aus dem Arabischen von Doris Kilias, Zürich 2000; Die Nacht der tausend Nächte. Aus dem Arabischen von Doris Kilias, Zürich 2000; Echo meines Lebens. Aus dem Arabischen von Doris Kilias, Mit einem Nachw. von Nadine Gordimer. Zürich 2000; Das Lied der Bettler. Aus dem Arabischen von Doris Kilias, Zürich 1998; Mein Ägypten. Mohammad Salmawy im Gespräch mit dem Nobelpreistra¨ger Nagib Machfus. Fotografien von Gilles Perrin, Hamburg 1998; Die Spur. Aus dem Arabischen von Doris Kilias, Zürich 1997; Palast der Sehnsucht. Aus dem Arabischen von Doris Kilias, Zürich 1996; Zuckergässchen. Aus dem Arabischen von Doris Kilias, Zürich 1996; Zwischen den Palästen. Aus dem Arabischen von Doris Kilias, Zürich 1996; Das Lied der Bettler. Aus dem Arabischen von Doris Kilias, Zürich 1995; Die segensreiche Nacht. Aus dem Arabischen von Hartmut Fähndrich und Wiebke Walther, Zürich 1994; Der Dieb und die Hunde. Aus dem Arabischen von Doris Kilias, Zürich 1993; Die Kneipe zur Schwarzen Katze. Aus dem Arabischen von Susanne Enderwitz, Berlin 1993; Der Dieb und die Hunde. Ins Deutsche übertragen von Doris Erpenbeck, Frankfurt a.M. u.a. 1990; Die Moschee in der Gasse. Ins Deutsche übertragen von Wiebke Walther, Zürich 1989; Über Nagib Machfus, Zürich 1989.

Lit. (Auswahl): Hartmut Fähndrich, Arabische Prosa als Lebens-Geschichte. Zum Tod des ägyptischen Literaturnobelpreisträgers Nagib Machfus, In: Neue Zürcher Zeitung, 31. August 2006; — Abdelsalam A. Heder, Die Darstellung islamistischer Tendenzen und Gruppen im a¨gyptischen Roman von 1945 bis 2000. Diss.; Bamberg 2001; — Hartmut Fähndrich, Nagib Machfus, München 1991.

Georg Arnold

MALSCH, Carl Paul, Hauptpastor in Hamburg; * 20.5. 1916 in Hamburg als Sohn des Bankangestellten Johannes Adolph Carl Malsch und seiner Frau Martha Maria Emilie, geborene Becker; † 13.9. 2001 in Hamburg. — Carl Malsch wuchs in Hamburg-Hamm auf. Seine christliche und kirchliche Sozialisation geschah durch das Elternhaus und den »Jugendbund für entschiedenes Christentum« (EC). Seine Eltern gehörten der sehr pietistisch geprägten Landeskirchlichen Gemeinschaft unter Friedrich Heitmüller (s.d.) am Holstenwall an. Sie schickten seine Geschwister und ihn zur Sonntagsschule (Kindergottesdienst) in die Jungmannstraße in Eilbeck, wo seine Freunde den Jugendbund für entschiedenes Christentum der Gemeinde gründeten. Im Alter von 15 Jahren las er innerhalb eines Jahres die Bibel komplett durch. Die christliche Jugendgruppe aus Handwerkern, Studenten und Schülern hatte starke Elemente von der Jugendbewegung übernommen und verstand sich als Bruderschaft. Ihr Wahlspruch lautete: »Für Christus und die Kirche«. — Als Heitmüller kurze Zeit bei den Nazis mitmarschierte, trat die Gruppe 1934 geschlossen aus der »Evangelischen Gemeinschaft« aus und schloß sich der Hamburgischen Landeskirche an. Ihre neue Heimat fanden sie bei Pastor Kreye in Hamburg-Hamm. — Als die Evangelische Jugend 1934 in die Hitlerjugend überführt werden sollte, machte die Gruppe nicht mit. Carl Malsch übernahm in der Hammer Gemeinde die Reste der Evangelischen Jugend. Dort war er bis 1936 in der Jugendleitung tätig. In der Hammer Gemeinde gehörte er zur Bekenntnisgemeinschaft. Besonders Pastor Forck, Mitglied der Vorläufigen Leitung der Bekennenden Kirche informierte die Gruppe über die Auseinandersetzungen zwischen Kirche und Staat. Als der andere Gemeindepastor, Herr Heldmann, 1934 für kurze Zeit ins KZ gebracht worden war, hatte er schon einige erste Eindrücke vom zerstörerischen Wesen des Nationalsozialismus gewonnen. — Nach dem Abitur wollte Carl Malsch Lehrer werden, was ihm aber von den Nationalsozialisten verwehrt wurde, weil er nicht in der Hitlerjugend war. So entschloß er sich auf Anraten eines Freundes, Theologie zu studieren. Er begann das Studium mit einem Stipendium der Hamburgischen Landeskirche im April 1936 in der Theologischen Schule Bethel, wo er zuerst das Hebraicum, Latinum und Graecum nachholen mußte. — Im Dezember 1936 bekam er Tuberkulose, die ihn bis 1944 begleitete. Das bewahrte ihn davor, eingezogen zu werden. So konnte er, nachdem die Krankheit weit genug zurückgegangen war und nachdem er 1938 ein halbes Jahr im »Studentischen Ausgleichsdienst« gearbeitet hatte, im Wintersemester 1938/39 sein Studium in Rostock, dann in

Berlin und Erlangen fortsetzen. Seine Heimat war die Bekennende Kirche und die Evangelische Studentengemeinde, ein großes Vorbild war Pastor —Martin Niemöller (s.d.). — 1939 holte ihn der Leiter der Evangelischen Studentengemeinden, Dr. Martin Fischer, nach Berlin und machte ihn zum Reichsobmann der Studentengemeinden. Von Berlin aus sammelte er zusammen mit Fischer an jeder Universität einen Vertrauensobmann, so daß die Evangelischen Studentengemeinden unter dieser Obhut wachsen konnten. Die Studentengemeinde war 1945 die einzige noch bestehende Organisation an der Universität. — Im März 1941 legte Carl Malsch sein 1. theologisches Examen in Hamburg ab. Danach wurde er Nachfolger von Martin Fischer und war von Berlin aus im Reisedienst der Evangelischen Studentengemeinden tätig. Ab April 1942 war er Lehrvikar in der Hammer Gemeinde. — Nach seinem 2. theologischen Examen im März 1943 wurde er Hilfsprediger an der Hamburger Hauptkirche St.Katharinen, wo er am 13. Juni 1943 von Hauptpastor Volkmar Herntrich (s.d.) ordiniert wurde. Im selben Monat heiratete er die Pastorentochter Elisabeth Crusius. Ihre gemeinsame Wohnung im Katharinenkirchhof wurde am 27. Juli 1943 durch den herabfallenden Turm der Katharinenkirche im Feuersturm zerstört. — Nach seiner Ernennung zum Pastor am 1. April 1944 wurde er zur Betreuung evakuierter Hamburger nach Niederbayern (Landau a.d.Isar) geschickt. Nach dem Ende des Krieges wurde er Pastor in der Maria-Magdalenen-Kirche in Hamburg-Klein Borstel (bis 31. Juli 1947 als Dienstleistung der Kirchengemeinde Fuhlsbüttel; danach wurde die Kirchengemeinde Klein-Borstel selbstständig). Im Mai 1954 wurde Carl Malsch Studentenpfarrer der Evangelischen Studentengemeinde in Hamburg. In dieser Zeit gründete er den »Verein für ökumenische Studentenwohnheime«. In diesen Studentenheimen wird bis heute die Hälfte der Plätze satzungsgemäß an ausländische Studenten vergeben. Eines der Heime wurde in den 1990er Jahren nach ihm »Carl-Malsch-Haus« genannt. — Als Studentenpfarrer wurde ihm auch die Gelegenheit geboten, Rundfunkandachten und Gottesdienstübertragungen im Fernsehen zu halten. — Im Jahre 1960 erhielt er vom Jerusalemsverein den Ruf, in Jerusalem Propst der Deutschen Evangelischen Gemeinde zu werden. Außerdem wählte ihn die Synode der im Jahr zuvor gegründeten und von König Hussein von Jordanien am 17. Mai 1959 anerkannten Evangelisch-lutherischen Kirche in Jordanien (ELCJ) zu ihrem geistlichen Leiter (Bischof). Am 9. Oktober 1960 wurde er vom Berliner Bischof Otto Dibelius (s.d.) in sein Amt eingeführt. Sein Amtssitz war die Propstei im Zentrum der Jerusalemer Altstadt neben der Erlöserkirche. Zu seinen Aufgaben gehörten auch monatliche Predigten in der deutschen Gemeinde Amman, in den ersten zwei Jahren auch in Damaskus, weil der für Damaskus zuständige Beiruter Auslandspfarrer aus politischen Gründen nicht nach Damaskus reisen durfte. In seine Amtszeit fällt ein wichtiges ökumenisches Ereignis, die Begegnung zweier Kirchenoberhäupter im Heiligen Land: Am 6. Januar 1964 trafen sich Papst Paul VI. (s.d.) und der Patriarch Athenagoras von Konstantinopel (s.d.) in Jerusalem. Carl Malsch wurde als Oberhaupt der ELCJ von Paul VI. und Athenagoras in Privataudienz empfangen. — Im Herbst 1965 holte ihn Landesbischof Hans-Otto Wölber (s.d.) zurück nach Hamburg. Carl Malsch wurde einstimmig zum 26. Hauptpastor der Hamburger Hauptkirche St.Petri gewählt und wurde damit der Nachfolger von Landesbischof Karl Witte (s.d.) im Hauptpastorenamt. Gleichzeitig übernahm er die Leitung der Hamburger Stadtmission, die traditionsgemäß beim Hauptpastor von St. Petri lag. In St. Petri stellte sich für ihn das Problem der leeren Kirchen schon recht frühzeitig: Die City-Kirchen mußten mit der Entvölkerung der Innenstadt ihre Aufgaben neu justieren. Statt einer »Wohngemeinde« gab es hier eine »Personalgemeinde«. Carl Malsch prägte den Begriff der »Alltagskirche«. An den Werktagen wurden Kurzandachten zu Alltagsthemen im Wechsel mit Kirchenmusik etabliert. 1969 gründete er zusammen mit Pastor Gunnar von Schlippe nach einem Besuch in Holland und bei den Samaritanern in London das Beratungs- und Seelsorgezentrum (BSZ) an St. Petri nach deren Vorbild. Im BSZ versehen bis heute ausgebildete ehrenamtliche Seelsorgehelfer ihren Dienst. Zur größten Herausforderung seiner Amtszeit wurde 1979 die Besetzung der Kirche durch die Atomkraftgegner. Sein Nachfolger Hauptpastor Christoph Störmer gehörte zu den damaligen Besetzern der Kirche. — Im November 1975 wurde er als amtsältester Hauptpastor der letzte Senior der Hamburgischen Landeskirche und damit der Vertreter des Landesbischofs. In dieser Funktion wurde er Vorsitzender der Schule-Kirche-Kommission und des Kuratoriums des Rauhen Hauses, außerdem Mitglied des Verwaltungsrates des Rauhen Hauses. Diese Ämter hatte er bis zu seiner Emeritierung inne. — Am 31. Oktober 1981 (Reformationstag) wurde Carl Malsch emeritiert. Im Sommer des Jahres 1984 waren Carl Malsch und seine Frau ehrenamtliche »Kurseelsorger« in Wenningstedt auf Sylt. Den Vorsitz der Hamburger Stadtmission legte er 1988 nieder. — Carl Malsch war ein Mensch des Wortes und der Tat, nicht der theologischen Wissenschaft. Es lag ihm, seine Mitmenschen von sozialen Projekten und kirchlichen Bauvorhaben zu begeistern und dafür die Mittel zu beschaffen. Er propagierte die »leise Kollekte« (Scheine statt Münzen) und prägte den Satz »Gott liebt blaue Zehnmarkscheine«[Artikel vom 15. Mai 1955 in »Die Kirche in Hamburg«, Herausgeber: Volkmar Herntrich].

Werke: Carl Malsch (Herausgeber): »Die Hauptkirche St. Petri in Hamburg - Geschichte und Gegenwart«, Hamburg 1974; Carl Malsch (Herausgeber): »Die Hauptkirche St. Petri in Hamburg - Baugeschichte, Kunstwerke, Prediger«, Hamburg 1979; »Kirche für die Stadt - St. Petri-Gemeinde in der City von Hamburg« in der Schriftenreihe »zur sache«, Heft 23, Hamburg 1981; weiterhin diverse Zeitungsartikel.

Michael Malsch

MANASSES I., Erzbischof von Reims, * 1020-1030, † nach 1081. — Wahrscheinlich am 4. Oktober 1069 empfing Manasses die Erzbischofsweihe, die Wahl indessen muß einige Monate vorher erfolgt sein, da sein Vorgänger Gervasius bereits am 4. Juli 1067 gestorben war. Spätere Äußerungen Gregors VII. († 1085, s. Gregor VII.) zeigen an, daß jener - noch in der Funktion als päpstlicher Archidiakon - die Erhebung des Manasses maßgeblich beeinflußt hat (vgl. Reg. I, 52: *presertim nos adeo tue promotioni favimus et consensimus)*. Von späteren Chronisten (s. Guibert von Nogent, † um 1125, De vita sua lib. I, c. 11; Hugo von Flavigny, † um 1114, in lib. II, 415: *invasor symoniacus Manasses)* erhobene Simonievorwürfe sind wohl als reine Propaganda zu betrachten; Zeitgenossen, insbesondere Hildebrand-Gregor VII., erwähnen sie an keiner Stelle. Die Manasses von Guibert (De vita sua, lib. I, c. 11) zugeschriebene Äußerung, daß es doch so schön als Erzbischof von Reims sein könne, müsse er nicht ständig die Messe lesen, dürfte gleichsam nicht mehr als eine Anekdote sein. Manasses war unzweifelhaft adeliger Abkunft (wiederum: Guibert, lib. I, c. 11), seine Mutter hieß Adelaide. Möglicherweise war diese ein Nachkomme Hugo Capets (König von Frankreich, † 996). Eine Zugehörigkeit zur Grafenfamilie von Gournay läßt sich - anders als in der Forschung vielfach behauptet - nicht sicher belegen. Vor seiner Erhebung tat sich Manasses in Reims nicht sonderlich hervor, auch wenn er am Hof des französischen Königs nachweisbar ist und Lanfranc von Bec (s. Lanfranc von Canterbury) lobende Worte über ihn fand. Des weiteren soll er mit Bischof Hugo-Rainald von Langres († 1085) verwandt gewesen sein. Letzterer zählte in den 1070er Jahren zur Oppositionsgruppe gegen den Reimser Metropoliten. Als Erzbischof zeigte Manasses einen selbstbewußten Regierungsstil, der ihm zahlreiche Feinde einbrachte und in seiner Absetzung und Exkommunikation endete. In der Tat hat sich Manasses einiges zu Schulden kommen lassen. Der Abtei von St-Remi in Reims zwang er nach künstlich verlängerten Sedisvakanzen, die der Kasse der Reimser Kirche zu Gute kamen, zwei ungeliebte Äbte auf, unter ihnen Walo von St-Arnoul in Metz. Walo resignierte im Jahre 1074. Seine Briefe sind geprägt von Anfeindungen gegen den Reimser Metropoliten. Nicht nur unter den Mönchen von St-Remi, sondern auch innerhalb der Domgeistlichkeit stieß Manasses auf tiefe Ablehnung. Die Anklagen des Domschulleiters Bruno (s. Bruno der Kartäuser) und Manasses' von Châtillon (später Erzbischof Manasses II. von Reims, † 1106) führten zur ersten Absetzung des Erzbischofs durch den päpstlichen Legaten Hugo von Die († 1106) auf der Synode von Autun (September 1077), zu der Manasses I. nicht erschienen war. Zuvor hatte Gregor VII. den Metropoliten in anderen Fällen, wie dem von Manasses verhinderten Absetzungsverfahren gegen den Reimser Suffragan Roger von Châlons-sur-Marne und der offensichtlich ungerechtfertigten Exkommunikation Reimser Mönche, getadelt. Namentlich der Gewalt der päpstlichen Legaten, vor allem Hugos von Die, versuchte sich Manasses beständig zu entziehen. So führte er unter anderem aus, daß der Reimser

Metropolit der einzige sei, der alle Bischöfe Galliens zu einer Versammlung vereinen könne. Seinem Wunsch nach »ultramontanen« - d.h. römisch-stämmigen - Gesandten kam Gregor aber nicht nach. Auf der Fastensynode 1078 mußte Manasses dem Papst einen Gehorsamseid leisten. Seine konstante Mißachtung der Legatengewalt führte 1080 zur Absetzung durch Hugo von Die. Die von Gregor VII. gewährte Frist zur Buße ließ der Reimser verstreichen, so daß er im Dezember 1080 vom apostolischen Stuhl förmlich abgesetzt und exkommuniziert wurde. Der Vertreibung aus der Stadt folgte entweder ein Exil als »Legat« des französischen Königs am deutschen Hof (Benzo von Alba, Ad Heinricum IV. imperatorem, lib. VI, 657: *nobilis et litteratus, Phylippi regis Franciae venerabilis legatus) oder eine Wallfahrt ins Heilige Land (Mabillon).* Nach 1081 verliert sich seine Spur, sein Name wurde aus Reimser Aufzeichnungen und Memorialbüchern vielfach getilgt.

Quellen: Recueil des historiens des Gaules et de la France 14, edd. M. J. J. Brial/L. Delisle (Paris 1877); Briefsammlungen der Zeit Heinrichs IV., hrsgg. von C. Erdmann/N. Fickermann (MGH Briefe der deutschen Kaiserzeit 5, Weimar 1950) Nr. 107, 179-182; Die Briefe des Abtes Walo von St. Arnulf vor Metz, hrsg. von B. Schütte (MGH Studien und Texte 10, Hannover 1995), bes. Nr. 1-4, 51-67; Guibert von Nogent, De vita sua (Histoire de sa vie), hrsg. von G. Bourgin (Collection des textes pour servir à l'étude et à l'enseignement de l'histoire, Paris 1907) lib. I, c. 11, 30; lib. III, c. 2, 131; Hugo von Flavigny, Chronicon, ed. G. H. Pertz (MGH SS 8, Hannover 1848) lib. II, 415 ff.; Benzo von Alba, Ad Heinricum IV. imperatorem, ed. K. Pertz (MGH SS 11, Stuttgart 1854) lib. VI, 657; Das Register Gregors VII., ed. E. Caspar (MGH Epp. sel. 2, 1, Berlin 1920, ND München 1990), hier Reg. I, 13; I, 52; II, 56; IV, 20; IV, 22; V, 17; VI, 2; VI, 3; VI, 6; VII, 20.

Lit.: Gallia Christiana 9. De provincia Remensis, Ejusque Metropoli ac Suffrageis Suessionensi, Laudunensi, Bellovacensi, Catalaunensi ac Noviomensi (Paris 1751, ND Westmead 1970) 70-75; — W. Schwarz, Der Investiturstreit in Frankreich, in: ZRG Kan. Abt. 42 (1923) 292 ff.; — J. Haller, Das Papsttum. Idee und Wirklichkeit 2. Der Aufbau (Reinbek [2]1965) 294 ff. und 435; — Th. Schieffer, Die päpstlichen Legaten in Frankreich. Vom Vertrage von Meersen (870) bis zum Schisma von 1130 (Berlin 1935, ND Vaduz 1965) 97-102; — H. Gaul, Manasses I. Erzbischof von Reims. Ein Lebensbild aus der Zeit der gregorianischen Reformbestrebungen in Frankreich. Teil 1: Der unbekannte Manasses der ersten Jahre (1069 bis Frühjahr 1077), hrsg. von J. HOGG (Spiritualität heute und gestern 15, Salzburg 1992 = ND der Ausgabe Essen 1940 [Diss. kath.-theol. Bonn]); — J. R. Williams, Archbishop Manasses I of Rheims and Pope Gregroy VII, in: The American Historical Review 54 (1948/49) 804-824; — A. Becker, Studien zum Investiturproblem in Frankreich. Papsttum, Königtum und Episkopat im Zeitalter der gregorianischen Kirchenreform (1049-1119) (Schriften der Universität des Saarlandes, Saarbrücken 1955), bes. 59 ff. und 64 ff.; — L. Meulenberg, Der Primat der römischen Kirche im Denken und Handeln Gregors VII. ('s Gravenhage 1965) 58 ff. und 83-86; — N. Huyghebaert, St Arnoul de Soissons et la consécration de l'église du prieuré de Coincy, 1082, in: Anal. Boll. 85, 3/4 (1967) 317-329; — I. St. Robinson, Periculosus homo: Pope Gregory VII and Episcopal Authority, in: Viator 9 (1978) 103-131, bes. 124-127; — ders., The Papacy 1073-1198. Continuity and Innovation (Cambridge University Press, Cambridge 1990) 153; — R. Schieffer, Die Entstehung des päpstlichen Investiturverbots für den deutschen König (MGH Schriften 28, Stuttgart 1981) 143-152, 162-164; — J. Gaudemet, Grégoire VII et la France, in: Stud Greg 13 (1989) 213-240, bes. 231-233; — St. Beulertz, Das Verbot der Laieninvestitur im Investiturstreit (MGH Studien und Texte 2, Hannover 1991) Nr. 2, 4 f. und 90 f.; — L. Kéry, Die Errichtung des Bistums Arras 1093/1094 (Beihefte der Francia 33, Sigmaringen 1994) 239-241; — J. Englberger, Gregor VII. und die Bischofserhebungen in Frankreich. Zur Entstehung des ersten römischen Investiturdekrets vom Herbst 1078, in: Die früh- und hochmittelalterliche Bischofserhebung im europäischen Vergleich, hrsg. von Fr.-R. Erkens (Archiv für Kulturgeschichte, Beihefte 48, Köln/Weimar/Wien 1998) 193-258, bes. 206, 214-216, 226-229 und 232-236; — H.E.J. Cowdrey, Pope Gregory VII 1073-1085 (Oxford 1998) 375-378 u.ö.; — B. Schilling, Guido von Vienne - Papst Calixt II. (MGH Schriften 45, Hannover 1998) 56 f.; — U.-R. Blumenthal, Gregor VII. Papst zwischen Kirchenreform und Canossa (Darmstadt 2001) 149, 211 f. und 214-219; — P. Healy, The Chronicle of Hugh of Flavigny. Reform and the Investiture Contest in the Late Eleventh Century (Church, Faith und Culture in the Medieval West, Aldershot/Burlington, Vermont, 2006) 130; — LexMA 6, 184.

Matthias Schrör

MARCOURT, Antoine, Theologe und Reformator der Romanischen Schweiz, * um 1490 in Lyon, † 1561 St.Julien-en-Genevois, Doktor der Sorbonne, galt als guter Redner und bewährte sich in der religiösen Polemik gegen die Altgläubigen. Möglicherweise Verfasser des 1528 bezeugten, aber nicht mehr erhaltenen *little book of an author unknown against Natalis Beda.* Auf dessen Veranlassung mußte er 1531 Paris verlassen und wurde auf Empfehlung Guillaume Farels in Neuenburg/Neuchâtel als Prediger eingesetzt. — Dort veröffentlichte er *Le livre des marchands ...composé par le sire Pantapole, ..., proche voisin du Seigneur Pantagruel,* gedruckt von seinem Landsmann Pierre de Vingle, der 1532 aus Lyon nach Neuchâtel zugezogen war. Bereits 1534 wurde dies Buch in London nachgedruckt. Marcourt lehnte sich mit der Wahl des Namens *Gargantua* eng an den Humanisten François Rabelais an, und wenn er seinen *Pantapole* zum Nachbarn von *Pantagruel* machte, dann setzte er sich damit in die Nähe von Rabelais und dessen Kritik an kirchlichen Verhältnissen. — Marcourts nächste Schrift richtet sich gegen Natalis Beda (Noël Bedier), seit 1520 Syndikus der theologischen Fakultät der Sorbonne. Durch ihn verschärfte sich der Gegensatz zwischen der humanistisch eingestellten, der Reformation zugeneigten artistischen Fakultät und den konservativen Theologen. 1533 inspirierte Johannes Calvin den Rektor der Sorbonne Nicolas Cop zu einer Rede, die den Gegensatz der beiden Schulen offen legte. Zu einer erneuten Flucht Marcourts aus Paris Anfang 1534 gab Natalis Beda wieder den Anstoß. Für den Moment hatte der Bewahrer des Alten gesiegt, doch der verfiel bald der Ungnade des Königs und gab – ungewollt – Anlaß zu einer weiteren Schrift: *La Confession et raison de la foy de maistre Noël Beda.* Marcourt behauptete darin, nachdem König François I. Beda verjagt hatte, habe bei diesem im Exil ein Sinneswandel zu Gunsten der Evangelischen stattgefunden, und wollte so dessen fingierte Konfession zu Gunsten der Evangelischen wirksam werden lassen. — Allgemeine Aufmerksamkeit erregte Marcourt durch die so genannten *Placards*. In der Nacht vom 17. zum 18.Oktober 1534 wurden in Paris, vor und im Schloß Amboise, wo König François I. sich gerade aufhielt, sowie in mehreren Städten Frankreichs anti-katholische Traktate aufgehängt; sie kritisierten heftig den Mißbrauch der Messe und versuchte, dem König die Evangelischen als die wahren, loyalen Untertanen vorzustellen: *Articles veritables sur les horribles / grandz & importables abuz de la messe.* Verfasser und Drucker blieben unerkannt. Helfershelfer hatten die Plakate nach Frankreich gebracht, dort verteilt und in einer konzertierten Aktion so aufgehängt, daß nicht nur der König, sondern auch Vertreter der papst-treuen Partei sie wahrnehmen mußten. Für den König war das eine unerhörte Provokation, legte er doch Wert auf eine Übereinstimmung mit Rom und fühlte sich verpflichtet, jede Häresie im Keim zu ersticken. Er ließ schnell und hart handeln: schon am 13. November 1534 wurde ein Protestant zum Tod auf dem Scheiterhaufen verurteilt, im Januar 1535 folgten sechs weitere. Die Affäre um die *Placards* kann als Auftakt für die Religionskriege angesehen werden, die Frankreich für fast sechs Jahrzehnte erschütterten. — 1532 trafen Vertreter der Waldenser im Chanforan (in Piemont) mit Guillaume Farel und Pierre-Robert Olivier (Olivetanus), seit 1531 Präzeptor in Neuchâtel, zusammen und baten um eine Bibelübersetzung in ihren heimatlichen französischer Sprache. Olivetanus übernahm die Aufgabe. Er hat dazu die Übersetzung des Neuen Testaments von Jaques Lefèvre überarbeitet und das Alte Testament selbständig aus dem Hebräischen und Aramäischen übersetzt. 1535 erschien: *La bible qui est toute la saincte escripture.* Mit-Herausgeber war Antoine Marcourt, der Drucker Pierre de Vingle. Diese Bibel ist die Urform aller französisch-evangelischen Bibeln; bereits 1540 wurde sie in Genf nachgedruckt, wohin Antoine Marcourt 1538 übergesiedelt war. — Das Thema Messe nahm Antoine Marcourt literarisch wieder auf in *Declaration de la Messe.* Pierre Viret hat das Buch unter dem Pseudonym Cephas Geranius herausgegeben und in Genf 1544 drucken lassen. Er nahm darin ein altes und immer noch aktuelles Thema auf und bezog sich darin ausdrücklich auf die *Articles veritables* von 1534. — Antoine Marcourt war 1538 nach Genf übergesiedelt und mit der Aufgabe betraut worden, nach der Ausweisung von Jean Calvin und Guillaume Farel die dortige Kirche neu – liberaler – zu organisieren. Farel nahm Marcourts Platz in Neuchâtel ein – Calvin erreichte über Basel Straßburg. Eine glückliche Figur hat Marcourt in Genf nicht gemacht; den Parteienzwist zwischen den Anhängern einer radikalen Kirchenordnung, einer offenen Landeskirche und einer bischöflichen Kirche zu befrieden, war er überfordert. Schließlich drohte der römische Katholizismus die Stadt zurückzugewinnen. 1541 richtete der Rat der Stadt einen Hilferuf an Calvin und Farel und diese zogen im Herbst geradezu triumphal in die Stadt und in ihre alten Ämter ein. Calvin hatte Bedingungen für seinen Neubeginn in Genf gestellt – eine davon war die Eliminierung aller Kräfte, die nicht seine konsequente Linie der Kirchenzucht mittrugen – und dazu gehörte auch Antoine Marcourt. Für diesen bedeutete das die Offenbarung, daß er wohl zu einem polemischen Streiter und Literaten, aber nicht zu einem Kirchenlenker geboren sei. —

Am 28.I.1547 starb in England König Heinrich VIII. Der Vormund für den erst zehnjährigen Edward, sein Onkel Edward Seymour, Herzog von Somerset, war ein überzeugter Protestant und sah seine Stunde für eine Reform der englischen Kirche nach deutschem oder Schweizer Vorbild gekommen. Im gleichen Jahr schon erschien in London *A declaration of the masse* unter der Scheinadresse *Wyttenberge: prynted by Hans Luft.* Die englische Ausgabe von 1548 erschien dann nicht mehr anonym. — 1561 starb Antoine Marcourt in St.Julien-en-Genevois. Die Nachwelt hat ihn, den Heißsporn von Paris und Neuchâtel und den gemäßigten Reformer von Genf, bald weitgehend vergessen – und seine Schriften mit ihm. Seine *Placards* hatten einmal ein Fanal gesetzt, das Frankreich in einen Bürgerkrieg stürzte; seine weiteren Schriften haben eher dazu beigetragen, daß die Reformation in England friedlich vorankam und daß sie in Bahnen lief, die mehr von den Schweizern und Oberdeutschen als von Luthers Schülern geprägt wurden.

Werke: Le livre des marchands, fort utile à toutes gens, nouvellement composé par le sire Pantapole, bien expert en telle affaire, proche voisin du Seigneur Pantagruel. Imprimé à Corinthe, le 22 d'août l'an 1533, [Neuchâtel, Pierre de Vingle], nachgedruckt als The boke of marchauntes, right necessarye vnto all folkes. Newly made by the lorde Pantapole, right expert in suche busynesse, nere neyghbour vnto the lorde Pantagrule. [London, 1534]; La Confession et raison de la foy de maistre Noël Beda, docteur en théologie et sindique de la sacrée Université à Paris, envoyée au très chrestien roy de France, Françoys, [Neuchâtel, Pierre de Vingle, 1534]; Articles veritables sur les horribles / grandz & importables abuz de la messe papalle inventee directement contre la saincte Cene de Nostre Seigneur, seul Médiateur et seul Sauveur Jesus Christ. [Neuchâtel, Pierre de Vingle, 1534]; Mitherausgeber von La bible qui est toute la saincte escripture, en laquelle sont contenues la vieil testament et le nouveau, translatez en Francoys. [Serrières, Pierre de Vingle, 1535]; Declaration de la Messe, Le fruict dicelle, La cause, & le moyen, pour quoy & co(m)me(n)t on la doibt maintenir. Nouuellement reueue & augmetee, par son premier Autheur. [Pierre Viret; Pseudonym: Cephas Geranius – Genf, Jean Michel 1544], nachgedruckt als A declaration of the masse, the fruyte therof the cause & the meane ... Newly perused and augmented by the fyrst author therof ... Translated newly out of Frenche into Englyshe. Wyttenberge: prynted by Hans Luft; A declaration of the masse ... Newely perused and augmented by the first author therof. M. Anthony Marcort ... Translated ... into Englysh [London, John Day, 1548].

Lit: Gabrielle Berthoud, Antoine Marcourt: réformateur et pamphlétaire du »Livre des marchans« aux placards de 1534, Genève. Droz, 1973.

Rainer Haas

MARIA AURORA, Gräfin von Königsmarck, Pröpstin von Quedlinburg; * 28.4. 1662 in Stade; † 16.2. 1728 in Quedlinburg; begraben in der Stiftskirche St. Servatius zu Quedlinburg. — M.A. entstammte einem schwedisch-deutschen Adelsgeschlecht, das durch militärische Verdienste im Dreißigjährigen Krieg (1618-1648) zu einer einflußreichen Familie in Europa avancierte. Ihre Eltern waren Kurt (Konrad) Christoph Graf von Königsmarck (1634-1673) und Maria Christine von Wrangel auf Lindeberg (1638-1691). Von vier Geschwistern erreichten drei das Erwachsenenalter: Karl Johann (1659-1686), Amalie Wilhelmine (Gräfin Löwenhaupt, 1663-1740) und Philipp-Christoph (1665-1694). Nach dem Tod des Vaters standen M.A. und ihre Geschwister unter der Vormundschaft ihres Onkels Otto Wilhelm Graf Königsmarck (1639-1688) und Esias von Pufendorf (1628-1689), nach deren Tod wurde der schwedische Hofkanzler Freiherr Nils Gyldenstolpe neuer Vormund. Die frühen Kindheitsjahre verbrachte M.A. in Stade, auf Schloß Agathenburg und in Hamburg. Nachdem die Mutter im Mai 1680 nach Schweden zurückgekehrt war, kamen die Kinder kurzfristig in die Obhut ihrer Tante Beate Elisabeth Gräfin de la Gardie (1637-1723), ein halbes Jahr später folgten M.A. und ihre Schwester der Mutter nach Stockholm. Nach dem Tod der Mutter lebte M.A. in Hamburg und Hannover. Ihr Bruder Philipp Christoph führte derweil mit Kurprinzessin Sophie Dorothea von Braunschweig-Lüneburg (auch bekannt als Prinzessin von Ahlden, 1666-1726), der Gemahlin von Georg Ludwig von Hannover (ab 1698 Kurfürst von Hannover, ab 1714 als Georg I. König von Großbritannien; 1660-1727), eine heimliche Liebesaffäre, die sich bald zu einem öffentlichen Skandal ausweitete. Schließlich verschwand Philipp Christoph in der Nacht vom 1. zum 2.7. 1694 unter nicht geklärten Umständen. M.A., die die Korrespondenz Philipp Christophs mit Sophie Dorothea verwahrte, begab sich auf die Suche nach ihrem verschollenen

Bruder. Da er kurz vor seinem Verschwinden als Generalleutnant in sächsische Dienste getreten war, wandte sie sich an August den Starken (Friedrich August I., Kurfürst von Sachsen zugleich August II., König von Polen; 1670-1733). August der Starke war von M.A.s Schönheit und Charme bezaubert und erhob sie zu seiner Maîtresse en titre. Als M.A. ihre Schwangerschaft bemerkte, verließ sie Dresden. In Goslar brachte sie am 28.10. 1696 in aller Heimlichkeit ihren Sohn Moritz zur Welt. Die Beziehung zu August dem Starken kühlte nach der Entbindung ab, M.A. blieb dem Vater ihres Kindes aber weiterhin verbunden. August der Starke legitimierte Moritz im Mai 1711 und erhob ihn zum Grafen von Sachsen. Moritz ging als Comte de Saxe und Marschall von Frankreich in die Geschichte ein. Die französische Schriftstellerin George Sand (s.d.) war seine Urenkelin. — Zur Sicherung ihres Lebensunterhaltes strebte M.A. ein Amt im kaiserlich freiweltlichen Damenstift Quedlinburg an. Der sächsische Kurfürst, der zugleich Stiftsschutzherr von Quedlinburg war, unterstützte M.A.s Kandidatur um das Amt der Koadjutorin. Ihre Wahl versuchten die Pröpstin Magdalena Sophia von Schleswig-Wiesenburg (1664-1720) und die Dechantin/Dekanissin Eleonora Sophia von Schwarzburg-Sondershausen (1650-1717) zwar zu verhindern, doch Kaiser Leopold I. (1658-1705) entsprach M.A.s Gesuch. Äbtissin Anna Dorothea von Sachsen-Weimar (1657-1704) bestellte M.A. schließlich am 24.1. 1698 zur Koadjutorin. Als Magdalena Sophia von Schleswig-Wiesenburg das lutherische Stift verließ (sie konvertierte zum katholischen Glauben), folgte ihr M.A. im Amt der Pröpstin (verbunden mit einem jährlichen Einkommen in Höhe von 4.000 Reichstalern); ihre feierliche Einführung fand am 24.5. 1700 statt. Mit ihren häufigen Abwesenheiten stieß M.A. bald auf Kritik inner- und außerhalb des Stiftes, insbesondere Äbtissin Anna Dorothea fühlte sich von M.A. hintergangen. Zur Finanzierung des polnischen Königsthrones hatte August der Starke Anfang 1698 die Vogteirechte über Quedlinburg an Friedrich III., Kurfürst von Brandenburg (ab 1701 als Friedrich I. König in Preußen, 1657-1713), verkauft. Während die Äbtissin, die über die Transaktion nicht informiert worden war, vehement in Wien protestierte, versuchte sich M.A. mit dem neuen Stiftsschutzherrn gut zu stellen. Kurz vor ihrem Tod ernannte Äbtissin Anna Dorothea Magdalena Sybille von Sachsen-Weißenfels (1673-1726) zur neuen Koadjutorin und somit zu ihrer Nachfolgerin, allerdings verweigerten der König in Preußen und der Kaiser ihre Zustimmung. M.A. hatte wenig Aussicht, Äbtissin von Quedlinburg zu werden. Die Schwestern Eleonora Sophia von Schwarzburg-Sondershausen (Dechantin/Dekanissin) und Marie Magdalene von Schwarzburg-Sondershausen (Kanonissin, ab 1717 Dechantin/Dekanissin, 1655-1727) kritisierten M.A.s Lebenswandel und begegneten ihr mit Feindschaft. Da die Wahl der Äbtissin mehrheitlich erfolgen mußte, gab M.A. ihren Lebenstraum schließlich auf. Doch obgleich ihr der Rang einer Reichsfürstin verwehrt blieb, regierte sie (sofern sie in Quedlinburg weilte) das Stift stellvertretend. Die Sedisvakanz endete 1718, nachdem in Maria Elisabeth von Holstein-Gottorp (1678-1755) eine geeignete und für alle Beteiligten genehme Kandidatin für das Amt der Äbtissin gefunden worden war. — M.A. blieb unverheiratet trotz zahlreicher Verehrer und Bewerber um ihre Hand (darunter der verwitwete Herzog Christian Ulrich von Württemberg-Oels-Bernstadt, 1652-1704). Ihre Beziehung zu ihrer Jugendliebe Claes Gustav Horn beendete sie auf Druck der Familie und aus Vernunftgründen. Horn, der seine Heimat Schweden aufgrund einer Verurteilung wegen handgreiflicher Auseinandersetzungen verlassen hatte, war hoch verschuldet und hatte es offenbar auf M.A.s Mitgift abgesehen. — M.A. war vielseitig begabt. Sie beherrschte fünf Sprachen fließend (Französisch, Deutsch, Schwedisch, Latein und Italienisch), sie musizierte und komponierte, daneben verfaßte sie Gedichte (religiöse und sog. Gebrauchslyrik) sowie Dramen und Singspiele. Beim schwedischen Hofmaler David Klöcker von Ehrenstrahl (1628-1698) nahm sie Malunterricht. Als Diplomatin sollte M.A. allerdings scheitern. August der Starke hoffte im Winter 1701/02, den Nordischen Krieg mit Karl XII. von Schweden (1682-1718) zu beenden und beauftragte zur Vereinbarung eines Sonderfriedens M.A. als Unterhändlerin. Doch ihre Mission mißglückte, da Karl XII. nicht gewillt war, sie zu empfangen. — Ihre letzten Lebensmonate widmete sich M.A. intensiv der Kandidatur ihres Sohnes Moritz um die Herzogswürde von Kurland. Das Unternehmen, für das sich M.A. finanziell ruinierte, sollte jedoch scheitern. »Die berühmteste Frau zweier Jahrhunderte« (Voltaire) starb in der Nacht zum 16. Februar 1728 im Quedlinburger Damenstift. Die prekären finanziellen Verhältnisse der Verstorbenen erlaubten zunächst keine angemessene Bestattung. Erst im Februar 1729 genehmigte Äbtissin Maria Elisabeth die Umbettung des schlichten Holzsarges in einen Paradesarg und die Beisetzung in der Stiftskirche St. Servatius.

Werke: Solveig Osen, Aurora von Königsmarck's Singspiel: Die drey Töchter Cecrops. in: Daphnis 17 (1988) S. 467-480; Jean M. Woods, Nordischer Weyrauch. The Religious Lyrics of Aurora von Königsmarck and Her Circle. in: Daphnis 17 (1988) S. 267-326; Karl Ulrich Seelbach, Maria Aurora von Königsmarck's Stanzen über ihren Bruder Philipp Christoph. in: Daphnis 20 (1991) S. 403-422.

Lit.: Alfred Semerau, Paul Gerhard Zeidler, Die großen Mätressen. Paderborn o.J.; — Johann Heinrich Fritsch, Geschichte des vormaligen Reichsstifts und der Stadt Quedlinburg. Quedlinburg 1828; — Friedrich Cramer, Denkwürdigkeiten der Gräfin Maria Aurora Königsmarck. Nach bisher unbekannten Quellen. Quedlinburg, Leipzig 1833; — Otto Julius von Corvin-Wiesbitzki, Maria Aurora, Gräfin von Königsmarck. Leipzig 1848; — A. v. Sternberg, Berühmte deutsche Frauen des 18. Jahrhunderts. Leipzig 1848; — Wilhelm Friedrich Palmblad, Aurora Königsmark und ihre Verwandten: Zeitbilder aus dem 17. und 18. Jahrhundert. Leipzig 1853; — K. Hase, F. v. Quast, Die Gräber der Schloßkirche zu Quedlinburg. Quedlinburg 1877; — F. W. Wiedemann, Schloß Agathenburg und Aurora von Königsmarck. in: »Niedersachsen«. Illustrierte Halbmonatsschrift für Geschichte, Landes- und Volkskunde, Sprache, Kunst und Literatur Niedersachsens. Jg. 3. Bremen 1897/98; — Paul Burg, Die schöne Gräfin Königsmarck. Braunschweig 1920; — Birger Graf Mörner, Maria Aurora von Königsmarck. En krönika. Stockholm 1914; dt. München 1922; — Hermann Lorenz, Maria Aurora Gräfin von Königsmarck, in: Mitteldeutsche Lebensbilder. Magdeburg 1930; — Rudolf Dammert, Aurora von Königsmarck. Ein Frauenschicksal um August den Starken. Hamburg 1936; — Jean M. Woods, Aurora von Königsmarck; Epitome of a »Galante Poetin«. in: Daphnis 17 (1988) S. 457-465; — Hermann Schreiber, Die ungekrönte Geliebte. Liebe und Leben der großen Mätressen. München 1992; — Reinhard Delau, Die Mätressen Augusts des Starken. Dresden 1995; — Ders., Maria Aurora von Königsmarck. Mätresse und Diplomatin Augusts des Starken. Taucha 1997; — Hans-Peter Hankel, Die reichsunmittelbaren evangelischen Damenstifte im Alten Reich und ihr Ende. Diss. (Hamburg) 1995, zugleich erschienen in der Reihe Europäische Hochschulschriften, Reihe 3, Geschichte und ihre Hilfswissenschaften, Bd. 172. Frankfurt/Main 1996; — Margareta Beckmann, Aurora von Königsmarck. Svenska Blanc Fältherrar i Stormaktstidens Europa. Stockholm 1998; — Bernd Feicke, Glockengeläut für Prinz Eugen im Reichsstift Quedlinburg 1704: zur Diplomatie der Aurora von Königsmarck. in: Harz-Zeitschrift Bd. 48/49. (1998) S. 211-217; — Sylvia Krauss-Meyl, »Die berühmteste Frau zweier Jahrhunderte«. Maria Aurora Gräfin von Königsmarck. Regensburg 2002; — Dorothea Schröder, Die schöne Gräfin Königsmarck. Wienhausen 2003; — Herbert Riebau, Persönlichkeiten aus dem Geschlecht derer von Königsmarck. in: Altmark-Blätter. Bd. 14 (2003); — Beate-Christine Fiedler, Maria Aurora von Königsmarck als gefeierte Barockdichterin. in: Quedlinburger Annalen. Bd. 8 (2005) S. 54-70. Quedlinburg 2005; — Manfred Mehl, Maria Aurora Gräfin von Königsmarck 1704-1718. in: Ders., Die Münzen des Stiftes Quedlinburg. Hamburg 2006.

Regina-Bianca Kubitscheck

MARINELLI, Ernst von, Augustiner Chorherr, Schriftsteller, Literaturprof., Seelsorger, * 21.8. 1824, Innsbruck, † 25.5. 1887, Wien. — Der Sohn eines höheren Finanzbeamten kam im Kindesalter aus seiner Tiroler Heimat nach Graz, wo er nach dem Abschluß des Gymnasiums zwei Jahre Philos. und ab 1843 Jus studierte. Als er im Sommer 1845 seinen Bruder im Noviziat im Stift St. Florian besuchte, entschloß er sich spontan dazu, ebenfalls einzutreten. M. fiel durch seinen Sinn für Humor und sein exzentrisches Gehabe auf. In seinem Zimmer hielt er Schlangen, die frei am Boden herumkrochen. Seinen Spazierstock benützte er zugleich als Pfeifenrohr. Nach Abschluß der theol. Studien empfing M. 1849 die Priesterweihe und wirkte anschließend als Kooperator in der Stiftspfarre St. Florian. — Seine ersten Gedichte hatte M. schon im Alter von 15 Jahren geschrieben. In St. Florian kam er mit dem gleichaltrigen Stiftsorganisten und Komponisten Anton Bruckner in Kontakt, der bis zu seinem Weggang 1855 rund ein Dutzend Gedichte M.s vertonte, mehr als von jedem anderen Autor. Es handelte sich dabei vielfach um Gelegenheitsgedichte u.a. zu den Namenstagen der Pröpste Michael Arneth und Friedrich Mayr und des Dechants Jodok Stülz. 1852 erschien - wohl auf Anregung der literarischen Autorität des Landes, Adalbert Stifters - M.s erster Lyrikbd. unter dem Titel »Ein Christnachtstraum«. Im Vorwort zeigte sich M. als Verfechter eines kath.-romantischen Kunstbegriffs, der eine Synthese von Kunst und Leben unter christlichen Vorzeichen anstrebte. Den Erlös des Bandes, der 1853 eine zweite Aufl. erlebte, widmete der Chorherr einem Fonds zur Errichtung eines österr. Katholikenspitals in Jerusalem. M. war von seinem äußeren Erscheinungsbild her ein für seine Zeit untypischer Chorherr. Er war schlank und sportlich durchtrainiert, ein guter Schlittschuhläufer, Schwimmer und Reiter und ein hervorragender Tänzer. Zeitgenossen bewunderten sein noch im Alter jugendliches Aussehen und seinen elastischen, schwebenden Gang. Ein Mitbruder charakterisierte ihn insgesamt als »reichbegabten, sprachkundigen, musikverständigen und hochgebildeten Mann« (Pailler). — Nach einem Messerattentat auf Kaiser Franz Joseph am 18. Februar 1853 und der raschen Genesung des Kaisers wurde von privater Seite zu einer Dankwallfahrt ins Hl. Land aufgerufen. Adalbert Stifter lud M. zur Teilnahme ein erbat sich von ihm im Auftrag des Statthalters »ein historisches Denkmal« an die Wallfahrt »von dichterischem und künstlerischem Werthe«. Nach der Erlaubnis seines Propstes Michael Arneth brach M. am 1. Juli 1853 mit vier weiteren Wallfahrern auf. Ein Dampfschiff brachte die Pilgergruppe über die Donau und das Schwarze Meer nach Konstantinopel, wo man im nahe gelegenen Brussa auch den verbannten Emir Abd al-Kader (1808-1883) besuchte, den legendären Verteidiger Algeriens im Krieg gegen Frankreich. Ende Juli ging die Reise per Schiff durch die griech. Inselwelt weiter nach Beirut, wo ein Pilger an heftigem Sumpffieber erkrankte und verstarb. Während seine Mitreisenden europäisch gekleidet waren, trug M. ab Beirut Beduinenkleidung, dazu einen Säbel und zwei Pistolen im Gurt. Weite Strecken mußten nun geritten werden und manchmal kam es auch zu gefährlichen Zwischenfällen mit bewaffneten Räuberbanden, die aber glimpflich ausgingen. Am 18. August 1853, dem 23. Geburtstag von Kaiser Franz Joseph, ritten die Pilger in Jerusalem ein und erfüllten ihr Gelübde mit einer Dankmesse für die Rettung des Kaisers. Während M.s Gefährten daraufhin wieder die Heimreise antraten, blieb er selbst noch allein im Hl. Land und wurde zum Ritter vom Orden des Hl. Grabes geschlagen. Mitte September erkrankte M. wie zuvor sein Gefährte in Beirut an Sumpffieber. Auf Empfehlung des Arztes setzte er nach Ägypten über, wo ihn jedoch heftige Ruhranfälle an den Rand des Todes brachten. Bei einem Besuch in den Ausgrabungsstätten von Gîsa und Sakkâra traf er mit dem berühmten französischen Archäologen Auguste Mariette (1821-1881) zusammen, dem späteren Begründer des Ägypt. Nationalmuseums, der ihm einige Ausgrabungsobjekte mit nach St. Florian gab. Erst zu Weihnachten 1853 konnte M. wieder nach Hause zurückkehren. — Mit dem Gedichtband »Des Sängers Pilgerfahrt«, der Anfang 1855 erschien, lieferte M. das gewünschte literarische Denkmal an die patriotische Wallfahrt. Das Buch enthält auch M.s Berr. über das Leben der Beduinen, über das missionarische Wirken der Franziskaner im Orient und über die politischen Zustände im Hl. Land, die zuvor in der »Wiener Kirchenztg.« erschienen waren. Ein Widmungsexemplar ging auch an Kaiser Franz Joseph, der M. am 27. März 1855 das Ritterkreuz des Franz-Joseph-Ordens verlieh. Ein umfangreicher Reiseber., der auf seinem Tgb. basierte, fand keinen Verleger und blieb bis heute ungedruckt. — Nach seiner Heimkehr suchte sich M. ein neues Betätigungsfeld und kam als Prof. für Rhetorik und Dt. Literatur an Militärschulen in Straß (Steiermark) und Eisenstadt. 1858 wechselte er an die Genie-Akademie in Klosterbruck bei Znaim (Mähren) und 1869 schließlich an die Technische Militärakademie in Wien. 1870 wurde er zum Militärpfarrer ernannt. Auf literarischem Gebiet nahm M. 1869 mit dem Bibeldrama »Saul« einen neuen Anlauf. Das Stück erlebte zwei Aufl. und bekam lobende Rezensionen. Der Wiener Burgtheaterdirektor Heinrich Laube stellte sogar eine Aufführung für den Fall einer Umarbeitung des fünften Aktes in Aussicht, die M. allerdings nie vornahm. Die »Glockentöne« zum Stiftsjubiläum 1871 waren eine Imitation von Friedrich Schillers »Das Lied von der Glocke«. Auf eine entsprechende Kritik eines Wiener Rezensenten reagierte M. mit der Abkehr von jeglicher lyrischer Betätigung. 1874 trat M. beim nicht ganz freiwilligen Verkauf der 59 Pergamentminiaturen Albrechts Altdorfers zum Triumphzug Kaiser Maximilians durch das Stift St. Florian an die k.k. Hofbibliothek in Wien als Unterhändler auf. Am 26. Mai 1887 starb M. in Wien in den Armen seines Propstes und Freundes Ferdinand Moser.

Werke: In's Gedenkbuch, in: Kath. Bll. für Glaube, Freiheit und Gesittung 1 (1849), Nr. 87, 345; Am Gedächtnißtage aller Seelen, in: ebd., Nr. 88, 349; Glaube, Hoffnung und Liebe, in: ebd. 2 (1850), Nr. 33, 129; Das betende Kind, in: ebd., Nr. 49, 193; Die Glocke, in: ebd., Nr. 57, 225; Das Kreuz, in: ebd., Nr. 74, 293; Katholikenverein, in: ebd., Nr. 78, 309; Das Grab, in: ebd., Nr. 90, 359; Heimweh eines schuldlos Verbannten, in: ebd., Nr. 93, 371; Cantate zur Namensfeier des Hochwürdigsten Herrn Michael Arneth. Linz 1852; Ein Christnachtstraum, Linz 1852 (2. Aufl. 1853); Aus dem Orient, in: Wiener Kirchenztg. 6 (1853), Nr. 71, 584-586 und Nr. 76, 624-626 (überarb. auch in: Des Sängers Pilgerfahrt, 195-227); Cedern und Krüppelholz, in: ebd., Nr. 89, 729-730 (überarb. auch in: Des Sängers Pilgerfahrt, 228-235); Ölzweige, in: ebd., Nr. 90, 737-738 (überarb. auch in: Des Sängers Pilgerfahrt, 251-257); Schlingkraut, in: ebd., Nr. 91, 745-746 (überarb. auch in: Des Sängers Pilgerfahrt, 257-258); Bilder aus Jerusalem mit und ohne Rahmen, in: ebd., Nr. 103, 853-854, Nr. 104 und Nr. 105 (überarb. auch in: Des Sängers Pilgerfahrt, 259-299); Trinkspruch beim Diner beim österr. Generalkonsul Baron v. Gödl in Beirut, in: Österr. Volksfreund 5 (1853); Die Pilger ins heilige Land, in: Wiener Kirchenztg. 8 (1855), Nr. 30, 240; »De gustibus«, in: ebd., Nr. 94, 753; Des Sängers Pilgerfahrt, Wien 1855; AEIOU, in: Das Kaiser-Album - Viribus Unitis, Wien 1858, 33-34; Anrede bei Gelegenheit der Ausmusterung der Zöglinge des vierten Jahrganges der k.k. Genie-Akademie, Znaim 1866; Seifenblasen, in: Znaimer Botschafter 4 (1869); Saul. Trauerspiel in fünf Acten, Wien 1869 (2. Aufl. 1870); Glockentöne zur Feier des 800jährigen Jubiläums des Collegiatstiftes der regulirten Lateranensischen Chorherren in St. Florian, Wien 1871; Älteste Nachrichten über die Kirche und das Kloster, in: Gedenk-Bll. an die Feier des 800jährigen Jubiläums des regulirten Chorherrenstiftes St. Florian, Wien 1872, 1-23; Kanzelvortrag »Salus in Christo!«, in: ebd., 24-31; Prolog zu der am 31. Jänner 1880 abgehaltenen musikalisch-declamatorischen Production der Zöglinge der k.k. technischen Militär-Akademie, Wien 1880.

Nachlaß: Stiftsarchiv St. Florian: Gedichte, Dramen (Hermann der Cherusker), Epos (Florianus), Aufzeichnungen zur Pilgerreise nach Jerusalem 1853 (Tagebuch, Manuskript »Von Wien nach Jerusalem«), Aufzeichnungen zum Gymnasialunterricht in Rhetorik, Poetik und Literaturgesch., Predigten.

Lit.: Anton Kerschbaumer, Pilgerbriefe, Wien 1854 (2. erw. u. umgearb. Aufl. unter d. Titel »Pilgerbriefe aus dem heiligen Land«, Wien 1863); — Joseph Kehrein, Biograpisch-literarisches Lexicon der kath. dt. Dichter, Volks- und Jugendschriftsteller im 19. Jh., Bd. 1, Würzburg 1868, 245; — Wilhelm Pailler, Ernst von Marinelli †. Ein Todtenbildchen, in: Linzer Volksbl. Nr. 125, 3. 6. 1887, S. 1f.; — [Über das Begräbnis M.s], in: Das Vaterland Nr. 146, 28. 5. 1887, 5; — Franz Rieger, Ernst Marinelli als Jugendbildner und Dichter. Eine Lebensskizze, Wien 1888 (auch in: Der Kamerad - Österr.-Ungar. Wehr-Ztg 12 (1888), Nr. 4-12); — Lambert Guppenberger, Bibliographie des Clerus der Diöcese Linz von deren Gründung bis zur Gegenwart, Linz 1893, 127; — Franz Brümmer, Lexikon der dt. Dichter und Prosaisten des 19. Jh.s, 4. Aufl., Bd. 3, Leipzig 1896, 20;— Friedrich Wienstein, Lexikon der kath. dt. Dichter, Hamm 1899, 234-235; — Berthold Otto Cernik, Die Schriftsteller der noch bestehenden Augustiner-Chorherrenstifte Österreichs, Wien 1905, 127-133; — Anton Kerschbaumer, Marinelli Ernest, in: Ders., Kaleidoskop. Biographische Erinnerungen eines Achtzigjährigen, Wien 1906, 79-80; — Ders., Pilgerfahrt nach Jerusalem, in: Ders., Autobiographie, Wien 1906, 37-39; — Ferdinand Krackowizer und Franz Berger, Biographisches Lexikon des Landes Österr. ob der Enns, Passau/Linz 1931, 198f.; — Johann Willibald Nagl, Jakob Zeidler, Eduard Castle, Deutsch-Österr. Literaturgesch., Bd. 3, Wien 1935, 404; — Hans Giebisch u.a. (Hrsg.), Kleines österr. Literaturlexikon, Wien 1948, 267; — Ludwig Koller, Geistliche Schriftsteller, Künstler und Forscher Österreichs, Göttweig 1952, 80; — Hans Giebisch und Gustav Gugitz, Bio-Bibliographisches Literaturlexikon Österreichs, Wien 1964, 248; — Franz Zamazal, Bruckners Namenstag-Kantate für Propst Michael Arneth (1852), in: Bruckner-Jb. 1989/90, 205-212; — Felix Czeike, Hist. Lexikon Wien, Bd. 4, Wien 1995, 182; — Uwe Harten (Hrsg.), Anton Bruckner - Ein Handbuch, Salzburg 1996, 271; — Karl Rehberger, Christiane und Johannes Wunschheim, Bibliographie zur Gesch. des Stiftes Sankt Florian, Linz 2006, 212-215 u.ö.; — Friedrich Buchmayr, Die Pilgerreise nach Jerusalem. Adalbert Stifters Beziehungen zum Stift St. Florian. Mit einem unveröffentlichten Brief Stifters, in: Stifter und Stifterforschung im 21. Jahrhundert, hrsg. von Alfred Doppler u.a., Tübingen 2007, 97-116; — Kosch, KD 2794; — Kosch, LL 1648; — ÖBL 6, 93; — KOSCH, LL^3, Bd. 10, Bern 1986, 446.

Friedrich Buchmayr

MARQUARD VON LINDAU (OFM) war nicht nur der *»produktivste[.] Autor des Franziskanerordens in Deutschland in der zweiten Hälfte des 14. Jahrhunderts«*, seine Dekalogerklärung gehört auch *»zu den wirkungsmächtigsten deutschen religiösen Prosatexten des Spätmittelalters«* überhaupt (Palmer 1985, Sp. 81 und 89) - unbestritten gilt er heute als einer der *»Wegbereiter einer ,modernen' Spiritualität, die das religiöse Leben des 15. Jahrhunderts maßgeblich geprägt hat«* (Steer 1987, S. 359). — Sein Ruf war wohl schon zu Lebzeiten groß, denn Papst Clemens VII. selbst erließ 1379 aus dem Avignonesischen Exil die Weisung an den Minister generalis der Augustinereremiten Johannes Hiltalinger, M. den Grad eines Magisters der Theologie zu verleihen (Abdruck der Bulle bei Bonmann 1934, S. 320). Dieses und andere urkundliche Lebenszeugnisse hat Otto Bonmann zusammengestellt. Ihre Interpretation ist freilich nicht immer sicher. So ist die Identifizierung eines in einer Urkunde des Jahres 1373 genannten *»Marquard lector«* am Studium generale der oberdeutschen Franziskanerprovinz zu Straßburg (S. 319) mit M. zwar möglich, aber keineswegs gesichert. Jedenfalls hatte M. eine Reihe wichtiger Ordensämter inne: 1377 und 1382/83 ist er als Kustos der Custioda Lacus (Konstanz) belegt, im Winter 1389 wird er zum Provinzial der oberdeutschen Franziskanerprovinz gewählt. Er hat dieses Amt bis zu seinem Tod am 15. August 1392 inne. Bereits wenige Jahrzehnte nach Marquards Tod überliefert uns Hermann Sack OFM († 1440) einen Werkkatalog (München, Bayerische Staatsbibliothek, Cgm 2928) von insgesamt 28 Traktaten (Abdruck bei Bonmann 1934), den Nikolaus Glaßberger (de Moravia) in seine »Chronica fratris« des Jahres 1508 (gedruckt in den Analecta Franciscana II, 1887) übernommen hat, jedoch mit dem wichtigen Zusatz, er habe alle Werke selbst gesehen. Außerdem habe Marquard »multa alia opuscula« verfasst, »quae ad manus meas non venerunt, sed praedicta vidi.«. Die Zuschreibung einzelner Texte zu jenen »opuscula« Marquards ist mitunter strittig.

Werke (in Edition): A. Lübben, R. Sprenger: Bruchstücke einer Unterweisung über die zehn Gebote, in: Niederdeutsches Jahrbuch 7 (1881), 62-70 (Dekalogerklärung); — Vicenz Hasak (Hrsg.): Ein Epheukranz, oder Erklärung der zehn Gebote nach den Originalausgaben vom Jahre 1483 und 1516, Augsburg 1889 (neuhochdt. Übertragung); — G. H. van Borssum Waalkes (Hrsg.): De tien geboden. De Vrije Fries, Bd. 3, 5, Leeuwarden 1890, 238-324 (niederl. Kurzfassung der Dekalogerklärung); — Wolfgang Stammler (Hrsg.): Prosa der deutschen Gotik. Eine Stilgeschichte in Texten, Berlin 1933 (= Literarhistorische Bibliothek, Bd. 7), 22-24 (Auszüge aus dem »Auszug der Kinder Israels« - vollständige Edition fehlt); — Joseph Klapper (Hrsg.): Schriften Johanns von Neumarkt, Bd. 4, Berlin 1935 (= Vom Mittelalter zur Reformation, Bd. 6, 4), 238-249 (Eucharistie-Traktat, 6. Stück); — Annelies Julia Hofmann (Hrsg.): Der Eucharistie-Traktat Marquards von Lindau, Tübingen 1960 (= Hermaea, N. F., Bd. 7) [Rez. von E. Gebele, in: ZfdPh 81 (1962), 117-123 und O. Bonmann, in: Ant 37 (1962), 306-308]; — R. Lievens: De mystieke Inhoud van het Handschrift Dr. P. S. Everts, in: Leuvense Bijdragen 51 (1962), 1-33, hier 22f. (De anima Christi, Teil VII); — Josef Hartinger: Der Traktat de Paupertate von Marquard von Lindau, Diss. Univ. Würzburg 1967 (masch.); — Ronald Eugene Horwege: Marquard von Lindau, De Nabuchodonosor. Kritische Ausgabe, Diss. Univ. Indiana 1971 (masch.); — Ulf Wielandt: Hiob in der alt- und mittelhochdeutschen Literatur, Diss. Univ. Freiburg i. Br. 1970 (masch.), 133-143 (dt. Hiob, Teil II); — Hermann-Josef May (Hrsg.): Marquard von Lindau OFM, De reparatione hominis. Einführung und Textedition, Frankfurt a. M. u.a. 1977 (= Regensburger Studien zur Theologie, Bd. 5) [dort auch die Edition des Traktates »De dignitate et perfectione humanitatis Christi«, 154-161]; — Eckhardt Greifenstein (Hrsg.): Der Hiob-Traktat des Marquard von Lindau. Überlieferung, Untersuchung und kritische Textausgabe, Zürich u.a. 1979 (= Münchener Texte und Untersuchungen zur deutschen Literatur des Mittelalters, Bd. 68) [Rez. von N. F. Palmer, in: PBB 104 (1982), 157 und von K. Kunze, in: ZfdPh 100 (1981), 445-449]; — Jacobus Willem van Maren (Hrsg.): Marquard von Lindau, Das Buch der zehn Gebote (Venedig 1483). Textausgabe mit Einleitung und Glossar, Amsterdam 1984 (= Quellen und Forschungen zur Erbauungsliteratur des späten Mittelalters und der frühen Neuzeit, Bd. 7); — ders. (Hrsg.): Marquard von Lindau, Die Zehe Gebot (Straßburg 1516 und 1520). Ein katechetischer Traktat. Textausgabe mit Einleitung und sprachlichen Beobachtungen, Amsterdam 1980 (= Quellen und Forschungen zur Erbauungsliteratur des späten Mittelalters und der frühen Neuzeit, Bd. 14) [Rez. von K. Kunze, in: ZfdPh 100 (1981), 445-449]; — Nigel F. Palmer: Der Hiob-Traktat Marquards von Lindau in lateinischer Überlieferung, in: Beiträge zur Geschichte der deutschen Sprache und Literatur 104 (1982), 48-83 (lat. Übersetzung, Textklasse A); — Kurt Ruh (Hrsg.): Franziskanisches Schrifttum im deutschen Mittelalter, Bd. 2, München u.a. 1985 (= Münchener Texte und Untersuchungen zur deutschen Literatur des Mittelalters, Bd. 86), 47-64 (zwei Predigten), 199-210 (Auszug aus dem Johannes-Kommentar) und 290-322 (De Fide); — Rüdiger Blumrich (Hrsg.): Marquard von Lindau, Deutsche Predigten. Untersuchungen und Edition, Tübingen 1994 (= Texte und Textgeschichte, Bd. 34) [Rez. von F. Löser, in: PBB 118 (1996), 493 und von N. F. Palmer, in: ZfdA 125 (1996), 118]; — Mischa von Perga: Marquard von Lindau OFM (?), Descriptio mortis per quattuor philosophos. Edition und Übersetzung, in: Wissenschaft und Weisheit 66 (2003), 163-189; — die Edition des Johannes-Kommentars (Joh. 1, 1-14) durch Bärbel-Christine Granz-Jost war für 2006 angekündigt (Diss. Univ. Freiburg i. Br.), Teiledition (Kap. 25) bei Ruh 1985, 199-210.

Werke (ungedruckt): Ohne Textausgabe sind bislang der »Auszug der Kinder Israels« (Auszüge bei Stammler 1933, 22-24), die lateinische Fassung der Auslegungsschrift »De Nabuchodonosor« (deutscher Text bei Horwege 1971), »De anima Christi« (Teilausgaben bei Lievens 1962, 22f. und Hartinger 1967, 180-229), »De fide«, »De corpore Christi«, »De horto paradisi« [vgl. dazu Dietrich Schmidtke: Studien zur dingallegorischen Erbauungsliteratur des Spätmittelalters, in: Hermaea 43 (1982), 235-237), eine deutsche Maitagspredigt über Joh. 14, 27 »Non turbetur cor vestrum«, die »Regel aller Prälaten« (Zuschreibung an Marquard wahrscheinlich, aber nicht sicher), die deutsche Fassung von »De reparatione hominis« (lateinischer Text hrsg. von May 1977), »De arca Noe«, »De quadruplici homine« »De nobilitate creaturarum«, »De augmento caritatis«, »De throno Salomonis«, »De quinque sensibus«, »De penis inferni«, »De virtutibus«, »De paradio spirituali«, »De virginitate et proprietate floris«, »De premio patrie«, »De horto spirituali« und »De primis motibus«. Der Traktat »De perfectione humanitatis Christi« ist nur in der Form, in der er in »De reparatione hominis« aufgenommen wurde, bei May 1977, 154-161 gedruckt. Außerdem sind nur wenige von M.s lateinischen Predigten bisher gedruckt (Ruh 1985, 47-64; Hartinger 1967, 169-179 und Strauch, 188-201).

Lit.: Johannes Geffcken: Der Bildercatechismus des fünfzehnten Jahrhunderts und die catechetischen Hauptstücke in dieser Zeit bis auf Luther, Bd. 1, Leipzig 1855; — Konrad Eubel: Geschichte der Oberdeutschen (Straßburger) Minoritenprovinz, Würzburg 1886; — Thomas Settner: Marquard von Lindau, ein deutscher Mystiker, Lindau 1907; — Thomas Settner: Marquard von Lindau, ein deutscher Mystiker, in: Karl Wolfart (Hrsg.): Geschichte der Stadt Lindau am

Bodensee, Bd. 8, Lindau 1909; — Anton Mayr: Zur handschriftlichen Ueberlieferung der Dekalogerklärung Marquards von Lindau, Freising 1928 (Sonderdruck aus: Festschrift anläßlich der Hundertjahrfeier des Humanistischen Gymnasiums Freising); — Philipp Strauch: Die deutschen Predigten des Marquardt von Lindau, in: Beiträge zur Geschichte der deutschen Sprache und Literatur 54 (1930), 162-202; — Ottokar Bonmann: Marquard von Lindau und sein literarischer Nachlaß, in: Franziskanische Studien 21 (1934), 315-343; — James M. Clark: Marquard von Lindau and his »Dekalogerklärung«, in: Modern Language Review 34 (1939), 72-78; — ders.: Neues über Marquard von Lindau, in: Beiträge zur Geschichte der deutschen Sprache und Literatur 64 (1940), 47f.; — ders.: Marquard von Lindau and his use of exempla, in: Modern Language Review 42 (1947), 246ff.; — Endre von Ivanka: Zur Überwindung des neuplatonischen Intellektualismus in der Deutung der Mystik. Intelligentia oder principalis affectio, in: Scholastik 30 (1955), 185-194; — Eduard Gebele: Markwart von Lindau, in: Götz Frhr. von Pölnitz (Hrsg.): Lebensbilder aus dem Bayerischen Schwaben, Bd. 7, München 1959; — Albert SJ Ampe: Marquard von Lindau en de Nederlanden, in: Ons Geestelijk Erf 34 (1960), 374-402; — Friedrich Wilhelm Wentzlaff-Eggebert: Deutsche Mystik zwischen Mittelalter und Neuzeit, Berlin 1969, 359-363; — Bernd Adam: Katechetische Vaterunserauslegungen. Texte und Untersuchungen zu deutschsprachigen Auslegungen des 14. und 15. Jahrhunderts, München 1976 (= Münchener Texte und Untersuchungen zur deutschen Literatur des Mittelalters, Bd. 55); — Clément Schmitt: Deux inédits de Marquard de Lindau sur la pauvreté, in: Festschrift L. Spätling, Rom 1977, 453-480; — J. W. van Maren: Zitate deutscher Mystiker bei Marquard von Lindau, in: Marinus A. van den Broek, G. J. Jaspers (Hrsgg.): In diutscher diute. Festschrift für Anthonÿ van der Lee, Amsterdam 1983 (= Amsterdamer Beiträge zur älteren Germanistik, Bd. 20), 74-85; — Nigel F. Palmer: (Art.) Marquard von Lindau OFM, in: Die deutsche Literatur des Mittelalters. Verfasserlexikon, 2. neu bearb. Aufl., Bd. 6 (1985), Sp. 81-126; — Georg Steer: Geistliche Prosa, in: Die deutsche Literatur im Mittelalter, Bd. 2, München 1987 (= Geschichte der deutschen Literatur von ihren Anfängen bis zur Gegenwart, Bd. 3, 2), 306-370; — Kurt Ruh: Franziskanisches Schrifttum im deutschen Mittelalter, Bd. 2, München u.a. 1985 (= Münchener Texte und Untersuchungen zur deutschen Literatur des Mittelalters, Bd. 86), 296-322; — ders.: Dionysius Areopagita im deutschen Predigtwerk Meister Eckhardts, in: Perspektiven der Philosophie 13 (1987), 207-223; — Loris Sturlese: Über Marquard von Lindau und Meister Eckhart, in: Albert Franz (Hrsg.): Glauben, Wissen, Handeln. Beiträge aus Theologie, Philosophie und Naturwissenschaft zu Grundfragen christlicher Existenz. Festschrift für Philipp Kaiser, Würzburg 1994, 277-289; — dies.: Tauler im Kontext. Die philosophischen Voraussetzungen des »Seelengrundes« in der Lehre des deutschen Neuplatonikers Berthold von Moosburg, in: Beiträge zur Geschichte der deutschen Sprache und Literatur 109 (1987), 390-426; — Rüdiger Blumerich: Feuer der Liebe. Franziskanische Theologie in den deutschen Predigten Marquards von Lindau, in: Wissenschaft und Weisheit 54 (1991), 44-55; — ders.: Die deutschen Predigten Marquards von Lindau. Ein franziskanischer Beitrag zur Theologia mystica, in: Maarten J. F. M. Hoenen, Alain de Libera (Hrsgg.): Albertus Magnus und der Albertismus. Deutsche philosophische Kultur des Mittelalters, Leiden u.a. 1995 (= Studien und Texte zur Geistesgeschichte des Mittelalters, Bd. 48), 155-172 Johannes G. Mayer: Zwei Traktate zu den gebrannten Wässern in einer Handschrift der Dekalogerklärung Marquards von Lindau, in: Würzburger medizinhistorische Mitteilungen 115 (1996), 287-289; — Franzjosef Pendel: Ein neues Fragment von Marquards von Lindau ›De Nabuchodonosor‹ (= Handschriftenfunde zur Literatur des Mittelalters Nr. 121), in: ZfdA 124 (1995), 457-462; — Jaap van Maren: Receptie en reductie van het decaloogtractaat van Marquard van Lindau in de Nederlanden, in: ders., Maurice Vliegen (Hrsgg.): »Uten schatschrine des herten«. Vriendenboek voor Henk Meijering, Amsterdam 1998, 103-110; — Nigel F. Palmer: Latein, Volkssprache, Mischsprache. Zum Sprachproblem bei Marquard von Lindau, mit einem Handschriftenverzeichnis der Dekalogerklärung und des Auszugs, in: Analecta Cartusiana 106/1 (1983), 70-110; — Freimut Löser: Rezeption als Revision. Marquard von Lindau und Meister Eckhart, in: Beiträge zur Geschichte der deutschen Sprache und Literatur 119 (1997), 425-458; — Nikolaus Largier: Das Glück des Menschen. Diskussionen über beatitudo und Vernunft in volkssprachlichen Texten des 14. Jahrhunderts, in: Jan A. Aertsen u.a. (Hrsgg.): Nach der Verurteilung von 1277. Philosophie und Theologie an der Universität von Paris im letzten Viertel des 13. Jahrhunderts, Berlin 2001 (= Miscellanea Mediaevalia, Bd. 28), 827-885; — Mathilde van Dijk: De wil op God afstemme. De »Decaloog« van Marquard van Lindau in een gemeenschap van moderne devoten, in: Ons Geestelijk Erf 78 (2004), 83-98; — Helgard Ulmschneider: Ein früher Textzeuge von Marquards von Lindau »Dekalogerklärung«, in: ZfdA 136 (2007), 359-361; — Stephen Mossman: The Western understanding of Islamic theology in the later Middle Ages: Mendicant responses to Islam from Riccoldo da Monte di Croce to Marquard von Lindau, in: Recherches de théologie et philosophie médiévales 74 (2007), 169-224

Hiram Kümper

MARQUARD von Speyer, auch von Hattstein, Marquard, * 29. 8. 1529 in Usingen, † 7.12. 1581 in Udenheim (heute Philippsburg). 1543 Student in Freiburg, 1544 Domizellar in Speyer, 1549 Student in Löwen, 1551 Domizellar in Mainz, 1551/2 Student in Mainz, 1554 kaiserlicher Rat, 1555 Domscholaster in Speyer, 1556 Amtmann von Bingen, 1557 Kanoniker des Ritterstifts St. Alban in Mainz, 1558 Dompropst in Speyer (das Scholasteramt wurde beibehalten), 1558 Domsänger in Mainz, 119 Koadjutor des Bischofs Rudolf von Speyer (von Frankenstein), 1560 Bischof von Speyer und wegen der Personalunion zugleich auch Propst von Weißenburg, Resignation auf seine Würden in Speyer und Mainz; 1562 Assistent bei der Krönung Maximilians II. in Frankfurt am Main;

1568 kaiserlicher Kommissar auf dem Fuldaer Kurfürstentag, 1569 kaiserlicher Kommissar auf dem Reichsdeputationstag in Frankfurt am Main, Ernennung zum Reichskammerrichter zu Speyer. Marquard war spätestens vom Ende der sechziger Jahre an ein entschiedener Vertreter des Schwenkfeldertums und förderte die Gemeinschaft, wo immer er konnte. In seinem Hofstaat finden sich Glaubensfreunde in Schlüsselstellungen wieder. In den siebziger Jahren lebte er im Konkubinat mit Elisabeth Gummitzsch, gedachte zu resignieren und sich nach Straßburg zurückzuziehen. Marquard war ein Freund von Maximilian II. und konnte durch sein diplomatisches Geschick das Bistum vor einer Säkularisation durch eine pfalzgräfliche Allianz bewahren. Marquard erscheint im Bann von Astrologie und Iatromathematik. Er soll den Anstoß für die Bearbeitung und Herausgabe der Cyclopaedia paracelsica christiana von 1585 durch Samuel Eisenmenger gegeben haben. Womöglich gehen einige Passagen in diesem Buch auch auf ihn zurück.

Lit. Heinz-Peter Mielke: Schwenkfeldianer im Hofstaat Bischof Marquards von Hattstein. Archiv für mittelrheinische Kirchengeschichte 28 (1976), 77-82; — ders.: Die Niederadligen von Hattstein, ihre politische Rolle und soziale Stellung. Wiesbaden 1977, 294-339; — Günter Christ in NDB 16 (1990), 242; — Hans Ammerich in Erwin Gatz (Herausgeber): Die Bischöfe des Heiligen Römischen Reiches 1448 bis 1648. Ein biographisches Lexikon. Berlin 1996, 258-260.

Heinz-Peter Mielke

MAUERSBERGER, Erhard, dt. Chordirigent, Organist, Thomaskantor, Komponist u. Musiklehrer, * 29.12. 1903 in Marienberg/Sachsen, † 11.12. 1982 in Leipzig. 1914-20 Mitglied des Thomanerchores (Gustav Schreck, Karl Straube), 1920-25 Studium auf dem Leipziger Konservatorium: Karl Straube, Otto Weinreich (Klavier), Emil Paul (Improvisation) und Stephan Krehl (Theorie und Komposition), 1925-30 Organist, Pianist, Musiklehrer am Gymnasium Aachen u. Leiter des Bachvereins Aachen, 1928-30 Dozent an der Musikhochschule Mainz, 1930-61 Landeskirchenmusikdirektor der Evangelisch-Lutherischen Landeskirche Thüringen, Kantor an der Georgenkirche Eisenach u. Leiter des Bachchores Eisenach, ab 1932 zusätzlich Dozent für Chorleitung an der Musikhochschule Weimar, 1935 Kirchenrat, seit 1939 Mitarbeiter des Instituts zur Erforschung u. Beseitigung des jüdischen Einflusses auf das deutsche kirchliche Leben, 1942 Landeskirchenmusikdirektor, 1946 Professor für Musik, 1950-60 Gründer u. Leiter der Thüringer Kirchenmusikschule in Eisenach, 1961-72 Thomaskantor in Leipzig, 1961-65 Leiter des Gewandhauschores Leipzig. — Wie sein Bruder Rudolf wuchs auch E. M. in der von natürlicher Frömmigkeit geprägten Welt des Erzgebirges auf. Der Vater, ein Lehrer und Kantor, unterrichtete den Fünfjährigen im Klavierspiel und bemühte sich um dessen erste geistige Bildung, während von der Mutter das religiöse Wesen vermittelt wurde. Gustav Schreck und Karl Straube wurden ihm zum Vorbild für seine eigene künftige Tätigkeit als Kirchenmusiker, Hochschullehrer und späterem Amtsnachfolger Johann Sebastian Bachs als Thomaskantor. 1919 debütierte er in Leipzig als Klaviersolist. — Gravierende Jahre der geistigen und künstlerischen Entwicklung erlebte E. M. zwischen 1920 und 1925 als Kirchenmusikstudent auf dem Leipziger Konservatorium, dem damals führenden deutschen Musikerziehungsinstitut. Zu seinen Studienfreunden zählten Günter Raphael, Kurt Thomas, Franz Genzel und Franz Konwitschny. Mit den beiden letzteren, die vorzügliche Geiger waren, trat M. mehrfach in den Vorspielabenden des Konservatoriums und in öffentlichen Konzerten der Stadt Leipzig auf. Bemerkenswert waren außerdem seine musikalischen Darbietungen im Arbeiterbildungsinstitut der Messestadt von Barnet Licht. In den Gewandhauskonzerten übertrug ihm Karl Straube schließlich den Cembalopart, ließ ihn an der Thomasorgel Reger spielen und bei den Bachverein-Proben am Flügel akkompagnieren. — Zwischenzeitlich verpflichtete ihn auch sein Bruder Rudolf, der seit 1920 Organist in Aachen war, zur wiederholten Mitwirkung in seinen dortigen Konzerten. Er entwickelte sich zu einem virtuosen Spieler und wurde mit den Forderungen des kirchlichen liturgischen Orgelspiels völlig vertraut. In dieser Zeit begann M. erste eigene Werke zu schreiben, Lieder für eine Singstimme und Instrumentalbegleitung sowie Choralvorspiele und drei- bzw. vierstimmige Fugen für Klavier. Straube bemerkte bei seinem Abschluß 1925, daß er schon jetzt berufen sei, ein kirchlich-musikalisches Amt als Organist und Kantor übernehmen zu können. — Der weitere Lebensweg M.s wurde nun in eine ganz offensichtlich vorbestimmte Richtung gewiesen, denn als sein Bruder Rudolf 1925 Aachen verließ, um das Amt des Thüringer Landeskirchenmusikwartes und Kantors an St. Georg in Eisenach anzutreten, wurde Erhard sein Nachfolger an den Orgeln der Christus- und Annakirche und Leiter des Bach-Vereins - sein erstes kirchenmusikalisches Amt. Wenn auch in Aachen die Liturgie des evangelischen Gottesdienstes mit ihrer unierten Ordnung gegenüber dem liturgischen Reichtum in den katholischen Kirchen abfiel, so blieben M. doch ausreichende Möglichkeiten, als Pianist und Organist im Städtischen Konzerthaus mitzuwirken. Außerdem wurde er Musiklehrer am Aachener Gymnasium und betätigte sich privat musikalisch. — In Mainz gründete er gleich einen aus 60 Knaben- und Jünglingsstimmen bestehenden Chor, mit dem er sich schon ein Jahr später auf Konzertfahrt nach Eisenach begab. Hier traf er erneut auf seinen Bruder, der hier 1925 einen gleichgearteten Knabenchor ins Leben gerufen hatte. So wurde das freundschaftliche und vor allem künstlerische Verhältnis der beiden Brüder untereinander weiter vertieft. — Daß der Georgenkirchenchor und der 1925 gegründete Bachchor Eisenach - ersterer war bis zum 2. Weltkrieg ein Knaben- und Männerchor nach dem Vorbild der Thomaner - keinen Rückgang oder gar Stillstand erlebte, ist ausschließlich E. M. zu verdanken. Für sie begannen nun drei große Jahrzehnte im Dienste der »Musica sacra«. Durch die Erweiterung und den Umbau der Orgelempore 1932 erhielten die ständig zunehmenden Chor- und Orchestermitglieder günstigere Voraussetzungen, zumal Bachs »Weihnachtsoratorium« und die Passionen, die h-Moll-Messe sowie die Kantaten und Motetten zu deren festem Repertoire zählten. Zur gleichen Zeit nahm M. eine Dozentur für Chorleitung an der Hochschule für Musik in Weimar an. — Das Wirken des Chorerziehers, Organisten und Cembalisten in Eisenach, durch die wachsenden musikpädagogischen Aufgaben beziehungsvoll ergänzt, ließ E. M. weit über den Bereich der Thüringischen Landeskirche hinaus bekannt werden. In den drei Jahrzehnten seiner Eisenacher Tätigkeit hat er die Stadt Luthers und Bachs immer wieder als international hochangesehenes Zentrum evangelischer Kirchenmusikpflege bestätigt. Waren die Wiedergaben Bachscher Werke unter seiner Leitung als mustergültig anzusehen, so ging seine ernsthafte Chorarbeit auch an der zeitgenössischen Musik nicht vorbei. Einen breiten Raum nahm auch die a-cappella-Literatur ein. — 1937 begann der Kantor von St. Georgen mit etwas Neuem, das Eisenach faktisch zu einem musikalischen Wallfahrtsort werden ließ. Die allmonatlich veranstalteten Aufführungen einer Bach-Kantate wurden zu einer rühmlichen Tradition - bis die Schatten des 2. Weltkrieges kamen. Der Chor zog 1939 aufgrund von Restaurierungsarbeiten an der Georgenkirche in die Eisenacher Nikolaikirche um, die jedoch viel zu klein war, um alle in dieser schrecklichen Zeit Trostsuchenden zu fassen. — Viele junge Chorsänger wurden zur Wehrmacht eingezogen, wodurch die Chorarbeit auf längere Zeit empfindlich beeinträchtigt war. 1944 erhielt auch E. M., der noch 1942 zum Landeskirchenmusikdirektor ernannt worden war, seine Einberufung. Nur wenige Monate danach zerstörte eine Luftmine das Dach und sämtliche Fenster der Georgenkirche. So mußte musikalisches Leben nach Kriegsende zunächst in der Nikolaikirche wieder aufgenommen werden. Am 16. Juni 1945 sang der Bachchor Bachs Kantate »Gott, der Herr, ist Sonn' und Schild«, es spielte ein aus Eisenacher Musikern zusammengestelltes Orchester unter Ms. Gesamtleitung. Sein Beitritt zum Deutschen Kulturbund unterstrich seine Zielsetzung, zur demokratischen Erneuerung Deutschlands als Christ mitzuwirken. Er trat in den »Kulturbund zur demokratischen Erneuerung Deutschlands« ein. — Nach der teilweisen Zerstörung der Heimstätte des Bach- und Georgenkirchenchores vergingen drei Jahre, bevor das Gotteshaus wieder hergestellt war. Ein Übermaß an Arbeit für E. M. brachte das Bach-Jahr 1950 mit umfangreichen Zyklen von Chor-, Orgel- und Kammermusiken. Es fanden sich dank seiner Initiative überall die Chöre und Instrumentalkreise wieder zusammen, um die Pflege der Kirchenmusik in der Thüringer Landeskirche neu aufblühen zu lassen. Um aus diesem Grunde eine Institution zur Heranbildung des Nachwuchses einzurichten, schuf E. M. die Thüringer Kirchenmusikschule auf dem Hainstein, deren Leitung er bis 1960 innehatte. Durch seine Arbeit mit dem Eisenacher Bachchor erwarb sich M. vor allem den Ruf eines hervorragenden Chorerziehers, der den Ausschlag gab für seine Berufung zum Thomaskantor. Damit trat der bisher wohl einzigartige Fall ein, daß zwei Brüder an der Spitze der beiden traditionsreichsten Knabenchöre der damaligen DDR standen. Der Ruf nach Leipzig würdigte aber auch E. M.s langjähriges verdientes Wirken auf dem Gebiet der Kirchenmusik und der Bachpflege. — Er wurde der 14. Thomaskantor nach Johann Sebastian Bach und sah sich zunächst mit vielen Widerständen, Unverständnis und verhärteten Konventionen konfrontiert. Doch es ist ihm gelungen, den Chor auf die einst weltberühmte Höhe seines Leistungsvermögens zu führen. M. verstand sein Wirken als Thomaskantor ganz im Sinne seines Lehrers Karl Straube: als einen echten Dienst an der »Musica sacra«. Auch er rang um höchstmögliche künstlerische Vollkommenheit. Aber nicht bloße Perfektion der Wiedergabe stand bei ihm im Vordergrund, sondern der Dienst am Werk, hinter dem die Persönlichkeit des Interpreten, alles Subjektive der Ausdeutung zurückzutreten hat. Dennoch war bei seinem Musizieren stets eine tiefe innere Anteilnahme spürbar. So konnte er bald auf bedeutende Leistungen des Thomanerchores zurückblicken. Bewegende Ereignisse waren neben Gastspielen in beiden Teilen Deutschlands mehrere Auslandsgastspiele (Polen, Ungarn, CSSR, Finnland), die Park-Festspiele in Potsdam-Sanssouci, die Rheinsberger Musiktage, die fünften Berliner Festtage, das 38. Bachfest der Neuen Bach-Gesellschaft des Jahres 1962, das mit der 750-Jahr-Feier des Thomanerchores verbunden war, die Mitwirkung bei der 800-Jahrfeier Leipzigs 1965, bei den Leipziger Frühjahrs- und Herbstmessen, bei internationalen Kongressen und Tagungen sowie den Internationalen Bachfesten 1966 und 1970, deren Vorbereitung und künstlerische Gesamtleitung er als Präsident des Johann-Sebastian-Bach-Komitees der damaligen DDR (1963 bis 1982) zu einem wesentlichen Teil übernommen hatte. — In dieser Funktion oblag E. M. seither die Vorbereitung und Durchführung aller zentralen Ehrungen für Bach, insbesondere der alle vier Jahre in Leipzig stattfindenden Internationalen Johann-Sebastian-Bach-Wettbewerbe und der Internationalen Bach-Feste. Dabei führte er nicht nur bekannte Werke wie die »Johannes-Passion« auf, sondern auch zeitgenössische Komponisten sowie eigene Kompositionen und Sätze. — Beim Jubiläum des Thomanerchores und der Thomasschule 1962 wirkten unter Ms. Gesamtleitung erstmals seit 1950 wieder Thomanerchor und Dresdner Kreuzchor zusammen. Bachs h-Moll-Messe erklang seither (bis 1972) in dieser Chorgemeinschaft achtmal, viermal in Leipzig unter dem Thomaskantor, dreimal in Dresden und einmal in Freiberg unter dem Kreuzkantor Rudolf Mauersberger. In ähnlicher Weise kam es dann auch zu Aufführungen der »Matthäus-Passion« während der Veranstaltungen zum 2. Internationalen Johann-Sebastian-Bach-Wettbewerb 1964 in Leipzig, wo E. M. die Thomaner und Kruzianer leitete. Bei dieser Gelegenheit entstand auch der Gedanke einer gemeinsamen Schallplattenaufnahme der h-Moll-Messe und der »Matthäus-Passion« durch die Mauersberger-Brüder, die 1970 verwirklicht wurde. — Hinzu kamen neben Plattenaufnahmen auch Rundfunkeinspielungen und Fernsehmitschnitte. Manches Konzert vereinte den Leipziger Thomanerchor und das Gewandhausorchester mit dem Eisenacher Bachchor. — Ms. kompositorisches Schaffen umfaßt mehr als 100 Werke, darunter das gewiß reifste Alterswerk, die 1977 geschriebene vier- bis achtstimmige Chormotette »Heilung des Blinden bei Jericho«. Die ihn kennzeichnende Bescheidenheit war wohl auch ein Grund dafür, daß kaum eine Eigenschöpfung gedruckt worden ist. M. erhielt drei Mal den »Vaterländischen Verdienstorden«, ferner die Goldene Ehrennadel des Verbandes der Komponisten und Musikwissenschaftler der DDR für seine Verdienste um die Pflege und Förderung des Gegenwartsschaffens und die Ehrenmitgliedschaft der Neuen Bachgesellschaft.

Werke: Neues Thüringer Choralbuch (1955, gemeinsam mit Rudolf M.), Ordnung des Gottesdienstes der Evangelisch-Lutherischen Kirche in Thüringen (1956), Nun lob, mein Seel, den Herren (1957), Zuvor, so laßt uns grüßen (1959), Gott loben, das ist unser Amt (1961), Neues Thüringer Choralbuch (1964).

Lit.: Richard Petzoldt: Der Leipziger Thomanerchor (1961); — Bernhard Knick (Hrsg.): St. Thomas zu Leipzig. Schule und Chor (1963); — Wolfgang Hanke: Die Thomaner (1985; — Albert Peter Bräuer: E. M. (1987); — Alain Paris: Klassische Musik im 20. Jahrhundert. Instrumentalisten, Sänger, Dirigenten, Orchester, Chöre (1997); — Heiko Bockstiegel: Meine Herren, kennen Sie das Stück? Erinnerungen an deutschsprachige Chordirigenten des 20. Jahrhunderts (1999), 115-124; — Martin Petzoldt (Hrsg.): St.

Thomas zu Leipzig (2000); — Kerstin Sieblist: E. M. (2003); — Dresdner Kreuzchor und Thomanerchor Leipzig (2007).

Heiko Bockstiegel

MEYER, Wendelin, Franziskanerpater und theologischer Schriftsteller, * 10.10. 1882 in Ibbenbüren, † 16.5. 1961 in Münster. W. M. trat am 27. August 1903 in den Franziskanerorden ein, legte am 29. August 1907 die feierliche Profess ab und wurde am 7. April 1911 in Paderborn zum Priester geweiht. In dem von Josef Leopold (1882-1922), dem Sohn des Warendorfer Verlegers Carl Leopold (Schnell'sche Buchhandlung), gegründeten »Vier Quellen Verlag« in Leipzig veröffentlichte er 1920 unter dem Titel »Die kostbare Perle« Rosenkranzmeditationen für Priester, die ins Englische, Polnische und Portugiesische übersetzt wurden. Von 1925 bis 1958 war Meyer Schriftleiter der Zeitschrift »An heiligen Quellen: Religiöse Monatsschrift für Frauenklöster zur Pflege der innerlichen Lebens«. 1930 wirkte er an der Seite des Franziskaners Paschalis Neyer (1883-1958) bei der Gründung der Zeitschrift »Sanctificatio Nostra: Monatsschrift des katholischen Klerus« mit. Meyer war zudem Herausgeber der Buchreihe »Große deutsche Frauengestalten«, die 1937 in »Große katholische Frauengestalten« umbenannt wurde, sowie Herausgeber der Buchreihe »Bücher der Innerlichkeit: Aszetische Bibliothek für Ordensfrauen«. Die längste Zeit seines Lebens verbrachte er in den Franziskanerklöstern in Warendorf und Münster. Von 1934 bis 1935 und von 1941 bis 1949 war er Guardian (Leiter) des Münsteraner Franziskanerklosters, 1941 als Nachfolger von Dr. Matthäus Schneiderwirth. Während der NS-Zeit wurde Meyer mindestens viermal von der Gestapo verhört. Er starb in Münster am 16. Mai 1961. Meyer hat sich vor allem als Verfasser zahlreicher Arbeiten für und über Ordensfrauen sowie als Übersetzer des Werkes »De imitatione Christi« von Thomas von Kempen († 1471, s. Bd. XI) einen Namen gemacht. Er war ein großer Verehrer des Leitmeritzer Bischofs Josef Gross (1866-1931), dem er ebenfalls mehrere Schriften widmete und außerhalb Böhmens bekannt zu machen versuchte. Seine Biographie über die Aachener Ordensgründerin Franziska Schervier (1819-1876, s. Bd. IX) reiche nicht an die von Ignatius Jeiler (1823-1904, s. Bd. III) heran, konstatierte die Rezensentin Maria Bonifatia Petras (1874-1942). Sie gehöre »in die Abteilung jener Heiligenleben, die uns das Vorbild in unnahbare Ferne rücken und daher zur Nachfolge wenig aneifern.«

Monographien (Auswahl): Kreuzwegandacht für Priester. Warendorf 1915, ^{3}1916, ^{4}1919, ^{5}1921, ^{6}1930; Die Psalmen, des Priesters Betrachtungsbuch. Betrachtungen über den buchstäblichen u. geistigen Sinn der Psalmen. Bd. 1: Psalm 1-40. Paderborn 1916, ^{2}1917, ^{3}1920, ^{4}1923; Die Psalmen, des Priesters Betrachtungsbuch Bd. 2: Psalm 41-71. Paderborn 1918, ^{2}1918, ^{3}1922; Die Psalmen, des Priesters Betrachtungsbuch Bd. 3: Psalm 72-88. Paderborn 1920, ^{2}1927; Die kostbare Perle. Rosenkranz-Gedanken für Priester. Leipzig 1920; Die Psalmen, des Priesters Betrachtungsbuch Bd. 4: Psalm 106-150. Paderborn 1921, ^{2}1932; Die Bußpsalmen. Sieben Predigten über Sünde u. Buße (Alttestamentliche Predigten Bd. 13). Paderborn 1921; Sonnengesang des Franz v. Assisi. Eingeleitet u. erklärt. Leipzig 1921, ^{2}1922, ^{3}1930; Die hl. Messe an Werktagen. Werl 1923; Bruder Franz. Sein Leben, sein Werk, sein Geist. Ein Weckruf an suchende Menschen. Werl 1924; Exerzitien nach dem hl. Bonaventura. Werl 1926; Das Büchlein von den göttlichen Wohltaten. Nach einem Text des Franziskaners u. Lektors der Theologie Bruder Helwicus v. Magdeburg. Werl 1926; Wo gute Familien, da gute Pfarreien! Ein Weg zur rel. Erneuerung. Werl 1928; Johannes Duns Skotus der Herold des Christus Königs, der Vorkämpfer der Immaculata, der Verteidiger des Papstes (Populär-wissenschaftliche Schriftenreihe aus dem franziskanischen Geistesleben Bd. 1). Mönchen-Gladbach 1934; Die hl. Ordensregel in ihrer Bedeutung für das rel. Leben der Ordensfrau. Münster 1947; Der Tag des Herrn. Kurze Sonntagslesungen für Ordensfrauen in Anlehnung an die Texte der hl. Messe. Münster 1948; Die wöchentliche Beichte. Ein Gewissensspiegel nach Thomas v. Kempen. Zur Erneuerung der Andachtsbeichte für Ordensfrauen zusammengestellt. Werl 1950; Wahres innerliches Leben Bd. 1. Monatskonferenzen für Ordensfrauen zum 1. u. 2. Buch der »Nachfolge Christi«. Kevelaer 1953; Wahres innerliches Leben Bd. 2. Monatskonferenzen für Ordensfrauen zum 3. u. 4. Buch der »Nachfolge Christi«. Kevelaer 1956; Wege zur ungeteilten Gottesliebe. Konferenzen für Ordensleute über Denksprüche des hl. Ignatius v. Loyola. Kevelaer 1956; Psalterium glossatum des Frater Johannes v. Sommerfeld O.F.M aus dem Anfang des 14. Jahrhunderts. Geschichts- u. literarkritische Unters. eines handschriftlichen Psalmenkommentars. Kevelaer 1957; Schwester Maria Euthymia. Novene um ihre Seligsprechung u. in persönlichen Anliegen. Münster 1959.

Herausgeberschaften: Tiefkatholisches Leben. Ein Zyklus eucharistischer Vorträge v. Josef Gross. Kevelaer 1936; Innerlicher Katholizismus. Ein Zyklus rel. Vorträge des hochseligen Bischofs v. Leitmeritz Dr. Josef Gross. Kevelaer 1936, ^{2}1937; Schwestern bauen das Familienleben wieder auf. Erlebnisberichte dt. kath. Schwestern über ihre sozialapostolische Arbeit in den Familien. Kevelaer 1954; Thomas v. Kempen, Nachfolge Christi. 4 Bücher. Neu übers. u.

hrsg. von Wendelin Meyer. Kevelaer 1958, [2]1990, [3]1995, [4]2007.

Biographien von Ordensfrauen: Pauline v. Mallinckrodt. Zu ihrem jugendlichen Seelenbilde. Nach Schlüters Aufzeichnungen. Münster 1924; Im Rufe der Heiligkeit. Leben u. Wirken der gottseligen Mutter Franziska Schervier, Stifterin der Armen Schwestern vom H. Franziskus. Werl 1925; Heiliges Magdtum vor Gott. Mutter Maria Kasper, Stifterin der Genossenschaft der Armen Dienstmägde Jesu Christi. Wiesbaden 1933, [2]1937; Das eine Herz dem einen Gott. Ein Buch vom jungfräulichen Leben der Ordensschwester Maria Philomena Schäfers, sie starb 1936. Kevelaer 1952, [2]1953; Schwester Maria Euthymia, Clemensschwester gestorben im Rufe der Heiligkeit am 9. September 1955 zu Münster in Westfalen. Nach den Akten u. Vorarbeiten des Mutterhauses dargestellt. Münster 1958, [2]1958, [5]1959, [6]1960, [7]1960, [9]1963, [11]1966, [12]1967, [14]1972, [15]1974, [16]1976, [18]1982, [19]1986, [20]1988.

Monographien in der Reihe »Das geistliche Taschenbüchlein der Ordensfrau« (DGTO): Briefe an die Seele. Kernsprüche aus den geistlichen Briefen des hochsel. Bischofs Dr. Joseph Groß v. Leitmeritz (DGTO Bd. 1). Warendorf 1934; Der hl. Tag. Stille Wege zu Gott nach Aussprüchen d. hochsel. Bischofs Dr. Joseph Groß v. Leitmeritz (DGTO Bd. 2). Warendorf 1935; Mein kleines Evangelium. Das biblisch geschaute innerliche Ordensleben (DGTO Bd. 3). Warendorf 1935, [2]1936, [3]1937, [4]1954; (Hrsg.), Joseph Groß, Um das Geheimnis des Heiligwerdens. Die immerwährende Verbundenheit der Seele mit Christus (DGTO Bd. 4). Warendorf 1936, [2]1937, [4]1948, [5]1949, [6]1954; Wandlung der Seele. Erziehung der Ordensfrau zum Bilde Christi. Nach Aufzeichnungen des Joseph Groß v. Leitmeritz. Zusammengestellt für jede Woche des Kirchenjahres (DGTO Bd. 5). Warendorf 1937, [2]1938, [3]1940, [4]1950; Der Richtweg zur Heiligkeit. Anregungen zur Aszese der Tat (DGTO Bd. 6). Warendorf 1938, [2]1949; An der Hand der Mutter zu Gott. Einführung der Ordensfrau in den reichen aszetischen Inhalt des marianischen Offiziums (DGTO Bd. 7). Warendorf 1939, [3]1954; Tore zum inneren Leben. Den Ordensfrauen zur Beseelung ihrer Tagesarbeit dargeboten (DGTO Bd. 8). Warendorf 1948; Mein seliges Geheimnis. Ausblicke in die göttliche Liebe für Menschen religiöser Sehnsucht, den Ordensfrauen dargeboten (DGTO Bd. 9). Warendorf 1949, [2]1954; Seele des Ordenslebens. Aloysius Lauer zum klösterlichen Leben. Aus seinem Nachlaß den Ordensfrauen dargeboten (DGTO Bd. 10). Warendorf 1949; Dein Ringen um die Tugend. Zum Streben der Ordensfrau nach Vollkommenheit. Nach dem Buche der Psalmen (DGTO Bd. 11). Warendorf 1953, [2]1956; Immer näher zu Gott. Rel. Führung der Ordensfrau nach dem Psalmengebetbuch der Kirche (Psalmen 17-60) (DGTO Bd. 12). Warendorf 1954; Gott dein ein u. dein alles. Anregungen für Ordensfrauen zur Vereinigung ihrer Arbeit mit Gott (Psalmen 61-100) (DGTO Bd. 13). Warendorf 1955; Die vertraute Sprache Gottes. Kurze Anregungen für Ordensfrauen zur Beseelung des Tagewerks (DGTO Bd. 14). Warendorf 1956; Wann ist mein Leben vollkommen? Letzte Anregungen für Ordensfrauen aus dem Buche der Psalmen (Psalmen 125-150) (DGTO Bd. 15). Warendorf 1957; Wo Eintracht und Liebe, da Gott. Kurze Erwägungen über die Liebe der Schwestern zum Heilande u. zueinander nach dem ersten Brief des heiligen Johannes (DGTO Bd. 16). Warendorf 1959; Freuet euch! Noch einmal: Freuet euch! Das Hohelied der chr. Freude für alle Schwesternhäuser. Nach dem Brief des hl. Paulus an die Philipper (DGTO Bd. 17). Warendorf 1960; Lebe mit der Urkirche. Der hl. Jakobus der Jüngere, erster Bischof v. Jerusalem, weist dir den Weg zu einem heiligen Ordensleben im Geiste der Urkirche. Der Jakobusbrief den Lebensverhältnissen der Ordensfrauen angepaßt (DGTO Bd. 18). Warendorf 1960; Tröstet einander. Der erste Brief des hl. Petrus. Ein erquickendes Schreiben für alle Gottgeweihten, die dem Herrn dienen wollen (DGTO Bd. 19). Warendorf 1961; Bleib fest im Berufe! Der 1. Brief des heiligen Paulus an die Korinther. Den Ordensfrauen erklärt u. dargeboten (DGTO Bd. 20). Warendorf 1961.

Monographien in der Reihe »Bücher der Innerlichkeit« (BDI): Konferenzen über die Lebensgrundsätze des hl. Kirchenlehrers Bonaventura (BDI Bd. 1). Kevelaer 1933, [2]1934, [3]1937, [5]1949; Katechismus der Ordensfrau (BDI Bd. 3). Kevelaer 1935; (Hrsg.), Tantum ergo sacramentum. Die Eucharistie u. ihre Ausstrahlung im Leben der Ordensfrau. Ansprachen des Bischofs Dr. Josef Groß v. Leitmeritz (BDI Bd. 4). Kevelaer 1936, [3]1938, [4]1939; (Hrsg.), Heimat in Gott. Exerzitienlesungen für Gottesfreunde gehalten v. Josef Groß. Nach hs. Notizen seiner Zuhörer (BDI Bd. 6). Kevelaer 1938; (Hrsg.), Im Lichte Christi. Rel. Selbsterziehung der Ordensfrau nach den Grundsätzen des hochseligen Bischofs Dr. Josef Gross v. Leitmeritz (+ 1931) (BDI Bd. 7). Kevelaer 1939; Der Wille zur Heiligkeit. Rel. Werkbuch für die kath. Frauenklöster (BDI Bd. 9). Kevelaer 1941.

Übersetzungen der Bücher von W. M.:

Übersetzungen ins Englische: The way of the cross for priests. For use in priests´ retreats, for monthly spiritual rejuvenation, and for private use. Übers. v. Bertrand F. Kraus. Milwaukee u.a. 1930; Conferences for religious. Based on the twenty-five spiritual maxims of St. Bonaventure. Translated by a sister of St. Francis. Buffalo, N.Y. 1932; Holy service for God. Life of Mother Mary (Katherine Kasper) foundress of the Congregation of the Poor Handmaids of Jesus Christ. Übers. v. M. Victoriana. Limburg 1933; Rosary thoughts for priests. Übers. v. Mary Ligouri. Stella Niagara, NY 1934; The pastoral care of souls. Übers. v. Andrew Green OSB. St. Louis 1944; Living the interior life Vol. 1. Übers. v. Colman J. O´Donovan. Cork 1958; Living the interior life Vol. 2. Übers. v. Colman J. O´Donovan. Cork 1960; To the least. A biography of sister Mary Euthymia. Übers. v. Herman J. Fister. Chicago 1960.

Übersetzungen ins Spanische: San Francisco de Asis. Su vida, su obra, su alma. Übers. v. Emilio Sanz. Berlin 1925; El ano santificado por la religiosa. Madrid 1961; Mi feliz secreto. Atisbos del amor divino y añoranzas religiosas. Übers. v. José Luis Albizu OFM. Madrid 1964; Alegraos! Alegraos una vez más! El cántico de la alegría Cristiana. Comentario espiritual a la epístola a los filipenses. Übers. v. José Luis Albizu. Madrid 1964; Cuando será mi vida perfecta? Comentario espiritual a los salmos 125-150. Übers. v. José Luis Albizu. Madrid 1964; Diálogo íntimo con Dios. Sugerencias espirituales para la santificación del trabajo diario. Übers. v. José Luis Albizu. Madrid 1964; La verdadera vida interior. Conferencias mensuales a las monjas sobre los libros 1 y 2 de la Imitacio´n de Cristo. Übers. v. José Luis Albizu. 2 Bde. Madrid 1966.

Übersetzungen ins Italienische: Vita ed opere della serva di Dio Madre Francesca Schervier. Fondatrice delle Suore dei Poveri di S. Francesco, morta in Concetto di Santità il 14 dicembre 1876. Rom 1933, [2]1950; L´anno santificato dalla Suora. Torino u.a. 1959.

Übersetzungen ins Französische: Le chemin de la croix du prêtre. Übers. v. Léo Honoré SJ. Tournai 1926; A l´école du docteur séraphique. Conférences aux religieuses. Texte et commentaire des maximes spirituelles de Saint Bonaventure. Übers. v. Louis Brevet. Mulhouse 1948.

Übersetzungen ins Portugiesische: A perola preciosa. Breves pensamentos sobre o rosario meditado, para sacerdotes. Übers. v. Alberto Maria Kolb. Rio 1926.

Übersetzungen ins Polnische: Perly kosztowne. Mysli rózancowe dla kaplanów. Übers. v. Aleksy Petrani. Warczawa 1934.

Übersetzungen ins Ungarische: Ferenc Testvér. Assisi Szent Ferenc élete, müve és szelleme. Übers. v. Bernardin Unyi OFM. Budapest 1926.

Übersetzungen ins Kroatische: Dragocjeno zrno biserovo. Übers. v. Franjo Carev. Zagrep 1960.

Aufsätze in Zeitschriften (Auswahl): Zacharias, eine Priestergestalt des Alten Bundes. Geist u. Kraft aus dem Evangelium des hl. Lukas, in: Sanctificatio nostra 1 (1930) 24-30; Aus der Kindheit des Herrn. Geist u. Kraft aus dem Evangelium des heiligen Lukas K. 2,21f., in: ebd. 66-70; Lumina Sancti Augustini, in: ebd. 124-126; Mit dem Heiland im Ölgarten. Geist u. Kraft aus dem Evangelium des heiligen Lukas K. 22,39-46, in: ebd. 145-150; Videntibus illis elevatus est. Vortr. zur monatlichen Recollectio, in: ebd. 206-210; Der Wegbereiter des Herrn. Vortr. zur monatlichen Recollectio, in: ebd. 258-263; Jesus in seiner Heimat. Vortr. zur monatlichen Recollectio nach Lukas 4,14-30, in: ebd. 308-314; Das neue Gebot. Vortr. zur monatlichen Recollectio nach dem Johannes-Kommentar des hl. Augustin, in: ebd. 359-364; Die sieben Schmerzen Mariens. Monatsvortr. zur Recollectio, in: ebd. 402-408; Mein Rosenkranz. Vortr. zur monatlichen Recollectio, in: ebd. 443-449; Meine geistliche Lesung. Monatsvortr. zur Recollectio, in: ebd. 501-507; Das Evangelium der hl. Weihnacht nach Lukas 2,1-20. Monatsvortr. zur Recollectio als Vorbereitung auf Weihnachten, in: ebd. 539-545; Der zwölfjährige Jesus im Tempel. Monatsbetrachtung zur Recollectio, in: Sanctificatio nostra 2 (1931) 16-22; Der Blinde am Wege nach Jericho. Monatskonferenz nach Lukas 18,35-43, in: ebd. 66-71; Zum Garten Gethsemane. Monatskonferenz nach Markus 14,32-42; in: ebd. 106-112; Der letzte Gang des Herrn. Geist u. Kraft aus dem Evangelium des hl. Lukas, in: ebd. 146-151; Theotokos oder das priesterliche Innenleben im Lichte des Ephesus-Jubiläums 431-1931, in: ebd. 200-206; Gaudeat Ecclesia. St. Antonius in den Vesper-Antiphonen seines Festoffiziums, in: ebd. 245-250; Priesterlicher Geist. Monatskonferenz nach dem neuen Priester-Buch des Kardinal-Erzbischofs v. Breslau, in: ebd. 305-310; Das Priesterleben im Lichte der Himmelfahrt Mariens, in: ebd. 337-341; Die kirchliche 'Praeparatio ad Missam', in: ebd. 388-392; Einkehrtage des Klerus in ihrer Bedeutung für das priesterliche Leben, in: ebd. 433-438; Die Christus-Nachfolge des Priesters in dem bevorstehenden harten Winter, in: ebd. 492-496; Das theol. Studium im Lichte des Epiphanie-Evangeliums, in: Sanctificatio nostra 3 (1932) 14-19; Der Herold des Herrn. Monatskonferenz nach Lukas 3,1-20, in: ebd. 49-53; Der Fürst der Apostel verleugnet seinen Herrn. Monatskonferenz nach Lukas 22,54-62, in: ebd. 107-111; Der Osterglaube im Kreise der Apostel. Monatskonferenz in Anlehnung an die Thomas-Szene Joh. 20,24-31, in: ebd. 145-150; Das Ideal des guten Priesters. Monatskonferenz nach der Einleitung zur Pastoraltheologie Sailers, Ausgabe 1820, in: ebd. 193-197; Das Ideal des guten Priesters. Monatskonferenz nach Sailers Pastoraltheologie Bd. 1, Ausgabe 1820, in: ebd. 252-256; Ein Gegenwarts-Programm des Klerus. Monatskonferenz zur neuen Herz-Jesu-Enzyklika, in: ebd. 297-302; Ängstliche Sorge um das irdische Fortkommen?, in: ebd. 347-351; Mane nobiscum, domine! Eine rel. Zeitbetrachtung als Monats-Rekollektio, in: ebd. 392-395; Die Arbeit im kommenden Semester. Monatskonferenz zu Luk. 5,1-11, in: ebd. 438-442; Miseremini mei, saltem vos, confratres mei! Monatskonferenz zu den Gedanken der Totenvesper, in: ebd. 486-491; Die Rettung der modernen Welt. Monatskonferenz nach den Sonntags-Antiphonen der Adventszeit, in: ebd. 529-534; Christus allein kann helfen. Monatskonferenz über die Laudes-Antiphonen des 1. Adventssonntages, in: ebd. 536-540; Psalterium glossatum des Fr. Johannes v. Sommerfeld OFM aus dem Anfang des 14. Jh.s. Geschichts- u. literarkritische Unters. des handschriftlichen Werkes, in: FS 38 (1956) 322-370.

Rezensionen zu Werken von W. M. (Auswahl): Sonnengesang des Franz v. Assisi. Eingeleitet u. erklärt. Leipzig 1921. In: Der Gral 16 (1921/22) 188 (Franz Eichert); — Die Psalmen, des Priesters Betrachtungsbuch. Paderborn 1916-1921. In: ThRv 16 (1917) Sp. 204 (Wilhelm Engelkemper), Allgemeine Rdsch. 20 (1923), Nr. 2, 13.1.1923, 22f. (Jak. Hoffmann); — Bruder Franz. Sein Leben, sein Werk, sein Geist. Ein Weckruf an suchende Menschen. Werl 1924. In: ThRv 24 (1925) Sp. 382 (Constantin Rösch); — Pauline v. Mallinckrodt. Münster 1924. In: LitHandw 60 (1924) Sp. 540f. (Joseph Klug); — Im Rufe der Heiligkeit. Leben u. Wirken der gottseligen Mutter Franziska Schervier, Stifterin der Armen Schwestern vom H. Franziskus. Werl 1925. In: LitHandw 62 (1925/26) Sp. 759 (Maria Bonifatia Petras); — Wahres innerliches Leben Bd. 1. Kevelaer 1953. In: Anima 10 (1955) 118f., FS 38 (1956) 127f. (Eberhard Scheffer); — Wahres innerliches Leben Bd. 2. Kevelaer 1956. In: FS 41 (1959) 238 (Eberhard Scheffer).

Lit. (Auswahl): Keiters Kath. Literaturkalender 15 (1926) 238; — Chrysologus Schollmeyer, Zum 50jährigen Priesterjubiläum von P. Wendelin Meyer, in: Kirche u. Leben 16 (1961), Nr. 15, 9.4.1961, 15 (Abb.); — Ders., Pater Wendelin Meyer († 16.5.1961), in: Vita Seraphica 42 (1961/62) 303-315; — Wendelin Meyer †, in: Kirche u. Leben 16 (1961), Nr. 22, 28.5.1961, 9; — Andreas Kratel, »Kämpferische Seelsorge wäre heute ein Irrweg«. Das Franziskanerkloster Münster in der Zeit des Nationalsozialismus, in: WiWei 68 (2005) 195-266, hier 201, 216, 223, 226, 228,

231, 240f., 244, 251, 255, 266; — Kosch, KD Bd. 2, Sp. 2977.

Gunnar Anger

MIDDENDORF, Heinrich, Pater Dr., * 31. August 1898 in Aschendorf, † 10. August 1972 in Osnabrück. — Pater Middendorf wurde als drittes Kind des Schuhmachers Heinrich Middendorf († 1933) und dessen Ehefrau Maria († 1922), geborene Jaske, in Aschendorf im Emsland (Kreis Aschendorf-Hümmling) geboren. Das Ehepaar hatte neben Heinrich noch sechs weitere Kinder: Angela Maria, Bernhard, Wilhelm, Hermann, Klara und August. Von 1905 bis 1909 besucht er zunächst die Volksschule und danach bis 1912 die Rektoratschule in seinem Heimatdorf. Die Gymnasialausbildung erhielt Heinrich in den Jahren zwischen 1912 und 1916 in den vom Emsland nahen Niederlanden, an der humanistischen Lehranstalt »Missionshaus Sittard« der Ordensgemeinschaft der Herz-Jesu-Priester. Geprägt durch diese Zeit trat Heinrich Middendorf der Herz-Jesu-Ordensgemeinschaft bei, machte zunächst 1916 das Postulat, von Oktober 1916 bis Oktober 1917 das Noviziat im luxemburgischen Fünfbrunnen und legte dort am 5. Oktober 1917 die drei Ordensgelübde, Armut, Keuschheit und Gehorsam ab. In den folgenden sechs Jahren, von 1917 bis 1923, studierte Heinrich Philosophie und Theologie im ordenseigenen Scholastikat sowie an den Universitäten in Freiburg im Breisgau und Innsbruck in Österreich. Hier am Inn legte er am 4. Oktober 1921 die Ewigen Gelübde ab. Zwei Jahre darauf, am 17. März 1923, wird er schließlich in Limburg an der Lahn zum Priester geweiht. Den folgenden vier Jahren bis 1927 widmete sich Heinrich wieder den universitären Studien und studierte Orientalistik und promovierte in Bibelwissenschaften an den Hochschulen von Freiburg im Breisgau, Münster in Westfalen und Berlin. Seine Promotion schloß er 1935 ab. In den folgenden Jahren war Heinrich in verschiedenen Ordenshäusern als Rektor tätig, zunächst von 1936 bis 1938 in Bendorf, dann während des Zweiten Weltkrieges in Stegen bei Freiburg im Breisgau und schließlich von 1946 bis 1949 in Freiburg selbst. In der Zeit während des Zweiten Weltkrieges in Stegen, zwischen 1942 und 1945, fand durch die Wirren des Krieges nach und nach eine größere Gruppe von rund 150 Menschen Zuflucht auf dem Klostergelände: Patres, Ordensschwestern, sehr viele Kinder und Waisenkinder sowie ausgebombte Familien. Unter ihnen versteckte Heinrich Middendorf aber auch sieben Juden. Er schützte sie hinter seinen Klostermauern vor dem Zugriff der Nationalsozialisten, bis zur Befreiung Stegens durch französische Truppen am 23. April 1945. Im Jahre 1949 wurde Pater Heinrich Middendorf von der Generalleitung der Herz-Jesu-Priester als Generalrat nach Rom berufen. Fünf Jahre gehörte er als Mitglied der dortigen Ordensleitung an, wurde von 1955 bis 1956 schließlich Generalsekretär des Sühnebundes in der Ewigen Stadt. Dann gab er seinem Leben eine neue Wendung und ging 1956 als Missionar in den Kongo, dem späteren Zaire. Hier betreute er die Missionsstation Legu in der Diözese Wamba. Von 1964 bis 1972 gehörte er zur Ordensprovinz Zaire. Während eines Heimaturlaubes in Deutschland erkrankte Heinrich ernsthaft an einer Herzmuskelentzündung, an Niere und Lunge, weshalb er ins Osnabrücker Marienhospital eingeliefert wurde. Hier verstarb er, am 10. August 1972, an Herz-Kreislaufversagen. Fünf Tage später fand er seine letzte Ruhe auf dem Kloster- und Gemeindefriedhof in Handrup. Am 1. November 1994 verlieh ihm der Staat Israel wegen seiner Verdienste um die Rettung von Menschen jüdischen Glaubens den Titel »Gerechter unter den Völkern«. Zwei Jahre später, am 19. Oktober 1996, wird in der Holocaust-Gedenkstätte Yad Vaschem in Jerusalem eine Ehrentafel an der Gedenkwand mit dem Namen von Pater Heinrich Middendorf enthüllt. Pater Heinrich Middendorf war der erste katholische deutsche Priester dem postum den Titel »Gerechter unter den Völkern« durch den Staat Israel verliehen wurde und eine Gedenktafel in Yad Vaschen erhielt.

Werke: Gott sieht. Eine terminologische Studie über das Schauen Gottes im Alten Testament, Freiburg 1935.

Lit.: Bernd Bothe: Pater Heinrich Middendorf - »Gerechter unter den Völkern« (Aschendorfer Heimatblätter, Heft 29), Aschendorf 1997; — Paul Thoben: Pater Dr. Heinrich Middendorf SCJ, in: Jahrbuch des Emsländischen Heimatbundes Sögel, 1998. 263-276.

Bodo Hechelhammer

MIDDENDORFF, Gottfried *Bernhard*, Jesuit, Indianermissionar, * 14.2. 1723 in Vechta, † 12.3. 1782 in Telgte. — M. wuchs als Sohn einer wohlhabenden Kaufmannsfamilie in dem zum Fürstbistum Münster gehörenden Landstädtchen Vechta auf, wo sein Vater Bürgermeister war. Am 21.10. 1741 trat er in die Niederrheinische Provinz der Gesellschaft Jesu ein. Nach dem Noviziat in Trier und dem Studium in Büren und Münster empfing er die Priesterweihe. Seinem Wunsch gemäß wurde er 1754 in die Überseemission entsandt. In Genua schiffte er sich zusammen mit anderen deutschen Jesuiten zunächst nach Spanien ein. In Puerto de Santa María bei Cádiz mussten die Missionare ein Jahr lang auf eine Möglichkeit zur Überquerung des Ozeans warten. Das Schiff, das M. und 39 weitere Jesuiten in die Neue Welt brachte, legte am 23.12. 1755 von Cádiz ab und kam am 19.3. 1756 in Veracruz an. Wenige Wochen später brachen die Patres in den Nordwesten des Vizekönigreichs Mexiko auf, um in der Provinz Sonora als Missionare bei den bäuerlich lebenden Indianervölkern zu wirken. Nach monatelanger Reise erreichte M. sein Bestimmungsgebiet im äußersten Norden des spanischen Machtbereichs, wo das Volk der oberen Pimas lebte, das von Eusebius Kino (s. d.) zum Christentum bekehrt worden war. M. erhielt den Auftrag, einen neuen Außenposten nördlich der Missionsstation San Xavier del Bac zu errichten, und ließ sich am 5.1. 1757 mit einigen Soldaten in Tucson (im heutigen US-Bundesstaat Arizona) nieder, doch bereits im folgenden Mai musste er sich nach einem Überfall kriegerischer Nachbarn wieder ins Hinterland zurückziehen. 14 Monate arbeitete er dann als Seelsorger in Sáric, einer anderen Missionsstation in der Pimería Alta. Nach einer Erkrankung entsandten ihn die Oberen in das Gebiet der Eudeves, wo er drei Jahre lang einen Mitbruder in Batuc vertrat und den Bau der dortigen Kirche vollendete. In Batuc legte M. am 31.7. 1760 die »professio quatuor votorum« ab. Schließlich wurde ihm die noch weiter südlich gelegene Mission in Movas übertragen, wo er eine Gemeinde der unteren Pimas seelsorglich betreute. M. war geistig sehr interessiert, las viel und brachte eine von dem böhmischen Pater Johann Nentwig begonnene Karte der Provinz Sonora in ihre endgültige Form, in der sie große Anerkennung fand. Als der spanische König 1767 die Ausweisung der Jesuiten aus seinen Ländern angeordnet hatte, wurden die 51 Missionare aus Sonora und Sinaloa zunächst in Guaymas an der Küste interniert. Nach neunmonatiger Haft und einer anschließenden Irrfahrt durch den Golf von Kalifornien mussten sie von Tepic aus in Richtung Westen aufbrechen. Bei diesem Marsch erlagen zahlreiche Patres einer ansteckenden Krankheit, so dass nur 24 überlebten. Auch M. wurde todkrank, konnte aber im Bethlehemiterkloster in Guadalajara seine Gesundheit zurückerlangen. Das Schiff, das die überlebenden Missionare von Veracruz über Havanna nach Spanien brachte, erreichte Cádiz am 10.7. 1769. In ihrem einstigen Missionshospiz in Puerto de Santa Maria wurden die Patres unter Hausarrest gestellt. Fast sechs Jahre später - in der Zwischenzeit hatte der Papst den Jesuitenorden aufgehoben - verfügte ein königlicher Erlass im Mai 1775 die Verteilung der Gefangenen auf verschiedene spanische Klöster. M. kam in ein Franziskanerkloster in dem Dorf Cerralbo (Bistum Ciudad Rodrigo). Unterdessen hatten seine Geschwister erfahren, dass er noch am Leben war, und wandten sich mit der Bitte um Vermittlung an den Bischof von Hildesheim und durch diesen an die Kaiserin. Am 22.8. 1776 ließ der Geschäftsträger der kaiserlichen Gesandtschaft am spanischen Hof, Pietro Paolo Giusti, M. in Cerralbo mitteilen, dass König Karl III. ihm auf Fürsprache Maria Theresias die Freiheit geschenkt habe. Nun konnte M. auf Kosten des Königs mit einer Chaise, begleitet von einem Sekretär und zwei Bedienten, nach San Sebastián reisen. Nach dem Grenzübergang nach Frankreich und einem dreiwöchigen Aufenthalt in Bayonne nahm ein holländisches Schiff M. mit nach Amsterdam, von wo er direkt nach Nordwestdeutschland weitergereist sein dürfte. Wo und wie er den Rest seiner Tage verlebt hat, ist nicht bekannt. Er starb im Alter von 59 Jahren im Wallfahrtsort Telgte bei Münster, wo eine seiner Nichten verheiratet war. Ms. Bedeutung für die Missionsgeschichte liegt darin, dass er (wie seine Weggefährten Ignaz Pfefferkorn und Joseph Och) umfangreiche Aufzeichnungen zur mexikanischen Landeskunde hinterlassen hat. Ein annähernd 300 Seiten umfassendes Manuskript über seine Erlebnisse in den Jahren 1754 bis 1776, das im 19. Jahrhundert auszugsweise ediert wurde, ist jedoch verschollen.

Werke: Aus dem Tagebuche des mexicanischen Missionarius Gottfr. Bernh. Middendorff aus der Gesellschaft Jesu [hrsg. v. W. Junkmann], in: Katholisches Magazin für Wissenschaft und Leben, Bd. 1 (1845), 740-798, u. Bd. 2 (1846), 21-54 u. 179-208; — Drei Briefe des Missionarius P. Bernhard Middendorff S. J. aus den Jahren 1756-1758, [hrsg. v.] Cl. Willenborg, in: Gymnasium zu Vechta, [Programm] für das Schuljahr 1864/65, 3-32; — Letter of Father Middendorff, S.J., dated from Tucson 3 March 1757, [hrsg. v.] Arthur D. Gardiner, in: The Kiva. Journal of the Arizona Archaeological and Historical Society, Vol. 22, No. 4 (1957), 1-10.

Lit.: Ernst Raßmann, Nachrichten von dem Leben und den Schriften münsterländischer Schriftsteller des 18. und 19. Jahrhunderts, Bd. 2, Münster 1881, 149; — J. B. Mundwiler, Deutsche Jesuiten in spanischen Gefängnissen im 18. Jahrhundert, in: Zeitschrift für katholische Theologie 26 (1902), 621-672; — Wilhelm Kosch, Das Katholische Deutschland. Biographisch-bibliographisches Lexikon, Bd. 2, Augsburg o.J., 2993-2994; — Theodore E. Treutlein, Father Gottfried Bernhardt Middendorff, S.J., Pioneer of Tucson, in: New Mexico Historical Review 32 (1957), 310-318; — Bernd Hausberger, Jesuiten aus Mitteleuropa im kolonialen Mexiko. Eine Bio-Bibliographie (= Studien zur Geschichte und Kultur der iberischen und iberoamerikanischen Länder, Bd. 2), Wien u. München 1995, insbes. 240-245; — Bernd Hausberger, Für Gott und König. Die Mission der Jesuiten im kolonialen Mexiko (= Studien zur Geschichte und Kultur der iberischen und iberoamerikanischen Länder, Bd. 6), Wien u. München 2000; — Peter Sieve, Pater Bernhard Middendorff SJ (1723-1782), in: Der katholische Klerus im Oldenburger Land. Ein Handbuch, hrsg. v. Willi Baumann u. Peter Sieve, Münster 2006, 406-411.

Peter Sieve

MÖCKEL, Konrad, Dr. phil., Stadtpfarrer in Kronstadt (Braşov, Rumänien), * 29. Juli 1892 in Petersdorf (Petreşti, Péterfalva) in Siebenbürgen, † 28. August 1965 in Kirchberg bei Horb in Baden-Württenberg (Bundesrepublik Deutschland). Der Vater Gustav Möckel (1850-1893) war Pfarrer in Petersdorf und starb, als sein jüngster Sohn ein Jahr alt war. Möckel wuchs als Halbwaise bei seiner Mutter Susanna Julie Möckel, geb. Wolf in Hermannstadt (Sibiu, Nagyszeben) auf. Er besuchte das Brukenthal-Gymnasium in Hermannstadt und studierte Biologie, Geologie und Theologie in Leipzig, Berlin und Klausenburg (Cluj-Napoca, Kolozsvár); 1918 Promotion mit einer Arbeit über Gesteinskunde; 1919 Heirat mit Dr. med. Dora Schullerus, Tochter von Adolf Schullerus; drei Kinder (Christian, 1920-1939; Gerhard, 1924-2004; Andreas geb. 1927); 1920 Eintritt in den Schuldienst der Ev. Landeskirche A. B. in Rumänien in Hermannstadt als Gymnasial-Professor mit den Fächern Chemie und Religion. Im Jahre 1925 wählte ihn die Gemeinde Großpold (Apoldu de Sus) zu ihrem Pfarrer. Schon der Großvater war in Großpold (Nagyapóld) Pfarrer gewesen, und der Übergang vom Schuldienst ins Pfarramt war in Siebenbürgen nicht ungewöhnlich. In allen dörflichen Kirchengemeinden gab es noch überkommene, volkskirchliche Einrichtungen und Sitten. Dazu gehörten die *Bruder- und Schwesterschaften*, in denen die gesamte männliche und weibliche konfirmierte Jugend vereinigt war; es gab formelle *Nachbarschaften*, die sich beim Hausbau, bei Krankheiten und Begräbnissen unterstützen und Feste gemeinsam ausrichteten; ferner zahlreiche Ehrenämter innerhalb der Kirchengemeinde und in Vereinen. Sie verliehen den dörflichen Gemeinden Stabilität. In den Städten hatte jedes deutschsprachige, kirchliche Gymnasium eine Schülerverbindung (*Coetus*), die sich weitgehend selbst verwaltete. Der christliche Ursprung der volkskirchlichen Tradition geriet jedoch in den Städten noch mehr als auf dem Lande immer mehr in Vergessenheit. Konrad Möckel erkannte, daß die unverstandenen volkskirchlichen Einrichtungen den Ideologien des 19. und 20. Jahrhunderts nicht standhalten konnten, zumal wirtschaftlicher Niedergang zu schweren sozialen Problemen geführt hatte. Die Landeskirche mußte, um die Schulen zu erhalten, notgedrungen die Kirchensteuerzahler zusätzlich und erheblich belasten. Daran stieß sich in der Mitte der 1920er Jahre eine »Unzufriedenenbewegung«. Konrad Möckel thematisierte alle diese Probleme der Volkskirche in mehreren Aufsätzen, die ihn in Siebenbürgen und darüber hinaus bekannt machten. Heinrich Rendtorff und Erich Stange nahmen seine Schrift »Volkstum und Glaube« (1930) in die Reihe »Kirche und Gegenwart - Praktisch-theologische Untersuchungen« auf. In einer teilweise kontrovers, teilweise gleichsinnig geführten Diskussion mit dem Philosophen Erwin Reisner, später Mitglied der Bekennenden Kirche und nach 1945 Professor an der Kirchlichen Hochschule Berlin, fragte Konrad Möckel, was evangelischer Glaube in der konkreten Situation der ev. Kirche in Siebenbürgen angesichts der weit verbreiteten Überschätzung von »Volkstum« und »Rasse«

hieß. Der siebenbürgische Wandervogel lud Konrad Möckel 1930 zur Mitarbeit bei den Treffen älterer Mitglieder ein. Als *Südostdeutscher Wandervogel* hatte er sich 1927 neu und straff konstituiert. Er bestand lange Zeit nur aus städtischen Gruppen, in denen sich »aus dem Reich« importierte Anschauungen geltend machten, wie beispielsweise die von Professor Dr. Hans Hahne, Altertumsforscher und Museumsdirektor in Halle a. d. Saale, der heidnisch-germanische Bräuche neu belebte. Konrad Möckel schätzte den guten Willen der Mitglieder im Wandervogel und entschloß sich zur Mitarbeit, wohl auch um die Selbstfindung der Jugendlichen nicht den ambivalenten Auswirkungen völkisch-nationaler und pseudoreligiöser Ideen zu überlassen. Die vagen Erneuerungsbestrebungen konnten die Jugend begeistern und ältere Strukturen der Volkskirche beleben, sie konnten jedoch die Jugend ebenso gut der volkskirchlichen Tradition abspenstig machen. Die seit dem Jahre 1922 in Siebenbürgen bestehende, vom Nationalsozialismus inspirierte und in der Weltwirtschaftskrise erstarkte *Selbsthilfebewegung* des Sparkassenangestellten und Rittmeisters a. D. Fritz Fabritius bekannte sich 1932 offen zum Nationalsozialismus (Nationalsozialistische Selbsthilfebewegung in Rumänien); die Leitung des Südostdeutschen Wandervogels näherte sich der *Selbsthilfe* mehr und mehr an. Die Ernennung Hitlers zum Reichskanzler im Jahre 1933 politisierte sie noch mehr. Die Nationalsozialisten, unter diesem Namen vom rumänischen Staat verboten, nannten sich in *Nationale Erneuerungsbewegung der Deutschen in Rumänien* um (NEDR). Sie war die einzige, modern organisierte Partei innerhalb der deutschsprachigen Bevölkerung in Rumänien und stellte mehr und mehr in allen politischen und kirchlichen Gremien zahlenmäßig starke Fraktionen, in vielen die Mehrheit. Im Jahre 1933 wählte die Kronstädter Kirchengemeinde Konrad Möckel zum Stadtpfarrer. Das Verhältnis Konrad Möckels zu den Freunden aus dem Wandervogel und aus der Selbsthilfebewegung kühlte sich ab. Mitglied der Selbsthilfebewegung war er selbst nie, stand ihr jedoch bis 1932 nahe. Sie spaltete sich 1935: Die größere, gemäßigte NEDR war im Rahmen der seit dem Ersten Weltkrieg in Rumänien bestehenden *Volksorganisation* zur Zusammenarbeit auch mit der evangelischen Kirche (in Siebenbürgen) und mit der katholischen Kirche (im Banat) bereit; die kleinere, radikale und kirchenfeindliche *Deutsche Volkspartei Rumäniens* (DVR) dagegen nicht. Sie bekämpfte vielmehr die traditionell beachtliche Stellung der Kirche innerhalb der Volksorganisation. Die NS-Bewegung der Deutschen in Rumänien spaltete sich nicht zuletzt an der Frage, ob diese volkskirchliche Tradition anerkannt oder abgelehnt werden sollte. Konrad Möckel gründete mit anderen, jüngeren Pfarrern aus der Jugendbewegung den *Frecker Kreis*, der sich die geistliche Erneuerung der Volkskirche zum Ziel setzte. Er prangerte die kirchen- und christenfeindliche Tendenz des radikalen Flügels öffentlich an und wurde daraufhin von dessen Protagonisten scharf angegriffen, besonders von Pfarrer Friedrich Benesch. Weitere Angriffe folgten, als er 1937 auf der Weltkirchenkonferenz in Oxford die Evangelische Kirche A. B. in Rumänien offiziell vertrat und sich von einer Solidaritätserklärung der Konferenz für die vom NS-Staat bedrängten Kirchen in Deutschland nicht distanzierte. Im gleichen Jahr lernte er in Neuendettelsau die Evangelische Michaelsbruderschaft kennen und trat ihr bei. In den siebenbürgisch-sächsischen Auseinandersetzungen um die Volkskirche erhielt er Unterstützung vom Leiter des Franz-Rendtorff-Hauses in Leipzig, Dr. Herbert Krimm, und von Hans Bernd von Haeften, Legationssekretär an der deutschen Gesandtschaft in Bukarest von 1937-1941. Die Angriffe gegen die Kirche glichen dem Kirchenkampf in Deutschland und spiegelten ihn zugleich in merkwürdiger Umkehrung; denn in Siebenbürgen spaltete sich nicht die evangelische Kirche, sondern die nationalsozialistische Partei der Deutschen in Rumänien, unter anderem wegen der Frage der »Volkskirche«. Zum amtlichen Aufgabenbereich Haeftens gehörte der Kontakt zu den Minderheiten in Rumänien. Krimm war Mitglied der Michaelsbruderschaft, Haeften stand ihr nahe. Vor dem Überfall auf die Sowjetunion entsandte das Deutsche Reich so genannte Lehrtruppen nach Rumänien. Im Schatten der Kriegsereignisse schaltete eine der SS nahestehende Gruppe innerhalb des radikalen NS-Flügels mit Hilfe von Behörden des Deutschen Reiches die Einrichtungen der deutschen Minderheit in Rumänien nach dem Beispiel der Vorgänge im deutschen Reich nach 1933 gleich. Die evangelische Landeskirche unterlag diesem Druck in beschämender Weise. Die von Berlin eingesetzte und vom rumänischen Staat mit Vollmachten ausgestattete »Volksgruppenführung« zwang den amtierenden Bischof Viktor Glondys zum Rücktritt und brachte, indem sie auf die Wahlgremien massiven Druck ausübte, einen Parteigänger mit deutsch-christlichen Anschauungen in das Bischofsamt. Konrad Möckel trat aus dem Landeskonsistorium aus und gründete mit Freunden aus dem *Frecker Kreis* einen siebenbürgischen Teilkonvent der evangelischen Michaelsbruderschaft, in dem sich hauptsächlich Pfarrer sammelten, die der neuen deutsch-christlich eingefärbten Kirchenleitung kritisch gegenüber standen. Der willfährige Bischof übereignete in einem übereilt ausgehandelten Vertrag die evangelischen Schulen und das Kirchenvermögen der »Deutschen Volksgruppe in Rumänien«. Als Bischofsvikar Friedrich Müller in Hermannstadt und Konrad Möckel in Kronstadt in den gewählten Kirchengemeindevertretungen (Presbyterien) die Übergabe der Schulen und des Kirchenvermögens - leider vergeblich - verhindern wollten, bezichtigte der Volksgruppenführer beide öffentlich, »Volksfeinde« zu sein. Im August 1944 kapitulierte Rumänien; die Organisation »Deutsche Volksgruppe in Rumänien« hörte auf zu bestehen. Noch einmal übernahm die evangelische Kirche für die Dauer von vier Jahren die Schulen mit deutscher Unterrichtssprache, bis die neue kommunistische Regierung das gesamte Schulwesen in Rumänien 1948 verstaatlichte. Der Kirchengemeinde in Kronstadt fielen in dieser Zeit große soziale Aufgaben zu, wie beispielsweise die Sorge für Tausende von Sozialwaisen, deren Väter aus dem Krieg nicht zurückgekehrt und deren Mütter 1945 zur Zwangsarbeit in die Sowjetunion deportiert worden waren. Konrad Möckel intensivierte die Gottesdienste in der Schwarzen Kirche, führte Frühgottesdienste ein und hielt gut besuchte Bibel- und Jugendstunden. Nach dem Aufstand in Ungarn im Jahre 1956 verhaftete die Securitate im Dezember 1957 Jugendliche der Kronstädter Kirchengemeinde. Als in den ersten Verhören im Zusammenhang mit den Jugendstunden mehrfach der Name Konrad Möckel fiel, nahm die Securitate im Februar 1958 auch ihn und weitere Personen in Haft, insgesamt zwanzig. In einem manipulierten Hochverratsprozeß, *Schwarze-Kirche-Prozeß,* erhielten die Angeklagten, von denen sich einige im Gerichtssaal zum ersten Mal sahen, Ende 1958 harte Freiheitsstrafen - Möckel, den die Anklage zum Rädelsführer stilisiert hatte, 25 Jahre. Die Strafe wurde nach drei Jahren zu Verbannung in den Bărăgan (Valea Călmaaţu, Rumänien) abgemildert. Dank internationaler Fürsprache ließ die rumänische Regierung den fast Siebzigjährigen 1962 zusammen mit seiner Frau in die Bundesrepublik Deutschland ausreisen. Konrad Möckel fand im Begegnungshaus der Berneuchner Bewegung in Kloster Kirchberg bei Horb als ehrenamtlicher Seelsorger eine neue Aufgabe, die er bis zu seinem Tode ausübte, immer in Sorge um seine Frau, die seit der Aussiedlung aus Rumänien unter schweren Depressionen litt und 1967, zwei Jahre nach ihm in Göppingen starb. Das Grab beider liegt auf dem Friedhof Römerschanze in Reutlingen. Im Jahre 1999 rehabilitierte die rumänische Regierung die im Schwarze-Kirche-Prozeß Verurteilten. Konrad Möckel wirkte unter zwei Diktaturen dem scheinbar unaufhaltsamen Verweltlichungsprozeß der Volkskirche entgegen. In Großpold, im *Frecker Kreis*, in der *Michaelsbruderschaft* und in seinem Pfarramt in Kronstadt begann er die Gemeinde ganz vom Gottesdienst und vom Gebet her zu sammeln. Ludwig Binder nannte ihn »einen durch große Anfechtungen hindurch gegangenen Wahrheitszeugen« (Binder 1989, S. 72). Konrad Möckel wirkte weniger durch theologisch-literarische Beiträge, mehr durch die Authentizität seiner kleinen, im Tagesstreit verfaßten Schriften, Vorträge, Predigten, Bibel- und Jugendstunden, im *Frecker Kreis* und im siebenbürgischen Konvent der evangelischen Michaelsbruderschaft.

Werke: Resinár déli hegyvidékének közettani viszonyai. Geólogiai térképé. Doctori értékezes [Die petrographischen Verhältnisse der südlich Reschinar gelegenen Berggegend. Geologische Landkarte. Dissertation]. Nyomtatott Lepage L. egyet. könyvkereskedés könyvnyomdajében, Kolozsvár 1918. Gr.-8°. 23 S., Ill., Inaugural Diss., Klausenburg 1918. Auch in deutscher Übersetzung Gr.-8°. 25 S.; Hornblendegesteine aus der Umgebung der »Hohen Rinne«. Verhandlungen und Mitteilungen des Siebenbürgischen Vereins für Naturwissenschaften 70/71 (Hermannstadt 1920/21), 63-70; auch als Sonderdruck Buchdruckerei Josef Drotleff, Hermannstadt 1921. 8°. 8 S.; Comunicare preliminară asupra studiilor petrografice din Poiana Ruscă. (Prezentată de Dl.

D. Rotman). »Dari de seama ale şedinţelor Institutului Geologie« Bucursti 1923, Vol. XI. Şedinţa dela 23 Februarie; auch als Sonderdruck: [statt Konrad Möckel irrtümlich R. Mökel]; Wissenschaft und Religion. Kirchliche Blätter 18 (Hermannstadt 1926), 2-4, 13-15 u. 21-24; auch als Sonderdruck: Honterus-Buchdruckerei, Hermannstadt 1926. Gr.-8°. 18 S.; Die Jugendfrage. Rede, geh. auf der Jugendbundtagung in Heltau. Klingsor 3 (1926), 296-301; Der Weg. Weg 1 (Hermannstadt 1926), 175-177; Bruder- und Schwesternschaften. Klingsor 4 (Kronstadt 1927), 20-25; Volkstum. Kirchliche Blätter 19 (Hermannstadt 1927), 357-360, 371-373, 386-388, 402-405 u. 419-421; auch als Sonderdruck: Honterus-Buchdruckerei, Hermannstadt 1927. Kl.-8°. 34 S.; Religion und Volkstum. II. Klingsor 5 (Kronstadt 1928),174-184, zus. mit Erwin Reisner I, S.170-174; Pfarrer und Volksleben. Klingsor 5 (Kronstadt 1928), 257-263; Der Unterwald. Klingsor 6 (Kronstadt 1929), 89-93; Evangelische Arbeit. Klingsor 6 (Kronstadt 1929), 127-138; Die Gottessohnschaft. Klingsor 6 (Kronstadt 1929), 287-293, 352-356; Die Poiana Rusca. Jb. d. Siebenbürgischen Karpatenvereins 38 (Hermannstadt 1925), 2-6; Was hat uns die Unzufriedenenbewegung zu sagen? Kronstädter Zeitung 93 (Kronstadt1929), Nr. 288 u. 290; Unsere geistige Lage. Kronstädter Zeitung 94 (1930), Nr. 91; Politik und Volksleben. Kronstädter Zeitung 94 (1930), Nr. 106; Pfingsten [Betrachtung]. Siebenbürgisch Deutsches Tageblatt 57 (Hermannstadt 1930), Nr. 17110; Die Gefahr der großen Worte. Siebenbürgisch Deutsches Tageblatt 57 (Hermannstadt 1930), Nr. 17207; Ist die Pflege des Volkstums religiöse Pflicht? Kronstädter Zeitung 94 (Kronstadt 1930), Nr. 204; Kirche und Schule. Klingsor 7 (Kronstadt 1930), 447-454; Jugendbewegung. Klingsor 7 (Kronstadt 1930), 466-472; Volkstum und Glaube. Vom Ringen um die Gestaltung einer evangelischen Volkskirche. Reihe: Kirche und Gegenwart. Praktisch-theologische Untersuchungen. Hrsg. v. D. Heinrich Rendtorff und D. Erich Stange). Dresden 1930; »Völkisch« und »christlich«. Zschr. »Christentum und Wissenschaft« 7 (Braunschweig 1931), 129-134; Zur Schulfrage. Kronstädter Zeitung 95 (Kronstadt 1931), Nr. 222; Großpolder Singwoche. Klingsor 8 (Kronstadt 1931), 398-399; Zeit und Ewigkeit. Siebenbürgisch Deutsches Tageblatt 58 (Hermannstadt 1931), Nr. 17463 [zu Friedrich Müller d. J.: Was ist Offenbarung? Hermannstadt 1931]; Was ist christlich? Selbsthilfe 10 (Hermannstadt 1931), Nr. 38; Sollen wir »völkisch« sein? Arbeit und Stille 25 (Bad Salzuflen1932), H. 1, S.15-19; Kirchl. Blätter 25 (Hermannstadt 1933), 153-155; Wohin treiben wir? Klingsor 9 (Kronstadt 1932), 346-349; Mediascher Volkstag. Klingsor 9 (Kronstadt 1932), 484-485; Glauben und Weltanschauung. Klingsor 9 (Kronstadt 1932), 295-301 und 333-339; Deutscher Glaube. Vortrag im Rahmen der Deutschen Büchergilde in Rumänien am 7. November 1932. In: Kirchliche Blätter 24 (Hermannstadt 1932), 480-481; auch in: Der Geisteskampf der Gegenwart (Gütersloh 1932), H. 12, 445-460; Die Sektenfrage. Kirchliche Blätter 25 (1933), 367-369 u. 379-383; Gautag des Wandervogels. Klingsor 10 (Kronstadt 1933), 315-316; Ewige Gesetze. Gedankengang eines Vortrages in mehreren Arbeitslagern des Sommers 1933. Klingsor 10 (Kronstadt 1933), 384-391; Geistliche Arbeitslager. Kirchliche Blätter 25 (Hermannstadt 1933), 423-426; dazu: Klingsor 11 (Kronstadt 1934), 127 u. 163-164; Idealismus und Wirklichkeit. Eine Auseinandersetzung mit dem Grundgedanken der Volkserneuerungsbewegung. Markusdruckerei A. G., Schäßburg 1933.8°, 65 S.; Völkischer Idealismus und Christentum. Rundbrief des Südostdtsch. Wandervogels, 1933; Christlicher Glaube und Volkstum: Bemerkungen Konrad Möckels aus dem Jahre 1933. In: Zugänge 2 (Heidelberg 1988), Nr. 2 (März), 18-21; Rabindranath Tagore. Seine Deutung für das religiöse Denken des Abendlandes. Kirchliche Blätter 25 (Hermannstadt 1933), 527-529; 26 (Hermannstadt 1934), 3-5 u. 16-17; Welche Bedeutung hat unsere Volkskirche für unsere Zeit? Vorträge, geh. auf dem 12. Pfarrertag in Kronstadt. Kirchliche Blätter 26 (Hermannstadt 1934), 382-387 und 395-401; auch als Sonderdruck: Honterusbuchdruckerei u. Verlagsanstalt, Hermannstadt 1934, 14 S.; Was ist die Kirche? Klingsor 11 (Kronstadt 1934), 225-230; Die zeitgemäße Frage. Klingsor 11 (Kronstadt 1934), 269-272. [Erwiderung auf E. Neugeboren ebd., S. 264-269]; Ansprache im Eröffnungsgottesdienst des 12. Pfarrertages in Kronstadt, gehalten in der Obervorstädter Kirche am 7. August 1934. Kirchliche Blätter 26 (Hermannstadt 1934), 359-361; Von den Baden-Durlacher Einwanderern Mühlbachs. Deutscher Kalender für Rumänien 6 (1935), 60-64; Ein Briefwechsel über Christentum und Volksdasein. Konrad Möckel an Alfred Pomarius. Klingsor 12 (Kronstadt 1935), 119-122. [Stellungnahme zu Alfred Pomarius, Die große Frage. Ebd., S. 31-33.]; dazu: Alfred Pomarius an Konrad Möckel. Ebd., S. 122-124; Erfahrungen im Konfirmandenlager. Kirchliche Blätter 27 (Hermannstadt 1935), 222-223; Gerhard May: Die volksdeutsche Sendung der Kirche. Vandenhoeck & Ruprecht, Göttingen 1934. Klingsor 12 (Kronstadt 1935), 292-293; Heinrich Rendtorff: Gottes Aufgebot in der Welt [Predigten]. Kranz Verlag, Berlin 1935. 132 S. Klingsor 12 (Kronstadt 1935), 462-463; Feiergestaltung. Klingsor 13 (Kronstadt 1936), 50-56; Der Kampf um die Macht und unsere evangelische Kirche. Honterus Buchdruckerei und Verlagsanstalt Sibiu-Hermannstadt 1936. Gr.-8°. 51 S.; dazu Fritz Benesch: Machtkampf und Kirche. Eine Antwort an Dr. Konrad Möckel. Deutsche Volksdruckerei und Verlagsanstalt Braşov-Kronstadt 1937. Gr.-8°. 29 S.; Volk in Gottes Hand [aus: »Heiliges Volk«. Eine Untersuchung über Zusammenhänge zwischen Volksleben und Glaubensgemeinschaft, im Druck erschienen.] Kirchliche Blätter 28 (Hermannstadt 1936), 242-243; auch in: Kronstädter Zeitung 100 (Kronstadt 1936), Beilage zu Nr. 118: Festausgabe zum hundertjährigen Bestehen, Sonntag den 24. Mai 1936, 31-32; Nachdruck Verlag Neue Kronstädter Zeitung (München 1990; Volkskirche und Volksgemeinschaft [Schlußkapitel aus: »Heiliges Volk«]. Klingsor 13 (Kronstadt 1936), 370-383; Ganze Menschen. Konfirmandenpredigt (Joh. 6, 67-69). Kirchliche Blätter 28 (1936), 261-263; Christliches Glauben und völkisches Bauen. Persönliche und grundsätzliche Bemerkungen zu Fritz Benesch: Machtkampf und Kirche. Kronstädter Zeitung 101 (Kronstadt 1937), Nr. 43-46; auch als Sonderdruck Kommissionsverlag Wilhelm Hiemesch (Kronstadt-Braşov 1937), Kl.-8°. 37 S.; »Für unsere Schwarze Kirche«. Klingsor 14 (Kronstadt 1937), 72-73; Erneuerung in der Kirche. Ein Rückblick und Ausblick. Kirchliche Blätter 29 (Hermannstadt 1937), 26-28; Die Oxforder Weltkirchenkonferenz. Kirchliche Blätter 29 (Hermannstadt 1937), I. S. 502-505; II. S. 522-523; III. S. 530-

531; siehe dazu auch: Herwart Scheiner: Oxford und wir. Deutsche Tageszeitung [3] (Sibiu-Hermannstadt1936), 8. August; dazu Viktor Glondys: Zu den Angriffen gegen unsere Kirchenleitung wegen Teilnahme an der Weltkirchenkonferenz in Oxford. Kirchliche Blätter 29 (1937), 399-400; und Herwart Scheiner: Ein Beitrag zur 36. Landeskirchenversammlung der ev. Landeskirche A. B. in România-Rumänien. Deutsche Volksdruckerei und Verlagsanstalt (Kronstadt-Braşov 1938), 27-42; Die Stellung der evangelischen Frauenvereine in unserer gesamten völkischen Arbeit. Grundgedanken zu einer Festrede vor der Hauptversammlung des Allgemeinen evangelischen Frauenvereines. Kirchliche Blätter 29 (Hermannstadt 1937), 580-581; Volk vor Gott. Gottesdienstliche Festrede zum Tage der Volksgemeinschaft in Kronstadt (2. Tim. 1,7). Kirchliche Blätter 29 (Hermannstadt 1937), 330-332; Begegnung mit Franz Rendtorff. Kirchliche Blätter 29 (1937), 167; Die Kirche als Burg. In: Wilhelm Stählin (Hrsg.): Vom heiligen Kampf. (Stauda Verlag Kassel 1938); Die Kirche der Heiligung. Vortrag, geh. vor dem Pfarrertag in Schäßburg. Kirchliche Blätter 30 (Hermannstadt 1938), 527-529 u. 538-543; auch als Sonderdruck (Honterus-Buchdruckerei und Verlagsanstalt Hermannstadt 1938), 8°. 20 S.; Der Eckstein. Darstellung Jesu (Predigthilfe, Luk. 20, 17-18). Kirchliche Blätter 30 (Hermannstadt 1938), 31; Das Erbe der Väter. Ansprache auf dem ersten Werbeabend »Für unsere Schwarze Kirche«. Kirchliche Blätter 30 (Hermannstadt 1938), 60-62; siehe auch: Klingsor 14 (Kronstadt 1937), 72-73 [Schlußabschnitte]; Die Ostertatsache. Predigt am 1. Ostersonntag (Joh. 20, 1-9). Kirchliche Blätter 30 (Hermannstadt 1938), 162-163; Lytton Strachey: Macht und Frömmigkeit, S. Fischer Verlag Berlin 1937. Klingsor 15 (Kronstadt 1938), 322-323; Wachstumsgesetze des Christen. Predigt am 20. Sonntag nach Dreieinigkeit (2. Tim. 2, 19). Kirchliche Blätter 30 (Hermannstadt 1938), 543-544; Leben jenseits des Todes. Predigt am 23. Sonntag nach Dreieinigkeit (Totensonntag) (Matth. 22, 22-33). Kirchliche Blätter 30 (Hermannstadt 1938), 585-586; Die ewig neue Erkenntnis. Predigt am 1. Advent (Jeremia 16, 16-21). Kirchliche Blätter 30 (Hermannstadt 1938), 595-596; Das weltweite Evangelium. Predigt am 3. Sonntag nach Epiphanias (Röm. 1,16-20). Kirchliche Blätter 31 (Hermanstadt 1939), 32; Abschied von Rektor D. Oskar Netoliczka. Kirchliche Blätter 32 (Hermannstadt 1940), 398-399; Die Kirchenburg als Symbol der Volkskirche. Siebenbürgisch Deutsches Tageblatt 66 (Hermannstadt 1939), Nr. 20000 (14. Dezember); Teile daraus auch in: Protestantenblatt 73 (Berlin und Bremen 1940), Nr. 2 (14. Januar), Sp. 16-18; Auf deutschem Vorposten. In: H. Dannenbaum: Christus lebt. Furche Verlag Berlin 1939, 268-277; auch in: Siebenbürgisch-sächsischer Hauskalender 27 (München 1982), 70-75, mit 1 Abb., 16-20). Kirchliche Blätter 31 (Hermannstadt 1939), 32; Das Grundgesetz der neuen Welt (Predigthilfe für den Sonntag Judika, 2. Kor. 5,17-21). Kirchliche Blätter 31 (Hermannstadt 1939), 143-144; Treue Haushalterschaft. Ansprache bei der Begräbnisfeier des Herrn Altbürgermeister Dr. Karl Ernst Schnell in der Schwarzen Kirche zu Kronstadt, gehalten am Sonntag »Misericordia domini« den 23. April 1939. Kirchliche Blätter 31 (Hermannstadt 1939), 218-220; Der Lebensnerv der Gemeinde (Predigthilfe für den Sonntag Rogate, 1. Tim. 2, 1-6). Kirchliche Blätter 31 (Hermannstadt 1939), 239-240; Das Dankbild des Erlösten. Predigt am 4. Sonntag nach Dreieinigkeit (Jes. 12,1-5). Kirchliche Blätter 31 (Hermannstadt 1939), 322; Altkurator Michael Ongyerth. Rede bei der Begräbnisfeier (2. Kor. 4, 6-8). Kirchliche Blätter 31 (Hermannstadt 1939), 538-539; Was heißt mit der Kirche leben? Lichter der Heimat 21 (Braşov-Kronstadt1940), 14-16; zusammen mit Richard Gleim: Die Kirche der Versöhnung. Gustav-Adolf-Kalender 84 (Johannes Stauda Verlag Kassel 1940), 71-79; Diakonie. Kirchliche Blätter 32 (Hermannstadt 1940), 150-151; Vom Worte Gottes zur Gestaltung der Kirche. Kirchliche Blätter 32 (Hermannstadt 1940), 522-524, 535-537, 548-549 und 559-561; auch als Sonderdruck: Honterus-Buchdruckerei und Verlagsanstalt Hermannstadt 1940. Kl.-8°. 26 S.; Die Sprache der Schwarzen Kirche. Eine Reformationspredigt. Kirchliche Blätter 32 (Hermannstadt 1940), 38-40; Gottesdienst ist gemeinsames Handeln (Predigthilfe für den 10. Sonntag nach Dreieinigkeit, Kol. 3,12-16). Kirchliche Blätter 32 (Hermannstadt 1940), 190-191; Wie kämpft eine christliche Gemeinde? Predigt am 10. Sonntag nach Dreieinigkeit (Apg. 4, 23-31). Kirchliche Blätter 32 (Hermannstadt 1940), 375; Harrender Glaube (Predigthilfe für den 27. Sonntag nach Trinitatis, Psalm 85,5-14). Kirchliche Blätter 32 (Hermannstadt 1940), 576; Das Leben ist ein Geheimnis. Lichter d. Heimat 22 (Brasov-Kronstadt 1941), Nr. 4; Das Wort der Wahrheit. Gedanken zum Ende des Schuljahres. Kirchliche Blätter 33 (Hermannstadt 1941), 362-365; Stephan Ludwig Roth. Gustav-Adolf-Kalender 86 (Johannes Stauda Verlag Kassel 1942), 60-62. Mit 1 Abb; Gottes Herrlichkeit. Kirchliche Blätter 37 (Hermannstadt 1946), 248-250 auch »Licht der Heimat« Nr. 230 (München 1972) Dezember, 1-2; Der wahre Gott. Predigt zum Trinitatissonntag in der Schwarzen Kirche (Röm. 11,33-36). Kirchliche Blätter 37 (Hermannstadt 1946), 25-27; »Unsere liebe evangelische Kirche«; Predigt am 24. Juni 1945 über 1. Korr. 3,11. Christlicher Hausfreund 16 (Hermannstadt 1946), 150ff.; auch in: Siebenb.-sächs. Hauskalender [1] (Selbstverlag des Ev. Hilfskomitees der Siebenbürger Sachsen und ev. Banater Schwaben im Diakonischen Werk der EKD. München 1956), 33-37; Das Brot des Lebens. Christlicher Hausfreund [17] (Hermannstadt 1947), 107; Unsere Kirche. Kirchliche Blätter 38 (Hermannstadt 1947), 167-169; Zur Frage der geistlichen Erziehung. Kirchliche Blätter 38 (Hermannstadt 1947), 209-211; Abschiedsrede beim Heimgang der Dichterin und Pfarrfrau Anna Schuller-Schullerus am 8. Mai 1951. Siebenbürgische Zeitung 2 (München 1951), Nr. 6 (Juni), 5; Zum Gedenken an Dr. Hans Otto Roth. [Aus der Ansprache bei der Familienfeier am 23. Mai 1953 in der Sakristei der Schwarzen Kirche im Rahmen einer Abendmahlfeier zum Gedächtnis für Dr. Hans Otto Roth.] Kirchliche Blätter 18 (Hermannstadt 1956) (1990), Nr. 5, 8. Mit 1 Abb; Beständige Gemeinschaft. Licht der Heimat Nr. 4 (Febr. 1954), 1; Wohin führt unser Weg? Reformationspredigt am 31. Oktober 1956 in der Schwarzen Kirche. Siebenbürgisch-sächsischer Hauskalender [3] (1958), 35-38; »Der Gerechte wird seines Glaubens leben«. Reformationspredigt 1956 über Röm. 1, 17, gehalten in der Schwarzen Kirche zu Kronstadt; auch in: Siebenbürgisch-sächsischer Hauskalander [12] (1967), 141-144; »Sie blieben beständig...« Aus einer Predigt in der Schwarzen Kirche in Kronstadt (1953). Licht der Heimat Nr. 40, Februar (München 1957), 1; Zwei Weihnachtsfeste

[1958 u. 1959]. In: Langmaak, Gerhard und Ingeborg Becher (Bearb.): In memoriam Konrad Möckel. Hrsg. von der Evangelischen Michaelsbruderschaft. O. J. [1965] 8°.28 S. Mit 3 Abb., 23-28; Sachsen in einer veränderten Welt. Was hat unsere Vergangenheit für unsere Zukunft zu bedeuten? Licht der Heimat Nr. 139 (Mai 1965), 1-2, Nr. 140, Juni, 2-4 und Nr. 141, Juli (München 1965), 2-3; auch in: Wir Heldsdörfer Nr. 13/65, 15-18 und 14/65, 18-22; Freude den Verlorenen. Predigt über Lukas 15, 1-10, gehalten in Kirchberg, 3. Sonntag nach Trinitatis am 4. Juli 1965. Siebenbürgisch-sächsischer Hauskalender 13 (München 1968), 33-36; Zeuge sein. Schluß einer Ansprache von 1965 über die Jahreslosung Apg. 1,8 in Licht der Heimat Nr. 226, August (München 1972), 1-2 [zum 80. Geburtstag Konrad Möckels]. *Literaturangaben nach Hermann A. Hienz: Schriftsteller-Lexikon der Siebenbürger Deutschen. Band IX, Köln Weimar Wien 2004, 145-155. Ich danke dem Verfasser für die Erlaubnis zum Abdruck.*

Lit.: Binder, Ludwig: Zwischen Irrtum und Wahrheit. Konrad Möckel (1892-1965) und die Siebenbürger Sachsen. Selbstverlag des Hilfskomitees der Siebenbürger Sachsen und der evangelischen Banater Schwaben im diakonischen Werk der Evangelischen Kirche in Deutschland. München o. J. (1989); — Evangelische Michaelsbruderschaft (Hrsg.): In memoriam Konrad Möckel. Bearbeitet von Gerhard Langmaack und Ingeborg Becher. Hamburg o. J. (Privatdruck); — Volkmer, Günter: Konrad Möckel als Naturwissenschaftler. Zschr. f. siebenbürgische Landeskunde 9 (Köln Wien 1986), 167-173.- Holzträger, Hans: Die Reise nach Oxford. Eine kirchliche Mission des Stadtpfarrers von Kronstadt, Dr. Konrad Möckel, und ihre Folgen. Siebenbürgisch-sächsischer Hauskalender 28 (München 1983), 85-90; — Möckel, Gerhard: Von der Volkskirche zur Kirche im Volk: Der Weg Konrad Möckels anläßlich seines 90. Geburtstages am 29. Juli 1982. Für den Familientag in Würzburg am 10. Oktober 1982. Selbstverlag Heidelberg 1983, 19 S.; auch in G. Möckel: Fatum oder Datum? Verlag Südostdeutsches Kulturwerk München 1997, 172-188; — Hermann A. Hienz: Möckel, Dr. phil. Konrad. In: Hermann A. Hienz: Schriftsteller-Lexikon der Siebenbürger Deutschen. Band IX, Köln Weimar Wien 2004, 145-155 (dort noch weitere, kleinere und hier nicht aufgenommene Beiträge über Konrad Möckel); — Möckel, Andreas: Gerhard Möckel und Konrad Möckel. In: Zugänge hrsg. vom Evangelischen Freundeskreis Siebenbürgen (Sibiu-Hermannstadt 2005) Heft 33, 27-34.

Andreas Möckel

MONSKY, Max, * 9.3. 1876 in Olschöwen/Ostpreußen als Sohn eines Gutsbesitzers, † 25.4. 1969 in Mödling, Pfarrer. Nach einem Jahr Volksschule in Olschöwen und kurzem Privatunterricht kam M. 1884 auf das Gymnasium in Insterburg, das er 1894 mit dem Abitur abschloß. Er nahm im Sommersemester 1894 sein Theologiestudium in Greifswald auf. Dort trat er dem nationalen Verein Deutscher Studenten (VDSt) bei. Zum Sommersemester 1895 wechselte er nach Leipzig. Beim dortigen VDSt, wo unter anderem Max Maurenbrecher (1874-1930) zu seinen Bundesbrüdern zählte, erhielt er nach eigener Aussage besonders über die Alten Herren Friedrich Naumann (1860-1919) und Christian Jasper Klumker (1868-1942) sowie das VDSt-Ehrenmitglied Adolf Stoecker (1835-1909) Einblicke in das öffentliche, soziale, nationale und politische Leben. Dies bereitete ihn ebenso für sein späteres volksmissionarisches Wirken vor, wie seine damalige Mitarbeit in den evangelischen Arbeitervereinen, den Kindergottesdiensten und im Christlichen Verein Junger Männer, dessen leitender Sekretär er nach seinem Wechsel nach Königsberg zum SS 1896 war. Zu seinen akademischen Lehrern zählte er in Greifswald Zöckler, Baethgen, Hausleiter, Lütgert, von Nathusius, Schultze und Cremer, in Leipzig Luthardt, Fricke, Heinrici, Schnedermann, Gregory und in Königsberg Benrath, Cornill, Dorner, Jakoby, Kühl und Sommer. Nach Bestehen der beiden theologischen Examina war er ab 1. August 1899 Vikar bei Konsistorialrat Dr. Borgius in Königsberg. Anschließend war er 1899/1900 Einjährig-Freiwilliger im Infanterie-Regiment 146 in Königsberg, wo er als Leutnant d. R. entlassen wurde. Ostern 1900 kam er durch Vermittlung von Stoecker in den Berliner Domkandidatenstift. Er übernahm am 1. Februar 1901 die Vertretung des erkrankten Pfarrers in seinem Heimatort Olschöwen/Kreis Angerburg und wurde am 17. März 1901 in der Schloßkirche Königsberg von Generalsuperintendent Walter Braun ordiniert. Inspiriert durch eine Studienreise als Domkandidat trat er am 1. April 1901 als Vikar in Krems in den Dienst der von Georg Ritter von Schönerer (1842-1921) gegründeten Los-von-Rom-Bewegung in Österreich. M. erhielt unter Aufgabe der deutschen im Februar 1902 die österreichische Staatsbürgerschaft (1921 dann doppelte Staatsbürgerschaft) und wurde daraufhin endgültig vom Evangelischen Oberkirchenrat in Wien zum Vikar der evangelischen Filialgemeinde Krems bestätigt. Er heiratete am 13. Juni 1902 Gertrude Sack (1875-1937). Von 1905 bis Ende 1911 war er Pfarrer in Krems. Von 1906 bis 1941 gab er die christliche Zeitschrift »Wahrheit und Liebe« heraus. Zum 1. Januar 1912 wurde er von der unter seiner Mitwirkung gegründeten Evangelischen Gesellschaft in

Österreich (1938 aufgelöst) zum Generalsekretär berufen. Ziel der Gesellschaft war es »Verständnis und Interesse für die Förderung und Vertiefung evangelisch-christlichen Glaubenslebens und für die Gemeinschaftspflege zu wecken und zu kräftigen.« Dies sollte durch öffentliche Vorträge, Versammlungen und Konferenzen erreicht werden. Während des Ersten Weltkrieges hielt M. wiederholt Vorträge vor Fronttruppen, unter anderem zur Alkohol-, zur religiösen und zur Sittlichkeitsfrage im Krieg. Als einen Grund für den Zusammenbruch Deutschlands und Österreichs 1918 sah M. die Abkehr des Volkes vom Evangelium an. »Zurück zum Evangelium« war für ihn der einzige »Weg zur Rettung.« Er suchte neue Wege, »um mit dem Evangelium auch an die gottentfremdeten Massen zu gelangen.« Ab Februar/März 1919 gründete er daher in mehreren österreichischen Landeshauptstädten Volksmissionsgesellschaften. Sein Motto war: »Nicht warten, bis die Leute zur Kirche kommen, sondern hinein mit dem Evangelium ins Volk, und zwar in einer Form, in der es auch von Gott ganz entfremdeten Menschen verstanden werden kann!« Hierzu nutzte er Hilfsmittel wie Presse, Plakate, Handzettel und Radio. Um die Idee der Volksmission zu fördern führten ihn Predigt- und Vortragsreisen durch ganz Österreich, Deutschland und die Schweiz. 1925 unternahm er darüber hinaus eine siebenmonatige Amerikareise. Da die Volksmission seiner Ansicht nach aber eher die »Intelligenz« und den Mittelstand ansprach, engagierte sich M. auch in der Arbeitermission. Trotz seiner deutschnationalen Haltung und seiner Freude über den Anschluß Österreichs 1938 sowie anderer Übereinstimmungen mit den Zielen des Nationalsozialismus sieht ihn Graf-Stuhlhofer nicht als Nationalsozialisten an. Nach Kriegsende 1945 sah M. eine ähnliche Situation wie 1918 gegeben und hielt an seinem Einsatz für die Volksmission fest. In den ersten Jahren nach Kriegsende reiste er besonders zu Flüchtlingslagern und zu angesiedelten Heimatvertriebenen. Bis zu seinem 92. Lebensjahr wählte er als Weg für den volksmissionarischen Dienst Straßenpredigten.

Werke: Erste in Stein a.D. seit der Reformation gehaltene evangelische Predigt über Evangel. Johannis 4,19-24. Die Anbetung Gottes, Krems 1902; Das Evangelium in Krems a. d. Donau und Umgebung. Kurze Geschichte der evangelischen Gemeinde Krems a. d. D. von der Reformationszeit bis zur Gegenwart. Nach den Akten und Berichten des Pfararchivs und anderen Quellen, Krems 1909; Jahresbericht der Evangelischen Gesellschaft in Oesterreich 1915/16, Wien 1916; Ein wichtiges Hilfsmittel zum Durchhalten in schwerer Zeit: Kurze Winke für die allenthalben notleidende Menschheit zur Linderung ihrer Leiden, Wien 1918; Unsere einzige Rettung: Jesus Christus. Nach einem Vortrag, Wien o. J.; (Hrsg.): Im Dienst am eigenen Volk 1912-1922. Denkschrift der Evangelischen Gesellschaft in Österreich nach Vollendung ihres 10. Jahres ihren Freunden dargereicht, Wien 1923; Erneuerung: Das Gebot der Stunde für unser Volk!, Wien 1923 (Vorträge und Flugblätter aus der oesterreichischen Volksmission, Reihe 1); Des Satans Geschichte, Wien 1923; Hast du Frieden? Nach einem Volksmissionsvortrag, Wien 1925 (Nimm und lies!, Nr. 2); Gottsucher, Wien 1925 (Nimm und lies!, Nr. 3); Vom Schauen zum Glauben, Wien 1925 (Nimm und lies!, Nr 4); Weg mit der Bibel? Nach einem Volksmissionsvortrag, Wien 1925 (Nimm und lies!, Nr 5); Tagebuchblätter während seiner Amerikareise 1925, Wien 1925; Schlichte Anmerkungen zur Heiligen Schrift, Wien 1927; Aus der österreichischen Volksmission 1927-29, Wien 1929; 36 Jahre im Dienste des Evangeliums in Österreich, davon 25 Jahre Evangelische Gesellschaft in Österreich. Nachgeschriebener Bericht von Generalsekretär Pfarrer Monsky in der Jubiläums-Vollversammlung 1. November 1937, in: Wahrheit und Liebe 1938, 11-14; Die Wiedervereinigung Deutschösterreichs mit dem Deutschen Reich - ein richtendes Eingreifen des lebendigen Gottes. Erste Wiener Predigt von Pfarrer Monsky, nach vollzogenem Anschluß, ebenda 33-35; Wie ich das neue Große in der Schweiz erlebte, ebenda, 39; Zur Ernährungs- und Gesundheitsfrage. Vier Jahrzehnte eigener Erfahrung mit naturgemäßer Lebensweise, Hellerau u.a. 1940; Vier Jahrzehnte als Rohköstler. Erfahrungen mit natürlicher Ernährungs- u. Lebensweise, Bad Harzburg 1940, aus: Jungborn-Blätter zur Hebung der Lebenskraft auf Grundlage einfacher Denk- u. Lebensweise. Jg. 15. (1940,) H. 1; Im Kampf um Christus. Erlebnisse und Erfahrungen eines Fünfundachtzigjährigen aus sechsfachem Jubiläum. 85 Lebensjahre und je 60 Jahre Ordination, Diaspora und Volksmission in Österreich, geistliche Wiedergeburt, Allianzdienst und Jungborn-Lebensweise, Wien 1957 (2. Auflage Wien 1963).

Lit.: Bednar-Brandt, Erika: Max Monsky, in: Pagel, Arno (Hrsg.): Er führt zum Ziel, Marburg 1981, 192-200; — Dokumentationsarchiv des Österreichischen Widerstandes (Hrsg.): Widerstand und Verfolgung in Niederösterreich 1934-1945, Bd. 3, Wien 1987; — Reingrabner, Gustav: Evangelisch in Krems. Welche Bedeutung hat der Protestantismus für die Geschichte der Stadt?, in: Jahrbuch für Landeskunde von Niederösterreich 60/61 (1994/95), 177ff.; — Rößler, Friedrich (Hrsg.): 75 Jahre Pfarrergebetsbruderschaft in Österreich 1923-1998, Steyr 1998; — Graf-Stuhlhofer, Franz: »Die Besucher unserer Stunden tragen fast alle das Hakenkreuz«. Max Monsky, Gründer der österreichischen Volksmission zur Zeit Hitlers, in: Jahrbuch für die Geschichte des Protestantismus in Österreich, Bd. 117/118, 2002, 127-146.

Marc Zirlewagen

MONZEL, Nikolaus, kath. Fundamentaltheologe und Sozialethiker, * 9. Juni 1906 in Siegburg, † 14. November 1960 in München; Priester der Erzdiözese Köln. — Nach dem Besuch der katholischen Volksschule, der Klosterschule der Benediktiner auf dem Michelsberg und des humanistischen Gymnasiums in Siegburg studierte er von 1926 bis 1932 Philosophie und Theologie an den Universitäten Bonn und Freiburg/Br. und im Priesterseminar des Erzbistums Köln in Bensberg. Am 11. Februar 1932 wurde er im Kölner Dom zum Priester geweiht und war anschließend bis 1937 Kaplan in Essen-Kray (St. Barbara), in Köln (St. Alban) und in Bad Godesberg-Friesdorf (St. Servatius). Von 1946 bis 1950 wirkte er in Bad Godesberg-Friesdorf neben seiner Vorlesungstätigkeit in Bonn weiter als Subsidiar. Während seiner pastoralen Tätigkeit betrieb er intensive philosophische, theologische und religionssoziologische Studien. Sie führten 1938 zur Promotion zum Dr. theol. und 1943 zur Habilitation für das Fach Fundamentaltheologie. Wegen der politischen Verhältnisse konnte er erst 1945 als Privatdozent für Fundamentaltheologie an der Katholisch-Theologischen Fakultät der Rheinischen Friedrich-Wilhelms-Universität Bonn zugelassen werden. Von 1946 an hielt er dort Vorlesungen über scholastische Philosophie und seit 1947 auch über katholische Soziallehre. Im selben Jahr war er mit der Vertretung des Lehrstuhls für Christliche Gesellschaftslehre beauftragt worden, den der gerade emeritierte Professor Wilhelm Schwer innegehabt hatte. 1948 erhielt er die Ernennung zum planmäßigen außerordentlichen Professor für Christliche Soziallehre und Allgemeine Religionssoziologie, 1949 die zum persönlichen ordentlichen Professor. 1955 nahm er den Ruf auf den neu errichteten Lehrstuhl für Christliche Soziallehre und Allgemeine Religionssoziologie an der Theologischen Fakultät der Ludwig-Maximilians-Universität München an. Am 14. November 1960 starb er nach kurzer schwerer Krankheit in München und wurde auf dem Nordfriedhof seiner Heimatstadt Siegburg/Rheinland beerdigt. — Anders als viele Vertreter seines Faches kam Monzel nicht mit dem Rüstzeug der Volkswirtschaftslehre oder der Moraltheologie zur Christlichen Soziallehre. Er war Fundamentaltheologe und stark historisch und soziologisch interessiert. Von daher ging es ihm um eine historisch und sozialwissenschaftlich begründete Analyse der sozialen Wirklichkeit und um eine vertiefte Aufarbeitung der sozialphilosophischen und sozialtheologischen Grundlagen der katholischen Soziallehre. Im Rückblick auf die Systematisierungen christlicher Gesellschaftslehre bis zum II. Vatikanischen Konzil (1962-1965) ist gesagt worden, sie stünden alle, auch Monzels Werk, im Zeichen der Neuscholastik (Arno Anzenbacher, Christliche Sozialethik. Einführung und Prinzipien, Paderborn 1997, 151). Philosophische Darlegungen und Begründungen aus Naturrechts-Überlegungen werden in diesem Zusammenhang durchgehend als wichtige Charakteristika neuscholastischer Soziallehre genannt. Für Monzels Auffassung und Arbeitsweise ist darüber hinaus aber kennzeichnend, daß er katholische Soziallehre als genuin theologische Disziplin verstand und sie als solche ausbauen wollte. Biblisch-theologische Aussagen, die sozial bedeutsame Wertbestimmungen und Zielsetzungen enthalten und über philosophisch Einsehbares hinausweisen, sollten nicht übersehen oder ausgeklammert werden. Monzel wollte sie zur Begründung wichtiger Positionen christlicher Soziallehre und Sozialethik herangezogen wissen. Verständlich, daß wegen dieses für Monzel unverzichtbaren Anliegens eine Art Grundsatzdiskussion über die Eigenart und die Methodik katholischer Soziallehre entbrannte. Monzel fand für seinen Standpunkt sowohl Gegner als auch Befürworter (vgl. den Exkurs »zur Frage nach dem inhaltlichen Überschuß der katholischen Soziallehre über eine rein philosophische Sozialethik«, in: Josef Stegmann, Die katholische Kirche in der Sozialgeschichte. Die Gegenwart, München - Wien 1983, 151-156). Zugleich war Monzel fest davon überzeugt, daß die Theologie, um ihrer selbstgewählten Aufgabe, der intellektuellen Durchdringung der geoffenbarten Heilsbotschaft Jesu Christi, gerecht zu werden, Erkenntnisse und Verfahren der weltlichen Wissenschaften aufnehmen und nutzen müsse. In gewisser Weise hat er in seinen Arbeiten vorweggenommen, was bald nach seinem Tod als Veränderung und neue Akzentsetzung in der päpstlichen und konziliaren Sozialverkündigung sich zeigte: Deren Themen wurden und werden stärker von aktuellen gesellschaftlichen Problemen bestimmt, der

Stil wurde erfahrungsbezogener und dialogischer, das Ziel war weniger die Vermittlung einer abstrakten, nur binnenkirchlich verständlichen Doktrin als vielmehr die Ernstnahme der Empirie, ihre Analysierung und Beurteilung im Lichte des Evangeliums und im Diskurs mit den Humanwissenschaften, sowie der Ansporn zum sozialen Engagement. Dies alles kennzeichnet seither auch die Arbeit der Autorinnen und Autoren der christlichen Soziallehre und Sozialethik. Monzel waren relativ wenige Jahre der Lehrtätigkeit vergönnt. Nur eine kleine Zahl von Schülern erreichte bei ihm den wissenschaftlichen Abschluß. Zur Ausbildung einer »Schule« kam es nicht. Aber: die denkerische Sorgfalt in der Behandlung von Problemen, die Ernstnahme historischer Gegebenheiten und das Mühen um deren Verstehen, die kenntnisreiche Übernahme von Ergebnissen und Methoden anderer Wissenschaften, die Nutzung von Möglichkeiten soziologischer Herangehensweise an kirchliche Sozialstrukturen und Lehräußerungen, philosophisches Denken, das sich verständlich und in seinen Argumenten nachvollziehbar ausdrückt, und schließlich die klare Positionierung in der christlich-katholischen Theologie - alles das macht Monzels Schriften gegenwärtig immer noch lesenswert.

Hauptwerke: Struktursoziologie und Kirchenbegriff (Grenzfragen zwischen Theologie und Philosophie, Bd. 10), Bonn 1939, Köln - Bonn 1972²; Das Verhältnis von Lehre und Person des Stifters im Christentum, Bonn 1946; Die Nation im Lichte der christlichen Gemeinschaftsidee, Bonn 1949; Die Überlieferung. Phänomenologische und religionssoziologische Untersuchungen über den Traditionalismus der christlichen Lehre, Bonn 1950; Geburtsstände und Leistungsgemeinschaften in der katholischen Soziallehre des Mittelalters und der Gegenwart (Bonner akademische Reden, Heft 10), Bonn 1953; Was ist christliche Gesellschaftslehre? (Münchener Universitätsreden, Neue Folge, Heft 14), München 1956; Solidarität und Selbstverantwortung. Beiträge zur christlichen Soziallehre, München 1959; Der Jünger Christi und die Theologie. Untersuchungen über Art und Ort des theologischen Denkens im System der Wissenschaften, Freiburg/Br. 1961; Trude Herweg (Hg) unter Mitarbeit von Karl Heinz Grenner, Nikolaus Monzel, Katholische Soziallehre, 1. Bd.: Grundlegung, Köln 1965; 2. Bd.: Familie, Staat, Wirtschaft, Kultur, Köln 1967; Trude Herweg, Karl Heinz Grenner (Hgg.), Nikolaus Monzel, Christlicher Glaube und weltanschaulicher Pluralismus. Beiträge der Katholischen Soziallehre zum Dialog (Grenzfragen zwischen Theologie und Philosophie, Bd. 23), Köln - Bonn 1974; Trude Herweg, Karl Heinz Grenner (Hgg.), Nikolaus Monzel, Die katholische Kirche in der Sozialgeschichte. Von den Anfängen bis zur Gegenwart, München - Wien 1980; [Durch einen Schüler Prof. Monzels hat das Werk eine Fortsetzung erhalten: Josef Stegmann, Die katholische Kirche in der Sozialgeschichte. Die Gegenwart, München - Wien 1983].

Weitere Veröffentlichungen: Die Welttranszendenz des Göttlichen und der neuzeitliche Pantheismus. Ein Feldunterrichtsbrief, Bonn 1944; Die Stellung der Theologie im Organismus der Wissenschaften, in: Der katholische Gedanke, Münster 1947, 18-34; Christliche Motive der Entproletarisierung, in: Die Neue Ordnung 3 (1949), 193-204; Die Kirche als Gemeinschaft, in: Wort und Wahrheit 4 (1949), 525-530; Die Soziologie und die Theologen, in: Hochl 41 (1949), 259-272; Der Gelehrte und der Tod. Nachruf auf Wilhelm Schwer, in: Die Neue Ordnung 4 (1950), 379-381; Die Entproletarisierung und die Bildung einer neuen Gesellschaftsordnung, in: Politeia 2 (1950), 58-63; Theologie und Nationalökonomie, in: KiW 3 (1950), 283-290; Abhängigkeit und Selbständigkeit im Katholizismus. Kirche und religiöse Intimsphäre im Katholizismus, in: Abhängigkeit und Selbständigkeit im sozialen Leben, 1. Bd., Köln - Opladen 1951, 188-199; Demokratisches Wahlrecht und politische Ethik, in: StZ 149 (1951/52), 333-342; Der Akademiker in der deutschen Nation, in: StZ 149 (1951/52), 11-21; Die Stellung von Kirche und Religion in der Enzyklika »Rerum novarum«, in: Priester und Arbeiter 1 (1951), 95-99; L´ Église et les masses. Étude de sociologie religieuse historique, in: LV (F) 6 (1951), 205-215; »Rerum novarum« nach sechzig Jahren, in: KiW 4 (1951), 297-304; Zur Ethik des Marxismus (in Verbindung mit einer Besprechung von: Theodor Steinbüchel, Sozialismus. Gesammelte Aufsätze, Tübingen 1950), in: Die Neue Ordnung 5 (1951), 167-171; Liebe und Gerechtigkeit im Aufbau des sozialen Lebens, in: Studentische Caritas. Werkheft der Akademischen Vinzenz- und Elisabethkonferenzen in Deutschland, Freiburg 1952; Soziologie der Pfarrei. Ein Literaturbericht über vier Jahrzehnte (1909-1949), in: LS 3 (1952), 156-160; vorher bereits als: The sociology of the parish in Germany, in: C. J. Nuesse, Thomas J. Harte (edd.), The sociology of the parish. An introductory symposion, Milwaukee 1951; Vor- und Nachwort zur 2. Auflage von: Wilhelm Schwer, Stand und Ständeordnung im Weltbild des Mittelalters. Die geistes- und gesellschaftsrechtlichen Grundlagen der berufsständischen Idee. Paderborn 1952; Christentum und Wirtschaftsdemokratie, in: Priester und Arbeiter 3 (1953), 94-101, 145-155, 203-211, 255-260, 309-312; Freie Konkurrenz und christliche Wirtschaftsethik, in: KiW 6 (1953), 215-224; Ist die berufsständische Ordnung eine Utopie? Eine Umfrage, in: Rheinischer Merkur, 1953, Nr. 37, 9; Das Ende einer Utopie, in: Bonifatiusbote 65 (1954), Nr. 10; Notwendigkeit und Grenze der politischen Macht, in: Politisch-soziale Korrespondenz 3 (1954), Nr. 15; Der lebendige Machiavelli, in: Politisch-soziale Korrespondenz 3 (1954), Nr. 19; Die Vergötzung der Arbeit, in: Bonifatiusbote 65 (1954), Nr. 11; Technik als Voraussetzung und Gefährdung menschlicher Gemeinschaft, in: KiW 7 (1954), 235-242; Technik und Gemeinschaft, in: Jahres- und Tagungsbericht der Görres-Gesellschaft 1954, 19-35; Die Mahagonitische des Königs Salomo, in: Politisch-soziale Korrespondenz 4 (1955), Nr. 7; Klassenkampf, Streik und christliches Sittengesetz, in: Priester und Arbeiter 5 (1955), Nr. 3 und 4; Demut in der Politik?, in: Politisch-soziale Korrespondenz 5 (1956), Nr. 8; Das Problem der Toleranz, in: MThZ 7 (1956), 81-98; Die wirkliche Situation der deutschen Familie und ihre Stellung in der heutigen Gesellschaft. Eine Abhandlung und ein Buchbericht, in: Ehe und Familie im privaten und öffentlichen Recht 3 (1956), 212 ff.; Tecnica y comunidad, in: Estudios sociologicos internationales, Madrid 1956; Art. »Antisemitismus«, in: StL[6], Freiburg 1957, Bd. 1, Sp. 381-389; Gemeinde der Heiligen und »Massenheilsanstalt«, in: StZ 160 (1957), 422-435; Theologische Hintergründe christlichen Handelns im politischen und gesellschaftlichen Raum. Vortrag in Bad Boll und auf Burg Rothenfels 1957 und beim Publizistentreffen in der Evangelischen Akademie Tutzing 1958, in: Christlicher Glaube und weltanschaulicher Pluralismus, Köln - Bonn 1974, 160-176; Art. »Christentum und Gesellschaft«, in: StL[6], Freiburg 1958, Bd. 2, Sp. 433-447; Art. »Elite«, in: StL[6], Freiburg 1958, Bd. 2, Sp. 1162-1169; Freie Konkurrenz und Wirtschaftsethik, in: KiW 6 (1958), 215-224; Art. »Kompromiß«, in: StL[6], Freiburg 1959, Bd. 4, Sp. 1203-1206; Blinde Gerechtigkeit, in: Gehört - Gelesen 6 (1959); Der Kompromiß im demokratischen Staat, in: Hochl 51 (1959), 237-247; Die Sehbedingung der Gerechtigkeit, in: MThZ 10 (1959), 177-188; Diskussionsbeitrag (Thema »Elite«) zum Münchener Kulturkritikerkongreß, in: Untergang oder Übergang. 1. Internationaler Kulturkritikerkongreß in München 1958, München 1959; Elite. Begriff - Theorie - Aktuelle Probleme, in: Der Convent 10 (1959), 25-30; Staatsmacht und Gewissen in theologischer Sicht, in: Staat und Gewissen (Studien und Berichte der Katholischen Akademie in Bayern, Heft 8), München 1959, 99-128; Technik als Voraussetzung und Gefährdung menschlicher Gemeinschaft, in: KiW 7 (1959), 235-242; Probleme einer »berufsständischen Ordnung«, in: Ordo Socialis 7 (1959/60), 89-104; Berufsständische Ordnung und Subsidiaritätsprinzip. Eine Stellungnahme, in: Ordo Socialis 7 (1959/60), 264-272; Art. »Nation«, in: StL[6], Freiburg 1960, Bd. 5, Sp. 885-894; Atomare Bewaffnung und ethische Normen, in: Christopherus 3 (1958), 5-10 und in: Atomare Kampfmittel und christliche Ethik. Diskussionsbeiträge deutscher Katholiken, München 1960, 101-110; Die ethische Problematik des Krieges mit Atomwaffen, in: Kann ein atomarer Verteidigungskrieg ein gerechter Krieg sein? (Studien und Berichte der Katholischen Akademie in Bayern, Heft 10), München 1960, 43-72; Die Weltkirche und die Nationen, in: Wissenschaft und Politik. Festschrift der Hochschule für Politische Wissenschaften, München 1960, 31- 40; Formen und Motive der kirchlichen Soziallehre, in: Wilhelm Corsten, Augustinus Frotz, Peter Linden (Hgg.), Die Kirche und ihre Ämter und Stände. Festgabe für Kardinal Frings zum Goldenen Priesterjubiläum, Köln 1960, 259-275; Kirche und eucharistische Tischgemeinschaft im Lichte der soziologischen Kategorienlehre, in: Theologische Fakultät der Ludwig-Maximilians-Universität München (Hg.), Pro Mundi Vita. Festschrift zum Eucharistischen Weltkongreß in München 1960, München 1960, 181-202; Gesellschaftliche Voraussetzungen des Kultes, in: Michael Schmaus, Karl Forster (Hgg.), Der Kult und der heutige Mensch, München 1961, 306-316.

Besprechungen (in Auswahl): zu Mausbach-Ermecke, Katholische Moraltheologie, Bd. 3, in: Die Neue Ordnung 7 (1953), 189; Franz H. Mueller, Soziale Theorie des Betriebes, in: TThZ 62 (1953), 45-52; Mausbach-Ermecke, Katholische Moraltheologie, Bd. 1, in: Die Neue Ordnung 8 (1954), 124 f.; Josef Pieper, Über die Gerechtigkeit, in: KZS 6 (1953/54), 330; Mausbach-Ermecke, Katholische Moraltheologie, Bd. 2, in: Die Neue Ordnung 9 (1955), 190; Bernhard Häring, Das Gesetz Christi, in: Ehe und Familie im privaten und öffentlichen Recht 3 (1956), 80; Johannes Messner, Kulturethik mit Grundlegung durch Prinzipienethik und Persönlichkeitsethik; Ders., Ethik, in: MThZ 7 (1956), 315 f.; Josef Fuchs, Lex naturae, in: MThZ 8 (1957), 221 f.; Helmut Schelsky, Schule und Erziehung in der industriellen Gesellschaft, in: Ehe und Familie im privaten und öffentlichen Recht 5 (1958), 190 f.; Johannes Messner, Das Naturrecht[3], in: MThZ 10 (1959), 59 f.; Ludwig Berg, Sozialethik, in: MThZ 11 (1960), 223; Wilhelm Weber, Wirtschaftsethik am Vorabend des Kapitalismus, in: ebd., 223-225; Josef Höffner, Ehe und Familie, in: ebd., 225 f..

Bibliographie: Katholische Soziallehre (s.o.), Bd. 2, Köln 1967, 647-649.

Übersetzungen: Nikolaus Monzel, Doctrina social, Tomo primero: Fundamentos, Barcelona 1969; Tomo segundo: Familia, Estado, Economia, Cultura, Barcelona 1972; Nikolaus Monzel, State and Conscience, in: Man and Politics (German opinion on problems of today, No. V/1965), München 1965, 14-24.

Lit. (in Auswahl): LThK[3], Bd.7, Freiburg 1998, Sp. 449 (Th. Hausmanninger); — NDB Bd.18, 651 (W. Korff); — Josef Fuchs, Christliche Gesellschaftslehre?, in: StZ 164 (1959), 161-170; — Lothar Roos, Trinitarischer Humanismus als theologische Mitte einer christlichen Gesellschaftslehre, in: Michael Böhnke, Hanspeter Heinz (Hgg.), Im Gespräch mit dem dreieinen Gott (Festschrift für Wilhelm Breuning), Düsseldorf 1985, 457-480. 459 ff., 474 f.; — Josef Stegmann, Die katholische Kirche in der Sozialgeschichte. Die Gegenwart, München - Wien 1983, 151-156.

Rezensionen (in Auswahl) zu Monzel: Struktursoziologie und Kirchenbegriff (s.o.) in: ThGl 31 (1939), 454; — in: Theologisches Literaturblatt 9 (1939), Nr. 29; — in: ZKTh 64 (1940), 219; — Solidarität und Selbstverantwortung (s.o.) in: Schol 35 (1960), 577 f.; — Der Jünger Christi und die Theologie (s.o.) in: Kölner Pastoralblatt 1962, 63; — in: Neuer Literaturanzeiger 1963, Nr. 1; — in: ThG 5 (1962), 117; — Katholische Soziallehre I und II (s.o.) in: Die Neue Ordnung 20 (1966), 231; — in: MThZ 18 (1967), 167 f.; — in: ThRv 63 (1967), Sp. 177 f.; — in: TThZ 76 (1967), 127 f.; — in: ThQ 148 (1967), 500 f.; — in: Civitas 7 (1968), 203-208; — in: Schmollers Jahrbuch 89 (1969), Heft 1; — in: ThPh 41 (1966), 129-131; — 43 (1968), 283-286; — Christlicher Glaube und weltanschaulicher Pluralismus (s.o.) in: ThPh 51 (1976), 463 f.; — Die katholische Kirche in der Sozialgeschichte (s.o.) in: ThG 24 (1981), 63 f.; — in: StZ 199 (1981), 141; — in: ThPh 56 (1981), 476 f.; — in: ThRv 77 (1981), Sp. 238 f.; — in: KZfSS 33 (1981), 388.

Karl Heinz Grenner

MOTT, Lucretia, * 3.1. 1793 in Nantucket, † 11.11. 1880 in Abington. Feministin, Suffragette, Abolitionistin, Quäkerin. — Am 3. Januar 1793 wurde Lucretia Coffin auf Nantucket Island (Massachusetts) geboren, als Tochter des

Seekapitäns Thomas (gest. 1815) und Anna (geb. Folger) Coffin, einer Geschäftsfrau. 1804 zog das Ehepaar mit sieben Kindern, darunter auch die spätere Abolitionistin Martha Coffin Wright (1806-1875), nach Boston, wo Lucretia die öffentliche Schule besuchte und ab 1806 auf einer Quäkerschule in Nine Partners nahe Poughkeepsie (New York) unterrichtet wurde und schließlich auch selbst unterrichtete. 1809 zog die Familie aus beruflichen Gründen weiter nach Philadelphia. Am 10. April 1811 heirate Lucretia dort im Pine Street Meeting House den Lehrer und Handelskaufmann James Mott (1788-1868). Aus der Ehe sind sechs Kinder hervorgegangen. Nachdem Thomas, ihr erstes von insgesamt sechs Kindern, 1817 im Alter von fünf Jahren verstarb, fand sie Trost und Halt in der Quäkergemeinschaft, in der sie nun vermehrt aktiv wurde: 1817 eröffnete Lucretia Mott mit einem weiteren Glaubensgenossen eine kleine Quäkerschule in Philadelphia, die sie jedoch nach bereits einem Jahr wieder aufgab. Ein Jahr darauf predigte Mott erstmals öffentlich in einer Quäkerversammlung und wurde 1821 von den Quäkern als öffentliche Predigerin (»recorded minister«) anerkannt. Auch außerhalb von Quäkerversammlungen ergriff sie oft auf Zusammenkünften das Wort, um verschiedene gesellschaftliche Mißstände anzuprangern. Ihre Vortragsreisen brachten sie bis nach Indiana, Maryland und Virginia. 1830 wurde sie Schreiberin (Vorsitzende) des Women Meeting des Race Street Yearly Meeting, das zu den »Hicksite-Quäkern« gehörte, einer speziellen Richtung des amerikanischen Quäkertums. Mit weiteren Hicksite-Quäkern gründete sie 1864 das Swarthmore College bei Philadelphia, ein noch heute bestehendes Quäkercollege. Gleichzeitig war Lucretia Mott stark von den Unitariern beeinflußt, vornehmlich von Theodore Parker (1810-1860) und von William Ellery Channing (1780-1842), weswegen ihr zeitweise der Ausschluß aus der Quäkergemeinde drohte. Es kam immer wieder zu Konflikten zwischen Mott und der Quäkergesellschaft, so beispielsweise 1843, als die Quäker ihr eine Botschaftsreise untersagten, da sie Mott nicht für geeignet hielten, die Gemeinschaft zu repräsentieren. Mott reiste dennoch. — Lucretia Mott engagierte sich vor allem und zuerst in der Bewegung gegen die Sklaverei. Viele Sklaven fanden im Haushalt der Motts Unterstützung, und, wenn notwendig, ein sicheres Versteck. In den frühen 1830er Jahren gründete sie Philadelphia's Female Anti-Slavery Society, deren langjährige Präsidentin sie war. 1840 wurde sie zur Weltversammlung der Sklavengegner nach London delegiert, wo sie jedoch als Frau nicht die gleichen Rechte wie die Männer besaß. 1848 organisierte sie in Seneca Falls, (New York) zusammen mit Elizabeth Cady Stanton (1815-1902), die erste Frauenrechtsorganisation (Women's Rights Convention) in den USA, der sie ab 1852 als Präsidentin vorstand. Nachdem in den USA 1865 die Sklaverei abgeschafft wurde, setzte sich Mott für das Wahlrecht der Schwarzen ein. 1866 wurde sie Mitbegründerin der American Equal Rights Association und deren erste Präsidentin, 1867 Mitbegründerin der Free Religious Association und 1870 Präsidentin der Pennsylvania Peace Society. Auch in der Universal Peace Union, einer teilweise militanten Friedensbewegung in Opposition zu der konzilianten American Peace Society, war Mott aktiv. — Lucretia Mott verstarb in ihrem 87. Lebensjahr am 11. November 1880 an einer Lungenentzündung in ihrem Haus in Roadside bei Abington, wo sie seit 1857 lebte.

Werke: A sermon delivered in the Unitarian Church in the city of Washington, by Lucretia Mott, first month 15, 1843. Taken by short-hand by B. B. Davis, stenographer. Salem 1843; Diversities. In: The Liberty Bell, VI, (1844), 175-178; A sermon to the medical students, delivered by Lucretia Mott, at Cherry Street Meeting House, Philadelphia, on first-day evening, second month 11th, 1849. Revised phonographic report. Philadelphia 1849; Discourse on woman. Delivered at the assembly buildings, December 17, 1849, being a full phonographic report, revised by the author. Philadelphia 1850. Philadelphia 1869²; Comly, John; Mott, Lucretia: Epistle from the Yearly Meeting of Friends, held in Philadelphia, by adjournments, from the 12th of the fourth month to the 17th of the same, inclusive, 1830. To the Yearly Meeting of Friends held in London. In: Journal of the life and religious labours of John Comly, late of Byberry, Pennsylvania. Philadelphia 1853, 638-641; Hallowell, Anna Davis (Hrsg.): James and Lucretia Mott. Life and letters. Boston 1884. Boston 1885². Boston 1896³; Tolles, Frederick B. (Hrsg.): Slavery and 'the woman question'. Lucretia Mott's diary of her visit to Great Britain to attend the world's anti-slavery convention of 1840. Haverford 1952 (Journal of the Friends Historical Society, XXIII); Greene, Dana (Hrg.): Her complete speeches and sermons. New York 1980 (Studies in Women and Religion, IV); Bacon, Margaret Hope (Hrsg.): Lucretia Mott speaking. Excerpts from the sermons and speeches of a famous nineteenth century Quaker minister and reformer. Wallingford 1980 (Pendle Hill Pamphlets, CCXXXIV); Oden, Amy (Hrsg.): Likeness to Christ. In: In her words. Women's writings in the history of Christian thought. Nashville 1994, 292-298; Abuses and uses of the Bible. Sermon, delivered at Cherry Street Meeting, Philadelphia, November 4, 1849. In: American sermons. The pilgrims to Martin Luther King, jr. New York 1999, 630-639; Palmer, Beverly Wilson (Hrsg.): Selected letters of Lucretia Mott. Urbana 2002; Abuses and uses of the Bible. In: Gottlieb, Roger S.: Liberating faith. Religious voices for justice, peace, and ecological wisdom. Lanham 2003, 42-44.

Lit. (Auswahl): Proceedings of the regular autumnal convention of Unitarian Christians. Held in the city of Philadelphia, October 20th, 1846. Philadelphia 1846; — Hanaford, Phebe A.: Lucretia, the Quakeress, or, principle triumphant. O.O., um 1856. Boston 1856²; — Michener, Ezra: A retrospect of early Quakerism. Being extracts from the records of Philadelphia Yearly Meeting and the meetings composing it, to which is prefixed an account of their first establishment. Philadelphia 1860; — Remarks of Mrs. Lucretia Mott. In: Free Religious Association (Hrsg.): Report of addresses at a meeting held in Boston, May 30, 1867, to consider the conditions, wants, and prospects of free religion in America. Together with the constitution of the Free Religious Association there organized. Boston (1867), 11-15; — Parton, James: Eminent women of the age. Being narratives of the lives and deeds of the most prominent women of the present generation. Hartford 1868; — Grew, Mary; Phillips, Wendel: James Mott. A biographical sketch. New York (1868); — Swarthmore College (Hrsg.): Proceedings on the inauguration of Swarthmore College. Eleventh month 10th, 1869. Philadelphia 1869; — Kildare, W. P.: Discourse on woman. Philadelphia 1869; — Still, William: The underground rail road. A record of facts, authentic narratives, letters, etc. Narrating the hardships, hair-breadth escapes and death struggles of the slaves in their efforts for freedom, as related by themselves and others, or witnessed by the author, together with sketches of some of the largest stockholders, and most liberal aiders and advisers, of the road. Philadelphia 1872; — Mott, Lucretia (Coffin). In: Drake, Francis Samuel: Dictionary of American biography. Including men of the time, containing nearly ten thousand notices of persons of both sexes, of native and foreign birth, who have been remarkable, or prominently connected with the arts, sciences, literature, politics, or history of the American continent. Giving also the pronunciation of many of the foreign and peculiar American names, a key to the assumed names of writers, and a supplement, II. Boston 1872, 642. ND Ann Arbor 1971, 642; — Anthony, Susan; Stanton, Elizabeth Cady; Gage, Matilda Joslyn (Hrsg.): History of woman suffrage. VI. Bde. New York 1881-1922. ND New York 1969; — Pettit, Joseph: Eulogy on Lucretia Mott. (Philadelphia) (1880); — Furness, William Henry: God and immortality. A discourse in memory of Lucretia Mott. Philadelphia 1881, - Macdonell, Agnes: Lucretia Mott. In: MacMillan's Magazine, XLIII, 1880/81, 452-460; — Hanaford, Phebe A.: Daughters of America. Or, women of the century. Boston 1883; — Mott, Lucretia. In: Appletons cyclopaedia of American biography. Hrsg. von James Grant Wilson, John Fiske, IV. New York 1888, 441; — Mott (Lucretia). In: Wheeler, Joseph Mazzini: A biographical dictionary of freethinkers of all ages and nations. London 1889, 235; — Mott, Lucretia. In: The national cyclopaedia of American biography. Being the history of the United States. As illustrated in the lives of the founders, builders, and defenders of the republic, and of the men and women who are doing the work and moulding the thought of the present time, II. New York 1892, 310-311; — Hicks, Caroline: Some reminiscences of Lucretia Mott. In: Long Island Magazine, I, 4, 1893, 139-146; — Mott, Mrs. Lucretia. In: Willard, Frances; Livermore, Mary A. (Hrsg.): A woman of the century. Fourteen hundred-seventy biographical sketches accompanied by portraits of leading American women in all walks of life, II. Wells Moulton 1893, 526. ND New York 1975, 526; — Oberholtzer, S. L.: Lucretia Mott. In: The Friend. A religious, literary, and miscellaneous journal, XXXIV, 35, 1894, 567; — Mott, Lucretia. In: Lossing, Benson John: Harper's Encyclopaedia of United States History. From 458 A.D. to 1902. Based upon the plan of Benson John Lossing, VI. New York 1902, 302; — Harper, Ida Husted: Suffrage - A right. In: North American Review, CLXXXIII, 4, 1906, 484-498; — Mott (mot), Mrs. (Lucretia Coffin). In: Smith, Benjamin E(li) (Hrsg.): The century cyclopedia of names. A pronouncing and etymological dictionary of names in geography, biography, mythology, history, ethnology, art, archaeology, fiction, etc., etc., etc, IX. ND New York 1906, 710. (The century dictionary and cyclopedia. A work of universal reference in all departments of knowledge with a new atlas of the world. In ten volumes); — Hammell, George M.: The passing of the saloon. An authentic and official presentation of the anti-liquor crusade in America. Cincinnati (1908); — Foster, Warren Dunham: Heroines of modern religion. New York 1913. ND Freeport (1970); — Reed, Myrtle; Powell, Mary Badollet: Happy women. New York 1913; — Lefferts, Walter: Noted Pennsylvanians. Philadelphia (1913); — Fawcett, Millicent Garrett: The American abolitionists: Prudence Crandall and Lucretia Mott. With special introduction. London (1913); — Mott, Lucretia. In: Herringshaw's national library of American biography. Contains thirty-five thousand biographies of the acknowledged leaders of life and thought of the United States. Illustrated with three thousand vignette portraits. Complete in five volumes, including every name of eminence produced by this great republic since its formation to the present time, IV. Chicago 1914, 251; — Horton, Edith: A group of famous women. Stories of their lives. Boston (1914); — Harper, Ida Husted: Suffrage and a woman's century. In: North American Review, CCII, 1915, 730-735; — Morris, Charles: Heroes of progress in America. Philadelphia 1919²; — The triumph of woman suffrage. Ratification of nineteenth amendment by the thirty-sixth state ends a campaign of seventy-two years. In: Current History and Forum, XIII, 1, 1920, 138-144; — Murphy, Mabel Ansley: Greathearted women. Biographies of sixteen women leaders of American and English life. Philadelphia, um 1920; — Field, Sara Bard: The speech of Sara Bard Field, presenting to Congress on behalf of the women of the nation, the marble busts of three suffrage pioneers, Lucretia Mott, Elizabeth Stanton Cady (!), Susan Brownell Anthony. (San Francisco) 1921; — Stanton Blatch, Theodore (Hrsg.): Elizabeth Cady Stanton as revealed in her letters, diary and reminiscences. New York 1922; — Fisher, Katharine: Lucretia and Elizabeth. London 1840 - Seneca Falls 1848. O.O. 1923; — Bolton, Sarah Knowles: Lives of girls who became famous.

New York, um 1925; — Hare, Lloyd Custer Mayhew: Lucretia Mott. The greatest American woman. Somerville 1836. New York 1937. ND New York 1970; — Palmer, William Kimberley: Immortal Lucretia Mott. (Chcopee) (1937); — Lucretia Mott. In: Negro History Bulletin, I, 4, 1938, 4; — Mott, Lucretia. In: Hart, James David: The Oxford companion to American literature. Oxford 1941, 505. Oxford 1944²; — Spain, Shirley: Lucretia Mott (1793-1880). Philadelphia 1942; — Blankenburg, Lucretia L.: Lucretia Mott 1793-1880. In: Biddle Bosler, Gertrude; Dickson Lowrie, Sarah (Hrsg.): Notable women of Pennsylvania. Philadelphia 1942, 120-122; — Newman, Naomie E.: Lucretia Mott. In: Negro History Bulletin, VI, 4, 1943, 76, 91-93; — Mott, Lucretia. In: Webster's Biographical Dictionary. A dictionary of names of noteworthy persons with pronunciations and concise biographies. London 1943, 1063; — Curtis, Anna L.: Lucretia Mott. In: Quaker torch bearers. Philadelphia 1943, 81-98; — Barth, Ramona Sawyer: Release to the captives. The story of Lucretia Mott. In: Christian Register, CXXII, 1, 1943, 15-16; — Marks, Jeannette Augustus: Lucretia Mott. Extension of remarks of Hon. U.S. Guyer of Kansas in the House of Representatives, Monday, January 11, 1943. Washington 1943; — Rosenberger, Homer Tope: Montgomery county's greatest lady: Lucretia Mott. In: Bulletin of the History Society of Montgomery County, VI, 2, 1948, 91-176; — Burnett, Constance Buel: Five for freedom: Lucretia Mott, Elizabeth Cady Stanton, Lucy Stone, Susan B. Anthony, Carrie Chapman Catt. New York 1953. New York 1968²; — Ducas, Angeline: Lucretia Mott: Woman of eloquence. MA thesis, Emerson College 1953; — Lippincott, Horace Mather: Lucretia Mott and her religious principles. In: The Old York Road Historical Society Bulletin, XVIII, 1954, 10-13; — Cromwell, Otelia: Lucretia Mott. A biography. With a portrait. Cambridge 1958. New York 1971²; — Vipont, Elfrida: A faith to live by. Philadelphia 1962. London 1965²; — Burnett, Constance B.: Lucretia Mott, girl of old Nantucket. Illustrated by Nathan Goldstein. Indianapolis, um 1963; — Riegel, Robert Edgar: American feminists. Lawrence 1963; — Sterling, Dorothy: Lucretia Mott. New York 1964. New York 1999²; — Riegel, Robert Edgar: »Woman's rights and other ,reforms' in Seneca Falls«. A contemporary view. In: New York History. Quarterly journal of the New York State Historical Association, XLVI, 1, 1965, 41-59; — Brown, Ira V.: Pennsylvania reformers: From Penn to Pinchot. University Park 1966; — Douglas, Emily Taft: Remember the ladies. The story of great women who helped shape America. New York 1966; — Culver, Elsie Thomas: Women in the world of religion, New York 1967; — Lutz, Alma. Crusade for freedom. Women of the antislavery movement. Boston 1968; — Humphrey, Grace: Women in American history. Freeport 1968; — Faber, Doris: Lucretia Mott, foe of slavery. Illustrated by Russell Hoover. Champaign (1971); — Kurland, Gerald: Lucretia Mott, early leader of the women's liberation movement. Charlotteville 1972 (Outstanding Personalities, XXXIX); — Henry, F. F.: Lucretia Coffin in Nantucket. In: The Old York Road Historical Society Bulletin, XXXV, 1974, 10-13; — Morrison, David Jenkins: A guide book to historic LaMott: The activities at Cam William Penn, the life of Lucretia Mott, a history of the village of LaMott. (Philadelphia) 1974, - Rauch, Julia B.: Women in social work. Friendly visitors in Philadelphia, 1880. In: Social Service Review, XLI, 2, 1975, 241-259; — Pagliaro, Penny Fankhouser: The education and radical thought of Lucretia Mott. A partial biography. Dissertation University of Hawaii 1976; — Papachristou, Judith: Women together. A history in documents of the women's movement in the United States. New York 1976; — Pagliaro, Penny Fankhouser: The uncommon education of Lucretia Mott. In: Educational Perspectives. Journal of the College of Education, University of Hawaii, XVI, 1, 1977, 16-21; — Flexner, Eleanor: Hundert Jahre Kampf. Die Geschichte der Frauenrechtsbewegung in den Vereinigten Staaten. München 1978; — Hersh, Blanche Glassman: Slavery of sex. Feminist-abolitionists in America. Urbana 1978; — Bacon, Margaret Hope: Valiant Friend. The life of Lucretia Mott. New York 1980. Philadelphia 1999²; — Greene, Dana: Lucretia Mott: 'A woman of sufficient confidence'. In: Graduate Woman, LXXIV, 3, 1980, 30-33; — Manning, Beverley: Index to American women speakers, 1828-1978. Metuchen 1980; — Bass, Dorothy Courtenay: 'The best hopes of the sexes': The woman question in Garrisonian abolitionism. Dissertation of Brown University 1980; — Henderson, Ann Lyman: Adelaide Johnson: Issues of professionalism for a woman artist. Dissertation of the George Washington University 1981; — Greene, Dana: Quaker feminism. The case of Lucretia Mott. In: Pennsylvania History, XLVIII, 2, 1981, 143-154; — Green, John Heyward: The rhetoric antecedent to the women's liberation movement from 1776-1850. Dissertation of the Florida State University 1981; — Van Voris, Jacqueline: Daniel O'Connell and women's rights, one letter. In: Eire-Ireland, XVII, 3, 1982, 35-39; — Stiehm, Jamie Elizabeth: 'Nothing as favor but as right«. Lucretia Mott, a case study of the origins of American feminism. In: Senior history thesis, Swarthmore College. Swarthmore 1983; — Shultis, Elizabeth C.: Seneca Falls, 1848. All men and women are created equal. A dramatization. Seneca Falls 1984; — Sterling, Dorothy: We are your sisters. Black women in the nineteenth century. New York 1984; — Weber, Sandra: Women's rights national historical park, Seneca Falls, New York. (Washington) 1985; — Bacon, Margaret Hope: Mothers of feminism. The story of Quaker women in America. San Francisco 1986; — Halbersleben, Karen Irene: 'She hath done what she could': Women's participation in the British antislavery movement, 1825-1870. Buffalo State University of New York, Dissertation, 1987; — Turning the world upside down. The anti-slavery convention of American women, held in New York City, May 9-12, 1837. With an introduction by Dorothy Sterling. New York 1987; — Wellman, Judith: Women's rights, republicanism, and revolutionary rhetoric in antebellum New York State. In: New York History. Quarterly journal of the New York State Historical Association, LXIX, 3, 1988, 353-384; — Graham, Maureen: Woman of power and presence. The spiritual formation of four Quaker women ministers. Wallingford 1990 (Pendle Hill Pamphlet, CCXCIV); — Kish Sklar, Kathryn: 'Women who speak for an entire nation': American and British women compared at the World Anti-Slavery Convention, London, 1840. In: Pacific Historical Review, LIX, 1990, 453-499; — Wellman, Judith: The Seneca Falls women's right's convention. A study of social networks. In: Journal of Women's History, III, 1, 1991, 9-37; — Sawyer, Kem

Knapp: Lucretia Mott. Friend of justice. With a message from Rosalyn Carter. Lowell 1991. Carlisle 1998[2]; — Williams, Carolyn Luverne: Religion, race, and gender in antebellum American radicalism: The Philadelphia female Anti-Slavery Society, 1833-1870. Dissertation University of California, Los Angeles 1991; — Bacon, Margaret Hope: The night they burned Pennsylvania Hall. A chapter in the struggle for the liberation of slaves and women. Philadelphia 1992; — Inskeep, Judith: Lucretia Mott - eine Quäker-Ahnfrau! In: Der Quäker. Monatsschrift der Deutschen Freunde, LXVII, 5, 1993, 115-116; — Mattina, Anne: 'I am as a bell that cannot ring'. Antebellum women oratory. In: Women and Language, XVI, 1993, 1-7; — Matthews, Jean V.: Consciousness of self and consciousness of sex in antebellum feminism. In: Journal of Women's History, V, 1, 1993, 61-78; — Lucretia Mott, 1793-1880. Each little act of kindness. Special projects for first-day schools. Philadelphia 1993; — Alonso, Harriet Hyman: Peace as women's issue. A history of the U.S. movement for world peace and women's rights. Syracuse 1993; — Carlson, Cheree: Defining womanhood. Lucretia Coffin Mott and the transformation of femininity. In: Western Journal of Communication, LVIII, 1994, 85-97; — Freiday, Dean: Quakers, ecumenism, and the WCC. In: The Ecumenical Review, LXVI, 4, 1994, 413-419; — Zulick, Margaret D.; Leff, Michael: Time and »True Light« in Lucretia Coffin Mott's 'Discourse on Woman'. In: Rhetoric Society Quarterly, XXV, 1995, 20-31; — Hogan, Lucy; Solomon, Martha: Extending the conversation, sharing the Inner Light. In: Rhetoric Society Quarterly, XXV, 1995, 32-46; — Campbell, Karlyn Kohrs: Pluralism in rhetorical criticism. The case of Lucretia Coffin Mott's discourse on woman. In: Rhetoric Society Quarterly, XXV, 1995, 1-10; — Henry, David: Text in context: Lucretia Coffin Mott's discourse on woman. In: Rhetoric Society Quarterly, XXV, 1995, 11-19; — Bzowski, Frances Diodato: Spectacular suffrage. Or, how women came out of the home and into the streets and theaters of New York City to win the vote. In: New York History. Quarterly journal of the New York State Historical Association, LXXVI, 1, 1995, 57-94; — Sillars, Malcolm O.: From romantic idealism to enlightenment rationalism: Lucretia Coffin Mott responds to Richard Henry Dana, Sr. In: Rhetoric Society Quarterly, XXV, 1995, 47-55; — Bryant, Jennifer: Lucretia Mott. A guiding light. Grand Rapids 1996; — Slevidge, Marla J.: Notorious voices. Feminist biblical interpretation, 1550-1920. New York 1996; — Speicher, Anna M.: 'Faith which worketh by love': The religious world of female antislavery lectures. Dissertation George Washington University 1996; — Dixon, Chris: Perfecting the family: Antislavery marriages in nineteenth-century America. Amherst 1997; — Davis, Lucile: Lucretia Mott, a photo-illustrated biography. Mankato, um 1998; — Booker, Margaret Moore: Tales of old Nantucket: Grace Hall Hemingway. In: The Hemingway Review, XVIII, 1999, 46-71; — McFadden, Margaret: Golden cables of sympathy. The transatlantic sources of nineteenth-century feminism. Lexington 1999; — Unger, Nancy C.: Mott, Lucretia Coffin. In: ANB, XVI, 1999, 21-23; — Roslewicz, Elizabeth A.: Educating adults through distinctive public speaking: Lucretia Mott. Quaker minister. Dissertation Virginia Polytechnic Institute and State University 1999; — Hogan, Lucy: Negotiating personhood, womanhood, and spiritual equality. Phoebe Palmer's defense of the preaching of women. In: The American Transcendental Quarterly, XIV, 2000, 211-226; — Anderson, Bonnies S.: Joyous greetings. The first international woman's movement, 1830-1860. Oxford 2000; — Kish Sklar, Kathryn: Women's rights emerge within the anti-slavery movement, 1830-1870. A brief history with documents. Boston 2000; — Speicher, Anna M.: The religious world of antislavery women. Spirituality in the lives of five abolitionist lecturers. Syracuse 2000; — Anderson, Bonnie S.: Joyous greetings: The first international women's movement, 1830-1860. Oxford 2000; — De Angelis, Gina: Lucretia Mott. Philadelphia 2001 (Women of achievement); — McPherson, James M. (Hrsg.): Days of destiny. Crossroads in American history. America's greatest historians examine thirty-one uncelebrated days that changed the course of history. New York 2001; — Margulis, Jennifer: Mott, Lucretia. In: Hudock, Amy E.; Rodier, Katharine (Hrsg.): American women prose writers, 1820-1870. Detroit 2001, 213-221; — Ryan, Ann Susan: Nothing 'too sacred to question': The spirituality of Lucretia Mott. Dissertation Graduate Theological Union 2001; — Wagner, Sally Roesch: Sisters in spirit. The Iroquois influence on early American feminists. Summertown 2001; — Nash, Gary B.: First city. Philadelphia and the forging of historical memory. Philadelphia 2002; — Eppinger, Priscilla Elaine: Lucretia Mott: Theology is reform's foundation. Dissertation Northwestern University 2002; — Isenberg, Nancy: 'To Stand out in the Heresy'. Lucretia Mott, liberty, and the hysterical woman. In: The Pennsylvania Magazine of History and Biography, CXXVII, 1, 2003, 7-35; — Bacon, Margaret Hope: The Motts and the Purvises: A Study in interracial friendship. In: Quaker History. The Bulletin of Friends Historical Association, XCII, 2, 2003, 1-16; — Bacon, Margaret Hope: Mott, Lucretia Coffin. In: Rembert, Ron: Kelly, Thomas Raymond. In: Abbott, Margery Post; Chijioke, Mary Ellen; Dandelion, Pink; Oliver, John W. (Hrsg.): Historical Dictionary of the Friends (Quakers). Lanham 2003, 186-197 (Religions, Philosophies, and Movements Series, XLIV); — Wellman, Judith: The road to Seneca Falls. Elizabeth Cady Stanton and the First Woman's Rights Convention, Urbana 2004; — Hunt, Helene: Faith and feminism. A holy alliance. New York 2004; — Penney, Sherry H.; Livingston, James D.: A very dangerous woman: Martha Wright and women's rights. Amherst 2004; — Fager, Chuck: Lucretia Mott, liberal Quaker theologian. In: Quaker Theologian. A progressive journal and forum for discussion and study, X, 2004, 1-27; — Ginzberg, Lori D.: Untidy origins. A story of woman's rights in antebellum New York. Chapel Hill 2005; — Hertzog, Kate: More than petticoats. Remarkable Pennsylvania women. Guilford 2007.

Claus Bernet

MÜLLER, Hermann Friedrich, evangelischer Plotin-Forscher und Plotin-Übersetzer, * 10.4. 1843 in Lindenberg, † 6.4. 1919 in Blankenburg. H. F. Müller wurde am 10. April 1843 in Lindenberg in der Priegnitz als Sohn eines Landwirts geboren. Erst ab dem 15. Lebensjahr besuchte er das Gymnasium in Salzwedel, auf dem er sein Abitur machte. Er studierte in Berlin und ein Semester in Bonn. Zunächst studierte er nur evangelische Theologie, dann nahm er Philologie und Philosophie hinzu. 1867 promovierte er in Berlin mit einer Arbeit über die Ethik Plotins. Danach legte er beide theologischen Prüfungen und das Examen pro facultate docendi ab. Nachdem er an mehreren Schulen als Hilfslehrer gearbeitet hatte, war er zehn Jahre lang Lehrer an der Klosterschule in Ilfeld. 1883 wurde er von Schulrat Alfred Eberhard (1841-1914) an das Gymnasium in Braunschweig geholt. Hier bekam er den Titel Professor und wurde Mitglied der Prüfungskommission für die Kandidaten des höheren Schulamtes. Am 14. Oktober 1885 wurde er Direktor des Gymnasiums in Blankenburg am Harz. Dieses Amt hatte er bis 1914 inne. Zu seinem Nachfolger wurde Ernst Bergmann vom Wilhelm-Gymnasium in Braunschweig bestimmt. 1908 erhielt er den Titel Schulrat. Mitglied der Prüfungskommission in Braunschweig blieb er bis zu ihrer Aufhebung 1915. Im Ersten Weltkrieg fielen zwei seiner drei Söhne, den dritten hat er aus der Gefangenschaft nicht mehr heimkommen sehen. Am 6. April 1919 starb er nach kurzer Krankheit. 1878/80 legte er in zwei Bänden die erste deutsche Übersetzung der Enneaden von Plotin vor. 1911 veröffentlichte er nach den Ausgaben von Karl Heinrich v. Heinecken (1706-1791; 1737), Johann Georg Schlosser (1739-1799; 1781), Georg Meinel (1895) und Friedrich Hashagen (1841-1925; 1903) die fünfte deutsche Übersetzung der »Schrift über das Erhabene« von Pseudo-Longinos. Weitere Übersetzer dieser Schrift im 20. Jahrhundert waren die Altphilologin Renata v. Scheliha (1901-1967; 1938), der Marburger Philosophieprofessor Reinhard Brandt (*1937; 1966) und der Würzburger Gymnasiallehrer Otto Schönberger (*1926; 1988).

Übersetzungen: Die Enneaden des Plotin. 2 Bde. Berlin 1878/80; Longinus, Die Schrift über das Erhabene. Dt. mit Einleitung u. Erläuterung. Heidelberg 1911.

Monographien (Auswahl): Ethices Plotinianae lineamenta. Diss. Berlin 1867; Plotins Abhandlung peri theorias (Enn. III, 8. K. XXVII) kritisch untersucht, übersetzt u. erläutert. Berlin 1875; Idealismus u. Christenthum (Zeitfragen des chr. Volkslebens Bd. 5,8). Heilbronn 1880; Goethe´s Iphigenie, ihr Verhältniß zur griechischen Tragödie u. zum Christentum (Zeitfragen des chr. Volkslebens Bd. 7,6). Heilbronn 1882; Plotins Forschung nach der Materie, in Zusammenhang dargestellt. Nordhausen 1882; Dispositionen zu den drei ersten Enneaden des Plotinos. Bremen 1883; Parzival u. Parsifal. Vortrag, im Evangelischen Verein zu Hannover am 25. Oktober 1882 (Sammlung von Vorträgen für das deutsche Volk Bd. 10,9/10). Heidelberg 1883; Was ist tragisch? Ein Wort für den Sophokles (Jahresbericht über das Herzogliche Gymnasium zu Blankenburg am Harz 1886/87). Blankenburg 1887; Beiträge zum Verständnis der tragischen Kunst (Aufsätze und Vorträge aus verschiedenen Wissensgebieten Bd. 8). Wolfenbüttel 1893, 21909; Euripides Medea und Das goldene Vliess von Grillparzer. 2 Bde. Blankenburg 1895/96; Die Entsühnung des Orestes bei Aeschylus u. bei Goethe (Jahresbericht über das Herzogliche Gymnasium zu Blankenburg am Harz 1906/07). Blankenburg 1907; Platons Phädon als Schullektüre (Jahresbericht über das Herzogliche Gymnasium zu Blankenburg am Harz 1907/08). Blankenburg 1908; Wie dient das Gymnasium dem Leben? (Jahresbericht über das Herzogliche Gymnasium zu Blankenburg am Harz 1908/09). Blankenburg 1909; Die Tragödien des Sophokles. Mit einer Einleitung über das Wesen des Tragischen. Heidelberg 1909; Aphorismen über Religionsunterricht u. Leben (Jahresbericht über das Herzogliche Gymnasium zu Blankenburg am Harz 1909/10). Blankenburg 1910; Analyse der Schrift Peri hypsus. 2 Bde. Blankenburg 1911/12; Dionysios, Proklos, Plotinos. Ein historischer Btr. zur neuplatonischen Philos. (Btrr. zur Gesch. der Philos. des Mittelalters Bd. 20,3/4). Münster 1918.

Aufsätze (Auswahl): Ein Wort für den Plotin, in: Philosophische Monatshefte 11 (1875) 365ff.; Plotin u. Schiller über die Schönheit, in: Philosophische Monatshefte 12 (1876) 385ff.; Plotin et Schiller sur le beau, in: Revue philosophique de la France et de l´étranger 3 (1877) 317ff.; Plotinos über die Vorsehung, in: Philologus 72 (1913) 338-357; Plotinische Studien, in: Hermes 48 (1913) 408-425; Hermes 49 (1914) 70-89; Hermes 51 (1916) 97-119; Hermes 52 (1917) 57-76, 77-91; Plotinos über Notwendigkeit u. Freiheit, in: Neue Jahrbücher für das klassische Altertum, Gesch. u. dt. Lit. 33 (1914) 462-468; Glossema u. Dittographien in die Enneaden Plotins, in: RhM 70 (1915) 42-55; Goethe u. Plotinos, in: Germanisch-Romanische Mschr. 7 (1915) 45-60; Die Lehre vom Schönen bei Plotin, in: Sokrates 3 (1915) 593-602; Shaftesbury u. Plotinos, in: Germanisch-romanische Mschr. 7 (1915) 503-531; Physis bei Plotin, in: Rheinisches Museum für Philologie 71 (1916) 232-245; Zu Plotins Metaphysik, in: Hermes 51 (1916) 319ff; Die Lehre vom Logos bei Plotin, in: AGPh 30 (1916); Kritisches u. Exegetisches zu Plotin, in: Berliner philologische Wschr. 36 (1916) 917-919, 1221-1224; Berliner philologische Wschr. 37 (1917) 126-127, 974-976, 1007-1008, 1055-1056, 1375-1377; Berliner philologische Wschr. 38 (1918) 21-24, 185-186, 210-212, 500-501, 1028-1031; Berliner philologische Wschr. 39 (1919) 309-312, 450-454; Das Problem der Theodizee bei Leibniz u. Plotinos, in: Neue Jahrbücher für das klassische Altertum 43 (1919) 199-229.

Rezensionen (Auswahl): Plotins Enneaden. In Auswahl übersetzt u. eingeleitet von O. Kiefer. In: Berliner philologische Wschr. 26 (1906) 420; G. Falter, Beiträge zur Geschichte der Idee. I.: Philon und Plotin. In: Berliner philologische Wschr. 26 (1906) 1633ff.; C. Horst, Plotins Ästhetik. I. In: Berliner philologische Wschr. 27 (1907) 520; A.

Drews, Plotin u. der Untergang der antiken Weltanschauung. In: Berliner philologische Wschr. 28 (1908) 899; Theodor Gollwitzer, Beiträge zur Kritik u. Erklärung Plotins. Kaiserslautern 1909. In: Berliner philologische Wschr. 30 (1910) 1182; Theodor Gollwitzer, Plotins Lehre von der Willensfreiheit. In: Berliner philologische Wschr. 35 (1915) 966; Casimir Dreas, Die Usia bei Plotin. Jena 1912. In: Berliner philologische Wschr. 35 (1915) 1237; K. H. E. de Yong, Hegel u. Plotin. In: Berliner philologische Wschr. 36 (1916) 1262; Ernst Schröder, Plotins Abhandlung Pothen ta kaka (Enn. I,8). Borna-Leipzig 1916. In: Berliner philologische Wschr. 36 (1916) 1579.

Lit. (Auswahl): Franz Koch, Goethe u. Plotin. Leipzig 1925; - Ernst Witte, Das Gymnasium zu Blankenburg am Harz. Von seinen Anfängen bis zum Ausbruch des Weltkrieges. Blankenburg am Harz 1927; - Heinz Robert Schlette, Das Eine u. das Andere. Stud. zur Problematik des Negativen in der Metaphysik Plotins. München 1966 (s. Reg.); - Venanz Schubert, Pronoia u. Logos. Die Rechtfertigung der Weltordnung bei Plotin (Epimeleia Bd. 11). München/Salzburg 1968 (s. Reg.).

Gunnar Anger

MÜNCHMEYER, Ludwig Johannes Herbert Martin, ev. Luth. Pastor, »Reichsredner« der NSDAP und Reichstagsabgeordneter, * 2. Juni 1885 in Hoyel/Melle als Sohn des Carl Hans Wilhelm Ludwig Münchmeyer sowie Henriette Friederike Adelgunde Münchmeyer, geb. Brakebusch, † 24. Juli 1947 in Böblingen, verheiratet mit Agnes Marie Margerete Maseberg, vier Kinder. — M. studierte evangelische Theologie in Erlangen, Leipzig und Göttingen. Im März 1911 legte er seine Zweite theologische Prüfung ab und wurde am 17. Juni desselben Jahres ordiniert. Zunächst wurde er als Seemannspastor in Cardiff (Großbritannien) angestellt. Ab März 1915 war er Felddivisionsprediger. Anschließend wurde er nach Ende des ersten Weltkrieges Lazarettpfarrer in Hannover. Ab 1920 war M. Pastor der evangelisch-lutherischen Kirchengemeinde auf Borkum. Auf der Insel hatte der so genannte Bäder-Antisemitismus lange vor 1933 besonders starke Tradition. Bereits vor dem 1. Weltkrieg waren antisemitische Zwischenfälle zu verzeichnen. M. heizte die antisemitische Stimmung auf Borkum mit zahlreichen Vorträgen an. Diese behandelten Themen wie »Seid unverzagt, bald der Morgen tagt«, »Gott - Freiheit - Ehre - Vaterland« oder »Borkum, der Nordsee schönste Zier, bleib du von Juden rein«. Unterstützt wurde M. dabei durch den 1920 für antisemitische Kurgäste gegründeten »Bund zur Wahrung deutscher Interessen auf Borkum«, der über die »Judenfreiheit auf der Insel« wachte. M. trat in den Folgejahren energisch für »deutsche Bezeichnungen« auf den Speisekarten und »deutsche Ausdrücke« an den Inschriften von Häusern auf und kontrollierte gelegentlich die Personalien von Borkumer Kurgästen, an deren »arischer« Abstammung er zweifelte. 1924 wurde M. als Kandidat der Deutschnationalen Volkspartei in den Gemeindeausschuß gewählt und wurde Mitglied der Badedirektion. 1925 trat M. der NSDAP (Mitglieds-Nummer: 80.984) bei. Nun fing M. an, neben Juden auch Katholiken anzugreifen, wodurch sich viele rheinländische Badegäste verprellt fühlten. Die Rheinische Presse berichtete über die »Katholikenhetze auf Borkum« und die Borkumer Badezeitung schrieb darüber 1924: »Alte Badegäste haben sich, durch diese Treibereien angewidert, mit den Worten verabschiedet: Auf Nimmerwiedersehen«. Daraufhin wuchs auf Borkum, das sich in seinen wirtschaftlichen Interessen bedroht sah, allmählich die Opposition gegen M.. Die Badedirektion setzte sich vorsichtig von ihm ab. Auch die Leitung der Evangelisch-Lutherischen Landeskirche Hannover, die seinen Antisemitismus nie kritisiert hatte, begann sich nun von M. zu distanzieren, bot ihm aber eine Superintendentur an. — Nach weiteren Vorfällen entschloß sich der Deutsche Bäderverband, Fahrten nach Borkum nicht mehr zu empfehlen. Im Herbst 1925 eröffnete schließlich das Landeskirchenamt der Hannoverschen Landeskirche ein Disziplinarverfahren gegen M.. Etwa zur gleichen Zeit veröffentlichte der Borkumer Dr. Albrecht Völklein unter dem Pseudonym Doktor Sprachlos eine satirische Streitschrift gegen M. mit dem Titel »Der falsche Priester oder der Kannibalenhäuptling der Nordsee-Insulaner«. Unterstützt wurde er dabei von Julius Charig vom Central-Verein deutscher Staatsbürger jüdischen Glaubens (C.V.) und dem jüdischen Kaufmanns Lazarus Pels. In der Schrift wurde M., ohne namentlich genannt zu werden, als »falscher Priester« attackiert, der mit Gesinnungsgenossen in »heidnischer und kannibalischer Absicht« die Insel terrorisiere. Weiterhin wurden ihm Erpressung, Falschaussage, Vorspiegelung falscher Tatsachen, Amtsanmaßung und sexuelle Verfehlungen vorgeworfen. Damit wollte der C.V. eine Beleidigungsklage erzwingen, um vor Gericht die antisemitische Hetze M.s zu verhandeln. Tatsächlich strengte die Evangelische Landeskirche einen Prozeß an und zwang M., als Nebenkläger aufzutreten. Das Verfahren gegen Völklein, Charig und Pels wegen Beleidigung fand im Mai 1926 vor dem Großen Schöffengericht in Emden statt. Zur Verteidigung schickte der C.V. den angesehenen Rechtsanwalt Dr. Bruno Weil. Durch dessen Verteidigungsstrategie wurde aus der Beleidigungsklage vor einem Provinzgericht ein reichsweit als »Münchmeyer-Prozeß« beachteter politischer Prozeß, in dessen Verlauf Weil mit großem Aufwand die Richtigkeit der gegen M. erhobenen Vorwürfe nachzuweisen versuchte. — In der Urteilsverkündung am 18. Mai gab das Gericht der Verteidigung in fast allen Punkten Recht. Die Streitschrift wurde zwar als »formale Beleidigung« eingestuft und die Angeklagten zu 1500 Reichsmark Strafe verurteilt, M.s Verhalten in der Urteilsbegründung aber wörtlich als »eines Geistlichen nicht würdig« beschrieben, weshalb es legitim sei, daß dieser »als nicht richtiger Priester, als falscher Priester bezeichnet werden kann« und sich weiterhin »ein falscher Priester nennen lassen muß«. Damit war M. ruiniert. Die Ausführungen der Verteidigung in der Frage der sexuellen Übergriffe M. gegenüber Mädchen seiner Gemeinde führten dazu, daß M. seinen Dienst als Pfarrer quittierte, um sich dem immer noch gegen ihn laufenden Disziplinarverfahren des Landeskirchenamtes zu entziehen. Dieses verbot ihm dennoch einige Monate nach dem Prozeß, den Titel »Pfarrer a. D.« zu führen. 1928 verließ M. Borkum, um fortan als Agitator und »Reichsredner« für die NSDAP zu wirken. Dabei handelte es sich um eine parteiamtliche Funktion für rhetorisch bzw. propagandistisch als besonders befähigt beurteilte Parteifunktionäre, die z. B. im Wahlkampf auf Massenveranstaltungen auftreten sollten. Die NS-Propaganda setzte gezielt nationalsozialistisch gesinnte evangelische Pfarrer oder Theologiestudenten als Werberedner ein, die unermüdlich auf die Verankerung des Christentums in der NSDAP hinwiesen. M. war einer der aktivsten NS-Redner im nordwestdeutschen Raum. Dabei hielt er auch auf Borkum Veranstaltungen ab. Mit dem ersten größeren Wahlerfolg der NSDAP bei den Reichstagswahlen am 14. September 1930 zog er als Abgeordneter des Wahlkreises 33 (Hessen-Darmstadt) in den Reichstag ein. — Im Dezember 1930 war M. an den Tumulten bei der Premiere des Filmes »Im Westen nichts Neues« beteiligt. Kurz nach Beginn der Aufführung im Berliner Mozartsaal begannen einige hundert Nationalsozialisten mit nationalistischen und antisemitischen Zwischenrufen, später warfen sie Stinkbomben und setzten weiße Mäuse aus. Nach mehrfachen gewaltsamen Störaktionen durch SA-Schlägertrupps wurde der Film abgesetzt. Die NSDAP verbuchte dies als ihren Sieg. — Im August 1933 trat M. nochmals auf Norderney auf. Er forderte von den Bewohnern, aus ihrer Insel unverzüglich eine »judenfreie« zu machen. Vor 1.200 Zuhörern sagte der NSDAP-Reichstagsabgeordnete: »Die Juden sind immer das störende Element der ganzen Welt zu allen Zeiten.« 1934 veröffentlichte er sein Werk »Kampf um deutsches Erwachen«. 1936 erschien »Deutschland bleibe wach - 10 Jahre Redner der Partei«, welches er 1938 nochmals unter dem Titel »Deutschland bleibe wach - 12 Jahre Redner der Partei« veröffentlichte. Reichsredner der NSDAP zu sein sah M. weiterhin als seine Hauptaufgabe. Bis Mai 1945 war M. Reichstagsmitglied, zuletzt als Abgeordneter des Wahlkreises 31 (Württemberg). — Von 1945 bis 1947 war M. im Internierungslager. Hier verstarb er auch. Bis zu seinem Tod am 24. Juli 1947 in Böblingen blieb M. überzeugter Nationalsozialist.

Werke: An die deutsche Jugend, Was kann Deutschlands Jugend schon jetzt tun, um eine bessere Zukunft vorbereiten zu helfen?, Borkum, nach 1920; Weiherede, gehalten bei der Errichtung eines Denkmals für die Gefallenen der evangelisch-lutherischen Christus-Gemeinde auf Borkum. Ein Dankes- und Totenopfer, Borkum, nach 1920; Gedächtnisrede für Deutschlands unvergeßliche Landesmutter, Borkum 1921; Eine Seepredigt, gehalten an den Gestaden der deutschen Nordsee über den Psalm 93,1-4. Ein Loblied Gottes aus der Natur, Borkum, um 1921; Bismarcks Vermächtnis an das deutsche Volk. Der einzige Weg zur Erkenntnis und zur Heilung unserer Krankheit Borkum 1923; Der Sieg in der Sache des Borkum-Liedes, Borkum 1924; Sage mir, mit wem Du gehst, und ich will Dir sagen, wer Du bist!, Borkum um 1924; Krieg, Borkum, um 1924; Der Sieg in der Sache der Borkum-Liedes, Borkum, 1924; Borkum die deutsche Insel, Borkum, um 1925; Das Sturmjahr 1925/26 oder: Unser Glaube ist doch der Sieg, Borkum 1926; Der Grund, warum ich mein Amt niederlegte, Borkum 1926; Auf Urkunden gestütztes Beweismaterial für den organisierten Landesverrat und den Dolchstoß der Marxisten aller Schattierungen, den Zerstörer deutscher Ehr und Wehr, München 1930; Meine Antwort an den C.V., zugleich eine Antwort auf die Fragen: Wann ruft der Jude »Alarm«? und Was versteht der Jude unter »Wahrheiten«?, München 1930; Kampf um deutsches Erwachen, Dortmund 1934.

Lit.: Borkum, Veröffentlichungen zum Münchmeyerprozeß, hrsg. vom Borkumer Beobachter, Borkum 1926; — Udo Beer: Der falsche Priester in Jahrbuch der Gesellschaft für bildende Kunst und vaterländische Altertümer zu Emden 66, 1986, 152-163; — Herbert Reyer (Bearb.): Das Ende der Juden in Ostfriesland. Katalog zur Ausstellung der Ostfriesischen Landschaft aus Anlaß des 50. Jahrestages der Kristallnacht. Verlag Ostfriesische Landschaft, Aurich 1988; — Frank Bajohr: Unser Hotel ist judenfrei. Bäder-Antisemitismus im 19. und 20. Jahrhundert, Frankfurt/M. 2003; — Gerhard Lindemann: Typisch jüdisch. Die Stellung der Ev.-luth. Landeskirche Hannovers zu Antijudaismus, Judenfeindschaft und Antisemitismus 1919-1949, Berlin 1998; — Michael Wildt: Der muß hinaus! Der muß hinaus! Antisemitismus in deutschen Nord- und Ostseebädern 1920-1935 in Mittelweg 36- Zeitschrift des Hamburger Instituts für Sozialforschung: Heft: 4, Jahr: 2001, Jahrgang 10; — Nicolas Heutger: Die Fülle an Weisheit und Erkenntnis. Festschrift zum 70. Geburtstag. Besorgt von Achim Alexander Sahin, Oldenburg: Bibliotheks- und Informationssystem der Univ., 2001, 105.

Matthias Süßen

MUNSCH, Matthias, Pfarrer im Bistum Limburg, * 12. Oktober 1803 in Montabaur, † 2. Januar 1865 in der Eisenbahn auf der Fahrt zwischen Villmar und Runkel. Nach der Priesterweihe, die Matthias Munsch am 30. April 1827 in Trier empfing (im gleichen Jahr wurde das Bistum Limburg errichtet !) führten ihn die Kaplansjahre nach Hadamar (1827), Oberlahnstein (1828) und an den Dom in Frankfurt (1830). Am 1. Juni 1831 wurde ihm die Pfarrei Rüdesheim übertragen; zudem übernahm er am 1. Februar 1834 die Dekanatsverwaltung, ehe er am 1. Juli 1839 Dekan des Dekanates Rüdesheim wurde. Am 1. Oktober 1850 wird er als Pfarrer nach Villmar berufen, wo er bis zu seinem Tode segensreich wirkte: u.a. Renovierung der drei Altäre in der Pfarrkirche; Restauration des Pfarrhauses; Volksmission und zwei Missionserneuerungen. Zudem führt er die Villmarer Pfarrchronik ab dem Jahre 1850 weiter, die von seinen Vorgängern vernachläßigt worden war. Sein zusätzliches Wirken als Dekan des Dekanates Limburg - die Ernennung erfolgte im Jahre 1864 - konnte Pfarrer Matthias Munsch nur kurze Zeit ausüben.

Quellen/Lit.: PfA Villmar, Akten Seelsorger; Hemmerle, Bernhard, M. Munsch, In: Im Dienste der Kirche, Beiträge zur Geschichte der Pfarrei Villmar, Villmarer Hefte Folge III, Villmar, 1988.

Bernhard Hemmerle

N

NABOTH (Nabod, Nabut, Nobotensis), Alexius, Lutherischer Theologe und Schriftsteller, * um 1520 in Calau/Niederlausitz aus ursprünglich jüdischer Familie, † nach 1551. — Der biographisch kaum faßbare Mann war der ältere Bruder des durch seinen gewaltsamen Tod in Padua im Gedächtnis gebliebenen ehemals in Erfurt und Köln lehrenden Mathematikers, Astronomen und Astrologen Valentin Naboth (1523-1593). N. immatrikulierte sich am 17.10. 1541 an der Universität Wittenberg. Wenn sein Bruder sich ebendort 1544 immatrikuliert, dürfte N`s Geburtsjahr mit 1520 anzusetzen sein. Er selbst nennt uns Caspar von Köckeritz (†1567) als seinen Patron und Förderer. Dieser lebte seit 1537 in Wittenberg und war ein Freund Luthers. Er begegnet als kurfürstlich brandenburgischer Rat und Potsdamer Oberamtmann. N`s. Lehrer in Wittenberg waren in erster Linie Melanchthon und Bugenhagen, anfangs noch Veit Amerbach und dann dessen Nachfolger Paul Eber, ebenso später Georg Maior. Aber sein großer Leitstern war Luther, dem er größte Verehrung entgegenbrachte. Als dessen junge Tochter Magdalena, der Liebling ihres Vaters, 1542 starb, stürzte das den Reformator in tiefste Verzweiflung. N. verfaßte ein Trauergedicht, mit dem er das Leid des Vaters und seiner Familie zu mildern suchte. Das bei Josef Klug in Wittenberg gedruckte kleine Werk war seine erste Veröffentlichung überhaupt. Während des Rektorats von Andreas Aurifaber wird N. am 11.9. 1443 zum Magister artium promoviert. Eine enge Freundschaft verband ihn auch mit seinem Kommilitonen Matthäus Delius d. J. (1523-1544), der schon zu vielen Hoffnungen Anlaß gegeben hatte aber jung ein Opfer der Schwindsucht wurde. N. setzte dem Freund spontan ein literarisches Denkmal, das er ebenfalls zum Druck gab. Noch im Todesjahr seines Freundes wird N. am 17.8. 1544 unter dem Dekan Wilhelm Ryvenus aus Utrecht in den Senat der Artistenfakultät aufgenommen. Mit Luther war N. in dessen letzten Jahren persönlich bekannt und sogar zeitweise sein Hausgenosse. Seine Bewunderung für diesen Mann und sein reformatorisches und publizistisches Werk war außergewöhnlich und ging soweit, daß er sogar dessen Schrift nachahmte, um so seinem verehrten Vorbild noch ähnlicher zu werden. Daran änderte sich auch nichts, als Luther ihn einmal heftig tadelte wegen seiner abweichenden Meinung über das Wesen des Heiligen Geistes. In Luthers Todesjahr veröffentlicht er zwei Flugschriften in deutscher Sprache, zu denen Bugenhagen und Melanchthon Zuschriften beisteuern. In »Der Evangelischen Fröhliche Danksagung« von 1546 sucht er den Widerstand des Hessischen Landgrafen und des Herzogs von Sachsen gegen Kaiser Karl V. als Notwehr gegen staatliche Tyrannei zu rechtfertigen. Nur um die Schäflein Gottes zu schützen, hätten sie das Schwert gezückt. Endlich fügt er Luthers Vermächtnis an, daß wegen der Religion niemals Krieg über Deutschland kommen dürfe. Mit dem Ausbruch des Schmalkaldischen »Elbkrieges« am 6. November 1546 änderten sich auch die Verhältnisse in Wittenberg über Nacht. Als sich dann Moritz v. Sachsen dazu hergab, die Reichsacht gegen seinen Vetter Johann Friedrich v. Sachsen persönlich zu exekutieren und dafür in den Kurkreis einfiel, hatte dies die sofortige Schließung der Universität zur Folge. Die meisten Professoren und Studenten ergriffen die Flucht. So auch N., er wandte sich nach Erfurt, wo er 1547 an der Universität als Wittenberger Magister eingeschrieben und rezipiert wird. Aber nach Ende der Kriegshandlungen kehrte er bald wieder nach Wittenberg zurück. Auch zu dem Pfarrer, Dichter und Pamphletisten Erasmus Alberus (1500-1553) stand er zumindest während dessen Wittenberger Aufenthalte in näherer Beziehung. Als dieser 1548 in Frankfurt/M. bei Egenolf seine »Praecepta morum« in erweiterter Fassung neu herausbrachte, gab er ihnen mehrere Empfehlungsschreiben bei. Neben Johann Stigel, Sebastian Heylmann, Balthasar Acontius (Foltz) und dem nachmaligen Frankfurter Drucker David Cepelius (Zöpfel) lobte auch *Alexius Nobotensis* in einer Zuschrift Alberus` bekannte Sprichwörtersammlung und Sittenlehre. Melanchthon, der stets großen Wert auf die öffentlichen Disputionen gelegt hatte, suchte die mit Luthers Tod fast zum Erliegen gekommene akademische Veranstaltung wieder stärker in Gang zu bringen, wobei N. einer seiner eifrigsten Helfer war. So präsidiert Melanchthon im Herbst 1549 in zwei theologischen Disputationen, während N. den Part des Respondenten übernimmt und so öffentlich seine Gelehrsamkeit bezeugt. Diese bestätigt ihm auch Melanchthon noch einmal in einem Schreiben an den Torgauer Rat vom selben Jahr, wo er N. als *wolgelarten* Magister bezeichnet. Ein gedrucktes Exemplar der *Disputatio de Jubileo* sendet Melanchthon am 20.12. 1549 an Fürst Georg von Anhalt. 1550 und 1551 leitet N. selbst als Präses drei Disputationen und stellt sich den Respondenten. Auch an den sich aus den Interimsverhandlungen auf den sächsischen Synoden 1548/49 entzündenden Streitigkeiten innerhalb der Theologenschaft nahm N. lebhaften Anteil. Die Beschwichtigungsversuche eines Melanchthon und Bugenhagen um das Interim waren ihm fremd. Sowohl im Osiandrischen Streit um die Rolle Christi bei der Rechtfertigung wie in der durch unbedachte Äußerungen Georg Maiors ausgelösten Polemik über die Notwendigkeit der guten Werke, ebenso in der Auseinandersetzung um die Adiaphora, bezog er eindeutig Stellung in strenger Nachfolge Luthers, also vor allem im Sinne des »Sola«. Seine Bekenntnisschrift »Für die deutsche Kirche« von 1549 widmete er Markgraf Johann, dem Bruder des brandenburgischen Kurfürsten Joachim II., der von Küstrin aus die Neumark selbständig regierte und dort 1539 endgültig die Reformation eingeführt hatte. In ihr legt er einmal mehr die Vorzüge des lutherischen Bekenntnisses gegenüber der Kirche des Papstes dar. Ziel seiner Abhandlung ist, eine klare Unterrichtung über die wichtigsten Artikel der Religion zu geben und dadurch die Seelen aus dem Höllenfeuer zu erretten. Gleichzeitig hält er den Markgrafen auch durch handschriftliche Berichte über die Lage der Kirche in Wittenberg auf dem Laufenden. Im Frühjahr 1550 informiert Melanchthon N. brieflich über die Suche einer Delegation aus Crossen (heute: Krosno) nach einem geeigneten Prediger und fragt an, ob er Interesse habe. Kurz danach zerbrach ihre Freundschaft unter einem persönlichen Zerwürfnis. N. hatte sich genau wie Friedrich Staphylus längere Zeit Hoffnungen gemacht, Melanchthons jüngste Tochter Magdalena (1531-1578) als Gattin heimführen zu dürfen. Doch Melanchthon war gegen die Verbindung und gab seine Tochter an Caspar Peucer. Die Enttäuschung bei N. war so groß, daß er Melanchthon gleichsam Wortbruch vorwarf und sowohl öffentlich als auch förmlich beim Wittenberger Konsistorium gegen die Verlobung Einspruch erhob. Melanchthon aber stellte klar, er habe N. von Anfang an in dieser Sache erkennbar abschlägig beschieden und somit bestehe kein Grund, daß N. ihn in üble Nachrede bringe. Dieser Meinung war auch das Konsistorium und verpflichtete N. am 30.5. 1550 zum Stillschweigen in der Sache, drei Tage später fand Caspars und Magdalenas Hochzeit statt. Nicht zur Ehre rechnete ihm das Publikum sicherlich, wenn er Melanchthon anschließend mit abfälligen Bemerkungen überzog und ihn etwa einen elenden Schuldiener, armes Schulmeisterlein oder Mietling Wittenbergs (*Calefactor, Calmuser, Loccate*) nannte. Daß die Reihe von N`s Veröffentlichungen mit dem Jahr 1551 schlagartig und dauerhaft abbricht, könnte auf einen frühen Tod schließen lassen. Aber auch ein anderes - nicht minder trauriges - Szenario ist denkbar, wenn nicht wahrscheinlicher. So macht die Tilgung seines Namens in der Wittenberger Fakultätsmatrikel und die beigefügte Bemerkung: *Postea nebulo insignis factus* (Später tat er sich als ausgesprochener Taugenichts hervor) wohl am ehesten Sinn, wenn man sie als Hinweis auf einen gravierenden gesellschaftlichen Abstieg auffaßt. Möglicherweise hatte sein vergebliches Werben um Magdalena Melanchthon und die Zurückweisung durch ihren Vater ihn so aus der Bahn geworfen, daß er in der Folge seiner sozialen Bindungen verlustig ging und irgendwann von Freund und Feind vergessen sein Leben beschloß. Vom 2.1. 1553 datiert eine Satire des Weimarer Hofpredigers Johannes Stoltz an den Erfurter Pfarrer Andreas Poach (s.d.). Darin wird N. als ein von einem verwunschenen Geist promovierter Doktor verspottet. Er sollte also zu diesem Zeitpunkt noch gelebt haben. Ebenso noch 1555, als Melanchthon in seiner Cicero-Vorlesung erwähnt, er werde von N. als Kalmäuser und Ähnliches bezeichnet. Ungewiß aber, ob er die 1557 erschienene dritte Auflage seines »Ein schöner Trost« noch persönlich betreut hat. Jedenfalls sind Umstände und Zeitpunkt seines Todes unbekannt. Deshalb durfte ihn Haussleiter zurecht einen »verschollenen Magister« nennen. — N`s. Persönlichkeit tritt uns fast nur in seinem schriftlichen Werk entgegen, da sonstige authentische Quellen oder biographische Zeugnisse weitgehend fehlen. In seinen theologischen Bekenntnisschriften zeigt er sich als treuer Anhänger von Luthers Lehre. Dem Reformator persönlich brachte er eine beinahe pathologische Züge tragende Verehrung entgegen. Während der Jahre 1546-1551 spielte N. im akademischen Leben Wittenbergs eine hervorragende Rolle und war eine der wichtigsten Stützen Melanchthons bei dessen Bemühungen um eine Hebung der Universität. Aber sein späteres Verhalten gegenüber dem »Praeceptor Germaniae« isolierte ihn zusehends innerhalb und außerhalb der Universität. Man versagte ihm die theologische Doktorwürde und für die letzte von ihm veranstaltete Disputation, am 7.3. 1551, fand er nicht einmal mehr einen Respondenten. So erlosch sein Stern, ohne eine Spur zu hinterlassen.

Werke (handschriftlich): 2 autographe Briefe (lat.) aus Wittenberg an die Halberstädter Pröpste Martin Ursinus und Simon Schwein v. 21.XII.1547 und 20.III.1548 (Ratsbücherei Lüneburg: Hs. Misc. D 2° 32); Berichte an Markgraf Johann in Küstrin über die kirchenpolitische Lage in Wittenberg (Zentrales Staatsarch. Merseburg, Rep. 13, Nr. 5a2, Fasc. 5); Disputatio De invocatione, 9.XI.1549 (früher Stadtbibl. Riga Hs. 242, Bl. 133ff.); Disputatio De anno jubilaeo, 21.XII.1549 (Stadtbibl. Riga Hs. 242, Bl. 393ff.); Disputatio De symbolis Athanasiano, Hieronymi, Nicaeno, Augustini et Germanici, 18.X.1550 (früher Stadtbibl. Riga Hs. 243, Bl. 305ff.); Disputatio De lege et evangelio, 25.X.1550 (Stadtbibl. Riga Hs. 243, Bl. 320ff.); Disputatio De generatione filii, 7.III.1551 (Stadtbibl. Riga Hs. 243, Bl. 297ff.).

Werke (gedruckt): Epicedion in obitum modestissimae et pientissimae virginis Madalenae Lutherae filiae clarissimi & praestantissimi viri D. Doctoris Martini Lutheri verae & christianae doctrinae restaurationis(!): Inserta consolatione ad matrem faeminam longe gravissimam & longissimam de morte charissimae filiae, o.O. (Wittenberg) o. J. (um 1542) o. Dr. (Josef Klug); EPITAPHIVM // PRAESTANTI VIRTVTE DO- / ctrinaque ac pietate insigni praediti D. Ma- / gistri Matthaei Delij, Qui obijt / Anno incarnationis Christi. / MDXLIIII. / XII. Kal. Augu. / Fecit ex tempore amico charo / Alexius Naboth, Wittenberg 1544 (o. Dr); Der Euangelischen / fröliche Dancksagunge / für / das Erkentnus des ewigen Euan- / gelij CHRIJSTJ / vnd für alle geistliche Güter. / Vnd ein Christlich Gebet zu dem / HERRN / das er sie itzt / wie bisher / wider die Cainische Kirche des / Bapsts beschirmen wolt / ... Mit einer trewlichen Vermanunge an die rohelosen Christen zu rechter Buss ..., Wittenberg 1546 (Veit Kreutzer); Ein schöner Trost / den betrübten Christen / in dieser er- / schrecklichen zeyt / auß dem 41. Capitel / Esaie: Fürchte dich nicht du Würmlin Ja- / cob / jr armer hauffe Jsrael / Ich / helffe dir / spricht der Herr / vnd / dein Erlöser der hey- / lige in Jsrael, Wittenberg 1546 (Nickel Schirlentz); ern. Wittenberg ^{2}1546; ern. Wittenberg ^{3}1557; Beitr. in: Erasmus Alberus, Praecepta vitae ac morum, honestatis et pietatis..., Frankfurt/M. ^{4}1548 (Christian Egenolf); ern. Frankfurt/M. ^{5}1556 (ebda.); ern. Frankfurt/M. ^{6}1562 (ebda.); ern. Frankfurt/M. ^{7}1572 (Egenolf Erben); ern. Frankfurt/M. ^{8}1580 (ebda.); ern. Frankfurt/M. ^{9}1581 (ebda.); DISPVTA- / TIO DE INVOCA- / TIONE. / ... Philip. Melanthone Autore. / (Alexius Naboth, Respondent), Wittenberg 1549 (Veit Kreutzer?); DISPVTA- / TIO DE IVBI- / LEO. / Philip. Melanth. / (Alexius Naboth, Respondent), Wittenberg 1549 (Veit Kreutzer); Für die deudsche / Kirche. / Von vnterscheid des Gesetzes / vnd Euangelij / beider Testamenten vnd / Pfingsten / Vnd von der Rechtferti- / gung für Gott... / Von der Liebe / guten Wercken / Vnd / von andern nötigen Artickeln. / ... An Marggrauen Johan / zu Cüstrin..., Wittenberg 1549 (Veit Kreutzer); PROPOSI- / TIONES THEOLO- / GICAE DE LEGE ET / Euangelio, in quibus sum- / ma & ordo Theologiae / proponitur. / Alex. Nabod / Disputabuntur 25. die Octobris / (Stanislaus Polonus, Respondent), Wittenberg 1550 (Veit Kreutzer); DISPVTA- / TIO THEOLO- / GICA. / Disbutabuntur hae Propositi- / ones die septimo Martij / Alex. Nabod, Wittenberg 1551 (Veit Kreutzer?).

Lit.: Johann Meursius, Athenae Batavae. Sive de urbe Leidensis et Academia, Virisque claris., qui utramque ingenio suo, atque scriptis illustrarunt libri duo, Leiden 1625, 117; — Ephraim Gottlob Eichsfeld, Relation vom Wittembergischen Buchdrucker-Jubiläo 1740, nebst einer historischen Nachricht von allen Wittembergischen Buchdruckern..., Wittenberg 1740; — Joachim Camerarius / Georg Theodor Strobel / Johann August Nösselt, De Philippi Melanthonis vita narratio, Halle 1777, 69, 128, 555; — (Johann Christian Hasche), Stipendiengeschichte, in: Magazin der sächs. Gesch. 6 (1789), 531-549, hier: 531f.; — Johann Friedrich Köhler, Epistolae quaedam Phil. Melanthonis, Leipzig 1802, Nr. 1508; — Johann Christoph Erdmann, Lebensbeschreibungen und litherarische Nachrichten von den Wittenberger Theologen von 1502-1802, Wittenberg 1804; — Heinrich Wilhelm Rotermund, Verzeichnis von den verschiedenen Ausgaben der sämtlichen Schriften Phil. Melanchthons..., Bremen 1814, Nr. 187, Nr. 205; — Album Academiae Vitebergensis, I (1502-1560), hg. v. Karl Eduard Förstemann, Leipzig 1841 (ND Halle/S. 1907; Aalen 1976), 192; — Karl Eduard Förstemann / Heinrich Ernst Bindseil (Hrsgg.), Martin Luthers Tischreden oder Colloquia, Leipzig 1844-48, II, 106; — Ignaz von Döllinger, Die Reformation, Regensburg 1846/48, II, 417; — Heinrich Ernst Bindseil, Bibliotheca Melanthoniana collecta, Halle/S. 1868, Nr. 488a; — Ders., Philippi Melanthonis Epistolae, Halle/S. 1874 (ND Hildesheim 1975), 559; — Arnold Kuczynski, Thesaurus libellorum historiam reformationis illustrantium..., Leipzig 1870, Nr. 2026; — Otto Waltz, Vorläufige Mitteilung über zwei wertvolle Handschriften der Stadtbibliothek zu Riga, in: ZKG 2 (1878), 297-300; — J(ohann) K(arl) Seidemann, Erläuterungen zu den...Epistolis Reformatorum, in: ZKG 3 (1879), 301-307, hier: 304; — Hermann Weissenborn / Adalbert Hortzschansky (Bearb), Acten der Erfurter Universitaet, hg. v. d. Hist. Comm. Prov. Sachsen, Halle 1881-99 (ND Nendeln/Liechtenstein 1976), II, 366; — Ferdinand Steinkopf (Hrsg.), Literatur der Reformationszeit in Drucken des 16. Jahrhunderts (Auktionskatalog), Stuttgart 1887, 32; — Julius Köstlin, Die Baccalaurei und Magistri der Wittenberger Philosophischen Fakultät 1518-1560, Programme d. Univ. Halle-Wittenberg 1887-91, III: 1538-1546, (1890), 15, 21; — Karl Hartfelder, Philipp Melanchthon als Praeceptor Germaniae, Berlin 1889, 451f., 605 Nr. 435, Nr. 441, 607 Nr. 480 (Mon. Germ. Paed. 7); — Franz Schnorr von Carolsfeld, Erasmus Alberus. Ein biogr. Beitrag z. Gesch. d. Reformation, Dresden 1893, 44, 76; — Wilhelm Meyer, Melanchthon`s Vorlesung über Cicero`s Officia 1555, in: NGG 1894, 146-181. hier: 172; Ders., Die Göttinger Nachschrift der Postille Melanchthons, in: NGG 1895, 13-68, hier: 47; — Hermann Cremer, Theologische Abhandlungen, Gütersloh 1895, 162 (Greifswalder Studien); — Georg Buchwald, Philipp Melanchthon, Leipzig 1896, 30; — Ders., D. Paul Eber, der Freund, Mitarbeiter und Nachfolger der Reformatoren, Leipzig 1897, 87f.; — (Paul) Drews, Aus der Schule Melanchthons (Haussleiter), in: ThStKr 70 (1897), 829-843, bes. 830, 835-37; — Johannes Haussleiter, Aus der Schule Melanchthons. Theologische Disputationen und Promotionen zu Wittenberg in den Jahren 1546-1560, in: Fs d. Königl. Univ. Greifswald zu Melanchthons 400jährigem Geburtstag, Greifswald 1897, v, vii, 26-33, 42-69, 158; — (Felix) Köster, Zur Verlobung Caspar Peucers mit Magdalene Melanthon, in: ZKG 18 (1898), 463-464; — Michael Holzmann / Hanns Bohatta, Deutsches Anonymen-Lexikon, Weimar 1902 (ND Hildesheim 1961), I, 362 Nr. 10475; — Oswald Weigel (Hrsg.), Bibliothek J. F. K. Knaake (Auktionskatalog), Leipzig 1906/07, II, 90 Nr. 622; III, 98 Nr. 771f.; — Otto Clemen, Georg Helts Briefwechsel, Leipzig 1907, 131 (ARG Beih. 2); — Ders., Briefe von Anton Musa an Fürst Georg von Anhalt 1544-1547, in: ARG 9 (1911/12), 23-78, hier: 57f.; — Emil Körner, Erasmus Alber. Das Kämpferleben eines Gottesgelehrten aus Luthers Schule, Leipzig 1910, 43, 100,

112f. (Quell. u. Darst. a. d. Gesch. d. Ref.jhdts. 15); — Nikolaus Müller, Philipp Melanchthons letzte Lebenstage, Heimgang und Bestattung, Leipzig 1910, 94; — Wilhelm Krag, Wittenberger Stammbucheinträge in der Bayerischen Staatsbibliothek München, in: ZblfBibl 42 (1925), 1-8, hier: 7f.; — Ludwig Fischer, Veit Trolmann von Wemding genannt Vitus Amerpachius als Professor in Wittenberg (1530-1543), Freiburg/Br. 1926, 8 (Stud. u. Darstell. a. d. Gebiet d. Gesch. X, 1); — Karl Demmel, Von alten und vergessenen Gelehrten, in: Die Heimat. (Beil. z. Sommerfelder u. Gassener Tageblatt) 1938, Nr. 8/9; — Paul Oskar Kristeller, Iter Italicum, Leiden u.a. 1965-97, III (1983), 602; — Hans-Joachim Köhler (Hrsg.), Flugschriften des späteren 16. Jahrhunderts, Leiden 1990-2003, Serie VIII (1997), 26 Nr. 2253; Serie IX (1998), 24 Nr. 2565; — Heinz Scheible (Hrsg.), Melanchthons Briefwechsel, Stuttgart-Bad Cannstadt 1977ff., Regesten: V (1987), 512 Nr. 5623; VI (1988), 53f. Nr. 5803; 68f. Nr. 5841; — Jöcher/Adelung V (1816), Sp. 333; — CR VII (1840), Sp. 460 Nr. 4590; XII (1844), Sp. 529-532, Sp. 555-560; XXIV (1856), Sp. 749; XXVIII (1860), Sp. 109/110; — Sächs. Kirchen- u. Schulbl. 1872, 296 (Nr. 37); — ZHTh 44 (1874), 129, 139; — WA XLVIII (1927), 228-233; — Schottenloher I (1933), 151 Nr. 3676; 457 Nr. 10915; II (1935), 85; VI (1940), 418; — VD 16, I (1983), 214f. Nr. A 1532-A1537; VD 16, XIII (1988), 356 Nr. M 3052-M 3053; VD 16, XIV (1989), 359f. Nr. N 3-N 12.

Heinz Schmitt

NALBACH, Lothar Friedrich von, Titularbischof von Emmaus und Weihbischof von Trier, geb. am 24. Mai 1691 in Trier; V.: Matthias Nalbach, Schmiedemeister, Bürgermeister; M.: Susanne Geifges, gest. am 11. Mai 1748 in Trier, begraben hinter dem Hochaltar der Unterkirche von St. Simeon. — Am 24. Mai 1691 wurde Lothar Friedrich von Nalbach in Trier geboren und in der Pfarrkirche St. Laurentius getauft. Sein Vater, Matthias Nalbach, arbeitete als Schmiedemeister in der Bischofsstadt, erlebte aber einen sozialen Aufstieg als Büchsenhalter der Krämerzunft und wurde Ratsherr. Seit 1699 amtierte er als Bürgermeister. Matthias Nalbach war zweimal verheiratet; aus der zweiten Ehe mit Susanne Geifges stammte Lothar Friedrich. Mit 14 Jahren, am 18. September 1705, empfing der Junge die Tonsur und war für die geistliche Laufbahn bestimmt. Nach dem Besuch des Trierer Jesuitengymnasiums begann er das Studium der Theologie in Trier. Der Biograph der Trierer Weihbischöfe, Wolfgang Seibrich, liefert den Hinweis auf Vorlesungsmitschriften aus den Jahren 1707 bis 1709. In diesem letzten Jahr wechselte Nalbach nach Köln, dann weiter an die berühmte Universität Löwen und schließlich zurück nach Trier, wo er am 10. Juni 1711 zum Doktor beider Rechte promoviert wurde. Nach den Sitten der Zeit übernahm er 1714 eine Professur an der Juristischen Fakultät, wo er bis 1720 lehrte, schließlich versah er den Dienst eines Dekans in den Jahren 1724 bis 1729. Am 10. Oktober 1722 wurde die Universität Trier neugeordnet; die jansenistischen Auseinandersetzungen prägten den Universitätsbetrieb. Nalbach war als Syndikus des Klerus an den Reformen beteiligt und konnte geistliche und weltliche Landstände zur Bewilligung von Geldern bewegen, ohne daß diese dadurch die Anstellung von Professoren, die nicht der Gesellschaft Jesu zugehörten, durchsetzten konnten. Manch andere Veränderung verhinderte Nalbach mit dem Vorwurf des Jansenismus oder der Aufklärung. Er selbst jedoch wagte eine Neuerung, nämlich die Einrichtung einer Professur für Staatsrecht, die er mit seinem Lehrer Ziegenweidt besetzte. 1746 erhielt Nalbach den Auftrag des Erzbischofs, gegen das aufblühende Freimaurertum vorzugehen. Doch sollte Nalbach diskret ermitteln, denn der Erzbischof ahnte Rufmordkampagnen und dummes Geschwätz. Unklar bleibt, ob es nach der römischen Indizierung verschiedener jansenistischer Bücher im Jahr 1739 in Trier zu Bücherverbrennungen gekommen ist, die Nalbach organisiert haben soll. — Parallel zu seiner Universitätskarriere arbeitete Lothar Friedrich von Nalbach in der Bistumsverwaltung mit. Der Trierer Erzbischof und Kurfürst Karl Joseph von Lothringen (amt. 1711-1715) ernannte Nalbach am 22. Oktober 1713 zum Offizialatskommissar. Karl Joseph starb am 4. Dezember 1715 in Wien; ihm folgte der Breslauer Erzbischof Franz Ludwig von Pfalz-Neuburg (amt. in Trier 1716-1729), der die bischöfliche Gerichtsbarkeit in Trier neu organisierte. Ihm verdankte Nalbach seine Berufung zum Offizial des Konsistoriums am 2. Mai 1719. Damit trat er in die Funktion des alten obererzstiftischen Offizialates und war zugleich zuständig als zweite Instanz für das gesamte Erzbistum. Da das Konsistorium als metropolitane zweite Instanz für die trierischen Suffraganbistümer Metz, Toul und Verdun fungierte, wurde Nalbach in die jansenistischen Streitigkeiten tief hineingezogen. Für ihn selber hatte die Berufung weitreichende Folgen, da er nach seiner Designation durch den Erzbischof am 6. Februar 1719 die Priesterweihe erhalten mußte, was am 11. April dann auch geschah. Der Schritt beförderte freilich seinen Aufstieg, denn bald darauf amtierte er als Apostolischer Protonotar und erzbischöflicher Rat in geistlichen und weltlichen Angelegenheiten. In den folgenden zwanzig Jahren fungierte Nalbach auch als Syndikus des obererzstiftischen Klerus, das war eine Form landesständischer Organisation. — Im Blick auf das Stift St. Paulin in Trier hatte Lothar Friedrich von Nalbach eine recht eigenwillige Biographie, denn schon am 9. Oktober 1709 besaß er eine Expektanz auf ein Kanonikat im Stift. Dort wurde er am 25. Februar 1719 tatsächlich zugelassen, Seibrich vermutet, aufgrund seiner Absicht, die Priesterweihe zu empfangen. Lothar Friedrich von Nalbach wurde am 21. Juni 1724 ins Stiftskapitel von St. Paulin aufgenommen und fünf Jahre später, am 23. März 1729 zum Scholaster gewählt. Kurfürst Franz Ludwig von Pfalz-Neuburg verschaffte Nalbach am 13. Februar 1728 zudem ein Kanonikat im Stift St. Simeon. Franz Ludwig von Pfalz-Neuburg selbst war 1729 auch noch Erzbischof und Kurfürst von Mainz geworden. Nachdem der Papst den Zusammenschluß der Erzbistümer Trier und Mainz untersagt hatte, verzichtete er auf den Trierer Bischofsstuhl. Da Franz Ludwig von Pfalz-Neuburg 1687 erst die Subdiakonatsweihe erhielt, obwohl er seit 1683 Fürsterzbischof von Breslau war, dann seit 1694 zusätzlich die Ämter eines Bischofs von Worms, eines Hochmeisters des Deutschen Ordens und eines Propst von Ellwangen inne hatte, wurde der Trierer Bistumsverwaltung viel abverlangt. In Trier übernahm Franz Georg Reichsfreiherr (seit 1701 Reichsgraf) von Schönborn-Buchheim die Bistumsleitung. Franz Georg amtierte bis 1756 und war einer der bedeutendsten Bischöfe seiner Zeit. Er setzte Lothar Friedrich von Nalbach am 29. August 1729 als Dekan des Simeonstiftes durch, rief ihn aber dann auf den Ehrenbreitstein nach Koblenz. Am 7. Dezember 1729 wurde Nalbach zum Weihbischof von Trier ernannt; offenbar erfolgte seine Erhebung in den Freiherrenstand in diesem Kontext. In Trier wehte ein neuer Wind, denn der neue Erzbischof hatte selbst am 30. Oktober 1729 die Bischofsweihe empfangen und feierte am 2. Februar 1730, assistiert von seinem designierten Weihbischof Lothar Friedrich von Nalbach, ein prachtvolles Pontifikalamt im Trierer Dom, als erster Erzbischof nach nahezu 140 Jahren. Nachdem der Papst die Ernennung von Nalbachs bestätigt und ihn am 2. Oktober 1730 zum Titularbischof von Emmaus erhoben hatte, empfing dieser die Bischofsweihe am Silvestertag 1730 durch den Fürsterzbischof persönlich, dem die Äbte der Reichsabtei St. Maximin und der Abtei St. Maria ad Martyres assistierten. Nach der Weihe »unter Trompeten und Paucken-Schall, einer annehmlichen Music, Losbrennung der Stücken (Kanonen)« führten ihn die beiden Äbte feierlich zur »Weyh-Bischöfflichen Residenz«. Der Kurfürst sorgte für die wirtschaftliche Ausstattung Nalbachs. Genannt werden ein Gehalt von 1.400 Florenen, Bezüge für den Unterhalt von vier Pferden (66 Malter Hafer, Heu, Stroh und Häcksel) und diverse Naturalien, darunter 15 Klafter Holz. Hinzu kam am 17. April ein einfaches Benefizium in Lütz. Mit der Wahl zum Dekan von St. Paulin am 7. Januar 1732 hatte Nalbach endgültig eine genügend starke Stellung erreicht. Erzbischof Franz Georg hatte seinen Weihbischof wohlüberlegt in Stellung gebracht, denn er hatte am 30. Juli 1729 in seiner Wahlkapitulation dem Domkapitel zugestehen müssen, daß das Kapitel den Generalvikar und den Präsident des Konsistoriums aus den Reihen der Domkapitulare bestimmen durfte. Seit 250 Jahren waren diese Positionen mit dem weihbischöflichen Amt verbunden; die Abtrennung schwächte die Funktion des Weihbischofs ernorm. — Auf Lothar Friedrich von Nalbach kam ein neues Aufgabenfeld zu, das ihm bisher wenig vertraut war, das aber von seinen profunden juristischen Kenntnissen profitierte. Erzbischof Franz Georg mußte seine Rechte in den luxemburgischen Landen wahren und suchte den Kontakt zu den Höfen in Brüssel und Wien. Wiewohl man ihm dort wohl gesonnen war, erhielt er dennoch keine Bewilligung eines geistlichen Generalplazets, sondern mußte seinem Weihbischof von 1731 an die Vollmachten schrittweise erteilen, an deren Ende er 1735 faktisch Generalvikar der ausländischen Gebiete war. Nalbach, der schon 1727 die Souveränität der Kirche gegenüber der weltlichen Obrigkeit betont hatte, legte einen gewissen Pragmatismus an den Tag. So zeigte er seine Visitationsreise durch Luxemburg 1737 auch nur an und bestand auf das Asylrecht der Kirchen. 1741 konnte er eine Visitation der Luxemburger Landdekanate durchführen, ohne in seiner Amtsführung behindert zu werden, was ihm die Anerkennung des Erzbischofs einbrachte. Präsentierte die Luxemburger Regierung mit Hinweis auf ihre Kollaturrechte Kandidaten für Pfarrstellen, die Nalbach ungeeignet schienen, wies er diese kompromißlos zurück. Undiplomatisch war er freilich in seinen Schriftsätzen, die häufig genug aggressiv formuliert waren und daher auf Widerstand stießen. Im Blick auf die Personalpolitik zeigte sich Nalbach diplomatischer: Hatte er im August 1731 die Wahl des Trierer Fürsterzbischofs zum Fürstabt von Stablo-Malmedy nicht erreicht, so gelang ihm im Frühjahr 1732 dessen Wahl zum Fürstbischof von Worms und im Mai dessen Wahl zum Fürstpropst von Ellwangen. — Franz Georg von Schönborn stand treu zu Kaiser und Reich, was sich im Kontext des Polnischen Erbfolgekrieges als nicht günstig erwies. Am 8. April 1734 besetzten die Franzosen den Kurstaat und forderten so hohe Kontributionen, daß das Land anfing auszubluten. Mit dem französischen General Belle-Isle war nicht zu verhandeln. Da reiste Lothar Friedrich von Nalbach im Auftrag der Landstände von August bis Oktober 1734 nach Paris und erreichte im Gespräch und mit Hilfe der Bischöfe Henri-Pons de Thiard Kardinal de Bissy und André-Hercule Kardinal de Fleury eine Senkung der Abgabenlast um Hunderttausende von Livres. Im November 1735 erreichte der Weihbischof sogar den Abzug der Franzosen aus dem Kurfürstentum. Als dann das Königreich Frankreich sich 1736 das Herzogtum Lothringen einverleibte, mußte über den Grenzverlauf gesprochen werden. Von Juni bis November 1740 diskutierte Nalbach in Paris Lösungen für die Kondominien Merzig-Saargau und Theley, für die Anteilsherrschaft im Hochgericht Lebach und für Rechte im Raum Nittel. Überzogene französische Forderungen und der Tod Kaiser Karls VI. führten zum Abbruch der Verhandlungen, die erst 1768 wieder aufgenommen wurden. — Lothar Friedrich von Nalbach erwies sich in seiner Zeit auch als Seelsorger. Seibrich geht davon aus, daß Nalbach den Klerus eines ganzen Jahrhunderts, mindestens 2.200 Priester, geweiht hat. Er prägte aber auch die kirchenbauliche Situation des Bistums Trier: Viele heute noch existente Barockkirchen - gerade auf dem Land - wurden von Nalbach konsekriert. Er selbst ließ einen Neubau der Stiftskirche St. Paulin in Trier 1732 in Angriff nehmen. Als Dekan des Stiftes legte er am 26. März 1734 den Grundstein. Der Bau wurde erst 1754 fertig, das hat Nalbach nicht mehr erlebt. Seine Visitationsreisen führten ihn durch das ganze Bistum. Er regte in den Pfarreien die Gründung von Bruderschaften an, wobei er die Sakraments- und Herz-Jesu-Bruderschaft bevorzugte. Mit diesen Bruderschaften wollte er gegen den aufgeklärten Individualismus neue Formen der Gemeinschaft setzen. Für alle Pfarreien wurde am 16. Mai 1738 die Erzbruderschaft vom Allerheiligsten Altarsakrament verbindlich. Parallel dazu verbreitete er seit 1736 den Katechismus von Philippe de Scouville (1622-1701), des aus Luxemburg stammenden Volksmissionars. Dessen Christenlehrbruderschaft wollte Nalbach in allen Pfarreien eingeführt wissen. — Lothar Friedrich von Nalbach starb am 11. Mai 1748, nachdem er vierzig Tage bettlägerig lag mit »Gallenfieber«. Von seinen privaten Verhältnissen berichtete der Jesuit Petrus Salm in seiner Leichenpredigt: Nalbach zelebrierte gegen die damaligen Gepflogenheiten täglich die Messe. Er schlief auf Brettern, geißelte sich oft und trug ein Unterkleid aus Pferdehaar mit einem Gürtel aus Eisendraht. Nalbachs Keuschheit ließ ihn Damen nur mit geschlossenen Augen grüßen. Selbst seine Mutter durfte sein Schlafzimmer nicht betreten; seiner Schwester verweigerte er aus diesem Grund noch auf dem Sterbebett den Abschied. Kam aber jemand zur Firmung zu spät, fing er für diese Person die Liturgie von Neuem an. Einer 80 Jährigen, die nach einer Gelegenheit zur Firmung fragte, spendete er das Sakrament auf der Stelle auf freiem Feld. Lothar Friedrich von Nalbach wurde hinter dem Hochaltar der Unterkirche von St. Simeon bestattet. Nachdem St. Simeon durch Napléon wieder zur Porta Nigra verwandelt worden war, wurden die Gebeine des Weihbischofs 1817 in die Badische Kapelle des Domkreuzgangs überführt.

Quellen: Bistumsarchiv Trier Abt. 41; — Landeshauptarchiv Koblenz Abt. 1 C; — Stadtbibliothek Trier, verschiedene Handschriften; »Weyland Der Hochwürdigste und Wohlgeborene Herr Lothar Fridericus von Nalbach [...] Bey dessen feyerlicher Traur- und Leich-Begängnuß [...] In einer

Lob-Red fürgestellet von R. P. Petro Salm [...] Anno MDCCXLVIII«.

Lit.: Andreas Schüller, Das General-Vikariat zu Trier (1673-1699), in: Trierische Chronik 7 (1911), 22-32. 53-57. 89-94; — ders., Die Herz-Jesu-Verehrung in der Erzdiözese Trier im 18. Jahrhundert, in: Pastor Bonus 36 (1925) 321-337; — Leo Just, Das Erzbistum Trier und die Luxemburger Kirchenpolitik von Philipp II. bis Joseph II. (= Die Reichskirche Bd. 1), Leipzig 1931; — Johann Rebholz, Lothringen und Frankreich im Saarraum. Deutsch-französische Grenzverhandlungen 1735-1766, Frankfurt/ Main 1938; — Emil Zenz, Die Trierer Universität 1473-1798 (= Trierer geistesgeschichtliche Studien Bd. 1), Trier 1949; — Georg Colesie, Lothar Friedrich von Nalbach, Weihbischof, Rechtsgelehrter und Staatsmann, in: ZGSaarg 13 (1963) 241-249; — Franz-Josef Heyen, Das Stift St. Paulin vor Trier (= Germania Sacra, Neue Folge 6), Berlin 1972; — Franz Schäfer, Lothar Friedrich von Nalbach. Sein Wirken für den Kurstaat Trier als Weihbischof (1691-1748), Würzburg 1936; — Wolfgang Seibrich, Die Weihbischöfe des Bistums Trier, Trier 1998, 134-140.

Joachim Conrad

NICK, Winand, Dommusikdirektor in Hildesheim und Gesangslehrer am Josephinum (* 11.9. 1831 in Fritzlar, † 18.12. 1910 in Hildesheim). — Nick wurde 1831 in Fritzlar als zweites von vier Kindern geboren. Sein Vater Johann Georg Nick (* 19.12. 1794 in Kämmerzell, † 16.2. 1841 in Fritzlar) war dort als Lehrer der Knabenschule und seit 1837 als Domorganist (St. Petrikirche) tätig. W. Nick erlernte Klavier, Geige und Orgel. Bereits mit 9 Jahren wurde Nick zur Vertretung seines Vaters als Organist eingesetzt. Nach dessen Tod führte er die Tätigkeit einige Jahre fort. 1844 übersiedelte er zur weiteren musikalischen Ausbildung nach Kassel, wo er von verschiedenen »Meistern«, wie er schreibt, ausgebildet wurde. Ob auch Louis Spohr zu Nicks Lehrern gezählt werden kann, bleibt bislang offen - in den von Ronald Dürre veröffentlichten Schülerlisten Spohrs ist Nick nicht enthalten. Spohr schrieb Nick später ein Empfehlungsschreiben für seine Bewerbung um die Stelle des Dommusikdirektors zu Hildesheim. Auch diesem ist ein Lehrer-Schüler-Verhältnis nicht eindeutig zu entnehmen. Fest steht jedoch, daß Nick Spohr vorspielte. — 1845 gab er aus wirtschaftlicher Notwendigkeit seine Ausbildung in Kassel auf und trat ins Lehrerseminar Fulda ein. In Fulda setzte er seine musikalische Ausbildung (Orgel, Komposition) beim dortigen Kantor Michael Henkel fort. Bereits als Schulseminarist übernahm Nick den Klavierpart in größeren Aufführungen (z. B. bei Beethovens Chorfantasie), die von dem durch Michael Henkel 1837 gegründeten Gesangverein Caecilia, seinerzeit unter der Ltg. Andreas Henkels, gegeben wurden. 1851 übernahm Nick den Gesangverein Cäcilia in Fulda, leitete ihn bis zu seinem Umzug nach Hildesheim, wo er am 1.7. 1856 die Stelle des Dommusikdirektors antrat. Sein Repertoire in Fulda bestand hauptsächlich aus Werken von Wiener Klassikern sowie Mendelssohn. Zudem arbeitete Nick in Fulda als Klavier- und Gesangspädagoge. Den Beruf des Lehrers in der Schule übte er nicht aus. — 1856 bewarb sich Nick erfolgreich um die Stelle des Dommusikdirektors in Hildesheim. Damit wurde er Nachfolger des im November 1855 verstorbenen Franz Joseph Arendt, der diese Position seit 1836 inne hatte. Spohr hatte bescheinigt, daß er ›den Musiklehrer Nick in Fulda als vollkommen geeignet für die Stelle empfehlen‹ könne. ›Er ist ein ausgezeichneter Klavierspieler, begabter Komponist, und ohne selbst Sänger zu sein, doch auch ein vorzüglicher Gesanglehrer [...]. Überdies rühmt man von ihm, daß er unermüdlich sei, gute Musik zu verbreiten und zur Geltung zu bringen. In Bezug auf seine musikalischen Leistungen halte ich ihn daher für die Stelle bei Ihnen ganz geeignet.‹ Michael Henkel unterstützte dies, hob die Routine des Instrumentalisten, Dirigenten und Chorleiters Nick hervor und betonte dessen Fleiß und Ausdauer. Über seine Kompositionen schrieb er: ›Seine Kompositionen zeichnen sich durch harmonische Korrektheit wie sinnige Klarheit aus und lassen später noch recht Gutes erwarten‹ (zit. n. Blecker 1999, S. 121). Als Dommusikdirektor war er sowohl zur künstlerischen Ausübung, zu Einstudierungen bzw. Konzertvorbereitungen (u. a. Schul- und Domchor), Akquirierung und Prüfung von Sängern des Gymnasiums als auch zum Unterrichten am Domgymnasium, dem Josephinum, verpflichtet. Die Stellen des Gymnasialgesanglehrers und des Dommusikdirektors waren untrennbar miteinander verknüpft, bis hin zur Kündigungsmöglichkeit: Es konnten nur beide Stellen zusammen gekündigt werden. Nick schaffte es jedoch 1898, lediglich die Gesanglehrerstelle aufgeben zu müssen und einen Vertreter für die Lehrerstelle zu erhalten (vgl. auch Blecker 1999, S. 124). — 1856 übernahm Nick den kathol. geprägten Neuen Singverein, den er mit dem evangelisch geprägten Caecilienverein zum Oratorienverein fusionierte. Seine Tätigkeit für diesen Verein währte bis 1906. Zudem gestaltete Nick die Kammermusikabende des Vereins für Kunst und Wissenschaft, wo er häufig als Pianist auftrat. Am 18.12. 1910 starb Winand Nick, nachdem er kurz zuvor die Stelle des Dommusikdirektors aufgegeben hatte. — Über sein Privatleben ist so gut wie nichts bekannt. Aus seiner Bewerbung in Hildesheim geht lediglich hervor, daß er mit Ursula Nick, geb. Göring, verwitwete Leineweber verheiratet war. Erst im Nachlaß werden die Namen zweier Kinder genannt (vgl. auch Blecker 1999, S. 122). — Nick gilt als »Mittelpunkt und Träger« des Hildesheimer Musiklebens in der zweiten Hälfte des 19. Jahrhunderts, das er über 50 Jahre gestaltete, und als der bedeutendste aller Hildesheimer Dommusikdirektoren (vgl. auch MGG², Art. Hildesheim, Sp. 295). Der Hildesheimer Stadthistoriker Helmut von Jan mißt Nick große Bedeutung bei, relativiert gleichwohl, indem er bemerkt: »So bildete das Hildesheimer Musikleben ein buntes Bild mit Höhen und Tiefen, mit Schwächen und Stärken in Niveau und Gehalt, aber doch mit großen Höhepunkten der Musik, wie sie unsere Stadt dann erst wieder bei Fritz Lehmann während seiner hiesigen Tätigkeit (1927-37) erleben durfte« (Jan 1980, S. 52). Der Domchor wies unter Nicks Leitung eine Besonderheit auf: Es war ein gemischter Chor, kein reiner Männerchor. 1882 versuchte Domorganist Friedrich Rübsam in Fulda das Modell Nicks aufzugreifen, durfte es jedoch aufgrund des Gutachtens der Domkustodie und auf Geheiß des Bischofs Georg Kopp (von 1852-56 selbst Schüler des Josephinums in Hildesheim und 1872 zum Generalvikar des Bistums ernannt, bevor er 1881 Bischof von Fulda wurde; Genaueres zu Kopp vgl. gleichlautenden Artikel von Barbara Wolf-Dahm in: BBKL, Bd. 4 (1992), Sp. 501-506) nicht umsetzen (Gottron, S. 115). Domchöre, die Frauenstimmen einbezogen, gab es nicht nur in Hildesheim, sondern auch in Bamberg, München, Eichstätt, Würzburg und Freiburg/Breisgau. Gerlach/Seeland schreiben in ihrer Geschichte des Hildesheimer Josephinums über Nick: »Seine liturgisch-gesanglichen, andachtsvollen, mit unermüdlichem Eifer liebevoll eingeübten Aufführungen in der Kathedrale, wie die Leistungen im Oratorienverein, durchweht von wundersamem Freisinn der Vertrautheit mit Klassikern und Romantikern, waren die anziehendsten aesthetischen Ereignisse der gebildeten Welt unserer Heimatstadt« (S. 127f.). Als herausragende Konzerte Nicks werden die Aufführung des »Elias« von Mendelssohn (1857), aus welchem das Quartett »Wirf dein Anliegen auf den Herrn« vom Chor zur Trauerfeier 1910 dargebracht wurde, und Bachs »Matthäus-Passion« (1867) erachtet, bei welcher der Geiger Joseph Joachim und seine Frau (als Altistin) mitwirkten. Letzteres Konzert erregte internationale Aufmerksamkeit, es erfolgten Berichterstattungen u. a. in London und Boston. Gleichfalls hoch gelobt waren seine musikalischen und musikpädagogischen Gestaltungen schulischer Feiern, sowohl in der Öffentlichkeit als auch innerhalb des Josephinums. Nick genoß auch als Lehrer ein hohes Ansehen. Im Zuge seiner Lehrer-Tätigkeit konnte sich Nick politischen Strömungen der Zeit und den damit verbundenen Feiern in der Schule nicht verschließen. So fand ein Werk wie »In Frankreich hinein!«, das er sowohl für eine Singstimme als auch für 4 Männerstimmen und Pianoforte komponierte, Eingang in Nicks Œuvre. — Der von ihm geleitete Oratorienverein war der erste konfessionsverbindende Chor Hildesheims. Nick führte mit ihm fast ausschließlich geistliche Werke auf, auch jenseits kirchenmusikalischer Aktivitäten. Geistliche Musik protestantischer Komponisten, v. a. Bach und Mendelssohn, machte gut ein Drittel der Aufführungen des Chores aus. Felix Mendelssohn Bartholdys Werke waren die meistgespielten, jedoch nahmen dabei die Oratorien lediglich eine mittlere Stellung ein. Ähnliches gilt für die Betrachtung der Mendelssohnschen Oratorien im Gesamtgefüge der unter Nick aufgeführten Oratorien: Im direkten Vergleich aller aufgeführten Oratorien zueinander liegen jene von Mendelssohn im Mittelfeld. Das am häufigsten aufgeführte Werk des Oratorienvereins war »Die Jahreszeiten« von Joseph Haydn, dem die »Schöpfung« folgte. Neben den Werken von Mendelssohn Bartholdy und Bach setzte sich das Repertoire des Oratorienvereins hauptsächlich aus Werken von Händel, Schumann, Bruch, Haydn, Brahms, gelegentlich auch Liszt und Beethoven zusammen. Komponisten der Klassik spielten für den Oratorienverein eine sehr untergeordnete Rolle; sehr gelegentlich wurden Werke von Mozart, Cherubini und sogar E.T.A. Hoffmann aufgeführt. Zum Gedenken an Verdis ersten Todestag führte Nick auch dessen Requiem auf. Nicks zahlreiche eigene Kompositionen finden sich jedoch so gut wie gar nicht in der Repertoireliste des Vereins: Lediglich zweimal führte er sein Oratorium »Joseph vor Pharao« auf. Neben einigen wenigen weltlichen Werken schuf er vor allem Musik für die katholische Liturgie. Es heißt, ihm sei ›eine tief innerliche Frömmigkeit eigen und eine stets hilfsbereite Liebenswürdigkeit‹ (zit. n. Gerlach/Seeland, S. 127). Über seine Kompositionsvorstellungen äußert sich Nick: ›In Betreff der Harmonisierung der Melodien hatte ich das Bestreben, Einfachheit und Kraft mit fließender Sangbarkeit der Stimmen zu vereinigen. Indem ich als ersten Grundsatz das Festhalten an einer gesunden, naturgemäßen Diatonik beobachtet habe, sind chromatische Führungen der Stimmen möglichst, ohne Vorbereitung auftretende dissonierende Accorde und alterierte Harmonien gänzlich vermieden worden‹ (zit. n. Lang, S. 396). Damit widerspricht er der kompositorischen Entwicklung des 19. Jahrhunderts zutiefst und bleibt im Cäcilianismus verhaftet. 1863 erhielt sein op. 2 (»6 Gesänge für eine Singstimme«) in der Allgemeinen musikalischen Zeitung Leipzig (im Folgenden wird ausschließlich die Abkürzung AmZ verwendet) eine mit Rücksicht auf sein frühes Opus teils wohlwollende, teils aber sehr kritische Rezension. Der Rezensent lobte »das schöne Maass und de[n] geläuterten Geschmack«, die »für die Zukunft wohl recht Erfreuliches erwarten« lassen (AmZ 1863, Sp. 7f.). Gleichzeitig stellte er - der Tradition der Neudeutschen Schule verhaftet - aber auch eine zu deutliche Nähe zur Musik Schumanns fest und kritisierte Nicks ausgeprägten Hang zum Lyrischen, was die Entfaltung seines Talents und damit den Anspruch der Originalität behindere. Gleichwohl empfahl er dieses Opus. Die Neue Zeitschrift für Musik (im Folgenden wird ausschließlich die Abkürzung NZfM verwendet) hingegen, in der Tradition ihres Begründers Robert Schumann stehend, lobt op. 2 ausdrücklich: »Diese ›Sechs Gesänge‹ sind eine Freude für den Recensenten. [...] Wäre doch in diesem Maße der warme Strahl einer neuen Zeit zu Allen gedrungen.« Im Unterschied zur AmZ bespricht die NZfM Nicks weitere Kompositionen ebenfalls in Einzel-, nicht in Sammelrezensionen, und macht dieses teilweise etliche Monate vor der Konkurrenz. Die Klavierwerke op. 3 (»Impromtu«), 4 (»Sonatine«) und 5 (»Polonaise«) werden ebenso wie op. 2 positiv besprochen. Nachdem Nick für seine Leistung beim Braunschweiger Musikfest 1865 sehr gelobt worden war, erfolgte 1867 sowohl in der NZfM als auch in der AmZ nach einem Vereinskonzert in Braunschweig ein Verriß für den Pianisten und Komponisten Winand Nick mit dem erneuten Vorwurf der mangelnden Originalität bei seiner Komposition. Er habe »entschieden Fiasko« gemacht (AmZ 1867, S. 26). Die inzwischen eingetretene Distanz zu Nicks Kompositionen setzt sich auch in der NZfM in deutlich späteren Rezensionen fort. — Nick wurden verschiedene Ehrungen zuteil: 1895 erhielt er den Professorentitel, 1896 den päpstlichen Gregoriusorden (zu seinem 40. Dienstjubiläum) und 1906 den Roten Adlerorden 4. Klasse (zu seinem 50. Dienstjubiläum). 1914 wurde ein Nick-Denkmal enthüllt, das kurz vor Ende des Zweiten Weltkrieges 1945 zerstört wurde. 1956 gestaltete Dommusikdirektor Brauckmann ein Winand-Nick-Gedächtnisjahr. Zudem wurde 1962 im Stadtteil Drispenstedt eine Straße nach ihm benannt. 1985 gab es zum 75. Todestag noch einmal einen ausführlichen Nachruf in der Hildesheimer Allgemeinen Zeitung. Seine Kompositionen finden heute kaum Berücksichtigung im Konzertleben. Eine Ausnahme bildet die Aufführung des Bernward-Oratoriums, aufgeführt am Buß- und Bettag 1993, anläßlich des Bernwardsjahres des Bistums Hildesheim. Auch sind nur sehr wenige seiner Kompositionen oder Instrumentationen bei neueren Verlagen gedruckt. Im Bistum Hildesheim bleibt er jedoch weiterhin akustisch vernehmbar: Einige seiner Kirchenlied-Vertonungen sind bis heute im Diözesanteil des Hildesheimer Gotteslobs enthalten (Nr. 820, »Meinen Jesus lass' ich nicht«; Nr. 867, »Heilig, heilig, heilig, unaussprechlich heilig«; Nr. 881, »O Mutter mein, Maria«; Nr. 886, »Der du das blinde Heidentum in Deutschland hast vernichtet«). Sie stammen aus seinem 1893 veröffentlichten Melodienbuch.

Werkverzeichnis

WELTLICHE WERKE:

Chor: Sammlung mehrstimmiger Lieder und Chorgesänge für höhere Lehranstalten, Hildesheim 1874; Festgesang. Zur Feier des fünfzigjährigen Priesterjubiläums Sr. Heiligkeit Papst Leo XIII. gedichtet von Josef Graën für Männerchor oder gemischten Chor, in Musik gesetzt von Winand Nick, op. 12, Hildesheim 1887; Chorbuch für Gymnasien, Real- und höhere Bürgerschulen. Sammlung von Liedern und Gesängen für gem. und Männerchor, nebst Elementarlehre der Musik. Neue (2.) Aufl., Hildesheim 1892; Aus sturmbewegter Heldenzeit. Cäsar's Brückenbau. Vaterländisches Schuldrama, Text von Dr. Karl Mache, Düsseldorf 1901.

Kammermusik: Klaviertrio e-moll.

Lieder: Drei Lieder, op. 1 (Nr. 1, An eine Blume; Nr. 2, Frühlingssonne; Nr. 3, Es muss was Wunderbares sein), Magdeburg 1855; Sechs Gesänge für Singstimme und Pianoforte, op. 2 (Nr. 1, Der Sommerwind streift der Jungfrau Grab; Nr. 2, Nachtlied; Nr. 3, Wenn du willst im Menschenherzen; Nr. 4, Wie die jungen Blüten leise träumen; Nr. 5, Im Wald bei grünen Bäumen; Nr. 6, Ueber allen Gipfeln ist Ruh), Hildesheim 1861. Später erschien eine Ausgabe dreier Lieder im Sammelband mit Werken anderer Komponisten unter »Lieder für Singstimme und Pianoforte«, Regensburg 1894 (Nr. 1, Wie die jungen Blüthen; Nr. 2, Nachtlied; Nr. 3, Im Wald bei grünen Bäumen); In Frankreich hinein! Ertrag für die verwundeten Krieger, o. op., für Singstimme und Klavier, Gedicht von Ernst Moritz Arndt, Hildesheim 1870, des weiteren existiert eine Ausgabe für vier Männerstimmen, ebenfalls in Hildesheim 1870 erschienen; Lieder für 1 Singstimme mit Pianoforte, op. 16: Drei Lieder (Nr. 1, Juchhei: »Wie ist doch die Erde so schön«; Nr. 2, Zwiegesang: »Im Fliederbusch ein Vöglein sass«; Nr. 3, Lüfteleben: »Wär' ich die Luft«), Hildesheim 1898; Lieder für 1 Singstimme mit Pianoforte, op. 17: Drei Lieder (Nr. 1, Frühlings Einzug: »Die Fenster auf, die Herzen auf!«; Nr. 2, »O süsse Mutter«; Nr. 3, Glück: »Wie jauchzt meine Seele«), Hildesheim 1898; Lieder für 1 Singstimme mit Pianoforte, op. 18: Drei Lieder (Nr. 1, Um Mitternacht: »Um Mitternacht hab' ich gewacht«; Nr. 2, »Kornblumen, ihr blauen«; Nr. 3, Hinauf: »Der Sterbliche müsste dem Elend erliegen«), Hildesheim 1898.

Klavierwerke: Impromptu, op. 3, Frankfurt 1864; Sonatine, op. 4. Zum Gebrauch beim Unterricht, Hildesheim 1865; Polonaise, op. 5, Hildesheim 1866.

GEISTLICHE WERKE:

Oratorien: An der Krippe Jesu; Der Hl. Bernward, gedruckt als: Sankt Bernward. Geistliches Festspiel in sieben Bildern. Zur Feier des Bischofs- und Priesterjubiläums des hochwürdigen Herrn Bischofs Wilhelm. 24. September 1846, 31. Dezember 1871. Dichtung von Josef Graën, componirt für Soli, gemischten Chor und Orchester. Hildesheim 1896; Die Hl. Elisabeth; Esther; Joseph vor Pharao.

Messen: 11 Meßkompositionen, u. a.: Instrumentalmesse Nr. 1, G-Dur, op. 8; Messe mit Orgel Nr. 2, F-Dur, op. 9; Instrumentalmesse Nr. 3, D-Dur, op. 10; Festmesse, op. 19; Orchestermesse, d-Moll; Requiem, d-Moll.

Te-Deum-Kompositionen: 5 Te-Deum-Kompositionen, u. a.: Te Deum in D-Dur (gregor. Te Deum); Te Deum in D-Dur; Te Deum in C-Dur.

Motetten: Sechs Motetten, op. 11: 1. Ave regina coelorum (SATB); 2. O salutaris hostia (SATB); 3. Ave maris stella (SATB); 4. Sub tuum praesidium (SAATB); 5. Veni creator spiritus (SAATB); 6. Cantate domino canticum novum (SATB), gedruckt bei Exsultate, Hildesheim o. J., bei Blecker als Sechs lateinische Kirchengesänge verzeichnet (Blecker 1994, S. 284).

Litaneien: Vier Litaneien, u. a.: Litanei in G-Dur; Litanei in F-Dur; Litanei in Es-Dur.

Propriumsgesänge: Ave maris stella (Antiphon); Regina coeli (Antiphon); Benedictus Dominus Deus Israel; Ecce sacerdos magnus; Exsultate Deo; O salutaris hostia; Jesus dulcis meum (Hymnus); Salvum fac imperatorem (Antiphon); Introitus, Graduale und Offertorium (Tui sunt coeli) auf Weihnachten; Graduale auf Ostern; Gesänge auf Christi Himmelfahrt; Veni creator spiritus auf Pfingsten; Veni sanctae spiritus auf Pfingsten (Antiphon); Lateinische Gesänge zu Advent und Passion; Oculi omnium auf Fronleichnam; Graduale auf Hl. Dreifaltigkeit; Gesänge auf Namensfest Jesu; Introitus, Graduale und Communio auf Mariä Himmelfahrt; Introitus, Graduale und Communio auf Hl. Godehard; Gesänge auf Hl. Bernward; Graduale auf Peter und Paul; Introitus und Graduale auf Confessor Petri.

Sonstiges: Drei Einlagen: Statuit, Exerarum, Fidelis; Es kam ein Engel hell und klar; Gegrüßet seist du Maria; Segne Allmächtiger; Melodienbuch zu den Liedern des Gesangbuchs für die Diözese Hildesheim (1893); Orgelbegleitung zum Diözesangesangbuch, op. 15.

Instrumentationen: Instrumentationen von Werken Heinrich Fidelis Müllers: Johannespassion op. 16/17 (Supplement) für Sinfonieorchester (Heinrich-Fidelis-Müller-Archiv); Heliand op. 21 für Sinfonieorchester (Heinrich-Fidelis-Müller-Archiv); Weihnachtsoratorium op. 5 für Fl./Ob./Streicher, Bergheim 2002.

Bibliographie: Rezension zu Sechs Gesänge für eine Singstimme mit Begleitung des Pianoforte, op. 2, in: NZfM 57 (1862), Nr. 19, 7.11.1862, S. 171, sowie zu demselben Werk in: AmZ, Neue Folge I (1863), Nr. 1, 1.1.1863, Sp. 7-8; — Rezension zu Impromptu op. 3, in: NZfM 60 (1864), Nr. 27, 1.7.1864, S. 238; — Rezension zu Sonatine zum Gebrauch beim Unterricht op. 4, in: NZfM 62 (1866), Nr. 18, 27.4.1866, S. 155; — Rezension zu Polonaise op. 5, in: NZfM 62 (1866), Nr. 27, 29.6.1866, S. 234; — Rezension zu Impromptu op. 3, Sonatine op. 4, Polonaise, op. 5 (Zum Gebrauch beim Unterricht), in: AmZ I (1866), Nr. 29, 18.7.1866, S. 232; — Berichte. Braunschweig, in: AmZ II (1867), Nr. 3, 16.1.1867, S. 27; — Braunschweig, in: NZfM 63 (1867), Nr. 5, 25.1.1867, S. 41-42; — Rezension seiner

Konzerte (Aufführung der Matthäus-Passion von J.S. Bach in Hildesheim): Kurze Nachrichten. Hildesheim, in: AmZ II (1867), Nr. 25, 19.6.1867, S. 203 sowie zu demselben Konzert: Feuilleton. Kurze Nachrichten, in: AmZ II (1867), Nr. 27, 3.7.1867, S. 219 sowie Hildesheim, in: Dwight's Journal of Music 27 (1867), Nr. 9, 20.7.1867, S. 70; — R. Sch., Musik für Gesang. Winand Nick, Sammlung mehrstimmiger Lieder und Chorgesänge für höhere Lehranstalten, in: NZfM 70 (1874), Nr. 4, 23.1.1874, S. 43; — J. M. Krâtz: Die Musik-Aufführungen in der Domkirche zu Hildesheim, in: Katholisches Sonntagsblatt, Nr. 29 vom 21.7.1878, S. 226-227; — Bericht über die Thätigkeit des Gesangvereins »Caecilia« in Fulda vom Jahre 1837-1897/98 zur Jubiläums-Feier des 60jährigen Bestehens des Vereins (24.4.1898); — Rezension zu Lieder für eine Singstimme mit Begleitung des Pianoforte. Op. 16, 17 und 18, in: NZfM 96 (1900), Nr. 52, 26.12.1900, S. 638; — Theodor Jahns: Der Oratorienverein zu Hildesheim. Zur Feier seines 50jährigen Bestehens unter der ununterbrochenen Leitung des Herrn Dommusikdirektor Professor Nick, Hildesheim 1906; — Anon.: Aus Heimat und Bistum. Dommusikdirektor Professor Nick, in: St. Bernwards-Blatt. Sonntagsblatt für die christliche Familie 54 (1906), Nr. 27 vom 8.7.1906; — Anon.: Aus Heimat und Bistum, in: St. Bernwards-Blatt. Sonntagsblatt für die christliche Familie 59 (1911), Nr. 1 vom 1.1.1911, S. 7-8; — Richard Maier: Oratorienverein »Caecilia«-Fulda. Denkschrift zum 75jährigen Jubiläum 12. Mai 1912, Fulda 1912; — Musikalienverzeichnis (anonym), 1912: Dombibliothek D 10 IV, enthält u. a. Kompositionen Nicks; — Leunis - Kratz - Nick. In: Adolf Kardinal Bertram: Geschichte des Bistums Hildesheim. Bd. III, Hildesheim und Leipzig 1925, S. 386-387; — Richard Herzig: Dommusikdirektor Professor W. Nick, in: Ernst Konrad: Aus der Geschichte des Gymnasiums Josephinum bis zur Aufhebung des Jesuitenordens im Jahre 1773, o. O., 1927, S. 6-7; — Karl Wüstefeld: Zur Geschichte der Kirchenmusik am Dom zu Hildesheim, in: Unsere Diözese in Vergangenheit und Gegenwart 5 (1931), S. 64-72; — Bernhard Gerlach/Hermann Seeland: Geschichte des Bischöflichen Gymnasiums Josephinum in Hildesheim von der Aufhebung der Gesellschaft Jesu im Jahre 1773 bis zur Zerstörung der Anstaltsgebäude des Josephinums 1945, Hildesheim 1950; — Otto Brauckmann: Winand Nick: Leben und Werk eines bedeutenden Hildesheimer Musikers, in: Die Diözese Hildesheim 25 (1956), S. 100-106; — Anon.: Concert mit Dom-Musikdirektor Nick, in: Aus der Heimat, Januar 1958 - Beilage der Hildesheimer Allgemeinen Zeitung Nr. 1 vom 30.1.1958, S. 7 - Nachdruck des Artikels vom 1.2.1858 in ebd.; — Helmut von Jan: Das Hildesheimer Musikleben zur Mozart- und Nach-Mozart-Zeit, in: Alt Hildesheim 51 (1980), S. 39-52, Reprint in: Bischof, Stadt und Bürger. Aufsätze zur Geschichte Hildesheims von Helmut von Jan, Hildesheim 1985, S. 285-308; — Adam Gottron: Capella Fuldensis, in: Fuldaer Geschichtsblätter 50 (1974), S. 110-116; — Burkhard Brinkmann: Eine Persönlichkeit des Hildesheimer Musiklebens. Vor 75 Jahren starb Dommusikdirektor Winand Nick, in: Aus der Heimat, März 1986 - Beilage der Hildesheimer Allgemeinen Zeitung vom 1. März 1986; — Hans Schlotter: Die Musikerdynastie Liste in Hildesheim, in: Die Diözese Hildesheim in Vergangenheit und Gegenwart 58 (1990), S. 77-82; — Thomas Blecker: Dommusikdirektor und Gymnasialgesanglehrer Winand Nick. Eine große Musikerpersönlichkeit in der Geschichte Hildesheims, in: Die Diözese Hildesheim 62 (1994), S. 267-284; — Thomas Blecker: Winand Nick (1831-1910). Dommusikdirektor und Gesanglehrer am Josephinum, in: Dietrich Hosemann/Hermann Strüber/Herbert Nitsche (Hrsg.): Bischöfliches Gymnasium Josephinum Hildesheim. 400 Jahre. Festschrift zur Geschichte der Schule seit der Übernahme durch die Gesellschaft Jesu (1595-1995), Hildesheim 1995, S. 135-139; — Werner Keil: Artikel Hildesheim, in: MGG, Kassel u. a. ²1996, Sachteil Bd. 4, Sp. 293-296; — Thomas Blecker: Winand Nick (1831-1910). Dommusikdirektor und Gesanglehrer am Josephinum, in: Im Schatten des Domes. Das Gymnasium Josephinum im 19. und 20. Jahrhundert, Bielefeld u. a. 1999, S. 119-127 (= Hildesheimer Chronik, Bd. 3); — Thomas Scharf-Wrede: Das Bistum Hildesheim im 19. Jahrhundert, Strasbourg 1999, insbes. S. 24 (= Geschichte des Bistums Hildesheim, Bd. 3); — Paul Lang: Heinrich Fidelis Müller (1837-1905). Priester und Komponist, Petersberg 2005, insbes. S. 395f.; — Ronald Dürre: Louis Spohr und die Kasseler Schule. Das pädagogische Wirken des Komponisten, Geigenvirtuosen und Dirigenten in der ersten Hälfte des 19. Jahrhunderts. Diss. (Marburg 2004); — Gotteslob. Katholisches Gebet- und Gesangbuch Bistum Hildesheim, hrsg. von den Bischöfen Deutschlands und Österreichs und der Bistümer Bozen-Brixen, Lüttich und Luxemburg, Hildesheim 2007; — Nick im Internet: Musikarchiv Heinrich-Fidelis-Müller.

Michaela G. Grochulski

NIETHAMMER, Ludwig Albert Julius, evangelisch, Papierfabrikant und nationalliberaler Parlamentarier und Politiker, * 29.9. 1833 in Reichenberg/Württemberg, † 17.4. 1908 in Kriebstein bei Waldheim (Sachsen). — N. wurde als erster (und einziger überlebender) Sohn des kgl. württembergischen Forstmeisters Franz Ferdinand Niethammer (1804-1876) und seiner Frau Wilhelmine, geb. Ortallo, in Reichenberg/Württemberg geboren. Nach dem Besuch des Evangelischen Seminars in Maulbronn 1847-49 sollte N., aus der Familie des Theologen und Philosophen Friedrich Immanuel Niethammer stammend, eigentlich Theologie studieren, mit Rücksicht auf die geringen zu erwartenden Einkünfte einer Pfarrstelle und die vier zu versorgenden Schwestern erhielt N. 1850-56 eine kaufmännische und technische Ausbildung in der Papierfabrik »Heinrich Völters Söhne« in Heidenheim. Mit geborgtem Geld pachtete N. gemeinsam mit seinem Lehrlingskollegen und späteren Schwager Friedrich Kübler (1833-1865; Ehemann von N.s Schwester Nat(h)alie [1837-1902], die in 2. Ehe Eugen Holtzmann [1848-1901], wie N. Papierfabrikant und nationalliberaler Parlamentarier und Politiker, heiratet) 1856-67 eine Öl-, Graupen-, Säge- und Papiermühle in Kriebstein bei Waldheim (Sachsen). Beide bauten die Mühle zur »Kübler & Niethammer Papierfabrik Kriebstein« aus und erwarben 1867 das Unternehmen vollständig. 1861 bauten die Unternehmer in Georgenthal (Erzgebirge) eine Holzschleiferei, die erste ausschließlich für den Verkauf arbeitende Holzmassefabrik der Welt, wo zum ersten Mal die 1845 von Heinrich Keller aus Hainichen gemachte Erfindung der Verwendung von Holzfaser für die Papierherstellung angewandt wurde. Im Folgenden massive Modernisierung und Erweiterung des Unternehmens auf insgesamt 10 Betriebe mit etwa 1000 Angestellten, wodurch gleichzeitig die Erschließung des Zschopautals gefördert wurde. Seit 1883 wurde in der neu errichteten Zellulosefabrik Gröditz auch Zellstoff produziert. — N. war 1868-71, 1896-1901 Mitglied der Handelskammer Chemnitz, 1881-1908 außerordentliches Mitglied der Technischen Deputation des sächsischen Innenministeriums, 1890-96 stellvertretendes Mitglied, 1896 Mitglied des Eisenbahnrates, seit 1896 Vorsitzender des Vereins Deutscher Papierfabrikanten, seit 1902 Ehrenmitglied des Vereins Deutscher Holzstoff-Fabrikanten, 1895-1906 Vorsitzender der Papiermacher-Berufsgenossenschaft. 1871-81, 1896-1901 war N. Mitglied der sächsischen evangelischen Landessynode. 1883 wurde N. Kommerzienrat, 1890 Geheimer Kommerzienrat und Dr. ing. h. c., 1895 Ritter I. Kl. des kgl. sächs. Verdienstordens, 1897 Ehrenbürger von Waldheim. — N. war 1881-84, 1887-1890 nationalliberaler Reichstagsabgeordneter, machte sich als großer Verehrer Bismarcks im so genannten »Kartellreichstag« für die Unterstützung der Regierungspolitik durch die Nationalliberalen stark. N. war 1879-1905 Mitglied, 1887-1900 Vorsitzender der nationalliberalen Fraktion im sächsischen Landtag, 1888-1895 Vorsitzender des sächsischen nationalliberalen Landesvereins sowie Mitglied des Zentralvorstands der nationalliberalen Partei. — N. war seit 1856 mit Johanna, geb. Voith (1834-1857), verheiratet, nach deren frühem Tod ehelichte N. 1859 Jenny Isidore Charlotte, geb. Crusius (1837-1922). — Bemerkenswert ist N.s soziales Engagement, welches sich u. a. in seinem Einsatz für die verkehrsmäßige Erschließung des Zschopautals zeigt. Außerdem bemühte er sich um die Verbesserung der Arbeits- und Lebensbedingungen seiner Angestellten. Er beachtete in seinem Unternehmen die Sonntagsruhe und setzte sich im Rahmen der Inneren Mission für deren flächendeckende Geltung ein. N. gründete für seine Arbeiter eine Fabriksparkasse (die Spareinlagen wurden für alle obligatorisch vom Lohn abgebucht) und 1873 einen Konsumverein, 1879 wurde ein nach Fröbelschen Grundsätzen betriebener Betriebskindergarten eingerichtet (die Kinderbetreuung war dort kostenlos), seit 1899 existierte ein Ledigenheim für junge Arbeiter (»Burschenhaus«), außerdem wurden seit 1881 Werkswohnungen errichtet. In der Firma »Kübler & Niethammer« gab es vielfältige Unterstützungen für Familien, beispielsweise zahlte die Firma das Schulgeld für die Kinder von bereits länger beim Unternehmen beschäftigten Arbeitern sowie Zuschüsse zum Krankengeld. Seit 1884 gab es eine Betriebskrankenkasse.

Werke: Das deutsche Volk und der Sonntag. Zwei Vorträge des Oberconsistorialraths Dr. Kögel und des Fabrikanten Niethammer auf dem XVII. Congress für innere Mission in Dresden nebst der von dem Congresse gefaßten Resolution (1875), Dresden [2]1877; — Vortrag über das Thema: Das deutsche Volk und der Sonntag (17. Congreß für Innere Mission in Dresden am 6. und 7. October 1875), Waldheim (Sachsen) 1875; — Das Wichtigste aus dem Gesetz betreffend die Invaliditäts- und Altersversicherung, zusammengestellt für die Arbeiter der Firma Kübler & Niethammer in Kriebstein, Kriebethal, Georgenthal und Albertsthal bei Johanngeorgenstadt, Meinsberg, Wöllsdorf, Gröditz, Waldheim (Sachsen) 1890.

Lit.: Dittrich, Max (Hrsg.): Parlamentarischer Almanach für das Königreich Sachsen, Dresden/Leipzig 1878, 64 f.; — Hirth, Georg (Hrsg.): Deutscher Parlaments-Almanach, 15. Ausgabe, München/Leipzig 1884, 198; — Lucas, Samuel (Hrsg.): Sächsischer Landtags-Almanach vom Jahre 1887, Elberfeld 1887, 74; — Galerie hervorragender Zeitgenossen, in: Holzstoffzeitung 1899, Nr. 13, 194 f.; — Der 70. Geburtstag des Geheimen Kommerzienrates Albert Niethammer in Kriebstein, in: Industrie des Erzgebirges und des Vogtlandes 15 (1903), 117-120; — Festschrift zum 50jährigen Bestehen der Firma Kübler & Niethammer in Kriebstein: 15 März 1906, Kriebstein ca. 1906; — Wer ist's? Begründet, hrsg. u. red. von Hermann A. L. Degener, Bd. III, Leipzig 1908, 973; — Zur Erinnerung an den Fabrikbesitzer Dr. ing. Niethammer, in: Der Arbeiterfreund. Zeitschrift für die Arbeiterfrage 36 (1908), 125 f.; — Jahrbuch für Zeit- und Kulturgeschichte (Herders Jahrbücher) 2 (1908), Freiburg im Breisgau 1909, 449; — Rother, R.: Niethammer in Kriebstein (Bunte Bilder aus dem Sachsenlande), Leipzig 1909; — Schlorke, K.: Kommerzienrat Niethammer, in: Deutsche Turnzeitung 55 (1910), 145; — Kalkoff, Hermann (Hrsg.): Nationalliberale Parlamentarier 1867-1917 des

Reichstags und der Einzellandtage. Beiträge zur Parteigeschichte, hrsg. aus Anlaß des fünfzigjährigen Bestehens der nationalliberalen Partei Deutschlands, Berlin 1917, 106; 313; — Albert Niethammer, in: 1872-1922. Festschrift zum 50jährigen Jubiläum des Vereins Deutscher Papierfabrikanten, Berlin 1922; — Niethammer, Konrad: Albert Niethammer, in: Sächsische Lebensbilder, hrsg. von der Sächsischen Kommission für Geschichte, Bd. I, Dresden 1930, 288-293; — Ders.: Albert Niethammer, in: Heimat und Welt, Waldheimer Tageblatt 1931, Nr. 7; — Albert Niethammer, geb. 29. Sept. 1833, in: Heimat und Welt, Waldheimer Tageblatt 1931, Nr. 6; — Albert Niethammer - ein Lebensbild, in: Heimat und Welt, Waldheimer Tageblatt 1931, Nr. 11; — Die geschichtliche Entwicklung der Firma Kübler & Niethammer 15. März 1856 - 15. März 1931. Vortrag gehalten von Wilhelm Niethammer zum 75jährigen Jubiläum der Firma auf dem Papiersaal der Fabrik Kriebstein, Kriebstein 1931; — Grieger, Rudolf: Zum 15. März 1942! 86. Geburtstag der Firma Kübler und Niethammer, Kriebstein 1942; — Papier aus Kriebstein. Herausgegeben aus Anlaß des 100jährigen Geburtstags der Firma Kübler & Niethammer, Darmstadt 1956; — Schwarz, Max: Mitglieder des Reichstags (MdR) 1867-1933. Biographisches Handbuch der Reichstage, Hannover 1965, 413; — Radandt, H.: Niethammer, Albert, in: Pätzold, Kurt u. a. (Hrsg.): Biografien zur deutschen Geschichte von den Anfängen bis 1945, Berlin 1991, 368 f.; — Listewnik, Petra: Niethammer, Ludwig Albert Julius, in: Neue deutsche Biographie, hrsg. von der Historischen Kommission bei der Bayerischen Akademie der Wissenschaften, Bd. XIX, Berlin 1999, 243 ff.; — Sächsische Parlamentarier 1869-1918. Die Abgeordneten der II. Kammer des Königsreichs Sachsen im Spiegel historischer Photographien. Ein biographisches Handbuch, bearb. von Elvira Döscher/Wolfgang Schröder (Photodokumente zur Geschichte des Parlamentarismus und der politischen Parteien, 5), Düsseldorf 2001, 256, 433 f.; — Haunfelder, Bernd: Die liberalen Abgeordneten des Deutschen Reichstags 1871-1918. Ein Biographisches Handbuch, Münster 2004, 297; — Rudloff, Michael: Unternehmenskultur und Sozialpolitik am Beispiel der Kriebsteiner Papierfabrik Kübler und Niethammer, in: Boch, Rudolf u. a. (Hrsg.): Unternehmensgeschichte heute. Theorieangebote, Quellen, Forschungstrends (Veröffentlichungen des sächsischen Wirtschaftsarchiv, Reihe A, Bd. VI), Leipzig 2005, 229-243; Wolf, Matthias: Waldheimer Persönlichkeiten - Albert Niethammer, Ehrenbürger der Stadt Waldheim (Waldheimer Heimatblätter, 21), Waldheim (Sachsen) 2006; — Steinberg, Swen: Jubiläen und Jubiläumsfeiern in der ländlichen Industrie Sachsens am Beispiel Kübler & Niethammer in Kriebstein (1856-1918), in: Volkskunde in Sachsen 18 (2006), 207-234; — Ders.: Sozialer Protestantismus, christlicher Unternehmergeist oder markttraditionale Unternehmensstrategie? Zum Zusammenhang von Konfession und Fabrik am Beispiel des Papierunternehmens Kübler & Niethammer in Kriebstein (1856-1918), in: Tanner, Klaus (Hrsg.): Sozialer Protestantismus in Mitteldeutschland (erscheint demnächst).

Peter Erli

NISCH, Franziska, die spätere Ordensschwester Ulrika vollbrachte in ihrem Leben keine außergewöhnlichen Taten. Sie wurde von Papst Johannes Paul II. selig gesprochen, weil ihr Leben aus tiefer Demut, aufopferungsvoller Hingabe an den Nächsten und mystischer Gotteserfahrung bestand. — Franziska Nisch wurde am 18. September 1882 im schwäbischen Mittelbiberach-Oberdorf unehelich geboren und erhielt zunächst den Nachnamen Dettenrieder, den Namen ihrer Mutter. Ein Jahr später heiratete die Mutter Ulrich Nisch, den Vater des Kindes. Er erkannte Franziska als Tochter an. Bis zu ihrer Einschulung 1889 wuchs sie bei den Großeltern und ihrer Patin auf, deren religiöse Erziehung das Kind prägte. Mit Beginn des Schulbesuchs zog Franziska zu ihren Eltern nach Unterstadion, wo sie unter ärmlichen Verhältnissen lebte. Der Vater arbeitete als Tagelöhner und versuchte, die immer größer werdende Familie zu ernähren. Insgesamt wurden der Familie 13 (oder 14) Kinder geboren, von denen mehrere jung verstarben. Um die Familie zu unterstützen, erledigte Franziska Botengänge und kleine Arbeiten. 1894 verließ sie das elterliche Haus und zog zu ihrer Patin nach Oberdorf. Dort half sie im Haushalt mit. Um Geld zu verdienen und ihre Familie finanziell zu entlasten, arbeitete sie ab 1898 bei verschiedenen Familien als Dienstmagd. — Franziska erkrankte 1904 an einer schweren Gesichtsrose und lernte während ihres Krankenhausaufenthaltes die Barmherzigen Schwestern vom heiligen Kreuz kennen. Sie verspürte den Ruf Gottes und trat mit 22 Jahren, am 17. Oktober 1904, in das Provinzhaus der Barmherzigen Schwestern in Hegne, ein. Später erhielt sie den Ordensnamen Ulrika. Zunächst arbeitete sie als Küchenschwester in Hegne, später in Zell-Weierbach bei Offenburg, Bühl und Baden-Baden. Schwester Ulrika erfüllte still ihre anstrengenden klösterlichen Arbeiten und lebte gemäß ihres Wahlspruchs: »Kein Maß kennt die Liebe, und wir wollen nur in der Liebe und für die Liebe alles leiden und arbeiten.« Ihr Gebetsleben wurde immer intensiver und nahm mystische Züge an. Sie erlebte religiöse Visionen, erlitt aber auch Anfechtungen und Zweifel ihres Glaubens. — Im Sommer 1912 kehrte sie körperlich erschöpft in das Provinzhaus zurück. Sie litt an einer unheilbaren Tuberkulose. Im 31. Lebensjahr starb Schwester Ulrika am 8. Mai 1913. Die Beisetzung fand am Pfingstsonntag 1913 auf dem Klosterfriedhof in

Hegne statt. — Ihr Grab wurde seitdem von vielen Menschen besucht, und zahlreiche Gläubige berichteten von Gebetserhörungen. Der Seligsprechungsprozeß wurde 1951 eingeleitet. Im Dekret über die Heroizität der Tugenden von Schwester Ulrika stellte die Kongregation für die Heiligsprechungen am 14. Dezember 1984 fest: »Nicht großartige Taten, die diese Dienstmagd jedem ihrer Nächsten unbekannt erweisen konnte, sondern die unaufhörlichen Beispiele ihrer religiösen Demut und Einfachheit - ihrer unveränderlichen Seelenruhe im Ertragen von Ungemach -, ihre Geduld und die wunderbare Sorgfalt in der Erfüllung der ihr aufgetragenen Arbeiten, schließlich die täglichen Übungen aller Tugenden weisen hin auf die Zeichen der Heiligkeit, die im goldenen Buch der Nachfolge Christi aufgestellt werden, nämlich: »Kreuz tragen und das Kreuz lieben, den Leib kasteien und in Unterwürfigkeit zwingen, Ehren fliehen und Schmähungen ertragen - sich selbst gering schätzen und Verachtung suchen, jede Widerwärtigkeit samt ihren Nachteil ergeben dulden und sich kein Glück in der Welt wünschen« (Bühlmann, 1987).« — Schwester Ulrika wurde am 1. November 1987 von Papst Johannes Paul II. zur Ehre der Altäre erhoben und selig gesprochen. Seit 1991 ruhen ihre sterblichen Überreste in der Krypta der Klosterkirche von Hegne. Tausende Pilger besuchen jährlich die Krypta und bitten die selige Ulrika um ihren Beistand. Etliche soziale Einrichtungen wie Kindergärten und Mutter-Kind-Projekte tragen ihren Namen.

Quellen und Literatur: Bühlmann, Walbert: Selige Schwester Ulrika. Er hat auf die Niedrigkeit seiner Magd geschaut. Beuron 1987; — Hemmerle, Klaus: Die leise Stimme. Ulrika Nisch und ihre Botschaft. Freiburg i. Breisgau, Basel, Wien 1987; — Mathis, B.: Nisch, Ulrika in: Lexikon für Theologie und Kirche, Bd. 7, Freiburg 1986; — Papst Johannes Paul II.: Predigt zur Seligsprechung von Fratel Arnould, Schwester Ulrika Nisch und Schwester Blandine Marten, Rom 1. November 1987.

Webseiten: www.kloster-hegne.de (2.2.2008); — www.kath-info.de (6.2.2008); — www.heiligenlexikon.de (6.2.2008).

Ulrich Füsser

NÜSSLEIN, Franz Anton, geb. 1776 in Bamberg, gest. 1832 in Dillingen ist eng mit der Geschichte des Dillinger Lyzeums verbunden, an dem er von 1811 bis 1818 Professor der Philosophie und von 1821 bis 1832 Rektor war. Vor seiner Dillinger Zeit verbrachte er seine Gymnasial- und Studienzeit in Bamberg, wo er auch promovierte. Dort wurde er 1799 zum Priester geweiht, war Lehrer für Grammatik, dann der Naturgeschichte am Gymnasium daselbst und schließlich Professor für Mineralogie (er war zugleich auswärtiges Mitglieder der ,Sozietät für die gesamte Mineralogie' zu Jena). Von 1811 bis 1818 hatte er den Philosophielehrstuhl in Dillingen inne, mit dem kurzen Intermezzo einer Professur für Philosophie in Aschaffenburg (1818-1821), bevor er dann wieder ganz in Dillingen tätig war und auch dort als Rektor 1832 verstarb. - Nüsslein, ein als Eklektiker charakterisierter, katholischer Schellingschüler, bestimmte die Seelenvermögen als Erkenntnis, Fühlen und Wollen und entwickelte eine organische Philosophie oder Lebensphilosophie, in die er den stofflichen Aufbau des Lebens, der auf Kristallisationen und Mineralogie beruht, integriert. Dies läßt sich als ein Versuch verstehen, die Erkenntnisse der damaligen, neueren Naturforschung in seinem Denksystem konstruktiv zu verarbeiten. In seiner Psychologie behandelt Nüsslein das Erkenntnisvermögen am ausführlichsten. Dieses gliedert sich bei ihm in die äußere Sinneswahrnehmung, die inneren Sinne (Ahnungen, Somnambulismus etc.), die Vernunft (Wahrheits-, Schönheits-, Gerechtigkeits- und religiöser Sinn), den Verstand, die reproduktive und produktive Einbildungskraft und schließlich das Sprachvermögen. Von einer Wirkungsgeschichte kann wenn dann nur kurzfristig und lyzeumsintern (vgl. den Einfluß der Lehrbücher, die zugleich stark von Schellings Denken beeinflußt sind, auf die Lehrtätigkeit des ihm in Dillingen nachfolgenden Hubert Beckers (Witetschek 80) die Rede sein.

Werke: Versuch eines neuen Systems der mineralogisch-einfachen Fossilien. Nebst einer Einleitung in die Mineralogie, Bamberg/Würzburg 1810; Systematische Darstellung der Mineralkörper, 1812; Elemente der wissenschäftlichen Zoologie, Bamberg/Würzburg 1813; Über die Begründung eines natürlichen Systems der Mineralogie, Bamberg/Leipzig 1818; Über das Verhältnis des Gefüges zur Form im Reiche der Krystallisationen, Bamberg/Leipzig 1818; Grundlinien der allgemeinen Psychologie, Mainz 1821; Grundlinien der Logik, Bamberg 1824; Grundlinien der Ethik, Augsburg 1829; Lehrbuch der Metaphysik, Augsburg 1836; Lehrbuch der Ästhetik als Kunstwissenschaft, Regensburg [2]1837.

Lit.: Martin Riß, Franz Anton Nüsslein, Direktor des königlich baierischen Lyceums zu Dillingen, Professor und Doktor der Philosophie; sein Leben und literarisches Wirken, in: Bericht über die königlichen Studien-Anstalten zu Dilingen im Ober-Donau-Kreise, 1831/1832, [3]-23; — Karl Mayer, Die Rektoren der Universität Dillingen, in: Jahrbuch des Historischen Vereins Dillingen 9, Dillingen 1896 [1897], 255f; — Thomas Specht, Geschichte des königlichen Lyceums Dillingen 1804-1904, Regensburg 1904, 150f.; — Rudolf Eisler, Philosophen-Lexikon, Berlin 1912, 509; — Werner Ziegenfuß, Philosophenlexikon Band 2, Berlin 1950, 223; — Helmut Witetschek, Studien zur kirchlichen Erneuerung im Bistum Augsburg in der ersten Hälfte des 19. Jahrhunderts, Augsburg 1965, 78ff.; — 83.86.106; — Ludwig Noack (Hrsg.), Philosophiegeschichtliches Lexikon, Stuttgart 1968, 638; — R. Kießling (Hrsg.), Die Universität Dillingen und ihre Nachfolger. Stationen und Aspekte einer Hochschule in Schwaben, Jahrbuch des Historischen Vereins Dillingen 100, Dillingen 1999, 135.138f.; — ADB Register N.

Dominik Bertrand-Pfaff

NUMAGEN, (von Neumagen, Trevirensis, Treverus), Peter, Priester, Chorherr, Notar, gelehrter Schriftsteller und Schreiber. * um 1450 in Trier, † 6. Nov. 1515 in Zürich. Der in der Trierer Steuerliste von 1363/64 genannte Peter von Neumagen könnte ein Vorfahre gewesen sein, ebenso der 1408 belegte Leiendecker Peter von Numagen. — Die erste Schulbildung dürfte N. in Trier selbst genossen haben. In der Matrikel der 1473 eröffneten Trierer Universität erscheint er jedoch nicht. Er war später des Lateinischen, Griechischen und zumindest in Grundzügen auch des Hebräischen mächtig. Das strenge Urteil des nachgeborenen Konrad Gesner (1516-1565), der Stil seines Lateins sei barbarisch, ist so jedenfalls nicht berechtigt. Vermutlich noch in seiner Heimat hatte er die ersten Weihen empfangen, wenn die von ihm benutzten Titulaturen als Kleriker der Trierer Diözese 1481 und als derselben Akkolyth 1484 dahingehend zu deuten sind. Die Priesterweihe erhielt er vermutlich später in seiner Züricher Zeit. 1494 wird er als Sacerdos und 1497 als Priester bezeichnet. Im Wintersemester 1476/77 wurde N. an der Universität Basel immatrikuliert. Die Einschreibgebühr wird ihm mit der Bemerkung erlassen, er sei Substitut des Universitätsnotars. Dies läßt auf eine schon vorhandene juristische Vorbildung schließen. Notar der Universität war damals der durch seine Chronik bekannt gewordene Münsterkaplan Johann Knebel. Zwar erlangt N. in der Folge in Basel keinen akademischen Grad, läßt sich aber dort als öffentlicher Schreiber nieder. Zwei Dinge sind es, die der Nachwelt sein Andenken vor allem erhalten haben. Einmal seine Mitwirkung am mißglückten Baseler Konzilsversuch des EB Andreas Jamometic (Zamometic) 1482 und dann seine Abhandlung über den Schweizer Mystiker und Volksheiligen Nikolaus von der Flüe (1417-1487) (s.d.), mit der er zu einem der ersten Biographen noch zu Lebzeiten von Bruder Klaus wurde. Im Frühjahr 1482 erschien in Basel Andreas Jamometic, Dominikaner und Titular-Erzbischof von Granea - in Nordalbanien in der Nähe des Skutarisees gelegen - und trat mit dem Plan eines neuen Konzils zur Reform der Kirche vor die Öffentlichkeit. Früher ein Freund von Papst Sixtus IV. war Andreas als kaiserlicher Gesandter seit Ende 1480 wiederum in Rom, trat aber diesmal dort als Sittenrichter auf. Öffentlich prangerte er die schlimmen Verhältnisse an der Kurie an und nahm dabei auch den Träger der Tiara nicht aus. Dies führte zum Bruch zwischen beiden. Als Sixtus ihn dann trotz seiner diplomatischen Stellung in der Engelsburg einkerkern ließ, erwuchs daraus bitterste Feindschaft. Nur auf höchste Intervention erreichte er mühsam seine Freiheit wieder. Am 25.3. 1482 ließ EB Andreas im Baseler Münster seine Konzilsverkündung mündlich ausgehen, Tage später - am 11.4. — folgte die offizielle schriftliche Proklamation. Hierin wurde Sixtus unmißverständlich vor das anstehende Konzil geladen, ja regelrecht zitiert und sollte sich verantworten. N. schloß sich dem waghalsigen Unternehmen in jugendlicher Unbekümmertheit begeistert an und erscheint seit Mitte Juni 1482 als Privatschreiber des EB und dessen Sekretär in Konzilssachen. N. selbst sagt, er sei von seinen ehemaligen Lehrern in seiner Hinwendung zu EB Andreas bestärkt worden. Wenn Jakob Burckhard noch darüber rätselte, wer diese Lehrer waren, so gehörte mit Sicherheit der Theologe Wilhelm Textor (Tzewers, Zwewers) von Aachen dazu. Diesen bezeichnet N. einmal als seinen Elternersatz (*dominus meus, parentis loco colendissimus*), womit vermutlich keine Adoption oder Vormundschaft im juristischen Sinne gemeint ist, sondern dessen großer erzieherischer und geistiger Einfluß. Textor (um 1425-1512) war 1561 als schon versierter Gelehrter der Erfurter Universität einem Ruf an die neue Hochschule in Basel gefolgt. Hier wurde er 1562 als erster Theologe überhaupt zum Doktor promoviert. Lange war er Dekan der theologischen Fakultät, mehrfach Rektor. 1472 resignierte er an der Universität und widmete sich nur noch seinem Amt als Münsterprediger, das er seit 1465 innehatte. Als N. nach Basel kam, nahm Textor ihn unter seine Fittiche. Dessen von Johannes Heynlin von Stein (de Lapide) (s.d.) überlieferten Advents- und Fastenpredigten von 1476/ 77 dürfte auch N. als soeben immatrikulierter Student eifrig zugehört haben. Textor, der als erster in Basel die Hebräischprofessur bekleidet hatte, verdankte N. sicherlich auch seine diesbezüglichen Kenntnisse. Ein weiterer Lehrer N`s. war der 1465 aus Paris gekommene Johann Matthias von Gengenbach († 1486). Als humanistisch gebildeter Jurist und Chorherr an Basel-St. Peter lehrte er neben der Philosophie das Kirchenrecht und seit 1470 die Poetik. Von ihm dürfte N.`s Vorliebe für die Werke der italienischen Humanisten herrühren. Dazu kam Johann Ulrich Surgant (1450-1503) (s.d.). Wie Gengenbach fand auch er nach Studien in Paris den Weg zurück nach Basel, wo er 1479 Professor des Kirchenrechts wurde. Als unbedingter Anhänger der Kirchenreform brachte er folglich dem Konzilsanliegen des Jamometic große Sympathien entgegen, vermied aber - wohl aus Rücksicht auf seine Amtsstellung - dies öffentlich zu bekunden. Des weiteren ist Johann Ursi (Bär, Betz) von Durlach († 1498), ebenfalls Kanonist, zu N`s. Lehrern zu rechnen. Ohne Rücksicht auf die zu erwartenden römischen Zensuren verfaßte N. in der Folge unermüdlich Schriftstücke im Namen seines neuen Herrn und ließ so dessen temperamentvolle Schmähungen gegen den Papst und die verderbte Kurie als Fanfaren in die Welt hinausgehen. Zweifellos war N. dabei nicht nur für die Redaktion der Konzilsschriften zuständig, sondern brachte auch eigene Gedanken ein, wobei ihm seine klassisch-humanistische Bildung beste Dienste tat. Ihre Formulierung im einzelnen dürfte sogar überwiegend N`s. Werk gewesen sein, zumal sich die publizistische Kompetenz des EB`s laut N. im Grunde auf seine Rednergabe beschränkte, während die lateinische Ausdrucksfähigkeit stark zu wünschen übrig ließ. Wie sich der beiderseitige Anteil an der Textgestaltung tatsächlich verteilt, ist wohl kaum noch feststellbar. Die am 15.7. erschienene *Expositio* und die am 21.7. folgende *Appellatio* stammten schon von N`s. Hand. Mit den beiden Flugschriften sollte Jamometics Konzil weiter legitimiert und außerdem der prozessualen Form Genüge getan werden. Abermals wurde der Papst darin in vorher nie gehörten Worten angegangen. N. beteiligte sich an den Invektiven und schleuderte den Gegnern des EB namentlich in der Person des berüchtigten Institoris entgegen, er sei ein elender Lügner, wenn er die Reform- und Konzilsfeindlichkeit des Papstes in Abrede stelle. Mehr noch, die Christenheit werde untergehen, wenn sie noch einmal solange ohne Konzil und sich selbst überlassen bleibe wie die letzten vierzig Jahre. Wenn N. auch schon bald Zweifel am Erfolg des Unternehmens kamen und dessen mangelhafte diplomatische Vorbereitung ebenso wie die fehlende juristische Absicherung sehr schnell deutlich wurden, blieb er standhaft an der Seite von Jamometic, nicht zuletzt auf Wunsch seiner Lehrer und deren Versicherung, daß alles seine Richtigkeit habe. N`s. Hinweis auf die Rolle seiner Lehrer ist später als Schutzbehauptung für seine Teilnahme am Konzilsversuch selbst gewertet worden. Aber warum sollte er zu einer solchen greifen müssen, als er die Geschichte des Jamometic niederschrieb? Wenn überhaupt, so war diese sicher nicht zu seinen Lebzeiten für Auge und Ohr der Öffentlichkeit bestimmt. Vielmehr sollte man seinen Einwurf als Rechtfertigungsversuch für sein über Gebühr langes Verweilen an der Seite des EB`s v. Granea sehen, wo er doch nach eigenen Worten schon so bald festgestellt hatte, wieweit Anspruch und Wirklichkeit beim EB auseinandergingen. Die Konzilsproklamation des Jamometic stellte zunächst einmal die Verfechtung der konziliaren Idee in letzter Konsequenz dar. Darüber hinaus hoffte ihr Urheber, hinter der Konzilsfahne die dem Papsttum feindlich gesinnten weltlichen Kräfte leichter sammeln und schließlich seinem Anliegen geneigt machen zu können: so den französischen König, die antipäpstliche Liga Florenz-Mailand-Neapel und natürlich auch den Kaiser. In Basel, wo man noch immer von alten Konzilstagen träumte, war die Stimmung sowohl bei Rat und Volk als auch an der Universität zunächst dem Unternehmen zugetan. N`s. Lehrer Surgant verfertigte endlich ein Gutachten, ohne allerdings seinen wahren Namen zu nennen. Hierin bestätigte er dem Rat die Rechtmäßigkeit von Jamometics Konzilsaufruf und billigte dessen

Vorgehen in seiner ganzen Tragweite. Aber letztlich verweigerten sich alle auswärtigen Kräfte. So hatte die Liga zunächst durch ihre Gesandten unter Führung Baccio Ugolini`s dem EB Andreas persönlich in Basel die Förderung seines Unternehmens zugesagt. Aber mit der eintretenden Annäherung von Papst und Liga Ende 1482 entzog diese wortlos ihre Unterstützung. Auch der Kaiser war angesichts von Jamometic`s gräuschvollem Vorgehen bald auf Distanz gegangen und hatte ihm Einhalt geboten. Die sonst so selbstbewußten Dom- und Stiftskapitel sowie die Universitäten wagten es aus Respekt vor dem Hl. Stuhl ebenfalls nicht, Jamometic`s Rebellionskonzil mit ihren Repräsentanten zu beschicken. Die Heidelberger Universität mit Wimpheling (s.d.) an der Spitze sprach sich sogar offen gegen die Sache aus. Damit waren dem Vorhaben alle Grundvoraussetzungen entzogen und das Scheitern vorgegeben. Bann und Interdikt, am 6.8. 1482 offiziell über Basel verhängt, taten ihre Wirkung. Als wenig hilfreich erwies sich auch ein von N. im Aufttrag seines Herrn am 10.8. 1482 abgefaßter Brief an den Kaiser. Darin beschwor er einmal mehr die Konzilsnotwendigkeit in den eindringlichsten Tönen: ohne ein solches sei es um die Christenheit geschehen. Italiener, Deutsche, Franzosen, Engländer und Spanier sehnten es herbei und alle Gutgesinnten billigten es. Sogar die Geschichte wird bemüht. Hätte man sich früher zu einem Konzil aufgerafft, wäre Konstantinopel 1454 nicht an die Türken gefallen. Selbst daß N. es schließlich sogar wagt, mit seiner Feder den Kaiser unverhohlen bei den Strafen des jüngsten Gerichts zu mahnen, dem Konzil des Jamometic Schutz und Beistand zu gewähren und ihm andernfalls die Exkommunikation nach dem Beispiel des Theodosius in Aussicht stellt, spielte schon keine Rolle mehr. Zu spät kam auch die am 18.9. 1482 ausgegangene *Tertia editio* von N`s. Hand, die sich gegen Institoris und dessen am 10.8. 1482 publizierte *Epistola contra quendam* richtete. Noch einmal ließ er für ein Konzil seiner Belesenheit freien Lauf und zog alle Register der Polemik gegen die Gegner desselben. Zuletzt versäumte er nicht, Institoris den Mühlstein an den Hals zu wünschen. Selbst die berechtigte Berufung auf »Frequens«, alles vergebens, die Würfel waren längst gefallen. Friedrich III. überließ seinen einstigen Gesandten Jamometic ungerührt der päpstlichen Rache und dieser wurde am 21.12. 1482 im Baseler »Spahlenturm« eingekerkert. In seiner aussichtslosen Lage griff er am 13.11. 1484 zum Strick und setzte seinem Leben selbst ein Ende. Die Leiche steckte man endlich in ein Faß und entsorgte sie am 12.1. 1485 im Rhein, elf Tage später wurde Basel feierlich von Bann und Interdikt befreit. Mit Jamometic`s Verhaftung schwebte auch N. als dessen Vertrauter und Adlatus in höchster Gefahr. Hatte doch Sixtus IV. mit seiner Bulle vom 16.7. 1482 nicht nur Jamometic selbst, sondern ausdrücklich auch alle seine Anhänger und Unterstützer in Bann und Acht getan. Aber obwohl Jamometic ihm mehr als einmal wie ein Wahnsinniger (*cerebro laesus*) vorgekommen war, der sehenden Auges in sein Verderben lief, hatte er bis zuletzt bei ihm ausgehalten. Selbst noch nach dessen Festsetzung trat er am 25./26.12. 1482 zusammen mit seinem alten Lehrer Ursi im Franziskanerkloster zu Rufach dem päpstlichen Legaten Geraldini ganz selbstbewußt entgegen. Beide hatten die Inhibitionsurkunde des Baseler Rates zu übergeben, mit der den Interdiktionen gegen die Stadt endlich Einhalt geboten werden sollte. Daß man ausgerechnet den in der Konzilssache genugsam kompromittierten N. mit dieser Mission betraut hatte, sollte der vorerst letzte Affront der Baseler gegen die verhaßte Gesandtenschar des Papstes sein. Bald schon mußte N. klar werden, daß ihn sein unglücklicher Patron womöglich mit in den Abgrund reißen könnte. In Anbetracht seiner Nähe zu Jamometic hatten dessen Feinde mit Sicherheit auch ein Auge auf ihn geworfen. Es war also mehr als geraten, sich schnellstens und solange dem öffentlichen Blickfeld zu entziehen, bis wenigstens der erste Sturm vorüber war. Heimlich verließ er Basel und suchte Zuflucht im Zisterzienserkloster Lützel (Lucelle) im Solothurner Jura. Nach allen ausgestandenen Ängsten ist sein hier getaner Stoßseufzer, der Herr möge ihn vom Schicksal des EB Andreas losketten und seiner Jugend schonen (*O Deus eripe me huic, parce iuventuti meae*), mehr als verständlich. Den unfreiwilligen Klosteraufenthalt nutzte er zu schriftstellerischer Arbeit. Von Lützel aus besucht er 1483 den schon in aller Munde stehenden Asketen Nikolaus von der Flüe in seiner Einsiedelei im Ranft. Mit eigenen Augen wollte er sich von dessen Lebensbedingungen überzeugen, um das gesehene anschließend in einer eigenen Abhandlung zu verarbeiten. Zwei voneinander unabhängigen Fragen geht er darin nach. Einmal sucht er nach einer Lösung für das moraltheologische Problem, ob Bruder Klaus um der Nachfolge Christi willen seine Frau und Familie verlassen durfte und zum andern, wie dessen Fasten zu erklären sei. Nikolaus durfte so handeln, weil seine Frau einverstanden war und die Kinder erwachsen. Auch sei die Trennung keine eigentliche, sondern nur eine räumliche. Das lange Fasten sei aus natürlichen Ursachen erklärbar, gleichzeitig sei es aber auch ein Wunder, das Gott durch sein Werkzeug Nikolaus wirke, zur Beschämung der menschlichen Laxheit und Weichlichkeit. Wenn sein Traktat auch scholastisch langatmig daherkommt, so wird N. doch zum begeisterten Lobredner von Bruder Klaus, der seiner verweltlichten Zeit ein leuchtendes Beispiel strenger Tugend gebe. Mit seinen naturwissenschaftlichen Beobachtungen und Aussagen zur Askese von Bruder Klaus formuliert N. gleichzeitig die erste medizinisch-alchemistische Theorie des Fastens überhaupt. Warum N`s. Schrift über Bruder Klaus gerade als Primärquelle bei dessen Biographen bis in neuere Zeit keine oder nur wenig Beachtung fand, obwohl schon die Bücherkundler des 16. und 17. Jahrhunderts immer wieder auf ihre Züricher Existenz hingewiesen hatten, ist bis heute ein Rätsel. Wichtigstes und bekanntestes literarisches Produkt nicht nur der Lützeler Zeit stellen die *Gesta archiepiscopi Craynensis* dar. In ihnen stellt N. die Geschichte des Konzilsversuchs aus seiner Sicht dar. »Die Taten des EB von Granea« vollendete er im Sommer 1484, also noch vor dessen Tod. Mutig verficht N. darin immer noch das Hauptdogma der konziliaren Bewegung, indem er nämlich die Superiorität der Kirchenversammlung über den Papst für gegeben hält. Ihm erscheint folglich auch im Nachhinein Jamometic`s Anliegen als legitim. Der Theologe Johann Heinrich Hottinger (1620-1667) machte im Züricher Archiv N`s. lange vergessenes Manuskript ausfindig und brachte es 1654 erstmals zum Druck. Auf diese, modernen editorischen Ansprüchen längst nicht mehr genügende Ausgabe, müssen sich noch immer alle Forscher stützen, denen die Handschrift nicht vorliegt. Wie sehr die Konzilsthematik N. über die Baseler Episode hinaus weiter beschäftigte, belegen auch seine ebenfalls in Lützel entstandenen Abschriften von Werken zu Status und Autorität der Konzilien aus den Federn Wilhelm Durandi`s, Peters von Ailly, Ludovico Pontani`s und eine Quellensammlung zum ersten Baseler Konzil. In Lützel entsteht auch sein bemerkenswerter *Tractatus apparicionum* von 1483, den er dem dortigen Prior Johann übereignet. Hierin versucht er sich an der Aufstellung einer alle Arten von Geistern und ihren Erscheinungen umfassenden Systematik. Die erwiesene Beschäftigung mit Dionysius Areopagita mag ihn zu dem Thema geführt haben. Er handelt über Engel und Teufel, die Seelen im Fegfeuer und die der Verdammten, es gibt Incubi und Subcubi als Ergebnis teuflischer Promiskuität, erstaunlicherweise verwirft er den Glauben an Hexenflug, Hexensabbat und Tierverwandlung als Unmöglichkeit, doch hält er am Schadenzauber fest. Energisch wendet er sich gegen Astrologen, Nekromanten und Wahrsager, überhaupt gegen Alle, die dem Aberglauben huldigen, in Wirklichkeit aber nur vorgeben, mit dem Teufel im Bunde zu sein. In all dies läßt er auch Gedanken der Mystik und eigene ekstatische Erlebnisse einfließen. Sein Fazit lautet: gegen alle bösen Geister und Anfechtungen hilft im Grunde das Gebet als geistliche Waffe am besten. Gleiches gilt auch für die guten Geister und ihre Erscheinungen. Unterschiedslos sei das Gebet zur jungfräulichen Gottesmutter besonders empfohlen. Sie habe schließlich vom Heiligen Geist empfangen und stehe damit schon per se der immateriellen Welt nahe. Für sich selbst erhofft er, zu gegebener Zeit in die Schar der seligen Geister aufgenommen zu werden. Ein weiteres Produkt der Lützeler Mußestunden stellt die kleine fast unbekannte Abhandlung über die *Obsceni errores quibus...Graeci aberrant* dar. Hierin greift er die Ostkirche mit starker Polemik an. Ihre Anhänger seien Schismatiker, die den Leib Christi in Stücke schneiden, denn nichts anderes sei die Kirche. Sogar bei der Kreuzigung habe man den Körper Christi ganz gelassen und nicht einmal seinen ungenähten Rock geteilt. In 24 Punkten trägt er zusammen, worin die »Griechen« seiner Meinung nach vom katholischen Glauben abirren. Beginnend mit der konträren Ansicht zum Wesen des Heiligen Geistes sucht er sie nacheinander zu widerlegen. Seinen Dank gegenüber dem Kloster für die ihm gewährte Aufnahme stattete er in Form notarieller Tätigkeit ab, indem er auf Wunsch des Abtes Ludwig Jäger (1471-1495) die Klosterbesitzungen revidierte und das Archiv ordnete. Wie lange N`s. Exil in Lützel andauerte, ist unbekannt, aber spätestens im August 1484 finden wir ihn zurück in Basel. Am 14.7. 1488 verleiht ihm der Züricher Rat die Kaplanei an St. Leonhard in Unterstrass vor den Mauern Zürichs, eine bescheidene Pfründe. Seine Rolle beim gescheiterten Konzilsversuch hing ihm zeitlebens an und schloß ihn für immer von höheren kirchlichen Ämtern und besser dotierten Pfründen aus. So verzehrte er bis zu seinem Tod als Kaplan von St. Leonhard quasi sein Gnadenbrot. Immerhin wurde er später auch Chorherr am Großmünsterstift-St. Felix und Regula. Außerdem bekleidete er zeitweise das Amt des bischöflichen Kommissars in Eheangelegenheiten. In dieser Funktion wurden seit 1499 fortwährend Vorwürfe gegen ihn seitens des Züricher Rates laut. Nachdem sein Bischof Hugo von Hohenlandenberg (1496-1529) in Konstanz ihn zunächst gestützt hatte, sah derselbe sich 1502 schließlich doch genötigt, dem Druck des Rates nachzugeben. N. wurde abberufen und durch den Kaplan Heinrich Utinger ersetzt. Neben seinem Dienst an St. Leonhard fand er ein zweites Arbeitsfeld in der Tätigkeit als kaiserlicher - später auch päpstlicher - Notar und als Schreiber. Als solcher verschaffte er sich ein Zubrot vor allem beim Propst und Kapitel des Großmünsterstifts, dem St. Leonhard inkorporiert war und deren beider Rechnungswesen er in guter Ordnung hielt. Das erhaltene Kartular von St. Leonhard aus dem Jahre 1504 samt einem zeitlichen Inventar der Kapelle stammt ebenfalls von N`s. Hand. Als das Zisterzienserkloster Marisstella in Wettingen am 4.5. 1486 in Johann Müller von Baden einen neuen Abt erhielt, verfaßte N. ein Konzept über den Wahlakt. Abt Johann beauftragte ihn noch im gleichen Jahr mit der Neuverzeichnung der Klosterarchivalien und der Anlegung eines neuen Kopiars. Die Arbeit hieran sollte ihn fast 25 Jahre lang beschäftigen. Endlich konnte er 1510 die Früchte seiner Mühen in einem voluminösen Band vorlegen. Als Beispiele seiner übrigen Notarstätigkeit seien genannt: eine Güter- und Abgabenbeschreibung der Gemeinde Fällanden (*Vellanden*) von 1491, die am 19.3. 1495 vorgenommene Vidimierung der Privilegienbestätigung Kaiser Sigismund`s für das Stift Einsiedeln von 1430 und eine Urkundenausfertigung für das Kollegiatstift Embrach vom 6.3. 1500, alle im Staatsarchiv zu Zürich. Ausgiebig hat er sich auch mit den Züricher Stiftskantoren Konrad von Mure († 1281) und Felix Hemmerlin (Malleolus) († um 1459) und ihrem Werk beschäftigt. Nach Konrads verlorenem Vorbild verfaßte N. mit seiner gleichnamigen *Passio sanctorum martirum Felicis, Regule et Exuperantij* ebenfalls ein Loblied auf die drei Züricher Stadtheiligen. Hemmerlin mag ihm ein Geistesverwandter gewesen sein, der ein Menschenalter zuvor auch nach Reformen verlangt hatte und dann seinen Freimut mit lebenslangem Kerker büßen mußte. Ein Schicksal, das zeitweilig vielleicht auch ihm selbst gedroht hatte. Zu seinem Inkunabelbesitz gehörte ein Exemplar von Hemmerlins *Varie oblectationis opuscula et tractatus*, deren Ausgabe Sebastian Brant 1497 veranlaßt hatte. Der eigenen posthumen Verehrung für Hemmerlin gab er Ausdruck, indem er dessen in der Haft entstandenes *Passionale Felicis Hemerlin* 1502 abschrieb und seiner Inkunabel beiband. Aus Hemmerlins nachgelassener Bibliothek hatte er ebenfalls Bücher erworben. 1500/01 verwickelte sich N. in eine moraltheologische und schnell auch ins Injuriöse abgleitende Auseinandersetzung mit dem Baseler Münsterpfarrer Konrad Hofmann von Bremgarten (1454-1525), dem späteren Gegenspieler von Zwingli. Dieser hatte in einer Predigtfolge den unsittlichen Lebenswandel des Klerus aufs schärfste angeprangert. Ein solcher wiege ungleich schwerer als die Unzucht ungeweihter Christen. Hiergegen glaubte N. nun auftreten zu müssen. Zwar gab er vor, sich im Namen des gesamten ortsansäßigen Klerus gegen Hofmanns Angriffe zu verwahren, doch muß man annehmen, daß dieser mit einer Bemerkung auf ihn persönlich gezielt hatte. Dies sollte umso wahrscheinlicher sein, als N. offenbar im Konkubinat lebte. Jedenfalls besaß er eine uneheliche Tochter, der er den Namen der Stadtpatronin Regula gegeben hatte. Weiter zeigt der Prozeß, daß sein 20 Jahre zuvor in Basel gegen die Kurie gezeigter jugendlicher Reformeifer nunmehr geschwunden war. Er verspricht alle Entscheidungen in der Streitsache dem Hl. Stuhl in Rom anheimstellen zu wollen, N. hatte seine Lektion gelernt und sich angepaßt. Der zuständige Diözesanbischof Hugo in Konstanz gab N. zwar am 21.4. 1501 formal unrecht, da aber kein abschließendes schriftliches Urteil und kein Kostenverweis erging, verlief die Angelegenheit mehr oder weniger im Sande. Dennoch dürfte der Prozeß N. wohl nur geschadet und auch bei seiner Absetzung als Ehekommissar eine Rolle gespielt haben. Die Ausübung seines Notariats verhalf ihm allmählich zu einigem Wohlstand. Die seit 1498 bezeugte Mitgliedschaft in der städtischen Zunft »Zur Waag« unterstreicht die inzwischen gewonnene gesellschaftliche Position. In der Nähe der St. Leonhardskapelle hatte er einen »Zum Spitzfiret« genannten Hof samt Weinberg erworben. Für seine geistige Nahrung wußte er sich im Laufe der Jahre eine ansehnliche Bibliothek aus Drucken und Handschriften zuzulegen, wobei er mit außergewöhnlichem Fleiß die meisten Handschriften selbst anfertigte. Der größte Teil davon findet sich aus gutem Grund heute in der Zentralbibliothek zu Zürich. Ein in den Jahren 1500-12 entstandener autographer Kodex fand mit der Bibliothek der schwedischen Königin Christine (1626-1689) über Papst Alexander VIII. (1610-1691) als Handschrift *Reginensis 557* den Weg in die »Vaticana« zu Rom. Wie die Titel seines Bücherbesitzes belegen auch Namen und Themen der kopierten bzw. exzerpierten Autoren die Vielfalt von N`s. wissenschaftlichen Interessen. Neben antiken Schriftstellern, den Vätern und scholastischen Standardwerken sind natürlich Autoren beider Rechte vertreten, ebenso finden sich humanistisches und alchemistisches Gedanken- und Schriftgut, auch astronomisches, astrologisches und medizinisches Wissen fehlt nicht. Die Autoren reichen von Aesop und Aristoteles zu Cicero, Sallust, Sueton, Ovid, Diodor, Tacitus, Laktanz, Boethius und anderen. Aus dem Mittelalter sind etwa Einhart, Alanus, Averroes, Bernhard von Clairvaux, Sacrobosco, Burlaeus und Gerson vertreten, natürlich fehlt auch der Vater der Scholastik, Anselm, nicht. Explizit seien die zwei von N. kopierten philosophisch-theologischen Versepen, der *Anticlaudian* des Alanus und der Pseudo-Ovid *De vetula*, als Bausteine seines Wissensgebäudes genannt. Auch die Abschrift der Philosophengeschichte des Walter Burleigh mag ein kleines Schlaglicht auf die Grundlagen seines Weltbildes werfen. Von Zeitgenossen seien genannt Hemmerlin, Jason de Mayno, Ketham, Lichtenberger, Peurbach, Turrecremata und Wimpheling. Bei den humanistischen Werken stehen italienische Verfasser im Vordergrund, so Philippo Beroaldus und Poggio Bracciolini, Ficinus, Filelfo, der beliebte Mantuanus und der vielgeprüfte Platina. Auch eine von nur drei erhaltenen Abschriften des Reiseberichtes, den sein Ziehvater Textor über eine 1477/78 unternommene Palästinareise verfaßt hatte, stammt von N`s. Hand und Bibliothek, während das Autograph verloren scheint. Der alten Heimat an der Mosel erinnerte er sich bisweilen ebenfalls. In einer seiner Handschriften notiert er die bekannten Verse über Ninus, den sagenhaften Gründer Triers, und seine Stiefmutter Semiramis. Ob er sie noch aus seiner Jugendzeit präsent hatte oder ihnen vielleicht zufällig in der Bibliothek des Schaffhausener Allerheiligenklosters begegnet war, wo die aus Trier stammende Originalhandschrift schon zu seiner Zeit aufbewahrt wurde, muß offen bleiben. N. verdanken wir auch interessante Nachrichten zu seinen berühmten Landsmännern Nikolaus von Kues (s.d.) und Johann von Lieser (Lysura) (s.d.). In der genannten vatikanischen Handschrift sagt er, des ersteren Vater Johann Krebs habe den Rufnamen *Krebshenne* getragen. Dem moselländischen Mundartgebrauch entsprechend wurde also schon im 15. Jahrhundert der Vorname dem Familiennamen nachgesetzt. N. versichert, er habe den Bruder des Johann von Lieser persönlich gekannt. Das hindert ihn aber nicht, des bösen Schmähworts *Cusa Lisura pervertunt singula iura* zu gedenken, mit dem der einstige Wechsel der beiden gelehrten Gefährten von der Konzilspartei auf die Seite des Papstes lange verunglimpft wurde. Mit seiner ausdrücklichen Feststellung, der Vers sei allgemein verbreitet (*multum vulgatus*), gehört N. zu den ältesten Gewährsmännern des maliziösen Spruches. Als anläßlich des Trierer Reichstags 1512 auf Betreiben Kaiser Maximilians I. die Erhebung des Hl. Rockes Christi im Altar des Domes gelang und dessen erstmalige Präsentation großen Zulauf hatte, drang die Kunde von den wundersamen Ereignissen in der Vaterstadt auch zu N. nach Zürich. Er wußte sich die erste hierzu noch im gleichen Jahr in Metz von Caspar Hochfeder gedruckte Heiltumsschrift zu verschaffen und schrieb sie bereits im Juli 1512 auf dem zweitletzten Blatt der Vatikanischen Handschrift ab. Vermutlich um der posthumen Zerstreuung seiner wertvollen Bibliothek vorzubeugen, verkaufte er sie auf Todfall seinem »Hauptarbeitgeber«, dem Züricher Großmünsterstift. So konnte diese weitgehend am Ort ihres Entstehems verbleiben. Jedoch schuldete das Stift seiner Tochter Regula 1551 immer noch einen Rest der Kaufsumme. Bei seinem Tod, der trotz aller in der Literatur umlaufender anderslautender Angaben am 6. November 1515 erfolgte, hinterließ er neben seinen Immobilien auch Silbervermögen im Geldwert von 123 Pfund und 15 Schillingen, ein Zeichen, daß er bis zuletzt in guten Verhältnissen gelebt hatte. N`s. schriftliches Erbe führte lange ein Dasein im Verborgenen, nur sporadisch wurden die Handschriften eingesehen. Der Franzose Leo Suavius (d.i. Jaques Gohory) (1520-1576) hat anscheinend N`s. Abhandlung über Nikolaus von Flüe für sein 1568 in Basel erschienenes Kompendium zum Werk des Paracelsus benutzt. Zu tieferer Beschäftigung mit N. gelangte dann schon der Jurist und Geschichtsforscher Melchior Goldast (1578-1635). Während seines Zürichaufenthaltes 1604/05 war er N`s. Abschrift des angeblich von Ovid stammenden Epos *De vetula* begegnet und gab es seiner 1610 erschienen Ovidausgabe bei. Zur gleichen Zeit hatte er bei den Vorarbeiten zu seiner 1611-14 erschienenen großen Quellensammlung zur Reichsgeschichte N`s. später in den Vatikan gelangte Handschrift mit den darin zusammengetragenen Dokumenten zum Streit Herzog Sigismunds von Tirol mit Nikolaus von Kues exzerpiert. N`s. Schrift über die Irrtümer der Griechen zog schon zu Anfang des 17. Jahrhunderts der Theologe Johann Jakob Ulrich zu Rate. Als dann Johann Heinrich Hottinger seine Kirchengeschichte mit zahlreichen Originalquellen schmückte, brachte er mit dem Abdruck der *Gesta* des Erzbischofs von Granea immerhin N´s. wichtigstes Werk an die Öffentlichkeit. Erst im 19. und 20. Jahrhundert wurde der Inhalt von N`s. Handschriften durch die Bibliographen vollständiger bekannt gemacht. — Nicht nur epochenmäßig, auch geistesgeschichtlich steht N. zwischen den Zeiten. Deutlich spiegelt sich in seinem Werk der Antagonismus zwischen ausgehender Scholastik und humanistischem Aufbruch wieder. Wilhelm Textor hatte seine geistigen Grundlagen im Geist der Scholastik angelegt. In die gleiche Richtung prägten ihn seine als Realisten von der Sorbonne nach Basel gekommenen Lehrer Gengenbach und Surgant. Diese Wurzeln ließen ihn zwar in der scholastischen Gedankenwelt immer seine eigentliche Heimat sehen, ohne ihr jedoch derart rigide verpflichtet zu bleiben, daß etwa die aktuellen Geisteskämpfe zwischen Nominalisten und Realisten an ihm spurlos vorübergegangen wären. Gerade an der Baseler Universität waren die Wogen zeitweise besonders hoch gegangen, als es um die Frage ging, ob die Via antiqua oder moderna einzuschlagen sei. Erstaunlich unbefangen und ohne sichtliche Scheu rezipiert er die neuen Ideen des Humanismus, läßt aber keine tiefere Reflexion oder etwa eine wirkliche Hinneigung zu ihnen erkennen. Vermutlich war ihm die tatsächliche Tiefe der Kluft zwischen scholastischer Tradition und humanistischer Neubesinnung gar nicht recht bewußt geworden. Somit kam ihm auch nicht in den Sinn, eine Synthese zwischen beiden zu suchen. Eine solche in seinem Werk finden zu wollen, muß also a priori ein aussichtloses Unterfangen bleiben. Dennoch zeigt das weitgefächerte Spektrum seiner wissenschaftlichen Interessen und Betätigungen, wie es uns in seiner schriftlichen Hinterlassenschaft entgegenscheint, daß wir in N. einen mit allen Wissenszweigen wohlvertrauten Gelehrten vor uns haben, der dem Alten bewahrend, dem Neuen aber genauso aufgeschlossen gegenüberstand.

Werke: 1) gedruckt: Gesta archiepiscopi Craynensis (J. H. Hottinger, IV ([2]1657), 355-593), darin: 360-367: Prima edicio (15.7. 1482), 368-394: Appellatio (21.7. 1482), 556-566: Omnia poma... d.i. Brief an Kaiser Friedrich III. (10.8. 1482), 422-555: Tertia editio invectiva responsalis sub nomine archiepiscopi Craynensis per Petrum Trevirensem contra Henricum Institoris formata (18.9.1482); Passio sanctorum martirum Felicis, Regulae, Exuperantii (J. H. Hottinger, VIII (1667), 1040-1055); Addenda zu Alanus de Insulis (O. F. Fritzschius (1848), 5); Teste philosopho... d.i. Werkverzeichnis zu Konrad v. Mure (F. J. Bendel (1909), 78-80); Genio vel miro Nicolaum non edere credo (R. Durrer, I (1917), 234-331 mit dt. Übers. v. Theodor Mathis).

2) handschriftlich: Genio vel miro Nicolaum non edere credo, a. 1483 (ZB Zürich Hs. Car C 99, f. 1v-18r); Tractatus de spirituum apparicionum, a. 1483 (Ebda., f. 19r-31r); Addenda zu Gregor d. Gr., Opera, a. 1484 (ZB Zürich Hs. S 204 o, f. 91v-92r); Gesta archiepiscopi Craynenesis in facto indictionis concilii, a. 1484 (Ebda., f. 169r-208v) (Die von J. H. Hottinger im 17. Jh. gemachte Abschrift der »Gesta«

aus der Originalhandschrift heute in: ZB Zürich Hs. F 49, f. 159r ss.); Obsceni errores quibus a veritate katholica infelicissimi Greci aberrant, a. 1484 (Ebda., f. 263r-269v.); Güter- und Zehntbeschreibung der Gemeinde Fällanden (Vellanden), a. 1491 (StA Zürich); Neapolis - Capta est civitas Jerusalem (Über die verschiedenen Stadte Neapolis und den Fall Jerusalems), a. 1497 (ZB Zürich Hs. Car C 89, f. 49r); Opera Anselmi (Werkverzeichnis Anselms), a. 1497 (Ebda., f. 78r); Nuditas Christi in cruce pendendis (Zur myst. Bedeutung der Kelcherhebung), a. 1497 (Ebda., f. 82r); Passio sanctorum martirum Felicis, Regulae, Exuperantii, um 1500 (ZB Zürich Hs. Car C 67, f. 253v-257v); De conceptione immaculata (Über die unbefleckte Empfängnis), um 1500 (ZB Zürich Hs. Car C 99, f. 104r-106r; Errores Hussitorum (Liste der Irrtümer der Hussiten), um 1500 (Ebda., f. 108r); Karolus Marcellus, Pippinus, Karolus Magnus (Anmerkungen zu Karl Martell, Pippin und Karl d. Gr.), um 1500 (ZB Zürich Hs. C 363, f. 17r); Opera Ovidii magna - Hunc librum fecit secum poni (Werkverzeichnis des Ovid und Auffindungsgeschichte von De vetula), um 1500 (ZB Zürich Hs. Car XI 93, f. 31r); Akten und Aufzeichnungen zum Prozess gegen den Züricher Münsterpfarrer Konrad Hofmann von Bremgarten, a. 1500/01 (Bibl. Vaticana Hs. Reg. 557, f. 39r-52v; Exzerpte bei J. Schlecht (1903), 140-147); Nota dominum Nicolaum cardinalem de Cusa fuisse... (Zur Biographie des Cusanus und Lysuras), a. 1500 (Bibl. Vaticana Hs. Reg. 557, f. 85v; gedr. bei M. Goldast (1614), II, 1632; B. G. Struve (1717), II, 266; J. N. v. Hontheim (1757), I, 724f.; B. Dudik (1855), 254f.); Kartular von St. Leonhard vor Zürich, a. 1504 (StA Zürich Hs. W 3 AG VII, Fasc. 1, Bl. 1r-23v); Addenda zu Alanus ab Insulis, a. 1504/05 (ZB Zürich Hs. Car C 35, f. 44r); Nini Semiramis (die bekannten Verse auf Triers Gründung), a. 1504/05 (ZB Zürich Hs. Car C 35, f. 67v; gedr. O. F. Fritzschius (1848?), 57; MG PL V (), 515, s. Litverz.); Kopiar des Klosters Marisstella in Wettingen, a. 1510 (StA Aarau Hs. Nr. 3116).

3) Abschriften (Auswahl): Gregor d. Gr., Opera, a. 1484 (ZB Zürich Hs. S 204 o, f. 1r-109v (f. 1r-58r: Dialogi; f. 59r-91v: Pastorale)); Hieronymus, Vita, a. 1484 (Ebda., f. 111r-115r); Augustinus, De Trinitate (Ausz.), a. 1484 (Ebda., f. 117r-127r); Wilhelm Durandi, De modo generalis concilii celebrandi (Ausz.), a. 1484 (Ebda., f. 129r-140r); Peter von Ailly, Tractatus de reformacione ecclesie, a. 1484 (Ebda. f. 145r-149v); Hieronymus von Prag, Invectiva in fedam ac spurcidam Bohemorum sectam, a. 1484 (Ebda., f. 151r-160r); Ludovico Pontani, De maiestate auctoritatis conciliorum generalium, a. 1484 (Ebda., f. 161r-168r); Aktenstücke zum Konzil von Basel 1431-49 (u.a. Sanctio pragmatica), a. 1484 (Ebda., f. 215r-262r); Horaz, De arte poetica, a. 1484 (Ebda., f. 275r-285r); Walter Burlaeus, De vita et morum philosophorum, a. 1484 (Ebda., f. 285r-291r); Catalogus episcopatuum und Provinziale Romanum, a. 1491 (ZB Zürich Hs. Car C 58, f. 1r-10v); Wilhelm Textor, Itinerarius (terrae sanctae), a. 1491 (Ebda., f. 12r-62v); Extractum ex itinerario Bernardi de Breidenbach, a. 1491 (Ebda., f. 64r-83r); Aurelius Prudentius, Carmina, a. 1491 (Ebda., f. 84r-119r); Bonaventura, Prologus in itinerarium mentis in Deum, a. 1491 (Ebda., f. 123r-135r); Robert Monachus, Historia Hierosolymitana, a. 1497 (ZB Zürich Hs. Car C 89, f. 1r-49r); Anselm von Canterbury, Opera, a. 1497 (Ebda., f. 49v-82r, (f. 52r-78r: Cur Deus homo)); Bonaventura, Opera, Epistolae, um 1500 (ZB Zürich Hs. C 362, f. 13r-16r); Dionysius Areopagita, De mystica Theologia, um 1500 (Ebda., f. 30r-34v); Einhart, Vita et Gesta Karoli Magni, um 1500 (ZB Zürich Hs. C 363, f. 2v-16v); Pseudo-Ovid, De vetula, um 1500 (ZB Zürich Hs. Car XI 93, f. 1r-31r); Aktenstücke zum Streit des Cusanus mit Hz. Sigismund v. Tirol, a. 1500 (Bibl. Vaticana Hs. Reg. 557, f. 67r-87v; die wichtigsten Stücke gedr. bei M. Goldast (1614) und B. G. Struve (1717), s. Litverz.); Aktenstücke zum Streit N`s. gegen Konrad Hofmann von Bremgarten, um 1501 (ZB Zürich Car XV 58); Jason de Mayno, Epithalamion in nuptiis Maximiliani Romanorum Regis et Blanchae Mariae, a. 1502 (ZB Zürich Hs. Car C 56, f. 1r-5v); Cornelius Tacitus, Germania, a. 1502 (Ebda., f. 9r-14v); Konrad von Mure, Fabularius, a. 1502 (Ebda., f. 16r-131v); Felix Hemmerlin, Passionale, a. 1502 (ZB Zürich Hs. Car C 119, II, f. 1r-16v - Ausz. gedr. B. Reber (1846), 383-401 ; Dt. übers. H. Walser (1940), 147-205); Bartholomäus Platina, De honestate, voluptate et valetudine libri X, a. 1502 (ZB Zürich Hs. Car C 57, f. 1r-41v) ; Caius Sueton Tranquillus, De vita XII Cesarum, a. 1502 (Ebda. f. 49r-135r) ; Alanus ab Insulis (Alain de Lille), Anticlaudianus, a. 1504/05 (ZB Zürich Hs. Car C 35, f. 1r-44r); Diodor Siculus (i. d. lat. Übers. von Poggio), a. 1504/05 (ebda. f. 45r-131v); De reliquiis in Treveri repertis, a. 1512 (Bibl. Vaticana Hs. Reg. 557, f. 121r-v (d.i. Abschr. der Trierer Heiltumsschrift: Anno domini Millesimoquin / gentesimoduodecimo. Reliquie / plurimorum sanctorum et sancta / rum novissime reperte..., Metz 1512 (Kaspar Hochfeder)).

4) Weitere Exzerpte aus: Ausonius, Phil. Beroaldus, Sebastian Brant, Domitius Calderini, Clemens Romanus, Cyrill von Jerusalem, Filelfus, Hemmerlin, Hilarius, Mure, Poggio Bracciolini, Nikolaus Rechberg, Walahfrid Strabo, Wimpheling u. a. (vgl. die Hss.beschr. bei Mohlberg 1951, Bruckner 1940, 1955, v. Scarpatetti 1991 und Germann 1994).

Lit.: Heinrich Institoris, Epistola contra quendam concilistam archiepiscopum videlicet Crainensem..., Schlettstadt 10. Aug. 1482, (gedr. J. H. Hottinger, IV ([2]1657), 395-421); — Konrad Gesner, Bibliotheca universalis, Zürich 1545 (ND Osnabrück 1966), 551b; — Johannes Trithemius, De scriptoribus ecclesiasticis..., Köln 1546, 482 oder 582?; — Konrad Gesner/Josias Simler, Bibliotheca universalis, Appendix, Zürich 1555, Bl. 102r; — Wilhelm Eisengrein, Catalogus testium veritatis locupletissimus, omnium orthodoxae matris ecclesiae doctorum, Dillingen 1565, Bl. 178r ; — Leo Suavius (Jacques Gohory), Theophrasti Paracelsi philosophiae et medicinae utriusque universae compendium..., Basel 1568, 305; — Konrad Gesner/Josias Simler, Bibliotheca instituta et collecta..., Zürich 1574, 562; — Konrad Gesner/Josias Simler/Johann Jakob Frisius, Bibliotheca instituta et collecta..., Zürich 1583, 678; — Antonio Possevino, Apparatus sacer..., Köln 1608, II, 257 (Humagen!), 261 (Numagen); — Melchior Goldast (Hrsg.), Ovidii Nasonis Pelignensis erotica et amatoria opuscula, Frankfurt/M. 1610, 105-189; — Ders., Monarchia sacri Romani imperii, Frankfurt/M. 1611-14, II, 1576-95, 1626-34; — Johann Jakob Hulderych (Ulrich), De religione ecclesiarum Graecanicarum..., Zürich 1621, 64; — Johann Heinrich Hottinger, Historia ecclesiastica novi testamenti..., Hanau/Zürich 1651-67, IV (1654/[2]1657): Saec. XV, 347-604; VIII (1667):

Saec. XVI, 1040-1055, 1233, 1317, 1329, 1366; — Ders., Schola Tigurinorum Carolina, Zürich 1661, 161f.; — Johann Jakob Hottinger, Helvetische Kirchengeschichte, Zürich 1708, II, 482ff. ; — Burcard Gotthelf Struve (Hrsg.), Rerum Germanicarum scriptores varii ex bibliotheca Marquardi Freheri, Straßburg 1717, II, 183-216, 255-266 ; — Casimir Oudinus, Commentarius de scriptoribus ecclesiae..., Frankfurt/M./Leipzig 1722, III, Sp. 2731; — Hans Jakob Leu, Allgemeines helvetisches, eydgenössisches oder schweitzerisches Lexicon, Zürich 1747-1767, XIV (1738), 171; — William Cave, Scriptorum ecclesiasticorum historia literata, Appendix: 1300-1517, bearb. v. Henry Wharton/ Robert Gerius, Oxford 1743, 198; — Augustin Calmet, Bibliotheque Lorraine ou Histoire des hommes illustres, Nancy 1751, Sp. 686f. (ND Genf 1971); — Johann Nikolaus von Hontheim, Prodromus Historiae Trevirensis diplomaticae et pragmaticae, Augsburg 1757, I, 724f.; — (Johann Werner Herzog), Athenae Rauricae sive catalogus Professorum Academiae Basiliensis, Basel 1778, 1f., 101f., 247, 442; — Gottlieb Emanuel von Haller, Bibliothek der Schweizergeschichte, Bern 1786, III, 552 ; — Ludwig Wirz, Helvetische Kirchengeschichte aus Joh. Jak. Hottingers älterem Werke und anderen Quellen neu bearb., Zürich 1808-19, III, 272ff., 437f., 442; — Johann(es) von Müller, Geschichten der Schweizerischer Eidgenossenschaft fünfter Theil, Leipzig [2]1826, 284-291; — Johann Franz Michael Müller/Johann Hugo Wyttenbach (Hrsg.), Gesta Trevirorum, Trier 1836-39, II, Add. 30; — Gall Morel, Albert von Bonstetten, Decan in Einsiedeln. Sein Leben u. s. Schriften, in : Der Geschichtsfreund (Mitt. Hist. Ver. d. Fünf Orte) 3 (1846), 3-52, hier: 23; — Balthasar Reber, Felix Hemmerlin von Zürich, Zürich 1846, 24, 28-30, 377-401; — O(tto) F(ridolin) Fritzschius (Fritzsche), Catalogi librorum manuscriptorum, qui in Bibliotheca reipublicae Turicensis asservantur, Teil 1, Zürich 1848, 5, 17 ; — Jakob Burckhardt, Erzbischof Andreas von Krain und der letzte Concilsversuch in Basel 1482-84, Basel 1852 ; zit. nach: Jacob Burckhardt Werke. GA, hrsg. v. Hans Trog/Emil Dürr, Basel 1930ff., I (1930): Frühe Schriften., 337-408, hier: 339-341, 355-357, 361, 366-368, 385, 389-391 und Jacob Burckhardt Werke. Krit. GA, hrsg. v. d. Jacob Burckhardt-Stiftung, München/Basel 2000ff., VIII (2004): Kleine Schriften II, 269-345, hier: 271-273, 288-290, 295, 299-301, 317, 319-321, 324f.; — Christian von Stramberg, Rheinischer Antiquarius, Koblenz 1843-1871, I. Abt., IV (1856), 249; — Beda Dudík, Iter Romanum, Wien 1855, 254f.; — James Taylor, The true doctrine of the holy eucharist, London 1855, 417; — Johann Albert Fabricius, Bibliotheca latina mediae et inferioris aevi, ND Florenz 1858, V, 141 ; — F(riedrich) Fiala, Dr. Felix Hemmerlin, Probst des St. Ursenstiftes in Solothurn, Solothurn 1860 (Separatausgabe), 531, 626f.; — Wilhelm Vischer, Geschichte der Universität Basel von den Anfängen bis 1529, Basel 1860; — Arnold Nüscheler, Die Gotteshäuser der Schweiz, Zürich 1864ff., III (1874), 431f.; — Ernst Ludwig Rochholtz, Die Schweizer Legende vom Bruder Klaus von der Flüe nach ihren geschichtlichen Quellen und politischen Folgen, Aarau 1875, 260; — Salomon Vögelin, Das alte Zürich, neu bearb. v. Arnold Nüscheler/Friedrich Salomon Vögelin, Zürich [2]1878-90, I, 315f. Nr. 129; — Erich Frantz, Sixtus IV. und die Republik Florenz, Regensburg 1880, 433-456, bes. 435-37, 439, 441, 450f., 453ff.; — Sebastian Brunner, Ein Cisterzienserbuch, Würzburg 1881, 471; — Albert Büchi, Albrecht von Bonstetten. Ein Beitr. z. Geschichte d. Humanismus i. d. Schweiz, Diss. (München) 1889, 100; — Jakob Amiet, Die Gründungs-Sage der Schwesterstädte Solothurn, Zürich und Trier, Solothurn 1890; — E(mil) Fromm, Beiträge zur Lebensgeschichte des Wilhelm Textoris von Aachen, in: ZAGV 14 (1892), 243-262; — Clemens Baeumker, Handschriftliches zu den Werken des Alanus, in: PhJ 6 (1893), 163-175; 417-429; PhJ 7 (1894), 169-185; — Mandell Creighton, A History of the papacy from the great schism to the Sack of Rome, New York [2]1902-04, IV, 331; — Joseph Schlecht, Andrea Zamometic und der Basler Konzilsversuch vom Jahre 1482, Paderborn 1903, 9, 77f., 102, 125-127, 140-147, 154* (Quell. u. Forsch. a. d. Geb. d. Gesch. 8); — Rudolf Wackernagel, Rez. Schlecht (1903), in: ZGORh NF 18 (1903), 755-57; — Henry Charles Lea, Geschichte der Inquisition im Mittelalter, übers. v. Heinz Wieck/Max Rachel, hg. v. Joseph Hansen, Bonn 1905, III, 252f.; — Heinrich Savelsberg, Aachener Gelehrte in älterer und neuerer Zeit, Aachen 1906, (Jahresber. Kgl. Wilh.-Gymn. Aachen 1905/06); — Jakob Marx d. J., Geschichte des Armen-Hospitals zu Cues, Trier 1907 (ND Bernkastel-Kues 1976), 6; — Franz J. Bendel, Konrad von Mure, in: MIÖG 30 (1909), 51-101, hier: 51, 76-80; — (Johann Christian) Lager (Bearb.), Regesten der Urkunden des ehemaligen St. Jakobshospitals in Trier bis zum Jahre 1769, in: Trierisches Archiv Erg. H. 14 (1914), 38 Nr. 111; — Hermann Escher, Die Errichtung der Zentralbibliothek in Zürich, in: ZblfBibl 32 (1915), 4-21, hier: 4; — Anton Mayer, Die Quellen zum Fabularius des Konrad von Mure, Diss. (München) 1915, gedr. Nürnberg 1916, 5-7; — Hans Lehmann, Das Cisterzienserkloster Wettingen und seine Beziehungen zu Salem bis zum Tode des Abtes Peter II. 1633, in: ZGORh NF 32 (1917), 514-561; — Robert Durrer, Bruder Claus. Die ältesten Quellen über den sel. Nikolaus von Flüe, sein Leben und seinen Einfluß, Sarnen 1917/21 (ND Sarnen 1981), 232-339; — Paul Lehmann (Bearb.), Mittelalterliche Bibliothekskataloge Deutschlands und der Schweiz, hg. v. d. Bayer. Akad. d. Wiss., I: Die Bistümer Konstanz und Chur, München 1918 (ND München 1969), 459-461; — Adrian Corrodi-Sulzer, Zur Biographie des Chorherren H(einri)ch Utinger, in: Zwingliana 4 (1924), 246; — Gottfried Kentenich, Die Trierer Gründungssage in Wort und Bild, in: Trierer Heimatbuch 1925, 193-212; — Walther Merz, Repertorium des Aargauischen Staatsarchivs I, Aarau 1935, 285 Nr. 3116; — Charles Wittmer, Nikolaus von Flüe, seine Beziehungen zum Elsass, in: Arch. f. Elsäss. Kigesch. 11 (1936), 157-174, hier: 159; — Alfred Stoecklin, Der Basler Konzilsversuch des Andreas Zamometic vom Jahre 1482, Basel 1938, passim; — A(lbert) Bruckner (Bearb. u. Hrsg.), Scriptoria Medii Aevi Helvetica. Denkmäler schweizerischer Schreibkunst des Mittelalters, IV: Stadt und Landschaft Zürich, Genf 1940, 99-102; ebda. VII: Aargauische Gotteshäuser:, Genf 1955, 116f.; — Hermann Walser, Meister Hemmerlin und seine Zeit, Zürich 1940; — Rudolf Pfister, Kirchengeschichte der Schweiz, I: Von den Anfängen b. z. Ende d. MA., Zürich 1944, 403f.; — Paul Bänziger, Peter Numagen und das Ende der Zürcher Spätscholastik, in: Beiträge zur Geschichte der Spätscholastik und des Frühhumanismus in der Schweiz, Zürich 1945, 55-64 (=Schweizer

Stud. z. Geschwiss. NF 4); — Werner Kaegi, Jakob Burckhardt, Basel 1947ff., III, 351f.; — Jos van Reusel, Nikolaas von Flue, De eensame Broeder in God, Tongerloo 1947, 28, 178; — Leo Cunibert Mohlberg (Bearb.), Katalog der Handschriften der Zentralbibliothek Zürich I: Die mittelalterlichen Handschriften, Zürich 1951, XIII, XVII, 84-86, 102-104, 107, 109-112, 120, 154, 303, 589; — Hans Georg Wackernagel (Bearb.), Die Matrikel der Universität Basel, Basel 1951ff., I: (1460-1529), 146 Nr. 45; — Rudolf Haubst, Studien zu Nikolaus von Kues und Johannes Wenck. Aus Hss. d. Vat. Bibliothek, Münster/W. 1955, 22-27 (Beitrr. Gesch. Theol. u. Phil. d. MA. XXXVIII, 1); — Erich Meuthen, Die letzten Jahre des Nikolaus von Kues, Köln/Opladen 1958, 92, 220 (Wiss. Abhh. d. Arbgem. Forsch. d. Lds. NRW 3); — Oskar Vasella, Reform u. Reformation in der Schweiz, Münster/W. 1958, 55 (Kath. Leben u. Kaempfen i. Dtschld... 16); — Marc Sieber, Die Universität Basel und die Eidgenossenschaft 1460-1529, Basel 1960, 68f. (Stud. z. Gesch. d. Wiss in Basel 10); — Walter Nigg, Niklaus von der Flüe, Düsseldorf 1962, 14, 94; — Gustav Adolf Benrath, Reformierte Kirchengeschichtsschreibung an der Universität Heidelberg im 16. und 17. Jahrhundert, (Diss. (Heidelberg) 1959); gedr. Speyer 1963, 84 (Veröff. Ver. Pfälz. KiGesch. 9); — Allen G. Debus, The Paracelsian Aerial Niter, in: Isis 55 (1964), 43-61, hier: 50; — Paul Klopsch, Pseudo-Ovidius De vetula, Leiden/Köln 1967, 173 (Mlat. Stud. u. Texte 2); — Josef Brülisauer, Neue Beiträge zur Biographie Konrad Hofmanns (1454-1525), Diss. masch. (Fribourg) 1970, Teildr. in: Zwingliana 23 (1996) 11-62, hier: 38f.; — Albert Bruckner, Riehen. Geschichte eines Dorfes (1522-1972), Riehen 1972, 102; — Mary Ella Milham, The manuscripts of Platina »De honesta voluptate« and its source, in: Scriptorium 26 (1972), 127-129, hier: 128; — André Chèvre, Lucelle: histoire d´une ancienne abbaye cistercienne, Delemont 1973 (Bibliotheque Jurassienne 8); — Peter-Johannes Schuler, Südwestdeutsche Notarszeichen. Mit e. Einl. ü. d. Gesch. d. deutsch. Notarszeichens, Sigmaringen 1976, 71, T. 80 Nr. 468 (=Konstanzer Geschichts- u. Rechtsquellen XXII); — Ders., Notare Südwestdeutschlands. Ein prosopographisches Verzeichnis f. d. Zeit von 1300 bis ca. 1520, Stuttgart 1987, 321f. Nr. 941 (=Veröff. Komm. Baden-Württ. Landesgesch., Reihe B: Forschungen 90); — Georg Boner, Gesammelte Beiträge zur aargauischen Geschichte : Die Gründung des Klosters Wettingen, in: Argovia 91 (1979), 11-44; — Ernst Gagliardi/Ludwig Forrer (Bearb.), Katalog der Handschriften der Zentralbibliothek Zürich II: Neuere Handschriften, Zürich 1982, Sp. 1273, 1641; — Cécile Sommer-Ramer (Bearb.), Die Zisterzienser und Zisterzienserinnen... in der Schweiz, Basel 1982, 444, 461 (Helvetica Sacra III, 3, 1); — Wilhelm Baum, Nikolaus Cusanus in Tirol, Bozen 1983, 24 (Schrr. Südtiroler Kulturinstitut 10); — Jean Pierre Bodmer/Martin Germann (Bearb.), Kantonsbibliothek Zürich - Zwischen Bibliothek des Chorherrenstifts Großmünster und Zentralbibliothek, Zürich 1985, 19 (Austellungskat. ZB Zürich); — Peter F. Kramml, Kaiser Friedrich III. und die Reichstadt Konstanz (1440-1493), Sigmaringen 1985, (Konstanzer Geschichte u. Rechtsquellen 29); — Jürgen Petersohn, Ein Diplomat des Quattrocento: Angelo Geraldini (1422-1486), Tübingen 1985, 169f., 188-190, 215 (Bibl. Dt. Hist. Inst. Rom 62); — Ders., Zum Personalakt eines Kirchenrebellen. Name, Herkunft und Amtssprengel des Basler Konzilsinitiators Andreas Jamometic († 1484), in: Zs. f. hist. Forsch. 13 (1986), 1-14, hier: 2, 5f.; — Ders., Diplomatische Berichte und Denkschriften des päpstlichen Legaten Angelo Geraldini aus der Zeit seiner Basel-Legation (1482-1483), Wiesbaden 1987, 13, 84 (Historische Forschungen 14); — Andreas Meyer, Zürich und Rom - Ordentliche Kollatur und päpstliche Provisionen am Frau- und Großmünster in Zürich 1316-1523, Tübingen 1986, 465, 566 (Bibl. Dt. Hist. Inst. Rom 64); — Rupert Amschwand, Bruder Klaus. Erg.bd. z. Quell.werk von Robert Durrer, Sarnen 1987, 323; — Johannes Helmrath, Das Basler Konzil 1431-1449, Köln, u.a. 1987, 166, 481f. (Kölner Hist. Abhh. 32); — Michael Dallapiazza, Die Bocaccio-Handschriften in den deutschen Ländern. Eine Bibliographie, Bamberg 1988, 72 (Gratia 17); — Franz Schmitt, Chronik Weindorf Lieser, Lieser 1988, 584; — Ingrid Heike Ringel, Ein bisher unbekanntes Exemplar der Konzilsproklamation des Andreas Zamometic von 1482 im Bischöflichen Archiv Chur, in: Gutenberg-Jb. 64 (1989), 101-105; — Roland Gröbli, Die Sehnsucht nach dem »einig Wesen«. Leben und Lehre des Bruder Klaus von Flüe, Zürich 1990, 29, 145, 251, 266-68, 287, 293f., 306 u.ö.; — Franz Botzet u. a., Chronik der Gemeinde Neumagen-Dhron, Neumagen 1991, 404; — Erich Bryner, Der Zürcher Theologe Johann Jacob Ulrich und seine Konfessionskunde der Griechisch-orthodoxen Kirche von 1621, in: KiO 34 (1991), 9-31, hier: 10f., 29; — Beat Matthias v. Scarpatetti u.a. (Hrsg.), Katalog der datierten Handschriften in der Schweiz in lateinischer Schrift von Anfang des MA bis 1550, III: Die Hss. d. Bibliotheken St. Gallen - Zürich, Dietikon-Zürich 1991, 199, 205-209, 212, 306f.; — Claudius Sieber-Lehmann, Teutsche Nation und Eidgenossenschaft. Der Zusammenhang zwischen Türken- und Burgunderkriegen, in: HZ 253 (1991), 561-602, hier: 581f.; — Michael Palomino, Das Fasten von Nikolaus von Flüe, in: Pirmin Meier, Paracelsus, Arzt und Prophet. Annäherung an Theophrastus von Hohenheim, Zürich [3]1993, 123f., 136f.; — Martin Germann, Die reformierte Stiftsbibliothek am Großmünster Zürich im 16. Jahrhundert, Wiesbaden 1994, 101, 136f., 164, 170f., 187, 189, 206, bes. 356 u. ö. (Beitrr. z. Buch- u. Bibliothekswes. 34); — Die Geschichte des Christentums. Religion-Politik-Kultur, VII : Von der Reform zur Reformation 1450-1530, hg. v. Marc Venard u.a., Freiburg/Basel/Wien 1995, 125-127; — Alfred Schindler, Die Anliegen des Chorherrn Hofmann, in: Zwingliana 23 (1996), 63-82; — Pirmin Meier, Ich Bruder Klaus von Flue: eine Geschichte aus der inneren Schweiz, Zürich 1997; — Die Kunstdenkmäler der Schweiz, Kanton Aargau VIII, Bezirk Baden III: Das ehemalige Zisterzienserkloster Marisstella in Wettingen, bearb. v. Peter Hoegger, Basel 1998, 364; — Repertorium fontium historiae medii aevi, hg. v. Istituto Storico Italiano per il medio evo, Rom 1962ff., IX (2003), 158; — Gritje Hartmann, Wilhelm Tzewers: Itinerarius terre sancte (Einl., Ed., Komment. u. Übers.), Wiesbaden 2004, 27, 57-60, 394 (Abhh. d. Dt. Palästinaver. 33); — Wolfgang Schmid/Michael Embach (Hrsgg.), Die Medulla Gestorum Treverensium des Johann Enen. Ein Trierer Heiltumsdruck von 1514, Trier 2004, 21, 51 (Armarium Trevirense 2); — Christian Sieber (Bearb.), Urkundenregesten des Staatsarchivs des Kantons Zürich, VI: (1431-1445), Zürich 2005, 49 Nr. 7443; VII: (1446-1460), Zürich 2007,

30 Nr. 9173, 74 Nr. 9311f., 98f. Nr. 9398; — Gundula Caspary, Späthumanismus und Reichspatriotismus. Melchoir Goldast und seine Editionen zur Reichsverfassungsgeschichte, Göttingen 2006, 176 (Formen d. Erinnerung 25); — Staatsarchiv Aargau (Hrsg.), Archivverzeichnis - Altes Archiv: Teilbestand Kloster Wettingen 1248-1864, Aarau 2007, 4; — Michael Embach, Trierer Literaturgeschichte - Das Mittelalter, Trier 2007, 426-430 (Gesch. u. Kult. d. Trierer Lds. 8); — Pierer`s Universal-Lexikon, Altenburg [4]1857-65, I, 474 Nr. 16; — Allgemeine Realencyklopädie oder Conversationslexikon für alle Stände (Manz), Regensburg [3]1865-73, I, 504 Nr. 17; — Wetzer-Welte[2] I (1882), 837; — RE[3] I (1896), 516 (K. R. Hagenbach); — StMBO XXV (1904), 355f.; — v. Pastor II (10-1[2]1928), 580-86; — HBLS V (1929), 313 (F. Hegi); — LThK[2] VIII (1963), Sp. 373 (R. Haubst); — VerfLex III (1981), Sp. 993 (K. Colberg); — VerfLex VII (1989), Sp. 440-42 (P.-J. Schuler); — VerfLex IX (1995), Sp. 1199 (D. Mertens); — LThK[3] VIII (1999), Sp. 131f. (U. Neddermeyer); — The Schaff-Herzog Encyclopedia I (2006), 172; — VerfLex XII (2006), 394.

Heinz Schmitt

O

OEHMBS, Anton (auch: Oembhs/Oehms/Oems/Oemes/Oembs, Anton; Oehmbs, Antonius), katholischer Geistlicher, Professor des Alten Testaments, der Exegese und der orientalischen Sprachen, * 12. September 1735 in Brandenmühle bei Himmerod (Gemeinde Spangdahlem) als Sohn von Nikolaus Oehmbs aus Manderscheid und Anna Katharina Becker von der Brandenmühle, † 8. Februar 1809 in Trier. — Oe. nahm um 1750 in Trier das Studium der Philosophie und der Theologie auf. Am 28. September 1752 erwarb er den Grad eines Baccalaureus, am 28. September 1753 den eines Magisters bzw. Doktors der Philosophie. Mit der Thesenverteidigung zur Erlangung des theologischen Doktorates schloß Oe. am 16. September 1757 seine theologischen Studien ab. Oe. verteidigte hier bei seinem Lehrer Jakob Kayser (*1709), der die sog. demonstrative, scientifische Lehrart vertrat, die These, daß man die Trinität, abgesehen von der Offenbarung, nicht rational beweisen könne. Der Doktortitel wurde Oe. jedoch erst am 19. Juni 1759 verliehen. Tonsur und niedere Weihen empfing Oe. am 22. Dezember 1752, am 17. September 1756 wurde er Subdiakon (Weihetitel: *ad mensam conventus* in Himmerod), am 24. September 1757 Diakon. 1756 trat Oe. in das Stift St. Paulin ein. Zum Priester wurde Oe. am 23. September 1758 geweiht. Zwischen 1758 und 1764 studierte er in Trier vermutlich kirchliches und weltliches Recht (offenbar zur Vorbereitung auf ein Kanonikat oder ein Amt in der kirchlichen Verwaltung) wohl auch bei Georg Christoph Neller (1709-1783), gegen dessen episkopalistische Haltung er später die Rechte des Papstes verteidigte (vgl. »Jesus Christus ecclesiae suae hierarchiam ordinans...«, Bibliothek des Bischöflichen Priesterseminars Trier [künftig: SemB] HS 21) und eignete sich Kenntnisse in der Exegese und den biblischen Sprachen an. Ab 1763 wurde Oe. im kurtrierischen ›Staatskalender‹ als

Assessor der theologischen Fakultät aufgeführt. Am 26. Februar 1764 machte ihn der Erzbischof zum unbezahlten Professor der Heiligen Schrift und der morgenländischen Sprachen - gegen den Rat von Weihbischof Johann Nikolaus von Hontheim (1701-1790), der die Eignung Oe.s anzweifelte. Kurfürst Erzbischof Johann Philipp von Walderdorff (1701-1768) hatte eine neue Studienverordnung für die Theologische Fakultät erlassen, nach der neben den Jesuiten auch andere Ordens- und Weltkleriker als Professoren lehren sollten. Als einziger Weltgeistlicher im Professorenkollegium verfügte Oe. über keine finanziellen Einkünfte. An seiner Person lassen sich daher die Konflikte, die zwischen den Jesuiten und ihren Gegnern herrschten, gut beobachten. Vor 1764 war er anscheinend noch von den Jesuiten unterstützt worden, die ihm die Pfarrstelle von St. Laurentius (eine der wenigen Präbenden der Universität) sichern wollten; dies verhinderte der Provinzial der Jesuiten jedoch, worauf sich Oe. »zum Gegner der Jesuiten und [...] Kritiker ihres Machtmißbrauchs« (Trauth) wandelte. Am 20. März 1765 erhielt Oe. durch eine Kollation des Erzbischofs »vorbehaltlich der Nachlieferung fehlender Zeugnisse« (Heyen) ein Kanonikat, am 21. Juni 1768 schließlich einen Sitz im Kapitel des Stifts St. Paulin. Erst jetzt entspannte sich seine finanzielle Lage. Oe. beschäftigte sich intensiv mit der Geschichte des Stifts, wobei er im Gegensatz zu den kritischen Untersuchungen Hontheims und Nellers »in einem konservativen Beharrungsstreben« (Heyen) keinen Beitrag für die Weiterentwicklung der Forschung leistete. So zeigt er sich in seiner »Martyrpredigt« als entschiedener Verfechter der Echtheit der Märtyrerlegende von St. Paulin gegen die Kritik Nellers. 1767 wurde er Assessor und Fiskal am Generalvikariat Trier. Wegen seines Gutachtens über die Krankenheilungen des Franziskanerpaters Adam Knörzer (* um 1740), das der aufgeklärten Stimmung am kurfürstlichen Hof nicht entsprach, wurde Oe. jedoch am 7. November 1783 aus diesen Ämtern entlassen. Oe. arbeitete in seinem Bericht eine auf Bibel und Kirchenväter gestützte Typologie der menschlichen Krankheiten aus, in der er feststellte, daß die meisten Krankheiten nur mit geistlicher Hilfe oder durch Wunder geheilt werden könnten. Im Fall Knörzer sähe er keine Handlungen, die dem Evangelium widersprächen, vielmehr sei Knörzer zu loben, weil er nicht nur einige Menschen tatsächlich geheilt habe, sondern auch andere zur Buße auffordere und denen, denen er nicht helfen könne, auch nicht schade. Oe. gab jedoch keine klare Beurteilung ab, sondern wies auf die Notwendigkeit einer gesetzmäßigen Untersuchung durch die Obrigkeit hin. Von 1768 bis 1770 war Oe. Dekan der Fakultät. Am 25. April 1771 legte er einen Vorschlag für neue Statuten der Theologischen Fakultät vor (Projectum Statuorum Sacrae Facultatis Theologicae Treverensis. SemB HS 200). 1774 schied er als aktiver Professor aus (im Hofkalender wird er jedoch noch bis 1778 als Professor aufgeführt). Kurfürst Clemens Wenzeslaus (1739-1812) hatte Johann Gertz (1744-1824) den Lehrstuhl für Exegese angeboten, um ihn davon abzuhalten, einem Ruf nach Wien zu folgen, und dementsprechend Oe. untersagt, weiter Vorlesungen zu halten. Möglicherweise haben auch verschiedene Auseinandersetzungen zwischen Oe. und den anderen Mitgliedern der Fakultät zu dieser Entscheidung beigetragen. Ab 1771 war Oe. mit der Theologischen Fakultät Trier und nach 1790 auch mit der Theologischen Fakultät Köln und mit Rom wegen seiner Trinitätslehre in einen Konflikt geraten, der bis zu seinem Lebensende andauerte. Oe. wollte einen rationalen, spekulativen Beweis der Trinität führen. Da er das der Vernunft widersprechende Problem des Trinitätsdogmas in der numerischen Identität (die völligen Identität der göttlichen Natur in den drei verschiedenen Personen) sah, erklärte er, daß die drei göttlichen Personen die göttliche Natur seien, daß aber eine der drei göttlichen Personen nicht die ganze göttliche Natur sei, sondern eine reale, wenngleich inadäquate Differenz bestehe. Dies entspräche auch der (unfehlbaren) Lehre der Kirche, die nie die völlige Identität vertreten habe. 1789 erschienen drei Opuscula, in denen er seine Trinitätslehre patristisch und exegetisch zu beweisen suchte und seine Lehre als Mittelweg zwischen Sabellianismus und Arianismus darstellte. Oe. sandte selbst ein Exemplar an den Papst. Die Kölner Theologische Fakultät verurteilte 1790 siebzehn Sätze mit Zensuren von »falsch« bis »häretisch«. Oe. schloß 1792 seine Entgegnung ab, sandte sie aufgrund der politischen Wirren jedoch erst im Juli 1802 nach Rom. Am 14. Juli erhielt Oe. die Antwort Pius'

VII., daß seine Trinitätslehre der Kirche widerspreche. Oe. wurde aufgefordert eine Glaubensformel zu unterzeichnen, um einer öffentliche Verurteilung zu entgehen, lehnte dies 1807 jedoch aus Gewissengründen ab. Er sei dazu erst bereit, wenn der Papst die numerische Identität als unfehlbare Lehre ex cathedra definiere. Bevor es zu weiteren Maßnahmen kam, starb Oe. Vor seinem Tod hielt er selbst den ganzen Verlauf der Kontroverse um seine Trinitätslehre schriftlich fest (SemB HS 16, Appendix I und II). Bis zur Auflösung der Fakultät 1798 blieb Oe. Assessor und war als solcher an verschiedenen Entscheidungen beteiligt. So unterschrieb er 1778 zusammen mit anderen Professoren die zweite Zensur der Theologischen Fakultät Trier zu »Johann Lorenz Isenbiehls neuer Versuch über die Weissagung vom Emmanuel.« Aus dem beigefügten »Anti-Conatus«, den Oe. verfaßt hat, um der Interpretation Isenbiehls endgültig jede Grundlage zu entziehen, läßt sich schließen, daß auch die Zensur zumindest in weiten Teilen auf ihn zurückgeht. Von 1775 bis 1796 war Oe. Cellerar des Stifts St. Paulin in Trier. Während der Unruhen durch die frz. Revolution blieb er in Trier, während die meisten Professoren der Theologischen Fakultät die Stadt 1794 kurz vor dem Einmarsch der französischen Truppen verließen. 1795 verfaßte Oe. zusammen mit den Professoren Gerhard Fischer (1732-1810) und Gertz ein Gutachten über den Verfassungseid, den die französischen Republik seit 1790 von allen Geistlichen forderte. Sie erklärten, daß ein Katholik diesen Akt der Unterwerfung unter die Gesetze der Republik leisten könne, da er damit nicht jede einzelne Bestimmung der Verfassung als wahr und richtig anerkenne. Zudem würden die dem katholischen Glauben widersprechenden Elemente der Verfassung durch die ebenfalls in der Verfassung enthaltene Religions- und Gewissensfreiheit von der allgemeinen Zustimmung zur Verfassung ausgenommen. Ein Katholik müsse schon deshalb den geforderten Eid leisten, weil Kirche und Religion sonst schwerster Schaden drohe. Nach der Aufhebung des öffentlichen Studiums 1798 bat Oe. am 28. März 1801 um die Erlaubnis, in seiner Wohnung unentgeltlich theologischen Unterricht erteilen zu dürfen. Im Mai begann er seine Vorlesungen über Moral und Hl. Schrift, obwohl jährlich nur 10-12 Studenten daran teilnahmen. Seinem Beispiel folgen 1804 auch andere Professoren. Nachdem Trier 1794 von Frankreich annektiert worden war, wurde 1802 das Stift St. Paulin wie alle geistlichen Körperschaften in den annektierten Gebieten aufgehoben. Die Kanoniker, die (wie Oe.) in Trier geblieben waren, erhielten eine staatliche Pension. Am 10. Mai 1803 wurde Oe. zum Ehrendomherrn ernannt. Nach der Wiedererrichtung des Priesterseminars 1804 war Oe. von 1805 bis 1807 Professor für Altes Testament, Exegese und orientalische Sprachen. Am 1. Juli 1807 wurde er Domkapitular. Am 8. Februar 1809 starb Oe., nachdem er 1808 an Wassersucht erkrankt war. Oe.s kleine, aber wertvolle Bibliothek und sein Nachlaß gingen an das Bischöfliche Priesterseminar Trier. — Die Urteile, die in der Literatur über Oe. gefällt werden, differieren sowohl hinsichtlich seines Charakters als auch seiner wissenschaftlichen Arbeit und Bedeutung stark. Die einen loben ihn als einen freundlichen, gefälligen Mann, der jedem, der Rat oder Belehrung suchte, bereitwillig und gründlich Auskunft gab und seine Meinung frei, aber immer »mit Wohlstand« sagte, der »lange dachte ehe er schrieb und der über die Wahrheit nie akkordieren ließ« (Trierische Kronik). Seine Gelehrsamkeit und seine Frömmigkeit werden ebenso betont wie sein Geschick im Umgang mit Elfenbein und Metall. Für seine Gegner war er ein Rationalist oder Febronianer, »ein Beispiel, was aus Theologen wird, welche die kirchliche Wissenschaft verschmähend sich von einer falschen Zeitphilosophie beeinflussen lassen« (Brück). Andere sahen ihn als einen Gelehrten, der seine »Lieblingsidee zu lange und zu sehr« verfolgte (Reuß). In der neueren Literatur wird Oe. differenzierter gesehen, aber auch hier gibt es Unterschiede. Für Heyen ist Oe. ein untadeliger konservativer »Winkeltheologe«, der nicht die geistigen Fähigkeiten hatte, um den Aufklärern (am kurfürstlichen Hof) etwas entgegenzusetzen. Auch Reinhardt sieht in ihm einen konservativen Theologen, der an dem Versuch gescheitert ist, die rationale Argumentation für die Verteidigung des kirchlichen Glaubens zu nutzen, der sich selbst maßlos überschätzte und dessen Psychologie »manche pathologische Züge aufweisen mag.« Trauth nennt als die zwei wesentlichen Charakterzüge Oe.s »seine tief verwurzelte Aufklärungsferne ebenso wie seine geringe Neigung zu opportunem Verhalten.«

Werke: Promotio habita à Domino Antonio Oehmbs, AA. LL. ac Philosophiæ Magistro, Ss. Theologiæ Doctore, ac Ss. Litterarum in alma & antiquissima Universitate Trevirensi Professore publico & ordinario &c. Anno 1764. die 13. Decembris, Promovente Tres Patres è Societate Jesu P. Georgium Carové, P. Sebastianum Camp, & P. Martinum Bender. Trier 1764; Geistlicher Entwurf, catholisch zu erwecken den Glaube, Hofnung, Lieb, Reu und Leid mit Fürsatz. Trier 1767; Martyr-Predigt oder Geschichte derer unzähligen Trierischen Blut-Zeugen Jesu Christi, gehalten am Tag Ihrer feyerlichen Gedächtnis, so jährlich begannen wird in der S. Paulins-Stifts-Kirchen den 6. October von dem Hochwürdigen Hochgelehrten Herrn Anton Oehmbs, gedachter Stifts-Kirchen Capitular-Herrn, der Gottes-Gelehrtheit Doctorn, der heiligen Schrift auf der hohen Schule zu Trier, öffentlichem Lehrern etc. etc. 1768. Trier 1768; Collectio Thesium Sacræ Scripturæ Juris Divini, Quas Juvante Eodem Juris Altefati Sapientissimo Conditore Uno & Trino Deo Instruente Ipsius Perfectissimo Consummatore Jesu Christo Favente Ejusdem Adversus Hæreses Potentissima Protectrice Matre Et Virgine Maria Assistente Electa Omnium Sanctorum Corona Authore Atque Præside Antonio Oehmbs AA. LL. ac Phil. Magistro, Ss. Litt. & Theologiæ Doctore, Sacræ Facultatis Theologicæ, & Antiquissimæ Trevirorum Universitatis Assessore, ejusdémque Facultatis h.t. Decano, in prælaudata Universitate Ss. Litterarum publico & ordinario Professore, Examinatore Synodali, atque insignis Collegiatæ ad St. Paulinum prope Treviros Canonico Capitulari. In Auditorio Majore Vici Tetradiani Treviris Plures successivè Domini Ss. Litterarum Candidati defenderunt. 1770. In usum studentium ex parte reimpressa. Trier 1770; Sacrae Facultatis theologicae Augustae Trevirorum Censura seu iudicium de conatu Joannis Laurentii Isenbiehl circa vaticinium Isaiae VII, 14, Moguntiae 1779 [anonym]; Opuscula De Deo Uno Et Trino Ad Genuinam Evangelii Doctrinam Et Ecclesiae Traditionem De SS. Trinitate Restituendum Contra Numericae Identitatis Sententiam, Et Defendendum Adversus Haereses Ac Quosvis Sanctae Religionis Catholicae Contemptores Et Derisores, Mainz 1789; Gerechtsame des St. Paulin-Stifts bey Trier in das Dorf Greimerath unweit Zerf, in dessen Gärten, Flöre, umliegende Wälder und Districten; same einem dasige Gerichtbarkeit betreffenden Anhang, Trier 1793; [Gutachten über die Krankenheilungen des Franziskanerpaters Adam Knörzer in Beurig an der Saar] gedruckt in: Hansen, Johann Anton Joseph: Der Pater Adam. Eine historische Skizze des 18. Jahrhunderts, in: Treveris oder Trierisches Archiv für Vaterlandskunde 1 (1840), 49-83; [Gutachten über die Echtheit der Marien-Reliquien von St. Marien ad martyres/Trier, jetzt in der Liebfrauenkirche/Trier, im sogen. Willibrordschrein], in: Kirchlicher Amtanzeiger der Diözese Trier 5 (1857), 48-61.

Gedruckte Disputationsthesen: Die unter Oe.s Vorsitz verteidigten Thesen befinden in SemB HS 15 und/oder vereinzelt in der Stadtbibliothek Trier und/oder der Bibliothek des Priesterseminars. Seine Thesen bis 1770/71 ließ Oe. zudem in der Collectio Thesium Sacræ Scripturæ Juris Divini drucken. Die frühen Thesen lassen sich zum Teil erst damit sicher zuordnen, da Oe. bei diesen auf den Thesenblättern oft nicht als Vorsitzender genannt wird.

Lit.: N.N., Art. Oehmbs (Anton), in: Trierische Kronik 8 (1823), 61f.; — Johann Anton Joseph Hansen, Der Pater Adam. Eine historische Skizze des 18. Jahrhunderts, in: Treveris oder Trierisches Archiv für Vaterlandskunde 1 (1840), 49-83; — Philipp Schmitt, Die Kirche des h. Paulinus bei Trier, ihre Geschichte und ihre Heiligthümer, Trier 1853, insbes. 295-297; — Jakob Marx, Geschichte des Erzstifts Trier d.i. der Stadt Trier und des Trier. Landes, als Churfürstenthum und als Erzdiöcese von den ältesten Zeiten bis zum Jahre 1816. Abt. 2: Enthaltend die Geschichte der Abteien, Klöster und Stifte. Bd. 2: Die Stifte und Klöster, Trier 1862, hier 73, 370-382; — Heinrich Brück, Die nationalistischen Bestrebungen im katholischen Deutschland, besonders in den drei rheinischen Erzbistümern in der zweiten Hälfte des 18. Jahrhunderts, Mainz 1863. 40-43; — Peter Alexander Reuss, Geschichte des Bischöflichen Priesterseminars (Seminarium Clementinum) zu Trier. FS des Priesterseminars zum 25jährigen Priesterjubiläum des hochwürdigsten Herrn Bischofs Dr. Michael Felix Korum am 25. Dezember 1890, Trier 1890, insbes. 107-112, 194-199; — J[ohann Ludger] Schlich, Oehmbs und seine Trinitätslehre, in: PastB 19 (1906/07), 307-314, 366-371; — Jakob Marx, Handschriftenverzeichnis der Seminar-Bibliothek zu Trier (Trierisches Archiv Ergänzungsheft XIII., Veröffentlichungen der Gesellschaft für Trierische Geschichte und Denkmalpflege IV), Trier 1912 , hier 16f.; — Der Weltklerus der Diözese Trier seit 1800, hrsg. v. Diözesanarchiv Trier, Trier 1941, 253 [Handexpl. Bistumsarchiv Trier, mit handschriftl. Ergänzungen]; — Franz-Josef Heyen, Die Öffnung der Paulinus-Gruft in Trier im Jahre 1072 und die Trierer Märtyrerlegende. (Mit erstmals veröffentlichtem Text der »Passio sanctorum martirum Trevirensium.«), in: AMRhKG 16 (1964), 23-66, hier 50, 56; — Ders., Die Bistümer der Kirchenprovinz Trier. Das Erzbistum Trier. Bd. 1: Das Stift St. Paulin vor Trier (GermSac N.F. 6), Berlin/New York 1972, insbes. 18-20, 757-761; Franz Rudolf Reichert, Ungedruckte Materialien zur Geschichte des Trierer Priesterseminars in der Bibliothek des Seminars, in: AMRhKG 24 (1972), 177-187, hier 183-185; — Balthasar Fischer, Die Promotionsfeier an der Theologischen Fakultät Trier 1473-1798 und 1950-1973, in: Georg Droege/Wolfgang Frühwald/Ferdinand Pauly (Hrsg.), Verführung zur Geschichte. FS zum 500. Jahrestag der Eröffnung einer Universität in Trier, Trier 1973, 198-219, hier 204-214; — Ferdinand Pauly, Eid und Gewissen. Das Gutachten der Theologischen Fakultät der Universität Trier über den von den Priestern geforderte Eid auf die Verfassung des Jahres III (1795) der Französischen Republik und seine Auswirkungen auf das Verhalten des Trierer Generalvikariats und des Klerus, in: ebd. 302-322, hier 305-310; — Franz Rudolf Reichert, Trier und seine Theologische Fakultät im Isenbiehlschen Streit (1773-1779), in: ebd. 276-301, hier 295-301; — Klaus Reinhardt, Einen Neuinterpretation des Trinitätsdogmas im Zeitalter der Aufklärung. Die Trinitätslehre des Trierer Exegeten Anton Oehmbs (1735-1809), in: ebd. 230-259; — Michael Trauth, Eine Begegnung von Wissenschaft und Aufklärung. Die Universiät Trier im 18. Jahrhundert, Trier 2000, insbes.131f. 135, 141,160-165; — Franz-Xaver Kraus, Art. Oehms, in: ADB 24 (1887), 207f.; — Wilhelm Kosch, Art.

Oehms, in: ders., Das katholische Deutschland. Biographisch-bibliographisches Lexikon 2, Augsburg [1937], 3325; — Manfred Brandl, Art. Oembhs, inn: ders., Die deutschen katholischen Theologen der Neuzeit. Bd. 2, Aufklärung, Salzburg 1978, 176; — Der Nachlaß befindet sich in der Bibliothek des Priesterseminars Trier.

Larissa Backes

OTTO (II.) VON ANDECHS, Bischof von Bamberg (1177-1196). — * vermutlich Anfang der 20er Jahre des 12. Jahrhunderts; † 2. Mai 1196 in Bamberg. — O. entstammte einem alten bairischen Grafengeschlecht, das im Voralpenland zwischen Lech und Isar seinen Ursprung gehabt hat, sich zunächst nach dem Stammsitz Dießen und später nach der um 1080 errichteten Burg Andechs benannte. Spätestens mit seinem Vater Berthold II. († 1151), der 1137 als »comes de Plassenberch« erstmals erwähnt wird, hatte das Geschlecht in Franken festen Fuß fassen können. O.s Brüder Poppo († 1147) und Berthold III. († 1188) folgten dem Vater im weltlichen Herrschaftsbesitz, der sich nordöstlich Bambergs um Lichtenfels und im Raum Kulmbach/Bayreuth konzentrierte. Im Zuge der weiteren Expansion kam es infolge territorialer Ansprüche 1142/43 zwischen den Grafen von Andechs und dem Bamberger Bistum zu heftigen Auseinandersetzungen, die erst durch die beiden sog. Giechburgverträge (1143/49) beigelegt werden konnten. Die darin erfolgte faktische Anerkennung des status quo leitete eine lange Phase der friedlichen Kooperation zwischen den beiden einstigen Konkurrenten ein. Als treuer Anhänger des Staufers wurde Graf Berthold III. 1173 zum Markgrafen von Istrien ernannt; seine Familie stieg damit in den Reichsfürstenstand auf. Seinem Sohn Berthold IV. († 1214) wurde 1188 schließlich der Titel eines Herzogs von Meranien verliehen. Durch Verheiratungen waren die Andechser mit mehreren europäischen Königshäusern verwandt und verschwägert und gehörten um die Wende zum 13. Jahrhundert zu den angesehensten Adelsfamilien Mitteleuropas. — Über Jugend und Ausbildungsgang O.s gibt es keine gesicherten Nachrichten. Als nachgeborener Sohn dürfte er schon früh für die geistliche Laufbahn bestimmt gewesen sein. 1152 wird er als »clericus« bezeichnet; 1164 war O. bereits Propst des Bamberger Nebenstifts St. Stephan. Im gleichen Jahr sehen wir ihn in der Würde des Propstes des Aachener Münsterstifts, das vielfach mit Vertrauten des staufischen Kaisers besetzt worden war und den Inhaber für höhere Reichsaufgaben prädestinierte. In dieser Funktion war O. maßgeblich an der Kanonisation Karls des Großen durch den Gegenpapst Calixt III. - während des sog. Alexandrinischen Schismas - beteiligt. Ein Jahr später (1165) wurde der Andechser quasi als Kandidat Kaiser Friedrich Barbarossas Elekt in Brixen; der Sprung auf den dortigen Bischofsstuhl mißglückte ihm jedoch. Gegen den Widerstand des dem Papst Alexander III. mehrheitlich anhängenden Südtiroler Bistums konnte er sich - trotz der Unterstützung durch seinen Bruder Berthold, der zu dieser Zeit Stiftsvogt in Brixen war - nicht durchsetzen. Eine Bischofsweihe ließ sich nicht realisieren, so daß O. 1170 resignierte. 1173 ist er wieder in Bamberg anzutreffen, dieses Mal in der Funktion des Dompropstes, einer Schlüsselposition im Bistum und einem potentiellen Sprungbrett auf den Bischofssitz. Als dieser mit dem Tod Bischof Hermanns II. Mitte Juni vakant wurde, wählte ihn das Kapitel - nicht vor Ende August 1177 - zum neuen Bischof; Anfang 1178 erhielt er die Regalien vom Kaiser verliehen. Die Bischofsweihe konnte O. allerdings erst nach der endgültigen Beilegung des Schismas von Papst Alexander III. - anläßlich seiner Teilnahme am 3. Laterankonzil 1179 - in Rom erhalten, ebenso das Pallium. O. blieb auch in seiner neuen Funktion enger Berater des Kaisers, für den er häufig im Dienst des Reichs mit diplomatischen Aufträgen unterwegs war, was wiederum lange Zeiten der Abwesenheit von seinem Bistum mit sich brachten. 1187 reiste er als Gesandter Kaiser Friedrich Barbarossas zum Papst nach Rom, um dort erfolgreich eine Verständigung zwischen den beiden Mächten herzustellen; er begleitete den Stauferkaiser bei dessen Aufbruch zum 3. Kreuzzug bis nach Pressburg. Im Gefolge Heinrichs VI. war er 1191 anläßlich von dessen Kaiserkrönung erneut in Italien. — Vielfach treffen wir O. als Berater der beide staufischen Kaiser in deren nächster Umgebung bzw. auf den von ihnen abgehaltenen Reichsversammlungen. Wichtige Entscheidungen werden von ihm mitgetragen. Noch kurz vor seinem Tod unterzeichnete er im März 1196 die Urkunde über den sog. Erbreichsplan Kaiser Heinrichs. — Über herausragende Tätigkeiten im Bistum ist weit weniger bekannt. Als Förderer verschiedener Klöster, vor allem der Zisterze Langheim, tat sich O. hervor, was ihm den Beinamen »der Freigebige« einbrachte. Daneben förderte er das im bairischen Nordgau gelegene Benediktinerkloster Michelfeld. 1190 gründete er das Spital am Pyhrn (in den österreichischen Besitzungen Bambergs). Kirchlicher Höhepunkt von O.s Episkopat war die Heiligsprechung seines gleichnamigen Vorgängers Otto I. (1189). — Nachdem im Sommer 1185 seine Bischofskirche, der sog. Heinrichsdom in Bamberg, einem verheerenden Brand zum Opfer gefallen war, scheint O. zumindest eine provisorische Übergangslösung geschaffen zu haben, bevor dann nach seinem Tod der eigentliche Wieder- bzw. Neuaufbau der Kathedralkirche in Angriff genommen werden konnte. Dieser blieb seinem Neffen Poppo [II.] (in seiner Eigenschaft als Dompropst) und seinem Großneffen Ekbert in dessen Episkopatszeit - daher häufig, wenn auch nicht ganz zutreffend »Ekbert-Bau« genannt - vorbehalten. O. dürfte sich allerdings bereits kräftig an der (Vor-)Finanzierung des Bauvorhabens beteiligt haben, was ihm später den bevorzugten Begräbnisplatz im Ostchor verschafft haben dürfte. — Unter seinem Episkopat gelang es den Andechsern, ihre Machtposition in Franken weiter auszubauen und einen immer größer werdenden Einfluß auf die Geschicke von Bistum und Hochstift zu gewinnen. Noch in der Regierungszeit O.s besetzten sein Neffe Poppo (später Elekt [1237-42]) und seine beiden Großneffen Berthold [V.] und Ekbert (später ebenfalls Bischof von Bamberg [1203-37]) als Pröpste der Bamberger Nebenstifte wichtige Schlüsselpositionen, nachdem schon zuvor der Sohn seiner Halbschwester, Heinrich von Berg († 1197), zwischen 1180 und 1191 die Würde des Dompropstes innehatte, bevor er zum Bischof von Würzburg aufstieg. Die personelle Durchdringung des Bistums durch eine benachbarte und territorial konkurrierende weltliche Familie erreichte damit einen ersten Höhepunkt. Nach O.s Tod dominierten Mitglieder der Andechser Familie die Politik von Bistum und Hochstift für ein weiteres halbes Jahrhundert. Durch die Verleihung verschiedener Bistumslehen und -rechte sowie die Vergabe von Vogteien, z.B. über Kloster Banz, an den weltlichen Zweig seiner Familie konsolidierte O. zudem entscheidend den territorialen Ausbau der Andechser Herrschaft im Obermaingebiet und sicherte deren weitere Einflußnahme auf das Hochstift. Dadurch legte er aber auch die entscheidenden Grundlagen für einige Jahrzehnte friedlichen Zusammenlebens von weltlicher und geistlicher Herrschaft in Oberfranken.

Quellen und Lit.: Das Wichtigste der Bamberg betreffenden Urkunden liegt heute im Staatsarchiv Bamberg, verzeichnet wurde es - allerdings mit veralteten Archivsignaturen - bei Looshorn, Geschichte (siehe dort). Ottos Beziehungen zu den Herrschern des Reichs lassen sich erschließen aus J. F. Böhmer, Regesta Imperii IV,2 und IV,3 (Reg.). — Æmilianus Ussermann, Episcopatus Bambergensis, St. Blasien 1802, 119-131 und passim; — Edmund Frhr. von Oefele, Geschichte der Grafen von Andechs, Innsbruck 1877; 23f.; — Johann Looshorn, Die Geschichte des Bisthums Bamberg II (1103-1303), München 1888 (ND Bamberg 1967), 515-575; — Friedrich Wachter, General-Personal-Schematismus der Erzdiöcese Bamberg 1007-1907, Bamberg 1908, 11 [Nr. 172]; — Erich Frhr. von Guttenberg (Bearb.), Das Bistum Bamberg I/1 [= Germania Sacra II/1], Berlin-Leipzig 1937, bes. 156-160; — Johannes Kist, Fürst- und Erzbistum Bamberg, Bamberg ^{3}1962, 41f.; Ders., Die Nachfahren des Grafen Berthold I. von Andechs, in: Jahrbuch für fränkische Landesforschung 27, 1967, 43 [Nr. II 3]; — Erich Meuthen, Die Aachener Pröpste bis zum Ende der Stauferzeit, in: Zeitschrift des Aachener Geschichtsvereins 78, 1966/67, 41-43; — Otto Meyer, Oberfranken im Hochmittelalter. Politik - Kultur - Gesellschaft, Bayreuth 1973, 147-151; Franz Machilek, Ottogedächtnis und Ottoverehrung auf dem Bamberger Michelsberg, in: Bericht des Historischen Vereins Bamberg 125, 1989, 20f.; — Jürgen Petersohn, Jubiläum, Heiligsprechung und Reliquienerhebung Bischof Ottos von Bamberg im Jahre 1189, in: ebd. 45f., 48, 55f.; — Alois Schütz, Das Geschlecht der Andechs-Meranier im europäischen Hochmittelalter, in: Josef Kirmeier (Hrsg.), Herzöge und Heilige - Ausstellungskatalog, München 1993, 66-68, Reg.; Ders., Die Andechs-Meranier in Franken und Europa, in: Die Andechs-Meranier in Franken. Europäisches Fürstentum im Hochmittelalter - Ausstellungskatalog, Mainz 1998, 21-25, Reg.; Ders., Die Grafen von Dießen und Andechs, Herzöge von Meranien, in: Armin Wolf (Hrsg.), Königliche Tochter-Stämme, Königswähler und Kurfürsten, Frankfurt a. M. 2002, 225-315, hier 277f., 280f.; — Karl Müssel, Bischof Otto II. vom Bamberg. Ein Lebensbild zum Gedenken an seinen Todestag vor 800 Jahren, in: Archiv für Geschichte von Oberfranken 76, 1996, 7-41; Ders., Der erste Andechser im »fränkischen Rom«. Zum Gedenken an Bischof Otto II. von Bamberg (1177-1196), in: Frankenland 49 (1997) 116-120; — Klaus von Eickels, Die Andechs-Meranier und das Bistum Bamberg, in: Die Andechs-Meranier in Franken. Europäisches Fürstentum im Hochmittelalter - Ausstellungskatalog, Mainz 1998, 145-156; — Caroline Göldel, Otto von Andechs, Stiftspropst von Aachen, Bischof von Bamberg und das Tafelgüterverzeichnis, in: Die Andechs-Meranier in Franken. Europäisches Fürstentum im Hochmittelalter - Ausstellungskatalog, Mainz 1998, 75-79; — Ansgar Frenken, Die Andechs-Meranier als oberfränkische Territorialherren und Bischöfe von

Bamberg, in: Zeitschrift für bayerische Landesgeschichte 63, 2000, 711-786; — Sven Pflefka, Das Bistum Bamberg, Franken und das Reich in der Stauferzeit. Der Bamberger Bischof im Elitengefüge des Reiches 1138-1245, Volkach 2005, Reg.; — NDB 19, 1999, 670f. [L. Holzfurtner]; — Hans-Michael Körner, Große Bayerische Biographische Enzyklopädie 2, 2005, 1446.

Ansgar Frenken

OVERTON, Richard, Geburts- und Todesdatum unbekannt. — R. O.s Geburts- und Sterbedatum sind unbekannt. O. gehörte während der Englischen Revolution (1642-1648) zu den radikaldemokratischen Levellern (Gleichmacher). Er war ein eifriger Pamphletist, der an die 50 Traktate veröffentlichte, in denen er in die politisch-religiösen Auseinandersetzungen seiner Zeit eingriff. — Der Lebensweg O.s liegt weitgehend im Dunkeln. Es wird vermutet, daß O. einige Jahre in Cambridge am Queens' College eingeschrieben war, bevor er als Schauspieler und Dramatiker in Southwark arbeitete. Anfang der 1640er Jahre wandte O. sich dem Baptismus zu und ließ sich selbst als Erwachsener taufen. In diese Zeit fallen auch die ersten Pamphlete O.s in denen er die katholische Kirche aber auch die Anglikanische Kirche und ihre Bischöfe angriff. — Während des Englischen Bürgerkriegs war O. einer der wortmächtigsten Denker der Leveller-Bewegung. Das von ihm 1646 veröffentlichte Traktat »Remonstrance of Many Thousand Citizens« gilt als Gründungsurkunde der Leveller. Die Gruppe erfreute sich großer Zustimmung innerhalb der republikanisch-puritanischen Armee. In mehreren publizierten Verfassungsentwürfen (Agreements of the People«) forderten sie eine Ausweitung des allgemeinen Wahlrechts und die Anerkennung individueller Grund- und Menschenrechte, die als gottgegeben angesehen werden. Noch vor Locke behaupteten sie, daß Herrschaft auf Zustimmung gegründet sein muß. O. akzentuierte in »An Arrow against Tyrants« (1646) das Eigentumsrecht jedes Einzelnen an sich selbst und betonte das natürliche Recht des einzelnen auf Selbsterhaltung. — Im März 1646 wurde O. verhaftet, weil er sich für den Levellerführer Major John Lilburne eingesetzt hatte. Eine Flut von Bittgesuchen aus der Armee brachten ihm und Lilburne im September 1647 die Freiheit. O.s Flugschriften, in denen er die Politik Cromwells angriff (The Hunting of the Foxes), brachten ihn März bis November 1649 erneut ins Gefängnis. — Nach der Etablierung von Cromwells Protektoratsherrschaft nahm O. 1655 an einem erfolglosen Staatstreich von Levellers und Royalisten teil. Die anschließende Flucht brachte ihn nach Holland. Während der Restauration der Monarchie wurde es O. erlaubt, nach England zurück zu kehren. 1659 wurde O. erneut verhaftet, da er sich gegen die Restauration der Monarchie aussprach. Die letzten Jahre seines Lebens bleiben im Dunkel.

Werke: Haller, William (Hrsg.), Tracts on Liberty in the Puritan Revolution 1638-1647, 3 Bde., New York 1934[1], 1965[2]; Wolfe, Don N. (Hrsg.), Leveller Manifestos of the Puritan Revolution, New York 1944, London 1967; Haller, William/Davies, Godfrey (Hrsg.), The Leveller Tracts 1647-1653, New York 1944, Gloucester 1964; Woodhouse, Arthur S. P. (Hrsg.), Puritanism and Liberty. Being the Army Debates (1647-1649) from the Clarke Manuscripts; London 1965[1], London/Chicago 1974[2]; Aylmer, Gerald E (Hrsg.), The Levellers in the English Revolution, Ithaca/New York 1975.

Lit.: Robertson, DB, The Religious Foundations of Leveller Democracy, New York 1951; — Gooch, George P., English Democratic Ideas in the Seventeenth Century, New York 1959[2]; — Frank, Joseph, The Levellers: A History of the Writings of Three Seventeenth-Century Social Democrats: John Lilburne, Richard Overton, William Walwyn, New York 1959[1], 1969[2]; — Brailsford, Henry N., The Levellers and the English Revolution, London/Stanford 1961; — Judson, Margaret Atwood, The Crisis of the Constitution. An essay in constitutional and political thought in England 1603-1645, New York 1964; — Pease, Theodore C., The Leveller Movement, Gloucester 1965; — Shaw, Howard, The Levellers, London 1965; — Aylmer, Gerald E., The Struggle for the Constitution, 1603-1689, London 1968; — Hill, Christopher, The World Turned Upside Down, London 1972; — Witwer, Wolfgang, Grundrechte bei den Levellern und der New Model Army, Ratingen 1972; — Krautheim, Ulrike, Die Souveränitätskonzeption in den englischen Verfassungskonflikten des 17. Jahrhunderts, Frankfurt/Bern/Las Vegas 1977; — Schröder, Christoph, Die Levellers und das Problem der Republik in der Englischen Revolution, in: Geschichte und Gesellschaft, Nr. 10, 1984, 461-497; — Goldie, Mark, Absolutismus, Parlamentarismus und Revolution in England, in: Iring Fetscher/Herfried Münkler (Hrsg.), Pipers Handbuch der politischen Ideen, Bd. 3, München 1985, 275-352; — Brocker, Manfred, Die Grundlegung des liberalen Verfassungsstaates. Von den Levellers zu John Locke, Freiburg (Brsg)/München 1995; — Gibbons, Brian J., Richard Overton, Oxford 2004; — Diethe, Jürgen, Levellers: Politische Theorie und Praxis in der englischen Revolution, Schriften zur politischen Theorie, Bd. 6, Hamburg 2006.

Michael Hausin

OVIEDO Y VALDÉS, Gonzalo Fernández de, span. Chronist, Schriftsteller und Kolonialadministrator, * 1478 in Madrid; † 26. Juni 1557 in Valladolid. — Als Sproß einer wohlhabenden asturischen Familie verbrachte O. seine Kindheit am Hof der »Katholischen Könige« Ferdinand von Aragón und Isabella von Kastilien. 1491 wurde er Schildknappe des spanischen Thronfolgers Johann, Prinz von Asturien. In dieser privilegierten Stellung erlebte O. das für Spanien epochale Jahr 1492, die Rückeroberung der letzten maurischen Bastion Granada und die Entdeckung Amerikas durch Kolumbus, dessen Söhne ebenfalls in Diensten Johanns standen. Nach dem Tod Johanns (1497) verließ O. den Hof und ging nach Italien. 1498 war er in Mailand für kurze Zeit Diener Ludovico Sforzas, lernte Künstler wie Leonardo da Vinci und Andrea Mantegna kennen und begleitete Juan de Borgia auf zahlreichen Reisen durch verschiedene italienische Städte. 1500 lernte O. auf Sizilien Gonzalo Fernandez de Cordoba kennen, dessen Sekretär er 1512 werden sollte. Zuvor kehrte O. 1502 nach Spanien zurück, um nach dem Tod Isabellas (1504) wieder in die Dienste des Hofes einzutreten. 1506 heiratete er Margarita de Vergara, die jedoch kurz darauf verstarb. 1507 erfolgte die Bestellung O.s zum Notar, im gleichen Jahr wurde er Sekretär beim Rat der Heiligen Inquisition. 1508 heiratete O. erneut (Catalina Rivafecha) und arbeitete bis 1511 als Notar in Madrid. 1514 fährt O. erstmals nach Amerika. In Santo Domingo wird er zum Administrator der Goldschmelzen ernannt. Nach seiner Rückkehr (1523) übernimmt er das Amt des königlichen Berichterstatters für Westindien, ab 1532 als offizieller Historiograph des Hofes. Obwohl seine politische Karriere unterdessen noch zwei wichtige Höhepunkte erfahren sollte (1526 wird er Gouverneur von Antigua und 1535 Statthalter von Santo Domingo; ein Amt, das er zehn Jahre lang inne hatte), blieb er der Nachwelt vor allem durch seine historiographische Tätigkeit in Erinnerung. In den Jahren 1535 bis 1552 entstand sein 20bändiges Hauptwerk »La historia general y natural de las Indias, islas y tierra-firme del mar océano«, das seinen Ruhm als Chronist begründete. Das Besondere an dieser umfangreichen Dokumentation ist der Umstand, daß O. in seinem Amt als Hofhistoriograph fünf längere Reisen in die Kolonien unternahm, um sich selbst ein genaues Bild von der dortigen Situation zu machen, eine wichtige Voraussetzung für die Glaubwürdigkeit der detaillierten Darstellung. Historische Bedeutung erlangte Os. *Historia general* insbesondere als Referenz im Disput um die Legitimation der spanischen Herrschaftspraxis in den Kolonien, der zwischen Juan Ginés de Sepúlveda und Bartolomé de Las Casas im Rahmen der Junta de Valladolid (1550-1552) ausgetragen wurde. Während Sepúlveda seine kolonistische Position auf O.s Darstellung stützt, wirft Las Casas O. vor, sein Werk enthalte »ebenso viele Lügen wie Seiten«, was jenen zu einer eigenen, gleichwohl ebenso parteiischen Darstellung motivierte, der »Brevísima relación de la destrucción de las Indias occidentales« (1552). Trotz der mangelnden Neutralität eines Hofhistoriograph gilt die *Historia general* nach wie vor als wichtige, da einzige vollständige Quelle für die Zeit der Eroberung Amerikas und die Konsolidierungsphase der spanischen Kolonialherrschaft im ersten Drittel des 16. Jh.; das Werk wurde 1851-1855 von der spanischen Real Academia de la Historia unter der Leitung von José Amador de los Ríos erstmals komplett editiert und veröffentlicht. 1545 kehrte O. nach Spanien zurück, um in den letzten Lebensjahren auch belletristische Literatur zu verfassen, u. a. seinen zweiten Roman - bereits 1519 entstand der Ritterroman »Don Claribalte« - mit dem Titel »Las Quinquagenas de la nobleza de España« (1555), in dem in kuriosen und moralisierenden Anekdoten Gerüchte über berühmte Zeitgenossen O.s verarbeitet sind. O. starb 1557 in Valladolid im Alter von 79 Jahren.

Werke: Don Claribalte (1519), Sumario de la natural y general historia de las Indias (1526), La historia general y natural de las Indias, islas y tierra-firme del mar océano (1535-1552), Las Quinquagenas de la nobleza de España (1555).

Ausgaben der »Historia general«: G. F. d. O., La Historia general y natural de las Indias, islas y tierra-firme del mar océano por el Capitán Gonzalo Fernández de Oviedo y Valdés, hg. im Auftrag der Real Academia de la Historia von José Amador de los Ríos. 20 Bde. Madrid 1851-1855. Zweite Auflage: Madrid 1944-1945 (14 Bde.). Dritte Auflage: Madrid 1959 (5 Bde.). Faksimileausgabe, hg. von der Biblioteca Virtual Miguel de Cervantes. Alicante 2007, auf: http://www.cervantesvirtual.com/FichaAutor.html?Ref=360&portal=157 (12.02.20008)

Weitere Werkausgaben: G. F. d. O., Writing from the Edge of the World: The Memoirs of Darien, 1514-1527. Tuscaloosa 2006; J. Carrillo Castillo (Hrsg.), O. on Columbus. Turnhout 2002.

Lit.: E. Cardenal, F. d. O. nos habla de los frutos y animales del Nuevo de Mundo, in. Memoria del congraso sobre el mundo Centroamericano de su tiempo. V. Centenario de G. F. d. O., Costa Rica 1980, 473-376; — M. Erdheim, Anthropologische Modelle des 16. Jahrhunderts: O. (1478-1557), Las Casas (1475-1566), Sahagún (1499-1540), Montaigne (1533-1592), in: W. Marshall (Hrsg.): Klassiker der Kulturanthropologie. Von Montaigne bis Margaret Mead. München 1990, 19-50; — M. Erdheim, Anthropologische Modelle des 16. Jahrhunderts. Über Las Casas, O., Sahagún, in: K.-H. Kohl (Hrsg.): Mythen der Neuen Welt. Zur Entdeckungsgeschichte Lateinamerikas. Berlin 1992, 57-67; — A. Gerbi, Nature in the New World: From Christopher Columbus to G. F. d. O. Pittsburgh 1986; — K. A. Myers, F. d. O.'s Chronicle of America: A New History for a New World. Austin 2008.

Josef Bordat

P

PALLINGEN, Franz Anton Peter Joseph von, Propst des Kollegiatstifts Eisgarn; * 1682 in Wien, † 1750 in Eisgarn (Niederösterreich). — P. war der zweite Sohn des kaiserlichen Hofbeamten Mathias Arnold Edlen von Pallingen und seiner Frau Maria Katharina, geb. Hillebrand. Nach dem Studium beider Rechte wurde er 1706 zum Priester geweiht und noch im selben Jahr von Kaiser Josef I. zum kaiserlichen Rat ernannt und als Propst des zur damaligen Zeit wirtschaftlich schwer angeschlagenen Kollegiatstifts Eisgarn (Niederösterreich) präsentiert. »Er stand der Propstei über 44 Jahre, und zwar mit großem Ruhme vor« (Gübel), wozu neben seiner Frömmigkeit und Bildung nicht zuletzt auch sein erhebliches Privatvermögen beitrug, das er im Lauf seiner Amtszeit beinahe vollständig in den Erhalt und die Verschönerung des Stiftes investierte. Als Zeugnisse seines Wirkens haben sich bis heute der 1714 errichtete Kolomanialtar im rechten Seitenschiff der Stiftskirche, die an den Wänden von Altarraum und Mittelschiff angebrachten Sandsteinplastiken der Apostel sowie die seltene Darstellung eines lebensgroßen Engels mit Weihwasserbecken erhalten. Auch der Prospekt der Hauptorgel auf der Westempore dürfte noch aus der Zeit von Propst P. stammen. Bereits 1713 hatte er zu Ehren des hl. Märtyrers Koloman die gleichfalls noch bestehende Kapelle auf dem außerhalb von Eisgarn gelegenen Kolomanifelsen erbauen lassen. Weniger rühmlich tat sich P. als Verwalter des stiftseigenen Vermögens hervor. Im Lauf seiner Amtszeit mußte er aufgrund der sich zunehmend verschlechternden wirtschaftlichen Lage des Stiftes eine Vielzahl von Liegenschaften veräußern, was jedoch stets nur kurzfristig für Abhilfe sorgte. Infolge seines immer deutlicher zutage tretenden wirtschaftlichen Unvermögens wurde ihm schließlich sowie 1729 und 1730 neuerlich ab 1741 zwangsweise ein Administrator zur Seite gestellt. Abgesehen von seinem Bemühen um die Belebung der Verehrung des hl. Koloman scheint er die seelsorglichen Belange, die ihm als Pfarrer von Eisgarn oblagen, weitgehend seinen Vikaren überlassen zu haben. Stattdessen widmete er sich lieber »geschichtlichen und diplomatischen Studien und dem Verkehre mit gelehrten Männern« (Plesser). Seine »glänzende Freigiebigkeit und Gastfreundschaft, seine Bücherliebhaberei und seine Neigung zu Bauten und Verschönerungen« (Gübel) führte dazu, daß er gegen Ende seines Lebens nur knapp dem Bankrott entging. Nichtsdestotrotz gebührt P. das Verdienst, das äußere Erscheinungsbild des Stiftes bis in die Gegenwart hinein entscheidend und vorteilhaft geprägt zu haben.

Lit.: Johann Gübel, Die Propstei Eisgarn (Schluß), in: Wiener Kirchenzeitung 7 (1854), Nr. 52 (30. Juni), 428-430, 428; — Alois Plesser, Beiträge zur Geschichte der Propstei und Pfarre Eisgarn, in: Bischöfliches Ordinariat der Diözese St. Pölten (Hrsg.), Geschichtliche Beilagen zum St. Pöltener Diözesanblatt, Band VIII, St. Pölten 1907, 1-74, 54-57; — Ulrich Küchl, Zur Geschichte des Kollegiatstiftes »Propstei Eisgarn«, in: Marktgemeinde Eisgarn (Hrsg.), 50 Jahre Markterhebung / 650 Jahre Propstei Eisgarn, Eisgarn 1980, 17-33, 23, 29-30 und 32.

Wolfgang F. Rothe

PASTOR, Adam (ursprünglich Rudolf Martens), Täuferführer und Unitarier, * ca. 1500/1510 Dörpen (Westfalen), † ca. 1560/1570 (Münster? Emden?). — Über seine Herkunft und ersten Lebensjahre fehlen Daten und Unterlagen. Nachdem er seiner Priesterausbildung erhalten hatte, trat er 1531 eine Pfarrerstelle in Aschendorf an. Wann und wo er sich den Täufern anschloß, ist nicht bekannt. Es wird angenommen, daß er den Sendboten Jan Matthijs' van Leiden angehörte. Nach dem Sturz des Täuferreiches zu Münster (1535) bekämpfte er den neuen Täuferführer David Joris wegen dessen messianischer Ansprüche und schloß sich der Gruppe der Brüder Obbe und Dirk Philips und Menno Simons an. 1542 ist er einer der fünf neu ordinierten Bischöfe. Sie versuchten die nordniederländischen Mennoniten mit den niederrheinischen Täufern zu vereinen. Wegen theologischer und kultureller Unterschiede mißlang dieser Einigungsversuch jedoch. Auf den Täufersynoden zu Emden und Goch 1547 wurde deutlich, daß Adam Pastor den strengen Kirchenbann und die Lehre der Trinität anzweifelte. Daraufhin wurde er von Dirk Philips verbannt. Dieser Bannfluch war umstritten und Adam Pastor setzte seine geheime bischöfliche Tätigkeit am Niederrhein fort. Seine Anhänger nannte man »Adam Pastors Volck« oder Adamieten. — In den Jahren 1547-1552 kam es zu einem Machtkampf zwischen Dirk Philips und Adam Pastor hinsichtlich der von Menno und Dirk vertretenen Lehre der monophysitischen Menschwerdung und der Dreieinigkeitslehre. Adam Pastors Disputation berichtet über die Versammlung zu Lübeck um 1552, wo mennonitische Bischöfe noch einmal mit Adam Pastor disputierten. Ihre Standpunkte liefen über Pastors Auffassung bezüglich der Menschlichkeit und der sich daraus ergebenden göttlichen Natur Christi auseinander. Pastor basierte sich hierbei auf den Wortlaut bestimmter Textstellen in der Bibel. Gottes Natur sei auch in Christus, er solle aber nicht ewig göttlich sein. Pastor wurde des Antitrinitarismus beschuldigt und endgültig mit dem Bann belegt. — Außer der Disputation ist nur die Schrift Underscheit tusschen rechte leer unde valsche leer, in der die Machenschaften der katholischen Kirche und des Davidjorismus angeprangert werden, erhalten geblieben. Der Leitgedanke Adams Theologie ist die Besserung des Lebens. Für ihn war innerliche Wiedergeburt das Resultat einer besonderen Zuwendung Gottes. Rettung war jedoch nicht nur von der Initiative und von der Zuwendung Gottes abhängig. Die Erkenntnis der Notwendigkeit der Reue ist nach Pastor der Anfang des wahren Glaubens. Er hebt Reue und die ihr auch im Alltag folgende erkennbare Veränderung besonders hervor. Diese aufrichtige Reue sei nichts anderes als eine Abwendung oder einer Distanzierung vom früheren, sündigen Leben. Adam Pastor deutete folglich Zuwendung als die 'Änderung des Lebens', die eine geistige Absolution der Sünde umfaßt. Die Gläubigen seien durch Christus mit dem Heiliger Geist 'innerlich' getauft. Dies betont die geistige Brüderschaft, die er wünschte, Wirklichkeit Adam Pastors, sowohl auf lokaler als auch universaler Ebene. Glaube ist mit der Hörfähigkeit verbunden und mit der Antwort auf diese Hörfähigkeit. Somit ist der Leitgedanke des Arguments für die Taufe der Gläubigen daraufhin zurückzuführen, daß in der Bibel steht, daß Glaube die Folge von Unterricht ist (Adam Pastor fand in den Schriften nichts über die Säuglingstaufe). In seiner Abendmahlslehre (einem Freundes- und Gedenkmahl) wurde er von Karlstadt, Roll und Campanus beeinflußt, deren Einfluß überhaupt spürbar ist. — Trotz der Differenzen mit Dirk Philips und Menno Simons hielt Adam Pastor am Kernglauben hinsichtlich des heilige Lebens, der Taufe und der Gemeinschaft fest, den das Täufertum in den Niederlanden und in Norddeutschland über mehrere Jahrhunderte (von 1540 bis Mitte des 17. Jahrhunderts) hinaustrug. — Pastor kann in vielerlei Hinsicht als ein echter Täufer bezeichnet werden, jedoch nicht in Bezug auf die Christologie. Und auf Grund seiner unorthodoxe Lehre zur Göttlichkeit Jesu wurde er beim Kampf um die Führung größtenteils aus der Täufergeschichte herausgeschrieben.

Werke: Een boexken darinne dat Pater noster wert wtghelecht unde verclaert, s.l., s.a., (nach 1540), 'Disputation van der Godtheit des Vaders, des Soens unde des hilligen Geistes' (nach 1552), in: Cramer, S., ed., Bibliotheca Reformatorica Neerlandica (BRN) V, 's-Gravenhage, 1909, p. 517-581; 'Underscheit tusschen rechte leer unde valsche leer' (nach 1552), in: BRN, V, p. 315-516; Ein concordant oft register der gangster Bible (1559), Een Hantboecxken oft concordancie: Dat is de gelijckluydende plaetsen der Heyligh by een vergadert, by my Peter van Putte (1581).

Verloren gegangen sind: Disputation mit Dirk Philipps, Von der Barmherzigkeit Gottes, Vom Menschengeboten und Dit zijn die Articulen van Davidt Jorisz Leere... (1542).

Lit.: Bock, F. S. Historia Antitrinitariorum. Leipzig, 1784: I, p. 589-591; — Buzzard, A.F., 'Adam Pastor, Anti-Trinitarian Anabaptist', in: A Journal from the Radical Reformation, vol. 3, issue 3, 1994; die meist uhrsprungliche darstellung gibt Cramer, S., ed., Bibliotheca Reformatorica Neerlandica V, 's-Gravenhage, 1909, Inleiding, p. 315-359; — Dunin Borkowaski, S. von, 'Die Gruppierung der Antitrinitarier des 16. Jahrhunderts', in: Scholastik VII, 1932, p. 481-523; — Groot, A. de, 'Adam Pastor', in: Biografisch lexicon voor de geschiedenis van het Nederlandse protestantisme, IV, 1998, p. 11-12; — Herzog, J. J. and Albert Hauck, Realencyklopädie für protestantische Theologie und Kirche, Leipzig, 1896-1913[3]: volume 14, p. 759-760; — Kalma, J.J., Adam Pastor (ca. 1500-ca. 1565): een vrijzinnige 16e eeuwse Doper; samengesteld door J.J. Kalma, Leeuwarden, 1985; — Keller, L., 'Pastor, Adam', in: Allgemeine deutsche Biographie, volume 25, 1887, p. 217; — Newman, A.H., 'Adam Pastor, Antitrinitarian Antipaedo Baptist', in: The American Society of Church History, second series V, New York, 1917, p. 73-99; — Rembert, K., Die »Wiedertäufer« im Herzogtum Jülich, Berlin, 1899, p. 100 ff.; — Voolstra, S., Het woord is vlees geworden. De melchioristisch-menniste incarnatieleer, Amsterdam, 1982; — Vos, K., 'Adam Pastor, de eerste Nederlandsche vrijzinnig doopsgezinde', in: Doopsgezinde Bijdragen, 49, 1909, p. 104-126; — Vos, K., 'De Anabaptisten te Ahaus in 1549', in: Nederlands Archief voor Kerkgeschiedenis, XI, 1914, p. 257-270; — Wessels, H.D., 'Een proces tegen enige van doperse gezindheid verdachte Zutphenaren. Het optreden van Adam Pastor in het kwartier Zutphen', in: Doopsgezinde Bijdragen, 7, 1981, pp. 66-81; — Wilbur, E.A., A History of Unitariansm, I, Socinianism and its Antecedents, Boston, 1945, p. 40-48; — Williams, G.H., The Radical Reformation, Kirksville, 1992[3], p. 739-742; — MennLex III, p. 368-369; — MennEnc. II, p. 65-66.

Theo Brok

PAULS, Theodor, Professor für evangelische Religionslehre und Methodik des Religionsunterrichts, * 10. Januar 1885 in Großefehn im Krs. Aurich (Ostfriesland), † 31. März 1962 in Nürnberg. — Theodor Pauls gehört zu den Theologen an den nationalsozialistischen Hochschulen für Lehrerbildung, für die der totalitäre Staat unerwartete Karrierechancen mit sich gebracht hatte. Abgesehen von kleineren Veröffentlichungen im Umfeld seiner historischen Dissertation zur »Geschichte der ostfriesischen Häuptlinge« (1908) hatte er in der ausgehenden Kaiserzeit keine akademischen Ambitionen an den Tag gelegt. Erst Mitte der 1920er Jahre trat der damalige Studienrat als Lutherforscher und Religionspädagoge publizistisch in Erscheinung, was ihm 1929 einen Ruf an die neu gegündete Pädagogische Akademie in Erfurt einbrachte. Die Diskussion um deren Bestand ist ein Beispiel für die bildungspolitischen Richtungskämpfe, die 1932 zur Schließung dieser Einrichtung führten und den Akademieprofessor in den Schuldienst entließen. Sein Versuch, lutherische Theologie mit nationalsozialistischem Erziehungsdenken zu verbinden, dokumentiert zahlreiche Kontinuitäten theologischen und pädagogischen Denkens zwischen den 1920er und 1930er Jahren, darunter die Unterscheidung zwischen einem geistlichen und weltlichen Auftrag des Religionsunterrichts sowie die Beschreibung des Erziehungsvorganges als ein Hineinwachsen in Gottes Ordnungen. Während der nationalsozialistische Lutherforscher Pauls und seine Mitarbeit am Eisenacher »Institut zur Erforschung des jüdischen Einflußes auf das deutsche kirchliche Leben« bereits historiographisches Interesse gefunden hat, ist seine Wirksamkeit in der akademischen Religionslehrerbildung und seine dort vertretene Konzeption noch nicht untersucht worden. — Pauls wurde am 10. Januar 1885 in Großefehn im Krs. Aurich (Ostfriesland) geboren. Nach seiner 1903 abgelegten Reifeprüfung in Aurich studierte er Philosophie, ev. Theologie, Geographie und Geschichte in Halle-Wittenberg, Heidelberg, Göttingen und Berlin, wo er 1908 mit einer von Dietrich Schäfer und Otto Hintze betreuten Dissertation zum Dr. phil. promoviert wurde. Er legte im darauffolgenden Jahr die Prüfung für das Lehramt an höheren Schulen für die Fächer ev. Religion, Geschichte und Erdkunde ab und wirkte von 1910 bis 1911 als Seminarkandidat am Kgl. Kaiser-Wilhelms-Gymnasium in Wilhelmshaven, anschließend bis

1912 als Probekandidat am Kgl. Wilhelms-Gymnasium in Emden und schließlich bis 1921 als Oberlehrer an der Städtischen Oberrealschule Wilhelmshaven. Unter den 32 Lehrern des dortigen Kollegiums war er 1914 der einzige, der sich als Kriegsfreiwilliger meldete; elf weitere wurden zum Heeresdienst einberufen (so der Jahresbericht 1914/15, S. 9). Zunächst diente Pauls als Soldat, ab März 1915 als Leutnant der Reserve. Geheimrat Wilhelm Fries berief ihn 1921 an die Oberrealschule der Franckeschen Stiftungen in Halle an der Saale, wo er bis 1929 als Studienrat wirkte. Die zur Hundertjahrfeier dieser Einrichtung erschienene »Festschrift« (1935) hebt Pauls als einen ehemaligen Lehrer hervor, der sich in besonderer Weise für das 1925 eingeweihte Denkmal für die 205 Kriegstoten dieser Schule eingesetzt hatte (ebd. S. 19). — Der für die Zeitschrift »Die evangelische Pädagogik« verfaßte Bericht über die zweite Tagung der Fichtegesellschaft in Halle zum Thema »Christentum und Nationalerziehung« (1926) bietet eine knappe Zusammenfassung zu den dort gehaltenen Vorträgen, die sich u. a. mit der Frage beschäftigten, ob es jenseits gängiger Konfessionsgrenzen einen Beitrag der katholischen und evangelischen Kirchen zu einer gesamtdeutschen Nationalerziehung geben könne. In dieser Zeitschrift erschien zum Jubiläumsjahr des Augsburger Bekenntnisses der Aufsatz »Das Augsburgische Bekenntnis und die Schule« (1930), in dem Pauls aus einzelnen Artikeln schulpraktische Konsequenzen ableitet, darunter die Begründung des »Erziehungsauftrages zu Gott hin« im Anschluß an die Ausführungen zur Kindertaufe in CA 9 und die »Stählung unseres Körpers« nach CA 26 (ebd. S. 141 f.). Der in diesem zeitlichen Umfeld entstandene Artikel über »Das Verhältnis von Christentum und Heidentum im Unterricht« (1929) geht zurück auf einen Vortrag, den Pauls 1928 auf der 50. Tagung der »Missionskonferenz in der preußischen Provinz Sachsen-Anhalt« in Halle gehalten hatte. Ausgangspunkt seiner Ausführungen ist die Frage, ob das in der Bezeichnung »Heiden« mitklingende Werturteil gegenüber anderen Religionen aufrecht erhalten werden könne, da die neuere Forschung auch anderen Religionen eine ernsthafte Gottessuche bescheinige. Insbesondere Rudolf Ottos einflußreiches Buch über »Das Heilige« (1917) habe anderen Religionen einen Eigenwert zugesprochen, und die johanneische Aussage, daß der Geist Gottes bläst, wo er will (Joh. 3,8), könne als theologische Legitimation eines religiösen Pluralismus gelesen werden. Pauls erblickt in solchen und anderen relativistischen Positionen, die er nicht namhaft macht, die Gefahr »einer Überschätzung des Fremden und einer Unterschätzung des Wertvollen im eigenen Lager« (ebd. S. 131) und argumentiert u. a. mit Karl Barth, daß die »Wahrheit des Kreuzes« jenseits religiöser, ethnischer und kultureller Unterschiede stehe und im Mittelpunkt der inneren und äußeren Mission stehen müsse (ebd. S. 139). Ebensowenig dürfe seiner Meinung nach im Religionsunterricht der »Grundsatz missionarischer Aggressivität ein Opfer der heute uns alle irgendwie bewegenden, das Gemeinsame betonenden und auf Ausgleich gerichteten Stimmung werden« (ebd. S. 145). — Pauls wurde 1929 Professor für evangelische Religionswissenschaft an der neu gegründeten Pädagogischen Akademie in Erfurt, die sich als zentraler Standort der Lehrerbildung im preußischen Teil Mitteldeutschlands gegenüber Halle durchsetzen konnte. Er laß in dieser Zeit u. a. über die »Kernfragen evangelischer Religionswissenschaft« (SS 1929, SS 1930) und über »Große christliche Persönlichkeiten« (SS 1929), ferner über das Thema »Religion und Jugend« (WS 1929/30), über »Die für den Religionsunterricht wichtigsten Hauptgebiete der Religionswissenschaft« (SS 1931), über die »Methodik des Religionsunterrichts« (SS 1931), über den Zusammenhang von »Bibel und Gegenwart« (SS 1931), über die »Didaktik und Methodik des evangelischen Religionsunterrichts« (WS 1931/32) und über »Martin Luthers Reformation und ihre Bedeutung für den Aufbau einer Welt evangelischer Profanität« (WS 1931/32). Zeitgleich waren im Erfurter Arbeitsplan folgende Übungen unter seinem Namen angekündigt: »Die Sprache und der Gehalt der deutschen Bibel Luthers und anderer Übersetzer« (SS 1929), »Einführung in das religiöse Bildungsgut der Volksschule« (WS 1929/30, SS 1930), »Praktische Auslegung biblischer Texte im Religionsunterricht der Volksschuloberstufe« (WS 1929/30), »Luther und die Pädagogik« (SS 1930, WS 1930/31), »Die Gestalt Jesu in der Forschung der Gegenwart« (SS 1931), »Zusammenhänge zwischen Religionspsychologie und Religionspädagogik« (WS 1931/32) sowie »Das Kirchenlied im Religionsunterricht« (WS 1931/32). — Einen Einblick in die Praxis der Erfurter Religionslehrerbildung gibt der Artikel »Das Schulgebet und der Student der Pädagogik« (1932), da Pauls die Ergebnisse einer kleinen empirischen Studie unter den Studenten seiner Didaktik- und Methodikvorlesung vorstellt. In dieser Vorlesung hatte er u. a. die umstrittene Frage nach der Lehrbarkeit von Religion thematisiert und die »Doppelschichtigkeit« des Religionsunterrichts, d. h. die Spannung zwischen dem schulischen und kirchlichen Bildungsauftrag am Beispiel eines Schulgebets diskutiert. Dafür sollten sich die Studenten schriftlich zu einem Gebetstext äußern, den Richard Kabisch im Rahmen seines erlebnisorientierten Unterrichtskonzepts für den Schulgebrauch verfaßt hatte (vgl. dazu Kabisch/Tögel, Wie lehren wir Religion?, Göttingen 71931, S. 179). Pauls klassifizierte die eingegangenen 33 Meinungsäußerungen danach, ob sie aus persönlichen, pädagogischen oder religiösen Gründen Schulgebete begrüßen oder ablehnen. Aufgrund der Vielfalt der individuellen Stellungnahmen, die das gesamte Spektrum möglicher Antworten abdecken, formuliert Pauls die hochschuldidaktische Konsequenz, die Studenten in ihrer praktischen Ausbildung nicht auf »bestimmte Verhaltensschemen im Unterricht« festzulegen (ebd. S. 239), sondern im Studium die Voraussetzung für ein begründetes eigenes theologisches und pädagogisches Urteil zu schaffen, da dieses nicht aus der Praxis erwachsen könne. Pauls selbst äußert sich kritisch gegenüber dem Gebet im Unterricht und widerspricht der These Adolf Burkerts, daß das Klassengebet eine »Gelegenheit (!) zu wirklich religiösem Handeln« sein könne (ebd. S. 232). Diese Stellungnahme entspricht seinem auch sonst dargelegten Verständnis einer evangelischen Profanität, die strikt zwischen dem weltlichen und geistlichen Erziehungsauftrag an den Lernorten der Schule und Gemeinde unterscheidet. — In dem in Erfurt verfaßten Beitrag »Der Religionsunterricht und die pädagogische Lage der Gegenwart« (1932) gibt Pauls einen knappen Überblick zu deren Wechselverhältnis und unterscheidet fünf Hauptströmungen: die naturalistische Pädagogik (William Stern), die idealistische (Eduard Spranger), die soziologische (Ernst Krieck), die kritische (Eberhard Griesebach, Gerhard Bohne) und schließlich die christliche bzw. evangelische Pädagogik (Otto Eberhard, Helmuth Schreiner, Theodor Heckel). Drei Aspekte hebt er in diesem Zusammenhang für seine eigene Theorie des Religionsunterrichts hervor: erstens den soziologischen Gedanken der Gemeinschaft, der die »Vereinsamung des Individualismus« (ebd. S. 54) überwinden soll, zweitens das Prinzip der Mehrdarbietung und schließlich die Einsicht der Wertpädagogik, die das sog. »affektive Verstehen«, d. h. die Beteiligung zustimmender oder ablehnender Empfindungen beim Lernen betont (ebd. S. 58). Im Unterschied zu anderen religionspädagogischen Veröffentlichungen argumentiert Pauls in diesem Beitrag weniger theologisch, sondern stärker pädagogisch, da er die erzieherische Bedeutung der erlebten Gemeinschaft sozialpsychologisch begründet, das Unterrichtsprinzip der stofflichen Mehrdarbietung entwicklungspsychologisch zur Geltung bringt und Einsichten der zeitgenössischen Wertpsychologie rezipiert. Daß Pauls mit seiner konzeptionellen Nähe zu Ernst Kriecks »Nationalpolitischer Erziehung« (1932) keineswegs einen Fachkonsens an der Erfurter Akademie formulierte, zeigt bereits der Vergleich mit dessen Direktor, dem evangelischen Theologen Wilhelm Bruhn. Dieser hatte mit seiner Schrift »Die Philosophie im erziehungswissenschaftlichen Studium« (1931) gegen Ernst Krieck und weitere Wortführer einer soziologischen Pädagogik argumentiert, die Erziehung reduktionistisch als einen Vorgang beschreiben, bei dem das Individuum lediglich in das bestehende Werte- und Funktionsgefüge einer Gesellschaft eingegliedert werden soll. — Nach der Auflösung der Pädagogischen Akademie in Erfurt 1932 kehrte Pauls in den höheren Schuldienst zurück und war bis 1938 Studiendirektor in Senftenberg in der Niederlausitz. Das hier abgeschlossene Buch »Der evangelische Religionsunterricht« (1934) geht davon aus, daß die nationalsozialistische Erziehungsidee den Religionsunterricht »im innersten Kern seines Wesens« berühre und eine Bekenntnisfrage sei, die nur unter Rekurs auf die reformatorischen Quellen sachgemäß beantwortet werden könne (ebd. S. 1). Die Auslegung der drei Hauptartikel von Luthers Kleinem Katechismus wählt er als

Zentrum seiner eigenen Grundlegung (ebd. S. 11-51), an die sich methodische Überlegungen zur Behandlung des Alten und Neuen Testaments anschließen (ebd. S. 52-75). Luther, der »in schärfsten Gegensatz« zu den Juden geraten sei, könne, wie Pauls zu bedenken gibt, bei den aktuellen erziehungspolitischen Fragen keine verbindlichen Antworten geben, da seine Texte »zeitgebunden« seien und die heutigen Herausforderungen noch nicht im Blick haben konnten (ebd. S. 59 f.). Eine wichtige theologische Einsicht des Reformators sei jedoch noch heute gültig: daß »das Alte Testament zu unserer Seelenseligkeit nicht vonnöten ist« (ebd. S. 61). Aufgrund dieser Überzeugung formuliert Pauls die Konsequenz, daß die Behandlung des Alten Testaments im Religionsunterricht keine Glaubensfrage, sondern lediglich eine Frage der methodischen Zweckmäßigkeit bei der Erreichung nationalsozialistischer Erziehungsziele darstelle. Es sei daher »instinktlos, den Kampf um die Entjudung unseres Kulturlebens zu führen und gleichzeitig unsere Kleinen [...] liebevoll einzuführen in die Fremdwelt der zwölf Stämme« (ebd. S. 61 f.). Luthers Übersetzung komme zwar das Verdienst zu, eine »Eindeutschung des alttestamentlichen Gutes« (ebd. S. 66) begonnen zu haben, doch müsse dieser Weg heute konsequent fortgesetzt werden. Unter Berufung auf den Grundsatz, daß keine Wissenschaft voraussetzungslos sei, plädiert er in diesem Zusammenhang für eine zeitgemäße Gesamtdeutung des Alten und Neuen Testaments, bei der im Unterricht u. a. die »nationalsozialistische Religionskritik« und der »Sozialismus der Bergpredigt« (ebd. S. 73 f.) zur Geltung kommen müsse. Im Vergleich zu seinen Ausführungen zu Bibel und Bekenntnis fallen die übrigen didaktischen und methodischen Überlegungen knapp aus: Unter den Liedern des Gesangbuchs sollen seiner Meinung nach solche ausgewählt werden, in denen »urnordische Mannentreue« und »heldischer Christengeist« zum Ausdruck kommen (ebd. S. 75 f.). Zur Behandlung der Kirchengeschichte verweist er u. a. auf Hermann Tögels »Germanenglaube« (1926), um im Unterricht die »Eindeutschung des Christentums« anschaulich vor Augen führen zu können (ebd. S. 76). Kurd Niedlichs »Mythenbuch« ([2]1923) gehört schließlich zu den Quellensammlungen, an denen sich seiner Meinung nach die germanischen Wurzeln der deutschen Weltanschauung besonders gut aufzeigen lassen, um die Schüler zu einem vertieften Verständnis ihres Glaubens führen zu können (ebd. S. 76). Insgesamt konnte Pauls in seinem umfangreichsten religionspädagogischen Werk aus dem Jahr 1934 auf zahlreiche Fachveröffentlichungen aus den 1920er Jahren zurückgreifen, die sich unter den neuen erziehungspolitischen Rahmenbedingungen als anschlußfähig erwiesen. — Pauls beklagte wiederholt, daß sich in den Werken der zeitgenössischen Religionspädagogen, die sich um die Grundlegung einer evangelischen Pädagogik bemühten, keine Darstellungen zum Erziehungsdenken Luthers finden. Sein im Furche-Verlag erschienenes Buch »Erziehung und Unterricht in Luthers Theologie« (1935) will diese Forschungslücke schließen und versteht sich als eine Grundlegung der Pädagogik »von Luther her«, ohne eine konzeptionelle Auseinandersetzung mit Hermann Werdermann, Kurt Frör, Gerhard Bohne, Theodor Heckel, Helmuth Schreiner, Magdalena von Tiling, Wilhelm Koepp und Otto Eberhard anzustreben, die Pauls lediglich summarisch als Vertreter dieser pädagogischen Richtung nennt. In der von Werner Petersmann herausgegebenen theologischen und religionspädagogischen Schriftenreihe »Aufbau im Positiven Christentum« publizierte Pauls den Beitrag »Der geistliche und der weltliche Auftrag des Religionsunterrichts nach Luther« (1936), der sich ebenso wie der kurz darauf am selben Ort veröffentlichte Beitrag »Luthers Anschauung vom Menschentum des Christen« (1937) kaum von theologischen und religionspädagogischen Prinzipienfragen löst. In derselben Schriftenreihe erschien die drei Teile umfassende Publikation »Luther und die Juden« (1939), mit der sich Pauls vorbehaltlos zum nationalsozialistischen Staat bekannte und dessen Antisemitismus unter Rückgriff auf den Wittenberger Reformator zu legitimieren suchte. Aufschlußreich für seine politische Haltung ist die Einleitung zum zweiten Band, in der er Hitler als »unser deutsches Gewissen« bezeichnet, das »zu dem Kampfe gegen den jüdischen Geist« berufen sei (ebd. Bd. II, S. 1). Die Unterscheidung zwischen einem geistlichen und weltlichen Auftrag Gottes, den Pauls auch für den »Religionsunterricht nach Luther« einforderte, kehrt in der anschließenden Argumentation wieder. Diese läuft auf die Aussage hinaus, daß das »weltliche Schwert« den göttlichen Auftrag habe, gegen die Juden vorzugehen (dazu ausführlich Peter von der Osten-Sacken, S. 136-166, hier 151). — Pauls, der 1937 in die NSDAP eingetreten war, begann 1938 seine Lehrtätigkeit an der Hochschule für Lehrerbildung in Hirschberg, wo er im Sommerhalbjahr Veranstaltungen zu den Themen »Praktische Auslegung biblischer Texte für den Religionsunterricht« und »Lied und Kirchengeschichte«, im folgenden Winterhalbjahr über »Religion als Geschichtsmacht«, über »Das Wort Gottes und der moderne Mensch« und »Der christliche Glaube in der Welt von heute« anbot. Er gehörte in diesem Jahr zu den Schulpraktikern, die in der von Theodor Ellwein geleiteten Lehrplankommission des Reichserziehungsministeriums mitwirkten (dazu Friedhelm Kraft, S. 120). Im Jahr 1939 wurde er schließlich als Nachfolger von Otto Güldenberg Professor für evangelische Religionslehre und Methodik des Religionsunterrichts in Hirschberg, von 1941 bis 1945 schließlich Professor und Studienrat an der dortigen Lehrerinnenbildungsanstalt. Nach dem Zweiten Weltkrieg arbeitete er für kurze Zeit an der Kaiser-Friedrich-Schule in Emden und wurde 1950 in den Ruhestand versetzt. Er starb am 31. März 1962 in Nürnberg.

Werke: Beiträge zur Geschichte der ostfriesischen Häuptlinge, Emden 1908 (=Berlin, Univ., Diss., 1908); Ältere Geschichte Ostfrieslands, Aurich 1909; Aus dem Pfarrarchiv einer ostfriesischen Landgemeinde, Aurich 1910; Luthers Auffassung von Staat und Volk, Bonn 1925, Halle ²1927; Christentum und Nationalerziehung (Die zweite Tagung der Fichtegesellschaft), in: Die evangelische Pädagogik 1 (1926), 175-178; Pfarrermangel - und die höhere Schule in: Zeitschrift für den evangelischen Religionsunterricht 37 (1926), 17-21; Noch einmal: Für Religionslehrer Beachtliches aus Schüleraufsätzen, in: Zeitschrift für den evangelischen Religionsunterricht 39 (1928), 12-16; Pietismus, Frankfurt am Main 1927; Die Pädagogisierung der Mission und das heimische Schulwesen, in: Neue allgemeine Missionszeitschrift 5 (1928), 270-277; Besprechung von Otto Eberhard, Evangelische Lebenskunde auf werttheoretischer Basis, in: Lehrproben und Lehrgänge für die Praxis der Schulen (1928), 246-248; Die religiöse Erziehung in der höheren Schule und die Nöte der geschlechtlich heranreifenden Jugend, in: Lehrproben und Lehrgänge für die Praxis der Schulen (1929), 1-12; Paul Jensen, Universität und Bildungsideal, in: Lehrproben und Lehrgänge für die Praxis der Schulen (1929), 87-90; Das Verhältnis von Christentum und Heidentum im Unterricht, in: Neue allgemeine Missionszeitschrift 6 (1929), 129-147; Die religiöse Erziehung in der höheren Schule und die Nöte der geschlechtlich heranreifenden Jugend: Grundsätzliches zu der Frage als solcher und zur Zusammenarbeit der beteiligten Fächer, insbesondere von Religions- und naturwissenschaftlichem Unterricht, Halle 1929; Gemein-«schaft« der Heiligen bei Luther, das Wort und die Sache, in: Theologische Studien und Kritiken 102 (1930), 31-60; Das Augsburgische Bekenntnis von 1530, Luther und die Schule von heute, in: Die Christliche Welt 44 (1930), 562-570; Das Augsburgische Bekenntnis und die Schule, in: Die evangelische Pädagogik 5 (1930), 136-142; Die sittliche Not der Jugend, in: Ethik. Sexual- und Gesellschafts-Ethik 7 (1930/31), 155-160; Das lebendige Wort und Luthers Summa, in: Luther. Zeitschrift der Luthergesellschaft 13 (1931), 105-114; Abrahams Gestalt im Unterricht. Eine Entgegnung, in: Monatsblätter für den evangelischen Religionsunterricht 24 (1931), 269-270; Julius Schweizer, Religionsunterricht in Kirche und Schule als Einheit, Basel 1931, in: Die neue deutsche Schule 6 (1932), 129; Der Religionsunterricht und die pädagogische Lage der Gegenwart, in: Monatsblätter für den evangelischen Religionsunterricht 25 (1932), 49-58; Das Schulgebet und der Student der Pädagogik. Eine religionspsychologische und hochschuldidaktische Anmerkung, in: Zeitschrift für Religionspsychologie 5 (1932), 230-240; Martin Luther heute, in: Die Volksschule 29 (1933), 599-604; Der evangelische Religionsunterricht, Osterwieck 1934; Martin Luthers Geschichtsauffassung, in: Deutsche evangelische Erziehung 45 (1934), 264-271; Zur religiös-politischen Erziehung, in: Deutsche evangelische Erziehung 45 (1934), 350-351; »Blut und Boden« bei Martin Luther, in: Deutsche evangelische Erziehung 46 (1935), 408-414; Der Erziehungsgedanke in Luthers Theologie, in: Deutsche evangelische Erziehung 46 (1935), 307-311; Erziehung und Unterricht in Luthers Theologie. Eine quellenmäßige Studie als Beitrag zu einer lutherischen Grundlegung des Erziehungswerkes, Berlin 1935; Luthers christliche Verkündigung, Bonn 1935; Der geistliche und der weltliche Auftrag des Religionsunterrichts nach Luther, Bonn 1936; Die Kirche Christi und das Erziehungswerk bei Luther, Bonn 1936; Luthers Wille zur Volkskirche, Bonn 1936; Martin Luther, in: Deutsche evangelische Erziehung 47 (1936), 91-92; Luthers Anschauung vom Menschentum des Christen, Bonn 1937; Geh aus, mein Herz, und suche Freud in dieser lieben Sommerzeit an deines Gottes Gaben!, in: Evangelischer Religionsunterricht 49 (1938), 241-246; Kirche, Staat und Recht nach Luther, Bonn 1938; Luthers »Ordnung« für das Leben des Christen, Bonn 1938; Luther und die Juden, 1.Teil: In der Frühzeit der Reformation (1513-1524); 2. Teil: Der Kampf (1524-1546), 3. Teil: Aus Luthers Kampfschriften gegen die Juden, Bonn 1939; zusammen mit Werner Petersmann, »Entjudung« selbst der Luther-Forschung in der Frage der Stellungnahme Luthers zu den Juden, Bonn 1940; Die Ursprünglichkeit des Gotteslobes bei Luther, in: Walter Grundmann (Hrsg.), Germanentum, Christentum und Judentum. Studien zur Erforschung ihres gegenseitigen Verhältnisses 3, Leipzig 1943, 137-192.

Lit.: Jahresbericht über die Städtische Oberrealschule zu Wilhelmshaven, Wilhelmshaven 1915; — Vorlesungs-Verzeichnis Pädagogische Akademie Erfurt, Erfurt SH 1929 bis WS 1931/32; — Festschrift zur Hundertjahrfeier der Oberrealschule der Franckeschen Stiftungen zu Halle, Halle 1935; — Arbeitsplan der Hochschule für Lehrerbildung

Hirschberg im Riesengebirge, Hirschberg 1938/39; — Kurt Meier, Die Deutschen Christen. Das Bild einer Bewegung im Kirchenkampf des Dritten Reiches, 3 Bände, Göttingen 1964, Halle (Saale) ²1965, Göttingen ³1967; — Kurt Meier, Der evangelische Kirchenkampf. Gesamtdarstellung in drei Bänden, Halle (Saale) 1976; — Gerhard Ehrenforth, Die schlesische Kirche im Kirchenkampf 1932-1945, Göttingen 1968; — Johannes Brosseder, Luthers Stellung zu den Juden im Spiegel seiner Interpreten. Interpretation und Rezeption von Luthers Schriften und Äußerungen zum Judentum im 19. und 20. Jahrhundert vor allem im deutschsprachigen Raum, München 1972; — Alexander Hesse, Die Professoren und Dozenten der preußischen pädagogischen Akademien (1926-1933) und Hochschulen für Lehrerbildung (1933-1941), Weinheim 1995; — Friedhelm Kraft, Religionsdidaktik zwischen Kreuz und Hakenkreuz. Versuche zur Bestimmung von Aufgaben, Zielen und Inhalten des evangelischen Religionsunterrichts, dargestellt an den Richtlinienentwürfen zwischen 1933 und 1939, Berlin/New York 1996; — Peter von der Osten-Sacken, Der nationalsozialistische Lutherforscher Theodor Pauls. Vervollständigung eines fragmentarischen Bildes, in: Peter von der Osten-Sacken (Hrsg.), Das mißbrauchte Evangelium. Studien zu Theologie und Praxis der Thüringer Deutschen Christen, Berlin 2002, 136-166; — Michael Wermke, ‚Religionspädagogik' als Disziplin an den preußischen Pädagogischen Akademien, in: Bernd Schröder (Hrsg.), Institutionalisierung und Profil der Religionspädagogik, Tübingen 2008 (in Vorbereitung).

David Käbisch

PAULUS, Ernst Philipp, * 25. Mai 1809 in Klosterreichenbach, † 11. Oktober 1878 in Fellbach (Stuttgart). Württembergischer Theologe, diakonisch und ökumenisch engagierter Gründer eines Bildungsinstituts, Publizist. Philipp war das sechste Kind des Pfarrers Carl Friedrich Paulus (1763-1828) und dessen Ehefrau Beate Eleutherie geb. Hahn (1778-1842). Da drei Schwestern früh gestorben waren, wuchs er im Kreis mit acht Geschwistern auf: die älteren Geschwister Beate Eleutherie (1801-1861), Karl Friedrich (1804-1867) und Philipp Wilhelm (1808-1870) waren - wie Ernst Philipp selber - alle in Klosterreichenbach (Schwarzwald) geboren. Ihnen folgten Christoph Ludwig (1811-1893), Elisabeth Friederike (1812-1849), Johann Immanuel Martin (1814-1876), die zweite Schwester Pauline (1818-1893) und der jüngste Bruder Gottlob Fürchtegott (1820-1858). Als Philipp geboren wurde, war sein Vater Pfarrer in Klosterreichenbach. Diese Pfarrstelle gab er 1810 auf und übernahm die Pfarrei in Ostelsheim bei Weil der Stadt. Von dort zog die Familie nach wenigen Jahren weiter nach Talheim bei Tuttlingen, wo der Vater 1828 starb, als der jüngste Sohn noch im Kindesalter war. Die anderen fünf Söhne befanden sich zu dieser Zeit noch in der Ausbildung. Ohne die soziale Einbindung in den größeren Familienverband wäre es nicht möglich gewesen, allen Söhnen eine gute schulische Grundlage und danach einigen ein akademisches Studium zu ermöglichen. Die Kinder wuchsen in einer angespannten Atmosphäre auf, die sich zeitweise für die Mutter bis zur Unerträglichkeit steigerte. Der Vater hatte eine für die wachsende Familie gering besoldete Pfarrstelle und führte gleichzeitig persönlich einen aufwendigen Lebensstil. Seine nicht stark ausgeprägte soziale Verantwortung für die Familie und insbesondere die Ausbildung der Kinder, verbunden mit wirschem Verhalten in der Ehe, war die eine Seite des Konfliktfeldes, weil die Ehefrau Beate großen Wert auf die Bildung der nachkommenden Generation legte. Die andere Seite der problematischen Familiensituation ergab sich aus den unterschiedlichen Frömmigkeitsbildern. Der Theologe Carl Friedrich Paulus stand seit seinem Studium in Tübingen ganz unter dem Einfluß des theologischen Rationalismus einer aufklärerisch geprägten Theologie. Seine Frau Beate geb. Hahn war die ganz und gar pietistisch geprägte Tochter des frommen Pfarrers, Uhrmachers und Erfinders Philipp Matthäus Hahn (1739-1790). Seine chiliastischen Gedanken waren von klar bestimmten Vorstellungen über das Hereinbrechen des Reiches Gottes bestimmt. Es ist verständlich, daß unter diesen Voraussetzungen das Ehe- und Familienleben nicht immer leicht war. Wenn E. Philipp Paulus zum Besuch des Gymnasiums - wie seine Brüder Friedrich und Wilhelm - nach Güglingen bei Maulbronn ging, wo sie bei Verwandten aufgenommen wurden und die Hochschulreife erlangen konnten, dann brachte das nicht nur eine finanzielle Entlastung für den Familienhaushalt, sondern es öffnete den jungen Menschen auch einen Zugang zu einer anderen Familienerfahrung. Allerdings scheint Philipp auch dort in einer schwierigen Situation gelebt zu haben. Als das württembergische Landesexamen, das die Voraussetzung für das Studium der Theologie war, anstand, riet der Ausbilder von einer Teilnahme ab, weil Philipps Leistungen nicht sicher erscheinen ließen, daß er es bestehen würde. Die Mutter gab ihm in Tuttlingen eine neue Chance. Nach der Fortführung seiner

Ausbildung zusammen mit Isaak August Dorner (1809-1884), dem späteren Professor der Theologie, bestand er 1823 sein Examen und konnte zu einer Art Grundstudium ins evangelische Kloster Maulbronn gehen. Rückblickend hat Philipp Paulus endgültig 1874 seine Dankbarkeit und seinen Respekt gegenüber seiner Mutter in einer »Heiligenlegende« (Ulrike Gleixner), einer Biografie über sie, zum Ausdruck gebracht. »Was eine Mutter kann« wurde ein viel gelesenes Buch der pietistischen Erbauungsliteratur des 19. und auch noch des 20. Jahrhunderts. Gleixner beschreibt in ihrer Untersuchung die fromme Beate Paulus unter dem Titel einer »Widerständigen«. Für die Familie war es eine willkommene finanzielle Entlastung, daß Philipp seine Ausbildung zum Theologen auf Landeskosten in der berühmten württembergischen Klosterschule und nach den dort üblichen Vorbereitungssemestern an der Eberhard-Karls-Universität in Tübingen als sog. »Stiftler« erhielt. In Verbindung mit der Studentengesellschaft »System« hat er ein urwüchsig fröhliches Leben geführt. Aber auch seine schriftstellerische Neigung zeigte sich bereits, als er seiner Mutter von Tübingen aus selbst verfaßte Gedichte schickte. Nachdem der Vater verstorben war, zog seine Mutter Beate Paulus, die schon immer der Mittelpunkt der großen, von Nöten umgebenen Familie war, 1831 nach Korntal. Dieser besondere Ort im Einzugsbereich von Stuttgart wurde erst 1819 gegründet. Dabei spielten für die Obrigkeit politische Gründe im Zusammenhang mit der Auswanderung eine Rolle; in der neuen, durch Gottlieb Wilhelm Hoffmann (1771-1846) gegründeten Ortsgemeinde, war der chilistisch-pietistische Einfluß nachhaltig wirksam. In dieser »Stadt auf dem Berge«, in der die führenden Persönlichkeiten sich wie in einer kleinen autonomen »Republik« fühlten, erwartete ein beträchtlicher Teil der Bewohner die Wiederkunft Christi. Es gehörte in ihr Konzept, die Zeit auszukaufen. Die Gründung einer Schule war ein Teil der geistlich-theologischen Konzeption. Im Jahr nach dem Umzug von Beate Paulus nach dort bestand Philipp Paulus am 21. September 1832 sein Examen als Kandidat der Theologie in Tübingen. Er übernahm - wie es damals fast die Regel war - zunächst eine Anstellung als Hauslehrer, die er bei dem Fabrikanten Alioth in Arlesheim bei Basel fand. In der Korntaler Lateinschule und Erziehungsanstalt für Jungen war es 1833/34 durch den Ausbruch einer Epidemie zu einer Krise gekommen, die für die Schule das Aus brachte. Zuerst wandte sich 1834 Johannes Kullen d. Ä. (1787-1842), der aus Hülben bei Urach zur Leitung der Anstalt und als Erzieher nach Korntal gekommen war, an Philipp Paulus und bat ihn, sich für den Aufbau einer neuen Schule zur Verfügung zu stellen. Der Korntaler Gemeindepfarrer Sixt Karl Kapff (1805-1879) (s. d.), der später in Württemberg noch eine wichtige Rolle spielte - nach der 1848er Revolution auch als Gegenspieler von Philipp Paulus -, unterstützte das Anliegen und wandte sich ebenfalls an den jungen Theologen. Im Herbst des folgenden Jahres kam Philipp Paulus in Korntal an und eröffnete eine äußerst bescheidene Schule, die unter Kapffs Oberaufsicht stand. Den einzigen Internatsbewohner brachte Paulus selber aus der Schweiz mit. Als es langsam bergauf ging, trat sein jüngerer Bruder Immanuel (1814-1876) in die Schule als Mitbesitzer und Lehrer ein. Anfang 1837 hatten sie es auf zwanzig Schüler gebracht. Daher trat als dritte Lehrkraft aus der Familie der älteste der acht Geschwister, Christoph Ludwig Paulus (1811-1893) nun auch als Ingenieur in das Internat ein. Es war ebenfalls Mitbesitzer und Lehrkraft für naturwissenschaftliche Fächer sowie für Mathematik. Die Entwicklung der Schülerzahl machte die Planung eines Neubaus nötig. Der kam jedoch wegen der nicht zu erwartenden Zustimmung durch den Gemeinderat nicht zur Ausführung. Dabei scheinen personelle Querelen in dieser überschaubaren Lebensgemeinschaft eine Rolle gespielt zu haben. Im November 1837 öffnete das Nachfolge-Internat, das sog. Paulus'sche Institut als »Wissenschaftliche Bildungsanstalt« vor den Toren von Ludwigsburg seine Türen. Es ist in die Geschichte eingegangen als der »Salon«. Fast die gesamte Familie Paulus, die offensichtlich einen ausgeprägten Familiensinn und eine lebhafte Feiertradition pflegte, zog in die großzügigen Räume des neuen Instituts ein. Christoph Hoffmann (1815-1885) kam als weiterer Lehrer an die wissenschaftliche Bildungsanstalt. 1841 heiratete er Pauline (1818-1893), die Schwester von Philipp Paulus. Hoffmann wurde später der Anführer der sog. Jerusalemfreunde (»Gesellschaft für die Sammlung des Volkes Gottes in Jerusalem« - später: »Deutscher Tempel«). Das Paulus'sche Institut entwickelte sich als Bildungszentrum in den nächsten Jahren positiv. Von 1851 bis 1863 war Philipp Paulus alleiniger Besitzer des Anwesens, zu dem ein größeres Gelände direkt um die Gebäude herum gehörte. In das Internat kamen nicht nur Schüler aus Württemberg, sondern auch aus den Nachbarländern, ja über die Grenzen Europas hinaus. In kirchenpolitischer Hinsicht stand die Entwicklung ganz im Zeichen der Moderne. Auf dem Stundenplan standen damals schon Turnen, Exkursionen und Wanderungen bis ins Ausland. Vom Salon, wo man in exegetischen theologischen Fragen konservativ war, ging ein Kampf für die Mündigkeit der Bürger besonders in kirchlichen Fragen aus. Die württembergische Kirche sah die Gefahr des Separatismus heraufziehen. In einem seit 1845 von der Verantwortlichen des Bildungsinstituts herausgegebenen Blatt, der *Süddeutschen Warte*, dessen Chefredakteur Immanuel Paulus war, das aber Philipp Paulus herausgab, wurde für die individuellen Rechte wie für Gewissens- und Glaubensfreiheit gekämpft. Demokratischen Entwicklungen stand man im Bildungsinstitut gegen den Trend der Kirche jener Zeit durchaus offen gegenüber, auch wenn man - oder vielleicht gerade weil man theologisch konservativ war. Einer der Lehrer des Salons, Christoph Hoffmann, kämpfte um einen Platz in der Deutschen Nationalversammlung und gewann in Ludwigsburg die Auseinandersetzung mit dem ebenfalls dort kandidierenden damals sehr umstrittenen Theologen David Friedrich Strauß (1808-1874). In seinen Frankfurter Reden vertrat Hoffmann zwei Anliegen, die Philipp Paulus teilte: erstens die Trennung von Kirche und Staat im Sinne der kirchlichen Selbstverwaltung in unabhängigen Gemeinden, und zweitens forderte er gesetzliche Maßnahmen zum Ende der Schulaufsicht durch die Kirchenverwaltungen. Man sah auf dem Salon die Entfremdung zwischen der Bevölkerung und den christlichen Gemeinden. Infolge der unübersehbar gewordenen Säkularisierung innerhalb der Gesellschaft und der Tatsache, daß nur ein geringer Teil der Bevölkerung sich am kirchlichen Leben beteiligte, wurde auf dem Salon eine *Evangelistenschule* eingerichtet, um junge begabte Männer so auszubilden, daß sie innerhalb Württembergs zur Mission eingesetzt werden konnten. Solche missionarischen Aktivitäten gingen von der Voraussetzung der Mündigkeit der Bürger und ihrer Freiheit zu persönlich verantworteter Entscheidung für den Glauben und die Kirche aus. Politische Folgen der Aufklärung und Zeichen der Moderne, die damals mit polemischem Unterton von den kirchenpolitisch Konservativen als *Separatismus* bekämpft wurden. — *Kirchentag und Evangelische Allianz.* Philipp Paulus hatte an der Vorbereitung des Wittenberger Kirchentags für das Jahr 1848 auf dem Landgut Sandhof bei Frankfurt/M. teilgenommen. Der in Wittenberg durchgeführte Kirchentag ging besonders durch Johann Hinrich Wicherns (1808-1881) Rede zur Bildung der Inneren Mission in die Geschichte ein. Auch von hier, wo es ursprünglich um die Bildung einer deutschen evangelischen Nationalkirche ging, hatte sich Philipp Paulus vergeblich Impulse für die Erneuerung der Kirche erhofft. Im Blick auf die vom Salon ausgebildeten und ausgesandten Evangelisten sah sich die württembergische Synode veranlaßt, einen Generalerlaß gegen sie herauszugeben. Darin wurden die Pfarrämter angewiesen, ausschließlich von der Oberkirchenbehörde berufenen und anerkannten Predigern den Kanzel- und Altardienst zu erlauben. Philipp Paulus drückte seine Kritik gegenüber der fast monopolartigen Stellung der privilegierten Landeskirche auf vielfache Weise aus. Seinen Eintritt in die Moderne, die zwangsläufig von einer kirchlichen Monokultur zu einer Multikultur in kirchlichen Organisationen - also zu einem frühen ökumenischen Ansatz - führen mußte, wußte er aktiv zu gestalten. Für die 1846 in London entstandene *Evangelische Allianz*, die früheste internationale Einheitsbewegung von Gläubigen, arbeitete er bei der Entstehung und Organisation eines *Süddeutschen Zweiges* mit. 1858 hatte sich auch in Württemberg ein Zweigverein der Evangelischen Allianz unter dem Namen Verein zur Förderung der Liebe und Eintracht unter den Christen gebildet. Schon 1851, als sich am Rande des Elberfelder Kirchentags eine Gruppe allianzgesinnter Theologen aus Europa traf, um sich auszutauschen und von der Evangelischen Allianz die Unterstützung im Kampf um die Religionsfreiheit in Deutschland zu erlangen, waren auch Philipp Paulus und Christoph Hoffmann unter den Teilnehmern einer mehrtägigen, parallel stattfindenden Protestversammlung, die vom *Evangelischen Brüderverein* in Elberfeld mit Teilnehmern aus verschiedenen europäischen Staaten organisiert worden war. Die Teilnehmer kamen aus ganz unterschiedlichen Situationen zwischen dem spannungsvollen Genfer Réveil, den in der Minderheit lebenden französischen Evangelischen und den in Preußen und anderen deutschen Kleinstaaten verfolgten Freikirchlern, um Vertreter der *Evangelical Alliance* aus London zu treffen, deren Unterstützng sie fanden, ohne jedoch ihr Ziel zu erreichen. Die erste größere Versammlung eines Süddeutschen Zweiges der Evangelischen Allianz fand am 2. Februar 1859 auf dem Salon in der Nähe von Ludwigsburg statt. Die Begeisterung muß groß gewesen sein, denn man traf sich dort schon am 17. Juli und am 2. Oktober erneut. 600 Teilnehmer sollen bei einem der Treffen zusammengekommen sein. Gleichzeitig gab Philipp Paulus unter dem biblischen Motto Seid fleißig zu halten die Einigkeit im Geist durch das Band des Friedens die von ihm verantwortete Zeitschrift *Die Friedensglocke* als Allianzzeitung heraus, die - ähnlich wie der Name des gebildeten Vereins - im Untertitel mitteilte: Blätter zur Förderung der Eintracht und Liebe unter den Christen. Superintendent Ludwig S. Jacoby (s. d.), der Bremer Herausgeber der methodistischen Kirchenzeitung *Der Evangelist*, machte seine Leser auf das Erscheinen der Friedensglocke aufmerksam. Informiert hatte ihn Johann C. Link (s. d.), ein Prediger der Evangelischen Gemeinschaft in Stuttgart, der mit Paulus in enger Zusammenarbeit stand. Link schrieb, Paulus habe sich mit dieser Friedensglocke das Ziel gesetzt, seinen Lesern die verschiedenen christlichen Kirchengemeinschaften ins rechte Licht zu rücken. — Pfarrer der Landeskirche und freikirchliche Prediger der Baptisten (Julius Köbner) und der verschiedenen methodistischen Kirchen, Hermann zur Jakobsmühlen von den bischöflichen Methodisten und Johann Conrad Link von der Evangelischen Gemeinschaft, der später noch Bedeutung für Paulus bekommen sollte, waren an der Allianz auf dem Salon beteiligt. Philipp Paulus war »der Vorstand« dieser frühen ökumenischen Gemeinschaft, die sich 1858 offiziell konstituiert hat. Schon vor der offiziellen Organisation der Allianz kamen gelegentlich auch Gäste zu den schon früher auf dem Salon durchgeführten Allianztreffen. Darunter auch Johann Gerhard Oncken (1800-1884), der Gründer des Baptismus auf dem europäischen Kontinent, der 1851 von Philipp Paulus eingeladen war. Er rühmte die auf dem Salon praktizierte »Gleichstellung aller Vertreter der verschiedenen Meinungsrichtungen«, die dort weitergehe als innerhalb der Berliner Evangelischen Allianz. An diesen frühen Versammlungen nahmen außer Oncken ein landeskirchlicher Pfarrer Müller, vermutlich aus Dettingen, Dekanat Heidenheim, der Ludwigsburger Methodistenprediger Ludwig Nippert (1825-1894) (s. d.), der Missionar der Evangelischen Gemeinschaft Johann Conrad Link und auch die Baptisten Ch. Körner († 1860) und W. Schuff teil. Im Laufe des Tages hat es zwei Versammlungen mit Reden auch von Johann Gerhard Oncken und Ludwig Nippert gegeben. Vormittags waren fünfhundert, am Nachmittag etwa eintausend Teilnehmer dort. Zwischen beiden Versammlungen gab es für die Gäste ein Mittagessen. Aufgrund dieser ungewöhnlichen ökumenischen Haltung machte der württembergische Oberkirchenrat dem Predigtamtskandidaten Philipp Paulus den Vorwurf, er glaube nur im Gedeihen der Sekten das Heil der Kirche zu sehen und der Salon sei deren Hauptquartier geworden. Valentin Strebel (1801-1883) hatte schon die als Antwort von Philipp Paulus auf das *Synodalausschreiben betreffend das Auftreten methodistischer Sendboten in Württemberg* von 1860 erschienene *geschichtliche Berichtigung und Beleuchtung* mit dem ironischen Vorwurf belgt, man tue dem Autoren Unrecht, wenn man behaupten wolle, seine Darlegungen seien von allzu großer Bescheidenheit geprägt. — Das Allianzblatt *Friedensglocke* entwickelte sich zum einer Sturmglocke. Der Herausgeber hat darin seine Leser eingeladen, die verfassungsmäßigen Rechte der Religionsfreiheit für sich in Anspruch zu nehmen. Sollte es weiterhin für unangemeldete sog. Privatversammlungen zu Geldstrafen kommen, dann sei er bereit, aus einer Bruderkasse die Strafen, die in der Regel den gastgebenden Hausbesitzern der Versammlungen auferlegt wurden, zu bezahlen. — Die Leser seiner *Friedensglocke* schenkten ihm Vertrauen und meldeten die Privaterbauungsversammlungen nicht mehr beim Pfarrer an. Es wurde notwendig, für eine rechtliche Klärung zu sorgen, die durch das zuständige Staatsministerium 1861 erfolgte. Es erteilte dem Oberamt Weinsberg im Dezember 1861 eine Weisung. Darin wurde bestätigt, daß ein Einschreiten gegen Privatversammlungen zwar zulässig sei, es aber nur erfolgen solle, wenn »die öffentliche Kirchen- und Sittenzucht durch größere Mißbräuche und Ausschreitungen gestört oder verletzt« werde. Die Folgen dieser neue Lage buchte in der Rückschau Reinhold Kücklich d. Ä.(1863-1931) (s. d.) irrtümlich als einen Erfolg für das geduldete öffentliche Wirken der Evangelischen Gemeinschaft in Stuttgart und Umgebung. Es ist typisch, daß Philipp Paulus über die mit dieser Weisung eingetretene neue Lage in seiner *Friedensglocke* einen größeren interessierten Leserkreis informierte, wie es auch bezeichnend ist, daß die staatlichen Behörden moderater gegenüber den Freikirchen und freien Vereinigungen vorgingen als die damalige Staatskirche. 1861 gehörte Philipp Paulus auf der Genfer Weltkonferenz der Evangelischen Allianz neben dem bischöflichen Methodisten Heinrich Nuelsen (1826-1911) (s. d.) und dem englischen Wesleyaner John Lyth (1821-1886) (s. d.), der die Aufsicht über die Arbeit in Württemberg führte, zu den Unterzeichnern eines Schreibens der Süddeutschen Allianz, in dem sie die Tagungsleitung aufforderten, die Fragen der Religionsfreiheit für Württemberg im Plenum der Konferenz zu diskutieren. Die hier angedeuteten Spannungen sind ein Grund dafür gewesen, daß Sixt Karl Kapff die Einladung nach Genf auch »aus innerer Unzufriedenheit« ablehnte. — *Die Zukunft der Kirche.* Philipp Paulus' ökumenische Gesinnung fand auch in einer Monografie unter dem Titel *Die Kirche und ihre Zukunft oder die religiösen Tagesfragen* Ausdruck. »Für Gelehrte und Ungelehrte« schrieb Paulus zunächst kritisch über die Staatskirche und ihre Zukunft. Nacheinander behandelt er die römisch-katholische Kirche und die evangelische Kirche. Im zweiten Teil schrieb er über die Sekten und ihre Zukunft. Hier behandelte er die Böhmischen und Mährischen Brüder, die Waldenser, die Baptistenkirche und die Geschichte des Pietismus. Es folgten die Herrnhuter Brüdergemeine, die Methodistenkirche, die Evangelische Gemeinschaft in Amerika und die Michelianische Gemeinschaft. Der zweite Teil umfaßt hauptsächlich die Geschichte dieser Freikirchen und Gemeinschaften auf reichlich zweihundert Seiten. Es ist eine aus den Quellen der dargestellten Kirchen und Gemeinschaften vorgelegte Geschichte, die - im Unterschied zu den überwiegend polemischen Darstellungen - sachlich, ja geradezu freundschaftlich war. Soweit bisher bekannt, findet sich hier überhaupt die erste Darstellung der Geschichte der Evangelischen Gemeinschaft in Europa. Philipp Paulus war von dem Gedanken konfessioneller Toleranz erfüllt und suchte Verbündete im Kampf gegen den Rationalismus innerhalb seiner Kirche. — *Beziehungen zu den methodistischen Kirchen.* Die Beziehungen zu den methodistischen Kirchen gestalteten sich - wie bereits erkennbar wurde - über den Rahmen der Evangelischen Allianz hinaus außerordentlich freundlich. Für die damals gerade in Deutschland zu wirkenden beginnenden Freikirchen war die offene ökumenische Begegnung eine ganz ungewöhnliche Erfahrung. Schon auf seiner ersten Reise nach Süddeutschland kehrte der in Bremen wirkende Superintendent Ludwig S. Jacoby, der die Mission der Bischöflichen Methodistenkirche für Deutschland und die Schweiz von dort aus leitete, auf dem Salon ein. Er konnte den publikationsfreudigen Philipp Paulus gewinnen, einen ausführlichen Bericht über den Kirchentag und den Kongreß der Inneren Mission in Stuttgart zu schreiben. Es entwickelten sich Kontakte, die Anfang der sechziger Jahre dazu führten, daß zwei der Söhne des methodistischen Superintendenten auf dem Salon ihre schulische Ausbildung erhielten, was die Beziehungen deutlich festigte. Jacoby warb in seiner Zeitschrift für das Internat auf dem Salon. Im Oktober 1854 reiste Jacoby zusammen mit Dr. Carl Gottlob Barth aus Calw und Philipp Paulus zum Jahresfest der Inneren Mission nach [Karlsruhe-] Durlach. Wie andere Methodisten, z. B. Nuelsen aus Ludwigsburg und Louis Wallon d. Ä. (1807-1889) (s. d.) aus Heilbronn, predigte auch Jacoby auf seinen Reisen auf dem Salon, wie umgekehrt auch Paulus bei den Ludwigsburger Methodisten predigte und Versammlungen besuchte. In Heilbronn wurde der erste methodistische Betsaal unter Mitwirkung von Philipp Paulus eingeweiht. In der württembergischen Landeskirche hatte er offene Gegner. Man warf ihm sogar vor, er habe sich für den

Salon vom Konsistorium die Genehmigung für Hausgottesdienste erteilen lassen, die er aber für methodistische Agitation ausbeute. Tatsächlich hat Paulus kirchenrechtlich als Predigtamtskandidat der württembergischen Landeskirche eine Stellung als Vikar des Kornwestheimer Pfarramts, in dessen Bezirk der Salon lag, eingenommen. Das bedeutete: er nahm kirchliche Funktionen wahr, führte einen sog. Kirchenkalender und wurde durch die Vertreter der Kirchenleitung visitiert. — Besondere Beziehungen entstanden durch Ernst Gebhardt (1831-1999) (s. d.). Gebhardt war als Agronom nach Chile gegangen und 1857 nach Deutschland zurückgekommen, um eine Lebensgefährtin zu finden. In seiner Heimatstadt Ludwigsburg heiratete er, nachdem er gegen seine ursprünglichen Pläne Prediger der methodistischen Kirche geworden war, Christiane Friederike Beate Paulus (1840-1908). Sie war eine Tochter von Friederike Christiane geb. Bender (1813-1848) und ihres Mannes Dr. med. Friedrich Paulus (1804-1867), des früheren Mitbesitzers des Salon und einem Bruder von Philipp Paulus. Beate Gebhardt geb. Paulus hatte ihre Ausbildung auch auf dem Salon empfangen und hat nach ihrer Apothekerinnenausbildung das entsprechende Staatsexamen gemacht. Nun gab es durch die Heirat eine familiäre Beziehung zwischen den Methodisten Paulus-Gebhardt und der großen Familie Paulus mit ihrer reichen württembergischen Familientradition, zu denen die bekannten Johann Friedrich Flattich (1713-1797) und Philipp Matthäus Hahn (1739-1790) gehörten. Innerhalb der methodistischen Kirche hat man Philipp Paulus nicht nur als einen Verteidiger des Methodismus gerühmt. Er hatte in frühester Zeit Kontakte für junge Männer geschaffen, die später bei den Methodisten erfolgreiche Prediger geworden sind, z. B. den Salon-Schüler Gustav Haußer aus Marbach und zur Evangelischen Gemeinschaft ging als einer der ersten Lehrer in deren Reutlinger Predigerseminar Lorenz Eisenhardt (1835-1878) (s. d.), der ebenfalls seine Ausbildung als Schüler des Salons erhalten hatte. Heinrich Nuelsen, den ersten in Ludwigsburg stationierten Prediger der methodistischen Kirche, der unter genauer Beobachtung des Dekans Heinrich Christlieb stand, hat er in manchen zwischenkirchlichen Auseinandersetzungen beraten. Dabei scheint Paulus radikaler gewesen zu sein als der friedliebende Nuelsen, der das Sendschreiben von 1860 als Antwort von Philipp Paulus auf ein Synodal-Ausschreiben sprachlich abgemildert hat. — *Die Beziehungen zur methodistischen Evangelischen Gemeinschaft.* Mit Prediger Johann Conrad Link von der Evangelischen Gemeinschaft, die seit 1850 von Amerika aus in den Raum Stuttgart herüberwirkte, war Philipp Paulus schon früh in Kontakt getreten. Wie stark Paulus sich einige Zeit auf die Evangelische Gemeinschaft zu bewegte, geht auch daraus hervor, daß er am 31. Juli 1859 an der Einweihung der ersten eigenen Kapelle dieser entstehenden Freikirche nicht nur teilnahm, sondern sogar die erste Predigt in dieser schlichten Kapelle hielt. Es war die in einem einfachen Privathaus in Plochingen eröffnete *Immanuelshütte*, wo er über Psalm 84, Verse 2 und 3 predigte, bevor Johann Conrad Link anschließend seine Predigt hielt. Beide entwickelten später einen Plan, auf dem Salon zukünftig eine Ausbildungsstätte für die kommende Generation von Predigern und Missionaren der Evangelischen Gemeinschaft zu eröffnen. Philipp Paulus spielte in diesem Plan als Leiter und theologischer Lehrer eine zentrale Rolle. Dessen Wunsch war es, auf dem Salon ein Zentrum der Gemeinschaft anzusiedeln und dabei auch selber eine zentrale Rolle zu spielen. Der landeskirchliche Theologe ohne Gemeinde schloß sich als Kirchenglied der Evangelischen Gemeinschaft an, in die er nach deren kirchlicher Ordnung in aller Form aufgenommen wurde. Für Philipp Paulus war diese Doppelmitgliedschaft kein Problem. Er sah die Gemeinschaft, die sich unter seinem Drängen immer fester organisierte so an, wie andere innerlandeskirchliche Gemeinschaften oder die Herrnhuter, deren Zentrale auch nicht innerhalb der württembergischen Landeskirche lag, deren Boten aber dort fast ungehindert wirken konnten. Die Landeskirche bezeichnete er als eine »im 16. Jahrhundert entstandene und aufgekommene Religionsanstalt« des Staates. Der Einfluß des Salon-Direktors reichte bis nach Amerika, wo sich die Generalkonferenz der Freikirche mit konkreten Anregungen und Plänen auseinandersetzte, die von ihm ausgingen. Jenseits des Meeres scheint man der Meinung gewesen zu sein, daß die Landeskirche für den pietistisch wirkenden Paulus mit independentistischen Gemeindevorstellungen zu liberal sei und dies den Grund für den Kirchenwechsel bilde. Allerdings hatte die Evangelische Gemeinschaft sich in Deutschland zu diesem Zeitpunkt noch nicht als eigenständige Kirche konstituiert, sondern lebte mit der nicht definierten Vorstellung, als missionarische Bewegung im Rahmen der Landeskirche wirken zu wollen. Bisher hatten ihre missionarischen Prediger die Arbeit im Sinne einer Gemeinschaft getan und die Vorgaben des württembergischen Pietisten-Reskripts von 1743 in der Regel pflichtbewußt erfüllt: Die Anmeldung ihrer Erbauungsstunden beim Ortspfarrer, keine Versammlungen zur Zeit des öffentlichen Parochial-Gottesdienstes, natürlich keine sakramentalen Feiern mit Abendmahl oder Taufe. Offensichtlich gab es auch keinen festorganisierten Predigtplan. Philipp Paulus, der Kämpfer für Religionsfreiheit, mußte diese Einschränkungen als demütigend für die Missionare aus dem freien Amerika empfinden. Nun stand man mit seiner Ermutigung vor einer Wende. Am 2. Dezember 1862, anläßlich seines Kirchenwechsels, wurde die Lage von den Missionaren der Evangelischen Gemeinschaft in einer kleinen, noch nicht kirchenordentlichen »Konferenz« besprochen und die Möglichkeiten einer zukünftigen Entwicklung diskutiert. Als Ergebnis ordneten die Versammelten die Arbeit in vier regionale *Bezirke.* Das entsprach genau der Zahl der bis dahin aus den USA gesandten ordinierten Missionare. Wie von der kirchlichen Ordnung der Evangelischen Gemeinschaft vorgesehen, sollten nun auf diesen Bezirken die überall im Methodismus damals üblichen Vierteljährlichen Konferenzen gehalten werden. Schließlich wurde vereinbart, entstandenen Gemeinschaften »pünktlich nach unserer Ordnung« zu bedienen. Schließlich faßten die Versammelten den Beschluß, parallel zum *Christlichen Botschafter* in Amerika in Württemberg einen *Evangelischen Botschafter* herauszugeben, dessen Redakteur Philipp Paulus sein sollte. In Amerika war die unter den deutschen Einwanderern entstandene Gemeinschaft längst als autonome Kirche organisiert. Und die Mission in Deutschland war aus der amerikanischen Sicht ein integrierter Bestandteil dieser Kirche, der durch die Verfassung in jeder Hinsicht von ihr abhängig war. Das war insofern bedeutsam, als die in Deutschland wirkenden »Missionare« nicht autorisiert waren, eigene rechtwirksame Aktivitäten einzuleiten, z. B. ein eigenes Predigerseminar zu gründen, wie der Gedanke bald nach der kleinen Konferenz vom Dezember 1862 in Stuttgart unter dem Einfluß und nicht ohne eigene Interessen des bildungsbeflissenen Philipp Paulus auftauchte. Um die im November 1863 in Buffalo, N. Y., tagende Generalkonferenz der Evangelischen Gemeinschaft für die Ideen von Paulus zu gewinnen, schrieb sein Freund Link einen Brief an die Generalkonferenz, der das Ziel verfolgte, eine Genehmigung für die Einrichtung eines Ausbildungsinstituts für Prediger und Missionare in Deutschland auf dem Salon einzurichten, das - wie es das Kirchenrecht vorschrieb - von der Kirche anerkannt sein sollte. Der in den Monaten vor der Generalkonferenz die Arbeit in Deutschland visitierende amerikanische Prediger Salomo Neitz legte der entscheidenden Konferenz aber einen negativ ausgerichteten Bericht vor. Auch darum tat die Generalkonferenz sich mit einem solchen Antrag schwer. Einerseits hatte die Kirche selbst in den USA noch keine zentrale Ausbildungsstätte. Das lag auch an einer gewissen Bildungsfeindlichkeit, die die pietistisch geprägten Glieder aus Deutschland bei ihrer Einwanderung aus Furcht vor aufkommenden Rationalismus mitgebracht hatten. Sie waren weitgehend gegenüber »Gelehrsamkeit« und wissenschaftlicher Arbeit skeptisch, weil sie die Kirche und ihre Theologie liberalisieren könne. Als weiteres Problem kam ein kirchlichstrukturelles hinzu. Wer innerhalb der methodistischen Kirchen ein solches Amt wie das eines Leiters der Ausbildungsstätte einnehmen wollte, der mußte Mitglied einer »Konferenz« und gleichzeitig »Reiseprediger« sein. Eine mobile Gesellschaft verlangte mobile Missionare und auch entsprechende Vorbilder, die den durch eigene Preditg- und Evangelisationsreisen erworbenen Erfahrungsschatz anderen vermitteln konnten. Schließlich hatte der Antragsteller Link einen erheblichen Vertrauensverlust bei seinen Bischöfen erlitten, weil er eine Dienstzuweisung in die Schweiz, um auch dort im Sinne der Evangelischen Gemeinschaft zu wirken, nicht angenommen hatte. Als daraufhin der Rückruf in die USA erfolgte, ist er auch dieser Aufforderung seiner sendenden Kirche nicht gefolgt. So konnte man nicht überrascht sein, daß die Generalkonferenz den Antrag zwar nicht ablehnte, ihn aber an Bedingungen band, die nicht in das Konzept des Salonianers Paulus paßten: Johannes Wollpert war der über die gesamte Mission der Gemeinschaft in Deutschland aufsichtführende Superintendent, er sollte auch die Verantwortung für die auf Anregung von Philipp Paulus neu herauszugebende Kirchenzeitung Der *Evangelische Botschafter* sein, während Paulus lediglich die Redaktion übernehmen solle. Mit der Festlegung eines Namens war auch bestimmt, daß die von Paulus bisher herausgegebene Zeitschrift *Friedensglocke* nicht als Organ der Evangelischen Gemeinschaft weitergeführt werde, wie es der Vorschlag des bisherigen Redakteurs war. — Auf diese offensichtlich etwas verklausulierte Ablehnung der Anträge im Interesse von Philipp Paulus reagierte er mit einer persönlichen Erklärung. Darin legte er die neu entstandene Situation, die in keiner Weise seine Hoffnungen erfüllte, wie folgt dar: Sein Anschluß an die Evangelische Gemeinschaft sei unter drei Voraussetzungen erfolgt: Erstens, daß er nicht als Reiseprediger eingesetzt werde, daß zweitens auf dem Salon ein »Missionshaus« gegründet werde, in dem er als Leiter und Lehrer sein Hauptarbeitsfeld finde, um zukünftig in Deutschland zu rekrutierende Prediger auszubilden, sowie schließlich drittens, daß Link als Agent des geplanten Missionshauses bestellt werde und dann auf dem Salon seinen Wohnsitz habe. Alle drei Bedingungen wurden durch die Generalkonferenz nicht erfüllt. Im Gegenteil, Link bekam einen Auftrag, als Missionar ins Badische zu gehen, die Bildung eines Missionshauses wurde erst für die Zeit nach der Organisation der Gemeinschaft als Kirche für möglich gehalten und Philipp Paulus solle als Reiseprediger und Missionar im Raum Ludwigsburg tätig sein und - wie schon erwähnt - eine bald herauszugebende Kirchenzeitung lediglich redaktionell betreuen. Daraufhin, so teilte er den Lesern seiner *Friedensglocke* noch im Dezember 1863 mit, werde er sich von der Evangelischen Gemeinschaft lösen, um wieder seinen früheren allgemeinen Allianzstandpunkt einzunehmen und keiner einzelnen Denomination besonders zu dienen. Zu diesem Zeitpunkt wohnte Prediger Link bereits auf dem Salon. — Trotzdem hatte Philipp Paulus durch seine Aktivitäten unbeabsichtigt Einfluß auf die Entwicklung der Evangelischen Gemeinschaft in Deutschland genommen. Was er bei jener denkwürdigen »Konferenz« anläßlich seiner Aufnahme in die Gemeinschaft der Missionare dieses Kirchenzweiges der Evangelischen Gemeinschaft am 2. Dezember 1861 in Stuttgart angeregt hatte, wurde nun ohne ihn Schritt für Schritt in die Tat umgesetzt. Dieser Begegnung kann man durchaus einen programmatischen Charakter zuschreiben. Es liegt nahe, daß es Philipp Paulus selber war, der dort im Stillen Regie führte und seine Vision für die Zukunft einer Kirche der Evangelischen Gemeinschaft entwickelte, die - wegen seiner eigenartigen ekklesiologischen Vorstellungen von ihm selber vielleicht unbeabsichtigt - von der Gemeinschaft zu einer organisierten Freikirche führte. Reichlich zehn Jahre hindurch hatte die Gemeinschaft erwecklich und gemeinschaftsbildend, aber nicht kirchenbildend gearbeitet. Das vorauslaufende Handeln läßt weder eine Strategie der autonomen Gemeindebildung noch eine klar strukturierte Arbeitsweise erkennen. Mission als Seelenrettung war genug. Das hatte einen einfachen Grund: Man hatte ursprünglich den Gedanken verfolgt, in Deutschland innerhalb der württembergischen Landeskirche als Erweckungsgemeinschaft wirken zu wollen. Die Praxis mit Anfeindungen, Auseinandersetzungen, Polizeieinschreitungen, Verboten und Strafen hatte jedoch gezeigt, daß dieser Weg sich nicht verwirklichen ließ. — Innerhalb der württembergischen Landeskirche haben die Eskapaden von Philipp Paulus hohe Wellen geschlagen. Skeptisch beobachtet wurde er mit seiner ökumenischen Offenheit schon immer. Ringen um Religionsfreiheit, kritische, manchmal verletzende Beiträge in seiner Friedensglocke und sein Engagement für die internationale *Evangelical Alliance* gaben dazu reichlich Anlaß. Als er sich aber der Evangelischen Gemeinschaft zugewandt hatte, wurde er angefeindet. Auf kirchenamtlicher Ebene kam es 1862 aufgrund eines Hinweises des Pfarrers Jakob Friedrich Stotz (1808-1895) von Kornwestheim durch den Vorgesetzten Dekan Heinrich Christlieb (1797-1873) in Ludwigsburg zu einer Anhörung. Paulus gestand, daß er auf dem Salon ein Seminar zur Ausbildung von Predigern der Evangelischen Gemeinschaft einrichten wolle, in der er als Leiter und Lehrer mitzuwirken bereit war. Es sei sein Plan, dort fünf zukünftige Evangelisten oder Missionare ausbilden und in Bibelkunde, Dogmatik, Ethik, Kirchen- und Dogmengeschichte zu unterrichten. Darin mußten seine landeskirchlichen Vorgesetzten eine Verletzung der kirchlichen Pflichten sehen, die ihm als Predigtamtskandidaten der württembergischen Landeskirche auferlegt waren. Paulus verglich jedoch diese Tätigkeit mit anderen Ausbildungsstätten. Wie bei den Herrnhutern und den Reformierten müsse man nach seiner Meinung auch an methodistischen Ausbildungsstätten tätig sein können, zumal er sie in Bekenntnis und Lehre auf dem gleichen Fundament wie die Landeskirchen stehen sah. Diese Position wurde übrigens nach der offiziellen Erklärung von Kirchengemeinschaft in *Kanzel- und Abendmahlsgemeinschaft* im Jahr 1987 offiziell erklärt. Aber im 19. Jahrhundert konnte die Kirchenleitung diese Sicht natürlich noch nicht teilen. Als daraufhin das Konsistorium dem Kandidaten Philipp Paulus die pastoralen Rechte als Vikar für den Salon entzog, entschloß er sich, zusammen mit einigen Angehörigen aus seiner Kirche auszutreten. Sein Bruder, der Arzt Friedrich Paulus (1804-1864) mit seiner Familie und sein Schwiegersohn, der mit seiner Tochter Elise Sophie (1841-1876) verheiratete Jean Frédérick Bettex (1837-1915), einem Schüler des Salon, und seine Frau schlossen sich ihm an. Insgesamt hat der Kirchenwechsel von der Landeskirche zur Freikirche innerhalb Württembergs viel Staub aufgewirbelt. Als sich die Hoffnung auf die Ansiedlung des Seminars der Evangelischen Gemeinschaft zerschlagen hatte, stellte Paulus am 3. November 1864 einen Antrag zur Wiederaufnahme in die württembergische Landeskirche. Diese erkannte ihm am 8. Juni 1865 wieder die früheren Rechte eines Predigtamtskandidaten zu. Damit war ein weiteres Kapitel seines vielfältigen, unruhigen Lebens abgeschlossen. — Die Evangelische Gemeinschaft hatte wegen der Auseinandersetzungen zwischen Link und seinen anderen Missionspredigern aus Amerika Salomon Neitz zur Visitation gesandt. Durch die von Philipp Paulus und Johann C. Link ausgelöste Situation stellte sich die Frage, wie es mit der Deutschland-Mission weitergehen sollte. Neitz schlug vor, - sicher auch angesichts der durch den Ausbruch des Amerikanischen Bürgerkriegs knapper gewordenen Finanzen -, die Deutschland-Mission zu beenden. Das wäre für Philipp Paulus ideal gewesen, denn er hatte nach dem Ausscheiden aus der Evangelischen Gemeinschaft eine Gesellschaft zur Ausbreitung des lebendigen Christentums in der Heimat gegründet. In diese hätte er die entstandenen Gemeinschaften Links und seiner Mit-Missionare sicher gerne integriert. Aber die Generalkonferenz in Amerika entschloß sich, der Arbeit im Süden Deutschlands mehr Stabilität zu geben durch die förmliche Organisation der Gemeinschaft, die sich unter dem Vorsitz des aus Amerika herübergekommenen jungen Bischofs Johann J. Escher (1823-1901) (s. d.) am 24. Februar 1865 als Die Deutschland Conferenz der Evangelischen Gemeinschaft konstituierte. Philipp Paulus hatte sich das anders vorgestellt und war verbittert. Er führte gemeinsam mit dem vormaligen Prediger J. C. Link, der sich auch von seiner Kirche abgewendet hatte, heftige Auseinandersetzungen. Die von Paulus gründete Gesellschaft zur Ausbreitung des lebendigen Christentums in der Heimat und seine nach dem Landeskirchen-Austritt auf dem Salon gebildete freie evangelische Gemeinde mit eigenen öffentlichen Abendmahlsfeiern, konnte längerfristig keinen Boden gewinnen. Die Zeitschrift *Friedensglocke* stellte ihr Erscheinen ein. Philipp Paulus hatte durch sein Drängen auf Organisierung der Gemeinschaften nach der Ordnung der in Amerika wirkenden Evangelischen Gemeinschaft ungewollt zur Entwicklung einer neuen Freikirche in Deutschland beigetragen. — *Philipp Paulus als sozial engagierter Theologe und Vereinsgründer* Die gesellschaftlichen Umbrüche brachten besonders in Agrarregionen manche soziale Not. Im Bereich des Mainhardter Waldes, besonders in der Umgebung von Wüstenrot, hatte der Salon-Besitzer Armut kennen gelernt. Gruppenweise kamen sie aus Gebieten mit kargen Ernten in den Ludwigsburger Raum, um auf den Kornfeldern Nachlese zu halten. Während der Ferienzeit auf dem Salon reiste Philipp Paulus in die Schwarzwaldregion, aus der die Armen kamen. Er suchte sie auf und leitete Hilfsmaßnahmen ein. Das regte ihn an, einen Ernteverein für arbeitsfähige Arme und als Ableger davon 1859 einen Herbstverein für sozial bedrängte Ältere ins Leben zu rufen. Den Vereinen flossen Spenden zu. Das brachte die Möglichkeit, Grundstücke zu kaufen, um den Armen Hilfe zur Selbsthilfe zu gewähren. Sie konnten die Grundstücke kostenfrei bewirtschaften und bekamen Unterstützung in Form von Ackergerät und Vieh zum Aufbau einer eigenen Existenz. Paulus sah es als eine Verpflichtung der Christen an, sich aus barmherziger Liebe der Armen anzunehmen. Die Arbeit gestaltete er nach dem heute noch vorbildlichen Grundsatz der Hilfe zur Selbsthilfe. Es ist bemerkenswert, daß auch in dieser diakonischen Arbeit für Paulus die konfessionelle Frage im Hinblick auf die Verantwortlichen zweitrangig war. In den Leitungsgremien von Herbst- und Ernteverein konnten trotz Widerspruchs neben evangelischen Pfarrern auch katholische Priester und methodistische Prediger mitwirken. 1865 wurde in Wildberg (Schwarzwald), auch auf Anregung von Paulus das *Haus der Barmherzigkeit* als Heim für Alte und Gebrechliche, eröffnet. 1871 folgte eine zweite solche Gründung in Esslingen. Wieder fanden Katholiken wie Evangelische, die unter ärmsten Verhältnissen leben mußten, in ökumenischer Eintracht in den Häusern eine Heimat. Daniel Römer kam in einer Studie zu dem Ergebnis: Philipp Paulus entwickelte annähernd ein vollständiges Modell der öffentlichen Sozialfürsorge. Mit seinen Erfahrungen aus der Praxis und seinem christlichen, ökumenisch weiten Gewissen trat er schließlich als Landtagsabgeordneter gerade für die Ärmsten unter dem Armen ein und bemühte sich um eine öffentlich verantwortete Fürsorge. Um politisch wirken zu können, war er 1866 der nationalliberalen Deutschen Partei beigetreten. In der Landtagswahl 1870 siegte er mit 1 662 gegen 835 Stimmen gegen Christian Groß, um danach als Abgeordneter für das Amt Ludwigsburg im württembergischen Landtag tätig zu sein. Sein Augenmerk richtete er auf die soziale Frage, um auf dem Weg politischer Maßnahmen gesellschaftliche Verhältnisse herbeizuführen, die für die Schwachen Hilfe und soziale Verbesserungen bringen sollten. Er sah aber über die Grenzen des württembergischen Staates hinaus und befürwortete auch den Beitritt Württembergs zum Deutschen Reich. — Ab 1874 trieb es ihn, wieder aktiv in der diakonischen Arbeit zu werden. In seiner Vorstellung tauchten Frauenvereine auf, die einen Beitrag zur besseren Familienerziehung leisten sollten. Durch die Begegnung mit Wilhelmine Metzger kam es aber zu einer anderen sozialpolitischen Initiative. Gemeinsam führten ihre Aktivitäten zur Gründung einer Heimat für dienstunfähig gewordene Dienstboten. In Fellbach wurde 1875 die *Dienstbotenheimat* gebaut. Dies war vor der Einführung der Sozialgesetze ein Heim für Dienstboten, die aufgrund ihres Alters keine Anstellung mehr fanden. — Armen und Hilfsbedürftigen, Kranken und Notleidenden, von Hunger und Verzweiflung gequälten hat Philipp Paulus zu einem menschenwürdigeren Leben verholfen. Als Stimme der Armen und für die Armen gab er die *Kreuzerblätter* heraus. Hinzuweisen bleibt auf die seit spätestens 1849 feststellbare Komiteemitgliedschaft in der Schullehrerbildungs- und Kinderrettungsanstalt in Lichtenstern. Gleichzeitig gehörte er dem leitenden Komitee der Heil- und Pflegeanstalt Rieth (heute Diakonie Stetten) an. Auf Jahresfesten im Bereich der Inneren Mission, bei Jahrestagen spezieller diakonischer Einrichtungen und in freikirchlichen Gemeinden war er ein beliebter Redner. Durch seine Beziehungen zu den von Amerika herüberwirkenden Freikirchen wußte er um die Probleme derer, die oft aus Armut und Not die Heimat verließen und in die neue Welt auswanderten. Um sie vor Schwindlern und Betrügern in neuen Landen zu schützen, gründete er - ohne langfristigen Erfolg - die Zeitschrift *Nachrichten aus Amerika*. Als letzten Versuch für soziale Anliegen publizistisch zu wirken, hat er zuletzt - wegen eines dann eintretenden Schlaganfalles nur einige Nummern - ein Blattes unter dem Titel *Abendglocke* herausgegeben. Sein engagiertes Wirken im diakonischen Bereich zeigt, daß der in vielen unterschiedlichen Feldern tätige Theologe es mit der individuellen Betreuung nicht nicht genug sein, sondern durch die Presse die Öffentlichkeit zu mobilisieren suchte und durch seinen politischen Einsatz entsprechende gesellschaftliche Bedingungen sichern wollte. Es bleint zu erwähnen, daß Philipp Paulus seit dem 2. August 1840 mit Agathe Elisabeth Josenhans (1815-1908) verheiratet war. Sie hatten vier Kinder, von denen eines früh starb.

Werke: Gebrüder Paulus, Die Principien des Unterrichts und der Erziehung, wissenschaftlich untersucht und beleuchtet von den Gebrüdern Paulus, Vorstehern der wissenschaftlichen Bildungsanstalt auf dem Salon bei Ludwigsburg nebst einem Anhang über die bestehenden Einrichtungen der Anstalt, Stuttgart 1839; Die Vorsehung, oder über das Eingreifen Gottes in das menschliche Leben, Stuttgart 1840; Die wissenschaftliche Bildungs-Anstalt der Gebrüder Paulus auf dem Salon bei Ludwigsburg. Eine Schilderung der in ihr bestehenden Einrichtungen und des Lebens der Zöglinge in ihr, Ludwigsburg 1841, 1842²; Rede am Grab der Mutter Beate Paulus geb. Hahn. Im Anhang der Leichenpredigt 1842. Württembergische Landesbibliothek, Leichenpredigten; Die sechs Schöpfungstage. Ein Beitrag zur Förderung wahrer Bildung, Stuttgart 1843; Der Abfall von Christo oder der Unglaube unserer Zeit, Stuttgart 1845; Vortrag. In: Erster Bericht über die Heil- und Pflegeanstalt für schwachsinnige Kinder in Rieth, Oberamts Vaihingen, Vaihingen a. E. 1849, 22-27; Anonym (vermutlich von Philipp Paulus): Der große Kirchentag und Congreß für innere Mission (in Stuttgart). In: Der Christliche Apologete, Cincinnati/Ohio, 13. Jg. (1850), 175, 179, 183, 187 u. 191; Erklärung des im Herbst 1848 auf dem Salon bei Ludwigsburg gegründeten Evangelischen Vereins (dessen »Brüderrat« Philipp Paulus angehörte). In: Der Christenbote, 19. Jg. (1850), 527-530; Leitfaden zum Verständnis der Offenbarung, Ludwigsburg 1851; Auch ein Erntebericht. In: Der Christenbote, 24. Jg. (1855), 409-416; Correspondenz. In: Der Christenbote, 24. Jg. (1855), 437; Was auf den Erntebericht folgte (vgl. Christenbote 1855, 409ff). In: Der Christenbote, 24. Jg. (1855), 497-515; Nachrichten aus dem Arbeitsfeld des Ernte-Vereins. In: Der Christenbote, 24. Jg. (1855), 615-617; Suche eines Lehrers für die Elementarschule auf dem Salon. In: Der Christenbote, 24. Jg. (1855), 618; Noth und Hülfe. Eine Erzählung aus meinem Leben, Stuttgart 1856; Weitere Mitteilungen aus dem Arbeitsfeld des Ernte-Vereins. In: Der Christenbote, 25. Jg. (1856), 27-31; Bericht über den weiteren Gang des Erntevereins. In: Der Christenbote, 25. Jg. (1856), 193-202; Erster Jahresbericht des Ernte-Vereins. In: Der Christenbote, 25. Jg. (1856), 411-418; Wieder ein Ernte-Bericht. In: Der Christenbote, 25. Jg. (1856), 433-438; Einladung zur Besprechung des Erntevereins am 15.12.1856. In: Der Christenbote, 25. Jg. (1856), 595 u. 610; Correspondenz (Versammlung des Erntevereins). In: Der Christenbote, 25. Jg. (1856), 628; Weihnachtsgruß an die Pfleglinge des Erntevereins, Stuttgart 1857; Mitteilungen aus dem Arbeitsfeld des Ernte-Vereins. In: Der Christenbote, 26. Jg. (1857), 77-84; Zweimal drei Tage bei den Pfleglingen des Ernte-Vereins. In: Der Christenbote, 26. Jg. (1857), 507-516; Ernteverein - Bericht de Filial-Comite's für den Schwarzwald. In: Der Christenbote, 26. Jg. (1857), 601-608; Ernteverein: Noch zweimal drei Tage bei den Pfleglingen des Erntevereins. In: Der Christenbote, 27. Jg. (1858) 21-24; Philipp Matthäus Hahn. Ein Pfarrer aus dem vorigen Jahrhundert nach seinem Leben und Wirken aus seinen Schriften und hinterlassenen Papieren geschildert, Stuttgart 1858; Ernte-Verein. Ein Besuch im Schwarzwald. In: Der Christenbote, 27. Jg. (1858), 281-286; Ernte-Verein. Zweiter Generalbericht für 1856-1859. In: Der Christenbote 29. Jg. (1860), 44-48; Das jüngste Synodal-Ausschreiben betreffend das Auftreten methodistischer Sendboten in Württemberg. Einige geschichtliche Berichtigung und Beleuchtung, Ludwigsburg 1860 - auch in: Der Evangelist, 11. Jg. (1860), 2099f, 2108ff, 2117f u. 2125f; Woher und Wohin? Oder das Concordat. Ein Wecker und Wegweiser zu dieser Tagesfrage, Ludwigsburg 18601-7 vermehrte Aufl.; Das Gewissen, die Verfassung und die Kirche oder: die Forderung unserer Zeit in Betreff der Religion, Ludwigsburg 18612; Ernte-Verein. Rückblick auf das Jahr 1861. Auch: Statuten. In: Der Christenbote, 31. Jg. (1862), 13-16; Der Verein für die inländische Mission in der Heimath, Flugblatt, o. J. u. o. O.; Die Kirche und ihre Zukunft oder die religiösen Tagesfragen. Zur Orientierung auf kirchlichem Gebiet für Gelehrte und Ungelehrte beleuchtet, Ludwigsburg 1861; Das Gewissen. Die Verfassung und die Kirche, oder die Forderung unserer Zeit in Betreff auf Religion, Ludwigsburg 1861; Die Armuth und die barmherzige Liebe. Eine Erzählung aus meinem Leben. Zur Erinnerung an den Ernte- und Herbstverein, Stuttgart 1862; An die Mitglider (!) der Evangelischen Gemeinschaft, Brief v. 6. Sept. 1862. In: Der Christliche Botschafter, Cleveland/Ohio, 27. Jg. (1862), v. 11. Okt. 1862, 321f; An die Mitglieder der Evangelischen Gemeinschaft und an Br. Ellwanger insbesondere. In: In: Der Christliche Botschafter, Cleveland/Ohio, 28. Jg. (1862), v. 4. Juli 1863, 212f; An alle Armenfreunde im Lande. Das Haus de Barmherzigkeit in Wildberg. Flugblatt v. 22. Juli 1864; Das Walten der Vorsehung in Zügen aus dem Leben meiner Mutter, Ludwigsburg 1869-18711-6, Gernsbach 18757,190112; Meine Mutter im alltäglichen Leben, Ludwigsburg 18691; Die Armut und die barmherzige Liebe, Stuttgart 1862; Ph. P. unter Mitwirkung von Immanuel Paulus, Beate Paulus, geb. Hahn, oder Was eine Mutter kann. Eine selbstmiterlebte Familiengeschichte, Stuttgart, 1874, 18752, 18973, 19145, 19217, 19298; 1946 später überarbeitet (von Rudolf Friedrich Paulus) unter dem Titel: Was eine Mutter vermag, Metzingen 1970, 19904; Altes und Neues oder Gleichnisse und Erzählungen für die Jugend. Ein Beitrag zur Förderung der Erziehung in Haus und Schule, Bd. 1, Gleichnisse mit Sprüchwörtern und Denksprüchen anstatt der Moral, Stuttgart 1875, Bd. 2, Erzählungen aus dem Leben oder Beispiele aus alter und neuer Zeit, Stuttgart 1875; Johann Friedrich Flattich, Pfarrer zu Münchingen. Ein Sokrates unserer Zeit. Eine Sammlung der schönsten und interessantesten Züge aus Flattichs Leben, Stuttgart 1875; Der Einfluß des Evangeliums auf das sittliche Leben des Menschen. In: Der Evangelist, 26. Jg. (1875), 193f; Die Einweihungsfeier der Dienstbotenheimath in Fellbach, O.-A. Cannstatt. Zur Orientierung über das Wesen und die Bedeutung der Anstalt für alle Dienstboten und Herrschaften sowie für alle Menschenfreunde überhaupt, Stuttgart 1875; Weihnachtsgruß an die Pfleglinge des Erntevereins, Stuttgart 1875; Wunderbare Gebetserhörung - Ausschnitt aus Beate Paulus - Was eine Mutter kann. (Zum Erscheinen der zweiten Auflage). In: Der Christenbote, 44. Jg. (1875), 357f; Erster Rechenschaftsbericht [der Dienstbotenheimat Fellbach], pro 1. Januar 1876; Jahresbericht der Dienstbotenheimat in Fellbach, O. A. Cannstatt pro 1. Januar bis 31. Dezember 1876, Stuttgart 1877; Die Dienstbotenheimat in Fellbach. In: Blätter für das Armenwesen, 30. Jg. (1877), 218-220; Jahresbericht [der Dienstbotenheimat Fellbach] pro 1. Januar 1878; Züge aus dem Leben des schwäbischen Pfarrers Flattich. In: Haus und Herd, 11. Jg. (1883), Cincinnati, S. 132-134; Der Lindenzweig. Eine Erzählung aus dem 14. Jahrhundert. In: In: Haus und Herd, 11. Jg. (1883), Cincinnati, S. 175-178; Meine Mutter im alltäglichen Leben. Aus: Das Walten der Vorsehung in Zügen aus dem Leben meiner Mutter), Lorch 19121, 1916², 1952⁵; Gotha 1920¹³; Für Geist und Herz. Geschichten aus der Geschichte für

Jung und Alt. Aus dem Nachlaß des Philipp Paulus, ehedem Landtagsabgeordneter und Direktor der wissenschaftlichen Bildungsanstalt auf dem Salon bei Ludwigsburg, Stuttgart, o. J.; Gottesoffenbarungen im Leben der Pfarrfrau Beate Paulus, Vorw. Elisabeth Thimme, Marburg 1922 (aus: Beate Paulus, was eine Mutter vermag).

Herausg.: Philipp Matthäus Hahn, Die Lehre Jesu und seiner Gesandten, neu hrgg. v. Philipp Paulus, Ludwigsburg 1856; Philipp Matthäus Hahn, Die gute Botschaft vom Königreich Jesu, neu hrgg. v. Philipp Paulus, Ludwigsburg 1856; Philipp Matthäus Hahn, Die Reden Jesu, neu hrgg. v. Philipp Paulus, Ludwigsburg 1856.

Herausgeber/Mitherausgeber: Die Süddeutsche Warte. Ein religiöses und politisches Wochenblatt für das deutsche Volk, ab 17. Mai 1845 (christlich-konservativ - gemeinsam mit Immanuel Paulus (Chefredakteur) und Christoph Hoffmann, der sie später als Warte des Tempels und dann auch als Chefredakteur weiterführte). Friedensglocke, Blätter zur Förderung der Eintracht und Liebe unter den Christen, 1859-1864, 7. Jg. Blätter zur Förderung des lebendigen Christentums in der Heimath; Nur für jeweils kurze Zeit erschienen: Kreuzerblätter, Nachrichten aus Amerika, Abendglocke.

Beiträge von Philipp Paulus in der von ihm herausgegebenen Zeitschrift »Die Friedensglocke«: An die Leser, Ausgabe v. 1. 12. 1858 (Probenummer); Der Verein zur Förderung der Eintracht und Liebe unter den Christen aller Confessionen. [Süddeutscher Zweig der Evangelischen Allianz]. Unterzeichnet neben Philipp Paulus von Chr. Mück, Dr. Römer, Johann Conrad Link (Evangelische Gemeinschaft), Heinrich Nuelsen (Bischöfliche Methodistenkirche), P. E. Gottheil. In: Ausg. Nr. 2 (15.01.1859), Leitartikel; Offenes Sendschreiben. In: Ausg. Nr. 3 (01.02.1859); Nachtrag zum Artikel »Der Congreß«. In: Ausg. Nr. 11 (01.06.1859), Leitartikel; Die Allgemeine Allianzversammlung auf dem Salon am 17. Juli. In: Ausg. Nr. 15 (01.08.1859), Leitartikel; Allgemeine Allianzversammlung. In: Ausg. Nr. 20 (15.10. 1859); Tagesneuigkeiten. In: Ausg. Nr. 20 (15.10.1859); Herbstbericht an alle Armenfreunde. (Beiheftung). In: Ausg. Nr. 21 (1.11.1859) - weitere solcher Berichte folgen jährlich; Antwort auf die Frage [über Gewissens- und Religionsfreiheit] in Nr. 20. In: Ausg. Nr. 22 (15.11.1859), Leitartikel; Weiter: Gewissens- und Religionsfreiheit. In: Ausg. Nr. 23 (01.12.1859) u. Nr. 24 (15.12.1859); Die Uhren Kaiser Karls des Fünften. In: Ausg. Nr. 24 (15.12.1859); (Weiter:) Antwort auf die Frage [über Gewissens- und Religionsfreiheit]. In: Nr. 1 (01.01.1860) u. Nr. 2 (15.01.1860); Woher und Wohin? Oder das Concordat. Ein Wecker und Wegweiser zu dieser Tagesfrage, Ludwigsburg 1860; Beantwortung der Correspondenz zum Lande (Stellung des Staates zur Kirche. Nr. 23 (01.12.1860) - vermutlich schon in den Ausgaben vorher nicht namentlich gekennzeichnete Beiträge zum Thema); Schlußwort. In: Nr. 24 (15.12.1860); O. V. (zweifelsfrei Philipp Paulus), Der Christenbote und die Methodisten in Württemberg (verfaßt als »Vorstand des süddeutschen Zweigs des evangelischen Bundes«). In: Die Friedensglocke, Nr. 4 v. 15.02.1861, 13-15 u. Nr. 5 v. 01.03.1861, 17-22; Vorläufige Erklärung (zu einem Vortrag auf einer Pfarrerversammlung in Eßlingen am 28. Mai 1861 von Pfarrer Völter, Zuffenhausen, über »Das Verhalten des geistlichen Amtes gegenüber dem Auftreten methodistischer Sendlinge« - gedruckt in der Friedensglocke 1861 Nr. 13 und Nr. 14), Die Friedensglocke Nr. 14 (15. Juli) 1861, 58f; Die Friedensglocke und die Staatskirche (Reaktion auf: die Methodisten in Württemberg). In: Nr. 10 (15.05.1861), nicht namentlich unterzeichneter Leitartikel; Antwort auf die Zuschrift »Wort zum Frieden«, Leitartikel. In: Nr. 11 (15.06.1861), Leitartikel; Tagesneuigkeiten. In: Nr. 11 (15.06.1861); Ein Actenstück zur Orientierung, Kommentar zu dem folgenden Nachdruck eines Vortrags auf einer Pfarrerversammlung v. 28. Mai 1861 in Eßlingen zum Thema: Das Verhalten des geistlichen Amts gegenüber dem Auftreten methodistischer Sendlinge. In: Nr. 13 v. 01. 07.1861, 53f u. Nr. 14. v. 15.07.1861, 57-58, dem schließt Ph. Paulus eine »Vorläufige Erklärung« an; Leitartikel; Ein Wort zur Aufklärung - Nochmals Pfarrversammlung in Eßlingen. In: Nr. 15 (01.08.1861), Leitartikel; Erklärung (zur Verteidigung). In: Nr. 20 (15.10.1861), Leitartikel; Das Circular (zur Verteidigung des Vereins). In: Nr. 21 (01.11.1861), Leitartikel; Philipp Paulus, Die Kirche und ihre Zukunft oder die religiösen Tagesfragen. Im Sprech- und Bildersaal der Friedensglocke über Philipp Paulus mit seiner persönlichen Antwort. In: Nr. 21 (01.11.1861); Vereinsangelegenheiten (der Süddeutschen Evangelischen Allianz/des Evangelischen Bundes). In: Nr. 22 (15.11.1861); An die Mitglieder unseres Zweigvereins des Evangelischen Bundes. In: Nr. 22 (15.11.1861) - auch in den folgenden Ausgaben; W. Zeller an Herrn Ph. Paulus und eine Antwort von Ph. Paulus. In: Nr. 24 (15.12.1861) - Sprechsaal; Die Kleinkinderpflegerin-Anstalt in Großheppach. In: Nr. 5 (01.03.1862); Die Kleinkinderpflegerin-Anstalt in Großheppach (Schluß). In: Nr. 6 (15.03.1862); Die Deutschen in Paris. In: Nr. 10 (15.05.1862); Schlußwort. In: Nr. 24 (15.12.1862); Vorwort. In: Nr. 1 (01.01.1863); Antwort auf den Leitartikel: Die Heidenheimer Diöcesansynode und die Evangelische Gemeinschaft (bezüglich einer Ansprache am 21.07.1862 von den landeskirchlichen Kanzeln). In: Nr. 3 (15.02.1863); Meine Ausschließung aus dem Kirchendienst und mein Austritt aus der Landeskirche. In: Nr. 10 (15.05.1863); Der Herausgeber an Hansjörg, In: Nr. 10 (15.05.1863); Anzeige betr. Ausschuß des Allianz-Vereins. In: Nr. 10 (15.05.1863); Berichtigung nach dem Gesetz vom 26. August 1849 betr.: Meine Ausschließung aus dem Kirchendienst und mein Austritt aus der Landeskirche (betr.: Ausschließung). In: Nr. 13 (01.07.1863); Zur Aufklärung über vorstehende Berichtigung nach dem Gesetz. In: Nr. 13 (01.07.1863); Eine persönliche Erklärung (Beendigung des Verhältnisses zur Evangelischen Gemeinschaft). In: Die Friedensglocke, Nr. 23 (01.12.1863); Entgegnung auf Artikel über die Friedensglocke in der »Schwäbischen Volkszeitung«. In: Nr. 24 (15.12.1863). Kammerverhandlungen zum [württembergischen] Gesetz zur Einführung des Unterstützungswohnsitzgesetzes 1872/73: 128. Sitzung der Kammer der Abgeordneten (KdA) v. 98.01.1873, S. 3379f. (Zustand der Armenhäuser); 128. Sitzung KdA v. 08.01.1873, 3388- 3391 (Antrag auf Verfahrensänderung, Frage der Subsidiarität von öffentlicher und privater Armenunterstützung); 128. Sitzung KdA v. 08.01.1873, 3393f (weiterer Redebeitrag - abgelehnt S. 3393f); 130. Sitzung KdA v. 11.01.1873, 3459 (Frage der Mitwirkung von Geistlichen in den Ortsarmenräten); 132.

Sitzung KdA v. 15.01.1873, 3509 u. 3509-3512 (Armenanstalten/Dienstbotenheimat).

Lit.: Die Erziehungsanstalten in Kornthal. In: Der Christenbote, 5. Jg. (1836), 192; — Nachricht über die Erziehungs-Anstalten in Kornthal. In: Der Christenbote, 6. Jg. (1837), 21-24; — Württembergische Jahrbücher für vaterländische Geschichte, Geographie und Topographie, hgg. v. J. D. G. Memminger. Einzelne Nachrichten über die Familie Paulus in den Jahrgängen 1841, 3, 421, 433, - 1842, 430 u. 1843 II, 116; — o. V., Reisepredigt in Württemberg, Baden, der Mark und der Provinz Sachsen. Eine Pressemeldung. In: Johann Hinrich Wichern, Fliegende Blätter Serie 7 (1850), 182; — Reisebericht von Br. J.[ohann] G[erhard] Oncken. In: Missionsblatt der Gemeinde gläubig getaufter Christen, Hamburg, 1. Jg. (1851), Nr.11; — O. V., Besprechung des Philipp Paulus'schen Plans eines Ernteverein. In: Der Christenbote, 24. Jg. (1855), 437f; — Anzeige: Philipp Matthäus Hahn erschienen. In: Der Christenbote, 27. Jg. (1858), 148; — Christian Burk, Rezension Philipp Matthäus Hahn. In: Der Christenbote, 27. Jg. (1858), 287; — Editorielle Notiz als Hinweis auf die von Ph. Paulus herausgegebene Friedensglocke. In: Der Evangelist 10. Jg. (1859), 1827; — Christian Burk, Rezension: Woher und Wohin? Oder das Concordat. Ein Wecker und Wegweiser zu dieser Tagesfrage, Ludwigsburg 1860. In: Der Christenbote, 29. Jg. (1860), 74; — Neue Evangelische Kirchenzeitung, hgg. v. H. Messner, 1. Jg. (1859), Sp. 253; — E. F. Ellwanger, Offener Brief an Ph. Paulus v. Nov. 1862. In : Der Christliche Botschafter, Cleveland/Ohio, (27. Jg.) v. 20. 12. 1862; — Amtsblatt des württembergischen Consistoriums und der Synode in Kirchen- und Schulsachen, Nr. 97, v. 12. Sept. 1863, 809-819; — Kirchliche Nachrichten aus Württemberg: Suspendierung der Kandidatenrechte des Philipp Paulus. In: Der Christenbote, 32. Jg. (1863), 249-251; — O. V., Nachricht von der Deutschland Mission. In: Der Christliche Botschafter, 28. Jg. (1863), 44; — O. V., Die Deutschland Mission. In: Der Christliche Botschafter, 28. Jg. (1863), 76;Verhandlungen der General-Conferenz der Evangelischen Gemeinschaft, gehalten zu Buffalo, N.Y., Cleveland 1863, 21 u.76f; — Bericht aus dem Evangelischen Kirchenblatt, kommentiert von Christian Burk. In: Der Christenbote, 34. Jg. (1865), 183; — Johann J. Escher, Missionar Link's Austritt aus der Evang. Gemeinschaft. In: Der Christliche Botschafter 30. Jg. (1865), 197f; — Kirchliche Nachrichten: Wiederaufnahme Ph. Paulus und Wiedereinsetzung in Kandidatenrechte. In: Der Christenbote, 35. Jg. (1866), 236f; — Salonia, Wochenschrift hrgg. v. den Schülern des Paulus'schen Instituts von 1868 bis 1878 (1877 wird ein Lebenslauf von Philipp Paulus begonnen, der mit seiner Zeit als Student abbricht); — Valentin Strebel, Die Methodisten in ihrer Heimat und in der Fremde. Ein Wort für und wider sie, Stuttgart 1868, 41 u. 45f; — Schwäbische Kronik v. 31.10.1874, 2529; — Schwäbische Kronik v. 15.11.1874, 2646; — o. V., Todesnachricht. In: Der Evangelist 29. Jg. (1878), 365; — C. W. [Carl Weiß], Zum Andenken an Herrn Dr. Philipp Paulus. In: Wächterstimmen 9. Jg. (Oktober 1878), 22f; — Todesanzeige. In: Schwäbische Kronik, 1878, 2037 u. 2038, auch 2197f; — Leichenfeierlichkeit bei der Beerdigung des früh vollendeten Lorenz Eisenhardt, Prediger der Ev. Gemeinschaft und Lehrer am Predigerseminar in Reutlingen, Reutlingen 1878, 14; — Hermann Schmidt, Die innere Mission in Württemberg. In: Theodor Schäfer (Hg.), Die innere Mission in Deutschland, Bd. 2, Hamburg 1879; — Reuben Jäckel, Geschichte der Evangelischen Gemeinschaft, Zweiter Bd. 1850-1875, Cleveland, Ohio 1895, versch. Hinweise 276-291; — Heinrich Nülsen (!), Erinnerungen aus den fünfziger Jahren. Zweite Serie. In: Der Christliche Apologete, 61. Jg. (1899), 531; — Heinrich Nülsen (!), Erinnerungen aus den fünfziger Jahren,, Neue Serie 1. In: Der Christliche Apologete, 65. Jg. (1903), v. 1. April S. 11; — Johannes Schempp d. Ä., Geschichte unseres Predigerseminars. In: Festschrift zur Einweihung des neuerbauten Predigerseminars der Evangelischen Gemeinschaft in Reutlingen am 13. Dezember 1905, Stuttgart 1905, 25; — August Johannes Bucher, Ein Sänger des Kreuzes. Bilder aus dem Leben von Ernst Gebhardt, Basel 1912, 74ff; — Reinhold Kücklich d. Ä., Die Evangelische Gemeinschaft in Europa. Illustrierte Festschrift zum 75jährigen Jubiläum ihres Bestehens 1850-1925, Stuttgart 1925 (S. 19 Bild mit Philipp Paulus im Kreis von sieben Predigern der Evangelischen Gemeinschaft); — Friedrich Fritz, Das Eindringen des Methodismus in Württemberg, Blätter für württembergische Kirchengeschichte, 2. Sonderheft, Stuttgart 1927, passim (Philipp Paulus u. Salon); — Richard Paulus, Familienbuch der Familie Paulus, Chronik und Nachfahrentafel. Familienbuch, Pforzheim 1931, 178 (mit Bild und Nachtrag); — Raymond W. Albright, A History of the Evangelical Church [Evangelische Gemeinschaft], Harrisburg, Pa./USA, 1945, 423f; — Heinrich Hermelink, Geschichte der Evangelischen Kirche in Württemberg von der Reformation bis zur Gegenwart, Stuttgart/Tübingen o. J. (1949), 399f u. 408; — Reinhold Kücklich d. J., Hundert Jahre Evangelische Gemeinschaft in Europa, Stuttgart 1950, 28f; — o. V. (Hans Rommel), Philipp Paulus, Sohn und Biograph der Beate Paulus geb. Hahn. Vor 150 Jahren in Klosterreichenbach geboren. In: Freudenstädter Heimatblätter Bd. 8 Nr. 17, v. 4. Juli 1959 (Beilage zur Schwarzwaldzeitung »Der Grenzer«, S. 121-128); — Theophil Funk, Ernst Gebhardt der Evangeliumssänger. Berlin (Ost) 1965, 39ff, Stuttgart 1969, 39ff; — Johann Hinrich Wichern, Sämtliche Werke, hrgg. v. Peter Meinhold, Bd. I, Die Kirche und ihr soziales Handeln, Berlin/Hamburg 1962, Anmerkung in: Die innere Mission - eine Denkschrift 1849, S. 230 u. 422 (Anm. 117); — Rudolf F. Paulus, Genealogia Pietistika. Beiträge zur Familiengeschichte Hahn - Hoffmann - Paulus. In: Blätter für württembergische Kirchengeschichte 66/67 (1966/67), 163-246; — Rudolf Friedrich Paulus, >Beate Paulus, was eine Mutter kann< (mit dem Kapitel: Die methodistische Episode im Leben von Philipp Paulus). In: Blätter für württembergische Kirchengeschichte, 72. Jg. (1972), 134-150; — Paul Wüthrich, Die Evangelische Gemeinschaft im deutschsprachigen Europa. In: Karl Steckel/C. Ernst Sommer, Geschichte der Evangelisch-methodistischen Kirche, Stuttgart 1982, passim; — Michel Weyer, Geschichtlicher Rückblick, Die europäische Evangelische Gemeinschaft. In: Walter Klaiber/Michel Weyer, 125 Jahre Theologisches Seminar der Evangelisch-methodistischen Kirche, Reutlingen 1983, 44; — Rudolf Friedrich Paulus, Die wissenschaftliche Bildungsanstalt auf dem Salon bei Ludwigsburg. In: Ludwigsburger Geschichtsblätter 29 (1986), 77-90; — Karl Heinz Voigt, Die Evangelische Allianz als ökumenische Bewegung, Stuttgart 1990, passim; —Hans-Volkmar Findeisen, Nicht wahr, liebe Hausmutter, ich darf bleiben. Philipp Paulus und die Gründung der ersten württembergischen Dienstbotenheimat. In: Beiträge zur Volkskunde in Baden-Württemberg, 4. Jg. (1991), 7-32; — Monika Zeilfelder-Löffler, Die Geschichte der »Evangelischen Brüder- und Kinderanstalt Karlshöhe« in Ludwigsburg. Von den Anfängen bis nach dem Ende des Zweiten Weltkriegs (1876-1950), Diakoniewissenschaftliche Studien Bd. 8, Heidelberg 1996, 34f; — Rudolf Friedrich Paulus, Ein Frauenleben im 19. Jahrhundert. Karl Friedrich und Beate Paulus geb. Hahn. In: Kornwestheimer Geschichtsblätter, 8. Ausg, (1998), 6-17; — Ulrike Schuler, Die Evangelische Gemeinschaft. Missionarische Aufbrüche in gesellschaftlichen Umbrüchen, Stuttgart 1998, passim. (mit Bild-Nr. 4); — Rudolf Friedrich Paulus, Kurze Geschichte der württembergischen Familie Paulus/Hoffmann, Stuttgart 2000, Privatdruck; — Frank Raberg (Bearb.), Biographisches Handbuch der württembergischen Landtagsabgeordneten 1815-1933, Stuttgart 2001, 647f; — Rolf Scheffbuch, Das Gute behaltet. Aus den Anfängen Korntal, Stuttgart 2001; — Hermann Ehmer, 100 Jahre Alters- und Pflegeheim Staigacker. In: Backnanger Jahrbuch 12 (2004), 195-204; — Ulrike Gleixner, Pietismus und Bürgertum. Eine historische Anthropologie der Frömmigkeit. Württemberg 17. — 19. Jahrhundert, Göttingen 2005, passim; — Karl Heinz Voigt, Religionsfreiheit bei Baptisten und Methodisten in Deutschland. Versuch eines Vergleichs. In: Erich Geldbach u.a. Religionsfreiheit. Festschrift zum 200. Geburtstag von Julius Köbner, Berlin 2006, 318ff; — Christoph Raedel, Von der Weisheit des Glaubens. Jean Frédéric Bettex als christlicher Apologet, Göttingen 2006;- Karl Heinz Voigt, Heinrich Ernst Gebhardt. In: BBKL, Bd. 26 (2006), Sp. 362-431; — Daniel Römer, Die Dienstbotenheimat Fellbach. Zur Lebenswelt invalider Dienstmägde zwischen Armut und Frömmigkeit, Ostfildern 2007; — Karl Heinz Voigt, Nicht der Salon bei Ludwigsburg 1863, sondern Reutlingen 1877. Zur kirchenpolitischen Vorgeschichte des Reutlinger Predigerseminars der Evangelischen Gemeinschaft (und die Rolle von Philipp Paulus). In: EmK-Geschichte, 29. Jg. (2007) Heft 2 (in Vorbereitung).

Karl Heinz Voigt

PETZOLD, Gertrud von (auch Gertrude), * 9.1. 1876 in Thorn, † 14.3. 1952 in Bad Homburg. Lutheranerin, Unitarierin, Quäkerin. — Gertrud von Petzold aus altem preußischen Adel war die Tochter eines preußischen Offiziers und wurde 1876 im westpreußischen Thorn geboren. Sie wuchs als Lutheranerin auf und besuchte die Höhere Töchterschule. 1897 bestand sie das Lehrerinnenexamen in Friedenshof (Stettin). Anschließend ging sie als Erzieherin nach Großbritannien. In St. Andrews (Schottland) bestand sie die Universitätszulassung, studierte daraufhin vier Jahre an der University of Edinburgh und schloß mit dem »Master of Arts« ab. 1901 wechselte sie nach Oxford und studierte bis 1904 am unitarischen Manchesterkolleg Theologie. Dort war die Aversion gegen Frauen so groß, daß sich anfangs ihre männlichen Kollegen weigerten, mit ihr gemeinsam an einem Tisch zu sitzen. — In Leicester wurde sie an der unitarischen Gemeinde »Narborough Free Christian (Unitarian) Church« am 29. September 1904 die erste weibliche Gemeindepastorin von Europa. Sie setzte sich gegen sieben männliche Kandidaten durch. 1907 besuchte sie als Delegierte von Leicester in Boston den »International Congress of Religious Liberals«, dann betätigte sie sich, zusammen mit Mary A. Safford, ab November 1908 in der »Iowa Sisterhood« der unitarischen Kirche. In Des Moines, wohin viele Deutsche emigriert waren, wurde ihr die Leitung der unitarischen Gemeinde (Free Christian Church) (Iowa) übertragen. Bevor sie nach England zurückkehrte, predigte sie 1911 vor Lutheranern in Bremen und vor Reformierten in Zürich und Basel, obwohl solches eigentlich Frauen zu dieser Zeit untersagt war. Von 1911 bis 1915 war sie anschließend Pfarrerin an der Waverley Road Church und an der Gemeinde Small Heath Unitarian Chapel in Birmingham (England). Gleichzeitig studierte sie wieder an der dortigen Universität und erlangte im Sommer 1915 den Magistergrad. — Unmittelbar darauf kehrte sie, da man ihr die Einbürgerung in Großbritannien verweigerte und eine Auswanderung nach Amerika nicht möglich war, nach Ausbruch des Ersten Weltkriegs nach Deutschland zurück und übernahm eine Vertretung an einer amerikanischen Kirche in Berlin. Sogleich immatrikulierte sie sich an der Universität zu Tübingen, um Theologie und Germanistik zu studieren. Hier stand sie in engem Kontakt mit Gustav Frenssen (1863-1945), einem Antisemiten und Vertreter des Neuheidentums. 1917 promovierte sie an der Gießener Universität unter dem Germanisten Otto Behaghel (1854-1936). Gewidmet ist diese Arbeit Rosa Widmann, die ebenfalls 1915 aus England ausgewiesen wurde. 1918 bzw. 1923 wurde von Petzold in Königsberg und Tilsit Predigerin an zwei evangelischen Freikirchen, eine weitere Gemeindegründung in Memel war in Planung. — Nach dem Ersten Weltkrieg trat Petzold in die SPD ein und war Stadtverordnete in Königsberg. Auch gehörte sie dem Monistenbund an und wurde später Mitglied in der Nationalsozialistischen Volkswohlfahrt. Regelmäßig reiste sie bis 1937 nach Großbritannien und setzte sich für die Verständigung beider Nationen ein. In Frankfurt am Main war sie spätestens ab 1931 als Lektorin für englische Sprache tätig. 1933 wurde sie aus dem Hochschuldienst entlassen, konnte jedoch ihre Wiederanstellung durchsetzen. Das war vor allem deswegen wichtig, da seit 1934 alle freireligiösen Gemeinden im Reich verboten worden waren, so daß von Petzold sich nach einem neuen Beruf umsehen mußte. Die folgenden Jahre waren schwierig, Gertrud von Petzold stand mehrfach unter Aufsicht der Gestapo. 1941 gelang es ihr, sich für das Fach Germanistik an der Universität Kiel zu habilitieren. — Seit spätestens ihrer Zeit in Birmingham pflegte Gertrud von Petzold Beziehungen zu Vertretern der Religiösen Gesellschaft der Freunde (Quäker), in deren Kirche das Predigen von Frauen seit dem 17. Jahrhundert Tradition hat. 1940 trat sie der Deutschen Jahresversammlung bei, um allerdings schon im folgenden Jahr wieder auszutreten. Nach dem Kriegsende lebte sie in Deutschland. Bis zu ihrem Tode war sie noch in der Flüchtlingshilfe tätig und setzte sich besonders für ost- und westpreußische Heimatvertriebene und Flüchtlinge aus der DDR ein. — Zeitlebens blieb Gertrud von Petzold unverheiratet. Ihr Leben war von andauerndem Studieren, Vorträgen und Reisen angefüllt. Sie verfaßte eine kleinere Studie über den Einfluß Nietzsches auf den schottischen Dichter John Davidson, den sie als Ausnahme eines ansonsten geringen Interesses an Nietzsche in England und auch in Amerika würdigte. Ihre bedeutenden Arbeiten sind ihre Dissertation »Heilandsbilder im deutschen Roman« (1924) und ihre an der Universität Kiel eingereichte Habilitationsschrift »Harriet Martineau und ihre sittlich-religiöse Weltschau« (1941). Ihre heutige Bedeutung liegt darin, daß sie die erste ordinierte Pastorin Europas mit einer Pfarrstelle war und damit als Pionierin des weiblichen Predigtdienstes gilt. Ihre Predigten wurden gerne gehört, nicht allein aus Neugierde, sondern auch wegen ihrer Eloquenz und Wortmächtigkeit. Gleichfalls ist sie, die unterschiedlichen Kirchen wie der lutherischen Landeskirche, den Unitariern und den Quäkern angehörte (und einige Zeit all diesen Kirchen zugleich!), ein ungewöhnliches Beispiel für das Überschreiten von konfessionellen Grenzen, das man jedoch auch kritisch als Orientierungslosigkeit sehen kann.

Werke (Auswahl): George Dawson and the coming Church. In: The Inquirer. A journal of liberal religion, literature, and social progress, 3647, New Series 751, 18. Mai 1912, 341-342; 3648, New Series 752, 25. Mai 1912, 357-358; Christmas and interned. In: The Inquirer. A journal of liberal religion, literature, and social progress, 3781, New Series 884, 12. Dezember 1914, 724; Aus der Arbeit der Chemnitzer Volksschullehrerinnen: 2. Mütterabende. In: Die Lehrerin, XXXI, 1914/1915, 6-7; Eine notwendige Arbeit im Dienste der Kriegshilfe. In: Die Lehrerin, XXXI, 1914/1915, 233-236; Heilandsbilder im deutschen Roman der Gegenwart. Gießen 1924; John Davidson und sein geistiges Werden unter dem Einfluß Nietzsches. Leipzig 1928 (Englische Bibliothek, V); Nietzsche in englisch-amerikanischer Beurteilung bis zum Ausgang des Weltkrieges. In: Anglia. Zeitschrift für englische Philologie, LIII, 1929, 134-218; Harriet Martineau und ihre sittlich-religiöse Weltschau. Bochum-Langendreer 1941 (Beiträge zur englischen Philologie, XXXVI). ND New York 1967; English refugees in Germany. In: The Inquirer. Incorporating the Christian life and the Unitarian Herald, 5482, 9. August 1947, 638-639.

Lit. (Auswahl): A Woman as minister. In: The Inquirer. A journal of liberal religious thought and life, 3246, New Series 350, 10. September 1904, 584; — Lady minister who has just conducted her first marriage service: Miss Gertrude von Petzold MA of the Unitarian Free Christian Church, Narborough Road, Leicester. In: The Sketch, 12. Juli, 1905; — Wendte, C. W.: In: The Christian Register, LXXXVII, 39, 1908, 1046-1047; — Clarke, Agnes May: The first woman minister. London (1941); — The Rev. Gertrud von Petzold's introduction and welcome. In: The Inquirer. A journal of liberal religious thoughts and life, New Series 354, 8. Oktober 1908, 649; — Davy, Emmeline: A woman in Swiss pulpits. In: The Inquirer. A journal of liberal religion, literature, and social progress, 3610, New Series 714, 2. September 1911, 562; — Crook, Margaret B.: News from Miss von Petzold. In: The Inquirer. A journal of liberal religion, literature, and social progress, 4030, New Series 1133, 27. September 1919, 373; — Shippen, Eugene R.: Gertrude von Petzold. In: The Christian Register. Unitarian, CXXXI, 7, 1952, 27; — Gause, Fritz: Vom Ersten Weltkrieg bis zum Untergang Königsbergs Köln 1971 (Geschichte der Stadt Königsberg, III); — Gause, Fritz: von Petzold, Gertrud. In: Altpreußische Biographie. Hrsg. von Kurt Forstreuter, Fritz Gause, III. Marburg 1975, 1038; — Gilley, Keith: Gertrude von Petzold. In: Transactions of the Unitarian Historical Society, XXI, 3, 1997, 157-172; — Daggers, Jenny: The Victorian female civilising mission and women's aspirations towards priesthood in the Church of England. In: Women's History Review, X, 4, 2001, 651-670; — Gilley, Keith: Petzold, Gertrude von. In: Oxford Dictionary of National Biography, XLIII, 2000, 965-966; — Bernet, Claus: Gertrude von Petzold (1876-1952): Quaker and first woman minister. In: Quaker Studies. Journal of the Quaker Studies Research Association and the Center for Quaker-Studies, University of Sunderland, XXI, 1, 2007, 129-133; — Bernet, Claus: Petzold, Gertrud von (1876-1952). In: Quäker aus Politik,

Kunst und Wissenschaft in Deutschland. 20. Jahrhundert. Ein biographisches Lexikon, Nordhausen 2007, 132-134.

Claus Bernet

PFEILSCHMIDT, Ernst Heinrich, Pfarrer und Schriftsteller; * 20. Oktober 1809 in Großenhain; † 10. März 1894 in Dresden, beerdigt auf dem Annenfriedhof. P. wächst als Sohn eines Uhrmachers in seiner Geburtsstadt und in Dresden auf. Da er künstlerisch begabt ist, beginnt er eine Lehre als Steindrucker. Erst mit 17 Jahren schlägt er den höheren Bildungsweg ein und besucht die Dresdner Kreuzschule. 1830 bis 1833 studiert P. Theologie in Leipzig. 1834 wird er Kollaborator an der Kreuzschule und 1838 schließlich Diakonus an der Annenkirche in Dresden. An dieser Kirche verbleibt der 1865 zum Archidiakonus aufgerückte P. bis zu seiner Emeritierung 1874. — Als Student beeindruckt P. die Geschichtsschreibung des Freiburger Historikers Karl von Rotteck. Nach der Lektüre der Rotteckschen Werke schreibt P. an den Verfasser, er habe erkannt, »daß ohne das Geschichtsstudium auch das Studium der Theologie nur einen mechanischen Charakter haben« könne (Rüdiger von Treskow, Erlauchter Vertheidiger der Menschenrechte!, Bd. 2, Freiburg 1992, 395). Zugleich wird der badische Liberale von Rotteck für P. zum politischen Vorbild. Das Vorhaben, sein Studium 1833 in Freiburg fortzusetzen, kommt nicht zu Stande. Als von Rotteck 1840 stirbt bezeichnet sich P. als einen »seiner wärmsten Verehrer in Sachsen« (Klänge des Herzens an v. Rotteck's Grabe, Dresden 1840). — Als Linksliberaler hegt P. deutliche Sympathien für die deutschkatholische Bewegung, wovon einige Publikationen zeugen. 1848 hält er die Trauerrede auf Robert Blum in der Dresdner Frauenkirche. Darin stellt P. Blum als letztes Glied in eine Kette von Märtyrern, die von Sokrates, Christus und Paulus über Jan Hus, Girolamo Savonarola und Michael Servet bis zu Andreas Hofer, Johann Palm und Ferdinand von Schill reicht. Blum ist »für das Wohl, für die Freiheit des deutschen Vaterlandes gestorben.« Aus der Perspektive »allgemeinerer geschichtlicher Betrachtung« erhält dieser Tod seinen Sinn, da »nach den Absichten einer höheren, göttlichen Weltordnung« durch den Tod der »Blutzeugen«, die »für ihre Ueberzeugungen und Bestrebungen« gestorben sind, »die Siege des Guten und Wahren rascher und gewisser« befördert werden »als selbst« durch »das längste Leben seiner Vertreter«. Im Zeichen des Kreuzes »wird das Gottesreich, dieses Reich des Lichtes, der Tugend, der Freiheit seine schönsten Siege davon tragen.« Basierend auf diesen geschichtstheologischen Erwägungen fordert P. von seinen Hörern individualethische, pädagogische und politische Konsequenzen, die dessen spätaufklärerische Theologie erkennen lassen. Die »Jünglinge und Knaben« sollen um »sittliche Freiheit« ringen. Die Mütter sollen ihre Kinder »für die Freiheit durch Kräftigung ihres Willens und Veredlung ihrer Herzen« erziehen, »denn nur ein starker Wille und ein edles Herz macht den Menschen wahrhaft frei.« Alle »Mitbürger« aber sind aufgerufen, die »Gleichgültigkeit gegen die öffentlichen Angelegenheiten, welche noch bei Tausenden als ein trauriges Vermächtnis aus vergangenen Jahrzehnten übrig ist«, hinter sich zu lassen. Denn »im großen deutschen Vaterlande ... ist die Freiheit bedroht.« Und auch in Sachsen, »wo die höchste Gewalt in den Händen eines volksfreundlichen Königs« liegt, »ist in Staat und Kirche, in Schule und Haus, in Gesetzgebung und Verwaltung noch mancher Schritt zu thun, bis wir zu dem fernen Ziele kommen« (Der Tod der Blutzeugen in seiner Bedeutung für das Leben, Dresden 1848). — Mit den sozialen Verwerfungen seiner Zeit ist P. besonders als Anstaltsgeistlicher im städtischen Frauenhospital und in der Königlichen Blindenanstalt konfrontiert. Angesichts der Auswirkungen des Pauperismus veröffentlicht er 1844 einen »Offene[n] Hilferuf an alle weltlichen Behörden des deutschen Vaterlands, welche auf den sittlichen Zustand der Kinder Einfluß haben können« (Grimma 1844). In der Formierungsphase der inneren Mission in Sachsen mischt er sich als Praktiker in die öffentliche Debatte ein. Ausgehend von einem weiten Begriff von innerer Mission, der »alles geregelte Zusammenwirken für Abhülfe äußeren und inneren Elends« umfaßt, bestreitet er unter Hinweis auf die Vielzahl vorhandener bürgerlicher sozialkaritativer Aktivitäten pauschale Klagen über fehlende Opferbereitschaft und Nächstenliebe. Für die mangelnde Akzeptanz der Diakonissenanstalt in Dresden macht er deren Bündnis mit dem »Altluthertume und demjenigen Pietismus« verantwortlich, »welcher in der Lehre von der völligen Verworfenheit des natürlichen Menschen seinen Grund hat, das Leben nur von seiner schwärzesten Seite, von der Sünde, des Todes und der Verdammnis auffaßt und vom Gebete die wunderbarsten Wirkungen erwartet.« — P's Rückblick auf die Geschichte des Christentums lautet - gemessen an »Christus, seinem Stifter« - 1846: »Das Christenthum ist zum Kirchenthume geworden, die Liebe hat dem Glauben weichen müssen, das Diesseits ist in dem Jenseits aufgegangen.« Für die Gegenwart hofft er vorsichtig: »Dem 19. Jahrhundert aber scheint es vorbehalten, Christenthum, Liebe, Diesseits in seine Rechte einzusetzen« (Warum gedeiht die Sache der inneren Mission in Sachsen nicht?, Leipzig 1846). — Mit dem Sieg der Reaktion in der Revolution von 1848/49 sind P's politische und theologische Positionen in Sachsen nicht mehr gefragt. In der Kirche geben die konfessionellen Lutheraner den Ton an, die an die lutherische Erweckungsbewegung anknüpfen. Seine Karrierechancen verbaut sich P. durch Differenzen mit dem einflußreichen Minister Friedrich Ferdinand Freiherr von Beust. Verleugnet hat P. seine liberalen Ansichten auch im Alter nicht. Noch zum Lutherjubiläum 1883 findet man den 71-jährigen Emeritus als Einlader zu einem Vortrag »Luthers Kirche der Zukunft«, den der prominente Gegner des lutherischen Amtskirchentums Michael Baumgarten im überfüllten Saal der Dresdner Stadtverordneten hält (Dresdner Anzeiger 1883, Nr. 288; 291). — Ebenso wie die liberale politische Einstellung zieht sich das durch von Rotteck geweckte historisches Interesse als roter Faden durch P's Leben. Einem frühen Lehrbuch über die Geschichte des Altertums folgen eine ganze Reihe von Schriften und Artikeln zur sächsischen Kirchengeschichte und zur Geschichte der Reformation, die oft anläßlich von Jubiläen erscheinen. Dabei spielt protestantische Legitimationsbildung durch Erinnerung für P. eine wichtige Rolle. So heißt es in einem Gedicht zum Gustav-Adolf Gedenken 1832 z. B.: »Was rauscht die Harfe, der Psalter? / Wem tönt des Liedes Klang? / Wer sind die rüstigen Schaaren / Die deutschen Gauen entlang? // Ha! Gustav Adolf's Krieger! / Sie sind aus dem Grabe erwacht. / Sie kämpfen begeistert von Neuem / Für Christus die heilige Schlacht. // Voran des gefallenen Königs / Verklärter Geist; in der Hand / Das Schwert des göttlichen Wortes, / Für des Glaubens Freiheit entbrannt. // Das Auge voll Muth und Vertrauen, / Die Brust gestählt gegen Spott; / In dem Herzen und auf den Lippen: / »Ein' feste Burg ist Gott!« // Und fröhlich wehen die Banner / Des Glaubens voll Liebe darein. / Drauf steht es mit goldenen Zügen: / »Das ist Gustav Adolf's Verein!« (Heilige Zeiten, Leipzig 1858, 126 f.) — Weiterhin publiziert P. zu Problemen der Kirchenverfassung, der kirchlichen Zustände sowie zu weiteren theologischen und zu pädagogischen Fragen. Seine Beiträge erscheinen u. a. in der Leipziger Allgemeinen Zeitung für Christenthum und Kirche, im Theologischen Literaturblatt der in Darmstadt erscheinenden Allgemeinen Kirchenzeitung, in der Darmstädter Allgemeinen Schulzeitung, in der Sächsischen constitutionellen Zeitung, in der Sächsischen Dorfzeitung, im Dresdner Journal, in der in Dresden und Leipzig erscheinenden Abend-Zeitung und in der Gelegenheitsgedichtsammlung Festtage des Lebens. — Bekannt wird P. vor allem als Lyriker. Franz Blanckmeister stellt fest: »Seine 'Heiligen Zeiten' und seine 'Friedhofsrosen' erfreuten sich des Beifalls der Besten« (Pastorenbilder aus dem alten Sachsen, Dresden 1917, 183). Erstgenannter Band ist eine Gedichtsammlung zum protestantischen Kirchenjahr, in der über die allgemeinchristlichen Feiertage hinaus auch Gedichte zu Luthers Todestag, den Kurfürst Moritz-Tagen, den Augsburgischen Gedächtnistagen, zu Zwinglis Todestag, zum Reformationsfest, zu den Gustav Adolfs-Tagen und zum Bußtag enthalten sind. Die Verse sind teils schwärmerisch-pathetisch, teils Gebrauchslyrik, bisweilen auch trotz kitschiger Anflüge anrührend, wie im Gedicht »Frühe Vollendung. // Dringe leise, / Sanfte Weise, / Aus der Brust hervor! / Lüftchen, trage / Meine Klage / Durch des Friedhofs Thor! // Ach, hier haben / Sie begraben, / Was, wie Morgenroth, / Meinem Herzen / Selbst in Schmerzen / Freude, Hoffnung bot! // Wie die Rose / Weich im Moose / Eingewiegt zur Ruh', / Schläfst hienieden / Nun im Frieden, / Blütenleben, du! // Thränen fließen / Und begießen / Was der Tod gesät. / Elternherzen, / Reich an Schmerzen, / sind sein Blumenbeet. // Still, ihr Lüfte! / Fühlt ihr Grüfte / Nicht ein heilig Weh'n? / Laßt mich lauschen! / Hört ihr's rauschen: / 'Freudig Wiederseh'n!'? // Nun so schweige, / Schmerzensreiche / Klag' in meiner Brust! / Todtenkränze / Blüh'n im Lenze / Auf zu neuer Lust! // 'Was wir bergen / In den Särgen, / Ist das Erdenkleid. / Was wir lieben, / Ist geblieben, / Bleibt in Ewigkeit.' // Froher Glaube, / Der dem Staube / Leben, Hoffnung gibt! / Nein! - sie haben / Nicht begraben / Was mein Herz geliebt.« (Heilige Zeiten, Leipzig 1858, 145-147) — Zudem ist der ehemalige Steindruckerlehrling auch ein Kenner der bildenden Kunst, wie schon seine 1842 erschienene »Geschichte des Domes zu Köln« zeigt. Als der Plan für ein Lutherdenkmal in Worms publik wird, nimmt P. Kontakt zum Wormser Denkmalsverein auf. Ab 1857 berät P. als Theologe Ernst Rietschel über die darzustellenden Figuren und Themen. Er versorgt den Bildhauer mit einem umfangreichen Exposé zu den einzelnen Personen der Reformationsgeschichte für das geplante historistische Tableau. Vom engen Kontakt zu Rietschel zeugen dreizehn Briefe des Künstlers an P., die den Fortgang der Arbeit am Denkmal spiegeln und das Urteil P's einfordern. Dabei besteht Rietschel im Austausch mit P. auf dem Recht des Künstlers zu »poetischer Inkonsequenz« gegenüber Einwänden, die aus »chronologischer Konsequenz« erhoben werden. In einem Brief bittet Rietschel den Pfarrer spontan, ihm für den Entwurf der Lutherfigur, die zuerst in Mönchskutte dargestellt werden sollte, einen Talar zu leihen. Rietschel ist auch unter den Predigthörern P's gewesen, wenn auch unregelmäßig, wie ein Satz aus einem Brief zu Pfingsten 1858 zeigt: »Ich komme nicht in die Kirche, doch frei von Arbeitsjagd, will ich in Frühlingsluft der Gnade Gottes herzinnig dankbar danken und preisen.« — P. steht zugleich mit dem Wormser Denkmalsverein im intensiven Kontakt und nimmt auch so auf die Gestaltung des Denkmals Einfluß. Er propagiert das Unternehmen publizistisch und sammelt in seiner Dresdner Annen-Parochie 752 Taler für das Denkmal. Rietschel schreibt an P. im genannten Brief: »Wären alle so tätig und begeistert, käme die Sache leichter zu Stande. Aber wie viel Mattigkeit! Warum wirkt nur dies Beispiel nicht?« (Franz Blanckmeister, Meister Rietschel und der Pastor von der Annenkirche, in: Das Pfarrhaus: Zeitschrift für die christliche Familie, 1907, 116-119) Als das Denkmal vollendet ist, würdigt die Denkschrift zur Einweihung P. als einen »der eifrigsten und verdienstvollen Freunde des Luther-Denkmals« (Friedrich Eich (Hg.), Gedenkblätter zur Erinnerung an die Enthüllungsfeier des Luther-Denkmals in Worms am 24., 25. und 26. Juni 1868, Worms 1868, 22).

Werke: Abriß der alten Geschichte nach den drei Hauptvölkern des Alterthums, den Juden, Griechen und Römern: als Grundlage beim Unterrichte der Schüler in den mittleren und bei den Privatrepetitionen der Schüler in den oberen Classen gelehrter Schulen, bearbeitet von Ernst Heinrich Pfeilschmidt, Leipzig 1837; Klänge des Herzens an v. Rotteck's Grabe: geweiht von einem seiner wärmsten Verehrer in Sachsen, Dresden 1840; Geschichte des Domes zu Köln: für gebildete Freunde der Kirche, des Vaterlandes und der Kunst mitgetheilt von Ernst Heinrich Pfeilschmidt, Diaconus an der Annenkirche zu Dresden und Mitgliede des Centraldombauvereins zu Köln, Halle a. S. 1842, Reprint Boston 2001; Der Proceß der hallischen und deutschen Jahrbücher von Regierung und Ständeversammlung des Königreichs Sachsen: ein actenmäßiger Beitrag zur Geschichte des Kampfes zwischen dem Christenthume und der neuesten Philosophie, Grimma 1843; Offener Hilferuf an alle weltlichen Behörden des deutschen Vaterlands, welche auf den sittlichen Zustand der Kinder Einfluß haben können, Grimma 1844; Breslau und Leipzig in ihren eigenthümlichen Beziehungen zur politischen und kirchlichen Freiheit Deutschlands: ein Wort an die deutschen Männer jeder Confession von Treumund Schwertfeger, Altenburg 1845; Luther und Rom: drei Schriften Luthers wider das Papstthum mit besonderer Erwähnung des Rockes Christi in Trier. 1. Heft: Vermahnung an die Geistlichen, versammelt auf dem Reichstage zu Augsburg v. 1530 - 2. Heft: Warnung an meine lieben Deutschen v. 1531 - 3. Heft: Luther's letzte Predigt v. 1546, Grimma 1845; Der Feldzug der Geister innerhalb der katholischen Kirche während der Jahre 1844-1846: Protestantischer Ostermorgengruß an Ronge und Görres von Treumund Schwertfeger, Annaberg 1846; Luthers letzte Predigt: gehalten über Matth. 11, 25-30, zu Eisleben am 14. Februar 1546, bei Gelegenheit der 300jährigen Todesfeier Luther's am 18. Februar 1846 herausgegeben und erläutert von Ernst Heinrich Pfeilschmidt, Leipzig 1846; Warum gedeiht die Sache der inneren Mission in Sachsen nicht?, in: Allgemeine Zeitung für Christenthum und Kirche, Nr. 55, Leipzig, den 10. Juli 1846, 249-251 und ebd. Beilage Nr. 9, Leipzig, den 14. Juli 1846, 257-259; Christoph Friedrich von Ammon nach Leben, Ansichten und Wirken: ein Lichtbild aus der evangelischen Kirche, Leipzig 1850; Einige Andeutungen über den altdeutschen Kirchenbaustyl in seinem Verhältnisse zum christlichen Cultus (Abdruck aus dem Neuen Dresdner Journal 1850, Nr. 85), Dresden 1850; Vor dreihundert Jahren: Blätter der Erinnerung an Churfürst Moritz von Sachsen und den Freiheitskampf des protestantischen Deutschland gegen das Religionszwangsedict Kaiser Karl's V. vom 15. Mai 1548, Festgabe zur Siegesfeier des Passauer Vertrags vom 2. August 1552 und des Augsburgischen Religionsfriedens vom 26. September 1555, Dresden 1852; Der 20. Decbr. 1852: ein 300jähriger Gedächtnistag für das christliche Familienleben. Worte der Erinnerung an Katharina von Bora mit Bezug auf das Weihnachtsfest geschrieben (Abdruck aus der Sächs. Constit.

Zeitung 1852, Nr. 294 und 295); Worte der Erinnerung an Dr. Franz Volkmar Reinhard als Oberhofprediger und Kanzelredner: zur Säcularfeier seines Geburtstages den 12. März 1853 geschrieben (Abdruck aus der Sächs. Constit. Zeitung 1853, Nr. 57-59), 2. Aufl.; Luther in Coburg, Dresden 1853; Immortellenkranz auf eine sächsische Fürstengruft: zum Gedächtnis der Sterbetage des Churf. Johann Friedrich des Großmüthigen von Sachsen und seiner Gemahlin Sibylle von Jülich, Cleve und Berg (d. 21. Febr. und 3. März 1554) niedergelegt (Abdruck aus der Sächsischen Dorfzeitung 1854, Nr. 5 und 6), Dresden 1854; Vicelin, der niedersächsische Wendenapostel: eine Säcularerinnerung an den 12. Decbr. 1854, in: Neue Lübeckische Blätter 1855, Nr. 4-6; Drei Tage zu Augsburg: reformationsgeschichtliche Dichtung (Abdruck aus der Sächs. Constit. Zeitg. 1855, Nr. 220), Dresden 1855; Heilige Zeiten: Dichtungen, Leipzig 1858; Drei Friedhofs-Rosen. Dichtung, Leipzig 1860; Philipp Melanchthon: bei Gelegenheit der 300jährigen Erinnerung an seinen Todestag (den 19. April 1560) geschildert von Ernst Pfeilschmidt (Abdruck aus der Sächsischen Dorfzeitung 1860, Nr. 1-13), Dresden 1860; Ein Räthsel aus der Geschichte der Luther-Denkmäler, in: Dresdner Anzeiger, Nr. 122 vom 2. Mai 1875, 23 f., Nr. 123 vom 3. Mai 1875, 13 f.; Die Johanneskirche und Johannesgemeinde in Dresden bis mit Ablauf des 2. Jahres seit der Wahl ihres Kirchenvorstands am 30. Mai 1877: ein Beitrag zur Dresdner Kirchen-, Stadt-, und Baugeschichte von Ernst Pfeilschmidt, Dresden 1879; Umschau über die Lutherdenkmäler, in: Dresdner Anzeiger, Nr. 314 vom 10. November 1885, 12 f.; Umschau über die Fürstendenkmäler des Hauses Wettin, Dresden 1889.

Predigten: Welchen Standpunct muß der Christ bei seinem Urtheil über die Versuchungen einnehmen? Eine von der Reinhard'schen Stiftungsdeputation zu Leipzig mit dem großen Preise gekrönte Predigt über 1. Kor. 10, 13, Leipzig 1833; Die göttliche Traurigkeit wirket zur Seligkeit eine Reue, die Niemand gereuet; die Traurigkeit aber der Welt wirket den Tod. Eine von der Reinhard'schen Stiftungsdeputation zu Leipzig gekrönte Preispredigt über 2. Kor. 7, 10, Dresden 1835; Worte der Freude, der Mahnung und des Segens. Gesprochen bei der Confirmationsfeierlichkeit in der Annenkirche zu Dresden am 4. April 1841, Dresden o. J.; Worte der Erbauung bei der Abendfeier des Jahresschlusses in der Annenkirche zu Dresden am 31. Decbr. 1843 nach Anleitung von Jac. 1 V. 17 gesprochen, Selbstverlag o. J.; Die Verbindung zwischen Sachsens Könige und Sachsens Volke: ein erhebendes Vorbild für alle unsere Herzensverbindungen, Predigt über 1. Sam. 19, 1-6, am 10. S. n. Trinit. gehalten zur Feier der Rückkehr des Königs Friedrich August aus England am 9. Aug. 1844, Grimma 1844; Der Tod der Blutzeugen in seiner Bedeutung für das Leben. Rede bei der Todtenfeier für Robert Blum in der Frauenkirche zu Dresden am 19. November 1848, Dresden 1848; Rede am Grabe der k. sächs. Hofschauspielerin Mathilde Schlegel, in: Erinnerung an Mathilde Schlegel, Dresden 1848; Wiege, Traualtar und Sarg: drei geistliche Amtsreden, Dresden 1848; Sylvesterpredigt: in der Frauenkirche zu Dresden am Abend des 31. December 1849 gehalten, Dresden 1850; Gedächtnispredigt auf Reinhard. Gekrönte Preisaufgabe der Reinhard'schen Stiftung in Leipzig, Dresden 1853; Das Selbstzeugnis Jesu von sich als dem Lichte der Welt: Gastpredigt am 23. Januar 1859 im St. Petri-Dome zu Bremen über Evangelium Johs VIII, V. 12-20, Bremen 1859.

Lit.: Friedrich Eich (Hg.), Gedenkblätter zur Erinnerung an die Enthüllungsfeier des Luther-Denkmals in Worms am 24., 25. und 26. Juni 1868, Worms 1868; Ernst Heinrich Pfeilschmidt, in: Wilhelm Haan (Hg.), Sächsisches Schriftsteller-Lexicon. Alphabetisch geordnete Zusammenstellung der im Königreich Sachsen gegenwärtig lebenden Gelehrten, Schriftsteller und Künstler, nebst kurzen biographischen Notizen und Nachweis ihrer im Druck erschienenen Schriften, Leipzig 1875, 264 f.; Todtenschau, in: Dresdner Geschichtsblätter 1894, Nr. 3, 150; Franz Blanckmeister, Meister Rietschel und der Pastor von der Annenkirche. Zur Entstehungsgeschichte des Wormser Reformationsdenkmals, in: Das Pfarrhaus: Zeitschrift für die christliche Familie, Jg. 23, 1907, 116-119; Ders., Ernst Rietschel und sein theologischer Freund. Aus Pastor Pfeilschmidts Leben, in: Ders., Pastorenbilder aus dem alten Sachsen, Dresden 1917, 178-183; Christiane Theiselmann, Das Lutherdenkmal Ernst Rietschels (1856-1868) im Rahmen der Lutherrezeption des 19. Jahrhunderts (Europäische Hochschulschriften: Reihe 28, Kunstgeschichte; Bd. 135), Frankfurt am Main 1992; Rüdiger von Treskow, Erlauchter Vertheidiger der Menschenrechte! Die Korrespondenz Karl von Rottecks, Bd. 2, Regesten (Veröffentlichungen aus dem Archiv der Stadt Freiburg im Breisgau, 26/2), Freiburg 1992.

Sebastian Kranich

PIEL, Peter, kath. Komponist und Musiktheoretiker, * 12. August 1835 Kessenich bei Bonn, † 21. August 1904 Boppard. — P., Sohn eines Kleinbauern, verlebte seine Kindheit seit 1837 in Köln. Nach dem Besuch der Volksschule wurde er Schüler an der Vorbereitungsschule des Lehrerseminars, wo er seinen ersten Unterricht in Klavier, Violine und vermutlich auch Orgel erhielt. Von 1854 bis 1856 besuchte er das Lehrerseminar in Kempen. Aufgrund seiner musikalischen Begabung, wurde ihm die Mithilfe beim Musikunterricht angetragen. Nach dem Tod seines Lehrers Albert Michael Jepkens, übernahm er zudem die Betreuung der Sammlung »Kirchliche Gesänge für den mehrstimmigen Männerchor«, welche er bedeutend erweiterte. 1868 wurde P. an das neu gegründete Seminar nach Boppard berufen, wo er dann bis zu seinem Tod wirkte, seit 1878 als Erster Seminarlehrer, seit 1887 als kgl. Musikdirektor. Viele seiner Orgelstücke entstanden zu dieser Zeit, als Übungsstücke für seine Schüler. Als bedeutendstes Werk aus P.s Feder gilt seine 1889 erstmals veröffentlichte »Harmonielehre«, welche bis 1923 zwölf weitere Auflagen erleben sollte. — P. blieb unverheiratet, seit dem Jahr 1880 wohnte er zusammen mit seinen Eltern und seinen beiden ledigen Schwestern, im Jahr 1894 nahm er zudem die Kinder seines verstorbenen Bruders mit in seinen Haushalt auf. Durch regelmäßige Reisen in das benachbarte Ausland erweiterte P. zeitlebens seinen geistigen Horizont. — P.s Werkverzeichnis umfaßt insgesamt 114 Nummern, größtenteils kirchliche Gebrauchsmusik f. einfache Verhältnisse, wovon die 41 Meßkompositionen die gattungsmäßig größte Gruppe stellen. Daneben stehen Werke fast aller Gattungen der kirchlichen Vokalmusik, sowie Orgel- und Klavierstücke. P. war engagiertes Mitglied des »Cäcilienvereins«, was bereits auf seine musikalische Haltung hindeutet. Er verehrte die alten Meister der franko-flämischen Epoche und die deutschen Komponisten des Barocks und der Klassik, während er der zeitgenössischen Entwicklung eher ferne stand. P. verlor »sich niemals an romantische Klangexperimente und Chromatik [...] Damit aber vermeiden seine Werke alle die Überhitzung und Weichlichkeit, die uns gerade bei anderen Komponisten, auch Kirchenmusikern, der zweiten Hälfte des 19. Jahrhunderts und darüber hinaus stören« (Mies 1935, 15). — Während P.s Kompositionen bis etwa zur Mitte des 20. Jh.s in der katholischen Kirchenmusik Beachtung fanden, ist sein musikalisches Schaffen heutzutage fast vollkommen vergessen.

Werke: Werkverzeichnis bei Paul Mies, P. P., in: Rheinische Musiker, hrsg. v. K. G. Fellerer, Köln 1960, 200-204.

Kompositionen: I. Vokalwerke: 41 Messen; ca. 200 lat. u. dt. liturgische Gesänge; Litaneien; Kantaten; Magnificat; Te Deum; Marianische Antiphonen; Requiem; Offertorien; Lamentationen; Vespern; Ave Maria; Hymnen.

II. Orgelwerke: Orgeltrios; ca. 250 Einzelstücke u. Begleitsätze; Orgelbücher f. d. Gesangbücher der Diözesen Köln u. Trier.

III: Klavierwerke: Sonatinen; Märsche, Suiten u. Sonaten f. Kl. und Vl.

Schriften: Lehrgang f. d. Gesang-Unterricht i. d. Volksschule nach d. in d. Seminar-Übungsschule z. Boppard befolgten Methode, Düsseldorf o. J. ([10]1901); Über den Gesang. Einiges aus d. Gesanglehre u. d. Gesangmethode, Düsseldorf 1873 ([5]1909); Harmonie-Lehre. Unter besonderer Berücksichtigung d. Anforderungen für das kirchliche Orgelspiel zunächst f. Lehrerseminare, Düsseldorf 1889 ([13]1923); Vorwort z. Paul Schmetz, Die Harmonisierung d. gregorianischen Choralgesanges. Ein Handbuch z. Erlernung d. Choralbegleitung, Düsseldorf 1885.

Rezensionen: Im »Cäcilien-Vereins-Catalog«, Regensburg 1870 ff.

Sonstiges (außerhalb d. WV): Lumen cordium. Katholisches Gebet- u. Gesangbuch insbesondere zum Gebrauche an höheren Lehranstalten, hrsg. v. H. J. Liessem u. P. Piel, Köln 1898 ([3]1903); Orgelbuch zu den liturgischen Gesängen des Laudes divinae, Paderborn 1882; Handbüchlein des Choralgesanges. Enthält liturg. Gesänge zur hl. Messe und für die Karwoche nebst einigen Gesängen versch. Inhalts, Paderborn 1882; Liber marianus seu cantiones in honorem B. M. V., ad quatuor voces adaptatae ab auctoribus diversis, Leipzig 1888.

Lit.: Monatshefte f. Musikgeschichte, 37, 1905, 99; — Paul Mies, Peter Piel, ein Meister der Musica sacra, in: Mitteilungen f. kath. Kirchenmusiker, 1935, H. 2, 13-19; — ders., P. P. in: MuSa, 78, 1958, 255-257; — ders., P. P., in: Rheinische Musiker, hrsg. v. K. G. Fellerer, Köln 1960, 200-204 (Werkverzeichnis!); — ders., Eine ungedruckte Messe v. P. P., in: Musicae sacrae ministerium. FS f. K. G. Fellerer, hrsg. v. J. Overath, Köln 1962, 243-246; — K. G. Fellerer (Hrsg.), Geschichte d. kath. KM, Bd. 2, Kassel u. a. 1976, 228 f., 230, 274, 298; — Gabriela Krombach, Die Kirchenmusikwerke v. P. P. u. d. Palestrina-Stil, in: Palestrina u. d. klassische Vokalpolyphonie als Vorbild kirchenmusikalischer Kompositionen im 19. Jh., hrsg. v. M. Janitzek, Kassel 1995, 113-125; — Christoph Hust, Musiktheoretische Unterweisung i. d. Seminaristenausbildung. Zwei Beispiele z. musikalischen Handwerkslehre im 19. Jh., in: Tijdschrift voor Muziektheorie, 7, 2002, H. 1, 33-42; — Utto Kornmüller, Lex. d. kirchl. Tonkunst, Bd. 2, Regensburg 1895, 209 f.; — Hermann Abert (Hrsg.), Ill. Musik-Lex., Stuttgart 1927, 356; — Andreas Weissenbäck, Sacra musica. Lex. d. kath. KM, Klosterneuburg 1937, 315; — Neues Lex. d. Musikpädagogik. Personenteil, Kassel 1994, 178; — LThK[1] VIII, 267; — MGG[1] X, 1255 f.; — DBI II, VI, 2659.

Joachim Faller

POPPO VON ANDECHS, Bischofselekt von Bamberg (1237-1242). — * 70er Jahre des 12. Jahrhunderts, † 2. Dezember 1245. — P. entstammte einer aus Oberbayern stammenden vornehmen Adelsfamilie, die sich zunächst nach dem Stammsitz Dießen und später nach der um 1080 errichteten Burg Andechs benannte (seit 1188: Herzöge von Meranien). P. war der einzige Sohn Graf Bertholds II. von Andechs aus dessen (zweiter) Ehe mit Luitgard von Dänemark. Früh schon für die geistliche Laufbahn bestimmt, erhielt er seine Ausbildung vermutlich an der Domschule des Bamberger Bistums, dessen Bischof zu dieser Zeit sein Onkel Otto II. war. In jungen Jahren bekam er schon ein Kanonikat am Bamberger Dom verliehen, seit Mitte der 80er Jahre war er Propst des Bamberger

Stifts St. Jakob. Weitere Pfründen (Stiftspropst von St. Stephan sowie seit 1206 Dompropst [in der Nachfolger seines Neffen Berthold]) machten ihn schließlich zum bedeutendsten geistlichen Funktionsträger im Bamberger Bistum nach dem Bischof. Seinen raschen Aufstieg und seine Ämterfülle verdankte P. familiären Beziehungen und nicht zuletzt der zentralen Mittlerfunktion, die er zwischen dem Bistum und seiner Familie einnahm. Geradezu prototypisch läßt sich an P.s Werdegang und Wirken erkennen, wie es der hochadligen Familie gelang, Bistum und Hochstift Bamberg zum Nutzen der eigenen Herrschaftsexpansion personell zu durchdringen und dem Einfluß der Andechser zu öffnen. Eine Schlüsselstellung nahm P. insbesondere nach dem Ermordung des Stauferkönigs Philipp von Schwaben 1208 im Bamberger Bischofspalast ein, nachdem P.s Neffe Ekbert, der als Hausherr selbst in den Verdacht der Mitwisserschaft geraten war, fliehen mußte und seinem Bischofssitz bis zur Rehabilitierung lange Jahre fern bleiben mußte. Während dieser Zeit faktischer Sedisvakanz leitete P. die Geschäfte des Hochstifts und war maßgeblich auch daran beteiligt, dem abwesenden Ekbert das Bistum zu erhalten. Neuere Forschungen scheinen zu belegen, daß P. in seiner Funktion als Leiter des Domkapitels ein wesentlicher Anteil am Neubau des Bamberger Doms (sog. Ekbert-Bau) zukommt; an der Finanzierung des Bauvorhabens scheint er persönlich beteiligt gewesen sein. In P.s Zeit als Dompropst fällt auch die Einweihung der wieder hergestellten Kathedralkirche (6. Mai 1237). Mehrfach trat P. darüber hinaus als Wohltäter seines Bistums auf. Sein in der späteren Historiographie entstandener Ruf als »Schädiger des Bistums« ist im Zusammenhang mit den Umständen der später erfolgten Bischofsabsetzung zu sehen, dürfte in der Sache aber unberechtigt sein. — Nach Ekberts Tod am 5. Juni 1237 und dem kurzen Übergangsepiskopat des Siegfried von Oettingen, der schon kurz nach seiner Wahl resignierte, wurde P. in einem zweiten Anlauf vom Domkapitel zum neuen Bischof in Bamberg gewählt (Spätsommer/Frühherbst 1237) - möglicherweise als Vertrauensmann des staufischen Kaisers. Offenbar gab es Widerstände gegen seine Wahl im Domkapitel; ihr Umfang sowie die Ursachen liegen im Dunkeln. In der sich verschärfenden Auseinandersetzung zwischen Kaiser Friedrich II. und Papst Gregor IX. geriet er allerdings bald in scharfen Gegensatz zu dem 1239 gebannten Herrscher, der ihn daher von seinem Hofgericht die zuvor verliehenen Regalien wieder entziehen ließ, was faktisch einer Absetzung gleichkam. Poppo zog sich an einen unbekannten Ort zurück und starb kurze Zeit später, am 2. Dezember 1245. — Mit P. endete das sog. »Andechser Jahrhundert« (O. Meyer) in Bamberg, das mit wenigen Jahren der Unterbrechung nacheinander drei Angehörige dieser mächtigen Adelsfamilie auf dem Bischofsstuhl des ostfränkischen Bistums sah. Aufgrund der bewegten Ereignisse während seines Episkopats und des unrühmlichen Abgangs ist P.s Würdigung in der Bistumshistoriographie einseitig und ungerecht ausgefallen.

Quellen und Lit.: Poppos Beziehungen als Bischofselekt zu Kaiser Friedrich II. lassen sich erschließen aus J. F. Böhmer, Regesta Imperii V,1-3 (Reg.: s.u. »Boppo«). — Conrad Eubel, Hierarchia catholica medii aevi ... I, Münster ²1913, 126; — Johann Looshorn, Geschichte des Bisthums Bamberg II: 1102-1303, München 1888 (ND Bamberg 1967), bes. 668-674; — Friedrich Wachter, General-Personal-Schematismus der Erzdiöcese Bamberg 1007-1907, Bamberg 1908, 11 [Nr. 173]; — Paul Schöffel, Das Urkundenwesen der Bischöfe von Bamberg, Erlangen 1929, 109f.; — Erich Frhr. von Guttenberg (Bearb.), Das Bistum Bamberg I/1 [= Germania Sacra II/1], Berlin-Leipzig 1937, bes. 43, 171-173; — Johannes Kist, Fürst- und Erzbistum Bamberg, Bamberg ³1962, 42; Ders., Die Nachfahren des Grafen Berthold I. von Andechs, in: Jahrbuch für fränkische Landesforschung 27, 1967, 43 [Nr. III 7]; — Alois Schütz, Das Geschlecht der Andechs-Meranier im europäischen Hochmittelalter, in: Josef Kirmeier (Hg.), Herzöge und Heilige - Ausstellungskatalog, München 1993, 93f.; Ders., Die Andechs-Meranier in Franken und Europa, in: Die Andechs-Meranier in Franken. Europäisches Fürstentum im Hochmittelalter - Ausstellungskatalog, Mainz 1998, 3-54, bes. 42f.; Ders., Die Grafen von Dießen und Andechs, Herzöge von Meranien, in: Armin Wolf (Hg.), Königliche Tochter-Stämme, Königswähler und Kurfürsten, Frankfurt a.M. 2002, 225-315, hier 294; — Bernd-Ulrich Hucker, Der Königsmord von 1208 - Privatrache oder Staatsstreich, in: Die Andechs-Meranier in Franken. Europäisches Fürstentum im Hochmittelalter - Ausstellungskatalog, Mainz 1998, 111-128; — Klaus von Eickels, Die Andechs-Meranier und das Bistum Bamberg, in: ebd. 145-156; — Ursula Vorwerk, Die Andechs-Meranier und der Neubau des Bamberger Doms, in: ebd. 209-218; — Roland Pauler, Bischof Heinrich I. von Bamberg. Seine Stellung zwischen Papst Innozenz IV. und Kaiser Friedrich II., in: Zeitschrift für bayerische Landesgeschichte 58, 1995, 497-508; — Achim Hubel, Überlegungen zur Datierung der Ostteile des Bamberger Doms, in: Staatliches Hochbauamt Bamberg (Hg.), Internationale Tagung der Dombaumeister, Münsterbaumeister und Hüttenmeister, Bamberg 10.-14. September 1996 (nur als Manuskript erschienen); — Ansgar Frenken, Die Andechs-Meranier als oberfränkische Territorialherren und Bischöfe von Bamberg, in: Zeitschrift für bayerische Landesgeschichte 63, 2000, 711-786; Ders., Poppo, Dompropst und Electus Bambergensis. Ein unterschätzter Protagonist Andechser Hausmachtpolitik in Franken, in: 137. Bericht des Historischen Vereins Bamberg, 2001, 169-184; — Helmut Flachenecker, in: Erwin Gatz (Hg.), Die Bischöfe des Heiligen römischen Reiches 1198-1448. Ein biographisches Lexikon, Berlin 2001, 39; — Sven Pflefka, Das Bistum Bamberg, Franken und das Reich in der Stauferzeit. Der Bamberger Bischof im Elitengefüge des Reiches 1138-1245, Volkach 2005, Reg.

Ansgar Frenken

PORSCH, Felix. Jurist. Politiker, * 30. April 1853 Ratibor, † 8. Dezember 1930 Breslau. — Geboren wurde P. in einer stark katholisch geprägten und politisch interessierten Familie, in der schon der Großvater Patrimonialrichter in Krappitz und der Vater, Emil Porsch, Appellationsgerichtsrat in Ratibor war. Seine Mutter Anna war eine geborene Klause. Nach dem Schulbesuch der katholischen Volksschule in Ratibor folgte die Gymnasialzeit am Königlichen Katholischen Gymnasium in Glogau (seit 30.4.1853). Das Studium der Jurisprudenz nahm er an der Universität in Tübingen auf und setzte es in Leipzig, Breslau und abschließend Berlin fort. 1874 begann er sein Referendariat in Breslau; seine Promotion 1876 an der juristischen Fakultät in Breslau erwarb er mit einer Arbeit über »die Bedeutung des Beweises durch Indicien im geistlichen Gerichtsverfahren«. Da ihm die Umstände des Kulturkampfes für ihn als Katholiken keine Perspektive auf eine akademische Laufbahn eröffneten, wandte er sich weiter der Praxis zu und wurde 1878 Gerichtsassessor. 1879 wurde er als Rechtsanwalt am Landgericht Breslau zugelassen, anschließend am Oberlandesgericht Breslau. 1881 zieht er in den Breslauer Rat der Stadtverordneten. Im gleichen Jahr stellt ihn das Zentrum in einem bis dahin für die Sozialdemokratie sicheren Wahlbezirk auf (Wahlkreis Reichenbach-Neurode im Regierungsbezirk Breslau) und P. gewinnt die Wahl. Er zieht als jüngster Abgeordnetet in den Deutschen Reichstag, dem er bis 1893 angehört. 1887 wird er als Schriftführer in das Präsidium gewählt. Nach 1893 kandidierte er nicht mehr für den Reichstag, engagierte sich dafür umso stärker im Preußischen Abgeordnetenhaus. Dort war er seit 1884 Mitglied für den Wahlkreis Gatz-Habelschwerdt (bis zum Tod). In der Zentrums-Partei wurde F. P. bald zu einem unverzichtbaren Mitglied, was ihn 1898 in die Parteiführung brachte. 1903 noch Vizepräsident stieg er 1904 zum Fraktionsvorsitzenden auf, eine Aufgabe, die er bis 1929 innehatte. Gemeinsam mit Graf von Ballestrem baute er in Schlesien die Position des Zentrums aus. Am 9.9.1896 heiratete er mit Elisabeth Müller-Netscher, die aus Eltville gebürtig war. Seine Wertschätzung fand darin Ausdruck, daß er 1882 durch Vermittlung des Domherrn Hugo Lämmer zum Fürstbischöflichen Konsistorialrat in Breslau (Konsistorium für Ehe- und Disziplinarsachen) ernannt wurde und dieses Amt 32 Jahre aktiv betrieb. — Besondere Schwerpunkte seiner politischen Arbeit waren die Kulturpolitik, in der er auch für seine Zeit bemerkenswert mit evangelischen Kollegen kooperierte; F. P. gehörte zu denen, die sich für eine Öffnung der Zentrumspartei für Nichtkatholiken einsetzten, was aber ohne Erfolg blieb. Aus seiner kirchlichen Orientierung heraus engagierte er sich auch an der kirchen- und kulturpolitischen Gesetzgebung (Abbau der Kulturkampfgesetze, Goßlersches Schulgesetzentwurf). Im Gewerkschaftsstreit trat er für die christlichen Gewerkschaften ein. In der Diskussion um Allgemeine Wahlrecht trat er für dieses ein, auch wenn es erst mit der Gründung der Weimarer Republik Wirklichkeit wurde. In dieser Zeit war er am Zustandekommen der »Preußen-Koalition« von Zentrum und Sozialdemokratie 1919 wesentlich beteiligt. In Schlesien war er anerkannt, hatte aber etwa in der Nationalitätenfrage Schlesiens eine wenig glückliche Hand, da das Zentrum die polnischen Schlesier kaum beachtete. F. P. war außerhalb seiner politischen Arbeit Mitglied in vielen katholischen Vereinen: so gehörte P. der Görresgesellschaft an, wirkte im Vorstand des Volksvereins für das katholische Deutschland (seit der Gründung 1890). 1882 gehörte er zum Gründungskreis des Katholischen Juristenvereins, der 1907 unter seiner Mitwirkung mit der Sektion für Rechts- und Sozialwissenschaft der Görresgesellschaft verschmolz. Sein Interesse an der Presse findet seinen Ausdruck in den Mitgliedschaften im Augustinusverein zur Pflege der katholischen Presse und im Verein der schlesischen Zentrumspresse. P. engagierte sich im Albertus-Magnus-Verein, der unbemittelte Studenten förderte, und im Cartell-Verein katholischer Studentenverbindungen (CV). Von

Anfang war P. Mitglied im Zentralkomitee, vorher aber schon brachte er sich aktiv bei den Katholikentagen ein, von denen er in den Jahren 1892 (Mainz) und 1904 (Regensburg) als Präsident vorstand. Seine Katholikentagsreden umfaßten das Spektrum vom Kulturkampf über die Sozialpolitik bis hin zur römischen Frage. — Im Aufsichtsrat der Deutschen Bank war er ebenso aktiv wie in den Vorständen der Berliner Zeitung Germania und der Schlesischen Volkszeitung. 1923 empfing er anläßlich seines 70. Geburtstages zahlreiche Ehrungen; danach wurde es um den Zentrumspatriarchen stiller, aber es fiel F. P. schwer, sich von seinen Ämtern zu trennen. Ehrungen als Ausdruck seiner Anerkennung empfing P. auch mit der theologischen Ehrendoktorwürde von Breslau 1911 und in der Ernennung zum päpstlichen Geheimkämmerer bzw. zum Geheimen Justizrat.

Werke (Auswahl): Über die katholischen Studentenverbindungen. Rede auf dem 22. Katholikentag in Breslau 1872. In: KT Breslau 1872, 112-120; Die Bedeutung des Beweises durch Indizien in den kirchlichen Gerichtsverfahren, insbesondere in den Strafverfahren. Zugleich ein Beitrag zur Lehre von den Vermutungen, 1876 (=Dissertation); Die Pflichten der Laien in unseren Tagen. Rede auf dem 28. Katholikentag in Bonn 1881. In: KT Bonn 1881, 105-110; Ist der Pfarrer befugt, eine bei der kirchlichen Trauung vorgezeigte standesamtliche Eheschließungsurkunde zurückzubehalten? In: Juristische Rundschau für das katholische Deutschland 1 (1882) 78-79; Mischehen. In: Juristische Rundschau für das katholische Deutschland 1 (1882) 64-69; Zur Lehre von dem objektiven Inhalte des Patronatsrechts. Die Pflicht zum Turmbau. In: Juristische Rundschau für das katholische Deutschland 1 (1882) 27-29; Zur rechtlichen Stellung der an öffentlichen Wegen erbauten Kapellen. In: Juristische Rundschau für das katholische Deutschland 1 (1882) 25-26; Abschluß von Verträgen durch Bevollmächtigung der Kirchengemeinde. In: Juristische Rundschau für das katholische Deutschland 1 (1883) 151-153; Armenpflege. Rede auf dem 30. Katholikentag in Düsseldorf 1883. In: KT Düsseldorf 183, 69-77; Errichtung der Parochien und die Verleihung des Patronats im Gebiet des Preußischen Allgemeinen Landrechts. In: AkathKR 50 (1883) 89-108; Die Folgen eines standesamtlichen Eheschließungsaktes bei Unterlassung der versprochenen kirchlichen Trauung. In: Juristische Rundschau für das katholische Deutschland 1 (1883) 93-101; Prozeßführung seitens der Kirchengemeinden. In: Juristische Rundschau für das katholische Deutschland 1 (1883) 123-132; Zur rechtlichen Stellung der Organisten. In: Juristische Rundschau für das katholische Deutschland 1 (1883) 140-145; Die Pflicht des Patrons zur Unterhaltung von Pertinenzien der Kirchen- und Schulgebäude. In: Juristische Rundschau für das katholische Deutschland 1 (1883) 146-150; Können und konnten die staatlichen Leistungen für vakante Benefizien (Interkalare) auf Grund des Preußischen Gesetzes vom 22. April 1875 (sog. Sperrgesetzes) einbehalten werden? In: Juristische Rundschau für das katholische Deutschland 1 (1884) 165-186; Der Postzwang gegenüber der Verbreitung von Zeitungen. In: Juristische Rundschau für das katholische Deutschland 1 (1884) 186-188; Entscheidungen des Kammergerichts in Strafsachen. In: Juristische Rundschau für das katholische Deutschland 1 (1884) 219-224; Recht des Kapitelvikars auf Vertretung des bischöflichen Stuhles. In: Juristische Rundschau für das katholische Deutschland 1 (1884) 238-239; Die Ziele und Bestrebungen des katholischen Juristenvereins. Rede des Vorsitzenden des Zentralausschusses desselben, Konsistorialrat Dr. Porsch, gehalten auf der 31 Generalversammlung der Katholiken Deutschlands in Amberg. In: Juristische Rundschau für das katholische Deutschland 1 (1884) 209-218; Entscheidungen des Kammergerichts in Strafsachen II. In: Juristische Rundschau für das katholische Deutschland 1 (1885) 289-294; Einzelne geschichtliche Ereignisse, selbst wenn sie Zusammenhang mit kirchlichen Einrichtungen haben, decken sich doch nicht notwendig derart mit ihnen, daß sie denselben strafrechtlichen Schutz genießen. In: Juristische Rundschau für das katholische Deutschland 1 (1885) 295-296; Katholisches Vereinswesen und antikirchliche geheime Verbindungen. Rede auf dem 32. Katholikentag in Münster 1885. In: KT Münster 1885, 199-207; Sind die Bestimmungen des Preußischen Allgemeinen Landrechts über den Pfarrzwang durch das Reichsgesetz über die Beurkundung des Personenstandes und die Eheschließung vom 6. Februar 1875 aufgehoben? In: AkathKR 53 (1885) 264-270; Schulbaubeiträge. In: AkathKR 53 (1885) 271-275; Stellvertretung eines Küsters. Befugnis zur Bestellung und Bezüge des Stellvertreters. In: AkathKR 53 (1885) 437-442; Patronatsbaulast in Preußen. In: AkathKR 53 (1885) 443-453; Prästationen, welche nach dem ausdrücklichen Wortlaut der Verpflichtungsurkunde dem jedesmaligen Pfarrer zustehen, müssen auch, wenn die Pfarrstelle unbesetzt ist, an die Kirchenkasse geleistet werden. In: AkathKR 54 (1885) 324-338; Ein Presseprozeß nach dem Verfahren der gegenwärtigen Reichsstrafprozeßordnung. In: Juristische Rundschau für das katholische Deutschland 1 (1885/H. 7-8) 297-317; Eintragung des Eigentümers von Kirchen- und Schulgrundstücken. In: Juristische Rundschau für das katholische Deutschland 2 (1885-1888) 44-48; Baupflicht bei Schul- und Küsterhäusern. In: Juristische Rundschau für das katholische Deutschland 2 (1885-1888) 49-53; Bedeutung von »Herkommen«. Entscheidung des Reichsgerichts vom 8. April 1884. In: Juristische Rundschau für das katholische Deutschland 2 (1885-1888) 54-55; Ist die Bezeichnung der altkatholischen Religionsgemeinschaft als »Sekte« strafbar? Inwieweit kommt der altkatholischen Religionsgemeinschaft der Schutz aus Paragraph 166 des Reichsstrafgesetzbuches zu? Der Begriff der Beschimpfung des Paragraphen 166 cit. In: Juristische Rundschau für das katholische Deutschland 2 (1885-1888) 129-151; Entscheidungen. A. in Zivilsachen. Der Vorbehalt katholischen Gottesdienstes bei Überweisung einer säkularisierten Kirche an eine evangelische Kirchengemeinde. Die Gesetzeskraft Königlicher Kabinetsordres, welche vor Erlaß der Preußischen Verfassungsurkunde ergangen sind. Ein städtisches Gymnasium, welches durch Umwandlung aus einem Progymnasium hervorgegangen ist, ist der Rechtsnachfolger des letzteren. In: Juristische Rundschau für das katholische Deutschland 2

(1885-1888) 173-188; Entscheidungen. B. Strafsachen. Ist der verantwortliche Redakteur einer Zeitung als solcher befugt, wegen Beleidigung seiner Zeitung einen Strafantrag zu stellen? In: Juristische Rundschau für das katholische Deutschland 2 (1885-1888) 189-200; Zur Interpretation des Kanzelparagraphen. In: Juristische Rundschau für das katholische Deutschland 2 (1885-1888) 211-227; Die Ausklagung eines Messestiftungskapitals dessen Zahlung davon abhängig gemacht war, daß die katholische Kirche von jeder staatlichen Hemmung und Bevormundung wieder frei sein solle. In: Juristische Rundschau für das katholische Deutschland 2 (1885-1886) 281-283; Strafsachen I. Eine Beschimpfung des Protestantismus mit Bezug auf seine politische Stellung ist keine Beschimpfung der evangelischen Kirche. Wer ist zur Stellung des Strafantrags berechtigt bei Beleidigung eines Gustav-Adolfzweigvereins? In: Juristische Rundschau für das katholische Deutschland 2 (1885-1888) 227-230; Strafsachen III. Beweiswürdigung bei direktem Widerspruch eidlicher Zeugenaussagen. Wert der Berufung in Strafsachen. In: Juristische Rundschau für das katholische Deutschland 2 (1885-1888) 238-247; Bericht über die Tätigkeit des Ausschusses für Vereinswesen, Äußeres und Formalien. In: KT Breslau 1886, 215-223; Erstreckt sich die Pflicht des Kirchenkassenrendanten, die Auslosung der in der Kasse verwahrten Wertpapiere zu kontrollieren, auch auf die zum eigentlichen Pfarrvermögen gehörigen Wertstücke? In: AkathKR 55 (1886) 143-152; Ius patronatus hereditarium und gentilitium s. familiae. Erlöschen des letzteren. In: AkathKR 55 (1886) 356-359; Kirchliche Vermögensrechtsfälle. In: AkathKR 55 (1886) 150-172; Drei Rechtsfälle aus dem Gebiet des Preußischen Allgemeinen Landrechts. In: AkathKR 58 (1887) 93-122; Kontrolle der Kirchenkassenrendaten bzw. Auslosung von Wertpapieren. In: AkathKR 55 (1886) 143-152; Benutzung des Pfarrwaldes. In: AkathKR 58 (1887) 361-390; Nimmt ein staatlich zur Kirchenvermögensverwaltung bestellter Kommissar besitzstörende Handlungen vor, so kann er persönlich mit der Besitzstörungsklage nicht belangt werden, selbst wenn die Bestellung zum Kommissar zu Unrecht erfolgt sein sollte. In: AkathKR 57 (1887) 470-474; Über die gegenwärtige Lage des heiligen Stuhles. Rede auf dem 34. Katholikentag in Trier 1887. In: KT Trier 1887, 52-62; Verhältnis von Mutter- und Tochterkirche. In: AkathKR 58 (1887) 262-291; Bericht über die Tätigkeit des Ausschusses für die römische Frage, erstattet auf dem 35. Katholikentag in Freiburg 1888. In: KT Freiburg 1888, 277-286; Cartell-Kommers. In: Academia 1 (1888-1889) 85-88; Bericht über die Lage der katholischen Kirche in Deutschland, erstattet auf dem 36. Katholikentag in Bochum 1889. In: KT Bochum 1889, 154-161; Der derzeitige Stand der kirchenpolitischen Gesetzgebung Preußens. In: AkathKR 64 (1890) 278-329; Eigentum und Gebrauchsrecht an einer Schloßkirche. In: AkathKR 64 (1890) 156-209; Freiheit für die katholischen Orden in Deutschland. Rede auf dem 37. Katholikentag in Koblenz 1890. In: KT Koblenz 1890, 269-276; Kritische Bemerkungen zu dem Entwurf eines Bürgerlichen Gesetzbuches für das deutsche Reich. In: Zur Kritik des Entwurfs eines bürgerlichen Gesetzbuches für das deutsche Reich. Teil 1, [=Ergänzungsheft der Juristischen Rundschau für das katholische Deutschland], 1890, 1-7.81-90; Der Nießbrauch am Pfarrwald und am Erlös des daraus verkauften Holzes im Gebiet des Preußischen Landrechts. In: AkathKR 63 (1890) 445-457; Die Rechtsfähigkeit der Ordensleute nach preußischem Landrecht, bei feierlichen und bei einfachen Ordensgelübden. In: AkathKR 63 (1890) 465-511; Das Zeugnisverweigerungsrecht des Seelsorgers. In: AkathKR 64 (1890) 276-278; Der Begriff einer »Versammlung zur Erörterung öffentlicher Angelegenheiten«. In: Juristische Rundschau für das katholische Deutschland 3 (1891/H. 3-4) 12-20; Kommunalsteuerfreiheit von Pfarr- und Glöckneräckern. In: AkathKR 65 (1891) 50-55; Die rechtliche Lage der Katholiken in Braunschweig. In: Juristische Rundschau für das katholische Deutschland 3 (1891/H. 3-4) 21-24; Rechtstitel auf seit unvordenklicher Zeit gezahlte Fundationszinsen. In: AkathKR 65 (1891) 56-65; Die Rückgabe der preußischen sog. Sperrgelder. In: AkathKR 66 (1891) 282-384; Die Rückgabe der preußischen sog. Sperrgelder, 1891; Die Schulfrage. Rede auf dem 38. Katholikentag in Danzig 1891. In: KT Danzig 1891, 146-157; Die staatliche Genehmigung zu Schenkungen ad pias causas. In: Juristische Rundschau für das katholische Deutschland 3 (1891/H. 3-4) 5-11; Streitfragen bei einem Kirchenbau. In: AkathKR 66 (1891) 123-128; Der Patron hat keinen Anspruch auf den Abbrucherlös von kirchlichen Gebäuden. In: AkathKR 67 (1892) 128-131; Die juristische Persönlichkeit und rechtliche Vertretung der Domkirchen. In: AkathKR 67 (1892) 243-302; Die rechtliche Bedeutung eines von der Pfarrgemeindevertretung zu Gunsten eines künftigen Pfarrers geschlossenen Vertrages. In: AkathKR 67 (1892) 303-307; Die Glöckner und die Alters- und Invaliditätsversicherung in Preußen. In: AkathKR 67 (1892) 311-312; Bildung einer Filialkirchengemeinde an einer Klosterkirche. Entstehung der Korporationsrechte. Erwerb des Patronats durch Dotation. Sukzession des Fiskus in die Verpflichtung eines säkularisierten Klosters. In: AkathKR 68 (1892) 3-86; Ist die Verweigerung der heiligen Kommunion als Beleidigung strafbar? In: AkathKR 68 (1892) 96-99; Observanz auch für die Pfarrbauten und für Forensen gültige Rechtsquelle. In: AkathKR 68 (1892) 201-293; Störung in dem Besitz des Rechts, bei Begräbnissen die Glocken des Turms einer Kirche zu läuten und in dem Glockenturm Begräbnisgeräte aufzubewahren und dazu den Glockenturm zu öffnen und zu verschließen. In: AkathKR 68 (1892) 204-212; Die Kosten des Religionsunterrichts überhaupt und insbesondere im Geltungsbereich des Schlesischen Schulreglements vom 18. Mai 1801. In: AkathKR 68 (1892) 213-217; Die Unterscheidungsmerkmale einer Land- und Stadtkirche. Die Umwandlung einer ländlichen in eine städtische Gemeinde. In: AkathKR 67 (1892) 393-420; Vier preußische Rechtsfälle aus dem Gebiet des kirchlichen Vermögens- und Patronatsrechts. In: AkathKR 68 (1892) 337-363; Zu den Paragraphen 539 und 423 des Preußischen Allgemeinen Landrechts, Teil 2 Titel 11. In: AkathKR 68 (1892) 87-95; Zur Auslegung von Paragraph 775 Preußisches Allgemeines Landrecht, Teil 2 Titel 11. In: AkathKR 67 (1892) 132-138; Eigentum und Gebrauchsrecht (Simultangebrauch) an einer Schloßkirche. In: AkathKR 70 (1893) 231-244; Sind Geistliche in Preußen zur Zahlung einer kommunalen Hundesteuer verpflichtet? In: AkathKR 70 (1893) 227-230; Steuerpflicht der preußischen Kirchengemeinden besonders hinsichtlich des Einkommens aus Grundbesitz. In: AkathKR 69 (1893) 48-56; Das auf einem einzelnen Gut ruhende Patronat kann bei Vereinigung des Gutes mit anderen Gütern zu einem Herrschaftskomplex durch Ersitzung auf diese sog. Herrschaft übergehen. Rechtswirkung einer Zerstückelung der Herrschaft. In: AkathKR 71 (1894) 399-435; Gemischte und Familienstiftungen. Notwendigkeit und Bedeutung ihrer staatlichen Genehmigung. In: AkathKR 71 (1894) 67-80; Der Bezug von Stolgebühren durch einen anderen Geistlichen als den zuständigen Pfarrer. In: AkathKR 74 (1895) 3-17; Gerichtskostenfreiheit für die Kirche in Preußen. In: AkathKR 74 (1895) 449-452; Die religiösen Orden. Rede auf dem 42. Katholikentag in München 1895. In: KT München 1895, 170-176; Die Unterdrückung des Jesuitenordens in Schlesien unter Friedrich dem Großen. In: AkathKR 74 (1895) 161-215; Die Pflicht des Fiskus, als Rechtsnachfolger eines säkularisierten Klosters Wohnungen für die Kirchenbediensteten zu beschaffen und zu erhalten. In: AkathKR 76 (1896) 265-272; Wer nimmt im Sinn des deutschen Reichsstrafgesetzbuches eine Beerdigung vor? In: AkathKR 75 (1896) 3-14; Zu dem Dortmunder Cartellcommers. In: Academia 9 (1896/1897) 153-155; Bericht über die Tätigkeit des Ausschusses für die römische Frage erstellt auf dem 4. Katholikentag in Landshut 1897. In: KT Landshut 1897, 164-171; Die römische Frage. Rede auf dem 44. Katholikentag in Landshut 1897. In: KT Landshut 1897, 187-194; Das preußische Gesetz betreffend die Diensteinkommen der katholischen Pfarrer, 1898; Das preußische Gesetz betreffend die Diensteinkommen der katholischen Pfarrer. In: AkathKR 78 (1898) 711-794; Die Wirksamkeit und Freiheit der Orden. Rede auf dem 45. Katholikentag in Krefeld 1898. In: KT Krefeld 1898, 310-317; Der Papst an der Wende des Jahrhunderts. Rede auf dem 47. Katholikentag in Bonn 1900. In: KT Bonn 1900, 111-117; Patronatsbaupflicht. In: AkathKR 80 (1900) 784-793; Der Verlust der väterlichen Gewalt zieht nicht den Verlust des Rechts nach sich, über die Religion der Kinder Bestimmungen zu treffen. In: AkathKR 80 (1900) 793-803; Gymnasialreligionslehrer sind nicht als Geistliche in Preußen kommunalsteuerfrei. In: AkathKR 81 (1901) 367-371; Sind Schulbänke Inventar der Schule oder Zubehör des Schulhauses. In: AkathKR 81 (1901) 538-543; Welche Behörde ist befugt, der Begründung einer staatlich nicht genehmigten Ordensniederlassung und einer Tätigkeit ihrer Mitglieder mit Strafandrohung und Verboten entgegenzutreten? In: AkathKR 81 (1901) 145-152; Wie sind bei Auspfarrung eines Teils einer Parochie Leistungen dieses ausscheidenden Teils zugunsten des bisherigen Parochialverbandes zu stipulieren? In: AkathKR 81 (1901) 138-145; Zum Gedenken an Ludwig Windhorst. Rede auf dem 48. Katholikentag in Osnabrück 1901. In: KT Osnabrück 1901, 126-138; Auch bei Pfarrbauten kann nach Preußischem Landrecht die Beitragspflicht durch Observanz bestimmt werden. In: AkathKR 82 (1902) 584-586; Kirchensteuer bei Mischehen. In: AkathKR 82 (1902) 579-580; Zulässigkeit der Beisetzung einer Aschenurne in einem Erbbegräbnis. In: AkathKR 82 (1902) 580-584; Das zur Vertretung des Pfarreivermögens berechtigte Rechtssubjekt. In: AkathKR 82 (1902) 142-143; Festrede zum silbernen Jubiläum des Augustinusvereins auf der Festversammlung am 23. Aug. 1903 in Köln. In: AuBl 7 (1903) 49-50; Kirchenbausache. In: AkathKR 83 (1903) 145-150; Religiöse Erziehung von Kindern aus Mischehen. In: AkathKR 83 (1903) 533-538; Die katholischen Korporationen im preußischen Abgeordnetenhaus. In: Academia 17 (1904/1905) 357-367.375-381; Vom Regensburger Katholikentag. In: Academia 17 (1904/1905) 197-201; Zur Lage der katholischen Studentenkorporationen. Rede auf dem 52. Katholikentag in Straßburg 1905. In: KT Straßburg 1905, 223-227; Zur Lage des Heiligen Stuhles. Rede auf dem 52. Katholikentag in Straßburg 1905. In: KT Straßburg 1905, 200-202: Die Schulfrage unter wesentlicher Berücksichtigung preußischer Verhältnisse. Rede auf dem 53. Katholikentag in Essen 1906. In: KT Essen 1906, 208-219; Ein ernste Wortes über den Peterspfennig. In: ApolR 2 (1906/1907) 161-166; Die Entstehungsarten des Kirchenpatronats im Gebiet des Preußischen Allgemeinen Landrechts und ihr Nachweis. In: AkathKR 87 (1907) 132-135; Die Zuläßigkeit des Rechtsweges in Ansehung von Kirchenabgaben in Preußen. In: AkathKR 87 (1907) 340-344; Zur Lage des Heiligen Stuhles. Rede auf dem 54. Katholikentag in Würzburg 1907. In: Katholikentag Würzburg 1907, 188-193; Die Schulfrage in Preußen. In: WBl 11 (1907/1908) 192-193.199-200; Der Umfang der Baupflicht des Patrons beim Wachstum der Kirchengemeinde infolge Änderung ihrer Organisation. In: AkathKR 88 (1908)169-172; Die angebliche politische Betätigung des Cartellverbandes. In: Academia 21 (1908/1909) 185-187; [Begrüßungsansprache auf dem 56. Katholikentag in Breslau 1909]. In: Katholikentag Breslau 1909, 135-139; Der Volksverein für das katholische Deutschland und das katholische Schlesien. Rede auf dem 56. Katholikentag in Breslau 1909. In: Katholikentag Breslau 1909, 503-506; Zur Rechtslage der Kirchhöfe im Gebiet des Preußischen Allgemeinen Landrechts. In: AkathKR 89 (1909) 139-163; Vierzig Jahre Zentrum! Der Reichsausschuß der Zentrumspartei. Das Zentrumsprogramm erläutert durch Freiherrn von Hertling, Dr. Porsch u.a., 1911; Zum Gedächtnis Ludwig Windhorsts. Rede auf dem 59. Katholikentag in Aachen 1912. In: Katholikentag Aachen 1912, 219-229; [Rede auf der Generalversammlung des Augustinusvereins am 2. März 1914 in Berlin]. In: AUBl 18 (1914) 15; Entscheidung des Königlichen Kammergerichts, 1. Zivilsenat in Berlin vom 5. November 1914 betr. die staatliche Genehmigung zur Veräußerung von Hypotheken seitens religiöser Kongregationen und die Form ihrer Abtretung. In: AkathKR 95 (1915) 316-323; Die Rechtswirkung einer Trennung der Küsterei der Tochterkirche von derjenigen der Mutterkirche gemäß der preußischen Verordnung vom 8. Mai 1811. In: AkathKR 95 (1915) 315-316; Das Preußische Abgeordnetenhaus über die Lage des Heiligen Vaters. In: Allgemeine Rundschau 13 (1916) 260; Die römische Frage. Rede auf dem 61. Katholikentag in Frankfurt/M. 1921. In: KT Frankfurt 1921, 23-26; Die römische Frage. Rede auf dem 63. Katholikentag in Hannover 1924. In: KT Hannover 1924, 15-18; Pax Romana. In: Academia 41 (1928/1929) 295-297; Zur Vermögensauseinandersetzung zwischen Kirche und Schule bei Trennung vereinigter Kirchen- und Schulämter. In: Preußisches Volksschularchiv 26 (1929) 289-294; Weitere Zeitungsartikel finden sich in den Zeitungen Germania, in der Kölnischen Volkszeitung, im Schlesischen Volksblatt und im Schlesischen Pastoralblatt.

Lit. (in Auswahl): Ein interessanter Briefwechsel (Justizrat Dr. Porsch contra Superintendent Meyer). In: AR 1 (1904) 391; — Deutsches Zeitgenossen-Lexikon, hrsg. von Franz Neubert, 1905, 428; — Wer ist's? Unsere Zeitgenossen, hrsg. Von Hermann A. L. Degener, 41909, 339; — Reichstags-Handbuch 1890-1912, 500; — Dr. F. P. In: Stimmen aus dem C.V., 1923/Nr. 5, 1-24; — Festschrift F. P. zum 70. Geburtstag dargebracht von der Görresgesellschaft, [=Görres-Gesellschaft zur Pflege der Wissenschaft im katholischen Deutschland. Veröffentlichungen der Sektion für Rechts- und Sozialwissenschaft; 40], 1923; — N. V., Porsch. In: Köln. Volkszeitung 1930, Nr. 624; — Am Grab unseres Freundes F. P. In: Academia 43 (1930/1931) 249-259; — Ignaz Jüttner, Geheimrat Dr. P. und seine Bedeutung für Schlesien. In: Academia 43 (1930/1931) 288-290; — Nachruf auf F. P. In: Jahresbericht der Görresgesellschaft 1930/1931, 1932, 84-86; — Joseph Hess, Führerpersönlichkeiten. F. P., [=Schriften der preußischen Zentrumsfraktion], 1931; — G. Josef Ebers, F. P. In: AkathKR 112 (1932) 96-98; — Kosch KD II (1937) 484 (mit. Abb.); — Willy Glasebock, F. P. Zum 20. Todestag des Gründers des Altherrenbundes des CV. In: Der Convent 2 (1951) 47-49; — F. P. Zum 100. Geburtstag des schlesischen Katholikenführers. In: Der Schlesische Katholik 2 (1953/18) 3; — Hermann Hofmann, F. P. zum 100. Geburtstag. In: HGl 5 (1953/4) 6; — Jüttner, [Festrede]. In: Winfridenblätter 1953, Nr. 6, 1-9; — 100 Jahre K. D. St. V. Winfridia Breslau zu Münster 1856-1956. Hrsg. von der Katholischen Deutschen Studentenverbindung Winfridia Breslau zu Münster, 1956, 92-100; — Ein Gedenktag am Grab von F. P. In: Academia 51 (1959) 12-15; — W. Kosch, P. F. In: Kosch StHB II (1963) 993; — Gerhard Webersinn, In Memoriam Geheimrat P. In: Der Schlesier 15 (1963/N. 17) 5 - Paul Kohnke, F. P. Vor 110 Jahren geboren. Ein Gedenken. In: Academia 56 (1963) 244-249; — Gerhard Webersinn, F.P: Vizepräsident des Preußischen Landtags. In: Jahrbuch der schlesischen Friedrich-Wilhelm-Universität Breslau 13 (1968) 232-283; — Gerhard Webersinn, F. P. als Kirchenrechtler, Sachwalter der Gerechtigkeit. In: ASKG 27 (1969) 130-146; — Gerhard Webersinn, Zwölf Laien in der Kulturkampfgalerie des Breslauer Diözesanmuseums. 10: F. P. In: ASKG 29 (1971) 150-152; — Helmut Neubach, F. P. (1853-1930). In: Zeitgeschichte in Lebensbildern I, hrsg. von Rudolf Morsey, 1973, 113-128.303; — G Schoelen, Bibliographisch-historisches Handbuch des Volksvereins für das katholische Deutschland, 1982, 440-457; — K. Engelbert, [Art.] P. In: LThK2 VIII (1963) 621-622; — Helmut Neubach, Eine Gedenktafel für F.P. in der Rochuskapelle zu Bingen. In: Heimatjahrbuch des Kreises Mainz-Bingen 31 (1987) 93-95; — Wolfgang Mohr, Schlesien. Vorort des Katholizismus. Katholikentage in Schlesien - Schlesier auf Katholikentagen 1848-1932, [=Arbeiten zur schlesischen Kirchengeschichte; 2], 1989; — August Hermann Leugers-Scherzberg, Felix Porsch 1853-1930. Politik für katholische Interessen in Kaiserreich und Republik, [=Veröffentlichungen der Kommission für Zeitgeschichte: Reihe B, Forschungen; 54], 1990; — August Hermann Leugers-Scherzberg, Die Modernisierung des Katholizismus: Das Beispiel F. P. In: Deutscher Katholizismus im Umbruch zur Moderne, hrsg. von W. Loth, [=Konfession und Gesellschaft; 3], 1991, 219-235; — Die Zentrumsfraktion in der verfassunggebenden Preußischen Landesversammlung 1919-1921. Sitzungsprotokolle, bearb. von August Hermann Leugers-Scherzberg u. Wilfried Loth, 1994 (passim); — Josef Kremsmair, [Art.] F.P. In: LThK^3 VIII (1999) 430; — Helmut Neubach, [Art.] F.P. In: NDB XX (2002) 637-638; — Herbert Hörnig, [Art.] F.P. In: Lexikon der Christlichen Demokratie in Deutschland, hrsg. von H. Becker, 2002, 344-345; — Helmut Neubach, Parteien und Politiker in der Grafschaft Glatz 1867-1918. In: Glaciographia Nova. FS Dieter Pohl, hrsg. von A. Herzig, 2004, 232-249; — Helmut Neubach, F. P. (1853-1930). In: Schlesier des 14. bis 20. Jahrhunderts, hrsg. von Arno Herzig, [=Schlesische Lebensbilder; 8], 2004, 211-218 (Abb.).

Christoph Schmitt

PUNTIGAM, Anton, österreichischer Jesuitenpater * 15.5. 1859 in Salzach, † 4.9. 1926 in Wien. A. P. wurde am 15. Mai 1859 in einem Bauernhaus in Salzach in der Oststeiermark als fünftes von zehn Kindern geboren. Er absolvierte seine Gymnasialstudien in Graz und trat im September 1879 in das Noviziat der Gesellschaft Jesu in St. Andrä in Kärnten ein. Sein Novizenmeister war der preußische Konvertit Emil von Bülow (1817-1903). Nach dem Studium der Philosophie und Theologie in Innsbruck und der Priesterweihe im Jahr 1895 ging Puntigam im Juli 1896 nach Bosnien und blieb dort bis 1908 Generalpräfekt des Knabenseminars von Travnik. Zu seinen Travniker Schülern zählen der Literaturprofessor Ljubomir Marakovic (1887-1959) und der Jesuitenpater Petar Perica (1881-1944). Puntigams Biograph Adolf Innerkofler (1872-1942) schreibt: »Die feurigen, naturkräftigen Kroatenbuben gewannen eine herzliche, begeisterte Liebe zum lebhaften, stets heiteren, liebevoll verständigen P. Puntigam.« Weil Puntigam der Ansicht war, der »Nationalfehler« des kroatischen Volkes sei das Fluchen, gründete er unter dem Namen »Vojska Srca Isusova« (»Armee des Herzens Jesu«) eine Liga gegen das Fluchen, deren Mitglieder sich verpflichteten, diese »sündhafte Gewohnheit« zu vermeiden. Nach der Niederlegung des Travniker Präfektenamtes aufgrund eines Konfliktes mit einem österreichischen Beamten und nach einem einjährigen Aufenthalt in Wien wurde Puntigam Theologieprofessor und Jugendseelsorger in Sarajevo. Im Dezember 1910 rief er die Zeitschrift »Stimmen aus Bosnien« ins Leben, die er im Januar 1918 in »Balkanstimmen« umbenannte. Auf der Fahrt durch Sarajevo wurde am 28. Juni 1914 das österreichisch-ungarische Thronfolgerpaar Franz Ferdinand und seine Gemahlin Sophie von serbischen Nationalisten erschossen. Puntigam spendete den beiden im Rathaus von Sarajevo die Letzte Ölung und segnete ihre

Leichname ein. Den Attentätern von Sarajevo wurde im Oktober 1914 der Prozeß gemacht. Danach nahm Puntigam die im Prozeß als Beweisstücke präsentierten drei Faustfeuerwaffen der Attentäter, darunter höchstwahrscheinlich die Tatwaffe, ein »Browning«-Revolver mit der Seriennummer »19074«, an sich. Sie sollten den »Grundstock« für ein von ihm geplantes »Franz-Ferdinand-Museum« bilden, das jedoch wegen dem Zusammenbruch der Habsburgermonarchie nie entstand. Das Ordensarchiv der österreichischen Jesuiten übergab die Waffen 2004 dem Heeresgeschichtlichen Museum in Wien. Im Herbst 1918 floh Puntigam aus Sarajevo nach Wien. Im Januar 1919 schickte sein Provinzial ihn als Jugendseelsorger nach Spalato (Split) in Dalmatien. Im Juli 1920 siedelte Puntigam auf seinen Wunsch hin wieder nach Wien über, wo er im selben Jahr den »Eucharistischen Völkerbund« gründete, den er ursprünglich »Katholische Weltunion« nennen wollte. Im Dezember 1920 traten die Erzbischöfe von Prag und Lemberg, Frantisek Kordac (1852-1934) und Andreas Szeptycki (1865-1944), dem »Eucharistischen Völkerbund« bei. Puntigam war auch Herausgeber und Schriftleiter der Zeitschrift »Der Eucharistische Völkerbund - Organ des Eucharistischen Völkerbundes im hl. Geist für die Einigung der Christenheit«. Er war außerdem Herausgeber der im Verlag des »Eucharistischen Völkerbundes« erscheinenden Reihe »Neue Konvertitenbilder«. 1923 übersetzte er die Schrift »L´Apôtre de Normale supérieure, Pierre Poyet« (»Klein-Peter, ein Apostel der Kinderkommunion«) des Jesuiten Albert Bessières (1877-1953) ins Deutsche. 1924 erschien seine Schrift »Durch die Stürme der Jugend«, mit deren Abfassung er bereits im Januar 1919 in Spalato begonnen hatte. Die Broschüre wollte jungen Männern »einen kleinen Vorgeschmack von der Gefahr und dem Grauen geben, zu dem der Weg der Sinnenlust führt«. Sie warnte die jungen Männer davor, die »Lilie der Taufunschuld« durch Unkeuschheit zu verlieren. Unschuld wurde beinahe mit Keuschheit gleich gesetzt: »Unschuldig ist jener, der noch keine schwere Sünde, besonders gegen das 6. Gebot begangen hat. ... Eine einzige schwere Sünde gegen die Keuschheit ... raubt der Seele die Unschuld.« Als Unkeuschheit war »der sündhafte Verkehr mit dem anderen Geschlechte«, aber in erster Linie die »Selbstbefleckung« im Blick. Puntigam ermahnte seine jugendlichen Leser in eindringlichen Worten: »Junger Freund, du bist kein Kind mehr, sondern ein werdender Mann ... In diesem Alter entstehen von selbst in unserem Körper gewisse Lustgefühle und können auch hervorgerufen werden. Diese bilden eine große Gefahr für Leib und Seele. Wenn du dich nämlich mit ganz freiwilligem Wohlgefallen diesem Lustgefühl hingibst oder dasselbe absichtlich hervorbringst, so begehst du eine schwere Sünde gegen das 6. Gebot. Ja schon die selbstgewollte Begierde, dieses Lustgefühl zu haben oder zu erregen, ist eine schwere Sünde. ... Willst du, junger Freund, eine fröhliche, glückliche Jugend verleben, so greife nicht nach dem Giftbecher sinnlicher Lust.« Selbstbefriedigung sei aber nicht nur eine schwere Sünde gegen das 6. Gebot, sondern auch gesundheitsschädlich und verursache zum Beispiel Rückenmarkschwindsucht. Als medizinische Autoritäten für diese Auffassung führte Puntigam den Wiener Universitätsprofessor Richard Freiherr v. Krafft-Ebing (1840-1902), den Berliner Universitätsprofessor Rudolf Virchow (1821-1902), Otto Retau und den Würzburger Arzt August Stöhr (1843-1890) an. Die »Selbstbefleckung« treibe ihre Opfer »in Scharen dem frühen Grabe zu.« Zur Verhinderung dieser Unkeuschheit sei der Gedanke an die Hölle nützlich: »Weil die Versuchungen gegen die Reinigkeit die allerheftigsten sind, so daß wohl die meisten Menschen gerade wegen dieser Sünden in die Hölle kommen (der hl. Alfons Liguori meint, von 100 Verdammten seien 99 auch wegen dieser Sünde verdammt), so ist klar, daß es bei unreinen Anfechtungen kaum ein wirksameres Mittel gibt als den Gedanken an die Hölle.« Auf jeden Fall müsse die »Selbstbefleckung« gebeichtet werden: »Es gibt kein anderes Mittel als bekennen oder ewig brennen.« Der meistzitierte Schriftsteller in Puntigams Broschüre war Alban Stolz (1808-1883, s. Bd. X), der meistzitierte Pädagoge Friedrich Wilhelm Förster (1869-1966, s. Bd. XXVII) und der meistzitierte Jesuit Adolf v. Doß (1825-1886). Der Redemptorist Adolf Innerkofler (s.o.) meinte 1934, die Schrift »Durch die Stürme der Jugend« gelte »bei Fachmännern der Jugendführung noch heute als eine der besten Schriften für junge Menschen«. Ein älterer Bruder von Puntigam war 1881 ebenfalls in den Jesuitenorden eingetreten, seine Schwester Margaretha lebte als Karmelitin in Graz. Die letzten drei Lebenswochen verbrachte er im Hartmannspital, dem Krankenhaus der Franziskanerinnen in Wien. Am Nachmittag des 4. September 1926 starb Anton Puntigam hier nach fünfjährigem Leiden an einer krebsartigen Drüsenerkrankung. Er wurde am 7. September 1926 auf dem Wiener Zentralfriedhof beerdigt. Seine Biographie über Peter Barbaric, einem Mitglied der von ihm in Travnik geleiteten Studentenkongregation, wurde ins Kroatische, Tschechische, Slowenische, Ungarische und Italienische übersetzt. Nicht eindeutig geklärt ist bisher, ob Puntigam der Verfasser der unter dem Pseudonym »Pharos« veröffentlichten Broschüre »Der Prozeß gegen die Attentäter von Sarajewo« (1918) ist.

Werke (Auswahl): Peter Barbaric, ein Jüngling nach dem Herzen Gottes. Der lieben Jugend, namentlich den Studenten u. Mitgliedern der Marianischen Congregationen gewidmet. Innsbruck 1901, [2]1910; Die Weihe der Jugend an die unbefleckte Empfängnis. Wien 1904; Unsere Zukunft in Bosnien. Graz/Wien 1909; Die kath. Kirche in Bosnien. Köln 1909; Der selige Hingang des großen Erzbischofes v. Sarajevo Dr. Josef Stadler. Wien 1919; Durch die Stürme der Jugend. Gedanken u. Geschichten für jeden Jüngling u. Jugendfreund. Wien 1924, [2]1925; Der Wandel zu Gott. Gedanken u. Anregungen. Wien 1925; Exerzitien für Laien. 27 Vortrr. für geistliche Übungen mit bes. Rücksicht auf die Jugend. Bearb. u. mit Beispielen bereichert v. Georg Harrasser. Innsbruck 1930.

Aufsätze (Auswahl): Eine bosnische Wallfahrt, in: Stimmen aus Bosnien Nr. 2, Juni 1911, 2-18; Was der »Eucharistische Völkerbund im Heiligen Geist« will u. was er ist, in: Der Eucharistische Völkerbund 1 (1920/21) 1-5; P. James Paul Francis u. sein Einigungswerk in Amerika, in: Der Eucharistische Völkerbund 1 (1920/21) 19-23; Ein neuer großer Gönner des E. V.-B. [EB Anton Cyril Stojan], in: Der Eucharistische Völkerbund 1 (1920/21) 62-64; Die reifende Saat in Rußland u. in der Ukraine, in: Der Eucharistische Völkerbund 1 (1920/21) 72-75; In der Heimat, in: Der Eucharistische Völkerbund 7 (1926/27) 164-167; »Der Eucharistische Völkerbund.«, in: Der Eucharistische Völkerbund 7 (1926/27) 169f..

Lit. (Auswahl): Karl Menne (Hrsg.), Keiters Kath. Literatur-Kalender 14. Essen 1914. 489; — P. Anton Puntigam S. J. gestorben, in: Reichspost Nr. 245, 5.9.1926, 20; — Margaretha Puntigam, Aus der Jugend des P. Puntigam, in: Der Eucharistische Völkerbund 7 (1926/27) 3-8; — Maria Johandl, Erinnerungen an P. Puntigam, in: Der Eucharistische Völkerbund 7 (1926/27) 40-44, 59-62; — Otto Werner, »Gegründet von P. Puntigam.«, in: Der Eucharistische Völkerbund 7 (1926/27) 161-164; — Adolf Innerkofler, P. Anton Puntigam S.J., ein Apostel der Jugend, in: ders., Drei Wiener Priester, dahingeschieden im Ruf der Heiligkeit. Kurze Lebensbilder. Wien 1934. 17-34; — Ludwig Koller, Geistliche Schriftsteller, Künstler u. Forscher Österreichs. Stift Göttweig 1952. 99; — Leo Ashley Nicoll, Anton Puntigam S. J. Leben u. Wirken eines Jesuiten in Bosnien. Diss. Wien 1970; — Friedrich Würthle, Dokumente zum Sarajevoprozeß. Ein Quellenber. (Mitt. des Östr. Staatsarchivs Ergänzungsbände Bd. 9). Wien 1978 (s. Reg.); — Gerd Holler, Franz Ferdinand v. Österreich-Este. Wien 1982 (s. Reg.); — Srecko M. Dzaja, Bosnien-Herzegowina in der östr.-ung. Epoche (1878-1918). Die Intelligentsia zw. Tradition u. Ideologie (Südosteur. Arbeiten Bd. 93). München 1994 (s. Reg.); — Reinhard Olt, Zwei Schüsse, die den ersten Weltenbrand entfachten. Vor neunzig Jahren ermordete der Gymnasiast Gavrilo Princip in Sarajevo das östr.-ung. Thronfolgerpaar, in: Frankfurter Allgemeine Ztg. Nr. 144, 24.6.2004, 9; — Ders., Die Tatwaffe jetzt im Heeresgeschichtlichen Museum Wien, in: ebd.

Gunnar Anger

RAU, Johannes, Dr. h.c. mult., Verlagsbuchhändler, 1978-1998 Ministerpräsident von Nordrhein-Westfalen, 1999-2004 Präsident der Bundesrepublik Deutschland, * 16. Januar 1931 in Wuppertal-Barmen, † 27. Januar 2005 in Berlin. — Vom 5.10. 1948 bis Dezember 1951 absolvierte R. eine Lehre im Verlagsbuchhandel bei der Emil Müller KG. in Wuppertal. Im Mai 1952 erfolgte die Gehilfenprüfung als Verleger (mit Auszeichnung). 1953 arbeitete R. als Verbriebsleiter beim Luther-Verlag in Witten. 16.1.1954-1967 übernahm er die Verlagsbuchhandlung und die Geschäftsführung des Jugenddienst-Verlages in Wuppertal und ab Mai 1957 bis 1966 gab er die »Politische Verantwortung« mit heraus. Am 2.12.1952 trat R. in die Gesamtdeutsche Volkspartei (GVP) ein und wurde aktiv als Orts- und Kreisvorsitzender. Ab Februar 1955 übernahm er den Vorsitz der »Gesamtdeutschen Jugend« (Jugendverband der GVP).

Am 4.6. 1957 trat er in die SPD ein. Vom 21.1. 1958 bis 1962 war er Juso-Vorsitzender in Wuppertal. Vom 6.7. 1958 bis 1999 war R. Mitglied des Landtags von Nordrhein-Westfalen und 1964-1978 Stadtverordneter in Wuppertal. 1969 war er Mitglied der Bundesversammlung. 1965-1999 war R. Mitglied der Synode der Evangelischen Kirche im Rheinland und Stellvertretendes nebenamtliches Mitglied der Leitung der Evangelischen Kirche im Rheinland. 1966-1974 war er Mitglied im Präsidium des Deutschen Evangelischen Kirchentags. Ab dem 21.3. 1968 gehörte er dem SPD-Bundesvorstand an. Vom 24.11. 1969 bis 1970 war er Oberbürgermeister in Wuppertal. Am 8.7. 1970 wurde er zum Minister für Wissenschaft und Forschung in Nordrhein-Westfalen berufen. Dieses Amt übte er bis zum 19.9. 1978 aus. 1974-1977 war er Mitglied in der Präsidialversammlung des Evangelischen Kirchentages. 1977-1998 übernahm er den Vorsitz des SPD-Landesverbandes NRW. Vom 20.9. 1978 bis zum 27.5. 1998 war er Ministerpräsident des Landes Nordrhein-Westfalen und von Januar 1978 bis 1999 Mitglied des Parteipräsidiums des SPD. 1982-1983 bekleidete er das Amt des Präsidenten des Bundesrates. Am 9.8. 1982 heiratete er die zweitälteste Enkelin Gustav Heinemanns, Christina Delius. 1982-1999 war er als Stellvertretender Vorsitzender der SPD tätig. Am 26.3. 1984 bewirkte er den Abschluß eines Vertrages zwischen dem Land NRW und der römisch-katholischen Kirche und am 29.3.1984 den Abschluß eines Vertrages zwischen dem Land NRW und den drei evangelischen Landeskirchen. 1994-1995 bekleidete R. wieder das Amt des Präsidenten des Bundesrates. 1994 kandidierte R. zum ersten Mal für das Amt des Bundespräsidenten. Am 23.5. 1999 wurde R. zum Bundespräsidenten durch die Bundesversammlung in Berlin gewählt. Am 1. Juli 1999 erfolgte Raus Vereidigung als Bundespräsident in Bonn. Johannes Rau blieb Bundespräsident bis zum 30. Juni 2004. Johannes Rau war Familienvater von drei Kindern. - Johannes Rau wurde am 16. Januar 1931 in Wuppertal geboren. Er war das dritte von fünf Kindern. Er wurde in der reformierten evangelischen Kirchengemeinde Barmen-Gemarke von Pfarrer Adolf Lauffs getauft. Seine Kindheit wurde vom Krieg geprägt. 1942 besuchte er das Wilhelm-Dörpfeld-Gymnasium. Nach einem Bombenangriff auf Wuppertal im Mai 1943 wurde der Sextaner mit der Mutter, Helene Rau, und den vier Geschwistern evakuiert. Die Familie konnte erst 1944 zurückkommen. Johannes Rau hat noch als Kind erlebt, wie Menschen um ihrer Abstammung, Überzeugung, ihres Glaubens willen verfolgt, verraten und ermordet wurden. Als Kind hat er erlebt, wie Menschen verachtet wurden. Er hat erlebt, wie Christen denunziert wurden. Johannes Rau wußte um »die Gefährlichkeit des Bekenntnisses zu Jesus« (Wolfgang Huber, Ratsvorsitzender der Evangelischen Kirche in Deutschland und Bischof der Landeskirche Berlin-Brandenburg-schlesische Oberlausitz). 1945 wurde Johannes Rau durch Pfarrer Hans Mehrhoff in der reformierten Kirche Barmen-Gemarke konfirmiert. In dieser Gemeinde war 1934 die Erklärung der Bekennenden Kirche gegen die nationalsozialistische Diktatur, die Barmer Theologische Erklärung von 1934, verabschiedet worden. Johannes Rau besuchte dann die Sameloberschule und das neusprachliche Gymnasium. Im September 1948 brachte ihn sein Vater, Ewald Rau, zur Lehre in die Verlagsbuchhandlung Emil Müller. - Johannes Raus Leitbild war das Siegel der Bekennenden Kirche: teneo, quia teneor. Ich halte fest, weil ich gehalten werde. Aus dem christlichen Glauben allein schöpfte er Zuversicht und Kraft. Dieser Geist gab ihm die Kraft, sich über die Jahrzehnte hinweg für die Aussöhnung von Christen und Juden einzusetzen: als Synodale, als Ministerpräsident, als Bundespräsident und vor allem als evangelischer Christ. Dieser Geist gab ihm die Kraft, sich für eine Welt des Friedens, der Gerechtigkeit und der Verantwortung einzusetzen. Sei es, indem er als Ministerpräsident von Nordrhein-Westfalen 1981 einen Teil der Laudatio zu Ehren von Bischof Desmond Tutu hielt: Bischof Desmond Tutu - *7. Oktober 1931; seit 1976 Bischof von Lesotho und seit 1985 Bischof von Johannesburg -, welchem die Universität Bochum das theologische Ehrendoktorat verleihen wollte, wurde von der Regierung der Apartheid kurz verhaftet und der Reisepaß - zum zweiten Mal - entzogen. Sei es, indem er am 7. Februar 1997 die Ehrendoktorwürde der Evangelisch-Theologischen Fakultät der Ruhr-Universität Bochum mit einer Dankrede entgegennahm: »Vom Christsein in weltlicher Verantwortung. Betrachtungen eines protestantischen Politikers.« - Welche Ansätze und welche Erkenntnisse im Angesicht der politischen Verantwortung des Christen ihm wesentlich waren, legte er als Christ und als Ministerpräsident eindeutig dar. Zum einen sei die Bergpredigt die conditio sine qua non: »Wie kann man denn ohne die Bergpredigt Politik machen? Und wenn man eine solche Frage stellt, wird man schon zum Schwärmer oder zum Träumer erklärt, jedenfalls gerät man in den Verdacht, sanftmütig zu sein, was heute offenbar soviel wie ‚politisch untauglich' heißt. Wer glaubt, im politischen Geschäft hätten Sanftmut oder auch Barmherzigkeit nichts zu suchen, der hat nicht verstanden, was die Aufgabe der Politik ist.« Zweitens bekannte sich R. zu den Erkenntnissen von Karl Barth: »Wer hofft, kann handeln. Da sind mir die Ansätze von Karl Barth, wenn er von Christengemeinde und Bürgergemeinde spricht, näher als die Lehre von den zwei Regimenten Gottes. Und da bin ich der Überzeugung, daß aufgeklärtes Hoffen und Träumen hilft (...).« Hiermit griff R. auf Barths Erkenntnis zurück, daß Probleme, die den Staat bedrücken auch die Kirche berühren. Schließlich stellte er - mit Humor - heraus, wie Konflikt und Konsens zu einer Ethik der Verantwortung beitragen - auch und gerade zwischen Universität und Kirche, zwischen Kirche und Politik und zwischen Wissenschaft und Politik: »Sie haben, Herr Professor Link (Professor für Systematische Theologie, Mitglied der Promotionskommission) Martin Luther zitiert: ‚Ich bin der Heiligen Schrift Doktor.' Das gefällt mir gut. Das gefällt mir noch besser als das ‚baptizatus sum', weil das ‚baptizatus sum' sicher der Selbstvergewisserung des Glaubens galt, aber das ‚Ich bin der Heiligen Schrift Doktor' ist ein Stück Florett. Ich sehe da nicht mehr Doktor Eck. Das ist vorbei. Ich sehe ‚Versöhnung muß sein', aber die Zeit des Streitens ist nicht vorbei. Ich bin für Versöhnungsstreit, und das zu tun mit dem, was die Bibel Waffen des Friedens nennt, die Rüstung des Friedens, das ist eine Aufgabe, die macht Freude. Und darum will ich das weiter tun, so konkret, Herr Dekan, daß wir weder die Arbeitslosenzahlen draußen vor lassen noch die Explosion der Börsenkurse, denn beides hängt zusammen. Und daß wir weiter arbeiten für eine Welt, die nicht da ist, die auch so nicht kommt, aber die zugesagt ist: die Welt in der Friede und Gerechtigkeit sich küssen.« - Vom 23. Mai 1999 bis zum 30. Juni 2004 war Johannes Rau Präsident der Bundesrepublik Deutschland. In dieser Amtszeit erfolgten 55 Dienstreisen. Sowohl die erste als auch die letzte Reise erfolgten in Polen. Die erste fand am 1. September 1999 anläßlich der Gedenkfeierlichkeiten zum 60. Jahrestag des Beginns des Zweiten Weltkriegs auf der Westerplatte statt. Die letzte Reise seiner Amtszeit unternahm R. am 30. April 2004 in Warschau. Dort, vor den beiden Kammern des polnischen Parlaments erklärte er: »(...) Wir sollten nach meiner Überzeugung einen Gottesbezug in der Europäischen Verfassung verankern - warum nicht nach dem polnischen Vorbild? Der Bezug auf Gott entspricht der christlichen Tradition Europas, schließt aber weder Menschen anderen Glaubens noch Menschen ohne Glauben aus. Die Präambel der polnischen Verfassung nennt ausdrücklich alle Staatsbürger: ‚sowohl diejenigen, die an Gott als Quelle der Wahrheit, Gerechtigkeit, des Guten und Schönen glauben, als auch diejenigen, die diesen Glauben nicht teilen, sondern diese universellen Werte aus anderen Quellen ableiten.'(...) Ein stolzes Land mit seiner reichen Kultur und seiner großen Geschichte kehrt in die Mitte Europas zurück. (...).« In seiner Amtszeit als Bundespräsident wurde J. Rau 7 Ehrendoktorwürden verliehen, unter anderem durch die Middle East-Technical University Ankara, durch die Chulalongkorn-University Bangkok, durch die Universität Nanjing. Auf der Urkunde der Ehrendoktorwürde, die ihm die Evangelisch-Theologische Fakultät der Ruhr-Universität Bochum schon am 7. Februar 1997 verliehen hatte, standen die Ansätze, wozu J. Rau sich schon als Ministerpräsident und dann als Bundespräsident »lebendig und kräftig und schärfer« (Hebr. 4,12) verpflichtet wußte: »Herrn Ministerpräsidenten Dr. h.c. mult. Johannes Rau, der biblisch fundiert und theologisch reflektiert an der Diskussion über eine christlich verantwortete Ethik teilnimmt, der christlichen Glauben und christliches Ethos in politische Praxis umzusetzen sucht, der in öffentlicher Rede dem Vergessen und Verdrängen der neueren deutschen und der christlichen Schuldgeschichte wehrt, der die christlich-jüdische Begegnung und die Solidarität mit dem Staat Israel tatkräftig fördert (...).« Die Trias von Nachdenken über eine christlich verantwortete Ethik, Umsetzung von christlichem Glauben und christlichem Ethos in politische Praxis, Förderung der christlich-jüdischen Begegnung hat J. Rau als Bundespräsident immer akzentuiert und zu den Grundlagen seines Tuns und seines Dienstes gemacht, sei es im Angesicht der Kriege innerhalb und außerhalb Europas (Kosovokrieg, Irakkrieg); sei es im Angesicht der Terrorismusbedrohungen; sei es im Angesicht einer Verfassung für Europa und im Angesicht der Erweiterung der Europäischen Union; sei es im Angesicht des Völkermordes im Sudan. Im Besonderen im Rahmen der neuen, gewaltigen Herausforderung, die sich den freiheitlichen Demokratien auf einmal ab dem 11. September 2001 stellte - der Terrorismus respektive die Terrorismusbekämpfung - suchte Johannes Rau einen Weg zur Umsetzung von christlichem Glauben und christlichem Ethos in politische Praxis. - Als am 11. September 2001 die Nachricht von den Terror-Anschlägen in den USA Bundespräsidenten Johannes Rau zukam, befand er sich gerade auf Staatsbesuch in Helsinki. Anläßlich seines Staatsbesuchs hatte er ursprünglich finnische Gäste zu einem Konzert im Schwedischen Theater eingeladen. Angesichts des unermeßlichen Leides in New York und in Washington erklärte Bundespräsident Johannes Rau gleich an diesem Abend im Schwedischen Theater in Helsinki: »Aber dieser Tag hat die Welt verändert - ein schreckliches Ereignis, dessen Ausmaß wir noch nicht kennen. Wir hören Zahlen von Toten, aber ob die Zahlen drei- oder vierstellig sind, ob man die Täter ergreift, ob man Mittel gegen den Terror findet - das Leid, das heute über Menschen gekommen ist, ist nie ungeschehen zu machen.« Gleich am 14. September 2001 erklärte Johannes Rau am Brandenburger Tor »Solidarity with The United States of America«. In dieser unvergeßlichen Rede äußerte er, wie erschrocken, erschüttert und entrüstet die deutsche Nation war, angesichts der Anschläge, die »auf die ganze menschliche Gemeinschaft zielten«, angesichts der unfaßbaren mörderischen Gewalttaten, angesichts »des unermeßlichen Leids, des Hasses und des Terrors«. Er nannte sieben Grundsätze, auf der Grundlage derer Amerika als treuer Freund der deutschen Nation bauen konnte: 1.Loyalität; 2. Treue; 3. Recht; 4. Respekt und Toleranz; 5. Stärke; 6. Entschlossenheit und Besonnenheit; 7. Gerechtigkeit: »(...) Die Mörder und ihre Anstifter sind schwer zu finden und noch schwerer zu bekämpfen. Aber ganz gleich wer sie sind: sie sind Mörder, nichts sonst - und deshalb müssen sie bestraft werden. Sie stehen nicht für ein Volk, sie stehen nicht für eine Religion, sie stehen nicht für eine Kultur. Fanatismus zerstört jede Kultur. Fundamentalismus ist kein Zeugnis des Glaubens, sondern der ärgste Feind des Glaubens, den es gibt. Wir werden und wir dürfen uns von niemandem dazu verleiten lassen, ganze Religionen oder ganze Völker oder ganze Kulturen als schuldig zu verdammen. Wer sich aber mit den Mördern gemein macht - aus welchen Gründen auch immer -, wer ihnen Schutz und Hilfe gewährt, der ist den Mördern gleich. Wir werden auf die Herausforderung nicht mit Ohnmacht und nicht mit Schwäche reagieren, sondern mit Stärke und Entschlossenheit und mit Besonnenheit. Hass darf nicht zum Hass verführen. Hass blendet. Nichts ist ja so schwer zu bauen und nichts ist ja so leicht zu zerstören wie der Friede. (...).« Gerade im Kampf gegen den Terrorismus sei nämlich nicht der Krieg sondern der Friede der Ernstfall: »Wir müssen den Terrorismus bekämpfen, und wir werden ihn besiegen. Dazu brauchen wir einen langen Atem. Wer den Terrorismus wirklich besiegen will, der muß durch politisches Handeln dafür sorgen, daß den Propheten der Gewalt der Boden entzogen wird. (...) Der beste Schutz gegen Terror, Gewalt und Krieg ist eine gerechte internationale Ordnung. Die Frucht der Gerechtigkeit wird der Friede sein (...). Die Freiheit braucht die starke Macht des Friedens und zum Frieden gehört die Freiheit. (...) Unser gemeinsames Ziel ist Frieden und Sicherheit, Gerechtigkeit und Freiheit für alle Menschen, wo immer sie leben«. Um dieses Ziel zu erreichen, dürfe aber das Recht nie der Politik, wohl aber müsse die Politik dem Recht angepaßt werden: »John F. Kennedy sagte zu seiner Zeit: 'Wir wollen nicht der Macht zum Sieg, sondern dem Recht zu seinem Recht verhelfen'. Wenn die Nationen der Welt vereint zusammenstehen, dann wird der Terror keine Macht über uns gewinnen.« Indem er hervorhob, daß die Bundesrepublik Deutschland als Teil Europas und Mitglied der Vereinten Nationen gerade in Solidarität mit den Vereinigten Staaten nach den Terroranschlägen dem Recht und der alleinigen Durchsetzung des Rechts gegenüber Unrecht und Gewalt auf jeden Preis Vorrang geben müsse, sprach Johannes Rau hiermit im Sinne der Vorreiterin aller Verfassungen, der »Virginia Bill of Rights« vom 12. Juni 1776, in der die Menschenrechte und deren Ideale zum ersten Mal juristisch und politisch formuliert wurden. Er stellte hiermit klar, daß die Verfassung der Bundesrepublik Deutschland - das Grundgesetz - im Wesentlichen in der Nachfolge der »Bill of Rights« steht. Den Erfolg dieser Nachfolge, d.h. »den Vorrang des Rechts und seine Durchsetzung gegenüber Unrecht und Gewalt«, die Ideale des Grundgesetzes »Freiheit, Gleichheit und Gerechtigkeit« als Fundamente der Demokratie, die verbürgte »Begrenzung und Zähmung politischer Macht durch das Recht« unterstrich Johannes Rau am 28. September 2001 in seiner Rede zum 50. -jährigen Bestehen des Bundesverfassungsgerichts in Karlsruhe und im besonderen in einer Rede, die er in der Nikolaikirche in Leipzig am 9. Oktober 2001 hielt: »Verschiedenheit achten - Gemeinsamkeit stärken«: »(...) Das Recht zeigt seine Überlegenheit über das Unrecht aber gerade dadurch, daß es auch durch die Strafe eine gestörte Ordnung schützt und wiederherstellt. Die angemessene Strafe bestätigt die Gültigkeit grundsätzlicher Werte, und sie kann weiterem Unrecht vorbeugen. (...).« - Über die Zeit der Erfahrungen des Scheiterns und über die Konsequenzen, die sich daraus für die evangelische Kirche ergeben sollten, reflektierte Johannes Rau sein Leben lang. 2002 zog er noch einmal Bilanz: »Die evangelische Kirche hat aus den Erfahrungen des Scheiterns in der Zeit des Nationalsozialismus den Schluß gezogen, das sie sich nun ganz besonders auf die säkularen Dinge konzentriert. Dabei ist sie gelegentlich der Gefahr erlegen, ihr ureigenes Thema, nämlich den Glauben und die Verkündigung der befreienden Botschaft, aus dem Blick zu verlieren. Ich bin davon überzeugt, daß die evangelische Kirche den Glauben der Christen wieder in den Mittelpunkt rücken sollte, nicht, um die Welt sich selber zu überlassen, sondern um vom Zentrum des Glaubens aus in der Welt tätig zu sein - und etwas zu bewirken. (...) In unserer immer stärker säkular geprägten Welt gehört es zu den verbreiteten Vorstellungen, daß Glaube und Politik wenig miteinander zu tun haben oder zu tun haben sollen. Viele waren und viele sind heute der Meinung, daß man zum Beispiel mit der Bergpredigt, mit ihren Ansprüchen und ihren Anforderungen im politischen Alltag nicht bestehen könne. Ich habe mir in den Jahren meiner politischen Arbeit immer die umgekehrte Frage gestellt: Kann man ohne die Bergpredigt verantwortlich Politik machen? Ich könnte es nicht, und ich weiß, daß Sie und ich uns da sehr nahe sind. (...).« (Johannes Rau, Geleitwort zur Festschrift für Wolfgang Huber - Professor Dr. Wolfgang Huber, Bischof der Evangelischen Landeskirche Berlin-Brandenburg-Schlesische Oberlausitz und Ratsvorsitzender der Evangelischen Kirche in Deutschland - zum 60. Geburtstag: Freiheit verantworten, hrsg. von Hans-Richard Reuter,... 2002, S.15-16).

Werke: Fritz Holthoff / Johannes Rau, Um Schule und Kirche: Plenarreden zum Kulturetat 1959 des Landes Nordrhein-Westfalen, [Hrsg.: Landtag Nordrhein-Westfalen. Sozialdemokratische Fraktion], Düsseldorf 1959; Warum nicht Theologie? Hrsg. von Ludwig Quaas und Johannes Rau, Wuppertal-Barmen 1963; Radikalismus von rechts, Radikalismus von links. Rede als Vorsitzender der SPD-Landtagsfraktion Nordrhein-Westfalen, 1969. In: Johannes Rau. LebensBilder. Texte von Johannes Rau, hrsg. von Rüdiger Reitz und Manfred Zabel, Gütersloh 1992, S. 123-129; Johannes Rau / Katharina Focke, Die politisierte Generation: 3 Reden über die Unruhe unter der Jugend, [SPD-Fraktion im Landtag Nordrhein-Westfalen], Düsseldorf (um) 1969; Oberstufenreform und Gesamthochschule, hrsg. von Carl-Heinz Evers und Johannes Rau, Frankfurt am Main 1970; 20 Jahre Arbeitsgemeinschaft für Rationalisierung: Aspekte eines Auftrags, [beigefügtes Werk: Vorträge und Schlußwort in der 20. Jahresversammlung der Arbeitsgemeinschaft für Rationalisierung des Landes Nordrhein-Westfalen am 24. Jan. 1972], Dortmund 1972; Gesamthochschulen für Nordrhein-Westfalen, [Hrsg.: Presse- und Informationsamt der Landesregierung Nordrhein-Westfalen], Düsseldorf 1972; Die neue Fernuniversität: ihre Zielsetzung, ihr Aufbau und ihre geplante Arbeitsweise, Düsseldorf u.a. 1974; Wege zur Schliessung der Energielücke : Referate u. Diskussionsbeitr. in d. 22. Vollversammlung d. Arbeitsgemeinschaft f. Rationalisierung am 6. Febr. 1974, / Johannes Rau [u. a.], Arbeitsgemeinschaft für Rationalisierung des Landes NRW, Dortmund 1974; Europa-Wahl'78. Motivierung der Bürger Europas, [Hrsg.: Der Minister für Wissenschaft und Forschung des Landes Nordrhein-Westfalen. Landeszentrale für politische Bildung], Düsseldorf 1976; Europa als Aufgabe, [Hrsg.: Bildungswerk der Nordrhein-Westfälischen Wirtschaft], Düsseldorf 1977; Rationelle Erschliessung des ländlichen Raums durch den öffentlichen Verkehr, hrsg. im Auftrage des Ministerpräsidenten Heinz Kühn vom Minister für Wissenschaft und Forschung Johannes Rau, Dortmund 1977; Kommunale Selbstverwaltung, eine Grundsäule unseres demokratischen Systems, [Hrsg.: Wuppertal. Presse- u. Werbeamt d. Stadt], 1978; Neuer Anfang für bewährte Politik. Regierungserklärung vor dem Landtag Nordrhein-Westfalen am 27. September 1978, [Hrsg.: Presse- und Informationsamt der Landesregierung Nordrhein-Westfalen], Düsseldorf 1978; Die Gesamthochschule Wuppertal und ihre Bedeutung für das Bergische Land: 5. Altenberger-Parlamentariertreffen der Kommunalen Arbeitsgemeinschaft Bergisch Land, Wuppertal 1978; Gemeinsame Verantwortung von Kirchen und Sozialdemokratie bei der Bewältigung der Zukunft, in: Sozialdemokratie und Kirchen. Zukunftsprobleme und Zukunftsbewältigung in einer demokratischen Gesellschaft, (Franz Böckle Mitverf.), Bonn 1979; Staat und Gesellschaft in den achtziger Jahren: Vortrag am 28. Mai 1979 vor der Landesvereinigung d. industriellen Arbeitgeberverb. In Düsseldorf, [Hrsg.: Presse- und Informationsamt der Landesregierung Nordrhein-Westfalen], Düsseldorf 1979; Politik für eine solidarische Gesellschaft. Regierungserklärung vor dem Landtag Nordrhein-Westfalen am 4. Juni 1980, [Hrsg.: Presse- und Informationsamt der Landesregierung Nordrhein-Westfalen], Düsseldorf 1980; Zur Finanzlage des Landes: Regierungserklärung von Johannes Rau am 19.11.1981 vor dem Landtag Nordrhein-Westfalen / [Hrsg.: Landespresse- und Informationsamt Nordrhein-Westfalen], Düsseldorf 1981, (Dokumente und Meinungen, 81,3); Die Bedeutung der Bergpredigt in der Politik. Rede vor der Gesamtkonferenz der Evangelischen Militärpfarrer am 28. April 1982 in Warendorf, Wetzlar 1982; Weniger Vorschriften - mehr Entscheidungen vor Ort: Regierungserklärung von Ministerpräsident Johannes Rau am 30. Juni 1982 vor dem Landtag Nordrhein-Westfalen über den »Abbau von Sach- und Personalausstattungsstandards« / [Hrsg.: Landespresse- und Informationsamt Nordrhein-Westfalen], Düsseldorf 1982; Ausländer bei uns: ein Gespräch mit sachkundigen Bürgern auf Einladung von Ministerpräsident Johannes Rau / [Hrsg.: Landespresse- und Informationsamt Nordrhein-Westfalen], Düsseldorf 1982, (Dialog, 7); Umweltschutz, Grenzen und Glaubwürdigkeit: ein Gespräch mit sachkundigen Bürgern auf Einladung von Ministerpräsident Johannes Rau / [Hrsg.: Presse- und Informationsamt Nordrhein-Westfalen], Düsseldorf 1982 (Dialog / Landesregierung Nordrhein-Westfalen, 8); Föderalismus im Sozialstaat: Ansprache vor dem Bundesrat am 26. November 1982, aus Anlass seines Amtsantritts in der 517. Sitzung des Bundesrates, [Hrsg. Sekretariat des Bundesrates], Bonn 1982; Jetzt vorrangig: Arbeitszeit überprüfen und Arbeitsmarkt aktivieren. Rede vor d. Industrie- u. Handelskammer Köln am 19.12.1982. (Hrsg.: Presse- u. Informationsamt d. Landesregierung Nordrhein-Westf.), Düsseldorf 1982 (auch in: Dokumente u. Meinungen. 82,2.); Die Zukunft der Arbeit. Rede in d. Evang. Akad. Mülheim/Ruhr am 6. Mai 1983, [Presse- u. Informationsamt d. Landesreg. Nordrhein-Westfalen], Düsseldorf 1983, 20 S.8 (auch in: Dokumente u. Meinungen.83,2.); Öffentlicher Personen-Nahverkehr: ein Gespräch mit sachkundigen Bürgern auf Einladung von Ministerpräsident Johannes Rau / [Hrsg. Landespresse- und Informationsamt Nordrhein-Westfalen], Düsseldorf 1983 (Dialog / Landesregierung Nordrhein-Westfalen; 9); Die neuen Medien, eine Gefahr für die Demokratie?, hrsg. von Johannes Rau und Peter von Rüden, Frankfurt am Main u.a. 1984; Vertrag zwischen dem Land und den evangelischen Kirchen in NRW. Redemanuskript vom 29.3.1984, abgedruckt in: Johannes Rau. LebensBilder, 1992, S. 158f.; Perspektiven der Technologie- und Forschungspolitik in Nordrhein-Westfalen: Regierungserklärung von Ministerpräsident Johannes Rau vor dem Landtag Nordrhein-Westfalen am 13. Juni 1984 / [Hrsg.: Presse- und Informationsamt der Landesregierung Nordrhein-Westfalen], Düsseldorf 1984; Dialog '84, Umweltschutz, Wege zum Handeln: ein Gespräch mit sachkundigen Bürgern auf Einladung von Ministerpräsident Johannes Rau / [Hrsg.: Landespresse- u. Informationsamt Nordrhein-Westfalen], Düsseldorf 1984; Strukturwandel im industriellen Ballungsraum: über das Zusammenwirken von staatlichen, kommunalen und privaten Entscheidungsträgern. Vortrag anlässlich der Eröffnung des Wintersemesters 1984/1985, Hochschule für Verwaltungswissenschaften Speyer, Speyer 1984; 500 Jahre St. Jakob Rothenburg o.d.T.: 1485-1985. Festschrift anlässlich der 500. Wiederkehr der Weihe der Sankt-Jakobs-Kirche zu Rothenburg ob d. Tauber im Jahre 1485, hrsg. im Auftrag des Kirchenvorstandes der Evang.-Luther. Kirchengemeinde St. Jakob Rothenburg o.d.T, Textredaktion: Johannes Rau u. Gerd Wachowski, Rothenburg o.d.T. 1985; Wir erneuern Nordrhein-Westfalen - ökologisch und ökonomisch. Regierungserklärung vor d. Landtag Nordrhein-Westfalen am 10. Juni 1985, [Hrsg.: Presse- u. Informationsamt d. Landesreg. Nordrhein-Westfalen], Düsseldorf 1985; Versöhnen statt spalten: Rede von Ministerpräsident Johannes Rau am 16.12.1985 in Ahlen / [Hrsg.: Vorstand der SPD, Abt. Presse und Information], Bonn 1985 (Politik; 1985, Nr. 13); Projekt Aktive Arbeitspolitik, vorgelegt von Johannes Rau und Klaus von Dohnanyi, [Hrsg.: Vorstand der SPD, Abt. Presse und Information], Bonn 1986; Ausgewählte Reden und Beiträge, [Hrsg.: SPD - Landesverband Nordrhein-Westfalen], Düsseldorf 1986; Johannes-Rau-Briefe / [Hrsg.: SPD-Parteivorstand], Bonn 1986; Der Fall Mertensacker: warum durfte eine christliche Professorin in Dortmund nicht mehr lehren? Stellungnahmen, Wetzlar 1986 (Dokumentation / Informationsdienst der Evangelischen Allianz, 1986 Nr.4); Germany and Israel. A special relationship, Friedrich-Ebert-Stiftung, Haifa 1986; Rede aus Anlaß der Verleihung der Ehrendoktorwürde der Universität Haifa/Israel, 1986. Abgedruckt in: Johannes Rau. LebensBilder, 1992, S. 192-198; Von der Glaubwürdigkeit des Politikers: dieser Vortrag wurde auf d. Tagung d. Abt. Politische Bildung der Friedrich-Ebert-Stiftung »Glaubwürdigkeit des Politikers - Glaubwürdigkeit der Politik« aus Anlass d. 90. Geburtstages u. 15. Todestages von Willi Eichler am 17. Januar 1986 in Bonn gehalten, Bonn 1986; Schwerpunkte eines landwirtschaftlichen Aktionsprogramms. Rede von Johannes Rau, [Hrsg.: Vorstand der SPD, Abt. Presse und Information], Bonn 1986; Rede zum 100. Geburtstag von Karl Barth am 20. April 1986. In: Die Landesregierung informiert. Karl-Barth-Gedenkfeier zum 100. Geburtstag am 20.4.1986 in der Staatskanzlei Düsseldorf (auch abgedruckt in: Johannes Rau. LebensBilder, 1992, S. 146-150); Rede zum Gedenken an die Theologische Erklärung von Barmen. In: Das eine Wort für alle. Barmen 1934-1984, Neukirchen-Vluyn, 1986 (auch abgedruckt in: Johannes Rau. LebensBilder, 1992, S. 150f.; Technik im Dienst des Menschen: wie wir morgen leben wollen. Rede zum Ingenieurkongress der SPD, [Hrsg.: Vorstand der SPD, Abt. Presse und Information], Bonn 1986; Der Auftrag der SPD: Mut zur Verantwortung. Rede auf dem Parteitag der SPD in Nürnberg, 26.8.1986, [Hrsg.: Vorstand der SPD, Abt. Presse

u. Information], Bonn 1986; Erneuern, um Zukunft zu bewahren: Rede auf d. Wahlparteitag d. SPD in Offenburg, 25. Oktober 1986, [Hrsg.: Vorstand der SPD, Abt. Presse u. Information], Bonn 1986; Zukunft für alle. Arbeiten für soziale Gerechtigkeit und Frieden: Vorlage für d. außerordentlichen Parteitag vom 25. Oktober 1986 in Offenburg, [Hrsg.: Vorstand der SPD, Abt. Presse und Information], Bonn 1986; Tradition und Perspektive: die Reden von Hans-Jochen Vogel, Johannes Rau, Willy Brandt, u. Inge Jens auf dem außerordentlichen Parteitag der SPD in Bonn am 14. Juni 1987 / [Hrsg.: Vorstand der SPD, Abt. Presse u. Information], Bonn 1987, (Politik; 1987, Nr.2); Wir stehen zu unserer Kohlevorrangpolitik: Regierungserklärung vor dem Landtag Nordrhein-Westfalen am 14. Oktober 1987, [Presse- und Informationsamt der Landesregierung Nordrhein-Westfalen], Düsseldorf 1987; Johannes Rau / Reimut Jochimsen, Die Zukunft der Kohle. Plädoyer für e. neuen nationalen Energiekonsens, [Hrsg.: Min. für Wirtschaft, Mittelstand u. Technologie d. Landes NordrheinWestfalen, Pressereferat], Düsseldorf 1987; Gegen das Vergessen. Ansprache zur Wiedereröffnung der Alten Synagoge Essen, 1988. Redemanuskript abgedruckt in: Johannes Rau. LebensBilder, 1992, S. 199-203; Mathematik und Technologie: Vorträge des Festkolloquiums aus Anlass der Einweihung des Forschungsinstituts für Diskrete Mathematik, gehalten am 1. Februar 1988, Bonn 1988; Zukunft gestalten. Zukunft gewinnen: Regierungserklärung vor dem Landtag Nordrhein-Westfalen am 8. Juni 1988, [Hrsg.: Presse- und Informationsamt der Landesregierung Nordrhein-Westfalen], Düsseldorf 1988; Friedrich Ebert: sein Platz in der deutschen Demokratiegeschichte. Festansprache des Vorsitzenden des Kuratoriums zur Eröffnung der Reichspräsident-Friedrich-Ebert-Gedenkstätte am 11. Februar 1989 in Heidelberg, [Hrsg.: Stiftung Reichspräsident-Friedrich-Ebert-Gedenkstätte], Heidelberg 1989; Pfingstpredigt am 14.5.1989 in der Markuskirche Zürich-Seebach, [Hrsg.: Evangelische Perspektiven. Informationsdienst des Referates Kirchenfragen beim SPD-Parteivorstand, Bonn 1989], auch abgedruckt in: Johannes Rau. LebensBilder, 1992, S. 154-157; Kohlevorrang in der Bewährung: zur aktuellen Diskussion um die heimische Steinkohle / NRW, d. Minister für Wirtschaft, Mittelstand u. Technologie d. Landes Nordrhein-Westfalen, (Mitverfasser: Reimut Jochimsen), Düsseldorf 1989; Interview nach dem Attentat auf Oskar Lafontaine in der »Aktuellen Stunde«, West 3, am 26.4.1990. In: Johannes Rau, LebensBilder, 1992, 206; Laudatio anlässlich der Verleihung des Leo-Baeck-Preises an Heiner Lichtenstein, Redemanuskript 1990. In: Johannes Rau, LebensBilder, S. 207-210; Nordrhein-Westfalen geht seinen Weg: praktische Reformen in einer Zeit neuer Herausforderungen. Regierungserklärung vor dem Landtag Nordrhein-Westfalen am 15. August 1990, [Hrsg.: Presse- und Informationsamt der Landesregierung Nordrhein-Westfalen], Düsseldorf 1990; Verleihung der Ehrendoktorwürde an den Ministerpräsidenten des Landes Nordrhein-Westfalen Johannes Rau: Vorträge, Der Rektor der Fernuniversität - Gesamthochschule - in Hagen, Hagen 1991, (Hagener Universitätsreden, 17); Regierungserklärung zu aktuellen weltpolitischen Entwicklungen und ihren Auswirkungen auf Nordrhein-Westfalen am 23. Januar 1991, [Hrsg.: Presse- und Informationsamt der Landesregierung Nordrhein-Westfalen], Düsseldorf 1991; Nordrhein-Westfalen auf dem Weg in das Jahr 2000. Rede auf der Gäste-Vollversammlung der Niederrheinischen Industrie- und Handelskammer in Duisburg 1991. In: Johannes Rau. LebensBilder, 1992, S. 221-229; Predigt in der Kölner Antoniterkirche am 10.11.1991. In: Johannes Rau. LebensBilder, 1992, S. 216-220; Regierungserklärung zur wirtschaftlichen und strukturellen Entwicklung des heimischen Steinkohlenbergbaus vor dem Landtag Nordrhein-Westfalen am 13. November 1991, [Hrsg.: Presse- und Informationsamt der Landesregierung Nordrhein-Westfalen], Düsseldorf 1991; Regierungserklärung zu den neuen Entwicklungen in der Stahlindustrie vor dem Landtag Nordrhein-Westfalen am 14. November 1991, [Hrsg.: Presse- und Informationsamt der Landesregierung Nordrhein-Westfalen], Düsseldorf 1991; Regierungserklärung zur Schulpolitik vor dem Landtag Nordrhein-Westfalen am 29. November 1991, [Hrsg.: Presse- und Informationsamt der Landesregierung Nordrhein-Westfalen], Düsseldorf 1991; Unsere Hochschulen für die Zukunft handlungsfähig erhalten: Regierungserklärung vor dem Landtag Nordrhein-Westfalen am 11. November 1993, [Hrsg.: Presse- und Informationsamt der Landesregierung Nordrhein-Westfalen], Düsseldorf 1993; Nordrhein-Westfalen, Fotogr. Joerg Hoffmann, Text Johannes Rau, Gütersloh 1993; Zukunftsaufgabe politische Bildung: Rede von Ministerpräsident Johannes Rau am 18. Juni 1994 anlässlich des zwanzigjährigen Jubiläums der Gustav-Heinemann-Akademie der Friedrich-Ebert-Stiftung in Freudenberg / [hrsg. von der Akademie der Politischen Bildung der Friedrich-Ebert-Stiftung. Red. Johannes Kandel], Bonn 1994; Aufgaben und Lasten gerechter verteilen: Ansprache vor dem Bundesrat am 4. November 1994, [Hrsg.: Sekretariat des Bundesrates], Bonn 1994; Republikanische Staatsoberhäupter im 20. Jahrhundert, hrsg. von der Stiftung Reichspräsident-Friedrich-Ebert-Gedenkstätte, mit Beiträgen von Johannes Rau und Jürgen Heideking, Heidelberg 1994; Aufbruch ins Jahr 2000: wir setzen aus Erfahrung auf Erneuerung. Regierungserklärung vor dem Landtag Nordrhein-Westfalen am 13. September 1995, [Hrsg.: Presse- und Informationsamt der Landesregierung Nordrhein-Westfalen], Düsseldorf 1995; Im Auftrag der Kirche: Erinnerungen und Erfahrungen aus den letzten zwei Jahren in der DDR, Leipzig 1996; Ehrenpromotion zum D. theol. Dr. h.c. mult. Johannes Rau: eine Dokumentation des Festaktes vom 7. Februar 1997, Ruhr-Universität Bochum, hrsg. von der Pressestelle der Ruhr-Universität Bochum in Verbindung mit der Evangelisch-Theologischen Fakultät, Bochum 1997; Die Auswirkungen der Bonner Finanzkürzungen auf die Zukunft der deutschen Steinkohle: Regierungserklärung vor dem Landtag Nordrhein-Westfalen am 13. März 1997, [Hrsg.: Presse- und Informationsamt der Landesregierung Nordrhein-Westfalen], Düsseldorf 1997; Heinz Putzrath - gegen Nationalsozialismus, für soziale Demokratie: Skizzen zu Leben und Wirken, hrsg. von Johannes Rau und Bernd Faulenbach, Essen 1997; Thüringen, Fotogr. Axel M. Mosler, Text Johannes Rau, München 1998; Wir brauchen die Vielfalt in der Einheit: Festvortrag in Weimar anlässlich des 80. Jahrestages des Zusammentretens der Nationalversammlung. In: Die neue Gesellschaft (Frankfurter Hefte / Bonn), 46 (Juni 1999) 6, S. 499-507; Zehn Jahre danach - wächst zusammen, was zusammen gehört? : Dokumentation einer Veranstaltung vom 26. April 1999, [Hrsg.: Landtag

Mecklenburg-Vorpommern, Presse- und Öffentlichkeitsarbeit], Schwerin 1999; Politische, wirtschaftliche und geistig-kulturelle »Rückkehr Polens nach Europa«. In: Bulletin / Presse- und Informationsamt der Bundesregierung, Bonn, 15. Dezember 1999, 87, S. 826-828; Die Jahrhundertbilanz 1900-1910, mit Beiträgen von Johannes Rau, Rudolf Scharping u.a., 1 CD: stereo + Booklet, Berlin 2000; Ohne Angst und ohne Träumereien: Gemeinsam in Deutschland leben. Berliner Rede im Haus der Kulturen der Welt, 12. Mai 2000, [Hrsg.: Partner für Berlin, Gesellschaft für Hauptstadt-Marketing mbH]; Bildung ist mehr!: Wider den Nützlichkeitszwang des Lernens. Rede von Bundespräsident Johannes Rau auf dem ersten Kongress des Forum Bildung »Wissen schafft Zukunft« am 14. Juli 2000 in Berlin, Arbeitsstab Forum Bildung, 2. Aufl., Bonn August 2000, (auch als: Zeitschrift für Erlebnispädagogik, Jg. 21, H. 12, Beil.); Nordrhein-Westfalen, Fotogr. Joeg Hoffmann, Text Johannes Rau, München 2000; »Zehn Jahre Deutsche Einheit«. Rede beim Festakt zum Tag der Deutschen Einheit am 3. Oktober 2000 in Dresden. Beigefügt: »Zur Zukunft unserer Demokratie«. Rede auf dem Jahresforum des Vereins »Gegen Vergessen - Für Demokratie e.V.« am 14. Oktober 2000 in Berlin, [Hrsg.: Presse- und Informationsamt der Bundesregierung], Berlin Dezember 2000; Zukunft der Demokratie - Demokratie der Zukunft : zehn Jahre Deutsche Einheit. Reden am 3. und 14. Oktober 2000 / Bundespräsident Johannes Rau, [Hrsg. Presse- und Informationsamt der Bundesregierung, Red. Kerstin Kießler], Berlin, 2000, 22 S.; Friede als Ernstfall. Reden und Beiträge des Bundespräsidenten, hrsg. von Dieter S. Lutz, Baden-Baden 2001; »Handlungsfähigkeit stärken und Vielfalt bewahren«. Anstöße zur europäischen Verfassungsdebatte, [Hrsg.: Presse- und Informationsamt der Bundesregierung], Berlin April 2001; Gewalt ächten - Verschiedenheit achten - Gemeinsamkeit stärken: Reden nach den Anschlägen von New York und Washington, [Hrsg.: Presse- und Informationsamt der Bundesregierung], Berlin Oktober 2001; Wird alles gut? Für einen Fortschritt nach menschlichem Maß, »Berliner Rede« des Bundespräsidenten am 18. Mai 2001 im Otto-Braun-Saal der Staatsbibliothek zu Berlin, Frankfurt am Main 2001; Chance, nicht Schicksal - die Globalisierung politisch gestalten. »Berliner Rede« am 13. Mai 2002 im Museum für Kommunikation Berlin, [Hrsg.: Presse- und Informationsamt der Bundesregierung], Berlin Mai 2002. Auch in: Berichte / Forschungsinstitut der Internationalen Wissenschaftlichen Vereinigung Weltwirtschaft und Weltpolitik, Berlin, 12 (September 2002) 122, S. 1-11; Der Dagestan-Konflikt und die Terroranschläge in Moskau 1999. Ein Handbuch, Berlin 2002; Dialog der Kulturen - Kultur des Dialogs: Toleranz statt Beliebigkeit, Freiburg im Breisgau 2002; Gefährliche Mutation: Islamismus und seine weltweiten Aktivitäten. Ein Handbuch, Berlin 2002; »Gemeinsam für Gerechtigkeit und Frieden« : 40 Jahre entwicklungspolitische Zusammenarbeit zwischen Staat und Kirchen. Die Reden von Bundespräsident Rau ... bei einer Festveranstaltung am 9. September in Bonn sowie ein Positionspapier der kirchlichen Zentralstellen für Entwicklungshilfe aus Anlass ihres 40-jährigen Jubiläums. Evangelischer Pressedienst, hrsg. vom Gemeinschaftswerk der Evangelischen Publizistik, Frankfurt am Main, 2002, 15 S., (Epd-Dokumentation, 2002, 39a); Hilfe für Verfolgte in der NS-Zeit: Jugendliche forschen vor Ort. Ein Lesebuch, hrsg. von Johannes Rau, [Körber-Stiftung], Hamburg 2002; Konflikte sind lösbar. Interkulturelle Mediation in den Stadtteilen: ausgezeichnet beim Bundeswettbewerb »Auf Worte folgen Taten« des Bundespräsidenten Johannes Rau im August 2002, [Hrsg.: Landeshauptstadt Stuttgart, Stabsstelle des Oberbürgermeisters, (Abteilung Integrationspolitik), in Verb. mit dem Presse- und Informationsamt und in Kooperation mit der Arbeitsgemeinschaft »Dritte Welt«, ver.: Isabel Lavadinho], Stuttgart 2002; Politik und Islam in Nordkaukasien. Skizzen über Tschetschenien, Dagestan und Adygea, Wien 2002; Willy Brandt: Rede anlässlich des 10. Todestages am 8. Oktober 2002 in der Friedrich-Ebert-Stiftung in Berlin [bearb. von Dieter Dowe], Bonn 2002; Die Zukunft unserer Geschichte: Reden beim Historikertag 2002 und zum Tag der Deutschen Einheit 2002, [Hrsg.: Presse- und Informationsamt der Bundesregierung], Berlin Dezember 2002; Erinnerung wachhalten - um der Zukunft willen: Gedächtnisvorlesung aus Anlass des sechzigsten Jahrestages der Hinrichtung der Mitglieder der »Weißen Rose« in der Ludwig-Maximilians-Universität München am 30. Januar 2003, [Hrsg.: Presse- und Informationsamt der Bundesregierung], Berlin Januar 2003; Gemeinsam handeln - Deutschlands Verantwortung in der Welt. »Berliner Rede« am 19. Mai 2003 im Berliner Maxim-Gorki-Theater, [Hrsg.: Presse- und Informationsamt der Bundesregierung], Berlin Mai 2003; 50 Jahre Deutsche Welle: Ansprache im Festakt »50 Jahre Deutsche Welle« am 27. Juni 2003 in Bonn. In: Bulletin der Bundesregierung (online), - Der Nagomy-Karabach-Konflikt (1988-2002): ein Handbuch, Berlin 2003; »Politik ist Einmischung!«: ein Aufruf an junge Menschen in Deutschland. 3. Nikolaikirchenrede am 4. Oktober 2003, [Hrsg.: Presse- und Informationsamt der Bundesregierung], Berlin Oktober 2003; L´amicizia italo-tedesca al servizio dell´integrazione europea = Die italienisch-deutsche Freundschaft im Dienste der europäischen Integration - Deutschland, Italien und die europäische Integration, Carlo Azeglio Ciampi / Johannes Rau, (öffentliche Vorlesungen / Humboldt-Universität zu Berlin, 124), (Humboldt-Reden zu Europa, 4), Berlin 2003; Staatsbesuch in der Volksrepublik China vom 10.-17. September 2003. Zur Rolle Deutschlands und Chinas in der Welt. Rede in der Tsinghua-Universität am 12. September 2003 in Peking. In: Bulletin der Bundesregierung (online), 18. Oktober 2003, 88-1, S. 1-5; Rede in der Fudan-Universität am 14. September 2003 in Shanghai. In: Bulletin der Bundesregierung (online), Berlin, 18. Oktober 2003, 88-3, S. 1-6; Rede bei der Gedenkfeier zum 100. Geburtstag von Erich Brost am 29. Oktober 2003 in Danzig. In: Bulletin der Bundesregierung (online), Berlin, 2. November 2003, 95-1, S. 1-6; Staatsbesuch in der Republik Chile vom 22. bis 25. November 2003. Rede bei der Verleihung der Ehrendoktorwürde in der »Universidad Austral« am 25. November 2003 in Valdivia. In: Bulletin der Bundesregierung (online), Berlin, 6. November 2003, 108-3, S. 1-7; Berliner Reden, [Hrsg.: Presse- und Informationsamt der Bundesregierung], Berlin 2004; Rede von Bundespräsident a.D. Johannes Rau beim Kongress »Differenz anerkennen. Ethik und Behinderung« [elektronische Ressource]: 5. Dezember 2003, Katholische Akademie in Berlin / Institut Mensch, Ethik und Wissenschaft gGmbH (IMEW), Berlin 2004; Religionsfreiheit heute - zum Verhältnis von Staat und Religion in Deutschland: Rede beim Festakt zum 275. Geburtstag von Gotthold Ephraim Lessing in der Herzog-August-Bibliothek zu Wolfenbüttel am 22. Januar 2004, [Hrsg.: Presse- und Informationsamt der Bundesregierung], Berlin Januar 2004; Den ganzen Menschen bilden - wider den Nützlichkeitszwang: Plädoyer für eine neue Bildungsreform, Weinheim u.a. 2004; Vertrauen in Deutschland: eine Ermutigung. »Berliner Rede« am 12. Mai 2004 im Schloss Bellevue in Berlin, [Hrsg.: Presse- und Informationsamt der Bundesregierung], Berlin Mai 2004; Die Hugenotten: Szenen einer Märtyrerkirche, Rothenburg ob der Tauber 2005; Russland - Georgien - Tschetschenien. Der Konflikt um das Pankisi-Tal (1997-2003), ein Handbuch, Berlin 2005; Was die Werte wert sind. Ethische Normen im Wandel, hrsg. von Johannes Rau, Stuttgart 2005; Wer hofft, kann handeln, Johannes Rau: Gott und die Welt ins Gespräch bringen; Predigten, hrsg. von Matthias Schreiber, Holzgerlingen 2006; Reden von Bundespräsident Johannes Rau zu Natur- und Umweltschutz, hrsg. von der Deutschen Umweltstiftung, München 2007.

Reden: Bundespräsident Johannes Rau. Reden und Interviews, [Hrsg.: Presse- und Informationsamt der Bundesregierung], Bd. 1:1, 23. Mai - 31. Dezember 1999, Berlin 2000; Bundespräsident Johannes Rau. Reden und Interviews, [Hrsg.: Presse- und Informationsamt der Bundesregierung], Bd. 1:2, 1. Januar - 30. Juni 2000, Berlin 2000; Bundespräsident Johannes Rau. Reden und Interviews, [Hrsg.: Presse- und Informationsamt der Bundesregierung], Bd. 2:1, 1. Juli - 31. Dezember 2000, Berlin 2001; Bundespräsident Johannes Rau. Reden und Interviews, [Hrsg.: Presse- und Informationsamt der Bundesregierung], Bd. 2:2, 1. Januar - 30. Juni 2001, Berlin 2001; Bundespräsident Johannes Rau. Reden und Interviews, [Hrsg.: Presse- und Informationsamt der Bundesregierung], Bd. 3:1, 1. Juli - 31. Dezember 2001, Berlin 2002; Bundespräsident Johannes Rau. Reden und Interviews, [Hrsg.: Presse- und Informationsamt der Bundesregierung], Bd. 3:2, 1. Januar - 30. Juni 2002, Berlin 2002; Bundespräsident Johannes Rau. Reden und Interviews, [Hrsg.: Presse- und Informationsamt der Bundesregierung], Bd. 4:1, 1. Juli - 31. Dezember 2002, Berlin 2003; - Bundespräsident Johannes Rau. Reden und Interviews, [Hrsg.: Presse- und Informationsamt der Bundesregierung], Bd. 4:2, 1. Januar - 30. Juni 2003, Berlin 2003; Bundespräsident Johannes Rau. Reden und Interviews, [Hrsg.: Presse- und Informationsamt der Bundesregierung], Bd. 5:1, 1. Juli - 31. Dezember 2003, Berlin 2004; Bundespräsident Johannes Rau. Reden und Interviews, [Hrsg.: Presse- und Informationsamt der Bundesregierung], Bd. 5:2, 1. Januar - 30. Juni 2004, Berlin 2004.

Beiträge, Geleitworte, Vorworte, Grußworte, Nachworte: Evangelische Dichter sehen den Krieg. In: Westdeutsche Rundschau vom 14.10.1950; Meine Eltern. In: Jungenwacht 12/1953; Bekennende Kirche. Erinnerung oder Zukunft? In: Westdeutsche Rundschau vom 31.5.1954; Die Lese-Ecke. Nr. 2. Keine spielt wie Gisela, Wuppertal 1954; Die Lese-Ecke. - Nr. 4. Klaus und das Feuer, Wuppertal 1954; Das »protestantische Rom«? In: Westdeutsche Rundschau vom 31.7.1954; Wider den tierischen Ernst. In: Jungenwacht 7/8, 1954; Eine Nacht in der Redaktion. In: Jungenwacht 12/1954; Meine Bücherregale. In: Jungenwacht 12/1954; Gesamtdeutsche Jugend. In: Gesamtdeutsche Rundschau vom 4.3.1955; Nur aus christlicher Überzeugung? In: Gesamtdeutsche Rundschau vom 25.3.1955; Nach Rückkehr von einer Reise durch die DDR. In: Gesamtdeutsche Rundschau vom 23.12.1955; Selbstmord der Demokratie. In: Gesamtdeutsche Rundschau vom 27.1.1956; Auslassungen. In: Gesamtdeutsche Rundschau vom 10.2.1956; Ich nicht! In: Gesamtdeutsche Rundschau vom 22.6.1956; Frankfurter Impressionen. Flüchtige Streiflicher vom Kirchentag. In: Jungenwacht 9/1956; Kleine Anmerkungen zum Wahlkampf im Siegerland. In: Gesamtdeutsche Rundschau vom 26.10.1956; Die Krippe steht nicht überall. In: Gesamtdeutsche Rundschau vom 21.12.1956; Wir brauchen endlich eine neue Politik. In: Gesamtdeutsche Rundschau vom 11.1.1957; Politik der Christen? In: Gesamtdeutsche Rundschau vom 1.2.1957; Elan, Einsatz, Engagement. In: Gesamtdeutsche Rundschau vom 14.4.1957; Ostern. Fest des Sieges. In: Gesamtdeutsche Rundschau vom 19.4.1957; Der Schreck der guten Bürger? In: Politische Verantwortung 4/1957; Wer politisiert eigentlich? In: Gesamtdeutsche Rundschau vom 14.6.1957; Dies geschah in Essen. In: Gesamtdeutsche Rundschau vom 7.6.1957; Der Übertritt bedeutet keinen Urlaub. In: Gesamtdeutsche Rundschau vom 7.6.1957; Wird der Kommunismus Deutschlands Untergang? In: Politische Verantwortung vom 15.7.1957; Grundsatzfragen politischer Arbeit. In: Gesamtdeutsche Rundschau vom 2.8.1957; Brief an den Bundesminister Strauß. In: Gesamtdeutsche Rundschau vom 7.6.1957; Nicht erst 1961. In: Politische Verantwortung 1/1958; Kongreß in letzter Stunde. In: Politische Verantwortung 4/1958; Wann läuft der Krug über? In: Politische Verantwortung 10/1958; An unsere Leser. In: Politische Verantwortung 10/1961; Schule. So oder so? In: Politische Verantwortung 10/11, 1960; Der Staat für alle Bürger. In: Politische Verantwortung 9/1961; Der Friede ist der Ernstfall. In: Jungenwacht 12/1961; Ein Mann des klaren Weges. Dr. Dr. Gustav W. Heinemann wird 65 Jahre alt. In: SPD-Pressedienst vom 20.7.1964; Verwaltete Christen - verantwortliche Gemeinde. Rede auf dem Kölner Kirchentag 1965. In: Joannes Rau. LebensBilder, Texte von Johannes Rau, hrsg. von Rüdiger Reitz und Manfred Zabel, Gütersloh 1992, S.112-118 (gekürzt); Der neunte November. In: Motive 11/1965; Was noch in Büchern steht. In: Politische Verantwortung 3/1966; Profile: Friedrich Engels. Eine Auslese aus seinen Werken und Briefen, hrsg. von Helmut Hirsch, mit einem Geleitwort von Johannes Rau, [Wuppertaler Aus. Z. 150. Geburtstag. Reg.: Annelie und Michael Schneider], Wuppertal-Barmen 1970; Entscheidung und Solidarität. Festschrift für Johannes Harder, mit einem Grußwort von Johannes Rau, Wuppertal 1973 (auch in: Johannes Rau. LebensBilder, 1992, S. 130f.); Forschung und Rationalisierung im Widerspiel, 20 Jahre Forschungsinstitut für Rationalisierung in Aachen. Referate in der Festveranstaltung aus Anlass d. 20jährigen Bestehens des Forschungsinstituts für Rationalisierung e.V. am 12. September 1973 in Aachen, Dortmund 1974; Über einen theologischen Freund. Erinnerung an Wolf-Dieter Marsch. In: Wissenschaft und Praxis in Kirche und Gesellschaft, 63. Jahrgang, Nr. 1, 1974; Wege zur Schliessung der Energielücke: Referate und Diskussionsbeiträge in der 22. Vollversammlung der Arbeitsgemeinschaft für Rationalisierung des Landes Nordrhein-Westfalen am 6. Febr. 1974, Dortmund 1974; Ein engagiertes Leben. In: Junge Kirche. Beiheft 10/1976; Rationalisierung im Verkehr als Teil der Daseinsvorsorge: eine Podiums- u. Generaldiskussion. Niederschrift der 23. Vollversammlung der Arbeitsgemeinschaft für Rationalisierung des Landes Nordrhein-Westfalen am 30. Jan. 1976, J. Rau / W. Forssmann und Sachverständige des Verkehrs, Dortmund 1975; Adolf Kracht / Rudolf Henschel, Rationalisierung in der Rezession. 24 Jahre Jahresversammlung der Arbeitsgemeinschaft für Rationalisierung des Landes Nordrhein-Westfalen, mit einem Grusswort von Johannes Rau, Dortmund 1976; Johannes Rau, Gustav Heinemann. In: Protestanten in der Demokratie, hrsg. von Wolfgang Huber, München, S. 55 - 68; Karl-Hans Laermann, Perspektiven einer künftigen Forschungspolitik. 25. Jahresversammlung der Arbeitsgemeinschaft für Rationalisierung des Landes Nordrhein-Westfalen, mit einem Grusswort von Johannes Rau, Dortmund 1977; Flexibilität in Industrie-Unternehmen. Anpassungszwang in dem sich wandelnden wirtschaftlichen und gesellschaftlichen Umfeld. 26. Jahresversammlung der Arbeitsgemeinschaft für Rationalisierung des Landes Nordrhein-Westfalen, bearb, von Max Ludewig und Werner Niefer, mit einem Grusswort von Johannes Rau, Dortmund 1979; Sind die Weissagungen erfüllt? In: Die Welt, 3.3.1980; Kirche ist keine Ersatzpartei. In: Westfälische Rundschau vom 30.4.1981; Umkehr und Erneuerung : Erl. zum Synodalbeschluss d. Rhein. Landessynode 1980 »Zur Erneuerung des Verhältnisses von Christen und Juden«, hrsg. von Bertold Klappert u. Helmut Starck, mit einem Geleitwort von Johannes Rau, Ministerpräsident und Synodaler der Rheinischen Landessynode (auch abgedruckt in: Johannes Rau. LebensBilder, 1992, S. 183-185; Béla Bartók, Februar 1981-Feburar 1982: Konzertzyklen, Ballette, Oper, Ausstellungen, Vorträge, Symposien, Workshops, Schirmherr Johannes Rau, hrsg. von Heinrich Lindlar, im Auftrag der Stadt Duisburg, Dezernat für Bildung und Kultur, in Zusammenarbeit mit dem Westdeutschen Rundfunk, Köln 1981; Janusz Korczak: Zeugnisse einer lebendigen Pädagogik: Vierzig Jahre nach seinem Tod: Referate des Ersten Wuppertaler Korczak-Kolloquiums, hrsg. von Friedhelm Beiner, mit Beiträgen von Johannes Rau ... [et al.], Heinsberg 1982; Der Politiker Karl Arnold : Ministerpräsident und Sozialreformer, hrsg. von Detlev Hüwel, Jürgen Rosorius, mit Beiträgen von Heiner Geissler, Heinz Oskar Vetter, Johannes Rau ... [et al.], Düsseldorf 1982; Horst Becker, Die SPD von innen. Bestandsaufnahme an der Basis der Partei. Auswertung und Interpretation empir. Unters. in d. SPD Nordrhein-Westfalen, mit einem Vorwort von Johannes Rau, Bonn 1983; Anmerkungen zur politischen Diskussion in der christlichen Gemeinde. In: »Wenn nicht jetzt - wann dann?«, Aufsätze für Hans Joachim Kraus zum 65. Geburtstag, Neukirchen-Vluyn, 1983. Auch in: Johannes Rau. LebensBilder, 1992, S. 143-146; Arbeitslosigkeit : Strategien zur Überwindung, mit Beiträgen von Ernst Breit, Helmut Kohl, Johannes Rau ... [et al.], hrsg. von Manfred Reimer, Köln 1984; Dmitri Schostakowitsch. Konzerte, Opern, Ballette, Ausstellungen, Symposien, Seminare, Vorträge, Filme. Intern. Festival 16. Sept. 1984 - 15. März 1985, [wissenschaftl. Beitr., Interpretationen, Programme, Dokumente], Schirmherr: Der Ministerpräsident des Landes Nordrhein-Westfalen Johannes Rau, [Hrsg.: Stadt Duisburg, Dezernat für Bildung und Kultur...], Duisburg 1984; Ernst Walsken, Warten auf die Freiheit. Zeichnungen und Aquarelle eines Moorsoldaten 1935-1939, mit einem Vorwort von Johannes Rau, Wuppertal 1984; Mann der Arbeit aufgewacht: Plakate, Blätter, Zeitstücke zur Geschichte der Arbeiterbewegung 1848-1948, hrsg. von Monika von Alemann-Schwartz, Bodo Hombach, Klaus Staeck, mit einem Vorwort von Johannes Rau, [Zusammenstellung und Redaktion, Monika von Alemann-Schwartz], Heidelberg 1984; Programmatische Dokumente der deutschen Sozialdemokratie, hrsg. u. eingeleitet von Dieter Dowe und Kurt Klotzbach, mit einem Vorwort von Johannes Rau, 2. überarb. u. aktualisierte Aufl., Berlin / Bonn 1984; Dov Ben-Meir, Histadrut: die israel. Gewerkschaft, mit einem Vorwort von Johannes Rau und einem Nachwort von Siegfried Bleicher, hrsg. von Werner Plum, 2. überarb. u. aktualisierte Aufl., Bonn 1986 (1. Aufl. 1982); -«Die Menschen machen ihre Geschichte nicht aus freien Stücken, aber sie machen sie selbst«: Einladung zu einer Geschichte d. Volkes in NRW, hrsg. von Lutz Niethammer, mit einem Vorwort von Johannes Rau, 3. Aufl., Berlin 1988 (1. Aufl. 1984); Theodor Noa, Sozialismus und Christentum, mit einem Geleitwort von Johannes Rau, Siegen / Wilnsdorf 1988 (auch abgedruckt in: Johannes Rau. LebensBilder, 1992, S. 151-154; Ein Spiegel des eigenen Ich : Selbstzeugnisse antisemitisch Verfolgter, hrsg. von Joachim Meynert, mit einem Vorwort von Johannes Rau, Brackwede bei Bielefeld 1988; Otto Heike, Leben im deutsch-polnischen Spannungsfeld: Erinnerungen und Einsichten eines deutschen Journalisten aus Lodz, mit einem Vorwort von Johannes Rau, Essen 1989; Eberhard Warns, »Wir predigen nicht uns selbst«: zeitbezogene Predigten und Vorträge aus der Diakonie 1980-1989, mit einem Vorwort von Johannes Rau, Bielefeld 1989 (Bethel-Beiträge, 41); Johannes Rau, Sozialdemokratie, technischer Fortschritt und die Zukunft unserer Gesellschaft. In: Mensch - Technik - Umwelt, hrsg. von Werner Fricke, Friedrich-Ebert-Stiftung, Abt. Internationale Forschungskooperation [Abt. Technik und Gesellschaft. Internationale Tagung Mensch - Technik - Umwelt], Bonn, S. 9 - 14; August Bebel, Repräsentant der deutschen Arbeiterbewegung, mit Beiträgen von Dieter Langewiesche, Klaus Schönhoven, Peter-Christian Witt und einem Vorwort von Johannes Rau, Red.: Ulrich Graf, hrsg. von der Stiftung Reichspräsident-Friedrich-Ebert-Gedenkstätte, Heidelberg 1991; Vom schwierigen, aber nicht vergeblichen Umgang der Deutschen mit der eigenen Vergangenheit. In: Kirchliche Zeitgeschichte, 4. Jahrgang, Heft 2/1991 (auch in: Johannes Rau. LebensBilder, 1992, S. 210-216; Wilhelm Morgner, 1891-1917 : Gemälde, Zeichnungen, Druckgraphik / hrsg. von Klaus Bussmann im Auftrag des Landschaftsverbandes Westfalen-Lippe, [Katalogredaktion, Ulrich Schulze, Jürgen Wissmann, Andrea Witte], eine Ausstellung unter der Schirmherrschaft des Ministerpräsidenten des Landes Nordrhein-Westfalen Johannes Rau, Stuttgart 1991; Freunde reden Tacheles: der Beitrag der Städte zur Aussenpolitik am Beispiel Deutschland - Israel; ein politisches Lesebuch, hrsg. von Ernst-Andreas Ziegler, mit einem Vorwort von Johannes Rau, Wuppertal 1992; Johannes Harder, Aufbruch ohne Ende: Geschichten meines Lebens, hrsg. von Gudrun Harder und Hermann Horn, mit einem Vorwort von Johannes Rau, Wuppertal u.a. 1992; Jugend(kriminal)recht in Deutschland und Frankreich. Auf der Suche nach neuen Wegen, hrsg. von Gisela Losseff-Tillmanns, mit einem Vorwort von Johannes Rau, Bonn 1992; Man hat sich bemüht: Willy Brandt, sein Leben im Spiegel der Karikatur. Mit 182 Karikaturen zeichnen 44 Künstler den politischen Lebensweg Willy Brandts, von Berlin über Bonn zurück nach Berlin. Ein Nachruf, 36 entscheidende Jahre für Deutschland: 1957 bis 1992, hrsg. von Helmut G. Schmidt, mit einem Vorwort von Johannes Rau und erklärenden Texten von Lothar Schwartz, Frankfurt am Main 1992; Felix Fechenbach - ein Leben für die Freiheit, hrsg. von Dieter Heistermann, mit einem Geleitwort von Johannes Rau, Wartburg 1993; Rüdiger Altmann, Johannes Rau und die Produktivität des Zusammenführens. In: Die neue Gesellschaft, Frankfurter Hefte, 41 (1994), 1-6 / 41 (1994),4, S. 348 - 350; Johannes Rau, Der Fremde ist der Wanderer, der heute kommt und morgen bleibt: miteinander, nicht gegeneinander leben. In: Forum XXI - mit dem Fremden leben? , hrsg. von Lew Kopelew ...., Köln, 1 (1994), S. 57 - 65; Leni Immer, Meine Jugend im Kirchenkampf, mit einem Vorwort von Johannes Rau, Stuttgart 1994; Lippe: 24 Tabellen, im Auftrag des Lippischen Heimatbundes hrsg. von Wilhelm Rinne, Grusswort von Johannes Rau, Köln 1993; Kirche: Kontinuität und Wandel: Beiträge zur Ringvorlesung an der Kirchlichen Hochschule im Sommersemester 1993 / mit einem Geleitwort von Johannes Rau, im Auftrag der Kirchlichen Hochschule Wuppertal, hrsg. von Christian Hohmann, Waltrop 1994; Ökologie-Dialog: Umweltmanager und Umweltschützer im Gespräch, hrsg. von Michael Henze u. Gert Kaiser, mit einem Vorwort von Johannes Rau, Düsseldorf u.a. 1994; Wolfgang Scherffig, Junge Theologen im »Dritten Reich«, Band 3., Keiner blieb ohne Schuld: 1938-1945, mit einem Geleitwort von Johannes Rau, Neukirchen-Vluyn 1994; Tobias Debiel, Der neue Interventionismus: humanitäre Einmischung zwischen Anspruch und Wirklichkeit, hrsg. von Franz Nuscheler, mit einem Vorwort von Johannes Rau, Bonn 1996; Gisela Koch, Zum 70. : Festschrift für Max von der Grün, [Herausgeber, Stadt- und Landesbibliothek / Stadtsparkasse Dortmund], Dortmund 1996; Die Hoffnung ist wie ein wildes Tier: Briefwechsel zwischen Heinrich Böll und Ernst-Adolf Kunz 1945-1953, hrsg. und mit einem Nachwort von Herbert Hoven, mit einem Vorwort von Johannes Rau, München 1997; Reif für die Klapse? Über die Kinder- und Jugendpsychiatrie, hrsg. von Marie-Luise Knopp / Klaus Napp, mit einer Einleitung von Campino und einem Nachwort von Johannes Rau, Frankfurt am Main 1997; Adolf Gawalewicz, Überlegungen im Warteraum zum Gas: aus den Erinnerungen eines Muselmannes, mit einem Vorwort von Johannes Rau, 3. Aufl., Gütersloh 1998; Friedrich Ebert: sein Leben, sein Werk, seine Zeit. Begleitband zur ständigen Ausstellung in der Reichspräsident-Friedrich-Ebert-Gedenkstätte, hrsg. im Auftrag der Stiftung Reichspräsident-Friedrich-Ebert-Gedenkstätte von Walter Mühlhausen, mit einem Vorwort von Johannes Rau, Heidelberg 1999; Das Flora Danica-Service 1790-1802: Höhepunkt der Botanischer Porzellanmalerei: Schloss Charlottenburg, Berlin: 21. Oktober 1999 - 9. Januar 2000, Ausstellung unter der Schirmherrschaft der Königin Margrethe II. von Dänemark und des Präsidenten der Bundesrepublik Deutschland Dr. h.c. Johannes Rau, Berlin, Schloss Charlottenburg, København: Den Kongelige Udstillingsfond 1999; Johannes Rau, Ansprache von Bundespräsident Johannes Rau am 16. Februar 2000 vor der Knesset in Jerusalem. In: Christen und Juden gemeinsam ins dritte Jahrtausend, hrsg. von Hubert Frankemölle, Paderborn, Frankfurt am Main, 2001, S. 301 - 310; Bilder, die noch fehlten : zeitgenössische Fotografie : eine Ausstellung des Deutschen Hygiene-Museums und der Deutschen Behindertenhilfe-Aktion Mensch e.V. unter Schirmherrschaft des Bundespräsidenten Johannes Rau, [Kuratoren: Klaus Honnef, Gabriele Honnef-Harling], Ostfildern-Ruit : Hatje Cantz, 2000; Entwicklung und Frieden im 21. Jahrhundert: zur Wirkungsgeschichte des Brandt-Berichts, hrsg. von Franz Nuscheler, mit einem Vorwort von Johannes Rau, Bonn 2000 (EINE Welt - Texte der Stiftung Entwicklung und Frieden: Sonderbd.); Globaler Wettbewerb und weltwirtschaftliche Ordnungspolitik, hrsg. von Reimut Jochimsen, mit einem Vorwort von Johannes Rau, Bonn 2000 (Eine Welt - Texte der Stiftung Entwicklung und Frieden, Bd. 10); Entwicklung und Frieden im Zeichen der Globalisierung, hrsg. von Franz Nuscheler, mit einem Vorwort von Johannes Rau, (Schriftenreihe Bundeszentrale für Politische Bildung, Bd. 367. EINE Welt - Texte der Stiftung Entwicklung und Frieden, Sonderbd.), Bonn 2000; Wider die Grabenkämpfe. In: Internationale Politik (Bonn), 55 (Januar 2000), S. 1-5; Johannes Rau, Wir fangen nicht bei Null an! : Für eine neue Grundlage des Zusammenlebens. In: Sind die Deutschen ausländerfeindlich? , hrsg. von Ulrich Arnswald / Heiner Geißler / Sabine Leutheusser-Schnarrenberger / Wolfgang Thierse, Zürich [u.a.], 2000, S. 310 - 317; Johannes Rau, »Wir stehen auf für Menschlichkeit und Toleranz« : Rede von Bundespräsident Johannes Rau anläßlich der Berliner Demonstration am 9. November 2000 (Wortlaut). In: Blätter für deutsche und internationale Politik : Monatszeitschrift, 45 (2000), 12, S. 1508 - 1511; Beiträge zur Bergischen Geschichte, erweitert um Die kirchlichen Verhältnisse im Oberbergischen in der zweiten Hälfte des 16. Jahrhunderts, Gottfried Corbach, hrsg. von Dieter Corbach, mit einem Geleitwort von Johannes Rau, 2. Aufl., Nachdr. der Ausg. 1976, neubearb. von Irene Corbach, Köln 2001; Konrad Beikircher, Et kütt wie´t kütt: das rheinische Grundgesetz, mit einem Vorwort von Johannes Rau, hrsg. von Andreas Graf, Köln 2001; »Europa sozial gestalten«: 75. Deutscher Fürsorgetag 2000 in Hamburg, mit Beitr. von Johannes Rau, Christine Bergmann, Hans F. Zacher, u.a.. In: Nachrichtendienst des Deutschen Vereins für Öffentliche und Private Fürsorge, 81 (2001), 1, S. 1 - 17; Die Genkontroverse. Grundpositionen, hrsg. von Sigrid Graumann, mit der Rede von Johannes Rau, Freiburg im Breisgau u.a. 2001; Dov Ben-Meir, Jugend in Erez Israel, mit einem Vorwort von Johannes Rau, aus dem Hebr. von Markus Lemke, Gerlingen 2001; Keine Macht dem Terror: united we stand. Reden und Ansprachen zum 11. September 2001, hrsg. von J.W. Edwards ... [Johannes Rau], RM-Buch-und-Medien-Vertrieb, Gütersloh 2001; Karl Ibach, Kemna: Wuppertaler Konzentrationslager 1933-1934, mit einem Vorwort von Johannes Rau, Wuppertal 2001; Heinz Theodor Jüchter, Wuppertal entdecken. 17 Rundgänge, mit Beitr. von Johannes Rau, Essen 2001; Johannes Rau, »Die Chance, sich im Sinne Gustav Heinemanns zu bewähren« : Beitrag auf dem Kolloquium »Friede als Ernstfall« am 12. Oktober 2001 in der Landesvertretung Hamburg in Berlin. In: Friede in Bewährung, [Institut für Friedensforschung und Sicherheitspolitik an der Universität Hamburg], hrsg. von

Dieter S. Lutz, Baden-Baden 2002, S. 13 - 16; Otto R. Romberg, Johannes Rau, Unsere Demokratie ist stabil: Tribüne-Gespräch mit Dr. Johannes Rau, Bundespräsident. Das Gespräch führte Otto R. Romberg. In: Tribüne : Zeitschr. zum Verständnis d. Judentums, 40 (2001), 160, S. 105 - 110; Johannes Rau, Demokratie ohne Parteien? In: Unterwegs mit Visionen, hrsg. von Michael Langer u.a., Freiburg im Breisgau [u.a.] 2002, S. 331 - 338; Johannes Rau, Demokratie weltweit fördern - ein Auftrag an uns alle. In: Zukunft demokratisch gestalten, [Konrad-Adenauer-Stiftung, Internationale Zusammenarbeit], hrsg. von Josef Thesing, Sankt Augustin 2002, S. 20 - 27; Federalism in a changing world, learning from each other : scientific background, proceedings, and plenaries of the International Conference on Federalism 2002, [Conference held Aug. 27-30, 2002 at the University of St. Gallen, Switzerland] / edited by Raoul Blindenbacher and Arnold Koller, Published for the International Conference on Federalism 2002 by McGill-Queen's University Press, Montreal 2003; Freiheit verantworten. Festschrift für Wolfgang Huber zum 60. Geburtstag, hrsg. von Hans-Richard Reuter, Heinrich Bedford-Strohm, Helga Kuhlmann, Karl-Heinrich Lütcke, mit einem Vorwort von Johannes Rau, Gütersloh 2002; Imago Poloniae : dawna rzeczpospolita na mapach, dokumentach i starodrukach w zbiorach Tomasza Niewodniczanskiego / Imago Poloniae : Katalog zur Ausstellung unter der Schirmherrschaft von Aleksander Kwasniewski, Präsident der Republik Polen und Johannes Rau, Präsident der Bundesrepublik Deutschland / Catalog of an exhibition held Apr. 18 - June 8, 2002 at the Staatsbibliothek zu Berlin—Preussischer Kulturbesitz, Berlin, Nov. 4 - Dec. 31, 2002 at the Zamek Krótewski, Warsaw, Feb. 7 - Mar. 30, 2003 at the Muzeum Narodowe, Karków, Apr. 24- June 30, 2003 at the Zaklad Narodowy imienia Ossolinskich, Wroclaw [autorzy katalogu: Kazimierz Kozica, Janusz Pezda], Warszawa Agenja Reklamowo-Wydawnicza Arkadiusz Grzegorczyk, 2002. - Inge Deutschkron / Wolfgang Benz, Stille Helden: Zeugnisse von Zivilcourage im Dritten Reich, mit einem Beitrag von Johannes Rau, [Kulturstiftung der Deutschen Bank], Frankfurt am Main 2002; Johannes Rau, Vom Eigensinn der Wissenschaft. In: Wissenschaft entsteht im Gespräch, im Auftr. der Akademie hrsg. von Rudolf Smend, Göttingen 2002, S. 33 - 44; Lev Kopelev-Preis an MEMORIAL. Enthält: Johannes Rau, Menschenrechten weltweit Geltung verschaffen. In: Osteuropa (Stuttgart), 52 (April 2002) 4, S. 419-426; Menschen, Zeiten, Räume : Archäologie in Deutschland : eine Ausstellung unter der Schirmherrschaft von Johannes Rau, hrsg. von Wilfried Menghin und Dieter Planck, Stuttgart 2002; Regine Hildebrandt: Kämpferin mit Herz, hrsg. von Christiane Landgrebe, mit Beiträgen und Erinnerungen von Johannes Rau ... [et al.], im Anhang: Predigt von Generalsuperintendent Martin-Michael Passauer, Trauerreden von Bischof Wolfgang Huber, Bundeskanzler Gerhard Schröder, Ministerpräsident Manfred Stolpe, Ministerpräsidentin Heide Simonis, Bonn 2002; Johannes Rau, Wasser, kostbarster Rohstoff auf der Welt : Rede auf dem Kongress der International Water Association, Berlin, 15.10.2001 (redaktionell gekürzt). In: Berichte / Forschungsinstitut der Internationalen Wissenschaftlichen Vereinigung Weltwirtschaft und Weltpolitik (IWVWW), 12 (2002), 117, S. 49 - 51; Johannes Rau, Wissen und Werte in Einklang bringen: Gedanken über Universität, Wissenschaft und Bildung. In: Forschung & Lehre : Mitteilungen des Deutschen Hochschulverbandes, 9 (2002), 5, S. 230 - 234; Erinnerte Shoah : die Literatur der Überlebenden, [Band zu der Internationalen Konferenz »Erinnerte Shoah: die Literatur der Überlebenden« die vom 27.-31. Mai 2000 unter der Schirmherrschaft des Herrn Bundespräsidenten Johannes Rau an der Technischen Universität Dresden stattfand], hrsg. von Walter Schmitz, Dresden 2003; Johannes Rau, Freiheit für die Bildung - Bildung für die Freiheit. In: Arbeit, Bildung und Geschlecht, hrsg. von Ingrid Kurz-Scherf u.a., Frankfurt am Main u. a. 2003, S. 99 - 106; Joachim Castan, Hans Calmeyer und die Judenrettung in den Niederlanden: [Katalog zur gleichnamigen Ausstellung des Erich-Maria-Remarque-Friedenszentrums Osnabrück], mit einem Grußwort von Johannes Rau und vertiefenden Beiträgen von Johann Cornelis, Hendrik Blom u. a., hrsg. von Thomas F. Schneider, Göttingen 2003; Globale Politik: Entwicklung und Frieden in der Weltgesellschaft. Festschrift für Franz Nuscheler, hrsg. von Thomas Fues / Jochen Hippler, mit einem Vorwort von Johannes Rau und einem Grußwort von Benita Ferrero-Waldner, Bonn 2003 (EINE Welt. Texte der Stiftung Entwicklung und Frieden. Sonderband); Margarete Hasel, Birgit Böhret, Johannes Rau, »Ihr nachzujagen darf man nie aufgeben«: soziale Gerechtigkeit. Den Bundespräsidenten trafen die Journalistinnen Margarete Hasel und Birgit Böhret in seinem Berliner Amtssitz Schloss Bellevue. In: Die Mitbestimmung. Monatszeitschrift der Hans-Böckler-Stiftung, 49 (2003), 12, S. 48 - 51; Ich kann nicht schweigen!: Tisa von der Schulenburg in Mecklenburg. Zeichnungen und Dokumente [anlässlich des Projektes ich kann nicht schweigen! Tisa von der Schulenburg in Mecklenburg, Zeichnungen und Dokumente. Ausstellung vom 17. August bis zum 15. September 2003 im Mecklenburgischen Künstlerhaus Schloss Plüschow...], mit einem Geleitwort von Johannes Rau und einem Essay von Detlef Hamer; Johannes Rau, »Die Kommunen brauchen verlässliche Finanzquellen«. Rede von Bundespräsident Johannes Rau. In: Der Städtetag : Zeitschr. für Praxis u. Wiss. d. kommunalen Verwaltung sowie ihrer wirtschaftl. Einrichtungen u. Betriebe. Organ d. Verb. Kommunaler Städtereinigungsbetriebe, 56 (2003), 6, S. 11 - 15; Bogdan L. Krieger / Stefan Finck von Finckenstein / Florian Mausbach, Das Königliche Schloß Bellevue bei Berlin und sein Erbauer Prinz Ferdinand von Preußen, mit einem Vorwort von Johannes Rau, Berlin 2003; Mit streitbarem Glauben und leidenschaftlicher Zuversicht. Kurt Scharf. Ein Leben für Gerechtigkeit und Frieden, Aktion Sühnezeichen Friedensdienste e.V., mit einem Vorwort von Johannes Rau, 1. Juni 2003; Russland und die »Go¨ttingische Seele« : 300 Jahre St. Petersburg : Ausstellung in der Paulinerkirche Go¨ttingen unter der Schirmherrschaft von Bundespra¨sident Johannes Rau und dem Pra¨sidenten der Russischen Fo¨deration Wladimir Putin / herausgegeben von Elmar Mittler und Silke Glitsch, 2. durchges. Aufl., Göttingen 2003; Zukunft der Religionen: Religion, Kultur, Nation und Verfassung. Multiple Identitäten in modernen Gesellschaften, hrsg. von Wolfgang Schultheiß, mit einem Geleitwort von Johannes Rau, Frankfurt am Main 2003; Dem Frieden dienen: zum Gedenken an Prof. Dr. Dr. Dieter S. Lutz, hrsg. von Hans J. Giessmann / Kurt P. Tudyka, mit einem Geleitwort von Johannes Rau, Baden-Baden 2004; Im Labyrinth der Ethik: Glauben - Handeln - Pluralismus, hrsg. von Günter Bader, mit einem Geleitwort von Johannes Rau, Rheinbach 2004; Josef Pieper, Über die Tugenden: Klugheit, Gerechtigkeit, Tapferkeit, Maß, mit einem Vorwort von Johannes Rau, München 2004; Herman Zimmerman, Ein Engel an meiner Seite. Eine Geschichte vom Überleben im Holocaust, mit einem Vorwort von Johannes Rau, aus dem Englischen übersetzt von Karl Herzer, 5. Aufl., Heidelberg 2005; Zivilcourage: Empörte, Helfer und Retter aus Wehrmacht, Polizei und SS, hrsg. von Wolfram Wette, mit einem Geleitwort von Bundespräsident Johannes Rau, Frankfurt am Main 2004; Johannes Rau, Vom Gesetzesprüfungsrecht des Bundespräsidenten. In: Deutsches Verwaltungsblatt: DVBl, mit Verwaltungsarchiv, 119 (2004), 1, S. 1 - 8; Johannes Rau, Jeder kann zu einem fairen Welthandel beitragen. In: Arbeitnehmerrechte in einer globalisierten Welt, hrsg. von der Otto-Brenner-Stiftung. Gabriela Cortès ... Johannes Rau, Heidemarie Wieczorek-Zeul ...., Hamburg 2004, S. 18 - 23; Johannes Rau, Medien zwischen Anspruch und Realität. In: Politik als Marke, hrsg. von Axel Balzer u.a., Münster 2005, S. 42 - 51; Brian L. Davis / Ian Westwell, Deutsche Uniformen und Abzeichen: 1933-1945, ins Deutsche übersetzt von Heinz Schmerder, deutsche Bearbeitung: Johannes Rau, Stuttgart 2006; Klaus Lefringhausen, Kampf der Kulturen - vor unserer Haustür? Schritte zu einem friedlichen Miteinander, mit weiteren Beiträgen von Manfred Kock und Johannes Rau, Neukirchen-Vluy 2006.

Lit.: Wolfram Bickerich / Jürgen Leinemann / Hans Leyendecker, Bruder Johannes: Herausforderer Rau, Reinbek bei Hamburg 1986; — Werner Filmer / Heribert Schwan, Johannes Rau, Düsseldorf, Wien 1986; — 75 Jahre Freie Scholle: 1911-1986. Geschichte und Gegenwart genossenschaftlicher Selbsthilfe in Bielefeld, hrsg. von der Baugenossenschaft Freie Scholle, bearb. Von Frank Karthaus und Gisbert Brenneke, Mit Grusswörten von Johannes Rau, Bielefeld 1986; — Hermann Kai / Wilfried Bauer, Deutschland: ein Familien-Bilderbuch - Johannes Rau stellt Familien unseres Landes vor, Düsseldorf, Wien 1986; — Walter Moers / Phil Brandenburger, Der Kohl des kleinen Mannes heisst - Bruder Johannes: wer Rau will, muss Rau wählen, Frankfurt am Main 1986; Martin Mooij / Wim Meijer, De prijs van de toekomst: gesprekken over de toekomst van de sociaal-demoratie met Freimut Duve, Günter Grass, Volker Hauff, Günter Kunert, Siegfried Lenz, Johannes Rau, Amsterdam 1986; — Andreas Schlieper, 150 Jahre Ruhrgebiet: ein Kapitel deutscher Wirtschaftsgeschichte, unter Mitarbeit von Heike Reinecke u. Hans Joachim Westholt, mit einem Geleitwort von Johannes Rau, Düsseldorf 1986; — Die Juden und Martin Luther. Martin Luther und die Juden: Geschichte, Wirkungsgeschichte, Herausforderung, hrsg. von Heinz Kremers in Zusammenarbeit mit Leonore Siegele-Wenschkewitz u. Bertold Klappert, mit einem Geleitwort von Johannes Rau, 2. Aufl., Neukirchen-Vluyn 1987; — Johannes Rau, Gemeinsame Verantwortung für die Zukunft Europas: Mitwirkung der Länder, Regionen und autonomen Gemeinschaften am Europäischen Haus. In: Angela Merkel, Chancengleichheit in den neunziger Jahren, Frauenpolitik im vereinten Europa, [Komm. der Europ. Gemeinschaften, Vertretung in der Bundesrepublik Deutschland], Bonn 1991; — Für eine Kultur der Gerechtigkeit: Positionen des christlich-sozialistischen Dialogs. Johannes Rau zum 60. Geburtstag, hrsg. von Ursula August-Rothardt, Wuppertal 1991; — H. Schulz, Lieber Johannes, weißt du noch...?: Erinnerungen an Johannes Rau; zum 60. Geburtstag, Wuppertal 1991; — Johannes Rau: Lebensbilder, hrsg. von Rüdiger Reitz und Manfred Zabel, Gütersloh 1992; — Astrid Schütz, Selbstdarstellung von Politikern: Analyse von Wahlkampfauftritten, Weinheim 1992 (zugl. : Bamberg, Univ. Diss., 1990); — Mit dem Gesicht zur Welt : Schalom Ben-Chorin, Eugen Drewermann, Catharina Halkes, Wolfgang Huber, Maria Jepsen, Franz-Xaver Kaufmann, Hans Küng, Johann B. Metz, Paul Oestreicher, Johannes Rau, Annemarie Schönherr / befragt von Peter Hertel, Würzburg 1996; — Günter Gaus, Zur Person, in Zusammenarbeit mit dem Ostdeutschen Rundfunk Brandenburg, Berlin 1998; — Johannes Rau - Stationen und Begegnungen: Lebensbilder in Texten und Gesprächen, Interviews und Fotos, hrsg. und mit Einl. und Erl. ver. von Rüdiger Reitz und Manfred Zabel, Gütersloh 1999; — Cornelius Bormann, Ein Stück menschlicher: Johannes Rau. Die Biografie, Wuppertal 1999; Ingelore M. Winter, Unsere Bundespräsidenten: von Theodor Heuss bis Johannes Rau. Acht Porträts, 4., aktualisierte und erw. Aufl., Düsseldorf 1999 (1. Aufl. 1987); — Werner Filmer, Wolfgang Klein, Johannes Rau : der Bundespräsident, Lübbe 1999; — Rolf Kleine / Matthias Spruck, Johannes Rau: eine Biographie, München 1999; — Peter Struck, Der Versöhner: der SPD-Vorsitzende Peter Struck über Johannes Rau und die Bundespräsidentenwahl. In: Vorwärts : sozialdemokratische Zeitung. Parteilich, politisch, initiativ, (1999), 5, S. 4; — Dieter S. Lutz, Zehn »Ernstfälle des Friedens«: Bundespräsident Johannes Rau formuliert in und mit seinen Beiträgen und Reden eine friedenspolitische Konzeption, Institut für Friedensforschung und Sicherheitspolitik an der Universität Hamburg, Hamburg 2000 (Hamburger Beiträge zur Friedensforschung und Sicherheitspolitik, H. 124); — Johannes Rau, Präsident der Bundesrepublik Deutschland im Zitat, Inter Nationes, Bonn 2000; — Reflections on the Holocaust / Madeleine Korbel Albright, Göran Persson, Johannes Rau, [American Jewish Committee], New York 2000 - Mikhail Dimanis, Iokhannes Rau : politicheskii portret, s ; [otv. redaktor B.S. Orlov], Moskva 2001; — Geschichte in Porträts. Johannes Rau. Ausgewählt von Matthias Schneider, Holzgerlingen 2001; — Heinrich Potthoff / Susanne Miller: Kleine Geschichte der SPD. 1848-2002, 8. aktualisierte und erw. Aufl., Bonn 2002; — Christian G. Irrgang / Martin E. Süskind, Johannes Rau: Porträt eines Präsidenten, Berlin, München 2002; — Günter Scholz / Martin E. Süskind, Die Bundespräsidenten: von Theodor Heuss bis Horst Köhler, 5., neu durchges., überarb. und erg. Ausg., Stuttgart, München 2004; — Ingelore M. Winter, Unsere Bundespräsidenten : von Theodor Heuss bis Horst Köhler. [Neun Porträts], 5., aktualisierte und erw. Aufl., Düsseldorf Juli 2004; — Wolfgang Huber, »Religionsfreiheit und offene Gesellschaft - ein Prüfstein aktueller Dialoge in Europa«, Brüssel 30. Nov. 2004: http://www.ekd.de/vortraege/huber/041130_huber_religionsfreiheit.html; — Lust auf Zukunft. Reden von Johannes Rau, ausgew. und eingeleitet von Elisabeth Domansky, hrsg. von Bodo Hombach u. a., Essen 2006; — Evelyn Roll, Weil der Mensch ein Mensch ist...: Johannes Rau im Gespräch mit Evelyn Roll, Berlin 2004; — Uwe Birnstein, Johannes Rau - der Versöhner: ein Porträt, Berlin 2006; — Markus

Hoffmann, Regierungsstile von Ministerpräsident Johannes Rau: 1990 bis 1998. Versöhnen als Machtinstrument, Marburg 2006 (Zugl.: Duisburg, Essen, Univ., Diplomarbeit, 2005); — »...weil ich gehalten werde«: Johannes Rau - Politiker und Christ, hrsg. von Nikolaus Schneider, 3. Aufl., Holzgerlingen 2006; — »Ich halte, weil ich gehalten werde«. Über (Johannes) Rau und (Dietrich) Bonhoeffer. Pressemeldung vom 05.02.2006 der Evangelischen Kirche von Westfalen: http://www.ekvw.de/Ich-halte-weil-ich-g.153+M5ff4a267e4c.11.html (15.08.2007); — Alfred Buß, Präses der Evangelischen Kirche von Westfalen: Geistliches Wort zur Erinnerung an Johannes Rau. Gedenkfeier der SPD Bielefeld, 5. Februar 2006: http://www.ekvw.de/fileadmin/sites/ekvw/Dokumente/te_u_do_alt/rau_gedenken.pdf (15.08.2007); — Wolfgang Huber, Trauergottesdienst und Staatsakt zu Ehren von Bundespräsident a. D. D. Dr. h.c. Johannes Rau am 7.02.2006 im Dom zu Berlin, http://www.bund.de/nn_57748/Microsites/Protokoll/Aktuelles/060227-Aktuelles-3-anlage,templateId=raw,property=publicationFile.pdfhttp://209.85.129.104/search?q=cache:KJ89zMhosKMJ:www.ekd.de/predigten/060207_huber_berliner_dom_rau.html+Wolfgang+Huber+Johannes+Rau&hl=de&ct=clnk&cd=3&gl=de (15.08.2007); — Helga Grebing, Johannes Rau und die Bundesrepublik der SPD, [gekürzter Beitrag eines Vortrages, der bei dem vom Institut für soziale Bewegungen der Ruhr-Universität Bochum am 1.-2. Februar 2007 veranstalteten Symposium »Versöhnen statt Spalten - Johannes Rau: Sozialdemokratie, Landespolitik und Zeitgeschichte« gehalten wurde], 29.01.2007: http://www.spd.de/menu/1702737 (15.08.2007); — Das Leben menschlicher machen: In Memoriam Johannes Rau, hrsg. von Gisela Kayser / Klaus Wettig, 2007.

Frédérique Dantonel

RAWLS, John Borden (Bordley), US-amerikanischer Gerechtigkeitstheoretiker und politischer Philosoph, * 21. Februar 1921 in Baltimore, Maryland; † 24. November 2002 in Lexington, Massachusetts. Rawls gilt mit seinen drei Hauptwerken *A Theory of Justice* (1971), *Political Liberalism* (1993) sowie *The Law of Peoples* (1999) als einer der wichtigsten Vertreter der politischen Gerechtigkeitsphilosophie und des ethischen Liberalismus im 20. Jahrhundert, der auch die interdisziplinären Diskussionen (Wirtschaftswissenschaften, Politikwissenschaften, theologische Sozialethik, Soziologie usw.) nachhaltig beeinflußt hat. — John Rawls war das zweite von fünf Kindern seiner Eltern William L. Rawls und Anna A. Stump. Ab 1939 besuchte Rawls die Princeton University, erlangte 1943 das Bachelor of Arts Degree und promovierte 1950, nachdem er 1949 Margaret Fox geheiratet hatte, ebenfalls in Princeton über das Thema »A Study in the Grounds of Ethical Knowledge: Considered with Reference to Judgments on the Moral Worth of Character«. Nach der Promotion (Ph.D.) ging er aufgrund eines Stipendiums (»Fulbright Fellowship«) an die englische Oxford University (College Christ Church) und trat nach mehreren weiteren Stationen 1964 einen Lehrstuhl für »Political Philosophy« an der Harvard University , wo er bis zu seinem Tod 2002 lehrte. 1971 veröffentlichte er mit seiner *Theory of Justice* eines der wichtigsten Bücher der zeitgenössischen politischen Philosophie, dessen Grundgedanken er 1993 in seinem zweiten Hauptwerk *Political Liberalism* präzisierte. Mehrere Schlaganfälle (seit 1995) verhinderten nicht, daß er 1999 mit *The Law of Peoples* noch ein drittes und letztes Hauptwerk über das Völkerrecht sowie 2000 eine überarbeitete Version der Gerechtigkeitstheorie (*Justice as Fairness: A Restatement*) abschließen konnte. — Rawls hat über Jahrzehnte hinweg ein ungemein kohärentes, ausgefeiltes und interdisziplinär anschlußfähiges Konzept erarbeitet, das sich um die Formel »*Justice as Fairness*« rankt (so auch der Titel seines letzten Buchs überhaupt: *Justice as Fairness: A Restatement*, 2001). Dabei ging es ihm zeitlebens um die »soziale« Gerechtigkeit, die er als »die erste Tugend sozialer Institutionen« (Rawls 1971, p. 3: »the first virtue of social institutions«) definierte. Dabei ist seine Konzeption nicht als eine inhaltlich orientierte (materiale) Gerechtigkeitstheorie einzustufen, sondern als eine moderne Theorie der Verfahrensgerechtigkeit für inhaltlich pluralistische Gesellschaften. Rawls' Theoriestrategie kreist vor allem um drei Begriffe: den »Urzustand« (»Original Position«), das »Differenzprinzip« (»Difference Principle«) und den »übergreifenden Konsens« (»Overlapping Consensus«). (1) Der Begriff des »*Urzustands« (»Original Position«)* markiert die Charakteristika eines methodisch vorgenommenen Gedankenexperiments: Der hypothetische Fall, daß sich die alle Menschen an einem »Nullpunkt« der Menschheitsgeschichte versammeln würden, ohne zu wissen, wer sie in den dann danach beginnenden Geschichte sein werden - diese Information bleibe hinter einem »veil of ignorance«, einem »Schleier des Nichtwissens« verborgen -, liefert eine faire Ausgangssituation für die Entscheidung über die institutionellen Spielregeln der (späteren) Gesellschaft. Bis heute ist nicht ganz geklärt, ob John

Rawls oder aber der Ökonom und Nobelpreisträger John Harsanyi (* 1920; † 2000) der Erfinder dieses gedankenexperimentell eingesetzten »Urzustands« ist. (2) Rawls und Harsanyi stellen nun die Frage, für welche Spielregeln (Grundsätze) sich freie und vernünftige Menschen (Parteien) in ihrem eigenen Interesse im Rahmen dieses »Urzustands« entscheiden würden. Anders als Harsanyis utilitaristische Durchschnittsnutzenverrechnungen schlägt Rawls als Antwort zwei Gerechtigkeitsgrundsätze vor, deren bekanntester das sog. *»Differenzprinzip« (»Difference Principle«)* ist. Dabei legt der erste Gerechtigkeitsgrundsatz die menschenrechtlichen (freiheitlichen) Grundlagen: »1. Jede Person hat das gleiche Recht auf das umfassendste System gleicher Grundfreiheiten, das mit einem ähnlich System von Freiheiten für alle vereinbar ist« (Rawls 1993 / 2003, S. 382). Das »Differenzprinzip« sowie der Grundsatz fairer Chancengleichheit bilden hingegen den zweiten Gerechtigkeitsgrundsatz: »2. Soziale und ökonomische Ungleichheiten sind zulässig, wenn sie (a) zum größten zu erwartenden Vorteil für die am wenigsten Begünstigten und (b) mit Ämtern und Positionen verbunden sind, die allen unter Bedingungen fairer Chancengleichheit offenstehen« (Rawls 1993 / 2003, S. 382 f.). Dabei ordnet Rawls diese beiden Grundsätze »lexikalisch« an (Vorrang des ersten Grundsatzes vor dem zweiten). Vor allem das »Differenzprinzip« hat ausgedehnte Diskussionen ausgelöst. Einerseits wurden in ethischer Hinsicht Rawls' Fokussierung auf die Schwächsten der Gesellschaft (»Vetorecht« der Schwächsten) und in ökonomischer Hinsicht die Berücksichtigung des Zusammenhangs von Distribution und Allokation belobigt, andererseits aber hat das »Differenzprinzip« gleichwohl auch Kritik (insbesondere von Ökonomen, zum Beispiel von John Harsanyi) auf sich gezogen, für die hier aufgrund des geforderten »größten zu erwartenden Vorteils für die (vom Schicksal) am wenigsten Begünstigten« überzogene Umverteilungen und in der Folge Produktivitätsabsenkungen heraufbeschworen werden. (3) In seinem zweiten Hauptwerk *Political Liberalism* (1993) präzisiert Rawls sein Gerechtigkeitskonzept dahingehend, daß es ihm nicht um eine allgemeine *moralphilosophische* Gerechtigkeitslehre gehe, sondern »nur« um eine *politische* Gerechtigkeitskonzeption für moderne (westliche) Gesellschaften. Da sich diese Gesellschaften durch das »Faktum einer vernünftigen Pluralität« umfassender ethischer oder religiöser Lehren über das Wahre oder das moralische Gültige kennzeichnen, werde es vernünftigerweise notwendig, einen diese widerstreitenden komprehensiven Lehren »übergreifenden (Gerechtigkeits-) Konsens« (»Overlapping Consensus«) zustande zu bringen, der von den (meisten der) widerstreitenden komprehensiven Lehren eines »guten« Lebens vertreten werden könne. Eine ähnlich gelagerte Einschränkung nimmt auch Rawls' letztes Hauptwerk (*The Law of Peoples*, 1999) vor, in dem Rawls ein global anwendbares »Differenzprinzip« zugunsten einer subsidiären Selbstorganisation der Völker ausschließt. — Insgesamt hat die Gerechtigkeitskonzeption von John Rawls wie kaum ein anderes Werk der politischen Philosophie intensive interdisziplinäre Diskussionen ausgelöst - stellvertretend seien nur der Ökonom James Buchanan sowie der Soziologe Jürgen Habermas genannt. Auch auf die christlichen Sozialethiken hatte Rawls einen nachhaltigen Einfluß. Zahlreiche evangelische, katholische oder anderweitig christliche Sozialethiker verwenden seine Gerechtigkeitstheorie als Basis für ihre Argumentationen. Und auch in offiziellen Stellungnahmen der Kirchen - zum Beispiel im Hirtenbrief der US-amerikanischen Bischöfe »Economic Justice for All« von 1986 oder im gemeinsamen Sozialwort der beiden christlichen Kirchen in Deutschland: »Für eine Zukunft in Solidarität und Gerechtigkeit« von 1997 - finden sich klare Rückgriffe auf Rawls' Konzeption.

Werke: John Rawls, A Study in the Grounds of Ethical Knowledge: Considered with Reference to Judgments on the Moral Worth of Character, Ph.D. Dissertation, Princeton University 1950; ders., Outline of a Decision Procedure for Ethics, in: Philosophical Review 60 (2/1951), 177-197; ders., Review of Axel Hägerstrom's Inquiries into the Nature of Law and Morals, in: Mind 64 (1955), 421-422; ders., Review of Stephen Toulmin's An Examination of the Place of Reason in Ethics (1950), in: Philosophical Review 60 (4/1951), 572-580; ders., Two Concepts of Rules, in: Philosophical Review 64 (1/1955), 3-32; ders., Justice as Fairness, in: Journal of Philosophy 54 (1957), 653-662; ders., Justice as Fairness, in: Philosophical Review 67 (2/1958), 164-194; ders., Review of A. Vilhelm Lundstedt's Legal Thinking Revised, in: Cornell Law Quarterly 44 (1959), p. 169; ders., Justice as Fairness, in: Frederick A. Olafson (Ed.), Justice and Social Policy: A Collection of Essays, Englewood Cliffs, New Jersey: Prentice-Hall 1961, 80-107;

ders., Review of Raymond Klibansky (Ed.), Philosophy in Mid-Century: A Survey, in: Philosophical Review 70 (1/1961), 131-132; ders., Two Concepts of Rules, in: Frederick A. Olafson (Ed.), Society, Law and Morality. Readings in Social Philosophy from Classical and Contemporary Sources. Englewood Cliffs, N.J. 1961. 420-434; ders., Two Concepts of Rules, in: Richard B. Brandt (Ed.), Value and Obligation: Systematic Readings in Ethics, New York & Burlingame 1961, 230-237; ders., Justice as Fairness, in: Peter Laslett and W.G. Runciman (Eds.), Philosophy, Politics and Society, 2d Series, New York / Oxford 1962, reprinted 1964, 1967, 132-157; ders., Two Concepts of Rules, in: W.T. Jones, Frederick Sontag, Morton O. Beckner, Robert J. Fogelin (Eds.), Approaches to Ethics: Representative Selections from Classical Times to the Present, New York 1962, 230-237; ders., Constitutional Liberty and the Concept of Justice, in: Carl J. Friedrich and John W. Chapman (Eds.), Nomos, VI: Justice, Yearbook of the American Society for Political and Legal Philosophy, New York 1963, 98-125; ders., The Sense of Justice, in: Philosophical Review 72 (3/1963), 281-305; ders., Legal Obligation and the Duty of Fair Play, in: Sidney Hook (Ed.), Law and Philosophy: A Symposium, New York 1964, 3-18; ders., Review of Richard B. Brandt (Ed.), Social Justice (1962), in: Philosophical Review 74 (3/1965), 406-409; ders., Distributive Justice, in: Peter Laslett and W. G. Runciman (Eds.), Philosophy, Politics, and Society. Third Series, London / New York 1967, 58-82; ders., Two Concepts of Rules, in: Philippa Foot (Ed.), Theories of Ethics, Oxford Readings in Philosophy, London 1967, 144-170; ders., Distributive Justice: Some Addenda, in: Natural Law Forum 13 (1968), 51-71; ders., Outline of a Decision Procedure for Ethics, in: Judith J. Thomson and Gerald Dworkin (Eds.), Ethics. Sources in Contemporary Philosophy, New York 1968, 48-70; ders., Two Concepts of Rules, , in: Judith J. Thomson and Gerald Dworkin (Eds.), Ethics. Sources in Contemporary Philosophy, New York 1968, 104-135; Justice as Fairness, in: Matthew Lipman (Ed.), Discovering Philosophy, New York: Appleton, Century Crofts, 1969, 76-84; ders., The Justification of Civil Disobedience, in: Hugo A. Bedau (Ed.), Civil Disobedience: Theory and Practice, New York 1969, 240-255; ders., The Sense of Justice, in: Joel Feinberg (Ed.), Moral Concepts, Oxford Readings in Philosophy, London: Oxford University Press, 1969, 120-140; ders., Two Concepts of Rules, in: H.B. Acton (Ed.), The Philosophy of Punishment: A Collection of Papers, New York 1969, 105-114; ders., Justice as Fairness, in: Wilfrid Sellars and John Hospers (Eds.), Readings in Ethical Theory, 2d ed., Englewood Cliffs, New Jersey 1970, 578-595; ders., Justice as Reciprocity, in: Samuel Gorovitz (Ed.), Utilitarianism: John Stuart Mill: With Critical Essays, New York 1971, 242-268; ders., The Justification of Civil Disobedience, in: Edward Kent (Ed.), Revolution and the Rule of Law, Englewood Cliffs, New Jersey 1971, 30-45; ders., Legal Obligation and the Duty of Fair Play, in: Jeffrie G. Murphy (Ed.), Civil Disobedience and Violence, Basic Problems in Philosophy Series, Belmont, California 1971, 39-52; ders., A Theory of Justice, Cambridge, Massachusetts 1971; British Edition: ders., A Theory of Justice, Oxford 1972; Revised Edition: ders., A Theory of Justice, Revised Edition, Cambridge 1999; ders., Two Concepts of Rules, in: Samuel Gorovitz (Ed.), Utilitarianism: John Stuart Mill: With Critical Essays, New York 1971, 174-194; ders., Reply to Lyons and Teitelman, in: Journal of Philosophy 69 (18/1972), 556-557; ders., Distributive Justice, in: Edmund S. Phelps (Ed.), Economic Justice: Selected Readings (Penguin Modern Economics Readings), Harmondsworth & Baltimore, 1973, 319-362; ders., Justice as Fairness, in: Richard E. Flathman (Ed.), Concepts in Social & Political Philosophy, New York / London, 1973, 404-421; ders., Justification and Civil Disobedience, in: Richard E. Flathman (Ed.), Concepts in Social & Political Philosophy, New York / London 1973, 219-229; ders., Punishment as a Practice, in: Jeffrie G. Murphy (Ed.), Punishment and Rehabilitation (Basic Problems in Philosophy Series), Belmont, California 1973, 83-91; ders., Two Concepts of Rules, in: Thomas Schwartz (Ed.), Freedom and Authority: An Introduction to Social and Political Philosophy, Encino & Belmont, California 1973, 160-181; ders., Reply to Alexander and Musgrave, in: Quarterly Journal of Economics 88 (4/1974), 633-655; ders., Some Reasons for the Maximin Criterion, in: American Economic Review 64 (2/1974), 141-146; ders., A Theory of Justice, in: Eva H. Hanks, A. Dan Tarlock and John L. Hanks (Eds.), Cases and Materials on Environmental Law and Policy, American Casebook Series. St. Paul, Minn. 1974, 8-14; ders., Fairness to Goodness, in: Philosophical Review 84 (4/1975), 536-554; ders., The Independence of Moral Theory, in: Proceedings and Addresses of the American Philosophical Association 48 (1975), 5-22; ders., The Justification of Civil Disobedience, in: James Rachels (Ed.), Moral Problems: A Collection of Philosophical Essays, 2d ed., New York 1975, 181-194; ders., The Justification of Civil Disobedience, in: Richard Wasserstrom (Ed.), Today's Moral Problems, New York / London 1975, 346-358; ders., The Justification of Civil Disobedience, in: Tom L. Beauchamp (Ed.), Ethics and Public Policy, Englewood Cliffs, New Jersey 1975, 132-145; ders., A Kantian Conception of Equality, in: Cambridge Review [London] 96 (1975), 94-99; ders., A Theory of Justice, in: Donald M. Levine and Mary Jo Bane (Eds.), The »Inequality« Controversy: Schooling and Distributive Justice, New York 1975, 228-251; ders., Justice as Fairness, in: James Rachels (Ed.), Understanding Moral Philosophy, Belmont, California 1976, 234-254; ders., Justice as Reciprocity, in: Samuel Gorovitz et al. (Eds.), Moral roblems in Medicine, Englewood Cliffs, New Jersey 1976, 443-454; ders., The Basic Structure as Subject, in: American Philosophical Quarterly 14 (2/1977), 159-165; ders., Distributive Justice, in: Joel Feinberg and Henry West (Eds.), Moral Philosophy: Classic Texts and Contemporary Problems, Belmont, California 1977, 344-358; ders., Justice as Fairness, in: W.T. Jones, Frederich Sontag, Morton O. Beckner and Robert J. Fogelin (Eds.), Approaches to Ethics, 3d ed., New York 1977, 485-504; ders., Two Concepts of Rules, in: Joel Feinberg and Henry West (Eds.), Moral Philosophy: Classic Texts and Contemporary Problems, Belmont, Calif. 1977, 259-273; ders., The Basic Structure as Subject, in: Alvin I. Goldman and Jaegwon Kim (Eds.), Values and Morals: Essays in Honor of William Frankena, Charles Stevenson, and Richard B. Brandt, Dordrecht, Holland & Boston 1978, 47-71; ders., A Theory of Justice, in: John Arthur and William H. Shaw (Eds.), Justice and Economic Distribution, Englewood Cliffs, New Jersey 1978, 18-48; ders., The Concept of Justice in Political Economy, in: Frank Hahn and Martin Hollis (Eds.), Philosophy and Economic Theory (Oxford Readings in Philosophy), Oxford & New York 1979, 164-169; ders., Constitutional Liberty and the Concept of Justice, in: David Lyons (Ed.), Rights, Belmont, California 1979, 26-45; ders., Economic Systems, in: Tom L. Beauchamp and Norman E. Bowie (Eds.), Ethical Theory and Business, Englewood Cliffs, New Jersey 1979, 57-63; ders., An Egalitarian Theory of Justice, Tom L. Beauchamp and Norman E. Bowie (Eds.), Ethical Theory and Business, Englewood Cliffs, New Jersey 1979, 35-42; ders., A Theory of Justice, in: Ted Honderich and Myles Burnyeat (Eds.), Philosophy As It Is, Harmondworth & New York 1979, 61-88; ders., Two Concepts of Rules, in: Richard A. Wasserstrom (Ed.), Today's Moral Problems, 2d ed., New York / London 1979, 452-460; ders., A Well-Ordered Society, in: Peter Laslett and James Fishkin (Eds.), Philosophy, Politics and Society (5th Series), New Haven, Conn. / Oxford 1979, 6-20; ders., Civil Disobedience, in: Joel Feinberg and Hyman Gross (Eds.), Philosophy of Law, 2d ed., Belmont, California 1980, 110-123; ders., Justice as Fairness, in: Joel Feinberg and Hyman Gross (Eds.), Philosophy of Law, 2d ed., Belmont, California 1980, 338-351; ders., A Kantian Conception of Equality, in: Virginia Held (Ed.), Property, Profits, and Economic Justice, Belmont, California 1980, 198-208; ders., Kantian Constructivism in Moral Theory, in: Journal of Philosophy 77 (9/1980), 515-572; ders., Punishment, in: Joel Feinberg and Hyman Gross (Eds.), Philosophy of Law, 2d ed., Belmont, California 1980, 577-581; ders., Justice as Fairness, in: Oliver A. Johnson (Ed.), The Individual and the Universe: An Introduction to Philosophypp, New York: Holt, Rinehart, and Winston, 1981, 239-246; ders., Justice as Reciprocity, in: Charles L. Reid (Ed.), Choice and Action: An Introduction to Ethics, New York / London 1981, 292-323; ders., The Basic Liberties and Their Priority, in: Sterling M. McMurrin (Ed.), The Tanner Lectures on Human Values, III (1982), Salt Lake City / Cambridge 1982, 3-87; ders., Social Unity and Primary Goods, in: Amartya Sen and Bernard Williams (Eds.), Utilitarianism and Beyond, Cambridge / Paris 1982, 159-185; ders., Justice as Fairness: Political not Metaphysical, in: Philosophy & Public Affairs 14 (3/1985), 223-251; ders., A Kantian Conception of Equality, in: John Rajchman and Cornel West (Eds.), Post-Analytic Philosophy, New York 1985, 201-214; ders., Distributive Justice, in: Robert M. Stewart (Ed.), Readings in Social and Political Philosophy, New York & Oxford, 196-211; ders., The Justification of Civil Disobedience, in: Robert M. Stewart (Ed.), Readings in Social and Political Philosophy, New York & Oxford 1986, 76-84; ders., A Kantian Conception of Equality, in: Robert M. Stewart (Ed.), Readings in Social and Political Philosophy, New York & Oxford: 1986, 187-211; ders., The Basic Liberties and Their Priority, in: Sterling M. McMurrin (Ed.), Liberty, Equality, and Law: Selected Tanner Lectures on Moral Philosophy, Salt Lake City / Cambridge 1987, 1-87; ders., The Idea of an Overlapping Consensus, in: Oxford Journal for Legal Studies 7 (1/1987), 1-25; ders., Classical Utilitarianism, in: Samuel Scheffler (Ed.), Consequentialism and Its Critics, Oxford Readings in Philosophy, New York, 1988, 4-19; The Priority of Right and Ideas of the Good, in: Philosophy & Public Affairs 17 (4/1988), 251-276; ders., The Domain of the Political and Overlapping Consensus, in: New York University Law Review 64 (2/1989), 233-255; ders., Themes in Kant's Moral Philosophy, in: Eckhart Forster (Ed.), Kant's Transcendental Deductions: The Three Critiques and the »Opus postumum«, Stanford Series in Philosophy. Studies in Kant and German Idealism, Stanford, California 1989, 81-113, 253-256; ders., Roderick Firth: His Life and Work, in: Philosophy and Phenomenological Research 51 (1/1991), 109-118; ders., The Law of Peoples, in: Critical Inquiry 20 (1/1993), 36-68; ders., Political Liberalism, New York 1993; Revised Edition: ders., Political Liberalism, New York 1996; ders., Reconcilation through the Public Use of Reason, in: Journal of Philosophy 92 (3/1995), 132-180; ders., Reply to Habermas, in: The Journal of Philosophy 92 (1995), 132-180; ders., The Law of Peoples, Cambridge, Massachusetts 1999; ders., Collected Papers (ed. by Samuel Freeman), Cambridge, Massachusetts 1999; ders., Lectures on the History of Moral Philosophy, Cambridge, Massachusetts / London 2000; ders., Justice as Fairness: A Restatement, Cambridge, Massachusetts / London (England) 2001; ders., Lectures on the History of Political Philosophy (ed. by Samuel Freeman), Cambridge, Massachusetts 2007.

Übersetzungen ins Deutsche (Auswahl): John Rawls, Eine Theorie der Gerechtigkeit, Frankfurt (M.) 1975, 15. Aufl. 2001; ders., Zwei Regelbegriffe, in: Otfried Höffe (Hrsg.), Einführung in die utilitaristische Ethik: Klassische und zeitgenössische Texte, München 1975, S. 96-120; ders., Gerechtigkeit als Fairness (hrsg. von Otfried Höffe) (Reihe Praktische Philosophie, Bd. 6), Freiburg 1977; ders., Die Idee des politischen Liberalismus. Aufsätze 1978-1989 (hrsg. v. Wilfried Hinsch), Frankfurt (M.) 1992, 4. Aufl. 2007; ders., Politischer Liberalismus, Frankfurt (M.) 1998, 2003; ders., Das Ideal des öffentlichen Vernunftgebrauchs, in: Information Philosophie 22 (1/1994), S. 5-18; ders., Das Recht der Völker, Berlin / New York 2002; ders., Geschichte der Moralphilosophie. Hume-Leibniz-Kant-Hegel, Frankfurt (M.) 2004; ders., Gerechtigkeit als Fairness. Ein Neuentwurf (hrsg. von Erin Kelly, übers. von Joachim Schulte), Frankfurt (M.) 2003, 2. Auf. 2007.

Bibliografien: Henry S. Richardson and Paul J. Weithman (Eds.), The Philosophy of Rawls (5 vols.), Garland 1999; Samuel Freeman (Ed.), The Cambridge Companion to Rawls, Cambridge, Massachusetts 2003.

Lit. (Auswahl): David Gauthier, Justice and Natural Endowment. Toward a Critique of Rawls' Ideological Framework, in: Social Theory and Practice 3 (1974), 3-26; — Norman Daniels (Ed.), Reading Rawls: Critical Studies of A Theory of Justice, New York 1974; — John C. Harsanyi, Can the Maximin Principle Serve as a Basis for Morality? A Critique of John Rawls's Theory, in: American Political Science Review 69 (1975), 594-606; — Richard M. Hare, Rawls' Theory of Justice, in: Daniels, N. (Ed.): Reading Rawls. Critical Studies on Rawls' Theory of Justice, Oxford 1975, 81-107; — Buchanan, James M. (1976): A Hobbesian Interpretation of the Rawlsian Difference Principle, in: Kyklos 29 (1976), 5-25; — Christian Watrin, Eine liberale Interpretation der Idee der sozialen Gerechtigkeit. Bemerkungen zum Buch von John Rawls »Eine Theorie der Gerechtigkeit«, in: Hamburger Jahrbuch für Wirtschafts- und Gesellschaftspolitik 21 (1976), S. 45-61; — Otfried Höffe, (Hrsg.): Über

John Rawls' Theorie der Gerechtigkeit, Frankfurt (M.): Suhrkamp 1977; — Roland Kley, Vertragstheorien der Gerechtigkeit. Eine philosophische Kritik der Theorien von John Rawls, Robert Nozick und James Buchanan, Bern 1989; — Chandran Kukathas / Philip Petit, Rawls: A Theory of Justice and its Critics, Stanford 1990; — Helmut Kaiser, Von der »Brüderlichkeit« zur Gerechtigkeitstheorie von John Rawls. Eine Vermittlung von Ethik und Wirtschaft, in: Zeitschrift für Evangelische Ethik 35 (1991), S. 248-267; — J. Angelo Corlett (Ed.), Equality and Liberty. Analyzing Rawls and Nozick, Houndmills 1991; — Ribhegge, Hermann (1991): Zur Relevanz der Rawlsschen Gerechtigkeitstheorie für die Wirtschaftspolitik, in: Zeitschrift für Wirtschaftspolitik 40 (1991), S. 239-260; — Karl Homann, Demokratie und Gerechtigkeitstheorie. James M. Buchanans Kritik an John Rawls, in: Klaus Held / Josef Wieland (Hrsg.): Sozialphilosophische Grundlagen ökonomischen Handelns, 2. Aufl., Frankfurt (M.) 1992, S. 155-175; — Wolfgang Kersting, John Rawls zur Einführung, Hamburg 1993, 2., korr. Aufl. 2004; — Thomas Pogge, An Egalitarian Law of Peoples, in: Philosophy and Public Affairs 23 (1994), 195-224; — Thomas W. Pogge, John Rawls (Beck'sche Reihe Denker 525), München 1994; — Ingo Pies / Martin Leschke (Hrsg.): John Rawls' politischer Liberalismus (Konzepte der Gesellschaftstheorie, Bd. 1), Tübingen 1995; — Lutz Meyer, John Rawls und die Kommunitaristen. Eine Einführung in Rawls' Theorie der Gerechtigkeit und die kommunitaristische Kritik am Liberalismus, Würzburg 1996; — Thomas McCarthy, Kantianischer Konstruktivismus und Rekonstruktivismus: Rawls und Habermas im Dialog, in: Deutsche Zeitschrift für Philosophie 44 (1996), S. 931-950; — Michael Schramm, Sozialethisches Kontingenzmanagement. Das Gerechte in John Rawls' politischem Liberalismus, in: Anton Rauscher (Hrsg.): Soziale Gerechtigkeit (Mönchengladbacher Gespräche, Bd. 22), Köln 2002, S. 111-138; — Wilfried Hinsch, Gerechtfertigte Ungleichheiten. Grundsätze sozialer Gerechtigkeit, Berlin 2002; — Samuel Freeman (Ed.), The Cambridge Companion to Rawls, Cambridge 2003;Chungshan Shih, Gerechtigkeit bei Rawls und Habermas. Eine vergleichende Darstellung, Berlin 2004; — Leif Wenar, The Unity of Rawls's Work, in: Journal of Moral Philosophy 1 (2004), 265-275; — Paul Nnodim, Rawls' Theorie der Gerechtigkeit als angemessene moralische Grundlage für eine liberale demokratische Gesellschaft im globalen Kontext, Oberhausen 2004; — Franz-Josef Bormann, Soziale Gerechtigkeit zwischen Fairness und Partizipation. John Rawls und die katholische Soziallehre (Studien zur theologischen Ethik; — Bd. 113), Freiburg 2006; — Henry S. Richardson, Rawlsian Social Contract Theory and the Severely Disabled, in: Journal of Ethics 10 (2006), 419-462; — Wolfgang Kersting, Gerechtigkeit und öffentliche Vernunft. Über John Rawls' politischen Liberalismus, Paderborn 2006; — Johannes J. Frühbauer, John Rawls' ,Theorie der Gerechtigkeit', Darmstadt 2007.

Michael Schramm

REBBERT, Joseph, katholischer Publizist und Hochschulprofessor, * 19.5. 1837 in Winterberg, † 13.7. 1897 in Paderborn. J. R. wurde am 19. Mai 1837 als Sohn des Landwirts Jacob Rebbert und seiner Frau Maria Katharina, geborene Lange, in der Hellenstraße im sauerländischen Winterberg geboren. Er studierte katholische Theologie in Bonn, Köln und Paderborn. Am 17. August 1860 wurde er in Paderborn zum Priester geweiht. Anschließend war Rebbert bis zum Herbst 1865 Rektor der höheren Schule in Bochum. Am 10. Oktober 1865 wurde er Präses des Bischöflichen Knabenseminars von Paderborn. Am 10. August 1871 wurde er zum Professor für neutestamentliche Exegese an der philosophisch-theologischen Lehranstalt Paderborn berufen. Rebbert gründete die katholische Tageszeitung »Liborius-Bote« und 1878 das bis kurz vor seinem Tod von ihm redigierte Sonntagsblatt »Leo«. Als er am Ende seines Lebens völlig erblindet war, ließ er sich die Zeitung »Leo« jede Woche Seite für Seite vorlesen. Von 1874 bis 1876 war Rebbert auch Schriftleiter der im Paderborner Schöningh-Verlag erscheinenden Kleruszeitschrift »Blätter für kirchliche Wissenschaft und Praxis«. 1874 veröffentlichte er unter dem Pseudonym »W. T. Berger« eine Broschüre über den Zentrumspolitiker und »Kulturkämpfer« Hermann von Mallinckrodt (1821-1874, s. Bd. V). 1877 schrieb er ein umfangreiches Buch über seine Italienreise. 1887 attackierte er mit einer Broschüre den evangelischen Pfarrer Friedrich Wilhelm Thümmel (1856-1928, s. Bd. XI). Am 14. März 1887 wurde Rebbert zum päpstlichen Geheimkämmerer ernannt. Sein Name ist heute zumeist nur noch als Urheber von antijüdischen bzw. antisemitischen Schriften wie »Blicke in´s Talmudische Judenthum« (1876) bekannt und wird in diesem Zusammenhang oft in einem Atemzug mit seinem Münsteraner Kollegen August Rohling (1839-1931, s. Bd. VIII) genannt. Joseph Rebbert starb am Abend des 13. Juli 1897 im Alter von 60 Jahren. Die Berliner Tageszeitung »Germania« schrieb in ihrem Nachruf: »Mit Professor Dr. Rebbert scheidet wieder einer jener Männer aus dem Leben, die in den Kulturkampfjahren durch ihr energisches öffentliches Auftreten sich unsterbliche Verdienste um das katholische Volk Deutschlands erworben haben. Er war ein echter Westfale von der Sohle bis zum Scheitel: derb manchmal, doch zäh und bieder, kein Streber, sondern ein ganzer Mann, der rücksichtslos auf sein Ziel losging. Wer die Kulturkampfjahre in Westfalen miterlebt hat, der kennt auch Dr. Rebbert, denn in hunderten Versammlungen hat er in schwerer Zeit das katholische Volk begeisternd mit fortgerissen. Sein Andenken aber wird beim katholischen Volke stets in Ehren gehalten werden.«

Werke (Auswahl): Unwissenheit oder Bosheit? Oder Prediger Diestelkamp u. die kirchenfeindliche Tagespresse über die Unfehlbarkeit des Papstes u. das Vaticanische Concil. Ein Wort der Belehrung u. Beruhigung für das kath. Volk. Paderborn 1869, ³1870; Das unfehlbare Lehramt des Papstes. Paderborn 1870; Warum wir so an dem Papste hangen. Paderborn 1871; Die »altkatholischen« Wortführer in Dortmund: Knoodt, v. Schulte, Reinkens. Drei gefährliche Concilskranke, untersucht u. behandelt von einem römischen Doctor. Mit Berücksichtigung aller Leidensgenossen, speciell der hochw. Herren Hoffmann, Michelis, Reusch, Hochstein, Tangermann, Paffrath. Paderborn 1873, ²1873; Die Inspiration der Bibel in Dingen der natürlichen Erkenntnis, in: Natur u. Offenbarung 18 (1872) 337-357; Die Inspiration der Bibel in Dingen der natürlichen Erkenntnis. Paderborn 1873; Clemens August, Erzbischof v. Köln. Paderborn 1873, ²1873; (Pseud. W. T. Berger), Hermann v. Mallinckrodt, der Vorkämpfer für Wahrheit, Recht u. Freiheit. Paderborn 1874; Christenschutz, nicht Judenhatz. Ein Volksbüchlein. Paderborn 1876, ²1876, ³1876; Blicke in´s Talmudische Judenthum, nach den Forsch. v. Konrad Martin dem chr. Volke enthüllt. Paderborn 1876; Aus Italien. Reise- u. Erinnerungsblätter zur Unterhaltung u. Belehrung für kath. Familien. Mit bes. Rücksicht auf Padua, Assisi, Toreto, Rom u. Neapel. Paderborn 1877; Marpingen u. seine Gegner. Apologetische Zugabe zu den Schrr. u. Berichten über Marpingen, Mettenbuch u. Dittrichswalde. Ein Schutz- u. Trutzbüchlein für das kath. Volk, mit specieller Rücksicht auf die protestantische Broschüre »Marpingen u. das Evangelium«. Paderborn 1877; Schild des Glaubens oder kath. Hauspostille für alle Sonn- u. Festtage des Kirchenjahres mit bes. Rücksicht auf die Hauptgefahren der Gegenwart. Paderborn 1878; Papst Leo XIII. unser hl. Vater. Paderborn 1878; Anna Katharina Emmerich u. Louise Lateau. Ein doppeltes Zeugnis für die Wahrheit der kath. Kirche. Ein Trostbüchlein für das kath. Volk. Paderborn 1878; Bekenner-Bischof Dr. Konrad Martin † 16. Juli 1879. Paderborn 1879; Neuregelung des 3. Ordens vom hl. Franciscus durch Papst Leo XIII. Wortlaut der päpstl. Konstitution vom 30. Mai 1883. Paderborn 1883; Ein Dutzend Preisfragen für protestantische Prediger u. ein mißglückter Lösungsversuch seitens der Duisburger Predigerschaft. Paderborn 1886; Zehn Plakatsätze im Lichte der Wahrheit. Paderborn 1886; Das Wort sie sollen lassen stahn! Lebende Bilder für protestantische Christgläubige. Paderborn 1887; Papst u. Papsttum. Festschr. zum 50jährigen Priestersjubiläum Leos XIII. Ein Büchlein für Katholiken u. christgläubige Protestanten. Paderborn 1887; Die Kommunion unter einer Gestalt. Paderborn 1887; In Sachen Thümmel. Ein aufklärendes Wort für Christgläubige. Paderborn 1887; Das Bibellesen auf eigene Hand. Paderborn 1887; Die bedingte Taufe der Konvertiten. Ein Wort zur Aufklärung u. Belehrung. Paderborn 1888; Die gemischten Ehen. Paderborn 1888; Stolberg, Lemcke, Beckdorff, Herbst. Paderborn 1890; Vier konvertierte Prediger. Paderborn 1890; Ignatius v. Loyola u. Martin Luther. Paderborn 1890, ²1890; Niels Stensen: Gelehrter, Priester u. Bischof. Paderborn 1891.

Lit. (Auswahl): August Rohling, Entgegnung an Herrn Prof. Dr. Rebbert, in: Natur u. Offenbarung 18 (1872) 385-394; — Joseph Kolkmann, Die gesellschaftliche Stellung der Juden. Löbau 1876; — N.N., Antwort auf die von Professor Dr. Rebbert an Christgläubige gerichteten Broschüren »In Sachen Thümmel« u. »Das Wort sie sollen lassen stahn«. Barmen 1887, ²1888; — (Pseud. Anti-Leo), Randglossen zu Professor Rebberts Werken »In Sachen Thümmel«, »Das Wort sie sollen lassen stahn!«, »Papst u. Papsttum« oder Eine traurige Gestalt im römischen Professorenmantel. Barmen 1887; — (Pseud. Tertius Gaudens), Der Löwe v. Paderborn oder Trumpf sticht. Barmen 1887, ²1887; — Germania 27 (1897), 17.7.1897, 2; — Zum frommen Andenken an den hochwürdigen Herrn Professor Dr. Joseph Rebbert, Geheimkämmerer Sr. Heiligkeit des Papstes, in: Leo. Sonntagsbl. für das kath. Volk 20 (1897), Nr. 30, 25.7.1897, 233f.; — Professor Rebbert als Sammler des Josephspfennigs, in: Leo. Sonntagsbl. für das kath. Volk 20 (1897), Nr. 31, 1.8.1897, 242f. (Abb.); — Ein Apostel der Presse, in: Leo. Sonntagsbl. für das kath. Volk 20 (1897), Nr. 33, 15.8.1897, 259; — Leopold Fonck, Der Kampf um die Wahrheit der HS seit 25 Jahren. Btrr. zur Gesch. u. Kritik der modernen Exegese. Innsbruck 1905. 53 (Hinweis auf R.s Aufs. in »Natur u. Offenbarung«); — Martin Philippson, Neueste Gesch. des jüd. Volkes Bd. 2. Leipzig 1910. 10 (Zu R.s Broschüre »Christenschutz, nicht Judenhatz« als »Hetzblatt schlimmster Art«); — Heinrich Schrörs, Die Kölner Wirren (1837). Stud. zu ihrer Geschichte. Berlin 1927. 11, 20 (Kritik an R.s Lebensbild des Kölner EBs Clemens August zu Droste-Vischering); — Klemens Felden, Die Übernahme des antisemitischen Stereotyps als soziale Norm durch die bürgerliche Gesellschaft Dtld.s (1875-1900). Heidelberg 1963. 50, 100, 140 u.a.; — Guenter Lewy, The Catholic Church and Nazi Germany. New York 1964. 394 (Hinweis auf R.s »Blicke ins talmudische Judentum«); — Karl Heinrich Rengstorf/Siegfried v. Kortzfleisch, Kirche u. Synagoge. Hdb. zur Gesch. v. Christen u. Juden. 2 Bde. Stuttgart 1968/70 (s. Reg.); — Hermann Greive, Theol. u. Ideologie. Kath. u. Judentum in Dtld. u. Östr. 1918-1935 (Arbeiten aus dem Martin-Buber-Inst. der Univ. Köln Bd. 1). Heidelberg 1969 (s. Reg.); — Wolfgang Altmann, Die Judenfrage in ev. u. kath. Zeitschriften 1918 u. 1933. München 1971. 66, 366; — Arno Herzig, Judentum u. Emanzipation in Westfalen (Veröff. des Provinzialinstituts für Westf. Landes- u. Volksforsch. des LWL R. 1, Bd. 17). Münster 1973 (s. Reg.); — Stefan Lehr, Antisemitismus - rel. Motive im sozialen Vorurteil. Aus der Frühgesch. des Antisemitismus in Dtld. 1870-1914 (Abhh. zum chr.-jüd. Dialog Bd. 5). München 1974. 37f., 41, 140 u.a.; — Oswald Loretz, Das Ende der Inspirations-Theologie. Chancen eines Neubeginns. Bd. I: Unterss. zur Entwicklung der traditionellen theol. Lehre über die Inspiration der HS (Stuttgarter bibl. Btrr. Bd. 3). Stuttgart 1974. 83, 192; — Uriel Tal [1929-1984], Christians and Jews in Germany. Religion, politics, and ideology in the Second Reich 1870-1914. Übers. aus dem Hebr. v. N. J. Jacobs. Ithaca 1975. 90f., 120 (Hinweise auf R.s »Blicke ins talmudische Judentum«); — Hermann Greive, Gesch. des modernen Antisemitismus in Dtld. (Grundzüge Bd. 53). Darmstadt 1983 (s. Reg.); — Donald J.

Dietrich, Catholic Citizens in the Third Reich. Psycho-social principles and moral reasoning. New Brunswick 1988 (s. Reg.); — Werner Jochmann, Gesellschaftskrise u. Judenfeindschaft in Dtld. 1870-1945 (Hamburger Btrr. zur Sozial- u. Zeitgesch. Bd. 23). Hamburg 1988. 37 (Hinweis auf R.s »Blicke ins talmudische Judentum«); — Margit Naarmann, Die Paderborner Juden 1802-1945. Emanzipation, Integration u. Vernichtung (Paderborner hist. Forsch. Bd. 1). Paderborn 1988 (s. Reg.); — Günther Bernd Ginzel (Hrsg.), Antisemitismus: Erscheinungsformen der Judenfeindschaft gestern u. heute. Köln 1991 (s. Reg.); — David Blackbourn, Wenn ihr sie wieder seht, fragt wer sie sei. Marienerscheinungen in Marpingen. Aufstieg u. Niedergang des dt. Lourdes. Reinbek bei Hamburg 1997 (s. Reg.); — Olaf Blaschke, Kath. u. Antisemitismus im Dt. Kaiserreich (Kritische Stud. zur Geschichtswiss. Bd. 122). Göttingen 1997 (s. Reg.); — Ders., Schlesiens Kath.: Sonderfall oder Spielart der kath. Subkultur?, in: ASKG 57 (1999) 161-193, hier 184; — Ders., Das »Pianische Jh.« als Blütezeit des kath. Antisemitismus (1846-1945) u. die Blüten kath. Apologetik heute, in: Hans Erler/Ansgar Koschel (Hrsg.), Der Dialog zw. Juden u. Christen. Versuche des Gesprächs nach Auschwitz. Frankfurt/New York 1999. 115-126, hier 125; — Werner Eugen Mosse (Hrsg.), Juden im Wilhelminischen Dtld. 1890-1914. Ein Sammelband. Tübingen 1998 (s. Reg.); — Christoph Nonn, Ritualmordgerüchte als Form von popularem Antisemitismus: Eine kath. Spezialität?, in: Olaf Blaschke/Aram Mattioli (Hrsg.), Kath. Antisemitismus im 19. Jh. Ursachen u. Traditionen im internat. Vergleich. Zürich 2000. 145-159, hier 152; — Hannelore Noack, Unbelehrbar? Antijüd. Agitation mit entstellten Talmudzitaten. Antisemitische Aufwiegelung durch Verteufelung der Juden. Paderborn 2001 (s. Reg.); — Peter Pulzer, Jews and the German State. The political history of a minority, 1848-1933 (Jewish society and culture). Oxford 2002. 141; — Massimo Ferrari Zumbini, Die Wurzeln des Bösen. Gründerjahre des Antisemitismus von der Bismarckzeit zu Hitler (Das Abendland N.F. Bd. 32). Frankfurt a. M. 2003. 136; — Uffa Jensen, Gebildete Doppelgänger. Bürgerliche Juden u. Protestanten im 19. Jh. (Kritische Stud. zur Geschichtswiss. Bd. 167). Göttingen 2005. 354; — Barnet Hartston, Sensationalizing the Jewish question. Anti-Semitic trials and the press in the early German empire (Studies in central European histories Bd. 39). Leiden 2005 (s. Reg.); — Johannes Sabel, Vorüberlegungen zu einem »halachischen Christentum«, in: Bertil Langenohl/Christian Große Rüschkamp (Hrsg.), Wozu Theologie? Anstiftungen aus der praktischen Fundamentaltheol. v. Tiemo Rainer Peters (Rel. - Gesch. - Ges. Bd. 32). Münster 2005. 231-242, hier 233 (Hinweis auf R.s »Blicke ins talmudische Judentum«).

Gunnar Anger

RECKE-VOLMERSTEIN, *Mathilde* Charlotte Juli Gräfin von, * 28. Juli 1801 auf dem großmütterlichen Gut Pilgramsdorf/Schlesien, † 5. Mai 1867 im schlesischen Kraschnitz. Die Gräfin, eine »starke fromme Frau«, war aktiv in der Bewegung zur »Rettung und Erziehung verlassener Waisen und Verbrecherkinder« tätig und hatte die »Geschichte der Diakonie im 19. Jahrhundert mitbestimmt« (Viertel 2006, S. 164). Ohne den von ihr geleisteten Einsatz könnte die bis heute in verschiedenen diakonischen Bereichen tätige »Graf-Recke-Stiftung« in Düsseldorf, Mitglied des »Diakonischen Werkes der Evangelischen Kirche im Rheinland«, nicht auf eine so lange Tradition zurückblicken. — Comtesse *Mathilde* Charlotte Juli war das dritte von zehn Kindern des Grafen Friedrich Ludwig von Pfeil und Klein-Ellguth (das Geschlecht wurde 1786 durch König Friedrich Wilhelm II. von Preußen in den Grafenstand erhoben) und dessen Ehefrau Emilie Beate, geb. Gräfin von Reichenbach-Goschütz aus dem Hause Zessel. Die ersten beiden Kinder des gräflichen Ehepaares, Friedrich (*1798) und Friedericke (*1799), starben 1802 und 1803. Nach Mathilde erblickten noch folgende Geschwister das Licht der Welt: Ludwig (*1803), Fabian (*1804), Emilie (*1806), Marie (*1807), Karoline (*1808), Bertha (*1810) und Woldemar (*1815) (vgl. Pfeil 2007, S. 49). Über die beschauliche und vermutlich glückliche Kindheit der Comtesse ist in der Biografie, verfaßt von ihrer ältesten Tochter Maria, nachzulesen: - »Seit des Großvaters, des Grafen Carl Friedrich von Pfeil seligem Tode im Jahre 1807, hatte das Elternpaar das schöne Gut Kleutsch bezogen (das der Graf jedoch 1820 wieder verkaufte; M. B.), was mit 8 benachbarten Gütern seit Jahrhunderten in der Familie war. Das sogenannte Schloß... gehörte zu den schöneren der damaligen Zeit; die geräumigen Zimmer in dicken Mauern, ja manch altes Eckchen, manch ausgetretener Stein im Flur und Küche, selbst die alten schönen Bäume des Gartens scheinen noch jetzt von vergangenen Zeiten zu flüstern und die Aussicht vom großen Balkon auf die schönen blauen Berge erklären noch heute die Liebe, mit welcher Mathilde an ihre hier verlebte Jugendzeit zurück dachte. — Dicht beim Schlosse lag der Wirthschaftshof, dessen ländliches Leben und Treiben, unter des Vaters Oberaufsicht, für die meisten Kinder so anziehend, auch Mathilde schon frühzeitig interessierte. An die Ställe, Scheunen und Obstgärten lehnten sich die Besitzungen der Dorfbewohner, deren zahlreiche kleine, aber trauliche Häuschen halb im Grün der Bäume versteckt, niemals auf einem schlesischen Rittergute fehlen, was dem großen Hause wie den kleinen rings umher das Ansehen des Geschützt- und Geborgenseins, des Friedens giebt. Waren ja auch früher zur Zeit der Hofedienste und des Miterntens ihre Interessen so eng verknüpft; und wo das Verhältniß rechter Art, da stehen die großen und die kleinen Häuser ja auch noch zusammen in Liebe, Anhänglichkeit und gegenseitiger Hilfe. — Hier war Mathilde von einer Gouvernante und den Hauslehrern ihrer Brüder mit diesen unterrichtet worden« (Hanbury 1873, S. 7 f). — Im Alter von 11 1/2 Jahren trat sie in die erste Klasse der 1791 von der Herrnhuter Brüder-Unität, eine dem Pietismus und der tschechischen Reformation herkommende Glaubensbewegung, gegründeten »Mädchen=Anstalt« in Gnadenfrei bei Reichenbach (Schlesien) ein. Ihre Briefe an den Vater zeigen, »wie gut schon damals ihre Schulkenntnisse gewesen sein müssen, wie vorgeschritten im Styl und Orthographie, und wie geübt und schön die Handschrift«(Hanbury 1873, S. 8). Am 12. August 1816 wurde die junge Adelige, gegen alle bisherige Sitte bei Gliedern außerhalb der Herrnhuter Brüdergemeine, von Johannes Baptist von Albertini, Bischof und Liederdichter, im kleinen Beetsaal zu Gnadenfrei konfirmiert. Unter den zunehmenden Einfluß der Brüdergemeine erfuhr Mathilde eine »das ganze Leben umgreifende Frömmigkeit« (Meyer 1981, Sp. 230), die ihr gemeinschaftsstiftendes Zentrum in Jesus Christus hatte: - »Ein Leben lang schöpft sie Kraft und Hoffnung aus der Erinnerung an die jährlich stattfindenden Auferstehungsfeiern auf dem Gnadenfreier 'Gottesacker', wo ein hundertstimmiger Chor, begleitet von Posauen, den österlichen Sonnenaufgang begrüßte. Der sonntägliche Kirchgang, Gebet, Bibellektüre, die Lesung der Herrnhuter Losungen bestimmen ihr Leben. Tägliche Selbstprüfungen wie das abendliche Aufspüren ihrer 'Schwächen', die sie in Bekenntnissen ihrem Sündenheiland entfaltet, füllen die Seiten der Tagebücher. Durch den Umzug (ihrer Familie, M. B.) nach Wildschütz bei Breslau gewinnt der zu den Erweckten zählende Professor Johann Gottfried Scheibel in Bibelstunden und persönlichen Gesprächen Einfluß auf die Spiritualität der jungen Frau« (Viertel 2006, S. 165). — Im Jahre 1820 unternahm Comtesse Mathilde mit ihrem Vater und ihren jüngeren Brüdern eine fünfmonatige Bildungsreise in die Schweiz und weiter nach Mailand. Dabei besuchte sie auch die europaweit bekannte Erziehungsinstitution für begüterte Bürgerkinder in Iferten (Yverdon), wo Johann Heinrich Pestalozzi als Erzieher und Lehrer wirkte. Besucherscharen pilgerten zu dem Pädagogen, um sich von seinem Erziehungskonzept zu überzeugen. Kritisch vermerkte die 19 jährige in ihrem Reisetagebuch: - »Dieser (Johann Heinrich Pestalozzi; M. B.) brave, ehrwürdige, freundliche Alte stiftet durch seine Erziehungsmethode einen großen Namen und wird als wahrer Wohltäter der Menschheit verehrt; allein es mißfiel mir sehr die große Confusion und Unreinlichkeit, die hier zu herrschen und die mir besonders für die Erziehung bestimmten jungen Mädchen von üblem Eindruck scheint. Selbst noch Kinder, fangen sie an, jüngere unter Aufsicht des H. P. (Johann Heinrich Pestalozzi; M. B.) zu erziehen, und üben sich auf diese Art zu ihrem Beruf« (zit. n. Hanbury 1873, S. 19). — Als »Haustochter« kümmerte sich die junge Adelige um die Ökonomie und insbesondere um die Frauen der unmittelbaren Umgebung, denen sie mit Rat und Tat bei der Unterrichtung und Erziehung ihrer vielen Kinder zur Seite stand. Ferner sammelte sie, wie viele Erweckte, einen Kreis von geistlich gleichgesinnten Freundinnen »zum empfindsamen Austausch innerer Erfahrungen; und was lag näher, als die 'erhebenden' Berichte von Missionsfeldern und anderen diakonischen Aktivitäten gemeinsam zu lesen und zu bedenken? Dazu zählten auch Nachrichten über die Rettungshäuser in Overdyck und Düsselthal. Zur Unterstützung dieser Anstalten organisiert[e] der Kreis Geldsammlungen und verfertigt[e] vor allem Geschenke zugunsten der alljährlichen Lotterie in Düsselthal« (Viertel 2002, S. 192). — Voranstehend genannte Rettungshäuser (die noch heute ihren christlich-diakonischen Auftrag erfüllen) wurden von dem »Menschenfreund« und »Erweckten« Albert (seit seinem 8. Lebensjahr Adelberdt bzw. Adalbert genannt) Friedrich Karl Georg Ernst Graf von der Recke-Volmerstein ins Leben gerufen. Am 19. November 1819 eröffnete dieser in Overdyck seine erste Rettungsanstalt. Zugleich gründete er die »Gesellschaft für Menschenfreunde zur Rettung und Erziehung verlassener Waisen und Verbrecherkinder«. Bald fassten die Räume in Overdyck die wachsende Menge nicht mehr. Demzufolge kaufte Graf Adelbert von der Recke-Volmerstein die ehemalige Trappisten-Abtei Düsselthal bei Düsseldorf und führte am 20. Juni 1822 den größten Teil seiner Erziehungseinrichtung dorthin über. Die Anstalt gedieh trefflich, war aber auch immer wieder schwerer Kritik und sicher auch zweifelhaften Vorwürfen ausgesetzt. Man warf ihr u. a. vor, daß die »Kinder durch rohe Strafen gefährdet [würden], die Kinder von Katholiken würden noch einmal getauft und erhielten neue Namen, selbst Erwachsene würden wider ihren Willen zwangsweise zurückgehalten, niemand dürfe das Anstaltsgebiet zur Kontrolle betreten. Düsseltal sei keine Erziehungsanstalt, sondern ein Zuchthaus; wegen alledem müsse die Regierung eingreifen« (zit. n. Schöpff/Vogel 1922, S. 223). Auch ging das schwerwiegende Gerücht um, zwei Kinder wären in dem noch aus der Klosterzeit stammenden Türmchen auf der Umfassungsmauer von Düsselthal durch Hunger zu Tode gekommen: - »Nach der einen Leseart waren sie dort zur Strafe eingesperrt und vergessen worden. Nach der anderen Leseart haben sich dort zwei Kinder, die das Türmchen untersuchen wollten, durch einen unglücklichen Zufall selbst eingesperrt und sie sind verhungert. In den Düsselthaler Akten ist darüber nichts bekannt (http://www.r-abels-xxl.de/Wittlaer/adalbert_graf_von_der_recke.htm). — Während seiner vielen Kollektenreisen begegnete im Jahre 1825 Graf Adelberdt Comtesse Mathilde. Er war von der Gräfin Pfeil und Klein-Ellguth auf Gut Wildschütz eingeladen worden, wo er sich nur für wenige Stunden aufhielt. Beim Abschied bat der 34-jährige Adelige, der aus der Grafschaft Mark in Westfalen stammte, wo es noch heute die Burgruine Volmarstein gibt, die junge Frau, ihm doch ihre Tagebücher zu überlassen. Diese willigte sofort ein, erhoffte sie doch von dem von ihr verehrten Wohltäter und »Erweckten« geistlichen Rat und Unterstützung »auf ihrem Weg zur Heiligung, zu Gott« (Hanbury 1873, S. 43). Als der Graf die Tagebucheinträge »Seite für Seite las, zog durch seine Seele die leise Ahnung: 'das wäre die rechte Mutter für deine Kinder, die rechte Frau für dich!'« (Schöpff/Vogel 1922, S. 192). Nach über einem Jahr der inneren Prüfung gab er seinen Entschluß, zölibatär zu leben auf, und hielt um die Hand Mathildes an. In einem Schreiben an seinem Vater führte der Graf die Gründe für eine Heirat näher aus: - »Obgleich ich früher der Meinung war, daß es in meiner Lage besser sei, nicht zu heiraten, so sehe ich jetzt nach ernstlicher Prüfung vor dem Herrn ein, daß es nicht allein für mich, sondern ganz besonders für meine ganze Anstalt von Nutzen und Segen wäre, wenn ich eine Frau hätte, die wie meine geliebte Mutter die Seele des Hauswesens sein könnte. Ja, meiner Hauswirtschaft fehlt das Oberhaupt. — Ich selbst werde von unzähligen Liebeleien junger und älterer Mädchen gequält und bin durch den Ehestand davon erlöst. — Überdem noch diene ich einer Menge Schwärmer ohne meine Schuld durch meine Ehelosigkeit zur Befestigung ihrer Ansichten, daß man durch das Ehelos=Leben Gott wohlgefälliger werde -, was doch vom Teufel ist, da wir Gott allein in Christo angenehm werden können und nicht durch selbsterwählte Heiligkeit. — Ich habe den Herrn vielfach gebeten, mir seinen heiligen Willen klar und kund zu machen, und jedes Zeichen, das ich vom Herrn forderte, gab er mir nach seiner unendlichen Treue und Gnade. — An Pastor D. (Carl August Döring, u. a. Mitglied der »Gesellschaft für Menschenfreunde zur Rettung und Erziehung verlassener Waisen und Verbrecherkinder«; M. B.) in Elberfeld sah ich noch deutlicher, als ich es mir sonst gedacht, wie betrübend ein Hagestolz seine Tage und besonders die der Krankheit ohne alle Pflege hinbringen muß, und wie dergleichen Leute ganz ihren Zweck und Gottes Willen verfehlt haben -, was D. oft schmerzlich bedauert, da er's erkennt und jetzt fast allerwärts, wo er will, vergebens anklopft. Auch mir steht das gleiche Los bevor, da auch ich oft meiner Krankheit halber viel Pflege bedarf (der Graf war seit frühester Kindheit von schwächlicher Gesundheit; M. B.), und diese immer von fremden Menschen annehmen zu müssen, ist ebenso unangenehm wie oft undelikat... — Ich bat also den Herrn wiederholt, mir klar zu machen ob Mathilde Gräfin von Pfeil die für mich bestimmte sei. Unter mehreren Zeichen bekam ich am 19. d. M., als ich den Herrn ganz besonders um Aufschluß bat, einen Brief mit der Aufforderung, wenn ich auf Mathilde Absicht hätte, sollte ich eilen. — Einige Tage später bekam ich von einer anderen Person ohne alle Aufforderung ein Lob über Mathilde und den Vorschlag usw., daß sie ganz für mich passen würde« (zit. n. Schöpff/Vogel 1922, S. 193 f). — Voranstehende Briefzeilen lassen erkennen, daß hier sicher nicht von einer Neigungsheirat, geschweige von einer Liebesehe, die Rede sein kann. Vordergründung suchte Adelberdt Graf von der Recke-Volmerstein keine individuelle, sinnliche oder gar sexuelle Vereinigung, vielmehr »eine Art Ergänzung für seine Persönlichkeit und sein Werk, das dem Bau des Reiches Gottes auf Erden dienen soll[te]« (Viertel 2002, S. 195), wie folgende Briefausschnitte an die Auserwählte erneut belegen: - »Ich glaube jetzt fest, daß Gott Sie mir bestimmt hat... Nichts anderes kann ich Ihnen geloben, als durch Gottes Gnade ein Sie treu liebendes Herz. — Können Sie sich entschließen, meine Sorgen, meine Last, meine Leiden und Beschwerden mit auf sich zu nehmen, mir tragen helfen, und mir im Tragen nicht herunterziehend, sondern erhebend zur Seite zu stehen, und glauben Sie, durch Gottes Gnade alles willig und freudig darangeben zu können, was Gott in seinem Dienste von mir, von Ihnen fordert, so - so prüfen Sie sich vor dem Herrn.« Und weiter schrieb der Graf, seine Forderungen und Vorstellungen klar artikulierend: - »Nun, mein mir von Gott zugewiesenes, geschenktes, liebes, teures Schwesterchen -, bringen sie nur die Zeit bis zu unserer Vereinigung nicht in unfruchtbarer Sehnsucht hin, sondern in einer würdigen Vorbereitung auf Ihr wichtiges Ihnen bevorstehendes Amt im Haushalt Gottes. — Sie sollen die Mutter von 375 Menschen werden, sollen sie auf dem Herzen tragen, für sie beten und sorgen helfen, und sie mit regieren, leiten und führen. O, wie wichtig, daß Sie da recht stark im Geiste sind, in lebendiger Liebe, in wahrhaftiger Demut und im Glauben allezeit nüchtern. Gewöhnen Sie sich recht, in der Allgegenwart des Herrn zu leben, daß Sie ihn nie, nie, o, meine Mathilde, nie aus den Augen des Geistes verlieren. Dann werden Sie ein gesegnetes Rüstzeug in Düsseltal sein und die Kraft des Herrn in Ihrer Schwachheit mächtig. Haben sie aber dazu nicht den ernsten Willen, ach, dann bleiben sie fern von Düsseltal, dann können Sie mich nicht glücklich und Sie nur unglücklich machen. Ein Frau, die nicht in Christo lebt und in ihm nicht ihr höchstes Glück sucht, kann mich nie beglücken, kann, anstatt ein Engel für mich zu sein, nur ein Teufel sein. — Ist eine Eheverbindung von großem Einfluß auf das Reich Gottes, so ist es die meinige. Ist meine Frau nicht die passende, im Glauben stehende, in der christlichen Liebe wahrhaft gegründete Person, so kann sie unendlichen Schaden tun. O, werfen Sie sich recht vor dem Herrn hin, - und dann, denn entscheiden Sie. Gott leite Ihre Schritte!« (zit. n. Schöpff/Vogel 1922, S. 197 ff.). — Die junge Gräfin hatte sich entschieden. Sie folgte, ihm Gegensatz zu ihrem zukünftigen Lebensgefährten, auch ihrem Herzen, konnte sich ferner mit den Erwartungen des Bräutigams identifizieren, zumal auch sie ihre Eheschließung als »Berufung Gottes in die Reich-Gottes-Arbeit« verstand, »der private Interessen und Annehmlichkeiten unterzuordnen bzw. zu opfern sind« (Viertel 2002, S. 196). Enthusiastisch und zugleich in »weiblicher Demut« sowie herrnhutischer Frömmigkeit antworte Matilde ihrem Adelberdt postwendend: - »Adelberdt! mein Adelberdt! für Zeit und Ewigkeit von meinem allgütigen Vater mir gegeben! Welches menschliche Herz mag diese Seligkeit zu fassen? - Darin liegt mein Reichtum, Gott in Dir und Dich in Gott, meinem Heilande, lieben, so war es von Anbeginn an. — Gott mein erster Gedanke und Gott so wird auch mein letzter dabei sein. Verlöre ich eines von beiden, so verlöre ich alles zusammen, was mir Leben, mir das Bewußtsein gibt, 'ich lebe, doch nun nicht ich, sondern Jesus Christus in mir.' Er wird mich in seiner Liebe erhalten, und so darf ich aus allen Kräften, aus vollem Herzen auch Dich lieben, mein Adelberdt! - Was soll ich für einen hohen, herrlichen Wirkungskreis ausfüllen an Ihrer Seite, mein teurer Adelberdt, für das Reich Gottes auch mein kleines Scherflein beitragen und in Liebe treu dienen meinen Erlöser; daß dieses Heil mir widerfahren soll, ist die Freude, aber nicht ohne Bangigkeit; denn wie werde ich den Platz ausfüllen? Hätte ich nicht so festes Vertrauen zu meinem Gott, daß, da er mich einmal auf so einen Platz stellt, er mir auch die Kräfte verleihen wird, ihn seiner würdig auszufüllen, und dabei Vertrauen in Ihre treue Liebe und Geduld, die mich halten und kräftig anleiten und ermuntern wird, wo ich der Stütze und Anleitung bei meiner Schwäche bedarf: wahrlich, ich könnte nicht mit froher Zuversicht in die Zukunft sehen! - Ob ich für Ihre Verhältnisse passe? Mein Herz sagt ja!... — Ob ich alle die Eigenschaften und Tugenden besitze, die mein geliebter, teurer Adelberdt von seiner künftigen Lebensgefährtin verlangt? Ach, manche mag mir noch fehlen und die anderen mögen wohl schwach sein. — Keine ist erprobt. Die Zeit wird es lehren, und Gott wird durch seinen Geist wohl Ihnen zu liebe auf mein Bitten und Flehen ersetzen und die anderen stärken; an Eifer und Liebe soll es nicht fehlen, das zu werden, was mein Adelberdt so mit Recht zu fordern hat. Gott möge mich nur kräftigen, durch ihn wird man ja mächtig! - Wie unbeschreiblich freue ich mich, die Glieder Ihrer verehrten Familie alle kennen zu lernen! Ach Gott, ist denn deine Magd würdig, in diesen Kreis aufgenommen zu werden? (zit. n. Schöpff/Vogel 1922, S. 199 ff.). — In aller Stille heirateten der westfälische Graf und die schlesische Comtesse am 16. Oktober 1826 im Schloß von Wildschütz. Die Trauung fand in der Kirche zu Weigelsdorf/ Schlesien statt. Aus der Ehe gingen 10 Kinder hervor (wobei zwei in sehr jungen Jahren starben): Maria Sophia Louise Elisabeth Julie (*1828), Constantin Gotthard Adelbert Ottomar Werner Julius (*1829); Ariel Elisas Carl Ludwig Woldemar Hugo (*1831), Jenny Louise Adelheide Therese Friederike Ida (*1832), Adelheide Antonie Caroline Bertha Johanne Laurette (*1834), Leopold Friedrich Johannes Michael Paul (*1835); Louise Alberine Mathilde Georgette Julie Ernestine(*1837), Selma Emilie Louise Wilhelmine Augusta Campbell (*1839), Siegried Paul Alexander Friedrich Henry (*1841) und Elisabeth Hildegard Ludmilla Amalie Casimire Catharine Caroline (*1843) (vgl. Recke-Volmerstein 1878, S 204 ff.). — Unmittelbar nach der Hochzeit hielt sich das Ehepaar für mehrer Monate in Berlin auf, da der Graf, der dort auch noch am »Nervenfieber« erkrankte, mit den zuständigen Staatsbehörden über die Stauten seiner »Rettungsanstalt zu Düsselthal« zu verhandeln hatte. Erst Ende Juli 1827 konnte Mathilde Gräfin von der Recke-Volmestein das Amt der Hausmutter übernehmen, das von Anfang an äußerst hohe und strapaziöse Anforderungen an sie stellte, zumal sachkundiges und zuverlässiges weibliches Personal so gut wie nicht zur Verfügung stand. Ihren Eltern berichtete die junge Ehefrau: - »Es war ein köstlicher Einzug; ich hatte viel mit meiner Einrichtung zu thun, zugleich trat ich bald in den Kreis meiner Geschäfte ein. Was giebt es hier zu thun! Besonders da von zwei Lehrerinnen eine krank liegt. Euch, geliebte Eltern, alles herzusetzen, was für Geschäfte ich habe, wäre für heut unmöglich, ich will nur in aller Eile sagen, daß es mir Gott Lob sehr wohl hier geht, ich gesund bin, und von frühen Morgen 5 Uhr bis Abends 1/211 Uhr nicht aus der Arbeit herauskomme, besonders jetzt, wo alle häuslichen Einrichtungen einen neuen Gang bekommen; für vier Tische (damit sind sowohl verschiedene Räume gemeint, in welchen getrennt nach Alter und Geschlecht, gespeist wurde, als auch unterschiedliche Essenszeiten; M. B.) alles zu ordnen und Speisezettel zu machen habe, täglich nach dem Essen zu sehen, Arbeit vertheilen und dabei zu sein habe, Früchte einlegen und trocknen, Kranke zu besuchen, Mädchenschule zu versorgen und Wäsche zuzuschneiden habe; ... alles geht gut und fröhlich fort, nur muß die Feder ruhen« (zit. n. Hanbury 1873, S. 109). Und die älteste Tochter der Gräfin erinnerte sich: - »Man sah die junge Mutter bald nach 5 Uhr früh im Milchkeller beschäftigt, die Sahne abzunehmen, dann in der Vorrathskammer, später wieder im Keller, selbst die Butter waschend, dann im großen Hause allem nachsehend, Arbeit vertheilen, die Kranken besuchend, später neben des Kindes Wiege vor den großen Contobüchern. Am Mittag wieder in der Küche, da weiß ich es noch, wie sie etwa 10 Jahre später beim Schneiden von 200 Fleichportionen übermüdet, ohnmächtig vor dem Küchentisch umfiel« (Hanbury 1873, S. 117). — Viele namhafte Persönlichkeiten von christlicher Gesinnung, z. B. Samuel Gobart, Johannes Goßner, Hugo Hahn, Gotthilf Heinrich Schubert, Albert Ostertag, um nur einige der vielen zu nennen, besuchten die »Rettungsanstalt zu Düsselthal«, denn der positive Einfluß, den die Hausmutter mit ihrem »neuen Gang« ausübte, wurde schon bald auch für Außenstehende sichtbar. So stellte beispielsweise der Konsistorial- und Schulrat Karl Wilhelm Kortum (auch Kortüm) aus Düsseldorf im Rahmen seines jährlichen Berichtes an das Ministerium fest: - »Der Erziehung der Mädchen scheint sich die Gräfin mit einer Lehrerin besonders anzunehmen. Größere Ordnung und Reinlichkeit unter diesen armen Geschöpfen lassen sich als Erfolg ihrer Bemühungen nicht verkennen« (zit. n.

Viertel 2002, S. 201). — Aber auch der Gräfin erzieherischer Einfluß, sicher geprägt durch die eigenen Erfahrungen mit der kindgemäßeren herrnhuterischen Pädagogik, war unübersehbar. Sie lehnte die bisher in Düsselthal üblichen brutalen Sanktionen, wie Prügel- und Einsperrstrafen, ab. Vielmehr lag ihr daran, »das Kind nicht einzuschüchtern und durch vieles Predigen... zum Heuchler zu erziehen, sondern soviel Speise [anzubieten], als dem Geiste angemessen ist und die Seele verdaut, um in gesunder Kost eine kräftige, freie Menschenseele zu erziehen« (zit. n. Hanbury 1873, S. 134). Für die Hausmutter war die Erziehung durch das Beispiel prägender, als jede noch so vermeintlich gerechtfertigte Strafe. Die Tochter schrieb in Erinnerung über den Erziehungsstil ihrer Mutter: - »So lange ich denken kann, war sie stets eine sehr geduldige, ungern und selten strafende Mutter, die gern ihrem Gemahl die... nöthige Strenge überließ; auch war es nicht ihre Art, durch viel Worte und lange Ermahnungen zu erziehen, aber desto kräftiger und nachhaltiger that sie es durch ihr Beispiel. Ich erinnere mich kaum, daß sie uns je zum Lernen dieser oder jener Arbeit gezwungen hätte, aber es war unmöglich sie zu sehen in ihrem unermüdlichen, rüstigen, stillen Schaffen, ohne in Lust und Liebe mit angreifen zu lernen, ihr nachzueifern« (Hanbury 1873, S. 134 f). — Wie schon vermerkt, die positive Wendung in Düsselthal sprach sich schnell herum. Die Anstalt avancierte zum Vorbild ähnlicher Einrichtungen. Höhepunkte der Anstaltsgeschichte waren der Besuch von Kronprinz Friedrich Wilhelm, des nachmalige Königs Friedrich Wilhelm IV. von Preußen (1833), als auch der Quäkerin und Reformerin des englischen Strafvollzugs, Elizabeth Fry (1840). Darüber bilanzierte die Hausmutter: - »Wir haben hier eine recht große Freude erlebt, nämlich die Anwesenheit des Kronprinzen... Er besah alle Stuben aufs genaueste und ging dann auf den Schlafsaal, wo er den ganzen Saal entlangging, ein Bett nach dem anderen in Augenschein nehmend und an der anderen Reihe wieder herunterkam. Im Betsaal betrat er gleich die Kanzel und sah die aufgeschlagene Bibelstelle nach, die zufällig gerade die merkwürdigen Worte enthielt 2. Timoth. 1, 8-9, welches in der Prachtausgabe gerade obenanstand.... In der Küche mußte ich ihm alle Töpfe aufdecken, und er betrachtete die Speisen aufs allergenaueste und begehrte sie zu schmecken; es war nichts wie die Suppe fertig, und davon aß er einen ganzen Teller. Sagend: ‘Man muß nichts halb tun, sehen Sie, ich lasse keinen Tropfen übrig,’ bog er den Teller über den Löffel, den letzten herausgießend. — So besah er mit gleichem Interesse und Teilnahme alle Teile der Anstalt und gab oft seine Freude darüber zu erkennen... — Dieser Tage hatten wir große Freude hier, nämlich die berühmte Elisabeth Frey, die seit 1819 in den Gefängnissen so unglaublich viel geleistet hat und eigentlich die erste Idee zur Verbesserung der Gefangenen durch Unterricht und Tätigkeit gab, war bei uns hier... In Düsseltal sprach sie die schönen Worte: - ‘Das Werk ist das heiligste,/Der Brauch ist der köstlichste,/Die Frucht ist die süßeste,/Worin sich die meiste Liebe offenbart.’ - Ihr äußeres Erscheinen ist ungemein imponierend durch ihre hohe Würde mit dem Ausdruck der höchsten Demut, der größten Liebe, mit der sie alle Menschen empfängt und selbst den ärgsten Verbrechern diese tiefe, heilige Liebe entgegenträgt und den Drang ihres Herzens ausspricht, auch ihn glücklich und einst selig zu sehen« (zit. n. Schöpff/Vogel 1922, S. 263 ff). — Mit den Jahren weitete sich Gräfin Mathildes Aufgaben- und Machtbereich immer mehr aus, da ihr Mann sich emotional äußerst labil zeigte und verstärkt auf belastende Situationen und Problemen mit Krankheiten reagierte, was zu häufigen und langandauernden Abwesenheiten des Hausvaters führte. Letztendlich hatte sie die Verantwortung für die gesamte »Rettungsanstalt zu Düsselthal« allein zu verantworten. Demzufolge lag der Gedanke nahe, einen würdigen Nachfolger zu suchen, da die Gräfin zusätzlich durch die Sorgen um ihre eigene große Familie und den kränkelnden Man schwer belastet war. Doch der Gedanke Düsselthal zu verlassen, belastete die Gräfin aufgrund ihres religiösen Selbstverständnisses sehr. Ohne des HERRN ausdrücklichen Willen konnte und wollte sie ihr liebgewonnene Anstalt nicht verlassen. Als »Fingerzeig Gottes« interpretierte sie schleißlich die Möglichkeit, das marode Gut Kraschnitz in Schlesien günstig erwerben zu können. Den Kauf der Immobilie verfolgte Gräfin Mathilde konsequent und energisch. Nachdem ein würdiger Nachfolger für Düsselthal gefunden war, übersiedelte die adelige Familie nach Schlesien: - »Aus den Briefen und Tagebuchaufzeichnungen 1846/47, den Jahren schwerster wirtschaftlicher Not, nicht nur in Düsselthal, gewinnt man den Eindruck, daß die Gräfin noch einmal alle Energien bündelt, um den 'Absprung' mit ihrer großen Familie zu schaffen. In Schlesien gestaltet sich ihr Leben keineswegs beschaulich, aber ruhiger. Es wird bestimmt durch Familie, das Gut, einen privaten Freundeskreis und die wohltätige Sorge für '800 Unterthanen'. Doch der Gründung des 'Deutschen Samariter-Ordensstiftes' für geistig und körperlich behinderte Menschen (1860) und der Gründung des Adelberdt-Diakonissen-Mutterhauses (1862) durch ihren 70-jährigen Mann (unterstützt von zahlreichen christlich erweckten Frauen und Männern, als auch von privaten Vereinen mit missionarisch-diakonischer Zielsetzungen; M. B.) steht sie skeptisch gegenüber. Die Spannkraft der 60-jährigen ist verbraucht, sie vermag sich nicht noch einmal für eine derartige große diakonische Einrichtung einsetzen« (Viertel 2006, S. 179). — Gräfin Mathilde starb am 15. Mai 1867 im Alter von 66 Jahren im Kreis ihrer Familie. Graf Adelberdt folgte seiner Frau 11 Jahre später in den Tod.

Lit. (Ausw.): Hanbury. M. (Hrsg.): Erinnerungen aus dem Leben der Gräfin Mathilde von der Recke-Volmerstein, geb. Gräfin von Pfeil und Klein-Ellguth. Dame des Louisenordens, II, 1, Breslau 1873; — Recke-Volmerstein , C. Graf v. (Hrsg): Geschichte der Heeren von der Recke, Breslau 1878; — Schöpff, K./Vogel, W.: Ein Menschenfreund. Adelberdt Graf von der Recke von Volmerstein. Sein Lebensbild und Lebenswerk nach Briefen, Tagebuchblättern und sonstigen Urkunden dargestellt, Gütersloh 1922; — Meyer, D.: Brüderunität/Brüdergemeine, in: TRE VII, Berlin/New York 1981, 230; — BBKL. Band VII., Herzberg 1994, Sp. 1460; — Viertel, G.: Mathilde Gräfin von der Recke-Volmerstein geb. Gräfin von Pfeil und Klein-Ellguth (1801-1867), in: Monatshefte für evangelische Kirchengeschichte des Rheinlandes, 2002/H. 51, 187 ff.; — Viertel, G.: Matilde Gräfin von der Recke-Volmerstein (1801-1867), in: Hauff, A. M. v. (Hrsg.): Frauen gestalten Diakonie. Band 2: Vom 18. bis zum 20. Jahrhundert, Stuttgart 2006, 164-180; — Pfeil, F. A. Graf v.: Die Grafen von Pfeil u. Klein-Ellguth. Beiträge zur Familiengeschichte 1208-2005, Mainz 2007.

Archive: Geheimes Staatsarchiv Preußischer Kulturbesitz, 14195 Berlin; Landesarchiv NRW Hauptstaatsarchiv Düsseldorf, 40476 Düsseldorf; Landeshauptarchiv Koblenz, 56010 Koblenz; Graf-Recke-Stiftung, 40489 Düsseldorf; Ida-Seele-Archiv, 89407 Dillingen/Donau.

Webseiten: http://www.r-abels-xxl.de/Wittlaer/adelbert_graf_von_der_recke.htm (10.4.2007); — http://de.wikipedia.org/wiki/Adalbert_von_der_Recke_Volmerstein (10.4.2007); — http://www.vonderrecke.de/familieindex_familie.htm (10.4.2007); — http://www.educon.de/template/indes.php?openfolder=f51e (10.4.2007); — http://www.bautz.de/bbkl/r/recke_volmerstein.shtml (10.4.2007).

Manfred Berger

REINBECK, Johann Gustav, luth. Theologe, * 25.1. 1683 in Blumlage bei Celle als Sohn des späteren Propstes und Superintendenten zu Lüchow im Fürstentum Lüneburg, Andreas Reinbeck (1641-1705); † 21.8. 1741 Schönwalde bei Berlin. 1710 Heirat mit Nympha Margaretha geb. Scott, der Tochter des Kurfürstlich Braunschweigisch-Lüneburgischen Leibmedikus Robert Scott; zwölf gemeinsame Kinder (acht Söhne, vier Töchter), von denen vier bereits vor R. starben. — Am 8.4. 1701 immatrikulierte sich R. in Halle, wo er bis 1709 Theologie studierte. Seine Lehrer waren u.a. in der Philosophie Johann Franz Buddeus (1667-1729) und in der Theologie August Hermann Francke (1663-1727), Johann Justus Breithaupt (1658-1732) und Paul Anton (1661-1729), unter beiden letztern er 1703 und 1707 öffentlich disputierte. Seitens der Theologischen Fakultät wurde er frühzeitig gefördert. So gehörte er zu den ersten, die ins 1702 gegründete Collegium orientalis theologici aufgenommen wurden; ebenso wurde ihm das Privileg zuteil, zum Adjunkten der Fakultät ernannt zu werden. 1709 vermittelte ihn Francke, mit dem er noch lange Jahre Briefkontakt unterhielt, als Predigtadjunkt an Johann Porst (1668-1728) an die Berliner Friedrichswerderische und Dorotheenstädtische Kirche. 1713 wurde er dort zweiter und nachdem Porst zum Propst und Pastor an die Nikolaikirche gewechselt war 1714 erster ordentlicher Prediger. Publizistisch trat R. in dieser Zeit u.a. mit zwei anonymen Streitschriften (1711, 1713) als Gegner unionistischer Bestrebungen in Erscheinung. Ebenso legte er 1714/15 Widerspruch gegen Christian Thomasius' (1655-1728) Thesen zum Konkubinat ein. 1716 erhielt er eine Berufung zum Propst an der Peterskirche in Cölln an der Spree, welches Amt er 1717 antrat und bis zu seinem Tod bekleidete. Verschiedene Versuche, ihn für andere Stellen zu gewinnen, lehnte er entweder ab oder sie scheiterten, wie z.B. die Berufung nach Hamburg 1735, an der Intervention König Friedrich Wilhelm I., der den lutherischen Propst als Prediger und Berater in theologisch-philosophischen Fragen über alle Maßen schätzte. 1728 wurde R. nach Porsts Tod dessen Nachfolger im kurmärkischen Konsistorium. 1736 wurde er außerdem durch die Theologische Fakultät der Universität Königsberg in absentia zum Dr. theol. promoviert. 1737 führten er und der zweite lutherische Konsistorialrat Michael Roloff (1684-1748) auf Anweisung Friedrich Wilhelms eine Rechtgläubigkeitsprüfung Zinzendorfs durch. Vermutlich seit seiner Ernennung zum Konsistorialrat übte R. zudem das Amt eines Kurators der Preußischen Universitäten aus, was im übrigen seine exponierte Rolle erklärt, die er bei der Rückberufung des 1723 von der Universität Halle vertriebenen Philosophen Christian Wolffs (1679-1754) spielte. — Seit der Vertreibung Wolff aus Halle datiert auch die sukzessive Parteinahme R.s für dessen Philosophie, die sich ihm nach eigener Prüfung keineswegs so religionsschädlich darstellte, wie die Halleschen pietistischen Theologen meinten. Im Rahmen von deren Kampf gegen die seit Anfang der 1730er Jahre einsetzenden Rückberufungsbestrebungen Wolffs riefen R. und Ernst Christoph Graf von Manteuffel (1676-1749) 1736 die »Gesellschaft der Alethophilen« (Societas alethophilorum) ins Leben, die allem Anschein nach 1737 in eine offizielle Gründung überführt wurde, der auch andere Mitglieder beitraten. Begleitet wurden die prowolffschen Aktionen der beiden Führer der Alethophilen am Berliner Hof mit einer ganzen Reihe von publizistischen Aktionen, aus denen R.s theologisches Hauptwerk, die »Betrachtungen über die in der Augspurgischen Confeßion enthaltene und damit verknüpfte Göttliche Wahrheiten« (Tl. 1-4, 1731-1741; postum fortgesetzt vom Tübinger theologischen Wolffianer Israel Gottlob Canz), seine übrigen Schriften überragt. Sind seine »Betrachtungen« doch das bedeutsamste literarische Zeugnis für die dem theologischen Wolffianismus eigene »Kreuzung von Philosophie und Glaubensbekenntnis« (Fehr: »Ein wunderlicher nexus rerum«, 175), dessen Qualität den preußischen König dazu veranlaßte, es den Kirchen seines Landes zur Anschaffung vorzuschreiben. Ebenso erhielt R.s Predigtvorbild, mit dem er stark auf seine Zeitgenossen, v.a. Friedrich Wilhelm I., einwirkte, normative Bedeutung in den berühmten Kabinettsordern vom 7.3. 1739 und 8.2. 1740, die den reformierten und lutherischen Predigern Preußens die Vernunftlehre (Logik) Wolffs zur Vorschrift machten. Damit war zugleich die faktische Niederlage des hallischen Pietismus im Kampf gegen den Aufklärungsphilosophen noch vor dessen offizieller Rückberufung nach Halle 1740 unter Friedrich II. gegeben. Zur praktischen Applikation der Kabinettsordern vermittelte Manteuffel dem Berliner Propst den Leipziger Philosophieprofessor Johann Christoph Gottsched (1700-1766) als Autor eines homiletischen Lehrbuchs, das als erste Homiletik der Aufklärung Predigtgeschichte schrieb ([J. Ch. Gottsched:] Grund-Riß einer Lehr-Arth ordentlich und erbaulich zu predigen nach dem Innhalt der Königlichen Preußischen Cabinets-Ordre vom 7. Martii 1739. entworffen. Nebst Hrn. Joh[ann] Gustav Reinbecks [...] Vorbericht und kurtzen Einleitung wie eine gute Predigt abzufassen sey. Berlin 1740; 2. Aufl. 1743 u.d.T.: Grundriß einer überzeugenden Lehrart im Predigen). — R.s Bedeutung liegt demnach insbesondere in seinem kirchenpolitisch, theologie- und homiletikgeschichtlich weitreichendem Einfluß bei der Propagierung der Wolffschen Philosophie im Raum von Theologie und Kirche, die ihn zu einem herausragenden Vertreter des konservativ-theologischen Wolffianismus weit über die Grenzen Kurbrandenburg-Preußens hinaus machte. Obwohl es über der Philosophie Wolffs 1726 zum Bruch mit Francke kam, gab R. das pietistische Erbe seiner Schülerschaft Halles nie auf, sondern überführte es in eine biographisch homogene Synthese mit der philosophischen Aufklärung, wie sie ähnlich beim Königsberger Theologen Franz Albert Schutz (1692-1763) begegnet. Als R. 1741 starb, kondolierte Wolff der Witwe des Verstorbenen mit den ungeheuchelten Worten, daß er mit ihm »einen [s]einer besten und aufrichtigsten Freunde« (Büsching: Beytrag, 137) verlor. Das vom Rittergutsbesitzer und Patron der Schönwalder Dorfkirche Otto von Rosey gestiftete Epitaph R.s, den sein Schwiegersohn Anton Friedrich Büsching (1724-1793) im Bericht seiner Reise von Berlin nach Kyritz 1780 beschrieb, kann noch heute am Platz seiner ursprünglichen Aufhängung in Augenschein genommen werden.

Briefe und Archivalien: 66 Briefe (franz.) Manteuffels an R. 1736-1741, UB Leipzig, Ms 0344, Bl. 65r - 197v; 29 Briefe R.s an A. H. Francke 1713-1724, Francke-Nachlaß, Staatsbibliothek Berlin-PK, Stab/F 17,2/13; 64 Briefe Friedrich Wilhelms I. und 7 Briefe Friedrichs II. an R. (überwiegend ediert bei Anton Friedrich Büsching, Beyträge zu der Lebensgeschichte denkwürdiger Personen, Tl. 1, Halle 1783, 139-236) sowie 11 Briefe anderer Verfasser an R. in Staatsbibliothek Berlin-PK, Ms. boruss. qu. 129. Der Briefwechsel zwischen R. und Christian Wolff ist ediert bei Büsching, Beyträge zu der Lebensgeschichte ..., Tl. 1, 1-138; einzelne Briefe auch bei Georg von Reinbeck, Leben und Wirken des Dr. Th. Johann Gustav Reinbeck (s.u.). Im Archiv der Franckeschen Stiftungen Halle befinden sich sechs Briefe R.s an versch. Empfänger (z. B. A. H. Francke und J. Lange), ein lateinischer Lebenslauf (ca. 1702), »Bericht über das Absterben meines sel. Herrn Vaters« (1705) sowie ein »Bericht über Vorgehen zugunsten der bedrängten Böhmen und Mähren« (1724); diverses Aktenmaterial aus der Amtsführung R.s lagert außerdem im Geheimen Staatsarchiv-PK, Berlin-Dahlem.

Werke: Joachim Justus Breithaupt (praes.)/ J. G. R. (resp.); Disputatio Theologica De Perfectione Partium [...] Praeside Ioachim Iusto Breithaupt [...] ad d. XXXI. Aug. a M DCC III publice ad disquirendum proponit Respondens Iohannes Gustavus Reinbeck, Halle 1703, ²1705; Paul Anton (praes.)/ J. G. R. (auct. et resp.), Exercitatio theologica prima de redemptione per Lytron, quam occasione loci I. Tim. II, 5. 6, 1707; De Redemptione per Lytron Tractatio Theologica: qua Satisfactio Christi Una Cum doctrinae hujus genuino ad sanctimoniam ductu adseritur [...] examinantur. Praefationem adiunxit Paulus Antonius, Halle 1710 (dt. Jena 1740 u.d.T.: Theologische Abhandlung von der Erlösung, so durch das Löse-Geld des Blutes JEsu Christi geschehen); Die Stern=Kunst/ nach ihrem Mißbrauch und rechten Gebrauch/ Wolte/ Als der Wohl=Edle und Wohlgelahrte Herr/ Herr Gottfried Kirch/ Astronomus ordinarius bey der Kön. Preuß. Societät der Wissenschaften/ Den 25ten Julii 1710 seelig verschieden/ und darauff den 29ten bey ansehnlichem Leichen=Conduct Christlich zur Erden bestattet wurde/ In einer Stand=Rede Kürtzlich betrachten/ und auff Begehren dem Druck übergeben, Cölln an der Spree [1710]; Die nöthige Prüfung der Geister, Wurde am X. Sonnt. n. Trin. MDCCXI. Aus einigen Worten der ordentlichen Epistel, In der Friedrichwerderischen Kirche zu Berlin vorgestellet, Und auf Begehren dem Druck übergeben, Berlin 1711, ²1739, ³1744 (zu einem weiteren Druck Halle 1715 s.u.); Auffrichtige Untersuchung Ob die Reformirte mit den Lutheranern in der Lehre dermassen einstimmig/ Und die vom Herrn D. Strimesio vormahls vorgeschlagene Methode Zur Vereinigung so bewand sey/ Daß die Lutheraner mit den Reformirten sich in eine äußerliche Vereinigung einlassen könten: nebst einem kurtzen ohnmaßgeblichen Vorschlag Zur Vereinigung der gantzen Evangelisch=Lutherischen Kirchen/ Sonderlich in den Chur=Brandenb. und Hannöverschen Landen Zur Prüfung übergeben Von Philaletha Irenophilo, Franckfurt und Leipzig 1712, ²1714; Schrifftmäßige Gedancken von der Lutherischen und Reformirten Religion und deroselben Vereinigung in einigen Gesprächen entworffen; Worunter das Erste handelt von der Gnaden=Wahl und denen zwischen beyderseits Religions=Verwandten darinnen schwebenden Streitigkeiten/ Aus Liebe zur Wahrheit und Frieden abgefasset von Philaletha Irenophilo, Franckfurt und Leipzig 1713, Wittenberg ²1717 u.d.T.: Schrifftmäßiger Beweiß Daß die Reformirten mit den Lutheranern im Grunde des Glaubens nicht einig auch die von denen Reformirten Zur Union gethane Vorschläge unzulänglich seyn. Nebst einer Untersuchung Welcher Theil von beyderseits Religions=Verwandten sonderlich in der Lehre von der Gnaden=Wahl recht oder unrecht habe. Gesprächs=weise dargestellet Von Irenophilo Philaletha; Die Natur Des Ehestandes Und Verwerfflichkeit des dawieder streitenden Concubinats, Aus der Heil. Schrifft, und anderen vernünfftigen Gründen gezeiget, Und Wider des Herrn Geheimten Rahts Thomasii Dissertation (De Concubinatu) Vom Concubinenhalten behauptet, Berlin 1714, ²1715; Nochmaliger Beweiß, Daß der vom Herrn Geheimten Rath Thomasio vertheidigte Concubinat ein sündlicher und verwerfflicher Stand sey, Wider den Anhang, Welcher unter dem Nahmen Antonini ohnlängst wider meine Schrifft von Der Natur des Ehestandes herausgegeben worden, geführet und bestättiget, Berlin 1715; Unterricht Von nöthiger Prüfung der Geister, in diesen letzten und gefährlichen Zeiten zur Warnung kürtzlich und gründlich mitgetheilet, Und, nebst kurtzer Abweisung einer von der vermeinten Unschuld des so genannten Timothei Verini gestellten Schrift, edirет: Mit einer Vorrede Joachimi Langii, [...] darinnen er die wieder ihn von einem Adhaerenten der so genannten neuen Propheten heraußgegebenen Schmäh=Schrift kürtzlich abfertiget, Halle 1715; (Hrsg.): Freywillige Heb=Opfer Von allerhand in die Theologie lauffenden Materien, Zum Dienst des Heiligthums. Zu deren geneigtem Beytrage alle und jede in nächst=folgender Vorrede auf das fleißigste eingeladen und erbethen werden, 5 Bde. (Beytrag 1 - 48), Berlin 1715; Der Atheisten Moral und Republique, in: Freywilliger Heb=Opfer, Bd. 1 (3. Beytrag), Berlin 1715, 282-300 (Verfasserschaft R.s nach Büsching: Beytrag, Tl. 1, 4); Gichtels Lebens=Lauff, nebst einer aus demselben angestellten Prüfung seiner Person, und dessen Lehren, in: Freywillige Heb=Opfer, Bd. 1 (6. Beytrag), Berlin 1715, 522-555, ebd., 7. Beytrag (1715), 563-623 (Separatdruck Berlin 1732 u.d.T.: Nachricht von Gichtels Lebens=Lauf und Lehren, da jener aus seinen eigenen Brieffen zusammen gezogen ist, diese aber nach der Heiligen Schrift geprüfet worden, vormahls in denen so genanndten Berlinischen Heb=Opfern heraus gegeben, Nun aber aus bewegenden Ursachen wieder abgedrucket); Vorrede, in: Wolfgang Lazius, Christliches Bedencken Uber den in teutscher Sprache unlängst edirten Abdiam Babylonium, Von der Historie des Apostolischen Kampfs, Und Die demselben aus alten Scribenten Von Wolfgango Lazio Beygefügte Lebens=Beschreibung des Apostels Matthiae und anderer Heiligen, Berlin [1716]; Wohlgemeinte Vorstellung an den Hochfl. Mecklenburgis. Cammer=Rath und Bau=Directorem, Herrn Leonhard Christoph Sturm, Daß dess so genandter unwidersprechlicher Beweis von seiner neuen Erklärung der Einsetzungs=Worte des Heil. Abendmahls, nicht allein widersprechlich, sondern auch offenbahr falsch sey, Berlin 1716; Leonh. Christoph Sturms und Joh. Gustav Reinbecks Wechsel=Antwort, Da der erstere seine Meinung von den Einsetzungs=Worten des heiligen Abendmahls wieder des letzteren Wohlgemneinte Vorstellung aufs neue behauptet, Der letztere aber in beygefügten Anmerckungen des ersteren Ungrund deutlich zeiget, Berlin 1717; Eine kurtze Erörterung Des Haupt=Inhalts der heiligen Offenbarung St. Johannis, Anstatt des Sechzehenden/ Siebzehenden und Achtzehenden Beytrages Der Freywilligen Heb=Opfer, Zur Prüfung übergeben, Berlin 1718; Vorrede, In welcher Joh. Gustav Reinbeck [...] Von des Autoris Person, und poëtischer Gabe eine umständliche Nachricht giebet, und nicht allein darinn, sondern auch in einem besondern Anhange einige Proben von dessen ex tempore gehaltenen poëtischen Reden mittheilet, in: Daniel Schönemann, GOtt=gewiedmeter In gebundener Rede verfasseter Zehenden, Tl. 1, Berlin 1721, Bl.][1r -][][][2v; Vorrede [über Selbstverleugung und Christusnachfolge], in: David Sigismund Bohnstedt, Gründliche Anweisung Zur wahren Selbst=Verleugnung, Berlin 1724, Bl.)(1r-8v; Vorrede, in: Antonius a Burgundia, Die Eitelkeit der Welt In wohl ausgesonnenen Sinn=Bildern, und darüber angestellten Sinn=reichen Betrachtungen, Berlin 1727, Bl. (*)2r-8v; Stand=Rede, Welche Vor der Beerdigung Des Hochwürdigen und Hochgelahrten Herrn, HERRN Johan(n) Porst, [...] Als Dessen verblichener Cörper Den 12ten Januarii 1728. In der St. Nicolai=Kirchen eingesencket werden solte, In Gegenwart einer Ansehnlichen Trauer=Versammlung gehalten, Und nunmehr auf Verlangen dem Druck überlassen, Berlin [1728]; Die Von dem Königschen unter den Gehorsam des Glaubens gefangen genommene Vernunfft, Wurde Am XXI. Sonntage nach Trinitatis 1729. aus dem ordentlichen Evangelio in der St. Petri-Kirche vorgestellet, Und auf Verlangen dem Druck übergeben, Berlin 1730; Umständliche Nachricht, Von dem Erschrecklichen Brande In der Königl. Residentz=Stadt Berlin, Durch welchen in der Nacht zwischen dem zweyten und dritten Pfingst=Tage dieses 1730sten Jahres nicht nur der an der St. Petri=Kircheen neuerbaute und bald fertige, aber mit seinem völligen Gerüste noch versehene Hohe Thurm, Nachdem der Blitz ihn dreymahl nacheinander gerühret und entzündet hatte, sondern auch die Kirche, das Gymnasium, 2 Prediger= und mehr als 40 andere Häuser, innerhalb 4 Stunden in einen Stein= und Aschen=Hauffen sind verwandelt worden. Nebst einer Beschreibung gedachter Kirchen, Mit verschiedenen Kupffern versehen, Berlin 1730; Betrachtungen über die in der Augspurgischen Confeßion enthaltene und damit verknüpfte Göttliche Wahrheiten, welche theils aus vernünftigen Gründen, allesamt aber aus Heiliger Göttlicher Schrift hergeleitet, und zur Ubung in der wahren Gottseeligkeit angewendet werden, Tl. 1-4, Berlin und Leipzig 1731-1741 (die einzelenen Tle. z.T. mehrere Aufl.); Als den 30. April und 1. May 1732. Einige hundert um der Evangelischen Religion willen, vertriebene, und von Sr. Königl. Majestät zur Preußischen Colonisten angenommene Saltzburger in Berlin angelanget waren, Wurde den nächsten Sonntag Jubilate darauf der Petri-Gemeinde und den anwesenden Emigranten über Marc. X, v. 28-31 Eine Predigt gehalten, Und selbige hernachmals nebst einem Anhange, worinnen von denen, Zeit der Reformation her, im Saltzburgischen wieder die Evangelische vorgenommene Bedruckungen, Eine Historische Nachricht ertheilet wird, Berlin 1732 (holl. Amsterdam 1733; Abdruck der Predigt bei Gerhard Gottlieb Günther Göcking, Vollkommene Emigrations=Geschichte Von denen Aus dem Ertz=Bistum Saltzburg vertriebenen Und größtentheils nach Preussen gegangenen Lutheranern [...], Franckfurt und Leipzig 1734, 513-536, teilw. ND der »Historischen Nachricht« durch M[agret] Schwesinger, München 1939); Vorrede, in: Christoph Starcke, Synopsis Bibliothecae Exegeticae in Novum Testamentum. Kurtzgefaster Auszug Der gründlichsten und nutzbarsten Auslegungen über alle Bücher Neues Testaments [...], Bd. 1, Leipzig 1733, ²1740, ³1745, ⁴1758, Bl. b3r-c1r; Vorrede, in: Ferdinand Helfreich Lichtscheid, Gesamte Geistreiche Schrifften, Leipzig 1733, Bl. b1r-3v; Das Evangelium von CHristo, Als die allerwichtigste und nützlichste Wahrheit, Wurde am III. Sonntage des Advents M.DCC.XXXIII. In der St. Petri Kirchen vorgestellet, Und die darüber gehaltene Predigt Auf Sr. Kön. Majestät allergnädigsten Befehl zum Druck übergeben, Berlin 1733; Eine Sammlung Von Zweyen über ein jegliches Sonn= und Festtägliches Evangelium Wie auch von einigen Buß=Tagen Gehaltenen Predigten, T. 1, Berlin 1734, Tl. 2, 1735, beide Tle. ²1738, ³1743, ⁴1749, ⁵1762; Beantwortung Der Einwürffe Welche ihm in einer ohnlängst heraus gekommenen Schrift: Abhandlung von der Unschuld GOttes bey der Zulaßung des Bösen genannt, sind gemacht worden, Worinn zugleich diese wichtige Lehre nebst der Frage: Ob Diese Welt die beste sey, in ihr gehöriges Licht gesetzet wird, Berlin 1736, ²1737; Response preliminaire d'un Auteur anonime [d. i. Reinbeck] et impartial, contenant celle, qu'il presum, que Monsr. Wolf fera au memoire de Mons. Lange, in: [Ernst Christoph Graf von Manteuffel (Hrsg.)], Nouvelles Pieces sur les Erreurs pretendues de la Philosophie des Mons. Wolff [...], 1736, 45-78 (ND in: Chr. Wolff, Ges. Werke, Abt. III, Bd. 22, Hildesheim u. New York 1985; 2. éd. u.d.T.: Recueil de nouvelles pièces philosophiques, concernant le différent renouvellé entre Messieurs Joachim Lange et Chretien Wolf, [Leipzig] 1737, dt. u.d.T.: Antwort welche Herr Wolff vermuthlich auf die Kurtze Darstellung des Herrn D. Langens wird geben können, von einem Freund des Herrn Hoff=Rath Wolffs entworffen aus dem Frantzösischen Übersetzt Von G. und C, in: Neue Schriften über die Angegebene Irrthümer welche in der Philosophie Des Herrn Hof=Raths Wolffs enthalten seyn sollen [...], Leipzig 1736, 20-32, ebenfalls in: Joachim Lange, Kurtzer Abriß derjenigen Lehr=Sätze, Welche in der Wolffischen Philosophie der natürlichen und geoffenbahrten Religion nachtheilig sind, ja sie gar aufheben, und geraden Weges, obwohl bey vieler gesuchten Verdeckung zur Atheisterey verleiten. [...] Nebst des Regierungs=Raths Wolffs vermuthliche Antwort darauf, o.O. 1736, 29-52, ebenfalls in: Des Regierungs=Raths Wolffens Vermuthliche Antwort auf D. Langens kurtzen Abriß, aufgesetzt von Johann Gustav Reinbeck, in: Acht neue merckwürdige Schrifften, die in der Wolffischen Philosophie von neuem erregte Streitigkeiten betreffend/ nebst einer ausführlichen Historischen Nachricht von diesen neuen Streitigkeiten, o.O. 1737, 17-28, ebenfalls in: Des Regierungsraths Wolffens Vermuthliche Antwort auf D. Langens kurtzen Abriß, aufgesetzet von Johann Gustav Reinbeck, in: Carl Günther Ludovici, Sammlung und Auszüge der sämmtlichen Streitschriften wegen der Wolffischen Philosophi, Tl. 1, Leipzig 1737, 38-55 [ND in: Ch. Wolff, Ges. Werke, Abt. III, Bd. 2, Hildesheim u. New York 1976], ebenfalls in: Die von Herrn Consistorial=Rath Reinbeck verfertigte vermuthliche Antwort Auf D. Langens kurtzen Abriß, in: Vollständige Sammlung Aller derer Schrifften, Welche in der Langischen und Wolffischen Streitigkeit im Monat Junio 1736 Auf hohen Befehl abgefasset worden. Mit Veramanders Anmerckungen versehen, und zum Druck befördert von J. F. H., Marburg 1737, 27-42; ebenfalls in: Johann Friedrich Bertram, Gewissenhafte Anmerckungen Ueber die aus dem Teutschen ins Französische übersetzte und zu Leipzig edirte Vorläufige

Schutz=Schrift/ Damit Ein gewisser die Wolfischen Philosophie wider den Kurtzen Abriß derselben, Welchen Herr D. und Prof. Joachim Lange in Halle auf Königl. allergnädigste Ordre allerunterthänigst einschicken müssen, ohne allen zureichenden Grund, und also gantz vergeblich, zu retten und zu schmücken gesuchet hat, Leipzig 1736, 13-75 [mit kritischen Anmerkungen Betrams]; Bedencken über die der Wolffischen Philosophie von Joachim Langen In seinem kurtzen Abrisse beygemessene Irrthümer, Commißionswegen aufgesetzt, in: C. G. Ludovici, Sammlung und Auszüge der sämmtlichen Streitschriften wegen der Wolffischen Philosophi, Tl. 1, 1737, Leipzig 178-185 (ND in: Ch. Wolff, Ges. Werke, Abt. III, Bd. 2, Hildesheim u. New York 1976); Erörterung Der Philosophischen Meynung von der sogenandten Harmonia Praestabilita, worinnen gezeiget wird, 1. Was diese Hypothesis eigentlich sagen wolle, und warum sie der menschlichen Freyheit nicht nachtheilig sey. 2. Was dieselbe vor dem Systemate influxus für einen Vorszug habe, und 3. Warum der Autor nichts destoweniger derselben nicht beypflichte, aus Liebe zur Wahrheit Und zur Verhütung fernerer verworrenen Streitigkeiten, nebst einem nöthigen Vorbericht heraus gegeben, Berlin 1737; Abfertigung eines Anonymi Welcher in seinen sogenandten zufälligen Gedancken Den ersten Theil Der Betrachtungen über die Augspurgische Confeßion mit einer anzüglichen Feder verschiedener Grund=Irrthümer beschuldiget hat, 2 Tle., Berlin 1737; Kurtze Stand=Rede, Welche Auf Sr. Königl. Majestät von Preußen Allergnädigsten Befehl Den 31. Octobr. 1737. Bey Legung Des Grund-Steins Zu einer neu zu erbauenden Kirche Auf der Friedrichs=Stadt ist gehalten worden, Berlin 1737; Extract aus Tit. Herrn Johann Gustav Reinbecks [...] Vorrede zu dem Dritten Theil der Betrachtungen über die in der Augspurgischen Confession enthaltene und damit verknüpfte göttliche Wahrheiten, in: Christus in Mose und denen Propheten, wider die in vielen Haupt=Stücken grundverderbliche Ubersetzung der fünf Bücher Mosis, so einer Nahmens Schmidt, sich zu Wertheim unterfangen [...], Nürnberg [1737], 25-44 (weiterer Abdruck als: Auszug aus Johann Gustav Reinbecks [...] Vorrede zu dem dritten Theil seiner Betrachtungen über die augspurgische Confession, 7 bis 10 §, 11 bis 32 S., in: Johann Lorenz Schmidt (Hrsg.), Samlung derienigen Schriften welche bey Gelegenheit des wertheimischen Bibelwerks für oder gegen dasselbe zum Vorschein gekommen sind, mit Anmerkungen und neuen Stücken aus Handschriften vermehrt heraus gegeben, Franckfurt und Leipzig 1738, 260-274); Zwey Predigten Welche über das Geheimniß Der Geburth Christi An dem Weyhnachts-Fest M DCC XXXVII. Aus dem ordentlichen Fest=Evangelio sind gehalten Und Auf Sr. Königl. Majestät von Preußen allergnädigsten Befehl, dem Druck übergeben worden, Berlin 1738; Betrachtung der Nichtigkeit des menschlichen Lebens [Predigt über Ps 39, 5f.], in: Neue Samlung auserlesener und überzeugender Canzel=Reden, Nach dem Glauben der Auserwehlten GOttes und der Erkentniß der Wahrheit zur Gottseligkeit. Uber Wigtige Wahrheiten der geoffenbahrten Lehre GOttes und unsers Heilandes JEsu Christi, Aus dem Munde und der Feder Berühmter Geistl. Redner jetziger Zeit. Nebst einer Vorrede mitgetheilet von Theophilo und Sincero [d. i. Philipp Kohl], Tl. 1, Hamburg 1738, ^{2}1740, 337-368; Sermons Sur Le Mystere de la Naissance de J. C., Prononcez Le premier & le second Jour de Noël 1737. En Presence De S.M. Le Roy De Prusse, Par Monsieur Jean Gustave Reinbeck, [...]; Imprimiz par Ordre de Sa Majesté; Traduits Par Un Anonyme [Ernst Christoph Graf von Manteuffel], Et par Messrs. S. Formey & J. Perard [...]; Dediez â Mr. Joachim Lange, D. & Prof. en Th. à Halle, Berlin & Leipsig 1738 ; Recueil de cinq Sermons, Prononcez par Monsieur Jean Gustave Reinbeck, [...] traduits par un Anonyme [Ernst Christof Graf von Manteuffel] & par Mons. Jean Des-Champs, Berlin 1739, ^{2}1741; Philosophische Gedancken über die vernünfftige Seele und derselben Unsterblichkeit, Nebst einigen Anmerckungen über ein Frantzösisches Schreiben, Darin behauptet werden will, daß die Materie dencke, Berlin 1739 (weitere Drucke 1740 [= Ch. Wolff, Ges. Werke, Abt. III, Bd. 79, Hildesheim u. New York 2002), Berlin 1744, franz. Amsterdam und Leipzig 1744: Reflexions sur l'Immortalite de l'ame raisonable [...]); Fortgesetzte Sammlung auserlesener Predigten welche gröstentheils auf Sr. Königlichen Majestät von Preußen allergnädigsten Befehl nach und nach eintzeln heraus gegeben worden, Berlin 1740 (= 58 zuvor einzeln gedruckte Predigten mit jeweils separater Paginierung); Vorbericht und Einleitung zu einer ordentlichen und erbaulichen Lehr-Art im Predigen, in: [J. Ch. Gottsched], Grund-Riß einer Lehr-Arth ordentlich und erbaulich zu predigen, Berlin 1740, Bl. a2r-h7v (auch in: Beiträge Zur Beredsamkeit Derer Geistlichen Lehrer. Mit Anmerkungen ans Licht gestellt von Johann Matthias Cappelmann, Tl. 2, Lemgo 1743, 301-322, sowie in: Sammlung Kleiner Schriften von der Gottgefälligen Art zu predigen, herausgegeben von Joh. Georg Walch, Jena und Leipzig 1747, 156-210); Vorrede [vom Nutzen der Historie, besonders der geistlichen], in: Heinrich Schmidt, Einleitung Zur Brandenburgischen Reformations=Historie [...], Berlin 1740, Bl.)(2r -)()(4v; Vorrede, in: M. Weitzmann, Neuer Versuch die vier Evangelisten exegetisch zu erklären, 1740 (im KVK nicht nachweisbar; Titelangabe nach: Acta historico-ecclesiastica 6, 1742, 128); Nouveau Recueil De Qvatre Sermons, Prononcez Par Monsieur Reinbeck [...]. Traduits De L'Allemand [durch Ernst Christof Graf Manteuffel], Avec Un Ajoute' De Quelques Pieces Interessantes, Berlin & Leipsig 1741; Nachgelassene Kleine Schriften, nebst zwoen Vertheidigungsschriften und einem dem seligen Manne gestifteten Ehrengedächtnisse, Berlin 1743; Sammlung einiger Leichen=Predigten In zweyen Theilen abgefasset, Deren der erste die ehemals eintzeln heraus gegebene, der zweyte die im Manuscript gefundene, in sich hält. Samt einem Anhange der vormahls eintzeln gedruckten Stand=Reden, mit einer kurtzen Vorrede, des Autoris Lebens=Lauf und einem Verzeichniß seiner herausgegebenen Schrifften wie auch mit einem dreyfachen Register versehen von [...] Georg Caspar Francken, Berlin 1743; Sammlung kurtzer Predigten über ein jegliches Sonn- und Festtägliches Evangelium nebst angehängten Vier Buß-Predigten aus den vollständigsten hinterlaßenen Manuscripten hrsg. von Georg Caspar Francken, 1748; Auserlesene Predigten, Die bey besondern Gelegenheiten von ihm gehalten worden; Gesamlet, durchgesehen und herausgegeben von Friedrich Eberhard Rambach, 1750.

Zeitgenöss. Lit.: Marcus Paul Antonius [d.i. Johann Jacob Schmauß], Anhang wider Pastor Reinbecks Einwürfe, in: Christian Thomasius, Außerlesene Schrifften, Tl. 2, Franckfurt und Leipzig 1714, 610-675 (Reprint in: Chr. Thomasius, Ausgew. Werke, Bd. 24, Hildesheim, New York 1994); [Jacob Friedrich] Lamprecht, Ode auf den ersten Theil der Betrachtungen über Die Augspurgische Confession des Hn. Consistorial-Raths Reinbeck, in: Weichmanns Poesie der Nieder-Sachsen, Tl. 4, Hamburg 1732, 393-395; [Anonym,] Betrachtung der Unendlichkeit des andern Todes und der Wiederbringung aller Dinge, deren erstere vor möglich gehalten, der letzteren aber widersprochen wird von - - Herr Johann Gustav Reinbeck - - in der 34. Betrachtung über die in der Augspurgischen Confeßion enthaltenen göttlichen Wahrheiten und in einer Gegen=Betrachtung die Unendlichkeit des andern Todes wider Göttliche Eigenschafften lauffend, folglich unmöglich, die Wiederbringung aller Dinge aber darinnen fest gegründet eingesehen und dargelegt von Andreas Freymund, im Jahr 1734 (Titel nach J.J. Moser, Reinbeck [s.u.], 861f.); [Christian Ludwig Liscow], Anmerckungen in Form eines Briefes über den Abriß eines neuen Rechts der Natur, welchen der (S.T.) Hr. Prof. Mantzel zu Rostockin einer kleinen Schrift, die den Titel führet: Primae Lineae Juris Naturae [...]. der Welt mitgetheilet, Kiel 1735, in: [Ders.], Samlung Satyrischer und Ernsthafter Schriften, Frankfurt und Leipzig 1739, 587-628; Theodor Gutcke, Hrn. Jo. Gustav Reinbecks Betrachtungen über die in der Augspurgischen Confession enthaltene und damit verknüpfte Göttliche Wahrheiten, welche nunmehro in Frag und Antwort abgefasset sind, 2 Tle., Hamburg 1736/1740; Johann Friedrich Bertram, Gewissenhafte Anmerckungen Ueber die aus dem Teutschen ins Französische übersetzte und zu Leipzig edirte Vorläufige Schutz=Schrift/ Damit Ein gewisser die Wolfischen Philosophie wider den Kurtzen Abriß derselben, Welchen Herr D. und Prof. Joachim Lange in Halle auf Königl. allergnädigste Ordre allerunterthänigst einschicken müssen, ohne allen zureichenden Grund, und also gantz vergeblich, zu retten und zu schmücken gesuchet hat, Leipzig 1736, 13-75; Ders., Beleuchtung der Neu=getünchten Meynung von der Harmonia Praestabilita, durch Veranlassung der jüngst=edirten Reinbeckischen Erörterung der philosophischen Meynung von der H. P. aus Liebe zur Wahrheit Und zur Verhütung fernern schädlichen Ausschweiffungen ans Licht gestellet. Samt einigen nachgefügten Anmerckungen über den Satz der Wolffischen Morale, daß nicht die Atheisterey an sich selbst, sondern nur derselben Mißbrauch zum bösen Leben verleite, Bremen 1737; [Anonym], Send=Schreiben an Sr. Hochwürden, Herrn, Herrn Johann Gustav Reinbeck, [...] Worinnen Dieselben gehorsamst ersucht werden, Der Bertrammischen Streit=Schrift mit keiner Antwort zu begegnen; weil sie mit lauter falschen und ungegründeten Auflagen angefüllet ist: Wovon hier einige als Proben von dem Verfasser des Briefs angeführt werden, [o.O.] 1737; [Anonym], Theophili Sinceri Sendschreiben an Alethophilum, darin deutlich angewiesen wird, daß der Herr Probst Reinbeck die Wolffische Meynung von der Harmonia Praestabilita in der That angenommen habe, aber es nur nicht Wort haben wolle, [o.O.] Anno 1737; [Anonym], Schreiben eines Gelehrten aus Cassel an des Herrn Consistorial-Raths und Probsts Johann Gustav Reinbecks Hochwürden, [o.O.] im Martio 1737; [Anonym], Eines Wahrheit liebenden Schlesiers Bescheidene Anmerckungen, über Hn. Johann Georg Palms Abhandlung Von der Unschuld GOttes Bey der Zulassung des Bösen, In denen besonders Die unrichtige Auslegung einiger Lehr=Sätze Hn. Regierungs=Rath Wolffens Und Herrn Probst Reinbecks Nach seiner Einsicht abgelehnet wird, Leipzig 1737; Daniel Strähler, Abgenöthigte Rettung der gerechten Sache wider eines ungenannten Verfassers Vermuthliche, und des Hrn. Reg. Raths Wolffens eigene Antwort, Auf Herrn D. Joachim Langens Kurtzen Abriß der Wolffischen Philosophie unternommen, und allein zur Beförderung der Ehre GOttes mit einem historischen Vorbericht, und kurtzen Anhange von dem Wertheimischen Bibelwercke, als einer Frucht der W. P. ans Licht gestellet, Halle und Leipzig 1737; Jacob Friedrich Müller, Ausführlicher Beweiß, daß das sogenannte Systema Harmoniae Praestabilitatae eine ungegründete, und gefährliche, Meinung sey: oder Anmerckungen zu Hrn. Joh. Gustav Reinbecks [...] sogenannter Erörterung von der Harmonia praestabilita, in einigen Brieffen an einen vornehmen Gelehrten vorgetragen [...], Giessen [o.J.] (Vorrede 6.9.1737); [Bernhard Walther Marperger (?)], Zufällige Gedancken über Eines vornehmen Theologi Betrachtungen der Augspurgischen Confeßion, Die darin gebrauchte Wolffische Philosophie betreffend, Franckfurt und Leipzig, Anno 1737; [Ders. (?)], Nöthige Beylage zu denen Zufälligen Gedancken, Worin der so genannten Abfertigung eines Anonymi gebührend begegnet wird, Franckfurt und Leipzig, Anno 1737; [Ders. (?)], Zweyter Theil der Zufälligen Gedancken über Eines vornehmen Theologi Betrachtungen der Augspurgischen Confeßion, Die darin gebrauchte Wolffische Philosophie betreffend, Franckfurt und Leipzig, Anno 1738; Io. Bodo Ulrici, Gründlicher Beweiß Daß die Harmonia Praestabilita Dem Satz Des Wiederspruchs Und des zureichenden Grundes Zu nahe trete, bey Gelegenheit, derer, dem Herrn Probst Reinbeck Erregten Streitigkeiten, Sorau 1738 ; [Ernst Christoph Graf von Manteuffel], Extrait critique de Deux Sermons de Mr. Reinbeck, avec des Notes d'un Alethophile servant de response à l' Extrait critique. Precedées d'une lettre aux editeurs du Journal helvetique et d'un avant-propos, [s. l.] 1739 (einziges nachweisbares Exemplar der Staatsbibliothek Berlin Kriegsverlust; Titel nach Acta historico-ecclesiastica 6 [1742], 116f.); [Anonym], Die beste Welt Den Beschuldigungen ihrer Feinde unter die Augen gestellt Und in einem Poetischen Sendschreiben An des Herrn Consistorial=Raths und Probsts Johann Gustav Reinbecks Hochwürden Gegen ihre Lästerer vertheidigt von Einem Gelehrten aus Cassel, Berlin und Leipzig 1739; Johann Jacob Moser, Reinbeck, Johann Gustav, in: Ders., Beytrag zu einem Lexico der jeztlebenden Lutherisch= und Reformirten Theologen in und um Teutschland [...], Züllichau 1740, 850-866; Christian Gottlieb Kluge, Anmerckungen über den Vorbericht und die Vorrede Zu den Reinbeckischen Gedancken von der vernünfftigen Seele und der Unsterblichkeit derselben [...], Wittenberg und Leipzig 1740, Tl. 2, 1742; Johann Friedrich Bertram, Bescheidene Prüfung der Meinung von der Præexistentz, Oder dem Vorherseyn menschlicher Seelen in organischen Leibern. Samt einer Historia Litteraria der Præexistentiariorum, Bremen 1741.

Sonstige Lit.: [Todesanzeige], in: Berlinische Nachrichten von Staats= und gelehrten Sachen 1741, No. C (Dienstag, 22.8.); — [Nachruf], in: ebd., No. CI (24.8.); — Georg Caspar Francke: [Lebens=Lauf], in: ebd., No. CVI (5.9.), No. CXIV (23.9.) (wieder abgedruckt in: J. G. Reinbeck, Sammlung einiger Leichen=Predigten [s.o.], Berlin 1743, Bl.

3r-*4v); — Nathanael Baumgarten, Den Verlust des Herrn Johann Gustav Reinbecks [...] beweinet, Berlin 1741 (Exemplar der Staatsbibliothek Berlin nicht autopsiert, da nicht am Standort; auch abgedruckt in: Reinbeck, Nachgelassene kleine Schriften [s.o.], 285-291); — [Ernst Christoph Graf von Manteuffel], [Nachruf auf Johann Gustav Reinbeck], in: Zuverläßige Nachrichten von dem gegenwärtigen Zustande, Veränderungen und Wachtsthum der Wissenschaften, 25. Theil, Leipzig 1742, 64-75 (= Übersetzung aus dem Franz. in: J. G. Reinbeck, Nouveau Recueil De Qvatre Sermons [s.o.], Berlin & Leipsig 1741); — [Anonym], Lebensbeschreibung Herr. D. Joh. Gustav Reinbeck, in: Acta historico-ecclesiastica, Bd. 6 (1742), 31. Tl., 85-133; — Zedler 31 (1742), 258-268; — Friedrich Wagner, Denkmaal der Liebe, dem nunmehro in Gott ruhenden Herrn, Herrn Johan Gustav Reinbeck [...], in: J. G. Reinbeck, Nachgelassene kleine Schriften (s.o.), Berlin 1743, 1-48 (ebenfalls in: Jsrael Gottlieb Canz, Johann Gustav Reinbecks Fünfter Theil der Betrachtungen über die in der Augspurgischen Confeßion enthaltene und damit verknüpfte Wahrheiten , Berlin und Leipzig [1743], 1-36); — Johann Adam Löw, Ehrendenkmal Johann Gustav Reinbeck. Rede, welche in der Alethophilischen Societät zu Weißenfels gehalten worden, in: J. G. Reinbeck, Nachgelassene kleine Schriften (s.o.), Berlin 1743, 255-277; — Johann August Schlegel, Lobrede auf den Herrn Consistorialrath und Probst Reinbeck, als einen wahrheitliebenden und bescheidenen Gelehrten, in: Sammlung einiger Uebungsreden, welche unter der Auffsicht Sr. Hochedelgeb. des Herrn Profess. Gottscheds, in der vormittägigen Rednergesellschaft sind gehalten Worten, hrsg. von Johann Christoph Löschenkohl, Leipzig 1743, 100-119; — Catalogus Exquisitissimorum & Rariorum, In omni Studiorum & Linguarum genere Librorum inter quos excellunt Theologi, Philologi, Patres; Historiae Ecclesiasticae et Profanae Scriptores, Authores Graeci et Latini, Litteratores, Philosophi, aliique Miscell. et. Msc. Quos magno labore ac sumtu colligit D. Joh. Gustavus Reinbeck, [...]. Auctionis lege d. 21. Octobr. 1743. horis consuetis a Dom. Tempelhoffio in AEdibus D. Praepositi ad. D. Petri sitis in Vico Fratrum (vulgo die Brüder=Straße) parata pro pecunia divenddendorum, & cujuslibet inspectioni per tres ante auctionem dies subjiciendorum [...], Berolini 1743; — [Heinsius, Johann Georg], Unpartheyische Kirchen-Historie Alten und Neuen Testaments [...]. Dritter Theil in welchem die Geschichte vom Jahr nach Christi Geburt 1730 bis 1750. enthalten sind. Nebst einer Vorrede Gottfried Büchners, Jena 1754, 443-447; — Jaques George de Chauffepié, Nouveau dictionnaire historique et critique, pour sevir de supplement ou de continuation au dictionnaire historique et critique, de Mr. Pierre Bayle, Amsterdam, La Haye, Leiden 1756, 87-92; — Anton Friedrich Büsching, Beschreibung seiner Reise von Berlin nach Kyritz in der Prignitz, welche er vom 26sten September bis zum 2ten October 1779 verrichtet hat, Leipzig 1780, 54-57; — Theodor Wilhelm Danzel, Gottsched und seine Zeit. Auszüge aus seinem Briefwechsel, zusammengestellt und erläutert von Th. W. Danzel. Nebst einem Anhange: Daniel Wilhelm Trillers Anmerkungen zu Klopstocks Gelehrtenrepublik. Nachdruck der 2., wohlfeilen Ausg. Leipzig 1855, Eschborn 1998, 14-51; — Anton Friedrich Büsching, Beytrag zu der Lebensgeschichte des Freyherrn Christian von Wolf, in: Ders., Beyträge zu der Lebensgeschichte denkwürdiger Personen, insonderheit gelehrter Männer, Tl. 1, Halle 1783, 1-138; — Ders.: Beytrag zu der Lebensgeschichte D. Johann Gustav Reinbeck, in: Ders., Beyträge zu der Lebensgeschichte ..., Tl. 1, Halle 1783,139-236; — Heinrich Döring, Johann Gustav Reinbeck, in: Ders., Die gelehrten Theologen Deutschlands im achtzehnten und neunzehnten Jahrhundert. Nach ihrem Leben und Wirken dargestellt, Bd. 4, Neustadt a. d. Orla 1833, 499-506; — C. G. H. Lentz, Geschichte der christlichen Homiletik, ihrer Grundsätze und der Ausübung derselben in allen Jahrhunderten der Kirche, Tl. 2, Braunschweig 1839, 176-184; — Georg von Reinbeck, Leben und Wirken des Dr. Th. Johann Gustav Reinbeck, Nach Urkunden und Familien=Nachrichten hundert Jahre nach seinem Tode mitgetheilt von seinem Enkel. Ein Beitrag zur Lebens= und Charakter=Geschichte der Könige Friedrich Wilhelm I. und Friedrich II. von Preußen, Stuttgart 1842; — J[ohannes] Geffcken, Die Berufung Johann Gustav Reinbeck's nach Hamburg im Jahre 1735, in: Zeitschrift des Vereines für hamburgische Geschichte 2 (1847), 518-532; — Wilhelm Gaß, Geschichte der protestantischen Dogmatik in ihrem Zusammenhange mit der Theologie überhaupt, Bd. 3, Berlin 1862, 178-180; — August Tholuck, Geschichte des Rationalismus. 1. Abt.: Geschichte des Pietismus und des ersten Studiums der Aufklärung, Berlin 1865, 141-143; — Gustav Frank, Geschichte der protestantischen Theologie, Tl. 2, Leipzig 1865, 408; — Karl Heinrich Sack, Geschichte der Predigt in der deutschen evangelischen Kirche von Mosheim bis auf die letzten Jahre von Schleiermacher und Menken, Heidelberg 1866, 19-23; — Richard Rothe, Geschichte der Predigt, von den Anfängen bis auf Schleiermacher, aus Rothe's handschriftlichem Nachlaß herausgegeben mit Anmerkungen und Anhang von August Trümpelmann, Bremen 1881, 405-407; — Gustav Kramer, August Hermann Francke: ein Lebensbild, Tl. 2, Halle 1882, 340-342; — ADB 28 (1889), 2-5 (Wagenmann); — Gerhard von Zezschwitz, Geschichte der Predigt, in: Handbuch der theologischen Wissenschaften in encyklopädischer Darstellung mit besonderer Berücksichtigung auf die Entwicklungsgeschichte der einzelnen Disziplinen, hrsg. von Otto Zöckler, Bd 4: Praktische Theologie, Nördlingen ²1885, 309f.; — Hans Droysen, Friedrich Wilhelm I., Friedrich d. Große und der Philosoph Christian Wolff, in: FBPG 23 (1910), 1-34; — Ludwig Geiger, Berlin 1688-1840: Geschichte des geistigen Lebens der preußischen Hauptstadt, Berlin 1893, 195-198; — Wilhelm Kühn, Johann Gustav Reinbeck, ein berühmter Cellenser, in: Altsachsenland. Zeitschrift für den Heimatbund Niedersachsen, Jg. 2 (1908), 152f.; — RGG² 4 (1930), 1845f. (Heinrich Hoffmann); Walter Wendland, Siebenhundert Jahre Kirchengeschichte Berlins. Berlin 1930, 135-137; — Paul Schreyer, Valentin Ernst Löscher und die Unionsversuche seiner Zeit, Schwabach 1938, 74; — Ferdinand Josef Schneider, Das geistige Leben von Halle im Zeichen des Endkampfes zwischen Pietismus und Rationalismus, in: Sachsen und Anhalt: Jahrbuch der Historischen Kommission für Sachsen-Anhalt 14 (1938), 137-166; — Otto Fischer, Evangelisches Pfarrerbuch für die Mark Brandenburg seit der Reformation, Bd. 2, Tl. 2, Berlin 1941, 680; — Alfred Niebergall, Die Geschichte der christlichen Predigt, in: Leiturgia. Handbuch des evangelischen Gottesdienstes, hrsg. von Karl Ferdinand Müller u. Walter Blankenburg, Bd. 2:

Gestalt und Formen des evangelischen Gottesdienstes. I. Der Hauptgottesdienst, Kassel 1955, 306f.; — Klaus Koziol, Kleine Chronik der St.-Petri-Kirche zu Berlin, Berlin 1965, 18-31; — Emanuel Hirsch, Geschichte der neuern evangelischen Theologie, im Zusammenhang mit den allgemeinen Bewegungen des europäischen Denkens, Bd. 2, Gütersloh [3]1964, 90; — Wolfgang Philipp, Das Werden der Aufklärung in theologiegeschichtlicher Sicht, Göttingen 1957, 137f.; — RGG[3] 5 (1961), 945f. (H. Hohlwein); — Carl Hinrichs, Preußentum und Pietismus: der Pietismus in Brandenburg-Preußen als religiös-soziale Reformbewegung, Göttingen 1971, 420-441; — Thomas P. Saine: Von der Kopernikanischen bis zur Französischen Revolution. Die Auseinandersetzung der deutschen Frühaufklärung mit der neuen Zeit, Berlin 1987, 184-191; — Stephan Buchholz, Recht, Religion und Ehe. Orientierungswandel und gelehrte Kontroversen im Übergang vom 17. zum 18. Jahrhundert, Frankfurt am Main 1988, 215-218; — Cornelia Buschmann, Woffianismus in Berlin, in: Aufklärung in Berlin, hrsg. von Wolfgang Förster, Berlin 1989, 73-101, hier: 82-89; — DBE 8 (1998), 214 (W. Killy); — Literaturlexikon, hrsg. von Walther Killy, Bd. 9 (1991), 355f. (Stefan Lorenz); — Sonia Carboncini, Transzendentale Wahrheit und Traum. Christian Wolffs Antwort auf die Herausforderung durch den Cartesianischen Zweifel, Stuttgart-Bad Cannstatt 1991, 155-158; — Detlef Döring, Beiträge zur Geschichte der Gesellschaft der Alethophilen in Leipzig. In: Gelehrte Gesellschaften im mitteldeutschen Raum (1650-1820), hrsg. von Detlef Döring und Kurt Nowak, Teil 1, Stuttgart und Leipzig 2000, 95-150; — Friedrich-Franz Menzel, Die Hallenser Korrespondenz der Berliner Pietisten unter den ersten beiden Hohenzollernkönigen in den Jahren 1701-1740, in: Forschungen zur Brandenburgischen und Preußischen Geschichte N.F. 11 (2001), 168f., 177f., 186-192, 197-199; — Stefan Lorenz: Wolffianismus und Residenz. Beiträge zur Geschichte der Alethophilen in Weißenfels, in: Gelehrte Gesellschaften im mitteldeutschen Raum (1650-1820), hrsg. von Detlef Döring und Kurt Nowak, Tl. 3, Stuttgart und Leipzig 2002, 113-144; — RGG[4] 7 (2004), 247f. (Konrad Hammann); — James Jakob Fehr, »Ein wunderlicher nexus rerum«. Aufklärung und Pietismus in Königsberg unter Franz Albert Schultz, Hildesheim u. a. 2005, 169-184; — Manuel Braun, Tiefe oder Oberfläche? Zur Lektüre der Schriften des Christian Thomasius über Polygamie und Konkubinat, in: IASL 30 (2005), 28-54, hier 49-53; — Andres Straßberger, Alethophile, in: Enzyklopädie der Neuzeit, hrsg. von Friedrich Jaeger, Bd. 1, Stuttgart und Weimar 2005, 192-194; — Werner Rackwitz, Der »Soldatenkönig« und der »Prediger der Herzensreligion«. Der Briefwechsel zwischen Friedrich Wilhelm I. und dem Grafen Zinzendorf, in: Mitteilungen des Vereins für die Geschichte Berlins 102 (2006), H. 1, 309-322, hier 314-316; — Eva Schumann, Christian Thomasius' juristische Disputation »Von der Kebs-Ehe« 1714, in: Christian Thomasius (1655-1728). Wegbereiter moderner Rechtskultur und Juristenausbildung. Rechtswissenschaftliches Symposium zu seinem 350. Geburtstag an der Juristischen Fakultät der Martin-Luther-Universität Halle-Wittenberg, hrsg. von Heiner Lück, Hildesheim u.a. 2006, 267-296; — Andres Straßberger: Zwischen Predigtreform und Religionsapologetik. Zur Konzeption und Durchführung einer homiletischen Preisaufgabe von 1739, in: Christentum im Übergang. Neue Studien zu Kirche und Religion in der Aufklärungszeit, hrsg. von Albrecht Beutel u.a., Leipzig 2006, 51-70, hier 61-64; — Stefan Lorenz, Theologischer Wolffianismus. Das Beispiel Johann Gustav Reinbeck, erscheint in: Christian Wolff und die Europäische Aufklärung. Akten des 1. Internationlaen Christian-Wolff-Kongresses, Halle (Saale), 4.-8. April 2004, 5 Bde., Hildesheim u.a. 2007; — Andres Straßberger, Johann Christoph Gottsched und die »philosophische« Predigt. Studien zur aufklärerischen Transformation der protestantischen Homiletik im Spannungsfeld von Theologie, Philosophie, Rhetorik und Politik. Diss. theol. Leipzig 2007, Kap. 3.3.1 (Drucklegung in Vorbereitung); — Ders., Johann Gustav Reinbeck. Pietismus und Aufklärung, erscheint in: Protestantismus in Preußen. Lebensbilder aus seiner Geschichte. Bd.1: Vom 17. Jahrhundert bis zum Unionsaufruf 1817, hrsg. v. Albrecht Beutel, Leipzig 2008.

Andres Straßberger

REINTHALER, Karl Christian Wilhelm, Pfarrer, Pädagoge, Schriftsteller, Gründer des Erfurter Martinsstifts * 22.8. 1794 in Erfurt, Eltern: Fabrikant Karl Friedrich R. und Christina Maria Sophia geb. Siegel, † 1.8. 1863 in Erfurt. — Die Atmosphäre in Reinthalers Elternhaus wurde von der glaubensstrengen Mutter, einer evangelischen Pfarrerstochter, geprägt, die das einzige, spätgeborene Kind aus ihrer Ehe mit dem Fabrikanten Karl Friedrich R. frühzeitig für den Beruf des Geistlichen bestimmte. Demgemäß wurde R. bereits ab dem vierten Lebensjahr zum regelmäßigen Gottesdienstbesuch angehalten, mußte die in der Kirche gehörten Predigten zu Hause aus dem Gedächtnis wiederholen und die Lieder des Gesangbuchs auswendig lernen. Vom sechsten Lebensjahr an erhielt er Privatunterricht in der lateinischen und französischen Sprache sowie im Rechnen, Schreiben und Zeichnen. Ab 1809 besuchte R. das Evangelische Ratsgymnasium in seiner Geburtsstadt und ließ sich, einer Mitteilung des Sohnes Paul zufolge, 1813 an der Erfurter Universität inskribieren (in der Matrikel nicht zu belegen). Seit 1814 studierte er in Göttingen und im Wintersemester 1816/17 kurzzeitig in Berlin Theologie. Über die Ausrichtung des Studiums und den Einfluß einzelner Theologen auf R. (in Göttingen wäre an Planck, Stäudlin oder Lücke, in Berlin an Schleiermacher, de Wette, Marheineke oder Bellermann zu denken) ist nichts bekannt. Seine Auffassung vom Theologiestudium spiegelt allenfalls die Aussage des Sohnes wider, daß er weder philosophischen Studien, noch historisch-kritischen Untersuchungen zugeneigt gewesen sei. Der Tod des Vaters rief R. Anfang 1817 nach Erfurt zurück. Um sich die Anwartschaft auf eine Pfarrstelle zu sichern, legte er noch im gleichen Jahr vor dem dortigen Evangelischen Ministerium das theologische Examen ab. — Die entscheidende Wende im Leben R.s führte die Begegnung mit Johannes Daniel Falk (1768-1826) herbei, den er zeitlebens als seinen »geistlichen Vater« verehrte. Von dessen Wirken im Weimarer Lutherhof, der als das Urbild des Rettungshauses im 19. Jahrhundert gilt, tief beeindruckt, faßte R. den Entschluß, sein Handeln fortan auf die Fürsorge an hilfebedürftigen Kindern zu konzentrieren und eine dem Falkschen Institut vergleichbare Anstalt in Erfurt zu errichten. Nachdem auf seine Initiative 1820 zunächst die »Gesellschaft der Freunde in der Noth zu Erfurt« ins Leben getreten war, wurde das von privaten Spenden und dem Wohlwollen der Stadtväter getragene Rettungswerk für »arme und verlassene Kinder« am 10. November 1821, bezeichnenderweise dem Tag der Eheschließung von R., im Westflügel des Erfurter Augustinerklosters institutionalisiert. Damit setzte R. als erster in Deutschland, noch vor Johann Hinrich Wichern, das Werk Falks außerhalb von Weimar fort. Mit Bezug auf den heiligen Martin von Tours und Martin Luther legte er seiner ganz dem Weimarer Vorbild nachgestalteten Schöpfung den Namen »Martinsstift« zu. Das Programm der Einrichtung war zum einen auf die leibliche Versorgung und schulische, insbesondere religiöse Unterweisung notleidender Kinder, zum anderen auf ihre berufliche Ausbildung und nicht zuletzt auf ihre Erziehung zur christlichen Nächstenliebe ausgerichtet. Diese Ziele trachtete R. durch die Einrichtung mehrerer aufeinander bezogener Institute - (1) der Erziehungsanstalt für Knaben in Handwerkerfamilien, (2) der Sonntagsschule, (3) dem Volksschullehrerseminar, (4) der Näh- und Strickschule für Mädchen, (5) der Erziehungsanstalt für jüngere Kinder in christlichen Familien sowie (6) der Unterstützungsanstalt für arme Schulkinder - unter dem Dach des Martinsstiftes zu verwirklichen. Um das Fortbestehen der Anstalt dauerhaft zu sichern, trat auf R.s Bitte 1849 ein Erhaltungsrat zusammen. Auf dem Fundament des gleichzeitig formulierten und später mehrfach revidierten »Grundbriefes«, der als den Hauptzweck der Einrichtung die »christliche Volkserziehung« nennt, existierte das Martinsstift bis 1959. — R. hat sich »zum besten des Martinsstiftes«, wie auf den Titelblättern häufig zu lesen ist, erfolgreich als geistlicher Schriftsteller betätigt. Ab den späten 1820er Jahren trat er mit zahlreichen erbaulichen, homiletischen, hymnologischen, liturgischen und religiös grundierten panegyrischen Schriften an die Öffentlichkeit, die im Verlag des Martinsstiftes erschienen und deutschlandweit vertrieben wurden. Viele von ihnen erreichten mehrfache Auflagen, die Verkaufserlöse flossen in die Unterhaltung der Rettungs- und Erziehungsanstalt ein. Als Herausgeber nahm sich R. des literarischen Nachlasses von Falk an. Die 1827 zur Subskription angekündigte Biographie auf der Grundlage ungedruckter Briefe und Tagebücher (»Johannes Falk's Sterben und Leben in Christo«, als Manuskript im Archiv des Martinsstifts überliefert), zu deren Darstellung R. wie kein anderer berufen war, blieb allerdings unveröffentlicht. So ist das, was R. über Falk zu sagen hatte, lediglich in gedrängter Form im Nachwort zu dessen Schrift »Der allgemeine Christliche Glaube« niedergelegt. Mit dieser hagiographisch getönten Würdigung verfügt die Forschung gleichwohl über die früheste biographische Schilderung Falks überhaupt. — Wie die Jahresberichte ausweisen, bemühte sich R. von Anbeginn um den Aufbau einer Bibliothek für das Martinsstift. Sie sollte zum einen den Bedürfnissen des Unterrichts in der Erziehungsanstalt Rechnung tragen, zum anderen aber, so das ehrgeizige Ziel R.s, die Reformationszeit in ihren literarischen Zeugnissen dokumentieren. Bei seinem Tod umfaßte die Büchersammlung annähernd 4500 Bände, worunter sich Handschriften und alte Drucke in erheblicher Zahl befanden. Kriegseinwirkungen dezimierten den Bestand 1945 auf ein Drittel seiner ursprünglichen Größe. — R.s ab 1821 ganz dem Wirken für das Martinsstift gewidmetes Leben verlief äußerlich ohne besondere Höhepunkte. Aus seiner Ehe mit Maria Dorothea Dufft gingen acht Kinder hervor, von denen die Söhne Carl Martin als Komponist und Paul als erster Biograph seines Vaters einige Bekanntheit erlangten. 1846 wurde R. durch Friedrich Wilhelm IV. mit dem Titel eines »Königlichen Rektors« ausgezeichnet. Die Schließung der städtischen Frei- und Erwerbsschule, der er neben seiner Tätigkeit im Martinsstift 30 Jahre lang vorgestanden hatte, beraubte ihn im Jahr 1853 seiner Einkünfte. R.s letztes Lebensjahrzehnt war von der bitteren Erfahrung überschattet, aus der Leitungsposition des von ihm gegründeten Rettungshauses allmählich hinausgedrängt zu werden. Seine bedeutende Stellung in der Geschichte der Sozialreformen, der Pädagogik und des Rettungshauswesens im 19. Jahrhundert steht dessen ungeachtet außer Frage.

Werke: Jahresberichte der Gesellschaft der Freunde in der Not zu Erfurt bzw. [ab 1822] des Martinsstifts, Erfurt 1820-1844; Nachrede, in: Johannes [Daniel] Falk, Der allgemeine Christliche Glaube mit Chorälen und Kupfern, wie solcher im Luthershofe zu Weimar mit den Zöglingen der Freunde in der Noth gesungen und volksmäßig durchsprochen wird, Weimar 1827, S. 49-67; (Hg.) Dr. Martin Luther und die Reformation in Volksliedern von Johannes Falk, Erfurt 1830, 1855³; Die heilige Passion unsers Herrn in sechs Fastenandachten, Erfurt 1837, o. J.², 1856³; Sangweisen und Saitenspiel zur heiligen Passion unseres Herrn, Erfurt 1837; Des Königs und Volkes Freude in dem Herrn. Eine Festandacht und vierzig Freudenlieder zusammengestellt im Jubeljahre 1840, Erfurt 1840, 1840²; Die hohen Feste unsers Herrn. Drei historische Liturgieen für Weihnachten, Ostern und Pfingsten, Erfurt 1840, 1842², 1856³; Seiner Majestät Friedrich Wilhelm dem Vierten unserm geliebten Landesvater dem Allzeitmehrer Überallgründer und Alleseiniger auf dem Denksteine Seiner Königlichen Gnade vor der Lutherspforte ein Dankopfer des Martinsstiftes, Erfurt 1842; Adam und Christus oder der Christbaum in M. Luthers Kinderstube. Ein Weihnachtsbüchlein für alle Christenkinder, Erfurt 1843, 1844², o. J.⁴; Sangweisen und Saitenspiel zum Christbaum in M. Luthers Kinderstube, Erfurt [1843]; Einig und frei in dem Herrn. Ein Hosianna deutscher Brüder 1848, Erfurt 1848; Zur Jubelfeier des deutschen Friedens 1648 und 1848, Erfurt 1848; Die heilige Geburt unsers Herrn. Eine historische Liturgie für den Weihnachtsabend und die Christmette, sammt zehn Spruchliedern für diese heiligen Tage, Erfurt [vor 1850²], 1850³, o. J.⁴, 1854⁵, 1855⁶, 1856⁷, 1861⁹; Die Furcht des Herrn der Weisheit Anfang, Die Furcht aber des Geistes Liebe und Friede. Predigten und Andachten in der Stadt des Friedens 1521 und 1850 gehalten. Dem deutschen Unions-Parlamente ein Hosianna im Hause Concordiä, Erfurt 1850; Tafellieder für deutsche Glaubensbrüder, Erfurt 1850, nach 1852²; Unsere Lutherslieder zu unsrer Reformation in Kirche, Schule und Haus, Erfurt [um 1850]; Die Königskrone. Unserm Landesvater ein Hosianna zum 3. Halljahre Seines Königreichs, Erfurt 1851; Des Mittlers Gehorsam eine Passions-Liturgie und Probe auch der neuen Ausgabe der heiligen Passion unseres Herrn, Erfurt 1852; Das Vorwort der deutschen Lutherbibel dem sechsten deutschen Kirchentage zu brüderlicher Prüfung vorgelegt, Erfurt 1852; Deutsche Liederbibel aus dem Worte Gottes mit den Liedern der Kirche, Erfurt [nach 1852], 1863²; Zwei Denkschriften über die städtische Schule im Martinsstifte, den beiden Wohllöblichen Stadtbehörden dienstwilligst vorgelegt, Erfurt 1853; Der Sieg des Lammes und seiner Gerechten. Eine historische Liturgie vor und am Sonntage Cantate aus der deutschen Liederbibel. Dem siebenten deutschen Kirchentage im Jahre unsers Heils 1854, Erfurt 1854; Die Schöpfung. Eine historische Liturgie aus der deutschen Liederbibel. Dem achten deutschen Kirchentage im Jahre unsers Heils 1855, Erfurt 1855; Unsre Freude auch im Leide. Dem geliebten Landesvater zu Seinem Geburtstage 1857 ein Hosianna aus der deutschen Liederbibel, Erfurt 1857; Einig in Gott! Unserm jungen Erben der Friedrichskrone ein Halleluja aus der deutschen Liederbibel, Erfurt 1858; Selig in Gott! Unserm jüngsten Erben der Friedrichskrone ein Hosianna zu Seiner Taufe, Erfurt 1859.

Lit.: Friedrich Zange, Karl Christian Wilhelm Reinthaler, in: Denkschrift der Thüringer Konferenz für Innere Mission zum Gedächtnis des hundertjährigen Geburtstags K. Reinthalers 22. August 1894, Erfurt 1894, 3-8; — Paul Reinthaler, Gedächtnisrede auf Karl Reinthaler, zur 75jährigen Stiftungsfeier des Martinsstiftes in Erfurt, 15. Sept. 1896, in: Monatsschrift für Innere Mission 16 (1896), 489-498; — Paul Reinthaler, Karl Reinthaler. Königl. Rektor des Martinsstiftes in Erfurt und seine Familie. Aus dessen Aufzeichnungen und nach eigener Erinnerung dargestellt, Hamburg 1897; — Katharina Trutz, Karl Christian Wilhelm Reinthaler, in: Mitteldeutsche Lebensbilder. Bd. 4: Lebensbilder des 18. und 19. Jahrhunderts, Magdeburg 1929, 229-241; — Wilhelm Velten, Kunstpflege in Erfurt in der Mitte des 19. Jahrhunderts. Die Ausschmückung des Festsaals im Martinsstift durch Karl Reinthaler, in: Mitteilungen des Vereins für die Geschichte und Altertumskunde von Erfurt 55 [N. F. 2] (1994), 75-99; — Ingrid Sturm, Welche pädagogischen Ideen verbargen sich hinter der Gründung des Erfurter Martinsstiftes durch Karl Reinthaler im Erfurter Augustinerkloster?, in: Stadt und Geschichte 12, Erfurt 2001, 12; — Michael Ludscheidt, Die Flugschriftensammlung der Martinsbibliothek in der Bibliothek des Evangelischen Ministeriums Erfurt, in: Ulman Weiß (Hrsg.), Flugschriften der Reformationszeit. Colloquium im Erfurter Augustinerkloster, Tübingen 2001, 9-16; — Sigrid Nagy, Es wuchs ein Baum im Paradies. Wie Luther im 19. Jahrhundert zum Weihnachtsbaum kam, Weimar 2003, 27-35, 36 ff.; — Oliver Schwarz-Roosmann, Carl Martin Reinthaler. Lebensweg eines Bremer Musikdirektors, Münster, Hamburg, London 2003 (Musikwissenschaft, 8), 9-12; — Michael Ludscheidt, Des Falkschen Instituts »Tochter zu Erfurt«. Karl Christian Wilhelm Reinthaler und die Anfänge des Martinsstifts, in: Falk-Jahrbuch 1 (2004/05), Weimar 2006, 77-89; — RGG¹ IV (1913), Sp. 2166-2167; — Johannes Biereye, Erfurt in seinen berühmten Persönlichkeiten, Erfurt 1937, 88.

Michael Ludscheidt

REUSCH, Johann (Joannes Revschivs), Kantor an der Stadtschule u. der Fürstenschule Meißen, Rektor der dortigen Stadtschule, Motettenkomponist, Kanzler des Bischofs von Meißen, Dechant des Domstifts Wurzen. * um 1523 Rodach bei Coburg, † 27.2. 1582 Wurzen bei Leipzig. — Nach dem Besuch der Lateinschule in seiner Vaterstadt wechselt er an die Klosterschule St. Georg in Naumburg, die von dem renommierten

Rektor u. Kantor Heinrich Faber geleitet wird. Dort erwirbt er die gründlichen musikalischen Kenntnisse, die für seinen weiteren Lebensweg unerläßlich sein werden. Nach dem Abschluß wird er 1543 an der Universität Wittenberg immatrikuliert u. erwirbt dort den Grad eines Baccalaureus. 1545 gelangt er als 3. Lehrer an die Stadtschule in Meißen, wo seine ersten Motettenkompositionen entstehen, von denen eine, sein Erstlingswerk, in einem Sammeldruck mit Vorwort von Melanchthon erscheint. Doch schon zwei Jahre später wird er als Kantor an die dortige Fürstenschule St. Afra berufen. Die sich entwickelnde Freundschaft mit dem dortigen Rektor Georg Fabricius bricht nicht ab, als er schon ein Jahr darauf an die Stadtschule zurückgelangt, u. zwar nun als deren Rektor. 1551 wird er in Wittenberg zum Magister promoviert. Nun folgen einige Jahre, in denen eine Reihe seiner Kompositionen im Druck erscheint. Auch für ein Werk, das ausschließlich seine deutschsprachigen Motettenkompositionen enthält, trägt Melanchthon ein Vorwort bei. Diese Werke lassen eine weitgespannte musikalische Tätigkeit erwarten. — Aber R. gibt 1555 den offenbar erfolgreichen Schuldienst endgültig auf, als er einer Berufung des letzten Bischofs von Meißen, Johannes IX. von Haugwitz, als dessen Sekretär folgt. Er übersiedelt nach Wurzen, wo die Bischöfe seit einigen Jahrzehnten residierten. Für den Bischof wird er bald unentbehrlich, indem er vielerlei Funktionen ausübt, die über die des Sekretärs weit hinausgehen. Er vertritt den Bischof als Abgesandter auf den Kreistagen. Er avanciert spätestens 1563 zum Kanoniker, er ist Verwalter der Prokuratur des Domkapitels Wurzen, wird 1576 zum Domdechanten gewählt, ist am Vertrag zwischen dem Bischof u. der Stadt Wurzen Pfingsten 1580 beteiligt u. schließlich ebenso maßgeblich an der vom Kurfürsten lange angestrebten Renuntiation des Bischofs 1581. Im Unterschied von den unstetigen Aktivitäten als Schulmann ist er insgesamt 26 Jahre ununterbrochen für den Bischof tätig. Der Kurfürst als der neue Herr würdigt seine Verdienste, indem er ihn zum Kurfürstlich Sächsischen neubestellten Rat ernennt. Reusch stirbt wenige Monate später. — Seine Bedeutung für die Nachwelt beruht auf seinen in zwei stark unterschiedlichen Tätigkeitsfeldern erbrachten Leistungen, die sich zudem auf zwei voneinander getrennte u. überdies etwa gleich lange Lebensabschnitte erstrecken. In den ersten drei Jahrzehnten seines Lebens wirkte er lernend u. lehrend in der Schule. Die akademische Ausbildung war die Voraussetzung dafür, seine Tätigkeit als Kantor ausüben zu können. Hier setzte er die Auffassung Luthers, daß die Jugend umfassend in den Künsten, vor allem aber in der Musik, gebildet werden müßte, tatkräftig in die Praxis um u. wirkte damit bestimmend auf die frühe Institutionengeschichte des protestantischen Kantorats ein. Kennzeichnend dafür ist auch sein Lehrbuch von 1553. In engem Zusammenhang damit steht eine weitere Leistung, die seinen Nachruhm allein ausmachen würde. In der Nachfolge von Thomas Stoltzer sorgte er nahezu gleichzeitig mit anderen jüngeren Akademikern für die genuin mitteldeutsche Ausprägung der deutschsprachigen Psalmmotette. Ihre politisch motivierten Motetten gelten als die allerersten geistlichen Kompositionen großen Formats in einer Nationalsprache überhaupt, wobei R.s seit 1546 komponierte Motetten den eigentlichen Anfang bilden. — Mit der tiefgreifenden Zäsur in seinem Leben, der Berufung zum Sekretär des Bischofs, bricht alles dies ab. Das geschieht in genau dem Jahr, in dem der Augsburger Religionsfrieden geschlossen wurde u. die politische Funktion für die Festigung des Bestands der neuen Konfession, die die Musik in der Lehre einnahm, an Bedeutung zu verlieren begann. Jetzt entwickelt er Aktivitäten ganz anderer Art, mit denen er auf der Seite des gegenüber dem Kurfürsten kämpferischen u. vertragsunwilligen Bischofs wirkt. Die große Geldsumme, die ihm der Bischof bei seinem Amtsverzicht als Vermächtnis ansetzt, ist Beweis für die hohe Wertschätzung in einem Tätigkeitsbereich, der sich von dem vorangegangenen als Kantor im Eifer für die neue Lehre nahezu gegensätzlich abhebt.

Werke: Kompositionen: Motette »Grates nunc omnes reddamus domino Deo« im Sammeldruck: Officia de Nativitate Circumcisione. Bd. 1. Georg Rhaw, Wittenberg 1545; Mehrere Psalmmotetten aus den Jahren 1546 bis 1549, die in Handschriften erhalten sind u. später in teils revidierter Form im Druck veröffentlicht werden unter dem Titel Zehen deudscher Psalm Davids, sampt einem schönen Gebet aus dem Propheten Hieremia, in Vier Stimmen gebracht. Durch Johannem Reuschium Rotachensem. Mit einer Vorrede D. Philip Melanchth. Georgen Rhawen Erben, Wittenberg Oktober 1551, eine weitere (Teil-) Auflage 1552; Epitaphia rhavorvm composita per Joannem Revschivm Rotachensem. Officina haeredum G. Rhavi, Wittenberg 1550 (auf Texte von Georg Fabricius); Carminum nuptalium. Liber I. Wolfgang Günther, Leipzig 1552; Melodiae odarum Georgii Fabricii. Wolfgang Günther, Leipzig 1554; In diem natalem Jhesu Christi, veri Dei et hominis, Carmen / Johannis Reuschii F., Ambrosius Fritsch, Görlitz 1568 (fragwürdig; als Autor kommt auch der gleichnamige Sohn in Betracht). Lehrbuch: Elementa musicae practicae pro incipientibus. Wolfgang Günther, Leipzig 1553, gewidmet Iulius Fritsch, dem Bruder seiner ersten Frau.

Lit.: Einzelveröffentlichungen: Christian Schöttgen, Historie Der Chur-Sächsischen Stiffts-Stadt Wurtzen: Aus gehörigen Documenten u. glaubwürdigen Nachrichten zusammen getragen. Leipzig 1717; — Johann August Müller, Versuch einer vollständigen Geschichte der chursächsischen Fürsten- u. Landesschule zu Meißen, aus Urkunden u. glaubwürdigen Nachrichten. Bd. 1. Leipzig 1789 ; — Robert Eitner, Die Rathsschulbibliothek in Zwickau in Sachsen. Monatsh. Musikgesch. 7 (1875) 161-165; — Theodor Flathe, Sanct Afra: Geschichte der königlich sächsischen Fürstenschule zu Meißen seit ihrer Gründung im Jahre 1543 bis zu ihrem Neubau in den Jahren 1877 - 1879. Leipzig 1879; — Eduard Machatschek, Geschichte der Bischöfe des Hochstiftes Meissen in chronologischer Reihenfolge. Zugleich ein Beitrag zur Culturgeschichte der Mark Meissen u. des Herzog- u. Kurfürstenthums Sachsens. Dresden 1884; — Reinhard Vollhardt, Geschichte der Cantoren u. Organisten von den Städten im Königreich Sachsen. Berlin 1899. Reprint Leipzig 1978 [Mit Nachwort hrsg. von H-J. Schulze. Ergänzungen u. Berichtigungen von E. Stimmel]; — Leo Bönhoff, Würdenträger u. Mitglieder des Wurzner Stiftskapitels bis zur Kapitulation. (10. Okt. 1581.) In: E. Mäschel (Hrsg.), Mitt. des Wurzener Geschichts- u. Altertumsvereins. Wurzen 1916, Bd. 2, Nr. 2, p. 48-76; — Walter Dehnhard, Die deutsche Psalmenmotette in der Reformationszeit. Wiesbaden 1971; — Karlheinz Schlager (Hrsg.), Einzeldrucke vor 1800. Répertoire international des sources musicales (RISM). Kassel 1978. Bd. 7, p. 155; — Karlheinz Schlager (Hrsg.), Einzeldrucke vor 1800. Répertoire international des sources musicales (RISM). Kassel 1998. Bd. 13; — P. Krause in: F. Blume (Hrsg.), Die Musik in Geschichte u. Gegenwart, Bd. 16. Kassel 1979, Sp. 1247; — A. Brinzing, Eine unbeachtete Musikhandschrift der Landesbücherei Dessau u. der sogenannte »Zerbster Lutherfund«. Archiv Musikwiss. 51 (1994) 110-130; — Jürgen Heidrich, Musik u. Humanismus an der Fürstenschule St. Afra zu Meißen im 16. Jh. In: Ulrich Konrad (Hrsg.), Musikalische Quellen - Quellen zur Musikgeschichte. Festschrift für Martin Staehelin zum 65. Geburtstag. Göttingen 2002; — Jürgen Heidrich, Humanistische Elemente in der Musik der Reformation. In: Harald Marx, Cecilie Hollberg (Hrsg.): Glaube u. Macht. Sachsen im Europa der Reformationszeit. Aufsätze. Dresden 2004; — Wolfram Steude, Reformatorische Impulse in der deutschen Musik. In: Harald Marx, Cecilie Hollberg (Hrsg.): Glaube u. Macht. Sachsen im Europa der Reformationszeit. Aufsätze. Dresden 2004; — J.H. Müller, Der Komponist als Prediger. Die deutsche evangelisch-lutherische Motette als Zeugnis von Verkündigung u. Auslegung vom Reformationsalter bis in die Gegenwart. Diss. Universität Oldenburg 2003; — Paul Günther, Zur Geschichte der Rodacher Lateinschule. Bad Rodach 2003; — M. Just, B. Schwemer (Hrsg.), Die Handschrift des Jodocus Schalreuter: Ratsschulbibliothek Zwickau Mus. Ms. 73 (um 1540). Wiesbaden 2004; — H. Vogt, H.-P. Wessel, Johann Reusch, Komponist u. Kanzler. Genealogie 57 (2008) 1-12.

Lexika: Ernst Ludwig Gerber, Neues historisch-biographisches Lexikon der Tomkünstler. Teil 3. Leipzig 1814, Sp. 840 - Reprint Graz 1966; — Heinrich Wilhelm Rotermund, Fortsetzungen und Ergänzungen zu C.G. Jöchers allgemeinem Gelehrten-Lexiko. Bd. 6. Bremen 1819; — Robert Eitner in: Allgemeine Deutsche Biographie, Bd. 28, Leipzig 1889, p. 295; — Robert Eitner, Biographisch-bibliographisches Quellen-Lexikon der Musiker und Musikgelehrten christlicher Zeitrechnung bis Mitte des neunzehnten Jahrhunderts. Graz: Akademische Druck- u. Verlaganstalt, 1959; — Karl-Günther Hartmann in: F. Blume (Hrsg.), MGG Bd. 11. Kassel 1963, Sp. 308:; — Alberto Basso (Hrsg.), Dizionario enciclopedico universale della musica e dei musicisti. Bd. 6. Turin 1988, p. 311; — DBE Bd. 8, München 1998, p. 255; — Walter Blankenburg in: Stanley Sadie (Hrsg.), The New Grove Dictionary of Music and Musicians. Bd. 21. London 2002, p. 232; — Wolfram Steude in: Ludwig Finscher (Hrsg.), MGG. Bd. 13. Kassel 2005, p. 1582.

Helmut Vogt

REUSS, Joseph (Eugen), katholischer Neutestamentler, * 23.5. 1904 in Eichenbühl, † 4.2. 1986 in Würzburg. J. R. wurde in dem unterfränkischen Dorf Eichenbühl geboren und studierte Philosophie und Theologie an den Universitäten Würzburg und Innsbruck. Mit einer Arbeit über den Philosophen Bruno Bauch (1877-1942) promovierte er 1926 in Innsbruck zunächst in Philosophie. Mit einer Untersuchung über die Caritaslehre von Johannes Duns Scotus († 1308, s. Bd. I), welche diese mit den Ansichten des Richard von Mediavilla (13. Jh., s. Bd. VIII), Heinrich von Gent († 1293, s. Bd. II) und Wilhelm von Ware († um 1300, s. Bd. XIII) verglich, promovierte er dann 1929 in Innsbruck auch in Theologie. Reuss widersprach der These des Franziskaners Joseph Klein (Die Charitaslehre des Johannes Duns Skotus. Münster 1926), die Caritaslehre von Duns Scotus sei den Caritaslehren von Bonaventura und Thomas von Aquin überlegen. Man könne die Caritaslehre von Duns Scotus »nicht als einen Fortschritt gegenüber den Ansichten eines hl. Thomas bezeichnen. Gewiß bemüht sich Scotus die selbstlose Liebe als die Liebe der Caritas zu betonen und manche Unklarheiten, die wir auch noch bei Thomas finden, zu beseitigen. Aber oft übt er nur scharfe Kritik an den Anschauungen anderer Theologen; was ihm nicht ein ganz streng schließender Vernunftbeweis oder die Glaubenslehre verbürgt, das erkennt er nicht an, mag dabei auch der organische Aufbau des übernatürlichen Gnadenlebens verloren gehen; oft verläßt er die Stellung der anderen Theologen und vermag nichts Besseres dafür einzusetzen.« Im Gegensatz zu Heinrich von Gent sei Richard von Mediavilla kein Vorläufer scotistischer Gedanken zur Caritaslehre. Am 17. März 1929 empfing Reuss die Priesterweihe. Danach war er als Kaplan im Würzburger Juliusspital und kurze Zeit als Präfekt im Kilianeum tätig. Von 1935 bis 1937 studierte er am Päpstlichen Bibelinstitut in Rom. 1938 habilitierte er sich bei Karl Staab (1892-1974) an der Universität Würzburg im Fach Neutestamentliche Exegese mit einer Untersuchung der Matthäus-, Markus- und Johannes-Katenen. Der Jesuit Franz Klejna lobte die Dissertation als »unschätzbare Pionierarbeit« und bemerkte: »Wohl stellt die Art der Katenenkommentare, in sich genommen, einen katastrophalen Verfall in der Geschichte der Exegese dar. Aber die apodiktischen Urteile, mit denen man bislang diesen Literaturerzeugnissen jeglichen Wert abzusprechen pflegte, sind deshalb noch lange nicht berechtigt. Wir dürfen nicht vergessen, daß gerade in den Katenenkommentaren eine der besten Quellen für die Gedankenwelt des christlichen Altertums verborgen liegt. Der bedeutsamste Teil der Erklärung zu den ntl. Schriften aus der Blütezeit der wissenschaftlichen Exegese in der griechischen Kirche ist fast nur in diesen Werken erhalten.« R.s Studie habe »wertvollste Ergebnisse zutage gefördert« und biete »einen sehr dankenswerten Einblick in die Geschichte der Exegese, besonders ihrer griechischen Blütezeit«. Reuss wurde am 30. November 1939 der Dr. habil. verliehen. Eine Ernennung zum Dozenten blieb ihm allerdings aufgrund des Einspruches des Reichskirchenministeriums versagt. Ihm wurde vorgeworfen, »seine Studien in der ehemaligen Jesuitenfakultät der Innsbrucker Universität gemacht« zu haben und für das Fach der Exegese »nicht die entsprechende Vorbildung« zu besitzen. Von 1938 bis Kriegsende wirkte Reuss als Seelsorger (Kurat) in Hohestadt bei Ochsenfurt. 1945 wurde er als Professor für Neutestamentliche Exegese an die Philosophisch-Theologische Hochschule Regensburg berufen. Von 1955 bis 1957 war er Rektor dieser Hochschule. 1964 erhielt er einen Ruf auf den Lehrstuhl für Biblische Einleitung und Biblische Hilfswissenschaften an der Theologischen Fakultät Würzburg, den er bis zu seiner Emeritierung 1972 innehatte. Sein Lehrstuhlnachfolger war von 1972 bis 2005 der Schnackenburg-Schüler Karlheinz Müller (*1936). Seine 1966 veröffentlichte Edition »Johannes-Kommentare aus der griechischen Kirche. Aus Katenenhandschriften« versammelte Texte aus den Kommentaren von Appolinaris von Laodicea (4. Jh., s. Bd. I), Theodor von Heraclea (4. Jh., s. Bd. XXIV), Didymus dem Blinden (4. Jh., s. Bd. 1), Cyrill von Alexandrien (5. Jh., s. Bd. I), Ammonius von Alexandrien (6. Jh.) und Photius von Konstantinopel (9. Jh., s. Bd. VII). Reuss erstellte die Korreferate zu den Dissertationen von Anton Dauer (1933-1996, später Prof. in Bayreuth) und Gerhard Lohfink (*1934, später Prof. in Tübingen). Von der katholischen Kirche wurde Reuss zum Geistlichen Rat und Päpstlichen Ehrenprälaten ernannt. Er starb am Morgen des 4. Februar 1986 in Würzburg und wurde im Familiengrab in Retzbach beerdigt. Einer seiner Assistenten, Bernhard Mayer (*1939), wurde 1973 Professor für Neutestamentliche Wissenschaft in Eichstätt. Der Regensburger bzw. Würzburger Neutestamentler Joseph Reuss ist nicht zu verwechseln mit dem Mainzer Weihbischof Joseph Maria Reuß (1906-1985, s. Bd. VIII).

Monographien: Das Verhältnis von Philos. u. Naturwissenschaft. Darlegung u. Kritik der Ansicht Bruno Bauchs u. Versuch einer Lösung des Problems. Diss. Innsbruck 1925; Die theol. Tugend der Liebe nach der Lehre des Johannes Duns Scotus. Diss. Innsbruck 1929; Matthäus-, Markus- u. Johannes-Katenen. Nach den hs. Qu. unters. (NTA Bd. 18,4/5). Münster 1941; (Hrsg.), Matthäus-Kommentare aus der griech. Kirche. Aus Katenenhandschriften (TU Bd. 61). Berlin 1957; (Mit Rudolf Mayer), Die Qumranfunde u. die Bibel. Regensburg 1959; Johannes-Kommentare aus der griech. Kirche. Aus Katenenhandschriften (TU Bd. 89). Berlin 1966; (Hrsg.), Lukas-Kommentare aus der griech. Kirche. Aus Katenenhandschriften (TU Bd. 130). Berlin 1984.

Bücher in der Reihe »Geistliche Schriftlesung«: Der erste Brief an Timotheus (Geistliche Schriftlesung Bd. 15). Düsseldorf 1963, ^{2}1964; Der zweite Brief an Timotheus (Geistliche Schriftlesung Bd. 16). Düsseldorf 1965, ^{2}1982; Der Brief an Titus (Geistliche Schriftlesung Bd. 17). Düsseldorf 1966, ^{2}1984.

Übersetzungen der Bücher in andere Sprachen: Prima lettera a Timoteo. Übers. v. Bruno Nicolini (Commenti spirituali del Nuovo Testamento). Roma 1965, ^{2}1974; Seconda lettera a Timoteo. Übers. v. Bonaventura da Male (Commenti spirituali del Nuovo Testamento). Roma 1966, [2]1968, [3]1991; Lettera a Tito. Übers. v. Guglielmo Corti (Commenti spirituali del Nuovo Testamento). Roma 1967; A primeira epistola a Timoteo. Comentada. Übers. v. Roberto Miranda (Colecao Novo Testamento Bd. 15). Petropolis 1967; A segunda epistola a Timoteo. Comentada. Übers. v. Danilo Kerber (Colecao Novo Testamento Bd. 16). Petropolis 1967; Primera carta a Timoteo. Übers. von Miguel de Francisco (El Nuevo Testamento y su mensaje Bd. 15). Barcelona 1967, [2]1975, [3]1985; Carta a Tito. Übers. v. J. M. Caballero (El Nuevo Testamento y su mensaje Bd. 17). Barcelona 1968, [2]1975, [3]1986; The first epistle to Timothy. The second epistle to Timothy. Übers. v. Benen Fahy OFM (New testament for spiritual reading Bd. 19). New York 1969; La Lettre à Tite. Übers. v. Carl de Nys. Paris 1970; Segunda carta a Timoteo (El Nuevo Testamento y su mensaje Bd. 16). Übers. v. Alejandro Esteban Lator Ros. Barcelona 1970, [2]1980; The epistle to titus. Übers. v. Michael Dunne (New testament for spiritual reading Bd. 20). London 1971; Les deux lettres à Timothée. Übers. v. Carl de Nys. Paris 1971.

Aufsätze in Zeitschriften (Auswahl): Die theol. Tugend der Liebe nach der Lehre des Johannes Duns Scotus, in: ZKTh 58 (1934) 1-39, 208-242; Die theol. Tugend der Liebe nach der Lehre des Richard v. Mediavilla, in: FS 22 (1935) 11-43, 158-198; Origenesfragmente in Matthaeuskatenen, in: Bibl 20 (1939) 401-404; Der Exeget Ammonius u. die Fragmente seines Matthäus- u. Johannes-Kommentares, in: Bibl 22 (1941) 13-20; Cyrill v. Alexandrien u. sein Komm. zum Johannesevangelium, in: Bibl 25 (1944) 207-209; Die Evangelienkatenen in Cod. Archivio di S. Pietro gr. B. 59, in: Bibl 35 (1954) 207-216; Die Kirche als »Leib Christi« u. die Herkunft dieser Vorstellung bei dem Apostel Paulus, in: BZ 2 (1958) 103-127; Die Erklärung des Johannes-Evangeliums durch den Patriarchen Photius v. Konstantinopel (Karl Staab zum 70. Geb.), in: BZ 6 (1962) 279-282; Der Presbyter Ammonius v. Alexandrien u. sein Komm. zum Johannes-Evangelium, in: Bibl 44 (1963) 159-170; Bemerkungen zu den Lukas-Homelien des Titus v. Bostra, in: Bibl 57 (1976) 538-541; Ein unbekannter Komm. zum 1. Kapitel des Lukas-Evangeliums, in: Bibl 58 (1977) 224-230; Ist Apollinaris v. Laodicea Verf. eines Lukas-Kommentars?, in: OstKSt 26 (1977) 28-34; Stud. zur Lukas-Erklärung des Presbyters Hesychius v. Jerusalem, in: Bibl 59 (1978) 562-571.

Aufsätze in Sammelbänden (Auswahl): Joh 2,3-4 in Johannes-Kommentaren der griech. Kirche, in: Neutestamentliche Aufsätze. Festschr. für Prof. Josef Schmid zum 70. Geb. Regensburg 1963. 207-213; Unbekannte Erklärungen zum Lukas-Evangelium des Patriarchen Photius v. Konstantinopel, in: Josef Schreiner (Hrsg.), Wort, Lied u. Gottesspruch. Btrr. zur Septuaginta. Festschr. für Joseph Ziegler (Forsch. zur Bibel Bd. 1). Würzburg 1972. 103-108.

Rezensionen (Auswahl): Joseph Ernst Mayer, Die acht Seligpreisungen Jesu. Wien 1948. In: ThRv 45 (1949) Sp. 175; Erich Klostermann/Ludwig Früchtel (Hrsg.), Origenes Werke XII: Origenes Matthäuserklärung III: Fragmente u. Indices, 2. Hälfte (Die griech. chr. Schriftsteller der ersten Jahrhunderte Bd. 41,2). Berlin 1955. In: ThRv 52 (1956) Sp. 63f.; Alfred Wikenhauser, Die Christusmystik des Apostels Paulus. Freiburg i. Br. [2]1956. In: ThRv 53 (1957) Sp. 13f.; Joachim Jeremias, Jerusalem zur Zeit Jesu. Kulturgeschichtliche Unters. zur nt. Zeitgeschichte. Göttingen [2]1958. In: ThRv 56 (1960) Sp. 64f.; Willem Cornelis van Unnik, Evangelien aus dem Nilsand. Frankfurt a. M. 1960. In: ThRv 56 (1960) Sp. 155-157; Hans-Martin Schenke, Die Herkunft des sogenannten Evangelium veritatis. Göttingen 1959. In: ThRv 57 (1961) Sp. 165f.; Robert M. Grant/David Noel Freedman, Geheime Worte Jesu. Das Thomas-Evangelium. Aus dem Amer. übersetzt. Frankfurt a. M. 1960. In: ThRv 58 (1962) Sp. 89f.; Gustav Stählin, Die Apostelgeschichte, übers. u. erklärt. Göttingen 1962. In: ThRv 61 (1965) Sp. 26; Jürgen Becker, Das Heil Gottes. Heils- u. Sündenbegriffe in den Qumrantexten u. im NT (Stud. zur Umwelt des NTs Bd. 3). Göttingen 1964. In: ThRv 61 (1965) Sp. 153f.; Gert Jeremias, Der Lehrer der Gerechtigkeit (Stud. zur Umwelt des NTs Bd. 2). Göttingen 1963. In: ThRv 61 (1965) Sp. 238-240; Suitbert H. Siedl, Qumran. Eine Mönchsgemeinde im Alten Bund. Stud. über Serek Ha-Yahad. Rom u.a. 1963. In: ThRv 62 (1966) Sp. 16f.; Kurt Treu, Die griech. Handschriften des NTs in der UdSSR. Eine systematische Auswertung der Texthandschriften in Leningrad, Moskau, Kiev, Odessa, Tbilisi u. Erevan (TU Bd. 91). Berlin 1966. In: ThRv 63 (1967) Sp. 26f.; Pierre Grelot, La Bible, parole de Dieu. Introduction théologique à l´étude de l´Ecriture sainte. Paris 1965. In: ThRv 63 (1967) Sp. 92f.; Adolf Smitmans, Das Weinwunder v. Kana. Die Auslegung von Jo 2,1-11 bei den Vätern u. heute (Btrr. zur Gesch. der bibl. Exegese Bd. 6). Tübingen 1966. In: ThRv 63 (1967) Sp. 384f.; Robert McQueen Grant, L´interprétation de la Bible des origines chrétiennes a nos jours. Paris 1967. In: ThRv 64 (1968) Sp. 389f.; Franz Paschke, Die beiden griech. Klementinen-Epitomen u. ihre Anhänge. Überlieferungsgeschichtliche Vorarbeiten zu einer Neuausgabe der Texte (TU Bd. 90). Berlin 1966. In: ThRv 64 (1968) Sp. 496f.; Pierre Benoit, Exégèse et théologie Bd. 3 (Cogitatio fidei Bd. 30). Paris 1968. In: ThRv 67 (1971) Sp. 27f.

Rezensionen zu Werken von J. R. (Auswahl): Matthäus-, Markus- u. Johannes-Katenen. Münster 1941. In: OLZ 45 (1942) Sp. 368 (Johannes Leipoldt), ZKTh 66 (1942) 166f. (Franz Klejna), ThGl 34 (1942) 170 (Karl Pieper), Gregorianum 24 (1943) 402-404 (Florentino Ogara), MSR 1 (1944) 178 (M. Richard), Irénikon 20 (1947) 348; — Matthäus-Kommentare aus der griech. Kirche. Berlin 1957. In: Irénikon 30 (1957) 46, ThRv 54 (1958) Sp. 155-157 (Max Rauer), ThLZ 83 (1958) Sp. 762 (Karl Hermann Schelkle), VD 36 (1958) 125 (E. Des Places), RSR 47 (1959) 108, RThAM 27 (1960) 159; — Die Qumranfunde u. die Bibel. Regensburg 1959. In: VD 38 (1960) 118-120 (Max Zerwick), MThZ 11 (1960) 157 (Martin Rehm), Welt u. Wort 15 (1960) 124 (Franz Dirlmeier), RBén 71 (1961) 190; — Der erste Brief an Timotheus. In: ThLZ 91 (1966) Sp. 357 (E. Stange); — Johannes-Kommentare aus der griech. Kirche. Berlin 1966. In: ThLZ 94 (1969) Sp. 271 (Johannes B. Bauer); — Der Brief an Titus. Düsseldorf 1966. In: MThZ 21 (1970) 82 (Alexander Sand).

Lit. (Auswahl): Franz Mußner, Tagung kath. Neutestamentler in Bad Imnau, in: TThZ 64 (1955) 185f., hier 185; — Anton Dauer, Die Passionsgesch. im Johannesevangelium. Eine traditionsgeschichtliche u. theol. Unters. zu Joh 18,1-

19,30 (Stud. zum Alten u. Neuen Testament Bd. 30). München 1972. 9, 30, 74 u.a.; — Josef G. Plöger/Otto Knoch (Hrsg.), Einheit im Wort. Informationen, Gutachten, Dokumente zur Einheitsübers. der HS. Stuttgart 1979. 143; — Heinz Geist, Joseph Reuss zum 80. Geb., in: BiKi 39 (1984) 84; — Als Alttestamentler [sic] international anerkannt. Prälat Professor DDr. Joseph Reuss im Alter von 81 Jahren gestorben, in: Würzburger kath. Sonntagsbl. 133 (1986), Nr. 7, 16.2.1986, 19 (Abb.); — KlBl 66 (1986) 118; — Wolfgang Weiß, Die Kath.-Theol. Fakultät Würzburg, in: Dominik Burkard/Wolfgang Weiß (Hrsg.), Kath. Theologie im Nationalsozialismus Bd. 1/1: Institutionen u. Strukturen. Würzburg 2007. 277-326, hier 310, 316f.; — Kein Artikel im LThK³.

Gunnar Anger

ROENTGEN, Abraham, * 30.1. 1711 in Mühheim am Rhein, † 1.3. 1793 in Herrnhut. Tischler, Möbelhersteller, Kabinettmacher, Herrnhuter. — Abraham Roentgen wurde 1711 in Mühlheim am Rhein geboren. Bei seinem Vater erlernte er den Beruf des Tischlers und spezialisierte sich auf die Herstellung von Möbeln, insbesondere auf Holzmosaike. Er verbrachte einige Jahre in Mühlheim und ging dann 1730 als Geselle nach Den Haag, Rotterdam und Amsterdam, um seine Fertigkeiten zu vervollkommnen. Einige Jahre arbeitete er in seinem Beruf in London und kooperierte mit bekannten Meistern seines Faches, wie John Channon oder Christian Gern. In London erfuhr er ein Bekehrungserlebnis und stand in enger Verbindung mit Herrnhuter Brüdern, so mit Peter Böhler (1712-1775) und Molter. Um seinen Glauben zu leben, zog er nach Marienborn in die Wetterau und wurde dort 1738 in die Brüdergemeine aufgenommen. Bald stand er mit dem Grafen Ludwig Nikolaus von Zinzendorf (1700-1760) in einem engen Vertauensverhältnis. Am 18. April 1739 heiratete er in Marienborn Susanne Marie Bausch (1717-1776). Gemeinsam wollte sich das Paar auf Mission nach North Carolina begeben, geriet jedoch vor Irland in Seenot und strandete. Roentgens kehrten wieder in die Wetterau zurück. In Herrnhaag, dem radikalpietistischen Zentrum der Brüdergemeine, arbeitete Abraham Roentgen viele Jahre als Tischler und Cabinet-Arbeiter in den Werkstätten der Brüdergemeine. 1742 eröffnete er seine eigene Werkstatt, in der er tätig war, bis er um 1750 die Siedlung verlassen mußte. Er zog nach Neuwied in die Pfarrstraße des Herrnhuter Viertels, von wo aus seine Werkstatt Möbel für viele europäische Höfe belieferte. 1763/64 baute er in der gleichen Straße ein luxuriöses Wohnhaus samt Werkstätten im Stil des Klassizismus. Im Jahre 1764 kaufte er schließlich in seiner neuen Heimatstadt das Bürgerrecht. Sein verschwenderischer Lebensstil und sein selbstbewußtes Auftreten ließ ihn immer mehr zur Brüdergemeine, welcher er noch formal angehörte, in Distanz treten. 1766 kam es wegen eines Kredites zwischen Roentgen und den Gemeineältesten zu einem Zerwürfnis. Um nicht aus der Religionsgemeinschaft ausgeschlossen zu werden, zog er sich 1769 aus der Direktion seines Unternehmens zurück, traf jedoch weiterhin die kaufmännischen Entscheidungen. Als er während einer wirtschaftlichen Krise 1771 Teile seiner Möbel bei einer Hamburger Lotterie veräußerte, führte dies erneut zu einem Streit mit den Herrnhutern, da diese die spekulativen Lotteriemachenschaften ablehnten. Roentgen übergab schließlich 1776 seine Werkstatt seinem ältesten Sohn, David Roentgen (1743-1807), mit dem er schon seit den 1760er Jahren eng kooperierte. 1785 zog Abraham Roentgen in das Witwerhaus nach Herrnhut, wo er die letzten Jahre bis zu seinem Tode 1793 verbrachte. — Schon in Herrnhaag war seine Werkstatt äußerst erfolgreich, Roentgen belieferte die umliegenden Adelshäuser, aber auch das gehobene Bürgertum, mit qualitätsvollem Mobiliar. Roentgens Möbel waren auch im Haushalt Goethes vertreten. Unter seinen wichtigsten Kunden waren die Grafen von Isenburg-Büdingen, die Häuser Schönborn, Walderdorff und Wied. Viele seiner Kundenkontakte knüpfte er auf der Frankfurter Herbstmesse, die er regelmäßig von der Wetterau und später von Neuwied aus besuchte.

Lit. (Auswahl) Huth, Hans: Abraham und David Roentgen und ihre Neuwieder Möbelwerkstatt. Berlin 1928 (Jahresgabe des Deutschen Vereins für Kunstwissenschaft, 1928). München 1974²; — Salverte, Comte de: Deux ébénistes rhénans du XVIIIe siècle. Abraham et David Roentgen. In: La revue de l'art ancien et moderne, LVI, 307, 1929, 102-107; — Huth, Hans: Roentgen, Abraham. In: Thieme/Becker, XXVIII, 1934, 493-494; — Kreisel, Heinrich: Möbel von Abraham Roentgen. Darmstadt (1953) (Wohnkunst und Hausrat, einst und jetzt, V); — Greber, Josef Maria: Der Trierer Kurfürstenstuhl und die anderen Sitzmöbel Abraham Roentgens. In: Trierer Zeitschrift für Geschichte und Kunst des Trierer Landes und seiner Nachbargebiete, XXIV/XXVI, 1956/58, 219-230; — Dingeldein, Rudolf: David Roentgen. Vom Tischlermeister zum Geheimen Rat. Büdingen 1957; — Du nouveau sur Abraham Roentgen. In: Connaissance des arts, CXLVIII, 6, 1964, 84-

91; — Greber, Josef Maria: Zwei Schreibmöbel von Abraham Roentgen für Kurfürst Johann Philipp von Walderdorf. In: Kurtrierisches Jahrbuch, VIII, 1968, 166-171; — Kreisel, Heinrich: Abraham Roentgen. Die deutsche Kunstschreinerei im 18. Jahrhundert als Leistung selbständiger Handwerker. In: Die Kunst und das schöne Heim, LXXXII, 1970, 761-765; — Kreisel, Heinrich: Spätbarock und Rokoko. München 1970 (Kreisel, Heinrich; Himmelheber, Georg: Die Kunst des deutschen Möbels, II); — Bönneken, Ernst: Zur Herkunft der Neuwieder Kunsttischlerfamilie Roentgen aus dem 18. Jahrhundert. Neuwied (1971); Berninger, Dieter: Von alten Bildern aus der Goethezeit in Neuwied und den Familien Roentgen, Zick, Kinzing, Friedenreich und Berninger. Neuwied (1972); — Huth, Hans: Roentgen furniture. Abraham and David Roentgen, European cabinet-makers. New York 1974; — Huth, Hans: Abraham und David Roentgen. Dokumente. In: Heimatjahrbuch des Landkreises Neuwied. Neuwied (1974), 76-79; — Stürmer, Michael (Hrsg.): Der Herbst des Alten Handwerks. Quellen zur Sozialgeschichte des 18. Jahrhunderts. München 1979; — Greber, Josef Maria: Abraham und David Roentgen. Möbel für Europa. Werdegang, Kunst und Technik einer deutschen Kabinett-Manufaktur. Europäische Möbelkunst im 18. Jahrhundert. Starnberg 1980; — Fabian, Dietrich: Entwicklung der Bodenstanduhren in der Roentgenwerkstatt. In: Schweizerische Schreinerzeitung, 44, 1981, 1038-1048; 45, 1981, 1061-1074; — Fabian, Dietrich: Die Tischler der Könige. Abraham und David Roentgen. In: Du, XLI, 12, 1981, 6-11; — Fabian, Dietrich: Die Entwicklung der Roentgen-Schreibmöbel. Ein Beitrag zur Geschichte der Möbelkunst im 18. Jahrhundert. Bad Neustadt 1982 (Schriften zur Kulturwissenschaft der Internationalen Akademie für Kulturwissenschaften, LX); — Stürmer, Michael: Handwerk und höfische Kultur. Europäische Möbelkunst im 18. Jahrhundert. München 1982; — Fabian, Dietrich: Die Entwicklung der Einlegekunst in der Roentgenwerkstatt. Bad Neustadt (1982) (Schriften zur Kunstwissenschaft der Internationalen Akademie für Kulturwissenschaften »Neustadt, Saale«, XXXVI); — Schmidt, Wilhelm Friedrich; Fabian, Dietrich: Kinzing und Roentgen, Uhren aus Neuwied. Uhren, Uhrenmöbel, Musikinstrumente, Spielwerke. Leben und Werk der Uhrmacherfamilien Kinzing und der Kunstschreiner Abraham und David Roentgen. Bad Neustadt 1983 (Schriften zur Kulturwissenschaft der Internationalen Akademie für Kulturwissenschaften »Neustadt, Saale«, LXI). Bad Neustadt 1984[2]; — Helmes, Werner: Neuwied und die Möbelmacher Abraham und David Roentgen. In: Vor-Zeiten. Geschichte in Rheinland-Pfalz, I, 1985, 149-168; — Fabian, Dietrich: Roentgenmöbel aus Neuwied. Leben und Werk von Abraham und David Roentgen. Bad Neuwied 1986; — Schütz, Rosemarie; Willscheid, Bernd: Abraham und David Roentgen. Möbel aus der Ausstellung im Kreismuseum Neuwied 18. Oktober - 2. November 1986. Neuwied 1986; — Stürmer, Michael (Hrsg.): Der Herbst des Alten Handwerks. Meister, Gesellen und Obrigkeit im 18. Jahrhundert. München 1986; — Stürmer, Michael: Schatullen und Kästchen von Abraham und David Roentgen. In: Maltechnik. Restauro, XCII, 4, 1986, 24-37; — Mitzlaff, Otto von: Qualität aus Herrnhuter Geist. Made in Neuwied: Die Möbel von Abraham und David Roentgen. Stuttgart 1987; — Reber, Gabriele: Ästhetischer Genuß und technische Raffinesse. Das Möbelangebot der Kunstschreiner Abraham und David Roentgen. Büdingen 1988; — Reber, Gabriele: Das Möbelangebot der Kunstschreiner Abraham und David Roentgen. Büdingen 1988; — Cornet, Christine: Roentgenmöbel in Münchner Museen: Hausarbeit zur Erlangung des Magistergrades an der Ludwig-Maximilians-Universität in München. München 1989; — Kieser, Alfred; Rau, Karin: Frühkapitalistische Unternehmer, z.B. Abraham und David Roentgen. Mannheim 1990; — Schütz, Rosemarie: Möbel von Abraham und David Roentgen: Sammlung Kreismuseum Neuwied. Neuwied 1990 (Schriften des Kreismuseums Neuwied); — Cornet, Christine: Roentgenmöbel in Münchner Museen. In: Die Weltkunst. Aktuelle Zeitschrift für Kunst und Antiquitäten, LXI, 1991, 418-421, 634-635, 1177-1181, 1930-1932, 2644-2648, 3012-3015; — Möbel. Koblenz 1992 (Meisterwerke. 2000 Jahre Handwerk am Mittelrhein); Fabian, Dietrich: Abraham und David Roentgen. Von der Schreinerwerkstatt zur Kunstmöbel-Manufaktur. Bad Neustadt/Saale 1992; — Himmelheber, Georg: Zum Frühwerk Abraham Roentgens. In: Kunst und Antiquitäten. Zeitschrift für Kunstfreunde, Sammler und Museen, 10, 1992, 57-61; — Hepding, Ludwig: Die Kunsttischlermeister Abraham und David Röntgen. Ihre Beziehungen zur oberhessischen Wetterau. In: Hessische Heimat, XLIII, 9, 1992, 33-34; — Bachus, Hans: Von Neuwied in alle Welt: Schon vor 200 Jahren. Neuwieder Kunsttischler belieferten Kaiser und Könige. Hintergründe zur Ausstellung der Briefmarkenfreunde Neuwied e.V. am 28. März. In: Stadtmagazin, Leben in Neuwied. Wochenzeitschrift für Bürger und Freunde Neuwieds, XX, 3, 1993, 4-5; — Stürmer, Michael: Luxus, Leistung und die Liebe zu Gott. David Roentgen, Kgl. Kabinettmacher, 1743-1807. München, um 1993; — Fabian, Dietrich: Abraham Roentgen als Schnitzer. Bad Neustadt 1994 (Schriften zur Kulturwissenschaft der Internationalen Akademie für Kulturwissenschaften »Neustadt, Saale«, LXIX); — Stürmer, Michael: Abraham und David Roentgen - Kunstschreiner und Unternehmer des Ancien Régime. In: Ein Jahrhundert Möbel für den Fürstenhof: Karlsruhe, Mannheim, Sankt Petersburg 1750 bis 1850. Ausstellung des Badischen Landesmuseums und der Staatlichen Schlösser und Gärten bei der Oberfinanzdirektion Karlsruhe, 7. Mai bis 14. August 1994, Karlsruhe, Schloß. Sigmaringen 1994, 57-62; — Willscheid, Bernd: Roentgen-Schatulle für das Kreismuseum Neuwied. In: Neuwied. Heimatjahrbuch des Landkreises Neuwied, 1995, 89-91; — Fabian, Dietrich: Abraham und David Röntgen. Das noch aufgefundene Gesamtwerk ihrer Möbel- und Uhrenkunst in Verbindung mit der Uhrmacherfamilie Kinzing in Neuwied. Leben und Werk, Verzeichnis der Werke, Quellen. Bad Neustadt/Saale 1996; — Doderer-Winkler, Melanie: Abraham und David Roentgen (1711-1793, 1743-1807). In: Rheinische Lebensbilder, XVII, 1997, 57-78; — Technologische und naturwissenschaftliche Untersuchung eines Toilettentisches Abraham Roentgens um 1765. Diplomarbeit Fachhochschule Hildesheim/Holzminden, um 1997; — Erbsen-Haim, Barbara: Abraham und David Roentgen. Erfolgreiche Unternehmer und Kunsthandwerker. In: Schlösser Baden-Württemberg, 1998, 4, 24; — Roentgen, Abraham. In: DBE, VIII, 1998, 354; — Willscheid, Bernd: Von Roentgen bis Thonet: Sitzmöbel aus drei Jahrhunderten. Neuwied 1998; Stratmann-Döhler, Rosemarie: Mechanische Wunder, edles Holz. Roentgen-Möbel des 18. Jahrhunderts in Baden und Württemberg. Karlsruhe 1998; — Fabian, Dietrich: Goethe - Roentgen. Ein Beitrag zur Kunstmöbelgeschichte des 18. Jahrhunderts. Bad Neustadt/Saale 1999[2]. Bad Neustadt/Saale 2001[6]. Bad Neustadt/Saale 2003[7]; — Willscheid, Bernd: Abraham und David Roentgen - Herrnhuter Möbelkünstler in Neuwied. In: Lahr, Reinhard; Willscheid, Bernd (Hrsg.): Herrnhuter Architektur am Rhein und an der Wolga. Koblenz 2001, 77-84; — Lächele, Rainer: Vom Schreinergesellen zum Geheimen Rat: David Roentgen - Herrnhuter und Ebenist. In: Ders. (Hrsg.): Das Echo Halles: Kulturelle Wirkungen des Pietismus. Tübingen 2001, 93-114; — Wiese, Wolfgang: Roentgen-Sammlung. Zur Umgestaltung des Neuwieder Kreismuseums. In: Weltkunst. Aktuelle Zeitschrift für Kunst und Antiquitäten, LXXII, 2002, 365-367; — Graef, Ferdinand: Geheimfächer - edles Holz: Abraham und David Röntgen - Kunstschreiner von Herrnhaag nach Neuwied. In: Ronneburger Heimatblätter, 22, 2002, (4-7); — Graef, Ferdinand: Geheimfächer und edles Holz. Abraham und David Roentgen, Kunstschreiner auf Herrnhaag im Ronneburger Hügelland. In: Zentrum für Regionalgeschichte: Mitteilungsblatt, XXIX, 2004, 33-37; — Friese, Rainer: Familie Röntgen in der Herrnhuter Brüdergemeine. In: Genealogie, LIII, 2004, 225-227; — Krutisch, Petra: Schreibmöbel der Neuwieder Roentgen-Manufaktur in der Sammlung des Germanischen Nationalmuseums. In: Anzeiger des Germanischen Nationalmuseums, 2005, 151-172; — Büttner, Andreas (Hrsg.): »..nützlich zu sein und Gutes zu stiften...«. Roentgen-Möbel für das Gartenreich Wörlitz, Dessau und Neuwied als Vorreiter der Aufklärung. Neuwied 2006; — Stiegel, Achim; Göres, Burkhardt; Kleinert, Katja (Hrsg.): Präzision und Hingabe. Möbelkunst von Abraham und David Roentgen. Mit einem Vorwort von Angela Schönberger und Beiträgen von Burkhardt Göres. Berlin 2007; — Zander, Christian: David Roentgen - ein Ikarus der Moderne. In: Bau- und Möbelschreiner, LXII, 6, 2007, 15-33.

Claus Bernet

RÖSLIN, Helisäus (Pseudonym Lambert Floridus Plienigerus, 1583), Arzt, Iatromathematiker, Astronom und Astrologe, Buchautor, * 17. Jan. 1545 in Plieningen, † 14. Aug. 1616 in Buchsweiler, Sohn des lutherischen Pfarrers Johannes R. Nach Schulausbildung in Stuttgart, Studium in Tübingen, Magister 1. Aug. 1565, Schüler von Samuel Eisenmenger, Promotion zum Dr. med. am 10. Dez. 1569, danach weiterführende Studien der Astronomie und Alchemie bei Philipp Grauer in Karlsburg, 1569 für kurze Zeit am Hofe des Markgrafen Karl von Baden, danach von 1569 an Arzt in Pforzheim. Am 16. Aug. 1570 heiratete er in Pforzheim Judith Beurlin, Tochter des verstorbenen württembergischen Theologen Jakob Beurlin, später war R. in zweiter Ehe mit Maria Fehr aus Sierck an der Mosel verheiratet. Bevor er 1572 Leibarzt des Pfalzgrafen Georg Hans I. von Pfalz-Veldenz wurde, unterhielt R. einen Austausch mit dem Apotheker Gröningen in Pforzheim und lernte von ihm dessen Kunst. Als Leibarzt residierte er zunächst zu Lützelstein, dann in Lauterecken und von 1578 an in Zabern. Er wurde auch wegen seines guten Rufs von den Grafen von Nassau-Saarbrücken und den Grafen von Zweibrücken als Mediziner kontaktiert. Von 1582 hatte er die Stelle des Stadtarztes zu Hagenau inne und von 1584 an wurde R. zunehmend für die Grafen Philipp d. Ä. und Philipp d. J. von Hanau-Lichtenberg tätig. Von 1608 an finden wir ihn als Leibarzt des Grafen Reinhard von Hanau-Lichtenberg zu Buchsweiler. Um 1612 muß R. eine Zeit lang in Frankfurt am Main gelebt haben. In seiner Funktion als Leibarzt begleitete er seinen Dienstherrn zu verschiedenen Badekuren und befand sich mit Graf Reinhard 1612 auf dem Wahltag von Kaiser Matthias in der Mainmetropole. — R. war in Kreisen der Astronomie eine anerkannte Größe, er unterhielt Fachkontakte mit O. Casmann in Stade, mit Joseph Quercetanus in Paris und mit Johann Georg Brengger zu Kempten. Mit Johannes Kepler verband ihn eine lebenslange Freundschaft. Befreundet war er auch mit dem aus Hagenau stammenden, in Nürnberg praktizierenden Arzt Leonhard Dolde und mit dem reformierten Theologen David Pereus († 1622). Zu seiner Reputation war entscheidend, dass Röslin als erster die Supernova von 1572 beschrieben hatte. Seine astronomischen Kenntnisse nutzte R. in Zusammenarbeit mit dem Arzt Samuel Müller zu Horoskopen, von denen das für den Kölner Erzbischof Gebhard Truchsess vor dessen Wahl zum Kölner Oberhirten das bekannteste ist. — In seiner religiösen Auffassung gehörte R. dem Schwenkfeldertum an und machte auch keinen Hehl von dieser Überzeugung. Im Alter von 58 Jahren lernte R. noch Hebräisch und studierte die Kabbala. Von dem Pfalzgrafen Hans Georg wurde R. wiederholt um theologische Stellungnahme gebeten, so 1579, 1584 und 1586. R. war ein Gegner der Concordienformel, deren Ablehnung er dem Pfalzgrafen empfahl. Mit ihm war er ganz eng befreundet und begleitete ihn auf seinen Reisen, unter anderem 1581 nach Paris. In seinen theologischen Gutachten warb er für Toleranz und verwahrte sich gegen die Ausweisung von Andersgläubigen. Er starb als Schwenkfelder 1616 an der Ruhr und wurde auf dem Friedhof von Buchsweiler nach lutherischem Brauch beerdigt. In seinen späten Schriften sind Anklänge an das Rosenkreuzertum feststellbar. Auch seine astronomischen und geographischen Arbeiten sind von theologischen Fragen durchdrungen. So war Röslin auch einer der ersten, der das Geburtsjahr auf Jesus in das Jahr 5 v. Chr. verlegte. In seiner geographischen Arbeit von 1611 ermunterte er die Niederländer zur Suche nach der Nordostpassage durch das Nordmeer hin zum Pazifik.

Gedruckte Werke: Theoria nova Cœlestium ΜΕΤΕΩΡΩΝ. Straßburg 1578; Kurtz Bedencken Von der Emendation deß Jars durch Bapst Gregorium den XIII....., Ob solcher den Protestierenden Staenden anzunehmen seie oder nicht. ...Straßburg 1583 (unter Pseudonym Lambert Floridus Plieningerus) ; Gründliche Warhafftige vnnd rechtmessige Erklerung der Charactern vn(d) Buchstaben so vff dem in Norwegen gefangnen Hering gestanden... 1588; Des Elsass vnd gegen Lotringen grentzenden Waßgawischen Gebirgs gelegenheit... Straßburg 1593; De opere Dei creationis sev de mundo Hypotheses orthodoxae quantumuis Paradoxae. Frankfurt a. M. 1592; Tractatus Meteorastrologophysicus. Das ist auss richtigem Lauff der Kometen / Zusammenleuchtung der Planeten / etliche Herren Nativitaten / Natürliche Vermutungen und eine Weissagung. Allen christlichen Potentaten und hohen Oberkeiten und jedermanniglicher zur Warnung und Aufmunterung gestellt durch Helisäum Rösslin der Artzney Doctor und Physicum der Reichstatt Hagenaw. Straßburg 1597; Vermutungen von Veränderungen des Regiments bis 1604. Frankfurt a. M. o. J. ; Judicium oder Bedenken vom Neuen Stern im Schlangenträger, welcher den 2. Octobris erschienen und zum ersten Mal gesehen worden. Straßburg 1605; Historischer, politischer und astronomischer natürlicher Diskurs von heutiger Zeit Beschaffenheit, Wesen und Stand der Christenheit. Straßburg 1609; Mitternächtige Schiffarth. Von den Herren Staden in Niderlanden vor XV Jahren vergebentlich fürgenommen / wie dieselbe anzustellen / dass man daselbst herum in Orient und Chinam kommen möge / zu sondern die Christenheit / sonderlich Teutschlands Nutzen und Wolfart. Oppenheim 1611; Praematurae solis apparitionis in Nova Zembla causa vera. Ad fœderatos provinciarum ordines et status. Straßburg 1612; Prodromus dissertationum chronologicarum. Das ist der Zeitrechnung halber ein ausführlicher und gründlicher teutscher Bricht. Das nemblich den Jahrn und dem Alter unseres Herrn und Heiylandts Jesu Christi nicht fünff Jahre zuzusetzen seyen, wie Joh. Kepler haben will, sondern mehr nicht als fünf viertheil Jahr. Frankfurt am Main 1612; Chronologia primorum Caesarum ante et post natum Christum ab occupata o Pompejo Hierosolyma usque ad ultimam devastationem ejus per Titum Vespasioni filium. Frankfurt a. M. 1612; Zu Ehrn der Kayerl. Wahl und Krönung Matthiae I und Annae kays. May. Gemahlin den 14/24 und 15/25 Tag Junij des 1612 Jahr zu Frankfurt mit grosser Solemnität gehalten und verricht. Frankfurt am Main 1612; Fürnemes Prognosticon oder denkwürdige Prophezeiung dess fürtrefflichen vnd weitberühmten Astronomi Herrn D. Helisaei Röslins, so er den 4/14 September 1615 einer fürnemen Frawen zu Achen geschrieben. O.O. 1626.

Handschriften: Bedenkhen und censur über Pauli Grebneri Apparitiones oder göttliche Erscheinungen, die er im Buch Sericum mundi filum einführet (1574); Theologische Gutachten für Pfalzgraf Georg Hans von Pfalz-Veldenz (1579, 1584, 1586); Nativität des Gebhard Truchsess (1583); Nativität des Johannes Kepler (1593).

Lit.: Paul Diesner: Leben und Streben des elsässischen Arztes Helisäus Röslin (1544-1616) Frankfurt am Main 1935; — ders.: Der elsässische Arzt Dr. Helisæus Röslin als Forscher und Publizist am Vorabend des dreissigjährigen Krieges, in: Jahrbuch der Elsass-Lothringischen Gesellschaft 11 (1938), 193-215; — ders.: Ein eschatologisches Prognosticon des elsässischen Arztes Dr. Helis. Röslin aus dem Jahre 1615, das besonders auf die Stadt Aachen Bezug nimmt. Monatshefte für rheinische Kirchengeschichte 33 (1939), 100-106; — ders.: Das astrologische Prognosticon des Doktor Helisäus Röslin in Hagenau, betreffend den Kölner Kurfürst Gebhard von Truchseß, abgefaßt im März 1583. Zeitschrift für die Geschichte des Oberrheins 93 (1941), 78-107; — Gauthier Thieling: Elisée Roeslin, médicin et savant alsacien (1545-1616). Publications de la Societé d'Histoire et d'Archeologie de Saverne 4 (1961), 15-18; — Richard Schalk: Les médicins et la vie mediale a Haguenau aux XVe et XVIe siecles. Diss. Straßburg 1981; — Martha List: Helisäus Röslin. Nouveau Dictionnaire de Biographie Alsacienne. Straßburg 1998, 326ff.; — Susanna Åkermann: Helisaeus Röslin, the New Star, and the Last Judgement. In: Rosenkreuz als europäisches Phänomen im 17. Jahrhundert. Amsterdam, 333-359; — (in literarischer Verarbeitung) Bernd Isemann: das härtere Eisen, 1942.

Heinz-Peter Mielke

RÖSSLER, Christian Friedrich, * 19. Juni 1736 als Sohn eines evangelischen Stadtschreibers in Cannstatt, † 20. März 1821 in Tübingen. — Rößler besuchte die Klosterschulen zu Blaubeuren und Bebenhausen. 1755 wurde er in das evangelische Stift in Tübingen aufgenommen, studierte Theologie und Philosophie an der dortigen Universität und verteidigte im Oktober 1757 die Dissertation (iuris naturalis) *De eo, quod licitum est, circa insitionem variolarum* (Praes. Christoph Friedrich Schott, Tübingen 1757). Danach arbeitete er als Vikar, war zwischen 1760 und 1766 Hauslehrer und übernahm 1763 oder 1766 eine Stelle als Repetent am Stift in Tübingen. 1766 wurde er Vikar in Stuttgart, dann Diakon in Vaihingen/ Enz. Im Jahre 1777 wurde er schließlich Professor für Geschichte an der Universität Tübingen. 1817 wurde er noch zum Doktor der Theologie ernannt und verstarb nach 44 jähriger Lehrtätigkeit an der Universität im 84. Lebensjahr. Bis zuletzt war er seinen vielfältigen akademischen Verpflichtungen nachgekommen. — Als Historiker war der Tübinger Ordinarius für Geschichte ein typischer Vertreter des Spätpragmatismus. Nach dieser Geschichtstheorie, die ihre Wurzeln in der Antike und im Humanismus hat, soll ein Historiker sein besonderes Augenmerk auf die Ursachen und Folgen von bestimmten Ereignissen richten, um so die entsprechenden Kausalbeziehungen bzw. Entwicklungen zu rekonstruieren. Ziel dieser historischen Erkenntnisarbeit ist stets eine aktuelle Nutzanwendung bei den Adressaten des Geschichtswerkes. Für ihn hatte die Geschichtsauffassung, nach der die Geschichte einer exemplarischen Sinnbildung dient, somit noch nichts von ihrer Plausibilität verloren. — Als Inhaber des historischen Lehrstuhls an der Universität Tübingen war Rößler verpflichtet, die universalgeschichtliche Grundvorlesung für die evangelischen Theologiestudenten zu halten. Wie die beiden Dissertationen aus den Jahren 1777 und 1806 [*De historiae universalis idea et methodo*, Tübingen 1777 und *De historiae universalis argumento*, Tübingen 1806] vermuten lassen, scheint die universalgeschichtliche Grundvorlesung schon deutlich an den Interessen der angehenden Theologen ausgerichtet gewesen zu sein. Im Vergleich mit entsprechenden Universalgeschichten der Zeit werden bei ihm stärker religions- und theologiegeschichtliche Themen behandelt. Zeitweise hat er die universalgeschichtliche Grundvorlesung auch vor katholischen Studenten gehalten. Zu seinen Studenten gehörten u.a. Hölderlin, Hegel und Schelling. — Nach Ausweis der Tübinger Vorlesungsverzeichnisse hat er neben dieser Grundvorlesung über die Universalgeschichte vor allem Kollegs über die neuere Geschichte, die Württembergische Geschichte, die Geographie und die Statistik angeboten [eine Vorlesungsnachschrift von Rößler hat sich erhalten. Die Vorlesungsnachschrift von unbekannter Hand trägt den Titel: Prof. Roeslers Vorlesungen ueber die allgemeine Statistik nach Bueschings Vorbereitung zur Erdbeschreibung, Tuebingen 1782 (Universitätsbibliothek Tübingen, Signatur Md 110)]. Erwähnenswert ist, dass er auch viermal geschichtstheoretische Vorlesungen gehalten hat: Generalem ad studium historiae institutionem addet, WS 1791/92; Historische Encyclopädie, WS 1795/1796 und WS 1799/1800; Über historische Kunst SS 1796. D.h. bei ihm gingen die in der Forschungspraxis erzielten Fortschritte und metatheoretische Begründungsleistungen des historischen Denkens Hand in Hand. — Rößlers Geschichtsdenken zeichnet sicherlich keine Originalität aus, sondern Durchschittlichkeit. Dies zeigt sich auch in den Inauguralthesen, die er verfaßt hat. Dieses Urteil gilt allerdings nicht für die historische Forschung, denn die intersubjektive Überprüfung heuristisch ermittelten Quellenmaterials war ohne Zweifel seine Stärke als Historiker und hob ihn an dieser Stelle vom Durchschnitt der Aufklärungshistoriker und auch der Aufklärungstheologen ab. Die grundsätzliche methodische Absicherung seiner historischen Erinnerungsarbeit war für ihn verpflichtend. Mit Recht erhob er daher für seine Forschungsergebnisse einen wissenschaftsspezifischen Geltungsanspruch. Seine Kompetenzen in quellenkritischen Forschungsoperationen hat er in mehreren Dissertationen nachdrücklich unter Beweis gestellt, deren Ergebnisse er in der Vorrede zu seiner *Chronica medii aevi, argumento generaliora, auctoritate celebriora, usu communiora, post Eusebium atque Hieronymum res secc. IV. V. et VI exponentia* (Tübingen 1801) systematisch zusammengefaßt hat. Bei seiner Quellenarbeit wurde er maßgeblich von dem Hallenser Theologen Johann Salomo Semler beeinflußt. Obwohl er sich auch mit antiken Quellen eingehend beschäftigt hat, lag der Schwerpunkt seiner historischen Forschungsarbeit jedoch zweifelsohne im Mittelalter. In der quellenkritischen Durchdringung und Erforschung der mittelalterlichen Überlieferungen, insbesondere der historiographischen Quellentexte, sah er vor allem ab 1786 seine zentrale Aufgabe als Historiker. Das Jahr 1786 verweist noch auf einen anderen Schwerpunkt seiner akademischen Arbeit, die Beschäftigung mit den Kirchenvätern. Von 1776 bis 1786 gab er eine zehn Bände umfassende *Bibliothek der Kirchenväter* heraus, die auf ein breites Interesse bei den Lesern stieß. Dass in diesem Zeitraum auch einige Dissertationen zu dieser Thematik unter Rößlers Präsidium verteidigt wurden, kann daher nicht überraschen. Bekannt geworden ist er durch eine 1773 veröffentlichte Abhandlung zur Dogmengeschichte der Antike.

Bibliographie: Die nachfolgende Aufzählung der Werke und Schriften Rößlers basiert auf der von Michael Franz zusammengestellten Bibliographie Rößlers (Michael Franz: Bibliographie C.F. Rößlers (1736-1821), in: Ders. (Hrsg.): »...im Reiche des Wissens cavalieremente«? Hölderlins, Hegels und Schellings Philosophiestudium an der Universität Tübingen, Tübingen 2005, 246/7).

Schriften Rößlers: Lehrbegrif der christlichen Kirche in den 3 ersten Jahrhunderten, Frankfurt a.M. 1773; Bibliothek der Kirchen=Väter in Uebersetzung und Auszügen aus ihren fürnehmsten besonders dogmatischen Schriften sammt dem Original der Hauptstellen und nöthigen Anmerkungen, 10 Theile, Leipzig 1776-1786; Dissertatio de historiae universalis idea et methodo, Tübingen 1777; Beyträge zur Statistik und Geographie vorzüglich von Deutschland, aus der neuesten Litteratur, 3 Stücke, Tübingen 1780, 1781, 1782; De originibus philosophiae ecclesiasticae, Tübingen 1781; De Philosophia veteris ecclesiae de Deo, Tübingen 1782; De Philosophia veteris ecclesiae de mundo, Tübingen 1783; De Philosophia veteris ecclesiae de spiritu, Tübingen 1783; De variis disputandi methodis veteris ecclesiae, 2 Theile, Tübingen 1784, 1785; De commentitiis philosophiae Ammonianae fraudibus et noxis, Tübingen 1786; De terris secundariis in Europa, Tübingen 1787; De annalium medii aevi varia conditione, Tübingen 1788; De arte critica in annalibus medii aevii diligentius exercenda, Tübingen 1789; De annalium medi aevi interpretatione, Tübingen 1793; Programma quo reprimuntur nova quaedam iniqua et intolerabilia postulata, quae de studiis inprimis historicis deferri hodie ad rempublicam literariam solent, Tübingen 1793; De magna gentium migratione, ejusque primo impulsa, Tübingen 1795; De theoria historiae dogmata, 2 Teile, Tübingen 1796, 1798; Chronica medii aevi, argumento generaliora, auctoritate celebriora, usu communiora, post Eusebium atque Hieronymum res Seculorum IV. V. et VI. exponentia, Tomus I, Tübingen 1801; Dissertatio historica contra pervulgatam opinionem de Romanorum imperio trans Rhenum quondam diu lateque propagato etc., Tübingen 1801; Isidori Hispalensis historia Gothorum, Vandalorum, Suevorum, Tübingen 1803; De historiae universalis argumento, 2 Teile, Tübingen 1806, 1808; Vita Polybii Megalopolitani, Tübingen 1812.

Lit.: Andreas Heinrich Schott: Memoriam collegarum conjunctissimorum Roesleri et Pfleidereri recolit et vitas illorum quibus summi in philosophia honores tributi sunt apponit Decanus Ordinis Philosophici Andreas Henricus Schott, Tübingen 1821; — Eugen Schneider: Art. Rösler, in: Allgemeine deutsche Biographie, Bd.29, Leipzig 1889, 239/40; — Hetta Link: Die Geschichte des historischen Lehrstuhls an der Universität Tübingen zwischen 1744 und 1836 (Diss. ms.) Tübingen 1948, 43-52 u ö.; — Horst Fuhrmann: Die Universität Tübingen und die Anfänge der MGH, in: Deutsches Archiv XXV (1968), 209-215, hier bes. 209-12; — Lising Pagenstecher: Die Bedeutung der Geschichte für die wissenschaftliche Entwicklung in den 6 Fakultäten der Universität Tübingen in der ersten Hälfte des 19. Jahrhunderts, (Diss. ms.) Tübingen 1970, 147; — Hans-Jürgen Pandel: Historik und Didaktik. Das Problem der Distribution historiographisch erzeugten Wissens in der deutschen Geschichtswissenschaft von der Spätaufklärung zum Frühhistorismus (1765-1830), Stuttgart-Bad Cannstatt 1990, bes. 37; — Michael Franz: Patristische Philosophie in Tübingen um 1790. Christian Friedrich Rößler und seine Bewertung des Neuplatonismus, Rainer Adolphi/ Jörg Jantzen (Hrsg.): Das antike Denken in der Philosophie Schellings, Stuttgart-Bad Cannstatt; — Dirk Fleischer: Sachlichkeit als Programm. Christian Friedrich Rößlers Theorie und Praxis der historischen Forschung, in: Michael Franz (Hrsg.): »...im Reiche des Wissens cavalieremente«? Hölderlins, Hegels und Schellings Philosophiestudium an der Universität Tübingen, Tübingen 2005, 186-98; — ders.: Erläuterungen zu Rößlers Inauguralthesen (1790-1792), ebd., 199-245; — ders.: Zwischen Tradition und Fortschritt. Der Strukturwandel der protestantischen Kirchengeschichtsschreibung im deutschsprachigen Diskurs der Aufklärung, Waltrop 2006, 338, 601 u.ö.

Dirk Fleischer

ROSETTI, Antonio, Komponist, * wohl 1750 in Leitmeritz (Litomeríce, Nordböhmen), † 30.6. 1792 in Ludwigslust (Mecklenburg). — Schon z. Lebzeiten wurde er mit anderen Personen gleichen Namens verwechselt. Die seit 1813/14 (Gerber) in fast allen Nachschlagewerken z. findenden Angaben z. frühen Biogr. entstammen dem Artikel *Noch etwas v. R.* (1792) in der v. Heinrich Philipp Bossler hrsg. *Musikalischen Korrespondenz der Teutschen Filharmonischen Ges.* Obwohl diese Angaben größtenteils archivarisch bisher nicht untermauert werden konnten, sind sie doch als zuverlässig einzustufen, da Bossler in engem persönlichen Kontakt z. R. stand. Dieser Qu. zufolge kam R. *»in seinem siebenten Jahre nach Prag in das Seminarium«* wahrsch. der Jesuiten, wo ihm eine umfassende (auch musikalische) Ausbildung zuteil wurde. *»In seinem 19ten Jahre«* erhielt er als *»Weltgeistlicher die Tonsur«*, ehe er sich entschloß, dem geistlichen Stand z. entsagen. Für die immer wieder aufgestellte Behauptung, R. sei als Anton Rös(s)ler geb. worden, gibt es ebenfalls keinen Beleg. In dem bereits zitierten Artikel wird sogar betont, daß er *»nie Rößler, sondern v. Geburt an R.«* hieß. Neueren Quellenfunden zufolge diente er Anfang der 1770er Jahre als *»Compositore della Musica bey dem Russ. Orlowschen Regiment«* bzw. *»als Musicus des Gf. Orlow«*, b. dem es sich höchstwahrsch. um Gf. Aleksej Orlov (seit 1770 Fürst Cesmenskij) handelte. Vermutlich im September 1773 wurde R. in die Dienste des Gf. (u. seit März 1774 Fürsten) Kraft Ernst z. Oettingen-Wallerstein (Ries, Bayern) aufgenommen. Im November taucht er erstmals in den Wallersteiner Akten auf u. zwar als Angehöriger der Dienerschaft; im Juli 1774 erscheint er dann in den Hofhaltungsrechnungen als Kontrabassist. Schon bald entstanden die ersten Komp. f. die Hofmusik wie auch f. auswärtige Auftraggeber. Im Frühjahr 1775 ist ein dreiwöchiger Aufenthalt am Ansbacher Hof belegt. Ein Requiem, das er nach dem Tod v. Kraft Ernsts erster Gemahlin, Fürstin Maria Theresia († 9. März 1776), f. die Trauerfeierlichkeiten am 26. März komp., erfuhr in der Folge eine erhebliche Verbreitung. Am 28.1.1777 heiratete R. die Wallersteiner Gastwirtstochter Rosina Neher († 1.4.1813 in Ludwigslust), die vier Töchter z. Welt brachte, v. denen drei am Leben blieben. Bereits Ende der 1770er Jahre hatte er sich als Komp. auch über die Grenzen Süddtld. hinaus einen Namen gemacht. Seit 1776/77 vertrieb die Verlagshandlung Breitkopf in Leipzig seine Komp. in Ms.-Kopie. Eine erste Druckausgabe seiner Werke, drei Sinfonien, erschien 1779 b. Le Menu et Boyer in Paris. Seit 1781 waren seine Orchesterwerke fester Bestandteil der Pariser *Concerts spirituels*, in deren Auftrag er auch eine Reihe v. Sinfonien schrieb. Ende Oktober 1781 ermöglichte ihm der Fürst eine mehrmonatige Reise in die frz. Metropole, wo er um den 1.12. eintraf. Dort ging er b. den einflußreichsten Persönlichkeiten des Pariser Musiklebens, unter ihnen die Fürsten Rohan-Guémenée u. Bourbon-Conti, Charles Ernest de Bagge, Joseph Boulogne de Saint-Georges u. Joseph Legros, ein u. aus, studierte das Konzert- u. Operngeschehen u. knüpfte od. erneuerte Kontakte z. Musikverlagen. Im Mai 1782 kehrte R. nach Wallerstein zurück. Im November desselben Jahres bewarb er sich erfolglos um den Posten des Konzertmeisters am Hof des Fürsten Karl Christian v. Nassau-Weilburg in Kirchheimbolanden. Viele der seit Beginn der 1780er Jahre entstandenen Werke erschienen b. renommierten Musikverlagen (André, Artaria, Bossler, Hummel, Sieber etc.) im Druck. Im Frühjahr 1783 hielt sich R. wieder f. mehrere Wochen am markgräflichen Hof in Ansbach auf, im Winter 1783/84 führte ihn eine längere Reise zus. mit dem Fagottisten Christoph Hoppius in die Rhein-Main-Gegend (Mainz, Frankfurt, Darmstadt, Speyer). Nach dem Weggang v. Joseph Reicha an den Bonner Hof des Kölner Kf. Maximilian Franz im April 1785 übertr. ihm Fürst Kraft Ernst die musikalische Leitung des Wallersteiner Orchesters. Seine Hoffnungen, außerdem auch den Posten des Chorregenten an der Wallersteiner Pfarrkirche übertr. z. bekommen, blieben unerfüllt. Im Februar 1786 ist eine Reise nach München belegt, 1788 u. 1789 mehrere Aufenthalte in Augsburg. Ab 1786 standen seine Sinfonien regelmäßig auf den Progrr. der großen Londoner Konzertreihen (*Salomon's Concert, Professional Concert* etc.). Trotz seines internat. Ansehens litt R. stets unter Geldsorgen. Im Juli 1789 verließ er Wallerstein, um den ungleich besser dotierten Kapellmeisterposten am Hof v. Hzg. Friedrich Franz I. v. Mecklenburg-Schwerin in Ludwigslust als Nachf. v. Carl August Friedrich Westenholz anzutreten. Frau u. Kinder ließ R. wohl erst Ende 1790 od. 1791 nachkommen. Anders als in Wallerstein verfügte die Ludwigsluster Kapelle auch über ein leistungsfähiges Vokalensemble, f. das R. in seinen letzten Lebensjahren noch eine Reihe groß besetzter Werke f. Chor u. Orchester schuf. Nachdem die beiden Oratorien *Der Sterbende Jesus* (1785) u. *Jesus in Gethsemane* (1790) am Hof des EB v. Trier, Kf. Klemens Wenzeslaus, großen Anklang gefunden hatten, bestellte dieser 1791 b. R. einige neue Sinfonien f. sein Hoforchester. Am 14.12. 1791 wurde b. der Prager Gedenkfeier f. den verstorbenen Wolfgang Amadé Mozart das frühe Wallersteiner Requiem v. 1776 v. einem großen Aufgebot an Musikern aufgeführt, dem auch die mit Mozart befreundete Sopranistin Josepha Duschek angehörte. Im Februar 1792 rief Kg. Friedrich Wilhelm II. v. Preußen R. nach Berlin, wo auf seine Anordnung hin am 2. März 1792 im Schloß eine Aufführung des Oratoriums *Jesus in Gethsemane* u. der *Halleluja*-Kantate (1791) stattfand, z. der sämtliche prot. Pr. Berlins geladen waren. Neben der stark besetzten Berliner Hofkapelle (76 Instrumentalisten u. 32 Choristen) wirkten erste Kräfte der it. Oper als Solisten mit, unter ihnen die Sopranistin Auguste Schmalz, der Tenor Friedrich Franz Hurka u. der Bassist Ludwig Fischer. Der Verleger Bossler, der R. in Berlin begegnete, traf diesen schwerkrank an. Die Ursache war ein *»bösartiger Husten«* (Gerber), unter dem R. schon seit längerem litt. Nur wenige Monate später starb er in Ludwigslust *»an der Entkräftung«* (Pfarrmatrikel). Die älteste Tochter Rosina Theresia (* 17.4. 1777 in Wallerstein, † 3.1. 1814 in Grabow b. Ludwigslust) heiratete 1796 den Arzt

Christian Jakob Friedrich Ruest. Die beiden anderen Töchter gehörten der Ludwigsluster Hofkapelle lange Jahre als Sängerinnen an: Antonia Theresia (* 1.5.1779 in Wallerstein, † 19.10.1832 in Ludwigslust), seit 1806 verheiratet mit dem geheimen Finanzrat Carl Prosch, bis 1823, ihre jüngere Schwester Amalia (* 24.9.1790 in Wallerstein, † 12.2.1836 in Ludwigslust) zw. 1813 u. 1834. — R. hat vor allem Instrumentalmusik, aber auch geistliche Werke u. Lieder hinterlassen. Charles Burney zählte ihn z. den bedeutendsten Komp. des ausgehenden 18. Jh. u. nannte ihn sogar in einem Atemzug mit Joseph Haydn u. Wolfgang Amadé Mozart. Auch Christian Friedrich Daniel Schubart sah in ihm *»einen der beliebtesten Tonsetzer«* seiner Zeit u. stellte insbes. den Wohlklang seiner Musik heraus, der er *»Grazie u. Schönheit«* v. *»unendlich feiner Natur«* bescheinigte (*Ideen z. einer Ästhetik der Tonkunst*, Wien 1806, 167 f.). Die kraftvoll-frische Melodik, die viele seiner Werke auszeichnet, verweist unverkennbar auf seine Wurzeln in der böhmischen Volksmusik. Mit der äußerst gewandten Behandlung des Waldhorns hat R. viel z. Entwicklung einer melodisch anspruchsvollen Komponierweise f. dieses Instr. beigetragen. Kennzeichnend f. die Komp. vor allem der Reifezeit sind eine reiche klangliche u. harmonische Sprache voller Expressivität, die teilweise schon in die Romantik vorausweist, u. eine überaus phantasievolle Instrumentierung. Nur wenige Komp. wußten damals einen derart farbigen Bläsersatz z. schreiben wie R. Eine wichtige Einflußgröße f. sein instrumentales Schaffen stellt sicherlich Haydn dar. Von ihm dürfte R. den ökonomischen Umgang mit thematischem Material u. die Lust am Experimentieren mit der Form gelernt haben. An Haydns Vorbild schärfte u. verfeinerte er aber auch seinen Sinn f. musikalischen Humor. Ludwig Finscher, der in ihm *»einen der bedeutendsten Symphoniker der Epoche überhaupt«* sieht, charakterisiert die Sinfonien als *»f. ihre Zeit nicht nur moderne, sondern ausgesprochen originelle Stücke, mit* [...] *Menuetten, die wie b. Haydn z. ‚Charakterstück' tendieren, einer äußerst flexiblen Verbindung v. kontrapunktischem u. homophon-konzertantem Satz u. vor allem einem Hang z. thematischen Ökonomie bis z. Monothematik, dem eine ausgeprägte Neigung z. thematischer Arbeit korreliert«* (Art. *Symphonie*, in: MGG2S, 1998, 41 f.). Als R. im Sommer 1789 v. dem kath. Hof im schwäbischen Wallerstein ins prot. Ludwigslust wechselte, hatte er neben einem umfangreichen instrumentalmusikalischen Schaffen auch ein ansehnliches geistliches Vokalwerk vorzuweisen, das vor allem Kompositionen f. die kath. Liturgie aber auch das Passionsoratorium *Der sterbende Jesus* (1785) umfaßte. In den ihm verbleibenden drei Jahren entstand nur noch wenig Instrumentalmusik. Hingegen komp. er eine ganze Reihe geistlicher Werke, die allesamt in der prot. Ludwigsluster Tradition stehen. In der Geschichte von Oratorium u. geistlicher Kantate im 18. Jh. nimmt der Mecklenburg-Schweriner Hof eine besondere Stellung ein, da hier seit etwa der Jh.-Mitte diesen Gattungen eine so intensive Pflege zuteil wurde, wie nur an wenigen anderen Orten in Dtld. 1786 konnte man in der Vorrede z. der in Hamburg erschienenen Druckausg. der »Religioesen Oden und Lieder« von Johann Abraham Peter Schulz über das *»beglückte Ludwigslust«* lesen, daß dort *»insonderheit die religiöse Musik ihren berühmtesten Wohnsitz hat.«*

Werke: Aufgenommen wurden nur Werke, die heute nachweisbar u. R. mit großer Sicherheit zuzuschreiben sind. Die Kat.-Nummern beziehen sich auf das Werkverz. v. Sterling E. Murray (1996). — 11 Messen; 21 geistliche Arien u. Duette; Ave Maria, H33Q; Asperges me, H34; Salve Regina, H35Q; Litanei C-Dur, H37; Huc ad este pie mentes, Offertorium, H27; 5 Requiem (1776 - spätestens 1786); Jesu, rex fortissime, Hymnus, H31 (1784); Pange lingua, Hymnus, H30 (1785); Der sterbende Jesus, Passionsoratorium, G1 (1785); Laetare mater ecclesia, Motette, H29 (frühestens 1785) [Parodie des Chorsatzes »Frohlockt! Der Fromme steht voll Zuversicht« aus G1]; Lauda, o Sion, Dominum, Graduale, H23 (frühestens 1785) [Parodie des Chorsatzes »Frohlockt! Der Fromme steht voll Zuversicht« aus G1]; Singet dem Herrn ein neues Lied, Psalm, H32 (um 1789/90); Mit Preis u. Ruhm gekrönet, Kantate, G3 (1789/91) [Parodie der Messe H4]; Dank-Kantate, Kantate, G5 (1790) [Parodie einzelner Tl. aus Der Sterbende Jesus G1]; Jesus in Gethsemane, Passionsoratorium, G2 (1790); Ewiger, dir singen wir, Kantate, G6 (um 1790) [Parodie des Requiems H15]; Miserere, H40 (um 1790/91); Halleluja, Kantate, G7 (1791). — 78 Lieder f. Singstimme u. Klavier (1782-1788); O segne sie, G11 (1789); Das Winterfest der Hirten, Kantate, G8 (1789); Gesegnet sei die Stunde, Kantate, G10 (1790); Der Herr, der aller Enden, Choralvariationen, H21(1790); Auf Teutschlands Genius od. Friedensfest, Kantate, G4 (um 1790). — 43 Sinfonien; 58 Konzerte (4 f. Klavier, 6 f. Violine u. 1 Konzertante Sinfonie f. 2 Violinen, 1 f. Viola, 12 f. Flöte, 7 f. Oboe, 2 f. Klarinette, 13 f. Horn u. 6 Konzertante Sinfonien f. 2 Hörner, 6 f. Fagott); — 21 Bläserpartiten; — 4 Serenaden/Notturni f. Streicher u. Bläser; — 12 Menuette f. Orchester; — 5 Trios f. 2 Violinen u. Basso; — 11 Streichquartette; — 1 Quartett f. Flöte u. Streichtrio; — 1 Quartett f. Fagott u. Streichtrio; — 6 Sonaten f. Klavier/Harfe u. Violine; — 13 Trios f. Klavier, Violine u. Violoncello; — 4 Klaviersonaten; — 56 Klavierstücke.

Ausgaben der Werke R. erschienen u.a. in folgenden Verlagen: Accolade-Musikverlag, Amadeus (Werkausgabe seit 2001), A-R Editions, Artia, Benjamin/Simrock, Böhm & Sohn, Breitkopf & Härtel, Dt. Verlag f. Musik, Doblinger, Ed. Compusic, Ed. KaWe, Ed. Kunzelmann, Filser, Garland, Internat. Music Company, Kneusslin, Musikverlag Karthause-Schmülling, Nuove Music, Oxford Univ. Press, Robert-Ostermeyer-Musiked., Peters, Hans-Pizka-Ed., Renaissance-Musikverlag, Rubank, Schott, Sikorski, Southern Music Company, Universal-Ed., Musikverlag Zimmermann.

Werkverzeichnisse: Oskar Kaul, Thematisches Verz. der Instrumentalwerke v. A. R., Wiesbaden 1968; — Sterling E. Murray, The Music of A. R.. A Thematic Catalog, Warren/Mich. 1996 (Detroit Studies in Music Bibliogr. 76).

Lit.: Ernst Ludwig Gerber, Hist.-biogr. Lexicon der Tonkünstler II, Leipzig 1792, 324 f.; — Noch etwas v. R., in: Musikalische Korrespondenz der Teutschen Filharmonischen Ges., Speyer 1792, 147 f.; — Brockhaus Conversations-Lexikon, Bd. 4. Amsterdam 1809, S. 336 f.; — Alexandre-Etienne Choron, François-Joseph-Marie Fayolle, Dict. Hist. des musiciens, artistes & amateurs, morts ou vivans II, Paris 1811, 237 f.; — Felix Joseph Lipowsky, Baierisches Musik-Lexikon. München 1811, 285 f.; — Gerber III, Leipzig, 1813/14, 920-922; — Gottfried Johann Dlabac□, Allgemeines hist. Künstler-Lexikon f. Böhmen u. z. Theil auch f. Mähren u. Schlesien III, Prag 1815, 587 f., [593]; — Gustav Schilling (Red.), Encyclopädie der gesammten musikalischen Wiss. od. Universal-Lexicon der Tonkunst VI, Stuttgart 1838, 59 f.; — Wurzbach XXVI, Wien 1874, 250-253; — François-Joseph Fétis, Biogr. universelle des musiciens et bibliogr. générale de la musique[2] VII, Paris 1875, 313 f.; — Hermann Mendel (Hrsg.), Musikalisches Conversations-Lexikon VIII, Berlin 1877, 427 f.; — Eitner III, Leipzig 1902, 316 f.; — Ludwig Schiedermair, Die Blütezeit der Öttingen-Wallerstein'schen Hofkapelle, in: Sammelbände der Internat. Musikges. 9, 1907/08, 92-96, 120-125; — Oskar Kaul, Die Vokalwerke A. R., Diss. München 1911; — Ders., Einl., in: Ders. (Hrsg.), A. R., Ausgewählte Sinfonien, Leipzig 1912, IX-XXXV (DTB 12/1); — Clemens Meyer, Gesch. der Mecklenburg-Schweriner Hofkapelle, Schwerin 1913, 122-127 u. passim; — Oskar Kaul, Einl., in: Ders. (Hrsg.), A. R., Ausgewählte Kammermusikwerke nebst einem Instrumentalkonzert, Augsburg 1925, X-XVI (DTB 25); — Adam Gottron, Mainzer Musikgesch. v. 1500 bis 1800. Mainz 1959 (Btrr. z. Gesch. der Stadt Mainz 18); — Riemann, Personenteil II u. IV, Mainz 1961/1975, 527 u. 500; — Horace Fitzpatrick, A. R., in: Music and Letters 43, 1962, 234-247; — Robert A. Titus, The Solo Music for the Clarinet in the 18th Century, Diss. Univ. of Iowa 1962, 333-355; — MGG XI, Kassel 1963, 619-624; — Charles S. Warren, A Study of Selected 18th Century Clarinet Concerti, Diss. Brigham Young Univ. 1963; — Gustav Bereths, Die Musikpflege am kurtrierischen Hofe z. Koblenz-Ehrenbreitstein, Mainz 1964 (Btrr. z. mittelrhein. Musikgesch. 5); — Horace Fitzpatrick, The Horn and Horn-Playing and the Austro-Bohemian Tradition, London 1970; — Jon R. Piersol, The Oettingen-Wallerstein Hofkapelle and Its Wind Music, Diss. Univ. of Iowa 1972; — Roger Hellyer, Harmoniemusik, Diss. Oxford 1973; — Wolfgang Matthäus, Johann André, Musikverlag z. Offenbach am Main, Tutzing 1973; — Sterling E. Murray, A. R. and his Symphonies, Diss. Univ. of Michigan 1973; — Constant Pierre, Hist. du concert spirituel 1725-1790, Paris 1975 (Publ. de la soc. française de musicologie. Troisième sér. 3); — Gertraut Haberkamp, Thematischer Kat. der Musikhss. der Fürstlich Oettingen-Wallerstein'schen Bibliothek Schloß Harburg, München 1976, 164-171, 267 (Kat. bayer. Musiksmlg. 3); — Sterling E. Murray, The Rösler-R. Problem, in: Music and Letters 57, 1976, 130-143; — Kazimierz Machala, The Horn Concertos of Francesco A. R., Diss. Juilliard School of Music 1978; — David C. Barford, The Horn Concertos of A. R., Diss. Univ. of Illinois 1980; — Stanley Sadie (Hrsg.), The New Grove Dict. of Music and Musicians XVI, London 1980, 206 f.; — Gertraut Haberkamp, Die Musikhss. der Fürst-Thurn-und-Taxis-Hofbibliothek Regensburg. Thematischer Kat., München 1981, 248-251, 447 (Kat. bayer. Musiksmlg. 6); — Sterling E. Murray, Introduction, in: Ders. (Hrsg.), Seven Symphonies from the Court of Oettingen-Wallerstein, New York 1981, XXVI-XLI (The Symphony 1720-1840. Ser. C. 6); — Norman Roland Sahm, A Critical Ed. of A. R. Choral 517, M.A. thesis Univ. of Nevada 1982; — Hans Schneider, Der Musikverleger Heinrich Philipp Boßler, Tutzing 1985; — Sterling E. Murray, The Double Horn Concerto - a Specialty of the Oettingen-Wallerstein Court, in: The Journal of Musicology 4, 1985/86, 507-534; — Marianne Danckwardt, A. R Requiem f. die Beisetzung der Fürstin Maria-Theresia z. Oettingen-Wallerstein, in: Augsburger Jb. f. Musikwiss. 4, 1987, 139-172; — Heidi Gülow, Stud. z. instrumentalen Romance in Dtld. vor 1810, Frankfurt/Main 1987 (EH XXXVI, Musikwiss. 23); — Fiona Little, The String Quartet at the Oettingen-Wallerstein Court, New York 1989, bes. 176-222 [Diss. Oxford 1985]; — Simon McVeigh, The Professional Concert and Rival Subscription Ser. in London 1783-1793, in: The Royal Musical Association: Research Chronicle 22, 1989, 1-136; — Harald Müller, Paralipomena z. Mozarts Tod u. Totenfeiern, in: Acta Mozartiana 36, 1989, 7-12; — Sterling E. Murray, Preface, in: Ders. (Hrsg.), A. R., Five Wind Partitas, Madison 1989, VII-XXIII (Recent Researches in the Music of the Classical Era 30/31); — Ders., A Requiem for Mozart, in: Mozart-Jb. 1991 (1992), 145-153; — Andrew K. Kearns, The Eighteenth Century Orchestral Serenade in South Germany, Diss. Univ. of Illinois 1993; — Sterling E. Murray, »Grande Partitas with Passages and Minuets«. A. R. and Harmoniemusik in the Oettingen-Wallerstein Hofkapelle, in: Christoph-Hellmut Mahling u.a. (Hrsg.), Zur Harmoniemusik u. ihrer Gesch., Mainz 1999, 31-72 (Schloß Engers Colloquia z. Kammermusik 2); — Karl Böhmer, Ein Kleinmeister der Klassik?, in: R.-Forum 1, 2000, 19-26; — Ludwig Finscher, Paris, Wallerstein u. nochmals Paris, in: Ders., Joseph Haydn u. seine Zeit, Laaber 2000, 346-353; — Günther Grünsteudel, Wallerstein - das Schwäbische Mannheim. Text- u. Bilddokumente z. Gesch. der Wallersteiner Hofkapelle (1747-1825), Nördlingen 2000; — Sterling E. Murray, A. R. u. die Musik seiner

Zeit, in: Rieser Kulturtage 13, 2000, 493-502; — Ders., R. ‚Jesus in Gethsemane' (1790), in: Karl Heller u.a. (Hrsg.), Musik in Mecklenburg, Hildesheim 2000, 383-417 (Stud. u. Materialien z. Musikwiss. 21); — Sudetendt. Musikinst. (Hrsg.), Lexikon z. dt. Musikkultur: Böhmen, Mähren, Sudetenschlesien II, München 2000, 1226-1233; — Friedhelm Krummacher, Aus Haydns Umfeld, in: Ders., Das Streichquartett, Bd. 1. Laaber 2001, 101-105 (Neues Hdb. der musikalischen Gattungen 6,1), auch als: Hofmusik in Wallerstein: von Beecke u. Rosetti, in: Ders.: Gesch. des Streichquartetts, Bd. 1: Die Zeit der Wiener Klassik. Laaber 2005, 131-137; — Sterling E. Murray, Haydn od. R.? Das Konzert in Es-Dur f. zwei Hörner Murray C56Q, in: R.-Forum 2, 2001, 3-17; — Stanley Sadie (Hrsg.), The New Grove Dict. of Music and Musicians[2] XXI, London 2001, 704-706; — Jirí Štefan, Rosettiana - Btrr. z. frühen Biogr., in: R.-Forum 2, 2001, 29-34; — Günther Grünsteudel, R. in russ. Diensten - ein neuerlicher Fund, in: Dass. 3, 2002, 67-71; — Jin-Ah Kim, Exkurs: Das Largo der Sinfonie Es9 (Kaul 23) v. A. R. im Vergleich mit dem Maestoso Eberls, in: Ders., Anton Eberls Sinfonien in ihrer Zeit. Eisenach 2002, 128-133 (Schr. z. Musikwiss. aus Münster 17) [Diss. Münster 1999]; — Sterling E. Murray, »Sinfonia in G molle« - Mozart u. R. im Vergleich, in: R.-Forum 3, 2002, 19-36; — David J. Rhodes, The Origins and Utilisation of Divided Viola Writing in the Symphony at Mannheim and Various Other Eur. Centres in the Second Half of the 18th Century, in: Ludwig Finscher u.a. (Hrsg.), Mannheim - ein Paradies f. Tonkünstler?, Frankfurt am Main 2002, 67-170 (Qu. u. Stud. z. Gesch. der Mannheimer Hofkapelle 8); — Martin Staehelin, Zu A. R. späten Ludwigsluster Chorwerken Jesus in Gethsemane u. Halleluja, in: R. -Forum 3, 2002, 37-48;— Hermann Ullrich, Sinfonien u. Parodien. Meingosus Gaelle u. Johann Simon Mayr bearb. R., in: Dass., R.-Forum 3, 2002, 49-63; — Volker v. Volckamer, »à Paris ce 12 Dec: 1781« - Drei nach Wallerstein gerichtete Briefe v. A. R., in: Dass., 5-17; — Herbert Huber, Musikpflege am Fuggerhof Babenhausen, Augsburg 2003 (Materialien z. Gesch. der Fugger 3); — Andrew K. Kearns, Introduction, in: Ders. (Hrsg.), Six Orchestral Serenades from South Germany, Bd. 2, Middleton 2003, VII-XV (Recent Researches in the Music of the Classical Era 67); — Sterling E. Murray, »Er kommt z. bluten auf Golgatha ...«. Zu A. R. Passionsoratorium »Der Sterbende Jesus«, in: R.-Forum 4, 2003, 3-13; — Lawrence F. Bernstein, Joseph Haydn's Influence on the Symphonies of A. R., in: Stephen A. Crist u.a. (Hrsg.), Hist. Musicology, Rochester 2004, 143-187 (Eastman Studies in Music 28); — Johannes Hoyer, Beziehungen der Wallersteiner Hofkapelle z. Memminger Collegium musicum im späten 18. Jh., in: R.-Forum 5, 2004, 21-36; — Karl Böhmer, Zum Streichquartettschaffen A. R., in: Dass. 6, 2005, 3-9; — Günther Grünsteudel, »Der Kg. liebt seine Komp. ausserordentlich ...«. R., Bossler u. Berlin (1792), in: Dass., 23-32; — Sterling E. Murray, »Grandes parthies avec des passages et des menuets«. R. u. die Wallersteiner Harmoniemusik, in: Dass., 11-21; — Helmut Scheck, Zur Entstehung v. R. Hymnus Jesu, rex fortissime, in: Dass., 43-45; — Martin Staehelin, A. R.- ein »göttlicher Philister«? Wilhelm Heinrich Riehls R.-Würdigung, in: Dass., 33-42; — MGG[2], Personenteil XIV, Kassel 2005, 417-424; — NDB XXII, Berlin 2005, 89-91; — Katsuaki Ichikawa, Harmoniemusik am Hof v. Oettingen-Wallerstein, in: Boje E. Hans Schmuhl et al. (Hrsg.), Zur Gesch. u. Aufführungspraxis der Harmoniemusik. Augsburg 2006, 219-235 (Michaelsteiner Konferenzberichte, 71); — Sterling E. Murray, »Das Requiem war v. dem berühmten Kapellmeister R. ...«. R. Btr. z. Trauerfeier f. Mozart in Prag, in: R.-Forum 7, 2006, 3-11; — Hans Oskar Koch, A. R. (1750-1792) u.a. Bewerber f. das Konzertmeister-Amt der Nassau-Weilburger Hofkapelle in Kirchheimbolanden, in: Pfälzer Heimat 59, 2008, 13-18.

Günther Grünsteudel

ROUZIÈS, Urbain, Oratorianer, Leiter der Bibliothek (Bibliothécaire en chef) des Institut catholique de Paris. * 5.10. 1872 in Morlhon (Aveyron), † 9.1. 1956 in Paris. 1894 trat er in das Oratoire de France ein und empfing 1896 die Priesterweihe. Zusammen mit dem Rektor des Institut catholique und späteren Kardinal Alfred Baudrillart (1859-1942) und dem Schweizer Historiker und Byzantinisten Albert Vogt (1874-1942) gründete er 1908 auf Anregung des Verlags Letouzey et Ané in Paris das »Dictionnaire d'histoire et de géographie ecclésiastiques«. Die erste Lieferung erschien 1909, der erste Band war 1912 abgeschlossen. In den ersten drei Bänden zeichnet Rouziès als Mitherausgeber, Baudrillart nennt ihn in seinem Vorwort zum ersten Band »die Hauptstütze« (»la cheville ouvrière«) des Unternehmens. In der Tat scheint er die treibende Kraft gewesen zu sein und die Hauptlast der Arbeit getragen zu haben; Baudrillart, der wohl für den Verlag der erste Ansprechpartner gewesen war, hat keinen einzigen Artikel beigesteuert, blieb aber Galionsfigur, auch als er ab Band 4 nur noch als Begründer zeichnet; Vogt gibt seine Herausgeberschaft wenige Jahre nach dem Antritt einer Professur in Freiburg (Schweiz) mit der Vollendung von Band 2 auf und läßt seine Mitarbeit auslaufen (die Reihe seiner Beiträge bricht nach dem ersten Viertel von Band 3 ab, noch drei erratische Artikel in Band 4). — In der Zeit seiner Mitherausgeberschaft fiel Rouziès neben der Arbeit eines Herausgebers, der Abfassung eigener und der Redaktion und Korrektur fremder Artikel auch die Abfassung zahlreicher, oft nur wenige Zeilen langer Artikel zu, die auswärtigen Verfassern nicht angeboten werden konnten. Einige Jahre nach der Übernahme einer Stellung als Bibliothekar, dann als Leiter der Bibliothek am Institut catholique de Paris am 26.11. 1919 legte auch Rouziès seine Mitherausgeberschaft nieder (seine Beiträge enden nach dem ersten Drittel von Band 4, noch ein Artikel in Band 5), in der Folge beschränkt sich seine literarische Produktion fast nur auf gelegentliche Besprechungen und Zeitschriftenauswertungen für die »Revue d'Histoire de l'Église de France«. Für dieselbe Zeitschrift erstellte er 1932 und 1941 im Auftrag der »Société d'histoire ecclésiastique de la France«, deren Mitglied er seit 1920 war (von 1945 bis zu seinem Tod auch ihres Conseil d'administration), Gesamtregister der Jahrgänge 1910-1930 bzw. 1931-1940. Aus dem Dienst am Institut catholique schied er 1944 aus.

Artikel im Dictionnaire d'Histoire et de Géographie ecclésiastiques: Bd. 1 (1912): Abad (3) y Huerta (Domenico) (Sp. 8); Abbati (2) (François-Marie) (Sp. 29); Abbes (Guillaume d') (Sp. 39); Abbon (9) (Sp. 49); Abbon (11) de Saint-Germain-des-Prés (Sp. 51f.); Abel (4) (Léonard) (Sp. 70f.); Abercius (2) II (Sp. 106); Abilius (Sp. 122f.); Ablabius (Sp. 137f.); Abonde (4) (Saint) (Sp. 155f.); Abonde (5) (Sp. 156); Abraham (24) de Carrhes (Sp. 166f.); Abraham (39) Kidunia (Sp. 175-177); Abraham (Sainte-Marie d') (Sp. 187); Absalon (2) (Sp. 198f.); Abudacnus (Joseph) (Sp. 208); Abundantius (2) (Sp. 208); Acace (1) (Sp. 236f.); Acace (3) (martyr) (Sp. 240); Acace (7) (Sp. 242f.); Acceptus (Sp. 261); Acciardi (Gennaio) (Sp. 268); Achard (3) (Sp. 305); Achillée (3) (Sp. 314f.); Acontius (Saint) (Sp. 345); Acronius (Jean) (Sp. 376); Acuas (Sp. 421); Acy (Saint-Nicolas d') (Sp. 426f.); Adam (80) de Usk (Sp. 493); Adelelme (Sp. 527); Adimari (2) (Filippo) (Sp. 566); Adoration réparatrice (Institut de l') (Sp. 590); Adrichomius (Christian) (Sp. 606f.); Adrien (13) (Sp. 613); Aemilianus (9) (Saint) (Sp. 656); Aemilianus (10) (Sp. 656); Aemilius (5) (Sp. 658); Aforty (Charles-François) (Sp. 680); Africain (Saint) (Sp. 703f.); Afrige (Afrix, Afrigius, Afriges, Apricius) (Sp. 704f.); Agabius (1) (Saint) (Sp. 871); Agape (5) (Sp. 877); Agapène (Sp. 882); Agapius (3) (Saint) (Sp. 903); Agapius (6) (Sp. 904); Agapus (Sp. 904); Agathon (2) (Saint) (Sp. 915); Agathon (4) II (Saint) (Sp. 916); Agathopus (Sp. 922); Agelard ou Agerald (Sp. 930); Agenulfus (Sp. 946); Agericus (1) ou Aigiricus (Sp. 949f.); Agericus (2) (Agricus, Ægiricius) (Sp. 950); Agericus (3) ou Agaricus (Sp. 950); Aggus (Sp. 952f.); Agilberte ou Agliberte (Sainte) (Sp. 957); Agmer (Saint) (Sp. 965); Agnebertus (Sp. 965); Agnès (2) (Sainte) (Sp. 972f.); Agnostiques (Sp. 996-998); Agolenus ou Agosenus (Sp. 1003); Agoult (2) (Jean d') (Sp. 1009); Agoult (4) (Laugier d') (Sp. 1009); Agrecius (2) (Sp. 1015); Agrecius (3) (Sp. 1015); Agrecius (4) (Sp. 1015); Agrestius (1) (Sp. 1016); Agricola (5) (Sp. 1020); Agricole (1) (Saint) (Sp. 1028); Agrippin (4) (Saint) (Sp. 1037f.); Agrippine (Sainte) (Sp. 1038); Agrippinus (1) (Saint) (Sp. 1039); Agrippinus (3) (Saint) (Sp. 1043); Aguas Calientes (Aquae Calidae) (Sp. 1049); Aigrefeuille (7) (Raymond d') (Sp. 1120f.); Aiguillon-sur-Vie (Saint-Grégoire d') (Sp. 1140); Aigulphe (1) (Saint) (Sp. 1140f.); Aimeric (1) (Sp. 1173f.); Aitalaha (3) (Sp. 1226); Aizenay (Saint-Benoît d') (Sp. 1271); Alagoas (Sp. 1289f.); Alarcon (6) (Prospero-Maria) (Sp. 1340); Alaric (4) (ou Adalric) d'Usnaw (S. 1346f.); Albéric (8) (Sp. 1408f.); Albéron (1) (Sp. 1416); Albert (163) (Maximilien) (Sp. 1571f.); Albin (1) ou Albien (Sp. 1694f.); Albin (4) (Sp. 1696); Albrecht (1) (Denis) (Sp. 1727). — Bd. 2 (1914): Alchas (Saint) (Sp. 14); Aldebert (5) (Sp. 44); Aldéric (1) ou Éric (Bienheureux) (Sp. 51); Aldhunus (Sp. 53); Alethius (1) ou Alphius (Sp. 170); Alethius (2) (Alecius) (Sp. 170); Alexandre (31) (Sp. 191); Alexandre (32) (Sp. 191); Alexandre (33) (Sp. 191); Alexandre (89) de l'Isle (Sp. 262f.); Alexandria (2) (Alexandria in Louisiana) (Sp. 287); Alfric (1) (Aelfric) (Sp. 416); Alicus (Sp. 446); Alix (1) de Blois (Sp. 466); Allain (2) (François-Come-Damien) (Sp. 472); Allion (Sint-Pierre d') (Sp. 618); Almérade (2) (Sp. 653); Aloir (Saint) (Sp. 665); Aloisi (4) (Timcrate) (Sp. 666); Alpert (Saint) (Sp. 674); Alphonse (128) de Zamora (Sp. 763); Alruna ou Aluina (Sp. 770); Alton (Altonen.) (Sp. 830); Altoona (Altunen.) (Sp. 831); Alvarez (3) (Bernardino) (Sp. 870f.); Alvarez (33) Toledo (Juan Bautista) (Sp. 887f.); Alvequin (Marie) (Sp. 895); Alwred (Sp. 902); Alypius (4) (Saint) (Sp. 902); Alziari (Sp. 906); Amalberge (3) (Sainte) (Sp. 925); Amance (3) (Sp. 935); Amand (12) (Saint) (Sp. 945); Amandin, Amandinus (Saint) (Sp. 947); Amans (1) (Saint) (Sp. 949f.); Amantius (4) (Saint) (Sp. 954); Amat (4) (Taddeo) (Sp. 979); Amazones ou Manãos (Amazonen.) (Sp. 1014); Ambert (Joachim-Marie-Albert) (Sp. 1036); Ambroise (14) (Sp. 1110); Amelius (3) (Sp. 1181); Amias (John) (Sp. 1230); Ampus (Empus, Impurs) (Sp. 1365f.); Andon (Haudo, Odo, Hauto) (Sp. 1585); André (2) (Saint) (Sp. 1602); André (3) (Saint) (Sp. 1602); André (23) (Sp. 1608); André (35) (Sp. 1611); André (46) (Sp. 1614); André (49) (Sp. 1614); André (54) (Sp. 1615); André (174) de Modène (Bienheureux) (Sp. 1683f.); André (193) de Plaisance (Sp. 1694); André (214) Salus (Saint) (Sp. 1709); André (233) de Vallombreuse (Sp. 1716); Andronicien (Sp. 1800); Anduze (2) (Bernard d') (Sp. 1809); Aneiros (León Federico) (Sp. 1826f.). — Bd. 3 (1924): Angadrème (Sainte) (Sp. 3); Angarum ou Sangarum (Sp. 5); Ange (1) (Sp. 5f.); Ange (2) (Sp. 6); Ange (8) (Sp. 10); Ange (20) (Sp. 12f.); Ange (21) d'Acri (Sp. 13); Ange (24) de Béja (Sp. 14); Ange (67) de Saint-Joseph (Sp. 35); Ange (73) Sinesius (Bienheureux) (Sp. 37); Angelar ou Angelaire (Sp. 44); Angelelme (Saint) (Sp. 50); Annales religieuses, politiques et littéraires (Sp. 298); Annianus (2) (Sp. 386); Annon (5) (Sp. 396); Anselme (14) (Sp. 455); Ansséric (2) (Sp. 499); Anténor (Sp. 516); Anterius (Sp. 522); Anthime (2) (Saint) (Sp. 529); Antiolus (Sp. 710); Antoine (35) (Sp. 741); Antoine (36) (Sp. 741); Antoine (37) (Sp. 741); Antoin (39) ou Antonin (Sp. 741); Antoine (218) Primaldi ou Grimaldi (Sp. 805); Antoine (292) (Nicolas) (Sp. 822f.); Antonin (6) (Sp. 852); Antonin (11) (Sp. 854); Aper (2) (Sp. 931); Apigné (Saint-Roch et Saint-Mathurin d') (Sp. 954); Apobolymaeus (Jean) ou Findeling (Sp. 956); Apollinaire (17) Franco (Sp. 995); Aquila (3) (Saint) (Sp. 1110); Arbaud (1) (François-Antoine) (Sp. 1449); Arbaud (2) de Matheron (Antoine) (Sp. 1449f.); Arbussy (Joseph) (Sp. 1481); Arces (1) (Claude d') (Sp. 1525); Archangèle Girlami (Bienheureuse) (Sp. 1538); Archon (Louis) (Sp. 1577); Aregius (2) ou Aridius (Saint) (Sp. 1638f.); Arenas (Antoine-Vincent) (Sp. 1642); Areso (Joseph) (Sp. 1649f.). — Bd. 4 (1930): Argelat (2) (Filippo) (Sp. 6); Argelati (3) (Francesco) (Sp. 6); Argentat (Sp. 20); Arimin ou Aimin (Sp. 169); Ariston (7) (Sp. 201); Armendariz (1) (Alfonso Enriquez de) (Sp. 284); Armentia (Nicolas) (Sp. 395); Armidale (Sp. 395f.);

Arnal (Jean-Giraud) (Sp. 401); Arnal du Curel (Jean-Charles) (Sp. 401f.); Arnaud (2) (Sp. 412); Arnaud (3) I (Sp. 412); Arnaud (5) II (Sp. 412); Arnaud (7) (Sp. 415); Arnaud (12) (Sp. 419); Arnaud (15) d'Abbadie (Sp. 420); Arnaud (39) de Vitabre (Sp. 442); Arnesigile (Sp. 533); Arnicourt (Sp. 536). — Bd. 5 (1931): Auribeau (Pierre d'Hesmivy d') (Sp. 748).

Beiträge für die Revue d'Histoire de l'Église de France: Revue d'Histoire de l'Église de France. Table des tomes I à XVI (1910-1930). Par le R. P. Urbain Rouziès. Paris 1932; L'abbé Pierre Richard, in: Revue d'Histoire de l'Église de France 22 (1936), 555f.; Revue d'Histoire de l'Église de France. Table des tomes XVII à XXVI (1931-1940). Par le R. P. Urbain Rouziès. Paris 1941.

Rezensionen und Anzeigen in der Revue d'Histoire de l'Église de France: A. Prévost, Répertoire biographique du clergé du diocèse de Troyes à l'époque de la Révolution, in: Revue d'Histoire de l'Église de France 6 (1920), 420; E. Sol, Le clergé du Lot sous la Terreur fructidorienne, in: ebd. 9 (1923), 267; F. Rousseau, Dom Grégoire Tarisse, premier supérieur général de la congrégation de Saint-Maur, 1575-1648, in: ebd. 10 (1924), 522f.; Ecclesia. Encyclopédie populaire des connaissances religieuses, publiée sous la direction de R. Aigrain, in: ebd. 15 (1929), 78f.; H.-X. Arquillière, L'augustinisme politique. Essai sur la formation des théories politiques du Moyen Age, in: ebd. 24 (1938), 78; H.-X. Arquillière, L'Église au Moyen Age, in: ebd. 26 (1940), 158f.; J. Gerson, Initiation à la vie mystique, procédée d'une préface par P. Pascal, in: ebd. 31 (1945), 368f.

Zeitschriftenschauen in der Revue d'Histoire de l'Église de France: 12 (1926): Revue Historique 50 (1925): S. 271f.; Revue des sciences religieuses 5 (1925): S. 272. — 13 (1927): Revue des sciences religieuses 6 (1926): S. 125. — 14 (1928): Revue des sciences religieuses 7 (1927): S. 281. — 15 (1929): Revue des sciences religieuses 8 (1928): S. 273; Le Correspondant 1927. 1928: S. 391f. — 16 (1930): Revue des sciences religieuses 9 (1929): S. 326; Revue catholique des institutions et du droit 67 (1929): S. 327; Le Correspondant 1929: S. 460f. — 17 (1931): Revue des sciences religieuses 10 (1930): S. 283; Le Correspondant 1930: S. 283f. — 18 (1932): Revue catholique des institutions et du droit 1931: S. 268f.; Le Correspondant 1931: S. 274. — 19 (1933): Revue des sciences religieuses 12 (1932): S. 137; Le Correspondant 1932: S. 139-141. — 20 (1934): Revue des sciences religieuses 13 (1933): S. 316. — 21 (1935): Revue catholique des institutions et du droit 62 (1934): S. 304; Revue des sciences religieuses 14 (1934): S. 466f; Oratoriana 1934: S. 467. — 22 (1936): Revue catholique des institutions et du droit 63 (1935): S. 273; Revue des sciences religieuses 15 (1935): S. 273: Oratoriana 1935: S. 273. — 23 (1937): Revue catholique des institutions et du droit 1936: S. 299; Revue des sciences religieuses 16 (1936): S. 299f.; L'Oratoire de France 6 (1936): S. 300. — 24 (1938): Revue des sciences religieuses 17 (1937): S. 267f.; L'Oratoire de France 7 (1937): 268f. — 25 (1939): Revue des sciences religieuses 18 (1938): S. 412; L'Oratoire de France 8 (1938): S. 412f. — 26 (1940): Revue des sciences religieuses 19 (1939): S. 209f.; Revue catholique des institutions et du droit 67 (1939): S. 212; L'Oratoire de France 9 (1939): S. 212f.; Revue d'histoire ecclésiastique 34 (1938)/35 (1939): S. 220. — 28 (1942): Revue d'histoire ecclésiastique 36 (1940)/37 (1941): S. 324f.; Revue des sciences religieuses 20 (1940): S. 325; L'Année théologique 1 (1940)/2 (1941): S. 325f. — 29 (1943): Revue d'histoire ecclésiastique 38 (1942): S. 399f.; L'Année théologique 3 (1942): S. 400f. — 33 (1947): L'Année théologique 4 (1943). 5 (1944): S. 216f.; Revue d'histoire ecclésiastique 39 (1943)/40 (1944/45): S. 391f. — 36 (1950): L'Année théologique 6 (1945): S. 126; Revue des sciences religieuses 1947. 1948. 1949: S. 127. — 38 (1952): Revue des sciences religieuses 1950. 1951: S. 194f.; L'Année théologique 1947. 1948. 1949: S. 195. — 39 (1953): La pensée catholique 1952: S. 154.

Für die Mitteilung der Lebensdaten von Rouziès danke ich auch an dieser Stelle M. Serge Sollogoub vom Archiv des Institut catholique de Paris.

Gerhard Rexin

ROYKO, Kaspar (Caspar) (katholischer Theologe) wurde am 1. Januar 1744 in Mettau bei Marburg in der Steiermark geboren, er verstarb am 20. April 1819 in Prag. — Roykos Eltern (Kaspar und Theresia Royko, geb. Szargeth) besaßen ein Landgut (Mettau) außerhalb von Marburg und waren daher in der Lage, ihrem Sohn eine entsprechende Ausbildung zu ermöglichen. So besuchte er zunächst die Schulen in Marburg, Leoben und Graz. Ab 1763 studierte er dann an der Universität in Wien das Naturrecht (und das römische Recht) bei dem Freiherrn Karl Anton von Martini und Kirchenrecht bei Paul von Riegger. Nach seiner Rückkehr nach Graz begann er an der dortigen Universität schließlich ein Studium der Theologie. Nach der theologischen Promotion wurde er im Dezember 1766 zum Priester geweiht und arbeitete danach in den Pfarreien Zellnitz und Witschein als Seelsorger. Neben seiner Gemeindearbeit beschäftigte er sich intensiv mit der Kirchengeschichte. Nachdem 1773 der Jesuitenorden aufgehoben wurde, und die Jesuiten ihre akademischen Stellen verloren, wurde Royko zum Professor der Logik, Metaphysik und Ethik an die Universität in Graz berufen. Am 25. Oktober 1774 wurde er dann zum Professor der Kirchengeschichte an der Universität Graz ernannt. 1777 wurde er auch mit der wissenschaftlichen Leitung des dortigen Studenten-Seminars betraut. Nach der Aufhebung der Universität Graz im Herbst 1782 wurde Royko am 7. November 1782 als Professor der Kirchengeschichte an die Universität in Prag berufen. 1790 wurde er zum

Dekan und im folgenden Jahr dann zum Repräsentanten der Theologischen Fakultät gewählt, denn Kaiser Leopold II. ernannte Royko am 3. März 1791 zum Rat und Referenten bei der Kommission für geistliche Angelegenheiten der Landesstelle Böhmens. Diese Aufgabe bewältigte er fast 17 Jahre ebenso erfolgreich wie zuvor seine akademische Tätigkeit. In diese Zeit fällt auch einerseits seine Ernennung zum *Gubernialrat* (9. Dezember 1796) und seine Wahl zum *Rektor magnificus* der Prager Universität (1797). 1807 wurde Royko schließlich zum Domherrn bei der Kollegiatkirche Allerheiligen auf dem Prager Schloß ernannt (28. August 1807). — Neben seiner Tätigkeit in der kirchlichen Verwaltung ist Royko vor allem durch seine Arbeiten zur Kirchengeschichte von Bedeutung. Seine Vorlesungen hielt er regelmäßig vor einer großen Anzahl von Zuhörern. Als Kirchenhistoriker, der zum konservativen Flügel der deutschsprachigen Aufklärungskirchenhistoriker gezählt werden muß, war er nicht unumstritten. Bereits in seiner Zeit als Grazer Kirchenhistoriker wurde er wegen seiner gemäßigt aufklärerischen Position scharf kritisiert. Dies änderte sich auch nicht in seiner Prager Zeit [vgl. z.B. die unter dem Pseudonym Anton Wahrsager veröffentlichten Schriften: Brief an Caspar Royko, Lehrer der Kirchengeschichte zu Prag (1783); Brief an den hochwürdigen, in Gott geistlichen Herrn Kaspar Royko (1783) und Noch Etwas an den Herrn Kaspar Royko (Graz 1783)]. — Das Papsttum war für ihn zeitlebens unstrittig. Dies kommt prägnant in seiner wohl wichtigsten Schrift der *Geschichte der grossen allgemeinen Kirchenversammlung zu Kostnitz* (Konstanz) 1780ff zum Ausdruck. Ein bereits von seinen Zeitgenossen erhobener Vorwurf betrifft die kritische Bearbeitung der Quellen. Diese Kritik wurde zweifelsohne zurecht geäußert, denn seine Verwendung der Quellenkritik bei der Feststellung des Informationsgehalts einer Quelle entsprach sicherlich nicht mehr den z.B. von dem Hallenser Theologen Johann Salomo Semler entwickelten wissenschaftlichen Standards. — Wissenschaftshistorisch gesehen ist interessant, daß bei Royko die praktische Tätigkeit als Historiker Hand in Hand mit metatheoretischen Reflexionen zum kirchenhistorischen Denken erfolgte. Hier muß besonders seine Schrift *Einleitung in die christliche Religions- und Kirchen-Geschichte* genannt werden, deren erste Auflage 1788 (2. Auflage 1790) in der Widtmannischen Buchhandlung in Prag erschien. Im Vorbericht beschrieb er die Absicht, die er mit diesem Buch verfolgte: »Das *erste*, was ich ihnen anzudeuten habe, ist der Inhalt gegenwärtiger Schrift. Ich umfasse ihn ganz, wenn ich sage, daß er in den *Vorbereitungsgrundsätzen* (Hauptprinzipien) bestehe, die sowol zu einer gegründeten Bearbeitung als auch fruchtbarn Erlernung der christl. Geschichtskunde unumgänglich nothwendig sind« (Vorbericht, unpag.). Roykos 623 Seiten und ein umfangreiches Register umfassendes Werk ist ganz unzweifelhaft der geschichtstheoretisch interessanteste systematische Entwurf einer Kirchenhistorik im Zeitalter der Aufklärung. Es ist sicherlich erstaunlich und erklärungsbedürftig, die Grundlagenreflexionen eines katholischen Kirchenhistorikers über das kirchenhistorische Denken als interessantesten systematischen Entwurf einer Kirchenhistorik im Zeitalter der Aufklärung zu bezeichnen. Denn in keiner einschlägigen Geschichte der Kirchengeschichtsschreibung oder -theorie wird Roykos Theorie eingehender besprochen, allenfalls gelegentlich erwähnt [vgl. z.B. Emil Clemens Scherer: Geschichte und Kirchengeschichte an deutschen Universitäten, Freiburg i.Br. 1927, S.405, 411, 457 u.ö.]. Was also macht Roykos Schrift so interessant, daß anhand ihrer Aussagen die Verfassung der Kirchengeschichte als Wissenschaft im späten 18. Jahrhundert illustriert werden könnte? Die Antwort auf diese Frage ist ebenso einfach wie überraschend: Roykos *Einleitung in die christliche Religions- und Kirchen-Geschichte* ist über weite Strecken ein Plagiat, was auch schon seine Zeitgenossen erkannten. (Zur Frage der Abhängigkeit Roykos von Schroeckh und Walch vgl. auch die anonym erschienene Rezension der *Einleitung in die christliche Religions- und Kirchengeschichte* in den *Annalen der neuesten Theologischen Litteratur und Kirchengeschichte* (1789), S.245-49, hier S.245: »Man merket es aber auch deutlich genug an den Schriften dieses Mannes, daß er den protestantischen Schriftstellern vorzüglich viel zu verdanken habe. Denn er schöpfte reichlich aus ihnen; bey diesem Buche aber aus keinem mehr, als auch Walch und Schroeckh, deren Werke er über diesen Gegenstand so oft scheint gelesen zu haben, daß *ihre Worte* hier und da seitenlang in seine Feder geflossen sind.« *ROYKO*: Einleitung, S.130, Anm. bestritt freilich den Vorwurf des Plagiats: »Bey diesem Geständnisse des öffentlichen Danks [an Walch für dessen Schrift *Kritische Nachricht*] wird es doch Niemanden beyfallen zu argwohnen, als ob ich vorgedachte Abhandlung abgeschrieben hätte? wofern mir die Lust angekommen wäre, etwas dergleichen zu thun, würde ich nach der löblichen Gewohnheit unsrer, an der Zahl nicht wenigen, litterärischen Diebe mich ganz wohl gehütet haben das Werk anzuführen.« Zum Nachweis der literarischen Abhängigkeit vgl. Karl Zinke: Zustände und Strömungen in der katholischen Kirchengeschichtsschreibung des Aufklärungs-Zeitalters im deutschen Sprachgebiet, Diss. Berlin 1933, S.69f.) — Neben Mosheims *Institutionvm historiae ecclesiasticae* antiquae et recentioris. Libri quatuor. Ex ipsis fontibus insigniter emendati, plurimis accessionibus locupletati, variis observationibus illustrati, editio altera, Helmstedt 1764 verwandte Royko vor allem zwei Schriften protestantischer Kirchenhistoriker zur Konzeptualisierung seines Werkes: Die Einleitung in den ersten Band der *Christlichen Kirchengeschichte* (der erste Band dieses insgesamt 35 Bände umfassenden Werkes erschien 1768 mit den Verlagsorten Frankfurt und Leipzig) des Wittenberger Historikers Johann Matthias Schroeckh und Christian Wilhelm Franz Walchs *Kritische Nachricht von den Quellen der Kirchenhistorie* (Leipzig 1770). Beide Schriften gehören zu den bekanntesten und fachlich interessantesten geschichtstheoretischen Texten des 18. Jahrhunderts. Dabei setzen beide Autoren unterschiedliche Schwerpunkte bei der Behandlung der maßgebenden Faktoren der historischen Erkenntnis. Während es Walch auf den 275 Seiten seiner Schrift v.a. um die Entwicklung einer Quellenkunde, um die Ausarbeitung quellenkritischer und hermeneutischer Regeln und Kompetenzen und schließlich um eine Beschreibung vorhandener Quellenausgaben und historiographischer Werke ging, behandelte Schroeckh dagegen auf 315 Seiten eingehend den Begriff und den Umfang, den Gebrauch und Nutzen, die Quellen und Hilfsmittel und die Methode der christlichen Kirchengeschichte. Roykos Verdienst besteht also darin, diese beiden Schriften zu einer systematischen Einheit, einer umfassenden Kirchenhistorik zusammengefaßt zu haben. Mit dieser Schrift hat Royko eine Prager Historik-Tradition begründet. Vgl. v.a. L. Chrysostomus Pfrogner: Einleitung in die christliche Religions- und Kirchengeschichte überhaupt, und in die Kirchengeschichte Böhmens insbesondere, 2 Theile, Prag 1801 und Karl Johann Vietz: Das Studium der allgemeinen Geschichte nach dem gegenwärtigen Stand der historischen Wissenschaft und Literatur, Prag 1844.

Quellen: Oratio inauguralis de studio historiae ecclesiasticae, Graz [Salzburg] 1779; Geschichte der grossen allgemeinen Kirchenversammlung zu Kostnitz, 4 Bde. und ein Registerband, Graz bzw. Prag 1780-96 [neben zwei verbesserten Ausgaben 1782 bzw.1784 gibt es eine zweite Auflage Prag, Wien ,Graz 1796; vgl.]; Decret der Versammlung zu Kostnitz von der Communion unter beiderlei Gestalten, mit Anmerkungen, Prag 1783; Synopsis historiae religionis, Prag 1783; Synopsis historiae religionis et ecclesiae christianae methodo systematica adumbratae, Prag 1785 [diese Schrift war der Leitfaden für seine Prager Vorlesungen]; Einleitung in die christliche Religions- und Kirchen-Geschichte, Prag 1788, [2]1790; Christliche Religions- und Kirchengeschichte, 4 Theile, Prag 1789-1792 bzw. 1795; Oratio dicta ad senatum populumque academicum quum hic natalem Francisci II. Augusti diem coleret, Prag 1789; einzelne Aufsätze ohne Angabe seines Namens sind in der Allgemeinen deutschen Bibliothek oder den Helmstädter gelehrten Annalen erschienen. Ferner gibt es einzelne Reden in deutscher und lateinischer Sprache.

Lit.: Georg Christoph Hamberger: Das gelehrte Teutschland oder Lexikon der jetztlebenden teutschen Schriftsteller / angefangen von Georg Christoph Hamberger. Fortges. von Johann Georg Meusel. Bd.VI, dritte durchaus vermehrte und verbesserte Ausgabe, Lemgo 1798 [ND: Hildesheim 1965], 463f; — Erneuerte vaterländische Blätter für den österreichischen Kaiserstaat Wien 1819, Nr. 38 und 39, Nekrolog; Constantin von Wurzbach: Biographisches Lexikon des Kaiserthums Oesterreich, enthaltend die Lebensskizzen der denkwürdigen Personen, welche 1750 bis 1850 im Kaiserstaate und in seinen Kronländern gelebt haben, Bd. 26, 1874 [ND: New York u.a. 1966], 180-84; — Anton Schlossar: Art. Royko, Caspar, in: Allgemeine deutsche Biographie, Bd. 29, Leipzig 1889, 411f; — Karl Zinke: Zustände und Strömungen in der katholischen Kirchengeschichtsschreibung des Aufklärungs-Zeitalters im deutschen Sprachgebiet, Diss. Berlin 1933, 69f; — Emil Clemens Scherer: Geschichte und Kirchengeschichte an deutschen Universitäten, Freiburg i.Br. 1927, 405, 411, 457 u.ö.; — Dirk Fleischer: Zwischen Tradition und Fortschritt. Der Strukturwandel der protestantischen Kirchengeschichtsschreibung im deutschsprachigen Diskurs der Aufklärung, Waltrop 2006, 58, 414, 418, 442f, 591, 769f u.ö.; — ders.: Vom Nutzen der Kirchengeschichte im 18. Jahrhundert (Aufsatz im Druck).

Dirk Fleischer

RÜCKERT, Johann Georg Gottfried. — Pfarrer und Gründer des Collegium Augustinum, * 16.8. 1914 in Nürnberg; † 31.8. 1988 in München. — Als zweites Kind der Eheleute Johann Bernhard Rückert und Magdalena Rückert, geb. Winter, am 16. August 1914 in Nürnberg geboren, wuchs Sohn Georg als Einzelkind auf, da sein älterer Bruder bereits 1913 als Einjähriger gestorben war. Nach dem Besuch der Volkshauptschule in Nürnberg wechselte er ab 1924 zum humanistischen Melanchthon-Gymnasium und machte dort 1933 das Abitur. — Der in einem ev.-luth. Elternhaus aufgewachsene und seit früher Jugend als Mitglied zum CVJM Nürnberg gehörende Georg Rückert studierte Ev. Theologie und Philosophie in der Zeit vom WS 1933/34 bis zum WS 1935/36 an der Universität in Erlangen. Sein Studium der Theologie, das im SS 1935 aufgrund des Arbeitsdienstes unterbrochen werden musste, setzte er im SS 1936 an der Universität in Rostock und vom WS 1936/37 bis zum SS 1937 wiederum an der Universität in Erlangen fort und schloss es hier mit dem 1. Examen, der Theologischen Aufnahmeprüfung, ab. — Erste Berufserfahrungen als Vikar konnte Rückert 1937/1938 in Nürnberg und 1938/1939 in Freising machen, bevor er am 5. März 1939 in Nürnberg-Gostenhof seine Ordination ins geistliche Amt der Ev.-Luth. Landeskirche in Bayern erhielt. Noch im Februar 1940 konnte er sein 2. Examen, die Theologische Anstellungsprüfung, ablegen, obwohl er bereits am 1. September 1939 - mit Beginn des Zweiten Weltkriegs - als Soldat der deutschen Wehrmacht einberufen worden war. Im September 1940 schloss er mit Hilde Rückert, geb. Dippold, die Ehe, aus der zwischen 1941 und 1944 die beiden Söhne Armin und Roland hervorgingen. — Als der im Krieg verwundete Oberleutnant der Reserve im Juli 1945 aus halbjähriger Kriegsgefangenschaft in Südfrankreich entlassen worden war, wurde er von September 1945 bis April 1946 Stadtvikar in Treuchtlingen und von Mai 1946 bis Juni 1948 Exponierter Vikar in München-Großhadern. Nachdem die Ev.-Luth. Landeskirche ihn zwischen Juni und Dezember 1948 wegen einer Stimmbanderkrankung vom Pfarramtsdienst befreit hatte, war er ab 1. Januar 1949 in München-Pasing als Religionslehrer im Fach Ev. Religionslehre am humanistischen Gymnasium sowie zugleich als Dozent für Ev. Religionspädagogik an der damaligen Lehrerbildungsanstalt tätig. Im Juli 1950 schloss Rückert mit Gertrud Rückert, geb. Kern und verw. Halbach, seine zweite Ehe, aus der zwischen 1951 und 1961 der Sohn Markus und die drei Töchter Barbara, Johanna und Sabine hervorgingen. — Insbesondere die Jahre zwischen 1954 und 1988 haben Georg Rückert als Gründer und Errichter von zahlreichen diakonischen Einrichtungen, die den Namen »Collegium Augustinum« trugen, und dessen Vorstandsvorsitzender er war, bekannt gemacht. Diese diakonischen Gründungen umfassen »alle Gebiete der Sorge für Mitmenschen, die dieser bedürfen, insbesondere alte, schwache und kranke Menschen nach dem Gesetz Christi: Einer trage des anderen Last«, wie es die Zweckbestimmung der Vereinsgründung »Collegium Augustinum e. V. München« durch 8 Gründungsmitglieder im Januar 1964 vorgesehen hatte. Rückert selbst definierte im März 1973 vor der Bayerischen Landessynode das Collegium Augustinum als »eine evangelische Sozialgruppe, die sich auf 4 Arbeitsgebieten betätigt«, nämlich der Altenfürsorge in Wohnstiften, der Krankenpflege in Kliniken, Sanatorien und Kurheimen, ferner der Arbeit mit geistig behinderten und mit hörgeschädigten Kindern in heilpädagogischen Centren sowie der Betreuung von Schülern und Studenten in Wohnheimen und Studienhäusern. Als Georg Rückert 74jährig am 31. August 1988 in der Stiftsklinik Augustinum in München-Kleinhadern starb, war ein außergewöhnlich reiches, erfülltes und tatkräftiges Leben im Dienst der Diakonie zu Ende gegangen. Die Beisetzung fand am 5. September 1988 in München-Pasing statt, dort, wo sein diakonisches Lebenswerk im Jahr 1954 seinen Ausgang genommen hatte. — Unter dem Eindruck der großen Wohnungsnot seiner Schüler gründete der Religionslehrer und Pfarrer Georg Rückert am 12. Mai 1954 im Pfarramt der Ev.-Luth. Himmelfahrtskirche in München-Pasing zusammen mit weiteren 6 Gründungsmitgliedern den »Ev. Schülerheimverein in München-Pasing e. V.«, der bereits am 1. Oktober desselben Jahres, da es das Jahr des 1600. Geburtstags vom Kirchenvater Augustinus war, den neuen Namen »Collegium Augustinum e. V.« erhielt. Bereits im Januar 1956 konnte das Ev. Studienheim und Internat »Collegium Augustinum« in München-Pasing eingeweiht werden. Im Januar 1958 folgte ein nach der Mutter des Augustinus benanntes Studentinnenhaus »Monika« in München-Pasing. Zwei weitere Studentenwohnheime, deren Bauten im Januar 1966 begannen und im September fertig gestellt waren, erhielten die Namen der beiden jeweils im Januar geborenen Töchter Rückerts »Barbara« und »Sabine«. — Zu Georg Rückerts bekanntestem christlich-sozialen Lebenswerk gehören die 18 Wohnstifte für ältere Menschen an insgesamt 17 Orten in Deutschland, an deren Anfang am 29. Januar 1957 die Gründung des Vereins »Ev. Stift Augustinum e. V. München« als Träger für ein zu errichtendes Wohnstift durch 11 Gründungsmitglieder stand. Bereits im Januar 1962 konnte das erste Wohnstift Augustinum München-Neufriedenheim in München-Kleinhadern fertig gestellt werden. Bis zum Jahr 1987 folgte die Eröffnung weiterer 17 Wohnstifte, darunter 1967 in Dießen, 1968 in Bad Neuenahr und 1972 in Stuttgart-Riedenberg. Weitere Häuser entstanden 1974 in München-Hasenbergl, in Mölln, Bad Soden, Bonn, Braunschweig und Detmold. Es folgten 1975 Schweinfurt und Überlingen. Dann kamen hinzu 1976 Heidelberg, 1978 Essen, 1979 Dortmund, 1985 Freiburg sowie Roth und schließlich 1987 Aumühle bei Hamburg. Die meisten Wohnstifte nahmen den Weg vom Grundstückserwerb über die Planung und die Grundsteinlegung, das Richtfest und die Fertigstellung bis hin zur Einweihung. Nur vier der insgesamt 18 Häuser wurden zwischen 1974 und 1975 durch Ersteigerung übernommen. Zum Konzept der Wohnstifte mit ihren Appartements gehört die Unterstützung der größtmöglichen gewünschten Selbständigkeit und persönlichen Freiheit des alten Menschen in seinem Appartement, die Gewährung seiner benötigten Versorgung und Hilfe sowie die Anregung zu geselliger und geistiger Aktivität in der Solidargemeinschaft durch kulturelle Veranstaltungen aber auch durch Sprachen- und Literaturzirkel, durch Arbeitskreise für verschiedene Bereiche sowie durch Feste und Feiern. Ev. wie auch kath. Gottesdienste finden in der in allen Wohnstiften eingerichteten Stiftskapelle statt. Seit Januar 1981 ist für die Wohnstiftbewohner eine Pflegekostenergänzungsregelung (PER) eingeführt, die als Solidarfonds Pflegekosten oberhalb eines monatlichen Selbstbehalts absichert. — Zu den von Rückert errichteten Krankenhäusern gehörten die seit November 1963 bestehende Stiftsklinik Augustinum in München-Kleinhadern und eine im April 1971 eröffnete Stiftsklinik Bad Windsheim sowie ein im April 1981 mit der Betriebsführung übernommenes landkreiseigenes Krankenhaus in Uffenheim. Zu den Sanatorien zählten das im Dezember 1965 erworbene und am 24. Juni 1967 fertig gestellte Sanatorium Ammermühle bei Rottenbuch/Obb. sowie das im April 1982 eröffnete »Sophien-Sanatorium« in Thambach als »Beschützendes Haus« für ältere Menschen mit demenzieller Erkrankung. — Rückert initiierte auch sonderpädagogische Einrichtungen mit einem »Schul-Centrum« und einem »Heilpädagogischen Centrum«. Zum »Schul-Centrum Augustinum« gehört die im September 1971 in München-Nymphenburg eröffnete und nach Samuel Heinicke (1727-1790), dem Pädagogen für Taubstumme, benannte »Samuel-Heinicke-Realschule«, die erste Realschule für Hörgeschädigte in Bayern. Im September 1983 folgte als Ergänzung dazu die »Samuel-Heinicke-Fachoberschule« in München-Pasing mit den Fachrichtungen Technik und Wirtschaft, Verwaltung und Rechtspflege für Hörgeschädigte, der ein Ev. Studienheim angeschlossen wurde. Zu diesem »Schul-Centrum« zählt auch das im September 1988 übernommene Privatgymnasium und Internat »Landschulheim Elkhofen« in Grafing bei München für Schüler mit Lern- und Leistungsstörungen. — Das »Heilpädagogische Centrum Augustinum« (HPCA) umfasst die im Juni 1972 eingeweihte und bald darauf nach Otto Steiner (1917-1995), einem Pfarrer in München-Hasenbergl, benannte »Otto-Steiner-Schule« in München-Hasenbergl mit Tagesstätte für geistig behinderte Kinder. Im Mai 1977 wurde als Erweiterung dazu das nach Theodor Heckel (1894-1967), einem ehemaligen ev. Bischof und späteren Münchner Dekan, benannte »Theodor-Heckel-Bildungswerk« in Oberschleißheim als erste Volkshochschule für Menschen mit geistiger Behinderung in Deutschland gegründet. Diesem Bildungswerk sind seit Februar 1979 die »Werkstätten Oberschleißheim« angeschlossen, in denen Behinderte in den Berufszweigen Gastronomie, Textil, Metall, Keramik und Holz sowie in einer Druckerei Arbeitsplätze fanden.

— Georg Rückert hatte einen besonderen Sinn für die Symbolik der Daten, der Wörter und der Bilder. Da der Anfang seines gesamten christlich-sozialen Werks auf das Jahr 1954 zurückgeht, das Jahr des 1600. Geburtstags vom Kirchenvater Augustinus (*13.11. 354; †28.8. 430), versah er alle von ihm gegründeten Einrichtungen mit dem Namen »Collegium Augustinum«. Das Gründungsdatum des 12. Mai 1954 wurde schon zu Lebzeiten Rückerts jeweils festlich begangen, so am 10. Jahrestag 1964 und am 20. Jahrestag 1974. Im Festakt zum 30. Jahrestag 1984 hielt u. a. der Bayerische Ministerpräsident Franz Josef Strauß eine Laudatio auf »den Freund Georg Rückert«. Gewusst habe er es schon früh, »dass aus dem Rückert Georg noch amal was wird ... Der hat dieselbe Intelligenz wie ich und wirtschaftlich mindestens dieselbe glückliche Hand.« Das sei ihm schon klar gewesen, als sie beide »am gleichen Tag in Landsberg am Lech zur Schweren Artillerie einrücken mussten ... Sollte das Modell der jüngst in den Wohnstiften eingeführten ‚Pflegekostenregelung' allgemein nutzbar sein, wüchsen Rückerts Verdienste ins Ungeheuere.« (Süddeutsche Zeitung vom 14.5. 1984). — Eine zentrale Bedeutung in Rückerts Leben und Werk hat das in den neutestamentlichen Briefen des Paulus und des Petrus mehrmals verwendete griechische Wort »philadelphia« (»Bruderliebe, Geschwisterliebe«). So schreibt Paulus u. a. an die Römer (Röm 12,10): »In der Geschwisterliebe seid herzlich zueinander ... dem Herrn dienend.« Der erste Buchstabe dieses griechischen Wortes mit dem Schriftzeichen »Phi« als Majuskel wurde seit Anfang der 70er Jahre zum Symbol für das Collegium Augustinum, und es wird seitdem als Signet auf jeder Drucksache verwendet. Dieses »diakonische« Wort der »Geschwisterliebe« tragen auch der im April 1965 von Rückerts Ehefrau Gertrud ins Leben gerufene Verein »Der Philadelphische Ring e. V. München« mit dem Angebot eines freiwilligen sozialen Jahres für Absolventinnen von Realschulen und Gymnasien sowie der von Georg Rückert im Dezember 1986 in Bonn gründete Verein »Internationale Philadelphische Institutionen« IPHI für Hilfsprojekte im Ausland, deren Vorsitzender er zeitlebens war. — Das Abbild eines Nashorns, dem Rückert die Eigenschaften der Stärke, der Schnelligkeit und der Friedensliebe zugeordnet hat, steht als mächtige Plastik vor dem Eingang eines jeden Wohnstifts. — Mit dem Maler und Grafiker Walter Habdank (1930-2001) verband Rückert seit seiner Münchner Zeit eine lebenslange Freundschaft. Habdank prägte das künstlerisch-christliche Ambiente in den Wohnstiften, für die er nicht nur die Augustina-Schriftschnitte, sondern auch Mosaiken, Glasfenster, Gemälde und Aquarelle schuf. — Die Bedeutung der Publizistik für sein diakonisches Gesamtwerk hat Rückert schon früh erkannt. Im Mai 1968 erfolgte die Gründung des Nashorn-Verlages in München, und im Dezember 1969 erwarb er durch den Nashorn-Verlag die Verlagsrechte für die Zeitschrift »Journal für Muße und Genesung«. Im März 1974 wurde der Verein »Kolleg für christliche Publizistik München e. V.« gegründet, und erstmals erschienen im Mai 1978 für die Einrichtungen des Collegium Augustinum das »FORUM« als Hauszeitschrift und im März 1986 eine vierteljährliche Beilage des Bayerischen Sonntagsblatts »Aus der Diakonie - Das Collegium Augustinum«. — Georg Rückert hat seine diakonischen Gründungen stets und vor allem durch das unmittelbar gesprochene Wort in Ansprachen und Predigten, in Referaten und Reden begleitet, die jedoch nur in wenigen Fällen als Aufsatz oder Beitrag in einer Publikation erschienen sind. — Rückerts Referat am 14. Januar 1974 vor der Arbeitsgemeinschaft für Wohnungswesen, Städteplanung und Raumordnung an der Ruhr-Universität Bochum über das Thema: »Neue Wege der Wohnungsversorgung alter Menschen - dargestellt am Beispiel des Collegium Augustinum« ist in der Schriftenreihe für Sozialökologie im Sammelband »Wohnungsprobleme sozialer Randgruppen« veröffentlicht worden. Dieses Referat, in dem er ausführlich sein Konzept von der Versorgung alter Menschen in den Wohnstiften des Collegium Augustinum darstellt, wie es sich seit fast 12 Jahren bewährt hatte, ist wie immer bei Rückert präzis gegliedert und wortmächtig formuliert. — Der beim 25jährigen Gründungsjubiläum am 12. Mai 1979 von Rückert gehaltene Vortrag mit dem Thema: »Gegen den Strom. Das Bild vom Alter. Korrekturen und Konsequenzen«, in dem das vom Autor initiierte und gegründete moderne Wohnstift Augustinum dem bisherigen Dreistufenheim mit Altenwohnheim, Altersheim und Pflegeheim teilweise in wesentlicher Abkehr gegenübergestellt wird, fand in der Öffentlichkeit eine große Resonanz. Nicht nur die Süddeutsche Zeitung vom 12./13.5. 1979 berichtete darüber ausführlich unter der Überschrift: »Der Fachmann definiert das Alter. Georg Rückert über seine Konzeption«, sondern auch die Zeitschrift »Das Altenheim« hat diesen Vortrag abgedruckt, der Rückerts neues Verständnis einer »zeitgemäßen Diakonie« im Gegensatz zu einer bisher vorwiegend als Linderung bestehender Not verstandenen diakonischen Fürsorge darlegt. — Der aus Anlass der Verleihung des Titels eines Ehrensenators durch die Universität Stuttgart-Hohenheim am 19. Dezember 1979 gehaltene Vortrag Rückerts mit dem Thema: »Das Alter als Herausforderung für Sozialpraxis und Wissenschaft« liegt leider nur als 19seitiges Manuskript vor. In dieser Rede begründet Rückert das unbedingte Angewiesensein der Praxis christlich-sozialen Handelns im diakonischen Sinn auf die Forschung und Lehre der Human-, der Sozial- und Wirtschaftswissenschaften, u. a. im Bereich Wirtschaftslehre des Haushalts, und er betont: »Nur auf diesem Boden gewinnt soziales Handeln die Freiheit, die es braucht, um wieder zu Neuem aufzubrechen.« (Redemanuskript, S. 12). Georg Rückert, der selbst für das »Institut für Haushalts- und Konsumökonomie« aufgrund seiner Praxiserfahrung beratend bei der Erarbeitung der praxisbezogenen Studienpläne im Hinblick auf den Einsatz der Studenten im Sozialbereich mitgewirkt hatte, unterstrich die Bedeutung einer umfassenden wissenschaftlichen Ausbildung der Führungsspitzen in den Augustinum Wohnstiften, insbesondere bezüglich der Anforderungen an einen Stiftsdirektor als »homo eruditus«, als »homo oeconomicus«, als »homo socialis und als »homo religiosus«. Rückerts wortgewaltige Art zu reden, wird beispielhaft an Ende dieses Universitätsvortrags deutlich, wenn er seinen Hörern sagt: »Sie als Wissenschaftler und wir als Praktiker können Antworten geben. Wir leben dabei aus der Wahrheit eines Wortes unseres Kirchenvaters Augustinus: 'Non vacant tempora, nec otiose volvunter per sensus nostros: faciunt in animo mira opera!' 'Die Zeiten bleiben nicht stehen, noch rollen sie müßig hinweg über unsere Sinne, sondern sie wirken Wunderbares in unserem Geiste.' Die über alles hinweggehende Zeit nimmt sich als Bausteine die gesicherte wissenschaftliche Erkenntnis und als Mörtel unser zeitlich begrenztes praktisches Tun, um ihr Gebäude aufzurichten. Dort leben wir, wenn wir aus Herz und Verstand handeln, nicht als Gefangene unter dem Gesetz der Zeiten, sondern auf wunderbare Weise erneuert und bewahrt, in der Sonne der Gnade Gottes.« - Eine am 13. November 1987, dem Geburtstag des Kirchenvaters Augustinus, von Rückert an 4000 Politiker und Persönlichkeiten des öffentlichen Lebens versandte und als »Aufschrei« bezeichnete Denkschrift ist in etwas gekürzter Form unter der Überschrift: »Ist die Versorgung alter und pflegebedürftiger Menschen für die Zukunft gesichert?« in der Zeitschrift »Heim + Anstalt« abgedruckt. Sie enthält seine beiden Forderungen: Ausbau und qualitative Aufwertung der Schulen für die Ausbildung in der Altenpflege sowie Öffnung des Arbeitsmarktes für ausländische Mitarbeiter im Sozialwesen. Bezüglich der zweiten Forderung hatte Rückert selbst und in eigener Initiative bereits in den Monaten August/September 1961 wegen italienischer Mitarbeiter für das Wohnstift München-Neufriedenheim die Verbindung mit Pastore Poggioli der Luth. Gemeinde Torre Annunziata bei Neapel aufgenommen. — Rückerts aus Anlass des Neujahrsempfangs am Abend des 14. Januar 1988 gehaltene Ansprache unter dem Thema: »Zäsuren und Perspektiven« - es war sein letzter offizieller Auftritt als Chef des Augustinum und nur ca. 7 Monate vor seinem Tod - kann gleichsam als ein kleines Testament angesehen werden. Dieser nur als Manuskript vorliegende 23seitige Redetext gibt einen Jahresrückblick auf das Wirtschaftsjahr 1987 in den verschiedenen Arbeitsfeldern und Einrichtungen des Collegium Augustinum und zeigt Perspektiven der Zukunft für die Wohnstifte, die Jugend- und Behindertenarbeit sowie die Krankenpflege auf. — Rückerts beispielhafte Leistungen auf christlich-sozialem Gebiet wurden mehrfach durch besondere Auszeichnungen und Ehrungen gewürdigt. Am 8. Juni 1972 verlieh der Bayerische Ministerpräsident Alfons Goppel an Georg Rückert den Bayerischen Verdienstorden als »Zeichen ehrender und dankbarer Anerkennung für hervorragende Verdienste um den Freistaat Bayern und das bayerische Volk«. Am 17. Dezember 1974 verlieh der Bundespräsident Walter Scheel das Große Verdienstkreuz des Verdienstordens der Bundesrepublik Deutschland u. a. mit der Begründung: »Rückert hat eine völlig neue Wohn- und Lebensform für den alten Menschen entwickelt und sich damit große Verdienste um eine moderne Altenfürsorge erworben. Die von ihm geschaffenen Wohnstifte wurden beispielhaft für eine zeitgerechte Altenpflege ... Diese Einrichtungen werden überall als Modell für zeitgerechtes Wohnen im Alter in persönlicher Ungezwungenheit und lebendiger Gemeinschaft gewertet.« Im August 1979 verlieh die Landeshauptstadt München an Georg Rückert die Medaille »München leuchtet« in Gold als offizielle Ehrung für seine besonderen Verdienste um die Stadt München. Eine andere Kommune, Bad Soden, hat die »Georg-Rückert-Straße« nach ihm benannt. Am 19. Dezember 1979 wurde Rückert von der Universität Stuttgart-Hohenheim zum »Ehrensenator der Universität« ernannt. Im Oktober 1985 überreichte in Bonn Botschafter Dr. Juan Ramirez Rauda an Senator e. h. Pfarrer Georg Rückert die Ernennungsurkunde zum Honorarkonsul von El Salvador in Bayern. — Georg Rückert hinterließ ein über die gesamte Bundesrepublik Deutschland verbreitetes, dem diakonischen Werk angeschlossenes, christliches Sozialunternehmen mit ca. 5000 Mitarbeitern in verschiedenen Arbeitsbereichen, in denen jährlich ca. 25000 hilfsbedürftige Menschen ihre Betreuung fanden. Dazu zählten für ältere Menschen die 18 Wohnstifte, für junge Menschen die Schüler- und Studenten-Wohnheime, die Ausbildungsstätten in der Kranken- und Altenpflege, für behinderte Menschen die Schulen mit Tagesstätte und Werkstatt sowie für kranke Menschen die 3 Kliniken und 2 Sanatorien. Wie der Pfarrer August Hermann Francke (1663-1727) mit den »Francke'schen Stiftungen« in Halle, wie der Theologe Johann Hinrich Wichern (1808-1881) mit der Gründung des »Rauhen Hauses« in Hamburg-Horn und wie der Pfarrer Friedrich von Bodelschwing d. Ä. (1831-1910) mit den »von Bodelschwingschen Anstalten« in Bielefeld-Bethel so bleibt auch Pfarrer Johann Georg Gottfried Rückert als genialer Gründer des »Collegium Augustinum« mit seinen verschiedenen Häusern und Einrichtungen in mehr als zwanzig Orten der Bundesrepublik Deutschland beispielhaft in der Geschichte zeitgemäßer Diakonie.

Werke: Neue Wege der Wohnungsversorgung alter Menschen - dargestellt am Beispiel des Collegium Augustinum, in: Wohnungsprobleme sozialer Randgruppen (= Schriften zur Sozialökologie, Bd. 11). Hrsg. von der Arbeitsgemeinschaft für Wohnungswesen, Städteplanung und Raumordnung an der Ruhr-Universität Bochum. Bochum 1974, 31-58; Gegen den Strom. Das Bild vom Alter. Korrekturen und Konsequenzen, in: Altenheim. Zeitschrift für das Altenhilfe-Management. Hannover 1979, Bd. 18, Heft 8, 177-181; Ist die Versorgung alter und pflegebedürftiger Menschen für die Zukunft gesichert? In: Heim + Anstalt. Zeitschrift für die fortschrittliche Wirtschaftsführung von Gemeinschaftseinrichtungen. Kulmbach 1987, Bd. 19, Heft 3, 58.

Lit.: Hans Immanuel Hartmann, Kleine Chronik des Collegium Augustinum [1954-1974]. München: Nashorn-Verlag, 1974, Reprint 1979; — Hans Immanuel Hartmann, Beiträge zur Chronik des Collegium Augustinum [1974-1979]. München: Nashorn-Verlag, 1979; — Zeiten des Menschen. Festschrift 25 Jahre Collegium Augustinum (=Beiträge aus der Wissenschaft). München: Nashorn-Verlag, 1979; — Collegium Augustinum (Hrsg.), 30 Jahre Collegium Augustinum. [München] Nashorn-Verlag, 1984; — Gott und die Seele erkennen: Gedanken von Johanna Haberer zu den Bildern und Fenstern der Simeonskapelle Essen von Walter Habdank. München: Kolleg für christliche Publizistik, 1986; — Collegium Augustinum (Hrsg.), Beiträge zur Chronik des Collegium Augustinum 1989 [1979-1989]. München 1989; — Markus Rückert, Diakonie und Ökonomie: Verantwortung, Finanzierung, Wirtschaftlichkeit. Gütersloh: Gütersloher Verlagshaus, 1990; — Deborah Neuburger, Ein Nashorn verändert die soziale Welt: Die Geschichte der Familie Rückert in Pasing, Gründer des berühmten Collegium Augustinum, in: Pasinger Archiv Bd. 22, 2003, 4-26; — Sabine Rückert, Die Freiheit und ihr Preis, in: Die Zeit Nr. 5 vom 22. Januar 2004; — Ein Mann der Tat: Zum Tode von Georg Rückert. Auszug aus der Trauerrede von Walter Habdank, in: forum, Das Magazin des Augustinum im 50. Jahr. Heft 2, München 2004, 86f.

Gerhard J. Bellinger

S

SACROBOSCO, Johannes de (auch: John of Holywood od. John of Holybush), Mathematiker und Astronom, * ca. 1195 wahrsch. in Nithsdale (Dumfriesshire, Schottland), † ca. 1256 in Paris. — S. war wahrsch. ein Konventuale der Prämonstratenserabtei Holywood (gälisch: Dair Congal od. Dercongal) in Dumfriesshire, Schottland, die um 1121 gegründet wurde. Er dürfte zuerst in Oxford studiert haben und vor 1220 an die Univ. v. Paris gegangen sein, wo er (laut einer Quelle aus dem 17. Jh.) am 5.6. 1221 z. Prof. der Mathematik ernannt wurde. Verläßliche Angaben z. Biographie sind nicht verfügbar, doch ist sicher, daß S. im Kloster der Mathurins in Paris begraben wurde. — S. verfaßte vier Arbeiten z. Quadrivium, dessen Fächer er lehrte. Im *Tractatus de algorismo* legte er die Grdl. der Arithmetik unter Anlehnung an die ind.-arab. Tradition dar und entwickelte erstmals eine Multiplikationstabelle auf der Basis v. zehn natürlichen Zahlen. Das Werk wurde als Lehrb. bis ins 16. Jh. verwendet. S.s einflußreichstes Werk ist *Tractatus de sphaera*, eine Darstellung der Astronomie unter Anlehnung u.a. an Euklid, Ptolemäus, Alfraganus und Macrobius. S. entwickelte ein Kugelmodell der Erde und sah die vier Elemente Erde, Wasser, Luft und Feuer sphärisch voneinander abgegrenzt. Das Universum war in neun konzentrischen Sphären um die Erde aufgebaut. *De sphaera* wurde z. einem der einflußreichsten Lehrb. überhaupt. Bereits um 1250 als einziges Lehrb. der Astronomie an der Univ. Paris anerkannt, erzielte es allein zw. 1472 und 1647 über 90 lateinische Aufl. und wurde bis ins 17. Jh. verwendet. Hunderte Mss. und zahlreiche Kommentare sind erhalten. Konrad v. Megenberg (s.d.) übersetzte das Werk erstmals ins Mhd. Die Bedeutung des Buchs zeigt sich daran, daß noch Keplers bahnbrechendes *De Revolutionibus* (1543) mit einer Darst. des Weltmodells nach S. begann und auch John Milton (s.d.) darauf verwies. *De quadrante* ist möglicherweise das erste Werk z. Bau und Gebrauch v. Sonnenuhren (»quadrans vetus«) z. Zeitmessung. *De anni ratione*, S.s wahrsch. letztes und wiss. entwickeltstes Werk, ist ein Compotus, d.h. ein Rechenbehelf z. Ermittlung des Datums beweglicher Feste. Ähnlich wie bereits Robert Grosseteste, kritisierte S. den julianischen Kal. und schlug Schaltjahre vor, die z.T. den gregorianischen Kal. vorwegnahmen. — S. kann kaum als wiss. Pionier betrachtet werden. Seine Werke beruhen nicht auf mathematischer Darlegung, wenngleich sein Vorschlag z. Kalenderreform auf Berechnungen aufbaut. S.s bes. Leistung lag in der Verbreitung v. Innovationen wie der arab. Ziffern und in der systematischen Zusammenstellung verstreuten Wissens in Lehrb., die europaweit großen Einfluß erzielten. Zumindest *De algorismo* und *De sphaera* zählten z. den ersten populären Darst. ihrer Fachgebiete überhaupt und trugen z. Entwicklung der modernen Mathematik und Astronomie, zumal durch Abgrenzung gg. S., bei.

Werke: Tractatus de algorismo; Tractatus de sphaera, c. 1230, zuerst gedruckt Ferrara 1472; Tractatus de quadrante; De anni ratione, c. 1232.

Lit.: A Biographical Dict. of Eminent Scotsmen. New ed. Hrsg. v. T. Thomson, Bd. II, London 1870; — Ecrivains, artistes et savants de l'Ordre de Prémontré, Hrsg. v. L. Goovaerts, Bd. II, Brüssel 1902; — G. Boffito, Intorno alla Quaestio de aqua et terra attribuita a Dante, Torino 1902; — C.H. Haskins, The Renaissance of the Twelfth Century, Cambridge 1927; — L. Thorndike, The Sphere of Sacrobosco and its Commentators, Chicago 1949; — F. Johnson, Astronomical Text-Books in the Sixteenth Century, in: Science, Medicine and Hist., Hrsg. v. E. Underwood, Oxford 1953, Bd., I; — C.B. Boyer, A Hist. of Mathematics, New York 1968; — J.F. Daly, Sacrobosco, in: Dict. of Scientific Biography 12 (1981); — J. North, The Western Calendar - »Intolerabilis, Horribilis, et Derisibilis.« Four Centuries of Discontent, in: Gregorian Reform of the Calendar, Hrsg. v. G. Coyne u.a., Vatican City 1983; — W. Knorr, Sacrobosco's Quadrans: Date and Sources, in: Journal for the Hist. of Astronomy 28 (1983); — A.-D. v. den Brincken, Universalkartographie und geographische Schulkenntnisse im Inkunabelzeitalter, in: Stud. zum städtischen Bildungswesen des späten Mittelalters und der frühen Neuzeit. Hrsg. v. B. Moeller u.a., Göttingen 1983; — O. Pedersen, In Quest of Sacrobosco, in: Journal for the Hist. of Astronomy 16 (1985); — O. Gingerich, Sacrobosco as a Textbook, in: Journal for the Hist. of Astronomy 19 (1988); — J.-P. Maury, Comment la terre devint ronde, Paris 1989; — L. Taub, Ptolemy's Universe, Chicago 1993; — J. Bennett und D. Bertoloni Meli, Sphaera Mundi: Astronomy Books in the Whipple Museum 1478-1600, Cambridge 1994; — Comprendre et maîtriser la nature au moyen âge,

Genf 1994; — La transmission des textes philosophique et scientifiques au Moyen Age, Hrsg. v. C. Burnett, Aldershot, 1994; — J. Moreton, John of Sacrobosco and the Calendar, in: Viator 25 (1994); — K.A. Vogel, Sphaera terrae - das ma.Bild der Erde und die kosmographische Revolution, Diss., Univ. Göttingen 1995; — F. Bertola, Imago mundi. La rappresentazione del cosmo attraverso i secoli, Padua 1995; — M. P. Lerner, Le monde des sphères. I. Genèse et triomphe d'une représentation cosmique, Paris 1996; — W.R. Knorr, Sacrobosco's Quadrans: Date and Sources, in: Journal for the Hist. of Astronomy 28 (1997); — S. McCluskey, Astronomies and Cultures in Early Medieval Europe, Cambridge 1998; — B.S. Eastwood, The Revival of Planetary Astronomy in Carolingian and Post-Carolingian Europe, Aldershot 2002; — B. Obrist, La cosmologie médiévale, Florenz 2004; — J. Hamel, Meilensteine der Astronomie, Stuttgart 2006.

Wolfgang Grassl

SAHAGÚN, Bernardino de, OFM, spanischer Missionar und Pionier der Ethnologie, * 1499 od. 1500 in Sahagún (León, Spanien), † 5.2. (od. 23.10.) 1590 in México-Tenochtitlán (heute Mexiko-Stadt). Bernardino de Rivera (Ribera, Ribeira) begann 1512-14 in Salamanca ein Theologiestudium und trat 1516-18 dem Franziskanerorden bei. Um 1524 wurde er zum Priester geweiht und schiffte sich 1529 mit 19 weiteren Mönchen unter Fray Antonio de Ciudad Rodrigo OFM in das seit 1521 durch Hernán Cortés eroberte Nueva España ein (Neuspanien, Mexiko), um dort unter den Nahua missionarisch tätig zu werden. Seine ersten mexikanischen Jahre brachte er in Tlalmanalco zu (1530-1532), später wurde er Abt des Konvents von Xochimilco (1535). Im 1536 durch Ezb. Fray Juan de Zumárraga OFM gegründeten *Colegio de Santa Cruz de Tlatelolco* fand S. seine erste für sein späteres Werk bedeutsame Wirkungsstätte. Es handelte sich hierbei um die Schule des Franziskanerkonvents von Tlatelolco (im heutigen Mexiko-Stadt), die dem Ziel diente, eine junge, christliche Elite der indianischen Nahua auszubilden, die auch für hohe Ämter innerhalb der Provinz Neuspanien vorgesehen war. Auf diese Weise gedachten die Franziskaner, ihren Einfluß auf die dortige Politik zu stärken. Obwohl das Projekt letztlich scheiterte, gelang es S. zusammen mit einigen Kopisten und seinen jungen Nahuaschülern (u.a. Antonio Valeriano aus Azcapotzalco, Martín Jacobita und Andrés Leonardo aus Tlatelolco sowie Pedro de San Buenaventura und Alonso Bejarano od. Vegarano aus Cuautitlán), 1547-1580 ein einzigartiges Werk über die Geschichte und Kultur der präspanischen Nahua im zentralmexikanischen Hochland zu verfassen. Hierzu befragte er systematisch mündlich wie schriftlich zahlreiche indianische Informanten. Dies wie auch seine Missionstätigkeit veranlaßten ihn, deren Sprache, das Náhuatl, zu erlernen, das er bald in einem Grad beherrschte, der nach ihm kaum je wieder erlangt wurde. Auf diese Weise wurde die *Historia general de las cosas de Nueva España* (*=Allgemeine Geschichte der Angelegenheiten Neuspaniens*) ein zweisprachiges Werk, d.h. es entstand eine ursprüngliche Version auf Náhuatl und eine darauf basierende in spanischer (u. teilw. lat.) Sprache, die jedoch miteinander verglichen nicht völlig identischen Inhalts sind. Denn obwohl S. ein für die damalige Zeit höchst ungewöhnliches, partiell geradezu ethnologisches Buch schrieb und er dabei offenbar in zunehmendem Maße Faszination für viele Facetten der präspanischen Nahuakultur empfand, blieb er doch stets Missionar und distanzierte sich in der spanischen Fassung bisweilen deutlich von der Náhuatl-Version, die inhaltlich ebenfalls nicht mehr als rein indianisch anzusehen ist, sondern nach sorgfältiger Überarbeitung durch S. und seine Schüler allenfalls vorgibt, es zu sein. Dies wird besonders im XII. u. letzten Buch ersichtlich, das von der Conquista handelt: Die span. Eroberer unter Cortés werden zwar als grausam dargestellt, doch dies in einer als apokalyptisch gekennzeichneten Atmosphäre, die verdeutlicht, daß sie als Geißel Gottes für die »sündigen und verstockten Heiden« anzusehen seien. Ähnliche franziskanische Umdeutungen indianischer Überlieferungen finden sich in S.s *Colloquios y doctrina christiana*, den stark redigierten Wechselreden mexicanischer (»aztekischer«) Adeliger und Priester mit den franziskanischen Missionaren über religiöse Grundfragen. Diese sollen, so der Titel, 1524 stattgefunden haben, doch S. erreichte Neuspanien erst 1529. Es ist daher stark davon auszugehen, daß die Dispute sich einerseits wohl über mehrere Jahre erstreckten, so daß auch S. an ihnen beteiligt war, und er andererseits Berichte seiner Mitbrüder, die an den vorherigen Gesprächen teilgenommen hatten, auf Náhuatl so überarbeitete, daß seine Schrift zu Missionszwecken eingesetzt werden konnte. — Obwohl S. Zeit seines Lebens mit dem *Colegio de Tlatelolco* verbunden blieb, wirkte er nach 1536 auch in den Konventen von Huejotzingo und Cholula und zudem in der Gegend um Puebla, Tula und Tepepulco (1539-1560, heute Tepeapulco), um sich dann in den zentralen Franziskanerkonventen von México und Tlatelolco vornehmlich seinen Schriften zu widmen. Das erwies sich jedoch zunehmend als problematisch. Seine Manuskripte wurden zeitweilig konfisziert und über verschiedene Konvente verstreut, da die lokale Ordensleitung genau wie sie spanische Krone der Auffassung war, daß man über heidnische Dinge am besten schweige, um die christliche Mission nicht zu behindern. Den Großteil seiner Aufzeichnungen konnte Sahagún später zurückerhalten oder rekonstruieren. Die Genese der *Historia general*, seines Lebenswerks, läßt sich entsprechend seiner Wirkungsstätten in folgende Etappen gliedern: Tepepulco 1558-1560, Tlatelolco 1564-1565 und México 1565-1569. In Tepepulco schuf er die *Primeros memoriales* genannte Grundform, und erst während der letzten Jahre in México ordnete er den Stoff neu in die endgültige Fassung der zwölf Bücher. Eine zweisprachige, reich bebilderte Abschrift der *Historia* von ca. 1580 hat sich bis heute erhalten (*Codex Florentinus*). An eine Publikation zu seinen Lebzeiten war im politischen Klima nach der Junta Magna (1568) jedoch nicht zu denken, und der erste Druck der *Historia general* erfolgte erst 1829. Von all seinen Schriften konnte einzig sein rein geistliches Werk *Psalmodia christiana* vor seinem Tod veröffentlicht werden (1583). — Nach einem arbeitsreichen Leben starb S. mit über 90 Jahren im *Convento Grande de San Francisco* in México. Seine genaue Grabstätte ist heute unbekannt. Hinterlassen hat er ein Werk, das durch seine modern erscheinende Befragungstechnik und in seiner komplexen Konzeption methodisch neue Maßstäbe setzte und literarisch sowohl in seiner Version auf Náhuatl wie auch in der auf Spanisch von höchstem Rang ist. Vor allem aber ist es als ethnologische, linguistische und historische Quelle heute kaum zu überschätzen.

Werkausgaben:

a) Werke: Coloquios y doctrina cristiana con que los doce frailes de San Francisco enviados por el Papa Adriano VI y por el Emperador Carlos V, convirtieron a los indios de la Nueva España. En lengua mexicana y española (1564); Historia universal [heute: general] de las cosas de Nueva España (1547-1580); Psalmodia cristiana y Sermonario de los Santos del año, en lengua mexicana, ordenado en cantares o psalmos para que canten los indios en los areytos que hacen en las Iglesias (1583); außerdem: Incipiunt Epistola et Evangelia; Evangelario en lengua Mexicana; Sermonario de dominicas y de santos en lengua mexicana; Postillas sobre las Epístolas y Evangelios de los Domingos de todo el año; Tratado de la Retórica y Teología de la gente mexicana [auf Náhuatl]; Arte de la lengua mexicana mit vocabulario apéndiz; Vida de San Bernardino de Siena [auf Náhuatl]; Manual del Cristiano; ein Calendario; Arte adivinatoria und ein Vocabulario trilingüe.

b) einzelne Ausgaben einzelner Werke: Facsimileausgaben: Codex Florentino, Facsimileausgabe, Florenz 1979; Coloquios y doctrina cristiana con que los doce frailes de San Francisco enviados por el Papa Adriano VI y por el Emperador Carlos V, convirtieron a los indios de la Nueva España. En lengua mexicana y española, Facsimileausgabe, hrsg. von Miguel León-Portilla, México D.F. 1986; Adiciones, apéndice a La postilla y Ejercicio cotidiano, Facsimile u. span. Transkription, hrsg. von Arthur J. O. Anderson, Vorw. von Miguel León-Portilla, México D.F. 1993; Primeros memoriales, hrsg. von Ferdinand Anders, Norman (Okla.) 1993; Historia universal de las cosas de Nueva España. Codice laurenziano mediceo palatino 218, 219, 220. Florenz 1996.

Transkriptionen (Auswahl): Historia general de las cosas de Nueva España que en 12 libros y 2 vol. escribió Bernardino de Sahagún, hrsg. von Carlos María de Bustamante, México 1829-1830; Historia de las cosas de Nueva España, hrsg. von Francisco de Paso y Troncoso, Madrid 1905 [teilw. in Facsimiles, Text auf Náhuatl u. Span.]; Einige Kapitel aus dem Geschichtswerk des Fray Bernardino de Sahagun aus dem Aztekischen übersetzt von Eduard Seler, hrsg. von Cæcilie Seler-Sachs, Walter Lehmann u. Walter Krickeberg, Stuttgart 1927 [bietet Transkription eines Großteils des Náhuatl-Textes]; Historia general de las cosas de Nueva España, hrsg. von Wigberto Jiménez Moreno, México D.F. 1938; Colloquios y Doctrina christiana con que los doze frailes de San Francisco embiados por el Papa Adriano VI y por el Emperador Carlos V convirtieron a los indios de la Nueva España. México D.F. 1944; Sterbende Götter und christliche Heilsbotschaft. Wechselreden indianischer Vornehmer und spanischer Glaubensapostel in Mexiko 1524. »Colloquios y doctrina christiana« des Fray Bernardino de Sahagún aus dem Jahre 1564. (span. u. mex. Text mit dt. Übers.), hrsg. von Walter Lehmann u. Gerdt Kutscher. (Quellenwerke zur Alten Geschichte Amerikas aufgezeichnet in den Sprachen der Eingeborenen III) Stuttgart 1949 [bietet auch den Náhuatl-Text]; Florentine Codex. General History of the Things of the New Spain, Santa Fe (New Mexico) 1950-1974 [bietet auch den Náhuatl-Text]; Historia general de las cosas de Nueva España, hrsg. von Ángel María Garibay K., México D.F. 1956; Codices matritenses de la Historia general de las cosas de Nueva España de Fr. Bernardino de Sahagún, hrsg. von Manuel Ballesteros-Gaibrois, Madrid 1964; »The Aztec-Spanish Dialogues of 1524« [= Colloquios], in: Alcheringa, vol. 4 (1980), no. 2, 52-193; El México antiguo (Selección y reordenación de la

»Historia General de las Cosas de Nueva España« de fray Bernardino de Sahagún y de los informantes indígenas), hrsg. von José Luis Martínez, Caracas 1981; Historia general de las cosas de Nueva España. Fray Bernardino de Sahagún y los informantes aztecas, hrsg. von Sahagún, Bernardino de, Barcelona 1985 [gekürzt]; Coloquios y doctrina cristiana con que los doce frailes de San Francisco enviados por el Papa Adriano VI y por el Emperador Carlos V, convirtieron a los indios de la Nueva España. En lengua mexicana y española, hrsg. von Miguel León-Portilla, México D.F. 1986; Historia general de las cosas de Nueva España (Versión íntegra del texto castellano del manuscrito conocido como Códice florentino), hrsg. von Alfredo López Austin u. Josefina García Quintana, Madrid 1988 u. México D.F. 2000; Los once discursos sobre la realeza, del libro sexto del Codice Florentino, hrsg. von Salvador Díaz Cíntora, México D.F. 1992; Historia general de las cosas de Nueva España, hrsg. von Juan Carlos Temprano, Madrid 1990; Oraciones, adagios, adivinanzas y metáforas del libro sexto del Codice Florentino, hrsg. von Salvador Díaz Cíntora, México D.F. 1993; Psalmodia christiana, hrsg. von Arthur J. O. Anderson, Salt Lake City 1993 [Náhuatl-Text u. engl. Übersetzung]; Adiciones, apéndice a La postilla y Ejercicio cotidiano [Facsimile u. span. Transkription], hrsg. von Arthur J. O. Anderson, Vorw. von Miguel León-Portilla, México D.F. 1993; Veinte himnos sacros de los náhuas, hrsg. von Ángel Ma. Garibay K., México D.F. 1995; Duverger, Christian: La conversión de los indios de Nueva España. Con el texto de los Coloquios de los Doce de Bernardino de Sahagún (1564). México D.F. 1996; Primeros memoriales, Transkription des Náhuatl-Textes u. engl. Übersetzung von Thelma D. Sullivan, hrsg. von H. B. Nicholson, Norman (Okla.) 1997; Psalmodia christiana y sermonario de los sanctos del año, en lengua mexicana, hrsg. von José Luis Suárez Roca, Vorw. von Miguel León-Portilla, León 1999; Fauna de Nueva España. México D.F. 2005.

c) Übersetzungen ins Deutsche: Einige Kapitel aus dem Geschichtswerk des Fray Bernardino de Sahagun aus dem Aztekischen übersetzt von Eduard Seler, hrsg. von Cæcilie Seler-Sachs, Walter Lehmann u. Walter Krickeberg, Stuttgart 1927 [enthält u.a. die komplette Übersetzung des lib. XII]; Sterbende Götter und christliche Heilsbotschaft. Wechselreden indianischer Vornehmer und spanischer Glaubensapostel in Mexiko 1524. »Colloquios y doctrina christiana« des Fray Bernardino de Sahagún aus dem Jahre 1564. (span. u. mex. Text mit dt. Übers.), hrsg. von Walter Lehmann u. Gerdt Kutscher. (Quellenwerke zur Alten Geschichte Amerikas aufgezeichnet in den Sprachen der Eingeborenen III) Stuttgart 1949; Das Herz auf dem Opferstein. (ausg. Kapitel aus: »Fray Bernadino [sic] de Sahagún, Einige Kapitel aus seinem Geschichtswerk wortgetreu aus dem Aztekischen übertragen von Eduard Seler«), hrsg. von Cäcilie Seler-Sachs, Walter Lehmann u. Walter Krickeberg, Düsseldorf 1962 [enthält die vollst.n Übersetzungen Selers von lib. XII, cap. I bis einschl. cap. XXIII]; Die Geschichte der Königreiche von Colhuacan und Mexico [1536-1570?], Text mit Übersetzung von Walter Lehmann, hrsg. von Gerdt Kutscher, (Quellenwerke zur Alten Geschichte Amerikas aufgezeichnet in den Sprachen der Eingeborenen I) Stuttgart [2]1974 [Autor möglicherweise Bernardino de Sahagún]; Aus der Welt der Azteken. Die Chronik des Fray Bernardino de Sahagún, Vorw. von Juan Rulfo, übers. von Leonhard Schultz Jena, Eduard Seler u. Sabine Dedenbach Salazar-Sáenz, ausg. u. mit einem Nachw. vers. von Claus Litterscheid, Frankfurt a.M. 1989 [enthält die Übersetzungen weiterer, im »Herz auf dem Opferstein« nicht abgedruckter Kapitel des lib. XII].

d) Gesamtausgaben: keine.

e) Bibliographien: García Icazbalceta, Joaquín: Bibliografía mexicana del siglo xvi, hrsg. von Agustín Miralles Carlo, México D.F. 1954; Nicholson, Henry Bigger: »Recent Sahaguntine Studies: A Review«, in: The work of Bernardino de Sahagún. Pioneer ethnographer of 16.-century Aztec Mexico, hrsg. von José Jorge Klor de Alva, Austin (Tex.) 1988, 13-30.

Lit. (Auswahl): Ramírez, José Fernando: »Códices mexicanos de fray Bernardino de Sahagún«, in: Boletín de la Real Academía de la Historia 6 (1885), 85-124; — Beyer, Hermann: El lamado »Calendario Azteca« en la historia del P. Sahagun. Mexico D.F. 1922; — D´Olwer, Luis Nicolau: Fray Bernardino de Sahagún (1499-1590). México D.F. 1952; — ders. u. Howard F. Cline: »Sahagún and his works«, in: Handbook of Middle American Indians, Bd. 13/2, hrsg. von Howard F. Cline, Austin 1973, 186-207; — Trueba, Alfonso: Retablo franciscano. Los padres Bernardino de Sahagún, Andrés de Olmos, Diego de Olarte, Juan de San Miguel y Francisco Lorenzo. México D.F. 1955; — León-Portilla, Miguel: »Fray Bernardino de Sahagún en Tlaltelolco«, in: Lectura, vol. 155 (1963), no. 1, 12-16; — ders.: »Significado de la obra de fray Bernardino de Sahagún«, in: Estudios de historia novohispana 1 (1966), 13-27; — ders.: Bernardino de Sahagún. Madrid 1987; — ders.: »Bernardino de Sahagún (1500-1590). Un juicio lapidario sobre su ´Historia´«, in: Caravelle. 55 (1990), 5-11; — ders.: »El mundo en que vivió Bernardino de Sahagún: España y México«, in: Estudios de Cultura Náhuatl 28 (1998), 317-347; — ders.: Bernardino de Sahagún, pionero de la antropología. México D.F. 1999; — ders.: Fray Bernardino de Sahagún en Tlatelolco. México D.F. 1999; — ders: »De la oralidad y los códices a la ´Historia general´. Transvase y estructuración de los textos allegados por Fray Bernardino de Sahagún«, in: Estudios de Cultura Náhuatl 29 (1999), 65-141; — ders.: Bernardino de Sahagun: first anthropologist. Norman 2002; — Ballesteros Gaibrois, Manuel: »Fray Bernardino de Sahagún y su obra«, in: Folia humanistica, to. 3 (1965), no. 25, 39-49; — ders.: Vida y obra de Fray Bernardino de Sahagún. León 1973; — ders.: »Fray Bernardino de Sahagún y la cultura azteca«, in: Historia 16, año 15 (1990), no. 168, 82-86; — Cabrero Fernández, Leoncio: »Homenaje en Salamanca a Fray Bernardino de Sahagún«, in: Revista española de indigenismo 6 (1966), 13-14; — Jordá Cerdá, Francisco: »Homenaje a fray Bernardino de Sahagún«, in: Zephyrus 17 (1966), 131-133; — Dibble, Charles E. u. Mikkelsen, Norma B.: »La olografía de fray Bernardino de Sahagún«, in: Estudios de Cultura Náhuatl 9 (1971), 231-236; — Ballesteros Gaibrois, Manuel: Vida y obra de Fray Bernardino de Sahagún. León 1973; — Cline, Howard F.: »Sahagún´s materials and studies«, Handbook of Middle American Indians, Bd. 13/2, hrsg. von Howard F. Cline, Austin 1973, 218-239; — Nicholson, Henry Bigger: »Sahagún´s ´Primeros Memoriales´. Tepepulco«, in: Handbook of Middle American Indians, Bd. 13/2, hrsg. von Howard F. Cline, Austin 1973, 207-218; — ders: »Tepepolco, the locale of the first stage of Fr. Bernardino de Sahagún's great ethnographic project: historical and culturel notes«, in: Mesoamerican Archaeology (1974), 145-154; — Sixteenth-century Mexico. The work of Sahagún, hrsg. von Edmonson, Munro S., Albuquerque 1974; — Sánchez, Jean-Pierre: »Le codex de Florence: un manuscrit négligé de l'Historia General de las Cosas de Nueva España de Fray Bernardino de Sahagún«, in: Études hispano-américaines (1975), 49-61; — Baudot, Georges: »Los últimos años de Fray Bernardino de Sahagún o la esperanza inaplazable. Nuevos documentos inéditos«, in: Caravelle 23 (1974), 23-45; — ders.: Utopie et histoire au Mexique. Les premiers chroniqueurs de la civilisation mexicaine (1520-1569). Toulouse 1976; — ders.: »Los 'huehuetlatolli' en la cristianización de México. Dos sermones en lengua náhuatl de Fray Bernardino de Sahagún«, in: Anales de literatura hispanoamericana, vol. 8 (1980), no. 9, 23-38; — ders.: »Fray Toribio Motolinía denunciado ante la Inquisición por Fray Bernardino de Sahagún en 1572«, in: Estudios de Cultura Náhuatl 21 (1999), 127-132; — Martínez, José Luis: »Fray Bernardino de Sahagún y sus informantes indígenas«, in: Escritura, año 5 (1980), no. 10, 271-298; — Wißmann, Hans: Sind doch die Götter auch gestorben. Das Religionsgespräch der Franziskaner mit den Azteken von 1524. Gütersloh 1981; — »Vida y obra de Fray Bernardino de Sahagún. Dos cartas de Paso y Troncoso a García Icazbalceta«, hrsg. von Ignacio Bernal u. Anm. von Miguel León-Portilla, in: Estudios de Cultura Náhuatl 15 (1982), 247-290; — Anderson, Arthur James Outram: »Sahagún's Doctrinal Enciclopaedia«, in: Estudios de Cultura Náhuatl 16 (1983), 109-122; — ders.: »The 'San Bernardino' of Sahagún's 'Psalmodia'«, in: Indiana 9 (1984), 107-114; — Vicente Castro, Florencio u. Rodríguez Molinero, José Luis: Bernardino de Sahagún, primer antropólogo en Nueva España (siglo XVI). Salamanca 1986; — Duverger, Christian: La conversion des indiens de Nouvelle-Espagne. Avec le texte des Colloques des douze de Bernardino de Sahagún (1564). Paris 1987; — Hartau, Claudine: Herrschaft und Kommunikation. Analyse aztekischer Inthronisationsreden aus dem Codex Florentinus des Fray Bernardino de Sahagún. Zugl.: Hamburg, Univ., Diss, 1988, Hamburg 1988; — Ordiz Vázquez, Francisco Javier: »La utopía del nuevo mundo en el pensamiento de Bartolomé de las Casas y Fray Bernardino de Sahagún«, in: Tierras de León, año 28 (1988), no. 71, 1-14; — The work of Bernardino de Sahagún. Pioneer ethnographer of 16.-century Aztec Mexico, hrsg. von José Jorge Klor de Alva, Austin (Tex.) 1988; — Villoro, Luis: »Sahagún or the Limits of the Discovery of the Other«, College Park (Maryland) 1989; — Zaballa Beascoechea, Ana de: Tranculturación y misión en Nueva España. Estudio historicodoctrinal del libro de los »Coloquios« de Bernardino de Sahagún. Pamplona 1990; — Bustamente García, Jesús: Fray Bernardino de Sahagún. México D.F. 1991; — Marcos, Sylvia: »Geschlecht und Moralvorschriften im alten Mexiko nach den Texten des Bernardino de Sahagún«, in: Concilium 27 (1991), 489-499; — Erdheim, Mario: »Anthropologische Modelle des 16. Jahrhunderts. Über Las Casas, Oviedo, Sahagún«, in: Mythen der Neuen Welt. Zur Entdeckungsgeschichte Lateinamerikas, hrsg. von Karl-Heinz Kohl, Berlin 1992, 57-67; — Rodríguez Molinero, José Luis u. Vicente Castro, Florencio: »Bernardino de Sahagún«, in: Filosofía iberoamericana en la época del Encuentro, hrsg. von Laureano Robles, Madrid, 1 (1992), 261-279; — Baird, Ellen Taylor: The drawings of Sahagún's Primeros memoriales. Structure and style. Norman 1993; — Ebacher, Colleen Marie: Bernardino de Sahagún's »Colloquios«. Constructing a text across cultures. Zugl.: Ann Arbor, Mich., Univ., Diss, 1992. Mikrofiche-Ausg.: Ann Arbor, Mich. 1993 (3 Mikrofiches : 24x); — Rozat Dupeyron, Guy: Indios imaginarios y indios reales en los relatos de la conquista de México. México D.F. 1993; — Schmidt, Peer: »Die Gegenwart des Vergangenen. Der Codex Florentino des Bernardino de Sahagún und das Mexiko des 16. Jahrhunderts«, in: Kolonisationserfahrung Mexiko: Spanier und Indios zwischen Kulturvernichtung und Kulturverschmelzung. Hagen 1993; — Viesca Treviño, Carlos: El evangelizador empecinado: Bernardino de Sahagún. México D.F. 1994; — Zilli Mánica, José Benigno: »La argumentación religiosa en los 'Coloquios y doctrina cristiana' de fray Bernardino de Sahagún«, in: Saber novohispano 2 (1995), 33-43; — Bernardino de Sahagún. Diez estudios acerca de su obra, hrsg. von Ascensión Hernández de León-Portilla, México D.F. 1997; — Klaus, Susanne: »A Nahuatl Christmas sermon by Bernardino de Sahagún«, in: 50 años de estudios americanistas en la Universidad de Bonn: Nuevas contribuciones a la arqueología, etnohistoria, etnolingüística y etnografía de las Américas, hrsg. von Sabine Dedenbach-Salazar Sáenz u. Carmen Arellano Hoffmann, Markt Schwaben 1998, 581-599; — García Quintana, María José: »Historia de una 'Historia': las ediciones de la 'Historia General de las cosas de Nueva España' de Fray Bernardino de Sahagún«. in: Estudios de Cultura Náhuatl 29 (1999), 163-188; — Hernández de León Portilla, Ascensión: »Un prólogo en Náhuatl suscrito por Fray Bernardino de Sahagún y Alonso de Molina«, in: Estudios de Cultura Náhuatl 29 (1999), 199-208; — Klor de Alva, José Jorge: »La historicidad de los 'Coloquios' de Sahagún«, in: Bernardino de Sahagún. Diez estudios acerca de su obra. hrsg. von Ascensión Hernández de León-Portilla. México D.F. 1997, 180-218; — Máynez Vidal, Pilar: »Fray Bernardino de Sahagún, precursos de los trabajos lexicográficos del Nuevo Mundo«, in: Estudios de Cultura Náhuatl 29 (1999), 189-197; — Fray Bernardino de Sahagún y su tiempo, congreso internacional 1999 (León y Sahagún), hrsg. von Jesús Paniagua Pérez u. María Isabel Viforcos Marinas, León 2000; — Browne, Walden: Sahagún and the Transition to Modernity. Norman 2000; — Pérez López, María Soledad: »Etnología o folclor. Bernardino de Sahagún y el registro de la palabra indígena«, in: Cuicuilco: Revista de la Escuela Nacional de Antropología e Historia, vol. 7, (2000), no. 18, 155-176; — Márquez Rodiles, Ignacio: La utopía. Del renacimiento en tierras indígenas de América: Pedro de Gante, Vasco de Quiroga, Bernardino de Sahagún. Puebla (Pue.) 2001; — Morales, Francisco: »Los Colloquios de Sahagún: El marco teológico de su contenido«, in: Estudios de Cultura Náhuatl 31 (2001), 175-188; — Palmeri Capesciotti, Ilaria: »La fauna del libro XI del 'Códice Florentino' de Fray Bernardino de Sahagún: Dos sistemas taxonómicos frente a frente«, in: Estudios de la Cultura Náhuatl 32 (2001), 189-221; — Pavía Farrera, Fernán: Ambar prehispánico en Chiapas? El virrey de Mendoza y Bernardino de Sahagún convirtieron en historia el mito del Ambar. México D.F. 2001; — Representing Aztec ritual. Performance, text, and image in the work of Sahagún, hrsg. von American Society for Ethnohistory, Boulder 2002; — Walter, Monika: »Postmodernes Verstehen des Anderen bei Bernardino de Sahagún? Zu einem besonderen Kapitel in der Diskursgeschichte von Interkulturalität«, in: Miradas entrecruzadas - Diskurse interkultureller Erfahrung und deren literarische Inszenierung. Frankfurt a.M. 2002; — Sahagún at 500. Essays on the Quincentenary of the Birth of Fr. Bernardino de Sahagún, hrsg. von John Frederick Schwaller, Berkeley (Cal.) 2003.

Felix Hinz

SAN MARTÍN, Tomás de; Dominikaner, Gründer der Universität von San Marcos in Lima, der ältesten Universität in Amerika (die königliche Stiftungsurkunde datiert vom 12. Mai 1551 und ist damit noch vier Monate älter als jene für die Universität von Mexiko Stadt); * 7. März 1482 in Palencia (Spanien), † 31. August 1555 in Lima (Peru); — Tomás de San Martín besuchte ab 1494 das Kolleg von San Pablo in Cordoba, das von Dominikanern geleitet wurde. Schon ein Jahr später trat er selbst in den Dominikanerorden ein. 1498 legte er die Gelübde ab und studierte fortan Theologie und Philosophie im Auftrag des Ordens. Der begabte San Martín erhielt schon bald einen Lehrauftrag für Theologie am Kolleg von San Pablo. 1525 wurde er von der Ordensleitung nach Sevilla ans ordenseigene Kolleg von Santo Tomás berufen. Dort promovierte er 1528 zum Magister Artium, dozierte als Professor für Theologie und wurde schließlich Regens des Kollegs. Doch nicht lange und Tomás de San Martín zog es in die Mission. Schon bald sollte er die Chance bekommen sich an der Evangelisation der Neuen Welt zu beteiligen. — Um nicht länger von den königlichen Statthaltern in Panama abhängig zu sein und um seine Ansprüche auf die von ihm entdeckten Küstengebiete Perus geltend zu machen, reiste der Konquistador Francisco Pizarro auch im Auftrag seiner beiden Partner 1528 nach Spanien. Er erhoffte dort durch Gespräche mit Kaiser Karl V. die für weitere Eroberungen nötigen offiziellen Ermächtigungen zu erhalten. Dieser empfing Pizarro am 6. oder 8. März 1529 in Toledo zu einer Audienz. In Erwartung der Eroberung eines nach Mexiko weiteren reichen Landes sprach Karl V. danach eine Empfehlung an den Indienrat aus, Pizarro in seiner Unternehmung zu unterstützen. So kam es am 26. Juli 1529 zu den Kapitulationen von Toledo, welche Pizarro zum Gouverneur und Generalhauptmann Perus machten unter der Voraussetzung nach der Ankunft in Panama, innerhalb von sechs Monaten die Entdeckung Perus fortzusetzen und die Beamten der königlichen Verwaltung dorthin ebenso mitzunehmen wie die Ordensleute zur Unterweisung der Eingeborenen im christlichen Glauben. Mit den Ordensleuten waren die Dominikaner gemeint, zu denen auch Vincente Valverde (später erster Bischof von Cuzco) und Tomás de San Martín gehörten. — So segelte San Martín im Januar 1530 mit Pizarros Flotte gen Panama, von wo aus er dann im Januar 1531 mit zu dessen 3. Expedition gen Peru aufbrach. Im August 1532 gründete Francisco Pizarro an der Nordküste Perus die erste spanische Stadt in Südamerika: San Miguel de Piura (heute Piura). Während Pater Valverde Ende September mit Pizarro und seinen Truppen weiter gen Cajamarca zog, wo der Inkaherrscher Atahualpa ein großes Herr versammelt hatte, blieb Tomás de San Martín in San Miguel de Piura zurück. So war er an der Vernichtung von Atahualpas Heer und dessen Gefangennahme und Ermordung nicht beteiligt. Erst nach der Eroberung von Cuzco und damit nach dem eigentlichen Abschluß der Eroberung Perus kommt Tomás de San Martín nach Cuzco und erlebt dort, wie sein Ordensbruder Vincente Valverde zum ersten Bischof der Stadt ernannt wird. Von Cuzco aus geht San Martín dann in das Gebiet um Charcas (heute Sucre in Bolivien), dessen erster »Apostel« er wird. 1539 errichtete Papst Paul III. die neue Ordensprovinz von San Juan Bautista, deren erster Provinzial 1540 Tomás de San Martín wird. So wirkte dieser ab 1540 in Lima, wo er sogleich mit dem Bau des Konvents von San Rosario begann. Für acht Jahre sollte er das Amt des Provinzials innehaben, bevor er es an seinen Ordensbruder Domingo de Santo Tomás (siehe dort) übergab. — Die Ernennung von San Martín zum Ordensprovinzial fiel in eine turbulente Zeit, denn die Streitigkeiten unter den Konquistadoren nahmen immer mehr zu und mündeten schon bald in einen Bürgerkrieg. Die spanische Krone war wegen der politisch instabilen Lage in Peru besorgt und entsandte Christobal Vaca de Castro, Richter des königlichen Gerichts von Valladolid und seit 1540 Präsident der Audiencia von Panama, nach Peru, damit er dort für Ruhe und Ordnung sorgte. (Die

Audiencia war eine kollegial organisierte Appellations- und Justizverwaltungsinstanz in der spanischen Kolonial-Verwaltung, welche den Vizekönig berät und kontrolliert, Recht setzt und bei Vakanz selbst die Regierungsgeschäfte leitet). Die mögliche Ermordung Francisco Pizarros vorausahnend, ernannte die Krone de Castro im Falle von Pizarros Tod zum neuen Gouverneur von Peru. Kaum, daß er 1541 in Südamerika eingetroffen war, ernannte de Castro aufgrund dessen moralischer Integrität und hohen Ansehens Tomás de San Martín zu seinem Repräsentanten in Lima, bis er selbst dort einträfe. Nachdem Tomás de San Martín seine Berufung durch de Castro per Geheimschreiben erhalten hatte, berief er nicht lange nach der Ermordung von Francisco Pizarro am 26. Juni 1541 im Dominikanerkloster von Lima eine geheime Versammlung der führenden Bürger der Stadt ein und schwor diese auf Christobal Vaca de Castro als neuen Gouverneur Perus ein. Auch ließ er die Bürger auf Wunsch de Castros Francisco de Barrionuevo zum Generalleutnant wählen. Dieser sollte zusammen mit Tomás de San Martín die öffentlichen Angelegenheiten der Stadt und des Landes regeln, bis Christobal Vaca de Castro selbst in Lima einträfe. Damit trat Tomás de San Martín in direkte Opposition zu Don Diego de Almagro, dem Sohn des Konquistadors gleichen Namens, der 1538 bei Auseinandersetzungen mit Francisco Pizarro ums Leben kam. Nach dem Tod Pizarros ließ sich Don Diego de Almagro der Jüngere zum neuen Gouverneur Perus ausrufen und mobilisierte alle ihm zur Verfügung stehenden Kräfte gegen de Castro und dessen Parteigänger. Almagro lehnte es ab, sich de Castros Urteil zu beugen und die Waffen niederzulegen. So war eine militärische Auseinandersetzung unausweichlich und am 16. September 1542 kam es zur Schlacht von Chupas in der Nähe des heutigen Ayacucho. Almagro wurde besiegt, gefangen genommen, nach Cuzco gebracht und dort anschließend mit vierzig seiner Anhänger hingerichtet. Tomás de San Martín nahm als Repräsentant de Castros und als Feldgeistlicher an der Schlacht teil. Berichte überliefern, daß er sich während der Kämpfe unter Einsatz seines eigenen Lebens rührend um Verwundete beider Seiten gekümmert hat. — 1543 erhielt Tomás de San Martín ein Schreiben von Kaiser Karl V., womit er beauftragt wurde, die Umsetzung der *Leyes Nuevas, der Neuen Gesetze* zum Schutz der Indios zu überwachen, die dank des Einsatzes von Bartholome de las Casas, einem Ordensbruder von Tomás de San Martín, erlassen wurden. Dieser Aufgabe kam San Martín natürlich gerne nach, lagen ihm die Interessen der Ureinwohner des Landes doch selbst am Herzen. Auch hatte er regen Kontakt mit Bartholome de las Casas. — Auch nach dem Tod Diego de Almagros kehrte kein dauerhafter Friede im Land ein. Noch immer stritten rivalisierende Konquistadoren um Vorrechte und Privilegien und untergruben durch ihre Machenschaften die Autorität der spanischen Krone. In den folgenden Jahren versuchte Tomás de San Martín -wenn auch letztlich erfolglos- zwischen den verschiedenen Parteien zu vermitteln. Kaiser Karl V. wollte nicht länger den Entwicklungen in Peru zuschauen, die Ära der Konquistadoren beenden und das Land enger an die Krone binden. Schon kurz nachdem er de Castro als Gouverneur nach Peru entsandt hatte, ernannte er im März 1542 Blasco Nuñez Vela (1490-1546) zum ersten Vizekönig Perus, zum Generalkapitän von Chile und als Nachfolger de Castros auch zum Präsident der Audiencia von Panama. Vela erreichte am 17. Mai 1544 Lima. Zu seinen Hauptaufgaben zählte die Durchsetzung der neuen Indianerschutzgesetze. Darin sollte er Tomás de San Martín ablösen, der diese Aufgabe seit 1543 innehatte. Diese Gesetze sahen unter anderem vor, die Sklaverei der Indios zu beenden und alle Rechte am Land auf die spanische Krone zu übertragen. Gerade letzteres wurde von den Konquistadoren strikt abgelehnt. Sie bekämpften Vela wo immer es ging. Nach zweijährigem Ringen um die Macht und nach monatelanger Verfolgung schaffte es schließlich Gonzalo Pizarro, der Bruder des ermordeten Francisco Pizarro am 18. Januar 1546 Vela bei Añaquito (nahe dem heutigen Quito) in einer Schlacht zu stellen und zu töten. Dem toten Vela wurde der Kopf abgeschlagen und aufgespießt durch die Straßen getragen. — Der siegreiche Pizarro ließ sich indes als Befreier feiern und zum Vizekönig ausrufen. Er schaffte sich in der Folgezeit dank der Einkünfte seiner Silberminen in Potosi ein immenses Herrschaftsgebiet, das weit bis nach Chile reichte. Die spanische Krone, die in alledem Rebellion und Verrat sah, wollte nicht länger zusehen und entsandte den hoch gebildeten und integren Geistlichen Pedro de la Gasca (1485-1567) nach Peru. De la Gasca sollte im Auftrag des Kaisers mit allen nur möglichen Mitteln die Autorität der Krone in Peru erneuern. — Tomás de San Martín und andere treue Anhänger der Krone verließen nach dem Tod Blasco Nuñez Velas Peru und gingen nach Panama. Dort erwarteten sie sehnsüchtig das Eintreffen de la Gascas. Mit diesem kam Tomás de San Martín 1547 schließlich wieder zurück nach Lima. De la Gasca sammelte in den folgenden Monaten eine stattliche Armee gegen Pizarro und andere Rebellen. Am 9. April 1548 kam es zur entscheidenden Schlacht, bei der die Armee de la Gascas im Tal von Sacsahuana die Truppen Pizarros nach nur kurzem und wenig blutigem Kampf besiegte. Pizzaro ergab sich, nachdem etliche seiner Soldaten und Offiziere desertiert hatten. Doch die freiwillige Übergabe nützte Pizarro wenig. Er und einige seiner Anhänger wurden nach Cuzco gebracht und schon am folgenden Tag als Aufrührer gegen die Krone hingerichtet. — Mit großer Umsicht reorganisierte Bischof de Gasca im folgenden Jahr die Kolonialverwaltung, die Justiz und Steuergesetzgebung. Auf Betreiben der Dominikanerpater Tomás de San Martín und Domingo de Santo Tomás veröffentlichte de la Gasca in Anlehnung an die Schutzgesetze von 1543 im Jahr 1549 bedeutsame Statuten zum Schutz der indigenen Bevölkerung Perus. Tomás de San Martín kämpfte unermüdlich für die Rechte der Indios. Nach der Hinrichtung von Pizarro wurde er mit der Besichtigung der Silberminen von Potosi beauftragt, welche Pizarros Reichtum gesichert hatten und in denen unzählige Indios unter menschenunwürdigen Bedingungen Sklavenarbeit verrichteten. Was er dort erlebte, ließ ihn einmal mehr für die Rechte der Indios streiten. 1549 machte sich Tomás de San Martín aber auch daran, das Schul- und Bildungswesen im Land zu verbessern. Und es reifte in ihm mehr und mehr der Plan für eine Universität nach dem Beispiel Salamancas. Lima sollte zum Saatbeet europäischer Bildung in der Neuen Welt werden. Deshalb wollte Tomás de San Martín unbedingt nach Spanien reisen, um sich am Hofe um eine königliche Gründungsurkunde zu mühen. — Nachdem de la Gasca den Frieden im Land gesichert hatte, übertrug er Ende 1549 bis zur Einsetzung eines neuen Vizekönigs seine Vollmachten der Audiencia. Im Januar 1550 kehrte er nach Spanien zurück, wo er zunächst Bischof von Plasencia und dann von Sigüenza wurde. Ihn begleitete Tomás de San Martin, seinem Ziel einen Schritt näher. — Kaum in Spanien mühte sich Tomás de San Martín um eine Audienz bei Hofe, die ihm auch umgehend gewährt wurde. Kaiser Karl V. empfing San Martín freundlich und voller Wertschätzung für dessen Verdienste um die königliche Autorität in Peru. Karl V. zeigte großes Interesse an San Martíns Vorhaben. Am 12. Mai 1551 ließ Karl V. ihm durch Königin Johanna (1479-1555) in Valladolid ein königliches Zertifikat zur Gründung einer Universität in Lima überreichen, zusammen mit einer Glocke aus Silber, einer Geldschatulle und Briefen an die Vertreter der Krone in Peru sowie an Erzbischof Jeronimo de Loayza (siehe dort). Damals erfolgte die Gründung einer Universität in zwei Schritten, nämlich erstens durch die königliche Stiftung und zweitens durch deren päpstliche Bestätigung. Erst die letztere erlaubte den Erwerb international anerkannter Titel und Abschlüsse an der neuen Universität. Das königliche Zertifikat erreichte Lima im folgenden Jahr und ermöglichte die Eröffnung der *Universidad Nuestra Señora del Santísimo Rosario de los Reies* zum 2. Januar 1553. Die Namensgebung erfolgte zu Ehren Marias, der Patronin des Dominikanerordens und die Vorlesungen fanden in den Anfangsjahren auch in den Räumen des Dominikanerklosters statt. Nachdem 1571 die zweite offizielle königliche und päpstliche Bestätigung der Universitätsgründung und der damit verbundenen Privilegien eingetroffen war und der Name der Universität in San Marcos geändert wurde, wuchs der Wunsch nach einem eigenen und repräsentativen Universitätsgebäude. So zog die Universität 1575 in ein prachtvolles Haus an der *Plaza del Estanque*, der späteren *Plaza de la Inquisición*, worin dann nach 1824 die Abgeordnetenkammer des peruanischen Parlaments untergebracht wurde. 1870 wurde die Universität im Rahmen der Stadtentwicklung unter Präsident Manuel Prado erneut auf einen neuen Campus verlegt und 1960 entstand schließlich der heutige moderne Universitätskomplex. — Karl V. erfüllte Tomás de San Martín aber nicht nur den Traum einer Universität für Lima. Er ernannte Tomás de San Martín aufgrund dessen Verdienste 1552 auch noch zum ersten Bischof der am 27. Juni 1552 neu errichteten Diözese La Plata o Charcas in Alto Perú (heute Sucre in Bolivien), und stellte ihm am 11. Juli 1552 die Gründungsurkunde für die Universität von Chuquisaca aus (eine von sechs Audiencien im kolonialen Alto Perú, heute eine südöstliche Provinz in Bolivien. Die Universität von Chuquisaca wurde 1624 neu gegründet und in *Universidad Real y Pontificia de San Francisco Xavier de Chuquisaca* umbenannt und fortan von Jesuiten geleitet). Somit hatte Tomás de San Martín auch in seiner neuen Diözese eine eigene Hochschule. 1553 wurde er schließlich in Madrid zum Bischof konsekriert und brach danach in Richtung Lima auf, um dort den weiteren Aufbau der schnell aufblühenden Universität in die Hände seines Ordensbruders Domingo de Santo Tomás (siehe dort) zu legen und anschließend seine eigene Diözese in Alto Perú aufzusuchen. Nach seiner Ankunft in Lima wurde er jedoch überraschend schwer krank und an eine Weiterreise nach Charcas war nicht zu denken. So starb er am 31. August 1555 in dem von ihm gegründeten Dominikanerkloster von Lima ohne seine Diözese jemals in Besitz genommen zu haben. Wie schon als Rektor der Universität von Lima (1553) folgte Tomás de San Martín sein Ordensbruder Domingo de Santo Tomás auch als Bischof von Charcas nach (26.12. 1562), um sein missionarisches Werk fortzusetzen.

Zeitgenössische Quellen: Pedro de Cieza de León, »Parte Primiera de la Cronica del Peru« (Sevilla 1553); Agustin de Zarate, »Historia de descubrimento y conquista del Peru« (Antwerpen 1555; ^{2}Venedig 1563; ^{3}Sevilla 1577, danach auch ins Englische, Italienische und Deutsche übersetzt); Diego Fernández, »La Historia del Peru« (Sevilla 1571); Miguel Cabello de Balboa, »Miscelánea Antárctica« (Lima 1586; das Werk ist zum größten Teil nur als Manuskript überliefert. Lediglich der dritte Teil wurde in französischer Übersetzung von Ternaux Compans unter dem Titel »Histoire du Perou« 1840 in Paris herausgegeben); Garcilaso de la Vega, »Primera Parte de los commentarios reales de los Incas« (Lissabon 1609); Felipe Guamán Poma de Ayala, »El primer nueva corónica y buen gobierno« (1600-1615; das 1200 Seiten dicke Werk ist die längste nachhaltige Kritik an der spanischen Kolonialherrschaft überhaupt und die erste von einem indianischen Autor während der Kolonialzeit verfaßte Chronik. Eine Faksimile-Ausgabe gibt es seit 1936. Im Jahr 1980 veröffentlichten John Murra, Rolena Adorno und Jorge Urioste eine gründliche Transkription des Textes in Mexiko Stadt. Seit 2000 gibt es auch eine digitale Ausgabe der Dänischen Königlichen Bibliothek, wo sich auch das Original befindet. Die Chronik ist eine unschätzbare Quelle für Historiker, die sich mit der spanischen Eroberung Südamerikas beschäftigen); Fray Juan de Meléndez, »Tesoros verdaderos de las Yndias En la Historia de la gran Provincia de San Juan Bautista del Perú De el Orden de Predicadores« (ediert von Nicolás Angel Tinassio, 3 Bde. Rom 1681-82); »Colección de documentos inéditos relativos al descubrimiento, conquista y organización de las antiguas posesiones españolas de América y Oceanía, sacados de los Archivos del Reino, y muy especialmente del de Indias« (hrsg. von Luis Torres de Mendoza, 42 Bde., Madrid 1864-1884).

Lit.: Domingo Angulo, La orden de santo Domingo en el Perú, Lima 1910; — Luis Antonio Eguiguren, El fundador de la Universidad de San Marcos, Lima 1911; — Ders., Diccionario cronológico de la Real y Pontificia Universidad de San Marcos y sus colegios, 5 Bde., 1940/55; — Ders., La Universidad Nacional Mayor de San Marcos, IV centenario de la fundación de la Universidad Real y Pontificia y de su vigorosa continuidad histórica 12 de mayo de 1551 - 12 de mayo de 1951, Lima 1951; — Roberto Levillier (Hrsg.), Organización de la iglesia y órdenes religiosas en el virreinato del Perú en el siglo XVI : documentos del archivo de Indias, Madrid 1919; — M. de Mendiburu, Diccionario histórico-biográfico del Perú, 11 Bde., ^{2}Lima 1931-34; — Mariano Peña Prado, La Fundación de la Universidad Mayor de San Marcos de Lima. Lima 1938; — Manuel Vicente Villarán, La Universidad de San Marcos de Lima: los orígenes 1548-1577. Lima 1938; — Valentín Abecia, Historia de Chuquisaca, Charcas, Sucre 1939; — Fernando de Armas Medina, Cristianización De Perú 1532-1600, Sevilla (Escuela de Estudios Hispano-Americanos de Sevilla) 1953; — Valentín Trujillo Mena, La legislación eclesiástica en el virreinato del Perú durante el siglo xvi: con especial aplicación a la jerarquía y a la organización diocesana, Lima 1953; — Antonio de Egaña S.J., Historia de la Iglesia en la América Española. Desde el Descubrimiento hasta comienzos del siglo XIX. Hemisferio Sur, Madrid 1966; — Águeda María Rodríguez Cruz, Historia de las Universidades Hispanoamericanas. Periodo hispánico, 2 Bde., Bogotá 1973; — Dies., El officio de rector en la Universidad de Salamanca y en las universidades hispanoamericanas. Desde sus orígines hasta principios del siglo XIX, Salamanca 1979; — Dies., Las primeras universidades hispanoamericanas, in: Cuadernos hispanoamericanas Nr. 500 (1992), 71-96; — Dies., La universidad en la América hispánica, Madrid 1992; — Dies., Las universidades del Perú, in: Estudios de historia social y económica de América Nr. 11 (1994), 151-180; — Dies., La Escuela de Salamanca y el sistema de educación universitaria en Iberoamérica, in: Cuadernos salmantinos de filosofía Nr.30 (2003), 407-416; — Miguel Angel Medina OP, Los Dominicos en América. Presencia y actuación de los dominicos en la América colonial española de los siglos XVI-XIX, Madrid 1992; — Vidal Guitarte Izquierdo u. Lamberto de Echeverría, Episcopologio Español (1500-1699). Españoles obispos en españa, América, Filipinas y otros países (Rom: Instituto Español de Historia Eclesiástica) Burgos 1994; — Marc Baldó i Lacomba, La universidad colonial hispanoamericana (1538-1810): bibliografía crítica, metodología y estado de la cuestión, El Río de la Plata, in: Estudios de historia social y económica de América Nr. 11 (1994), 207-

230; — Enciclopedia Illustrada del Peru, Bd.15, Lima [3]2001, 2390/91; — NCE XII, 1036.

Ronny Baier

SANTO TOMÁS, Domingo de; Dominikanerpater, Sprachwissenschaftler (Verfasser der ersten Quechuagrammatik), Mitbegründer und Professor der Universität von San Marcos in Lima, Missionar und Bischof; *1499 in Sevilla, Spanien; † 28.2. 1570 in La Plata o Charcas, Bolivien. — Domingo de Santo Tomás wurde sehr wahrscheinlich im spanischen Sevilla geboren. Nach biographischen Quellen war er der Sohn des Lucas de Medina, eines Bediensteten von Erzbischof Diego Deza von Sevilla. Dieser bezahlte Domingo ein Stipendium an der von ihm gegründeten Hochschule von Santo Tomás in Sevilla. Von dieser Schule leitete Domingo wohl auch seinen späteren Beinamen ab. Nachdem Domingo ins Dominikanerkloster von San Pablo eingetreten war, legte er dort am 8. Dezember 1520 seine ewigen Gelübde ab. So unsicher die Quellenlage über Domingos weitere Zeit in Spanien ist, so unsicher ist sie auch, was seine Übersiedlung in die Neue Welt anbelangt. Einige Historiker wie José T. Meléndez vertraten lange die Auffassung, daß Domingo im Gefolge des Eroberers Franzisco Pizzaro 1530 Peru erreichte. Dabei stützten sie sich weitgehend auf Quellen der Dominikaner, die zweifellos von Prestige und Legitamationsgründen geleitet das Jahr 1530 nennen, um mit der Person Domingos zu untermauern, daß die Dominikaner von Anbeginn an der Missionierung Perus und dem Aufbau der Kirche in diesem südamerikanischen Land beteiligt waren. Inzwischen ist aber gesichert, daß von den ersten Dominikanern, welche mit Pizzaro nach Südamerika kamen, nur Fray Vincente de Valverde wirklich Peru erreichte, wo er maßgeblich am Prozeß gegen den von Pizzaro gefangen genommenen Inka Herrschers Atahualpa beteiligt war und am 23. März 1534 zum ersten Bischof von Cuzco und damit von Peru ernannt wurde. — Nach intensiver Quellenforschung kommt der Kirchenhistoriker Jose Maria Vargas zu dem Schluß, daß Domingo de Santo Tomas jedoch erst im Jahr 1540 in Peru eintraf. Im Prolog zur 1555 in Peru fertig gestellten und 1560 in Valladolid gedruckten Quechua Grammatik sagt Domingo selbst, daß er seit 15 Jahren in Peru lebe, während derer er die Sprache der Einheimischen studieren durfte. Und in einem Schreiben an die Kolonialbehörde vom 1. Juli 1550 betont er, vor10 Jahren nach Peru gekommen zu sein. — Domingo erreichte Peru aller Wahrscheinlichkeit nach um den 25. März 1540 kurz vor Ausbruch der bürgerkriegsähnlichen Auseinandersetzungen der verschiedenen Konquistadoren. Er kam im Gefolge des Dominikanerpaters Fray Francisco Martinez Toscano, der später eine bedeutende Rolle beim Aufbau der Ordensprovinz in Equador spielen sollte. — Trotz des Bürgerkriegs von 1540 bis 1548 führten die Dominikaner um Fray Francisco Martinez Toscano das mit der Eroberung Perus begonnene Missionswerk ihres Ordens fort. Es gab 1540 in verschiedenen peruanischen Küstenstädten Dominikanerklöster, in deren Umfeld Klosterschulen entstanden waren, erste Stätten akademischer Gelehrsamkeit in der Neuen Welt. Um diese schulischen und monastischen Zentren herum zog nun die dominikanische Evangelisationsarbeit immer weitere Kreise. Pater Domingo predigte und wirkte beispielsweise in der zentralen Küstenregion Perus in den Städten Chancay und Aucallama sowie im zentralen Andenhochgebirge in Huaylas und Conchucos in einem Seitental des Callejón de Huaylas, wo er seine linguistischen Studien vertiefte und weitere Dominikanerklöster gründete. Im Jahr 1545 wurde Domingo schließlich zum Prior des Dominikanerklosters von Lima ernannt. Dort lernte er 1548 den spanischen Konquistadoren, Chronisten und Historiker Pedro de Cieza de León (1520-1554) kennen, der während seiner ausgedehnten Reisen durch Peru für einige Zeit in Lima weilte, um an seiner Chronik der Neuen Welt zu arbeiten. Domingo de Santo Tomás war ihm dabei aufgrund seiner umfangreichen Aufzeichnungen und Kenntnisse der indianischen Kulturen und Sprachen sowie der Flora und Fauna, der Religion, Sitten und Gebräuche der Indianer Perus eine wertvolle Hilfe, worauf de León dann auch an verschiedenen Stellen seiner Chronik eigens hinweist. Im Frühling 1551 kehrte de León nach Spanien zurück, wo in Sevilla 1553 der erste Teil seiner Chronik erschien. — 1548 lernte Domingo de Santo Tomás aber nicht nur den Chronisten Pedro de Cieza de León kennen, sondern ihm wurden auch wichtige politische Aufgaben zuteil. So begleitete er

1548 den spanischen Bischof und Diplomaten Pedro de la Gasca (1485-1567) als dessen Ratgeber nach Cuzco. Bischof de la Gasca war von Kaiser Karl V. beauftragt worden, in Peru den um sich greifenden Bürgerkrieg zu beenden und den Frieden im Land wiederherzustellen. Gonzalo Pizarro, ein Bruder des Eroberers Francisco Pizzaro, hatte im Verlauf der Auseinandersetzungen 1546 den ersten Vizekönig der spanischen Krone, Blasco Núnez Vela, getötet und sich selbst zum Vizekönig erhoben. Dieser Anspruch ist von Karl V. nicht anerkannt worden und de Gasca sollte im Auftrag des Kaisers mit allen nur möglichen Mitteln die Autorität der Krone in Peru erneuern. De Gasca kam 1547 über Panama nach Peru und sammelte dort eine stattliche Armee gegen Pizarro und seine Rebellen. Am 9. April 1548 kam es zur entscheidenden Schlacht, bei der die Armee de Gascas im Tal von Sacsahuana die Truppen Pizarros nach nur kurzem Kampf besiegte. Pizzaro und einige seiner Anhänger wurden danach als Aufrührer hingerichtet. — Mit großer Umsicht reorganisierte Bischof de Gasca im folgenden Jahr die Kolonialverwaltung, die Justiz und Steuergesetzgebung. Unter der Mitarbeit von Domingo de Santo Tomás erließ de Gasca 1549 auch einige Statuten zum Schutz der indigenen Bevölkerung Perus. Nachdem er so den Frieden im Land gesichert hatte, übertrug de Gasca 1549 bis zur Einsetzung eines neuen Vizekönigs seine Vollmachten der Audiencia (kollegial organisierte Appellations- und Justizverwaltungsinstanz in der spanischen Kolonialverwaltung, welche den Vizekönig berät und kontrolliert, Recht setzt und bei Vakanz selbst die Regierungsgeschäfte leitet). Im Januar 1550 kehrte er schließlich nach Spanien zurück, wo er zunächst Bischof von Plasencia und dann von Sigüenza wurde. — Nach seiner erfolgreichen Zusammenarbeit mit Bischof de Gasca wurde Domingo de Santo Tomás vom Ordenskapitel noch im Jahr 1548 zum Hauptprediger des Konvents in Lima und 1551 zum Dozenten an der soeben gegründeten Universität von San Marcos ernannt. An deren Gründung war Domingo de Santo Tomás als Mitstreiter von Pater Tomas de San Martin maßgeblich beteiligt. Domingo de Santo Tomás war es, der die Lehrstühle für Grammatik, Rhetorik und Theologie einrichtete und auch als erster Doktor an der Universität graduierte. Im gleichen Jahr machte ihn auch der Ordensgeneral in Rom zum Visitator der Dominikanerklöster in Peru. Während des Ordenskapitels, das 1553 in Lima tagte, wurde Domingo dann auch noch zum Provinzialoberen des Ordens gewählt. Als solcher war er auch Beschützer der Familie des von Pizarro ermordeten Inka Herrschers Atahualpa. Fünf von dessen Kindern lebten nämlich in den beiden Dominikanerklöstern von Lima und Cuzco, wo sie erzogen wurden. Domingo de Santo Tomás sicherte ihnen eine staatliche Pension über sechshundert Peso und ein Stück Land, das sie ihr eigen nennen konnten. Überhaupt kämpfte er landesweit für die Rechte der Indianer und eine würdige Behandlung derselben. 1554 wurde er zum Generalvikar für Peru ernannt. Im November 1555 brach er zu einer Spanienreise auf. Er wollte dort die wichtigen staatlichen und kirchlichen Stellen über die Situation der Indianer in Peru informieren. Zudem wollte er auch noch mehr Mönche für die Arbeit in Peru gewinnen und seine Quechua Grammatik und Vokabular in Druck geben. 1557 reiste er von Spanien aus zum Generalkapitel seines Ordens nach Rom, wo er im Auftrag von Erzbischof Loayza von Lima bei Papst Paul IV. um einen Jubiläumsablaß für das 1549 in Lima gegründete Hospital de Santa Ana de los naturales nachsuchen sollte. — Die Reise von Domingo de Santo Tomás sollte insgesamt sechs Jahre dauern, nämlich bis zum März 1562. Sechs Jahre, während derer er sich unermüdlich für die Mission des Ordens in Peru engagierte. Durch ein königliches Dekret vom 18. November 1556 wurde Domingos Konvent in Lima eine beachtliche finanzielle Unterstützung zuteil. Im August 1557 konnte er schließlich die ersten zwanzig von ihm für die Mission gewonnenen Dominikaner nach Peru entsenden und am 4. August 1560 nochmals fünfzig weitere. Nachdem er Anfang August 1557 in Sanlúcar die zwanzig Ordensbrüder verabschiedet hatte, die nach Peru aufbrachen, reiste Domingo de Santo Tomás weiter nach Flandern, wo er in Brüssel mit Philipp II. zusammentraf. Von dort führte ihn sein Weg über Deutschland nach Rom, wo er wie bereits erwähnt am Generalkapitel seines Ordens teilnahm. Von 1559 bis 1560 richtete sich dann Domingos Hauptaugenmerk auf die Herausgabe seiner beiden Werke in Quechua, der Sprache der peruanischen Indios. Nachdem er die großenteils in Peru entstandenen Werke noch einmal überarbeitet hat, erschienen 1560 beim Drucker Francisco Fernandez de Córdova in Valladolid die ersten Ausgaben von Domingo de Santo Tomás »Grammatik« und »Lexikon«. Mit beiden Büchern erschloß er für die westliche Kultur die Quechua Sprache und es begann mit ihnen letztlich die peruanische Linguistik. — Wie bereits erwähnt, sollte die Reise Domingos auch der Stärkung und Festigung der rechtlichen Stellung der Indios Perus dienen. Domingo unterhielt eine enge Freundschaft zu seinem Ordensbruder Bartholome de las Casas, der sich wie kein anderer für die Indianer der Neuen Welt einsetzte. Las Casas war drei Jahre lang Bischof von Chiapas in Mexiko und erlebte die Grausamkeiten der spanischen Konquistadoren hautnah. Nach seiner Rückkehr nach Spanien lebte las Casas im Dominikanerkloster Santa Maria de Atocha in Madrid. Bis zu seinem Tod kämpfte er für die Rechte der Indianer. Zusammen mit Las Casas machte Domingo de Santo Tomás sich beim spanischen König für die Indianer stark. Beide übergaben diesem 1561 in Majarambroz ein Memorandum, das immerhin eine Charta an den Vizekönig von Peru bewirkte (7.Februar 1561), sich für die Indianer einzusetzen. Eine weitere königliche Order gewährte den Klöstern in Peru fünfhundert Dukaten für die Anschaffung von Büchern zur Unterstützung ihrer Bildungsarbeit. — Noch vor seiner Rückkehr nach Peru 1562 wird Domingo de Santo Tomás von Philipp II. von Spanien zum 2. Bischof von La Plata o Charcas ernannt, nachdem der 1. Bischof der neuen Diözese, Domingos Ordensbruder und Mitbegründer der Universität von San Marcos in Lima, Fray Tomás de San Martin, gestorben war. Zunächst wehrte sich Domingo gegen die Ernennung zum Bischof, da er sich diesem Amt nicht gewachsen sah. Doch der amtierende Vizekönig de Nieva und Erzbischof de Loayza von Lima konnten Domingo davon überzeugen, welch großen Nutzen gerade die Indianer von dieser Ernennung hätten, denen Domingos Hauptsorge galt. Papst Pius V. sandte am 6. Juli 1562 die Ernennungsurkunde und am 26. Dezember 1562 wurde Domingo in der Kirche des Dominikanerkonvents in Lima durch Erzbischof de Loayza zum Bischof geweiht. Auch als Bischof führte Domingo de Santo Tomás den einfachen und asketischen Lebensstil weiter, der ihm schon zuvor zu eigen war. Einziger Komfort auf seinen Reisen durch seine Diözese war Domingo ein Muli, das ihn auf weiten Strecken trug. Sein Bischofshaus war spartanisch eingerichtet und Anlaufstelle vieler Armer und Bittsteller. Auch als Bischof setzte Domingo de Santo Tomás sein Engagement für die Indianer ungebrochen fort. Auf deren Seelsorge verwandte er den größten Teil seiner Zeit. Die erste indianische Gemeinde seiner Diözese, die er als Bischof besuchte, war Paucarcolla, unweit des Titicaca Sees. Dort ließ er sogleich auf eigene Kosten eine Kirche errichten. In der alten indianischen Siedlung von Chuquiabo, an deren Stelle sich heute die Hauptstadt Boliviens, La Paz, erhebt, ließ er von seinem Einkommen ebenfalls eine Kirche errichten. In seiner Bischofsstadt La Plata o Charcas gründete er ein Seminar zur Priesterausbildung und gab weiterhin Impulse für das Studium des Quechua. 1567 nahm er am 2. Provinzialkonzil von Lima teil, auf dem die Beschlüsse des Trienter Konzils vorgestellt und über deren Umsetzung in der Kirche Südamerikas diskutiert wurde. Zurück in La Plata verschlechterte sich der Gesundheitszustand von Domingo de Santo Tomás zusehends und am 28. Februar 1570 stirbt er entkräftet in seinem Bischofssitz. Das Bild, das der Dominikaner und Chronist Meléndez von Domingo de Santo Tomás zeichnet, ist das eines schmalen Mannes mit gebräuntem Gesicht, tiefgründigen Augen und stark hervortretender Nase. Und so kann man den engagierten Missionsbischof auch heute noch in Öl gemalt in der alten Kapelle der Universität von San Marcos in Lima betrachten. Der Mitbruder von Domingo de Santo Tomas, der Chronist Fray Reginaldo de Lizárraga, füllt dieses Bild mit Leben, wenn er Santo Tomás als einen Menschen voll apostolischen Eifers aber frei von falschen Ambitionen beschreibt, als asketisch und bescheiden, als großen Freund der Armen und der Indianer, die in ihm einen »Vater« gesehen haben. Auch sah er es als seine Pflicht an, seine von Gott gegebenen Gaben nicht für sich zu behalten, sondern in den Dienst der Menschen zu stellen. Und Domingo de Santo Tomás war zudem davon überzeugt, alles, was er tat nur zur Ehre Gottes tun zu dürfen, nicht aus Eigennutz oder Geltungssucht. Von dieser Überzeugung schreibt er auch in seiner Grammatik in der Widmung an Philipp II. von Spanien: »Y todos los philosophos uniformes concordaron en que el hombre ocioso no vivía porque decían que la ociosidad no es otra cosa sino una sombra y figura de la muerte.« - In den dreißig Jahren, die Domingo de Santo Tomás in der Neuen Welt lebte, verging kein Tag, an dem er nicht arbeitete. Neben seinen fundamentalen Werken zur Quechua Sprache sind uns unzählige Briefe aus seiner Feder erhalten, die sich für die Rechte und Würde der Indianer einsetzen. In diesen Briefen steht er in keiner Weise seinem Mitbruder Bartolomé de las Casas nach. In einem Brief vom 1. Juli 1550 beklagt er etwa, daß die spanischen Konquistadoren nichts anderes tun, als die Indianer zu berauben und zu ermorden und wie unkultivierte Tiere zu behandeln. Die Bedingungen der Indianer seien »schlechter als die eines Esels in Kastilien.« Besonders hart klagt er die Zustände in den Silberminen von Potosi an, in welchen die Indianer unter unsagbaren Bedingungen zur Sklavenarbeit gezwungen wurden. Domingo de Santo Tomás vergleicht die Minen mit dem Höllenschlund, der die Seelen der Indianer verschlingt: »...para acabarse de perder esta tierra se descubrió una boca de infierno para tragar ánimas.« In einem Brief an las Casas geht er sogar soweit zu behaupten, daß die Entvölkerung des Landes und die immer wieder aufflackernden Aufstände Ergebnis des moralischen und rechtlichen Verfalls seitens der Spanier seien, welche in ihrem Verhalten weit hinter der Politik und Rechtskultur der Inkas zurückblieben. Und nie wird er müde den Weißen einzutrichtern, daß die Indianer keine Barbaren seien, welche die Freiheit nicht verdienten, was schon ihre vornehme und edle Sprache das Quechua Lügen straft. Leider ist von den geschichtlichen, ethnologischen, theologischen, katechetischen und missionarischen Texten aus der Feder von Domingo de Santo Tomás das meiste verloren gegangen. Was erhalten blieb, findet sich heute als Traktate oder als Zitate oder Briefausschnitte in den Werken von de las Casas, Fray Cristobal de Castro oder in den Quellensammlungen von de Mendoza und de Levillier und anderen Historikern. Was Domingo bis heute nachhaltig überdauert hat, ist seine linguistische Arbeit zur Quechua Sprache, die im Lauf der Geschichte in die Arbeit anderer Linguisten eingeflossen ist. Domingo de Santo Tomás war der erste Lehrer für Quechua an einer Universität und trug dazu bei, daß Quechua bis heute eine lebendige Sprache blieb. Über drei Jahrhunderte dominierten die Linguisten der Universitäten von Cuzco und Lima die Erforschung und Entwicklung des Quechua. Der wohl bedeutendste Linguist, der dabei in die Fußstapfen von Domingo de Santo Tomás trat, war der Jesuit Diego González Holguín (1560-1629), der 1607 in Cuzco eine Gramática y arte de la lengua general del Perú und 1608 ein Vocabulario de la lengua general de todo el Peru zum Quechua von Cuzco herausgab. Neben den Werken von Domingo de Santo Tomás blieben die Werke Holguíns bis weit ins neunzehnte Jahrhundert hinein die »Standardwerke« zur Quechua Sprache. Daneben sind aber auch die Arbeiten weniger bedeutender Linguisten wie die von Fray Cristóbal de Castro und Fray Pedro de Aparicio sowie der Priester Roque de Cejuela und Alonso Núñez de San Pedro zu nennen, welche im Bemühen um eine Inkulturation des Christentums Katechismen, Predigtbücher, Gebetbücher in verschiedenen Quechua Dialekten herausgaben.

Werke: »Relación a S. M. acerca de los vejámenes que sufren los indios« (Lima 1550) ; »Grammatica o Arte de la lengua general de los Indios de los Reynos del Perú« (Valladolid 1560; eine erste moderne Faksimileausgabe des Originals erschien bei Karl Julius Platzmann in Leipzig im Jahr 1891 unter dem Titel »Arte de la lengua quichua«; eine weitere gab der ecuadorianische Dominikaner José María Vargas O.P. 1947 in Quito heraus; eine weitere Studienausgabe erschien in der Reihe Cultura Hispánica in Madrid 1994; die neueste Edition stammt von Rodolfo Cerrón-Palomino »Grammática o arte de la lengua general de los indios de los reynos del Perú«, Centro de Estudios Bartolomé de las Casas, Cuzco 1995); »Lexicón o Vocabulario de la lengua general del Peru« (Valladolid 1560); »Platica para todos los indios« (1560); »Memorial de Fray Bartolomé de Las Casas, obispo que fue de Chiapas, y Fray Domingo de Santo Tomás, O.P., provincial del Perú, presentado al Consejo de Indias« (1560); »Relación del P. Fray Domingo de Sancto Thomas al Reverendo Obispo Don Fray Bartholomé de Las Casas, de lo que conviene proveer para el mejor aumento y conservación de los naturales en los reynos del Perú« (Lima, März 1562); »Carta o relación a S.M. sobre diversos asuntos muy importantes al gobierno temporal y espiritual« (Lima, 10. Dezember 1563).

Zeitgenössische Quellen: Bartolomé de las Casas, »Brevísima relación de la destrucción de las Indias occidentales« (Sevilla 1552; Deutsch erstmals erschienen 1790 unter dem Titel »Kurz gefaßter Bericht von der Verwüstung der westindischen Länder«; unter diesem Titel als Neuauflage seiner Ausgabe von 1966 von Hans Magnus Enzensberger 1990 in Frankfurt herausgegeben; Las Casas gilt als Vorkämpfer der

Menschenrechte und war ein enger Freund von Domingo de Santo Tomás, mit dem er konsequent für die Rechte der Indianer stritt); Pedro de Cieza de León, »Parte Primiera de la Cronica del Peru« (Sevilla 1553); Agustin de Zarate, »Historia de descubrimento y conquista del Peru« (Antwerpen 1555; ²Venedig 1563; ³Sevilla 1577, danach auch ins Englische, Italienische und Deutsche übersetzt); Diego Fernández, »La Historia del Peru« (Sevilla 1571); Miguel Cabello de Balboa, »Miscelánea Antárctica« (Lima 1586; das Werk ist zum größten Teil nur als Manuskript überliefert. Lediglich der dritte Teil wurde in französischer Übersetzung von Ternaux Compans unter dem Titel »Histoire du Perou« 1840 in Paris herausgegeben); Garcilaso de la Vega, »Primera Parte de los commentarios reales de los Incas« (Lissabon 1609); Felipe Guamán Poma de Ayala, »El primer nueva corónica y buen gobierno« (1600-1615; das 1200 Seiten dicke Werk ist die längste nachhaltige Kritik an der spanischen Kolonialherrschaft überhaupt und die erste von einem indianischen Autor während der Kolonialzeit verfaßte Chronik. Eine Faksimile-Ausgabe gibt es seit 1936. Im Jahr 1980 veröffentlichten John Murra, Rolena Adorno und Jorge Urioste eine gründliche Transkription des Textes in Mexiko Stadt. Seit 2000 gibt es auch eine digitale Ausgabe der Dänischen Königlichen Bibliothek, wo sich auch das Original befindet. Die Chronik ist eine unschätzbare Quelle für Historiker, die sich mit der spanischen Eroberung Südamerikas beschäftigen); Fray Juan de Meléndez, »Tesoros verdaderos de las Yndias En la Historia de la gran Provincia de San Juan Bautista del Perú De el Orden de Predicadores« (ediert von Nicolás Angel Tinassio, 3 Bde. Rom 1681-82); »Colección de documentos inéditos relativos al descubrimiento, conquista y organización de las antiguas posesiones españolas de América y Oceanía, sacados de los Archivos del Reino, y muy especialmente del de Indias« (hrsg. von Luis Torres de Mendoza, 42 Bde., Madrid 1864 - 1884)

Lit.: Roberto Levillier (Hrsg.), Organización de la iglesia y órdenes religiosas en el virreinato del Perú en el siglo XVI : documentos del archivo de Indias, Madrid 1919; — Manuel Mendiburu, Diccionario Histórico Bibliografico del Perú, Lima ²1934; — Mariano Peña Prado, La Fundación de la Universidad Mayor de San Marcos de Lima. Lima 1938; — Manuel Vicente Villarán, La Universidad de San Marcos de Lima: los orígenes 1548-1577. Lima 1938; — Jose Maria Vargas OP, Fray Domingo de Santo Tomás, Quito 1941; — Raúl Porras Barrenechea, Fray Domingo de Santo Tomás, fundador de la Universidad y descubridor del quechua, in: Diario El Comercio, 12. Mai 1951; — Ders., Mito, tradición e historia del Perú, Lima 1951; — Ders., (Hrsg.) Cartas del Perú (1524-1543). Colección de documentos inéditos para la historia del Perú, (Sociedad de Bibliófilos Peruanos) Lima 1959; — Ders., Prólogo a la Grammatica o Arte de la Lengua general de los Indios de los Reynos del Perú de Fray Domingo de Santo Tomás, Lima 1961; — Ders., Cronistas del Perú, Lima 1962; — Roland Grass, America's First Linguists: Their Objectives and Methods in: Hispania, Bd. 48, Nr. 1 (März 1965), 57-66; — Ruben Vargas Ugarte S. J., Los concilios limenses (1551-1772), 3 Bde., Lima 1951-54; — Ders., Historia de la Iglesia en el Perú, 2 Bde., (Bd.1 umfaßt die Zeitspanne von 1431-1568; Bd.2 die Zeit von 1570-1640) Lima 1953 / Burgos 1959; — Agneda Rodríguez Cruz O.P., Historia de las Universidades Hispanoamericanas, Bd.1, Bogotá 1973; — Rolena Adorno, Bartolomé de las Casas y Domingo de Santo Tomás en la obra de Felipe Waman Puma, in: Revista Iberoamericana, Nr. 120/121 (1982), 673-679; — Enrique Dussel, Historia general de la Iglesia en América Latina, Bd.1, Salamanca 1983 (deutsch »Die Geschichte der Kirche in Lateinamerika, Mainz 1988); — Teodoro Hampe Martínez, Fray Domingo de Santo Tomás y l'encomienda de indios in el Perú (1540-1570) in: José Barrado O. P (Hrsg.) Los Dominicos y el Nuevo Mundo. Actas del II Congreso Internacional, Salamanca 1990, 355-379; — Teodoro Hampe Martínez, Fray Domingo de Santo Tomás y la Encomienda de Indios en el Perú , 1540-1570, Lima 1990; — Miguel Angel Medina OP, Los Dominicos en América. Presencia y actuación de los dominicos en la América colonial española de los siglos XVI-XIX, Madrid 1992; — Rodolfo Cerrón Palomino, »El Nebrija indiano«, Prólogo a la edición de la Grammatica de Fray Domingo de Santo Tomás, Cuzco 1996; — Gerald Taylor, La Platica de Fray Domingo de Santo Tomás (1560), in: Bulletin de l'institut français d'études andines, Ideología e identidad lo andino y sus disfraces 30 (3) Lima 2001, S. 427 - 453; — Enciclopedia Illustrada del Peru, Bd.15, Lima ³2001, 2418f.

Ronny Baier

SCHEBESTA, Paul Joachim, Ordenspriester, Missionar, »Völkerkundler«, * 20.3. 1887 in Groß-Peterwitz (Kr. Ratibor, Hultschiner Ländchen, Schlesien), † 17.9. 1967 in St. Gabriel, Mödling bei Wien. — Schebesta wurde 1887 als Sohn des Anton und der Johanna Wytisk in Schlesien geboren. Das Gymnasium absolvierte er im Missionshaus Heiligkreuz in Neisse und begann 1905 im Missionshaus der Steyler Missionare (= Gesellschaft des Göttlichen Wortes) in St. Gabriel bei Wien unter P. Wilhelm Schmidt (1868-1954) [siehe BBKL, Bd. XVII] sein Studium der Philosophie, Theologie, Linguistik, Völkerkunde und Religionsgeschichte. 1911 wurde Schebesta zum Priester geweiht und dann nach »Portugiesisch-Ostafrika (heute: Mozambique) in die Mission ausgesandt. 1916 wegen seiner deutschen Herkunft in Lissabon interniert, forschte S. nach dem Ende des 1. Weltkrieges in Archiven und Bibliotheken der portugiesischen Hauptstadt u.a. über das afrikanische Königreich Monomotapa. Dann arbeitete er für die ordenseigene Zeitschrift »Anthropos« und führte ab 1924 eigene Feldforschungen durch, zunächst bei den Semang auf der Halbinsel Malakka. 1929/30, 1934/35, 1949/50 und 1954/55 war er bei den »Bambuti-Pygmäen« in der ehemaligen Kolonie Belgisch-Kongo und 1938/39 auch bei den Senoi auf Malakka und den Aëta auf den Philippinen. Von der ersten Reise nach Malakka und der ersten Expedition nach Belgisch-Kongo sind im Berliner Phonogrammarchiv historische Tonwalzen erhalten geblieben. Zwischen den einzelnen Expeditionen war Schebesta als Professor für Völkerkunde, Religionswissenschaft und Linguistik am Missionspriesterseminar St. Gabriel und an der Hochschule für Welthandel in Wien tätig und verfaßte zahlreiche (pseudo-)wissenschaftliche Arbeiten. Schebesta war Mitglied der Österreichischen Akademie der Wissenschaften, des Royal Anthropological Institute London oder der Deutschen Anthropologischen Gesellschaft. 1957 wurde er mit dem Ehrenring der Stadt Wien ausgezeichnet.

Werke: Eine Bantu-Grammatik aus dem 17. Jahrhundert, in: Anthropos, Nr. 16, 1919-20, 764-787; Der Urmensch und seine Religion, in: Frankfurter Broschüren, Nr. 41, 1921-22, 45-90; (und G. Höltker), Der afrikanische Schild, in: Anthropos, Nr. 18-19, 1923-24, 1012-1062; Die religiösen Anschauungen Süd-Afrikas, in: Anthropos, Nr. 18-19, 1923-24, 114-124; Über das Opfer, in: Semaine d'Ethnologie religieuse de Tilbourg, 1923, 258-279; Die Negritostämme der Malayischen Halbinsel: Gliederung und Namen, in: Zeitschrift für Ethnologie, 56, 1924, 169-175; Les Négrilles de la Presq'île Malaise, in: Etudes, 181, Paris 1924, 206-220; Über die Semang auf Malakka, in: Anthropos, Vol. 18-19, 1924, 1002-1011; Zum ersten Missionsanfang am Sambesi, in: Zeitschrift für Missionswissenschaft, 1924, 88-98; Das Hala- oder Medizinmannwesen bei den Semang auf Malakka (Hinterindien), in: Jahrbuch von St. Gabriel [Hrsg. von der philosoph.-theolog. Lehranstalt St. Gabriel]. Mödling 1925, 256-263; Ein Brief aus Hinterindien, in: Völkerkunde, 1, Wien 1925, 15-24; La conscience de la culpabilité chez les Primitives de la Malaisie, in: Semaine d'Ethnologie Religieuse, IVe session, Milano 1925, 186-194; Les Négrilles et les autres peuples aborigines Sauvages de la Presq'île Malaise, in: Bulletin de la Société des Missions Etrangères de Paris, Vol. 4, No. 47, 1925; Orang-Utan von Malaya (Hinterindien), in: Sitzungsberichte der Anthropologischen Gesellschaft in Wien, 56, 1925/1926, 3-7; Seelenvorstellung und Opfer der Afrikaner, in: Jahrbuch von St. Gabriel, 1925, 259-275; The Semang of Patalung, in: Man, 24, London 1925, 23-26; Weltanschauungsgedanken der Negrito auf Malakka, in: Völkerkunde, 1, Wien 1925, 270-281; Die Zimbabwe-Kultur in Afrika, in: Anthropos, Nr. 21, 1926, 484-522; Een en ander over Koeboes, in: Bijdragen to De Taal-Land- en Volkenkunde in Nederlandsch Indie, Nr. 89, Deel 1926, 315-318; Eine Forschungsreise zu den Inlandvölkern von Malakka, in: Tagungsberichte der Deutschen Anthropologischen Gesellschaft (Tagungsberichte der 48. Versammlung), Salzburg 1926; Kubu und Jakud'n, in: Mitteilungen der Anthropologischen Gesellschaft in Wien, Nr. 66, 1926, 192-200; Sakai in Malakka, in: Archiv für Rassenbilder, Bildaufsatz 9, München 1926, Archiv-Karten 81-90; (und V. Lebzelter), Schädel- und Skelettreste von drei Semang-Individuen, in: Anthropos, 21, 1926, 959-990; Stammes-Namen und geographische Verteilung der Orang-Utan auf Malaya, in: Petermanns Mitteilungen, 72, Gotha 1926, 253-257; The Bow and Arrow of the Semang, in: Man, 88/89, 1926; The Junge Tribes of the Malay Peninsula (Transl. By Dr. C. O. Blagden), in: Bulletin of the School of Oriental Studies, 4, London 1926, 269-278; Zvířecí zkazky a stesky Negritů malajských, in: Sborník Čes. Společ. Zeměpisné, 32, Prag 1926, 196-200; Bei den Urwaldzwergen von Malaya: Eine Forschungsreise zu dem Zwergvolk der Semang auf der malaiischen Halbinsel, Leipzig 1927; Ethnographie der Asena am Unteren Sambesi: 1. Soziale Einrichtungen. 2. Die Religion, in: Bibliotheca Africana, Ethnologica-Linguistica, T. 2, 1927 und T. 3 1928; Die Sakai oder Mai Darat (Urwaldmenschen) von Malakka, in: Die katholischen Missionen, 1927, 297-302; Die Urwaldzwerge von Malakka (Hinterindien), in: Die katholischen Missionen, 1927, 69-74; Eine Forschungsreise zu den Inlandvölkern von Malakka, in: Mitteilungen der Anthropologischen Gesellschaft in Wien, Heft 3-4, 1927, 43-46; Religiöses und Soziales der Urbewohner Malakkas, in: Akademische Missionsbibliothek, Münster i. W. 1927, 15; Semang, in: Archiv für Rassenbilder, Bildaufsatz 10, München 1927, Archivkarten 91-102; The Negritos of the Malay Peninsula: Subdivisions and Names, in: Man, Vol. 27, No. 61, London 1927, 89-94; Z přítmí pralesa. 2 díly. Země a lidé, sv. 75 a 76. Prag 1929 [Übersetzung des Reiseberichts]; (mit V. Lebzelter), Anthropological Measurements of Semang and Sakais in Malaya, in: Anthropologie, Nr. 6, Prag 1928, 183-254; Auffassung über Eigentum und Eigentumsrecht bei den Semang auf Malakka, in: Neue Ordnung, Wien 1928, 1-18; Das Weib bei den Semang-Negrito von Malakka, in: Der neue Pflug, 1928, 26-33; Die Jakudn-Orang-Utan von Malakka, in: Die katholischen Missionen, 1928, 165-170; Die religiösen Anschauungen der Semang-Zwerge von Malaya (Hinterindien), in: Religiöse Quellenschriften (Hrsg. v. Dr. Walterscheid), Bonn 1928, 1-50; Eine Forschungsreise zu den Inlandstämmen von Malakka 1924-25, in: Ethnographischer Anzeiger, Nr. 1, 1928, 25-27; Gesellschaft und Familie bei den Semang auf Malakka, in: Anthropos, Nr. 23, 1928, 235-258; Grammatical Sketch of the Jahay Dialect spoken by a Negrito Tribe of Ulu Perak and Ulu Kelantan, Malay Peninsula (transl. By Dr. C. O. Blagden), in: Bulletin of the School of Oriental Studies, Nr. 4, London 1928, 803-826; Jenseitsglaube der Semang auf Malakka, in: Festschrift P. W. Schmidt SVD, St. Gabriel 1928, 235-258; Orang-Utan. Bei den Urwaldmenschen Malayas und Sumatras. Leipzig 1928; Religiöse Anschauungen der Semang über die Orang-hidop (die Unsterblichen), in: Archiv für Religionswissenschaft, Vol. 25, Heft 1-2, 1928, 1-25 und Vol. 26, Heft 3-4, 1928, 209-233; Among the Forest Dwarfs of Malaya, London 1929 [Übersetzung des Reiseberichts]; Svítání nad pralesem. 2 díly. Země a lidé, sv. 83 a 84, Prag 1929 [Übersetzung des Reiseberichts]; The Decorative Art of the Aborigines of the Malay Peninsula, in: Journal of the Royal Asiatic Society, London 1929, 749-760; Die Babali-Neger, in: Mitteilungen der W. f. G., Wien 1930-31; Die Efe-Pygmäen, in: Anthropos, Nr. 25, 1930, 311-314; Die Ituri-Pygmäen-Expedition, in: Anthropos, Nr. 25, 1930, 579-583; Anthropologische Messungen, in: Vorläufige Mitteilungen der Akademie der Wissenschaften Wien, 29. Oktober 1931; Die Bambuti-Zwerge am Ituri: Wie ich die Pygmäen fand, in: Die katholischen Missionen, 1931, 93-98; Die Einheit aller afrikanischen Pygmäen und Buschmänner aus ihren Stammesnamen erwiesen, in: Anthropos, Nr. 26, 1931: 891-894; Die Pygmäen Mittelafrikas auf Grund einer Forschungsreise, 1929-30, in: Petermanns Geographischen Mitteilungen, Heft 11-12, Gotha 1931, 294-299 (mit einer Karte); Die religiöse Welt der Pygmäen: Die Bambuti vom Asunguda und Ngayu, in: Die katholischen Missionen, 1931, 183-188; Die religiöse Welt der Pygmäen: Die Efé- und Basua-Zwerge, in: Die katholischen Missionen, 1931, 336-341; Die Zentralafrikanischen Pygmäen: Ihre Beziehung zu anderen Rassen, in: Mitteilungen der Anthropologischen Gesellschaft, Wien 1931-32, 14-20; Erste Mitteilungen über die Ergebnisse meiner Forschungsreise bei den Pygmäen in Belgisch-Kongo, in: Anthropos, Nr. 26, 1931, 1-16; Erste Mitteilungen über die Ergebnisse meiner Forschungsreise bei den Pygmäen in Belgisch-Kongo, in: Ethnologischer Anzeiger, 1931, 26; Grammatical Sketch of the Ple-Temer Language, in: Journal of the Royal Asiatic Society, London 1931, 641-652; Kisantu, Louvain, in: Revue Missionnaire, 1931 [fasc. Janvíer]; Les conceptions religieuses des Pygmées de l'Ituri, Brüssel 1931, 1-46; Meine Forschungsreise in Belgisch-Kongo 1929-30, in: Africa, Nr. 4, 1931, 404-417; Parenté des Pygmées du Ruanda, de l'Ituri et de l'Equateur, in: Revue du Cercle des Alumni de la Fondation Universitaire, Nr. 4, Brüssel 1931, 3-16; Voyage d'exploration chez les Pygmées du Congo Belge, Brüssel 1931, 1-15; Bambuti: Die Zwerge vom Kongo. Leipzig 1932; Chez les Pygmées du Congo Belge, in: Revue Flambeau, Novemberausgabe, Brüssel 1932, 3-16; Ethnologues Contemporains. L. R. P. Schebesta, in: Revue de l'Institut de Sociologie Solvay, Brüssel 1932; Jugenderziehung bei einem Negerstamm in Belgisch-Kongo, in: Die katholischen Missionen, 1932, 247-250; Les Pygmées sont-ils des primitives? Voyage chez les nains Bambuti de l'Ituri, in: Rev. Inst. de Sociologie, Brüssel 1932, [Seiten?]; Les Pygmées sont-ils ménacés de l'extinction?, in: Revue de l'Institut de Sociologie Solvay, Nr. 2, Brüssel 1932, 3-18; Meine Forschungsreise zu den Pygmäen in Belgisch-Kongo, in: Ethnologischer Anzeiger, Nr. 3, Stuttgart 1932, 41-49; Religiöse Ideen und Kulte der Ituri-Pygmäen (Belgisch Kongo), in: Archiv für Religionswissenschaft, Nr. 30, 1932, 105-140; Among Congo Pygmies, London 1933 [Übersetzung des Reiseberichts]; (und V. Lebzelter), Anthropologie Středoafrických Pygmejů v Belgickém Kongu (Anthropology of the Central African Pygmies in the Belgian Kongo). Prag 1933; Krankheit und Krankheitsbekämpfung bei den Pygmäen, in: Ciba-Zeitschrift, Basel 1933, 17-21; Les Pygmées du Congo Belge: leurs civilisations, leurs langues, constatations et comparaisons, in: Congrès de l'Institut International des Langues et des Civilisations Africaines, Paris 1933, 104-116; Religiöse Tatsachen und ihr Auffinden bei asiatischen und afrikanischen Pygmäen, in: Salzburger Hochschulwochen 1933, Salzburg (A. Pustet) 1933, 116-120; Die Religions der Bacwa-Pygmoiden am Equateur, Belgisch-Kongo, in: Archiv für Religionswissenschaft, Nr. 32, 1934, 38-51; Vollblutneger und Halbzwerge. Forschungen unter Waldnegern und Halbpygmäen am Ituri in Belgisch Kongo. Salzburg 1934; Bei den Ituri-Bambuti 1934-35, in: Mitteilungsblatt der Gesellschaft für Völkerkunde, 1935, 1-7; Der Afrikaforscher Gustav Nachtigal, in: Atlantis, Nr. 4, 1935, 257-259; (und J. Matiegka), Dítě středoafrických pygmeů a jeho povaha (The Child of the Central African Pygmies and his bodily Character, in: Anthropologie, Nr. 13, Prag 1935, 3-36; Meine zweite Forschungsreise zu den Ituri-Pygmäen, in: Wiener Anthropologische Mitteilungen, 1935, 16-21; Meine zweite Kongoforscherfahrt, in: Veröffentlichungen des Katholischen Akademischen Missionsvereins, Wien 1935; V tropických pralesích. Země a lidé, sv. 98, Prag 1935 [Übersetzung des Reiseberichts]; Bei den Ituri-Bambuti 1934-35, in: Mitteilungsblatt der Gesellschaft für Völkerkunde, 1936, 1-7; Blancs et Noirs au Congo Belge, Brüssel 1936, 1-20; Der Urwald ruft wieder: Meine zweite Forschungsreise zu den Ituri-Zwergen, Salzburg, Leipzig (P. Pustet) 1936; Die Bambuti am Ituri in Belgisch-Kongo, in: Umschau, Sept.-Heft, 1936; Die Grundlinien der Wirtschaftskultur der Kongo-Pygmäen, in: Forschungen und Fortschritte, Nr. 12, 1936, 303-304; Données essentielles sur la religion des Pygmées, Brüssel 1936; Eine zweite Forschungsreise zu den zentralafrikanischen Pygmäen, in: Forschungen und Fortschritte, Nr. 12, 1936, 76-77; Einheit, Ursprung und Stellung der Pygmäen in der Geschichte der Menschheitsentwicklung, in: Anthropos, 31, 1936, 656-671; Der Urwald ruft wieder. Meine zweite Forschungsreise zu den Ituri Zwergen. Salzburg 1936; Mi segunda expedicione para estudio de los pigmeos del Africa Central, in: Investigation y progresso, Julio-Agosto, Madrid 1936, 203-209; My Pygmy and Negro Hosts, London 1936 [Übersetzung des Reiseberichts]; Revisiting my Pygmy Hosts. London 1936 [Übersetzung des Reiseberichts »Der Urwald ruft wieder«]; Die Benennung der asiatischen Pygmiden oder Negritos, in: Zeitschrift für Rassenkunde, Nr. 5, 1937, 316-317; Die Pygmäen in der Menschheitsentwicklung, in: Der Naturforscher, Nr. 14, 1937, 103-106; Physiologische Betrachtungen an den Ituri-Pygmäen, in: Zeitschrift für Rassenkunde, Nr. 5, 1937, 113-123; Die Bambuti-Pygmäen vom Ituri [1. Band: Geschichte, Geographie, Umwelt, Demographie und Anthropologie der Ituri-Bambuti (Belgisch-Kongo). 2. Band: Ethnographie der Ituri-Bambuti, 1. Teil: Die Wirtschaft der Ituri-Bambuti, 2. Teil: Das soziale Leben der Ituri-Bambuti, 3. Teil: Die Religion der Ituri-Bambuti]. Brüssel 1938; Eine Schamanenbeschwörung auf Sumatra, in: Ciba-Zeitschrift, Nr. 4, Basel 1938, 1313-1316; (und J. Valšík), Otisky prstů pygmejů, středoafrických černochů a jejich míšenců (The finger prints of centralafrican Pygmies, Negroes and their half-breeds), in: Anthroplogie, Nr. 12, Prag 1938, 64-68; Das Pfeilgift der Bambuti-Pygmäen, in: Ciba-Zeitschrift, Basel 1939, 2495-2502; Das Pfeilgift der Semang, in: Ciba-Zeitschrift, Basel 1939, 2503-2509; Padre Schebesta tra i pigmei: gli Orang-Utan di Malacca, in: Illustrazione Vaticana, 1939, 409-411; Zwerg- und Kleinwuchsformen der Menschheit, in: Mitteilungen der Anthropologischen Gesellschaft Wien, Nr. 88, 1939, 105-107; A Propos de »L'Ethnie Mongo« von van der Kerken, in: Zaire, Vol. 2, 1940, 77-89; Bericht über meine letzte Forschungsreise zu den ostasiatischen Negrito, in: Anthropos, Vol. 35-36, 1940-41, 750-752; Děti východoasijských Negritu, in: Anthropologie, Nr. 18, Prag 1940, 147-177; Die Kongo-Pygmäen in Geschichte und Gegenwart: Eine Besprechung, in: Anthropos 35-36, 1940-41, 1090-1098; Les Pygmées. Paris 1940; Mezi trpaslíky a Negry (Sína Lvová), Prag 1940 [Übersetzung des Reiseberichts]; (und J. Matiegka), Igoroti a Mangiani, in: Anthropologie, Nr. 19, Prag 1941, 74-96; Die Mangyanen von Mindoro, in: Die Umschau, Frankfurt

1942, 13; Die Pygmäenfrage, in: Analecta, Anthropos, Nr. 37-40, 1942-45, 877-879; Die Waldneger: Palänegride- und Negro-Bambutide am Ituri, in: Anthropos, Nr. 41-44, 1946-49, 161-176; Aufriß des pygmäischen Gottesglaubens, in: Zeitschrift für Missionswissenschaft und Religionswissenschaft, Nr. 2, Münster 1947, 120-131; Menschen ohne Geschichte: Eine Forschungsreise zu den »Wild«-Völkern der Philippinen und Malayas 1938/39. Mödling 1947; Stand und Bedeutung der Pygmäenforschung, in: Universum, Nr. 2, Wien 1947-48, 83-86; Tore, le Dieu Forestier des Bambuti, in: Zaire, Févr. 1947, 181-195; Der ewige Ruf: Ein junger Mensch erlebt Afrika. Mödling 1948; Les langue des Pygmées, in: Zaire, Févr. 1948, 3-10; Tajnosti afrického pralesa (Sína Lvová), Chrudim 1948 [Übersetzung des Reiseberichts]; Vom Gottesglauben der Primitiven, in: Ecclesia, Nr. 8, 1948; Benennung der afrikanischen Pygmäengruppen, in: Mitteilungen der Geographischen Gesellschaft Wien, Nr. 90, 1949, 86-88; Hala, neboli kněz-lékař u Semangů, in: Hlídka [archeologická?], Vol. 14, No. 4, [1949?], 221-236; Angewandte Völkerkunde, in: Mitteilungen der Geographischen Gesellschaft Wien, Nr. 90, 1949, 133-136; La civilisation Aramba en Afrique, in: Zaire, Mai 1949, 1-20; La civilisation Aramba en Afrique, La divinité lunaire panafricaine et la religion des Bambuti, in: Zaïre, 3, 1949, 483-502; Předsatvy semanských trpaslíků o božstvu, o hříchu a o pokání, in: Hlídka [archeologická?], Vol. 14, No. 4, [1949?], 177-190; Twenty-Five Years Research Upon the Pygmies, in: The World, Vol. VIII, No. 5, 1949, 129-139; Z cesty k orang-utanum na Malaji v Zadní Indii, in: Hlídka [archeologická?], Vol. 14, No. 4, [1949?], 133-137; Afrika verliert sein Gesicht (Der Prozeß der Akkulturation), in: Zeitschrift für Missionswissenschaft und Religionswissenschaft, Nr. 34, Münster 1950, 267-281; Das Pygmäenproblem: 25 Jahre Pygmäenforschung, in: Mitteilungen der Geographischen Gesellschaft Wien, Nr. 92, 1950, 261-267; Bericht über P. Schebestas 5. Pygmäenexpedition, in: Anthropos, 46, 1951, 257-259; Das Problem der Pygmäensprache in »Kultur und Sprache«, in: Wiener Beiträge zur Kulturgeschichte und Sprache, Wien 1951, 426-451; Die Beschneidungsschule »Nkumbi« bei den Wald-Babira und den Bambuti am Ituri: Ein Erlebnisbericht, in: Anthropos, 46, 1951, 980-994; Die Negritos: Neue Ergebnisse der Pygmäenforschung, in: Universum, Nr. 6, 1951, 81-86; Die Religion der Primitiven, in: Christus und die Religion der Erde, Handbuch der Religionsgeschichte (F. König), Wien 1951, 543-576; Die Südhälfte Afrikas: Eine kulturgeographisch-historische Übersicht, in: Katholisches Missionsjahrbuch der Schweiz, Nr. 18, Freiburg 1951, 6-16; Die Negrito Asiens, 1. Band: Geschichte, Geographie, Umwelt, Demographie und Anthropologie der Negrito. Wien, Mödling 1952; Les Pygmées du Congo Belge [Übersetzung von Henri Plard (Bambuti. Die Zwerge vom Kongo Bruxelles, 1932)]. Brüssel 1952; Die Belueli vom Apare (Ituri), in: Kongo Overzee, Nr. 19, 1953, 357-374; Die Frömmigkeit der Primitiven, in: Christlich-pädagogische Blätter, Nr. 66, Wien 1953, 33-40; Wanderungen und Schichtung der Völker im »Herzen Afrikas«, in: Kongo Overzee, Nr. 19, 1953, 63-88; Vorläufiger Bericht über eine von der mathematisch-naturwissenschaftlichen Klasse subventionierte Forschungsreise zu den Pygmäen des Kongo, in: Anzeiger der philosophisch-historischen Klasse der österreichischen Akademie der Wissenschaften, Nr. 7, 1953; Das Problem des Urmonotheismus: Kritik einer Kritik, in: Anthropos, Nr. 49, 1954, 689-697; Die Pygmäen, in: Geographische Rundschau, Nr. 6, Braunschweig 1954, 382-386; Herausgabe des Werkes »Sinndeutung des Mythos« von Josef Leo Seifert, Wien, München 1954, 4; Wilhelm Schmidt, 1868-1954 (Obituary), in: Man, Nr. 45, London 1954, 89-90; Die Negrito Asiens, 2. Band: Ethnographie der Negrito, 1. Halbband: Wirtschaft und Soziologie der Negrito. Wien, Mödling 1955; Hrolf Vaughan Stevens: Rehabilitierung des ersten Semanforschers, in: Anthropos, Nr. 50, 1955, 882-892; Schebestas vierte Bambuti-Expedition zum Ituri, Belgisch Kongo, in: Mitteilungen der Akademie der Wissenschaften 1954, Wien 1955, 81-82; Somato-Biologie der afrikanischen Pygmäen, in: Mitteilungen der Akademie der Wissenschaften 1954, Bd. 84-85, Wien 1955, 81-82; Die Bambuti-Pygmäen Zentral-Afrias, in: Wort und Werk (Gesammelte Vorträge), Festschrift des Badener Kreises, Baden 1956, 37-39; Die Pygmäenfrage, in: Forschungen und Fortschritte, Nr. 30, 1956, 161-163; Die Zaubermuster der Orang-Semang in Malaya, Hinterindien, in: Zeitschrift für Ethnologie, Nr. 81, 1956, 39-57; Die Zwergvölker der Erde, in: Universitas, Nr. 11, Stuttgart 1956, 1061-1068; Reifezeremonien und Geheimbund bei den Balalinegern am Ituri, in: Der Erdball, Vol. 5, Heft 12, [1956?], 454-464; Annotationes zur Insektenkost beim Menschen, in: Anthropos, Nr. 52, 1957, 24-32; Baba wa Bambuti. Vier Fahrten zu den Ituri-Pygmäen. Mödling bei Wien [1957]; Beiträge in: Religionswissenschaftliches Wörterbuch (herausgegeben von F. König), Freiburg 1957; Das Nkumbi: Beschneidungsschule der Pygmäen und Waldneger am Ituri, in: Die katholischen Missionen, 1957, 102-106; Die Negrito Asiens, 2. Band: Geschichte, Geographie, Umwelt, Demographie und Anthropologie der Negrito, 2. Halbband: Religion und Mythologie der Negrito. Wien, Mödling 1957; Les Pygmées du Congo Belge: Ces Inconnus, les Chevaliers des Aventures. Namur (Editions du Soleil Levant), 1957; Pygmy music and ceremonial, in: Man, April 1957, 78; Das Pygmäenproblem einst und heute, in: Naturwissenschaftliche Rundschau Stuttgart, Heft 3, 1958; In Memoriam P. Peter Schumacher 1878-1957, in: Anthropos, 53, 1958, 233-236; Zum Problem der Insektenkost und E. Fischers Bemerkungen, in: Anthropos, Nr. 53, 1958, 614-615; (und Sína Lvová), Mezi nejmenšími lidmi světa. Prag 1959 [Übersetzung des Reiseberichts]; Tanah Malayu: Wanderungen und Forschungen in den Dschungeln Malayas, Mödling 1960; Ursprung der Religion: Ergebnisse der vorgeschichtlichen und völkerkundlichen Forschungen, Berlin 1961; Colin M. Turnbull und die Erforschung der Bambuti-Pygmäen, in: Anthropos, Heft 1, 1963; Le sens religieux des primitifs, Paris 1963; Portugals Konquistamission in Südost Afrika, St. Augustin 1966; Among the Forest Dwarfs of Malaya, Oxford 1974 [Übersetzung von »Bei den Urwaldzwergen von Malaya«, 1927].

Lit.: Marius Schneider, Geschichte der Mehrstimmigkeit: Historische und phänomenologische Studien, Erster Teil: Die Naturvölker. Berlin 1934 [darin einige Transkriptionen von Schebestas Walzenaufnahmen in »Belgisch-Kongo«]; — Marius Schneider, Die musikalischen Beziehungen zwischen Urkulturen, Altpflanzern und Hirtenvölkern, in: Zeitschrift für Ethnologie, Nr. 70, 1938, 287-306 [darin einige Transkriptionen von Schebestas Walzenaufnahmen in »Belgisch-Kongo«]; — Festschrift Paul Schebesta zum 75. Geburtstag, Mödling bei Wien 1963; — Arthur Simon (Hrsg.). Das Berliner Phonogramm-Archiv 1900-2000: Sammlungen der traditionellen Musik der Welt. Berlin. 2000, 231, 234; — Josef F. Thiel, Schebesta, Paul Joachim (Baba wa Bambuti), in: Neue Deutsche Biographie [herausgegeben von der Historischen Kommission bei der Bayerischen Akademie der Wissenschaften], 22. Bd., Berlin 2005, 598; — Brief von P. Winfried Glade SVD an Clemens Gütl, Missionshaus St. Gabriel/Mödling, 27.04. 2006; — Susanne Ziegler, Die Wachszylinder des Berliner Phonogramm-Archivs. Berlin 2006, 252-254, 371.

Clemens Gütl

SCHEELE, Friedrich August, Superintendent, * 26. Juli 1776 in Dingelstedt bei Halberstadt als Sohn eines Pfarrers; † 18. Dezember 1852 in Thale. S. studiert Theologie im vom Rationalismus geprägten Halle, hört dort aber auch den Supranaturalisten und letzten akademischen Vertreter des Halleschen Pietismus Georg Christian Knapp. 1802 wird er Rektor an der Johannis Kirch-Schule in Halberstadt und 1807 Prediger an der St. Petri-Kirche Magdeburg, 1809 dann Pfarrer an der Heilig-Geist-Kirche Magdeburg. 1808 heiratet er die Organistentochter Auguste Wenhak. 1810 kommt das erste Kind des Ehepaars zur Welt: Karl Gustav Scheele. 1817 wird, nach einer Reihe weiterer Söhne, Marie geboren, die 1841 Philipp Nathusius heiratet und als Volksschriftstellerin bekannt wird. — S. ist in Magdeburg als Kanzelredner beliebt. Predigt ist für ihn im Anschluß an Franz Volkmar Reinhard ein moralisches Besserungsmittel. Ebenso wird seine Beredsamkeit bei den Freimaurern geschätzt. S. gehört der ‚Loge' an, zeitweilig ist er ‚Meister vom Stuhl'. 1819 geht er als Superintendent und Oberpfarrer an St. Stephani nach Calbe an der Saale und bleibt bis kurz vor seinem Tod im Amt. Die Beschreibungen von Marie und Philipp Nathusius zeigen einen etwas hypochondrischen, liebenswürdigen und frommen Mann. Als Superintendent holt er den nachmaligen Gründer der ‚Protestantischen Freunde' (Lichtfreunde) und Leiter der Magdeburger »Freien Gemeinde« Leberecht Uhlich von einer Köthener Landpfarrstelle in seine Diözese. — Vom wissenschaftlichen Interesse des Superintendenten zeugt S.s »Wörterbuch des Neuen Testaments«, an das er sich neben seinen Amtspflichten wagte. Den größeren publizistischen Erfolg hatte sein »Katechismus der christlichen Religion«, der 1842 in der 5. Auflage erschien. In den Monaten vor seinem Tod unternimmt S. unter Hinwendung zum Kleinen Katechismus Luthers und zu erwecklichem Schrifttum eine Umarbeitung des Buchs, von dem er nach Philipp Nathusius nun der Meinung war, er »habe es schlecht gemacht.« (Philipp von Nathusius: Lebensbild der heimgegangenen Marie Nathusius, geb. Scheele: Für ihre Freunde nah und fern. Samt Mittheilungen aus ihren noch übrigen Schriften, Bd. 3, Halle 1869, S. 244) Eine Neuauflage erscheint jedoch nicht mehr. — In S.s Katechismus sind dessen theologisches Denken und Lebensmaximen in elementarer Lehrsatzform enthalten und erlauben damit einen Einblick in S.s geistigen und geistlichen Kosmos ebenso wie in das Alltagsleben in der preußischen Provinz Sachsen und Erziehungsziele in Volksschule und Pfarrhaus. S. ist kritischer Supranaturalist. »Die christliche Religion« ist nach S. »die vollkommenste und beste Religion ... und stimmt mit der Vernunft überein.« (Katechismus der christlichen Religion in Lehrsätzen mit biblischen Sprüchen, biblischen Beyspielen und Liedversen zum Auswendiglernen für Kinder in Evangelischen Volksschulen von Friedrich August Scheele, Superintendent zu Calbe an der Saale. Zweyte verbesserte und vermehrte Auflage, Calbe 1826, S. 3) Er hält an einer »geoffenbarten Religion« fest und sucht diese mit der »natürlichen Religion«, die sich im »vernünftigen Nachdenken über sich selbst und die Welt der Schöpfung« (S. 6) erschließt, zu vermitteln. So setzt er in der »christlichen Pflichtenlehre« das »Gesetz Gottes« mit dem »Sittengesetz« gleich, das der Mensch durch seine »Vernunft«, sein »Gewissen, am deutlichsten und vollständigsten aber durch die heilige Schrift« (S. 53) erkenne. Am Befolgen dieses Gesetzes hängt für ihn die christliche Hoffnung in »diesem« wie in »jenem Leben«. Dabei erscheint letzteres als Fortsetzung und Steigerung des irdischen Tugendlebens: »Größeres und Herrlicheres hoffe ich als Christ im Leben nach dem Tode - hellere Erkenntnis, reinere Tugend, Befreyung von allem Uebel, Gemeinschaft mit verklärten Geistern, vollendete Seligkeit.« (S. 143). Pädagogisch schwarz-weiß wird dem Schüler vermittelt: »Je weiser, tugendhafter, und im Gutesthun unermüdeter ich hier war, desto größer wird meine Seligkeit dort seyn.« (S. 151) »Das Elend wird dort um so größer seyn, je verderbter und lasterhafter ich hier war.« (S. 152) Jesus erscheint vor allem als Tugendlehrer und als Vorbild für den eigenen Lebenswandel. Darüber hinaus »lehrte er Gott als den liebevollen Vater aller Menschen kennen«. (S. 43) Seine soteriologische Bedeutung liegt für S. in der Erlösung »von Irrthum und Aberglauben durch seine bessere Belehrung über Gott und Gottesverehrung, über die Würde des Menschen, seine Bestimmung - seine Pflichten - den Werth der irdischen Dinge und über Unsterblichkeit.« (S. 42) Sünde begreift S. in diesem Zusammenhang als Pflichtverletzung wider bessere Kenntnis bzw. als primäre Orientierung an »sinnlichen Begierden« anstelle des Hörens auf »,Gottes Stimme in mir'« (S. 27). S.s Sohn Karl Gustav berichtet für das Jahr 1832: »Mit dem lieben Vater fanden in dieser Zeit manche theologischen Dispute statt. Ein Hauptgegenstand war besonders die Frage: ob erst selig und dann tugendhaft, oder erst tugendhaft und dann selig. Der Vater war noch für das letztere. Wir suchten ihm das Gegentheil zu beweisen.« (Zit. n. Philipp von Nathusius: Lebensbild der heimgegangenen Marie Nathusius, geb. Scheele: Für ihre Freunde nah und fern. Samt Mittheilungen aus ihren noch übrigen Schriften, Bd. 1, Halle 1867, S. 131). — In S.s. Katechismus reibt sich die Vorstellung eines liebevollen und menschenfreundlichen Gottes hart mit einer Vorstellung vom Jenseits, in der »Belohnungen und Strafen ... nach den Versicherungen der Schrift ewig« andauern. (Katechismus der christlichen Religion in Lehrsätzen mit biblischen Sprüchen, biblischen Beyspielen und Liedversen zum Auswendiglernen für Kinder in Evangelischen Volksschulen von Friedrich August Scheele, Superintendent zu Calbe an der Saale. Zweyte verbesserte und vermehrte Auflage, Calbe 1826, S. 152) Das mag vor allem S.s theologischer Position und pädagogischer Intention geschuldet sein, deutet aber auch auf seine Persönlichkeit hin. In der Beschreibung der Aufgaben, die Eltern gegenüber ihren Kindern haben, spiegelt sich etwas von S.s humanem Charakter wider: »Eltern sollen ihre Kinder vernünftig lieben, für ihr Seelenwohl, und ihr äußeres Wohlergehen sorgen und sie zu gesunden und geschickten Menschen, zu treuen und nützlichen Bürgern und frommen Christen erziehen. Eltern sollen für den Körper ihrer Kinder, durch treue Pflege, Wartung und Aufsicht, durch Reinlichkeit, durch Mäßigkeit und Ordnung im Essen, Trinken und Schlafen ..., durch vorsichtige, nicht übermäßige Züchtigung ... frühe Bildung des Verstandes, Heiligung ihres Willens, Veredlung ihres Gefühls ..., durch gewissenhaftes Anhalten ... zum Lesen der heiligen Schrift ... frühes Hinweisen auf Gott, sein wohlthätiges Wirken ... sorgen, und mit ihren Kindern singen und beten.« (S. 113) S.s Maxime für Ehegatten lautet: »Lebe häuslich und fürchte Gott.« (S. 115) Für den Umgang mit den »leblosen Geschöpfen« gilt: »... ich soll sie nicht muthwillig zerstören - keinen Baum - keinen Grashalm.« (S. 123) Andererseits wehrt S. sich am Lebensende gegen »Todesgedanken« mit »aller Macht«. (Philipp von Nathusius: Lebensbild der heimgegangenen Marie Nathusius, geb. Scheele: Für ihre Freunde nah und fern. Samt Mittheilungen aus ihren noch übrigen Schriften, Bd. 3, Halle 1869, S. 106) Seine Tochter Marie ist dadurch veranlaßt, ihm in einem seelsorgerlichen Brief ein freundlicheres Bild vom Jenseits vor Augen zu stellen: »Der Herr dort oben ... wird Dich rufen, wenn er Dich haben will in seinen schönen Himmel, auf den wir uns ja alle freuen, wo wir ja alle wieder zusammenkommen, und keine Krankheit und kein Schmerz und keine Trennung mehr ist.« Und im Bezug auf den bevorstehenden Wegzug S.s aus Calbe zu den Kindern und Enkeln am Rand des Harzes heißt es in diesem Brief weiter: »Hier sollst Du Dich an unseren schönen Bergen erfreuen, aber auch recht getrost in den noch schöneren Himmel schauen, der ja unser aller Heimat ist, und leicht und lieblich soll Deine Scheidestunde sein, wenn wir alle bei Dir sind und unser aller Gebete mit Dir gehen, wenn Engel Deine Seele in des Vaters Arme tragen.« (S.107).

Werke: Katechismus der christlichen Religion in Lehrsätzen mit biblischen Sprüchen, biblischen Beyspielen und Liedversen zum Auswendiglernen für Kinder in Evangelischen Volksschulen von Friedrich August Scheele, Superintendent zu Calbe an der Saale, Calbe 1824, 5. Aufl., Magdeburg 1842; Wörterbuch des Neuen Testaments. Zur Erklärung der vorzüglichsten Beweisstellen der christlichen Glaubens- und Sittenlehre von Friedrich August Scheele, Calbe 1831; Biblische Geschichten mit den Worten der Bibel ausgezogen und mit nützlichen Lehren, Bibelsprüchen, Gesangversen und Fragen begleitet. Zum Gebrauch in Bürger und Landschulen von Friedrich August Scheele, Superintendent zu Calbe an der Saale, Theil 1: Geschichten aus dem Alten Testamente, Theil 2: Geschichten aus dem Neuen Testamente, Magdeburg 1836.

Predigten: Selig sind die Todten, die in dem Herrn sterben. Eine Predigt gehalten 1817 von Friedrich August Scheele, Magdeburg 1817; Predigt am dritten Reformations-Jubelfeste der Stadt Calbe a. d. S.. Am 29. Mai 1842 gehalten von Friedrich August Scheele, Calbe a. d. S. 1842.

Lit.: Philipp von Nathusius: Lebensbild der heimgegangenen Marie Nathusius, geb. Scheele: Für ihre Freunde nah und fern. Samt Mittheilungen aus ihren noch übrigen Schriften, 3 Bde., Halle 1867-1869; — Gedenkblatt an die 5 ersten Scheele'schen Familientage zu Halle a. S.. Veranstaltet von den Enkeln des Superintendenten Friedrich August Scheele, Kassel 1919.

Sebastian Kranich

SCHMIDTBORN, Georg August Ludwig, Pfarrer in Eckweiler, Kirn und Wetzlar, Superintendent des Evangelischen Kirchenkreises Wetzlar, Präses der Rheinischen Provinzialsynode, Generalsuperintendent der Rheinprovinz, * 2. Mai 1798 in Wißmar, † 8. Februar 1860 in Koblenz. — Ludwig Schmidtborn wurde am 2. Mai 1798 in Wißmar geboren, das zunächst zum Fürstentum Nassau gehörte und dann zum Kreis und Kirchenkreis Wetzlar. Er war der Sohn des Pfarrers Johann Ludwig Gottfried Julius Schmidtborn, der von 1794 bis zu seinem Tod 1823 in Wißmar Pfarrer war. Sein Großvater war Pfarrer Johann Conrad Schmidtborn in Altenkirchen (Nassau-Weilburg). Die Schmidtborns waren in sieben Generationen Pfarrer, sie wanderten im 17. Jahrhundert über Kaiserslautern ins Saarland, wo sie in Saarbrücken eine bedeutende Familie wurden. Johann Philipp Schmidtborn (1614-1683) war der Stammhalter der nassauischen Pfarrer- und Beamtenlinie. — Ludwig Schmidtborn wurde durch seinen Vater bis zur Prima des Gymnasiums vorbereitet. Von 1813 bis 1815 besuchte er das Pädagogium in Gießen, ab 1815 die von Rationalismus beeinflußte Universität in Gießen. Er blieb vom Rationalismus unbeeinflußt. Das letzte Semester von 1817 bis Ostern 1818 war er in Jena. Er schloß sich keiner Burschenschaft an. Beim Wartburgfest am 18. Oktober 1817 war er dabei. Schmidtborn war beeinflußt von dem Kirchenrat und Anhänger der Erweckungsbewegung Heinrich August Schott. Schmidtborn verfolgte den Streit zwischen den Rationalisten und den Supranaturalisten, und er war erfreut über den Sieg den Supranaturalisten. Er unterstütze die 95 Thesen des Erweckungspredigers Claus Harms zum Reformationsjubiläum 1817, in denen Harms den Supranaturalismus in seinem Kampf gegen den Rationalismus ermunterte. Die Thesen von Harms trugen zur Begründung des Neuluthertums bei. Im Juli 1818 legte Schmidtborn sein theologisches Examen in Koblenz ab. 1819 wurde er in das Königliche Prediger-Seminarium in Wittenberg als Kandidat aufgenommen, dort blieb er bis 1820. Er war dort Schüler von Heinrich Leonhard Heubner, einem entschiedenen Lutheraner, von Karl Ludwig Nitzsch und von Karl Immanuel Nitzsch, einem bedeutenden Vermittlungstheologen, praktischen Theologen und Vorkämpfer für die Union. — Schmidtborn wurde 1820 Vikar bei Pfarrer Stein in Lützellinden im Kreis Wetzlar, dort begann er am 12. Juli 1820 und wurde am 7. Januar 1821 durch Superintendent Weinrich ordiniert. Stein war ein Verwandter von Schmidtborn. Von 1822 bis 1827 war Schmidtborn Pfarrer in Eckweiler in der Synode Sobernheim. Am 21. Januar 1822 wurde er von der Königlichen Regierung in Koblenz zum Pfarrer in Eckweiler ernannt. Die Einführung war am 5. Mai 1822. Schmidtborns erste Frau Auguste Lautenschläger aus Schwetzingen starb früh. Wenige Wochen später starb ihr gemeinsames Kind. Von 1827 bis 1832 war er Pfarrer in Kirn. — 1832 wurde Schmidtborn Pfarrer in Wetzlar, dort blieb er bis 1851 als lutherischer Pfarrer auf der ersten der zwei Pfarrstellen. In der Evangelische Kirchengemeinde Wetzlar hatte es von 1815 bis 1817 erhebliche Veränderungen gegeben durch den Übergang der Stadt Wetzlar zu Preußen, durch die Auflösung des Wetzlarer Lokalkonsistoriums, die Schaffung eines Presbyteriums und durch die Schaffung des Evangelischen Kirchenkreises Wetzlar. Schmidtborn kam am 2. März 1832 als Vikarius nach Wetzlar und wurde am 29. Mai 1832 vom Magistrat als Oberpfarrer gewählt. Er heiratete in Wetzlar ein zweites Mal, Lydia Seidensticker (oder Seidenstücker). Dem Ehepaar wurden sechs Kinder geschenkt. Ihre Tochter Emilie heiratete am 7. September 1860 den Chemiker und Industriellen Hermann Grüneberg. — Schmidtborn wirkte bei der Umsetzung der seit 1817 geplanten Union der lutherischen und der reformierten Wetzlarer Kirchengemeinden mit. Die lutherische Kirchengemeinde in Wetzlar gab es seit der Einführung der Reformation 1542, die reformierte Kirchengemeinde seit 1586. Als Schmidtborn 1832 nach Wetzlar kam, waren die Unionsverhandlungen nach langen und ermüdenden Jahren trotz immer wieder ausgesprochener Aufforderungen zu einem Stillstand gekommen. In die Verhandlungen kam nun Bewegung, da der eine der beteiligten lutherischen Pfarrer, Georg Röbenacke, am 6. August 1831 starb, er ertrank in der Lahn. Der zweite bisher beteiligte lutherische Pfarrer Nebe wechselte 1832 nach Rossleben. Der bisher beteiligte reformierte Pfarrer Philipp Jakob Heinrich Eberhard wechselte 1832 nach Hanau. Die erste lutherische Stelle wurde 1832 mit dem Anhänger der Union Schmidtborn besetzt. Die zweite lutherische Pfarrstelle und die reformierte Pfarrstelle blieben unbesetzt. Zusammen mit Christian Hofmann, dem solms-braunfelsischen Kirchenrat und Superintendenturverwalter, übernahm Schmidtborn die Unionsverhandlungen. Die Regierung in Koblenz hatte Hofmann am 17. April 1833 die Verhandlungen übertragen. Hofmann verhandelte mit beiden Parteien über die Unionsurkunde. Mit Schmidtborn zusammen erarbeitete er einen Entwurf. Dieser Entwurf wurde am 10. Juli 1833 zuerst dem Vorstand der größeren (also lutherischen) und dann dem der kleineren (also reformierten) Gemeinde vorgelegt. Dieser Entwurf sah vor, daß die jeweilige Liturgie, das jeweilige Gesangbuch und der jeweilige Katechismus solange weitergeführt werden, bis die evangelische Kirche eine neue Liturgie, ein neues Gesangbuch und einen neuen Katechismus einführt. Die Königliche Regierung signalisierte am 20. Juli 1833, daß sie mit den Verhandlungsergebnissen im Wesentlichen einverstanden ist. Kleinigkeiten wurden auf ihren Wunsch noch geändert. Dann wurde die »Urkunde über die Vereinigung der beiden evangelischen Gemeinden zu Wetzlar« ausgearbeitet, die in acht Punkten die Union regelte. Am 22. August 1833 wurde sie den gemeinsam versammelten Kirchenvorständen und dem Schulrat vorgelegt und von diesen unterschrieben. Auf Verfügung der Regierung mußte noch die Einwilligung der beiden Gemeinden eingeholt werden. Auf den 13. Oktober 1833 wurden alle evangelischen Gemeindeglieder in die Hospitalkirche eingeladen. Von 564 evangelischen Familien kamen 105 Gemeindeglieder. Alle erklärten ihre Zustimmung, indem sie die Urkunde der Vereinigung der Gemeinden und die Urkunde des Beitritts zur Union unterschrieben. An erster Stelle unterschrieb Schmidtborn, dann Landrat Julius Karl Philipp Sparre von Wangenstein, dann der Bürgermeister Johann Jakob Waldschmidt, dann die Vorsteher der beiden Gemeinden. König Friedrich Wilhelm III. brachte am 18. November 1833 seine Freude über die einstimmige Annahme der Union in Wetzlar zum Ausdruck. Am 22. Juni 1834 erhielt die Gemeinde aus der Hand von Superintendent Schmidtborn während eines Gottesdienstes die silberne Unionsmedaille. Nach der Union der beiden Kirchengemeinden waren die lutherische und die reformierte Schule zu vereinigen. Seit 1831 war bei den Unionsverhandlungen auch über die Zusammenlegung der beiden Schulen verhandelt worden. Am 23. Januar 1834 vereinigten sich die Wetzlarer Schulen und das neue Schulhaus wurde eingeweiht. Superintendent Schmidtborn hielt die Rede, sie wurde gedruckt. Nach der Union wurde ein neues Gesangbuch in Wetzlar angeschafft, die reformierte und die lutherische Kirchengemeinde benutzten unterschiedliche Gesangbücher. In der lutherischen Gemeinde scheint noch das Gesangbuch von 1751 in Gebrauch gewesen zu sein. Schon bei den Unionsverhandlungen 1831 war über die Gesangbücher verhandelt worden. Superintendent Schmidtborn bat das Konsistorium, ein neues, zeitgemäßes Gesangbuch für die unierte Gemeinde einführen zu dürfen. Die Provinzialsynode hatte beschlossen, in einem solchen Fall das neue Berliner Gesangbuch von Dietrich aus Berlin einzuführen und das Konsistorium genehmigte die Einführung dieses Gesangbuches. Das Berliner Gesangbuch war ein Reformgesangbuch, das von einer Kommission der Berliner Kreissynode ab 1818 erarbeitet worden war. In Wetzlar überzeugte man sich von der guten Liedauswahl, fand den Preis für das Gesangbuch jedoch recht hoch. Daraufhin verhandelte Obervorsteher Daniel Schmidt mit der Weimerschen Buchhandlung in Berlin über die Konditionen bei einer Bestellung von 800 Exemplaren, und er verhandelte mit der königlichen Post über einen frachtfreien Transport per Eilwagen nach Wetzlar. Das Postamt stimmte einem frachtfreien Transport zu. Nun waren nur noch die Nebenfuhrkosten und Transitkosten durch das Ausland zu zahlen. Die Buchhandlung bewilligte pro 100 bestellter Bücher fünf Freiexemplare. Die Vorsteher der Kirchengemeinde zogen von Haus zu Haus und warben um Bestellungen. Die Neuanschaffung wurde durch einige Einwohner gesponsert, daher konnte das neue Gesangbuch am 1. Advent 1834 eingeführt werden. 80 Exemplare wurden an unbemittelte und arme Bürger verteilt. Die Union war nun abgeschlossen. Nach der Unterzeichnung der Unionsurkunde hatte am 2. Januar 1834 Friedrich Förtsch als zweiter Pfarrer der Evangelischen Kirchengemeinde Wetzlar seinen Dienst begonnen. Er war durchgehend der Wetzlarer Kollege von Schmidtborn und wurde nach dem Weggang von Schmidtborn 1851 sein Nachfolger als Oberpfarrer. — Schmidtborn gehörte 1833 zu den Gründern des Johann David Winkler´schen Waisenfonds. Der Waisenfonds entstand am 15. Januar 1833 aufgrund des Testaments des kinderlos verstorbenen Schwanen-Apothekers und Ratsschöffen Johann David Winkler. Er hatte in seinem Testament vom 17. März 1825 und in den Nachträgen vom 17. April und 17. Juni 1826 die Stiftung eingesetzt. Das Stiftungsvermögen betrug 64.000 Gulden und einige Grundstücke. Die Waisenkinder sollten ernährt, verpflegt und erzogen werden. Die Knaben sollten nach der Schule einen guten Beruf erlernen, die Mädchen sollten die Schule besuchen und in zweckmäßigen Arbeiten unterrichtet werden. Die Kinder sollten die Bürgerschulen der Konfession ihres Vaters besuchen und dazu das nötige Schulgeld erhalten. Die Verwaltung des Fonds konnte auch Halbwaisen aufnehmen. Die Waisenanstalt sollte kein eigenes Haus errichten, sondern die Kinder bei bürgerlichen, guten und frommen Familien in Pflege geben. Es machte keinen Unterschied, ob die Waisen eheliche oder uneheliche Kinder waren. Die einmal aufgenommenen Kinder wurden so lange versorgt, bis sie sich selbst ernähren konnten. Dies war bei Lehrlingen das Ende der Lehrzeit, bei Mädchen der Zeitpunkt, wo sie einen Dienst antreten konnten oder ein sonstiges Fortkommen als Haushälterin, Gesellschafterin, Lehrerin etc. antreten konnten. Am Weihnachtsabend wurden die jungen Waisen mit einer Weihnachtsgabe erfreut, der Waisenfonds verschenkte zu Weihnachten Kleidungsstücke. Die erste Satzung war unterschrieben von dem reformierten Pfarrer Philipp Jakob Heinrich Eberhard, von dem katholischen Pfarrer Johannes Wolf, von Oberkammerrat Johannes Münch, von C. Wendelstadt und von Schmidtborn. — Am 5. März 1835 trat die Rheinisch-Westfälische Kirchenordnung in Kraft. Schmidtborn hatte als Oberpfarrer in Wetzlar die Veränderungen durchzuführen. Durch die neue Kirchenordnung fiel in Wetzlar das Amt des Obervorstehers weg und die Kirchengemeinde hatte eine Gemeindevertretung zu wählen. Am 2. November 1835 wurden erstmalig 40 Gemeinderepräsentanten gewählt und am 26. November 1835 fand die erste Wahl des Presbyteriums nach der neuen Kirchenordnung statt. Von 1837 bis 1839 wurde das protestantische Kirchenschiff des simultan genutzten Wetzlarer Doms, im Sprachgebraucht der Wetzlarer Protestanten damals die »Obere Stadtkirche«, restauriert. Die Kirche war baufällig, 1834 war bereits der Gang unter den Türmen wegen Baufälligkeit abgesperrt worden. Die Bemühungen um eine Restaurierung wurden seit 1835 vorangetrieben. Am 15. Februar 1836 wurde Friedrich Wilhelm III. um Unterstützung der Kirchenrenovierung gebeten und eine Bittschrift verfaßt. Am 1. Mai 1837 konnte Schmidtborn dem Presbyterium mitteilen, daß König Friedrich Wilhelm III. 1.500 Taler zur Renovierung bewilligt hat. Es wurden Gespräche mit dem Verwaltungsrat der katholischen Kirchengemeinde aufgenommen, um Konflikte zu vermeiden. Dennoch entstanden durch die Kirchenrenovierung mehrere Konflikte, die ab 1839 zu heftigen Auseinandersetzungen führten und in die Schmidtborn als Oberpfarrer und Superintendent vielfach involviert war. Aus Sicht des katholischen Pfarrers war Schmidtborn derjenige, der die Restaurierung vorantrieb. In vielen Fällen konnten Lösungen in beiderseitigem Einvernehmen gefunden werden. Vermutlich im November 1839 wurde der erste Gottesdienst nach der Restaurierung im Dom gefeiert, die Arbeiten an der Kirche gingen jedoch weiter. 1840 wurden Arbeiten am Kirchendach und an den Umfassungsmauern durchgeführt. 1845 wurde eine Verblendung des Außensockels mit Sandsteinplatten durchgeführt, und 1849/1850 wurde das Gewölbe des Kreuzschiffs ausgebessert. Bei den Konflikten nach 1839 ging es u.a. um die Benutzung der leer stehenden Johanniskapelle als evangelische Sakristei, um das Verrücken eines Altars, um die

Aufstellung des neuen Kirchengestühls, um die Entfernung von Heiligenbildern und um das Sanctuarium. Diesen Auseinandersetzungen folgten mehrere Prozesse zwischen der Evangelischen und der Katholischen Kirchengemeinde. Fünf Prozesse wurden geführt, zwei davon fielen in die Zeit, in der Schmidtborn noch in Wetzlar war. Von 1844 bis 1849 wurde über den Zunftleuchter mit dem Marienbild prozessiert. Die Evangelische Kirchengemeinde verlor den Prozeß. Von 1846 bis 1852 wurde über das Epitaph prozessiert, auch diesen Prozeß verlor die Evangelische Kirchengemeinde. — 1839 - vielleicht auch 1838 - hat sich die Bibelgesellschaft im Kirchenkreis Wetzlar neu konstituiert, deren erste Gründung lag im Jahr 1819. Schmidtborn wurde Präsident. Der »erste Jahresbericht« wurde herausgegeben. Die Zugehörigkeit zur Preußischen Hauptbibelgesellschaft wurde in »Statuten« niedergelegt und in ihnen als Zweck des Vereins die »Verbreitung der Heiligen Schrift ohne Noten und Anmerkungen« angegeben. Später erweiterte sich die Gesellschaft zur »Bibel- und Missionsgesellschaft«, indem sie sich mit dem Wetzlarer Hülfs-Missionsverein für Innere und Äußere Mission verband, der am 10. März 1841 gegründet worden war. Schmidtborn gehörte 1841/1842 zu den Spendern für den Hülfs-Missionsverein. Vier weitere Entwicklungen verdienen in dieser Zeit in der Kirchengemeinde Wetzlar Beachtung, in die der Oberpfarrer und Superintendent involviert gewesen sein muß: Das Zentrum der Evangelischen Kirchengemeinde in Wetzlar war die Hospitalkirche neben dem durch eine Hospitalverwaltungskommission verwalteten Hospital. Nach einer jahrzehntelangen Auseinandersetzung zwischen der Regierung und der Hospitalverwaltungskommission in Wetzlar über den Status des Hospitals statt bezeichnete sich 1846 das Hospital erstmals als »Evangelisches Bürgerhospital zum Heiligen Geist«. Das Hospital positionierte sich also als dezidiert evangelisches Hospital neben der evangelischen Hauptkirche. Des Weiteren wurde in diesem Hospital am 1. September 1843 eine Kleinkinderschule durch einen Frauenverein gegründet, der der Kirchengemeinde sehr nahe stand und der bereits 1837 und 1839 finanziell die Renovierung des Domes unterstützt hatte. Diese Kleinkinderschule ist eine der Wurzeln der evangelischen Kindergartenarbeit in der Stadt Wetzlar. In die Amtszeit Schmidtborns fallen auch die Gründung des Wetzlarer Zweigvereins des Gustav-Adolf-Werkes am 20. Mai 1845 und die Ankunft ersten Kaiserswerther Diakonissen in Wetzlar. Die Diakonissen arbeiteten im ersten selbständigen Wetzlarer Krankenhaus, das am 1. Juli 1845 entstand. Sie begannen ihren Dienst am 21. April 1846. Schmidtborn unterrichtete am Wetzlarer Gymnasium, und er war Schulinspektor. — Eindeutig mit der Person Schmidtborns verbunden ist der Versuch, eine Pfarr- und Rektorstelle in Wetzlar zu installieren, in erster Linie für die Bürgerschule. Die Bemühungen begannen 1836. 1849 genehmigte die Regierung dem Rektor der evangelischen Bürgerschule das Predigen. Die Rektoren waren zugleich Predigtamtskandidaten. Die Ereignisse des Jahres 1848 begannen in Wetzlar im März. Schon vor der Revolution hatte sich in der Stadt eine starke liberal-demokratische Bewegung konstituiert. Am 15. April 1848 wurde in Braunfels ein Aufstand der Bauern blutig niedergeschlagen. Dies ließ die Situation in Wetzlar unruhiger werden, die Mehrheit der Wetzlarer sympathisierte mit den Braunfelser Bauern. In der Stadt bildeten sich zwei feindliche Parteien, die kleinere Partei der Konstitutionellen und die größere Partei der Demokraten. Das Presbyterium war gespalten, es gab Presbyter bei den Demokraten und beim Konstitutionellen Club. Wo die Pfarrer Schmidtborn und Förtsch standen, ist nicht bekannt. — Schmidtborn wurde 1832 Superintendent des Evangelischen Kirchenkreises Wetzlar. Er war der dritte Superintendent des 1817 entstandenen Kirchenkreises nach Ludwig Alexander Theodor Weinrich (1817-1830) und Johann Friedrich Nebe (1830-1832). Zunächst verwaltete er die Superintendentur interimistisch, wenige Wochen nach seiner Ankunft in Wetzlar wurde er gewählt. Als Superintendent leitete er die vierte Kreissynode des Kirchenkreises Wetzlar am 19. Mai 1835. Die Themen waren die eingeführte Königlich Preußische Agende, die Kirchenordnung, die Wahl des Moderamens, die Wahl der Deputierten zur Provinzialsynode, die Festtage und Bettage, die Tanzmusiken und die Kirchenältesten. Nach der Rheinisch-Westfälischen Kirchenordnung von 1835 hatten die Kreissynoden nun jährlich stattzufinden. Auf der Grundlage der presbyterial-synodalen Ordnung kamen durch die neue Kirchenordnung auch Presbyter in die Kreissynode. Das Moderamen der Kreissynode bestand aus dem Superintendenten, dem Assessor und dem Scriba, es wurde für sechs Jahre gewählt. Am 14. Juni 1836 leitete Schmidtborn die fünfte Synode des Kirchenkreises und dann die weiteren. Bei der fünften Synode ging es um die Gemeinden, das Moderamen, die Verteilung der Synodalkosten, um die Jugendkatechese bis zum 20. Lebensjahr, die Abänderung der Kirchenstuhlordnung und die Tanzmusiken an den Sonntagen. Die Agende war in Wetzlar - anders als im benachbarten Kirchenkreis Braunfels - nicht umstritten. Es hieß, sie bevorzuge die Lutheraner. Die Königlich Preußische Agende von 1822, 1828 überarbeitet und 1830 mit einem Nachtrag für Rheinland und Westfalen versehen, wurde auf der dritten Kreissynode des Evangelischen Kirchenkreises Wetzlar 1830 umfassend beraten. In der lutherischen Kirchengemeinde in Wetzlar wurde sie spätestens 1831 benutzt. Am 19. April 1834 erhielt die »Agende für die evangelische Kirche mit besonderen Bestimmungen und Zusätzen für die Provinz Westfalen und die Rheinprovinz« Gesetzeskraft. Ein Exemplar der »Agende für die evangelische Kirche in den Königlich Preußischen Landen« von 1834 befindet sich heute noch in der Kirchengemeinde. Bei der vierten Synode des Kirchenkreises Wetzlar 1835 wurde noch einmal über die eingeführte Agende beraten. 1841 wurden in Wetzlar Wochengottesdienste eingeführt. — Seit der Einführung der Rheinisch-Westfälischen Kirchenordnung 1835 gehörte Schmidtborn als Superintendent den Provinzialsynoden an. Die Provinzialsynode bestand aus dem Moderamen, das aus dem Präses, dem Assessor und dem Scriba bestand, außerdem aus den Superintendenten und den geistlichen und weltlichen Abgeordneten der Kreissynoden. Jede Kreissynode wählte einen Pfarrer und einen Ältesten. Die erste Provinzialsynode tagte 1835 in Neuwied, die zweite war 1838 in Koblenz, die dritte 1841 in Bonn, die vierte 1844 in Neuwied und die fünfte 1847 erneut in Neuwied. Als die Provinzialsynode 1847 zusammenkam, hatte sie binnen weniger Monate durch Berufungen ihr Moderamen eingebüßt. Das Konsistorium wählte einen ungewöhnlichen und in der Kirchenordnung nicht vorgesehenen Weg und ließ die rechtmäßigen Mitglieder der letzten Provinzialsynode schriftlichen abstimmen, wer die Versammlung 1847 leiten sollte. So wurde Schmidtborn Präses und Wiesmann aus Lennep Assessor. Die Rheinisch-Westfälische-Kirchenordnung war als ein Kompromiß entstanden nach einem zwanzigjährigen Disput über das Verhältnis der presbyterial-synodalen Tradition in der Rheinprovinz und den Ansprüchen der königlich-preußischen Kirchenpolitik. Schmidtborn unterstützte die presbyteriale Verfassung der neuen Kirchenordnung. Als zweiter Präses war Schmidtborn der Nachfolger von Franz Friedrich Gräber. Schmidtborn leitete von 1847 bis 1850 die Verhandlungen der fünften Provinzialsynode 1847 in Neuwied, der sechsten 1849 in Duisburg und der siebten 1850 in Duisburg. Als Präses war er am 24. Februar 1848 bei der Kircheneinweihung in Drabenderhöhe dabei. Da dort zur gleichen Zeit eine Pfarrerwahl unentschieden im Raum stand - beide Kandidaten hatten je 15 Stimmen erhalten -, wurde Schmidtborn mit allseitigem Einverständnis beauftragt, das Los zu ziehen. Auf diese Weise wurde Christian Bickenbach rechtmäßig als Pfarrer gewählt. — Etwa seit 1846 wurde in der rheinisch-westfälischen Provinzialkirche die Frage nach dem Bekenntnis der Provinzialkirche diskutiert. Die Verfassungsurkunde für den preußischen Staat vom 5. Dezember 1848 stellte die kirchliche Selbständigkeit in Aussicht. Unmittelbar danach forderte Schmidtborn als Präses der rheinischen Provinzialsynode am 8. Januar 1849 das Königliche Konsistorium in Koblenz auf, sich gutachtlich zu der Frage zu äußern, welche Auswirkungen der neue Verfassungsartikel für die rheinische Kirche haben werde. Die durch die Verfassungsurkunde ausgelösten Beratungen führten zu den Bekenntnisparagraphen, die 1850 in die rheinisch-westfälische Kirchenordnung eingefügt wurden. An den Diskussionen über die Bekenntnisparagraphen - insbesondere bei den Beratungen auf der 7. Rheinischen Provinzialsynode vom 26. Oktober bis zum 16. November 1850 in Duisburg - war Schmidtborn als Präses der Synode beteiligt. An den erneuten Beratungen auf der 8. Rheinischen Provinzialsynode in Elberfeld vom 8. bis zum 26. Oktober 1853 nahm er als Generalsuperintendent teil. Am 25. November 1855 wurde die Beschreibung des Bekenntnisstandes von König Friedrich Wilhelm IV. akzeptiert. Als nach den Ereignissen des Jahres 1848 die freie Kirchenverfassung in Frage gestellt wurde, wandten sich Präses Schmidtborn und Assessor Johann Heinrich Wiesmann für das Moderamen der Rheinischen Provinzialsynode an die preußische Zweite Kammer der Abgeordneten. Sie traten für die freie Kirchenverfassung ein und für eine Kirche, die ihre Angelegenheiten selbständig ordnet und keine fremden Einflüsse zuläßt. — Am 29. April 1851 wurde Schmidtborn Generalsuperintendent der Rheinprovinz in Koblenz und verließ Wetzlar, dieses Amt war 1828 geschaffen worden. Der Generalsuperintendent war dem Konsistorium beigeordnet, er hatte eine bischöfliche Stellung. Der Generalsuperintendent war der Vertreter des staatlichen Kirchenregiments, er wurde vom König ernannt. Er übte als höchster Geistlicher die geistliche Leitung aus und war das Gegenüber des synodal gewählten Präses der Provinzialsynode. Fast immer wurden die synodal gewählten Präsides der Synode Generalsuperintendenten, dies war ein Zugeständnis des Königs an die presbyterial-synodale Verfassung. Schmidtborn war der Nachfolger von Johann Abraham Küpper. Am 29. Februar 1851 teilte Schmidtborn dem Wetzlarer Presbyterium mit, daß ihm durch das Ministerium die Mitteilung gemacht worden sei, daß die Königliche Majestät ihn zum Generalsuperintendenten der Rheinprovinz ernannt habe. Am 23. März 1851 hielt er die Abschiedspredigt in Wetzlar. Am 26. März händigte er dem Presbyterium sämtliche Pfarrakten aus, wie sie im Repertorium verzeichnet waren, die drei Schränke, in denen sich die Akten befanden und die Schlüssel dazu, das Kirchensiegel, die Kirchenbücher, das Presbyterial-Protokollbuch, die Registrande der ersten Pfarrei, das Protokollbuch des Evangelischen Schulvorstandes, den der Kirche gehörenden Chorrock nebst Barett, eine Agende nebst Evangelienbuch und das Proklamationsbuch, die Presbyterial- und Schulmappen nebst den Schlüsseln zu den verschiedenen Mappen. Die Schlüssel zu den Aktenschränken, die sich im Rathaus, in der Unteren Stadtkirche und in dem unteren Schulhaus befanden, wurden Förtsch übergeben. — 1851 war Schmidtborn als Generalsuperintendent mit dem Konflikt in Radevormwald um Pfarrer Carl Haver und die sich abzeichnende Separation in Radevormwald beschäftigt. Am 28. Juni 1852 weihte er die Christus-Kirche in Boppard ein. Am 28. Oktober 1852 weiht er die Evangelische Christuskirche in Mönchengladbach ein. Ende 1852 war er als Generalsuperintendent mit den Auseinandersetzungen um die Anhänger von Samuel Collenbusch in Solingen, Wilhelm Theegarten und Lehrer Hüsgen, beschäftigt. 1853 erhielt Schmidtborn die Ehrendoktorwürde der Universität Bonn, 1858 wurde ihm der rote Adlerorden zweiter Klasse von seiner Majestät verliehen. 1859 kam es zu einem Unionskatechismus im Rheinland. Schmidtborn erlebte als Generalsuperintendent die achte Provinzialsynode 1853 in Essen, die neunte Provinzialsynode 1856 in Barmen und die zehnte Provinzialsynode 1859 in Neuwied. Die Fragen der Kirche in seiner Zeit als Präses und Generalsuperintendent werden in den Proponenden der Evangelischen Kirche der Rheinprovinz deutlich: 1847: Die Verhältnisse der Kirche zur Schule. 1852: Aufnahme der Fürbitte für die Heiden- und Judenmission in die Kirchen-Agende. Das Verhalten der ev. Geistlichen gegen die sog. Deutsch-Katholiken und freien Gemeinden. Wiederherstellung kirchlicher Armenpflege. 1853: Ausdehnung des Instituts der Reisepredigt auch auf kirchlich geordnete Gemeinden. Das kirchliche Collecten-Wesen. Das Verhalten der ev. Kirche dem Circularschreiben Bischofs Arnoldi gegenüber. Die Modification des Wahlmodus der Repräsentanten, und zwar dadurch, daß die Wahlen durch Cooptation geschehen. Eine jährlich zu haltende Predigt für die Zwecke der Gustav-Adolf-Stiftung. 1854: Die Einwirkung auf bessere Erziehung der Fabrik-Mädchen. 1857: Die christliche Gestaltung der Ehe. Dispensation vom gesetzlichen Confirmationsaltere. Kirchen-Disciplin. Theilnahme der confirmierten jungen Christen an den Katechismuslehren, welche Sonntagsnachmittags in den Kirchen gehalten werden. 1859: Entwurf eines Unions-Katechismus »Katechismus für die ev. Kirche der Rheinlande«. Findet die Synode die höheren Orts emendirte, unter dem 4, März d.J. von Seiten des Consistorii mitgeteilte Verwaltungs-Ordnung den Bedürfnissen der ev. Kirche der Rheinprovinz entsprechend? Ist es zweckmäßig, bei neuen Auflagen des Provinzialgesangbuchs die Recension des Eisenacher Gesangbuchs für diejenigen Lieder zu adoptieren, welche beiden Sammlungen gemeinschaftlich sind? Ist es zweckmäßig, die letzte Ainea des § 45 der Kirchen-Ordnung dahin zu deklarieren: das Mandat des von der Kreis-Synode gewählten Pfarrers und Ältesten erstreckt sich auf zwei nacheinander folgende Synoden? Wird es zweckmäßig sein, allen neu ins Amt tretenden Brüdern zu empfehlen, sich in den ersten 6 Jahren ihrer Amtsführung als Gäste an einer Provinzial-Synode zu beteiligen und dafür eine aliquote Reise-Entschädigung zu bewilligen? Besoldungsverhältnisse der Lehrer. Bildung eines Emeritenfonds. Predigerseminar. 1860: Was kann zur größeren Belebung der Presbyterien geschehen? Schmidtborn blieb Generalsuperintendent bis zu seinem Tod am 8. Februar 1860, er starb an den Folgen eines Herzschlages. Nach dem Tod von Schmidtborn wurde eine Stiftung mit seinem Namen eingerichtet, der sich ein Teil der Wetzlarer Synode anschloß. Aus den Zinsen der Stiftung wurde evangelischen Theologen ein Studienstipendium gereicht. — Schmidtborn machte von den Wetzlarer Pfarrern die größte Karriere, indem er Generalsuperintendent wurde. Er war 19 Jahre Pfarrer in Wetzlar und Superintendent des Evangelischen Kirchenkreises Wetzlar und neun Jahre Generalsuperintendent. Mit dem Namen Schmidtborn ist zunächst die Einführung der Union in Wetzlar verbunden. Er hat die Union eingeführt und dann die eine, neue Kirchengemeinde 19 Jahre lang geformt. In einem Nachruf wird er als tief frommer Mann geschildert, der fest auf dem lutherischen Bekenntnis stand, die Reformierten achtete und die Union förderte. In einem Nachruf heißt es zudem, er habe gegen die Römisch-Katholische Kirche gestanden, die gegenüber den Protestanten Vorteile erringen wollte. Er habe das »Treiben« der Katholiken in Sobernheim und in Wetzlar kennengelernt.

Werke: Rede bei der Vereinigung der beiden evangelischen Schulen und bei der Einweihung des neuen Schulhauses den 23. Januar 1834 zu Wetzlar gehalten und von Georg August Ludwig Schmidtborn, Königl. Preuß. Superintendenten und Oberpfarrer bei der evangelischen Gemeinde zu Wetzlar 1834; — Kurze Nachricht über die Union der beiden evangelischen Gemeinden zu Wetzlar. In: Sonntagsgruß. Evang. Gemeindeblatt für die Kirchengemeinde Wetzlar 1925, Nr. 20, 300; — Grabrede für Carl August Steger. Oberlehrer am Wetzlarer Gymnasium. 1836; — Brief an die Zweite Kammer der Abgeordneten am 18./22. Oktober 1849 (zusammen mit Johann Heinrich Wiesmann). In: Monatshefte für Evangelische Kirchengeschichte des Rheinlandes (MEKGR) 47/48 (1998/99), 44f; — Predigt, geh. bei Eröffnung der General-Kirchen- und Schul-Visitation am 5. Juli 1854, in der St. Salvatorkirche zu Duisburg, über Hebr. 4, 14-16. Duisburg, 1854.

Lit.: Statuten des Johann David Winkler´schen Waisenfonds zu Wetzlar. Wetzlar, 1833; — Schmidt, Daniel: Kurze Nachricht über die Einführung des neuen Berliner Gesangbuches bei der unierten evangelischen Gemeinde zu Wetzlar am 1. h. Adventssonnttage 1834. In: Sonntagsgruß 1925, Nr. 32, 480; — Abicht, Friedrich Kilian: Der Kreis Wetzlar historisch, statistisch und topographisch dargestellt. Dritter Theil: Die Kirchengeschichte des Kreises. Wetzlar, 1837; — Ausschuß des Hülfs-Missions-Vereins in Wetzlar: Nachweis der Beiträge zum Hülfs-Missions-Vereine in Wetzlar seit der Gründung im März 1841 bis Ende Julius 1842. Wetzlar, 1842; — Verhandlungen der Kreissynode Wetzlar 1860. Wetzlar, 1860; — Eine Trauerkunde. »Der Heimgang des Hochwürdigen Generalsuperintendenten Herrn Doctor Schmidtborn« am 8. Februar 1860. In: Hunsrücker Chronik 11 (1860), 21-23; — Zur Erinnerung an den General-Superintendenten Dr. Schmidtborn, gestorben zu Coblenz den 8. Februar 1860. Coblenz, 1860; — Verhandlungen der Kreissynode Wetzlar 1890. Wetzlar, 1890; — Gieseke, F.: Zur Geschichte der evangelischen Gemeinde Solingen. Schluß. In: Monats-Hefte für Rheinische Kirchengeschichte (MRKG) 5 (1911), 33-56; — Glaser, F.: Pfarrer-Verzeichnis der evangelischen Gemeinde Kirn. In: MRKG 6 (1912), 25-32; — Rotscheidt, W.: Die rheinischen Generalsuperintendenten. In: MRKG 18 (1924), 163-166; — Rotscheidt, W.: Die Präsides der Rheinischen Provinzialsynode. In: MRKG 19 (1925), 176-178; — Rotscheidt, W.: Noch einige bemerkenswerte Wetzlarer. In: Mitteilungen des Wetzlarer Geschichtsvereins 11 (1929), 104f; — Nerlich, Hugo Friedrich Wilhelm: Aus den Niederschriften der Sitzungen unserer evangelischen Gemeindekörperschaften in Wetzlar. In: Sonntagsgruß. Evang. Gemeindeblatt für die Kirchengemeinde Wetzlar 25.9.1932, 531f; 2.10.1932, 547f; 9.10.1932, 559f; 16.10.1932, 571f; 23.10.1932, 584; 30.10.1932, 595f; 13.11.1932, 619f; 20.11.1932, 632; 27.11.1932, 643f; 11.12.1932, 667f; 18.12.1932, 679f; 25.12.1932, 694f; 1.1.1933, 12; 8.1.1933, 24; 15.1.1933, 35f; 22.1.1933, 46f; 5.2.1933, 71f; 12.2.1933, 84; 19.2.1933, 95f; 26.2.1933, 111; 5.3.1933, 124; 12.3.1933, 135f; 19.3.1933, 147f; 26.3.1933, 159; 2.4.1933, 171f; 9.4.1933, 183; 16.4.1933, 199f; 23.4.1933, 211; 30.4.1933, 224; 7.5.1933, 235; 14.5.1933, 247f; 21.5.1933, 259f; 28.5.1933, 271; 4.6.1933, 283f; 11.6.1933, 296; 18.6.1933, 311f; 25.5.1933, 323f; — Becker, E.: Wetzlarer als Geistliche in der Pfalz. In: Lieb´ Heimatland, Nr. 15, 11. April 1936; — Das Wetzlarer Gymnasium 1799-1949. Festschrift zum 150jährigen Bestehen der Anstalt. Wetzlar, 1953; — Rosenkranz, Albert: Das Evangelische Rheinland. Ein rheinisches Gemeinde- und Pfarrerbuch, Band II: Die Pfarrer. Düsseldorf, 1958; — Rosenkranz, Albert: Abriß einer Geschichte der Evangelischen Kirche im Rheinland. Düsseldorf: Presseverband der Evangelischen Kirche im Rheinland. Düsseldorf, 1960; — Göbell, Walter: Art.: Rheinland. In: RGG3 5 (1961), 1083-1088; — Bock, Hermann: Die gemeinsame Benutzung des Wetzlarer Domes durch die Konfessionen. Ursprung und Entwicklung. In: MEKGR 13 (1964), 69-95; — Engelbert, Günther: Die Anfänge der Synoden Braunfels und Wetzlar. In: MEKGR 13 (1964), 153-205; — Euler, Friedrich Wilhelm: Die Familie Schmidtborn. In: Zeitschrift für die Geschichte der Saargegend 19 (1971), 478-496; — Biesgen, Gustav: Die Kreissynode Wetzlar, von ihren Anfängen (1818) bis 1934. Vortrag, gehalten am 14.12.1974 in Hochelheim (auf der Kreissynode). In: MEKGR 27 (1978), 55-76; — Kelm, Hermann: Pastor Christian Bickenbach (1818-1869). Eine tragische Gestalt des oberbergischen Pietismus. In: MEKGR 30 (1981), 365-423; — Mehlhausen, Joachim: Bekenntnis und Bekenntnisstand in der Evangelischen Kirche im Rheinland. Die geschichtliche Entwicklung der Präambel und der Grundartikel der rheinischen Kirchenordnung 1835-1952. In: MEKGR 32 (1983), 121-158; — Brückmann, Hans: Bibelverbreitung im Rheinland. 175 Jahre Evangelisches Bibelwerk im Rheinland, gegründet als Bergische Bibelgesellschaft im Jahre 1814. Köln, 1989 (Schriftenreihe des Vereins für Rheinische Kirchengeschichte 95); — Schulten, Franz: Von damals bis heute. Die Geschichte der Pfarrei »Unsere Liebe Frau zu Wetzlar« dargestellt aus Urkunden und Akten des Stifts- und Pfarrarchivs der katholischen Domgemeinde Wetzlar. Wetzlar, 1989; — Hans, Günter: Die Kirchengeschichte Lützellindens. In: Magistrat der Universitätsstadt Gießen: Beiträge zur Geographie, Geschichte und Kultur von Lützellinden. 1200 Jahre, 790-1990. Konzeption und Bearbeitung Günter Hans. Gießen, 1990, 49-117; — Hans, Günter: Die kirchliche Entwicklung. In: Launsbach an der Lahn. Die Geschichte eines Dorfes von den Anfängen bis zur Gegenwart. Im Namen des Gemeindevorstandes der Gemeinde Wettenberg herausgegeben von Günter Hans. Gießen, 1992, 13-84; — Motte, Wolfgang: Zur Vorgeschichte der Separation in Radevormwald im Jahre 1852. In: MEKGR 42 (1993), 271-306; — Schulten, Franz: Der Dom zu Wetzlar. Erbe und Aufgabe. Das Kircheninnere im Wandel von sieben Jahrhunderten und die Geschichte des Wetzlarer Dombau-Vereins e.V. 1869-1901-1946. Wetzlar, 1995; — Archiv der Evangelischen Kirche im Rheinland (Hrsg.): Handbüchlein für Archivpfleger und Archivordner der Evangelischen Kirche im Rheinland. Schriften des Archivs der Evangelischen Kirche im Rheinland Nr. 1. 2. Aufl. Mülheim an der Ruhr, 1995; Boberach, Heinz: Zum Verhältnis von rheinischen Protestanten und Katholiken in der Revolution 1848/49. In: MEKGR 47/48 (1998/99), 35-45.

Frank Rudolph

SCHMOLL gen. EISENWERTH, Johann Jakob, Pfarrer und Dichter, geb. am 18. März 1769 in Ottweiler, V.: Friedrich Christian Schmoll gen. Eisenwerth, Oberschultheiß; M.: Charlotta Eleonora Bartels (1735-1798); verh. in 1. Ehe am 9. Januar 1798 in Niederlinxweiler mit Luisa Friederike *Charlotte* Drach (1776-1802); in 2. Ehe am 27. Juni 1809 mit Philippina Catharina Elisabeth Martini († 1854); Kinder: (1) Dorothea Amalia (1798-1837), (2) Karl Friedrich (*/† 1799), (3) Sophie Amalia Christiane (* 1800), (4) Karl Alexander (* 1802), (5) Gustav Eduard (1810-1889), (6) Philippine Charlotte (1811-1848), (7) Julie Concordia Victoria (1815-1842), (8) Hulda Ernestine (1817-1870), (9) Sophie Helene (* 1820), (10) Ernst Theodor Amandus (* 1822); gest. am 4. März 1853 in Niederlinxweiler. — Über den Studienverlauf von Pfarrer Johann Jakob Schmoll genannt Eisenwerth wissen wir nichts. Doch ist etwas von seiner Frömmigkeit und damit von seiner theologischen Prägung zu ersehen aus einem Eintrag in die Familienbibel: »Täglich will ich in der heiligen Schrift forschen und mir Lehre, Ermunterung und Throst daraus sammeln. Dieses göttliche Buch soll mich zurechtweisen, wenn ich etwa irre; es soll mich überzeugen, wenn ich zweifle; es soll mich ermuntern, wenn ich matt werde; es soll mich aufrichten, wenn ich betrübt bin; es soll mich stets kräftig stärken, wenn ich leide; es sei und bleibe stets mein Licht auf meinem Lebensweg - und einst auch meines Fußes Leuchte durch's finstere Todesthal zur lichtvollen Ewigkeit.« Johann Jakob Schmoll stammte aus Ottweiler, wo sein Vater Friedrich Christian Schmoll gen. Eisenwerth - von Rüsselsheim kommend - als Oberschultheiß in der nassau-saarbrückischen Verwaltung Dienst tat. Seine Mutter, Tochter des Ottweiler Pfarrers Christian Ludwig Barthel, starb bei Pfarrer Schmoll im Pfarrhaus wohl an einem Brustkrebsleiden und wurde von Pfarrer Johann Carl Constans aus Neunkirchen, der mit der Familie befreundet war und auch das Patenamt übernahm, bestattet. Die Frömmigkeit der Familie bezeugt der Eintrag im Kirchenbuch: »Anno 1798, den 23. Dec. verstarb - nach 3/4jährigem betrübtem Krankenlager - an den üblen Folgen eines offnen Krebsschadens an der Brust: Charlotta Eleonora, des zu Ottweiler verstorbenen Oberschultheißen J. Jakob Schmollen hinterbliebene Wittwe geb. Bartelsin - meine liebe Mutter; und wurde den 25. ejusdem - als am ersten Christfest - zur Erde bestattet. Ihres Alters: 63 Jahre, 6 Monat und 3 Tage. — NB: Die Leichenpredigt wurde von Herrn Pfarrer [Johann Carl] Constans von Neunkirchen gehalten.« - 1794, nachdem schon französische Revolutionäre das Land an Saar und Blies erreicht hatten, trat Schmoll seine erste Pfarrstelle in Wiebelskirchen im ehemaligen Oberamt Ottweiler an. In Karlsbrunn heiratete er Luisa Friederike Charlotte Drach. Ihr Bruder, Ludwig Heinrich Drach, später Oberpfarrer und Inspektor des lutherischen Lokalkonsistoriums Ottweiler, war zu dieser Zeit Pfarrer in Niederlinxweiler. Im Wiebelskirchener Trauregister heißt es dazu: »Anno 1798 den 9. Jan. wurde ich - Johann Jakob Schmoll genannt Eisenwerth, p.t. Evangelisch-Lutherischer Pfarrer dahier zu Wiebelskirchen, mit Louisa Friederika Charlotta, weyl. Herrn Ober Förster Drachen zu Lorentzen ehelicher Jungfer Tochter, nach vorangegangener öffentlicher Proclamation, zu Carlsbrunn von Herrn Pfarrer [Johann Carl] Rebenack copuliret.« Seine Frau starb am 26. Dezember 1802, nachdem sie ihm vier Kinder geboren hatte. Über Geburt und Taufe des erstgeborenen Sohnes heißt es im Taufregister der Gemeinde Wiebelskirchen: »Anno 1799 den 19. Nov. wurde mir Joh. Jakob Schmoll, genannt Eisenwerth, p.t. Ev.-Luther. Pfarrer allhier - von meiner lieben Gattin: Louise Charlotte geb. Drachin, ein Söhnlein geboren, welcher den 25. Ejusdem getauft und Karl Friedrich benannt ward. — Taufzeugen waren: 1) H. Gottfried von Boos von St. Nikolaus; 2) H. Carl Constans, p.t. Pfarrer in Neunkirchen; 3) Sophie Catharina, weyl. Herrn Philipp Heinrich Eberhards zu Friedrichsthal hinterl. Frau Liebste; 4) Fr. Louise Elisabetha, Herrn Christian von Schnellenbühls zu Neusaarwerden Ehegattin, geb. Devauth.« Aber die Nöte der Zeit machten auch vor dem Pfarrhaus nicht halt: Der erstgeborene Sohn starb, nachdem er nur wenige Tage gelebt hat. Der Vater hielt fest: »Anno 1799, den 12. Dec., ist mir Joh. Jakob Schmoll, genannt Eisenwerth, p.t. Ev.-Lutherischer Pfarrer allhier und meiner lieben Gattin: Louise Charlotte, geb. Drachin, erstgeborenes Söhnlein, Carl Friederich, an den Gichtern gestorben und wurde den 13. Ejusd. Abends in der Stille Christlich beerdigt. Alt: 23 Tage.« - Ein Eindruck über die harte Lebenswirklichkeit der Zeit lässt sich an anderer Stelle gewinnen: Bei Ausgrabungen am Kirchberg in Wiebelskirchen, wo noch lange nach dem Abgang der mittelalterlichen Kirche der Kirchhof war, fand sich 1982 eine Bestattung mit Schwangerschaftskomplikation, bei der Mutter und Kind unter der Geburt verstorben waren. Durch eine Querlage kam das Kind nicht zur Welt, zwischen den Beinen der Mutter fanden sich aber die Unterarmknochen (sog. Armvorfall). Im Kirchenbuch Wiebelskirchen hatte Pfarrer Schmoll niedergelegt, was die Archäologen entdeckten: »D. 25. November starb in Geburtsnöthen Susanne Maria Cathar. Beckerin, des Johannes Becker von hier Ehefrau, eine geb. Eisenbeißin. Aller möglichen angewandten Mühe, welche sich Herr Landchirugus [Theobald] Schmidt v. Ottweiler zur Rettung dieser armen Frau beflißen hat, wovon ich selbst Zeuge war - ohngeachtet kam ihr Kind doch nicht zur Welt; sondern sie mußte mit der Frucht ihres Leibes den Tod erleiden. Sie wurde d. 26. Eiusdem - auf den 24. S[onntag] nach Trin[itatis] - gerade das diesjährige Erndt- und Danckfest - Nachmittags 2 Uhr, unter einer so zahlreichen Begleitung zur Erde bestattet, daß die Stühle in der Kirche nicht hinreichend waren - sondern der Haupteingang durch die Kirche noch gantz mit Bänken bestellt werden musste. In dieser Welt hat sich gelebt: 38 Jahr, 1 Monat und 14 Tage. Seit meiner Amtsführung hielte ich noch keine Leichenpredigt, welche mir schwerer gefallen u. näher gegangen wäre, als bey diesem schmerzhaft betrübten Todesfalle. Zum Exordio meiner Predigt hatte ich die Worte des 22. Ps[alms] V. 12 ‚Gott! sey nicht ferne [von mir; denn Angst ist nahe; denn es ist hier] kein Helfer'. Und zum Text - weil es aufs Erndtfest gewesen ist - Ps[alm] 126 V. 5 und 6 ‚Die mit Thränen [säen, werden mit Freuden ernten; sie gehen hin und weinen und tragen edeln Samen, und kommen mit Freuden, und bringen ihre] Garben'.« - 1807 wechselte Johann Jakob Schmoll die Pfarrstelle und ging ins nahegelegene Niederlinxweiler, wo er bis 1845 als Pfarrer tätig blieb. Am 27. Juni 1809 heiratete er in 2. Ehe Philippina Catharina Elisabeth Martini; sie schenkte ihm weitere sechs Kinder, zwei Jungen und vier Mädchen. Die zweite Frau überlebte den Pfarrer. Während seiner Zeit in Niederlinxweiler fiel die Region als Fürstentum Lichtenberg an das Haus Sachsen-Coburg. Am 11. September 1816 nahm Herzog Ernst von Coburg Besitz von seinem neuen Landesteil. In der Zeit der französischen Besetzung war das St. Wendeler Land bereits mit der Idee vertraut gemacht worden, den Unterschied zwischen reformierten und lutherischen Gemeinden zu übergehen. Als Herzog Ernst dann am 13. März 1818 einen Erlass herausgab, wonach sich die beiden Bekenntnisse zu einer gemeinsamen Inspektion verbinden sollten, fiel dieses Ansinnen auf einen vorbereiteten Boden. Die nunmehr eingesetzte Landeskommission ging dann weiter, als es der Herzog beabsichtigte, und strebte eine Konsensunion an. Von 2.695 befragten Familienvätern stimmten nur 21 gegen die Verbindung. Johann Jakob Schmoll wirkte an diesem Projekt mit, das dann am 29. Oktober 1820 im Vereinigungsfest in Baumholder gipfelte. Eine lange Geschichte war dem Fürstentum Lichtenberg freilich nicht bestellt: Das Haus Sachsen-Coburg verkaufte am 31. Mai 1834 gegen eine Zahlung einer jährlichen Rente von 80.000 Thalern das Land an das Königreich Preußen. Das Fürstentum wurde ein Landkreis, die evangelischen Gemeinden zum Kirchenkreis St. Wendel zusammengefasst. Pfarrer Schmoll, der aus der Nassau-Saarbrückischen Tradition stammte, in der Zeit der französischen Revolution seinen Dienst antrat, schließlich dem Hause Sachsen-Coburg untertan war, verbrachte die letzten Amts- und Lebensjahre als preußischer Pfarrer. — 1820 konnte Schmoll seine Gedichte unter dem Titel »Verse-Quodlibet« in St. Wendel veröffentlichen. Als er seinen zweiten Nachfolger in Wiebelskirchen, Pfarrer Gottfried Heinrich Neubert, beerdigte, setzte er in dem ihm eigenen Stil sogar einen poetischen Text an das Ende der Eintragung im Sterberegister: »Den 25. August: Abends um 5 Uhr - ist Herr Gottfried Heinrich Neubert, Ev. Lutherscher - wohlverdienter, treufleißiger Religionslehrer und Seelsorger des Kirchspiels Wiebelskirchen - nachdem er beinahe ein Jahr an der Auszehrung laborirt hatte, in dem Herrn selig entschlafen. Der erblaßte Leichnam desselben wurde d. 27. Ejusdem unter zahlreicher Begleitung und mit vielen Thränen auf hiesigem Gottesacker zu seiner Ruhestätte gebracht. Er erreichte hier in dieser Welt nur ein Alter von: 43 Jahr, 8 Monate und 6 Tage.« Schmoll endete: »So bist du todt nun - Jauchze Bruder! - / Denn mit dem Tode begann dein Leben! / Du starbst, das ist: du trankst den Heiltrank / Aechter Genesung und ewgem Lebens. / Dort hausen Krankheit, Siechtum und Schwermuth nicht. / Dort krampft kein Schmerz. Dort kämpfet kein Todeskampf. / Dem heimgewallten Bruder trocknet / Zärtlich der Vater die nasse Wange. / Schlummer' in Frieden! Wehmut - Sehnsucht - Kummer / Blickt Dir unser Auge weinend nach. / Schlummer' in Frieden! Und erwach vom Schlummer / An der Allvollendung großem Gottestag - ! / Wann sie all' erwachen - alle, klein und gros, / Die Gott selbsten wahrt in seinem treuen Schoos: / Dann erhebst du, Bruder, den der Tod uns raubt, / Herrlicher als hier, verklärt dein sonnig Haupt. / Mors non disjungit amantes. / Schmoll, g[enannt] E[isenwerth].« - In Niederlinxweiler ist Johann Jakob Schmoll genannt Eisenwerth als Emeritus am 4. März 1853 verstorben. Den Friedhof, auf dem er begraben wurde, hatte er persönlich am 12. November 1822 eingeweiht. Für seine Beerdigung hatte er zwei Bibelworte ausgesucht: Psalm 130 Verse 3, 5 und 7 in Verbindung mit Psalm 142 Verse 1, 2 und 8 bzw. Apostelgeschichte 4,12 in Verbindung mit den Versen 41, 77 und 81 aus dem »Güldenen ABC« (Psalm 119). »Voranstehende Bibelstellen, verschiedenen Inhalts habe ich mir auserwählt, daß an meinem Beerdigungstage über eine oder die andere derselben eine kurze Rede gehalten werde. Die nähere Auswahl unter denselben dazu bleibt übrigens demjenigen Amtsbruder gänzlich nach Wohlgefallen überlassen, den es betreffen wird diese Amtsgeschäfte in christlicher Liebe unschwer zu übernehmen.«

Gedichte: »Welch drohendes Gewölk entsteigt dem Osten« [Ode auf den unglücklichen Tod seiner hochfürstlichen Durchlaucht, des Herrn Fürsten Heinrich Ludwig von Nassau-Saarbrücken 1797]; — »Ein Zeichen, daß mir's nicht vergißt« [Am 26.12.1801]; — »An die Schwermuth« [Nach dem frühen Tode meiner innigstgeliebten treuen Gattin 1802]; — »Trüb fluthet die Welle des Bachs« [nach 1802]; — »Oh, Gott, Du Gott der Freuden« [Am 27.06.1809 vor dem Kirchgang]; — »Wer zärtlich liebt« [Nach der priesterlichen Einsegnung. Ehestandszweck, o.J.]; — »Schön ist des Frühlings Morgentau« [Über Tisch zur Aufmunterung, o.J.]; — »Vor allen Dingen liebe Gott« [1813]; — »Leb wohl« [Anlässlich der ersten Reise des Ch. Weyl nach Amerika 1837]; — »Heute sind wir wieder alle froh« [Am 12. Juli 1838 Namensfest]; — »Gott! Will Deine Hand mich hier« [Auftritt 1838]; — »Oh! Hätten doch des Warmen Lebenstage« [Der traurige Abschied von meiner lieben Tochter Lotte Weyl mit sieben Kindern bei ihrer Abreise nach Nordamerika am 9. April 1845]; — »Erwachend habe ich laut gelacht!« [An Lotte Weil in Oxxx, o.J.]; — »Ach, liebe Kinder« [Niederlinxweiler, den 10. November 1842]; — »Von ganzer Seele preise ich dich« [An meinem 75. Geburtstag 18.03.1844]; — »Liebe ist das zarte Band« [Hochzeitsgedicht für Heinrich Sturm und seine Braut. An dem Tage ihrer Trauung, dem 21. Dezember 1847]; — »So viele Wochen sind im Jahr« [An meinen Schwiegersohn Heinrich Sturm auf seinen 52. Geburtstag, dem 2. Juli 1848]; — »Dankt dem Herrn« [Neujahr, o.J.]; — »Auferstandner Siegesfürst im Himmel« [Ostern]; — »Herr, tue wohl diesem Paar« [o.J.]; — »Ja, Vater, alles wirst Du mir« [Macht Gott mit meinem End' es gut, o.J.]; — »Weine nicht, denn ich gehe zum Vater« [Trautchens Zuruf aus dem Tempel der Verklärung an seine weinende Mutter, o.J.]; — »Gottes ist das auf der Erde« [Gottes ist der Orient, o.J.]; — »Ruhig hier und glücklich dort« [Aus dem Römerbrief 12,9]; — »So wie der Gegenwart verrauschte Wogen« [o.J]; — »Ohne Sorge für den andern Morgen« [o.J]; — »Wer auf Träume hält« [Ein Traum ist alles nur auf Erden]; — »Auf, ihr Schwestern, auf, ihr Brüder« [Die Geschwisterliebe]; — »Laura, willst Du Dich verbinden« [An Laura]; — »Wir kommen, Vater! Dein Geboth« [o.J].

Weitere Veröffentlichungen (teils posthum): Jakob Schmoll Nota Benedictus Eisenwerth, Verse Quodlibet, gedruckt bei L. S. Karchers Wittwe 1820; — Predigt über Lukas 20,38 anlässlich der Einweihung des neuen Friedhofes in Niederlinxweiler am 12. November 1822, in: Paul Korn (Hrsg.), Schmoll genannt Eisenwerth 1769-1853. Aus seinem Leben und von seinem Wirken als Pfarrer, Saarbrücken 2000, S. 60-74; — Einsegnung. Predigt anlässlich des Todes eines jungen Amtsbruders [vermutlich Gottfried Heinrich Neubert], in: Paul Korn (Hrsg.), Schmoll genannt Eisenwerth 1769-1853. Aus seinem Leben und von seinem Wirken als Pfarrer, Saarbrücken 2000, S. 75-80.

Lit.: Walter Kottenhahn, Die Pfarrer der Gemeinde Wiebelskirchen bis zum Jahre 1877, in: MEKR 15 (1921), 168-176; — Werner Habicht/ Adolf Klein/ Karl Volz: Das Kirchspiel Niederlinxweiler, Blieskastel 1975, 59; — Dieter Buhmann/ Bernd Kasper/ Rolf Kaufmann, Krankheit und Tod im ausgehenden Mittelalter, Saarbrücken 1983, bes. 23-32; — 159 Jahre Evangelischer Kirchenkreis St. Wendel 1835-1985, hrsg. vom Evangelischen Kirchenkreis St. Wendel, St. Wendel 1987; — Paul Korn (Hrsg.), Schmoll genannt Eisenwerth 1769-1853. Aus seinem Leben und von seinem Wirken als Pfarrer, Saarbrücken 2000

Joachim Conrad

SCHNABEL, Joseph Ignaz, * 24. Mai 1767 in Naumburg am Queis (Schlesien), † 16. Juni 1831 in Breslau (Wroclaw), Kirchenmusiker, Komponist. — Schnabel entstammte einer Musikerfamilie und wurde schon früh von seinem Vater, der als Kantor tätig war, musikalisch unterrichtet. Er war Chorsänger an der Vincenzkirche in Breslau und besuchte das St. Matthias-Gymnasium in Breslau. Seinen Berufswunsch Priester zu werden mußte er nach einem Unfall aufgeben: Infolge eines Sturzes ins Wasser zog er sich ein chronisches Ohrenleiden zu, und wurde daher als nicht mehr geeignet für eine Priesterlaufbahn angesehen. J. I. Schnabel brach daher nach der sechsten Klasse den Besuch des Gymnasiums ab und begann eine Lehrerausbildung. 1790 wurde er Schulmeister und Gerichtsschreiber in Paritz. Anerkennung fand Schnabel hier bald aufgrund der guten Musikleistungen vieler seiner Schüler, aus denen er auch ein Orchester gebildet hatte. Ab 1797 wirkte er in Breslau als Violinist an der Vincenzkirche, dann als Organist an St. Klara. 1798 wurde er Violinist und Konzertmeister im städtischen Theaterorchester, das er öfter als Stellvertreter dirigierte. Am 1. April 1805 wurde Schnabel zum Domkapellmeister in Breslau berufen. 1806 übernahm er die Leitung der Richterschen Winterkonzerte, und 1810 auch die Direktion der Konzertgesellschaft (Montags- und Freitagskonzerte). 1812 unternahm J. Ignaz Schnabel gemeinsam mit Friedrich Wilhelm Berner, ebenfalls Kirchenmusiker, eine Reise nach Berlin, um dort bei Carl Zelter zu hospitieren. Dies brachte Schnabel im gleichen Jahr die Ernennungen zum Universitätsmusikdirektor, zum Musiklehrer am katholischen Seminar und zum Direktor des Königlichen akademischen Instituts für Kirchenmusik. Zusammen mit Friedrich Wilhelm Berner und Johann Theodor Mosevius (1788-1858, er gründete 1825 die Breslauer Singakademie), der nach Schnabels Tod die Funktion des Musikdirektors der Universität übernahm, gründete Schnabel 1819 den Verein für Kirchenmusik an der Universität (von 1819 bis 1821 war Schnabel Mitglied des Direktoriums und musikalischer Leiter des Vereins) der neben der schlesischen Musik die Verbreitung der europäischen Musik des 16. bis 18. Jahrhunderts vorantrieb. 1823 wurde J. I. Schnabel die Ehrendoktorwürde verliehen. Die enge, seit Jahrhunderten gewachsene Bindung Schlesiens an Böhmen und Österreich blieb in musikalischer Hinsicht auch nach der preußischen Okkupation 1740 erhalten, und verstärkte sich noch am Anfang des 19. Jahrhunderts. Die Werke J. Haydns wurden nicht nur in Breslau, sondern auch in manchen Klöstern sehr geschätzt. Ludwig van Beethovens Symphonien erklangen, sehr zur Freude des Komponisten, unmittelbar nach ihrer UA auch in Breslau. Große Verdienste hierbei erwarb sich Domkapellmeister Joseph Ignaz Schnabel der in Breslau ein stehendes Orchester aufgebaute hatte und mit diesem überwiegend Werke der Wiener Klassik zur Aufführung brachte. Haydns Oratorium Die Schöpfung führte Schnabel seit dem Jahr 1800 jährlich am Gründonnerstag auf. Frédéric Chopin, der viermal in Breslau weilte, gab bei seinem letzten Aufenthalt im Jahre 1830 auf Bitten von Joseph Ignaz Schnabel, der ein Freund von Chopins Lehrer Jozef Elsner war, ein Konzert (2. Klavierkonzert u. a. Werke) in der Breslauer Resourcce. Es dauerte freilich noch etliche Zeit, bis in Breslau ein privat finanziertes Berufsorchester unter dem Namen Breslauer Orchesterverein eingerichtet werden konnte, aus dem im 20. Jh. dann die staatliche Schlesische Philharmonie erwuchs. Joseph Ignaz Schnabel darf zu Recht als der führende katholische Kirchenmusiker Schlesiens seiner Zeit und als der Begründer einer neuen kath. Kirchenmusik in der schlesischen Musikgeschichte, der sog. >Breslauer Schule<, gesehen werden Unter ihm wurde der Breslauer Dom ab 1805 zum Zentrum der katholischen Kirchenmusik in Schlesien, zugleich aber auch zum Hüter der dem klassischen Stil verhafteten Tradition bis 1945. In dieser Zeit versahen sieben Domkapellmeister das kirchenmusikalische Amt. Sie hatten nicht nur die Musik im Dom zu leiten, sondern komponieren auch eigene Werke für die kirchenmusikalische Praxis. Im Mittelpunkt ihrer Arbeiten stand bis 1945 wie in Österreich vor allem auch die orchesterbegleitete Messe, die fester Bestandteil der feierlichen Liturgie blieb. Aus dieser »Breslauer Schule« traten neben Schnabel, Moritz Brosig (1815-87) und Siegfried Cichy (1865-1925) kompositorisch hervor. In den evang. und kath. Kirchen der Provinz waren in der Regel Lehrer als nebenberufliche Kirchenmusiker tätig. Das auf Berliner Anregungen hin gegründete Königliche akademische Institut für Kirchenmusik der Breslauer Universität und die Lehrerseminare bildeten die angehenden Lehrer in der Regel auch zu Kantoren aus, die in Dörfern wie Städten die musikalische Volksbildung tatkräftig förderten. Die Stadt Breslau hatte DKM Schnabel eine Straße, die Schnabelstraße, an der die St. Petrus-Canisius-Kirche lag, gewidmet. Sowohl die Schnabelstraße als auch die St. Petrus-Canisius-Kirche existieren nicht mehr. Sie fielen 1945 dem Befehl des Breslauer Gauleiters Karl Hanke zum Bau einer Flugzeugrollbahn in der Festung Breslau zum Opfer. — Schnabels kompositorisches Schaffen enthält ca. 210 Werke, vor allem instrumental begleitete Kirchenmusik, aber auch Orchesterwerke, Lieder, Männerquartette und Kammermusik, Schnabels bekanntestes Opus ist seine Bearbeitung der im Archiv des Breslauer Doms gefundenen Weihnachtspastorale eines unbekannten Komponisten aus dem Rokoko >Transeamus usque Bethlehem< , die heute zum Repertoire vieler Chöre gehört, und darüber hinaus in unzähligen Bearbeitungen vorliegt. Ein komplettes WV Schnabels ist enthalten in: Guckel, Hans Erdmann, Katholische Kirchenmusik in Schlesien, 1912, Nachdruck 1972).

Quellen, Lit.: Guckel, Hans Erdmann, Katholische Kirchenmusik in Schlesien, 1912, Nachdruck 1972; Feldmann, F., Die schlesische Kirchenmusik im Wandel der Zeiten, 1975; — Walter, Rudolf, Das Musikalieninventar des Breslauer Domchors aus der Amtszeit von Domkapellmeister J. Ignaz Schnabel in: JbUnivBreslau 30, 1989, 77-103; — ders: J. I. Schnabels Figuralkomposition zu Vesper, in: JbUnivBreslau 38/39, 1997/98, 481-510; — Scheuermann, G.: Das Breslau-Lexikon M-Z (Band 2), Dülmen 1994, 1511-1513; — MGG, diverse Artikel, Taschenbuchausgabe, Kassel-Basel-London 1989.

Bernhard Hemmerle

SCHÖBER, David Gottfried, Kaufmann, Bürgermeister, Publizist, Hymnologe, * 8. Juli 1696 in Naumburg, † 17. Mai 1778 in Gera. — Sch. wurde als Sohn des Kaufmanns Johannes Sch. und dessen Frau Ursula, geb. Händel, geboren. Den ersten Unterricht erhielt Sch. auf der Schule in Erfurt. In den Jahren 1708 und 1709 besuchte er das Gymnasium in Gera. Ab 1710 lernte er den Beruf eines Kaufmanns in Nürnberg bei seinem Onkel David Sch., dessen Familie er sein ganzes Leben hindurch verbunden blieb. Ab 1723 war er in Gera in der »Albrechtischen« und »Schreiberischen Handlung« angestellt. 1731 erfolgte die Heirat mit Johanna Eleonora, geb. Hofmann († 1743), dadurch konnte Sch. das Geschäft ihres Vaters übernehmen. Nach dem Tode seiner ersten Frau heiratete er 1744 Charitas Gottwerth, Tochter des »Stadtphysicus« zu Grimma, Christian Meusel. Sch. war in Gera so angesehen, daß er 1760 zum Bürgermeister gewählt wurde. Auf zahlreichen Handelsreisen in Italien, der Schweiz oder Deutschland hatte Sch. eine große Bibliothek an Drucken und Handschriften sowie seltene Münzen und Naturalien zusammengetragen. Obwohl er nie studiert hatte, beschäftigte er sich als Autodidakt vor allem mit theologischen, historischen und philologischen Themen, zu denen er zahlreiches Material publizierte. Ein Netzwerk an Bekanntschaften, zu denen die Grafen Reuß, Eberhard David Hauber (1695-1765) in Kopenhagen oder auch Johann Georg Walch (1693-1775) in Jena gehörten, half ihm bei dieser publizistischen Tätigkeit. Er war Mitglied der

Löblichen deutschen Gesellschaft in Altdorf und seit 1776 unter dem Namen »Coelestinus« (Himmelsschlüssel) des Blumenordens der Pegnitzschäfer. Ein Augenleiden, das zur Erblindung führte, verhinderte weitere Veröffentlichungen nach 1770. — Besondere Bedeutung besitzen Sch.s Arbeiten zur Hymnologie. Intensiv erforschte er die Geschichte einzelner Lieder und Gesangbücher. Er systematisierte damit die hymnologischen Forschungsergebnisse nach 1700. Allerdings legte er keine neue Gesamtdarstellung des Stoffes vor, sondern beschränkte sich darauf, Forschungslücken insbesondere zum Reformationsjahrhundert zu füllen. Hymnologie betrieb er durch Sammeln und Vergleichen von Gesangbüchern sowie Korrespondenz mit anderen Forschern. Seine kaufmännischen Verbindungen halfen ihm dabei. — Neben zahlreichen Artikeln in den »Beiträgen von Alten und Neuen Theologischen Sachen« sind drei umfangreichere Bücher zur »Liederhistorie«, wie Sch. die Hymnologie nannte, hervorzuheben. 1759 und 1760 erschienen in Leipzig zwei Beiträge »zur Lieder-Historie, betreffend die Evangelischen Gesang-Bücher, welche bey Lebzeiten Lutheri zum Druck befördert worden«. Wie in vielen seiner Beiträge gibt er sich als Verfasser nur mit dem Monogramm D.G.S. an. Er sah sich durch das Fehlen »einer zuverläßigen Lieder-Historie« motiviert, die bereits Johann Jakob Gottschaldt (1688-1759) vorgeschlagen hatte. Sch. begann mit dem Reformationsjahrhundert. Dabei bot er seinen Lesern zahlreiche quellengesättigte Fakten und Hintergründe zu diesem Thema an, die weit über die Geschichte einzelner Lieder hinausging. Breit diskutierte er die zeitgenössische Literatur, so das 1759 erschienene Buch »Abhandlung von Einführung des teutschen Gesangs« von Johann Bartholomäus Riederer aus Altdorf. Der dem enzyklopädischen Denken des Barock verpflichtete Ansatz ist bedenkenswert: Sch. fragte nicht nach den Gesangbüchern einer Stadt oder eines Territoriums wie Riederer, sondern interessierte sich für alle erschienenen Gesangbücher des 16. Jahrhunderts. Er legte den Grund für eine systematisch arbeitende Hymnologie. Er unterschied sich damit von der älteren Forschung, die Hymnologie oft zur Erbauung betrieb und z.B. die Lebensumstände einzelner Liederdichter als fromme Exempel sammelte. — Die letzte größere hymnologische Abhandlung Sch.s »Die wahre Gestalt der sämmtlichen Herrnhutischen Gesangbücher« von 1760 ist mit 215 Seiten zugleich die umfangreichste. Dieses anonym erschiene Buch wurde durch die für den Verfasser irrige Theologie der herrnhutischen Lieder angeregt. Seiner Meinung nach sollte das Buch den Tiefpunkt der Theologie im 18. Jahrhundert belegen. In der zeitgenössischen Diskussion wurde dieses Urteil zwar oft über die Lieder Zinzendorfs gefällt, allerdings fehlte es tatsächlich an einer materialreichen Darstellung. Sch. stellte die brüderischen Gesangbücher den Lesern vor, weil sie für ihn zur »Liederhistorie« gehörten. Seine Darstellung war bis zum Erscheinen von Joseph Theodor Müllers »Hymnologischem Handbuch zum Gesangbuch der Brüdergemeine« 1916 die einzige quellengesättigte, sogar nichtbrüderische Abhandlung über die Gesangbücher der Brüdergemeine. Sch. benutzte sowohl die zeitgenössische Literatur wie auch die brüderischen Gesangbücher selbst. Außerdem war er ein intimer Kenner insbesondere der Ebersdorfer Gemeine, zu der er 1742 vom Reuß-Ebersdorfer Grafen Heinrich XXIX. gezählt wurde. Lange hatte Sch. für dieses Buch gesammelt und recherchiert. So läßt sich Sch.s Interesse bereits 1736 nachweisen. Bis ins 20. Jahrhundert waren die umfangreichen Quellenzitate für die Forschung wertvoll. — Neben diesen Arbeiten zur »Liederhistorie« trat eine eigene Liedersammlung, die erstmals 1735 in Greiz bei Abraham Gottlieb Ludewig unter dem Titel »Geistlicher Lieder-Segen« erschien. Weitere, deutlich überarbeitete Auflagen folgten 1749 (in Greiz) und 1769 (bei Georg Friedrich Authenrieth in Lobenstein). Enthielt die erste Auflage 1559 Lieder, so fanden sich in der zweiten 1630 und in der dritten 1643. Der Herausgeber wollte mit diesem Gesangbuch, zur Verbreitung guter zeitgemäßer Lieder beitragen. Es ist davon auszugehen, daß pietistische Missionsgedanken dahinter standen. Die Tendenz zum Pietismus ist auch an der verstärkten Aufnahme hallischer Lieder zu erkennen. Insgesamt kam die erste Auflage des Liedersegens mit nur 69 Melodien aus. Auf die Melodie »Ach bleib bey uns Herr Jesu Christ« sind beispielsweise 28 Lieder zu singen. Die dritte Auflage von 1769 verschärfte diese Tendenz noch. Die darin enthaltenen 1643

Lieder waren auf nur 43 Melodien zu singen. In der zweiten Auflage des Liedersegens hatte Sch. 176 Lieder ausgesondert und durch 247 neue ersetzt. Auch änderte er den Aufbau des Gesangbuchs durch die Umstellung der Rubriken. Als weitere Änderung der zweiten Auflage ist die Beigabe von Namen der Verfasser aller Lieder anzumerken. — In Sch.s Liedersegen finden sich auch eigene Dichtungen des Geraer Bürgermeisters. Zu nennen sind »Er, der Herr der Herrlichkeit«, »Es ist ein einigs Wort«, »Ihr alle, meine Kräfte« oder »Nunmehr, da der Tag«. Eine spezifische Akzentsetzung, außer vielleicht dem Vertrauen auf Gottes Wort, ist nicht zu finden. Insgesamt nimmt Sch.s Geistlicher Liedersegen eine besondere Stellung bei der Vermittlung neuen Liedgutes in den reußischen Herrschaften ein. Er wurde bei der Erstellung neuer Gesangbücher herangezogen, so der Greizer von 1758 und 1772. Zugleich nahm er Lieder auf, die in reußischen Gesangbüchern standen, so die Lieder Heinrichs XII. aus dem Schleizer Gesangbuch von 1761. Diese Liedersammlung war also tatsächlich ein Medium zur Weitergabe neuen Liedguts. Ihre Rezeption über den engeren Raum der reußischen Herrschaften hinaus müßte gesondert untersucht werden. Eine Spur führt nach St. Petersburg. — Weiterhin hat Sch.s Buch »Der große Vorzug der Kinder Gottes« von 1757 für die Historiographie der reußischen Herrschaften eine besondere Bedeutung. Bei diesem Buch handelt es sich um eine im Stil der Lebenslaufsammlungen des Pietismus gehaltene Sammlungen von 28 Biographien der Grafen Reuß (S. 217-685). Es ist zu Erbauungszwecken besonders für Kranke und Sterbende geschrieben und sollte zeigen, daß die Reußen ein besonders frommes Geschlecht sind. Dies betont die allgemein gehaltene, breite theologische Erörterung im ersten Teil des Bandes (S. 1-217), die die Bewährung des Glaubens »im Leben, Krankheit und Sterben« zum Thema hat. Die Führung Gottes ist darin ein theologisch leitender Gedanke. Sch. griff bei diesem Buch auf archivalisches Material zurück, das ihm von den Reußen zugänglich gemacht wurde. — Schließlich ist auf das Buch über Albrecht Dürer (Leipzig und Schleiz 1769) zu verwiesen, das bis heute in der kunsthistorischen Forschung rezipiert wird. Wie in seinen anderen Darstellungen greift er ausführlich auf Quellenmaterial zurück, das er in zahlreichen Bibliotheken zusammentrug. Zunächst stellt er das Leben des Nürnberger Künstlers dar. Wichtig ist die sich anschließende Auflistung und Beschreibung der Schriften und Werke Dürers. Für einen Autodidakten ist dieses Buch eine enorme Leistung.

Archivalien: Unitätsarchiv Herrnhut (UAH), R 9 A b, Nr. 1aa: Tagebuch Heinrich XXIX. zwischen 1735 und 1742; UAH, R 20 D 3 (181): Brief von David Gottfried Schöber an Ulrich Bogislaus von Bonin vom 27. Januar 1736; Archiv der Kirchgemeinde Kirschkau, Nr. 134: David Gottfried Schöber, Genugsamer/ Beweiß/ daß/ D. Martin Luther/ den 7. Vers. der 1 Epist.Joh.5/ in allen seinen Biblischen Editionen/ nicht aus Versehen/ sondern mit Fleiß/ und/ aus wichtigen und gegründeten Ursachen/ weggelassen habe/ zu fernerer Prüfung unterworffen [...], Gera 1748.

Separate Veröffentlichungen: Geistlicher Lieder-Segen, In sich haltend über 1500. der besten und erbaulichsten alten und neuen Lieder, Welche mit Fleiß zusammengetragen und durchgesehen, auch denenselben eine nöthige Vorrede beygefügt worden, Greiz 1735 (Greiz[2] 1749, Lobenstein[3] 1769); Gedanken von denen vernünftig freyen Einwohnern derer Planeten und denen Zweifeln wider ihr Daseyn von der heiligen Schrift und dem Mittleramte Christi hergenommen, Liegnitz 1748; Das Hohelied Salomonis aus zwoen alten deutschen Handschriften, deren Eine in zerschiedenen Stücken deutscher Reime über dasselbe, die Andere in einer altdeutschen Uebersetzung davon, bestehet; mit vorläufiger Nachricht von diesen beiden Handschriften und angehängter kurzen Umschreibung des ersten Cap. des Hohenliedes / dem Drucke übergeben von D. G. S., Augsburg 1752; Die Geschichte der Augspurgischen Confeßion, vom Jahr 1530 bis 1630. in einem kurzen doch zureichenden Bericht aus den bewährtesten Schriftstellern und andern selten gewordenen Pieçen gezogen von D.G.S., Leipzig 1755; Der große Vorzug der Kinder Gottes vor den Kindern der Welt im Leben, Krankheit und Sterben nach seiner Wichtigkeit vorgestellt, und durch zerschiedene erbauliche Exempel einiger Lebens- und Sterbensbeschreibungen, in dem Herrn entschlafener Personen beyderley Geschlechts, aus dem Hochgräflichen Stamme der Hochgebohrnen Reußen bekräftiget von D.G.S., Frankfurt und Leipzig 1757; Beytrag zur Lieder-Historie, betreffend die evangelischen Gesang-Bücher, welche bey Lebzeiten Lutheri zum Druck befördert worden, Leipzig 1759; Zweyter Beytrag zur Lieder-Historie, betreffend die evangelischen Gesang-Bücher, welche bey Lebzeiten Lutheri zum Druck befördert worden, nebst einigen verbesserten, und hiezu dienlichen Nachrichten, Leipzig 1760; Die wahre Gestalt der sämmtlichen Herrnhutischen Gesangbücher, Anhange und Zugaben, dem unparteyischen Leser zur Prüfung, und den Freunden der Liederhistorie zum Dienst vorgeleget von N.N., Leipzig 1760; Ausführlicher Bericht von alten deutschen geschriebenen Bibeln vor Erfindung der Buchdruckerey. Nebst einem alt deutschen Bibl. Wort-Register, aus einer alten geschriebenen deutschen Bibel und deren Beschreibung ausgefertiget, Schleiz 1763; Gedanken über die Würtembergische Erklärung Luc 22,43f., Gera 1763; Gnugsamer Beweiß aus der heiligen

Schrift von der Seligkeit der ungetauften Christen Kinder. Zum wahren und festen Trost betrübter Eltern, deren Kinder vor der heiligen Taufe verschieden von D. G. S., Leipzig und Lobenstein 1764; Das wahre und unbegreifliche Geheimnis der Natur in den Händen der Menschen, betrachtet von D.G.S., Greiz 1767; Warnung vor dem gewöhnlichen Selbstbetruge bey Gesunden, Kranken und Sterbenden, Leipzig und Schleiz 1767 (Erlangen 1774); Erinnerungen an Herrn Carl Renatus Hausen über seine Pragmatische Geschichte der Protestanten in Deutschland und deren ersten Theil / von D. G. S, Frankfurt und Leipzig 1768; Albrecht Dürers [...] Leben, Schriften u. Kunstwerke, Aufs neue und viel vollständiger, als von andern ehemals geschehen, beschrieben, Leipzig und Schleiz 1769; Die wahren und wichtigen Geschichten Petri des Apostels, Halle 1770.

Aufsätze: in Neue Beyträge von Alten und Neuen Theologischen Sachen [...], Leipzig: Anmerkungen über das Lied: Die Seele Christi heilge mich, 1755, 703-710; Nachrichten von einer sehr raren Bibelausgabe zu Lyon in Franckreich, Vulgata oder Lateinische Bibel, aus D.G.S. Bibliothek, ohne Benennung des Orts, von A. 1475, 1756, 291-297; Anmerkungen über einige Lieder, 1756, 696-704; Anmerckungen über D.M. Lutheri Passionale Christi et Antichristi, 1758, 778-790; Unmaßgebliche Gedancken über Herrn M. Johann Carl Kockens Anfrage, wegen seiner vorhabenden Biblischen Ausgaben, 1758, 888-902.

Lit.: ADB 32 (1891), 208; — Albert Fischer, David Gottfried Schöber, in: Blätter für Hymnologie, Altenburg 1887, 124-128. 130-135; — Bespr. »Beytrag zur Lieder-Historie, von D.G.S.«, in: Neue Beyträge von Alten und Neuen Theologischen Sachen [...], Leipzig 1759, 243-246; — Bespr. »David Gottfried Schöbers zweyter Beytrag zur Lieder-Historie«, in: Neue Beyträge von Alten und Neuen Theologischen Sachen [...], Leipzig 1760, 315-319; — Johann Gottfried Hauptmann, Leichenschrift als weiland Seine Hochwohlehrwürden Herr Christian Friedrich Lenz [...] aus der Welt gieng [...] mit den beygefügten neuern Familiennachrichten desselben, den vorzüglichen Lebensumständen des nachherigen Herrn Bürgermeisters David Gottfried Schöber [....], Gera 1794, 29-36; — Eduard Heyden, Gallerie berühmter und merkwürdiger Reußenländer. Eine biographische Sammlung, Frankfurt a.M. 1858, 211-213; — Friedrich Hoppe, Zur Geschichte und Geschlechterkunde von Großjena und Schellsitz, Naumburg 1931, 12; — Ernst Paul Kretschmer, Geschichte der Stadt Gera und ihrer nächsten Umgebung. Im Auftrage des Bürgerbundes auf urkundlicher Grundlage bearbeitet, 1. Bd., Gera 1926, 451; — Johann Georg Meusel: Lexikon der vom Jahr 1750 bis 1800 verstorbenen teutschen Schriftsteller, Bd. 12, Leipzig 1812, 349-351; — Stefan Michel, Gesangbuchfrömmigkeit und regionale Identität. Ihr Zusammenhang und Wandel in den reußischen Herrschaften vom 17. bis zum 20. Jahrhundert, Leipzig 2007, 138-153; — Christian Palmer, Evangelische Hymnologie, Stuttgart 1865 (Leipzig 1978), 5; — Johann Bartholomäus Riederer, Abhandlung von Einführung des teutschen Gesangs in die evangelische Kirche überhaupts und in die nürnbergische besonders [...], Nürnberg 1759 (Leipzig 1975), 94; — Martin Rößler, Die Frühzeit hymnologischer Forschung, in: JLH 19 (1975), (123-186) 163; — Ders., Die Liedpredigt. Geschichte einer Predigtgattung (VEGL 20), Göttingen 1976, 292. 336; — Ders., Bibliographie der deutschen Liedpredigt (Bibliotheca humanistica et reformatorica XIX), Nieuwkoop 1976, 236; — Verzeichnis verschiedener, zum Theile sehr prächtiger Manuscripte, dergleichen biblischer Ausgaben, auch theologischer, philologischer, historischer, medicinischer und anderer, theils sehr kostbarer Werke und Bücher, schöner Kupferstiche, Gemählde und anderer Seltenheiten [...] welche Montags den 12. April 1779 in Gera in des seel. Bürgermeisters Schöber daselbst in der Weydaischen Gasse gelegenen Haus Nachmittags von 2. bis 6. Uhr den Meistbiethenden gegen baare Bezahlung überlassen werden sollen, Gera [1779].

Stefan Michel

SCHÖLLGEN, Werner Maria, katholischer Priester, Professor für Moraltheologie an der Universität Bonn, * 23. September 1893 in Düsseldorf, † 9. März 1985 in Bonn. — S. wuchs als ältestes von fünf Kindern in Düsseldorf auf. Der Sohn eines Organisten und einer Lehrerin trat nach dem Abitur am altsprachlichen Görres-Gymnasium in Düsseldorf 1913 in das Collegium Leoninum zu Bonn ein. Im gleichen Jahr hörte er seine ersten theologischen und philosophischen Vorlesungen an der Rheinischen Friedrich-Wilhelms Universität Bonn. 1914 wurde er in das Collegium Albertinum entlassen, wo er sein Philosophicum absolvierte. Im ersten Weltkrieg wurde S. 1915 zum Dienst an der Westfront eingezogen. Im weiteren Verlauf des Krieges stand er auch in der Ukraine und im Kaukasus im Feld. Die schrecklichen Erfahrungen der Kriegsjahre prägten S. nachhaltig. So führten ihm die vielen Extremsituationen deutlich vor Augen, daß eine bloß im Theoretischen bleibende Schulmoral den Anforderungen des wirklichen menschlichen Lebens in all seiner Verstrickung und Gebrochenheit nicht genügen könne. Nach der Rückkehr aus dem Krieg trieb S. seine Studien an der Universität Bonn u.a. bei Fritz Tillmann (1874-1953) voran, die er 1919 abschloß. Im Anschluß daran trat er im Rahmen seiner priesterlichen Ausbildung in das Priesterseminar Köln ein. Am Dreifaltigkeitssonntag (22. Mai) 1921 wurde S. zum Priester geweiht. Seine Kaplanszeit in einer Kölner Pfarrei nutzte er zum vertiefenden Studium der Philosophie an der dortigen Universität, wo sich die Begegnung mit Max Scheler (1874-1928) als besonders fruchtbar für seine weitere wissenschaftliche Entwicklung erwies. Nach drei Jahren im seelsorgerischen Dienst begab sich S. 1924 zur ersten Vorbereitung seiner philosophischen Dissertation an die Universität Freiburg i.Br. Hier besuchte er vor allem die kirchengeschichtlichen Vorlesungen und Seminare Heinrich Finkes (1855-1938), der ihm mit seinem breit angelegten Zugang zur Sozial- und Kulturgeschichte des Mittelalters eine neue, erweiterte Sicht auf den entwicklungsgeschichtlichen Hintergrund der mittelalterlichen Philosophie eröffnete und darüber hinaus sein Interesse an soziologischen Fragestellungen vertiefte. Mit dem jungen Götz Briefs (1889-1974), zu der Zeit Professor für Nationalökonomie und Soziologie in Freiburg i.Br., gewann eine weitere Gelehrtenpersönlichkeit Einfluß auf den sich langsam herausbildenden Systemansatz S.s. Mit Beginn des Wintersemesters 1924/25 intensivierte S. die Vorbereitungen der Dissertation in Rom, wo er im Kolleg am Campo Santo wohnte und sich in den römischen Ansatz der Scholastik vertiefte. Hier machte er auch die Bekanntschaft von Hubert Jedin (1900-1980) und Theodor Klauser (1894-1984), die später ebenfalls Professoren an der Bonner Fakultät werden sollten. Nach der Rückkehr aus Rom im Frühjahr 1926 reichte S. zum Ende des Sommersemesters seine Dissertation mit dem Titel »Das Problem der Willensfreiheit bei Heinrich von Gent und Herveus Natalis« beim Freiburger Philosophieprofessor Martin Honecker (1888-1941) ein, der die Arbeit mit ausgezeichneter Beurteilung versah. Nach der Promotion zum Dr. phil. wirkte S., da von einer ursprünglich geplanten Anstellung an der Kölner Albertus-Magnus-Akademie aus finanziellen Gründen abgesehen wurde, zwei Jahre lang als Seelsorger an einem Oberhausener Krankenhaus. 1928 wurde er dann Repetent am Bonner Collegium Leoninum. Die in der Folge intensivierten Kontakte zum Moraltheologen Fritz Tillmann führten zur Anfertigung der theologischen Dissertation, die, 1930 fertiggestellt, 1931 unter dem Titel »Soziologie und Ethik des religiösen Ärgernisses. Mit besonderer Berücksichtigung des § 166 R.St.G.B. und der Strafrechtsreform« erschien. S. habilitierte sich 1932 und wurde im gleichen Jahr Privatdozent an der Katholisch-Theologischen Fakultät Bonn. Neben seiner Lehrtätigkeit leitete er als Rektor das Bonner Johanneshospital. Nach der Emeritierung Fritz Tillmanns 1939 vertrat S. den Lehrstuhl für Moraltheologie. Aufgrund der hochschulpolitischen Ziele der Nationalsozialisten, die auf die langsame »Austrocknung nicht-relevanter Studienfächer« gerichtet waren, wurde der Lehrstuhl nicht offiziell besetzt. S. blieb also Privatdozent. Das volle Ordinariat wurde ihm auch aufgrund seiner Kritik an der nationalsozialistischen Rassenideologie, deren pseudo-wissenschaftlichen Thesen er in mehreren (auch namentlichen) Veröffentlichungen widerlegte, verweigert. Erst nach dem Ende der Diktatur wurde er 1945 Lehrstuhlinhaber für Moraltheologie, was er bis zu seiner Emeritierung 1961 blieb. Bis 1963 vertrat er den Lehrstuhl noch und zog sich dann von der Universität zurück. Auch nach dem Ende seiner Lehrtätigkeit publizierte S. weiter Aufsätze und Beiträge in verschiedenen Zeit- und Festschriften. Sein großes Interesse an von der konkreten theologischen Ethik tangierten Gebiete wie Medizin oder Soziologie war auch für seinen Lebensabend prägend. S. starb am 09. März 1983 in Bonn. — Gleich zu Beginn seines Studiums begann sich S. für die Überschreitung einer Moraltheologie, die sich selbst als bloße Schulmoral mit einem vor allem kanonistisch-pastoralem Ansatz verstand, zu interessieren. Die meisten Lehrbücher der damaligen Zeit waren nicht mehr als eine vor allem auf den Dekalog und das neutestamentliche Ethos fokussierte Sittenlehre, die aber an den praktischen Problemen der sich rasant verändernden Umwelt vorbei gingen. Für S. bedurfte es angesichts der drängenden Herausforderungen, denen sich der Mensch im 20. Jahrhundert gegenübersah, einer viel breiter ansetzenden Moraltheologie, die sich den neuen Erkenntnissen der Humanwissenschaften zu öffnen wußte. Vorbilder für seine Reformanliegen wurden ihm sein akademischer Lehrer Fritz Tillmann sowie der Münsteraner Moraltheologe Joseph Mausbauch (1860-1931), die beide einen die gesamte Lebenswirklichkeit berücksichtigenden moraltheologischen Ansatz formulierten. Seine philosophische Prägung erfuhr S. in seinen Kölner Studien- und Kaplansjahren durch Max Scheler, der ihm, die radikale und unbedingte Geschichtlichkeit des Menschen herausstellend, einen wichtigen kulturanthropologischen Impuls lieferte. Das lebendige Interesse an soziologischen Fragestellungen wurde durch Götz Briefs in S. geweckt. Dessen vor allem betriebssoziologischen Untersuchungen führten S. die stets sozial geprägten Gegebenheiten allen menschlichen Handelns vor Augen, was ihn in dem Ansinnen bestärkte, die Konkretheit menschlicher Existenz für seinen ethisch-theologischen Ansatz in den Blick zu nehmen. Dieser Verortung der Ethik im konkret-relevanten Alltag ging S. auch in seinen ersten Schriften nach. Seine neben der wissenschaftlichen Laufbahn ausgeübte Tätigkeit in der Krankenhausseelsorge verstärkte sein Interesse an einer umfassenden Fundierung der katholischen Moraltheologie mithilfe der Erkenntnisse von Medizin, Psychologie und Soziologie. Besonders im Bereich der psychiatrischen Medizin eignete sich S. im Rahmen privater Fortbildungen und Praktika fundiertes Wissen an. Auf Grundlage dieses breit angelegten Zugangs betrieb S. die theologischethische Erschließung moraltheologischer Grenzgebiete. Die Vielseitigkeit der Themen, zu denen er sich in seinen Publikationen und Aufsätzen äußerte, zeugt von seinem Bemühen, die praktische Relevanz der katholischen Moraltheologie in einer lebensnahen Beschäftigung mit konkreten Problemen des menschlichen Zusammenlebens zu erweisen. — Die Diktatur der Nationalsozialisten gehört neben dem Erleben des Ersten Weltkriegs zu einem zentralen Kapitel in der Biographie S.s. Direkt zu Beginn des Regimes kam S. mit den großanlegten Gleichschaltungsbestrebungen der NS-Hochschulpolitik in Kontakt. 1933 wurde er als Privatdozent auf Vorschlag der Studierenden der katholisch-theologischen Fakultät zum Vertreter der Nichtordinarien im »Führerring« der Dozentenschaft. Diese Organisation sollte auf Anordnung des Reichserziehungsministeriums die ideologische und politische Linientreue der Hochschullehrer sichern. S. kam in diese Funktion nicht aufgrund eines etwaigen politischen Engagements oder aufgrund von Sympathien für die Nationalsozialisten, sondern aufgrund seines »anti-römischen« Rufs, den ihm seine Studenten nachsagten. Als 1934 einer der Hauptgegner der NS-Machthaber an der Fakultät, der Kirchengeschichtler Wilhelm Neuss (1880-1965), sich daran machte, eine wissenschaftliche Widerlegung von Rosenbergs »Mythus« zu verfassen, beteiligten sich mehrere Bonner Theologen und Wissenschaftler daran, u.a. auch S. Die anonym verfaßte Schrift enttarnte den laienhaften wissenschaftlichen Anspruch der Rosenbergschen Weltanschauung und fand rasche Verbreitung, obwohl die Nationalsozialisten alle Exemplare einzogen, derer sie habhaft werden konnten. Da die Verfasser jedoch bekannt wurden, war S. somit in den Augen der Machthaber zu einem Kritiker des neuen Staates geworden, dessen Linien- und »Führertreue« in Zweifel stand. Die Tragweite derartiger Verdächtigungen mußte S. am eigenen Leib erfahren, als 1939 die Nachfolge von Fritz Tillmann auf dem Bonner Lehrstuhl zu regeln war. S. war auf der Fakultätsliste nur auf dem dritten Rang platziert; die bevorzugten Kandidaten waren der Münchner Professor Theodor Steinbüchel (1888-1949) und Theodor Müncker (1887-1960) aus Freiburg. Da die NS-Umstrukturierungspläne für die deutsche Hochschullandschaft jedoch eine Versetzung Steinbüchels nach Tübingen vorsahen und Müncker ebenfalls nicht zur Verfügung stand, sollte S. auf Vorschlag des Dekans Hans Barion (1899-1973) die Lehrstuhlvertretung übernehmen. Zwar durfte S. diese Aufgabe übernehmen; das vollständige Ordinariat wurde ihm jedoch bis zum Ende der NS-Diktatur verweigert, zum einen wegen der allgemeinen Nicht-Besetzung von Lehrstühlen, die auf die »Austrocknung« v.a. der Kath.-Theol. Fakultäten abzielte, zum anderen aber auch nicht zuletzt wegen seiner Beteiligung an Neuss' Mythus-kritischer Schrift. Da S. sich in seinen wissenschaftlichen Studien auch zusätzlich gegen die nationalsozialistischen Thesen der Rassen- und Vererbungslehre stellte, erhöhten sich die Spannungen zwischen ihm und den entscheidenden Stellen im Reichserziehungsministerium noch. Unter den persönlichen Angriffen, die S. in dieser Zeit erleben mußte, war die Bezeichnung »konkordatstreu« noch eine der geringsten Beschimpfungen. Hinweis: Die nachfolgende Aufstellung der Werke und Aufsätze Schöllgens gründet im Wesentlichen auf den Literaturlisten in: Böckle, Franz / Groner, Franz (Hrsg.): Moral zwischen Anspruch und Verantwortung. Festschrift für Werner Schöllgen, Düsseldorf 1964, 11-25. Mertens, Gerhard: Ethik und Geschichte. Der Systemansatz der theologischen Ethik Werner Schöllgens, Mainz 1982, 227-238. Die Abkürzungen folgen IATG².

Werke: Das Problem der Willensfreiheit bei Heinrich von Gent und Herveus Natalis. Ein Beitrag zur Geschichte des Kampfes zwischen Augustinismus und Aristoteles in der Hochscholastik, Düsseldorf 1927 (AEtM 6); Soziologie und Ethik des religiösen Ärgernisses. Mit besonderer Berücksichtigung des §166 RStGB und der Strafrechtsreform, Düsseldorf 1931 (AEtM 11); Psychotherapie und sittlich-religiöse Lebensordnung, in: ThGl 24 (1932), 665-679; Der Arzt vor der Tragik des Lebens, in: Münchner medizinische Wochenzeitschrift 80 (1933), 1356-1361; »Gott oder die Verzweiflung«. Zu Heims philosophischer Glaubensbegründung, in: Cath(M) 2 (1933), 43-47; »Psychotherapie und sakramentale Beichte, in: Cath(M) 2 (1933), 145-158 und in: Aktuelle Moralprobleme, 1955, 106-118; Die Grundgedanken der Aristotelischen Ethik, Düsseldorf 1934 (RQS 94); Tugend und Gemeinschaft. Die Lebenskunde der Nikomachischen Ethik. Ausgewählt und eingeleitet von Werner Schöllgen, Düsseldorf 1934 (RQS 95); Die Leib-Seele-Ganzheit Mensch in heutiger Psychologie, in: Das Bild vom Menschen. Festschrift für Fritz Tillmann (1934), 160-173; Willensfreiheit und Vererbung, in: ZKRU 11 (1934), 11-23; Psychotherapie und religiöse Weltanschauung, in: Schönere Zukunft 9 (1934), 1068-1070; Willensfreiheit und Umwelt, in: ZKRU 11 (1934), 133-146; Das Verhältnis der modernen Wertethik zur Ethik des Aristoteles und des hl. Thomas, in: Cath(M) 3 (1934), 1-9; Die Psychologie der Krankenhausseelsorge, in: ThGl 26 (1934), 330-343 und in: Aktuelle Moralprobleme, 1955, 428-440; Begegnung mit der Seelenkunde in der modernen Medizin, in: Unitas 75 (1935), 20-23; Zur moraltheologischen Beurteilung der Tagträume, in: Scientia Sacra. Theologische Festgabe für K.J. Kard. Schulte zum 25. Jahrestag der Bischofsweihe, Köln 1935, 277-297 und in: Aktuelle Moralprobleme, 1955, 323-344; Das Menschenrätsel. Zu P.B. Landsbergs »Einführung in die philosophische Anthropologie«, in: ZKRU 12 (1935), 180-182; Vererbung und sittliche Freiheit, Düsseldorf 1936; Grundfragen der Lebensauffassung und Lebensgestaltung, Köln 1936 (Anonym. 5. Teil der »Studien zum Mythos des XX. Jahrhunderts«. Kirchlicher Anzeiger für die Erzdiözese Köln. Amtliche Beilage); Das Recht des Leibes im Christentum, in: ZKRU 13 (1936), 159-167 und Fortsetzung 13 (1936), 216-223; Der anthropologische Sinn der astrologischen Schicksalsdeutung als Platzhalterin der Vererbungstheorie im Weltbild des Thomas von Aquin. in: PhJ 49 (1936), 125-137 und in: Aktuelle Moralprobleme, 1955, 93-105; Praktische Menschenkenntnis, in: ThGl 29 (1937), 174-188; Die Lehre von der Tugend bei Thomas von Aquin und die Kritik Nietzsches an der christlichen Ethik, in: Cath(M) 6 (1937), 62-80; Naturwissenschaft und Religion, in: Unitas 77 (1937), 146; Schopenhauer. Zum 150. Geburtstag, in: Unitas 77 (1937), 77-80; Die traditionelle Lehre von der »Unterscheidung der Geister« unter dem Gesichtspunkt der Charakterologie und Psychagogik, in: Bildung und Erziehung (1937), 281-292 und in: Aktuelle Moralprobleme, 1955, 119-135; Was lehrt die moderne Charakterkunde den Seelsorger? in: ThGl 30 (1938), 405-417; Die Überwindung des Materialismus innerhalb der Naturphilosophie, in: Kirche in der Zeitenwende, hg. von E. Kleineidam und O. Kuss, Salzburg 1938, 399-419; Schopenhauer als Ethiker. Aus Anlaß seines 150. Geburtstages, in: PastB 49 (1938), 8-14; Pastorale Voraussetzungen des Exerzitienwerkes, in: PastB 49 (1938), 164-170 und in: Aktuelle Moralprobleme, 1955, 146-154; Seelsorgliche Gegenwartslage und Exerzitienwerk, in: Exerzitien und Exerzitienwerk, hg. von Ernst Duwoby, Paderborn 1939, 23-32; Recht und Grenzen der moralpsychologischen Betrachtungsweise für Askese und Mystik, in: ThGl 31 (1939), 127-138; Christliche Tapferkeit in Krankheit und Tod. Eine moralpsychologische Studie, Würzburg 1940 (Bücher christlichen Lebens, Bd. 3); Die Abstammungslehre im Lichte der philosophischen Anthropologie, in: ThGl 33 (1941), 121-129; Zur pastoralen Beurteilung des »abusus matrimonii« (der Geburtenbeschränkung), in: ThGl 34 (1942), 215-222 und in: Aktuelle Moralprobleme, 1955, 300-307; Nietzsche und Thomas von Aquin als Deuter christlicher Lebensideale, in: ThGl 35 (1943), 61-73; Religion und Naturerleben, in: Feldunterrichtsbrief der kath. theol. Fakultät der Rhein. Friedrich-Wilhelms-Universität, Bonn (1944), Nr. 23, 3. Folge, 1-19; Grenzmoral. Soziale Krisis und neuer Aufbau, Düsseldorf 1946; Christliche Soziologie als theologische Disziplin, in: NOrd 1 (1946/47), 407-417 und in: Aktuelle Moralprobleme, 1955, 27-43; Schuld und Verantwortung. Nach der Lehre der katholischen Moraltheologie, Düsseldorf 1947; Die Überwindung Nietzsches, in: ThGl 37 (1947), 43-53; »Der Partner Gottes«, in: FH 2 (1947), 1273-1276; Der Richter und das Gesetz, in: FH 2 (1947), 656-665 und in: Aktuelle Moralprobleme, 1955, 220-229; Der politische Eid, in: Hochl. 40 (1947/48), 242-251 und in: Aktuelle Moralprobleme, 1955, 230-239; Christliche Hilfe für Kranke und Psychopathen, in: Menschenkunde im Dienste der Seelsorge und Erziehung. Festschrift für Theodor Müncker zum 60. Geburtstag. Hrsg. von Wilhelm Heinen und Joseph Höffner. Trier 1948, 195-208; Die Schwangerschaftsverhütung, in: KiW 1 (1948), 157; Arzt, Seelsorger und Kurpfuscher. Eine moralpsychologische Studie, Würzburg 1949 (2. Aufl. von »Christliche Tapferkeit in Krankheit und Tod«); Die Humanisierung der Sexualität. Anmerkungen zur Krise der modernen Ehe, in: WuW 4 (1949), 95-103 und in: Aktuelle Moralprobleme, 1955, 290-299; Der vergessene Faktor. Die Bewegung für moralische Aufrüstung, in: Hochl. 41 (1948/49), 503-505; Ethik und Ethos, in: Aus Theologie und Philosophie. Festschrift für Fritz Tillmann zu seinem 75. Geburtstag. Düsseldorf 1950, 419-438; Macht und Grenzen der Pädagogik, in: Hochl. 42 (1949/50), 251-260 und in: Aktuelle Moralprobleme, 1955, 187-197; Der Staat in der christlichen Perspektive, in: Hochl. 43 (1950/51), 311-313; Das Widerstandsrecht, in: KiW 3 (1950), 411-414 und in: Aktuelle Moralprobleme, 1955, 240-251; Der Dekalog unter soziologischem Gesichtspunkt, in: KatBl 75 (1950), 446-453 und in: Aktuelle Moralprobleme, 1955, 44-53; Arzt und Seelsorger, in: Anima 5 (1950), 37-43 und in: Aktuelle Moralprobleme, 1955, 405-412; Moral, Recht und Seelsorge, in: Anima 5 (1950), 211-22 und in Aktuelle Moralprobleme, 1955, 201-210; Ohne mich! ... Ohne uns? Recht und Grenzen des Pazifismus, Graz/Salzburg/Wien 1951; Zeitgeist und Caritas, Graz/Salzburg/Wien 1951; Das Dogma von der Hölle in der Seelenführung, in: Anima 6 (1951), 41-50 und in: Aktuelle Moralprobleme, 1955, 136-145; Sünde und Vergebung, in: Anima 7 (1952), 38-44 und in: Aktuelle Moralprobleme, 1955, 60-66; Sünde als isolierte Tat und als Symptom einer inneren Entwicklung, in: Anima 7 (1952), 143-148 und in: Aktuelle Moralprobleme, 1955, 54-59; Vom Kollektivverhängnis zur kollektiven Schuld, in: Das Parlament (1952), Nr. 43, 2 und in: Aktuelle Moralprobleme, 1955, 252-256; Art. »Dekalog«, in: LPäd(F) I., 683; Neutralität als Utopie und politische Wirklichkeit, in: Deutsche Rundschau 78 (1952), 67-77; La experiencia sociologica como illustracion de la moral catolica, in: Arbor (1952), H. 11, 198-212; Der Einbruch der Technik in den Kern der menschlichen Persönlichkeit, in: Hochl. 44 (1951/52), 239-249 und in: Aktuelle Moralprobleme, 1955, 457-470; Verkehrsgefährdung und ethische Verantwortlichkeit, in: Zeitschrift für Verkehrssicherheit 1 (1952), 99-110 und in: Aktuelle Moralprobleme, 1955, 378-390; Der Ruf nach der missionarischen Methode: Theologie und Seelsorge im Umbruch der Zeit, in: WuW 7 (1952), 729-737 und in: Aktuelle Moralprobleme, 1955, 155-167; Film und Mensch in der heutigen Zeit, in: KiW 7 (1952), 282-283 und in: Aktuelle Moralprobleme, 1955, 345-353; Zum Problem der Jungfräulichkeit heute, in: Anima 7 (1952), 194-201; Die soziologischen Grundlagen der katholischen Sittenlehre, Düsseldorf 1953 (HKSL 5); In memoriam Fritz Tillmann, hg. von Werner Richter, Martin Noth und Werner Schöllgen. Alma Mater. Beiträge zur Geschichte der Universität Bonn 3, Bonn 1953; Fritz Tillmann als Moraltheologe, in: In Memoriam Fritz Tillmann. Bonn 1953, 19-30; Die Bedeutung von Fritz Tillmann als Moraltheologe. Ein Nachruf, in: Seelsorgehilfe 5 (1953), 117-122; Fritz Tillmann. 1874-1953, in: ThRv 49 (1953), 227-228; Ein halbes Jahrhundert katholischer Moraltheologie, in: Hochl. 46 (1953/54), 370-376; Das Problem der Liebe in der heutigen Seelsorge, in: Anima 8 (1953), 116-121 und in: Aktuelle Moralprobleme, 1955, 275-281; Ärztliche Ethik und christliche Moraltheologie, in: StGen 6 (1953), 39-45 und in: Aktuelle Moralprobleme, 1955, 393-404; Die ärztliche Sektion von Leichen in der Sicht der katholischen Moraltheologie, in: Das Krankenhaus, Stuttgart, 45 (1953), 97-103 und in: Aktuelle Moralprobleme, 1955, 441-456; Die priesterliche Confraternitas nach dem Gesetz Christi, in: Kölner Pastoralblatt 7 (1953), 165-170; Die Ergebnisse der modernen Hirnforschung und ihre Bedeutung für die Erkenntnis der menschlichen Seele, in: NOrd 8 (1954), 117-121; Hirn und Seele, in: Unitas 93 (1954), 22-24; Anthropologie und Verkehrspädagogik, in: Die Sicherung des modernen Straßenverkehrs. Zusammenstellung der Referate der Verkehrswissenschaftlichen Vortragsreihe vom 29. Juni bis 3. Juli 1953, veranstaltet vom Institut für Verkehrswissenschaft an der Universität Köln. Düsseldorf 1954, 43-47; Die Kunst der Dialektik des Menschlichen und des Göttlichen, in: Hochl. 46 (1953/54), 571-576; Moraltheologischen Probleme in der industrialisierten Gesellschaft, in: Entordnetes Leben - Heilende Kräfte. Jahrbuch für Volksgesundung. Hamm 1954/55, 17-26; Das Filmerlebnis im Lichte der psychischen Hygiene, in: Internationale Filmrevue 2 (1954/55), 112-118; Über das Wertreich des Intimen. Gedanken zur Familiensoziologie, in: Hochl. 47 (1954/55), 322-334 und in: Aktuelle Moralprobleme, 1955, 308-322; Körper, Moral und Seelsorge, in: Anima 9 (1954), 99-105 und in: Aktuelle Moralprobleme, 1955, 267-274; Die Traumfabrik. Das Filmerleben im Lichte der Psychotherapie und der psychischen Hygiene, in: Merkur 9 (1954), 4-12 und unter dem Titel: Das Filmerlebnis im Lichte der Psychotherapie und unter der Norm der psychischen Hygiene. In: Aktuelle Moralprobleme, 1955, 354-362; Politische Wissenschaft und politische Ethik, in: KiW 7 (1954), 83-88 und in: Aktuelle Moralprobleme, 1955, 211-219; Anthropologische Gesichtspunkte zur Verkehrserziehung, in: Zeitschrift für Verkehrssicherheit 2 (1954), 99-112 und in: Aktuelle Moralprobleme, 1955, 363-377; Pazifismus aus christlicher Verantwortung, in: KiW 7 (1954), 97-102 und in: Aktuelle Moralprobleme, 1955, 257-264; Recht und Bedeutung des Staates im Lichte der katholischen Moraltheologie, in: studium generale der Rhein. Friedrich-Wilhelms-Universität, Bonn. Bonn 1954 und in: Konkrete Ethik, 1961, 373-386; Aktuelle Moralprobleme, Düsseldorf 1955; Das Grundproblem der Moralpädagogik, in: Aktuelle Moralprobleme, 1955, 168-186; Recht und Bedeutung des Staates, in: Unitas 95 (1955), 1-7; Kirchliche Sendungen - soziologisch gewertet, in: Rundfunk und Fernsehen 3 (1955), 231-240; Soziologie und Pfarrseelsorge, in Anima 10 (1955), 162-169 und in: Konkrete Ethik, 1961, 71-84; Der gute Wille und der rechte Weg. Gedanken zum »Evangelischen Soziallexikon«, in: Hochl. 48 (1955/56), 100-111 und in: Konkrete Ethik, 1961, 71-84; Soziologie und Ethik der Unterhaltung, in: Aktuelle Moralprobleme, 1955, 67-92; Gegenwartsfragen der Psychiatrie, hg. von Werner Schöllgen und Hermann Dobbelstein, Freiburg 1956; Ontologie der Medizin, in: Gegenwartsfragen der Psychiatrie. Hrsg. von Werner Schöllgen und Hermann Dobbelstein, Freiburg 1956, 1-67; Der christliche Beitrag zur Demokratie, in: Die Freiheit des Rundfunks. Schriftenreihe der Evangelischen Akademie für Rundfunk und Fernsehen, 1956, 59-65; Der Militärarzt. Die Wertgestalt des ärztlichen Helfers, in: Der deutsche Arzt 2 (1956), 71-76; Um den Sinn und die Bedeutung der Kardinaltugenden, in: ThGl 46 (1956), 26-39 und in: Konkrete Ethik, 1961, 49-61; Der Heilige Geist und die Sozialforschung. In: LS 7 (1956), 221-224 und in: Konkrete Ethik, 1961, 350-355; Der Zerfall unseres Weltbildes, in: Wissenschaft und Wirtschaft. Festschrift zur Feier des 75jährigen Bestehens der Metallgesellschaft. Frankfurt a.M. 1956, 183-215 und in: Konkrete Ethik, 1961, 125-142; Bekenntnis und Flucht als Lebensprobleme, in: Univ. 11 (1956), 917-926 und in: Konkrete Ethik, 1961, 152-161; Priester, Mönch, Laie. In: WuW 11 (1956), 333-344 und in: Konkrete Ethik, 1961, 328-343; Die Problematik des modernen Verkehrs im Lichte der Moral, in: Die Kirche und der Straßenverkehr. Ein Arbeitsheft für den Klerus. Köln 1957, 6-7; Recht und Reichweite des Gewissens, in: Politisch-Soziale Korrespondenz 5 (1956), 6-9; Moderne Krise der Liebe - seelsorglich gesehen, in: Anima 12 (1957), 196-203 und in: Konkrete Ethik, 1961, 356-363; Recht und Notwendigkeit der Pastoralsoziologie im Urteil der Theologie, in: Anima 12 (1957), 16-24; Rezension: Otto Bauernfeind, Eid und Frieden. Fragen zur Anwendung und zum Wesen des Eides. Stuttgart 1956, in: GGA 211 (1957), 175-179; Das Prinzip der Virtus, in: 110 Jahre Unitas Salia. Hrsg. von Anton Bressig. Köln 1957, 25-32; Art. »Anpassung«, in: StL 6I, 343-348; Art. »Ärgernis«, in: StL 6I, 568-572; Art. »Altern I. Gerontologisch«, in: ²LThK I, 386; Art. »Viktor Cathrein SJ«, in: ²LThK II, 980; Unsere geistige Heimat, in: Der Lebensabend. Hrsg. von Edith Mendelssohn-Bartholdy, 1958, 86-94; Die die Alten unnütze Esser? Der alternde Mensch in seiner gesellschaftlichen Vereinsamung, in: WuW 13 (1958), 181-192 und in: Konkrete Ethik, 1961, 257-272. Titel: Die alten Menschen in unserer Zeit. — Last oder Geschenk?; Alkohol und Verkehr in der Sicht ethischer Verantwortung, in Subsidia media 4 (1958), 19-21 und in: Zentralblatt für Verkehrsmedizin 4 (1958), 20-21 und in: Konkrete Ethik, 1961, 273-285; Hoffnungslosigkeit als Existenznot des heutigen Menschen, in:

Anima 13 (1958), 103-111 und in: Konkrete Ethik, 1961, 143-151; Das Gewissen als Bundesgenosse des Seelsorgers, in: LS 9 (1958), 45-49 und in: Konkrete Ethik, 1961, 364-370; Zur Psychologie der Frömmigkeit und Gottesfurcht, in: Der Mensch unter Gottes Anruf und Ordnung. Hrsg. von Richard Hauser und Franz Scholz. Festgabe für Theodor Müncker, 1958, 125-136 und in: Konkrete Ethik, 1961, 162-174; Der medizinische Konstitutionsbegriff in theologischer Bedeutung, in: ArztChr 4 (1958), 85-89 und in: Konkrete Ethik, 1961, 446-452; Der Unglaube der heutigen Welt, in: Anima 13 (1958), 14-23; Problemas actuales de psyquiatria, Barcelona 1959; Konkrete Ethik. Anmerkungen eines Moraltheologen zu Karl Rahners »Prinzipien und Imperative«, in: WuW 14 (1959), 85-96 und in: Konkrete Ethik, 1961, 15-30; Die Gleichschaltung des Arztes. Zum Zeitstil der Technokratie, in: ArztChr 5 (1959), 235-236; Laizismus und Laienapostolat - moraltheologische bewertet, in: Anima 14 (1959), 113-119 und in: Konkrete Ethik, 1961, 303-309; Die Haltung des heutigen Menschen dem Gebet gegenüber, in: Anima 14 (1959), 6-13 und in Konkrete Ethik, 1961, 175-182; Die öffentliche Gesundheitsfürsorge als Feld der Begegnung von Mensch und Institution, in: Sorge um die Gesundheit. Hrsg. vom Katholisch-Sozialen Institut der Erzdiözese Köln. München 1959, 90-100 und in: Konkrete Ethik, 1961, 240-249; Art. »Dekalog II. Moraltheologisch«, in: ²LThK III, 201-202; Art. »Geschlechtliche Enthaltsamkeit«, in: ²LThK III, 896-897; Art. »Euthanasie«, in: ²LThK III, 1207-1208; Art. »Ethos«, in: StL III6, 56-58; Art. »Geburtenregelung«, in: StL III6, 652-655; Art. »Grenzmoral«, in: StL III6, 1016-1019; Arbeiten und Feiern, in: Laßt sie Menschen bilden im Betrieb. Neue Wege der gemeinsamen Sozialarbeit der Konfessionen. Hrsg. von Gilbert Cormann und Werner Lottmann, 1960, 215-219; Ontologie der Medizin, in: ArztChr 6 (1960), 1-14 und in: Konkrete Ethik, 1961, 429-445; Der Begriff der Standespflicht in seiner Bedeutung für die heutige Pastoral- und Moralpädagogik, in: Die Kirche und ihre Ämter und Stände. Festgabe für Joseph Kardinal Frings, 1960, 161-172 und in: Konkrete Ethik, 1961, 107-122; Integrierende Wissenschaften als neuer Typ von Wissenschaft. Wissenschaftstheoretische Erwägungen aus Anlaß einer Tagung der Deutschen Gesellschaft für Film- und Fernsehforschung, in: Publizistik 5 (1960), 195-204 und in: Konkrete Ethik, 1961, 31-45; Wochenende und Urlaub unter pastoralem Gesichtspunkt, in: Arbeitstagung Ettal, 25. bis 28. April 1960. Hrsg. vom Zentralkomitee der deutschen Katholiken. Paderborn 1960, 108-110; Das Sittlich-Gute und das Ökonomisch-Richtige. Christliche Gedanken zur Wirtschaftspolitik, in: Ökonomischer Humanismus. Schriftenreihe katholischer Unternehmen. Neue Folge 8. Köln 1960, 56-63 und in: Konkrete Ethik, 1961, 196-203; Die Lehrpunkte von der Epikie und vom kleineren Übel auf dem Hintergrund der Klugheit als einer sittlichen Tugend, in: Anima 15 (1960), 42-51 und in: Konkrete Ethik, 1961, 62-70; Seelsorge an Gruppen minderen Ranges, in: Anima 15 (1960), 162-171 und in: Konkrete Ethik, 1961, 318-327; Die Bedeutung des Konzils unter religionssoziologischem Gesichtspunkt, in: Anima 15 (1960), 353-360 und in: Konkrete Ethik, 1961, 232-239; Art. »Grenzmoral«, in: ²LThK IV, 1221-1222; Konkrete Ethik, Düsseldorf 1961; Krise der Autorität, in: Konkrete Ethik, 1961, 93-106; Freie Zeit als Freiheitsproblem der menschlichen Gesellschaft, in: Konkrete Ethik, 1961, 213-231; Die Kirche und die moderne Technik, in: Konkrete Ethik, 1961, 183-190; Das Bischofsamt in heutiger Zeit, in: Konkrete Ethik, 1961, 344-349; Ethik und Lebenserfolg, in: Konkrete Ethik, 1961, 85-92; Kriegsdienstverweigerung aus Gewissensgründen, in: Konkrete Ethik, 1961, 191-195; Der abnorme (homosexuelle) Mensch im Urteil der Moraltheologie, in: Konkrete Ethik, 1961, 406-414; Probleme der Bevölkerungspolitik - moraltheologisch gesehen. Korreferat zu einem Rundfunkvortrag von Arnold Toynbee, in: Konkrete Ethik, 1961, 204-210; Warum Sexualität und nicht Liebe?, in: WuW 16 (1961), 461-468; Die Not der Entwicklungsländer und unsere Verpflichtung, in: Soziale Arbeit 10 (1961), 8-14; Die Idolisierung der Arbeit und der Technizismus, in: Häresien unserer Zeit. Hrsg. von Anton Böhm. Freiburg/Basel/Wien 1961, 241-275; Die wirtschaftliche Lage als Sicherung und Gefahr für die Jugend, in: Anima 16 (1961), 44-52; Die Norm ärztlichen Handelns im Lichte einer Wesenslehre vom Menschen, in: Der Arzt in der technischen Welt. IX. Internationaler Kongreß katholischer Ärzte, München. Sonderband der Zeitschrift »Arzt und Christ«, 300-310 und in: Konkrete Ethik, 1961, 417-428; Der Pluralismus der Strafzwecke im Lichte des christlichen Menschenbildes. Grundsätzliches zur Strafrechtsreform, in: Naturordnung. Festschrift für Johannes Messner zum 70. Geburstag. Hrsg. von Joseph Höffner, Alfred Verdross und Francesco Vito. Innsbruck/Wien/München 1961, 503-520 und in: Konkrete Ethik, 1961, 387-405; Ordnung und Freiheit - ihre Gefährdung in unserer Zeit in: Unitas 101 (1961), 136-138; Grenzfragen der Psychotherapie an die katholische Theologie, in: Handbuch der Neurosenlehre und Psychotherapie. Hrsg. von Viktor E. Frankl, Viktor E. Freiherr von Gebsattel und J.H. Schutz. München/Berlin 1961, Bd. V, 627-653 und in: Konkrete Ethik, 1961, 453-490; Das Neue und die Sensation: Das menschliche Informationsbedürfnis auf dem Hintergrund der philosophischen Anthropologie, in: Film und Fernsehfragen. Beiträge zur Filmforschung. Hrsg. von Erich Feldmann, Hermann M. Görgen und Martin Keilhacker. Emdsdetten /Westf. 1961, Bd. VI, 51-64 und in: Konkrete Ethik, 1961, 286-299; Die gleitende Arbeitswoche. Kultursoziologische Erwägungen zum Sinn des Sonntags, in: Konkrete Ethik, 1961, 250-256 und in: Rheinischer Merkur, 25. Januar 1957, 4; Art. »Kleptomanie«, in: ²LThK VI, 336; Art. »Leben V. Moraltheologisch«, in: ²LThK VI, 856-858; Art. »Tugend«, in: Wörterbuch der Katechetik, Freiburg 1961, 769; Einheit der Welt: - ohne Gott?, in: LS 13 (1962), 31-36; Angestelltenfrage, Seelenführung und Beichtstuhl, in. Anima (1962), H. 2, 159-166; Verkehrswissenschaft im systematischen Vorentwurf ,team work' oder integrierende Wissenschaft?, in: Verkehrssicherheit 8 (1962), 169-182; Compulsory Insurance and »Folk Medicine«, in: Financing Medical Care. An appraisal of foreign programs. Edited by Helmut Schoeck. Caldwell, Idaho 1962, 172-184; Idylle oder Abgrund: Die Gefahr radikaler Alternativen, insbesondere für die kirchliche Kunst, in: Der Mensch und die Künste, Festschrift für Heinrich Lützeler. Düsseldorf 1962, 33-46; Asozial - Antisozial: Recht und Grenzen des Schuldprinzips in der Strafrechtsreform, in: Lebendiger Realismus. Festschrift für Johannes Thyssen. Hrsg. von Klaus Hartmann in Verbindung mit Hans Wagner. Bonn 1962, 227-247; Verhungerte Seelen?, in: Kölner Pastoralblatt 14 (1962), 151-

155; Art. »Moralsoziologie«, in: ²LThK, 609-611; Art. »Moralstatistik«, in: ²LThK, 611-612; Problemas morales des nuestro tiempo, Barcelona 1962 und Moral Problems Today, New York 1963; Sexualität und Verbrechen in der Sicht der katholischen Moraltheologie, in: Sexualität und Verbrechen. Hrsg. von Fritz Bauer, Hans Bürger-Prinz, Hans Giese und Herbert Jäger. Fischer-Bücherei Nr. 518/519, Frankfurt 1963, 70-83; Lüge und Verlogenheit, in: Kölner Pastoralblatt 15 (1963), 12-17; Das Prinzip Gegenwart. Naturrecht und Geschichte im Widerstreit menschlicher Grundhaltungen, in: WuW 18 (1963), 176-186; Die Strafrechtsreform, der Schutz des Bürgers und die heutige Kriminalpolitik, in: Univ. 18 (1963), 379-391; Homosexualität und Seelsorge, in: Anima 18 (1963), 60-68; Die Problematik des Nackten in ihrer Vielschichtigkeit, in: Anima 18 (1963), 186-197; Der Tierschutz in der Sicht des katholischen Glaubens, in: Bericht über den zweiten Deutschen Tierschutzkongreß. Wiesbaden 1963, 33-40; Sein ohne Antlitz. Das Phänomen des modernen Unglaubens, in: LebZeug (1963), 108-128; Lebendigkeit und Lebenskraft christlichen Glaubens, in: Religion und Erlebnis. Festschrift für F.X. von Hornstein. Hrsg. von J. Rudin. Olten 1963, 31-53; Sozialwidrige Trends im Vorfeld der eigentlichen Wirtschaftskriminalität, in: Grundfragen der Wirtschaftskriminalität. Bericht über die Arbeitstagung des Bundeskriminalamtes 1963. Wiesbaden 1963, 15-23; Probleme der gesetzlichen Krankenversicherung im Lichte der Wesenslehre vom Menschen, in: Gesetzliche Krankenversicherung in einer freiheitlichen Gesellschaft. Hrsg. von Wilfrid Schreiber, Berlin 1963, 49-61; Soziologie und Ethik der Unterhaltung, in: Um die freie Zeit. Ein katholisches Werkbuch. Bearbeitet von A. Schardt, Düsseldorf 1963, 17-28; Ética concreta, Barcelona 1964; Existenzproblematik des süchtigen Menschen, in: Sucht und Mißbrauch. Ein kurzgefaßtes Handbuch für Ärzte, Juristen, Pädagogen, hg. von F. Laubenthal, Stuttgart 1964; Paul Ramsey: War and the Christian conscience, in: Erasmus, London 16 (1964), 212-215; Die Bewältigung der Schuld des Straffälligen in der Mitverantwortung der Gesellschaft, in: Bewährungshilfe 4 (1964), 236-243; Römer 13,1-7 in der Sicht der katholischen Moraltheologie, in: Politische Studien, München 1964, 144-155; Der Fußgänger: Verkehrsmodelle und Rechtsgefühl im Konflikt, in: Verkehrssicherheit 11 (1965), 3-13; Erwägungen zur Geburtenbeschränkung, in: Seels. 35 (1965), 88-101; Die Begegnung von moderner Technik und christlichem Daseinsverständnis, in: Technik im technischen Zeitalter. Stellungnahmen zur geschichtlichen Situation. Hrsg. von H. Freyer u.a., Düsseldorf 1965, 168-189; Besessenheit oder Krankheit, in: ArztChr 11 (1965), 85-92; Die theologische Begründung der Ethik angesichts der modernen Forderung einer »New Morality«, in: EvE 9 (1965), 77-88; Die Sozialphilosophie von Ernst Troeltsch. In: Erasmus 19/20 (1965), 590-592; Die Bedeutung der modernen Verhaltensforschung für die Sexualpädagogik, in: Sobrietas (1965), H. 4, 126-132 und in: Gottesgebote sind Lebensgesetze. Fastenerziehung 1966, Hoheneck 1965; Entlastung oder Entfremdung? Sinn und Recht einer öffentlichen Moral, in: Hochl. 58 (1965/66), 101-109; Wie Bischof von der Velden von Aachen sich »bekehrte«. Kritische Bemerkungen zum Schlagwort von der »Armut der Kirche«, in: Pastoralblatt 18 (1965), 143-146; Die Paradoxie des Konzils. Über die Möglichkeit christlicher Kulturgestaltung, in: Hochl. 59 (1966/67), 201-218; Der blinde Fleck der Sozialwissenschaften, in: Hochl. 59 (1966/67), 473-478; Prolegomena zur paritätischen Mitbestimmung, in: Mitbestimmung? Beiträge zur Problematik der paritätischen Mitbestimmung in der Wirtschaft. Hrsg. und eingeleitet von Goetz Briefs, Verein für wirtschaftliche und soziale Fragen, Stuttgart 1966; Moral fragwürdig? Über gesellschaftlichen Pluralismus und Moral, Hückeswagen 1967; Utopie oder Eschatologie - der geistige Ort christlicher Politik, in: Staat, Wirtschaft und Politik in der Weimarer Republik. Festschrift für H. Brüning. Hrsg. von F.A. Hermens und Th. Schieder, Berlin 1967, 489-507; Freiheit der Existenz und Gebundenheit in den Ordnungen. Der Begriff der Daseinsordnungen in der Psychiatrie, in der Verhaltensforschung und in dialogischer Existenz, in: Menschliche Existenz und moderne Welt. Hrsg. und mitverfaßt von Richard Schwarz, Teil 1, Berlin 1967, 296-319; Außenseiter nach dem Konzil: Aloys Müller, in: Hochl. 60 (1967/68), 375-380; Theologie der Sünde, in: Hochl. 60 (1967/68), 168-172; Fritz Tillmann, in: Bonner Gelehrte Beiträge zur Geschichte der Wissenschaften in Bonn. Katholische Theologie. Veröffentlichung zur 150-Jahr-Feier, Bonn 1968, 94-104; Werttheoretische Aspekte zur »ewigen Wiederkehr« des Chiliasmus, in: Soziale Verantwortung. Festschrift für G. Briefs zum 80. Geburtstag. Hrsg. von J. Broermann und Ph. Herder-Dorneich, Berlin 1967, 87-110; »Repression« - einmal ernst genommen, in: Politisch-Soziale Korrespondenz 18 (1969), 7-9; Menschenwürde - geschichtsmächtiges Ideal oder utopische Hoffnung, in: Hochl. 61 (1969), 113-125; Menschenwürde - geschichtsmächtiges Ideal oder utopische Hoffnung, in: Hochl. 61 (1969), 113-125; Wertethik und kultursoziologischer Pluralismus, in: Die Rolle der Werte im Leben. Festschrift für J. Hessen zum 80. Geburtstag, Köln 1969, 103-126; Menschenwürde der Frau: Ewige Wahrheit oder neueste Entdeckung?, in: Hochl. 63 (1971), 131-142; Hoffnung als Widerpart der Liebe. Eine kultursoziologische Bilanz, in: Die Kirche im Wandel der Zeit. Festgabe Sr. Eminenz, dem Hochwürdigsten Herrn Joseph Kardinal Höffner, Erzbischof von Köln, zur Vollendung des 65. Lebensjahres. Hrsg. von Franz Groner, Köln 1971, 241-255; Realistische oder utopische Anthropologie?, in: Urbild und Abglanz. Beiträge zu einer Synopse von Wertgestalt und Glaubenswirklichkeit. Festgabe für Herbert Doms zum 80. Geburstag. Hrsg. von J. Tenzler, Regensburg 1972, 285-298.

Lit.: Franz Böckle und Franz Groner (Hrsg.): Moral zwischen Anspruch und Verantwortung. Festschrift für Werner Schöllgen. Düsseldorf 1964; — Gerhard Mertens: Ethik und Geschichte. Der Systemansatz der theologischen Ethik Werner Schöllgens. Mainz 1982; — Gerhard Mertens: Schöllgen, Werner, Artikel in ³LThK IX, 204; — Hans-Paul Höpfner: Die Universität Bonn im Dritten Reich, Bonn 1999, insbes. 181-217; — Schöllgen, Werner. Artikel in DBE IX (1998).

Simon Rüffin

SCHÖNERER, Georg Heinrich Ritter von (1842-1921): Landgutsbesitzer und »deutschvölkischer« antiklerikaler Politiker, * 17.7. 1842, † 14.8. 1921. — S. wurde in der Habsburgermetropole Wien als erstes Kind von insgesamt fünf Sprößlingen des aus Wien gebürtigen Eisenbahningenieurs, Bauherrn und Rittergutsbesitzers Mathias von Schönerer (1807-1881) und dessen Ehefrau Marie Anna Antonia Rehmann (1819-1884) geboren. Sein Vater Mathias von Schönerer aus alter steirischer Bauernfamilie hatte die ersten Schieneneisenbahnen auf dem Kontinent, Linz-Budweis und Linz-Gmunden, errichtet. Kaiser Franz Joseph I. sollte Mathias Schönerer 1860 wegen seiner Verdienste um den Eisenbahnbau anläßlich der Einweihung der »k.k. Kaiserin-Elisabeth-Bahn« mit dem erblichen Adelprädikat dekorieren. — S. wuchs in dem völkisch sehr heterogenen und von sozialen Konflikten geschüttelten Wien auf, wo er von 1849 bis 1856 die Volks- und Realschule und anschließend die Oberrealschule besuchte. Seine jüngere Schwester Alexandrine Schönerer war die spätere Theaterdirektorin des Theaters an der Wien. — Seit 1857 wandte sich S. einer kaufmännischen Lehre an der privaten Handeslehranstalt in Dresden zu. In Berlin sollte im Ortsteil von Nikolassee in Steglitz-Zehlendorf von 1939 bis 1947 die sogenannte »Schönerer Zeile« nach dem späteren alldeutschen Politiker und »Wegbereiter« Hitlers benannt werden. Ein beruflicher Kurswechsel, den der Vater veranlaßt hatte, zwang S. dazu, seit 1861 an der berühmten »Landwirtschaftlichen Hochschule« in Hohenheim im Württembergischen Agrarwirtschaft zu studieren. Die Ausprägung seines um vieles übersteigerten nationalen Hangs zu deutscher Kultur und zu einem überpointiertem deutschen Sendungsbewußtsein fiel ab 1857 unzweifelhaft in seine »deutschen Jahre«. Konfessionell sympathisierte S., der sich schon als Schüler dem katholischen Katechismus verweigerte, mit dem protestantischen preußischen Staatskirchentum eines Königs Friedrich Wilhelm IV. († 1861). — Am Vorabend des sogenannten »Deutschen Krieges« von 1866 hat S. sich dann seit 1865 einem landwirtschaftlichen Hilfsdienst auf den böhmischen Ländereien von Fürst Schwarzenberg unterzogen. Angeblich soll S., der zu keiner Zeit den Waffendienst versah und wohl nie ein Gewehr in der Hand hielt, von den Schwarzenbergschen Gütern auf das Schlachtfeld von Königgrätz (Juli 1866) geeilt sein. Am Schlachtfeldrand, wo des Abends Bismarck und König Wilhelm I. am »Wachtfeuer« standen, hat S. bei Kontakten mit preußischen Offizieren seine glühende Sympathie für die preußische Krone bekundet. Damals mußte Otto von Bismarck den vier Wochen später in den Nikolsburger Friedenspräliminarien (26.7.) festgeschriebenen politischen »Ausschluß« des Kaiserreichs Österreichs längst »geplant« haben: »Der Kaiser von Österreich anerkennt die Auflösung des bisherigen Deutschen Bundes und »gibt seine Zustimmung zu einer neuen Gestaltung Deutschlands ohne Beteiligung des österreichischen Kaiserstaates« (Artikel 2). Eine tiefgreifende politische »Kehrtwendung« in Europa war vollzogen worden. — Fortan waren auch die »Deutschen« in der k.u.k. Doppelmonarchie gleichsam in ihrem »eigenen« Staate rasch »in die Rolle einer Minderheit gedrängt« worden (Joachim Fest, Hitler. Eine Biographie, 1973, 47). — S. sollte seit 1868 das von seinem Vater im Jahre 1862 erworbene Rittergut Schloß Rosenau (erbaut 1593) bei Zwettl im Waldviertel mit 120 Hektar Gutsfläche ertragreich wie mustergültig bewirtschaften. Das Waldviertel stellte bekanntermaßen jenes »Armenhaus« von »Schwarzem Doppeladler« als auch »Stephanskrone« dar, wo auch Adolf Hitlers Ahnen mütterlicherseits und väterlicherseits herstammten. Politisch sollte sich S. jetzt immer stärker einem im Zeichen des völkischen Nationalismus stehenden Antisemitismus zuwenden. Damals um das Jahr 1870 standen Antisemitismus, Antiliberalismus, »Los-von-Rom-Bewegung« (seit 1897) und Antigouvernementalismus gegen das österreichische Kaisertum in einer außerordentlich unheilvollen und von einer paranoide Züge tragenden politischen Konjunktion. In der Tat indes hatte die »Öffnung« des Kaiserreichs Österreich nach Osten dem Vielvölkerstaat eine starke Zuwanderung von Menschen israelitischen Glaubens beschert. Wien galt als »Judenhochburg«. Zu Recht sprach der sehr ehrenhafte Historiker Friedrich Meinecke in seinem Spätwerk »Die deutsche Katastrophe« (1946) für die Zeit nach Königgrätz vom politischen »Wetterleuchten« des Antisemitismus. — Politisch schwebte S. vor allem eine Vereinigung Österreichs mit dem von Otto von Bismarck politisch wie militärisch in »Blut und Eisen« geschmiedetem Zweitem Deutschen Kaiserreich (vom 18.1. 1871) vor. Nachdem S. sich im Oktober 1873 als Verfechter des radikalen Flügels des »Fortschrittsklubs« in das Abgeordnetenhaus des Wiener Reichsrats hatte wählen lassen, begründete er seit dem Jahre1879 die deutschnationale Bewegung in der Donaumonarchie. Namhafte Angehörige seines frühen politischen Freundeskreises waren etwa der Politiker und Mediziner Victor Adler, der eingeschworene Antisemit Karl Lueger, der Gründer des Deutschen Schulvereins Engelbert Pernerstorfer und Heinrich Friedjung. — Im April 1878 ehelichte S. Philippine Edle von Gschmeidler (1848-1913). Aus dem von Zeitgenossen »beobachteten« und wohl als »gut« eingeschätzten »Eheverhältnis« gingen insgesamt vier Kinder hervor. Offensichtlich markierte der Tod seines »staatsbejahenden« und auf »Thron und Altar« bauenden Vaters Mathias im Oktober 1881 einen vollständigen Bruch im politischen wie gesellschaftlichen Leben von S. S. setzte alles auf Konfrontation mit jenen Persönlichkeiten und politischen Kräften, welche es Mathias von Schönerer erst ermöglicht hatten, eisenbahntechnische Pionierarbeit zu leisten, Adelstitel zu erhalten und in gesellschaftlicher Achtung im kaiserlichen Österreich Wohlstand und Besitz zu erlangen. An der Formulierung und politischen Gewichtung des Linzer Programms der österreichischen Deutschnationalen von 1882 mit seinen auf die »Schaffung eines gemeinsamen Zollgebietes mit dem Deutschen Reiche« (§ 7,19) festgeschriebenen zwölf Entwurfsklauseln war S. maßgeblich federführend. S. hatte auch die Verstaatlichung des Eisenbahnwesens (§ 8,22) sowie die »Beschränkung der Kinder- und Frauenarbeit« nebst einer »Haftpflicht der Arbeitgeber für Unfälle der Arbeiter« (§ 9,26) beansprucht. In einem »Wahlaufrufe der deutschnationalen Partei zu den Reichsratswahlen« vom 1. Mai 1885 hat S. den Passus von der Unerläßlichkeit einer »Beseitigung des jüdischen Einflusses auf allen Gebieten des öffentlichen Lebens« zum Erreichen seiner »Reformpläne« dem Linzer Programm als Endpunkt angefügt. Später in den 1890er Jahren sollte S. wiederholt den Versammlungen des im Sommer 1890 in Hamburg gegründeten »Antisemitischen Wahlvereins« beiwohnen. Nach der Aufhebung des Sozialistengesetzes 1890 hatte der Hamburger Senat die Gründungsversammlung des von der Hamburger »Politischen Polizey« scharf ins Visier genommenen Antisemitischen Wahlvereins am 25.7. 1890 genehmigen lassen. Wegen wiederholter Majestätsbeleidigung ließ Kaiser Franz Joseph I. S. für vier Monate in Kerkerhaft festsetzen und aberkannte ihm den Adelstitel sowie das Reichsratsmandat, das er 1897 zurückerlangte. Im Jahre 1901 formierten die »Schönerianer« die Alldeutsche Vereinigung im österreichischen Reichsrat. Sie ward nach dem Zerfall (1891) von Georg von Schönerers deutschnationaler Bewegung konstituiert. S. politisches Engagement in der »Los-von-Rom-Bewegung« im Gefolge der »Badeni-Krise« von 1897 bezeichnete bereits den politischen Niedergang des romfeindlichen und antijüdischen Volksverhetzers. S. trat 1900 aus der röm.-katholischen Kirche aus und konvertierte zum lutherischen Protestantismus. Seit dem Tod des Reichsgründers und Eisernen Kanzlers (1898) unternahm S. zusammen mit seiner Gemahlin alljährlich eine »Wallfahrt« nach dem Bismarck-Mausoleum in Friedrichsruh im Sachsenwald. Politisch war aus S.' Alldeutscher Vereinigung 1910 der »Deutsche Nationalverband« hervorgegangen. — S., der nunmehr zurückgezogen auf seinem Schloß Rosenau lebte, hielt anläßlich der hundertjährigen Erinnerungsfeier an die Völkerschlacht bei Leipzig am 18. Oktober 1913 nochmals eine politische Rede. Bei dieser im »Sophiensaal« zu Wien gehaltenen Rede kam es auch zu einer »Abrechnung« mit der Politik des von dem Mainzer Rechtsanwalt Heinrich Claß präsidierten Alldeutschen Verbandes, den S. als »Werkzeug jesuitischer Politik« stigmatisierte, nachdem S. wohl »einige Hoffnungen« in die politische Schwesterorganisation gesetzt hatte. S., der im Ersten Weltkrieg den Adelstitel zurückerhalten hatte (1917), verstarb in vollkommener Zurückgezogenheit am 14. August 1921 auf Schloß Rosenau, ohne ein geistliches Begräbnis zu finden. Um so nachhaltiger und unheilvoller wirkte S.' politischer Nachhall. Ein hoher Funktionär des Gaupropagandaamts der Gauleitung Wien der NSDAP resümierte im Jahre 1942 in seiner »Georg Ritter von Schönerer. Künder und Wegbereiter des Großdeutschen Reiches« überschriebenen Schrift lapidar: »Ich glaube, daß sein [von Schönerers, M.P.] Ruf mitgewirkt hat in die nationalsozialistische Revolution hinein«.

Werke: 12 Reden, o.O. 1886; Judenthum und Deutschthum in der Ostmark. Vier Reden von Georg Ritter von Schönerer österr. Reichsrathsabgeordneten, Marburg 1887²; 5 Reden, o.O. 1891; Unser Programm. Programm der Deutschnationalen Partei in Österreich, Wien 1885; Heil dem Hort unserer Zukunft, Heil deutschem Hohenzollernreich! Wien 1906 [= Flugschriften des Alldeutschen Tagblattes, 15]; Zukunftsgedanken. Rede gehalten von Georg Schönerer bei der alldeutschen Leipzigerfeier im Sophiensaale zu Wien am 18. Gilbarts 2026 n.N. (Oktober 1913), o.J. Wien 1913.

Lit.: Herwig (= E. Pichl): G. Schönerer, 4 Bde., 1913-23 (6 Bde., Wien 1938²), Volksausgabe Wien 1940; — E. V. Rudolf: G. Schönerer, 1936; — Wiener Ausstellungsverein im Einvernehmen mit dem Gaupropagandaamt der Gauleitung Wien der NSDAP (Hrsg.): Georg Ritter von Schönerer. Künder und Wegbereiter des Großdeutschen Reiches, Wien o.J. (um 1942); — J. C. Fest: Hitler. Eine Biographie, Frankfurt am Main, Berlin, Wien 1973, 65ff; — A.G. Whiteside: The socialism of fools. Georg Ritter von Schönerer and Austrian Pan-Germanism, Berkeley 1972; — F.L. Carsten: Fascist movement in Austria from Schönerer to Hitler, London 1977 [= Sage studies in 20th century history, 7]; — G. Schödl: Alldeutscher Verband und deutsche Minderheitenpolitik in Ungarn 1890-1914. Zur Geschichte des deutschen »extremen Nationalismus«, Frankfurt am Main, Bern, Las Vegas 1978, passim [= Erlanger Historische Studien, hrsg. von Prof. Karl-Heinz Ruffmann und Prof. Hubert Rumpel, Bd. 3]; — E. Nolte: Der Faschismus in seiner Epoche. Action française, Italienischer Faschismus, Nationalsozialismus, Sonderausgabe, München und Zürich 1979, 366f; — H. Rauschning: Die Revolution des Nihilismus. In: Theorien über den Faschismus, hrsg. von E. Nolte, 4. Aufl. Königstein im Taunus 1979, 338-351; — G.L. Mosse: Ein Volk, ein Reich, ein Führer. Die völkischen Ursprünge des Nationalsozialismus, Königstein im Taunus 1979, passim; — A. G. Whiteside: Georg Ritter von Schönerer. Alldeutschland und sein Prophet, Graz und Köln 1981; — D. Fricke: Antisemitische Parteien 1879-1894. In: Lexikon zur Parteiengeschichte. Die bürgerlichen und kleinbürgerlichen Parteien und Verbände in Deutschland (1789-1914). Hrsg. von Dieter Fricke, Werner Fritsch, Herbert Gottwald, Siegfried Schmidt und Manfred Weißbecker, Bd. 1, Köln und Leipzig 1983, 77-88; — H. Pross (Hrsg.): Die Zerstörung der deutschen Politik. Dokumente 1871-1923, Frankfurt am Main 1983, 273; — W.L. Shirer: Aufstieg und Fall des Dritten Reiches. Mit einem Vorwort von Golo Mann, Köln 1961, 2. Aufl. Frechen o.J., 22; — W. Daim: Der Mann, der Hitler die Ideen gab. Jörg Lanz von Liebenfels, Wiesbaden 1994³, 23; — M. Peters: Der Alldeutsche Verband am Vorabend des Ersten Weltkrieges (1908-1914). Ein Beitrag zur Geschichte des völkischen Nationalismus im spätwilhelminischen Deutschland, Frankfurt am Main, Berlin, Bern, New York, Paris, Wien 1996², 25; — N. Goodrick-Clarke: Die okkulten Wurzeln des Nationalsozialismus, Graz 1997², passim; — J. Weiss: Der lange Weg zum Holocaust. Die Geschichte der Judenfeindschaft in Deutschland und Österreich, Hamburg 1997, passim; — R. Hirsch/R. Schuder: Der gelbe Fleck. Wurzeln und Wirkungen des Judenhasses in der deutschen Geschichte, Köln 1999, 520; — B. Hamann: Hitlers Wien. Lehrjahre eines Diktators, München 1996³, 337-364; — U. Puschner: Die völkische Bewegung im wilhelminischen Kaiserreich. Sprache, Rasse, Religion, Darmstadt 2001, passim; — Georg Ritter von Schönerer. In: http://fi.wikipedia.org/wiki/Georg_Ritter_von_Sch%C3%B6nerer (1.11.2007); — Georg Ritter von Schönerer. In: Österreich Lexikon online aeiou: http://aeiou.iicm.tugraz.at/aeiou.encyclop.s/s337483.htm (4.7.2007); — M. Peters: Paul Samassa. In: Neue Deutsche Biographie, 22. Bd., Berlin 2005, 405; — U. Puschner: Handbuch zur »Völkischen Bewegung« 1871-1918, München, New Providence, London, Paris 1996, passim; — U. Puschner: Die völkische Bewegung im wilhelminischen Kaiserreich. Sprache, Rasse, Religion, Darmstadt 2001, passim; — M. Wladika: Hitlers Vätergeneration. Die Ursprünge des Nationalsozialismus in der k.u.k. Monarchie, Wien, Köln, Weimar 2005, passim; — H. Konrad: Krise unter dem Doppeladler: Die Donaumonarchie. In: DIE ZEIT. Welt- und Kulturgeschichte, 12, Zeitalter des Nationalismus, Hamburg 2006, 100-119; — K.A. Lankheit: Unheilvolle Mischung. Hitler übernahm viele radikale Ideen aus dem Vielvölkerstaat. In: Frankfurter Allgemeine Zeitung, Nr. 35, 10.2.2006, 7; — L. Höbelt: Georg von Schönerer. In: Neue Deutsche Biographie, 23. Bd., Berlin 2007, 406f.

Michael Peters

SCHOMBURG, Eberhard * 13.7. 1904 in Boffzen (Weser), † 9.11. 1987 in Hannover. Pädagoge, Quäker. — Hugo Eberhard Schomburg wuchs in einem evangelischen Pfarrhaushalt in der Braunschweigischen Magnigemeinde auf. Sein Vater Emil Schomburg war in der Wohlfahrtspflege aktiv. Eberhard Schomburg besuchte das Wilhelm-Gymnasium und die Lehrerbildungsanstalt in Braunschweig. Am 23. Februar 1924 absolvierte er die Erste Lehrerprüfung und erhielt noch im gleichen Jahr eine Anstellung im Volksschuldienst des Freistaates Braunschweig. Im Jahre 1929 erfolgte die Zweite Lehrerprüfung, und Schomburg begann unmittelbar im Anschluß daran ein Studium der Psychologie und Pädagogik an der Technischen Hochschule Braunschweig, das er nebenberuflich bis zur Promotion 1941 (»Dr. kult.«) durchführte. 1934 bestand er die Mittelschullehrerprüfung (Mathematik und Physik), ein Jahr darauf die Prüfung zum Hilfsschullehrer. 1937 trat Schomburg in die NSDAP ein. Am 10. Mai gleichen Jahres wurde er zum Hilfsschullehrer im braunschweigischen Gemeindeschuldienst ernannt, der zwei Jahre danach durch Einberufung zum Kriegsdienst unterbrochen wurde. — Am 21. März 1930 heiratete Eberhard Schomburg Anna Sofie, geb. Elsner (1905-1997). Das Paar hatte drei Töchter (Marianne, Brigitte, Lore). — Während des Zweiten Weltkriegs wurde Schomburg zum Regierungsrat a.K. (Luftwaffenpsychologe) ernannt. Nach seiner Entlassung aus amerikanischer Kriegsgefangenschaft am 7. September 1945 arbeitete Schomburg wieder im Schuldienst, nämlich zunächst als kommissarischer Schulrat des Kreises Helmstedt. Bereits Ende 1945 erfolgte die Abordnung an die Kant-Hochschule in Braunschweig als Dozent für Psychologie und Erziehungswissenschaft. 1946 wurde er zum Studienrat ernannt, 1948 zum außerordentlichen Professor an der Pädagogischen Hochschule in Braunschweig, wo er 1952 die Professur für Heilpädagogik erhielt. Schomburg lehrte auf den Gebieten der Lebenshilfe, des Kinderschutzes und der Gesundheitsfürsorge. Er betrieb vor allem Forschungen auf dem Gebiet der Behindertenpädagogik, so zur Dislexie und Legasthenie. — Neben seiner beruflichen Tätigkeit war Schomburg in zahlreichen Vereinen aktiv. So arbeitete er im Nachbarschaftsheim in Braunschweig mit und engagierte sich in der von Quäkern 1946 mitgegründeten »Nothelfergemeinschaft der Freunde«, deren Ehrenvorsitz er von Gerhard Ockel (1894-1975) übernahm. Er war auch Mitbegründer des »Internationalen Arbeitskreises Sonnenberg e.V.« im Harz, aktiv im deutschen Kneipp-Bund, in der Lebenshilfevereinigung Hannover, der Bundesvereinigung Lebenshilfe für geistig Behinderte (Vorsitz 1968-1975), im Versöhnungsbund, im Kinderschutzbund (Präsident 1973-1975) und im Verein »Erziehungshilfe für nicht hilfsschulfähige Kinder« in Hannover. Bis zu hundert Vorträge wurden von Schomburg jährlich in Vereinen, an pädagogischen Einrichtungen und Hochschulen in ganz Deutschland gehalten. Sein umfangreiches Allgemeinwissen, seine verbindliche Art im Umgang mit Personen unterschiedlichster Sozialisation und nicht zuletzt seine Fähigkeit, mit fast jedem Gedanken ein passendes Zitat zu verbinden, machten ihn zum beliebten Leiter vieler Tagungen. Er zählt auch zu den Pionieren der offenen Arbeit mit geistig Behinderten, denen er half, aus einem beschädigten ein erfülltes Leben zu machen. Für sein Engagement in diesem Bereich wurde er 1970 mit dem Großen Verdienstkreuz des Verdienstordens der BRD ausgezeichnet. In Gifhorn (Niedersachsen) erhielt 1977 eine moderne Wohnanlage für behinderte Menschen den Namen »Eberhard-Schomburg-Haus«, und in Gleidingen (Niedersachsen) trägt seit 1992 eine Behindertenschule den Namen »Eberhard-Schomburg-Schule«. Seine nationalsozialistische Vergangenheit, zu der sich Schomburg nie bekannte, wurde allerdings auch bis heute nirgends thematisiert. — 1947 trat Schomburg mit seiner Frau der Religiösen Gesellschaft der Freunde (Quäker) bei. Wie viele andere hatte es auch ihn tief beeindruckt, wie die Quäker unmittelbar nach Ende des Krieges mit tätiger Hilfe Christentum praktizierten. Schon ein Jahr später, 1948, übernahm er von August Fricke (1880-1965) die Redaktion der Zeitschrift »Quäker«, die er 1952 an Wilhelm Köhler (verst. 1960) weitergab. Aus der evangelischen Landeskirche war Schomburg 1947 ausgetreten, weniger aus theologischen Überlegungen als vielmehr wegen deren Haltung zu Friedensfragen. Eberhard Schomburg verstarb 1987 im Alter von 83 Jahren in Hannover und ist, ebenso wie seine Frau, auf dem Quäkerfriedhof zu Bad Pyrmont bestattet.

Werke: Der Arbeitsversuch von Kraepelin und Pauli als diagnostisches Mittel für den beruflichen Einsatz des Hilfschülers. O.O. 1941; Kagawa. Ein Leben für andere. Braunschweig 1948; Albert Schweitzer. Ein Leben unmittelbaren Dienens. Braunschweig 1948. Braunschweig 1950[2]. Braunschweig 1952[3]. Braunschweig 1953[5]. Braunschweig 1954[6]; Schomburg, Eberhard; Schmidt, Lieselotte: Hundert Hilfen für lese- und rechtschreibschwache Kinder. Kassel-Wilhelmshöhe 1960 (Heilpädagogische Schriftenreihe, I); Gutachten zur Frage, ob von den Werbeschriften der deutschen Spezialversandunternehmen eine jugendgefährdende Wirkung ausgeht. Hannover 1961; Der Bildungsanspruch des geistig behinderten Kindes. In: Zur Methodik und Praxis der Bildungsarbeit in Tageseinrichtungen für geistig behinderte Kinder. Kassel 1962, 5-8 (Handbücherei der Lebenshilfe, I); Begegnung mit dem Talmud. In: Religiöse Gesellschaft der Freunde (Quäker) in Deutschland (Hrsg.): Begegnung mit dem Judentum. Ein Gedenkbuch. Bad Pyrmont 1962, 36-40 (Stimme der Freunde, II); Sebastian Kneipp: 1821-1897. Die Lebensgeschichte eines außergewöhnlichen Mannes. Bad Wörishofen 1963. Bad Wörishofen 1969[2]. Bad Wörishofen 1976[3]. Bad Wörishofen 1981[4]. Bad Wörishofen 1985[5]. Bad Wörishofen 1989[6]. Bad Wörishofen 1994[7]; Die Sonderschulen in der Bundesrepublik Deutschland. Geschichtliche Entwicklung und gegenwärtiger Stand. Berlin-Spandau 1963; Walter Schulze zum 60. Geburtstag. In: Politische Bildung. Braunschweig 1963; Schomburg, Eberhard; Czaya, Eberhard; Gallinge, Irene: Technische Hilfe und Ausbildungshilfe im neokolonialistischen System des Imperialismus. Berlin 1964 (Deutsches Wirtschaftsinstitut-Berichte, XV); Schomburg, Eberhard; Bläsig, Wilhelm: Das Dysmelie-Kind. Auswertung von Interviews mit Eltern geschädigter Kinder. Stuttgart 1966 (Schriftenreihe aus dem Gebiet des öffentlichen Gesundheitswesens, XXII); Mensch und Freizeit. In: Sonnemann, Theodor: Naturparke in unserer Zeit. Was verstehen wir unter Naturschutz? Stuttgart (1967), 11-15 (Schriftenreihe des Vereins Naturschutzpark e.V); Schomburg, Eberhard; Bläsig, Wilhelm: Das zerebralparetische Kind. Auswertung von Interviews mit Eltern geschädigter Kinder. 11 Abb. Stuttgart 1968 (Schriftenreihe aus dem Gebiet des öffentlichen Gesundheitswesens, XXV); Für Quäker gibt es keine Fremden. In: Der Quäker. Monatsschrift der deutschen Freunde, LXV, 9, 1971, 214; Praktische Hilfe für die Arbeit mit Gastarbeitern. In: Der Quäker. Monatsschrift der deutschen Freunde, LXV, 9, 1971, 214-215; Schomburg, Eberhard; Bläsig, Wilhelm: Das unfallgeschädigte Kind. Untersuchungen über Verkehrsunfälle bei Kindern in pädagogischer und psychologischer Sicht. Geleitwort von Josef Stralau. 17. Abb., 78 Tab. Stuttgart 1971 (Schriftenreihe aus dem Gebiet des öffentlichen Gesundheitswesens, XXX); 120 gebräuchliche Fremdwörter. In Rätselform. Verstehen, richtig schreiben und sinngemäß verwenden. Kassel-Wilhelmshöhe 1974; 200 Rätsel. Für Kinder, die lesen und nachdenken können. Kassel-Wilhelmshöhe 1974; 60 gebräuchliche Fremdwörter, die man lesen, verstehen, schreiben und richtig aussprechen muß. Suche zu je zwei deutschen Wörtern das passende Fremdwort aus! Kassel-Wilhelmshöhe 1974; 100 gebräuchliche Fremdwörter. Nach Sachgruppen geordnet. Suche für das deutsche Wort das passende Fremdwort aus! Kassel-Wilhelmshöhe 1974; 176 gebräuchliche Redensarten und ihre Bedeutung. Kassel-Wilhelmshöhe 1974; Psychohygiene im Alltag - Unsere seelischen Grundbedürfnisse. In: Ulrich, Willy: Sonniger Herbst. Lebensgestaltung im Alter. Ein fröhlicher Kursus für Menschen über 60. Mit einem Beitrag von Prof. Dr. Eberhard Schomburg ‚Psychohygiene im Alltag - Unsere seelischen Grundbedürfnisse'. Lippstadt, um 1976, 68-71; Schomburg, Eberhard; Rath, Waltraud: 70 Lesekarten. Kassel-Wilhelmshöhe 1976; Vorwort zum ersten Teil. In: Schomburg, Eberhard; Egert, Dietrich; Altenmöller, Rolf (Hrsg.): Familie, Umwelt und Persönlichkeit geistig Behinderter. Bern 1980, 19-21 (Arbeiten zur Theorie und Praxis der Rehabilitation in Medizin, Psychologie und Sonderpädagogik, XIX); Diese Wörter muss ich können. Die 125 häufigsten kleinen Wörter unserer Sprache. Kassel-Wilhelmshöhe, um 1985; Was passt zum Bild? 20 Karten mit 40 Übungen. Kassel-Wilhelmshöhe, um 1985; Glücklichsein in unserer Zeit. Eine praktische Lebenshilfe. Bad Wörishofen 1988. Bad Wörishofen (1989[2]). Bad Wörishofen 1995[3]; Worauf es ankommt. Unsere seelischen Grundbedürfnisse. O.O., um 1988.

Lit. (Auswahl): Zietz, Karl: Kleine Chronik der Pädagogischen Hochschule Braunschweig. 1967 (Schriftenreihe der Pädagogischen Hochschule Braunschweig, XIV); — Czierski, Otto: Nachtrag zu einem Geburtstag. In: Der Quäker. Monatsschrift der deutschen Freunde, XLIV, 1, 1970, 23-24; — Zöllner, Christian W.: Neue Wege an der Kanthochschule Braunschweig. Ein Auftrag zum Neubeginn in der Lehrerausbildung nach 1945. In: Braunschweigisches Jahrbuch, LIII, 1972, 278-332; — Aschoff, Günther: Professor Dr. Eberhard Schomburg 75 Jahre alt. In: Zeitschrift für Heilpädagogik, XXX, 1979, 638; — Schaper, Hermann: Im Gedenken an Eberhard Schomburg. In: Der Quäker. Monatsschrift der deutschen Freunde, LXII, 4, 1988, 83-84; — Löhr, Marianne: Schomburg, Eberhard. In: Braunschweigisches biographisches Lexikon. 19. und 20. Jahrhundert. Hrsg. von Horst-Rüdiger Jarck, Günter Schell. Hannover 1996, 539; — Bernet, Claus: Schomburg, Eberhard (1904-1987). In: Quäker aus Politik, Kunst und Wissenschaft in Deutschland. 20. Jahrhundert. Ein biographisches Lexikon, Nordhausen 2007, 149-151.

Claus Bernet

SCHRAUTENBACH, Ludwig Karl Freiherr von, * 18.2. 1724 in Darmstadt, † 12.8. 1783 in Stade bei Lindheim in der Wetterau. Chronist, Herrnhuter Bruder. — Ludwig von Schrautenbach (auch Herr von Weitelshausen oder Weitolshausen, Louis Carl von Schrautenbach) wurde 1724 in Darmstadt geboren. Seine Eltern waren der hessisch-darmstädtische Regierungsrat Carl Ernst von Schrautenbach (1691-1750) und Rebecca Theodora, geb. Freiin von Oeynhausen (1701-1765). Ludwig von Schrautenbach wurde zunächst mit Christian Renatus von Zinzendorf (1727-1752) und Carl von Schachmann in Jena unter der Obhut von Johann Nitschmann erzogen. 1738 kam er mit diesen in das neuerrichtete Seminar nach Marienborn. 1747 wurde er Mitarbeiter im Ledigen Brüderchor zu Herrnhaag, dem radikalpietistischen Zentrum der Brüdergemeine in der Wetterau. Als Mitarbeiter begleitete er den Grafen Ludwig Nikolaus von Zinzendorf (1700-1760) 1748 nach Herrnhut. Dort wurde er im gleichen Jahr am 16. August mit Sophie Auguste Gräfin Reuß verheiratet. 1749 reiste er als Brüder-Deputierter mit Zinzendorf nach England zu den Parlamentsverhandlungen wegen Anerkennung der Mährischen Kirche und ihrer bischöflichen Rechte. Nach dem Tode seines Vaters übernahm er 1750 die bescheidene Herrschaft auf dem Landgut Lindheim unweit von Herrnhaag in der Wetterau. Auf diesem Gut schätzte er besonders die Ruhe und Abgeschiedenheit. — Eine von Zinzendorf angebotene Mitarbeit in Pennsylvanien lehnte er ebenso ab wie die Vertretung der schlesischen Brüdergemeine bei der Provinzialregierung und dem Generaldirektorium in Berlin, statt dessen begab er sich 1751 zur Kur nach Warmbrunn und inspizierte danach die schlesischen Gemeinen der Brüderkirche. Für diese verhandelte er im gleichen Jahr für mehrere Monate Angelegenheiten am Berliner Königshof. Ab 1752 zog sich von Schrautenbach auf sein Gut Lindheim zurück und löst sich mehr und mehr von der Brüdergemeine. Ein Versuch der Wiederannäherung und Versöhnung mit der Gemeine bei einer Begegnung mit Zinzendorf 1758 in Barby mißlang, von Schrautenbach ist nicht länger Mitglied in der Brüdergemeine. Sein Antrag auf Wiederaufnahme wurde 1765 bei von Schrautenbachs letztem Besuch in Herrnhut abgelehnt. Im Frühjahr des Jahres 1773 reiste er im Gefolge der Landgräfin Caroline von Hessen-Darmstadt nach Sankt Petersburg und wurde dort von der Zarin Katharina I. (1683/84-1727) empfangen und ausgezeichnet. Zurück in Deutschland legte er 1782 der Synode in Berthelsdorf sein Werk »Der Graf von Zinzendorf und die Brüdergemeine seiner Zeit« vor, das von F. W. Kölbing erst 1851 herausgegeben werden konnte. In Folge seiner distanzierten Haltung zu Zinzendorf schrieb von Schrautenbach eine erste kritische Auseinandersetzung mit der Brüdergemeine, und keine Hagiographie seines Gründers. — Gleichzeitig vollendete er seine »Religionsideen eines Ungelehrten«. Auch diese Schrift erschien erst ein knappes Jahrhundert später, nämlich 1876. Am 12. August 1783 verstarb Ludwig von Schrautenbach in Stade bei Lindheim in seinem 60. Lebensjahr und wurde in Lindheim begraben. Sein handschriftlicher Nachlaß mußte auf testamentarische Anordnung verbrannt werden (darunter vermutlich auch Briefe Goethes), seine Bibliothek vermachte er der Brüdergemeine zu Barby.

Werke: Einiges aus Schrautenbachs »Bemerkungen bei Gelegenheit des Zinzendorfischen Lebenslaufes von Spangenberg«. Stuttgart, um 1850; Der Graf von Zinzendorf und die Brüdergemeine seiner Zeit. Hrsg. von Friedrich Wilhelm Kölbing. Mit einer Einleitung von Gerhard Meyer. Gnadau 1851. Gnadau 1871[2]. ND Hildesheim 1972 (Nikolaus Ludwig von Zinzendorf, II, 9); Plitt, Hermann (Hrsg.): Louis von Schrautenbachs Religionsideen eines Ungelehrten. Mit einer biographischen Einleitung im Auszug. Gotha 1876.

Lit. (Auswahl): (Zinzendorf, Ludwig Nikolaus von): Erinnerungen an den Grafen Zinzendorf. Bei Gelegenheit seines neuesten, von F. Lehmann gestochenen Bildnisses. Berlin 1828; — Briefe an Johann Heinrich Merck. Eine selbständige Folge der im Jahre 1835 erschienenen Briefe an J. H. Merck. Mit Facsimilien der Handschrift von Göthe, Herder, Wieland, Karl August und Amalia von Weimar, W. Tischbein, Claudius und Merck. Hrsg. von Karl Wagner. Darmstadt 1838; — Zimmermann, Georg: Johann Heinrich Merck. Frankfurt am Main, 1871; — Baron Ludwig von Schrautenbach. In: Der Brüder-Bote, XIII, 9, 1875, 273-283; XIII, 10, 1875, 305-318; — Briefwechsel der »Großen Landgräfin« Caroline von Hessen. Dreißig Jahre eines fürstlichen Frauenlebens. Zwei Bände. Mit einem Bildnisse und einem Facsimile, nach den im Großherzoglichen Haus-Archiv zu Darmstadt befindlichen Papieren. Hrsg. von Philipp A. F. Walther. Bde. II. Wien 1877; — Gustav Salomon's Dresdner Bücher-Auction: Bibliotheca Gersdorfio-Zinzendorfiana; Verzeichniß der Bibliotheken der verstorbenen Herren Grafen Friedrich Caspar von Gersdorf, Grafen Ludwig von Zinzendorf, Brüdergemeinde zu Herrnhut, Herrn von Schrautenbach, sowie der Herren Syndiken D. Nitschmann und Fr. Köber: 1. Abtheilung, Theologie und Neben-Wissenschaften, welche am 7. Januar 1880 und folgende Tage (...) durch Gustav Salomon (...) gegen Baare Bezahlung versteigert werden. Dresden (1880); — Lier, H. A.: Schrautenbach, Ludwig Karl Freiherr v. In: ADB, XXXII, München 1881, 461-464. ND Berlin 1971; — Wickede, Martha von: Goethe im Bereich des Herrnhutertums. An Hand des Lebensbildes von Ludwig Carl von Schrautenbach, 1724-1783. Kurzer Lebensabriß des bedeutendsten Biographen von Zinzendorf und Freundes von Johann Heinrich Merck. In: Archiv für hessische Geschichte und Altertumskunde, N.F., XXV, 1, 1955, 60-80; — Bräuning-Oktavio, Hermann: Die Bibliothek des Freiherrn Ludwig Carl von Weitolshausen, genannt Schrautenbach, Herrn zu Lindheim in der Wetterau. In: Börsenblatt für den Deutschen Buchhandel, XXV, 43, 30. Mai 1969, 1285-1314; — Bräuning-Oktavio, Hermann: Ludwig Carl von Weitolshausen, genannt Schrautenbach Herr zu Lindheim in der Wetterau, der ‚denkende, philosophische Herrnhuter'. In: Hessisches Jahrbuch für Landesgeschichte, XIII, 1963, 223-279; — Schrautenbach, Ludwig Carl Freiherr von, genannt Weitelshausen. In: DBE, IX, 1998, 132.

Claus Bernet

SCHÜTZ, Roland, Philosoph, ev. Theologe und Religionspädagoge, * 12. Oktober 1883 in Kassel, † 26. Juni 1979 in Dettingen. — Roland Schütz, der mit einer philosophischen Dissertation über »Die Prinzipien der Philosophie Schleiermachers« (1908) in Berlin promoviert worden war, wandte sich später ganz der neutestamentlichen Exegese und Geschichte des Urchristentums zu. Neben Hans Lietzmann, Heinrich Weinel, Hermann Preisker, Hans Windisch und Erich Fascher gehörte er zur »dritten Generation« der Literarkritiker in der Neutestamentlichen Wissenschaft, die er von 1924 bis 1936 als nicht beamteter außerordentlicher Professor an der Universität Kiel vertrat. Seine von 1926 bis 1932 währende Tätigkeit an der dortigen Pädagogischen Akademie reflektierte er in Veröffentlichungen zur akademischen Religionslehrerbildung und zur Kirchengeschichtsdidaktik, doch blieb sein Forschungsschwerpunkt im Neuen Testament. Im Mai 1933 trat Schütz in die NSDAP ein, bekannte sich offen zu den Deutschen Christen, unterrichtete u. a. an der

Nationalpolitischen Erziehungsanstalt (NPEA) in Naumburg a. d. Saale und arbeitete in anderen parteinahen Einrichtungen. Ab 1945 lebte er als pensionierter Akademieprofessor in Ludwigsburg. Neben seiner wissenschaftlichen Tätigkeit engagierte er sich in der jungen Bundesrepublik für das humanitäre Lebenswerk Albert Schweitzers, den er schon in den 1920er Jahren persönlich kennengelernt hatte. Schütz gehört damit zu einer Theologengeneration, an der sich die Kontinuitäten und Brüche evangelischer Theologie in vier Epochen deutscher Geschichte studieren lassen. — Der am 12. Oktober 1883 in Kassel geborene Sohn des Königlichen Amtsanwalts Franz Schütz verbrachte seine Schulzeit zunächst in Berlin, dann in Wismar und legte 1903 die Reifeprüfung an der Großen Stadtschule in Wismar ab. Das Studium der evangelischen Theologie und Philosophie führte ihn ab Oktober desselben Jahres für zwei Semester nach Halle-Wittenberg, ein Semester nach Tübingen, zwei nach Göttingen und vier nach Berlin. Die in dieser Zeit entstandene Publikation »Zum ersten Teil des Johannesevangeliums« (1907) bietet einen Vergleich zwischen den örtlichen und zeitlichen Angaben zum Auftreten Jesu in den synoptischen Evangelien und bei Johannes. Er widerspricht in dieser Arbeit der These, daß dem Johannesevangelium allein aufgrund der Widersprüche in anderen Evangelien mehr historische Glaubwürdigkeit zugesprochen werden dürfe. Nach seiner Promotion an der Friedrich-Wilhelms-Universität Berlin legte er 1909 seine Prüfung für das Lehramt an höheren Schulen für evangelische Religion, Hebräisch und philosophische Propädeutik in Berlin ab. Es folgte eine Zeit als Seminarkandidat am Joachimsthalschen Gymnasium in Berlin-Wilmersdorf und als Lehrer an der Städtischen Realschule in Havelberg an der Havel. Im Oktober 1911 wurde er Probekandidat am Prinz-Heinrich-Gymnasium in Berlin-Schöneberg, ein Jahr darauf Oberlehrer und 1920 Studienrat in Kiel. Er diente als Sanitätssoldat im Ersten Weltkrieg. — Am 20. Dezember 1917 verteidigte Schütz seine von Julius Kögel betreute Studie über »Die Vorgeschichte der johanneischen Formel: ho theos agape estin« zur Erlangung des Lizentiatengrades in der Theologie an der Christian-Albrechts-Universität Kiel. In dieser Arbeit geht er von der These Friedrich Schleiermachers aus, daß die Sprachgestalt religiöser Texte wichtig für die Rekonstruktion religiösen Denkens sei: »Religionsgeschichte und Sprachgeschichte stehen mit einander in dauernder Wechselwirkung, religiöse Kultur entwickelt sich nur mit der Sprache« (ebd. S. 1). Am Beispiel der johanneischen Formel rekonstruiert er unter dieser Voraussetzung deren Vorgeschichte bei Paulus, in den Evangelien, in der rabbinischen Theologie, bei Philo, im Alten Testament, in Griechenland und in den hellenistischen Weisheitslehren. Die sich kontinuierlich wandelnde Sprachgestalt religiöser Rede dokumentiert für Schütz nicht nur die Dynamik des jüdischen und christlichen Glaubens in der Vergangenheit, sondern habe auch Konsequenzen für die sprachlich verfaßte Lehrbildung in der protestantischen Theologie der Gegenwart: »Die Dogmen der christlichen Kirche sind im Sinne des Protestantismus Ausdruck gemeinsamen religiösen Erlebens, nicht Vorschriften für diese; deshalb muß ihre Fassung sich wandeln« (so die abschließende These ebd. S. 41). Der von Schütz postulierte Zusammenhang zwischen religiösem Erlebnis und sprachlichen Ausdruck und die daraus resultierende dogmenkritische Haltung erweisen ihn als einen liberal-theologischen Denker in der Tradition Schleiermachers. — Am 26. Januar 1918 wird Schütz habilitiert; er erhält die Lehrerlaubnis für evangelische Theologie und wirkt bis 1924 als Privatdozent in Kiel. In dieser Zeit entstehen die quellenkritische Untersuchung über die Entstehung des Christentums »Apostel und Jünger« (1921), die er seinem Lehrer Adolf von Harnack widmet, und die 27 Seiten umfassende formgeschichtliche Studie »Der parallele Bau der Satzglieder im Neuen Testament« (1921). Diese versteht er als eine methodische Grundlegung über den Satzrhythmus in der hellenistischen Literatur und als Teil eines umfangreicheren Planes, den er nicht realisieren konnte. Im Anschluß an die These Eduard Nordens, der die Bedeutung der Kolometrie und die poetische Form neutestamentlicher Texte behauptet hatte, zeigte Schütz, daß der Parallelismus in der hellenistischen Literatur nicht auf die Poesie beschränkt blieb, sondern auch in der Prosa eingesetzt wurde, wofür 1. Kor 15,39 f. ein Beispiel aus dem Neuen Testament gibt. Die von Schütz betonte »Bedeutung der Kolometrie für das Neue Testament« (1922) ist die theoretische Grundlage für seine nach Sinnzeilen gegliederte Übersetzung »Das Neue Testament für die deutsche Jugend« (1928), in der er die übliche Versgliederung verwirft. Auch in dieser Arbeit kritisiert er die Formelhaftigkeit theologischer Rede, der er mit seiner exegetisch verantworteten, aber sprachlich zeitgemäßen Übertragung zu begegnen versucht. In Anschluß an Karl Barths Forderung, die neutestamentlichen Texte »zum Reden zu bringen, koste es, was es wolle« (so im Römerbrief ²1922, S. 11), möchte er die sprachliche Mauer zwischen dem Evangelium und der Gegenwart niederreißen. — Auch wenn Schütz einige Intentionen der dialektischen Theologie begrüßt, steht er ihr kritisch gegenüber und bleibt der Hermeneutik Schleiermachers und der religionsgeschichtlichen Arbeit verpflichtet. In dem Artikel »Kritisches zur Theologie der Krisis« (1925) begründet er seine ablehnende Haltung: Sie stelle die von ihr vertretene »wissenschaftliche Theologie« einseitig gegen die bisher praktizierte »theologische Wissenschaft« (ebd. S. 262), sie vereinheitliche ihre Kritiker zu unrecht mit dem Schlagwort »liberal« (ebd. S. 263), vor allem gebe sie keine Rechenschaft über »ihr Handwerkszeug«, mit der sie glaubt, die objektive Offenbarung Gottes in der Bibel behaupten zu können (ebd. S. 266). Schütz deutet auch in diesem Zusammenhang die Texte der Bibel und die Dogmen der Kirche als gemeinschaftsstiftenden Ausdruck subjektiven Erlebens und Erleidens, denn »seelisches Bangen ist Ausgangspunkt, und seelisches Erleben Gottes ist Endziel der abendländischen christlichen Religion« (ebd. S. 285). Sein abschließendes Urteil nimmt die wissenschaftlich unzureichende »Methode der paradoxen Dialektik« in den Blick, denn sie schalte »die historische und psychologische Wissenschaft geflissentlich aus, um unangreifbar zu erscheinen« (ebd. S. 288). — In dem Artikel über »Die akademische Ausbildung der preußischen Volksschullehrer mit besonderer Rücksicht auf die evangelische Religionspädagogik« (1928) reflektiert Schütz seine Erfahrungen an der Pädagogische Akademie Kiel, an die er zum 1. April 1926 zunächst als Dozent für Psychologie und evangelische Religion, ein Jahr darauf als Professor für evangelische Religionswissenschaft berufen worden war. Die Notwendigkeit eines Akademischen Studiums für Volksschullehrer sieht er in der rasanten »Kulturentwicklung« des 19. und 20. Jahrhunderts begründet, die eine Differenzierung des Wissens und damit »neue volkserzieherische Aufgaben« mit sich bringe, die das bisherige Seminarsystem nicht lösen könne (ebd. S. 106). Schütz argumentiert für das Prinzip der Fächerspezialisierung und formalen Bildung für Volksschullehrer, da eine enzyklopädisch-umfassende Vermittlung aller Unterrichtsinhalte unmöglich und »Bildung niemals fertig, sondern immer Bildungsfähigkeit« sei (ebd. S. 107). Das viersemestrige Studium für angehende Religionslehrer müsse daher auf drei Säulen ruhen: Die religionswissenschaftliche Propädeutik im ersten Semester soll die Studenten befähigen, ihr Schul- und Konfirmandenwissen zu vertiefen, die wissenschaftlichen Grundlagen des Religionsunterrichts zu verstehen und Unterrichtsthemen selbständig erarbeiten zu können. Die unterrichtspraktische Vorbildung im zweiten und dritten Semester soll die eigenverantwortliche Methodenkompetenz schulen. Schütz wendet sich in diesem Zusammenhang gegen die schematische Anwendung der Formalstufentheorie und versteht die Arbeitsschulmethode und den Erlebnisunterricht als Möglichkeiten, die der Lehrer in pädagogischer Freiheit und Verantwortung realisieren könne. Die dritte Säule der Ausbildung soll das professionelle Selbstverständnis, Probleme der Berufspraxis auf dem Lande, Kooperationsformen mit dem Ortspfarrer und das Hauptziel des eigenen Unterrichts thematisieren. Diese sieht Schütz darin, daß der Lehrer »seine Erziehungsarbeit in der Schule als wesentliches Stück der Gesamtbildung am deutschen Volke« auffaßt (ebd. S. 110). Das gesamte von Schütz entworfene Curriculum beruht auf der Voraussetzung, daß sich die angehenden Religionslehrer die materialen Grundlagen des Unterrichts bereits in ihrem eigenen Religions- und Konfirmandenunterricht angeeignet haben, so daß sich das Studium auf wissenschaftspropädeutische, unterrichtsmethodische und berufspraktische Fragen konzentrieren könne. — Seine »Geschichte der christlichen Kirche im Unterricht« (1929) wendet sich ebenfalls einem Thema der religionspädagogischen Ausbildung zu und ist der Theologischen Fakultät der Universität Gießen gewidmet, die ihm 1926 die Ehrendoktorwürde verliehen hatte. Das Buch versteht sich als ein unterrichtspraktischer Leitfaden, bietet jedoch im Eingangsteil eine allgemein-pädagogisch, fachwissenschaftlich und religionspädagogisch begründete Kirchengeschichtsdidaktik. In Anlehnung an den u. a. von Otto Eberhard in der Religionspädagogik rezipierten Arbeitsschul- und Erlebnisunterricht fordert er: »Die Kinder sollen am quellenmäßig gegebenen Objekt des kirchengeschichtlichen Werdens und Geschehens arbeiten und bis zum eigenen Erlebnis an die religiösen Persönlichkeiten herangeführt werden« (ebd. S. 8). In fachwissenschaftlicher Perspektive fordert er an den Pädagogischen Akademien ein Studium, das die Lehrer nicht nur qualifiziert, mit kirchengeschichtlichen Quellen im Unterricht zu arbeiten, sondern auch dazu befähigt, »Persönlichkeiten der Gegenwart« zu identifizieren, denn aller »geschichtliche Unterricht soll für die Gegenwart bilden und erziehen« (ebd. S. 10). Schütz' Forderung, den Kirchengeschichtsunterricht an den großen »religiösen Persönlichkeiten« zu orientieren, steht in der didaktischen Tradition Ernst Thrändorfs, doch sind dessen liberal-theologische Voraussetzungen modifiziert. Schütz teilt mit Richard Kabisch und Hermann Tögel die Überzeugung, daß Religion lehrbar sei, sieht ihr Zentrum jedoch nicht in dem lebensdienlichen Umschwung eines Unlust- in ein Lustgefühl. Statt dessen fordert er, »das Symbolische des Leidens« im Kirchengeschichtsunterricht zu thematisieren und an einzelnen Persönlichkeiten aufzuzeigen, denn im »Kreuz Christi, in der Schmach und tiefsten Erniedrigung der Frommsten wirkt Gottes Hand« (ebd. S. 12). Didaktisch und methodisch schreibt Schütz der bildenden Kunst, Musik und Dichtung in Geschichte und Gegenwart eine hohe Bedeutung zu, denn die Kunst sei »treue Gefährtin und Gehilfin der Religion«, so daß sich beide im Sinne der Schleiermacherschen Religions- und Kulturhermeneutik wechselseitig erschließen könnten (ebd. S. 25). — Das religionspädagogische Profil von Schütz wird im Vergleich zu Wilhelm Bruhn und Gerhard Bohne deutlich, die mit bzw. nach ihm an der Pädagogischen Akademie Kiel gelehrt haben. Wie Bruhn erweist er sich als ein Befürworter der Hochschulpolitik des zuständigen Preußischen Ministeriums unter Carl Heinrich Beckers und wirbt für das neue Ausbildungssystem. Mit Bruhn kritisiert er die ahistorische Haltung und das Wissenschaftsverständnis der dialektischen Theologie und stärkt die Wissenschaftspropädeutik in der Lehrerbildung. Im Unterschied zu Bohne macht er sich nicht die in den 1920er Jahren wachsende Krisendiagnostik zu eigen. Zudem bleibt er der liberal-theologischen Leitvorstellung von der religiös-sittlichen Persönlichkeit und dem engen Zusammenhang von Kultur und Religion treu. Zu der von Bruhn, Bohne und anderen diskutierten Frage, ob die Differenzierung der Kultur und die daraus resultierenden Wertkonflikte einen Religionsunterricht fordern, der die verlorengegange Einheit der Kultur wiederherstellt (so Bruhn) oder zu einem Umgang mit den unvermeidlichen Spannungen befähigt (so Bohne), äußert sich Schütz 1933 in Auseinandersetzung mit der Theologie Karl Barths: Die Kirche als Teil der »völkischen Kulturgemeinschaft« müsse - so Schütz - deren Einheit in den Wertvorstellungen gewährleisten (s. u.). — Sein Schwerpunkt lag weiterhin im Bereich der neutestamentlichen Exegese und findet seinen publizistischen Niederschlag in der »Zeitschrift für Neutestamentliche Wissenschaft«, in der zweiten Auflage des Handwörterbuchs »Die Religion in Geschichte und Gegenwart« und in der »Theologischen Literaturzeitung«. Die in dieser Zeit entstandene Arbeit über »Die Offenbarung des Johannes und Kaiser Domitian« (1933) vertritt die These, daß die Herrschaft Domitians in den beiden letzten Jahrzehnten des 1. Jahrhunderts der wichtigste Faktor für die Entwicklung des Kaiser- und Christuskultes wurde und sich in der Offenbarung des Johannes und im 1. Petrusbrief niedergeschlagen hat. Im Unterschied zu einseitig eschatologischen oder traditionsgeschichtlichen Erklärungen fühlt sich Schütz in dieser Arbeit ganz der zeitgeschichtlichen Erklärungsmethode verpflichtet. Im Zusammenhang der Schließungswelle Pädagogischer Akademien, von der Kiel entgegen ersten Plänen verschont blieb, und der damit verbundenen Sparpolitik wurde Schütz mit dem 1. April 1932 in den einstweiligen Ruhestand versetzt. — Wie das gesamte Leben und Werk von Schütz ist auch sein Wirken in der Zeit des Nationalsozialsmus bisher nicht untersucht worden. Neben den äußeren Daten seiner Berufsbiographie geben zwei Artikel aus dem Jahr 1933 einen Einblick in seine Geisteshaltung. In der von den »Theologischen Arbeitskreisen der Glaubensbewegung Deutsche Christen« herausgegebenen Zeitschrift »Kirche und Volkstum in Niedersachsen« veröffentlicht er einen polemischen Artikel zu »Karl Barths Theologie« (1933), die zu »den Kampffronten der Deutschen Christen« gehören müsse (ebd. S. 58). Deren evangeliumsgemäße Aufgabe sieht Schütz darin, »in die Welt hineinzugehen, dem verlassenen Volk zu dienen« (ebd. S. 58 f.). Die Kirche übernehme damit eine zentrale Funktion in der »völkischen Kulturgemeinschaft« und sei Teil ihrer Einheit: »Im Organismus der völkischen Kulturgemeinschaft soll die Kirche ihre heilige Aufgabe haben. Die Deutsche Christliche Kirche glaubt mit Adolf Hitler an die Heiligkeit des Vaterlandes » (ebd. S. 59). Barths Theologie mit der von ihr vorausgesetzten Spannung zwischen Wort Gottes und menschlicher Kultur gleiche demgegenüber »einer mönchischen Weltfremdheit« (ebd. S. 59). Sein abschließendes Fazit lautet: Barths Theologie »entspricht in ihrer Übertreibung und Einseitigkeit gar nicht dem Wort der Schrift, sondern dem Geist des Spätjudentums« (ebd. S. 61). In derselben Zeitschrift erscheint sein Beitrag »Luthers Kampf für die deutsche Sprache und die Freiheit der deutschen Nation im Bunde mit dem Ritteradel« (1933), in dem er den schon früher postulierten Zusammenhang zwischen Religions- und Sprachgeschichte um den völkischen Einheitsgedanken erweitert: Luther habe »mit der Erziehung des deutschen Volkes zur sprachlichen Einheit den Weg zur nationalen Einigung Deutschlands« eröffnet (ebd. S. 82). — Mit Erlaß vom 5. Oktober 1933 und unter Berufung auf das »Gesetz zur Wiederherstellung des Berufsbeamtentums« wurde Schütz, der im Mai 1933 in die NSDAP eingetreten war, in das Amt eines Studienrats versetzt. Bis 1936 arbeitete er an verschiedenen Schulen in Flensburg, von 1936 bis 1939 an der 1934 gegründeten Nationalpolitischen Erziehungsanstalt (NPEA) in Naumburg a. d. Saale. Von den 124 Erziehern, die hier bis 1944 teilweise als Referendare oder kurzzeitige Vertretung unterrichteten, ist er der einzige mit einem Professorentitel. Unter den 32 promovierten Erziehern vieler Fachrichtungen ist er zudem der einzige mit einem akademischen Grad im Fach Theologie (vgl. 10 Jahre Nationalpolitische Erziehungsanstalt Naumburg a. d. Saale, Naumburg 1944, 72-74). Im Jahr 1939 wurde er für kurze Zeit Studienrat in Halle a. d. Saale, auch hier an einer NS-Eliteeinrichtung, der Adolf-Hitler-Schule (AHS). Im Unterschied zu den Nationalpolitischen Erziehungsanstalten unterstanden diese Schulen nicht dem Reichserziehungsministerium, sondern der NSDAP. — Mit Beginn des Zweiten Weltkriegs wurde Schütz an die »Hohe Schule« der NSDAP beurlaubt, die nach den Plänen Alfred Rosenbergs eine Art Eliteuniversität für Parteifunktionäre werden sollte. Bis 1945 blieb er Wissenschaftlicher Mitarbeiter der im Grandhotel Annenheim am Ossiacher See untergebrachten Zentralbibliothek der Hohen Schule in St. Andrä bei Villach (Kärnten). Diese Bibliothek sollte unter Leitung des Einsatzstabes Reichsleiter Rosenberg (ERR) Bücher und Archive in den okkupierten Gebieten sammeln, die u. a. für das 1941 in Frankfurt a. M. gegründete »Institut zur Erforschung der Judenfrage« bestimmt waren. Die genaue Mitarbeiterstruktur und Schütz' Verantwortungsbereich in der Zentralbibliothek bedürfen noch der weiteren Erforschung (zur Berufsbiographie vgl. lediglich Alexander Hesse, Die Professoren und Dozenten der preussischen pädagogischen Akademien (1926-1933) und Hochschulen für Lehrerbildung (1933-1941), Weinheim 1995, 676 f.). — Seit ihrer ersten Begegnung im Jahre 1922 war Schütz mit Albert Schweitzer befreundet. Als Neutestamentler verband sie die Ablehnung von Rudolf Bultmanns Entmythologisierungsprogramm und die Kritik an der ahistorischen Verkündigung Jesu in der Dialektischen Theologie. In einem Brief an Schütz begründet Schweitzer seinen Widerspruch gegen Barth folgendermaßen: »daß er sich nicht mit der historischen Wahrheit über Jesus und das ursprüngliche Christentum auseinandersetzt, sondern sie einfach zu ignorieren können glaubt und daß er die Dialektik in die Gedankenwelt des Christentums eingeführt hat, wobei ich mich frage, was denn Dialektik, dieses dunkle Ding, das in so vielen Bedeutungen gebraucht wird, mit dem Christentum zu tun hat. Der Herr Jesus und Paulus haben nichts von Dialektik gewußt, Gott sei Dank.« (so Schweitzer in einem Brief an Schütz vom 30. Oktober 1956, Abschrift im Zentralarchiv in Günsbach, zitiert bei Erich Gräßer, Albert Schweitzer als Theologe, Tübingen 1979,

247, ebenfalls zitiert von Schütz in seiner Rezension zu Rudolf Grabs, Albert Schweitzer. Denker aus Christentum, Halle (Saale) 1958, in: ThLZ (1959), 626). Die von Schütz in persönlichen Begegnungen gesammelten und erzählten »Anekdoten um Albert Schweitzer« (1966) zeichnen den berühmten Theologen und Arzt als einen Menschen mit handfestem Humor, den tiefer zu verstehen eine lohnende Aufgabe sei. Die Anekdoten tragen stets eine »gründlich durchdachte Lebensanschauung« in sich und fragen »elementar nach Sinn und Wert des Lebens« (ebd. Vorwort). Durch sein christliche motiviertes »Freiwerden von der Welt« habe Schweitzer den Pessimismus seiner Zeit überwunden und sei zu einer »optimistischen Welt- und Lebensbejahung« durchgedrungen (ebd. Vorwort). Den schon in der Arbeit »Humor und Ironie bei Jesus und Paulus« (1958) vertretenen Gedanken von der Heiterkeit und Gelassenheit des Glaubens wendet Schütz hier auf eine »religiöse Persönlichkeit« der Gegenwart an. Schütz engagierte sich in den 1960er Jahren im »Deutschen Hilfsverein für das Albert-Schweitzer-Spital in Lambarene e. V.«, war von 1959 bis 1963 Mitglied im Kuratorium des 1957 gegründeten Albert-Schweitzer-Kinderdorfes in Waldenburg, gründete den »Albert-Schweitzer-Freundeskreis« in Ludwigsburg und wurde bis 1966 ihr Vorsitzender. Im Jahr 1968 ehrte ihn die »Allgemeine Philosophisch-Religiöse Humanitäre Vereinigung e. V.« in München mit der Albert-Schweitzer-Medaille in Gold. — Schütz trat in den 1950er und 1960er Jahren nur noch mit wenigen exegetischen Arbeiten an die Fachöffentlichkeit. Für die dritte Auflage des Handwörterbuchs »Die Religion in Geschichte und Gegenwart« entstanden kleinere Artikel zu den Andreasakten, zur altchristlichen Apokalyptik, zum Barnabasbrief und zu den Epistola Apostolorum. In dem Beitrag »Ernste Sorge um den Mythos der Bibel« (1956) wendet er sich gegen das radikale Entmythologisierungsprogramm Rudolf Bultmanns und bestreitet mit Ernst Cassirer und Paul Tillich, daß »das heutige Abendland unmythisch sei« und sich das Christentum deshalb mythischer Sprachformen entledigen müsse, um in der Gegenwart wirken zu können (ebd. S. 275). Schütz plädiert stattdessen mit Werner Georg Kümmel für einen differenzierten und sorgsamen Umgang mit den biblischen Mythen: »Im Kerygma müssen wesentliche von sekundären Zügen unterschieden werden. Zu sekundären mythischen Bestandteilen wären zu rechnen Legenden vom leeren Grab, Höllen- und Himmelfahrt« (ebd. S. 280). — Mit der von Oscar Cullmann angeregten Studie über »Johannes der Täufer« (1967) wandte sich Schütz der schon in der altchristlichen Überlieferung diskutierten Frage zu, ob denn nicht Jesus Christus den Johannes hätte taufen sollen (vgl. Mt. 3, 13 f.). Schütz widerspricht u. a. der seit den Textfunden von Qumran formulierten These, daß Johannes der dort wohnenden essenischen Sekte angehört habe, so daß deren Reinigungsriten bereits die Funktion der Taufe übernommen hätten. Auch sonst verneint Schütz eine enge Beziehung zu den Quumran-Essenern (ebd. S. 57 f.). Schütz macht es sich zur Aufgabe, die synoptischen Berichte und die Darstellung des Josephus in ihrer Eigenart wahrzunehmen und Johannes als »eine providentielle Gestalt« zu beschreiben, der vom Geist Gottes getrieben als ein Elia redivivus auftrat, um gegen den Pharisäismus zu kämpfen und sich den Zöllnern und Sündern zuzuwenden. In der Fachwelt hinterließ die Studie einen zwiespältigen Eindruck. Seit den Arbeiten von Martin Dibelius und Ernst Lohmeyer hat diese biblische Gestalt zwar wieder eine monographische Behandlung erfahren. Daß in der von Schütz vorgelegten Monographie das Problem Johannes des Täufers »entsprechend der gegenwärtigen Forschungslage aufgearbeitet oder gar gelöst worden wäre«, konnte jedoch nur noch »in einem sehr eingeschränkten Maße« behauptet werden (so Hans-Friedrich Weiß in seiner 1968 erschienen Rezension in der ThLZ, 921). — Schütz starb im Alter von 95 Jahren am 26. Juni 1979 in Dettingen an der Erms im Kreis Reutlingen, wohin er zwei Jahre zuvor gezogen war.

Werke: Roland Schütz, Zum ersten Teil des Johannesevangeliums, in: ZNW 8 (1907), 243-255; Die Prinzipien der Philosophie Schleiermachers, Phil. Diss. Berlin 1908; Das Feigengleichnis der Synoptiker (Mk 13,28f.; Mt 24,32f.; Lk 21,29-31), in: ZNW (1909), 333-334; Ev. Joh 10,25-29, in: ZNW 10 (1909), 324-326; Ierousalem und Ierosolyma im Neuen Testament, in: ZNW 11 (1910), 169-187; Zum Feigengleichnis, in: ZNW 12 (1911), 88; agape - apate, in: ZNW 18 (1917/18), 224; Der Streit zwischen Adolf von Harnack und Richard August Reitzenstein über die Formel »Glaube, Liebe, Hoffnung« 1. Kor. 13,13, in: ThLZ 41 (1917), 454-457; Ev. Joh. 10,29-30, in: ZNW 18 (1917/18),

223. Johannes Weiss, Synoptische Tafeln zu den drei älteren Evangelien mit Unterscheidung der Quellen in vierfachem Farbendruck, Göttingen 1913, 2. Aufl. neu bearb. v. Roland Schütz, Göttingen 1920; Apostel und Jünger. Eine quellenkritische und geschichtliche Untersuchung über die Entstehung des Christentums, Giessen 1921; Der parallele Bau der Satzglieder im Neuen Testament und seine Verwertung für die Textkritik und Exegese, Göttingen 1921; Der Jakobusbrief. Kolometrisch übersetzt, in: Theologische Blätter 32 (1922), 25-32; Die Bedeutung der Kolometrie für das Neue Testament, in: ZNW (1922), 161-184; Ursprung und Anfänge des Christentums, in: Theologische Blätter 3 (1924), 135-137; Kritisches zur Theologie der Krisis, in: Theologische Studien und Kritiken 96/97, (1925), 263-288; Lehrer und Pfarrer in Arbeitsgemeinschaft und Arbeitsteilung, in: Monatsblätter für den evangelischen Religionsunterricht 20 (1927), 273-281; Rez. zu Philipp Haeuser, Anlaß und Zweck des Galaterbriefes. Seine logische Gedankenentwicklung, Münster 1925, in: ThLZ 52 (1927), 62; Art. Hölle II. Im AT und NT, in: ²RGG 2 (1928), 1963-1966; Das Neue Testament für die deutsche Jugend. Nach Sinnzeilen aus dem Griechischen übertragen, Schwerin 1928; Die akademische Ausbildung der preußischen Volksschullehrer mit besonderer Rücksicht auf die evangelische Religionspädagogik, in: Zeitschrift für den evangelischen Religionsunterricht 39 (1928), 106-111; Ehrenrettung des Idealismus wider Johannes Müller, in: Die Christliche Welt 42 (1928), 194-208; Art. Joseph, Vater Jesu, in: ²RGG (1929), 375 f.; Art. Judas 1-5, in: ²RGG 3 (1929), 460-462; Art. Lamm Gottes, in: ²RGG (1929), 1470 f.; Die Geschichte der christlichen Kirche im Unterricht, Langensalza 1929; zusammen mit Heitmüller: Art. Pilatus, Pontius, in: ²RGG (1930), 1261 f.; Art. Quirinius, in: ²RGG 4 (1930), 1672; Die Ossuarien in Palästina, in: Monatsschrift für Geschichte und Wissenschaft des Judentums 75 (1931), 286-292; Rez. zu Donatus Haugg, Judas Iskarioth in den neutestamentlichen Berichten, Freiburg i. Br. 1930, in: ThLZ 56 (1931), 558; Rez. zu Frederik Torm, Hermeneutik des Neuen Testaments, Göttingen 1930, in: ThLZ 56 (1931), 50 f.; Rez. zu Hans Emil Weber, »Eschatologie« und »Mystik« im Neuen Testament. Ein Versuch zum Verständnis des Glaubens, Gütersloh 1930, in: ThLZ 56 (1931), 49 f.; Rez. zu Hugo Loewe, Die Pastoralbriefe des Apostels Paulus in ihrer ursprünglichen Fassung wieder hergestellt, Köln 1929, in: ThLZ 56 (1931), 203 f.; Die Offenbarung des Johannes und Kaiser Domitian, Göttingen 1933; Rez. zu Friedrich Haeussermann, Wortempfang und Symbol in der alttestamentlichen Prophetie. Eine Untersuchung zur Psychologie des prophetischen Erlebnisses, Giessen 1932, in: ThLZ 58 (1933), 86-90; Rez. zu Max Meinertz, Einleitung in das Neue Testament, 4., völlig neubearb. Aufl., Paderborn 1933, in: ThLZ 58 (1933), 472 f.; Karl Barths Theologie. Geschichtsmaterialismus und Spätjudentum, in: Kirche und Volkstum in Niedersachsen 1 (1933), 58-61; Luthers Kampf für die deutsche Sprache und die Freiheit der deutschen Nation im Bunde mit dem Ritteradel, in: Kirche und Volkstum in Niedersachsen 1 (1933), 81-86; Foersters Erklärung der Bilder in Off. Joh. 12 ff. und 17 ff., in: Theologische Studien und Kritiken 105 (1934), 456-466; Rez. zu Novum Testamentum Graece et Latine apparatu critico instructum edidit Augustinus Merk, Rom 1933, ThLZ 59 (1934), 299 f.; Rez. zu Primo Vannutelli, Quaestiones de synopticis Evangeliis, Rom 1933, in: ThLZ 59 (1934), 300 f.; Die Offenbarung des Johannes und Kaiser Domitian, Göttingen, in: Forschungen und Fortschritte 10 (1935), 141 f.; Ernste Sorge um den Mythos der Bibel, in: EvTh 11 (1956), 274-281; Andreasakten, in: ³RGG 1 (1957), 368; Antichrist I. Im NT, in: ³RGG 1 (1957), 431; Apokalyptik III. Altchristliche Apokalyptik, in: ³RGG 1 (1957), 467; Barnabasbrief, in: ³RGG 1 (1957), 880; Epistola Apostolorum, in: ³RGG 2 (1958), 533; Humor und Ironie bei Jesus und Paulus, Hanau a. M. 1958; Rez. zu Albert Schweitzer, Gelebter Glaube. Ein Lesebuch. Ausgewählt und dargestellt von Rudolf Grabs, Berlin (Ost) 1957, in: ThLZ (1959), 626 f.; Rez. zu Rudolf Grabs, Albert Schweitzer. Denker aus Christentum, Halle (Saale) 1958, in: ThLZ (1959), 624-626; Anekdoten um Albert Schweitzer, gesammelt und erzählt von Roland Schütz, München 1966; Johannes der Täufer, Zürich/Stuttgart 1967.

Lit.: Martin Dibelius, Rez. zu Roland Schütz, Der parallele Bau der Satzglieder im Neuen Testament und seine Verwertung für die Textkritik und Exegese, Göttingen 1921, in: ThLZ 45 (1920), 293; — Heinrich Seesemann, Rez. zu Roland Schütz, Die Offenbarung des Johannes und Kaiser Domitian, Göttingen 1933, in: ThLZ 59 (1934), 198; — 10 Jahre Nationalpolitische Erziehungsanstalt Naumburg an der Saale, Naumburg 1944. — Friedrich Volbehr/Richard Weyl, Professoren und Dozenten der Christian-Albrechts-Universität zu Kiel 1665-1954, Kiel 1956⁴; — Hans-Friedrich Weiß, Rez. zu Roland Schütz, Johannes der Täufer, Zürich/Stuttgart 1967, in: ThLZ 93 (1968), 920 f.; — Erich Gräßer, Albert Schweitzer als Theologe, Tübingen 1979; — Jendris Alwast, Geschichte der Theologischen Fakultät [Kiel]. Vom Beginn der preußischen Zeit bis zur Gegenwart, Kiel 1988; — Alexander Hesse, Die Professoren und Dozenten der preussischen pädagogischen Akademien (1926-1933) und Hochschulen für Lehrerbildung (1933-1941), Weinheim 1995; — Jendris Alwast, Die Theologische Fakultät unter der Herrschaft des Nationalsozialismus, in: Uni-Formierung des Geistes. Universität Kiel im Nationalsozialismus, Band 1, herausgegeben von Hans-Werner Prahl, Kiel 1995, 87-137; — Michael Wermke, »Religionspädagogik« an preußischen Pädagogischen Akademien, in: Bernd Schröder, Institutionalisierung und Profil (erscheint 2008).

David Käbisch

SCHULIEN, Michael SVD, Ordenspriester, Ethnologe, Direktor des »Museo Missionario-Etnologico« im Lateran, Apostolischer Visitator im Saarland 1948-1955, * 27.Mai 1888 in (Saarbrücken-) Altenkessel, † 4. April 1968 in Rom. M. Sch. besuchte von 1901 bis 1907 die Schule im Missionshaus St. Wendel (Saar), welches erst 1898 von der Gesellschaft des Göttlichen Wortes (SVD) gegründet worden war. Hier erhielt er im Rahmen der gymnasialen Ausbildung einen umfangreichem Fremdsprachenunterricht. Das bereits eingerichtete Missionsmuseum gab ihm erste Anregungen für seine späteren Aufgaben. Nach diesen sog. niederen Studien wechselte er 1908 in das Missionshaus St. Gabriel in Mödling bei Wien. Das Studium gliederte sich hier in mehrere Abschnitte: das Studium der Philosophie, das Noviziat, das eine Einführung in das Ordensleben darstellte und das Theologiestudium. Hier in St. Gabriel erhielt M. Sch. durch seinen großen Lehrer Pater Wilhelm Schmidt SVD die entscheidenden Impulse, die sein Interesse an der Völkerkunde weckten. Pater Schmidt (1886-1954) war ein damals schon bedeutender Anthropologe, der sich durch zahlreiche Veröffentlichungen in der Fachwelt einen Namen gemacht hatte. Am 29. September 1912 wurde M. Sch. zum Priester geweiht. 1913 wurde er als Missionar nach Mozambique an den Sambesi entsendet, welches der jungen Kongregation SVD erst kurz zuvor als Missionsgebiet übertragen wurde. Die Jesuiten waren bei Ausbruch der Revolution im Jahre 1910 aus dieser portugiesischen Kolonie vertrieben worden. Er war beauftragt, den Aufbau und die Leitung einer Katechistenschule zu übernehmen. Wegen der politischen Lage in der Kolonie war seine Missionstätigkeit die Umgebung der Missionsstation beschränkt, was er zum Studium der des Brauchtums und der Sprache der Atchwabo nutze, einem Stamm in der Umgebung der Mission. Durch den Kriegsausbruch im November 1914 wurden die Missionare zu Kriegsinternierten erklärt. Er erlebte 4 Jahre Gefangenschaft zunächst in Mozambique, später in Portugal. Von 1919 bis 1922 arbeitete M. Sch. zunächst als Konsultor des Missionsoberen, später auch als Redakteur der Steyler Missionszeitschrift Stadt Gottes. 1922 wird er vom Generalat der SVD zum Universitätsstudium nach Leipzig geschickt, wo er nach 4 Semestern 1924 sein Doktorat bei Prof. Karl Weule, Prof. H. Stumme und Prof. H. Haas ablegt. Pater W. Schmidt, sein ehemaliger Lehrer berief ihn nach St. Gabriel in die Redaktion der Fachzeitschrift »Anthropos«. Nachdem Pater Schmidt von Papst Pius XI. 1923 mit dem Aufbau einer großen Missionsausstellung im Vatikan beauftragt wurde, rief dieser P. M. Sch. nach im Oktober 1924 nach Rom, um die begonnenen Arbeiten fertig zu stellen. Die Ausstellung der fremden Kulturen und Missionsarbeit zählte am Ende des Heiligen Jahres 1925 750.000 Besucher. Papst Pius XI entschied aus der Ausstellung einständiges Museum »Museo Missionario-Etnologico« zu bilden und ernannte P.W. Schmidt zum Museumsdirektor und M. Sch. zu seinem ethnologischen Assistenten. Zusammen mit dem missionswissenschaftlichen Assistenten P. Pancratius Maarschalkerweerd und zwei Brüdern bildeten sie eine kleine Kommunität im Lateran, wo das Museum untergebracht war. Es wurde am 21. Dezember 1921 eröffnet und blieb an diesem Ort bis es in den 60-iger Jahren nach dem Tode von M. Sch. in das Vatikanmuseum in einer völligen Neugestaltung integriert wurde. Papst Pius XII ernannte M: Sch. am 19. Juni 1939 zum wissenschaftlichen Direktor des Museums. Ab 1931 hält M. Sch. am »Pontificio Seminario Maggiore al Laterano« und an der päpstlichen Universität »Ateneo Urbano di Propaganda fide« Vorlesungen u. a. über vergleichende Religionswissenschaften und Afrikanische Linguistik. Von 1929 bis 1946 erschienen zahlreiche Veröffentlichungen von M.Sch., zumeist im Osservatore Romano, dem offiziellen Organ des Vatikan. Ab 1938 war er auch als Berater für die Kongregation für Glaubensverbreitung tätig, nimmt im Auftrag des Vatikans an verschiedenen Tagungen und Seminaren als Redner teil, u.a. am Internationalen Kongreß der Anthropologischen und Ethnologischen Wissenschaften in Wien 1952. 1939 wird er Mitglied des International Institut of African Languages in London. Kurz vor Vollendung seines 60. Lebensjahres fiel ihm eine besondere Aufgabe zu. Durch die Kriegsereignisse kam seine saarländische Heimat unter französische Verwaltung. Die französische Regierung strebte ein eigenes Saarbistum an um durch die religiöse Autonomie die politische Selbständigkeit des zu konstituierenden Saarstaates zu garantieren. Demgegenüber stand der erbitterte Widerstand der Bistümer Trier und Speyer, für die das Saarland von besonderer Bedeutung war. Der Klerus unterzeichnete fast geschlossen eine Petition an den Papst, eine Abtrennung des Saarlandes aus dem Bistum abzulehnen. In dieser kirchenpolitisch kritischen Situation ernannte Papst Pius XII M. Sch. am 11. Mai 1948 zum Apostolischen Visitator des Saarlandes Abtrennung des Saarlandes. Er war damit nur Beobachter und Berichterstatter ohne die Befugnis, auf die Geistlichen direkt einzuwirken. Er hatte ein Ohr für die verschiedenen politischen und kirchlichen Kreise und bemühte sich, die Geistlichen von ihrem Engagement bei den teilweise heftigen Auseinandersetzungen insbesondere im Abstimmungskampf 1955 abzuhalten. Im September 1956 kehrte er nach Rom zurück und nahm seine wissenschaftliche Tätigkeit im Museum wieder auf. Nach dem Tode von Pater W. Schmidt wird er 1954 zum außerordentlichen Mitglied der Päpstlichen Akademie der Wissenschaften berufen, Seit 1955 gehört er dem Permanenten Rat der Anthropologischen und Ethnologischen Kongresse an. Als offizieller Vertreter des Vatikans nahm er wieder an verschiedenen internationalen wissenschaftlichen Kongressen teil. Papst Johannes XIII beruft ihn in die Vorbereitungskommission für Missionsfragen des II. Vatikanischen Konzils. Da auch Papst Paul VI seine Arbeit sehr schätzt, wird er zum Berater des neugegründeten Sekretariat für Nichtchristen berufen, das sich mit den Beziehungen zu den Weltreligionen beschäftigt. So werden zum ersten Male geschwisterliche Gespräche mit Bekennern anderer Religionen vorbreitet. — Als Direktor des Museum arbeitet er auch an der Herausgabe der Jahrbücher des Museums (»Annali Lateranensi, Citta del Vaticano«, seit 1962 »Annali del Pontificio Museo Missionario-Ethnologico«), die auch sein Nachfolger fortführte. Sein Lebenswerk, das Lateranmuseum, wurde auf Anweisung von Papst Paul VI vom Lateranpalast in die Vatikanischen Museen integriert. So war es seine letzte Aufgabe, die Objekte in Kisten zu verpacken.. Die Eröffnung des neuen Museums erlebte er nicht mehr. Er starb am 4. April 1968 in Rom und wurde auf dem Campo Santo im Schatten der Peterskirche beigesetzt. Das Wirken von M. Sch. ist zeit seines geprägt von der Beschäftigung mit fremden Völkern und Kulturen. Insbesondere interessiert er sich um Ihre Sprache und Religiosität. Schon seine frühen Schriften zeugen dabei von einer großen Achtung vor diesen Menschen, die zu seiner Zeit als Missionar noch als »Primitive« betrachtet wurden, die es zu missionieren und kultivieren gilt. Durch seine wissenschaftliche Tätigkeit, seine Arbeit als Hochschullehrer und Berater hat er dazu beigetragen, die Verkündigung des Wortes Gottes und auch den Umgang mit diesen Völkern auf deren Vorstellung abzustimmen, was auch in der Folge des II. Vatikanischen Konzils in der Kirche umgesetzt wurde. Auf diese Weise hat er einen wertvollen Mosaikstein zur Völkerverständigung beigetragen.

Werke: Aus dem Tagebuch der Zeit, von August bis September 1921, Stadt Gottes, 45. Jg,1. Heft, 28-29; Aus dem Tagebuch der Zeit, von September bis Oktober 1921, Stadt Gottes, 45. Jg., 2. Heft, November 1921, 58-60; Aus dem Tagebuch der Zeit, von Oktober bis November 1921, Stadt Gottes, 45. Jg., 3. Heft, Dezember 1921, 91-92; Aus dem Tagebuch der Zeit, von Dezember 1921 bis Januar 1922, Stadt Gottes, 45. Jg., 5. Heft, Februar 1922, 152 -155; Aus dem Tagebuch der Zeit, von Januar bis Februar 1922, Stadt Gottes, 45. Jg., 6. Heft, März 1922, 85-88; Was wir an unsern Kirchen haben, Stadt Gottes 45. Jg,7.Heft, April 1922, 201-203; Neues aus der Polarforschung, Stadt Gottes 45. Jg,7.Heft, April 1922, 210-212; Aus dem Tagebuch der Zeit, von September bis Oktober 1921, Stadt Gottes 45. Jg,7.Heft, April 1922, 218-222; Die Initiationsriten der Mädchen bei den Atxuabo (Portugiesisch-Ostafrika); Anthropos, Bd. 28/29, 1923-24, 69-103 (Dissertation); Familienliebe und Lebensglück in Afrika, Reichspost (Wien), N. 282, 1924, 15; Die Vatikanische Missionsausstellung, Ihr Werden, ihr Inhalt und ihr Zweck, Steyler Chronik, 6.Jg., 1924 -25, 101-112, 7. Jg., Nr. 5 Oktober 1925, 157-160. Jg. Nr. 6, Dez. 1925, 24-30; Die Missionare vom Göttlichen Wort in Afrika-Mozambik, Im Dienste des Göttlichen Wortes, Jubiläumsschrift der SVD, Hrg. v. Hermann Fischer SVD, 95-96, Steyl/Kaldenkirchen, 1925; Kleidung und Schmuck bei den Atchwabo in Portugiesisch-Ostafrika, Anthropos, Bd. 31, 1926, 870-920; Opfer und Gebet bei den Atchwabo in Portugiesisch-Ostafrika, Vorläufiges über die Religion jenes Stammes, Festschrift P.W. Schmidt, Hrg. von W. Koppers, Wien 1928, 655-676; Die Initiationszeremonien der Knaben bei den Atchwabo (Portugiesisch-Ostafrika), In Memoriam Karl Weule, hrg. von Otto Reche, Leipzig 1929, 197 -239; Preghiera e offerte nell'Africa Orientale, Rivista Unione Missionaria Clero in Italia X,S. 71-77; Roma 1928; Ostern entgegen, Kirchliche Mitteilungen der katholischen deutschen Gemeinde in Rom, hrg. von der deutschen Nationalkirche der Anima, Rom, April 1930, 26-27; La famiglia presso i popoli primitivi, Il Pensiero Missionario II, 97-110, Roma 1930; Peccato e riparazione del peccato presso gli Acciuabo, Roma 1930-VIII, 22.; Lorigine dell'idea del peccato secondo la storia, Roma 1930-VIII, 18 S.; Peccato e riparazione presso gli Eschimesi, Roma 1930-VIII, 20 S.; Critica della teoria dell' origine magica del peccato, Roma 1930-VIII, 28 S.; Vorgehende Aufsätze auch in: Espazione e Redenzione, Settimana di cultura, Torino 1930, Unione Missionaria Del Clero in Italia, Roma 1930; Il movimento missionario nelle classi colte, Le missione cattoliche, edita dal Pontificio instituto delle missione estere di Milano, Milano 1931, Anno LX, N. 26 (2647), 394-398, N26, 412-414, N.27, S 429-430; Lo sviluppo storico del movimento missionario universitario, Le missione cattoliche, Milano 1931, N. 29, 461-462, N. 30, 477-479, N.31, 493-495; Akademiker und Mission, Mödling bei Wien, 1932, 30 S.; Le Missioni, Il Missionario e l'Etnografia Probleme Missionari del Nostro Tempo, Conferenze Tenute All'Universita del Sacre Cuore dal 25 Novembre Al 6 Dicembre 1933 Con Otto Tavole Fuori Testo, Milano, Societa Editrice »Vita e Pensiero«, MCMXXXIV, 8.XIII pp, 61-77, Rom 1933; La religione dei Pigmei dell 'Africa equatorial, Osservatore Romano, 22. Dez. 1933, Nr. 298, 3; Il contributo delle missione estere all'etnografia, Osservatore Romano 25. Gennaio 1934, N. 19, 4; Le religione non christiane, Guida delle Missione cattoliche, Roma 1934; L'Africa come fu e l'Africa come divienne col bcristianismo, Rivista Unione Missionaria Clero in Italia, Bd. XVII, 289-296, Roma 1935; L'Animismo Bolletino filosofico del Pontificio Ateneo del Seminario Romano, Roma 1936, 129-141; Un caso singolare di siderugia incaica, Annali Lateranensi, Bd. 1, Citta del Vaticano, 1937, 73-76; P. Giulio Torrend, SJ, Annali Lateranensi, Bd. 1, Citta del Vaticano, 1937, 275-282; Il Pontificio museo missionario-etnologico del Laterano, Instituto di studi romani-editore gli instituti scientifici in Roma, Bd. IV, Roma 1939, XVIII, 9 S.; Fraternita delle genti, La cultura humana, Osservatore Romano, 24. Marzo 1940, N. 69, 1; L'origine dell' uomo, Osservatore Romano, 29. Marzo 1940, N. 73, 1; Nuovi orizioni in campo di etnolgia e di storia delle religioni.-Etnologia come scienza, Osservatore Romano, N. 64, 1941, 3; Ethnologia e Evoluzionismo, Osservatore Romano, 27.3.1941, N.71, 3; Etnologia e le piu antichi Culture, Acta Pontificiae Academiae Romanae S Thomae Aq. et Religionis Catholicae, Turino / Roma 1941; Ethnologia ed idealismo, Scorci »storico-culturali«, Osservatore Romano 23/24 Giugno 1941, N.145, 3; Il sacrificio presso i popoli primitivi, Osservatore Romano, 19. Febbraio 1942, N. 41, 1-2; Gli aspetti e la peculiarita, Osservatore Romano, 20. Febbraio 1942, N. 42, S 1-2; Su una serie di plastiche votive mahayanistiche, contributo alla conoscenza di alcuni aspetti del Buddismo siamese, Annali Lateranensi, Bd. IV, 1942, 331-335, Citta del Vaticano, 1937, 275 -282; **Antropologia ed unita fisica, Osservatore Romano, 25./26. maggio 1942, N. 121. 1.; **L'unita del genere umano, Linguistica ed unita psichica, Osservatore Romano, 27. maggio 1942, N. 122, 1,; »«Etnologia ed unita psichica, Osservatore Romano, 28. maggio 1942, N. 123, 1; Zusammenfassung von ** in einer Broschüre,verlegt bei Societa editrice »Vita e Pensiero«, Milano 1943, 55; Primitivi e famiglia-Le basi dell'organizzazione famigliare, Osservatore Romano, 5. Maggio 1943, Nr. 104, S1, Osservatore Romano, 4./5. Giugno 1943, N. 130, 1-2; La storia della famiglia, Osservatore Romano, 22. Iuglio 1943, N. 168, 1; La storia della famiglia: Popoli piu antichi-Fattori psichici, Osservatore Romano, 1. Agosto 1943, Nr. 177, 1-2 ; La storia della famiglia: Popoli piu antichi-Atteggiamento verso la prole, Osservatore Romano 6. Agosto 1943, Nr 181, 1-2; La storia della famiglia: Culture semplici, Osservatore Romano, 11. Agosto 1943, Nr. 185, 1; La storia della famiglia: Culture miste e conclusione, Osservatore Romano, 15. Agosto 1943, Nr. 189, S 1-2; La chiesa e la schiavitu, Osservatore Romano, 21. Agosto 1943, Nr. 185, 1; La chiesa e la 2 persona humana«- Per la elevazione delle »classe vili«, Osservatore Romano Osservatore Romano 23-24. Agosto 1943, Nr. 197, 1; Contro la negazione della natura humana dei primitivi, Osservatore Romano, 25 Agosto 1943, Nr. 197, 1; Paleontologia ed evoluzionismo-Origine dei tipi, Osservatore Romano, 5. Marzo 1944, 1; Fattori dell' evoluzione, Osservatore Romano 12. Marzo 1944, 1; La cultura, Osservatore Romano, 2. Aprile 1944, Nr. 70, 1-2; Elementi non Autoctoni nell'ideolöogia religiosa di Roma antica, Annali Lateranensi. Vol. VIII, 1944, 183-225; La preghiera presso i primitivi a cultura piu antica, Osservatore Romano, 2. Dicembre 1945, Nr. 279, 3-4; La preghiera presso i primitvi, Osservatore Romano 30. Dicembre 1945, Nr. 301, 3; Tramonto di un mito: il preteso ateismo presso i primitivi, Osservatore Romano, 24. Marzo 1946, Nr. 70, 3; Il »Muambo« degli Acciuabo, Annali dell 'Instituto Universario Orientale di Napoli, Nuova Serie, Volume III, S 223-233, Napoli 1949 (estratto dagli ..., Roma 1949); Frei Aufsätzer von Negerknaben, Festschrift Paul J. Schebesta, Studia Instituti Anthropos, Vol. 18, Wien-Mödling 1963, 247-267; ; Folgende Aufsätze werden P. Sch. zugeschrieben: Testimonianze ideoeuropee nel pensiero »latino« (unterschrieben mit alfa); Fastascienza con la cresta, Osservatore Romano, 11. Novembre 1959, Nr. 262, 3 (unterschrieben mit »xx«).

Lit.: Wolfgang Kiefer, Pater Michael Schulien (SVD) 1888-1968 Stationen seines Lebens, Saarbrücken-Altenkessel, April 1988; — Wolfgang Kiefer, Vom Missionar zum Visitator-Der Lebensweg von Michael Schulien aus Altenkessel, in Ortschronik Altenkessel, Hrsg. vom Heimatgeschichtlichen Arbeitskreis Altenkessel in der VHS, 1994; — Judith Hüser, Päpstlich-Diplomatische Mission in der Heimat - Msgr. Dr. Michael Schulien SVD, Saarländer, Ethnologe und Apostolischer Visitatator, 1948-1956, in 100 Jahre Missionshaus St. Wendel: 1898-1998, Hrsg.: Werner Prawdzik SVD. - Nettetal: Steyler Verlag 2000, Bd. 2: Geschichte-Aufgaben-Personen.

Wolfgang Kiefer

SCHULTZ, Walther, DC-Landesbischof von Mecklenburg * 20. August 1900 auf Hof Tressow bei Grevesmühlen, † 26. Juni 1957 in Schnackenburg/Elbe. — Nach dem Theologiestudium in Rostock, Münster und Berlin und der Ordination wurde er Hilfsprediger in Gehren und Neustrelitz und 1928 Gemeindepastor in Badendiek bei Güstrow in Mecklenburg. Schultz war in diesen Jahren als religiöser Sozialist politisch aktiv. Als Ende April 1933 der »Bund der NS-Pastoren« in Schwerin gegründet wurde, bestellte der mecklenburgische Gauleiter Friedrich Hildebrandt Pastor Walther Schultz zu dessen Führer. Schultz war Mitglied der NSDAP und gehörte zu den Deutschen Christen mit dem Ziel, die mecklenburgische Landeskirche nazistisch umzuformen. Am 8. August 1833 bestellte Landesbischof Rendtorff (1888-1960) Pastor Walther Schultz zum ehrenamtlichen Mitglied des Oberkirchenrats mit Sitz und Stimme. Am 13. September 1933 beschloß die Landessynode das Landeskirchenführergesetz mit weitgehendem Entzug der Rechte des Landesbischofs Rendtorff. Das neu geschaffene Amt eines Landeskirchenführers von Mecklenburg mit allen kirchenleitenden Befugnissen wurde gleichen Tags Schultz übertragen. Anfang 1934 übernahm dieser den DC-Gau Mecklenburg. Als sich die (radikaleren) Thüringer Deutschen Christen von der Reichsleitung der DC verselbständigten, schlossen sich die Mecklenburger DC unter Schultz den Thüringern 1936 an. Am 6. Januar 1934 legte Rendtorff sein Amt als Landesbischof nieder. Kurz darauf, am 1. Februar 1934, wurde Schultz ordentliches Mitglied des Oberkirchenrats. Nachdem die Landesbischöfe D. Heinrich Rendtorff in Mecklenburg-Schwerin am 6. Januar 1934 und D. Gerhard Tolzien (1870-1946) in Mecklenburg-Strelitz am 1. August 1933 emeritiert wurden, wählte am 23. Mai 1934 die »braune« Landessynode Schultz mit erst 33 Jahren zum Landesbischof der am 13. Oktober 1933 vereinigten mecklenburgischen Landeskirche, unter Ablehnung durch den Pfarrernotbund Mecklenburgs. Danach wurde die Landessynode jahrelang nicht mehr einberufen, so daß die landeskirchlichen Entscheide weitgehend von Schultz allein gefällt wurden. Im Jahre 1939 erklärte Schultz zugleich seine Mitarbeit am »Institut zur Erforschung und Beseitigung des jüdischen Einflusses auf das deutsche kirchliche Leben« in Eisenach. Die Kirchenkanzlei der Deutschen Evangelischen Kirche bat mit Zustimmung des am 31. August 1939 ins Leben gerufenen Geistlichen Vertrauensrates Schultz neben Vertretern weiterer Landeskirchen dafür Sorge zu tragen, daß Kirchenmitgliedern jüdischer Herkunft dem Gemeindeleben fernblieben. Er gehörte zu den Unterzeichnern der Erklärung der nationalkirchlichen Kirchenführer vom 17. Dezember 1941, in der jegliche Gemeinschaft mit Judenchristen aufgehoben wurde und »keinerlei Einflüsse jüdischen Geistes« auf das kirchliche Leben zu dulden seien. — Nach Kriegsende am 7. Juni 1945 erhielt Schultz durch den mecklenburgischen Landesbruderrat der BK die Rücktrittsaufforderung von seinem bischöflichen Amt, die dieser ablehnte mit der Erklärung, er werde sein Amt nur einer einzuberufenden Landessynode zur Verfügung stellen. Dem kam die britische Besatzungsmacht zuvor, die Schultz mit anderen Mitgliedern des Oberkirchenrats am 25. Juni verhaftete. In der Schweriner Haftanstalt unterschrieb Schultz am 27. Juni schließlich eine Verzichterklärung von seinen Aufgaben als Landesbischof und Landeskirchenführer. Die britische Besatzungsbehörde überführte Schultz und weitere Mitglieder des Schweriner Oberkirchenrats in das Gefangenenlager Gadeland bei Neumünster. Nach der Lagerzeit war Schultz in einer Gärtnerei tätig, bis er mit Unterstützung des Hannoveraner Landesbischofs Hanns Lilje eine Anstellung als Pfarrhelfer in Niedersachsen fand. Am 10. Juni 1948 wurde er durch Entscheid der „landeskirchlichen Spruchkammer zur Reinigung der Kirche" aus dem Dienst der Landeskirche Mecklenburgs entlassen. Am 1. Juli 1950 wurde er trotz dieses Entscheids mit der Aufgabe der pfarramtlichen Hilfeleistung in der Kirchgemeinde Fallingbostel in der Lüneburger Heide betraut. Als für dieses Amt dort eine zweite Pfarrstelle errichtet wurde, mußte Schultz 1952 die Gemeinde verlassen. Ihm wurde die pfarramtliche Hilfeleistung in der Kirchgemeinde Schnackenburg an der Elbe übertragen und 1956 das dortige Gemeindepfarramt, das er bis zu seinem Tode 1957 inne hatte.

Werke: -/-

Lit.: Hermann Beste: Der Kirchenkampf in Mecklenburg von 1933 bis 1945. Geschichte, Dokumente, Erinnerungen. Göttingen 1975, Berlin 1975; — Kurt Meier: Die Deutschen Christen. Halle 1967; — Ders.: Kirche und Judentum. Die Haltung der evangelischen Kirche zur Judenpolitik des Dritten Reiches. Halle 1968; — Ders.: Der evangelische Kirchenkampf. Bde. 1-3, Göttingen 1976-1984 (Halle 1976-1984); — Werner Schnoor: Die Vergangenheit geht mit. Einige Notizen zum Weg der Kirche in Mecklenburg von Theodor Klieforth bis Heinrich Rathke. Schwerin 1984; — Hermann Timm: Ringen um die Erneuerung der Kirche im Kirchenkampf 1933 bis 1939 in Mecklenburg. (1984; Manuskript-Druck); — Wilhelm Niesel: Kirche unter dem Wort. Der Kampf der Bekennenden Kirche der altpreußischen Union 1933-1945. In: Arbeiten zur Geschichte des Kirchenkampfes. Ergänzungsreihe, Band 11; Göttingen 1978; — Hans Prolingheuer: Wir sind in die Irre gegangen, Köln 1987; — Kirchliches Jahrbuch Nr. 482; abgedruckt in: Martin Greschat, Hans-Walter Krumwiede (Hgg.): Das Zeitalter der Weltkriege und Revolutionen; Kirchen- und Theologiegeschichte in Quellen 5; Neukirchen-Vluyn 1999; — Die mecklenburgischen Pfarrern seit dem dreißigjährigen Krieg, Nachtrag 1987, mit Ergänzungen bis 1.9.1993 [Schwerin 1994]; — J. Jürgen Seidel: Aus den Trümmern 1945. Personeller Wiederaufbau und Entnazifizierung in der Sowjetischen Besatzungszone Deutschlands. Göttingen 1996.

J. Jürgen Seidel

SCHULZ, Frieder, ev. Liturgiker und Liturgiewissenschaftler, * 19.7. 1917 in Bruchsal, † 25.12. 2005 in Heidelberg. — Der badische Pfarrerssohn besuchte, familienbedingt wechselnd, Schulen in Konstanz und Wertheim, legte 1935 das Abitur in Durlach ab, versah als Jugendlicher jahrelang den Orgeldienst in der Kirche: »So wuchs die Offenheit für den lutherischen Gottesdienst, der ja im Ansatz musikalischer Gottesdienst ist«. Nach Arbeitsdienst Studium der ev. Theol. Tübingen, Halle, nach dem Militärdienst/Gefangenschaft Erlangen. 1948 Eheschließung mit Radegunde, geb. Ziemann; aus der Ehe drei Kinder (eine Tochter, † 2001; zwei Söhne). 1./2. Examen (mit Ausz.) Religionslehrer und Studierendenpfarrer Karlsruhe, wechselte 1953 zum Gemeindepfarramt nach Wiesloch. Seit 1955 Rektor des Petersstiftes (Kandidatenkonvikt) der Kirche in Baden. 1971 Amputation des linken Arms und Schultergelenks; 1973 Dr. theol. h.c. Ruprecht-Karls-Univ. Heidelberg. 1978 Übersiedlung nach Heidelberg-Neuenheim, 2000 Augustinum Heidelberg. Viele Jahrzehnte lang äußerst umfangreiche Tätigkeit als Privatgelehrter, Dozent und vielgefragter Experte in Forschung und Lehre des Gottesdienstes. — Umfassende Kenntnis der Geschichte der Kirchen, ihrer Liturgien, Gebete, Gesänge und Riten befähigte Frieder Schulz, Reformansätze der Zeit zwischen den Weltkriegen (bad. Kirchenbuch 1930) fachgerecht und zeitgemäß weiterzuentwickeln (Agende Baden 1965; 1996), das Auseinanderdriften innerev. konfessioneller Feierformen visionär zu überwinden (Struktur-Denkschrift 1974; Erneuerte Agende 1990; Ev. Gottesdienstbuch 1999). Beachtlich starke ökumenische Offenheit ließ ihn federführend bei »Gemeinsamen liturgischen Texten der Kirchen des deutschen Sprachraums« (bis 1971) wie z.B. in der international besetzten Societas Liturgica mitarbeiten, gleichzeitig aber auch hin und her Verständnisbrücken zur röm.-kath. Liturgiereform in Konsequenz des Konzils wie zu den anglikan., orthodox. und zu den Freikirchen schlagen. Mit bes. Gespür für das zeitgemäß Erwartete *und* für das heute und hier Realisierbare begegnete er den Neuaufbrüchen der späten sechziger Jahre, erwies sich verstehend als Meister der Liturgiedidaktik (insbes. hinsichtlich der Sprache) und wurde Ratgeber von leitenden Bischöfen, Kirchenleitungen, Konferenzen. Bis in die ihm eigene Diktion ungezählter Arbeitsvorlagen hinein versuchte der Liturgiker, dem ihn und seine Kirche verpflichtenden reformatorischen geistlichen Erbe eine einladende wie angemessene, nachvollziehbare Gestalt zu geben. Eine Vielzahl von wiss.-theol. Einzeluntersuchungen zu Riten/Formen, Texten /Hymnen aus Schulz' Feder hat Meilensteine der Orientierung für liturgiewissenschaftliches Erkennen und Formen für künftige Zeiten gesetzt.

Werke: Allgemeines Ev. Gebetbuch (Hrsg. mit H. Greifenstein, H. Hartog), Hamburg 1955, 503 S. (Ausg. für DDR 1954), gänzl. neubearb. 1965^2, 795 S.; verbess. 1971^3, ebenfalls 795 S.; Kleines Ev. Gebetbuch (Mithg.). Hamburg 1958, 55 S.; erg. 1960^2 , 1962^3, gänzl. neubearb. 1968^4; Das Abendmahl als Communio, MPTh 51/1962, 132-148; Begleitwort zum Entwurf der Agende I Baden, Karlsruhe 1962, 78 S.; Die Vorbereitung zum Abendmahl in der Kirchenordnung der Kurpfalz von 1563, JLH 7/1962, 1-39; Der lutherische Hauptgottesdienst. Eine vergleichende Übersicht, in Christhard Mahrenholz: Kompendium der Liturgik, Kassel 1963, 121-124, 139-140 und 8 S. Beil.; Außerliturgische Luthergebete. Forschungen zur ev. Gebetsliteratur I, JLH 10/1965, 115-127; Das sogenannte Franziskus-Gebet, Forsch. zur ev. Gebetsliteratur II, JLH 13/1968, 39-53; Das Mahl der Brüder. Herrenmahl in neuer Gestalt, JLH 15/1970, 32-51; 150 Jahre Gottesdienst in Baden. Die agendarischen Ordnungen der Unionskirche, in H. Erbacher (Hrsg.): Vereinigte Ev. Landeskirche in Baden 1821-1971, Karlsruhe 1971, 267-328; Ordination. Gottesdienstordnungen für Ordination und Einführung, Gütersloh 1972, 37-46; Ev. Ordination. Zur Reform der liturg. Ordnungen, JLH 17/1972, 1-54; Versammelte Gemeinde. Struktur und Elemente des Gottesdienstes. Zur Reform des Gottesdienstes und der Agende, Hamburg 1974, 20-64; Das Gedächtnis der Zeugen. Vorgesch., Gestaltung und Bedeutung des Ev. Namenkalenders, JLH 19/1975, 69-104; Die Gebete Luthers. Edition, Bibliogr. und Wirkungsgesch., QFRG XLIV, Gütersloh 1976, 424 S.; Gefährdeter Sonntag, JLH 20/1976, 158-165; Das Malabar-Gebet, Forsch.zur ev. Gebetsliteratur IV, JLH 21/1977, 88-96; Gebete. Revid. Gebetstexte zu Ag. I bearb. von der Luth. Liturg. Konferenz, reihe gottesdienst 8/9, Hamburg 1979, 229 S. (bes. Quellennachweis, 214-229); Discubuit Jesus. Verbreitung und Herkunft eines ev. Abendmahlsgesangs, JLH 25/1981, 27-48; Die Ordnung der liturg. Zeit in den Kirchen der Reformation, LJ 32/1982, 1-24; Luthers liturg. Reformen. Kontinuität und Innovation, Alw 25/ 1983, S. 249-275; Die Lima-Liturgie. Die ökumen. Gottesdienstordnung zu den Lima-Texten, Kassel 1983, 32 S.; Das Abendmahl nach der Kurpfälzischen Ordnung 1563, in: I. Pahl (Hrsg.) Coena Domini I, Freiburg/Schweiz 1983, 1-6. 495-524; Die jüd. Wurzeln des christl. Gottesdienstes, JLH 24/1984, 39-55; Die Rezeption der Lima-Liturgie, JLH 31/1987/88, 1-37; Singen wir heut mit einem Mund. Hymnolog.-liturg. Studie zu einem Osterlied der Böhm. Brüder, JLH 32/1989, 29-71; Das Eucharistiegebet in den Kirchen der Reformation als Frucht ökumen. Konvergenz, QD Bd. CXXXII, Freiburg 1991, 82-118; Elementare Liturgie, PTh 82/1993, 168-185; Drei »ökumen.« Jesusgebete, Forsch. Zur ev. Gebetsliteratur VII, JLH 34/1992/93, 1-21; Die Seligpreisungen als Gemeindegesang, in: L. Käser (Hrsg.): Wort und Klang, FS Martin Gotthard Schneider, Bonn 1995, 77-111; Gottesdienstreform im ökumen. Kontext. Kath. Einflüsse auf den ev. Gottesdienst, LJ 47/1997, 202-220; Das Opfermotiv in der liturg. Tradition der Reformationskirchen bis heute, in: A. Gerhards/ Kl. Richter (Hrsg.): Das Opfer - bibl. Anspruch und liturg. Gestalt, Freiburg 2000, 234-256; Bilder der Hoffnung im Lied der Kirche. Die Sprache des Glaubens angesichts des Todes, LJ 51/ 2001, 38-53; Das Gebet, in: H.-Chr. Schmidt-Lauber, M. Meyer-Blanck, Karl-Heinrich Bieritz (Hrsg.) Handbuch der Liturgik, Göttingen 2003³, 742-762; Lumen Christi. Der altkirchl. Vespergesang Phos hilaron. Zur westkirchl. Rezeption: Forschung-Übertragung-Musikfassung, JLH 43/2004, 11-48.

Einzelausg. der unter a. genannten selbständigen Veröffentlichungen existieren nicht, ebenso nicht Übersetzungen ins Deutsche; Gesamtausgaben sind nicht nachweisbar, lediglich zwei umfangreiche Sammelbände mit Arbeiten von Schulz wie folgt: Alexander Völker (Hrsg.): Frieder Schulz. Mit Singen und mit Beten. Forschungen zur christl. Gebetsliteratur und zum Kirchengesang, Ges. Aufs. mit Nachträgen 1994, Hannover 1995, 350 S. Enthält drei thematische Kreise: Einzelne Gebete, Formen des Gebets, Kirchengesang mit dem Nachdr. von 15 Aufs.; zu einigen steuerte Schulz einen aktualisierenden Nachtr. bei. Gerhard Schwinge (Hrsg.): Frieder Schulz. Synaxis. Beiträge zur Liturgik. Zum 80. Geb. des Autors im Auftr. der Ev. Landeskirche in Baden, Göttingen 1997, 438 S., 6 Abb. Enthält vier thematische Abschn.: Gewordene Liturgie, Gemeindegottesdienst, Kirchl. Handlungen, Zeiten und Zeugen mit dem Nachdr. von ebenfalls 15 Aufs. Im letztgenannten ist der von der Luth. Liturg. Konferenz dank der Arbeit von Schulz hg. Ev. Namenkalender (1975) abgedruckt, 412-425; der Sammelbd. führt eine Bibliogr. Frieder Schulz von 1954-1997 mit 166 Eintr. auf (S. 426-437).

Art. In Lexika/ Nachschlagewerken: Art. Neander, Neumarck, Neumeister, Nicolai, in: Dictionnaire de Spiritualité (DSp) XI/1981,63f. ; 155f.; 159f.; 250ff.; Art. Gebet III-V, in: TRE XII/1983, 71-84; Art. Gebetbücher III-V, ebd., 109-120; Art. Pancratius, in: DSp XII/1983, 153f.; Art. Hagiographie IV, in: TRE XIV/1985, 377-380; Art. Heiligenverehrung VII, ebd., 664-672; Art. Rabus, Rinckart, Ringwaldt, in: DSp XIII/1987, 14f.; 680; 680f.; Art. Rodigast, in: DSp XIII/1988, 843; Art. Kirchenjahr, in: EKL II/1989³,1115-112.6; Art. Scriver, in: DSp XIV/1990,460f.; Art. Perikopen, in: EKL III/1992³, 1123-1130; Art. Reformationsfest, ebd., 1492f.

Bibliographien: Heinrich Riehm (Hrsg.): FS für Frieder Schulz. Freude am Gottesdienst, Heidelberg 1988, 557 S., dort eine Bibliogr. Frieder Schulz von 1954-1988 mit 88 Eintr. Zur Bibliogr. 1954-1997 siehe unter d. (Schwinge, Synaxis). Eine komplettierende »letzte« Bibliogr. legte H. Riehm in Gerhard Schwinge (Hrsg.): Lebensbilder aus der ev. Kirche in Baden im 19. und 20. Jh., Bd. V, Heidelberg 2007, 401-403 mit Nr. 167-190, also mit 24 weiteren Aufs./ Beitr. von Schulz vor.

Lit.: Heinrich Riehm (Hrsg.): FS für Frieder Schulz. Freude am Gottesdienst, Heidelberg 1988, 557 S.; — Alexander Völker (Hrsg.): Frieder Schulz. Mit Singen und mit Beten, Forschungen zur christ. Gebetsliteratur und zum Kirchengesang, Hannover 1996, 350 S.; — Gerhard Schwinge (Hrsg.): Frieder Schulz. Synaxis. Beiträge zur Liturgik (s.o.); — Helmut Schwier: Die Erneuerung der Agende. Zur Entstehung und Konzeption des »Ev. Gottesdienstbuches«, Leiturgia Neue Folge Bd. III, Hannover 2000, IX und 581 S.; — Karl-Heinrich Bieritz: Zeiten und Zeugen. Laudatio für D. Frieder Schulz, eine Würdigung in zehn Kapiteln, in: Wolfgang Ratzmann (Hrsg.): Grenzen überschreiten. Profile und Perspektiven, Beitr. zur Liturgie und Spiritualität, Bd. IX, Leipzig 2002, S. 15-39; Heinrich Riehm: Frieder Schulz (1917-2005). Rektor des Heidelberger Predigerseminars Petersstift und Liturgiewissenschaftler, in: Gerhard Schwinge (Hrsg.): s.o., 365-405.

Alexander Völker

SCHULZ (SCHULZE; SCHULTZ), Johann Abraham Peter: Königlich-dänischer Hofkapellmeister, Komponist, Kirchenliedermusiker, Liederkomponist und Musiktheoretiker, * 26.3. 1747 in Lüneburg, † 10.6. 1800 in Schwedt an der Oder.- Auf die Bedeutung der deutschen Städte für die Entwicklung der Musikgeschichte hat zuerst Rochus von Liliencrons »Deutsche Musikgeschichte« aus dem Jahr 1893 hingewiesen. Dem reformatorischen Lüneburg entstammten Musikerpersönlichkeiten wie der Kantor und Theologe Auctor Lampadius (um 1500-1559), Kantor Heinrich Nigidius (erwähnt um 1537) sowie Chistophorus Praetorius aus alter Lüneburger Musikerfamilie (1530-1651). Musikkünstlerisch standen vor allem die Schule des Michaelisklosters sowie die städtische Johannisschule (Johanneum) im 16. und 17. Jahrhundert in voller Blüte. Ein »Sohn« sowohl der Lüneburger Michaelisschule als auch des städtischen Lüneburger Johanneums war der nachmalige große Komponist Johann Abraham Peter S. — S. wurde als Sohn des Bäckermeisters Nicolaus Schulz und dessen Ehefrau Anna Magdalena geb. Brunn um den Sonntag Palmarum (26.3.) 1747 in der Waagestraße (alte Schreibweise: Wagestraße) unweit der Ratsbücherei in Lüneburg geboren und am 31.3.1747, zwei Tage vor Ostern 1747, in der evangelisch-lutherischen St. Nikolaikirche (1407), der alten sterngewölbigen Schifferkirche der Salzstadt, getauft. Unter den Taufpaten von S. wurde auch der Brautvater, Johann Abraham Brunn, genannt. Der Vater von S., Nicolaus Schulz, gebürtig aus Grantzstede (= Granstedt) im Amt Lüchow, hatte am 16. Juni 1739 als »Grobbäcker« das Lüneburger Bürgerrecht erhalten und ward am 3. Oktober 1739 mit der »Jungfer Anna Magdalena Brunn aufgeboten« [Frau Archivdirektorin Dr. Uta Reinhardt]. — Sehr früh die musikalischen Neigungen ihres Sohnes erkennend, schickte seine Mutter den Zögling auf die nahe Michaelisschule, wo bereits Johann Sebastian Bach (1700) fünfzehnjährig Unterricht genommen hatte. Wohl aufgrund einer zu Unrecht erhaltenen körperlichen Züchtigung (Ohrfeige) ist S. mit seiner schönen Sopranstimme 1757 auf das Lüneburger Johanneum gewechselt. Am Johanneum ist S. maßgeblich von dem damaligen Rektor, dem Kantor und Dichter Konrad Arnold Schmid (1716-1789), erzieherisch wie musikkünstlerisch geprägt worden. Später im Jahre 1786 sollte S. mehrere Weihnachtskantilenen Schmids in der bekannten Liedersammlung »Johann Peter Uzens lyrische Gedichte religiösen Innhalts... mit Melodien zum Singen bey dem Claviere von J.A.P. Schulz« vertonen. Letztlich war es aber der Telemannschüler und Organist an St. Johannis, Johann Christoph Schmügel (nach 1726-1798), der S. nicht nur auf der Kirchenorgel lehrte, sondern den sehr musikschöpferischen Schüler bis zum »fugirten Choralpunkt« unterwies. Im Frühjahr 1764 hat S. Lüneburg verlassen, um in Berlin unter Anleitung der »geschickten großen Männer« später zum »Capellmeister« bestellt zu werden. Hier unterstützte S. vor allem der »Berliner Bach« und »Kammermusikus« Carl Philipp Emanuel Bach († 1788), mit dem S. bereits seit seiner »Lüneburger Schaffenszeit« in regem brieflichem Kontakt stand. Von Emanuel Bach an den Komponisten und Musiktheoretiker Johann Philipp Kirnberger (1721-1783) weiterempfohlen, vermochte S. seine musikalische »Kenntniß, Theorie und Kritik« weiterhin zu vertiefen, wie S. in seinen autobiographischen Skizzen notiert. 1768 verließ S. die Spreestadt, um als Musiklehrer der polnischen Gräfin Sapieha, der Wojewodin von Smolensk, mehrjährig ab 1769 auf Reisen zu gehen. Die »Bildungsreise« führten die Gräfin aus weit verzweigtem polnischem Hochadel und S. unter anderem nach Frankreich, Italien und in die Habsburgermonarchie. Aller Voraussicht hat S. beim Neusiedler See, in dem kostspieligen Schloß Esterház bei Fertöd, den von ihm »Hochverehrten« Joseph Haydn besucht. In dem Jahre 1773 war S. wieder in Berlin, nachdem er den Dienst der Gräfin Sapieha quittiert und für kurze Zeit als Kapellmeister von deren Fürstenverwandtem, dem »Wojewoden von Plock«, gewirkt hatte. In der Spreemetropole hat S., welcher sich mittlerweile sowohl an dem preußischen Hof als auch in den Adelsgesellschaften einen Namen gemacht hatte, im Jahre 1776 an dem Königlichen Französischen Theater (von 1700) in dem Alten Marstall in der Breiten Straße die Stelle des »Musikdirektors« erhalten. 1778 übertrug die preußische Kronprinzessin Friederike Luise (1751-1805) als Gemahlin Prinz Friedrich Wilhelms (II.) S. die Leitung ihrer »Privatbühne«, »worin sie selbst in Gesellschaft vor lauter Damen unter S.' Leitung anfangs kleine, zuletzt immer größere französische Operetten aufführte«. Auch holte S. der betagte Friedrich II. von Preußen nach Sanssouci, wo S. »drei Tage in jeder Woche zubringen mußte«. Von 1780 bis 1786 stand S. als Kronprinzlicher Hofkapellmeister dem Rheinsberger Operntheater vor. In diese große Rheinsberger Schaffenszeit von S. fällt auch der große Durchbruch in der Liedvertonung. — S. machte geltend, »mehr volksmäßig als kunstmäßig zu singen, nämlich so, daß auch ungeübte Liebhaber des Gesanges, sobald es ihnen nicht ganz und gar an Stimme fehlt, solche [Lieder] leicht nachsingen und auswendig behalten können«. Mit seinem Werk »Religioese Oden und Lieder aus den besten deutschen Dichtern mit Melodien zum Singen bey dem Claviere«, das in Hamburg veröffentlicht wurde, hatte S. der neuen »Gattung« des deutschen Volks- und Kunstliedes zum Durchbruch verholfen. In die Gattung des Kunstliedes fällt auch S.' wohl berühmtestes Lied »Der Mond ist aufgegangen« von 1790, dessen Text auf den Wandsbeker Bothen, Matthias Claudius (1740-1815), zurückging (1779) und mit seinen sieben Strophen auch dauerhaften Eingang in die Evangelischen Kirchengesangbücher fand. S. wurde mit 130 komponierten Liedern zu einem der »bedeutendsten Liederkomponisten seiner Zeit«. — 1781 hatte S. die damals 16jährige Wilhelmine Flügel aus Berlin geehelicht und nach deren frühem Tod durch Tuberkulose (1784) im Jahre 1786 deren ältere Schwester Caroline Flügel († 1797) geheiratet.-Weiteren musikkünstlerischen Ruhm erlangte S., als ihn im Jahre 1787 der junge Kronprinzregent von Dänemark und Norwegen, Friedrich VI. (1768-1839), an seinen aufgeklärten Hof in Kopenhagen berief. In Kopenhagen hatte S. »entscheidende Anstöße zur Entwicklung einer dänischen Musikkultur« geliefert. Hier kamen neben seinen Opernübersetzungen ins Dänische wie »Das Erndte-Fest« - »Host-Gildet« - von 1790 vor allem geistliche Chorwerke wie »Maria und Johannes: ein Passions-Oratorium« zum Zuge. Aus dem Geldstock des Ertrages seiner zahlreichen dänischen Oratorien hat der liberal denkende S. als »Musicus politicus« dann noch in Kopenhagen die sogenannte »Wittwenkasse« für Musiker gegründet. Allein aus gesundheitlichen Gründen verlangte S. am dänischen Hof Friedrichs VI. seine Reisepapiere. Die Tuberkulose, der auch S.' zweite Frau, Caroline Schulz, erliegen sollte, hatte ihn schon geschwächt. Das Frühjahr 1796 verbrachte er mit seiner Frau nochmals in Lüneburg. Selten noch komponierend, ist S. fast genau zweieinhalb Jahre nach der »Abberufung« seiner Gemahlin (1797) am 10. Juni 1800 in Schwedt an der Oder in den Tod gefolgt. Der Lüneburger Kapellmeister, Musiker, Musiklehrer und Schulzbiograph und -forscher Heinz Gottwald, dessen Schüler an der Lüneburger »Herderschule« um 1965 der Verfasser dieser Kurzbiographie war, nannte S. zu Recht den »Vater moderner Schulmusik«.

Werke: Vor dir, o Ewiger, tritt unser Chor zusammen, Musikdruck, o.O., o.J.; Beschattet von der Pappelweide. Gesang mit Klavier, Hamburg 1781; Dem Kindlein, das geboren ward. Rundgesang, nach der Geburt eines Knaben, Gesang und Klavier, Hamburg 1784; Religioese Oden und Lieder aus den besten deutschen Dichtern mit Melodien zum Singen bey dem Claviere, Hamburg 1786; Minona oder Die Angelsachsen. Ein tragisches Melodrama in vier Acten. Von Heinrich Wilhelm von Gerstenberg, Musik von J.A.P. Schulz, Hamburg 1785; Lieder im Volkston bey dem Claviere zu singen, Berlin o.J.; Vollständiges Liederbuch der Freymäurer, dritter Theil, mit ganz neuen Melodien von Bach, Naumann und Schulz, Kjøbnhavn und Leipzig 1788; Aline, Koenigin von Golconda. Eine Oper in drey Acten. Clavierauszug der Partitur. Ihrer Majestaet der regierenden Koenigin von Preußen allerunterthaenigst zugeeignet von J.A.P. Schulz, Koenigl. Daen. Capellmeister, Kjøbnhavn 1790; Gedanken über den Einfluß der Musik auf die Bildung eines Volkes, o.O. 1790; Maria und Johannes: ein Passions-Oratorium, Ulm um 1790; Das Erndte-Fest: ein Singspiel in einem Aufzuge, aus dem Dänischen nach der 3. veränderten Auflage, Altona 1795;-Ueber den Choral und die ältere Literatur desselben, Neudruck Erfurt 1872; Christi Død: Oratorium af J. Baggesen/J.A.P. Schulz/C. Barnekow, Kjøbnhavn 1879; Vor dir, o Ewiger, tritt unser Chor zusammen, Orchesterpartitur, Leipzig um 1895; Briefwechsel zwischen Johann Abraham Peter Schulz und Johann Heinrich Voss. Hrsg. von H. Gottwald und G. Hahne, Basel 1960; Der Mond ist aufgegangen: Männerchor mit Oberstimme, Partitur, neu hrsg. von F. Biebl, Hammelburg 1986.

Lit.: H. Welti: Johann Abraham Peter Schulz. In: Allgemeine Deutsche Biographie, Bd. 34, Leipzig 1892, 744-749; — R. von Liliencron: Deutsche Musikgeschichte. In: H. Paul: Grundriss der germanischen Philologie, II. Bd., 2. Abt., Strassburg 1893, 287-303; — S.A.E. Hagen: Schulz, Johan Abraham Peter, 1747-1800, Komponist og Kapelmester. In: Dansk biografisk Lexikon, XV. Bd., Kjøbenhavn o.J. (1901), 338-344; — H. Gottwald: Johann Abraham Peter Schulz. Autobiographische Skizzen über seine Jugend in Lüneburg. I. Teil. In: Lüneburger Blätter, Heft 6, Lüneburg 1955, 36ff; — H. Gottwald: Johann Abraham Peter Schulz. Autobiographische Skizzen über seine Jugend in Lüneburg, II. und III. Teil. In: Lüneburger Blätter, Heft 11/12, Lüneburg 1961, 149ff; — F. Blume, M. Ruhnke: Aus der Musikgeschichte der Stadt Lüneburg. In: Aus Lüneburgs tausendjähriger Vergangenheit. Festschrift. Herausgegeben im Auftrag der Stadt Lüneburg von Ulrich Wendland, Lüneburg 1956, 109-138; — M. Voigt: Lüneburger im Evangelischen Kirchengesangbuch. Vier kurze Biographien. In. G. Körner (Hrsg.): Reformation vor 450 Jahren. Eine Lüneburgsche Gedenkschrift, Lüneburg 1980, 197-208; — Der Brockhaus Musik. Personen, Epochen, Sachbegriffe, Mannheim[2] 2001, 709; — A. Schnoor: Johann Abraham Peter Schulz. In: Neue Deutsche Biographie, Bd. 23, Berlin 2007, 715-716; — Schulz, Johan Abraham Peter: In: Projekt Runeberg: http://runeberg.org/dbl/15/0340.html.

Michael Peters

SECKENDORFF-GUTEND, *Henriette* Louise Mathilde Freiin von, * 22. April 1819 im Familienschloß zu Obernzenn/Mittelfranken, † 25. Juni 1878 in (seit 1933 Bad) Cannstatt, »Heilerin«, Wohltäterin und Gründerin der (noch heute bestehenden) »Villa Seckendorff« in Stuttgart-Bad Cannstatt. — Henriette entstammte einem der »ältesten und berühmtesten, an Sprossen und Besitz reichsten, fränkischen Adelsgeschlechter, welches den Namen von dem Weiler Seckendorf, zwischen Kadolzburg und Langenzenn in Franken, trägt« (Kneschke 1868, S. 421). Erstmals urkundlich erwähnt wurde das Geschlecht am 1. März 1254 mit Heinricus de Seckendorf. Von den insgesamt 13 Linien der Familie gibt es heute noch drei (eine gräfliche und zwei freiherrliche). Künstler, Minister, Marschälle, Gelehrte... sind aus dem Adelsgeschlecht hervorgegangen. Bekannte Namensträger (aus Vergangenheit und Gegenwart) sind: Veit Ludwig v. S. (1626-1692), Gelehrter und Staatsmann; Friedrich Heinrich v. S. (1673-1763), kaiserl. Feldmarschall; Karl Siegmund v. S. (1744-1785), Dichter; Götz v. S. (1889-1914), Maler und Bildhauer; Carl v. S. (1874-1948), Offizier und Pfadfinderführer; Ekkehard v. S. (*1940), RAF-Mitglied, Facharzt für Innere Medizin und Homöopath sowie Christa v. S. (*1970), Künstlerin, um nur einige der vielen zu nennen. — Die Eltern von Henriette, Carl Ernst Freiherr von Seckendorff-Gutend und Janette von Seckendorff-Gutend, waren Geschwisterkinder. Sie hatte noch sieben ältere Geschwister: Juliane (*1806), Karl (*1807), Ernst (*1808), Auguste (*1809), Louise (*1813), Hermann (*1814) und Karoline (*1818). Bereits sechs Monate nach ihrer Geburt starb die Mutter, der zwei Jahre später der Vater in den Tod folgte: - »Obgleich sie damals noch nichts verstehen konnte von dem großen Verlust, der sie betroffen, so hatte doch der Abschied von dem geliebten Vater einen so tiefen Eindruck auf das Kindergemüt gemacht, daß sie sich noch in späteren Jahren genau erinnerte, wie der Vater sie kurz vor seinem Heimgang gesegnet hat« (Petri 1951, S. 5). — Schwer lastete das traurige Schicksal auf die zurückgebliebenen Waisen, über deren weiteres Schicksal der Biograf von S. bilanzierte: - »Die Brüder wählten die militärische Laufbahn und traten in preußische, bayerische und österreichische Dienste. Die Schwestern fanden bei Verwandten eine neue Heimat; nur die beiden Jüngsten... blieben im Schloß. Eine französische Erzieherin wurde mit ihrer Ausbildung beauftragt und führte diese ganz in französischem Geiste. Von Gebet und Unterweisung in Gottes Wort war keine Rede. Auch keine biblischen Geschichten wurden den Kindern erzählt. Dagegen entwickelte sie großen Eifer, die Kinder zu gewöhnen, daß sie sich artig und fein betrugen und ja nicht deutsch redeten; denn sie hielt die französische Sprache allein für salonfähig« (Petri 1951, S. 5). Zum Vormund der beiden jüngsten Schwestern wurde der Bruder der verstorbenen Mutter, Ernst Carl Johann Freiherr von Seckendorff-Gutend, bestellt. Genannter stand als Forstrat (später Oberforstrat) in den Diensten der Fürsten von Oettingen-Wallerstein. Dem Onkel miß fiel die Erziehung seiner Nichten durch die französische Erzieherin. Darum nahm er die Mädchen nach seiner Hochzeit (1824) mit der 20 jährigen Adelheid Freiin von Rotenhan in die eigene Familie, die im großzügigen »Aufberg'schen Haus« in Wallerstein wohnte, auf. Die Pflegeeltern waren um eine standesgemäße Erziehung bemüht und es war ihnen ein »herzliches Anliegen, an den Waisen Elternstelle zu versehen, damit sie vergaßen, daß sie allein in der Welt standen. Mit großer Treue wurde für alle ihre Bedürfnisse gesorgt. Weil jedoch den Erziehern selber der lebendige Glaube an Jesu fehlte, konnten sie nicht Wegweiserdienst zum Heiland hin tun. In Henriettes Seele blieb deshalb immer ein gewisses unbefriedigtes Etwas. Später erkannte sie, daß gerade dadurch eine persönliche Liebe zum Heiland in ihr geweckt werden sollte« (Petri 1951, S. 6). — Auf der Suche nach inner Klarheit und der ewigen Gottesliebe fiel der 22 jährigen Freiin in der Bibliothek ihrer Pflegeeltern ein Buch mit Gedichten und Liedern des Christoph Carl Ludwig Freiherr von Pfeil, ihrem Urgroßvater mütterlicherseits, in die Hände, welches sie mit großer Begierde las: - »Dieser Mann war es dann auch, dessen herrliche Lieder so segensreich auf seine Urenkelin einwirkten. Sie schloß ihn ganz in ihr Herz ein, und neben der Bibel blieben die Lieder von Pfeils zeitlebens ihr liebstes Buch... Sooft sie konnte erquickte sie sich an dem Schatz der Lieder. Bis an ihr Ende schöpfte sie fleißig daraus für sich und andere« (Petri 1951, S. 10 f). — Mit noch nicht ganz 23 Jahren übersiedelte die Adelige nach Stuttgart. Dort erwachte in ihr das Verlagen, nach überstandenen schweren Erkrankungen, Jesus zu dienen und sich in den Dienst der Barmherzigkeit zu stellen. S. begann bald mit Besuchsdiensten bei den Bewohnerinnen des Bürgerhospitals in Stuttgart, in welchem arme, alte und arbeitsunfähige Frauen ein äußerst bescheidenes Unterkommen fanden: - »Zu ihnen ging sie, um ihnen etwas aus dem Worte Gottes vorzulesen und denselben die Liebe Gottes auf mancherlei Weise nahezubringen... Sie nahm es mit diesen Besuchen gar nicht leicht; nein, mit allem Ernst und seelenrettender Liebe ging sie dabei zu Werke und ließ es auch an herzlichem Gebet für diese Armen nicht fehlen. Obgleich sie nur wenig Erfolg ihrer Arbeit sehen konnte, rühmte sie doch den Herrn, daß er ihr so viel Segen daraus erwachsen ließ, und noch in späteren Jahren erzählte sie oft von dem, was sie dort an Kranken- und Strebebetten lernen durfte« (Petri 1951, S. 23). — In diese Zeit fiel ein besonderer Vorfall, der den Grundstein für die spätere Tätigkeit der Freiin legte: - »Während eines Sommers hielt sie sich mit ihrer Dienerin Pauline in Herrnalb auf. Dort bekam dieselbe die heftigsten Zahnschmerzen und da solche gar nicht weichen wollten, bat sie Frl. v. S. unter Handauflegung mit ihr zu beten. Der

Herr gab ihr Freudigkeit, sie tat es, und siehe, Gottes Segen ruhte so sichtlich darauf, daß das Zahnweh 'wie weggeblasen' war. Diese köstliche Erfahrung ermutigte sie, auch fernerhin Kranken die Hände aufzulegen, doch tat sie es damals noch sehr selten, weil es etwas Außerordentliches war und sie selbst darüber noch nicht völlige Klarheit hatte« (Petri 1951, S. 26). — Neben den ersten Erfahrungen mit der Heilung durch Handauflegung entdeckte sie ferner für sich noch einen weiteren »priesterlichen« Dienst. Darüber berichtete der Biograf der Freiin: - »Mit Vorliebe ging sie zu jener Zeit in der Nähe des dortigen Gefängnisses spazieren und vergegenwärtigte sich im Geist dessen Insassen samt deren Vergangenheit und Verbrechen; fürbittend brachte sie die Gefangenen in herzlichem Erbarmen vor den Herrn. Nicht wie jener Pharisäer, der da sagte: 'Ich danke Dir, Gott, daß ich nicht bin wie diese Leute!' Nein, in Demut stellte sie sich unter die Gefangenen und dünkte sich nicht um ein Haar besser als jene, denn sie war davon überzeugt, daß auch sie zu allen Verbrechen fähig sei und bloß die Barmherzigkeit Gottes es verhütet habe, daß die Tücken ihres bösen, sündigen Herzens zum Ausbruch kam« (Petri 1951, S. 26). — Bedingt durch ihr sozial/diakonisches Engagement und tiefe Gläubigkeit stand die Adelige in Kontakt zu den bedeutenden Pietisten Sixt Karl (von) Karpff, Jakob Johann Staudt und Johann Christoph Blumhardt. Die drei Geistlichen unterstützten sie in ihrem seelsorgerischen Wirken, vertieften und erweiterten ihr Glaubensleben. Letztgenannten, der durch wundersame Heilungen seinerzeit großes Aufsehen erregte, besuchte sie in Möttlingen (bei Bad Liebenzell) und wurde Zeugin der Kraftwirkungen, die durch Gebet und Wort im Namen Jesu geschahen. Ebenso verkehrte S. im Hause der Fabrikantengattin und Pietistin Charlotte Reihlen, wo sie an den »pietistisch-erwecklichen Erbauungsstunden« teil nahm. So lernte sie die aus der Schweiz stammende Dorothea Trudel kennen, die auf Einladung von Charlotte Reihlen eine Andacht hielt. Die Hausherrin selbst erfuhr durch die Schweizerin die spontane Heilung von einer diagnostizierten »Kniewassersucht« durch Gebet und Handauflegung. Einen tiefgreifenden Einfluß hinterließ die Andacht im Reihlschen Hause auf die Freiin: - »Der Ernst, mit welchem Dorothea Trudel von dem Herrn und seiner Nachfolge redete, ergriff Frl. v. S. so sehr, daß sie sich alsbald sagte: 'Das ist die Person, die dir der Herr sendet, gehe hin, lerne von ihr!' Rasch entschlossen zog sie... nach Männedorf am Züricher See, woselbst D. Trudel unter Gebet und Handauflegung vielen Kranken nach Leib und Seele durch Gottes Gnade Hilfe bringen durfte... Als Trudel sah, daß Frl. v. S. sich von ihr zu gottseligem Wandel und zum Dienst an anderen anleiten lassen wollte, nahm sie dieselbe in eine strenge Schule... (Der Freiin; M. B.) ihr ganzes Wesen war erfüllt von dem, was sie an dieser Segenstätte sah und hörte, denn die Lieben in Männedorf waren bestrebt, dem Worte Gottes gemäß zu leben... Im Auftrag des 'Mütterle' (so wurde Dorothea Trudel allgemein genannt; M. B.) machte sie viele Krankenbesuche in der Umgebung von Männedorf, um mit den Leidenden über ihr Seelenheil zu reden und mit ihnen zu beten... Ein ganzes Jahr durfte Frl. v. S. an dieser Segensstätte zubringen. Als sie dieselbe verließ, war sie von dem herzlichen Wunsch beseelt, nun anderen zu dienen, damit sie gleichen Segen und gleicher Freude mit ihr teilhaftig würden« (Petri 1951, S. 27 ff.). — Nach Stuttgart zurückgekehrt, nahm sie ihre Besuche im Spital wieder auf. Zudem kamen immer mehr leidende Menschen zu ihr mit der Bitte, daß sie Hand auflegen und mit ihnen beten möge. In ihren »Hausandachten« berichtete sie u. a. von folgender Heilung, die sie nicht gleich als Zeichen Gottes erkannte: - »Ein krankes, sehr schwaches Kind wurde mir von seinen Eltern übergeben; der Herr hatte die große Gnade, das Kind ganz ordentlich herzustellen. Dieses sprang mit anderen Kindern herum und spielte mit einem Ball, es wollte recht hoch werfen, da trat durch die zu große Anstrengung das Bein des Armes aus der Achsel und stand ziemlich hoch hervor; weinend kam das Kind zu mir, und wie erschrak ich, als ich sah, was geschehen war! In der Bestürzung fehlte mir die nötige Ruhe, ich wollte zum Wundarzt schicken, um den Arm wieder einrichten zu lassen, da sagte das Kind zu mir: Willst du nicht lieber auflegen und beten? Natürlich tat ich es. Nicht 3 Minuten dauerte es, und das ausgewichene Bein trat in seine Stelle, es war eingerichtet, und das liebe Kind konnte den Arm sehr bald wieder ganz gebrauchen. Darüber sprach ich nun meine Verwunderung aus, denn diese rasche Heilung war mir doch sehr auffallend; das Kind aber strafte mich und sagte: Was wunderst du dich denn? Der Heiland ist ja kein Lügner! Noch heute klingen mir diese Worte des Kindes in den Ohren, und nie mehr werde ich mich über die Heilungen wundern; denn es stammt nur aus dem Unglauben« (Seckendorff 1953, S. 237). — Ihre Heilungen sprachen sich schnell im Umkreis von Stuttgart herum, wobei die Freiin auch vielen Anfeindungen ausgesetzt war. Darüber berichtete sie: - »Ich kann euch versichern, es fehlt mir in meinem Beruf nicht an Schmach, Spott, Verachtung und Verleumdung aller Art, auch nicht an viel Demütigungen und Widerwärtigkeiten. Ich habe schon die entsetzlichsten Äußerungen über mich gehört... Und doch fühle ich mich dabei unaussprechlich glücklich und bin immer ganz beschämt über die vielen Gnaden und Segnungen, die der Herr mich täglich an meinen Kranken erfahren läßt, auch besonders darüber, wie Er sich zu der ganzen Sache bekennt und mich gegen Verleumdungen vertritt« (Seckendorff 1985, S. 187). — Viele Männer der Kirche standen der Freiin und ihren Heilungen äußerst kritisch gegenüber. Das schmerzte sie sehr, zumal nach Jak. 5 den Geistlichen das »köstliche Werk« der Handauflegung zustünde: - »Wohl vernahm sie es mit Freude, daß da und dort ein einzelner Geistlicher den Leidenden die Hände auflege, aber lebhaft bedauerte sie es, daß dies nur selten und nicht von allen wahren Dienern des Herrn geschehe und daß sie die ihnen in dieser Beziehung vom Worte Gottes gestellt Pflicht nicht erkennten« (Petri 1951, S. 57). — Trotz Verleumdung, Verachtung, Spott, Schmach, Demütigungen, Widerwärtigkeiten u.a.m., die Menschen strömten zu ihr. Manchen Leidenden nahm die »Heilerin« für einige Zeit in ihrer Wohnung auf. Dabei stand für sie im Rahmen ihrer diakonischen Sendung das anhaltende, zielbewuß te Gebet, das seelsorgerische Gespräch im Vordergrund, weil, so ihre Überzeugung, Gott in seinem Worte auch Verheißungen für den Leib gegeben hat. Jedoch verwarf S. um Heilung zu erhalten den Beistand der Ärzte nicht völlig. Diesbezüglich konstatierte sie: - »Ich habe nichts gegen die Ärzte, sie haben ihre Kunst vom Herrn, und die Medikamente sind Gaben Gottes, die ich nicht verachte... Doch meine durch reiche Erfahrung bestätigte Überzeugung ist die: Im Wort Gottes haben wir feste Verheissungen, nach denen wir auch um Heilung unserer körperlichen Gebrechen bitten und die Erhörung unserer Bitten erwarten dürfen« (Seckendorff 1985, S. 254). — Der Adeligen ihr Biograf berichtete von mehreren Krankenheilungen, wobei außer Gebet und Handauflegen, neben der Anleitung, die das Wort Gottes für alle Menschen darbietet, keinerlei andere Hilfsmittel herangezogen wurden: Heilung von »Besessenheit«, von einer sich im letztem Stadium der »Schwindsucht« befindenden Lehrerin, von »Nerven- und Rückenleiden«, von einer schweren Unterleibserkrankung u.dgl.m. (vgl. Petri 1951, S. 33 ff.). — Da der Zudrang der Hilfesuchenden immer größer wurde, entstand der Wunsch nach einer eigenen Krankenherberge. Im Glauben und Gebet wagte S. es mit einem geringen Kapitel, einen Bauplatz auf den Seelberg in Cannstatt zu erwerben. Dort konnte im Frühjahr 1869 die »Villa Seckendorff« in Betrieb genommen werden. Viele Leidende, aus verschiedenen Denominationen, Gemeinschaften, aus kirchlichen und freikirchlichen Kreisen, gingen ein und aus, auch Kinder wurden aufgenommen: - »Stets gab es in der Villa S. Gelegenheit, mit den Weinenden zu weinen und sich zu freuen mit den Fröhlichen. Die verschiedenen Kranken: Schwindsüchtige, Lahme, Augen- und Magenleidende, Schwermütige und mit bösen Geschwüren Behaftete, brachten vielerlei Not mit herein, aber auch viel Freude, wenn Besserung eintrat« (Petri 1951, S. 50 f). — Durch die wundersame Heilung einer Pfarrfrau aus Estland, die in wenigen Wochen von einer schweren Krankheit geheilt werden konnte, pilgerten viele wohlhabende Hilfesuchende aus dem Baltikum nach Cannstatt: - »Im Frühjahr 1870 und 1871 kamen denn auch so viele Kranke aus den russischen Ostseeprovinzen, daß oft nur noch ein kleines Plätzchen für die Einheimischen übrigblieb... Aber es sollte nicht allen geholfen werden wie jener Frau Pastor. Viele mußten ungeheilt wieder nach Hause; sie gingen jedoch nicht leer aus, das lebendige Zeugnis, welches Frl. v. S. von ihrem Heiland und Seinem Wort und Werk ablegte, blieb nicht unfruchtbar... Mit vielen der lieben 'Baltinnen' blieb sie bis ans Ende innig verbunden, und was ihr im Hinblick auf dieselben stets zum besonderen Lob ihres Gottes und Heilandes gereichte, das war, daß sie mit kindlicher Dankbarkeit rühmen konnte, wie sie es oft aussprach: 'Der Herr gab ihnen den Befehl, daß sie kommen und mir die Schuldenlast, welche auf meinem Hause ruhte, erleichtern sollten!' Diese sehr vermögenden, ja reichen Damen gaben neben der Barzahlung der Rechnung bedeutende Geschenke, welche Frl. v. S., als vom Herrn ihr gegeben, dankbar annahm« (Petri 1951, S. 43). — Aber auch gesunde Menschen aus Cannstatt, Stuttgart und den umliegenden Ortschaften kamen an Sonntagnachmittagen in die »Villa Seckendorff«, um sich einen geistlichen Segen aus den hochgeschätzten Andachten der Hausmutter zu holen: - »Wie an Werktagen redete sie dann über ein Kapitel der Heiligen Schrift, in der Regel auch nach der Lese der Losung oder des Lehrtextes der (Herrnhuter; M. B.) Brüdergemeine, wozu sie sich durch ernstliches Gebet wohl vorbereitet hatte. Wie der Geist Gottes es ihr eingab, um dessen gnadenreiches Walten und Wirken unter den Versammelten sie stets flehte, - so redete sie mit Kraft und innerer Überzeugung, voll brünstiger Liebe zum Heiland und den Sündern und voll heiligem Ernst und Eifer wider das Böse« (Petri 1951, S. 48). — Immer wieder wurde an sie herangetragen, doch ihre Hausandachten einer breiteren Öffentlichkeit zugänglich zu machen. Im Herbst 1875 konnte die erste Auflage mit dem Titel »Nachgeschriebene Hausandachten gehalten in der Villa Seckendorff zu Cannstatt« erscheinen. Inzwischen sind über 30 Auflagen publiziert worden. Im Vorwort zur 31. Auflage ist nachzulesen: - »Die schlichten Zeugnisse mit ihren Erfahrungsberichten, die oft ans Unglaubliche grenzen, aber der Wahrheit entsprechen, haben Tausende mit Segen gelesen. Daß ein Andachtsbuch nach sieben Jahrzehnten immer noch begehrt wird, ist ein Beweis für den auf ihm ruhenden Segen Gottes. Für viele sind die Andachten der Ruf Gottes zu einem neuen Leben geworden. Tausende haben durch sie wieder Vertrauen zu dem lebendigen Herrn zu seinem Verheißungswort gewonnen« (zit. n. Seckendorff 1953, S. 5). — Mitten in der Arbeit stehend, befiel S. Anfang Juni des Jahres 1878 ein leichtes Unwohlsein. Nach einer kurzen Krankheitsphase schwand alle Hoffnung, »dies teure Leben noch länger zu erhalten« (Petri 1951, S. 62). Die Hausmutter der »Villa Seckendorff« wurde am 25. Juni 1878 aus dem Leben abgerufen und zwei Tage später unter Teilnahme einer unübersehbaren Trauergemeinde auf dem Stuttgarter Frangelsbachfriedhof beigesetzt. Der Grabrede lagen die Worte der Offb. 14, 13 zugrunde: »Selig sind die Toten, die in dem Herrn sterben, von nun an. Ja der Geist spricht, daß sie ruhen von ihrer Arbeit, denn ihre Werke folgen ihnen nach.« - Heute befindet sich in der »Villa Seckendorff«, seit 1951 getragen vom »Diakonissen-Mutterhaus St. Chrischona«, ein Alten- und Pflegeheim. Die soziale Einrichtung fühlt sich dem Vermächtnis der Gründerin verpflichtet. Darum ist nach wie vor die oberste Pflicht der »Villa Seckendorff« die seelsorgerische Begleitung der ihr anvertrauten Menschen. Sie ist ein Ort christlicher Nächstenliebe, ein Ort der Verkündigung, ein Ort des Gebets, ein Ort der Verherrlichung Gottes durch Jesus Christus. »Somit tragen Leben und Werk Henriette von Seckendorff-Gutend mit ihrem besonderen diakonischen Auftrag bis in die heutige Zeit ihre Früchte, die sich vor allem durch eine hohe Kontinuität auszeichnen (Held 2006, S. 276).

Werke (Ausw.): Evangelische Glaubens-, Gebet- und Krankenlieder von Christoph Carl Ludwig von Pfeil, Stuttgart 1908; Hausandachten, Gießen/Basel 1953; Blicke auf ihn. Hausandachten in der Villa Seckendorff zu Cannstatt, Aßlar 1985.

Archiv: Ida-Seele-Archiv, 89407 Dillingen.

Lit. (Ausw.): Kneschke, E. H. (Hrsg.): Neues allgemeines Deutsches Adels-Lexikon. Achter Band, Leipzig 1868, 421-423; — Petri, H.: Henriette Freiin von Seckendorff. Eine Mutter der Kranken und Schwermütigen, Gieß en/Basel 1951; — Evang. Chrischona-Gemeinschaft, Verkündungswerk/Seelsorgewerk (Hrsg.): 125 Jahre Villa Seckendorff 1868-1993. Seelsorgewerk, Altenheim, Pflegeheim, Gemeinschaftswerk, Stuttgart 1968, 6 ff.; — Held, M. v.: Henriette von Seckendorff-Gutend (1819-1879), in: Hauff, A. M. v. (Hrsg.): Frauen gestalten Diakonie. Band 2: Vom 18. bis zum 20. Jahrhundert, Stuttgart 2006, 264-276.

Webseiten: http://www.chrischona.ch/stuttgart/villa.htm (31.5.2007); http://www.admild.de/Seite%204.htm (31.5. 2007); http://de.wikipedia.org/wiki/Freiherrn_von_Seckendorff (1.6.2007); http://www.freundetriesdorf.de/obernzenn.html (1.6.2007).

Manfred Berger

SEIDEL, Hanns, kath. Rechtsanwalt und bayerischer Politiker, * 12. Oktober 1901 in Schweinheim bei Aschaffenburg als Sohn geboren des kaufmännischen Angestellten Johann Seidel und seiner Frau Christine auf den Namen

Franz Wendelin getauft, bald aber nur noch »Hanns« gerufen. † 5.8. 1961 in München. — Seinen Vater verlor er bereits mit sieben Jahren. Dieser hinterließ eine Witwe und sechs Kinder, so daß S. Kindheit und Jugend von beengten materiellen Verhältnissen geprägt war. Trotzdem war es S. möglich, das Missions-Seminar St. Ludwig am Main und das Humanistische Gymnasium Aschaffenburg zu besuchen und 1921 sein Abitur abzulegen. Anschließend studierte er Rechtswissenschaften, Germanistik und Volkswirtschaft an der Universität Würzburg und jeweils ein Semester an den Hochschulen in Freiburg und Jena. 1929 promovierte S. zum Dr. jur. und ließ sich in Aschaffenburg als Rechtsanwalt nieder. Noch im gleich Jahr heiratete er Ilse Tenter, die Tochter eines Direktors der Aschaffenburger Zellstoffwerke. Die Söhne Hans Joachim Georg und Christian Friedrich wurden 1931 und 1935 geboren. Fest im katholischen Glauben verankert, engagierte sich S. angesichts des immer stärker werdenden Nationalsozialismus politisch und trat 1932 der Bayerischen Volkspartei (BVP) bei. Sein mutiges politisches Bekenntnis trug ihm bald Ärger ein, so daß die Kandidatur bei den Aschaffenburger Stadtratswahlen 1933 nicht mehr möglich war. Einer Verhaftung konnte er sich durch eine mehrwöchige Flucht ins ostpreußische Memel entziehen. Im Oktober 1940 wurde S. einberufen. Er diente im Zweiten Weltkrieg in einer Panzerdivision an der russischen Ostfront. Im April 1942 wurde er zum Leutnant befördert. Nach einer dramatischen Flucht aus russischer und amerikanischer Kriegsgefangenschaft nahm er im August 1945 seine Tätigkeit als Rechtsanwalt wieder auf. Die amerikanische Militärregierung ernannte den politisch nicht vorbelasteten S. am 11. Oktober 1945 zum Landrat von Aschaffenburg. Der Kreisrat bestätigte die Wahl im Juni 1946. Zu S. wichtigsten Aufgaben bis zum Ende seiner Amtszeit im September 1947 gehörten die Ankurbelung des Wohnungsbaus, die Eingliederung von Flüchtlingen und die Ansiedlung von Fabriken zur Schaffung neuer Arbeitsplätze. Außerdem war er an der Entstehung des Landkreisverbandes Bayern maßgeblich beteiligt. S. trat noch 1945 der in Aschaffenburg neu gegründeten Christlich-Demokratischen Partei (CDP) bei. Nach der Bayern weiten Zulassung der CSU im Januar 1946, wurde die CDP zum CSU-Kreisverband Aschaffenburg-Stadt und Land. S. wurde im Juni 1946 in die Verfassunggebende Landesversammlung gewählt, im Dezember dann auch in den Bayerischen Landtag, Er übertraf das CSU-Ergebnis auf Landesebene (52,3%) in seinem Wahlkreis mit 68,9% deutlich. Auch bei den Landtagswahlen 1950, 1954 und 1958 gewann er stets sicher seinen Stimmkreis Obernburg bzw. Obernburg-Miltenberg. Als Vertreter des liberalkonservativen, »modernen« Flügels der CSU setzte er auf die integrative Kraft christlicher Weltanschauung und stritt erfolgreich für die Durchsetzung der überkonfessionellen Ausrichtung der neuen bayerischen Partei. Als Rechtsanwalt hatte sich S. auf Wirtschaftsfragen spezialisiert. Im September 1947 berief ihn Ministerpräsident Hans Ehard als Wirtschaftsminister in sein Kabinett. In den sieben Jahren seiner Tätigkeit leitete er den Wiederaufbau Bayerns ein und stärkte durch ein klug durchdachtes wirtschaftliches Sanierungsprogramm die bayerische Wirtschaft. Bundeskanzler Konrad Adenauer, der S. sehr schätzte, versuchte vergeblich, ihn 1950 als Staatssekretär ins Bundeskanzleramt und 1956 als Bundesjustizminister in die Bundespolitik zu holen. Der überzeugte Landespolitiker S. zog es - selbst in der Rolle der Opposition - vor, in Bayern zu bleiben. Obwohl die CSU aus der Landtagswahl 1954 als stärkste Partei hervorgegangen war, mußte sie auf den Oppositionsbänken Platz nehmen. Die Ablehnung des kulturpolitischen Kurses der CSU hatte die kleineren Parteien SPD, FDP, Bayernpartei und Gesamtdeutscher Block/Bund der Heimatvertriebenen und Entrechteten geeint und die Bildung einer Koalition, der sog. Viererkoalition, ermöglicht. S. wurde von seiner Fraktion zum Sprecher und damit neben dem Fraktionsvorsitzenden Georg Meixner zum eigentlichen Oppositionsführer im Landtag gewählt. Beim Parteitag im Januar 1955 kandidierte Hans Ehard nicht mehr als CSU-Parteivorsitzender. S. setzte sich in einer Kampfabstimmung deutlich gegen Franz Josef Strauß durch. Nach seiner Wahl leitete er zusammen mit dem neuen Landesgeschäftsführer Friedrich Zimmermann umgehend die personelle und organisatorische Reform der CSU ein. S., der sich zur Notwendigkeit grundlegender Prinzipien für politisches Handeln bekannte, legte großen Wert auf die Überarbeitung des Grundsatzprogramms und die damit verbundene programmatische Neuorientierung der Partei. Nach dem Ende der Viererkoalition, bildete die CSU mit der FDP und dem GB/BHE die Regierung und der Landtag wählte S. am 16. Oktober 1957 zum Ministerpräsidenten. Überraschend schnell gelang es ihm, das Problem der heftig umstrittenen konfessionellen Lehrerbildung zu lösen. Die Wähler honorierten S. sachliche Politik, seine inhaltliche Kompetenz und seine faire und ausgleichende Art und bescherten der CSU bei der Landtagswahl 1958 mit knapp 50% ein hervorragendes Ergebnis. S. hatte mehrere Jahre mit großen gesundheitlichen Problemen zu kämpfen, den Folgen von zunächst unbemerkt gebliebenen Verletzungen, die er bei einer Dienstfahrt erlitten hatte. Immer wieder ans Krankenbett gefesselt, erklärte er schließlich am 21. Januar 1960 seinen Rücktritt als Bayerischer Ministerpräsident und am 16. Februar 1961 auch seinen Rücktritt als Parteivorsitzender. Hanns Seidel erlag am 5. August 1961 in einer Münchner Klinik seiner Krankheit. Vier Tage später wurde er auf dem Münchner Westfriedhof im Rahmen eines Staatsakts beigesetzt. 1964 wurden erste Vorbereitungen zur Gründung einer der CSU nahestehende Einrichtung für politische Bildung - entsprechend den bereits bestehenden parteinahen Stiftungen - getroffen. Die 1967 gegründete Hanns-Seidel-Stiftung mit Sitz in München ist mittlerweile in 50 Ländern weltweit tätig. Seidels Nachlaß befindet sich seit 1987 im Archiv für Christlich-Soziale Politik (ACSP) der Hanns-Seidel-Stiftung und wurde 1989 erschlossen.

Werke: Zahlreiche Reden, Artikel und Beiträge von 1947-1960, sind im Nachlaß Seidel Hanns, Nr. 1-17, im ACSP der Hanns-Seidel-Stiftung zu finden. Die Bedeutung der Ausschließung des Richters in der freiwilligen Gerichtsbarkeit, Diss., Würzburg [1929]; Das Zentralproblem des Wiederaufbaus, in: Bayern baut auf, Sonderbeilage der Tagespost, [1948]; Rede des bayerischen Wirtschaftsministers Dr. Hanns Seidel, CSU-Landesausschuß, Marktredwitz 25. Jan. 1948; Rede des Herrn Wirtschaftsministers Dr. Seidel anläßlich der Mitgliederversammlung des Verbandes der bayerischen Elektroindustrie, Nürnberg, 5. Mai 1949; Liberalisierung des Außenhandels und metallverarbeitende Industrie, Referate anläßlich der Mitgliederversammlung des Vereins der bayerischen metallverarbeitenden Industrie, Fürth 1949, 7-16; Für und wieder die Rationalisierung in: Schriftenreihe des Rationalisierungs-Ausschusses der Deutschen Wirtschaft, H 2, München 1950; Wirtschaftspolitik und soziale Ethik, Kleinere Schriften zur Sozialpolitik und Arbeitsrecht Bd 12, München 1952 und in: Festschrift zum 70. Geburtstag von Dr. Hans Ehard, hrsg. v. Hanns Seidel, München 1957; Vorträge über aktuelle Probleme der bayerischen Industrie gehalten auf der Mitgliederversammlung des Vereins der bayerischen metallverarbeitenden Industrie, Fürth, 1953, 13-31, Die CSU tritt ein für einen starken Mittelstand, Rede vor der Gründungsversammlung der CSU-Mittelstandsgruppe, München 27. Jan. 1953; Die Wirtschaft Bayerns nach dem zweiten Weltkrieg, in: Politisches Jahrbuch der CSU 1954, 119-125; Die Funktion der Opposition im parlamentarischen System, in: Politische Studien, H 66, Okt. 1955, 24-35 und H 218, Nov. 1974, 583-591; 10 Jahre Union in Bayern, in: Bayern-Kurier vom 22. Okt. 1955, 1; Christliche und soziale Politik für den Menschen unserer Zeit, [1955]; Dr. Hans Kraus : *22.4.1879 +30.5.1952, in: Aschaffenburger Jahrbuch für Geschichte, Landeskunde und Kunst des Untermaingebietes, Aschaffenburg, 1952/3, 1956, 441-443; Gedanken zur Sozialpolitik, 1957; Die deutsche Bundesrepublik und der Föderalismus, in: Bayerische Verwaltungsblätter, 7/1958, 193-197; Wiedervereinigung die zentrale Aufgabe der deutschen Politik, SD aus: BULLETIN 107/1958; Bayern 1958, Regierungserklärung, München 26. März 1958; Verbandsversammlung des Landkreisverbands Bayern, Referate, Coburg 30. Mai 1958, 24-28, (Rede Seidel); Nachdrückliche Argumente gegen eine Einheitsjustiz, in: Bayerische Staatszeitung und Bayerischer Staatsanzeiger, München, 1958/6, 10a (Mitarbeit Seidel); Die Straße als Element des europäischen Zusammenschlusses, in: Internationales Archiv für Verkehrswesen, Mainz, H 9/10, 1958, 177-184; Die deutsche Aufgabe Bayerns. Freiheitliches Geistesleben und staatliche Ordnung. Vortrag im Kulturring christlich-sozialer Akademiker, München 20. Feb. 1958; Konsequenzen nach dem Spielbankenprozeß, in: Bayerische Staatszeitung, München 1959/33, 2; Politische Bildung im demokratischen Staat. Ansprachen zur Eröffnung der Akademie für Politische Bildung, Tutzing 21. Feb. 1959; Die Grundlagen der CSU-Politik in Bayern, in: Politisches Jahrbuch der CDU/CSU 1960, 11-17; Die Großschiffahrtstraße Rhein-Main-Donau. Eine wirtschaftliche Idee und ihre Wirklichkeit, Aschaffenburg 1960; Weltanschauung und Politik. Ein Beitrag zum Verständnis der Christlich-Sozialen Union in Bayern, Schriftenreihe der Christlich-Sozialen Union in Bayern Bd 1, München 1960; Reden zum 17. Juni, in: Unteilbares Deutschland, Berlin und Bonn 1960/4, 6-10 (Rede Seidel); Zum Verhältnis zwischen Bund und Ländern, in: Bayerische Staatszeitung und Bayerischer Staatsanzeiger, München 1960/3, 3-4; Zeitprobleme. Gesammelte Aufsätze und Vorträge, Aschaffenburg 1961; Vom Mythos der öffentlichen Meinung, Aschaffenburg 1961; Die Schwerhörigen unserer Zeit, in: Deutsche Zeitung vom 23./24. Sep. 1961 und Politische Studien, SH 1/1977, 63-69; Hanns Seidel »Den Geist über den Alltag zu erheben...«. Festrede anläßlich der Gründung der CSU vor 10 Jahren, Landesparteitag, 23. Okt. 1955 in München, in: Geschichte einer Volkspartei. 50 Jahre CSU, hrsg. v. Hanns-Seidel-Stiftung, Grünwald 1995, 493-497; Hanns Seidel, Zur Europapolitik. Ansprache anläßlich der Eröffnung der »Europäischen Wochen«, Passau, 28. Juli 1959, in: Weltanschauung und politisches Handeln. Hanns Seidel zum 100. Geburtstag, hrsg. v. Hanns-Seidel-Stiftung, München 2001, 211-220; Hanns Seidel, Zur politischen Bildung, Erklärung im Bayerischen Landtag, 24. Apr. 1956, in: Weltanschauung und politisches Handeln. Hanns Seidel zum 100. Geburtstag, hrsg. v. Hanns-Seidel-Stiftung, München 2001, 221-231.

Lit.: Ehard, Hans: Dr. Hanns Seidel, in: Bayerische Staatszeitung vom 11. Aug. 1961; — Mühlfenzl, Rudolf: Nachruf im Bayerischen Rundfunk, 7. Aug. 1981; — Christian Seidel: Maximen eines bayerischen Politikers (Politische Anschauungen Dr. Hanns Seidels), [1963]; — Stadtmüller, Georg: Hanns Seidel: Lebensweg - Weltbild - Persönlichkeit, Historisch-Politische Schriftenreihe des Neuen Presseclubs, H 4, München 1964; — Pflaumer, Hans: Hanns Seidel, in: Christliche Demokraten der ersten Stunde, Bonn 1966, 331-361 und SD hrsg. v. CSU in Bayern; — Biographie (32 Seiten), [1967]; — Baer Fritz: Die Ministerpräsidenten Bayerns 1945-1962, Dokumentation und Analyse, München 1971; — Fink, Willibald: Hans Seidel 1901-1961, in: Hanns Seidel Stiftung. Eröffnung Bildungszentrum Wildbad Kreuth, München 1975, 21-24; — Hanns Seidel und die Stiftung, Politische Studien, SH 1/1977 mit Beiträgen von Pirkl, Fritz: Hanns Seidel - ein Vorbild, 3; — Goppel, Alfons: In memoriam Hanns Seidel, 4-7; — Stadtmüller, Georg: Hanns Seidel. Leben - Denken - Werk - Persönlichkeit, 8-14; — Schedl, Otto: Wirtschaft im Dienste des Menschen, 15-24; — Böck, Karl: Hanns Seidel und die politische Bildung, 25-31; — Wittmann, Fritz: Bayerns Rolle in Deutschland und Europa, 32-37; — Pirkl, Fritz: Hanns Seidel verpflichtet (1901-1981), in: Politische Studien 259, Sep./Okt. 1981, 449-452; — Knöpfle, Franz: Zum 80. Geburtstag von Hanns Seidel. Eine Rückbesinnung, in: Politische Studien 259, Sep./Okt. 1981, 453-456; — Schickel, Alfred: Dr. Hanns Seidel. Ein Leben im Dienste des Volkes, Veröffentlichung der zeitgeschichtlichen Forschungsstelle Ingolstadt, 1982; — Hanns Seidel - »Ein Leben für Bayern« Symposion der HSS am 18./19. Juli 1986 in Wildbad Kreuth, in: Berichte und Studien der Hanns-Seidel-Stiftung Bd 45, 1987 mit Beiträgen von Pirkl, Fritz: Hanns Seidel - Vermächtnis und Stiftungsauftrag, 13-16; — Strauß, Franz Josef: Hanns Seidel - Ein Leben für Bayern, 17-28; — Waigel, Theo: Politische Grundsatzfragen der CSU und das Vermächtnis Hanns Seidels, 29-37; — Benz, Wolfgang: Der politische Neubeginn in Bayern - Hanns Seidel und die CSU, 38-49; — Möckl, Karl: Hanns Seidel in seiner Zeit: Die politisch-historische Entwicklung Bayerns (1946-1961), 50-60; — Schmidhuber, Peter M.: Weltbild, politische Ideenwelt und Persönlichkeit Hanns Seidels, 61-71; — Welsch, Renate: Hanns Seidel - ein Leben für Bayern, in: Mitteilungen aus dem Stadt- und Stiftsarchiv Aschaffenburg, Bd.2, 1989, 236-242; — Stump, Wolfgang: Seidel, Hanns, in: Biographisches Lexikon des KV Teil 1, hrsg. v. Siegfried Koß und Wolfgang Löhr, Schernfeld, 1991; — Groß, Hans Ferdinand: Hanns Seidel 1901-1961. Eine politische Biographie, Untersuchungen und Quellen zur Zeitgeschichte des ACSP der HSS, Bd 1, München 1992; — Zenz, Helmut: Christliche Weltanschauung und Politik im Werk von Hanns Seidel, in: Politische Studien 355, Sep./Okt. 1997, 96-109; — Weltanschauung und politisches Handeln. Hanns Seidel zum 100. Geburtstag, Sonderausgabe der Politischen Studien, Grünwald 2001 mit Beiträgen von Deutinger, Stephan: Hanns Seidel - ein Lebensbild, 11-37; — Löffler, Bernhard: Wirtschaftspolitische Konzeption und Praxis Hanns Seidels, 39-66; — Möller, Horst: Hanns Seidel als Parteipolitiker, 67-88; — Münch, Ursula: Bundesstaatlichkeit als Aufgabe und Ziel, 89-116; — Meier-Walser, Reinhard C.: Hanns Seidel - Politisches Denken zwischen ethischer Norm, wissenschaftlicher Analyse und pragmatischem Realitätssinn, 117-134; — Stoiber, Edmund: Hanns Seidel und die CSU - Grundlagen einer politischen Erfolgsgeschichte, 135-145; — Knöpfle, Franz: Zum 100. Geburtstag von Hanns Seidel - eine Rückbesinnung, 147-151; — Hettler, Friedrich Hermann: Vom »undeutschen Judenfreund« zum Ministerpräsidenten: Dr. Hanns Seidel, in: Maximilianeum, München, 13/2001, 121; — Meier-Walser, Reinhard C.: Funktion und Bedeutung der parlamentarischen Opposition. Eine Erinnerung an das Politikverständnis Hanns Seidels, in: Politische Studien 378, Juli/Aug. 2001, 5-10; — Maier, Stefan: Mitgestalter des modernen Bayern - zum 100. Geburtstag des früheren bayerischen Ministerpräsidenten und CSU-Vorsitzenden Hanns Seidel, Sendemanuskript des Bayerischen Rundfunk (Bayern2 Radio), 12.10.2001; — Huber, Erwin: Rede aus Anlaß der Gedenkveranstaltung zum 100. Geburtstag von Hanns Seidel, Aschaffenburg, 14. Okt. 2001; — Knöpfle, Franz: »...ohne viel Aufhebens davon zu machen« - Hanns Seidel als Mensch und Politiker, in: Bayerische Lebensbilder 1, hrsg. v. Renate Höpfinger, München 2002; — Schlemmer, Thomas: Seidel, Hanns, in: Lexikon der Christlichen Demokratie in Deutschland, hrsg. v. Winfried Becker, Günther Buchstab, Anselm Doering-Manteuffel und Rudolf Morsey, Paderborn, 2002, 365-366; — Deutinger, Stephan: Hanns Seidel (1901-1961), in: Zeitgeschichte in Lebensbildern Bd 11, 2004, 161-174; — Jahn, Bruno: Seidel, Hanns, in: Große Bayerische Enzyklopädie, Bd 3, hrsg. v. Hans-Michael Körner und Bruno Jahn, München 2005, 1816-1817; — Müller, Kay: Der heimliche Gründer der CSU: Hanns Seidel, in: Die Parteivorsitzenden der Bundesrepublik Deutschland 1949-2005, hrsg. v. Daniela Forkmann und Michael Schlieben, Wiesbaden 2005; — Möller, Horst: Hanns Seidels christliches Menschenbild als Grundlage politischen Handelns, in: Politik aus christlicher Verantwortung, hrsg. v. Hans Zehetmair, Wiesbaden 2007, 85-95.

Andreas Bitterhof

SEIDENBERGER, Johann Baptist, katholischer Pädagoge und Historiker, * 16.2.1860 in Mainz, † 16.11.1923 in Bingen. J. B. S. wurde am 16. Februar 1860 in Mainz geboren. Er studierte an den Universitäten Straßburg, Heidelberg und Gießen und promovierte 1889 mit einer Arbeit über die Mainzer Zünfte im Spätmittelalter zum Dr. phil. Von 1889 bis 1899 war er Rektor der höheren Bürgerschule in Dieburg. 1899 wurde er Lehrer an der Großherzoglichen Augustinerschule in Friedberg in Hessen. 1900 erfolgte seine Ernennung zum Professor. 1907 wurde er Direktor der hessischen Realschule in Gernsheim am Rhein. Seit Ostern 1916 bis zu seinem Tod leitete er das hessische Gymnasium mit Realschule in Bingen. Seidenberger war

Mitarbeiter der Berliner Tageszeitung »Der Tag«, der katholischen Zeitschriften »Hochland« und »Literarischer Handweiser« sowie des von Ernst Max Roloff (1867-1935) im Herder-Verlag herausgegebenen »Lexikons der Pädagogik«. In der von dem katholischen Historiker Martin Spahn (1875-1945) herausgegebenen Reihe »Kultur und Katholizismus« veröffentlichte er 1906 ein Buch über den Wiener Professor Otto Willmann (1839-1920), den die katholische Zeitung »Germania« einmal den »Nestor der katholischen Pädagogen der Gegenwart« nannte (Germania Nr. 265, 18.11.1910). 1911 schrieb Seidenberger einen Artikel für die katholische Modernistenzeitschrift »Das Neue Jahrhundert«.

Werke (Auswahl): (Pseud. Friedrich Greiffenrath), Bischof Wilhelm Emanuel Freiherr v. Ketteler u. die dt. Socialreform (Frankfurter zeitgemäße Broschüren NF Bd. 14, H. 10/11). Frankfurt a. M. 1893; (Pseud. Friedrich Greiffenrath), Die Leichenverbrennung. Prüfung der Gründe dafür u. dagegen (Frankfurter zeitgemäße Broschüren NF Bd. 15, H. 8). Frankfurt a. M. 1894; Das 19. Jahrhundert. Ein Rückblick (Frankfurter zeitgemäße Broschüren NF Bd. 20, H. 2). Hamm 1900; Grundlinien idealer Weltanschauung aus Otto Willmann's »Geschichte des Idealismus« u. seiner »Didaktik«. Braunschweig 1902; Der parlamentarische Anstand unter dem Reichtagspräsidium des Grafen v. Ballestrem nebst Parlamentarisches Lexikon. Köln 1903; Die preussische Schulreform u. die Stellungnahme für Katholiken (Frankfurter zeitgemäße Broschüren NF Bd. 24, H. 1). Hamm 1904; Friedberg u. die Wetterau im Rahmen dt. Reichsgeschichte. Für Haus u. Schule. Friedberg 1905; Heimatkunde von Friedberg u. der Wetterau u. ihre Verwertung im Geschichtsunterricht. Friedberg 1905; O. Willmann u. seine Bildungslehre (Kultur u. Kath. Bd. 4). Mainz 1906; Bürgerkunde in Lehrproben für den Schulunterricht. Gießen 1909; Staatsbürgerliche Erziehung im Geschichtsunterricht der höheren Schulen (Schrr. der Vereinigung für Staatsbürgerliche Bildung u. Erziehung Bd. 4). Leipzig u.a. 1912; Dt. Bürgerkunde, in Lehrproben für den Schulunterricht dargestellt. Gießen 2191³; Kleine Bürgerkunde in systematischem Aufbau (Sammlung Kösel Bd. 79). Kempten 1914; Otto Willmann (Frankfurter zeitgemäße Broschüren NF Bd. 38, H. 6). Hamm 1919; (Hrsg.), Die Frankfurter Nationalversammlung 1848/49 u. unser Verhältnis zu Österreich. Auswahl der hervorragenden Reden (Sammlung dt. Schulausgaben Bd. 153). Bielefeld 1920; Die Behandlung der Reichsverfassung in der Schule (Schrr. zu den Bildungs- u. Kulturfragen der Ggw. Bd. 5). Berlin 1921; Otto Willmann. Eine Einf. in sein päd. u. philos. Schaffen (Handbücherei der Erziehungswiss. Bd. 6). Paderborn 1923; Heimatkunde des Kreises Bingen. Gießen 1927.

Aufsätze in Zeitschriften (Auswahl): Die Kämpfe der Mainzer Zünfte gg. Geistlichkeit u. Geschlechter im 14. Jh., in: HJ 8 (1887) 430-453; Die Kämpfe der Mainzer Zünfte gg. Geistlichkeit u. Geschlechter im 15. Jh., in: HJ 9 (1888) 1-27; Die kirchenpolitische Lit. unter Ludwig dem Bayern u. die Zunftkämpfe vornehmlich in Mainz, in: Westdt. Zeitschrift für Gesch. u. Kunst 8 (1889) 92-118; »Die neue Zeit u. der alte Glaube« [Rez.: Hermann Schell, Die neue Zeit u. der alte Glaube. Eine culturgeschichtliche Studie. Würzburg 1898], in: Der Katholik 3,18 (1898) 316-321; Ein Diözesankalender als Leitfaden kirchlicher Heimatkunde, in: Der Katholik 3,26 (1902) 175-178; Ziele u. Zeit des neusprachlichen Unterrichts, in: Gymnasium 20 (1902) 421-428; Herbart'sche Formalstufen u. kath. Litaneien, in: Der Schulfreund 58 (1903) 225-230; Eine Bildungslehre großen Stils [Zu Otto Willmanns Didaktik], in: Hochland 1,1 (1903/04) 371-373; Heimatkunde im höheren Schulunterricht, in: Hochland 3,1 (1905/06) 739-743; Die Aufsatznot an den höheren Schulen, besonders den Realschulen, in: Bll. für höheres Schulwesen 23 (1906) 83-87, 101-106, 120-124, 134-138; Zur Frage der Methodik der sexuellen Aufklärung, in: Bll. für höheres Schulwesen 25 (1908) 29-31; Prof. Dr. Martin Spahn. Ein Rückblick, in: Das Neue Jh. 3 (1911), Nr. 2, 8.1.1911, 13-16; Hagelfeiertage, in: Hessische Chronik 2 (1913) 149-152; Zur praktischen Ausbildung der Oberlehrer, in: Bll. für höheres Schulwesen 30 (1913) 17-19, 30f., 393-395; Der Lehrplan für die höheren Mädchenschulen des Großherzogtums Hessens, in: Bll. für höheres Schulwesen 30 (1913) 189f.; Unser Bündnis mit Österreich auf der Frankfurter Nationalversammlung 1848/49, in: Hochland 12,1 (1914/15) 559-569; Die höheren Schulen u. der Krieg, in: Hochland 12,2 (1915) 242-245; Der Aufstieg des Arbeiterstandes im Wandel des dt. Wortschatzes, in: Hochland 13,1 (1915/16) 463-466; Vorschule u. Volksschule in Hessen, in: Dt. Philologen-Bl. 25 (1917) 230-232; Die hessischen Besenmädchen, Fliegenwedler u. Landgänger in England vor wenig mehr als einem Menschenalter, in: Hessische Chronik 6 (1917) 56-65; Heinrich v. Gagern u. unser Waffen- u. Wirtschaftsbündnis mit Österreich, in: Vergangenheit u. Gegenwart. Zschr. für den Geschichtsunterricht u. staatsbürgerliche Erziehung in allen Schulgattungen 8 (1918) 110-116; Zum 80. Geburtsfest Otto Willmanns, in: Dt. Philologen-Bl. 27 (1919) 214f.; Otto Willmann †, in: Dt. Philologen-Bl. 28 (1920) 473-475.

Beiträge in Sammelbänden (Auswahl): Die Zunftkämpfe in Mainz u. der Anteil der Familie Gensfleisch, in: K. G. Bockenheimer (Hrsg.), Gutenberg-Feier in Mainz 1900. Festschr. im Auftrage der Festleitung. Mainz 1900. 1-63; Bilder aus der Dieburger Gesch., in: Festschr. zur Einweihung des Neubaues der Höheren Bürgerschule zu Dieburg am 6. August 1908. Dieburg 1908. 20-58; Aufsatz in höheren Schulen, in: Ernst M. Roloff (Hrsg.), Lexikon der Pädagogik Bd. 1. Freiburg i. Br. 1914. 285-291; Beruf, in: Ernst M. Roloff (Hrsg.), Lexikon der Pädagogik Bd. 1. Freiburg i. Br. 1914. 442-446; Lebensweisheit des dt. Sprichwortes, in: Karl Faustmann, Aus tiefem Brunnen. Das dt. Sprichwort (Bücher für Seelenkultur). Freiburg i. Br. 1920. 126-143.

Artikel in der Tageszeitung »Der Tag« (Auswahl):

Leitartikel (Auswahl): Voraussetzungslose Wiss. u. Kath., in: ebd. Nr. 573, 24.12.1901, 1f.; Glaube u. Wissen u. der dt. Kath., in: ebd. Nr. 97, 27.2.1902, 1f.; Leichenverbrennung oder Leichenverwertung, in: ebd. Nr. 191, 25.4.1903, 1f.; Konfessionelle Studentenkorporationen, in: ebd. Nr. 246,

23.5.1905, 1f.; Das Laientum in der kath. Kirche [Zur Münsteraner Index-Liga v. A. ten Hompel], in: ebd. Nr. 381, 30.7.1907, 1f..

Artikel in der Rubrik »Zeit- u. Streitfragen« (Auswahl): Der bibl. Geschichtsunterricht [Replik auf Art. v. J. Scharrelmann im »Tag« Nr. 411 v. 22.8.1905], in: ebd., 25.8.1905; Bischof Bonomelli u. die Heiligenverehrung, in: ebd., 15.9.1905; Gedanken eines Katholiken zur päpstlichen Enzyklika [»Editae saepe«], in: ebd. Nr. 133, 10.6.1910.

Andere Artikel (Auswahl): Zur Verständigung im Schulkampf in Preußen, in: ebd., 10.7.1904, 2; Freiere Richtung in der kath. Pädagogik [positive Bespr. v.: Lucian Rapp, Winke u. Weisungen für Erzieher u. Lehre. Graz 1906], in: ebd., 16.8.1906, 2f.; Das Zentrum u. die Wahlen, in: ebd., 18.1.1907, 2f.; Kultur u. Katholizismus, in: ebd. Nr. 51, 29.1.1907; Das Sündenregister des Zentrums, in: ebd. Nr. 72, 9.2.1907, 3; Die konfessionelle Spannung, in: ebd., 2.3.1907; Der Index, in: ebd. Nr. 452, 6.9.1907; Rel. u. Sozialpolitik [Erinnerung an Bisch. Freiherr v. Ketteler], in: ebd., 13.9.1907, 2f.; Der § 166 [Gegen die von Rednern des Ev. Bundes geforderte Aufhebung des § 166], in: ebd., 10.10.1907, 2f.; Großstadt u. Kleinstadt im Kampf um das Lehrerseminar (Unterricht u. Erziehung), in: ebd. Nr. 157, 26.3.1908; Die wachsende Bedeutung des Beamtentums, in: ebd., 27.3.1908; Konfessionsschule u. Zentrum in Hessen [Zur Anerkennung des liberalen Volksschulgesetzes v. 1874 im Wahlaufruf der hessischen Zentrumspartei], in: ebd., 9.10.1908, 2f.; Zensus u. Alterswahlrecht, in: ebd., 24.1.1909; Die Stichwahl in Bingen-Alzey, in: ebd. Nr. 51, 2.3.1909; Christentum u. Deszendentensteuer [Replik auf Art. v. Wilhelm Rein], in: ebd., 4.7.1909.

Rezensionen (Auswahl): Georg Pfeilschifter, Der Ostgotenkönig Theoderich der Große u. die kath. Kirche. Münster 1896. In: Der Katholik 3,16 (1897) 87-90; Josef Müller, Eine Philos. des Schönen in Natur u. Kunst. Mainz 1897. In: Der Katholik 3,16 (1897) 276f.; Josef Müller, Die Keuschheitsideen in ihrer geschichtlichen Entwicklung u. praktischen Bedeutung. Mainz 1897. In: Der Katholik 3,16 (1897) 376-378; Otto Willmann, Gesch. des Idealismus Bd. 3: Der Idealismus der Neuzeit. Braunschweig 1897. In: Der Katholik 3,17 (1898) 178-184; Karl Georg Bockenheimer, Wie Mainz zum zweiten Mal an Frankreich kam. Mainz 1897. In: Der Katholik 3,17 (1898) 476-478; Franz Xaver Wetzel, Die Lektüre. Ein Führer beim Lesen. Ravensburg 1897. In: Der Katholik 3,17 (1898) 480; Otto Willmann, Über die Erhebung der Päd. zur Wiss. (Päd. Vortrr. u. Abhh. Bd. 22). Kempten 1898. In: Der Katholik 3,17 (1898) 570f.; Martin Spahn, Johannes Cochläus. Ein Lebensbild aus der Zeit der Kirchenspaltung. Berlin 1898. In: Der Katholik 3,18 (1898) 86-91 (empfehlend); Karl L. Schaefer (Hrsg.), Ber. über den Kongress für Kinderforsch. u. Jugendfürsorge in Berlin (1.-4. Oktober 1906). Langensalza 1907. In: Bll. für höheres Schulwesen 25 (1908) 274f.; O. H. Michel, Die Zeugnisfähigkeit der Kinder vor Gericht. Ein Btr. zur Aussagepsychologie. Langensalza 1907. In: Bll. für höheres Schulwesen 25 (1908) 295; Paul Schramm, Sexuelle Aufklärungen u. die Schule (Friedrich Mann's päd. Magazin Bd. 315). Langensalza 1907. In: Bll. für höheres Schulwesen 25 (1908) 313; Max Epstein (Hrsg.), Das Buch der Erziehung. Karlsruhe 1922. In: LitHandw 59 (1923) Sp. 212-214; Paul von Bergdorf, Das Buch vom Herrschen. Ein moderner Regentenspiegel. Kempten 1922. In: LitHandw 59 (1923) Sp. 239.

Rezensionen zu Werken von J. B. S. (Auswahl): Grundlinien idealer Weltanschauung. Braunschweig 1902. In: Der Katholik 3,26 (1902) 565f. (Jakob Schäfer), Jb. für Philos. u. spekulative Theol. 18 (1904) 251f. (Ernst Seydl); — Willmann u. seine Bildungslehre. Mainz 1906. In: ZKTh 31 (1907) 335-337 (Franz Krus), ThRv 6 (1907) Sp. 3-5 (Joseph Mausbach), Pastor bonus 21 (1908/09) 138f. (Christoph Willems); — Otto Willmann. Hamm 1919. In: ThRv 20 (1921) Sp. 156 (Georg Grunwald); — Otto Willmann. Eine Einf. in sein päd. u. philos. Schaffen. Paderborn 1923. In: LitHandw 59 (1923) Sp. 480f. (Erich Feldmann).

Lit. (Auswahl): August Messer, Zwei päd. Charakterköpfe: Hermann Schiller u. Otto Willmann, in: Hochland 1,1 (1903/04) 535-546, hier 546; — Leichenverbrennung oder Leichenverwertung, in: Zschr. für Socialwiss. 7 (1904) 408f. [Zu S.s Art. im »Tag« v. 25.4.1903]; — Wilhelm Rein, Lehrer u. Geistliche, in: Der Tag (Ill. Teil), 13.10.1907; — Hans G. Schmidt, Der § 166 [Replik auf S.s Art. im »Tag« Nr. 515], in: Der Tag (Ill. Teil), 20.10.1907, 3; — Wer ist's? Berlin/Leipzig 1909; — Theodor Ritsert, Die Lehrer der Augustinerschule (Gymnasium u. Realschule) zu Friedberg 1850-1912. Friedberg 1913; — Adolf Hedler, Eine neue Bürgerkunde v. Seidenberger, in: Dt. Philologen-Bl. 24 (1916) 275f.; — Franz Weiler, Artikel Seidenberger, Johann Baptist, in: Lexikon der Päd. der Gegenwart Bd. 2. Freiburg i. Br. 1932. Sp. 942; — Reinhard Barth, Argumentation u. Selbstverständnis der Bürgeropposition in städtischen Auseinandersetzungen des Spätmittelalters: Lübeck 1403-1408, Braunschweig 1374-1376, Mainz 1444-1446, Köln 1396-1400 (Kollektive Einstellungen u. sozialer Wandel im MA Bd. 3). Köln/Wien 1974. 176, 384 (Hinweise auf S.s HJ-Aufss.).

Gunnar Anger

SEIZ, Johannes, Kurtrierischer Hofarchitekt, Ingenieur sowie Obristwachtmeister und Kommandeur der Artillerie, * 10. Juli 1717 in Wiesentheid (Franken), † 23. November 1779 in Ehrenbreitstein. Der Vater Johann Georg Seitz (1689-1739) stand zunächst im Dienst des Reichsgrafen Franz-Erwin von Schönborn-Wiesentheid. Er wird 1711 als Maurer, 1712 als Polier, und wenig später als Maurermeister bezeichnet. Gegen Ende der 20er Jahre wurde er zum Werkmeister befördert. Schon bald wurde ein Bruder seines Dienstherrn, der Speyrer Fürstbischof Damian Hugo von Schönborn auf Joh. Georg Seitz aufmerksam. Er *leiht* sich Joh. Georg Seitz von seinem Bruder Franz-Erwin im Jahre 1720 für den Bau seiner neuen Residenz in Bruchsal aus. Von einem zweiten Urlaubsaufenthalt im März 1723 kehrte Joh. Georg Seitz allerdings nicht mehr nach Bruchsal zurück, da ihn Bauten in Wiesentheid (Pfarrkirche, 1727-1732 von Joh. Georg Seitz nach Plänen von Balthasar Neumann) und für die Klöster Ebrach und Schwarzach davon abhielten. Schon 1725 war Joh. Georg Seitz vorübergehend in Koblenz beim Grafen Karl Kaspar von der Leyen, der mit Maria Sophia von Schönborn, einer Schwester der Schönborner Fürsten, verheiratet war, tätig gewesen. Nachdem im Jahre 1729 Franz Georg von Schönborn Kurfürst in Trier wurde, berief auch er Joh. Georg Seitz zeitweise von Wiesentheid nach Ehrenbreitstein. Als sich das Bauwesen in Kurtrier in ungeahnter Weise ausbreitete, nahm er Seitz ganz in seine Dienste. Vom 13. Mai 1733 ist das umfangreiche Patent datiert, das Seitz nun als Kurfürstlich Trierischen Werkmeister verpflichtet, und ihm damit die Aufsicht über das gesamte Bauwesen des Kurstaates überträgt. Sechs Jahre später wird Joh. Georg Seitz im Alter von 50 Jahren aus seinem Schaffen herausgerissen. Von den acht, zwischen 1714 und 1728 geborenen Kindern, die aus der Ehe von Joh. Georg Seitz und seiner Ehefrau Margaretha hervorgingen, wendeten sich Johannes und *Johann* Andreas Seiz (sie schreiben ihren Namen später ohne tz) dem Bauwesen zu. Nach der Berufung seines Vaters zum kurtrierischen Hofwerkmeister kam Johannes Seiz 1733 erstmals mit nach Ehrenbreitstein. Unter der Anleitung seines Vaters arbeitete er sich in das Baufach ein, und wurde bald zu einem seiner wichtigsten Helfer. Das hervorragende zeichnerische Talent von Joh. Seiz lernte auch die Obrigkeit zu schätzen. Aus dem Jahre 1736 haben sich Original-Zeichnungen von Johannes Seiz nach Entwürfen von Balthasar Neumann zu fränkischen Kirchenneubauten erhalten. Sein ausgeprägtes Selbstbewußtsein, »die Einbildung dieses jungen Menschen«, wie es in den Akten heßt, brachten Johannes Seiz jedoch bald in Konflikte mit seinen höheren Vorgesetzten, vor allem mit dem Hofkaplan und Kanonikus vom Paulinus-Stift in Trier, Karl Kaspar Schilli, der als Bauschreiber und dann Bauinspektor eine wichtige Rolle im kurtrierischen Bauwesen spielte. Balthasar Neumann (1687-1753) hatte den Werdegang von Joh. Seiz von Jugend an verfolgt und den jungen Meister bei seinen - damals häufigen Aufenthalten - in Ehrenbreitstein stets gefördert. Gegen Ende der 30er Jahre waren größere und kunstvollere Prachtbauten für Ehrenbreitstein und Umgebung in Planung. B. Neumann nahm daher Joh. Seiz mit nach Würzburg, wo die Residenz im Entstehen war. Neumanns Ziel: Johannes Seiz sollte sich im Zeichnen vervollkommnen, damit er (Neumann) bei einer Rückkehr nach Ehrenbreitstein die künstlerische Unterleitung und das Entwerfen von Rissen nach seinen Angaben bei den neuen Bauten in die Hände von Joh. Seiz legen konnte. 1738 und 1739 erscheint Johannes Seiz dann in den Akten zum Würzburger Residenzbauwesen. Als der Vater, Hofwerkmeister Johann Georg Seitz am 31.12. 1739 in Ehrenbreitstein verstarb, kam als sein Nachfolger ohne weiteres sein ältester Sohn in Betracht. Dies war für Johannes Seiz Anlaß, sich endgültig aus seiner fränkischen Heimat an den Rhein zu verabschieden, wo er sich allerdings wegen seines jugendlichen Alters zunächst noch mit dem Titel eines »Hofbolierers« begnügen mußte, aber weiterhin von Bathasar Neumann gefördert wurde. Dieser hatte 1739 in Ehrenbreitstein mit dem umfangreichen Bau der kurtrierischen Dikasterien samt zahlreicher Nebengebäude begonnen. Im Mai 1740 erscheint Johannes Seiz erstmals in den Baurechnungen. Er ist dann bis zur Vollendung des Baues im Jahre 1748 als der eigentliche Erbauer in Vertretung des planenden Architekten Balthasar Neumann tätig. Auch das prächtige Lustschloß *Schönbornslust* bei Koblenz erbaute Johannes Seiz 1749-52 nach Plänen von B. Neumann. Als Entwerfer und planender Künstler schaffte Seiz jedoch zunächst noch nicht den Durchbruch. So wurden z. B. seine Pläne zum Bau der Abtei Prüm und zum Bau der Kirche in Leiwen/Mosel auf Wunsch des Trierer Kurfürsten von Balthasar Neumann revidiert. Dies änderte sich jedoch später. 1750 verlieh Kurfürst Franz Georg von Schönborn Johannes Seiz den Titel »Hofbaumeister«. Im entsprechenden Dekret heißt es: »Nachdemahlen Ihre Churfürstl. Gnaden zu Trier den Ehemaligen Polierer Seitz zum würcklichen Werckmeisteren all Bereits vorm Jahr ausersehen, angenohmen und ernennet haben, mithin dermahlen höchst Ihre gnädigste Willens Meynung und ausdrücklichen Befehl hiermit ist, daß nachgeordnete Hofrenth Cammer gedachtem Werckmeistern Seitz nicht nur für das künftige jenes gehalt, so dessen Vattern seel. Zeith lebens gediehen, eben wohl zuständig zugeleget, sondern auch diese Nembliche bestallung für das verflossene 1750te Jahr aus dem Landrenthambt vollkommen ausbezahlet werden solle ...... Ehrenbreitstein den 1. Januarij 1751«. Damit erhielt Johannes Seiz nun auch den Titel, der zu dem Amt gehörte, das er nach dem Tod seines Vaters übernommen hatte. Diese Ernennung von Seiz fällt in die letzten Lebensjahre von Balthasar Neumeister, der jedoch noch bis zu seinem Tod 1753 Risse für Kurtrier lieferte. Nach dem Tod von Kurfürst Franz Georg am 18. Jan. 1756 bestieg Johann Philipp von Walderdorff den Kurfürstenthron. Er wurde zu einem typischen Vertreter der Rokokozeit in Kurtrier, und ließ der Künstlernatur seines alsbald in die leitende Stellung eines selbständig schaffenden Hofarchitekten aufgestiegenen Werkmeisters Johannes Seiz freien Lauf. Schon im Jahre des Regierungsantrittes des neuen Herrn, Kurfürst Joh. Philipp von Walderdorff im Jahre 1756 war Johannes Seiz mit seiner Familie nach Trier gezogen und erbaute dort einen großartigen Palast, der die Prachtliebe des Walderdorffer Kurfürsten zeigte. Unter Seiz´ Einfluß entwickelte sich zudem eine Schule kunstfertiger kleinerer Baumeister, die die Formen des Rokoko übernahmen. Zu nennen ist hier auch der Bruder Andreas Seiz, den Johannes Seiz als Mitarbeiter einsetzte. Die Bautätigkeit von Johannes Seiz fand das Gefallen des Kurfürsten und wurde belohnt. 1761 wurde Seiz zum Ingenieur- und Stückhauptmann ernannt, und fünf Jahre später zum Major und zum Kommandeur des Kurtrierer Artelleriekorps befördert. Damit hatte der »Herr Obristwachtmeister« (so unter schreibt er nun oft seine Briefe) das lang ersehnte Ziel seiner Laufbahn erreicht. Allerdings erwuchs zu dieser Zeit Johannes Seiz die Konkurrenz eines ausländischen Kollegen. Durch Jean Antoine von Metz war der Kurfürst auf die Neuanforderungen der westlichen Akademischen Kunst aufmerksam geworden. Als er seinen Lust- und Jagdschloßbauten zu Beginn der 60er Jahre ein weiteres in Wittlich hinzufügen wollte, beauftragte er nicht auf Seiz, sondern ließ sich dazu die Pläne von J. Antoine liefern. Beleg dafür, daß sich Johannes Seiz in die neuen von Antoine vermittelten akademischen Ideen des Westens noch einzuarbeiten suchte, sind viele Risse, von denen allerdings nur noch wenige zur Ausführung gelangten. Mit dem Tod des Kurfürsten am 12. Jan. 1768 ging auch die Hauptschaffenszeit von Johannes Seiz zu Ende. Der neue Kurfürst, Clemens Wenzeslaus von Sachsen und Polen, wandte sich in allen wichtigen Baufragen an französische Künstler oder direkt an die Pariser Akademie. Johannes Seiz blieb im Amt, entwarf auch noch Risse, von denen allerdings nicht mehr viele umgesetzt wurden. Hinzu kam der Wegfall vieler Zuwendungen, die der frühere Kurfürst Johannes Seiz als Dank für dessen Bauten hatte zukommen lassen. 1769 beklagt sich Seiz, daß man ihm nun nicht mehr die Abfälle an Holz, wie sie gelegentlich von Arbeiten an Kameralgebäuden ihm bisher zugefallen waren, zugestehen wolle. 18 Jahre lang habe er sich mit einem geringen Gehalt begnügt, nun wolle man ihn dazu noch der Nebeneinnahmen berauben, so daß er nicht umhin könne, um eine Zulage zu bitten. Die Forderung sieht die Kammer als gerechtfertigt an, möchte aber nicht dafür aufkommen. Sie antwortet »diese könne leicht von dem Kriegskommissarat ihme zugewendet werden, immaßen dahe er doch vor die Landschaft sowohl in Coblenz als auf der Festung in dem Bauwesen gebraucht wird, auch bey der Artillerie Dienst thuet, so wäre nicht billiger, als er auch vor seine Mühe bezahlt würde, immaßen wer die Leute braucht, auch selbe bezahlen muß«. 1771 macht Joh. Seiz eine zweite Eingabe und klagt »er habe eine solch eingeschrenkte Wohnung, daß im zweyten stock nur 3 kleine Zimmer, worin er selbsten mit Weib und Kindern schaffen müßte, befindlich seyen«. Ab 1776 plante Kurfürst Clemens Wenzeslaus die Residenz von Ehrenbreitstein nach Koblenz zu verlegen und beauftragte ausländische Künstler mit dem Bau. Damit war Johannes Seiz völlig ausgeschaltet, obwohl er eine Eingabe machte und selbst Risse entwarf. Auch seinen Sohn Karl ließ er einen Plan fertigen. All dies war allerdings vergebens. Die Familie: Am 3. Jan. 1751 heiratete Johannes Seiz in Koblenz, St. Kastor, Maria Anna Catharina Beller (* 12. Dez.1725 in Koblenz, † 30. Jan. 1795 in Koblenz). Die Ehefrau stammte aus einer angesehenen Kurtrierer Offiziersfamilie. Ihr Vater, Johann Anton Beller, war Befehlshaber der kurfürstlichen Leibgarde zu Pferde. Der Ehe entsprossen 9 Kinder, von denen die meisten frühzeitig verstarben. Von den drei Söhnen gelangten zwei zu lokalgeschichtlich größerer Bedeutung: a) Andreas Ignaz Xaver Seiz (* 1757 in Ehrenbreistein, † 7. Febr. 1820 in (Koblenz-) Pfaffendorf. Er trat 1783 als Registrator in den kurtrierischen Dienst und wurde später zum Geheimen Kabinetts-Registrator ernannt. Als die Franzosen 1794 auf Koblenz zu marschierten, floh er mit den Archiven nach Montabaur in das kurfürstliche Schloß. Als auch diese Gegend von den Feinden bedroht wurde, verbrachte er die Archive im Sept. 1795 nach Hanau. Er versah dort bis zum 1. Dez. 1802 seine Dienstgeschäfte. Nach dem Reichsdeputationshauptschluß im Jahre 1803 wurde er in nassauische Dienste übernommen und mit der Leitung aller Registratoren beauftragt. Am 1. Juli 1805 wurde er pensioniert; b) Karl Kaspar Alexander Seiz (* 24. Apr. 1763 in Ehrenbreitstein, † 7. März 1842 in Ehrenbreitsein). Er war zunächst Mitarbeiter seines Vaters. Es folgen Studien in Stuttgart und Studienreisen nach Frankreich. Er wird später kurtrierischer Ingenieurhauptmann und Baudirektor. Nach dem Zusammenbruch des Kurtrierer Staates tritt er in den Dienst des Fürsten Friedrich Wilhelm von Nassau, und war zunächst als Naussauisch-weilburgischer Major und Baudirektor tätig. Obwohl vom Fürsten protegiert, genoß er allerdings wenig Rückhalt bei den Beamten und den Weilburgern. So erreichte Minister Heinrich von Gagern, daß Karl Seiz von Weilburg versetzt wurde und als Stadt - Kommandant nach Limburg wechselte. 1815 trat Seiz als Obristleutnant in Preußische Dienste, aus denen er um 1820 ausschied und in Pfaffendorf seinen Altersruhesitz bezog.

Werkverzeichnis Johannes Seiz (Auswahl): Löf (Kreis Mayen-Koblenz), Kath. Pfarrkirche St. Lucia, 1737/38 von Joh. Seiz erbaut; 1883 erweitert; Trier, Kath. Pfarrkirche St. Paulin, Orgel 1747-56; Orgelprospekt nach einem Entwurf von Joh. Seiz; (Koblenz-) Kesselheim, Schloß Schönbornlust in, unter Kurfürst Franz Georg von Schönborn nach Plänen von B. Neumann und Joh. Seiz 1749-52 erbaut. 1806 von den Franzosen zerstört; Birkenfeld (Reg.-Bez. Koblenz), Ev. Pfarrkirche, 1751 vom herzoglichen Baudirektor Jonas Erikson Sundahl (Zweibrücken) auf der Grundlage eines Entwurfs von Johann Seiz als Simultankirche errichtet; (Mühlheim-) Kärlich, Lustschloß, 1654 errichtet, von B. Neumann und Joh. Seiz umgebaut und erweitert. Das Schloß nebst den Gartenanlagen wurde 1794 von den Franzosen restlos zerstört; Trier, Kurfürstliches Palais, ehemals kurfürstl. Schloß, 1756 beauftragte Joh. Philipp von Walderdorff Joh. Seiz mit der Planung, bildhauerische Gestaltung durch Ferdinand Tietz; Trier, Dom, Auferstehungsaltar - zugleich Grabstätte für Erzbischof Franz Georg von Schönborn († 1756). Nach Entwurf von Joh. Seiz 1757 ausgeführt von Ferdinand Tietz; (Neuwied-) Engers, ehemaliges kurfürstliches Schloß, an Stelle der kurtrierischen Burg 1759-62 nach Plänen von Joh. Seiz als Jagdschloß für Kurfürst Joh. Philipp von Walderdorff erbaut (Heute Sitz der Stiftung Villa Musica); Koblenz, ehemaliges Wohnhaus des kurfürstlich - trierischen Münzmeisters, 1763 erbaut, Joh. Seiz zugeschrieben; Herschbach, Uww., Kath. Pfarrkirche St. Anna, 1765-68 nach Plänen von Joh. Seiz erbaut; Bischofsdrohn (Kreis Bernkastel-Wittlich), Kath. Pfarrkirche St. Paulinus, 1766-69 nach Entwurf von Joh. Seiz von seinem Bruder Andreas Seiz erbaut; Leiwen (Kreis Trier-Saarburg), Kath. Pfarrkirche St. Stephan und Rochus, Langhaus und Westturm 1769 nach Plänen von Joh. Seiz von seinem Bruder Andreas Seiz erbaut, 1923 durch Seitenschiffe erweitert; Longuich (Kreis Trier-Saarburg), Kath. Pfarrkirche St. Laurentius, 1771 wohl nach Plänen von Joh. Seiz erbaut; (Neuwied-) Heimbach-Weis, Kath. Pfarrkirche St. Margarete, zum dreigeschossigen Turm 1772 ein Saalbau von Joh. Seiz; Möhn (Kreis Trier-Saarburg), Kath. Pfarrkirche St. Lucia, 1773/74 nach Aufriß von Joh. Seiz durch Maurermeister Michael Steuer aus Echternach erbaut; Forst (Eifel), Kath. Pfarrkirche St. Kastor, 1774 von Joh. Seiz errichteter Saalbau, Neubau 1960/62; Maria Laach, Abtei, Klosteranlage: Gebäude um den südlichen Binnenhof nach Plänen von Joh. Seiz; Koblenz - Ehrenbreitstein, Festung, ab 1739 Bau der Diskasterialgebäudes nach Plänen von B. Neumann und Joh. Seiz. Der Marstall wurde 1762 von Johannes Seiz erbaut. Die im Norden der Festung Ehrenbreitstein vorgelagerten sogenannten Schönbornwerke errichtete zunächst Balthasar Neumann und danach Johannes Seiz.

Quellen und Lit.: HStA Wiesbaden: Kurtrier, Amt Herschbach, Erbauung der Herschbacher Pfarrkirche; — Lohmeyer, Karl, Johannes Seiz, Kurtrierischer Hofarchitekt, Ingenieur sowie Obristwachtmeister und Kommandeur der Artillerie, Heidelberg 1914; — Dehio, Georg, Handbuch der Dt. Kunstdenkmäler, - Rheinland-Pfalz, Saarland - , 2. bearb. und erweiterte Auflage, 1984; — Chronik von Herschbach 1248-1998, Herschbach 1998; — Hemmerle, Bernhard, Johannes Seiz, Kurtrierischer Hofarchitekt, Ingenieur sowie Obristwachtmeister und Kommandeur der Artillerie, Erbauer der Herschbacher Pfarrkirche St. Anna, (2007), Artikel eingestellt auf der Internetseite von Bernhard Hemmerle: http://bernhard-hemmerle.ath.cx/ (14.04.2007).

Bernhard Hemmerle

SIEGELE-WENSCHKEWITZ, Leonore, Maria Anita, ev. Kirchenhistorikerin, * 27.6. 1944 Belgard/Pommern, † 17.12. 1999 Frankfurt am Main. — S.-W. war das fünfte Kind der Eheleute Hans Wenschkewitz und Anita, geb. Michelsson. Die Familie stammte aus Riga. Dort waren die ältere Schwester und die drei älteren Brüder zwischen 1931 und 1937 geboren, ebenso bereits beide Eltern. In Riga hatte die Pfarrfamilie gelebt, bis sie nach Beginn des Zweiten Weltkriegs aufgrund des Hitler-Stalin-Pakts vom 23. August 1939 aus Lettland ins Deutsch Reich umgesiedelt wurde und durch Einbürgerung im

Januar 1940 die deutsche Staatsbürgerschaft erhielt. Der Vater, der bis dahin Pfarrer in Riga gewesen war und am Herder-Institut - der theologischen Hochschule - Neues Testament gelehrt hatte, wurde Pfarrer in Belgard/Pommern. Dort kam auch die jüngste Tochter der Eheleute Wenschkewitz, Leonore, zur Welt. Der Vater wurde zur Wehrmacht eingezogen und geriet in Gefangenschaft. Der Mutter gelang Ende 1945 die Flucht mit den fünf kleinen Kindern nach Berlin. — S.-W. besuchte zunächst die Volksschule in Großgoltern, dann in Osnabrück, wo der Vater eine Pfarrstelle übernahm. Weiter ging sie zur Städtischen Oberschule für Mädchen bis der Vater Rektor des Pastoralkollegs der Hannoverschen Landeskirche in Loccum wurde. 1957 trat sie in das Gymnasium für Mädchen in Nienburg/Weser ein, im Frühjahr 1963 machte sie Abitur. In Loccum nahm sie durch den Beruf des Vaters am Leben der Akademie und des Klosters, an Tagungen und Vorträgen teil und lernte so ein weltoffenes Christentum kennen, das auch von dem damaligen Hannoverschen Bischof Hanns Lilje (1899-1977) befördert wurde. — Mit der Studentenbewegung Ende der sechziger Jahre wurde die Frage nach den Gründen für die Entstehung des Nationalsozialismus verstärkt in das politische Bewußtsein der Bundesrepublik gerückt. 1963 hatte sich Leonore Wenschkewitz in Göttingen für die Fächer Musikwissenschaft und Latein immatrikuliert. Vom zweiten Semester an studierte sie auch Theologie. 1965 wechselte sie nach Tübingen und verlagerte ihren Studienschwerpunkt auf das Theologiestudium. Unter ihren Tübinger Lehrern sind vor allem der Kirchenhistoriker Hanns Rückert (1901-1974) zu nennen, dessen Vorlesungen ihr Interesse an der Kirchengeschichte weckten, außerdem der Systematiker Gerhard Ebeling (1912-2001) und der Neutestamentler Ernst Käsemann (1906-1998). — 1967 setzte mit dem gewaltsamen Tod des Studenten Benno Ohnesorg eine weitere Politisierung der Studentenschaft ein und im Zuge dieser Entwicklungen schloß sich Leonore Wenschkewitz in Tübingen dem Arbeitskreis »Braune Universität« an. Unter der Ägide des damaligen Privatdozenten und späteren Tübinger Kirchenhistorikers Klaus Scholder (1930-1985) sammelte sich ein Kreis von Studentinnen und Studenten, die sich mit der Forschung zum Nationalsozialismus befaßten. Auch Leonore Wenschkewitz wandte sich der Kirchlichen Zeitgeschichte zu. 1969 wurde sie wissenschaftliche Hilfskraft bei Klaus Scholder und verantwortlich für die Erschließung und Verzeichnung der Kopien der Aktenbestände, die er und mit der Zeit auch sie für sein Werk »Die Kirchen und das Dritte Reich« gesammelt hatten. Zugleich arbeitete sie an einer Dissertation über die nationalsozialistische Religionspolitik bis 1935, mit der sie im Sommer 1972 vom Fachbereich Evangelische Theologie der Universität Tübingen zur Doktorin der Theologie promoviert wurde. — Ein Jahr zuvor, am 30. Juli 1971, hatte sie Ulrich Siegele, Professor für Musikwissenschaft an der Universität Tübingen, geheiratet. — Nach ihrer Promotion wurde sie Wissenschaftliche Assistentin am Lehrstuhl für Kirchenordnung und Kirchliche Zeitgeschichte bei Klaus Scholder und hielt regelmäßig Seminare in Kirchlicher Zeitgeschichte und Kirchenordnung. Das Forschungsinteresse an der Zeit des Nationalsozialismus blieb weiter bestehen. Zwischen 1969 und 1979 hatte sie, ihre Dissertation eingeschlossen, insgesamt vier Studien zur nationalsozialistischen Religionspolitik verfaßt und damit die gesamte Zeit nationalsozialistischer Religionspolitik vom Parteiprogramm 1920 bis zum Ende der Nationalsozialistischen Herrschaft 1945 untersucht. Diese Studien boten die Grundlage für die Forschungsschwerpunkte der folgenden Jahre. Denn seit Mitte der siebziger Jahre weitete sich ihr Forschungsinteresse aus auf die Frage nach der Rolle der Theologischen Fakultäten in der Zeit des Nationalsozialismus, besonders der Tübinger Theologischen Fakultät. Bereits 1976 hatte die Leitung der Tübinger Universität sie im Blick auf die bevorstehende Feier des 500-jährigen Bestehens beauftragt, einen Beitrag über die Geschichte der Evangelisch-Theologischen Fakultät im »Dritten Reich« zu schreiben. Während des Jubiläumsjahres hielt sie dann auch zwei Vorträge, die sich mit den Anfangsjahren des Dritten Reichs und der Rolle der Tübinger Evangelisch-theologischen Fakultät beschäftigten; einen über den Professor für Praktische Theologie, Karl Fezer (1891-1960), Stiftsepherus und ersten unter den Nationalsozialisten gewählten Rektor, und sein Verhältnis zu den Deutschen Christen, den zweiten über den Tübinger Neutestamentler

Gerhard Kittel (1868-1948) und »die Judenfrage«. Die Untersuchungen zeigten die Verquickung führender Theologen und zentraler Persönlichkeiten der Fakultätsgeschichte mit nationalsozialistischen Ideologien und Machtstrukturen. Auch eine Arbeit zu Karl Holl (1866-1926) entstand. Die Arbeiten zu Karl Fezer, Gerhard Kittel und einige Jahr später zum Tübinger Kirchenhistoriker und ersten Dekan der Evangelisch-theologischen Fakultät nach der nationalsozialistischen Wende, Hanns Rückert (1901-1974), nahmen den Umgang einzelner Theologieprofessoren und der jeweiligen Teildisziplinen in der Zeit des Nationalsozialismus in den Blick und deren Affinität zum nationalsozialistischem Gedankengut. Dagegen betrachtete ihre Studie zur Theologischen Fakultät der Universität Heidelberg im »Dritten Reich« die Fakultät als Korporation. Sie war davon überzeugt, daß Theologie eine kritische Wissenschaft sein müsse, die auch ihre historischen Ausprägungen und Argumentationsmuster kritisch zu reflektieren, Verblendungszusammenhänge aufzudecken und Schuld zu benennen habe. — Zwar wurden ihre beiden Vorträge zu Karl Fezer und Gerhard Kittel veröffentlicht, die Situation an der Fakultät gestaltete sich jedoch aufgrund ihrer kritischen Forschungsergebnisse zunehmend schwierig. Ihrem Wunsch, das Projekt einer Geschichte der Evangelisch-theologischen Fakultät der Universität Tübingen von der Berufung Adolf Schlatters im Jahr 1898 bis zum Ende der Entnazifizierung als Habilitationsschrift weiterzuführen, wurde nicht stattgegeben. Für sie bedeutete dies das Ende ihres Habilitationsvorhabens an der Tübinger Fakultät. — In dieser beruflich prekären Situation wurde ihr von Seiten der Kirche die Möglichkeit gegeben, das Erste Theologische Examen nachzuholen. Damit war ihr der Weg eröffnet, in den Dienst der Württembergischen Landeskirche zu wechseln. 1979 wurde sie Repetentin am Evangelischen Stift in Tübingen. Hatte sie bislang in der Lehre ihren Schwerpunkt auf die Zeitgeschichte gelegt, läßt sich mit der Tätigkeit am Stift eine Öffnung hin zu zwei weiteren Themenkreisen erkennen. Im Sommer 1979 beschäftigte sie sich in einem Proseminar mit »Christentum und Judentum: Ausgewählte Abschnitte eines ungeklärten Verhältnisses«. Weiterhin beschäftigte sie sich mit der Reformationsgeschichte und wagte, angeregt von Elisabeth Moltmann-Wendel, die in Tübingen einen Kreis feministischer Theologinnen gegründet und bereits einige feministisch-theologische Schriften verfaßt hatte, erste Schritte in die Feministische Theologie. Von ihr erhielt sie auch den Hinweis auf eine Stelle als Studienleiterin an der Evangelischen Akademie Arnoldshain, die sie am 1. April 1983 antrat. Im April 1984 wurde sie als Pfarrerin in den Dienst der Evangelischen Kirche in Hessen und Nassau ordiniert. — Die Beschäftigung mit der Universitäts- und Fakultätsgeschichte verfolgte S.-W. in der Akademiearbeit weiter, auch in Zusammenarbeit mit der Evangelischen Arbeitsgemeinschaft für Kirchliche Zeitgeschichte. Darüber hinaus hatte sie das Problem des Verhältnisses von Christentum und Judentum und des der christlichen Theologie inhärenten Antijudaismus und des christlichen Antisemitismus nicht mehr losgelassen. So galt ihr Interesse seit Ende der siebziger Jahre zunehmend dem jüdisch-christlichen Dialog. Schon seit 1977 war sie Mitglied der Arbeitsgemeinschaft Juden und Christen beim Deutschen Evangelischen Kirchentag, der sich regelmäßig in Arnoldshain zu Tagungen traf. 1980 wurde sie vom Rat der Evangelischen Kirche in Deutschland (EKD) in die Studienkommission »Kirche und Judentum« berufen, der sie bis 1997 angehörte. — In ihren Studien zu den Theologen im »Dritten Reich« kam sie zu dem Ergebnis, daß offenbar der christlichen Theologie ein latenter Antijudaismus inhärent sei, der mit Aufkommen des Rassenantisemitismus eine Verbindung mit der nationalsozialistischen Rassenideologie einzugehen vermochte. Damit stellte sich ihr insgesamt die Frage, ob Antijudaismus essenziell zum Christentum gehört und ob eine christliche Theologie ohne Antijudaismus überhaupt möglich sei. In ihrem Aufsatz über »Mitverantwortung und Schuld der Christen am Holocaust« plädierte sie dafür, die Verantwortung der evangelischen Theologie und Kirche hinsichtlich ihrer Vergangenheit im Dritten Reich nicht zu verharmlosen oder zu verschweigen und an einer Theologie zu arbeiten, die nach Auschwitz nicht mehr antijudaistisch argumentiert, sondern die Unterschiede zwischen Judentum und Christentum akzeptiert und respektiert. Insgesamt läßt sich das Forschungsinteresse von S.-W. dahingehend beschreiben, daß sie einerseits auf antijüdische und antisemitische Strukturen in der protestantischen Theologie aufmerksam machte und damit jahrhundertealte Stereotype dekonstruierte. Zum anderen aber versuchte sie, auch Perspektiven aufzuzeigen, die eine nicht antijudaistische theologische Interpretation in sich birgt und die somit für den jüdisch-christlichen Dialog fruchtbar gemacht werden können. — Neben ihrer Tätigkeit an der Akademie engagierte sie sich zunehmend in Gremien und in der Lehre. Nach Klaus Scholders Tod wurde sie 1985 Mitglied der EKD-Kommission Evangelische Arbeitsgemeinschaft für Kirchliche Zeitgeschichte, 1988 deren zweite Vorsitzende. Sie hielt zahlreiche Lehraufträge für Kirchengeschichte und Feministische Theologie und unternahm 1985 im Auftrag des Goethe-Instituts eine Vortragsreise durch Australien. Im Mai 1987 war sie als Referentin zu einer Konferenz an die Harvard Divinity School, im November 1988 zur Jahrestagung der American Academy nach Chicago eingeladen. — Am 9. Mai 1990 habilitierte sie sich im Fachbereich Evangelische Theologie der Johann Wolfgang Goethe-Universität für das Fach Historische Theologie. Als schriftliche Habilitationsleistung wurden ihre Publikationen zum Thema »Studien zur protestantischen Universitätstheologie im 20. Jahrhundert« angenommen. Ihren Habilitationsvortrag hielt sie über den prominenten Vertreter der Juden in der Reformationszeit, Josel von Rosheim, ihre öffentliche Antrittsvorlesung über »Feministische Anstöße für eine neue Qualität von Kirche«. Damit hatte sie zu Beginn der neunziger Jahre drei für sie zentrale Forschungsbereiche vorgestellt, die sie in den folgenden neun Jahren zu einem eigenen Profil verdichten sollte. Auch das Interesse an der Feministischen Theologie hat Wurzeln in der Tübinger Zeit als Assistentin sowie der Studentenbewegung und Frauenbewegung der sechziger und siebziger Jahre. Die Überlegungen und die daraus folgenden Konzeptionen sind eingebettet in jenen breiten Dialog, der sich auf internationaler Ebene nach dem Zweiten Weltkrieg ausgefaltet hatte. 1983 hatte sich in der Evangelischen Kirche in Hessen und Nassau eine Fraueninitiative »Frauen und Friede/Netzwerk« gegründet, die damit begann, nach praktischen Konsequenzen feministisch-theologischer Arbeit für die kirchliche Wirklichkeit zu fragen, die Besetzung der Studienleiterstelle an der Akademie mit einer Frau verlangte wie auch die Beschäftigung mit der Feministischen Theologie in Rahmen von Tagungen. Hinzu kam, daß mit der Ausrufung der Ökumenische Dekade »Kirche in Solidarität mit den Frauen« der Beschluß der EKD-Synode 1989 folgte, die Situation von Frauen in Kirche und Gesellschaft zu verbessern und die Förderung theologischer Frauenforschung in der theologischen und kirchlichen Ausbildung voranzutreiben. In ihrem Gefolge entstand eine breite Basisbewegung. Auf Kirchentagen wurde die »Basisfakultät« zu einer stetigen Einrichtung, konfessionelle Frauenverbände und kirchliche Frauengruppen erhielten neuen Aufschwung. Zudem hielt die feministisch-theologische Diskussion verstärkt Einzug in Hochschulen und Evangelische Akademien. Mit Elisabeth Gössmann, Luise Schottroff, Hellen Schüngel-Straumann, Dorothee Sölle - um nur einige wenige zu nennen - war es auch S.-W., die sich für den Diskurs um die Feministische Theologie einsetzte und die Institutionalisierung forderte. Die damit einhergehende Pluralisierung der Feministischen Theologie führte auch zu Auseinandersetzungen innerhalb des Kreises der feministischen Theologinnen z.B. um die Frage des Antisemitismus in der Feministischen Theologie. S.-W. warnte seit 1988 immer wieder vor der Übernahme derselben antijüdischen Stereotypen, die sie in der christlichen Theologie wahrgenommen hatte, in die Feministische Theologie. Eben jene Verantwortung, die sie von der Theologie insgesamt forderte, verlangte sie auch von einer ihre historischen Wurzeln reflektierenden Feministischen Theologie, denn sie war überzeugt, daß auch die Feministische Theologie in Deutschland sich der Verantwortung vor der Deutschen Geschichte in der Zeit des Nationalsozialismus nicht entziehen könne. Arnoldshain wurde zu einer Plattform für feministisch-theologische Tagungen. Verbindungen wurden geknüpft zu anderen Zusammenschlüssen und Netzwerken. So wurde 1986 die »Europäische Gesellschaft für Theologische Forschung von Frauen« gegründet, zu deren ersten Mitgliedern auch Leonore S.-W. zählte. — Im Bemühen, Feministische Theologie im Wissenschaftsbereich zu etablieren, gelang in den neunziger Jahren die Einführung von Feministischen Ringvorlesungen, die S.-W. an der Frankfurter Universität entscheidend förderte. Ebenso die Weiterführung der schon Ende der siebziger Jahre in Marburg von Studentinnen eingeführten feministischen Lehraufträge - seit den neunziger Jahren als vergütete Lehraufträge an zahlreichen Theologischen Fakultäten in der Bundesrepublik. Eine Institutionalisierung Feministischer Theologie im Sinne eines eigenen Lehrstuhls scheiterte lange am Widerstand der Theologischen Fakultäten. Daran vermochte auch die von der EKD-Synode eingerichtete Kommission zur »Frauenförderung und Frauenforschung in Theologie und Kirche« (1992-1996), zu deren berufenen Mitgliedern Leonore S.-W. zählte, zunächst wenig zu ändern. Dennoch hat die dort höchst kontrovers geführte Diskussion um Feministische Theologie und Theologische Frauenforschung schließlich Früchte getragen: Eine erste entscheidende Weichenstellung gelang mit der Gründung des Frauen Forschungs- und Bildungszentrums der EKD in Gelnhausen 1993, die mit heftigen und EKD-weiten Auseinandersetzungen verbunden war und schließlich zu einer ersten Akzeptanz Feministischer Theologie führte, woran neben den Studienleiterinnen des Zentrums, Herta Leistner und Renate Jost, auch S.-W. und andere beteiligt waren. — In der Auseinandersetzung um die Institutionalisierung der Feministischen Theologie, die zugleich einen Streit beinhaltete, ob der Begriff »Feministische Theologie« durch »Theologische Frauenforschung« ersetzt werden müsse oder nicht, plädierte S.-W. stets für das Zusammengehören von Feministischer Theologie und Theologischer Frauenforschung. Dabei ging es ihr weniger um die Begrifflichkeiten als um die Tatsache, daß Feministische Theologie in einen wissenschaftlich überprüfbaren Zusammenhang gestellt werden müsse. So war es ihr Anliegen, daß Feministische Theologie endlich in einen sozialen und intellektuell überprüfbaren Zusammenhang hineinkommen solle. Es ging ihr darum, daß die theologische Frauenforschung in den lebendigen Betrieb von Forschung und Lehre einbezogen wird und sich in der Konkurrenz zu anderen theologischen Entwürfen erproben kann. Ebenso wie die Theologie überhaupt, sollte auch die sich entwickelnde Feministische Theologie nicht nur eine kritische Theologie sein, sondern sich auch der Kritik und den Anfragen der herkömmlichen Theologie stellen. Sie plädierte weiterhin für die Verknüpfung von Feministischer Theologie als kritisch und wissenschaftlich reflektierter Theologie mit dem jüdisch-christlichen Dialog und der Zeitgeschichtsforschung und mahnte auch die Öffnung in Richtung auf die in anderen Disziplinen längst etablierte Genderforschung an. Dies bedeutet nicht nur eine Weitung des Konzeptes, sondern auch ein Plädoyer für eine theologische und interdisziplinäre wissenschaftliche Überprüfbarkeit und Diskussionsfähigkeit. — 1992-1996 war S.-W. gleichzeitig in vier EKD-Kommissionen tätig war. Im April 1994 wurde sie zur stellvertretenden, und im Juli 1996 zur Direktorin der Evangelischen Akademie Arnoldshain gewählt. 1997 wurde sie zur außerplanmäßigen Professorin an der Johann Wolfgang Goethe-Universität ernannt. 1998 erhielt sie nach der Erkrankung von Joachim Mehlhausen den geschäftsführenden Vorsitz der Arbeitsgemeinschaft für kirchliche Zeitgeschichte, ebenso den geschäftsführenden Vorsitz des Wissenschaftlichen Beirats zum Forschungsprojekt »Die Rolle der evangelischen Kirche im geteilten Deutschland« bei der Arbeitsgemeinschaft für kirchliche Zeitgeschichte. — Am 24. Oktober 1999 nahm sie in der Aula der Universität Göttingen den Göttinger Edith-Stein-Preis entgegen, den ihr der Edith-Stein-Kreis Göttingen e.V. verliehen hatte. In ihrer im Rahmen der Preisverleihung gehaltenen letzten öffentlichen Rede wenige Wochen vor ihrem Tod stellte sie Überlegungen zu einer angemessenen Erinnerungskultur in Deutschland und zur Verantwortung der Kirchen für die Gesellschaft an und legte damit noch einmal das Anliegen ihrer jahrelangen wissenschaftlichen Forschung und ihre reformatorischen Überzeugung dar. Es ist ein positives Ergebnis, das sie im Rückblick auf die letzten 30 Jahre der politischen und kirchlichen Kultur der Bundesrepublik zieht. Im kritischen Impuls der reformatorischen Lehre sah sie nicht nur den Motor zum kritischen Hinterfragen von Vergangenem und zur Dekonstruktion von Geschichtsbildern, sondern auch das Potenzial der Neugestaltung. Und gerade daran lag das Interesse ihrer Forschung wie ihrer Akademie- und Gremientätigkeit der letzten Jahre: Sie wollte die Erneuerungsbedürftigkeit und -fähigkeit der

Kirche und Theologie befördern, im Blick auf ihre nationalsozialistische Vergangenheit, aber auch Perspektiven schaffen auf Zukunft hin: für eine verantwortungsbewußte, reflektierte kritische Theologie, im Dialog mit dem Judentum und für die Gleichberechtigung von Männern und Frauen in Kirche und Gesellschaft.

Werke: Zur Geschichte des Reichskirchenministeriums und seines Ministers. In: Kirche und Nationalsozialismus. Zur Geschichte des Kirchenkampfes (Tutzinger Texte, Sonderband 1), Tutzing 1969, 185-206; Politische Versuche einer Ordnung der Deutschen Evangelischen Kirche durch den Reichskirchenminister 1937 bis 1939. In: Zur Geschichte des Kirchenkampfes. Gesammelte Aufsätze II (AGK 26). Göttingen 1971, 121-138; Nationalsozialismus und Kirchen. Religionspolitik von Partei und Staat bis 1935 (Tübinger Schriften zur Sozial- und Zeitgeschichte 5). Düsseldorf 1974; Die Evangelisch-theologische Fakultät Tübingen in den Anfangsjahren des Dritten Reichs. I. Karl Fezer und die Deutschen Christen. In: Tübinger Theologie im 20. Jahrhundert (ZThK, Beiheft 4). Tübingen 1978, 34-52; Die Evangelisch-theologische Fakultät Tübingen in den Anfangsjahren des Dritten Reichs. II. Gerhard Kittel und die Judenfrage. In: Tübinger Theologie im 20. Jahrhundert (ZThK, Beiheft 4). Tübingen 1978, 53-80; Zu Karl Holls wissenschaftlichem Bildungsgang. In: Tübinger Theologie im 20. Jahrhundert (ZThK, Beiheft 4). Tübingen 1978, 112-137; Die evangelische Kirche in Deutschland während des Zweiten Weltkriegs 1939-1945. In: EvTh 39 1979, 389-409; Neutestamentliche Wissenschaft vor der Judenfrage. Gerhard Kittels theologische Arbeit im Wandel deutscher Geschichte (ThEx 208). München 1980; Die Kirchen zwischen Anpassung und Widerstand im Dritten Reich. In: Wilhelm Hüffmeier, Martin Stöhr (Hrsg.): Barmer Theologische Erklärung 1934-1984. Geschichte - Wirkung - Defizite (Unio und Confessio 10). Bielefeld 1984, 11-29; Mitverantwortung und Schuld der Christen am Holocaust. In: EvTh 42, 1982, 171-190; Die Theologische Fakultät im Dritten Reich. »Bollwerk gegen Basel«. In: Wilhelm Doerr (Hrsg.): Semper Apertus. Sechshundert Jahre Ruprecht-Karls-Universität Heidelberg 1386-1986. Bd. 3: Das zwanzigste Jahrhundert 1918-1985. Berlin. Heidelberg 1985, 504-543; Wurzeln des Antisemitismus in Luthers theologischem Antijudaismus. In: Bertold Klappert, Heinz Kremers, Leonore Siegele-Wenschkewitz (Hrsg.): Die Juden und Martin Luther - Martin Luther und die Juden. Geschichte, Wirkungsgeschichte, Herausforderung. Neukirchen-Vluyn 1985, 21987, 351-367; Theologie nach Auschwitz als Theologie der Befreiung. In: Luise und Willy Schottroff (Hrsg.): Wer ist unser Gott? Beiträge zu einer Befreiungstheologie im Kontext der »ersten« Welt. München 1986, 78-86; Das Verhältnis von protestantischer Theologie und Wissenschaft des Judentums während der Weimarer Republik. In: Walter Grab, Julius H. Schoeps (Hrsg.): Juden in der Weimarer Republik (Studien zur Geistesgeschichte 6). Stuttgart. Bonn 1986, 153-178; Art. Feministische Theologie (gemeinsam mit Luise Schottroff). In: EKL 1, Göttingen 31986, Sp. 1284-1291; (Hrsg.): Verdrängte Vergangenheit, die uns bedrängt. Feministische Theologie in der Verantwortung für die Geschichte, München 1988; Protestantische Universitätstheologie und Rassenideologie in der Zeit des Nationalsozialismus. Gerhard Kittels Vortrag »Die Entstehung des Judentums und die Entstehung der Judenfrage« von 1936. In: Günter Brakelmann, Martin Rosowski (Hrsg.): Antisemitismus. Von religiöser Judenfeindschaft zur Rassenideologie. Göttingen 1989, 52-75; (Hrsg.): Hochschule und Nationalsozialismus. Wissenschaftsgeschichte und Wissenschaftsbetrieb als Thema der Zeitgeschichte (AT 66), Frankfurt am Main 1990 (hrsg. gemeinsam mit Gerda Stuchlik); Feministisch-theologische Anstöße für eine neue Qualität von Kirche. In: Renate Jost, Ursula Kubera (Hrsg.): Befreiung hat viele Farben. Feministische Theologie als kontextuelle Befreiungstheologie. Gütersloh 1991, 43-62; Ist Ethik eine Kategorie der Historiographie? Zum 20. Todestag von Ernst Wolf am 11. September 1991. In: EvTh 51, 1991, 155-168; Josel von Rosheim: Juden und Christen im Zeitalter der Reformation. In: Kirche und Israel 6, 1991, 3-16; Art. Antijudaismus. In: Wörterbuch der Feministischen Theologie. Gütersloh 1991, 22-24; Auseinandersetzungen mit einem Stereotyp: Die Judenfrage im Leben Martin Niemöllers. In: Ursula Büttner (Hrsg.): Die Deutschen und die Judenverfolgung im Dritten Reich, Hamburg 1992, 293-319; (Hrsg.): Die evangelischen Kirchen und der SED-Staat - ein Thema Kirchlicher Zeitgeschichte (AT 77), Frankfurt am Main 1993; (Hrsg.): Theologische Fakultäten im Nationalsozialismus (AKiZ B 18). Göttingen 1993 (hrsg. gemeinsam mit Carsten Nicolaisen; Rassismus, Antisemitismus und Sexismus. In: Dorothee Sölle (Hrsg.): Für Gerechtigkeit streiten. Theologie im Alltag einer bedrohten Welt. Gütersloh 1994, 151-161; (Hrsg.): Christlicher Antijudaismus und Antisemitismus. Theologische und kirchliche Programme Deutscher Christen (AT 85), Frankfurt am Main 1994; Plädoyer für einen Perspektivenwechsel in der Kirchengeschichtswissenschaft auf das Verhältnis von Christentum und Judentum. In: Joachim Mehlhausen (Hrsg.): , ... und über Barmen hinaus. Studien zur Kirchlichen Zeitgeschichte. Festschrift für Carsten Nicolaisen zum 4. April 1994 (AkiZ B 23). Göttingen 1995, 626-630; Die Rezeption und Diskussion der Genus-Kategorie in der theologischen Wissenschaft. In: Hadumod Bußmann, Renate Hof (Hrsg.): Genus. Zur Geschlechterdifferenz in den Kulturwissenschaften. Stuttgart 1995, 60-112; Die Verankerung von feministischer Theologie und theologischer Frauenforschung im akademischen Lehr- und Forschungsbetrieb - ein Projekt. In: Elisabeth Hartlieb, Charlotte Methuen (Hrsg.), Sources and Resources of Feminist Theologies (Yearbook of the European Society of Women in Theological Research 5), Kampen (NL). Mainz 1997, 187-191; Diskussionsbeitrag auf der EKD-Synode Borkum am 4. November 1996 anläßlich der Beratung der Drucksache VIII/1 »Zwischenbericht des Rates der Evangelischen Kirche in Deutschland über das Vorhaben ‚Förderung theologischer Frauenforschung'«, in: Borkum 1996. Bericht über die siebte Tagung der achten Synode der Evangelischen Kirche in Deutschland vom 3. bis 7. November 1996, Hannover 1997, 297-299. Auch In: epd-Dokumentation Nr. 49/96 vom 18. November 1996: EKD-Synode Borkum (3). Feministische Theologie - »Bereicherung« oder eine »Kampfeslehre für Frauenemanzipation«?, 42-43; (Hrsg.): Frauen Gestalten Geschichte. Im Spannungsfeld zwischen Religion und Geschlecht. Hannover 1998 (hrsg. gemeinsam mit Beate Hämel, Gury Schneider-Ludorff, Barbara Schoppelreich;

Heiligsprechung und Selbstkritik. Plädoyer für ein angemessenes Gedenken an Edith Stein, in: Verleihung des Edith-Stein-Preises 1999, 24. Oktober 1999. In: Hermann Düringer, Karin Weintz (Hrsg.): Leonore Siegele-Wenschkewitz. Persönlichkeit und Wirksamkeit (AT 112). Frankfurt am Main 2000, 89-103; (Hrsg.): Theologische Wissenschaft im »Dritten Reich«. Ein ökumenisches Projekt (AT 110). Frankfurt am Main 2000; Zehn Jahre danach. Die Verantwortung von Theologie und Kirche in der Gesellschaft (1989-1999), Leipzig 2000; — Zwei Staaten - zwei Kirchen? Evangelische Kirche im geteilten Deutschland. Ergebnisse und Tendenzen der Forschung. Leipzig 2000 (hrsg. gemeinsam mit Joachim Mehlhausen).

Lit: Hermann Düringer, Karin Weintz, (Hrsg.), Leonore Siegele-Wenschkewitz. Persönlichkeit und Wirksamkeit (AT 112), Frankfurt am Main 2000 (enthält neben weiteren unveröffentlichten Aufsätzen und Predigten auch eine Verzeichnis der Tagungen und ein ausführliches Verzeichnis der Publikationen von Leonore Siegele-Wenschkewitz); — Angela Rascher, Gury Schneider-Ludorff, »Wir hatten das Empfinden, am Beginn einer Tradition zu stehen«. Leonore Siegele-Wenschkewitz im Gespräch mit Angela Rascher und Gury Schneider-Ludorff, in: Gerburgis Feld, Dagmar Henze, Claudia Janssen (Hrsg.), Wie wir wurden, was wir sind. Gespräche mit feministischen Theologinnen der ersten Generation, Gütersloh 1998, 129-136. Vollständig abgedruckt in: Hermann Düringer, Karin Weintz (Hrsg.), Leonore Siegele-Wenschkewitz, 205-223; — Gury Schneider-Ludorff, Art. Geschichte der Feministischen Theologie, in: Wörterbuch der Feministischen Theologie, Gütersloh 2002, 144-147; — Dies., Leonore Siegele-Wenschkewitz: »Theologie muss eine kritische Wissenschaft sein«, in: Inge Mager (Hrsg.), Profile des Luthertums II: Frauen-Profile des Luthertums im 20. Jahrhundert, Gütersloh 2005, 628-647.

Gury Schneider-Ludorff

SIEVEKING, *Hildegard* Jutta, * 4. Dezember 1916 in Hamburg, † 1. Oktober 2005 in Hamburg, 1. Vorsitzende des »Helferbundes Rita von Gaudecker e. V.«, (dem Diakonischen Werk in Hamburg angegliedert). — *Hildegard* Jutta war das zweite Kind des Reeders (»Deutsche Levante-Linie Hamburg«) Ernst Godeffroy und dessen Ehefrau Luisa, geb. Amsinck. Sie hatte noch zwei Geschwister: Elisabeth (* 1912) und Tita (* 1921). Das noch heute in Hamburg angesehene Geschlecht Godeffroy stammt ursprünglich aus der französischen Hafenstadt La Rochelle. Da es sich zum Protestantismus (sog. Hugenotten) bekannte und wegen ihres Glaubens im katholischen Frankreich immer wieder verfolgt (1. Hugenottenkrieg 1562/63) wurde, verließen die Godeffroys ihre Heimat. Sie fanden u.a. Aufnahme in Hamburg. Dort gehörte die Familie im 19. Jahrhundert zu einer der bedeutendsten Handelsdynastien. — Hildegard Godeffroy wuchs in einer weltoffenen, liberal-bildungsfreundlichen sowie musikliebenden Familienatmosphäre auf und erhielt die damals übliche Ausbildung für Mädchen ihres Standes. Sie besuchte die »Höhere Töchterschule«, lernte Sprachen (Englisch, Latein und Französisch) und wurde im musischen Bereich gefördert. Mit Vorliebe spielte sie Klavier und sang im Chor der Hamburger Singakademie, wobei Hildegard Godeffroy sich besonders der Kirchenmusik verbunden fühlte. Ferner war sie eine begeisterte Tennisspielerin und Reiterin. — Schon in sehr jungen Jahren kam sie in Berührung mit dem »Helferbund vom Kapellenverein«, der von Rita von Gaudecker (vgl. BBKL. XXIV. Band, Nordhausen 2005, Sp.661 ff.) geleitet wurde, und engagierte sich innerhalb der Hamburger Gruppe der »Jugendhilfe des Kapellenvereins«, die unter der Idee »Kinder helfen Kinder« u.a. Geld sammelte oder Paketsendungen organisierte, zur Unterstützung von Kinderheimen in Pommern. Genannter Verein wurde 1885 von Louise Bertha von Kröcher (vgl. BBKL. XXIV. Band, Nordhausen 2005, Sp. 974 ff.) mit elf gleichgesinnten jungen Frauen in Berlin gegründet, der sich die Aufgabe stellte, den Bau von Kirchen und Kapellen, zuerst in Berlin, danach im Deutschen Reich anzuregen, um »das der Kirche und Vaterland entfremdete Volk wieder zum Altar und zum Thron zurückzuführen« (Baumann 1992, S. 218). — Am 20. September 1941 heiratete Hildegard Godeffroy, die bis zu diesem Zeitpunkt zeitweilig als Sekretärin arbeitete und im elterlichen Haushalt lebte, den Juristen Dr. Johannes S., Geschäftsführer der Hamburger »Ölwerke Julius Schindler«. Dem Ehepaar wurden zwei Kinder geboren: Hans Ulrich (* 1942) und Elisabeth (*1946). Herr S. war langjähriger Vorsitzender des Kirchenvorstandes von St. Nikolai und hat maßgebend am Bau des Altenheimes dieser Gemeinde mitgewirkt. Ferner war er über viele Jahre im Vorstand des am 23. Mai 1832 von Amalie S. (Cousine des Urgroßvaters von Johannes S.) in Hamburg ins Leben gerufenen karitativen »Weiblichen Sievekingschen Vereins für Armen- und Krankenpflege«. In seinem sozialen Engagement wurde er wesentlich von seiner Frau unterstützt, die ansonsten überwiegend für die Erziehung der beiden Kinder und der Führung des Haushaltes verantwortlich zeichnete. — Im Jahre 1959 bat Rita von Gaudecker S., in naher Zukunft die Leitung des »Helferbundes vom Kapellenverein« übernehmen, zunächst als 2. Vorsitzende, um sich einzuarbeiten. Anlässlich einer Generalversammlung im Juni 1965 wurde die Hamburgerin dann zur neuen 1. Vorsitzenden des »Helferbundes vom Kapellenverein« gewählt. Darüber konstatierte Rita von Gaudecker, die über 50 Jahre die Geschicke des Vereins leitete, in einem »Helferbrief«: - »Es war ein schönes Zusammensein, voll der Gewißheit, daß es so und nicht anders sein sollte, und daß es zum Heil der Arbeit die rechte Stunde war und der rechte Mensch, die Führung zu übernehmen. Hildegard Sieveking, Eure neue 1. Vorsitzende, hat nahe Verbindung zu den Gruppenleiterinnen gefunden, die Leiterinnenbriefe geschrieben und schon manche Gruppe besucht. Auch war sie selbst von Kind auf im Helferbund« (zit. n. Sieveking. o. J., S. 23 f). — In S.s Amtszeit fielen einige fortwirkende Veränderungen: Bald wurde der Verein nach seiner langjährigen Leiterin in »Helferbund Rita von Gaudecker e. V.« umbenannt, da das Wort Kapellenverein nicht mehr dem Inhalt entsprach und verschiedentlich zu Missverständnissen führte. Die 1. Vorsitzende hielt rege Verbindung zur Evangelischen Lukas-Communität (in Belau bei Bergen an der Dumme), einem protestantische Frauenorden, der sich 1975 im Glauben zusammenfand. Ebenso erbat sie Unterstützung für Menschen und Institutionen in »fernen Ländern«, z. B. für ein Kinderheim in Israel, in welchem Kinder Aufnahme fanden, »die ihrer jüdischen Religion wegen aus arabischen Ländern ausgewiesen wurden« (II. Helferbrief 1975: Ida Seele-Archiv) oder für ein vietnamesisches Waisenhaus in Dieu Quang. Insbesondere suchte S. die enge Verbindungen zu Menschen evangelischen Glaubens in der damaligen DDR, die sich trotz Restriktionen im kirchlichen Bereich engagierten. Diesbezüglich schrieb die 1. Vorsitzende in einem Werbeblatt: - »Der Helferbund Rita von Gaudecker sieht seine Hauptaufgabe darin, die Teilung Deutschlands erträglicher zu machen durch das Pflegen und Erhalten von Verbindungen zu Menschen in der DDR. Er tut dies auf alle mögliche Weise, vor allem durch Korrespondenz, Paketsendungen und durch Besuche dort. Diese Verbindungen bedeuten nicht nur den Menschen 'drüben' viel, sondern sind auch für uns Freude und menschliche Bereicherung... — Wie Sie wissen, sind die Lebenszuschnitte im anderen Teil Deutschlands nicht mit den unseren zu vergleichen. Nach den Erfolgen der dortigen Wirtschaft scheint es unverständlich, daß die Versorgung der Bevölkerung schlecht ist. Artikel wie Bettwäsche, hochwertige Textilien, einige Genuß- und Nahrungsmittel und manches andere sind kaum zu haben und dreimal so teuer wie bei uns, während die Löhne nur ein Drittel der unseren betragen, Renten noch viel geringer sind. Was für die meisten Menschen dort Pakete bedeuten, ist bei unserem Überfluß kaum vorstellbar. Erst nach einer Besuchsreise in die DDR kann man voll ermessen, wie wichtig unsere Kontakte für die dortigen Menschen sind, und daß wir nicht nachlassen dürfen in unseren Bemühungen« (Werbeprospekt: Ida Seele-Archiv).- Immer wieder berichtete S. in ihren »Helferbriefen« von menschlichen Schicksalen, von Personen, die der »Helferbund« unterstützte, wie nachfolgende Zeilen verdeutlichen: - »Von einer Pfarrerfamilie, mit der schon Rita v. Gaudecker in Verbindung stand, ist jetzt die ältere Generation mit den beiden jüngsten Buben in den Westen übergesiedelt. Der pensionierte Pfarrer ist schwer leukämiekrank. Seiner Frau fiel das Fortgehen schwer, mußte sie doch drei ihrer Kinder mit ihren Familien, mit den Enkeln dort lassen. Am schmerzlichsten ist ihr der Gedanke an den Sohn Martin, der als Kriegsdienstverweigerer in der Nachbarschaft des Pfarrhauses eine kleine Landwirtschaft gepachtet hat und sich mit seiner Frau und vier Kindern unter 5 Jahren schwer durchschlägt. Die Großmutter konnte dort viel helfen. Sie haben 4 Kühe, 2 Pferde, ein paar Schafe. Martin bemüht sich mit einer gleichgesinnten Gruppe junger Landwirte um eine umweltfreundliche Anbauweise, hat viel gelesen und studiert. Mit ungeheurem Fleiß bebaut er das Land, hat einen neuen Kuhstall erstellt, hält die alten halbverfallenen Gebäude Imstande. Wie schwer das ist, weiß nur, wer die dortigen Engpässe bei aller Materialbeschaffung kennt. — 14 Tage vor meinem Besuch wurde ihm der Pachtvertrag für Felder und Wiesen gekündigt mit der Begründung, die LPG (Landwirtschaftliche Produktionsgenossenschaft) braucht das Land! Alle Einsprüche vergebens. Kein Anwalt würde solchen Fall über nehmen« (I. Helferbrief 1989: Ida Seele-Archiv). — Anfang der 1980er Jahre kam noch die verstärkte Ausweitung nach Osten hinzu und wurde in der Satzung des »Helferbundes« verankert: auch bedürftige Menschen in Polen und in Siebenbürgen (Rumänien) sollten unterstützt werden. Doch die »Ostarbeit« gestaltete sich äußerst schwierig, wie S. in ihren unzähligen »Helferbriefen« immer wieder beklagte, folgend beispielhaft aufgezeigt an der Hilfe für die deutschstämmige Bevölkerung in Siebenbürgen: - »Im vergangenen Jahr ging von uns eine Summe mit Bestellung von Paketen an eine Siebenbürgener Organisation. Aber Sendungen nach dort wurden seitens der rumänischen Regierung gegen Ende des Jahres vollkommen blockiert. Man würde so gern helfen, wo nicht nur stark gehungert wird - inmitten reichster landwirtschaftlicher Gebiete - sondern wo das Niederwalzen von Dorfschaften und bäuerlicher Tradition, der Zwang zur Umsiedlung in städtische Wohnsilos besonders die Siebenbürgener Bevölkerung treffen und von großer Grausamkeit sind. — Ich bin dabei, mich nach eventuellen Möglichkeiten für Paketsendungen umzusehen« (II. Helferbrief 1989: Ida Seele-Archiv). — 1993 legte S., als sie spürte, dass ihre Kräfte nachließen, ihre Amt als 1. Vorsitzende des »Helferbundes Rita von Gaudecker e. V.« in jüngere Hände. Ihre Nachfolgerin, Rita Scheller, ermutigte sie, die Arbeit des »Helferbundes« gezielt auf die letzten Evangelischen deutscher Zunge in Pommern zu konzentrieren. Letztgenannte leitet bis auf den heutigen Tag den auf ca. 180 Mitglieder geschrumpften »Helferbund Rita von Gaudecker e. V.«, die zum Tode ihrer Vorgängerin schrieb, in »Hildegard Sievekings Sinne« (weiterzuarbeiten; M. B.) - so lange wir können!« (II. Helferbrief 2005: Ida Seele-Archiv), dabei stets der alten und noch immer aktuellen Devise folgend: »wir wollen helfen« - S. starb am 1. Oktober 2005 nach langer Krankheit im Alter von 88 Jahren in Hamburg. Statt Blumen und Kränzen bat sie um Spenden für den »Helferbund Rita von Gaudecker e. V.«.

Werke: Rita von Gaudecker * 1879 †1968. Erinnerungsblätter zum 14. April 1969, o. O., o. J.; 100 Jahre Helferbund, o. O., o. J.

Archiv: Ida Seele-Archiv, 89407 Dillingen.

Lit.: Baumann, U.: Protestantismus und Frauenemanzipation in Deutschland 1850 bis 1920, Frankfurt/M./New York 1992.

Manfred Berger

SIG(IS)MUND VON LUXEMBURG, König von Ungarn und Böhmen, römisch-deutscher Kaiser (1410/11-1437). — * 15. Februar 1368 in Nürnberg, † 9. Dezember 1437 in Znaim. — S. entstammte der vierten Ehe Kaiser Karls IV. aus dem Hause Luxemburg mit Elisabeth, der Tochter Bogislavs V. von Pommern-Wolgast. Sein älterer Halbbruder - aus Karls erster Ehe mit Anna von der Pfalz - war der spätere römische König Wenzel (1361-1419); seine gleichfalls etwas ältere Schwester Anna wurde mit dem englischen König Richard II. († 1400), die etwas jüngeren Schwestern Katharina und Elisabeth mit den Habsburger Herzögen Rudolf und Albrecht verheiratet. Auch S. spielte in den dynastischen Plänen seines Vaters zur Stärkung und Sicherung der luxemburgisch-böhmischen Hausmacht schon früh eine zentrale Rolle: Unmittelbar nach seiner Geburt wurde er mit Katharina, Tochter des damals noch söhnelosen Burggrafen von Nürnberg, verlobt. Nach der Auflösung dieser Heiratsabsprache wurde S. 1372 (1375, nach Erlangung einer päpstlichen Dispens wegen zu enger Verwandtschaft erneuert) Maria, der zweiten Tochter des ohne männlichen Nachkommen gebliebenen König Ludwigs I. von Ungarn und seit 1378 Haupterbin des väterlichen Königreichs, versprochen, womit Karl IV. angevinisch-neapolitanische bzw. französische Pläne im Magyarenreich zu durchkreuzen und die Position des Hauses Luxemburg in Ostmitteleuropa ausbauen wollte. Kindheit und Jugend verbrachte S. am väterlichen Hof, zumeist in Böhmen oder Brandenburg. Auf seine späteren Aufgaben als Herrscher wurde S. seit früher Kindheit systematisch vorbereitet. Er erhielt eine für die damalige Zeit breit angelegte Ausbildung, übte sich im Umgang mit Waffen und Pferden und erlernte die Verhaltensweisen des höfischen Lebens, auch das angemessene Auftreten bei Festivitäten aller Art. Seine Erziehung umfaßte ebenso eine grundlegende Ausbildung in den verschiedensten Wissenschaften, der Theologie (Kenntnisse der Heiligen Schrift und der Vätertexte), des Rechts (Grundlagen des kanonischen und römischen Rechts), aber auch in Mathematik, Astronomie und Medizin. Ein besonderer Wert wurde auf das Erlernen von Fremdsprachen gelegt: S. beherrschte später neben seinen beiden Muttersprachen, dem Deutschen und dem Tschechischen, weitere fünf

Sprachen (französisch, lateinisch, italienisch, ungarisch, dazu polnisch oder kroatisch). Zeitweilig dürfte der Ferrarenser Humanist Niccolò dei Beccari einer seiner Erzieher gewesen sein. — Von imposanter Statur und einem gewinnenden Äußeren, ausgestattet mit einem für sich einnehmenden Wesen, polyglott und mit einer großen rhetorischen Begabung, besaß der junge S. grundlegende Voraussetzungen, um eine bedeutende Rolle auf der öffentlichen Bühne zu spielen, obgleich die politischen Bedingungen für den zweitgeborenen männlichen Sohn Karls IV. zunächst ungünstig, seine Ambitionen zumindest äußerst ungewiß waren. — Ins politische Leben trat S. erstmals 1373/74, als er nach dem Kauf der Mark Brandenburg durch seinen Vater mit diesem Land (samt der damit verbundenen Kurfürstenwürde) belehnt wurde und schon als Sechsjähriger miturkunden konnte. Damit war S. Reichsfürst. Die Mark, durch langjährige Kämpfe und Adelsfehden wirtschaftlich ausgepowert, bot indes eine eher schwache Basis für seine früh schon hochgesteckten Ziele. Die geplante Eheverbindung mit der ungarischen Thronerbin enthielt gleichfalls erhebliche Unwägbarkeiten und Unsicherheiten, insbesondere was den künftigen Erbfall betraf. Ob seine Braut Maria die beiden Reiche ihres Vaters Ludwig (Ungarn, Polen) würde erben können bzw. wie sie - und dadurch indirekt auch S. - an diesem Erbfall beteiligt sein sollte, war in den Heiratsabsprachen nicht genauer festgelegt worden. Erst der Treueid der polnischen Großen auf den von König Ludwig zu seinem Nachfolger auf den dortigen Thron erkorenen künftigen Schwiegersohn (25. Juli 1382) gab S. eine solidere Basis für seine weiteren politischen Ambitionen. Jedoch war seinen mit dieser Anwartschaft geweckten Hoffnungen auf Polen auf längere Sicht nur wenig Erfolg beschieden. Nach Ludwigs Tod konnte sich S. nicht durchsetzen; das Königreich Polen fiel schließlich nach einer zweijährigen mit Kämpfen und wechselnden Koalitionen gefüllten Interimsphase an Marias jüngere Schwester Hedwig/Jadwiga, die 1386 den litauischen Großfürsten Władislaw Jagiełło heiratete. S.s Bemühungen konzentrierten sich fortan auf Ungarn, um die dort ebenfalls vakante Krone für sich zu gewinnen. Seine künftige Schwiegermutter Elisabeth Kontromaniç (im Januar 1387 ermordet), die bereits in Polen ein maßgeblicher Störfaktor bei der Umsetzung der ambitionierten Pläne ihres Schwiegersohnes war, erwies sich einmal mehr als das größte Hindernis. Mit Unterstützung seiner eigenen Verwandten, des römischen Königs Wenzel, des älteren Bruders, und seiner Vettern, der Markgrafen Jo(b)st und Prokop von Mähren, die sich ihre Hilfe allerdings teuer bezahlen ließen - weitgehende Verpfändung der Mark Brandenburg und damit Verlust seiner materiellen und politischen Basis im Reich - gelang es S. immerhin, seine Heirat mit Maria im Herbst 1385 durchzusetzen und nach dem Tod seines Konkurrenten, Karl III. von Durazzo (am 7. Februar 1387 ermordet), einige der wichtigsten und einflußreichsten ungarischen Magnaten auf seine Seite zu ziehen. Die vorangegangene Gefangennahme seiner Frau und seiner Schwiegermutter sowie die Ermordung des mächtigen Palatins Garai (25. Juli 1386), der faktische Verlust Dalmatiens, Kroatiens und Slavoniens für das ungarische Königreich sowie das gleichzeitige Streben breiter Adelskreise, das andauernde Interregnum zu beenden, führten zu einem Kompromiß, so daß S. bei Anerkennung weitgehender Rechte für die ungarischen Magnaten und der politischen Mitsprache des 'Rats der Barone' am 31. März 1387 zum König von Ungarn gekrönt werden konnte. Eine dauerhafte Konsolidierung seiner Machtposition in Ungarn verhinderte allerdings das latente Mißtrauen der ungarischen Großen, die die in einer Schwächephase S.s erreichten Zugeständnisse nicht aus ihrer Hand geben wollten, vor allem aber die prekär bleibende finanzielle Situation des Königs. Die Rückeroberung Dalmatiens ließ auf sich warten, der Einfluß Venedigs auf diese Region wuchs immer mehr. Erst im Sommer 1394 gelang es S., die ungarische Herrschaft in den Küstengebieten wieder durchzusetzen. Zunehmend gerieten dagegen die einstigen ungarischen Einflußgebiete im Süden des Königreichs - v.a. Serbien - unter osmanische Herrschaft und gingen damit der Stephanskrone auf Dauer verloren. Auch Bosnien entfremdete sich. Der wachsenden Bedrohung der ungarischen Südgrenze durch die Osmanen setzte sich S. zwar entschlossen zur Wehr und organisierte einen Kreuzzug mit dem Ziel, die Balkanvölker vom Joch der türkischen Besatzung zu befreien, das gleichfalls bedrohte

Byzanz zu entlasten und die Feinde der Christenheit vernichtend zu schlagen. Die Schlacht bei Nikopolis (an der unteren Donau) am 25./28. September 1396 nahm jedoch für das christliche Kreuzfahrerheer einen katastrophalen Ausgang. S. selbst konnte sich nur mit Mühe retten. Die ungarische Lehenshoheit über weite Teile des Balkans war damit zu Makulatur geworden. S.s gerade erst mühsam gefestigter Herrschaftsanspruch über Ungarn geriet erneut in Gefahr; umfangreiche Reformen insbesondere der Militärverfassung zur Verteidigung der südlichen Landesgrenze, auf einem Reichstag zu Temeswar (9. September 1397) beschlossen, stabilisierten dann aber vorläufig noch einmal die Lage und verschafften dem König eine Art Atempause, insbesondere da die Osmanen durch eigene innenpolitische Auseinandersetzungen und eine verheerende Niederlage gegen die Mongolen (1402) an einer Ausnutzung ihres Sieges gehindert blieben. — Zwischenzeitlich hatte sich S. in böhmische Angelegenheiten eingemischt und maßgeblich dazu beigetragen, die Stellung Wenzels in dessen eigenem Königreich zu untergraben. Geradezu paradox mag es da erscheinen, daß es ihm zur selben Zeit gelang, eine Vereinbarung mit seinem Bruder zu treffen, mit der sich beide gegenseitig zum Erben einsetzten, nachdem S. zuvor als potentieller Erbe seines Vetters Jo(b)st eine ähnliche Regelung für Brandenburg zustande gebracht hatte. Möglicherweise steckte S. auch hinter der Gefangennahme seines Bruders Wenzel am 5. Mai 1394. Am 19. März 1396 ließ er sich von diesem zum Reichsvikar auf Lebenszeit ernennen, womit er nach Jahren der Abstinenz 'quasi durch die Hintertür' wieder in die Reichspolitik zurückkehrte. Die Niederlage bei Nikopolis ließ indes alle seine Ambitionen wieder in die Ferne rücken. Ein neuerliches Eingreifen in die böhmischen Politik (1399/1400) führte gleichfalls zu keinem greifbaren Erfolg. Dagegen nutzten seine ungarischen Gegner S.s Abwesenheit, um massiv gegen ihn, der am 28. April 1401 von Teilen des Adels mit dem Graner Erzbischof Kanizsai an der Spitze gefangen genommen wurde, Front zu machen. Fehlende Perspektiven und die Uneinigkeit seiner Gegner sowie geschicktes Taktieren und seine ausgeprägten diplomatischen Fähigkeiten verschafften S. im Herbst des Jahres die Freiheit zurück. Der Tod seiner Frau Maria (1395) verschaffte ihm indirekt Raum, seine Position weiter zu festigen. Durch seine Verlobung (1401/02) und spätere Heirat (Dezember 1405) mit Barbara von Cilli, einer Tochter des Grafen Hermann II., verband er sich mit einem der bedeutendsten Magnaten in Südungarn, Kroatien und der Krain und sicherte sich dadurch die Unterstützung mächtiger ungarischer Adliger. — 1402 folgte eine Wiederholung der Ereignisse: S. griff wieder einmal in Böhmen ein - Wenzel geriet sogar in Hausarrest. Seine Ansprüche gelang es S. aber auch dieses Mal nicht durchzusetzen. Dagegen wurde die Situation in Ungarn einmal mehr bedrohlich, als ihm in Ladislaus von Neapel - Sohn Karls III. - 1402/03 ein ernsthafter Konkurrent um die Stephanskrone erwuchs. Rasche militärische Erfolge, die die zu Ladislaus Übergelaufenen jenen wieder verlassen ließen, gefolgt von einer Friedensregelung, die auch seinen Gegnern gegenüber Großmut walten ließ und sie zunächst wieder in ihren früheren Ämtern und ihrem Besitz restituierte, Reformen und Innovationen in Ungarn, verschafften S. jetzt ein sicheres Fundament für eine dauerhafte Herrschaft, die in den kommenden Jahrzehnten nicht mehr bedroht werden sollte. Es gelang ihm in dieser Situation überdies, den 'Rat der Barone' weitgehend auszuschalten und der ungarischen Politik den eigenen Stempel aufzuprägen, was ihm auch deshalb glückte, weil er alle Schlüsselstellen mit loyalen Vertrauten besetzen und jegliche Opposition im Lande entmachten konnte. Durch wirtschaftspolitische Maßnahmen, die insbesondere auch den Städten zugute kamen, stärkte er die ökonomische Grundlage des Königreichs und verbesserte damit zugleich seine eigenen Einnahmen. Diese Voraussetzungen versetzten ihn in den Folgejahren in die Lage, wieder aktiv in die Politik des Reiches und die des Königreichs Böhmen einzugreifen. — Der Tod des römischen König Ruprechts (1410) eröffnete S. den längst verloren geglaubten Weg zu dessen Nachfolge. Sein Bruder Wenzel, von den Kurfürsten am 20. August 1399 als präsumptiver Herrscher des Reichs abgesetzt, war keine ernsthafte Alternative; andere gab es noch weniger. Die erste Wahl am 20. September 1410 brachte S. indes keine Mehrheit der Wählerstimmen; erst nach dem Tod seines Vetters und Konkurrenten, des Markgrafen Jo(b)st von

Mähren († 18. Januar 1411), gelang es S. in einer zweiten Wahl am 21. Juli 1411 die nötigen Stimmen für eine einvernehmliche Kür auf sich zu vereinigen. Zuvor mußte S. seinem Bruder Wenzel für dessen Anerkennung versprechen, diesem bei der Erlangung der Kaiserkrone behilflich zu sein und selbst diese Würde zu dessen Lebzeiten nicht anzustreben. Die nach dem Tod seines Vetters Jo(b)st an S. zurückgefallene Mark Brandenburg, seine machtpolitisch bedeutendste Position im Reich, verpfändete er bereits am 8. Juni 1411 dem Burggrafen Friedrich von Nürnberg - als Dank für dessen entscheidende Wahlhilfe. Am 30. April 1415 verlieh S. diesem auch die Kurwürde. Politische Querelen mit Venedig um die Herrschaft über Dalmatien und die Reichslande der *terra ferma* hielten den Luxemburger nach seiner Wahl zum König allerdings in Ungarn bzw. in Oberitalien zurück. Erst nach mehrfacher Aufforderung durch die Kurfürsten und dem Abschluß eines Waffenstillstands mit Venedig erschien er im Reich und ließ sich in Aachen am 8. November 1414 zum *rex Romanorum* krönen. Zwischenzeitlich hatte S. sich bereits intensiv um die Berufung eines Unionskonzils bemüht, zu dem er - im Einvernehmen mit Johannes XXIII., dem Papst der Pisaner Obödienz - für den 1. November 1414 nach Konstanz einlud. Zustandekommen und Einberufung des Konzils sind zweifellos maßgeblich sein Verdienst. Zunächst gelang es ihm auch, den Universalanspruch des römisch-deutschen Herrschers, des künftigen Kaisers - zumindest auf kirchlichem Gebiet - einzulösen. Er erreichte nicht nur die Beteiligung der Obödienzen Gregors XII. und Benedikts XIII., sondern auch die Beschickung des Konzils durch die europäischen Mächte Frankreich, England und die Königreiche der iberischen Halbinsel. Um die Spanier schließlich dazu zu gewinnen, ihre Zugehörigkeit zur Obödienz Benedikts aufzugeben, reiste S. in eigener Person bis nach Narbonne und Perpignan. Weniger erfolgreich war indes sein Bemühen um eine Vermittlung im französisch-englischen Konflikt, ebenso in der Auseinandersetzung zwischen Polen und dem Deutschen Orden. — Als S. Anfang 1417 an den Bodensee zurückkehrte, hatten sich die Vorzeichen für die von ihm auf dem Konzil zu spielende Rolle grundlegend geändert. Die lange Zeit der Abwesenheit, die spärlichen Erfolge seiner diplomatischen Bemühungen und nicht zuletzt das problematische Bündnis, das S. mit England eingegangen war, hatten ihm viele Feinde gemacht. Der Stern des Königs war im Niedergang begriffen, galt er nun nicht mehr als Schirmherr der Kirchenversammlung, als uneigennütziger *advocatus* et defensor *ecclesiæ*, sondern war selbst zur Partei geworden. In der strittigen Prioritätsfrage, die auf ein zügiges Aufgreifen der Reform der Kirche *in capite et in membris* vor der anstehenden Papstwahl setzte, konnte sich S. nicht durchsetzen. Die Wahl eines neuen unumstrittenen und allgemein anerkannten Kirchenoberhaupts in der Person Martins V. (11. November 1417) ließ jedoch das Konzil zumindest eine der selbst gesetzten Aufgaben erreichen. Vom Triumph der Wiederherstellung einer Kirche mit einem einzigen allgemein anerkannten Oberhaupt fiel Glanz auch auf den *rex Romanorum*, der die Voraussetzungen für diesen Erfolg maßgeblich mitgestaltet hatte. Die Reformfrage selbst wurde allerdings auf ein kommendes Konzil vertagt und die Versammlung am 22. April 1418 geschlossen. — Die Verbrennung des Jan Hus (6. Juli 1415), dem trotz königlichen Geleitbriefs in Konstanz der Prozeß gemacht worden war, sowie im Jahr darauf von dessen Mitstreiter Hieronymus von Prag, ließ die innenpolitische Situation in Böhmen und Mähren immer problematischer werden und schließlich in eine offene Revolte umschlagen. Die militärische Überlegenheit der national-religiös motivierten, von sozialrevolutionären Vorstellungen maßgeblich geprägten Aufständischen hinderte S. vorerst daran, die Nachfolge seines verstorbenen Bruders Wenzel († 16. August 1419) anzutreten, obwohl er sich noch in Prag (28. Juli 1420) hatte krönen lassen können. Der Kampf gegen die Hussiten und die Wiedergewinnung der böhmischen Kronlande sollten damit im Mittelpunkt seiner Politik im folgenden Jahrzehnt stehen. — Ebenso ließ ihn die Reichspolitik nach Beendigung des Konzils nicht los. Im Mittelpunkt stand die innere Friedenswahrung, was bei den ausstehenden Aufgaben, vor allem dem fortgesetzten Kampf gegen die Hussiten, nicht verwundert. Zur Sicherung der eigenen Position im Reich setzte er gegen die territorialen Bestrebungen der mächtigeren Fürsten auf eine Bündnispolitik, die ihn - nicht immer konsequent - die Städte und die Ritterschaft sowie deren Zusammenschluß fördern ließ. Durch eine Neuordnung der Reichsfinanzen sowie eine Münzreform versuchte er überdies die finanziellen Grundlagen seiner Macht zu konsolidieren. Als probates Mittel zur Friedenswahrung galt die Erlassung eines Landfriedens, der allerdings infolge der Uneinigkeit und der unterschiedlichen Interessen der Stände keine Chance auf Durchsetzung besaß. Begrenzte Handlungsspielräume und fehlende eigene Ressourcen, sein oftmals zögerliches und halbherziges Vorgehen sowie die nicht selten äußerst konträren Interessen seiner potentiellen Bündnispartner ließen einen Erfolg S.s immer wieder in die Ferne rücken. Die verschiedentlich erhobenen Vorwürfe, S. vernachläßige - aufgrund seiner langjährigen Abwesenheit - die Interessen des Reiches, ermunterten in den 20er Jahren seine Gegner, insbesondere aus den Reihen der geistlichen Kurfürsten, mehrfach, ihm mit der Absetzung zu drohen. S.s taktisches Geschick, die Uneinigkeit seiner Gegner wie das Fehlen einer personellen Alternative verhinderten jedoch, daß es zu dieser Absetzung kam. — Noch weit schwieriger gestalteten sich für den König die außenpolitischen Handlungsmöglichkeiten: Der alte Gegner Venedig eroberte Teile Dalmatiens und der *terra ferma*; Mailand wechselte wieder einmal die Fronten und verbündete sich mit der Lagunenstadt. Allein auf Savoyen konnte sich der König in Italien zuverlässig stützen. Der Weg zur angestrebten Kaiserkrönung nach Rom war jedenfalls vorläufig versperrt. Dazu beanspruchte die Situation in Ungarn seine ganze Aufmerksamkeit: Das Vordringen der Türken auf dem Balkan und deren ständige Einfälle bedrohten zunehmend die Südgrenze des Magyarenreichs. Nur mit Mühe konnte sich der König dieser Bedrohung erwehren. Zudem scheiterten seine Bemühungen, die burgundische Expansion an der Westgrenze des Reichs zu stoppen und alte Reichsrechte zu wahren, nicht zuletzt aufgrund seiner begrenzten finanziellen Möglichkeiten. Wenig Erfolg war S. überdies bei der Beilegung des andauernden Konflikts zwischen Polen und dem Deutschen Orden beschieden. Es gelang dem König nicht die angestrebte Schiedsrichterrolle zu spielen; eine staatsrechtliche Einbeziehung des Deutschen Ordens in das Reich scheiterte. Die größten Probleme bereitete indes die verfahrene Situation in Böhmen und Mähren. Militärisch war der taktisch überlegene Gegner nicht zu besiegen, die Kreuzzüge gegen die Hussiten endeten allesamt in schweren Niederlagen. S. befand sich dadurch in einer schier unlösbaren Konfliktsituation: Denn einerseits durfte sich der König nicht mit den »ketzerischen Aufständischen« einlassen - ein Vorwurf, der von seinen Gegnern immer wieder erhoben wurde -, wenn er denn seine Hoffnungen auf die Kaiserkrönung nicht völlig aufs Spiel setzen wollte; andererseits war ein Ausgleich zumindest mit den gemäßigteren Kräften unter den Hussiten unabdingbare Voraussetzung für die Durchsetzung seines Anspruches auf die böhmische Krone. Militärische Erfolglosigkeit, finanzielle Erschöpfung und die Gefahr, daß der hussitische Virus auf das Reich überspringen könne, ließen S. immer stärker nach einer Verhandlungslösung suchen. Ein Anfang 1429 in Preßburg zustande gekommenes Treffen mit dem Führer der Aufständischen, Prokop dem Kahlen, führte noch zu keinem greifbaren Ergebnis. Erfolgreicher gestalteten sich demgegenüber die Bemühungen, die Hussiten zum Besuch des für 1431 einberufenen Basler Konzils zu gewinnen. Eine weitere schwere Niederlage des Kreuzzugheeres bei Taus am 14. August 1431 öffnete schließlich den Weg zu schwierigen, letztlich aber erfolgreichen Verhandlungen auf dem Konzil auf der Grundlage einer de facto Anerkennung der 'Vier Prager Artikel'. — Trotz aller Schwierigkeiten verlor S. die Kaiserkrönung durch den Papst in Rom nicht aus den Augen. Der anvisierten Romfahrt mußte allerdings eine Regelung der verfahrenen inneritalienischen Situation vorangehen: Die Sicherung der alten Reichsrechte, die teilweise okkupiert und in Vergessenheit geraten waren, hatten den König in einen Dauerkonflikt mit Venedig um den Besitz Dalmatiens und der *terra ferma* gestürzt; zugleich stieß S.s Einforderung alter Reichsrechte, zu der er sich bei der Wahl zum *rex Romanorum* verpflichtet hatte, auf erhebliche Resistenz in Oberitalien. Florenz war mit Frankreich liiert und selbst der Papst hatte kein Interesse daran, daß S. seine Stellung in Italien ausbauen konnte. Die Romfahrt (1431-1433) geriet infolgedessen zu einem mühsamen und langwierigen Unternehmen, das immer wieder knapp vor dem Scheitern stand. Überschattet wurde S.s Reise zusätzlich durch die Auseinandersetzungen um das Basler Konzil. Mit nur schwacher militärischer Begleitung und chronisch fehlenden finanziellen Mitteln mußte sich der König zur Durchsetzung seiner Interessen auf Verhandlungen verlegen. Erst nach schwierigen Absprachen mit Papst Eugen IV., der durch die Absetzungsdrohung aus Basel inzwischen selbst unter erheblichen Druck geraten war, konnte eine Einigung über Zeitpunkt und Ablauf der Krönung erreicht werden. Von Siena, wo er seit Juli 1432 gewartet hatte, brach S. schließlich im April 1433 auf, um am Fest Christi Himmelfahrt (21. Mai) feierlich seinen Einzug in Rom zu halten. Die Krönung selbst fand am Pfingstsonntag, dem 31. Mai statt. Anschließend begab sich S. unmittelbar nach Basel, um den von ihm angestrebten Ausgleich zwischen dem dort tagenden Konzil und Eugen IV. herzustellen. Ohne eine Lösung dieses latenten Konflikts waren Fortschritte in der böhmischen Frage, gar eine Einigung mit den Hussiten schwer zu erwarten; nur ein Ausgleich konnte S. die Herrschaft über Böhmen zurückgewinnen und damit die Voraussetzung, seine Machtbasis zu erweitern. Am 10. Oktober in der Konzilsstadt eingetroffen, bemühte er sich um die Errichtung einer im ganzen Reich geltenden Landfriedensordnung (Einberufung eines Reichstags nach Basel für Januar 1434). Eine ihm von der Konzilsleitung angetragene Führung eines Feldzugs gegen die die Stadt Pilsen belagernden Hussiten lehnte S. dagegen entschieden ab. Die mühsame Suche nach einem Kompromiß (Kompaktaten) mit den Böhmen wurde schließlich durch die innerhussitischen Auseinandersetzungen und die militärische Niederlage der Radikalen bei Lipany (30. Mai 1434) erleichtert. Auch stärkten eine Hungersnot und das Ausbrechen der Pest die innerböhmischen Kräfte, die nach einem Ausgleich mit S. und dem Konzil suchten. Nachdem S. schließlich den Forderungen der böhmischen Stände, ihnen faktisch das Recht zur Königswahl zuzugestehen, entgegenkam und im Vorgriff auf eine Einigung zwischen Hussiten und Konzil seine Bereitschaft signalisierte, die religiösen Freiheiten gemäß der vorangegangenen Brünner Vereinbarungen zu bestätigen, gelang es dem Kaiser seine endgültige Anerkennung in Böhmen zu erreichen (Verkündigung der Iglauer Kompaktaten am 5. Juli 1436 / feierliche Anerkennung S.s als böhmischer König am 14. August 1436). Trotz dieses Erfolgs war seine politische Position wenig gefestigt, die Lage erwies sich weiterhin als schwierig. Bis zu seinem Tod bemühte sich S. jedoch intensiv um die Befriedung des durch nahezu zwei Jahrzehnte Rebellion und Krieg gezeichneten Landes sowie dessen Wiederaufbau. — Ein anderes Fernziel S.s, die Christenheit zu einem gemeinsamen Vorgehen gegen die Osmanen zu einigen, konnte nur bei einer vorherigen Einigung von Papst Eugen IV. und dem Basler Konzil ins Auge gefaßt werden. Nicht zuletzt sollte das Basiliense der schon in Konstanz liegengebliebenen Reform 'an Haupt und Gliedern' neue Impulse geben. Diese Aufgaben hatten jedoch in S.s Agenda zurückzustehen: die Lösung der böhmischen Frage besaß für den Kaiser, der das Konzil bereits nach wenigen Monaten (Mai 1434) verließ, unbestritten Vorrang. Eine vergleichbare Rolle, wie S. sie auf dem Konzil zu Konstanz eingenommen hatte, konnte er in Basel nicht spielen. In dem später wieder aufbrechenden Konflikt zwischen Papst und Konzil verzichtete der Kaiser auf eine eindeutige Stellungnahme - nicht zuletzt, um den Weg für eine Einigung mit der Ostkirche nicht zu erschweren, welche wiederum die Voraussetzung für ein Vorgehen gegen die Osmanen war. Die letzten Lebensjahre verbrachte S. außerhalb des Reichs. Ausbrechende Kämpfe mit den Türken an der ungarischen Südgrenze verlangten schließlich - nach seiner Anerkennung als böhmischer König im Sommer 1436 - die rasche Rückkehr in sein Heimatreich. Auf dem Weg dorthin starb S. Ende 1437, seine letzte Ruhestätte fand er in Nagyvárad/Großwardein. — Seine Nachfolge im Reich hatte er zuvor noch seinem Schwiegersohn Albrecht (II.) von Habsburg sichern können, der seit 1421 mit seiner einzigen Tochter Elisabeth (um 1409-1442) verheiratet war. — S. war zweifellos eine der schillerndsten Herrschergestalten seiner Zeit. Vielfältig begabt, von starker körperlicher und geistiger Ausstrahlung, ein glänzender Rhetoriker, im Umgang mit Seinesgleichen ebenso gewandt wie in der Begegnung mit dem einfachen Mann, besaß er nahezu alle Vorzüge für einen glanzvollen Auftritt auf politischem und diplomatischem Parkett. Dabei verfolgte S. seine Ziele - bei allen Schwierigkeiten, die sich ihm in den

Weg stellten - zielstrebig und mit langem Atem. Daß er mitunter die eigenen Mittel und Möglichkeiten überschätzte, die sich ihm entgegenstellenden Hindernisse dagegen eher unterschätzte, war wohl eine Sache des Temperaments und einer nicht immer die realen Gegebenheiten genügend einbeziehenden Selbsteinschätzung. Die extreme Ausdehnung seines Aktions- und Herrschaftsraums, der überdies von unterschiedlichsten Voraussetzungen geprägt wurde, hätte wohl auch das Leistungsvermögen jedes anderen spätmittelalterlichen Herrschers überfordert [S. Wefers]. »Als Meister der politischen Taktik und einfallsreicher Pragmatiker hat er insgesamt mehr erreicht und langfristig wirksamere Initiativen eingeleitet als jeweils seine beiden Vorgänger und Nachfolger zusammen« [J. K. Hoensch]. — Der Luxemburger darf als eine bedeutende Herrschergestalt im Übergang vom späten Mittelalter zur frühen Neuzeit gelten. Trotz teilweise enger Kontakte zu Humanisten (Beccari, Vergerio) war er persönlich noch stark geprägt von adligen Lebensformen und Vorstellungen und blieb diesen zeitlebens verpflichtet. S. sah sich in der Tradition des mittelalterlichen Kaisergedankens noch einmal in die Pflicht genommen, als Protektor der Kirche diese zu schützen und zu mehren. Den dauerhaften Ausgleich zu suchen (Beendigung des Schismas auf dem Konstanzer Konzil, Lösung der Hussitenfrage, Union mit der griechischen Kirche, Kreuzzug gegen die Osmanen mit der Befreiung der heiligen Stätten in Palästina) war ihm echtes Anliegen und nicht nur ein taktisches Kalkül zur Erreichung anderer Ziele. Seine politische Vorrangstellung als Kaiser scheiterte jedoch an den anderen europäischen Königen, an der zentrifugalen Kraft nationaler Ideen und Vorstellungen. Das Kaisertum in seiner bipolaren Ausrichtung auf das Papsttum hatte sich überlebt. Immerhin gelang es dem Luxemburger, mit den Königreichen Ungarn und Böhmen weite Bereiche des östlichen Mitteleuropa zu beherrschen. Auch konnte er die Stellung des Reiches in Europa konsolidieren - weniger als eine militärische, stärker als diplomatische Macht. Innerhalb des Reiches schaffte es S. indes nicht mehr, die auseinanderstrebenden Kräfte zu zügeln: Fürsten, Ritter und Städte waren in ihren unterschiedlichen Interessen auf Dauer nicht mehr zusammenzubringen. Eine Landfriedensordnung kam über einzelne rudimentäre Ansätze nicht hinaus; die vielfach angemahnte Reform des Reiches blieb ein Desiderat. Seine vorsichtigen und eher zögerlichen Versuche brachte ihm zwar den Ruf eines Reformers ein. Die sog. »reformatio Sigismundi« wurde allerdings erst zwei Jahre nach seinem Tode verfaßt.

Quellen: Codex Diplomaticus Hungariae ecclesiasticus et civilis Bd. X/1-8 (1382-1437, ed. György Fejér) Buda 1834-1844; — Deutsche Reichstagsakten. Ältere Reihe Bd. VII-IX (1410-31, ed. Dietrich Kerler), München-Gotha 1878-1887, Bd. X (1431-33, ed. Hermann Herre), Gotha 1906, Bd. XI-XII (1433-37, ed. Gustav Beckmann), Gotha 1898-1901 [alle ND Göttingen 1956]; — Regesta Imperii Bd. XI (1410-37, ed. Wilhelm Altmann), Innsbruck 1896-1900 [ND Hildesheim 1967]; — Zsigmondkori Oklevéltár Bd. I-II[1+2] (1387-1410, ed. Élemér Mályusz), Budapest 1951-1958, Bd. III-[IX] (1411-22, ed. Iván Borsa) Budapest 1993-[2004]; — Heinrich Finke u.a., Acta concilii Constanciensis I-IV, Münster 1896-1928 [ND Münster 1976-1982]; — Monumenta conciliorum generalium saeculi decimi quinti, ed. Caesarea Academia Scientiarum I-III, Vindobonae 1857-1932; — Johannes Haller u.a. (ed.), Studien und Quellen zur Geschichte des Konzils von Basel I-VIII, Basel 1896-1936; — Franz Palacký, Urkundliche Beiträge zur Geschichte des Hussitenkrieges in den Jahren 1419-1436, I-II, Prag 1873 [ND Osnabrück 1966]; — Jakob Caro, Aus der Kanzlei Kaiser Sigismunds. Urkundliche Beiträge zur Geschichte des Konstanzer Konzils, in: Archiv für österreichische Geschichte 59, 1880, 1-175; — Wilhelm Altmann, Eberhart Windeckes Denkwürdigkeiten zur Geschichte des Zeitalters Kaiser Sigmunds, Berlin 1893 [eine krit. Ausgabe in der MGH ist in Vorbereitung]; — Hermann Heimpel, Aus der Kanzlei Kaiser Sigmunds (1410-1437) [über den Cod. Pal. Lat. 701 der Vatikanischen Bibliothek], in: Archiv für Urkundenforschung 12, 1931, 111-180; — Friedrich Battenberg, Das Achtbuch der Könige Sigmund und Friedrich III., Einführung, Edition und Register, Köln u.a. 1986; — Jörg K. Hoensch (Bearb.), Itinerar König und Kaiser Sigismunds von Luxemburg (1368-1437), Warendorf 1995.

Bibliograph. Übersichten: Ulysse Chevalier (ed.), Rèpertoire de sources historiques du Moyen Age. Bio-Bibliographie, Paris 1907, II 4248-4250 [ältere Lit.]. — Dahlmann-Waitz, Quellenkunde der deutschen Geschichte, 10. Aufl. hrsg. v. Hermann Heimpel / Herbert Geuss, VI/4 , Stuttgart 1987, Abschnitt 239, 872-962; — Jörg K. Hoensch, Kaiser Sigismund. Herrscher an der Schwelle zur Neuzeit 1368-1437, München 1996 (Kap. »Bibliographie raisonnée« 527-547 mit kommentiertem Lit.überblick).

Lit. [Auswahl]: Joseph von Aschbach, Geschichte Kaiser Sigmunds I-IV, Hamburg 1838-1845 [ND Aalen 1964]; — Friedrich von Bezold, König Sigmund und die Reichskriege gegen die Hussiten I-III, München 1872-1877 [ND Hildesheim 1976]; — Heinrich Finke, König Sigmunds reichsstädtische Politik von 1410-1418, (Diss. Tübingen 1879) Bocholt 1880; — Ders., Papst Gregor XII. und König Sigismund im Jahre 1414, in: Römische Quartalschrift 1, 1887,

354*-369*; — Ders., Forschungen und Quellen zur Geschichte des Konstanzer Konzils, Paderborn 1889; — Erich Brandenburg, König Sigmund und Kurfürst Friedrich I. von Brandenburg (1409-1426), Berlin 1891; — Wilhelm Gierth, Die Vermittlungsversuche König Sigismunds zwischen Frankreich und England im Jahre 1416, (Diss.) Halle 1895; — Gustav Beckmann, Der Kampf Kaiser Sigismunds gegen die werdende Weltmacht der Osmanen 1392-1437, (Habil. München) Gotha 1902 [gedr. nur Kap.: König Sigmunds Programm der Einigung Europas zum Kampfe gegen das Osmanentum (1410)]; — Erich Göller, König Sigismunds Kirchenpolitik 1404-1410, (Diss.) Freiburg 1901; — Ders., König Sigismunds Kirchenpolitik vom Tode Bonifaz' IX. bis zur Berufung des Konstanzer Konzils (1404-1413), Freiburg 1902; — Hermann Herre, Die Beziehungen König Sigmunds zu Italien vom Herbst 1412 bis zum Herbst 1414, in: Quellen und Forschungen aus italienischen Archiven und Bibliotheken 4, 1902, 1-62; — Bruno Spors, Die Beziehungen Kaiser Sigmunds zu Venedig in den Jahren 1433-1437, (Diss.) Kiel 1905; — M. Koch, Die Kirchenpolitik König Sigmunds während seines Romzuges (1431-1434), (Diss.) Leipzig 1907; — Josef Gramm, Kaiser Sigismund als Stifter der Wandgemälde der Augustinerkirche in Konstanz, in: Repertorium für Kunstwissenschaft 32, 1909, 391-406; — Otto Schiff, König Sigmunds italienische Politik bis zur Romfahrt (1410-1433), Frankfurt/M. 1909; — Julius Hollerbach, Die gregorianische Partei, Sigmund und das Konstanzer Konzil, (Diss.) Freiburg 1910 [ND in: Römische Quartalschrift 23, 1909, 129*-165*; 24, 1910, 3*-39*, 120*-140*]; — M. Zawadsky, Die Cillier und ihre Beziehungen zu Kaiser Sigmund und König Albrecht, (Diss.) Halle 1911; — Martin Seeliger, Die politischen Beziehungen König Sigmunds zu Erich von Dänemark bis zum Jahre 1422, (Diss.) Halle 1910; — August Gottschalk, Kaiser Sigmund als Vermittler zwischen Papst und Konzil 1431-34, (Diss.) Leipzig 1911; — Erich Forstreiter, Die Deutsche Reichskanzlei und deren Nebenkanzleien Kaiser Sigmund's von Luxemburg (Das Kanzleipersonal und dessen Organisation). Ein Beitrag zur Geschichte der Deutschen Reichskanzlei im späteren Mittelalter, (Diss.) Wien 1924; — Walter Prinzhorn, Die Verhandlungen Sigismunds mit Benedikt XIII. und seiner Obedienz in Perpignan August - September 1415, (Diss. 1925) Freiburg 1926; — Johannes Hollnsteiner, König Sigismund auf dem Konstanzer Konzil. Nach den Tagebuchaufzeichnungen des Kardinals Fillastres, in: Mitteilungen des Österreichischen Instituts für Geschichtsforschung 41, 1926, 185-200; — Fritz Quicke, Les relations diplomatiques entre le Roi de Romains Sigismond et la Maison de Bourgogne (fin 1416 - début 1417), in: Bulletin de la Commission royale d'histoire 90, Bruxelles 1926, 193-241; — Antal de Áldásy, Zsigmond király és Spanyolország [= König Sigmund und Spanien], Budapest 1927; — Ders., Les rapports de Sigismond avec le royaume d'Aragon, in: Estudis Universitaris Catalans 20, 1935, 1-49; — József Deér, Zsigmond király honvédelmi politikája, Pécsett 1936 (dt. Auszüge in: Ungarische Jahrbücher 18, 1938); — L. von Szilágyi, Die Personalunion des Deutschen Reiches mit Ungarn in den Jahren 1410 bis 1439, in: Ungarische Jahrbücher 16, 1936, 145-189; — Henrik Horváth, Zsigmond király és kora [= König Sigmund und seine Zeit (mit dt. Zs.fassung)], Budapest 1937; — Hermann Mau, Die Rittergesellschaften mit St. Jörgenschild in Schwaben, Stuttgart 1941; — J. Baum, Das Bildnis des Königs Sigmund aus dem Berner Rathaus, in: Jahrbuch des Bernischen Historischen Museums in Bern 20, 1941, 16-27; — Bernhard Degenhart, Das Wiener Bildnis Kaiser Sigismunds - ein Werk Pisanellos, in: Jahrbuch der kunsthistorischen Sammlungen in Wien N.F. 13, 1944, 359-376; — František Kavka, Strana Zikmundova b husitské revoluci (Diss.) Praha 1947; — Ders., Obležení Plzněr. 1433/34, pražská kompaktáta a Zikmund [= Die Belagerung von Pilsen in den Jahren 1433/34, die Prager Kompaktaten und Kaiser Sigismund (mit dt. Résumee)], in: Minulostí západočeského kraje 20, 1984, 125-131; — Ders., Zikmundova politika let 1429-1434 a husitství, in: Husitský Tabor 8, 1985, 89-105; — Ders., Bemerkungen zur Rolle des Hussitentums in Sigismunds europäischer Politik, in: Josef Macek u.a. (Hrsg.), Sigismund von Luxemburg, Warendorf 1994, 89-94; — Ders., Poslední Lucemburk na českém trůně: králem uprostřed revoluce [= Der letzte Luxemburger auf dem tschechischen Thron], Praha 1998; — Friedrich Schoenstedt, König Sigmund und die Westmächte 1414-1415, in: Die Welt als Geschichte 14, 1954, 149-164; — Joachim Leuschner, Zur Wahlpolitik im Jahr 1410, in: Deutsches Archiv 11, 1955, 506-553; — Herbert Klein, Kaiser Sigismunds Handelsperre gegen Venedig und die Salzburger Alpenstraße, in: Aus Verfassungs- und Landesgeschichte. FS Theodor Mayer, Lindau-Konstanz 1955, 317-328 [ND in: Ders., Beiträge zur Siedlungs-, Verfassungs- und Wirtschaftsgeschichte von Salzburg. FS zum 65. Geburtstag, Salzburg 1965, 617-629]; — Magnus E. Bucher, Sigismund and the German Electors (1410-1431), (Diss. Univ. of Colorado) Denver 1959; — Élemér Mályusz, Das Konstanzer Konzil und das königliche Patronatsrecht in Ungarn, Budapest 1959; — Ders., Die Zentralisierungsbestrebungen König Sigmunds in Ungarn, Budapest 1960; — Ders., Zsigmond kiraly központosítási törekvései Magyarországon, in: Történelmi Szemle 3, 1960, 162-192; — Ders., Kaiser Sigismund in Ungarn, Budapest 1990 (ungar. Originalausgabe: 1984); — Heinz Angermeier, Das Reich und der Konziliarismus, in: Historische Zeitschrift 192, 1961, 529-583; — Ders. Königtum und Landfriede im deutschen Spätmittelalter, München 1966; — Christopher M. D. Crowder, Henry V, Sigismund, and the Council of Constance, a Re-examination, in: Gerald A. Hayes-McCoy (Ed.), Historical Studies IV, London 1963, 93-110; — Alfred A. Strnad, Konstanz und der Plan eines deutschen 'Nationalkardinals'. Neue Dokumente zur Kirchenpolitik König Sigmunds von Luxemburg, in: August Franzen / Wolfgang Müller (Hrsg.), Das Konzil von Konstanz. Beiträge zu seiner Geschichte und Theologie, Freiburg-Basel-Wien 1964, 397-428; — Wolfgang von Stromer, Ein Wirtschaftsprojekt des deutschen Königs Siegmund, in: Vierteljahreshefte für Sozial- und Wirtschaftsgeschichte 51, 1964, 374-382; — Ders., Oberdeutsche Hochfinanz 1350-1450, I-III, Wiesbaden 1970; — Ders., Königs Siegmunds Gesandte in den Orient, in: Festschrift für Hermann Heimpel II, Göttingen 1972, 591-609; — Ders., Landmacht gegen Seemacht. Kaiser Sigismunds Kontinentalsperre gegen Venedig 1412-1433, in: Zeitschrift für historische Forschung 22, 1995, 145-189; — Odilo Engels, Der Reichsgedanke auf dem Konstanzer Konzil, in: Historisches Jahrbuch 86, 1966, 80-106 [ND in: Remigius Bäumer (Hrsg.), Das Konstanzer

Konzil, Darmstadt 1977, 369-403]; — Dieter Karasek, Studien zur Reichspolitik im Zeitalter Sigismunds, (Diss.) Erlangen-Nürnberg 1967; — Götz Landwehr, Die Verpfändung der deutschen Reichsstädte, Köln 1967; — Láyos Vayer, Analecta Iconographica Sigismundiana, in: Sborník Národního Muzea v Praze 21, 1967, 285-289; — Friedrich Baethgen, Sigmund und das Zeitalter der Konzilien, in: Gebhardts Handbuch deutschen Geschichte I[9] (§§ 199-209), Stuttgart 1970 (Tb.-Ausgabe München 1973); — Bert-Alan Kéry, Kaiser Sigismund. Ikonographie, Wien-München 1972; — Heinrich Koller, Kaiserliche Politik und Reformpläne des 15. Jahrhunderts, in: Festschrift für Hermann Heimpel II, Göttingen 1972, 61-79; — Ders., Sigismund (1410-1437), in: Helmut Beumann (Hrsg.), Kaisergestalten des Mittelalters, München 1984, 277-300; — Ders., Kaiser Siegmunds Kampf gegen Herzog Friedrich IV. von Österreich, in: Friedrich Bernward Fahlbusch / Peter Johanek (Hrsg.), Studia Luxemburgensia. FS Heinz Stoob, Warendorf 1989, 313-352; — Ders., Zur Reformpolitik Kaiser Sigismunds, in: Josef Macek u.a. (Hrsg.), Sigismund von Luxemburg, Warendorf 1994, 15-25; — András Kubinyi, Der ungarische König und seine Städte im 14. und Beginn des 15. Jahrhunderts, in: Wilhelm Rausch (Hrsg.), Stadt und Stadtherr im 14. Jahrhundert. Entwicklungen und Funktion, Linz 1972, 193-220; — Ders., Das ungarische Städtewesen in der Sigismund-Zeit, in: Josef Macek u.a. (Hrsg.), Sigismund von Luxemburg, Warendorf 1994, 171-178; — Gerhard Pfeiffer, Die politischen Voraussetzungen der fränkischen Landfriedeneinungen im Zeitalter der Luxemburger, in: Jahrbuch für fränkische Landesforschung 33, 1973, 119-166; — G. Rázsó, A Zsigmondkori Magyarország és a török veszély, 1393-1437, in: Hadtörténelmi Közlemények NF 20, 1973, 403-444; — Peter Moraw, Königtum und Hochfinanz in Deutschland 1350-1450, in: Zeitschrift für die Geschichte des Oberrheins 122 N.F. 83, 1974, 23-34; — Ders., Organisation und Funktion von Verwaltung im ausgehenden Mittelalter (ca. 1350-1500) in: Kurt G. A. Jeserich u.a. (Hrsg.), Deutsche Verwaltungsgeschichte, I: Vom Spätmittelalter bis zum Ende des Reiches, Stuttgart 1985, 21-65; — Ders., Gelehrte Juristen im Dienst der deutschen Könige des späten Mittelalters (1273-1493), in: Roman Schnur (Hrsg.), Die Rolle der Juristen bei der Entstehung des modernen Staates, Berlin 1986, 77-148; — Andor Csizmadia, Die Entwicklung des Patronatsrechts in Ungarn, in: Österreichisches Archiv für Kirchenrecht 25, 1974, 308-327; — Zenon H. Nowak, Internationale Schiedsprozesse als ein Werkzeug der Politik König Sigmunds in Ostmittel- und Nordeuropa 1411-1425, Blätter für deutsche Landesgeschichte 111, 1975, 172-188; — Ders., Kaiser Siegmund und die polnische Monarchie (1387-1437), in: Zeitschrift für historische Forschung 15, 1988, 423-436; — Ders., Die imperialen Vorstellungen Sigmunds von Luxemburg und der Deutsche Orden, in: Ders. (Hrsg.), Die Ritterorden zwischen weltlicher und geistlicher Macht im Mittelalter, Torun 1990, 87-98; — Elfriede Regina Knauer, Kaiser Sigismund. Eine ikonographische Nachlese, in: Lucius Grisebach / Konrad Renger (Hrsg.), FS für Otto von Simson zum 65. Geburtstag, Berlin 1977, 173-196; — William R. Cook, Negotiations between the Hussiten, the Holy Roman Emperor and the Roman Church, 1427-36, in: East Central Europe 5, 1978, 90-104; — Christiane Mathies, Kurfürstenbund und Königtum in der Zeit der Hussitenkriege. Die kurfürstliche Reichspolitik gegen Sigmund im Kraftzentrum Mittelrhein, Mainz 1978; — Joachim W. Stieber, Pope Eugenius IV, the Council of Basel and the secular and ecclesiastical authorities in the empire. The conflict over supreme authority and power in the church, Leiden 1978; — I. N. Bard, The Break of 1404 between the Hungarian Church and Rom, in: Ungarn-Jahrbuch 10, 1979, 56-69; — Brigitte Berthold, Überregionale Städtebundprojekte in der ersten Hälfte des 15. Jahrhunderts, in: Jahrbuch für die Geschichte des Feudalismus 3, 1979, 141-181; — Dies., Städte und Reichsreform in der ersten Hälfte des 15. Jahrhunderts, in: Bernhard Töpfer (Hrsg.), Städte und Ständestaat. Zur Rolle der Städte bei der Entwicklung der Ständeverfassung in europäischen Staaten vom 13. bis zum 15. Jahrhundert, Berlin/DDR 1980, 59-111; — Hermann Heimpel, Königlicher Weihnachtsdienst auf den Konzilien von Konstanz und Basel, in: Norbert Kamp / Joachim Wollasch (Hrsg.), Tradition als historische Kraft. Interdisziplinäre Forschungen zur Geschichte des frühen Mittelalters, FS Karl Hauck, Berlin 1982, 388-411; — Friedrich Bernward Fahlbusch, Städte und Königtum im frühen 15. Jahrhundert. Ein Beitrag zur Geschichte Sigmunds von Luxemburg, Köln-Wien 1983; — Ders., Hartung von Klux. Ritter König Heinrichs V. - Rat Kaiser Sigmunds, in: Ders. / Peter Johanek (Hrsg.), Studia Luxemburgensia. FS für Heinrich Stoob zum 70. Geburtstag, Warendorf 1993, 403-433; — Ders., Sigmund, Konstanz und die Hanse. König, Kaufleute, Unterhändler, in: Detlev Kattinger / Horst Wernicke / Ralf-Gunnar Werlich (Hrsg.), Akteure und Gegner der Hanse. Zur Prosopographie der Hansezeit, Weimar 1998, 289-297; — Paul Joachim Heinig, Reichsstädte, Freie Städte und Königtum. Ein Beitrag zur deutschen Verfassungsgeschichte, Wiesbaden 1983; — Rudolf Hoke, Der Prozeß des Jan Hus und das Geleit König Sigmunds, Ein Beitrag zur Frage nach der Kläger- und Angeklagtenrolle im Konstanzer Prozeß von 1414/1415, in: Annuarium Historiae Conciliorum 15, 1983, 173-193; — Thomas E. Morrissey, Emperor-elect Sigismund, Cardinal Zabarella, and the council of Constance, in: Catholic Historical Review 69, 1983, 353-370; — Friedrich Battenberg, Reichsacht und Anleite im Spätmittelalter. Ein Beitrag zur Geschichte der höchsten königlichen Gerichtsbarkeit im Alten Reich, besonders im 14. und 15. Jahrhundert, Köln u.a. 1986; — Erno Marosi, König Sigismund von Ungarn und Avignon, in: Günter Brucher / Wolfgang T. Müller / Horst Schweigert / Brigitte Wagner (Hrsg.), Orient und Okzident im Spiegel der Kunst. FS Heinrich G. Franz zum 70. Geburtstag, Graz 1986, 229-249; — Joachim Peters, König Sigmund und die Papstabsetzungen des Konstanzer Konzils, (Mag.arbeit) Aachen 1986; — Franz-Rainer Erkens, Über Kanzlei und Kanzler König Sigismunds. Zum Kontinuitätsproblem in der deutschen Königskanzlei unter dem letzten Luxemburger, in: Archiv für Diplomatik 33, 1987, 429-458; — Ders., »... Und will ein große Reise do tun«. Überlegungen zur Balkan- und Orientpolitik Sigismunds von Luxemburg, in: Johannes Helmrath / Heribert Müller (Hrsg.), Studien zum 15. Jahrhundert. FS für Erich Meuthen, München 1994, 739-762; — Wilhelm Baum, Kaiser Sigmund und Oswald von Wolkenstein, in: Jahrbuch der Oswald von Wolkenstein-Gesellschaft 4, 1986/87, 201-228; — Ders., Kaiser Sigismund: Konstanz, Hus und Türkenkriege, Graz-Wien-Köln 1993; — Ders. / Raimund Senoner

(Hrsg.), Kaiser Manuel II. Palaiologos: Dialog über den Islam und Erziehungsratschläge. Mit drei Briefen König Sigismunds von Luxemburg an Manuel II., Wien-Klagenfurt 2003; — Johannes Helmrath, Das Basler Konzil 1431-1449. Forschungsstand und Probleme, Köln u.a. 1987; — C. A. A. Linssen, Keizer Sigismund oppenleenheer in de Nederlanden (1410-1437), in: Dick de Boer (Ed.), De Nederlanden in de late middeleeuwen, Utrecht u.a. 1987, 326-353; — György Székely, Sigismund von Luxemburg, ein mitteleuropäischer Herrscher, in: Művészet Zsigmond király korában: 1387-1437 [= Die Kunst in der Zeit König Sigismunds von Ungarn (1387-1437)] I-II, Budapest 1987, II 492-497 (dt. Zusammenfassung); — Siegfried Hoyer, Sigmund 1410-1437, in: Evamaria Engel / Eberhard Holtz (Hrsg.), Deutsche Könige und Kaiser des Mittelalters, Leipzig u.a. 1988, 341-354; — Dieter Veldtrup, Zwischen Eherecht und Familienpolitik. Studien zu den dynastischen Heiratsprojekten Karls IV., Warendorf 1988 (Reg.); — Sabine Wefers, Das politische System Kaiser Sigmunds, Stuttgart 1989; — Dies., Die Wirkung des Hussitenproblems auf den politischen Zusammenhang von König und Reich im Zeitalter König Sigismunds, in: Josef Macek / Erno Marosi / Ferdinand Seibt (Hrsg.), Sigismund von Luxemburg. Kaiser und König in Mitteleuropa 1387-1437, Warendorf 1994, 94-108; — Dies., Sigismund und das Maß an Staatlichkeit, in: Michel Pauly / François Reinert (Hrsg.), Sigismund von Luxembourg. Ein Kaiser in Europa, Mainz 2006, 17-24; — Marija Wakounig, Dalmatien und Friaul. Die Auseinandersetzungen zwischen Sigismund von Luxemburg und der Republik Venedig um die Vorherrschaft im adriatischen Raum, Wien 1990; — Hartmut Boockmann, Reichstag und Konzil im 15. Jahrhundert, in: Erich Meuthen (Hrsg.), Reichstage und Kirche, Göttingen 1991, 15-24; — Walter Brandmüller, Das Konzil von Konstanz I-II, Paderborn 1991 ([2]1999)/1997; — Winfried Eberhard, Der Weg zur Koexistenz. Kaiser Sigmund und das Ende der hussitischen Revolution, in: Bohemia 33, 1992, 1-43; — Ders., Gewalt gegen den König im spätmittelalterlichen Böhmen. Adeliger Widerstand und der Ausbau der Herrschaftspartizipation, in: Martin Kintzinger (Hrsg.), Königliche Gewalt - Gewalt gegen Könige. Macht und Mord im spätmittelalterlichen Europa, Berlin 2004, 101-118; — Sabine Weiss, Herzog Friedrich IV. auf dem Konstanzer Konzil. Neue Dokumente zum Konflikt des Tiroler Landesfürsten mit König Sigismund, in: Tiroler Heimat 59, 1993, 31-56; — Josef Macek / Erno Marosi / Ferdinand Seibt (Hrsg.), Sigismund von Luxemburg. Kaiser und König in Mitteleuropa 1387-1437. Beiträge zur Herrschaft Kaiser Sigismunds und der europäischen Geschichte um 1400, Warendorf 1994 [= wichtiger Aufsatzband]; — Ivan Hlavácek, Zu den Spannungen zwischen Sigismund von Luxemburg und Wenzel IV., in: ebd. 45-52; — Gisela Beinhoff, Die Italiener am Hof Kaiser Sigismunds (1410-1433), Frankfurt/M. 1995; — Ansgar Frenken, Die Erforschung des Konstanzer Konzils, Paderborn 1995 (= Annuarium Historiae Conciliorum 25, 1993); — Ders., Nürnberg, König Sigmund und das Reich. Die städtischen Ratsgesandten Sebolt Pfintzing und Petrus Volkmeir in der Reichspolitik, in: Jahrbuch für fränkische Landesforschung 58, 1998, 97-165; — Ders., Der König und sein Konzil - Sigmund auf dem Konstanzer Konzil. Macht und Einfluss des römischen Königs im Spiegel institutioneller Rahmenbedingungen und personeller Konstellationen, in: Annuarium Historiae Conciliorum 36, 2004, 185-252; — Jörg K. Hoensch, Verlobungen und Ehen Kaiser Sigismunds von Luxemburg, in: Georg Jenal (Hrsg.), Herrschaft, Kirche, Kultur. Beiträge zur Geschichte des Mittelalters. FS für Friedrich Prinz zum 65. Geburtstag, Stuttgart 1993, 265-277; — Ders., Sigismund. Herrscher an der Schwelle zur Neuzeit 1368-1437, München 1996 [z.Zt. maßgebliche biographische Darstellung S.s / siehe Besprechung in: Annuarium Historiae Conciliorum 29, 1997, 262-267]; — Ders., König/Kaiser Sigismund, der Deutsche Orden und Polen-Litauen, in: Zeitschrift für Ostforschung 46, 1997, 1-44; — Ders., Die Luxemburger. Eine spätmittelalterliche Dynastie gesamteuropäischer Bedeutung 1308-1437, Stuttgart u.a. 2000; — Ders., Schwerpunkt der Sigismund-Forschung nach 1945, in: Tilmann Schmidt / Péter Gunst (Hrsg.), Das Zeitalter König Sigmunds in Ungarn und im Deutschen Reich, Debrecen 2000, 9-28; — J. Bartl, Žigmund Luxemburský, Budmerice 1996; — Václav Drška, Zigmund Lucemburský. Liška na trůně, Praha 1996; — Peter Erdő, A pápásag é a magyar királság Zsigmond király idejében (1378-1437) [= Das Papsttum und das ungarische Königreich während der Herrschaft Sigmunds (1378-1437)], in: Istvan Zombori (Hrsg.), Magyarország és a Szentszék kapcsolatának ezer éve, Budapest 1996, 96-117; — Ivan Hlaváček / Alexander Patschovsky (Hrsg.), Reform von Kirche und Reich zur Zeit der Konzilien von Konstanz (1414-1418) und Basel (1431-1449), Konstanz 1996; — Ivan Hlavácek, Sigismund von Luxemburg und sein Anteil an der Reichsreform, ebd. 61-77; — Bettina Pferschy-Maleczek, Der Nimbus des Doppeladlers. Mystik und Allegorie im Siegelbild Kaiser Sigmunds, in: Zeitschrift für Historische Forschung 23, 1996, 433-471; — Sieglinde Hartmann, Sigismunds Ankunft in Perpignan und Oswalds Rolle als »wisskunte von Türkei«, in: Warnfried Hofmeister / Bernd Steinbauer (Hrsg.), Durch aubenteuer muess man wagen vil. FS für Anton Schwob zum 60. Geburtstag, Innsbruck 1997, 133-139; — Enikő Czukovits, Egy nagy réstvevöi (Zsigmond király római kísérete) [= Die Teilnehmer einer bedeutsamen Reise (Die Begleitung König Sigmund auf seiner Reise nach Rom)], in: Ders. (Hrsg.), Tanulmányok Borsa Ivan tiszteletére, Budapest 1998, 11-35; — Zsuzsa Teke, Zsigmond es a dalmát városok 1387-1413 [= König Sigmund und die dalmatinischen Städte, 1387-1413], in: Eniko Czukovits (Hrsg.), Tanulmányok Borsa Ivan tiszteletére, Budapest 1998, 233-243; — Ders., Firenze külpolitikája és Zsigmond (1409-1437) [= Die Florentiner Außenpolitik und Sigmund, 1409-1437], in: Ferenc Piti / Gyorgy Szabados (Hrsg.), »Magyaronale eleiről«. Unnepi tanulmányok a hatvan esztendős Makk Ferenc tiszteletére, Szeged 2000, 559-568; — Lászlo Veszprémy, Zsigmond, a katonai reformer? A haditechnikai irásbeliség és a technikai újítások kora [= Sigismund, ein Militärreformer? Die Zeit der kriegstechnischen Schriften und der technischen Neuerungen], in: Hadtörténelmi közlemények 111, 1998, 657-665; — Ders., Some remarks on recent historiography of the crusade of Nicopolis (1396), in: Zsolt Hunyadi / József Laslovszky (Ed.), The Crusade and the Military Order. Expanding the Frontier of Medieval Latin Christianity, Budapest 2001, 223-230; — Arnd Reitemeier, Außenpolitik im Spätmittelalter. Die diplomatischen Beziehungen zwischen dem Reich und England 1377-1422, Paderborn 1999; — Marie-Luise Favreau-Lilie, Reichsherrschaft im spätmittelalterlichen Italien. Zur Handhabung des Reichsvikariats im 14./15. Jahrhunderts, in: Quellen und Forschungen aus italienischen Archiven und Bibliotheken 80, 2000, 53-116; — Martin Kintzinger, Sigismond, roi de Hongrie et la croisade, in: Jacques Paviot / Martine Chauney-Bouillot (éd.), Nicopolis, 1396-1996. Actes de Colloque international, Dijon, le 18 octobre 1996 [= Annales de Bourgogne 68/3], Dijon 1997, 23-33; — Ders., Westbindungen im spätmittelalterlichen Europa. Auswärtige Politik zwischen dem Reich, Frankreich, Burgund und England in der Regierungszeit Kaiser Sigmunds, Stuttgart 2000; — Ders., Sigismund (1410-37), in: Werner Paravicini (Hrsg.), Höfe und Residenzen im spätmittelalterlichen Reich. Ein dynastisch-topographisches Handbuch, I: Dynastien und Höfe, Ostfildern 2003, 329-336; — Ders., Sigmund (1410/11-1437). Mit Jobst von Mähren (1410-1411), in: Bernd Schneidmüller / Stefan Weinfurter (Hrsg.), Die deutschen Herrscher des Mittelalters, München 2003, 462-485; — Ders., De la région à l'Europe : Recrutement et fonction de l'entourage de l'empereur Sigismond, in: Alain Marchandisse (ed.), A l'ombre du pouvoir. Les entourages princiers au Moyen age, Genève 2003. 107-114; — Ders., Hausmachtpolitik oder internationale Politik? Die Diplomatie Sigismunds in Europa, in: Pauly/Reinert, Sigismund 35-42; — Tilmann Schmidt / Péter Gunst (Hrsg.), Das Zeitalter König Sigmunds in Ungarn und im Deutschen Reich, Debrecen 2000; — István Bársony, Sigismund in der ungarischen Geschichtsschreibung, in: ebd. 29-37; — Erzsébet Ladányi, Die Gesetzgebung Sigismunds. Gesichtspunkte zur Analyse seiner Gesetze aus den Jahren 1397 und 1405, in: ebd. 103-119; — László Pósán, Sigismund und der Deutschen Orden, in: ebd. 73-82; — Stanisław A. Sroka, Polacy na Węgrech za panowania Zygmunta Luksemburskiego 1387-1437 [= Polen in Ungarn unter der Herrschaft von Sigismund von Luxemburg 1387-1437], Kraków 2001; — Martin Štefánik, Pokusy benátskej republiky o atentát na uhorskeho kráľa Žigmunda luxemburského [= Die Attentatsversuche der Venezianischen Republik auf den ungarischen König Sigismund von Luemburg (mit dt. und engl. Reésumee)], in: Historický Časopis 48, 2000, 209-230; — Gerrit Jasper Schenk: Sehen und gesehen werden. Der Einzug König Sigismunds zum Konstanzer Konzil 1414 im Wandel von Wahrnehmung und Überlieferung. Am Beispiel von Handschriften und frühen Augsburger Drucken der Richental-Chronik, in: Franz Mauelshagen (Hrsg.), Medien und Weltbilder im Wandel der Frühen Neuzeit, Augsburg 2000, 71-106; — Louis C. Morsak, Tiroler Abrechnung mit König Sigismund: Die Katharinen-Fresken von Völser Aicha in Südtirol, in: Kurt Ebert (Hrsg.), Pro iustitia et scientia. Fg. zum 80. Geburtstag von Karl Kohlegger, Wien 2001, 379-393; — Klaus Brandstätter, Die »Innsbrucker Ballaffaire« und der Aufenthalt König Sigismunds in Tirol, in: Roland Kubanda (Hrsg.), Zeit, Raum, Innsbruck, Innsbruck 2002, 50-69; — Karel Hruza, «Audite, celi!« - Ein satirischer hussitischer Propagandatext gegen König Sigismund, in: Ders. (Hrsg.), Propaganda, Kommunikation und Öffentlichkeit, 11.-16. Jahrhundert, Wien 2002, 129-151; — Bohdan Kanák, Diplomatická příprava květnového jednání v Chebu v roce 1432 [= Diplomatische Vorbereitung der Maiverhandlung 1432 in Eger (mit dt. Résumee)], in: Husitsky Tábor; 13, 2002, 31-79; — František Šmahel, Die Hussitische Revolution I-III, Hannover 2002 (tschech. Originalausgabe 1993); — Daniela Dvoráková, Rytier a jeho kráľ': Stibor zo Stiboríc a Žigmund Luxemburský [= Ein Ritter und sein König. Stibor von Stiboríc und Sigismund von Luxemburg], Banská Bystrica 2003; — Szilárd Sütto, Anjou-Magyarország alkonya. Magyarország politikai története Nagy Lajostól Zsigmondig, az 1384-1387. évi belviszályok okmánytárával I-II, Szeged 2003; — Ders., Der Dynastiewechsel Anjou-Luxemburg in Ungarn, in: Pauly / Reinert (Hrsg.), Sigismund 79-87; — Attila Bárány, Zsigmond király 1416-osangliai kísérete, in: Aetas 19/H.3-4, 2004, 5-30; — Ders., Anglo-Luxembourg relations during the reign of Emperor Sigismund, in: Pauly / Reinert, Sigismund 43-59; — Michail A. Bojcov, Wie der Kaiser seine Krone aus den Füßen des Papstes empfing, in: Zeitschrift für historische Forschung 32, 2005, 163-198; — Heinz Dopsch, Kaiser Sigmund und König Albrecht II. - Zwei Herrscher des Spätmittelalters auf gotischen Flügelaltären in Tirol, in: Klaus Brandstätter (Hrsg.), Tirol, Österreich, Italien. Festschrift für Josef Riedmann zum 65. Geburtstag, Innsbruck 2005, 183-199; — Joachim Schneider, Das illustrierte 'Buch von Kaiser Sigmund'. Der wiederaufgefundene Textzeuge aus der ehemaligen Bibliothek von Sir Thomas Phillips in Cheltenham, in: Deutsches Archiv 61, 2005, 169-180; — Miroslav Svoboda, Majetek řádu johanitů v Čechách v husitské době. Podíl Zikmunda Lucemburského na likvidaci pozemkového majetku církve [= Der Grundbesitz des Johanniterordens in Böhmen in der Hussitenzeit. Die Beteiligung von Sigismund von Luxemburg an der Enteignung kirchlichen Grundbesitzes], in: Česky časopis historicky 103, 2005, 269-312; — Martin Šandera, Zikmundovi věrní na českém severovýchodě: opočenská strana v husitské revoluci [= Die Getreuen Sigismunds: die Opočno-Partei in der Hussitenrevolution], České Budějovice 2005 (mit Zs.fassung in dt. und engl.); — Michel Pauly / François Reinert (Hrsg.), Sigismund von Luxemburg. Ein Kaiser in Europa, Mainz 2006 [= wichtiger Aufsatzband zum gegenwärtigen Forschungsstand]; — Pit Peporté, Emperor Sigismund and the Land of his Forefathers, in: ebd. 61-70; — János M. Bak, Sigismund and the Ottoman advance, in: ebd. 89-94; — Amalie Fössel, Barbara von Cilli. Ihre frühen Jahre als Gemahlin Sigismunds und ungarische Königin, in: ebd. 95-112; — Birgit Studt, Zwischen Kurfürsten, Kurie und Konzil. Die Hussitenpolitik König Sigismunds, in: ebd. 113-125; — Hans-Joachim Schmidt, Sigismund und das Konzil von Basel, in: ebd. 127-141; — Francesco Somaini, Les relations complexes entre Sigismond de Luxembourg et les Visconti, ducs de Milan, in: ebd. 157-197; — Imre Takács (Hrsg.), Sigismundus. Rex et imperator, Kunst und Kultur zur Zeit Sigismunds von Luxemburg 1387-1437 - Ausstellungskatalog, Mainz 2006; — Renate Spreizer, Die Belehnungs- und Bestätigungsurkunden Kaiser Sigismunds von 1421 für Herzog Albrecht V. von Österreich. Eine historische und textkritische Einordnung (1281-1729), in: Mitteilungen des Instituts für österreichische Geschichte 114, 2006, 289-328; — Marco Innocenti, »Ze Costnitz was der küng«: Sigismund von Luxemburg in Konstanz 1414-1418. Historische Reise durch die Gedächtnisstätten des Konzils, in: Hémecht 59, 2007, 83-138; — Geschichte in Gestalten IV, hrsg. Hans Herzfeld, 1963, 124f.; Dictionary of the Middle Ages 11, 1988, 287; LexMA 7, 1995 [ND 2002], 1868-1871 [S. Wefers]; Dictionnaire Encyclopédique du Moyen Âge II ed. André Vauchez, 1997, 1438f., DBE 9, 1998, 324 [J. Hoensch]; LThK[3] 9, 2000, 578-580 [H. Müller].

Ansgar Frenken

SINEMUS, *Martin* Friedrich Wilhelm, Pfarrer und Historiker, geb. am 26. März 1881 in Andernach; V.: Pfarrer Georg *Karl* Christian Sinemus (1843-1927); M.: Wilhelmine Prümers (1851-1929); verh. am 18. Juli 1911 mit Elisabeth Kruse (1882-1955); Kinder: (1) Karl (* 1912), (2) Magdalena (* 1914), (3) Theodora (* 1915), (4) Theodor (* 1919), (5) Heinrich (* 1921), (6) Elisabeth (* 1923); gest. am 3. Oktober 1964 in Heusweiler. — In Andernach als Sohn des Pfarrers Karl Sinemus geboren, wurde Martin am 21. April 1881 getauft. In seiner Heimatstadt besuchte er das 1573 gegründete Gymnasium, wo er am 13. Februar 1904 sein Reifezeugnis erwarb. Im selben Jahr nahm Martin Sinemus das Studium der Theologie in Greifswald auf. 1905 wechselte er nach Bonn, 1906 nach Halle. Im Winter 1906/07 kehrte er an die Rheinische Friedrich-Wilhelms-Universität nach Bonn zurück. Sein Studium finanzierte sich Sinemus 1907 als Hauslehrer in Schwelm; 1908 war er in gleicher Funktion in Klein Helmsdorf bei Halle an der Saale tätig. Am 28. April 1908 legte er vor dem Konsistorium in Koblenz das Examen pro licentia concionandi ab und bezog Quartier in seinem Vikariatsort Speldorf (heute ein Stadtteil von Mülheim/ Ruhr). Die ev. Kirche am Ort war 1882/83 in neugotischem Stil erbaut worden; die Gemeinde selbst jedoch entstand 1890 nach der Trennung von Broich. Sinemus fand also eine junge Gemeinde vor, die noch im Aufbau begriffen war. Am 20. April 1910 folgte für Martin Sinemus in Koblenz das Examen pro ministerio. Anfangs verblieb er noch in Speldorf, bis er seinen Militärdienst in Mülheim/ Ruhr absolvieren konnte. Danach, im Jahre 1911, wechselte er als Hilfsprediger nach Barmen, wo er am 18. Juni 1911 durch Superintendent Bausch ordiniert wurde. Von 1912 bis 1913 war er in Sterkrade im Hilfsdienst tätig. — Im Jahre 1913 trat Martin Sinemus seine erste Pfarrstelle in Kleinich an, einem Ort im Hunsrück zwischen Bernkastel-Kues und Morbach. 1220 erstmals urkundlich erwähnt, gehörte Kleinich seit dem 12. Jahrhundert zur Grafschaft Sponheim, von wo aus 1557 die Reformation eingeführt wurde. Die mittelalterliche Kirche selbst musste 1788 einem Barockbau weichen. Diese geschichtsträchtige Gemeinde mag Sinemus bewogen haben, sich der historischen Forschung zu widmen. Das tat er in Kleinich, wo er bis 1925 verblieb ebenso wie in Hamm/ Sieg, wo er bis 1928 tätig war. — Während des Ersten Weltkrieges war Martin Sinemus seit 1917 als Feldprediger in Bulgarien unterwegs und wurde 1918 mit dem Eisernen Kreuz 2. Klasse ausgezeichnet sowie mit dem Verdienstkreuz für Kriegshilfe. 1935 wurde ihm das Ehrenkreuz für Frontkämpfer und 1938 die Ungarische Weltkrieg-Erinnerungsmedaille überreicht. 1928 wechselte Martin Sinemus ins Saargebiet, das seit Ende des Ersten Weltkrieges unter der Verwaltung des Völkerbundes stand. Er übernahm die Pfarrstelle von Wahlschied. Erst 1896 von Heusweiler getrennt, gehörten zu dem Pfarrsprengel die Dörfer Lummerschied, Göttelborn und Holz, wo 1902 eine neue Kirche in Dienst genommen worden war. Und auch in Wahlschied, dessen Geschichte als Kirchdorf unter dem Patrozinium St. Willibrord bis ins Mittelalter reicht, war anstelle der (zweiten) barocken Kirche 1901/03 ein Neubau entstanden. 1942 emeritiert, blieb Sinemus in Heusweiler wohnen, nahm aber am Gemeindeleben nach dem Tod seiner Frau am 16. November 1955 nicht mehr teil. Das führte 1960 zu einer Beschwerde bei der Kirchenleitung in Düsseldorf. Zur Rede gestellt, hielt Sinemus entgegen: »Auch ein pensionierter Bergmann fährt nicht mehr in die Grube ein«. Das Bonmot wurde zum geflügelten Wort in der Saargegend.

Quellen: Archiv der Ev. Kirche im Rheinland Best. Oberbehörden 1OB 009 PA 51 Sinemus Martin; Kreiskirchliches Archiv Völklingen Best. Kirchengemeinde Wahlschied-Holz Nr. 282 Altakten IV (Pfarrstellenakten 1922-1928), Nr. 294 Pfarrstelle (1937-1944), Best. Personalakte Nr. 661 Sinemus Martin.

Werke: Die Geschichte des Kirchspiels Cleinich, Cleinich 1925; Die Geschichte der evangelischen Kirchengemeinde Hamm an der Sieg, Hamm 1927; M. Reinhard Susenbethus, Generalinspektor der Grafschaft Sayn 1605-1612, in: MEKR 25 (1931), S. 40-49; Die Prüfung der reformierten Kandidaten in Altenkirchen (Westerwald) 1745-1763, in: MEKR 25 (1931), S. 113-118; Die Huldigungsreden der Pfarrer Pfender und Streccius am 26. und 27. Februar 1765 in Trarbach, in: MEKR 25 (1931), S. 119-122; Herrschaftliche Verordnungen für die Hintere Grafschaft Sponheim 1590-1714, in: MEKR 25 (1931), S. 244-250; Die Geschichte der evangelischen Gemeinden des Kirchenkreises Altenkirchen (Westerwald), Saarbrücken 1933; Die Geschichte der evangelischen Kirchengemeinde Dirmingen-Urexweiler (Saar), in: MEKR 29 (1935), S. 97-104; Die Geschichte der Dörfer des Hochgerichts und der evangelischen Pfarrei Wahlschied-Holz, Saarbrücken 1949.

Lit.: J.J. Höveler, Gymnasium zu Andernach. Geschichte der Anstalt von ihrer Gründung bis zur Gegenwart (1573-1904). Festschrift zur Feier der Anerkennung des Gymnasiums (Mit einem Verzeichnis der Rektoren, Lehrer und Schüler seit 1864), Andernach 1904; — W. Engel (Hg.), 375 Jahre Evangelische Kirche an der Saar 1575-1950. Eine Festschrift, Saarbrücken 1950, S. 132-133

Joachim Conrad

SOMMER, Renate, geb. Baumann, * 14.3. 1915 in Stuttgart, † 3.9. 2002 in Stuttgart-Asemwald. — S. legte 1934 ihr Abitur am Kepler-Gymnasium in Stuttgart-Bad Cannstatt ab. Danach absolvierte sie bis 1937 eine Ausbildung am Fröbelseminar des Schwäbischen Frauenvereins Stuttgart mit staatlicher Abschlußprüfung. 1937 bis 1940 war sie als Kindergärtnerin und Hortnerin in Stuttgart tätig. 1941 legte sie die staatliche Jugendleiterinnenprüfung am Fröbelseminar Stuttgart ab und war dort von 1941 bis 1968 Lehrerin. 1943 heiratete S. stud. theol. Albert Sommer (geb. 6.3. 1915), der am 20.10. 1944 in Lettland fiel. 1947 nahm sie das Studium der Ev. Theologie an der Universität Tübingen auf, das sie 1955 mit der Ersten Theologischen Dienstprüfung abschloß. Eine Tätigkeit als Pfarrerin war in der Württembergischen Landeskirche damals noch nicht möglich, so daß S. auch kein Pfarramt anstrebte. 1968 bis 1970 Theologiestudium in Hamburg. 20. Juni 1974 Promotion zum »Doktor der Theologie« an der Universität Hamburg, betreut von Helmut Thielicke. Ihre Dissertation trug den Titel »Mütterlichkeit. Die Sorge um die Identität des Menschen«. In einer Zeit, in der die Mutterrolle kritisch befragt wurde, versuchte S., selbst kinderlos geblieben, den »bedeutsamen humanen Sinn« (260) der Mutter für die Identitätsfindung des Kindes zu rekonstruieren und Maßstäbe für eine zeitgemäße, von der Liebe geprägte Mutterrolle zu entwickeln. Von 1974 bis zu ihrem Tod war sie vielfältig freiberuflich und ehrenamtlich tätig, z.B. bei der Volkshochschule Stuttgart, der Altenpflegeschule Bethanien in Stuttgart-Möhringen, in der Hauswirtschaftsmeisterinnenausbildung beim Schwäbischen Frauenverein Stuttgart und als Lektorin im Kirchenbezirk Stuttgart-Degerloch.

Werke: Mütterlichkeit. Die Sorge um die Identität des Menschen. Diss. Masch. Evang. Theologische Fakultät der Universität Hamburg 1973; DuEPublico, Duisburg-Essen publications online, Dokument 18037 (http://duepublico.uni-duisburg-essen.de).

Lit.: Hildebrand, Christel: Dr. Renate Sommer geb. Baumann, 1915-2002. In: Erhart, Hannelore (Hrsg.): Lexikon früher evangelischer Theologinnen - Biographische Skizzen. Neukirchen-Vluyn, 2005, 383.

Aaron Schart

SOPATER aus Apamea war ein neuplatonischer Philosoph der ersten Hälfte des 4. Jahrhunderts. Sopater wurde in Apamea (Suidas, Σ, 845) geboren, höchstwahrscheinlich am Ende des 3. Jahrhunderts oder am Anfang des 4. Jahrhunderts und wurde auf Befehl des Kaisers Konstantin des Großen (306-337) nach 330 hingerichtet. Es ist uns sein gleichnamiges Kind bekannt, das ein Briefwechsel mit Libanios hatte. Deswegen könnten wir ihn als Sopater den Alten aus Apamea bezeichnen. Er war ein griechischsprachiger Philosoph syrischer Herkunft (Eunapios, Vitae Sophistarum, V. 1.5.1) und hat die Schule von Iamblichos von Chalkis (* Chalkis um 250, † um 330) entweder in Daphne (Joannes Malalas, Chronographia, 312.12) oder in Apamea (J. M. Dillon, »Iamblichus of Chalcis (c. 240-325 A.D.)«, in: ANRW II. 36.2 (1987), 862-909) besucht. Dort wurde er wegen seiner hervorragenden geistigen und seelischen Qualitäten, die ihn als den besten Schüler von Iamblichos anzeigten, der Lieblingsschüler Iamblichos, eine Tatsache, die von den meisten Quellen belegt wird (Eun., V. 1. 5, VI. 2. 1; Jul. Ep., 98, 64-65; Suid., P, 1811.2 und Σ, 845). Er hat sich als ein ausgezeichneter Redner behauptet und war allen aus der Schule in der Schriftkunst überlegen (Eun., VI. 2. 1. 3). Suidas sagt (P, 1811.2), daß Sopater nach dem Tod Iamblichos Führer der neuplatonischen Schule wurde. Leider ist nichts Schriftliches von dem herausragendsten Schüler von Iamblichos erhalten geblieben. Dank von Suidas (Σ, 845) kennen wir zwei Titel seiner Schriften: Περὶ προνοίας (Über Vorsehung); Περὶ τῶν παρὰ τὴν ἀξίαν εὐπραγούντων ἢ δυσπραγούντων (Über diejenigen, die unverdientermaßen glücklich oder unglücklich sind). Ob er noch andere Werke geschrieben hat, ist unbekannt. Auch in Bezug auf sein philosophisches Denken sind wir nicht unterrichtet, aber es wäre dennoch nicht schwierig zu vermuten, worin es bestand, solange er in der Schule Iamblichos tätig war. Darüber hinaus berichtet Johannes Lydos, Sopater sei ein »telestes« (ὁ τελεστής) gewesen, d.h. ein Anhänger der Theurgie (Liber de mensibus, IV. 2. 25). Das ist ein zusätzlicher Beweis dafür, daß Sopater der von Porphyr (* Tyros um 233, † Rom um 304) begründet und von Iamblichos fortgesetzten philosophischen Richtung gefolgt ist. Nach Porphyr wurde die Theurgie von den meisten Neuplatonikern aufgenommen, und sie wurde der Hauptausdruck ihrer Religiosität. Mehr wissen wir über seinen Aufenthalt am Hof Konstantin des Großen und sein trauriges Schicksal. Johannes Lydus (IV. 2. 24-27) berichtet, Sopater habe zusammen mit Praitextatos an der Einweihung von Konstantinopel teilgenommen, ein bis ins 20. Jahrhundert abgelehntes Ereignis. Daß er daran als Freund Konstantins beteiligt war, zeigt die Ehre, der er sich am Hof in Konstantinopel erfreut hat, weil er zur Rechten des Kaisers sitzen durfte, vermutlich bei den Sitzungen des sacrum consistorium (Schlange-Schöningen, 67). Sowohl die christlichen als auch die heidnischen Quellen sprechen, selbst wenn manchmal widersprüchlich, über den starken Einfluß, den Sopater auf Konstantin ausgeübt hätte. Eine solche Tatsache soll auch den Neid bei vielen der Hofbeamten erweckt haben. Einer der neidischen wäre der Präfekt Ablabius gewesen, der die Idee verbreitet haben soll, daß der wahre Herrscher des Reiches nicht mehr Konstantin wäre, sondern Sopater. So hätte Ablabius nach den Berichten von Eunapios und Zosimos eine Intrige gegen Sopater gesponnen, die zur Hinrichtung des Philosophen verführt hat. Eines Tages, sagt Eunapios, weil die Getreideflotte wegen des schwachen Windes in den Hafen nicht einfahren konnte, was eine Lebensmittelknappheit verursachte, habe sich eine große Menschenmenge im Hypodrom gesammelt und ihre Stimme gegen Konstantin gerichtet. Die Gegner Sopaters kamen sofort dem Kaiser zu Hilfe und baten ihm einen Schuldigen dar: Sopater habe durch Magie der Getreideflotte den Wind entzogen (Eun. VI, 2. 7-10) und so habe Konstantin zur Versöhnung der Bevölkerung den Philosophen geopfert. Die Subjektivität und die Abneigung Eunapios dem Kaiser Konstantin und dem Christentum gegenüber sind bekannt. Es gibt auch eine andere von Suidas vertretene Meinung (Σ, 845), die den Tod Sopaters als Konsequenz einer Auseinandersetzung zwischen dem Kaiser und dem Philosophen um eine religiöse Angelegenheit ansieht. Um zu zeigen, daß er kein Anhänger der alten heidnischen Religion mehr war, habe Konstantin die Hinrichtung Sopaters befohlen. Darüber hinaus findet eine bei Sozomenos in seiner Kirchengeschichte (I. 5. 1-3) vorhandene Auffassung der Heiden, nach der der Philosoph dem Kaiser die Möglichkeit einer Sündenreinigung nach der Ermordung seines Sohnes Crispus und seiner Frau Fausta verneinte. Der Kaiser hätte danach einige Bischöfe kennengelernt, die ihm die Sündenreinigung versprochen haben nur mit der Bedingung, sich taufen zu lassen. Sozomenos betrachtet das als Verleumdung und nicht als wahres Ereignis. Also waren die Heiden überzeugt, daß zwischen den beiden eine Religion betreffende Auseinandersetzung stattgefunden hatte. Es ist schwer zu beweisen, ob Sopater infolge einer philosophisch-theologischen Auseinandersetzung mit dem Kaiser hingerichtet wurde, solange man über die Anwesenheit vieler heidnischer Philosophen am Hof Konstantins weißt. Einer von ihnen, Hermogenes, wurde sein Berater, nachdem er dieses Amt bei Licinius bekleidet hatte. Ein anderes Beispiel ist der athenische Philosoph Nikagoras, dessen Studienaufenthalt in Ägypten vom Kaiser Konstantin mit Geld unterstützt wurde. Es ist dennoch nicht ausgeschlossen, daß der Tod von Sopater Folge seiner christenfeindlichen Haltung gewesen sein soll, weil Eunapios berichtet, Sopater habe sich entschieden, an den Hofe in Konstantinopel zu gehen, um den Einfluß auf den Kaiser in Bezug auf die zunehmend die Christen begünstigende Politik auszuüben. Das heißt, daß er nach Konstantinopel als ein Missionar des Heidentums ging. Sopater war jedenfalls eine berühmte Persönlichkeit seiner Zeit, deswegen auch die wichtige Stellung, die er am Hof erlangen hat, und einer der besten Philosophen aus der Schule Iamblichos, eine Tatsache, die nicht einmal von dem christlichen Kirchenhistoriker Sozomenos verleugnet wird. Ohne zusätzliche Quellen bleibt jedoch die Geschichte seines Todes nur auf dem Feld der Vermutungen.

Lit.: Eunapius, Vitae Sophistrarum,...ex Aedesio (Eun.); — Flavius Claudius Julianus Imperator (Jul. Ep.), Epistulae, 98, 64-65; Ders. Epistulae spuriae vel dubiae, 184, 185; — Johannes Lydos, Liber de mensibus, IV. 2. 25; — Sozomen, Historia Ecclesiastica, I. 5, 1-5; — Zosimus, Historia nova, II. 40; — Photius, Bibliotheca, 161. 103a. 18-34; — Suidas, P (Plotin), 1811.2; Σ (Sopater) 845; — William Smith, Dictionary of Greek and Roman Biography and Mythology, 1870, Art. Sopater, Bd. 3, S. 863; — André Piganiol, L'empereur Constantin, Paris 1932, p. 159-161; — Andrew Alföldi, The Conversion of Constantine and Pagan Rome, London 1948, 99, 105; — Joseph Vogt, Constantin der Große und sein Jahrhundert, München 1949, 217-220; — Ders., Heiden und Christen in der Familie Constantins d. Gr.: Eranion, Festschr. H. Hommel, Tübingen 1961, 148-168; — Gilbert Dagron, Naissance d'une capitale, Constantinople et ses institutions de 330 à 451, Paris 1974, 531 f.; — Jacob Burckhardt, Die Zeit Constantins des Großen, (1853/1880), München 1978, 281-283; — Timoty D. Barnes, The New Empire of Diocletian and Constantin, London 1981, 252 f.; — Garth Fowden, »The Pagan Holy Man in Late Antique Society,« in: JHS, 102 (1982), 33-59; — Alexander Demandt, Die Spätantike. Römische Geschichte von Diocletian bis Justinian, 284-565 n. Chr., München 1989, 76; — Heinrich Schlange-Schöningen, Kaisertum und Bildungswesen im spätantiken Konstantinopel, (Historia - Zeitschrift für alte Geschichte), Heft 94, Stuttgart 1995, 67-69; — Vasile Adrian Caraba, »Sopater din Apameea (sec. IV). Destinul unui filosof neoplatonic la curtea lui Constantin cel Mare (306-337)«, in: StTeol, Seria a III-a, Anul III, Nr. 1 (2007), 45-61; — Seeck, RE, III, A 1 (1927) 1006 f. (Nr. 11); — PLRE, I, 846.

Vasile Adrian Caraba

STEGEN, Johanna, verheiratete Johanna Hindersin, genannt »Das Mädchen von Lüneburg«, Patriotin und Freiheitskämpferin, * 11.1. 1793, † 12.1. 1842. — S. wurde als zweites von mehreren Kindern des Sülzvoigts Peter Daniel Stegen und dessen Ehefrau Sophie Rahel S. geb. Behrends in Lüneburg geboren und in der 1861 abgebrochenen Salinenkirche St. Lamberti, einer gotischen Hallenkirche, getauft. Sie wuchs in der alten Residenzstadt des welfischen Fürstentums Lüneburg, seit Januar 1810 zu dem von Jérôme Napoléon regierten Königreich Westphalen staatspolitisch gehörend, auf und wurde religiös streng nach der evangelisch-lutherischen Lehre sowie in Gottergebenheit und Gottesdemut erzogen. -Die Stadt Lüneburg stand vor allem im 18. Jahrhundert kulturell vorgeprägt unter französischem Einfluß. Hier bestand seit 1685 eine französisch-reformierte Hugenottengemeinde, nachdem der französisch-reformierte Kommandant Charles de la Motte bereits 1673 innerhalb der Mauern Lüneburgs den ersten französisch-reformierten Gottesdienst hatte abhalten lassen. Bis zum Jahre 1788 hatten wiederholt und in Folge französische Militärs den hohen Posten des Festungskommandanten in Lüneburg innegehabt. Zu Recht schreibt Reinecke in seiner bekannten »Geschichte der Stadt Lüneburg« von der spätestens seit Oktober 1801 bestehenden »Franzosenherrschaft«. In der »Artlenburger Konvention« vom Sommer 1803 ist dann die hannoversche Armee ihrer Waffen wie ihres Trains an Frankreich verlustig gegangen. Gegen die »französische Drangsal« regte sich zusehends Widerstand. Ein politischer Bericht indessen spricht von dem Jahr 1813 als von dem »für Lüneburg...schrecklichte(n) Jahr« [Wilhelm Reinecke, 403].- In den Frühjahrsschlachten 1813 diesseits und jenseits der Elbe, als am 2. April 1813 die »Schlacht bei Lüneburg« zwischen preußisch-russischen Truppen (General Dörnberg und Tschernitscheff)) einerseits, wie französischen Truppen (Morand) andererseits tobte, war die Stunde der Johann Stegen gekommen. Ähnlich ihren Geschlechtgenossinnen Eleonore Prochaska oder Luise Grafemus, die Jüdin war und in Wirklichkeit Esther Manuel hieß, kämpfte Johanna Stegen an vorderster Front unter preußischer Fahne. — Bei den schweren Kämpfen bei Lüneburg am 2. April 1813 war S. zusammen mit ihrer betagten Herrin, bei der S. seit ihrer Konfirmation um das Jahr 1807 in Diensten stand, in ein Kellergeschoß geflüchtet, von wo aus sie die vorbeiziehenden Kosaken mit Branntwein versorgte. Unter Lebensgefahr und im »Kugelregen« ließ S. dann am Neuen Tor, am Westrand von Lüneburg, den seitens der französischen Infanterie bedrängten preußischen Füsilieren Munition aus einem liegen gebliebenen Train zukommen. Dabei soll S. laut Zeitzeugenaussagen bis zu fünfmal große Mengen Gewehrmunition in ihrer Schürze den preußischen Füsilieren »zugeschanzt« haben. Bei den für Preußen sieggekrönten und gleichzeitig heftigen Gefechten bei Lüneburg an diesem 2.4. 1813, einem Freitag, mußte auch der französische General Morand sein Leben lassen. Letztlich aber korrespondierte der siegreiche »Volkskrieg« Preußens am »Westufer« der Elbe mit dem Scheitern des Planes Napoleons I., im Frühjahr 1813 die Alliierten zu einer »Umfassungsschlacht« zu stellen. Als die Kämpfe am Abend des 2. April 1813 abebbten, hat sich S. sogleich der selbstlosen Verwundetenversorgung in der Stadt Lüneburg verschrieben. Johanna S.s »tausendmal« bezeugter Wahlspruch war: »Hab' immer eines Helden Muth!/ Vertrau' auf Gott! Es wird schon gut/In allem Trübsal werden!«. Ihr bald als »Das Mädchen von Lüneburg« vorauseilender Ruf hat S. den Zutritt zu der damals elitären Berliner Offizierswelt eröffnet. Die unerschrockene und der Furcht trotzende Frau verkehrte rasch in Kreisen eines General Tettenborn, Major von Reiche, Karl August Varnhagen von Ense und Friedrich Ludwig Jahn. Offensichtlich wurde auch der (vom Calvinismus) wieder zum lutherischen Glauben konvertierte König Friedrich Wilhelm III. († 1840) auf S. aufmerksam. Später ward in einer Art »nationaler Überhöhung« Johanna Stegen in Geschichtsschreibung wie in darstellender Kunst als auch in der Belletristik zu der »deutschen Jeanne d'Arc« »emporgehoben«. Sowohl in Berlin als auch in Lüneburg (bei der Bastion) wurden für Johanna S. Denkmäler errichtet. — S. heiratete am 28.9.1817 den mittlerweile vom Freiwilligen Jäger im Reicheschen Regiment zum Technischen Leiter des Königlichen Lithographischen Instituts in Berlin avancierten Wilhelm Hindersin. Die liberale Vossische Zeitung schrieb im politischen Teil am 15.1. 1842 anläßlich des Todes von S.: »Am 12. d.M. starb hier Johanna Hindersin, geb. Stegen, aus Lüneburg. Sie war es, die... im Treffen bei Lüneburg am 2. April 1813 [...] den preußischen Jägern... unermüdlich Kugeln zuführte, und nicht wenig zum Erfolge dieses für die Preußen so glücklichen Kampfes beitrug...«, während wenig später Oberkonsistorialrat Nolte in einem vom 11.5.1842 datierten Brief an Varnhagen von Ense vor allem die »Gottesfurcht«, den »Sinn für Wahrheit« sowie die beständige »Rechtschaffenheit« von J.S. hervorhob.

Werke: Briefe, Gedichte und Erzählungen der Johanna Stegen, nachgewiesen im Nachlaß Johanna Stegen, Stadtarchiv Lüneburg, Nr. 1-12, u.a. 19 S. Erzählung Johanna Stegens über ihre Heldentat in Lüneburg 1813 bis zu ihrer Ankunft in Berlin; Teilnachlaß im »Museum für das Fürstentum Lüneburg«. Zahlreiche Briefe erschienen im Druck als »Appendix« in verschiedenen Monographien über J. Stegen.

Lit.: W. Scheerer: Johanna Stegen oder Die Jungfrau von Lüneburg. National-Schauspiel in drei Acten von Wilhelm Scheerer, Berlin 1829; — H.F. Maßmann: Der zweite April 1813 und Johanna Stegen, das Mädchen von Lüneburg. Zur fünfzigjährigen Jubelfeier in's Gedächtnis gerufen, Lüneburg 1863; — A. Hofmeister: Johanna Stegen (1793-1842). In: Allgemeine Deutsche Biographie, Bd. 35, Leipzig 1893, 560-562; — E. Arfken: Johanna Stegen, die Heldin von Lüneburg. Eine historische Erzählung aus Lüneburgs schwerster Zeit. Unter Benutzung von Maßmanns, Varnhagens und Volgers diesbezüglicher Aufzeichnungen, Bitterfeld und Leipzig 1905; — R. Tramnitz: Johanna Stegen. Ein deutsches Mädchen. Trauerspiel in fünf Akten von Rudolf Tramnitz, Düsseldorf 1912; — M.M.H. Görlich-Hindersin: Johanna Stegen anno 1813. Ein deutscher Heidegesang, Berlin 1913; — W. Reinecke: Geschichte der Stadt Lüneburg, Bd. 2, Lüneburg 1933, 402-432; — W. Reinecke: Die Straßennamen Lüneburgs, Hildesheim und Leipzig² 1942, 63f; — H. Kullnick: Berliner und Wahlberliner. Personen und Persönlichkeiten in Berlin von 1640-1914, Berlin o.J. (1961), 82; — W. Mogk: Hugenotten in Lüneburg: Jean (de Casaucau) de Soubiron. Ein Beitrag zum Assimilierungsprozeß im Réfuge. In: Lüneburger Blätter, Heft 23, 1977, 101-113; — V. Regling: Grundzüge der Landkriegführung im Absolutismus und im 19. Jahrhundert. In: Deutsche Militärgeschichte in sechs Bänden 1648-1939, Bd. 6, Abschnitt IX, Herrsching 1983, 11-421; — Friedrich Wilhelms III. Aufruf zur nationalen Erhebung »An mein Volk« vom 17.3.1813. In: Deutsche Geschichte in Quellen und Darstellung, Bd. 6, Von der Französischen Revolution bis zum Wiener Kongreß 1789-1815, hrsg., von W. Demel und U. Puschner, Stuttgart 1995, 412-416; — F. Akaltin: Die Befreiungskriege im Geschichtsbild der Deutschen im 19. Jahrhundert, Frankfurt am Main 1997, passim; — K. von Soden: Kamerad, ich bin ein Mädchen. Vor 185 Jahren fiel Eleonore Prochaska als Soldat. In. Frankfurter Rundschau, Nr. 283, 5.12.1998, ZB5; — R. Köpping: Sachsen gegen Napoleon. Zur Geschichte der Befreiungskriege 1813-1815, Berlin 2001; — M. Peters: Rezension von Hartwig Notbohm: Geschichte der Französisch-Reformierten Gemeinde in Lüneburg 1684-1839, Lüneburg 2001. In: Jahrbuch der Gesellschaft für niedersächsische Kirchengeschichte, 100. Bd., Blomberg/Lippe 2002, 326f; — M. Kleinfeld: 200 Jahre Artlenburger Konvention. Die Kapitulation der kurhannoverschen Truppen an der Elbe im Juli 1803. In: Harburger Kreiskalender 2005, Hamburg-Harburg 2004, 67-82; — Johanna Stegen (1793-1842). In: Saur World Biographical Information System Online: http://db.saur.de.proxy.nationallizenzen.de/WBIS/basicSearchResult.jsf, 12.1.2008.

Michael Peters

STERNJUK, Volodymyr, griechischkatholischer Erzbischof von Lemberg, * 12.2. 1907 im Dorf Postomyty/Ukraine † 29.9. 1997 in Lemberg/ Ukraine. Er ist in einer Priesterfamilie geboren. Sein Vater Volodymyr war griechischkatholischer Ortspfarrer in Pustomyty, Administrator in Lesnivka (Leśniówka) und Dekan von Ščyrec (Szczyrzec). Seine Mutter war die Schwester von Jevhen Konovalec, eines bekannten ukrainischen Nationalist, Mitglied der

Organisation Ukrainischer Nationalisten. V.S. besuchte zuerst die Schule in Pustomyty und nach zwei Jahre Volksschule in Lemberg. Dort besuchte er auch Gymnasium. Seit 1921 war er Alumne am Kleinen Seminar der Redemptoristen in Belgien. Bei Redemptoristen legte er die zeitlichen (1928) und ewigen Gelübde (1931). Als Redemptorist studierte er Philosophie und Theologie. 1931 empfing er Priesterweihe im bysantinischen Ritus. Nach der Weihe V.S. arbeitete als Konsultor in der Gemeinschaft. 1933 kehrte er nach Polen und wurde in Hološkov (Głuszków) bei Lemberg eingesetzt im Redemptoristenkloster. Im Kurz danach umsiedelte er nach Kovel und arbeitete dort als Missionar in Wolhynien (Wołyń). 1935 wurde er nach Stanislavov und zurück nach Kovel versetzt. In Kovel bleibte er fast bis zum 2. Weltkrieg. Vor dem Ausbruch des Krieg umsiedelte er nach tarnopil, wo bleibte er bis 1941, wann versetzte er ins Kloster des Hl. Klemens in Lemberg als Archimandrit. 1946, nach der Pseudo-Synode von Lemberg, musste er ins Kloster in Zboiska bei Lemberg kommen. Nach Aufgehobung dieses Kloster arbeitete V.S., durch Protektion, als Bibliothekar an der Universität in Lemberg. Im gleichen Jahr wurde er verhaftet und an der Zielona Strasse in Lemberg erlebte er seine erste Katorga. Er bekam 5 Jahren Gefängnis. Dorf Jarčevo in der Oblast Archangelsk war der erste Ort seiner Verurteilung. Hier er arbeitete an der Eisenbahn und beim Roden des Waldes. An seinem Heimatort Pustomyty kehrte er im 1952 zurück. Jeden Tag fuhrte er nach Lemberg wo arbeitete erals Wachter im Stadtpark. Danach arbeitete er als Buchhalter in Snilov (Śniłów) und endlich als Sanitäter. Diese Arbeit gab ihm die Möglichkeit, den Kranken pastoral zu helfen (er nahm die Beichte ab, tauftete Kinder, segnete Ehepaar. Im Jahre 1964 Bischof V. Velyčkovskyj wählte ihn als sein Assistent und 3 Jahre später S. wurde auf dem Bischof ordiniert und einquartierte in Lemberg. Nach dem Verhaften und nach dem Tod des Bischofs Velyčkovskyj auf der Auswanderung, S. stand an der Spitze der Griechisch-Katholischen Kirche in der Sowjetukraine und erhielt den Titel Wächter des Thron des Metropoliten. Sein einzige Sorge war ein Mangel der Priester. Ferner nicht zahlreich Kandidaten in das Priestertum verstanden polnisch und lateinisch nicht und S. musste selber die Texte ins Ukrainische übersetzen. Im 1974 Agenten des KGB sprengte das Haus des Erzbischofs an. Sie schmiegte auch eine Provokation, um ihn zu blamieren und seine sittliche Autorität zu untergraben. Die Provokation brachte aber keinen Erfolg. Der altehrwürdige Erzbischof besorgte auch um neue Bischöfe für verfolgte Kirche. Er konsekrietre in dem Geheimnis seinen Nachfolger und zwei andere Bischöfe. Er musste auch eine Spannung in der Kirche auf dem Hintergrund der liturgischer Reform nach dem Vatikanischekonzil mildern. Konflikt galt auch eine Frage des Aufnehmen in die Arbeit der Veruntreuerpriester. Obwohl er repräsentierte die konservative Richtung, konnte er als Statthalter des Oberhauts der Griechisch-Katholischen Kirche nich mehr nach 1988 schweigen. Am 23 Januar 1990 Erzbischof S. rief eine Synode zusammen und verdammte Pseudo-Synode von 1946. Er wurde auch Vorsitzender der griechischkatholischen Seite in der zweiseitigen Kommission für Kontakte zwischen der Orthodoxen und der Unierten Kirche. Im Jahr 1990 reiste er nach Rom und dort eine Teilnahme nahm in der Synode der ganzen Griechisch-Katholischen Kirche. Erzbischof S. als größt ein Rang auf Ukraine ein Würdenträger Hirtenbriefe steuerte in die Geistlichkeit und treu sowie er versuchte kanonische Ordnung wiederzuführen. Diese Ordnung wurde in dem Zeitraum der Hetze der Kirche nieder gerissen. Am 30 März 1991 kam in die Ukraine Grossmetropolit von Lemberg Kardinal Myroslav Ljubačivskyj an und S. ging in den Ruhestand. Der Ruhestand war für ihn Notwendichkeit, nicht eigene Wahl und Proteste bei den Gläubigen und Priester aus der Katakombenzeit rief hervor. Sie titulierten ihn weiter »Unser Patriarch«. Seine letzte Pontigfikalliturgie feierte Erzbischof S. bei der Wallfahrt in Rudna bei Lemberg. Am 12 Juli 1997. Am 29 September 1997 er starb im Alter von 91 Jahren. Sterbliche Überreste des Erzbichofs S. wurden am 2 October 1997 zur Ruhe in der Krypta der Jurij-Kathedrale in Lemberg beigesetzt.

Lit.: Bociurkiv B., Ukrajinska hreko-katolycka cerkva v katakombach (1946-1989), »Kovčeh«, 1993; — Cymbalistyj V., Archijepyskop zi Lvova Kyr Volodymyr Sternjuk - hostiem torontskoji jeparchiji, »Svitlo«, 1991, Teil 7-8; — Ders., Na mnohaja lita Vladyko, »Svitlo«, 1991, Teil 7-8; — Ders., Povorot Vierchovnoho Archijepyskopa Myroslava Ivana Lubačivskoho na mytropolyčyj prestol u Lvovi,

»Svitlo«, 1991, Teil 3; — Ferenc O.I., Ternystym šlachom do zirok, »Patriarchat«, 1997, Teil 11; — Gudzjak B., Relihijne žyttia v Ukrajini u perši piat rokiv nezaležnosti, Lviv 2000; — Hajda R.M., Vražennja iz zjizdu »Ukrainska Molod Chrystovi«, »Patriarchat«, Teil 9; Haliv M., My holodujemo za lehalizaciju UKC, »Patriarchat«, 1989, Teil. 10; — Ders., Našy dumky z pryvodu lehalizaciji, 1990, Teil 4; — Ders., Pidderžujemo stanovyšče Ukrajinskych vladyk, »Patriarchat«, 1990, Teil 5; — Ders., Vatykanska delehacija u Moskvi i Synod UKC u Lvovi, »Patriarchat«, 1990, Teil 3; — Ders., Vsevyšnij Hospod vysluchav našych molytov, »Patriarchat«, 1990, Teil 1; — Hreko-katolykam v Ukrajini dozvoleno rejestruvatys. Zajava Rady v spravach relihij pry RM SRSR, »Patriarchat«, 1990, Teil 1; Jepyskopy UHKC v Ukrajini pro rozmovy katolycko-pravoslavnoji komisiji, »Patriarchat«, 1990, Teil 5; — Komunikat Joho Vysokopreosviaščenstva Vladyky Volodymyra Sternjuka, »Patriarchat«, 1992, Teil 7-8; — Kryvak B., Mnohaja i blahaja lita, Vladyko!, »Meta«, 1997, Teil 3; — Martyrolohija ukrajinskych cerkov, Bd 2, Ukrajinska katolycka cerkva. Dokumenty, materialy, Toronto-Baltymor 1985; — Marunčak M., U 85-littja mytropolyta Vołodymyra Sternjuka, ispovidnyka viry, »Patriarchat«, 1992, Teil. 4; — »Moskovskije Novosti«, 1989, 11 ijunia; My holodujemo i molymos (Zajava holodujučych u Moskvi), in: Lipopys Holhoty, Bd 2. Represovna Cerkva, Drohobyč 1994; — Mytropolyt Vołodymyr. Pastyrskyj šlach ternystyj, in: Litopys Holhoty Ukrajiny, Bd 2, Represovana Cerkva, Drohobyč 1994; — Nabywaniec S., Arcybiskup Wolodymyr Sterniuk (strażnik Tronu Metropolitalnego Większego we Lwowie, w: Ku prawdzie w miłości. Księga pamiątkowa poświęcona Księdzu Biskupowi Profesorowi Janowi Śrutwie, red. S. Koczwara, Lublin 2002; — Ders., Erzbischof Volodymyr Sternjuk - Administrator Ecclesiae Archiepiscopalis Maioris in Lemberg, »Ostkirchliche Studien, Augustinus-Verlag-Würzburg, Bd 52, April 2003, H. 1; — Ders., »Nasz metropolit« - arcybiskup Wołodymyr Sterniuk, »Zbirnyk Prac«. Ukrajinsko-polski vidnosyny: včora i siohodni«, T. 3:2007; »Ogoniok«, 1989, Nr 38; Promova vladyky Volodymyra, »Patriarchat«, 1990, Teil 9; — Perehovory Rosijskoji Pravoslavnoji Cerkvy z UKC perervani, »Patriarchat«, 1990, Teil 4; — Sviatkuvannja juvileju Archiepyskopa Volodymyra Sterniuka, »Patriarchat«, 1992, Teil. 4; — Synod Jepiskopiv UHKC u Lvovi, »Patriarchat«, 1992, Teil 9; — Ukrajinsky vładyky u Moskvi, in: Litopis Holhoty Ukrajiny, Bd 2. Represovna Cerkva, Drohobyč 1994; — Upokoj dušu usopšoho sluhy Tvoho Archijepyskopa Volodymyra, »Patriarchat«, Teil 12; — V interesach myru i vzajemorozuminnia miž virujučymy, »Radianska Ukrajina«, 1990, Teil 16; — »Vira batkiv«, 1990, sičen; Zajava Błažennišoho Myroslava Ivana Lubačivskoho, »Patriarchat«, 1990, Teil 1; — Zajava Iryny Kalynec, »Patriarchat«, 1990, Teil 6; — »Z namy Boh«, 1990, Teil 1; — Zvernennja čtorochstoronnoji komisiji dla normalizaciji vidnosyn miž pravoslavnymy i katolykamy schidnoho obriadu, »Patriarchat«, 1990, Teil 5.

Stanisław Nabywaniec

STIEBAR, Johann Achaz Freiherr von, Propst des Kollegiatstifts Eisgarn; * 30. April 1755 auf Schloß Wiesenreith bei Niedernondorf (Niederösterreich), † 22. Januar 1855 in Eisgarn (Niederösterreich). — S. stammte aus einer im 16. Jh. zunächst nach Bayern und später nach Niederösterreich ausgewanderten Seitenlinie des 1253 erstmals urkundlich bezeugten und seit 1483 in Buttenheim (Oberfranken) ansässigen Adelsgeschlechts. Sein Vater Johann Christoph Freiherr von Stiebar war Inhaber der Herrschaften Wiesenreith, Artstetten und Gresten und gehörte seit 1757 dem niederösterreichischen Herrenstand an; seine Mutter Josepha, verw. Freifrau Wucherer von Huldenfeld, war eine geb. Edle von Germetten. Seine Ausbildung absolvierte S. zunächst am Stiftsgymnasium in Kremsmünster, danach am Lyzeum der Jesuiten in Linz. 1773 trat er in Wien dem Orden der frommen Schulen (Piaristen) bei, in dem er am 4. Mai 1779 die ewige Profeß ablegte. Zuvor unterrichtete er bereits an den ordenseigenen Schulen in Horn, in der Wiener Josefstadt sowie am gleichfalls in Wien gelegenen Löwenburgischen Konvikt. Am 16. Mai 1779 empfing er die Priesterweihe. Seine Primiz feierte er am darauf folgenden 31. Mai in der Pfarrkirche von Artstetten. Von 1779 bis 1787 wirkte er als Professor am Piaristengymnasium in der Wiener Josefstadt, von 1787 bis 1791 als Rektor des dortigen Piaristenkollegs und Pfarrer von Maria Treu. 1790 wurde ihm die unter dem Patronat eines Verwandten stehende Pfarrei Gresten angetragen, woraufhin er mit kirchlicher Erlaubnis den Piaristenorden verließ und fortan als Weltpriester der Diözese St. Pölten zugehörte. 1794 (anderen Quellen zufolge bereits 1791) wurde er zum Dechanten und Schuldistrikt-Aufseher des Dekanats Scheibbs mit dem Titel Konsistorialrat bestellt. 1802 übernahm er die zum Dekanat Waidhofen/Thaya gehörende Pfarrei Heidenreichstein, wo ihm 1813 ebenfalls das Amt des Dechanten und Schuldistrikt-Aufsehers anvertraut wurde. 1815 schließlich wurde er im Namen von Kaiser Franz I. als Propst des Kollegiatstifts und Pfarrer von Eisgarn präsentiert; die damals noch übliche Benediktion samt Verleihung der Pontifikalien erhielt er in Wien aus der Hand von Erzbischof Sigismund Graf von Hohenwart. In Eisgarn machte sich S. insbesondere um die Erhaltung und Ausstattung der infolge von Josephinismus und Säkularisation in Mitleidenschaft gezogenen Stiftskirche verdient. 1833 ließ er den barocken Hochaltar im neugotischen Stil ersetzen, 1842 das Orgelwerk erneuern. Als Ersatz für den 1809 staatlicherseits konfiszierten Silberschatz der Propstei schaffte er unter anderem einen neuen Hirtenstab und einen 1832 datierten Kelch an, die beide bis heute erhalten sind. Infolge der Verfassungsreformen von 1848 mußte er erleben, daß der Propstei die ihr bis dahin zukommenden Aufgaben als zivile Verwaltungsbehörde und lokale Gerichtsinstanz von Eisgarn und Umgebung entzogen wurden, während er selbst Sitz und Stimme im niederösterreichischen Landhaus verlor, dem er zuvor als Vertreter des Klerus kraft Amtes angehört hatte. Zeitlebens widmete sich S. mit besonderer Hingabe der Schule; bis in sein neunzigstes Lebensjahr pflegte er regelmäßig an der Eisgarner Volksschule zu unterrichten. Darüber hinaus zeigte er ein reges Interesse an den jeweils neuesten Erkenntnissen der Natur- und Geisteswissenschaften. »In der langen Reihe der Pröpste zu Eisgarn glänzt« S. »unstreitig als Stern erster Größe. Wäre von ihm auch sonst nichts zu melden, so gehörte er schon wegen seines ungewöhnlich hohen Alters und der damit verbundenen körperlichen und geistigen Frische zu den merkwürdigen und seltenen Personen« (Kirchbl.). 1829 beging er in Artstetten sein 50jähriges Priesterjubiläum, 1837 in Eisgarn sein 50jähriges Amtsjubiläum als Pfarrer. Erst nachdem er 1845, nach Vollendung seines neunzigsten Lebensjahrs, auf das Dechantenamt verzichtet hatte, begann er sich infolge einer fortschreitender Sehschwäche sukzessive aus der Öffentlichkeit zurückzuziehen. Nach wie vor feierte er jedoch täglich die heilige Messe und spendete regelmäßig das Bußsakrament, beides zuletzt in der eigens für ihn eingerichteten Hauskapelle. Am 30. April 1854 wurde der Beginn seines hundertsten Lebensjahres feierlich begangen. Nachdem er bereits 1837 vom Kaiser mit dem Ritterkreuz des Leopold-Ordens ausgezeichnet worden war, erhielt nun auch noch das Komturkreuz des Franz-Joseph-Ordens. Er starb im 100. Lebens- und 77. Priesterjahr und wurde auf dem Friedhof in Eisgarn beigesetzt. Sein Andenken bewahren unter anderem ein in der Stiftskirche angebrachtes Epitaph sowie sein Portrait im Pröpstezimmer. In einem ihm gewidmeten Nachruf heißt es wörtlich: »Die Kirche verlor einen ihrer treuesten Diener, der Staat einer seiner bravsten Bürger, die Propstei Eisgarn eine Zierde, der Klerus ein Vorbild, die Menschheit einen Freund« (Kirchbl.).

Lit.: Johann Grübel, Die Propstei Eisgarn (Schluß), in: Wiener Kirchenzeitung 7 (1854), 428-430, 429-430; — S. Kirchbl. (?), Freiherr v. Stiebar, in: Wiener Kirchenzeitung 8 (1855), 107-108; — Wurzbach, Constant von, Stiebar auf Buttenheim, in: Biographisches Lexikon des Kaiserthums Österreich, Achtunddreißigster Theil (Stehlik-Stietka), Wien 1879, 342-346; — Alois Plesser, Beiträge zur Geschichte der Propstei und Pfarre Eisgarn, in: Bischöfliches Ordinariat der Diözese St. Pölten (Hrsg.), Geschichtliche Beilagen zum St. Pöltener Diözesanblatt, Band VIII, St. Pölten 1907, 1-74, 63-66; — Ulrich Küchl, Zur Geschichte des Kollegiatstiftes »Propstei Eisgarn«, in: Marktgemeinde Eisgarn (Hrsg.), 50 Jahre Markterhebung / 650 Jahre Propstei Eisgarn, Eisgarn 1980, 17-33, 24.

Wolfgang F. Rothe

STREICHER, Agatha, * 1520, † 1581 in Ulm. Sie gehörte zu den wenigen Frauen ihrer Zeit, die in anerkannterweise den Beruf einer Ärztin ausübten. Von ihrem Bruder, dem Ulmer Arzt Dr. Augustin Streicher († 1563), ein Paracelsist, dürfte sie in die Geheimnisse der ärztlichen Kunst eingeführt worden sein. Im Jahre 1561 leistete sie im Gegensatz zu ihrem Bruder den Ulmer Ärzteeid. Ihr Ruhm war so groß, daß sogar die Bischöfe von Straßburg und Speyer und deren Verwandte bei ihr in Ulm oder Söflingen zur Kur waren, obwohl es bekannt war, daß sie der Gemeinschaft der Schwenkfelder angehörte. Sie war es auch, die den Spiritualisten Kaspar Schwenckfeld von Ossig medizinisch betreut und ihn bis zu seinem Tode am 10.12. 1561 in ihrem Ulmer Haus versorgt hatte. Manchmal ging die ärztliche Behandelung einher mit einem Missionierungsversuch, so 1572 an der Frau des Markgrafen Karl von Baden. Im Jahre 1576 wurde sie an das Krankenbett des Kaisers Maximilian II. nach Regensburg gerufen, nachdem seine Leibarzte nichts mehr ausrichten konnten. Von diesen wurde sie mit den übelsten Attributen belegt. Aber auch ihrer Kunst waren Grenzen gesetzt. Wegen ihres Erfolges und Bekanntheitsgrades blieb sie in Ulm unbehelligt. Erst nach ihrem Tode wurde die gesamte schwenkfeldische Gemeinde der Stadt verwiesen. Ein Kirchenlied in dem Gesangbuch von Adam Reisner nennt sie als Autorin.

Lit.: Ilse Schulz: verwehte Spuren. Frauen in der Stadtgeschichte. Ulm 1998; Lore Sporhan-Krempel: Agatha Streicher, die Ärztin von Ulm. Ulm und Oberschwaben 35

(1958), 174-180; — Lauter Frauen, aufgespürt in Baden-Württemberg. Stuttgart 2000, 161f.

Heinz-Peter Mielke

SUCKER, Wolfgang Friedrich Heinrich, * 21.8. 1905 Liegnitz, † 30.12. 1968 Darmstadt, Pfarrer und 2. Kirchenpräsident der Evangelischen Kirche in Hessen und Nassau. — Wolfgang Sucker, am 21.8. 1905 als Sohn der Margarete (geb. Wiesner) und des Bankbeamten Heinrich S. im oberschlesischen Liegnitz (heute polnisch Legnica), geboren, besuchte Volksschule und Hindenburg-Gymnasium in Beuthen (heute polnisch Bytom) und studierte nach dem Abitur am Friedenauer Gymnasium 1924-1930 in Berlin, Greifswald, Berlin und vor allem Gießen evangelische Theologie, Geschichte und Germanistik. Seit Hauptinteresse galt - es war die Zeit der Jugendbewegung - der evangelischen Jugendkunde und evangelischen Erziehungswissenschaft, in Gießen von Leopold Cordier (1887-1939, vgl. BBKL 1 (1990) 1127f.) gelehrt. Freundschaft schloß er mit dem jungen Professor für Kirchengeschichte und christliche Archäologie Heinrich Bornkamm (1901-1977). Weitere Kontakte knüpfte er in der Studentischen Verbindung Schmalkaldener Kartell, in Gießen durch den Akademisch-theologischen Verein (A.Th.V.) repräsentiert. Nach dem 1. Theologischen Examen besuchte S. 1930/31 das Predigerseminar in Friedberg/Hessen und wurde am 14.6.1931 zum Pfarrer ordiniert. Zunächst wirkte er an der als Pfarrassistent an der Stadtkirche und an der Friedenskirche in Offenbach/Main. 1933 heiratete er Anna Dorothea Schaffner und wurde Studentenpfarrer in Gießen. Anteilnahme sowie der Wunsch nach geistlichem Zugang und Möglichkeit korrigierender kirchlicher Prägung bestimmten seinen Eintritt in die SA und seinen kurzzeitigen Anschluß an die »Glaubensbewegung Deutsche Christen«. 1934 wechselte er an die Hochschule für Lehrerbildung im pommerschen Lauenburg. Gegen die völkische Idee und drohende Entchristlichung kämpfte er hier bis zur Schließung 1939 im Rahmen seiner Dozentur für evangelische Theologie und Methodik des Religionsunterrichtes für die Geltung des christlichen Glaubens. Seine volksmissionarischen Vorträge - u.a. versuchte er die Politiker von Bismarck, von Roon und Hindenburg als handelnde Christen darzustellen - zogen Boykott und Redeverbot außerhalb der Hochschule nach sich. Gleichzeitig wurde er durch Anstoß von Bornkamm 1937 im Zentralvorstand des Evangelischen Bundes aktiv. Seine Berufung als Nachfolger Cordiers auf die Professur nach Gießen scheiterte, die Zusammenarbeit mit dem Evangelischen Preßverband neben den auch literarisch engagierten Theologen Kurt Ihlenfeld (1901-1972) und Jochen Klepper (1903-1942, vgl. Roland Böhm, Art. Klepper, in: BBKL 4 (1992) 39-41) und die kurze Lehrtätigkeit in Berlin am Domkandidatenstift und die Absicht eines Wechsels in die Kirche der Altpreußischen Union wurden durch seine Einberufung zur Wehrmacht im Juni 1940 jäh unterbrochen. Nach Diensten im Landesschützenbataillon und im Kriegsgefangenenlager wurde er 1943 im Wachbataillon 591 bei der Schlacht um Char'-kov eingesetzt. Am 11. Mai 1945 ging er in amerikanische Kriegsgefangenschaft, aus der er nach einem Monat wieder entlassen wurde. Wenig später übernahm er die Leitung der evangelischen Gemeinde in der Arbeiterwohnstadt Weiterstadt bei Darmstadt. Die Sorge um den leidenden Mitmenschen und dessen Sinnfrage stand nun im Zentrum seiner Tätigkeit als Pfarrer. Die dreifache vom äußeren Weltgeschehen erfolgte existentielle Erschütterung der Menschen seiner Generation - Weltwirtschaftskrise, Totalitarismus und Krieg samt Folgen - sah er als eine Aufgabe Gottes zur Ausbildung von tieferer verstehender Menschlichkeit und Hinwendung zum Glauben. Anfang 1947 wurde S. als Pfarrer in die Evangelische Kirche in Hessen und Nassau (EKHN) übernommen, im März konnten endlich seine Frau und vier Kinder aus dem Flüchtlingslager in Nord-Jütland/Dänemark zu ihm zurückkehren. Er wurde nun Leiter des Katechetischen Amtes für Starkenburg in Bensheim. Im September wurde er zum Vorsitzenden des Evangelischen Bundes - Landesverband Hessen und Nassau gewählt und übernahm schließlich 1949 die Leitung des auf seine Initiative hin 1947 von demselben gegründeten Konfessionskundlichen Institutes in Bensheim/Bergstraße. Im April 1950 wurde er in die Kirchenleitung der EKHN gewählt, im März 1957 zum Stellvertretenden Kirchenpräsidenten. Es waren Jahre loyaler und guter Zusammenarbeit mit dem mitunter schwierigen weil unkonventionell-konfrontierenden Wilhelm Niemöller (1892-1984, vgl. Carsten Nicolaisen, Art. Niemöller, in: BBKL 6 (1993) 735-748). Kurz darauf wurde er 1959 Vizepräsident des Evangelischen Bundes, Ende 1963 als Nachfolger Bornkamms auch sein Präsident. Nach der Amtsniederlegung Niemöllers im Sommer 1964 wurde S. am 3. November von der Hessen-Nassauischen Kirchensynode zum 2. Kirchenpräsidenten der EKHN gewählt. Bereits 1955 erhielt S. den Ehrendoktor der Universität Marburg. Als Honorarprofessor für Kirchenkunde unterrichtete er 1960-1963 an der Universität Mainz. Einen Ruf auf die Marburger Professur für Praktische Theologie im Jahre 1964 lehnte er ab. 1966 wurde S. Mitglied der Bildungskommission des Deutschen Bildungsrates. Im Juli 1968 gründete die EKD auf seine Anregung hin eine Kammer für Kulturpolitik und Bildungsfragen. — Fruchtbar geworden ist für den gebildeten und sprachgewaltigen S. der in seiner Jugend empfundene Kontrast zwischen der noch traditionell geprägten Religiosität in den Kleinstädten Schlesiens und der Berliner Großstadt, wo er vom späteren Bischof Otto Dibelius (1880-1967, vgl. BBKL 1 (1990) 1281-1283; Carsten Nikolaisen, Art. Otto Dibelius, in: TRE 8 (1981) 729-731; Robert Stupperich, Otto Dibelius. Göttingen 1989) konfirmiert wurde. So wurde für S. die (Innere) Mission im nachchristlichen Europa zum Lebensthema. Dieses entfaltete sich in den beiden Feldern der Religionspädagogik und der Kirchenkunde. Seine Einsicht in die Bedeutung von Institutionen führte ihn dazu, zwischen den Universitäten und den einzelnen Gemeinden angesiedelte vermittelnde, stärker der Praxis verpflichtete Einrichtungen zu etablieren, das Katechetische Amt und das vor allem dem Dialog mit der unverzerrt gesehenen Katholischen Kirche verpflichtete Konfessionskundliche Institut. In beiden gab er unermüdlich seinen richtungsweisenden Beitrag zur Beantwortung der Frage seines Nachfolgers Helmut Hild (1921-1999, vgl. Chr. Weise, Art. Hild, in: BBKL 28 (2007) 806-815): Wie stabil ist die Kirche?

Nachlaß: Der Nachlaß befindet sich Zentralarchiv der Evangelischen Kirche von Hessen und Nassau in Darmstadt. Vgl. vor allem ZA EKHN Best. 120A / 1055-1057.

Bibliographie: Materialdienst des Konfessionskundlichen Instituts 20 (1969) 16-18.

Selbständige Veröffentlichungen: Otto von Bismarck, ein Soldat Gottes. Berlin 1939; Albrecht von Roon, Preußens großer Kriegsminister. Berlin 1939; [2]1940 (Der Heliand 59); Hindenburg, Soldat und Christ. Berlin-Steglitz 1939; Die Gegenwartsbedeutung der reformatorischen Botschaft. Bensheim 1946; Friedrich Falk/W.S., Mein Schlesierland, mein Heimatland. Schlesische Erzählungen, Lieder und Sprüche. Berlin-Steglitz 1947; Über Konkordate. Materialien und Anmerkungen. Bensheim 1957; Von Gottes Offenbarung und des Menschen Antwort. Lüneburg 1958 (Aus der Arbeit des Evangelischen Bundes 8), Göttingen [2]1962; Die Mischehe. Handbuch für die evangelische Seelsorge. Göttingen 1959; Vertreibung und Versöhnung. Die Lage der Vertriebenen in Gesellschaft und Kirche. München ca. 1966; Kirche, Konfession, Diaspora. Kassel ca. 1969.

Aufsätze: Bismarck. Vom Glauben eines politischen Menschen, in: Wartburg 35 (1936) 81-92; 117-128; Eichendorff - ein deutscher Tröster, in: Eckart 13 (1937) 465-472; Zum Frankfurter Weg des Evangelischen Bundes über die Evangelische Kirche, in: Mitgliederblatt des Evangelischen Bundes 51 (1937) Nr. 11, 1f.; Nr. 12,1f.; 52 (1938) Nr. 1,2f.; Nr. 2,1f.; Nr.3,3f.; Nr.4,6f.; Nr.6,5f.; Ein unbekannter Bismarckbrief, in: Wartburg 38 (1939) 97-104; Bismarcks Kampf mit der Zeit, in: Eckart 16 (1940) 15-17; 41-43; Der deutsche Katholizismus 1945-1950, in: Kirchliches Jahrbuch 1951, 290-334; a.a.O., 1952, 236-376 [auch als Separatum]; Zur inneren Lage der katholischen Kirche, in: Materialdienst des Konfessionskundlichen Instituts 3 (1952) 1-7; 33-38; 65-70; Über Konkordate. Materialien und Analysen, in: Materialdienst des Konfessionskundlichen Institutes 6,2-3 (1955) 17-44; Zur Konkordatspolitik der katholischen Kirche, in: Monatsschrift für Pastoraltheologie 45 (1956) 373-377; Konvertiten, in: Hermann Mulert, Konfessionskunde. Die christlichen Kirchen und Sekten heute. Berlin [3]1956, 335-337; Das große Ja, in: Im Liche der Reformation 22 (1959) 55-76; Evangelische Fragen an das römische Konzil, in: Fritz Viering (Hrsg.), Das Wort Gottes und die Kirchen. Göttingen 1962 (Schriften des Evangelischen Bundes in Westfalen 4) 33-46; Diaspora und Konfession, in: Die evangelische Diaspora 34 (1963) 138-141; Das Evangelium - Die Kirchen - Das Konzil III, in: Im Lichte der Reformation 6 (1963) 45-49; Vereint im Leben - im Glauben geschieden, in: Deutscher Evangelischer Kirchentag Dortmund. Dokumente. Stuttgart-Berlin 1963, 325-333; Der römische Katholizismus der Gegenwart als Spannungsfeld und die evangelische Aufgabe, in: Deutsches Pfarrerblatt 64 (1964) 561-568; Die Zukunft der Kirche - Evangelisch? Katholisch? Ökumenisch?, in: Im Lichte der Reformation 8 (1965) 46-55; Das Vertriebenenschicksal, in: Erwin Wilkens (Hrsg.), Vertreibung und Versöhnung. Stuttgart-Berlin 1966, 47-58; Vorwort, in: Joachim Lell (Hrsg.), Erneuerung der einen Kirche. Festschrift für Heinrich Bornkamm. Göttingen

1966 (Kirche und Konfession 11) VII-XI; Martin Niemöller als Kirchenpräsident, in: Wilhelm Niemöller, Neuanfang 1945. Frankfurt 1967, 111-120 (Antworten 16); Brauchen wir ein evangelisches Konzil?, in: Frankfurter kirchliches Jahrbuch 1967, 75-81; Zum 450. Jahrestag der Reformation, in: Im Lichte der Reformation 11 (1968) 76-87; Die alte und die neue Reformation, in: a.a.O. 12 (1969) 5-12.

Lexikonartikel: Evangelischer Bund, in: Evangelisches Kirchenlexikon 1 (1956) 1209-1211; Hermes, in: Evangelisches Kirchenlexikon 2 (1958) 126; Beichte I. Im modernen Katholizismus, in: RGG^3 1 (1957) 969-971; Beran, Joseph, in: a.a.O., 1041; Betram, Adolf, in: a.a.O., 1071; Bibelkommission, in: a.a.O., 1183f.; Bibelverbot, in: a.a.O., 1224f.; Bibelverbreitung im modernen Katholizismus, in: a.a.O., 1225f.; Bonomelli, Geremia, in: a.a.O., 1361f.; Borromäus-Enzyklika, in: a.a.O., 1369f.; Bourrier, André, in: a.a.O., 1373; Eucharistischer Kongreß, in: RGG^3 2 (1958) 721f.; Exerzitien, in: a.a.O., 861f.; Fides Romana, in: a.a.O., 937; Freireligiöse Vereinigungen, in: a.a.O., 1118-1121; Gebetsmeinung, in: a.a.O., 1235; Hlond, August, in: RGG^3 3 (1959) 371; Hochschulen, konfessionelle II, in: a.a.O., 384; Innitzer, Theodor, in: a.a.O., 763f.; Katholizismus II, in: a.a.O., 1219-1226; Kirchengebote, in: a.a.O., 1420f.; Konvertiten, in: a.a.O., 1795-1798; Mindszenty, Josef, in: RGG^3 4 (1960) 960; Nordische Mission, in: a.a.O., 1517f.; Katholizismus, römischer, in: Franklin H. Littell u.a. (Hrsg.), Weltkirchenlexikon. Stuttgart 1960, 665-670; Pax Christi, in: RGG^3 5 (1961) 200; Pax Romana, in: a.a.O., 200f.; Propaganda-Kongregation, in: a.a.O., 607f.; Rock, der heilige, in: a.a.O., 1133f.; Segura y Sáenz, Pedro, in: a.a.O., 1652f.; Spellmann, Francis Joseph, in: RGG^3 6 (1962) 237; Stepinac, Aloys, in: a.a.O., 361f.; Suhard, Emmanuel Célestin, in: a.a.O., 520; Winfriedbund, in: a.a.O., 1733; Wyszynski, Stefan, in: a.a.O., 1851f. Katholizismus, römischer, in: Evangelisches Staatslexikon. Stuttgart 1966, 877-886.

Herausgeber: Quellen zur Konfessionskunde A und B. Lüneburg; Kirche und Konfession. Göttingen.

Lit.: Karl-Alfred Odin, Wolfgang Sucker - ein Mann konfessioneller Versöhnung, in: FAZ 31.12.1968; — Heinrich Bornkamm/Helmut Hild, In memoriam Wolfgang Sucker, in: Im Lichte der Reformation 13 (1970) 5-18; — Heiner Grote, Der Evangelische Bund als Arbeitswerk der Evangelischen Kirche in Deutschland (1945-1986), in: Walter Fleischmann-Bisten/Heiner Grote, Protestanten auf dem Wege. Geschichte des Evangelischen Bundes. Göttingen 1986, 165-236 (Bensheimer Hefte 65); — Erich Geldbach, Welt des Wandels - Treue zur Reformation: Wolfgang Sucker, in: Hubert Kirchner, (Hrsg.), Evangelisch und Ökumenisch. Göttingen 1986 (Kirche und Konfession 25) 93-105; — IBA (Munzinger Archiv) 7/1969; — Karl Herbert, Durch Höhen und Tiefen. Eine Geschichte der Evangelischen Kirche in Hessen und Nassau. Frankfurt/M. 1997; — Deutsche Biographische Enzyklopädie 9 (1998) 623; — Walter Fleischmann-Bisten, ... endlich den ökumenischen Charakter der Reformation begreifen. Das Vermächtnis Wolfgang Suckers (1905-1968), in: Evangelische Orientierung 6,3 (2005), 20; — Ders., »Eine neue Gemeinschaft evangelischer und katholischer Christen ist im Wachsen«. Wolfgang Suckers ökumenische Impulse, in: Materialdienst des Konfessionskundlichen Instituts 56 (2005), 74-77; — Holger Bogs/Alexandra Jordan, »Treue gegen Treue«. Wolfgang Sucker (1905-1968). Biografische Streiflichter, in: Holger Bogs (Hrsg.), Erziehung zum Dialog. Weg und Wirkung Wolfgang Suckers. Göttingen 2006 (Bensheimer Hefte 105), 17-49; — Hans-Martin Barth, Erst das Evangelium, dann die Ökumene! Zur Erinnerung an die ökumenische Bedeutung Wolfgang Suckers aus Anlaß seines 100. Geburtstags, in: a.a.O., 50-64; — Reinhard Frieling, Brauchen wir ein Evangelisches Konzil?, Wolfgang Suckers frühe Impulse für die Evangelische Stimme in Europa, in: a.a.O., 65-74; — Cordelia Kopsch, »... wir müssen alle Christenheit zum Evangelium rufen«. Wolfgang Suckers Bedeutung für die ökumenische Arbeit der Evangelischen Kirche in Hessen und Nassau, in: a.a.O., 75-93; — Karl Dienst, Kirche und Schule. Zu einem zentralen Thema Wolfgang Suckers, in: a.a.O., 94-140; — Walter Fleischmann-Bisten, »Die Aufgabe einer neuen Evangelisierung«. Wolfgang Suckers Beitrag zum missionarischen Erziehungsauftrag der Kirche, in: a.a.O., 141-154.

Christian Weise

T

TANNSTETTER, Georg, Astronom und Arzt, * Mitte April 1482 in Rain am Lech (im bayerischen Schwaben), † 27. März 1535 in Innsbruck. — Als Humanist führte er den Beinamen »Collimitius«. Er studierte in Ingolstadt, wo er 1501 Magister wurde. Danach unterrichtete er an der Universität Wien Astronomie. Daneben studierte er Medizin (1513 Dr.). Er wurde von Kaiser Maximilian I. und dessen Enkel König Ferdinand (und dessen Familie) als Leibarzt in Anspruch genommen. Gemäß den sog. »Dunkelmännerbriefen« von Ulrich Hutten gab es 1516 an der Wiener Universität mehr Humanisten (hier als »Reuchlinisten« bezeichnet) als anderswo; konkret werden u.a. Vadian, T. und Cuspinian genannt. Eine respektvolle Beziehung hatte T. auch mit Johann Eck, dem Gegenspieler Martin Luthers, und mit Matheus Lang, dem Erzbischof von Salzburg. — Die Leistungen des Humanisten T. liegen primär im Bereich der angewandten Mathematik (Astrologie, Astronomie, Kartographie); er edierte vor allem spät-mittelalterliche Universitätslehrtexte, deren Autoren in Wien oder nördlich davon tätig waren, also nicht z.B. in Italien. (Von einem Humanisten würde man eher die Edition antiker Texte erwarten, d.h. die Kluft zwischen Scholastik und Humanismus war weniger groß als oft dargestellt). Kaiser Maximilian I. veranlaßte 1501 auf Initiative von Konrad Celtis die Gründung des humanistischen »Collegium poetarum«, das anscheinend - entgegen der verbreiteten Annahme - den Tod von Celtis 1508 überdauerte. T. war einer der Lehrer. Die von Celtis gegründete »Sodalitas Danubiana« (Donaugesellschaft), ein Diskussionsforum humanistischer Lehrer und Studenten, wird um 1520 oft »Sodalitas Collimitiana« genannt. — Zur Vorgeschichte der Gregorianischen Kalenderreform (1582) gehörte auch ein Vorschlag aus Wien: Papst Leo X. bat Kaiser Maximilian um Unterstützung, dieser wandte sich an Andreas Stiborius und T. mit dem Auftrag eines Gutachtens, das dem Kalenderproblem durch zwei Änderungen begegnen wollte: Der Frühlingsbeginn soll auf einen bestimmten Tag festgelegt werden, und in je 134 Jahren sollte ein Schalttag ausgelassen werden (gedruckt 1515). — Im Februar 1524 gab es eine ungewöhnliche Häufung von Planeten-Konjunktionen im Tierkreiszeichen der Fische. Auf diesen Sachverhalt hatte der Tübinger Astronom Johannes Stöffler in seinen bereits 1499 erschienenen Ephemeriden hingewiesen, und für diesen Zeitpunkt »seit Jh.en ungekannte Veränderungen oder Umbrüche« vorhergesagt. Als dieses Jahr näherrückte, kam es zu der vielleicht intensivsten Diskussion der gesamten Astrologiegeschichte; an der Vielzahl gedruckter Schriften beteiligte sich auch T. mit einer Stellungnahme (1523, lat. und dt.). Gegen die extreme Erwartung einer neuen Sintflut argumentierte T. mit biblischen Ausssagen: Gott hat Noah versprochen, daß es keine Sintflut mehr geben wird, die Zeit für den Jüngsten Tag wissen wir nicht im vorhinein, und die Zerstörung der Erde am Ende der Zeit erfolgt durch Feuer und nicht durch Wasser. Aber T. versuchte auch eine empirische Überprüfung astrologischer Regeln, indem er ähnliche Planetenkonstellationen der Vergangenheit mit den gleichzeitig erfolgten Ereignissen verglich. Sein Ergebnis war negativ, da die historischen Aufzeichnungen über keine gleichzeitig erfolgten Katastrophen berichteten. Die Astrologie T.s bewegte sich in einem christlichen Denkrahmen, alle Ankündigungen standen unter einen theologischen Vorbehalt: »Ob Got will«. — T. war ein Pionier der Wissenschaftsgeschichtsschreibung. Seiner Edition astronomischer Tabellen von Georg Peuerbach und Johannes Regiomontan (1514) fügte er einen Aufsatz »Viri mathematici« bei, eine Art Katalog in der Tradition von Literaturgeschichten (genannt etwa »De viris illustribus«). Dieses chronologisch geordnete Mathematikerverzeichnis reicht von Heinrich von Langenstein (gest.1397) bis zu T. selbst, mit bio- und (tw.) bibliographischen Angaben zu insg. 26 an der Universität Wien wirkenden Astronomen/Mathematikern. In diesem Zeitraum hatte die Wiener Astronomie Weltgeltung. — In T.s Briefen an Joachim Vadian läßt sich seine Auseinandersetzung mit der Reformation nachvollziehen. Ab 1520 ist in Wien eine stärkere Auseinandersetzung mit Martin Luther erkennbar. Vadian, T.s Kollege in Wien, ging 1518 zurück in seine Heimat St.Gallen, und sein Briefwechsel mit T. hielt bis 1528 an. Vadian schloß sich dem reformatorischen Aufbruch an, T. reagierte vorsichtig. Öffentlich reagierte T. ablehnend (zu bedenken ist: er stand im Dienst der Habsburger!). In seinem »Anti-Sintflut-Schrift« (1523) ordnet er Luthers Initiative als Auflehnung ein und deutet an, daß er in seinem »Judicium« (Kalender) für das Jahr 1517 das Auftreten Luthers vorhergesagt hätte: In den »Widder-Ländern« (Deutschland und Polen) werden plötzlich Streit und Zank ausbrechen.

Werke: Tabulae Eclypsium Magistri Georgii Peurbachii. Tabula Primi mobilis Ioannis de Monte regio. Indices praeterea monumentorum, quae clarissimi viri Studii Viennensi alumni in Astronomia et aliis Mathematicis disciplinis scripta reliquerunt, Wien 1514 (darin: fol. aa3v-aa6v: Viri Mathematici quos inclytum Viennense gymnasium ordine celebres habuit); Super requisitione sanctissimi Leonis papae X. et divi Maximiliani ... De Romani Calendarii correctione Consilium, Wien o.J. (ca. 1515); Zu eren und gefallen dem ... herrn Ferdinando ... Auch zu trost seiner ... underthanen Lannden und leutten. ... Der leut hart furgenomene verwänung, so sy aus etlicher dy sich fur Astronomos ausgeben, vorsagung, von ainem kunfftigen Synfluß, und anndern greulichen vällen auffs XXIIII Jar gefast, abzuwenden, Wien 1523; (gleichzeitig lat.: In gratiam ... domini Ferdinandi ... Archiducis Austriae ... et ad consolationem populorum suae ... libellus consolatorius ... de futuro diluvio et multis aliis horrendis periculis XXIII anni, Wien 1523.

Lit.: Franz Graf-Stuhlhofer, Humanismus zwischen Hof und Universität. Georg Tannstetter (Collimitius) und sein wissenschaftliches Umfeld im Wien des frühen 16. Jahrhunderts (= Schriftenreihe des Universitätsarchivs 8), Wien 1996.

Franz Graf-Stuhlhofer

THIEDE, Carsten Peter. Literaturwissenschaftler und Historiker, * 8. August 1952, † 14. Dezember 2004. — Aufgewachsen in Berlin als Sohn eines Beamten (Stellvertretender Direktor einer Behörde, die sich mit den Ansprüchen der Staaten gegenüber dem Dritten Reich befaßte), studierte Th. Vergleichende Literaturwissenschaft, Geschichte, Anglistik und Mittellatein in Berlin. Sein sportliches Interesse am Volleyball führte in eine einige Jahre zum Team der Nationalmannschaft. Als Literaturwissenschaftler beschäftigte er sich besonders mit Reinhold Schneider; der 1970 gegründeten Reinhold-Schneider-Gesellschaft, die sich der Pflege des Erbes des deutschen katholischen Dichters Reinhold Schneider (1903-1958) widmet, stand er bis zum Tod als Präsident vor. Im Zusammenhang eines Postgraduiertenstudiums am Queens College in Oxford 1976 fand er Interesse an den neutestamentlichen Papyri. In diesen Jahren trat er in die Church of England ein. Nachdem er 1978 in Genf mit Lehrveranstaltungen in Vergleichender Literaturwissenschaft begonnen hatte, brachen die Kontakte nach England nicht ab. Als er 1982 seine Frau Franziska Campbell, eine Mitarbeiterin des Agrarministeriums, heiratete, verlegte seinen Lebensmittelpunkt nach London. Fortan publizierte er und produzierte für das Fernsehen Beiträge und arbeitete für das Institut für germanistische Studien. 1984 wurde er als Lektor der anglikanischen Kirche anerkannt und predigte fortan an der St. Margaret's-Church in Roehampton. Nach seiner Rückkehr nach Deutschland wirkte er seit 1988 an der Christlichen Medienakademie in Wetzlar als Studienleiter, wechselte dann aber zum Wuppertaler R. Brockhaus-Verlag als Lektor. Zeitgleich war er Mitarbeiter beim ERF. Zu Beginn der 1990er Jahre zog er nach Paderborn, wo er von 1993 bis 1998 das Institut für wissenschaftstheoretische Grundlagenforschung des Deutschen Instituts für Bildung und Wissen in Paderborn leitete. Bei den britischen Truppen wirkte er seit 1992 zunächst als Prediger und wurde nach seiner Ordination durch den Militärbischof John Kirkham im Jahr 2000 erster deutscher Militärkaplan der britischen Armee. — Anerkannt wurde seine theologische Arbeit durch Lehraufträge für Umwelt und Zeitgeschichte des Neuen Testaments etwa an der Staatsunabhängigen Theologischen Hochschule (STH) Basel oder an der Ben-Gurion-Universität in Beer-Sheva Geschichte. Für die Baseler Hochschule leitete er auch Ausgrabungen in der Nähe von Jerusalem durch. Dabei gelang es ihm, das im Neuen Testament erwähnte Dorf Emmaus zu lokalisieren. Für die Israelische Altertumsbehörde beobachtete er die Forschung an den Schriftrollen vom Toten Meer und auch die Aufgabe der Leitung des Israelischen Zentrums für deutsche Studien in Deutschland und Europa war ihm anvertraut. Als Literaturwissenschaftler oblag ihm 1978 die Organisation des ersten Stendhal-Kongresses. — An Mitgliedschaften und weiteren Aufgaben sind zu nennen: Mitglied der Papyrologischen Kommission des Vatikans, Member of the Institute of Germanic Studies an der Universität London, Rechtsritter des Johanniterordens (u.a. als Subkommendeleiter). — Sein historisches Interesse führte ihn besonders zur Frühzeit des Neuen Testamentes und aus der Beschäftigung entstanden Beiträge zur Petrusforschung, Qumranforschung und zur Textforschung des Neuen Testaments. Dabei fanden seine papyrologischen Ergebnisse in der Fachwissenschaft große Zurückhaltung. Th. griff 1986 die 1972 durch den spanischen Papyrologen J. O´Callaghan SJ vertretene, in der Fachwelt jedoch widerlegte Hypothese auf, in der Qumranhöhle 7 sei das Fragment 7Q5 als Bruchstück des Markus-Evangeliums anzusehen. So, wie er sich auch als Vertreter einer Frühdatierung des Matthäusevangeliums verstand, vertrat er auch hier mit Vehemenz seine Ansicht gegen die gängige Ansicht der Exegese und damit eine frühe Datierung des Markusevangeliums. Seine Publikationen fanden weniger in der Forschung als in der populären Religionsgeschichte Widerhall. Ebenso Aufsehen erregte sein Beitrag zur Times Weihnachten 1994, als er mit einer Frühdatierung des Papyrusfragments P64 aus dem Bestand des Oxforder Magdalen-College aufwartete. Das 1901 in Oberägypten gefundene Fragment, das in der Forschung auf die Zeit um 200 datiert wird und Abschnitte des Matthäusevangeliums enthält, wollte Th. aus paläographischen Gründen in die 60er Jahre des 1. Jh. datieren. — Th. vertrat im Blick auf die biblischen Bücher eine strenge Historizität. Sein evangelikales Selbstverständnis ermutigte ihn dabei auch, gegen Gerd Lüdemanns Leugnung der Auferstehung Jesu eine historische Verteidigung zu entwerfen. Th. Literatur wurde besonders vom breiten Publikum aufgenommen. Seine Fähigkeit, christliche und speziell bibelwissenschaftliche Themen einer breiten Öffentlichkeit zugänglich zu machen, öffneten ihm Hörfunk und Fernsehen. Mit seinem frühen Tod, der in der Tagespresse eine größere Aufmerksamkeit fand (z. B. NZZ am Sonntag, Der Spiegel, Die Welt, FAZ, Süddeutsche Zeitung) endete die Diskussion um seine Thesen.

Werke: Stendhal à Stendal. Le pseudonym sur les lieux. In: Stendhal Club 64 (1974) 335-340; In Prag. Ein Gedicht von Paul Celan. Moderne Lyrik als theologisches Abenteuer. In: Der Monat 30 (1978) 135-138; Stendhal (Henri Beyle), Werke. Hrsg. von C.P.Th. und Ernest Abravanel, Bernhard Frank, Ursula Mathis, Kurt Wais, 8 Bde., 1978-1982; Meer und Wasser in drei Dramen Rilkes, Strindbergs und D'Annunzios. In: Blätter der Rilke-Gesellschaft (1979; H. 6) 7-13; — (Hrsg.), Reinhold Schneider, Dem lebendigen Geist, [=Gesammelte Werke; 6], 1980; — (Hrsg.) Über Reinhold Schneider, [=Suhrkamp-Taschenbuch; 504], 1980; Reinhold Schneider als Dramatiker. In: Reinhold-Schneider-Blätter 1980, H. 5, 37-50; Edel sei der Mensch, hilfreich und gut .... Anmerkungen zu Goethes Glauben. Zum 150. Todestag des »Olympiers« am 22. März 1982, [=Idea-Dokumentation; 82/12], 1982; Zu hoffen wider die Hoffnung. Der Dichter Reinhold Schneider. Ein Film von C. P. Th., 1983; 7Q - Eine Rückkehr zu den neutestamentlichen Papyrusfragmenten in der siebten Höhle von Qumran. In: Bibl 65 (1984) 538-559; — (Hrsg.), Christliches Studium heute. Beiträge zu einer aktuellen Diskussion, [=Tagesfragen; 14], 1984; Christliche Literaturwissenschaft? In: Christliches Studium heute. Beiträge zu einer aktuellen Diskussion, hrsg. von C. P. Th. [=Tagesfragen; 14], 1984, 239-252;Reinhold Schneider. Friede, Geschichte, Glaube, hrsg. von -, Edwin Landau, Pirmin A. Meier, [=Akademie-Vorträge; 17], 1985; »... daß wir dort schreiten sollen, wo kein Weg zu sein scheint«. Glauben und Zweifel in der Petrus-Deutung Reinhold Schneiders. In: Reinhold Schneider. Friede, Geschichte, Glaube, hrsg. von -, Edwin Landau, Pirmin A. Meier, [=Akademie-Vorträge; 17], 1985, 36-48; — (Hrsg.), Christliche Literatur des 20. Jahrhunderts. Bde. I-II, [=R.-Brockhaus-Taschenbuch; 379-380], 1985; Reinhold Schneider and literary resistance in the Third Reich. In: Christian Scholar's Review. - 14 (1985) 236-243; — (Hrsg.), Wie Segel über dem Meer. Christliche Lyrik des 20. Jahrhunderts, [=R.-Brockhaus-Taschenbücher; Bd. 402], 1986; Reconciliation - Literary Resistance and Post-War Renewal in the Writings of Bernt von Heiseler. In: London German Studies (1986) 105-116; Die älteste Evangelien-Handschrift? Ein Qumran-Fragment wird entschlüsselt, 1986 (41994; ital. Il piu antico manoscritto dei vangeli: Il frammento di Marco di Qumran e gli inizi della tradizione scritta del Nuovo Testamento, [=Subsidia Biblica; 10], 1987; Het oudste evangelie-handschrift? Het Marcus-fragment uit Qumran en de beginfase van de schriftelijke overlevering van het Nieuwe Testament, [=Ambtshalve-boekenreeks], 1988); Einleitung. In: Wie Segel über dem Meer. Christliche Lyrik des 20. Jahrhunderts, 1986, 7-12; — (Hrsg.), Christlicher Glaube und Literatur. Referate des Workshops 'Wort Gottes, Wort des Menschen - Ethik und Ästhetik in der christlichen Literatur', 30.5.-1.6.1986, Schloss Reichberg, 1987; R. Schneider, Freilich bedarf es der Herzenskraft. Ausgesuchte Texte. Mit einer Einleitung und einem Nachwort von C.P. Th.; Simon Peter. From Galilee to Rome, 1986; Das Petrusbild in der neueren Forschung, [=Monographien und Studienbücher; 316], 1987; — (Hrsg.), Reinhold Schneider, [=Christlicher Glaube und Literatur; 2] [=Reinhold-Schneider-Blätter; 14], 1988; — (Hrsg.), Thema: Autobiographie, [=Christlicher Glaube und Literatur; 3], 1989; — (Hrsg.), Wissenschaft und Literatur, [=Christlicher Glaube und Literatur; 4], 1990; Jesus: Life or Legend, [=Lion paperbacks], 1990 (2001; (ital. 1992; ukrainisch 2006; litauisch 2006); Tradition littéraire et archéologie. A la recherche du miracle d'Emmaüs. In: Museum Helveticum 47 (1990) 34-40; Papyrus Bodmer

l. Das neutestamentliche Papyrusfragment p 73 = Mt 25, 43 / 26, 2-3. In: Museum Helveticum 47 (1990) 35; Kirche in den Kinderschuhen. Die Anfänge des Christentums, 1991 (niederl. 1991); — Ken Curtis, From Christ to Constantine: The Trial and Testimony of the Early Church, 1991; — (Hrsg.), Jesus-Interpretationen in der modernen Literatur, [=Christlicher Glaube und Literatur; 5], 1991; — Hugo Staudinger, Das Glaubensbekenntnis. Gespräche zum Credo, 1992; The Earliest Gospel Manuscript? The Qumran Fragment 7Q5 and its Significance for New Testament Studies, 1992; The heritage of the first Christians, 1992; Bericht über die kriminaltechnische Untersuchung des Fragments 7Q5 in Jerusalem. In: Christen und Christliches in Qumran?, hrsg. von Bernhard Mayer, 1992, 239-245; Papyrologische Anfragen an 7Q5 im Umfeld antiker Handschriften. In: Christen und Christliches in Qumran?, hrsg. von Bernhard Mayer, 1992, 57-72; Funde, Fakten, Fährtensuche : Spuren des frühen Christentums in Europa, 1992; Bibelübersetzung zwischen Manipulation und Inkulturation: Symposium des Instituts für Wissenschaftstheoretische Grundlagenforschung im Deutschen Institut für Bildung und Wissen, Paderborn, 2. bis 4. Juni 1993, [=Beiträge zur Diskussion; 17],1993; Verlorene Wege, bleibende Wege. »Die Runde« Paul Claudel und Reinhold Schneider. Aufsätze und Vorträge aus Anlaß des 90. Geburtstags Edwin M. Landaus, hrsg. von C. P. Th., 1994; Qumrân et les Évangiles. Les manuscrits de la grotte 7 et la naissance du Nouveau Testament, 1994; Qumran und die Folgen. Zur Mehrsprachigkeit der Qumran-Essener und des Frühchristentums. In: Qumran und die Evangelien (1994) 59-71; Das unbeachtete Qumran-Fragment 7Q19 und die Herkunft der Höhle 7. In: Aegyptus 74 (1994) 123-128; Religion in England. Darstellung und Daten zu Geschichte und Gegenwart, [=GTB; 635], 1994; Greek Fragment 7Q5: Possibilities and Impossibilities. In: Bib 75 (1994) 394-398; Wir in Europa. Wurzeln, Wege, Perspektiven, hrsg. vom Presse- und Informationsamt der Bundesregierung, 1995 ([2]2006; engl. 1996); Papyrus Magdalen Greek 17 (Gregory-Aland P^{64}). A Reappraisal. In: Zeitschrift für Papyrologie und Epigraphik 105 (1995) 13-20; Rekindling the Word. In Search of Gospel Truth, 1995; Fragment 7Q5: A Forensic Analysis in Jerusalem. In: Rekindling the Word. In search of Gospel truth, 1995, 195-197; — Georg Masuch , Wissenschaftstheorie und Wissenschaftspraxis: Reichweiten und Zukunftsperspektiven interdisziplinärer Forschung, 1995; 7q5 - Facts or Fiction? In: The Westminster Theological Journal 57 (1995) 471-474; — Matthew D'Ancona , The Jesus Papyrus, 1996 (dt. Der Jesus-Papyrus. Die Entdeckung einer Evangelien-Handschrift aus der Zeit der Augenzeugen, 1996; [3]2003); Zu hoffen wider die Hoffnung. Endzeiterwartungen und menschliches Leid in der neueren Literatur, [=Christlicher Glaube und Literatur; 6/7], 1996; Eyewitness to Jesus: Amazing New Manuscript Evidence About the Origin of the Gospels, 1996; Textes bibliques. Quelle valeur historique? In: http://www.campuslive.ch/lausanne/thiede/papyrus.php; The Magdalen Papyrus. a Reply. In: The Expository Times 107 (1996) 240-241; Reinhold Schneider und die Gestaltung Europas. In: Wesen und Widerstand, 1997, S. 111-126 Bibelcode und Bibelwort. Die Suche nach verschlüsselten Botschaften in der Heiligen Schrift, 1998 (2001); Ein Fisch für den römischen Kaiser. Juden, Griechen, Römer: die Welt des Jesus Christus, 1998 (2000); Panorama des Heiligen Landes, 1999; Wer bist Du, Jesus: Schlaglichter auf den Mann, der in kein Schema passt, 2000 (niederl. 2002); Geheimakte Petrus. Der Felsen der Kirche in neuem Licht, 2000; — Matthew D'Ancona , Das Jesus-Fragment. Kaiserin Helena und die Suche nach dem Kreuz, 2000; The Jesus Papyrus: The Most Sensational Evidence on the Origin of the Gospels Since the Discovery of the Dead Sea Scrolls, 2000; Confocal laser scanning and the Dead Sea Scrolls. In: The Dead Sea Scrolls Fifty Years after Their Discovery (2000) 895-905; The Dead Sea Scrolls and the Jewish Origins of Christianity, 2000; Europa. Werte, Wege, Perspektiven, 2000; Die Auferstehung Jesu - Fiktion oder Wirklichkeit? Ein Streitgespräch zwischen Carsten Peter Thiede und Gerd Lüdemann, 2001; Bibelcode und Bibelwort. Die Suche nach verschlüsselten Botschaften in der Heiligen Schrift, 2001; Messianic Transcendency and Jewish Idiom. Reinhold Schneider's Image of Jews and Christians before and after 1945. In: Traces of Transcendency - Spuren des Transzendenten. Religious Motifs in German Literature and Thought, hrsg. von Rüdiger Görner, [=Publications of the Institute of Germanic Studies (University of London); 7], 2001, 179-197; Der Petrus Report: Der Felsen der Kirche in neuem Licht, 2002; Die Messias-Sucher. Die Schriftrollen vom Toten Meer und die jüdischen Ursprünge des Christentums, 2002; — Urs Stingelin, Die Wurzeln des Antisemitismus. Judenfeindschaft in der Antike, im frühen Christentum und im Koran, 2002; Jesus. Der Glaube. Die Fakten, 2003; — Matthew d'Ancona, The Quest for the True Cross, 2003 (dt. Das Jesus-Fragment. Kaiserin Helena und die Suche nach dem Kreuz, 2000; niederl. 2001; dt. Das Jesus-Fragment. Was wirklich über dem Kreuz Jesu stand. Das Abenteuer einer archäologischen Entdeckung, 2004); The Dead Sea Scrolls and the Jewish Origins of Christianity, 2003; — Ulrich Victor, Urs Stingelin, Antike Kultur und Neues Testament. Die wichtigsten Hintergründe und Hilfsmittel zum Verständnis der neutestamentlichen Schriften, 2003; Reinhold Schneider, Das Attentat und weitere Erzählungen, hrsg. und mit einem Vorwort versehen von C.P. Th., 2003; Reinhold Schneider, Der Wahrheit Stimme will ich sein. Essays, Erzählungen, Gedichte, hrsg. von C.P. Th. und Karl-Josef Kuschel, 2003; Jesus und Tiberius. Zwei Söhne Gottes, 2004; Paulus. Schwert des Glaubens - Märtyrer Christi, 2004; Das Jesus-Fragment, 2004; Die Wiederentdeckung von Emmaus bei Jerusalem. In: Zeitschrift für Antikes Christentum 8 (2005) 593-599; — Matthew D'Ancona, Emmaus Mystery: Unearthing The Evidence For The Risen Christ, 2005; — Matthew D'Ancona, The Emmaus Mystery, 2006; Jesus, Man or Myth?, 2006 (dt. Der unbequeme Messias. Wer Jesus wirklich war, 2006); Papyrus Magdalen Greek 17 (Gregory-Aland {P}64): A Reappraisal. In: Zeitschrift für Papyrologie und Epigraphik 105 (1995) 13-20. Abb. IX. — Hrsg. der Zeitschrift der Reinhold-Schneider-Gesellschaft (Reinhold-Schneider-Blätter : Mitteilungen der Reinhold Schneider-Gesellschaft e.V.; Wesen und Widerstand : Forum zur christlichen Literatur im 20. Jahrhundert).

Lit.: Peter M. Head: The date of the Magdalen Papyrus of Matthew (P. Magd. Gr. 17 = P64). A response to C. P. Thiede. In: Tyndale Bulletin 46 (1995), 251-285; — Andrea Wolter-Abele, Interview mit Carsten Peter Thiede und Georg Masuch. Ein Jesus-Papyrus aus der Zeit der Augenzeugen. In: Damals 28 (1996) 49-51; — R. Oberforcher (ZKTh 119 (1997) 220-222; — H. Vocke (s.o.); J. K. Elliott (NovTest 38 (1996) 393-399; — Jürgen Wehnert, Welt des Jesus Christus. In: Theologische Rundschau 64 (1999) 432-438; — Professor C. P. Th. im Alter von 52 Jahren verstorben. In: SELK Informationen 33 (2005; Nr. 295); — Armin D. Baum, Zum Tod von Prof. C. P. Thiede. In: Evangelikale Theologie Mitteilungen - ETM 11/1 (2005); — [Andrea Jördens, Association Internationale de Papyrologues] In memoriam Carsten Peter Thiede. In: www.ulb.ac.be/assoc/aip/necrologies.htm.

Christoph Schmitt

THOMAS, Wilhelm, * 30. März 1896 in Augsburg, † 18. November 1978 in Hildesheim. — Es sei die Wahrheit über den Menschen, daß er »in das Erdenleben hineinwächst kraft einer Sendung, die ihn mit einem Auftrag in dieser Welt und an diese Welt begabt.« Wilhelm Thomas formulierte diesen Satz 1925 in einem Essay und reflektierte damit etwas von dem Bild, in dem er Grundzüge seines Lebensweges sah. Schon früh begann er nach dem sozialen Ort zu suchen, an dem sich sein eigener Auftrag würde entfalten können. Als Kind und Jugendlicher - in Regensburg besucht er das Gymnasium - verbindet er sich dem »Wandervogel«, und später (während des Vikariats in seiner Heimatstadt) leitet er selbst eine Gruppe. Nach dem Ersten Weltkrieg nimmt er zunächst in München das Studium der Philosophie auf, wechselt aber bald zur Theologie; Erlangen, Tübingen und Marburg sind die Stationen des Weges, den er mit dem Grad eines Lizentiaten der Theologie abschließt. Thema der Dissertation sind »Die Anschauungen des frühen Mittelalters vom Sonntag mit Berücksichtigung des christlichen Dekalogs«. 1923 heiratet er Edith geb. Gebhardt, die im Laufe der Jahre mehr und mehr zur Begleiterin auf seinem Weg als Theologe und zur Mitarbeiterin wird; aus der Ehe gehen sieben Kinder hervor. — Bereits in die Studienjahre fallen Begegnungen, die sein künftiges Leben wesentlich mitbestimmen werden: mit Karl Vötterle (dem späteren Gründer des Bärenreiter-Verlages), mit Wilhelm Stählin (Pfarrer in Nürnberg, später Professor in Münster und nach 1945 Bischof in Oldenburg), mit Paul Tillich (dem Mitbegründer des Kreises religiöser Sozialisten in Berlin, 1924 ao. Professor in Marburg, nach 1933 Prof. in den USA) und mit Karl-Bernhard Ritter (ab 1924 Pfarrer an der Universitätskirche Marburg), dessen Mitarbeiter er für mehrere Jahre wird. — Nach dem Scheitern eines Gespräches von Vertretern evangelischer Jugendbünde zum Verhältnis zwischen Jugendbewegung und Kirche (1923 in Angern bei Magdeburg) kommt es noch im gleichen Jahr zur ersten »Berneuchener Konferenz« eines kleineren Kreises von interessierten jungen Theologen und Laien auf dem Rittergut der Familie Viebahn-von dem Borne in der Neumark. Dabei - wie auch bei den Folgekonferenzen (bis 1927 in Berneuchen, 1928-1930 in Pätzig) - geht es um die Frage, wie die Kirche »in all ihren Lebensäußerungen, (...) in ihrer ... Stellungnahme zur sozialen und kulturellen Problematik unserer Gegenwart eine überzeugende Gestalt gewinnen« könne (K.B.Ritter). Wilhelm Thomas nimmt von Anfang an nicht nur teil an diesen Zusammenkünften, sondern entwirft 1925 im Auftrag der Initiatoren eine Denkschrift, die nach der Überarbeitung durch Ludwig Heitmann, Ritter und Stählin unter dem Titel »Das Berneuchener Buch« veröffentlicht wird. Aus dem Kreis der Berneuchener heraus entsteht schließlich 1931 bei einem Treffen in Marburg die Evangelische Michaelsbruderschaft, deren Stiftungsurkunde wiederum auf einen Entwurf von »Grundsätzen« aus der Feder von Thomas zurückgeht. — Es war wohl für ihn selbst eine Art »Sendung« und »Auftrag«, die Anregungen anderer aufzunehmen, zu bearbeiten und in sprachlich überzeugender Form unterschiedlichen Leserkreisen zugänglich zu machen: durch Beiträge in dem von Stählin herausgegebenen »Gottesjahr«, später vor allem als Schriftleiter der »Jahresbriefe des Berneuchener Kreises« und des »Sonntagsbriefes«, durch Betrachtungen zum Kirchenjahr und die Veröffentlichung mehrerer Liedsammlungen (die größte Verbreitung erlangte das »Quempas-Heft«), aber auch mit Beiträgen in den »Evangelischen Jahresbriefen« und im »Jahrbuch für Liturgik und Hymnologie«. — Die Jahre 1930 bis 1935 machen jedoch noch ganz andere Möglichkeiten des Wirkens sichtbar. Durch Christhard Mahrenholz in die hannoversche Landeskirche gerufen, übernimmt W. Thomas die Pfarrstelle in Bremke bei Göttingen. Die musikalische Gestaltung des Gottesdienstes, Laienspiel mit jungen Gemeindegliedern, Kontakte zu Landarbeitern und erste Ansätze für partnerschaftliche Beziehungen zur Behindertendiakonie sind

Schwerpunkte seiner Arbeit in der Gemeinde. Sie führen allerdings auch zu Konflikten mit Kirchenvorstehern. Die Spannungen verschärfen sich nach 1933, als der Patronatsherr der Gemeinde Anstoß an einer Predigt zum Heldengedenktag nimmt und bald auch die Partei auf Berichte des »Sonntagsbriefs« über die sogenannten Deutschen Christen und die staatliche Jugendpolitik reagiert. Die Drohung des Landrats, Wilhelm Thomas verhaften zu lassen, hat zur Folge, daß er sein Gemeindepfarramt aufgeben muß. Statt dessen holt ihn Landesbischof D. Marahrens als »Geistlichen Hilfsarbeiter« in seine Kanzlei. Erst 1943 übernimmt Wilhelm Thomas wieder eine Pfarrgemeinde: St.Jakobi in Hildesheim. Beim Angriff britischer und amerikanischer Bombenflugzeuge werden am 22. März 1945 - noch kurz vor Kriegsende - große Teile der Stadt zerstört. Die Familie verliert dabei ihre ganze Habe; auch die Unterlagen der wissenschaftlichen Arbeiten von Wilhelm Thomas werden ein Raub der Flammen. Eins der Gemeindeglieder, die in der Turmkapelle der Jakobikirche überlebten, berichtete, es sei dem Mut und der Besonnenheit ihres Pastors zuzuschreiben, daß sie unter seiner Führung den Weg aus den brennenden Trümmern der Stadt ins Freie fanden. — Die Situation unmittelbar nach dem Zweiten Weltkrieg, vor allem die Not der Menschen in den zerstörten Städten war es, die den Seelsorger und Autor geistlicher Betrachtungen, den Liturgiker und Hymnologen vor die Frage nach einem lebbaren Glauben angesichts des Elends der Kriegsfolgen stellte. Sein Vortrag über »Christus und die leibliche Not« (Juni 1945) bewirkt, daß es zur Gründung eines Sprengelverbandes für evangelische Diakonie und Innere Mission in Hildesheim kommt. Schon ein halbes Jahr später wird Lic. Thomas zum Beauftragten für die Sprengel Hildesheim und Göttingen ernannt und übernimmt im Dezember 1948 die Geschäftsführung des Evangelischen Hilfswerkes in Hannover. Neben die praktische Arbeit in den Flüchtlingslagern Uelzen und Friedland, die Versehrtenhilfe und die Entwicklung der Partnerschaft mit der sächsischen Landeskirche tritt immer stärker das Bemühen um eine möglichst enge Verbindung zwischen Diakonie und Gemeinde, denn erst »aus Diakonia und Leiturgia der Haushalter Gottes erwächst die Martyria (das glaubhafte Zeugnis) der Gemeinde in der Welt« (so W.Th. in einer Schrift von 1954). — 1954 kehrt Thomas ins Pfarramt zurück, und zwar als Superintendent für den Kirchenkreis Wunstorf. Zu dieser Zeit wendet er sich abermals einem Grundthema seines Lebens zu: dem Verhältnis von Glauben und real gelebtem Leben, von theologischer Existenz und weltlicher Kultur. Die Trennung zwischen Geistlichem und Profanem hatte er von Anfang an als »Not« empfunden, auf deren Überwindung von Gott her der Glaube hofft. Nun aber sucht Wilhelm Thomas nach Wegen, die es ermöglichen, mitten *in* der beschriebenen Spannung glaubend zu bestehen. Das Widerlager zum »profanen Alltag« und der »öffentlichen Geselligkeit« erkennt er in der vita contemplativa, und für sie bietet er exemplarisch Orte der Einübung an: zunächst in seinem Wunstorfer Pfarrhaus, später in Hannover und Springe und schließlich in den Räumen des Predigerseminars bei St. Michael in Hildesheim. Im Lauf dreier Tage sollen suchende Menschen etwas von der spirituellen Dichte klösterlichen Lebens erfahren - in Stunden der Stille, in geistlichen Betrachtungen, im Gebet der Tageszeiten und in der täglichen Eucharistiefeier. Auch nach dem Beginn seines Ruhestandes (1961) führt Wilhelm Thomas - intensiv begleitet durch seine Frau Edith - diese Arbeit noch weiter. — Am 18. November 1978 verlischt das irdische Leben dieses Mannes, der in aller Stille über Jahrzehnte hinweg und auf den verschiedensten Ebenen kirchlichen Lebens gewirkt hatte. Der Vizepräsident des Landeskirchenamtes Hannover sagte einmal von ihm: »Wilhelm Thomas kommt dem, was wir Lutheraner einen Heiligen nennen, sehr nahe.« Bei der Trauerfeier war die Michaeliskirche zu Hildesheim voller Menschen, die von ihm Abschied nehmen wollten.

Heinz Grosch

Werke: Der Kreuzweg unseres Herrn und Heilands Jesu Christi [in Anlehnung an drei Reden Wilhelm Stählins], Augsburg 1925, Kassel 1956[3] (Holzschnitte Paula Jordan); Die Auferstehung unseres Herrn und Heilands Jesu Christi, Augsburg 1926; Die Menschwerdung unseres Herrn und Heilands Jesu Christi. Ein Adventsbüchlein, Augsburg 1926, Kassel 1959[2]; Das Morgenlied. 53 deutsche geistliche Morgenlieder, größtenteils mit eigenen Weisen, aus dem 16., 17. u. 18. Jh., gesammelt und mit einer Einführung in die Bedeutung u. Geschichte d. Morgenfeier hrsg. von W.Th. und Konrad Ameln, Augsburg 1927, 1928[2]; Die Anschauungen des frühen Mittelalters vom Sonntag dargestellt

m. Berücksichtigung der Entstehungsgeschichte d. christl. Dekalogs, Diss. (Marburg) 1929 (auch enthalten in »Der Sonntag im frühen Mittelalter«, Göttingen 1929); Der Sonntag im frühen Mittelalter. Mit Berücksichtigung d. Entstehungsgeschichte d. christlichen Dekalogs dargestellt, Göttingen 1929 (= Das Heilige und die Form, Beihefte zur MGKK (Monatsschrift für Gottesdienst und kirchliche Kunst, 1896 - 1941 Göttingen), Heft 6); W.Th. / Konrad Ameln (Hrsg.), Singen wir heut mit gleichem Mund, Kassel 1929 (20 einstimmige Chöre); Geistliche Morgenlieder. Sonderdruck aus d. Einführung in Bedeutung u. Geschichte d. Morgenfeier »Das Morgenlied«, hrsg. W.Th. / Konrad Ameln, Kassel 1929², 1954⁴; Das Abendlied. 70 deutsche geistliche Abendlieder, meist mit eigenen Weisen, aus dem 16., 17. u. 18. Jh., gesammelt und mit einer Einführung. in die Bedeutung und Geschichte der Abendfeier hrsg. von W.Th. und Konrad Ameln, Kassel 1930; Das Quempas-Heft. Auslese deutscher Weihnachtslieder, im Auftrag des Finkensteiner Bundes hrsg. von W.Th. und Konrad Ameln. Mit Bildern geschmückt von Willi Harwerth, Kassel 1930ff, 1949ff; Geistliche Abendlieder, Sonderdruck aus d. Einführung in Bedeutung u. Geschichte d. Abendfeier »Das Abendlied«, hrsg. W.Th. und Konrad Ameln, Kassel 1930, 1950; Handbuch der deutschen evangelischen Kirchenmusik III. Der Gemeindegesang, hrsg. Konrad Ameln, Christhard Mahrenholz, W.Th. Unter Mitarbeit von Carl Gerhardt, Göttingen 1930-1980; W.Th./ Konrad Ameln (Hrsg.), Das deutsche Kirchenlied mit seinen Weisen: Das Weihnachtslied. Nach s. bleibenden Bedeutung ausgewählt, wissenschaftlich u. praktisch erläutert und für d. Gebrauch geordnet in selbständigen Einzelbänden, Kassel o.J. (1930? 1932?); Michael Weisse, Gesangbuch der Böhmischen Brüder vom Jahre 1531, hrsg. von W.Th. (Faksimile), Kassel 1931; Das Weihnachtslied. 70 deutsche gottesdienstliche Weihnachtsgesänge, meist mit eigenen Weisen aus d. 14. bis 17. Jh.. Gesammelt u. mit e. Einführung in d. Bedeutung u. Geschichte d. Weihnachtsfestes hrsg. von W.Th. und Konrad Ameln, Teilband von »Das deutsche Kirchenlied«, Kassel 1932; In natali Dominii. Hymni et canciones nataliciae, ex traditione ecclesiae occidentalis selectae et cum notis musicis editae, ed. Conradus Ameln, Johannes Hatzfeld, Vilelmus Thomas, o.J. (1933); W.Th. und Konrad Ameln (Hrsg.), Das Nachtbüchlein (Reihe »Der deutsche Dom«), Kassel 1932; Der Sonntagsbrief, hrsg. in Auftrag des Berneuchener Dienstes von W.Th., Kassel 1933-1939 (Nr.38), Berlin 1939 Nr. 39/40 - 1941 Nr.21 (viele eigene Artikel); Ernst Sommer, Christliche Kampflieder der Deutschen. Gesammelt und in Verbindung mit Konrad Ameln und W.Th. hrsg., Kassel 1933; Friedrich Behne mit Wilhelm Stählin und W.Th., Das Schulgebet, hrsg. im Auftrag d. Berneuchener Kreises, Kassel 1934; Richard Goelz / Wilhelm Thomas / Konrad Ameln, Chorgesangbuch, Kassel 1934, häufig nachgedruckt, z.B. 1975; Geistliche Kinderlieder. Ein gottesdienstliches Gesangbuch f. Kinder als Ergänzung zum Gemeindegesangbuch, Sonderdruck aus der Einführung in Bedeutung und Geschichte des gottesdienstlichen Gesangs der Schuljugend »Das Kinderlied« in der Reihe »Das deutsche Kirchenlied«, hrsg. W.Th. und Konrad Ameln, Kassel 1935; Lieder für das Jahr der Kirche. In Verbindung mit den Hrsgn. der Denkschrift »Das Kirchenjahr« hrsg. von W.Th. und Konrad Ameln, Kassel 1935; Konrad Ameln und W.Th., Das Tagbüchlein für Haus, Schule u. Kirche, Kassel 1936; Isenhagener Kirchenbuch. Liturgischer Wochenkalender, hrsg. im Auftrag des Landesbischofs v. Hannover Abt D. Marahrens von ... Erich Hoyer, Christhard Mahrenholz u.a. [W.Th.], Kassel 1936; Das Advent-Heft. Geistliche Lieder f. d. Vorweihnachtszeit, hrsg. W.Th. und Konrad Ameln; Kassel 1938, 1954; Das Quempas-Heft. Mit Bildern v. Paula Jordan, Festliche Ausgabe. Aus Anlaß d. 500000. Druckes d. Quempas-Ausgaben, Kassel 1938; W.Th. und Nathanael Rösler, Buch der Einkehr, Hannover 1938; Der Quempas geht um. Vergangenheit u. Zukunft e. deutschen Christnachtbrauches, in Verbindung mit Konrad Ameln dargestellt, Kassel 1939, wesentlich verbessert und erweitert 1965²; Lebendige Gemeinde nach dem Neuen Testament und nach Luther (= Gottes Mitarbeiter, Handreichung für den Gemeindeaufbau, Heft 1). Im Auftrag des Arbeitskreises für Gemeindedienst in der ev.-luth. Landeskirche Hannovers, Hannover 1954/55, erweitert 1968⁵; Rundbriefe des Leiters der Einkehrstätte, 1960 bis 1979, Archiv der »Einkehrstätte bei Sankt Michael in Hildesheim E.V.« (Vorsitzender: Manfred Löwer); Das Quempas-Buch. Lieder für den Weihnachtsfestkreis, hrsg. von Konrad Ameln, Hans Harmssen, W.Th. und Karl Vötterle, Kassel 1962; Das Bibeljahr. Andachten f. Kinder, in Verbindung mit d. Luther. Liturg. Konferenz Deutschlands ... hrsg. von Edith u. Wilhelm Thomas, Berlin/Hamburg 1964.

Kleinschriften und Aufsätze: Vom heiligen Wasser, in: Das Gottesjahr (hrsg. W. Stählin), Rudolstadt 1925, 40-42; Eine Andacht unter dem Kreuz Christi, in: Das Gottesjahr (hrsg. W. Stählin), Rudolstadt 1926, 106f; Kirchenlied und Gesangbuch in der evangelischen Kirche Deutschlands, in: Die Singgemeinde, Augsburg 3,1926, 33-38; Sonntagsheiligung, in: Das Gottesjahr (hrsg. W. Stählin), Rudolstadt 1926, 40-42; Evang. Kirche und Singbewegung, in: Die Singgemeinde, Augsburg 4, 1927, 1-7 und 93-95; Lebensstufen - Taufgedächtnis des Jünglings, des Mädchens, des Mannes und der Frau, des Leidenden, der Alten, in: Das Gottesjahr (hrsg. W. Stählin), Rudolstadt 1927, passim; Bericht der Tagung im evang. Johannesstift in Spandau vom 27.-30. Sept. 1928, in: MGKK 1928, 367-369; Dichtung im Gesangbuch. Zur Frage der Wertung religiöser Schöpfungen, in: Eckart. Blätter für evangelische Geisteskultur, Berlin 12, 1928, 500-506; Die gute alte Zeit und die bessere Zukunft, in: Das Gottesjahr (hrsg. W. Stählin), Rudolstadt 1928, 66-69; Die liturgische Bewegung, in: Carl Schweitzer, Das religiöse Deutschland der Gegenwart, ein Handbuch für jedermann, Bd.II, Berlin 1928-29, 259-277; Zu Weisen und Texten (Einführende Worte), in: Hermann Keller (Hrsg.), 46 Choralsätze von Joh. Seb. Bach, Kassel 1928; Zweierlei Zeit, in: Das Gottesjahr (hrsg. W. Stählin), Rudolstadt 1928, 23-27; Das Kirchengebet, in: Das Gottesjahr (hrsg. W. Stählin), Kassel 1929, 101-105; Das Lob des Schöpfers im deutschen Kirchenlied, in: MuK 1929, 202-209; Der Sonntag im frühen Mittelalter und heute. Eine Selbstanzeige und ein Wort an das deutsche Sonntagskonzept, in: MGKK 1929, 162-166; Die Zukunft des Gesangbuches, in: MuK 1929, 27-39; Monatsschrift für Gottesdienst und kirchliche Kunst (MGKK), Göttingen 1929-1933 (W.Th. ist ständiger Mitarbeiter, »der in unserer Zeitschrift laufend das Lied am Anfang des [monatlichen] Heftes bearbeitet«, s. 1931,339); Wie erkämpfen die evangelischen Kirchenchöre eine feste

Stellung des Chorgesangs in der Gottesdienstordnung?, in: MuK 1929, 258; Arbeit und Spiel, in: Das Gottesjahr (hrsg. W. Stählin), Kassel 1930, 120; Das Morgenlied im Chor, in: Die Singgemeinde , Kassel 7,1930, 149-151; Der Altar als Stätte des Gesanges. Ein Beitrag zu der Frage nach dem wesentlichen Geschehen im evangelischen Gottesdienst, in: MuK 1930, 275-279; Deutscher Brüdergesang in Böhmen vor 400 Jahren, in: MuK 1930, 209-214; Die häusliche Weihnachtsfeier im Liede, in: Die Singgemeinde, Kassel 7,1930, 39-41; Die Kirche und der nächste Krieg. 18-seitiges Manuskript eines Referates auf einer Neuwerktagung 1930/32 (Privatbesitz Johannes Thomas); Die Zehn Gebote, in: Der Sonntagsbrief (hrsg. W.Th.), Kassel 1,1933 Nr. 7-14; Vom Quempas-Singen. Zur Einführung des Quempas-Heftes, in: Die Singgemeinde , Kassel 7,1930, 1-3; Jahresbriefe des Berneuchener Kreises (JBK), Beiträge des Schriftleiters W.Th., Kassel 1,1931-2,1932 passim; Der Kanon, in: Das Gottesjahr (hrsg. W. Stählin), Kassel 1931, 31f; Die liturgische Bewegung und das Lektoramt des Kirchenmusikers in der Dorfkirche, in: MuK 1931, 212-219; Kindergesang in der Kirche, in: Die Singgemeinde, Kassel 7,1931, 147-151; Antwort zu Guardini »Das Kantual«, in: MuK 4,1932, 136f (vgl. 132ff); Bemerkungen zu Karl Bernhard Ritters These über die evang. Sonntagsfeier, in MGKK 1932, 155-158; Das Feuer, in: Das Gottesjahr (hrsg. W. Stählin), Kassel 1932, 68-71; Deutscher Sprechgesang im Gottesdienst, in: MuK 4, 1932, 59-66; Leitsätze zur Gesangbuchfrage, in: MuK 4,1932, 177f; Leitsätze über Innere Mission, in: JBK 1932, 129-131; Samt allen Kreaturen, in: Das Gottesjahr (hrsg. W. Stählin), Kassel 1932, 42-50; Weihnachtsfest und Weihnachtslied, in: Die Singgemeinde, Kassel 8, 1932, 46-51; Zwischen Weihnachten und Karfreitag - Die Freudenzeit - Pfingsten und Trinitatiszeit - Michaelis und Reformationsfest - Von einem Kirchenjahr ins andere - Epiphaniaszeit - »Christ fuhr gen Himmel, was sandt er uns hernieder«, in: MuK Jg. 4, 1932, 37f, 83f, 131f, 237f, 285f, Jg. 5,1933, 43f, 150; Abend und Morgen, in: MuK 5, 1933, 208f; Christfest, Helfende Worte Nr. 10; Kassel 1933; Deutscher Altargesang, in: MGKK 1933, 218-221; Die gottesdienstliche Begehung des Sonntags als Herrentag, in: MGKK 1933, 106-127; Die Kirche der Mitte, in: Das Gottesjahr (hrsg. W. Stählin), Kassel 1933, 112-118; Er heißt Wunderbar. Betrachtungen über ein Weihnachtslied, in: JBK 4, 1933/34, 14-16; Kirchenchor und Liturgie, in: MuK 1933, 225-232; Liturgie des Advents, in: MuK 1933, 221-225 m. Beilage; Vorchristliches und nachchristliches Heidentum, in: JBK 4, 1933/34, 112-115; Weihnachtsvorbereitung in der Kirchenmusik, in: MuK 1933, 268; Das Detempore-Lied, in: MuK 1934, 174-177; Das Lamm Gottes, in: Das Gottesjahr (hrsg. W. Stählin), Kassel 1934, 71-73; Der zweite Glaubensartikel, in: Das Gottesjahr (hrsg. W. Stählin), Kassel 1934, 31-34; Kantate, in: MuK 1934, 98; Christhard Mahrenholz / W.Th., Das Detempore-Lied, in: Der 34. deutsche Reichskirchengesangstag in Wörlitz, Dessau und Zerbst 1934, Kassel 1934; Zum 400. Todestag Michael Weißes, in: MGKK 1934, 61-62; Das Jahr der Kirche, in: Das Gottesjahr (hrsg. W. Stählin), Kassel 1935, 104-108; Der dritte Glaubensartikel, in: Das Gottesjahr (hrsg. W. Stählin), Kassel 1935, 24-26; Er heißt Wunderbar, in: Das Gottesjahr (hrsg. W. Stählin), Kassel 1935, 14f; Zwei Bände Geschichte des Gottesdienstes - eine Frage an uns, in: EvJ (Evangelische Jahresbriefe, Kassel 1936-1952) 7,1936, 172-176 [zu Paul Graff, Geschichte der Auflösung der alten gottesdienstlichen Formen in der evangelischen Kirche Deutschlands, 2.Aufl. 1937]; Um echte Kirche und um den unverfälschten Dienst der Kirche am Volk, in: Der Sonntagsbrief (hrsg. W.Th.), Kassel 4, 1936 Mai/Juni (Sonderdruck der Artikelreihe bei Thiele und Schwarz Kassel, o.J.); Der Baumeister, in: Das Gottesjahr (hrsg. W. Stählin), Kassel 1937, 95-98; Neues Lied der Kirche, in: EvJ 8,1938/39, 149-152; Das geistliche Opfer, in: EvJ 7,1937/38, 121; Der Weg nach Emmaus, in: EvJ 7,1937/38, 85; Laß deine Engel ihre Mauern beschützen, in: W. Stählin (Hrsg.), Vom heiligen Kampf. Beiträge zum Verständnis der Bibel und der christlichen Kirche, = Reihe »Kirche im Aufbau« I, Kassel 1938, 71-76; Zweierlei Leben, in: EvJ 9,1938/39, 71-75 [betr. Ora et labora]; Die Ordnung des heiligen Mahles der christlichen Gemeinde, = Kämpfende Kirche - Flugschriften christlicher Deutscher, Heft 57, Potsdam 1939; Sonntag und Alltag, in: Hilfe im Alltag (hrsg. W. Stählin), Kassel 1940, 1947[3], 29ff; Von der Kraft der Lehre , in: Hilfe im Alltag (hrsg. W. Stählin), Kassel 1940, 1947[3], 48ff; Von wem stammt »Lobt Gott den Herrn, ihr Heiden all«?, in: MGKK 1941, 68-69; Das eucharistische Opfer nach dem luth. Bekenntnis. Biblische Grundlage und liturgische Konsequenzen, in: In Deo Omnia Unum. FS Friedrich Heiler zum 50. GT. hrsg. C.M. Schröder = Eine Heilige Kirche XXIII, München 1942, 284-308; Österliche Sonntage, in: EvJ 9,1941/42, 30-34; Die Kirche vor der Friedensfrage, in: EvJ 12,1947/48, 25-28; Dreifacher Engelsdienst, in: EvJ 12,1947/48, 137f; Erneuerung der Diakonie, in: EvJ 12,1947/48, 62-65; Das dritte Gebot, in: Das Buch vom Sonntag, hrsg. W. Stählin, Kassel 1951, 70-74; Zur Ehre der Auferstehung des Herrn, in: Das Buch vom Sonntag, hrsg. W.Stählin, Kassel 1951, 62-70; Helfende Kirche 3: Vom Evang. Hilfswerk, in: Das lutherische Hannover, hrsg. Herbert Reich u.a., Detmold o.J. (1952 ?); An meine Theologensöhne, in: Kosmos und Ekklesia, Festschrift für Wilhelm Stählin zu seinem 70. Geb., 24. Sept. 1953, hrsg. H.-D. Wendland, Kassel 1953, 219-228; Diakonie des Laien, in: Hand am Pflug 6,1953 Nr. 3, 15f; Das Bärenreiterwerk - Haus unterm Stern, in: Quat (Quatember, Kassel 1936 ff) 18,1953/54, 92-94; Der Gotteskasten, in: Quat 1955 (Kleine Beiträge); Zur Geschichte des Gemeindeliedes »All Morgen ist ganz frisch und neu«, in: JLH (Jahrbuch für Liturgik und Hymnologie, Kassel 1955 ff) 1,1955, 112-113; Der Herrentagshymnus der abendländischen Kirche, in: JLH 5, 1960, 88-90 [Zum Te Deum]; W.Th. und Konrad Ameln, Ursprung und Reichtum des deutschen Weihnachtsliedes, MuK 1962, 255-264 [s. auch »Quempas-Buch« 117-127]; Mittelniederdeutsche Weihnachtslieder aus vorreformatorischer Zeit, in: JLH 8,1963, 118-122; Mittelniederdeutsche Osterlieder aus vorreformatorischer Zeit (Teil I), in: JLH 9, 1964, 121-126; Wochenende? Wochenanfang?, in: Quat 31,1966/67, 9-11; Im Sommer - Weihnachten?, in: MuK 37, 1967, 216; Das Sakrament der Taufe, in: Quat 34,1969/70, 67-69; Ora et labora. Über die Komplementarität von Kultus und Ethos, in: Kerygma und Melos. FS Christhard Mahrenholz zum 70. Geb., hrsg. Walter Blankenburg, Kassel/Berlin 1970, 164-178; Kämpfende Kirche, in: Quat 57,1982/83, 174ff (Vor 50 Jahren); Die

Schar der kämpfenden Kirche, in: Quat 57,1982/83, 240ff (Vor 50 Jahren).

Lit.: Das Kirchenjahr. Eine Denkschrift über die kirchliche Ordnung des Jahres. Im Auftrag der Niedersächsischen Liturgischen Konferenz und des Berneuchener Kreises hrsg. von Theodor Knolle und Wilhelm Stählin, Kassel 1934; — Konrad Ameln, »Quem pastores laudavere«. Wilhelm Thomas, dem Freund und Mitarbeiter, zur Vollendung des 70. Lebensjahres, in: JLH 11,1966, 45-88; — Gruß an Wilhelm Thomas. Von seinen Söhnen, Privatdruck 1976 (Bibliothek des Landeskirchenamtes Hannover); — Herbert Goltzen, Ora et labora. Wilhelm Thomas zum achtzigsten Geburtstag, in: Quat 1976, 29ff; — In Memoriam Wilhelm Thomas, JLH 22,1978, VI-VII (vgl. Konrad Ameln, Nachruf, in: MuK 49,1979, 101); — Wilhelm Thomas 1896-1978. Zu seinem 100. Geb. Sein Dienst für die Kirche aus den Wurzeln Berneuchens und der Evangelischen Michaelsbruderschaft. Im Auftrag des Rates der evang. Michaelsbruderschaft hrsg. von Herbert Naglatzki, Hermannsburg 1996 (S.35f: Archivhinweise betr. Diakonie).

Johannes Thomas

TILING, *Magdalene* Louise Charlotte, * 19. Mai 1877 in Riga, † 28. Februar 1974 in München, Oberlehrerin, Religionspädagogin, bedeutende Protagonistin der protestantischen Frauenbewegung, des Protestantismus konservativlutherischer Prägung sowie der Mädchenbildung und Politik des 20. Jahrhunderts, Fachpublizistin, Vorsitzende mehrerer evangelischer Fachverbände, Mitglied der »Deutschnationalen Volkspartei« (DNVP), die sie von 1919 bis 1921 als Stadtverordnete in Elberfeld, von 1921 bis 1930 als Abgeordnete im preußischen Landtag und von 1930 bis 1933 als Reichstagsabgeordnete vertrat. — Die adelige Familie v. T. wanderte mit Pastor Johann Nikolaus T. in der zweiten Hälfte des 18. Jahrhunderts aus Bremen in dem Baltikum ein. Genannter amtierte seit 1764 als Pastor an der deutschen reformierten Kirche der kurländischen Hauptstadt Mitau und lehrte später als »Professor der Beredsamkeit« an der 1775 gegründeten Universität »Academia Petrina«. — Magdalene war das vierte von zwölf Kindern und älteste von acht Töchtern des Pfarrers und Oberlehrers für Religion und hebräische Sprache (seit 1886 Domprediger von Riga) Wilhelm v. T. (dessen Vater 1866 den russischen Dienstadel erwarb) und seiner aus einer baltischen Pfarrfamilie entstammenden Ehefrau Maria Kupffer. Ihre um neun Jahre jüngere Schwester war die bedeutende Afrikanistin Maria Klingenheben-von Tiling (s. d.). 1888 übersiedelte die Familie infolge der sog. Russifizierung durch Zar Alexander III. in das damalige Reichsdeutschland, da Wilhelm v. T. sich wegen seiner vielfältigen kirchlichen und schulischen Aktivitäten bedroht sah, ferner um die Zukunft seiner »gutgearteten Kinder« bangte. Das Familienoberhaupt schrieb rückblickend über die bedrohliche politische Lage und seine weitere Zukunft: - »Der Regierungsantritt des Zaren Alexander III. 1881 am 1. März, brachte das deutsche Leben in dem baltischen Land in Unruhe und Verwirrung. Je länger desto mehr wurde das Schulwesen und das Kirchenleben in Frage gestellt. Alle Männer, welche öffentlich als deutsche evangelische Christen wirkten, als solche bekannt waren, geriethen in Gefahr, gemaßregelt und vergewaltigt zu werden. Ich stand als Pastor und Oberlehrer unter zwei verschiedenen Staatsministerien, war ein öffentlicher und offizieller Vertreter der Gewissensfreiheit, der geschichtlichen Wahrheit und Gerechtigkeit. Es konnte also nicht vermieden werden, daß ich unter besonderer Controlle gestellt, durch die Spionage beeinträchtigt und angefeindet wurde. In Folge dessen gab ich zunächst die Stellung eines Comité-Mitgliedes für die Prüfung der Lehrerschaft auf - 1886. Von der Zeit an mußte ich mir täglich sagen, daß ich entlassen und verschickt werden konnte in das Innere des weiten Reiches, oder gar nach Sibirien. Meine vielen gutgearteten Kinder thaten mir leid; ich sah mich in Deutschland nach einer Berufsstätte um und die alte Hansestadt Lübeck reichte mir über die Ostsee ihre treue Hand, indem sie mich um die Wende der Jahre 1887/88 zum Compastor in Travemünde berief. Hiermit war meinem reich gesegneten Wirken in Riga das Ziel gesetzt, und ich nahm in des Herrn Namen dankbar den Ruf an« (Tiling, 1988, S. 2 f). — Nur kurze Zeit war Wilhelm v. T. »Compastor« in Travemünde. Er wechselte noch im selben Jahr in die Gemeinde von Leopoldshall in Anhalt, wo er vier Jahre wirkte. In der Folgezeit begann für die kinderreiche Familie eine Odyssee durch Deutschland, da de Vater, der 1934 in Lüneburg starb, wegen seiner fortschreitenden Geisteskrankheit keine feste Pfarrstelle mehr erhielt. — Die Eltern waren bestrebt ihren Kindern eine gute Schulbildung zu sichern, den Mädchen genauso wie den Jungen. Die älteste Tochter »besuchte von 1882 bis 1888 die Deutsche Höhere Töchterschule von Fräulein Reinsch in Riga, danach kurze Zeit im Jahre 1888 die Privatschule Fräulein Eissfeld in Lübeck und dann von Herbst 1888 bis etwa 1891 die Bürgerschule in Staßfurt in Preußen. Hiernach verbrachte sie ein Jahr zu Hause. Von Ostern 1892 bis Herbst 1893 besuchte sie die Schule des Klosters Marienberg bei der Domina v. Veltheim... Danach war sie wieder einige Zeit zu Hause« (Tiling 1988, S. 4). Ihr weiterer Lebensweg deutet auf einen fortwährenden Konflikt mit dem Vater hin, der seiner Tochter »nicht die emanzipative Chance einer Berufsausbildung bot, sie aber doch zwang, sich selbst zu erhalten - in der typischen Rolle der verarmten Tochter von Stand: als ‚Gouvernante' - und sie gleichzeitig weiterhin an sein Haus band, wenn er es für nötig empfand. Sie hat sich nur schwer aus dieser Situation gelöst« (Herkenrath 1972, S. 23). Die junge v. T. betätigte sich zwischen 1896 und 1899 als Erzieherin in der Schweiz, ferner bei den adeligen Familien von Rantzau in Kiel und von der Schulenburg in Wolfsburg. Im Alter von 25 Jahren legte sie in Kassel das Lehrerinnenexamen ab, auf das sie sich teils autodidaktisch, teils durch Privatunterricht vorbereitet hatte. Bis 1906 unterrichtete v. T. in letztgenannter Stadt an den Mädchenprivatschulen der Damen zu Jahn und Augsburg. Die Adelige war schon fast 29 Jahre alt, als sie sich für ein Studium in den Hauptfächern der Theologie und Geschichte entschloß: - »Mit ‚studieren' war damals jedoch nicht ein Universitätsstudium gemeint - zumindest nicht für Frauen, da diesen in Preußen erst ab 1908 die vollständige Immatrikulation an den Universitäten gestattet war. Magdalene von Tiling nahm deshalb 1906 in Göttingen an jenen seit 1894 von Anna Vorwerk eingerichteten wissenschaftlichen Kursen für Lehrerinnen teil. Ziel dieser Kurse war es, Lehrerinnen, die bereits im Beruf gestanden hatten, in Methoden wissenschaftlichen Denkens und Arbeitens einzuführen. In Kooperation mit acht Professoren der Universität Göttingen wurden Lehrerinnen auf den Abschluß der Oberlehrerinnenprüfung vorbereitet« (Schneider-Ludorff 2001, S. 34 f). — Am 10. Mai 1909 legte sie erfolgreich das staatliche Oberlehrerinnenexamen ab und wurde wenige Wochen später als Studienrätin am städtischen Oberlyzeum von Elberfeld angestellt. Dort unterrichtete sie u. a. Religion, Geschichte, Bürgerkunde, Pädagogik und Psychologie. Die Stadtverordnetenversammlung Elberfelds übertrug ihr 1911 zusätzlich die Mitleitung der Frauenschule und des Kindergärtnerinnen- und Hortnerinnenseminars. Damit verbunden war die Verleihung des Titels »Frau Oberin«. Ihre Aufgabe bestand vordergründig in der Betreuung und Beaufsichtigung der Praxisstunden der Auszubildenden in Kindergärten und Horten sowie in der Anfertigung von Stunden- und Stoffplänen für die Ausbildung der zukünftigen Kindergärtnerinnen und Hortnerinnen. Bedingt durch ihre führende Position war v. T. »bereits seit den ersten Jahren des neuen Jahrhunderts in die Debatte um die Neustrukturierung der höheren Mädchenschulbildung involviert und konzeptionell daran beteiligt. Ein anderes Thema, das sie in dieser Zeit beschäftigte, war die Diskussion um die Reform des Religionsunterrichts. Theologisch sah sie sich in dieser Zeit durch Hermann Bezzel beinflußt. 1906 wurde sie Mitglied des Gesamtvorstandes der Konferenz von Religionslehrerinnen. Diese 1905 gegründete Organisation war ein Zusammenschluß von Religionslehrerinnen, die theologisch dem ‚orthodoxen' und ‚positiv-christlichen' Lager angehörten. Sie wollten entgegen allen Reformvorschlägen der liberalen Theologie den evangelischen Religionsunterricht auf biblisch-bekenntnismäßiger Grundlage erhalten« (Schneider-Ludorff 2002, S. 36 f). Ein weiterer wichtiger Schwerpunkt war die Entwicklung eines von »christlichem und deutschem Geist getragenen Mädchenerziehungszieles« (Pape 1922, S. 395). — 1916 wurde der »Verband evangelischer Religionslehrerinnen« (in Nachfolge der »Konferenz von Religionslehrerinnen«) ins Leben gerufen und v. T. der Vorsitz übertragen, den sie bis zur erzwungenen Auflösung des konfessionell gebundenen Verbandes durch die Nazis im Jahr 1939 inne hatte. Die Adeligen, die der altlutherischen Gemeinde in Elberfeld beigetreten war, übernahm 1910 die Redaktion der »Mitteilungen aus der Konferenz von Religionslehrerinnen«. Ab 1926 nannte sich die Zeitschrift »Schule und Evangelium«, die immer mehr zur Plattform v. T.s »neuer Pädagogik« auf reformatorischer Grundlage wurde und die sich vordergründig gegen die liberale evangelische (Religions-)Pädagogik wandte. Genannte Zeitschrift war gleichzeitig das Sprachrohr der im gleichen Jahr gegründeten »Evangelischen Schulvereinigung«. — Den Untergang des Kaiserreiches 1918 empfand v. T. als überzeugte Monarchisten äußerst schmerzlich. Doch erkannte sie schnell die Vorteile der Demokratie hinsichtlich der Möglichkeiten zur politischen Partizipation von Frauen. — Und sie nutzte die neue Chance. Die Adelige beteiligte sich Dezember 1918 an der Gründung der Ortsgruppe der DNVP in Elberfeld, zu deren Dritten Vorsitzenden sie gewählt wurde. Dies war der Beginn ihrer politischen Karriere. Sie war von 1919 bis 1921 Stadtverordnete in Elberfeld, zog anschließend als Abgeordnete der DNVP in den preußischen Landtag ein und war von 1930 bis 1933 DNVP-Abgeordnete im Reichstag. Später konstatierte sie, daß nach 1918 vor allem der »monarchische Gedanke« sowie die »oppositionelle Haltung gegen die Revolution«, die neben der starken Betonung von »Ehe, Familie, Kirche, christliche Schule«, die Entscheidung der Frauen für die DNVP wesentlich bestimmt hätten. Jedoch sei, so nach v. T., der nationale Gedanke das stärkste Verbindungsglied gewesen: - »Das, was die Frauen bei dieser Partei in erster Linie hält, ist die Betonung der nationalen Ehre und Würde, der Wille zur Freiheit der Nation« (Tiling 1931, 351). — Die Politikerin setzte sich vor allem für das Mädchenschulwesens und der Errichtung öffentlicher Bekenntnisschulen ein: - »Somit verzahnte sie ihre frauenpolitischen Interessen, die besonders die Verbesserung der Situation von Lehrerinnen und die Mädchenausbildung im Blick hatten, mit allgemeinen Interessen der Partei und der evangelischen Kirche. Einer ihrer Schwerpunkte wurde die Auseinandersetzung um das Reichsschulgesetz (an dessen drei großen Entwürfen von 1921, 1925 und 1927 sie beteiligt war; M. B.). Die Möglichkeit für von Tiling, ihr Anliegen in dieser Form zu vertreten und dafür auch weitgehende Unterstützung männlicher Kirchenfunktionäre zu erhalten, bot die DNVP wie keine der anderen Partein« (Jähnichen/Friedrich 2000, S. 205). — 1921 wurde die Abgeordnete Mitglied im »Reichsfrauenausschuß« der DNVP, trat noch im selben Jahr in den Arbeitsausschuß der »Vereinigung Evangelischer Frauenverbände Deutschlands« (VEFD) ein und avancierte im September 1923 zur Ersten Vorsitzenden der 1918 gegründeten VEFD. Diese verstand sich als Dachverband aller evangelisch-kirchlicher Frauenverbände und als Gegenmodell zum überkonfessionellen »Bund Deutscher Frauenvereine«. Organ der VEFD war das »Nachrichtenblatt der Vereinigung evangelischer Frauenverbände Deutschlands«, welches 1927 in »Monatsblatt der Vereinigung Evangelischer Frauenverbände Deutschlands« und schließlich 1930 in »Aufgaben und Ziele. Monatsblatt der Vereinigung Evangelischer Frauenverbände Deutschlands« umbenannt wurde. Hinsichtlich ihrer gesellschaftlichen und kirchlichen Mitwirkungsforderungen beschränkte sich, so nach Doris Kaufmann, die VEFD auf drei »Krisengroßbereiche«: - »Sie wollte zur Rettung der angeblich ins Chaos versinkenden gesellschaftlichen Ordnung ebenso beitragen wie zur Rettung der bedrohten Substanz des evangelischen Christentums. Darüberhinaus wurde noch eine weitere ,Kampfebene' aufgeführt. Die VEFD wollte in die Diskussion eingreifen, die in der Nachkriegszeit um eine Neudefinition von ,Frauentum' und von den Aufgaben und dem Verhältnis der Geschlechter geführt wurde« (Kaufmann 1988, S. 68). — Kraft des Amtes als Vorsitzende der VEFD war v. T. zugleich Mitglied im »Centralausschuß der Inneren Mission«. In dieser Funktion verfaßte u. a. offizielle Voten wie beispielsweise die »Leitsätze zur völkischen Frage«, die gegen die verstärkt aufkeimende völkische Bewegung und ihren Bestrebungen im »Bund für Deutsche Kirche«, 1921 in Berlin von Joachim Kurd Niedlich (s. d.) und Friedrich Andersen (s. d.) ins Leben gerufen, Position ergriffen. Die Leitsätze spiegeln eine deutliche Ambivalenz innerhalb der Auseinandersetzungen mit den kulturellen und rassisch-biologischen Vorstellungen, die in manch evangelisch-kirchlichen Kreisen und bei ihren Funktionären vorherrschte: - »Die Bewegung hat eine positive und eine negative Seite. Positiv will sie das eigene Volkstum stärken, indem die Rassereinheit in bezug auf das Blut fördert, unser Volk wieder bodenständig machen will, die Entwurzelung in deutsches Sein und Wesen pflegt und das Ideal deutscher Volkheit vor allen in den führenden Kreisen zum Bewußtsein zu bringen sucht. Nach der negativen Seite will sie alles Fremde in Blut und Geist aus unserem Volk ausscheiden« (Tiling 1924, S. 19). Obwohl v. T., wie Gury Schneider-Ludorff treffsicher konstatiert, »die nationale und rassisch-biologischen

Ideen der völkischen Bewegung« (Schneider-Ludorff 2001, S. 118) durchaus befürwortete, lehnte sie demgegenüber schon sehr früh die rassebiologischen Implikationen, die eine Ausgrenzung von Juden beinhalteten, entschieden ab: - »Die negative Seite der Bewegung richtet sich einseitig gegen das Judentum und äußert sich in einem dreifachen Streben: a) Juden und jüdische Abkömmlinge aus unserem Volkskörper auszuscheiden, b) den geistigen Einfluß des heutigen Judentums in Wirtschaft, Presse, Kunst und Literatur zu brechen, c) die, wie man behauptet, durch das A.T. in unser Volk eingedrungene jüdische Ethik und Gottesanschauung zu entlarven und zu beseitigen« (Tiling 1914, S. 19). — Mitte der 1920er Jahre begegnete v. T. den zehn Jahre jüngeren Theologen Friedrich Gogarten (s. d). Zwischen den beiden entwickelte sich nicht nur eine lebenslange Freundschaft, sondern auch eine intensive Arbeitsgemeinschaft auf den Gebieten der Pädagogik und der Theologie (vgl. Herkenrath 1972, S. 70 ff.; Schneider-Ludorff 2001, S. 131 ff.): - »Die Theologie Friedrich Gogartens ist seit 1925 Rahmen und Bezugspunkt der Arbeit M. v. Tilings. Kämpfte Gogarten gegen den Historismus seines Lehrers Ernst Toeltsch und gegen den Subjektivismus seines Zeitalters, so wendete sich M. v. Tiling gegen das idealistische Bild vom Menschen und gegen den Gedanken einer harmonischen Selbstentfaltung des Individuums. In der Zeitschrift ‚Schule und Evangelium' wurde Gogartens Nachwort zur Neuausgabe von Luthers Schrift ‚Vom unfreien Willen' in Fortsetzungen abgedruckt; fast allen nachfolgenden Schriften Gogartens widmete sich v. Tiling eine ausführliche Besprechung. Die Anthropologie des ‚Seins-vom-anderen-her' wurde bei ihr wie bei ihm zentral« (Herkenrath 1972, S. 71). — Folgend berief sie sich in ihren theologischen und pädagogischen Schriften verstärkt auf die aus dem Neuluthertum des 19. Jahrhunderts stammende Theologie der Schöpfungsordnungen. Dieser Konzeption zufolge, findet sich jeder Mensch, unabhängig von seinem Glauben, in bestimmten Lebensordnungen vor. Als von Gott dem Menschen seit der Schöpfung vorgegebene »Ordnungen« gelten Autorität, Ehe, Familie, Volk, Rasse, Geschlecht, Gewissen, Stände, Erziehung und Beruf, die vom Menschen erfaßt oder verfehlt werden können. Des weiteren sind alle einer Geboteordnung unterstellt, die nach dem Schöpferwillen für die gesamte Menschheit gilt. Durch dieses theologische Denkmuster hatte v. T. eine anthropologisch wichtige Entscheidung getroffen, die auch für ihre Pädagogik von zentraler Bedeutung wurde: - »Der Mensch wird nicht als ein sich selbst konstituierendes Individuum gesehen, sondern als ein in und durch die Gemeinschaft konstituiertes. Theologisch gesprochen heißt das, der Mensch verdankt sich nicht sich selbst, sondern ist von Gott geschaffen und in eine Gemeinschaft/Ordnung gestellt. Erst in der Gemeinschaft entfaltet er sein wahres Sein und erhält seine wahre Bestimmung... National überhöht und zur ‚deutschen Volksgemeinschaft' stilisiert, war diesem Konstrukt die Aufgabe zugedacht, sämtliche Risse zwischen den Schichten, Klassen, Generationen und, nicht zuletzt, zwischen den Geschlechtern zu kitten« (Pithan 1997, S. 30). — Hinsichtlich der schöpfungsgemäßen Geschlechterbeziehung bilanzierte v. T.: - »Aber Geschöpf Gottes sein bedeutet noch mehr. Es bedeutet, daß wir als Mann, als Frau durch Christus in jeder bestimmten Lage und in jedem Augenblick zu unserem von dem Schöpfer gewollten Sein gefordert wissen, daß er uns dazu ruft, daß wir in jeder Lage unser schöpfungsmäßiges Sein erfüllen sollen, daß wir den Anspruch, den der Augenblick an uns als Mann und Frau stellt, eben in dieser Gebundenheit und in diesem Gehorsam und in der Überwindung der Verkehrung unseres Seins durch die Sünde erfüllen sollen« (Tiling 1925, S. 2). — Dieser Interpretation entsprechend sind Frau und Mann ursprünglich »aufeinander hin geschaffen, füreinander da, so, daß ihre beiderseitige Wesensart auf die vollkommenste Weise zueinander gehört und ineinander greift« (Tiling 1925, S. 3). Die Wesensart der beiden Geschlechter betreffend, postulierte sie einen schöpfungsmäßigen Unterschied und weist Frauen und Männern dementsprechende Aufgaben für Volk und Familie zu: - »Führung und Schutz entspräche dem Sein des Mannes... Mütterlichkeit andererseits entspreche dem schöpfungsmäßigen Sein der Frau« (Pithan 1997, S. 31). — Für ihre theologisch-wissenschaftliche Kompetenz wurde v. T. am 29. September 1926 mit der Ehrendoktorwürde der theologischen Fakultät Rostock ausgezeichnet. In der Begründung hieß es: - »Sie hat durch eine Reihe von theologischen Abhandlungen, unter denen schon die ersten durch wissenschaftliche Selbständigkeit sich auszeichneten, an der neuen Bewegung in der Theologie fördernden Anteil genommen, insbesondere durch Anwendung auf die Probleme der Frauenbewegung zur Geltung und Wirkung gebracht und durch die Leitung des Verbandes evangelischer Religionslehrerinnen und Mitarbeit im Deutschen Reichserziehungsverband sich große Verdienste um das evangelische Schulwesen erworben. Sie hat im öffentlichen Leben mit Gewissensernst für den christlichen Glauben gekämpft und ihre schriftstellerischen und organisatorischen Fähigkeiten stets mit Hingabe und Erfolg in den Dienst der Kirch gestellt« (Landeskirchliches Archiv der Evangelisch-Lutherischen Landeskirche Hannovers, Nachlaß Magdalene von Tiling, N 127, Nr. 2). — Als 1933 die Nazis an die Mach kamen begrüßte v. T. im April 1933 im VEFD-Periodikum unter dem Titel »Aufgaben und Ziele« den »Durchbruch einer neuen Zeit«. Diesen charakterisierte sie als ein Hineinwirken Gottes in die politische Geschichte und legitimierte ihn religiös: - »Jeder Deutsche fühlt, daß etwas ganz Großes, etwas Ungeheures im Laufe der Monate im Sommer 1932 bis zum letzten Durchbruch des Neuen im März 1933 in unserem Volke, ja mit uns und an uns geschehen ist. Bei allen diesen großen geschichtlichen Ereignissen spüren wir als Christen ein greifbares Hineinwirken Gottes in das Gesamtgeschick eines Volkes. Die großen politischen Geschehnisse sind ein Geschenk Gottes, aber sie sind zugleich ein Gefäß, das dem Gefülltwerden harrt« (Tiling 1933, S. 155). — Trotz Bejahung der nationalsozialistischen Ideologie vertrat sie die Ansicht, daß »Staat, Volk, Rasse, Blut« nicht das Letzte seien, sondern der Herr und das »gewaltige nationale Geschehen« sich unter den Gotteswillen als letzten Bezugsrahmen zu stellen habe: - »Weil man aber vor dem Herrn weiß, der Herr über unser Einzelleben wie Herr über Staat und Volk ist, darum ist es nun nicht möglich, diesen Kampf um Freiheit und Ehre, um Volkstum und Nation zu verabsolutieren, ihn als das Letzte zu betrachten. Nicht Staat, Volk, Rasse, Blut sind das Letzte, sondern der Herr ist der erste und der letzte, der uns in solchen Kampf hineinstellt« (Tiling 1933, S. 23). — Im allgemeinen Umbruch des Jahres 1933 versuchte v. T. der VEFD eine stärkere Position zu verleihen. Sie sah die Gelegenheit gekommen, »aus dem bisher einflußlosen Dachverband die maßgebliche Großorganisation zu formen, die in den zu erwartenden Verhandlungen mit Kirche und Staat als berufene Sprecherin der evangelischen Frauen auftreten konnte« (Kaiser 1982, S. 193). Doch es kam nicht so wie erhofft und die Ernüchterung folgte. Schon bald wurde nach der Machtergreifung die DNVP aufgelöst. Ihre herausragende Stellung innerhalb der evangelischen Frauenbewegung verlor sie im Zuge radikaler Umstrukturierungen der Frauenvereine an jüngere Frauen und im Dezember 1935 endete ihre Herausgeberschaft des Periodikums »Aufgaben und Ziele. Monatsblatt der Vereinigung Evangelischer Frauenverbände Deutschlands«. Nach kurzer Beurlaubung unter Belassung ihrer Dienstbezügen kehrte v. T., die sich immer mehr von der nationalsozialistischen (Rassen-)Ideologie distanzierte (vgl. Schneider-Ludorff 2001, S. 255 ff.), in den Schuldienst zurück. Sie unterrichtete als Oberstudienrätin an der staatlichen »Augusta-Schule« in Berlin. Nebenbei lehrte sie noch an der »Lessinghochschule« Religion für Erwachsene. 1938 trat v. T in den Ruhestand, um sich mehr ihren wissenschaftlichen Arbeiten widmen zu können. Nach dem Zusammenbruch der Nazi-Diktatur nahm v. T. nie dezidiert Stellung zu den Jahren 1933 bis 1945. Anläßlich einer Feier zu ihrem 80. Geburtstag sagte sie, daß 1933 ihrer vielfältigen Arbeit ein Ende gemacht wurde, »und doch konnte auch diese Zeit die Weiterführung nicht verhindern. In der zweiten Hälfte der dreißiger Jahre veröffentlichte ich meine Arbeiten über Altersstufen und die Bergpredigt. Die eigentlichen stillen Jahre ohne solche Arbeit waren die von 1941 bis 1945, die Bombenjahre und das Kriegsende« (zit. n. Schomerus 1957, S. 106). — Schon während der Zeit der Nazi-Diktatur beschäftigte sich die Adelige, wie im voranstehenden Zitat angesprochen, intensiv mit den »Altersstufen im menschlichen Leben« (1936), die sie dann Mitte der 1950er Jahre erneut aufgriff und als Entwurf einer »Pädagogik der Altersstufen« ausarbeitete. Von der Schöpfungsordnung ausgehend, interpretierte die Autorin ihr Altersstufenschema (in seiner Siebenjahreseinteilung) als eine von Gott vorgegebene Existenz: - »Ziel ihrer Überlegungen ist es hier festzuschreiben, daß der Christ in Bejahung des Schöpferwillens im Glauben auf seiner jeweiligen Altersstufe nicht nur ein im Glauben und in der Liebe Werdender sei, sondern auch als solcher in menschlicher Entwicklung bleiben solle« (Roggenkamp-Kaufmann 1998, S. 737). — Nach 1945 unterrichtete v. T. an verschiedenen Ausbildungseinrichtungen des »Evangelischen Johannesstifts« in Berlin-Spandau; von 1946 bis 1956 an der Schwesternhochschule der Diakonie in Berlin und von 1946 bis 1952 an der Sozialen Frauenschule der Inneren Mission. Sie lehrte noch im ersten Lehrgang des »Vikarinnenlehrkurs« (1952/53) das Fach »Hauptaufgaben der praktischen Katechetik mit Grundfragen evangelischer Erziehung«. Die Dozentin ließ die Vikarinnen Katechesen ausarbeiten und in den Schulen des Johannesstifts unterrichten. Im theoretischen Unterricht behandelte sie »die spezielle Methodik der biblischen Geschichte in den verschiednen Schuljahren« und führte in die Pädagogik der Alterstufen ein (Evangelisches Zentralarchiv Berlin, Bestand 7, Nr. 1577 S: Vikarinnen-Kurse im Johannisstift, Berlin-Spandau). Zudem beteiligte sich v. T. aktiv am Neuaufbau des Katechetenwesens in Berlin. Sofort nach dem Zusammenbruch gründete und leitete sie für mehrere Jahre den katechetischen Arbeitskreis von Berlin-Zehlendorf. An ihrem 80. Geburtstag erhielt sie das große Verdienstkreuz des Verdienstordens der Bundesrepublik Deutschland, das ihr vom damaligen Berliner Kultursenator Prof. Joachim Tiburtius im Auftrag des Bundespräsidenten überreicht wurde. Im Alter von über 96 Jahren starb v. T. in München.

Archive: Bundesarchiv Berlin, 12205 Berlin; Evangelisches Zentralarchiv Berlin, 10997 Berlin; Archiv des Evangelischen Diakonievereines, 14163 Berlin; Landeskrichliches Archiv der Evangelisch-Lutherischen Landeskirche Hannovers, 30169 Hannover.

Bibliografien: Herkenrath, L.-L.: Politik, Theologie und Erziehung. Untersuchungen zu Magdalene von Tilings Pädagogik, Heidelberg 1972, 281 ff.; Schneider-Ludorff, G.: Magdalene von Tiling. Ordnungstheologie und Geschlechterbeziehungen. Ein Beitrag zum Gesellschaftsverständnis des Protestantismus in der Weimarer Republik, Göttingen 2001, 321 ff.

Werke (Ausw.): Des Christen Stellung zur heiligen Schrift, in: Mitteilungen aus der Konferenz von Religionslehrerinnen, 3 1910, 2 ff.; Die Elberfelder Tagung, in: Mitteilungen aus der Konferenz von Religionslehrerinnen, 5 1912, 1 ff.; Das Recht und die Pflicht des Staates, Religionsunterricht erteilen zu lassen und die psychologischen Grundlagen der Religion, in: Mitteilungen aus der Konferenz von Religionslehrerinnen, 6 1913, 2 ff.; Die Grundlagen der methodischen Anweisungen für den Religionsunterricht in dem Buche von Kabisch: Wie lehren wir Religion?, in: Mitteilungen aus der Konferenz von Religionslehrerinnen, 7 1914, 6 ff.; Die Bekenntnisse der Kirche und ihre Bedeutung für uns, in: Mitteilungen aus der Konferenz von Religionslehrerinnen, 8 1914, 5 ff.; Der Zusammenhang zwischen Luthers persönlichen Glaubenserlebnissen und dem Bekenntnis der lutherischen Kirche, in: Mitteilungen aus der Konferenz von Religionslehrerinnen, 8 1914, 7 ff.; Die Bedeutung der Taufe, Elberfeld 1916; Die Kirche und die Frau. Zwei Aufsätze, Berlin 1919; Aufgaben in schwerer Zeit, in: Mitteilungsblatt des Verbandes evangelischer Religionslehrerinnen, 4 1919/Nr. 4, 3; Die Kirche und die Frau, Berlin 1919; Bericht über die Reichsschulkonferenz, in: Mitteilungsblatt des Verbandes evangelischer Religionslehrerinnen, 5 1920/Nr. 3, 2 ff.; Lebenskunde, in: Sprengel, A. (Hrsg.): Die neue Frauenschule, Stuttgart 1920, 124 ff.; Zur Mädchenschulreform. Die deutsche Oberschule, Berlin 1921; Der Entwurf zum Reichsschulgesetz, in: Mitteilungsblatt des Verbandes evangelischer Religionslehrerinnen, 6 1921/Nr. 1, 5 f; Psyche und Erziehung der weiblichen Jugend, Langensalza 1923; Evangelische Frauenbewegung, Berlin 1924; Leitsätze zur völkischen Frage, aufgestellt für den Zentralausschuß für Innere Mission, in: Mitteilungsblatt des Verbandes evangelischer Religionslehrerinnen, 9 1924/Nr. 4, 19 f; Die neue Stellung der Frau in der Volksgemeinschaft, Leipzig 1925; Die Beziehung der Geschlechter, Berlin 1925; Die christliche Frau und das Reichsschulgesetz, Berlin 1928; Was wollen wir tun? Christliche Antworten auf politische Fragen. H. 1: Vom Sinn und der Ordnung menschlichen Lebens, Bethel 1929; Was sollen wir tun? Christliche antworten auf politische Fragen H. 2: Ehe und Familie, Bethel 1930; Thesen zur Frage der sittlichen Erziehung, in: Schule und Evangelium, 5 1930, 225 ff.; Konservativ oder Liberal? Zukunft oder Untergang?, Berlin 1930; Deutschnationale Volkspartei, in: Schmidt-Beil, A. (Hrsg.): Die Kultur der Frau. Eine Lebenssymphonie der Frau des XX. Jahrhunderts, Berlin, 350 ff.; Grundlagen pädagogischen Denkens, Stuttgart 1932; Die Altersstufen im menschlichen Leben, Stuttgart 1936; Der Unterricht im Neuen Testament auf der Unter- und Mittelstufe, Berlin 1948; Der Mensch vor Gott, Berlin/Bielefeld 1950; Wir und unsere Kinder. Eine Pädagogik der Altersstufen für evangelische Erzieher in Familie, Heim und Schule, Stuttgart 1955.

Lit. (Ausw.): Pape, G.: Der erste Tag des Verbandes evangelischer Religionslehrerinnen, in: Allgemeine Evangelisch-Lutherische Kirchenzeitung, 1922/Nr. 25; — N.N.: Lexikon der Frau in zwei Bänden. Band II I-Z, Zürich 1954, Sp. 1458; — Schomerus, H.: Frau D. von Tiling 80 Jahre alt, in: Die Diakonieschwester, 53 1957, 104 ff.; — Herkenrath, L.-L.: Politik, Theologie und Erziehung. Untersuchungen zu Magdalene von Tilings Pädagogik, Heidelberg 1972; — N.N.: Tiling, Magdalene, Lehrerin, Politikerin, in: Kulturstiftung der deutschen Vertriebenen (Hrsg.): Ostdeutsche Gedenktage 1977, Bonn 1978, 53; — Kaiser, J.-Ch.: Das Frauenwerk der Deutschen Evangelischen Kirche. Zum Problem des Verbandsprotestantismus im Dritten Reich, in:

Weltpolitik, Europagedanke, Regionalismus. Festschrift für Heinz Gollwitzer zum 65. Geburtstag, Aschendorf Münster 1982; — Kaufmann, D.: Frauen zwischen Aufbruch und Reaktion. Protestantische Frauenbewegung in der ersten Hälfte des 20. Jahrhunderts, München/Zürich 1988, 75 ff.; — Nipkow, K. E./Schweitzer, F.: Religionspädagogik. Texte zur evangelischen Erziehungs- und Bildungsverantwortung seit der Reformation, Bd.2/2: 20. Jahrhundert, Gütersloh 1994; — Brehmer, I./Ehrich, K.: Mütterlichkeit als Profession? Lebensläufe deutscher Pädagoginnen in der ersten Hälfte dieses Jahrhunderts. Band 2: Kurzbiographien, Pfaffenweiler 1993, 263 f; — Pithan, A. (Hrsg.): Religionspädagoginnen des 20. Jahrhunderts, Göttingen/Zürich 1997, 20 ff.; — Grethlein, Ch.: Religionspädagogik, Berlin/New York 1998, 119 ff.; — Hauschild, W.H. (Hrsg.): Profile des Luthertums. Biographien zum 20. Jahrhundert, Gütersloh 1998, 721 ff.; — Siegele-Wenschkewitz, L./Schneider-Ludorff, G. u.a. (Hrsg.): Frauen - Gestalten - Geschichte. Im Spannungsfeld von Religion und Geschlecht, Hannover 1998, 161 ff.; — Jähnichen, T./Friedrich N. (Hrsg.): Protestantismus und Soziale Frage. Profile in der Zeit der Weimarer Republik, Münster/Hamburg/London 2000, 202 ff.; — Vinzent, M. (Hrsg.): Metzlers Lexikon christlicher Denker, Stuttgart/Weimar 2000, 692 f; — Gause, U:/Heller, B./Kaiser, J.-Ch. (Hrsg.): Starke fromme Frauen? Eine Zwischenbilanz konfessioneller Frauenforschung heute, Hofgeismar 2000, 61 ff.; — LThK, Freiburg 2001, Bd. 10, 37 f; — Mette, N./Rickers, F. (Hrg.): Lexikon der Religionspädagogik, Neukirchen-Vluyn 2001, 2125 f; — Süchting-Hänger, A.: Das »Gewissen der Nation". Nationales Engagement und politisches Handeln konservativer Frauenorganisationen 1900 bis 1937, Düsseldorf 2002; — Streubel, Ch.: Frauen der politischen Rechten in Kaiserreich und Republik. Ein Überblick und Forschungsbericht, in: Historical Social Research, 28 2003/Nr. 4, 103 ff.; — Petzold, K./Wermke, M. (Hrsg.): Ein Jahrhundert Katechetik und Religionspädagogik in Ostdeutschland, Leipzig 2007, 175 ff.; — RGG[4], Bd. 8, Tübingen 2007, 409.

Webseiten: http://de.wikipedia.org/wiki/ Magdalene_von_Tiling (28.3.2008); — http://www.theophil-online.de/philipp/mfphl12.htm (28.3.2008).

Manfred Berger

TRITTON, Frederick John, * 20.11. 1887 in Twyford, Berkshire, † 23.8. 1968 in Margate. Mystiker, Quäker. — Tritton wurde als Sohn eines Eisenbahners, der 1904 bei einem tragischen Unfall ums Leben kam, in eine zehnköpfige Familie geboren. Er verließ mit zwölf Jahren die Schule und brachte sich mit Gelegenheitsarbeiten in Lebensmittelgeschäften und in Druckereibetrieben durch. Er begann, an der Maidenhead Adult School Deutsch und Französisch zu lernen und studierte die Schriften der Mystiker, insbesondere Meister Eckhart, Julian of Norwich und Teilhard de Chardin. Ebenso erlernte er die spanische und russische Sprache. Aus diesem Grund hatte er später einen direkten Zugang zu vielen Quäkern auf dem europäischen Kontinent. 1914 heiratete er Daisy Knight und hatte eine Tochter, Miriam. — 1916 verweigerte er den Kriegsdienst und leistete den Ersatzdienst in der Landwirtschaft bei Suffolk und Gloucestershire. Unmittelbar danach nahm er einen Posten als Hausmeister in Devonshire House an und kam dort in näheren Kontakt mit Quäkern. 1919 trat er diesen bei und wurde Mitglied des Kingston Upon Thames Meeting. In den Andachten waren besonders seine Wortbeiträge geschätzt, die aus tiefer Religiosität entstammten. In seiner lokalen Andachtsgruppe in Kingston wurde er bald zum Ältesten ernannt und war viele Jahre im Hausausschuß und als erster Schatzmeister tätig. Besonders interessierte er sich für das »Friends Fellowship of Healing« und die »Seekers' Association«. Seine eigene Religiosität war christozentrisch und mystisch unterlegt. — Ab 1919 war er für viele Jahre Assistent und Sekretär von Carl Heath (1869-1950), mit dem er zunächst den Council for International Service aufbaute. Auch wurde er geschäftsführender Schreiber (Sekretär) der Europäischen Sektion des beratenden Weltkomitees. Diese Tätigkeit brachte ihn 1923/24 nach Berlin. Im Sommer 1947 war er der erste Quäker aus England, der, gemeinsam mit Kathleen Brookhouse, die Strapazen des Reisens im Nachkriegsdeutschland auf sich nahm, um Quäker in Ost und West zu besuchen. Er wirkte dann an zahlreichen Seminaren und Retraits bei den deutschen Quäkern in den 1950er und 1960er Jahren mit. — Kurz vor seinem Tode verlor Tritton ein Auge, was seinen Glauben jedoch festigte. Zahlreiche gesundheitliche Einschränkungen erschwerten ihm das Leben und ließen ihn in der direkten Kommunikation mitunter ungeduldig oder gar beleidigend erscheinen. Tritton verstarb in seinem achtzigsten Lebensjahr im Sommer 1968.

Werke: Personal and group worship. In: Inward Light, Fall 1937, 1, 5-6; A meditation at early morning mass on the georgic. In: Inward Light, Fall 1937, 1, 6-7; The world community of Friends. (London 1941); Prayer and spiritual discipline. London 1942; A little book on prayer. A contribution from the experience of Quaker retreats. London 1946; Quaker international centres. London 1946; Lebendige Gemeinschaft. In: Der Quäker. Monatsschrift der deutschen Freunde, XXI, 3/4, 1947, 55-56; The discipline of prayer. Wallingford 1948 (Pendle Hill Publications, XLIV); The mind of Christ. A series of meditations. London 1949; Stunden der Besinnung. In: Der Quäker. Monatsschrift der deutschen Freunde, XXIII, 8, 1949, 120-123; Prayer and healing. London 1950; »Liebe Deinen Nächsten, wie einen, der Dir gleich ist«. In: Der Quäker. Monatsschrift der deutschen Freunde, XXV, 8, 1951, 114-116; Carl Heath. Apostle of peace. London 1951; Beten und Heilen. In: Der Quäker. Monatsschrift der deutschen Freunde, XXVII, 12, 1953, 183-188; Einige Betrachtungen über die Botschaft Christi. In: Der Quäker. Monatsschrift der deutschen Freunde, XXVIII, 3, 1954, 33-35; XXVIII, 4, 1954, 51-53; XXVIII, 5, 1954, 65-67; XXVIII, 7, 1954, 98-99; XXVIII, 8, 1954, 113-15; XXVIII, 11, 1954, 161-162; Prayer and the life of the spirit. London (1954). London 1962[2]; Quäker im Atomzeitalter. Bad Pyrmont 1959 (Richard-L. Cary-Vorlesung 1959); Das Sakrament des gegenwärtigen Augenblicks. In: Der Quäker. Monatsschrift der deutschen Freunde, XXXIV, 11, 1960, 177-182; Prayer and the life of the spirit. London 1962. London 1962[2]; Leben als Jünger Christi: Das Innere Licht. In: Religiöse Gesellschaft der Freunde in Deutschland (Hrsg.): Vom inneren Lichte und andere Vorträge aus der Welt des Quäkertums. Beiträge zu den Studienwochen der Religiösen Gesellschaft der Freunde (Quäker) im Freundschaftsheim zu Bückeburg. Bad Pyrmont 1962, 73-83; Leben als Jünger Christi: Die Quäker-Andacht. In: Religiöse Gesellschaft der Freunde in Deutschland (Hrsg.): Vom inneren Lichte und andere Vorträge aus der Welt des Quäkertums. Beiträge zu den Studienwochen der Religiösen Gesellschaft der Freunde (Quäker) im Freundschaftsheim zu Bückeburg. Bad Pyrmont 1962, 83-92; Leben als Jünger Christi: Die demokratische Methode der Quäker. In: Religiöse Gesellschaft der Freunde in Deutschland (Hrsg.): Vom inneren Lichte und andere Vorträge aus der Welt des Quäkertums. Beiträge zu den Studienwochen der Religiösen Gesellschaft der Freunde (Quäker) im Freundschaftsheim zu Bückeburg. Bad Pyrmont 1962, 93-103; Hat das Leben einen Zweck? Hager, Magdalene; Hertzsch, Erich; Kleinschmidt, Karl; Leipoldt, Johannes; Ordnung, Carl; Trebs, Herbert; Wiesner, Kurt; Wirth, Günter; Bredendiek, Walter (Hrsg.): Ruf und Antwort. Festgabe für Emil Fuchs zum 90. Geburtstag. Leipzig 1964, 267-273; Prayer in the present age. London (1964); Quaker retreats. In: The Friends' Quarterly, XV, 4, 1965, 145-158; Die demokratische Methode der Quäker. In: Der Quäker. Monatsschrift der deutschen Freunde, XL, 9/10, 1966, 204-209; XL, 11, 1966, 236-240; Die nötige Ausrichtung suchen. In: Der Quäker. Monatsschrift der deutschen Freunde, LII, 1/2, 1978, 6-9; Immer wieder beten. In: Der Quäker. Monatsschrift der deutschen Freunde, LII, 1/2, 1978, 31-35.

Lit. (Auswahl): Harms, Wolfgang: »...denn sie werden Gott schauen...« (Matth.5, 8). Frederick J. Tritton. In: Der Quäker. Monatsschrift der deutschen Freunde, XLII, 11/12, 1968, 268-269; — Scott, Richenda C.: Frederick J. Tritton. In: The Friend. A Quaker weekly journal, CXXV, 38, 1968, 1167-1168; — Lachmund, Margarethe: Fred Tritton und die deutsche Jahresversammlung. In: Der Quäker. Monatsschrift der deutschen Freunde, XLIII, 1, 1969, 13-15.

Claus Bernet

TROTHA, Thilo von, Bischof von Merseburg, * 17.8. 1443 † 5.3. 1514 in Merseburg. — Sohn des Thilo auf Wettin (1424-vor 1468), Obermarschall des Erzbischofs von Magdeburg und Rat zu Halle. Stammsitz der alten Adelsfamilie war Trotha bei Halle an der Saale (heute zu Halle). Am 21.7. 1466 wurde T. einstimmig zum Bischof des 968 gegründeten Bistums Merseburg gewählt, nachdem er kurz zuvor zum Probst zu Magdeburg und zum Domherrn in Merseburg ernannt worden war. Am 8.3. 1467 wurde er von Erzbischof Johannes von Magdeburg in sein Amt eingeführt. Erst 1471 erfolgte die Belehnung durch Kaiser Friedrich III. (s.d.). Bischof Thilo stand in enger Beziehung zu den sächsischen Fürsten, die seinen Rat schätzten. Herzog Albrecht von Sachsen (1443-1500) trug ihm die Patenschaft für seinen Sohn Prinz Georg (s.d.) an und ernannte ihn während seines Aufenthaltes bei den Friesen zu seinem Statthalter in Sachsen, Thüringen und Meißen. Im Mai 1478 begleitete er die Fürsten zum Reichstag nach Nürnberg. Im selben Jahr begleitete er im Auftrag des Kurfürsten Ernst von Sachsen (1441-1486) dessen Tochter Christina (1461-1521) nach Kopenhagen zu ihrem Bräutigam, dem Kronprinzen und späteren König Johann II. (1455-1513). 1481 besuchte er als Begleiter und Rat der Fürsten Ernst und Albrecht den Reichstag zu Nürnberg. Am 2. April 1485 leitete er in Giebichenstein die feierliche Ordination des jungen Ernst von Sachsen. Von seinem Theologiestudium an der Universität Leipzig zeugt der 1486 erworbene Bakkalaureus. Durch rege Bautätigkeit mehrte Thilo die Bedeutung seines Bistums. So ließ er ab 1480 den prächtigen bischöflichen Palast in den Formen der Spätgotik errichten. Ebenso ließ er nach dem großen Brand von 1479 das Königs- und das Sixtitor in der Stadtbefestigung rekonstruieren. Durch Vergrößerung vorhandener und die Anlage neuer Teiche förderte er die Fischzucht und trug so zu dem wirtschaftlichen Aufschwung seiner Epoche bei. Um dem Verdacht vorzubeugen, ihm sei mehr an weltlicher als an kirchlicher Entwicklung gelegen, begann er mit dem Um- und Ausbau der Domkirche St. Laurentii, die aber erst nach seinem Tode im Jahre 1517 durch seinen Nachfolger eingeweiht wurde. Er hatte durch weise Anlage von Geldern für die Vollendung des Baus gesorgt, wobei auch Einnahmen aus dem Ablasshandel verwendet wurden. In der Kirche, deren Ausstattung er ebenfalls erneuern und vermehren ließ, hatte er schon um 1490 einen vergoldeten Epitaph für sich anbringen lassen, der ihn selbst im rechten Feld kniend, sowie eine Darstellung der Dreieinigkeit und ein Wappen im linken Feld zeigt, die Ausführung ist Hermann Vischer d. Ä. (vor 1453-1488) zugeschrieben. Zu seiner Amtszeit wurde die baufällige Stadtkirche St. Maximi erneuert, die er 1514 einweihen konnte. Ebenso die Altenburger Kirche St. Viti. Weiterhin ließ er das Skopauer Schloss errichten. Bischof Thilo konnte durch verschiedene Erwerbungen den Besitzstand des Bistums deutlich erweitern, zahlreiche Dörfer und Güter wurden seinem Gebiet zugeschlagen. Er belehnte Adelige mit Ländereien, so auch 1477 seinen Bruder Claus mit Skopau. Den Fürsten war er verpflichtet, Männer und Reiter zu stellen und er zahlte Kriegssteuern für ihre Fehden und Feldzüge, an denen er gelegentlich selber teilnehmen mußte. In einer Auseinandersetzung mit den Grafen von Mansfeld zog er mit 300 Mann, hoch zu Roß und in Rüstung, drohend an der Grenze auf und konnte so den Streit beilegen. Mit strengen Strafen hielt er Ordnung im vernachlässigten Universitäts- und Klosterleben und sorgte für deren Erneuerung. Zur Förderung der Gelehrsamkeit hatte er schon 1473 den Buchdrucker Lukas Brandis nach Merseburg geholt. Im Jahre 1503 erbaten die Brüder vom gemeinsamen Leben seinen Schutz. Er überließ ihnen die St. Gotthardskapelle und benachbarte Häuser, in denen sie ihren Konvent einrichteten, mit der Auflage, auf das Betteln zu verzichten. An seine Gestalt sind Sagen geknüpft, von denen die des »Raben zu Merseburg« die bekannteste ist. Sie hat sich in unterschiedlichen Fassungen, darunter auch eine des dänischen Dichters Hans Christian Andersen (1805-1875), bis heute erhalten. Der Rabe mit dem Ring im Schnabel war allerdings schon vor Thilo Bestandteil des Wappens der Herren von Trotha. Nach einer Amtszeit von fast 48 Jahren wurde Bischof Thilo in einer Peter Vischer d. Ä. (s.d.) zugeschriebenen metallenen Tumba in der Bischofskappelle des Domes beigesetzt. Er hinterließ das Bistum seinem von ihm bestimmten Nachfolger Bischof Adolf von Anhalt (s.d.) in geordneten Verhältnissen und schuldenfrei.

Lit.: Zedler, 45, 1745, 1213-1216; — Wilhelm Schneider: Bischoff Thilo von Trotha oder der Rabe im Schlosse zu Merseburg; Eine Ballade für eine Singstimme mit Begleitung des Fortepiano, componiert v. W. Schneider, Merseburg, Eduard Römer, ca. 1830; — ADB, 38, 1894, 34-37; — Otto Reuschert: Thilo von Trotha, Bischof zu Merseburg, Ein Gedenkblatt, 1514-1914, Merseburg, Schultze, 1912; — Gustav Pretzien: Vom Merseburger Raben, Merseburg, Baltz, 1926; unveränd. Nachdr., Museum Merseburg, 1988; — Adolf von Trotha: Geschichte des Geschlechts von Trotha, Bd. 2, Görlitz, Starke, 1938; — Hans von Trotha: Stammtafeln des Geschlechtes v. Trotha, Limburg, Starke, 1973; — Clamor von Trotha: Geschichte des Geschlechts v. Trotha, 1: Über unsere Vorfahren in ältester Zeit, Meinsen, (Privatdr.), 1977; — Jürgen Jankofsky: Thilo von Trotha, in: Merseburg, 50 Persönlichkeiten aus 1000 Jahren Geschichte, Böblingen, Tykve, 1992, 43-46; — Jürgen Jankofsky: Der berühmte »Raben-Bischof« Thilo von Trotha, in: Heimatgeschichte Stadt u. Kreis Merseburg, 1993, 59; — Bernd Lähne: Ein großherziger, geistvoller Charakter, im August vor 550 Jahren wurde der Merseburger Bischof Thilo von Trotha geboren, in: Hallesches Tageblatt, Bd. 48, 1993, 198, 13; — Georg Dehio: Hb. der Deutschen Kunstdenkmäler, Sachsen-Anhalt II, München, Berlin, Dt. Kunstverlag, 1999, 543/544; — DBE, 10, 1999, 98.

Hans Hermann Fries

TUKE, William Murray, * 18.5. 1822 in York, † 11.5. 1903. Bankier, Quäker. — William Tuke wurde als Sohn von Samuel (1784-1857) und Priscilla Tuke (geb. Hack, 1786-1828) in York geboren. Seine Schulausbildung erhielt er von 1830 bis 1838 an der Lawrence Street School. Anschließend arbeitete er, wie bereits sein Vater, als Teehändler. Am 14. Mai 1846 heiratete er Emma Williams. Sie hatten sechs Kinder: Mary Maria (1847-1911), Emma Priscilla (geb. 1856), Edith Wilhelmina (geb. 1858), Beatrice Williams (geb. 1861), William Favill (geb. 1863) und Henry Samuel (geb. 1865). 1856 zog die Familie nach London, 1863 nach Saffron Walden, wo Tuke ein Geschäftspartner von George Stacey Gibson (1818-1883), seinem Schwager, wurde und sich an der Saffron Walden and North Essex Bank beteiligte. Nachdem der Geschäftmann Edmund Birch Gibson eingestiegen war, änderte die Bank ihren Namen zu »Gibson, Tuke and Gibson«. Als diese 1896 mit der Barclay-Bank fusionierte, wurde William Tuke zu einer ihrer örtlichen Direktoren ernannt. William Murray Tuke verstarb 1903 im Alter von 80 Jahren.

Lit. (Auswahl): Matthews, Philip W.; Tuke, Anthony W.: History of Barclays Bank. Including the many private and joint stock banks amalgamated and affilated with it. London 1926.

Claus Bernet

TURGOT (oder THURGOT) von Durham; Prior des Benediktinerklosters von Durham, Bischof von St. Andrews in Schottland; Beichtvater der heiligen Königin Margarete von Schottland; * um 1040 in Lincolnshire, England; † 31. August 1115 in Durham. — Turgot war angelsächsischer Herkunft und stammte aus einer angesehenen Familie in Lindsey, Lincolnshire. Turgot geriet als junger Mann in die Wirren der normannischen Eroberung seines Heimatlandes. Um Aufstände gegen die neue normannische Herrschaft zu unterbinden, ließ sich Wilhelm der Eroberer in den Jahren nach der Schlacht von Hastings aus zahlreichen angesehenen und einflußreichen angelsächsischen Familien des Landes Geiseln übergeben. So sollte auch Turgot als Geisel des Distrikts Lindsey an Wilhelm den Eroberer übergeben werden. Vor der geplanten Übergabe wurde er in der Burg von Lincoln gefangen gehalten. Von dort gelang Turgot 1069 jedoch die Flucht. Mit Hilfe norwegischer Kaufleute konnte er wie verschiedene Söhne, Neffen und Verwandten des in Hastings gefallenen Königs Harold Godwinsson auf einem Schiff nach Norwegen gelangen, wo er von König Olaf herzlich aufgenommen wurde. König Olaf machte Turgot zu seinem Kaplan und zu seinem Lehrer speziell für das Lesen und Singen der Psalmen. Turgot hat während seiner Zeit am norwegischen Hof dort wohl auch ein Meßbuch eingeführt, das auf der *»Regularis concordia Anglicae nationis monachorum sanctimonialiumque«* basierte, jener monastischen Richtlinie vorwiegend liturgischen Charakters, die von Bischof Aethelwold von Winchester um das Jahr 970 zusammengestellt und durch eine Synode für alle benediktinischen Klöster Englands verbindlich vorgeschrieben wurde. Zusammen mit Skuli Godwinsson, dem Neffen des in Hastings gefallenen Harold Godwinsson, soll Turgot zudem eine frühe Form der höfischen Kultur am norwegischen Königshof eingeführt haben. — Nach einigen Jahren am norwegischen Hof machte sich Turgot schließlich auf den Weg zurück in seine englische Heimat. Allerdings erlitt er vor der Küste Englands Schiffbruch, bei dem er alle seine in Norwegen erhaltenen Reichtümer verlor. So begann er seine weitere kirchliche Laufbahn als armer und mittelloser Mann. Turgot sah im Verlust seiner weltlichen Reichtümer wohl auch ein Zeichen des Himmels und er wählte den Weg der Armut als Mönch in einem Kloster. Er trat bald darauf ins gerade wieder erstandene Doppelkloster von Wearmouth und Jarrow ein. Dort wurde Turgot ein Schüler von dessen Prior Aldwin von Jarrow. Aldwin war ursprünglich Prior im Kloster Winchcombe in Gloucestershire. Dort las er die Werke des aus Northumbria stammenden Ehrwürdigen Beda (672-735), welche von der großen Zeit der angelsächsischen Kirche seiner Heimat und ihren zahlreichen Heiligen erzählten. So machte sich Aldwin schließlich mit zwei Mitbrüdern aus dem Kloster Evesham auf, um die Wirkungsstätten des ehrwürdigen Beda und der großen Heiligen Northumbrias aufzusuchen. Dort angelangt trug ihm 1072 der Bischof von Durham den Wunsch an, doch das von Benedict Biscop (628-690) im Jahr 681 gegründete, 794 aber von den Wikingern und 860 von den Dänen zerstörte und verlassene Kloster Wearmouth - Jarrow wieder zu besiedeln. Dem Wunsch kam Aldwin gerne nah, war Jarrow doch Wirkungsort des von ihm verehrten Beda. Hier erfolgte nun Turgots Einkleidung und hier legte er auch seine Mönchsgelübde ab. Nicht lange und die Arbeit der Mönche trug reiche Früchte. Immer mehr Männer schlossen sich ihnen an und so wurde Jarrow wieder ein geistliches Zentrum für Northumbria. Die Klosterbauten waren noch nicht fertig gestellt, da wurden Aldwin und Turgot mit 21 anderen Mönchen auf Vermittlung von William Walcher, dem ersten normannischen Bischof von Durham (1170-1180) im Jahr 1083 mit der Wiedergründung der Abtei von St. Mary in Durham betraut. Wearmouth und Jarrow wurden kurzerhand zu Prioraten von St. Mary´s in Durham erklärt. — Die Stiftungsurkunde des neuen Benediktinerklosters von Durham datiert vom 28. Mai 1083. Es ersetzte das im Jahr 995 von Aldhun von Durham (959-1018) gegründete Kloster. Aldhun war der letzte Bischof von Lindisfarne, welches er aufgrund der stetigen Überfälle durch die Dänen aufgegeben hatte. Nachdem der englische König Schutzgeld an die Dänen zahlte, endeten die Überfälle und Zerstörungen. Aldhun dachte zunächst daran, nach Lindisfarne zurückzukehren, doch gebot ihm eine nächtliche Vision Einhalt. Die Legende berichtet, daß ihm der Heilige Cuthbert (634-687) erschienen sei, dessen Gebeine Aldhun aus Lindisfarne gerettet hatte, und der darauf bestand, in Durham seine bleibende Ruhestätte zu finden. So verlegte Aldhun seinen Sitz nach Durham und baute über dem Grab von Cuthbert eine Steinkirche (die Vorgängerin der heutigen Kathedrale) welche im Jahr 999 geweiht wurde. Aldhun wurde der erste Bischof von Durham, dem zudem der Titel eines Bischofs von Lindisfarne verliehen wurde. Turgots Lehrer Aldwin wurde von Bischof William Walcher von Durham zum Prior des neuen Klosters ernannt. Nach dessen Tod am 10. oder 12. April 1087 beerbte ihn sein Schüler Turgot. Mit Umsicht und voller Tatkraft leitete er das Kloster und wurde 1093 von Bischof William de St. Carilef (oder Calais) zudem zum Erzdiakon des Bistums Durham ernannt. Zusammen mit dem Bischof legte Turgot am 12. August 1093 den Grundstein zur Kathedrale von Durham, in der die bisherige Grabkirche des Hl. Cuthbert aufging. Über dem Grundriß eines lateinischen Kreuzes entstand ein dreischiffiges Langhaus mit zweischiffigem Querhaus und in seiner Größe der eindruckvollste frühnormannische Sakralbau Großbritanniens. Richtung weisend wurden hier, statt der bis dahin üblichen Tonnengewölbe, erstmals Kreuzgewölbe, welche in die (mit zwei Metern Durchmesser riesigen und sehr beeindruckenden) Rundsäulen übergehen, als Deckenkonstruktion errichtet. Die Kathedrale ist bis heute ein Glanzstück normannischer Baukunst. — Nachdem die Umbettung Cuthberts in die neue Kirche anstand und Fragen danach laut wurden, ob sich denn in dem von Aldhun nach Durham gebrachten Sarg wirklich die Überreste des Heiligen Cuthbert befinden und ob diese noch unversehrt und vollständig seien, entschloß sich Prior Turgot im Jahr 1104 zusammen mit neun anderen Mönchen den Sarg zu prüfen und zu öffnen. Diese Untersuchung ist erstmals in Symeon of Durhams († 1129) *Historia Ecclesiae Dunhelmensis* bezeugt. Danach trugen in der Nacht zum 25. August 1104 Turgot und seine neun Helfer den Sarg Cuthberts in die im Bau befindliche neue Kathedrale, wo er geöffnet wurde. Unter schweren und kostbaren Tüchern wurde der unverweste Leichnam Cuthberts sichtbar, der in reiche Meßgewänder gekleidet und mit seinem Bischofskreuz über der Brust dalag, als ob er schlafe. Neben Cuthbert befanden sich noch Reliquien weiterer Heiliger im Sarg, etwa des Ehrwürdigen Beda und des Heiligen Oswald von Northumbria. Diese entnahm man, um sie später in eigenen Schreinen beizusetzen. Bevor Cuthberts Sarg wieder verschlossen und umgebettet wurde, lud man noch unabhängige Zeugen ein, sich den Fund anzusehen und sich von der Echtheit der gefundenen Reliquien zu überzeugen. — Als Prior von Durham war Turgot aber auch Beichtvater der schottischen Königin Margarete. Nach der Schlacht von Hastings, welche die Herrschaft der Normannen in England einläutete, flohen etliche Mitglieder des angelsächsischen Adels nach Schottland so auch der Erbe des englischen Throns, Edgar Aethling (ca. 1050-1125) und seine Schwester Margarete (ca. 1046-1093). Die junge, schöne, feinsinnige und sehr religiöse Margarete heiratete 1069 den brutalen und ungehobelten schottischen König Malcolm III. Canmore (ca.1031-1093) in der Abtei von Dunfermline. So gut sie es vermochte, versuchte sie ihren Ehemann zu bändigen und vor unüberlegten Kurzschlußhandlungen zu bewahren. Sie gab ihren Kindern klassische oder biblische Namen und tat alles, um die schottische Kirche in Bräuchen, Liturgie und Doktrin auf römischen Kurs zu bringen. Ihren Ruhm in der Nachwelt verdankt Königin Margarete vor allem ihrem Beichtvater Turgot, dessen *Vita Sancte Margarete* sicherlich die Heiligsprechung Margaretes im Jahr 1251 förderte. Seine enge Verbindung mit Margarete brachte Turgot auch in Kontakt zu deren Söhnen Alexander und Alexander, die später als König Alexander I. und König David I. Schottland regierten. Die Verbindung zu den beiden führte dann wohl auch dazu, daß Turgot 1106 als Bischof von St. Andrews (damals von den Schotten *Cell Rígmonaid* oder *Kilrymont* genannt) vorgeschlagen wurde. — Als Turgot von König Alexander I. für den Bischofssitz von St. Andrews vorgeschlagen wurde, befand sich dieses Bistum in einer Übergangsphase. Es hatte mit dem Tod von Bischof Fothad II. († 1093) aufgehört ein gälisches Bistum zu sein, ohne daß jedoch seine Romanisierung abgeschlossen gewesen wäre. Wegen der von Königin Margarete und Alexander I. forcierten Anlehnung an Rom lehnten es in der Folge einheimische Geistliche ab, das Amt des Bischofs von St. Andrews anzunehmen. Dies wiederum zeigt, daß die große Mehrheit des schottischen Klerus trotz der intensiven Neuerungsbemühungen seitens der Krone noch immer der alten gälischen Kirche und ihren Bräuchen anhing. So fiel die Wahl von König Alexander I. schließlich nach vierzehn Jahren der Vakanz auf Turgot, den er noch als Hofgeistlichen seiner Mutter kannte und um dessen Reformwillen er wußte, hatte Turgot doch bei den verschiedenen Kirchenkonferenzen, die Margarete in Dunfermline abhielt, stets die Reform der schottischen Kirche im Sinne Roms unterstützt. Kaum zum Bischof von St. Andrews erkoren, begannen sich König Alexander I. und Erzbischof Gerard of Rouen (†1108) von York über Turgots Bischofsweihe zu streiten. Gerard weigerte sich, dessen Weihe vorzunehmen, denn Turgot bestritt Gerards Jurisdiktionshoheit über das Bistum von St. Andrews. So zog sich die Sache hin und Turgot konnte erst nach dem Tod von Gerard und einer Übereinkunft mit dessen Nachfolger Thomas II. (†1114) am 1. August 1109 zum Bischof geweiht werden. Doch kaum, daß Turgot in Amt und Würden war, da überwarf er sich mit König Alexander I. und trat schließlich von seinem Amt zurück. Er erhielt vom König die Erlaubnis in sein Kloster nach Durham zurückzukehren, das er bis 1109 als Prior geleitet hatte. Viel hatte Turgot nicht mehr von seinem »Ruhestand«. Er starb am 31. August 1115 im Kloster von Durham.

Werk: »Vita Sanctae Margaretae Scotorum Reginae« (Durham ca. 1105; übersetzt und herausgegeben von William Forbes-Leith S.J. unter dem Titel The Life Of St Margaret, Queen Of Scotland. By Turgot, Bishop Of St.Andrews, London 1884)

Zeitgenössische Quellen: »Historia Ecclesiae Dunelmensis« von Symeon of Durham (hrsg. von Thomas Arnold unter dem Titel »Symeonis monachi, Opera Omnia, Roll series 75, 2 Bde., London 1885, vor allem Bd.2, S.3-283; eine weitere Ausgabe der Werke von Symeon of Durham ist die von Joseph Stevenson, The Historical Works of Simeon of Durham, Reihe: Church Historians of England, Bd.3, Teil II, London 1855); »Chronica gentis Scotorum« von Johannis de Fordun (übersetzt und herausgegeben von William F. Skene, 2 Bde., Edinburgh 1871-1872)

Lit.: Robert Henry Forster, Turgot, prior of Durham, in: Journal of the British Archaeological Association, Nr. 13 (1907), 32-40; — John Dowden, Bishops of Scotland: being notes on the lives of all the bishops, under each of the sees, prior to the Reformation, Glasgow 1912; — Diana E. Greenway, Fasti Ecclesiae Anglicanae 1066-1300, Bd. 2: Monastic cathedrals (northern and southern provinces), London 1971; — Dauvit Broun (David Brown), The church of St Andrews and its foundation legend in the twelfth century: recovering the full text of version A of the foundation legend, in: Simon Taylor (Hrsg.), Kings, Clerics and Chronicles in Scotland, 500-1297: essays in honour of Marjorie Ogilvie Anderson on the occasion of her ninetieth birthday, Dublin 2000; — Kenneth Veitch, Replanting Paradise: Alexander I and the Reform of Religious Life in Scotland, in: The Innes Review Nr. 52, (Herbst 2001),136-166; — Donald Elmslie Robertson Watt und Athol L. Murray (Hrsg.), Fasti Ecclesiae Scoticanae Medii Aevi ad annum 1638 (Scottish Record Society, New Series, 25), Edinburgh 2003; — Julian Harrison, The mortuary roll of Turgot of Durham (d.1115), in: Scriptorium Nr. 58 (2004), 67-83; — DNB XIX, 1253f.

Ronny Baier

U

UEXKÜLL, Jakob Johann Baron von, deutschbaltischer Biologe, Begründer einer nicht-darwinistischen und nicht-mechanistischen theoretischen Biologie. Vorläufer der Biokybernetik, Ethologie und Biosemiotik, * 8.9. 1864 in Keblas (heute Mihkli, Estland), † 25.7. 1944 auf Capri. — Jakob von Uexküll studierte nach dem Abitur an der Ritter- und Domschule in Reval von 1884 bis 1889 Zoologie an der Universität Tartu (damals Dorpat) in Estland. Anschließend arbeitete er als cand. zool. am Institut für Physiologie der Universität Heidelberg bei Wilhelm Kühne (bis 1900), einem bedeutenden Muskel- und Nervenphysiologen und Herausgeber der »Zeitschrift für Biologie«. Weitere Arbeiten - insbesondere die Erforschung von wirbellosen Seetieren - entstanden vor allem an der Zoologischen Station in Neapel, wo von Uexküll bis

1903 regelmäßig forschte. Seit 1902 erarbeitete er eine an der kantischen Subjektphilosophie orientierte, neue Theorie der Biologie. 1903 heiratete von Uexküll die Gräfin Gudrun von Schwerin, mit der er drei Kinder (Dana, geb. 1905; Thure, geb. 1908, Psychosomatiker, förderte in der Nachkriegszeit die Ideen seines Vaters; und Gösta, geb. 1909, Schriftsteller und Journalist) hatte. 1907 wurde er Ehrendoktor der medizinischen Fakultät der Universität Heidelberg für seine Arbeiten auf dem Gebiet der Muskelphysiologie (Dr. med.). In seiner eigenen Disziplin (der Biologie bzw. Zoologie) konnte er sich nicht gegen das - mechanistisch orientierte - Fachverständnis durchsetzen. Eines seiner Ergebnisse dieser Jahre wurde gleichwohl bekannt als das »Uexküllsche Erregungsgesetz« (Erregungen fließen immer in gedehnte Muskeln). Die nun entstehenden Hauptwerke befassen sich vor allem mit der Wahrnehmung von tierischen Organismen und deren Zusammenhang mit dem Verhalten: der »planmäßigen« Zusammenarbeit der verschiedenen Organe. In »Umwelt und Innenwelt der Tiere« führte von Uexküll 1909 seinen Begriff der »Umwelt« ein, um den spezifischen Wahrnehmungsinhalt eines Organismus, seine »Einfügung« in eine - aufgrund seiner spezifischen sensorischen und motorischen Fähigkeiten und Erfordernisse - ihm »eingepaßte« Umgebung zu beschreiben. Uexküll entwickelte hierzu eine spezifische biologische Methode, die »Umweltforschung«. Nach Weltkrieg, Revolution und Inflation verlor der Privatgelehrte Jakob Baron von Uexküll sein Vermögen; darauf war er 1925-1934 zunächst (mit 60 Jahren) »wissenschaftlicher Hilfsarbeiter«, dann a.o. Professor an der Universität Hamburg. Hier gründete er 1926 das »Institut für Umweltforschung«, welches er bis 1940 leitete. Auf der Grundlage seiner Forschungskonzeption wurden Lebewesen nicht als isolierte Objekte, sondern als in eine Umwelt eingepaßte »Subjekte« erforscht. 1934 wurde ihm der phil. Ehrendoktor der Universität Kiel verliehen, 1936 der Dr. h.c. der Universität Utrecht. Zwei Mal wurde von Uexküll von dem Physiologen Otto Kestner für den Nobelpreis vorgeschlagen. In den 1930ern hielt er gemeinsam mit Adolf Meyer(-Abich), Professor für Wissenschaftsgeschichte an der Universität Hamburg, ein »Kolloquium über ausgewählte Fragen der Theoretischen Biologie und der Philosophie des Organischen«. Meyer-Abich war auch federführend an der Festschrift zum 70. Geburtstag von Uexkülls beteiligt. Nach Jakob von Uexkülls Emeritierung leiteten Friedrich Brock und Emilie Kiep-Altenloh das Institut. In dieser Zeit entwickelten Kiep-Altenloh und Emanuel Georg Sarris die der »Umwelt« des Hundes angemessene Blindenführhundeausbildung, die auch heute noch gelehrt wird. Jakob von Uexküll verließ das von Bomben bedrohte Hamburg 1940 in Richtung Capri, wo er 1944 - die Ankunft der Alliierten noch erlebend - starb. — Jakob von Uexküll hatte (bis auf andere »Vitalisten« wie seinen Forschungskollegen Hans Driesch) eher wenige Bewunderer in der Biologie, die von einer ‚mechanistischen', physikalisch-chemischen Forschung dominiert war. Eine erstaunliche Resonanz und freundschaftliche Kontakte hatte er außerhalb des Faches: so bei Rainer M. Rilke (welcher bei ihm in die biologische Beobachtung eingewiesen werden wollte), Rudolf Bilz, Eduard Spranger, Fredrik J. J. Buytendijk, Adolf Meyer-Abich, Leo Frobenius, Ortega y Gasset (der die Übersetzung zweier Bücher ins Spanische vermittelte) u.a. Eine Freundschaft verband von Uexküll auch mit Houston Stewart Chamberlain (1855-1927), dessen Buch »Natur und Leben« er 1928 herausgab. 1934 versuchte von Uexküll über Eva Chamberlain, Hitler und Rosenberg ein »richtiges« Verständnis der Rassentheorie Chamberlains nahezubringen, um die rassistische Verfolgung der Juden und insgesamt den Rassenreinheitswahn des Nationalsozialismus zu verhindern. In diesem Zusammenhang setzt er sich u. a. auch für Ernst Cassirer ein. Baron Jakob Johann von Uexküll hatte gleichwohl ein konservatives, Stand und Herkunft entsprechendes Weltbild, welches sich in den (Gelegenheits-) Schriften zu Volk und Staat äußert. Armin Mohler ordnet von Uexküll in den »Umkreis der konservativen Revolution« ein. — Zwischen 1927 und 1939 verbrachte die Familie von Uexküll die Sommer auf der Puhtu-Halbinsel an der Westküste von Estland. 1949 entstand hier die Biologische Station Puhtu des Zoologischen und Botanischen Instituts Tartu. In Hamburg wurde 2003 das »Jakob von Uexküll Archiv für Umweltforschung und Biosemiotik« eröffnet, das den Nachlaß von Uexkülls beherbergt.

Nicht zu verwechseln ist der Biologie Jakob von Uexküll mit seinem gleichnamigen Enkel (Sohn Göstas von Uexküll), dem Gründer des alternativen Nobelpreises. — Die Arbeitsgebiete von Uexkülls waren die vergleichende Physiologie der Wirbellosen und die Philosophie der Biologie. Zunächst widmete sich von Uexküll im Zusammenhang mit seinen Forschungsaufenthalten am Golf von Neapel den Meerestieren; daraus entstand 1905 eine erste Arbeit zur Beobachtung des tierischen Verhaltens (»Leitfaden in das Studium der experimentellen Biologie der Wassertiere«). 1909 hat von Uexküll seine von nun an konsequent entfaltete Theorie in einer ersten Fassung vorgelegt: »Umwelt und Innenwelt der Tiere« (2., um den »Funktionskreis« ergänzte Aufl. 1921). In drei Artikeln versuchte er 1912, die entsprechenden Ziele dieser neuen biologischen Forschung zu umreißen. Gegen die darwinistischen Konzepte gerichtet, entwickelte von Uexküll hier seine Theorie der Entstehung und Lebenserhaltung von Individuen. Statt der »Anpassung« betont diese die »Einfügung«, statt der »Evolution« die »Epigenesis«, und statt der alleinigen Betonung des »Kampfes ums Dasein« die Pluralität von nicht aufeinander reduzierbaren »Funktionskreisen« tierischen Lebens (Nahrungs-, Geschlechts-, Feindeskreis, Medium). Insgesamt hat Jakob von Uexküll gegen die (mittlerweile durchgesetzte) physikalisch-chemische Biologie einen immateriellen »Naturfaktor«, einen »Bauplan« der Tiere angenommen: eine Eigengesetzlichkeit des Lebens. Diese Theorie lag 1928 in der 2. Aufl. der »Theoretischen Biologie« in ihrer Endgestalt vor. Es folgten populärwissenschaftliche Einführungen, insbesondere 1934 die mit den Zeichnungen Georg Kriszats kongenial illustrierten »Streifzüge durch die Umwelten von Tieren und Menschen«. Dieses Buch erschien 1956 als Nr. 13 der rde-Reihe im Rowohlt-Verlag. — Es ging von Uexküll um die Begründung von nichts weniger als einer neuen Biologie: einer Biologie im emphatischen Sinn als Wissenschaft vom »bios«, vom Leben, und nicht von chemisch-physikalischen Prozessen. Die lebenden Organismen seien in Entwicklung und Verhalten der ausgezeichnete Gegenstand der Biologie, gegenüber der Forschung am toten Tier in Anatomie und Physiologie. Dazu lehnt sich von Uexküll in einer originellen Weise an die Philosophie Kants an. Entfaltet wird ein eigentümlicher »Neokantianismus« in der Annahme dreier »Weltfaktoren«, die die Wahrnehmungswelten konstituieren: »Moment, Ort und Schritt« oder Moment-, Lokal- und Richtungsqualitäten. Jedes Tier hat eine ihm eigene Zeitlichkeit, Räumlichkeit und Beweglichkeit. Insofern jede Tierart derart eine je spezifische ‚Wirklichkeit' hat, spricht von Uexküll Tiere als »Subjekte« an: »Jedes Tier ist ein Subjekt, das dank seiner ihm eigentümlichen Bauart aus den allgemeinen Wirkungen der Außenwelt bestimmte Reize auswählt, auf die es in bestimmter Weise antwortet«. Lebewesen nehmen mittels ihrer spezifischen Sinnesorgane nur ganz bestimmte »Merkmale« der Umgebung, die für sie »Bedeutung« haben, wahr; entsprechend reagieren sie auf nur ganz wenige, spezifische Reize. »Jedes Subjekt spinnt seine Beziehungen wie die Fäden einer Spinne zu bestimmten Eigenschaften der Dinge und verwebt sie zu einem festen Netz, das sein Dasein trägt.« Der Funktionskreis eines Tieres, den es je zu erforschen gilt, bildet einen »geschlossenen Kreislauf« aus den Reizen und entsprechenden Wirkungen des »Subjekts«. Die Funktionswelt eines Tieres differenziert sich also in »Merkwelt« (die sich aus den rezeptorisch wahrgenommenen Merkmalen ergebende Welt), »Innenwelt« (Nervensystem) und »Wirkwelt« (die sich aus den effektorischen Reaktionen ergebende Welt). Merk- und Wirkwelt bilden ein zusammenhängendes, der Innenwelt gegenüberstehendes Ganzes: die »Umwelt«. Die Umwelt konstituiert sich dadurch, daß das Lebendige in sein unlebendiges Umfeld dank seines Bauplans und entsprechender Organe »eingepaßt« ist. Von Uexküll entwickelt in diesem Zusammenhang auch eine »Gefügetheorie« des Lebens: höhere Tiere sind »Gefüge« spezialisierter Organe in einem dauernden funktionellen Zusammenhang. Einzeller hingegen sind »Fügungen«, sie besitzen einen nur zeitweiligen, aber ebenso funktionellen und regelhaften Zusammenhang. Der Funktionskreis, der sich aus der Fügung bzw. dem Gefüge ergibt, gliedert sich in vier getrennt funktionierende, mit spezifischen Rezeptoren und Effektoren ausgestattete »Funktionskreise«: des Mediums (der »Heimat« des Tieres), des Nahrungs-, Geschlechts- und Feindeskreises. Diese Kreise bilden zusammen eine komplexe und »vollkommene Planmäßigkeit« des Lebens: »Wo ein Fuß ist, da ist auch ein Weg. Wo ein Mund ist, da ist auch Nahrung. Wo eine Waffe ist, da ist auch ein Feind (...) So ist der Kampf ums Dasein im Gegensatz zur Lehre Darwins keineswegs bloß eine Ursache in der Kausalreihe, sondern ein Glied der allgemeinen Planmäßigkeit des Lebens«. — Bemerkenswert ist über diese konzeptionelle Verbindung von Erkenntnistheorie und Biologie und über die alternative Evolutionstheorie hinaus vor allem von Uexkülls Beschreibungskunst. Obgleich seine Biologie gerade den Wesensunterschied zwischen Maschinen und Lebewesen betont (gegen »Maschinentheorien des Lebens«), spricht er die Tiere dennoch als »Maschinen« an: Tiere »sind« Maschinen; aber sie sind autonome Maschinen. Sie haben eine Selbsttätigkeit der Regeneration, des Wachstums, der Fortpflanzung und aller einzelnen Funktionen oder einen inhärenten »Bauplan«. Von Uexküll versteht seinen »Naturfaktor« als ebenso räumliche Anordnung der Teile wie als »Funktionsplan«, als zeitliche Anordnung von Funktionen. Um jenseits von Anthropomorphismen oder Psychologismen den »Bau-« und »Funktionsplan« zu finden, arbeitet er daher mit Architektur-, Werkzeug- und Maschinenmetaphern. Auch beschreibt er die Tiere jenseits von Analogien zum menschlichen Organismus: Medusen beispielsweise sind Tiere, die ganz aus einem »Magensack« bestehen. Entsprechend der Variation der Funktionskreise von Nahrung, Fortpflanzung, Feind und Medium unterscheidet sich die Wahrnehmungs- oder »Merkwelt« der Tiere von der menschlichen Welt, was ebenfalls in die Beschreibung eingeht. Die Spinne beispielsweise kennt keine »Fliege« in unserem Sinn; sondern dunkle, »zupfende« (Beute) oder dunkle, »bewegte Flecke« (Feinde). Schwämme werden als festsitzende Tiere ohne Waffen bezeichnet, welche ihre »Geschlechtsprodukte einfach abwerfen«; sie haben eine Merkwelt, die sich ganz auf »Nahrung« reduziert, und zwar negativ: sie merken nur das, was ihnen nicht bekommt. Bei der Amöbe (bei der »alles entgegengesetzt« zu den übrigen Tieren sei, mit ihren veränderlichen Pseudopodien, dem Fehlen eines »Gefüges«, der Art der Nahrungsaufnahme, das eigene Protoplasma nämlich »stets wieder einzuschlucken«), zeigt sich die Bedeutung der Beschreibung des zeitlichen »Funktionsplanes« neben der Beschreibung des räumlichen »Bauplanes«: »Das Innere dieser Tiere besteht noch aus flüssigem Protoplasma, und dieses bildet um jeden Bissen herum eine Blase, die erst Mund, dann Magen, dann Darm und schließlich After wird«. Ähnlich ist beim Paramaezium zu beobachten, daß der »Verdauungsregel« entsprechend nacheinander »Mund, Magen, Darm und After« entstehen und verschwinden. Anzunehmen ist also eine »Melodie« von »Impulsen«, eine »Zeitgestalt« des Lebewesens. Am »schlagendsten« beobachtet von Uexküll die Zeitgestalt am Plasmodium vivax, einem Tier, das fünf einander ablösende Gestalten besitzt: man kann kaum noch sagen, wie dieses Tier aussieht. Dies gilt wegen des dauernden Werdens im Prinzip für alle Lebewesen, so daß die Biologie wesentlich von der Zeitgestalt ausgehen muß. Von diesen einfachsten Tieren aus ergibt sich eine Stufung der Tiere bis zu den Wirbeltieren als dauerhaft »gefügten« Tieren, die ihren eigenen bewegten Körper merken und daher in höherem Maß »Subjekte« sind. Das »Lieblingstier« von Uexkülls war aber sicherlich der Seeigel, an dessen eigentümlicher Bewegung - die Beine bewegten das Tier und nicht umgekehrt; es handele sich um eine »Reflexrepublik« - der Begriff des »Bauplans« entwickelt ist. — Diese theoretische Biologie ist trotz ihrer Annahme eines »Lebensfaktors«, einer Eigengesetzlichkeit des Lebens keine ‚metaphysische' Theorie im Sinne der aristotelischen Philosophie. Sie bezieht sich vielmehr in ihrer Abwehr aller »Maschinentheorien des Lebens«, die die Lebensvorgänge als eine bloße Folge chemischer und mechanischer Kausalreaktionen verstehen, eng auf die zeitgenössischen empirischen Forschungen: in der Entwicklungsmechanik (Roux), Zelltheorie (Spemann, Bütschli, Rhumbler) und frühen »Genetik« (Mendel, Johannsen). Von Uexküll stellt sich auch in die Nachfolge Johannes Müllers (in dessen Annahme einer spezifischen Lebensenergie, die er zugleich korrigiert, sowie in der Annahme einer Autonomie der Zelle), Karl Ernst von Baers (»Vater der Entwicklungsgeschichte« des Individuums, mit seinen »Moment«-Forschungen Vorgänger von Uexkülls in der Annahme je eigener Zeitlichkeiten der Tiere) und Hans Spemanns (in dessen Annahme eines »Organisators« in der Regeneration von Zellen). Auch integriert die Theorie der Planmäßigkeit die Intelligenzforschungen an Schimpansen von Wolfgang Koehler. Andererseits stützt sich von Uexküll auch auf ältere theoretische Modelle, u.a. auf die Theorie der organischen Ordnung von Georges Cuvier und auf die scholastische Trennung von essentia und akzidentia. — Gegenüber der Integration spezifischer zeitgenössischer Forschungen verwirft von Uexküll durchgängig den Darwinismus (insbesondere Haeckels). Der Darwinismus sei eine »sehr zweifelhafte Theorie«, eine bloße »Weltmaterialisierung« in der Annahme rein mechanischer Kausalitäten und insgesamt eher eine »Religion als eine Wissenschaft«. Ohne die Annahme einer »Naturkraft, die nach Regeln bindet«, bleibe die Biologie ein »leerer Wahn«. Diese »Naturkraft« würde von Uexküll heute wohl in den Erbinformationen der DNS sehen können (allerdings werden diese wiederum in eine Reihe chemischer Verbindungen aufgelöst). — Diese Biologie stellt sich als Alternative aber nicht nur zum Darwinismus, sondern zur gesamten »mechanistischen« Lebenswissenschaft dar, indem sie die Beziehung des Lebewesens zu seiner Umgebung zu ihrem zentralen Forschungsgegenstand erklärt. Die spezifische Umwelt des jeweiligen Tieres, das erlebende Tier selbst sowie der »Funktionskreis« von Tier und Umwelt werden dabei nicht tierpsychologisch, sondern durch Beobachtung der äußerlich wahrnehmbaren Körperstrukturen und Verhaltensweisen erforscht. — Die Frage nach dem regulierenden Faktor, der Planmäßigkeit des Lebens betrifft einerseits das Verhalten, also das Alltagsleben des Tieres. Sie betrifft andererseits aber auch das Wachstum, also die Entwicklung vom Keim zum ausgewachsenen Tier. Entfaltet wird auch eine alternative Evolutionstheorie. Von Uexkülls These, man müsse ein »planmäßiges« Werden annehmen, einen »Entstehungsplan«, stützt sich v.a. auf die Forschungen von Hans Driesch an Seeigel-Eiern und der daraus begründeten Annahme eines leitenden Faktors der Ontogenese aus dem »harmonisch äquipotentiellen« Keim (Driesch selbst nennt diesen Faktor »Regulator«, »Entelechie«, »Psychoid«); daneben auch an die Regenerationsversuche von Curt Herbst. An dieser Stelle wendet er sich nicht so sehr gegen Darwins Evolutionstheorie der Arten, als vielmehr gegen die Konzeption der Ontogenese als »Auswicklung« fertiger Anlagen. Es gebe nirgends »Evolution, immer Epigenese«; statt von »Entwicklung« müsse man von »Verwicklung« des Individuums sprechen. (»Das Einfältige wird durch neue Faltenbildung zum Mannigfaltigen. Es handelt sich dabei um eine Verfaltung und nicht um eine Entfaltung - um eine Verwicklung und nicht um eine Entwicklung«.) In diese Epigenesis-Theorie werden auch Johannsens Begriffsvorschlag zur Erklärung der Mendelschen Gesetze (»Gen«, »Phänotypus« und »Genotypus«) und die Forschungen Lloyd Morgans zur Rolle des Chromosoms, in dem sich »reihenweise angeordnete Erbfaktoren« finden, integriert. — Von Uexküll behauptet dabei eine Planmäßigkeit des Individuums, die nicht in der Arterhaltung aufgeht. Seine Theorie und Forschung umfaßt neben dem Verhalten und der Entwicklung gleichwohl auch die Entstehung der Arten, wie er auch die Mikroprozesse in der Zelle mit seiner Theorie erklären will. Die Zelle wird entsprechend als »Autonom« konzipiert, als unteilbare, eigenständig sich erhaltende Einheit, welche »vegetative« (stoffwechselnde) und »animale« (motorische) Funktionen übernimmt und über einen »Mechanisator« verfügt, welcher die steuernde Rolle habe. Damit bestätigt sich für von Uexküll erneut die Notwendigkeit, eine Eigengesetzlichkeit des Lebens anzunehmen. — Auf der anderen Seite untersucht die neue biologische Theorie auch die Wechselwirkung in Familien, Gruppen oder Gesellschaften, oder in Tierstaaten. Die Wanderameise wird nicht als Einzeltier, sondern als Staat beschrieben: sie ist ein »außerordentlich lange[r] Wurm, der eine stark nesselnde Haut besitzt, und in dessen Innerem der Nahrungsstrom anstatt durch Zellen durch Einzeltiere überallhin verteilt wird. Alle Organe sind in ihm durch zahlreiche Einzeltiere vertreten, die sich in gleichem Tempo wie das gesamte Tier auf eigenen Beinen vorwärts bewegen«. — Grundsätzlich hat von Uexküll auch das menschliche Lebewesen und seine Welt in die Umwelttheorie einbezogen - als ein Innenwelt-Umwelt-Gefüge neben anderen. Wie die Tiere lebt auch der Mensch in einer spezifischen, funktional seinem Bauplan zugeordneten Umwelt, so daß man gleichermaßen von einer Hundewelt (aus Hundedingen), einer Fliegenwelt (aus Fliegendingen), einer Menschenwelt (aus

Menschendingen) sprechen muß. Im Rahmen dieser allgemeinen Theorie des Lebens entwirft von Uexküll dann auch eine Staatstheorie, die für die »Ordnung« und »Planmäßigkeit« des Staates eintritt. — Jakob von Uexküll hat den Begriff der »Umwelt« in die wissenschaftliche und ökologische Debatte eingeführt. Sein Werk wird heute v.a. mit seinem Konzept des Funktionskreises von Merk- und Wirkzeichen in der Biosemiotik verfolgt. Das (nicht vollständige) Verzeichnis der Sekundärliteratur zeigt eine beachtliche Rezeption in dieser Hinsicht, gerade auch in jüngerer Zeit. Auch wird von Uexküll als ein Begründer der Verhaltensphysiologie und Ethologie sowie als Vorläufer von Biokybernetik und z.T. auch der Ökologie gewürdigt. Allerdings leitet sich diese biologische Disziplin eher vom Ökologie-Begriff Ernst Haeckels und seiner Nachfolger (u.a. August Thienemann) ab, als vom Umwelt-Begriff von Uexkülls. Der Ökologie geht es um den chemischen Stoffwechsel mit der Außenwelt, nicht um das Rezeptions- und Bewegungsgefüge von Innen- und Umwelt. In seiner eigenen Disziplin, der experimentellen Biologie ist von Uexküll kaum präsent. Seine vitalistische, explizit nicht-darwinistische und nicht-mechanistische Biologie hat sich nicht durchsetzen können. Insgesamt wirkte Jakob von Uexküll erfolgreicher an der Schnittstelle zwischen Natur- und Kulturwissenschaft. Explizite Bezugnahmen finden sich vereinzelt in der biologischen Theorie (Hans Spemann, Ludwig von Bertalanffy) und in der Ethologie (Konrad Lorenz, Niko Tinbergen). Als Schüler verstand sich insbesondere Lorenz; im weiteren Sinne auch der Psychiater Rudolf Bilz. Von Uexkülls Biologie bot den zeitgenössischen philosophischen Theorien des Menschen ein zentrales Denkmuster, die ebenfalls gegen den Darwinismus - nun allerdings gegen die darwinistische Auflösung des Menschen ins Tierreich - entstanden sind. Insbesondere der Denkansatz der Philosophischen Anthropologie (die Philosophen Plessner, Scheler, Gehlen und Rothacker und der Biologe Portmann) nimmt von Uexkülls biologische Forschungen sehr genau zur Kenntnis und baut diese in seine Theorie ein, nicht ohne eine entscheidende Änderung vorzunehmen: die Philosophische Anthropologie beschreibt den Menschen als ein vitales Wesen, das bereits in seiner organischen Ausstattung (und nicht erst in seinen kognitiven Fähigkeiten) eine »Sonderstellung« im Lebendigen einnimmt. Betont wird anderes als bei Jakob von Uexküll die Wesensdifferenz der tierischen und menschlichen »Einpassung« in die Umwelt: der Mensch ist im Gegensatz zum Tier nicht umweltgebunden, sondern vielmehr »weltoffen« (Scheler 1928); er muß sich seine Umwelt umarbeiten, besitzt eine »natürliche Künstlichkeit« (Plessner 1928). Auch Ernst Cassirer wird das Umweltkonzept in seine »Philosophie der symbolischen Formen« aufnehmen und es zugleich korrigieren: der Mensch verfüge mit den symbolischen Medien, die sich zwischen Organismus und Welt schieben, über eine qualitativ andere »Umwelt« als die Tiere. Im Übrigen hält von Uexküll für ihn die »richtige Mitte« zwischen Materialismus und Vitalismus, insofern er gegenüber der Lebensphilosophie einen nur »methodischen Vitalismus« verfolge. Martin Heidegger ist ebenfalls von Uexküll fasziniert, wie er ihn im selben Zug korrigieren wird: Tiere haben keine Umwelt, sondern sind »weltarm«; der Mensch ist »weltbildend« (»Die Grundbegriffe der Metaphysik«, 1929/30). Zu beobachten sind Aufnahmen der Umwelttheorie bei weiteren Philosophen (u. a. der Heidegger-Assistent W. G. Brock mit einer »Ontologie des Lebendigen«, 1931), Psychologen (Viktor von Weizsäcker (»Gestaltkreis«, 1940), William Stern, der Therapeut von Helen Keller und Vater von Günther Stern (Anders)), Schriftstellern (Gottfried Benn, Aldous Huxley) und Architekten (Bruno Taut, Mies van der Rohe, Fritz Schumacher). Niklas Luhmann wird seinen Umweltbegriff beiläufig als von Uexküll übernommen kennzeichnen. Bei Peter Sloterdijk findet sich eine kulturtheoretische Reverenz: mit dem Begriff der »Umwelt« habe sich eine »nach-metaphysische oder anders-metaphysische Zivilisation« eingestellt, deren Zentralthema das »Immunsystem« sei. Zugleich wird die Umwelttheorie auf die menschliche Welt ausgeweitet, u.a. auf kosmonautische Umwelten und auf Architektur (»Sphären III«). Im französischen Sprachraum ist das Konzept der »Umwelt« von Maurice Merleau-Ponty (»Die Natur«), und von Jaques Lacan und Georges Canguilhem aufgenommen worden. Gilles Deleuze und Félix Guattari knüpfen an die Zeittheorie und die nicht-anthropozentrischen Maschinenmetaphern an

(»Tausend Plateaus«, »Was ist Philosophie«); an letzteres wird - im Italienischen - auch Giorgio Agamben (»Das Offene«) anschließen.

Nachlaß: Jakob von Uexküll Archiv für Umweltforschung und Biosemiotik, Hamburg; Jakob-von-Uexküll-Zentrum Tartu, Estland.

Hauptwerke: Umwelt und Innenwelt der Tiere, Berlin 1909, 2. erg. Aufl. 1921; — Bausteine zu einer biologischen Weltanschauung, München 1913; — Theoretische Biologie, Berlin 1920, 2. gänzl. neu bearb. Aufl. 1928, 3. Aufl. Frankfurt/M. 1973; — Bedeutungslehre, Leipzig 1940.

Schriftensammlungen: Bausteine zu einer biologischen Weltanschauung. Gesammelte Aufsätze. Hg. und eingel. von Felix Gross. München 1913; — Kompositionslehre der Natur. Biologie als undogmatische Naturwissenschaft. Ausgewählte Schriften. Hg. u. eingel. von Thure von Uexküll. Mit Briefen an Hans Driesch, Hans Spemann, Friedrich Brock, and Heinrich Junker. Frankfurt/M. u.a. 1980.

Biographie: Gudrun von Uexküll: Jakob von Uexküll, seine Welt und seine Umwelt. Hamburg 1964.

Bibliographie: Brock, Friedrich: Verzeichnis der Schriften Jakob Johann v. Uexkülls und der aus dem Institut für Umweltforschung zu Hamburg hervorgegangenen Arbeiten, in: Sudhoffs Archiv f. Geschichte der Medizin und der Naturwissenschaften 27 (1934), H. 3/4, 204-212; — Streifzüge durch die Umwelten von Tieren und Menschen: ein Bilderbuch unsichtbarer Welten. Bedeutungslehre. Mit Bibliogr. u. Literaturverz. Frankfurt/M. 1983, 183-194; — Kalevi Kull: Jakob von Uexküll: An introduction, in: ders. (ed.): Jakob von Uexküll: A paradigm for biology and semiotics. Semiotica 134 (2001), 1-59; J. V. Uexküll Centre: Publications by Jakob von Uexküll (Online-Ressource, URL: http://www.zbi.ee/~uexkull/publik.htm); Publications about Jakob von Uexküll (Online-Ressource, URL: http://www.zbi.ee/~uexkull/pubuex.htm).

Festschriften: zum 60. Geburtstag: Pflügers Archiv f. die gesamte Physiologie 205 (1924), zum 70.: Sudhoffs Archiv 27 H. 3-4 (1934); Sonderausgaben der Semiotica: Special issue on Jakob von Uexküll. Vol. 134 (2001) und der Sign Systems Studies: Jakob von Uexküll: A paradigm for biology and semiotics. Vol. 32 (2004).

Schriften: Über secundäre Zuckung, in: ZS f. Biologie 28 (1892), 540-549; — Physiologische Untersuchungen an Eledone moschata, in: ZS f. Biologie 28 (1892), 550-566; — Physiologische Untersuchungen an Eledone moschata. II. Die Reflexe des Armes, in: ZS f. Biologie 30 (1893), 179-183; — Über paradoxe Zuckung. In: ZS f. Biologie 30 (1893), 184-186; — Physiologische Untersuchungen an Eledone moschata. III. Fortpflanzungsgeschwindigkeit der Erregung in den Nerven, in: ZS f. Biologie 30 (1894), 317-327; — Zur Methodik der mechanischen Nervenreizung, in: ZS f. Biologie 31 (1894), 148-167; — Physiologische Untersuchungen an Eledone moschata. IV. Zur Analyse der Functionen des Centralnervensystems, in: ZS f. Biologie 31(1894), 584-609; — Ueber Erschütterung und Entlastung des Nerven, in: ZS f. Biologie 32 (1895), 438-445; — Vergleichend-sinnesphysiologische Untersuchungen. I. Über die Nahrungsaufnahme des Katzenhais, in: ZS f. Biologie 32 (1895), 548-566; — Zur Muskel- und Nervenphysiologie von Sipunculus nudus, in: ZS f. Biologie 33 (1896), 1-27; — Über Reflexe bei den Seeigeln, in: ZS f. Biologie (Jubelband zu Ehren von W. Kühne) 34 (1896), 298-318; — Vergleichende sinnesphysiologische Untersuchungen. II. Der Schatten als Reiz für Centrostephanus longispinus, ebd., 319-339; — Über die Function der Poli'schen Blasen am Kauapparat der regulären Seeigel, in: Mitt. a. d. zool. Station zu Neapel 12 H. 3 (1896), 463-476; — Über die Bedingungen für das Eintreten der secundären Zuckung, in: ZS f. Biologie 35 (1897), 183-191; — Entgegnung auf den Angriff des Herrn Prof. Hubert Ludwig (Bonn), in: Zoologischer Anzeiger 20 H. 523 (1897), 36ff.; — mit Th. Beer und A. Bethe: Vorschläge zu einer objectivierenden Nomenklatur in der Physiologie des Nervensystems, in: Biologisches Centralblatt 19 (1899), 517-521, erneut in: Zoologischer Anzeiger 22 (1899), 275-280; — Die Physiologie der Pedicellarien, in: ZS f. Biologie 37 (1899), 334-403; — Der Neurokinet (Ein Beitrag zur Theorie der mechanischen Nervenreizung), in: ZS f. Biologie 38 (1899), 291-299; — »Wilhelm Kühne«, in: Münchner Medicinische Wochenschrift 27 (1900), 1-7; — Die Physiologie des Seeigelstachels, in: ZS f. Biologie 39 (1900), 73-112; — Ueber die Stellung der vergleichenden Physiologie zur Hypothese von der Tierseele, in: Biologisches Centralblatt 20 H. 15 (1900), 497-502; — Über die Errichtung eines zoologischen Arbeitsplatzes in Dar es Salaam, in: Zoologischer Anzeiger 23 H. 628 (1900), 579-583; — Die Wirkung von Licht und Schatten auf die Seeigel, in: ZS f. Biologie 40 (1900), 447-476; — Die Schwimmbewegungen von Rhizostoma pulmo, in: Mitt. a. d. zool. Station zu Neapel 14 (1901), 620-626; — Psychologie und Biologie in ihrer Stellung zur Tierseele, in: Ergebnisse der Physiologie 1 H. 2 (1902), 212-233; — Im Kampfe um die Tierseele. Ergebnisse der Physiologie II. Abt. Wiesbaden 1902; — Studien über den Tonus I. Der biologische Bauplan von Sipunculus nudus, in: ZS f. Biologie 44 (1903), 269-344; — Studien über den Tonus II. Die Bewegungen der Schlangensterne, in: ZS f. Biologie 46 (1904), 1-37; — Die ersten Ursachen des Rhythmus in der Tierreihe, in: Ergebnisse der Physiologie 3, 2. Abt. (1904), 1-11; — Studien über den Tonus III. Die Blutegel, in: ZS f. Biologie 46 (1905), 372-402; — Leitfaden in das Studium der experimentellen Biologie der Wassertiere, Wiesbaden 1905; — Studien über den Tonus IV. Die Herzigel, in: ZS f. Biologie 49 (1907), 307-332; — Studien über den Tonus V. Die Libellen, in: ZS f. Biologie 50 (1907), 168-202; — Der Gesamtreflex der Libellen, in: Zentralblatt f. Physiologie 21 (1907), 499; — Das Problem der tierischen Formbildung, in: Die neue Rundschau 18 (1907), 629-632; — Die Umrisse einer kommenden Weltanschauung, in: Die neue Rundschau 18 (1907), 641-661; — Neue Ernährungsprobleme, in: Die neue Rundschau 18 (1907), 1343-1346; — Die neuen Fragen in der experimentellen Biologie, in: Rivista di Scienza »Scientia« Vol. IV, Anno II, N. VII (1908); — Unsterblichkeit (Bespr. v. Hermann Keyserling), in: Die neue Rundschau 19 (1908), 315f.; — Die Verdichtung der Muskeln, in: Zentralblatt f. Physiologie 22 (1908), 33-37; — Das Tropenaquarium, in: Die neue Rundschau 19 (1908), 694-706; — Umwelt und Innenwelt der Tiere, Berlin 1909; — Paramaecium, in: Mikrokosmos, III, 10 (1909), 190-197;

— Ein Wort über die Schlangensterne, in: Zentralblatt f. Physiologie 23 H. 1 (1909), 1f.; — Résultats des recherches effectuées sur les tentacules de l'Anemonia sulcata au Musée Océanographique de Monaco, en décembre 1908, in: Bulletin de l'Institut Océanographique 148 (1909), 1ff.; — mit F. Gross: Résultats des recherches effectuées sur les extrémités des langoustes et des crabes au Musée Océanographique de Monaco en février et mars 1909, in: Bulletin de l'Institut Océanographique 149 (1909), 1-4; — Die Umwelt, in: Die neue Rundschau 21 (1910), 638-649; — Mendelismus, in: Die neue Rundschau 21 (1910), 1589-1596; — Über das Unsichtbare in der Natur, in: Österr. Rundschau 25 (1910), 124-130; — Die neuen Ziele der Biologie, in: Baltische Monatsschrift 69 H. 4 (1910), 225-239; — mit A. Noyons: Die Härte der Muskeln, in: ZS f. Biologie 56 H. 3-4 (1911), 139-208; — mit O. Cohnheim: Die Dauerkontraktion der glatten Muskeln, in: Sitzungsberichte der Heidelberger Akad. der Wiss., Mathematisch-naturwissenschaftliche Klasse 32. Abh. Heidelberg 1911; — Die Merkwelten der Tiere, in: Dt. Revue (Stuttgart) 37 (Sept. 1912), 349-355; — Vom Wesen des Lebens (I und II), in: Österr. Rundschau 33 (1912), 18-28 u. 420-431; — Studien über den Tonus. VI. Die Pilgermuschel, in: ZS f. Biologie 58 H. 7 (1912), 305-332; — Über den Apparat zur Bestimmung der Härte des Muskels: Sklerometer nach Wertheim-Salomonson, in: Zentralblatt f. Physiologie 25 H. 23 (1912), 1105; — Das Subjekt als Träger des Lebens, in: Die neue Rundschau 23 (1912), 99-107; — Wie gestaltet das Leben ein Subjekt? In: Die neue Rundschau 23 (1912), 1082-1091; — Wirkungen und Gegenwirkungen im Subjekt, in: Die neue Rundschau 23 (1912), 1399-1406; — Bausteine zu einer biologischen Weltanschauung. Ges. Aufsätze, hg. und eingel. von Felix Gross. München 1913; — Der heutige Stand der Biologie in Amerika, in: Die Naturwissenschaften Jg. 1, Nr. 34 (22.8.1913), 801-805; — Bespr. v. Karl Camillo Schneider, Tierpsychologisches Praktikum in Dialogform, in: Die Naturwissenschaften, Jg. 1, Nr. 1 (3.1.1913), 25; — mit Felix Gross: Studien über den Tonus. VII. Die Schere des Flußkrebses, in: ZS f. Biologie 60 H. 8/9 (1913), 334-357; — Die Planmäßigkeit als oberstes Gesetz im Leben der Tiere, in: Die neue Rundschau 24 (1913) 820-829; — Die Aufgaben der biologischen Weltanschauung, in: Die neue Rundschau 24 (1913), 1080-1091; — Wohin führt uns der Monismus? In: Das neue Deutschland 1/2 (1913), 641-645; — Die Zahl als Reiz, in: Tierseele: ZS f. vergl. Seelenkunde 1 (1913/14), 363-367; — Über die Innervation der Krebsmuskeln, in: Zentralblatt f. Physiologie 28 H. 12 (1914), 764; — mit L. G. Tirala: Über den Tonus bei den Krustazeen, in: ZS f. Biologie 65 H. 1-2 (1915), 25-66; — Volk und Staat, in: Die neue Rundschau 26 (1915), 53-66; — »Karl Ernst von Baer«, in: Das Baltenbuch, Dachau 1916, 17-22; — Darwin und die englische Moral, in: Dt. Rundschau 173 (1917), 215-242; — Biologie und Wahlrecht, in: Dt. Rundschau 174 (1918), 183-203; — Der Organismus als Staat und der Staat als Organismus, in: Der Leuchter 1918, 79-110; — Biologische Briefe an eine Dame, in: Dt. Rundschau 178 (1919), 309-323 und 179 (1919), 132-148, 276-292, 451-468; — Der Schäfer und der Böse, in: Von Pommerscher Scholle. Kalender für 1920, Gütersloh 1919, 26-30; — Biologische Briefe an eine Dame, Berlin 1920; — Staatsbiologie. Anatomie-Physiologie-Pathologie des Staates, Berlin 1920, 2. Aufl. 1933; — Theoretische Biologie, Berlin 1920; — Der Weg zur Vollendung (Des Grafen Hermann Keyserling philosophisches Schaffen), in: Dt. Rundschau 184 (1920), 420ff.; — Was ist Leben? In: Dt. Rundschau 185 (1920), 361-362; — Umwelt und Innenwelt der Tiere. 2. verm. u. verb. Aufl. Berlin 1921; — Die neuen Götter, in: Dt. Rundschau 189 (1921), 101ff.; — Der Segelflug, in: Pflügers Archiv 187 (1/3) 1921, 25; — Wie sehen wir die Natur und wie sieht sie sich selber? In: Die Naturwissenschaften Jg. 10 H. 12 (24.3.1922), 265-271; — Teil II: H. 13 (31.3.1922), 296-301; — Teil III: H. 14 (7.4.1922), 316-322; — Der Sperrschlag, in: Archives Neerlandaisesde physiologie de l'homme et des animaux 7 (1922), 195-198; — Technische und mechanische Biologie, in: Ergebnisse der Physiologie 20 (1922), 129-161; — Mensch und Gott, in: Dt. Rundschau 190 (1922), 85ff.; — Leben und Tod, in: Dt. Rundschau 190 (1922), 173-183; — Trebitsch und Blüher über die Judenfrage, in: Dt. Rundschau 193 (1922), 95ff.; — Das Problem des Lebens, in: Dt. Rundschau 193 (1922), 235-247; — Weltanschauung und Naturwissenschaft, in: Jahrbuch und Kalender des Deutschtums in Lettland 1923, 55-60; — Die Persönlichkeit des Fürsten Philipp zu Eulenburg, in: Dt. Rundschau 195 (1923), 180-183; — Weltanschauung und Gewissen, in: Dt. Rundschau 197 (1923), 253-266; — Die Stellung der Naturforscher zu Goethes Gott-Natur, in: Die Tat 15 (1923/24), 492-506; — Die Flügelbewegung des Kohlweißlings, in: Pflügers Archiv 202 (1924), 259-264; — Mechanik und Formbildung: Ein Gespräch, in: Dt. Rundschau 201 (1924), 51-64; — Bespr. v. Erich Adikes: Kant als Naturforscher, Bd. 1, Berlin 1924, in: Dt. Rundschau 53 H. 5 (1924), 209f.; — Die Biologie des Staates, in: Nationale Erziehung 6 H. 7-8 (1925), 177-181; — Die Bedeutung der Planmäßigkeit f. die Fragestellung in der Biologie, in: Wilhelm Roux' Archiv f. Entwicklungsmechanik der Organismen 106 (1925), 6-10; — Rudolf Maria Holzapfels Panideal, in: Dt. Rundschau 202 (1925), 229-232; — Gott oder Gorilla, in: Dt. Rundschau 208 (1926), 232-242; — Ist das Tier eine Maschine? In: Bausteine f. Leben und Weltanschauung von Denkern alter Zeiten 4 H. 6 (1926), 177-182; — Die Sperrmuskulatur der Holothurien, in: Pflügers Archiv 212 (1926), 1-14; — mit K. Stromberger: Die experimentelle Trennung von Verkürzung und Sperrung im menschlichen Muskel, in: Pflügers Archiv 212 H. 3/4 (1926), 645-648; — Tierpsychologie vom Standpunkt des Biologen. Zu dem gleichnamigen Buch von F. Hempelmann, in: Zoologischer Anzeiger 69 H. 7/8 (1926), 161ff.; — Houston Stewart Chamberlain, in: Dt. Rundschau 211 (1927), 183f.; — mit Friedrich Brock: Atlas zur Bestimmung der Orte in den Sehräumen der Tiere, in: ZS f. vergl. Physiologie 5 (1927), 167-178; — Definition des Lebens und des Organismus, in: Handbuch der normalen und pathologischen Physiologie: Mit Berücksichtigung der experimentellen Pharmakologie. Hg. v. Albrecht Bethe/Gustav von Bergmann/G. Embden/A. Ellinger, Bd. 1, Berlin 1927, 1-25; — Die Einpassung, ebd. 693-701; — Die Biologie in ihrer Stellung zur Medizin, in: Klinische Wochenschrift 6 H. 24 (1927), 1164f.; — »Karl Ernst von Baer«, in: Baltenbuch. Hg. v. Paul Rohrbach, Dachau 1927, 22-26; — Karl Ernst von Baer. Zu seinem 50. Todestage am 28.11.1926, in: Jahrbuch des baltischen Deutschtums, Riga 1927; — Die Rolle des Psychoids, in: Roux' Archiv 111 (1927), 423-434

(Festschrift für Hans Driesch); — mit H. Roesen: Der Wirkraum, in: Pflügers Archiv 217 H. 1 (1927), 72-87; — Theoretische Biologie, 2. gänzl. neu bearb. Aufl. Berlin 1928; — Über den Einfluß biologischer Analogieschlüsse auf Forschung und Weltanschauung, in: Archiv f. systematische Philosophie und Soziologie 29 H. 1/2 (1928), 78-81; — Gibt es ein Himmelsgewölbe? In: Archiv f. Anthropologie N.F. 21 H. 1-2 (1928), 40-46; — (als Hg.): Houston Stewart Chamberlain: Natur und Leben, München 1928; darin: Vorwort (7-11), Einleitung (15f., 95-102) und Schlußwort (184-187), - Houston Stewart Chamberlain: Die Persönlichkeit, in: Bücher des Verlages F. Bruckmann A.G. München 1928, 9-13; — Welt und Umwelt, in: Dt. Volkstum 10 H. 1 (1929), 21-36; — Welt und Umwelt, in: Aus dt. Geistesarbeit 5 (1929), 20-26 u. 36-46; — Plan und Induktion, in: Roux' Archiv 116 (Festschrift f. Hans Spemann) (1929), 36-43; — Gesetz der gedehnten Muskeln, in: Handbuch der normalen und pathologischen Physiologie, Bd. 9, Berlin 1929, 741-754; — Reflexumkehr. Starker und schwacher Reflex, in: ebd., 755-762; — Zur Physiologie der Patellen, in: ZS f. vergl. Physiologie 11 (1929), 155-159; — Die Lebenslehre, Potsdam/Zürich 1930; — Bespr. v. H. J. Jordan: Allgemeine vergleichende Physiologie der Tiere, in: Die Naturwissenschaften Jg. 18 H. 4 (24.1.1930), 88f.; — mit Friedrich Brock: Das Institut für Umweltforschung, in: Forschungsinstitute, ihre Geschichte, Organisation und Ziele. Bd. 2. Hg. v. Ludolf Brauer/Albrecht Mendelssohn-Bartholdy/Adolf Meyer, Hamburg 1930, 233-237; — mit E. G. Sarris: Das Duftfeld des Hundes (Hund und Eckstein), in: ZS f. Hundeforschung 1 H. 3-4 (1931), 55-68; — mit E. G. Sarris: Das Duftfeld des Hundes, in: Forschungen und Fortschritte 7 H. 17 (1931), 242f.; — mit E. G. Sarris: Der Führhund der Blinden, in: Die Umschau 35 H. 51 (1931), 1014ff.; — Umweltforschung, in: Die Umschau 35 H. 36 (1931), 709f.; — Der Organismus und die Umwelt, in: Das Lebensproblem im Lichte der modernen Forschung. Hg. v. Hans Driesch unter Mitw. v. Heinz Woltereck, Leipzig 1931, 189-224; — Die Rolle des Subjekts in der Biologie, in: Die Naturwissenschaften 19 (1931), 385-391; — Menschenpläne und Naturpläne, in: Dt. Rundschau 231 (1932), 96-99; — Die Umwelt des Hundes, in: ZS f. Hundeforschung 2 H. 5-6 (1932), 157-170; — Moderne Probleme der biologischen Forschung, in: Mitt. f. die Ärzte u. Zahnärzte Groß-Hamburgs 32 H. 28 (1932), 472ff.; — Der gedachte Raum, in: Die Wissenschaft am Scheidewege von Leben und Geist. Festschrift Ludwig Klages zum 60. Geburtstage, hg. von Hans Prinzhorn, Leipzig 1932, 231-239; — mit E. G. Sarris: Dressur und Erziehung der Führhunde für Blinde, in: Der Kriegsblinde 16 H. 6 (1932), 93f.; — Über die Umwelt des Hundes, in: Klinische Wochenschrift 11 H. 7 (1932), 308; — Staatsbiologie: Anatomie-Physiologie-Pathologie des Staates, Hamburg 1933; — Hat es einen Sinn von Tonusmuskeln und Tetanusmuskeln zu sprechen? In: Pflügers Archiv 232 H. 6 (1933), 842-847; — Das Führhundproblem, in: ZS f. angewandte Psychologie 45 H. 1-3 (1933), 46-53; — Biologie oder Physiologie, in: Nova Acta Leopoldina, N.F. 1 H. 2-3 (1933), 276-281; — Das doppelte Antlitz der Naturwissenschaft, in: Welt und Leben 14 (1933), 1ff.; — Die Entplanung der Welt: Magische, mechanische und dämonische Weltanschauung, in: Dt. Rundschau 236 (1933), 38-43 u. 110-115; — Wie sieht das Tier die Welt? In: Neueste Zeitung 96 (25.4.1933); — mit Georg Kriszat (Zeichnungen): Streifzüge durch die Umwelten von Tieren und Menschen: Ein Bilderbuch unsichtbarer Welten, Berlin 1934 (mit dem Untertitel »Bedeutungslehre« neu aufgelegt und mit einem Vorwort von Adolf Portmann, Hamburg 1956; erneut: Frankfurt a. M. 1970); — Der Blindenführer, in: Forschungen und Fortschritte 10 H. 9 (1934), 117f.; — Die Universitäten als Sinnesorgane des Staates, in: Ärzteblatt f. Sachsen, Provinz Sachsen, Anhalt und Thüringen 1 H. 13 (1934), 145f.; — Der Wirkraum, in: Hamb. Fremdenbl. 170 (1934), 3; — Der Hund kennt nur Hundedinge, in: Hamb. Fremdenbl. 172 (1935), 9; — Der Kampf um den Himmel, in: Die neue Rundschau 46 (1935), 367-379; — mit Friedrich Brock: Vorschläge zu einer subjektbezogenen Nomenklatur in der Biologie, in: ZS f. die gesamte Naturwissenschaft Jg. 1 H. 1/2 (1935), 36-47; — Die Bedeutung der Umweltforschung für die Erkenntnis des Lebens, in: ZS f. die gesamte Naturwissenschaft Jg. 1 H. 7 (1935), 257-272; — Die Bedeutung der Umweltforschung für die Erkenntnis des Lebens, in: Illustr. Zeitung 4705 (1935), 639; — Der Kampf um den Himmel, in: Die neue Rundschau 46 H. 2 (1935), 367-379; — Niegeschaute Welten. Die Umwelten meiner Freunde. Ein Erinnerungsbuch. Berlin 1936; — Biologie in der Mausefalle, in: ZS f. die gesamte Naturwissenschaft 2 H. 6 (1936), 213-222; — Der Wechsel des Weltalls, in: Acta Biotheoretica, A Abt. II H. 3 (1936), 141-152; — Die Religion und die Naturwissenschaften, in: Die Erziehung 12 H. 8 (1936), 379-382; — Graf Alexander Keyserling oder die Umwelt des Weisen, in: Die neue Rundschau 47 H. 9 (1936), 929-937; — Umweltforschung, in: ZS f. Tierpsychologie 1 H. 1 (1937), 33f.; — Die neue Umweltlehre: Ein Bindeglied zwischen Natur- und Kulturwissenschaften, in: Die Erziehung Jg. 13 H. 5 (1937), 185-199; — Das Zeitschiff: Eine wissenschaftliche Plauderei, in: Hamburger Fremdenblatt Nr. 80 (21.3.1937), 5; — Das Problem des Heimfindens bei Menschen und Tieren: Der primäre und der sekundäre Raum, in: ZS f. die ges. Naturwissenschaft Jg. 2 H. 12 (1937), 457-467; — Umwelt und Leben, in: Volk und Welt 37 (1937), 19-22; — Das Werden der Organismen und die Wunder der Gene, in: Die Natur - das Wunder Gottes. Hg. v. Eberhard Dennert. Berlin 1938, 135-144; — Der unsterbliche Geist in der Natur. Gespräche. Hamburg 1938; — Zum Verständnis der Umweltlehre, in: Dt. Rundschau 256 (1938), 64ff.; — Tier und Umwelt, in: ZS f. Tierpsychologie Jg. 2 H. 2 (1938), 101-114; — Kants Einfluß auf die heutige Wissenschaft: Der große Königsberger Philosoph ist in der Biologie wieder lebendig geworden, in: Preußische Zeitung 9 (43) 1939, 3; — In Goethes Garten. Ein Gedicht auf ein Bild von Franz Huth, Heidelberg 1939; — Bedeutungslehre, Leipzig 1940; — Der Stein von Werder, Hamburg 1940; — Tierparadies im Zoo, in: Der Zoologische Garten N.F. 12 H. 1 (1940), 18ff.; — mit Thure v. Uexküll: Die ewige Frage: Biologische Variationen über einen platonischen Dialog, in: Europäische Revue 19 H. 3 (1943), 126-147; — Darwins Verschulden! In: Dt. Allgemeine Zeitung 82 H. 22-23 (1943), 1; — mit Thure v. Uexküll: Die ewige Frage: Biologische Variationen über einen platonischen Dialog. Hamburg 1944; — Der Sinn des Lebens. Gedanken über die Aufgaben der Biologie. Mitgeteilt in einer Interpretation der zu Bonn 1824 gehaltenen Vorlesung des Johannes Müller ‚Von dem Bedürfnis der

Physiologie nach einer philosophischen Naturbetrachtung', mit einem Ausblick von Thure von Uexküll, Godesberg 1947; — Das allmächtige Leben, Hamburg 1950; — Materielle und immaterielle Grundlagen des Lebens, in: Die Natur das Wunder Gottes. Hg. v. Eberhard Dennert, Berlin 1957, 123-130; — Die Planmäßigkeit als oberstes Gesetz im Leben der Tiere, in: Der goldene Schnitt 1960, 101-110; — Theoretische Biologie, Frankfurt a. M. 1973; — Streifzüge durch die Umwelten von Tieren und Menschen: ein Bilderbuch unsichtbarer Welten. Bedeutungslehre, mit Bibliogr. u. Literaturverz. Lizenzausg. d. Fischer-Verl., Frankfurt am Main 1983; — Schattenmärchen, in: Uexküll, Thure von/Fuchs, Marianne/Müller-Braunschweig, Hans/Johnen, Rolf (Hg.): Subjektive Anatomie: Theorie und Praxis körperbezogener Psychotherapie. 2. Aufl. Stuttgart 1997, 3ff.

Übersetzungen: Ideas para una concepción biológica del mundo. Trad. R. M. Terneiro, Madrid 1922; — Hoe zien wij de natuur en hoe ziet deze zich zelve? In: Wetenschappelijke Bladen/Haarlem 3 (1924), 37-51; — Cartas biológicas a una dama Texto impreso, Madrid 1925; — Theoretical Biology. Transl. by D. L. MacKinnon, London 1926; — Meditaciones biológicas: La teoría de la significación, Madrid 1942; — Teoria de la vida, Madrid 1944; — L' immortale spirito nella natura. Trad. di A. e M. Cottrau, Bari 1947; — A stroll through the worlds of animals and men, in: Schiller, Claire H. (ed. and transl.): Instinctive Behavior: The Development of a Modern Concept, New York 1957, 5-80; — Zwerftochten door de werelden van dieren en mensen, Amsterdam 1958; — Mondes animaux et monde humain. Trad. Philippe Muller, Gonthier 1965; — mit G. Kriszat: Ambiente e comportamento. Transl. by Paola Manfredi, Intr. di Felice Mondella, Milano 1967; — Seibutsu kara Mita Sekai (The World As Seen by Living Things). Transl. by Hidaka Toshitaka/Noda Yasuyuki, Tokyo 1973; — Dos Animais e dos Homens: Digressões pelos seus mundos próprios. Doutrina do Significado. Transl. Alberto Candeias, Anibal Garcia Pereira, Lisboa 1982; — The theory of meaning, in: Semiotica 42 H. 1 (1982), 25-82; — Environment and inner world of animals, in: G. M. Burghardt (ed.): Foundations of Comparative Ethology. Transl. by C. J. Mellor and D. Gove, New York 1985, 222-245; — Tähendusõpetus (aus Bedeutungslehre, 1970: 153-159). Transl. by Meelis Tõns, in: Akadeemia 3 H. 10 (1991), 2105-2113; — A stroll through the worlds of animals and men: A picture book of invisible worlds, in: Semiotica 89 H. 4 (1992), 319-391; — Rännak läbi loomade ja inimeste omailmade (aus: Streifzüge durch die Umwelten von Tieren und Menschen 1956, 46-53, 60-65). Transl. by Piret Peiker, in: Vikerkaar 1-2 (1996), 165-171; — mit G. Kriszat: Rännud loomade ja inimeste omailmades. (aus: Streifzüge durch die Umwelten von Tieren und Menschen, 1956). Transl. by Mari Tarvas, in: Eesti Loodus 1 (1999), 35-38, 2/3, 107ff., 4, 156-159, 5, 204ff.; — An introduction to Umwelt, in: Semiotica 134 (2001), 107-110; — The new concept of Umwelt: A link between science and the humanities (1937), in: ebd., 111-23; — mit Thure von Uexküll: The Eternal Question: Biological variations on a Platonic dialogue, in: Sign Systems Studies 32 (2004), 329-362.

Lit.: Agamben, Giorgio: Das Offene. Der Mensch und das Tier, Frankfurt/M. 2003, 49-56; — Alverdes, Friedrich: J. v. Uexküll, Die Lebenslehre, in: Sociologus 8 H. 1 (1932), 71; — Anderson, Myrdene/Deely, John/Krampen, Martin/Ransdell J./Sebeok, Thomas A./Uexküll, Thure von: A semiotic perspective on the sciences: steps toward a new paradigm, in: Semiotica 52 H. 1-2 (1984), 7-47; — ders.: Life and living in wonderworld, in: Semiotica 134 (2001), 185-192; — Asher, Leon: Theoretische Biologie und biologisches Weltbild, in: Die Naturwissenschaften 10. Jg. H. 20 (19.5.1922), 473-477; — ders: Bespr. v. Theoretische Biologie, 2., gänzlich neu bearbeitete Aufl., in: Klinische Wochenschrift 7 (1928), 2070; — Bains, Paul: Umwelten, in: Semiotica 134 (2001), 137-161; — Blasius, Wilhelm: Polarität als Lebenselement. Erkentnistheoretische und physiologische Überlegungen zum Umwelt-Begriff Jacob von Uexkülls, in: Bonner Universitätsblätter 1988, 29-35;- ders.: Literarisches Leben aus Schloß Friedelhausen um die Jahrhundertwende. Der Biologe Jakob von Uexküll und der Dichter Rainer Maria Rilke im Gespräch; in: Heimat im Bild/ Gießener Anzeiger 25. KW (6/1990); — Bassanese, Monica: Heidegger e von Uexküll: filosofia e biologia a confronto, Trento 2004; — Brauckmann, Sabine: From the haptic-optic space to our environment: Jakob von Uexküll and Richard Woltereck, in: Semiotica 134 (2001), 293-310; — Behne, Adolf: Biologie und Kubismus, in: Die Tat 9 (1917/18), 694-705; — ders.: Wiederkehr der Kunst, Leipzig 1920; — Berger, Adolf: Bespr. v. Staatsbiologie, 2. Aufl., in: ZS f. Sozialforschung Jg. 3 (1934), 272f.; — Bertalanffy, Ludwig von: Problems of life: An evaluation of modern biological thought, London 1952; — Bilz, Rudolf: Pars pro toto. Ein Beitrag zur Pathologie menschlicher Affekte und Organfunktionen, Leipzig 1940; — ders.: Vorwort, in: J. v. Uexküll, Theoretische Biologie, Frankfurt/M. 1973, V-XXIV; — Boruttau, Heinrich: Bespr. v. Über Reflexe bei den Seeigeln (ZS f. Biologie XXXIV, 298), in: Centralblatt f. Physiologie 11 (1987), 65f.; — ders.: Bespr. v. Vergleichend sinnesphysiologische Untersuchungen, II. Der Schatten als Reiz f. Centrostephanus Longispinus (ZS f. Biol. XXXIV, 319), in: Centralblatt f. Physiologie 12 (1898), 63f.; — Botar, Oliver A. I.: Prolegomena to the study of biomorphic Modernism: Biocentrism, Laszlo Moholy-Nagy's 'new vision' and Erno Kallai's 'Bioromantik', Toronto 1998, 230ff.; — ders.: Notes towards a study of Jakob von Uexkuells reception in early twentieth-century artistic and architectural circles, in: Semiotica 134 (2001), 593-597; — Brier, Søren: Cybersemiotics and Umweltslehre, in: Semiotica 134 (2001), 779-814; — ders.: The integration of second order cybernetics, autopoiesis and biosemiotics in: Cybernetics & Human Knowing Vol. 10 H. 1 (2003), 106-109; — ders.: Biosemiotics as a Possible Bridge Between Embodiment in Cognitive. Semantics and the Motivation Concept of Animal Cognition in Ethology, in: Cybernetics And Human Knowing, Vol. 7, H. 1 (2000), 57-75; — Brock, Friedrich: Gedanken zu Jakob von Uexkülls theoretischer Biologie, in: Der zoologische Garten 1 (1929), 328ff.; — ders.: Jakob Johann Baron von Uexküll: zu seinem 70. Geburtstage am 8.9.1934, in: Sudhoffs Archiv 27 H. 3-4 (1934), 193-203; — ders.: Verzeichnis der Schriften Jakob Johann von Uexkülls und der aus dem Institut f. Umweltforschung zu Hamburg hervorgegangenen Arbeiten, ebd. 204-212; — ders.: Bewegungsphysiologie, Verhaltenspsychologie und Umweltforschung, in: Verhandlungen der dt. zool. Gesellschaft (1934), 133-141; — ders.: Die Grundlagen der Umweltforschung Jakob von Uexkülls und seiner Schule, in: Verhandlungen der dt. zool. Gesellschaft 12 (1939), 16-68; — ders.: Jakob von Uexküll 75 Jahre, in: Rheinisch-Westfälische Zeitg. 7.9.1939; — ders.: Typenlehre und Umweltforschung: Grundlegung einer idealistischen Biologie, Leipzig 1939; — ders.: Umweltforschung (biologisch-soziologische Aspekte), in: Bernsdorf W./Bülow F. (Hg.): Wörterbuch d. Soziologie, Stuttgart 1955, 574-577; — Brock, Werner G.: Die Grundstruktur des Lebendigseins (1931), Freiburg 2005; — Canguilhem, Georges: Le vivant et son milieu, in: La connaissance de la vie (1952), Paris 1980, 129-154; — Cassirer, Ernst: Zur Metaphysik der symbolischen Formen (1928), in: Nachgel. Manuskripte und Texte 1, Hamburg 1995; — ders.: Versuch über den Menschen. Einführung in Philosophie der Kultur (1944), Frankfurt/M. 1990; — ders.: Kulturphilosophie. Vorlesungen und Vorträge 1929-1941, Hamburg 2004; — ders.: Vorlesungen und Studien zur Philosophischen Anthropologie, Hamburg 2006; — Chamberlain, Houston St.: Natur und Leben, München 1928; — Chang, Han-liang: Notes towards a semiotics of parasitism, in: Sign System Studies 31 (2003), 421-439; — ders.: Semiotician or hermeneutician? Jakob von Uexküll revisited, in: Sign Systems Studies 32 (2004), 115-138; — Cheung, Tobias: From Protoplasm to Umwelt: Plans and the Technique of Nature in Jakob von Uexküll's Theory of Organismic Order, in: Sign Systems Studies 32 (2004), 139-167; — ders.: Epigenesis in optima forma: Die 'Einfügung' und 'Verwicklung' des organismischen Subjekts in Jakob von Uexkülls theoretischer Biologie, in: Philosophia naturalis Bd. 42 (2005), 103-126; — Chebanov, Sergey: Umwelt as life world of living being, in: Semiotica 134 (2001), 169-184; — Chien, Jui-Pi: Schema as both the key to and the puzzle of life: Reflections on the Uexküllian crux, in: Sign Systems Studies 32 (2004), 187-208; — ders.: Of Animals and Men: A Study of Umwelt in Uexküll, Cassirer, and Heidegger, Concentric: Literary and Cultural Studies 32 H.1 (Jan. 2006), 57-79; — Clausberg, Klaus: Zwischen den Sternen: Lichtbildarchive. Was Einstein und Uexküll, Benjamin und das Kino der Astronomie des 19. Jahrhunderts verdanken, Berlin 2006; — Coutinho, Arno Carl: Das Problem des Lebens. Jakob von Uexküll, dem Begründer der Lebenslehre in der gegenwärtigen Biologie, zum 70. Geburtstag am 8. September, in: Kölnische Zeitung Nr. 454 (1934) 8f.; — ders. Titel in: Das Werk 14 (1934), 422; — Crook, John H.: On attributing consciousness to animals, in: Nature 303 (5.5.1983), 11-14; — Dau, Thomas: Jakob von Uexküll, Ikonograph der Natur: Gedenken zum 50. Todestag des Biologen, in: Uni HH 24 H. 4 (1993), 24ff.; — ders.: Die Biologie von Jakob v. Uexküll, in: Biologisches Zentralblatt 113 (1994), 219-226; — Deely, John: Basics of Semiotics, Bloomington/Indianapolis 1990; — ders.: Umwelt, in: Semiotica 134 (2001), 125-135; — ders.: Semiotics and Jakob von Uexküll's concept of umwelt, in: Sign Systems Studies 32 (2004), 11-34; — Deleuze, Gilles/Guattari, Félix: Tausend Plateaus. Kapitalismus und Schizophrenie, Berlin 1992; — dies.: Was ist Philosophie, Frankfurt/M. 1991; — Dempf, Alois: Die Stellung Jakob von Uexkülls in der Geistesgeschichte und Philosophie, in: Phil. Jahrbücher 61 (1951), 171-184; — Deschamps, Jacques: Uexküll Jakob von, 1864-1944, in: Huisman Denis/Malfray Marie-Agnès (Hg.): Dictionnaire des Philosophes, Paris 1984, 2837; — Dzendolet, E.: Behaviourism and Sensation in the Paper by Beer, Bethe, and von Uexküll (1899), in: Journal of the History of the Behavioural Science 3 (1967), 256-261; — Doesburg, Theo van: Principles of Neo-Plastic Art (1925), London 1968; — Driesch, Hans: Bespr. von Theoretische Biologie, in: Kant-Studien 26 (1921), 201-204; — ders.: Die nicht-mechanistische Biologie und ihre Vertreter, in: Nova Acta Leopoldina 1 H. 2-3 (1933), 282-287; — Eckhardt, W.: Deutsche Naturanschauung bei Jakob von Uexküll, in: Volk im Werden 8. Jg. H. 7-8 (1940), 155-173; — Ehrenberg, Rudolf: Über das Problem einer »theoretischen Biologie«, in: Die Naturwissenschaften 17 H. 40 (1929), 777-781; — Emmeche, Claus: The biosemiotics of emergent properties in a pluralist ontology, in: Edwina Taborsky (Hg.): Semiosis. Evolution. Energy: Towards a Reconceptualization of the Sign, Aachen 1999, 89-108; — ders.: Does a robot have an Umwelt? Reflections on the qualitative biosemiotics of Jakob von Uexküll, in: Semiotica 134 (2001), 653-693; — Feldkeller, Paul: Umwelt und Mensch, in: Die Tat Jg. 28 (1936/37), 230f.; — Figge, Udo L.: Jakob von Uexküll: Merkmale and Wirkmale, in: Semiotica 134 (2001), 193-200; — ders.: Inquiries into semiotic principles and systems, in: Gabriel Altmann/Walter A. Koch (eds.): Systems. New Paradigms for the Human Sciences. Berlin/New York 1998, 350-355; — ders.: Semiotic principles and systems: biological foundations of semiotics, in: Nöth, Winfried (ed.): Origins of Semiosis. Sign Evolution in Nature and Culture, Berlin/New York 1994, 25-36; — ders.: Jakob von Uexküll: Merkmale and Wirkmale, in: Semiotica 134 (2001), 193-200; — Franck, Dierck: Auswirkungen der Uexküllschen Umweltlehre auf die moderne Verhaltensbiologie, in: Folia Baerina 7 (1999), 81-91; — Frenzel, Chr. O.: Schreibtisch-Tisch-Dach-Laufbaus. Die Bedeutung der Umweltforschung Professor von Uexkülls, in: Kreuzzeitung, 4.4.1935; — Friederichs, Karl: Über den Begriff »Umwelt« in der Biologie, in: Acta Biotheoretica 7 (3-4) 1943, 147-162; — Fritsch, Rudolf Heinrich: Erinnerungen an Jakob von Uexkül, in: Nachrichten der Giessener Hochschulgesellschaft 33 (1964), 7-11; — Gehlen, Arnold: Der Mensch. Seine Natur und seine Stellung in der Welt (1940/1950). Texkritische Edition, hg. von Karl-Siegbert Rehberg, Frankfurt/M. 1993, - ders.: Der Begriff der Umwelt in der Anthropologie, in: Forschungen und Fortschritte 17 (1941), 43-46; — Gipper, Helmut: Bausteine zu einer Sprachinhaltsforschung, Schwann 1969, Kap. 6; — Glaser, Otto: Bespr. von Umwelt und Innenwelt der Tiere, in: Science 25 (Febr. 1910), 31, 303ff.; — ders.: Bespr. von: Bausteine zu einer Biologischen Weltanschauung, in: Science 26 (Febr. 1915) 41, 324-327; — Goldstein, Kurt: Der Aufbau des Organismus. Einführung in die Biologie unter besonderer Berücksichtigung der Erfahrungen am kranken Menschen, Haag 1934; — Goudge T. A.: Uexküll, Jakob Johann, Baron von, in: Paul Edwards (Hg.): The Encyclopedia of Philosophy. Vol. 8, New York 1967, 173f.; — Graumann Carl F.: Umwelt, in: Harré, Rom/Lamb, Roger (Hg.): The Encyclopedic Dictionary of Psychology, Cambridge (Mass.) 1988, 647; — Gutmann, Mathias: Uexküll and contemporary biology: Some methodological reconsiderations, in: Sign Systems Studies 32 (2004), 169-186; — Hassenstein, Bernhard: Jakob von Uexküll, in: Ilse Jahn/Michael Schmitt (Hg.): Darwin & Co. Eine Geschichte der Biologie in Portraits II, München

2001, 344-364; — Haupt, Walther: Das v. Uexküllsche Erregungsgesetz geprüft am dritten Gelenk der Krebsschere, in: ZS f. Biologie 60 H. 11-12 (1913), 457-480; — Haustein, Hans: Biologie, in: Sozialistische Monatshefte 63 H. 3 (1926), 180; — Heidegger, Martin: Die Grundbegriffe der Metaphysik. Welt - Endlichkeit - Einsamkeit (Vorlesung 1929/30). Frankfurt/M. 1983; — Heinrich, A.: Uexküll und sein Lebenswerk - die Umweltforschung, in: Geistige Arbeit, 20.1.1936, 5; — Helbach, Charlotte: Die Umweltlehre Jakob v. Uexkülls: Ein Beispiel für die Genese von Theorien in der Biologie zu Beginn des 20. Jahrhunderts. Diss. Aachen 1989; — Hempelmann: Bespr. v. Theoretische Biologie, in: Biol. Zentralblatt Jg. 50 (1930), 254; — Herwig, Malte: The unwitting muse. Jacon von Uexkülls theory of Umwelt and twentieth century literature, in: Semiotica 134 (2001), 553-592; — Heusden, Barend v.: Jakob von Uexküll and Ernst Cassirer, in: Semiotica 134 (2001), 275-292; — Höfer, Florian: Die Notwendigkeit der Kommunikation: die Missachtung eines Phänomens bei J. v. Uexküll, Diss. Bonn 2007; — Hoffmeyer, Jesper: Signs of Meaning in the Universe, Bloomington/Indianapolis 1996; — ders.: Semiotic Aspects of Biology: Biosemiotics« In Roland Posner, Klaus Robering and Thomas E. Sebeok (eds.): Semiotics. A Handbook on the Sign-Theoretic Foundations of Nature and Culture, Berlin/New York 2003, Vol. 3, 2643-2666; — ders.: Uexküllian Planmässigkeit, in: Sign Systems Studies 32 (2004), 73-97; — Holle, Hermann Gustav: Allgemeine Biologie als Grundlage für Weltanschauung, Lebensführung und Politik, München 1919; — ders.: Bespr. v. Staatsbiologie, 2. Aufl., in: Deutschlands Erneuerung 4 (1920), 468; — Horvath, Patrick: Jakob von Uexküll. Von Mückensonnen und Umweltröhren, online 1997 (http://members.surfeu.at/patrick.horvath/uex.htm); — Hübscher, Arthur: Jacob von Uexküll, in: Denker unserer Zeit, 2. Aufl., München 1958, 276ff. (zuerst u. d. T.: Philosophen der Gegenwart); — Hünemörder, Christian: Jakob von Uexküll (1864-1944) und sein Hamburger Institut für Umweltforschung, in: Christoph J. Scriba (Hg.): Disciplinae novae. Zur Entstehung seiner Denk- und Arbeitseinrichtungen in den Naturwissenschaften. FS zum 90. Geburtstag von Hans Schimank, Göttingen 1979, 105-125; — Illies, Joachim: Jakob von Uexküll, August Thienemann, Bernhard Grzimek: Ökologie als eine neue biologische Disziplin, in: K. Fassmann (Hg.): Die Grossen der Weltgeschichte, Bd. 11, Zürich 1978, 732-745; — Ingensiep, Hans-Werner: Jakob von Uexküll: Theoretische Biologie, in: Kindlers Neues Literaturlexikon. Bd. 16. München 1991, 894f.; — ders: Uexküll, Jakob, in: Dt. Biographische Enzyklopädie. Bd. 10. München 1999, 25; — ders.: Jacob von Uexküll. Umwelt und Innenwelt der Tiere, in: Volpi, Franco (Hg.): Großes Werklexikon der Philosophie, Bd. 1, Stuttgart 1999, 1519; — Ingold, Tim: The social and environmental relations of human beings and other animals, in: Stauden, V./Foley, R.A. (Hg.): Comparative Socioecology: The Behavioral Ecology of Humans and Other Mammals. Oxford 1989, 495-512; — ders.: Culture and the perception of the environment, in: Croll E./Parkin D. (eds.): Bush Base: Forest Farm, London 1992, 39-56; — ders.: Building, dwelling, living: How animals and people make themselves at home in the world, in: Strathern M. (Hg.): Shifting Contexts: Transformations in Anthropological Knowledge, London 1995, 57-80; — Jämsä, Tuomo: Jakob von Uexkülls theory of sign and meaning from a philosophical, semiotic, and linguistic point of view, in: Semiotica 134 (2001), 481-551; — Jennings, Herbert S.: The work of J. von Uexküll on the Physiology of Movements and Behaviour, in: The Journal of Comparative Neurology and Physiology 19 (1909), 313-336; — Jordan, Hermann: Die Phylogenese der Leistungen des Zentralen Nervensystems, in: Biologisches Zentralblatt 39 (10) 1919: 462-474; — Kampus Krista: Puhtu vajab neid, in: Lääne elu Nr.7 (1989), 5. Okt; — Keyserling, Hermann Graf: Prolegomena zur Naturphilosophie, München 1910; — ders.: Reise durch die Zeit. Hg. von Goedela Gräfin Keyserling-Bismarck, 2 Bde. Innsbruck 1948; — Kiep-Altenloh, Emilie: Praktische Fortführung der Methode von Uexküll-Sarris zur Ausbildung von Blindenführhunden, in: ZS f. Hundeforschung. N.F. 18 (1944), 69-82; — Koehler, Otto: Bespr. v. Gudrun v. Uexküll: Jakob von Uexküll, seine Welt und seine Umwelt, in: ZS f. Tierpsychologie 22 (1965), 616f.; — Kokott, Jeanette: Der Mensch zwischen Natur und Kultur: Uexküll - Gehlen - Ingold. Eine ideengeschichtliche Studie zur ethnologischen Theorienbildung, Norderstedt 2001; — Krampen, Martin, Phytosemiotics, in: Semiotica 36 (1981), 187-209; — Kreitmair, Karl: Weltanschauung als Lebenserscheinung, Berlin 1936; — ders.: Grundfragen der Erziehung im Lichte der Umwelttheorie von Uexküll, in: Intern. ZS f. Erziehung 2/3 (1941), 112-124; — Krois, John Michael: Ernst Cassirer's philosophy of biology, in: Sign Systems Studies 32 (2004), 277-295; — Kühl, Heinrich: Zwei Hamburger Jubiläen: Zum 100jährigen Gründungstag des Hamburger Aquariums im ehemahligen Zoologischen Garten und zum 100jährigen Geburtstag seines letzten Direktors, Professor Dr. Jakob von Uexküll, in: Abhandlungen und Verhandlungen des Naturwissenschaftlichen Vereins in Hamburg, N.F. 9 (1964), 4-15; — Kull, Kalevi: Et elu mõista, tuleb kaasa elada, in: Horisont 3 (1982), 32ff.; — ders.: Käitumise filosoof - Looming 2 (1984), 279f.; — ders./Sutrop, Urmas: Theoretical Biology in Estonia, Tallinn 1985; — ders.: Ükskülameeste elujõud. — Eesti Loodus 3 (1991), 194f.; — ders.: Elujõud, biosemiootika ja Jakob von Uexküll, in: Akadeemia 3 H. 10 (1991), 2097-2104; — ders.: Semiotic Paradigm in Theoretical Biology, in: ders./Tiivel T. (ed.): Lectures in Theoretical Biology: The Second Stage, Tallinn 1993, 52-62; — ders./Lotman, Mihhail: Semiotica Tartuensis: Jakob von Uexküll ja Juri Lotman, in: Akadeemia 7 H. 12 (1995), 2467-2483; — ders.: On semiosis, Umwelt, and semiosphere, in: Semiotica 120 H. 3/4 (1998), 299-310; — ders.: Jakob von Uexkülli lugu, in: Eesti Loodus 1 (1999), 34f.; — ders.: From Uexküll to Post-Darwinism, in: Edward Taborksy (Hg.): Semiosis, Evolution, Energy. Towards an conceptualisation of sign, Achen 1999, 53-70; — ders.: »Uexküll. Umwelt«, in: The Routledge Companion to Semiotics and Linguistics. Ed. Paul Cobley. London 2001, 280f.; — ders. als Hg.: Jakob von Uexküll: A paradigm for biology and semiotics. Semiotica 134 (2001); — ders.: Jakob von Uexküll: An introduction, ebd. 1-59; — ders.: Biosemiotics and the problem of intrinsic value of nature, in: Sign Systems Studies 29 (2001), 353-365; — ders.: Uexküll and the post-modern evolutionism, in: Sign Systems Studies 32 (2004), 99-114; — ders./Riin Magnus/Timo Maran: Jakob von Uexküll Centre since 1993, ebd., 375-378; — Lacan, Jacques: De la psychose paranoïaque dans ses rapports avec la personnalité (1932), Paris 1975; — ders.: Das Spiegelstadium als Bildner der Ich-Funktion (1949), in: Schriften 1, Frankfurt/M. 1975, 61-70; — ders.: Funktion und Feld des Sprechens und der Sprache in der Psychoanalyse (1953), ebd. 71-170; — Lagerspetz, Karl H.: Jakob von Uexküll and the origins of cybernetics, in: Semiotica 134 (2001), 643-651; — Langthaler, R.: Organismus und Umwelt. Die biologische Umweltlehre im Spiegel traditioneller Naturphilosophie, Hildesheim 1992; — Lindner, Martin: Die Pathologie der Person. Friedrich Kraus' Neubestimmung des Organismus am Beginn des 20. Jahrhunderts, Berlin 1999; — Lissmann, Hans W.: Die Umwelt des Kampffisches (Betta spledens) Regan, in: ZS f. vergl. Physiologie 18 H. 1 (1932), 65-111; — Loeb, Jacques: The Organism as a Whole, from a Physiological Viewpoint, New York 1916; — Lorenz, Konrad: Der Kumpan in der Umwelt des Vogels. Der Artgenosse als auslösendes Moment sozialer Verhaltensweisen. Jakob von Uexküll zum 70. Geburtstag gewidmet, in: Journal f. Ornithologie 83 (1935), 137-213 u. 289-413; — ders.: Kants Lehre vom Apriorischen im Lichte gegenwärtiger Biologie, in: Blätter f. Dt. Philosophie 15 (1941), 94-125 (übers. in: General Systems 7 (1962), 23-35); — ders.: Companionship in Bird Life, in: Claire H. Schiller (ed.): Instinctive Behavior: The Development of a Modern Concept, New York 1957, 83-128; — ders./Tinbergen, Nikolas: Taxis and instinctive action in the egg-retrieving behavior of the Greylag Goose, in: ebd., 176-208; — Lotman, Mihhail: Umwelt and semiosphere, in: Sign Systems Studies 30 H.1 (2002), 33-40; — Mainka, Maximiliane: Unbemerkte Wirklichkeit. Begegnungen mit dem Umweltforscher Jakob von Uexküll und meiner Umwelt (Dokumentarfilm), 1993; — Martinelli, Dario: The musical circle: The umwelt theory, as applied to zoomusicology, in: Sign Systems Studies 32 (2004), 229-252; — Markoð, Anton: In the quest for novelty: Kauffman's biosphere and Lotman's semiosphere, in: Sign Systems Studies 32 (2004), 309-327; — Merrell, Floyd: Signs Grow: Semiosis and Life Processes. Toronto 1996; — Meyer-Abich, Adolf: Jakob Johann Baron von Uexküll: Gedenkworte zu seinem 70. Geburtstage am 8.9.1934, in: Dt. Zukunft, 9.9.1934; — ders.: Umwelt und Innenwelt organischer Systeme nebst Bemerkungen über ihre Simplikationen zu physischen Systemen, in: Sudhoffs Archiv 27 H. 3-4 (1934), 328-352; — ders.: Ideen und Ideale der biologischen Erkenntnis: Beitrage zur Theorie und Geschichte der biologischen Ideologien, Leipzig 1934; — ders.: Die Axiome der Biologie, in: Nova Acta Leopoldina, N.F. 1 H. 4-5 (1934), 474-551; — ders.: The principle of complementarity in biology, in: Acta Biotheoretica 11 (1955), 57-74; — ders.: Geistesgeschichtliche Grundlagen der Biologie, Stuttgart 1963; — Merleau-Ponty, Maurice: Die Natur. Vorlesungen am Collége de France 1956-1960, München 2000, 232-247; — Mildenberger, Florian G.: Überlegungen zu Jakob von Uexküll (1864-1944). Vorläufiger Forschungsbericht, Österreichische ZS f. Geschichtswissensch. 13 H. 3 (2002), 145-149; — ders.: Worthy Heir or Treacherous Patricide? Konrad Lorenz and Jakob v. Uexküll, in: Riv. Biol. 98 H. 3 (2005), 419-433; — ders.: The Beer/Bethe/Uexküll-Paper (1899) and Misinterpretations Surrounding ‚Vitalistic Behaviourism', in: History and Philosophy of the Life Sciences 28 H. 2 (2006), 175-190; — ders.: Umwelt als Vision: Leben und Werk Jakob von Uexkülls (1864-1944), Stuttgart 2007; — Mislin, Hans: Rilkes Partnerschaft mit der Natur, in: Blätter der Rilke-Gesellschaft 3 (1974); — ders.: Jakob von Uexküll (1864-1944), Pionier des verhaltensphysiologischen Experiments, in: Stamm R. A./Zeier H. (eds.): Die Psychologie des 20. Jahrhunderts, Bd. 6: Lorenz und die Folgen, Zürich 1978, 46-54; — Mohler, Armin: Die konservative Revolution in Deutschland 1918-1932. Ein Handbuch, Darmstadt 1989, 313; — Mühlmann, W. E: Das Problem der Umwelt beim Menschen, in: ZS f. Morphologie und Anthropologie 44 (1952), 153-181; — Müller, G.H.: »Umwelt«, in: Hist. Wörterbuch der Philosophie, Bd. 11, Basel 2001, Sp. 99-105; — Müller, Werner A.: Von der Seele zur Information. Hans Driesch, Jakob von Uexküll, Erich von Holst im Spannungsfeld von Mechanismus und Vitalismus, in: Semper apertus. Sechshundert Jahre Rupert-Karls-Universität Heidelberg 1386-1986, Bd. III, 1985; — Nöth, Winfried: Biosemiotik, in: ders.: Handbuch der Semiotik. 2. Aufl., Stuttgart/Weimar 2000, 254-259; — Olby, Robert: History of biology at the Naples Zoological Station, in: Nature 275 (7.9.1978), 10ff.; — Ortega y Gasset José: Vorwort in: Ideas para una concepción biológica del mundo, Madrid 1922; — ders.: Biologie und Pädagogik (1921), in: GW in 4 Bdn., Bd. 1, Stuttgart 1954, 167-208; — Patten, Bernard C.: Environs: relativistic elementary particles for ecology, in: The American Naturalist 119 (2) 1982, 179-219; — Petersen, Hans: Die Eigenwelt des Menschen, Leipzig 1937; — Plessner, Helmuth: Die Stufen des Organischen und der Mensch. Einleitung in die philosophische Anthropologie (1928), 3. Aufl. Berlin 1975; — ders. (Hg.): Das Umweltproblem, in: Symphilosophein: Bericht über den Dritten Dt. Kongress f. Philosophie, Bremen 1950, München 1952, 323-353; — ders.: Die Frage nach der conditio humana, in: GS Bd. VIII, 159-164; — ders.: Über das Welt-Umwelt-Verhältnis des Menschen, in: Studium Generale 3 (1950), 116-120 (erneut in: GS Bd. VIII, 77-87); — Pobojewska, Aldona: Die Subjektlehre Jacob v. Uexkülls, in: Sudhoffs Archiv 77, H. 1 (1993), 54-71; — dies.: Die Umweltkonzeption Jacob von Uexkülls: eine neue Idee des Untersuchungsgegenstandes von der Wissenschaft, in: Neue Realitäten: Herausforderung der Philosophie (16. Dt. Kongress für Philosophie, Sektionsbeiträge) Berlin 1993, 94-101; — dies.: New Biology - Jakob von Uexkülls Umweltlehre, in: Semiotica 134 (2001), 323-339; — Portmann, Adolf: Ein Wegbereiter der neuen Biologie, in: Uexküll J. v. /Kriszat G.: Streifzüge durch die Umwelten von Tieren und Menschen. Bedeutungslehre, Reinbek 1956, 7-17 (erneut Frankfurt/M. 1970, ix-xxi); — Posner, Roland: Der Ort und seine Zeichen, in: Klaus Frerichs/Alexander Deichsel (Hg.): Der beschilderte Ort, Jork 1995, 10-23; — Prem, E.: Elements of an epistemology of Embodied Artificial Intelligence, in: Mataric, M. (ed.): Embodied Cognition and Action, Menlo Park 1996, 97-101; — Rabl, H.: Leitfaden in das Studium der experimentellen Biologie der Wassertiere von J. v. Uexküll, in: Wiener klinische Wochenschrift 18 (1905), 952f.; — Ranno, P.: Jakob von Uexküll und der subjektive Aspekt in der Biologie, in: Humboldt-Universität zu Berlin. Philosophie und Naturwissenschaften in Vergangenheit und Gegenwart 12 (1978), 46-51; — Rauch, Irmengard: Medicine and semiotics, in: Walter A. Koch (ed.): Semiotics in the Individual Sciences, Bochum 1990, 299-317; — Rothacker, Erich: Kulturanthropologie

(1942), 4. Aufl., Bonn 1984; — Rothschuh, Karl E.: Geschichte der Physiologie, Berlin 1953; — ders.: History of physiology. Transl. and ed. with a new English bibliography by G. B. Risse, Huntington 1973; — Rüting, Torsten: History and significance of Jakob von Uexküll and of his institute in Hamburg, in: Sign Systems Studies 32 (2004), 35-72; — ders.: Signs and the design of life - Uexküll's significance today: A symposium, its significant history and future, in: ebd., 379-383; — ders.: Jakob von Uexküll - Theoretical biology, biocybernetics and biosemiotics. European Communications, in: Mathematical and Theoretical Biology 6 (2004), 11-16; — Salthe, Stanley N.: Development and Evolution: Complexity and Change in Biology, Cambridge Mass. 1993; — Sarris, Emanuel Georg: Die individuellen Unterschiede bei Hunden, in: ZS f. angewandte Psychologie und Charakterkunde 52 (5-6) 1937, 257-309; — Sax, Boria/Klopfer, Peter H.: Jakob von Uexküll and the Anticipation of sociobiology, in: Semiotica 134 (2001), 767-778; — Schaefer, J. G.: Bespr. v. Vergleichend-sinnesphysiologische Untersuchungen (ZS. f. Biol. N.F. Bd. XIV, 548-566), in: ZS f. Psychologie u. Physiologie der Sinnesorgane 11 (1896), 156; — ders.: Bespr. von Ueber Reflexe bei den Seeigeln (ZS. f. Biologie N.F. XVI, 298-318; u.: Vergleichend sinnesphysiologische Untersuchungen. II. Der Schatten als Reiz für Centrostephanus longispinus (ebd. 318-339), in: ZS f. Psychologie u. Physiologie der Sinnesorgane 17 (1898), 283; — Schaxel, Julius: Bespr. v. Bausteine zu einer biologischen Weltanschauung, in: Die Naturwissenschaften, Jg. 2, Nr. 15 (10.4.1914), 374f.; — ders.: Bespr. v. Umwelt und Innenwelt der Tiere, in: Dt. medizinische Wochenschrift 48 (1922), 301; — ders.: Grundzüge der Theorienbildung in der Biologie, 2. Aufl. Jena 1922; — Scheler, Max: Bespr. v. Bausteine zu einer biologischen Weltanschauung, in: Die weißen Blätter 1 (1913/14), 119ff.; — ders.: Die Stellung des Menschen im Kosmos (1928), in: Späte Schriften, Bonn 1976, 7-72 - Schelsky, Helmut: Zum Begriff der tierischen Subjektivität, in: Studium generale Jg. 3, H. 2/3 (März 1950), 102-116; — Schingnitz, Werner /Joachim Schondorff, Art. »Uexküll, Jakob von« in: Phil. Wörterbuch, 10. Aufl., völlig neu bearbeitet, Stuttgart 1943, 593f.; — Schmidt, Jutta: Jakob von Uexküll und Houston Stewart Chamberlain: Ein Briefwechsel in Auszügen, in: Medizinhist. Journal 10 (1975), 121-129; — dies.: Die Umweltlehre Jakob von Uexkülls in ihrer Bedeutung für die Entwicklung der vergleichenden Verhaltensforschung. Diss. Marburg 1980; — Schneider, Karl Max: ‚Tierparadies im Zoo': Antwort auf den Brief des Herrn Baron Jakob von Uexküll, in: Der Zoologische Garten (NF) 12(2/3), 1940, 186-195; — Schröder, Otto: Zum Schauen bestellt! Jakob Johann Baron von Uexküll zu seinem 70. Geburtstag, in: Hamburger Anzeiger, 8./9.9.1934; — ders.: Umweltforschung, in: Hamburger Anzeiger, 8/9.2.1936; — Sebeok, Thomas A.: The Sign and Its Masters, 2. Aufl. Lanham 1989, 187-207; — ders: The Estonian connection, in: Sign Systems Studies 26 (1998), 20-41; — ders.: Biosemitics: Ist roots, proliferation, and prospects, in: Semiotica 134 (2001), 61-78; — Skramlik, Emil von: Jakob Baron v. Uexküll zum 70. Geburtstage, in: Die Naturwissenschaften 22 (36) 1934, 40; — Sloterdijk, Peter: Sphären III, Schäume, Frankfurt a. M. 2004; — Smith, Barry: Ontologie des Mesokosmos: Soziale Objekte und Umwelten, in: ZS f. philosophische Forschung 52 (1998), 521-540; — ders.: Husserlian Ecology, 1999 (http://ontology.buffalo.edu/smith/articles/husserlianecology.html); — Sobotta, Johannes: Bespr. v. Umwelt und Innenwelt der Tiere, in: Münchener Medizinische Wochenschrift 57 (1910), 259; — Steckner, Cornelius: Symbol formation, in: Sign Systems Studies 32 (2004), 209-227; — Stjernfeld, Frederik: A natural symphony? To what extend is Uexkülls Bedeutungslehre actual for the semiotics of our time?, in: Semiotica 134 (2001), 79-102; — ders.: A Natural Symphony? Von Uexküll's Bedeutungslehre and its Actuality, in: ders.: Diagrammatology. An Investigation On The Borderlines Of Phenomenology, Ontology, And Semiotics, Amsterdam 2007, 225-240; — Stumpfl, Friedrich: Das Umweltproblem beim Menschen, in: Studium Generale 3 (1950), 120-126; — Sutrop, Urmas: Umwelt - word and concept: Two hundred years of semantic change, in: Semiotica 134 (2001), 447-462; — Taux, Ernst: Die Verwendung erkenntnistheoretischer Begriffe in der theoretischen Biologie Uexkülls und Bertalanffys, in: Johann-Peter Regelmann (Hg.): Wissenschaft der Wendezeit. Systemtheorie als Alternative? Frankfurt/M. 1986, 83-100; — Teherani-Krönner, Parto: Die Uexküllsche Umweltlehre als Ausgangspunkt für die Human- und Kulturökologie, in: ZS f. Semiotik 18 H. 1 (1996), 41-53; — Thiele, Joachim: Einige zeitgenössische Urteile über Schriften Ernst Machs: Briefe von Johannes Reinke, Paul Volkmann, Max Verworn, Carl Menger und Jakob von Uexküll, in: Philosophia Naturalis 11 H. 4 (1969), 474-489; — Tiivel, Toomas/Kareva, Doris/Kull, Kalevi (Hg.): The Spirit of One's Own Country: Estonian Renaissance Award, Tallinn 2000; — Tønnessen, Morten: Outline of an Uexküllian bio-ontology, in: Sign Systems Studies 29 (2001), 683-691; — Uexüll, Jakob jr. von: Jakob von Uexküll and Right Livelihood - the current actuality of his Weltanschauung, in: Sign Systems Studies 32 (2004), 363-371; — Uexküll, Thure von: »Funktionskreis«, in: Hist. Wörterbuch der Philosophie, Bd. 2, Basel 1972, Sp. 1146f.; — ders.: Die Zeichenlehre Jakob von Uexkülls, in: ZS f. Semiotik 1 (1979), 37-47; — ders.: Einleitung. Plädoyer für eine sinndeutende Biologie, in: Jakob v. Uexküll, Kompositionslehre der Natur. Hg. v. Th. v. Uexküll, Frankfurt/M. 1980, 17-86; — ders.: Die Zeichenlehre Jakob von Uexkülls, in: Martin Krampen/Klaus Oehler/Roland Posner/Thure von Uexküll (Hg.): Die Welt als Zeichen. Klassiker der modernen Semiotik, Berlin 1981, 233-279; — ders.: Introduction: The sign theory of Jakob von Uexküll, in: Semiotica 89 (1992), 279-315; — ders.: Jakob von Uexkülls Umweltlehre, in: Roland Posner/Klaus Robering/Thomas A. Sebeok (Hsg.): Semiotik. Ein Handbuch zu den zeichentheoretischen Grundlagen von Natur und Kultur. 2. Teilbd., Berlin/New York 1998, 2183-2191; — ders.: Units of survival, in: Semiotica 134 (2001), 103-106; — ders.: Eye witnessing Jakob von Uexküll's Umwelttheory, in: Sign Systems Studies 32 (2004), 373-374; — Ungerer, Emil: Zeit-Ordnungsformen des organischen Lebens, Leipzig 1936; — Utekhin, Ilja: Spanish echoes of Jakob von Uexkülls thought, in: Semiotica 134 (2001), 635-640; — Vehkavaara, Tommi: Extended Concept of Knowledge for Evolutionary Epistemology and for Biosemiotics. Hierarchies of storage and subject of knowledge, in: G. L. Farr./T. Oksala (eds.): Emergence, Complexity, Hierarchy, Organization, Espoo 1998, 207-216, - Vogel, Günter/Angermann, Hartmut

(1998): dtv-Atlas zur Biologie. Tafeln und Texte, München 1998; — Weber, Andreas: Mimesis and Metaphor: The biosemiotic generation of meaning in Cassirer and Uexküll, in: Sign Systems Studies 32 (2004), 297-307; — Weber, Herrmann: Zur neueren Entwicklung der Umweltlehre J. v. Uexkülls, in: Die Naturwissenschaften 25 H. 7 (1937), 97-104; — ders.: Zur Fassung und Gliederung eines allgemeinen Umweltbegriffes, in: Die Naturwissenschaften 27, H. 38 (1939), 633-644; — ders.: Der Umweltbegriff der Biologie und seine Anwendung, in: Der Biologe VIII (1939), 245-261; — ders.: Zum gegenwärtigen Stand der allgemeinen Ökologie mit besonderer Berücksichtigung der Zusammenhänge zwischen den Sinnesreaktionen und den andersartigen Umweltbeziehungen, in: Die Naturwissenschaften 29, H. 50/51 (1941), 756-763; — Weingarten, Michael: Organismen - Objekte oder Subjekte der Evolution? Philosophische Studien zum Paradigmawechsel in der Evolutionsbiologie, Darmstadt 1993; — Weizsäcker, Viktor von: Der Gestaltkreis. Theorie der Einheit von Wahrnehmen und Bewegen (1940), Frankfurt/M. 1997; — Wuketits, Franz M.: Zeichenkonzeptionen in der Biologie vom 18. Jahrhundert bis zur Gegenwart, in: Roland Posner/Klaus Robering/Thomas A. Sebeok (Hg.): Semiotik. Ein Handbuch zu den zeichentheoretischen Grundlagen von Natur und Kultur, 2. Teilbd. Berlin/New York 1998, 1723-1732; — Ziegler, Heinrich E.: Theoretisches zur Tierpsychologie und vergleichenden Neurophysiologie, in: Biologisches Centralblatt 20 (1900), 1-16.

Heike Delitz

UHL, Karl, Bibelgesellschaftsdirektor, * 29.1. 1907 in Haslau bei Asch (Böhmen), † 19.3. 1998 in Wien. — U. gibt an, daß seine Eltern wegen der sozialdemokratischen Tätigkeit des Vaters aus der kath. Kirche exkommuniziert wurden. Bei der Einweihung der ev. Christuskirche in Haslau 1907 wurden seine Eltern aufgenommen und ihre vier Kinder getauft. 1910 übersiedelte die Familie nach Wien. Es entwickelte sich eine enge Beziehung zu Pfarrer Hans Rieger, bekannt als evangelischer Gefangenen-Seelsorger in Wien während der NS-Zeit. Der unterernährte Knabe U. kam mehrmals zur Erholung nach Dänemark zur Familie Jakobsen, bei der U. einen aus der Bibel lebenden Glauben kennenlernte. 1922 wurde U. in Wien konfirmiert. — 1924 holte Hans Döring (früher Missionar in China) ihn zur »Britischen und Ausländischen Bibelgesellschaft«, die - mit Unterbrechungen - bereits seit 1850 (unter Edward Millard) in Wien tätig war. Eine enge, jahrzehntelange Zusammenarbeit und Freundschaft ergab sich dort mit dem Bibelboten Erwin Schwartz. 1931 heiratete U. Anna Merta, sie hatten drei Kinder: Harald, Gerlinde (verh. Mayr) und Waltraude (verh. Butterweck). 1936 verstarb Döring, und U. wurde sein Nachfolger als Leiter des österreichischen Zweiges der Bibelgesellschaft. Damals waren sieben »Bibelkolporteure« (U. sprach lieber von »Bibelboten«) tätig. Die »Mitteleuropäische Agentur« der Bibelgesellschaft in Berlin wurde von Arthur L. Haig geleitet, der - weil Engländer - 1939 nach London ging. Die Verantwortung für Mitteleuropa bekam U. nun noch zusätzlich. Er trat für gefährdete Bestände an litauischen und polnischen Bibeln ein. Das umfangreiche Berliner Depot (etwa 35 Tonnen Bibelausgaben!) war bereits zum Eingestampftwerden vorgesehen, doch U. konnte das durch eine mutige Vorsprache bei der Presseabteilung der Gestapo in Berlin im Mai 1941 verhindern. Diese Bestände wurden nach Wien gebracht, und alle hier gelagerten Bibeln blieben trotz der Bombardierung Wiens bewahrt. U. wurde als Soldat zum Rußlandfeldzug herangezogen (seine Ehefrau Anna Uhl übernahm inzwischen die Geschäftsführung in Wien), nach Kriegsgefangenschaft kehrte er 1946 zurück. — 1947 wurde das »Österreichische Bibelkomitee« gegründet, zusammengesetzt aus Wiener Vertretern evangelischer Kirchen, Werke und Freikirchen. 1950 gab es eine große 100-Jahr-Jubiläums-Feier. U. bemühte sich um gute Kontakte zur kath. Kirche, mit Pius Parsch (»Kath. Bibelapostolat«, Klosterneuburg) ergab sich ein Zusammenarbeiten. In den 1950er Jahren gelang es, Befürchtungen der kath. Kirche gegenüber der evangelischen Bibelverbreitung abzubauen, im Kontakt mit Adele Spuller vom kath. Sektenreferat. — Nach häufigem Wechsel der Adresse konnte die Bibelgesellschaft schließlich ein eigenes Haus in der Breite Gasse 8 erwerben (1954 eröffnet). In den 1960er Jahren gab es Bibel-Ausstellungen in ganz Österreich, eine starke Zunahme in der Zahl verbreiteter Bibeln und auch im Spenden-Aufkommen (so dass nun die weltweite Bibelverbreitung auch von Österreich aus mit unterstützt werden konnte). Während der Bibel-Regionaltagung der Europäischen Bibelgesellschaften im Sept. 1970 in Wien wurde die »Österreichische Bibelgesellschaft« offiziell gegründet (das Bibelkomitee war die Vorstufe dazu). Ihr wurde bei dieser Gelegenheit von der Britischen und Ausländischen Bibelgesellschaft ihr Eigentum in Österreich durch einen Notariatsakt übertragen, u.a. das Bibelhaus. Die Bibelverbreitung in Österreich konnte also durch das Mitwirken von U. auf eine feste Grundlage gestellt werden. 1971 trat U. in den Ruhestand. Sein Nachfolger (bis 1996) war sein Schwiegersohn, der Methodistenpastor Hugo Mayr, Sohn von Superintendent Ferdinand Mayr, dem ersten Präsidenten des Österreichischen Bibelkomitees. — Neben seiner Berufsarbeit engagierte sich U. ehrenamtlich in Ev. Gemeinden und Werken (u.a. Martin-Luther-Bund, CVJM). Er erhielt das Goldene Verdienstzeichen der Republik Österreich.

Werke: (Hrsg. des Heftes:) 100 Jahre Bibelverbreitung in Österreich, Wien 1950; — Gottes Wort kann niemand hindern. Aus den Lebenserinnerungen von Karl Uhl, hrsg. von Robert Kauer, Wien 2007 (aufgrund 1989 fertiggestellter autobiographischer Aufzeichnungen ausgewählt, redigiert und mit ergänzenden Erläuterungen sowie Fotos versehen vom Sohn Harald Uhl); — (Ebenfalls Auszüge aus diesen Lebenserinnerungen, in dänischer Sprache von einem Nachkommen der Familie Jakobsen hrsg.:) Mogens Holm, Karl Uhl - Fra wienerdreng i Danmark til direktör i Det Östrigske Bibelselskab, Hilleröd 2001.

Lit.: Harald Uhl, Ein Gestapo-Dokument zur Geschichte der Bibelverbreitung in Österreich während der NS-Zeit, in: Jahrbuch für die Geschichte des Protestantismus in Österreich 120 (2004) 277-282.

Franz Graf-Stuhlhofer

VAN HOONACKER, Albin-Augustin, Theologe, Professor an der Katholischen Universität Löwen, Mitglied der Königlichen Akademie von Belgien und Ritter des Leopoldordens, * 19. November 1857 in Brügge, † 1. November 1933 in Brügge. — A. v.H. erblickte im November 1857 das Licht der Welt als Abkömmling einer angesehenen bürgerlichen Familie aus Brügge. Seine beiden Schwestern traten einer Ordensgemeinschaft bei, zwei seiner drei Brüder wurden wie er selbst zu Priestern der Diözese Brügge geweiht. Nach Studien im St. Ludwigskollegium seiner Heimatstadt trat er zunächst in das Kleine Seminar zu Roulers ein, wo er mit großem Erfolg die klassischen Sprachen (Griechisch und Lateinisch) erlernte, sodann in das Priesterseminar Brügge. Nach seiner Priesterweihe 1880 schickte der Bischof von Brügge, Mgr. Faict, v.H. an die Universität Löwen, um seine theologischen Studien fortzuführen. 1886 promoviert er dort unter Leitung von Professor Antoine Dupont zum Doktor der Theologie (der heutige Magistergrad) mit einer fundamentaltheologische Dissertation über die Schöpfungslehre. Ein kurzer Dienst in der Pfarrseelsorge in Courtrai schloß sich dem an, aber bereits 1887-1889 ist v.H. wieder in Löwen, wo ihm sein Bischof das Amt des Subregens im H.Geistkollegium übertrug. Zugleich vertiefte er seine Kenntnisse und erweiterte seinen wissenschaftlichen Horizont durch den Besuch von Lehrveranstaltungen zu semitischen Sprachen (hebräisch, syrisch und arabisch). — 1889 führte er im Journal de Bruxelles mit dem Rechtsgelehrten, Journalisten und sozialistischen Senator Edmond Picard eine Polemik über den historischen Wert der Bibel, was ihm in katholischen Kreisen Belgiens hohe Bekanntheit einbrachte. Im selben Jahr übertrugen ihm die belgischen Bischöfe den von ihnen auf Vorschlag des Rektors der Universität, Mgr Abbeloos, neu errichteten Lehrstuhl Histoire critique de l'Ancien Testament. Zu einer Zeit, in der die historisch-kritische Erforschung der Bibel unter katholischen Christen noch stark umstritten war, wurde v.H. somit der erste Professor, der die Kritische Geschichte des Alten Testaments lehrte und blieb dies bis 1927. Bei der Errichtung dieses Lehrstuhls handelte es sich um eine innovative Entscheidung, zumal seit der Wiedereröffnung der Katholischen Universität Löwen im Jahre 1834 lediglich eine einzige Vorlesung in biblischer Exegese stattfand, die von 1836-1875 von J.T. Beelen, von 1875-1900 dann von T. Lamy gehalten wurde. — Die Bedeutung der Entscheidung, diesen neuen Lehrstuhl einzurichten, unterstrich auch Mgr Abbeloos in seiner Rede zur Eröffnung des Akademischen Jahres 1899-1900. Nach seiner Ernennung zum Außerordentlichen Professor übernahm v.H. 1890 auch den Einführungskurs in die Hebräische Sprache, dessen Leitung er 1900 mit der des bis dahin von Mgr Lamy gehaltenen Fortgeschrittenenkurses tauschte. Außerdem unterrichtete van Hoonacker ab 1890 Assyrisch, ab 1893 auch Philosophie morale. — 1888-1889 veröffentlichte v.H. seine ersten Beiträge zu biblischer Exegese in Le Muséon , in denen er sich der kritischen Untersuchung des Pentateuchs und der prophetischen Bücher widmete. Er erwies sich als ein katholischer Exeget ersten Ranges. Er bediente sich in seinen Lehrveranstaltungen und seinen Forschungen literarkritischer und historischer Methoden und nahm dabei die Entwicklungen und wissenschaftlichen Ergebnisse auf, die u.a. von französischen Gelehrten vorgelegt wurden, darunter A. Loisy und J.M. Lagrange - letzterem schrieb er 1895 einen offenen Brief über der Chronologie vom Bücher Nehemia und Esra. 1899 erschien seine Studie Le sacerdoce lévitique dans la loi et dans l'histoire des Hebreux, die auf seinen Vorlesungsaufzeichnungen seit 1891 basierten. In diesem Buch kritisierte v.H. die Positionen von Graf und Wellhausen über die Herkunft des Hexateuch, indem er auf das relative Alter des Buches Deuteronomium verwies. Zugleich wandte er sich gegen die Positionen von A. Kuehnen und stellte diesen eine neue Hypothese bzgl. der Chronologie der Bücher Nehemia und Esra gegenüber. — Als auf Initiative Papst Leos XIII 1901 die Päpstliche Bibelkommission gegründet wurde, um den neuen Schwierigkeiten in biblischer Exegese begegnen zu können, wurde v.H. zu einem ihrer ersten sieben Mitglieder ernannt (18. September 1901). Während er dieser Ernennung eher skeptisch gegenüberstand, verfaßte v.H. Vorschläge für Dokumente, die von dieser Kommission vorbereitet wurden, insbesondere zu denen über den mosaischen Ursprung des Pentateuchs (1906) und über die Entstehung der Apostelgeschichte (1913). Nach der Verurteilung des Modernismus durch Papst Pius X. in seiner Enzyklika Pascendi dominici gregis von 1907 und der Exkommunikation Alfred Loisys ein Jahr später geriet auch v.H. in das Visier Roms. Schon vor seiner 1909 getroffenen Entscheidung, zur Vermeidung römischer Reaktionen auf die Veröffentlichung seiner kritischen Bemerkungen zum intransigenten Buch von F. Eggers »Absolute oder Relative Wahrheit der heiligen Schrift« zu verzichten, wurde die Arbeit seines Schülers Henri Poels von den zuständigen kirchlichen Stellen angegriffen, ebenso wie die Arbeit von Paulin Ladeuze, eines Kollegen van Hoonackers in Löwen. V.H. selbst wurde schließlich 1913 von M.J. Lagrange darüber unterrichtet, daß sein Buch über die Zwölf Kleinen Propheten (veröffentlicht in 1908) auf den Index der Verbotenen Bücher gesetzt werden solle. Dank des Einsatzes von Kardinal Mercier kam es dazu nicht. Jedoch führten diese Umstände dazu, daß einige der Werke v.H's erst nach seinem Tod veröffentlicht wurden. — Nach Ausbruch des Ersten Weltkrieges flüchtete v.H., der von Löwen von einem Aufenthalts in Brügge aus abwesend war, nach England und ließ sich in Cambridge nieder. Dort knüpfte er freundschaftliche Beziehungen zu Baron von Hügel. Im Januar 1915 ergriff er im Burlington Theatre als Schweich lecturer der British Academy das Wort. Nach dem Krieg kehrte v.H. 1919 nach Löwen zurück. Während er sich darüber beklagte, nicht mehr seine einstige Schaffenskraft zu besitzen, nahm er seine Arbeit wieder auf und lehrte bis zu seiner Emeritierung 1927. Erwähnenswert ist, daß v.H. in den 1920er Jahren die flämische Bewegung in nicht unerheblichem Umfang unterstützte. 1920 wurde er Mitglied der königliche flämische Akademie, seit 1922 gehörte er zu den ersten Professoren, die Lehrveranstaltungen auf Niederländisch anboten (Grondbeginselen der moraalfilosofie). In ebendieser Zeit verfaßte er sein Pamphlet Over de vernederlandsing in het onderwijs. — 1927 wurde v.H. schließlich zum Ehrendomherr von Brügge ernannt. Bis zu seinem Tod 1933 veröffentlichte der Exeget noch mehrere Artikel. Abschließend bleibt festzuhalten, daß v.H. zusammen mit den Professoren Alfred Cauchie und Paulin Ladeuze in entscheidender Weise zur Entwicklung der historisch-kritischen Methode in der Theologischen Fakultät Löwen beigetragen hat.

Archive: Arch. Maurits Sabbe Bibliothek der Theologischen Fakultät Löwen (in Arch. Coppens; 304-307); Arch. Bistum Brügge, N.66; Arch. Erzbistum Mechelen-Brüssel: Papiere Kardinal Mercier, 69.7.

Werke: De rerum creatione ex nihilo (Diss. Fac. Theol., Tl. 38), Löwen, van Linthout, 1886, 315 S.; Observations critiques sur les récits concernant Bileam, Löwen, Leféver, 1888, 16 S.; La critique biblique et l'apologétique, Löwen, Lefever, 1889, 26 S.; L'origine des quatre premiers chapitres du Deutéronome, Löwen, Lefever, 1887, 47 S.; Néhémie et Esdras. Nouvelle hypothèse sur la chronologie de l'époque de la Restauration juive, Löwen, Istas, 1890, 85 S.; Zorobabel et le second temple. Étude sur la chronologie des six premiers chapitres du livre d'Esdras. Gent & Leipzig, Engelcke, 1892, 91 S.; Néhémie en l'an 20 d'Artaxerxès I. Esdras en l'an 7 d'Artaxerxès II. Réponse à un mémoire d'A. Kuenen, Gent & Leipzig, Engelcke, 1892, 91 S.; Le sacerdoce lévitique dans la loi et dans l'histoire des Hébreux, Londen, Williams & Norgate, 1899, 465 S.; Le lieu du culte dans la législation rituelle des Hébreux, Gent & Leipzig, Engelcke, 1894, 92 S.; Nouvelles études sur la restauration juive après l'exil de Babylone, Paris, Leroux, 1896, 313 S.; Le sacerdoce lévitique dans la loi et dans l'histoire des Hébreux, Londen, Williams & Norgate, 1899, 465 S.; Les douze petits prophètes traduits et commentés. Paris, Gabalda, 1908, 759 S.; Une communauté Judéo-Arramméenne à Éléphantine en Égypte, aux VI et V siècles avant J.C. (British Academy, The Schweich lectures, 1914), Londen, 1915; Grondbeginselen der moraalfilosofie, Löwen, 1922.

Artikel in Zeitschriften und Zeitungen (Auswahl): Coup d'oeil sur la critique biblique rationaliste, in Muséon 7/1, 1888, 2-9; La critique biblique et l'apologétique, in Muséon 8/1.2.3., 1889, 4-12; 7-25; 33-42; Les prophètes d'Israël, in Journal de Bruxelles. Ser. art. in Ztg. von 7., 12., 17. 22. Juli 1889; Le système de M. Stickel sur le Cantique des cantiques, in Muséon 8, 1889, 394-398; Néhémie et Esdras. Une nouvelle hypothèse sur la chronologie de l'époque de la Restauration, in Muséon 9, 1890, 151-184, 317-351, 389-400; Lettre au R.P. Lagrange, in Revue Biblique Internationale, Bd. IV, 1895, 186-192; The Return of the Jews under Cyrus, in ExpT 8, 1897, 351-354; Divination by the 'Ob amongst the Ancient Hebrews, in ExpT 9, 157-160; Richard Simon et la critique biblique au XVIIe siècle, in RHE 1, 1900, 127-133; L'hypothèse de M. Wendt sur la composition du quatrième évangiles, in RHE 2, 1901, 747-770; The Four Empires of the Book Daniel, in ExpT 13, 1902, 402-423; De Arameesche papyrus-oorkonden van Elefantine, in Dietsche Warande en Belfort 12, 1908, 1-22, 105-124; Les troubles d'Éléphantine en 411 avant J.C., d'après les papyrus Euting et Sachau, in ZA 23, 1909, 187-196; Die rechtliche Stellung des jüdischen Tempels in Elephantine gegenüber den Einrichtungen des Alten Testaments, in ThGl 1, 1909, 438-447; Annales d'Assourbanipal, IV, 13-20, in ZA 24, 1910, 334-337; Malachias, in CathEnc. Bd. 9, New York, Encyclopedia Press, 1910; À propos d'une nouvelle édition des papyrus araméens, in Muséon 36, 1923, 67-82; Une parole d'Ishtar dans le récit du déluge, in Muséon 36, 1923, 293-295; La vision de l'Épha dans Zacharie V, 5ss, in Rbén. 35, 1923, 57-61; La succession chronologique de Néhémie-Esdras, dans RB 32, 1923, 481-494; Deux passages obscures dans le chapître 19 d'Isaïe, in Rbén 35, 1924, 297-306; Note sur le texte de la Bénédiction de Moïse (Deut. XXXIII), in Muséon 42, 1929, 42-60; L'historiographie du livre de Daniel, in Muséon 44, 1931, 169-176.

Ausgaben: Quelques notes sur 'Absolute und relative Wahrheit in der heiligen Schrift'. Une contribution inédite du chanoine Albin van Hoonacker à la Question Biblique (1909), post. veröffentl. von J. Coppens in EthLov. 18, 1941, 201-336; De compositione litteraria et de origine Mosaica hexateuchi disquisitio historico-critica. Een historisch-kritisch onderzoek van professor van Hoonacker naar het ontstaan van de Hexateuch op grond van verspreide nagelaten aantekeningen samengesteld en ingeleid door J. Coppens, Acad. Royale de Belgique, Verhandelingen, Bd. XI, Brüssel, 1949; Le rapprochement entre le Deutéronome et Malachie (1908), posth. veröffentl. von F. Neirynck, in EthLov. 59, 1983, 86-90.

Lit.: P.M. Bogaert, Albin van Hoonacker, in BnatBelg, Bd. 44. Supplément 16, 1985, kol. 633-640; — J. Coppens, Prof. Dr. Mag. Alb. van Hoonacker, in Ons Volk Ontwaakt 12, 1926, 689-692; — J. Coppens, Le Ve centenaire de la Faculté de théologie de Louvain 1432-1932. Liber memorialis, Brügge, 1932, 26-32; — J. Coppens, L'enseignement de la théologie à l'université de Louvain depuis sa restauration en 1834. L'écriture sainte, in EthLov. 9, 1932, 608-366; — J. Coppens, Le chanoine van Hoonacker. Son enseignement, son Oeuvre et sa Méthode exégétiques, Paris, Gembloux, 1935; — J. Coppens, M. le chanoine van Hoonacker, professeur émérite de la Faculté de théologie, dans Université catholique de Louvain. Annuaire 1934-1936, Löwen, 1937, LI-LXXXIX; — J. Coppens, À propos de l'oeuvre exégétique du chanoine van Hoonacker, in EthLov. 16, 1939, 225-228; — J. Coppens, Hoonacker (Albin van), in DBVS, Suppl. 4, Paris, 1949, kol. 123-128; — E. de Knevett, Professor van Hoonacker, in ExpT 20, 1909, 165-166; — J. Lust, A. van Hoonacker and Deuteronomy, in N. Lohfink, Das Deuteronomium. Entstehung, Gestalt und Botschaft, BEThLov. 68, Löwen, 1985, 13-23; — J. Lust, A Letter from M.J. Lagrange to A. van Hoonacker, in EthLov. 59, 1983, 331-332; — F. Neirynck, Hoonacker, Albin van, in Nationaal Biografische Woordenboek, Bd. 11, 1985, 379-385; — F. Neirynck, A. van Hoonacker et l'Index, in EThLov. 57, 1981, 293-297; — F. Neirynck, A. van Hoonacker, het boek Jona en Rome, in Academiae Analecta. Mededelingen van de Koninklijke Academie voor Wetenschappen, Letteren en Schone Kunsten van België, Bd. 44, 1982, 75-100; — H. Poels, Manifestation - Huldebetoon J. Forget - J. de Becker - A. van Hoonacker, Löwen, Meulemans, 1928, 47-57; — J. Salsmans, Levensbericht van Kan. Prof. Dr. Albinus van Hoonacker, in Handelingen Vlaamse Academie. Jahrbuch 1934, Gent, 1934, 99-100.

Karim Schelkens

VERHUN, Petro, * 18.11. 1890, † 7.2. 1957, Griechisch-katholischer Priester, Apostolischer Visitator der katholischen Ukrainer in Großdeutschland, Neo-Märtyrer. — Petro Verhun/ Peter Werhun wurde am 18.11. 1890 in der galizischen Kleinstadt Gródek Jagiellonski (heute ukr. Horodok Jahajlons'kyj) als Sohn des Zimmermanns Ivan V. und der Pelagia Rusyn geboren. Nach absolviertem Abitur begann er 1909 als Freiwilliger im Infanterieregiment Nr. 89 seinen Wehrdienst. Anschließend besuchte er das Lehrerbildungsseminar. Zu Kriegsbeginn 1914 wurde er verwundet. Gegen Ende des 1. Weltkrieges nahm er als Mitglied der ukrainischen galizischen Armee, bei der er den nachmaligen Generalvikar von Deutschland Petro Holyns'kyj (1892-1974) kennenlernte, an den ukrainischen Freiheitskriegen teil und geriet dabei am 20.4. 1920 in polnische Gefangenschaft, aus der er nach Rosenthal bei Reichenberg in der Tschechoslowakei floh. Für kurze Zeit schloß er sich der Ukrainischen Militärorganisation (UVO) an. Mit einem tschechischen Stipendium studierte er aber ab Herbst an der Prager Karls-Universität Theologie und promovierte, nun allerdings an der von Wien hierher übergesiedelten Ukrainischen Freien Universität, als einer ihrer ersten Absolventen im Oktober 1926 mit einer Arbeit im Fach Kirchengeschichte zum Dr. phil. Nach einem Probemonat in Berlin, wohin ihn Metropolit Andrej Šeptyc'kyj gesandt hatte, kehrte V. nach lange von den polnischen Behörden erkämpfter Genehmigung in die galizische Heimat zurück und bereitete sich bis Ende 1927 in Lwów/Lemberg auf seinen Priesterdienst in Deutschland vor. Am 30.10. empfing er dort die Priester-Weihe, am 8.12. kam er in Berlin an und begann als Emigranten-Seelsorger der ukrainischen Katholiken in Berlin und ganz Deutschland zu wirken: Seit der Jahrhundertwende waren immer wieder aus Galizien Saisonarbeiter in die Kohlereviere in Schlesien und im Ruhrgebiet und in Industrie- und Hafenstädte gekommen, ein nach Beendigung des 1. Weltkrieges stark nachlassender Strom. Manche blieben als Arbeitsemigranten. Gleichzeitig gab es nun zahlreiche Illegale, oftmals in kommunistischen Organisationen engagiert. Mit der Besetzung Polens 1939 und ab dem 2. Weltkrieg stieg die Zahl der ukrainischen Arbeiter - nun Zwangsarbeiter - in Deutschland wieder an von rund 50.000 auf über 1 Million. Diese wie auch die gehobenere Schicht der nach 1919 ins Exil gegangenen ukrainischen Politiker und Intellektuellen bildeten das Feld für V.s Seelsorgetätigkeit. Daneben sollte V. sich als künftiger Mitarbeiter der in Lemberg 1926 ins Leben gerufenen Katholischen Akademie und zeitweiliger Stipendiat des im November 1926 in Berlin wesentlich von Wilhelm Groener und Het'man Pavlo Skoropads'kyj gegründeten Ukrainischen Wissenschaftlichen Institutes (als Forschungsinstitution mit Vereinsstatus hielt es zur Friedrich-Wilhelms-Universität nur sehr lose Kontakte, zu den schwierigen Verhältnissen des Instituts vgl. C. Kumke), in Kirchengeschichte habilitieren, wozu es freilich nicht kam: Vor allem gottesdienstliche und soziale Aufgaben forderten V.s ganzen Einsatz. In den ukrainischen Diaspora-Gemeinden wurde ähnlich wie wieder Anfang des 21. Jahrhunderts eine innerukrainische Ökumene praktiziert. Katholiken und Orthodoxe, Menschen aus dem habsburgischen und aus dem russischen Kulturkreis lebten und feierten gemeinsam Gottesdienste. Ukrainische Nationalisten (OUN) und Kommunisten hatten zu schweigen. Sein bescheidenes Gehalt investierte V. in den Gemeindeaufbau und stellte weitere Priester und Sonntagsschullehrer ein. Schulvereine, ein katholischer Jungmännerverein, ein Chor wurden gegründet. Besonders die Jugend und die Studenten lagen V. am Herzen und wurden von ihm unter anderem durch Stipendien unterstützt. Gruppen-Reisen nach Jugoslawien und Rumänien förderten die Begegnung mit den deutschen Minderheiten (Auslandsdeutschtum) und mit der Ostkirche. Mit dem monastischen Armutsideal sympathisierend, ließ V. sich 1938 als Bruder Pachomius als Oblate in das Benediktiner-Kloster Niederaltaich aufnehmen. Dieses hatte sich auf Geheiß des päpstlichen Breves »Equidem verba« vom 21.4.1924, das zur Beteiligung am Einheitswerk und Bildung von Klöstern aufrief, was zur Gründung von Amay (1926) und zur ostkirchlichen Orientierung von Niederaltaich führte, ein Aufruf zu echtem Dialog unter Vermeidung von Proselytismus und

Latinisierung (vgl. den Text in AOSB 1920-1926, 76-78), den Ostkirchen zugewandt. Als zeitweiliger wissenschaftlicher Assistent-Stipendiat des Berliner Ukrainischen Wissenschaftlichen Instituts und leitender griechisch-katholischer Priester in Deutschland wurde er in den 30er Jahren ein wichtiger Gesprächspartner. Regelmäßig hielt er Gastvorträge über Ostkirchenkunde in Berlin (Katholische Akademische Gesellschaft und Ukrainisches Wissenschaftliches Institut), Bonn (Katholisch-Theologische Fakultät), Frankfurt am Main (Philosophisch-Theologische Akademie der Jesuiten) und Münster (Priesterseminar). Diese wissenschaftliche Mission ergab sich auch im Zusammenhang des von der Kongregation für das katholische Bildungswesen im Brief vom 28.8.1929 für die theologischen Seminarien empfohlenen »dies orientalis« (vgl. AAS 22 (1930) 146-148). Der von Metropolit Andrej 1921/24 mitbegründeten Catholica Unio eng verbunden, von ihr in seiner Arbeit auch finanziell unterstützt, bereiste V. seine Gemeinden und besuchte außerdem anläßlich der alljährlichen Unionswochen / der Weltgebetsoktav zahllose katholische Ordinariate in Deutschland. Nachdem V. 1937 für seine Verdienste bereits zum päpstlichen Hausprälaten ernannt worden war, ernannte Papst Pius XII. ihn am 23.11.1940 zum Apostolischen Visitator für die ukrainischen Katholiken in Großdeutschland. Dies erfolgte zum einen als Stärkung gegen die nationalsozialistische Doktrin von den minderwertigen Slawen, zum anderen wegen der Ausdehnung der deutschen Herrschaft nach Osten. Für Metropolit Andrej Šeptyc'kyj wurde V. ein wichtiger Vermittler nach Deutschland, ebenso für den Hl. Stuhl, der seine diplomatischen Kontakte nach Anerkennung der Sowjetunion durch Italien im Februar 1924 nach Berlin und München verschoben hatte (vgl. dazu W. Rood). Mit Beginn des 2. Weltkrieges kam es rasch zur Einschränkung seiner Seelsorgetätigkeit durch Klassifizierung-Diskriminierung der Ukrainer mit Armbinden als Polen und Ostarbeiter, im Sommer 1942 folgten mehrere Gestapo-Verhöre V.s und offenbar eine Art Abkommen, nach dem V. Kontakt zu Albert Hartl von der Abteilung IV des RSHA unterhielt. Von seinen schließlich 25 Priestern, die teils als Ostarbeiter gekommen waren, wurden nun 12 abwechselnd in das Arbeits-Konzentrationslager Oranienburg eingeliefert. Da die Gemeinden aber Priester benötigten, fanden sich für diese nun infolge der dies orientales deutsche Priester mit ukrainischen Sprachkenntnissen. Nach Beendigung des Krieges begaben sich die griechisch-katholischen Priester wie auch die Mehrheit der aus der Zwangsarbeit oder vor der anrückenden Roten Armee geflohenen Ukrainer in die amerikanische Besatzungszone. V. blieb gegen den Rat des Päpstlichen Nuntius Caesare Orsenigo in der deutschen Hauptstadt. So wurde er am 11.6.1945 vom NKVD in Ost-Berlin verhaftet, im Juli in die Sowjetunion verbracht und gemeinsam mit Metropolit Josyf Slipyj, Bischof Nikolaj Carnec'kyj und Bischof Nykyta Budka in Kiev vor ein sowjetisches Militärgericht unter der Leitung von Leutnant P. Indycčnko gestellt. Obgleich von Geburt österreichischer, ab dem 1. Weltkrieg dann polnischer Staatsbürger, ab 1938 dann sogar staatenlos, wurde er am 3. Juni 1946 nach Artikel 54-2 und 11 des sowjet-ukrainischen Strafgesetzbuches (Vaterlandsverrat) zu 8 Jahren Zwangsarbeit verurteilt, die er zunächst in dem Straflager Tajschet am Baikalsee verbrachte, dann in Lagern bei Vorkuta, Inta und Irkutsk. Vorgeworfen wurden ihm die Mitgliedschaft in der Ukrainischen Galizischen Armee, aktive Teilnahme an verschiedenen ukrainischen Organisationen in Berlin, geheime Zusammenarbeit mit dem SD ab 1941 und sein Sendbrief vom Oktober 1943. Nach seiner Strafentlassung wurde er 1953 nach Angar im Oblast Krasnojarsk verbracht, wo er weithin isoliert lebte. Als nach Stalins Tod Bundeskanzler Konrad Adenauer erfolgreich mit Nikita Chruščev vom 9.-13. September 1955 Verhandlungen führte und viele ehemalige deutsche Kriegsgefangene aus der Sowjetunion in die Heimat zurückkehrten, gelang es V., Kontakt zu seinen Mönchsbrüdern in Niederaltaich aufzunehmen. Deren Versuche, ihn aus der Verbannung nach Deutschland oder Österreich zu holen, führten nicht schnell genug zum Ziel. Am 7.2.1957 verstarb V. in einem Krankenhaus bei Krasnojarsk an den Folgen der Gefangenschaft. 2004 wurden seine Reliquien in die Ukraine überführt und in griechisch-katholischen Kirchen von Horodok, Stryj und München deponiert, im Mai 2006 auch in Berlin und Niederaltaich. — V. stand an der Wiege ukrainischen

Kirchenlebens in Deutschland. Er legte die Grundsteine für die Gründung der griechisch-katholischen Gemeinde in Berlin, auf denen die erneute Gemeindegründung in den 70er Jahren aufbaute, und für das 1959 eingerichtete Apostolisches Exarchat Deutschland. Sein Dienst bestand vor allem in der Seelsorge an den Emigranten, später an den zahlreichen internierten bzw. zwangsverpflichteten Ost-Arbeitern aus den ukrainischen Siedlungsgebieten, für die 1941-1945 in Berlin ukrainisch und deutsch die Zeitung »Nova Doba« herausgegeben wurde. Daneben vermittelte er wichtige authentische Kenntnis der Ostkirchen und insbesondere seiner ukrainischen griechisch-katholischen Kirche in einer Zeit, in der die Christen Deutschlands von diesen meistens nichts wußten. Aus den zahlreichen Vorträgen resultierte eine Reihe verstreut publizierter Artikel in theologischen Fachzeitschriften, einige Broschüren und zwei längere historiographische Studien zur Geschichte der Union in dem von ihm gemeinsam mit dem ebenfalls in der West-Ukraine verwurzelten Julius Tyciak (1903-1973, vgl. Paul Wiertz, Julius Tyciak - Wegbereiter im Dialog mit der Orthodoxie, in: Wilhelm Berschin/ Michael Schneider (Hrsg.), Ab Oriente et Occidente. FS. Wilhelm Nyssen. St. Ottilien 1996, 519-535; Michael Schneider, Julius Tycjak (1903-1973). Ein Wegbereiter im Gespräch mit den Kirchen des Orients. Köln 2000 (Edition Cardo XLV); E. Sauser, Art. T., in: BBKL 12 (1997) 768f.) herausgegebenen ersten deutschsprachigen Handbuch der Ostkirchenkunde. Seine für das breite Publikum konzipierten Veröffentlichungen galten zum einen der ukrainischen Kirchengeschichte - Würdigungen von Metropolit Andrej Šeptyc'kyj, Darstellungen zur Geschichte der Union und Bericht über die polnischen Revindikationen von 1938 im Cholmland, in Wolhynien und Polesien - zum anderen der Frömmigkeitspraxis - im weiteren Sinne Katechesen zum Sakramentsleben, zur Mariologie und zur Liturgie. Ein letztes Sendschreiben vom 11. (=1.) Oktober 1943 empfahl die ukrainischen Gemeinden dem Schutz der Gottesmutter. Überblickt man die hier erstmals zusammengestellte Bibliographie, so erweist sich V., der von seinem äußeren Erscheinungsbild an Anhänger der latinisierenden Richtung erinnert, für die Zwischenkriegszeit als einer der wichtigsten Repräsentanten der griechisch-katholischen Kirche und der Unionsidee im deutschsprachigen Raum. Theologisch freilich hat eher sein jüngerer Freund Tyciak gewirkt und Schule gemacht. Für seinen umfassenden Dienst wurde der von seinen Gemeinden als tiefgläubig und gütig erlebte V. im Mai 2001 von Papst Johannes Paul II. anläßlich seines Besuches in der Ukraine mit 26 anderen griechisch-katholischen Glaubenszeugen selig gesprochen.

Archivalia: Das Archiv der Apostolischen Administratur Berlin fiel alliierten Bomben 1943 zum Opfer. Erhalten sind: Personalakte Bruder Pachomius Archiv Kloster Niederaltaich; im Postulations-Zentrum der Ukrainischen Katholischen Kirche L'viv finden sich einige der jährlichen Tätigkeitsberichte V.s.

Veröffentlichungen: Kurzer Überblick der Kirchengeschichte der Ukraine. Berlin 1930 = Geschichtlicher Überblick über die kirchlichen Verhältnisse in der Ukraine in Vergangenheit und Gegenwart, in: Katholische Emigrantenfürsorge, Berlin (Hrsg.), Die Kirche und das östliche Christentum. Ukraine und die kirchliche Union. Berlin 1930, 11-40; Mytropolyt Šeptyc'kyj i hreko-katolyc'ka (z'jednana) Cerkva v Ukraïni, in: Leben und Wirken des Metropoliten Andreas Graf Sheptyc'kyj von Lemberg. Berlin 1930, 5-24 = Scheptyc'kyj und die griechisch-katholische (unierte) Kirche der Ukraine, in: West-östlicher Weg 3 (1930) 191-209; Christentum und Kirche unter den Ukrainern, in: Der Christliche Orient. Herausgegeben im Namen der Catholica Unio von P. Chrysostomus Baur O. S. B., München 1930, 50-54; 2. Aufl. 1931, 59-64; Die Orientalischen Kirchen, ihre Wiedervereinigung mit Rom und der Anteil der deutschen Katholiken an diesen Aufgaben, in: Die Schildgenossen 14 (1933/34) 367-379; Orient und Okzident in der einen Kirche, in: Das Wort in der Zeit 3 (1935/36) 163-171; Das sakramentale Leben in Christus bei den Orientalen nach dem byzantinisch-slawischen Ritus, in: Das Wort in der Zeit 5 (1937/38) 201-208; Katholische und orthodoxe Kirche, in: Katholiken-Korrespondenz 1938, 75-80; Die Unterschiede der Lehre zwischen der katholischen Kirche des lateinischen und orientalischen Ritus und der orthodoxen Kirche, in: Pastor Bonus 49 (1938) 251-256; Metropolit Scheptyckyj, Vorkämpfer für die christliche Union und für sein Volkstum, in: Der christliche Osten in Vergangenheit und Gegenwart 3 (1938) 1-7; Geschichte der Union in Byzanz und in Südosteuropa, in: Julius Tyciak u.a. (Hrsg.), Der christliche Osten. Geist und Gestalt. Regensburg 1939, 294-310; Geschichte der Union im ostslawischen Raum, in: a.a.O., 311-335; Die Orientalischen Riten und kirchlichen Gemeinschaften, in: a.a.O., 350-368; Das Schicksal der Florentinischen Union im ostslawischen Raum, in: Der christliche Osten in Vergangenheit und Gegenwart 4 (1939) 82-86; Die Marienverehrung im christlichen Osten, in: Pastor Bonus 50 (1939) 33-47; Die Liturgien der Ostkirche, in: Ostdeutsches Pastoralblatt 1939, 155-172; Die unierte Kirche in der Ukraine mit besonderer Berücksichtigung ihrer Leiden unter der Zwangsherrschaft der Polen, in: Theologie und

Glaube 32 (1940) 61-75; Die Messe der Ostkirche, in: Pastor Bonus 52 (1941) 1-11; Poslannja apostol's'koho vizitatora Kir Petra do ukraïnciv-katolikiv vizantijs'ko-slovjans'-koho obrjadu u Velikonimeccini. Berlin 1943.

Herausgeber: P.W./Iwan Mirchuk, Die Kirche und das östliche Christentum. Band I. Ukraine und die kirchliche Union. Berlin 1930; Leben und Wirken des Metropoliten Andreas Graf Sheptyc'kyj von Lemberg. Berlin 1930; Der christliche Osten. Geist und Gestalt. Regensburg 1939; [Spovidj]. Berlin 1942; Chvalim Hospoda. Berlin 1944; Amtsblatt der Apostolischen Visitatur der Ukrainer des byzantinisch-slawischen (gr.-kath.) Ritus in Großdeutschland 1941-42; Anweisblatt der Apostolischen Visitatur der Ukrainer des byzantinisch-slawischen (gr.-kath.) Ritus in Großdeutschland 1943-1945; Vistnyk. Berlin 1940-1943; Nova Doba. Berlin 1941-1944.

Lit.: Die ersten Opfer des Kommunismus. Weißbuch über die religiöse Verfolgung in der Ukraine. München 1953 = The first victims of communism. White Book on the religious persecution in Ukraine. Rome 1953 (Analecta OSBM); — Alberto Galter, Rotbuch der verfolgten Kirchen. Recklinghausen 1957 = The Red Book of the persecuted Church. Westminster 1957; — Emmanuel Maria Heufelder, Für Christi Reich im Osten. Prälat Dr. Peter Werhun zum Gedächtnis, in: Die beiden Türme 2,2 (1957) 29-35 = 38,1 (2002) 42-48; — O. prelat d-r Verhun, in: Chrystijans'kyj Holos (München) 24.3.1957; — Zum Heimgang eines Bekennerpriesters der Ostkirche, in: Der christliche Osten 12 (1957) 16-18; — Petro Romanyšyn, Ukraïns'ka Katolyc'ka Cerkva Visantys'koho Obrjadu v Nimeccyni do 1945. München 1978; — Mihajlo Ivanjak, Dr. Peter Werhun und der ukrainische Ökumenismus. Diss. München [UFU] 1980; — Atanasyj Pekar, Ispovidniky viry našoï sučasnosti. Pryčynok do martyrolohiï Ukraïns'koï Katolyc'koï Cerkvy pid sovitami. Toronto-Rom 1982, 76-78 [= L'viv 2001, 64-67]; — Dmytro Zlepko, Die ukrainische griechisch-katholische Visitatur in Berlin 1940-1945, in: Symbolae in honorem Volodymyri Janiw. Naukovy Zbirnyk X. München 1983, 430-441; — Osyp Zinkevyč/Taras R. Loncyna (Hrsg.), Martyrolohija ukraïns'kych cerkov' u čotyrich tomach. tom II. Ukraïns'ka katolyc'ka cerkva. Dokumenty, materijaly, chrystyjans'kyj samvydav Ukraïny. Toronto-Baltimore 1985; — Petro Romanyšyn, Studiï do istoriï ukraïns'koï katolyc'koï cerkvy v nimeččyni. Petro Verhun peršyj apostol's'kyj vizytator i administrator. Winnipeg 1988; — Volodymyr Žyla, Apostols'skyj eksarchat u Nimeččyni i Skandynaviï. München 1989; — Encyclopedia of Ukraine 5 (1993) 583; — Wim Rood, Rom und Moskau. Der Heilige Stuhl und Rußland bzw. die Sowjetunion von der Oktoberrevolution 1917 bis zum 1. Dezember 1990. Altenberge 1993 (Münsteraner Theologische Abhandlungen 23) = Rim i Moskva. L'viv 1995; — Carsten Kumke, Das Ukrainische Wissenschaftliche Institut in Berlin zwischen Politik und Wissenschaft, in: Jahrbücher für Geschichte Osteuropas 43 (1995) 218-253; — Bohdan Rostyslav Bociurkiw, The Ukrainian Greek Catholic Church and the Soviet State (1939-1950). Edmonton-Toronto 1996 = Ukraïns'ka Hreko-Katolyc'ka Cerkva i Radjans'ka deržava (1939-1950). L'viv 2005; — Vasyl' Jariš, Ukraïnci v Berlini, 1918-1945. Toronto 1996; — Dmytro Zlepko, Päpstlicher Hausprälat Dr. Petro Werhun, Pfarrer in Berlin (1927-1940), Apostolischer Visitator der Ukrainer für Großdeutschland (1940-1945), in: Raimund Haas u. a. (Hrsg.), Im Gedächtnis der Kirche neu erwachen. Studien zur Geschichte des Christentums in Mittel- und Osteuropa. Festgabe für Gabriel Adriányi zum 65. Geburtstag. Köln. u. a. 2000, 105-120; — Bernadetta Wojtowicz, Geschichte der Ukrainisch-Katholischen Kirche in Deutschland vom Zweiten Weltkrieg bis 1956. Wiesbaden 2000 (Schriften zur Geistesgeschichte des östlichen Europa 21), bes. 17-35; — Kateryna Labins'ka, Vin buduvav Cerkvu u dušach, in: Meta 4 (137) Kviten' 2000, 10f.; — Volodymyr Serhijcuk, Neskorena Cerkva. Podvyžnyctvo hrekokatolykiv Ukraïny v borot'bi za viru i deržavu. Kyïv 2001; — Augustyn Babiak, Les nouveaux martyrs ukrainiens du XX siècle. Rom 2001 (Opera Graeco-Cath. Academiae Theologicae, vol. 81), 517-519; — Avhustyn Bab'jak, Novi ukraïns'ki mučeniki XX st. Rom 2002 (Opera Graeco-Cath. Academiae Theologicae, vol. 81), 147-149; — Unser Oblate Peter Werhun - ökumenischer Pionier und seliggesprochener Märtyrer, in: Die beiden Türme 38,1 (2002) 40f.; — Art. Werhun, in: Hans Jürgen Brandt/Peter Häger (Hrsg.), Biographisches Lexikon der Katholischen Militärseelsorge Deutschlands 1848 bis 1945. Paderborn 2002, 893f.; — Henrike Anders. Ukrainische-katholische Gemeinden in Norddeutschland nach 1945. Münster-Hamburg-London 2003 (Osteuropa: Geschichte, Wirtschaft, Politik 35); — Natalka Chandon-Nemyrovska, Všannuvannja moščej blažennoho Petra Verhuna, in: Arka 16/98 2004, 1,4-5; — Volodymyr Serhijcuk (Red.), Likvidacija UHKC (1939-1946) II. Kyïv 2006, bes. 706-718 [Urteil]; — Dmytro Zlepko, Der selige Petro Werhun. Apostolischer Visitator für die katholischen Ukrainer im »Großdeutschen Reich«, in: Wichmann-Jahrbuch des Dioezesangeschichtsvereins Berlin 9 (2006/07) 91-101.

Christian Weise

VIERTHALER, Franz Michael, Reformpädagoge, Schriftsteller und Journalist; * 25. September 1758 als Sohn eines Maurermeisters und Stukkateurs in Mauerkirchen im Innviertel, † 3. Oktober 1827 in Wien. — 1769 kam er als Sängerknabe ins Benediktinerstift Michaelbeuern und 1770 ins erzbischöfliche Kapellhaus in Salzburg. Das Gymnasium besuchte er in Salzburg und Burghausen. 1776-78 studierte er Logik, 1778-83 Jus in Salzburg. — Er unterrichtete von 1783-87 am Virgilianischen Kollegium und der fürsterzbischöflichen Pagerie, dem Institut zur Erziehung von adeligen Edelknaben aus internationalen Familien, deren Berufsweg später in den hohen Klerus oder die Diplomatie führen sollte, Geschichte und klassische Sprachen. 1796 wurde er erzbischöflicher Hofbibliothekar. Von 1790-1803 war Vierthaler Direktor der deutschen Schulen in der Stadt Salzburg, Direktor des (allerersten deutschsprachigen) »Seminars zur Bildung von Lehrern für die

Stadt- und Landesschulen« (einjährige Ausbildung) und Referent der Schulkommission des Erzstiftes. Ab 1791 unterrichtete er Methodik und Pädagogik an der Universität. Zwischen 1790 und 1794 Förderung der Sonn- und Feiertagsschulen, die dem Reformgeist Erzbischofs Colloredo entsprachen und der Bevölkerung - gegen den herrschenden Aberglauben - Kenntnisse über die röm.-kath. Religion vermitteln sollten. Er entwickelte im Sinne der Aufklärung einen 1794 installierten neuen Schulplan sowie neue Lehrbücher, für die er die Bezeichnung »österreichischer Pestalozzi« erhielt. Bemerkenswert an seiner Pädagogik der Aufklärung ist die Erziehung der Lehrer zu Persönlichkeiten, das Verfassen von Lehrbücher zum praktischen bürgerlichen Grundwissen und zur Landeskunde, mit dem Ziel, mündige, wirtschaftlich lebensfähige Staatsbürger heranzubilden, er trat damit gegen körperliche Züchtigung auf. In diesem Sinne sorgte er auch für die Erziehung und Bildung von Frauen aus unteren Sozialschichten wie der Waisenkinder. — »Dadurch [Anm. Ka.: durch die Schulgründungen des EB und Vierthalers Pädagogik] erhielt sein Volk, noch während der letzten Jahre seiner Regierung [Anm. Ka.: EB Hieronymus Colloredo], in den entferntesten, abgelegensten Winkeln des Landes, einen Grad von Cultur, der es von seinen östlichen und westlichen Nachbarn auf eine sehr vorteilhafte Weise auszeichnete.« (Schultes, 1804, 2/231-240). — Vierthaler war ab 1802 mit der Tochter des Juristen, Diplomaten und Historikers Johann Franz Thaddäus von Kleinmayrn (EB. Hofratsdirektor; 1733-1805) verheiratet. Ab 1790 wohnte er im Ritzerbogenhaus, in dem 1790 das Lehrerseminar gegründet worden war (heute: Sigmund-Haffner-Gasse, hinter der neuen Residenz). Dort wohnten auch andere Beamte bzw. deren Angehörige, z. B. die verwitwete Freifrau Marianne von Berchtold zu Sonnenburg, geborene (Nannerl) Mozart (1801-1829) oder Lorenz Hübner (1783-1799). — Mit dem Weggang Hübners übernahm er die Redaktion der drei von Lorenz Hübner (1753 Donauwörth -1807 München, kath. Geistlicher, Topograph und Journalist, 1783-1799 Neuorganisator des Pressewesens in Salzburg) herausgegebenen Zeitungen, nämlich die »Oberdeutsche allgemeine Litteraturzeitung« (1800-02), die von Hübner 1784 begründete »Oberdeutsche Staatszeitung« als »Staatszeitung von Salzburg« (1799-1806) und das »Salzburger Intelligenzblatt« (1800-1807). — Vierthalers »Reisen durch Salzburg«, 1799, eine Landesbeschreibung mit Zügen der Kameralistik und beschreibenden Statistik, dienten späteren »Reiseschriftstellern« vielfach als Vorlage und Leitfaden. — 1801, als die Franzosen die Stadt Salzburg besetzten, mußte er als Hofbibliothekar Bücher ausfolgen, konnte aber viele retten. 1803, mit der Flucht des Erzbischofs, wurde er als »kurfürstlicher Hofbibliothekar« und »Landesschulendirektor« von Erzherzog Ferdinand von Habsburg-Toskana ins neu erhobene Kurfürstentum Salzburg (im Rahmen des Römischen Reiches Deutscher Nation) übernommen. 1804-06 stand er den Salzburger Waisenhäusern als Direktor vor. Von 1806-27 verließ er offenbar das mehrfach fremd besetzte und unbedeutend gewordene Salzburg und wechselte in die 1804 neu gegründete Habsburgermonarchie. Er leitete als Direktor die Waisenhäuser in Wien mit dem Titel k.k. Regierungsrat. — Zu seinem Freundeskreis zählten der Berliner Forschungsreisende und Naturwissenschaftler Alexander von Humboldt (1769-1859), der Geologe Leopold von Buch, Lorenz Hübner, die Wiener Salondame und Schriftstellerin Karoline Pichler (1769-1843), der Wiener Schriftsteller und Hofrat Franz Grillparzer (1791-1872), der steirische Orientalist und Diplomat Joseph von Hammer-Purgstall (1774-1856), u. v. a. — Im Salzburger Stadtteil Schallmoos ist ihm die »Vierthalerstraße« gewidmet. — Über den Gelehrten Vierthaler schreibt der Wiener Naturwissenschaftler und Mediziner August Schultes (1773-1831) 1804: »Der erste Besuch, den wir in Salzburg abstatteten, war bey Herrn Direktor Vierthaler. Wir fanden an diesem großen und verdienten Gelehrten ganz jenen liebenswürdigen Mann, den sein alter Freund und Lehrer, der jetzige churpfalzbayerische Schuldirector Schubauer, so oft an diesem deutschen Sokrates uns schilderte. Er schenkte uns mehrere Stunden seiner kostbaren Muße mit einer Gutmüthigkeit, als ob seine vielen Geschäfte als Schulendirector, als Bibliothekär, als Redacteur der Salzburgischen Intelligenzblätter und der Salzburgischen Literaturzeitung (die jetzt sein Freund D. v. Schallhammer als die bekannten Annalen fortsetzt) ihm erlaubten, bloß für uns zu leben.

[...] Vierthaler lebt mit seiner Familie sehr zurück gezogen in Salzburg, wo er, was bey Gelehrten in ihrem Wohnorte selten ist, einer fast allgemeinen Achtung genießt. Die Guten lieben ihn, und die Bösen fürchten ihn; und ich wüßte wahrlich nicht mir zu erklären, warum sie ihn fürchten. Sein großer schöner Wuchs, sein edles Betragen, sein gutmüthiges blaues Auge kann wohl Jedem Achtung, niemanden aber Furcht einflößen. Wehe dem, der Vierthalern als Schuldirector, als Schriftsteller zu fürchten hat! [...]«

Werke (Auswahl): Der englische Spion. Trauerspiel. Uraufführung am Salzburger Hoftheater 1781; Philosophische Geschichte der Menschen und Völker. 7 Bände, Salzburg Waisenhausbuchhandlung 1787-1819; Elemente der Methodik und Pädagogik. Salzburg 1791; Goldener Spiegel. Ein Geschenk für Mädchen, welche in Dienst treten wollen. Salzburg 1791; Das Kinderbuch. Ein Geschenk für die ersten Anfänger. 1792; Franz Traugott, eine lehrreiche Kindergeschichte. Salzburg. 1792; Geist der Sokratik, Salzburg Mayr 1793. 2. Aufl. 1798; Der kleine Schreib- und Leseschüler. 1. Teil Salzburg 1793; Der kleine ABC-Schüler. 1793. (Erlebte 10 Auflagen!); Entwurf der Schulerziehungskunde. Salzburg 1794; Episteln und Evangelien für alle Sonntage, Feste und auf andere Tage des Jahres. Von Neuem aus dem Griechischen übersetzt zur Erbauung für Viele. Salzburg 1794; Anleitung zur Rechenkunst. Salzburg 1795; Geographie von Salzburg, zum Gebrauche in unseren Schulen. Salzburg 1796; Beyträge zur Geographie und Geschichte derselben. 2 Teile. Salzburg 1798; »Reisen durch Salzburg«, 1799; Der kleine Schreibschüler. Ein Geschenk für Kinder, welche nicht bloß schön, sondern auch richtig zu schreiben wünschen. 1. Teil Salzburg 1793. 2. Teil Salzburg Franz Xaver Duyle 1799. ÖNB Inkunabel 307.670; Geschichte des Schulwesens und der Kultur in Salzburg. 1804; Elemente der Methodik und Pädagogik, 1810; Meine Wanderungen durch Salzburg, Berchtesgaden und Österreich. 1. Theil. Wien gedruckt und verlegt bei Carl Gerold. 2. Teil 1816. Faksimiledruck Salzburg 1983, 3 Bände, mit Leben und Beilage von U. Salzmann.

Lit.: Lorenz Hübner: Beschreibung der hochfürstlich-erzbischöflichen Haupt- und Residenzstadt Salzburg und ihrer Gegenden verbunden mit ihrer ältesten Geschichte. 2. Band Statistik. Salzburg bey F. X. Obereder 1793, II/ 609; — J.(ohann) A.(ugust) Schultes: Reise durch Salzburg und Berchtesgaden. Wien J. v. Degen. 1804. 2 Teile, 1/240-242 und II/231-240; — Leopold Glöckl: Franz Michael Vierthalers Ausgewählte pädagogische Werke. Freiburg Herder 1893; — Von der Fuhr: Michael Vierthaler und seine Zeit. Berlin 1909; — K. Köchl: F. M. Vierthalers Leben und Schaffen. In: Mitteilungen der Gesellschaft für Salzburger Landeskunde, 98, 1958, 1-3; — F.(ranz) M.(ichael) Vierthaler. Festschrift zum 200. Geburtstag. Hrsg. Matthias Laireiter. Salzburg 1958; — W. Beranek: Die psychologischen und bildungstheoretischen Grundlagen der Didaktik Vierthalers. Diss. Wien 1970; — Reinhard R. Heinisch: Vierthaler. In: Peter Mittermayr und Adolf Haslinger (Hrsg.): Salzburger Kulturlexikon. Salzburg 1987, S. 510f. bzw. 2. Aufl. 2001, S. 531f.; — Erstveröffentlichung von Teilen des vorliegenden Artikels In: Ulrike Kammerhofer-Aggermann: Zum Weiterlesen. Kommentare zu historischen Artikeln von F. M. Vierthaler. In: »Bräuche im Salzburger Land«. CD-ROM-Reihe. Hrsg. L. Luidold und U. Kammerhofer-Aggermann, Red.: M. Lanterdinger, Programm, Realisierung: interact!multimedia. (= »Salzburger Beiträge zur Volkskunde«, 13-16) Salzburg 2002-2005.

Webseiten: www.aeiou.at (25.2.2008); — http://www2.onb.ac.at (25.2.2008); — www.salzburg.com/wiki (25.2.2008).

Ulrike Kammerhofer-Aggermann

VINER, William Letton, englischer Organist und Komponist; * 14. Mai 1790 in Bath, England; † 24. Juli 1867 in Westfield, Massachusetts, USA. — William L. Viner studierte Orgel bei Charles Wesley junior (1757-1834), dem Sohn des Gründers der Methodistenbewegung Charles Wesley (1707-1788). Im März 1810 wird er Organist an der St. Michaels Kirche seiner Heimatstadt. 25 Jahre lang übte er dieses Amt aus, bis er auf Empfehlung des Organisten und Komponisten Samuel Sebastian Wesley (1810-1876) 1835 die Organistenstelle von St. Mary´s in Penzanze, Cornwall erhielt. Wie schon in Bath komponierte Viner auch in Penzanze zahlreiche Orgelstücke und Kirchenlieder und machte sich zudem einen Namen als begnadeter Musiklehrer. Während seiner Jahre in Penzanze erschienen auch drei Ausgaben kirchenmusikalischer Werke, die Viner selbst komponiert, zusammengestellt oder auch bearbeitet hat. Im Jahr 1859 geht Viner schließlich in die USA, wo er sich in Westfield, Massachusetts niederlässt. Dort stirbt er am 24. Juli 1867.

Werke: »Introduction & Air »Auld lang syne«. A favorite Scotch melody, with variations for the harp etc.« (1820); »Twelve Preludes or Introductions for the Pedal Harp, in the major and minor keys« (1823); »Two grand national melodies: »God save the King« and »Rule Britannia«, newly harmonized for four voices, arranged from instrumental parts composed for a full orchestra« (1825); »New instrumental parts to »God save the King« and »Rule Britannia«, composed for a full orchestra« (1825); »Fantasia for the harp, with variations on »Cease your funning« (1828); »Military Divertimento, for the harp or Piano Forte« (1834); »One Hundred Psalms and Hymn Tunes in Score« (London 1838); »A Useful Selection from the Most Approved Psalms« (London1846); »The Chanter's Companion, comprising twenty-six chants arranged for the Organ or Pianoforte« (? 1857). »Viner's Musical Repository« (Penzanze ohne Datum); »The much admired Christmas Hymn »Hark! The herald angels sing« (1857); »A second Christmas Hymn »High let us swell our tuneful notes« (1857); »Anthem »I heard a voice from Heaven«...arranged for voice and piano forte« (1858).

Lit.: David Baptie, A handbook of musical biography, London 1883, 21887; — Frederic Boase, Modern English biography, 6 Bde., Truro 1892-1921; — James Duff Brown und Stephen S. Stratton, »Viner, William Letton«, in: British Musical Biography: A Dictionary of Musical Artists, Authors and Composers Born in Britain and its Colonies, London 1897; — John Sainsbury (Hrsg.), Dictionary of Musicians, Bd. 2, London 1824, 509 (Neudruck New York 1966); — George Clement Boase und William Prideaux Courtney (Hrsg.), Bibliotheca Cornubiensis, 3 Bde., London 1874-82, Bd. 2, 826f.; — Grove's Dictionary of Music and Musicians, Bd.V, London 1910, 278f.; — Andrew Hayden, British hymn writers and composers, a check list, Croydon 1977; — DNB XX, 369.

Ronny Baier

VOES, (Vos) Hendrik, * ? in s'Hertogenbosch (?), † 1.7. 1523 in Brüssel, war zusammen mit seinem Mitbruder Johann van (den) Esschen einer der zwei Augustiner, die »zwen iunge knaben«, für die Luther sein neues Lied anhieb. Sie gehörten zum Augustinerkloster, das 1513 in Antwerpen gegründet wurde. Da dieses Kloster zur Sächsischen Reformkongregation gehörte, entstanden schon früh freundschaftliche Beziehungen zu dem Wittenberger Kloster und zur Universität, an der verschiedene Brüder aus den Niederlanden studiert und Luther als Theologieprofessor und Mitbruder geschätzt hatten. Besonders unter dem Priorat von Jakob Probst (Proost, Praepositus) (1486 (?) - Prior 1518-1522, † 1562) wurde das Antwerpener Kloster augenscheinlich ein erfolgreiches Zentrum Lutherisch-getönter Predigt. Als sich 1521 die Unterdrückung der Lutherischen Lehre entfachte, waren der Prior und die Brüder verdächtigt und wurden bald verhaftet. Das Kloster wurde 1523 auf Befehl der Statthalterin Margarete von Österreich aufgehoben und abgerissen. Voes war unter denjenigen, die ihrer Lutherischen Überzeugung hartnäckig treu blieben und deswegen zum Tod auf dem Scheiterhaufen verurteilt wurden. Am 1. Juli 1523 wurde er zusammen mit Johannes van (der) Esschen auf dem großen Marktplatz in Brüssel verbrannt. Von dem vorhergehenden Lebenslauf im Kloster weiß man kaum etwas, außer, daß er das Schicksal der Augustinergemeinschaft bis zum Ende geteilt hat. Er hat aber nicht in Wittenberg studiert und war also nicht persönlich mit Luther bekannt. Die tragischen Umstände des Todes fanden jedoch einen weiten Widerhall in Wittenberg. Zu diesem Anlaß schrieb Luther eine Ballade, »Eynn hubsch Lyed von denn zweyen Marterern Christi zu Brussel«, und einen Trostbrief an die Christen im Niederland. Außerdem erschienen vor allem in Deutschland Schriften, die den Märtyrertod der zwei Augustiner verherrlichten. Dieses Martyrium wurde ebenfalls ein fester Bestandteil der evangelischen Martyrologien. Der »Actus und handlung der Degradation und verprennung der Christlichen dreyen Ritter und Merterer« ist ein anonymer Bericht, der die Bereitschaft der Märtyrer, für den Glauben zu sterben, betont. »Die Historia de duobus Augustinensibus« enthält neben einem Augenzeugenbericht über den Ablauf der Hinrichtung auch 62 Lehrsätze, die dem inquisitorischen Prozeß offensichtlich als Unterlagen gedient haben. Sie bieten einen Einblick in den Verlauf und den Inhalt der Vernehmung. Die dritte Schrift, »Dye histori so zwen Augustiner Ordens gemartert seyn tzu Bruxel«, ist eine von Martin Reckenhofer leicht überarbeitete deutsche Übersetzung der »Historia«. Diese Schrift enthält eine Reihe Erläuterungen zu den 62 Sätzen.

Quellen: Martin Luther, Eynn hubsch Lyed von denn zweyen Marterern Christi zu Brussel von den Sophisten zcu Loven verbrandt, WA 35, 411-415; Martin Luther, Ein Brief an die Christen im Niederland (1523), WA 12, 77-80; Der Actus und handlung der Degradation und verprennung der Christlichen dreyen Ritter und Merterer, Augustiner Ordens geschehen zu Brussel Anno 1523, in: Bibliotheca reformatoria Neerlandica, hrsg.v. Frederik Pijper, den Haag 1903-1914, VIII, 15-19, Corpus documentorum inquisitionis haereticae pravitatis, hrsg.v. Paul Fredericq, Gent 1900, IV, 199-202; Dye histori, so zwen Augustiner Ordens gemartert seyn tzu Bruxel in Probant [sic] von wegen des Evangeli, 1523), in: Bibliotheca reformatoria Neerlandica, VIII, 8, 66-114; Historia de duobus Augustinensibus, ob Evangelii doctrinam exustis Bruxellae (1523), Bibliotheca reformatoria Neerlandica, VIII, 35-54.

Lit.: Nicolaas Christiaan Kist, Het lied van Luther op den marteldood van Henrik Voes en Joannes Esch, den 1 Julij 1523 te Brussel verbrand, in: NAKG 5, 1834, 461 ff.; — A. De Decker, Les Augustins d'Anvers et la Réforme', in: Messager des sciences historiques ou archives des arts et de la bibliographie de Belgique, Gent, 1883, 373-388; — Otto Clemen, Die ersten Märtyrer des ev. Glaubens, in: Btrr. z. Ref.gesch. I, 1900, 40 ff.;, - Otto Clemen, Das Antwerpener Augustinerkloster bei Beginn der Reformation (1513-1523)', in: Kleine Schriften zur Reformationsgeschichte (1897-1944), hrsg.v. Ernst Koch. Leipzig, 1982, I, 434-441; — Frederik Pijper, Het martelaarschap van Hendrik Voes en Joannes van den Eschen, in: Bibliotheca Reformatoria Neerlandica VIII, 1911, 3 ff.; — Julius Boehmer, Die Beschaffenheit der Quellenschriften zu Heinrich Voes und Johann van den Esschen, in: ARG, 28, 1931, 112-133; — Willem Jan Kooiman, Terechtstelling van Hendrik Voes u. Jan van Essen, in: Documenta Reformatoria I, Kampen 1960, 25 ff.; — Hildegard Hebenstreit-Wilfert, Märtyrerflugschriften der Reformationszeit, in: Hans-Joachim Köhler, Flugschriften als Massenmedium der Reformationszeit. Stuttgart 1981, 397-437; — Gerhard Hammer, Der Streit um Bucer in Antwerpen: ein rätselvoller Textfund und ein unbekannter Lutherbrief' in: Lutheriana. Zum 500. Geburtstag Martin Luther. Köln / Wien 1984, 393-454; E.M. Braekman, Het Lutheranisme in Antwerpen, in: Bijdragen tot de geschiedenis, 70, 1987, 23-38; — Marcel Gielis, Erasmus, Latomus et le martyre des deux Augustins, in: J.Sperna Weiland und W.Th.H.Frijhoff (hrsg. v.), Erasmus of Rotterdam, The Man and the Scholar. Leiden, 1988, 61-68; — Bernd Moeller, Inquisition und Martyrium in Flugschriften der frühen Reformation in Deutschland, in: Silvana Seidel Menchi (hrsg.v.), Ketzerverfolgung im 16. und frühen 17. Jahrhundert. Wiesbaden 1992, 21-48; — Marcel Gielis, Augustijnergeloof en Predikherengeloof, in: Lutherbulletin 6, 1997, 46-57; — Brad S. Gregory, Salvation at stake. Christian Martyrdom in Early Modern Europe. Cambridge (Mass.) 1999; — Jos E. Vercruysse, Was haben die Sachsen und die Flamen gemeinsam...?, in: Wittenberg als Bildungszentrum 1502-2002. Lutherstadt-Wittenberg 2002, 9-32; — T.H.M. Akerboom, 'Ein neues Lied wir heben an: Over de eerste martelaren van de Reformatie en het ontstaan van het eerste lied van Martin Luther', in: Lutherbulletin, 14, 2005, 27-43 [=Dick Akerboom, »Ein neues Lied wir heben an«. Über d. ersten Märtyrer d. Reformation u.d. Ursprünge d. ersten Liedes von Martin Luther, in: LKW 55, 2008, S. 63-82]; — Klaas Zwanepol, Luther en Antwerpen, in: Lutherbulletin, 16, 2007, 57-92; — Jos E. Vercruysse, »De Antwerpse augustijnen en de lutherse Reformatie«, Traiecta 16, 2007, 193-216.

Jos E. Vercruysse

VOGL, Coelestin, OSB, Abt von St. Emmeram, * 3.4. 1613 Immenstadt, † 14.10. 1691 Regensburg. — 1632 Eintritt in das Benediktinerkloster St. Emmeram in Regensburg, ab 1633 Studium der Theologie und Philosophie in Salzburg, 1639 Priesterweihe. Ab 1642 als Subkustos für den Kirchenschatz mitverantwortlich. 1655 erfolgte seine Wahl zum Abt von St. Emmeram. Während seiner 36jährigen Regierungszeit schuf er in wirtschaftl. und polit. Hinsicht die Voraussetzungen für die Blüte des Klosters im 18. Jh. Mit der Förderung der klostereigenen Studien und der großzügigen Ausstattung der Klosterbibliothek belebte er das wiss. Leben in St. Emmeram; bereits 1660 unterhielt er enge Kontakte mit den gelehrten Benediktinern von St. Germain-des-Prés in Paris. Seine eigene Stifts-Gesch. »Mausoleum Sancti Emmerami« (1661), die mehrere Auflagen erlebte, stellt einen wichtigen Beitrag zur klösterlichen Lokalhistoriographie dar. Große Verdienste erwarb er schließlich als Gründer der Bayer. Benediktiner-Kongregation. Am 24.11.1684 fand das erste Generalkapitel in St. Emmeram statt, auf dem er von den versammelten Äbten zum Präses (1689 altersbedingter Rücktritt) gewählt wurde.

Werke: Mausoloeum Oder Herrliches Grab Deß Bayrischen Apostels unnd Blutt-Zeugens Christi S. Emmerami Geziert mit viler anderer Heilig-Seeliger Bischoven, Aebten, Kayser, und König, Königinnen, Fürsten, Graven und Herren. Begräbnussen, So in gedachtes Heyl. Emmerami Closter-Kirchen, zu sehen beschriben, Straubing 1661, 1672 (Mikrofiche-Ausg. Wildberg 1999), Regensburg 1680. — Auszüge, Bearbeitungen: Das Leben des Seeligen Ramvoldi Abbten zu St. Emmeram, Genommen aus dem fürtrefflichen zusambgetragenen MAUSOLOLEO, Weyland des Hochwürdigen ... Herrn COELESTINI Gewesten Abbten seeligisten Angedenckensdaselbsten, Regensburg 1692; Ratisbona Politica. Staatisches Regenspurg, Das ist: Erster Theil deß erneuerten Mausoloei Oder Herrlich-gezierten Grabs Deß Bayrischen Apostels und Blut-Zeugens Christi S. Emmerami, Welches Coelestinus ... vor Jahren kurtz-beschribner mit ungemeinen Nutzen zum drittenmal in Druck hervor gegeben; anjetzo aber auf inständiges Verlangen mit Einmischung der Bayrischen Denckwürdigkeiten vermehrt, mit schönen Kupfferen geziert Und in das Staatisch-, Clösterlich-, Kirchisch- und Heilige Regenspurg abgetheilt, bearb. von Anselm Goudin, Regensburg 1729 (Mikrofiche-Ausg. Wildberg 1999), 1752, 1761 [beigeb: Bericht von denen heiligen Leibern und Reliquien, welche in dem fürstl. Reichs-Gottes-Hauß S. Emmerami aufbehalten werden etc.]; Ratisbona Monastica. Clösterliches Regenspurg Oder Mausoleum, Herrliches Grab Des Bayrischen Apostels und Blut-Zeugens S. Emmerami, Nebst der Histori von Ursprung etc. dises Closters und Fürstlichen Stiffts etc. mit verschidenen Begebenheiten, so sich biß 1650. dann in und um Regenspurg zugetragen, vermenget etc. Nunmehro vermehret, und biß auf das Jahr 1752. fortgesetzet Durch Joannem Baptistam [Kraus], Des Heil. Römischen Reichs Fürsten und Abbten allda. Mit einen Libro Probationum, oder Urkunden versehen, Regensburg 1752 (Mikrofiche-Ausg. Wildberg 1999).

Lit.: Heinrich Faber, Guter Hiert Oder Himmlisch-Fruchtbare Jubel-Lilien, Das ist Demütige Cantzel-Red An dem grossen Jubels-Fest-Tag Des ... Herrn Coelestini, ... Abbten ... Auff der Ehren-Cantzel obgedachtes hochlöblichen Emmeramischen Gotts-Hauß vorgestellt, Regensburg 1689; — Applausus Votivus Reverendissimo, Praenobili Ac Amplissimo Domino, Domino Coelestino ... Monasterii Ad S. Emmeramum Ratisbonae Abbati Meritissimo, Nec Non ... Caenobii Reichenbacensis In Palatinatu Superiori Administratori Vigilantissimo ... Secundas Suas Primitias Solenniter Celebranti ... oblatus, s.l. 1689; — Joseph A. Endres, Fürstabt C. V. von St. Emmeram zu Regensburg, in: Allgäuer Geschichtsfreund 8 (1895), 69-75; — Wilhelm Fink, Beiträge zur Gesch. der bayer. Benediktinerkongregation, München/Metten 1934; — Ders., P. Hieronymus Jung OSB von

St. Emmeram als Vertreter seines Abtes C. V. an der römischen Kurie, in: StMBO 59 (1941/42), 159-186; — Andreas Kraus, Die Bibl. von St. Emmeram. Spiegelbild der geistigen Bewegungen der frühen Neuzeit, in: Die Bibliotheken zu St. Emmeram, hrsg. v. Max Piendl, Kallmünz 1971, 1-42, bes. 18-22; — Hans Schlemmer, St. Emmeram in Regensburg. Kirche und Kloster im Wandel der Zeit, Kallmünz [2]1972; — Herbert W. Wurster, Die Regensburger Geschichtsschreibung im 17. Jh. Historiographie im Übergang vom Humanismus zum Barock, in: Verhandlungen des Hist. Vereins für Oberpfalz und Regensburg 119 (1979), 7-76, bes. 65; ebd. 120 (1980), 69-210, bes. 164-167 (Lit.); — Egon J. Greipl, Abt und Fürst. Leben und Leistung des Reichsprälaten Johann Baptist Kraus von St. Emmeram zu Regensburg, Regensburg 1980, bes. 156-165; — Winfried Hahn, Die Gründung der Bayer. Benediktiner-Kongregation, in: StMBO 95 (1984), bes. 344-417; — Olav Röhrer-Ertl, Der St. Emmeram-Fall, in: BGBR 19 (1985), 7-131, bes. 105-110; — Hans Schlemmer, Baumeister der höchsten Tugend. Vor 330 Jahren zum Abt von St. Emmeram gewählt: C. V. , in Regensburger Bistumsblatt 54 (1985), Nr. 39, 32; — Egon J. Greipl, C. V. (1613-1691). Abt von St. Emmeram zu Regensburg, in: Lebensbilder aus der Gesch. des Bistums Regensburg, hrsg. von Georg Schwaiger, Bd. 1, Regensburg 1989 (BGBR 23), 288-293; — Christine Riedl, Die Ausstattung der Klosterkirche St. Emmeram unter Abt C. V. (1655-1691), in: St. Emmeram in Regensburg. Geschichte, Kunst, Denkmalpflege, Kallmünz 1992, 209-223; — Gelehrtes Regensburg. Stadt der Wissenschaft. Stätten der Forschung im Wandel der Zeit, Regensburg 1995, 49; — Egon J. Greipl, C. V. OSB, Abt, 1613-1691, in: Immenstadt im Allgäu, hrsg. von Rudolf Vogel, Immenstadt 1996, 551-555.

Lex.: Bosl Bayer. Biogr., 808; — DBE[1] X, 231; — Große Bayer. Biogr. Enzyklopädie III; — DLL XXVI, 114-116.

Manfred Knedlik

VOGT, Albert (François Charles Albert Vogt), Schweizer Historiker und Byzantinist. * 5.8. 1874 in Genf, † ebd. 4. Oktober 1942. — Vogt war Priester der Diözese Lausanne-Genf-Freiburg. 1908 erwarb er unter der Leitung von Charles Diehl mit einer Arbeit über den byzantinischen Kaiser Basilius I. an der Universität Paris das Doctorat ès lettres. Vom Sommer-Semester 1910 bis zu seinem Rücktritt mit dem Ende des Winter-Semesters 1920/21 war er außerordentlicher Professor für (zunächst Allgemeine, ab SS 1918 Neuere) Geschichte in der philosophischen Fakultät der Universität Freiburg (Schweiz), wo er in französischer Sprache über Themen vom frühen 16. Jahrhundert bis Bismarck las, eine Lehrtätigkeit, die so gut wie keinen Niederschlag in Veröffentlichungen fand. Nach dem SS 1919 ließ er sich beurlauben und wurde als Erzpriester Pfarrer der Kirche Notre-Dame in Genf. Dieses Amt hatte er bis 1928 inne, danach widmete er sich wieder byzantinistischen Studien, die sich in einer dichten Folge wissenschaftlicher Arbeiten, unter anderem in wichtigen Editionen byzantinischer Texte sowie Untersuchungen zum byzantinischen Theaterwesen und zu den kaiserlichen Bauten Konstantinopels, niederschlugen. — Zusammen mit dem Rektor des Institut catholique de Paris und späteren Kardinal Alfred Baudrillart (1859-1942) und dem Abbé Urbain Rouziès gründete er 1908 auf Anregung des Verlags Letouzey et Ané in Paris das »Dictionnaire d'histoire et de géographie ecclésiastiques«, für desssen Herausgabe er allerdings nur in den beiden ersten Bänden zeichnet; die erste Lieferung erschien 1909, der erste Band war 1912 vollendet, der zweite 1914. Vogts eigene Beiträge in den Bänden 1-4 des Dictionnaire lassen sich kaum einer bestimmten Domäne zuordnen, sondern scheinen aus seinen Herausgeberpflichten erwachsen zu sein. — 1910 war er Gründer und bis 1913, von Band 3 an zusammen mit Victor Carrière, Herausgeber der Zeitschrift »Analecta Gallicana, Revue d'Histoire de l'Église de France«, die 1914, unter Weglassung des lateinischen Obertitels, mit Carrière als alleinigem Herausgeber zum Organ der neugegründeten »Société d'Histoire ecclésiastique de la France« umgeformt wurde, deren »Conseil d'administration« Vogt einige Jahre angehörte.

Werke: Bücher, Broschüren, Aufsätze: Le catholicisme au Japon. Paris 1905; [Science et religion. Études pour le temps présent 357], 2. Aufl. 1906, deutsche Ausg. Der Katholizismus in Japan. Straßburg 1908; Allocution prononcée à la bénédiction nuptiale de monsieur Jules de Bernard de Teyssier et mademoiselle Lucie Vogt. Paris 1905; La jeunesse de Photius, in: Revue de Fribourg 1905, 747-755; Charles-Louis de Haller et sa correspondance, in: Zeitschrift für Schweizerische Kirchengeschichte 1 (1907), 183-193. 286-294; Basile Ier, empereur de Byzance (867-886), et la civilisation byzantine à la fin du IXe siècle. Thèse présentée pour le doctorat à la Faculté des lettres de l'Université de Paris. Paris 1908, Nachdr. New York 1972 und Hildeshein 1973; Vie de S. Luc le stylite. Thèse complémentaire pour le dorctorat ès lettres présentée à la faculté des lettres de l'Université de Paris. Bruxelles/Paris 1909, identisch mit Vie de S. Luc le stylite, in: Analecta Bollandiana 28 (1909), 5-56; Les origines de l'histoire moderne. De quelques caractéristiques de cette histoire. Leçon d'ouverture professorée à l'Université de Fribourg le 28 avril 1910. Fribourg 1910; L'encyclique ...; M. Fulliquet ...; La vérité ...? Genève 1910; Jacques-Bénigne Bossuet, L'exposition de la doctrine de l'Église catholique. Nouvelle édition, publiée par Albert Vogt. Paris 1911 (La pensée chrétienne); Pourquoi nous sommes Catholiques romains. Conférence du 19 mars 1911. Genève 1911; De l'utilité de l'histoire ecclésiastique pour le clergé, in: Bulletin trimestrel du Cercle d'Études sacerdotal de Forcalquier 1 (1908-1914) No. XVII; Florence (Concile de), in: Dictionnaire de Théologie Catholique 6,1. Paris 1914, Sp. 24-50; The Macedonian Dynasty from 867 to 1057 A.D., in: John B. Bury (Hrsg.), The Cambridge Medieval History Bd. 4. Cambridge 1923, 49-118. 801-804; Panégyrique de St. Pierre, Panégyrique de St. Paul. Deux discours inédits de Nicetas de Paphlagonie, disciple de Photius. Roma 1931 (Orientalia Christiana 23,1); Études sur le théâtre byzantin, in: Byzantion 6 (1931), 37-74. 623-640; IIIe Congrès international des Études byzantines, Athènes 12-18 octobre 1930, in: Revue des Questions Historiques 114 (1931), 231-237; Le théâtre à Byzance et dans l'Empire du IVe au XIIIe siècle, in: Revue des Questions Historiques 115 (1931), 257-296; Le théâtre à Byzance et dans l'empire du IVe au XIIIe siècle I. Le théâtre profane. Bordeaux 1932; Oraison funèbre de Basile I par son fils Léon VI le Sage. Éditée avec introduction et traduction par Albert Vogt et Irénée Hausherr. Roma 1932 (Orientalia Christiana 26,1); S. Théophylacte de Nicomédie, in: Analecta Bollandiana 50 (1932), 67-82; Note sur la chronologie des patriarches de Constantinople aux IXe et Xe siècles, in: Échos d'Orient 33 (1934), 275-278; La jeunesse de Léon VI le Sage, in: Revue Historique 174 (1934), 389-428; Constantin VII Porphyrogénète, Le Livre des cérémonies. Tome I. Livre I, Chapitres 1-46 (37). Texte établi et traduit par Albert Vogt; Commentaire. Livre I, Chapitres 1(46 (37) par Albert Vogt. Paris 1935; Tome II. Livre I, Chapitres 47 (38)-92 (83). Texte établi et traduit par Albert Vogt; Commentaire. Livre I, Chapitre 47 (38)-92 (83) par Albert Vogt. Ebd. 1939. 1940, Nachdr. 1967 u. ö. (Collection byzantine publiée sous le patronage de l'Association Guillaume Budé); L'hippodrome de Constantinople, in: Byzantion 10 (1935), 471-488; L'hippodrome et les jeux à Byzance. Résumé, in: Association G. Budé, Congrès de Nice (24-27 avril 1935). Actes du Congrès. Paris 1935, 232; A propos des fouilles de M. Baxter à Istanbul. Une hypothèse, in: Échos d'Orient 35 (1936), 436-441; L'hippodrome »couvert«, in: Échos d'Orient 37 (1938), 23-35; Histoire des institutions. Note sur la patricienne à ceinture, in: Échos d'Orient 37 (1938), 352-356; Encore Mélète, in: Byzantion 13 (1938), 193-196; L'hippodrome »couvert« du palais impérial de Constantinople. Résumé, in: Association G. Budé, Congrès de Strasbourg (20-22 avril 1938). Actes du Congrès. Paris 1939, 285-288; Notes de topographie byzantine, in: Échos d'Orient 39 (1940), 78-90; Le protospathaire de la phiale et la marine byzantine, in: Échos d'Orient 39 (1941/42), 328-332.

Artikel im Dictionnaire d'Histoire et de Géographie ecclésiastiques: Bd. 1 (1912): Abelly (2) (Louis) (Sp. 97-103); Abs (Jean-Christian-Joseph) (Sp. 198); Acidalius (Valens) (Sp. 333f.); Aconzio ou Acontius (Jacques) (Sp. 345f.); Acquaviva (13) (Rodolphe) (Sp. 361f.); Adimari (1) (Alemanus de) (Sp. 565f.); Adriani (3) (Mathieu) (Sp. 606); Agnes (30) de la Mère de Dieu (Sp. 983); Agnès (35) de Sainte-Thècle Racine (Sp. 985-987); Akakia (Sp. 1282f.); Alamanni (Pierre) (Sp. 1331); Albe (Ferdinand-Alvarez de Tolède, troisième duc d') (Sp. 1386-1388); Albert (162) (Laurent) (Sp. 1571); Albignac de Castelnau (Philippe-François) (Sp. 1694). Bd. 2 (1914): Allemand (4) (Laurent Ier) (Sp. 595f.); Allemand (5) (Laurent II) (Sp. 596); Allemand (6) (Sybold, Siboud, Sibeud) (Sp. 597); Altadus (Sp. 775); Amboise (5) (Gerorges, cardinal d') (Sp. 1060-1072); Amboise (6) (Georges II d') (Sp. 1072f.); Ambuel (François-Frédéric) (Sp. 1143); Amyot (1) (Edme) (Sp. 1377f.). Bd. 3 (1924): Angélique (2) de Sainte-Agnès de Marle de la Falaire (Sp. 57); Angelique (3) de Saint-Alexis d'Héraucourt de Charmont (Sp. 57f.); Anne (28) de Sainte-Bladine Forget (Sp. 349); Anne (29) de Sainte-Cécile de Boicervoise (Sp. 349); Anne (30) de Sainte-Eugénie de Boulogne (Sp. 349f.); Anne (31) de Sainte-Marine Laimé (Sp. 350); Anne (35) Julie de Sainte-Synclétique de Remicourt (Sp. 352); Annonciade (2) (Chevaliers de l') (Sp. 403f.). Bd. 4 (1930): Arnauld I. La famille (Sp. 444f.); Arnauld (2) (Antoine) (Sp. 446f.); Artème (4), Artémas ou Artémius (Sp. 790f.).

Besprechungen: K. A. H. Kellner, Heortologie, in: Bulletin Critique 23 (1902), 134f.; Photiou logoi kai homiliai ed. S. Aristarchis, in: Bulletin Critique 24 (1903), 25-27; F. Martroye, L'Occident à l'époque byzantine. Goths et Vandales, in: Polybiblion 100 (1904), 353f.; W. Norden, Das Papsttum und Byzanz, in: Revue des Questions Historiques 75 (1904), 687f.; H. Hurter, Nomenclator litterarius theologiae catholicae I, in: Revue des Questions Historiques 76 (1904), 639; A. Dufourcq, L'avenir du christianisme, in: Bulletin Critique 25 (1904), 121-123; G. Millet / J. Pargoire / L. Petit, Recueil des inscriptions chrétiennes de l'Athos I, in: Bulletin Critique 25 (1904), 306f.; F. Martroye, L'Occident à l'époque byzantine, in: Bulletin Critique 25 (1904), 421; A. Baudrillart, L'Église catholique, la Renaissance, le protestantisme, in: Revue des Questions Historiques 77 (1905), 310-312; A. Baudrillart, Saint Paulin, évêque de Nole (353-431), in: Revue des Questions Historiques 78 (1905), 328f.; J. Gay, Le pape Clément VI et les affaires d'Orient, in: Revue des Questions Historiques 78 (1905), 335f.; A. Baudrillart, Quatre cents ans de Concordat, in: Revue des Questions Historiques 78 (1905), 656f.; J. Gay, L'Italie méridionale et l'empire byzantin, in: Bulletin Critique 26 (1905), 83-86; H. Leclercq, L'Afrique chrétienne, in: Bulletin Critique 26 (1905), 41-43; J. Labourt, Le christianisme dans l'empire perse, in: Bulletin Critique 26 (1905), 141-143; F. Macler, Histoire d'Héraclius, par l'évêque Schéos, in: Revue des Questions Historiques 79 (1906), 290; A. Pernice, L'imperatore Eraclio, in: Revue des Questions Historiques 79 (1906), 660f.; Ch. Diehl, Études byzantines, in: Revue des Questions Historiques 79 (1906), 661f.; J. Pargoire, l'Église byzantine de 527 à 807, in: Revue des Questions Historiques 79 (1906), 662-664; E. Martini / D. Bassi, Catalogus codicum Graecorum bibliothecae Ambrosianae, in: Revue des Questions Historiques 81 (1907), 288; E. Marin, Saint Théodore (759-826), in: Revue des Questions Historiques 81 (1907), 663f.; R. Dussaud, Les Arabes en Syrie avant l'Islam, in: Revue des Questions Historiques 84 (1908), 326f.; D. Ch. Hesseling, Essai sur la civilisation byzantine, in: Revue des Questions Historiques 84 (1908), 327f.; L. du Sommerard, Deux princesses d'Orient au XIIe siècle. Anne Comnène et Agnès de France, in: Revue des Questions Historiques 84 (1908), 328f.; [Correspondance L. du Sommerard et A. Vogt], in: Revue des Questions Historiques 84 (1908), 622; F. Handrick, Bibliographie der Freiburger Literatur für die Jahre 1905(1908 (Freiburger Geschichtsblätter 1908), in: Revue des Questions Historiques 87 (1910);

288f.; A. Piaget, Documents inédits sur la Réformation dans le pays de Neuchâtel I. 1530-1588, in: Revue des Questions Historiques 87 (1910), 304f.; W. Martin, La situation du catholicisme à Genève (1815-1907), in: Revue des Questions Historiques 88 (1910), 672-674; Ch. de Lasteyrie, L'Abbaye de Saint-Martial de Limoges, in: Revue d'Histoire de l'Église de France 1 (1910), 110f.; L.-H. Labande, Avignon au XIIIe siècle. L'évêque Zeon, in: Revue d'Histoire de l'Église de France 1 (1910), 112f.; W. Walker, Jean Calvin, l'homme et l'œuvre, in: Revue d'Histoire de l'Église de France 1 (1910), 113f.; P. Bernard, La conversion de Calvin, in: Revue d'Histoire de l'Église de France 1 (1910), 115; A. Werminghoff, Monumenta Germaniae historica. Concilia aevi Karolini I,1, in: Revue d'Histoire de l'Église de France 1 (1910), 116f.; A. Piaget, Documents inédits sur la Réformation dans le pays de Neuchâtel I (1530-1538), in: Revue d'Histoire de l'Église de France 1 (1910), 117f.; Correspondance de Bossuet. Nouvelle édition augmentée par Ch. Urbain / E. Levesque II. 1677-1683, in: Revue d'Histoire de l'Église de France 1 (1910), 228f.; E. Male, L'art religieuse de la fin du moyen âge en France, in: Revue d'Histoire de l'Église de France 1 (1910), 229f.; Th. de Cauzons, Histoire de l'Inquisition en France I. Les origines de l'Inquisition, in: Revue d'Histoire de l'Église de France 1 (1910), 231f.; E. Albe, Autour de Roc-Amadour, in: Revue d'Histoire de l'Église de France 1 (1910), 232; P.-L. Grenier, La cité de Limoges, son évêque, son chapitre, son Consulat (XII-XVIIIe siècle), in: Revue d'Histoire de l'Église de France 1 (1910), 234f.; L. Bréhier, L'art religieux et l'iconographie à la fin du moyen âge, d'après les monuments conservés en Auvergne, in: Revue d'Histoire de l'Église de France 1 (1910), 235; A. Baudrillart, Les Universités catholiques de France et de l'étranger, in: Revue d'Histoire de l'Église de France 1 (1910), 235f.; P. de la Gorce, Histoire religieuse de la Révolution française I, in: Revue d'Histoire de l'Église de France 1 (1910), 236f.; D. Brienne, Consuetudinarium insignis prioratus Tallueriarum I. II, in: Revue d'Histoire de l'Église de France 1 (1910), 348-350; M. Hamon, Vie de saint François de Sales. Nouvelle édition par M. Gonthier, in: Revue d'Histoire de l'Église de France 1 (1910), 353; J.-H. Albanès / L. Fillet, Gallia Christiana novissima, complétée, annotée et publiée par U. Chevaliler, in: Revue d'Histoire de l'Église de France 1 (1910), 479f.; V.-L. Bourrilly, Le journal d'un bourgeois de Paris sous le règne de François Ier (1515-1536), in: Revue d'Histoire de l'Église de France 1 (1910), 744; H. Hauser, Études sur la Réforme française, in: Revue d'Histoire de l'Église de France 1 (1910), 749f.; P.-E. Martin, Études critiques sur la Suisse à l'époque mérovingienne (534-715), in: Revue des Questions Historiques 90 (1911), 304f.; J. Dierauer, Histoire de la Confédération suisse III. 1516-1648, in: Revue des Questions Historiques 90 (1911), 331; H. Fouquernay, Histoire de la Compagnie de Jésus en France des origines à la suppression (1528-1762), in: Revue d'Histoire de l'Église de France 2 (1911), 99f.; J.-M. Vidal, Esclarmonde de Foix dans l'histoire et le roman, in: Revue d'Histoire de l'Église de France 2 (1911), 229; Correpondance de Bossuet, par Ch. Urbain / E. Levesque, III. 1684-1688, in: Revue d'Histoire de l'Église de France 2 (1911), 363; A. Rébelliau, La compagnie sécrète du Saint-Sacrement. Lettre du group parisien au groupe marseillais, 1639-1662 / R. Allier, La compagnie du Très-Saint-Sacrement de l'autel à Marseille. Documents, in: Revue d'Histoire de l'Église de France 2 (1911), 368f.; Correspondance de Bossuet, par Ch. Urbain / E. Levesque, IV. 1689-1691, in: Revue d'Histoire de l'Église de France 2 (1911), 487f.; F. de Bojani, Innocent XI. Sa correspondance avec ses nonces (21 septembre 1676-31 décembre 1678), I. Affaires politiques, in: Revue d'Histoire de l'Église de France 2 (1911), 488f.; C. Blaquière, Histoire des évêques de Lodève, Plantavie et de la Pause, in: Revue d'Histoire de l'Église de France 2 (1911), 746; R. Ancel, Nonciatures de France. Nonciatures de Paul IV, avec les dernières années de Jules III et Marcel II, I. Nonciatures de Sebastiano Gualterio et de Cesare Brancatio (mai 1554-juillet 1557) 1, in: Revue d'Histoire de l'Église de France 3 (1912), 105f.; La Révérende Mère Saint-Pierre de Jésus, Vie de la Révérende Mère Jeanne Chézard de Matel, in: Revue d'Histoire de l'Église de France 3 (1912), 108-110; O. Bled, Les évêques de Saint-Omer depuis la chute de Thérouanne (1619-1708), in: Revue d'Histoire de l'Église de France 3 (1912), 214f.; J. Charrier, Claude Fauchet, évêque constitutionnel du Calvados, député à la Convention (1744-1793), in: Revue d'Histoire de l'Église de France 3 (1912), 215-217; J. Saruc, Dictionnaire topographique et historique de l'arriondissement de Saint-Pons, in: Revue d'Histoire de l'Église de France 3 (1912), 340f.; E. Griselle, Louis XIII et Richelieu. Lettres et pièces diplomatiques, in: Revue d'Histoire de l'Église de France 3 (1912), 344f.; J. Hild, Honoré Tournely und seine Stellung zum Jansenismus, in: Revue d'Histoire de l'Église de France 3 (1912), 345f.; A. Roussel, Lamennais et ses correspondants inconnus, in: Revue d'Histoire de l'Église de France 3 (1912), 466f.; E. Lecanuet, L'Église de France sous la troisième République II. Pontificat de Léon XIII (1878-1894), in: Revue d'Histoire de l'Église de France 3 (1912), 467-469; C. de Rochemonteix, Nicoles Caussin, confesseur de Louis XIII, et le cardinal de Richelieu (Documents inédits), in: Revue d'Histoire de l'Église de France 3 (1912), 578f.; A. Cans, L'organisation financière du clergé de France à l'époque de Louis XIV, in: Revue d'Histoire de l'Église de France 3 (1912), 581f.; A. Cans, La contribution du clergé de France à l'impôt pendant la seconde moitié du règne de Louis XIV (1689-1715), in: Revue d'Histoire de l'Église de France 3 (1912), 582; L. Guilloreau, Les mémoires du R. P. dom Bernard Audebert, in: Revue d'Histoire de l'Église de France 4 (1913), 102; H. Thédenat, Journal d'un prêtre lorrain pendant la Révolution (1791-1799), in: Revue d'Histoire de l'Église de France 4 (1913), 104f.; R. Coulon, Scriptores ordinis praedicatorum recensiti, notis historicis et criticis illustrati auctoribus J. Quetif et J. Echard, in: Revue d'Histoire de l'Église de France 4 (1913), 214; L. Prunel, Sébastien Zamel, évêque de Langres (1588-1655). Sa vie et ses œuvres, in: Revue d'Histoire de l'Église de France 4 (1913), 214-216; A. Baudrillart, Vie de Mgr. d'Hulst I, in: Revue d'Histoire de l'Église de France 4 (1913), 343f.; E. Guitard, Colbert et Seignelay, contre la religion réformée, in: Revue d'Histoire de l'Église de France 4 (1913), 464; Correspondance de Bossuet, par Ch. Urbain / E. Levesque VI (octobre 1693-décembre 1694), in: Revue d'Histoire de l'Église de France 4 (1913), 464f.; A. Sicard, Le clergé de France pendant la Révolution I. L'effendrement, in: Revue d'Histoire de l'Église de France 4 (1913), 469-471; J. Pannier, L'Église réformée de Paris sous Henri IV, in: Revue d'Histoire de l'Église de France 4 (1913), 539-541; H. Hurter, Nomenclator litterarius theologiae catholicae V, in: Revue d'Histoire de l'Église de France 4 (1913), 645; J. Calvin, Institution de la Religion chrestienne, par A. Lefranc / H. Châtelain / J. Pannier, in: Revue d'Histoire de l'Église de France 4 (1913), 683f.; R. Ancel, Nonciatures de France. Nonciatures de Paul IV, avec les dernières années de Jules III et Marcel II, I. Nonciatures de Sebastiano Gualterio et de Cesare Brancatio (mai 1554-juillet 1557) 2, in: Revue d'Histoire de l'Église de France 4 (1913), 684f.; J. de Baye, Smolensk. Les origines, l'épopée de Smolensk en 1812, d'après des documents inédits, in: Revue des Questions Historiques 96 (1914), 645f.; R. Coulon, Scriptores ordinis Praedicatorum recensiti, notis historicis et criticis illustrati, auctoribus J. Quetif et J. Echard. Editio altera fasc. 6, in: Revue d'Histoire de l'Église de France 5 (1914), 437; J. Gaillard, Essai sur quelques pamphlets ligueurs (Revue des Questions Historiques 1914, 101-136), in: Revue d'Histoire de l'Église de France 6 (1920), 433; Suidae Lexicon, edidit Ada Adler, Bd. 1, in: Byzantion 5 (1929), 701-704; S. Stratiades, Sympleroma hagioreitikon katalogon Vatopediou kai Lauras, in: Byzantion 5 (1929), 705-707; O. Schissel, Kataloge griechischer Handschriften, in: Revue des Questions Historiques 111 (1929), 482f.; T. J. Uspenskij, Histoire de l'Empire byzantin II,1, in: Revue des Questions Historiques 111 (1929), 483-485; P. Rohden / G. Ostrogorski, Menschen, die Geschichte machten, in: Revue des Questions Historiques 115 (1931), 228f.; M. d'Herbigny / A. Deubner, Évêques russes en exil. Deuze ans d'epreuve, in: Revue des Questions Historiques 115 (1931), 231f.; E. Mamboury / Th. Wiegand, Die Kaiserpaläste von Konstantinopel zwischen Hippodrom und Marmarameer, in: Byzantion 12 (1937), 362-364.

Literaturberichte: Courrier russe, in: Revue des Questions Historiques 78 (1905), 610-613; Courrier russe, in: Revue des Questions Historiques 80 (1906), 588-593; Courrier russe, in: Revue des Questions Historiques 83 (1908), 617-620; Chronique, in: Revue d'Histoire de l'Église de France 1 (1910), 222-225; Chronique d'histoire byzantine, in: Revue des Questions Historiques 116 (1932), 217-237; Chronique de l'histoire de Byzance, in: Revue des Questions Historiques 123/124 (1935), 113-121; Chronique byzantine, in: Revue des Questions Historiques 266 (1939), 130-141.

Lit.: A. Pelzer, in: Revue d'Histoire Ecclésiastique 39 (1943), 307; — Roland Ruffleux (Hrsg.), Histoire de l'Université de Fribourg Suisse 1889-1989/Geschichte der Universität Freiburg Schweiz. Freiburg Schweiz 1991, 296. 682. 1000. — Für die Mitteilung von Vogts Geburtsdatum danke ich Mme Édith Pirio vom Centre Historique des Archives Nationales, Paris.

Gerhard Rexin

VOGT, Carl Christoph, * 5. Juli 1817 in Gießen, † 5. Mai 1895 in Genf; Mediziner, Zoologe, Geologe, Politiker. — V. gehörte zu den wichtigsten Vertretern des physiologischen Materialismus im 19. Jahrhundert. Bekannt wurde er v.a. durch seine polemische Auseinandersetzung mit Rudolf Wagner (1805-1864) im sogenannten Materialismusstreit. Als liberaler Politiker beteiligte er sich aktiv an der bürgerlichen Revolution von 1848/49. — Carl V. war der Sohn des Mediziners Philipp Friedrich V. (1787-1861), der ab 1817 Medizin an der Universität Gießen lehrte. Sein Sohn nahm dort 1833 ebenfalls das Medizinstudium auf und wurde Schüler des Chemikers Justus Liebig (1803-1873). Wegen liberaler Ansichten verlor sein Vater 1835 den Giessener Lehrstuhl und nahm eine Professur für Pathologie an der Universität Bern an. Da Carl V. in den Verdacht geriet, an politischen Agitationen in Hessen beteiligt gewesen zu sein, floh er im gleichen Jahr über Jugenheim und Straßburg ebenfalls nach Bern. [Kockerbeck, 1999, S. 18] Dort setzte er sein Studium unter dem Physiologen Gabriel Gustav Valentin (1810-1883) fort und promovierte 1839 über die »Anatomie der Amphibien«. In Neuchâtel arbeitete er 1839-1844 für den Geologen und Zoologen Louis Agassiz (1807-1873). — Ein Studienaufenthalt führte V. 1844-1846 nach Paris. Dort kam er u.a. mit Persönlichkeiten wie dem Zoologen Henry Milne-Edwards (1800-1885), dem Sozialisten Pierre-Joseph Proudhon (1809-1865), dem russischen Anarchisten Michail Bakunin (1814-1876) oder dem Schriftsteller und Revolutionär Alexander Herzen (1812-1870) in Kontakt. 1846 wurde V. als Professor für Zoologie an die Gießener Universität berufen, wo er 1847 seine Antrittsvorlesung »Ueber den heutigen Stand der beschreibenden Naturwissenschaften« hielt. An der Revolution der Jahre 1848/49 beteiligte er sich als Oberst der Gießener Bürgergarde, war Mitglied des Vorparlaments, der Frankfurter Nationalversammlung sowie des späteren Rumpfparlaments in Stuttgart. Für kurze Zeit hatte er das Amt eines Reichsregenten inne. Aufgrund seiner politischen Tätigkeit verlor V. 1849 seinen Gießener Lehrstuhl und übersiedelte in die Schweiz. Dort wurde er 1852 Professor für Geologie, 1872 für Zoologie in Genf. Als Mitglied der Berner und Genfer Kantonsräte sowie des eidgenössischen Ständerates blieb er weiterhin politisch aktiv. — Unter der Leitung Agassiz' hatte V. glaziologische Untersuchungen am Unteraargletscher durchgeführt. Neben der Geologie forschte er auf den Gebieten der Anatomie und der Physiologie. Er bekannte sich zum Materialismus und zum Darwinismus, untersuchte das Nervensystem der Reptilien, betrieb entwicklungsgeschichtliche Forschungen über die Geburtshelferkröte, über Süßwasserfische und Schnecken. Ebenso arbeitete V. über Parasiten. — Robert Chambers (1802-1871) im Jahre 1844 zunächst anonym erschienene Abhandlung »Vestiges of the Natural History of Creation« übersetzte er noch vor seiner Teilnahme an der Revolution von 1848/49 ins Deutsche, konnte die Arbeit aber erst nach den Ereignissen abschließen. Das im Herbst 1849 entstandene Vorwort spiegelt die Enttäuschung und Verbitterung über das Scheitern der Revolution wider: Darin bezeichnete er den zu dieser Zeit noch immer anonymen Verfasser der »Vestiges« als einen »constitutionellen Engländer«, »der einen constitutionellen Gott construirt hat, welcher Anfangs zwar als Autokrat Gesetze gab, dann aber aus freiem Antriebe seine Autokratie aufgab und ohne directen Einfluß auf die Regierten, nur das Gesetz an seiner statt gelten läßt. Ein herrliches Beispiel für die Fürsten!« [Vogt, 1858, S. VI] - Im religiösen Glauben sah V. eine Gefährdung der menschlichen Moral. In seiner sogenannten »Kirchenrede« vom 22. August 1848 hatte er als Abgeordneter der Nationalversammlung »jede Kirche« als einen »Hemmschuh der Civilisation« bezeichnet. Ihre Sittlichkeit gründe ausschließlich in der Angst des Gläubigen vor einer Bestrafung für seine Sünden. Dem stellte V. eine »wahre Sittlichkeit« gegenüber, die im freien Bewußtsein über Recht und Unrecht bestehe. Er war bestrebt, die Religion zurückzudrängen und setzte sich politisch für eine Trennung von Staat und Schule von der Kirche ein. [Misteli, 1937, S. 224-227] Auch die Naturwissenschaft sah V. durch die Religion bedroht. Eine Zeit des friedlichen Nebeneinanders von Wissenschaft und Religion gebe es nicht. — V. wurde auch durch seine führende Beteiligung am sogenannten Materialismusstreit bekannt. Sein Hauptkontrahent war der Göttinger Physiologe Rudolph Wagner. [Zum Verlauf des Streits siehe etwa: Meschede, 1980 oder Wittkau-Horgby, 1998, S. 78-112] V. vertrat einen radikalen Materialismus, der von der Unzerstörbarkeit der Materie ausging, welche zu erforschen die Aufgabe der Naturwissenschaften sei. Deren empirischen Charakter hatte er 1847 in Abgrenzung zu naturphilosophischen Spekulationen in seiner Giessener Antrittsvorlesung hervorgehoben. V. kritisierte den Glauben an einen Schöpfer, an die Schaffung der Menschheit aus nur einem einzigen Paar, sowie an eine unsterbliche Seele. Die Entstehung des Lebens basiere ebenso wie die spezifischen Tätigkeiten der Körperorgane und die Gehirnfunktionen auf materiellen Vorgängen. In drastischer Wortwahl erklärte er schon 1847 in den »Physiologischen Briefen«, daß die Gedanken im gleichen Verhältnis zum Gehirn stünden, wie die Galle zur Leber oder der Urin zu den Nieren. [Vogt, 1847, S. 206] Der menschliche Organismus unterscheide sich nur graduell vom tierischen und funktioniere rein mechanisch. Einen freien Willen gebe es nicht: »Wir sind in keinem Augenblicke Herren über uns selbst, über unsere Vernunft, über unsere geistigen Kräfte, so wenig als wir Herren sind darüber, daß unsere Nieren eben absondern oder nicht absondern sollen. Der Organismus kann nicht sich selbst beherrschen, ihn beherrscht das Gesetz seiner materiellen Zusammensetzung.« [Vogt, 1852, S. 445-446] - Die Seele faßte V. als einen »Collektivbegriff für eine Anzahl von Funktionen auf, die der Nervenmaterie zustehen«. Somit sei beim Tode des Organismus auch »das Aufhören der Funktion mit dem Aufhören der zu Grunde liegenden Materie gegeben«. Ein Weiterleben der Seele sei daher nicht möglich. Allerdings bleibe die Materie erhalten, gehe nach dem Zersetzungsprozeß jedoch neue chemische Verbindungen ein, die dann wiederum andere Funktionen erzeugen würden. [Vogt, 1852, S. 450-451] - Nachdem es zwischen V. und Wagner, der an der Existenz der unsterblichen Seele und am biblischen Schöpfungsglauben festhielt, 1852 zu einer heftigen Auseinandersetzung in der »Augsburger Allgemeinen Zeitung« gekommen war, wurde der Konflikt durch Wagners Vortrag »Über Menschenschöpfung und Seelensubstanz« weiter verschärft, den er 1854 auf der 31. Naturforscherversammlung in Göttingen hielt. In ihr sah Wagner durch Ablehnung einer unsterblichen Seele gesellschaftliche Grundwerte in Gefahr und fragte, ob die Naturwissenschaften überhaupt die Reife besitzen würden, die Frage nach der menschlichen Seele zu beantworten. V. reagierte 1855 mit der polemischen Streitschrift »Köhlerglaube und Wissenschaft«, in der er seine Position verteidigte und Wagner auch persönlich scharf angriff. Es gelang ihm jedoch nicht, die Ansichten seines Kontrahenten schlüssig zu widerlegen. [vgl. Wittkau-Horgby, 1998, S. 102-114] - V. vertrat letztlich einen Atheismus, den er naturwissenschaftlich zu stützen versuchte. Seine Ansichten, die auch im Kontext gesellschaftlicher Opposition gesehen werden müssen, besaßen moralische, theologische und juristische Konsequenzen. Die Leugnung einer unsterblichen Seele, die nach dem Tod somit nicht mehr für ihre Sünden bestraft werden könnte, drohte den Theologen die Legitimation zu entziehen. Seine mechanisch-materielle Weltsicht reduzierte jeden (auch religiösen) Gedanken auf bloße Funktionen der Materie und lehnte mit der Willensfreiheit zugleich auch die rechtliche sowie moralische Verantwortung des Menschen für seine Handlungen ab. Vor dem Hintergrund seiner eigenen politischen Aktivitäten sowie der Auseinandersetzung mit der Religion muß die Leugnung des freien Willens jedoch als äußerst problematisch erscheinen. [zur Kritik an V. vgl. Wittkau-Horgby, 1998, S. 102-114] Auf Friedrich Engels (1820-1895) geht für die von V. sowie von den Physiologen Jakob Moleschott (1822-1893) und Ludwig Büchner (1824-1899) vertretene Materialismustradition die Begründung des Begriffes »Vulgärmaterialismus« zurück, den er in Abgrenzung zum »dialektischen Materialismus« kritisierte.

Werke: Zur Anatomie der Amphibien, 1839; Untersuchungen über die Entwicklungsgeschichte der Geburtshelferkröte, Solothurn 1842; Lehrbuch der Geologie und Petrefactenkunde. Zum Gebrauche bei Vorlesungen und zum Selbstunterrichte, 2 Bände, Braunschweig 1846 (2. Aufl. 1854, 3. Aufl. 1866); E. Desor: Agassiz' und seiner Freunde geologische Alpenreisen in der Schweiz, Savoyen und Piemont, hrsg. von Carl Vogt, 2. Aufl., Frankfurt/Main 1847; Über den heutigen Stand der beschreibenden Naturwissenschaften. Rede gehalten am 1. Mai 1847 zum Antritte des zoologischen Lehramtes an der Universität Gießen, Gießen 1847; Physiologische Briefe für Gebildete aller Stände, Stuttgart/Tübingen 1847; Der achtzehnte September in Frankfurt. Im Auftrage der Clubbs der Linken vom Deutschen Hofe und vom Donnersberge, geschildert von Carl Vogt, Frankfurt/Main 1848; Ocean und Mittelmeer. Reisebriefe, Frankfurt/Main 1848; Die Aufgabe der Opposition in unserer Zeit, Gießen 1849; Untersuchungen über Thierstaaten, Frankfurt/Main 1851; Zoologische Briefe. Naturgeschichte der lebenden und untergegangenen Thiere, für Lehrer, höhere Schulen und Gebildete aller Stände, Frankfurt/Main 1851; Bilder aus dem Thierleben, Frankfurt/Main 1852; Physiologische Briefe für Gebildete aller Stände, Gießen 2. Aufl. 1854 (3. Aufl. 1861); Köhlerglaube und Wissenschaft. Eine Streitschrift gegen Hofrath Rudolph Wagner in Göttingen, Gießen 1855; [mit G. de Mortillet]: Geologische Untersuchung des Terrains der Eisenbahnlinie zwischen Lausanne und dem Lac-de-Bret. Brief an den Bundesrath und an den Staatsrath von Freiburg, Bern 1856; R. Chambers: Natürliche Geschichte der Schöpfung des Weltalls, der Erde und der auf ihr befindlichen Organismen. Begründet auf die durch die Wissenschaft errungenen Thatsachen, nach der 6. Aufl. übers. von Carl Vogt, Braunschweig 1858; Altes und Neues aus Thier- und Menschenleben, Frankfurt 1859; Mein Process gegen die Allgemeine Zeitung. Stenographischer Bericht, Dokumente und Erläuterungen, Genf 1859; Studien zur gegenwärtigen Lage Europas, Genf u.a. 1859; Ueber Benzylmercaptan und zweifach Schwefelbenzyl, sowie über eine neue Bildungsweise der Mercaptane überhaupt, Marburg Univ. Diss. 1861; Physiologische Briefe für Gebildete aller Stände, Gießen, 3. Aufl. 1861; Nord-Fahrt. Entlang der norwegischen Küste, nach dem Nordkap, den Inseln Ian Mayen und Island, auf dem Schooner Joachim Hinrich unternommen während der Monate Mai bis Oktober 1861 von Dr. Georg Berna, in Begleitung von C. Vogt, H. Hasselhorst, A. Greßly und A. Herzen, Frankfurt/Main 1863; Vorlesungen über den Menschen, seine Stellung und in der Schöpfung und in der Geschichte der Erde, Gießen 1863; Andeutungen zur gegenwärtigen Lage, Frankfurt/Main 1864; Vorlesungen über nützliche und schädliche, verkannte und verläumdete Thiere, Leipzig 1864; J.A. Brillat-Savarin: Physiologie des Geschmacks oder physiologische Anleitung zum Studium der Tafelgenüsse, übers. von C. Vogt, Braunschweig 1865; T. H. Huxley: Über unsere Kenntniss von den Ursachen der Erscheinungen in der organischen Natur. 6 Vorlesungen für Laien, übers. von Carl Vogt, Braunschweig 1865; Carl Vogt's politische Briefe an Friedrich Kolb, Biel 1870; Ueber Vulkane. Vortrag, Basel 1875; Die Herkunft der Eingeweidewürmer des Menschen. Vortrag gehalten in der 5ten Sitzung des Internationalen Congresses für Medizinische Wissenschaften in Genf, September 1877, Basel u.a. 1878; G. de Saporta: Die Pflanzenwelt vor dem Erscheinen des Menschen, übers. von Karl Vogt, Braunschweig 1881; Eduard Desor. Lebensbild eines Naturforschers, Breslau 1882; Ein frommer Angriff auf die heutige Wissenschaft, Breslau 1882; [mit F. Specht]: Die Säugetiere in Wort und Bild, München 1883; Lehrbuch der praktischen vergleichenden Anatomie, Braunschweig 1888; Aus meinem Leben. Erinnerungen und Rückblicke, Stuttgart 1896; Die Süsswasserfische von Mittel-Europa, Halle 1909; Aus meinem Leben. Erinnerungen und Rückblicke. Carl Vogt, hrsg. von E.-M. Felschow, Gießen 1997; G. K. Judel (Bearb.): Erinnerungen an die Deutsche Nationalversammlung 1848/49. Briefe aus dem Exil, Frankfurt/Main 2005.

Bildnis: C. Kockerbeck: »Vogt, Carl Christoph«, in: Lexikon der bedeutenden Naturwissenschaftler 3, hrsg. von D. Hoffmann u.a., 2004, S. 398; C. Vogt: Altes und Neues aus Thier- und Menschenleben, Frankfurt 1859, S. II.

Lit. (auch Streitschriften): J. B. Baltzer: Ueber die Anfänge der Organismen und die Urgeschichte des Menschen. 5 Vorträge zur Widerlegung der von Carl Vogt gehaltenen Vorlesungen »Ueber die Urgeschichte des Menschen«, Paderborn 1869; — H. Berding: Carl Vogt (1817-1895). Der politische Lebensweg eines liberalen Demokraten, in: Reich, Regionen und Europa in Mittelalter und Neuzeit, Berlin 2000, S. 479-496; — R. Biber: Carl Vogt's Naturwissenschaftliche Vorträge über die Urgeschichte des Menschen. Ein Leitfaden für Carl Vogts' Auditorium, Berlin 1869; — W. Bröker: Politische Motive naturwissenschaftlicher Argumentation gegen Religion und Kirche im 19. Jahrhundert. Dargestellt am Materialisten Karl Vogt (1817-1895) (Münstersche Beiträge zur Theologie 35) Münster 1973 (Habil. Univ. Bonn) - J. Frohschammer: Menschenseele und Physiologie. Eine Streitschrift gegen Professor Karl Vogt, München 1855; — P. Gleisberg: Kritische Darlegung der Urgeschichte des Menschen nach Carl Vogt, Dresden 1868; — F. Gregory: Scientific Materialism in Nineteenth Century Germany, Dordrecht 1977; — H.P. Ingensiep: »Vogt, Carl«, in: Deutsche Biographische Enzyklopädie 10, hrsg. von Walther Killy/Rudolf Vierhaus, München 1999, S. 233; — F.A.G. Kloth: Über Materialismus mit besonderer Berücksichtigung der Angriffe Dr. Karl Vogt's auf die Religion, Aachen 1868; — C. Kockerbeck (Hrsg.): Carl Vogt, Jacob Moleschott, Ludwig Büchner, Ernst Haeckel. Briefwechsel, 1999; — C. Kockerbeck: »Zur Stellung der Reisebriefe Ocean und Mittelmeer (1848) im Werk des Zoologen, Geologen, Volksbildners und Politikers Carl Vogt (1817-1895)«, in: Medizinhistorisches Journal 39 (2004) 243-264; — C. Kockerbeck: »Vogt, Carl Christoph«, in: Lexikon der bedeutenden Naturwissenschaftler 3, hrsg. von D. Hoffmann u.a., 2004, S. 397-398; — E. Krause: »Vogt, Karl«, in: ADB 40, Leipzig 1896, S. 181-189; — T. Lenoir: The Strategy of Life. Teleology and Mechanics in Nineteenth Century German Biology, Dordrecht 1982; — K. Marx: Herr Vogt, London 1860; — E. Mayr: Die Entwicklung der biologischen Gedankenwelt. Vielfalt, Evolution und Vererbung, Berlin 1984; — K. Meschede: »Materialismusstreit«, in: Historisches Wörterbuch der Philosophie 5, hrsg. von J. Ritter/K. Gründer, Basel/Stuttgart 1980, Sp. 868-869; — H. Misteli: Carl Vogt. Seine Entwicklung vom angehenden naturwissenschaftlichen Materialisten zum idealen Politiker der Paulskirche (1817-1849) (Schweizer Studien zur Geschichtswissenschaft 18, hrsg. von R. Feller u.a., 1935-1937), Zürich/Leipzig 1937; — P. Moraw: Kleine Geschichte der Universität Gießen, Gießen 1990; — O. Muck: »Vogt«, in: Religionskritik von der Aufklärung bis zur Gegenwart. Autoren-Lexikon von Adorno bis Wittgenstein, hrsg. von K.-H. Weger, Freiburg im Breisgau 1979, S. 292-294; — W. Näf: »Nach der deutschen Revolution von 1848/49. Briefe von Ludwig Pfau und Carl Vogt aus dem Exil«, in: Zeitschrift für schweizerische Geschichte 12 (1932), 167-209; — P. E. Pilet: »Vogt, Carl«, in: Dictionary of Scientific Biography 14, hrsg. von C.C. Gillespie, New York 1967, S. 57-58; — B. Sanner: »Carl Vogt als Naturwissenschaftler«, in: Mitteilungen des Oberhessischen Geschichtsvereins Giessen 79 (1994) 231-292; — J. von Schweitzer: Widerlegung von Carl Vogt's Studien zur gegenwärtigen Lage Europa's, Frankfurt (Main) 1859; — G. Seidlitz: Carl Vogt's Affenmenschen und Dr. Albert Schumann's Broschüre über dieselben mit einander verglichen. Nebst einem Anhang über Dr. Gleisbergs »Kritische Darlegung«, Dresden 1868; — E. Silesius (alias E. von Badenfeld): Der moderne Materialismus in seiner Nichtigkeit und Erbärmlichkeit oder Karl Vogt, der Physiologe der Frankfurter Nationalversammlung, ein für allemal aus dem Tempel der Physiologie hinausgeworfen, Leipzig 1849; — R. Thum: Karl Vogt's Köhlerglaube und Wissenschaft im eigenen Lichte, Göttingen 1856; — B. Uhlemann: »Vogt, Karl«, in: Enzyklopädie Philosophie und Wissenschaftstheorie 4, hrsg. von Jürgen Mittelstraß, 1996; — J.A. Wagner: Naturwissenschaft und Bibel im Gegensatze zu dem Köhlerglauben des Herrn Carl Vogt, Stuttgart 1855; — D. Wittich (Hrsg.): Schriften zum kleinbürgerlichen Materialismus in Deutschland. Vogt, Moleschott, Büchner, Berlin 1971; — A. Wittkau-Horgby: Materialismus. Entstehung und Wirkung in den Wissenschaften des 19. Jahrhunderts, Göttingen 1998 (Hannover Univ. Habil. 1997); — A. von Wurzbach: Zeitgenossen. Biographische Skizzen 2: Carl Vogt, Wien 1871.

Martin Schneider

WAGNER, Wilhelm *Richard*, * 22.5. 1813 Leipzig, † 13.2. 1883 Venedig, dt. Komponist und Musikschriftsteller. Vater: Friedrich W. (1770-1813), Jurist und Polizeiaktuar; Mutter: Johanna Rosine W. geb. Pätz, 1778-1848. Von W.s sechs Geschwistern waren mehrere im Theaterfach tätig: Albert (1799-1874, Sänger und Regisseur), Rosalie (1803-1837, Schauspielerin), Luise (1805-1871, Schauspielerin, für W. bedeutend durch ihre Ehe mit dem Leipziger Verleger Friedrich Brockhaus). — W. wuchs in Dresden (1822-1828 Kreuzschule) und Leipzig (bis 1830 Nicolai-Gymnasium) auf. In Leipzig nahm er Kompositionsunterricht bei

Christian Gottlieb Müller (1828-1829) sowie bei dem Thomaskantor Theodor Weinlig (1831-1832); er schrieb hier u. a. eine Symphonie in C-Dur (1832, Uraufführung [im folgenden: UA] Prag). Ende 1832 verfaßte W. sein erstes Operntextbuch (,Die Hochzeit'), von dem er die ersten Nummern vertonte. 1833 war er in Würzburg als Korrepetitor tätig; hier entstand die Oper 'Die Feen' (nach Gozzi, 'La donna serpente', UA posthum 1888 in München). In Magdeburg, wo er 1834 die Stelle des Musikdirektors am Stadttheater erlangte, brachte W. 1836 seine zweite Oper 'Das Liebesverbot' (nach Shakespeare, 'Maß für Maß') zur Aufführung. Im selben Jahr heiratete er die Schauspielerin Minna Planer (1809-1866), der er nach Königsberg folgte; von 1837 bis 1839 wirkte er am Theater in Riga, das er verschuldet verlassen mußte. Über London ging W. nach Paris, wo er seinen Lebensunterhalt unter anderem als Musikschriftsteller bestritt. In Paris beendete er 1840 seine große Oper 'Rienzi, der letzte der Tribunen' (nach Bulwer, UA Dresden 1842) und verfaßte die Romantische Oper 'Der fliegende Holländer' (UA Dresden 1843); die Pariser 'Gazette musicale' veröffentlichte zahlreiche Artikel W.s (darunter 'Eine Pilgerfahrt zu Beethoven', 1840). Durch die erfolgreiche Aufführung des 'Rienzi' bekannt geworden, wurde W. 1843 als Königlich Sächsischer Kapellmeister an die Dresdner Oper berufen. Hier brachte er, nach dem »Holländer«, 1845 seinen »Tannhäuser« auf die Bühne und schrieb Text und Musik des 'Lohengrin' (UA 1850 Weimar unter Franz Liszt). Mit einer spektakulären Aufführung von Beethovens 9. Symphonie (1846) leistete er überdies einen wesentlichen Beitrag zu der Rezeption des Komponisten in Deutschland. Aktive Teilnahme am Dresdner Maiaufstand von 1849 nötigte ihn zur Flucht; W. gab dabei nicht zuletzt seine gut ausgestattete Bibliothek (einer der Schwerpunkte: Literatur zum Mittelalter) auf. Er wurde auf dem Gebiet des Deutschen Bundes bis 1862 steckbrieflich gesucht; bis 1858 blieb er (überwiegend in Zürich) im Exil. Hier entstanden die bedeutenden, für seine Kunst grundlegenden Schriften sowie große Teile der bereits in Dresden begonnenen Tetralogie 'Der Ring des Nibelungen' (bis zum 2. Akt des 'Siegfried'; UA 'Rheingold' München 1869, UA 'Die Walküre' ebd. 1870); hier entdeckte er 1854 Schopenhauer und verstrickte sich in die Beziehung zu Mathilde Wesendonck, der Gattin eines Großkaufmanns. In der folgenden unsteten Reisezeit schuf W. die »Handlung« 'Tristan und Isolde' (begonnen 1855 in Zürich, beendet 1859 in Luzern; UA München 1865) und erlebte 1861 die tumultöse Aufführung seines neubearbeiteten 'Tannhäuser' in Paris. Hier begann er mit der Arbeit an den 'Meistersingern von Nürnberg', die er 1862 in Biebrich fortsetzte. Auf der Flucht vor seinen Wiener Gläubigern (das Projekt einer »Tristan«-Aufführung dort scheiterte) in Stuttgart weilend, wurde W. 1864 vom kurz zuvor inthronisierten bayerischen König Ludwig II. nach München berufen. W. inspirierte den König zu kostspieligen (freilich nicht verwirklichten) Theaterbau-Plänen; es war jedoch vor allem W.s enges Verhältnis zu Ludwig, das die Ministerialbürokratie alarmierte und zu Intrigen veranlaßte. Schon Ende 1865 verließ W. die bayerische Hauptstadt und begab sich nach Tribschen bei Luzern. Dorthin folgte ihm Cosima von Bülow (geb. Liszt, 1837-1930), mit der er schon in München ein Verhältnis hatte; nach ihrer Scheidung heirateten sie 1870 (W.s Ehefrau Minna war bereits 1866 gestorben). In Tribschen beendete W. 1867 die »Meistersinger« (UA München 1868) sowie 1871 den schon in Zürich begonnenen 'Siegfried'. Hier besuchte ihn häufig der Basler Professor Fr. Nietzsche. Mit dem Bau eines zentral gelegenen Festspielhauses (Baubeginn 1872) erstrebte W. ein kulturelles Äquivalent zur Reichsgründung 1871; das Projekt wurde durch W.-Vereine, die im Reich sowie in der k. k. Monarchie entstanden, unterstützt und überwiegend durch hierbei ausgegebene »Patronatsscheine« finanziert. W. übersiedelte 1872 nach Bayreuth; er vollendete hier die 'Götterdämmerung', den letzten Teil der Tetralogie 'Der Ring des Nibelungen' (erste zyklische Aufführung 1876), und schuf das »Bühnenweihfestspiel« 'Parsifal' (1877-1882, UA 1882), das bis 1913 nur in Bayreuth aufgeführt werden durfte. — W.s kreative Anfänge liegen im Theater; schon als Kind verfaßte er Dramentexte. Seine Neigung zur Musik ist zunächst rezeptiv gegründet (prägendes Erlebnis waren die Beethoven-Aufführungen im Leipziger Gewandhaus). Das kompositorische Handwerk erlernte er in verhältnismäßig kurzer Zeit. Von diesen Keimen aus entwickelte er sich zum Prototyp des Künstlers, zu einer Verkörperung jenes Typus, der im 19. Jh. entstand und seine Nachwirkung bis ans Ende des folgenden Jh. haben sollte: zur Signatur dieses Typus gehört das Unbedingte der schöpferischen Vision, der sich das Leben zu unterwerfen hat. Die unvermeidliche Kollision dieses Konzepts mit der Welt des Realen und Sozialen führt zu einem Leiden an der Welt, das Wagner auf der Bühne mit der »Erlösungsidee«, im Leben mit zeitweise offen zutage tretenden und nie ganz aufgegebenen Revolutionsideen zu artikulieren und zu stillen suchte. Daß sein hieraus erwachsenes Handeln jedoch auch die Umwelt an W. leiden ließ und vielfach als schrankenloser Egoismus gedeutet wurde, gehört zu den nicht auflösbaren Widersprüchen seiner Persönlichkeit. Von diesen Widersprüchen nährte sich die Rezeption W.s; sein oftmals in Schriften und Briefen dargelegtes, häufig aus der spezifischen biographischen Konstellation erwachsenes Freund-Feind-Denken wurde von der frühen W.-Literatur sowie von den in W.-Vereinen organisierten Verehrern weiter tradiert. Symptomatisch ist W.s Antisemitismus, der, in einer persönlichen Ablehnung des erfolgreichen Giacomo Meyerbeer begründet, spätestens nach der Veröffentlichung seiner Ansichten (1850) paranoide Züge annahm. (Bis heute ist umstritten, in welchem Maße W.s Antisemitismus bis in den Nationalsozialismus hineinwirkte.) Schließlich seien von den vielfachen Widersprüchen im W.-Bild noch jene erwähnt, die sich daraus herleiten, daß der Autor der »Ring«-Tetralogie und des 'Parsifal' zum Maß des »ganzen« W. erhoben wurde. Eine solche Sicht drängte etwa W.s frühe Affinität zu Hegel, zum Jungen Deutschland, zu Feuerbach, zu Sozialisten und Anarchisten zurück zugunsten eines Bildes vom weltsichtigen Schopenhauer-Propheten und staatstragenden Nationalmythologen. Eine solche Sicht führte auf musikalischer Ebene zur Verdrängung von Wagners Anfängen im Idiom der italienisch und französisch dominierten Oper seiner Epoche sowie zum Primat der »Leitmotiv«-Technik für alle Werke W.s, obwohl nur im »Ring« dieses Prinzip in Reinkultur ausgeprägt ist. Aus dem ganzen, in W.s Leben ausgeschrittenen geistigen Kreis wurde, noch zu Lebzeiten W.s und nicht ohne sein Zutun, von »Wagnerianern« eine synkretistische Ersatzreligion destilliert, deren zeittypische Tendenzen (darunter Rassenlehre, entkirchlichtes Christentum, Germanenkult, Antisemitismus) in den »Bayreuther Blättern« propagiert wurden. Den Ausgangspunkt von W.s Wirken bildet jedoch zweifellos sein Werk. W. griff zunächst die Diktion der deutschen Oper (Weber, Marschner) auf, um sich im 'Rienzi' dem führenden Typus der französischen Grand Opéra zuzuwenden. Die folgenden Bühnenwerke sind indes als dezidierte Abkehr von der überkommenen Operngestaltung zu verstehen. Gleichwohl lassen die drei »Romantischen Opern« ('Der fliegende Holländer', 'Tannhäuser' und 'Lohengrin') trotz ihrer Disposition in großen Tableaus die überkommenen Gestaltungsgrundsätze der »Nummernoper« durchscheinen. Bezeichnend ist indessen W.s Bestreben nach einer Stringenz der Handlungsführung, die mit Hilfe musikalisch-formaler Bezüge dem Werk Geschlossenheit verleiht, sowie seine Fähigkeit, die durch die Germanistik seiner Zeit bereitgestellten mittelalterlichen Stoffe in musikalisch-dramatischer Weise wirkungskräftig (nicht zuletzt im Sinne seiner »Erlösungsidee«) zu bearbeiten. Den folgenden »eigentlichen« Musikdramen, mit denen W. endgültig »aus allem Bezug« zum »heutigen Theater« heraustreten wollte, geht eine Phase eingehender Reflexion voraus (»Züricher Kunstschriften«, insbesondere 'Oper und Drama'). W. fordert die Subordination der Teilkünste (Dichtung, Mimik, Musik, Bühnengestaltung) unter den Zweck des Dramas, dessen Aufgabe es sei, eine nicht näher erläuterte »dichterische Absicht« klar zum Ausdruck zu bringen. Im Gegensatz hierzu sei in der bisherigen Opernkunst das Drama lediglich als Mittel zur Eigendarstellung der Musik (der »absoluten Musik«) verwendet worden. Das Drama selbst speise sich aus dem Mythos, da nur dieser einen »reinmenschlichen« Inhalt in wünschenswerter Klarheit fassen kann. Die Musik trage zur Vermittlung dieser Klarheit und Einheitlichkeit als sinntragende, kontinuierliche Schicht (»unendliche Melodie«) notwendig bei; das Orchester tritt an die Stelle des antiken Chors. Die Dichtung habe auf genaue Balance zwischen kommunikativen und emotionalen Sprachkomponenten zu achten; von hier aus leitet W. die besondere Eignung des Stabreims ab, der den flexiblen Dramenversen eine musikalisch-klangliche und damit emotionale Vorordnung aufprägt. W. gelang hiermit wohl als erstem, eine musikdramatisch brauchbare gehobene Diktion der deutschen Sprache zu schaffen, die freilich kaum Nachfolger fand und die er selbst teilweise wieder aufgab: zu sehr gehört die Stabreimdichtung zur Physiognomie der »Ring«-Tetralogie. Am Entstehungsprozeß des 'Ring des Nibelungen' wird deutlich, daß W.s theoretische Erwägungen durchaus in Wechselwirkung zum Schaffen stehen. Aus der 1848 konzipierten Oper 'Siegfrieds Tod' erwuchs in ausgearbeiteter epischer Rückschau der »Ring«, wobei Wagner im 'Rheingold' gleichsam bis zum Ursprung der Welt vordrang. (Die musikalische Komposition erfolgte freilich, nachgeordnet, vom Beginn an; nur so ist die zunehmende Verflechtung der verschiedenen musikalisch-semantischen Themen oder »Leitmotive« zu bewerkstelligen.) Mit zwei »kleineren« Werken, mit deren Abfassung W. den ins Stocken geratenen Kompositionsprozeß des »Ring« wieder in Gang zu bringen suchte, stellten sich sogleich Modifizierungen seines Konzepts ein. An 'Tristan und Isolde' (wie später am 'Parsifal') läßt sich studieren, wie W. eine vielfältige Stoffüberlieferung in eine einheitliche Form bringt. In der Behandlung des Orchesters verschiebt sich hierbei die Balance weg von bedeutungsvollem oder illustrierend-gestischem Kommentar hin zu musikalisch bezugreicher und geradezu »symphonischer« Eigenwertigkeit; passend dazu versteht W. nun die Musik im Sinne Schopenhauers als unmittelbare Äußerung des Willens, als ein dem Drama noch vorgelagertes Medium. In den »Meistersingern« schließlich, in denen W.s schaffensästhetische und sozialutopische Vorstellungen entfaltet werden, finden sich wieder Chor und Ansätze einzelner »Nummern«. W.s letztes Bühnenwerk, der 'Parsifal', ist eine radikale Verwirklichung der (späteren) W.schen Idee vom Drama als »ersichtlich gewordener Taten der Musik«. Die Vieldeutigkeit der personifizierten, zu Protagonisten gewordenen Seelenzustände sowie des komplexen musikalischen Beziehungsgeflechts kann als offenes, vieldeutiges System von Charakterkonstellationen verstanden werden. Problematisch ist die Interpretation als ein irgend »christlich« geartetes oder buddhistisch gefärbtes Drama. 'Parsifal' gilt als Anreger- und Schlüsselwerk des europäischen Symbolismus. Mit dem überlieferten Diktum, nach dem 'Parsifal' nur noch (einsätzige) Symphonien schreiben zu wollen, bekundet W. bei aller Ironie ein letztes Mal seine musikalische Herkunft aus der Beethoven-Rezeption der Vormärz-Zeit.

Musikalische Werke (Auswahl: vgl. J. Deathridge, M. Geck, E. Voss, W. Werk-Verzeichnis [WWW], Mainz 1986): Sonate (Klavier), B-Dur, 1831; Große Sonate (Klavier), A-Dur, 1832; Sinfonie, C-Dur, 1832; Die Feen (Große romantische Oper), 1833-1834; Das Liebesverbot oder Die Novize von Palermo (Große komische Oper), 1834-1836; Polonia, Ouvertüre, C-Dur, 1836; Rule Britannia, Ouvertüre, D-Dur, 1837; Volks-Hymne: Nicolay, G-Dur (Soli, Chor, Orchester), 1837; Rienzi, der Letzte der Tribunen (Große tragische Oper), 1837-1840; Les deux grenadiers (Lied für Singstimme und Klavier, H. Heine gewidmet), 1839-1840; Eine Faust-Ouvertüre, d-Moll, 1839-1840; Der fliegende Holländer (Romantische Oper), 1840-1841; Tannhäuser und der Sängerkrieg auf Wartburg (Große romantische Oper), 1842-1847, 1859-1861; 1865-1867; Das Liebesmahl der Apostel. Eine biblische Szene (Männerchor, Orchester), 1843; Lohengrin (Romantische Oper), 1845-1848; Der Ring des Nibelungen (Ein Bühnenfestspiel für drei Tage und einen Vorabend), Text 1848-1852: [I] Das Rheingold, 1853-1854; [II] Die Walküre, 1854-1856; Siegfried (bis 1863: Der junge Siegfried), 1856-1857, 1864-1865, 1869-1871; Götterdämmerung (bis 1863: Siegfrieds Tod), 1850, 1869-1874; Sonate (Klavier), As-Dur, 1853; Tristan und Isolde (Handlung), 1856-1859; Fünf Gedichte für eine Frauenstimme mit Pianoforte-Begleitung (Text: Mathilde Wesendonck), 1857-1858; Die Meistersinger von Nürnberg, 1845, 1861-1867; Huldigungsmarsch [Ludwig II. gewidmet], Es-Dur, 1864; Parsifal (Ein Bühenweihfestspiel), 1865, 1877-1882; Siegfried-Idyll, E-Dur, 1870; Kaisermarsch, B-Dur, 1871; Großer Festmarsch zur Eröffnung der hundertjährigen Gedenkfeier der Unabhängigkeitserklärung der Vereinigten Staaten von Nordamerika, G-Dur, 1876. — Gesamtausgabe: Sämtliche Werke, hrsg. von C. Dahlhaus und E. Voss, 1970ff.

Schriften (Auswahl): vgl. Verz. u. a. in: Ausg. Borchmeyer 1983, Bd. 10; Müller/Wapnewski 1986, 843-851, detaillierte Inhaltsangaben [Jürgen Kühnel] ebd., 471-588): Die deutsche Oper, 1834; Eine Pilgerfahrt zu Beethoven (Novelle), 1840; Über die Ouvertüre, 1840/41; Ein Ende in Paris (Novelle), 1841; Ein glücklicher Abend (Novelle), 1841; Programm zur 9. Symphonie von Beethoven, 1846; Wie verhalten sich republikanische Bestrebungen dem Königthume gegenüber?, 1848; — Die Kunst und die Revolution, 1849; Das Kunstwerk der Zukunft, 1849; Das Judentum in der Musik, 1850 (unter dem Pseudonym K. Freigedank veröff.; rev. 1869); Oper und Drama, 1851; Eine Mitteilung an meine Freunde, 1851; Zukunftsmusik, 1860; Über Staat und Religion, 1864; Was ist deutsch?, 1865-78; Deutsche Kunst und deutsche Politik, 1867/68; Mein Leben, 1865-80; Über das Dirigieren, 1869; Beethoven, 1870; Über die Bestimmung der Oper, 1871; Das Bühnenfestspielhaus zu Bayreuth, 1873; Modern, 1878; Publikum und Popularität,

1878; Religion und Kunst, 1880/81; Über das Weibliche im Menschlichen, (unvollendet), 1883. — Ausgaben: Gesammelte Schriften und Dichtungen, 10 Bde., 1871-1873, 1887/1888 (ND 1976); Sämtliche Schriften und Dichtungen, Volks-Ausgabe, 16 Bde., Leipzig o. J. [1911-1916] (Bd. 1-10 von der früheren Ausg. übernommen); Auswahl: Dichtungen und Schriften, hrsg. von D. Borchmeyer, 10 Bde., Frankfurt a. M. 1983; Mein Leben, vollst., komm. Ausg., hrsg. von M. Gregor-Dellin, München 1976; Das braune Buch, Tagebuchaufzeichnungen 1865-1882, hrsg. von J. Bergfeld, Zürich und Freiburg i. Br. 1975; Cosima W., Die Tagebücher, hrsg. von M. Gregor-Dellin und D. Mack, 2 Bde., München und Zürich 1976/77.

Briefe: Von Wagners Korrespondenz sind ca. 10 000 Briefe erhalten; auf eine detaillierte Übersicht über die zahlreichen und zerstreut publizierten Briefeditionen wird hier verzichtet. Eine Gesamtausgabe der Briefe W.s unter selektivem Einschluß der Gegenkorrespondenz ist im Entstehen begriffen: Sämtliche Briefe, hrsg. von G. Strobel, W. Wolf u. a., 8 Bde. 1967-1993; Fortsetzung, hrsg. von der Richard-W.-Stiftung Bayreuth, 1999ff.; W. Breig, M. Dürrer, Andr. Mielke, W.-Briefe-Verzeichnis [WBV]. Chronologisches Verzeichnis der Briefe von Richard W., 1998; Richard W. an Mathilde Wesendonck, hrsg. von J. Kapp, 1915; König Ludwig II. und Richard W.: Briefwechsel, 5 Bde., hrsg. von O. Strobel, 1936-1939; Erh. Thierbach (Hrsg.), Die Briefe Cosima W.s an Friedrich Nietzsche, 2 Bde, 1938-40; Letters of Richard W.: The Burrell Collection, hrsg. von J. N. Burk, 1951 (dt. 1953); Franz Liszt - Richard W.: Briefwechsel, hrsg. von H. Kesting, 1988.

Lit. (Auswahl): Periodika: Bayreuther Blätter, 1878-1938; — Revue wagnérienne, 1885-1888 (ND 1971); — Richard-W.-Jb. 1, 1886; — The Meister. The Quarterly Journal of the London Branch of the W. Socicty, 1885-1895; — Cronaca Wagneriana, 1893-1895; — Richard-W.-Jb., 1906-1908, 1912-1913; — Tribschener Blätter, Mitteilungen der Gesellschaft Richard-W.-Museum Tribschen, 1956; — Feuilles Wagnériennes. Bulletin d'information de l'association Wagnérienne de Belgique, 1960-1966; — Richard W.-Blätter, 1977-1989; — Wagner, 1980-2005 [The W. Society]; — Richard-W.-Jahrbuch, 1988ff.; — W.-Rezeption heute. Schriftenreihe der Deutschen Richard-W.-Gesellschaft, 1993-1997; — Les cahiers Wagnériens, 1996-2002; — Leidmotief: driemaandelijks tijdschrift van het Vlaams Wagnergenootschap, 1998-2000; — Wagnerspectrum, 2005ff.; The W. Journal, 2007ff.; — Verzeichnisse, Handbücher: Em. Kastner, W.-Catalog. Chronologisches Verzeichnis der von und über Richard W. erschienenen Schriften, Musikwerke etc., 1878 (ND 1966); — N. Oesterlein, Katalog einer Richard-W.-Bibliothek. Nach den vorliegenden Originalen zu einem authentischen Nachschlagebuch durch die gesamte insbesondere deutsche W.-Literatur bearbeitet und veröffentlicht, 4 Bde., 1882-1895 (ND 1970); — C. F. Glasenapp, W. Encyklopädie: Haupterscheinungen der Kunst- und Kulturgeschichte im Lichte der Anschauung Richard W.s, 2 Bde., 1891; — H. Silège, Bibliographie wagnérienne française, Paris 1902; — Catalogue of the Burrell Collection, Nonpareil Press, London 1929; — O. Strobel, Genie am Werk. Richard W.s Schaffen und Wirken im Spiegel eigenhandschriftlicher Urkunden, 1933, überarb. 1934²; — Edw. M. Terry, A Richard W. Dictionary, New York 1939 (ND 1971); — H. Barth (Hrsg.), Internationale W.-Bibliographie [1956-1978], 3 Bde., Bayreuth 1961-1979; — Ag. Ziino (Hrsg.), Antologia della critica wagneriana in Italia, 1970; — H.-M. Plesske (Hrsg.), Richard W. in der Dichtung. Bibliographie deutschsprachiger Veröffentlichungen, 1971; — H. Kirchmeyer, Das zeitgenössische W.-Bild, 3 Bde., 1968; — P. Burbidge (Hrsg.), The W. Companion, 1979; — H. F. G. Klein, Erst- und Frühdrucke der Textbücher von Richard W. Bibliographie, 1979; — ders., Erstdrucke der musikalischen Werke von Richard W., Bibliographie, 1983; — M. Kahane / N. Wild (Hrsg.), W. et la France, 1983; — Richard W. und die politischen Bewegungen seiner Zeit (Katalog einer Ausstellung des Bundesarchivs), 1983; — Ulr. Müller/P. Wapnewski (Hrsg.), Richard-W.-Handbuch, 1986; — H.-J. Bauer, Richard-W.-Lexikon, 1988; — ders., Reclams Musikführer Richard W., 1992 (NA u. d. T. Richard W.: Einführungen in sämtliche Kompositionen, 2004); — Eva-M. Limberg, Richard-W.-Bibliographie. Problemanalyse und Vorstudien zu einer neu zu erstellenden Personalbibliographie, 1989; — B. Millington, The W. Compendium. A guide to W.'s life and music, 1992 (TB 2001); — J. Lewsey, Who's who and what's what in W., 1997. — Sekundärliteratur: Fr. Liszt, Lohengrin et Tannhaeuser de Richard W., 1851 (dt. 1852); — ders., Richard W.s »Rheingold«, in: Neue Zeitschrift. für Musik 43, (1855); — J. Raff, Die Wagnerfrage. Kritisch beleuchtet, 1: W.s letzte künstlerische Kundgebung im »Lohengrin«, 1854; — H. von Bülow, Über Richard W.s Faust-Ouvertüre. Eine erläuternde Mittheilung an die Dirigenten, Spieler und Hörer dieses Werkes, 1860; — J. Champfleury [Pseud. für J. Fleury-Husson], Richard W., 1860; — E. Michotte, La visite de Richard W. à Rossini, 1860; — Ch. Baudelaire, Richard W. et Tannhaeuser à Paris, 1861 (zuerst in: Revue européenne, 1.4. 1861); — Fr. Müller, Der Ring des Nibelungen. Eine Studie zur Einführung in die gleichnamige Dichtung Richard W.s, 1862; — M. von Meysenbug, Memoiren einer Idealistin, 1868-1876; — H. L. Dorn, Aus meinem Leben, 1870; — ders., Ergebnisse aus Erlebnissen, 1877; — F. Hueffer, Richard W. and the music of the future. History and aesthetics, 1874; — Fr. Nietzsche, Die Geburt der Tragödie aus dem Geiste der Musik, 1872, erweitert 1886²; — ders., Unzeitgemässe Betrachtungen, 4: Richard W. in Bayreuth, 1876; — ders., Der Fall W., 1888; — H. Porges, Die Aufführung von Beethovens 9. Symphonie unter Richard W. in Bayreuth, 1872; — ders., Die Bühnenproben zu den Bayreuther Festspielen des Jahres 1876, 1877; — ders., »Tristan und Isolde«, in: Bayreuther Blätter 25 (1902), 26 (1903); — ders., Über Richard W.s »Lohengrin«, in: Bayreuther Blätter 32 (1909); — Edw. Dannreuther, Richard W.: His Tendencies und Theories, 1873; — Ed. Hanslick, Die Moderne Oper, 1875; — E. Koch, Richard W.s Bühnenfestspiel im Verhältnis zur alten Sage und zur modernen Nibelungendichtung, 1875; — Ed. Schuré, Le drame musical, 2: Richard W. Son oeuvre et son idée, 1875 (rev. 1895⁴; ND d. Ausg. 1910: 2003); — ders., Souvenirs sur Richard W., 1900; — C. F. Glasenapp, Richard W.s Leben und Wirken, 1876-1877 (3., erw. Aufl. u. d. T.: Das Leben Richard W.s, 1894-1911; rev. 1910-1923⁵); — W. Mohr, Richard W. und das Kunstwerk der Zukunft im Lichte der Bayreuther Aufführung betrachtet, 1876; — Ot. Hostinský, Das Musikalisch-Schöne und das Gesamtkunstwerk vom

Standpunkte der formalen Ästhetik, 1877; — M. Plüddemann, Die Bühnenfestspiele in Bayreuth. Ihre Gegner und ihre Zukunft, 1877; — Fr. von Hausegger, Richard W. und Schopenhauer, 1878 (1892²); — J. Gautier, W. et son oeuvre poétique depuis Rienzi jusqu'à Parsifal, Paris 1882; — dies., Le collier des jours. Le troisième rang du collier, 1909; — Edm. Hippeau, Parsifal et l'opéra wagnérien, 1883; — R. Pohl, Gesammelte Schriften über Musik und Musiker, 1: Richard W., 1883 (ND 1973); — H. von Wolzogen, Erinnerungen an Richard W., 1883 (erw. 1891²); — ders., Wagneriana. Gesammelte Aufsätze über Richard W.s Werke vom Ring bis zum Gral, 1888; — ders., Musikalisch-dramatische Parallelen. Beiträge zur Erkenntnis von der Musik als Ausdruck, 1906; — L. Nohl, Das moderne Musikdrama, 1884; — Ad. Jullien, Richard W. Sa vie et ses oeuvres, 1886 (ND 1974); — C. Mendès, Richard W., Paris 1886; — H. Bulthaupt, Richard W., in: Dramaturgie der Oper 2, 1887 (erw. 1902²); — W. A. Ellis, Richard W. as Poet, Musician and Mystic, London 1887; — G. Servières, Richard W. jugé en France, Paris 1887; — M. Kufferath, Parsifal de Richard W. Légende, drame, partition, Paris 1890; — ders., Guide thématique et analyse de Tristan et Iseult, 1894; — K. Heckel, Die Bühnenfestspiele in Bayreuth, 1891; — H. E. Krehbiehl, Studies in the W.ian Drama, 1891 (ND 1975); — A. Smolian, Richard W.s Bühnenfestspiel »Der Ring des Nibelungen«. Ein Vademecum, 1901; — H. S. Chamberlain, Das Drama Richard W.s. Eine Anregung, 1892 (ND 1973); — ders., Richard W., 1896 (ND 1974); — H. Dinger, Richard W.s geistige Entwickelung. Versuch einer Darstellung der Weltanschauung Richard Wagners mit Rücksichtnahme auf deren Verhältnis zu den philosophischen Richtungen der Junghegelianer und Arthur Schopenhauers , [1892]; — F. Praeger, W. as I knew him, 1892 (dt. 1892); — Ad. Appia, La mise en scène du drame wagnerien, 1895; hrsg. von E. Stadler, in: Theaterjb. der Schweiz. Ges. f. Theaterkultur 28/29 (1963); — ders., Die Musik und die Inszenierung, 1899; — Chr. von Ehrenfels, Die musikalische Architektonik, in: Bayreuther Blätter 19 (1896); — ders., Richard W. und seine Apostaten, 1913; — F. Weingartner, Bayreuth (1876-1896), 1896; — J. L. Weston, The Legends of the W. Dramas. Studies in Mythology and Romance, 1896; — A. M. Bowen, The Sources and Text of W.'s »Die Meistersinger von Nürnberg«, 1897; — Alb. Lavignac, Le voyage artistique à Bayreuth, 1897; — M. Burrell, Richard W. His Life and Works from 1813-1834, 1898 (ND 2001); — H. Lichtenberger, Richard W. Poète et penseur, 1898 (dt. 1904); — G. B. Shaw, The perfect Wagnerite. A Commentary on the Niblung's Ring, 1898 (dt. Übers. 1908, 1973); — W. Weissheimer, Erlebnisse mit Richard W., Franz Liszt und vielen anderen Zeitgenossen nebst deren Briefen, 1898; — A. Prüfer, Die Bühnenfestspiele in Bayreuth, 1899 (1909 u. d. T. Das Werk von Bayreuth); — E. Newman, A Study of W., 1899 (ND 1974); — ders., W. as Man and Artist, London 1914 (ND 1963); — ders., Fact und Fiction about W., 1931; — ders., The Life of Richard W., 1933-1947 (ND 1976); — ders., W.s Nights, London 1949 (ND 1961, 1977); dass. u. d. T. The W. Operas, New York 1949 (ND 1963); — W. Golther, Richard W. als Dichter, 1904; — W. J. Henderson, Richard W. His Life and his Dramas, 1901 (ND 1971); — C. Saint-Saëns, Bayreuth und der »Ring des Nibelungen«, in: Die Musik 1 (1901/02), 751-763, 879-884; — A. Seidl, Wagneriana, 1901/02; — ders., Neue Wagneriana. Gesammelte Aufsätze und Studien, 1914; — R. Sternfeld, Schiller und W., 1905; — L. Schemann, Meine Erinnerungen an Richard W., 1902; — R. M. Breithaupt, Richard W.s Klaviermusik, in: Die Musik 3/4 (1903/04), 108-134; — H. Fuchs, Richard W. und die Homosexualität, 1903 (ND 1992, bearbeitet und gekürzt von H. Eppendorfer); — W. Kienzl, Die Gesamtkunst des XIX. Jahrhunderts. Richard W., 1903; — H. Abert, Gedanken zu Richard W.s »Die Meistersinger von Nürnberg«, in: Die Musik 4/2 (1904/05); — G. Adler, Richard W., 1904 (1932²); — W. Kleefeld, Richard W. als Bearbeiter fremder Werke, in; Die Musik 4/2 (1904/05); — M. Kietz, Richard W. in den Jahren 1842-1849 und 1873-1875. Erinnerungen von Gustav Adolph Kietz, 1905; — A. Drews, Der Ideengehalt von Richard W.s dramatischen Dichtungen im Zusammenhange mit seinem Leben und seiner Weltanschauung, nebst einem Anhang: Nietzsche und W., 1931; — F. A. Geissler, W. und die Opernregie, in: Richard-W.-Jb. 1 (1906); — K. Grunsky, W. als Sinfoniker, in: Richard-W.-Jb. 1 (1906); — P. Moos, Richard W. als Ästhetiker. Versuch einer kritischen Darstellung, 1906; — M. Semper, Das Münchener Festspielhaus. Gottfried Semper und Richard W., 1906; — Ed. Fuchs/E. Kreowski, Richard W. in der Karikatur, 1907; — Eng. Humperdinck, »Parsifal«-Skizzen. Persönliche Erinnerungen an die erste Aufführung des Bühnenweihfestspieles am 25. Juli 1882, in: Die Zeit (1907) (ND in: Bayreuther Festspielführer 1927); — M. Koch, Richard W., 1907-1918; — A. Neumann, Erinnerungen an Richard W., 1907 (ND 1976); — A. Heuss, Zum Thema, Musik und Szene bei W. Im Anschluß an W.s Aufsatz, Bemerkungen zur Aufführung der Oper »Der fliegende Holländer«, in: Die Musik 10/1 (1910/11); — J. Kapp, Richard W., 1910; — W. Krienitz, Felix Mottls Tagebuchaufzeichnungen aus den Jahren 1873-1876, in: Neue W.-Forschungen I, hrsg. von O. Strobel, 1943; — M. Graf, Richard W. im »Fliegenden Holländer«. Ein Beitrag zur Psychologie künstlerischen Schaffens (Schriften zur angewandten Seelenkunde, hrsg. von S. Freud, 9), 1911 (ND 1970); — J. Hey, Richard W. als Vortragsmeister. Erinnerungen, hrsg. von H. Hey, 1911; — L. Frankenstein (Hrsg.), Theodor Uhlig. Musikalische Schriften, 1913; — Er. W. Engel, Richard W.s Leben und Werke im Bilde, 1913 (ND 1922); — A. Halm, Von Grenzen und Ländern der Musik, 1916; — E. von Possart, Erstrebtes und Erlebtes. Erinnerungen aus meiner Bühnentätigkeit, 1916; — G. H. Müller, Richard W. in der Mairevolution 1849, 1919; — H. de Curzon, L'oeuvre de Richard W. à Paris et ses interprètes, 1850-1914, 1920; — E. Kurth, Romantische Harmonik und ihre Krise in W.s »Tristan«, 1920; — Cl. Debussy, Richard W., in: Monsieur Croche antidilettante, 1921; — M. Fehr, Richard W.s Schweitzer Zeit, 1 [1849-55], 1934; 2 [1855-72, 1883], 1954; — A. Cœuroy, W. et l'esprit romantique, Paris 1965; — Ed. Dujardin, La revue wagnérienne, in: La revue musicale 4 (1923) (separat 1977); — S. Wagner: Erinnerungen, 1923 (1935²); — P. Bekker, Richard W. Das Leben im Werke, 1924 (ND 1970); — K. Hildebrandt, W. und Nietzsche. Ihr Kampf gegen das 19. Jahrhundert, 1924; — A. Lorenz, Das Geheimnis der Form bei Richard W. I. Der musikalische Aufbau des Bühnenfestspieles »Der Ring des Nibelungen«, 1924; II: Der musikalische Aufbau von Richard W.s »Tristan und Isolde«, 1926; III. Der musikalische Aufbau von Richard W.s »Die Meistersinger von Nürnberg«, 1930; IV. Der musikalische Aufbau von Richard W.s »Parsifal«, 1933 (I-IV ND 1966); — ders., Der musikalische Aufbau von W.s »Lohengrin«, in: Bayreuther Festspielführer 1936; — O. Strobel, Richard W. über sein Schaffen. Ein Beitrag zur Künstlerästhetik, 1924; — ders., Neue Wagnerforschungen, 1943; — ders., Richard W. Leben und Schaffen. Eine Zeittafel, 1952; — H. Wiessner, Der Stabreimvers in Richard W.s »Ring des Nibelungen«, 1924 (ND 1967); — G. A. Hight, Richard W. A Critical Biography, 2 Bde., London 1925; — W. Hapke, Die musikalische Darstellung der Gebärde in Richard W.s »Ring des Nibelungen«, 1927; — H. Thompson, W. und Wagenseil. A Source of W.'s Opera »Die Meistersinger«, London 1927; — Fr. Klose, Bayreuth. Eindrücke und Erlebnisse, 1929; — H. Pfitzner, Werk und Wiedergabe, Gesammelte Schriften, Band III, 1929; — V. d'Indy, Richard W. et son influence sur l'art musical français, 1930; — K. Jäckel, Richard W. in der französischen Literatur, 1931/32; — Gr. Woolley, Richard W. et le symbolisme français, 1931; — G. Abraham, Nietzsches Attitude to W. A Fresh View, in: Music and Letters 13 (1932); — ders., W.'s Second Thoughts, in: Slavonic and Romantic Music. Essays and Studies, 1968; — G. de Pourtalès, W.: histoire d'un artiste, 1932 (ND 1972); — W. Engelsmann, W.s klingendes Universum. Der Ring aus Gott - Welt - Macht - Besitz - Liebe - Weib - Mutter und Mensch, 1933; — Th. Mann, Leiden und Größe Richard W.s, in: Neue Rundschau 44 (1933); — E. Bücken, Richard W., 1934 (1943[2]); — P. Claudel, Richard W. Rêverie d'un poete français, in: Revue de Paris (15. Juli 1934); — I. Wyzewska, La Revue Wagnérienne. Essai sur l'interprétation esthétique de W. en France, 1934; — Fr. Rühlmann, Richard W.s theatralische Sendung. Ein Beitrag zur Geschichte und zur Systematik der Opernregie, 1935; — A. Bahr-Mildenburg, Darstellung der Werke Richard W.s aus dem Geiste der Dichtung und Musik. »Tristan und Isolde«, vollständige Regiebearbeitung sämtlicher Partien mit Notenbeispielen, 1936; — L. Gilman, W.'s Operas, 1937 (ND 1986); — M. Moser, Richard W. in der englischen Literatur des 19. Jahrhunderts, 1938; — E. Preetorius, Vom Bühnenbild bei Richard W., Haarlem 1938; — Er. Ruprecht, Der Mythos bei W. und Nietzsche, 1938; — Er. Falkenberg, Die Bedeutung des Lichtes und der Farben im Gesamtkunstwerk Richard Wagners, 1939; — H. Schneider, Richard W. und das germanische Altertum, 1939; — W. Reihlen, Die Stammtafel Richard W.s (Leipziger Abschnitt), in: Familiengeschichtliche Blätter 38 (1940); — ders., Die Eltern Richard W.s, in: Familiengeschichtliche Blätter 41 (1943); — P. R. E. Viereck, Metapolitics. From the Romantics to W., 1941; — W. Rauschenberger, Die Abstammung Richard W.s, in: Familiengeschichtliche Blätter 42 (1944); — Th. W. Adorno, W., Nietzsche and Hitler, in: Kenyon Review, Bd. 9/1 (1947); — ders., Versuch über W., 1952; — ders., Selbstanzeige des Essaybuches »Versuch über W.«, in: Morgenblatt für Freunde der Literatur Nr. 3 (1952); — A. Schmitz, Der Mythos der Kunst in den Schriften Richard W.s, in: Beiträge zur christlichen Philosophie 3 (1948); — L. Stein, The Racial Thinking of R. W. Philosophical Library, New York 1950; — L. Strecker, Richard W. als Verlagsgefährte. Eine Darstellung mit Briefen und Dokumenten, 1951; — P. A. Loos, Richard W. Vollendung und Tragik der deutschen Romantik, 1952; — W. Vetter, Richard W. und die Griechen, in: Die Musikforschung 6 (1953); — H. Mayer, Richard W.s geistige Entwicklung, 1954; — ders., Richard W. in Selbstzeugnissen und Bilddokumenten, 1959; — ders., Anmerkungen zu W., 1966; — ders., Richard W. in Bayreuth 1876-1976, 1976; — ders., Richard W. Mitwelt und Nachwelt, 1978; — A. Carlsson, Das mythische Wahnbild Richard W.s, in: Dt. Vierteljahreschr. für Literaturwiss. und Geistesgeschichte 29 (1955); — J. Kerman, Opera as Drama, New York 1956; — ders., W. Thoughts in Season, in: The Score 28 (1961); — K. Fr. Richter, Die Antinomien der szenischen Dramaturgie im Werk Richard W.s, Diss. München 1956; — C. von Westerhagen, Richard W. Sein Werk, sein Wesen, seine Welt, 1956; — ders., Vom Holländer zum Parsifal. Neue W. Studien, 1962; — ders., Richard W.s Dresdener Bibliothek 1842-1849. Neue Dokumente zur Geschichte seines Schaffens, 1966; — ders., W., 1968; — J. Bertram, Mythos, Symbol, Idee in Richard W.s Musikdramen, 1957; — H. Blümer, Über den Tonarten-Charakter bei Richard W., Diss. München 1958; — M. Gregor-Dellin, W. und kein Ende. Richard W. im Spiegel von Thomas Manns Prosawerk. Eine Studie, 1958; — ders., W.-Chronik. Daten zu Leben und Werk 1972; — ders., Richard W. Eine Biographie in Bildern, 1982; — ders., Richard W. Sein Leben, sein Werk, sein Jahrhundert, 1980 (TB 2001[4]) - ders./M. v. Soden, Richard W. Leben, Werk, Wirkung, 1983; — E. A. Lippman, The Aesthetic Theories of Richard W., in: The Musical Quarterly 44 (1958); — W. Serauky, Richard W. in Vergangenheit und Gegenwart, in: Dt. Jb. der Musikwissenschaft 3 (1958); — W. Vordtriede, Richard W.s »Tod in Venedig«, in: Euphorion 3 (1958/59); — E. Bloch, Das Prinzip Hoffnung, 1959; — ders., Paradoxa und Pastorale in W.s Musik, in: Merkur 13 (1959); — W. Schuh, Renoir und W., 1959; — O. Daube, Richard W. »Ich schreibe keine Symphonien mehr«. Richard W.s Lehrjahre nach den erhaltenen Dokumenten, 1960; — J. M. Stein, Richard W. and the Synthesis of the Arts, Detroit 1960 (ND 1973); — W. Schadewaldt, Richard W. und die Griechen, in: Programmhefte der Bayreuther Festspiele (Lohengrin 1962; Meistersinger 1963, 1964; ND in Mack 1984); — H. von Stein, Dichtung und Musik im Werk Richard W.s, 1962; — W. Wagner (Hrsg.), Richard W. und das neue Bayreuth, 1962; — R. Donington, W.'s »Ring« and its Symbols. The Music and thc Myth, London 1963 (dt. 1976, 1995[4]); — H. Gal, Richard W. Versuch einer Würdigung, 1963; — L. Guichard, La musique et les lettres en France au temps du Wagnérisme, Paris 1963; — G. Knepler, Richard W.s musikalische Gestaltungsprinzipien, in: Beiträge zur Musikwissenschaft 5 (1963); — Er. Kuby, Richard W. & Co. Zum 150. Geburtstag des Meisters, 1963; — J Mainka, Sonatenform, Leitmotiv und Charakterbegleitung, in: Beiträge zur Musikwissenschaft 5 (1963); — Er. Mann/Th. Mann. W. und unsere Zeit. Aufsätze, Betrachtungen, Briefe, 1963; — L. Marcuse, Das denkwürdige Leben des Richard W., 1963 (TB 1993[3]); — Cl. Lévi-Strauss, W., le père irrécusable de l'analyse structurale des mythes, in: ders., Mythologiques 1, 1964 (dt. 1971); — H. Barth / D. Mack / E. Voss, W., Sein Leben, sein Werk und seine Welt in zeitgenössischen Bildern und Texten, 1965 (ND 1982); — C. Dahlhaus; W.s Begriff der dichterisch-musikalischen Periode, in: Beiträge zur Geschichte der Musikanschauungen im 19. Jahrhundert 1, hrsg. W. Salmen, 1965; — ders., Die Bedeutung des Gestischen in W.s Musikdramen, 1970; — ders., W.s Konzeption des musikal. Dramas, 1971; — ders. (Hrsg.), Richard W. Werk und Wirkung, 1971; — ders., W. und die Programmusik, in: Jb. des Staatl. Institut für Musikforschung Preußischer Kulturbesitz 1973 (1974) (zuerst in: Studies in Romanticism, 9 [1970]); — ders., Soziologische Dechiffrierung von Musik. Zu Theodor W. Adornos Wagnerkritik in: International Review of Music Aesthetics and Sociology 1 (1970); — ders., Zur Geschichte der Leitmotivtechnik bei W., in: Das Drama Richard W.s als musikalisches Kunstwerk, hrsg. von C. Dahlhaus, 1970); — ders., Die Musikdramen Richard W.s, 1971 (rev. 1985[2]); — ders., W.s Berlioz-Kritik und die Ästhetik des Häßlichen. Festschrift für Arno Volk, 1974; — ders., Die doppelte Wahrheit in W.s Ästhetik, in: ders., Zwischen Romantik und Moderne, 1974; — ders., »Tristan«-Harmonik und Tonalität, in: Melos/Neue Zeitschrift für Musik 4 (1978); — ders., Musikalischer Realismus, 1982; — ders., Vom Musikdrama zur Literaturoper, 1983; — ders., Richard W.s Musikdramen, 1988; — L. Siegel, W. and the Romanticism of E. T. A. Hoffmann, in: The Musical Quarterly 51 (1965); — G. Skelton, W. in thought and practice, 1991; — H. F. Redlich, Wagnerian Elements in pre-Wagnerian Operas. Essays Presented to Egon Wellesz, 1966; — K. Overhoff, Die Musikdramen Richard W.s, 1967; — ders., Die Musikdramen Richard W.s. Eine thematisch-musikalische Interpretation, 1968; — R. Bailey, The Genesis of »Tristan und Isolde«, and a Study of W.'s Sketches und Drafts for the First Act. Diss. Princeton 1969; — ders., The Structure of the »Ring« and its Evolution, in: 19th Century Music 1 (1977/78); — R. W. Gutman, Richard W. The Man, his Mind, and his Music, 1968 (dt. 1970); — Br. Magee, Aspects of W., 1968; — ders., W. and philosophy, 2000 (2002[2]); — D. Bancroft, Claudel on W., in: Music and Letters 50 (1969); — P. Dettmering, Dichtung und Psychoanalyse. Thomas Mann - Rainer Maria Rilke - Richard W., 1969; — M. Geck, Richard W. und die ältere Musik, in: Die Ausbreitung des Historismus über die Musik, hrsg. von W. Wiora, 1969; — ders., Richard W., 2004; — St. Kunze, Über den Kunstcharakter des W.schen Musikdramas, in: Richard W. Von der Oper zum Musikdrama, hrsg. von St. Kunze, 1978; — M. und D. Petzet, Die Richard-W.-Bühne König Ludwigs II., 1970; — R. Stephan, Gibt es ein Geheimnis der Form bei Richard W.?, in: Das Drama Richard W.s als musikalisches Kunstwerk, hrsg. von C. Dahlhaus, I970; — E. Voss, Studien zur Instrumentation Richard W.s, 1970; — ders., Die Richard W.-Gesamtausgabe. Ein Projekt der Bayerischen Akademie der Schönen Künste, in: Jb. d. hist. Forsch. 1976/77; — ders., Richard W. und die Instrumentalmusik. W.s symphonischer Ehrgeiz, 1977; — ders., Wagnerliteratur und Wagnerforschung, in: Quellenforschung in der Musikwissenschaft (Wolfenbütteler Forschungen 15, 1982); — ders., »Wagner und kein Ende«: Betrachtungen und Studien, 1996; — ders., Zwischen Partitur und Aufführungsmaterial oder: Opernedition und Werkbegriff, in: Opernedition, 2005; — Ant. Sommer, Die Komplikationen des musikalischen Rhythmus in den Bühnenwerken Richard W.s, 1971; — E. Lichtenhahn, Die Popularitätsfrage in Richard W.s Pariser Schriften, in: Schweizer Beiträge zur Musikwissenschaft 1 (1970); — Colloquium Verdi-W. (Rom 1969), in: Veröff. der Musikabteilung des Deutschen hist. Inst. in Rom, II (1972); — D. Schnebel, Aktualität W.s, in: ders., Denkbare Musik, 1972; — C.-Fr. Baumann, Bühnentechnik im Bayreuther Festspielhaus, 1973; — E. Koppen, Dekadenter Wagnerismus. Studien zur europäischen Literatur des Fin de siècle, 1973; — L. Lucas, Die Festspiel-Idee Richard W.s, 1973; — G. Zeh, Das Bayreuther Bühnenkostüm, 1973; — Th. Hirsbrunner, Der französische Wagnerismus und die Musique du silence, in: Schweizer Beiträge zur Musikwissenschaft 2 (1974); — U. Jung, Die Rezeption der Kunst Richard W.s in Italien, 1974; — L. Prox, Strukturale Komposition und Strukturanalyse. Ein Beitrag zur W.-Forschung, Diss. Köln, 1974 (publ. 1986); — P. Boulez, Divergenzen. Vom Wesen zum Werk, in: ders., Anhaltspunkte, 1975; — Kl. Kropfinger, W. und Beethoven. Untersuchungen zur Beethoven-Rezeption Richard W.s, 1975; — S. Grossmann-Vendrey, Bayreuth in der deutschen Presse, 1977; — M. Karbaum, Studien zur Geschichte der Bayreuther Festspiele, 1976; — D. Mack, (Hrsg.), Richard W.: das Betroffensein der Nachwelt. Beiträge zur Wirkungsgeschichte, 1984; — H. Zelinsky, Richard W. — ein deutsches Thema. Eine Dokumentation zur Wirkungsgeschichte Richard W.s 1876-1976, 1976; — ders., Sieg und Untergang. Kaiser Wilhelm II., die Werk-Idee Richard W.s und der »Weltkampf«, 1990; — P. Petersen, Die dichterisch-musikalische Periode. Ein verkannter Begriff Richard W.s, in: Hamburger Jb. f. Musikwissenschaft 2 (1977); — Fr. Reckow, Richard W. und der esprit d'observation et d'analyse. Zur Charakteristik aufgeklärter Operntheorie, in: Archiv für Musikwissenschaft 34 (1977); — J. L. DiGaetani, Richard W. and the English Novel, 1978; — ders., W. and suicide, 2003; — ders. (Hrsg.), Inside the Ring: essays on W.'s opera cycle, 2006; — Kl. G. Just, Richard W. — ein Dichter? Marginalien zum Opernlibretto des 19. Jahrhunderts, in: Richard W. Von der Oper zum Musikdrama, hrsg. von S. Kunze, 1978; H. Kl. Metzger/R. Riehn (Hrsg.), Richard W. Wie antisemitisch darf ein Künstler sein? (Musik-Konzepte 5), 1978; — P. Wapnewski, Der traurige Gott. Richard W. in seinen Helden, 1978 (1980[2], 2001); — ders., Richard W. — Die Szene und ihr Meister, 1978 (1983[2]); — D. Cooke, I Saw the World End, London 1979; — R. Holloway, Debussy and W., London 1979; — N. S. Josephson, Tonale Strukturen im musikdramatischen Schaffen Richard W.s, in: Die Musikforschung 32 (1979); — ders., Musikdramatische Reprisen in W.s Schlußakten, in: Festschrift Christoph-Hellmut Mahling zum 65. Geburtstag, 1997; — A. D. Sessa, Richard W. and the English, 1979; — J. Fulcher, W. as Democrat and Realist in France, in: Stanford French Review 5 (1981); — Anth. Newcomb, The Birth of Music out of the Spirit of Drama, in: 19th Century Music 5 (1981-82); — ders., Those Images That Yet Fresh Images Beget, in: The Journal of Musicology 2 (1983); — L. J. Rather, Reading W.: A study in the history of ideas, 1990; — M. Zimmermann, »Träumerei eines französischen Dichters«. Stéphane Mallarmé und Richard W., 1981; — Osw. G. Bauer, Richard W., Bühnenwerke von der Uraufführung bis heute, 1982; — D. Borchmeyer, Das Theater Richard W.s, 1982; — ders., Wege des Mythos in der Moderne, 1987; — ders., Die Götter tanzen Cancan. Richard W.s Liebesrevolten, 1992; — ders., Richard W. als literarisches Ereignis der europäischen Frühmoderne. Versuch einer Bilanz, in: Kl. Manger (Hrsg.), Die Wirklichkeit der Kunst und das Abenteuer der Interpretation, 1999; — ders. (Hrsg.), Richard W. und die Juden, 2000; — ders., Richard W.: Ahasvers Wandlungen, 2002; — R. Furness, W. and Literature, 1982; — Fr. W. Glass, The Fertilizing Seed. W.'s Concept of the Poetic Intent, Diss. Univ. of N. Carolina 1981 (dt. 1994); — D. Ingenschay-Goch, Richard W.s neu erfundener Mythos. Zur Rezeption und Reproduktion des germanischen Mythos in seinen Operntexten, 1982; — St. Martin: W. to the Waste Land. A Study of the Relationship of W. to English Literature, 1982; — M. Montinari, Nietzsche und W. vor hundert Jahren, in: Nietzsche Lesen, 1982; — Kl. Umbach (Hrsg.), Richard W. Ein deutsches Ärgernis, 1982; — B. W. Wessling (Hrsg.), Bayreuth im Dritten Reich, 1982; — E. Comuzio/G. Ghigi (Hrsg.), L'immagine in me nascota. Richard W.: Un itinerario cinematografico, 1983; — E. Drusche, Richard W., 1983; — Fr. Ehgartner (Hrsg.), Österreicher um Richard W.: 100 Jahre Österreichische Richard-W.-Gesellschaft: 1883-1983, 1983; — J. Herz (Hrsg.), 1876, Richard W. auf der Probe. Das Bayreuther Tagebuch des Ballettmeisters und Hilfsregisseurs Richard Fricke (1906), 1983; — J.-J. Nattiez, Tétralogies - W., Boulez, Chéreau. Essai sur l'infidélité, 1983; — ders., W. androgyne. Essai sur l'interprétation, 1990; — M. Prawy, »Nun sei bedankt...«. Mein Richard-W.-Buch, 1983; — D. Schickling, Abschied von Walhall, Richard W.s erotische Gesellschaft, 1983; — B. Schubert, W.s »Sachs« und die Tradition des romantischen Künstlerselbstverständnisses, in: Archiv für Musikwissenschaft 40 (1983); — M. Wynn, Mittelalterliche Literatur in der Rezeption. Richard W. und Wolframs Parzival, in: Archiv für Kulturgeschichte 65 (1983); — Al. D. Aberbach, The ideas of Richard W., 1984 (1988[2]); — ders., Richard W. A mystic in the making, 1991; — ders. [u.a.], Richard W.'s religious ideas. A spiritual journey, 1996; — B. Millington, W., 1984; — D. C. Large (Hrsg.), Wagnerism in European Culture and Politics, 1984 (1985[2]); — Richard W. 1883-1983. Die Rezeption im 19. und 20. Jahrhundert (Symposion Salzburg 1983), 1984; — D. Mack, (Hg.), Richard W. : das Betroffensein der Nachwelt. Beiträge zur Wirkungsgeschichte, 1984; — M. A. Cicora, »Parsifal« reception in the »Bayreuther Blätter«, 1985; — C. Dahlhaus/E. Voss (Hrsg.), Wagnerliteratur und Wagnerforschung. Referate des W.-Symposiums München 1983, 1985; — M. Eger, W. und die Juden: Fakten und Hintergründe, 1985 (1992[2]); — K. Hübner, Die Wahrheit des Mythos, 1985; — J. Katz (Y. Kas), Richard W.: Vorbote des Antisemitismus, 1985; — Fr. Oberkogler, Richard W., vom Ring zum Gral. Wiedergewinnung seines Werkes aus Musik u. Mythos, 1985[2]; — R. Ambrosini, Linguistica e musica da Richard W. a Ferdinand de Saussure, 1986; — G. Bevilacqua (Hrsg.), Parole e musica. L'esperienza Wagneriana nella cultura fra romanticismo e decadentismo, 1986; — Br. Colman, W. and the Dead. Coincidence? perhaps, 1986; — M. Kreckel, Richard W. und die französischen Frühsozialisten. Die Bedeutung der Kunst und des Künstlers für eine neue Gesellschaft, 1986; — H. Fähnrich, Thomas Manns episches Musizieren im Sinne Richard W.s. Parodie u. Konkurrenz (hrsg. u. erg. von M. Hülle-Keeding), 1986; — Ph. Godefroid, Le jeu de l'écorché. Dramaturgie wagnérienne, 1986; — S. Gut (Hrsg.), Franz Liszt und Richard W. (Europäisches Liszt-Symposion 3), 1986; — F. Masini, W. La lingua, la musica, 1986; — Dorothea Rüland, Künstler und Gesellschaft. Die Libretti und Schriften des jungen Richard W. aus germanisticher Sicht, 1986; — S. Barbera, La comunicazione perfetta. W. tra Feuerbach e Schopenhauer, 1987; — H. Bartnig, Das Musikdrama im Spiegel des bürgerlichen Sprach- und Geschichtsbewußtseins. Unters. zum Verhältnis von Dichtung u. Musik in d. Musikdramen Richard W.s in Bezug auf die deutsche Wissenschaftsbewegung zu Beginn d. 19. Jh., Diss. Leipzig 1987; — R. Eisinger, Richard W.: Idee und Dramaturgie des allegorischen Traumbildes, 1987; — Fr.-P. Opelt, Richard W. — Revolutionär oder Staatsmusikant?, 1987; — L. Poljakova, Richard Vagner, 1987; — M. Roso de Luna, W., mitólogo y ocultista. El drama musical de W. y los misterios de la antiguedad, 1987; — R. Sabor (Hrsg.), Der wahre W. Dokumente beantworten die Frage: »Wer war Richard W. wirklich?«, 1987; — Elw. Hartman, French literary Wagnerism, 1988; — M. Pieri, la vista di W. a Rossini, 1988; — M. Srocke, Richard W. als Regisseur, 1988; — B. Zimmerer, Richard W. Gralsbote der Selbstherrlichkeit, 1988; — G. Durand, Beaux-arts et archétypes. La religion de l'art, 1989; — U. und U. Müller, Richard W. und sein Mittelalter, 1989; — E. Roch, Psychodrama. Richard W. im Symbol, 1989; — C. Suneson, Richard W. und die indische Geisteswelt, 1989; — M. Bettin, Musikalische Aspekte der W.-Kritik Nietzsches, Diss. Halle-Wittenberg 1990; — J. Cabaud, Mathilde Wesendonck ou le rêve d'Isolde, 1990; — Abr. A. Gozenpud, Richard Vagner i russkaja kul'tura. Issledovanie, 1990; — G. Heldt, Richard W. Mittler zwischen Zeiten. Festvorträge und Diskussionen aus Anlaß des 100. Todestages 1983, 1990; — B. Künzig, Richard W. und das Kinematographische, 1990; — A. Mork, Richard W. als politischer Schriftsteller. Weltanschauung und Wirkungsgeschichte, 1990; — P. Peil, Die Krise des neuzeitlichen Menschen im Werk Richard W.s, 1990; — H. Meldrum Brown, Leitmotiv and drama. W., Brecht, and the limits of »epic« theatre, 1991; — H. Kesting, Das schlechte Gewissen an der Musik. Aufsätze zu Richard W., 1991; — R. Klein, Solidarität mit Metaphysik? Ein Versuch über die musikphilosophische Problematik der W.-Kritik Theodor W. Adornos, 1991; — Ph. Lacoue-Labarthe, Musica ficta. Figures de W., 1991 (dt. 1997); — T. Martin, Joyce and W. A study of influence, 1991; — Th. Steiert (Hrsg.), »Der Fall Wagner«: Ursprünge und Folgen von Nietzsches W.-Kritik, 1991; — W. Storch, Die Symbolisten und Richard W., 1991; — Y. Naess, Richard W. — myten om forløsning, Diss. Trondheim 1992; — P. Lawrence Rose, W. Race and revolution, 1992 (dt. u. d. T. Richard W. und der Antisemitismus, 1999); — H. Salm, »Die Herrlichkeit des deutschen Namens ...«: die schriftstellerische und politische Tätigkeit Richard W.s als Gestalter nationaler Identität während der staatlichen Vereinigung Deutschlands, 1993; — K. Richter, Richard W. Visionen, 1993; — R. Grimm (Hrsg.), Re-reading W., 1993; — G. Morpurgo Tagliabue, Nietzsche contro W., 1993; — Ch. Osborne, The complete operas of Richard W., 1993; — J. P. Bauer, Women and the changing concept of salvation in the operas of Richard W., 1994; — B. Benz, Zeitstrukturen in Richard W.s »Ring«-Tetralogie, 1994; — U. Bermbach, Der Wahn des Gesamtkunstwerks: Richard W.s politisch-ästhetische Utopie, 1994 (NA 2004); — ders., »Des Sehens selige Lust«: einige Stationen der Ring-Deutungen seit 1878, in: Bayreuther Festspiele 2000; ders. (Hrsg.), »Alles ist nach seiner Art«: Figuren in Richard W.s »Der Ring des

Nibelungen«; — ders. (Hrsg.), »Blühendes Leid«: Politik und Gesellschaft in W.s Musikdramen, 2003; — ders., Richard W.: Stationen eines unruhigen Lebens, 2006; — ders., Getauft auf Musik: Festschr. für Dieter Borchmeyer, 2006; — I. Dallas, Der neue Wagnerianer, 1994 (engl. 2001); — Alb. Ferrari (Hrsg.), I teatri di W.: Richard W. e la rivoluzione dell'architettura teatrale, 1994; — W. Schild, Staat und Recht im Denken Richard W.s, 1994; — ders., Staatsdämmerung: zu Richard W.s »Der Ring des Nibelungen«, 2007; — R. Bartlett, W. and Russia, 1995; H. J. Bauer, Richard W.: sein Leben und Wirken oder die Gefühlwerdung der Vernunft, 1995; — U. Bragason (Hrsg.), W.'s Ring and its Icelandic sources: a symposium at the Reykjavik Arts Festival 29 May 1994, 1995; — M. Brzoska, Die Idee des Gesamtkunstwerks in der Musiknovellistik der Julimonarchie, 1995; — J. L. Buller, The thematic role of Stabreim in Richard W.'s Der Ring des Nibelungen, in: The Opera Quarterly 11/4 (1995); — Th. S. Grey, W.'s musical prose: texts and contexts, 1995; — J. Mota (Hrsg.), Das Werk Richard W.s im Spiegel der Kunst, 1995; — V. Naegele, Parsifals Mission: der Einfluß Richard W.s auf Ludwig II. und seine Politik, 1995; — A. von Raffay, Die Macht der Liebe - die Liebe zur Macht: psychoanalytische Studien zu Liebe/Macht-Verhältnissen in Dramen W.s und Ibsens, 1995; — J. Riedlbauer, König Ludwig II. und Richard W. : das Politikum einer Künsterfreundschaft, in: Musik in Bayern 51 (1995); — St. Beulertz, »Erhabener Lärm«. Thomas Mann und der »Ring des Nibelungen«, in: Zeitschrift für Ästhetik und allgemeine Kunstwissenschaft 41 (1996); — Chr. von Braun, Richard W.: a poisonous drink, in: New German critique 69 (1996); — El. Bronfen, Kundry's laughter, in: ebend.; — Sv. Friedrich, Das auratische Kunstwerk. Zur Ästhetik von Richard W.s Musiktheater-Utopie, 1996; — K. S. Guthke, Schopenhauer, Richard W. lesend, in: Jb. des freien deutschen Hochstifts (1996); — W.-D. Hartwich, Religion und Kunst beim späten Richard W.. Zum Verhältnis von Ästhetik, Theologie und Anthropologie in den »Regenerationsschriften«, in: Jb. der deutschen Schillergesellschaft 40 (1996); — ders., Religion als Oper? Richard W. und Lew Tolstoi über das »Gesamtkunstwerk«, in: W. Braungart (Hrsg.), Ästhetische und religiöse Erfahrungen der Jahrhundertwenden Bd. 2 (1998); ders., Deutsche Mythologie: die Erfindung einer nationalen Kunstreligion, 2000; — ders., Messianische Mythen und romantischer Antisemitismus: von Achim von Arnim zu Richard W., 2005; — P. Macek (Hrsg.), Das Internationale Musikwissenschaftliche Kolloquium Richard W. — Nationalkulturen - Zeitgeschichte 1995, Brno, 1996; — R. Meyer-Kalkus, Richard W.s Theorie der Wort-Tonsprache in »Oper und Drama« und »der Ring des Nibelungen«, in: Athenaeum. Jb. für Romantik 6 (1996); — H. Püschel, Die Parsifal-Frage - ein rechtshistorisches Phänomen, in: Zeitschrift der Savigny-Stiftung für Rechtsgeschichte. Germanistische Abteilung 113 (1996); — M. P. Steinberg, Music drama and the end of history, in: New German critique 69 (1996); — S. R. Stewart, Sublime surrender: male masochism at the fin-de-siècle, 1998; — M. Tanner, W., 1996; — Ar. Whitall, W. and real life, in: The Musical Times 137 (1996); P.-H. Wilberg, Von der »Unfreiheit« eines Künstlermenschen: über W.s ästhetische Schriftstellerei, in: Sinn und Form 48 (1996); — L. Eylon, Die W.-Kontroverse, in: Ariel. Eine Zeitschrift zur Kunst und Bildung in Israel 103 (1997); — H. Hoelen, Symboliek en werkelijkheid in de werken van Richard W., 1997; — Chr. Jost und P. Jost, Richard W. und sein Verleger Ernst Wilhelm Fritzsch, 1997; — J. Köhler, W.s Hitler. Der Prophet und sein Vollstrecker, 1997; — M. Köhler, Faust im Ring. W. und das deutsche Erbe, in: Die neue Gesellschaft. Frankfurter Hefte 44 (1997); — J. A. Kruse, Von Liebe und Liebesgram. Richard W.s Heine; Zwischen Anregung, Parodie und Verdrängung, in: ders., Heine-Zeit, 1997; — A. Lefeuvre, Le recitant et son double: Villiers de l'Isle-Adam et R. W., in: Revue de Litterature Comparee 71 (1997); — P. Levesque, The double-edged sword: anti-semitism and anti-Wagnerianism in Thomas Mann's »Wälsungenblut«, in: German Studies Review 20 (1997); — J. Christian Petty/Marshall Tuttle, The genealogy of chaos: multiple coherence in Wagnerian music drama, in: Music & Letters 79 (1998); — P. Rümenapp, Hans von Wolzogen und Gottlieb Federlein. Zwei Leitmotivexegeten des Ring des Nibelungen, in: Acta musicologica 69 (1997); — N. Sheffi, Who's afraid of Richard W., in: The Israeli Press. Politics and Music 1938-1994, 1997; — ders., The ring of myths: the Israelis, W. and the Nazis, 2001 (dt. 2002); — St. Bub, Künstlerrache: Richard W.s Umprägung germanischer Sagenstoffe am Beispiel von Wieland der Schmied, in: Archiv für das Studium der neueren Sprachen und Literaturen 235 (= Jg. 150, 1998); — J.-Fr. Candoni, La genèse du drame musical wagnérien. Mythe, politique et histoire dans les oeuvres dramatiques de Richard W. entre 1833 et 1850, 1998; — J. M. McGlathery, W.s operas and desire, 1998; — R. Heinz, W. Ludwig Nacht Musik, 1998; — St. McClatchie, Analyzing W.'s operas. Alfred Lorenz and German nationalist ideology, 1998; — G. Oberzaucher-Schüller u. a., Meyerbeer - W.: Eine Begegnung, 1998; — Th. E. Schmidt, Der weiße und der bunte Revolutionär: Bismarck und Richard W., in: Die neue Gesellschaft, Frankfurter Hefte 45 (1998); — H. Willich-Lederbogen, Richard W. im russischen Symbolismus: Metner und Ellis als Vermittler Richard W.s, in: Die Welt der Slaven 43 (1998); — B. Kramer, »Laßt uns die Schwerter ziehen, damit die Kette bricht ...«: Michael Bakunin, Richard W. und andere während der Dresdner Mai-Revolution 1849, 1999; — Cl.-St. Mahnkopf (Hrsg.), Richard W. — Konstrukteur der Moderne, 1999; — M. Ferrari Zumbini, Nietzsche in Bayreuth: Nietzsches Herausforderung, die Wagnerianer und die antisemitische Gegenoffensive, in: ders., Untergänge und Morgenröten, 1999; — H. R. Vaget (Hrsg.), Im Schatten W.s: Thomas Mann über Richard W., 1999 (2005[2]); — ders., Poisoned arrows: W., Hitler, »und kein Ende«, in: Journal of the American Musicological Society 54 (2001); — M. A. Cicora, Modern myths and W.ian deconstructions: hermeneutic approaches to W.'s music dramas, 2000; — J. M. Fischer, Richard W.s »Das Judentum in der Musik«: eine kritische Dokumentation als Beitrag zur Geschichte des Antisemitismus, 2000; — C. Floros, Die »welterlösende« Liebe - Richard W.s große Utopie, in: Der Mensch, die Liebe und die Musik, 2000; — J. Führer, »Deutschester Mensch« und europäisches Genie: »Der Fall W.«, in: Steinbruch, 2000; — Eb. Hilscher, Heinrich Heine und Richard W., in: Dichtung und Gedanken, 2000; — S. D. Paulin, Richard W. and the fantasy of cinematic unity: the idea of the Gesamtkunstwerk in the history and theory of film music, in: Music and cinema, 2000; — St. Sadie, W.

and his operas, 2000 (2006[2]); — D. D. Scholz, Richard W.s Antisemitismus: Jahrhundertgenie im Zwielicht; eine Korrektur, 2000; — ders., Richard W.: eine europäische Biographie, 2006; — St. Spencer, W. remembered, 2000; — M. Tuttle, Musical structures in W.ian opera, 2000; — N. Wagner, W. und die Nachwelt, in: Das Ende des XX. Jahrhunderts, Köln 2000; — dies., »Letzte Frage an den deutschen Geist«: Die Bayreuther Festspiele, in: H. Danuser / H. Münkler (Hgg.), Deutsche Meister - böse Geister? Nationale Selbstfindung in der Musik, 2001; — Chr. Walton, Richard W.s Zürcher Jahre 1849-1858: ein biographischer Index mit Werkverzeichnissen von Komponisten aus seinem Umkreis, 2000; — M. A. Weiner, Antisemitische Fantasien: die Musikdramen Richard W.s, 2000; — B. Zegowitz, Richard W.s unvertonte Opern, 2000; — L. Latty, Richard W. et ses héros transfigurés, 2001; — D. Catteau, Nietzsche adversaire de W. ou le sens du Cas W., 2001; El. Machrova (Hrsg.), Richard W. und Rußland, 2001; — S. Borris (Hrsg.), Zum Raum wird hier die Zeit: Parsifal-Zyklus, 2001; — J. Köhler, Der Letzte der Titanen: Richard W.s Leben und Werk, 2001; — J. P. Kuera, »... je hodn Hitlera ve W.ovi«: kapitoly z estetické politiky, 2001; — H. Melderis, Raum - Zeit - Mythos: Richard W. und die modernen Naturwissenschaften, 2001; — N. Eckert, Der Ring des Nibelungen und seine Inszenierungen von 1876 bis 2001; — Chr. Weismüller, Musik, Traum und Medien: Philosophie des musikdramatischen Gesamtkunstwerks: ein medienphilosophischer Beitrag zu Richard W.s öffentlicher Traumarbeit, 2001; — R. Klein (Hrsg.), Narben des Gesamtkunstwerks: W.s Ring des Nibelungen, 2001; — Chr. Merlin, Le temps dans la dramaturgie wagnérienne: contribution à une étude dramaturgique des opéras de Richard W., 2001; — G. Rienäcker, Richard W.: Nachdenken über sein »Gewebe«, 2001; — M. Bartnaes, Richard W.s »Tristan und Isolde«: literarische Alleinswerdung als literaturwissenschaftliches Problem, 2001; — D. Buschinger (Hrsg.), Richard W.: points de départ et aboutissements, 2002; — dies., Le Moyen Âge de Richard W., 2003 (dt. 2007); — Th. Grey, W. the degenerate: fin de siècle cultural »pathology« and the anxiety of modernism, in: 19th Century Studies 16 (2002); — O. Kolleritsch (Hrsg.), Die Musik als Medium von Beziehungsbefindlichkeiten: Mozart und W.s Musiktheater im aktuellen Deutungsgeschehen, 2002; — P. Jost, Les écrits de Richard W. publiés en traduction française du vivant du compositeur, in: Etudes germaniques 57 (2002); — P. Rümenapp, Zur Rezeption der Leitmotivtechnik Richard W.s im 19. Jahrhundert, 2002; — J. Deathridge, W. and Mendelssohn, in: 19th Century Music, 2002; — Chr. von Braun, Das Weib als Klang: die Frauengestalten im Werk Richard W.s, in: Logik und Leidenschaft, 2002; — Cl. Reinke, Musik als Schicksal: zur Rezeptions- und Interpretationsproblematik der W.betrachtung Thomas Manns, 2002; — V. Veltzke, Der Mythos des Erlösers: Richard W.s Traumwelten und die deutsche Gesellschaft 1871-1918, 2002; — M. Saffle, Richard W.: a guide to research, 2002; — A. Kaira, Die Chöre in den frühen Opern von Richard W., 2002; — Kl. Döge (Hrsg.), »Schlagen Sie die Kraft der Reflexion nicht zu gering an«: Beiträge zu Richard W.s Denken, Werk und Wirken, 2002; — Ulr. Müller / Osw. Panagl, Ring und Gral: Texte, Kommentare und Interpretationen zu Richard W.s »Der Ring des Nibelungen«, »Tristan und Isolde«, »Die Meistersinger von Nürnberg« und »Parsifal«, 2002; — Dr. H. Morris, A descriptive study of the periodical Revue wagnérienne concerning Richard W., 2002; — W. Storch (Hrsg.), Der Raum Bayreuth: ein Auftrag aus der Zukunft, 2002; — P. Hofmann, Richard W.s »Parsifal«: Kunstreligion oder religiöse Kunst?, in: Theologie und Philosophie 77 (2002); — H. Danuser (Hrsg.), Zukunftsbilder: Richard W.s Revolution und ihre Folgen in Kunst und Politik, 2002; — A. Björnsson, Island und der Ring des Nibelungen: Richard W., Eddas und Sagas, 2003; — M. O. Lee, Athena sings: W. and the Greeks, 2003; — Chr. Thorau, Semantisierte Sinnlichkeit: Studien zu Rezeption und Zeichenstruktur der Leitmotivtechnik Richard W.s, 2003; — S. Döhring (Hrsg.), Berlioz, W. und die Deutschen, 2003; — M. Bortolotto, W. l'oscuro, 2003 (dt. 2007); — J. Liebscher, W.s Festspielkonzept als nationale Idee, in: Politische Mythen und nationale Identitäten im (Musik-)Theater, 2003; — A. Edler, Mythische und musikalische Struktur bei W., in: Musik zwischen Mythologie und Sozialgeschichte, 2003; — Ulr. Konrad (Hrsg.), Der »Komponist« Richard W. im Blick der aktuellen Musikwissenschaft, 2003; — M. E. Bonds, The Elements of W.ian Music Drama, in: A history of music in Western culture, 2003; — J. Treadwell, Interpreting W., 2003; — Al. D. Aberbach, The ideas of Richard W.: an examination and analysis, 2003; — R. Färber, Der Künstler Richard W. zwischen Romantik und Moderne: Epochenanalysen und Rezeptionen im Vergleich, 2003; — W.: Parsifal, 2003; — P. Hofmann, Richard W.s politische Theologie: Kunst zwischen Revolution und Religion, 2003; — E. Kiem (Hrsg.), Richard W. und seine Zeit, 2003; — E. Rieger, Minna und Richard W.: Stationen einer Liebe, 2003; — Ulr. Drüner, Schöpfer und Zerstörer: Richard W. als Künstler, 2003; — A. Winterbourne, A pagan spoiled: sex and character in W.'s Parsifal, 2003; — N. Vazsonyi (Hrsg.), W.'s Meistersinger: performance, history, representation, 2003; — U. Faerber, Ersichtlich gewordene Taten der Musik: musikalische Ausdrucksbestimmungen in W.s Ring, 2003; — B. Voigt, Richard W.s autoritäre Inszenierungen: Versuch über die Ästhetik charismatischer Herrschaft, 2003; — St. P. Scher, Hoffmann, Weber, W.: the birth of romantic opera from the spirit of literature?, in: Essays on literature and music, 2004; — Les esquisses de Richard W. pour »Siegfried's Tod« (1850): essai de poïétique, 2004; — Th. R. May, Decoding W.: an invitation to his world of music drama, 2004; — J. Rohls, »Parsifal«: Richard W.s Musikdrama und die Erlösungsreligion, in: Protestantismus und deutsche Literatur, 2004; — M. Berry, Richard W. and the politics of music-drama, in: The historical journal 47 (2004); — L. Kramer, Opera and modern culture: W. and Strauss, 2004; — F. E. Kirby, W.'s themes: a study in musical expression, 2004; — S. Wündisch, Richard W. und das Urheberrecht, 2004; Sv. Friedrich, Richard W. - Deutung und Wirkung, 2004; — S. Williams, W. and the Romantic hero, 2004; — R. Schacht, Finding an ending: reflections on W.'s Ring, 2004; — R. Scruton, Death devoted heart: sex and the sacred in W.'s Tristan and Isolde, 2004; — Ph. Westbroek, A Russian polemic on W. and the symbolist debate on religious art, in: Aesthetics as a religious factor in Eastern and Western Christianity, 2005; — P. Lang (Hrsg.), Richard W., visions d'artistes: d'Auguste Renoir à Anselm Kiefer 2005; — L. Castellari, Dal carnevale veneziano al Romanticismo musicale tedesco: da La donna serpente di Carlo Gozzi a Le fate di Richard W., 2005; — J. Chr. Petty, W.'s lexical tonality, 2005; — R. Knapp, »Selbst dann bin ich die Welt«: on the subjective-musical basis of W.'s »Gesamtkunstwelt«, in: 19th Century Music 29 (2005); — H. Salmi, W. and Wagnerism in nineteenth century Sweden, Finland, and the Baltic Provinces: reception, enthusiasm, cult, 2005; — S. Urmoneit, Tristan und Isolde - Eros und Thanatos: zur »dichterischen Deutlichkeit« der Harmonik von Richard W.s »Handlung« Tristan und Isolde, 2005; — Schwerpunkt Tristan und Isolde (Wagnerspectrum 2005,1); — Schwerpunkt Regietheater (Wagnerspectrum 2005,2); — Er. Touya de Marenne, Musique et poétique à l'âge du symbolisme: variations sur W. — Baudelaire, Mallarmé, Claudel, Valéry, 2005; — B. Zegowitz (Hrsg.), Siegfried W.: Erinnerungen, 2005; — M. Pazdro (Hrsg.), L'or du Rhin; La Walkyrie; Siegfried, jeweils 2005; Le crépuscule des dieux, 2006; — C. Leblanc, Wagnérisme et création en France: 1883-1889, 2005; — Ph. Kitcher / R. Schacht, Finding an ending: reflections on W.'s Ring, 2005; — M. Meier, Richard W.s Der Ring des Nibelungen und die Griechische Antike: zum Stand der Diskussion, 2005; — W. O. Cord, Some secondary figures in the life of Richard W., 2005; — Ulr. Kienzle, ... daß wissend würde die Welt! Religion und Philosophie in Richard W.s Musikdramen, 2005; — Er. Chafe, The tragic and the ecstatic: the musical revolution of W.'s Tristan and Isolde, 2005; — W. Kinderman (Hrsg.), A companion to W.'s Parsifal, 2005; — T. Picard, Wagner, une question européenne: contribution à une étude du wagnérisme (1860-2004), 2006; — ders., L' art total: grandeur et misère d'une utopie (autour de Wagner), 2006; — P. Berne, Apokalypse: Weltuntergang und Welterneuerung in Richard Wagners »Ring des Nibelungen«; eine Werkeinführung für das dritte Jahrtausend, 2006; — X. Lacavalerie, Richard Wagner, 2006; — H. Küng, Musik und Religion: Mozart, Wagner, Bruckner, 2006; — N. Heinel, Richard Wagner als Dirigent, 2006; — St. Hein, Richard Wagners Kunstprogramm im nationalkulturellen Kontext: ein Beitrag zur Kulturgeschichte des 19. Jahrhunderts, 2006; — T. Janz, Klangdramaturgie: Studien zur theatralen Orchesterkomposition in Wagners »Ring des Nibelungen«, 2006; — Fr. Piontek, Plädoyer für einen Zauberer: Richard Wagner: Quellen, Folgen und Figuren, 2006; — T. Dorst, Die Fußspur der Götter: auf der Suche nach Wagners Ring, 2006; — Chr. Jost (Hrsg.), »Mit mehr Bewußtsein zu spielen.«: 14 Beiträge (nicht nur) über Richard Wagner, 2006; — M. E. Brener, Richard Wagner and the Jews, 2006; — P. Steinacker, Erotik und Religion im Werk Richard Wagners: am Beispiel des Tannhäuser, in: Theologie zwischen Pragmatismus und Existenzdenken, 2006; — W. Hansen, Richard Wagner: Biographie, 2006; — P. Carnegy, Wagner and the art of the theatre, 2006; — M. Berry, Treacherous bonds and laughing fire: politics and religion in Wagner's Ring, 2006; — D. Thomä, Totalität und Mitleid: Richard Wagner, Sergej Eisenstein und unsere ethisch-ästhetische Moderne, 2006; — E. M. Hanke, W. in Zürich: Individuum und Lebenswelt, 2007; — J. Hofbauer, How to do things with Nietzsche: Nietzsche als Methode - eine Versuchsanordnung mit drei Opern Richard W.s, 2007; — Andr. Bowie, Pro and contra W., in: Music, philosophy, and modernity, 2007; — Ph. Olivier, Der Ring des Nibelungen in Bayreuth von den Anfängen bis heute, 2007; — Yv. Nilges, Richard W.s Shakespeare, 2007; — Schwerpunkt W. und das Komische (Wagnerspectrum 2007,1); — Schwerpunkt W. und der Buddhismus (Wagnerspectrum 2007,2); — Al. Schmidt, Braune Brüder im Geiste?: Volk und Rasse bei W. und Hitler; ein kritischer Schrift-Vergleich, 2007; — M. Bribitzer-Stull (Hrsg.), Richard W. for the New Millennium: essays in music and culture, 2007; — M. Kiesel u.a. (Hgg.), Das Richard-W.-Festspielhaus Bayreuth, 2007; — M. Knust, Sprachvertonung und Gestik in den Werken Richard W.s: Einflüsse zeitgenössischer Deklamations- und Rezitationspraxis, 2007; — H. Hintz, Liebe, Leid und Größenwahn: eine integrative Untersuchung zu Richard W., Karl May und Friedrich Nietzsche, 2007; — N. Parly, Absolut sang: klang, køn og kvinderoller i W.s værker, 2007; St. Johnson, W.: his life and music, 2008; — Metzler Komponisten Lexikon, 1992; — New Grove Dictionary of Music and Musicians[2] 26 (2001), Die Musik in Geschichte und Gegenwart[2] 17 (2007).

Thomas Röder

WATTEVILLE, Friedrich von, * 7.2. 1700 in Bern, † 24.4. 1777 in Herrnhut. Geschäftsmann, Missionar, Mitglied der Brüdergemeine. — Friedrich von Watteville (auch Wattewille, Wattenwyl) wurde im Jahre 1700 in Bern (Schweiz) geboren. Seine Eltern waren der Pietist Friedrich von Watteville (gest. 1741) und Johanna Maria (geb. Frischling). Zu Jahresbeginn 1713 trat er in das Pädagogium zu Halle ein. Im Mai 1716 verließ er enttäuscht die lutherische Zucht- und Lehranstalt und reiste zurück nach Bern. Dort trat er in das Bankgeschäft seines Vaters ein. Für dieses begab er sich gemeinsam mit seinem Bruder Nikolaus von Watteville geschäftlich im Juni 1720 nach Paris, und erst im März 1722 kehrte er nach Bern zurück. Die Firma erlitt in diesem Jahr einen schweren Vermögensverlust, die Familie von Watteville siedelte nach Montmirail über. Im Oktober 1722 reiste von Watteville zu Graf Nikolaus Ludwig von Zinzendorf (1700-1760), den er noch von seiner Zeit in Halle her kannte. Beide begaben sich von Dresden nach Großhennersdorf und Berthelsdorf, wo von Watteville mit der Brüdergemeine bekannt gemacht wurde. Im August 1723 wurde ihm die Direktion der äußeren Anstalten übertragen, und schon zwei Monate später übernahm der geschickte Geschäftsmann die Administration der Gemeinegüter. — Am 30. Oktober 1724 heiratete Friedrich von Watteville in Berthelsdorf Johanna Sophia von Zezschwitz (gest. 1762). Die Ehe blieb kinderlos, weswegen 1744 Michael Langguth adoptiert wurde, der dann den Namen Johannes von Wattenville (Wattenwyl) führte. Am 20. Mai 1727 übernahm Friedrich von Watteville als »Adjunctus« Zinzendorfs gemeinsam mit dessen Frau die Vermögensverwaltung des Hauses Zinzendorf. Auch mit der Verwaltung Herrnhuts war er beauftragt: Seit April 1729 war er Vorsteher des Gemeinegerichts zu Herrnhut, seit 1735 war er Richter im Gemeinegericht und Vorsteher des Gemeinrats. Die folgenden Jahre waren von andauernder Reisetätigkeit im Dienste der Brüdergemeine angefüllt: Im Mai 1736 reiste er zunächst in die Wetterau, dem radikalpietistischen Zentrum der Brüdergemeine. Von dort wurde er gegen Jahresende zum Vorsteher des noch zu erbauenden Pilgerhauses in Heerendyk (Holland) berufen und begab sich nach Amsterdam. Er setzte 1737 seine Reise fort und missionierte in Frankreich, da er vorzüglich das Französisch beherrschte. Im April gleichen Jahres war er wieder in Herrnhut anzutreffen. Am 29. Juli 1737 wurde er zum »Ökonomus« der holländischen Einrichtungen der Brüdergemeine und zum Vorsteher von Herrendyk ernannt. Er übte dieses Amt bis 1743 aus. Ende 1739 hielt er sich ein zweites Mal in der Wetterau auf, von wo aus er zu einer Missionsreise in seine Heimat nach Basel, Bern und Montmirail aufbrach. Nach wenigen Wochen kehrte er nach Marienborn (Wetterau) zurück, um am 7. Februar 1740 zum Diakon und Vorsteher von Holland ordiniert zu werden. Seine Anreise in Herrendyk erfolgte am 19. Februar 1740. Nach einem Jahr unternahm er eine Visitationsreise zu verstreut lebenden Gemeinemitgliedern in Ostfriesland und in England. 1742 ist er als Mitglied der General-Konferenz der Brüdergemeine in Herrnhut und Niesky tätig. Es folgen weitere Reisen in die Wetterau, nach Schlesien und in die Schweiz (alle 1743). Am 26. Juli 1745 wurde er in Marienborn zum ersten »Senior civilis« geweiht. Drei Jahre später übernahm er, zusammen mit der Gräfin Zinzendorf, das General-Diakonat der Gemeine. Zwischen 1750 und 1752 lebte von Watteville in Herrnhut, wo er den Versammlungen und Konferenzen beiwohnte. Von Juni bis September 1752, von August bis Dezember 1753 und von Juli bis Dezember 1754 hielt er sich in England auf. Zwischenzeitlich war er mit weiteren Aufgaben betreut worden, so wurde er im Januar 1753 zum »Vorsitzenden der Orts-Gemein, Credit- und Diaconats-Conferenz« ernannt, im Juni des gleichen Jahres zum Präses des Provinzial-Synodus der Oberlausitz. Dann, von 1756 bis 1759, war er zum zweiten Mal als Ökonomus von Holland und auch als Vorsteher von Zeist (Provinz Utrecht) tätig. — Im Juni 1759 zog er sich, von Zeist kommend, krank nach Herrnhut zurück. Seine letzte Ernennung erfolgte im Juli 1764 in den Collateralrat des Administrators des »reformierten Tropus«. Noch im gleichen Jahr reiste er ein letztes Mal nach Marienborn. Erst im September 1769 wurde er krankheitshalber aller seiner Ämter enthoben. Im 78. Lebensjahr verstarb er am 24. April 1777 in Herrnhut.

Werke: Verklaaringe der Herrnhuthsche Broeders, Soo buyten Ysselstein, als te Amsterdam, zich onthoudende. Ter Verandtwoordinge van haar selven, en ronde oppenleginge van haare Meeninge, aangaande eenige Stukken der Leere, welke thans van haar verbreydt worden. In t'Hoogduytsch by haar selven opgestelt, en in t'Nederduytsch overgeset, door Isaac Le Long. Met bygevoegde Approbatie van den Heere Graaf van Zinzendorff en Pottendorff (...). Amsterdam 1738; Aanmerkingen van Joan Vanden Honert, T. H. Soon, Op Sekeren Briev, Door Den Hoogedelen Heer Frederik Baron De Watteville, (...) Geschreeven Aan Den Eerwaerden Heer Bartholdus Ojers, (...) Over de Redenvoering en andere Verhandelingen, die onlangs door deselven Joan vanden Honert, T. H. Soon, soo wegens de Boheemsche En Moravische Kerk, als wegens de Herrn-Hutsche Broederschap, syn uytgegeven. Leyden 1739; Erklärung der Herrnhuthischen Brüder, Welche sich sowohl außer Ysselstein als zu Amsterdam befinden, zu ihrer eigenen Verantwortung, und zu deutlicher Nachricht von ihrer Meynung in Ansehung einiger Lehr-Puncte, so von ihnen ausgebreitet worden. Von Ihnen selbst aufgesetzet. Nebst beygefügter Approbation Des Herrn Grafen von Zinzendorff u. Pottendorff, der Böhmischen und Mährischen Brüder hochwürdigen Bischoffs Wie auch Eben desselben Schreiben Nebst dem Bericht der Abgeordneten von Georgien an den Erz-Bischoff von Canterbury wegen der Kirche der Mährischen Brüder, Und Einem Glück-Wunsch des Ertz-Bischoffs an den Herrn Grafen. Aus dem Holländischen übersetzt. O.O. 1739; Declaration vor die mährischen Brüder die sich auf dieser Insul befinden. O.O. 1742; Geliebter Leser! In: (Zinzendorf, Nikolaus Ludwig von): Einige Reden des Ordinarii Fratrum, die er vornehmlich Anno 1756. zur Zeit seiner Retraite in Bethel, an die gesamte Bertholdsdorfische Kirchfahrt gehalten hat. Barby 1758, o.S. Barby 1766[2]. Barby 1776[3]. Gnadau 1848[4]; Aus Watteville's Schreiben an die Synode des Jahres 1769. In: Der Brüder-Bote, XIII, 12, 1875, 393-398.

Lit. (Auswahl): (Zinzendorf, Nikolaus Ludwig von): Der Krancken Artzt, der Blöden Heil, Wurde Bey Friedrichen Herrn von Watteville, Und Fräulein Johannen Sophien von Zetzschwitz, Einem ihme längst geopfferten Neuen Ehe-Paar auff die Hochzeit geladen Und in nachfolgendem Liede besungen, von Denen sämtlichen Hochzeit-Gästen. (Görliz 1724); — Gutbier, Johann Christian: Die Hoch-Herrliche Hochzeit-Festivität Des Hoch- und Wohlgebohrnen Herrn

Friedrichs Herrn von Watteville, Und Fräulein Johannen Sophien von Zetzschwitz, Welche Anno 1724. am Octobr. im Herrn vermählet wurden. Suchte mit einem aufrichtigen Wunsche zu bedienen Lic. Johann Christian Gutbier, Hoch-Fürstl. Sächß. Leib-Medicus und Gräfl. Zinzendorff. Medic. Ordinarius. O.O., 1724; — Scheffer, Melchior; Jerichow, Traugott Immanuel: Bey der Vermählung Des Hoch- und Wohl-gebohrnen Herrn, Herrn Friedrich, Herrn von Watteville, mit dem Wohlgebohrnen Fräulein, Fraeulein Johannen Sophien geb. von Tzetschwitz, welche in Gegenwart Sieben Hoch-Reichs-Gräflicher Personen aus denen Hohen Häusern Solms, (...) und Zinzendorff (...) In dem Hoch-Gräflichen Zinzendorffischen Hause zu Bertholdsdorff höchstvergnügt vollzogen wurde, solten (...) (Das schreibet zuversichtlich ein besonders ergebner Freund und Diener in Görlitz den 28. Octobr. 1724 M. Melchior Scheffer, Pastor Gorlic. M. Traugott Immanuel Jerichovius, Hexopol. S.T.B.) (Görlitz) 1724; — Spangenberg, August Gottlieb: Leben des Herrn Nicolaus Ludwig Grafen und Herrn von Zinzendorf und Pottendorf, VIII Bde. Barby 1773-1775; — Ritter, Johann Friedrich Wilhelm: Leben des Freyherrn Johannes von Watteville, Bischofs der evangelischen Brüderkirche und dessen Gemahlin Frau Henriette Benigna Justine, Freyfrau von Watteville, gebohrne Gräfin von Zinzendorf. Altona 1800; — Baron Friedrich von Wattewille. In: Der Brüder-Bote, XIII, 12, 1875, 377-392; — Blösch: Wattenwyl, Friedrich von. In: ADB, XLI, 1896, 248-249; — Grosse, Johann: Studien über Friedrich von Watteville. Ein Beitrag zur Geschichte des Herrnhutertums. Diss. Halle 1914; — Reichel, Hellmut: Die Anfänge der Brüdergemeine in der Schweiz mit besonderer Berücksichtigung der Sozietät in Basel. In: Unitas Fratrum. Zeitschrift für Geschichte und Gegenwartsfragen der Brüdergemeine, XXIX/XXX, 1991, 9-27; — Braun, Hans: Familie von Wattenwyl. La famille de Watteville. Bern 2004.

Claus Bernet

WEBER, Leonhard Maria, katholischer Priester, Moral- und Pastoraltheologe, Professor für Pastoraltheologie und Katechetik, * 12. Februar 1912 in Belfaux bei Fribourg, † 16. Dezember 1969 in München. — Weber verbrachte die Kinder- und Jugendjahre in Belfaux, Wohlen, München (sein Vater Leonhard Weber (1883–1968), später Professor für Mineralogie an der Universität Fribourg und zeitweilig deren Rektor, war in der Zeit nach dem Ersten Weltkrieg wissenschaftlicher Assistent an der Münchener Universität), Zürich, Florenz und Fribourg. Die Maturität (Hochschulreife) erlangte er am Lyzeum der Benediktiner in Sarnen. Von 1932 bis 1937 studierte Weber Philosophie und Theologie an der Universität Fribourg und schloß hier 1937 mit dem theologischen Lizentiat (Bewertung: »magna cum laude«) ab. Nach dem Introitus-Examen (Staatsexamen) an der Theologischen Fakultät Luzern trat er in das Ordinandenseminar (Priesterseminar) des Bistums Basel in Solothurn ein und wurde am 29. Juni 1938 für die Diözese Basel zum Priester geweiht. — In der Zeit danach war Weber zunächst zwei Jahre als Vikar in der Pfarrei St. Klara in Basel tätig. Im Herbst 1940 nahm er ein Promotionsstudium an der Universität Fribourg unter Betreuung durch den Professor für Patristik und Christliche Archäologie Othmar Perler (1900–1994) auf und besuchte daneben auch Lehrveranstaltungen in Medizin, Psychologie und Pädagogik. Am 20. Juli 1943 wurde er zum Dr. theol. promoviert (Note: »summa cum laude«) aufgrund seiner Dissertation »Hauptfragen der Moraltheologie Gregors des Großen. Ein Bild altchristlicher Lebensführung« (erschienen in Fribourg 1947 als Band eins der Reihe »Paradosis. Beiträge zur Geschichte der altchristlichen Literatur und Theologie«). — Von 1943 bis 1951 war Weber Religionslehrer an den oberen Klassen der staatlichen Gymnasien in Solothurn (Kantonsschule, einschließlich Lehrerbildungsanstalt und Handelsschule). Seit dem Schuljahr 1944/45 bis letztmals 1962/63 unterrichtete er zudem Berufsethik am dortigen Sozialpädagogischen Fürsorgerinnenseminar. Seit dem Wintersemester 1945/46 war Weber bereits Dozent für praktische Moraltheologie am Ordinandenseminar Solothurn. Im April 1951 wurde er Regens dieser Einrichtung und hatte dann zusätzlich zu seinen bisherigen Lehrverpflichtungen auch Vorlesungen zu einem Teil der Pastoraltheologie zu übernehmen. Neben seiner Tätigkeit in Schule und Priesterseminar betreute er als Pfarrer die Pfarrei St. Katharinen in Solothurn und war häufig als Beichtvater in St. Ursen tätig. — In den Jahren 1951 und 1952 beschäftigte sich Weber näher mit Grenzfragen von Medizin und Theologie und unternahm dazu Studienreisen nach Paris, Lille und Lyon. Seit dem Wintersemester 1951/52 war er an der naturwissenschaftlichen Fakultät der Universität Fribourg Dozent für Grenzfragen von Medizin und Weltanschauung; im Frühjahr 1956 erteilte ihm die Schweizer Regierung diesbezüglich einen festen Lehrauftrag. Zudem hielt Weber in den Jahren 1955 bis 1964 – wenn auch nicht in jedem Jahr, so doch wiederholt – Vorlesungen über ethische Grenzfragen an der Philosophischen Akademie Luzern. Dazu kam eine umfangreiche Vortragstätigkeit bei wissenschaftlichen Tagungen und theologischen Fortbildungen in Deutschland, der Schweiz, Österreich, den Niederlanden, Frankreich und Dänemark. — Im Dezember 1959 konnte Weber eine Berufung auf den Lehrstuhl für Praktische Theologie an der Katholisch-Theologischen Fakultät der Johannes-Gutenberg-Universität Mainz aus Gehorsam gegenüber seinem Bischof nicht annehmen. Am 26. Januar 1961 wurde der Theologe und langjährige Regens zum Päpstlichen Hausprälaten ernannt. 1966 erhielt er einen Ruf auf die neu errichtete Professur für Pastoraltheologie und Katechetik an der Katholisch-Theologischen Fakultät der Ludwigs-Maximilians-Universität München, den er mit Zustimmung seines Bischofs nun auch antreten durfte. Weber wurde zugleich Mitglied des kirchlichen Instituts für Homiletik und Katechetik in München. Er war Mitherausgeber der Zeitschrift »Der Seelsorger« sowie Mitglied der Zeitschrift »Concilium« (Abteilung Moraltheologie) und gehörte seit 1966 dem Redaktionsrat der Zeitschrift »Diakonia« an. Mehrere Dissertationen standen unter seiner Betreuung. An den Tagungen der Fachkonferenzen der Moraltheologie und der Pastoraltheologie beteiligte er sich mehrfach in aktiver Weise. Als priesterlicher Seelsorger war Weber in dieser Zeit in der Münchener Pfarrei St. Margareth tätig; hier feierte er regelmäßig die Eucharistie. — Völlig unerwartet und schnell verstarb Weber, gerade von seiner Hauptvorlesung zurückgekehrt, in den Räumen seines Münchener Universitätsseminars nach einem Herzinfarkt. Der emeritierte Basler Bischof Franziskus von Streng (1884–1970) feierte für ihn am 20. Dezember 1969 in der Kathedrale St. Nicolas in Fribourg das Requiem; im Anschluß wurde Weber nahe dem Grab seiner Eltern auf dem Friedhof von Bourguillon/Bürglen bei Fribourg beigesetzt. — Hauptforschungsgebiete Webers waren die Sexualethik und Sexualpädagogik, die Theologie und Pastoral von Ehe, Familie und Ehelosigkeit, die Medizinethik und medizinisch-theologische Grenzfragen, die Priesterausbildung, die priesterliche Lebensform und der priesterliche Dienst, Fragen der Standesseelsorge sowie die Gewissensfreiheit in moraltheologischer und pastoraler Sicht. Vor allem um den Dialog zwischen Medizin und Theologie war Weber bemüht; dies zeigen gerade seine Beiträge in der Zeitschrift »Arzt und Christ«, deren wissenschaftlichem Beirat er angehörte. Ebenso war es ihm ein vordringliches Anliegen, in seinen Lehrveranstaltungen und Schriften eine Sexualmoral aufzuzeigen, die sich einerseits an den kirchlichen Vorgaben zu orientieren versucht, andererseits im Gewissen verantwortet wird. Insbesondere den Fragen der Geburtenregelung widmete er sich in diesem Zusammenhang wiederholt. Bedeutung für die Praktische Theologie gewann Weber vor allem als Mitherausgeber des »Handbuchs der Pastoraltheologie« (5 Bde., Freiburg – Basel – Wien 1964-1972), dessen Abschluß er jedoch nicht mehr miterlebte. Der Schweizer Theologe war von dem Jesuiten Karl Rahner (1904–1984), der ihn aufgrund seiner Beiträge für die von ihm herausgegebene zweite Auflage des »Lexikons für Theologie und Kirche« (Freiburg u. a. 1957-1967) sehr schätzte und auf den die Konzeption des Handbuchs wesentlich zurückging, neben dem Redemptoristen Viktor Schurr (1898–1971), dem Tübinger Pastoraltheologen Franz Xaver Arnold (1898–1969) und später (ab Band drei) dem Wiener Pastoraltheologen Ferdinand Klostermann (1907–1982) sowie Hansjörg Schild (1942–1992) (beim fünften Band) für diese Aufgabe gewonnen worden. Weber trug zum »Handbuch der Pastoraltheologie« insgesamt 58 Druckseiten bei. Er vermittelte wiederholt auch zwischen Rahner und der »Konferenz der deutschsprachigen Pastoraltheologen«, die in damaliger Zeit die Herausgabe eines eigenen praktisch-theologischen Grundlagenwerks beabsichtigte. Letztlich nahm Weber auf die konzeptionelle und editorische Ausrichtung des Handbuchs jedoch kaum Einfluß. — Weber verstarb mit erst 57 Jahren auf der Höhe seines akademischen Wirkens. Mehrere Generationen von Priestern und Studierenden unterschiedlicher Fakultäten hat er durch sein der kirchlichen Tradition verbundenes, zugleich aber den Fragen der Gegenwart gegenüber aufgeschlossenes theologisches Forschen und Lehren wesentlich geprägt. Persönlich bescheiden, stets freundlich und respektvoll im Umgang, häufig um Vermittlung und Ausgleich bemüht, überaus belesen, kompetent und immer um Genauigkeit ringend erwarb er sich nicht nur in den Pfarreien, in denen er tätig war, sondern auch bei den Studierenden, den Kollegen und den führenden Stellen von Kirche und Gesellschaft hohes Ansehen. »Leonhard Weber war eine entscheidende Kraft der theologisch-kirchlichen Erneuerung. Für sein persönliches Leben eher ängstlich, war er im theologischen Denken ebenso kühn wie gründlich und kannte bei heiklen kirchlichen Problemen vor allem eine Leidenschaft: die unbedingte Wahrhaftigkeit« (Alois Müller). »Leonhard M. Weber gehörte zu jenen umsichtigen Vordenkern einer kirchlichen Erneuerung, die nicht nur im akademischen Bereich, sondern zuvor in der Praxis und an der 'Basis' wirken und ohne deren unspektakuläre Arbeit das Wagnis des Neuen nicht gelingen kann« (Herbert Vorgrimler).

Werke: Monographien: Hauptfragen der Moraltheologie Gregors des Großen. Ein Bild altchristlicher Lebensführung (Paradosis. Beiträge zur Geschichte der altchristlichen Literatur und Theologie 1), Fribourg 1947 (Dissertation); Die Beziehungen Gregors des Großen zu den Fürstenhöfen seiner Zeit, o. O. 1948 (Separatabdruck aus: St. Ursen-Glocken und Solothurner Geschichtsblätter Nr. 1 u. 2 1948); Mysterium magnum. Zur innerkirchlichen Diskussion um Ehe, Geschlecht und Jungfräulichkeit (QD 19), Freiburg – Basel – Wien 1964; 2. Aufl. 1965 (ndrl. Übersetzung 1964, engl. 1966, frz. u. it. 1968); Ehenot – Ehegnade. Handreichung zur priesterlichen Heilssorge an Eheleuten (Schriftenreihe für zeitgemäße Seelsorge 1), Freiburg i. Br. 1. u. 2. Aufl. 1965; 3. Aufl. 1966; Gewissensfreiheit? (zus. mit Josef Duss-von Werdt) (Probleme der praktischen Theologie 2), Mainz 1967; (posthum) Hansjörg Schild (Hrsg.), Leonhard M. Weber. Pastorale Impulse. Aufsätze und Vorträge, Freiburg i. Br. 1971.

Mitherausgeberschaft: Probleme der Praktischen Theologie (Festg f. Josef Maria Reuss), Bd. 1-6, Mainz 1967 (zus. mit Albert Görres).

Aufsätze und Beiträge: Gregor der Große als Seelsorger, in: Anima 5 (1950), 267-275; 351-362; Kirchliche Richtlinien zur seelsorglichen Betreuung des Geschlechtlichen, in: Franz Xaver von Hornstein – Adolf Faller (Hrsg.), Gesundes Geschlechtsleben. Handbuch für Ehefragen, München – Kempten 1950, 422-429; 2., umgearb. u. erw. Aufl. München 1955, 364-379; Jungfräulichkeit und Theologie, in: Anima 7 (1952), 220-227; Sünde und Krankheit, in: Ebd., 44-51; Bejahung des Geschlechtlichen?, in: Anima 8 (1953), 338-347; Die Liebesbegegnung mit Christus in der Eucharistie – Quell der Seelsorge im Alltag, in: Ebd., 152-159; Medizin und Theologie, in: Festgabe [der Universität Fribourg] an die Schweizer Katholiken, Fribourg 1954, 479-492; Jungfräulichkeit in der Problematik der Gegenwart, in: Anima 10 (1955), 56-70; Erziehung des Seelsorgers und Skrupulosität, in: Anima 11 (1956), 65-72; Gedanken zum theologisch-seelsorglichen Verständnis der Frau, in: Ebd., 149-163; Priester und Arzt, in: Der christliche Weg 2 (1956); Christliche Eigenwerte der unverheirateten Frau, in: Die Schweizerin 44 (1957), 132-137; Geburtenregelung und katholisches Ethos, in: ArztChr 3 (1957), 46-53; Gedanken zum theologischen Verständnis der Krankheit, in: Virgil Redlich (Hrsg.), Moralprobleme im Umbruch der Zeit, München 1957, 101-131; Moderne Erotik und christliches Leben, in: Ebd., 67-99; Theologie und Teleologie des Schmerzes, in: ArztChr 4 (1958), 204-212; Theologische Nachschrift zum Beitrag von Arthur Jores: Die christliche Lehre von der Krankheit als Folge der Erbsünde im Lichte psychologischer Krankheitsbetrachtung, in: Ebd., 101-103; Betende Jugend. Handreichungen zur Gebetserziehung der heranwachsenden Jugend, in: Anima 14 (1959), 58-67; Eros und Sexus in der Jugendzeit, in: Schweizer Schule 46 (1959/60), 498-503; Msgr. Othmar Perler 60jährig, in: Academia Friburgensis 18 (1960), 87-89; Geburtenregelung, Geburtenkontrolle, in: Schweizerische Kirchenzeitung 129 (1961), 174f.; Hormon-Präparate im Dienste ethisch vertretbarer Geburtenregelung, in: ArztChr 7 (1961), 116-118; Sexus – Eros – Liebe als Problem der Jugendzeit, in: Anima 16 (1961), 21-29; Spirituelle Seelsorge als Forderung des priesterlichen Amtes, in: LS 13 (1962), 180-185; Die Erziehung zur Schamhaftigkeit – ein erschwertes Anliegen der Jugendseelsorge von heute, in: Anima 18 (1963), 159-166; Die ethische Bewertung des Geschlechtlichen, in: Franz Xaver von Hornstein – Adolf Faller (Hrsg.), Du und ich. Ein Handbuch über Liebe, Geschlecht und Eheleben (Titel der 1. u. 2. Aufl.: Gesundes Geschlechtsleben; 3. Aufl. völlig neu bearb.), München – Olten – Freiburg [4]1963, 310-317; Die Geschlechtlichkeit in theologischer Sicht, in: Ebd., 317-322; Heiligkeit und seelische Krankheit, in: Anima 18 (1963), 71-79; Kirchliche Richtlinien zur seelsorglichen Betreuung des Geschlechtlichen, in: Franz Xaver von Hornstein – Adolf Faller (Hrsg.), Du und ich. Ein Handbuch über Liebe, Geschlecht und Eheleben, München – Olten – Freiburg [4]1963, 322-333; Predigt aus rechtem Leib- und Eheverständnis, in: LS 14 (1963), 223-231; Von frei gewählter Ehelosigkeit und religiös begründeter Enthaltsamkeit, in: Franz Xaver von Hornstein – Adolf Faller (Hrsg.), Du und ich. Ein Handbuch über Liebe, Geschlecht und Eheleben, München – Olten – Freiburg [4]1963, 414-423; Grenzfragen der Medizin und Moral, in: Johannes Baptist Metz u. a. (Hrsg.), Gott in Welt (Festg. f. Karl Rahner), Bd. 2, Freiburg – Basel – Wien 1964, 693-723 (auch it., ndrl.); Das Objektive und das Personale. Zur Gegenwartsdiskussion über Sünde und Schuld, in: Franz Böckle – Franz Groner (Hrsg.), Moral zwischen Anspruch und Verantwortung (FS Werner Schöllgen), Düsseldorf 1964, 450-474; Zur Frage der Geburtenregelung, in: Theologie der Gegenwart in Auswahl 7 (1964), 125-133; Zur innerkirchlichen Diskussion über die Geburtenregelung, in: Schweizerische Kirchenzeitung 132 (1964), 98-101; Ethische Probleme der Biotechnik und Anthropotechnik, in: ArztChr 11 (1965), 227-234; Gedanken zum theologisch-seelsorglichen Verständnis der Frau, in: Anima 20 (1965), 149-163; Die Gewissensfreiheit, in: Ebd., 20-27; Die katholische Ehemoral, in: Ehe und Familie im Aufbau der Pfarrgemeinde. Weihnachts-Seelsorgertagung 28.-30. Dezember 1964, Wien 1965, 50-67; Natur der Ehe und Geburtenregelung, in: Schweizer Rundschau 64 (1965), 188-197; Neue Gegebenheiten – unveränderte Menschheitsfragen, in: ArztChr 11 (1965), 21-31; Norm und Gewissen. Festvorlesung von Alois Sustar zu Anlaß der feierlichen Eröffnung des Studienjahres 1965/66 im Ordinandenseminar Solothurn, in: Schweizerische Kirchenzeitung 133 (1965), 518-520; La régulation des naissances, in: Choisir 6

(1965); Zur Interpretation kirchlicher Dokumente über den finis matrimonii, in: Theologie der Gegenwart in Auswahl 8 (1965), 144-152; Aspekte der Unverheiratetenseelsorge, in: ThPQ 114 (1966), 121-128; Bejahung personaler Geschlechtlichkeit, in: Leopold Prohaska (Hrsg.), Problematik der Geschlechtserziehung (Veröffentlichungen des Instituts für Vergleichende Erziehungswissenschaft Salzburg 21), Wien – München 1966, 123-134; dass., in: Civitas 22 (1966/67), 397-405; Gesundheit, Krankheit und Heilung im Verständnis der Theologie, in: Diakonia 1 (1966), 132-146; Die Kirche in der Welt von heute. Das Konzilsschema 13, in: Schweizer Rundschau 65 (1966), 432-446; Bildung zur christlichen Ehe, in: Der Seelsorger 37 (1967), 382-395; Die christliche Familie im Anspruch der Zeit, in: Leopold Prohaska (Hrsg.), Familienerziehung in Stadt und Land (Veröffentlichungen des Instituts für Vergleichende Erziehungswissenschaft Salzburg 22), Wien – München 1967, 134-146; Erziehung zur Gewissensfreiheit – Eine pastorale Aufgabe, in: Leonhard M. Weber – Josef Duss-von Werdt, Gewissensfreiheit? (Probleme der praktischen Theologie 2), Mainz 1967, 50-84; Gedanken zum Lebensstil des jungen Priesters, in: Der Seelsorger 37 (1967), 240-248; Gewissensfreiheit als Problem nachkonziliarer Ehepastoral, in: Leo Scheffczyk – Werner Dettloff – Richard Heinzmann (Hrsg.), Wahrheit und Verkündigung (FS Michael Schmaus), München – Paderborn – Wien 1967, 1631-1655; Christliche Erziehung zur Ehe, in: HPTh 3 (1968), 413-432; Le conseil présbyteral, in: Symposium d'évêques d'Europe. Secrétariat de liaison entre les Conférences épiscopáles d'Europe, Vanves 1968, 31-43; Exkurs über »Humanae vitae«, in: LThKVat² 3 (1968), 607-609; Gläubigkeit aus Glaube, in: Karl Rahner – Bernhard Häring (Hrsg.), Wort in Welt. Studien zur Theologie der Verkündigung (Festg. f. Viktor Schurr), Bergen-Enkheim 1968, 186-199; Muß sich auch das Priesterbild wandeln?, in: Der Seelsorger 38 (1968), 105-118; Not und Segen der Einsamkeit, in: Johannes Tenzler (Hrsg.), Wirklichkeit der Mitte. Beiträge zu einer Strukturanthropologie (Festg. f. August Vetter), Freiburg – München 1968, 445-455; Der alternde Mensch, in: HPTh 4 (1969), 285-297; Seelsorge oder Sorge um den Menschen?, in: Josef Bielmeier (Hrsg.), Abschied von Trient. Theologie am Ende des Mittelalters, Regensburg 1969, 75-91; Die Seminarausbildung, in: HPTh 4 (1969), 470-497; Die Sorge um besondere Formen des Krankseins (zus. mit Robert Svoboda und Hansjörg Schild), in: Ebd., 203-216; Pastorale Krise – Verlust oder Gewinn?, in: Wilhelm Sandfuchs (Hrsg.), Wege aus der Krise?, Würzburg 1970, 99-111; Gibt es bleibende Normen für das Selbstverständnis des Arztes?, in: Max-Paul Engelmeier – Bernhard Popkes (Hrsg.), Leitbilder des modernen Arztes. 1. Konferenz zu ärztlichen Grundsatzfragen Schloß Hugenpoet Oktober 1969, Stuttgart 1971, 23-27.

Lexikonartikel: Art. Casti Connubii, in: LThK² 2 (1958), Sp. 974; Art. Eros, Erotik, in: LThK² 3 (1959), Sp. 1038-1041; Art. Feminismus, in: LThK² 4 (1960), Sp. 74f.; Art. Frigidität, sexuelle, in: Ebd., Sp. 390; Art. Geburtenregelung, in: Ebd., Sp. 566-568; Art. Geschlechtlichkeit, in: Ebd., Sp. 803-807; Art. Gregor I. der Große 1-3, in: Ebd., Sp. 1177-1180; Art. Homosexualität II. Moraltheologisch, in: LThK² 5 (1960), Sp. 468f.; Art. Jungfräulichkeit II. Systematisch, in: Ebd., Sp. 1214-1218; Art. Jungfräulichkeit III. Pastoraltheologisch, in: Ebd., Sp. 1218f.; Art. Keuschheit, in: LThK² 6 (1961), Sp. 133-136; Art. Krankheit, Krankenseelsorge, in: Ebd., Sp. 591-595; Art. Leid und Leiden, in: Ebd., Sp. 926-928; Art. Die katholische Moraltheologie, in: Der Große Herder, Bd. 12 (Ergbd. 2), Freiburg i. Br. 1962, Sp. 1123-1129; Art. Onanismus, in: LThK² 7 (1962), Sp. 1156-1158; Art. Perversion, in: LThK² 8 (1963), Sp. 306-308; Art. Priester V. Priesterliche Existenz, in: Ebd., Sp. 746-748; Art. Priestersamstag, in: Ebd., Sp. 752; Art. Prüderie, in: Ebd., Sp. 847; Art. Pubertät I. Deskriptiv, in: Ebd., Sp. 894f.; Art. Reinheit II. Theologisch, in: Ebd., Sp. 1144f.; Art. Sankt-Lukas-(Ärzte-)Gilden, in: LThK² 9 (1964), Sp. 157; Art. Scham, Schamhaftigkeit, in: Ebd., Sp. 365f.; Art. Schmerz, in: Ebd., Sp. 428f.; Art. Sexologie, in: Ebd., Sp. 707; Art. Sexualpathologie, in: Ebd., Sp. 709f.; Art. Sterilisation II. Theologisch, in: Ebd., Sp. 1057f.; Art. Uneheliche (Kinder) 2., in: LThK² 10 (1965), Sp. 477f.; Art. Unkeuschheit, in: Ebd., Sp. 517; Art. Unverheiratetenfrage, in: Ebd., Sp. 537f.; Art. Zölibat IV. Pastoraltheologisch, in: Ebd., Sp. 1400f.; Art. Zölibat, in: SM 4 (1969), Sp. 1440-1452.

Lit.: Trudi Baschung (Hrsg.), Dr. Leonhard Weber – Professor an der Katholisch-Theologischen Fakultät der Universität München, früher Regens am Priesterseminar Solothurn, 12. Februar 1912 – 16. Dezember 1969, München o. J. [1970]; — [N. N.], Leonhard M. Weber †, in: ArztChr 16 (1970), 175f.; — Franz Johna, Leonhard M. Weber (1912–1969), in: AnzSS 80 (1971), 380; 382; 384; — Alois Müller, Zum Geleit: Leonhard Webers theologisches Profil, in: Hansjörg Schild (Hrsg.), Leonhard M. Weber. Pastorale Impulse. Aufsätze und Vorträge, Freiburg i. Br. 1971, 7-10; — Herbert Vorgrimler, Leonhard M. Weber (1912–1969). Wegbereiter einer erneuerten Moral- und Pastoraltheologie, in: Ders., Wegsuche. Kleine Schriften zur Theologie, Bd. 2 (Münsteraner theologische Abhandlungen 49), Altenberge 1998, 689-701; dass., in: Bruno Bürki – Stephan Leimgruber (Hrsg.), Theologische Profile – Portraits théologiques. Schweizer Theologen und Theologinnen im 19. und 20. Jahrhundert – Théologiens et théologiennes suisses des 19e et 20e siècles, Freiburg/Schweiz 1998, 292-302; — Leo Karrer, Art. Weber, Leonhard, in: LThK³ 10 (2001), Sp. 993.

August Laumer

WECKER, Johann, auch Weckher, † um 1540 schwenkfeldischer Pfarrer in der Umgebung von Landau/Pfalz. Freund von Johannes Bader in Landau und der Katharina Zell in Straßburg. Möglicherweise identisch mit Raimund W., wobei Raimund wegen des dichterischen Ansatzes auf dem Werk von 1546 als Reim-Mund zu interpretieren ist.

Werke: Ich steh in großen sorgen des Glaubens wircklichkeit, Speyer 1543; Ein schoen new Lied von der Gotheyt vnd herrligkeyt vnsers Herren Jesu Christi nach seyner edlen menschait Zum preyß der glorien Christi vnd allen Christglan(!)bigen zum trost gesungen Im Thon Ich stund an eynem morgen etc. (W. zugeschrieben), 1543 in zwei Auflagen, eine davon in Speyer gedruckt, 3. Auflage Nürnberg 1596 (Valentin Neuber), 4. Auflage 1589; Ein vogel ist ausgeflogen..., 1545; Ein New Lied Auff Sebastian Coccius

Schůlmeisters zů Hall Schmach=bůchlein, die er wider die Herrlichait Christi hat geschriben, 1546; Ein Nüw Lied Von der Nüen Gepurt Spiß, Gewaechs vnd art der Kinder Gottes, 1546 (Jörg Sune), W. zugeschrieben, 2. Auflage 1596 mit orthographischen Abweichungen; Das Wort der warheit Jhesus Christ...

Lit.: Friedrich Spitta: War Caspar Schwenckfeld Dichter? Monatssschrift für Gottesdienst und kirchliche Kunst 16(1911), 209-213; — Corpus Schwenckfeldianorum 8, 1926, Nr. 398; 10, 1929, Nr. 554f.

Heinz-Peter Mielke

WEGER, Karl-Heinz, kath. Theologe, Jesuit. * 17.7. 1932 in Schweinfurt (Bayern), † 15.1. 1998 in München. — W. trat 1951 in die Gesellschaft Jesu ein. Nach dem Noviziat absolvierte er das Philosophie-Studium in England, zunächst am Heythrop College in Chipping Norton bei Oxford, dann am Manresa College in London (1954-1957), anschließend arbeitete er ein Jahr als Erzieher am Jesuitenkolleg in St. Blasien (Schwarzwald). 1958 ging er nach Indonesien, zunächst als Englischlehrer am Kleinen Seminar in Mertojudan. Von 1960 bis 1964 studierte er Theologie am Ignatius College in Yogyakarta. Die Priesterweihe empfing er 1963 in Yogyakarta. Die Promotion in Maastricht erfolgte 1967. Von 1966 bis 1971 war W. Redaktionsmitglied der Monatszeitschrift »Stimmen der Zeit« (StdZ). Ab 1969/70 war er Lehrbeauftragter, ab 1971 Dozent, ab 1975 Professor für Grundlegung der Systematischen Theologie und Philosophischen Anthropologie an der Hochschule für Philosophie, Philosophische Fakultät SJ in München. An dieser Hochschule gründete und leitete er viele Jahre das Institut für Fragen der Religionskritik. Langjährige Zusammenarbeit mit Karl Rahner SJ. — Wegers theologisches Denken kreiste um zentrale theologische, vor allem fundamentaltheologische Fragestellungen, die er vor allem im Anschluß an die Theologie Karl Rahners bearbeitete. In Forschung, Lehre und zahlreichen Publikationen bemühte er sich um eine fruchtbare Auseinandersetzung mit der Religionskritik in Geschichte und Gegenwart.

Werke: Theologie der Erbsünde. Mit einem Exkurs Erbsünde und Monogenismus von Karl Rahner, (Quaestiones disputatae 44), Freiburg 1970; Der Glaube der Kirche in den Urkunden der Lehrverkündigung von Josef Neuner u. Heinrich Roos. Neubearbeitet von Karl Rahner u. Karl-Heinz Weger, Regensburg 1971 u. ö; Erbsünde heute. Grundlegung und Verkündigungshilfen, München 1972; (Hrsg.) Religionskritik. Beiträge zur atheistischen Religionskritik der Gegenwart, München 1976; Karl Rahner. Eine Einführung in sein theologisches Denken, Freiburg 1978; (Hrsg.) Religionskritik von der Aufklärung bis zur Gegenwart. Autoren-Lexikon von Adorno bis Wittgenstein, Freiburg 1979; (Zusammen mit Karl Rahner) Was sollen wir noch glauben? Theologen stellen sich den Glaubensfragen einer neuen Generation, Freiburg 1979; Vom Elend des kritischen Rationalismus. Kritische Auseinandersetzung über die Frage der Erkennbarkeit Gottes bei Hans Albert, Regensburg 1981; Der Mensch vor dem Anspruch Gottes. Glaubensbegründung in einer agnostischen Welt, Graz 1981; Gott hat sich offenbart, Freiburg 1982; Wege zum theologischen Denken. Wie kann man Glaubensaussagen aus Erfahrung klären?, Freiburg 1984; (Hrsg. unter Mitarbeit von Klemens Bossong) Argumente für Gott. Gott-Denker von der Antike bis zur Gegenwart, Freiburg 1987; »Wozu sind wir auf Erden?«. Sinnerfahrung im Glauben, Freiburg 1989. Religionskritik (Reihe: Texte zur Theologie: Abteilung Fundamentaltheologie; 1), Graz 1991.

Artikel: Sünde der Welt und Erbsünde, in: StdZ (12/1966); Strukturwandel in der katholischen Glaubenslehre. Gedanken zur Theologie des neuen holländischen Erwachsenen-Katechismus, in StdZ (2/1967); Erbsündentheologie heute, in StdZ (5/1968); Relativismus als Religionskritik. Thesen und Theorien der philosophischen Anthropologie heute, in StdZ (2/1975); Auferstehung. Zumutung oder Fundament des Glaubens?, in: StdZ (4/1875); Die Zeit des Menschen, in: GuL 48 (1975); Das »anonyme« Christentum in der heutigen Theologie, in StdZ (5/1976); Ist Religion eine Angstneurose?, in: Orientierung 41(1977); Der Christ und der Glaube der anderen, in: StdZ (6/1978); Die Religionskritik Sigmund Freuds, in StdZ (8/1978); Was bleibt nach dem Tod?, in StdZ (9/1979); Die verdrängte Frage nach Gott. Zum Problem der religiösen Gleichgültigkeit, in: StdZ (1/1980); Versuch einer Neuinterpretation des christlichen Glaubens. Zu Jacques Pohiers Buch »Wenn ich Gott sage«, in: StdZ 10 (1980); Der Sinn der Kindertaufe, in StdZ (11/1980); Gott im Denken Hans Alberts. Stellungnahme zur Erkennbarkeit Gottes im kritischen Rationalismus, in StdZ (7/1981); Ursprung und Funktion der Religionen, in: StdZ (9/1982); Theologie und Lehramt, in StdZ (5/1984); »Löscht den Geist nicht aus!«, in: StdZ (3/1985); Eine theologische Anthropologie, in: StdZ (4/1985); Herausgefordert durch den Atheismus, in: Karl Rahner - Bilder eines Lebens, hrsg. von Paul Imhof und Hubert Biallowons (Zürich/Freiburg 1985); Sinn und Bedeutung einer christlichenSchule heute, in: StdZ (8/1986); Neue Situation der Glaubensverkündigung, in: StdZ (11/1986); Religiöse Gleichgültigkeit als Herausforderung der (Fundamental-)Theologie, in: KatBl 111 (1986); Wissenschaft und Dogma, in: StdZ (9/1987); Wozu sind wir auf Erden? Antworten auf eine alte Katechismusfrage, in: StdZ (10/1989); Kirchenrecht gegen Glaubenslehre?, in: StdZ (9/1990); Notwendigkeit der Mission, in: StdZ (4/1991); Macht Wohlstand geistig arm?, in: StdZ (3/1992); Ist Gott erfahrbar?, in: StdZ (5/1992); Bußandacht statt Beichte?, in: StdZ (11/1992); Strukturen gegenwärtiger Gottesaufweise, in: StdZ (12/1993); Agnostizismus II. Theologisch, in: LThK (1993^3); Antizipation. I. Philosophisch, in: ebd.; Der Papst und die Ernennung von Bischöfen, in: StdZ (7/1995).

Lit.: Johannes Herzgsell, Nachruf P. Karl-Heinz Weger, in: SJ-Rundbrief (Februar 1998/1); — Karl H. Neufeld, Die Brüder Rahner. Eine Biographie. Freiburg 2004.

Johannes Baar

WIESNER, Werner, * 19.3. 1902 in Groß-Ballerstedt/Altmark als Sohn eines reformierten Pfarrers, † 15.7. 1974 in Mainz. Ev. Theologe, Abitur 1920 im Internat mit Oberstufe in Joachimsthal/Uckermark. 1921-1925 Studium ev. Theologie in Tübingen, Greifswald, Halle und Rostock. 1925 1. theol. Examen in Halle. 1928-1939, Studieninspektor am Reform. Studentenkonvikt in Halle. 1929 Promotion in Erlangen bei Paul Althaus über »Das Offenbarungsproblem in der dialektischen Theologie«. 1929 Lic. Theol., 1930 2. theol. Examen in Magdeburg. 1933-1934 ein Jahr beurlaubt für Studienzwecke. 1934 Habilitationsschrift »Die Lehre von der Schöpfungsordnung« abgeschlossen, aber die NS-Verantwortlichen versagen W. die Venia legendi. 1937 erteilt W. in »Das christliche Verständnis vom Volke« der biologistischen Rassenideologie eine klare Absage. Als aktives Mitglied der Bekennenden Kirche wird W. im Feb. 1939 von der Gestapo inhaftiert und als Studieninspektor abgesetzt. Er wurde dann Hilfsprediger in Memel von 1939-1944 und wurde daselbst 1939 ordiniert. 1941-1944 Kriegsdienst. Erst 1945 fand in Göttingen ein förmliches Habilitationsverfahren statt. 1945-1948 Privatdozent in Göttingen. 1948 apl. Prof. für systematische Theologie in Göttingen. 1949-1969 o. Prof. für systematische Theologie in Mainz auf dem reformierten Lehrstuhl für Dogmatik und Ethik. 1951/1952 und 1959/1960 Dekan. W. war ledig. 1954 Ehrendoktor der Theologie in Göttingen. - In vielen Aufsätzen und Artikeln befaßte sich W. mit Fragen der Hermeneutik, der theologischen Begründung des Rechtes und mit der Begegnung von theologischem und naturwissenschaftlichem Denken. Auch zur Säuglingstaufe, Wunderfrage, zur Theologie Karl Barths, Tillichs, Karl Heims und zu Calvin nahm er Stellung. Der Einfluß Karl Barths und Calvins ist überall bei W. spürbar. Er vertrat in Mainz die reformierte Theologie. 1964 erschienen seine beiden letzten größeren Werke: »Die Welt im Verständnis des christlichen Glaubens« und eine allgemeinverständliche Glaubenslehre »Woran glaubt der Christ?« Zahlreiche Promotionen hat W. betreut. Für die Studienförderung nach dem Honnefer Modell wirkte er jahrelang als Gutachter. An den Universitätsgottesdiensten war er beteiligt, und in den Gemeinden wirkte er bei den Bibelwochen mit.

Werke: (BGLRK= Beiträge zur Geschichte und Lehre der Reformierten Kirche; EKbRhh= Evangelisches Kirchenblatt für Rheinhessen; GPM= Göttinger Predigt-Meditationen; KidZ= Kirche in der Zeit; ThLRKZ= Theologische Literaturbeilage zur Reformierten Kirchenzeitung; WiW = Wer ist wer? Das deutsche who's who (16.-18. Ausgabe von Degeners Wer ist's?, Hrsg. Walter Habel, Frankfurt/Main 1970/1973/1975); WuW= Weg und Wahrheit). Offenbarung und Geschichte, ZSTh, Jg. 5, H. 2, 1927, 313-346; Das Offenbarungsproblem in der dialektischen Theologie, Diss., FGLP, R. 3, Bd. 2, München 1930; Kirche und nationale Bewegung, RKZ, Jg. 82, Nr. 6, 1932, 41-44; Unsere Stellung zum neuen preußischen Agendenentwurf nach dogmatisch-theologischen Erwägungen, RKZ, Jg. 82, Nr. 30, 1932, 231-235; Nr. 31 241-243; Das Evangelium im 3. Reich. Grundsätzliches zur Verkündigung des 2. und 3. Artikels, Vortrag, Göttingen 1933, 15S.; Die Lehre von der Schöpfungsordnung. Anthropologische Prolegomena zur Ethik, Habilitationsschrift, Göttingen 1934; Das Reformierte Studentenkonvikt in Halle a. S., RKZ, Jg. 85, Nr. 24, 1935, 149; Schrift und Bekenntnis bei Calvin, RKZ, Jg. 85, Nr. 33, 1935, 219-221; Nr. 34, 1935, 225-227; Nr. 35, 1935, 233-236; Die Lehrzucht in der reformierten Kirche, RKZ, Jg. 86, Nr. 13, 1936, 99-100; Nr. 14, 1936, 105-108; Nr. 15, 1936, 113-116; Das christliche Verständnis vom Volke, Göttingen 1937; 'Kirche, Volk und Staat'. Zum ökumenischen Schrifttum, MPTh, Jg. 33, 1937, 306-316.353-364; The Law of Nature and social Institutions (The Christian Faith and the common Life, London 1938); 23. Sonntag nach Trinitatis. Joh. 11,32-45, GPM, Jg. 1, H. 5, 1947, 45-48; Jubilate. Joh. 12,20-26, GPM, Jg. 1, H. 3, 1947, 41-44; Sexagesimä. Hebr. 4,12 u. 13, GPM, Jg. 1, H. 1, 1947, 60-62; Sonntag nach Neujahr. Jak. 4,13-17, GPM, Jg. 1, H. 1, 1947, 42-44; 20. Sonntag nach Trinitatis. Mt. 10,26-39, GPM, Jg. 1, H. 5, 1947, 30-34; Erntedankfest. Phil. 4,11b-13.19-20, GPM, Jg.2, H. 4, 1948 34-38; Gründonnerstag. 1. Kor 10,14-22, GPM, Jg. 2, H.2, 1948 18-22; Trinitatis. Eph. 1,3-14, GPM, Jg.2, H. 3, 1948 3-8; 12. Sonntag nach Trinitatis. Apg. 9,36-42, GPM, Jg. 2, H. 3, 1948, 62-64; Die Frage des Wunders theologisch betrachtet, Vortrag, Studenten-Freizeit für Nat.-Wiss., Mainz-Bretzenheim, 2.7.1949; 3. Sonntag nach Epiphanias. Jes. 25,1-10a, GPM, Jg. 3, H. 1, 1949, 35-40; Himmelfahrt. Eph. 1,15-23, GPM, Jg. 3, H. 4, 1949, 214-218; Anthropologische oder theologische Schriftauslegung? Zur Theologie Rudolf Bultmanns, EvTh, Jg. 10, 1950, 49-66; Christlicher Wunderglaube und Naturwissenschaft, RKZ, Jg. 92, Nr. 15, 1951, 275-282; [Auszüge aus:] Der Heidelberger Katechismus als Bekenntnisschrift, RKZ, Jg. 92, Nr. 7, 1951, 140-141; Die Kirche als Gemeinschaft der Gläubigen - als das Volk Gottes, RKZ, Jg. 92, Nr. 19, 1951, 346-351; Nr. 20, 1951, 370-380; Exegese und Dogmatik, ThLZ, Jg. 79, 1954, 447-454; Bibelkanon, III. Dogmatisch, EKL,

Bd. 1, Göttingen 1956, 453-454; Biblizismus, EKL, Bd. 1, Göttingen 1956, 515-516; Die Bedeutung Karl Barths in der heutigen geistigen Situation, RKZ, Jg. 97, Nr. 12, 1956, 253-259; Gott, V. Dogmatisch, EKL, Bd. 1, Göttingen 1956, 1662-1666; Gott, IV. Dogmengeschichtlich, EKL, Bd. 1, Göttingen 1956, 1647-1662; Bund, V. Alter und neuer Bund, dogmatisch, RGG, Bd. 1, Tübingen 1957[3], 1521-1523; Zur Grundlegung des Rechts (Libertas christiana. Friedrich Delekat zum 65. Geburtstag [BEvTh, Bd.26], München 1957, 202-218); Die Angefochtenheit der christlichen Botschaft durch den modernen Geist (RKZ, Jg. 99, Nr. 1, 1958, 14-18; Nr. 2, 1958, 33-38; Nr. 3, 1958, 60-62); Inspiration (der Hl. Schrift), EKL, Bd. 2, Göttingen 1958, 336-342; Jungfrauengeburt, EKL, Bd. 2, Göttingen 1958 496-498; Heim, Karl, RGG, Bd. 3, Tübingen 1959[3], 198-199; Vorsehung, EKL, Bd. 3, Göttingen 1959, 1705-1710; Was ist Wahrheit?, RKZ, Jg. 100, Nr. 15/16, 1959, 376-380; Nr. 17, 1959, 418-421; Willensfreiheit, EKL, Bd. 3, Göttingen 1959, 1816-1821; Zufall, EKL, Bd. 3, Göttingen 1959, 1924-1925; Dialektischer Materialismus und christlicher Glaube, ThZ, Jg. 17, H. 1, 1961, 40-63; Christlicher Glaube und modernes Weltbild, NZSTh, Jg. 3, 1961, 346-370; Die Welt im Verständnis des christlichen Glaubens, Heidelberg 1964; Unsere Verantwortung gegenüber der katholischen Kirche, RKZ, Jg. 105, Nr. 15, 1964 178. 180-184; Woran glaubt der Christ? (Neukirchener Studienbücher, Bd. 3), Neukirchen-Vluyn 1964; Zum 400jährigen Todestag Johannes Calvins, EKbRhh, Jg. 19, Nr. 26, Frankfurt/Main 1964, 382-383; Die Entpersönlichung Gottes und das Zeugnis der Bibel von der Person Gottes, KidZ, Jg. 20, H. 1, Düsseldorf 1965, 3-9; Die Frage nach der Wirklichkeit Gottes und ihre heutige Beantwortung, KidZ, Jg. 20, H. 9, Düsseldorf 1965, 389-396; Die Gottesfrage in der Theologie Paul Tillichs, KidZ, Jg. 20, H. 7, Düsseldorf 1965, 292-297; Ontologie und Hermeneutik bei Karl Barth, ThLZ, Jg. 91, 1966 567-574; 2. Sonntag nach Epiphanias. Joh. 2,1-11, GPM, Jg. 4, Die altkirchlichen Evangelien, Göttingen 1966[2], 50-52; Das vernachlässigte Zeugnis vom Heiligen Geist, KidZ, Jg. 22, H.4, Düsseldorf 1967 142-149; Dogmatische Anmerkungen zur Säuglingstaufe, EvTh, Jg. 29, 1969, 500-508; Dogmatische Anmerkungen zur Säuglingstaufe [Auszug], NZSTh, Nd. 12, 1970, 225; Die Theologie als Wissenschaft, ThZ, Jg. 26, H. 4, 1970, 265-283; Die Theologie als Wissenschaft [Auszug], NZSTh, Bd. 13, 1971, 124; Wer ist Jesus Christus?, NZSTh, Bd. 14, H. 2, 1972, 197-213.

Rezensionen: Helmut Echternach »Studien...«, Bd. 1, RKZ, Jg. 81, Nr. 38, 1931 [ThLRKZ, Sept. 1931 10-11]; Dietrich Bonhoeffer »Akt und Sein«, RKZ, Jg. 82, Nr. 16, 1932, 122-124; Nr. 17, 1932, 130-132; Walter Dreß »Die Theologie Gersons...«, RKZ, Jg. 82, Nr. 22, 1932, 173-175; Hans Steubing »Naturrecht...«, RKZ, Jg. 82, Nr. 47 [ThLRKZ, Nov. 1932 16]; Albrecht Beyer »Offenbarung...«, RKZ, Jg. 83, Nr. 5, 1933, 3-4; Erwin Reisner »Kennen...«, RKZ, Jg. 83, Nr. 5, 1933 [ThLRKZ, Jan. 1933 2-3]; Clemen, [Otto?] »Grundriß...«, RKZ, Jg. 84, 1934 [ThLRKZ, 13]; Walter Künneth »Theologie...«, RKZ, Jg. 84, 1934 [ThLRKZ, 7]; Werner Schmauch »In Christus...«, RKZ, Jg. 85, 1935 [ThLRKZ 11]; [Folke Henrik Christopher] Holmström »Das eschatologische Denken...«, RKZ, Jg. 86, 1936 [ThLRKZ 11]; [Fritz?] Horn »Der zweite Brief...«, RKZ, Jg. 86, 1936 [ThLRKZ, 1]; [Wilhelm] Lütgert »Der Kampf der deutschen Christenheit...«, RKZ, Jg. 86, 1936 [ThLRKZ 10]; Hans Engelland »Gott und Mensch...«, ThLZ, Jg. 63, 1938, 255-257; Hans Schindler »Barth und Overbeck«, ThLZ, Jg. 63, 1938, 287-289; Josef Bohatec »Calvins Lehre...«, ThLZ, Jg. 64, 1939, 460-463; Eugen Gerstenmaier »Die Kirche...«, ThLZ, Jg. 64, 1939, 471-474; Ernst Kinder »Natürlicher Glaube...«, ThLZ, Jg. 64, 1939, 385-387; Helmut Thielicke »Geschichte...«, ThLZ, Jg. 64, 1939, 147-150; Offenbarung anstatt Rechtfertigung?, VuF, München 1941, 137-142; Der Gott der 'Wirklichkeit' und der wirkliche Gott, VuF, München 1949/50, 96-114; Stephen Neill »Christ, his Church...«, ThLZ, Jg. 76, 1951, 104-105; Hermann Diem »Grundfragen...«, ThLZ, Jg. 78, 1953, 421-422; Erich Dinkler »Bibelautorität...«, ThLZ, Jg. 78, 1953, 422-423; Alan Richardson-Wolfgang Schweitzer »Die Autorität...«, ThLZ, Jg. 80, 1955, 734-737; Bruno Doehring »Das Domkandidatenstift...«, ThLZ, Jg. 81, 1956, 113; »Heinrich Vogels Dogmatik«, VuF, München 1956, 210-223; Hermann Volk »Emil Brunners...«, ThLZ, Jg.81, 1956, 118-121; Michael Fr. J. Marlet »Grundlinien...«, ThLZ, Jg. 83, 1958 863-865; Wilhelm Otto Münter »Begriff...«, ThLZ, Jg. 83, 1958, 545-546; Yrjö Salakka »Person...«, ThLZ, Jg. 87, 1962, 377-378; Klaus Erich Bockmühl »Leiblichkeit...«, ThZ, Jg. 19, H. 1, 1963, 65-67; William O. Shanahan »Der deutsche Protestantismus...«, ThZ, Jg. 19, H. 5, 1963, 453-455; Gustav Wingren »Evangelium und Kirche«, ThLZ, Jg. 90, 1965, 138-140; Oswald Loretz »Die Wahrheit...«, ThLZ, Jg. 92, 1967, 625-626; Hans-Gernot Jung »Befreiende Herrschaft...«, ThLZ, Jg. 93, 1968, 73-74; Gerhard Sauter »Zukunft...«, ThLZ, Jg. 97, 1972, 934-938.

Lit.: Robert Winkler, ThLZ, Jg. 56, 1931 42-45; — RKZ, Jg.84, Nr.36, 1934 300; — Heinrich Graffmann, RKZ, Jg.85 [ThLRKZ, 1935 1]; — EvTh, Jg.4, 1937 IV; — RKZ, Jg.88, Nr.34, 1938 296; — Gottfried Niemeier (ThR, Jg.12, 1940 48-72) 48.63; — GPM, Jg.1, H.3, 1947 3; — K[urt] G[alling], EKbRhh, Jg.4, Nr.39, Mainz 1949 159; — RKZ, Jg.92, Nr.7, 1951 140-141; — RKZ, Jg.92, Nr.12, 1951 225; — RKZ, Jg.92, Nr.16, 1951 305; — RKZ, Jg.92, Nr.19, 1951 368; — Fritz Rienecker »Stellungnahme zu Bultmanns 'Entmytho-logisierung'...« (Biblische Studien und Zeitfragen, H.3), Wuppertal 1951 85; — GPM, Jg.7, H.2, 1953 92; — RKZ, Jg.96, Nr.5, 1955 109; — Heinz-Horst Schrey (ThR, Bd.24, 1957/58 199-238) 229.230; — Otto Diehn »Bibliographie...«, AGK, Bd.1, Göttingen 1958 148.167.226.249; — Horst Stephan - Martin Schmidt »Geschichte...«, (Sammlung Töpel-mann, R.1, Bd.9), Berlin 1960 328.349.356.359.361.363; — EKL, Reg., 1961 40.900-901; — KidZ, Jg.17, H.2, 1962 93; — KidZ, Jg.17, H.11, 1962 478; — Otto Weber »Grundlagen...«, Bd.2, Neukirchen Krs. Moers 1962 435; — »Tabula gratulatoria für Prof. D. Werner Wiesner zum 60. Geburtstag am 19. März 1962«, ThLZ, Jg.87, 1962 395-396; — Günther Bornkamm »Die Theologie Rudolf Bultmanns...« (ThR, Jg.29, 1963 33-141) 46.92; — Helmut Gollwitzer-Joachim Hoppe [Hrsg.] »Zwischenstation...«, München 1963 [5]; — Herbert Wüst »Vortrag in Worms...«, EKbRhh, Jg.18, Nr.51, Frankfurt/Main 1963 (Evangelisches Rheinhessen S.[752c-d]); — Günther Dehn »Die alte Zeit...«, München 1964[2] 278; — Friedrich Schmid »Verkündigung...«(FGLP, R.10, Bd.29, München 1964) 202; — KidZ, Jg.20. H.1, 1965 2; — Helmut Gollwitzer »Die marxistische Religionskritik...« (Siebenstein-Taschenbuch, Bd.33), München-Hamburg 1965 120.132; — RGG, Reg. Göttingen 1965³ 263; — Tjarko Stadtland »Eschatologie...« (BGLRK, Bd.22, Neukirchen-Vluyn 1966) 198; — Eberhard Bethge »Dietrich Bonhoeffer...«, München 1967² 765; — KidZ, Jg.22, H.4, Düsseldorf 1967 188; — RKZ, Jg.110, Nr.8, 1969 90; — WiW, 16. Ausgabe, Berlin 1970 1440; — Wolfhart Schlichting »Biblische Denkform...«, Zürich 1971, 283.306; — Otto Böcher »Zum 70. Geburtstag des Mainzer Theologen Werner Wiesner«, EKbRHH, Jg. 27, Nr. 13, Frankfurt/Main 1972 [Evangelisches Rheinhessen (212b)]; — Evangelische Kommentare, Jg. 5, Nr. 4, Stuttgart 1972, 248; — WiW, 17. Ausgabe, Frankfurt/Main 1973, 1204; — »Prof. D. Werner Wiesner gestorben«, WuW, Jg. 28, Nr. 31, Frankfurt/Main 1974, 18; — RKZ, Jg. 115, Nr. 19, 1974, 216; — WiW, 18. Ausgabe, Frankfurt/Main 1975, 1163; — Jürgen Moltmann [Hrsg.] »Anfänge...«, T. 2 (Theologische Bücherei, System. Theologie, Bd. 17/II), München 1977³⁰, 344; — Wolfgang Scherffig »Junge Theologen...«, Bd. 2, Neukirchen-Vluyn 1990, 112.252; — Karl Dienst »Aus der Gründungszeit der Evangelisch-theologischen Fakultät der Johannes Gutenberg-Universität in Mainz« (JHKV, Bd. 43, Darmstadt 1992, 335-369), 359-361; — Karl Dienst » ... auch mit der Evangelisch-Theologischen Fakultät. Die Anfänge...« (QSHK, Bd. 7), Darmstadt-Kassel 2002, 39-41.85-88.98.134.137-138.182.191.195-197.213; — Hermann Fischer »Protestantische Theologie...«, Stuttgart 2002 326.345; — Heiner Faulenbach »Autobiographische Einsichten« (Monatshefte für Ev. Kirchengeschichte des Rheinlandes, Jg.53, Bonn 2004 491-508), 499; — Eberhard Busch [Hrsg.] »Karl Barth. Gespräche 1963« (Karl Barth. Gesamtausgabe, IV, Zürich 2005), 49; — Annkathrin Amelsberg »Helmut Hesse...« (Veröffentlichungen aus dem Institut Kirche und Judentum, Bd.28), Berlin 2006 53 (Foto); — Karl Müller »Bibliographie der historischen Beiträge im 'Evangelischen Kirchenblatt für Rheinhessen' und seinen es fortsetzenden Blättern 'Weg und Wahrheit', 'Evangelische Kirchenzeitung' und 'Evangelische Sonntags-Zeitung'«, Frankfurt am Main 2006, 303.

Karl Müller

WILHLEM von Palestrina (Guillelmus Praenestinus), † zw. 1137-1139. — Als Kardinalbischof unterschreibt W. in päpstlichen Urkunden vom 6. April 1123 bis zum 1. Juni 1124 unter Papst Calixtus II. (1119-1124), vom 2. April 1125 bis zum 24. März 1129 unter Honorius II. (1124-1130) und von März 1130 bis zum 30. Januar 1137 unter Innozenz II. (1130-1143). Er wurde sicher nicht vor 1122 zur Kardinal erhoben. In den Jahren 1124 und 1131-1132 war er als päpstlicher Legat in Deutschland. Er muß vor Dezember 1139 gestorben sein, da Stephan von Clairvaux spätestens am 22. Dezember 1139 als sein Nachfolger zum Kardinalbischof von Palestrina kreiert worden ist. W. dürfte aller Wahrscheinlichkeit nach Franzose gewesen sein. Über seine genauere Herkunft und seine Zeit vor der Kardinalskreierung ist nichts bekannt. Zu seinen Reisen, Aufenthalten und seinem Wirken als Kardinal sind folgende Eckpunkte zu benennen. — Am 1. Juni 1124 unterzeichnet W. noch in einer päpstlichen Urkunde in Italien. In dieser Zeit wurde er wohl erstmals von Papst Calixtus II. zusammen mit Bischof Azzo von Acqui als Legat nach Deutschland gesandt. Die »Gesta Godefridi archiepiscopi Treviensis« berichten von der Legation. Das darin erwähnte päpstliche Sendschreiben gibt über die Aufträge, die W. übertragen wurden, Aufschluß. Für diese Legation W.s ist erstmals ausdrücklich bezeugt, daß ein Kardinallegat neben konkreten Aufträgen auch unbestimmter gehaltene Vollmachten übertragen bekam. Zu den spezifischen Aufträgen gehörte es, designierte Bischöfe, die noch nicht geweiht waren, zu konsekrieren. Doch sollte er dabei den Rechten der Diözesanbischöfe nicht zu nahe treten. Entsprechend dieser Weisung konsekrierte er, dem Beschluß der Bischofsversammlung von Worms vom Juli 1124 folgend, Gebhard, den gewählten Bischof für Würzburg, nur zum Priester. Die Weihe von Gebhard zum Bischof überließ er dem Erzbischof von Mainz als dem Metropoliten des Bistums Würzburg, der gleichzeitig Erzkanzler für Deutschland war. Ebenfalls im Sinne der päpstlichen Weisung hat W. die Suffragane von Trier aufgefordert, ihr Recht in Anspruch zu nehmen, den neugewählten Erzbischof Gottfried zu konsekrieren. Ein diesbezüglicher Briefwechsel mit Bischof Stephan von Metz fällt in die Zeit zwischen 2. Juli und 7. September 1124. Doch da es aufgrund von Rangstreitigkeiten keine Einigung unter ihnen gab, vollzog W. die Weihe an Gottfried am 7. September selbst. — Weiter ist bekannt, daß ein Mönch Udalschalk, auf den die Wahl zum Abt von St. Ulrich und Afra in Augsburg gefallen war, mittels eines Schreibens wohl vom August 1124 von W., dem Legaten Bischof Azzo von Acqui und dem Metropoliten des Bistums Augsburg, Erzbischof Adalbert von Mainz, ermahnt wird, die Wahl anzunehmen und sich von Bischof Hermann von Augsburg die Weihe erteilen zu lassen. — Im Sommer oder Herbst 1124 gab Kuno von Siegburg, der spätere Bischof Konrad von Regensburg, W. einige Schriften Ruperts von Deutz zur Lektüre, worauf er den Kommentar zu den ersten sechs der zwölf kleinen

Propheten mit sich nahm. W. war 1124 also in Köln oder in Siegburg. Infolge einer Anfrage W.s ging Rupert in einer weiteren Zielsetzung seines zweiten Werkes über die Trinität, nämlich mit »De glorificatione Trinitatis et, processione spiritus sancti« auf die Filioquediskussion ein. Dies tat er deshalb, weil sich W. bei Kuno erkundigt hatte, ob Rupert auch etwas Brauchbares über den Hervorgang des Heiligen Geistes geschrieben habe, was der Deutzer Abt als Werkauftrag interpretierte. — Ab Ende 1124 erscheint W. in keiner Urkunde des Reiches mehr als Zeuge. Daraus kann geschlossen werden, daß er sich nicht mehr am kaiserlichen Hof und vielleicht schon nicht mehr in Deutschland befand, als Heinrich V. sich zur Weihnachtszeit in Straßburg aufhielt. In Rom unterschreibt der Kardinalbischof von Palestrina jedoch erst wieder am 2. April 1125 unter Honorius II. Zusammenfassend läßt sich sagen, daß W. während der letzten Jahre des Pontifikates Calixtus II. die entscheidende Verbindungsperson zu Heinrich V. und dem deutschen Reich war. — 1130 wurde W. gemäß der Dreiteilung des Kardinalkollegiums zusammen mit Kardinalbischof Konrad von Sabina, den Kardinalpresbytern Petrus von S. Calixt und Petrus von S. Susanna und Petrus Rufus, den Kardinaldiakonen Gregor von S. Angelus, Jonathan von SS. Kosmas und Damian und Kanzler Heimerich in den Ausschuß für die anstehende Papstwahl gewählt. Hierbei stimmte W. dafür, daß jeder, der den Gewählten ablehne, exkommuniziert werden solle. — Bei dieser Wahl gehörte er zusammen mit den Kardinälen Matthaeus Albanensis, Johannes Hostiensis, Chuono Sabinensis, Petrus Cremensis und Haimericus cancellarius u.a. zur Partei der Frangipani, die Gregor von Papareschi, den Kardinaldiakon von S. Angelo, am 14. Februar zum Papst wählten, welcher sich Innozenz II. nannte. Unter dem Papstschisma Innonzenz II./Anaklet II. war ein gewisser Johannes kurzzeitig seine Gegenbesetzung als Kardinalbischof von Palestrina. Dieser Johannes unterzeichnete als Kardinalbischof wohl nur am 7. Dezember 1134. — Im März 1131 finden wir W. in der Begleitung Innozenz II., als er in Morigny Station machte und nach Lüttich weiterreiste. Zur Jahreswende 1131/32 befand sich W. in seiner zweiten Sendung im Auftrag des Papstes nach Deutschland zusammen mit Kardinalpriester Johannes von S. Chrysogono und Kardinaldiakon Guido von S. Maria in Via lata am Hoflager König Lothars in Köln. Diese Legation war wegen der notwendig gewordenen Neubesetzung des Kölner Erzbistums anwesend, da am 31. Oktober 1131 Erzbischof Friedrich I. von Schwarzenberg gestorben war. Die eigentliche Intention ihres Beiseins wird jedoch in der Beschleunigung des von Lothar in Lüttich versprochenen Romzugs gelegen haben. Um dieses Ziel zu erlangen, zeigten sich die Legaten hinsichtlich der Kölner Bischofswahl kompromißbereit. Wurde doch auf Wunsch Lothars die in ihrer Gegenwart erfolgte Wahl Gottfrieds von Xanten als Nachfolger Friedrichs rückgängig gemacht und Lothars Kandidat Propst Bruno von S. Gereon zu Köln zum Erzbischof gewählt und vom W. konsekriert. — Die von Franz-Josef Schmale angeführte Bekanntschaft zwischen Bernhard von Clairvaux und W. beruht auf einem Mißverständnis und betrifft W.s Nachfolger Stephan von Palestrina. — W. wird in allen päpstlichen und fast allen kaiserlichen Urkunden jeweils als erster Zeuge genannt. Er ist zu den bedeutenderen Kardinalsgestalten seiner Zeit zu rechnen, da ihn sowohl Honorius II. als auch Innozenz II. jeweils als Leiter einer Legation nach Deutschland sandten und er auch 1130 Mitglied des Wahlausschusses war. — W. hinterließ keine literarischen Werke und - abgesehen von seinen Urkundenunterschriften kaum Spuren seines Wirkens. Mit Erforschung der Entstehung und Geschichte des Kardinalkollegiums im 12. Jahrhundert, der Papstgeschichte und des Investiturstreits wurde seit den 1920er Jahren immer wieder auch W. und seine Zeit als Legat in Deutschland erwähnt oder behandelt.

Lit.: Annales Camaldulensis ordinis sancti Benedicti, ed. Giovanni Bened. Mittarelli/Anselmo Costadoni, Venetiis 1755; — Gesta Godefridi Archiepiscopi, MG SS VIII, Hannover 1848, 200-204; — J. Trouillat, Monuments de l'histoire de l'ancien Evêché de Bâle. Tom. I, Porrentruy 1852; — Rupertus Tuitiensis, De glorificatione Trinitatis et processione Spiritus Sancti, Prol., MPL 169, Paris 1854, 13f; — Uodalscalcus de Eginone et Herimanno, ed. M. D. Jaffé, in: MG SS XII, Hannover 1856; — Annales Sancti Disibodi, ed. Georgio Waitz, in: MG SS XVII, Hannover 1861, 4-30; — Annales Colonienses, ed. Karolus Pertz, in: MG SS XVII, Hannover 1861, 723-847; — Rupertus de incendio Tuitiensi et de Cunone Episcopo Ratisponensi, ed. Philippus Jaffé M. D, in: MG Historica tom. XII, Hannover 1861, 624-638; — Wilhelm Bernhardi, Lothar von Supplinburg (Jahrbücher der Deutschen Geschichte), Leipzig 1879; — Chronica regia coloniensis (Die Kölner Königschronik), hrsg. v.

G. Waitz, in: MG SS rer. Germ. in us. schol. 18. Hannover 1880; — Philipp Jaffé/Samuel Loewenfeld, Regesta pontificum Romanorum ab condita Ecclesia ad annum post Christum natum MCXCVIII. Vol. I: A sancto Petro ad anno MCXLIII, Lipsiae [Leipzig] 1885²; — Liber Pontificalis, ed. L. Duschesne, Vol. II, Paris 1892; — Gerold Meyer von Knonau, Jahrbücher des Deutschen Reiches unter Heinrich IV. und Heinrich V. – Bd. 7, 1116 bis 1125, Leipzig, 1909; — Johannes Matthias Brixius, Die Mitglieder des Kardinalkollegiums von 1130-1181 (Diss. Straßburg 1910) 1912; — Otto Schumann, Die päpstlichen Legaten zur Zeit Heinrichs IV. und Heinrichs V. 1056-1125, (Diss. Marburg 1912), Marburg 1912; — Johannes Bachmann, Die päpstlichen Legaten in Deutschland und Skandinavien (1125-1159), (Historische Studien 115), Berlin 1913; — Hans Foerster, Die Kölner Bischofswahlen von der Zugehörigkeit Kölns zum deutschen Reiche ab bis zur Ausbildung des ausschließlichen Wahlrechts des Domkapitels, in: Zeitschrift des Bergischen Geschichtsvereins 54 (1924) 52-74; — Liber pontificalis, ed. Joseph M. March, Barcino 1925; — Theodor, Schieffer, Die päpstlichen Legaten in Frankreich vom Vertrage von Meersen 870 bis zum Schisma von 1130, Berlin 1935; — Hans-Walter Klewitz, Das Ende des Reformpapsttums, in: DA 3 (1939) 371-412; — Franz-Josef Schmale, Studien zum Schisma des Jahres 1130 (Forschungen zur kirchlichen Rechtsgeschichte und zum Kirchenrecht 3), Köln 1961; — Barbara Zenker, Die Mitglieder des Kardinalkollegiums von 1130 bis 1159, Würzburg 1964; — L. Pellegrini, Cardinali e curia sotto Callisto II 1119-1124 (Contributi dell'istituto di storia medioevale II), Mailand 1972; — Rudolf Hüls, Kardinäle, Klerus und Kirchen Roms 1049-1130, Tübingen 1977; — Germania Pontifica, Vol. IV: Provincia Maguntinensis, Pars IV, Göttingen 1978; — John H. Van Engen, Rupert of Deutz, Berkeley 1983; — Wilfried Marcel Grauwen, Norbert, Erzbischof von Magdeburg (1126-1134), zweite überarb. Aufl. übers. und bearb. v. Ludger Horstkötter, Duisburg 1986²; — Monika Sinderhauf, Cuno I. (ca. 1070-1132) Abt von Siegburg und Bischof von Regensburg, in: Temporibus tempora (FS Placidius Mittler), hrsg.v. Mauritius Mittler/Wolfgang Herborn, Siegburg 1995, 1-125.

Rainer Klotz

WILLAM, Franz Michel, Volksschriftsteller, Katechetiker und Theologe, * 14. Juni 1894 in Schoppernau/Vorarlberg als drittes Kind des Josef Willam (1863-1931) und der Maria Katharina Willam (1865-1937), geb. Felder, † 18. Jänner 1981 in Andelsbuch/Vorarlberg, Enkel des bekannten Vorarlberger Dichters Franz Michael Felder. — Nach Ablegung der Matura am Vinzentinum in Brixen 1914 absolviert W. seine Studien in Brixen und empfängt 1917 die Priesterweihe. Anschließend ist er von Oktober 1917 bis Januar 1918 als Kaplan in Langen bei Bregenz tätig, worauf er weitere Studien in Innsbruck und Wien beginnt. Zugleich ist er im Sommer 1918 als Benefiziat in Tschagguns, später als Feldkurat tätig. Während seiner Tätigkeit als Kaplan in Schwarzenberg im Bregenzerwald ab 1919 schließt er 1921 sein Studium mit dem Doktorat der Theologie in Wien ab. Es folgen ab 1925 weitere Kaplansjahre in Schwarzach und Hittisau, zugleich beginnt er seine schriftstellerische Tätigkeit. Als der Verlag Herder (Freiburg i.Br.) einen Autor für ein Buch über das »Leben Jesu« sucht, stößt man nach längerem Suchen auf W., der sich diesem Auftrag mit großem Einsatz widmet. In dieser Zeit lernt er auch die Werke von Kardinal J. H. Newman kennen, die er mit großem Interesse studiert und die sein Werk prägen. 1929 fährt er ins Heilige Land, um seine Arbeiten zum »Leben Jesu« zu vervollständigen und erkrankt schwer. Erst 1930 kann er zurückkehren und beginnt mit der Niederschrift des »Leben Jesu«. Im selben Jahr fährt er zum Olafs-Jubiläum nach Norwegen und wird Expositus in Müselbach. Sein wichtigstes und erfolgreichstes Buch, »Das Leben Jesu im Land und Volke Israel« erscheint 1933, erfährt bis 1960 zehn Neuauflagen und wird in elf Sprachen übersetzt. 1934 wird er schließlich Kaplan in Andelsbuch, wo er bis zu seinem Tod 1981 bleibt. In den darauf folgenden Jahren wird er als Vortragender zu den Salzburger Hochschulwochen eingeladen und stellt sein Buch über das »Leben Marias, der Mutter Jesu« fertig. Nach dem Zweiten Weltkrieg wendet sich W. den Grundgebeten und dem Katechismus zu. Durch seine intensive Beschäftigung mit der Gestalt Kardinal Newmans entstehen mehrere Bücher und Beiträge zur Katechetik und Philosophie sowie ein intensiver Kontakt mit dem »Cardinal Newman Curatorium«, dessen Zusammenkünfte er regelmäßig besucht. Durch seine Mitarbeit am Lehrstückkatechismus trägt er wesentlich zur katechetischen Erneuerung der Nachkriegsjahre bei. In den 1960er Jahren begleitet W. die Konzilszeit mit seinen Veröffentlichungen. Über Jahrzehnte publiziert W. regelmäßig in zahlreichen Zeitungen und Zeitschriften und wird zu Radiosendungen eingeladen. Von kirchlicher und politischer Seite hochgeehrt, stirbt W. am 18. Jänner 1981 in Andelsbuch. Die Rezeption Ws. ist einerseits in lokalgeschichtlicher Hinsicht für die heutige Diözese Feldkirch bemerkenswert, da er durch seine volkskundlichen und religiös inspirierten Heimatromane mehrere Generationen geprägt hat. Andererseits erreichten seine Bücher über das Leben Jesu und Marias international weite Verbreitung und bilden einen fixen Beitrag im Rahmen der Beschäftigung mit historisch-theologischer Bibelforschung. Weiters bildet Ws. katechetische Literatur einen integrativen Teil der Neuorientierung der katechetischen Erneuerung nach dem Zweiten Weltkrieg in Österreich.

Monographien: Vorarlberger Erzählungen - Schicksal und Alltag. Dornbirn, 1921. Auf dem Tannenhofe - Erzählung. Saarlouis 1922. Der Sonnensteg - Erzählung. Saarlouis 1922. Waldheimat - Erzählung. Wiesbaden 1923. Der Lügensack - Erzählung. Freiburg i. Br. 1923. Der Streit der Friedfertigen. Saarlouis 1923. Der Herrgott auf Besuch. Freiburg i. Br. 1923 (6 Aufl. bis 1961). Knechte der Klugheit - Roman. Freiburg i. Br. 1924. Unser Glaube - Ein Glaubensbuch für die Jugendlichen und ein Hilfsbuch für ihre Lehrer. Wiesbaden 1924. Unser Weg - Eine Sittenlehre für das Volk. Wiesbaden 1925. Die Maske - Erzählungen. Saarlouis 1925. Tempelreinigung - Pilgerbuch für Zeit und Ewigkeit. Freiburg i. Br. 1925. Der stärkste Bräutigam. Saarlouis 1926. Die sieben Könige - Roman. München 1926. Unsere Hilfe - Eine Gnadenlehre für das Volk. Wiesbaden 1928. Der Mann mit dem Lächeln - Erzählung. Freiburg i. Br. 1928. Das Leben Jesu im Lande und Volke Israel. Freiburg i. Br. 1933 (10 Aufl. bis 1960). Das Leben Marias, der Mutter Jesu. Wien 1936 (7 Aufl. bis 1966). Katechetische Erneuerung. Innsbruck 1946. Lehrstücke aus dem Leben des heiligen Petrus. Baden 1948. Die Geschichte und Gebetsschule des Rosenkranzes. Wien 1948. Der Rosenkranz und das Menschenleben. Wien 1949. Der Lehrstück-Katechismus als Träger der katechetischen Erneuerung. Freiburg i. Br. 1949. Rosenkranzbüchlein. Wien 1949. Unser Weg zu Gott - Ein Buch zur religiösen Selbstbildung. München 1951. Gericht in den Bergen - Erzählung. Freiburg i. Br. 1951. Vaterland - Lesebuch für die Mittelstufe der Vorarlberger Volksschulen. Dornbirn 1953. Aristotelische Erkenntnislehre bei Whately und Newman und ihre Bezüge zur Gegenwart. Freiburg i. Br. 1960. Die Welt vom Vaterunser aus gesehen. Freiburg i. Br. 1961. Das Leben Jesu im Land und Volke Israel Bd. 2. Freiburg i. Br. 1961 (2 Aufl. bis 1963). Mutter und Kind vor Gott - Religiöse Erziehung von der Wiege bis zur Kommunionbank. Donauwörth 1962. Damals als Jesus lebte. Freiburg i. Br. 1963 (2 Aufl. bis 1963). Vom jungen Angelo Roncalli (1903-1907) zum Papst Johannes XXIII. (1958-1963) - Eine Darlegung vom Werden des Aggiornamento-Begriffes (1903-1907) als der Leitidee für das II. Vatikanische Konzil und die Durchführung seiner Beschlüsse - ein aktuelles Buch. Innsbruck 1967. Die Erkenntnislehre Kardinal Newmans - Systematische Darlegung und Dokumentation. Bergen-Enkheim bei Frankfurt 1969. Volk der Berge - Vom Leben der Hirten und Sennen auf den Alpen. Dornbirn 1970.

Beiträge, Nachdrucke und Teilveröffentlichungen in Zeitschriften: 1917-1918: Der Sonntag - Unterhaltungsblatt der Reichspost. 1917-1960: Vorarlberger Volksblatt. 1917-1919: Landbote von Vorarlberg. 1921-1929: Heimat - Volkstümliche Beiträge zur Kultur und Naturkunde Vorarlbergs. 1921 - 32: Katholischer Volkskalender. 1935-1981: Vorarlberger Volkskalender. 1922: Das Himmelreich. 1922-1925: Der Sämann. 1925: Der Bunte Garten. 1925: Liebfrauenbote - Marianisches Jahrbuch. 1927-1961: Hochland - Monatsschrift für alle Gebiete des Wissens, der Literatur und Kunst. 1927-1950: St. Kassian-Kalender. 1928-1938: Feierabend - Wochenbeilage zum Vorarlberger Volksblatt. 1929: Alemania - Zeitschrift für alle Gebiete des Wissens und der Kunst. 1932-1960: Seele - Monatsschrift im Dienste christlicher Lebensgestaltung. 1933: Das Marienkind. 1933: Münsterischer Anzeiger. 1933: Katholische Kirchenzeitung der Gemeinde St. Engelbert. 1933: Am Sonntag - Sonntagsblatt für das christliche Volk von Rhein, Nahe, Rheinhessen und Hunsrück. 1933: Pfarrblatt für Innsbruck, Hötting und Mühlau. 1930: Diaspora-Kalender. 1933: Biblische Zeitschrift. 1935: Österreichische Rundschau. 1936: Sonnenland. 1937: Tiroler Bauernzeitung. 1937: Vorarlberger Landeszeitung. 1946: Die Warte- Blätter für Literatur, Kunst und Wissenschaft als Beiblatt in der »Furche«. 1947/48: Internationale Zeitschrift für Erziehungswissenschaft. 1948-1950: Lumen Vitae. 1949-1963: Vorarlberger Volksbote. 1949-1980: Zeitschrift für Katholische Theologie. 1949: Die Volksseele - Religiöse Monatsschrift. 1949: Unser Weg - Schweizerisches katholisches Jugendblatt. 1949-1952: Christlich-pädagogische Blätter - Zeitschrift für Religionsunterricht, Kinder- und Jugendseelsorge. 1951: Kirchenzeitung für das Bistum Aachen. 1950-1951: Monika - Zeitschrift für katholische Mütter und Frauen. 1951-1981: Die Quelle. 1952: Das Katholische Sonntagsblatt. 1953: Maria und Martha. 1953: Der Sonntag. 1955: Der christliche Sonntag. 1955: Der Sendbote des Herzens Jesu. 1955-1965: Stimmen der Zeit. 1956: Der Krippenfreund. 1957-1966: Wort und Wahrheit. 1957-1974: Theologie und Glaube. 1957: Die Blätter. 1958: Emmanuel-Kalender. 1958-1978: Orientierung - Katholische Blätter für weltanschauliche Information. 1958-1962: Der Volksbote - Unabhängiges Österreichisches Wochenblatt. 1960-1979: Anzeiger für die Katholische Geistlichkeit - Ältestes Standesorgan für die katholischen Pfarrämter, Krankenhäuser, Klöster, Erziehungs- und sonstigen Pflege-Anstalten, Sanatorien und kirchlichen Verwaltungen. 1959-1978: Österreichisches Klerusblatt - vormals katholische Kirchenzeitung. 1959: Der Pflug - Zeitschrift des jungen Landvolkes. 1960-1980: Reimmichls-Volkskalender. 1960: Der Seelsorger - Monatsschrift für zeitgemäße Homiletik, liturgische Bewegung und seelsorgliche Praxis. 1960: Die Warte - Perspectives - Kulturelle Wochenbeilage des »Luxemburger Wortes«. 1961-1970: Welt in Christus - Digest des apostolischen Lebens. 1962: Beilage zum kirchlichen Anzeiger Luxemburg. 1963: Tübinger Theologische Zeitschrift. 1964: Landvolk-Jahrbuch - Familien-Kalender für das katholische Landvolk. 1963: Tübinger Theologische Zeitschrift. 1965: Vorarlberger Lehrerzeitung. 1968-1975: Montfort - Vierteljahresschrift für Geschichte und Gegenwartskunde. 1965: Anima. 1966-1980: Teheologisch-praktische Quartalsschrift. 1968-1969: Theologie der Gegenwart. 1968: D'Sunntagstubat - Wochenbeilage zum Vorarlberger Volksblatt. 1968: Der große Entschluss - Monatsschrift für aktives Christentum. 1969: Der Entschluss - Monatsschrift für aktives Christentum. 1969-1973: Vorarlberger Kirchenblatt. 1969-1979: Geist und Leben - Zeitschrift für Aszese und Mystik. 1973-1980: Christ in der Gegenwart. 1978: Andelsbuch informiert. 1978: Präsent - Österreichische Wochenzeitung. 1979: Christliche Innerlichkeit. 1980: Andelsbucher Pfarrblatt. 1985: Bregenzerwald-Heft - Heimatpflegeverein Bregenzerwald. 1985: Familie - Zeitschrift des Vorarlberger Familienverbandes.

Beiträge in Büchern:

Albert Eberle, Vorarlberger Lesebuch-1. Teil für das 3., 4., und 5. Schuljahr. Wien 1925. Josef Friedrich Perkonig (Hrsg.), Deutsche Ostmark - Zehn Dichter und hundert Bilder lobpreisen Österreich. Graz 1936. Heinrich Fries und Werner Becker (Hrsg.), Veröffentlichung des Cardinal Newman Kuratoriums) 2. F., Nürnberg 1954. Heinrich Fries und Werner Becker, Veröffentlichung des Cardinal Newman Kuratoriums) 3. F., Nürnberg 1957. Kevin Cronin, Der Aufbau einer katechetischen Unterrichtsstunde. Innsbruck 1957. Verkündigung und Glaube - Festgabe für Franz X. Arnold. Freiburg i. Br. 1958. Heinrich Fries und Werner Becker, Veröffentlichung des Cardinal Newman Kuratoriums) 4. F., Nürnberg 1960. De Mariologia et Oecumenismo. Rom 1962. Heinrich Fries und Werner Becker, Veröffentlichung des Cardinal Newman Kuratoriums) 5. F., Nürnberg 1962. Heinrich Fries und Werner Becker, Veröffentlichung des Cardinal Newman Kuratoriums) 6. F., Nürnberg 1964. Ausstellungskatalog des Vorarlberger Landesmuseums - Franz Michael Felder zum 100. Todestag 26. April 1969. Bregenz 1969. Bewahren und Bewähren - Festschrift zur St.-Gebhard-Tausendjahrfeier. Bregenz 1949. Der österreichische Bauer - Sein Leben und Werk. Wien 1949. Josef Bitsche, Vorarlberger Lesebuch - 2. Teil für die 4. und 5. Schulstufe. Dornbirn 1953. Festschrift für Ernst Kolb zum 60. Geburtstag. Innsbruck 1971.

Beiträge in Lexika: Franz König (Hrsg.), Religionswissenschaftliches Wörterbuch. Wien 1956. Josef Höfer und Karl Rahner (Hrsg.), Lexikon für Theologie und Kirche, 2. Aufl. Freiburg i. Br. 1961. Leopold Lentner, Hubert Fischer, Franz Bürkli und Gerhard Fischer (Hrsg.), Katechetisches Wörterbuch. Freiburg i. Br. 1961.

Übersetzungen: Sigrid Undset, Begegnungen und Trennungen - Essays über Christentum und Germanentum. Autorisierte Übersetzung von Franz Michel Willam. München 1931.

Rundfunksendungen: Österreichischer Rundfunk, Radio Wien im November 1930. Österreichischer Rundfunk, Landesstudio Vorarlberg, 16.11.1960; 12.10.1966, 19.10.1966; 28.2.1968; 12.4.1968; September 1968; 9.10.1968. Lesungen aus »Knechte der Klugheit«: Österreichischer Rundfunk, Landesstudio Vorarlberg, 10.11.1967; Lesungen aus »Der Mann mit dem Lächeln«: Österreichischer Rundfunk, Landesstudio Vorarlberg, 10 Sendungen von Jänner bis März 1985.

Bibliographie: Maria Katharina (Mikle) Strolz (Hrsg.), Franz Michel Willam - Bio-Bibliographie. Bregenz 1986.

Lit.: P. Matthew Hoehn OSB (Hrsg.), Catholic Authors - Contemporary biographical sketches. St. Mary's Abbey, New Hampshire 1952, 624 ff.; — Adalbert Welte, Franz Michel Willam - 60 Jahre alt. In: Jahrbuch des Vorarlberger Landesmuseumsvereines Nr. 98, Bregenz 1955, 130-131f — Walter Strolz, Newman und unsere Zeit - Zum ersten internationalen Newman-Kongreß in Luxemburg. In: Orientierung, 20, 30.11.1956, Nr. 22, 250-251f — Leopold Lentner u.a. (Hrsg.), Katechetisches Wörterbuch. Freiburg i. Br. 1961, 457 ff. 801f — Anon., Willam, Franz Michel. In: Österreichisches Lexikon II, l-Z, 1967, Sp. 1279f — Katharina Willam, Franz Michel Willam und seine Bücher vom Leben Jesu - Die Fassung als religiöses Kinderbuch und deren Verwendung in der Schule. Hausarbeit zur Lehramtsprüfung für Hauptschulen, Feldkirch 1968f — Andelsbucher Pfarrblatt, Nr. 20, Juni 1979f — Hans Fink: F. M. Willam †. In: Jahresbericht Gymnasium Egg, Schuljahr 1980-1981, 12-14f — Andelsbucher Pfarrblatt Nr. 26, April 1981f — Walter Strolz, Das Werk des Franz Michel Willam - Versuch einer wissenschaftlichen Würdigung in natürlicher Absicht. In: Montfort 33 (1981) H. 2, 113-133 (zugleich in: Beihefte des Franz-Michael-Felder-Vereins 4) Bregenz 1981f — Georg Nigsch, Franz Michel Willam (1894-1981), Leben, Werk, Denken - Versuch einer Biographie. Univ. Dipl.-Arb. Innsbruck 1982f — Maria Katharina (Mikle) Strolz (Hrsg.), Franz Michel Willam - Bio-Bibliographie. Bregenz 1986f — Alois Felder, Franz Michel Willam und die Entwicklung des Lehrstück-Katechismus. Univ. Dipl.-Arb. Innsbruck 1986f — Gerhard Huber, Die Mariologie Franz Michel Willams. Univ. Dipl.-Arb. Innsbruck 1988f — Katholisches Bildungswerk Andelsbuch (Hrsg.), Leben und Schriften von Kaplan Franz Michel Willam - herausgegeben anlässlich des 10. Todestages 1991f — Andelsbuch 1991f — Andreas Batlogg, Franz Michel Willam als Leben-Jesu-Schriftsteller. In: Stimmen der Zeit 221, Nr. 2 (2003), 97 ff.; — Josef Ratzinger/Benedikt XVI., Jesus von Nazareth. Freiburg i. Br. 2007.

Michael Fliri

WINTER von Herschbach, Gertrud, Lebensdaten unbekannt, Äbtissin des Nonnenklosters Beselich (Kreis Limburg-Weilburg). — Gertrud Winter war eine Tochter des Rorich Winter von Herschbach (Unterwesterwald), der zum Rittergeschlecht der erstmals zwischen 1203 und 1212 erwähnten Winter von Herschbach gehörte. Sie trat vor 1454 in das 1160 von Godefried von Beselich - der wohl einem edelfreien Geschlecht des Lahngebietes angehörte - gegründete Prämonstratenkloster in Beselich ein, das dem Abt des Klosters Arnstein unterstand. Das von Gottfried von Beselich gegründete Kloster stellte über mehrere Jahrhunderte einen religiösen, gesellschaftlichen und kulturellen Mittelpunkt in der Region dar. Gertrud Winter ist zwischen 1472 und 1478 als Vorsteherin des Beselicher Klosters belegt. Am 18. Oktober 1454 bekundet Rorich Winter von Herschbach, daß er und sein Sohn Hermann seiner Tochter Gertrud, Nonne zu Beselich, 6 fl. — fällig am 11. Nov. — auf ihren Hof und ihre Güter zu Herschbach laut einer versiegelten Urkunde, die sie besitzt, verschrieben haben. Er bestimmt nunmehr, daß nach seinem Tode sein Sohn Hermann der Schwester Gertrud jährlich zum 11. November von allen nachgelassenen Gütern des Ausstellers auf Lebzeiten entrichten soll. 14. März 1473: Herr Johann von Münster vom Prämonstratenserkloster Arnstein schließt einen Vergleich zwischen Gertrud Winter, Meisterin zu Beselich und dem Konvent daselbst einer, und Hermann, Eberhards Sohn von Wirbelau andererseits, um den Berg unter dem Weg zu Wirbelau, wo man zu der Kirche geht oder fährt. Hermann soll den Berg zu Lebzeiten haben, bebauen und pflügen. Nimmt er eine Frau, so soll sie auch den Berg besitzen.

Lit.: May, Karl Hermann, Territorialgeschichte des Oberlahnkreises (Weilburg), Marburg 1939; — Handbuch des Bistums Limburg, 1956; — Gensicke, Hellmuth, Landesgeschichte des Westerwaldes, Wiesbaden 1958; — Chronik von Herschbach 1248-1998, Hb. 1998; — Hemmerle, Bernhard, Die von Herschbach (2007), eingestellt unter: http://bernhard-hemmerle.ath.cx/ (18.01.2008).

Bernhard Hemmerle

WITOWSKI, Michael (Karl Otto) von OSB, Benediktinerabt, * 17.9. 1885 in Berlin, † 1.2. 1945 in Paradies/Kreis Meseritz-Schwiebus. — Als Sohn eines Geheimen Oberregierungsrates und Direktors im Reichsversicherungsamt wurde Karl Otto W. in der damaligen Reichshauptstadt geboren. Sowohl seine großbürgerliche Herkunft als auch die Zugehörigkeit zur katholischen Minderheit - die Familie wohnte in der Pfarrei St. Michael - haben W. in seiner Kindheit und Jugend geprägt. Seine musische Begabung führte ihn - ohne Abitur - zum Studium der Musikwissenschaften an der Berliner Universität sowie an die dortige Königliche Akademische Hochschule für Musik, die er 1913 mit der Reifeprüfung im Fach Kompositionslehre abschloß. Zudem war er als Organist und Chorleiter in der Pfarrei Heilige Familie in Berlin-Lichterfelde tätig. Eine weitergehende Tätigkeit in seinem erlernten Beruf nahm er allerdings aufgrund gesundheitlicher Schwierigkeiten nicht auf. Ausschlaggebend für den Wunsch, Theologie zu studieren und Priester zu werden, war der Tod seiner Eltern. Da er sich aber nicht in der Lage sah, sein Abitur nachzuholen, schlugen seit 1916 bestehende Bemühungen, einen Studienplatz zu erhalten, fehl. Wegen der fehlenden Reifeprüfung wurde ihm ebenso der Eintritt in die Benediktinererzabtei Beuron, deren liturgische Ausrichtung ihn faszinierte, verwehrt. Statt dessen wurde W. von einem Beuroner Pater an die noch sehr junge Benediktinerabtei Gerleve bei Münster verwiesen, in der W. Anfang 1920 sein einjähriges Postulat begann und bei seiner Profeß am 15. März 1921 den Ordensnamen Michael erhielt. Anschließend konnte er an der Ordenshochschule in Beuron ein Theologiestudium beginnen und fand dort mit Erzabt Raphael Walzer einen Freund und Förderer. Jedenfalls setzte W. nach der am 21. April 1924 erfolgten Ablegung der Feierlichen Gelübde in Gerleve sein Studium an der Benediktinerhochschule Sant Anselmo in Rom fort. Auffällig erscheint, daß er bereits in dieser Zeit dem Erzabt von Beuron brieflich die Gründung eines Klosters in seiner Heimatstadt Berlin vorschlug. Obgleich der Erzabt ihm darlegte, wie illusorisch ein solches Projekt zum gegenwärtigen Zeitpunkt sei, hielt W. mit zunehmender Vehemenz an seinen Plänen fest. Als er nach der am 15. August 1925 mit knapp 40 Jahren in seinem Heimatkloster Gerleve erhaltenen Priesterweihe in Berlin-Lichterfelde seine Heimatprimiz feierte, gewann er den dortigen Pfarrer dahingehend für seine Idee, daß dieser ein der Pfarrei gehöriges Gelände in Teltow als Klosterstandort vorschlug. In den folgenden Jahren nährten sowohl der Erzabt als auch Abt Raphael Molitor von Gerleve die Zukunftsvisionen W.s, indem sie Pläne für einen Benediktinerkonvent in Neustadt/Dosse bzw. in der in der Reformation untergegangenen Zisterzienserabtei Chorin in der Mark Brandenburg verfolgten. W. verließ im September 1927 Gerleve nach Auseinandersetzungen mit Abt Raphael Molitor, der seine der Liturgiebewegung der Zwischenkriegszeit verpflichteten Vorstellungen monastischen Lebens nicht mittragen wollten, und zog zunächst in die Abtei St. Matthias in Trier sowie nach Beuron. Offenbar hatte er in den zurückliegenden Jahren seit der Priesterweihe sein Studium in Rom fortgesetzt und kaum in dem westfälischen Kloster gelebt. Als im Frühjahr 1929 für die Neugründung in Neuburg bei Heidelberg ein Gründungsabt gesucht wurde, schien W. insbesondere dem Abtprimas Fidelis von Stotzingen für diese Pionieraufgabe geeignet, scheiterte jedoch am Einspruch des Gerlever Abtes. Dennoch wechselte W. nach Neuburg, wohin er auch seine Stabilität übertrug, und zwar als Brüderinstruktor und Organist sowie bald Subprior. Bereits wenige Monate später, am 19. September 1929, wurde W. vom Benediktinerkonvent in Weingarten zum Abtkoadjutor mit dem Recht der Nachfolge des dortigen Abtes Ansgar Höckelmann (1862-1943) gewählt. Am 20. Oktober 1929 empfing er in der Abteikirche zu Weingarten durch den Bischof von Rottenburg, Joannes Baptista Sproll, die Abtweihe in Anwesenheit des Beuroner Erzabtes Raphael Walzer. Erst aus dieser Funktion heraus, die er mit dem Glanz des begeisterten Liturgen auszufüllen begann, schaltete sich W. erneut in das Berliner Klosterprojekt ein. Um Mönche für eine brandenburgische Niederlassung zu gewinnen, schlug er vor, den Weingartner Konvent dorthin umzusiedeln und das Kloster Weingarten der zur Beuroner Kongregation gehörenden Abtei Seckau in der Steiermark zu überlassen. Allerdings hatte W. die Rechnung ohne die Mönche gemacht. Der Seckauer Konvent entschloß sich 1931 gegen die Umsiedlung und den Mitbrüdern in Weingarten stellte er seine Absichten zunächst gar nicht zur Diskussion. Als er den Konvent im März 1933 in die Berlin-Pläne offiziell einweihte, versagte ihm dieser die Zustimmung, zumal W.s liturgische Neuerungen einer aktiven Einbeziehung der Gläubigen in die Ordensliturgie sowie seine ständige Abwesenheit zu auswärtigen theologischen wie liturgischen Vorträgen und Exerzitien dort ohnehin schon zuvor Anlaß zur Kritik gegeben hatten. Ebenfalls stieß das Projekt unter den Konventualen der Abtei Neuburg auf Bedenken, obgleich Abt Adalbert Graf von Neipperg zu den dezidiertesten Unterstützern W.s zählte. Zu diesem Zeitpunkt hatte W. aber bereits entscheidende Kontakte für die Realisierung seines Lebenstraumes geknüpft. So hatte ihm Bischof Christian Schreiber übergangsweise die Überlassung eines Flügels im neuen Priesterseminar in Berlin-Hermsdorf zugesagt und der Katholische Akademikerverband hatte seine Bereitschaft zur Finanzierung des Projekts für ein Jahr gegeben. In seiner Euphorie wähnte sich W. kurz vor dem ersehnten Ziel und versuchte während einer Ostasienreise des Erzabtes Walzer die Berliner Klostergründung übereilt zu realisieren. Walzer fühlte sich übergangen, zumal er W. nur mit Sondierungsgesprächen beauftragt hatte, als er aus der Presse erfuhr, daß das neue Kloster in Berlin-Hermsdorf zum 1. Juli 1933 errichtet und von W. geleitet werden sollte, der dem Bischof von Berlin durch seine Herkunft aus der Reichshauptstadt passend erschien. Ebenso erregte eine spontane Romreise des Weingartner Abtkoadjutors mit Privataudienz bei Papst Pius XI. sowie einer Unterredung mit dem sich dort aufhaltenden Vizekanzler Franz von Papen das Mißfallen des Erzabts von Beuron. Zwar hielt dieser weiterhin an der Option für ein Kloster in der Reichshauptstadt fest, übte jedoch scharfe Kritik an W.s aktuellen Plänen aufgrund deren fehlender finanzieller Grundlage sowie mangelnder personeller Ausstattung. Wenn es W. allerdings gelinge, eine Gründungskommunität aus Weingartener Professen zusammenzustellen, wollte er sein Placet dennoch geben. Inzwischen hatte sich W. jedoch mit seinem Plan eines Großstadtkonvents die letzten Sympathien seiner Mitbrüder in Weingarten verscherzt. Am 20. Juli beurlaubte der dortige Konvent den Abtkoadjutor, zwei Monate später, am 21. September, nahm der Heilige Stuhl seine Resignation an. Anfang November 1933 kehrte W. nach Neuburg zurück. Dessen Abt Adalbert Graf von Neipperg unterstützte W. in seiner mißlichen Situation sowie in seinen weiterhin gehegten Berlin-Plänen weiterhin ebenso wie Abt Ildefons Herwegen von Maria Laach. Inwieweit er dem Rat des Erzabtes, Titel und Insignien eines Abtes abzulegen, damit nicht zwei Äbte in dem kleinen Kloster Neuburg nebeneinander auftreten würden, und einem entsprechenden vatikanischen Reskript kontinuierlich Folge leistete, muß offen bleiben. Ein Angebot des Bischofs von Alba Julia in Rumänien, Spiritual des dortigen Priesterseminars zu werden, mußte er wegen personeller Engpässe in Neuburg ablehnen. Spätestens seit Februar 1934 fungierte er dort als Prior und damit Stellvertreter des Abtes. Allerdings konnte er sich dessen freundschaftlicher Protektion nicht lange erfreuen, da Graf Neipperg nach einer wegen massiver finanzieller Probleme der Abtei anberaumten außerordentlichen Visitation ebenfalls resignierte und sich in die Abtei Seckau in der Steiermark zurückzog. Nachdem Bemühungen von Neuburger Konventsmitgliedern, W. als Koadjutor zu erhalten, auf Widerstand des Erzabtes gestoßen waren, verließ dieser noch im März 1934 mit einigen Anhängern auch dieses Kloster. Zunächst hielt er sich in Hanau auf, um dann auf eigene Faust in Berlin eine Art privates Kloster einzurichten. 1936 unterstellte der resignierte Abtkoadjutor sich dann der Jurisdiktion des Berliner Bischof Konrad Graf von Preysing, der ihn als Hausgeistlicher an der Frauenbundhauskapelle im Stadtteil Charlottenburg anstellte. 1938 erfolgte die vorläufige Inkardinierung in das Bistum Berlin sowie eine Aufgabe als Hausgeistlicher der Immaculatinnen im Immaculatahaus in Strausberg. In dieser Zeit gründete er eine Laienschwesternschaft mit Gelübde und trat durch kleinere liturgische Veröffentlichungen hervor, die er in dem eigens gegründeten Verlag »Das innere Leben« publizierte. 1941 ging W. mit seinen Anhängerinnen nach Kalau/Kreis Meseritz-Schwiebus. Unterkunft fand er bald darauf bei einem katholischen Siedler auf dem Gelände des 1806 der Säkularisation anheim gefallenen Zisterzienserklosters Paradies, das innerhalb der Pfarrei Kalau lag. Die ehemalige Klosterkirche konnte er für streng liturgisch gestaltete Gottesdienste seiner kleinen Gemeinschaft nutzen und eine Personalgemeinde um sich scharen. — Vor dem Einmarsch der russischen Roten Armee drängte W. seine Schwesterngemeinschaft zur Flucht und harrte selbst in Paradies aus. Als in der Nacht zum 1. Februar 1945 vier oder fünf betrunkene russische Soldaten alle verbliebenen Einwohner in den Keller eines Hauses sperrten und sich an den Frauen zu vergehen versuchten, stellte W. sich schützend vor ein Mädchen. Bei der Abwehr weiterer Vergewaltiger am kommenden Morgen wurde er vor dem Haus erschlagen. Während die übrigen 20 in diesen Tagen Ermordeten in einem Massengrab auf dem Friedhof in Jordan beigesetzt wurden, konnten die vor Ort tätigen Borromäerinnen für W. einen einfachen Sarg beschaffen, in dem er direkt unter dem dortigen Friedhofskreuz beigesetzt wurde. — W., dessen diverse, teilweise bis heute nicht ganz lückenlos aufzuführende Aufenthaltsorte von einem bewegten Leben zeugen, erscheint in der Retrospektive vornehmlich als individualistische und unstete Persönlichkeit. Musisch begabt und ausgebildet suchte er in der liturgischen Ausrichtung des benediktischen Mönchtums Heimat. Allerdings stieß er mit seinen für die damalige Zeit fortschrittlichen Ideen einer Einbeziehung der Laien in die Ordensliturgie durch Pflege des Volkschorals und eines auf deutsch gehaltenen Stundengebets bei vielen Ordensmitbrüdern sowohl in Gerleve als auch in Weingarten auf starke Ablehnung. Obwohl er mit Nachhaltigkeit eine Etablierung benediktinischen Lebens in der Diaspora seiner Heimatstadt Berlin verfolgte, scheiterte W. mit diesem Lebenstraum. Zum einen mißbrauchte er die Gunst des ihm ursprünglich wohlgesonnenen Beuroner Erzabtes Walzer so lange, bis dieser ihm jegliche Unterstützung entzog. Zum anderen gelang es W. trotz seiner Umtriebigkeit nicht, eine homogene Gruppe von Mitbrüdern zu bilden, die seinem Ruf zum Neuanfang konkret zu folgen bereit war. Sein Weg in die brandenburgische Heimat zurück entzog ihn der Ordensgemeinschaft und führte ihn in starke Zurückgezogenheit, zumal seine Anhängerinnen auch keine kirchliche Anerkennung erhielten. Als »letzter Mönch und Wächter am Klosterheiligtum Maria im Paradiese« apostrophiert, machte sein tragischer Tod beim Einmarsch der Roten Armee jegliche Hoffnungen auf einen von benediktinischem Geist getragenen klösterlichen Neubeginn im Raum Berlin zunichte.

Eig. Werke: Deutsche Komplet. Den gregorianischen Singweisen des römischen Breviers angepaßt, Strausberg 1939; Vom Sichtbarwerden Gottes. Eine Auswahl aus Sonntagspredigten und Aufsätzen, Strausberg 1939; Tischgebete, hrsg. v. Johannes Peters, Krefeld-Traar 1958.

Lit.: Paulus Weissenberger, Das Benediktinische Mönchtum im 19./20. Jahrhundert (1800-1950), Beuron 1953, 104, 108 u. 123; — Abt Michael von Witowski. Martyrer unserer Tage - Zum zehnten Todestag, in: Welt des Geistes - Geist der Welt Nr. 33 v. 18./19.3.1955; — Paul Schneider, Das Kloster im Verband der Beuroner Kongregation, in: Festschrift zur 900-Jahr-Feier des Klosters 1056-1956, Weingarten 1956, 402-427, hier 412-416; — Johannes Josef Schulz (Bearb.), Die Vollendeten. Vom Opfertod grenzmärkischer Priester 1945/46, Berlin-Charlottenburg o.J. (1957), 129-136; — Hans Jürgen Brandt/Peter Häger, Biographisches Handbuch zur Geschichte der katholischen Militärseelsorge Deutschlands, Paderborn 2002, 915f; — Benedikt Pahl, Abt Adalbert Graf von Neipperg (1890-1948) und die Gründungs- und Entwicklungsgeschichte der Benediktinerabtei Neuburg bei Heidelberg bis 1949 (Beiträge zur Geschichte des alten Mönchtums und des Benediktinertums, Bd. 45), Münster 1997, 97-102, 116-120, 141, 159, 176, 196, 272-299, 325f; — Peter Häger, »Ich bin noch nie einem so unheimlichen Drängen begegnet wie in dieser Sache.« Erzabt Raphael Walzer von Beuron in der Auseinandersetzung um die Gründung eines Benediktinerklosters in Berlin zwischen

1919 und 1933, in: Jahrbuch für mitteldeutsche Kirchen- und Ordensgeschichte, Bd. 2 (2006), 73-138.

Michael Hirschfeld

WOLFHART, Bonifatius (auch Lycosthenes) * um 1490 Buchen, † Mai 1543 Weil der Stadt. Studium in Basel 1517-1520, Schüler von Oecolampad, 1523 Pfarrer zu St. Moritz in Augsburg, 1527 Hebräischlehrer in Straßburg, 1531-1534 Pfarrer an St. Anna zu Augsburg, ab 1534 an St. Moritz. In den frühen 30er Jahren korrespondierte er mit Valentin Crautwald: Diese Korrespondenz erschien posthum. W. unterzeichnete 1536 die Wittenberger Konkordie für Augsburg und arbeite als Lektor für Ulhart. Ein Porträt von ihm befindet sich im Germanischen Nationalmuseum Nürnberg. W. vertrat anfänglich die gemäßigte zwinglische Richtung, näherte sich dann dem Luthertum. In seinen letzten Jahren finden sich immer mehr Anklänge an das Schwenkfeldertum; dazu hatte der Kontakt zu Crautwald und zu Kaspar Schwenckfeld beigetragen. Auf W. geht das Kirchenlied »In Gottes Gnad hebt all Ding an« zurück. W. war mehrfach verheiratet.

Werke: AJN Christlich auszerlesen Buechlein Von der Geduldt... Augsburg 1544 (Melchior Kriegstein); Neudruck 1546 (ebendort), 1580 (Augsburg, Valentin Schönig) mit jeweils leicht variirender Titelei; um den 13. Psalm vermehrte Ausgabe ohne Ort und Jahr und 1586 (Tübingen, Alexander Hock); AD QVAESTIONES D: BONIFACII LYCOSTHENIS concionatoris olim Augustae vindelicorum, De vera Ministrorum electione, De Ecclesia, De Clauibus; de communicatione & excommunicatione, De legitimo Ministerio, De Baptismatis & eucharistiae Sacramentis: D. VALENTINI CRATOALDI EPISTOLA PARAENETICA. (ohne Ort und Jahr).

Lit.: Hermann Ehmer: Bonifatius Wolfhart, ein reformatorischer Theologe aus Buchen. In: 700 Jahre Stadt Buchen 1980, 211-231; — Ute Evers: Das geistliche Lied der Schwenkfelder. Tutzing 2007.

Heinz-Peter Mielke

WOOD, John Duncan, * 10.11. 1910, † 24.2. 2006. Ornithologe, Friedensaktivist, Quäker. — John Duncan Wood wurde nicht als Quäker geboren, kam aber mit dem Quäkertum frühzeitig in Kontakt, da seine Eltern Herbert George (1879-1963) und Dorothea (geb. 1911) im Quäkercollege Woodbrooke in Birmingham arbeiteten. Seine schulische Ausbildung erhielt Wood an The Downs School, Colwall in Malvern, und an der Leighton Park School in Reading. Nach einem Studium der klassischen Sprachen und Geschichte in Oxford am Queen's College, das er 1933 mit einem B.A. abschloß, begann er 1934 in Leighton Park Geschichte zu unterrichten. 1936 verbrachte er im Auftrag seiner Schule ein Semester in Frankreich, da er sich, im Auftrage seiner Schule, die französische Sprache aneignen sollte. Dort lernte er Katharine May Knight kennen, eine Lektorin für Französisch an der University of London. Diese heiratete er im August 1945 in Bournville (Birmingham). 1949 wurde seine Tochter Rachel (Malloch) geboren. — Währende des Zweiten Weltkriegs leistete Wood ab 1940 Zivildienst bei »Friends Ambulance Unit«, für die er drei Jahre in China verbrachte. Dann kehrte er von 1945 bis 1952 an seine Schule nach Reading zurück. Seit 1952 arbeitete er als Repräsentant für Friends World Committee for Consultation in Genf und war dort mit internationalen Aufgaben betraut. Bis September 1977 war er Direktor des Genfer Quäkerzentrums. Von 1969 an war er auch in einem NGO Committee on Disarmament aktiv, in dem sich die Quäker für Eindämmung des Wettrüstens und internationale Abrüstung einsetzten. Nach seiner Pensionierung lebte Wood in Arnside (Lancashire) und diente als Vorsitzender von »Quaker Peace and Service United Nations Committee« sowie als Schreiber des Lancaster Monthly Meeting der Quäker. Er verstarb 2006 in seinem 96. Lebensjahr. — Ein besonderes Hobby Woods war die Ornithologie, wofür die Bedeutung der Stille und das geduldige Warten des Quäkertums hervorragende Voraussetzungen waren. Wood war ein langjähriges Mitglied der Leighton Park Bird Group und Gründer sowie erster Vorsitzender des Reading Ornithological Cubs. Von 1949 bis 1952 war er stellvertretender Herausgeber von »British Birds«.

Werke: Friends and international affairs. In: The Friends' Quarterly, VIII, 1, 1954, 16-22; Friends and the freedom from hunger campaign. In: The Friends' Quarterly, XIII, 8, 1960, 362-371; Discontinuing nuclear tests. Three years of negotiation. London 1961 (Information Papers on East-West Relations, Second Series, V); Building the institutions of peace. London 1962 (Swarthmore Lecture 1962); What kind of authority? In: Alternatives to war and violence. A search. Hrsg. von Ted Dunn. London 1963, 63-69; Christians facing the political tensions of our day. In: The Friends' Quarterly, XIV, 10, 1964, 468-480; The battle for human rights. At the annual general meeting of the Anti-Slavery Society for the Protection of Human Rights at the House of Commons, Westminster, on 26th June 1969. London 1969; The peace testimony under attack from the left. In: The Friends' Quarterly, XVI, 1/2, 1969, 317-325; Beratendes Weltkomitee der Freunde. In: Der Quäker. Monatsschrift der deutschen Freunde, XLVIII, 10, 1974, 228-231; Religiöse Basis der Quäker-Arbeit bei den Vereinten Nationen. In: Der Quäker. Monatsschrift der deutschen Freunde, XLVIII, 11, 1974, 264-267; Just international distribution of food and resources. In: Beebe, Ralph; Rumsey, Robert J.: New call to peacemaking. A challenge to all Friends. Philadelphia 1976; Disarmament today. O.O. 1977; Zur Neuen Internationalen Wirtschaftsordnung. In: Der Quäker. Monatsschrift der deutschen Freunde, LI, 4, 1977, 68-69; Swiss methods of 'waging peace'. In: The Friend. A Quaker weekly journal, CXXXV, 38, 1977, 1113-1114; Wood, Duncan J.; Wood, Katharine: International relations and international relationships. Text of the Sunderland P. Gardiner lecturer, delivered to Canadian Yearly Meeting at St. Joseph, New Brunswick, on August17th. 1978. O.O., um 1978; Quakers in the modern world. (Surry Hills) 1979; Journey into the sunset. In: The Friend. A Quaker weekly journal, CXXXVII, 16, 1979, 455-457; The tasks facing pacifists to-day. In: Quaker Monthly, LIX, 5, 1980, 84-86; Aufgaben für den Pazifisten von heute. In: Der Quäker. Monatsschrift der deutschen Freunde, LIV, 7, 1980, 135-137; Patterns of international collaboration among non-governmental organisations. In: Sims, Nicholas A. (Hrsg.): Explorations in ethics and international relations. Essays in honour of Sydney D. Bailey. London 1981, 121-143; Quaker attitudes to the World Council of Churches. In: The Friends' Quarterly, XXII, 5, 1981, 426-432; Frieden schaffen in Glauben und Handeln der Quäker. Stolzenau 1982 (Richard-L. Cary-Vorlesung 1982); Die Leute - die man Quäker nennt. Hrsg. von der Religiösen Gesellschaft der Freunde (Quäker). Bad Pyrmont 1983. Stolzenau 1990². I Quaccheri: Chi sono, cosa fanno. Luxembourg 1984; De människor som kallas Kväkare. Äs 1985; Quaker work at the UNESCO. Background to Quaker work at the United Nations. London, um 1985; (Vereinte Nationen - Gerechte Verteilung der Rohstoffe). In: Religiöse Gesellschaft der Freunde (Quäker) (Hrsg.): Quäker. Aussagen zu Glauben und Leben 1925-1980. Bad Pyrmont 1987, 95. Bad Pyrmont 1998²; A few significant developments in fifty years of FWCC history. (London) 1987; Wood, Duncan; Dahlén, Olle; Westas, Bo: Peaceful resolutions of conflicts. Non-governmental organisations in the international system. Uppsala 1988 (Life and Peace Research Reports, I); Barber, Christopher B.; Mills, Theodore M. (Hrsg.): Reflections on a China tour, revisiting the roads of west China, May 1996. Members of the Friends Ambulance Unit, China Convoy, go back after fifty years. With a talk at the 1996 FAU reunion at York by Duncan Wood. O.O. 1997; Horace Alexander: 1889 to 1989. Birds and binoculars. York 2003; Staff. In: Lewis, Brian; Wilsher, Barry (Hrsg.): Voices from Woodbrooke. Birmingham 2003, 30; Outbuildings and garden in the 1920s. In: Lewis, Brian; Wilsher, Barry (Hrsg.): Voices from Woodbrooke. Birmingham 2003, 109; World War One. In: Lewis, Brian; Wilsher, Barry (Hrsg.): Voices from Woodbrooke. Birmingham 2003, 132-133; The religious basis of Quaker work at the UN. In: The Friends Quarterly, XXXV, 7, 2007, 286-293.

Lit. (Auswahl): Obituary. John Duncan Wood. 1910-2006. In: British birds. An illustrated magazine devoted to the birds on the British list, XCIX, 2006, 387.

Claus Bernet

WULF, Johannes Henrich Engelbert, Dr., (1814-1892), Katholischer Geistlicher in Südoldenburg, * 16.4. 1814 in Essen/Oldbg., † 7.12. 1892. — Eltern Engelbert Wulf und Elisabeth, geb. Gösling, Besuch der Volksschule in Essen, lateinische Vorstudien bei Kaplan Piepmeyer /Quakenbrück, Besuch des Gymnasiums Antonianum in Vechta, 1835 Reifeprüfung, Ostern 1835 Eintritt in das Collegium Germanico-Hungaricum in Rom. Im Rahmen eines Philosophiestudiums Studien in Astronomie, der hebräischen Sprache, Physik und Mathematik. 1838 zum Dr. phil. promoviert, dann Studium der Theologie, 1842 Dr. theol., am 1.11. 1841 Priesterweihe in Rom, ab 1842 Präfekt im Collegium Germanico-Hungaricum. 1843 Berufung durch den bischöflich münsterschen Offizial Herold nach Vechta, dort dessen Privatsekretär und Verwalter der Vikarie an der Vechtaer Propsteikirche sowie Kollaborator (als Lehrer f. Latein) am dortigen Gymnasium und der Normalschule (die N. ist der Vorläufer des späteren Lehrerseminars und der Pädagogischen Hochschule). Bis 1866 zugleich Seelsorger am dortigen Zuchthaus, am Männer- und Frauengefängnis sowie an der Besserungsanstalt. — 1865/66 zusätzliche und interimsweise Übertragung der Verwaltung des Rektorats des Gymnasiums Antonianum. — Vorkämpfer für die Gründung des Marien-Hospitals in Vechta, unterstützt durch den Bischof von Münster, Dr. Johann Georg Müller. 1851 Grundsteinlegung dieser ersten Katholischen Krankenhausgründung im Großherzogtum Oldenburg. — Ab dem 12.7. 1866 und auf eigenen Wunsch Übernahme der Pfarrverwaltung in Lastrup/Oldbg. Bis 12.3. 1873 Pfarrverwalter, dann Pfarrer an St. Petrus in Lastrup. — Übernahme der Schulvisitation im Visitationskreis Löningen aufgrund seiner schulischen Einsätze, später offizieller Schulinspektor. — Volkstümlicher und beliebter Geistlicher, Kämpfer gegen Alkoholmißbrauch, Autor einer Kreuzwegandacht und Herausgabe als Andachtsbuch, Einrichtung einer sog. Industrieschule (Hauswirtschaft, handwerkliche Fähigkeiten), Begeisterter Altertumsforscher und Sammler, reiche vorgeschichtliche Sammlung, Sammlung historischer Schränke (1887 veräußert an den Großherzog Nikolaus Friedrich Peter) heute im Oldenburger Landesmuseum), Mitglied des Oldenburger Landesvereins für Alterthumskunde und Landesgeschichte, Zusammenarbeit mit dem höheren oldenburgischen Ministerialbeamten für Denkmalpflege und Leiter des Vereins, Friedrich von Alten, befreundet mit dem oldenburgischen Großherzog, 1892 Goldenes Priesterjubiläum, 7.12. 1892 Tod nach wiederholten Schlaganfällen, Begräbnis 12.12. 1892.

Lit.: Curriculum vitae v. 23.9.1872 u.a. Schriftverkehr, Kopien z.T. im Archiv der Gemeinde Lastrup, Originale im Offizialatsarchiv Vechta; — Alex Klövekorn, Dechant Dr. Johann Engelbert Wulf, in Heimatblätter, Zeitschrift des Heimatbundes für das Oldenburger Münsterland, (als Beilage zur Oldenburgischen Volkszeitung), Nr. 3, 1. Jg., Sept. 1920, 3 Fortsetzungen; — J. H. E. Wulf, Kreuzweg-Andacht für öffentlichen und Privaten Gebrauch ..., 11. Auflage, 1937, Münster; — Heinrich Bockhorst, Landdechant Dr. Engelbert Wulf, in Volkstum und Landschaft (Beilage der Münsterländischen Tageszeitung) Nr. 37, 17. Jg., Juni 1956; — Bernhard Bünger, Vikar, Sie sind reichlich unbedeutend, Erzählungen, Bösel 1988; — Franz Dwertmann, De pläseelike Wienbarg, Cloppenburg, o.J. (2001); — Claus Lanfermann, Lastrup - Eine Gemeinde im Oldenburger Münsterland, Lastrup 2005.

Alfred Ost

Y

YMMO (IMMO), Abt von Münster im Gregoriental (11. Jhd.). Das Nekrolog der Abtei St. Gallen gedenkt am 3. März Ymmo abb. de S. Gregorio. Abt Ymmo leitete das Kloster Münster im elsässischen Gregoriental am Anfang des 11. Jahrhunderts. In dem nach einem alten Katalog 1663 abgefaßten Register der Münsterer Äbte, erscheint Immo abbas an 27. Stelle mit der Jahresangabe 1020. Der selben nicht immer zuverlässigen Quelle nach übte Y. im Jahr 1034 sein Abtsamt nicht mehr aus. Lünig ordnet Y. an 26. Stelle der Münsterer Abtsreihe ein. In der Alsatia Sacra erwähnt Grandidier unverständlicherweise das Datum 1004 und räumt Y. die 29. Stelle ein. Geburtszeit und Herkunft Y.s sind unbekannt. Die Widmung der Benedictiones ad mensas, ein Werk des Geschichtschreibers Ekkehart IV. von St. Gallen (* ca. 980 / 990, † an einem 21. Oktober nach dem Jahre 1056), belegt jedoch, daß der Abt zu Münster ein Bruder des Autors und berühmten Gelehrten aus dem Galluskloster war. Als Y. noch als Mönch in einem ungenannten Kloster lebte, hatte Ekkehart schon seinem Bruder das Gedicht De lege dictamen ornandi zugeeignet. Im Gegensatz zur Vermutung von Egli und Manitius sollte man mit Meyer von Knonau (ADB V, Art. Ekkehart IV) annehmen, daß die Abtswürde Y. im Vogesenkloster und die gute Kenntnis des Elsaß, die Ekkehart in seiner Klosterchronik Casus S. Galli unter Beweis stellt, nicht ausreichen, um auf eine elsässische Herkunft der beiden Brüder zu deuten.

Quellen: 1.- Sterbetag (V. non. Mart. = 3. März) : Cod. Sang. 915, S. 308; — Lib. anniv. et necrol. s. Galli, MGH Necr. I, 468; 2.- Katalog: Registre de Munster (1663), Series Abbatum, ADHR (Bezirksarchiv des Département du Haut-Rhin), 1H 35, f. 15r; — L. Spach, Œuvres choisies, t. III (1867), 160; — Ph.-A. Grandidier, Alsatia Sacra, Nouvelles œuvres historiques inédites, t. 3 (1899), 215; — J.-C. Lünig, Continuatio Spicilegii Ecclesiastici des Teutschen Reichs-Archivs, t. XIX (1720), 1077 u. 1083; 3.- Benedictiones ad mensas: Cod. Sang. 393 (Liber benedictionum), S. 184 f.; — Der Liber Benedictionum Ekkeharts IV. nebst den kleineren Dichtungen aus dem Codex Sangallensis 393, hrsg. von J. Egli, MVG, Bd. XXXI, St. Gallen 1909, 281; — Benedictiones ad mensas Ekkehardi IV monachi Sangallensis, hrsg. von F. Keller, Mittheilungen der Antiquarischen Gesellschaft in Zürich, 3, Zürich (1847), 352; 4.- De lege dictamen ornandi: Cod. Sang. 621, S. 352; — Frühe Gedichte Ekkeharts IV., MGH PL V/1, 532.

Lit.: Nouveau Dictionnaire de Biographie Alsacienne, fasc. 18, Strasbourg (1991), 1741; — Manitius II, 562 u. 564; — Sitzmann, Rixheim (1909), 839; — NDB IV, Berlin (1959), 432; — ADB V, Leipzig (1877), 792; — Wetzer-Welte, Bd. 4, Freiburg im Breisgau (1886), Sp. 353; — Biographisches Wörterbuch zur deutschen Geschichte, t. I, Sp. 613; — E. Herzog, L'obituaire de l'abbaye de Munster, Annuaire de la Société d'Histoire du Val et de la Ville de Munster VII (1933), 36; — J. Duft, Die Abtei St. Gallen, Bd. II, Sigmaringen (1991), 218; — E. Dümmler, Ekkehart IV von St. Gallen, ZDADL 14 (1869), 2; — I. von Arx, MGH SS II (1829), 75; — L. Ohl, Geschichte der Stadt Münster und ihrer Abtei im Gregorienthal, Vorbruck-Schirmeck (1897), 70; — Dom A. Calmet, Histoire de l'Abbaye de Munster, Colmar (1882), 78 u. 244; — L. G. Glœckler, Le Bienheureux Victor, moine de St. Gall, maître de l'Ecole épiscopale de Strasbourg, Revue catholique d'Alsace (1886), 697 u. 699.

Philippe Nuss

Z

ZACCARIA, Francesco Antonio, S.J., Theologe, Historiker, Bibliothekar und ungemein produktiver Schriftsteller und Herausgeber, * 27. März 1714 in Venedig als Sohn eines aus Florenz stammenden Rechtsanwalts, † 10. Okt. 1795 in Rom. — Z. begann seine Ausbildung am Jesuitenkollegium in Venedig und setzte sie als Novize der österreichischen Provinz der S.J. in Wien fort. Nach Erfüllung eines Lehrauftrages über Rhetorik in Görz sandte ihn die Provinz 1737 an das Collegium Romanum zur theologischen Ausbildung, nach deren Abschluß er 1740 zum Priester geweiht und als Profeß in die S.J. aufgenommen wurde. Das Ansehen, das sich Z. in den darauf folgenden Jahren als Seelsorger und (manchmal umstrittener) Lehrer u.a. in Ancona, Fermo und Pistoia erwarb, führte 1751 zu seiner Berufung auf die renommierte und einflußreiche Stelle eines Archivars und Bibliothekars am Hof des Herzogs Francesco III. von Este in Modena. Damit trat Z. die Nachfolge von Lodovico Antonio Muratori (1672-1750, s. BBKL Bd. VI) an, der als Vater der italienischen Geschichtsschreibung gilt und u.a. (zusammen mit Leibniz) den Nachweis der gemeinsamen Abstammung der Este und der Welfen liefern konnte. Nach 17 Jahren umtriebiger Tätigkeit als Autor und Herausgeber von Werken zu einem äußerst breiten Spektrum von Wissensgebieten verlor Z. seine Stelle in Modena aufgrund seiner polemischen Schrift »Antifebronio« (Pesaro 1767), in der er die Rechte des Heiligen Stuhls vehement verteidigte. Das Papsttum wußte ihm diesen Einsatz zu danken: Nach Rom zurückgekehrt, wurde Z. Bibliothekar in der dortigen Jesuitenresidenz und erhielt ein von Papst Klemens XIII. (1758-67, s. BBKL Bd. I) angeordnetes jährliches Gehalt. Obwohl Klemens XIV. (1769-74, s. BBKL Bd. I) die S.J. durch das am 16.8.1773 verkündete

Breve »Dominus ac redemptor noster« aufgelöst hatte (»..... hebe ich .... die erwähnte Gesellschaft auf, unterdrücke sie, lösche sie aus, schaffe sie ab.«), bestätigte er das Gehalt. Damit gehörte Z. zur Gruppe 'ehemaliger Jesuiten', für welche der Verlust ihrer Ordensheimat relativ glimpflich verlief, während andere großes Leid erlitten, beginnend bei ihrem General, dem friedfertigen und aufrechten Lorenzo Ricci (s. BBKL Bd. VIII), den Klemens XIV. in der Engelsburg inhaftieren ließ. Wenig erstaunlich ist hingegen das Wohlwollen des darauf folgenden Papstes Pius VI. (1775-99, s. BBKL Bd. VII), der als Jesuitenfreund galt und in Z. offenbar einen Bundesgenossen in der nur teilweise erfolgreichen Abwehr des späteren Jansenismus und des Febronionismus sah. Er ernannte Z. zum Professor für Kirchengeschichte an der Universität Sapienza sowie zum Direktor der Accademia de'Nobili Ecclesiastici und erhöhte seine Bezüge. Indes wäre es falsch, Z. für einen ausschließlich reaktionärer und allem Neuen unzugänglicher Vertreter des Katholizismus zu halten. Im Gegensatz zu seiner in der Tat starren und aggressiv vertretenen Haltung zum Supremat des Papstes, zur Marienverehrung, zur Weisheit und Größe der Apostel und anderen religiösen Fragen, zeigte er sich vielen neuen Entwicklungen auf anderen Gebieten gegenüber sehr aufgeschlossen. Z. war 'gelernter' Theologe und veröffentlichte mehr als 100 Abhandlungen zu Themen der Ekklesiologie, Patristik, Ethik und (Kirchen-)Politik (viele davon während seiner Zeit in Modena, wo ihm seine Stellung eine beträchtliche unternehmerische Aktivität zur Verbreitung seiner Schriften erlaubte). Daneben fand er noch Zeit, sich ein nahezu enzyklopädisches Wissen in Mathematik, Physik, Chemie, Ingenieurwesen, Biologie, Chirurgie und Pharmakologie anzueignen. Wo und wann immer möglich, verbrachte er seine freie Zeit in Bibliotheken und führte Gespräche mit den Gelehrten in seiner jeweiligen Umgebung. Er begann damit bereits während seiner Ausbildungszeit am Collegium Romanum, wo er seinen Wissenshorizont z.B. durch Kontakte mit dem Historiker und Bibliothekar Pietro Lazzari, dem Arzt Giuseppe Benvenuti und den fast gleichaltrigen Naturwissenschaftlern Leonardo Ximenes (1716-86) und Roger Joseph Boscovich (1711-87, s. BBKL Bd. XXVII) erweiterte. Mit beiden letzteren verband ihn eine langjährige Freundschaft (s.u.). Nach Abschluß seiner Studien in Rom bereiste er als Prediger die Städte Norditaliens und fuhr fort, sein Allgemeinwissen durch Gespräche und anschließende rege Briefwechsel mit den dort wirkenden Gelehrten zu erweitern. Die einflußreichsten darunter waren in Venedig Apostolo Zeno (Herausgeber des Giornale de' letterati d'Italia), in Florenz Giovanni Lami (Herausgeber der Novelle letterarie), in Rom und Brescia Kardinal Quirini (Querini, s. BBKL Bd. XVI), der mit protestantischen Gelehrten und mit Voltaire korrespondierte, und schließlich Z.s Vorgänger als Bibliothekar in Modena, Muratori, der als Führer der Gruppe der 'aufgeklärten Katholiken' galt. Das wichtigste und nachhaltigste Resultat seiner autodidaktischen Anstrengungen, das Z. als einen Wegbereiter des modernen Wissenschaftsjournalismus erscheinen läßt, war die »Storia Letteraria d'Italia«, worin die Neuerscheinungen der italienischen Literatur vorgestellt und kommentiert wurden. Der erste der je ca. 500 Seiten umfassenden Bände erschien 1750, der 14. und letzte 1757. Herausgeber war Z. unter Mitwirkung von Dominicus Froili, Joachim Gabardi und insbesondere Leonardo Ximenes, der für die naturwissenschaftlichen Themen zuständig war. Deren Besprechungen bildeten einen beträchtlichen Teil der etwa 75 Prozent des Journals, die nichtreligiösen Veröffentlichungen gewidmet waren. Hier leisteten die Herausgeber einen wichtigen Beitrag zur Überwindung der aristotelischen Naturauffassung in Italien. Dort hielten die der Führung des Collegium Romanum unterstellten Schulen noch viele Jahre an ihren peripatetisch-scholastischen Lehrinhalten fest, während in fast allen Akademien und (auch von Jesuiten geführten) Universitäten außerhalb Italiens schon die Physik Newtons und seiner Apologeten sowie andere neue wissenschaftliche Erkenntnisse triumphierten. Ein prominentes Beispiel für den Modernismus des naturwissenschaftlichen Teils der »Storia Letteraria d' Italia« sind die ausführlichen frühen Besprechungen der Ideen Boscovichs zum Aufbau der Materie. Die ersten davon erschienen bereits 1750 in Bd. 1 (p. 128 ff), also zu einer Zeit, als die »Theoria philosophiae naturalis« noch im Entstehen begriffen war (ihre endgültige Form veröffentlichte Boscovich erst 1758 bzw. 1763). Ein Indiz für die enge Beziehung Boscovichs mit den Herausgebern der Storia ist ihr reger Briefwechsel: Der »Nuovo Catalogo della corrispondenza di R.G. Boscovich« (Ed. E. Proverbio, Rom 2004) zählt 27 erhalten gebliebene Briefe von Boscovich allein an Ximenes auf, der erste von 1748, der letzte aus dessen Todesjahr 1786. Während am sachlichen Inhalt der Artikel in der »Storia« kaum Kritik geübt wurde, gab es Stimmen, die ihr vorhielten, überwiegend nur Ergebnisse jesuitischer Naturforscher vorzustellen, was aber nicht zutrifft. Auf die theologischen, insbesondere die kirchenpolitischen Beiträge waren die Reaktionen erwartungsgemäß viel heftiger - sie schwankten zwischen enthusiastischer Zustimmung und schroffer Ablehnung. Jeder Band der »Storia« erschien in einer Auflage von mehr als 1200 Exemplaren, und es wird geschätzt, daß sie qua Verleih mindestens zehn mal so viele Leser erreichte. Dieser hohe Verbreitungsgrad der »Storia« und die dadurch ausgelösten Kontroversen veranlaßten den auf Frieden und Konsens bedachten Ordensgeneral Ricci, Z. zu bitten, ihr Erscheinen 'im Interesse des Ordens' einzustellen. Trotz des Widerstandes seines Arbeitgebers Herzog Francesco III. von Este, kam Z. 1758 der Bitte Riccis nach. Ähnlich gespalten wie bei der »Storia« ist auch das Urteil der Historiker zu seinen anderen Schriften. Gilt er den einen als kenntnisreicher Autor und Journalist, der durch seinen lebendigen Stil einer großen Lesergemeinde Wissen vermittelte, betrachten ihn andere als oberflächlichen Vielschreiber und Erzfeind der wichtigsten Reformbestrebungen seiner Zeit. Davon unberührt bleibt jedoch unser Gesamtbild von Z. als Autor und Herausgeber, der von der Macht des gedruckten Wortes überzeugt war, und sie zeitlebens zur Verbreitung von Wissen nutzte. Wie viele Jesuiten seiner Zeit unterschied er dabei strikt zwischen Glaubensfragen, wo er jede Veränderungstendenz bekämpfte, und säkularen Themen, wo er sich bemühte, die neuesten Kenntnisse zu vermitteln.

Werke: C. Sommervogel zählt in seiner Bibliothèque de la Compagnie de Jesus 161 Druckwerke von Z. auf. Im Folgenden sind nur die wichtigsten aufgeführt (ich orientiere mich dabei an der in der Catholic Encyclopedia getroffenen Auswahl). — Kirchengeschichte: Series episcoporum Cremonensium (Mailand 1749); De' santi martiri Fedele, Capoforo, Gratiniano, e Felino Mailand 1750); Acta SS. Bollandiana apologeticis libris in unum volumen nunc primum contractis vindicata (Antwerpen 1755); Laudensium (Mailand 1763); Auximatium (Osimo 1764); Vico Aequensium (Rom 1778); Caesenatium (Cesena 1779); De rebus ad historiam atque antigitates ecclesiae pertinentibus (Foligno 1781); Raccolta di dissertazioni di storia ecclesiastica (22 Bde., Rom 1792-1797). — Theologie und kanonisches Recht: Thesaurus theologicus (eine Kompilation von theologischen Abhandlungen verschiedener Autoren, die in 13 Bänden so angeordnet sind, dass sie eine geordnete Darstellung der einzelnen Themen der Theologie ergeben, Rom 1792-1797); Apparatus omnigenae eruditionis ad theologicam et jus canonicum (Rom 1773). — Kirchenpolitische Polemik: Antifebronio (Pesaro 1767, lateinische Ausgabe Cesena 1771/72); Storia polemica del celibato sacro (Rom 1774, deutsche Übersetzung von Pius John 1783); Storia polemica delle proibizione de' libri (Rom 1777); Difesa di tre Sommi Pontefici Benedetto XIII, Benedetto XIV, e Clemente XIII, e del Concilio Romano tenuto nel 1775 (Ravenna 1784). — Liturgie: Dell' anno santo (Rom 1774); Bibliotheca ritualis (2 Bde., Rom 1776-1778); Nuovo effermerologio universale (Rom 1780); Onomasticon rituale selectum (Faenza 1787). — Archäologie: Istituzione antiquario-lapidaria (Rom 1770); Istituzione antiquaro-numismatica (Rom 1772). — Literaturgeschichte und Besprechung von neu erschienenen Werken (meist italienischer) Autoren: Storia letteraria d' Italia (14 Bde., herausgegeben unter Mithilfe von Leonard Ximenes, Dominicus Froili und Joachim Gabardi, Modena 1750-1757); Excursus litterarii per Italiam (Venedig 1754); Saggio critico della corrente letteratura straniera (3 Bde., zus. mit Froili und Gabardi, Modena 1756); Iter litterarium per Italiam (Venedig 1762); Annali letterarii d' Italia (3 Bde., Modena 1762/63); Biblioteca antica e moderna di storia letteraria (3 Bde., Pesaro 1766-1768). — Kommentierte Editionen von: Menochius »Commentarius totius s. Scripture« (Venedig 1755); Dante »La Divina Comedia« (Verona 1749); Tamburini »Theologia Moralis« (Venedig 1755); Viva »Opuscula omnis theologico-moralia« (Ferrara 1757); Abelly »Medulla theologica« (Venedig 1757); Petavius »Opus de ulla theologica« (Venedig 1757); Pichler »Jus Canonicum« (Pesaro 1758); Tirinus »In universam Scripturam Commentarius« (Venedig 1759); Gavanto »Opera theologico-canonica« (Ferrara 1760); Tournély »Praelectiones« (Venedig 1765); Natalis Alexander »Historia Ecclesiastica« (Venedig 1776/77); Pallavicino »Istoria del Concilio di Trento« (Faenza 1797).

Lit.: Brendan Dooley, The Storia Letteraria D' Italia and the Rehabilitation of Jesuit Science, in: Jesuit Science and the Republic of Letters, Ed. Mordechai Feingold (Cambridge, Ma., 2003), p. 433-473; — D. Scioscioli, La vita e le opere di Francesco Antonio Zaccaria, erudito del secolo XVIII (Brescia 1922), ergänzt und aktualisiert von E. Rosa in mehreren Arbeiten, erschienen in Civiltà cattolica Bd. 80 (1929), p. 118-130; Bd. 81 (1930), p. 3, 27-40, 121-130, 339-351 und 509-517; — M.T. Ott, Dedicated to the memory of Francesco Zaccaria, in: The Catholic Encyclopedia, Vol. XV (New York 1912); — Carlos Sommervogel, Bibliothèque de la Compagnie de Jesus (Brüssel u. Paris 1890-1909), Bd. VII, p. 1381-1435; im selben Bd. findet man auf p. 1341-1357 Information zu Leonardo Ximenes (s.a. Luigi Palcani, Elegio di Leonardo Ximenes, in: Le prose italiane di Luigi

Palcani (Mailand 1817) und Luigi Brenna, Elogio del signor abate Leonardo Ximenes, Giornale de' letterati (Pisa 1786), Bd. 64, p. 91-141); — Cuccagni, Elogio storico dell' abate Francesantonio Zaccaria (Rom 1769). Göttingische Anzeigen (1755), p. 1368 u. 1425; — Bibliotheca Pistoriensis a Francisco Antonio Zaccaria....descripta (Turin 1752).

Hans Ullmaier

ZAULECK, August Adolf Johannes, evangelischer Seelsorger und Schriftsteller, * 9. August 1877 in Bremen, † 16. August 1942 in Wetter (Ruhr). — August Adolf Johannes wurde als ältestes der acht Kinder von Pfarrer Friedrich August Paul Zauleck und seiner Ehefrau Auguste Luise Henriette, geb. Duchstein, geboren. Seine Kindheit verlief in einem preußisch, protestantisch, national und christlich geprägten Elternhaus. Nach dem Abitur an einem Bremer Gymnasium 1897, studierte er zunächst klassische Philologie in Marburg, dann Theologie in Greifswald, Halle und Münster. — Nach dem theologischen Examen 1901 unterrichtete Zauleck zunächst als Hauslehrer auf dem Landgut Palwitz in Hinterpommern. 1902 wurde er Lehrvikar in Werther bei Bielefeld und 1903 Synodalvikar in Witten. Seine erste Pfarrstelle trat er 1907 in Weidenau (Sieg) an. Dort trat er in Kontakt zu Arbeitervereinen und engagierte sich im Kampf gegen Alkoholmißbrauch. — 1908 heiratete Zauleck die aus einer Wittener Kaufmannsfamilie stammende Elisabeth Spennemann. Aus dieser Ehe gingen vier Kinder hervor. 1913 trat er eine Stelle als Pfarrer in der Friedenskirche in Bochum an. Verstärkt widmete er sich von nun an der Jugendarbeit. Er engagierte sich insbesondere in dem »Männer- und Jünglingsverein« und dem Jugendverein »Wartburg«, für dessen Vereinsorgan »Wartburg-Zeitung« er die Schriftleitung übernahm. 1919 gründetet er die Zeitschrift »Mutiges Christentum. — In Bochum sah Zauleck seine Vorstellungen von Kinder- und Jugendarbeit aber nicht verwirklicht und trat daher 1920 eine Stelle als Pfarrer in der reformierten Gemeinde der Stadt Wetter-Freiheit (Ruhr) an. In Wetter rief Zauleck die so genannten Maitreffen für die evangelische Jugend und die »Wandervögel« auf dem Harkortberg ins Leben. Zauleck wollte auch Brücken zur sozialistischen Arbeiterjugend schlagen und suchte den Kontakt. 1923 kam es zu einem Zwischenfall: Kommunistische Jugendliche überfielen Teilnehmer des Treffens. Zauleck zog sich nach diesem Vorfall langsam aus der Organisation der Treffen zurück. 1933 übernahmen die Nationalsozialisten die Veranstaltung im Sinne ihrer Ideologie. — Zauleck war auf vielfältige Weise seelsorgerlich und diakonisch tätig. Im »Treubund«, der evangelischen Jugendbewegung, gestaltete er eine Jugendarbeit, die sich für eine »bessere geschlechtliche Sittlichkeit« und gegen »Alkohol, Tabak und Kino-Unwesen« einsetzte. In der Zeit der hohen Arbeitslosigkeit richtete er in Wetter eine »Wärmestube« ein, in der sich jene, die nicht genug Geld für Kohlen hatten, aufwärmen und ihre Zeit verbringen konnten. Zauleck baute eine eigene kirchliche Bildungsarbeit auf und organisierte ab 1922 zahlreiche Männerfahrten, mit denen er Arbeitern eine Urlaubsreise ermöglichte. Diese Aktivitäten wurden nach 1933 von den Nationalsozialisten verboten. — Zaulecks war beteiligt an der Gründung und Herausgabe zahlreicher Zeitschriften wie das Sonntagsblatt »Für unsere Kinder«, der Familienzeitschrift »Acht Seiten / Freude zu bereiten« oder das 1929 gegründete Blatt »Für alte Augen«. Einige Schriften ließ er zunächst gratis verteilen, wechselte dann aber zum Verlag Bertelsmann. Dies erwies sich für den Verlag und für Zauleck als vorteilhafte Entscheidung. Selbst im schlechtesten Jahr des deutschen Buchhandels 1932, konnte Bertelsmann fast 240.000 Exemplare der Zeitschrift »Für unsere Kinder« pro Woche absetzen. Der Verlag fand mit den Projekten die Ressourcen für den Aufbau eines belletristischen Bereiches. Darüber hinaus veröffentlichte Zauleck mehrere Kirchenliederbücher und so genannte Erbauungsbücher, die in hohen Auflagen erschienen. — Dem nationalsozialistischen Regime stand Zauleck 1933 zunächst loyal gegenüber, geriet aber bereits 1934 zunehmend in Konflikt mit dem System. Er wurde mit der Bekennenden Kirche in Verbindung gebracht, die im Mai 1934 als Oppositionsbewegung evangelischer Christen gegen Versuche einer Gleichschaltung von Lehre und Organisation der Deutschen Evangelischen Kirche mit dem Nationalsozialismus eintrat. Als gegen ihn ermittelt wurde verhielt er sich zurückhaltend und entging einer Verhaftung und Abschiebung. In Wetter stand er allerdings unter ständiger Beobachtung der dort ansässigen Nationalsozialisten. Behördliche Repressalien, auch eingeschlagene Fensterscheiben durch Mitglieder der Hitler Jugend und offene Drohungen gehörten eine zeitlang zur Tagesordnung. Ab 1938 wurde seine schriftstellerische Tätigkeit stark eingeschränkt. Als Schriftleiter im Nebenberuf durfte er nur noch die Zeitschriften »Für unsere Kinder« und »Für alte Augen« herausgeben. 1941 wurde der von ihm mitbetreute »Evangelische Gemeindebote« verboten, etwas später auch das Kinderblatt und 1942, wegen angeblicher Papierknappheit, die Herausgabe aller Schriften. — Das Ende des Nationalsozialismus erlebte Johannes Zauleck nicht mehr. Er starb 1942, nachdem er beim Versuch, auf eine überfüllte Straßenbahn aufzuspringen, gestürzt war. In der Stadt Wetter genießt Zauleck nach wie vor große Anerkennung. 1966 wurde u.a. ein Altenpflegeheim nach ihm benannt.

Werke (Auswahl): Wartburg-Zeitung, Bochum 1909ff; Für unsere Kinder. Ein Sonntagsblatt für die christliche Kinderwelt, Gütersloh 1919-1941; Deutsches Kindergesangbuch. Völlige Neubearbeitung nach den hinterlassenen Vorarbeiten seines Vaters Paul Zauleck, Gütersloh 1919-1941; Mutiges Christentum, 1919ff; — Evangelischer Gemeindebote, Zeitschrift, Wetter 1920-1941; Taschenbuch für Leiter und Helfer der Kindergottesdienste, 30. bis 46. Jahrgang, Gütersloh 1924-1940; Stimmet ein, groß und klein! Geistliches Liederbuch zum Gebrauch für christliche Vereine, Gütersloh 1925-1930; Acht Seiten / Freude zu bereiten. Vierteljährliche Geschichtenfolgen zur Pflege von Herz und Gemüt, Gütersloh 1925-1940; Ein' feste Burg. Reformations- und Gustav-Adolf-Lieder, Schriftenhilfe für das evangelische Pfarramt, 2. Reihe, Wir singen, Heft 3, Gütersloh 1927; Hosianna. Advent- und Weihnachtslieder, Schriftenhilfe für das evangelische Pfarramt, 2. Reihe, Wir singen, Heft 4, Gütersloh 1927/1937; Sichelklang, Erntesang. Erntedankfestlieder, Schriftenhilfe für das evangelische Pfarramt, 2. Reihe, Wir singen, Heft 2, Gütersloh 1927; Sterbekunst, Sterbenstrost. Lieder der christlichen Kirche zum Gebrauch an Kranken- und Sterbebetten. Sarg und Grab Schriftenhilfe für das evangelische Pfarramt, 2. Reihe, Wir singen, Heft 1, Gütersloh 1927/1934; Weihnachten im Kindergottesdienst, Liturgien, Lieder und Wortverkündigung. I. Liturgischer Teil. Sechs Weihnachtsliturgien mit Gebeten, Lektionen und Liedern, Gütersloh 1927-1940; Liedersammlung, Gütersloh 1929; Für alte Augen. Evangelischer Sonntagsgruß ins Altenstübchen, Gütersloh 1929-1941, Unseren lieben Alten, Heft 1-20, Gütersloh 1936-1941; Wer ist ein Mann? Kleine Geschichten des Lebens, Gütersloh 1939/1940.

Nachlaß: Ein Nachlaß von Johannes Zauleck befindet sich im Landeskirchlichen Archiv der Evangelischen Kirche von Westfalen in Bielefeld.

Lit.: Archiv Gertrud Zauleck, Johannes Zauleck, ein Erinnerungsbild, auf Anregung von Dr. Wülfrath, dargestellt von Pastor em. Arnold zur Nieden, Marburg 1957; — Georg Stöcker, Verzeichnis der Prediger der reformierten Gemeinde Wetter-Freiheit in Wetter (Ruhr) 1957, 32-34; — Klaus Homburg, Johannes Zauleck. Für mutiges Christentum. Eine Erinnerungsschrift aus Anlaß seines 100. Geburtstages, Wetter (Ruhr) 1977; — Andreas Hofmann, Alltag im Nationalsozialismus. Zauleck, ein evangelischer Pfarrer im Konflikt mit den Nationalsozialisten, Witten 1982; — Peter Friedemann, Johannes Zauleck als Pfarrer im Arbeiterbezirk Griesenbruch 1913-1920, Bochum 1986; — Ders., Johannes Zauleck, ein deutsches Pfarrerleben zwischen Kaiserreich und Diktatur. (Schriften zur politischen und sozialen Geschichte des neuzeitlichen Christentums, Band 6), Bielefeld 1990; — Dietrich Thier (Hrsg.), Johannes Zauleck und das Johannes Zauleck Haus in Wetter (Ruhr). Kleine Schriften zur Geschichte der Stadt Wetter (Ruhr), Heft 2, 1992; — Peter Friedemann, Evangelische Kirche im Dritten Reich. Das Beispiel Pfarrer Johannes Zauleck, in: Anselm Faust (Hrsg.), Verfolgung und Widerstand in Rheinland und in Westfalen 1933-1945, Stuttgart 1992, 89-100; — Ders., Sozialer Protestantismus und moderner Verfassungsstaat. Die Geschichte des Pfarrer Johannes Zauleck (1877-1942), in: Dirk Bockermann u.a. (Hrsg.), Freiheit gestalten. Zum Demokratieverständnis des deutschen Protestantismus. Kommentierte Quellentexte 1789-1989, Göttingen 1996, 237-249.

Georg Arnold

ZIMMERMANN, *Carl Ludwig* Alexander, Superintendent und Oberbürgermeister in Saarbrücken sowie Rektor des Saarbrücker Gymnasiums, geboren am 19. Mai 1770 in Altweiler/Bas Rhin; V.: Pfarrer Johann Philipp Zimmermann (1736-1801), M.: Anna Philippine Balbier (1741-1815); verh. seit 1807 mit Sophie Maria Schmidt; Sohn: Karl (1810-1896); gestorben am 17. September 1835 in Saarbrücken. — Im elsässischen Altweiler, Oberamt Harskirchen, als Sohn des reformierten Pfarrers Johann Philipp Zimmermann geboren, wuchs Carl Ludwig Zimmermann in Saarbrücken heran und besuchte das Saarbrücker Gymnasium. Wie später auch sein jüngerer Bruder Philipp Jakob (1772-1840) studierte er Theologie. Während Philipp Jakob zuerst im lothringischen Lixheim, dann im ehemals nassau-saarbrückischen Ludweiler (seit 1810) als reformierter Prediger Dienst tat, ging Carl Ludwig Zimmermann 1801 an die von Fürstin Charlotte Amalie von Nassau-Usingen in Saarbrücken gegründete reformierte Gemeinde. Seit 1804 war er zugleich dritter Lehrer am Saarbrücker Gymnasium. Von 1808 bis 1834 hatte Zimmermann auch die Leitung des Gymnasiums in seinen Händen. — Die französischen Revolutionstruppen hatten 1793 nicht nur den Fürsten Ludwig von Nassau-Saarbrücken vertrieben, sondern auch die alte Nassau-Saarbrückische Landeskirche zerschlagen. Es entstand das Departement de la Sarre mit dem Verwaltungssitz in Trier. Seit 1800 gab es das Arrondissement de Sarrebruck mit den Kantonen Saarbrücken, St. Arnual, Lebach, Ottweiler, St. Wendel und Waldmohr. In den Arrondissements Merzig und Blieskastel lebten keine evangelischen Einwohner. Die evangelischen Gemeinden des Departements wurden gemäß der Organischen Artikel vom 8. April 1802 verwaltungsmäßig in vier Lokalkonsistorien zusammengefaßt, nämlich in drei lutherische (Saarbrücken, St. Johann und Ottweiler) und in ein reformiertes (Saarbrücken). Carl Ludwig Zimmermann übernahm mit dem Titel eines Konsistorialpräsidenten die Leitung des reformierten Konsistoriums. — Mit dem Wiener Kongreß 1815 fiel das Rheinland an das Königreich Preußen; Saarbrücken lag im Oberpräsidium Koblenz und gehörte zum Regierungsbezirk Trier. Zimmermann muß soviel Reputation besessen haben, daß ihm der außerordentliche Kommissar des Generalgouverneurs der russischen Besatzungsarmee, Regierungsrat Schnetzler, mehr zutraute als nur die kirchlichen Amtsgeschäfte. Am 23. Juli 1815 erfolgte seine Ernennung zum Oberbürgermeister von Saarbrücken. Doch war die Belastung offenbar zu hoch, denn im September 1816 verzichtete Zimmernann mit Billigung der Regierung in Trier zugunsten seines Pfarrkollegen Johann Friedrich Köllner aus Malstatt, der bisher das Amt des Beigeordneten wahrgenommen hatte. — Auf Anordnung des Königlichen Konsistoriums in Koblenz vom 2. Februar 1817 wurden in den evangelischen Gemeinden an der Saar Presbyterien gebildet. Die lutherischen Lokalkonsistorien im neuen Landkreis Saarbrücken wurden am 25. Februar zu einer Kreissynode zusammengefaßt, während die beiden reformierten Gemeinden in Saarbrücken und Ludweiler »mit Stillschweigen« übergangen wurden. Am 27. August 1817 erging in Saarbrücken der Aufruf zur Saarbrücker Union. Erst einen Monat später forderte König Friedrich Wilhelm III. durch Allerhöchste Kabinettsordre seinerseits zur Union auf. Der preußische Unionsaufruf wurde erst am 7. November 1817 verschickt, da war der förmliche Beschluß der Saarbrücker Union vom 24. Oktober bereits gefaßt. Die Formulierung zur Unionsurkunde stammte wohl vom dem St. Johanner Konsistorialpräsidenten Philipp Friedrich Gottlieb. Sie hielt fest, daß die ehemals lutherischen oder reformierten Gemeinden solange Bestand haben sollten, solange ihre Pfarrstellen besetzt waren. Bei Vakanzen aber war zu prüfen, welche Pfarrei womöglich aufgehoben werden konnte. »Herr Präsident und Pfarrer Zimmermann überläßt seine zimlich weit entfernten und in den ehemaligen evangelisch-lutherischen Pfarreyen im Kellerthal, Friedrichsthal, Sulzbach und Völklingen zerstreuten Pfarrkinder den dortigen evangelischen Herrn Geistlichen, soweit als nicht das gewohnte Bedürfniß und das alte Zutrauen seine besondere Seelsorge daselbst nothwendig macht. Das Nehmliche thut Herr Pfarrer Schwalbe zu Karlsbrun[n] mit seinen in der Ludweiler Pfarrey sich befindlichen Pfarrkindern, so wie umgekehrt Herr Pfarrer Zimmermann zu Ludweiler mit seinen in der Pfarrey Karlsbrun[n] lebenden Pfarrkindern, und zwar mit eben der Einschränkung, wie sie bey Herrn Präsident Zimmermann ist angenommen worden.« Fortan sollten sich die ehemals reformierten und lutherischen Pfarrer bei den Abendmahlsfeiern gegenseitig assistieren und »alles thun, was sie thun können, um das Band der Vereinigung immer fester zu knüpfen.« - Im Dezember 1817 wurden die bisherigen Konsistorialpräsidenten zu Superintendenten ernannt; sie führten das Amt alternierend bis zum Ausscheiden oder bis zum Tod. Der Ottweiler Konsistorialpräsident Ludwig Heinrich Drach war bereits am 1. März 1817 verstorben. Philipp Friedrich Gottlieb aus St. Johann starb am 29. April 1827. Der lutherische Superintendent von Saarbrücken, Philipp Ludwig Hildebrand, starb am 12. Juli 1833. So versah der reformierte Superintendent von Saarbrücken, Carl Ludwig Zimmermann, das Amt bis zuletzt und berief die erste Kreissynode auf der Grundlage der neuen Rheinisch-Westfälischen Kirchenordnung auf den 13. Mai 1835. Diese erste Kreissynodaltagung im Gebäude des Gymnasiums in Saarbrücken diente dazu, daß sich die Gemeinden und die Pfarrerschaft an die neue Kirchenordnung gewöhnen sollten. So wurde etwa über die kirchlichen Feiertage beraten, und es sollten, »die bisher im ehemaligen Nassauischen Lande üblichen monatlichen

Buß- u. Bettage in Zukunft abgeschafft u. dafür der allg. schon in anderen Provinzen bestimmte Bußtag nach dem Sonntag Jubilate im hiesigen Kreise eingeführt werden.« Und weil die Kreissynode feststellen mußte, »wie wenig hie u. da, besonders von Seiten der Katholiken, das hohe Fest des Charfreitag, als solches betrachtet u. geheiligt werde, so trägt die Kreissynode dahin an, die Provinzialkirche wolle bei der höheren Staatsbehörde erwirken, daß der genannte Tag als ein gesetzlicher Feiertag explizirt u. dadurch diejenigen, welche an diesem Tage gewöhnliche Arbeiten verrichten, durch die Gerichte von Ähnlichem abgehalten werden.« Daneben beschäftigte man sich mit dem Konfirmationsalter, der Kirchenzucht und der konfessionell gemischten Ehe. Am Ende der Tagung dankte die Kreissynode Saarbrücken für Kirchenordnung und Agende - das von Bischof Wilhelm Ross initiierte Junktim fiel also auch in Saarbrücken auf fruchtbaren Boden. — Carl Ludwig Zimmermann starb noch im selben Jahr am 17. September; die Amtsgeschäfte führte bis zur Synode des Jahres 1836 der Synodalassessor Dr. Gottlieb Ernst Follenius. Nicht aber er, sondern der Dudweiler Pfarrer Carl Ludwig Römer wurde zum neuen Superintendenten der Kreissynode Saarbrücken gewählt. Zimmermanns Sohn Karl wurde Pfarrer in Wiebelskirchen.

Archivmaterial: Pfarrarchiv Kölln. Best. 72 Synodalprotokolle. Protokoll der Tagung der Kreissynode Saarbrücken vom 13. Mai 1835.

Lit.: Hanns Klein, Kurzbiographien der Bürgermeister (Alt-) Saarbrückens, St. Johanns, Malstatt-Burbachs und der Großstadt Saarbrücken. Anhang: Beigeordnetenkollegium und Stadtratsmitglieder, in: ZGSaarg. (19) 1971, 510-538; — Joachim Conrad, Art. Köllner, Johann Friedrich (1764-1853), in: BBKL XXIII (2004), Sp. 829-837; — ders., Die konstituierende Sitzung der alten Kreissynode Saarbrücken am 13. Mai 1835, in: MEKGR 57 (2008), Seitenzahlen stehen noch nicht fest.

Joachim Conrad

ZIMMERMANN, Kurt, Kaufmann und langjähriger Missionsleiter der Allianz-China-Mission (ACM) bzw. Allianz-Mission-Barmen (AMB), heute Allianz-Mission (AM) e.V., sowie Vertreter der so genannten »Gemeinschaftsmissionen« im Deutschen Evangelischen Missions-Rat (DEMR). — Z. wurde am 4. Feb. 1892 in Köln-Mülheim geboren, am 12. Nov.1975 starb er. Seine Familie gehörte der Baptistengemeinde an. Er gibt an, mit 14 Jahren eine Bekehrung erlebt zu haben. Nach Beendigung der Schule wurde Z. Kaufmann in Düsseldorf zeitweise auch in Stuttgart. 1917 heiratete er Adele Pickhard. Aus dieser Ehe gingen zwei Söhne hervor. Mit 34 Jahren gab Z. seinen Kaufmannsberuf auf, um hauptamtlich für die Mission tätig zu werden. Von Ostern 1926 bis März 1927 besuchte Z. die Predigerschule des Bundes der Freien evangelischen Gemeinde als Hospitant in Wuppertal-Vohwinkel, was einem Kurzzeitstudent gleichkommt. In dieser Zeit befreundete er sich mit den reformierten Theologen Paul Sprenger (1898-1945) und Otto Weber (1902-1966), die mit der ACM verbunden waren. Ob er über sie (bzw. über Sprenger, der als Missionsinspektor dieser Mission fungierte) mit der ACM in Kontakt kam ist unbekannt. Jedenfalls war Z. von 1928-1930 als Missionssekretär der ACM tätig. Im Jahr 1930 übernahm er dann die Stelle des Missionsleiters der ACM. Vermutlich wurde er auf Grund der Fürsprache seines Freundes Sprenger in diese Position berufen. Im Jahr 1935 reiste Z. nach China, um die Missionsarbeit vor Ort kennen zu lernen. Am 2. Weltkrieg nahm er als Offizier von 1939 an teil, bis er 1945 in russische Kriegsgefangenschaft geriet, aus der er erst im Juni 1948 zurückkehrte. Als er dann seine Arbeit als Missionsleiter, die vorübergehend von dem Vorsitzenden Karl Dietrich (1897-1983) übernommen wurde, wieder aufnehmen wollte, lehnten sowohl das Schweizer Missionskomitee der ACM als auch die internationale China-Inland-Mission, mit der die ACM in Verbindung stand, Z. als Missionsleiter ab. Das hatte seinen Grund in Z.s nationalsozialistischer Vergangenheit. Aus volksmissionarischen Gründen war Z. mit seinen Freunden Sprenger und Weber der Glaubensbewegung »Deutsche Christen« (DC) und der NSDAP beigetreten. Kurze Zeit nach der Sportpalastkundgebung der DC vom 13.11. 1933 verließ Z. diese Bewegung, und hielt sich tendenziell zu der im DEMR vertretenen Position, die in großer Nähe zur »Bekennenden Kirche« stand. Allerdings trat er jedoch bis Kriegsende nicht aus der NSDAP aus. Dennoch hielt die deutsche ACM auch nach dem Ende der nationalsozialistischen Diktatur an Z. als Missionsleiter fest. Nach dem 2. Weltkrieg führte Z. die ACM mit viel Geschick und Umsicht durch die Krise der

Chinamission von 1950. Damals mußten alle Missionare aufgrund der maoistischen Machtergreifung China verlassen. Bald darauf fand man aber in Japan und später in Brasilien neue Arbeitsgebiete. In den Jahrzehnten, in denen Z. Missionsleiter war, prägte er die ACM bzw. die AMB nachhaltig. Im Jahr 1964 wurde Z. pensioniert, elf Jahre später, am 12. Nov.1975, starb er. — Z.s Beiträge zur Profilierung der deutschen Missionstheologie sind sehr gering. In den Gremien des DEMR setzte er keine Akzente. Abgesehen von seinen Beiträgen zur Chinamission und zur Geschichte der AM hinterließ er keine umfangreicheren Schriften.

Quellen: Archiv der Allianz-Mission: Akte Dietrich; Bundesarchiv Berlin: NSDAP-Gaukartei; Archiv des Evangelischen Missionswerks in Deutschland: Korrespondenz Schlunk - Zimmermann Nr. 0329; Archiv des Theologischen Seminars in Ewersbach: Bewerbungsfragebogen Zimmermann.

Werke: China - wie ich es erlebte. Geschautes und Erfragtes auf einer Besuchsreise durch Chinas Missionsfelder, Witten 1936; Kommunistenherrschaft in China, in: Deutsche Evangelische Weltmission Jahrbuch (1937), 48-55; Fünfzig Jahre Allianz-China-Mission. Grundsätzliches über Wesen und Arbeitsweise einer Allianz-Mission in Mittel-China, Witten 1939; Der Weg der Gemeinde Jesu in China, in: China-Bote. Monatsblatt der Allianz-China-Mission 59 (1951), 2-5; China, in: Weltmission in Ökumenischer Zeit, hrsg. v. Gerhard Brennecke, Stuttgart 1961, 25-29; 100 Jahre China-Inland-Mission, in: Missionsbote 74 (1965), 72-74; Der Weg Freier evangelischer Gemeinden zur Außenmission, in: Der Gärtner. Wochenzeitschrift Freier evangelischer Gemeinden Deutschlands 81 (1974), 329-370.

Lit: Heinz Röger, Kurt Zimmermann, in: Missionsbote 85 (1976), 17; — Küpper Adolf, Kriegs- und Nachkriegszeit 1939-1949, in: Missionsbote 98 (1989), 26-31; — Wilhelm Simon, Kurt Zimmermann heimgegangen, in: Der Gärtner. Wochenzeitschrift Freier evangelischer Gemeinden Deutschlands 83 (1976),17; — Martin Buchholz, 100 Jahre Allianz-Mission. Geschichte - Erlebnisse - Informationen, in: Missionsbote 98 (1989), 8-25; — Vicco von Bülow, Otto Weber (1902-1966). Reformierter Theologe und Kirchenpolitiker, Göttingen 1999, 58-59,64,97,212,339; — Elmar Spohn, Was der reformierte Systematiker Otto Weber (1902-1966) der Mission hinterließ. Sein Einfluß auf die Allianz-Mission, in: Evangelikale Missiologie 22 (2006), 91-98.

Elmar Spohn

ZIPOLI, Domenico, ital. Komponist u. Organist, * 16./17. Oktober 1688 Prato (Toskana), † 2. Januar 1726 Santa Catalina bei Córdoba (Argentinien). — Seit dem Jahr 1707 studierte Z. in Florenz bei G. M. Casini, ab 1709 dann in Neapel bei A. Scarlatti, mit welchem er sich allerdings aufgrund von Meinungsverschiedenheiten bald überwarf. Nach kurzem Aufenthalt in Bologna bei L. F. Vannucci ging er 1710 nach Rom um bei B. Pasquini zu studieren. Auch nach dessen baldigem Tod blieb Z. in Rom, wo er in den folgenden Jahren seine Oratorien »S. Antonio di Padova« (1712) sowie »S. Catrina vergine e martire« (1714) aufführte. 1715 übernahm er das Amt des Organisten an der Jesuitenkirche, im folgenden Jahr veröffentlichte er sein bekanntestes Werk, die zwei Bände der »Sonate d'Intavolatura per Organo e Cimbalo«. — Am 1. Juli 1716 trat Z. dem Orden der Jesuiten bei. Im Hinblick auf seine folgende Tätigkeit in Südamerika, verfaßte er das Lehrwerk »Principia seu Elementa ad bene pulsandum Organum e Cimbalum«, von welchem allerdings nur noch der Notenanhang mit Werken Z.s und anderer Komponisten überliefert ist. Am 5. April 1717 stach er in Begleitung von Mitbrüdern vom spanischen Cádiz aus in See mit dem Ziel Buenos Aires in der damaligen Jesuitenprovinz Paraguay, wo er sich schließlich in Córdoba niederließ. Nach jeweils drei Jahren Studium der Philosophie und Theologie bereitete er sich auf die Priesterweihe vor, starb jedoch noch vor deren Empfang an Tuberkulose. — Z.s Werke zeichnen sich aus durch eine gelungene Verbindung kontrapunktischer und melodischer Elemente sowie eine einfache, jedoch gekonnt eingesetzte Harmonik. Unter den zahlreichen Komponisten der jesuitischen Reduktionen nimmt Z., trotz der relativ geringen Anzahl seiner Werke, eine herausragende Position ein.

Werke: I. Werke der italienischen Zeit: Zwei Arien für das Oratorium »Sara in Egitto«, Florenz 1708 (Musik verschollen); Vespri e Messa per la festa di S. Carlo Borromeo (?, verschollen); Oratorium »S. Antonio di Padova«, Rom 1712 (Musik verschollen); Oratorium »S. Caterina vergine e martire«, Rom 1714 (Musik verschollen); Messa a 8 voci »concertata con trombe, obuè e violini« in D; Kantate »Delle offese a vendicarmi« f. S. u. Bc.; Kantate »Mia bella Irene« f. S. u.Bc.; Kantate »O Daliso, da quel di'che partisti« f. S. u. Bc.; Sonate f. Vl. u. Bc.; Sonate d'Intavolatura per Organo e Cimbalo, Rom 1716.

II. Werke der südamerikanischen Zeit: a) Messen: Missa Brevis (»Missa Zipoli«) in F (Fragment); Missa di S. Ignazio in F; Missa di Potosí in F. — b) Psalmen: Confitebor in C (authentisch); Beatus vir in F (authentisch); Domine ad adiuvandum (zweifelhaft); Domine ad adiuvandum/Dixit Dominus in B (zweifelhaft); Laudate Pueri in G (zweifelhaft); Laudate Dominum omnes gentes in C (zweifelhaft). — c) Hymnen: Ave maris stella in C; Jesu corona virginum in d; O gloriosa virginum in d (Kontrafakte: Crudelis Herodes; Decora lux aeternitatis; Deus tuorum militum; Jesu redemptor omnium; Te splendor); Tantum ergo in F; Te Deum in C. — d) Verschiedenes: Letanía Lauretana in F; Zoipaqui in G. — e) Musik f. Tasteninstrumente: Retirada del emperador de los dominios de S[ua] S[antidad] in g; Del principe in C.

III. Schriften: Principia seu Elementa ad bene pulsandum Organum e Cimbalum, Rom 1716 (Textteil verschollen).

Lit.: Giovanni Battista Martini, Scrittori di Musica, Bd. B, Bologna, Bibl. G. B. Martini, Ms. H-61, 61 u. 79; — Guillermo Fúrlong Cardiff SJ, Los Jesuitas y la Cultura Rioplatense, Montevideo 1933; — ders., Domenico Zipoli, músico eximio en Europa y América, 1688-1726, in: Archivum historicum Societatis Jesu, 24, 1955, 418-428; — ders., Domenico Zipoli en el Rio de la Plata, in: Historia (Buenos Aires), X, 38, 1965, 68-86; — ders., D. Z., Córdoba 1969; — G. Frotscher, Geschichte d. Orgelspiels, Bd. 2, Berlin 1936, 777-781; — R. Lustig, Saggio bibliografico degli oratori stampati a Firenze dal 1690 al 1725, in: Note d'Archivio per la storia musicale, 14, 1937, 116; — L. Ayestarán, D. Z., el gran compositor y organista romano del 1700 en el Rio de la Plata, in: Revista Histórica, 35, 1941, Bd. 13, Nr. 37; — ders., D. Z., organista e compositore pratese, in: Archivio Storico Pratese, 20, 1942, 77-94; — ders., D. Z.: vida y obra, Buenos Aires/Montevideo 1962; — ders., D. Z. y el Barroco musical sudamericano, in: Revista Musical Chilena, 18, 1962, 94-124; — ders., Las ultimas investigaciones en torno de D. Z., in: Clave, 1962; — V. de Rubertis, Dove e quando morì D. Z., in: Rivista Musicale Italiana, 53, 1951, 152ff.; — Luigi Ferdinandi Tagliavini, Vorwort z. 1. Bd. d. »Sonate d'Intavolatura«, Heidelberg 1959, VII-X; — Robert Stevenson, The Music of Peru, Washington 1959, 179; — ders., Ginastera's Arrangement of an Organ Toccata by D. Z., in: Latin American Music Review, 6, 1985, 94-96; — ders., Z.'s Transit Through Dictionaries, a Tercentenary Remembrance, in: Inter-American Music Review, 9/2, 1987/88, 21-89; — M. Fabri, Due musicisti genovesi alla corte granducale medicea: G. M. Pagliardi e M. Bitti, in: Musicisti piemontesi e liguri, Siena 1959, 92; — ders., A. Scarlatti e il Principe Ferdinando de Medici, Florenz 1960, 97; — R. Fioravanti, Il culto della musica in Prato. Il Settecento. Parte seconda: D. Z., in: Prato Storia e Arte, 7, 1966, 67-90; — ders., Musicista pratese del Settecento, Prato 1968; — ders., Trovata a Santa Catalina de Córdoba la tomba di D. Z., in: Prato Storia e Arte, 9, 1968, 155-160; — ders., D. Z., in: La musica a Prato dal Duecento al Novecento, Florenz 1973, 83-116; — N. N., Semana zipoliana a Córdoba, in: Prato Storia e Arte, 9, 1968, 201-204; — Francis Burkley, Priest-composers of the Baroque. A sacred-secular conflict, in: The Musical Quarterly, 54, 1968, H. 2, 169-184; — Rafael D'Auria (Hrsg.), D. Z., musico del Setecientos, Córdoba 1968; — S. Claro, La musica en las misiones jesuitas de Moxos, in: Revista Musical Chilena, 108, 1969, 7-31; — Renzo Fantappiè, D. Z., aggiunte alla biografia, in: Prato Storia e Arte, 11, 1970, 5-26; — ders., III centenario della nascita (1688-1988), in: Archivio Storico Pratese, 64, 1988, 189-196; — Remo Giazotto, Quattro secoli di storia dell'Accademia Nazionale di Santa Cecilia, Bd. 1, Verona 1970, 423-425; — Francisco Curt Lange, Der Fall D. Z.: Verlauf und Stand einer Berichtigung, in: Musicae scientiae collectanea. Festschrift K. G. Fellerer, hg. v. H. Hüschen, Köln 1973, 327-355; — ders., Itinerario profesional y sentimental de D. Z., su opera omnia, Buenos Aires 1973; — ders., El redescubrimiento de D. Z., in: Montalbán, 22, 1990, 207-227; — J. P. Franze, La obra completa para órgano de D. Z., in : Buenos Aires musical, 466, 1974; — ders., La labor de los misioneros músicos en la provincia jesuítica del Paraguay, in: Revista Musical de Venezuela, 7, 1986, 53-61; — G. R. Moreno, Catalogo del Archivio de Mojos y Chiquitos, La Paz 1974; — Susan Elizabeth Erickson-Bloch, The Keyboard Music of D. Z., Ann Arbor 1976; — dies., A new source for D. Z.'s Sonate d'Intavolatura, in: Current musicology, 29, 1980, 70-77; — H. Storni SJ, Jesuitas italianos en el Rio de la Plata (antigua Provincia del Paraguay, 1585-1768), in: Archivum Historicum Societatis Iesu, 48, 1979, 3-64; — N. N. (Hrsg.), D. Z., organista e compositore pratese. Contributi raccolti in occasione della 15. rassegna internazionale di musica per organo D. Z., Prato 1981; — Alfred E. Lemmon SJ, D. Z.: algunos aspectos de su relación con la Argentina, in: Heterofonía, 14, 1981, Nr. 72, 35-38; — Carlos Seoave Urioste, Música virreinal en Bolivia, la misa de Zipoli y otras obras musicales, in: Revista Musical de Venezuela, 3, 1982, 33-48, 125-147; — Sergio Martínez Baeza, D. Z., un maestro de barroco in Sudamérica, in: Revista chilena de historia y geografía, 1982, Nr. 150, 323-326; — Pedro José Frías, Memorias de D. Z., in: Anuario/Academia Nacional de Bellas Artes Buenos Aires, 11, 1984, 3-16; — W. Apel, Storia della musica per organo e altri strumenti da tasto fino al 1700, Florenz 1985; — T. F. Kennedy, Colonial Music from the Episcopal Archive at Concepción, Bolivia, in: Latin American Music Review, 9, 1988, 1-17; — ders., Latin American colonial music: The case for mission music as a new genre, in: Sonus, 21, 2001, H. 2, 27-38; — Giovanni Arledler, Era un genio musicale quel gesuita delle »Reducciones«, in: Jesus, 9/1989, 45-47; — ders., D. Z., il musicista delle riduzioni, in: Il Massimo, 1995, 45-49; — ders., Attualità del teatro barocco dei gesuiti, in: La Civiltà Cattolica, 154, 2003, 605-611; — Susan C. Perry, The development of the Italian organ toccata 1550-1750, Diss. University of Kentucky 1990; — W. A. Roldán, Catálogo de manuscritos de música colonial de los archivos de San Ignacio y Concepción (Moxos y Chiquitos), de Bolivia, in: Revista del Instituto de investigación musicológica Carlos Vega, 9/11, 1990, 225-478; — ders., Los Jesuítas en el oriente boliviano, Z. y su producción americana, in: Revista Musical de Venezuela, 12, 1992, H. 30/31, 101-128; — Enrico Padoan SJ, Le riduzioni del Paraguay, Modena 1990; — Mark A. Crook, D. Z. (1688-1726): A Bibliographic Perspective, Diss. Kent State University, 1991; — ders., The Music of D. Z., in: Computing in Musicology, 7, 1991, 46; — Mark Lindley/Maria Boxall (Hrsg.), Early keyboard fingering. A comprehensive guide, London 1992; — ders., Handelian keyboard fingerings, in: Göttinger Händel-Beiträge, 6, 1996, 194-205; — P. Nawrot, Vespers Music in the Paraguay Reductions, Diss. Catholic University of America 1993; — ders., Introduction to Musica vesperarum in Chiquitorum reductionibus Boliviae (1691-1767): opera D. Z. ac anonymorum magistrorum jesuitarum et indigenarum, Concepción 1994; — Mila de Santis (Hrsg.), D. Z., itinerari iberoamericani della musica italiana nel Settecento. Atti del convegno internazionale,

Prato 30 sett. — 2 ottobre 1988 (Quaderni della Rivista italiana di musicologia, 31), Florenz 1994; — Jorge Zambrano, Una semblanza de D. Z., National University of Córdoba 1995; — Alain Pacquier, Les chemins du baroque dans le Nouveau Monde, Paris 1996; — Umberto Bielli, D. Z., profilo di un organista pratese alla luce della sua vocazione morale e dottrinale gesuitica, Rom 1996; — Norberto Broggini, Los manuscritos para teclado de Chiquitos y la musica de D. Z., in: Data. Revista del Instituto de Estudios Andinos y Amazonicos, 7, 1997, 133-164; — Véronique Mortaigne, Z. l'Américain: Sur les chemins du baroque, sur la trace du jésuite de la pampa, in: Sons latinos: Articles et reportages (1989-1999), Paris 1999, 44-52; — Johann Herczog, Orfeo nelle Indie: I Gesuiti e la musica in Paraguay (1609-1767), Lecce 2001; — Julia Schneider, Studien zu D. Z., Mag.-Schr. Univ. Hamburg 2002; — Rita Haub, D. Z. SJ (1688-1726), Komponist der Reduktionen. Die in Bolivien entdeckten Manuskripte, in: Neue Zeitschrift f. Missionswissenschaft, 58, 2002, Nr. 2, 137f.; — Luis Szarán, D. Z., una vida, un enigma (1688-1726), Nürnberg 2005; — Riemann II, 1961, 971; — MGG[1] XIV, 1316-1318; — Dizionario Enciclopedico Universale della Musica e dei Musicisti VIII, Turin 1988, 620f.; — New Grove XX, 70-77.

Joachim Faller